MYLAB | DEUTSCHE VERSION
Mikroökonomie

Zugangscode für MyLab | Deutsche Version
umseitig

1 VORBEREITUNG

Für die Registrierung benötigen Sie
▶ eine gültige E-Mail-Adresse,
▶ die Kurs-ID Ihres Dozenten (falls Sie MyLab | Deutsche Version als Teil Ihrer Lehrveranstaltung nutzen).
▶ Zum Selbststudium ohne Kurs-ID des Dozenten genügt der Zugangscode. Diesen finden Sie umseitig.

Notieren Sie hier Ihre **Kurs-ID**:

2 ONLINE-REGISTRIERUNG

Für die Registrierung müssen Sie
▶ http://deutsch.mylab-pearson.com öffnen und der Anleitung folgen.
▶ Nachdem Sie die Registrierung abgeschlossen haben, können Sie sich jederzeit auf http://deutsch.mylab-pearson.com einloggen.

Der Zugangscode kann nur einmalig zur Registrierung verwendet werden und darf nicht an Dritte weitergegeben werden!

http://deutsch.mylab-pearson.com/

MYLAB | DEUTSCHE VERSION
Mikroökonomie

Zugangscode für MyLab | Deutsche Version
Nutzungsdauer 24 Monate

RSDMKE-BLIDA-TREEN-SPACS-FLAIR-PSHAW

Mikroökonomie

Mikroökonomie

8., aktualisierte und erweiterte Auflage

Robert S. Pindyck
Daniel L. Rubinfeld

Bibliografische Information der Deutschen Nationalbibliothek

Die Deutsche Nationalbibliothek verzeichnet diese Publikation in der Deutschen Nationalbibliografie;
detaillierte bibliografische Daten sind im Internet über *http://dnb.dnb.de* abrufbar.

Die Informationen in diesem Buch werden ohne Rücksicht auf einen eventuellen Patentschutz
veröffentlicht. Warennamen werden ohne Gewährleistung der freien Verwendbarkeit benutzt.
Bei der Zusammenstellung von Texten und Abbildungen wurde mit größter
Sorgfalt vorgegangen. Trotzdem können Fehler nicht vollständig ausgeschlossen werden.
Verlag, Herausgeber und Autoren können für fehlerhafte Angaben
und deren Folgen weder eine juristische Verantwortung noch irgendeine Haftung übernehmen.
Für Verbesserungsvorschläge und Hinweise auf Fehler sind Verlag und Autor dankbar.

Alle Rechte vorbehalten, auch die der fotomechanischen Wiedergabe und der Speicherung in
elektronischen Medien. Die gewerbliche Nutzung der in diesem Produkt gezeigten Modelle und Arbeiten
ist nicht zulässig. Fast alle Produktbezeichnungen und weitere Stichworte und sonstige Angaben, die in
diesem Buch verwendet werden, sind als eingetragene Marken geschützt. Da es nicht möglich ist, in allen
Fällen zeitnah zu ermitteln, ob ein Markenschutz besteht, wird das ®-Symbol i. d. R. nicht verwendet.

Authorized translation from the English language edition, entitled MICROECONOMICS, 8th edition
by Robert S. Pindyck and Daniel L. Rubinfeld, published by Pearson Education, Inc.,
publishing as Prentice Hall, Copyright © 2013.

All rights reserved. No part of this book may be reproduced or transmitted in any form
or by any means, electronic or mechanical, including photocopying, recording or by
any information storage retrieval system, without permission from Pearson Education, Inc.

GERMAN language edition published by PEARSON DEUTSCHLAND GMBH,
Copyright © 2013

10 9 8 7 6 5 4 3 2

22 21 20 19 18

ISBN 978-3-86894-273-6 (Buch)
ISBN 978-3-86326-792-6 (E-Book)

© 2015 by Pearson Deutschland GmbH
Lilienthalstraße 2, 85399 Hallbergmoos, Germany
Alle Rechte vorbehalten
www.pearson.de
A part of Pearson plc worldwide
Übersetzung: Peggy Plötz-Steger, Lützen
Programmleitung: Martin Milbradt, mmilbradt@pearson.de
Lektorat: Elisabeth Prümm, epruemm@pearson.de
Fachlektorat: Prof. Dr. Doris Neuberger, Universität Rostock
Korrektorat: Petra Kienle, Fürstenfeldbruck
          Wolfgang Glöckler, Wiesbaden
Coverillustration: www.gettyimages.com
Herstellung: Claudia Bäurle, cbaeurle@pearson.de
Satz: mediaService, Siegen (www.mediaservice.tv)
Druck und Verarbeitung: DZS-Grafik d.d.o., Ljubljana

Printed in Slovenia

Für unsere Töchter

Maya, Talia und Shira
Sarah und Rachel

Über die Autoren

Die Autoren von „Mikroökonomie"
Die Autoren, die für diese Neuauflage wieder zusammenarbeiten, erinnern sich an die Jahre ihrer erfolgreichen Zusammenarbeit beim Schreiben von Lehrbüchern. Robert S. Pindyck ist im Foto rechts und Daniel L. Rubinfeld links zu sehen.

Robert S. Pindyck ist Bank of Tokyo-Mitsubishi Ltd. Professor für Volkswirtschaftslehre und Finanzierung an der Sloan School of Management am Massachusetts Institute of Technology (MIT). Daniel L. Rubinfeld ist Robert L. Bridges Professor für Rechtswissenschaften und Professor für Volkswirtschaftslehre an der University of California, Berkeley sowie Gastprofessor für Rechtswissenschaften an der New York University. Beide erhielten einen Ph.D. am MIT, Robert S. Pindyck im Jahr 1971 und Daniel L. Rubinfeld im Jahr 1972. Professor Pindycks Forschung und seine Schriften decken eine große Vielzahl an Themen der Mikroökonomik ab, einschließlich der Auswirkungen von Unsicherheit auf das Firmenverhalten und die Marktstruktur, der Determinanten der Marktmacht, des Verhaltens von Rohstoff-, Waren- und Finanzmärkten und der Kriterien für Investitionsentscheidungen. Professor Rubinfeld, der 1997 und 1998 als leitender Ökonom im US-amerikanischen Justizministerium tätig war, veröffentlichte eine Vielzahl von Artikeln in den Bereichen Kartellrecht, Wettbewerbspolitik, Recht und Volkswirtschaftslehre, Recht und Statistik sowie Finanzwissenschaft.

Darüber hinaus verfassten Robert S. Pindyck und Daniel L. Rubinfeld auch gemeinsam „Econometric Models and Economic Forecasts", einen Bestseller im Lehrbuchbereich.

Weitere Informationen zu den Autoren werden auf deren Webseiten unter *http://web.mit.edu/rpindyck/www/* und *http://www.law.berkeley.edu/faculty/rubinfeldd/* gegeben.

Inhaltsübersicht

Vorwort	15

Teil I	**Einführung – Märkte und Preise**	**23**
Kapitel 1	Vorbemerkungen	25
Kapitel 2	Grundlagen von Angebot und Nachfrage	49

Teil II	**Produzenten, Konsumenten und Wettbewerbsmärkte**	**103**
Kapitel 3	Das Verbraucherverhalten	105
Kapitel 4	Die individuelle Nachfrage und die Marktnachfrage	163
Kapitel 5	Unsicherheit und Verbraucherverhalten	223
Kapitel 6	Die Produktion	279
Kapitel 7	Die Kosten der Produktion	315
Kapitel 8	Gewinnmaximierung und Wettbewerbsangebot	383
Kapitel 9	Die Analyse von Wettbewerbsmärkten	435

Teil III	**Marktstruktur und Wettbewerbsstrategie**	**483**
Kapitel 10	Marktmacht – Monopol und Monopson	485
Kapitel 11	Preisbildung bei Marktmacht	539
Kapitel 12	Monopolistische Konkurrenz und Oligopol	607
Kapitel 13	Spieltheorie und Wettbewerbsstrategie	657
Kapitel 14	Märkte für Produktionsfaktoren	715
Kapitel 15	Investitionen, Zeit und Kapitalmärkte	753

Teil IV	Information, Marktversagen und die Rolle des Staates	795
Kapitel 16	Allgemeines Gleichgewicht und ökonomische Effizienz	797
Kapitel 17	Märkte mit asymmetrischer Information	843
Kapitel 18	Externalitäten und öffentliche Güter	883

Teil V	Anhang	935
Anhang A	Die Grundlagen der Regression	937
Anhang B	Glossar	947
Anhang C	Lösungen zu ausgewählten Übungen	961
Register		987

Inhaltsverzeichnis

Vorwort — 15

Teil I   Einführung – Märkte und Preise — 23

Kapitel 1   Vorbemerkungen — 25
- 1.1 Die Themen der Mikroökonomie — 27
- 1.2 Was ist ein Markt? — 32
- 1.3 Reale und nominale Preise — 38
- 1.4 Gründe für das Studium der Mikroökonomie — 42

Kapitel 2   Grundlagen von Angebot und Nachfrage — 49
- 2.1 Angebot und Nachfrage — 51
- 2.2 Der Marktmechanismus — 54
- 2.3 Veränderungen im Marktgleichgewicht — 56
- 2.4 Die Elastizität der Nachfrage und des Angebots — 65
- 2.5 Kurzfristige und langfristige Elastizitäten — 72
- *2.6 Kenntnis und Prognose der Auswirkungen sich ändernder Marktbedingungen — 82
- 2.7 Die Auswirkungen staatlicher Interventionen – Preisregulierungen — 92

Teil II   Produzenten, Konsumenten und Wettbewerbsmärkte — 103

Kapitel 3   Das Verbraucherverhalten — 105
- 3.1 Konsumentenpräferenzen — 108
- 3.2 Budgetbeschränkungen — 126
- 3.3 Verbraucherentscheidung — 131
- 3.4 Offenbarte Präferenzen — 140
- 3.5 Der Grenznutzen und die Verbraucherentscheidung — 143
- *3.6 Indizes der Lebenshaltungskosten — 149

Kapitel 4   Die individuelle Nachfrage und die Marktnachfrage — 163
- 4.1 Die individuelle Nachfrage — 165
- 4.2 Einkommens- und Substitutionseffekte — 174
- 4.3 Die Marktnachfrage — 181
- 4.4 Die Konsumentenrente — 191
- 4.5 Netzwerkexternalitäten — 195
- *4.6 Empirische Schätzungen der Nachfrage — 200
- Anhang zu Kapitel 4 — 212

* Die anspruchsvolleren Abschnitte sind mit einem Sternchen gekennzeichnet und können leicht ausgelassen werden.

Kapitel 5   Unsicherheit und Verbraucherverhalten   223

   5.1   Beschreibung des Risikos.. 225
   5.2   Präferenzen im Hinblick auf das Risiko 232
   5.3   Risikoabbau.. 238
*5.4   Die Nachfrage nach riskanten Anlagen 246
   5.5   Blasen 257
   5.6   Verhaltensökonomie... 262

Kapitel 6   Die Produktion   279

   6.1   Unternehmen und ihre Produktionsentscheidungen 280
   6.2   Die Produktion mit einem variablen Input (Arbeit) 284
   6.3   Die Produktion mit zwei variablen Inputs 298
   6.4   Skalenerträge 307

Kapitel 7   Die Kosten der Produktion   315

   7.1   Die Messung der Kosten: Welche Kosten sind von Bedeutung? 316
   7.2   Die Kosten in der kurzen Frist 327
   7.3   Die Kosten in der langen Frist 334
   7.4   Kurzfristige und langfristige Kostenkurven 347
   7.5   Die Produktion von zwei Gütern – Verbundvorteile.................. 354
*7.6   Dynamische Kostenänderungen – die Lernkurve 358
*7.7   Schätzung und Prognose der Kosten 364
        Anhang zu Kapitel 7.. 375

Kapitel 8   Gewinnmaximierung und Wettbewerbsangebot   383

   8.1   Vollkommene Wettbewerbsmärkte 384
   8.2   Die Gewinnmaximierung.. 387
   8.3   Grenzerlös, Grenzkosten und die Gewinnmaximierung............. 391
   8.4   Die kurzfristige Outputentscheidung 394
   8.5   Die kurzfristige Angebotskurve eines Wettbewerbsunternehmens . 401
   8.6   Die kurzfristige Marktangebotskurve................................... 404
   8.7   Die langfristige Outputentscheidung.................................... 410
   8.8   Die langfristige Marktangebotskurve................................... 418

Kapitel 9   Die Analyse von Wettbewerbsmärkten   435

   9.1   Die Bewertung der Gewinne und Verluste staatlicher Eingriffe –
        die Konsumenten- und die Produzentenrente 436
   9.2   Die Effizienz eines Wettbewerbsmarktes............................... 443
   9.3   Mindestpreise 448
   9.4   Preisstützungen und Produktionsquoten 454
   9.5   Importquoten und Zölle... 463
   9.6   Die Auswirkungen einer Steuer oder einer Subvention.............. 469

Teil III	**Marktstruktur und Wettbewerbsstrategie**	**483**

Kapitel 10 Marktmacht – Monopol und Monopson 485

- 10.1 Monopol 487
- 10.2 Monopolmacht 500
- 10.3 Ursachen der Monopolmacht 508
- 10.4 Die gesellschaftlichen Kosten der Monopolmacht 510
- 10.5 Monopson 516
- 10.6 Monopsonmacht 520
- 10.7 Einschränkung der Marktmacht – Kartellgesetze 525

Kapitel 11 Preisbildung bei Marktmacht 539

- 11.1 Abschöpfung der Konsumentenrente 541
- 11.2 Preisdiskriminierung 542
- 11.3 Intertemporale Preisdiskriminierung und Spitzenlast-(Peak-Load-)Preisbildung 555
- 11.4 Zweistufige Gebühren 560
- 11.5 Bündelung 567
- *11.6 Werbung 579
- Anhang zu Kapitel 11 592

Kapitel 12 Monopolistische Konkurrenz und Oligopol 607

- 12.1 Monopolistische Konkurrenz 609
- 12.2 Oligopol 615
- 12.3 Preiswettbewerb 624
- 12.4 Wettbewerb versus Kollusion: das Gefangenendilemma 631
- 12.5 Auswirkungen des Gefangenendilemmas auf die Preisbildung im Oligopol 635
- 12.6 Kartelle 642

Kapitel 13 Spieltheorie und Wettbewerbsstrategie 657

- 13.1 Spiele und strategische Entscheidungen 658
- 13.2 Dominante Strategien 662
- 13.3 Mehr zum Nash-Gleichgewicht 664
- 13.4 Wiederholte Spiele 672
- 13.5 Sequenzielle Spiele 678
- 13.6 Drohungen, Verpflichtungen und Glaubwürdigkeit 681
- 13.7 Eintrittsabschreckung 689
- *13.8 Auktionen 697

Kapitel 14 Märkte für Produktionsfaktoren 715

- 14.1 Kompetitive Faktormärkte 716
- 14.2 Gleichgewicht auf einem kompetitiven Faktormarkt 731
- 14.3 Faktormärkte mit Monopsonmacht 736
- 14.4 Faktormärkte mit Monopolmacht 741

Kapitel 15 Investitionen, Zeit und Kapitalmärkte — 753

- 15.1 Bestands- und Stromgrößen — 755
- 15.2 Der diskontierte Gegenwartswert — 756
- 15.3 Der Wert eines festverzinslichen Wertpapiers — 760
- 15.4 Das Kapitalwertkriterium für Investitionsentscheidungen — 764
- 15.5 Risikoanpassungen — 769
- 15.6 Investitionsentscheidungen von Verbrauchern — 774
- 15.7 Investitionen in Humankapital — 777
- *15.8 Intertemporale Produktionsentscheidungen – erschöpfbare Rohstoffe — 782
- 15.9 Wie werden Zinssätze bestimmt? — 787

Teil IV Information, Marktversagen und die Rolle des Staates — 795

Kapitel 16 Allgemeines Gleichgewicht und ökonomische Effizienz — 797

- 16.1 Die allgemeine Gleichgewichtsanalyse — 798
- 16.2 Effizienz beim Tausch — 806
- 16.3 Gerechtigkeit und Effizienz — 815
- 16.4 Effizienz bei der Produktion — 819
- 16.5 Die Vorteile des Freihandels — 826
- 16.6 Ein Überblick – die Effizienz von Wettbewerbsmärkten — 832
- 16.7 Warum Wettbewerbsmärkte versagen — 834

Kapitel 17 Märkte mit asymmetrischer Information — 843

- 17.1 Qualitätsunsicherheit und der Markt für „Lemons" — 844
- 17.2 Marktsignalisierung — 853
- 17.3 Moral Hazard — 859
- 17.4 Das Prinzipal-Agent-Problem — 863
- *17.5 Managementanreize im integrierten Unternehmen — 870
- 17.6 Asymmetrische Information auf dem Arbeitsmarkt – die Effizienzlohntheorie — 875

Kapitel 18 Externalitäten und öffentliche Güter — 883

- 18.1 Externalitäten — 884
- 18.2 Korrekturmöglichkeiten für Marktversagen — 890
- 18.3 Bestandsexternalitäten — 906
- 18.4 Externalitäten und Eigentumsrechte — 914
- 18.5 Ressourcen im Gemeineigentum — 918
- 18.6 Öffentliche Güter — 921
- 18.7 Private Präferenzen für öffentliche Güter — 927

Teil V Anhang 935

Anhang A Die Grundlagen der Regression 937

- A.1 Ein Beispiel 937
- A.2 Schätzung.. 938
- A.3 Statistische Tests 940
- A.4 Die Güte der Anpassung 941
- A.5 Wirtschaftliche Prognosen............................... 942

Anhang B Glossar 947

Anhang C Lösungen zu ausgewählten Übungen 961

Register 987

Die wichtigsten im Buch verwendeten Abkürzungen finden Sie hier zum Nachschlagen zusammengefasst. Die entsprechende Bezeichnung wird daneben in Englisch aufgeführt, um das Lesen und Verstehen englischer Literatur zu erleichtern:

BW	Diskontierter Gegenwartswert (Barwert)	present discounted value (*PDV*)
C	Kosten	cost (*C*)
CAPM	Capital Asset Pricing-Modell	capital asset pricing model (*CAPM*)
CPI	Verbraucherpreisindex	consumer price index (*CPI*)
DK	Durchschnittskosten	average cost (*AC*)
DE	Durchschnittserlös	average revenue (*AR*)
DP	Durchschnittsprodukt	average product (*AP*)
E	Erlös oder Gesamterlös	revenue (*R*) oder total revenue (*TR*)
EGK	Externe Grenzkostenkurve	marginal external cost curve (*MEC*)
EGU	Externe Grenznutzenkurve	marginal external benefit curve (*MEB*)
FDK	Fixe Durchschnittskosten (=durchschnittliche Fixkosten)	average fixed cost (*AFC*)
FK	Fixkosten	fixed cost (*FC*)
GA	Grenzausgaben	marginal expenditure (*ME*)
GE	Grenzerlös	marginal revenue (*MR*)
GGU	Gesellschaftlicher Grenznutzen	marginal social benefit (*MSB*)
GK	Grenzkosten	marginal cost (*MC*)
GP	Grenzprodukt	marginal product (*MP*)
GRS	Grenzrate der Substitution	marginal rate of substitution (*MRS*)
GRT	Grenzrate der Transformation	marginal rate of transformation (*MRT*)
GRTS	Grenzrate der technischen Substitution	marginal rate of technical substitution (*MRTS*)
GU	Grenznutzen	marginal utility (*MU*)
GW	Grenzwert	marginal value (*MV*)
KR	Konsumentenrente	consumer surplus (*CS*)
LDK	Langfristige Durchschnittskostenkurve	long-run average cost curve (*LAC*)
LGK	Langfristige Grenzkostenkurve	long-run marginal cost curve (*LMC*)
NBW	Kapitalwert (Nettobarwert)	net present value (*NPV*)
PR	Produzentenrente	producer surplus (*PS*)
SC	Grad der Verbundvorteile	degree of economies of scope (*SC*)
SCI	Index der Größenvorteile	scale economies index (*SCI*)
SDK	Kurzfristige Durchschnittskostenkurve	short-run average cost curve (*SAC*)
SEF	Standardfehler der Prognose	standard error of forecast (*SEF*)
SER	Standardfehler der Regression	standard error of the regression (*SER*)
SGK	Kurzfristige Grenzkostenkurve	short-run marginal cost curve (*SMC*)
TDK	Totale Durchschnittskosten (=durchschnittliche Gesamtkosten)	average total cost (*ATC*)
TK	Gesamtkosten	total cost (*TC*)
VDK	Variable Durchschnittskosten (=durchschnittliche variable Kosten)	average variable cost (*AVC*)
VK	Variable Kosten	variable cost (*VC*)

Vorwort

Für Studenten, die sich damit beschäftigen, wie die Welt funktioniert, stellt die Mikroökonomie wahrscheinlich das relevanteste, interessanteste und wichtigste Fach dar, das sie studieren können (wobei die Makroökonomie das zweitwichtigste Fach ist). Ein gutes Verständnis der Mikroökonomie ist für Entscheidungen im Management, für die Gestaltung und das Verständnis der staatlichen Politik und, allgemeiner formuliert, für das Verständnis der Funktionsweise einer modernen Volkswirtschaft von entscheidender Bedeutung. Tatsächlich erfordert selbst das Verstehen der täglichen Nachrichten häufig Kenntnisse der Mikroökonomie.

Wir haben dieses Buch verfasst, weil wir der Meinung sind, dass die Studenten mit den neuen Themen vertraut gemacht werden sollten, die im Laufe der Jahre eine zentrale Rolle in der Mikroökonomie angenommen haben – Themen, wie die Spieltheorie und die Wettbewerbsstrategie, die Rollen von Unsicherheit und Informationen und die Analyse der Preisbildung durch Unternehmen, die über Marktmacht verfügen. Darüber hinaus sind wir auch davon überzeugt, dass den Studenten aufgezeigt werden sollte, wie die Mikroökonomie dazu beitragen kann, ein Verständnis dafür zu entwickeln, was in der Welt geschieht und wie sie als praktisches Werkzeug zur Entscheidungsfindung eingesetzt werden kann. Die Mikroökonomie ist ein aufregendes und dynamisches Fachgebiet, allerdings muss den Studenten ein Verständnis ihrer Relevanz und ihres Nutzens vermittelt werden. Was die Studenten brauchen und wollen, ist ein klares Verständnis darüber, wie die Mikroökonomie außerhalb des Unterrichts tatsächlich eingesetzt werden kann.

Als Reaktion auf diese Bedürfnisse bietet die achte Auflage von *Mikroökonomie* eine Behandlung der mikroökonomischen Theorie, die deren Bedeutung und Anwendbarkeit bei Entscheidungen sowohl im Managementbereich als auch im Bereich der staatlichen Politik betont. Diese Betonung der praktischen Anwendung wird durch die Aufnahme von Beispielen erreicht, die sich auf Themen wie die Analyse der Nachfrage, der Kosten und der Markteffizienz, die Gestaltung von Preisbildungsstrategien, Investitions- und Produktionsentscheidungen sowie die Analyse der staatlichen Politik erstrecken. Aufgrund der hohen Bedeutung, die wir diesen Beispielen beimessen, haben wir sie in den Fließtext miteinbezogen. (Eine vollständige Liste der Beispiele befindet sich auf den Vorsatzblättern auf der Innenseite der Titelseite.)

Der in dieser Auflage von *Mikroökonomie* abgedeckte Themenkreis bezieht die dramatischen Veränderungen mit ein, die auf diesem Gebiet in den letzten Jahren eingetreten sind. Das Interesse an der Spieltheorie und den strategischen Interaktionen zwischen Unternehmen (Kapitel 12 und 13), an der Rolle und den Auswirkungen der Unsicherheit und asymmetrischer Informationen (Kapitel 5 und 17), an den Preisbildungsstrategien von Unternehmen, die über Marktmacht verfügen (Kapitel 10 und 11), sowie an der Gestaltung von Politik zum effektiven Umgang mit Externalitäten wie der Umweltverschmutzung (Kapitel 18), ist gestiegen.

Die Tatsache, dass die Behandlung der Themen in diesem Buch umfassend und aktuell gestaltet ist, bedeutet nicht, dass sie „anspruchsvoll" oder schwierig ist. Wir haben uns sehr bemüht, die Darstellung klar und zugänglich sowie anschaulich und ansprechend zu halten, denn wir sind überzeugt, dass das Studium der Mikroökonomie unterhaltsam und anregend sein sollte. Wir hoffen, dass sich diese Überzeugung in unserem Buch widerspiegelt. In Mikroökonomie wird die Differential- und Integralrechnung nur in den Anhängen und den Fußnoten verwendet, folglich sollte das Buch für Studenten mit unterschiedlicher Vorbildung geeignet sein. (Die anspruchsvolleren Abschnitte sind mit einem Sternchen gekennzeichnet und können leicht ausgelassen werden.)

Änderungen in der achten Auflage Jede neue Auflage dieses Buches hat auf dem Erfolg der vorangegangenen Auflagen aufgebaut, indem eine Reihe neuer Themen aufgenommen, Beispiele hinzugefügt bzw. aktualisiert wurden und die Darstellung der bestehenden Materialien verbessert wurde.

In der achten Auflage setzt sich diese Tradition mit einer Reiher neuer und moderner Themen fort.

- Es wurde neues Material zur spekulativen Nachfrage aufgenommen und die Erörterung der Netzwerkexternalitäten um soziale Netzwerke erweitert (Kapitel 4).
- In Kapitel 5 wurde ein neuer Abschnitt zu Blasen und Informationskaskaden zusammen mit Beispielen aufgenommen, die Anwendungen auf Immobilienmärkten und aus dem Bereich der Finanzkrise umfassen. Überdies wurde auch das Material zur Verhaltensökonomie erweitert und aktualisiert.
- Der Anhang zu Kapitel 11 wurde erweitert, so dass dieser nun das vertikal integrierte Unternehmen, einschließlich des Problems des doppelten Preisaufschlags und der Vorteile der vertikalen Integration, zusammen mit der Analyse der Verrechnungspreisbildung umfassender erfasst.

Überdies wurden eine Reihe neuer Beispiele aufgenommen, während die meisten bereits bestehenden Beispiele aktualisiert wurden.

- Es wurden eine Reihe von Beispielen im Hinblick auf die Ökonomie des Gesundheitswesens, einschließlich der Nachfrage nach Gesundheitsfürsorge und der Produktivität der Gesundheitsfürsorge (Kapitel 3, 6, 16 und 17), aufgenommen.
- Überdies wurden auch mehrere Beispiele zu den Taximärkten aufgenommen, die die Auswirkungen staatlicher Politiken zur Beschränkung des Outputs verdeutlichen (Kapitel 8, 9 und 15).
- Es wurden Beispiele zur Energienachfrage und Energieeffizienz (Kapitel 4 und 7) sowie zur „Ansteckung" auf den weltweiten Finanzmärkten aufgenommen (Kapitel 16).
- Außerdem wurde ein Beispiel aufgenommen, in dem die Preisbildung für dieses Lehrbuch auf dem amerikanischen Markt erläutert wird (Kapitel 12).

Wie in jeder neuen Ausgabe haben wir uns sehr bemüht, die Darstellung wo möglich weiter zu verbessern. Für diese Auflage haben wir die Behandlung eines Teils des Kernmaterials zu Produktion und Kosten (Kapitel 7 und 8) sowie die Behandlung des allgemeinen Gleichgewichts und der ökonomischen Effizienz (Kapitel 16) überarbeitet und verbessert. Überdies wurde eine Vielfalt anderer Änderungen, einschließlich Überarbeitungen einiger Abbildungen, vorgenommen, um die Darstellung so klar und leicht lesbar wie möglich zu halten.

Das Layout dieser Auflage ähnelt dem Layout der vorangegangenen Auflage. Dieses Format ermöglicht es uns, Schlüsselbegriffe am Rand des Textes (sowie im Glossar am Ende des Buches) zu definieren sowie die Seitenränder zu verwenden, um Konzeptverweise aufzunehmen, die neu dargestellte Konzepte mit bereits an früherer Stelle im Text vorgestellten Konzepten verbinden.

Alternative Kursgestaltung Die siebte Auflage von *Mikroökonomie* bietet den Dozenten eine weitgehende Flexibilität bei der Gestaltung der Kurse. Für einen Trimester- bzw. einen Semesterkurs unter Betonung des grundlegenden Stoffmaterials würden wir die folgenden Kapitel und Abschnitte der Kapitel empfehlen: 1–6, 7.1–7.4, 8–10, 11.1–11.3, 12, 14, 15.1–15.4, 18.1–18.2 und 18.5. Ein etwas anspruchsvollerer Kurs könnte auch Teile der Kapitel 5 und 16 sowie zusätzliche Abschnitte der Kapitel 7 und 9 umfassen. Zur Betonung der Themen Unsicherheit und Marktversagen sollten die Dozenten außerdem umfassende Teile der Kapitel 5 und 17 mitaufnehmen.

In Abhängigkeit von den Interessen des Dozenten und den Zielen des Kurses könnten auch andere Abschnitte hinzugefügt bzw. zur Ersetzung der oben angeführten Materialien verwendet werden. Ein Kurs, in dem die moderne Preisbildungstheorie und die Unternehmensstrategie betont werden, sollte die gesamten Kapitel 11, 12 und 13 sowie die verbleibenden Abschnitte von Kapitel 15 umfassen. Ein Kurs in Betriebswirtschaftslehre könnte auch die Anhänge der Kapitel 4, 7 und 11 sowie den Anhang zur Regressionsanalyse am Ende des Buches umfassen. Ein Kurs, in dem die Wohlfahrtsökonomie und die staatliche Politik betont werden, sollte das Kapitel 16 und zusätzliche Abschnitte von Kapitel 18 umfassen.

Schließlich möchten wir betonen, dass die Abschnitte oder Unterabschnitte, die anspruchsvoller sind und/oder das Kernmaterial des Buches nur tangieren, mit einem Sternchen markiert sind. Die betreffenden Abschnitte können leicht ausgelassen werden, ohne dass dadurch der Fluss des Buches gestört wird.

Danksagungen Da die achte Auflage von *Mikroökonomie* das Ergebnis jahrelanger Erfahrung im Unterricht ist, schulden wir unseren Studenten und Kollegen Dank, mit denen wir die Mikroökonomie und ihre Vermittlung oft erörtern. Darüber hinaus hatten wir die Hilfe fähiger Forschungsassistenten. Bei den ersten sechs Auflagen des Buches gehörten dazu Peter Adams, Walter Athier, Smita Brunnermeier, Phillip Gibbs, Matt Hartmann, Salar Jahedi, Jamie Jue, Rashmi Kare, Jay Kim, Maciej Kotowski, Tammy McGarock, Masaya Okoshi, Kathy O'Regan, Shira Pindyck, Karen Randig, Subi Rangan, Deborah Senior, Ashesh Shah, Nicola Stafford und Wilson Tai. Kathy Hill half bei den Abbildungen, während Assunta Kent, Mary Knott und Dawn Elliott Linahan bei der ersten Auflage Unterstützung bei den Schreibarbeiten leisteten. Wir möchten insbesondere Lynn Steele und Jay Tharp danken, die umfangreiche redaktionelle Unterstützung bei der zweiten Auflage lieferten. Mark Glickman und Steve Wiggins halfen bei den Beispielen in der dritten Auflage, während Andrew Guest, Jeanette Sayre und Lynn Steele wertvolle redaktionelle Unterstützungsarbeit für die dritte, vierte und fünfte Auflage leisteten, das gleiche gilt auch für Brandi Henson und Jeanette Sayre, die uns bei der sechsten Auflage unterstützten, sowie für Ida Ng in der siebten Auflage und Ida Ng und Dagmar Trantinova für die achte Auflage. Überdies haben Carola Conces und Catherine Martin bei dieser achten Auflage ausgezeichnete Forschungsunterstützung geleistet.

Das Schreiben dieses Buches war ein mühevoller und gleichzeitig angenehmer Prozess. In jeder Phase dieses Prozesses erhielten wir außergewöhnlich gute Ratschläge von Dozenten der Mikroökonomie aus den gesamten Vereinigten Staaten. Nachdem der erste Entwurf dieses Buches überarbeitet und redigiert worden war, wurde er in einer zweitägigen Testgruppensitzung in New York diskutiert. Dies gab uns die Möglichkeit, Ideen von Dozenten mit einer Vielzahl von verschiedenen Hintergründen und Perspektiven zu erhalten. Wir möchten den folgenden Mitgliedern der Testgruppe für ihre Ratschläge und Kritiken danken: Carl Davidson von der Michigan State University, Richard Eastin von der University of Southern California, Judith Roberts von der California State University, Long Beach und Charles Strein von der University of Northern Iowa.

Vorwort

Darüber hinaus möchten wir uns bei all den Rezensenten bedanken, die Kommentare und Ideen lieferten und dadurch einen bedeutenden Beitrag zu dieser achten Auflage von *Mikroökonomie* geleistet haben:

Anita Alves Pena, Colorado State University
Donald L, Bumpass, Sam Houston State University
Joni Charles, Texas State University – San Marcos
Ben Collier, Northwest Missouri State University
Lee Endress, University of Hawaii
Tammy R. Feldman, University of Michigan
Todd Matthew Fitch, University of San Francisco
Thomas J. Grennes, North Carolina State University
Philip Grossman, Saint Cloud State University
Nader Habibi, Brandeis University

Robert G. Hansen, Dartmouth College
Donald Holley, Boise State University
Folke Kafka, University of Pittsburgh
Anthony M. Marino, University of Southern California
Laudo M. Ogura, Grand Valley State University
June Ellenoff O'Neill, Baruch College
Lourenço Paz, Syracuse University
Philip Young, University of Maryland

Außerdem möchten wir all denen danken, die die ersten sieben Auflagen in verschiedenen Phasen ihrer Entwicklung rezensiert haben:

Nii Adote Abrahams, Missouri Southern State College
Jack Adams, University of Arkansas, Little Rock
Sheri Aggarwal, Dartmouth College
Anca Alecsandru, Louisiana State University
Ted Amato, University of North Carolina, Charlotte
John J. Antel, University of Houston
Albert Assibeh-Mensah, Kentucky State University
Kerry Back, Northwestern University
Dale Ballou, University of Massachusetts, Amherst
William Baxter, Stanford University
Charles A. Bennet, Gannon University
Gregory Besharov, Duke University
Maharukh Bhiladwalla, Rutgers University
Victor Brajer, California State University, Fullerton
James A. Brander, University of British Columbia
David S. Bullock, University of Illinois
Jeremy Bulow, Stanford University
Raymonda Burgman, DePauw University
H. Stuart Burness, University of New Mexico
Peter Calcagno, College of Charleston
Winston Chang, State University of New York, Buffalo
Henry Chappel, University of South Carolina
Larry A. Chenault, Miami University
Harrison Cheng, University of Southern California
Eric Chiang, Florida Atlantic University
Kwan Choi, Iowa State University
Charles Clotfelter, Duke University
Kathryn Combs, California State University, Los Angeles
Tom Cooper, Georgetown College
Richard Corwall, Middlebury College
John Coupe, University of Maine at Orono

Robert Crawford, Marriott School, Brigham Young University
Jacques Cremer, Virginia Polytechnic Institute and State University
Julie Cullen, University of California, San Diego
Carl Davidson, Michigan State University
Gilbert Davis, University of Michigan
Arthur T. Denzau, Washington University
Tran Dung, Wright State University
Richard V. Eastin, University of Southern California
Maxim Engers, University of Virginia
Carl E. Enomoto, New Mexico State University
Michael Enz, Western New England College
Ray Farrow, Seattle University
Gary Ferrier, Southern Methodist University
John Francis, Auburn University, Montgomery
Roger Frantz, San Diego State University
Delia Furtado, University of Connecticut
Craig Gallet, California State University, Sacramento
Patricia Gladden, University of Missouri
Michele Lower, Lehigh University
Otis Gilley, Louisiana Tech University
Tiffani Gottschall, Washington & Jefferson College
William H. Greene, New York University
Thomas A. Gresik, Notre Dame University
John Gross, University of Wisconsin at Milwaukee
Adam Grossberg, Trinity College
Jonathan Hamilton, University of Florida
Claire Hammond, Wake Forrest University
Bruce Hartman, California State University, The California Maritime Academy
James Hartigan, University of Oklahoma
Daniel Henderson, Binghamton University
George Heitman, Pennsylvania State University

Wayne Hickenbottom, University of Texas at Austin
George E. Hoffer, Virginia Commonwealth University
Stella Hofrenning, Augsburg College
Duncan M. Holthausen, North Carolina State University
Robert Inman, The Wharton School, University of Pennsylvania
Brian Jacobson, Wisconsin Lutheran College
Joyce Jacobson, Rhodes College
Jonatan Jelen, New York University
Changik Jo, Anderson University
B. Patrick Joyce, Michigan Technological University
Mahbubul Kabir, Lyon College
David Kaserman, Auburn University
Brian Kench, University of Tampa
Michael Kende, INSEAD, France
Philip G. King, San Francisco State University
Philip Koch, Olivet Nazarene University
Tetteh A. Kofi, University of San Francisco
Dennis Kovach, Community College of Allegheny County
Anthony Krautman, DePaul University
Leonard Lardaro, University of Rhode Island
Sang Lee, Southeastern Louisiana University
Robert Lemke, Florida International University
Peter Linneman, University of Pennsylvania
Leonard Loyd, University of Pennsylvania
R. Ashley Lyman, University of Idaho
James MacDonald, Rensselaer Polytechnical Institute
Wesley A. Magat, Duke University
Peter Marks, Rhode Island College
Anthony M. Marino, University of Southern Florida
Lawrence Martin, Michigan State University
John Makum Mbaku, Weber State University
Richard D. McGrath, College of William and Mary
Douglas J. Miller, University of Missouri-Columbia
David Mills, University of Virginia, Charlottesville
Richard Mills, University of New Hampshire
Jennifer Moll, Fairfield University
Michael J. Moore, Duke University
W. D. Morgan, University of California at Santa Barbara
Julianne Nelson, Stern School of Business, New York University
George Norman, Tufts University
Laudo Ogura, Grand Valley State University
Daniel Orr, Virginia Polytechnic Institute and State University
Ozge Ozay, University of Utah
Christos Paphristodoulou, Mälardalen University
Sharon J. Pearson, University of Alberta, Edmonton
Ivan P'ng, University of California, Los Angeles
Michael Podgursky, University of Massachusetts, Amherst
Jonathan Powers, Knox College
Charles Ratcliff, Davidson College
Judith Roberts, California State University, Long Beach
Lucia Quesada, Universidad Torcuato Di Telia
Benjamin Rashford, Oregon State University
Fred Rodgers, Medaille College
William Rogers, University of Missouri-Saint Louis
Geoffrey Rothwell, Stanford University
Nestor Ruiz, University of California, Davis
Edward L. Sattler, Bradley University
Roger Sherman, University of Virginia
Nachum Sicherman, Columbia University
Sigbjørn Sødal, Agder University College
Menahem Spiegel, Rutgers University
Houston H. Stokes, University of Illinois, Chicago
Richard W. Stratton, University of Akron
Houston Stokes, University of Illinois at Chicago
Charles T. Strein, University of Northern Iowa
Charles Stuart, University of California, Santa Barbara
Valerie Suslow, University of Michigan
Theofanis Tsoulouhas, North Carolina State
Mira Tsymuk, Hunter College, CUNY
Abdul Turay, Radford University
Sevin Ugural, Eastern Mediterranean University
Nora A. Underwood, University of California, Davis
Nikolaos Vettas, Duke University
David Vrooman, St. Lawrence University
Michael Wasylenko, Syracuse University
Thomas Watkins, Eastern Kentucky University
Robert Whaples, Wake Forest University
David Wharton, Washington College
Lawrence J. White, New York University
Michael F. Williams, University of St. Thomas
Beth Wilson, Humboldt State University
Arthur Woolf, University of Vermont
Chiou-nan Yeh, Alabama State University
Peter Zaleski, Villanova University
Joseph Ziegler, University of Arkansas, Fayetteville

Neben dem formalen Überarbeitungsprozess danken wir insbesondere Jean Andrews, Paul Anglin, J. C. K. Ash, Ernst Berndt, George Bittlingmayer, Severin Borenstein, Paul Carlin, Whewon Cho, Setio Angarro Dewo, Avinash Dixit, Frank Fabozzi, Joseph Farrell, Frank Fisher, Jonathan Hamilton, Robert Inman, Joyce Jacobson, Paul Joskow, Stacey Kole, Preston McAfee, Jeannette Mortensen, John Mullahy, Krishna Pendakur, Jeffrey Perloff, Ivan P'ng, A. Mitchell Polinsky, Judith Roberts, Geoffrey Rothwell, Garth Saloner, Joel Schrag, Daniel Siegel, Thomas Stoker, David Storey, James Walker und Michael Williams, die so freundlich waren, im Verlauf der Entwicklung der verschiedenen Auflagen dieses Buches Kommentare, Kritiken und Vorschläge beizusteuern.

Es gab eine Reihe von Personen, die hilfreiche Kommentare, Korrekturen und Vorschläge für die achte Auflage lieferten. Wir schulden Avinash Dixit, Paul Joskow und Bob Inman besonderen Dank. Wir möchten den folgenden Personen für ihre Kommentare, Empfehlungen und Korrekturen danken: Ernst Berndt, David Colander, Kurt von dem Hagen, Chris Knittel, Thomas Stoker und Lawrence White.

Das Kapitel 5 der vorliegenden achten Auflage enthält viel neues und aktualisiertes Material zur Verhaltensökonomie, dessen Entstehung insbesondere den wohl überlegten Kommentaren von George Akerlof zu verdanken ist. Überdies möchten wir Ida Ng für ihre redaktionelle Unterstützung und die sorgfältige Überprüfung der Korrekturfahnen dieser Auflage danken.

Darüber hinaus möchten wir unseren aufrichtigen Dank für den außerordentlichen Einsatz der Verantwortlichen bei Macmillan, Prentice Hall und Pearson während der Entwicklung der verschiedenen Auflagen dieses Buches zum Ausdruck bringen. Während des Prozesses des Schreibens der ersten Auflage lieferte Bonnie Lieberman Anleitung und Unterstützung von unschätzbarem Wert. Ken MacLeod hielt das Buchprojekt auf dem richtigen Kurs. Gerald Lombardi lieferte außerordentliche redaktionelle Unterstützung und Beratung, und John Molyneux überwachte die Produktion des Buches geschickt.

Während der Entwicklung der zweiten Auflage hatten wir das Glück, die Ermutigung und Unterstützung von David Boelio und die organisatorische und redaktionelle Hilfe der beiden Lektoren von Macmillan, Caroline Carney und Jill Lectka, zu erhalten. Die zweite Auflage profitierte darüber hinaus in hohem Maße von der ausgezeichneten redaktionellen Hilfe bei der Entwicklung des Buches, die von Gerald Lombardi und John Travis geleistet wurde, der die Produktion des Buches leitete.

Jill Lectka und Denise Abbott waren bei der dritten Auflage unsere Lektoren, und wir haben in großem Maße von dem von ihnen geleisteten Beitrag profitiert.

Leah Jewell war bei der vierten Auflage unsere Lektorin, und ihre Geduld, Aufmerksamkeit und Ausdauer wurden von uns hoch geschätzt. Chris Rogers hat die Auflagen fünf bis sieben dieses Buches kontinuierlich und loyal unterstützt. Im Hinblick auf die vorliegende achte Auflage sind wir unserer wirtschaftswissenschaftlichen Lektorin Adrienne D'Ambrosio dankbar, die mit großem Fleiß an dieser umfassenden Überarbeitung gearbeitet hat. Überdies sind wir für die Bemühungen der für die Entwicklung des Buches verantwortlichen Lektorin Deepa Chungi, der leitenden Projektmanagerin für die Produktion Kathryn Dinovo, dem Designleiter Jonathan Boylan, der Integra Projektleiterin Angela Norris, der Chefredakteurin Donna Battista, der leitenden Lektorin Sarah Dumouchelle sowie der Marketingmanagerin Lori DeShazo, äußerst dankbar.

Wir schulden Catherine Lynn Steel besonderen Dank, deren ausgezeichnete Lektoratsarbeit uns bei fünf Auflagen dieses Buches unterstützte. Lynn verstarb am 10. Dezember 2002. Wir vermissen sie sehr.

R.S.P.
D.L.R.

Anmerkungen zur deutschen Ausgabe Peggy Plötz-Steger sorgte für eine klare und anschauliche Übersetzung; Prof. Dr. Doris Neuberger von der Universität Rostock achtete immer darauf, dass die Übersetzungen auch fachlich korrekt sind.

MyLab | Deutsche Version für Mikroökonomie Dieses Buch beinhaltet einen 24-monatigen Zugang zu **MyLab | Deutsche Version für Mikroökonomie**, ein millionenfach erprobtes und entwickeltes interaktives E-Learning-Tool, das Studierende beim Aufbereiten des Stoffes und beim schrittweisen Lösen der Übungsaufgaben sowie bei den individuellen Prüfungsvorbereitungen ideal unterstützt. Über 8 Millionen Studierende weltweit haben damit schon gearbeitet.

Über die interaktive Lernplattform hat der Lernende Zugriff auf den E-Text des Lehrbuchs. Dieser kann mittels Kapitelauswahl zielgenau durchgesehen und mit Notizen versehen werden. Einen zeitsparenden und schnellen Überblick über den E-Text sowie die jeweilige Kapitelthematik verschaffen Themenschwerpunkte, Überblicke und Zusammenfassungen.

MyLab | Deutsche Version für Mikroökonomie enthält außerdem noch alle Antworten zu den Fragen aus dem Buch als Download. Wo das genau der Fall ist und auch weitere Inhalte zu finden sind, deutet das nebenstehende Logo an der Seite des Textes an.

Wer weitergehen und prüfen will, ob er die Inhalte der Kapitel verstanden hat, kann das mit gezielten Vertiefungsfragen machen. Der Nutzer ist hier nur einen Klick von den Antworten entfernt.

Schließlich sichern über 2.500 interaktive Übungsaufgaben eine optimale Prüfungsvorbereitung:

- Dozenten haben die Möglichkeit, individuell Hausaufgaben für ihre geführten Kurse zusammenzustellen und damit die Vorlesung zu bereichern.
- Studenten können sich im Selbststudium am Ende eines jeden Kapitels einen Test anzeigen lassen und diesen, wie in einer realen Prüfungssituation, absolvieren. Sie erhalten zur Kontrolle Ihrer Prüfungsergebnisse ein sofortiges Feedback.

In der MyLab-Mediathek finden Sie Videointerviews, weiterführende Links, Glossarbegriffe und digitale Lernkarten.

Dozenten finden in einem eigenen Bereich kursbegleitende Materialien wie Dozentenfolien zum Einsatz in der Lehre und alle Abbildungen zum Download.

TEIL I

Einführung – Märkte und Preise

1 Vorbemerkungen 25

2 Grundlagen von Angebot und Nachfrage 49

I   Einführung – Märkte und Preise

In Teil I wird ein Überblick über das Aufgabengebiet der Mikroökonomie gegeben, und einige ihrer grundlegenden Konzepte und Instrumentarien vorgestellt. In Kapitel 1 werden die Problemfelder, mit denen sich die Mikroökonomie beschäftigt, sowie die Lösungen, die durch sie geliefert werden können, erörtert. Darüber hinaus wird erklärt, was ein Markt ist, wie die Grenzen eines Marktes bestimmt werden können und wie der Marktpreis gemessen wird.

In Kapitel 2 wird eines der wichtigsten Instrumentarien der Mikroökonomie vorgestellt – die Analyse von Angebot und Nachfrage. Es wird erklärt, wie Wettbewerbsmärkte funktionieren und wie die Preise und Mengen der Güter durch Angebot und Nachfrage bestimmt werden. Außerdem wird gezeigt, wie die Angebots-Nachfrage-Analyse eingesetzt werden kann, um die Auswirkungen sich ändernder Marktbedingungen, einschließlich staatlicher Interventionen, zu bestimmen.

Vorbemerkungen

1.1 Die Themen der Mikroökonomie 27

1.2 Was ist ein Markt? 32
    Beispiel 1.1: Der Markt für Süßstoffe 35
    Beispiel 1.2: Ein Fahrrad ist ein Fahrrad – oder nicht? 36

1.3 Reale und nominale Preise 38
    Beispiel 1.3: Der Preis für Eier und der Preis
    für eine Hochschulausbildung 39
    Beispiel 1.4: Der Mindestlohn 41

1.4 Gründe für das Studium der Mikroökonomie 42

1 Vorbemerkungen

Mikroökonomie
Fachgebiet der Volkswirtschaftslehre, das sich mit dem Verhalten einzelner wirtschaftlicher Einheiten – Konsumenten, Unternehmen, Arbeitnehmer und Investoren – sowie den durch sie gebildeten Märkten beschäftigt.

Die Volkswirtschaftslehre wird in zwei Hauptgebiete unterteilt: die Mikroökonomie und die Makroökonomie. Die **Mikroökonomie** beschäftigt sich mit dem Verhalten einzelner wirtschaftlicher Einheiten. Zu diesen Einheiten gehören Konsumenten, Arbeitnehmer, Investoren, Grundbesitzer und gewerbliche Unternehmen – also alle Personen bzw. Gebilde, die für das Funktionieren der Volkswirtschaft von Bedeutung sind.[1] In der Mikroökonomie wird erklärt, wie und warum diese Einheiten wirtschaftliche Entscheidungen treffen. Es wird beispielsweise beschrieben, wie die Konsumenten Kaufentscheidungen treffen und wie ihre Entscheidungen durch sich ändernde Preise und Einkommen beeinflusst werden. In der Mikroökonomie wird auch erklärt, wie die Unternehmen entscheiden, wie viele Arbeitnehmer sie einstellen und wie die Arbeitnehmer entscheiden, wo und wie viel sie arbeiten.

Ein weiteres wichtiges Ziel der Mikroökonomie liegt darin, zu erklären, wie wirtschaftliche Einheiten zur Bildung von größeren Einheiten – Märkten und Branchen – interagieren. Die Mikroökonomie hilft uns beispielsweise dabei, zu verstehen, warum die amerikanische Automobilindustrie sich auf eine ganz bestimmte Art und Weise und nicht anders entwickelt hat und wie Produzenten und Konsumenten auf dem Markt für Automobile interagieren. Sie erklärt, wie Automobilpreise bestimmt werden, wie viel Geld die Automobilfirmen in neue Werke investieren und wie viele Autos jährlich produziert werden. Durch die Untersuchung des Verhaltens und der Interaktion einzelner Unternehmen und Konsumenten zeigt die Mikroökonomie auf, wie Branchen und Märkte funktionieren und sich entwickeln, warum sie sich unterscheiden und wie sie durch staatliche Eingriffe und die globalen Wirtschaftsbedingungen beeinflusst werden.

Makroökonomie
Fachgebiet der Volkswirtschaftslehre, das sich mit gesamtwirtschaftlichen Variablen, z.B. dem Niveau und der Wachstumsrate des Sozialprodukts, den Zinssätzen und der Inflation, beschäftigt.

Im Gegensatz dazu beschäftigt sich die **Makroökonomie** mit gesamtwirtschaftlichen Mengen, wie z.B. dem Niveau und der Wachstumsrate des Sozialprodukts, den Zinssätzen, der Arbeitslosigkeit und der Inflation. Die Grenzen zwischen der Makroökonomie und der Mikroökonomie sind allerdings in den letzten Jahren immer fließender geworden. Dies ist auf die Tatsache zurückzuführen, dass die Makroökonomie auch die Analysen von Märkten – beispielsweise der gesamtwirtschaftlichen Märkte für Güter und Dienstleistungen, für Arbeit und Industrieschuldverschreibungen – beinhaltet. Um zu verstehen, wie diese gesamtwirtschaftlichen Märkte funktionieren, müssen wir zunächst das Verhalten der Unternehmen, Konsumenten, Arbeitnehmer und Investoren, die diese Märkte bilden, verstehen. Daher beschäftigen sich die Makroökonomen zunehmend mit den mikroökonomischen Grundlagen gesamtwirtschaftlicher Phänomene. Tatsächlich bildet ein Großteil der Makroökonomie eine Erweiterung der mikroökonomischen Analyse.

---

1 Die Vorsilbe „mikro-" ist von dem griechischen Wort für „klein" abgeleitet. Viele der einzelnen wirtschaftlichen Einheiten, die wir untersuchen werden, sind allerdings nur im Vergleich mit der gesamten Volkswirtschaft der USA klein. So sind beispielsweise die Umsätze von General Motors, IBM und Exxon höher als das Bruttosozialprodukt vieler Staaten.

1.1 Die Themen der Mikroökonomie

Die Rolling Stones haben einmal gesagt: „Du kannst nicht immer das bekommen, was du willst." Das ist sicher wahr. Für die meisten Menschen (sogar für Mick Jagger) ist die Tatsache, dass man nicht immer das haben oder tun kann, was man will, eine einfache, aber harte Lektion, die sie in der frühen Kindheit gelernt haben. Für Ökonomen kann diese Tatsache allerdings zu einer Besessenheit werden.

Ein wichtiges Thema der Mikroökonomie sind Begrenzungen – die begrenzten Einkommen, die Konsumenten für Güter und Dienstleistungen ausgeben können, die begrenzten Etats und das begrenzte technische Fachwissen, die Unternehmen zur Herstellung von Gütern einsetzen können, sowie die begrenzte Stundenzahl pro Woche, die Arbeitnehmer der Arbeit oder der Freizeit widmen können. In der Mikroökonomie geht es allerdings auch darum, *wie man die begrenzten Ressourcen optimal einsetzen kann*. Genauer gesagt geht es dabei um die *Verwendung von knappen Mitteln*. Beispielsweise wird in der Mikroökonomie erklärt, wie die Konsumenten ihr begrenztes Einkommen am besten auf die verschiedenen zum Kauf von notwendigen und angebotenen Gütern und Dienstleistungen aufteilen können. Die Mikroökonomie erklärt, wie Arbeitnehmer ihre Zeit besser der Arbeit anstelle der Freizeit oder ihrem Arbeitsplatz anstelle eines anderen widmen können. Außerdem erklärt sie, wie Unternehmen am besten ihre begrenzten finanziellen Ressourcen für die Einstellung zusätzlicher Arbeitskräfte oder den Kauf neuer Maschinen bzw. für die Produktion einer Produktpalette anstelle einer anderen aufwenden können.

In einer Planwirtschaft, wie z.B. auf Kuba, in Nordkorea oder der in der früheren Sowjetunion, werden diese Zuteilungsentscheidungen hauptsächlich durch die Regierung getroffen. Den Unternehmen wird vorgeschrieben, was und wie viel sie wie produzieren. Den Arbeitnehmern wird in der Auswahl ihrer Arbeitsplätze, ihrer Arbeitszeit oder sogar ihres Wohnortes nur wenig Flexibilität eingeräumt. Darüber hinaus ist typisch, dass die Konsumenten nur aus einer sehr begrenzten Palette von Gütern auswählen können. Deshalb sind viele der Instrumentarien und Konzepte der Mikroökonomie in diesen Ländern nur begrenzt relevant.

1.1.1 Tradeoffs

In den modernen Marktwirtschaften haben die Konsumenten, Arbeitnehmer und Unternehmen eine viel größere Flexibilität bzw. Auswahl bei der Verwendung knapper Ressourcen. Die Mikroökonomie beschreibt die Tradeoffs, mit denen Konsumenten, Arbeitnehmer und Unternehmen konfrontiert werden, und zeigt, wie zwischen diesen alternativen Wahlmöglichkeiten am besten abgewogen wird.

Die Frage nach der besten Abwägung zwischen Alternativen ist ein wichtiges Thema der Mikroökonomie, das in diesem Buch immer wieder auftauchen wird. Im Folgenden werden wir dieses Thema detaillierter betrachten.

Konsumenten Die Konsumenten verfügen über begrenzte Einkommen, die für eine Vielzahl von Gütern und Dienstleistungen ausgegeben oder für die Zukunft angespart werden können. Die Konsumententheorie, Gegenstand der Kapitel 3, 4 und 5 des vorliegenden Buchs, beschreibt wie die Konsumenten auf der Grundlage ihrer Präferenzen ihr Wohlbefinden maximieren, indem sie den gesteigerten Kauf einiger Güter durch geringere Käufe anderer Güter kompensieren. Es wird auch untersucht, wie die Konsumenten entscheiden, welchen Anteil ihres Einkommens sie sparen, um damit gegenwärtigen Konsum gegen zukünftigen Konsum auszutauschen.

Arbeitnehmer Die Arbeitnehmer werden ebenfalls mit Begrenzungen konfrontiert und müssen abwägen. Zunächst muss entschieden werden, ob und wann man sich auf den Arbeitsmarkt begibt. Da die einem Arbeitnehmer zur Verfügung stehenden Arten von Arbeitsplätzen – und die dementsprechenden Lohn- bzw. Gehaltstarife – zum Teil von Bildungsabschlüssen und erworbenen Fähigkeiten abhängen, muss zwischen der sofortigen Aufnahme einer Erwerbstätigkeit (und der sofortigen Erzielung eines Einkommens) und der Fortsetzung der Ausbildung (und der damit verbundenen Hoffnung auf ein zukünftiges höheres Einkommen) abgewogen werden. Zweitens werden die Arbeitnehmer auch in der Wahl ihres Arbeitsverhältnisses mit Tradeoffs konfrontiert. Beispielsweise entscheiden sich manche Arbeitnehmer, für große Unternehmen tätig zu werden, die ihnen zwar eine Arbeitsplatzsicherheit gewähren, gleichzeitig aber nur begrenzte Aufstiegsmöglichkeiten bieten, während andere Arbeitnehmer lieber für kleinere Unternehmen arbeiten, in denen es bessere Aufstiegsmöglichkeiten, aber weniger Sicherheit gibt. Schließlich müssen die Arbeitnehmer manchmal auch entscheiden, wie viele Stunden sie pro Woche arbeiten wollen, d.h. sie wägen zwischen Arbeitszeit und Freizeit ab.

Unternehmen Die Unternehmen sind ebenfalls Begrenzungen ausgesetzt – bezogen auf die Produktarten, die sie produzieren können, sowie auf die dafür verfügbaren Ressourcen. General Motors ist beispielsweise sehr gut in der Produktion von Kraftfahrzeugen und Lastkraftwagen, verfügt aber nicht über die zur Herstellung von Flugzeugen, Computern oder Pharmaprodukten notwendigen Fähigkeiten. Darüber hinaus sind auch ihre finanziellen Ressourcen und die gegenwärtige Produktionskapazität ihrer Werke begrenzt. Angesichts dieser Begrenzungen muss GM entscheiden, wie viele Fahrzeuge jedes Typs produziert werden sollen. Will das Unternehmen im nächsten oder übernächsten Jahr eine höhere Gesamtzahl an Kraftfahrzeugen oder Lastkraftwagen produzieren, muss es entscheiden, ob mehr Arbeitnehmer eingestellt bzw. neue Werke errichtet werden sollen oder ob beides geschehen muss. Die *Theorie der Unternehmung*, Gegenstand der Kapitel 6 und 7, beschreibt, wie hier am besten abgewogen wird.

1.1.2 Preise und Märkte

Ein zweites wichtiges Thema der Mikroökonomie ist die Rolle der *Preise*. Sämtliche der oben beschriebenen Abwägungen beruhen auf den Preisen, mit denen Konsumenten, Arbeitnehmer oder Unternehmen konfrontiert werden. Beispielsweise tauschen Konsumenten teilweise aufgrund ihrer Vorliebe gegenüber einem der Produkte aber zum Teil auch aufgrund der jeweiligen Preise Rindfleisch gegen Hühnerfleisch aus. Genauso tauschen Arbeitnehmer teilweise aufgrund des „Preises", den sie für ihre Arbeit erzielen können – d.h. aufgrund des *Lohnes* – Arbeitszeit gegen Freizeit aus. Die Unternehmen wiederum entscheiden, teilweise auf der Grundlage von Lohntarifen und Preisen für Maschinen, ob sie mehr Arbeitskräfte einstellen oder mehr Maschinen erwerben.

In der Mikroökonomie wird außerdem beschrieben, wie die Preise bestimmt werden. In einer zentral gesteuerten Wirtschaft werden die Preise durch den Staat festgelegt. In einer Marktwirtschaft werden die Preise durch die Interaktionen zwischen Konsumenten, Arbeitnehmern und Unternehmen bestimmt. Diese Interaktionen finden auf *Märkten* statt – Ansammlungen von Käufern und Verkäufern, die gemeinsam den Preis einer Ware bestimmen. Auf dem Automobilmarkt werden beispielsweise die Preise durch den Wettbewerb zwischen Ford, General Motors, Toyota und anderen Herstellern, aber auch durch die Nachfrage der Konsumenten beeinflusst. Die zentrale Rolle der Märkte ist das dritte wichtige Thema der Mikroökonomie. Zu den Arten von Märkten und deren Funktionsweise werden in Kürze nähere Erläuterungen gegeben.

1.1.3 Theorien und Modelle

Wie jede andere Wissenschaft beschäftigt sich auch die Volkswirtschaft mit der *Erklärung* von beobachteten Phänomenen und *Prognosen*. Warum neigen Unternehmen beispielsweise dazu, Arbeitskräfte einzustellen oder zu entlassen, wenn sich die Preise der von ihnen benötigten Rohstoffe ändern? Wie viele Arbeitskräfte werden wahrscheinlich durch ein Unternehmen oder eine Branche eingestellt oder entlassen, wenn der Preis der Rohstoffe um, beispielsweise, zehn Prozent ansteigt?

In der Volkswirtschaft wie auch in anderen Wissenschaften beruhen die Erklärungen und Prognosen auf *Theorien*. Diese Theorien werden entwickelt, um die beobachteten Phänomene im Hinblick auf eine Reihe von Grundregeln und Annahmen zu erklären. So geht beispielsweise die *Theorie der Unternehmung* von einer einfachen Annahme aus – Unternehmen versuchen, ihre Gewinne zu maximieren. In der Theorie wird diese Annahme verwendet, um zu erklären, wie die Unternehmen die von ihnen für die Produktion eingesetzten Mengen an Arbeit, Kapital und Rohstoffen sowie die von ihnen produzierten Gütermengen bestimmen. Durch diese Theorie wird auch erklärt, wie diese Entscheidungen sowohl von den Preisen der Produktionsfaktoren, wie z.B. für Arbeit, Kapital und Rohstoffe, als auch von den Preisen, die Firmen für ihre Produkte erzielen können, abhängen.

Ökonomische Theorien bilden auch die Grundlage für Prognosen. Aus diesem Grund wird mittels der Theorie der Unternehmung vorhergesagt, ob sich das Produktionsniveau einer Firma aufgrund einer Erhöhung der Lohnsätze oder eines Rückgangs der Rohstoffpreise erhöhen oder verringern wird. Durch die Anwendung statistischer und ökonometrischer Methoden können mit Hilfe der Theorien Modelle konstruiert werden, mit denen quantitative Vorhersagen gemacht werden können. Ein *Modell* ist eine auf der Wirtschaftstheorie beruhende mathematische Darstellung eines Unternehmens, eines Marktes oder eines anderen Gebildes. So könnten wir zum Beispiel das Modell eines bestimmten Unternehmens entwickeln und damit vorhersagen, *um wie viel* sich das Produktionsniveau dieses Unternehmens beispielsweise infolge eines Rückgangs der Rohstoffpreise um zehn Prozent ändern würde.

Mit Hilfe der Statistik und der Ökonometrie kann auch die Genauigkeit der Prognosen gemessen werden. Nehmen wir beispielsweise an, dass wir prognostizieren, dass ein Rückgang der Rohstoffpreise um zehn Prozent zu einem Anstieg der Produktion um fünf Prozent führen wird. Kann man sicher sein, dass der Anstieg der Produktion genau fünf Prozent betragen wird, oder könnte er irgendwo zwischen drei und sieben Prozent liegen?

Die Bestimmung der Genauigkeit einer Prognose kann genauso wichtig sein wie die Prognose selbst.

Unabhängig davon, ob sie in den Bereich der Volkswirtschaft, Physik oder einer anderen Wissenschaft fällt, ist keine Theorie absolut korrekt. Die Nützlichkeit und Gültigkeit einer Theorie hängen davon ab, ob sie erfolgreich Erklärungen und Prognosen für die Reihe von Phänomenen trifft, für die sie diese liefern soll. Deshalb werden Theorien ständig durch Beobachtungen überprüft. Im Ergebnis dieser Überprüfungen werden die Theorien oft abgeändert oder verbessert und gelegentlich sogar verworfen. Der Prozess der Überprüfung und Verbesserung von Theorien bildet einen zentralen Bestandteil der Entwicklung der Volkswirtschaftslehre als Wissenschaft.

Bei der Bewertung einer Theorie ist es wichtig zu berücksichtigen, dass diese zwangsläufig nicht absolut korrekt sein kann. Dies trifft auf alle Wissenschaften zu. So setzt in der Physik beispielsweise das Boylesche Gesetz Volumen, Temperatur und Druck eines Gases zueinander in Beziehung.[2] Dieses Gesetz beruht auf der Annahme, dass sich die einzelnen Gasmoleküle so verhalten, als wären sie winzige, elastische Billardkugeln. Die heutigen Physiker wissen allerdings, dass sich Gasmoleküle tatsächlich nicht immer verhalten wie Billardkugeln. Aus diesem Grund versagt das Boylesche Gesetz bei extremen Druckverhältnissen und Temperaturen. Unter den meisten Bedingungen kann allerdings mit diesem Gesetz exzellent prognostiziert werden, wie sich die Temperatur eines Gases ändern wird, wenn Druck und Volumen sich ändern. Deshalb ist das Boylesche Gesetz ein äußerst wichtiges Instrument für Ingenieure und Wissenschaftler.

Die Situation in den Wirtschaftswissenschaften ist sehr ähnlich. So maximieren beispielsweise Unternehmen ihre Gewinne nicht ständig. Vielleicht ist die Theorie der Unternehmung deshalb bei der Erklärung bestimmter Aspekte des Verhaltens von Unternehmen, wie z.B. der Wahl des Zeitpunkts für eine Entscheidung über Kapitalinvestitionen, nur sehr begrenzt erfolgreich. Trotzdem erklärt die Theorie eine Vielzahl von Phänomenen im Hinblick auf das Verhalten, das Wachstum und die Entwicklung von Unternehmen und Branchen und ist somit zu einem wichtigen Instrument für Manager und politische Entscheidungsträger geworden.

1.1.4 Positive und normative Analyse

Die Mikroökonomie beschäftigt sich sowohl mit *positiven* als auch mit *normativen* Fragen. Positive Fragen setzen sich mit Erklärung und Prognose auseinander, normative Fragen dagegen mit dem, was sein sollte. Nehmen wir an, die USA verhängen eine Quote für den Import ausländischer Autos. Was wird mit dem Preis, der Produktion und den Verkaufszahlen der Autos geschehen? Welche Auswirkungen wird diese Politikänderung auf die amerikanischen Konsumenten haben? Und welche auf die Arbeitnehmer in der Automobilindustrie? Diese Fragen gehören in den Bereich der **positiven Analyse**: Sie trifft Aussagen zur Beschreibung der Beziehungen von Ursache und Wirkung.

Positive Analyse

Analyse zur Beschreibung der Beziehungen von Ursache und Wirkung.

---

[2] Robert Boyle (1627–1691) war ein britischer Chemiker und Physiker, der experimentell festgestellt hat, dass Druck (P), Volumen (V) und Temperatur (T) in folgender Beziehung stehen: $P \times V = R \times T$, wobei R eine Konstante ist. Später haben Physiker diese Beziehung als Ergebnis der kinetischen Theorie der Gase abgeleitet, mit der die Bewegung von Gasmolekülen statistisch beschrieben wird.

Die positive Analyse ist ein zentrales Thema der Mikroökonomie. Wie bereits oben erklärt, werden Theorien zur Erklärung von Phänomenen entwickelt, mit Beobachtungen überprüft und zur Konstruierung von Modellen, aus denen Prognosen abgeleitet werden, verwendet. Die Verwendung wirtschaftswissenschaftlicher Theorien zur Erstellung von Prognosen ist sowohl für die Manager von Unternehmen als auch für die staatliche Politik wichtig. Nehmen wir an, die Bundesregierung beabsichtigt, die Kraftstoffsteuer zu erhöhen. Diese Änderung hätte Auswirkungen auf die Kraftstoffpreise, die Kaufentscheidungen der Konsumenten für kleine oder große Autos, die Anzahl der Fahrten, die unternommen werden, usw. Um angemessen planen zu können, müssten sowohl die Öl- und Automobilfirmen als auch die Hersteller von Autoteilen und die Unternehmen in der Tourismusbranche die Auswirkungen dieser Änderung bewerten können. In einem solchen Fall würden auch die politischen Entscheidungsträger quantitative Schätzungen der Auswirkungen der Änderung benötigen. Sie würden die den Konsumenten auferlegten Kosten (vielleicht aufgeschlüsselt nach Einkommenskategorien) sowie die Auswirkungen auf die Ertrags- und Beschäftigungssituation in der Öl-, Automobil- und Tourismusindustrie und die wahrscheinlich pro Jahr erwarteten Steuermehreinnahmen bestimmen wollen.

Manchmal will man über die Erklärung und Prognose hinausgehen und die Frage danach ausrichten, „was das Beste ist". Dies beinhaltet die **normative Analyse**, die ebenfalls für die Manager von Unternehmen und die Entscheidungsträger der staatlichen Politik wichtig ist. Auch in diesem Fall wollen wir eine neue Kraftstoffsteuer betrachten. Die Automobilfirmen möchten die beste (gewinnmaximierende) Mischung großer und kleiner Autos für die Produktion nach der Erhebung der Steuer bestimmen. Insbesondere ist die Frage danach wichtig, wie viel investiert werden soll, um die Fahrzeuge treibstoffsparender zu machen. Für die Politiker liegt das Hauptaugenmerk wahrscheinlich darauf, ob die Steuer von öffentlichem Interesse ist. Die gleichen politischen Ziele (beispielsweise eine Steigerung der Steuereinnahmen und eine Reduzierung der Abhängigkeit von importiertem Öl) könnten mit einer anderen Form einer Abgabe, z.B. einem Zoll auf importiertes Öl, eventuell günstiger erreicht werden.

> **Normative Analyse**
>
> Analyse zur Untersuchung der Frage: „Was sollte sein?"

Die normative Analyse beschäftigt sich nicht nur mit alternativen politischen Optionen, sie beinhaltet auch die Gestaltung bestimmter politischer Entscheidungen. Nehmen wir z.B. an, dass entschieden worden ist, dass eine Kraftstoffsteuer wünschenswert ist. Nach dem Abwägen von Kosten und Nutzen stellen wir die Frage nach der optimalen Höhe einer solchen Steuer.

Die normative Analyse wird oft durch Werturteile ergänzt. Beispielsweise könnte ein Vergleich zwischen einer Kraftstoffsteuer im Inland und einer Zollabgabe an den Grenzen auf Ölimporte zu der Schlussfolgerung führen, dass die Kraftstoffsteuer leichter zu handhaben ist, aber größere Auswirkungen auf Konsumenten mit niedrigen Einkommen hat. An diesem Punkt muss die Gesellschaft ein Werturteil fällen, bei dem Gerechtigkeit und wirtschaftliche Effizienz gegeneinander abgewogen werden müssen. Wenn Werturteile gefällt werden müssen, kann die Mikroökonomie keine Aussage darüber treffen, welche die beste Politik ist. Allerdings kann sie die Tradeoffs verdeutlichen und dadurch zur Erhellung der Kernpunkte und zur Anregung der Diskussion beitragen.

1.2 Was ist ein Markt?

Geschäftsleute, Journalisten, Politiker und ganz normale Verbraucher reden ständig über Märkte – z.B. Ölmärkte, Wohnungsmärkte, Rentenmärkte, Arbeitsmärkte und Märkte für jede Art Waren und Dienstleistungen. Allerdings ist die Bedeutung des Wortes „Markt" vage oder irreführend. In der Volkswirtschaftslehre stellen die Märkte einen zentralen Aspekt der Analyse dar. Deshalb versuchen die Volkswirte so genau wie möglich zu definieren, was sie meinen, wenn sie von einem Markt sprechen.

Wir können leicht erklären, was ein Markt ist und wie er funktioniert, indem wir einzelne wirtschaftliche Einheiten in zwei große Gruppen unterteilen – *Käufer* und *Verkäufer*. Zu den Käufern gehören Konsumenten, die Güter und Dienstleistungen kaufen, und Unternehmen, die zur Produktion ihrer Güter und Dienstleistungen Arbeit, Kapital und Rohstoffe kaufen. Zu den Verkäufern gehören Unternehmen, die ihre Güter und Dienstleistungen verkaufen, sowie die Arbeitnehmer, die ihre Dienstleistungen verkaufen, und die Eigentümer von Ressourcen, die Land verpachten oder Bodenschätze an Unternehmen veräußern. Es ist offenkundig, dass die meisten Personen wie auch die meisten Unternehmen sowohl als Käufer als auch als Verkäufer auftreten, aber für unsere Zwecke erachten wir es als hilfreich, sie einfach als Käufer zu betrachten, wenn sie etwas kaufen, und als Verkäufer, wenn sie etwas verkaufen.

Gemeinsam interagieren Käufer und Verkäufer und bilden dadurch Märkte. Ein **Markt** *ist eine Ansammlung von Käufern und Verkäufern, die durch ihre tatsächlichen oder potenziellen Interaktionen den Preis eines Produktes oder eines Produktsortiments bestimmen.* Auf dem Markt für Personalcomputer sind beispielsweise die Käufer gewerbliche Unternehmen, Haushalte und Studenten. Die Verkäufer sind Hewlett-Packard, Lenovo, Dell, Apple und eine Reihe anderer Unternehmen. Dabei ist zu beachten, dass ein Markt mehr als eine Branche umfasst. *Eine Branche ist eine Ansammlung von Firmen, die das gleiche Produkt oder sehr ähnliche Produkte verkaufen.* Tatsächlich bildet die Branche die Angebotsseite des Marktes.

Die Wirtschaftswissenschaftler befassen sich häufig mit der **Marktdefinition** – d.h. der Frage, welche Käufer und Verkäufer in einen bestimmten Markt einbezogen werden sollten. Bei der Definition eines Marktes können potenzielle Interaktionen zwischen Käufern und Verkäufern genauso wichtig sein wie tatsächliche. Ein Beispiel dafür ist der Goldmarkt. Ein New Yorker, der beabsichtigt, Gold zu kaufen, wird dazu wahrscheinlich nicht nach Zürich reisen. Die meisten Goldkäufer in New York werden nur mit Verkäufern in New York interagieren. Da allerdings die Kosten des Transports von Gold im Vergleich zu dessen Wert gering sind, *könnten* Goldkäufer in New York ihr Gold in Zürich kaufen, wenn die Preise dort erheblich niedriger wären.

Deutliche Unterschiede im Preis einer Ware schaffen die Möglichkeit einer **Arbitrage**: den Kauf einer Ware zu einem niedrigen Preis an einem Standort und den Verkauf der Ware zu einem höheren Preis an einem anderen Standort. Und genau durch diese Möglichkeit der Arbitrage wird verhindert, dass zwischen den Goldpreisen in New York und Zürich bedeutende Unterschiede entstehen, und ein Weltmarkt für Gold geschaffen.

Die Märkte stehen im Zentrum der wirtschaftlichen Aktivität, und viele der interessantesten Fragen und Problemfelder der Volkswirtschaft betreffen das Funktionieren der Märkte. Warum stehen beispielsweise auf einigen Märkten nur wenige Unternehmen miteinander im Wettbewerb, während auf anderen eine Vielzahl von Unternehmen konkurriert? Sind die Konsumenten tatsächlich besser gestellt, wenn es viele Unternehmen gibt?

Markt
Ansammlung von Käufern und Verkäufern, die durch tatsächliche und potenzielle Interaktionen den Preis eines Produktes oder eines Produktsortiments bestimmen.

Marktdefinition
Bestimmung der Käufer, Verkäufer sowie der Produktpalette, die in einen bestimmten Markt einbezogen werden sollen.

Arbitrage
Differenz aus dem Kauf einer Ware zu einem niedrigen Preis an einem Ort und Weiterverkauf zu einem höheren Preis an einem anderen Ort.

Wenn das der Fall ist, sollte der Staat in Märkte eingreifen, auf denen es nur wenige Firmen gibt? Warum sind die Preise auf manchen Märkten schnell angestiegen oder gefallen, während sie sich auf anderen Märkten kaum verändert haben? Und welche Märkte bieten die besten Möglichkeiten für einen Unternehmer, der ein Geschäft gründen will?

1.2.1 Wettbewerbs- und Nichtwettbewerbsmärkte

Im vorliegenden Buch wird das Verhalten von Wettbewerbs- und Nichtwettbewerbsmärkten untersucht. Auf einem *vollständigen Wettbewerbsmarkt* gibt es viele Käufer und Verkäufer, so dass kein einzelner Käufer oder Verkäufer über bedeutenden Einfluss auf den Preis verfügt. Die meisten landwirtschaftlichen Märkte sind fast vollständig kompetitiv. So produzieren beispielsweise Tausende von Bauern Weizen, den Tausende von Käufern zur Produktion von Mehl und anderen Produkten aufkaufen. Deshalb kann kein einzelner Bauer und auch kein einzelner Käufer den Weizenpreis deutlich beeinflussen.

Viele andere Märkte sind soweit kompetitiv, dass sie so behandelt werden können, als wären sie vollständige Wettbewerbsmärkte. So gibt es beispielsweise auf dem Weltmarkt für Kupfer einige Dutzend große Produzenten. Diese Zahl ist groß genug, um sicherzustellen, dass die Auswirkungen auf den Preis gering sind, wenn einer der Produzenten aus dem Geschäft ausscheidet. Das Gleiche trifft auf viele andere Märkte für natürliche Ressourcen, wie z.B. Kohle, Eisen, Zinn oder Holz, zu.

Andere Märkte, auf denen es eine geringe Anzahl an Produzenten gibt, können für die Zwecke der Analyse noch als kompetitiv behandelt werden. So gibt es beispielsweise auf dem US-amerikanischen Luftfahrtsektor einige Dutzend Firmen, die meisten Flugrouten werden allerdings nur durch wenige Unternehmen bedient. Trotzdem und aufgrund der Tatsache, dass der Wettbewerb unter diesen Unternehmen oftmals sehr hart ist, kann dieser Markt für einige Zwecke als kompetitiv behandelt werden. Schließlich gibt es noch Märkte, auf denen es viele Produzenten gibt, die aber *nicht kompetitiv* sind, d.h. einzelne Unternehmen können gemeinsam den Preis beeinflussen. Der Weltmarkt für Öl ist ein Beispiel dafür. Seit den frühen 1970ern wird dieser Markt durch das OPEC-Kartell beherrscht. (Ein *Kartell* ist eine Gruppe von Produzenten, die gemeinsam handeln.)

> **Vollkommener Wettbewerbsmarkt**
>
> Ein Markt mit so vielen Käufern und Verkäufern, dass kein einzelner Käufer oder Verkäufer über bedeutenden Einfluss auf den Preis verfügt.

1.2.2 Der Marktpreis

Märkte ermöglichen Transaktionen zwischen Käufern und Verkäufern. Mengen von Gütern werden für bestimmte Preise verkauft. In einem vollständigen Wettbewerbsmarkt gibt es gewöhnlich einen einzigen Preis – den **Marktpreis**. Der Preis für Weizen in Kansas City und der Preis für Gold in New York City sind zwei Beispiele dafür. Diese Preise sind gewöhnlich leicht zu messen. So kann man beispielsweise den Preis für Mais, Weizen oder Gold jeden Tag im Wirtschaftsteil der Zeitungen finden.

Auf Märkten, die keine vollständigen Wettbewerbsmärkte sind, können verschiedene Firmen unterschiedliche Preise für das gleiche Produkt verlangen. Dies kann geschehen, weil eine Firma versucht, Kunden von Wettbewerbern abzuwerben, oder weil die Kunden eine Markentreue zeigen, die es einigen Firmen ermöglicht, höhere Preise zu berechnen als andere. So können z.B. zwei verschiedene Markenwaschmittel im gleichen Supermarkt zu unterschiedlichen Preisen verkauft werden. Oder zwei Supermärkte in der gleichen Stadt können das gleiche Markenwaschmittel zu unterschiedlichen Preisen verkaufen. Wenn in derartigen Fällen auf den Marktpreis Bezug genommen wird, ist damit der über die Marken oder Supermärkte gemittelte Preis gemeint.

> **Marktpreis**
>
> Der auf einem Wettbewerbsmarkt herrschende Preis.

Der Marktpreis für die meisten Güter schwankt im Lauf der Zeit, und bei vielen Gütern können diese Fluktuationen sehr schnell eintreten. Dies trifft insbesondere auf Güter zu, die auf Wettbewerbsmärkten verkauft werden. So ist beispielsweise der Aktienmarkt hochgradig kompetitiv, da es typischerweise viele Käufer und Verkäufer für jede beliebige Aktie gibt. Wie jeder, der schon einmal auf dem Aktienmarkt investiert hat, weiß, schwanken die Preise einer bestimmten Aktie von Minute zu Minute und können innerhalb eines Tages beträchtlich steigen oder fallen. Ähnlich können die Preise von Waren wie Weizen, Sojabohnen, Kaffee, Öl, Gold, Silber und Holz innerhalb eines Tages oder einer Woche dramatisch ansteigen oder fallen.

1.2.3 Marktdefinition – die Reichweite eines Marktes

> **Reichweite eines Marktes**
>
> Grenzen eines Marktes, sowohl geografisch als auch im Hinblick auf die innerhalb des Marktes produzierte und verkaufte Produktpalette.

Wie wir bereits festgestellt haben, wird mit der *Marktdefinition* bestimmt, welche Käufer und Verkäufer in einem bestimmten Markt miteinbezogen werden sollen. Allerdings muss zunächst die *Reichweite des Marktes* bestimmt werden, bevor festgelegt werden kann, welche Käufer und Verkäufer einbezogen werden. Die **Reichweite eines Marktes** bezieht sich auf seine *Grenzen*, sowohl *geografisch* als auch im Hinblick auf die in den Markt einzubeziehende *Produktpalette*.

Beschäftigt man sich beispielsweise mit dem Benzinmarkt, muss man sich über dessen geografische Grenzen im Klaren sein. Bezieht man sich z.B. auf die Innenstadt von Los Angeles, auf Südkalifornien oder auf die gesamten Vereinigten Staaten? Außerdem muss man auch die Produktpalette kennen, auf die man sich bezieht. Sollten Normalbenzin (Benzin mit normaler Oktanzahl) und Superbenzin (Benzin mit hoher Oktanzahl) im gleichen Markt berücksichtigt werden? Oder verbleites und bleifreies Benzin oder Benzin und Dieselkraftstoff?

Bei manchen Gütern ist es sinnvoll, einen Markt nur im Hinblick auf sehr beschränkte geografische Grenzen zu definieren. Der Wohnungsmarkt ist dafür ein gutes Beispiel. Die meisten Menschen, die in der Innenstadt von Chicago arbeiten, werden Wohnungen nur in dem Bereich suchen, in dem das Pendeln zwischen Arbeitsstätte und Wohnort möglich ist. Sie werden keine Häuser in 200 oder 300 Meilen Entfernung in Betracht ziehen, obwohl diese unter Umständen viel billiger sind. Und Häuser (zusammen mit dem Land, auf dem sie errichtet worden sind) in einer Entfernung von 200 Meilen können nicht einfach in die Nähe von Chicago versetzt werden. Deshalb ist der Wohnungsmarkt in Chicago von den Wohnungsmärkten beispielsweise in Cleveland, Houston, Atlanta oder Philadelphia räumlich abgegrenzt und unterscheidet sich von diesen. Desgleichen sind die Endverbrauchermärkte für Benzin zwar geografisch weniger begrenzt, aber aufgrund der Kosten für den Transport über lange Strecken immer noch regionale Märkte. Daher unterscheidet sich der Benzinmarkt in Südkalifornien von dem in Nordillinois. Andererseits wird, wie bereits an anderer Stelle erläutert, Gold auf dem Weltmarkt gekauft und verkauft, wobei die Möglichkeit der Arbitrage verhindert, dass sich die Preise an unterschiedlichen Orten stark unterscheiden.

Darüber hinaus muss auch die in einem Markt einzuschließende Produktpalette sorgfältig analysiert werden. So gibt es z.B. einen Markt für einäugige Digitalspiegelreflexkameras (SLR), auf dem viele Unternehmen miteinander im Wettbewerb stehen. Aber was ist mit Kompaktkameras? Sollten sie als Teil des gleichen Marktes betrachtet werden? Wahrscheinlich nicht, da diese Kameras für andere Zwecke eingesetzt werden und deshalb nicht mit den SLR-Kameras im unmittelbaren Wettbewerb stehen. Benzin ist ein weiteres Beispiel. Normal- und Superbenzin könnten als Bestandteile des gleichen Marktes betrachtet werden, da die meisten Konsumenten beide Treibstoffsorten in ihren Autos verwenden können. Dieseltreibstoff ist allerdings kein Bestandteil dieses Marktes, da Automobile, die mit Normalbenzin betrieben werden, nicht für Dieselkraftstoff ausgelegt sind und umgekehrt.[3]

Die Marktdefinition ist aus zwei Gründen wichtig:

- Ein Unternehmen muss wissen, wer seine tatsächlichen und potenziellen Wettbewerber für die verschiedenen, von dem betreffenden Unternehmen gegenwärtig oder zukünftig verkauften Produkte sind. Das Unternehmen muss auch die produktspezifischen und geografischen Grenzen seines Marktes kennen, um den Preis festlegen, Werbeetats bestimmen und Entscheidungen über Kapitalinvestitionen treffen zu können.

- Die Marktdefinition kann auch für Entscheidungen über die staatliche Politik wichtig sein. Sollte der Staat eine Fusion oder den Aufkauf von Unternehmen, die ähnliche Produkte herstellen, gestatten oder anfechten? Die Antwort auf diese Frage hängt von den Auswirkungen der Fusion oder des Aufkaufs auf den zukünftigen Wettbewerb und die zukünftigen Preise ab. Dies kann oft nur durch eine Definition des Marktes bewertet werden.

Beispiel 1.1: Der Markt für Süßstoffe

Im Jahr 1990 übernahm die Archer-Daniels-Midland Company (ADM) die Clinton Corn Processing Company (CCP)[4]. ADM war ein großes Unternehmen, das viele Agrarprodukte herstellte, zu denen auch ein Fructose-Glucose-Gemisch aus Getreide (HFCS) gehörte. CCP war ein weiterer wichtiger US-amerikanischer Produzent von HFCS. Das US-amerikanische Justizministerium (DOJ) hat die Übernahme mit der Begründung angefochten, dass diese zu einem dominanten Produzenten von HFCS führen würde, der über die Macht verfügt, die Preise bis über das Wettbewerbsniveau hinaus in die Höhe zu treiben. Tatsächlich machen ADM und CCP zusammen mehr als 70 Prozent der US-amerikanischen HFCS-Produktion aus.

ADM hat wiederum die Entscheidung des DOJ angefochten und der Fall kam vor Gericht. Die grundlegende Frage dabei war, ob HFCS einen eigenen Markt bildet. Wenn dies der Fall gewesen wäre, hätte der gemeinsame Marktanteil von ADM und CCP ungefähr 40 Prozent betragen und die Entscheidung des DOJ wäre gerechtfertigt gewesen. ADM hat allerdings argumentiert, dass die zutreffende Marktdefinition sehr viel breiter sei – dass es sich um einen Markt für Süßstoffe handele, der Zucker sowie HFCS umfasst. Da der gemeinsame Anteil von ADM und CCP auf einem Markt für Süßstoffe recht gering werden würde, bestehe hier kein Anlass zur Sorge über die Macht des Unternehmens zur Steigerung der Preise. ▶

---

3 Wie kann die Reichweite eines Marktes bestimmt werden? Da sich der Markt dort befindet, wo der Marktpreis bestimmt wird, konzentriert sich ein Ansatz auf die Marktpreise. Dazu wird analysiert, ob die Preise für ein Produkt in unterschiedlichen geografischen Regionen (oder für verschiedene Produkttypen) ungefähr gleich sind oder ob sie dazu neigen, sich parallel zu ändern. Falls beides zutrifft, werden die Produkte den gleichen Märkten zugeordnet. Eine ausführlichere Erörterung liefern George J. Stigler und Robert A. Sherwin, The Extent of the Market, *Journal of Law and Economics* 27 (Oktober 1985), S. 555–585.

4 Dieses Beispiel basiert auf F.M. Scherer, „*Archer-Daniels-Midland and Clinton Corn Processing*", Fall C16-92-1126, John F. Kennedy School of Government, Harvard University 1992.

ADM argumentierte weiter, dass Zucker und HFCS als Bestandteile des gleichen Marktes betrachtet werden sollten, da sie austauschbar zum Süßen einer großen Vielzahl von Lebensmittelprodukten, wie beispielsweise alkoholfreier Getränke, Spaghetti-Sauce und Sirup für Eierkuchen verwendet würden. ADM hat darüber hinaus auch aufgezeigt, dass die Lebensmittelproduzenten bei Schwankungen des Niveaus der Preise für HFCS und Zucker die Anteile jedes dieser zur Produktion ihrer Erzeugnisse verwendeten Süßstoffes verändern würden. Im Oktober 1990 schließ sich ein Bundesrichter dem Argument von ADM an, das besagte, dass sowohl Zucker als auch HFCS einen Bestandteil eines umfassenden Marktes für Süßstoffe bilden. Die Übernahme wurde genehmigt.

Zucker und HFCS werden weiterhin austauschbar eingesetzt, um den großen Hunger der Amerikaner auf gesüßte Lebensmittel zu stillen. Der Gebrauch von Süßstoffen ist in den 1990er Jahren beständig angestiegen und erreichte 1999 150 Pfund pro Person. Ab dem Jahr 2000 begann der Konsum von Süßstoffen zu sinken, als die Verbraucher aus Sorge um ihre Gesundheit kleine Mahlzeiten mit weniger Zucker bevorzugten. Im Jahr 2010 war der Pro-Kopf-Verbrauch von Süßstoffen in Amerika auf 130 Pfund pro Person gesunken. Außerdem konsumierten die Verbraucher zum ersten Mal seit 1985 mehr Zucker (66 Pfund pro Person) als Maissirup (64,5 Pfund pro Person). Ein Teil der Verschiebung von Maissirup hin zu Zucker war auf die zunehmend verbreitete Ansicht zurückzuführen, dass Zucker irgendwie „natürlicher" und damit gesünder als Maissirup wäre.

Beispiel 1.2: Ein Fahrrad ist ein Fahrrad – oder nicht?

Wo hat der Leser sein letztes Fahrrad gekauft? Vielleicht hat er ein gebrauchtes Fahrrad von einem Freund oder aufgrund einer Anzeige bei Craigslist gekauft. Wenn das Fahrrad allerdings neu war, stammt es wahrscheinlich aus einer von zwei Arten von Geschäften.

Wenn man einfach etwas Preiswertes, also ein funktionales Fahrrad, mit dem man von A nach B kommt, sucht, kann man gut ein Fahrrad von einem Massenanbieter, wie Target, Wal-Mart oder Sears, kaufen. Dort findet man für ungefähr €100 bis €200 leicht ein anständiges Fahrrad. Wenn man andererseits ernsthaft Fahrrad fährt (oder sich das zumindest gern vorstellt), würde man wahrscheinlich zum Fahrradhändler gehen – in ein Spezialgeschäft für Fahrräder und Fahrradausrüstungen. Dort wird es schwierig, ein Fahrrad für weniger als €400 zu finden, und es kann leicht noch viel teurer werden. Natürlich ist man allerdings bereit, mehr auszugeben, da man ja ein ernsthafter Fahrradfahrer ist.

Was kann ein Markenfahrrad für €1.000, das ein Massenprodukt für €120 nicht kann? Beide Fahrräder hätten wahrscheinlich eine Gangschaltung mit 21 Gängen. Allerdings ist die Gangschaltung bei dem Markenfahrrad von höherer Qualität und schaltet wahrscheinlich ruhiger und gleichmäßiger. Beide Fahrräder haben Handbremsen für Vorder- und Hinterrad, wobei allerdings die Bremsen am Markenrad stärker und haltbarer sind. Überdies hat das Markenrad wahrscheinlich einen leichteren Rahmen als das Massenprodukt. Dies könnte von Bedeutung sein, wenn man an Fahrradrennen teilnehmen will. ▶

Es gibt also de facto zwei verschiedene Märkte für Fahrräder – Märkte, die nach der Art des Geschäfts identifiziert werden können, in dem das betreffende Fahrrad verkauft wird. Dies wird in Tabelle 1.1 verdeutlicht. „Massenprodukte", die bei Target und Wal-Mart verkauft werden, werden von Unternehmen wie Huffy, Schwinn und Mantis hergestellt, können unter Umständen nur €90 kosten und sind selten teurer als €250. Diese Unternehmen konzentrieren sich darauf, funktionelle Fahrräder so billig wie möglich zu produzieren. Die Fertigung erfolgt normalerweise in China. Zu den „Markenfahrrädern", die im Fahrradfachgeschäft vor Ort verkauft werden, gehören Marken wie Trek, Cannondale, Giant Gary Fisher und Ridley. Die Preise liegen hier bei €400 und mehr – deutlich mehr. Bei diesen Unternehmen liegt das Augenmerk auf der Leistung, gemessen durch das Gewicht und die Qualität der Bremsen, Getriebe, Reifen und anderer Teile.

Unternehmen wie Huffy und Schwinn wären nicht in der Lage, ein Fahrrad für €1.000 zu produzieren, da das einfach nicht ihre Stärke (oder, wie die Wirtschaftswissenschaftler es gern formulieren, nicht ihr Wettbewerbsvorteil) ist. Desgleichen haben Trek und Ridley sich einen Ruf von hoher Qualität erarbeitet. Diese Unternehmen verfügen weder über die Fertigkeiten noch über die Werke für die Produktion von Fahrrädern zu €100. Andererseits ist Mongoose auf beiden Märkten aktiv. Das Unternehmen produziert Fahrräder für den Massenmarkt zu Preisen von nur €120 sowie qualitativ hochwertige Markenfahrräder mit einer Preisspanne von €700 bis €2.000.

Nachdem der Leser dann sein Fahrrad gekauft hat, muss er es aufgrund der unangenehmen Realität eines weiteren Marktes – des Schwarzmarktes für gebrauchte Fahrräder und deren Teile – allerdings gut absperren. Es bleibt zu hoffen, dass der Leser – und sein Fahrrad – diesem Markt fernbleiben.

Tabelle 1.1

Märkte für Fahrräder

Fahrradtyp	Unternehmen und Preise (2011)
Massenfahrräder: von Massenanbietern, wie Target, Wal-Mart, Kmart und Sears verkauft	Huffy: $90–$140 Schwinn: $140–$240 Mantis: $129–$140 Mongoose: $120–$280
Markenfahrräder: in Fahrradfachgeschäften, die nur (oder hauptsächlich) Fahrräder und Fahrradausrüstungen verkaufen	Trek: $400–$2.500 Cannondale: $500–$2.000 Giant: $500–$2.500 Gary Fisher: $600–$2.000 Mongoose: $700–$2.000 Ridley: $1.300–$2.500 Scott: $1.000–$3.000 Ibis: $2.000 und mehr

1 Vorbemerkungen

1.3 Reale und nominale Preise

Oft soll der aktuelle Preis eines Gutes mit seinem Preis in der Vergangenheit bzw. einem wahrscheinlichen zukünftigen Preis verglichen werden. Um einen aussagekräftigen Vergleich anstellen zu können, müssen wir die Preisentwicklung des Gutes mit dem *Gesamtpreisniveau* vergleichen. Absolut ausgedrückt ist zum Beispiel der Preis für ein Dutzend Eier heute um ein Vielfaches höher als vor fünfzig Jahren. Im Vergleich zu dem Gesamtpreisniveau ist er allerdings tatsächlich niedriger. Deshalb muss die Inflation beim Vergleich von Preisen über einen Zeitraum hinweg mitberücksichtigt werden. Das bedeutet, dass die Preise *real* und nicht *nominal* gemessen werden.

> **Nominaler Preis**
> Absoluter, nicht inflationsbereinigter Preis eines Gutes.

Beim **nominalen Preis** eines Gutes (manchmal auch als aktueller Preis in „jeweiligen Dollar" bezeichnet) handelt es sich einfach um dessen absoluten Preis. So betrug beispielsweise der nominale Preis für ein Pfund Butter im Jahr 1970 ca. $0,87, im Jahr 1980 ca. $1,88, im Jahr 1990 ca. $1,99 und im Jahr 2007 ca. $3,40. Dies sind die Preise, die in den betreffenden Jahren im Supermarkt zu finden waren. Beim **realen Preis** eines Gutes (manchmal auch als Preis in „konstanten Dollar" bezeichnet) handelt es sich um den Preis im Vergleich zu einem Gesamtmaß der Preise. Mit anderen Worten ausgedrückt, handelt es sich dabei um den inflationsbereinigten Preis.

> **Realer Preis**
> Preis eines Gutes im Vergleich zum Gesamtmaß der Preise, inflationsbereinigter Preis.

Bei Konsumgütern ist das am häufigsten verwendete Gesamtmaß der Preisniveauentwicklung der **Verbraucherpreisindex** (CPI). Der CPI wird durch das US Bureau of Labor Statistics durch eine Erhebung der Einzelhandelspreise errechnet und monatlich veröffentlicht. Er zeichnet auf, wie sich die Ausgaben für einen von einem „typischen" Konsumenten gekauften Warenkorb im Laufe der Zeit ändern. Die prozentuale Änderung des CPI gibt eine Inflationsrate der Volkswirtschaft wieder.[5]

> **Verbraucherpreisindex**
> Maß des Gesamtpreisniveaus.

Mitunter interessieren wir uns für die Preise von Rohstoffen und anderen, von Unternehmen gekauften Zwischenprodukten sowie die zu Großhandelspreisen an Einzelhandelsgeschäfte verkauften Fertigprodukte. In diesem Fall ist das verwendete Gesamtmaß für die Preisentwicklung der **Produzentenpreisindex (PPI)**. Der PPI wird ebenfalls durch das US Bureau of Labor Statistics errechnet und monatlich veröffentlicht und erfasst, wie sich die Preise auf der Großhandelsebene im Laufe der Zeit durchschnittlich verändern. Prozentuale Änderungen des PPI messen die Kosteninflation und dienen zur Vorhersage zukünftiger Änderungen des CPI.[6]

> **Produzentenpreisindex**
> Maß des Gesamtpreisniveaus für Zwischenprodukte und Großhandelserzeugnisse.

Welcher Preisindex sollte nun also herangezogen werden, um nominale Preise in reale Preise umzurechnen?

Das hängt von der Art des untersuchten Produktes ab. Handelt es sich dabei um Produkte oder Dienstleistungen, die normalerweise von Verbrauchern gekauft werden, ist der CPI zu verwenden. Wenn es sich allerdings um ein Produkt handelt, das normalerweise von Unternehmen gekauft wird, ist der PPI heranzuziehen.

Da im vorliegenden Beispiel der Preis von Butter in Supermärkten untersucht wird, ist der CPI der maßgebliche Preisindex. Stellen wir nach der Inflationsbereinigung fest, dass der Butterpreis im Jahr 2010 höher war als im Jahr 1970?

Um dies zu untersuchen, berechnen wir den Preis für Butter im Jahr 2010 in Dollar des Jahres 1970. 1970 betrug mit der Basis = 100 der CPI 38,8 und stieg im Jahr 2010 auf ca.

---

[5] Dem CPI in den USA entspricht in Deutschland der VPI. Siehe dazu: http://www.destatis.de/DE/Meta/AbisZ/VPI.html.

[6] Dem PPI in den USA entspricht in Deutschland der Index der Erzeugerpreise gewerblicher Produkte. Siehe dazu: http://www.destatis.de/DE/Meta/AbisZ/Erzeugerpreise.html.

218,1. (Während der 1970er und frühen 1980er Jahre gab es in den Vereinigten Staaten eine beträchtliche Inflation.) In Dollar des Jahres 1970 betrug der Preis für Butter:

$$\frac{38{,}8}{218{,}1} \times \$3{,}42 = \$0{,}61$$

Daraus geht hervor, dass der reale Preis für Butter im Jahr 2010 niedriger war als 1970.[7] Anders ausgedrückt erhöhte sich der nominale Preis für Butter um ca. 293 Prozent, während der gesamte CPI um 462 Prozent gestiegen ist. Im Vergleich zum Gesamtpreisniveau ist der Preis für Butter also gefallen.

Im vorliegenden Buch beschäftigen wir uns normalerweise mit realen und nicht mit nominalen Preisen, da die Entscheidungen der Konsumenten die Analyse von Preisvergleichen umfassen. Diese relativen Preise können leichter bewertet werden, wenn es eine gemeinsame Vergleichsbasis gibt. Durch die Angabe aller Preise als reale Preise wird dieses Ziel erreicht. Daher werden wir uns, obwohl die Preise oft in Dollar angegeben werden, auf die reale Kaufkraft dieser Dollar beziehen.

Beispiel 1.3: Der Preis für Eier und der Preis für eine Hochschulausbildung

Im Jahr 1970 kostete ein Dutzend große Eier der Güteklasse A ungefähr 61 Cent. Im gleichen Jahr betrugen die durchschnittlichen Jahreskosten einer Hochschulausbildung an einem privaten College mit vierjähriger Ausbildungszeit einschließlich Unterkunft und Verpflegung ca. $2.112. Bis zum Jahr 2010 war der Preis für Eier auf $1,54 pro Dutzend angestiegen. Die durchschnittlichen Kosten für eine Hochschulausbildung betrugen $21.550 pro Jahr. Waren Eier, als realer Preis ausgedrückt, 2010 teurer als 1970? Hat sich die Hochschulausbildung in diesem Zeitraum verteuert?

In Tabelle 1.2 werden der nominale Preis für Eier, die nominalen Kosten einer Hochschulausbildung und der CPI für die Jahre 1970 bis 2010 angegeben. (Der CPI beruht auf 1983 = 100.) Darüber hinaus werden auch die realen Preise für Eier und eine Hochschulausbildung in Dollar des Jahres 1970, wie im Folgenden berechnet, angegeben:

$$\text{Realer Preis für Eier 1980} = \frac{\text{CPI}_{1970}}{\text{CPI}_{1980}} \times \text{nominaler Preis 1980}$$

$$\text{Realer Preis für Eier 1990} = \frac{\text{CPI}_{1970}}{\text{CPI}_{1990}} \times \text{nominaler Preis 1990}$$

usw.

Die Tabelle zeigt deutlich, dass die realen Kosten für eine Hochschulausbildung in dem angegebenen Zeitraum angestiegen sind (um 82 Prozent), während die realen Kosten für Eier gesunken sind (um 55 Prozent). Diese relativen Änderungen der Preise und nicht die Tatsache, dass sowohl Eier als auch die Ausbildung heute in ▶

---

[7] Zwei gute Quellen für Informationen über die US-Volkswirtschaft sind der *Economic Report of the President* und der *Statistical Abstract of the United States*. Beide Dokumente werden jährlich veröffentlicht und sind beim US Government Printing Office verfügbar.

Dollar mehr kosten als im Jahr 1970, sind für die von den Konsumenten zu fällenden Entscheidungen wichtig.

In der Tabelle werden die Preise in Dollar des Jahres 1970 angegeben, sie hätten aber genauso gut in Dollar eines anderen Basisjahres angegeben werden können.

Tabelle 1.2

Der reale Preis für Eier und für eine Hochschulausbildung

	1970	1980	1990	2000	2010
Verbraucherpreisindex	38,8	82,4	130,7	172,2	218,1
Nominale Preise (in US-$)					
große Eier, Güteklasse A	0,61	0,84	1,01	0,91	1,54
Hochschulausbildung	2.112	3.502	7.619	12.976	21.550
Reale Preise (in US-$ 1970)					
große Eier, Güteklasse A	0,61	0,40	0,30	0,21	0,27
Hochschulausbildung	2.112	1.649	2.262	2.924	3.835

Nehmen wir beispielsweise an, wir wollen den realen Preis für Eier in *Dollar des Jahres 1990* berechnen. In diesem Fall würde die Gleichung wie folgt lauten:

$$\text{Realer Preis für Eier 1970} = \frac{\text{CPI}_{1990}}{\text{CPI}_{1970}} \times \text{nominaler Preis 1970}$$

$$= \frac{130{,}7}{38{,}8} \times 0{,}61 = 2{,}05$$

$$\text{Realer Preis für Eier 2010} = \frac{\text{CPI}_{1990}}{\text{CPI}_{2010}} \times \text{nominaler Preis 2010}$$

$$= \frac{130{,}7}{218{,}1} \times 1{,}54 = 0{,}92$$

$$\text{Prozentuale Änderung des realen Preises} = \frac{\text{realer Preis 2010} - \text{realer Preis 1970}}{\text{realer Preis 1970}}$$

$$= \frac{0{,}92 - 2{,}05}{2{,}05} = -0{,}55$$

Dabei wird man auch feststellen, dass der prozentuale Rückgang des realen Preises unabhängig davon, ob wir Dollar des Jahres 1970 oder Dollar des Jahres 1990 als Basisjahr verwenden, gleich ist.

Beispiel 1.4: Der Mindestlohn

Der bundesstaatliche Mindestlohn – der 1938 mit 25 Cent pro Stunde zum ersten Mal festgelegt wurde – ist im Laufe der Zeit regelmäßig erhöht worden. So betrug er z.B. von 1991 bis 1995 $4,25 pro Stunde. Im Jahr 1996 beschloss der Congress eine Erhöhung auf $4,75, überdies wurde 1997 eine Erhöhung auf $5,15 beschlossen. Durch ein Gesetz aus dem Jahr 2007 wurde der Mindestlohn 2008 noch einmal auf $6,55 pro Stunde und im Jahr 2009 auf $7,25 erhöht.[8]

In Abbildung 1.1 ist die Entwicklung des Mindestlohns von 1938 bis 2010 sowohl nominal als auch in realen Dollar des Jahres 2000 dargestellt. Dabei ist zu erkennen, dass sich der heutige reale Mindestlohn nur geringfügig von dem Niveau der 50er Jahre unterscheidet, obwohl der gesetzliche Mindestlohn kontinuierlich erhöht wurde.

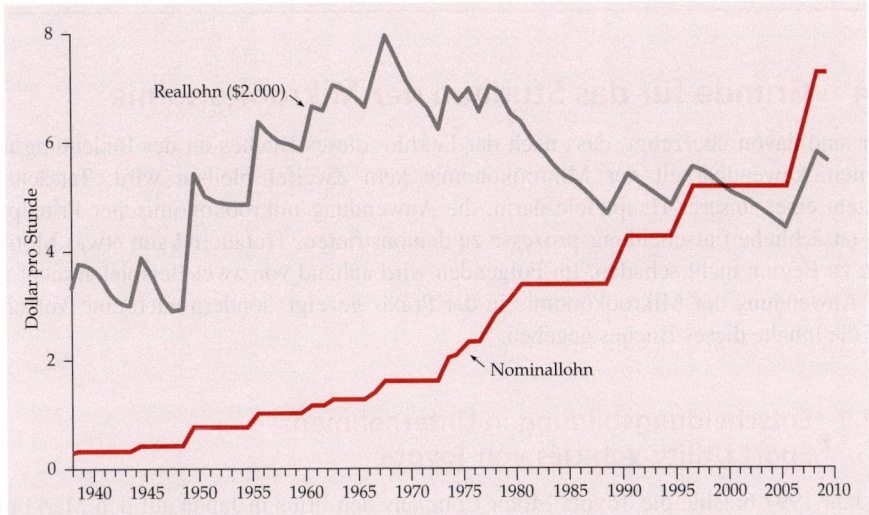

Abbildung 1.1: Der Mindestlohn
Nominell ist der Mindestlohn in den letzten 70 Jahren kontinuierlich erhöht worden. Allerdings wird erwartet, dass er 2010 real unter dem Niveau der 1970er Jahre liegen wird.

Trotzdem war 2007 die Entscheidung über die Erhöhung des Mindestlohns schwierig.

Obwohl der höhere Mindestlohn den Lebensstandard derjenigen Arbeiter, denen bis dahin weniger als das Minimum gezahlt worden war, erhöhen würde, befürchteten einige Analytiker, dass eine Anhebung des Mindestlohns aber auch zu erhöhter Arbeitslosigkeit unter jungen und ungelernten Arbeitern führen würde. Deshalb werden durch die Entscheidung über die Erhöhung des Mindestlohns sowohl normative als auch positive Fragen aufgeworfen. Die normative Frage besteht darin, ob der Verlust an ▶

---

8 In einigen Bundesstaaten gibt es Mindestlöhne, die höher sind als der bundesstaatliche Mindestlohn. Beispielsweise betrug 2011 der Mindestlohn in Massachusetts $8,00 pro Stunde, in New York belief er sich auf $7,25 und in Kalifornien auf $8,00. Auf der folgenden Webseite gibt es weitere Informationen über den Mindestlohn: *http://www.dol.gov/*.

Arbeitsplätzen für Teenager und Arbeitskräfte mit geringer Qualifikation durch zwei Faktoren aufgewogen wird: (1) die direkten Vorteile für die Arbeitskräfte, die als Folge der Erhöhung mehr verdienen werden, und (2) alle indirekten Vorteile für andere Arbeitskräfte, deren Löhne zusammen mit den Löhnen der Arbeiter am unteren Ende der Lohnskala erhöht werden könnten.

Eine wichtige positive Frage ist die, ob weniger Arbeitnehmer bei einem höheren Mindestlohn in der Lage sein würden, Arbeitsplätze zu finden (sofern dies überhaupt der Fall ist). Wie in Kapitel 14 dargestellt wird, ist dieses Thema noch immer sehr umstritten. Statistische Untersuchungen haben den Schluss nahe gelegt, dass eine Erhöhung des Mindestlohnes um circa zehn Prozent zu einem Anstieg der Jugendarbeitslosigkeit um ein bis zwei Prozent führen würde. (Die tatsächliche Erhöhung von $5,15 auf $7,25 stellt eine Erhöhung um 41 Prozent dar.) Allerdings hat eine neuere Analyse zur Evidenz in Frage gestellt, ob diese Erhöhung bedeutende Auswirkungen auf die Arbeitslosigkeit hat.[9]

1.4 Gründe für das Studium der Mikroökonomie

Wir sind davon überzeugt, dass nach der Lektüre dieses Buches an der Bedeutung und breiten Anwendbarkeit der Mikroökonomie kein Zweifel bleiben wird. Tatsächlich besteht eines unserer Hauptziele darin, die Anwendung mikroökonomischer Prinzipien auf tatsächliche Entscheidungsprozesse zu demonstrieren. Trotzdem kann etwas Motivation zu Beginn nicht schaden. Im Folgenden wird anhand von zwei Beispielen nicht nur die Anwendung der Mikroökonomie in der Praxis gezeigt, sondern auch eine Vorschau auf die Inhalte dieses Buches gegeben.

1.4.1 Entscheidungsbildung in Unternehmen: Sport Utility Vehicles von Toyota

Im Jahr 1997 brachte die Toyota Motor Company den Prius in Japan auf den Markt und begann dann im Jahr 2001 mit dem weltweiten Verkauf des Fahrzeugs. Der Prius, das erste in den Vereinigten Staaten verkaufte Hybridfahrzeug, läuft sowohl mit Benzin als auch mit einer Batterie, wobei die Batterie während der Fahrt geladen wird. Hybridfahrzeuge sind energieeffizienter als Fahrzeuge, die nur über einen Benzinmotor verfügen. So hat der Prius einen Benzinverbrauch zwischen 4,3 und 5,2 Liter. Der Prius war sehr erfolgreich und innerhalb weniger Jahre begannen auch andere Hersteller damit, Hybridvarianten ihrer Fahrzeuge auf den Markt zu bringen.

---

[9] Die erste Studie ist von David Neumark und William Wascher, „*Employment Effects of Minimum and Subminimum Wages: Panel Data on State Minimum Wage Laws*", *Industrial and Labor Relations Review* 46 (Oktober 1992): 55–81. Eine Auswertung der Literatur erschien in David Card und Alan Krueger, „*Myth and Measurement*: *The New Economics of the Minimum Wage*", Princeton: Princeton University Press, 1995.

Die Konstruktion und effiziente Produktion dieser Automobile beinhaltete nicht nur beeindruckende technische Fortschritte, sondern auch ein großes Maß an Wirtschaftstheorie. So musste Toyota zunächst darüber nachdenken, wie die Öffentlichkeit auf das Design und die Leistung seines neuen Produktes reagieren würde. Wie hoch wäre die Nachfrage zu Beginn, und wie schnell würde sie wachsen? Inwieweit würde die Nachfrage von den von Ford verlangten Preisen abhängen? Für Toyota wie für jeden anderen Automobilhersteller sind die Kenntnis der Kundenpräferenzen, der Tradeoffs sowie die Prognosen über die Nachfrage und deren Abhängigkeit vom Preis von grundlegender Bedeutung. (Konsumentenpräferenzen und Nachfrage werden in den Kapiteln 3, 4 und 5 erörtert.)

Als Nächstes musste sich Toyota mit den Herstellungskosten jedes Fahrzeugs befassen. Wie hoch würden die Produktionskosten sein? Inwieweit würden die Kosten von der Anzahl der jährlich produzierten Fahrzeuge abhängen? Wie würden Arbeitskosten oder auch die Preise für Stahl und andere Rohstoffe die Kosten beeinflussen? Wie stark und wie schnell würden die Kosten zurückgehen, nachdem die Geschäftsleitung und die Arbeiter Erfahrungen im Produktionsprozess sammeln konnten? Die Produktion wie vieler dieser Autos sollte Toyota planen, um die Gewinne des Unternehmens zu maximieren? (Die Aspekte Produktion und Kosten werden in den Kapiteln 6 und 7, die Entscheidung über die gewinnmaximierende Produktion in Kapitel 8 und 10 erörtert.)

Außerdem musste Toyota eine Preisstrategie entwerfen und berücksichtigen, wie die Wettbewerber darauf reagieren würden. Obwohl der Prius das erste Hybridfahrzeug war, wusste Toyota, dass es mit anderen kleinen, treibstoffeffizienten Fahrzeugen in den Wettbewerb treten musste und dass andere Hersteller bald ihre eigenen Hybridfahrzeuge auf den Markt bringen würden. Sollte Toyota beispielsweise für die Basisversion des Explorers mit kleinem Ausstattungspaket einen vergleichsweise niedrigen Preis, für individuelle Optionen, wie z.B. Ledersitze, aber einen hohen Preis berechnen? Oder wäre es rentabler, diese Optionen zu Bestandteilen der „Standardausstattung" zu machen und für das gesamte Paket einen höheren Preis zu verlangen? Unabhängig von der von Toyota gewählten Preisstrategie – wie würden die Wettbewerber wahrscheinlich reagieren? Würden Ford oder Nissan versuchen, durch die Senkung der Preise für ihre Kleinwagen Toyota zu unterbieten oder schnell eigene Hybridfahrzeuge zu niedrigeren Preisen auf den Markt zu bringen? Könnte Toyota Ford und Nissan von Preissenkungen abhalten, indem das Unternehmen eigene Preissenkungen ankündigt? (Die Preisgestaltung wird in den Kapiteln 10 und 11, die Wettbewerbsstrategie in den Kapiteln 12 und 13 erörtert.)

Da die Produktion des Prius hohe Investitionen in neue Anlagen erforderte, musste Toyota die Risiken und möglichen Ergebnisse seiner Entscheidungen in Betracht ziehen. Ein Teil des Risikos war der Unsicherheit im Hinblick auf die zukünftigen Öl- und damit Benzinpreise zuzuschreiben (aufgrund niedrigerer Benzinpreise würde die Nachfrage nach kleinen, treibstoffeffizienten Fahrzeugen sinken). Ein Teil des Risikos beruhte auf der Unsicherheit im Hinblick auf die Löhne, die Toyota seinen Arbeitskräften in den Werken in Japan und den Vereinigten Staaten zahlen müsste. (Die Öl- und anderen Gütermärkte und die Auswirkungen von Steuern werden in den Kapiteln 2 und 9 erörtert, die Arbeitsmärkte und die Macht der Gewerkschaft in Kapitel 14. Erläuterungen zu Investitionsentscheidungen und die Rolle der Unsicherheit finden Sie in den Kapiteln 5 und 15.)

Darüber hinaus musste Toyota sich auch mit organisationspolitischen Problemen befassen. Toyota ist ein integriertes Unternehmen, in dem separate Unternehmensbereiche Motoren und Teile herstellen, die dann montiert werden. Wie sollten die Leiter der verschiedenen Unternehmensbereiche entlohnt werden? Welcher Preis sollte der Montageabteilung für Motoren, die diese von einer anderen Abteilung erhält, in Rechnung gestellt werden? Sollten alle Teile von den vorgelagerten Abteilungen bezogen oder einige von Drittfirmen eingekauft werden? (Die interne Preisbildung und unternehmensinterne Anreize für integrierte Unternehmen werden in den Kapiteln 11 und 17 erörtert.)

Und schließlich musste Toyota über seine Beziehung zur Regierung und die Auswirkungen staatlicher Regulierungen nachdenken. So müssen beispielsweise alle von Toyota produzierten Autos den bundesstaatlichen Emissionsstandards entsprechen und bei der Produktion am Montageband müssen die Arbeitsschutzbestimmungen erfüllt werden. Wie könnten sich diese Bestimmungen und Standards im Laufe der Zeit ändern? Wie könnten diese Änderungen Kosten und Gewinne beeinflussen? (Die Rolle des Staates bei der Begrenzung der Umweltverschmutzung und der Förderung des Arbeitsschutzes wird in Kapitel 18 erörtert.)

1.4.2 Die Gestaltung der staatlichen Politik: Kraftstoffeffizienznormen für das 21. Jahrhundert

1975 verabschiedete die US-amerikanische Regierung Bestimmungen, mit denen die durchschnittliche Treibstoffsparsamkeit der im Inland verkauften Fahrzeuge und Lieferwagen (einschließlich Transporter und SUVs) verbessert werden sollte. Die *CAFE*-(Corporate Average Fuel Economy-)Normen sind im Laufe der Jahre immer mehr verschärft worden. Im Jahr 2007 unterzeichnete Präsident George W. Bush das Energieunabhängigkeits- und -sicherheitsgesetz, mit dem bis 2020 der flottenweite Benzinverbrauch auf 6,7 Liter pro 100 Kilometer begrenzt werden sollte. Im Jahr 2011 verlegte die Obama-Regierung dieses Ziel auf 2016 vor und legte (mit der Zustimmung von 13 Automobilfirmen) für 2020 einen Standard von 4,2 Litern fest. Während das Hauptziel des Programms darin besteht, die US-amerikanische Abhängigkeit von importiertem Öl zu verringern und dadurch die Energiesicherheit zu verbessern, würde es auch erhebliche Vorteile für die Umwelt, wie z.B. eine Senkung der Treibhausgasemissionen, bieten.

Bei der Gestaltung eines Kraftstoffeffizienzprogramms müssen eine Reihe wichtiger Entscheidungen getroffen werden und dazu gehört auch ein beträchtlicher Anteil Wirtschaftstheorie. Zunächst muss die Regierung die finanziellen Auswirkungen des Programms auf die Konsumenten bewerten. Durch strengere Kraftstoffeffizienznormen erhöhen sich die Kosten für den Kauf eines Fahrzeugs (da die Kosten für die Erzielung von Kraftstoffeinsparungen teilweise von den Verbrauchern getragen werden), während die Kosten für den Betrieb des Fahrzeugs sinken (der Benzinverbrauch fällt). Eine Analyse der ultimativen Auswirkungen auf die Verbraucher muss auf einer Analyse der Verbraucherpräferenzen und der Nachfrage beruhen. Würden die Konsumenten beispielsweise weniger mit dem Auto fahren und einen größeren Teil ihres Einkommens für andere Güter ausgeben? Wenn dies der Fall wäre, wären sie dann ähnlich gut gestellt? (Die Konsumentenpräferenzen und die Nachfrage werden in den Kapiteln 3 und 4 erörtert.)

Vor der Festlegung der CAFE-Normen muss die Regierung feststellen, wie die neuen Normen die Kosten der Automobilproduktion beeinflussen werden. Könnten die Automobilhersteller die Erhöhung der Kosten durch den Einsatz neuer, leichter Materialien oder eine Änderung des Footprints der neuen Modelle minimieren? (Mit Produktion und Kosten befassen sich die Kapitel 6 und 7.) Außerdem muss der Staat wissen, wie die Änderungen der Produktionskosten das Produktionsniveau und die Preise für neue Lieferwagen beeinflussen. Werden die zusätzlichen Kosten wahrscheinlich absorbiert oder in

Form höherer Preise an die Kunden weitergegeben? (Die Produktionsbestimmung wird in Kapitel 8, die Preisbestimmung in den Kapiteln 10 bis 13 erörtert.)

Schließlich muss sich der Staat die Frage stellen, warum die Probleme im Zusammenhang mit dem Ölverbrauch nicht durch die marktwirtschaftlich orientierte Volkswirtschaft gelöst werden. Eine Antwort auf diese Frage besteht darin, dass die Ölpreise zum Teil durch ein Kartell (OPEC) bestimmt werden, wodurch der Ölpreis über das Wettbewerbsniveau hinaus in die Höhe getrieben werden kann. (Die Preisbildung auf Märkten, auf denen Unternehmen die Macht haben, die Preise zu steuern, werden in den Kapiteln 10 bis 12 erörtert.) Schließlich hat die hohe US-amerikanische Nachfrage nach Öl zu einem erheblichen Abfluss von Geld an die ölerzeugenden Länder geführt, was wiederum politische und Sicherheitsfragen aufwarf, die die Grenzen der Wirtschaftstheorie überschreiten. Allerdings kann die Wirtschaftstheorie einen Beitrag zur Bewertung der Frage leisten, wie die Abhängigkeit von ausländischem Öl am besten reduziert werden kann. Werden Normen, wie im *CAFE*-Programm, Gebühren auf den Ölverbrauch vorgezogen? Welche Umweltauswirkungen haben die zunehmend strengen Normen? (Diese Probleme werden in Kapitel 18 erörtert.)

Die oben beschriebenen Fälle sind nur zwei Beispiele dafür, wie die Mikroökonomie in den Bereichen der Entscheidungsfindung im privaten Sektor wie auch in der staatlichen Politik angewendet werden kann. Im weiteren Verlauf dieses Buches werden noch viele andere Anwendungen vorgestellt.

ZUSAMMENFASSUNG

1. Die Mikroökonomie beschäftigt sich mit den Entscheidungen kleiner Wirtschaftseinhciten – Konsumenten, Arbeitnehmer, Investoren, Eigentümer von Ressourcen und gewerbliche Unternehmen. Außerdem beschäftigt sie sich mit der Interaktion der Konsumenten und Unternehmen, durch die Märkte und Branchen gebildet werden.

2. Die Mikroökonomie beruht sehr stark auf dem Einsatz der Theorie, die (durch Vereinfachung) zur Erklärung des Verhaltens von Wirtschaftseinheiten und zur Prognose des zukünftigen Verhaltens beiträgt. Modelle sind mathematische Darstellungen dieser Theorien, die für den Prozess der Erklärung und Prognose hilfreich sein können.

3. Die Mikroökonomie beschäftigt sich mit positiven Fragen, die auf die Erklärung von Phänomenen und Prognosen hierzu abzielen. Die Mikroökonomie ist allerdings auch wichtig für die normative Analyse, in der die Frage gestellt wird, welche Entscheidungen am besten sind – für ein Unternehmen oder die Gesellschaft insgesamt. Normative Analysen müssen oft mit persönlichen Werturteilen verbunden werden, da die Problemkreise der Gerechtigkeit und Fairness sowie der wirtschaftlichen Effizienz darin involviert sein können.

4. Ein *Markt* bezeichnet eine Ansammlung von miteinander interagierenden Käufern und Verkäufern sowie die Möglichkeit von Käufen und Verkäufen, die aus dieser Interaktion resultieren. Die Mikroökonomie umfasst die Untersuchung sowohl von vollständigen Wettbewerbsmärkten, auf denen kein einzelner Käufer oder Verkäufer den Preis beeinflussen kann, als auch von Nichtwettbewerbsmärkten, auf denen einzelne wirtschaftliche Einheiten den Preis beeinflussen können.

5. Der Marktpreis wird durch die Interaktion zwischen Käufern und Verkäufern bestimmt. Auf einem vollständigen Wettbewerbsmarkt bildet sich normalerweise ein Preis. Auf Märkten, die keine vollständigen Wettbewerbsmärkte sind, können Verkäufer verschiedene Preise verlangen. In diesem Fall bezeichnet der Marktpreis den durchschnittlichen vorherrschenden Preis.

6. Bei der Erörterung eines Marktes muss man sich über die Reichweite des betreffenden Marktes sowohl im Hinblick auf dessen geografische Grenzen als auch im Hinblick auf die darin enthaltenen Produkte im Klaren sein. Einige Märkte (z.B. der Wohnungsmarkt) sind räumlich sehr stark begrenzt, während andere Märkte (z.B. der Goldmarkt) global sind.

7. Zur Berücksichtigung der Auswirkungen der Inflation messen wir anstelle von nominalen Preisen (oder Preisen in laufenden Dollar) reale Preise (oder Preise in konstanten Dollar). Für die Ermittlung realer Preise kann zur Inflationsbereinigung ein Gesamtpreisindex, wie zum Beispiel der CPI, verwendet werden.

ZUSAMMENFASSUNG

Kontrollfragen

1. Oft wird behauptet, dass eine Theorie gut ist, wenn sie im Prinzip durch eine empirische, datenorientierte Untersuchung widerlegt werden kann. Erklären Sie, warum eine Theorie, die nicht empirisch bewertet werden kann, keine gute Theorie ist.

2. Welche der zwei folgenden Aussagen beinhaltet eine positive ökonomische Analyse und welche eine normative? Wie unterscheiden sich diese beiden Arten der Analyse?
   a. Die Benzinrationierung (die Zuteilung einer maximalen Menge Benzin, die ein Individuum pro Jahr kaufen kann) stellt eine schlechte Sozialpolitik dar, da sie in die Funktionsweise des wettbewerblichen Marktsystems eingreift.
   b. Bei der Benzinrationierung handelt es sich um eine Politik, durch die mehr Menschen schlechter als besser gestellt werden.

3. Nehmen wir an, der Preis für Normalbenzin ist in New Jersey um 20 Cent pro Gallone (3,7853 l) höher als in Oklahoma. Existiert in diesem Fall Ihrer Meinung nach eine Arbitragemöglichkeit (d.h. Unternehmen kaufen Benzin in Oklahoma ein, und verkaufen es dann mit Gewinn in New Jersey weiter)? Warum bzw. warum nicht?

4. Welche wirtschaftlichen Kräfte erklären in Beispiel 1.3, warum der reale Preis für Eier gefallen ist, während der reale Preis für eine Hochschulausbildung gestiegen ist? Wie haben diese Veränderungen die Entscheidungen der Konsumenten beeinflusst?

5. Nehmen wir an, dass der japanische Yen gegenüber dem US-Dollar an Wert gewinnt. Das heißt, man braucht mehr Dollar, um eine bestimmte Menge japanischer Yen zu kaufen. Erklären Sie, warum durch diesen Anstieg gleichzeitig der reale Preis japanischer Automobile für amerikanische Konsumenten steigt und der reale Preis US-amerikanischer Automobile für japanische Konsumenten sinkt.

6. Der Preis für Telefonferngespräche ist von 40 Cent pro Minute im Jahr 1996 auf 22 Cent pro Minute im Jahr 1999 gefallen, was einen Rückgang um 45 Prozent (18 Cent/40 Cent) darstellt. Der Verbraucherpreisindex ist im gleichen Zeitraum um zehn Prozent gestiegen. Was ist mit dem realen Preis für Fernsprechdienste geschehen?

Die Kontrollfragen samt Lösungen sowie weitere kapitelbegleitende Inhalte finden Sie im MyLab.

Übungen

1. Entscheiden Sie, ob die folgenden Aussagen richtig oder falsch sind. Begründen Sie ihre Entscheidung:
    a. Fast Food-Ketten wie McDonalds, Burger King und Wendy's operieren in den gesamten Vereinigten Staaten. Deshalb ist der Markt für Fast Food ein nationaler Markt.
    b. Im Allgemeinen kaufen die Menschen ihre Kleidung in der Stadt, in der sie leben. Deshalb gibt es beispielsweise einen Markt für Bekleidung in Atlanta, der sich von dem Markt für Bekleidung in Los Angeles unterscheidet.
    c. Einige Konsumenten haben eine sehr starke Präferenz für Pepsi Cola, während andere sehr stark Coca Cola bevorzugen. Deshalb gibt es für Cola keinen gemeinsamen Markt.

	1980	1990	2000	2010
CPI	100,00	158,62	208,98	218,06
Einzelhandelspreis für Butter	$1,88	$1,99	$2,52	$2,88

2. Die obige Tabelle zeigt den durchschnittlichen Einzelhandelspreis für Butter sowie den Verbraucherpreisindex (CPI) von 1980 bis 2000. Das Basisjahr ist hier 1980, d.h. es gilt $CPI_{1980} = 100$.
    a. Berechnen Sie den realen Preis für Butter in Dollar des Jahres 1980. Hat sich der reale Preis von 1980 bis 2000 erhöht/verringert/ist er gleich geblieben?
    b. Wie hat sich der reale Preis (in Dollar des Jahres 1980) von 1980 bis 2000 prozentual verändert? Und von 1980 bis 2010?
    c. Stellen Sie den CPI auf 1990 = 100 um, und bestimmen Sie den realen Preis für Butter in Dollar des Jahres 1990.
    d. Wie hat sich der reale Preis (in Dollar des Jahres 1990) von 1980 bis 2000 prozentual verändert? Vergleichen Sie das Ergebnis mit Ihrer Antwort zu Aufgabe (b). Was ist dabei zu beobachten? Erklären Sie Ihre Beobachtung.

3. Im Jahr 2009 betrug der Mindestlohn in den USA $7,25. Die jeweils aktuellen Werte des CPI für die USA finden Sie unter *http://www.bls.gov/cpi/home.htm*. Klicken Sie dort auf „CPI Tables" und wählen Sie „U.S. All items" aus. Klicken Sie danach auf „Table Containing History of CPI-U U.S.". So finden Sie Angaben über den CPI von 1913 bis heute.
    a. Berechnen Sie den realen Mindestlohn des Jahres 2009 in Dollar des Jahres 1990 mit diesen Werten aus der oben zuletzt genannten Tabelle. (Hinweis: Benutzen Sie dazu den CPI-Wert „Annual Average" in der Tabelle.)
    b. Angenommen, der nominale Mindestlohn 1980 betrug $3,35. Wie hat sich der reale Mindestlohn von 1980, in Dollar des Jahres 1990 ausgedrückt, prozentual verändert im Vergleich zu dem Wert, den wir in Aufgabenteil (a.) ermittelt haben?

Die Lösungen zu ausgewählten Übungen finden Sie im Anhang dieses Buches. Die kompletten Lösungen für die Übungen finden Dozenten im MyLab.

Grundlagen von Angebot und Nachfrage

2.1 **Angebot und Nachfrage**	51
2.2 **Der Marktmechanismus**	54
2.3 **Veränderungen im Marktgleichgewicht**	56
Beispiel 2.1: Erneute Betrachtung des Preises für Eier und des Preises für eine Hochschulausbildung	58
Beispiel 2.2: Die Ungleichheit der Löhne und Gehälter in den Vereinigten Staaten	59
Beispiel 2.3: Das langfristige Verhalten der Preise von natürlichen Ressourcen	61
Beispiel 2.4: Die Auswirkungen des 11. September auf das Angebot und die Nachfrage nach Büroflächen in New York City	63
2.4 **Die Elastizität der Nachfrage und des Angebots**	65
Beispiel 2.5: Der Markt für Weizen	69
2.5 **Kurzfristige und langfristige Elastizitäten**	72
Beispiel 2.6: Die Nachfrage nach Benzin und Automobilen	76
Beispiel 2.7: Das Wetter in Brasilien und der Kaffeepreis in New York	79
*2.6 **Kenntnis und Prognose der Auswirkungen sich ändernder Marktbedingungen**	82
Beispiel 2.8: Das Verhalten der Kupferpreise	85
Beispiel 2.9: Umbrüche auf dem Weltölmarkt	88
2.7 **Die Auswirkungen staatlicher Interventionen – Preisregulierungen**	92
Beispiel 2.10: Preisregulierungen und die Erdgasknappheit	94

2

ÜBERBLICK

2 Grundlagen von Angebot und Nachfrage

Am besten kann man ein Verständnis für die Bedeutung der Volkswirtschaftslehre entwickeln, wenn man mit den Grundlagen von Angebot und Nachfrage beginnt. Die Angebots-Nachfrage-Analyse ist ein grundlegendes und starkes Instrumentarium, das zur Behandlung einer Vielzahl interessanter und wichtiger Probleme eingesetzt werden kann. Dazu gehören unter anderem:

- die Entwicklung von Kenntnissen darüber, wie sich ändernde globale Wirtschaftsbedingungen den Marktpreis und die Produktion beeinflussen sowie von Prognosen dazu,
- die Bewertung der Auswirkungen staatlicher Preisregulierungen, Mindestlöhne, Preisstützungen und Leistungsanreize,
- die Bestimmung der Auswirkungen von Steuern, Subventionen, Zöllen und Importquoten auf Konsumenten und Produzenten.

Zunächst werden wir erörtern, wie Angebots- und Nachfragekurven zur Beschreibung des *Marktmechanismus* eingesetzt werden. Ohne staatliche Interventionen (wie z.B. die Auferlegung von Preisregulierungen oder sonstige staatliche Regulierungen) erreichen Nachfrage und Angebot ein Gleichgewicht, durch das sowohl der Marktpreis als auch die produzierte Gesamtmenge eines Gutes bestimmt werden. Wie hoch dieser Preis bzw. diese Menge ist, basiert auf den spezifischen Charakteristika von Angebot und Nachfrage. Die im Laufe der Zeit auftretenden Änderungen in Preis und Menge hängen davon ab, wie Angebot und Nachfrage auf andere volkswirtschaftliche Variablen reagieren, die wiederum auch veränderlich sind, wie z.B. die gesamte Konjunkturlage und die Personalkosten.

Deshalb werden im Folgenden die Merkmale von Angebot und Nachfrage erörtert, und es wird aufgezeigt, wie diese Merkmale sich von Markt zu Markt unterscheiden können. Danach werden wir beginnen, Angebots- und Nachfragekurven einzusetzen, um ein Verständnis für eine Vielzahl von Phänomenen entwickeln zu können – z.B. dafür, warum die Preise einiger Rohstoffe über einen langen Zeitraum kontinuierlich gefallen sind, während die Preise anderer Rohstoffe starke Schwankungen durchlaufen haben oder warum in bestimmten Märkten Engpässe auftreten bzw. warum die Bekanntgabe von Plänen für zukünftige staatliche Maßnahmen oder Prognosen über die zukünftige Konjunkturlage die Märkte lange vor ihrer Umsetzung bzw. ihrem Eintreffen beeinflussen.

Neben dem *qualitativen* Verständnis dafür, wie Marktpreis und -menge bestimmt werden, und wie sie sich im Laufe der Zeit ändern können, ist es auch wichtig zu verstehen, wie diese *quantitativ* analysiert werden können. Diesbezüglich werden wir sehen, wie einfache Rechnungen, die auf die Rückseite eines Briefumschlags passen, zur Analyse und Prognose sich ändernder Marktbedingungen eingesetzt werden können.

Darüber hinaus wird auch aufgezeigt, wie Märkte sowohl auf binnenwirtschaftliche und internationale makroökonomische Schwankungen als auch auf die Auswirkungen von staatlichen Eingriffen reagieren. Dieses Verständnis soll durch einfache Beispiele vermittelt werden, außerdem empfehlen wir dem Leser, einige der Übungen am Ende des Kapitels durchzuarbeiten.

2.1 Angebot und Nachfrage

Das Grundmodell von Angebot und Nachfrage ist das grundlegende Instrumentarium der Volkswirtschaftslehre. Es hilft zu verstehen, warum und wie sich Preise ändern sowie was geschieht, wenn der Staat in einem Markt eingreift. Das Modell von Angebot und Nachfrage verbindet zwei wichtige Konzepte: die *Angebotskurve* und die *Nachfragekurve*. Ein genaues Verständnis dafür, was diese Kurven darstellen, ist wichtig.

2.1.1 Angebotskurven

Die **Angebotskurve** zeigt die Menge eines Gutes, die Produzenten zu einem bestimmten Preis verkaufen wollen, wobei alle anderen Faktoren, die die angebotene Menge beeinflussen können, konstant gehalten werden. Dies wird durch die mit S gekennzeichnete Kurve in Abbildung 2.1 dargestellt. Die vertikale Achse des Diagramms gibt den Preis P eines Gutes gemessen in Dollar pro Einheit an. Dabei handelt es sich um den Preis, den die Verkäufer für eine bestimmte angebotene Menge erhalten. Die horizontale Achse gibt die angebotene Gesamtmenge Q gemessen in Anzahl der Einheiten pro Periode an.

Daher stellt die Angebotskurve die Beziehung zwischen der angebotenen Menge und dem Preis dar. Diese Beziehung kann als Gleichung formuliert

$$Q_S = Q_S(P)$$

oder grafisch wie in Abbildung 2.1 dargestellt werden.

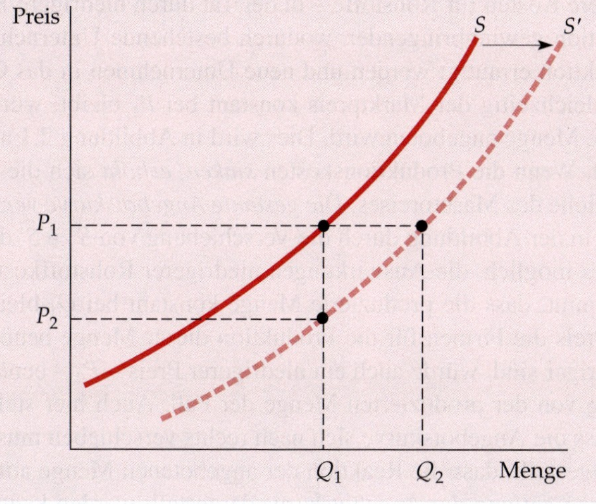

> **Angebotskurve**
>
> Beziehung zwischen der Menge eines Gutes, die von den Produzenten zum Verkauf angeboten wird, und dessen Preis.

Abbildung 2.1: Die Angebotskurve
Die in der Abbildung mit S bezeichnete Angebotskurve gibt an, wie sich die zum Verkauf angebotene Menge eines Gutes ändert, wenn sich der Preis des Gutes ändert. Die Angebotskurve ist positiv geneigt: Je höher der Preis ist, desto mehr können und wollen Unternehmen produzieren und verkaufen. Wenn die Produktionskosten sinken, können die Unternehmen die gleiche Menge zu einem niedrigeren Preis oder eine größere Menge zum gleichen Preis produzieren. In diesem Fall verschiebt sich die Angebotskurve nach rechts.

Dabei ist zu beachten, dass die Angebotskurve positiv geneigt ist. Mit anderen Worten ausgedrückt heißt dies: *Je höher der Preis ist, desto mehr können und wollen Unternehmen produzieren und verkaufen.* So kann beispielsweise ein höherer Preis bereits bestehende Unternehmen in die Lage versetzen, die Produktion auszuweiten, indem zusätzliche Arbeitskräfte angestellt oder bereits angestellte Arbeitskräfte angewiesen werden, Überstunden zu leisten (zu höheren Kosten für das Unternehmen). Ebenso können die Unternehmen die Produktion über einen längeren Zeitraum erweitern, indem sie ihre Fertigungsanlagen vergrößern. Ein höherer Preis kann außerdem auch neue Unternehmen in den Markt locken. Diese neuen Unternehmen haben aufgrund ihrer noch geringen Erfahrung auf dem Markt höhere Kosten zu tragen und der Eintritt in den Markt wäre aufgrund dessen bei einem niedrigeren Preis für sie nicht wirtschaftlich.

Andere, den Preis beeinflussende Variablen Die angebotene Menge kann, neben dem Preis, auch von anderen Variablen abhängen. So hängt beispielsweise die Menge, die Produzenten verkaufen wollen, nicht nur von dem von ihnen erzielten Preis, sondern auch von ihren Produktionskosten, einschließlich der Löhne und Gehälter, den Zinsbelastungen und den Kosten für die Rohstoffe ab. Die in Abbildung 2.1 mit S bezeichnete Angebotskurve wurde für bestimmte Werte dieser anderen Variablen angegeben. Eine Veränderung der Werte einer oder mehrerer dieser Variablen führt zu einer Verschiebung der Angebotskurve. Im Folgenden betrachten wir, wie dies aussehen könnte.

Die Angebotskurve S in Abbildung 2.1 gibt an, dass bei einem Preis P_1 die produzierte und verkaufte Menge Q_1 ist. Nehmen wir nun an, dass die Kosten für Rohstoffe *fallen*. Wie beeinflusst dies die Angebotskurve?

Durch niedrigere Kosten für Rohstoffe – in der Tat durch niedrigere Kosten jeder Art – wird die Produktion gewinnbringender, wodurch bestehende Unternehmen zur Ausweitung ihrer Produktion ermutigt werden und neue Unternehmen in das Geschäft eintreten können. Wenn gleichzeitig der Marktpreis konstant bei P_1 bleibt, würde man erwarten, dass eine größere Menge angeboten wird. Dies wird in Abbildung 2.1 als Anstieg von Q_1 zu Q_2 dargestellt. Wenn die Produktionskosten *sinken*, *erhöht* sich die Produktion unabhängig von der Höhe des Marktpreises. *Die gesamte Angebotskurve verschiebt sich daher nach rechts*, wie in der Abbildung durch die Verschiebung von S zu S' dargestellt.

Weiterhin ist es möglich, die Auswirkungen niedriger Rohstoffkosten zu betrachten, indem man annimmt, dass die produzierte Menge konstant bei Q_1 bleibt, und sich dann fragt, welchen Preis die Firmen für die Produktion dieser Menge benötigen würden. Da ihre Kosten niedriger sind, würde auch ein niedrigerer Preis – P_2 – benötigt werden. Dies wäre unabhängig von der produzierten Menge der Fall. Auch hier stellen wir in Abbildung 2.1 fest, dass die Angebotskurve sich nach rechts verschieben muss.

Wir haben festgestellt, dass die Reaktion der angebotenen Menge auf Preisänderungen durch Bewegungen *entlang der Angebotskurve* dargestellt werden kann. Allerdings wird die Reaktion des Angebots auf Änderungen anderer angebotsbestimmender Variablen grafisch durch eine *Verschiebung der Angebotskurve selbst* gezeigt. Um zwischen diesen beiden grafischen Darstellungen von Angebotsänderungen zu unterscheiden, verwenden die Wirtschaftswissenschaftler häufig den Begriff *Veränderung des Angebots* für Verschiebungen der Angebotskurve, während sie den Begriff *Veränderung der angebotenen Menge* für Bewegungen entlang der Angebotskurve verwenden.

2.1.2 Nachfragekurven

Die **Nachfragekurve** gibt an, welche Menge eines Gutes die Konsumenten bei Änderungen des Preises pro Einheit kaufen wollen. Diese Beziehung zwischen der nachgefragten Menge und dem Preis kann als Gleichung formuliert

$$Q_D = Q_D(P)$$

oder grafisch wie in Abbildung 2.2 dargestellt werden. Dabei ist zu beachten, dass die mit D bezeichnete Nachfragekurve in dieser Abbildung *negativ* geneigt ist: Gewöhnlich sind die Konsumenten bereit, mehr zu kaufen, wenn der Preis niedriger ist. So kann beispielsweise ein niedrigerer Preis Konsumenten, die das Gut bereits kaufen, dazu ermutigen, größere Mengen zu konsumieren. Genauso kann dies dazu führen, dass andere Konsumenten, die sich das Gut vorher nicht leisten konnten, es nun kaufen können.

> **Nachfragekurve**
>
> Beziehung zwischen der Menge eines Gutes, die Konsumenten kaufen wollen, und dessen Preis.

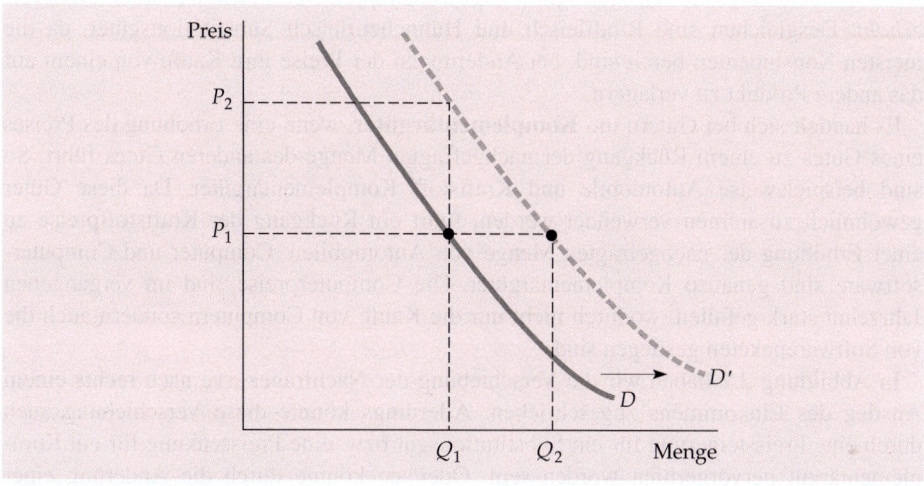

Abbildung 2.2: Die Nachfragekurve
Die mit D bezeichnete Nachfragekurve zeigt die Abhängigkeit der von den Konsumenten nachgefragten Menge eines Gutes von dessen Preis. Die Nachfragekurve ist negativ geneigt: Wenn alle anderen Faktoren gleich gehalten werden, wollen die Konsumenten eine umso größere Menge eines Gutes kaufen, je niedriger dessen Preis ist. Die nachgefragte Menge kann auch von anderen Variablen, wie z.B. dem Einkommen, dem Wetter und den Preisen anderer Güter, abhängen. Bei den meisten Produkten erhöht sich die nachgefragte Menge mit steigendem Einkommen. Durch ein höheres Einkommensniveau wird die Nachfragekurve nach rechts verschoben.

Natürlich kann die Menge eines Gutes, die Konsumenten kaufen wollen, neben dem Preis auch von anderen Faktoren abhängen. Das *Einkommen* ist dabei besonders wichtig. Bei höheren Einkommen können die Konsumenten mehr Geld für jedes beliebige Gut ausgeben, und einige Konsumenten tun dies auch bei den meisten Gütern.

Verschiebungen der Nachfragekurve Im Folgenden werden wir untersuchen, was mit der Nachfragekurve geschieht, wenn sich das Einkommensniveau erhöht. Wie in Abbildung 2.2. ersichtlich ist, würde man als Folge der höheren Einkommen der Konsumenten einen Anstieg der nachgefragten Menge – beispielsweise von Q_1 auf Q_2 – erwarten, wenn der Marktpreis konstant bei P_1 bleibt. Da diese Erhöhung unabhängig vom Marktpreis eintreten würde, wäre das Ergebnis eine *Verschiebung der gesamten Nachfragekurve nach rechts*. In der Abbildung wird dies als Verschiebung von D zu D' dargestellt.

Stattdessen kann man auch fragen, welchen Preis die Konsumenten für den Kauf einer bestimmten Menge Q_1 zu zahlen bereit wären. Bei höherem Einkommen sollten sie bereit sein, einen höheren Preis zu zahlen – beispielsweise in Abbildung 2.2 P_2 anstelle von P_1. Auch hier *verschiebt sich die Nachfragekurve nach rechts*. Ähnlich wie im Fall des Angebots verwenden wir den Begriff *Änderung der Nachfrage* für Verschiebungen der Nachfragekurve, während wir den Begriff *Veränderung der nachgefragten Menge* für Bewegungen entlang der Nachfragekurve verwenden.[1]

Substitutions- und Komplementärgüter Änderungen der Preise ähnlicher Güter können ebenfalls die Nachfrage beeinflussen. Es handelt sich um **Substitutionsgüter**, wenn eine Erhöhung des Preises eines Gutes zu einer Erhöhung der nachgefragten Menge eines anderen Gutes führt. So sind beispielsweise Kupfer und Aluminium Substitutionsgüter. Da in der industriellen Nutzung häufig eines der Güter durch das andere ausgetauscht werden kann, *steigt die nachgefragte Menge von Kupfer, wenn sich der Aluminiumpreis erhöht*. Desgleichen sind Rindfleisch und Hühnchenfleisch Substitutionsgüter, da die meisten Konsumenten bereit sind, bei Änderungen der Preise ihre Käufe von einem auf das andere Produkt zu verlagern.

Es handelt sich bei Gütern um **Komplementärgüter**, wenn eine Erhöhung des Preises eines Gutes zu einem Rückgang der nachgefragten Menge des anderen Gutes führt. So sind beispielsweise Automobile und Kraftstoff Komplementärgüter. Da diese Güter gewöhnlich zusammen verwendet werden, führt ein Rückgang der Kraftstoffpreise zu einer Erhöhung der nachgefragten Menge von Automobilen. Computer und Computersoftware sind genauso Komplementärgüter. Die Computerpreise sind im vergangenen Jahrzehnt stark gefallen, wodurch nicht nur die Käufe von Computern sondern auch die von Softwarepaketen gestiegen sind.

In Abbildung 2.2 haben wir die Verschiebung der Nachfragekurve nach rechts einem Anstieg des Einkommens zugeschrieben. Allerdings könnte diese Verschiebung auch durch eine Preissteigerung für ein Substitutionsgut bzw. eine Preissenkung für ein Komplementärgut hervorgerufen worden sein. Oder sie könnte durch die Änderung einer anderen Variablen, wie z.B. des Wetters, verursacht worden sein. So verschieben sich beispielsweise bei starken Schneefällen die Nachfragekurven für Skier und Snowboards nach rechts.

> **Substitutionsgüter**
> Zwei Güter, bei denen die Erhöhung des Preises eines Gutes zu einer Erhöhung der nachgefragten Menge des anderen Gutes führt.

> **Komplementärgüter**
> Zwei Güter, bei denen eine Erhöhung des Preises eines Gutes zu einem Rückgang der nachgefragten Menge eines anderen Gutes führt.

2.2 Der Marktmechanismus

Der nächste Schritt besteht darin, die Angebotskurve und die Nachfragekurve gemeinsam darzustellen. Wir haben dies in Abbildung 2.3 getan. Die vertikale Achse gibt den Preis P eines Gutes an, wiederum gemessen in Dollar pro Einheit. Dies ist nun der Preis, den die Verkäufer für eine bestimmte angebotene Menge erhalten, sowie der Preis, den die Käufer für eine bestimmte, nachgefragte Menge zahlen. Die horizontale Achse gibt die nachgefragte und angebotene Gesamtmenge Q gemessen in der Anzahl von Einheiten pro Periode an.

---

[1] Mathematisch kann die Nachfragekurve als $Q_D = D(P,I)$ formuliert werden, wobei I das verfügbare Einkommen ist. Bei der grafischen Darstellung einer Nachfragekurve nehmen wir I als konstant an.

2.2 Der Marktmechanismus

Gleichgewicht Die zwei Kurven schneiden sich im Punkt des **Gleichgewichts- oder markträumenden Preises** und der entsprechenden Menge. Zu diesem Preis (P_0 in Abbildung 2.3) sind die angebotene Menge und die nachgefragte Menge genau gleich (in Q_0). Beim **Marktmechanismus** handelt es sich um die in einem freien Markt vorhandene Tendenz zur Änderung der Preise bis der Markt geräumt ist – d.h. bis die angebotene und die nachgefragte Menge gleich sind. Da es weder einen Nachfrageüberschuss noch einen Angebotsüberschuss gibt, existiert an diesem Punkt kein Druck für weitere Preisänderungen. Es kann allerdings unter Umständen möglich sein, dass Angebot und Nachfrage nicht immer im Gleichgewicht sind, und einige Märkte werden nicht schnell geräumt, wenn sich die Bedingungen plötzlich ändern. Die *Tendenz* für die Räumung der Märkte besteht allerdings.

> **Gleichgewichts- (oder markträumender) Preis**
> Der Preis, der die angebotene der nachgefragten Menge gleichsetzt.

> **Marktmechanismus**
> Die Tendenz der Preise in einem freien Markt, sich zu ändern bis der Markt geräumt ist.

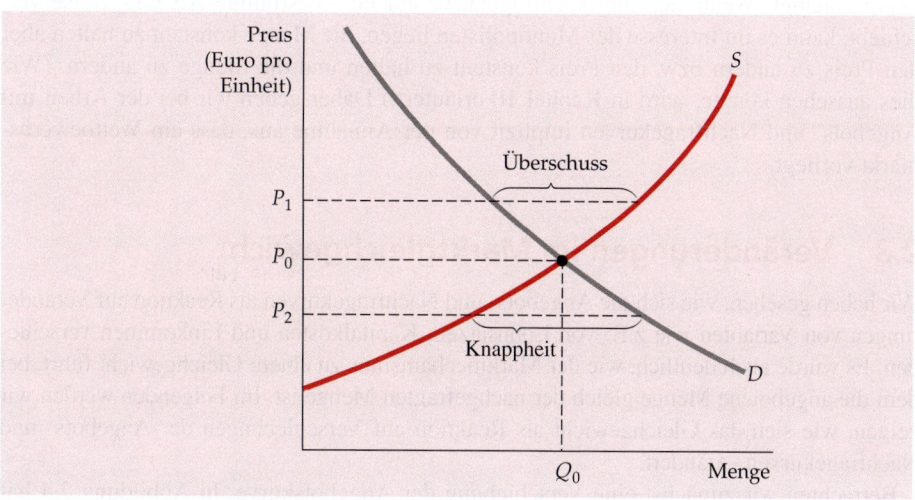

Abbildung 2.3: Angebot und Nachfrage
Der Markt wird zum Preis P_0 und zur Menge Q_0 geräumt. Zum höheren Preis entwickelt sich ein Überschuss, also fällt der Preis. Zum niedrigeren Preis entsteht eine Knappheit, also wird der Preis in die Höhe getrieben.

Um zu verstehen, warum Märkte dazu neigen, geräumt zu werden, nehmen wir an, die Preise lägen anfänglich über dem markträumenden Niveau – beispielsweise bei P_1 in Abbildung 2.3. Die Produzenten werden versuchen, mehr zu produzieren und zu verkaufen, als die Konsumenten zu kaufen bereit sind. Daraus entsteht ein **Überschuss** – eine Situation in der die angebotene Menge die nachgefragte Menge übersteigt. Um diesen Überschuss zu verkaufen – oder zumindest um zu verhindern, dass er weiter zunimmt – würden die Produzenten beginnen, die Preise zu senken. Schließlich würde sich, parallel zum Rückgang der Preise, die nachgefragte Menge erhöhen, und die angebotene Menge würde sich verringern bis der Gleichgewichtspreis P_0 erreicht wäre.

> **Überschuss**
> Situation, in der die angebotene Menge die nachgefragte Menge übersteigt.

Das Gegenteil würde eintreten, wenn der Preis anfänglich unter P_0 läge – beispielsweise bei P_2. In diesem Fall würde sich eine **Knappheit** entwickeln – eine Situation, in der die nachgefragte Menge die angebotene Menge übersteigt – und die Konsumenten könnten nicht die Mengen kaufen, die sie gern kaufen würden. Dies würde den Preis in die Höhe treiben, da die Konsumenten versuchen würden, sich beim Kauf der bestehenden Angebote zu überbieten. Die Produzenten würden darauf mit einer Erhöhung der Preise und einer Erweiterung der Produktion reagieren. Auch in einem solchen Fall würde der Preis schließlich P_0 erreichen.

> **Knappheit**
> Situation, in der die nachgefragte Menge die angebotene Menge übersteigt.

Wann kann das Modell von Angebot und Nachfrage eingesetzt werden? Wenn wir Angebots- und Nachfragekurven zeichnen und einsetzen, nehmen wir an, dass zu jedem bestimmten Preis eine bestimmte Menge produziert und verkauft wird. Diese Annahme ist nur sinnvoll, wenn ein Markt zumindest annähernd *kompetitiv* ist. Dies bedeutet, dass sowohl die Verkäufer als auch die Käufer nur über geringe *Marktmacht* – d.h. die Fähigkeit, *einzeln* den Marktpreis zu beeinflussen – verfügen sollten.

Nehmen wir stattdessen an, dass das Angebot durch einen einzelnen Produzenten – einen Monopolisten – kontrolliert wird. In diesem Fall besteht zwischen dem Preis und der angebotenen Menge keine einfache Eins-zu-eins-Beziehung mehr. Warum ist das so? Weil das Verhalten eines Monopolisten von der Form und der Position der Nachfragekurve abhängt. Wenn sich die Nachfragekurve auf eine bestimmte Art und Weise verschiebt, kann es im Interesse des Monopolisten liegen, die Menge konstant zu halten aber den Preis zu ändern bzw. den Preis konstant zu halten und die Menge zu ändern. (Wie dies aussehen könnte, wird in Kapitel 10 erläutert.) Daher gehen wir bei der Arbeit mit Angebots- und Nachfragekurven implizit von der Annahme aus, dass ein Wettbewerbsmarkt vorliegt.

2.3 Veränderungen im Marktgleichgewicht

Wir haben gesehen, wie sich die Angebots- und Nachfragekurven als Reaktion auf Veränderungen von Variablen wie z.B. von Lohnsätzen, Kapitalkosten und Einkommen verschieben. Es wurde auch deutlich, wie der Markmechanismus zu einem Gleichgewicht führt, bei dem die angebotene Menge gleich der nachgefragten Menge ist. Im Folgenden werden wir zeigen, wie sich das Gleichgewicht als Reaktion auf Verschiebungen der Angebots- und Nachfragekurven verändert.

Betrachten wir zunächst eine Verschiebung der Angebotskurve. In Abbildung 2.4 hat sich die Angebotskurve, vielleicht infolge eines Rückganges der Rohstoffpreise, von S zu S' verschoben (wie auch in Abbildung 2.1).

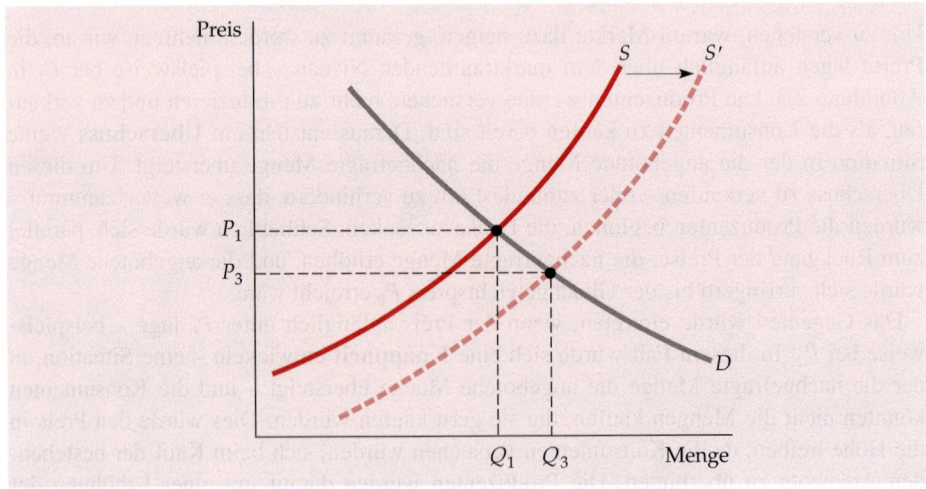

Abbildung 2.4: Das neue Gleichgewicht nach einer Verschiebung des Angebots
Wenn sich die Angebotskurve nach rechts verschiebt, wird der Markt zu einem niedrigeren Preis P_3 und einer höheren Menge Q_3 geräumt.

Infolgedessen fällt der Marktpreis (von P_1 auf P_3) und die produzierte Gesamtmenge erhöht sich (von Q_1 auf Q_3). Man würde Folgendes erwarten: Niedrigere Kosten führen zu niedrigeren Preisen und gesteigerten Verkäufen. (Tatsächlich sind allmähliche Kostensenkungen als Ergebnis des technischen Fortschritts und besseren Managements wichtige Motoren für das Wirtschaftswachstum.)

In Abbildung 2.5 wird gezeigt, was nach einer Verschiebung der Nachfragekurve nach rechts, beispielsweise infolge einer Erhöhung des Einkommens, geschieht. Nachdem die Nachfrage mit dem Angebot ein Gleichgewicht erreicht, ergeben sich ein neuer Preis und eine neue Menge. Wie in Abbildung 2.5 gezeigt wird, würde man erwarten, dass infolge einer Erhöhung der Einkommen die Konsumenten einen höheren Preis P_3 zahlen und die Firmen eine größere Menge Q_3 produzieren.

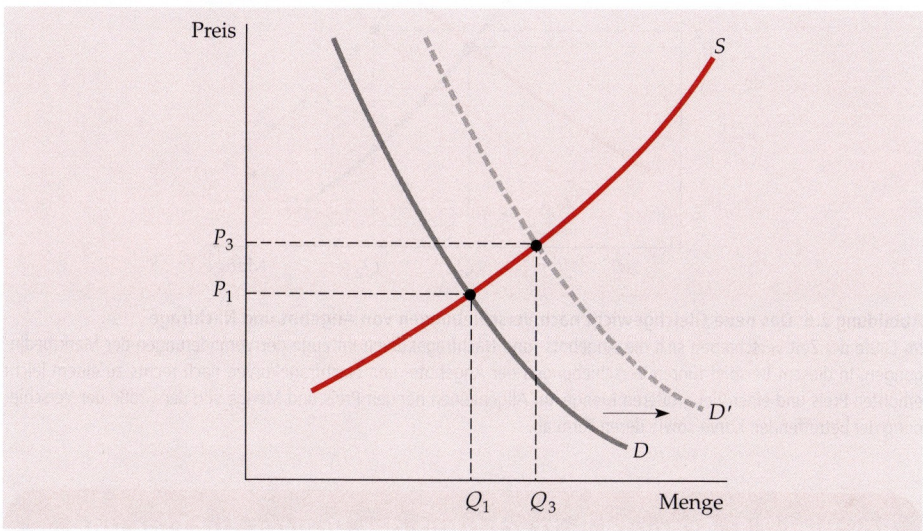

Abbildung 2.5: Das neue Gleichgewicht nach einer Verschiebung der Nachfrage
Wenn sich die Nachfragekurve nach rechts verschiebt, wird der Markt zu einem höheren Preis P_3 und einer größeren Menge Q_3 geräumt.

In den meisten Märkten verschieben sich sowohl die Nachfrage- als auch die Angebotskurven von Zeit zu Zeit. Die verfügbaren Einkommen der Konsumenten ändern sich mit dem Wachstum der Volkswirtschaft (oder deren Schrumpfung als Folge einer Rezession). Die Nachfrage nach einigen Gütern verschiebt sich jahreszeitlich bedingt (z.B. Brennstoff, Badeanzüge, Schirme), im Zusammenhang mit Änderungen der Preise für ähnliche Güter (eine Erhöhung der Ölpreise führt zu einer erhöhten Nachfrage nach Erdgas) oder einfach aufgrund der Veränderung des Geschmacks der Konsumenten. Ähnlich ändern sich auch Lohnsätze, Kapitalkosten und die Preise für Rohstoffe von Zeit zu Zeit. Durch diese Veränderungen verschiebt sich die Angebotskurve.

Die Angebots- und Nachfragekurven können auch verwendet werden, um die Auswirkungen dieser Veränderungen zu ermitteln. In Abbildung 2.6 führen beispielsweise die Verschiebungen von sowohl Angebot als auch Nachfrage nach rechts zu einem leicht erhöhten Preis (von P_1 zu P_2) und zu einer viel größeren Menge (von Q_1 zu Q_2). Im Allgemeinen verändern sich Preis und Menge in Abhängigkeit von sowohl durch eine Verschiebung der Angebots- und Nachfragekurven als auch durch die Form dieser Kurven.

Um die Größe und Richtung derartiger Veränderungen prognostizieren zu können, muss man in der Lage sein, quantitativ zu beschreiben, wie Angebot und Nachfrage vom Preis und anderen Variablen abhängen. Dieser Aufgabe werden wir uns im nächsten Abschnitt widmen.

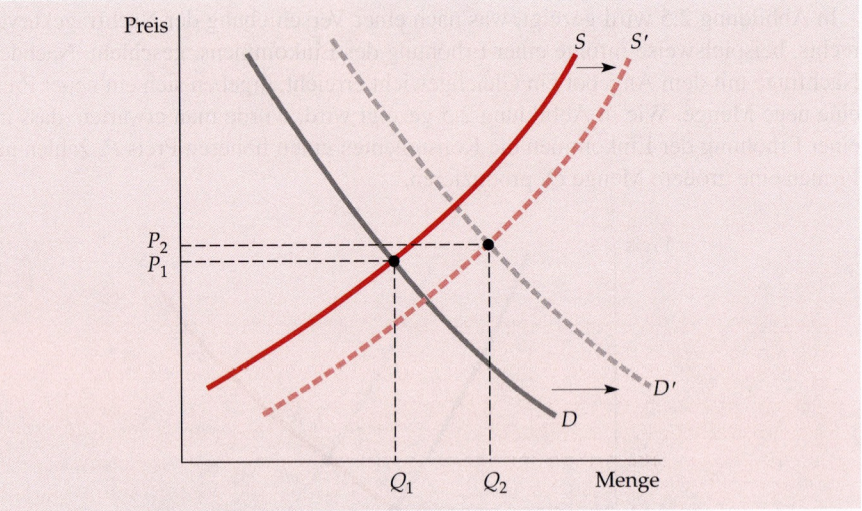

Abbildung 2.6: Das neue Gleichgewicht nach Verschiebungen von Angebot und Nachfrage
Im Laufe der Zeit verschieben sich die Angebots- und Nachfragekurven im Zuge der Veränderungen der Marktbedingungen. In diesem Beispiel führen Verschiebungen der Angebots- und Nachfragekurven nach rechts zu einem leicht erhöhten Preis und einer viel größeren Menge. Im Allgemeinen hängen Preis und Menge von der Größe der Verschiebung der betreffenden Kurve sowie deren Form ab.

Beispiel 2.1: Erneute Betrachtung des Preises für Eier und des Preises für eine Hochschulausbildung

In Beispiel 1.3 auf Seite 39 haben wir gesehen, dass der reale Preis (in konstanten Dollar) für Eier von 1970 bis 2010 um 55 Prozent gefallen ist, während der reale Preis für eine Hochschulausbildung im gleichen Zeitraum um 82 Prozent gestiegen ist. Was hat zu diesem starken Rückgang der Preise für Eier bzw. dem starken Anstieg des Preises für eine Hochschulausbildung geführt?

Man kann diese Preisveränderungen verstehen, indem man das Verhalten von Angebot und Nachfrage für jedes Gut, wie in Abbildung 2.7 gezeigt, untersucht. Im Fall der Eier wurden durch die Automatisierung der Geflügelhöfe die Kosten der Eierproduktion drastisch reduziert, wodurch die Angebotskurve nach unten verschoben wurde. Gleichzeitig hat sich die Nachfragekurve für Eier nach links verschoben, da eine gesundheitsbewusstere Bevölkerung ihre Essgewohnheiten geändert hat und nun dazu tendierte, den Genuss von Eiern zu vermeiden. Infolgedessen ging der reale Preis für Eier stark zurück, während sich der jährliche Gesamtverbrauch erhöhte (von 5.300 Millionen auf 6.392 Millionen). ▶

2.3 Veränderungen im Marktgleichgewicht

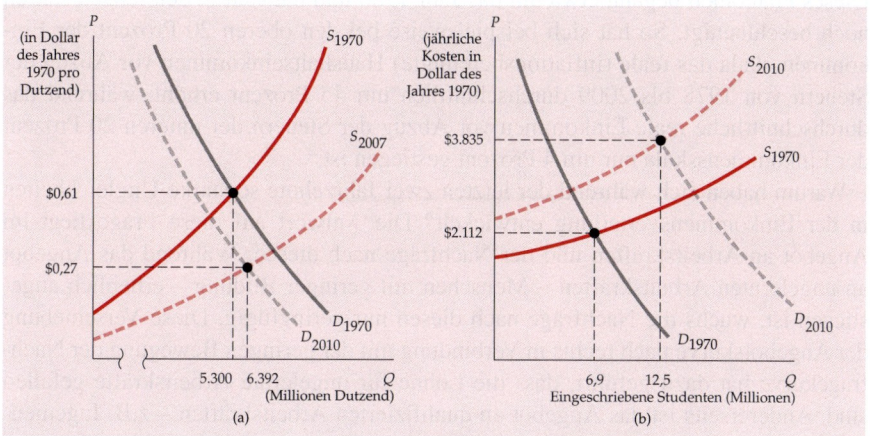

Abbildung 2.7: (a) Der Markt für Eier (b) Der Markt für eine Hochschulausbildung
(a) Die Angebotskurve für Eier hat sich nach unten verschoben, da die Produktionskosten für Eier gefallen sind. Die Nachfragekurve hat sich nach links verschoben, da sich die Präferenzen der Konsumenten verändert haben. Infolgedessen ist der reale Preis für Eier drastisch gefallen und der Verbrauch von Eiern angestiegen. (b) Die Angebotskurve für eine Hochschulausbildung hat sich nach oben verschoben, da die Kosten für Ausstattung, Wartung und Personalausstattung gestiegen sind. Die Nachfragekurve hat sich nach rechts verschoben, da eine wachsende Anzahl von Absolventen der High Schools eine Hochschulausbildung wünschte. Infolgedessen sind sowohl der Preis als auch die Zahl der eingeschriebenen Studenten stark angestiegen.

Im Fall der Hochschulausbildung haben sich Angebot und Nachfrage in die entgegengesetzten Richtungen verschoben. Erhöhungen der Kosten für die Ausstattung und Wartung moderner Unterrichtsräume, Laboratorien und Bibliotheken in Verbindung mit Gehaltserhöhungen für den Lehrkörper haben die Angebotskurve nach oben verschoben. Gleichzeitig hat sich die Nachfragekurve nach rechts verschoben, da ein immer größerer Prozentsatz der wachsenden Anzahl an Absolventen der High Schools entschied, dass eine Hochschulausbildung von grundlegender Bedeutung ist. Daher gab es im Jahr 2010 trotz der Preissteigerung beinahe 12,5 Millionen Studenten, die in Hochschulstudiengängen an Colleges eingeschrieben waren, verglichen mit 6,9 Millionen Studenten im Jahr 1970.

Beispiel 2.2: Die Ungleichheit der Löhne und Gehälter in den Vereinigten Staaten

Obwohl die US-amerikanische Volkswirtschaft in den letzten zwei Jahrzehnten kräftig gewachsen ist, konnten nicht alle Arbeitnehmer gleichmäßig von den Zuwächsen aus diesem Wachstum profitieren. Real ausgedrückt ist der Verdienst der qualifizierten Arbeitnehmer mit hohem Einkommen beträchtlich angestiegen, während der Verdienst ungelernter Arbeitnehmer mit niedrigem Einkommen sogar leicht gefallen ist. Ingesamt hat es eine zunehmende Ungleichheit bei der Verteilung der Einkünfte gegeben. ▶

Dieses Phänomen begann etwa um das Jahr 1980 und hat sich in den letzten Jahren noch beschleunigt. So hat sich beispielsweise bei den oberen 20 Prozent der Einkommensskala das reale (inflationsbereinigte) Haushaltseinkommen vor Abzug der Steuern von 1978 bis 2009 durchschnittlich um 45 Prozent erhöht, während das durchschnittliche reale Einkommen vor Abzug der Steuern der unteren 20 Prozent der Einkommensskala nur um 4 Prozent gestiegen ist.[2]

Warum haben sich während der letzten zwei Jahrzehnte so starke Ungleichheiten in der Einkommensverteilung entwickelt? Die Antwort auf diese Frage liegt im Angebot an Arbeitskräften und der Nachfrage nach diesen. Während das Angebot an ungelernten Arbeitskräften – Menschen mit geringer Bildung – erheblich angestiegen ist, wuchs die Nachfrage nach diesen nur geringfügig. Diese Verschiebung der Angebotskurve nach rechts in Verbindung mit der geringen Bewegung der Nachfragekurve hat dazu geführt, dass die Löhne für ungelernte Arbeitskräfte gefallen sind. Andererseits ist das Angebot an qualifizierten Arbeitskräften – z.B. Ingenieuren, Wissenschaftlern, Managern und Wirtschaftswissenschaftlern – nur langsam angestiegen, während die Nachfrage stark gewachsen ist, wodurch die Gehälter in die Höhe getrieben wurden. (Wir überlassen es dem Leser als Übung, wie bereits in Beispiel 2.1 demonstriert, die Angebots- und Nachfragekurven zu zeichnen und aufzuzeigen, wie sich diese verschoben haben.)

Diese Trends werden in der Entwicklung der Löhne und Gehälter verschiedener Berufskategorien offensichtlich. So stieg beispielsweise das reale (inflationsbereinigte) wöchentliche Einkommen von qualifizierten Arbeitskräften (wie beispielsweise Arbeitskräften im Bereich Finanzen, Versicherungen und Immobilien) von 1980 bis 2009 um mehr als 20 Prozent. Im gleichen Zeitraum *stieg* das reale Einkommen von Arbeitnehmern mit relativ niedriger Qualifizierung (wie z.B. Arbeitskräften im Einzelhandel) nur um 5 Prozent.[3]

Die meisten Prognosen deuten auf eine Fortsetzung dieses Phänomens während des nächsten Jahrzehnts hin. Im Zuge des Wachstums der Hochtechnologiebranchen der amerikanischen Volkswirtschaft wird sich die Nachfrage nach hochqualifizierten Arbeitskräften wahrscheinlich weiter erhöhen. Gleichzeitig wird durch die zunehmende Umstellung von Büros und Werken auf Computeranlagen die Nachfrage nach ungelernten Arbeitskräften weiter abnehmen. (Dieser Trend wird in Beispiel 14.7 weiter erörtert.) Diese Veränderungen werden zur weiteren Zunahme der Ungleichheit von Löhnen und Gehältern beitragen.

---

2 Nach Steuern ausgedrückt ist die Zunahme der Ungleichheit sogar noch größer; das durchschnittliche reale Einkommen der unteren 20 Prozent der Einkommensskala ist in diesem Zeitraum *gesunken*. Für historische Daten zur Ungleichheit der Löhne und Gehälter in den Vereinigten Staaten siehe die Tabellen auf der Webseite des US-amerikanischen Census Bureau unter http://www.census.gov/.

3 Detaillierte Daten zum Einkommen werden im Abschnitt „Detailed Statistics" auf der Webseite des US-amerikanischen Amtes für Arbeitsmarktstatistiken (BLS) unter folgender Adresse zur Verfügung gestellt: http://www.bls.gov/. Wählen Sie aus der Übersicht „Current Employment Statistics" (Aktuelle Beschäftigungszahlen) „Employment, Hours and Earnings" [Beschäftigung, Arbeitsstunden und Einkommen] aus.

Beispiel 2.3: Das langfristige Verhalten der Preise von natürlichen Ressourcen

Viele Menschen machen sich Sorgen um die natürlichen Ressourcen der Erde. Es geht um die Frage, ob unsere Energieressourcen und Bodenschätze wahrscheinlich in naher Zukunft erschöpft sein werden, wodurch drastische Preissteigerungen hervorgerufen werden würden, durch die das Wirtschaftswachstum zum Erliegen käme. Eine Analyse von Angebot und Nachfrage kann zur Bewertung dieser Frage beitragen.

Die Erde verfügt in der Tat nur über eine begrenzte Menge an Bodenschätzen, wie z.B. Kupfer, Eisen, Kohle und Erdöl. Im vergangenen Jahrhundert sind die Preise dieser, wie auch der meisten anderen natürlichen Ressourcen, allerdings im Vergleich zum Gesamtpreisniveau zurückgegangen oder annähernd konstant geblieben. So wird beispielsweise in Abbildung 2.8 der reale (inflationsbereinigte) Preis für Kupfer von 1880 bis 2010 zusammen mit der verbrauchten Menge angegeben. (Beides wird als Index ausgedrückt, wobei 1880 = 1 ist.)

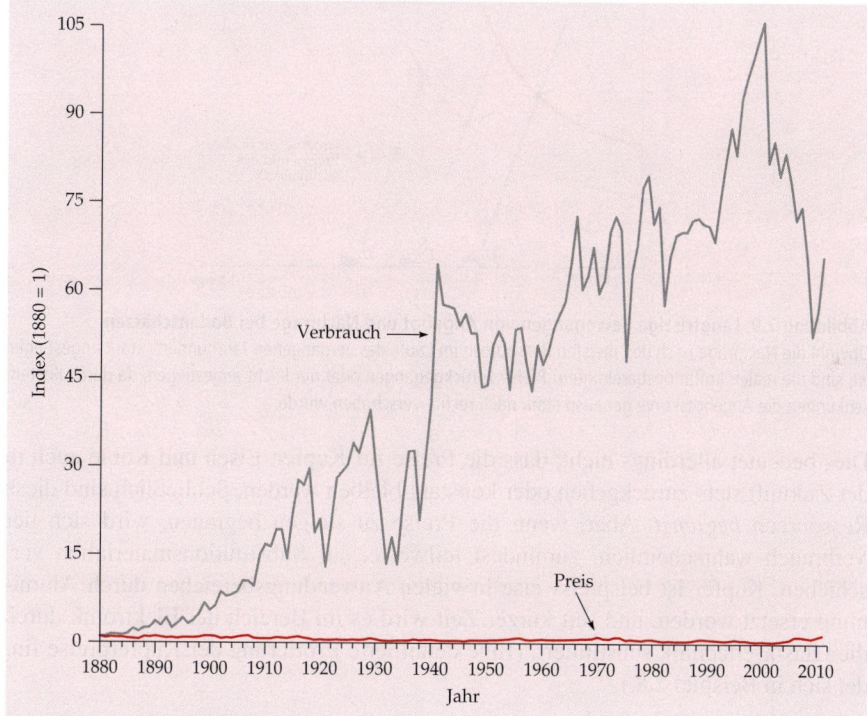

Abbildung 2.8: Der Kupferverbrauch und -preis
Obwohl der jährliche Verbrauch heute ungefähr 100-mal höher ist, sind beim realen (inflationsbereinigten) Preis keine großen Veränderungen zu verzeichnen. ▶

Trotz kurzfristiger Schwankungen des Preises ist keine langfristige Preissteigerung aufgetreten, obwohl der Verbrauch pro Jahr heute ca. 100-mal größer ist als im Jahr 1880. Ähnliche Muster treffen auch auf andere Bodenschätze, wie z.B. Eisen, Erdöl und Kohle zu.[4]

Wie können wir diesen enormen Anstieg des Kupferverbrauchs bei gleichzeitig sehr geringen Preisänderungen erklären? Die Antwort auf diese Frage wird in Abbildung 2.9 grafisch dargestellt. Wie anhand dieser Abbildung zu erkennen ist, stieg die Nachfrage nach diesen Ressourcen mit dem Wachstum der Weltwirtschaft. Parallel zum Anstieg der Nachfrage fielen aber die Produktionskosten. Dieser Rückgang war in erster Linie der Entdeckung neuer und größerer Vorkommen zuzuschreiben, die billiger abgebaut werden konnten, und danach dem technischen Fortschritt und den wirtschaftlichen Vorteilen aus dem Abbau und der Raffinierung in großem Umfang. Infolgedessen verschob sich die Angebotskurve im Laufe der Zeit nach rechts. Langfristig gesehen ging der Preis, wie in Abbildung 2.9 dargestellt, oftmals zurück, da die Erhöhung des Angebotes größer war als die Erhöhung der Nachfrage.

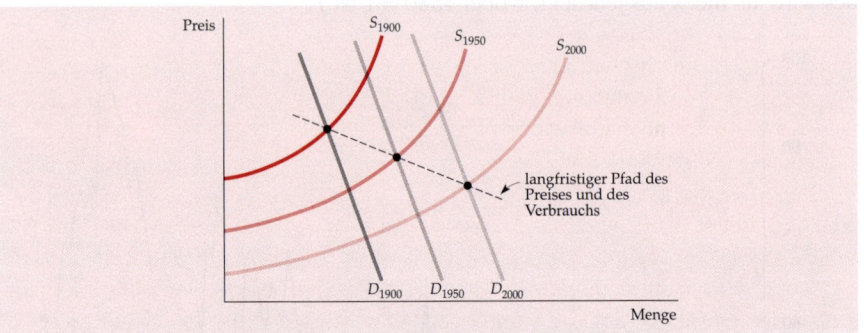

Abbildung 2.9: Langfristige Bewegungen von Angebot und Nachfrage bei Bodenschätzen
Obwohl die Nachfrage nach den meisten Ressourcen im Laufe des vergangenen Jahrhunderts stark angestiegen ist, sind die realen (inflationsbereinigten) Preise zurückgegangen oder nur leicht angestiegen, da durch Kostensenkungen die Angebotskurve genauso stark nach rechts verschoben wurde.

Dies bedeutet allerdings nicht, dass die Preise für Kupfer, Eisen und Kohle auch in der Zukunft stets zurückgehen oder konstant bleiben werden. Schließlich sind diese Ressourcen *begrenzt*. Aber, wenn die Preise zu steigen beginnen, wird sich der Verbrauch wahrscheinlich, zumindest teilweise, auf Substitutionsmaterialien verschieben. Kupfer ist beispielsweise in vielen Anwendungsbereichen durch Aluminium ersetzt worden, und seit kurzer Zeit wird es im Bereich der Elektronik durch die Glasfasertechnik substituiert. (Eine detaillierte Erörterung der Kupferpreise findet sich in Beispiel 2.8.)

---

4 Der Index des US-amerikanischen Kupferverbrauchs betrug in den Jahren 1999 und 2000 ungefähr 102, fiel dann aber aufgrund des Rückgangs der Nachfrage von 2001 bis 2006 beträchtlich. Die Daten zum Verbrauch (1880–1899) und zum Preis (1880 bis 1969) in Abbildung 2.8 stammen aus Robert S. Manthy, „*Natural Resource Commodities – A Century of Statistics*", (Baltimore: Johns Hopkins University Press, 1978), Die Daten zu den neueren Preisen (1970–2010) und zum Verbrauch in der jüngeren Vergangenheit (1970–2010) stammen vom U.S. Geological Survey – Informationen zu Bodenschätzen, Statistik und Informationen zu Kupfer (*http://minerals.usgs.gov/*).

2.3 Veränderungen im Marktgleichgewicht

> **Beispiel 2.4: Die Auswirkungen des 11. September auf das Angebot und die Nachfrage nach Büroflächen in New York City**

Durch den Terrorangriff auf den Gebäudekomplex des Word Trade Centers (WTC) am 11. September 2001 wurden 21 Gebäude beschädigt bzw. zerstört, wodurch 2,8 Millionen Quadratmeter Büroflächen in Manhattan vernichtet wurden – dies entsprach beinahe zehn Prozent des gesamten Bestandes in New York. Kurz vor dem Angriff betrug die Leerstandsquote bei Büroflächen in Manhattan 8,0 Prozent und die durchschnittlich geforderte Jahresmiete belief sich auf $583,3 pro Quadratmeter. Aufgrund des extremen und unerwarteten Rückgangs der angebotenen Büroflächen, könnten wir erwarten, dass der Gleichgewichtsmietpreis für Büroflächen steigt und infolgedessen die Gleichgewichtsmenge der gemieteten Büroflächen sinkt. Da der Bau neuer Bürogebäude und die Wiederherstellung beschädigter Gebäude eine gewisse Zeit in Anspruch nimmt, könnten wir auch erwarten, dass der Leerstand drastisch sinkt. Überraschenderweise stieg allerdings die Leerstandsquote in Manhattan von 8,0 Prozent im August 2001 auf 9,3 Prozent im November 2001. Darüber hinaus fiel der durchschnittliche Mietpreis von $583,3 auf $563,8 pro Quadratmeter. Im Zentrum von Manhattan, dem Standort des World Trade Centers, waren die Veränderungen sogar noch drastischer: Der Leerstand stieg von 7,5 Prozent auf 10,6 Prozent und der durchschnittliche Mietpreis fiel um fast 8,0 Prozent auf $464,6. Was ist passiert? Die Mietpreise sanken, weil die Nachfrage nach Büroflächen zurückging.

In Abbildung 2.10 wird der Markt für Büroflächen im Zentrum von Manhattan beschrieben. Die Nachfrage- und Angebotskurven vor dem 11. September werden als S_{Aug} und D_{Aug} dargestellt. Der Gleichgewichtspreis und die Gleichgewichtsmenge betrugen jeweils $503,8 und 6,8 Millionen Quadratmeter. Der Rückgang des Angebots von August bis November wird durch eine Verschiebung der Angebotskurve nach links (von S_{Aug} auf S_{Nov}) angegeben. Dies hat einen höheren Gleichgewichtspreis P' und eine niedrigere Gleichgewichtsmenge Q' zur Folge. Hierbei handelt es sich um das Ergebnis, das die meisten Beobachter für die Monate nach dem 11. September vorhersagten.

Allerdings haben viele Beobachter den beträchtlichen Rückgang der Nachfrage nach Büroräumen, der den Verlust im Angebot ausgeglichen hat, nicht vorhergesehen. Erstens haben sich viele Unternehmen, sowohl solche, die ihre Geschäftsräume nicht mehr nutzen konnten, als auch andere, aufgrund von Sorgen um die Lebensqualität (d.h. die Ruinen des WTC, Verschmutzung, nicht funktionsfähige Transportsysteme und überaltertes Inventar) dafür entschieden, sich nicht innerhalb des Zentrums von Manhattan neu anzusiedeln. Außerdem waren die Unternehmen, die aufgrund des Angriffs ihre Büroräume nicht mehr nutzen konnten, gezwungen, ihren Büroflächenbedarf neu zu bewerten und haben letztendlich nur etwas mehr als 50 Prozent ihrer ursprünglichen Büroflächen in Manhattan neu angemietet.

Andere Unternehmen haben Manhattan verlassen, sind aber in New York City geblieben, während wieder andere Unternehmen nach New Jersey umgezogen sind.[5] Darüber hinaus durchlief die US-amerikanische Wirtschaft Ende des Jahres 2001 einen Konjunkturabschwung (der durch die Ereignisse des 11. Septembers verschärft wurde), ▶

---

[5] Siehe Jason Bram, James Orr und Carol Rapaport, „*Measuring the Effects of the September 11 Attack on New York City*", Federal Reserve Bank of New York, Economic Policy Review, November 2002.

durch den die Nachfrage nach Büroflächen weiter reduziert wurde. Folglich hat in den Monaten nach dem 11. September in der Tat der kumulative Rückgang der Nachfrage (die Verschiebung von D_{Aug} auf D'_{Nov}) zu einem Rückgang des durchschnittlichen Mietpreises für Büroflächen im Geschäftszentrum von Manhattan anstatt zu einem Anstieg geführt. Im November waren 5,15 Millionen Quadratmeter auf dem Markt, obwohl der Preis auf $464,6 gefallen war.

Es gibt Beweise dafür, dass auch die Immobilienmärkte für Büroräume in anderen amerikanischen Großstädten nach dem 11. September ähnliche Anstiege der Leerstandsraten zu verzeichnen hatten. So sind beispielsweise in Chicago nicht nur die Leerstandsquoten in innerstädtischen Bürogebäuden gestiegen, sondern der Anstieg war bei Immobilien in oder in der Nähe von berühmten Gebäuden, die als bevorzugte Ziele für terroristische Angriffe gelten, deutlich stärker ausgeprägt.[6]

Der Immobilienmarkt in Manhattan hat sich nach 2001 stark erholt. Im Jahr 2007 betrug die Leerstandsquote von Büroimmobilien in Manhattan 5,8 Prozent. Dies entspricht dem niedrigsten Wert seit dem 11. September und die durchschnittliche Miete betrug mehr als $822,07 pro Quadratmeter. Bis Mai 2009 war der Leerstand auf über 13 Prozent angestiegen. Mehr als ein Viertel der Büroflächen in Manhattan wird von Finanzdienstleistern genutzt und mit der Finanzkrise kam es auch auf dem gewerblichen Immobilienmarkt zu einem Einbruch. So räumte beispielsweise Goldman Sachs allein mehr als 92.000 Quadratmeter Büroraum. Auf der Angebotsseite entstehen mit dem Abschluss des Baus des neuen Wolkenkratzers auf der Nordwestseite des Geländes des ehemaligen World Trade Center mehr als 240.000 Quadratmeter Bürofläche.

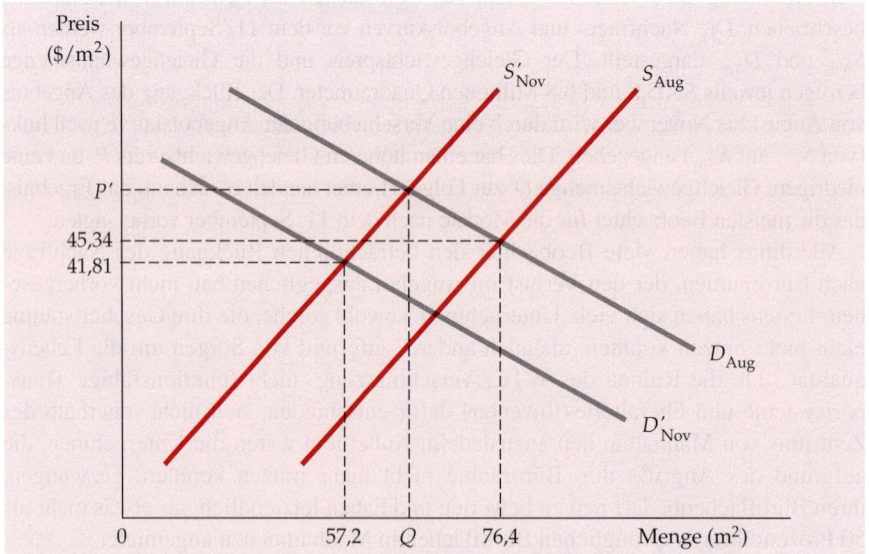

Abbildung 2.10: Angebot und Nachfrage für Büroflächen in New York City
Nach dem 11. September verschob sich die Angebotskurve nach links, aber auch die Nachfragekurve verschob sich nach links, so dass der durchschnittliche Mietpreis zurückging.

---

6 Siehe Alberto Abadie und Sofia Dermisi, „*Is Terrorism Eroding Agglomeration Economies in Central Business Districts? Lessons from the Office Real Estate Market in Downtown Chicago,*" National Bureau of Economic Research, Working Paper 12678, November 2006.

2.4 Die Elastizität der Nachfrage und des Angebots

Wir haben aufgezeigt, dass die Nachfrage nach einem Gut nicht nur von dessen Preis sondern auch vom Einkommen der Konsumenten und den Preisen anderer Güter abhängt. Desgleichen hängt das Angebot sowohl vom Preis als auch von Variablen, die die Produktionskosten beeinflussen, ab. Wenn beispielsweise der Preis von Kaffee ansteigt, wird die nachgefragte Menge zurückgehen und die angebotene Menge steigen. Allerdings möchte man oft wissen, um wie viel die angebotene oder nachgefragte Menge ansteigen bzw. zurückgehen wird. Wie empfindlich ist die Nachfrage nach Kaffee in Bezug auf dessen Preis? *Um wie viel* wird sich die nachgefragte Menge bei einer Erhöhung des Preises um zehn Prozent ändern? Um wie viel wird sie sich bei einem Anstieg der Einkommen um fünf Prozent ändern? Um Fragen wie diese zu beantworten, verwenden wir *Elastizitäten*.

Die **Elastizität** misst die Empfindlichkeit einer Variablen im Hinblick auf eine andere. Insbesondere handelt es sich dabei um eine Zahl, die die *prozentuale Änderung angibt, die an einer Variablen als Reaktion auf eine Veränderung einer anderen Variablen um ein Prozent auftritt*. So misst beispielsweise die *Preiselastizität der Nachfrage* die Empfindlichkeit der nachgefragten Menge im Hinblick auf Änderungen des Preises. Sie gibt an, welche prozentuale Änderung der nachgefragten Menge eines Gutes eine Änderung des Preises des betreffenden Gutes um ein Prozent nach sich zieht.

> **Elastizität**
>
> Prozentuale Änderung einer Variablen infolge einer Änderung einer anderen Variablen um ein Prozent.

Preiselastizität der Nachfrage Betrachten wir dies eingehender: Wenn man Menge und Preis mit Q und P angibt, kann die **Preiselastizität der Nachfrage** wie folgt angegeben werden:

$$E_P = (\%\Delta Q)/(\%\Delta P)$$

wobei $\%\Delta Q$ einfach die „prozentuale Änderung von Q" und $\%\Delta P$ „die prozentuale Änderung von P" angibt. (Das Symbol Δ ist der griechische Großbuchstabe Delta und bedeutet „die Veränderung von". Somit bedeutet ΔX „die Veränderung der Variablen X" beispielsweise von einem Jahr zum nächsten.) Die prozentuale Änderung der Variablen ist einfach die *absolute Änderung der Variablen, geteilt durch deren ursprünglichen Wert*. (Wenn beispielsweise der Verbraucherpreisindex zu Beginn des Jahres bei 200 liegt und bis zum Ende des Jahres auf 204 ansteigt, beträgt die prozentuale Veränderung – oder die Inflationsrate für das Jahr – 4/200 = 0,02 oder zwei Prozent.) Daher kann man die Preiselastizität der Nachfrage wie folgt angeben:[7]

> **Preiselastizität der Nachfrage**
>
> Die prozentuale Änderung der nachgefragten Menge eines Gutes infolge einer Erhöhung seines Preises um ein Prozent.

$$E_P = \frac{\Delta Q/Q}{\Delta P/P} = \frac{\Delta Q}{\Delta P}\frac{P}{Q} \qquad (2.1)$$

Die Preiselastizität der Nachfrage ist normalerweise eine negative Zahl. Wenn der Preis eines Gutes ansteigt, sinkt gewöhnlich die nachgefragte Menge. Daher ist $\Delta Q/\Delta P$ (die Veränderung der Menge infolge einer Preisänderung), genauso wie E_P, eine negative Zahl. Manchmal verwenden wir den Begriff der Preiselastizität – d.h. ihre absolute Größe. Wenn beispielsweise $E_P = -2$, sagen wir, dass die Elastizität eine Höhe von 2 hat.

Wenn die Preiselastizität betragsmäßig größer als eins ist, bezeichnet man die Nachfrage als *preiselastisch*, da der prozentuale Rückgang der nachgefragten Menge größer als der prozentuale Anstieg des Preises ist. Wenn die Preiselastizität größenmäßig weniger als eins beträgt, bezeichnet man die Nachfrage als *preisunelastisch*. Im Allgemeinen hängt die Preiselastizität der Nachfrage nach einem Gut von der Verfügbarkeit anderer

---

[7] Hinsichtlich infinitesimaler Änderungen (bei denen ΔP sehr klein wird) gilt: $E_P = (P/Q)(dQ/dP)$.

Güter, durch die dieses Gut ersetzt werden kann, ab. Gibt es sehr ähnliche Substitutionsgüter, so führt eine Preiserhöhung dazu, dass die Konsumenten geringere Mengen des Gutes und größere Mengen des Substitutionsgutes kaufen. In einem solchen Fall ist die Nachfrage sehr preiselastisch. Gibt es keine sehr ähnlichen Substitutionsgüter, ist die Nachfrage tendenziell preisunelastisch.

Lineare Nachfragekurve Gleichung (2.1) gibt an, dass die Preiselastizität der Nachfrage gleich der Veränderung der Menge im Zusammenhang mit einer Änderung des Preises ($\Delta Q/\Delta P$) mal dem Quotienten von Preis und Menge (P/Q) ist. Wenn man sich allerdings entlang der Nachfragekurve nach unten bewegt, *kann* sich $\Delta Q/\Delta P$ ändern, während Preis und Menge sich immer ändern. Deshalb muss die Preiselastizität der Nachfrage *in einem bestimmten Punkt der Nachfragekurve* gemessen werden und sie wird sich im Allgemeinen auch verändern, wenn man sich entlang der Kurve bewegt.

Dieses Prinzip ist am einfachsten mit einer **linearen Nachfragekurve** zu erklären – das heißt, mit einer Nachfragekurve folgender Form:

$$Q = a - bP$$

Als Beispiel wollen wir die folgende Nachfragekurve betrachten:

$$Q = 8 - 2P$$

In dieser Kurve ist $\Delta Q/\Delta P$ konstant und gleich –2 (ΔP gleich 1 ergibt ΔQ gleich –2). Allerdings verfügt die Kurve nicht über eine konstante Elastizität. In Abbildung 2.11 ist zu erkennen, dass, wenn man sich entlang der Kurve nach unten bewegt, der Quotient P/Q kleiner wird. Deshalb nimmt die Elastizität größenmäßig ab. In der Nähe der Schnittstelle der Kurve mit der Preisachse ist Q sehr klein, also ist $E_P = -2(P/Q)$ größenmäßig sehr hoch. Wenn $P = 2$ und $Q = 4$, so ist $E_P = -1$. In der Schnittstelle mit der Mengenachse gilt $P = 0$, somit ist $E_P = 0$.

> **Lineare Nachfragekurve**
>
> Nachfragekurve, die eine gerade Linie bildet.

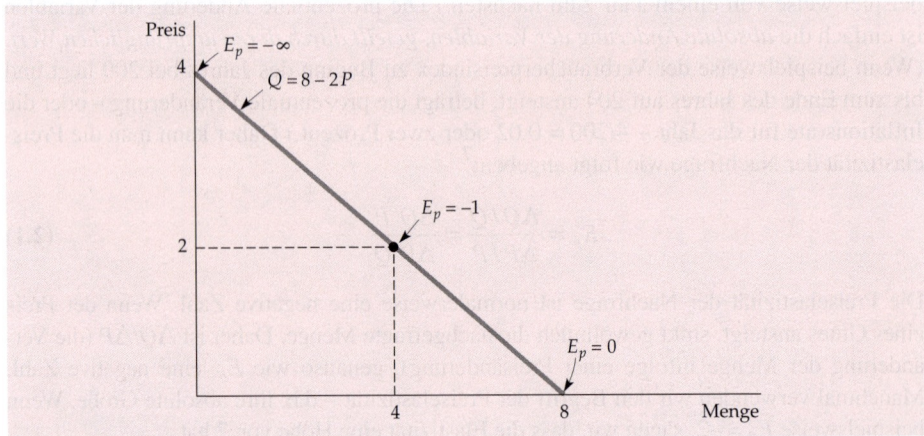

Abbildung 2.11: Eine lineare Nachfragekurve
Die Preiselastizität der Nachfrage hängt nicht nur vom Anstieg der Nachfragekurve, sondern auch von Preis und Menge ab. Deshalb verändert sich die Elastizität entlang der Kurve in Verbindung mit den Änderungen von Preis und Menge. Bei dieser linearen Nachfragekurve ist die Steigung konstant. In der Nähe der höchsten Stelle ist die Elastizität unendlich, da der Preis hoch und die Menge klein ist. Wenn man sich entlang der Kurve nach unten bewegt, wird die Elastizität geringer.

2.4 Die Elastizität der Nachfrage und des Angebots

Da die Nachfrage- (und Angebots-) Kurven so dargestellt werden, dass der Preis auf der vertikalen Achse und die Menge auf der horizontalen Achse abgetragen wird, gilt $\Delta Q/\Delta P$ = (1/Steigung der Kurve). Infolgedessen gilt für jede Kombination von Preis und Menge: je steiler die Kurve desto geringer die Elastizität der Nachfrage. In Abbildung 2.12 werden zwei Sonderfälle dargestellt. Abbildung 2.12(a) zeigt eine Nachfragekurve, die eine **unendlich elastische Nachfrage** wiedergibt: Die Konsumenten kaufen nur zum Preis P^* die größtmögliche Menge eines Gutes. Selbst bei nur geringfügigen Preissteigerungen über dieses Niveau fällt die nachgefragte Menge auf null. Bei sämtlichen Preissenkungen erhöht sich die nachgefragte Menge unbegrenzt. Die Nachfragekurve in Abbildung 2.12(b) wiederum spiegelt eine **vollkommen unelastische Nachfrage** wider: Die Konsumenten kaufen, unabhängig vom Preis, eine feste Menge Q^*.

Unendlich elastische Nachfrage

Prinzip, dass die Konsumenten so viel wie möglich von einem Gut kaufen, allerdings nur zu einem einzigen Preis. Wenn der Preis ansteigt, fällt die nachgefragte Menge auf null, während zu jedem niedrigeren Preis die nachgefragte Menge unbegrenzt ansteigt.

Vollkommen unelastische Nachfrage

Prinzip, dass Konsumenten eine unveränderliche Menge eines Gutes unabhängig von dessen Preis kaufen.

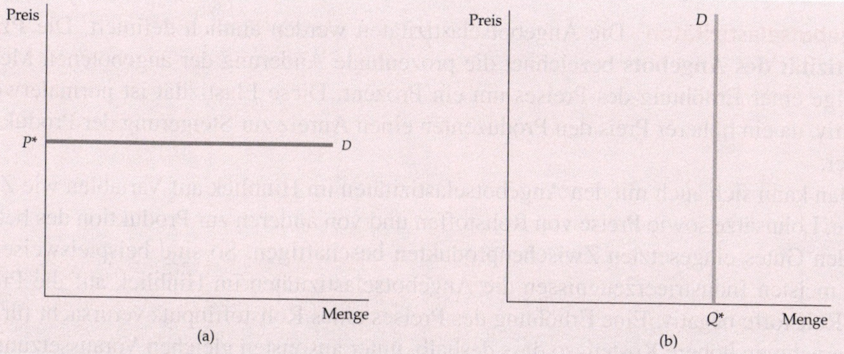

Abbildung 2.12: (a) Unendlich elastische Nachfrage (b) Vollkommen unelastische Nachfrage
(a) Bei einer horizontalen Nachfragekurve ist $\Delta Q/\Delta P$ unendlich. Da eine nur geringfügige Preisänderung zu enormen Veränderungen der Nachfrage führt, ist die Elastizität der Nachfrage unendlich. (b) Bei einer vertikalen Nachfragekurve ist $\Delta Q/\Delta P$ gleich null. Da die nachgefragte Menge unabhängig vom Preis gleich bleibt, ist die Elastizität der Nachfrage gleich null.

Andere Nachfrageelastizitäten Wir interessieren uns auch für die Elastizitäten der Nachfrage im Hinblick auf andere Variablen neben dem Preis. So steigt beispielsweise die Nachfrage nach den meisten Gütern normalerweise, wenn das Gesamteinkommen ansteigt. Die **Einkommenselastizität der Nachfrage** ist die prozentuale Veränderung der nachgefragten Menge Q infolge einer Erhöhung des Einkommens I um ein Prozent:

$$E_I = \frac{\Delta Q/Q}{\Delta I/I} = \frac{I}{Q}\frac{\Delta Q}{\Delta I} \qquad (2.2)$$

Einkommenselastizität der Nachfrage

Prozentuale Änderung der nachgefragten Menge infolge einer Erhöhung des Einkommens um ein Prozent.

Die Nachfrage nach manchen Gütern wird auch durch die Nachfrage nach anderen Gütern beeinflusst. So können beispielsweise Butter und Margarine leicht gegeneinander ausgetauscht werden, deshalb hängt die Nachfrage nach dem einen Gut vom Preis des anderen ab. Die **Kreuzpreiselastizität der Nachfrage** bezeichnet die prozentuale Änderung der nachgefragten Menge eines Gutes infolge der Erhöhung des Preises eines anderen Gutes um ein Prozent. Somit würde die Elastizität der Nachfrage nach Butter in Bezug auf den Preis der Margarine wie folgt angegeben werden:

$$E_{Q_b P_m} = \frac{\Delta Q_b/Q_b}{\Delta P_m/P_m} = \frac{P_m}{Q_b}\frac{\Delta Q_b}{\Delta P_m} \qquad (2.3)$$

Kreuzpreiselastizität der Nachfrage

Prozentuale Änderung der nachgefragten Menge eines Gutes infolge der Erhöhung des Preises eines anderen Gutes um ein Prozent.

wobei Q_b die Menge der Butter und P_m der Preis der Margarine ist.

In diesem Beispiel sind die Kreuzpreiselastizitäten positiv, da die Güter *Substitutionsgüter* sind: Da sie im Markt in Wettbewerb stehen, führt eine Steigerung des Preises für Margarine, die Butter im Vergleich mit dieser billiger macht, zu einer Steigerung der nachgefragten Menge Butter. (Da die Nachfragekurve für Butter sich nach rechts verschiebt, wird der Preis für Butter ansteigen.) Dies ist aber nicht immer der Fall. Einige Güter sind *Komplementärgüter*: Da sie häufig gemeinsam verwendet werden, führt eine Steigerung des Preises eines Gutes häufig dazu, dass der Konsum des anderen Gutes sich verringert. Benzin und Motoröl sind ein Beispiel dafür. Wenn der Benzinpreis ansteigt, geht die nachgefragte Menge Benzin zurück – die Kraftfahrer fahren weniger. Die Nachfrage nach Motoröl geht aber auch zurück. (Die gesamte Nachfragekurve für Motoröl verschiebt sich nach links.) Deshalb ist die Kreuzpreiselastizität für Motoröl in Bezug auf den Benzinpreis negativ.

Angebotselastizitäten Die Angebotselastizitäten werden ähnlich definiert. Die **Preiselastizität des Angebots** bezeichnet die prozentuale Änderung der angebotenen Menge infolge einer Erhöhung des Preises um ein Prozent. Diese Elastizität ist normalerweise positiv, da ein höherer Preis den Produzenten einen Anreiz zur Steigerung der Produktion bietet.

Man kann sich auch mit den Angebotselastizitäten im Hinblick auf Variablen wie Zinssätze, Lohnsätze sowie Preise von Rohstoffen und von anderen zur Produktion des betreffenden Gutes eingesetzten Zwischenprodukten beschäftigen. So sind beispielsweise bei den meisten Industrieerzeugnissen die Angebotselastizitäten im Hinblick auf die Preise der Rohstoffe negativ. Eine Erhöhung des Preises eines Rohstoffinputs verursacht für das Unternehmen höhere Kosten, so dass deshalb, unter ansonsten gleichen Voraussetzungen, die angebotene Menge zurückgehen wird.

> **Preiselastizität des Angebots**
>
> Die prozentuale Änderung der angebotenen Menge infolge einer Erhöhung des Preises um ein Prozent.

2.4.1 Punktelastizitäten und Bogenelastizitäten

Bisher haben wir die Elastizitäten in einem bestimmten Punkt auf der Nachfragekurve betrachtet. Diese werden als Punktelastizitäten bezeichnet. So ist beispielsweise die **Punktelastizität der Nachfrage** gleich der *Preiselastizität der Nachfrage in einem bestimmten Punkt auf der Nachfragekurve* und wird durch Gleichung (2.1) definiert. Wie in Abbildung 2.11 unter Verwendung einer linearen Nachfragekurve dargestellt, kann sich die Punktelastizität der Nachfrage in Abhängigkeit davon ändern, wo sie entlang der Nachfragekurve gemessen wird.

Mitunter will man die Preiselastizität für einen bestimmten Teil der Nachfragekurve (bzw. der Angebotskurve) und nicht nur in einem einzelnen Punkt berechnen. Nehmen wir beispielsweise an, wir erwägen, den Preis eines Produktes von €8 auf €10 zu erhöhen und erwarten einen Rückgang der nachgefragten Menge von 6 auf 4 Einheiten. Wie sollten wir die Preiselastizität der Nachfrage berechnen? Beträgt die Preiserhöhung 25 Prozent (eine Erhöhung um €2 geteilt durch den ursprünglichen Preis von €8) oder 20 Prozent (ein Anstieg um €2 geteilt durch den neuen Preis von €10)? Beträgt der prozentuale Rückgang der nachgefragten Menge 33 1/3 Prozent (2/6) oder 50 Prozent (2/4)?

Auf derartige Fragen gibt es keine korrekte Antwort. Wir könnten die Preiselastizität mit Hilfe des ursprünglichen Preises und der ursprünglichen Menge berechnen. Würden wir dies tun, erhielten wir: E_P = (−33 1/3 Prozent/25 Prozent) = −1,33. Oder wir könnten den neuen Preis und die neue Menge verwenden. In diesem Fall würden wir folgendes

> **Punktelastizität der Nachfrage**
>
> Preiselastizität in einem bestimmten Punkt auf der Nachfragekurve.

Ergebnis erhalten: E_P = (–50 Prozent/20 Prozent) = –2,5. Der Unterschied zwischen diesen beiden errechneten Elastizitäten ist groß, und keine der beiden Lösungen scheint gegenüber der anderen vorzuziehen zu sein.

Dieses Problem kann durch Verwendung der **Bogenelastizität der Nachfrage** gelöst werden: *Dabei handelt es sich um die Elastizität, die über eine Reihe von Preisen ermittelt wird.* Anstelle entweder den Anfangs- oder den Endpreis zu verwenden, verwenden wir den Durchschnitt $\overline{P}$ dieser beiden; für die nachgefragte Menge verwenden wir $\overline{Q}$. Folglich wird die Bogenelastizität der Nachfrage durch folgende Gleichung angegeben:

$$\text{Bogenelastizität: } E_P = (\Delta Q/\Delta P)(\overline{P}/\overline{Q}) \tag{2.4}$$

> **Bogenelastizität der Nachfrage**
>
> Über eine Reihe von Preisen ermittelte Preiselastizität.

In unserem Beispiel beträgt der Durchschnittspreis €9; die Durchschnittsmenge liegt bei 5 Einheiten. Infolgedessen lautet die Bogenelastizität:

$$E_P = (-2/€2)(€9/5) = -1{,}8$$

Die Bogenelastizität liegt stets irgendwo zwischen den zu den niedrigeren und höheren Preisen berechneten Punktelastizitäten (aber nicht notwendigerweise in der Mitte zwischen beiden).

Obwohl die Bogenelastizität der Nachfrage mitunter hilfreich ist, verwenden die Volkswirte im Allgemeinen den Begriff „Elastizität", wenn sie sich auf eine *Punktelastizität* beziehen. Im Rest dieses Buches werden wir dies genauso halten, sofern nichts anderes angemerkt wird.

Beispiel 2.5: Der Markt für Weizen

Weizen ist ein wichtiges Agrarerzeugnis, und der Weizenmarkt ist von den Agrarökonomen eingehend untersucht worden. Über die letzten Jahrzehnte hatten Veränderungen auf dem Weizenmarkt große Auswirkungen sowohl auf die amerikanischen Bauern als auch auf die US-amerikanische Landwirtschaftspolitik. Um zu verstehen, was geschehen ist, wollen wir das Verhalten von Angebot und Nachfrage ab dem Jahr 1981 untersuchen.

Aus statistischen Untersuchungen wissen wir, dass 1981 die Angebotskurve für Weizen ungefähr wie folgt aussah:[8]

$$\text{Angebot: } Q_S = 1.800 + 240P$$

wobei der Preis in nominalen Dollar pro Scheffel und die Menge in Millionen Scheffel (1 Scheffel = ca. 36 l) pro Jahr angegeben werden. Diese Studien zeigen auch auf, dass die Nachfragekurve für Weizen 1981 wie folgt aussah:

$$\text{Nachfrage: } Q_D = 3.550 - 266P$$

---

[8] Eine Untersuchung der statistischen Studien der Nachfrage nach Weizen und des Angebots an Weizen sowie eine Analyse der sich entwickelnden Marktbedingungen findet sich in Larry Salathe und Sudchada Langley, „An Empirical Analysis of Alternative Export Subsidy Programs for U.S. Wheat", Agricultural Economics Research 38, Nr. 1 (Winter 1986). Die Angebots- und Nachfragekurven in diesem Beispiel beruhen auf den darin untersuchten Studien.

Durch Gleichsetzung der angebotenen mit der nachgefragten Menge kann der markträumende Preis für Weizen im Jahr 1981 bestimmt werden:

$$Q_S = Q_D$$
$$1.800 + 240P = 3.550 - 266P$$
$$506P = 1.750$$
$$P = \$3{,}46 \text{ pro Scheffel}$$

Zur Berechnung der markträumenden Menge setzt man diesen Preis von $3,46 entweder in die Gleichung der Angebotskurve oder in die Gleichung der Nachfragekurve ein. Durch Einsetzen in die Gleichung der Angebotskurve erhält man:

$$Q = 1.800 + (240)(3{,}46) = 2.630 \text{ Millionen Scheffel}$$

Wie sehen nun die Preiselastizitäten des Angebots und der Nachfrage zu diesem Preis und dieser Menge aus? Wir verwenden die Nachfragekurve zur Berechnung der Preiselastizität der Nachfrage:

$$E_P^D = \frac{P}{Q}\frac{\Delta Q_D}{\Delta P} = \frac{3{,}46}{2.630}(-266) = -0{,}35$$

Folglich ist die Nachfrage unelastisch. Die Preiselastizität des Angebots kann genauso errechnet werden:

$$E_P^S = \frac{P}{Q}\frac{\Delta Q_S}{\Delta P} = \frac{3{,}46}{2.630}(240) = 0{,}32$$

Da diese Kurven linear sind, ändern sich die Preiselastizitäten, wenn man sich entlang der Kurven bewegt. Nehmen wir beispielsweise an, dass durch eine Dürre die Angebotskurve so weit nach links verschoben wurde, dass der Preis auf $4,00 pro Scheffel angestiegen ist. In diesem Fall würde die nachgefragte Menge auf 3.550 − (266)(4,00) = 2.486 Millionen Scheffel fallen. Zu diesem Preis und dieser Menge betrüge die Elastizität der Nachfrage:

$$E_P^D = \frac{4{,}00}{2.486}(-266) = -0{,}43$$

Der Markt für Weizen hat sich im Laufe der Jahre, teilweise aufgrund von Änderungen in der Nachfrage nach Weizen, verändert. Die Nachfrage nach Weizen setzt sich aus zwei Bestandteilen zusammen: der Binnennachfrage (der Nachfrage US-amerikanischer Konsumenten) und der Exportnachfrage (der Nachfrage ausländischer Konsumenten). Während der 1980er und 1990er Jahre ist die Binnennachfrage nach Weizen nur geringfügig angestiegen (aufgrund eines mäßigen Bevölkerungszuwachses und mäßiger Einkommenssteigerungen). Die Exportnachfrage ging allerdings drastisch zurück. Dafür gab es mehrere Gründe. In erster Linie war der Rückgang dem Erfolg der Grünen Revolution in der Landwirtschaft zuzuschreiben – Entwicklungsländer wie Indien, die große Weizenimporteure gewesen waren, wurden nun zunehmend autark. Zusätzlich dazu führten die europäischen Länder protektionistische Maßnahmen ein, durch die deren eigene Produktion subventioniert wurde und errichteten Zollschranken für importierten Weizen. ▶

So waren im Jahr 2007 Nachfrage und Angebot gegeben durch

$$\text{Nachfrage: } Q_D = 2.900 - 125P$$

$$\text{Angebot: } Q_S = 1.460 + 115P$$

Auch in diesem Fall können durch Gleichsetzen der angebotenen Menge und der nachgefragten Menge der markträumende (nominale) Preis und die markträumende Menge berechnet werden:

$$1.460 + 115P = 2.900 - 125P$$

$$P = \$6{,}00 \text{ pro Scheffel}$$

$$Q = 1.460 + (115)(6) = 2.150 \text{ Millionen Scheffel}$$

Folglich ist der Weizenpreis (nominell) seit 1981 beträchtlich gestiegen. Tatsächlich ist dieser Anstieg aber beinahe vollständig in den Jahren 2005 bis 2007 zu verzeichnen gewesen. (So betrug beispielsweise im Jahr 2002 der Weizenpreis nur $2.78 pro Scheffel.) Wo liegen die Ursachen dafür? Trockenes Wetter im Jahr 2005, noch trockeneres Wetter im Jahr 2006 sowie starke Niederschläge im Jahr 2007 in Verbindung mit einer gestiegenen Exportnachfrage. Bei einer Überprüfung ist festzustellen, dass zum Preis und zur Menge des Jahres 2007 die Preiselastizität der Nachfrage –0,35 betrug und sich die Preiselastizität des Angebots auf 0,32 belief. Angesichts dieser niedrigen Elastizitäten ist es keine Überraschung, dass der Weizenpreis so drastisch angestiegen ist.[9]

Die internationale Nachfrage nach US-amerikanischem Weizen schwankt in Abhängigkeit von den Witterungs- und politischen Bedingungen in anderen wichtigen weizenexportierenden Ländern wie China, Indien und Russland. Zwischen 2008 und 2010 sanken die US-amerikanischen Weizenexporte aufgrund einer robusten internationalen Produktion um 30%, so dass der Weizenpreis von $6,48 im Jahr 2008 auf einen Tiefststand von $4,87 im Jahr 2010 zurückging. Ungünstige Witterungsbedingungen führten allerdings 2011 zu Ausfällen und die US-amerikanischen Exporte schnellten um 33% in die Höhe, wodurch der Preis 2011 auf $5,70 stieg.

Wir haben festgestellt, dass der markträumende Preis für Weizen 1981 $3,46 betrug, der tatsächliche Preis war allerdings höher. Warum war das so? Weil die US-amerikanische Regierung Weizen im Rahmen ihres Preisstützungsprogramms aufkaufte. Zusätzlich erhalten die Bauern direkte Subventionen für den von ihnen produzierten Weizen. Der Umfang dieser Hilfen für Bauern (auf Kosten des Steuerzahlers) hat zugenommen. Im Jahr 2002 – und erneut im Jahr 2008 – verabschiedete der Kongress ein Gesetz, mit dem die Subventionen für die Bauern aufrechterhalten (und in einigen Fällen sogar erhöht) wurden. Mit dem Lebensmittel-, Umweltschutz- und Energie-Gesetz aus dem Jahr 2008 wurde die Unterstützung der Landwirte bis ▶

---

9 Dies sind die Schätzungen der kurzfristigen Elastizität des Wirtschaftswissenschaftlichen Forschungsdienstes des US-amerikanischen Landwirtschaftsministeriums (USDA). Für weitere Informationen können die folgenden Publikationen herangezogen werden: William Lin, Paul C. Westcott, Robert Skinner, Scott Sanford und Daniel G. De La Torre Ugarte, „*Supply Response Under the 1996 Farm Act and Implications for the U.S. Field Crops Sector*" (Technical Bulletin Nr. 188, ERS, USDA, Juli 2000, http://www.ers.usda.gov/) sowie James Barnes und Dennis Shields, „*The Growth in U.S. Wheat Food Demand*" (Wheat Situation and Outlook Yearbook, WHS-1998, http://www.ers.usda.gov/).

zum Jahr 2012 zu prognostizierten Kosten von $284 Milliarden über fünf Jahre genehmigt.[10] Agrarpolitische Maßnahmen zur Unterstützung der Landwirte gibt es in den Vereinigten Staaten, Europa, Japan und vielen anderen Ländern.

In Kapitel 9 werden die Funktionsweise derartiger agrarpolitischer Maßnahmen erläutert und die Kosten und Nutzen für die Konsumenten, die Landwirte und den Staatshaushalt bewertet.

2.5 Kurzfristige und langfristige Elastizitäten

Bei der Analyse von Angebot und Nachfrage ist es wichtig, zwischen der kurzfristigen und langfristigen Sicht zu unterscheiden. Mit anderen Worten ausgedrückt, wir müssen uns bei der Beantwortung der Frage, um wie viel sich Angebot und Nachfrage als Reaktion auf eine Preisänderung ändern, darüber im Klaren sein, *wie viel Zeit vor der Messung der Änderungen der nachgefragten bzw. angebotenen Menge verstreichen darf*. Wenn nur eine kurze Zeit vergangen sein darf – beispielsweise ein Jahr oder weniger – beschäftigt man sich mit der *kurzen Frist*. Bezieht man sich allerdings auf die *lange Frist*, so ist damit gemeint, dass man den Konsumenten bzw. Produzenten genug Zeit gewährt, *sich völlig auf die Preisänderung einzustellen*. Im Allgemeinen unterscheiden sich die kurzfristigen Angebots- und Nachfragekurven sehr stark von ihren langfristigen Gegenstücken.

2.5.1 Nachfrageelastizitäten

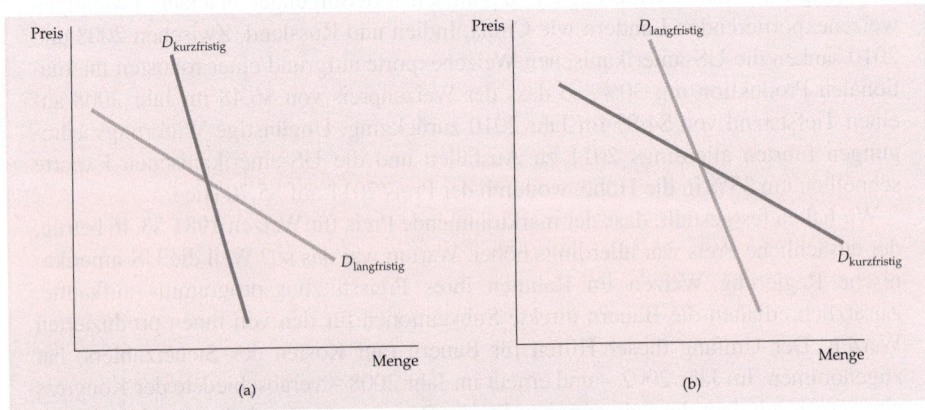

Abbildung 2.13: (a) Benzin: kurzfristige und langfristige Nachfragekurven
(b) Automobile: kurz- und langfristige Nachfragekurven
(a) Kurzfristig hat eine Preissteigerung nur geringe Auswirkungen auf die nachgefragte Benzinmenge. Die Kraftfahrer können weniger fahren, sie können allerdings die von ihnen gefahrenen Autotypen nicht über Nacht wechseln. Langfristig werden allerdings, da die Kraftfahrer zu kleineren und verbrauchsärmeren Autos wechseln, die Auswirkungen der Preissteigerung größer sein. Folglich ist die Nachfrage langfristig preiselastischer als kurzfristig. (b) Für die Nachfrage nach Automobilen trifft das Gegenteil zu. Wenn sich der Preis erhöht, verschieben die Konsumenten zunächst den Kauf neuer Autos, so dass die jährlich nachgefragte Menge drastisch zurückgeht. Langfristig verschleißen allerdings die alten Autos und müssen ersetzt werden, folglich steigt die jährlich nachgefragte Menge wieder an. Deshalb ist die Nachfrage langfristig weniger preiselastisch als kurzfristig.

---

10 Weitere Informationen zu US-amerikanischen Agrargesetzen der Vergangenheit werden unter *http://www.ers.usda.gov/farmbill/2008/* zur Verfügung gestellt.

Bei vielen Gütern ist die Nachfrage langfristig sehr viel preiselastischer als kurzfristig. Einerseits dauert es einige Zeit, bis die Menschen ihre Konsumgewohnheiten geändert haben. Beispielsweise wird, selbst wenn der Kaffeepreis drastisch ansteigt, die nachgefragte Menge nur allmählich zurückgehen, wenn die Konsumenten beginnen, weniger Kaffee zu trinken. Außerdem kann die Nachfrage nach einem Gut mit dem Bestand eines anderen Gutes, der sich nur langsam ändert, verbunden sein. So ist beispielsweise die Nachfrage nach Benzin langfristig sehr viel elastischer als kurzfristig. Ein beträchtlich erhöhter Benzinpreis reduziert kurzfristig die nachgefragte Menge, da die Kraftfahrer weniger fahren, erreicht aber seine größten Auswirkungen langfristig, da die Konsumenten zum Kauf kleinerer und verbrauchsärmerer Fahrzeuge bewegt werden. Da sich allerdings der Bestand an Automobilen nur langsam ändert, geht die nachgefragte Menge Benzin nur langsam zurück. In Abbildung 2.13(a) werden die kurz- und langfristigen Nachfragekurven für derartige Güter dargestellt.

Nachfrage und Dauerhaftigkeit Andererseits trifft für einige Güter genau das Gegenteil zu – die Nachfrage ist kurzfristig elastischer als langfristig. Da diese Güter (Automobile, Kühlschränke, Fernsehgeräte und die von der Industrie investierten Anlagen) *dauerhaft* sind, ist der Gesamtbestand jedes dieser Güter im Besitz der Konsumenten im Vergleich zur jährlichen Produktion relativ groß. Infolgedessen kann eine geringfügige Änderung des Gesamtbestandes, den die Konsumenten besitzen wollen, zu einer großen prozentualen Änderung des Niveaus der Käufe führen.

Nehmen wir beispielsweise an, dass der Preis für Kühlschränke um zehn Prozent ansteigt, wodurch der Gesamtbestand an Kühlschränken, die die Konsumenten besitzen wollen, um fünf Prozent zurückgeht. Zunächst wird dies dazu führen, dass die Käufe neuer Kühlschränke um weitaus mehr als fünf Prozent zurückgehen. Aber schließlich wird sich die nachgefragte Menge wieder erhöhen, da die Kühlschränke der Konsumenten an Nutzwert verlieren (und Geräte ersetzt werden müssen). Langfristig wird der Gesamtbestand an Kühlschränken im Eigentum von Konsumenten ungefähr fünf Prozent niedriger sein als vor der Preiserhöhung. In diesem Fall wäre die langfristige Preiselastizität der Nachfrage nach Kühlschränken –0,05/0,10 = –0,5, während die kurzfristige Elastizität betragsmäßig viel größer wäre.

Oder betrachten wir als Beispiel Automobile. Obwohl die jährliche Nachfrage nach Automobilen in den USA – beim Erwerb neuer Fahrzeuge – zwischen zehn und zwölf Millionen liegt, umfasst der Bestand von Automobilen im Besitz der Konsumenten ca. 130 Millionen. Wenn die Automobilpreise ansteigen, schieben viele Konsumenten den Kauf neuer Autos auf. Die nachgefragte Menge wird drastisch fallen, obwohl der Gesamtbestand an Autos, die die Konsumenten zu diesem höheren Preis vielleicht zu besitzen wünschen, nur geringfügig zurückgeht. Da allerdings die alten Autos schließlich verschleißen und ersetzt werden müssen, steigt die nachgefragte Menge neuer Kraftfahrzeuge wieder an. Infolgedessen ist die langfristige Änderung der nachgefragten Menge viel geringer als die kurzfristige. In Abbildung 2.13(b) werden die Nachfragekurven dauerhafter Güter, wie z.B. Autos, dargestellt.

Einkommenselastizitäten Auch bei den Einkommenselastizitäten gibt es Unterschiede zwischen der kurzfristigen und langfristigen Sicht. Bei den meisten Gütern und Dienstleistungen – Nahrungsmitteln, Getränken, Treibstoff, Unterhaltung usw. – ist die Einkommenselastizität langfristig größer als kurzfristig. Betrachten wir die Entwicklung des Benzinverbrauchs in einem Zeitraum starken Wirtschaftswachstums, in dem das Gesamteinkommen um zehn Prozent ansteigt. Die Konsumenten werden nach und nach ihren Benzinverbrauch erhöhen, da sie sich mehr Fahrten leisten können und vielleicht größere Autos besitzen. Allerdings ändert sich das Verbraucherverhalten nur allmählich, und die Nachfrage steigt zu Beginn nur geringfügig an. Folglich ist die langfristige Elastizität größer als die kurzfristige.

Bei einem dauerhaften Gut trifft das Gegenteil zu. Auch hier wollen wir das Beispiel der Automobile betrachten. Bei einem Anstieg des Gesamteinkommens um zehn Prozent wird der Gesamtbestand an Kraftfahrzeugen, den die Konsumenten besitzen wollen, auch ansteigen – beispielsweise um fünf Prozent. Allerdings bedeutet diese Änderung einen viel größeren Anstieg der *gegenwärtigen Käufe* von Automobilen. (Wenn der Bestand 130 Millionen umfasst, macht ein Anstieg um fünf Prozent 6,5 Millionen aus, die wiederum ungefähr 60 bis 70 Prozent der normalen Nachfrage eines einzigen Jahres entsprechen.) Schließlich gelingt es den Konsumenten, die Gesamtzahl der im Besitz befindlichen Automobile zu erhöhen. Nachdem der Bestand aufgebaut worden ist, werden neue Käufe hauptsächlich getätigt, um alte Autos zu ersetzen. (Die Anzahl dieser neuen Käufe wird trotzdem noch höher sein als vorher, da ein größerer Bestand an Kraftfahrzeugen im Umlauf bedeutet, dass pro Jahr mehr Autos ersetzt werden müssen.) Offensichtlich ist die kurzfristige Einkommenselastizität der Nachfrage viel größer als die langfristige Elastizität.

Konjunkturabhängige Branchen Da die Nachfrage nach dauerhaften Gütern als Reaktion auf kurzfristige Einkommensänderungen so stark schwankt, sind die Branchen, die diese Güter herstellen, sehr anfällig gegenüber Änderungen der gesamtwirtschaftlichen Bedingungen und insbesondere gegenüber dem Verlauf der Konjunktur – gegenüber Rezessionen und Aufschwüngen. Daher werden diese Wirtschaftszweige als **konjunkturabhängige Branchen** bezeichnet – ihre Umsatzentwicklung tendiert dazu, konjunkturbedingte Änderungen des Bruttoinlandsproduktes (BIP) und des Volkseinkommens zu vergrößern.

> **Konjunkturabhängige Branchen**
>
> Branchen, in denen die Verkäufe dazu tendieren, konjunkturbedingte Änderungen des Bruttoinlandsproduktes und des Volkseinkommens zu vergrößern.

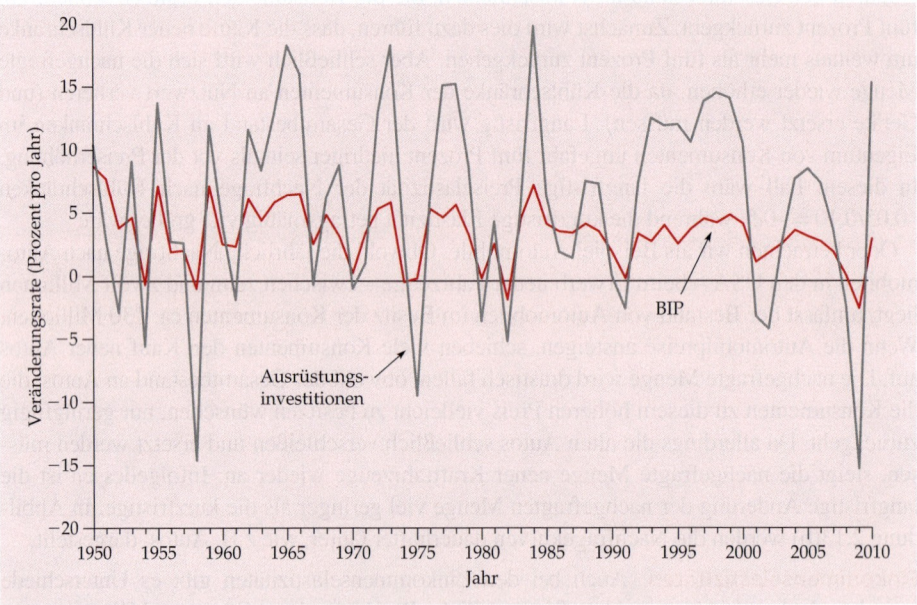

Abbildung 2.14: Das BIP und Investitionen in dauerhafte Ausrüstungsgüter
In dieser Abbildung werden die jährlichen Wachstumsraten des BIP und der Investitionen in dauerhafte Ausrüstungsgüter verglichen. Da die kurzfristige BIP-Nachfrageelastizität größer ist als die langfristige Nachfrageelastizität langlebiger Anlagegüter, vergrößern Änderungen der Investitionen in Ausrüstungen die Änderungen des BIP. Folglich werden die Investitionsgüterbranchen als „konjunkturabhängig" betrachtet.

Dieses Prinzip wird in den Abbildungen 2.14 und 2.15 dargestellt. In Abbildung 2.14 werden zwei Variablen über einen Zeitraum hinweg grafisch dargestellt: die jährliche reale (inflationsbereinigte) Veränderungsrate des BIP und die jährliche reale Veränderungsrate der von den Produzenten getätigten Investitionen in dauerhafte Ausrüstungen (Maschinen und andere, von Unternehmen erworbene Ausrüstungsgüter).

Dabei ist zu bemerken, dass, obwohl die Reihe der dauerhaften Ausrüstungen dem gleichen Muster folgt wie die BIP-Reihe, die Änderungen des BIP vergrößert werden. So wuchs beispielsweise das BIP von 1961 bis 1966 um mindestens vier Prozent pro Jahr. Die Käufe dauerhafter Ausrüstungsgüter erhöhten sich ebenfalls, aber um einen viel größeren Prozentsatz (über zehn Prozent von 1963 bis 1966). Die Ausrüstungsinvestitionen stiegen auch im Zeitraum von 1993 bis 1998 viel schneller als das BIP. Andererseits gingen die Käufe von Ausrüstungsgütern während der Rezessionen von 1974–75, 1982, 1991, 2001 und 2008 viel stärker zurück als das BIP.

In Abbildung 2.15 wird ebenfalls die reale Wachstumsrate des BIP, in Verbindung mit den jährlichen realen Veränderungsraten der Ausgaben der Konsumenten für dauerhafte Güter (Automobile, Geräte usw.) sowie für kurzlebige Güter (Nahrungsmittel, Treibstoff, Bekleidung usw.), gezeigt. Dabei ist zu bemerken, dass, während beide Verbrauchsreihen dem BIP folgen, nur die Reihe der dauerhaften Güter dazu neigt, die Änderungen des BIP zu vergrößern. Die Änderungen im Verbrauch kurzlebiger Güter entsprechen annähernd den Änderungen des BIP, wogegen die Änderungen im Verbrauch der dauerhaften Güter gewöhnlich um ein Mehrfaches höher sind. Deshalb werden Unternehmen wie General Motors und General Electric als „konjunkturabhängig" betrachtet: Die Verkäufe von Automobilen und Elektrogeräten werden durch sich ändernde gesamtwirtschaftliche Bedingungen stark beeinflusst.

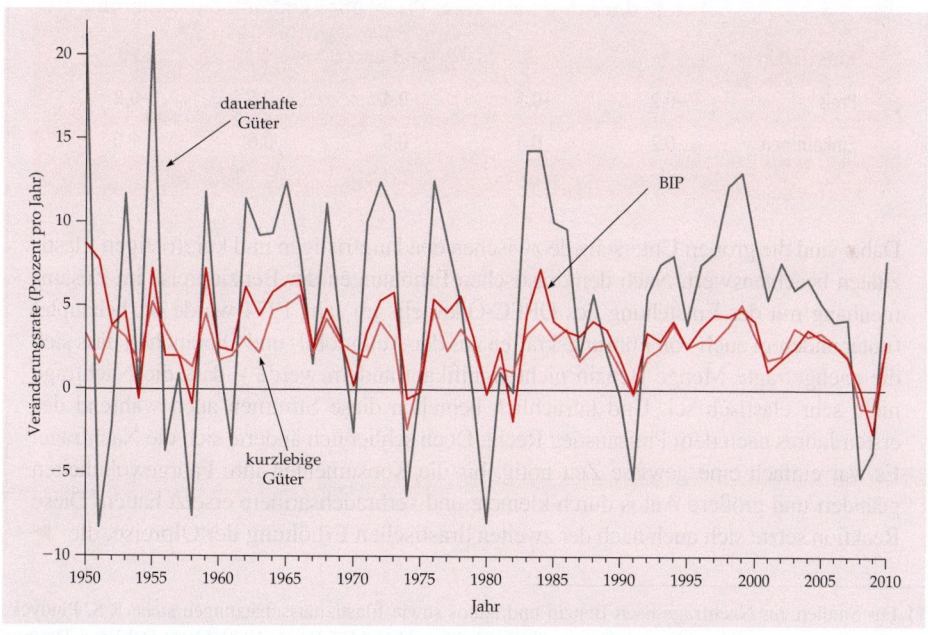

Abbildung 2.15: Der Verbrauch dauerhafter Güter und kurzlebiger Verbrauchsgüter im Vergleich
Die jährlichen Wachstumsraten des BIP, der Verbraucherausgaben für dauerhafte Güter (Automobile, Geräte, Mobiliar usw.) und der Verbraucherausgaben für kurzlebige Güter (Nahrungsmittel, Bekleidung, Dienstleistungen usw.) werden verglichen. Da der Bestand der dauerhaften Güter verglichen mit der jährlichen Nachfrage groß ist, sind die kurzfristigen Nachfrageelastizitäten größer als die langfristigen Elastizitäten. Wie die Investitionsgüterindustrie sind auch die Branchen, die dauerhafte Verbrauchsgüter herstellen, „konjunkturabhängig" (d.h. Änderungen des BIP werden vergrößert). Dies trifft auf die meisten Produzenten kurzlebiger Verbrauchsgüter nicht zu.

Beispiel 2.6: Die Nachfrage nach Benzin und Automobilen

Benzin und Automobile veranschaulichen einige der oben erörterten, unterschiedlichen Eigenschaften der Nachfrage. Es handelt sich bei diesen Gütern um Komplementärgüter – eine Steigerung des Preises eines Gutes führt gewöhnlich zu einem Rückgang der Nachfrage nach dem anderen. Außerdem ist das jeweilige dynamische Verhalten der Güter (langfristige und kurzfristige Elastizitäten) genau gegensätzlich. Bei Benzin sind die langfristigen Preis- und Einkommenselastizitäten größer als die kurzfristigen Elastizitäten, während bei Autos genau das Gegenteil zutrifft.

Im Hinblick auf die Nachfrage nach Benzin und Automobilen sind eine Reihe statistischer Untersuchungen durchgeführt worden. Hier werden Elastizitätsschätzungen auf der Grundlage mehrerer Studien angeführt, die die dynamische Reaktion der Nachfrage betonen.[11] In Tabelle 2.1 werden die kurz- und langfristigen sowie fast alle mittelfristigen Preis- und Einkommenselastizitäten der Nachfrage nach Benzin in den Vereinigten Staaten angegeben.

Tabelle 2.1

Die Nachfrage nach Benzin

Elastizität	Anzahl der Jahre nach einer Preis- oder Einkommensänderung				
	1	2	3	5	10
Preis	−0,2	−0,3	−0,4	−0,5	−0,8
Einkommen	0,2	0,4	0,5	0,6	1,0

Dabei sind die großen Unterschiede zwischen den langfristigen und kurzfristigen Elastizitäten beachtenswert. Nach den drastischen Erhöhungen der Benzinpreise im Zusammenhang mit der Entstehung des OPEC-Ölkartells im Jahr 1974 wurde oft behauptet (unter anderem auch von Führungskräften aus der Automobil- und Ölbranche), dass sich die nachgefragte Menge Benzin nicht signifikant ändern werde – dass die Nachfrage nicht sehr elastisch sei. Und tatsächlich behielten diese Stimmen auch während des ersten Jahres nach dem Preisanstieg Recht. Doch schließlich änderte sich die Nachfrage. Es war einfach eine gewisse Zeit nötig, bis die Konsumenten ihre Fahrgewohnheiten geändert und größere Autos durch kleinere und verbrauchsärmere ersetzt hatten. Diese Reaktion setzte sich auch nach der zweiten drastischen Erhöhung der Ölpreise, die ▶

---

11 Für Studien zur Nachfrage nach Benzin und Autos sowie Elastizitätsschätzungen siehe R.S. Pindyck, „The Structure of World Energy Demand", Cambridge, MA: MIT Press, 1979. Carol Dahl and Thomas Sterner, „Analyzing Gasoline Demand Elasticities: A Survey," *Energy Economics* (Juli 1991), Molly Espey, „Gasoline Demand Revised: An International Meta-Analysis of Elasticities," *Energy Economics* (Juli 1998), David L. Greene, James R. Kahn und Robert C. Gibson, „Fuel Economy Rebound Effects for U.S. Household Vehicles," *The Energy Journal* 20 (1999); Daniel Graham und Stephen Glaister, „The Demand for Automobile Fuel: A Survey of Elasticities," *Journal of Transport Economics and Policy* 36 (Januar 2002) und Ian Parry und Kenneth Small, „Does Britain or the United States Have the Right Gasoline Tax?" *American Economic Review* 95 (2005).

1979–1980 eintrat, fort. Und es war teilweise auch dieser Reaktion zuzuschreiben, dass die OPEC die Ölpreise nicht über $30 pro Barrel halten konnte und die Preise schließlich fielen. Die Steigerungen der Öl- und Gaspreise in den Jahren 2005 bis 2011 führten ebenfalls zu einer allmählichen Nachfragereaktion.

In Tabelle 2.2 werden die Preis- und Einkommenselastizitäten der Nachfrage nach Automobilen angegeben. Dabei ist zu bemerken, dass die kurzfristigen Elastizitäten sehr viel größer sind als die langfristigen. Aus den Einkommenselastizitäten sollte deutlich zu erkennen sein, warum die Automobilbranche so stark konjunkturabhängig ist. So ging beispielsweise während der Rezession von 1991 das BIP real (inflationsbereinigt) um zwei Prozent zurück, während die Verkäufe von Automobilen real um acht Prozent fielen. Die Verkäufe von Automobilen erholten sich ab 1993 wieder und stiegen zwischen 1995 und 1999 drastisch an. Während der Rezession im Jahr 2008 sank das BIP um beinahe drei Prozent und die Verkaufszahlen für PKW und LKW sanken um 21%. Im Jahr 2010 erholten sich die Verkaufszahlen wieder und die Verkäufe stiegen um beinahe 10%.

Tabelle 2.2

Die Nachfrage nach Automobilen

Elastizität	Anzahl der Jahre nach einer Preis- oder Einkommensänderung				
	1	2	3	5	10
Preis	–1,2	–0,9	0,8	0,6	0,4
Einkommen	3,0	2,3	1,9	1,4	1,0

2.5.2 Angebotselastizitäten

Auch bei den Angebotselastizitäten gibt es Unterschiede zwischen der kurzfristigen und der langfristigen Sicht. Bei den meisten Produkten ist das langfristige Angebot sehr viel preiselastischer als das kurzfristige. Kurzfristig werden die Unternehmen mit Kapazitätsengpässen konfrontiert und benötigen Zeit, um die Kapazitäten durch den Bau neuer Produktionseinrichtungen und die Anstellung neuer Arbeitskräfte zu deren Ausstattung zu erweitern. Dies bedeutet allerdings nicht, dass im Falle eines drastischen Preisanstieges die angebotene Menge nicht kurzfristig ansteigt. Selbst kurzfristig können die Unternehmen ihre Produktion steigern, indem sie ihre bestehenden Anlagen eine größere Anzahl an Stunden pro Woche einsetzen, indem sie ihren Arbeitskräften Überstunden bezahlen und indem sie umgehend neue Arbeitskräfte anstellen. Allerdings können die Unternehmen ihre Produktion stärker erweitern, wenn sie über die Zeit zum Ausbau ihrer Anlagen und zur Erhöhung der Stammbelegschaft verfügen.

Bei einigen Gütern und Dienstleistungen ist das kurzfristige Angebot vollkommen unelastisch. Der Markt für Mietwohnungen in den meisten Städten liefert ein Beispiel dafür. Sehr kurzfristig gibt es nur eine feste Anzahl an Mieteinheiten. Folglich treibt ein Anstieg der Nachfrage nur die Preise nach oben. Längerfristig sowie für den Fall, dass keine Mietpreisbindung besteht, liefern höhere Mieten einen Anreiz für die Renovierung bestehender und die Errichtung neuer Gebäude. Infolgedessen erhöht sich die angebotene Menge.

Bei den meisten Gütern ist es den Unternehmen allerdings möglich, selbst kurzfristig Mittel und Wege zur Erhöhung der Produktion zu finden – wenn der Preisanreiz stark genug ist. Da allerdings verschiedene Begrenzungen die kurzfristige Steigerung der Produktion teuer machen, sind möglicherweise große Preissteigerungen notwendig, um Anreize für eine kurzfristige Erhöhung der angebotenen Menge zu schaffen. Diese Charakteristika des Angebots werden in Kapitel 8 detaillierter erörtert.

Angebot und Dauerhaftigkeit Bei einigen Gütern ist das Angebot kurzfristig elastischer als langfristig. Diese Güter sind dauerhaft und können bei einem Preisanstieg als Teil des Angebots wiederverwendet werden. Ein Beispiel dafür ist das *sekundäre Angebot* bei Metallen: das Angebot aus Altmetall, das oftmals eingeschmolzen und wiederverarbeitet wird. Wenn der Kupferpreis steigt, wird dadurch der Anreiz, Kupferschrott in neues Angebot umzuwandeln, erhöht, so dass anfänglich das sekundäre Angebot beträchtlich ansteigt. Schließlich wird jedoch der Bestand an qualitativ gutem Schrott zurückgehen, wodurch das Einschmelzen, die Reinigung und die Wiederverarbeitung teurer werden. Dann schrumpft das sekundäre Angebot. Folglich ist die langfristige Preiselastizität des sekundären Angebots geringer als die kurzfristige Elastizität.

In den Abbildungen 2.16(a) und 2.16(b) werden die kurzfristigen und langfristigen Angebotskurven für die primäre (die Produktion aus dem Abbau und dem Verhütten von Erz) und sekundäre Kupferproduktion dargestellt. In Tabelle 2.3 werden Schätzwerte für die Elastizitäten beider Komponenten des Angebots sowie für das Gesamtangebot angegeben, die auf einem gewichteten Mittelwert der Elastizitäten der Komponenten beruht.[12] Da das sekundäre Angebot nur ca. 20 Prozent des Gesamtangebotes ausmacht, ist die Preiselastizität des Angebots langfristig größer als kurzfristig.

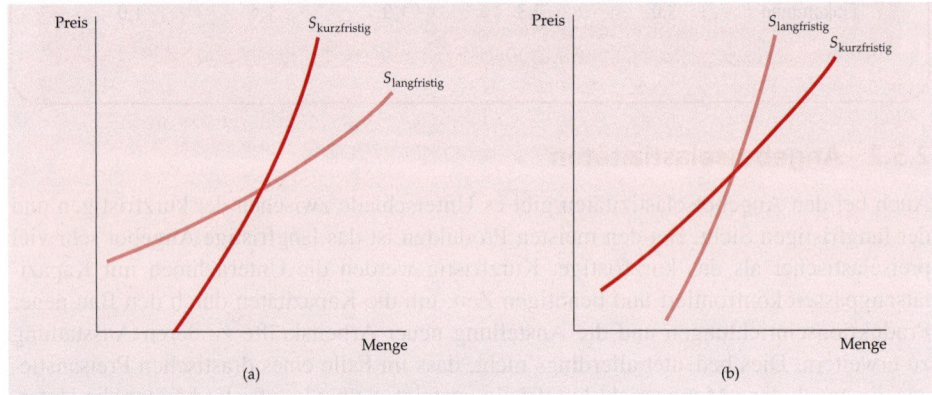

Abbildung 2.16: Kupfer: kurzfristige und langfristige Angebotskurven
Wie bei den meisten Gütern ist das in Teil **(a)** dargestellte Angebot an primärem Kupfer langfristig elastischer. Bei Preissteigerungen wollen die Unternehmen mehr produzieren, werden allerdings kurzfristig mit Kapazitätsengpässen konfrontiert. Langfristig können sie die Kapazität erhöhen und die Produktion steigern. In Teil **(b)** werden die Angebotskurven für sekundäres Kupfer dargestellt. Bei Preissteigerungen entsteht ein größerer Anreiz, Kupferschrott in ein neues Angebot umzuwandeln. Deshalb erhöht sich anfänglich das sekundäre Angebot (d.h. das Angebot aus Altmetall) stark. Wenn allerdings mit der Zeit der Bestand an Altmetall zurückgeht, verringert sich das sekundäre Angebot. Infolgedessen ist das sekundäre Angebot langfristig weniger elastisch als kurzfristig.

---

12 Diese Schätzwerte wurden errechnet, indem die regionalen Schätzwerte aus Franklin M. Fisher, Paul H. Cootner und Martin N. Baily, „An Econometric Model of the World Copper Industry", *Bell Journal of Economics 3*, (Herbst 1972): 568–609, zusammengefasst wurden.

Tabelle 2.3

Das Kupferangebot

Preiselastizität des	Kurzfristig	Langfristig
primären Angebots	0,20	1,60
sekundären Angebots	0,43	0,31
Gesamtangebots	0,25	1,50

Beispiel 2.7: Das Wetter in Brasilien und der Kaffeepreis in New York

Hin und wieder werden durch Dürren oder Fröste viele der brasilianischen Kaffeesträucher zerstört oder beschädigt. Da Brasilien der bei weitem größte Kaffeeproduzent weltweit ist, führt dies zu einem Rückgang des Angebots an Kaffee und zu einer drastischen Steigerung des Kaffeepreises.

So wurde beispielsweise im Juli 1975 ein Großteil der brasilianischen Kaffeeernte der Jahre 1976 und 1977 durch einen Frosteinbruch vernichtet. (Dabei ist zu beachten, dass in Brasilien Winter herrscht, wenn auf der Nordhalbkugel Sommer ist.) Wie in Abbildung 2.17 gezeigt wird, stieg der Preis für ein Pfund Kaffee in New York von 68 Cent im Jahr 1975 auf $1,23 im Jahr 1976 und $2,70 im Jahr 1977. Die Preise gingen danach erneut zurück, stiegen aber 1986 sprunghaft wieder an, nachdem eine sieben Monate anhaltende Dürre 1985 einen Großteil der brasilianischen Ernte zerstört hatte. Schließlich wurde ab Juni 1994 durch Fröste, denen eine Dürre folgte, beinahe die Hälfte der brasilianischen Kaffeeernte der Jahre 1995–1996 zerstört. Infolgedessen war der Kaffeepreis 1994–1995 ungefähr doppelt so hoch wie im Jahr 1993. Bis zum Jahr 2002 war der Preis allerdings dann auf das niedrigste Niveau in 30 Jahren gefallen. (Die Forscher prognostizieren, dass aufgrund der Klimaerwärmung über die nächsten 50 Jahre bis zu 60 Prozent der Kaffeeanbaugebiete Brasiliens vernichtet werden könnten. Dies würde zu einem erheblichen Rückgang der Kaffeeproduktion und einer Preissteigerung führen. Sollte dies eintreten, wird dies in der 20. Auflage dieses Buchs erörtert.)

Der wichtige Punkt in Abbildung 2.17 ist, dass die Preissteigerung nach einem Frosteinbruch oder einer Dürre allerdings gewöhnlich von kurzer Dauer ist. Innerhalb eines Jahres beginnen die Preise wieder zu fallen, in einem Zeitraum von drei oder vier Jahren erreicht der Preis wieder sein ursprüngliches Niveau. So fiel beispielsweise der Kaffeepreis in New York 1978 auf $1,48 pro Pfund, und bis zum Jahr 1983 war der Preis so weit gefallen, dass er real (inflationsbereinigt) nur einen Unterschied von wenigen Cent im Vergleich zum Preis vor dem Frosteinbruch 1975 aufwies.[13] ▶

---

[13] Allerdings stiegen die Preise 1980 infolge der unter dem International Coffee Agreement (ICA) verhängten Exportquoten zeitweilig auf knapp über $2 pro Pfund. Die ICA ist im Prinzip eine Kartellvereinbarung, die im Jahr 1968 von den kaffeeproduzierenden Ländern in Kraft gesetzt wurde. Sie ist allerdings weitgehend wirkungslos geblieben und hat den Preis nur selten beeinflusst. Die Preisbildung in Kartellen wird in Kapitel 12 detailliert erörtert.

Desgleichen fiel 1987 der Kaffeepreis bis auf das vor der Dürre 1984 bestehende Niveau und sank danach bis zum Frosteinbruch 1994 weiter. Nachdem im Jahr 2002 ein Tiefststand von 45 Cent pro Pfund erreicht worden war, stiegen die Kaffeepreise um durchschnittlich 17% pro Jahr und erreichten im Jahr 2010 bei $1,46 wieder den Höchstwert von 1995. Die brasilianischen Kaffeepflanzer haben sich über die letzten zehn Jahre bemüht, ihre Produktion zu steigern, allerdings führten widrige Witterungsbedingungen zu schwankenden Ernteerträgen.

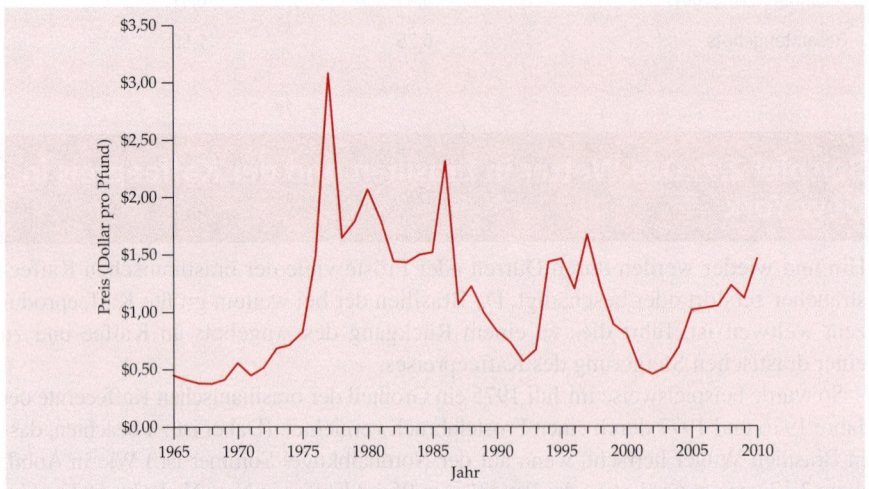

Abbildung 2.17: Der Preis für brasilianischen Kaffee
Wenn die brasilianischen Kaffeesträucher durch Dürren oder Frosteinbrüche beschädigt werden, kann der Preis in die Höhe schnellen. Allerdings fällt er gewöhnlich nach einigen Jahren wieder, wenn sich Nachfrage und Angebot anpassen.

Die Kaffeepreise verhalten sich so, da sowohl Nachfrage als auch Angebot (insbesondere das Angebot) langfristig sehr viel elastischer sind als kurzfristig. Dies wird in Abbildung 2.18 dargestellt. Dabei ist in Teil (a) der Abbildung zu erkennen, dass innerhalb einer sehr kurzen Frist (innerhalb von einem oder zwei Monaten nach einem Frosteinbruch) das Angebot vollkommen unelastisch ist: Es gibt einfach eine feste Anzahl an Kaffeesträuchern, von denen ein Teil durch den Frost beschädigt wurde. Auch die Nachfrage ist relativ unelastisch. Aufgrund des Frostes verschiebt sich die Angebotskurve nach links und der Preis steigt drastisch von P_0 auf P_1.

Mittelfristig – beispielsweise ein Jahr nach dem Frosteinbruch – sind sowohl das Angebot als auch die Nachfrage elastischer, da, im Hinblick auf das Angebot, die bestehenden Sträuche intensiver abgeerntet werden können (bei einer gewissen Verschlechterung der Qualität) und, im Hinblick auf die Nachfrage, die Konsumenten genügend Zeit hatten, ihre Kaufgewohnheiten zu ändern. Wie Teil (b) zeigt, ist der Preis von P_1 auf P_2 gesunken, obwohl die mittelfristige Angebotskurve sich ebenfalls nach links verschoben hat. Die angebotene Menge hat sich gegenüber der kurzfristigen Situation auch etwas erhöht – von Q_1 auf Q_2. In der in Teil (c) dargestellten, langen Frist erreicht der Preis wieder sein normales Niveau, da die Pflanzer genügend Zeit hatten, die durch den Frost beschädigten Sträucher zu ersetzen. Folglich spiegelt die langfristige Angebotskurve einfach die Kosten der Kaffeeproduktion ▶

einschließlich der Kosten des Landes, des Anbaus und der Pflege der Kaffeesträucher sowie einer wettbewerbsfähigen Gewinnrate, wider.[14]

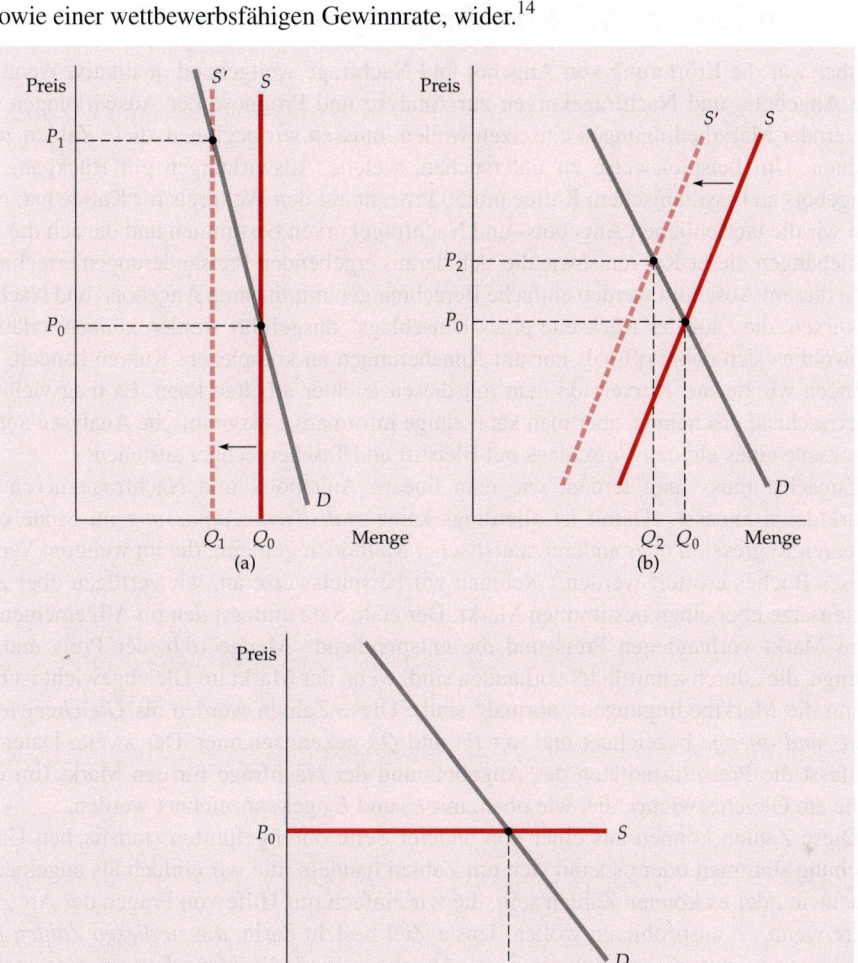

Abbildung 2.18: Angebot und Nachfrage nach Kaffee
(a) Ein Frosteinbruch oder eine Dürre in Brasilien führt dazu, dass sich die Angebotskurve nach links verschiebt. Kurzfristig ist das Angebot vollkommen unelastisch, da nur eine feste Anzahl an Kaffeebohnen geerntet werden kann. Die Nachfrage ist ebenfalls relativ unelastisch, da die Konsumenten ihre Gewohnheiten nur langsam ändern. Infolgedessen führt der Frosteinbruch anfänglich zu einem starken Preisanstieg von P_0 auf P_1.
(b) Mittelfristig sind sowohl Angebot als auch Nachfrage elastischer, folglich fällt dieser Preis wieder um ein gewisses Maß auf P_2. (c) Langfristig ist das Angebot äußerst elastisch. Da neue Kaffeesträucher Zeit zu wachsen hatten, werden die Auswirkungen des Frosteinbruches ausgeglichen. Der Preis kehrt zu P_0 zurück.

---

14 Weitere Informationen über den Weltkaffeemarkt sind beim Foreign Agricultural Service des US-Landwirtschaftsministeriums unter folgender Internetadresse erhältlich: *http://www.fas.usda.gov/htp/tropical/coffee.html*. Eine weitere gute Informationsquelle ist: *http://www.nationalgeographic.com/coffee*.

*2.6 Kenntnis und Prognose der Auswirkungen sich ändernder Marktbedingungen

Bisher war die Erörterung von Angebot und Nachfrage weitgehend qualitativ. Wenn wir die Angebots- und Nachfragekurven zur Analyse und Prognose der Auswirkungen sich ändernder Marktbedingungen einsetzen wollen, müssen wir beginnen, diese Zahlen zuzuordnen. Um beispielsweise zu untersuchen, welche Auswirkungen ein Rückgang des Angebots an brasilianischem Kaffee um 50 Prozent auf den Weltpreis für Kaffee hat, müssen wir die tatsächlichen Angebots- und Nachfragekurven bestimmen und danach die Verschiebungen dieser Kurven sowie die sich daraus ergebenden Preisänderungen errechnen.

In diesem Abschnitt werden einfache Berechnungen mit linearen Angebots- und Nachfragekurven, die „auf der Rückseite eines Umschlags" ausgeführt werden können, erläutert. Obwohl es sich dabei oftmals nur um Annäherungen an komplexere Kurven handelt, verwenden wir lineare Kurven, da man mit diesen leichter arbeiten kann. Es mag vielleicht überraschend erscheinen, aber man kann einige informative ökonomische Analysen auf der Rückseite eines kleinen Umschlags mit Bleistift und Taschenrechner anstellen.

Zunächst muss man lernen, wie man lineare Angebots- und Nachfragekurven den Marktdaten anpasst. (Damit ist allerdings keine *statistische Anpassung* im Sinne einer linearen Regression oder anderer statistischer Methoden gemeint, die im weiteren Verlauf dieses Buches erörtert werden.) Nehmen wir beispielsweise an, wir verfügen über zwei Datensätze über einen bestimmten Markt: Der erste Satz umfasst den im Allgemeinen auf dem Markt vorhandenen Preis und die entsprechende Menge (d.h. der Preis und die Menge, die „durchschnittlich" vorhanden sind, wenn der Markt im Gleichgewicht ist bzw. wenn die Marktbedingungen „normal" sind). Diese Zahlen werden als *Gleichgewichtspreis und -menge* bezeichnet und mit P^* und Q^* gekennzeichnet. Der zweite Datensatz umfasst die Preiselastizitäten des Angebots und der Nachfrage für den Markt (im oder nahe am Gleichgewicht), die, wie oben, mit E_S und E_D gekennzeichnet werden.

Diese Zahlen können aus einer von anderer Seite durchgeführten statistischen Untersuchung stammen oder es kann sich um Zahlen handeln, die wir einfach als angemessen erachten, oder es können Zahlen sein, die wir einfach mit Hilfe von Fragen der Art „Was wäre wenn…" ausprobieren wollen. Unser Ziel besteht darin, *die zu diesen Zahlen passenden (d.h. mit diesen konsistenten) Angebots- und Nachfragekurven aufzustellen*. Danach können wir numerisch bestimmen, wie die Veränderungen einer Variablen, wie z.B. des BIP, des Preises eines anderen Gutes oder eines Produktionskostenfaktors, dazu führen, dass Angebot und Nachfrage sich verschieben und dadurch den Marktpreis und die Marktmenge beeinflussen.

Wir beginnen mit den in Abbildung 2.19 dargestellten linearen Kurven. Diese Kurven können rechnerisch wie folgt geschrieben werden.

$$\text{Nachfrage: } Q = a - bP \qquad (2.5\text{a})$$

$$\text{Angebot: } Q = c + dP \qquad (2.5\text{b})$$

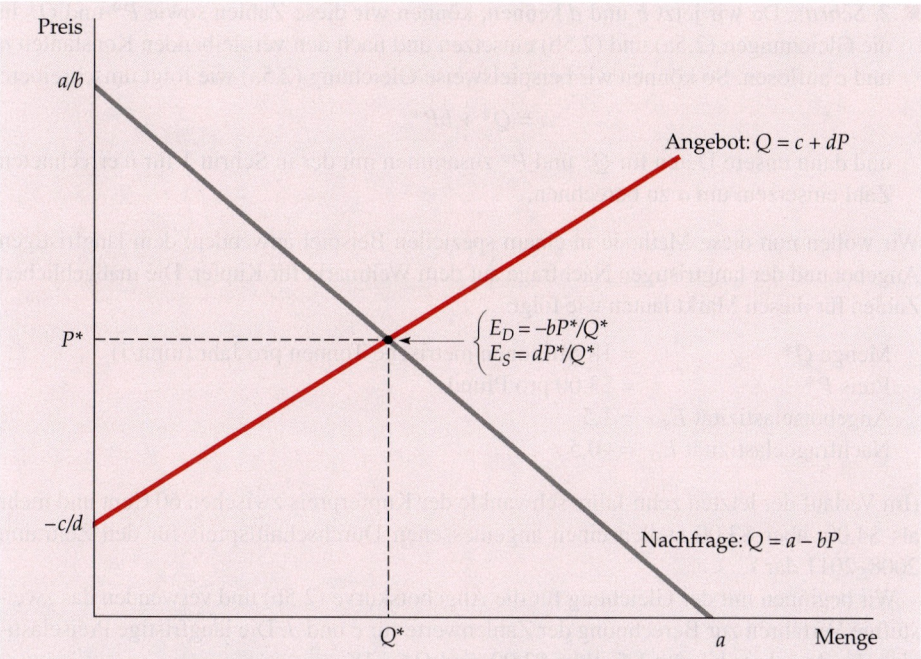

Abbildung 2.19: Die Anpassung linearer Angebots- und Nachfragekurven an Daten
Lineare Angebots- und Nachfragekurven stellen ein praktisches Instrumentarium für die Analyse dar. Wenn Daten für Gleichgewichtspreis und -menge P^* und Q^* sowie Schätzwerte der Nachfrage- und Angebotselastizitäten E_D und E_S vorhanden sind, können die Parameter c und d für die Angebotskurve sowie die Parameter a und b für die Nachfragekurve errechnet werden. (In dem hier dargestellten Fall, $c < 0$.) Danach können die Kurven zur quantitativen Analyse des Verhaltens des Marktes eingesetzt werden.

Das Problem besteht in der Auswahl der Zahlen für die Konstanten a, b, c und d. Dies geschieht für Angebot und Nachfrage in einem zweistufigen Verfahren:

- *1. Schritt:* Wir erinnern uns, dass alle Preiselastizitäten sowohl für das Angebot als auch für die Nachfrage wie folgt angegeben werden können:

$$E = (P/Q)(\Delta Q/\Delta P),$$

wobei $\Delta Q/\Delta P$ die Änderung der nachgefragten bzw. angebotenen Menge infolge einer geringen Preisänderung ist. Bei linearen Kurven ist $\Delta Q/\Delta P$ konstant. Aus den Gleichungen (2.5a) und (2.5b) geht hervor, dass für das Angebot $\Delta Q/\Delta P = d$ und für die Nachfrage $\Delta Q/\Delta P = -b$ gilt. Diese Werte können nun für $\Delta Q/\Delta P$ in die Elastizitätsformel eingesetzt werden:

$$\text{Nachfrage: } E_D = -b(P^*/Q^*) \tag{2.6a}$$

$$\text{Angebot: } E_S = d(P^*/Q^*) \tag{2.6b}$$

wobei P^* und Q^* der Gleichgewichtspreis und die Gleichgewichtsmenge sind, für die wir über Daten verfügen und die an die Kurven angepasst werden sollen. Diese Zahlen können in die Gleichungen (2.6a) und (2.6b) eingesetzt werden, danach kann nach b und d aufgelöst werden.

■ *2. Schritt:* Da wir jetzt b und d kennen, können wir diese Zahlen sowie P^* und Q^* in die Gleichungen (2.5a) und (2.5b) einsetzen und nach den verbleibenden Konstanten a und c auflösen. So können wir beispielsweise Gleichung (2.5a) wie folgt umschreiben:

$$a = Q^* + bP^*$$

und dann unsere Daten für Q^* und P^* zusammen mit der in Schritt 1 für b errechneten Zahl einsetzen, um a zu berechnen.

Wir wollen nun diese Methode in einem speziellen Beispiel anwenden: dem langfristigen Angebot und der langfristigen Nachfrage auf dem Weltmarkt für Kupfer. Die maßgeblichen Zahlen für diesen Markt lauten wie folgt:

Menge Q^* = 18 Millionen metrische Tonnen pro Jahr (mmt/J)
Preis P^* = \$3,00 pro Pfund
Angebotselastizität E_S = 1,5
Nachfrageelastizität E_D = –0,5

(Im Verlauf der letzten zehn Jahre schwankte der Kupferpreis zwischen 60 Cent und mehr als \$4,00, aber \$3,00 stellen einen angemessenen Durchschnittspreis für den Zeitraum 2008–2011 dar.)

Wir beginnen mit der Gleichung für die Angebotskurve (2.5b) und verwenden das zweistufige Verfahren zur Berechnung der Zahlenwerte für c und d. Die langfristige Preiselastizität des Angebots beträgt 1,5, $P^* = \$3,00$, und $Q^* = 18$.

■ *1. Schritt:* Einsetzen dieser Zahlen in die Gleichung (2.6b) zur Bestimmung von d:

$$1{,}5 = d(3/18) = d/6,$$

so dass gilt: $d = (1{,}5)(6) = 9$.

■ *2. Schritt:* Zur Bestimmung von c wird diese Zahl für d zusammen mit den Zahlen für P^* und Q^* in die Gleichung (2.5b) eingesetzt:

$$18 = c + (9)(3{,}00) = c + 27,$$

so dass gilt: $c = 18 - 27 = -9$. Wir kennen c und d und können somit die Angebotskurve formulieren:

$$\textit{Angebot}: Q = -9 + 9P$$

Nun können wir die gleichen Schritte für die Gleichung der Nachfragekurve (2.5a) ausführen. Ein Schätzwert der langfristigen Nachfrageelastizität beträgt –0,5[15]. Zunächst wird zur Bestimmung von b dieser Wert zusammen mit den Werten für P^* und Q^* in die Gleichung (2.6a) eingesetzt:

$$-0{,}5 = -b(3/18) = -b/6,$$

so dass gilt: $b = (0{,}5)(6) = 3$. Im zweiten Schritt werden zur Bestimmung von a dieser Wert für b sowie die Werte für P^* und Q^* in die Gleichung (2.5a) eingesetzt:

$$18 = a - (3)(2) = a - 9,$$

so dass gilt: $a = 18 + 9 = 27$. Folglich lautet die Nachfragekurve:

$$\textit{Nachfrage}: Q = 27 - 3P$$

---

15 Siehe Claudio Agostini, „Estimating Market Power in the U.S. Copper Industry", *Review of Industrial Organization* 28 (2006).

Um zu überprüfen, dass uns kein Fehler unterlaufen ist, setzen wir die angebotene Menge gleich der nachgefragten Menge und berechnen den sich daraus ergebenden Gleichgewichtspreis:

$$Angebot = -9 + 9P = 27 - 3P = Nachfrage$$

$$9P + 3P = 27 + 9$$

oder $P = 36/12 = 3{,}00$, wobei es sich tatsächlich um den Gleichgewichtspreis handelt, mit dem wir unsere Berechnungen begannen.

Obwohl wir Angebot und Nachfrage so dargestellt haben, dass sie nur vom Preis abhängig sind, könnten sie aber leicht auch von anderen Variablen abhängen. Die Nachfrage kann beispielsweise vom Einkommen sowie vom Preis abhängen. Folglich würde man die Nachfrage so schreiben:

$$Q = a - bP + fI \qquad (2.7)$$

wobei I ein Index des Gesamteinkommens oder des BIP ist. So kann I beispielsweise in einem Basisjahr gleich 1,0 sein und in der darauf folgenden Zeit als Ausdruck prozentualer Steigerungen bzw. Rückgänge des Gesamteinkommens ansteigen oder fallen.

In unserem Kupfermarkt-Beispiel liegt eine angemessene Schätzung der langfristigen Einkommenselastizität der Nachfrage bei 1,3. Für die lineare Nachfragekurve (2.7) kann dann f durch die Verwendung der Formel für die Einkommenselastizität der Nachfrage: $E = (I/Q)(\Delta Q/\Delta I)$ errechnet werden. Wenn man 1,0 als Basiswert für I ansetzt, ergibt sich:

$$1{,}3 = (1{,}0/18)(f)$$

Folglich ist $f = (1{,}3)(18)/(1{,}0) = 23{,}4$. Schließlich kann durch Einsetzen der Werte $b = 3$, $f = 23{,}4$, $P^* = 3{,}00$ und $Q^* = 18$ in die Gleichung (2.7) errechnet werden, dass a gleich 3,6 sein muss.

Im oben stehenden Abschnitt wurde aufgezeigt, wie lineare Angebots- und Nachfragekurven an Daten angepasst werden. Im Folgenden sollen Beispiel 2.8, das sich mit dem Verhalten der Kupferpreise beschäftigt, und Beispiel 2.9, das den Weltölmarkt betrifft, aufzeigen, wie diese Kurven zur Analyse von Märkten eingesetzt werden können.

Beispiel 2.8: Das Verhalten der Kupferpreise im Zeitverlauf

Nachdem der Kupferpreis 1980 ein Niveau von ca. $1,00 pro Pfund erreicht hatte, fiel er 1986 drastisch auf ca. 60 Cent pro Pfund. Real (inflationsbereinigt) war der Preis sogar niedriger als während der Weltwirtschaftskrise 50 Jahre zuvor. Die Preise stiegen erst 1988–1989 und 1995 wieder, größtenteils infolge von Bergarbeiterstreiks in Peru und Kanada, aufgrund deren die Versorgung unterbrochen wurde; fielen dann aber von 1996 bis 2003 erneut. Allerdings stiegen die Preise von 2003 bis 2007 stark an und auch wenn der Kupferpreis während der Rezession 2008/2009 genau wie die Preise anderer Rohstoffe gefallen ist, hatte er sich doch bis Anfang des Jahres 2010 wieder erholt. In Abbildung 2.20 wird das Verhalten der Kupferpreise von 1965 bis 2011 sowohl real als auch nominal dargestellt. ▶

Die weltweiten Rezessionen von 1980 und 1982 trugen zum Rückgang der Kupferpreise bei; wie bereits oben erwähnt, beträgt die Einkommenselastizität der Nachfrage nach Kupfer ca. 1,3. Allerdings stieg die Kupfernachfrage im Zuge der Erholung der Konjunktur in den Industriestaaten während der Mitte der 1980er Jahre nicht. Stattdessen trat in den 1980ern ein starker Rückgang der Nachfrage ein.

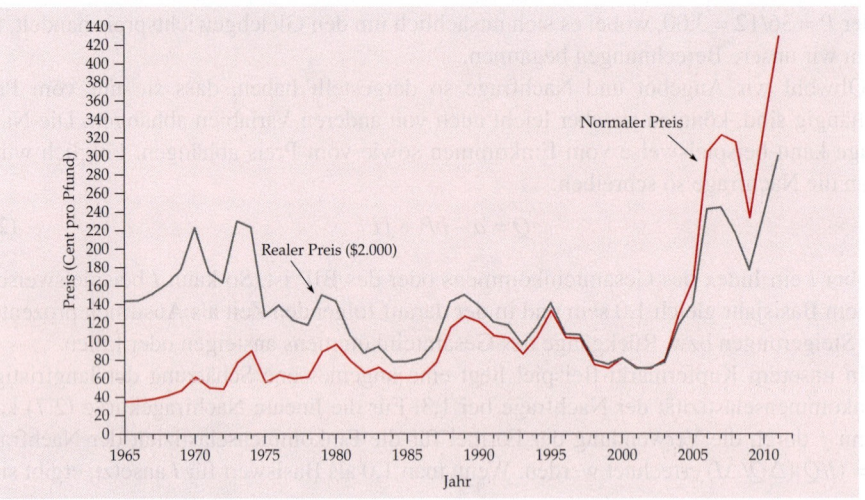

Abbildung 2.20: Die Kupferpreise 1965–2011
Die Kupferpreise werden sowohl nominal (nicht inflationsbereinigt) als auch real (inflationsbereinigt) dargestellt. Real fielen die Preise von den frühen 1970er-Jahren bis zur Mitte der 1980er-Jahre im Zuge des Rückgangs der Nachfrage drastisch. 1988 bis 1990 stiegen die Kupferpreise aufgrund von Versorgungsstörungen infolge von Streiks in Peru und Kanada, fielen aber später, nach dem Ende der Streiks, wieder. Von 1996–2002 sanken die Preise, stiegen danach ab 2005 wieder drastisch an.

Dieser Rückgang bis zum Jahr 2003 ist auf zwei Gründe zurückzuführen. Zum einen fällt ein Großteil des Kupferverbrauchs im Rahmen der Herstellung von Ausrüstungen für die Erzeugung und Übertragung elektrischer Energie an. Allerdings war in den späten 1970ern die Wachstumsrate der Erzeugung elektrischer Energie in den meisten Industriestaaten drastisch zurückgegangen. So fiel beispielsweise in den Vereinigten Staaten die Wachstumsrate von über sechs Prozent pro Jahr in den 1960er und frühen 1970er Jahren auf weniger als zwei Prozent in den späten 1970er und 1980er Jahren. Dieser Rückgang stellt eine große Verminderung in dem Bereich dar, der eine Hauptquelle der Kupfernachfrage gewesen war. Zum anderen wurden in den 1980er Jahren zunehmend andere Materialien, wie z.B. Aluminium und Glasfaser, anstelle von Kupfer eingesetzt.

Warum sind die Preise nach 2003 stark angestiegen? Zunächst begann die Nachfrage nach Kupfer aus China und anderen asiatischen Ländern drastisch zu wachsen. Dieser Anstieg ersetzte die Nachfrage aus Europa und den USA. So hat sich beispielsweise der chinesische Kupferverbrauch fast verdreifacht. ▶

Zweitens waren die Preise von 1996 bis 2003 so stark gefallen, dass Produzenten in den USA, Kanada und Chile unrentable Minen schlossen und die Produktion drosselten. Zum Beispiel ging zwischen dem Jahr 2000 und dem Jahr 2003 die amerikanische Minenproduktion um 23 Prozent zurück.[16]

Nun würde man erwarten, dass die steigenden Preise der Jahre 2005 bis 2007 Investitionen in neue Minen sowie Produktionssteigerungen anregen würden. Das ist tatsächlich auch geschehen. Zum Beispiel gab es in Arizona einen Kupferboom, als Phelps Dodge im Jahr 2007 eine neue Mine eröffnete.[17] Im Jahr 2007 begannen allerdings die Produzenten, sich darüber zu sorgen, dass die Preise, entweder in Folge dieser neuen Investitionen oder aufgrund eines Abflauens oder sogar eines Rückgangs der Nachfrage aus Asien, wieder sinken könnten.

Was würde bei einem Rückgang der Nachfrage mit dem Kupferpreis geschehen? Um zu bestimmen, um wie viel sie zurückgehen, können wir die oben hergeleiteten linearen Angebots- und Nachfragekurven verwenden. Im Folgenden werden wir die Auswirkungen eines Rückgangs der Nachfrage um 20 Prozent auf den Preis berechnen. Da wir uns hier nicht mit den Auswirkungen des Wachstums des BIP beschäftigen, kann der Einkommensterm fI aus der Gleichung der Nachfrage herausgelassen werden.

Die Nachfragekurve soll um 20 Prozent nach links verschoben werden. In anderen Worten ausgedrückt, soll die nachgefragte Menge 80 Prozent der ansonsten für jeden Wert des Preises nachgefragten Menge betragen. Bei der Nachfragekurve in unserem Beispiel multiplizieren wir einfach die rechte Seite mit 0,8:

$$Q = (0{,}8)(27 - 3P) = 21{,}6 - 2{,}4P$$

Das Angebot entspricht wiederum $Q = -9 + 9P$. Nun können wir die angebotene und die nachgefragte Menge gleichsetzen und nach dem Preis auflösen:

$$-9 + 9P = 21{,}6 - 2{,}4P$$

oder $P = 30{,}6/11{,}4 = \$2{,}68$ pro Pfund. Folglich bringt ein Rückgang der Nachfrage um 20 Prozent einen Preisrückgang um ungefähr 32 Cent pro Pfund bzw. 10,7 Prozent mit sich.[18] Abbildung 2.21 zeigt, wie sich diese Nachfrageverschiebung auf Gleichgewichtspreis und -menge von Kupfer auswirkt. ▶

---

[16] Unser Dank für die Bereitstellung der Daten zu China gilt Patricia Foley, Geschäftsführerin des American Bureau of Metal Statistics. Weitere Daten stammen aus dem Monatsbericht des U.S. Geological Survey Mineral Resources Program, *http://minerals.usgs.gov/minerals/pubs/copper*.

[17] Durch den Boom wurden Hunderte neuer Arbeitsplätze geschaffen, was wiederum zu Erhöhungen der Immobilienpreise führte: „Copper Boom Creates Housing Crunch," *The Arizona Republic*, 12. Juli 2007.

[18] Hierbei ist zu beachten, dass die neue Nachfragekurve nicht parallel zur alten verläuft, da wir die Nachfragefunktion mit 0,8 multipliziert haben – d.h. wir haben die zu jedem Preis nachgefragte Menge um 20 Prozent reduziert. Stattdessen dreht sich die Kurve in ihrem Schnittpunkt mit der Preisachse nach unten.

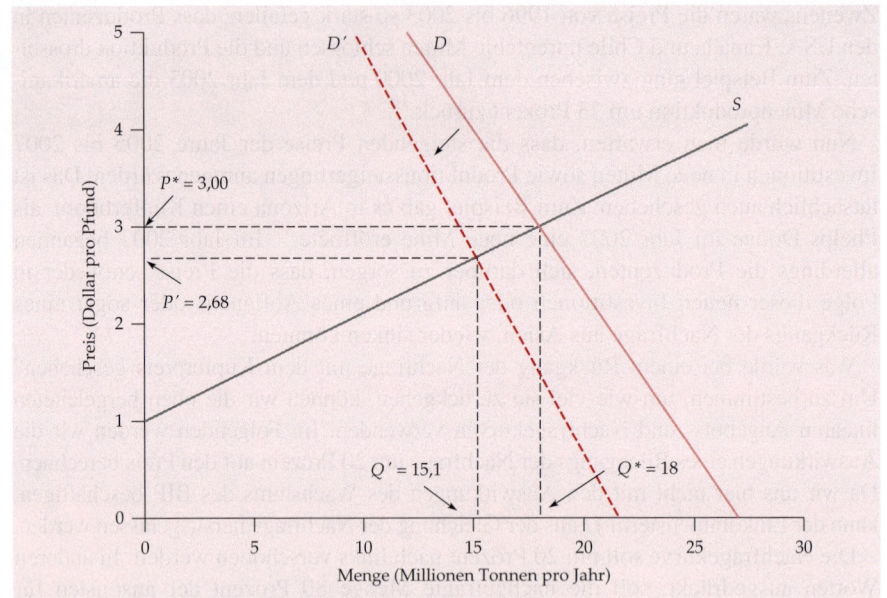

Abbildung 2.21: Das Angebot und die Nachfrage nach Kupfer
Die einem Rückgang der Nachfrage um 20 Prozent entsprechende Verschiebung der Nachfragekurve führt zu einem Rückgang des Preises um 10,7 Prozent.

Beispiel 2.9: Umbrüche auf dem Weltölmarkt

Seit den frühen 1970ern war der Weltölmarkt durch das OPEC-Kartell und politische Tumulte am Persischen Golf starken Schwankungen ausgesetzt. 1974 trieb die OPEC (die Organisation der Erdöl exportierenden Länder), durch eine kollektive Begrenzung der Produktion, die Weltölpreise auf ein Niveau, das deutlich über dem lag, das auf einem Wettbewerbsmarkt geherrscht hätte. Dies war der OPEC möglich, da sie einen Großteil der Weltölproduktion ausmachte. Von 1979 bis 1980 schnellten die Ölpreise erneut in die Höhe, da durch die Revolution im Iran und den Ausbruch des Iran-Irak-Krieges die Produktion des Iran und des Irak stark zurückging. Während der 1980er sank der Preis allmählich, da die Nachfrage zurückging und das Wettbewerbsangebot (d.h. das Nicht-OPEC-Angebot) als Reaktion auf den Preis anstieg. Von 1988 bis 2001 blieben die Preise, mit Ausnahme einer zeitweiligen Spitze nach der irakischen Invasion in Kuwait 1990, relativ stabil. Die Preise erreichten 2002–2003 infolge eines Streiks in Venezuela und dann aufgrund des Krieges im Irak, der im Frühling 2003 begann, erneut eine Spitze. Der Ölpreis stieg bis zum Sommer 2008 in Folge der wachsenden Ölnachfrage in Asien und von Senkungen der OPEC-Produktion an. Bis Ende des Jahres 2008 war die Nachfrage ▶

auf der ganzen Welt aufgrund der Rezession gesunken. Dies hatte einen Einbruch des Preises um 127% in nur sechs Monaten zur Folge. Zwischen 2009 und 2011 haben sich die Preise, unterstützt durch das anhaltende Wachstum Chinas, allerding teilweise wieder erholt. In Abbildung 2.22 wird der Weltölpreis von 1970 bis 2011 sowohl nominal als auch real dargestellt.[19]

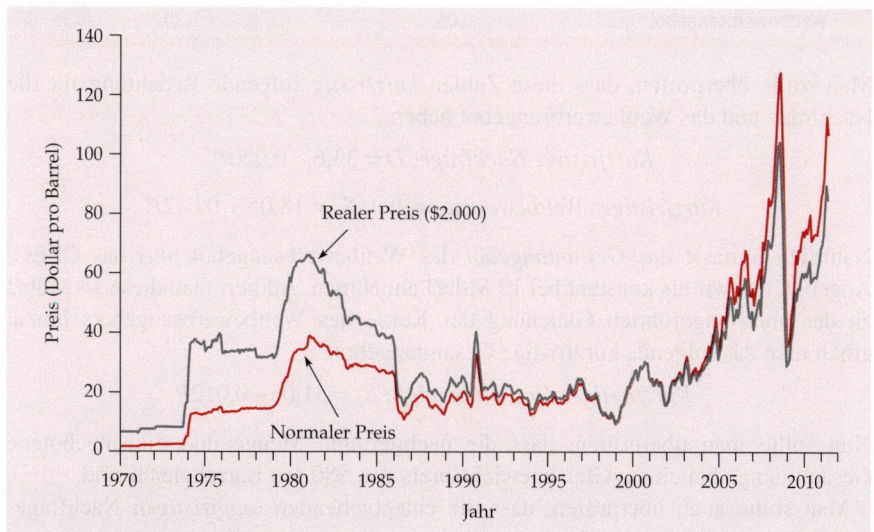

Abbildung 2.22: Der Rohölpreis
Das OPEC-Kartell und politische Ereignisse waren dafür verantwortlich, dass der Ölpreis mitunter stark anstieg. Später sank der Preis wieder, da sich Angebot und Nachfrage anpassten.

Der Persische Golf ist eine der weniger sicheren Regionen der Welt, was zu Beunruhigungen im Hinblick auf die Möglichkeit erneuter Unterbrechungen der Ölversorgung sowie starker Anstiege des Ölpreises geführt hat. Was würde – sowohl kurzfristig als auch langfristig – mit den Ölpreisen geschehen, wenn ein Krieg oder eine Revolution am Persischen Golf zu einer drastischen Reduktion der Ölproduktion führte? Im Folgenden werden wir betrachten, wie einfache Angebots- und Nachfragekurven zur Prognostizierung der Folgen eines solchen Ereignisses eingesetzt werden können.

Da sich dieses Beispiel auf den Zeitraum 2009 bis 2011 bezieht, werden alle Preise in Dollar des Jahres 2009 angegeben. Im Folgenden werden einige Zahlen näherungsweise angegeben:

- Weltpreis 2009–2011 = $80 pro Barrel
- Weltnachfrage und Gesamtangebot = 32 Milliarden Barrel pro Jahr (Mdb/J)
- OPEC-Angebot = 13 Mdb/J
- Wettbewerbs- (Nicht-OPEC-) Angebot = 19 Mdb/J.

---

[19] Für einen hilfreichen Überblick über die Faktoren, die sich auf die Weltölpreise ausgewirkt haben, siehe James D. Hamilton, „Understanding Crude Oil Prices", The Energy Journal, 2009, Vol. 30, S. 179–206.

In der folgenden Tabelle werden die Preiselastizitäten des Angebots an Öl bzw. der Nachfrage danach angegeben:[20]

	Kurzfristig	Langfristig
Weltnachfrage:	–0,05	–0,30
Wettbewerbsangebot:	0,05	0,30

Man sollte überprüfen, dass diese Zahlen *kurzfristig* folgende Bedeutung für die Nachfrage und das Wettbewerbsangebot haben:

$$\textit{Kurzfristige Nachfrage: } D = 33{,}6 - 0{,}020P$$

$$\textit{Kurzfristiges Wettbewerbsangebot: } S_C = 18{,}05 + 0{,}012P$$

Natürlich umfasst das *Gesamtangebot* das Wettbewerbsangebot *plus* das OPEC-Angebot, das wir als konstant bei 13 Mdb/J annehmen. Addiert man diese 13 Mdb/J zu der oben angeführten Gleichung der Kurve des Wettbewerbsangebots hinzu, erhält man das folgende kurzfristige Gesamtangebot:

$$\textit{Kurzfristiges Gesamtangebot: } S_T = 31{,}05 + 0{,}012P$$

Nun sollte man überprüfen, dass die nachgefragte Menge und die angebotene Gesamtmenge bei einem Gleichgewichtspreis von \$80 pro Barrel gleich sind.

Man sollte auch überprüfen, dass die entsprechenden *langfristigen* Nachfrage- und Angebotskurven wie folgt lauten:

$$\textit{Langfristige Nachfrage: } D = 41{,}6 - 0{,}120P$$

$$\textit{Langfristiges Wettbewerbsangebot: } S_C = 13{,}3 + 0{,}071P$$

$$\textit{Langfristiges Gesamtangebot: } S_T = 26{,}3 + 0{,}071P$$

Auch in diesem Fall kann man überprüfen, dass sich die angebotenen und nachgefragten Mengen bei einem Preis von \$80 ausgleichen.

Saudi-Arabien ist einer der größten Erdölproduzenten der Welt, dessen Produktion sich auf ungefähr 3 Mdb/J beläuft, was fast 10 Prozent der weltweiten Gesamtproduktion entspricht. Was würde mit dem Ölpreis geschehen, wenn Saudi-Arabien die Ölproduktion aufgrund eines Krieges oder politischer Unruhen einstellt? Um dies zu untersuchen, können wir unsere Angebots- und Nachfragekurven verwenden. Für die *kurzfristige* Situation subtrahiert man einfach 3 vom kurzfristigen Gesamtangebot:

$$\textit{Kurzfristige Nachfrage: } D = 33{,}6 - 0{,}020P$$

$$\textit{Kurzfristiges Gesamtangebot: } S_T = 28{,}05 + 0{,}012P$$

▶

---

20 Die Quellen für diese Zahlen und eine detaillierte Erörterung der Festlegung des Ölpreises durch die OPEC finden sich in Robert S. Pindyck, „Gains to Producers from the Cartelization of Exhaustible Resources", *Review of Economics and Statistics* 60 (Mai, 1978): 238–51, sowie in James M. Griffin und David J. Teece, „*OPEC Behaviour and World Oil Prices*", London: Allen and Unwin, 1982 und in John C. B. Cooper „Price Elasticity of Demand for Crude Oil: Estimates for 23 Countries", *Organization of Petroleum Expecting Countries Review* (März, 2003).

*2.6 Kenntnis und Prognose der Auswirkungen sich ändernder Marktbedingungen

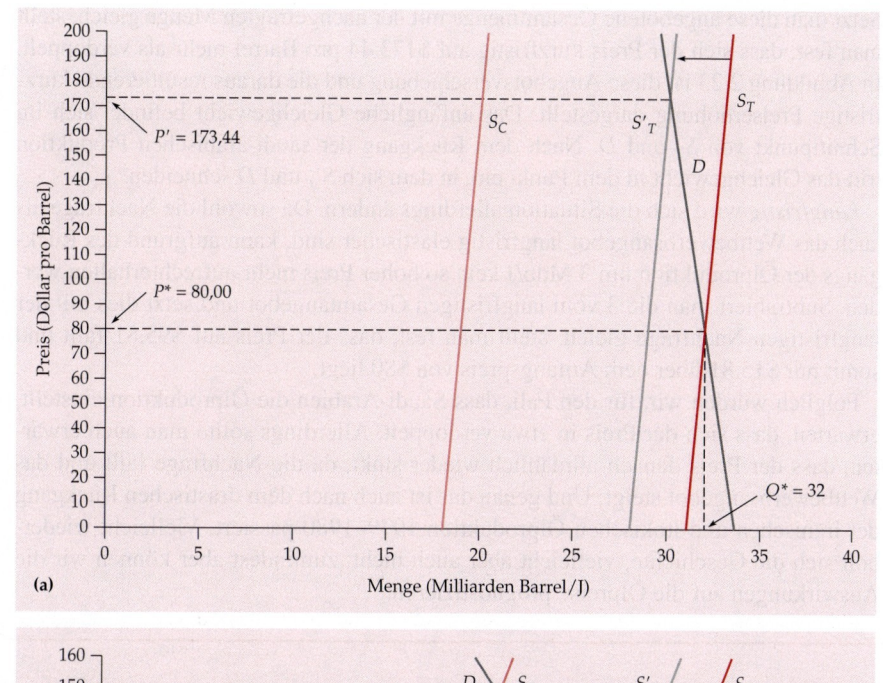

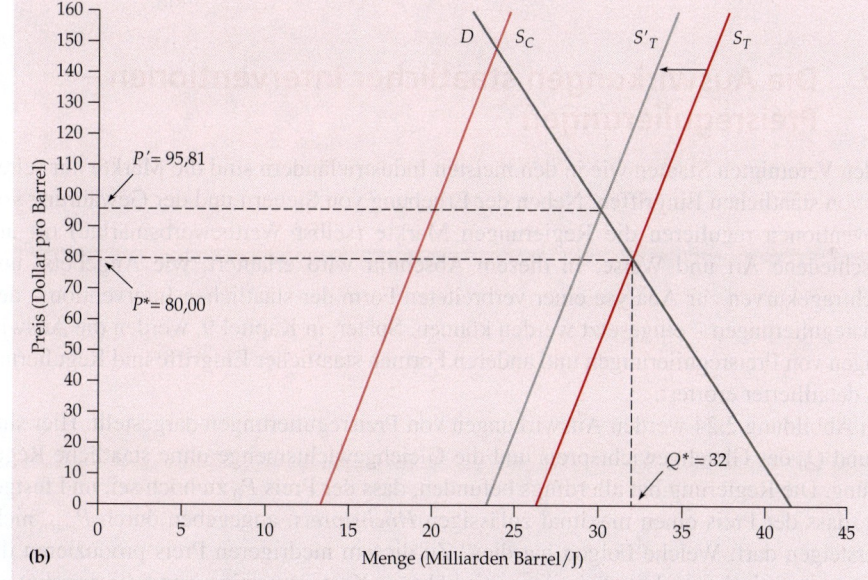

Abbildung 2.23: Die Auswirkungen eines Rückgangs der saudi-arabischen Ölproduktion
Das Gesamtangebot ist die Summe des Wettbewerbs- (Nicht-OPEC) Angebots und der 13 Mdb/J des OPEC-Angebots. In Teil **(a)** werden die kurzfristigen Angebots- und Nachfragekurven gezeigt. Wenn Saudi-Arabien die Produktion einstellt, verschiebt sich die Angebotskurve um 3 Mdb/J nach links. Kurzfristig werden sich die Preise stark erhöhen. In Teil **(b)** werden die langfristigen Kurven dargestellt. Langfristig werden die Auswirkungen auf den Preis viel geringer sein, da Nachfrage und Wettbewerbsangebot viel elastischer sind.

Setzt man diese angebotene Gesamtmenge mit der nachgefragten Menge gleich, stellt man fest, dass sich der Preis kurzfristig auf $173,44 pro Barrel mehr als verdoppelt. In Abbildung 2.23 ist diese Angebotsverschiebung und die daraus resultierende kurzfristige Preiserhöhung dargestellt. Das anfängliche Gleichgewicht befindet sich im Schnittpunkt von S_T und D. Nach dem Rückgang der saudi-arabischen Produktion tritt das Gleichgewicht in dem Punkt ein, in dem sich S'_T und D schneiden.

Langfristig wird sich die Situation allerdings ändern. Da sowohl die Nachfrage als auch das Wettbewerbsangebot langfristig elastischer sind, kann aufgrund des Rückgangs der Ölproduktion um 3 Mdb/J kein so hoher Preis mehr aufrechterhalten werden. Subtrahiert man die 3 vom langfristigen Gesamtangebot und setzt dies mit der langfristigen Nachfrage gleich, stellt man fest, dass der Preis auf $95,81 fällt und somit nur $15,81 über dem Anfangspreis von $80 liegt.

Folglich würden wir, für den Fall, dass Saudi-Arabien die Ölproduktion einstellt, erwarten, dass sich der Preis in etwa verdoppelt. Allerdings sollte man auch erwarten, dass der Preis danach allmählich wieder sinkt, da die Nachfrage fällt und das Wettbewerbsangebot steigt. Und genau das ist auch nach dem drastischen Rückgang der iranischen und irakischen Ölproduktion 1979–1980 passiert. Vielleicht wiederholt sich die Geschichte, vielleicht aber auch nicht, zumindest aber können wir die Auswirkungen auf die Ölpreise prognostizieren.[21]

2.7 Die Auswirkungen staatlicher Interventionen – Preisregulierungen

In den Vereinigten Staaten wie in den meisten Industrieländern sind die Märkte nur selten frei von staatlichen Eingriffen. Neben der Erhebung von Steuern und der Gewährung von Subventionen regulieren die Regierungen Märkte (selbst Wettbewerbsmärkte) oft auf verschiedene Art und Weise. In diesem Abschnitt wird erläutert, wie Angebots- und Nachfragekurven zur Analyse einer verbreiteten Form der staatlichen Intervention – den Preisregulierungen – eingesetzt werden können. Später, in Kapitel 9, werden die Auswirkungen von Preisregulierungen und anderen Formen staatlicher Eingriffe und Regulierungen detaillierter erörtert.

In Abbildung 2.24 werden Auswirkungen von Preisregulierungen dargestellt. Hier sind P_0 und Q_0 der Gleichgewichtspreis und die Gleichgewichtsmenge ohne staatliche Regulierung. Die Regierung hat allerdings befunden, dass der Preis P_0 zu hoch sei, und festgelegt, dass der Preis einen maximal zulässigen *Höchstpreis*, angegeben durch P_{max}, nicht übersteigen darf. Welche Folgen hat dies? Zu diesem niedrigeren Preis produzieren die Produzenten (insbesondere diejenigen mit höheren Kosten) weniger, und die angebotene Menge fällt auf Q_1. Andererseits fragen die Konsumenten zu diesem niedrigen Preis eine größere Menge nach – sie möchten die Menge Q_2 erwerben. Daher übersteigt die Nachfrage das Angebot, und eine Knappheit entwickelt sich, d.h., es gibt eine Knappheit. Die Höhe der Überschussnachfrage ist $Q_2 - Q_1$.

---

21 Auf den Webseiten des American Petroleum Institute unter *www.api.org* oder der U.S. Energy Information Administration unter *www.eia.doe.gov* finden Sie neuere Daten und können noch mehr über den Weltölmarkt erfahren.

2.7 Die Auswirkungen staatlicher Interventionen – Preisregulierungen

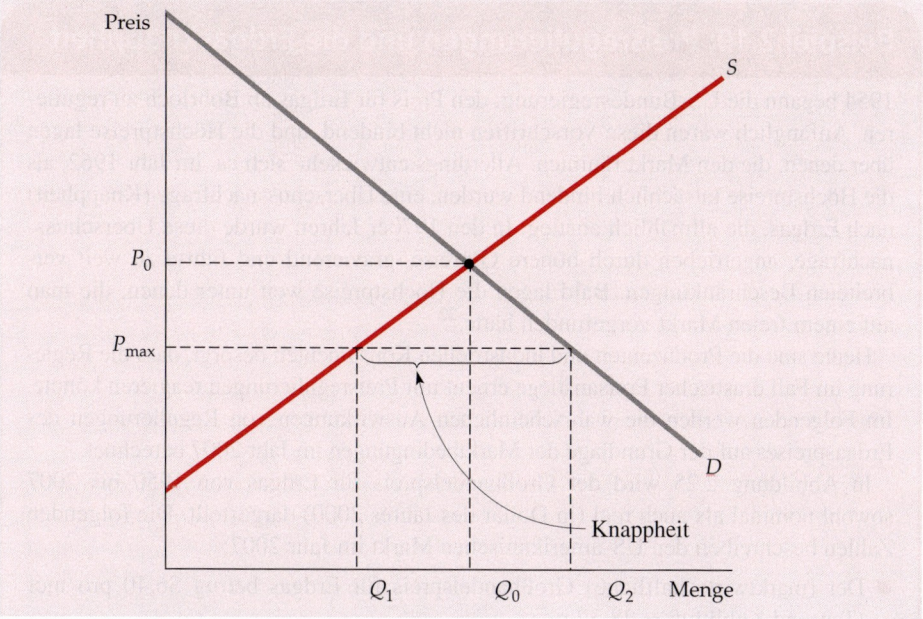

Abbildung 2.24: Die Auswirkungen von Preisregulierungen
Ohne Preisregulierungen wird der Markt zum Gleichgewichtspreis P_0 und zur Gleichgewichtsmenge Q_0 geräumt. Ist der Preis so reguliert, dass er nicht höher als P_{max} sein darf, fällt die angebotene Menge auf Q_1, die nachgefragte Menge erhöht sich auf Q_2, und es entsteht eine Knappheit.

Diese Knappheit zeigt sich manchmal in Form von Warteschlangen, wie z.B. als sich die Kraftfahrer im Winter 1974 und im Sommer 1979 an den Tankstellen anstellten, um Benzin zu kaufen. In beiden Fällen waren die Schlangen die Folge von Preisregulierungen; die Regierung verhinderte, dass die inländischen Öl- und Erdgaspreise in Verbindung mit den Weltölpreisen anstiegen. Manchmal führt eine Knappheit zu Beschränkungen und Angebotsrationierungen, wie im Fall der Preisregulierungen für Erdgas und der dadurch bedingten Erdgasknappheit Mitte der 1970er Jahre, als industrielle Kunden ihre Werke aufgrund der Unterbrechung der Gasversorgung schlossen. Mitunter schwappt dies auch auf andere Märkte über, in denen dadurch die Nachfrage künstlich erhöht wird. So führten beispielsweise die Preisregulierungen für Erdgas dazu, dass potenzielle Käufer Öl anstelle von Erdgas kauften.

Durch Preisregulierungen gewinnen einige Menschen, während andere verlieren. Wie in Abbildung 2.24 dargestellt, verlieren die Produzenten: Sie erhalten niedrigere Preise, und manche verlassen die Branche. Einige, wenngleich auch nicht alle, Konsumenten erzielen Gewinne: Diejenigen, die das Gut zu einem niedrigeren Preis kaufen können, sind besser gestellt, während diejenigen, die „herausrationiert" wurden und das Gut überhaupt nicht mehr kaufen können, schlechter gestellt sind. Wie groß sind die Gewinne für die Gewinner, und wie hoch sind die Verluste für die Verlierer? Übersteigen die Gesamtgewinne die Gesamtverluste? Um diese Fragen beantworten zu können, brauchen wir eine Methode zur Messung der Gewinne und Verluste aus derartigen Preisregulierungen und anderen Formen staatlicher Eingriffe. Eine solche Methode wird in Kapitel 9 erörtert.

Beispiel 2.10: Preisregulierungen und die Erdgasknappheit

1954 begann die US-Bundesregierung, den Preis für Erdgas ab Bohrloch zu regulieren. Anfänglich waren diese Vorschriften nicht bindend, und die Höchstpreise lagen über denen, die den Markt räumten. Allerdings entwickelte sich ca. im Jahr 1962, als die Höchstpreise tatsächlich bindend wurden, eine Überschussnachfrage (Knappheit) nach Erdgas, die allmählich anstieg. In den 1970er Jahren wurde diese Überschussnachfrage, angetrieben durch höhere Ölpreise, gravierend und führte zu weit verbreiteten Beschränkungen. Bald lagen die Höchstpreise weit unter denen, die man auf einem freien Markt vorgefunden hätte.[22]

Heute sind die Produzenten und industriellen Konsumenten besorgt, dass die Regierung im Fall drastischer Preisanstiege erneut mit Preisregulierungen reagieren könnte. Im Folgenden werden die wahrscheinlichen Auswirkungen von Regulierungen des Erdgaspreises auf der Grundlage der Marktbedingungen im Jahr 2007 berechnet.

In Abbildung 2.25 wird der Großhandelspreis für Erdgas von 1950 bis 2007 sowohl nominal als auch real (in Dollar des Jahres 2000) dargestellt. Die folgenden Zahlen beschreiben den US-amerikanischen Markt im Jahr 2007:

- Der (marktwirtschaftliche) Großhandelspreis für Erdgas betrug \$6,40 pro mcf (Tausend Kubikfuß ≈ 28,32 m^3).
- Produktion und Verbrauch von Erdgas beliefen sich auf 23 Tcf (23 Billionen Kubikfuß).
- Der durchschnittliche Rohölpreis (der sowohl das Angebot an Erdgas als auch die Nachfrage danach beeinflusst) betrug ca. \$50 pro Barrel.

Eine angemessene Schätzung für die Preiselastizität des Angebots liegt bei 0,2. Höhere Ölpreise führen ebenfalls zu erhöhter Erdgasproduktion, da Öl und Erdgas oft zusammen entdeckt und produziert werden. Eine Schätzung der Kreuzpreiselastizität des Angebots beträgt 0,1. Im Hinblick auf die Nachfrage beträgt die Preiselastizität ca. –0,5, und die Kreuzpreiselastizität bezüglich des Ölpreises liegt bei ca. 1,5. Man kann überprüfen, dass die folgenden linearen Angebots- und Nachfragekurven zu diesen Zahlen passen:

Angebot: $Q = 15{,}90 + 0{,}72 P_G + 0{,}05 P_0$

Nachfrage: $Q = 0{,}02 - 1{,}8 P_G + 0{,}69 P_0$

▶

---

[22] Diese Regulierung begann mit einer Entscheidung des Obersten Gerichtshofs im Jahr 1954, durch die die Bundesstaatliche Energiekommission (Federal Power Commission) zur Regulierung des Preises ab Bohrloch für Erdgas gezwungen wurde, das an Unternehmen, die Pipelines über mehrere Bundesstaaten unterhielten, verkauft wurde. Diese Preisregulierungen wurden im Laufe der 1980er Jahre gemäß der Verfügung des Erdgaspolitikgesetzes (Natural Gas Policy Act) von 1978 weitestgehend aufgehoben. Eine detailliertere Erörterung der Erdgasregulierung und ihrer Auswirkungen findet sich in Paul W. MacAvoy und Robert S. Pindyck, „The Economics of the Natural Gas Shortage", Amsterdam: North-Holland, 1975, in Robert S. Pindyck, „Higher Energy Prices and the Supply of Natural Gas", *Energy Systems and Policy 2*, (1978): 177–209 und in Arlon R. Tussing und Connie C. Barlow, „The Natural Gas Industry", Cambridge, MA: Ballinger, 1984.

2.7 Die Auswirkungen staatlicher Interventionen – Preisregulierungen

wobei Q die Erdgasmenge (in Tcf ≈ 28,32 Milliarden m³), P_G der Ergaspreis (in Dollar pro Tausend Kubikfuß ≈ 28,32 m³) und P_0 der Ölpreis (in Dollar pro Barrel) ist. Durch Gleichsetzung der angebotenen und nachgefragten Menge sowie durch Einsetzen von $50,00 für P_0 kann man ebenfalls überprüfen, dass diese Angebots- und Nachfragekurven einen marktwirtschaftlichen Gleichgewichtspreis von $6,40 für Erdgas bedeuten.

Es sei angenommen, der Staat bestimmt, dass der marktwirtschaftliche Preis von $6,40 pro mcf zu hoch ist. Er beschließt, Preisregulierungen zu verhängen und legt einen Höchstpreis von $3,00 pro mcf fest. Welche Auswirkungen hätte dies auf die angebotene und die nachgefragte Erdgasmenge?

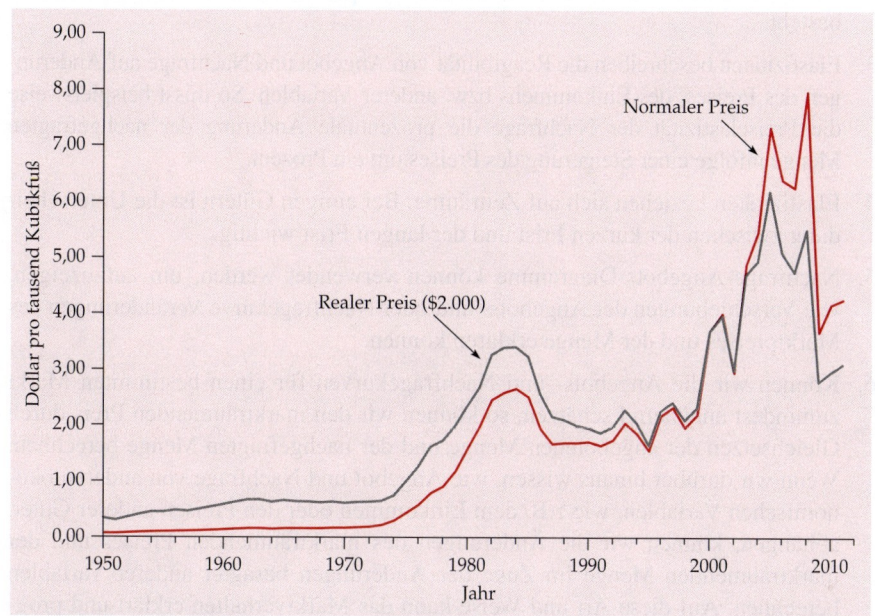

Abbildung 2.25: Der Erdgaspreis
Nach dem Jahr 2000 ist der Erdgaspreis, genau wie der Preis für Öl und andere Treibstoffe, stark gestiegen.

Wir setzen in die Angebots- und die Nachfragegleichung für P_G jeweils $3,00 ein (wobei der Ölpreis P_0 bei $50 konstant gehalten wird). Dann ließe sich feststellen, dass die Angebotsgleichung eine angebotene Menge von 20,6 Tcf und die Nachfragegleichung eine nachgefragte Menge von 29,1 Tcf ergeben würde. Somit würden die Preisregulierungen eine Überschussnachfrage von 29,1 − 20,6 = 8,5 Tcf verursachen. In Beispiel 9.1 wird dargestellt, wie die sich aus Preisregulierungen ergebenden Gewinne und Verluste für Produzenten und Verbraucher gemessen werden können.

Grundlagen von Angebot und Nachfrage

ZUSAMMENFASSUNG

1. Die Angebots- und Nachfrageanalyse ist ein grundlegendes Instrumentarium der Mikroökonomie. In Wettbewerbsmärkten geben Angebots- und Nachfragekurven an, welche Menge als Funktion des Preises durch die Unternehmen produziert und von den Konsumenten nachgefragt wird.

2. Der Marktmechanismus ist die Tendenz zum Ausgleich zwischen Angebot und Nachfrage (d.h. die Tendenz der Bewegung des Preises bis zum markträumenden Niveau), so dass weder eine Überschussnachfrage noch ein Überschussangebot besteht.

3. Elastizitäten beschreiben die Reagibilität von Angebot und Nachfrage auf Änderungen des Preises, des Einkommens bzw. anderer Variablen. So misst beispielsweise die Preiselastizität der Nachfrage die prozentuale Änderung der nachgefragten Menge infolge einer Steigerung des Preises um ein Prozent.

4. Elastizitäten beziehen sich auf Zeiträume. Bei einigen Gütern ist die Unterscheidung zwischen der kurzen Frist und der langen Frist wichtig.

5. Nachfrage-Angebots-Diagramme können verwendet werden, um aufzuzeigen, wie Verschiebungen der Angebots- und/oder Nachfragekurve Veränderungen des Marktpreises und der Menge erklären können.

6. Können wir die Angebots- und Nachfragekurven für einen bestimmten Markt zumindest annähernd schätzen, so können wir den markträumenden Preis durch Gleichsetzen der angebotenen Menge und der nachgefragten Menge berechnen. Wenn wir darüber hinaus wissen, wie Angebot und Nachfrage von anderen ökonomischen Variablen, wie z.B. dem Einkommen oder den Preisen anderer Güter, abhängen, können wir die Änderungen des markträumenden Preises und der markträumenden Menge im Zuge der Änderungen besagter anderer Variablen berechnen. Auf diese Art und Weise kann das Marktverhalten erklärt und prognostiziert werden.

7. Einfache numerische Analysen können oft ausgeführt werden, indem lineare Angebots- und Nachfragekurven an Daten über Preis und Menge sowie an Schätzungen der Elastizitäten angepasst werden. Für viele Märkte stehen derartige Informationen und Schätzungen zur Verfügung. Einfache, auf der Rückseite eines Umschlags auszuführende Berechnungen können für das Verständnis der Eigenschaften und des Verhaltens des betreffenden Marktes nützlich sein.

8. Führt eine Regierung Preisregulierungen ein, so hält sie den Preis unterhalb des Preisniveaus, bei dem sich Angebot und Nachfrage ausgleichen. Daher entwickelt sich eine Knappheit und die nachgefragte Menge übersteigt die angebotene Menge.

Kontrollfragen

1. Es sei angenommen, dass durch ungewöhnlich heißes Wetter die Nachfragekurve für Eiskrem nach rechts verschoben wird. Warum wird sich der Preis für Eiskrem auf ein neues markträumendes Niveau erhöhen?

2. Verwenden Sie Angebots- und Nachfragekurven, um zu erläutern, welche Auswirkungen jedes der folgenden Ereignisse auf den Preis für Butter sowie die gekaufte und verkaufte Menge Butter hat: (a) ein Anstieg des Margarinepreises, (b) ein Anstieg des Milchpreises, (c) ein Rückgang der durchschnittlichen Einkommensniveaus.

3. Es sei angenommen, dass ein Anstieg des Preises für Cornflakes um drei Prozent einen Rückgang der nachgefragten Menge um sechs Prozent zur Folge hat. Wie hoch ist die Nachfrageelastizität für Cornflakes?

4. Erklären Sie den Unterschied zwischen einer Verschiebung der Angebotskurve und einer Bewegung entlang einer Angebotskurve.

5. Erklären Sie, warum bei vielen Gütern die langfristige Preiselastizität des Angebots höher ist als die kurzfristige Elastizität.

6. Warum unterscheiden sich langfristige Nachfrageelastizitäten von kurzfristigen Elastizitäten? Betrachten Sie zwei Güter: Küchenrollen und Fernsehgeräte. Welches ist ein dauerhaftes Gut? Würden Sie erwarten, dass die Preiselastizität der Nachfrage nach Küchenrollen kurzfristig oder langfristig höher ist? Begründen Sie Ihre Entscheidung. Wie gestaltet sich die Preiselastizität der Nachfrage nach Fernsehgeräten?

7. Sind die folgenden Aussagen richtig oder falsch? Erklären Sie Ihre Antwort.
   a. Die Elastizität der Nachfrage ist gleich der Steigung der Nachfragekurve.
   b. Die Kreuzpreiselastizität ist immer positiv.
   c. Das Angebot an Wohnungen ist kurzfristig unelastischer als langfristig.

8. Es sei angenommen, der Staat reguliert die Preise für Rindfleisch und Hühnchen und legt sie unterhalb des jeweiligen markträumenden Niveaus fest. Erklären Sie, warum Knappheiten dieser Güter entstehen werden und welche Faktoren das Ausmaß dieser Knappheiten bestimmen. Was wird mit dem Preis für Schweinefleisch geschehen? Erläutern Sie kurz.

9. Der Stadtrat einer kleinen Hochschulstadt beschließt, die Mieten zu regulieren, um die Lebenshaltungskosten für Studenten zu senken. Es sei angenommen, dass die durchschnittliche jährliche Miete für eine Dreiraumwohnung €700 pro Monat betragen hat und erwartet wurde, dass die Mieten innerhalb eines Jahres auf bis zu €900 ansteigen. Der Stadtrat begrenzt die Mieten auf ihr gegenwärtiges Niveau von €700 pro Monat.
   a. Zeichnen Sie eine Angebots- und Nachfragekurve, um darzustellen, wie sich der Mietpreis einer Wohnung nach der Festlegung der Preisregulierung entwickeln wird.
   b. Glauben Sie, dass alle Studenten von dieser Politik profitieren werden oder nicht? Warum ist dies so bzw. warum ist dies nicht so?

10. Bei einer Diskussion über die Studiengebühren argumentiert eine Vertreterin der Universität, dass die Nachfrage nach der Zulassung zum Studium vollkommen preisunelastisch sei. Zum Beweis dieser These führt sie an, dass, während die Universität die Studiengebühren im Verlauf der letzten 15 Jahre (real) verdoppelt habe, weder die Anzahl noch die Qualität der Studenten, die sich um eine Zulassung beworben hätten, zurückgegangen sei. Würden Sie dieser Argumentation folgen? Erklären Sie kurz. (*Hinweis*: Die Vertreterin der Universität stellt eine Behauptung über die Nachfrage nach der Zulassung zum Studium auf, beobachtet sie dabei aber tatsächlich eine Nachfragekurve? Was könnte sonst noch vorgehen?)

11. Es sei angenommen, die Nachfragekurve für ein Produkt ist durch $Q = 10 - 2P + P_S$ gegeben, wobei P der Preis des Produktes und P_S der Preis eines Substitutionsgutes ist. Der Preis des Substitutionsgutes beträgt €2,00.
    a. Es sei angenommen $P = €1,00$. Wie hoch ist die Preiselastizität der Nachfrage? Wie hoch ist die Kreuzpreiselastizität der Nachfrage?
    b. Es sei angenommen, der Preis des Gutes P steigt auf €2,00. Wie hoch ist jetzt die Preiselastizität der Nachfrage, und wie hoch ist die Kreuzpreiselastizität der Nachfrage?
12. Es sei angenommen, dass anstelle der in Beispiel 2.8 angenommenen zurückgehenden Nachfrage ein Rückgang der Kosten der Kupferproduktion dazu führt, dass die Angebotskurve um 40 Prozent nach rechts verschoben wird. Wie wird sich der Kupferpreis ändern?
13. Es sei angenommen, dass die Nachfrage nach Erdgas vollkommen unelastisch ist. Falls überhaupt, welche Auswirkungen hätten hier Preisregulierungen für Erdgas?

Die Kontrollfragen samt Lösungen sowie weitere kapitelbegleitende Inhalte finden Sie im MyLab.

Übungen

1. Es sei angenommen, die Nachfragekurve für ein Produkt wird durch die folgende Gleichung angegeben: $Q = 300 - 2P + 4I$, wobei I das durchschnittliche Einkommen gemessen in Tausend Euro ist. Die Angebotskurve lautet $Q = 3P - 50$.
    a. Bestimmen Sie den markträumenden Preis und die markträumende Menge für das Produkt, wenn $I = 25$.
    b. Bestimmen Sie den markträumenden Preis und die markträumende Menge für das Produkt, wenn $I = 50$.
    c. Zeichnen Sie zur Verdeutlichung Ihrer Antworten ein Diagramm.

2. Betrachten Sie einen Wettbewerbsmarkt, für den die zu verschiedenen Preisen nachgefragten und angebotenen Mengen (pro Jahr) wie folgt angegeben werden:

Preis (Euro)	Nachfrage (Millionen)	Angebot (Millionen)
60	22	14
80	20	16
100	18	18
120	16	20

   a. Berechnen Sie die Preiselastizität der Nachfrage bei einem Preis von €80 und bei einem Preis von €100.
   b. Berechnen Sie die Preiselastizität des Angebots bei einem Preis von €80 und bei einem Preis von €100.
   c. Wie hoch sind Gleichgewichtspreis und -menge?
   d. Es sei angenommen, der Staat legt einen Höchstpreis von €80 fest. Wird eine Knappheit entstehen, und, wenn ja, welches Ausmaß wird sie haben?

3. Beziehen Sie sich auf das Beispiel 2.5 über den Markt für Weizen. 1998 war die Gesamtnachfrage nach US-amerikanischem Weizen gleich $Q = 3.244 - 283P$ und das Binnenangebot war gleich $Q_S = 1.944 + 207P$. Am Ende des Jahres 1998 öffneten sowohl Brasilien als auch Indonesien ihre Weizenmärkte für US-amerikanische Bauern. (Quelle: http://www.fas.usda.gov/) Es sei angenommen, diese Märkte fügen der US-amerikanischen Nachfrage nach Weizen 200 Millionen Scheffel hinzu. Wie hoch wird der marktwirtschaftliche Preis für Weizen sein, und welche Menge wird durch US-amerikanische Bauern in diesem Fall produziert und verkauft?

4. Eine Pflanzenfaser wird auf einem weltweiten Wettbewerbsmarkt gehandelt. Der Weltpreis liegt bei $9 pro Pfund. Zu diesem Preis stehen unbegrenzte Mengen für den Import in die Vereinigten Staaten zur Verfügung. Das US-amerikanische Binnenangebot und die Nachfrage bei verschiedenen Preisniveaus werden in der folgenden Tabelle dargestellt:

Preis	US-Angebot (Millionen Pfund)	US-Nachfrage (Millionen Pfund)
3	2	34
6	4	28
9	6	22
12	8	16
15	10	10
18	12	4

a. Wie lautet die Gleichung für die Nachfrage? Wie lautet die Gleichung für das Angebot?

b. Wie hoch ist die Preiselastizität der Nachfrage bei einem Preis von $9? Wie hoch ist sie bei einem Preis von $12?

c. Wie hoch ist die Preiselastizität des Angebots bei $9? Wie hoch ist sie bei $12?

d. Wie hoch sind der US-amerikanische Preis und das Niveau von Faserimporten in einem freien Markt?

*5. Ein Großteil der Nachfrage nach US-amerikanischen Agrarprodukten kommt aus dem Ausland. Im Jahr 1998 betrug die Gesamtnachfrage $Q = 3.244 - 283P$. Davon macht die Binnennachfrage einen Anteil von $Q_D = 1.700 - 107P$ und das Binnenangebot einen Anteil von $Q_S = 1.944 - 207P$ aus. Es sei angenommen, die Exportnachfrage nach Weizen fällt um 40 Prozent.

a. Wegen dieses Rückgangs der Exportnachfrage sorgen sich die US-amerikanischen Bauern. Was geschieht mit dem marktwirtschaftlichen Preis für Weizen in den Vereinigten Staaten? Sind die Sorgen der Bauern tatsächlich begründet?

b. Es sei nun angenommen, dass die US-amerikanische Regierung ausreichend Weizen aufkaufen will, um den Preis auf $3,50 ansteigen zu lassen. Wie viel Weizen müsste die amerikanische Regierung angesichts dieses Rückgangs der Exportnachfrage aufkaufen? Wie hoch wären die daraus entstehenden Kosten für die Regierung?

6. Die Mietpreisregulierungsbehörde der Stadt New York hat festgestellt, dass die Gesamtnachfrage $Q_D = 160 - 8P$ beträgt. Die Menge wird in Zehntausenden Wohnungen gemessen. Der Preis, der durchschnittliche monatliche Mietsatz, wird in Hundert Dollar angegeben. Die Behörde hat auch festgestellt, dass der Anstieg in Q bei niedrigerem P aus dem Zuzug von Familien mit drei Personen von Long Island in die Stadt und deren Nachfrage nach Wohnungen resultiert. Der Ausschuss der Immobilienmakler der Stadt bestätigt, dass dies eine gute Schätzung ist und gibt an, dass das Angebot $Q_S = 70 + 7P$ sei.

a. Wie hoch ist der marktwirtschaftliche Preis, wenn die Behörde und der Ausschuss im Hinblick auf Angebot und Nachfrage Recht haben? Wie ändert sich die Einwohnerzahl der Stadt, wenn eine maximal zulässige durchschnittliche Monatsmiete von $300 festlegt wird und all diejenigen, die keine Wohnung finden können, die Stadt verlassen?

b. Es sei angenommen, die Behörde beugt sich den Wünschen des Ausschusses und legt einen Mietpreis von $900 für alle Wohnungen fest, um den Vermietern eine „angemessene" Rendite zu gewähren. Wie viele Wohnungen werden gebaut, wenn 50 Prozent aller langfristigen Erhöhungen der Wohnungsangebote aus Neubauten stammen?

7. Im Jahr 2010 haben die Amerikaner 315 Milliarden Zigaretten bzw. 15,75 Milliarden Päckchen Zigaretten geraucht. Der durchschnittliche Einzelhandelspreis (inklusive Steuern) betrug $5 pro Päckchen. Statistische Untersuchungen haben gezeigt, dass die Preiselastizität der Nachfrage $-0,4$ und die Preiselastizität des Angebots $0,5$ beträgt.

a. Verwenden Sie diese Informationen zur Herleitung linearer Nachfrage- und Angebotskurven für den Zigarettenmarkt.

b. 1998 haben die Amerikaner bei einem Einzelhandelspreis von ca. $2,00 pro Päckchen 23,5 Milliarden Päckchen Zigaretten geraucht. Der Rückgang des Zigarettenkonsums von 1998 bis 2010 war teilweise auf verbesserte Kenntnisse über die gesundheitlichen Gefahren des Rauchens, teilweise aber auch auf die Preissteigerung zurückzuführen. Nun sei angenommen, dass der *gesamte Rückgang* auf die Preissteigerung zurückzuführen ist. Welche Schlussfolgerungen könnten Sie daraus im Hinblick auf die Preiselastizität der Nachfrage ziehen?

8. In Beispiel 2.8 haben wir die Auswirkungen eines Rückgangs der Nachfrage nach Kupfer um 20 Prozent auf den Kupferpreis mit Hilfe der in Abschnitt 2.6 entwickelten linearen Angebots- und Nachfragekurven untersucht. Es sei angenommen, dass die langfristige Preiselastizität der Kupfernachfrage –0,75 anstelle von –0,5 betrug.
   a. Nehmen Sie, wie oben, an, dass der Gleichgewichtspreis und die Gleichgewichtsmenge $P^* = \$3$ pro Pfund und $Q^* = 18$ Millionen metrische Tonnen pro Jahr sind, und leiten Sie die mit der geringeren Elastizität übereinstimmende lineare Nachfragekurve her.
   b. Berechnen Sie die Auswirkungen eines zwanzigprozentigen Rückgangs der Nachfrage nach Kupfer auf den Kupferpreis mit Hilfe dieser Nachfragekurve erneut.

9. In Beispiel 2.8 (Seite 85) wurde der Anstieg der weltweiten Nachfrage nach Kupfer in der jüngeren Vergangenheit erörtert, der teilweise auf die Zunahme des Verbrauchs in China zurückzuführen war.
   a. Berechnen Sie die Auswirkungen einer *Steigerung* der Kupfernachfrage um 20 Prozent auf den Kupferpreis mit Hilfe der ursprünglichen Elastizitäten des Angebots und der Nachfrage (d.h. $E_S = 1,5$ und $E_D = -0,5$).
   b. Berechnen Sie jetzt die Auswirkungen dieser Zunahme der Nachfrage auf die Gleichgewichtsmenge Q^*.
   c. Wie in Beispiel 2.8 erörtert, sank die US-amerikanische Kupferproduktion zwischen 2000 und 2003. Berechnen Sie die Auswirkungen *sowohl* einer Zunahme der Kupfernachfrage um 20 Prozent (wie eben in Aufgabe a) *als auch* einer Abnahme des Kupferangebots um 20 Prozent auf Gleichgewichtspreis und -menge.

10. In Beispiel 2.9 wird der Weltölmarkt analysiert. Lösen Sie die folgenden Aufgaben mit Hilfe der dort angegebenen Daten:
    a. Weisen Sie nach, dass die kurzfristige Nachfragekurve und die kurzfristige Angebotskurve bei Wettbewerb tatsächlich durch folgende Gleichungen angegeben werden:

    $$D = 33,6 - 0,020P$$
    $$S_C = 18,05 + 0,012P$$

    b. Weisen Sie nach, dass die langfristige Nachfragekurve und die langfristige Angebotskurve bei Wettbewerb tatsächlich durch folgende Gleichungen angegeben werden:

    $$D = 41,6 - 0,120P$$
    $$S_C = 13,3 + 0,07P$$

    c. In Beispiel 2.9 wurden die Auswirkungen einer Unterbrechung der Öllieferungen aus Saudi-Arabien auf den Preis untersucht. Nun sei angenommen, dass sich die OPEC-Produktion nicht reduziert, sondern um 2 Milliarden Barrel pro Jahr (bb/J) *erhöht*, da Saudi-Arabien große neue Ölfelder erschließt. Berechnen Sie die Auswirkungen dieser Produktionssteigerung auf den kurz- und langfristigen Ölpreis.

11. In der folgenden Aufgabe beziehen wir uns auf Beispiel 2.10 (Seite 94), in dem die Auswirkungen von Preisregulierungen für Erdgas analysiert wurden.
    a. Zeigen Sie mit Hilfe der Daten aus dem Beispiel, dass die folgenden Angebots- und Nachfragekurven tatsächlich den Markt für Erdgas von 2005 bis 2007 beschreiben:

    Angebot: $Q = 15,90 + 0,72P_G + 0,05P_0$
    Nachfrage: $Q = 0,02 - 1,8P_G + 0,69P_0$

Überprüfen Sie auch, dass bei einem Preis für Erdöl von $50 diese Kurven einen marktwirtschaftlichen Preis für Erdgas in Höhe von $6,40 pro tausend Kubikfuß (= mcf ≈ 28,32m³) bedeuten.

b. Nehmen Sie an, der regulierte Preis für Gas betrüge $4,50/mcf anstelle von $3,00/mcf. Wie groß wäre die Überschussnachfrage?

c. Nehmen Sie an, dass der Markt für Erdgas nicht reguliert worden wäre. Was wäre bei einem Anstieg des Ölpreises von $50 auf $100 mit dem marktwirtschaftlichen Preis für Erdgas geschehen?

*12.

Jahr	Einzelhandelspreis für Instantkaffee ($/Pfund)	Verkäufe von Instantkaffee (Millionen Pfund)	Einzelhandelspreis für gerösteten Kaffee ($/Pfund)	Verkäufe von geröstetem Kaffee (Millionen Pfund)
Jahr 1	10,35	75	4,11	820
Jahr 2	10,48	70	3,76	850

In der oben stehenden Tabelle werden die Einzelhandelspreise und Verkäufe von Instantkaffee und geröstetem Kaffee für zwei Jahre angegeben.

a. Schätzen Sie die kurzfristige Preiselastizität der Nachfrage nach geröstetem Kaffee nur mit Hilfe dieser Daten. Leiten Sie zusätzlich dazu eine lineare Nachfragekurve für gerösteten Kaffee her.

b. Schätzen Sie nun die kurzfristige Preiselastizität der Nachfrage nach Instantkaffee. Leiten Sie eine lineare Nachfragekurve für Instantkaffee her.

c. Welche Art Kaffee verfügt über eine höhere kurzfristige Preiselastizität der Nachfrage? Warum glauben Sie ist dies der Fall?

Die Lösungen zu ausgewählten Übungen finden Sie im Anhang dieses Buches. Die kompletten Lösungen für die Übungen finden Dozenten im MyLab.

TEIL II

Produzenten, Konsumenten und Wettbewerbsmärkte

3 Das Verbraucherverhalten 105

4 Die individuelle Nachfrage und die Marktnachfrage 163

5 Unsicherheit und Verbraucherverhalten 223

6 Die Produktion 279

7 Die Kosten der Produktion 315

8 Gewinnmaximierung und Wettbewerbsangebot 383

9 Die Analyse von Wettbewerbsmärkten 435

II ...en und Wettbewerbsmärkte

In Teil II wird das theoretische Kernstück der Mikroökonomie dargestellt.

In den Kapiteln 3 und 4 werden die der Konsumentennachfrage zu Grunde liegenden Prinzipien erläutert. Es wird erklärt, wie die Konsumenten Konsumentscheidungen treffen, wie ihre Nachfrage nach verschiedenen Gütern durch ihre Präferenzen und Budgetbegrenzungen bestimmt wird sowie warum verschiedene Güter unterschiedliche Nachfragecharakteristika aufweisen. Kapitel 5 umfasst anspruchsvolleres Material, anhand dessen erläutert wird, wie Konsumenten Entscheidungen bei Unsicherheit treffen. Wir erklären, warum die Menschen gewöhnlich risikobehaftete Situationen nicht mögen, und wir zeigen auf, wie das Risiko verringert bzw. wie unter risikobehafteten Alternativen eine Auswahl getroffen werden kann. Darüber hinaus erörtern wir Aspekte des Konsumentenverhaltens, die nur erklärt werden können indem man die psychologischen Aspekte beleuchtet, wie Menschen ihre Entscheidungen fällen.

In den Kapiteln 6 und 7 wird die Theorie der Firma entwickelt. Es wird erläutert, wie Unternehmen Produktionsfaktoren, z.B. Kapital, Arbeit und Rohstoffe, zur Produktion von Gütern und Dienstleistungen so kombinieren, dass die Produktionskosten minimiert werden. Darüber hinaus wird aufgezeigt, wie die Kosten eines Unternehmens von dessen Produktionsniveau und Produktionserfahrung abhängen.

In Kapitel 8 wird erläutert, wie die Unternehmen die gewinnmaximierenden Produktionsniveaus auswählen. Wir werden auch aufzeigen, dass die Produktionsentscheidungen einzelner Unternehmen zusammen die Angebotskurve eines Wettbewerbsmarktes sowie deren Eigenschaften bestimmen. Darüber hinaus werden wir auch Aspekte des Verbraucherverhaltens erörtern, die nur erklärt werden können, indem wir uns eingehend mit den psychologischen Aspekten der Entscheidungsfindung von Personen beschäftigen.

In Kapitel 9 werden Angebots- und Nachfragekurven zur Analyse von Wettbewerbsmärkten eingesetzt. Es wird aufgezeigt, welche weit reichenden Auswirkungen die staatliche Politik, in Form von Preisregulierungen, Quoten, Steuern und Subventionen auf die Konsumenten und die Produzenten haben kann. Außerdem wird erklärt, wie die Angebots-Nachfrage-Analyse zur Bewertung dieser Auswirkungen eingesetzt werden kann.

Das Verbraucherverhalten

3.1 Konsumentenpräferenzen 108
  Beispiel 3.1: Die Gestaltung neuer Automobile (I)............... 119
  Beispiel 3.2: Kann man Glück kaufen?...................... 124

3.2 Budgetbeschränkungen............................. 126

3.3 Verbraucherentscheidung........................... 131
  Beispiel 3.3: Die Gestaltung neuer Automobile (II) 134
  Beispiel 3.4: Verbraucherentscheidung zur Gesundheitsfürsorge 137
  Beispiel 3.5: Ein Treuhandfonds für eine Hochschulausbildung 138

3.4 Offenbarte Präferenzen............................. 140
  Beispiel 3.6: Offenbarte Präferenzen für die Freizeitbeschäftigung ... 142

3.5 Der Grenznutzen und die Verbraucherentscheidung ... 143
  Beispiel 3.7: Grenznutzen und Glück 145

***3.6 Indizes der Lebenshaltungskosten** 149
  Beispiel 3.8: Die Überschätzung des CPI 155

3 Das Verbraucherverhalten

Vor einigen Jahren beschloss General Mills, ein neues Produkt auf den Markt zu bringen. Die neue Marke, Cheerios mit Apfel-Zimt-Geschmack, sollte eine süßere und aromatischere Variante zu den Cheerios darstellen, dem klassischen Produkt von General Mills. Bevor allerdings die Apfel-Zimt-Cheerios in großem Stil vermarktet werden konnten, musste das Unternehmen eine wichtige Frage klären: *Wie hoch durfte der für das Produkt verlangte Preis sein?* Unabhängig von der Qualität der Frühstückszerealien würde die Rentabilität des Produktes in hohem Maße von der Preisgestaltungsentscheidung des Unternehmens abhängen. Das Wissen allein darum, dass die Konsumenten für ein neues Produkt mit zusätzlichen Zutaten mehr bezahlen würden, war dafür nicht ausreichend. Die Frage war: *Wie viel mehr würden sie zahlen?* Aus diesem Grund musste General Mills eine sorgfältige Studie der Konsumentenpräferenzen durchführen, um die Nachfrage nach Apfel-Zimt-Cheerios zu bestimmen.

Das Problem von General Mills bei der Bestimmung der Konsumentenpräferenzen spiegelt das komplexere Problem wider, dem der US-amerikanische Kongress bei der Bewertung des bundesstaatlichen Lebensmittelgutscheinprogramms gegenüberstand. Das Ziel dieses Programms besteht darin, Gutscheine an Haushalte mit niedrigem Einkommen auszugeben, die gegen Lebensmittel eingetauscht werden können. Allerdings hat in der Gestaltung des Programms immer ein Problem bestanden, das dessen Bewertung erschwert: *Inwieweit* werden durch die Lebensmittelmarken den Bedürftigen mehr Lebensmittel zur Verfügung gestellt bzw. durch diese einfach die Käufe von Lebensmitteln, die auch ohne die Marken erworben worden wären, subventioniert? Mit anderen Worten ausgedrückt: Hat sich das Programm als wenig mehr als eine Einkommensbeihilfe erwiesen, die hauptsächlich für Verbrauchsgüter ausgegeben wird, anstatt eine Lösung für die Ernährungsprobleme der Bedürftigen zu liefern? Wie im Beispiel der Frühstückszerealien ist auch hier eine Analyse des Verbraucherverhaltens notwendig. In diesem Fall muss die bundesstaatliche Regierung bestimmen, wie die Ausgaben für Lebensmittel, im Gegensatz zu den Ausgaben für andere Güter, durch sich ändernde Einkommensniveaus und Preise beeinflusst werden.

Die Lösung dieser beiden Fragen – die einerseits Aspekte der Unternehmenspolitik und andererseits Aspekte der staatlichen Politik beinhalten – verlangt Kenntnisse der **Theorie des Verbraucherverhaltens**: die Klärung der Frage, wie Verbraucher ihr Einkommen für den Kauf verschiedener Güter und Dienstleistungen aufteilen.

> **Theorie des Verbraucherverhaltens**
>
> Beschreibung der von den Konsumenten vorgenommenen Verwendung ihrer Einkommen für den Kauf verschiedener Güter und Dienstleistungen zur Maximierung ihrer Befriedigung.

Verbraucherverhalten

Wie können Konsumenten mit begrenzten Einkommen entscheiden, welche Güter und Dienstleistungen sie kaufen wollen? Dies ist eine der grundlegenden Frage der Mikroökonomie – eine Frage, der wir uns in diesem und dem nächsten Kapitel widmen wollen. Wir werden untersuchen, wie die Konsumenten ihr Einkommen zum Kauf von verschiedenen Gütern aufteilen, und erklären, wie diese Entscheidungen die Nachfrage nach verschiedenen Gütern und Dienstleistungen bestimmen. Wiederum wird uns ein Verständnis der Kaufentscheidungen der Verbraucher dabei helfen zu verstehen, wie Änderungen des Einkommens und der Preise die Nachfrage nach Gütern und Dienstleistungen beeinflussen und warum die Nachfrage nach manchen Gütern empfindlicher auf Änderungen des Preises und des Einkommens reagiert als die nach anderen Gütern.

Das Verhalten der Verbraucher lässt sich am besten mit drei Schritten erklären:

1 **Konsumentenpräferenzen:** Der erste Schritt besteht darin, eine praktische Methode zur Beschreibung der Gründe zu finden, warum die Verbraucher eventuell ein Gut gegenüber einem anderen Gut bevorzugen. Wir werden aufzeigen, wie die Präferenzen eines Konsumenten im Hinblick auf verschiedene Güter grafisch und formelmäßig beschrieben werden können.

2 **Budgetbeschränkungen:** Natürlich betrachten die Konsumenten auch die *Preise*. Deshalb werden wir in Schritt 2 die Tatsache berücksichtigen, dass die Konsumenten nur über begrenzte Einkommen verfügen, durch die die Mengen der Güter, die sie kaufen können, begrenzt werden. Wie entscheidet sich ein Verbraucher in einer solchen Situation? Diese Frage beantworten wir, indem wir in Schritt 3 die Konsumentenpräferenzen und die Budgetbeschränkungen verbinden.

3 **Verbraucherentscheidung:** Bei gegebenen Präferenzen und begrenzten Einkommen entscheiden sich die Verbraucher für den Kauf von Kombinationen von Gütern, die ihre Befriedigung maximieren. Diese Kombinationen hängen von den Preisen für verschiedene Güter ab. Daher tragen Kenntnisse der Verbraucherentscheidung zum Verständnis der *Nachfrage* bei – d.h. inwieweit die Menge eines Gutes, für deren Kauf sich die Konsumenten entscheiden, von dessen Preis abhängt.

Diese drei Schritte bilden die Grundlage der Verbrauchertheorie. Sie werden in den ersten drei Abschnitten dieses Kapitels detailliert erläutert. Im Anschluss daran wird eine Reihe anderer interessanter Aspekte des Verbraucherverhaltens untersucht. So wird beispielsweise analysiert, wie man die Art der Verbraucherpräferenzen mittels tatsächlicher Beobachtungen des Verbraucherverhaltens bestimmen kann. Wenn folglich ein Verbraucher ein Gut anstelle eines anderen, zu einem ähnlichen Preis angebotenen Gutes auswählt, können wir daraus ableiten, dass er das erste Gut bevorzugt. Ähnliche Schlussfolgerungen können aus den tatsächlichen Entscheidungen gezogen werden, die Verbraucher als Reaktion auf eine Preisänderung bei verschiedenen, zum Verkauf angebotenen Gütern und Dienstleistungen treffen.

Am Ende dieses Kapitels werden wir zur Erörterung der realen und nominalen Preise, die bereits in Kapitel 1 begonnen wurde, zurückkehren. Dort wurde erläutert, dass der Verbraucherpreisindex ein Maßstab für die Änderungen des Wohlbefindens der Konsumenten im Lauf der Zeit ist. In diesem Kapitel werden wir uns eingehender mit dem Thema der Kaufkraft beschäftigen, indem wir eine Reihe von Indizes zur Messung der Veränderung der Kaufkraft im Laufe der Zeit beschreiben. Da sie den Nutzen wie auch die Kosten einer Vielzahl von Sozialhilfeprogrammen beeinflussen, sind diese Indizes wichtige Instrumentarien bei der Gestaltung der staatlichen Politik.

Wie entscheiden sich Konsumenten? Bevor wir mit der Erörterung fortfahren, müssen wir uns über die Annahmen zum Verbraucherverhalten sowie darüber im Klaren sein, ob diese Annahmen realistisch sind. Wir können kaum der These widersprechen, dass die Konsumenten unter den verschiedenen ihnen zur Verfügung stehenden Gütern und Dienstleistungen Präferenzen haben und dass sie mit Budgetbeschränkungen konfrontiert werden, die ihre Kaufmöglichkeiten einschränken. Wir könnten allerdings der These widersprechen, dass die Konsumenten entscheiden, welche Kombinationen von Gütern und Dienstleistungen sie kaufen, um so ihre Befriedigung zu maximieren. Sind die Konsumenten so rational und informiert, wie die Ökonomen sie oft hinstellen?

Wir wissen, dass die Konsumenten ihre Kaufentscheidungen nicht immer rational treffen. Manchmal kaufen sie beispielsweise impulsiv und ignorieren dabei ihre Budgetbeschränkungen bzw. berücksichtigen diese nicht vollständig (und verschulden sich infolgedessen). Manchmal sind sich die Konsumenten über ihre Präferenzen nicht sicher und werden durch Entscheidungen von Freunden oder Bekannten oder sogar durch Änderungen ihrer Laune beeinflusst. Und selbst wenn die Konsumenten sich rational verhalten, ist es für sie mitunter eventuell nicht möglich, die Vielzahl von Preisen und Auswahlmöglichkeiten zu berücksichtigen, mit denen sie täglich konfrontiert werden.

In letzter Zeit haben Ökonomen Modelle des Verbraucherverhaltens entwickelt, die realistischere Annahmen zur Rationalität und zur Entscheidungsfindung umfassen. Dieser Forschungsbereich, der als Verhaltensökonomie bezeichnet wird, stützt sich stark auf Erkenntnisse der Psychologie und mit dieser verwandter Fachbereiche. Einige der Schlüsselergebnisse der *Verhaltensökonomie* werden in Kapitel 5 erörtert. An dieser Stelle soll einfach klargestellt werden, dass unser grundlegendes Modell des Verbraucherverhaltens notwendigerweise einige vereinfachende Annahmen trifft. Es soll aber auch betont werden, dass dieses Modell einen Großteil dessen, was wir tatsächlich im Hinblick auf die Verbraucherentscheidung und die Eigenschaften der Verbrauchernachfrage beobachten, sehr erfolgreich erklärt. Aus diesem Grund ist dieses Modell ein grundlegendes Instrumentarium der Volkswirtschaftslehre. Es wird vielfach eingesetzt – nicht nur in der Volkswirtschaftslehre, sondern auch in damit verbundenen Fachgebieten, wie dem Finanzwesen und dem Marketing.

3.1 Konsumentenpräferenzen

Wie kann man die Konsumentenpräferenzen angesichts der riesigen Anzahl an Gütern und Dienstleistungen, die in unserer Industriewirtschaft zum Kauf angeboten werden, sowie angesichts der Unterschiede des persönlichen Geschmacks der Menschen einheitlich beschreiben? Beginnen wir, indem wir zunächst darüber nachdenken, wie ein Konsument verschiedene Gruppen von zum Kauf angebotenen Artikeln vergleichen könnte. Wird eine Gruppe gegenüber einer anderen bevorzugt? Oder ist er zwischen diesen beiden Gruppen indifferent?

3.1.1 Warenkörbe

Warenkorb (oder Güterbündel)
Zusammenstellung bestimmter Mengen eines oder mehrerer Güter.

Der Begriff *Warenkorb* wird zur Bezeichnung einer solchen Gruppe von Artikeln verwendet. Insbesondere handelt es sich bei einem **Warenkorb** um eine Zusammenstellung bestimmter Mengen eines oder mehrerer Produkte. Ein Warenkorb kann zum Beispiel verschiedene Nahrungsmittel in einem Einkaufswagen umfassen. Außerdem kann dieser Begriff auch für die Mengen der von einem Verbraucher monatlich gekauften Lebensmittel, Bekleidung und Wohnung verwendet werden. Viele Wirtschaftswissenschaftler verwenden den Begriff **Güterbündel** zur Bezeichnung des gleichen Konzeptes wie „Warenkorb".

Wie wählen die Verbraucher die Zusammensetzung ihrer Warenkörbe? Wie entscheiden sie beispielsweise, wie viel Nahrungsmittel sie im Vergleich zu Kleidung jeden Monat kaufen? Obwohl diese Entscheidungen mitunter auch willkürlich sein können, wählen die Verbraucher normalerweise, wie wir im Folgenden aufzeigen werden, Warenkörbe aus, durch die sie so gut gestellt werden wie möglich.

In Tabelle 3.1 werden verschiedene Warenkörbe dargestellt, die verschiedene Mengen von monatlich gekauften Lebensmitteln und Bekleidung beinhalten. Die Anzahl an Erzeugnissen aus dem Nahrungsmittelbereich kann auf verschiedene Art und Weise gemessen werden: in der Gesamtzahl der Behälter, in der Anzahl der Packungen pro Artikel (z.B. Milch, Fleisch usw.) oder in der Anzahl von Pfund bzw. Gramm. Genauso kann die Bekleidung als Gesamtzahl der Kleidungsstücke, als Anzahl der Stücke jeder Art von Bekleidungsstücken bzw. als Gesamtgewicht oder -volumen angegeben werden. Da die Meßmethode weitgehend willkürlich gewählt wird, beschreiben wir einfach die Artikel in einem Warenkorb im Hinblick auf die Gesamtzahl der *Einheiten* jeder Ware. Warenkorb *A* umfasst beispielsweise 20 Einheiten Lebensmittel und 30 Einheiten Bekleidung, während Warenkorb *B* 10 Einheiten Lebensmittel und 50 Einheiten Bekleidung umfasst usw.

Tabelle 3.1

Alternative Warenkörbe

Warenkorb	Anzahl der Lebensmitteleinheiten	Anzahl der Bekleidungseinheiten
A	20	30
B	10	50
D	40	20
E	30	40
G	10	20
H	10	40

Achtung: Die Verwendung der Buchstaben *C* und *F* wird als Bezeichnung für Warenkörbe vermieden, da diese Warenkörbe mit der Anzahl an Lebensmittel- und Bekleidungseinheiten verwechselt werden könnten.

Zur Erklärung der Theorie des Konsumentenverhaltens fragen wir, ob die Verbraucher einen Warenkorb einem anderen vorziehen. Dabei ist zu beachten, dass die Theorie auf der Annahme beruht, dass die Präferenzen der Konsumenten widerspruchsfrei und sinnvoll sind. Im nächsten Abschnitt wird erläutert, was mit diesen Annahmen gemeint ist.

3.1.2 Einige grundlegenden Annahmen über Präferenzen

Die Theorie des Verbraucherverhaltens beginnt mit drei grundlegenden Annahmen über die Bevorzugung eines Warenkorbes gegenüber einem anderen durch die Konsumenten. Wir sind überzeugt, dass diese Annahmen in den meisten Situationen auf die meisten Menschen zutreffen.

1. **Vollständigkeit:** Die Präferenzen werden als *vollständig* angenommen. Mit anderen Worten ausgedrückt heißt dies, die Konsumenten können alle Warenkörbe vergleichen und rangmäßig bewerten. Daher gilt für alle Warenkörbe A und B, dass ein Verbraucher entweder A gegenüber B oder B gegenüber A bevorzugt bzw. dass er zwischen den beiden indifferent ist. Mit *indifferent* ist gemeint, dass eine Person mit beiden Körben gleich zufrieden gestellt wird. Dabei ist zu beachten, dass diese Präferenzen die Kosten nicht berücksichtigen. Ein Verbraucher kann unter Umständen Steaks Hamburgern vorziehen, aber Hamburger kaufen, da diese billiger sind.

2. **Transitivität:** Präferenzen sind *transitiv*. Transitivität bedeutet, dass, wenn ein Verbraucher den Warenkorb A dem Warenkorb B sowie den Warenkorb B dem Warenkorb C vorzieht, er auch A gegenüber C vorzieht. Wenn beispielsweise ein Porsche einem Cadillac und ein Cadillac einem Chevrolet vorgezogen wird, wird der Porsche auch dem Chevrolet vorgezogen. Normalerweise wird die Transitivität als notwendig für die Widerspruchsfreiheit des Konsumentenverhaltens erachtet.

3. **Mehr ist besser als weniger:** Güter werden als wünschenswert – d.h. als gut – vorausgesetzt. *Folglich ziehen die Konsumenten eine größere Menge eines Gutes immer einer kleineren Menge vor.* Außerdem sind die Konsumenten niemals zufrieden gestellt oder gesättigt: *mehr ist immer besser, selbst wenn es nur geringfügig besser ist*.[1] Diese Annahme wird aus pädagogischen Gründen eingesetzt, da sie nämlich die grafische Analyse vereinfacht. Natürlich sind einige Güter, wie z.B. die Luftverschmutzung, sicherlich nicht wünschenswert, und die Konsumenten ziehen in einem solchen Fall immer weniger des Gutes vor. Wir werden allerdings diese „Ungüter" im Zusammenhang mit unserer unmittelbaren Erörterung der Konsumentenpräferenzen nicht berücksichtigen, da die meisten Konsumenten sich nicht für den Kauf dieser Güter entscheiden würden. Wir werden diese Ungüter allerdings später in diesem Kapitel erörtern.

Diese drei Annahmen bilden die Grundlage der Konsumententheorie. Sie erklären die Präferenzen der Verbraucher nicht, verleihen ihnen allerdings ein gewisses Maß an Rationalität und Plausibilität. Auf der Grundlage dieser Annahmen werden wir nun das Konsumentenverhalten detaillierter untersuchen.

3.1.3 Indifferenzkurven

Die Präferenzen eines Konsumenten können mit Hilfe von *Indifferenzkurven* grafisch dargestellt werden. Eine **Indifferenzkurve** *stellt sämtliche Kombinationen von Warenkörben dar, die einer Person das gleiche Befriedigungsniveau bieten*. Folglich ist die betreffende Person zwischen diesen durch die Punkte auf der Kurve grafisch dargestellten Warenkörben *indifferent*.

In Anbetracht unserer drei Annahmen über die Präferenzen wissen wir, dass ein Verbraucher stets in der Lage ist, eine Präferenz für einen Warenkorb im Hinblick auf einen anderen bzw. eine Indifferenz zwischen beiden anzugeben. Danach können wir diese Information einsetzen, um sämtliche Verbraucherentscheidungen rangmäßig zu bewerten. Um dieses Prinzip in grafischer Form darzustellen, nehmen wir an, dass nur zwei Güter

---

Indifferenzkurve

Kurve zur Darstellung sämtlicher Kombinationen von Warenkörben, die dem Konsumenten das gleiche Befriedigungsniveau ermöglichen.

---

1 Daher verwenden manche Wirtschaftswissenschaftler für diese dritte Annahme den Begriff *Nichtsättigung*.

zum Verbrauch zur Verfügung stehen: Lebensmittel *F* und Bekleidung *C*. In diesem Fall beschreiben alle Warenkörbe Kombinationen von Lebensmitteln und Bekleidung, die eine Person eventuell konsumieren möchte. Wie bereits erklärt, liefert Tabelle 3.1 einige Beispiele für Warenkörbe mit verschiedenen Mengen an Lebensmitteln und Bekleidung.

Um die Indifferenzkurve eines Konsumenten grafisch darzustellen, ist es hilfreich, zunächst seine Präferenzen grafisch abzubilden. In Abbildung 3.1 werden die gleichen Warenkörbe wie in Tabelle 3.1 in einer Grafik gezeigt. Die horizontale Achse misst die wöchentlich gekaufte Anzahl der Einheiten von Lebensmitteln, die vertikale Achse misst die Anzahl der Einheiten von Bekleidung. Der Warenkorb *A* mit 20 Lebensmitteleinheiten und 30 Bekleidungseinheiten wird dem Warenkorb *G* vorgezogen, da *A* mehr Lebensmittel *und* mehr Bekleidung beinhaltet. (An dieser Stelle ist unsere dritte Annahme zu beachten, die besagt, dass mehr besser ist als weniger.) Desgleichen wird Warenkorb *E*, der noch mehr Lebensmittel und noch mehr Bekleidung umfasst, Warenkorb *A* vorgezogen. In der Tat ist es leicht möglich, alle Warenkörbe in den zwei schattierten Bereichen (wie z.B. *E* und *G*) mit *A* zu vergleichen, da sie alle entweder mehr oder weniger von sowohl Lebensmitteln als auch Bekleidung beinhalten. Allerdings ist auch zu beachten, dass *B* mehr Bekleidung und weniger Lebensmittel als *A* beinhaltet. Desgleichen beinhaltet *D* mehr Lebensmittel aber weniger Bekleidung als *A*. Daher sind Vergleiche des Warenkorbes *A* mit den Körben *B*, *D* und *H* ohne weitere Informationen über die rangmäßige Bewertung durch den Konsumenten nicht möglich.

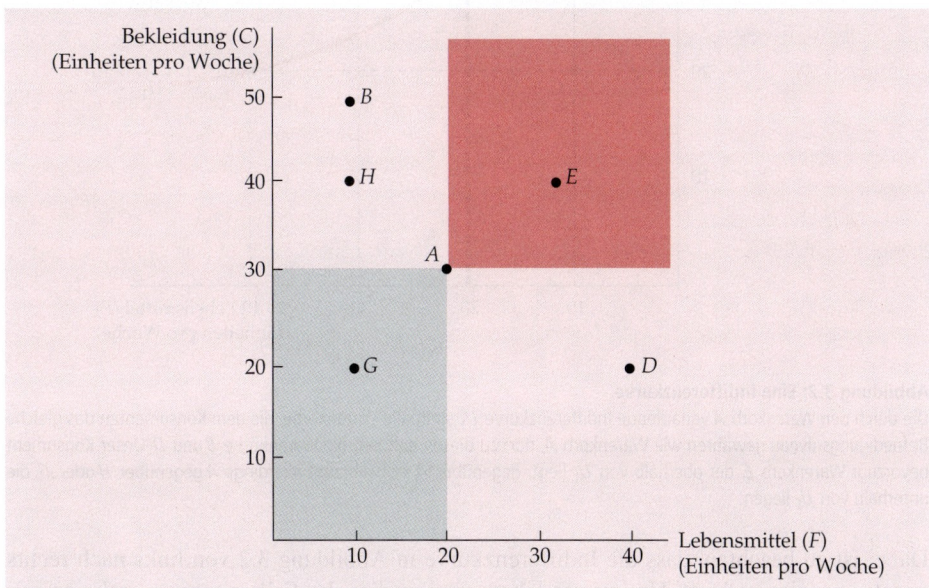

Abbildung 3.1: Die Beschreibung der individuellen Präferenzen
Da eine größere Menge eines Gutes stets einer kleineren Menge vorgezogen wird, können wir die Warenkörbe in den schattierten Bereichen vergleichen. Warenkorb *A* wird offensichtlich Warenkorb *G* vorgezogen, während *E* eindeutig *A* vorgezogen wird. Es ist allerdings ohne weitere Informationen nicht möglich, *A* mit *B*, *D* oder *H* zu vergleichen.

Diese zusätzlichen Informationen werden in Abbildung 3.2 angegeben, in der eine mit U_1 bezeichnete Indifferenzkurve, die durch die Punkte A, B und D verläuft, dargestellt wird. Diese Kurve gibt an, dass der Konsument zwischen diesen drei Warenkörben indifferent ist. Sie illustriert, dass sich der Konsument durch den Wechsel von Warenkorb A zu Warenkorb B, durch den er 10 Einheiten Lebensmittel aufgibt, um 20 zusätzliche Einheiten Bekleidung zu erwerben, weder besser noch schlechter gestellt fühlt. Desgleichen ist der Konsument zwischen den Punkten A und D indifferent: Er ist bereit, 10 Einheiten Bekleidung aufzugeben, um 20 Einheiten Lebensmittel zu erwerben. Andererseits zieht der Konsument A H vor, das unterhalb von U_1 liegt.

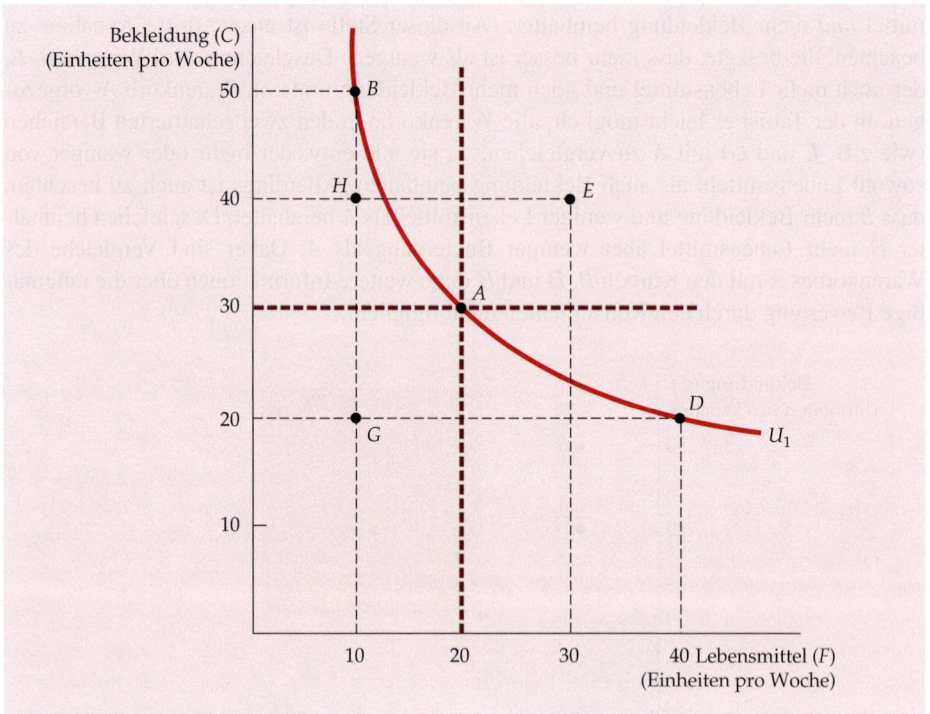

Abbildung 3.2: Eine Indifferenzkurve
Die durch den Warenkorb A verlaufende Indifferenzkurve U_1 stellt alle Warenkörbe, die dem Konsumenten das gleiche Befriedigungsniveau gewähren wie Warenkorb A, dar; zu diesen gehören die Warenkörbe B und D. Unser Konsument bevorzugt Warenkorb E, der oberhalb von U_1 liegt, gegenüber A; er bevorzugt allerdings A gegenüber H oder G, die unterhalb von U_1 liegen.

Dabei ist zu beachten, dass die Indifferenzkurve in Abbildung 3.2 von links nach rechts negativ geneigt verläuft. Um zu verstehen, warum dies der Fall sein muss, nehmen wir stattdessen an, dass sie von A nach E positiv geneigt verläuft. Dies würde allerdings der Annahme widersprechen, dass mehr von einer Ware stets besser ist als weniger. Da der Warenkorb E sowohl mehr Lebensmittel als auch mehr Bekleidung beinhaltet als Warenkorb A, muss dieser dem Warenkorb A vorgezogen werden und kann deshalb nicht auf der gleichen Indifferenzkurve wie A liegen. In der Tat wird jeder Warenkorb, der sich über bzw. rechts der Indifferenzkurve U_1 in Abbildung 3.2 befindet, sämtlichen Warenkörben vorgezogen, die sich auf U_1 befinden.

3.1.4 Indifferenzkurvenschar

Um die Präferenzen einer Person für *alle* Kombinationen von Lebensmitteln und Bekleidung darzustellen, können wir eine Menge von Indifferenzkurven grafisch darstellen, die als **Indifferenzkurvenschar** bezeichnet wird. Jede Indifferenzkurve der Menge stellt die Warenkörbe dar, zwischen denen eine Person indifferent ist. In Abbildung 3.3 werden drei Indifferenzkurven gezeigt, die Bestandteil einer Indifferenzkurvenschar sind. Mit der Indifferenzkurve U_3 wird das höchste Befriedigungsniveau erreicht, dieser folgen die Indifferenzkurven U_2 und U_1.

> **Indifferenzkurvenschar**
>
> Grafische Darstellung einer Menge von Indifferenzkurven, die die Warenkörbe aufzeigen, zwischen denen ein Konsument indifferent ist.

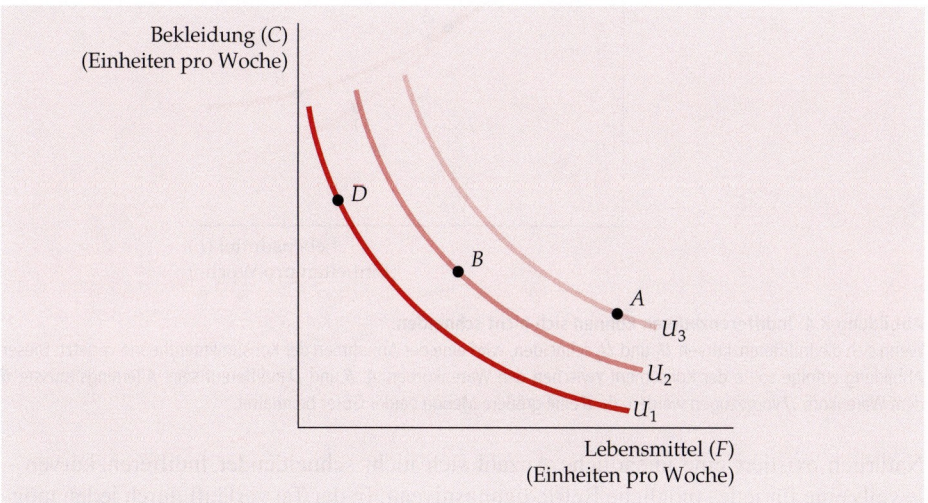

Abbildung 3.3: Eine Indifferenzkurvenschar
Eine Indifferenzkurvenschar umfasst eine Menge von Indifferenzkurven, die die Präferenzen eines Individuums beschreiben. Alle Warenkörbe auf der Indifferenzkurve U_3, wie z.B. Warenkorb A, werden allen Warenkörben auf der Kurve U_2 (z.B. Warenkorb B) vorgezogen, die wiederum allen Warenkörben auf U_1, wie z.B. D, vorgezogen werden.

Indifferenzkurven können sich nicht schneiden. Um dies zu verstehen, nehmen wir das Gegenteil an und untersuchen, inwiefern das sich daraus ergebende Kurvenbild unseren Annahmen über das Verbraucherverhalten widerspricht. In Abbildung 3.4 werden zwei Indifferenzkurven, U_1 und U_2, dargestellt, die sich in A schneiden. Da sowohl A als auch B auf der Indifferenzkurve U_1 liegen, muss der Konsument zwischen diesen beiden Warenkörben indifferent sein. Da A und D auf der Indifferenzkurve U_2 liegen, muss der Konsument zwischen diesen beiden Warenkörben indifferent sein. Folglich muss der Konsument auch zwischen B und D indifferent sein. Diese Schlussfolgerung aber kann nicht zutreffen: Warenkorb B muss D vorgezogen werden, da dieser sowohl mehr Lebensmittel als auch mehr Bekleidung beinhaltet. Somit widersprechen sich schneidende Indifferenzkurven unserer Annahme, dass mehr von einem Gut besser ist als weniger.

3 Das Verbraucherverhalten

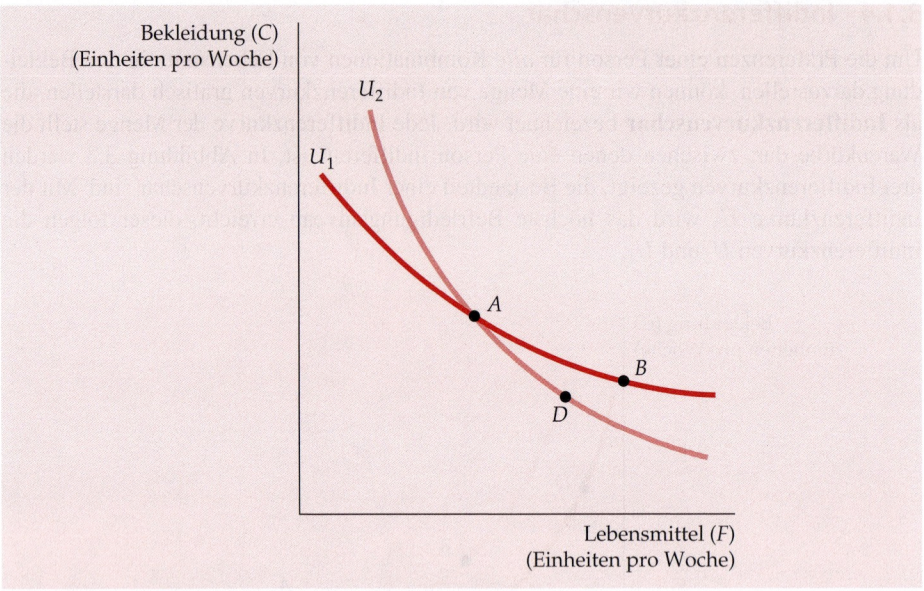

Abbildung 3.4: Indifferenzkurven können sich nicht schneiden.
Wenn sich die Indifferenzkurven U_1 und U_2 schneiden, wird eine der Annahmen der Konsumententheorie verletzt. Dieser Abbildung zufolge sollte der Konsument zwischen den Warenkörben A, B und D indifferent sein. Allerdings müsste B dem Warenkorb D vorgezogen werden, da B eine größere Menge beider Güter beinhaltet.

Natürlich existiert eine unendliche Anzahl sich nicht schneidender Indifferenzkurven – jeweils eine für jedes mögliche Befriedigungsniveau. In der Tat verläuft durch jeden möglichen Warenkorb (der jeweils einem Punkt auf der Kurve in der Abbildung entspricht) eine Indifferenzkurve.

3.1.5 Die Form der Indifferenzkurven

Wir erinnern uns, dass alle Indifferenzkurven negativ geneigt sind. Wenn sich in unserem Beispiel für Lebensmittel und Bekleidung die Menge der Lebensmittel entlang der Indifferenzkurve erhöht, geht die Menge der Bekleidung zurück. Die Tatsache, dass die Indifferenzkurven negativ geneigt sind, ergibt sich direkt aus unserer Annahme, dass mehr von einem Gut besser ist als weniger. Wäre eine Indifferenzkurve positiv geneigt, so wäre der Konsument indifferent zwischen zwei Warenkörben, obwohl einer von diesen *sowohl* mehr Lebensmittel *als auch* mehr Bekleidung beinhaltet.

Die Form der Indifferenzkurve beschreibt, inwieweit ein Konsument bereit ist, ein Gut durch ein anderes zu ersetzen. Wie in Kapitel 1 dargestellt, sind die Menschen Tradeoffs ausgesetzt. Dies wird durch die Indifferenzkurve in Abbildung 3.5 illustriert. Wenn wir bei Warenkorb A beginnen und zu Warenkorb B wechseln, stellen wir fest, dass der Konsument bereit ist, 6 Einheiten Bekleidung aufzugeben um eine zusätzliche Einheit Lebensmittel zu erhalten. Wechselt er allerdings von B zu D, ist er nur bereit, 4 Einheiten Bekleidung aufzugeben, um eine zusätzliche Einheit Lebensmittel zu erhalten. Beim Wechsel von D zu E gibt er nur 2 Einheiten Bekleidung für eine Einheit Lebensmittel auf. Je mehr Bekleidung und je weniger Lebensmittel ein Individuum konsumiert, desto mehr Bekleidung wird diese Person aufgeben, um mehr Lebensmittel zu erhalten. Desgleichen wird die Person umso weniger Bekleidung für mehr Lebensmittel aufgeben, je mehr Lebensmittel sie besitzt.

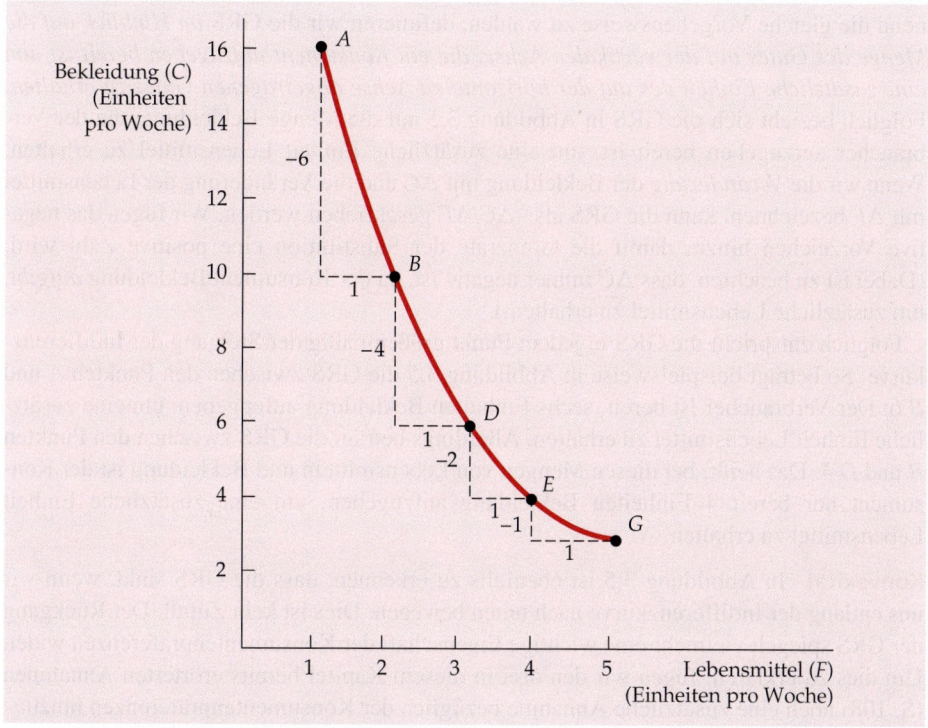

Abbildung 3.5: Die Grenzrate der Substitution
Die Steigung der Indifferenzkurve misst die Grenzrate der Substitution (GRS) eines Individuums zwischen zwei Gütern. In dieser Abbildung fällt die GRS zwischen Bekleidung (C) und Lebensmitteln (F) von 6 (zwischen A und B) auf 4 (zwischen B und D), auf 2 (zwischen D und E) und auf 1 (zwischen E und G). Verringert sich die GRS entlang der Indifferenzkurve, ist die Kurve konvex.

3.1.6 Die Grenzrate der Substitution

Zur Quantifizierung der Menge eines Gutes, die ein Konsument aufzugeben bereit ist, um mehr von einem anderen Gut zu erhalten, wird ein Maßstab verwendet, der als **Grenzrate der Substitution (GRS)** bezeichnet wird. *Die GRS von Bekleidung C durch Lebensmittel F ist die Menge an Bekleidung, die eine Person aufzugeben bereit ist, um eine zusätzliche Einheit Lebensmittel zu erhalten.* Nehmen wir beispielsweise an, die GRS ist gleich 3. Dies bedeutet, der Verbraucher ist bereit, drei Einheiten Bekleidung aufzugeben, um eine zusätzliche Einheit Lebensmittel zu erhalten. Beträgt die GRS 1/2, ist der Konsument nur bereit, eine halbe Einheit Bekleidung aufzugeben. Folglich *misst die GRS den Wert, den eine Person einer zusätzlichen Einheit eines Gutes im Hinblick auf ein anderes Gut zumisst.*

Grenzrate der Substitution

Die Menge eines Gutes, die ein Konsument aufzugeben bereit ist, um eine zusätzliche Einheit eines anderen Gutes zu erhalten.

Betrachten wir noch einmal Abbildung 3.5. Dabei ist zu beachten, dass Bekleidung auf der vertikalen und Lebensmittel auf der horizontalen Achse abgetragen sind. Bei der Beschreibung der GRS muss man sich darüber im Klaren sein, welches Gut aufgegeben und von welchem Gut mehr zur Verfügung gestellt wird. Um im gesamten Buch durchgehend die gleiche Vorgehensweise zu wählen, definieren wir die GRS *im Hinblick auf die Menge des Gutes auf der vertikalen Achse, die ein Konsument aufzugeben bereit ist, um eine zusätzliche Einheit des auf der horizontalen Achse abgetragenen Gutes zu erhalten*. Folglich bezieht sich die GRS in Abbildung 3.5 auf die Menge Bekleidung, die der Verbraucher aufzugeben bereit ist, um eine zusätzliche Einheit Lebensmittel zu erhalten. Wenn wir die *Veränderung* der Bekleidung mit ΔC und die Veränderung der Lebensmittel mit ΔF bezeichnen, kann die GRS als $-\Delta C/\Delta F$ geschrieben werden. Wir fügen das negative Vorzeichen hinzu, damit die Grenzrate der Substitution eine positive Zahl wird. (Dabei ist zu beachten, dass ΔC immer negativ ist, da der Konsument Bekleidung *aufgibt*, um zusätzliche Lebensmittel zu erhalten.)

Folglich entspricht die GRS in jedem Punkt größenmäßig der Steigung der Indifferenzkurve. So beträgt beispielsweise in Abbildung 3.5 die GRS zwischen den Punkten *A* und *B* 6: Der Verbraucher ist bereit, sechs Einheiten Bekleidung aufzugeben, um eine zusätzliche Einheit Lebensmittel zu erhalten. Allerdings beträgt die GRS zwischen den Punkten *B* und *D* 4: Das heißt, bei diesen Mengen von Lebensmitteln und Bekleidung ist der Konsument nur bereit 4 Einheiten Bekleidung aufzugeben, um eine zusätzliche Einheit Lebensmittel zu erhalten.

Konvexität In Abbildung 3.5 ist ebenfalls zu erkennen, dass die GRS sinkt, wenn wir uns entlang der Indifferenzkurve nach unten bewegen. Dies ist kein Zufall. Der Rückgang der GRS spiegelt vielmehr eine wichtige Eigenschaft der Konsumentenpräferenzen wider. Um dies zu erklären, fügen wir den drei in diesem Kapitel bereits erörterten Annahmen (S. 108) noch eine zusätzliche Annahme bezüglich der Konsumentenpräferenzen hinzu:

4 **Abnehmende Grenzrate der Substitution:** Indifferenzkurven sind normalerweise *konvex* oder nach innen gekrümmt. Der Begriff *konvex* bedeutet, dass der Anstieg der Indifferenzkurve *zunimmt* (d.h. weniger negativ wird), wenn man sich entlang der Kurve nach unten bewegt. Mit anderen Worten ausgedrückt bedeutet dies: *Eine Indifferenzkurve ist konvex, wenn sich die GRS entlang der Kurve verringert*. Die in Abbildung 3.5 dargestellte Indifferenzkurve ist konvex. Wie wir bereits aufgezeigt haben, beträgt die GRS von Bekleidung *C* durch Lebensmittel *F* $-\Delta C/\Delta F = -(-6)/1 = 6$, wenn wir in Abbildung 3.5 mit dem Warenkorb *A* beginnen und zum Warenkorb *B* übergehen. Beginnen wir allerdings mit *B* und wechseln von *B* zu *D*, fällt die GRS auf 4. Wenn wir mit Warenkorb *D* beginnen und zu *E* übergehen, liegt die GRS bei 2. Beginnen wir bei *E* und wechseln zu *G*, ergibt sich eine GRS in Höhe von 1. Im Zuge des zunehmenden Verbrauchs von Lebensmitteln nimmt die Steigung der Indifferenzkurve größenmäßig ab. Folglich fällt auch die GRS.[2]

---

[2] Bei nichtkonvexen Präferenzen erhöht sich die GRS, wenn sich die Menge des auf der horizontalen Achse gemessenen Gutes entlang der Indifferenzkurve erhöht. Diese unwahrscheinliche Möglichkeit kann auftreten, wenn eines oder beide der Güter abhängig machen. So kann beispielsweise die Bereitschaft steigen, andere Güter durch eine süchtigmachende Droge zu ersetzen, wenn der Konsum der süchtigmachenden Droge ansteigt.

Ist die Erwartung, dass Indifferenzkurven konvex sind, angemessen? Die Antwort lautet Ja. Da zunehmende Mengen eines Gutes konsumiert werden, können wir erwarten, dass ein Konsument zunehmend weniger Einheiten eines zweiten Gutes aufgeben will, um zusätzliche Einheiten des ersten Gutes zu erhalten. Wenn wir uns entlang der Indifferenzkurve in Abbildung 3.5 nach unten bewegen und sich der Konsum von Lebensmitteln erhöht, verringert sich die zusätzliche Befriedigung, die dem Konsumenten aus noch mehr Lebensmitteln erwächst. Folglich wird er zunehmend weniger Bekleidung aufgeben, um zusätzliche Lebensmittel zu erhalten.

Anders ausgedrückt beschreibt dieses Prinzip, dass die Konsumenten im Allgemeinen ausgewogene Warenkörbe solchen Warenkörben vorziehen, die vollkommen aus einem Gut bestehen und kein anderes Gut beinhalten. In Abbildung 3.5 ist zu erkennen, dass ein relativ ausgewogener Warenkorb mit 3 Einheiten Lebensmitteln und 6 Einheiten Bekleidung (Korb *D*) genauso viel Befriedigung verschafft wie ein anderer Warenkorb, der eine Einheit Lebensmittel und 16 Einheiten Bekleidung beinhaltet (Warenkorb *A*). Daraus folgt, dass durch einen ausgeglichenen Warenkorb mit (beispielsweise) 6 Einheiten Lebensmittel und 8 Einheiten Bekleidung ein höheres Befriedigungsniveau erzielt wird.

3.1.7 Vollkommene Substitutionsgüter und vollkommene Komplementärgüter

Die Form einer Indifferenzkurve beschreibt die Bereitschaft eines Konsumenten, ein Gut durch ein anderes zu ersetzen. Eine Indifferenzkurve mit einer anderen Form impliziert eine andere Bereitschaft zur Ersetzung eines Gutes durch ein anderes. Um dieses Prinzip zu illustrieren, betrachten wir die zwei in Abbildung 3.6 dargestellten polaren Fälle.

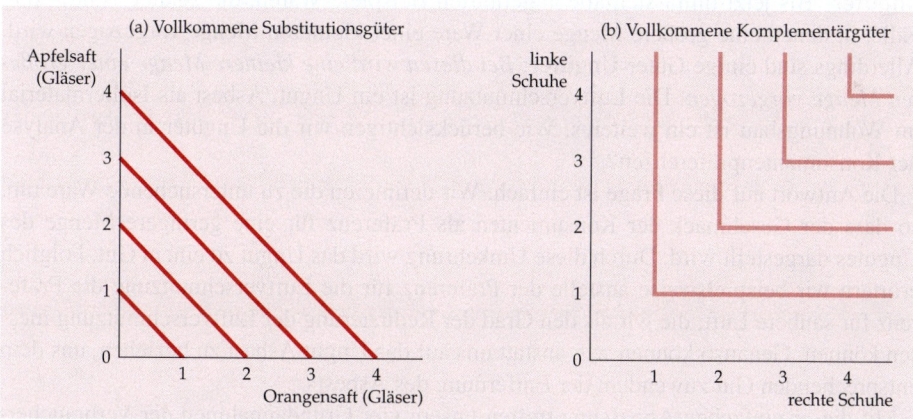

Abbildung 3.6: Vollkommene Substitutionsgüter und vollkommene Komplementärgüter
In **(a)** betrachtet Bob Orangensaft und Apfelsaft als vollkommene Substitutionsgüter: Er ist stets indifferent zwischen einem Glass des einen und einem Glass des anderen Saftes. In **(b)** betrachtet Jane linke und rechte Schuhe als vollkommene Komplementärgüter: Aus einem zusätzlichen linken Schuh erwächst ihr keine zusätzliche Befriedigung, sofern Jane keinen dazu passenden rechten Schuh erhalten kann.

3 Das Verbraucherverhalten

> In § 2.1 wird erklärt, dass es sich bei zwei Gütern um *Substitutionsgüter* handelt, wenn eine Erhöhung des Preises eines Gutes zu einer Erhöhung der Nachfrage nach dem anderen führt.

Vollkommene Substitutionsgüter

Zwei Güter, bei denen die Grenzrate der Substitution des einen durch das andere konstant ist.

> In § 2.1 wird erklärt, dass zwei Güter *Komplementärgüter* sind, wenn eine Erhöhung des Preises des einen Gutes zu einem Rückgang der Nachfrage nach dem anderen Gut führt.

Vollkommene Komplementärgüter

Zwei Güter, bei denen die GRS unendlich oder gleich null ist; die Indifferenzkurven bilden einen rechten Winkel.

Ungüter

Güter, bei denen eine geringere Menge einer größeren Menge vorgezogen wird.

In Abbildung 3.6(a) werden Bobs Präferenzen für Apfelsaft und Orangensaft dargestellt. Diese beiden Güter sind für Bob vollkommene Substitutionsgüter, da es Bob vollkommen gleich ist, ob er ein Glas des einen oder des anderen Saftes trinkt. In diesem Fall ist die GRS von Apfelsaft durch Orangensaft gleich 1: Bob ist stets bereit, ein Glas des einen gegen ein Glas des anderen einzutauschen. Im Allgemeinen definieren wir zwei Güter als **vollkommene Substitutionsgüter**, wenn die Grenzrate der Substitution des einen durch das andere Gut eine Konstante ist.

Die Indifferenzkurven, die den Tradeoff bezüglich des Konsums der Güter beschreiben, sind Geraden. Die Steigung der Indifferenzkurven muss im Fall der vollkommenen Substitutionsgüter nicht –1 betragen. Nehmen wir beispielsweise an, dass Dan der Meinung ist, ein 16-Megabyte Speicherchip ist zwei 8-Megabyte-Chips gleichwertig, da beide Kombinationen über die gleiche Speicherkapazität verfügen. In diesem Fall beträgt die Steigung von Dans Indifferenzkurve –2 (wobei die Anzahl der 8-Megabyte-Chips auf der vertikalen Achse abgetragen wird).

In Abbildung 3.6(b) werden Janes Präferenzen für linke und rechte Schuhe dargestellt. Für Jane sind diese beiden Güter vollkommene Komplementärgüter, da durch einen linken Schuh ihre Befriedigung nicht erhöht wird, es sei denn, sie kann den dazu passenden rechten Schuh erhalten. In diesem Fall beträgt die GRS von linken Schuhen durch rechte Schuhe immer dann null, wenn es mehr rechte als linke Schuhe gibt, da Jane keine weiteren linken Schuhe aufgeben wird, um zusätzliche rechte Schuhe zu erhalten.

Dementsprechend ist die GRS immer dann unendlich, wenn es mehr linke Schuhe als rechte Schuhe gibt, da Jane bis auf einen alle überschüssigen linken Schuhe aufgeben wird, um einen zusätzlichen rechten Schuh zu erhalten. Zwei Güter sind **vollkommene Komplementärgüter**, wenn die Indifferenzkurven für beide einen rechten Winkel bilden.

Ungüter Bis jetzt umfassten alle angeführten Beispiele Waren, die „Güter" sind – d.h. Fälle, in denen eine größere Menge einer Ware einer kleineren Menge vorgezogen wird. Allerdings sind einige Güter **Ungüter**: *Bei diesen wird eine kleinere Menge einer größeren Menge vorgezogen*. Die Luftverschmutzung ist ein Ungut, Asbest als Isoliermaterial im Wohnungsbau ist ein weiteres. Wie berücksichtigen wir die Ungüter in der Analyse der Konsumentenpräferenzen?

Die Antwort auf diese Frage ist einfach: Wir definieren die zu untersuchende Ware um, so dass der Geschmack der Konsumenten als Präferenz für eine geringere Menge des Ungutes dargestellt wird. Durch diese Umkehrung wird das Ungut zu einem Gut. Folglich erörtern wir beispielsweise anstelle der Präferenz für die Luftverschmutzung die Präferenz für saubere Luft, die wir als den Grad der Reduzierung der Luftverschmutzung messen können. Genauso können wir, anstatt uns auf das Ungut Asbest zu beziehen, uns dem entsprechenden Gut zuwenden: der Entfernung des Asbests.

Mit dieser einfachen Anpassung treffen unsere vier Grundannahmen der Verbrauchertheorie weiterhin zu, und wir können nun zur Analyse der Budgetbeschränkungen der Verbraucher übergehen.

3.1 Konsumentenpräferenzen

Beispiel 3.1: Die Gestaltung neuer Automobile (I)

Es sei angenommen, Sie arbeiten für die Ford Motor Company und sollten bei der Planung neuer Modelle, die auf den Markt gebracht werden sollen, mitarbeiten. Sollte bei den neuen Modellen die Größe des Innenraums und das Handling betont werden? Oder Leistung und Benzinverbrauch? Um diese Entscheidung zu treffen, würden Sie wissen wollen, welchen Wert die Menschen unterschiedlichen Eigenschaften eines Autos, wie beispielsweise Leistung, Größe, Handling, Benzinverbrauch, Innenausstattung usw., beimessen. Je wünschenswerter diese Eigenschaften sind, desto höher wäre der Preis, den die Menschen für ein Auto zu bezahlen bereit wären. Allerdings sind die Kosten der Herstellung eines Autos umso höher, je besser dessen Eigenschaften sind. So kostet beispielsweise die Produktion eines Autos mit einem leistungskräftigeren Motor und einem größeren Innenraum mehr als die Produktion eines Autos mit einem kleineren Motor und weniger Platz. Wie sollte Ford diese unterschiedlichen Eigenschaften gegen einander abwägen und entscheiden, welche Eigenschaften verstärkt angeboten werden sollen?

Die Antwort auf diese Frage hängt zum Teil von den Produktionskosten ab, zum Teil hängt sie aber auch von den Konsumentenpräferenzen ab. Um zu bestimmen, wie viel die Menschen für verschiedene Eigenschaften zu bezahlen bereit sind, betrachten die Volkswirte und Marketingexperten die Preise, die Menschen tatsächlich für eine Vielzahl von Modellen mit einer Vielzahl von Eigenschaften bezahlen. Wenn beispielsweise der einzige Unterschied zwischen zwei Autos der Innenraum ist und wenn der Wagen mit zwei Kubikmeter mehr für einen €1.000 höheren Preis als das kleinere Gegenstück verkauft wird, wird dem Innenraum ein Wert von €500 pro Kubikmeter beigemessen. Durch die Analyse der Autokäufe über eine Vielzahl von Käufern und Modellen hinweg können wir die mit verschiedenen Eigenschaften verbundenen Werte schätzen, wobei wir auch berücksichtigen müssen, dass die Bewertung einer Eigenschaft unter Umständen abnehmen wird, wenn in einem Auto immer mehr dieser Eigenschaft aufgenommen wird. Eine Möglichkeit, solche Informationen zu erhalten, ist die Durchführung von Umfragen, bei denen einzelne Personen zu ihren Präferenzen im Hinblick auf verschiedene Automobile mit unterschiedlichen Kombinationen von Eigenschaften befragt werden. Eine andere Möglichkeit besteht in der statistischen Analyse vergangener, durch die Verbraucher getätigter Käufe von Autos mit unterschiedlichen Eigenschaften.

Eine neuere statistische Untersuchung beschäftigt sich mit einer großen Anzahl von Ford-Modellen mit unterschiedlichen Eigenschaften.[3] In Abbildung 3.7 werden zwei Indifferenzkurvenscharen beschrieben, die aus einer Analyse abgeleitet wurden, bei der für typische Verbraucher von Ford-Autos zwei Eigenschaften verändert wurden: die *Innenraumgröße* (in Kubikmeter) und die *Leistung* (gemessen in Pferdestärken). ▶

---

[3] Amil Petrin, „Quantifying the Benefits of New Products: The Case of the Minivan", *Journal of Political Economy* 110 (2002): S. 705–729. Wir danken Amil Petrin für die Bereitstellung einiger Daten in diesem Beispiel.

In Abbildung 3.7(a) werden die Präferenzen von typischen Besitzern von Ford Mustang Coupés beschrieben. Da diese Verbraucher tendenziell einen größeren Wert auf die Leistung als auf die Größe legen, weisen die Besitzer von Mustangs eine höhere Grenzrate der Substitution von Größe durch Leistung auf. Mit anderen Worten ausgedrückt bedeutet dies, sie sind bereit, auf einen beträchtlichen Anteil Größe zu verzichten, um eine bessere Leistung zu erhalten. Vergleichen wir diese Präferenzen mit denen von Besitzern eines Ford Explorer, die in Abbildung 3.7 (b) dargestellt werden. Diese Personen weisen eine niedrigere GRS auf und verzichten aus diesem Grund auf eine beträchtliche Menge Leistung, um einen Wagen mit einem geräumigeren Innenraum zu erhalten.

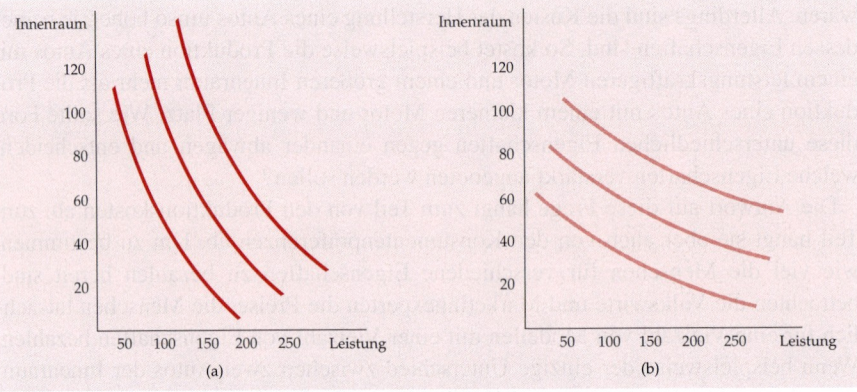

Abbildung 3.7: Präferenzen für bestimmte Eigenschaften bei Autos
Die Präferenzen für bestimmte Eigenschaften von Automobilen können durch Indifferenzkurven beschrieben werden. Jede Kurve stellt die Kombination von Leistung und Innenraum dar, mit der die gleiche Befriedigung erzielt wird. Besitzer von Ford Mustang Coupés **(a)** sind bereit, auf eine erhebliche Menge des Innenraums zu verzichten, um zusätzliche Leistung zu erhalten. Auf die Besitzer des Ford Explorer **(b)** trifft das Gegenteil zu.

Nutzen In der Beschreibung bis zu diesem Punkt könnte dem Leser eine sehr angenehme Eigenschaft der Theorie des Verbraucherverhaltens aufgefallen sein: *Bisher war es nicht notwendig, jedem konsumierten Warenkorb einen numerischen Wert des Befriedigungsniveaus zuzuordnen.* So wissen wir beispielsweise im Hinblick auf die drei Indifferenzkurven in Abbildung 3.3 (Seite 113), dass mit dem Warenkorb A (oder jedem anderen Korb auf der Indifferenzkurve U_3) ein höheres Befriedigungsniveau erzielt wird als mit allen Warenkörben auf U_2, wie beispielsweise B. Desgleichen wissen wir, dass die Warenkörbe auf U_2 denen auf U_1 vorgezogen werden. Die Indifferenzkurven ermöglichen es uns einfach, die Verbraucherpräferenzen grafisch darzustellen, wobei wir von der Annahme ausgehen, dass die Konsumenten Alternativen rangmäßig bewerten können.

Wir werden feststellen, dass sich die Konsumententheorie nur auf die Annahme stützt, dass die Konsumenten Warenkörben relative Rangordnungen zuordnen können. Trotzdem ist es oft hilfreich, einzelnen Körben *zahlenmäßige Werte* zuzuordnen. Wenn wir diesen Ansatz wählen, können wir die Konsumentenpräferenzen beschreiben, indem wir den mit jeder Indifferenzkurve verbundenen Nutzenniveaus Zahlen zuteilen. In der Umgangssprache hat das Wort „*Nutzen*" eine eher breite Bedeutung, die ungefähr „Vorteil" oder „Wohlergehen" umfasst. Tatsächlich erzielen die Menschen einen „Nutzen", indem sie Dinge erwerben, die ihnen Vergnügen bereiten, und Dinge vermeiden, die ihnen unangenehm sind. In der Sprache der Volkswirtschaft bezieht sich das Konzept des **Nutzens** auf den *numerischen Wert der von einem Konsumenten mit einem Warenkorb erzielten Befriedigung*. Mit anderen Worten ist der Nutzen eine zur Vereinfachung der Rangeinteilung von Warenkörben eingesetzte Methode. Wenn der Kauf von drei Kopien dieses Lehrbuchs ein Individuum glücklicher macht als der Kauf eines Hemdes, können wir sagen, dass die Bücher dem betreffenden Individuum einen größeren Nutzen liefern als das Hemd.

> **Nutzen**
>
> Numerischer Wert für die einem Konsumenten aus einem Warenkorb erwachsende Befriedigung.

Nutzenfunktionen Eine **Nutzenfunktion** ist eine Formel, die jedem Warenkorb ein bestimmtes Nutzenniveau zuordnet. Nehmen wir zum Beispiel an, dass Phils Nutzenfunktion für Lebensmittel (F) und Bekleidung (C) gleich $u(F,C) = F + 2C$ ist. In diesem Fall wird durch einen Warenkorb mit 8 Einheiten Lebensmittel und 3 Einheiten Bekleidung ein Nutzen von $8 + (2)(3) = 14$ geschaffen. Folglich ist Phil indifferent zwischen diesem Warenkorb und einem Warenkorb mit 6 Einheiten Lebensmittel und 4 Einheiten Bekleidung ($6 + (2)(4) = 14$). Andererseits wird jeder dieser Warenkörbe einem dritten mit 4 Einheiten Lebensmittel und 4 Einheiten Bekleidung vorgezogen. Warum ist dies so? Weil dieser letzte Warenkorb ein Nutzenniveau von nur $4 + (4)(2) = 12$ hat.

> **Nutzenfunktion**
>
> Formel, die einzelnen Warenkörben ein bestimmtes Nutzenniveau zuordnet.

Wir weisen den Warenkörben Nutzenniveaus so zu, dass, wenn der Warenkorb A Warenkorb B vorgezogen wird, die Zahl für A höher als für B ist. So kann beispielsweise der Warenkorb A auf der höchsten der drei Indifferenzkurven U_3 ein Nutzenniveau von 3 aufweisen, während der Warenkorb B auf der zweithöchsten Indifferenzkurve U_2 ein Nutzenniveau von 2 und der Warenkorb D auf der untersten Indifferenzkurve U_1 ein Nutzenniveau von 1 haben kann. Folglich liefert die Nutzenfunktion die gleichen Informationen über die Präferenzen wie eine Indifferenzkurvenschar: In beiden werden die Entscheidungen der Konsumenten im Hinblick auf Befriedigungsniveaus geordnet.

Im Folgenden werden wir eine spezielle Nutzenfunktion detaillierter untersuchen. Die Nutzenfunktion $u(F,C) = FC$ besagt, dass das durch den Konsum von F Einheiten Lebensmittel und C Einheiten Bekleidung erzielte Befriedigungsniveau das Produkt von F und C ist. In Abbildung 3.8 werden mit dieser Funktion verbundene Indifferenzkurven dargestellt. Der Graph wurde gezeichnet, indem zunächst ein bestimmter Warenkorb ausgewählt wurde – z.B. $F = 5$ und $C = 5$ in Punkt A. Dieser Warenkorb liefert ein Nutzenniveau U_1 in Höhe von 25. Danach wurde die Indifferenzkurve (die auch als *Isonutzenkurve* bezeichnet wird) gezeichnet, indem alle Warenkörbe, für die gilt: $FC = 25$ (z.B. $F = 10$, $C = 2{,}5$ in Punkt D), aufgenommen wurden. Die zweite Indifferenzkurve U_2 enthält alle Warenkörbe, für die gilt: $FC = 50$, und die dritte Indifferenzkurve U_3 umfasst alle Warenkörbe, für die gilt: $FC = 100$.

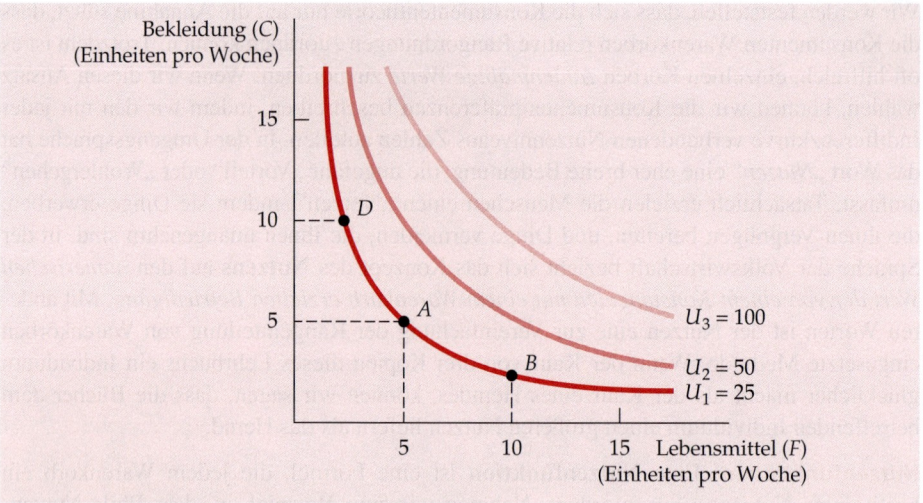

Abbildung 3.8: Nutzenfunktionen und Indifferenzkurven
Eine Nutzenfunktion kann durch eine Reihe von Indifferenzkurven, die jeweils mit einem numerischen Indikator versehen sind, dargestellt werden. In dieser Abbildung werden drei mit der Nutzenfunktion FC verbundene Indifferenzkurven mit den Nutzenniveaus von jeweils 25, 50 und 100 dargestellt.

Dabei ist zu beachten, dass die Zahlen den Indifferenzkurven nur aus praktischen Gründen zugeordnet worden sind. Nehmen wir an, die Nutzenfunktion ändert sich auf $u(F,C) = 4FC$, und betrachten wir nun einen Warenkorb, der vor der Änderung ein Nutzenniveau von 25 erzielt hat – beispielsweise $F = 5$ und $C = 5$. Nun hat sich das Nutzenniveau um den Faktor 4 auf 100 erhöht. Folglich sieht die mit 25 bezeichnete Indifferenzkurve genau gleich aus, obwohl sie nunmehr anstatt mit 25 mit 100 bezeichnet sein sollte. In der Tat besteht der einzige Unterschied zwischen den mit der Nutzenfunktion $4FC$ und der Nutzenfunktion FC verbundenen Indifferenzkurven darin, dass die Kurven mit 100, 200 und 400 anstelle von 25, 50 und 100 bezeichnet werden. Es ist wichtig zu betonen, dass die Nutzenfunktion einfach eine Methode der Bestimmung einer *Rangordnung* unter den verschiedenen Warenkörben darstellt; die Größenordnung der Nutzendifferenz zwischen zwei Warenkörben sagt nicht wirklich etwas aus. Die Tatsache, dass U_3 ein Nutzenniveau von 100 und U_2 ein Nutzenniveau von 50 hat, bedeutet nicht, dass mit den Warenkörben auf U_3 zweimal so viel Befriedigung erzielt wird wie mit denen auf U_2. Dies rührt daher, dass wir über keine Methode zur objektiven Messung der Befriedigung einer Person oder des durch den Konsum eines Warenkorbes geschaffenen Niveaus des Wohlbefindens verfügen. Folglich wissen wir, unabhängig davon, ob wir Indifferenzkurven oder einen Maßstab des Nutzens verwenden, nur, dass U_3 besser ist als U_2 und dass U_2 besser ist als U_1. Wir wissen allerdings nicht, *um wie viel* die eine der anderen Indifferenzkurve vorgezogen wird.

Ordinaler und kardinaler Nutzen Die drei Indifferenzkurven in Abbildung 3.3 (Seite 113) liefern eine Reihung der Warenkörbe, die geordnet oder *ordinal* ist. Deshalb wird eine Nutzenfunktion, die eine Rangordnung der Warenkörbe generiert, als **ordinale Nutzenfunktion** bezeichnet. Die Rangordnung im Zusammenhang mit der ordinalen Nutzenfunktion ordnet die Warenkörbe in der Reihenfolge vom am stärksten zum am wenigsten bevorzugten Warenkorb. Sie gibt allerdings, wie bereits oben erklärt, nicht an, *um wie viel* ein Korb gegenüber einem anderen vorgezogen wird. Wir wissen beispielsweise, dass jeder Warenkorb auf U_3, wie z.B. A, jedem Warenkorb auf U_2, wie z.B. B, vorgezogen wird. Allerdings wird weder durch die Indifferenzkurvenschar noch durch die ordinale Nutzenfunktion, durch die sie gebildet wird, gezeigt, um wie viel A gegenüber B (und B gegenüber D) präferiert wird.

Bei der Arbeit mit ordinalen Nutzenfunktionen müssen wir darauf achten, nicht in eine Falle zu tappen. Nehmen wir an, dass Juans ordinale Nutzenfunktion einer Kopie dieses Lehrbuchs ein Nutzenniveau von 5 beimisst, während Marias Nutzenfunktion einer Kopie dieses Buches ein Nutzenniveau von 10 zuordnet. Wird Maria, wenn jede der beiden Personen eine Kopie dieses Buches erhält, glücklicher sein? Dies können wir nicht wissen. Da diese numerischen Werte willkürlich sind, sind Vergleiche des Nutzens zwischen verschiedenen Personen nicht möglich.

Als die Wirtschaftswissenschaftler begannen, den Nutzen und die Nutzenfunktionen zu untersuchen, hofften sie, dass die individuellen Präferenzen in grundlegenden Einheiten quantifiziert oder gemessen werden und diese infolgedessen eine Rangeinteilung, die Vergleiche zwischen verschiedenen Personen ermöglicht, liefern könnten. Wenn wir diesem Ansatz folgen, könnten wir sagen, dass Maria durch ein Exemplar dieses Buches zwei Mal so glücklich wird wie Juan. Oder, falls wir feststellen würden, dass ein zweites Exemplar Juans Nutzenniveau auf 10 erhöht, könnten wir sagen, dass sich seine Befriedigung verdoppelt hat.

Hätten die den Warenkörben zugeordneten numerischen Werte eine solche Bedeutung, würden wir sagen, dass diese Zahlen eine *kardinale* Reihung der Alternativen liefern. Eine Nutzenfunktion, die beschreibt, *um wie viel* ein Warenkorb gegenüber einem anderen präferiert wird, bezeichnet man als **kardinale Nutzenfunktion**. Anders als ordinale Nutzenfunktionen ordnen kardinale Nutzenfunktionen den Warenkörben numerische Werte zu, die nicht willkürlich verdoppelt oder verdreifacht werden können, ohne dass dadurch die Unterschiede zwischen den Werten der einzelnen Warenkörbe verändert werden.

Leider existiert keine Methode, um festzustellen, ob einer Person aus einem Warenkorb zwei Mal so viel Befriedigung erwächst wie aus einem anderen. Außerdem wissen wir auch nicht, ob einer Person zwei Mal so viel Befriedigung aus dem Konsum des gleichen Korbes entstehen wie einer anderen Person. (Könnten *Sie* bestimmen, ob Ihnen aus dem Konsum eines Gutes im Vergleich zu einem anderen doppelt so viel Befriedigung erwächst?) Glücklicherweise ist diese Beschränkung nicht von Bedeutung. Da unser Ziel darin besteht, das Verbraucherverhalten zu verstehen, ist es nur wichtig, zu wissen, welche Rangordnung die Verbraucher verschiedenen Warenkörben zuordnen. Aus diesem Grund arbeiten wir nur mit ordinalen Nutzenfunktionen. Dieser Ansatz ist ausreichend, um ein Verständnis dafür zu entwickeln, wie die Verbraucher individuelle Entscheidungen treffen und welche Konsequenzen dies für die Eigenschaften der Verbrauchernachfrage hat.

Ordinale Nutzenfunktion

Nutzenfunktion, die die Warenkörbe in eine Rangordnung vom beliebtesten bis zum am wenigsten beliebten Warenkorb bringt.

Kardinale Nutzenfunktion

Nutzenfunktion, die beschreibt, um wie viel ein Warenkorb gegenüber einem anderen präferiert wird.

Beispiel 3.2: Kann man Glück kaufen?

Ökonomen verwenden den Begriff *Nutzen* als Maß der Befriedigung oder der Zufriedenheit, die Verbraucher aus dem Konsum von Gütern oder Dienstleistungen erzielen. Da mit einem höheren Einkommen der Konsum von mehr Gütern und Dienstleistungen möglich wird, sagen wir, dass der Nutzen mit dem Einkommen steigt. Aber entsprechen ein höheres Einkommen und höherer Konsum tatsächlich größerer Zufriedenheit? Studien, bei denen unterschiedliche Maße der Zufriedenheit verglichen wurden, deuten darauf hin, dass die Antwort ein eingeschränktes Ja ist.[4]

In einer Studie wurde aus der Antwort auf die folgende Frage eine ordinale Skala für das Glück abgeleitet: „Wie zufrieden sind Sie momentan mit Ihrem Leben insgesamt?"[5] Die möglichen Antworten lagen auf einer Skala von 0 (absolut unzufrieden) bis 10 (absolut zufrieden). Dabei stellte sich heraus, dass das Einkommen eine starke Rolle für die Zufriedenheit spielte (ein weiterer wichtiger Faktor war die Frage, ob ein Individuum einen Arbeitsplatz hatte oder nicht). Im Durchschnitt erhöhte sich der Punktwert für die Zufriedenheit um einen halben Punkt, wenn das Einkommen um einen Punkt anstieg. Da wir wissen, dass eine positive Beziehung zwischen dem Nutzen bzw. der Zufriedenheit und dem Einkommen besteht, können wir den Bündeln von Waren und Dienstleistungen, die Verbraucher kaufen, Nutzenwerte zuweisen. Die Frage, ob diese Beziehung als ordinal oder kardinal interpretiert werden kann, wird gegenwärtig noch erörtert.

> In Kapitel 3.1 wird erklärt, dass kardinale Nutzenfunktionen beschreiben, um wie viel ein Warenkorb gegenüber einem anderen präferiert wird, während eine ordinale Nutzenfunktion nur eine Rangeinteilung darstellt.

Gehen wir in dieser Analyse noch einen Schritt weiter. Können wir das Niveau des Glücks auch *über* die Länder hinweg und nicht nur *innerhalb* eines Landes vergleichen? Auch in diesem Fall besagt die Evidenz, dass es möglich ist. In einer separaten Untersuchung von Personen in 67 Ländern stellte ein Forscherteam die Frage: „Wie zufrieden sind Sie heute insgesamt betrachtet mit Ihrem Leben?" In diesem Fall kam keine Skala mit drei Punkten zum Einsatz, sondern die Befragten wurden gebeten, ihre Antwort aus einer Skala mit zehn Punkten zu wählen, wobei 1 die höchste Unzufriedenheit und 10 die höchste Zufriedenheit darstellt.[6] Das Einkommen wurde mit Hilfe des Pro-Kopf-Bruttoinlandsproduktes jedes Landes, angegeben in US-Dollar, gemessen.

In Abbildung 3.9 werden die Ergebnisse dieser Studie dargestellt, wobei jeder Datenpunkt einem anderen Land entspricht. Aus der Abbildung wird deutlich, dass, wenn wir von armen Ländern mit Pro-Kopf-Einkommen unter $5.000 zu Ländern mit Pro-Kopf-Einkommen von beinahe $10.000 gehen, die Zufriedenheit erheblich ansteigt. Wenn wir allerdings über das Niveau von $10.000 hinausgehen, steigt die Indexskala der Zufriedenheit mit einer geringeren Rate an. ▶

---

4 Ein Überblick über die relevante Literatur, die diesem Beispiel zu Grunde liegt, findet sich in Raphael DiTella und Robert Mac Culloch, „Some Uses of Happiness Data in Economics", *Journal of Economic Perspectives* 20 (Winter 2006): 25–46.

5 Paul Frijters, John P. Haisken-Denew und Michael A. Shields „Money Does Matter! Evidence from Increasing Real Income and Life Satisfaction in East Germany Following Reunification," *American Economic Review* 94 (Juni, 2004), S. 730–740.

6 Ronald F. Inglehart, et al. „European and World Value Surveys Four-Wave Integrated Data File, 1981–2004" (2006). Online verfügbar unter: *http://www.worldvaluessurvey.org*.

3.1 Konsumentenpräferenzen

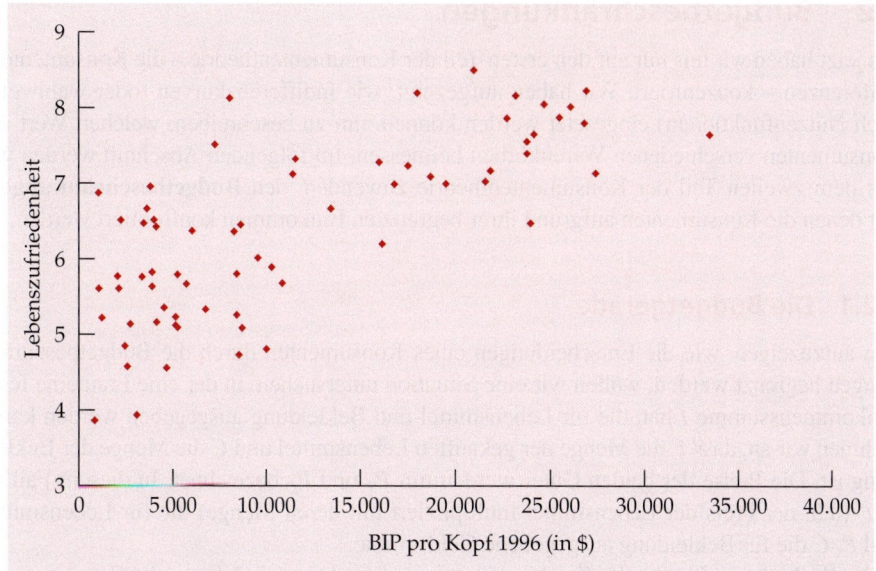

Abbildung 3.9: Ein Vergleich über verschiedene Länder hinweg zeigt, dass Menschen, die in Ländern mit einem höheren BIP pro Kopf leben, durchschnittlich glücklicher sind als Menschen, die in einem Land mit einem niedrigeren BIP pro Kopf leben.

Vergleiche über Länder hinweg sind allerdings schwierig, da wahrscheinlich neben dem Einkommen viele andere Faktoren bestehen, mit denen die Zufriedenheit erklärt werden kann (z.B. Gesundheit, Klima, politische Situation, Menschenrechte usw.). Interessanterweise ergab eine Umfrage unter 136.000 Personen in 132 Ländern, dass die USA, die das höchste BIP pro Kopf haben, im Hinblick auf das Glück insgesamt den 16. Platz belegten. Dänemark belegte den ersten Platz. Allgemein erzielten die Länder in Nordeuropa und die englischsprachigen Länder genau wie eine Reihe lateinamerikanischer Länder gute Plätze, während Südkorea und Russland keine so gute Platzierung erreichten, wie aufgrund des Einkommens anzunehmen wäre. Spielt der Ort auch eine Rolle für die Zufriedenheit innerhalb der Vereinigten Staaten? Die Antwort auf diese Frage lautet augenscheinlich "Ja", wobei Utah, Hawaii, Wyoming und Colorado (in dieser Reihenfolge), die alle westlich des Mississippi liegen, die führenden Plätze erreichen. (Umgekehrt gilt, dass die vier Staaten mit der geringsten Zufriedenheit mit West Virginia, Kentucky, Mississippi und Ohio sämtlich östlich des Mississippi liegen.) Darüber hinaus besteht auch die Möglichkeit, dass die Beziehung zwischen Einkommen und Zufriedenheit in zwei Richtungen geht: Obwohl mit den höheren Einkommen eine größere Zufriedenheit erzielt wird, bietet die Zufriedenheit für die Menschen auch eine größere Motivation, hart zu arbeiten und höhere Einkommen zu erzielen. Interessanterweise bleibt die positive Beziehung zwischen dem Einkommen und der Zufriedenheit auch dann bestehen, wenn in den Studien auch andere Faktoren berücksichtigt werden.

3.2 Budgetbeschränkungen

Bis jetzt haben wir uns nur auf den ersten Teil der Konsumententheorie – die Konsumentenpräferenzen – konzentriert. Wir haben aufgezeigt, wie Indifferenzkurven (oder wahlweise auch Nutzenfunktionen) eingesetzt werden können, um zu beschreiben, welchen Wert die Konsumenten verschiedenen Warenkörben beimessen. Im folgenden Abschnitt werden wir uns dem zweiten Teil der Konsumententheorie zuwenden: den **Budgetbeschränkungen**, mit denen die Konsumenten aufgrund ihrer begrenzten Einkommen konfrontiert werden.

> **Budgetbeschränkungen**
>
> Beschränkungen, mit denen die Konsumenten infolge ihrer begrenzten Einkommen konfrontiert werden.

3.2.1 Die Budgetgerade

Um aufzuzeigen, wie die Entscheidungen eines Konsumenten durch die Budgetbeschränkungen begrenzt werden, wollen wir eine Situation untersuchen, in der eine Frau eine feste Einkommenssumme I hat, die für Lebensmittel und Bekleidung ausgegeben werden kann. Nehmen wir an, dass F die Menge der gekauften Lebensmittel und C die Menge der Bekleidung ist. Die Preise der beiden Güter werden mit P_F und P_C bezeichnet. In diesem Fall ist $P_F F$ (d.h. der Preis der Lebensmittel multipliziert mit deren Menge) die für Lebensmittel und $P_C C$ die für Bekleidung ausgegebene Geldsumme.

Die **Budgetgerade** *gibt alle Kombinationen von F und C an, bei denen die Gesamtsumme des ausgegebenen Geldes gleich dem Einkommen ist.* Da wir in diesem Fall nur zwei Güter berücksichtigen (und die Möglichkeit des Ansparens von Geld außer Acht lassen), gibt die Frau ihr gesamtes Einkommen für Lebensmittel und Bekleidung aus. Infolgedessen liegen die Kombinationen von Lebensmitteln und Bekleidung, die sie kaufen kann, alle auf der folgenden Geraden:

> **Budgetgerade**
>
> Alle Kombinationen von Gütern, bei denen die ausgegebene Gesamtsumme gleich dem Einkommen ist.

$$P_F F + P_C C = I \tag{3.1}$$

Nehmen wir beispielsweise an, dass unsere Konsumentin über ein wöchentliches Einkommen in Höhe von €80 verfügt, dass der Preis für Lebensmittel bei €1 pro Einheit und der Preis für Bekleidung bei €2 pro Einheit liegt. In Tabelle 3.2 werden verschiedene Kombinationen von Lebensmitteln und Bekleidung dargestellt, die sie für €80 wöchentlich kaufen kann. Würde sie ihr gesamtes Budget dem Kauf von Bekleidung zuteilen, so könnte sie, wie durch Warenkorb A angegeben, höchstens 40 Einheiten (zu einem Preis von €2 pro Einheit) kaufen. Wenn sie ihr gesamtes Budget für den Kauf von Lebensmitteln ausgibt, könnte sie, wie durch Warenkorb G angegeben, 80 Einheiten (zu einem Preis von €1 pro Einheit) kaufen. Die Warenkörbe B, D und E stellen drei weitere Möglichkeiten der Aufteilung eines Budgets von €80 für den Kauf von Lebensmitteln und Bekleidung dar.

In Abbildung 3.10 wird die mit den in Tabelle 3.2 angegebenen Warenkörben verbundene Budgetgerade dargestellt. Da durch den Verzicht auf eine Einheit Bekleidung €2 eingespart werden und der Kauf einer Einheit Lebensmittel €1 kostet, muss die für den Kauf von Lebensmitteln aufgegebene Menge Bekleidung überall entlang der Budgetgeraden gleich sein. Infolgedessen ist die Budgetgerade eine gerade Linie von Punkt A zu Punkt G. In diesem speziellen Fall wird die Budgetgerade durch die Gleichung $F + 2C = €80$ angegeben.

3.2 Budgetbeschränkungen

Tabelle 3.2

Warenkörbe und die Budgetgerade

Warenkorb	Lebensmittel (F)	Bekleidung (C)	Gesamtausgaben
	(Erhebung pro Woche)		
A	0	40	€80
B	20	30	€80
D	40	20	€80
E	60	10	€80
G	80	0	€80

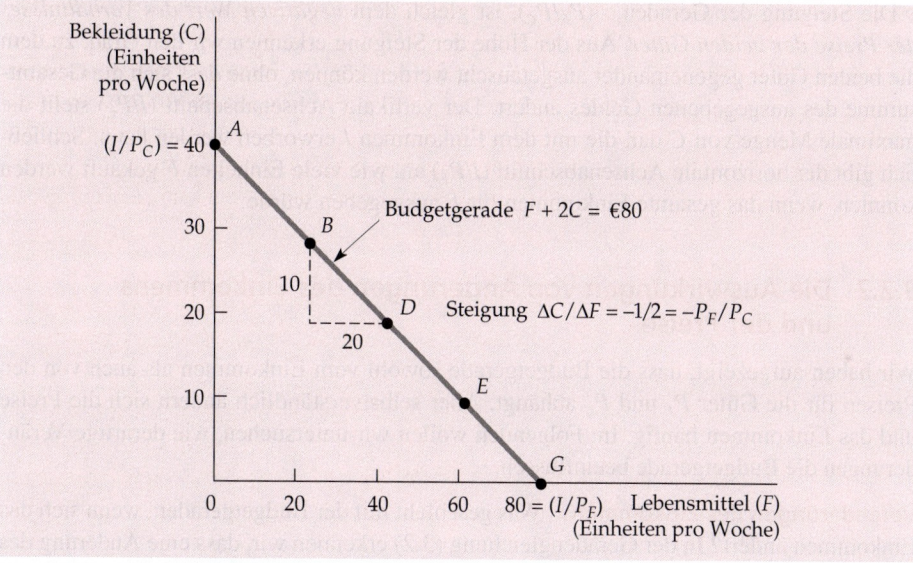

Abbildung 3.10: Eine Budgetgerade
Eine Budgetgerade beschreibt die Kombinationen von Gütern, die bei einem bestimmten Einkommen des Konsumenten und dem Preis der Güter gekauft werden können. Die Gerade AG (die durch die Punkte B, D und E verläuft) zeigt das mit einem Einkommen von €80, einem Preis für Lebensmittel $P_F =$ €1 pro Einheit und einem Preis für Bekleidung $P_C =$ €2 pro Einheit verbundene Budget. Die Steigung der Budgetgeraden (gemessen zwischen den Punkten B und D) ist $-P_F/P_C = -10/20 = -1/2$.

Der Achsenabschnitt der Budgetgeraden wird durch Warenkorb A dargestellt. Wenn sich unsere Konsumentin entlang der Geraden von Warenkorb A zu Warenkorb G bewegt, gibt sie weniger Geld für Kleidung und mehr Geld für Lebensmittel aus. Es ist leicht zu erkennen, dass die zusätzliche Bekleidung, die für den Konsum einer weiteren Einheit Lebensmittel aufgegeben werden muss, durch das Verhältnis des Lebensmittelpreises zum Bekleidungspreis (€1/€2 = 1/2) gegeben ist. Da Bekleidung €2 pro Einheit und Lebensmittel €1 pro Einheit kosten, muss 1/2 Einheit Bekleidung aufgegeben werden, um eine Einheit Lebensmittel zu erhalten. In Abbildung 3.10 misst die Steigung der Geraden, $\Delta C/\Delta F = -1/2$, die relativen Kosten für Lebensmittel und Bekleidung.

Wenn wir Gleichung (3.1) verwenden, können wir untersuchen, wie viel C aufgegeben werden muss, um eine größere Menge F zu konsumieren. Dazu werden beide Seiten der Gleichung durch P_C geteilt, und dann wird nach C aufgelöst:

$$C = (I/P_C) - (P_F/P_C)F \qquad (3.2)$$

Bei Gleichung (3.2) handelt es sich um eine Geradengleichung. Sie hat einen vertikalen Achsenabschnitt von I/P_C und einen Anstieg von $-(P_F/P_C)$.

Die Steigung der Geraden, $-(P_F/P_C)$, ist gleich dem *negativen Wert des Verhältnisses der Preise der beiden Güter*. Aus der Höhe der Steigung erkennen wir den Grad, zu dem die beiden Güter gegeneinander ausgetauscht werden können, ohne dass sich die Gesamtsumme des ausgegebenen Geldes ändert. Der vertikale Achsenabschnitt (I/P_C) stellt die maximale Menge von C dar, die mit dem Einkommen I erworben werden kann. Schließlich gibt der horizontale Achsenabschnitt (I/P_F) an, wie viele Einheiten F gekauft werden könnten, wenn das gesamte Einkommen für F ausgegeben würde.

3.2.2 Die Auswirkungen von Änderungen des Einkommens und der Preise

Wir haben aufgezeigt, dass die Budgetgerade sowohl vom Einkommen als auch von den Preisen für die Güter P_F und P_C abhängt. Aber selbstverständlich ändern sich die Preise und das Einkommen häufig. Im Folgenden wollen wir untersuchen, wie derartige Veränderungen die Budgetgerade beeinflussen.

Veränderungen des Einkommens Was geschieht mit der Budgetgeraden, wenn sich das Einkommen ändert? In der Geradengleichung (3.2) erkennen wir, dass eine Änderung des Einkommens den vertikalen Achsenabschnitt der Budgetgeraden verändert, dass aber der Anstieg dadurch nicht verändert wird (da der Preis für keines dieser Güter geändert wird). In Abbildung 3.11 wird gezeigt, dass sich die Budgetgerade bei einer Verdopplung des Einkommens (von €80 auf €160) von der Budgetgeraden L_1 zur Budgetgeraden L_2 nach außen verschiebt. Dabei ist allerdings zu erkennen, dass L_2 weiterhin parallel zu L_1 verläuft. Falls sie dies wünscht, kann die Konsumentin in unserem Beispiel nun ihre Käufe sowohl von Lebensmitteln als auch von Bekleidung verdoppeln. Desgleichen verschiebt sich die Budgetgerade bei einer Halbierung des Einkommens (von €80 auf €40) von L_1 auf L_3 nach innen.

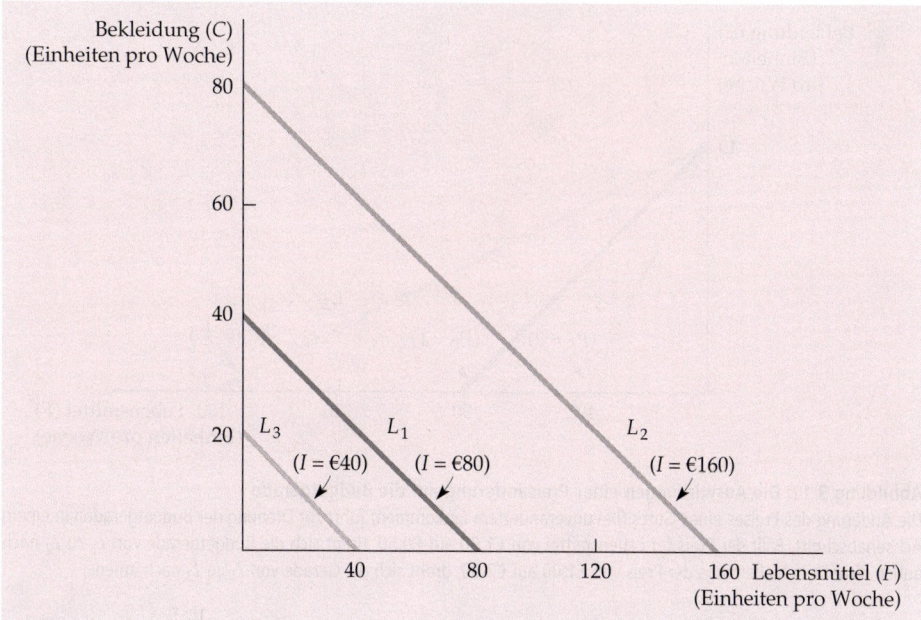

Abbildung 3.11: Die Auswirkungen einer Änderung des Einkommens auf die Budgetgerade
Eine Änderung des Einkommens (bei gleich bleibenden Preisen) führt dazu, dass die Budgetgerade sich parallel zur ursprünglichen Geraden (L_1) verschiebt. Wenn sich das Einkommen von €80 (auf L_1) auf €160 erhöht, verschiebt sich die Budgetgerade auf L_2 nach außen. Verringert sich das Einkommen auf €40, verschiebt sich die Gerade nach innen auf L_3.

Veränderungen des Preises Was geschieht mit der Budgetgeraden, wenn sich der Preis des einen Gutes ändert, während der Preis des anderen unverändert bleibt? Um die Auswirkungen einer Änderung des Preises für Lebensmittel auf die Budgetgerade zu beschreiben, können wir die Gleichung $C = (I/P_C) - (P_F/P_C)F$ verwenden. Nehmen wir an, der Lebensmittelpreis geht um die Hälfte zurück – von €1,00 auf €0,50. In diesem Fall bleibt der vertikale Achsenabschnitt der Budgetgeraden unverändert, obwohl sich der Anstieg von $-P_F/P_C = -€1/€2 = -1/2$ auf $-€0,50/€2 = -1/4$ ändert. In Abbildung 3.12 erhalten wir die neue Budgetgerade L_2, indem die ursprüngliche Budgetgerade L_1 im C-Achsenabschnitt nach außen gedreht wird. Diese Drehung ist sinnvoll, da eine Person, die nur Bekleidung und keine Lebensmittel konsumiert, durch die Preisänderung nicht beeinflusst wird. Allerdings wird eine Person, die eine große Menge Lebensmittel konsumiert, eine Stärkung ihrer Kaufkraft erfahren. Aufgrund dieses Rückgangs des Lebensmittelpreises hat sich die maximale Menge von Lebensmitteln, die gekauft werden kann, verdoppelt.

Wenn sich andererseits der Preis für Lebensmittel von €1 auf €2 verdoppelt, dreht sich die Budgetgerade nach innen auf L_3, da sich die Kaufkraft der Person verringert hat. Auch in diesem Fall würde eine Person, die nur Bekleidung konsumiert, wiederum durch den Anstieg des Preises für Lebensmittel nicht beeinflusst.

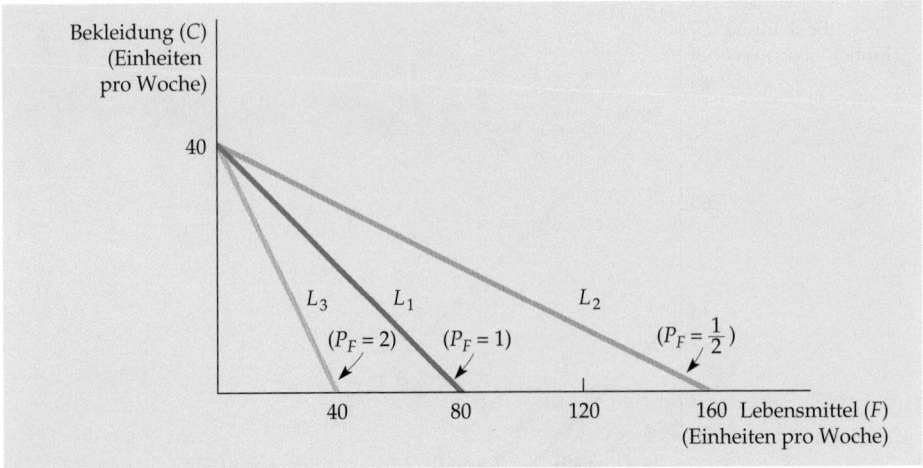

Abbildung 3.12: Die Auswirkungen einer Preisänderung auf die Budgetgerade
Die Änderung des Preises eines Gutes (bei unverändertem Einkommen) führt zur Drehung der Budgetgeraden in einem Achsenabschnitt. Fällt der Preis für Lebensmittel von €1,00 auf €0,50, dreht sich die Budgetgerade von L_1 zu L_2 nach außen. Erhöht sich allerdings der Preis von €1,00 auf €2,00, dreht sich die Gerade von L_1 zu L_3 nach innen.

Was geschieht, wenn sich die Preise für sowohl Lebensmittel als auch Bekleidung ändern, aber dies in einer solchen Art und Weise tun, dass das *Verhältnis* der beiden Preise unverändert bleibt? Da die Steigung der Budgetgeraden dem Verhältnis der beiden Preise entspricht, bleibt er in einem solchen Fall gleich. Der Achsenabschnitt der Budgetgeraden muss sich verschieben, so dass die neue Gerade parallel zur alten verläuft. Wenn beispielsweise die Preise für beide Güter um die Hälfte sinken, verändert sich die Steigung der Budgetgeraden nicht. Allerdings verdoppeln sich beide Achsabschnitte, und die Gerade wird nach außen verschoben.

Diese Anwendung trifft eine Aussage über die Bestimmungsgrößen der *Kaufkraft* eines Konsumenten – die Fähigkeit des Konsumenten, durch den Kauf von Gütern und Dienstleistungen Nutzen zu erzielen. Die Kaufkraft wird nicht nur durch das Einkommen, sondern auch durch die Preise bestimmt. So kann sich beispielsweise die Kaufkraft der Konsumentin in unserem Beispiel entweder verdoppeln, weil sich ihr Einkommen verdoppelt *oder* weil die Preise sämtlicher von ihr gekauften Güter um die Hälfte sinken.

Zum Abschluss wollen wir betrachten, was passiert, wenn sich alles verdoppelt – die Preise sowohl von Lebensmitteln als auch Bekleidung *und* das Einkommen des Konsumenten. (Dies kann in einer Volkswirtschaft mit Inflation geschehen.) Da sich beide Preise verdoppelt haben, hat sich das Verhältnis der Preise nicht geändert, deshalb hat sich auch die Steigung der Budgetgeraden nicht verändert. Da sich der Preis für Bekleidung genauso wie das Einkommen verdoppelt hat, bleibt die maximale Menge an Bekleidung, die gekauft werden kann (dargestellt durch den vertikalen Achsenabschnitt der Budgetgeraden), unverändert. Das Gleiche trifft auf die Lebensmittel zu. Deshalb haben inflationäre Bedingungen, in denen alle Preise wie auch das Einkommensniveau proportional ansteigen, keinen Einfluss auf die Budgetgerade des Konsumenten oder seine Kaufkraft.

3.3 Verbraucherentscheidung

Nach der Untersuchung der Präferenzen und Budgetbeschränkungen können wir nun bestimmen, wie einzelne Konsumenten entscheiden, welche Menge sie von jedem Gut erwerben wollen. Wir gehen von der Annahme aus, dass die Konsumenten diese Entscheidung rational treffen – sie wählen Güter aus, *um die Befriedigung zu maximieren, die sie mit dem ihnen zur Verfügung stehenden begrenzten Budget erzielen können.*

Der maximierende Warenkorb muss zwei Bedingungen erfüllen:

1 *Er muss sich auf der Budgetgeraden befinden.* Um zu erklären, warum dies der Fall ist, müssen wir beachten, dass bei jedem Warenkorb links und unterhalb der Budgetgeraden ein Teil des Einkommens nicht aufgeteilt wird – Einkommen, das, wenn es ausgegeben wird, die Befriedigung des Konsumenten erhöhen könnte. Natürlich können die Konsumenten einen Teil ihres Einkommens für zukünftigen Konsum ansparen – und tun dies mitunter auch. In diesem Fall wird die Entscheidung nicht nur zwischen Lebensmitteln und Bekleidung, sondern auch zwischen dem Konsum von Lebensmitteln und Bekleidung zum gegenwärtigen Zeitpunkt und dem Konsum von Lebensmitteln und Bekleidung in der Zukunft getroffen. Zum gegenwärtigen Zeitpunkt wollen wir die Untersuchung allerdings einfach halten, indem wir annehmen, dass das gesamte Einkommen in der Gegenwart ausgegeben wird. In diesem Zusammenhang ist auch zu beachten, dass alle Warenkörbe rechts und oberhalb der Budgetgeraden mit dem zur Verfügung stehenden Einkommen nicht gekauft werden können. Folglich ist die einzige rationale und gangbare Entscheidung die für einen Warenkorb auf der Budgetgeraden.

2 *Er muss dem Konsumenten die am stärksten präferierte Kombination von Gütern und Dienstleistungen bieten.*

Durch diese zwei Bedingungen wird das Problem der Maximierung der Konsumentenbefriedigung auf die Wahl eines passenden Punktes auf der Budgetgeraden reduziert.

In unserem Beispiel über Lebensmittel und Bekleidung, wie auch bei allen anderen Kombinationen zweier Güter, können wir die Lösung für das Problem der Entscheidung des Konsumenten grafisch darstellen. In Abbildung 3.13 wird gezeigt, wie das Problem gelöst wird. Darin beschreiben drei Indifferenzkurven die Präferenzen eines Konsumenten für Lebensmittel und Bekleidung. Wir erinnern uns, dass die äußerste der drei Kurven, U_3, das größte Befriedigungsniveau erzielt, während U_2 das zweitgrößte Befriedigungsniveau und U_1 das geringste Befriedigungsniveau erzielt.

Dabei ist zu beachten, dass Punkt B auf der Indifferenzkurve U_1 nicht die beste Lösung ist, da durch eine Umverteilung des Einkommens, indem mehr für Lebensmittel und weniger für Bekleidung ausgegeben wird, die Befriedigung des Konsumenten erhöht werden kann. Insbesondere durch einen Wechsel zu Punkt A gibt der Konsument die gleiche Summe Geld aus und erreicht das mit der Indifferenzkurve U_2 verbundene, höhere Befriedigungsniveau. Zusätzlich dazu ist zu beachten, dass die Warenkörbe rechts und oberhalb der Indifferenzkurve U_2, wie der mit D auf der Indifferenzkurve U_3 verbundene Warenkorb, ein höheres Befriedigungsniveau erzielen, aber mit dem verfügbaren Einkommen nicht gekauft werden können. Folglich wird durch Warenkorb A die Befriedigung des Konsumenten maximiert.

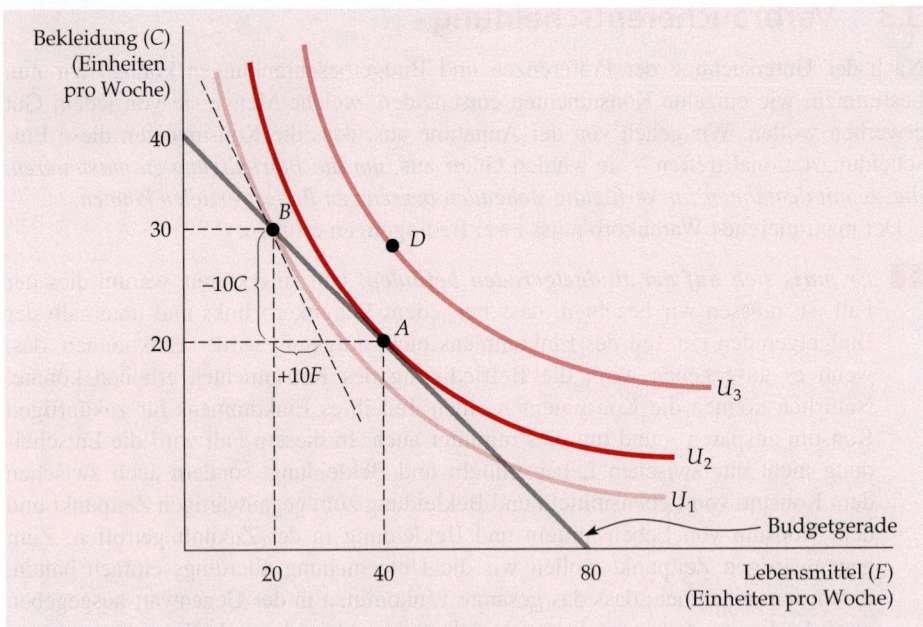

Abbildung 3.13: Die Maximierung der Konsumentenbefriedigung
Die Konsumenten maximieren ihre Befriedigung durch die Auswahl von Warenkorb A. In diesem Punkt berühren sich die Budgetgerade und die Indifferenzkurve U_2, und es kann kein höheres Befriedigungsniveau (z.B. durch den Warenkorb D) erreicht werden. In Punkt A, dem Punkt der Maximierung, ist die GRS zwischen den beiden Gütern gleich dem Preisverhältnis. Da in B allerdings die GRS [–(–10/10) = 1] größer als das Preisverhältnis (1/2) ist, wird die Befriedigung dort nicht maximiert.

Aus dieser Analyse erkennen wir, dass der die Befriedigung maximierende Warenkorb auf der höchsten Indifferenzkurve, die die Budgetgerade berührt, liegen muss. Punkt A ist der Tangentialpunkt zwischen der Indifferenzkurve U_2 und der Budgetgeraden. In A ist die Steigung der Budgetgeraden genau gleich der Steigung der Indifferenzkurve. Da die GRS ($-\Delta C/\Delta F$) der negative Wert der Steigung der Indifferenzkurve ist, können wir sagen, dass (bei der Budgetbeschränkung) die Befriedigung in einem Punkt maximiert wird, indem

$$\text{GRS} = P_F/P_C \tag{3.3}$$

Dabei handelt es sich um ein wichtiges Ergebnis: Die Befriedigung wird maximiert, *wenn die Grenzrate der Substitution* (von C durch F) *gleich dem Verhältnis der Preise* (von F zu C) *ist*. Folglich kann der Konsument eine maximale Befriedigung erzielen, indem er seinen Verbrauch der Güter F und C so einstellt, dass die GRS dem Preisverhältnis gleich ist.

Die in Gleichung (3.3) angegebene Bedingung ist eine typische mikroökonomische Optimierungsbedingung. In diesem Fall wird die Befriedigung maximiert, wenn der **marginale Vorteil** – der mit dem Konsum einer zusätzlichen Einheit Lebensmittel verbundene Vorteil – gleich den **Grenzkosten** ist – den Kosten einer zusätzlichen Einheit Lebensmittel. Der marginale Vorteil wird durch die GRS gemessen. In Punkt A ist sie gleich 1/2 (die Größe der Steigung der Indifferenzkurve), was bedeutet, dass der Konsument bereit ist, 1/2 Einheit Bekleidung aufzugeben, um eine Einheit Lebensmittel zu erhalten. Im gleichen Punkt werden die Grenzkosten durch die Größe der Steigung der Budgetgeraden gemessen. Auch diese sind gleich 1/2, da die Kosten für eine zusätzliche Einheit Lebensmittel die Aufgabe 1/2 Einheit Bekleidung umfassen ($P_F = 1$ und $P_C = 2$ auf der Budgetgeraden).

> **Marginaler Vorteil**
> Der aus dem Konsum einer zusätzlichen Einheit eines Gutes entstehende Vorteil.

Ist die GRS niedriger oder höher als das Preisverhältnis, ist die Konsumentenbefriedigung nicht maximiert worden. Vergleichen wir zum Beispiel in Abbildung 3.13 Punkt *B* mit Punkt *A*. Im Punkt *B* kauft der Konsument 20 Einheiten Lebensmittel und 30 Einheiten Bekleidung. Das Preisverhältnis (oder die Grenzkosten) ist gleich 1/2, da Lebensmittel €1 und Bekleidung €2 kosten. Allerdings ist die GRS (oder der marginale Vorteil) höher als 1/2, sie beträgt ungefähr 1. Infolgedessen kann der Konsument ohne Verlust an Befriedigung eine Einheit Bekleidung durch eine Einheit Lebensmittel ersetzen. Da Lebensmittel billiger sind als Bekleidung, liegt es im Interesse der Konsumentin, mehr Lebensmittel und weniger Bekleidung zu kaufen. Wenn unsere Konsumentin beispielsweise eine Einheit Bekleidung weniger kauft, können die eingesparten €2 dem Kauf von zwei Einheiten Lebensmittel zugeteilt werden, obwohl nur eine Einheit notwendig wäre, um das Befriedigungsniveau der Konsumentin aufrechtzuerhalten.

> **Grenzkosten**
> Die Kosten einer zusätzlichen Einheit eines Gutes.

Die Umverteilung des Budgets wird auf diese Art fortgesetzt (durch die Bewegung entlang der Budgetgeraden), bis wir Punkt *A* erreichen, in dem das Preisverhältnis von 1/2 genau gleich der GRS von 1/2 ist. Dieser Punkt gibt an, dass die Konsumentin bereit ist, eine Einheit Bekleidung gegen zwei Einheiten Lebensmittel einzutauschen. Nur wenn die Bedingung GRS = 1/2 = P_F/P_C erfüllt ist, maximiert die Konsumentin ihre Befriedigung.

Das Ergebnis, dass die GRS gleich dem Preisverhältnis ist, ist täuschend bedeutungsvoll. Nehmen wir an, dass zwei Konsumenten gerade verschiedene Mengen an Lebensmitteln und Bekleidung gekauft haben. Ohne ihre Einkäufe zu betrachten, kann man beiden Personen (wenn sie ihre Befriedigung maximieren) den Wert ihrer jeweiligen GRS mitteilen (indem man die Preise der beiden Güter betrachtet). Was man allerdings nicht wissen kann, sind die Mengen jedes gekauften Gutes, da diese Entscheidung auf den individuellen Präferenzen der Konsumenten beruht. Wenn die beiden Konsumenten einen unterschiedlichen Geschmack haben, konsumieren sie unterschiedliche Mengen an Lebensmitteln und Bekleidung, selbst wenn die jeweiligen Grenzraten der Substitution gleich sind.

Beispiel 3.3: Die Gestaltung neuer Automobile (II)

Unsere Analyse der Verbraucherentscheidung gestattet uns zu untersuchen, wie die unterschiedlichen Präferenzen verschiedener Verbrauchergruppen im Hinblick auf Automobile deren Kaufentscheidungen beeinflussen. Als Fortsetzung des Beispiels 3.1 (Seiten 119f.) wollen wir im Folgenden zwei Verbrauchergruppen betrachten. Es sei angenommen, jeder Konsument verfügt über ein Gesamtbudget für ein Auto in Höhe von €20.000, hat sich aber entschieden, €10.000 auf die Innenraumgröße und die Leistung und €10.000 auf alle anderen Eigenschaften eines neuen Autos aufzuteilen. Allerdings weist jede Gruppe unterschiedliche Präferenzen im Hinblick auf Größe und Leistung auf.

In Abbildung 3.14 wird die Budgetbeschränkung für den Autokauf, mit der die Mitglieder jeder Gruppe konfrontiert werden, dargestellt. Die Personen in der ersten Gruppe, die typisch für die Besitzer von Ford Mustang Coupés mit Präferenzen ähnlich denen in Abbildung 3.7(a) (Seite 120) ist, bevorzugen Leistung gegenüber Größe. Durch die Bestimmung des Tangentialpunktes zwischen der Indifferenzkurve und der Budgetbeschränkung eines typischen Kunden stellen wir fest, dass die Konsumenten in dieser Gruppe ein Auto bevorzugen würden, dessen Leistung €7.000 und dessen Größe €3.000 wert ist. Würden die Personen in der zweiten Gruppe, die typisch für die Besitzer von Ford-Explorer-Modellen sind, Autos bevorzugen, deren Leistung €2.500 und deren Größe €7.500 wert ist?[7]

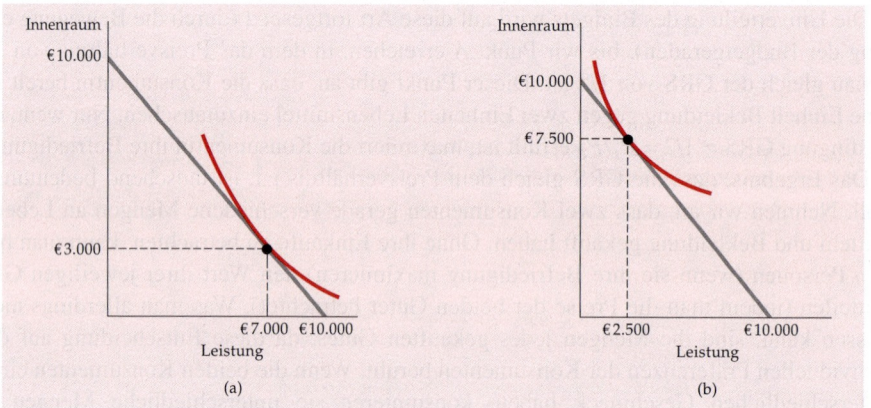

Abbildung 3.14: Die Konsumentenentscheidung im Hinblick auf Eigenschaften von Automobilen
Die Konsumenten in (a) sind bereit, auf einen erheblich Teil des Innenraums zu verzichten, um zusätzliche Leistung zu erhalten. Bei einer gegebenen Budgetbeschränkung kaufen sie ein Auto, das die Leistung betont. Auf die Konsumenten in (b) trifft das Gegenteil zu. ▶

---

[7] Die erste Reihe von Indifferenzkurven für das Ford Mustang Coupé entspricht der folgenden Form: U (Nutzenniveau) $= b_0$ (Konstante) $+ b_1 \times S$ (Raum in Kubikmeter) $+ b_2 \times S^2 + b_3 \times H$ (Pferdestärke) $+ b_4 \times H^2 + b_5 \times O$ (eine Liste anderer Eigenschaften). Jede Indifferenzkurve stellt die Kombinationen von S und H dar, mit denen das gleiche Nutzenniveau erreicht wird. Die vergleichbare Beziehung für den Ford Explorer wird die gleiche Form aber andere Werte für b aufweisen.

Wir haben dieses Beispiel vereinfacht, indem wir nur zwei Eigenschaften betrachtet haben. In der Praxis setzen die Automobilhersteller Marketing und statistische Studien ein, um zu bestimmen, welchen Wert verschiedene Gruppen von Verbrauchern einer umfassenden Reihe von Eigenschaften beimessen. In Verbindung mit Informationen darüber, wie diese Eigenschaften die Produktionskosten beeinflussen, kann das Unternehmen dann einen Produktions- und Marketingplan erstellen.

Im Kontext unseres Beispiels besteht eine potenziell rentable Möglichkeit darin, beide Verbrauchergruppen anzusprechen, indem ein Modell hergestellt wird, das die Leistung zu einem etwas niedrigeren Grad betont, als von den in Abbildung 3.14(a) dargestellten Verbrauchern bevorzugt. Eine zweite Möglichkeit dazu bestünde in der Produktion einer relativ großen Anzahl an Automobilen, bei denen die Größe betont wird, und einer kleineren Anzahl an Automobilen, bei denen die Leistung betont wird.

Kenntnisse über die Präferenzen jeder Gruppe (d.h. die tatsächlichen Indifferenzkurven) in Verbindung mit Informationen über die Anzahl der Konsumenten in jeder Gruppe, würden das Unternehmen beim Fällen einer angemessenen Geschäftsentscheidung unterstützen. Und in der Tat führte General Motors eine unserem Beispiel ähnliche Umfrage unter einer großen Anzahl von Automobilkäufern durch.[8] Einige der Ergebnisse entsprachen den Erwartungen. Beispielsweise neigten Haushalte mit Kindern dazu, die Funktionalität gegenüber dem Styling zu bevorzugen, und kauften daher eher Minivans anstelle von Limousinen oder schnellen Wagen. Andererseits tendierten Haushalte aus ländlichen Gebieten dazu, Pickup Trucks und Fahrzeuge mit Allradantrieb zu kaufen. Noch interessanter war allerdings die starke Wechselbeziehung zwischen dem Alter und der Bevorzugung bestimmter Eigenschaften. Ältere Konsumenten tendierten dazu, größere und schwere Fahrzeuge mit einer größeren Anzahl an Sicherheitseinrichtungen und Zubehörteilen (z.B. elektrische Fenster und Servolenkung) zu bevorzugen, während die jüngeren Konsumenten eine größere Anzahl an Pferdestärken und elegantere Fahrzeuge bevorzugten.

3.3.1 Randlösungen

Manchmal tätigen die Konsumenten extreme Käufe, zumindest bei bestimmten Kategorien von Gütern. Manche Menschen geben beispielsweise kein Geld für Reisen und Unterhaltung aus. Die Analyse von Indifferenzkurven kann eingesetzt werden, um Bedingungen aufzuzeigen, unter denen sich die Konsumenten entscheiden, ein bestimmtes Gut nicht zu konsumieren.

In Abbildung 3.15 entscheidet sich ein Mann mit der Budgetgeraden *AB* für Snacks dafür, nur Eiskrem (*IC*) und keinen gefrorenen Joghurt (*Y*) zu konsumieren. Diese Entscheidung spiegelt eine so genannte **Randlösung** wider: Wenn eines der Güter nicht konsumiert wird, liegt das Konsumbündel am Rand des Graphen. In *B*, dem Punkt der maximalen Befriedigung, ist die GRS von gefrorenem Joghurt durch Eiskrem höher als die Steigung der Budgetgeraden. Diese Ungleichheit deutet darauf hin, dass, wenn der Kon-

> **Randlösung**
>
> Situation, in der die Grenzrate der Substitution eines Gutes durch ein anderes in einem ausgewählten Warenkorb nicht gleich dem Anstieg der Budgetgeraden ist.

---

[8] Die Gestaltung der Umfrage und deren Ergebnisse werden in Steven Berry, James Levinsohn und Ariel Pakes, „Differentiated Products Demand Systems from a Combination of Micro and Macro Data: The New Car Market", *Journal of Political Economy*, 112 (Februar, 2004), S. 68–105 beschrieben.

sument auf noch mehr gefrorenen Joghurt verzichten könnte, er diesen sehr gern gegen Eiskrem eintauschen würde. In diesem Punkt konsumiert unser Verbraucher bereits ausschließlich Eiskrem und keinen gefrorenen Joghurt, denn es ist unmöglich, *negative* Mengen gefrorenen Joghurts zu konsumieren.

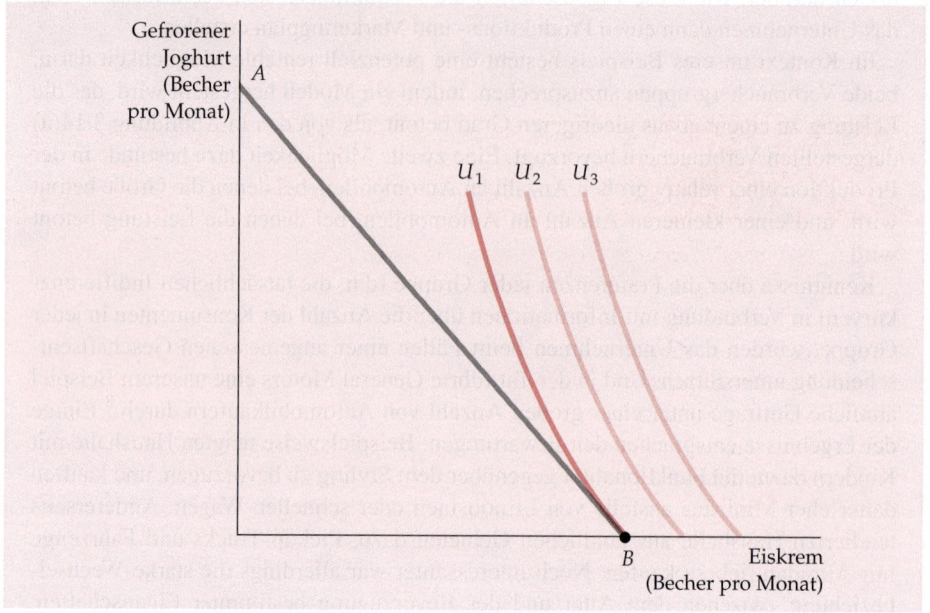

Abbildung 3.15: Eine Randlösung
Wenn die Grenzrate der Substitution eines Konsumenten bei allen Konsumniveaus nicht gleich dem Preisverhältnis ist, entsteht eine Randlösung. Der Konsument maximiert seine Befriedigung, indem er nur eines der zwei Güter konsumiert. Bei der Budgetgeraden *AB* wird das höchste Befriedigungsniveau in *B* auf der Indifferenzkurve U_1 erreicht, in dem die GRS (von gefrorenem Joghurt durch Eiskrem) größer ist als das Verhältnis des Preises von Eiskrem zum Preis von gefrorenem Joghurt.

Wenn eine Randlösung entsteht, ist die GRS des Konsumenten nicht notwendigerweise gleich dem Preisverhältnis. Anders als bei der in Gleichung (3.3) ausgedrückten Bedingung wird die für die Maximierung der Befriedigung notwendige Bedingung bei der Entscheidung zwischen Eiskrem und gefrorenem Joghurt in einer Randlösung durch die folgende Ungleichheit angegeben:[9]

$$\text{GRS} \geq P_{IC}/P_Y \qquad (3.4)$$

Diese Ungleichheit würde selbstverständlich umgekehrt werden, wenn die Randlösung in Punkt *A* und nicht in Punkt *B* auftreten würde. In beiden Fällen können wir feststellen, dass die im vorangegangenen Abschnitt beschriebene Gleichheit des marginalen Vorteils und der Grenzkosten nur zutrifft, wenn positive Mengen aller Güter konsumiert werden.

An dieser Stelle besteht eine wichtige Schlussfolgerung darin, dass Prognosen darüber, welche Mengen eines Produktes die Konsumenten kaufen werden, wenn sie mit sich ändernden wirtschaftlichen Bedingungen konfrontiert werden, von der Art der Präferen-

---

9 Eine genaue Gleichheit könnte zutreffen, wenn die Steigung der Budgetbeschränkung zufällig der Steigung der Indifferenzkurve gleich wäre – eine Bedingung, die unwahrscheinlich ist.

zen der Konsumenten für dieses Produkt und für mit diesem verwandte Produkte sowie von der Steigung der Budgetgeraden abhängen. Wenn, wie in Abbildung 3.15, die GRS von gefrorenem Joghurt durch Eiskrem beträchtlich höher ist als das Preisverhältnis, wird ein geringer Rückgang des Preises von gefrorenem Joghurt die Entscheidung des Konsumenten nicht ändern, er wird trotzdem auch weiterhin nur Eiskrem konsumieren. Wenn allerdings der Preis von gefrorenem Joghurt weit genug fällt, könnte sich der Konsument schnell entscheiden, eine große Menge gefrorenen Joghurts zu konsumieren.

> **Beispiel 3.4: Verbraucherentscheidung zur Gesundheitsfürsorge**
>
> In den letzten Jahrzehnten sind die Ausgaben für die Gesundheitsfürsorge in den Vereinigten Staaten drastisch angestiegen. Dies ist ein Phänomen, das für manche Menschen beunruhigend ist. Diesbezüglich argumentierten einige Volkswirte, der starke Anstieg der Ausgaben sei auf ein ineffizientes Gesundheitssystem zurückzuführen. Das kann durchaus zutreffen, es könnte aber auch einen anderen Grund geben: Wenn die Verbraucher wirtschaftlich besser gestellt werden, verschieben sich ihre Präferenzen zu Gunsten der Gesundheitsfürsorge von anderen Gütern weg. Was würde letztendlich die Befriedigung von Verbrauchern stärker erhöhen, die bereits ein schönes Zuhause und zwei Autos haben – ein weiteres Auto oder zusätzliche medizinische Versorgung, die das Leben um ein Jahr verlängern kann? Die meisten Menschen würden sich in diesem Fall für die medizinische Versorgung entscheiden.
>
> Die Präferenzen im Hinblick auf die Gesundheitsfürsorge werden in Abbildung 3.16 dargestellt. Sie zeigt eine Reihe von Indifferenzkurven und Budgetgeraden, die den Tradeoff zwischen Gesundheitsfürsorge (H) und anderen Gütern (O) abbilden. Die Indifferenzkurve U_1 gilt für einen Verbraucher mit niedrigem Einkommen. Die Budgetgerade des Verbrauchers berührt die Indifferenzkurve in Punkt A, so dass in H_1 und O_1 die Gesundheitsfürsorge und der Konsum anderer Güter die Befriedigung des Verbrauchers maximieren. Mit der Indifferenzkurve U_2 wird eine höhere Zufriedenheit erzielt, diese ist aber nur für einen Verbraucher mit einem höheren Einkommen zu erreichen. In diesem Fall wird der Nutzen in Punkt B maximiert. Die Kurve U_3 gilt für einen Verbraucher mit hohem Einkommen und zeigt eine geringere Bereitschaft an, für andere Güter auf Gesundheitsfürsorge zu verzichten. Mit dem Wechsel von Punkt B auf Punkt C nimmt der Konsum der Gesundheitsfürsorge des Verbrauchers deutlich zu (von H_2 auf H_3), während sich der Konsum anderer Güter nur geringfügig erhöht (von O_2 auf O_3).
>
> Werden die Präferenzen der Verbraucher in Abbildung 3.16 korrekt dargestellt? Mindestens eine neuere statistische Studie gibt an, dass dies der Fall ist.[10] ▶

---

10 Siehe dazu den interessanten Artikel von Robert E. Hall und Charles I. Jones, „The Value of Life and the Rise in Health Spending", Quarterly Journal of Economics, Februar 2007, S. 39–72. Die Autoren erklären darin, dass sich die optimale Zusammensetzung der Gesamtausgaben bei steigendem Einkommen zugunsten der Gesundheit verschiebt, und prognostizieren, dass der optimale Anteil der Ausgaben für die Gesundheit im Jahr 2050 wahrscheinlich 30 Prozent übersteigen wird.

Dies sagt uns auch der gesunde Menschenverstand. Wenn der Leser über ein ausreichend hohes Einkommen verfügt, um sich beinahe alle Wünsche zu erfüllen, würde er das zusätzliche Einkommen lieber für lebensverlängernde Gesundheitsfürsorge oder für ein weiteres Auto ausgeben?

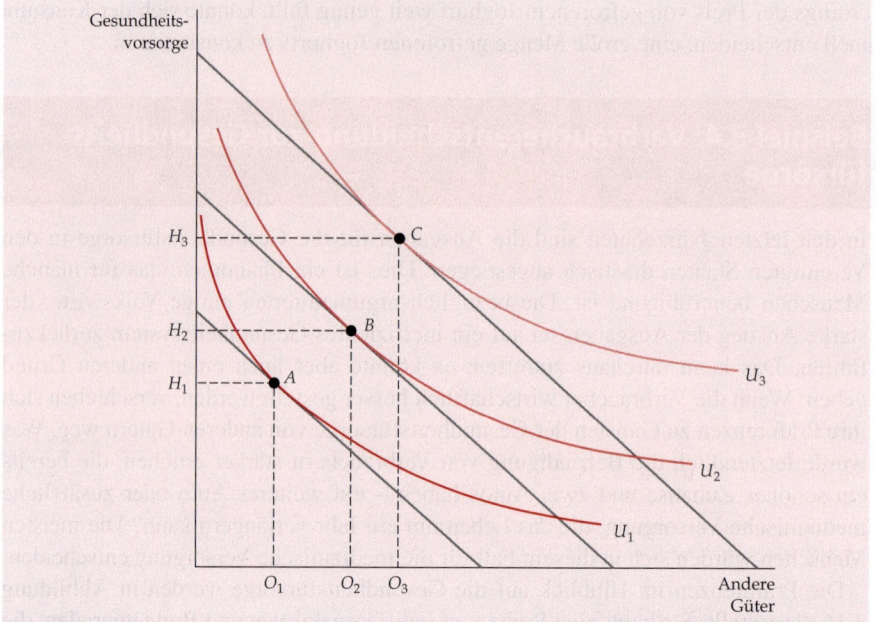

Abbildung 3.16: Verbraucherpräferenzen für Gesundheitsfürsorge gegenüber anderen Gütern
In diesen Indifferenzkurven wird der Tradeoff zwischen der Gesundheitsfürsorge (*H*) gegenüber anderen Gütern (*O*) dargestellt. Die Kurve U_1 gilt für einen Verbraucher mit niedrigem Einkommen. Bei der gegebenen Budgetbeschränkung des Verbrauchers wird seine Befriedigung in Punkt A maximiert. Mit steigendem Einkommen verschiebt sich die Budgetgerade nach rechts und die Kurve U_2 wird möglich. Der Verbraucher wechselt dann zu Punkt B mit einem höheren Konsum von sowohl Gesundheitsfürsorge als auch anderen Gütern. Die Kurve U_3 gilt für einen Verbraucher mit hohem Einkommen und gibt eine geringere Bereitschaft an, zu Gunsten anderer Güter auf Gesundheitsfürsorge zu verzichten. Mit dem Wechsel von Punkt B zu Punkt C steigt der Konsum des Verbrauchers im Hinblick auf die Gesundheitsfürsorge deutlich an (von H_2 zu H_3), während der Konsum anderer Güter nur geringfügig zunimmt (von O_2 auf O_3).

Beispiel 3.5: Ein Treuhandfonds für eine Hochschulausbildung

Die Eltern von Jane Doe haben einen Treuhandfonds für ihre Hochschulausbildung eingerichtet. Jane, die 18 Jahre alt ist, kann den gesamten Treuhandfonds unter der Bedingung erhalten, dass sie ihn nur für ihre Ausbildung ausgibt. Dieser Fonds ist ein willkommenes Geschenk für Jane, wahrscheinlich ist er aber nicht so willkommen, wie es ein nicht gebundener Fonds gewesen wäre. Um zu analysieren, warum Jane so empfindet, betrachten wir Abbildung 3.17, in der die pro Jahr für die Ausbildung ausgegebene Summe in Dollar auf der horizontalen Achse und die Summe in Dollar von Ausgaben für andere Arten des Konsums auf der vertikalen Achse dargestellt werden. ▶

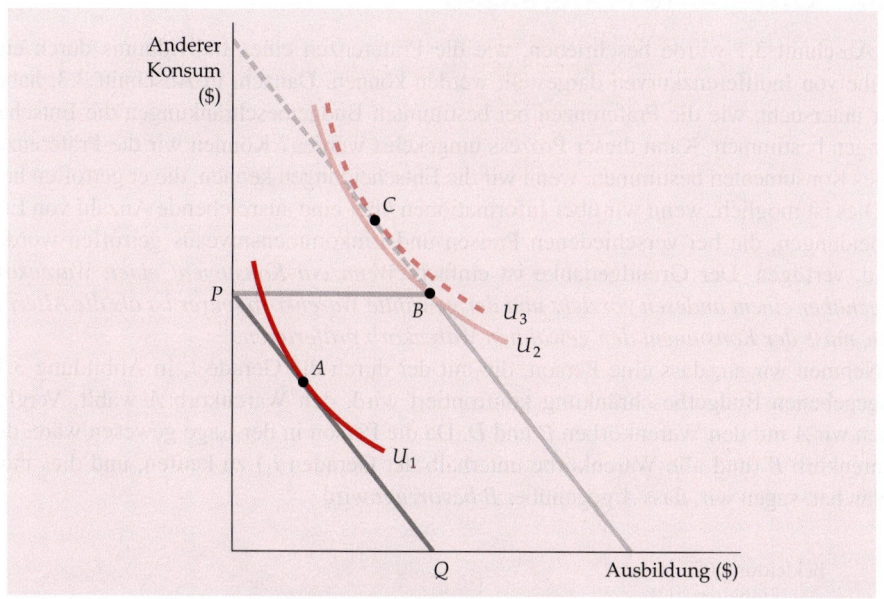

Abbildung 3.17: Ein Treuhandfonds für eine Hochschulausbildung
Wenn ein Student einen Treuhandfonds erhält, der für die Ausbildung ausgegeben werden muss, wechselt er von *A* zu *B*, einer Randlösung. Könnte der Treuhandfonds allerdings neben der Ausbildung für andere Güter des Konsums ausgegeben werden, wäre der Student in *C* besser gestellt.

Die Budgetgerade, mit der Jane vor der Zuteilung des Fonds konfrontiert war, wird durch die Gerade *PQ* angegeben. Durch den Treuhandfonds wird die Budgetgerade nach außen verschoben, solange die gesamte durch den Abstand *PB* angegebene Summe des Fonds für die Ausbildung ausgegeben wird. Durch die Annahme des Treuhandfonds und das Studium an einer Hochschule erhöht Jane ihre Befriedigung und bewegt sich von *A* auf der Indifferenzkurve U_1 zu *B* auf der Indifferenzkurve U_2.

Dabei ist zu beachten, das *B* eine Randlösung darstellt, da Janes Grenzrate der Substitution der Ausbildung durch andere Konsumgüter niedriger ist als der relative Preis der anderen Konsumgüter. Jane würde es vorziehen, einen Teil des Treuhandfonds für andere Güter zusätzlich zur Ausbildung auszugeben. Ohne die Beschränkung des Treuhandfonds würde sie zu *C* auf der Indifferenzkurve U_3 wechseln, dabei ihre Ausgaben für die Ausbildung reduzieren (beispielsweise durch den Besuch eines Junior College mit zweijähriger Ausbildungszeit anstelle einer Hochschule mit vierjähriger Ausbildungszeit) und allerdings ihre Ausgaben für Artikel, die sie mehr genießt als die Ausbildung, erhöhen.

Die Empfänger ziehen gewöhnlich nichtgebundene den zweckgebundenen Fonds vor. Die zweckgebundenen Treuhandfonds sind allerdings beliebt, da sie Eltern die Möglichkeit geben, die Ausgaben ihrer Kinder so zu kontrollieren, wie sie glauben, dass es langfristig im besten Interesse der Kinder ist.

3.4 Offenbarte Präferenzen

In Abschnitt 3.1 wurde beschrieben, wie die Präferenzen eines Individuums durch eine Reihe von Indifferenzkurven dargestellt werden können. Danach, in Abschnitt 3.3, haben wir untersucht, wie die Präferenzen bei bestimmten Budgetbeschränkungen die Entscheidungen bestimmen. Kann dieser Prozess umgekehrt werden? Können wir die Präferenzen eines Konsumenten bestimmen, wenn wir die Entscheidungen kennen, die er getroffen hat?

Dies ist möglich, wenn wir über Informationen über eine ausreichende Anzahl von Entscheidungen, die bei verschiedenen Preisen und Einkommensniveaus getroffen worden sind, verfügen. Der Grundgedanke ist einfach. *Wenn ein Konsument einen Warenkorb gegenüber einem anderen vorzieht und der gewählte Warenkorb teurer ist als die Alternative, muss der Konsument den gewählten Warenkorb präferieren.*

Nehmen wir an, dass eine Person, die mit der durch die Gerade l_1 in Abbildung 3.18 angegebenen Budgetbeschränkung konfrontiert wird, den Warenkorb A wählt. Vergleichen wir A mit den Warenkörben B und D. Da die Person in der Lage gewesen wäre, den Warenkorb B (und alle Warenkörbe unterhalb der Geraden l_1) zu kaufen, und dies nicht getan hat, sagen wir, dass A gegenüber B *bevorzugt* wird.

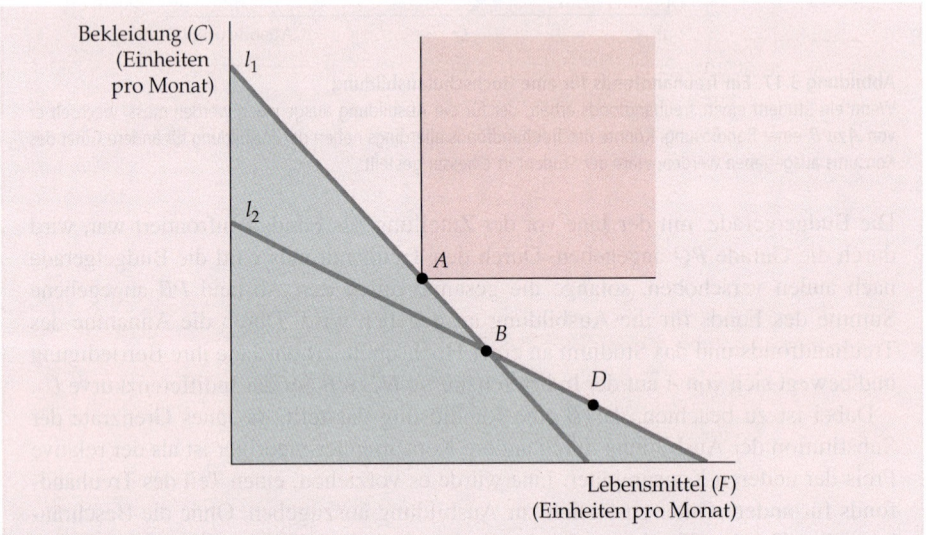

Abbildung 3.18: Offenbarte Präferenzen: zwei Budgetgeraden
Wenn eine Person mit der Budgetgeraden l_1 den Warenkorb A anstelle von Warenkorb B gewählt hat, wird A offensichtlich gegenüber B bevorzugt. Desgleichen wählt eine Person mit der Budgetgeraden l_2 Warenkorb B, der damit offensichtlich Warenkorb D vorgezogen wird. Während A allen Warenkörben im grau schattierten Bereich vorgezogen wird, werden alle Warenkörbe im pink schattierten Bereich A vorgezogen.

Auf den ersten Blick mag es so erscheinen, als könnte zwischen den Warenkörben A und D kein direkter Vergleich angestellt werden, da D nicht auf l_1 liegt. Nehmen wir aber an, dass sich die relativen Preise für Lebensmittel und Bekleidung ändern, so dass die neue Budgetgerade l_2 ist und die Person dann den Warenkorb B wählt. Da D auf der Budgetgeraden l_2 liegt und nicht gewählt wurde, wird B gegenüber D (und allen Warenkörben unterhalb von l_2) bevorzugt. Da A gegenüber B und B gegenüber D bevorzugt wird, schlussfolgern wir, dass A gegenüber D bevorzugt wird. Weiterhin ist in Abbildung 3.18

zu erkennen, dass der Warenkorb A allen Warenkörben vorgezogen wird, die in den grau schattierten Bereichen liegen. Da allerdings Lebensmittel und Bekleidung „Güter" und keine „Ungüter" sind, werden alle Warenkörbe, die im pink schattierten Bereich in dem Rechteck oberhalb und rechts von A liegen, gegenüber A bevorzugt. Folglich muss die Indifferenzkurve, die durch A verläuft, im unschattierten Bereich liegen.

Stehen mehr Informationen über die Entscheidungen bei sich ändernden Preisen und Einkommensniveaus zur Verfügung, können wir eine bessere Vorstellung über die Form der Indifferenzkurve entwickeln. Betrachten wir dazu Abbildung 3.19. Nehmen wir an, dass eine Person, die mit der Geraden l_3 (die so gewählt wurde, dass sie durch A verläuft) konfrontiert wird, Warenkorb E wählt. Da E ausgewählt wurde, obwohl A genauso teuer war (es liegt auf der gleichen Budgetgeraden), wurde E, genauso wie alle anderen Punkte in dem oberhalb und rechts von E liegenden Rechteck, A vorgezogen. Nehmen wir nun an, dass die Person bei der Geraden l_4 (die durch A verläuft) Warenkorb G auswählt. Da G und nicht A ausgewählt wurde, wird G, genauso wie alle Warenkörbe oberhalb und rechts von G, A vorgezogen.

Durch die Verwendung der Annahme, dass Präferenzen konvex sind, können wir in unserer Analyse noch weiter gehen. In diesem Fall müssen, da E gegenüber A vorgezogen wird, alle Warenkörbe oberhalb und rechts der Geraden AE in Abbildung 3.19 A vorgezogen werden. Sonst müsste die durch A verlaufende Indifferenzkurve oberhalb und rechts von AE verlaufen und dann im Punkt E unter die Gerade fallen – in einem solchen Fall wäre die Indifferenzkurve nicht konvex. Basierend auf einer ähnlichen Begründung müssen alle Punkte auf oder oberhalb von AG ebenfalls gegenüber A vorgezogen werden. Deshalb muss die Indifferenzkurve innerhalb des nicht schattierten Bereiches liegen.

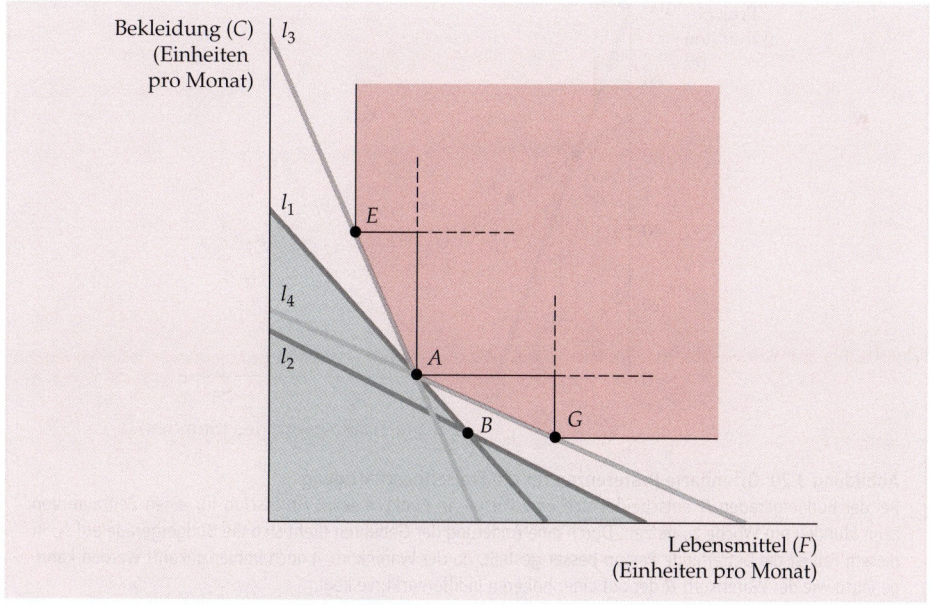

Abbildung 3.19: Offenbarte Präferenzen: vier Budgetgeraden
Bei der Budgetgeraden l_3 wählt die Person E, wodurch offensichtlich wird, dass E gegenüber A vorgezogen wird (da die Wahl von A möglich gewesen wäre). Desgleichen wählt das Individuum bei der Geraden l_4 den Warenkorb G, der dadurch offensichtlich ebenfalls A vorgezogen wird. Während A allen Warenkörben im grau schattierten Bereich vorgezogen wird, werden alle Warenkörbe im pink schattierten Bereich A präferiert.

3 Das Verbraucherverhalten

Der Ansatz der offenbarten Präferenz ist als Mittel zur Überprüfung der Konsistenz einzelner Entscheidungen mit den Annahmen der Konsumententheorie hilfreich. Wie in Beispiel 3.6 gezeigt wird, kann die Analyse der offenbarten Präferenzen zur Entwicklung eines Verständnisses über die Auswirkungen der von den Konsumenten unter bestimmten Bedingungen zu treffenden Entscheidungen beitragen.

Beispiel 3.6: Offenbarte Präferenzen für die Freizeitbeschäftigung

Zunächst gestattete ein Fitnessclub jedem die Nutzung seiner Einrichtung, der bereit war, eine Stundengebühr dafür zu entrichten. Nun wird allerdings beschlossen, die Preispolitik für den Club zu ändern, indem sowohl eine jährliche Mitgliedsgebühr als auch eine niedrigere Stundengebühr erhoben wird. Werden die einzelnen Mitglieder durch diese neue Struktur besser oder schlechter gestellt als durch die alte Regelung? Die Antwort auf diese Frage hängt von den Präferenzen der Mitglieder ab.

Nehmen wir an, dass Roberta pro Woche ein Budget von €100 für Freizeitaktivitäten, wie z.B. Training, Kinobesuche, Restaurantbesuche usw., zur Verfügung hat. Als der Fitnessclub eine Gebühr in Höhe von €4 pro Stunde verlangte, hatte Roberta die Einrichtung zehn Stunden pro Woche genutzt. Nach der neuen Regelung muss sie €30 pro Woche zahlen, kann den Club dann aber für eine Gebühr von nur €1 pro Stunde nutzen.

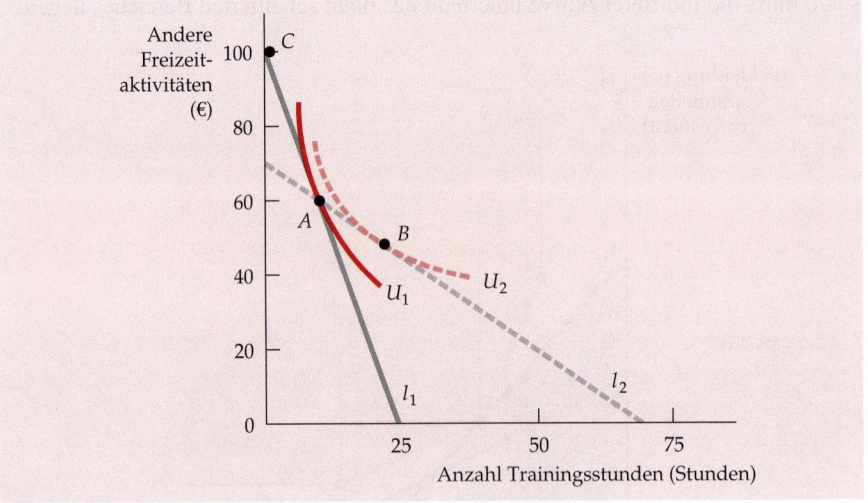

Abbildung 3.20: Offenbarte Präferenzen für die Freizeitbeschäftigung
Bei der Budgetgeraden l_1 entscheidet sich eine Person, in Punkt A einen Fitnessclub für einen Zeitraum von zehn Stunden pro Woche zu nutzen. Durch eine Änderung der Gebühren dreht sich die Budgetgerade auf l_2. In diesem Fall ist die betreffende Person besser gestellt, da der Warenkorb A noch immer gekauft werden kann, genauso wie der Warenkorb B, der auf einer höheren Indifferenzkurve liegt.

Zieht Roberta aus dieser Änderung Vorteile? Die Antwort auf diese Frage liefert die Analyse der offenbarten Präferenzen. In Abbildung 3.20 stellt die Gerade l_1 die Budgetgerade dar, mit der Roberta bei der ursprünglichen Preisregelung konfrontiert wurde. ▶

In diesem Fall maximierte sie ihre Befriedigung, indem sie Warenkorb *A* mit zehn Stunden Training und €60 für andere Freizeitaktivitäten auswählte. Bei der neuen Regelung, durch die die Budgetgerade auf l_2 verschoben wird, könnte sie noch immer den Warenkorb *A* auswählen. Da allerdings U_1 offensichtlich l_2 nicht berührt, wird Roberta durch die Auswahl eines anderen Warenkorbes, wie z.B. *B* mit 25 Stunden Training und €45 für andere Freizeitaktivitäten, offensichtlich besser gestellt. Da sie *B* wählen würde, selbst dann, wenn *A* noch in Frage käme, zieht sie *B* gegenüber *A* vor. Aus diesem Grund wird Roberta durch die neue Preisregelung besser gestellt. (Dabei ist auch zu beachten, dass *B* auch gegenüber *C* vorgezogen wird, das die Möglichkeit darstellt, den Fitnessclub überhaupt nicht mehr zu nutzen.)

Man könnte auch die Frage danach stellen, ob dieses neue Preissystem – das als *zweiteiliger Tarif* bezeichnet wird – den Gewinn des Clubs erhöhen wird. Wenn alle Mitglieder so handeln wie Roberta und wenn eine höhere Nutzung des Clubs zu höheren Gewinnen führt, lautet die Antwort auf diese Frage ja. Im Allgemeinen hängt allerdings die Antwort darauf von zwei Faktoren ab: den Präferenzen aller Mitglieder und den Kosten des Betriebs der Einrichtung. Der zweiteilige Tarif wird detailliert in Kapitel 11 erörtert, indem die verschiedenen Methoden untersucht werden, mit denen Unternehmen, die über Marktmacht verfügen, die Preise festlegen.

3.5 Der Grenznutzen und die Verbraucherentscheidung

In Abschnitt 3.3 haben wir grafisch dargestellt, wie ein mit einer bestimmten Budgetbeschränkung konfrontierter Konsument seine Befriedigung maximieren kann. Dies wird durch die Ermittlung der bei dieser Budgetbeschränkung höchsten erreichbaren Indifferenzkurve bestimmt. Da die höchste Indifferenzkurve auch das höchste erreichbare Nutzenniveau aufweist, kann das Problem des Konsumenten natürlich so umgeschrieben werden, dass es sich dabei um das Problem der Maximierung des Nutzens bei einer Budgetbeschränkung handelt.

Das Konzept des Nutzens kann auch dazu verwendet werden, unsere Analyse so umzuformulieren, dass wir zusätzliche Erkenntnisse gewinnen. Zu Beginn wollen wir zwischen dem aus dem Konsum gezogenen Gesamtnutzen und der aus dem Konsum der letzten Einheit erwachsenden Befriedigung unterscheiden. Der **Grenznutzen (GU)** misst *die zusätzliche Befriedigung, die aus dem Konsum einer zusätzlichen Einheit eines Gutes erwächst.* So kann beispielsweise der Grenznutzen im Zusammenhang mit der Erhöhung des Konsums von 0 auf 1 Einheit Lebensmittel 9 betragen; bei einer Erhöhung von 1 auf 2 kann er 7 betragen; bei einer Erhöhung von 2 auf 3 kann der Grenznutzen 5 betragen.

Aus diesen Zahlen geht hervor, dass das Gut für den Konsumenten einen **abnehmenden Grenznutzen** aufweist: Da immer größere Mengen eines Gutes konsumiert werden, führt der Konsum zusätzlicher Mengen zu einem geringeren Zuwachs des Nutzens. Betrachten wir beispielsweise den Fernsehkonsum: Nach der zweiten oder dritten Stunde kann der Grenznutzen fallen und könnte nach der vierten oder fünften Stunde des Fernsehkonsums sehr gering sein.

Man kann das Konzept des Grenznutzens und das Problem der Nutzenmaximierung des Konsumenten auf folgende Art und Weise verbinden: Betrachten wir in Abbildung 3.8 (S.122) eine geringfügige Bewegung auf einer Indifferenzkurve nach unten. Durch den

Grenznutzen (GU)

Die aus dem Konsum einer zusätzlichen Einheit eines Gutes erwachsende zusätzliche Befriedigung.

Abnehmender Grenznutzen

Prinzip, das besagt, dass im Zuge der Erhöhung der konsumierten Menge eines Gutes der Konsum zusätzlicher Mengen einen geringeren Zuwachs des Nutzens mit sich bringt.

zusätzlichen Konsum von Lebensmitteln, ΔF, wird der Grenznutzen GU_F geschaffen. Diese Verschiebung führt zu einer Gesamterhöhung des Nutzens von $GU_F \Delta F$. Gleichzeitig wird durch den verringerten Konsum von Bekleidung ΔC der Nutzen pro Einheit um GU_C verringert, was zu einem Gesamtverlust von $GU_C \Delta C$ führt.

Da alle Punkte auf einer Indifferenzkurve das gleiche Nutzenniveau erzeugen, muss der Gesamtzuwachs des Nutzens durch Erhöhung von F den durch den geringeren Konsum von C verursachten Verlust ausgleichen. Als Formel ausgedrückt heißt dies:

$$0 = GU_F(\Delta F) + GU_C(\Delta C)$$

Diese Gleichung kann nun so umgestellt werden, dass gilt:

$$-(\Delta C/\Delta F) = GU_F/GU_C$$

Da allerdings $-(\Delta C/\Delta F)$ die Grenzrate der Substitution von Bekleidung durch Lebensmittel ist, folgt daraus, dass

$$GRS = GU_F/GU_C \tag{3.5}$$

Gleichung (3.5) besagt, dass die GRS das Verhältnis des Grenznutzens von F zum Grenznutzen von C darstellt. Wenn der Konsument immer größere Mengen an C aufgibt, um mehr F zu erhalten, fällt der Grenznutzen von F, und der Grenznutzen von C steigt, also sinkt die GRS.

In diesem Kapitel wurde bereits weiter oben dargestellt, dass, wenn die Konsumenten ihre Befriedigung maximieren, die GRS von C durch F gleich dem Verhältnis der Preise beider Güter ist:

$$GRS = P_F/P_C \tag{3.6}$$

Da die GRS auch dem Verhältnis der Grenznutzen des Konsums von F und C ist (wie aus Gleichung 3.5 hervorgeht), folgt daraus, dass

$$GU_F/GU_C = P_F/P_C$$

bzw.

$$GU_F/P_F = GU_C/P_C \tag{3.7}$$

Gleichung (3.7) ist ein wichtiges Ergebnis. Sie sagt aus, dass die Maximierung des Nutzens erreicht wird, wenn das Budget so aufgeteilt wird, dass *der Grenznutzen pro Euro an Ausgaben für jedes Gut gleich ist*. Zur Untersuchung der Frage, warum dieses Prinzip zutreffen muss, nehmen wir an, dass eine Konsumentin einen höheren Nutzen aus der Ausgabe eines zusätzlichen Euros für Lebensmittel zieht als aus der Ausgabe für Bekleidung. In diesem Fall wird ihr Nutzen durch eine Erhöhung der Ausgaben für Lebensmittel gesteigert. Solange der Grenznutzen der Ausgabe eines weiteren Euros für Lebensmittel den Grenznutzen der Ausgabe eines weiteren Euros für Bekleidung übersteigt, kann sie ihren Nutzen steigern, indem sie ihr Budget in Richtung der Lebensmittel und von der Bekleidung weg verschiebt. Schließlich wird jedoch der Grenznutzen der Lebensmittel zurückgehen (da für deren Konsum ein abnehmender Grenznutzen besteht), und der Grenznutzen der Bekleidung wird (aus dem gleichen Grund) ansteigen. Es gelingt der Konsumentin erst, ihren Nutzen zu maximieren, wenn sie das **Marginalprinzip** erfüllt

---

Marginalprinzip

Prinzip, das besagt, dass der Nutzen maximiert wird, wenn der Konsument den Grenznutzen pro Euro an Ausgaben über alle Güter hinweg ausgeglichen hat.

hat – d.h. *wenn sie den Grenznutzen pro Euro an Ausgaben über alle Güter hinweg ausgeglichen hat*. Das Marginalprinzip ist ein wichtiges Konzept der Mikroökonomie. Es wird im Laufe unserer Analyse des Konsumenten- und Produzentenverhaltens in verschiedenen Formen wiederkehren.

Beispiel 3.7: Grenznutzen und Glück

In Beispiel 3.2 (Seite 124) haben wir festgestellt, dass Geld (d.h. ein höheres Einkommen) glücklich macht – zumindest bis zu einem gewissen Grad. Was sagt allerdings die Forschung zur Verbraucherzufriedenheit, wenn überhaupt, über die Beziehung zwischen dem Glück und den Konzepten des Nutzens und des Grenznutzens aus? Interessanterweise stimmen die Ergebnisse der Forschung auf diesem Gebiet, sowohl in den USA als auch in anderen Ländern, mit einem Muster des abnehmenden Grenznutzens des Einkommens überein. Um zu untersuchen, warum dies so ist, betrachten wir noch einmal Abbildung 3.9 (Seite 125) in Beispiel 3.2. Die Daten geben an, dass über die Länder hinweg bei steigendem Einkommen die Befriedigung, das Glück oder der Nutzen (wir verwenden diese Begriffe hier als synonym) alle steigen, wenn das Pro-Kopf-Einkommen steigt. Der *Grenzzuwachs* der Befriedigung sinkt allerdings bei steigendem Einkommen. Wenn wir akzeptieren, dass es sich bei dem aus der Befragung resultierenden Zufriedenheitsindex um einen kardinalen Index handelt, stimmen die Ergebnisse mit einem abnehmenden Grenznutzen des Einkommens überein.

Die Ergebnisse für die USA sind quantitativ den Ergebnissen für die anderen 67 Staaten, die die Daten für Abbildung 3.9 lieferten, sehr ähnlich.

In Abbildung 3.21 wird das Durchschnittsniveau der Zufriedenheit für neun Einkommensgruppen in der Bevölkerung berechnet; die niedrigste Gruppe hat ein mittleres Einkommen von $6.250, die nächste hat ein mittleres Einkommen von $16.250 und so weiter bis zur höchsten Einkommensgruppe, deren mittleres Einkommen $87.500 beträgt. Die durchgezogene Kurve ist die Kurve, die den Daten am besten angepasst ist. Auch in diesem Fall wird deutlich, dass die Zufriedenheit mit dem Einkommen steigt, dies aber mit einer abnehmenden Rate tut.

Studenten, die sich Sorgen über ihre zukünftigen Einkommensaussichten machen, sollte eine neue Studie des Psychologen Daniel Kahnemann und des Volkswirtes Angus Deaton beruhigen. Diese zeigt, dass bei dieser Gruppe mit relativ hohem Einkommen die Möglichkeit, Freizeit und Gesundheit, zwei wichtige Faktoren für das Gesamtwohlbefinden eines Menschen, zu genießen, durch zusätzliches Einkommen nicht verbessert wird.[11]

---

[11] Daniel Kahnemann und Angus Deaton, „High Income Improves Evaluation of Life But not Emotional Well-Being", PNAS, Band 107 (21. September 2010): 16489–16493.

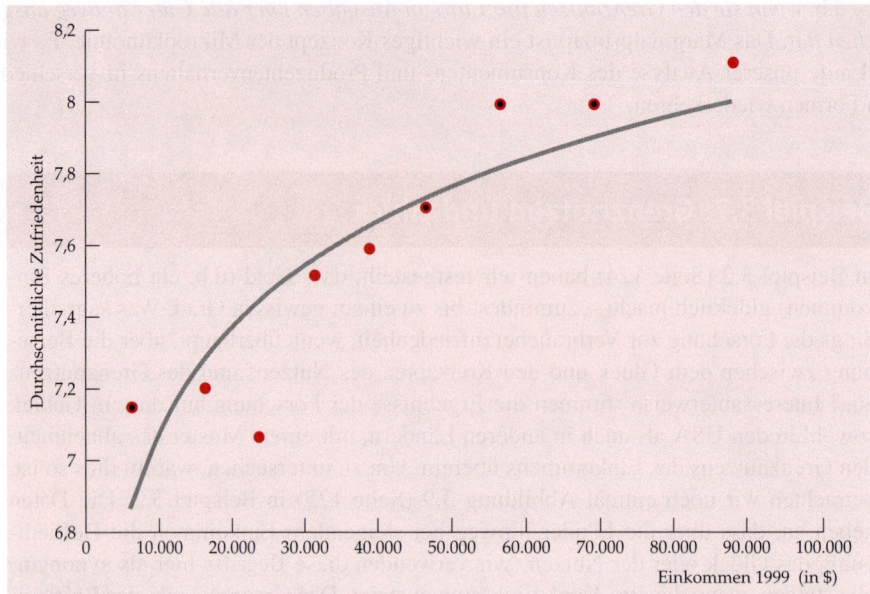

Abbildung 3.21: Ein Vergleich der mittleren Niveaus der Lebenszufriedenheit über die Einkommensgruppen in den Vereinigten Staaten hinweg zeigt, dass die Zufriedenheit mit dem Einkommen zunimmt, allerdings mit einer abnehmenden Rate.

Diese Ergebnisse unterstützen die moderne Theorie der ökonomischen Entscheidungsfindung sehr stark, die diesem Abschnitt zugrunde liegt, sie werden allerdings gegenwärtig noch sehr genau geprüft. So berücksichtigen diese Ergebnisse die Tatsache nicht, dass die Zufriedenheit dazu neigt, sich mit dem Alter zu verändern. Beispielsweise äußern jüngere Menschen häufig eine geringere Zufriedenheit als ältere Menschen. Oder wir betrachten dies noch auf eine andere Art und Weise: Die Studenten haben etwas Positives, auf das sie sich freuen können, wenn sie älter und weiser werden.

Eine zweite Frage taucht auf, wenn wir die Ergebnisse von Zufriedenheitsstudien über die Zeit hinweg vergleichen. Die Pro-Kopf-Einkommen in den USA, Großbritannien, Belgien und Japan sind alle über die letzten 20 Jahre erheblich gestiegen. Die durchschnittliche Zufriedenheit ist allerdings vergleichsweise unverändert geblieben. (In Dänemark, Deutschland und Italien wurde kein Anstieg der Zufriedenheit festgestellt.) Eine plausible Interpretation dafür besteht darin, dass die Zufriedenheit ein relatives und kein absolutes Maß des Wohlergehens ist. Während das Einkommen eines Landes im Laufe der Zeit steigt, erhöhen die Bürger dieses Landes auch ihre Erwartungen; mit anderen Worten ausgedrückt: Sie streben nach noch höheren Einkommen. Soweit die Zufriedenheit von der Erfüllung dieser Ansprüche abhängt, kann es sein, dass sie nicht zunimmt, während das Einkommen wächst.

3.5.1 Rationierung

In Kriegszeiten oder während anderer Krisen rationieren Regierungen mitunter Lebensmittel, Benzin oder andere Produkte, um einen Anstieg der Preise bis auf wettbewerbliche Niveaus zu vermeiden. Während des zweiten Weltkriegs erhielt beispielsweise ein Einzelhaushalt in den Vereinigten Staaten 340 Gramm Zucker pro Woche, ein Päckchen Kaffee alle fünf Wochen und drei Gallonen (circa 11,4 Liter) Benzin pro Woche. Überdies erfolgt während Dürreperioden häufig auch eine Rationierung von Wasser. In den USA wird besonders in Kalifornien die Wasserrationierung für Haushalte und die landwirtschaftliche Produktion eingesetzt. Außerhalb der USA gab es in Ländern wie Ruanda, Indien, Pakistan und Ägypten sogar im Jahr 2010 noch Wasserrationierungen. Rationierungen, die nicht über den Preis vorgenommen werden, sind eine Alternative im Umgang mit Knappheiten, die von einigen Personen als gerechter betrachtet wird als das Vertrauen auf die unkontrollierten Kräfte des Marktes. Beim marktwirtschaftlichen System können die Personen mit höherem Einkommen diejenigen mit einem niedrigeren Einkommen überbieten, um Güter, für die ein knappes Angebot besteht, zu erwerben. Wenn allerdings Produkte über einen Mechanismus wie die Zuteilung von Berechtigungsscheinen an Haushalte oder Unternehmen rationiert werden, hat jeder die gleiche Chance, das rationierte Gut zu kaufen.

Zur Erklärung der Analyse der Rationierung mit Hilfe des grundlegenden Verbrauchermodells soll im Folgenden die Benzinrationierung während des Jahres 1979 als Beispiel verwendet werden. Nach der Revolution im Iran im Jahr 1979 stiegen die Ölpreise sprunghaft an, die USA bestimmten allerdings Preisregulierungen, die Benzinpreiserhöhungen verhindert haben, aber zu Knappheiten führten. Das Benzin wurde durch die langen Warteschlangen an den Zapfsäulen zugeteilt: Während diejenigen, die bereit waren, auf einen Teil ihrer Zeit zu verzichten, um an der Tankstelle zu warten, das von ihnen gewünschte Benzin bekamen, erhielten die anderen keines. Indem man jeder empfangsberechtigten Person eine Mindestmenge an Benzin garantiert, kann man einigen Personen Zugang zu einem Produkt gewähren, das sie sich sonst nicht leisten könnten. Allerdings werden durch die Rationierung die anderen Personen aufgrund der Beschränkungen der ihnen zum Kauf zur Verfügung stehenden Menge Benzin schlechter gestellt.[12]

Dieses Prinzip ist in Abbildung 3.22 deutlich zu erkennen, das sich auf eine Frau mit einem Jahreseinkommen in Höhe von $20.000 bezieht. Die horizontale Achse stellt ihren jährlichen Benzinverbrauch und die vertikale Achse stellt das ihr nach dem Kauf von Benzin verbleibende Einkommen dar. Nehmen wir nun an, der regulierte Benzinpreis beträgt $1 pro Gallone. Da ihr Einkommen $20.000 beträgt, ist sie auf die Punkte der Budgetgeraden AB beschränkt, die eine Steigung von -1 aufweist. Punkt A stellt ihr Gesamteinkommen von $20.000 dar. (Wird kein Benzin gekauft, könnte sie $20.000 für andere Güter ausgeben.) Im Punkt B würde sie ihr gesamtes Einkommen für Benzin ausgeben. Bei einem Preis von $1 pro Gallone könnte sie 5.000 Gallonen Benzin pro Jahr kaufen wollen und $15.000 Dollar für andere Güter, dargestellt durch C, ausgeben. In diesem Punkt hätte sie bei ihrer Budgetbeschränkung von $20.000 ihren Nutzen maximiert (indem sie auf der höchstmöglichen Indifferenzkurve U_2 wäre).

---

[12] Eine umfangreichere Erörterung der Benzinrationierung findet sich in H.E. Frech III und William C. Lee, „The Welfare Cost of Rationing-By-Queuing Across Markets: Theory and Estimates from the U.S. Gasoline Crises", *Quarterly Journal of Economics* (1987): 97–108.

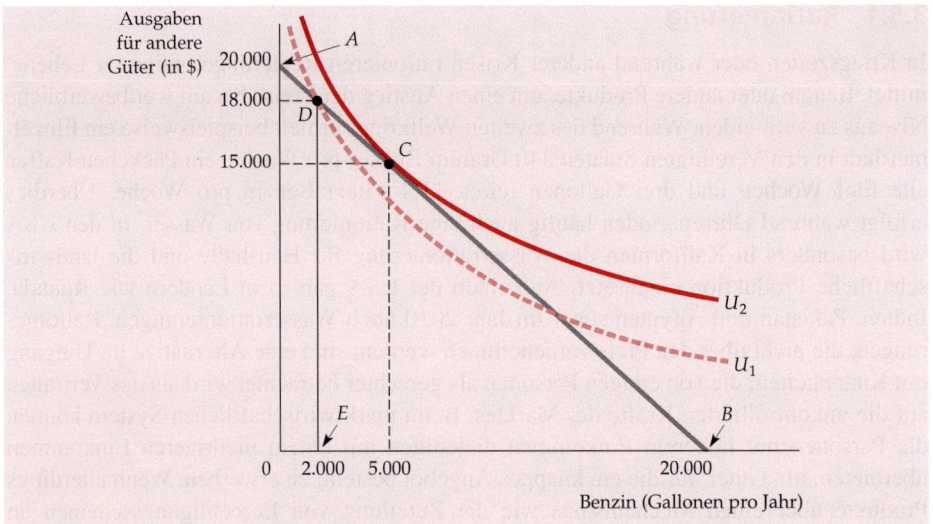

Abbildung 3.22: Die Ineffizienz der Benzinrationierung
Wird ein Gut rationiert, steht davon eine kleinere Menge zur Verfügung als die Konsumenten kaufen möchten. Die Konsumenten können dadurch schlechter gestellt werden. Ohne die Benzinrationierung stehen bis zu 20.000 Gallonen Benzin zum Konsum zur Verfügung (in Punkt *B*). Die Konsumentin wählt den Punkt *C* auf der Indifferenzkurve U_2 und konsumiert somit 5.000 Gallonen Benzin. Bei einer Begrenzung in Höhe von 2.000 Gallonen Benzin allerdings, die im Fall der Rationierung verhängt wird (in Punkt *E*), wechselt die Konsumentin zu *D* auf der niedrigeren Indifferenzkurve U_1.

Nun sei angenommen, dass die Konsumentin im Fall der Rationierung bis zu maximal 2.000 Gallonen Benzin kaufen kann. Daher wird sie nun mit der Budgetgeraden *ADE* konfrontiert, die keine Gerade mehr bildet, da Käufe von mehr als 2.000 Gallonen nicht möglich sind. Punkt *D* stellt den Punkt dar, in dem 2.000 Gallonen pro Jahr verbraucht werden. In diesem Punkt wird die Budgetgerade vertikal und sinkt bis Punkt E, da durch die Rationierung der Benzinverbrauch beschränkt wurde. In der Abbildung wird dargestellt, dass ihre Entscheidung, *D* zu konsumieren, ein niedrigeres Nutzenniveau U_1 beinhaltet, als ohne die Rationierung mit U_2 erzielt worden wäre, da sie weniger Benzin und größere Mengen anderer Güter konsumiert, als sie sonst bevorzugen würde.

Es ist klar, dass die Frau zum rationierten Preis besser gestellt wäre, wenn ihr Konsum nicht beschränkt wäre. Aber ist sie bei einem Rationierungssystem besser gestellt, als sie es wäre, wenn es überhaupt keine Rationierung gäbe? Die Antwort darauf hängt wenig überraschend davon ab, wie hoch der Benzinpreis auf einem Wettbewerbsmarkt ohne die Rationierung gewesen wäre. Dieser Aspekt wird in Abbildung 3.23 dargestellt. Hier ist zu berücksichtigen, dass die Verbraucherin bei einem durch den Markt bestimmten Benzinpreis von \$1 pro Gallone in der Lage gewesen wäre, bis zu 20.000 Gallonen Benzin pro Jahr zu kaufen – daher auch die ursprüngliche Budgetgerade. Bei der Variante mit Rationierung entscheidet sie sich, die maximal zulässigen 2.000 Gallonen pro Jahr zu kaufen, und erreicht somit die Indifferenzkurve U_1. Nun sei angenommen, dass der Wettbewerbspreis nicht \$1,00, sondern \$2,00 betragen hätte. In diesem Fall wäre die relevante Budgetgerade nunmehr die mit einem maximalen Benzinverbrauch von nur 10.000 Gallonen pro Jahr verbundene Gerade und ohne die Rationierung würde die Verbraucherin den Punkt *F* wählen, der unter der Indifferenzkurve U_1 liegt. (Im Punkt *F* kauft sie 3.000 Gallonen Benzin und kann \$14.000 für andere Güter ausgeben.)

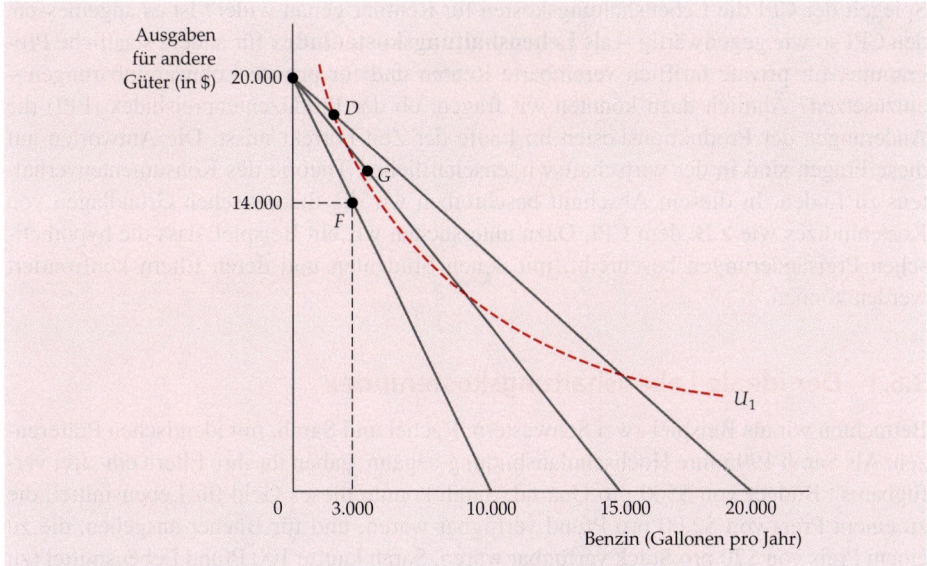

Abbildung 3.23: Vergleich zwischen der Benzinrationierung und dem freien Markt
Durch die Rationierung werden einige Verbraucher schlechter gestellt, während andere Verbraucher besser gestellt werden. Bei bestehender Rationierung und einem Benzinpreis von $1,00, kauft die Verbraucherin die maximal zulässigen 2.000 Gallonen pro Jahr. Damit befindet sie sich auf der Indifferenzkurve U_1. Läge der Wettbewerbspreis ohne Rationierung bei $2,00, hätte sie den Punkt F gewählt, der unterhalb der Indifferenzkurve U_1 liegt. Bei einem Benzinpreis von nur $1,33 pro Gallone hätte sie den Punkt G gewählt, der über der Indifferenzkurve U_1 liegt.

An dieser Stelle sei nun aber betrachtet, was passieren würde, wenn der Benzinpreis nur $1,33 pro Gallone beträgt. In diesem Fall wäre die relevante Budgetgerade die mit einem maximalen Verbrauch von circa 15.000 Gallonen pro Jahr verbundene Gerade ($20.000/$1,33). Dann würde die Verbraucherin einen Punkt wie G auswählen, in dem sie mehr als 3.000 Gallonen Benzin kauft und mehr als $14.000 für andere Güter ausgeben kann. In diesem Fall würde sie sich ohne die Rationierung besser stellen, da der Punkt G über der Indifferenzkurve U_1 liegt. Deshalb können wir schlussfolgern, dass, auch wenn die Rationierung eine weniger effiziente Methode der Zuteilung von Gütern und Leistungen bildet, sich einige Personen bei einem gegebenen System der Rationierung durchaus besser stellen können, während andere zwangsläufig schlechter gestellt werden.

*3.6 Indizes der Lebenshaltungskosten

Das System der Sozialversicherung ist bereits seit einiger Zeit Thema hitziger Debatten. Nach dem gegenwärtigen System erhält ein Rentner eine jährliche Leistung, die anfänglich zum Zeitpunkt des Beginns des Ruhestandes bestimmt wird und auf der Arbeitskarriere des betreffenden Rentners bzw. der betreffenden Rentnerin beruht. Die Leistung erhöht sich dann jährlich analog zur Steigerungsrate des Verbraucherpreisindexes (CPI).

> In § 1.3 wurde der **Verbraucherpreisindex** als Maß zur Messung der Preisniveauentwicklung für den gesamten Warenkorb eines „typischen" Konsumenten eingeführt. Deshalb geben Änderungen im Verbraucherpreisindex auch die Inflationsrate an.

3 Das Verbraucherverhalten

Lebenshaltungs-kostenindex

Verhältnis der gegenwärtigen Kosten eines typischen Bündels von Konsumgütern und Dienstleistungen im Vergleich zu den Kosten während eines Basiszeitraums.

In § 1.3 wurde erklärt, dass der Produzentenpreisindex (PPI) ein Maß des Gesamtpreisniveaus von Zwischenprodukten und Großhandelswaren bietet.

Spiegelt der CPI die Lebenshaltungskosten für Rentner genau wider? Ist es angemessen, den CPI so wie gegenwärtig – als **Lebenshaltungskostenindex** für andere staatliche Programme, für private tariflich vereinbarte Renten und für private Lohnvereinbarungen – einzusetzen? Ähnlich dazu könnten wir fragen, ob der Produzentenpreisindex (PPI) die Änderungen der Produktionskosten im Laufe der Zeit korrekt misst. Die Antworten auf diese Fragen sind in der wirtschaftswissenschaftlichen Theorie des Konsumentenverhaltens zu finden. In diesem Abschnitt beschreiben wir die theoretischen Grundlagen von Kostenindizes wie z.B. dem CPI. Dazu untersuchen wir ein Beispiel, dass die hypothetischen Preisänderungen beschreibt, mit denen Studenten und deren Eltern konfrontiert werden können.

3.6.1 Der ideale Lebenshaltungskostenindex

Betrachten wir als Beispiel zwei Schwestern, Rachel und Sarah, mit identischen Präferenzen. Als Sarah 1995 ihre Hochschulausbildung begann, gaben ihr ihre Eltern ein „frei verfügbares" Budget von $500 pro Quartal. Sarah konnte dieses Geld für Lebensmittel, die zu einem Preis von $2,00 pro Pfund verfügbar waren, und für Bücher ausgeben, die zu einem Preis von $20 pro Stück verfügbar waren. Sarah kaufte 100 Pfund Lebensmittel (zu einem Preis von $200) und 15 Bücher (zu einem Preis von $300). Zehn Jahre später, im Jahr 2005, als Rachel (die in der Zwischenzeit gearbeitet hat) eine Hochschulausbildung beginnen will, versprechen ihr ihre Eltern ein Budget, das der Kaufkraft des Budgets ihrer älteren Schwester entspricht. Unglücklicherweise sind die Preise in der Stadt, in der sich die Hochschule befindet, gestiegen, so dass Lebensmittel nun $2,20 pro Pfund und Bücher $100 pro Stück kosten. Um wie viel muss das frei verfügbare Budget erhöht werden, damit Rachel im Jahr 2005 genauso gut gestellt ist, wie ihre Schwester es im Jahr 1995 war? In Tabelle 3.3 werden die relevanten Informationen zusammengefasst; Abbildung 3.24 liefert die Antwort auf diese Frage.

Tabelle 3.3

Der Lebenshaltungskostenindex

	1995 (Sarah)	2005 (Rachel)
Preis für Bücher	$20/Buch	$100/Buch
Anzahl Bücher	15	6
Preis für Lebensmittel	$2,00/Pfund	$2,20/Pfund
Pfund Lebensmittel	100	300
Ausgaben	$500	$1.260

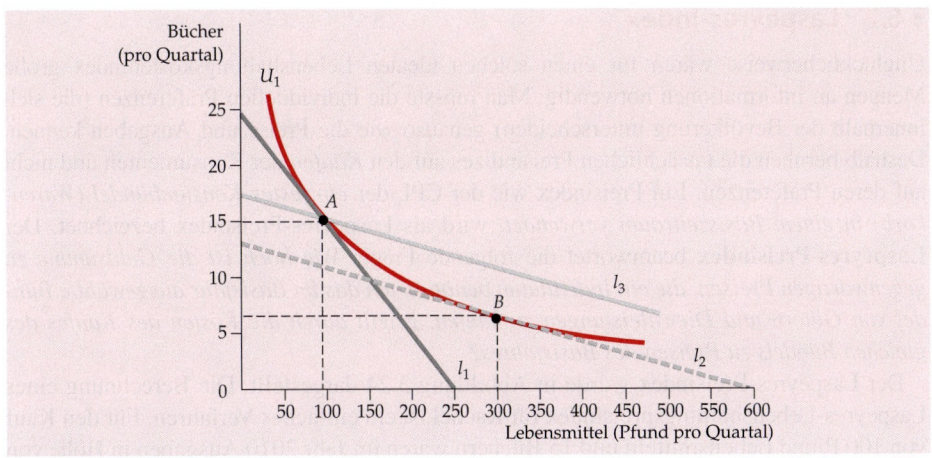

Abbildung 3.24: Lebenshaltungskostenindizes
Ein Lebenshaltungskostenindex, der die Kosten des Kaufes eines Warenbündels *A* zu gegenwärtigen Preisen im Vergleich zu den Kosten des Bündels *A* zu Preisen des Basisjahres darstellt, überschätzt den idealen Lebenshaltungskostenindex.

Die anfängliche Budgetgerade, mit der Sarah 1995 konfrontiert wurde, wird durch die Gerade l_1 in Abbildung 3.24 angegeben; ihre nutzenmaximierende Kombination von Lebensmitteln und Büchern befindet sich in Punkt *A* auf der Indifferenzkurve U_1. Wir können überprüfen, dass die Kosten für die Erreichung dieses Nutzenniveaus wie in der Tabelle angegeben $500 betragen:

$$\$500 = 100 \text{ Pfund Lebensmittel} \times \$2{,}00/\text{Pfund} + 15 \text{ Bücher} \times \$20/\text{Buch}$$

Wie in Abbildung 3.24 dargestellt, benötigt Rachel, um das gleiche Nutzenniveau wie Sarah zu erreichen, während sie mit höheren Preisen konfrontiert wird, ein Budget, das für den Kauf des durch Punkt *B* auf der Geraden l_2 angegebenen (und die Indifferenzkurve U_1 berührenden) Lebensmittel-Bücher-Bündels, bei dem sie 300 Pfund Lebensmittel und sechs Bücher erwirbt, ausreicht. Dabei ist zu beachten, dass Rachel dabei die Tatsache berücksichtigt hat, dass sich der Preis für Bücher im Vergleich zum Lebensmittelpreis erhöht hat. Aufgrund dessen hat Rachel ihren Konsum in Richtung der Lebensmittel und weg von den Büchern verschoben.

Die Kosten, zu denen Rachel das gleiche Nutzenniveau wie Sarah erreichen kann, werden durch die folgende Gleichung angegeben:

$$\$1.260 = 300 \text{ Pfund Lebensmittel} \times \$2{,}20/\text{Pfund} + 6 \text{ Bücher} \times \$100/\text{Buch}$$

Folglich beträgt die ideale *Lebenshaltungskostenanpassung* für Rachel $760 (die sich aus den $1.260 minus der $500, die Sarah zur Verfügung gestellt wurden, zusammensetzt). Der ideale Lebenshaltungskostenindex lautet:

$$\$1.260/\$500 = 2{,}52$$

Für diesen Index ist ein Basisjahr notwendig, das wir für 2000 = 100 festlegen, so dass der Wert des Index im Jahr 2010 bei 252 liegt. Ein Wert von 252 gibt einen Anstieg der Lebenshaltungskosten um 152 Prozent an, wogegen ein Wert von 100 angeben würde, dass die Lebenshaltungskosten sich nicht verändert haben. Dieser **ideale Lebenshaltungskostenindex** stellt die Ausgaben für das Erzielen eines bestimmten Nutzenniveaus zu gegenwärtigen Preisen (des Jahres 2010) im Vergleich zu den Ausgaben für das Erreichen des gleichen Nutzenniveaus zu Preisen des Basisjahres (2000) dar.

Idealer Lebenshaltungskostenindex

Ausgaben für das Erzielen eines bestimmten Nutzenniveaus zu gegenwärtigen Preisen im Vergleich zu den Ausgaben für das Erzielen des gleichen Nutzenniveaus zu Preisen eines Basisjahres.

3.6.2 Laspeyres-Index

Laspeyres-Preisindex

Geldsumme zu gegenwärtigen Preisen, die ein Individuum für den Kauf eines im Basisjahr ausgewählten Bündels von Gütern und Dienstleistungen benötigt, geteilt durch die Kosten des Kaufes des gleichen Bündels zu Preisen des Basisjahres.

Unglücklicherweise wären für einen solchen idealen Lebenshaltungskostenindex große Mengen an Informationen notwendig. Man müsste die individuellen Präferenzen (die sich innerhalb der Bevölkerung unterscheiden) genauso wie die Preise und Ausgaben kennen. Deshalb beruhen die tatsächlichen Preisindizes auf den *Käufen* der Konsumenten und nicht auf deren Präferenzen. Ein Preisindex wie der CPI, der *ein festes Konsumbündel (Warenkorb) in einem Basiszeitraum verwendet*, wird als Laspeyres-Preisindex bezeichnet. Der **Laspeyres-Preisindex** beantwortet die folgende Frage: *Wie hoch ist die Geldsumme zu gegenwärtigen Preisen, die ein Individuum benötigt, um das im Basisjahr ausgewählte Bündel von Gütern und Dienstleistungen zu kaufen, geteilt durch die Kosten des Kaufes des gleichen Bündels zu Preisen des Basisjahres?*

Der Laspeyres-Preisindex wurde in Abbildung 3.24 dargestellt. Die Berechnung eines Laspeyres-Lebenshaltungspreisindex für Rachel ist ein einfaches Verfahren. Für den Kauf von 100 Pfund Lebensmitteln und 15 Büchern wären im Jahr 2010 Ausgaben in Höhe von \$1.720 (100 × \$2,20 + 15 × \$100) notwendig. Mit diesen Ausgaben könnte Rachel das Warenbündel A auf der Budgetgeraden l_3 (oder jedes andere Warenbündel auf dieser Geraden) auswählen. Die Gerade l_3 wurde konstruiert, indem die Gerade l_2 so lange nach außen verschoben wurde, bis sie Punkt A schnitt. Dabei ist zu beachten, dass l_3 die Budgetgerade ist, mit der Rachel zu gegenwärtigen Preisen des Jahres 2010 das gleiche Konsumbündel wie ihre Schwester im Jahr 2000 kaufen kann. Um die erhöhten Lebenshaltungskosten für Rachel auszugleichen, muss ihr frei verfügbares Budget um \$1.220 aufgestockt werden. Wenn wir für das Jahr 2000 als Basis 100 wählen, lautet der Laspeyres-Index für das Jahr folglich:

$$100 \times \$1.720/\$500 = 344$$

Vergleich von idealen Lebenshaltungskosten- und Laspeyres-Indizes In unserem Beispiel ist der Laspeyres-Preisindex offensichtlich viel höher als der ideale Preisindex. Übertreibt ein Laspeyres-Preisindex immer den tatsächlichen Lebenshaltungskostenindex? Wie in Abbildung 3.24 zu erkennen ist, lautet die Antwort auf diese Frage ja. Nehmen wir an, dass Rachel während des Basisjahres 2000 das mit der Budgetgeraden l_3 verbundene Budget erhalten hat. In diesem Fall könnte sie Warenkorb A auswählen, sie könnte allerdings offensichtlich durch den Kauf größerer Mengen Lebensmittel und geringerer Mengen Bücher (durch eine Bewegung auf der Budgetgeraden l_3 nach rechts) ein höheres Nutzenniveau erreichen. Da durch A und B der gleiche Nutzen geschaffen wird, folgt daraus, dass Rachel durch eine Laspeyres-Lebenshaltungskostenanpassung besser gestellt wird als durch eine ideale Anpassung. Durch den Laspeyres-Index werden die höheren Lebenshaltungskosten für Rachel überkompensiert; folglich ist der Laspeyres-Lebenshaltungskostenindex höher als der ideale Lebenshaltungskostenindex.

Dieses Ergebnis trifft allgemein zu und betrifft den CPI im Besonderen. Warum ist dies der Fall? *Weil der Laspeyres-Index auf der Annahme beruht, dass die Konsumenten bei Preisänderungen ihr Konsumverhalten nicht ändern.* Allerdings können die Konsumenten durch Änderungen des Konsums – durch mehr Käufe von Artikeln, die verhältnismäßig billiger geworden sind, und durch weniger Käufe von Artikeln, die verhältnismäßig teurer geworden sind – das gleiche Nutzenniveau erreichen, ohne weiterhin das gleiche Warenbündel wie vor der Preisänderung konsumieren zu müssen.

3.6.3 Der Paasche-Index

Ein weiterer weit verbreiteter Index zur Messung der Preisentwicklung der Ausgaben zur Lebenshaltung ist der *Paasche-Index*. Anders als der Laspeyres-Index, der sich auf die Ausgaben für den Kauf eines Warenbündels aus dem Basisjahr konzentriert, betont der **Paasche-Index** die Ausgaben für den Kauf eines *Warenbündels des gegenwärtigen Jahres*. Insbesondere wird durch den Paasche-Index eine weitere Frage beantwortet: *Wie hoch ist die Geldsumme zu Preisen des gegenwärtigen Jahres, die ein Individuum benötigt, um das gegenwärtige Bündel von Waren und Dienstleistungen zu kaufen, geteilt durch die Geldsumme für den Kauf des gleichen Warenbündels in einem Basisjahr?*

> **Paasche-Index**
> Geldsumme zu gegenwärtigen Preisen, die ein Individuum benötigt, um ein gegenwärtiges Bündel von Gütern und Dienstleistungen zu kaufen, geteilt durch die Kosten des Erwerbs des gleichen Warenbündels in einem Basisjahr.

Vergleich der Laspeyres- und Paasche-Indizes Ein Vergleich der Laspeyres- und Paasche-Lebenshaltungskostenindizes ist hilfreich.

- **Laspeyres-Index:** Die Geldsumme zu gegenwärtigen Preisen, die ein Individuum zum Kauf des *in einem Basisjahr gewählten* Bündels von Gütern und Dienstleistungen benötigt, geteilt durch die Geldsumme zum Erwerb des gleichen Bündels zu Preisen des Basisjahres.

- **Paasche-Index:** Die Geldsumme zu gegenwärtigen Preisen, die ein Individuum zum Kauf *des im gegenwärtigen Jahr gewählten Bündels* von Gütern und Dienstleistungen benötigt, geteilt durch die Ausgaben zum Erwerb des gleichen Bündels im Basisjahr.

Sowohl der Laspeyres-Index (LI) als auch der Paasche-Index (PI) sind **festgewichtete Indizes**: Die Mengen der verschiedenen Güter und Dienstleistungen in jedem Index bleiben unverändert. Beim Laspeyres-Index bleiben die Mengen allerdings auf dem *Niveau des Basisjahres* unverändert, während sie beim Paasche-Index auf dem *Niveau des gegenwärtigen Jahres* unverändert bleiben. Nehmen wir allgemein an, dass es zwei Güter, Lebensmittel (F) und Bekleidung (C), gibt. Dabei gilt:

> **Festgewichteter Index**
> Lebenshaltungskostenindex, bei dem die Mengen der Güter und Dienstleistungen unverändert bleiben.

P_{Ft} und P_{Ct} sind die Preise des gegenwärtigen Jahres.
P_{Fb} und P_{Cb} sind die Preise des Basisjahres.
F_t und C_t sind die Mengen des gegenwärtigen Jahres.
F_b und C_b sind die Mengen des Basisjahres.

Die beiden Indizes können wie folgt geschrieben werden:

$$LI = \frac{P_{Ft}F_b + P_{Ct}C_b}{P_{Fb}F_b + P_{Cb}C_b}$$

$$PI = \frac{P_{Ft}F_t + P_{Ct}C_t}{P_{Fb}F_t + P_{Cb}C_t}$$

Genauso wie der Laspeyres-Index den idealen Lebenshaltungskostenindex übertreibt, untertreibt der Paasche-Index diesen, da er auf der Annahme beruht, dass das Individuum das Warenbündel des gegenwärtigen Jahres in einem Basiszeitraum kauft. Tatsächlich wären die mit den Preisen des Basisjahres konfrontierten Konsumenten allerdings in der Lage gewesen, durch eine Änderung ihrer Konsumbündel das gleiche Nutzenniveau zu niedrigeren Kosten zu erreichen. Da der Paasche-Index das Verhältnis der Kosten des Kaufes des gegenwärtigen Warenbündels geteilt durch die Kosten des Warenbündels des Basisjahres darstellt, wobei die Kosten des Bündels des Basisjahres (der Nenner in der Verhältnisbeziehung) übertrieben werden, wird der Paasche-Index selbst untertrieben.

Um den Vergleich des Laspeyres- und des Paasche-Index zu illustrieren, kehren wir zu unserem früheren Beispiel zurück und betrachten Sarahs Entscheidungen für Bücher und Lebensmittel. Für Sarah (die 2000 eine Hochschulausbildung absolvierte) betrugen die Kosten des Kaufes des Basisjahrbündels von Büchern und Lebensmitteln zu gegenwärtigen Preisen $1.720 (100 Pfund × $2,20/Pfund + 15 Bücher × $100/Buch). Die Kosten des Kaufes des gleichen Bündels zu Preisen des Basisjahres betragen $500 (100 Pfund × $2/Pfund + 15 Bücher × $20/Buch). Folglich beträgt der Laspeyres-Index LI, wie bereits oben dargestellt, 100 × $1.720/$500 = 344. Desgleichen betragen die Kosten des Kaufes des Bündels des gegenwärtigen Jahres zu gegenwärtigen Preisen $1.260 (300 Pfund × $2,20/Pfund + 6 Bücher × $100/Buch). Die Kosten des Kaufes des gleichen Bündels zu Basisjahrpreisen betragen $720 (300 Pfund × $2/Pfund + 6 Bücher × $20/Buch). Folglich lautet der Paasche-Index PI: 100 × $1.260/$720 = 175. Wie erwartet ist der Paasche-Index niedriger als der Laspeyres-Index und niedriger als der ideale Index von 252.

3.6.4 Preisindizes in den Vereinigten Staaten: Kettengewichtung

In der Vergangenheit wurden sowohl der CPI als auch der PPI als Laspeyres-Preisindizes gemessen. Der Gesamt-CPI wurde monatlich durch das US-amerikanische Bundesamt für Arbeitsmarktstatistik als Verhältnis der Kosten eines typischen Bündels aus Konsumgütern und Dienstleistungen zu den Kosten eines Basiszeitraums berechnet. Für den CPI für eine bestimmte Kategorie von Waren und Dienstleistungen (z.B. Wohnungen) wird ein Bündel von Gütern und Dienstleistungen aus der entsprechenden Kategorie verwendet. Ähnliche Berechnungen wurden mit Bündeln aus Zwischen- und Großhandelsprodukten für den PPI durchgeführt.

Es wurde aufgezeigt, dass der Laspeyres-Index den Betrag überbewertet, der notwendig ist, um Preissteigerungen für Individuen auszugleichen. Im Hinblick auf die Sozialhilfe und staatliche Programme bedeutet dies, dass durch die Verwendung des CPI mit Basisgewichtungen zur Anpassung von Renten diese bei den meisten Empfängern tendenziell zu hoch ausfallen würde und somit höhere staatliche Aufwendungen notwendig würden.

Obwohl den Volkswirten dieses Problem seit Jahren bekannt war, nahm die Unzufriedenheit mit dem Laspeyres-Index erst mit den Energiepreisschocks der 1970er, den Schwankungen der Lebensmittelpreise in der jüngeren Vergangenheit und den Sorgen im Zusammenhang mit dem Defizit des Bundeshaushalts zu. So wurde beispielsweise geschätzt, dass die Nichtberücksichtigung der Änderungen des Konsumverhaltens bei Computerkäufen als Reaktion auf die drastischen Rückgänge der Computerpreise dazu geführt hat, dass der CPI die Lebenshaltungskosten beträchtlich übertrieben hat.

Aus diesem Grund hat der amerikanische Staat die Konstruktion des CPI und des PPI durch den Wechsel von einem einfachen Laspeyres-Index zu einem Index geändert, in dem die Basisgewichtungen jeweils nach einigen Jahren aktualisiert werden. Ein **kettengewichteter Index** ist ein Lebenshaltungskostenindex, der Änderungen der Mengen von Gütern und Dienstleistungen im Laufe der Zeit berücksichtigt. Die Kettengewichtung war für die USA allerdings nicht neu. Sie wurde 1995 zur Verbesserung des BIP-Deflators, eines zur Preisbereinigung des Bruttoinlandsproduktes (BIP) verwendeten Paasche-Preisindexes, mit dem eine Schätzung des realen BIP (inflationsbereinigten BIP) ermittelt werden soll, einge-

---

Kettengewichteter Preisindex

Lebenshaltungskostenindex, der die Änderungen der Mengen der Güter und Dienstleistungen berücksichtigt.

führt.[13] Die Verwendung kettengewichteter Versionen des CPI, PPI und BIP-Deflators hat die mit der Verwendung einfacher Laspeyres- und Paasche-Indizes verbundene Übertreibung reduziert. Da allerdings die Gewichte nur selten verändert werden, sind diese Unausgewogenheiten nicht vollständig beseitigt worden.[14]

Beispiel 3.8: Die Überschätzung des CPI

Im letzten Jahrzehnt sind die Sorgen der Öffentlichkeit im Hinblick auf die Liquidität des Sozialversicherungssystems gestiegen. Dabei besteht das umstrittene Thema in der Tatsache, dass die Rentenleistungen mit dem Verbraucherpreisindex verknüpft sind. Da es sich beim CPI um einen Laspeyres-Index handelt und dieser folglich die Lebenshaltungskosten beträchtlich überschätzen kann, hat der Kongress einige Wissenschaftler beauftragt, diese Frage zu untersuchen.

Eine Kommission unter Vorsitz von Michael Boskin, Professor an der Stanford-Universität, kam zu der Schlussfolgerung, dass der CPI die Preisniveauentwicklung um ca. 1,1 Prozent übertreibt – was angesichts der vergleichsweise niedrigen Inflationsrate der letzten Jahre in den USA einen beträchtlichen Betrag darstellt.[15] Der Kommission zufolge waren im Laspeyres-Index ungefähr 0,4 Prozentpunkte der Überschätzung des CPI in Höhe von 1,1 Prozent der Nichtberücksichtigung von Änderungen des Konsums von Produkten im Warenbündel des Basisjahres zuzuschreiben. Der Rest dieser Überschätzung war auf die Nichtberücksichtigung der zunehmenden Verbreitung von Discount-Märkten (ca. 0,1 Prozentpunkte), der Verbesserung der Qualität bestehender Produkte und, am wichtigsten, der Einführung neuer Produkte (0,6 Prozent) in diesem Index zurückzuführen.

Die Überschätzung des CPI war besonders akut bei der Bewertung der Ausgaben für die medizinische Versorgung. Von 1986 bis 1996 betrug die durchschnittliche Steigerung des CPI 3,6 Prozent, während die medizinische Komponente des CPI mit einer durchschnittlichen jährlichen Rate von 6,5 Prozent pro Jahr stieg. Folglich wird die gesamte Verzerrung des Krankenversicherungsanteils im CPI auf ungefähr 3,1 Prozentpunkte jährlich geschätzt. Diese Überschätzung hat enorme politische Auswirkungen, da die Nation um eine Begrenzung der Kosten für die medizinische Versorgung und die Sicherstellung der Gesundheitsfürsorge für eine immer ältere Bevölkerung kämpft.[16]

Könnte die Überschätzung des CPI insgesamt oder zum Teil beseitigt werden, würden dadurch die Ausgaben für eine Reihe bundesstaatlicher Programme (genauso wie natürlich auch die dementsprechenden Leistungen an die anspruchsberechtigten Leistungsempfänger dieser Programme) beträchtlich gesenkt. ▶

---

13 Zu den neuesten Änderungen im CPI und PPI siehe *http://www.bls.gov/cpi* und *http://www.bls.gov/ppi*. Zu Informationen zur Berechnung des realen BIP siehe *http://www.bea.gov*.

14 Die unzureichende Berücksichtigung von neu entwickelten Waren bzw. von Verbesserungen der Qualität bestehender Waren bildet weitere Quellen von Überschätzungen im Hinblick auf den CPI und PPI.

15 Michael J. Boskin, Ellen R. Dulberger, Robert J. Gordon, Zvi Griliches und Dale W. Jorgenson, „The CPI Commission: Findings and Recommendations", *American Economic Review* 87 (Mai, 1997): 78–93.

16 Für weitere Informationen siehe die Kapitel 1 und 2 in *Measuring the Prices of Medical Treatments*, Jack E. Triplett, Hrsg., Washington, D.C.: Brookins Institution Press, 1999 (*http://brookings.nap.edu/*).

Neben der Sozialversicherung umfassen die davon betroffenen Programme bundesstaatliche Pensionsprogramme (für Bahnbeschäftigte und Militärveteranen), die ergänzende Sozialhilfe (Einkommensbeihilfen für Arme), Lebensmittelmarken und Beihilfen zur Kinderernährung. Einer Studie zufolge könnte durch einen geringeren Anstieg des CPI um einen Prozentpunkt bundesweite Einsparungen erzielt werden; dadurch würde die Staatsverschuldung um $95 Milliarden Dollar pro Jahr ausgedrückt in Dollar des Jahres 2000 reduziert werden.[17]

Darüber hinaus werden die Auswirkungen von Berichtigungen des CPI nicht auf die Ausgabenseite des Bundeshaushalts beschränkt sein. Da die Steuerklassen für die persönliche Einkommenssteuer inflationsbereinigt werden, würde eine Anpassung des CPI, durch den die Rate des gemessenen Preisniveauanstieges reduziert wird, eine geringfügige Berichtigung der Steuerklassen nach oben notwendig machen und somit zu einer Erhöhung der bundesstaatlichen Steuereinnahmen führen.

ZUSAMMENFASSUNG

1. Die Theorie der Verbraucherentscheidung beruht auf der Annahme, dass die Menschen sich bei dem Versuch, die Befriedigung zu maximieren, die sie durch den Kauf bestimmter Kombinationen von Gütern und Dienstleistungen erzielen können, rational verhalten.

2. Die Verbraucherentscheidung umfasst zwei miteinander verknüpfte Teile: die Analyse der Konsumentenpräferenzen und die Untersuchung der Budgetgeraden, die die Entscheidungen beschränkt, die von einer Person getroffen werden können.

3. Die Konsumenten treffen ihre Entscheidungen durch den Vergleich von Warenkörben oder Güterbündeln. Die Präferenzen werden als vollständig (die Konsumenten können alle möglichen Warenkörbe vergleichen.) und transitiv angenommen (wenn Warenkorb *A* Warenkorb *B* und *B* gegenüber *C* vorgezogen wird, so wird *A* auch gegenüber *C* vorgezogen). Außerdem gehen die Wirtschaftswissenschaftler von der Annahme aus, dass eine größere Menge eines Gutes stets einer kleineren Menge vorgezogen wird.

4. Indifferenzkurven, die sämtliche Kombinationen von Gütern und Dienstleistungen darstellen, durch die das gleiche Befriedigungsniveau erreicht wird, sind negativ geneigt und dürfen einander nicht schneiden.

5. Die Verbraucherpräferenzen können mit Hilfe einer Menge von Indifferenzkurven, die als Indifferenzkurvenschar bezeichnet wird, vollständig beschrieben werden. Eine Indifferenzkurvenschar liefert eine ordinale Rangordnung sämtlicher Entscheidungen, die ein Konsument treffen kann.

---

17 Michael F. Bryan und Jagadeesh Gokhale, „The Consumer Price Index and National Savings", *Economic Commentary* (15. Oktober 1995) unter http://www.clev.frb.org/research/. Die Daten sind mit Hilfe des BIP Deflationierungsfaktors nach oben korrigiert worden.

6. Bei der Grenzrate der Substitution (GRS) von C durch F handelt es sich um die maximale Menge C, auf die eine Person zu verzichten bereit ist, um eine zusätzliche Einheit F zu erhalten. Die GRS verringert sich, wenn man sich entlang der Indifferenzkurve nach unten bewegt. Gibt es eine abnehmende GRS, sind die Präferenzen konvex.

7. Die Budgetgeraden stellen sämtliche Kombinationen von Gütern dar, für die die Verbraucher ihr gesamtes Einkommen ausgeben. Als Reaktion auf eine Erhöhung des Einkommens der Konsumenten verschieben sich die Budgetgeraden nach außen. Verändert sich der Preis eines Gutes (auf der horizontalen Achse), während das Einkommen und der Preis des anderen Gutes sich nicht ändern, drehen sich die Budgetgeraden um einen festen Punkt (auf der vertikalen Achse).

8. Die Konsumenten maximieren ihre Befriedigung in Abhängigkeit von bestimmten Budgetbeschränkungen. Maximiert ein Konsument seine Befriedigung durch den Konsum einer gewissen Menge beider Güter, ist die Grenzrate der Substitution gleich dem Verhältnis der Preise der beiden gekauften Güter.

9. Die Maximierung wird mitunter durch eine Randlösung erreicht, bei der ein Gut nicht konsumiert wird. In solchen Fällen ist die Grenzrate der Substitution nicht gleich dem Verhältnis der Preise.

10. Die Theorie der offenbarten Präferenzen zeigt, wie die Entscheidungen, die von Personen bei Preis- und Einkommensänderungen getroffen werden, eingesetzt werden können, um deren Präferenzen zu bestimmen. Wenn eine Person Warenkorb A auswählt, obwohl sie sich auch B leisten könnte, wissen wir, dass A gegenüber B vorgezogen wird.

11. Die Verbrauchertheorie kann durch zwei verschiedene Ansätze dargestellt werden. Der Ansatz der Indifferenzkurven verwendet die ordinalen Nutzeneigenschaften (d.h. er ermöglicht die Rangordnung von Alternativen). Der Ansatz der Nutzenfunktion erzielt eine Nutzenfunktion durch die Zuordnung einer Zahl zu jedem Warenkorb; wenn Warenkorb A Warenkorb B vorgezogen wird, wird mit A ein größerer Nutzen erzielt als mit B.

12. Bei der Analyse risikobehafteter Entscheidungen bzw. bei Vergleichen zwischen Individuen können die kardinalen Eigenschaften der Nutzenfunktion von Bedeutung sein. Normalerweise weist die Nutzenfunktion einen abnehmenden Grenznutzen auf: Werden immer größere Mengen eines Gutes konsumiert, erzielt der Konsument daraus immer kleinere Nutzenzuwächse.

13. Wenn der Ansatz der Nutzenfunktionen verwendet wird und beide Güter konsumiert werden, tritt die Nutzenmaximierung ein, wenn das Verhältnis der Grenznutzen der beiden Güter (wobei es sich um die Grenzrate der Substitution handelt) gleich dem Verhältnis der Preise ist.

14. In Kriegszeiten oder während anderer Krisen rationieren Regierungen mitunter Lebensmittel, Benzin oder andere Produkte, um einen Anstieg der Preise bis auf wettbewerbliche Niveaus zu vermeiden. Dabei wird manchmal eine nicht über die Preise vorgenommene Rationierung als gerechter wahrgenommen als die unbeschränkten Marktkräfte.

15. Ein idealer Lebenshaltungskostenindex misst die Kosten des Kaufes eines Warenbündels zu gegenwärtigen Preisen, mit dem das gleiche *Nutzenniveau* erreicht wird wie durch das zu Preisen des Basisjahres erworbene Warenbündel. Der Laspeyres-Preisindex stellt allerdings die Kosten des Kaufes des im Basisjahr ausgewählten Warenbündels zu gegenwärtigen Preisen im Vergleich zu den Kosten des Kaufes *des gleichen Warenbündels* zu Preisen des Basisjahres dar. Auch der CPI übertreibt selbst mit Kettengewichtung den idealen Lebenshaltungskostenindex. Im Gegensatz dazu misst der Paasche-Index die Kosten des Kaufes eines im gegenwärtigen Jahr ausgewählten Warenbündels zu gegenwärtigen Preisen geteilt durch die Kosten des gleichen Bündels zu Preisen des Basisjahres. Folglich untertreibt er die Kosten des idealen Lebenshaltungskostenindex.

ZUSAMMENFASSUNG

Kontrollfragen

1. Wie lauten die vier grundlegenden Annahmen die individuellen Präferenzen betreffend? Erklären Sie die Wichtigkeit bzw. Bedeutung jeder dieser Präferenzen.
2. Kann eine Indifferenzkurvenschar positiv geneigt sein? Wenn dies der Fall ist, was würde dies über die beiden Güter aussagen?
3. Erklären Sie, warum sich zwei Indifferenzkurven nicht schneiden können.
4. Jon ist immer bereit, eine Dose Coca Cola durch eine Dose Sprite auszutauschen und umgekehrt.
   a. Was können Sie über Jons Grenzrate der Substitution aussagen?
   b. Zeichnen Sie eine Indifferenzkurvenschar für Jon.
   c. Zeichnen Sie zwei Budgetgeraden mit unterschiedlichen Steigungen und stellen Sie die die Befriedigung maximierende Entscheidung dar. Welche Schlussfolgerung können Sie daraus ziehen?
5. Was geschieht mit der Grenzrate der Substitution, wenn wir uns entlang einer konvexen Indifferenzkurve bewegen? Was geschieht mit der GRS, wenn wir uns entlang einer linearen Indifferenzkurve bewegen?
6. Erklären Sie, warum die GRS zwischen zwei Gütern gleich dem Verhältnis der Preise sein muss, damit der Konsument seine Befriedigung maximiert.
7. Beschreiben Sie die Indifferenzkurven für zwei Güter, die vollkommene Substitutionsgüter sind. Beschreiben Sie die Indifferenzkurven für vollkommene Komplementärgüter.
8. Worin liegt der Unterschied zwischen ordinalem Nutzen und kardinalem Nutzen? Erklären Sie, warum die Annahme des kardinalen Nutzens für die Rangordnung der Verbraucherentscheidungen nicht notwendig ist.
9. Beim Zusammenschluss mit der westdeutschen Volkswirtschaft zeigten die ostdeutschen Konsumenten eine Präferenz für Mercedes-Benz-Fahrzeuge gegenüber Volkswagen. Als sie allerdings ihre Ersparnisse in D-Mark umgetauscht hatten, strömten sie zu den Volkswagen-Händlern. Wie können sie dieses offensichtliche Paradoxon erklären?

10. Zeichnen Sie eine Budgetgerade und anschließend eine Indifferenzkurve, um die die Befriedigung maximierende Entscheidung über den Kauf von zwei Gütern darzustellen. Ziehen Sie zur Beantwortung der folgenden Fragen Ihr Diagramm heran.
    a. Nehmen wir an, dass eines der Produkte rationiert wird. Erklären Sie, warum der Verbraucher wahrscheinlich schlechter gestellt wird.
    b. Nehmen wir an, dass der Preis für eines der Produkte auf einem Niveau unterhalb des Marktpreises festgelegt ist. Infolgedessen kann der Verbraucher nicht so viel kaufen, wie er möchte. Können Sie bestimmen, ob der Verbraucher besser oder schlechter gestellt ist?
11. Beschreiben Sie das Marginalprinzip. Erklären Sie, warum dieses Prinzip nicht zutrifft, wenn mit dem Konsum eines bzw. beider Güter ein zunehmender Grenznutzen verbunden ist.
12. Während der letzten zwanzig Jahre sind die Computerpreise beträchtlich gefallen. Verwenden Sie diesen Preisrückgang, um zu erklären, warum der Verbraucherpreisindex wahrscheinlich den Lebenshaltungskostenindex für Personen, die Computer intensiv nutzen, beträchtlich übertreibt.
13. Erklären Sie, warum der Paasche-Index in der Regel den allgemeinen Lebenshaltungskostenindex untertreibt.

Die Kontrollfragen samt Lösungen sowie weitere kapitelbegleitende Inhalte finden Sie im MyLab.

Übungen

1. In diesem Kapitel haben sich die Konsumentenpräferenzen für verschiedene Güter während der Analyse nicht geändert. Allerdings ändern sich die Präferenzen in machen Situationen während des Konsums. Erörtern Sie, warum und wie sich die Präferenzen im Laufe der Zeit beim Konsum der folgenden beiden Waren ändern könnten:
    a. Zigaretten
    b. das erste Abendessen in einem Restaurant mit besonderer Küche
2. Zeichnen Sie die Indifferenzkurven für die Präferenzen der folgenden Individuen im Hinblick auf zwei Güter: Hamburger und alkoholfreie Getränke. Geben Sie die Richtung an, in der die Befriedigung (der Nutzen) der betreffenden Person zunimmt.
    a. Joe hat konvexe Indifferenzkurven und mag sowohl Hamburger als auch alkoholfreie Getränke nicht.
    b. Jane mag Hamburger, sie mag allerdings keine alkoholfreien Getränke. Wenn ihr ein solches Getränk serviert wird, wird sie es wegkippen.
    c. Bob mag Hamburger, aber er mag keine alkoholfreien Getränke. Wenn ihm ein solches Getränk serviert wird, trinkt er es aus Höflichkeit.
    d. Molly mag Hamburger und alkoholfreie Getränke, besteht aber darauf, auf zwei Hamburger, die sie isst, genau eine solche Limonade zu trinken.
    e. Bill mag Hamburger, die alkoholfreien Getränke mag er jedoch weder besonders, noch hat er eine besondere Abneigung gegen sie.
    f. Mary erzielt mit einem zusätzlichen Hamburger immer eine doppelt so hohe Befriedigung wie mit einem zusätzlichen alkoholfreien Getränk.
3. Wenn Jane gegenwärtig bereit ist, vier Kinokarten gegen eine Karte für ein Fußballspiel einzutauschen, muss sie Fußball mehr mögen als Kinofilme. Richtig oder falsch? Erklären Sie Ihre Antwort.
4. Janelle und Brian wollen jeweils €20.000 für die Eigenschaften Styling und Benzinverbrauch für ein neues Auto ausgeben. Sie können nur Styling, nur Benzinverbrauch oder eine Kombination der beiden Eigenschaften wählen. Für Janelle spielt das Styling überhaupt keine Rolle, sie will den bestmöglichen Benzinverbrauch. Für Brian sind beide Eigenschaften gleich wichtig und er will für beide einen jeweils gleich hohen Betrag ausgeben. Stellen Sie mit Hilfe der Indifferenzkurven und Budgetgeraden die Entscheidung dar, die jeder der beiden treffen wird.

5. Es sei angenommen, dass Bridget und Erin ihre Einkommen für zwei Güter, Lebensmittel (F) und Bekleidung (C) ausgeben. Bridgets Präferenzen werden durch die Nutzenfunktion $U(F,C) = 10FC$ gegeben, während Erins Präferenzen durch die Nutzenfunktion $U(F,C) = 0,2F^2C^2$ gegeben werden.
   a. Bestimmen Sie auf einer Kurve, bei der Lebensmittel auf der horizontalen und Bekleidung auf der vertikalen Achse abgetragen sind, die Menge von Punkten, bei denen Bridget das gleiche Nutzenniveau wie bei dem Bündel (10, 5) erzielt. Wiederholen Sie das Gleiche für Erin in einer separaten Kurve.
   b. Bestimmen Sie auf den beiden Kurven die Menge von Warenbündeln, bei denen Bridget und Erin das gleiche Nutzenniveau wie beim Bündel (15, 8) erzielen.
   c. Glauben Sie, dass Bridget und Erin die gleichen oder unterschiedliche Präferenzen aufweisen? Erläutern Sie Ihre Antwort.

6. Nehmen wir an Jones und Smith haben entschieden, jeweils €1.000 pro Jahr einem Etat für Unterhaltung in Form von Eishockeyspielen und Rockkonzerten zuzuweisen. Sie mögen beide Eishockeyspiele und Rockkonzerte und entscheiden sich für den Konsum positiver Mengen beider Güter. Sie unterscheiden sich allerdings in ihren Präferenzen für diese zwei Arten der Unterhaltung erheblich. Jones bevorzugt Eishockeyspiele gegenüber Rockkonzerten, während Smith Rockkonzerte gegenüber Eishockeyspielen vorzieht.
   a. Zeichnen Sie eine Indifferenzkurvenschar für Jones und eine weitere für Smith.
   b. Erklären Sie mit Hilfe des Konzeptes der Grenzrate der Substitution, warum die beiden Indifferenzkurvenscharen sich voneinander unterscheiden.

7. DVDs (D) kosten €20, und der Preis für CDs liegt bei €10. Philip hat ein Budget von €100 für die beiden Güter. Es sei angenommen, er hat bereits eine DVD und eine CD gekauft. Darüber hinaus gibt es drei weitere DVDs und fünf weitere CDs, die er wirklich gern kaufen würde.
   a. Zeichnen Sie seine Budgetgerade bei den oben genannten Preisen und dem oben genannten Einkommen in ein Diagramm ein, in dem die CDs auf der horizontalen Achse abgetragen sind.
   b. Bestimmen Sie die verschiedenen Bündel aus CDs und DVDs unter Berücksichtigung dessen, was er bereits gekauft hat, sowie dessen, was er noch kaufen möchte. Für diesen Teil der Aufgabe nehmen wir an, dass er keine Bruchteile von Einheiten kaufen kann.

8. Anne hat einen Job, bei dem sie in drei von vier Wochen reisen muss. Sie hat einen jährlichen Reiseetat und kann entweder mit dem Zug fahren oder fliegen. Die Fluggesellschaft, mit der sie normalerweise fliegt, hat ein Vielfliegerprogramm, mit dem die Kosten für ihre Tickets in Abhängigkeit davon reduziert werden, wie viele Meilen sie in einem bestimmten Jahr geflogen ist. Wenn sie 25.000 Meilen geflogen ist, reduziert die Fluggesellschaft für den Rest des Jahres den Preis ihrer Tickets um 25 Prozent. Wenn sie 50.000 Meilen geflogen ist, reduziert die Fluggesellschaft für den Rest des Jahres den Preis ihrer Tickets um 50 Prozent. Zeichnen Sie Annes Budgetgerade mit den Meilen, die sie mit dem Zug gefahren ist, auf der vertikalen Achse und den Flugmeilen auf der horizontalen Achse.

9. Debra kauft normalerweise ein alkoholfreies Getränk, wenn sie ins Kino geht, wo sie zwischen drei unterschiedlichen Größen wählen kann. Das kleine Getränk (0,2l) kostet €1,50, das mittlere Getränk (0,3l) €2,00, und das große Getränk (0,4l) €2,25. Beschreiben Sie die Budgetbeschränkung, mit der Debra bei der Entscheidung über die Größe des von ihr gekauften Getränks konfrontiert wird. (Nehmen Sie an, dass Debra ohne Kosten den Teil des Getränks, den sie nicht möchte, entsorgen kann.)

10. Während seines ersten Studienjahres kauft Antonio fünf neue Lehrbücher zu einem Preis von je €80. Antiquarische Bücher kosten nur je €50. Als die Buchhandlung eine Preissteigerung um zehn Prozent für neue und um fünf Prozent für gebrauchte Lehrbücher bekannt gibt, gibt ihm sein Vater zusätzliche €40.

a. Was geschieht mit Antonios Budgetgerade? Stellen Sie die Änderung mit den neuen Büchern auf der vertikalen Achse dar.

b. Ist Antonio nach der Preisänderung besser oder schlechter gestellt? Erläutern Sie Ihre Antwort.

11. Die Konsumenten in Georgia zahlen für Avocados doppelt so viel wie für Pfirsiche. Allerdings haben in Kalifornien sowohl Avocados als auch Pfirsiche den gleichen Preis. Werden die Konsumenten in beiden Bundesstaaten bei der Maximierung des Nutzens die gleichen Grenzraten der Substitution von Avocados durch Pfirsiche aufweisen? Wenn dies nicht der Fall ist, welche ist höher?

12. Ben teilt sein Budget für das Mittagessen zwischen zwei Gütern, Pizza und Burritos, auf.

    a. Stellen Sie Bens optimales Bündel in einer Kurve mit Pizza auf der horizontalen Achse dar.

    b. Nehmen wir an, dass Pizza jetzt besteuert wird, wodurch der Preis um 20 Prozent steigt. Stellen Sie Bens neues optimales Bündel dar.

    c. Es sei nun angenommen, dass Pizza zu einer Menge rationiert wird, die niedriger als Bens gewünschte Menge ist. Stellen Sie Bens neues optimales Bündel dar.

13. Brenda will ein neues Auto kaufen und hat ein Budget von €25.000. Sie hat gerade eine Zeitschrift gefunden, in der jedem Auto ein Punktwert für Styling und ein Punktwert für den Benzinverbrauch zugewiesen wird. Jeder Index geht von 1 bis 10 Punkten, wobei 10 Punkte entweder das Auto mit dem besten Styling oder mit dem besten Benzinverbrauch darstellen. Während sie sich die Liste mit den Autos anschaut, stellt Brenda fest, dass, wenn der Index für das Styling um eine Einheit ansteigt, sich der Preis des Autos um $5.000 erhöht. Sie stellt außerdem fest, dass, wenn der Index für den Benzinverbrauch um eine Einheit ansteigt, sich der Preis des Fahrzeugs um $2.500 erhöht.

    a. Stellen Sie die verschiedenen Kombinationen von Styling und Benzinverbrauch dar, die Brenda mit ihrem Budget von €25.000 auswählen könnte. Tragen Sie den Benzinverbrauch auf der horizontalen Achse ab.

    b. Es sei angenommen, Brendas Präferenzen gestalten sich so, dass sie immer drei Mal so viel Befriedigung aus einer zusätzlichen Einheit Styling erzielt wie aus einer zusätzlichen Einheit Benzinverbrauch. Welche Art Auto wird Brenda auswählen?

    c. Es sei angenommen, dass Brendas Grenzrate der Substitution (von Styling durch Benzinverbrauch) gleich $S/(4G)$ ist. Welchen Wert jeder Skala hätte sie gern in ihrem Auto?

    d. Es sei angenommen, Brendas Grenzrate der Substitution (von Styling durch Benzinverbrauch) ist gleich $(3S)/G$. Welchen Wert jedes Index hätte sie gern in ihrem Auto?

14. Connie teilt €200 ihres monatlichen Lebensmittelbudgets auf zwei Güter auf: Fleisch (F) und Kartoffeln (K).

    a. Nehmen Sie an, Fleisch kostet €4 pro Pfund und Kartoffeln kosten €2 pro Pfund. Zeichnen Sie Connies Budgetbeschränkung.

    b. Nehmen Sie an, Connies Nutzenfunktion wird durch die Gleichung $U(F,K) = 2F + K$ gegeben. Welche Kombination von Fleisch und Kartoffeln müsste sie kaufen, um ihren Nutzen zu maximieren? (*Hinweis*: Fleisch und Kartoffeln sind vollkommene Substitutionsgüter.)

    c. In Connies Supermarkt läuft eine besondere Werbeaktion: Wenn sie 20 Pfund Kartoffeln kauft (zu einem Preis von €2 pro Pfund), bekommt sie die nächsten zehn Pfund umsonst. Dieses Angebot trifft nur auf die ersten 20 Pfund zu, die sie kauft. Alle die ersten zwanzig Pfund übersteigenden Kartoffeln (exklusive der Gratiskartoffeln) kosten trotzdem weiterhin €2 pro Pfund. Zeichnen Sie ihre Budgetbeschränkung.

    d. Als durch den Ausbruch der Kartoffelfäule die Kartoffelpreise auf €4 pro Pfund ansteigen, beendet der Supermarkt die Werbeaktion. Wie sieht Connies Budgetbeschränkung nun aus? Durch welche Kombination von Fleisch und Kartoffeln wird ihr Nutzen nun maximiert?

15. Jane erzielt einen Nutzen aus Reisetagen, die sie mit einem Urlaub im Inland (D) verbringt, und aus Reisetagen, die sie mit einem Urlaub im Ausland (F) verbringt, der durch die Nutzenfunktion $U(D,F) = 10DF$ gegeben wird. Außerdem beträgt der Preis für einen Reisetag im Inland €100 und der Preis für einen Reisetag im Ausland €400. Janes jährliches Reisebudget beläuft sich auf €4.000.
    a. Zeichnen Sie die mit einem Nutzenniveau von 800 verbundene Indifferenzkurve sowie die mit einem Nutzenniveau von 1.200 verbundene Indifferenzkurve.
    b. Zeichen Sie Janes Budgetgerade in das gleiche Diagramm ein.
    c. Kann sich Jane den Kauf der Bündel, mit denen sie einen Nutzen von 800 erzielt, leisten? Wie gestaltet sich die Situation bei einem Nutzenniveau von 1.200?
    *d. Bestimmen Sie Janes nutzenmaximierende Wahl von Reisetagen im Inland und Reisetagen im Ausland.

16. Julio erzielt aus dem Konsum von Lebensmitteln (F) und Bekleidung (C) einen Nutzen, der durch die Nutzenfunktion $U(F,C) = FC$ gegeben wird. Außerdem beträgt der Lebensmittelpreis €2 pro Einheit, der Preis für Bekleidung ist gleich €10 pro Einheit und Julios wöchentliches Einkommen beläuft sich auf €50.
    a. Wie hoch ist Julios Grenzrate der Substitution von Bekleidung durch Lebensmittel, wenn der Nutzen maximiert wird? Erläutern Sie Ihre Antwort.
    b. Es sei nun angenommen, dass Julio ein Bündel mit mehr Lebensmitteln und weniger Bekleidung als in seinem nutzenmaximierenden Bündel konsumiert. Wäre seine Grenzrate der Substitution von Bekleidung durch Lebensmittel höher oder niedriger als in Ihrer Antwort in Teil a)? Erläutern Sie Ihre Antwort.

17. Der Nutzen, den Meredith durch den Konsum von Lebensmitteln F und Bekleidung C erzielt, wird durch $U(F,C) = FC$ angegeben. Nehmen wir an, dass ihr Einkommen im Jahr 2000 €1.200 beträgt und die Preise für Lebensmittel und Bekleidung bei jeweils €1 pro Einheit liegen. Bis zum Jahr 2010 ist allerdings der Preis für Lebensmittel auf €2 und der Preis für Bekleidung auf €3 gestiegen. Ein Wert von 100 soll den Lebenshaltungskostenindex für das Jahr 2000 darstellen. Berechnen Sie sowohl den idealen als auch den Laspeyres-Lebenshaltungskostenindex für das Jahr 2010 für Meredith. (*Hinweis*: Meredith gibt die gleichen Summen für Lebensmittel und Bekleidung aus.)

Die Lösungen zu ausgewählten Übungen finden Sie im Anhang dieses Buches. Die kompletten Lösungen für die Übungen finden Dozenten im MyLab.

Die individuelle Nachfrage und die Marktnachfrage

4.1 **Die individuelle Nachfrage** 165
    Beispiel 4.1: Die Verbraucherausgaben in den Vereinigten Staaten ... 172

4.2 **Einkommens- und Substitutionseffekte** 174
    Beispiel 4.2: Die Auswirkungen einer Benzinsteuer 178

4.3 **Die Marktnachfrage** 181
    Beispiel 4.3: Die aggregierte Nachfrage nach Weizen 185
    Beispiel 4.4: Die Nachfrage nach Wohnungen 187
    Beispiel 4.5: Die langfristige Nachfrage nach Benzin 189

4.4 **Die Konsumentenrente** 191
    Beispiel 4.6: Der Wert sauberer Luft 193

4.5 **Netzwerkexternalitäten** 195
    Beispiel 4.7: Facebook 199

*4.6 **Empirische Schätzungen der Nachfrage** 200
    Beispiel 4.8: Die Nachfrage nach Getreideflocken 203

    Anhang zu Kapitel 4 212

4 Die individuelle Nachfrage und die Marktnachfrage

In Kapitel 3 wurden die Grundlagen für die Theorie der Verbrauchernachfrage dargestellt. Wir haben die Art der Konsumentenpräferenzen erörtert und untersucht, wie die Konsumenten bei bestimmten Budgetbeschränkungen Warenkörbe auswählen, durch die der Nutzen maximiert wird. Von diesem Punkt aus ist es nur ein kleiner Schritt zur Analyse der Nachfrage an sich und zur Darstellung der Abhängigkeit der Nachfrage nach einem Gut von dessen Preis, den Preisen anderer Güter und dem Einkommen.

Wir werden im Folgenden die Nachfrage in sechs Schritten analysieren:

1 Wir beginnen mit der Herleitung der Nachfragekurve für einen einzelnen Konsumenten. Da wir wissen wie Änderungen des Preises und des Einkommens die Budgetgerade einer Person beeinflussen, können wir bestimmen, wie diese Faktoren die Konsumwahl beeinflussen. Wir werden diese Informationen einsetzen, um zu analysieren, wie sich die nachgefragte Menge eines Gutes als Reaktion auf Änderungen des Preises verändert, während wir uns entlang der Nachfragekurve dieser Person bewegen. Darüber hinaus werden wir sehen, wie sich diese Nachfragekurve als Reaktion auf Änderungen des Einkommens des Individuums verschiebt.

2 Auf dieser Grundlage werden wir die Auswirkungen einer Preisänderung detaillierter untersuchen. Steigt der Preis eines Gutes, kann sich die individuelle Nachfrage danach auf zwei Arten ändern. Erstens könnten die Konsumenten, da das Gut im Vergleich zu anderen Gütern teurer geworden ist, weniger von diesem Gut und größere Mengen anderer Güter kaufen. Zweitens sinkt durch die höheren Preise die Kaufkraft des Konsumenten. Dieser Rückgang wirkt wie eine Reduzierung des Einkommens und führt zu einem Rückgang der Nachfrage des Konsumenten. Durch die Analyse dieser beiden charakteristischen Auswirkungen kann man die Eigenschaften der Nachfrage besser verstehen.

3 Als Nächstes werden wir untersuchen, wie individuelle Nachfragekurven zur Bestimmung der Marktnachfragekurve aggregiert werden können. Wir werden ebenfalls die Eigenschaften der Marktnachfrage untersuchen und aufzeigen, warum sich die Nachfrage nach einigen Arten von Gütern beträchtlich von der Nachfrage nach anderen unterscheidet.

4 Im Anschluss daran wird demonstriert, wie Marktnachfragekurven zur Messung des den Menschen aus dem Konsum von Produkten entstehenden Nutzens über die von ihnen gemachten Ausgaben hinaus eingesetzt werden können. Diese Informationen werden im weiteren Verlauf von besonderer Bedeutung sein, wenn wir die Auswirkungen staatlicher Eingriffe in einem Markt untersuchen.

5 Danach werden die Auswirkungen von *Netzwerkexternalitäten* beschrieben – d.h., was geschieht, wenn die Nachfrage einer Person nach einem Gut von der Nachfrage *anderer* Personen abhängt. Diese Effekte spielen bei der Nachfrage nach vielen Hochtechnologie-Produkten, wie z.B. Computerhardware und -Software sowie Telekommunikationssystemen, eine entscheidende Rolle.

6 Schließlich werden kurz einige von Volkswirtschaftlern eingesetzte Methoden zur Gewinnung empirischer Informationen über die Nachfrage beschrieben.

4.1 Die individuelle Nachfrage

In diesem Abschnitt wird dargestellt, wie sich die Nachfragekurve eines einzelnen Konsumenten aus den von diesem Konsumenten angesichts einer Budgetbeschränkung getroffenen Konsumentscheidungen ergibt. Um diese Konzepte grafisch darzustellen, beschränken wir die verfügbaren Güter auf Lebensmittel und Bekleidung und stützen uns auf den in Abschnitt 3.3 (Seite 131) beschriebenen Ansatz der Nutzenmaximierung.

> In § 3.3 wird erklärt, wie die Konsumenten den Warenkorb auf der höchsten, die Budgetgerade des Konsumenten berührenden Indifferenzkurve auswählen.

4.1.1 Preisänderungen

Zu Beginn untersuchen wir, wie sich der Konsum von Lebensmitteln und Bekleidung ändert, wenn sich der Preis für Lebensmittel ändert. In Abbildung 4.1 werden die Konsumentscheidungen gezeigt, die von einer Person bei der Aufteilung einer festen Summe des Einkommens auf zwei Güter getroffen werden.

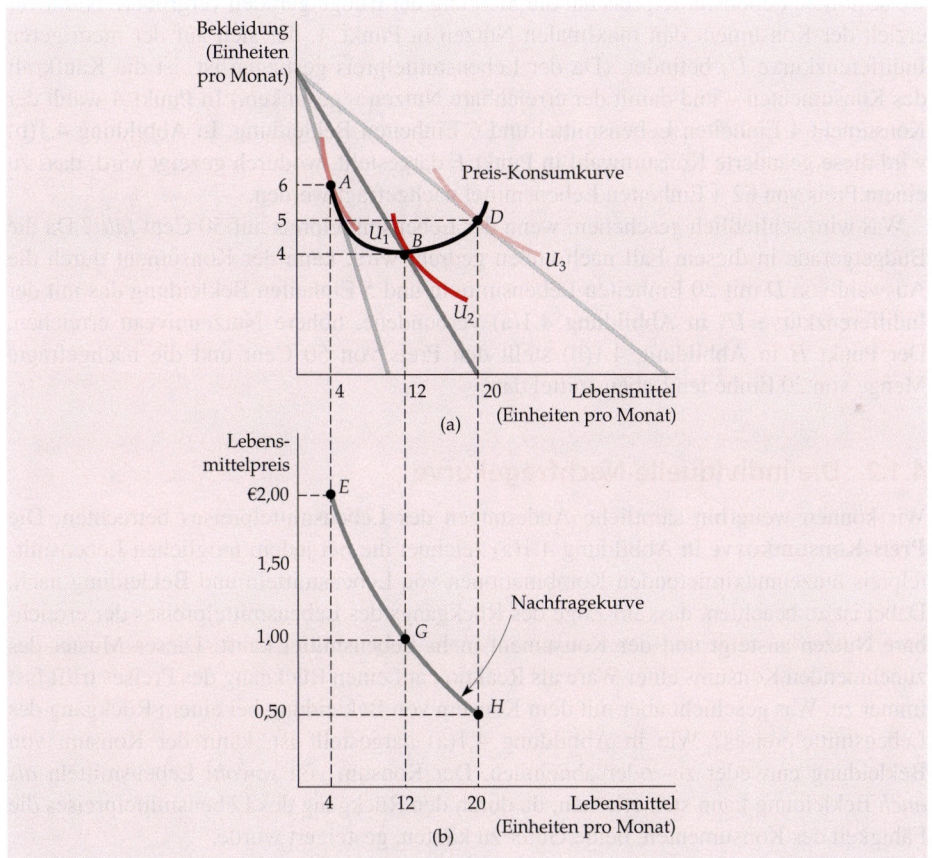

Abbildung 4.1: Die Auswirkungen von Preisänderungen
Ein Rückgang des Lebensmittelpreises bei unverändertem Einkommen und unverändertem Preis für Bekleidung führt dazu, dass dieser Konsument einen anderen Warenkorb auswählt. In (a) wird durch die Körbe, mit denen zu verschiedenen Lebensmittelpreisen der Nutzen maximiert wird (Punkt A €2, B €1, D €0,50), eine Preis-Konsumkurve nachgezeichnet. In Teil (b) wird die Nachfragekurve, die den Preis der Lebensmittel mit der nachgefragten Menge in Verbindung bringt, dargestellt. (Die Punkte E, G und H entsprechen jeweils den Punkten A, B und D).

Anfänglich beträgt der Preis für Lebensmittel €1 und der Preis für Bekleidung €2, das Einkommen des Konsumenten liegt bei €20. Die nutzenmaximierende Konsumentscheidung befindet sich in Abbildung 4.1(a) im Punkt B. In diesem Punkt kauft der Konsument 12 Einheiten Lebensmittel und 4 Einheiten Bekleidung, folglich erreicht er das mit der Indifferenzkurve U_2 verbundene Nutzenniveau.

Betrachten wir nun Abbildung 4.1(b), in der die Beziehung zwischen dem Preis der Lebensmittel und der nachgefragten Menge dargestellt wird. Die horizontale Achse misst die Menge der konsumierten Lebensmittel wie in Abbildung 4.1(a), während die vertikale Achse nun den Preis der Lebensmittel angibt. Der Punkt G in Abbildung 4.1(b) entspricht Punkt B in Abbildung 4.1(a). In diesem Punkt G beträgt der Lebensmittelpreis €1, und der Konsument kauft 12 Einheiten Lebensmittel.

Nehmen wir an, der Lebensmittelpreis erhöht sich auf €2. Wie in Kapitel 3 dargestellt wurde, dreht sich die Budgetgerade in Abbildung 4.1(a) in diesem Fall um den vertikalen Achsenabschnitt nach innen und wird dabei doppelt so steil wie vorher. Der vergleichsweise höhere Lebensmittelpreis hat die Steigung der Budgetgeraden vergrößert. Nunmehr erzielt der Konsument den maximalen Nutzen in Punkt A, der sich auf der niedrigeren Indifferenzkurve U_1 befindet. (Da der Lebensmittelpreis gestiegen ist, ist die Kaufkraft des Konsumenten – und damit der erreichbare Nutzen – gesunken.) In Punkt A wählt der Konsument 4 Einheiten Lebensmittel und 6 Einheiten Bekleidung. In Abbildung 4.1(b) wird diese geänderte Konsumwahl in Punkt E dargestellt, wodurch gezeigt wird, dass zu einem Preis von €2 4 Einheiten Lebensmittel nachgefragt werden.

Was wird schließlich geschehen, wenn der Lebensmittelpreis auf 50 Cent *fällt*? Da die Budgetgerade in diesem Fall nach außen gedreht wird, kann der Konsument durch die Auswahl von D mit 20 Einheiten Lebensmitteln und 5 Einheiten Bekleidung das mit der Indifferenzkurve U_3 in Abbildung 4.1(a) verbundene, höhere Nutzenniveau erreichen. Der Punkt H in Abbildung 4.1(b) stellt den Preis von 50 Cent und die nachgefragte Menge von 20 Einheiten Lebensmittel dar.

> In § 3.2 wird erklärt, wie sich die Budgetgerade als Reaktion auf eine Preisänderung verschiebt.

4.1.2 Die individuelle Nachfragekurve

Wir können weiterhin sämtliche Änderungen des Lebensmittelpreises betrachten. Die **Preis-Konsumkurve** in Abbildung 4.1(a) zeichnet die bei jedem möglichen Lebensmittelpreis nutzenmaximierenden Kombinationen von Lebensmitteln und Bekleidung nach. Dabei ist zu beachten, dass im Zuge des Rückgangs des Lebensmittelpreises der erreichbare Nutzen ansteigt und der Konsument mehr Lebensmittel kauft. Dieses Muster des zunehmenden Konsums einer Ware als Reaktion auf einen Rückgang des Preises trifft fast immer zu. Was geschieht aber mit dem Konsum von Bekleidung bei einem Rückgang des Lebensmittelpreises? Wie in Abbildung 4.1(a) dargestellt ist, kann der Konsum von Bekleidung entweder zu- oder abnehmen. Der Konsum von *sowohl* Lebensmitteln *als auch* Bekleidung kann sich erhöhen, da durch den Rückgang des Lebensmittelpreises die Fähigkeit des Konsumenten, beide Güter zu kaufen, gesteigert wurde.

> **Preis-Konsumkurve**
> Eine Kurve, die bei Änderungen des Preises eines Gutes die nutzenmaximierenden Kombinationen beider Güter nachzeichnet.

Eine **individuelle Nachfragekurve** setzt die Menge eines Gutes, die ein einzelner Konsument kaufen wird, in Beziehung zu dessen Preis. In Abbildung 4.1(b) setzt die individuelle Nachfragekurve die Lebensmittelmenge, die von einem Konsumenten gekauft wird, mit dem Lebensmittelpreis in Beziehung. Diese Nachfragekurve hat zwei wichtige Eigenschaften.

> **Individuelle Nachfragekurve**
>
> Eine Kurve, die die von einem einzelnen Konsumenten gekaufte Menge eines Gutes, in Beziehung zu dessen Preis setzt.

1 *Das erreichbare Nutzenniveau ändert sich, wenn man sich entlang der Kurve bewegt.* Je niedriger der Preis des Produktes ist, umso höher ist dessen Nutzenniveau. Dabei ist in Abbildung 4.1(a) zu erkennen, dass bei einem Rückgang des Preises eine höhere Indifferenzkurve erreicht wird. Auch hier spiegelt dieses Ergebnis einfach die Tatsache wider, dass ein Rückgang des Preises für das Produkt zu einer Erhöhung der Kaufkraft des Konsumenten führt.

2 *Der Konsument maximiert in jedem Punkt der Nachfragekurve seinen Nutzen, indem er die Bedingung erfüllt, die besagt, dass die Grenzrate der Substitution (GRS) von Bekleidung durch Lebensmittel gleich dem Verhältnis der Preise von Lebensmitteln und Bekleidung ist.* Fällt der Lebensmittelpreis, sinkt auch das Preisverhältnis und die GRS. In Abbildung 4.1(a) sinkt das Preisverhältnis von 1 (€2/€2) in Punkt E (da die Kurve U_1 die Budgetgerade in A mit einem Anstieg von −1 berührt) auf 1/2 (€1/€2) in G und dann im Punkt H auf 1/4 (€0,50/€2). Da der Konsument seinen Nutzen maximiert, sinkt die GRS von Bekleidung durch Lebensmittel, während wir uns entlang der Kurve nach unten bewegen. Dieses Phänomen ergibt intuitiv einen Sinn, da wir daraus erkennen, dass der relative Wert der Lebensmittel fällt, wenn der Konsument größere Mengen davon kauft.

> In § 3.1 wurde die Grenzrate der Substitution als Maß für die maximale Menge eines Gutes eingeführt, die ein Konsument bereit ist aufzugeben, um eine zusätzliche Einheit eines anderen Gutes zu erhalten.

Die Tatsache, dass sich die GRS entlang der Nachfragekurve eines Individuums ändert, sagt etwas darüber aus, welchen Wert die Verbraucher dem Konsum eines Gutes oder einer Dienstleistung beimessen. Nehmen wir an, wir würden eine Konsumentin fragen, welchen Preis sie für eine zusätzliche Einheit Lebensmittel zu zahlen bereit wäre, wenn sie gegenwärtig 4 Einheiten konsumiert. Die Antwort auf diese Frage liefert Punkt E auf der Nachfragekurve in Abbildung 4.1(b): €2. Warum ist dies so? Wie bereits oben dargelegt, ist eine zusätzliche Einheit Lebensmittel eine zusätzliche Einheit Bekleidung wert, da im Punkt E die GRS von Bekleidung durch Lebensmittel bei 1 liegt. Allerdings beträgt der Preis einer Einheit Bekleidung €2, was folglich der Wert (oder Grenznutzen) ist, der durch den Konsum einer zusätzlichen Einheit Lebensmittel erzielt wird. Bewegen wir uns also entlang der Nachfragekurve in Abbildung 4.1(b) nach unten, sinkt die GRS. Genauso sinkt der Wert, den ein Konsument einer zusätzlichen Einheit Lebensmittel beimisst, von €2 auf €1 und dann auf €0,50.

4.1.3 Änderungen des Einkommens

Wir haben untersucht, was bei einer Änderung des Lebensmittelpreises mit dem Konsum von Lebensmitteln und Bekleidung geschieht. Im Folgenden wollen wir untersuchen, was bei Einkommensänderungen passiert.

Die Auswirkungen einer Einkommensänderung können fast genauso wie die Auswirkungen einer Preisänderung analysiert werden. In Abbildung 4.2(a) werden die Konsumentscheidungen dargestellt, die von einer Konsumentin bei der Aufteilung eines festen Einkommens auf Lebensmittel und Bekleidung getroffen werden, wenn der Preis für Lebensmittel €1 und der Preis für Bekleidung €2 beträgt. Wie in Abbildung 4.1(a) wird die Menge der Bekleidung auf der vertikalen Achse und die Menge der Lebensmittel auf der horizontalen Achse angegeben. Einkommensänderungen werden als Änderungen der Budgetgeraden sichtbar. Zu Beginn beträgt das Einkommen der Konsumentin €10. In diesem Fall liegt die nutzenmaximierende Konsumwahl im Punkt A, in dem sie 4 Einheiten Lebensmittel und 3 Einheiten Bekleidung kauft.

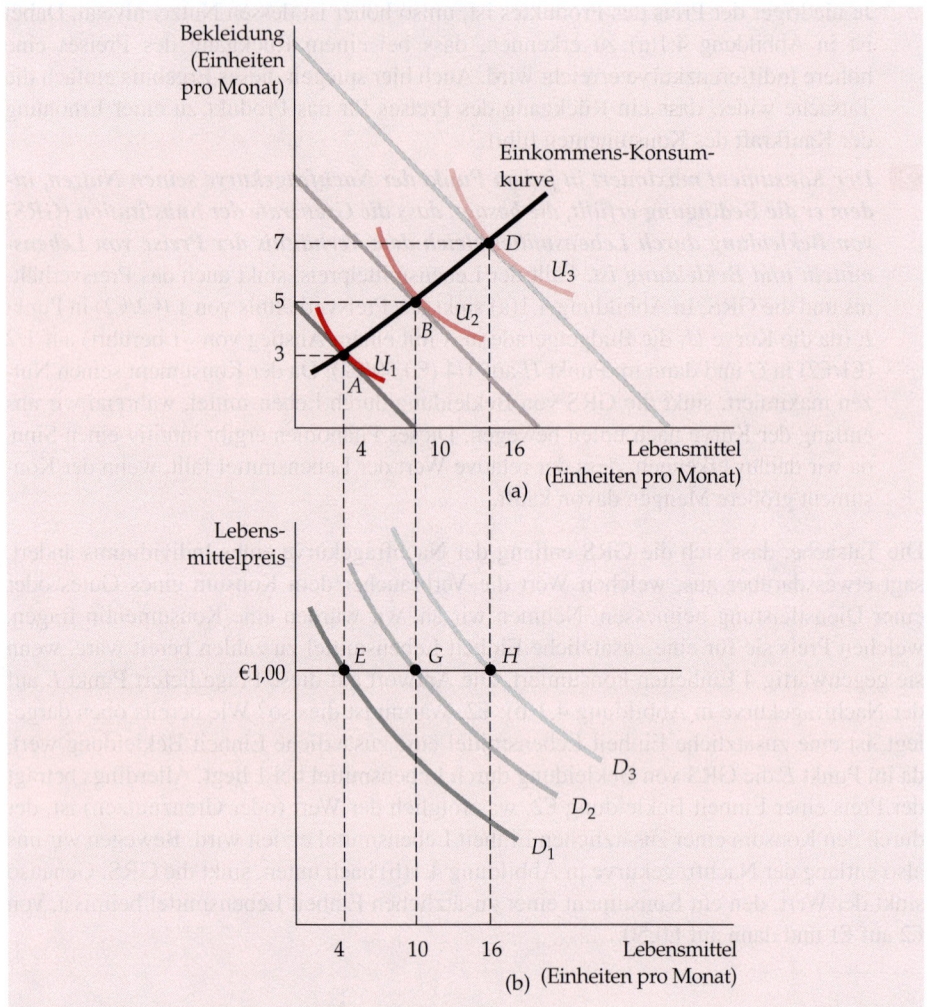

Abbildung 4.2: Die Auswirkungen von Einkommensänderungen
Eine Erhöhung des Einkommens bei gleich bleibenden Preisen für alle Güter führt dazu, dass die Konsumenten ihre Wahl von Warenkörben ändern. In Teil **(a)** wird durch die Warenkörbe, mit denen die Befriedigung der Konsumenten bei unterschiedlichen Einkommen maximiert wird (Punkt A €10, B €20, D €30), die Einkommens-Konsumkurve nachgezeichnet. Die Verschiebung der Nachfragekurve nach rechts als Reaktion auf eine Erhöhung des Einkommens wird in Teil **(b)** dargestellt. (Die Punkte E, G und H entsprechen jeweils den Punkten A, B und D.)

Diese Wahl von 4 Einheiten Lebensmitteln wird auch als E auf der Nachfragekurve D_1 in Abbildung 4.2(b) dargestellt. Die Nachfragekurve D_1 ist die Kurve, die gezeichnet werden würde, wenn das Einkommen konstant bei €10 bliebe, *aber der Lebensmittelpreis sich ändern würde*. Da wir allerdings hier den Lebensmittelpreis konstant halten, beobachten wir nur einen einzigen Punkt E auf dieser Nachfragekurve.

Was geschieht, wenn sich das Einkommen der Konsumentin auf €20 erhöht? Ihre Budgetgerade verschiebt sich dann parallel zur ursprünglichen Budgetgeraden nach außen, wodurch sie das mit der Indifferenzkurve U_2 verbundene Nutzenniveau erreichen kann. Ihre optimale Konsumentscheidung liegt nun im Punkt B, in dem sie 10 Einheiten Lebensmittel und 5 Einheiten Bekleidung kauft. In Abbildung 4.2(b) wird ihr Konsum von Lebensmitteln als G auf der Nachfragekurve D_2 dargestellt. Bei D_2 handelt es sich um die Nachfragekurve, die gezeichnet werden würde, wenn das Einkommen konstant bei €20 gehalten werden würde und sich der Lebensmittelpreis änderte. Schließlich ist zu erkennen, dass sie, wenn ihr Einkommen auf €30 steigt, den Warenkorb D mit 16 Einheiten Lebensmitteln (und 7 Einheiten Bekleidung) auswählt, der durch den Punkt H in Abbildung 4.2(b) dargestellt wird.

Wir könnten weiter sämtliche möglichen Einkommensänderungen betrachten. In Abbildung 4.2(a) werden durch die **Einkommens-Konsumkurve** die mit jedem Einkommensniveau verbundenen nutzenmaximierenden Kombinationen von Lebensmitteln und Bekleidung nachgezeichnet. Die Einkommens-Konsumkurve in Abbildung 4.2 ist positiv geneigt, da sich der Konsum von sowohl Lebensmitteln als auch von Bekleidung erhöht, wenn sich das Einkommen erhöht. Weiter oben wurde bereits aufgezeigt, dass eine Änderung des Preises eines Gutes einer *Bewegung entlang der Nachfragekurve* entspricht. In diesem Fall ist die Situation anders. Da jede Nachfragekurve für ein bestimmtes Einkommensniveau gemessen wird, führt jede Einkommensänderung zwangsläufig zu einer Verschiebung der Nachfragekurve selbst. Folglich entspricht A auf der Einkommens-Konsumkurve in Abbildung 4.2(a) dem Punkt E auf der Nachfragekurve D_1 in Abbildung 4.2(b), während B dem Punkt G auf der anderen Nachfragekurve D_2 entspricht. Die positiv geneigte Einkommens-Konsumkurve gibt an, dass eine Erhöhung des Einkommens zu einer Verschiebung der Nachfragekurve nach rechts führt – in diesem Fall von D_1 zu D_2 und D_3.

> **Einkommens-Konsumkurve**
>
> Eine Kurve, mit der die nutzenmaximierenden Kombinationen zweier Güter bei einer Änderung des Einkommens des Konsumenten nachgezeichnet werden.

4.1.4 Normale und inferiore Güter

Hat die Einkommens-Konsumkurve einen positiven Anstieg, erhöht sich die nachgefragte Menge mit dem Einkommen. Folglich ist die Einkommenselastizität der Nachfrage positiv. Je größer die Verschiebungen der Nachfragekurve nach rechts sind, umso größer ist die Einkommenselastizität. In diesem Fall werden die Güter als *normal* beschrieben: Bei steigendem Einkommen wollen die Konsumenten größere Mengen dieser Güter kaufen.

In einigen Fällen *sinkt* die nachgefragte Menge bei steigendem Einkommen; die Einkommenselastizität der Nachfrage ist negativ. In einem solchen Fall wird das Gut als *inferior* beschrieben. Der Begriff *inferior* bedeutet einfach, dass der Konsum sinkt, wenn das Einkommen steigt. So sind Hamburger für manche Menschen beispielsweise ein inferiores Gut: Erhöht sich ihr Einkommen, kaufen sie weniger Hamburger und mehr Steaks.

> In § 2.4 wird die Einkommenselastizität der Nachfrage als die aus einer Erhöhung des Einkommens um ein Prozent resultierende prozentuale Änderung der nachgefragten Menge definiert.

In Abbildung 4.3 wird die Einkommens-Konsumkurve für ein inferiores Gut dargestellt. Bei vergleichsweise niedrigen Einkommensniveaus sind sowohl Hamburger als auch Steaks normale Güter. Wenn das Einkommen steigt, neigt sich die Einkommens-Konsumkurve zurück (von Punkt B zu C). Diese Verschiebung tritt ein, da Hamburger ein inferiores Gut geworden sind – im Zuge des Einkommensanstiegs ist ihr Konsum zurückgegangen.

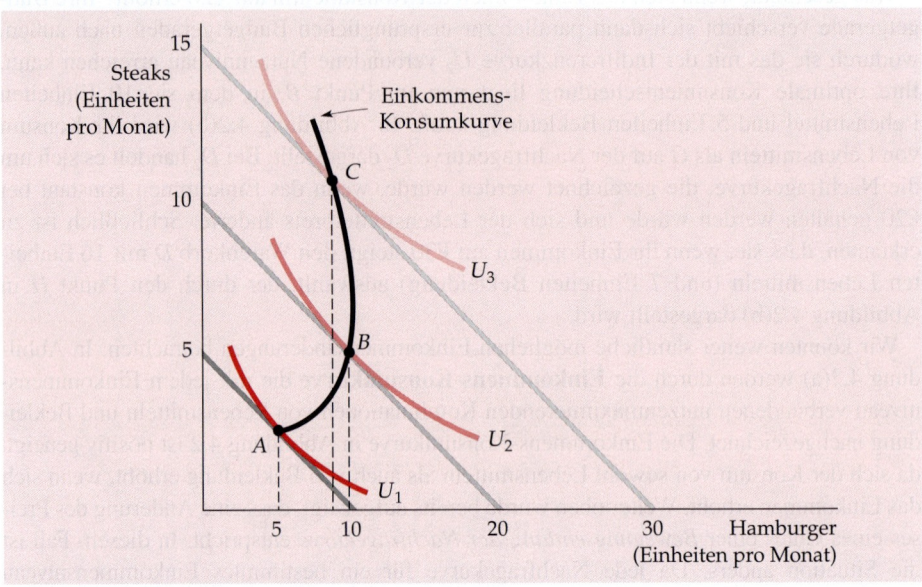

Abbildung 4.3: Ein inferiores Gut
Eine Steigerung des Einkommens einer Person kann zu einem geringeren Konsum eines der beiden gekauften Güter führen. In diesem Fall werden Hamburger, obwohl sie zwischen A und B ein normales Gut sind, zu einem inferioren Gut, wenn sich die Einkommens-Konsumkurve zwischen B und C zurückneigt.

4.1.5 Engelkurven

Engelkurve

Kurve, in der die Menge eines konsumierten Gutes mit dem Einkommen in Beziehung gesetzt wird.

Einkommens-Konsumkurven können zur Konstruktion von **Engelkurven** verwendet werden, in denen die Menge eines konsumierten Gutes mit dem Einkommen eines Individuums in Beziehung gesetzt wird. In Abbildung 4.4 wird dargestellt, wie derartige Kurven für zwei verschiedene Güter konstruiert werden. Die Abbildung 4.4(a), die eine positiv geneigte Engelkurve zeigt, wurde direkt aus Abbildung 4.2(a) abgeleitet. In beiden Abbildungen erhöht sich der Lebensmittelkonsum der Verbraucherin bei einer Erhöhung ihres Einkommens von €10 auf €20 und danach auf €30 von 4 auf 10 und danach auf 16 Einheiten. Dabei ist zu berücksichtigen, dass in Abbildung 4.2(a) auf der vertikalen Achse die monatlich konsumierten Einheiten Bekleidung und auf der horizontalen Achse die monatlich konsumierten Einheiten Lebensmittel gemessen wurden; Änderungen des Einkommens wurden als Verschiebungen der Budgetgeraden dargestellt. In den Abbildung 4.4(a) und (b) wurden die Informationen grafisch anders dargestellt, so dass das Einkommen auf der vertikalen Achse abgetragen wurde, während die Lebensmittel bzw. Hamburger auf der horizontalen Achse geblieben sind.

4.1 Die individuelle Nachfrage

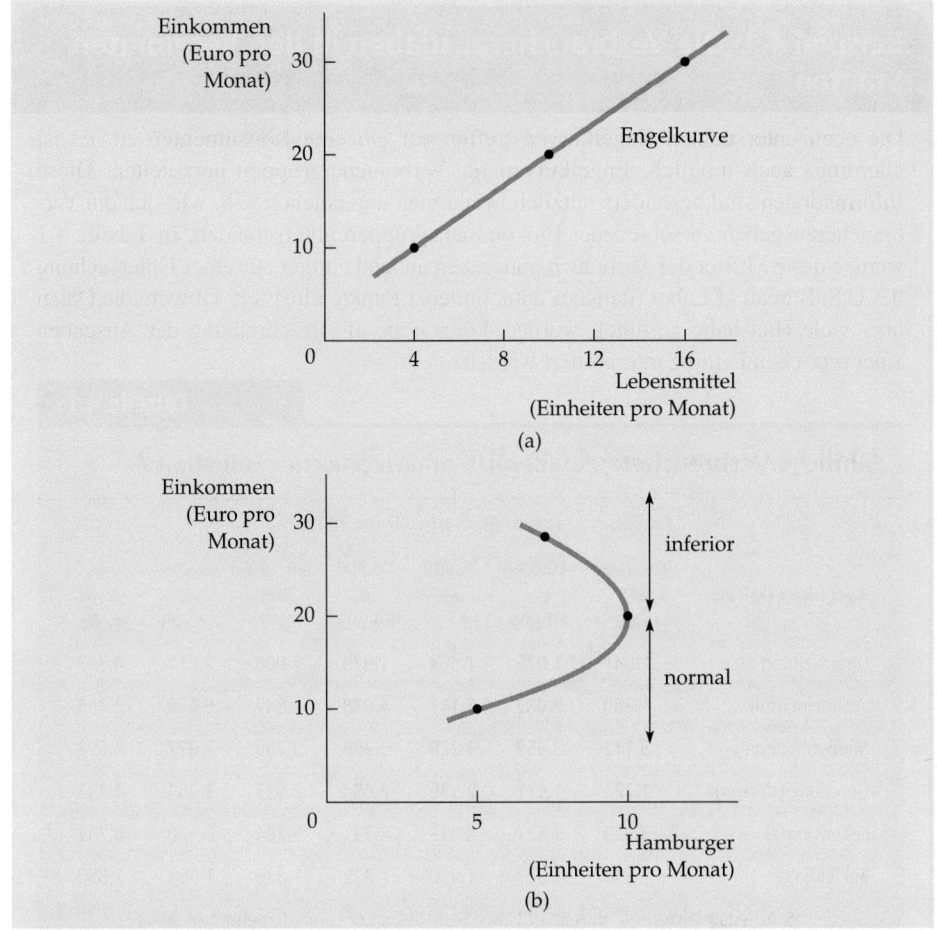

Abbildung 4.4: Engelkurven
Engelkurven setzen die Menge eines konsumierten Gutes mit dem Einkommen in Beziehung. In **(a)** sind Lebensmittel ein normales Gut, und die Engelkurve ist positiv geneigt. In **(b)** hingegen sind Hamburger bei einem Einkommen von weniger als €20 pro Monat ein normales Gut und bei einem Einkommen von mehr als €20 pro Monat ein inferiores Gut.

Die positiv geneigte Engelkurve in Abbildung 4.4(a) trifft – genau wie die positiv geneigte Einkommens-Konsumkurve in Abbildung 4.2(a) – auf alle normalen Güter zu. Dabei ist zu beachten, dass die Engelkurve für Bekleidung eine ähnliche Form hätte (der Konsum von Bekleidung erhöht sich im Zuge der Steigerung des Einkommens von 3 auf 5 und danach auf 7 Einheiten).

Die aus der Abbildung 4.3 abgeleitete Abbildung 4.4(b) zeigt die Engelkurve für Hamburger. Es ist zu erkennen, dass der Konsum von Hamburgern sich bei einer Einkommenssteigerung von €10 auf €20 von 5 auf 10 Einheiten erhöht. Bei einer weiteren Einkommenssteigerung von €20 auf €30 fällt der Konsum auf 8 Einheiten. Der negativ geneigte Teil der Engelkurve ist der Einkommensbereich, in dem Hamburger ein inferiores Gut sind.

Beispiel 4.1: Die Verbraucherausgaben in den Vereinigten Staaten

Die eben untersuchten Engelkurven treffen auf einzelne Konsumenten zu. Es ist allerdings auch möglich, Engelkurven für Verbrauchergruppen herzuleiten. Diese Informationen sind besonders nützlich, wenn man untersuchen will, wie sich die Verbraucherausgaben verschiedener Einkommensgruppen unterscheiden. In Tabelle 4.1 werden diese Muster der Verbraucherausgaben anhand einiger aus einer Untersuchung des U.S. Bureau of Labor Statistics entnommener Punkte illustriert. Obwohl die Daten über viele Haushalte gemittelt wurden, können sie als Beschreibung der Ausgaben einer typischen Familie interpretiert werden.

Tabelle 4.1

Jährliche Verbraucherausgaben US-amerikanischer Haushalte

Ausgaben ($) für:	Einkommensgruppen ($ des Jahres 2009)						
	Weniger als 10.000	10.000 bis 19.000	20.000 bis 29.999	30.000 bis 39.999	40.000 bis 49.999	50.000 bis 69.999	70.000 und mehr
Unterhaltung	1.041	1.025	1.504	1.970	2.008	2.611	4.733
Wohneigentum	1.880	2.083	3.117	4.038	4.847	6.473	12.306
Mietwohnungen	3.172	3.359	3.228	3.296	3.295	2.977	2.098
Gesundheitsfürsorge	1.222	1.917	2.536	2.684	2.937	3.454	4.393
Lebensmittel	3.429	3.527	4.415	4.737	5.384	6.420	9.761
Bekleidung	799	927	1.080	1.225	1.336	1.608	2.850

Quelle: US-Arbeitsministerium, Bureau of Labor Statistics, „Consumer Expenditure Survey, Annual Report 2010".

Dabei ist zu beachten, dass die Daten die *Ausgaben* für einen bestimmten Artikel anstelle der *Menge* dieses Artikels mit dem Einkommen in Beziehung setzen. Die ersten beiden Artikel, Unterhaltung und Wohneigentum, sind Konsumgüter bei denen die Einkommenselastizität der Nachfrage hoch ist. Die durchschnittlichen Ausgaben einer Familie für die Unterhaltung erhöhen sich von der niedrigsten zur höchsten Einkommensgruppe um fast das Fünffache. Das gleiche Muster trifft auch auf den Kauf von Eigenheimen zu: Von der niedrigsten zur höchsten Kategorie erhöhen sich die Ausgaben um mehr als das Sechsfache.

Im Gegensatz dazu *fallen* die Ausgaben für *Mietwohnungen* tatsächlich bei steigendem Einkommen. Dieses Muster spiegelt die Tatsache wider, dass die meisten Personen mit hohem Einkommen den Kauf der Anmietung eines Hauses vorziehen. Folglich sind Mietwohnungen ein inferiores Gut – zumindest bei Einkommen von über $30.000 pro Jahr. Schließlich ist noch zu beachten, dass Gesundheitsfürsorge, Lebensmittel und Bekleidung Konsumgüter sind, bei denen die Einkommenselastizitäten positiv aber nicht so hoch wie bei Unterhaltung und selbst genutztem Wohneigentum sind. ▶

Die Daten aus Tabelle 4.1 im Hinblick auf Mietwohnungen, Gesundheitsfürsorge und Unterhaltung sind in der Abbildung 4.5 grafisch dargestellt worden. Bei den drei Engelkurven ist zu beobachten, dass bei Einkommenssteigerungen die Ausgaben für die Unterhaltung schnell ansteigen, während die Ausgaben für Mietwohnungen steigen, wenn das Einkommen niedrig ist, aber zurückgehen, sobald das Einkommen $30.000 übersteigt.

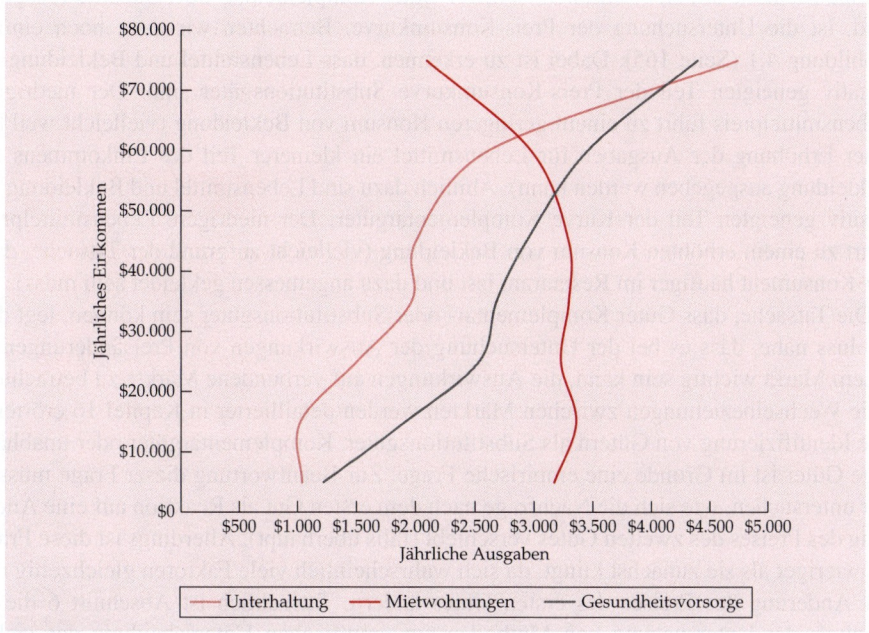

Abbildung 4.5: Engelkurven für US-amerikanische Konsumenten
Hier werden die durchschnittlichen Pro-Kopf-Ausgaben für Mietwohnungen, Gesundheitsfürsorge und Unterhaltung als Funktionen des Jahreseinkommens grafisch dargestellt. Gesundheitsfürsorge und Unterhaltung sind wertvollere Güter: Die Ausgaben erhöhen sich mit dem Einkommen. Dagegen sind Mietwohnungen bei Einkommen über $35.000 ein inferiores Gut.

4.1.6 Substitutionsgüter und Komplementärgüter

Die von uns in Kapitel 2 gezeichneten Nachfragekurven stellen die Beziehung zwischen dem Preis eines Gutes und der nachgefragten Menge dar, wobei die Präferenzen, das Einkommen und die Preise aller anderen Güter konstant gehalten werden. Bei vielen Gütern ist die Nachfrage mit dem Konsum und den Preisen anderer Güter verknüpft. Baseball-Schläger und die dazu gehörenden Bälle, Hotdogs und Senf sowie Computerhardware und -software sind alle Beispiele für Güter, die eher gemeinsam verwendet werden. Andere Güter wie Cola und Diätcola, selbst genutzte Eigenheime und Mietwohnungen, Kinokarten und DVDs werden eher gegeneinander substituiert.

In Abschnitt 2.1 (Seite 51) wurden zwei Güter als *Substitutionsgüter* definiert, bei denen ein Anstieg des Preises eines Gutes zu einem Anstieg der nachgefragten Menge des anderen führt. Wenn der Preis für eine Kinokarte steigt, würde man erwarten, dass die Konsumenten mehr Videokassetten ausleihen, da Kinokarten und Videos Substitutionsgüter sind.

Ähnlich dieser Definition sind zwei Güter *Komplementärgüter*, wenn ein Anstieg des Preises eines Gutes zu einem Rückgang der nachgefragten Menge des anderen Gutes führt. Steigt der Benzinpreis, wodurch der Benzinverbrauch sinkt, würde man erwarten, dass der Verbrauch von Motorenöl ebenfalls zurückgeht, da Benzin und Motorenöl zusammen verwendet werden. Zwei Güter sind *unabhängig*, wenn eine Änderung des Preises des einen keine Auswirkungen auf die nachgefragte Menge des anderen Gutes hat.

Eine Methode um zu bestimmen, ob zwei Güter Komplementär- oder Substitutionsgüter sind, ist die Untersuchung der Preis-Konsumkurve. Betrachten wir dazu noch einmal Abbildung 4.1 (Seite 165). Dabei ist zu erkennen, dass Lebensmittel und Bekleidung im negativ geneigten Teil der Preis-Konsumkurve Substitutionsgüter sind: Der niedrigere Lebensmittelpreis führt zu einem geringeren Konsum von Bekleidung (vielleicht weil bei einer Erhöhung der Ausgaben für Lebensmittel ein kleinerer Teil des Einkommens für Bekleidung ausgegeben werden kann). Ähnlich dazu sind Lebensmittel und Bekleidung im positiv geneigten Teil der Kurve Komplementärgüter: Der niedrigere Lebensmittelpreis führt zu einem erhöhten Konsum von Bekleidung (vielleicht aufgrund der Tatsache, dass der Konsument häufiger im Restaurant isst und dazu angemessen gekleidet sein muss).

Die Tatsache, dass Güter Komplementär- oder Substitutionsgüter sein können, legt den Schluss nahe, dass es bei der Untersuchung der Auswirkungen von Preisänderungen in einem Markt wichtig sein kann, die Auswirkungen auf verbundene Märkte zu betrachten. (Die Wechselbeziehungen zwischen Märkten werden detaillierter in Kapitel 16 erörtert.) Die Identifizierung von Gütern als Substitutionsgüter, Komplementärgüter oder unabhängige Güter ist im Grunde eine empirische Frage. Zur Beantwortung dieser Frage müssen wir untersuchen, wie sich die Nachfrage nach dem ersten Gut als Reaktion auf eine Änderung des Preises des zweiten Gutes verschiebt (falls überhaupt). Allerdings ist diese Frage schwieriger als sie zunächst klingt, da sich wahrscheinlich viele Faktoren gleichzeitig mit der Änderung des Preises des ersten Gutes ändern. Tatsächlich ist Abschnitt 6 dieses Kapitels der Untersuchung von Methoden zur empirischen Unterscheidung der vielen möglichen Erklärungen einer Änderung der Nachfrage nach dem zweiten Gut gewidmet. Zunächst wird es allerdings hilfreich sein, eine grundlegende theoretische Untersuchung durchzuführen. Im nächsten Abschnitt werden wir die Frage, wie eine Änderung des Preises eines Gutes die Konsumentennachfrage beeinflussen kann, eingehend untersuchen.

4.2 Einkommens- und Substitutionseffekte

Ein Rückgang des Preises eines Gutes hat zwei Effekte:

1 *Die Konsumenten neigen dazu, eine größere Menge des Gutes, das billiger geworden ist, und geringere Mengen der Güter, die nunmehr vergleichsweise teurer geworden sind, zu kaufen.* Diese Reaktion auf die Änderung der relativen Preise der Güter wird als *Substitutionseffekt* bezeichnet.

2 *Da eines der Güter nun billiger ist, erwächst den Konsumenten eine Erhöhung ihrer realen Kaufkraft.* Sie sind besser gestellt, da sie die gleiche Menge des Gutes für weniger Geld erwerben können, und folglich Geld für zusätzliche Käufe zur Verfügung haben. Die aus dieser Änderung der realen Kaufkraft entstehende Änderung der Nachfrage wird als *Einkommenseffekt* bezeichnet.

Normalerweise treten diese beiden Effekte gleichzeitig auf, für die Zwecke der Analyse ist es allerdings hilfreich, zwischen beiden zu unterscheiden. Die Einzelheiten werden in Abbildung 4.6 dargestellt, wobei *RS* die anfängliche Budgetgerade bildet und es zwei Güter – Lebensmittel und Bekleidung – gibt. In diesem Beispiel maximiert die Konsumentin ihren Nutzen durch die Auswahl des Warenkorbes in *A*, wodurch sie das mit der Indifferenzkurve U_1 verbundene Nutzenniveau erreicht.

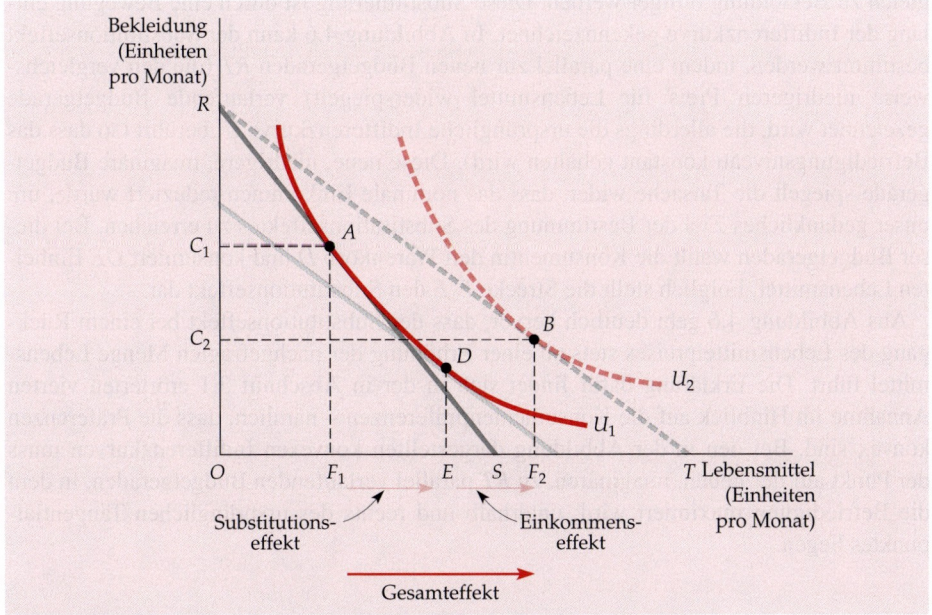

Abbildung 4.6: Einkommens- und Substitutionseffekte bei einem normalen Gut
Ein Rückgang des Lebensmittelpreises hat einen Einkommens- und einen Substitutionseffekt zur Folge. Zu Beginn kauft die Konsumentin den Warenkorb *A* auf der Budgetgeraden *RS*. Bei einem Rückgang des Lebensmittelpreises erhöht sich der Konsum um F_1F_2 während die Konsumentin zu *B* wechselt. Durch den (mit dem Wechsel von *A* zu *D* verbundenen) Substitutionseffekt F_1E ändern sich die relativen Preise für Lebensmittel und Bekleidung, während allerdings das reale Einkommen (die Befriedigung) konstant bleibt. Durch den (mit dem Wechsel von *D* zu *B* verbundenen) Einkommenseffekt EF_2 werden die relativen Preise konstant gehalten, während die Kaufkraft erhöht wird. Lebensmittel sind ein normales Gut, da der Einkommenseffekt EF_2 positiv ist.

Im Folgenden wollen wir untersuchen, was geschieht, wenn der *Lebensmittelpreis fällt*, wodurch die Budgetgerade nach außen auf die Gerade *RT* gedreht wird. Nun wählt die Konsumentin den Warenkorb in *B* auf der Indifferenzkurve U_2. Da Warenkorb *B* gewählt wurde, obwohl Warenkorb *A* möglich gewesen wäre, wissen wir (aus unserer Erörterung der offenbarten Präferenzen in Abschnitt 3.4), dass *B* gegenüber *A* vorgezogen wird. Folglich war es der Konsumentin durch die Lebensmittelpreissenkung möglich, ihr Befriedigungsniveau zu erhöhen – ihre Kaufkraft hat sich erhöht. Die durch den niedrigeren Preis verursachte Gesamtänderung der Kaufkraft wird durch F_1F_2 angegeben. Zu Beginn kaufte die Konsumentin OF_1 Einheiten Lebensmittel, nach der Preisänderung hat sich der Lebensmittelkonsum allerdings auf OF_2 erhöht. Folglich stellt die Strecke F_1F_2 den Anstieg der gewünschten Lebensmittelkäufe dar.

In § 3.4 wird dargestellt, wie durch die getroffene Konsumwahl Informationen über die Konsumentenpräferenzen offenbart werden.

4.2.1 Der Substitutionseffekt

Substitutionseffekt

Die mit einer Änderung des Preises eines Gutes verbundene Änderung des Konsums eines Gutes bei konstantem Nutzenniveau.

Der Preisrückgang hat sowohl einen Substitutionseffekt als auch einen Einkommenseffekt. Beim **Substitutionseffekt** handelt es sich um *die mit einer Änderung des Lebensmittelpreises verbundene Änderung des Konsums von Lebensmitteln, wobei das Nutzenniveau konstant bleibt*. Der Substitutionseffekt erfasst die Änderung des Konsums von Lebensmitteln, die infolge der Preisänderung eintritt, durch die Lebensmittel im Vergleich zu Bekleidung billiger werden. Diese Substituierung ist durch eine Bewegung entlang der Indifferenzkurve gekennzeichnet. In Abbildung 4.6 kann der Substitutionseffekt bestimmt werden, indem eine parallel zur neuen Budgetgeraden RT (die den vergleichsweise niedrigeren Preis für Lebensmittel widerspiegelt) verlaufende Budgetgerade gezeichnet wird, die allerdings die ursprüngliche Indifferenzkurve U_1 berührt (so dass das Befriedigungsniveau konstant gehalten wird). Diese neue, niedrigere, imaginäre Budgetgerade spiegelt die Tatsache wider, dass das nominale Einkommen reduziert wurde, um unser gedankliches Ziel der Bestimmung des Substitutionseffektes zu erreichen. Bei dieser Budgetgeraden wählt die Konsumentin den Warenkorb D und konsumiert OE Einheiten Lebensmittel. Folglich stellt die Strecke $F_1 E$ den Substitutionseffekt dar.

Aus Abbildung 4.6 geht deutlich hervor, dass der Substitutionseffekt bei einem Rückgang des Lebensmittelpreises stets zu einer Erhöhung der nachgefragten Menge Lebensmittel führt. Die Erklärung dafür findet sich in der in Abschnitt 3.1 erörterten vierten Annahme im Hinblick auf die Konsumentenpräferenzen – nämlich, dass die Präferenzen konvex sind. Bei den in der Abbildung dargestellten konvexen Indifferenzkurven muss der Punkt auf der neuen, imaginären, zu RT parallel verlaufenden Budgetgeraden, in dem die Befriedigung maximiert wird, unterhalb und rechts des ursprünglichen Tangentialpunktes liegen.

4.2.2 Einkommenseffekt

Einkommenseffekt

Änderung des Konsums eines Gutes infolge eines Anstiegs der Kaufkraft, wobei der relative Preis konstant bleibt.

Im Folgenden betrachten wir den **Einkommenseffekt**: *die durch die Erhöhung der Kaufkraft verursachte Änderung des Lebensmittelkonsums, wobei der Lebensmittelpreis konstant gehalten wird*. In Abbildung 4.6 wird der Einkommenseffekt sichtbar, wenn man sich von der durch den Punkt D verlaufenden, imaginären Budgetgeraden zur ursprünglichen durch den Punkt B verlaufenden Budgetgeraden RT bewegt. Die Konsumentin wählt den Warenkorb B auf der Indifferenzkurve U_2 (da durch den niedrigeren Lebensmittelpreis ihr Nutzenniveau gestiegen ist). Der Anstieg des Lebensmittelkonsums von OE auf OF_2 ist das Maß des Einkommenseffektes, der positiv ist, da Lebensmittel ein *normales Gut* sind (d.h., die Konsumenten kaufen größere Mengen davon, wenn sich ihr Einkommen erhöht). Da der Einkommenseffekt die Bewegung von einer Indifferenzkurve zu einer anderen widerspiegelt, misst er die Änderung der Kaufkraft des Konsumenten.

Wir haben festgestellt, dass der Gesamteffekt einer Preisänderung theoretisch durch die Summe des Substitutionseffektes und des Einkommenseffektes angegeben wird:

Gesamtauswirkung ($F_1 F_2$) = Substitutionseffekt ($F_1 E$) + Einkommenseffekt ($E F_2$)

Dabei sei daran erinnert, dass die Richtung des Substitutionseffektes stets gleich ist: Ein Rückgang des Preises führt zu einem Anstieg des Konsums des Gutes. Allerdings kann die Nachfrage durch den Einkommenseffekt in beide Richtungen verschoben werden, je nachdem, ob es sich bei dem Gut um ein normales oder ein inferiores Gut handelt.

4.2 Einkommens- und Substitutionseffekte

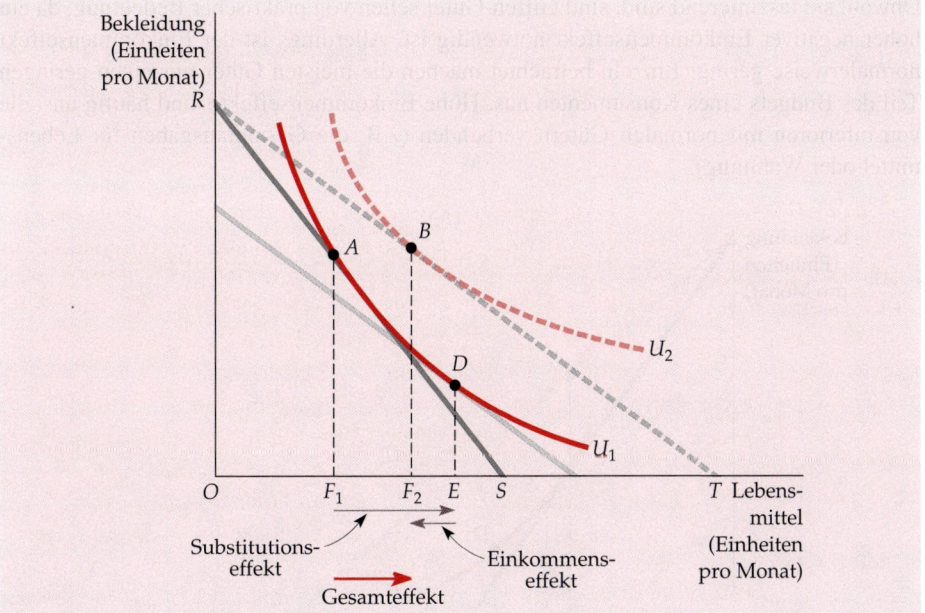

Abbildung 4.7: Einkommens- und Substitutionseffekt bei einem inferioren Gut
Zu Beginn befindet sich die Konsumentin in Punkt A auf der Budgetgeraden RS. Bei einem Rückgang des Lebensmittelpreises wechselt die Konsumentin zu B. Die daraus resultierende Veränderung der gekauften Lebensmittel kann in einen (mit der Bewegung von A zu D verbundenen) Substitutionseffekt F_1E und einen (mit der Bewegung von D zu B verbundenen) Einkommenseffekt EF_2 unterteilt werden. In diesem Fall sind Lebensmittel ein inferiores Gut, da der Einkommenseffekt negativ ist. Da allerdings der Substitutionseffekt den Einkommenseffekt übersteigt, führt der Rückgang des Lebensmittelpreises zu einer Erhöhung der nachgefragten Menge Lebensmittel.

Ein Gut ist *inferior*, wenn der Einkommenseffekt negativ ist: Bei steigendem Einkommen fällt der Konsum. In Abbildung 4.7 werden die Einkommens- und Substitutionseffekte für ein inferiores Gut dargestellt. Der negative Einkommenseffekt wird durch die Strecke EF_2 gemessen. Selbst bei inferioren Gütern ist der Einkommenseffekt nur selten groß genug, um den Substitutionseffekt mehr als auszugleichen. Infolgedessen erhöht sich der Konsum fast immer, wenn der Preis eines inferioren Gutes zurückgeht.

Inferiores Gut
Gut mit negativem Einkommenseffekt.

4.2.3 Ein Sonderfall: Das Giffen-Gut

Theoretisch kann der Einkommenseffekt so groß sein, dass die Nachfragekurve eines Gutes positiv geneigt ist. Ein solches Gut wird als **Giffen-Gut** bezeichnet; in Abbildung 4.8 werden der Einkommens- und der Substitutionseffekt für ein solches Gut dargestellt. Zu Beginn befindet sich der Konsument im Punkt A, in dem er relativ wenig Bekleidung und viel Lebensmittel konsumiert. Dann geht der Preis für Lebensmittel zurück. Durch den Rückgang des Lebensmittelpreises wird ausreichend Einkommen freigesetzt, so dass der Konsument nun, wie durch B dargestellt, mehr Einheiten Bekleidung und weniger Einheiten Lebensmittel kaufen möchte. Durch die offenbarte Präferenz wissen wir, dass der Konsument in B besser gestellt ist als in A, obwohl hier weniger Lebensmittel konsumiert werden.

Giffen-Gut
Ein Gut, dessen Nachfragekurve positiv geneigt ist, da der (negative) Einkommenseffekt größer ist als der Substitutionseffekt.

Obwohl sie faszinierend sind, sind Giffen-Güter selten von praktischer Bedeutung, da ein hoher negativer Einkommenseffekt notwendig ist. Allerdings ist der Einkommenseffekt normalerweise gering: Einzeln betrachtet machen die meisten Güter nur einen geringen Teil des Budgets eines Konsumenten aus. Hohe Einkommenseffekte sind häufig anstelle von inferioren mit normalen Gütern verbunden (z.B. die Gesamtausgaben für Lebensmittel oder Wohnung).

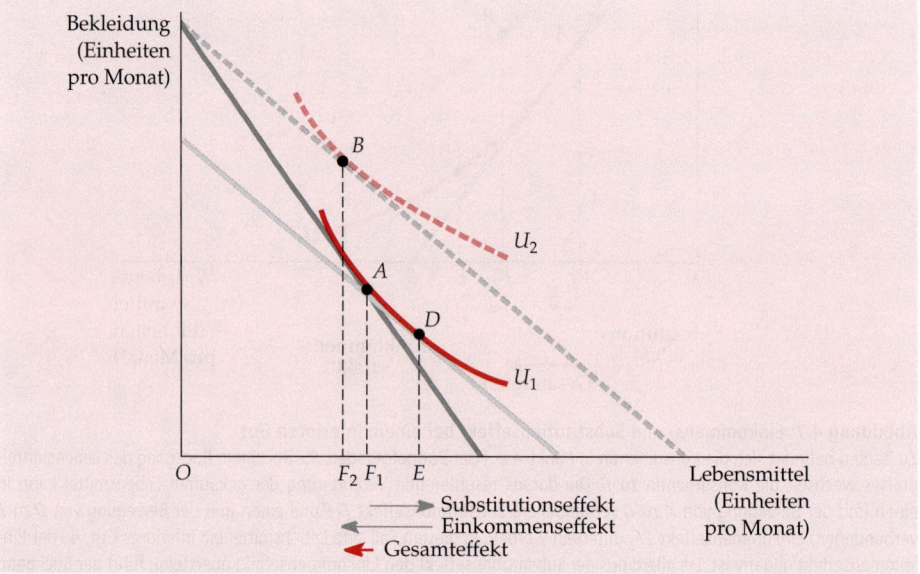

Abbildung 4.8: Eine positiv geneigte Nachfragekurve bei einem Giffen-Gut
Wenn Lebensmittel ein inferiores Gut sind und der Einkommenseffekt groß genug ist, dass er den Substitutionseffekt übersteigt, ist die Nachfragekurve positiv geneigt. Zu Beginn befindet sich der Konsument in Punkt A; nachdem allerdings der Lebensmittelpreis gefallen ist, wechselt er zu B und konsumiert weniger Lebensmittel. Da allerdings der Einkommenseffekt EF_2 größer ist als der Substitutionseffekt F_1E, führt der Rückgang des Lebensmittelpreises zu einer geringeren nachgefragten Menge Lebensmittel.

Beispiel 4.2: Die Auswirkungen einer Benzinsteuer

Die US-amerikanische Regierung hat bereits häufig die Erhöhung der bundesstaatlichen Benzinsteuer erwogen – zum Teil zur Förderung des Energiesparens und zum Teil zur Erhöhung der Einkünfte. So wurde beispielsweise im Jahr 1993 als Teil eines größeren Haushaltsreformpakets eine geringfügige Erhöhung um 4,3 Cent durchgesetzt. Diese Erhöhung war viel niedriger als nötig gewesen wäre, um die US-amerikanischen Benzinpreise den europäischen anzugleichen. Da ein wichtiges Ziel höherer Benzinsteuern darin besteht, den Benzinverbrauch zu verringern, erwog die Regierung auch Möglichkeiten der Rückverteilung des daraus entstehenden Einkommens an die Konsumenten. Ein populärer Vorschlag ist ein Rückerstattungsprogramm, nach dem die Steuereinnahmen gleichmäßig pro Kopf an die Haushalte zurückgezahlt werden würden. Welche Auswirkungen hätte ein solches Programm? ▶

Beginnen wir, indem wir uns auf die Auswirkungen des Programms in einem Zeitraum von fünf Jahren konzentrieren. Die relevante Preiselastizität der Nachfrage beträgt ca. –0,5.[1] Nehmen wir an, dass ein Konsument mit niedrigem Einkommen ca. 1.200 Gallonen Benzin pro Jahr verbraucht, dass Benzin $1 pro Gallone kostet und dass das Jahreseinkommen unseres Konsumenten $9.000 beträgt.

In Abbildung 4.9 werden die Auswirkungen der Benzinsteuer dargestellt. (Der Graph ist absichtlich nicht maßstabsgerecht gezeichnet worden, so dass die Auswirkungen deutlicher zu erkennen sind.) AB bildet die ursprüngliche Budgetgerade, und der Verbraucher maximiert seinen Nutzen (auf der Indifferenzkurve U_2) durch den Konsum des Warenkorbes in Punkt C mit 1.200 Gallonen Benzin und Ausgaben in Höhe von $7.800 für andere Güter. Beträgt die Steuer 50 Cent pro Gallone, erhöht sich der Preis um 50 Prozent, wodurch die neue Budgetgerade auf AD verschoben wird.[2]

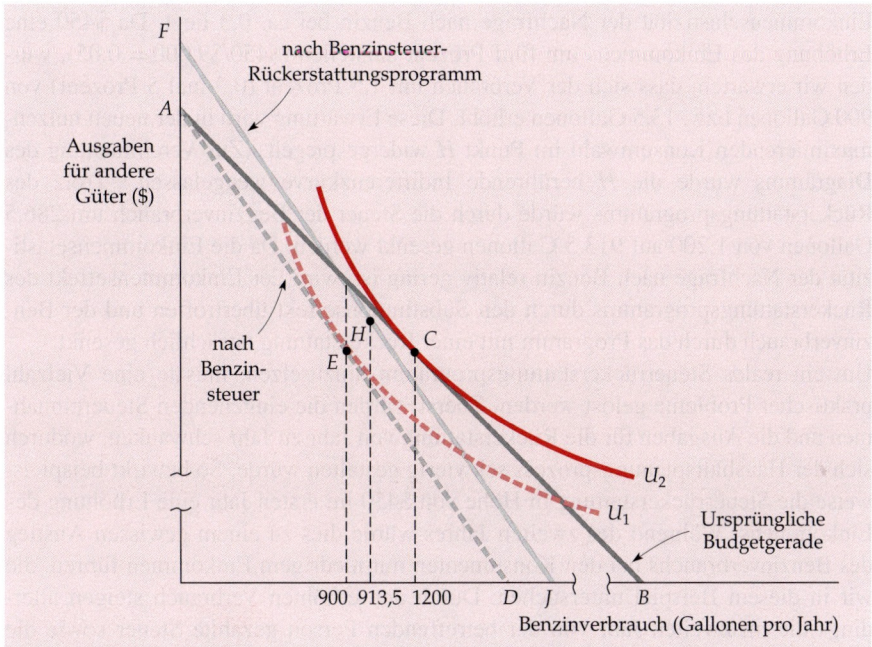

Abbildung 4.9: Die Auswirkung einer Benzinsteuer mit einem Rückerstattungsprogramm
Als der Konsument zu Beginn im Punkt C 1.200 Gallonen Benzin kauft, wird eine Benzinsteuer erhoben. Nach der Erhebung der Steuer verschiebt sich die Budgetgerade von AB zu AD, und der Konsument maximiert seine Präferenzen durch die Auswahl von E mit einem Benzinverbrauch von 900 Gallonen. Als allerdings die Einkünfte aus der Steuer an den Konsumenten zurückerstattet werden, erhöht sich sein Verbrauch geringfügig auf 913,5 Gallonen im Punkt H. Trotz des Rückerstattungsprogramms ist der Benzinverbrauch des Konsumenten genau wie sein Befriedigungsniveau gesunken. ▶

---

1 In Kapitel 2 wurde erläutert, dass sich die Preiselastizität der Nachfrage nach Benzin zwischen der kurzen und der langen Frist mit einer Bandbreite von –0,11 in der kurzen Frist bis –1,17 in der langen Frist deutlich unterschied.
2 Zur Vereinfachung des Beispiels nehmen wir an, dass die gesamte Steuer von den Verbrauchern in Form eines höheren Preises gezahlt wird. Kapitel 9 beinhaltet eine umfassendere Analyse der Steuerüberwälzung.

(Es sei daran erinnert, dass sich die Budgetgerade bei Preisänderungen und unverändertem Einkommen um einen Drehpunkt auf der unveränderten Achse dreht.) Bei einer Preiselastizität von –0,5 geht der Verbrauch, wie durch den nutzenmaximierenden Punkt *E* auf der Indifferenzkurve U_1 gezeigt, um 25 Prozent von 1.200 auf 900 Gallonen zurück (bei jedem Anstieg des Benzinpreises um ein Prozent geht die nachgefragte Menge um 1/2 Prozent zurück).

Das Rückerstattungsprogramm wirkt allerdings dieser Auswirkung teilweise entgegen. Nehmen wir an, dass, da die Steuereinkünfte pro Person ca. $450 betragen (900 Gallonen mal 50 Cent pro Gallone), jeder Konsument eine Rückerstattung in Höhe von $450 erhält. Wie beeinflusst dieses erhöhte Einkommen den Benzinverbrauch? Die Auswirkungen können grafisch durch eine Verschiebung der Budgetgeraden um $450 nach oben auf die Gerade *FJ* dargestellt werden, die parallel zu *AD* verläuft. Wie viel Benzin kauft unser Konsument nun? In Kapitel 2 wurde aufgezeigt, dass die Einkommenselastizität der Nachfrage nach Benzin bei ca. 0,3 liegt. Da $450 eine Erhöhung des Einkommens um fünf Prozent darstellen ($450/$9.000 = 0,05), würden wir erwarten, dass sich der Verbrauch um 1,5 Prozent (0,3 mal 5 Prozent) von 900 Gallonen bzw. 13,5 Gallonen erhöht. Diese Erwartung wird in der neuen nutzenmaximierenden Konsumwahl im Punkt *H* widergespiegelt. (Zur Vereinfachung des Diagramms wurde die *H* berührende Indifferenzkurve weggelassen.) Trotz des Rückerstattungsprogramms würde durch die Steuer der Benzinverbrauch um 286,5 Gallonen von 1.200 auf 913,5 Gallonen gesenkt werden. Da die Einkommenselastizität der Nachfrage nach Benzin relativ gering ist, wird der Einkommenseffekt des Rückerstattungsprogramms durch den Substitutionseffekt übertroffen und der Benzinverbrauch durch das Programm mit einer Rückerstattung tatsächlich gesenkt.

Um ein reales Steuerrückerstattungsprogramm umzusetzen, müsste eine Vielzahl praktischer Probleme gelöst werden. Zuerst würden die eingehenden Steuereinnahmen und die Ausgaben für die Rückerstattung von Jahr zu Jahr schwanken, wodurch sich der Haushaltsplanungsprozess schwierig gestalten würde. So bewirkt beispielsweise die Steuerrückerstattung in Höhe von $450 im ersten Jahr eine Erhöhung des Einkommens. Während des zweiten Jahres würde dies zu einem gewissen Anstieg des Benzinverbrauchs bei den Konsumenten mit niedrigem Einkommen führen, die wir in diesem Beispiel untersuchen. Durch den erhöhten Verbrauch steigen allerdings die im zweiten Jahr von der betreffenden Person gezahlte Steuer sowie die Steuerrückerstattung an diese Person. Infolgedessen kann es schwierig werden, die Größe des Etats für das Programm vorherzusagen.

In Abbildung 4.9 wird deutlich, dass dieser spezielle Konsument mit niedrigem Einkommen durch das Benzinsteuerprogramm geringfügig schlechter gestellt wird, da *H* knapp unter der Indifferenzkurve U_2 liegt. Natürlich könnten manche Konsumenten mit niedrigem Einkommen von diesem Programm tatsächlich profitieren (wenn sie beispielsweise durchschnittlich weniger Benzin konsumieren als die Gruppe von Verbrauchern, durch deren Konsum die gewählte Rückerstattung bestimmt wurde). Trotzdem werden durch den durch die Steuer verursachten Substitutionseffekt die Konsumenten durchschnittlich schlechter gestellt. ▶

Warum sollte dann ein solches Programm eingeführt werden? Die Befürworter einer Benzinsteuer argumentieren, dass dadurch die nationale Sicherheit (durch eine Reduzierung der Abhängigkeit von importiertem Öl) gestärkt und der Umweltschutz gefördert wird, so dass dadurch ein Beitrag zur Verlangsamung der globalen Erwärmung durch eine Verringerung der Ansammlung von Kohlendioxid in der Atmosphäre geleistet wird. Die Auswirkungen einer Benzinsteuer werden in Kapitel 9 weiter erörtert.

4.3 Die Marktnachfrage

Bisher haben wir die Nachfragekurve für einen einzelnen Konsumenten betrachtet. Nun wenden wir uns der **Marktnachfragekurve** zu. Wir erinnern uns aus Kapitel 2, dass die Marktnachfragekurve darstellt, welche Menge eines Gutes die Konsumenten insgesamt zu kaufen bereit sind, wenn sich dessen Preis ändert. In diesem Abschnitt werden wir untersuchen, wie Marktnachfragekurven als Summe der einzelnen Nachfragekurven aller Konsumenten auf einem bestimmten Markt hergeleitet werden können.

> **Marktnachfragekurve**
>
> Kurve, in der die Menge eines Gutes, die alle Konsumenten auf einem Markt kaufen, mit dessen Preis in Beziehung gesetzt wird.

4.3.1 Von der individuellen Nachfrage zur Marktnachfrage

Um die Untersuchung einfach zu halten, nehmen wir an, dass sich auf dem Markt für Kaffee nur drei Konsumenten (A, B und C) befinden. In Tabelle 4.2 werden einige Punkte der Nachfragekurven jedes einzelnen Konsumenten tabellarisch dargestellt. Die Marktnachfrage in Spalte (5) wird durch die Addition der Spalten (2), (3) und (4) zur Bestimmung der zu jedem Preis nachgefragten Gesamtmenge errechnet. Liegt der Preis beispielsweise bei €3, beträgt die nachgefragte Gesamtmenge 2 + 6 + 10 oder 18.

Tabelle 4.2

Die Bestimmung der Marktnachfragekurve

(1) Preis (€)	(2) Person A (Einheiten)	(3) Person B (Einheiten)	(4) Person C (Einheiten)	(5) Markt (Einheiten)
1	6	10	16	32
2	4	8	13	25
3	2	6	10	18
4	0	4	7	11
5	0	2	4	6

4 Die individuelle Nachfrage und die Marktnachfrage

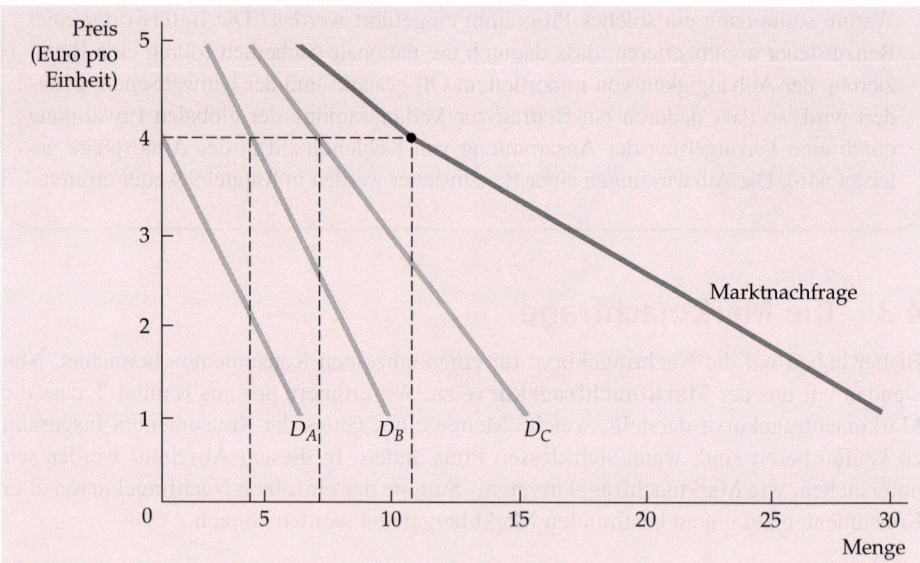

Abbildung 4.10: Addition zur Bestimmung der Marktnachfragekurve
Die Marktnachfragekurve ergibt sich durch Addition der individuellen Nachfragekurven D_A, D_B und D_C. Die zu jedem Preis vom Markt nachgefragte Menge Kaffee ist die Summe der von den einzelnen Konsumenten nachgefragten Mengen. So ist beispielsweise die zu einem Preis von €4 vom Markt nachgefragte Menge (11 Einheiten) die Summe der von A (keine Einheit), B (4 Einheiten) und C (7 Einheiten) nachgefragten Mengen.

In Abbildung 4.10 werden die Nachfragekurven nach Kaffee für die gleichen drei Konsumenten (bezeichnet mit D_A, D_B und D_C) dargestellt. In der Abbildung ist die Marktnachfragekurve die *horizontale Addition* der Nachfrage jedes Konsumenten. Wir führen die horizontale Addition durch, um die von den drei Konsumenten zu jedem Preis nachgefragte Gesamtmenge zu bestimmen. Beträgt beispielsweise der Preis €4, ist die vom Markt nachgefragte Menge (11 Einheiten) die Summe der von A (keine Einheit), von B (4 Einheiten) und von C (7 Einheiten) nachgefragten Mengen. Da alle individuellen Nachfragekurven negativ geneigt sind, wird auch die Marktnachfragekurve negativ geneigt sein. Allerdings muss die Marktnachfragekurve keine Gerade bilden, obwohl jede einzelne Nachfragekurve eine Gerade ist. So weist beispielsweise in Abbildung 4.10 die Marktnachfragekurve einen Knick auf, da ein Konsument zu Preisen, die von den anderen Konsumenten als ansprechend betrachtet werden (d.h. Preise über €4), keine Käufe tätigt.

Infolge dieser Analyse sollten zwei Punkte beachtet werden:

1 *Die Marktnachfragekurve verschiebt sich nach rechts, wenn mehr Konsumenten in den Markt eintreten.*

2 *Faktoren, die sich auf die Nachfrage vieler Konsumenten auswirken, beeinflussen auch die Marktnachfrage.* Nehmen wir zum Beispiel an, dass die meisten Konsumenten auf einem speziellen Markt ein höheres Einkommen erzielen und infolgedessen ihre Nachfrage nach Kaffee erhöhen. Da sich in einem solchen Fall die Nachfragekurve jedes einzelnen Konsumenten nach rechts verschiebt, wird dies auch auf die Marktnachfragekurve zutreffen.

Die Addition der individuellen Nachfragen zur Marktnachfrage ist nicht nur eine theoretische Übung. In der Praxis gewinnt dies an Bedeutung, wenn sich die Marktnachfrage aus den Nachfragen verschiedener demografischer Gruppen oder von Konsumenten in unterschiedlichen Gebieten zusammensetzt. So könnten wir beispielsweise Daten über die Nachfrage nach Heimcomputern erhalten, indem wir unabhängig voneinander gewonnene Informationen über die Nachfrage der folgenden Gruppen addieren:

- Haushalte mit Kindern
- Haushalte ohne Kinder
- Allein lebende Personen

Oder wir könnten, wie in Beispiel 4.3 dargestellt, die Nachfrage nach US-amerikanischem Weizen bestimmen, indem wir die Binnennachfrage (d.h. die Nachfrage US-amerikanischer Konsumenten) und die Exportnachfrage (d.h. die Nachfrage ausländischer Konsumenten) addieren.

4.3.2 Die Elastizität der Nachfrage

In Abschnitt 2.4 (Seite 65) wurde erläutert, dass die Preiselastizität der Nachfrage die aus einem Anstieg des Preises um ein Prozent resultierende prozentuale Änderung der nachgefragten Menge misst. Bezeichnet man die Menge eines Gutes mit Q und dessen Preis mit P, lautet die *Preiselastizität der Nachfrage*:

$$E_P = \frac{\Delta Q/Q}{\Delta P/P} = \left(\frac{P}{Q}\right)\left(\frac{\Delta Q}{\Delta P}\right) \quad (4.1)$$

> In § 2.4 wird erörtert, wie die Preiselastizität der Nachfrage die Reagibilität der Nachfrage der Konsumenten auf Änderungen des Preises beschreibt.

(In diesem Fall bezeichnet $\Delta Q/Q$ die prozentuale Änderung von Q, da Δ „die Änderung von" bedeutet.)

Die unelastische Nachfrage Ist die Nachfrage unelastisch (d.h. E_P hat eine Größe von weniger als 1), ist die nachgefragte Menge vergleichsweise unempfindlich gegenüber Änderungen des Preises. Deshalb erhöhen sich bei einer Preissteigerung die Gesamtausgaben für das Produkt. Nehmen wir beispielsweise an, dass eine Familie gegenwärtig bei einem Preis von €1 pro Gallone 1.000 Gallonen Benzin pro Jahr verbraucht. Nehmen wir weiter an, dass die Preiselastizität der Nachfrage nach Benzin für diese Familie –0,5 beträgt. Wenn der Benzinpreis auf €1,10 ansteigt (was einem Anstieg um zehn Prozent entspricht), fällt der Benzinverbrauch auf 950 Gallonen (was einem Rückgang um fünf Prozent entspricht). Die Gesamtausgaben für Benzin erhöhen sich dabei allerdings von €1.000 (1.000 Gallonen × €1 pro Gallone) auf €1.045 (950 Gallonen × €1,10 pro Gallone).

Die elastische Nachfrage Im Gegensatz dazu gehen die Gesamtausgaben für das Produkt bei einer elastischen Nachfrage (E_P hat eine Größenordnung von mehr als 1) zurück, wenn der Preis steigt. Nehmen wir an, dass eine Familie zu einem Preis von €2 pro Pfund 100 Pfund Hühnchenfleisch pro Jahr kauft. Die Preiselastizität der Nachfrage nach Hühnchen liegt bei –1,5. Steigt der Preis für Hühnchen auf €2,20 (was einem Anstieg um zehn Prozent entspricht), fällt der Hühnchenkonsum unserer Familie auf 85 Pfund pro Jahr (was einem Rückgang um 15 Prozent entspricht). Die Gesamtausgaben für Hühnchen fallen ebenfalls von €200 (100 Pfund × €2 pro Pfund) auf €187 (85 Pfund × €2,20 pro Pfund).

> Wir erinnern uns aus § 2.4, dass die Höhe der Elastizität deren absolutem Wert entspricht, so dass eine Elastizität von –0,5 eine geringere Höhe hat als eine Elastizität von –1.

4 Individuelle Nachfrage und die Marktnachfrage

Isoelastische Nachfragekurve

Nachfragekurve mit konstanter Preiselastizität.

Die isoelastische Nachfrage Wenn die Preiselastizität der Nachfrage entlang der gesamten Nachfragekurve konstant bleibt, wird diese Kurve als **isoelastisch** bezeichnet. In Abbildung 4.11 wird eine isoelastische Nachfragekurve dargestellt. Dabei ist die Beugung dieser Nachfragekurve nach innen zu beachten. Dies steht im Gegensatz zu den in Abschnitt 2.4 erläuterten Änderungen der Preiselastizität der Nachfrage bei einer Bewegung entlang einer *linearen Nachfragekurve*. Obwohl der Anstieg der linearen Nachfragekurve konstant ist, trifft dies auf die Preiselastizität der Nachfrage nicht zu. Sie beträgt null, wenn der Preis gleich null ist und erhöht sich größenmäßig bis sie unendlich wird, wenn der Preis des Gutes so hoch ist, dass die nachgefragte Menge auf null fällt.

In § 2.4 wird erläutert, dass bei einer linearen Nachfragekurve die Nachfrage elastischer wird, wenn der Preis des Produktes steigt.

Bei der so genannten *einselastischen Nachfragekurve* handelt es sich um einen Sonderfall dieser isoelastischen Kurven: eine Nachfragekurve mit einer Preiselastizität, die stets gleich –1 ist, wie dies auf die in Abbildung 4.11 dargestellte Kurve zutrifft. In diesem Fall bleiben die Gesamtausgaben nach einer Preisänderung gleich. So führt beispielsweise ein Preisanstieg zu einem Rückgang der nachgefragten Menge, so dass die Gesamtausgaben für das Gut unverändert bleiben. Nehmen wir zum Beispiel an, dass die Gesamtausgaben für zum ersten Mal gezeigte Kinofilme in Berkeley, Kalifornien, unabhängig vom Preis einer Kinokarte, $5,4 Millionen pro Jahr betragen. In allen Punkten der Nachfragekurve ist der Preis multipliziert mit der Menge gleich $5,4 Millionen. Liegt der Preis bei $6, beträgt die nachgefragte Menge 900.000 Kinokarten; steigt der Preis auf $9, fällt die nachgefragte Menge auf 600.000 Karten, wie in Abbildung 4.11 illustriert wird.

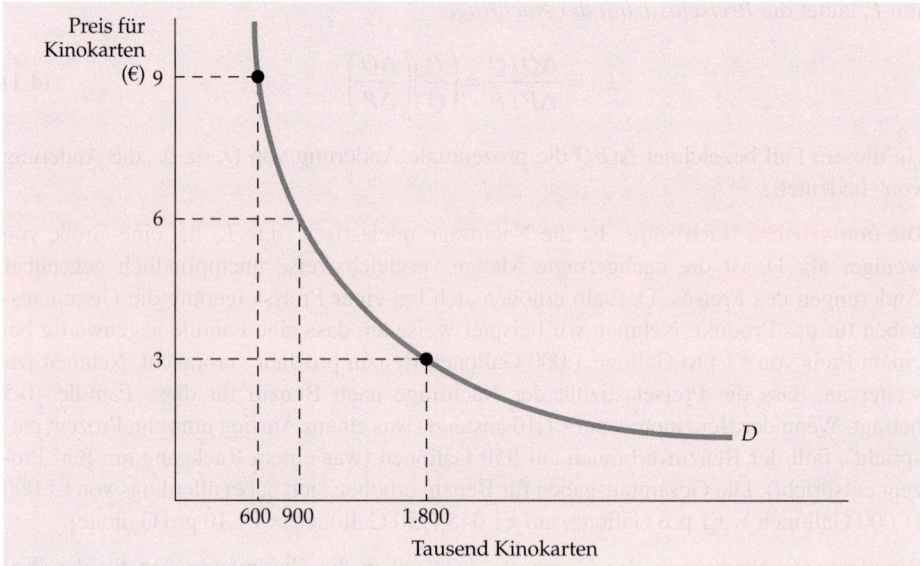

Abbildung 4.11: Eine einselastische Nachfragekurve
Beträgt die Preiselastizität der Nachfrage bei jedem Preis –1,0, bleiben die Gesamtausgaben entlang der Nachfragekurve *D* konstant.

In Tabelle 4.3 wird die Beziehung zwischen der Elastizität und den Ausgaben zusammengefasst. Es ist hilfreich, diese Tabelle aus der Perspektive des Verkäufers des Gutes und nicht aus der des Käufers zu betrachten. (Was von den Verkäufern als Gesamterlös wahrgenommen wird, sehen die Konsumenten als Gesamtausgaben.) Ist die Nachfrage unelastisch, führt eine Preiserhöhung nur zu einem geringen Rückgang der nachgefragten Menge; folglich erhöht sich der Gesamterlös des Verkäufers. Ist allerdings die Nachfrage elastisch, führt ein Preisanstieg zu einem starken Rückgang der nachgefragten Menge, und der Gesamterlös fällt.

Tabelle 4.3

Die Preiselastizität und die Konsumentenausgaben

Nachfrage	Ausgaben bei einem Preisanstieg	Ausgaben bei einem Preisrückgang
Unelastisch	Anstieg	Rückgang
Einselastisch	Unverändert	Unverändert
Elastisch	Rückgang	Anstieg

Beispiel 4.3: Die aggregierte Nachfrage nach Weizen

In Kapitel 2 (Beispiel 2.5, Seite 69) wurde erklärt, dass sich die Nachfrage nach US-amerikanischem Weizen aus zwei Komponenten zusammensetzt: aus der Binnennachfrage (von US-amerikanischen Konsumenten) und aus der Exportnachfrage (von ausländischen Konsumenten). Im Folgenden wollen wir untersuchen, wie die Gesamtnachfrage nach Weizen für das Jahr 2007 durch die Aggregierung der Binnen- und Exportnachfrage ermittelt werden kann.

Die Binnennachfrage nach Weizen wird durch folgende Gleichung angegeben:

$$Q_{DD} = 1.430 - 55P$$

wobei Q_{DD} die im Inland nachgefragte Anzahl Scheffel (in Millionen) und P der Preis in Dollar pro Scheffel ist. Die Exportnachfrage wird durch folgende Gleichung angegeben:

$$Q_{DE} = 1.470 - 70P$$

wobei Q_{DE} die aus dem Ausland nachgefragte Anzahl Scheffel (in Millionen) ist. Wie in Abbildung 4.12 dargestellt, ist die durch *AB* angegebene Binnennachfrage relativ preisunelastisch. (Statistische Untersuchungen haben gezeigt, dass die Preiselastizität der Binnennachfrage ca. –0,2 bis –0,3 beträgt.) Allerdings ist die durch *CD* gegebene Exportnachfrage mit einer Elastizität von –0,4 preiselastischer. Die Exportnachfrage ist elastischer als die Binnennachfrage, da die ärmeren Länder, die US-amerikanischen Weizen importieren, bei Steigerungen des Weizenpreises andere Getreidearten und Nahrungsmittel vorziehen.[3] ▶

---

[3] Eine Untersuchung der statistischen Studien zu Nachfrage- und Angebotselastizitäten sowie eine Analyse des US-amerikanischen Weizenmarktes findet sich in Larry Salathe und Sudchada Langley, „An Empirical Analysis of Alternative Export Subsidy Programs for U.S. Wheat", *Agricultural Economics Research* 38, Nr. 1 (Winter, 1986).

Zur Ermittlung der Weltnachfrage nach Weizen setzen wir die linke Seite jeder Nachfragegleichung gleich der Menge des Weizens (der Variablen auf der horizontalen Achse). Fügen wir die rechte Seite der Gleichungen hinzu, erhalten wir:

$$Q_{DD} + Q_{DE} = (1.430 - 55P) + (1.470 - 70P) = 2.900 - 125P$$

(Dabei ist zu erkennen, dass dies dieselbe Gleichung der Gesamtnachfrage für 1998 wie in Beispiel 2.4 ist.) Dadurch ergibt sich die Strecke EF in Abbildung 4.12.

Allerdings besteht zu allen Preisen oberhalb des Punktes C keine Exportnachfrage, so dass die Weltnachfrage und die Binnennachfrage identisch sind. Folglich wird die Weltnachfrage für alle Preise oberhalb von C durch die Strecke AE angegeben. (Würden wir bei den Preisen oberhalb von C Q_{DE} hinzuaddieren, würden wir fälschlicherweise eine negative Exportnachfrage zur positiven Binnennachfrage hinzuaddieren.) Wie in der Abbildung dargestellt, weist die ermittelte, durch AEF angegebene Gesamtnachfrage einen Knick auf. Dieser Knick tritt in Punkt E auf, in dem Preisniveau, über dem keine Exportnachfrage mehr existiert.

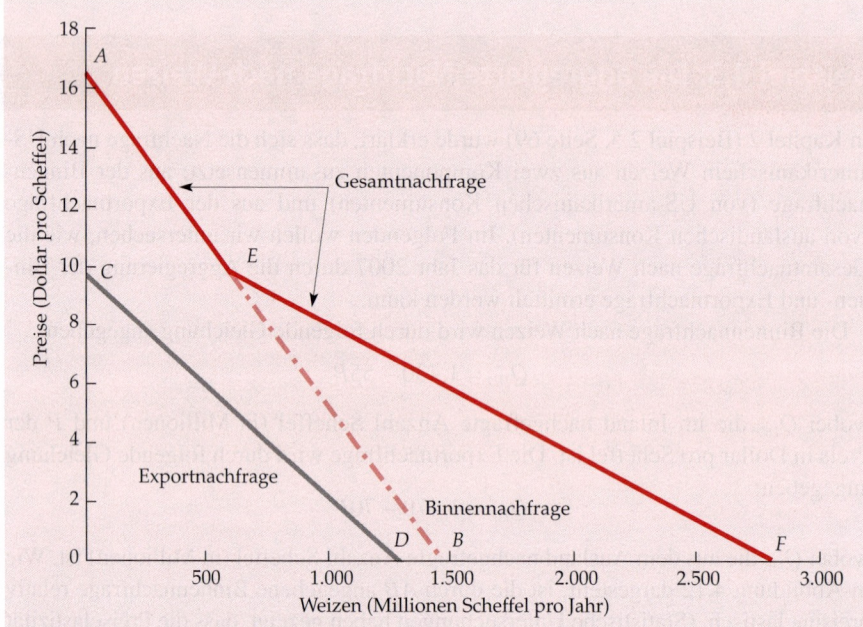

Abbildung 4.12: Die aggregierte Nachfrage nach Weizen
Die gesamte Weltnachfrage nach Weizen ergibt sich aus der horizontalen Summe der Binnennachfrage AB und der Exportnachfrage CD. Obwohl jede einzelne Nachfragekurve linear ist, weist die Marktnachfragekurve einen Knick auf, wodurch die Tatsache widergespiegelt wird, dass keine Exportnachfrage mehr besteht, wenn der Weizenpreis höher als \$21 pro Scheffel ist.

4.3.3 Spekulative Nachfrage

Bisher sind wir bei der Erörterung der Nachfrage von der Annahme ausgegangen, dass Verbraucher insofern „rational" sind, dass sie ihr Einkommen auf verschiedene Güter und Dienstleistungen aufteilen, um so ihre Gesamtbefriedigung zu maximieren. Mitunter beruht allerdings die Nachfrage nach einigen Gütern nicht auf der Befriedigung, die aus dem Konsum des Gutes erzielt wird, sondern auf der Überzeugung, dass der Preis des betreffenden Gutes steigen wird. In diesem Fall könnte die Möglichkeit bestehen, vom Kauf des Gutes und dessen späterem Weiterverkauf zu einem höheren Preis zu profitieren. Diese spekulative Nachfrage ist zumindest zum Teil für den drastischen Anstieg der Immobilienpreise in den USA, in Europa und China im letzten Jahrzehnt verantwortlich.

Die spekulative Nachfrage ist häufig (wenngleich, wie in Kapitel 5 erklärt wird, auch nicht immer) irrational. Die Menschen sehen, dass der Preis eines Gutes gestiegen ist, und gelangen irgendwie zu der Schlussfolgerung, dass die Preise deshalb weiter steigen werden. Normalerweise gibt es allerdings keine rationale Grundlage für diese Annahme, so dass ein Verbraucher, der etwas kauft, weil er glaubt, dass der Preis weiter steigen wird, häufig kaum etwas anders tut als zu wetten.

> **Spekulative Nachfrage**
>
> Nachfrage, die nicht durch die direkten Vorteile, die einem Verbraucher aus dem Besitz oder Konsum eines Gutes erwachsen, sondern durch die Erwartung angetrieben wird, dass der Preis des Gutes steigen wird.

Beispiel 4.4: Die Nachfrage nach Wohnungen

Normalerweise bilden die Wohnungskosten den wichtigsten Einzelposten im Budget eines Haushalts – im Durchschnitt geben Haushalte 25 Prozent ihres Einkommens dafür aus.

Die Nachfrage einer Familie nach einer Wohnung hängt vom Alter und der sozialen Stellung des Haushaltes ab, der die Kaufentscheidung trifft. Ein Ansatz zur Ermittlung der Nachfrage nach Wohnungen besteht darin, die Anzahl der Zimmer pro Haus für jeden Haushalt (die nachgefragte Menge) mit einer Schätzung des Preises eines zusätzlichen Zimmers in einem Haus und mit dem Familieneinkommen des Haushalts in Beziehung zu setzen. (Die Preise der Zimmer sind aufgrund von Unterschieden der Baukosten, einschließlich des Preises für Grund und Boden, verschieden.) In Tabelle 4.4 werden einige der Preis- und Einkommenselastizitäten für verschiedene demografische Gruppen dargestellt.

Tabelle 4.4

Die Preis- und Einkommenselastizitäten der Nachfrage nach Zimmern

Gruppe	Preiselastizität	Einkommenselastizität
Alleinlebende	–0,10	0,21
Verheiratete, Haushaltsvorstand jünger als 30, 1 Kind	–0,25	0,06
Verheiratete, Haushaltsvorstand 30–39, 2 oder mehr Kinder	–0,15	0,12
Verheiratete, Haushaltsvorstand 50 oder älter, 1 Kind	–0,08	0,19

▶

Im Allgemeinen zeigen diese Elastizitäten, dass die Größe der von den Konsumenten nachgefragten Häuser (gemessen an der Anzahl der Zimmer) relativ unempfindlich gegenüber Unterschieden sowohl des Einkommens als auch des Preises ist. Allerdings treten zwischen den Untergruppen der Bevölkerung beträchtliche Unterschiede auf. So weisen beispielsweise Familien mit jungen Familienvorständen eine Preiselastizität von –0,25 auf, die erheblich höher ist als die Preiselastizität von Familien mit älteren Familienvorständen. Vermutlich sind Familien, die Häuser kaufen, preissensibler, wenn die Eltern und ihre Kinder jünger sind und die Eltern eventuell noch weitere Kinder planen. Bei den Haushalten verheirateter Personen erhöht sich die Nachfrage nach Zimmern ebenfalls mit dem Alter – eine Tatsache, aus der wir erkennen, dass ältere Haushalte größere Häuser kaufen als jüngere.

Bei armen Familien ist der für die Wohnung ausgegebene Anteil des Einkommens hoch. So geben beispielsweise Mieter mit einem Einkommen im Bereich der unteren 20 Prozent der Einkommensskala ungefähr 55 Prozent ihres Einkommens für die Wohnung aus, während dieser Prozentsatz beim durchschnittlichen Haushalt nur 2,8 Prozent beträgt.[4] Deshalb sind viele staatliche Programme, wie Subventionen, Mietregulierungen sowie Bestimmungen im Hinblick auf die Nutzung von Grund und Boden vorgeschlagen worden, um den Wohnungsmarkt so zu formen, dass die Belastung der Armen durch Wohnungskosten gesenkt wird.

Wie wirkungsvoll sind Einkommenssubventionen? Sofern die Nachfrage nach Wohnungen durch die Subvention wesentlich erhöht wird, können wir annehmen, dass die Subvention zu einer Verbesserung der Wohnungssituation für die Armen führt.[5] Sollten andererseits die zusätzlichen Gelder für andere Posten als Wohnungskosten ausgegeben werden, wäre die Subvention zwar vielleicht trotzdem hilfreich, sie hätte allerdings das politische Anliegen im Hinblick auf die Wohnungskosten nicht erfüllt.

Die Anzeichen deuten darauf hin, dass die Einkommenselastizität im Hinblick auf die Wohnung bei den einkommensschwachen Haushalten (mit Einkommen im Bereich der unteren 10 Prozent aller Haushalte) nur ca. 0,09 beträgt, was darauf schließen lässt, dass die Einkommenssubventionen hauptsächlich für andere Posten als Wohnungskosten ausgegeben werden würden. Im Vergleich dazu beträgt die Einkommenselastizität im Hinblick auf die Wohnungen unter den reichsten Haushalten (den obersten 10 Prozent) ungefähr 0,54.

Diese Diskussion geht von der Annahme aus, dass Verbraucher ihre Ausgaben für Wohnungen und andere Güter so auswählen, dass ihre Gesamtbefriedigung maximiert wird, wenn der Nutzen der Wohnung (und damit die Nachfrage nach Wohnungen) aus der Menge des Wohnraums, der Sicherheit der Gegend, der Qualität der Schulen usw. resultiert. In den vergangenen Jahren ist die Nachfrage nach Wohnungen allerdings zum Teil durch die spekulative Nachfrage in die Höhe getrieben worden: ▶

---

4 Dies bildet den Ausgangspunkt für die Debatte um „bezahlbare" Wohnungen. Für einen Überblick dazu siehe John Quigley und Steven Raphael, „Is Housing Unaffordable? Why Isn't It More Affordable," *Journal of Economic Perspectives* 18 (2004): 191–214.

5 Julia L. Hansen, John P. Formby und W. James Smith, „Estimating the Income Elasticity of Demand for Housing: A Comparison of Traditional and Lorenz-Concentration Curve Methodologies," *Journal of Housing Economics* 7 (1998): 328–342.

Verbraucher haben Wohnungen unter der Annahme gekauft, dass sie diese Wohnungen später zu einem viel höheren Preis wiederverkaufen können. Durch die spekulative Nachfrage – eine Nachfrage, die nicht durch den direkten Nutzen aus dem Besitz eines Hauses, sondern aus der Erwartung erwächst, dass der Preis steigen wird – sind die Immobilienpreise in vielen Teilen der Vereinigten Staaten dramatisch und viel stärker angestiegen, als durch die Demografie erklärt werden könnte.

Die spekulative Nachfrage kann zu einer Blase (einer Preissteigerung, die nicht auf der grundlegenden Nachfrage, sondern auf der Überzeugung beruht, dass der Preis weiter steigen wird) führen. Letztendlich platzen solche Blasen allerdings: Der Preis steigt nicht weiter, wenn keine neuen Käufer in den Markt eintreten, die Besitzer des Gutes sind besorgt und beginnen zu verkaufen, der Preis sinkt. Daraufhin verkaufen mehr Menschen das Gut und der Preis sinkt weiter. Wie in Kapital 5 aufgezeigt werden wird, sind solche Blasen problematisch, da sie, wenn sie platzen, die Funktion des Marktes verzerren und zu finanziellen Verwerfungen führen können. Und genau das ist auch auf dem US-amerikanischen Wohnungsmarkt passiert, auf dem eine Immobilienpreisblase entstand, die schließlich im Jahr 2008 geplatzt ist, Hypothekenausfälle zur Folge hatte und so zur Finanzkrise beigetragen hat, die Ende des Jahres 2008 die USA sowie die Weltwirtschaft getroffen hat.

Beispiel 4.5: Die langfristige Nachfrage nach Benzin

Unter den Industrienationen sind die Vereinigten Staaten insoweit einzigartig, als dass der Benzinpreis relativ niedrig ist. Der Grund dafür ist einfach: In Europa, Japan und anderen Ländern werden hohe Steuern auf Benzin erhoben, so dass die Benzinpreise normalerweise doppelt oder drei Mal so hoch sind wie in den Vereinigten Staaten, die nur sehr niedrige Steuern auf Benzin erheben. Daher argumentieren viele Volkswirte, dass die Vereinigten Staaten ihre Steuern auf Benzin deutlich anheben sollten, um so den Benzinverbrauch zu senken und damit die Abhängigkeit von importiertem Öl zu senken und die Treibhausgasemissionen zu reduzieren, die zur Klimaerwärmung beitragen. (Überdies würden damit auch dringend benötigte Einnahmen für den Staat generiert.) Die Politiker sind dieser Empfehlung allerdings nicht gefolgt, da sie befürchten, dass eine Steuererhöhung die Wähler verärgern würde.

Unter Vernachlässigung der politischen Aspekte einer Benzinsteuer soll im Folgenden die Frage beantwortet werden, ob höhere Benzinpreise tatsächlich den Benzinverbrauch senken oder ob die Fahrer so an ihren großen „Benzinfressern" hängen, dass die höheren Preise nur eine geringe Wirkung haben. Dabei ist die langfristige Nachfrage nach Benzin wichtig, denn es ist nicht davon auszugehen, dass die Fahrer ihre alten Fahrzeuge sofort nach einer Preiserhöhung verschrotten lassen und ein neues Auto kaufen. Zur Bestimmung der langfristigen Nachfragekurve besteht eine Möglichkeit darin, den Benzinverbrauch pro Kopf in verschiedenen Ländern zu betrachten, in denen in der Vergangenheit sehr unterschiedliche Preise geherrscht haben (da sehr verschiedene Benzinsteuern erhoben worden sind). ▶

Und genau das ist in Abbildung 4.13 dargestellt. In dieser Abbildung wird der Benzinverbrauch pro Kopf auf der Y-Achse abgetragen, während der Preis in Dollar für zehn Länder auf der X-Achse dargestellt ist.[6] (Jeder Kreis stellt die Bevölkerung des entsprechenden Landes dar.)

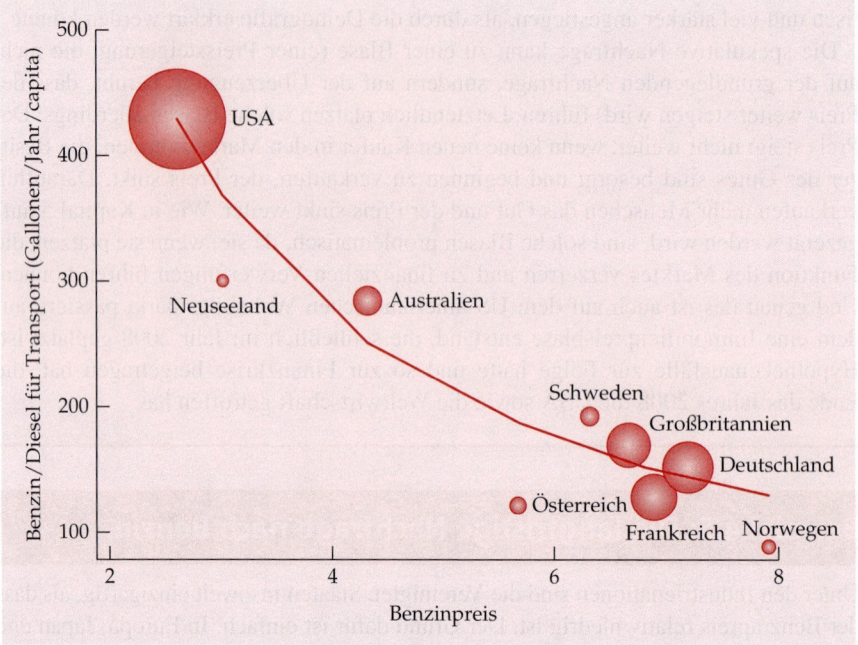

Abbildung 4.13: Die Benzinpreise und der Benzinverbrauch pro Kopf in zehn Ländern
Im Diagramm wird der Benzinverbrauch pro Kopf gegenüber dem Preis pro Gallone (in US-Dollar umgerechnet) für zehn Länder für den Zeitraum von 2008 bis 2010 dargestellt. Dabei stellt jeder Kreis die Bevölkerung des entsprechenden Landes dar.

Hierbei ist zu erkennen, dass die Vereinigten Staaten die bei Weitem niedrigsten Benzinpreise sowie den höchsten Benzinverbrauch pro Kopf hatten. Australien liegt im Hinblick auf die Preise sowie den Verbrauch ungefähr in der Mitte. Andererseits bestehen in den meisten europäischen Ländern viel höhere Preise und entsprechend niedrigere Niveaus des Benzinverbrauchs pro Kopf. Im Ergebnis dessen ergibt sich eine langfristige Elastizität der Nachfrage nach Benzin von circa −1,4.

An dieser Stelle kommen wir zu unserer Frage zurück: Würden höhere Benzinpreise zu einem Rückgang des Benzinverbrauchs führen? Die Abbildung 4.13 liefert eine eindeutige Antwort darauf: ganz bestimmt.

---

6 Wir danken Chris Knittel für die Bereitstellung der Daten für diese Abbildung. Die Abbildung berücksichtigt Einkommensunterschiede und beruht auf Abbildung 1 in Christopher Knittel, „Reducing Petroleum Consumption from Transportation", *Journal of Economic Perspectives*, 2012. Alle zugrunde liegenden Daten sind unter *www.worldbank.org* verfügbar.

4.4 Die Konsumentenrente

Die Konsumenten kaufen Güter, weil sie durch den Kauf besser gestellt werden. Die **Konsumentenrente** misst, *um wie viel* einzelne Personen insgesamt besser gestellt werden, weil sie auf dem Markt Güter kaufen können. Da verschiedene Verbraucher dem Konsum bestimmter Güter einen unterschiedlichen Wert beimessen, sind auch die maximalen Beträge, die sie für diese Güter zu zahlen bereit sind, unterschiedlich. *Die Konsumentenrente ist die Differenz zwischen dem maximalen Betrag, den ein Konsument für ein Gut zu zahlen bereit ist, und dem Betrag, den der Konsument tatsächlich zahlt.* Nehmen wir beispielsweise an, dass eine Studentin bereit gewesen wäre, €13 für eine Karte für ein Rockkonzert auszugeben, obwohl sie tatsächlich nur €12 zahlen musste. Die Differenz von €1 ist ihre Konsumentenrente.[7] Addieren wir die Konsumentenrenten aller Konsumenten, die ein Gut kaufen, erhalten wir ein Maß der aggregierten Konsumentenrente.

> **(Individuelle) Konsumentenrente**
>
> Differenz zwischen dem Betrag, den ein Konsument für den Kauf eines Gutes zu zahlen bereit ist, und dem von ihm tatsächlich gezahlten Betrag.

4.4.1 Die Konsumentenrente und die Nachfrage

Die Konsumentenrente kann leicht berechnet werden, wenn man die Nachfragekurve kennt. Um die Beziehung zwischen der Nachfrage und der Konsumentenrente zu erläutern, wollen wir die in Abbildung 4.14 dargestellte individuelle Nachfragekurve nach Konzertkarten untersuchen. (Obwohl sich die folgende Erörterung auf eine individuelle Nachfragekurve bezieht, trifft eine ähnliche Argumentation auch auf die Marktnachfragekurve zu.) Durch die Darstellung der Nachfragekurve als Treppenfunktion anstelle einer Geraden können wir sehen, wie der Wert, den die Konsumentin in unserem Beispiel aus dem Kauf verschiedener Anzahlen von Karten zieht, gemessen wird.

Bei der Entscheidung über die Anzahl der Karten, die sie zu kaufen wünscht, könnte die Studentin wie folgt argumentieren: Die erste Karte kostet €14 ist aber €20 wert. Diese Bewertung in Höhe von €20 wird durch die Verwendung der Nachfragekurve zur Bestimmung des maximalen Betrags, den die Studentin für jede *weitere* Karte zu zahlen bereit ist, ermittelt (wobei €20 den maximalen Betrag darstellt, den sie für die *erste* Karte zu zahlen bereit ist). Der Kauf der ersten Karte lohnt sich, da über die Kosten hinaus eine Konsumentenrente in Höhe von €6 entsteht. Auch der Kauf der zweiten Karte lohnt sich, da durch ihn eine Rente von €5 erzielt wird (€19 − €14). Mit der dritten Karte wird eine Rente in Höhe von €4 erzielt. Durch die vierte Karte entsteht allerdings nur eine Rente in Höhe von €3, durch die fünfte eine Rente in Höhe von €2 und durch die sechste nur noch eine Rente von €1. Gegenüber dem Kauf einer siebenten Karte (durch die eine Rente von €0 erzielt wird) ist die Studentin in unserem Beispiel indifferent und zieht es vor, keine weiteren Karten zu kaufen, da der Wert jeder zusätzlichen Karte geringer als deren Kosten ist. In Abbildung 4.14 wird die Konsumentenrente ermittelt, indem *die Überschusswerte oder Renten für alle gekauften Einheiten addiert werden*. In diesem Fall ist die Konsumentenrente somit gleich:

$$€6 + €5 + €4 + €3 + €2 + €1 = €21$$

---

[7] Die Messung der Konsumentenrente in Euro beinhaltet eine implizite Annahme über die Form der Indifferenzkurven der Konsumenten: nämlich, dass der mit dem Anstieg des Einkommens des Konsumenten verknüpfte Grenznutzen innerhalb der betreffenden Einkommensbandbreite konstant bleibt. In vielen Fällen ist dies eine angemessene Annahme. Diese kann allerdings unangemessen sein, wenn große Änderungen des Einkommens involviert sind.

4 Die individuelle Nachfrage und die Marktnachfrage

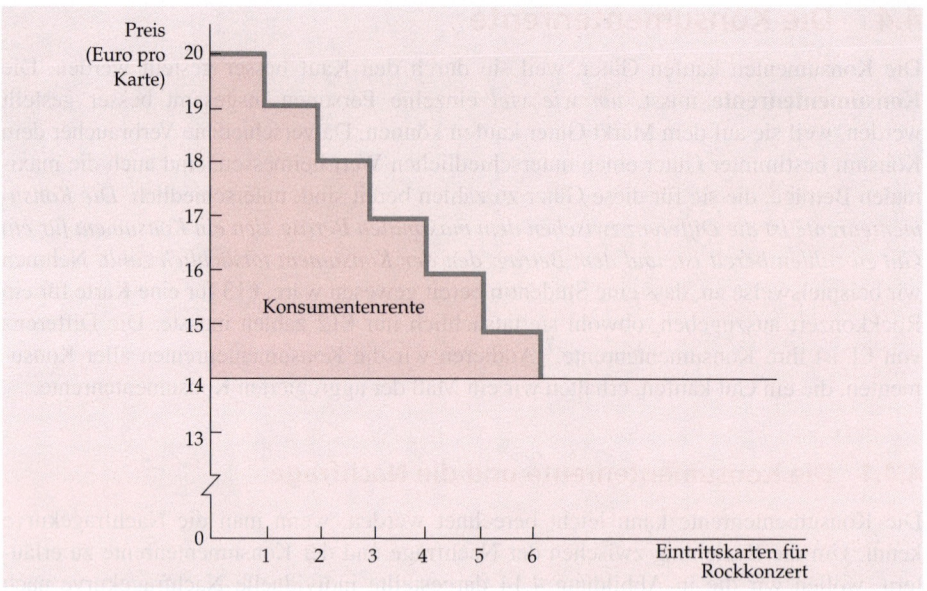

Abbildung 4.14: Die Konsumentenrente
Die Konsumentenrente entspricht dem aus dem Konsum eines Produktes entstehenden Gesamtvorteil, nach Abzug der Kosten durch den Kauf des Produktes. In diesem Beispiel wird die mit sechs (zu einem Preis von €14 gekauften) Konzertkarten verbundene Konsumentenrente durch den eingedunkelten Bereich angegeben.

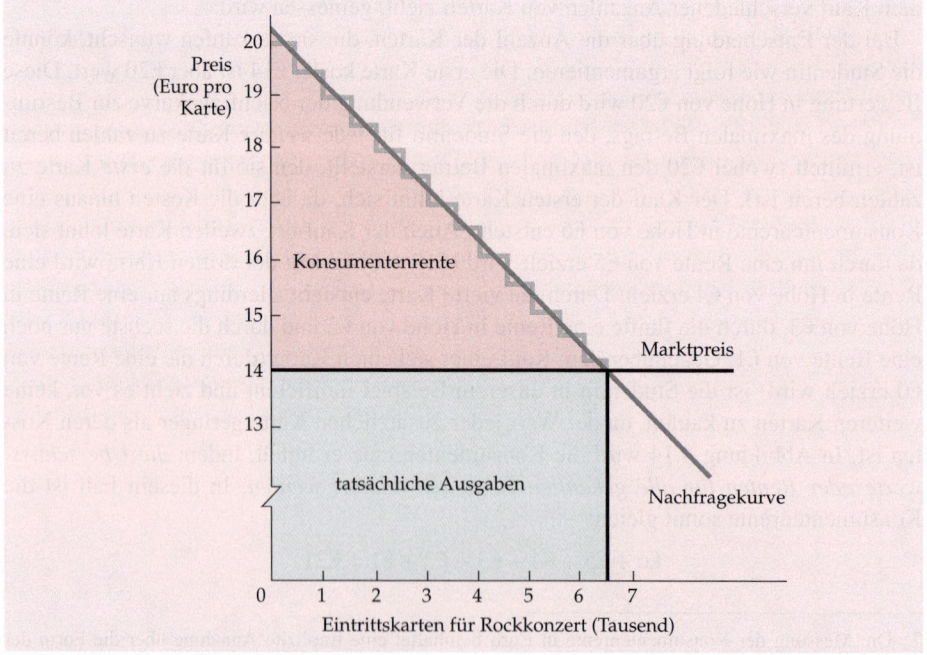

Abbildung 4.15: Die aggregierte Konsumentenrente
Für den Markt insgesamt wird die Konsumentenrente durch den Bereich unterhalb der Nachfragekurve und oberhalb der Geraden, die den Kaufpreis des Gutes darstellt, gemessen. In diesem Fall wird die Konsumentenrente durch das schattierte Dreieck angegeben und ist gleich 1/2 × (€20 − €14) × 6.500 = €19.500.

4.4 Die Konsumentenrente

Zur Berechnung der aggregierten Konsumentenrente in einem Markt, ermittelt man einfach den Bereich unterhalb der *Marktnachfragekurve* und oberhalb der Preisgeraden. Dieses Prinzip wird für unser Beispiel des Rockkonzerts in Abbildung 4.15 illustriert. Da in diesem Fall die Anzahl der verkauften Karten in Tausend gemessen wird und sich die individuellen Nachfragekurven unterscheiden, erscheint die Marktnachfragekurve als Gerade. Dabei ist zu beachten, dass die tatsächlichen Ausgaben für Karten 6.500 × €14 = €91.000 betragen. Die als rötlich schattiertes Dreieck dargestellte Konsumentenrente beträgt:

$$1/2 \times (€20 - €14) \times 6.500 = €19.500$$

Diese Zahl gibt den Gesamtvorteil der Konsumenten abzüglich der von ihnen für die Karten getätigten Ausgaben an.

Natürlich sind Marktnachfragekurven nicht immer Geraden. Trotzdem können wir die Konsumentenrente immer messen, indem wir den Bereich unterhalb der Nachfragekurve und oberhalb der Preisgeraden ermitteln.

Die Anwendung der Konsumentenrente Die Konsumentenrente hat wichtige Anwendungsgebiete in der Volkswirtschaftslehre. Addiert man sie über viele Personen, misst sie den Gesamtvorteil, den die Konsumenten aus dem Kauf von Gütern in einem Markt erzielen. Kombinieren wir die Konsumentenrente mit den von den Produzenten erzielten Gesamtgewinnen, können wir nicht nur die Kosten und Vorteile alternativer Marktstrukturen sondern auch staatlicher Eingriffe bewerten, die das Verhalten der Konsumenten und Unternehmen in diesen Märkten verändern.

Beispiel 4.6: Der Wert sauberer Luft

Luft ist insofern umsonst, als wir nichts dafür bezahlen, sie zu atmen. Allerdings kann das Nichtbestehen eines Marktes für Luft zur Erklärung der Tatsache beitragen, dass sich Qualität der Luft in einigen Städten seit Jahrzehnten verschlechtert. Zur Förderung sauberer Luft verabschiedete der US-Kongress 1970 das Gesetz über die Reinhaltung der Luft und hat es seitdem mehrere Male ergänzt. So wurden beispielsweise 1990 die Abgaskontrollen für Automobile verschärft. Haben sich diese Kontrollen gelohnt? Haben die Vorteile der Luftreinhaltung die den Automobilproduzenten direkt und den Autokäufern indirekt auferlegten Kosten aufgewogen?

Zur Beantwortung dieser Frage beauftragte der Kongress die Nationale Akademie der Wissenschaften mit der Bewertung der Abgaskontrollen im Rahmen einer Kosten-Nutzen-Studie. Mit Hilfe empirischer Schätzungen der Nachfrage nach sauberer Luft wurde im Nutzenteil der Studie bestimmt, welchen Wert die Menschen sauberer Luft beimessen. Obwohl es keinen realen Markt für saubere Luft gibt, zahlen die Menschen mehr für Häuser in Gebieten mit sauberer Luft als für vergleichbare Häuser in Gebieten mit verschmutzerer Luft. Diese Information wurde für die Schätzung der Nachfrage nach sauberer Luft verwendet.[8] ▶

---

[8] Die Ergebnisse werden in Daniel L. Rubinfeld, „Market Approaches to the Measurement of the Benefits of Air Pollution Abatement", in Ann Friedlaender, Hrsg., *The Benefits and Costs of Cleaning the Air*, Cambridge: MIT Press, 1976, 240–273 zusammengefasst.

Detaillierte Informationen zu Immobilienpreisen in Wohngegenden von Boston und Los Angeles wurden mit der jeweiligen Höhe der Luftverschmutzung verglichen. Die Auswirkungen anderer Variablen, die den Wert von Immobilien beeinflussen könnten, wurden statistisch berücksichtigt. Mit der Studie wurde eine Nachfragekurve für saubere Luft bestimmt, die der in Abbildung 4.16 dargestellten Kurve sehr ähnelte.

Auf der horizontalen Achse wird die Menge der *Reduzierung der Luftverschmutzung* abgetragen; auf der vertikalen Achse wird der mit diesen Reduktionen einhergehende gesteigerte Wert der Immobilien abgetragen. Betrachten wir beispielsweise die Nachfrage eines Eigenheimbesitzers nach sauberer Luft in einer Stadt mit eher verschmutzter Luft, wie durch ein Niveau von Stickoxiden (NOX) von 10 Teilen auf 100 Millionen (pphm) veranschaulicht wird. Müsste die Familie $1.000 für jede Reduzierung der Luftverschmutzung um 1 pphm bezahlen, würde sie A auf der Nachfragekurve auswählen, um eine Reduzierung der Verschmutzung um 5 pphm zu erzielen.

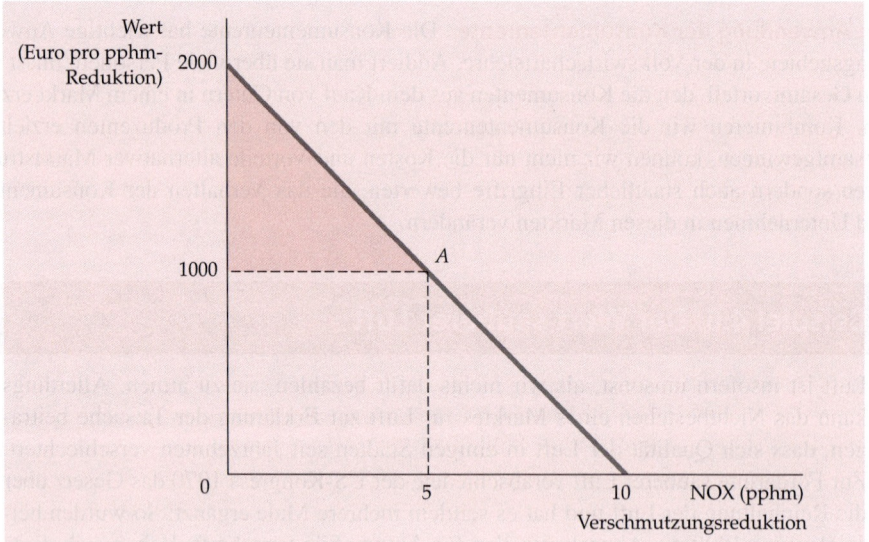

Abbildung 4.16: Die Bewertung sauberer Luft
Das schattierte Dreieck gibt die Konsumentenrente an, die erzielt wird, wenn die Luftverschmutzung zu einem Preis von $1.000 pro reduziertes Teil um 5 Teile auf 100 Millionen Teile Stickoxid reduziert wird. Diese Rente wird erzielt, da die meisten Konsumenten bereit sind, mehr als $1.000 für jede Reduzierung des Stickoxides um eine Einheit zu zahlen.

Welchen Wert misst die gleiche Familie einer Reduzierung der Luftverschmutzung um 50% bzw. 5 pphm bei? Wir können diesen Wert messen, indem wir die mit der Reduzierung der Luftverschmutzung verbundene Konsumentenrente berechnen. Da der Preis für diese Reduzierung $1.000 pro Einheit beträgt, würde die Familie $5.000 zahlen. Allerdings misst die Familie mit Ausnahme der letzten Einheit allen Einheiten der Reduzierung einen Wert bei, der höher ist als $1.000. Folglich gibt das schattierte Dreieck in Abbildung 4.16 den Wert der Säuberung der Luft (über die Zahlung hinaus) an. Da die Nachfragekurve eine Gerade ist, kann die Konsumentenrente aus der Fläche des Dreiecks, dessen Höhe $1.000 ($2.000 − $1.000) und dessen Basis 5 pphm beträgt, ermittelt werden. Infolgedessen liegt der Wert, den der Haushalt der Reduzierung der Luftverschmutzung beimisst, bei $2.500. ▶

In einer neueren Studie, die sich auf Schwebstoffe konzentrierte, wurde ebenfalls festgestellt, dass Haushalte der Reduzierung der Luftverschmutzung einen beträchtlichen Wert beimessen.[9] Einer Reduzierung der Gesamtschwebstoffe um ein Milligramm pro Kubikmeter (von einem Durchschnittswert von 60 Milligramm pro Kubikmeter) wurde ein Wert von $2.400 pro Haushalt beigemessen.

Eine vollständige Kosten-Nutzen-Analyse würde ein Maß des aus der Sanierung der Luft entstehenden Gesamtnutzens – den Vorteil pro Haushalt mal die Anzahl der Haushalte – verwenden. Dieses Ergebnis könnte dann mit den Gesamtkosten der Säuberung der Luft verglichen werden, um zu bestimmen, ob ein solches Projekt lohnend wäre. Das Problem der sauberen Luft wird in Kapitel 18 weiter erörtert, indem die durch die Ergänzungen des Gesetzes über die Reinhaltung der Luft aus dem Jahr 1990 eingeführten handelbaren Emissionsrechte beschrieben werden.

4.5 Netzwerkexternalitäten

Bisher haben wir uns auf die Annahme gestützt, dass die individuellen Nachfragen der Konsumenten nach einem Gut unabhängig voneinander sind. Mit anderen Worten ausgedrückt bedeutet dies, dass Toms Nachfrage nach Kaffee von Toms Geschmack und seinem Einkommen sowie dem Kaffeepreis und eventuell dem Teepreis abhängt. Sie hängt allerdings nicht von Dicks oder Harrys Nachfrage nach Kaffee ab. Durch diese Annahme waren wir in der Lage, die Marktnachfragekurve durch eine einfache Addition der Nachfragekurven der einzelnen Konsumenten zu errechnen.

Bei manchen Gütern hängt die Nachfrage einer Person allerdings auch von der Nachfrage *anderer* Personen ab. Ist dies der Fall, besteht eine **Netzwerkexternalität**. Netzwerkexternalitäten können positiv oder negativ sein. Eine *positive* Netzwerkexternalität besteht, *wenn sich die durch einen typischen Konsumenten nachgefragte Menge eines Gutes als Reaktion auf eine Zunahme der Käufe durch andere Konsumenten erhöht*. Sinkt die nachgefragte Menge, besteht eine *negative* Netzwerkexternalität.

Netzwerkexternalität

Situation, in der die Nachfrage jedes Einzelnen von den Käufen anderer Personen abhängt.

4.5.1 Positive Netzwerkexternalitäten

Die Textverarbeitung bildet ein Beispiel für eine positive Netzwerkexternalität. Viele Studenten verwenden Microsoft Word zumindest zum Teil deshalb, weil ihre Freunde und viele ihrer Professoren es ebenfalls nutzen. Dies ermöglicht das Versenden und Empfangen von Entwürfen ohne die Notwendigkeit der Konvertierung von einem Programm auf ein anderes. Je mehr Menschen ein bestimmtes Produkt verwenden oder sich an einer bestimmten Aktivität beteiligen, desto höher ist der immanente Wert der betreffenden Aktivität oder des betreffenden Produkts für jeden Einzelnen.

Die Webseiten sozialer Netzwerke bilden ein weiteres gutes Beispiel dafür. Bin ich das einzige Mitglied einer solchen Seite, so hat dieses keinen Wert für mich. Je größer allerdings die Anzahl der Mitglieder dieses Netzwerks ist, umso wertvoller wird es. Hat eine Webseite eines sozialen Netzwerks zu einem frühen Zeitpunkt auch nur einen geringen Vorteil im Hinblick auf den Marktanteil, so wird dieser Vorteil wachsen, da sich neue

---

9 Kenneth Y. Chay und Michael Greenstone, „Does Air Quality Matter? Evidence from the Housing Market", *Journal of Political Economy* 113 (2005): 376–424.

Mitglieder vorzugsweise der größeren Webseite anschließen. Daher rührt auch der große Erfolg des persönlichen Netzwerks Facebook und des professionellen Netzwerks LinkedIn. Ähnliches trifft auch auf virtuelle Welten und Multiplayer-Online-Spiele zu.

Ein weiteres Beispiel für eine positive Netzwerkexternalität ist der **Mitläufereffekt** – der Wunsch, modisch in zu sein, ein Gut zu besitzen, weil es fast jeder andere besitzt oder eine Modewelle mitzumachen. Der Mitläufereffekt tritt oft bei Kinderspielzeugen auf (beispielsweise bei Nintendo-Videospielen). Und in der Tat besteht ein wichtiges Ziel bei der Vermarktung und Bewerbung von Spielzeugen in der Ausnutzung dieses Effektes. Darüber hinaus ist er oft auch der Schlüssel zum Erfolg beim Verkauf von Bekleidung.

Positive Netzwerkexternalitäten werden in Abbildung 4.17 illustriert, in der die horizontale Achse die Verkäufe eines Produkts in Tausend pro Monat angibt. Nehmen wir an, die Konsumenten glauben, dass nur 20.000 Menschen ein bestimmtes Gut gekauft haben. Da dies im Vergleich zur Gesamtbevölkerung eine kleine Anzahl ist, entsteht für die Konsumenten nur eine geringe Motivation, das Gut zu kaufen, um modisch in zu sein. Einige Konsumenten werden es trotzdem kaufen (in Abhängigkeit vom Preis) aber nur aufgrund des immanenten Wertes des Gutes. In diesem Fall wird die Nachfragekurve durch D_{20} angegeben. (Diese hypothetische Nachfragekurve beruht auf der Annahme, dass keine Netzwerkexternalitäten bestehen.)

> **Mitläufereffekt**
>
> Eine positive Netzwerkexternalität, bei der ein Konsument ein Gut teilweise deshalb besitzen will, weil andere es besitzen.

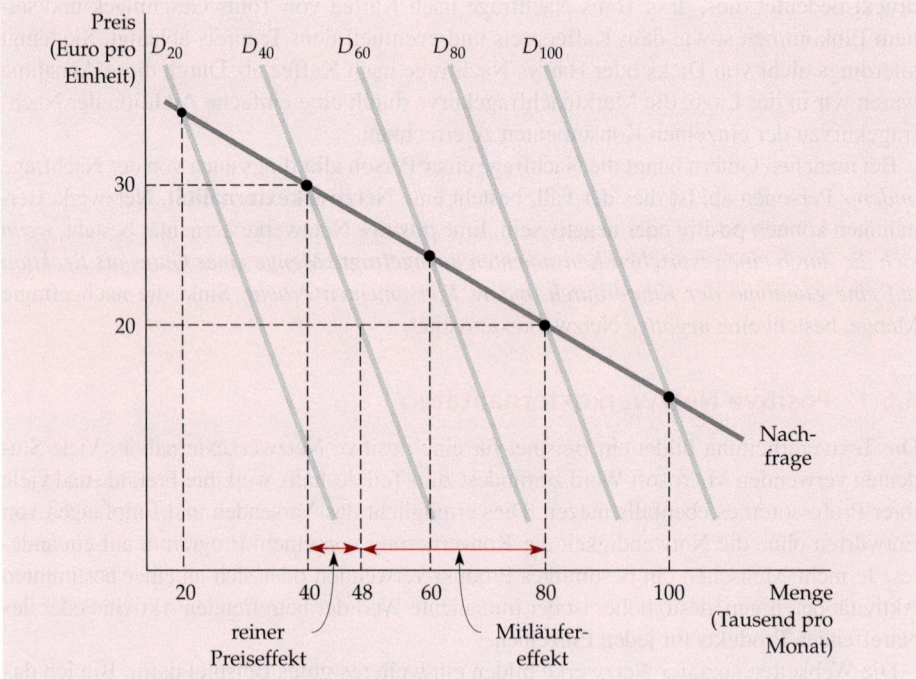

Abbildung 4.17: Eine positive Netzwerkexternalität
Bei einer positiven Netzwerkexternalität nimmt die von einem Individuum nachgefragte Menge eines Gutes als Reaktion auf einen Anstieg der Käufe durch andere Personen zu. In diesem Beispiel führt die positive Netzwerkexternalität bei einem Preisrückgang von €30 auf €20 zu einer Verschiebung der Nachfrage nach rechts von D_{40} auf D_{80}.

Nehmen wir stattdessen an, dass die Konsumenten glauben, 40.000 Menschen hätten das Gut gekauft. Sie finden es nunmehr attraktiver und wollen eine größere Menge davon kaufen. Die Nachfragekurve ist nun D_{40} und befindet sich rechts von D_{20}. Desgleichen wird die Nachfragekurve, wenn die Konsumenten glauben, 60.000 Menschen hätten das Gut gekauft, durch D_{60} angegeben und so weiter. Je mehr die Konsumenten von anderen Menschen denken, dass diese das Gut gekauft haben, desto mehr verschiebt sich die Nachfragekurve nach rechts.

Schließlich werden die Konsumenten eine realistische Vorstellung darüber erhalten, wie viele Menschen tatsächlich das Produkt gekauft haben. Diese Zahl hängt natürlich von dessen Preis ab. So ist beispielsweise in Abbildung 4.17 zu erkennen, dass bei einem Preis von €30 40.000 Menschen das Gut kaufen würden. Folglich wäre die dazugehörige Nachfragekurve D_{40}. Bei einem Preis von €20 würden 80.000 Menschen das Gut kaufen und die dazugehörige Nachfragekurve wäre D_{80}. *Infolgedessen wird die Marktnachfragekurve durch die Verbindung der den Mengen 20.000, 40.000, 60.000, 80.000 und 100.000 entsprechenden Punkte der Kurven D_{20}, D_{40}, D_{60}, D_{80} und D_{100} ermittelt.*

Verglichen mit den Kurven D_{20} usw. ist die Marktnachfragekurve relativ elastisch. Um aufzuzeigen, warum die positive Netzwerkexternalität zu einer elastischeren Nachfragekurve führt, betrachten wir die Auswirkungen eines Preisrückganges von €30 auf €20, wobei die Nachfragekurve D_{40} ist. Gäbe es keine Externalität, würde sich die nachgefragte Menge nur von 40.000 auf 48.000 erhöhen. Wenn allerdings mehr Menschen das Gut kaufen und es modern wird, das Gut zu besitzen, wird durch die positive Netzwerkexternalität die nachgefragte Menge weiter – auf 80.000 – erhöht. Folglich wird durch die positive Netzwerkexternalität die Reaktion der Nachfrage auf Preisänderungen verstärkt – d.h. die Nachfrage wird dadurch elastischer. Wie an späterer Stelle erläutert wird, hat dieses Ergebnis wichtige Auswirkungen auf die Preisstrategien der Hersteller.

4.5.2 Negative Netzwerkexternalitäten

Netzwerkexternalitäten sind mitunter negativ. Dies gilt beispielsweise für Angebote mit Staus. Beim Skifahren bevorzuge ich kurze Schlangen an den Skiliften und weniger Skifahrer auf den Pisten. Infolgedessen ist der Wert einer Karte für den Lift in einem Wintersportort umso niedriger, je mehr Karten verkauft worden sind. Das Gleiche gilt auch für den Eintritt in einen Vergnügungspark, auf die Schlittschuhbahn oder ins Freibad.

Ein weiteres Beispiel einer negativen Netzwerkexternalität ist der **Snobeffekt**, der sich auf den Wunsch bezieht, exklusive oder einzigartige Güter zu besitzen. Die nachgefragte Menge eines „Snobgutes" ist umso höher, je *weniger* Menschen es besitzen. Seltene Kunstwerke, speziell entworfene Sportwagen und in Einzelfertigung hergestellte Kleidungsstücke sind Snobgüter. Der Wert, der einem Konsumenten aus einem Gemälde oder einem Sportwagen erwächst, ist zum Teil das Prestige, der Status und die Exklusivität, die sich aus der Tatsache ergeben, dass nur wenige andere Menschen ein solches Gut besitzen.

In Abbildung 4.18 wird dargestellt, wie eine negative Netzwerkexternalität funktioniert. Dabei gehen wir davon aus, dass es sich um ein Snobgut handelt, dessen Exklusivität die Menschen schätzen. Bei D_2 handelt es sich um die Nachfragekurve, die zutreffen würde, wenn die Konsumenten glauben, dass nur 2.000 Menschen das Gut besitzen. Glauben sie, dass 4.000 Menschen dieses Gut besitzen, ist es weniger exklusiv, und somit wird sein Snobwert verringert. Deshalb sinkt die nachgefragte Menge; in diesem Fall trifft die Kurve D_4 zu. Desgleichen wird die Nachfrage noch geringer, wenn die Konsumenten glauben, dass 6.000 Menschen das Gut besitzen; in diesem Fall trifft D_6 zu. Schließlich erfahren die Konsumenten, wie weit verbreitet der Besitz dieses Gutes tatsächlich ist. Daher wird die Marktnachfragekurve durch die Verbindung der den Mengen 2.000, 4.000, 6.000 usw. tatsächlich entsprechenden Punkte auf den Kurven D_2, D_4, D_6 usw. bestimmt.

> **Snobeffekt**
>
> Negative Netzwerkexternalität, bei der ein Konsument ein exklusives oder einzigartiges Gut besitzen will.

Hierbei ist zu beachten, dass durch die negative Netzwerkexternalität die Marktnachfrage unelastischer wird. Um zu untersuchen, warum dies der Fall ist, nehmen wir an, dass der Preis anfänglich bei €30.000 lag und 2.000 Menschen das Gut kauften. Was geschieht, wenn der Preis auf €15.000 fällt? Gäbe es keinen Snobeffekt, würde sich die gekaufte Menge auf 14.000 erhöhen (entlang Kurve D_2). Aber als Snobgut wird der Wert beträchtlich reduziert, wenn mehr Menschen das Gut besitzen. Der Snobeffekt dämpft den Anstieg der nachgefragten Menge und reduziert sie um 8.000 Einheiten, so dass der Nettoanstieg der Verkäufe nur 6.000 Einheiten beträgt. Bei vielen Gütern zielen Marketing und Werbung auf die Schaffung eines Snobeffekts ab (z.B. bei Rolex-Uhren). Das Ziel besteht darin, eine weniger elastische Nachfrage zu schaffen – ein Ergebnis, durch das die Unternehmen die Preise erhöhen können.

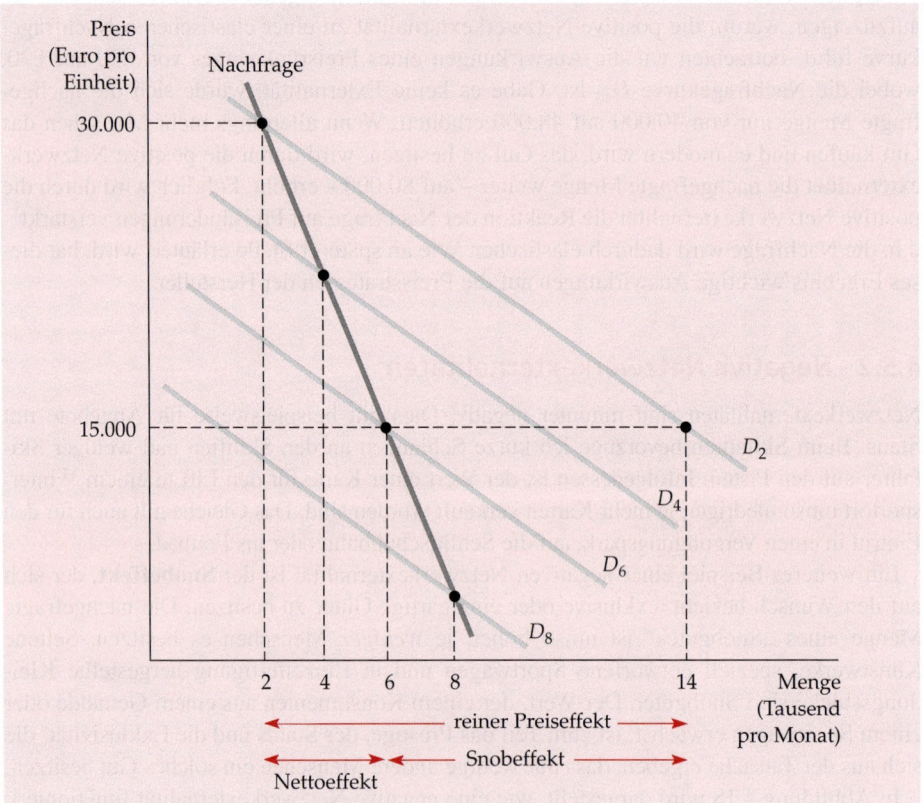

Abbildung 4.18: Eine negative Netzwerkexternalität: der Snobeffekt
Beim Snobeffekt handelt es sich um eine negative Netzwerkexternalität, bei der die von einem Individuum nachgefragte Menge eines Gutes als Reaktion auf Käufe dieses Gutes durch andere Personen zurückgeht. In diesem Fall führt der Snobeffekt bei einem Rückgang des Preises von €30.000 auf €15.000 und einem Anstieg der Käufer des Gutes zu einer Verschiebung der Nachfrage nach links von D_2 auf D_6.

Negative Netzwerkexternalitäten können auch aus anderen Gründen entstehen. Betrachten wir die Auswirkungen von Staus. Da ich kurze Warteschlangen und weniger Skifahrer auf den Hängen bevorzuge, ist der Wert, den ich aus einem Skiliftticket in einem Wintersportort ziehe, umso niedriger, je mehr Menschen dort Karten gekauft haben. Das Gleiche trifft auf den Eintritt in Freizeitparks, Eislaufbahnen oder für den Strand zu.[10]

Beispiel 4.7: Facebook

Das soziale Netzwerk Facebook wurde im Jahr 2004 gegründet und hatte Ende des Jahres 2004 1 Million Nutzer. Zu Beginn des Jahres 2011 mit mehr als 600 Millionen Nutzern war Facebook die am zweithäufigsten besuchte Webseite der Welt (nach Google). Dabei war für den Erfolg von Facebook eine starke positive Netzwerkexternalität maßgeblich.

Um dies zu erklären, muss man sich einfach nur fragen, warum man sich bei Facebook und nicht bei einem anderen sozialen Netzwerk anmelden sollte. Man würde sich bei Facebook anmelden, weil so viele andere dort angemeldet sind. Und je mehr Freunde dort angemeldet sind, desto nützlicher wird die Webseite für den Einzelnen als Möglichkeit, Freunden Neuigkeiten oder andere Informationen mitzuteilen. Umgekehrt gilt auch, dass ein Einzelner, der als einziger seines sozialen Umfeldes Facebook nicht verwendet, im Hinblick auf Neuigkeiten und anstehende Ereignisse nicht berücksichtigt wird. Hat ein Netzwerk mehr Mitglieder, so gibt es auch mehr Menschen, die man treffen und mit denen man kommunizieren kann, ein größeres Publikum für Fotos und Meinungen und allgemein eine größere Vielfalt an Inhalten, von denen der Nutzer profitieren kann. In Tabelle 4.5 wird aufgezeigt, dass mit der steigenden Anzahl der Facebook-Nutzer auch die Zeit zugenommen hat, die der durchschnittliche Nutzer auf der Seite verbringt.

Über viele Jahre hinweg haben Netzwerkexternalitäten viele moderne Technologien entscheidend vorangebracht: Telefone, Faxgeräte, E-Mail, Craigslist, Second Life und Twitter sind nur einige Beispiele dafür.

Tabelle 4.5

Facebook-Nutzer

Jahr	Facebook-Nutzer (Millionen)	Stunden pro Nutzer und Monat
2004	1	
2005	5,5	
2006	12	< 1
2007	50	2
2008	100	3
2009	350	5,5
2010	500	7

Quelle: www.facebook.com/press/info.php?timeline

---

10 Selbstverständlich sind die Geschmäcker verschieden. Manche Menschen verbinden mit dem Skifahren oder einem Tag am Strand eine *positive* Netzwerkexternalität; diese Menschen mögen große Menschenmassen und könnten einen Tag am Hang oder am Strand ohne sie als einsam empfinden.

*4.6 Empirische Schätzungen der Nachfrage

An späterer Stelle dieses Buches wird erläutert, wie Informationen über die Nachfrage als Input für den Prozess der wirtschaftlichen Entscheidungsfindung in Unternehmen eingesetzt werden können. So muss beispielsweise General Motors die Nachfrage nach Automobilen verstehen, um entscheiden zu können, ob für neue Automobile Preisnachlässe oder Kredite mit einem Zinssatz unterhalb des Marktsatzes angeboten werden sollen. Kenntnisse der Nachfrage sind auch für Entscheidungen über die staatliche Politik von Bedeutung. So kann beispielsweise ein Verständnis der Nachfrage nach Öl für eine Entscheidung darüber, ob eine Öleinfuhrsteuer erhoben werden soll, hilfreich sein. Der Leser mag sich vielleicht fragen, wie Wirtschaftswissenschaftler die Form von Nachfragekurven bestimmen und wie die Preis- und Einkommenselastizitäten der Nachfrage tatsächlich berechnet werden. In diesem mit einem Sternchen versehenen Abschnitt werden wir kurz einige Methoden zur Schätzung der Nachfrage und Prognosen dazu untersuchen. Dieser Abschnitt wurde nicht nur mit einem Sternchen versehen, weil das Material in diesem Abschnitt anspruchsvoller ist, sondern auch, weil es für einen Großteil der späteren Analysen in diesem Buch nicht notwendig ist. Trotzdem ist das Material aufschlussreich und trägt zur Entwicklung eines Verständnisses der empirischen Grundlagen der Theorie des Konsumentenverhaltens bei. Die grundlegenden statistischen Instrumente für die Schätzung von Nachfragenkurven und Nachfrageelastizitäten werden im Anhang zu diesem Buch unter der Überschrift „Die Grundlagen der Regression" beschrieben.

4.6.1 Der statistische Ansatz zur Schätzung der Nachfrage

Die Unternehmen verlassen sich häufig auf Marktdaten, die auf tatsächlichen Nachfrageanalysen beruhen. Richtig angewendet kann der statistische Ansatz zur Nachfrageschätzung den Forschern dabei helfen, die Auswirkungen von Variablen, wie z.B. dem Einkommen und den Preisen anderer Produkte, auf die nachgefragte Menge eines Produktes zu bestimmen. Im Folgenden umreißen wir einige der konzeptionellen Fragen im Zusammenhang mit dem statistischen Ansatz.

In Tabelle 4.6 werden die jährlich auf einem Markt verkauften Mengen Himbeeren dargestellt. Für eine Organisation, die die Bauern vertritt, wären Informationen über die Marktnachfrage nach Himbeeren wertvoll, da sie die Prognose der Verkäufe auf der Grundlage der Preisschätzungen der Organisation und anderer nachfragebestimmender Variablen ermöglichen würden. Nehmen wir an, dass die Forscher bei einer hauptsächlich auf die Nachfrage bezogenen Untersuchung feststellen, dass die Menge der produzierten Himbeeren auf Wetterbedingungen nicht aber auf den gegenwärtigen Marktpreis empfindlich reagiert (da die Bauern ihre Anbauentscheidungen auf der Grundlage der Preise des vorangegangenen Jahres fällen).

Die in Tabelle 4.6 enthaltenen Informationen zu Preis und Menge werden in Abbildung 4.19 grafisch dargestellt. Wenn wir überzeugt sind, dass ausschließlich der Preis die Nachfrage bestimmt, wäre es plausibel, die Nachfrage nach dem Produkt durch eine Gerade (oder eine andere geeignete Kurve) $Q = a - bP$ zu beschreiben, in der die Punkte wie in der Nachfragekurve D dargestellt „angepasst" werden. (Die „Kleinstquadratmethode" der Kurvenanpassung wird im Anhang zu diesem Buch beschrieben.)

*4.6 Empirische Schätzungen der Nachfrage

Tabelle 4.6
Daten zur Nachfrage

Jahr	Menge (Q)	Preis (P)	Einkommen (I)
2004	4	24	10
2005	7	20	10
2006	8	17	10
2007	13	17	17
2008	16	10	17
2009	15	15	17
2010	19	12	20
2011	20	9	20
2012	22	5	20

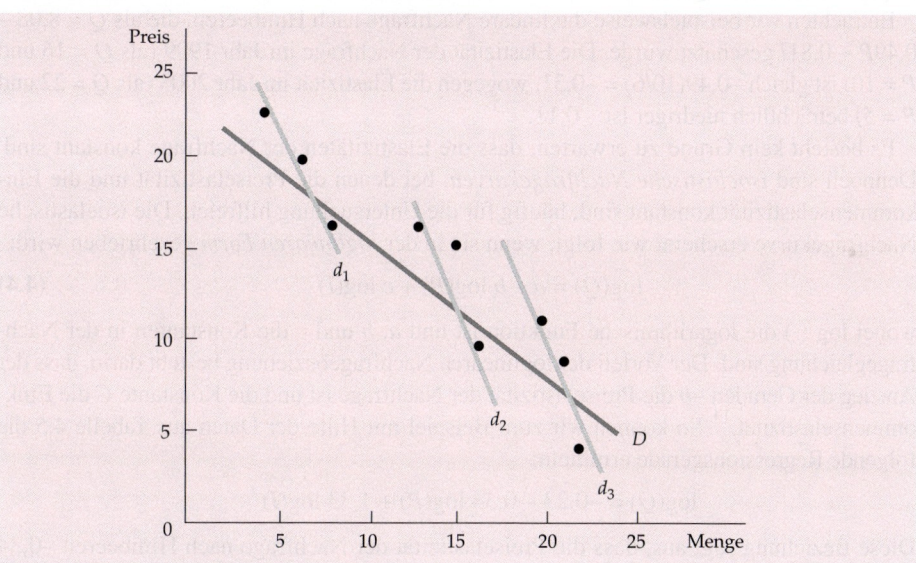

Abbildung 4.19: Die Schätzung der Nachfrage
Informationen zu Preis und Menge können zur Bestimmung der Form einer Nachfragebeziehung verwendet werden. Die gleichen Daten könnten allerdings eine einzige Nachfragekurve D oder drei Nachfragekurven d_1, d_2 und d_3 beschreiben, die sich im Lauf der Zeit verschieben.

Stellt die (durch die Gleichung $Q = 28{,}2 - 1{,}00P$ gegebene) Kurve D tatsächlich die Nachfrage nach dem Produkt dar? Die Antwort auf diese Frage lautet: Ja – aber nur, wenn außer dem Preis des Produktes, keine anderen wichtigen Faktoren die Nachfrage beeinflussen. In Tabelle 4.6 wurden allerdings Daten für eine weitere Variable mit aufgenommen: das durchschnittliche Einkommen der Käufer des Produktes. Dabei ist zu beachten, dass sich das Einkommen (*I*) während der Studie zwei Mal erhöht hat, wodurch der Schluss nahe liegt, dass sich die Nachfrage zwei Mal verschoben hat. Folglich stellen die Nachfragekurven d_1, d_2 und d_3 in Abbildung 4.19 eine eher wahrscheinliche Beschreibung der Nachfrage dar. Diese *lineare Nachfragekurve* würde rechnerisch wie folgt beschrieben werden:

$$Q = a - bP + cI \qquad (4.2)$$

Durch den Einkommensterm der Nachfragegleichung kann die Nachfragekurve bei Einkommensänderungen parallel verschoben werden. (Die mit Hilfe der Kleinstquadratmethode berechnete Nachfragebeziehung wird durch $Q = 8{,}08 - 0{,}49P + 0{,}81I$ angegeben.)

4.6.2 Die Form der Nachfragebeziehung

Da die oben erörterten Nachfragebeziehungen Geraden sind, sind die Auswirkungen einer Änderung des Preises auf die nachgefragte Menge konstant. Allerdings ändern sich die Preiselastizitäten der Nachfrage mit dem Preisniveau. Für die Nachfragegleichung $Q = a - bP$ lautet die Preiselastizität E_P zum Beispiel:

$$E_P = (\Delta Q/\Delta P)(P/Q) = -b(P/Q) \qquad (4.3)$$

Folglich erhöht sich die Elastizität größenmäßig, wenn der Preis ansteigt (und die nachgefragte Menge zurückgeht).

Betrachten wir beispielsweise die lineare Nachfrage nach Himbeeren, die als $Q = 8{,}08 - 0{,}49P + 0{,}81I$ geschätzt wurde. Die Elastizität der Nachfrage im Jahr 1999 (als $Q = 16$ und $P = 10$) ist gleich $-0{,}49(10/6) = -0{,}31$, wogegen die Elastizität im Jahr 2003 (als $Q = 22$ und $P = 5$) beträchtlich niedriger ist: $-0{,}11$.

Es besteht kein Grund zu erwarten, dass die Elastizitäten der Nachfrage konstant sind. Dennoch sind *isoelastische Nachfragekurven*, bei denen die Preiselastizität und die Einkommenselastizität konstant sind, häufig für die Untersuchung hilfreich. Die isoelastische Nachfragekurve erscheint wie folgt, wenn sie in der *loglinearen Form* geschrieben wird:

$$\log(Q) = a - b\log(P) + c\log(I) \qquad (4.4)$$

wobei log ( ) die logarithmische Funktion ist und a, b und c die Konstanten in der Nachfragegleichung sind. Der Vorteil der loglinearen Nachfragebeziehung besteht darin, dass der Anstieg der Geraden $-b$ die Preiselastizität der Nachfrage ist und die Konstante C die Einkommenselastizität.[11] So können wir zum Beispiel mit Hilfe der Daten aus Tabelle 4.5 die folgende Regressionsgerade ermitteln:

$$\log(Q) = -0{,}23 - 0{,}34 \log(P) + 1{,}33 \log(I)$$

Diese Beziehung sagt aus, dass die Preiselastizität der Nachfrage nach Himbeeren $-0{,}34$ beträgt (d.h. die Nachfrage ist unelastisch) und die Einkommenselastizität 1,33.

Wir haben aufgezeigt, dass es hilfreich sein kann, zwischen Gütern, die Komplementärgüter sind, und Gütern, die Substitutionsgüter sind, zu unterscheiden. Nehmen wir an, dass P_2 den Preis eines zweiten Gutes darstellt – eines Gutes, von dem wir annehmen,

---

[11] Die natürliche Logarithmusfunktion mit der Basis e verfügt über die Eigenschaft, dass bei sämtlichen Änderungen von $\log(Q)$ $\Delta(\log(Q)) = \Delta Q/Q$ gilt. Ähnlich gilt bei jeder Änderung von $\log(P)$ $\Delta(\log(P)) = \Delta P/P$. Daraus folgt, dass $\Delta(\log(Q)) = \Delta Q/Q = -b[\Delta(\log(P))] = -b(\Delta P/P)$. Deshalb gilt $(\Delta Q/Q)/(\Delta P/P) = -b$, das die Preiselastizität der Nachfrage angibt. Ähnlich argumentiert wird die Einkommenselastizität der Nachfrage c durch $(\Delta Q/Q)/(\Delta I/I)$ angegeben.

dass es mit dem von uns untersuchten Produkt verbunden ist. In diesem Fall können wir die Nachfragefunktion in der folgenden Form schreiben:

$$\log(Q) = a - b \log(P) + b_2 \log(P_2) + c \log(I)$$

Ist b_2, die Kreuzpreiselastizität, positiv, sind die beiden Güter Substitutionsgüter; ist b_2 negativ, sind die beiden Güter Komplementärgüter.

Die Spezifikation und Schätzung von Nachfragekurven ist ein Bereich, der sehr schnell gewachsen ist, und dies nicht nur im Marketing sondern auch auf dem Gebiet kartellrechtlicher Analysen. Heute ist es normal, geschätzte Nachfragebeziehungen zur Bewertung der wahrscheinlichen Auswirkungen von Fusionen heranzuziehen.[12] Was einst unerschwinglich teure Analysen mit Großrechnern waren, kann heute innerhalb einiger Sekunden auf einem Personalcomputer durchgeführt werden. Dementsprechend nutzen die staatlichen Behörden zur Überwachung des Wettbewerbs sowie Wirtschafts- und Marketingexperten auf dem privaten Sektor häufig Daten von Supermarktscannern als Inputs für die Schätzung von Nachfragebeziehungen. Ist die Preiselastizität der Nachfrage für ein bestimmtes Produkt erst bekannt, kann ein Unternehmen entscheiden, ob eine Erhöhung bzw. Reduzierung des Preises profitabel ist. Bei ansonsten gleichen Voraussetzungen ist die Wahrscheinlichkeit, dass eine Preissteigerung profitabel ist, umso höher, je geringer die Höhe der Elastizität ist.

Beispiel 4.8: Die Nachfrage nach Getreideflocken

Die Post Cereals Division von Kraft General Foods erwarb 1995 Shredded Wheat Cereals von Nabisco. Der Kauf warf die juristische und wirtschaftliche Frage auf, ob Post den Preis seiner meistverkauften Marke, Grape Nuts, oder den Preis der erfolgreichsten Marke von Nabisco, Shredded Wheat Spoon Size, erhöhen würde.[13] Eine wichtige Frage in einer vom Staat New York eingereichten Klage war die, ob die beiden Marken eng verbundene Substitutionsgüter waren. Wäre dies der Fall, wäre es für Post gewinnbringender, den Preis für Grape Nuts (oder Shredded Wheat) erst nach und nicht bereits vor der Übernahme zu erhöhen. Warum ist dies so? Weil nach der Übernahme die verlorenen Verkäufe an Konsumenten, die Grape Nuts (oder Shredded Wheat) nicht mehr kaufen würden, durch einen Wechsel dieser Konsumenten zum Substitutionsprodukt aufgefangen würden.

Der Umfang, in dem die Preiserhöhung dazu führt, dass die Konsumenten wechseln, wird (zum Teil) durch die Preiselastizität der Nachfrage nach Grape Nuts gegeben. Bei ansonsten gleichen Voraussetzungen ist der Umsatzverlust im Zusammenhang mit einer Preiserhöhung umso höher, je höher die Nachfragelastizität ist. Umso wahrscheinlicher ist es auch, dass die Preiserhöhung unrentabel ist. ▶

---

12 Siehe Jonathan B. Baker und Daniel L. Rubinfeld, „Empirical Methods in Antitrust Litigation: Review and Critique", *American Law and Economics Review* 1 (1999), S. 386–435.
13 Der Staat New York gegen Kraft General Foods, Inc., 926 F. Supp. 321, 356 (S.D.N.Y. 1995).

Die Substituierbarkeit von Grape Nuts und Shredded Wheat kann durch die Kreuzpreiselastizität der Nachfrage nach Grape Nuts im Hinblick auf den Preis von Shredded Wheat gemessen werden. Die betreffenden Elastizitäten wurden mit Hilfe von wöchentlichen Daten errechnet, die durch das Scannen der Haushaltseinkäufe in Supermärkten in zehn Städten über einen Zeitraum von drei Jahren ermittelt wurden. Eine der geschätzten isoelastischen Nachfragegleichungen hatte die folgende loglineare Form:

$$\log(Q_{GN}) = 1{,}998 - 2{,}085 \log(P_{GN}) + 0{,}62 \log(I) + 0{,}14 \log(P_{SW})$$

wobei Q_{GN} die wöchentlich verkaufte Menge Grape Nuts (in Pfund), P_{GN} der Preis für Grape Nuts pro Pfund, I das reale persönliche Einkommen und P_{SW} der Preis für Shredded Wheat Spoon Size pro Pfund ist.

Die Nachfrage nach Grape Nuts ist (zu den gegenwärtigen Preisen) mit einer Preiselastizität von ca. −2 elastisch. Die Einkommenselastizität beträgt 0,62. Mit anderen Worten ausgedrückt, führt eine Erhöhung des Einkommens zu einem Anstieg der Käufe von Frühstücksflocken, allerdings mit einer geringeren Rate als 1:1. Die Kreuzpreiselastizität liegt schließlich bei 0,14. Diese Zahl stimmt mit der Tatsache überein, dass, obwohl die beiden Sorten Frühstücksflocken Substitutionsgüter sind (die nachgefragte Menge Grape Nuts steigt als Reaktion auf eine Erhöhung des Preises für Shredded Wheat), sie keine sehr ähnlichen Substitutionsgüter sind.

4.6.3 Interviews und experimentelle Ansätze zur Bestimmung der Nachfrage

Eine Methode zur Gewinnung von Informationen über die Nachfrage besteht in *Interviews*, in denen die Konsumenten befragt werden, welche Menge eines Produktes sie zu einem bestimmten Preis zu kaufen bereit sind. Dieser Ansatz kann allerdings nicht erfolgreich sein, wenn die Konsumenten nicht über ausreichende Informationen verfügen, nicht interessiert sind oder den Interviewer gar täuschen wollen. Deshalb wurden von Marktforschern verschiedene indirekte Befragungstechniken entwickelt. Beispielsweise könnten die Konsumenten über ihr gegenwärtiges Verbrauchsverhalten und ihre mögliche Reaktion auf das Angebot eines Produktes mit einem Rabatt von z.B. zehn Prozent befragt werden. Sie könnten auch über ihre Erwartungen im Hinblick auf das Verhalten anderer Konsumenten befragt werden. Obwohl die indirekten Ansätze zur Nachfrageschätzung ergiebig sein können, waren die Volkswirte und Marketingexperten aufgrund der Schwierigkeiten beim Interviewansatz gezwungen, alternative Methoden zu prüfen.

Bei *direkten Marketingexperimenten* werden potenziellen Kunden tatsächliche Verkaufsangebote unterbreitet. So könnte z.B. eine Fluggesellschaft, zum Teil um zu erfahren, wie die Preisänderung die Nachfrage nach Flügen beeinflusst und zum Teil um zu erfahren, wie die Wettbewerber reagieren, für bestimmte Flüge für einen Zeitraum von sechs Monaten einen reduzierten Preis anbieten. Alternativ dazu könnte ein Unternehmen, das Getreideflocken herstellt, eine neue Marke in Buffalo, New York und in Omaha,

Nebraska versuchsweise auf den Markt bringen, wobei einige potenzielle Kunden Coupons mit einem Wert zwischen 25 Cent und $1 pro Karton erhalten. Aus der Reaktion auf das Coupon-Angebot leitet das Unternehmen die Form der zugrundeliegenden Nachfragekurve ab, was den Marketingexperten dabei hilft herauszufinden, ob das Produkt national und international vermarktet werden soll, und zu welchem Preis.

Direkte Experimente sind real und nicht hypothetisch aber trotzdem bestehen auch hier Probleme. Ein falsches Experiment kann teuer werden und selbst wenn die Gewinne und die Verkäufe steigen, kann das Unternehmen nicht absolut sicher sein, dass diese Steigerungen aus der experimentellen Änderung resultieren, da sich wahrscheinlich andere Faktoren gleichzeitig geändert haben. Darüber hinaus kann die Reaktion auf solche Experimente – die von den Konsumenten oft als von kurzer Dauer erkannt werden – sich von der Reaktion auf dauerhafte Änderungen unterscheiden. Und schließlich kann sich ein Unternehmen nur eine begrenzte Anzahl an Experimenten leisten.

ZUSAMMENFASSUNG

1. Die Nachfragekurven einzelner Konsumenten nach einem Produkt kann aus Informationen über ihren Geschmack im Hinblick auf alle Güter und Dienstleistungen sowie aus ihren Budgetbeschränkungen abgeleitet werden.

2. Engelkurven, die die Beziehung zwischen der konsumierten Menge eines Gutes und dem Einkommen beschreiben, können für die Erörterung der Änderung der Konsumentenausgaben bei Änderungen des Einkommens hilfreich sein.

3. Zwei Güter sind Substitutionsgüter, wenn ein Anstieg des Preises des einen Gutes zu einem Anstieg der nachgefragten Menge des anderen Gutes führt. Im Gegensatz dazu sind zwei Güter Komplementärgüter, wenn ein Anstieg des Preises eines Gutes zu einem Rückgang der nachgefragten Menge des anderen führt.

4. Die Auswirkungen einer Preisänderung auf die nachgefragte Menge eines Gutes können in zwei Teile unterteilt werden: in einen Substitutionseffekt, bei dem die Befriedigung konstant bleibt, während sich der Preis ändert, und einen Einkommenseffekt, bei dem der Preis konstant bleibt, während sich die Befriedigung ändert. Da der Einkommenseffekt positiv oder negativ sein kann, kann eine Preisänderung eine geringe oder eine große Auswirkung auf die nachgefragte Menge haben. Im ungewöhnlichen Fall eines so genannten Giffen-Gutes kann sich die nachgefragte Menge in die gleiche Richtung bewegen wie die Preisänderung, wodurch eine positiv geneigte individuelle Nachfragekurve entsteht.

5. Bei der Marktnachfragekurve handelt es sich um die horizontale Addition der individuellen Nachfragekurven sämtlicher Konsumenten auf einem Markt für ein bestimmtes Gut. Sie kann eingesetzt werden, um zu berechnen, welchen Wert die Verbraucher dem Konsum bestimmter Güter und Dienstleistungen beimessen.

6. Die Nachfrage ist preisunelastisch, wenn ein Anstieg des Preises um ein Prozent zu einem Rückgang der nachgefragten Menge um weniger als ein Prozent führt, wodurch die Ausgaben des Konsumenten erhöht werden. Die Nachfrage ist preiselastisch, wenn ein Anstieg des Preises um ein Prozent zu einem Rückgang der nachgefragten Menge um mehr als ein Prozent führt, wodurch die Ausgaben des Konsumenten reduziert werden. Die Nachfrage ist einselastisch, wenn ein Anstieg des Preises um ein Prozent zu einem Rückgang der nachgefragten Menge um ein Prozent führt.

7. Das Konzept der *Konsumentenrente* kann zur Bestimmung der Vorteile, die den Verbrauchern aus dem Konsum eines Produktes erwachsen, nützlich sein. Die Konsumentenrente ist die Differenz zwischen dem maximalen Betrag, den der Konsument für ein bestimmtes Gut zu zahlen bereit ist, und dem von ihm beim Kauf tatsächlich gezahlten Betrag.

8. In einigen Fällen ist die Nachfrage *spekulativ*. Das heißt, sie wird nicht durch den direkten Nutzen, der aus dem Besitz oder Konsum eines Gutes erwächst, sondern durch die Erwartung angetrieben, dass der Preis des Gutes steigen wird.

9. Eine Netzwerkexternalität tritt auf, wenn die Nachfrage einer Person direkt durch die Kauf- oder Nutzungsentscheidungen anderer Konsumenten beeinflusst wird. Eine positive Netzwerkexternalität, der Mitläufereffekt, tritt auf, wenn die durch einen typischen Konsumenten nachgefragte Menge ansteigt, da dieser den Kauf eines Gutes, das andere bereits gekauft haben, als modern ansieht. Im umgekehrten Fall besteht eine negative Netzwerkexternalität, der Snobeffekt, wenn die nachgefragte Menge sich erhöht, weil weniger Menschen das Gut besitzen.

10. Eine Reihe von Methoden kann eingesetzt werden, um Informationen über die Konsumentennachfrage zu ermitteln. Zu diesen gehören Interviews und experimentelle Ansätze, direkte Marketingexperimente und der eher indirekte statistische Ansatz. Der statistische Ansatz kann in seiner Anwendung sehr aussagekräftig sein; allerdings ist es notwendig, die geeigneten, die Nachfrage beeinflussenden Variablen zu bestimmen, bevor die statistische Arbeit beginnen kann.

ZUSAMMENFASSUNG

Kontrollfragen

1. Erklären Sie jeweils den Unterschied zwischen den folgenden Begriffen:
   a. eine Preis-Konsumkurve und eine Nachfragekurve
   b. eine individuelle Nachfragekurve und eine Marktnachfragekurve
   c. eine Engelkurve und eine Nachfragekurve
   d. ein Einkommenseffekt und ein Substitutionseffekt.

2. Es sei angenommen, eine Person teilt ihr gesamtes Budget zwischen zwei Gütern, Lebensmittel und Bekleidung, auf. Können beide Güter inferiore Güter sein? Erklären Sie Ihre Antwort.

3. Erklären Sie, ob die folgenden Aussagen richtig oder falsch sind:
   a. Die Grenzrate der Substitution nimmt ab, während eine Person sich entlang der Nachfragekurve nach unten bewegt.
   b. Das Nutzenniveau nimmt zu, während eine Person sich entlang der Nachfragekurve nach unten bewegt.
   c. Engelkurven sind immer positiv geneigt.

4. Die Karten für ein Rockkonzert werden zu einem Preis von €10 verkauft. Aber zu diesem Preis ist die Nachfrage erheblich größer als die verfügbare Anzahl Karten. Ist der Wert oder Grenznutzen einer zusätzlichen Karte größer als, kleiner als oder gleich €10? Wie könnte dieser Wert bestimmt werden?

5. Welche der folgenden Kombinationen von Gütern sind Komplementärgüter und welche sind Substitutionsgüter? Können sie unter verschiedenen Umständen beides sein? Erörtern Sie dies.
   a. Eine Vorlesung in Mathematik und eine Vorlesung in Volkswirtschaftslehre
   b. Tennisbälle und ein Tennisschläger
   c. Steak und Hummer
   d. Eine Flugreise und eine Zugreise zum gleichen Zielort
   e. Schinkenspeck und Eier

6. Es sei angenommen, ein Verbraucher gibt einen fixen Anteil seines Einkommens pro Monat für die folgenden Güterpaare aus:
   a. Tortillachips und Salsa-Sauce.
   b. Tortillachips und Kartoffelchips.
   c. Kinokarten und Gourmetkaffee.
   d. Busfahrten und U-Bahnfahrten.

   Erklären Sie die Auswirkungen auf die nachgefragte Menge jedes der Güter, wenn der Preis für eines der Güter ansteigt. Welche der Güter für jedes Paar sind wahrscheinlich Komplementärgüter und welche der Güter sind wahrscheinlich Substitutionsgüter?

7. Welches der folgenden Ereignisse würde eine Bewegung *entlang* der Nachfragekurve nach in den USA produzierten Bekleidungsstücken führen? Welches würde zu einer *Verschiebung* der Nachfragekurve führen?
   a. Die Aufhebung der Importquoten für im Ausland produzierte Bekleidung
   b. Ein Anstieg des Einkommens der US-Bürger
   c. Eine Senkung der Kosten der Branche für die Produktion von Bekleidung im Inland, die in Form niedrigerer Preise an den Markt weitergegeben wird.

8. Bei welchem der folgenden Güter führt ein Preisanstieg wahrscheinlich zu einem beträchtlichen Einkommen- (sowie Substitutions-) Effekt?
   a. Salz
   b. Wohnungen
   c. Theaterkarten
   d. Lebensmittel

9. Nehmen wir an, dass ein durchschnittlicher Haushalt in einem Land 800 Liter Benzin pro Jahr verbraucht. Es wird eine Benzinsteuer in Höhe von 20 Cent in Verbindung mit einer jährlichen Rückerstattung in Höhe von €160 pro Haushalt eingeführt. Wird der Haushalt nach der Einführung des neuen Programms besser oder schlechter gestellt?

4 Die individuelle Nachfrage und die Marktnachfrage

10. Welche der folgenden drei Gruppen weist wahrscheinlich die höchste bzw. geringste Preiselastizität der Nachfrage nach der Mitgliedschaft im Berufsverband der Betriebswirte auf?
    a. Studenten
    b. Nachwuchskräfte
    c. Leitende Angestellte

11. Erklären Sie, welcher der folgenden Artikel in jedem Paar preiselastischer ist.
    a. die Nachfrage nach einer bestimmten Marke von Zahnpasta und die Nachfrage nach Zahnpasta im Allgemeinen.
    b. die kurzfristige Nachfrage nach Benzin und die langfristige Nachfrage nach Benzin.

12. Erläutern Sie den Unterschied zwischen einer positiven und einer negativen Netzwerkexternalität und geben Sie für jede der beiden ein Beispiel an.

Die Kontrollfragen samt Lösungen sowie weitere kapitelbegleitende Inhalte finden Sie im MyLab.

Übungen

1. Eine Person plant einen bestimmten Betrag ihres monatlichen Einkommens ein, den sie für ihre beiden Hobbies, das Sammeln von Wein und das Sammeln von Büchern, ausgibt. Stellen Sie mit den unten gegebenen Informationen jeweils die Preis-Konsumkurve dar, die mit Änderungen im Preis für Wein sowie mit Änderungen der Nachfrage nach Wein verbunden ist.

Preis für Wein	Preis für Bücher	Menge Wein	Menge Bücher	Budget
€10	€10	7	8	€150
€12	€10	5	9	€150
€15	€10	4	9	€150
€20	€10	2	11	€150

2. Eine Person konsumiert zwei Güter, Bekleidung und Lebensmittel. Stellen Sie mit Hilfe der unten gegebenen Informationen sowohl die Einkommens-Konsumkurve als auch die Engelkurve für Bekleidung und Lebensmittel dar.

3. Jane erzielt aus jeder zusätzlichen Ballettkarte jeweils einen doppelt so hohen Nutzen wie aus einer zusätzlichen Karte für ein Fußballspiel, unabhängig davon, wie viele Karten jeder der beiden Arten sie schon hat. Zeichnen Sie Janes Einkommens-Konsumkurve und ihre Engelkurve für Ballettkarten.

4. a. Die Tatsache, dass Orangensaft und Apfelsaft vollständige Substitutionsgüter sind, ist bekannt. Zeichnen Sie die entsprechende Preis-Konsumkurve (für einen veränderlichen Preis von Orangensaft) sowie die entsprechende Einkommens-Konsumkurve.
   b. Linke und rechte Schuhe sind vollständige Komplementärgüter. Zeichnen Sie die entsprechende Preis-Konsumkurve sowie die entsprechende Einkommens-Konsumkurve.

Preis für Bekleidung	Preis für Lebensmittel	Menge Bekleidung	Menge Lebensmittel	Budget
€10	€2	6	20	€100
€10	€2	8	35	€150
€10	€2	11	45	€200
€10	€2	15	50	€250

5. In jeder Woche wählen Bill und Mary die Menge der beiden Güter, X_1 und X_2 aus, die sie konsumieren werden, um ihren jeweiligen Nutzen zu maximieren. Sie geben jeweils ihr gesamtes wöchentliches Einkommen für diese beiden Güter aus.

   a. Es sei angenommen, Sie erhalten die folgenden Informationen über die Entscheidungen, die Bill über einen Zeitraum von drei Wochen hinweg trifft:

	X_1	X_2	P_1	P_2	O
Woche 1	10	20	2	1	40
Woche 2	7	19	3	1	40
Woche 3	8	31	3	1	55

   Ist Bills Nutzen zwischen Woche 1 und Woche 2 gestiegen oder gesunken? Zwischen Woche 1 und Woche 3? Erklären Sie Ihre Antwort mit Hilfe eines Diagramms.

   b. Betrachten Sie nun die folgenden Informationen über die von Mary getroffenen Entscheidungen:

	X_1	X_2	P_1	P_2	O
Woche 1	10	20	2	1	40
Woche 2	6	14	2	2	40
Woche 3	20	10	2	2	60

   Ist Marys Nutzen zwischen Woche 1 und Woche 3 gestiegen oder gesunken? Betrachtet Mary beide Güter als normale Güter? Erklären Sie Ihre Antwort.

   *c. Untersuchen Sie nun zum Abschluss die folgenden Informationen zu Janets Entscheidungen:

	X_1	X_2	P_1	P_2	I
Woche 1	12	24	2	1	48
Woche 2	16	32	1	1	48
Woche 3	12	24	1	1	36

   Zeichnen Sie ein Diagramm aus Budgetgerade und Indifferenzkurve, mit dem die drei von Janet ausgewählten Bündel dargestellt werden. Was können Sie in diesem Fall über Janets Präferenzen aussagen? Bestimmen Sie die Einkommens- und Substitutionseffekte, die sich aus einer Änderung des Preises von Gut X_1 ergeben.

6. Zwei Personen, Sam und Barb, erzielen einen Nutzen aus den von ihnen konsumierten Stunden Freizeit (L) und der von ihnen konsumierten Menge Güter (G). Um den Nutzen zu maximieren, müssen Sie die 24 Stunden des Tages zwischen Freizeitstunden und Arbeitsstunden aufteilen. Es sei angenommen, dass sämtliche nicht mit der Arbeit verbrachten Stunden Freizeitstunden sind. Der Preis eines Gutes ist gleich €1 und der Preis der Freizeit ist gleich dem Stundenlohn. Wir erhalten die folgenden Informationen zu den von den beiden Personen getroffenen Entscheidungen:

Preis für G	Preis für L	Sam L (Stunden)	Barb L (Stunden)	Sam G (€)	Barb G (€)
1	8	16	14	64	80
1	9	15	14	81	90
1	10	14	15	100	90
1	11	14	16	100	88

   Stellen Sie Sams Nachfragekurve für Freizeit sowie Barbs Nachfragekurve für Freizeit grafisch dar. Tragen Sie den Preis auf der vertikalen und die Freizeit auf der horizontalen Achse ab. Wie können Sie den Unterschied in den Nachfragekurven für Freizeit erklären, wenn beide ihren Nutzen maximieren?

7. Der Direktor eines Theaterensembles in einer kleinen Hochschulstadt erwägt eine Änderung der von ihm eingesetzten Methode zur Preisfestsetzung. Er hat ein Wirtschaftsberatungsunternehmen mit der Schätzung der Nachfrage nach den Karten beauftragt. Dieses Unternehmen hat die Personen, die das Theater besuchen, in zwei Gruppen eingeteilt und zwei Nachfragefunktionen entwickelt. Die Nachfragefunktionen für die allgemeine Öffentlichkeit (Q_{gp}) und für Studenten (Q_s) sind wie folgt gegeben:

$$Q_{gp} = 500 - 5P$$
$$Q_s = 200 - 4P$$

a. Zeichnen Sie die beiden Nachfragekurven in einem Diagramm, wobei P auf der vertikalen Achse und Q auf der horizontalen Achse abgetragen wird. Bestimmen Sie die von jeder Gruppe nachgefragte Menge, wenn der gegenwärtige Preis der Karten €35 beträgt.

b. Bestimmen Sie die Preiselastizität der Nachfrage für jede der Gruppen zum gegenwärtigen Preis und zur gegenwärtigen Menge.

c. Maximiert der Direktor seine aus dem Verkauf der Karten erzielten Erlöse, wenn er für jede Karte €35 verlangt? Erklären Sie Ihre Antwort.

d. Welchen Preis sollte er für jede Gruppe festsetzen, wenn er den aus dem Kartenverkauf erzielten Erlös maximieren will?

8. Judy hat beschlossen, jedes Jahr an der Hochschule genau €500 für Lehrbücher auszugeben, obwohl sie weiß, dass die Preise wahrscheinlich zwischen fünf und zehn Prozent pro Jahr steigen werden und dass sie im nächsten Jahr ein Geldgeschenk in beträchtlicher Höhe von ihren Großeltern bekommen wird. Wie gestaltet sich Judys Preiselastizität der Nachfrage nach Lehrbüchern? Wie hoch ist ihre Einkommenselastizität?

9. Die Firma ACME findet heraus, dass zum gegenwärtigen Preis die Nachfrage nach ihren Computerchips eine kurzfristige Preiselastizität in Höhe von −2 aufweist. Die Preiselastizität der DVD-Laufwerke des Unternehmens liegt währenddessen bei −1.

a. Was wird mit den Verkaufszahlen des Unternehmens geschehen, wenn ACME beschließt, dass der Preis beider Produkte um zehn Prozent angehoben wird? Was wird mit den Umsatzerlösen geschehen?

b. Können Sie mit Hilfe der verfügbaren Informationen bestimmen, mit welchem Produkt sie höhere Erlöse erzielen werden? Wenn dies möglich ist, warum ist es so? Wenn dies nicht möglich ist, welche zusätzlichen Informationen werden benötigt?

10. Bestimmen Sie die betreffenden Einkommenselastizitäten der Nachfrage nach jedem Gut (d.h., ob es sich um ein normales oder ein inferiores Gut handelt) bei Beobachtung des Verhaltens der Person in den unten beschriebenen Situationen. Geben Sie, für den Fall, dass Sie die Einkommenselastizität nicht bestimmen können, an, welche zusätzlichen Informationen dazu benötigt werden.

a. Bill gibt sein gesamtes Einkommen für Bücher und Kaffee aus. Während er im Buchladen eine Kiste mit gebrauchten Paperbackbüchern durchstöbert, findet er €20. Sofort kauft er ein gebundenes Buch mit Poesie.

b. Bill verliert €10, für die er eigentlich einen doppelten Espresso kaufen wollte. Er beschließt, das neue Buch mit einem Preisabschlag zu verkaufen und verwendet das Geld, um Kaffee zu kaufen.

c. Die neueste Teenager-Mode besteht darin, das Leben eines Bohemiens zu führen. Infolgedessen steigen die Preise für Kaffee und Bücher um 25 Prozent. Bill reduziert seinen Konsum beider Güter um den gleichen Prozentsatz.

d. Bill bricht sein Studium an der Kunsthochschule ab und wird Diplom-Betriebswirt. Er hört auf, Bücher zu lesen und Kaffee zu trinken. Stattdessen liest er nun das *Wall Street Journal* und trinkt Mineralwasser in Flaschen.

11. Nehmen wir an, die Einkommenselastizität der Nachfrage nach Lebensmitteln beträgt 0,5, und die Preiselastizität der Nachfrage beträgt −1,0. Nehmen wir darüber hinaus an, dass Felicia jährlich €10.000 für Lebensmittel ausgibt, dass der Preis für Lebensmittel €2 beträgt und dass sie über ein Einkommen von €25.000 verfügt.

a. Was würde mit Felicias Lebensmittelkonsum geschehen, wenn eine Umsatzsteuer auf Lebensmittel eingeführt würde, durch die der Lebensmittelpreis auf €2,50 steigt? (*Hinweis*: Da es hier um eine große Preisänderung geht, sollten Sie annehmen, dass die Preiselastizität eine Bogenelastizität anstatt eine Punktelastizität misst.)

b. Nehmen Sie an, dass Felicia eine Steuerrückerstattung in Höhe von €2.500 erhält, um die Auswirkungen der Steuer abzuschwächen. Wie würde ihr Lebensmittelkonsum nun aussehen?

c. Ist sie besser oder schlechter gestellt, wenn sie eine Rückerstattung in Höhe der gezahlten Umsatzsteuer erhält? Erörtern Sie dies anhand einer Grafik.

12. Sie betreiben ein kleines Geschäft und möchten vorhersagen, wie sich die nachgefragte Menge ihres Produkts entwickelt, wenn Sie den Preis erhöhen. Während Sie die genaue Nachfragekurve für Ihr Produkt nicht kennen, wissen Sie, dass Sie im ersten Jahr einen Preis von €45 verlangt und 1.200 Einheiten verkauft haben und dass sie im zweiten Jahr einen Preis von €30 verlangt und 1.800 Einheiten verkauft haben.

    a. Was wäre eine angemessene Schätzung der Entwicklung der nachgefragte Menge prozentual ausgedrückt, wenn Sie planen, den Preis um zehn Prozent anzuheben?

    b. Wird der Erlös steigen oder sinken, wenn Sie den Preis um zehn Prozent erhöhen?

13. Nehmen Sie an, Sie sind für eine mautpflichtige Brücke zuständig, die im Wesentlichen keine Kosten verursacht. Die Nachfrage nach der Überquerung der Brücke Q wird durch die Gleichung $P = 15 - (1/2)Q$ gegeben.

    a. Zeichnen Sie die Nachfragekurve für die Überquerungen der Brücke.

    b. Wie viele Personen würden die Brücke überqueren, wenn es keine Mautgebühr gäbe?

    c. Wie hoch ist der mit einer Gebühr von €5 verbundene Verlust an Konsumentenrente?

    d. Die Betreibergesellschaft der mautpflichtigen Brücke erwägt eine Erhöhung der Maut auf €7. Wie viele Menschen würden zu diesem höheren Preis die Brücke überqueren? Würde der Erlös aus der mautpflichtigen Brücke steigen oder sinken? Was sagt Ihre Antwort über die Elastizität der Nachfrage aus?

    e. Bestimmen Sie den mit einem Anstieg des Preises der Maut von €5 auf €7 verbundenen Verlust an Konsumentenrente.

14. Vera hat beschlossen, das Betriebssystem auf ihrem neuen PC zu aktualisieren. Sie erfährt, dass das neue Linux-Betriebssystem dem Windows-Betriebssystem technologisch überlegen und bedeutend preisgünstiger ist. Als sie allerdings ihre Freunde dazu befragt, stellt sich heraus, dass sie alle PCs mit Windows verwenden. Auch sie sind der Meinung, dass Linux ansprechender ist; aber sie fügen auch hinzu, dass sie vergleichsweise wenige Kopien von Linux in den Softwarefachgeschäften vor Ort zum Kauf angeboten sehen. Aufgrund der Aussagen ihre Freunde sowie ihrer eigenen Beobachtungen beschließt Vera, ihren PC mit Windows zu aktualisieren. Können Sie ihre Erklärung begründen?

15. Nehmen Sie an, Sie sind Berater einer Agrargenossenschaft, die überlegt, ob ihre Mitglieder die Baumwollproduktion im nächsten Jahr um die Hälfte reduzieren sollen. Die Genossenschaft möchte von Ihnen zur Frage beraten werden, ob sich dadurch die Einkünfte der Bauern erhöhen werden. Da Sie wissen, dass im Süden der USA Baumwolle (c) und Wassermelonen (w) um landwirtschaftliche Anbauflächen konkurrieren, schätzen Sie die Nachfrage nach Baumwolle auf

$$c = 3{,}5 - 1{,}0p_c + 0{,}25p_w + 0{,}50i,$$

wobei p_c der Baumwollpreis, p_w der Wassermelonenpreis und i das Einkommen ist. Sollten Sie diesen Plan unterstützen oder dagegen Einwände vorbringen? Gibt es zusätzliche Informationen jeglicher Art, die ihnen dabei helfen könnten, eine definitive Antwort auf diese Frage zu finden?

Die Lösungen zu ausgewählten Übungen finden Sie im Anhang dieses Buches. Die kompletten Lösungen für die Übungen finden Dozenten im MyLab.

Anhang zu Kapitel 4

Die Nachfragetheorie – eine mathematische Abhandlung

In diesem Anhang wird eine mathematische Abhandlung der Grundlagen der Nachfragetheorie dargestellt. Unser Ziel besteht darin, für die in gewissem Rahmen mit der Differentialrechnung vertrauten Studenten einen kurzen Überblick über die Theorie der Nachfrage zu geben. Zu diesem Zweck werden wir das Konzept der Optimierung unter Nebenbedingungen erklären und danach einsetzen.

Die Nutzenmaximierung Die Theorie des Konsumentenverhaltens beruht auf der Annahme, dass die Konsumenten ihren Nutzen unter der Bedingung eines begrenzten Budgets maximieren. In Kapitel 3 wurde erklärt, dass wir für jeden Konsumenten eine *Nutzenfunktion* definieren können, die jedem Warenkorb ein bestimmtes Nutzenniveau zuordnet. Darüber hinaus wurde der *Grenznutzen* eines Gutes als die Änderung des Nutzens bei Steigerung des Konsums des Gutes um eine Einheit definiert. Mit Hilfe der Differentialrechnung, die wir in diesem Anhang einsetzen, wird der Grenznutzen als die Änderung des Nutzens, die sich aus einer sehr geringen Erhöhung des Konsums ergibt, gemessen.

> In § 3.1 wird erklärt, dass eine Nutzenfunktion eine Formel ist, die jedem Warenkorb ein Nutzenniveau zuordnet.
>
> In § 3.5 wird der Grenznutzen als die durch den Konsum einer zusätzlichen Menge eines Gutes erzielte, zusätzliche Befriedigung beschrieben.

Nehmen wir beispielsweise an, dass Bobs Nutzenfunktion durch $U(X,Y) = \log X + \log Y$ gegeben ist, wobei der Allgemeingültigkeit halber nunmehr X Lebensmittel und Y Bekleidung darstellen. In diesem Fall wird der mit dem zusätzlichen Konsum von X verbundene Grenznutzen durch die *partielle Ableitung der Nutzenfunktion im Hinblick auf Gut X* angegeben. In diesem Beispiel wird GU_X, das den Grenznutzen des Gutes X darstellt, durch die folgende Gleichung angegeben:

$$\frac{\partial U(X,Y)}{\partial X} = \frac{\partial (\log X + \log Y)}{\partial X} = \frac{1}{X}$$

In der folgenden Analyse nehmen wir wie in Kapitel 3 an, dass, während das Nutzenniveau eine *steigende* Funktion der konsumierten Mengen von Gütern ist, der Grenznutzen mit dem zunehmenden Konsum *fällt*. Gibt es zwei Güter, X und Y, kann das Optimierungsproblem des Konsumenten also wie folgt geschrieben werden:

$$\text{Maximiere } U(X,Y) \tag{A4.1}$$

unter der Nebenbedingung, dass das gesamte Einkommen für die beiden Güter aufgewendet wird:

$$P_X X + P_Y Y = I \tag{A4.2}$$

In diesem Fall ist $U(\ )$ die Nutzenfunktion, X und Y sind die Mengen der beiden gekauften Güter, P_X und P_Y stellen die Preise der Güter und I das Einkommen dar.[1]

Um die Nachfrage des einzelnen Konsumenten nach den beiden Gütern zu bestimmen, wählen wir die Werte für X und Y aus, bei denen (A4.1) unter der Nebenbedingung (A4.2) maximiert wird. Kennen wir die spezielle Form der Nutzenfunktion, können wir die Gleichung auflösen, um die Nachfrage des Konsumenten nach X und Y direkt zu bestimmen.

---

[1] Um die Rechnung zu vereinfachen, nehmen wir an, dass die Nutzenfunktion stetig ist (mit stetigen Ableitungen) und dass die Güter unendlich teilbar sind. Die logarithmische Funktion log (.) misst den natürlichen Logarithmus einer Zahl.

Wenn wir allerdings die Nutzenfunktion in ihrer allgemeinen Form $U(X,Y)$ schreiben, kann die Methode der *Optimierung unter Nebenbedingungen* zur Beschreibung der Bedingungen verwendet werden, die zutreffen müssen, wenn der Konsument seinen Nutzen maximiert.

Die Methode der Lagrangeschen Multiplikatoren Bei der **Methode der Lagrangeschen Multiplikatoren** handelt es sich um ein Verfahren, das zur Maximierung oder Minimierung einer Funktion unter einer oder mehreren Nebenbedingungen eingesetzt werden kann. Da wir diese Methode zur Analyse von Produktions- und Kostenfragen an späterer Stelle dieses Buches einsetzen werden, stellen wir eine schrittweise Anwendung dieser Methode für das durch die Gleichungen (A4.1) und (A4.2) gegebene Problem der Optimierungsbestimmung des Konsumenten dar.

> **Methode der Lagrangeschen Multiplikatoren**
>
> Methode zur Minimierung oder Maximierung einer Funktion unter einer oder mehreren Nebenbedingungen.

1 Formulierung des Problems Zunächst formulieren wir die Lagrangefunktion für das Problem. Die **Lagrangefunktion** ist die zu minimierende bzw. zu maximierende Funktion (in diesem Fall wird der Nutzen maximiert) plus einer Variablen, die wir als λ bezeichnen, multipliziert mit der Beschränkung (in diesem Fall: die Budgetbeschränkung des Konsumenten). Die Bedeutung von λ wird in Kürze erläutert. Folglich lautet die Lagrangefunktion:

$$\Phi = U(X,Y) - \lambda(P_X X + P_Y Y - I) \qquad \text{(A4.3)}$$

> **Lagrangefunktion**
>
> Die zu maximierende bzw. zu minimierende Funktion plus einer Variablen (dem Lagrangeschen Multiplikator) multipliziert mit der Beschränkung.

Dabei ist zu beachten, dass wir die Budgetbeschränkung wie folgt geschrieben haben:

$$P_X X + P_Y Y - I = 0$$

Dies bedeutet, dass die Summe der Terme gleich 0 ist. Diese Summe wird dann in die Lagrangefunktion eingesetzt.

2 Die Differenzierung der Lagrangefunktion Wählen wir für X und Y die Budgetbeschränkung erfüllende Werte, wird der zweite Term der Gleichung (A4.3) gleich Null. Folglich ist die Maximierung gleich der Maximierung $U(X,Y)$. Durch die Differenzierung von Φ im Hinblick auf X, Y und λ und die darauf folgende Gleichsetzung der Ableitungen mit Null können wir die notwendigen Bedingungen für das Maximum ermitteln.[2] Die daraus resultierenden Gleichungen lauten wie folgt:

$$\frac{\partial \Phi}{\partial X} = GU_X(X,Y) - \lambda P_X = 0$$

$$\frac{\partial \Phi}{\partial Y} = GU_Y(X,Y) - \lambda P_Y = 0 \qquad \text{(A4.4)}$$

$$\frac{\partial \Phi}{\partial \lambda} = I - P_X X - P_Y Y = 0$$

Wie zuvor steht auch hier GU als Abkürzung für den *Grenznutzen*. Mit anderen Worten ausgedrückt: $GU_X(X,Y) = \partial U(X,Y)/\partial X$, die aus einer sehr geringen Erhöhung des Konsums von Gut X resultierende Änderung des Nutzens.

---

2 Diese Bedingungen sind für eine „innere" Lösung notwendig, bei der der Verbraucher positive Mengen beider Güter konsumiert. Bei der Lösung könnte es sich auch um eine „Randlösung" handeln, bei der alles von einem und nichts von dem anderen Gut konsumiert wird.

3 **Die Auflösung der sich daraus ergebenden Gleichungen** Die drei Gleichungen aus (A4.4) können wie folgt umgeschrieben werden:

$$GU_X = \lambda P_X$$

$$GU_Y = \lambda P_Y$$

$$P_X X + P_Y Y = I$$

Nun können diese drei Gleichungen nach den drei Unbekannten aufgelöst werden. Die sich daraus ergebenden Werte für X und Y sind die Lösung für das Optimierungsproblem des Konsumenten: Dies sind die nutzenmaximierenden Mengen.

Das Marginalprinzip Bei der oben stehenden dritten Gleichung handelt es sich um die Budgetbeschränkung des Konsumenten, mit der wir begannen. Die ersten beiden Gleichungen besagen, dass jedes Gut bis zu dem Punkt konsumiert wird, in dem der Grenznutzen aus dem Konsum ein Vielfaches (λ) des Preises des Gutes ist. Um zu analysieren, was dies bedeutet, kombinieren wir die ersten beiden Gleichungen, um das *Marginalprinzip* zu ermitteln:

$$\lambda = \frac{GU_X(X,Y)}{P_X} = \frac{GU_Y(X,Y)}{P_Y} \qquad \text{(A4.5)}$$

Mit anderen Worten ausgedrückt bedeutet dies, der Grenznutzen jedes Gutes geteilt durch dessen Preis ist gleich. Zur Optimierung muss der Konsument *aus dem letzten für den Konsum von X oder Y ausgegebenen Dollar den gleichen Nutzen ziehen*. Wäre dies nicht der Fall, würde durch den Konsum einer größeren Menge des einen Gutes und einer geringeren Menge des anderen Gutes der Nutzen erhöht werden.

Um das Optimum eines Individuums detaillierter zu beschreiben, können wir die Information aus (A4.5) wie folgt umschreiben:

$$\frac{GU_X(X,Y)}{GU_Y(X,Y)} = \frac{P_X}{P_Y} \qquad \text{(A4.6)}$$

Mit anderen Worten ausgedrückt: *Das Verhältnis der Grenznutzen ist gleich dem Verhältnis der Preise.*

Die Grenzrate der Substitution Wir können die Gleichung (A4.6) verwenden, um die in Kapitel 3 erläuterte Verbindung zwischen den Nutzenfunktionen und den Indifferenzkurven aufzuzeigen. Eine Indifferenzkurve stellt sämtliche Warenkörbe dar, durch die ein Konsument das gleiche Nutzenniveau erzielt. Ist U^* ein festes Nutzenniveau, wird die diesem Nutzenniveau entsprechende Indifferenzkurve durch folgende Gleichung gegeben:

$$U(X,Y) = U^*$$

> In § 3.5 wird erklärt, dass die Grenzrate der Substitution gleich dem Verhältnis des Grenznutzens der beiden konsumierten Güter ist.

Wenn sich die Warenkörbe durch Hinzufügen geringer Mengen von X und Entfernen geringer Mengen von Y ändern, muss die Gesamtänderung des Nutzens gleich Null sein. Folglich gilt:

$$GU_X(X,Y)dX + GU_Y(X,Y)dY = dU^* = 0 \qquad \text{(A4.7)}$$

Durch umordnen erhalten wir:

$$-dY/dX = GU_X(X,Y)/GU_Y(X,Y) = GRS_{XY} \qquad (A4.8)$$

wobei GRS_{XY} die Grenzrate der Substitution von Y durch X der Person darstellt. Da die linke Seite der Gleichung (A4.8) den negativen Wert der Steigung der Indifferenzkurve darstellt, folgt daraus, dass im Tangentialpunkt die Grenzrate der Substitution (bei der die Güter bei konstantem Nutzen gegeneinander ausgetauscht werden) der Person gleich dem Verhältnis der Grenznutzen der Person ist, das wiederum aufgrund von (A4.6) gleich dem Verhältnis der Preise der beiden Güter ist.[3]

Sind die Indifferenzkurven konvex, wird das Optimierungsproblem des Konsumenten im Tangentialpunkt der Indifferenzkurve mit der Budgetgeraden gelöst. Dieses Prinzip wurde in Abbildung 3.13 (Seite 132) in Kapitel 3 dargestellt.

Grenznutzen des Einkommens Unabhängig von der Form der Nutzenfunktion stellt der Lagrangesche Multiplikator λ den zusätzlichen Nutzen dar, der bei einer Lockerung der Budgetbeschränkung geschaffen wird – in diesem Fall durch die Erhöhung des Einkommens um einen Euro. Um aufzuzeigen, wie dieses Prinzip wirkt, differenzieren wir die Nutzenfunktion $U(X,Y)$ im Hinblick auf I vollständig:

$$dU/dI = GU_X(X,Y)(dX/dI) + GU_Y(X,Y)(dY/dI) \qquad (A4.9)$$

Da jede Steigerung des Einkommens zwischen den beiden Gütern aufgeteilt werden muss, folgt daraus, dass:

$$dI = P_X dX + P_Y dY \qquad (A4.10)$$

Durch Einsetzen aus (A4.5) in (A4.9) erhalten wir:

$$dU/dI = \lambda_X(dX/dI) + \lambda_Y(dY/dI) = \lambda(P_X dX + P_Y dY)/dI \qquad (A4.11)$$

Durch Einsetzen von (A4.10) in (A4.11) erhalten wir:

$$dU/dI = \lambda(P_X dX + P_Y dY)/(P_X dX + P_Y dY) = \lambda \qquad (A4.12)$$

Folglich gibt der Lagrangesche Multiplikator den aus einer Erhöhung des Einkommens um einen Euro entstehenden zusätzlichen Nutzen an.

Wenn wir zu unserer ursprünglichen Analyse der Bedingungen für die Maximierung des Nutzens zurückkehren, sehen wir aus Gleichung (A4.5), dass der aus dem Konsum jedes Gutes erzielte Nutzen pro für dieses Gut ausgegebenen Euro gleich dem Grenznutzen eines zusätzlichen Euros an Einkommen ist. Wäre dies nicht der Fall, könnte der Nutzen durch höhere Ausgaben für das Gut mit dem höheren Verhältnis des Grenznutzens zum Preis und geringere Ausgaben für das andere Gut erhöht werden.

---

[3] Wir nehmen hierbei implizit an, dass die „Bedingungen zweiter Ordnung" für ein Nutzenmaximum zutreffen. Folglich minimiert der Konsument seinen Nutzen nicht sondern maximiert ihn. Die Konvexitätsbedingung ist ausreichend, so dass die Bedingungen zweiter Ordnung erfüllt sind. Mathematisch ausgedrückt lautet die Bedingung $d(GRS)/dX < 0$ oder $dY^2/dX^2 > 0$, wobei $-dY/dX$ die Steigung der Indifferenzkurve ist. Dabei ist zu berücksichtigen, dass ein abnehmender Grenznutzen nicht ausreicht, um sicherzustellen, dass Indifferenzkurven konvex sind.

4 Die individuelle Nachfrage und die Marktnachfrage

Ein Beispiel Im Allgemeinen können die drei Gleichungen aus (A4.4) zur Bestimmung der drei Unbekannten X, Y und λ als Funktion der beiden Preise und des Einkommens aufgelöst werden. Durch Einsetzen von λ können wir dann nach der Nachfrage nach jedem der beiden Güter in Abhängigkeit vom Einkommen und von den Preisen der beiden Produkte auflösen. Dieses Prinzip kann am einfachsten mit Hilfe eines Beispiels erläutert werden.

Eine häufig verwendete Nutzenfunktion ist die **Cobb-Douglas-Nutzenfunktion**, die auf zwei Arten dargestellt werden kann.

$$U(X,Y) = a \log(X) + (1-a) \log(Y)$$

und

$$U(X,Y) = X^a Y^{1-a}$$

> **Cobb-Douglas-Nutzenfunktion**
>
> Die Nutzenfunktion $U(X,Y) = X^a Y^{1-a}$, wobei X und Y zwei Güter sind und a eine Konstante ist.

Für die Zwecke der Nachfragetheorie sind diese beiden Formen äquivalent, da sie beide identische Nachfragefunktionen für die Güter X und Y ergeben. Wir werden im Folgenden die Nachfragefunktionen für die erste Form herleiten und überlassen es dem Studenten als Übung, dies für die zweite Form zu tun.

Zur Ermittlung der Nachfragefunktionen für X und Y unter der normalen Budgetbeschränkung schreiben wir zunächst die Lagrangefunktion:

$$\Phi = a \log(X) + (1-a)\log(Y) - \lambda(P_X X + P_Y Y - I)$$

Wenn wir nun nach X, Y und λ differenzieren und die Ableitungen gleich Null setzen, erhalten wir:

$$\partial \Phi / \partial X = a/X - \lambda P_X = 0$$

$$\partial \Phi / \partial Y = (1-a)/Y - \lambda P_Y = 0$$

$$\partial \Phi / \partial \lambda = P_X X + P_Y Y - I = 0$$

Die ersten beiden Bedingungen geben an, dass

$$P_X X = a/\lambda \quad \text{(A4.13)}$$

$$P_Y Y = (1-a)/\lambda \quad \text{(A4.14)}$$

Verbinden wir diese Ausdrücke mit der letzten Bedingung (der Budgetbeschränkung), erhalten wir:

$$a/\lambda + (1-a)/\lambda - I = 0$$

oder: $\lambda = 1/I$. Nun können wir diesen Ausdruck für λ in (A4.13) und (A4.14) einsetzen und erhalten die Nachfragefunktionen:

$$X = (a/P_X)I$$

$$Y = [(1-a)/P_Y]I$$

> In § 2.4 wird erläutert, dass sich die Kreuzpreiselastizität der Nachfrage auf die prozentuale Änderung der nachgefragten Menge eines Gutes bezieht, die aus einer einprozentigen Erhöhung des Preises des anderen Gutes resultiert.

In diesem Beispiel hängt die Nachfrage nach jedem Gut nur vom Preis des betreffenden Gutes und vom Einkommen ab, nicht aber vom Preis des anderen Gutes. Folglich sind die Kreuzpreiselastizitäten der Nachfrage gleich 0.

Wir können dieses Beispiel auch zur Überprüfung der Bedeutung der Lagrangeschen Multiplikatoren verwenden. Dazu setzen wir für jeden Parameter in diesem Problem spezielle Werte ein. Dabei gilt $a = 1/2$, $P_X = €1$, $P_Y = €2$ und $I = €100$. In diesem Fall sind die Konsumentscheidungen, bei denen der Nutzen maximiert wird, $X = 50$ und $Y = 25$. Dabei ist außerdem zu beachten, dass $\lambda = 1/100$. Der Lagrangesche Multiplikator besagt, dass, wenn ein zusätzlicher Euro an Einkommen für den Konsumenten verfügbar wäre, das Nutzenniveau um 1/100 erhöht würde. Diese Schlussfolgerung kann relativ leicht überprüft werden. Mit einem Einkommen von €101 ist die maximierende Konsumentscheidung über die beiden Güter $X = 50{,}5$ und $Y = 25{,}25$. Durch ein wenig Rechnen kann man ermitteln, dass das ursprüngliche Nutzenniveau bei 3,565 und das neue Nutzenniveau bei 3,575 liegt. Wie wir daraus erkennen können, ist der Nutzen durch den zusätzlichen Euro an Einkommen tatsächlich um 0,01 oder 1/100 gestiegen.

Die Dualität der Konsumtheorie Es gibt verschiedene Methoden, mit denen die Optimierungsentscheidungen eines Konsumenten untersucht werden können. Die optimale Wahl von X und Y kann nicht nur als Problem der Auswahl der höchsten die Budgetgerade berührenden Indifferenzkurve – dem maximalen Wert von $U(\ )$ – analysiert werden, sondern auch als Problem der Wahl der niedrigsten, eine bestimmte Indifferenzkurve berührenden Budgetgeraden – der minimalen Budgetausgaben. Um uns auf diese beiden Perspektiven zu beziehen, verwenden wir den Ausdruck **Dualität**. Zur Untersuchung der Funktionsweise dieses Prinzips betrachten wir das folgende duale Optimierungsproblem eines Konsumenten: das Problem der Minimierung der Kosten, um ein bestimmtes Nutzenniveau zu erzielen:

$$\text{Minimiere } P_X X + P_Y Y$$

> **Dualität**
>
> Alternative Methode zur Betrachtung der nutzenmaximierenden Entscheidung des Konsumenten: Anstatt die höchste Indifferenzkurve bei einer bestimmen Budgetbeschränkung auszuwählen, wählt der Konsument die niedrigste Budgetgerade, die eine bestimmte Indifferenzkurve berührt.

unter der Nebenbedingung, dass

$$U(X,Y) = U^*$$

Die entsprechende Lagrangefunktion wird durch folgende Gleichung angegeben:

$$\Phi = P_X X + P_Y Y - \mu(U(X,Y) - U^*) \qquad \textbf{(A4.15)}$$

wobei μ der Lagrangesche Multiplikator ist. Wenn wir Φ nach X, Y und μ differenzieren und die Ableitungen gleich null setzen, erhalten wir die folgenden, für die Minimierung der Ausgaben notwendigen Bedingungen:

$$P_X - \mu GU_X(X,Y) = 0$$

$$P_Y - \mu GU_Y(X,Y) = 0$$

und

$$U(X,Y) = U^*$$

Durch Auflösen der ersten beiden Gleichungen stellen wir fest, dass

$$\mu = [P_X/GU_X(X,Y)] = [P_Y/GU_Y(X,Y)] = 1/\lambda$$

Da auch Folgendes gilt:

$$GU_X(X,Y)/GU_Y(X,Y) = GRS_{XY} = P_X/P_Y$$

muss die kostenminimierende Wahl von X und Y im Tangentialpunkt der Budgetgeraden und der Indifferenzkurve, mit der der Nutzen U^* erzielt wird, liegen. Da dies der gleiche Punkt ist, in dem in unserem ursprünglichen Problem der Nutzen maximiert wurde, ermitteln wir beim dualen Ausgabenminimierungsproblem die gleichen Nachfragefunktionen, die wir beim direkten Nutzenmaximierungsproblem erhalten.

Um zu untersuchen, wie der duale Ansatz funktioniert, betrachten wir erneut das Cobb-Douglas Beispiel. Die Berechnung ist etwas einfacher zu verstehen, wenn wir die exponentielle Form der Cobb-Douglas Nutzenfunktion, $U(X,Y) = X^a Y^{1-a}$, verwenden. In diesem Fall wird die Lagrangefunktion durch folgende Gleichung angegeben:

$$\Phi = P_X X + P_Y Y - \mu[X^a Y^{1-a} - U^*] \tag{A4.16}$$

Durch die Diffenzierung nach X, Y und μ und Gleichsetzen mit Null erhalten wir:

$$P_X = \mu a U^*/X$$

$$P_Y = \mu(1-a)U^*/Y$$

Durch Multiplikation der ersten Gleichung mit X und der zweiten Gleichung mit Y und Addition der beiden erhalten wir:

$$P_X X + P_Y Y = \mu U^*$$

Als Erstes lassen wir I gleich den Kosten minimierenden Ausgaben sein (wenn die Person nicht ihr gesamtes Einkommen zur Erzielung des Nutzenniveaus U^* aufwendet, wäre mit U^* der Nutzen im ursprünglichen Problem nicht maximiert worden). Dann folgt dass $\mu = I/U^*$. Durch Einsetzen in die obige Gleichung erhalten wir:

$$X = aI/P_X \text{ und } Y = (1-a)I/P_Y$$

Dabei handelt es sich um die gleichen Nachfragefunktionen, die wir bereits zuvor ermittelt hatten.

Einkommens- und Substitutionseffekte Die Nachfragefunktion gibt an, wie die nutzenmaximierenden Entscheidungen eines Individuums auf Änderungen sowohl des Einkommens als auch der Preise der Güter reagieren. Dabei ist es allerdings wichtig, den Teil der Preisveränderung, der eine *Bewegung entlang einer Indifferenzkurve* umfasst, von dem Teil zu unterscheiden, der einen *Wechsel zu einer anderen Indifferenzkurve* umfasst (und folglich eine Änderung der Kaufkraft beinhaltet). Um diese Unterscheidung vornehmen zu können, betrachten wir, was mit der Nachfrage nach Gut X geschieht, wenn sich der Preis von X ändert. Wie in Abschnitt 4.2 erläutert, kann die Änderung der Nachfrage in einen *Substitutionseffekt* (die Änderung der nachgefragten Menge bei festem Nutzenniveau) und einen *Einkommenseffekt* (die Änderung der nachgefragten Menge bei veränderlichem Nutzenniveau aber einem unveränderten relativen Preis von Gut X) unterteilt werden. Wir bezeichnen die sich aus einer Änderung des Preises für X um eine Einheit ergebende Änderung von X bei konstantem Nutzen als:

$$\partial X / \partial P_X |_{U=U^*}$$

> In § 4.2 werden die Auswirkungen einer Preisänderung in einen Einkommenseffekt und einen Substitutionseffekt unterteilt.

Folglich ist die aus einer Änderung von P_X um eine Einheit resultierende Änderung der nachgefragten Menge X:

$$dX/dP_X = \partial X/\partial P_X|_{U=U^*} + (\partial X/\partial I)(\partial I/\partial P_X) \qquad \text{(A4.17)}$$

Der erste Term auf der rechten Seite der Gleichung (A4.17) bezeichnet den Substitutionseffekt (da der Nutzen unverändert ist); der zweite Term bezeichnet den Einkommenseffekt (da das Einkommen steigt).

Aus der Budgetbeschränkung des Konsumenten, $I = P_X X + P_Y Y$, erkennen wir durch Differenzierung dass:

$$\partial I/\partial P_X = X \qquad \text{(A4.18)}$$

Nehmen wir für den Moment an, dass der Konsument die Güter X und Y besitzt. In diesem Fall würde aus der Gleichung (A4.18) hervorgehen, dass bei einem Anstieg des Preises von Gut X um €1 die Summe des Einkommens, das der Konsument durch den Verkauf des Gutes erzielen kann, um €X ansteigt. In unserer Theorie des Konsumenten besitzt dieser allerdings das Gut nicht. Infolgedessen würde aus der Gleichung (A4.18) hervorgehen, wie hoch das zusätzliche Einkommen des Konsumenten sein müsste, damit dieser nach der Preisänderung genauso gut gestellt wäre wie vorher. Aus diesem Grund wird der Einkommenseffekt normalerweise eher negativ (als Widerspiegelung des Rückgangs der Kaufkraft) als positiv geschrieben. Somit erscheint die Gleichung (A4.17) wie folgt:

$$dX/dP_X = \partial X/\partial P_X|_{U=U^*} - X(\partial X/\partial I) \qquad \text{(A4.19)}$$

In dieser neuen Form, die als **Slutsky-Gleichung** bezeichnet wird, stellt der erste Term den *Substitutionseffekt* dar: die bei Konstanthaltung des Nutzens erzielte Änderung der Nachfrage nach Gut X. Der zweite Term gibt den *Einkommenseffekt* an: die Änderung der Kaufkraft, die sich aus der Preisänderung mal der aus einer Änderung der Kaufkraft resultierenden Änderung der Nachfrage ergibt.

Eine alternative Methode zur Aufteilung einer Preisänderung in einen Substitutionseffekt und einen Einkommenseffekt, die normalerweise John Hicks zugeschrieben wird, beinhaltet keine Indifferenzkurven. In Abbildung A4.1 wählt der Konsument zu Beginn den Warenkorb *A* auf der Budgetgeraden *RS*. Nehmen wir an, dass, nachdem der Lebensmittelpreis zurückgegangen ist (und die Budgetgerade sich auf *RT* dreht), das Einkommen so weit reduziert wird, dass das Individuum nicht besser (aber auch nicht schlechter) gestellt ist als zuvor. Dazu zeichnen wir eine parallel zu *RT* verlaufende Budgetgerade. Verläuft die Budgetgerade durch *A*, wäre die Befriedigung des Konsumenten mindestens genauso hoch wie vor der Preisänderung: Er hat immer die Möglichkeit, den Warenkorb *A* zu kaufen, wenn er dies wünscht. Dem **Hicksschen Substitutionseffekt** zufolge, muss die Budgetgerade, mit der der Konsument genauso gut gestellt ist, eine Gerade wie *R'T'* sein, die parallel zur *RT* verläuft und *RS* im unterhalb und rechts von Punkt *A* gelegenen Punkt *B* schneidet.

> **Slutsky-Gleichung**
>
> Formel für die Aufteilung der Auswirkungen einer Preisänderung in einen Substitutions- und einen Einkommenseffekt.

> **Hicksscher Substitutionseffekt**
>
> Alternative zur Slutsky-Gleichung zur Aufteilung von Preisänderungen ohne die Verwendung von Indifferenzkurven.

4 Die individuelle Nachfrage und die Marktnachfrage

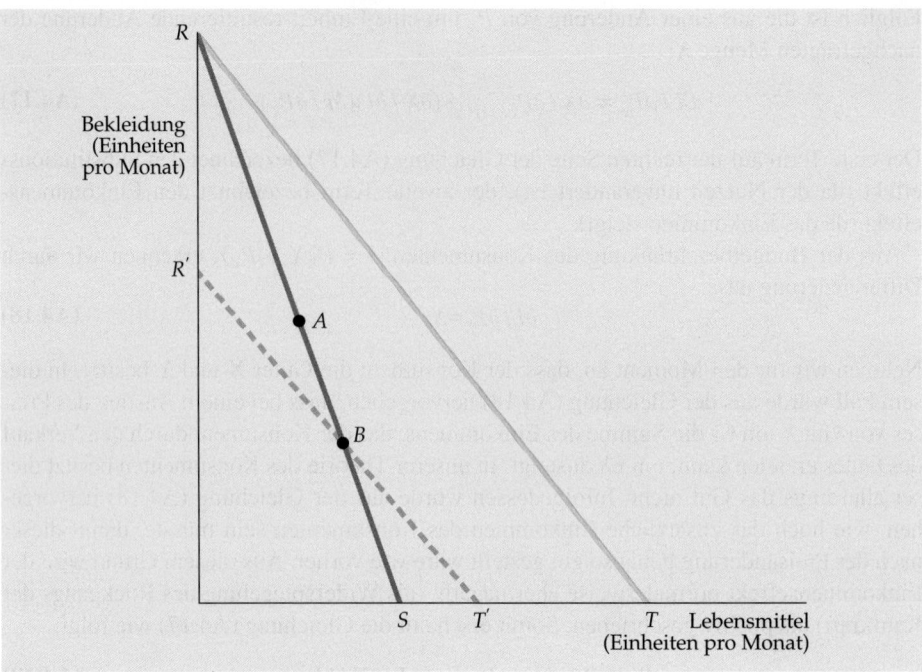

Abbildung A4.1: Der Hickssche Substitutionseffekt
Zu Beginn konsumiert die Person Warenkorb A. Durch einen Rückgang des Lebensmittelpreises verschiebt sich die Budgetgerade von RS nach RT. Wird das Einkommen der Person soweit reduziert, dass sie nicht besser gestellt wird als in A, müssen zwei Bedingungen erfüllt werden: Der neu gewählte Warenkorb muss auf der Strecke BT' der Budgetgeraden RT (die RS rechts von A schneidet) liegen, und die konsumierte Menge Lebensmittel muss größer sein als in A.

> In § 3.4 wird erklärt, wie durch die von den Konsumenten getroffene Konsumwahl Informationen über die Konsumentenpräferenzen offengelegt werden.
>
> In § 3.1 wird erklärt, dass eine Indifferenzkurve konvex ist, wenn die Grenzrate der Substitution abnimmt, wenn man sich entlang der Kurve nach unten bewegt.

Die offenbarte Präferenz besagt nun, dass der neu gewählte Warenkorb auf der Strecke BT' liegen muss. Warum ist dies der Fall? Weil es möglich gewesen wäre, jeden Warenkorb auf der Strecke $R'B$ zu wählen, dies aber bei der ursprünglichen Budgetgeraden RS nicht geschah. (Wir erinnern uns, dass der Konsument den Warenkorb A allen anderen möglichen Warenkörben vorgezogen hat.) Nun ist zu beachten, dass alle Punkte auf der Strecke BT' einen höheren Lebensmittelkonsum umfassen als Warenkorb A. Daraus folgt, dass die nachgefragte Menge an Lebensmitteln immer steigt, wenn der Lebensmittelpreis bei konstantem Nutzen zurückgeht. Dieser negative Substitutionseffekt trifft auf alle Preisänderungen zu und stützt sich nicht auf die in Abschnitt 3.1 (Seite 108) getroffene Annahme der Konvexität der Präferenzen.

Übungen

1. Welche der folgenden Nutzenfunktionen entsprechen konvexen Indifferenzkurven und welche nicht?
   a. $U(X,Y) = 2X + 5Y$
   b. $U(X,Y) = (XY)^{0,5}$
   c. $U(X,Y) = \text{Min}(X,Y)$ wobei Min das Minimum der beiden Werte von X und Y ist.

2. Zeigen Sie, dass die beiden unten angegebenen Nutzenfunktionen für die Güter X und Y identische Nachfragefunktionen erzeugen:
   a. $U(X,Y) = \log(X) + \log(Y)$
   b. $U(X,Y) = (XY)^{0,5}$

3. Nehmen Sie an, dass eine Nutzenfunktion wie in Übung 1(c) durch Min(X,Y) gegeben wird. Wie lautet die Slutsky-Gleichung mit Hilfe derer die Änderung der Nachfrage nach X als Reaktion auf eine Änderung des Preises von X aufgeteilt wird? Wie hoch ist der Einkommenseffekt? Wie hoch ist der Substitutionseffekt?

4. Sharon hat die folgende Nutzenfunktion:

$$U(X,Y) = \sqrt{X} + \sqrt{Y}$$

   wobei X ihr Konsum von Schokoriegeln mit einem Preis $P_X = €1$ und Y ihr Konsum von Espresso mit einem Preis $P_Y = €3$ ist.

   a. Leiten Sie Sharons Nachfrage nach Schokoriegeln und Espresso her.
   b. Nehmen Sie an, Sharons Einkommen beträgt $I = €100$. Wie viele Schokoriegel und wie viele Tassen Espresso wird Sharon konsumieren?
   c. Wie hoch ist der Grenznutzen des Einkommens?

5. Maurice hat die folgende Nutzenfunktion:

$$U(X,Y) = 20X + 80Y - X^2 - 2Y^2$$

   wobei X sein Konsum von CDs zu einem Preis von €1 und Y sein Konsum von Film-DVDs zu einem Mietpreis von €2 ist. Er will für beide Arten der Unterhaltung €41 ausgeben. Bestimmen Sie die Anzahl von CDs und die Anzahl gemieteter Videos, mit der Maurice seinen Nutzen maximiert.

Die Lösungen zu ausgewählten Übungen finden Sie im Anhang dieses Buches. Die kompletten Lösungen für die Übungen finden Dozenten im MyLab.

Unsicherheit und Verbraucherverhalten

5.1 Beschreibung des Risikos 225
  Beispiel 5.1: Die Prävention gegen Kriminalität 231
5.2 Präferenzen im Hinblick auf das Risiko 232
  Beispiel 5.2: Geschäftsführer und die Wahl des Risikos 237
5.3 Risikoabbau 238
  Beispiel 5.3: Der Wert einer Versicherung des
  Rechtsanspruchs auf eine Immobilie beim Kauf eines Hauses 242
  Beispiel 5.4: Der Wert von Informationen auf dem
  Internetmarkt für Verbraucherelektronik 244
  Beispiel 5.5: Ärzte, Patienten und der Wert von Informationen 245
*5.4 Die Nachfrage nach riskanten Anlagen 246
  Beispiel 5.6: Investitionen auf dem Aktienmarkt 255
5.5 Blasen 257
  Beispiel 5.7: Die Immobilienpreisblase (I) 258
  Beispiel 5.8: Die Immobilienpreisblase (II) 261
5.6 Verhaltensökonomie 262
  Beispiel 5.9: Hausverkäufe 266
  Beispiel 5.10: Taxifahrer in New York City 272

ÜBERBLICK

5

5 Unsicherheit und Verbraucherverhalten

Bisher sind wir von der Annahme ausgegangen, dass die Preise, die Einkommen sowie die anderen Variablen mit Sicherheit bekannt sind. Allerdings beinhalten viele der von Menschen getroffenen Entscheidungen ein beträchtliches Maß an Unsicherheit. So leihen zum Beispiel die meisten Menschen zur Finanzierung großer Käufe, wie z.B. eines Hauses oder einer Hochschulausbildung, Geld und planen, dieses aus ihrem zukünftigen Einkommen zurückzuzahlen. Allerdings ist das zukünftige Einkommen für die meisten von uns unsicher. Unsere Einkünfte können steigen oder fallen; wir können befördert oder zurückgestuft werden oder sogar unsere Arbeit verlieren. Und schieben wir den Kauf eines Hauses oder die Investition in eine Hochschulausbildung auf, riskieren wir Preissteigerungen, durch die solche Käufe weniger erschwinglich werden könnten. Wie sollten wir diese Unsicherheiten bei wichtigen Konsum- oder Investitionsentscheidungen berücksichtigen?

Manchmal muss man entscheiden, wie hoch das Risiko sein soll, das man eingeht. Was sollte man beispielsweise mit seinen Ersparnissen tun? Sollte man das Geld in etwas sicheres, wie beispielsweise ein Sparkonto, investieren oder sollte man etwas risikoreicheres aber auch Lukrativeres, wie z.B. den Aktienmarkt, wählen? Ein weiteres Beispiel dafür ist die Wahl des Berufs oder der Karriere. Ist es besser, für ein großes, krisenfestes Unternehmen zu arbeiten, das zwar Arbeitsplatzsicherheit aber nur geringe Chancen für eine Beförderung bietet, oder ist es besser, für ein neues Unternehmen zu arbeiten (oder ein solches zu gründen), das weniger Arbeitsplatzsicherheit aber bessere Chancen für eine Beförderung bietet?

Um derartige Fragen beantworten zu können, müssen wir untersuchen, welche Verfahren es gibt, um risikobehaftete Alternativen vergleichen und zwischen diesen auswählen zu können. Wir tun dies mit Hilfe der folgenden Schritte:

1 Um das Risiko alternativer Entscheidungen vergleichen zu können, müssen wir das Risiko quantifizieren. Deshalb beginnen wir dieses Kapitel mit einer Erörterung der Risikomaße.

2 Wir untersuchen die Präferenzen der Menschen im Hinblick auf das Risiko. Die meisten Menschen empfinden Risiken als nicht wünschenswert, aber manche Menschen finden sie noch weniger wünschenswert als andere.

3 Wir werden untersuchen, wie mitunter das Risiko reduziert oder eliminiert werden kann. Manchmal kann das Risiko durch Diversifizierung, durch den Kauf einer Versicherung oder durch eine Investition in zusätzliche Informationen reduziert werden.

4 In manchen Situationen müssen die Menschen entscheiden, wie hoch das von ihnen zu tragende Risiko sein soll. Ein gutes Beispiel dafür ist die Investition in Aktien oder in festverzinsliche Wertpapiere. Wir werden aufzeigen, dass solche Investitionen eine Abwägung zwischen dem erwarteten finanziellen Gewinn und dem Risiko dieses Gewinns erfordern.

5 Mitunter wird die Nachfrage nach einem Gut zum Teil oder vollständig durch Spekulation angetrieben: Die Menschen kaufen das Gut, weil sie davon ausgehen, dass sein Preis steigen wird.

Es wird aufgezeigt, dass dies zu einer Blase führen kann, wenn durch die Annahme, dass der Preis weiter steigen wird, zunehmend mehr Menschen dieses Gut kaufen und damit den Preis weiter in die Höhe treiben – bis die Blase schließlich platzt und der Preis abstürzt.

In einer Welt voller Unsicherheit kann das Verhalten des Einzelnen mitunter unberechenbar, ja sogar irrational und den grundlegenden Annahmen der Verbrauchertheorie zu widersprechen scheinen. Im letzten Teil dieses Kapitels wird ein Überblick über das sich entwickelnde Gebiet der Verhaltensökonomie gegeben, das durch die Einführung wichtiger Konzepte aus der Psychologie das Fachgebiet der Mikroökonomie erweitert und bereichert hat.

5.1 Beschreibung des Risikos

Zur quantitativen Beschreibung des Risikos beginnen wir mit der Auflistung aller möglichen Ergebnisse einer bestimmten Handlung oder eines bestimmten Ereignisses sowie der Wahrscheinlichkeit, mit der jedes dieser Ergebnisse eintritt.[1] Nehmen wir zum Beispiel an, Sie erwägen in ein Unternehmen zu investieren, das vor der Küste nach Öl bohrt. Wenn der Bohrversuch erfolgreich ist, wird der Wert der Aktie des Unternehmens von €30 auf €40 pro Aktie steigen. Ist er nicht erfolgreich, wird der Preis der Aktie auf €20 fallen. Folglich gibt es zwei mögliche Ergebnisse: einen Aktienpreis von €40 pro Aktie und einen Preis von €20 pro Aktie.

5.1.1 Die Wahrscheinlichkeit

Die **Wahrscheinlichkeit** bezeichnet die Möglichkeit, dass ein bestimmtes Ergebnis eintreten wird. In unserem Beispiel könnte die Wahrscheinlichkeit, dass das Ölbohrprojekt erfolgreich ist bei 1/4 liegen; die Wahrscheinlichkeit, dass es erfolglos bleibt, könnte bei 3/4 liegen. (Dabei ist zu beachten, dass die Wahrscheinlichkeiten aller möglichen Ereignisse eins ergeben müssen.)

Die Interpretation der Wahrscheinlichkeit kann von der Art des unsicheren Ereignisses, den Meinungen der beteiligten Personen oder von beidem abhängen. Eine *objektive* Interpretation der Wahrscheinlichkeit stützt sich auf die Häufigkeit, mit der bestimmte Ereignisse einzutreten tendieren. Nehmen wir an, wir wissen, dass von den letzten 100 Offshore-Bohrungen nach Öl 25 erfolgreich und 75 nicht erfolgreich waren. In diesem Fall ist die Erfolgswahrscheinlichkeit von 1/4 objektiv, da sie sich direkt auf die Häufigkeit ähnlicher Erfahrungen stützt.

Was geschieht aber, wenn es keine ähnlichen Erfahrungen aus der Vergangenheit gibt, die bei der Messung der Wahrscheinlichkeit hilfreich sein können? In solchen Fällen kann das objektive Maß der Wahrscheinlichkeit nicht abgeleitet werden, und es werden subjektivere Maßstäbe benötigt. Die *subjektive Wahrscheinlichkeit* ist die Einschätzung, dass ein bestimmtes Ereignis eintreten wird. Diese Einschätzung kann auf dem Urteil oder der Erfahrung einer Person beruhen, aber nicht notwendigerweise auf der Häufigkeit mit der ein bestimmtes Ergebnis tatsächlich in der Vergangenheit eingetreten ist. Bei der subjekti-

> **Wahrscheinlichkeit**
>
> Die Wahrscheinlichkeit des Eintretens eines bestimmten Ergebnisses.

---

[1] Manchmal wird zwischen Unsicherheit und Risiko in Übereinstimmung mit der vor ca. 60 Jahren von Frank Knight, einem Wirtschaftswissenschaftler, vorgeschlagenen Unterscheidung differenziert. *Unsicherheit* kann sich auf Situationen beziehen, in denen viele Ergebnisse möglich sind, aber deren Wahrscheinlichkeit nicht bekannt ist. *Risiko* wiederum bezieht sich auf Situationen, in denen alle möglichen Ergebnisse aufgeführt werden können und die Wahrscheinlichkeit des Eintretens aller Ergebnisse bekannt ist. In diesem Kapitel beziehen wir uns stets auf risikobehaftete Situationen, vereinfachen aber die Erörterung, indem *Unsicherheit* und *Risiko* als austauschbare Begriffe verwendet werden.

ven Bestimmung von Wahrscheinlichkeiten können verschiedene Personen verschiedenen Ergebnissen auch verschiedene Wahrscheinlichkeiten zuordnen und damit verschiedene Entscheidungen treffen. Wenn beispielsweise die Suche nach Öl in einem Gebiet stattfinden sollte, in dem noch niemals vorher nach Öl gesucht worden ist, könnten wir der Möglichkeit, dass das Projekt erfolgreich ist, eine höhere subjektive Wahrscheinlichkeit zuordnen als der Leser: Vielleicht wissen wir mehr über das Projekt oder verfügen über bessere Kenntnisse des Ölgeschäfts und können folglich die uns gemeinsam zur Verfügung stehenden Informationen besser nutzen. Die subjektiven Wahrscheinlichkeiten können sich entweder aufgrund unterschiedlicher Informationen oder aufgrund unterschiedlicher Fähigkeiten zur Verarbeitung dieser Informationen zwischen den Individuen unterscheiden.

Unabhängig davon wie die Wahrscheinlichkeit interpretiert wird, wird sie zur Berechnung von zwei wichtigen Maßen verwendet, die zur Beschreibung und zum Vergleich risikobehafteter Entscheidungen beitragen. Ein Maß gibt den *erwarteten Wert* und das andere die *Variabilität* der möglichen Ergebnisse an.

5.1.2 Der Erwartungswert

Der mit einer unsicheren Situation verbundene **Erwartungswert** ist ein gewichteter Durchschnitt der **Auszahlungen** oder aus allen möglichen Ergebnissen resultierenden Werte. Dabei werden die Wahrscheinlichkeiten jedes Ergebnisses als Gewichte verwendet. Folglich misst der Erwartungswert die *mittlere Tendenz* – das heißt, die durchschnittlich zu erwartende Auszahlung oder den durchschnittlich zu erwartenden Wert.

So gibt es in unserem Beispiel der Off-shore-Bohrung nach Öl zwei mögliche Ergebnisse: Bei Erfolg ergibt sich eine Auszahlung in Höhe von €40 pro Aktie, im Falle eines Fehlschlags in Höhe von €20 pro Aktie. Wenn wir die „Wahrscheinlichkeit von" als Pr bezeichnen, können wir in diesem Fall den Erwartungswert wie folgt ausdrücken:

$$\text{Erwartungswert} = Pr\,(\text{Erfolg})(€40/\text{Aktie}) + Pr\,(\text{Fehlschlag})(€20/\text{Aktie})$$
$$= (1/4)\,(€40/\text{Aktie}) + (3/4)(€20/\text{Aktie}) = €25/\text{Aktie}$$

Allgemeiner ausgedrückt lautet der Erwartungswert bei zwei möglichen Ergebnissen mit den Auszahlungen X_1 und X_2, wenn die Wahrscheinlichkeiten jedes Ergebnisses durch Pr_1 und Pr_2 gegeben werden, wie folgt:

$$E(X) = Pr_1 X_1 + Pr_2 X_2$$

Gibt es n mögliche Ergebnisse, lautet der Erwartungswert:

$$E(X) = Pr_1 X_1 + Pr_2 X_2 + \ldots + Pr_n X_n$$

5.1.3 Die Variabilität

Die **Variabilität** ist das Ausmaß, um das sich die möglichen Ergebnisse einer unsicheren Situation unterscheiden. Um zu illustrieren, warum die Variabilität wichtig ist, nehmen wir an, dass wir uns zwischen zwei Teilzeitanstellungen im Verkaufsbereich mit dem gleichen erwarteten Einkommen (€1.500) entscheiden müssen. Die erste Anstellung beruht vollständig auf Provisionszahlungen – das verdiente Einkommen hängt davon ab, wie viel verkauft wird. Für diese Anstellung gibt es zwei gleich wahrscheinliche Auszah-

---

Erwartungswert

Mit den Eintrittswahrscheinlichkeiten gewichteter Durchschnitt aller möglichen Ergebniswerte.

Auszahlung

Mit einem möglichen Ergebnis verbundener Wert.

Variabilität

Ausmaß, um das sich die möglichen Ergebnisse eines unsicheren Ereignisses unterscheiden.

lungen: €2.000 für erfolgreiche Verkaufsbemühungen und €1.000 für weniger erfolgreiche Verkaufsbemühungen. Die zweite Anstellung wird mit einem festen Gehalt vergütet. Es ist sehr wahrscheinlich (0,99 Wahrscheinlichkeit), dass der Verdienst €1.510 beträgt, aber mit einer Wahrscheinlichkeit von 0,01 gibt das Unternehmen das Geschäft auf; in diesem Fall würde man bei einer Entlassung eine Abfindungszahlung in Höhe von €510 erhalten. In Tabelle 5.1 werden diese möglichen Ergebnisse, deren Auszahlungen und Wahrscheinlichkeiten zusammengefasst.

Tabelle 5.1

Das Einkommen aus Anstellungen im Verkaufsbereich

	Ergebnis 1		Ergebnis 2		Erwartetes Einkommen (€)
	Wahrscheinlichkeit	Einkommen (€)	Wahrscheinlichkeit	Einkommen (€)	
Anstellung 1: Provisionsbasis	0,5	2.000	0,5	1.000	1.500
Anstellung 2: festes Gehalt	0,99	1.510	0,01	510	1.500

Dabei ist zu erkennen, dass diese beiden Anstellungen das gleiche erwartete Einkommen aufweisen. Bei Anstellung 1 beträgt das erwartete Einkommen 0,5(€2.000) + 0,5(€1.000) = €1.500; bei Anstellung 2 beträgt es 0,99(€1.510) + 0,01(€510) = €1.500. Allerdings unterscheidet sich die *Variabilität* der möglichen Auszahlungen. Mit der Variabilität wird gemessen, dass große Differenzen zwischen den tatsächlichen und den erwarteten Auszahlungen (unabhängig davon, ob diese positiv oder negativ sind) ein größeres Risiko angeben. Diese Differenzen werden als **Abweichungen** bezeichnet. In Tabelle 5.2 werden die Abweichungen des möglichen Einkommens vom erwarteten Einkommen für beide Anstellungen dargestellt.

Abweichung

Die Differenz zwischen der erwarteten und der tatsächlichen Auszahlung.

Tabelle 5.2

Abweichungen vom erwarteten Einkommen

	Ergebnis 1	Abweichung	Ergebnis 2	Abweichung
Anstellung 1	2.000	500	1.000	–500
Anstellung 2	1.510	10	510	–990

5 Unsicherheit und Verbraucherverhalten

Standardabweichung

Quadratwurzel des Durchschnitts der quadrierten Abweichungen der mit jedem Ergebnis verbundenen Auszahlungen vom Erwartungswert.

Für sich betrachtet stellen die Abweichungen noch kein Maß der Variabilität dar. Warum ist dies so? Weil sie manchmal positiv und manchmal negativ sind, und, wie aus Tabelle 5.2 ersichtlich ist, die durchschnittliche Abweichung stets 0 beträgt.[2] Um dieses Problem zu umgehen, wird jede Abweichung quadriert, wodurch stets eine positive Zahl erzielt wird. Danach wird die Variabilität durch die Berechnung der **Standardabweichung** berechnet: die Quadratwurzel des Durchschnitts der *Quadrate* der Abweichungen der mit jedem Ergebnis verbundenen Auszahlungen vom Erwartungswert.[3]

In Tabelle 5.3 wird die Berechnung der Standardabweichung für unser Beispiel dargestellt. Dabei ist zu beachten, dass der Durchschnitt der quadrierten Abweichungen bei Anstellung 1 durch

$$0{,}5(€250.000) + 0{,}5(€250.000) = €250.000$$

gegeben ist. Folglich ist die Standardabweichung gleich der Quadratwurzel von €250.000 bzw. gleich €500. Desgleichen wird der Durchschnitt der quadrierten Abweichungen bei Anstellung 2 durch

$$0{,}99(€100) + 0{,}01(€980.100) = €9.900$$

gegeben. Die Standardabweichung ist somit die Quadratwurzel von €9.900 oder €99,50. Folglich ist die zweite Anstellung wesentlich weniger risikobehaftet als die erste, da die Standardabweichung des Einkommens viel niedriger ist.[4]

Tabelle 5.3

Die Berechnung der Varianz (€)

	Ergebnis 1	Quadrierte Abweichung	Ergebnis 2	Quadrierte Abweichung	Durchschnittliche quadrierte Abweichung	Standardabweichung
Anstellung 1	2.000	250.000	1.000	250.000	250.000	500
Anstellung 2	1.510	100	510	980.100	9.900	99,50

Das Konzept der Standardabweichung trifft genauso gut zu, wenn es anstelle von zwei viele Ergebnisse gibt. Nehmen wir beispielsweise an, durch die erste Anstellung wird ein Einkommen zwischen €1.000 und €2.000 mit Zuwächsen von €100 erzielt, die alle gleich wahrscheinlich sind. Mit der zweiten Anstellung werden Einkommen zwischen €1.300 und €1.700 (wiederum mit Zuwächsen von je €100) erzielt, die ebenfalls alle gleich wahrscheinlich sind. In Abbildung 5.1 werden die Alternativen grafisch dargestellt. (Hätte es nur zwei gleich wahrscheinliche Ergebnisse gegeben, wäre die Darstellung in Form zweier vertikaler Linien mit einer Höhe von jeweils 0,5 gezeichnet worden.)

---

2 Bei Anstellung 1 ist die durchschnittliche Abweichung $0{,}5(€500) + 0{,}5(-€500) = 0$; bei Anstellung 2 beträgt sie $0{,}99(€10) + 0{,}01(-€990) = 0$.

3 Ein weiteres Maß der Variabilität, die *Varianz*, bildet das Quadrat der Standardabweichung.

4 Im allgemeinen wird, wenn es zwei Ergebnisse mit den Auszahlungen X_1 und X_2 gibt, die mit der Wahrscheinlichkeit P_1 und P_2 eintreten, und wenn $E(X)$ der Erwartungswert der Ergebnisse ist, die Standardabweichung durch σ gegeben, wobei gilt: $\sigma^2 = Pr_1[(X_1 - E(X))^2] + Pr_2[(X_2 - E(X))^2]$.

Aus Abbildung 5.1 ist zu erkennen, dass die erste Anstellung risikoreicher ist als die zweite. Die „Streuung" möglicher Ergebnisse ist bei der ersten Anstellung viel größer als bei der zweiten. Infolgedessen ist die Standardabweichung der Auszahlungen bei der ersten Anstellung größer als bei der zweiten.

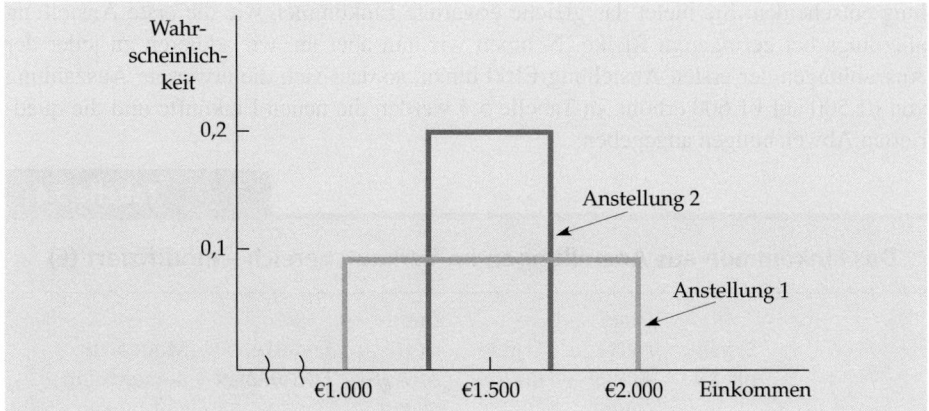

Abbildung 5.1: Die Ergebniswahrscheinlichkeiten von zwei Anstellungen
Die Verteilung der mit Anstellung 1 verbundenen Auszahlungen weist eine größere Streuung und eine größere Standardabweichung auf als die Verteilung der mit der Anstellung 2 verbundenen Auszahlungen. Beide Verteilungen verlaufen flach, da alle Ergebnisse gleich wahrscheinlich sind.

In diesem speziellen Beispiel sind alle Auszahlungen gleich wahrscheinlich. Folglich verlaufen die Wahrscheinlichkeitskurven für jede der beiden Anstellungen flach. In vielen Fällen sind allerdings manche Auszahlungen wahrscheinlicher als andere. In Abbildung 5.2 wird eine Situation dargestellt, in der die extremsten Auszahlungen die unwahrscheinlichsten sind. Auch hier hat das mit Anstellung 1 erzielte Gehalt eine größere Standardabweichung. Von nun an verwenden wir die Standardabweichung der Erlöse zur Messung des Risikos.

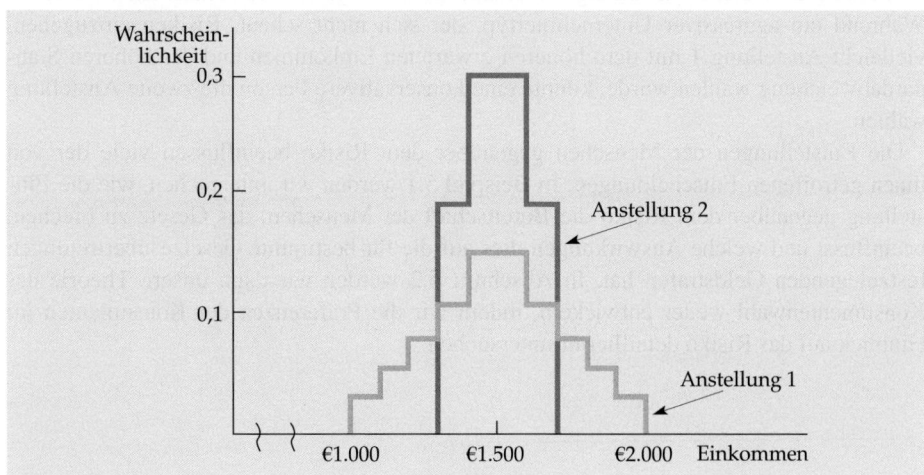

Abbildung 5.2: Ergebnisse mit unterschiedlicher Wahrscheinlichkeit
Die Verteilung der mit der Anstellung 1 verbundenen Auszahlungen hat eine größere Streuung und eine größere Standardabweichung als die Verteilung der mit Anstellung 2 verbundenen Auszahlungen. Beide Verteilungen haben einen Höhepunkt, da die extremen Erlöse weniger wahrscheinlich sind als die Erlöse im mittleren Bereich der Verteilung.

5.1.4 Die Entscheidung

Nehmen Sie an, Sie entscheiden sich zwischen den beiden in unserem ursprünglichen Beispiel beschriebenen Anstellungen im Verkaufsbereich. Welche Stelle würden Sie annehmen? Gehen Sie nicht gern ein Risiko ein, werden Sie sich für die zweite Anstellung entscheiden: Sie bietet das gleiche erwartete Einkommen wie die erste Anstellung allerdings bei geringerem Risiko. Nehmen wir nun aber an, wir addieren zu jeder der Auszahlungen der ersten Anstellung €100 hinzu, so dass sich die erwartete Auszahlung von €1.500 auf €1.600 erhöht. In Tabelle 5.4 werden die neuen Einkünfte und die quadrierten Abweichungen angegeben.

Tabelle 5.4

Das Einkommen aus Anstellungen im Verkaufsbereich – modifiziert (€)

	Ergebnis 1	Quadrierte Abweichung	Ergebnis 2	Quadrierte Abweichung	Erwartetes Einkommen	Standardabweichung
Anstellung 1	2.100	250.000	1.100	250.000	1.600	500
Anstellung 2	1.510	100	510	980.100	1.500	99,50

Nun können die beiden Anstellungen wie folgt beschrieben werden:

Anstellung 1: erwartetes Einkommen = €1.600 Standardabweichung = €500
Anstellung 2: erwartetes Einkommen = €1.500 Standardabweichung = €99,50

Die Anstellung 1 bietet ein höheres erwartetes Einkommen, ist aber viel risikoreicher als Anstellung 2. Welche Anstellung bevorzugt wird, hängt von der einzelnen Person ab. Während ein aggressiver Unternehmertyp, der sich nicht scheut, Risiken einzugehen, vielleicht Anstellung 1 mit dem höheren erwarteten Einkommen und der höheren Standardabweichung wählen würde, könnte eine konservativere Person die zweite Anstellung wählen.

Die Einstellungen der Menschen gegenüber dem Risiko beeinflussen viele der von ihnen getroffenen Entscheidungen. In Beispiel 5.1 werden wir untersuchen, wie die Einstellung gegenüber dem Risiko die Bereitschaft der Menschen, das Gesetz zu brechen, beeinflusst und welche Auswirkungen dies auf die für bestimmte Gesetzesübertretungen festzulegenden Geldstrafen hat. In Abschnitt 5.2 werden wir dann unsere Theorie der Konsumentenwahl weiter entwickeln, indem wir die Präferenzen der Konsumenten im Hinblick auf das Risiko detaillierter untersuchen.

Beispiel 5.1: Die Prävention gegen Kriminalität

Bei bestimmten Arten von Vergehen, wie z.B. Geschwindigkeitsübertretungen, Parken in zweiter Reihe, Steuerhinterziehung und Luftverschmutzung können Geldstrafen besser zur Abschreckung eingesetzt werden als Gefängnisstrafen.[5] Eine Person, die sich entscheidet, das Gesetz durch ein solches Vergehen zu brechen, verfügt über ausreichend Informationen, und es kann mit einiger Sicherheit angenommen werden, dass diese Person sich rational verhält.

Bei ansonsten gleichen Voraussetzungen wird ein potenzieller Straftäter umso mehr von der Begehung der Straftat abgehalten, je höher die Geldbuße ist. Wenn beispielsweise die Überführung von Straftätern nichts kosten würde und der Gesellschaft durch die Straftat berechenbare Kosten in Höhe von €1.000 entstünden, könnten wir uns entscheiden, alle Personen, die den Gesetzen zuwiderhandeln, zu überführen und über jeden eine Geldstrafe in Höhe von €1.000 zu verhängen. Durch ein solches Vorgehen würden diejenigen Personen, deren Vorteil aus der Gesetzesübertretung geringer ist als die Geldstrafe in Höhe von €1.000, von der Begehung der Straftat abgehalten.

Allerdings ist die Überführung von Straftätern in der Praxis sehr teuer. Deshalb werden durch die Erhebung vergleichsweise hoher Geldstrafen (deren Eintreibung nicht teurer ist als die von niedrigen Geldstrafen) Verwaltungskosten gespart, während die Ressourcen so aufgeteilt werden, dass nur ein Bruchteil der Straftäter wirklich ergriffen wird. Folglich muss die Höhe der Strafgebühr, die zur Abschreckung von kriminellem Verhalten verhängt werden muss, von der Einstellung potenzieller Straftäter gegenüber dem Risiko abhängen.

Nehmen wir an, eine Stadt möchte verhindern, dass in zweiter Reihe geparkt wird. Durch das Parken in zweiter Reihe spart ein typischer Bewohner der Stadt €5 gerechnet in seiner eigenen Zeit, die er für angenehmere Aktivitäten als die Suche nach einem Parkplatz verwenden kann. Für den Fall, dass es keine Kosten verursachen würde, einen Falschparker zu ertappen, sollte jedes Mal, wenn dieser in zweiter Reihe parkt, eine Geldstrafe von knapp über €5 – z.B. €6 – erhoben werden. Durch dieses Verfahren wird sichergestellt, dass der Nettovorteil (der Vorteil von €5 minus der Geldstrafe von €6) kleiner als null ist. Deshalb wird sich der potenzielle Falschparker entscheiden, das Gesetz zu befolgen. Tatsächlich würden alle potenziellen Falschparker, deren Vorteil kleiner oder gleich €5 wäre, abgeschreckt werden, während die wenigen, deren Vorteil größer als €5 wäre (beispielsweise bei einer Person, die aufgrund eines Notfalls in zweiter Reihe parkt), trotzdem das Gesetz brechen würden.

In der Praxis ist es aber zu teuer alle Straftäter zu ergreifen. Glücklicherweise ist dies auch nicht notwendig. Der gleiche Abschreckungseffekt kann durch das Erheben einer Geldstrafe in Höhe von €50 und das Ergreifen nur jedes zehnten Straftäters (oder vielleicht durch eine Geldstrafe in Höhe von €500 mit einer Chance von eins zu hundert, ertappt zu werden) erreicht werden. ▶

---

5 Die Erörterung baut indirekt auf Gary S. Becker, „Crime and Punishment: An Economic Approach", *Journal of Political Economy* (März/April 1968): 169–217 auf. Siehe auch Mitchell Polinsky und Steven Shavell, „The Optimal Tradeoff Between the Probability and the Magnitude of Fines", *American Economic Review* 69 (Dezember 1979): 880–891.

In jedem Fall beträgt die erwartete Strafe €5, d.h. [€50][0,1] oder [€500][0,01]. Ein Verfahren, das eine hohe Geldstrafe mit einer geringen Wahrscheinlichkeit der Ergreifung verbindet, wird wahrscheinlich die Kosten der Durchsetzung der Gesetze reduzieren. Dieser Ansatz ist besonders wirkungsvoll, wenn die Fahrer ungern Risiken eingehen. In unserem Beispiel könnte eine Geldstrafe von €50 mit einer Wahrscheinlichkeit der Überführung von 0,1 Prozent dazu führen, dass die meisten Menschen davon abgeschreckt werden, das Gesetz zu übertreten. Im nächsten Abschnitt werden die Einstellungen gegenüber dem Risiko untersucht.

Die digitale Piraterie bildet eine neue Art von Kriminalität, die mittlerweile zu einem schwerwiegenden Problem für die Musik- und Filmproduzenten geworden ist. Hier ist eine Überführung der Täter besonders schwierig und Geldbußen werden nur selten auferlegt. Allerdings sind die Geldbußen, die erhoben werden, häufig besonders hoch. Im Jahr 2009 wurde einer Frau für das illegale Herunterladen von 24 Songs eine Geldbuße von $1,9 Millionen auferlegt. Dies entspricht einem Betrag von $80.000 pro Lied.

5.2   Präferenzen im Hinblick auf das Risiko

> In § 3.1 wird erklärt, dass eine Nutzenfunktion jedem möglichen Warenkorb ein Nutzenniveau zuordnet.

Wir haben das Beispiel mit den Anstellungen verwendet, um aufzuzeigen, wie die Menschen risikobehaftete Ergebnisse bewerten, aber diese Prinzipien treffen genauso auf andere Entscheidungen zu. In diesem Abschnitt konzentrieren wir uns auf die Konsumentenentscheidungen im Allgemeinen und auf den *Nutzen*, den die Konsumenten aus der Auswahl unter risikobehafteten Alternativen ziehen. Um die Darstellung zu vereinfachen, betrachten wir den Nutzen, den ein Konsument aus seinem Einkommen – oder, noch angemessener ausgedrückt, aus dem Warenkorb, den er mit diesem Einkommen kaufen kann – zieht. Folglich messen wir nun die Auszahlungen in Nutzen und nicht mehr in Euro.

> In § 3.2 wird der Grenznutzen als die aus dem Konsum einer zusätzlichen Menge eines Gutes resultierende zusätzliche Befriedigung beschrieben.

In Abbildung 5.3(a) wird dargestellt, wie die Präferenzen einer Frau im Hinblick auf das Risiko beschrieben werden können. Die Kurve 0E, die ihre Nutzenfunktion angibt, zeigt das Nutzenniveau (auf der vertikalen Achse), das sie mit ihrem Einkommensniveau (gemessen in Tausend Euro auf der horizontalen Achse) erreichen kann. Bei Einkommenssteigerungen von €10.000 auf €20.000 und €30.000 erhöht sich das Nutzenniveau von 10 auf 16 und 18. Dabei ist allerdings zu beachten, dass *der Grenznutzen* abnimmt und dabei von 10 bei der Einkommenssteigerung von 0 auf €10.000 auf 6 bei der Einkommenssteigerung von €10.000 auf €20.000 und auf 2 bei der Einkommenssteigerung von €20.000 auf €30.000 fällt.

Nehmen wir nun an, die Konsumentin in unserem Beispiel hat ein Einkommen von €15.000 und erwägt, eine neue aber risikobehaftete Anstellung im Verkaufsbereich anzunehmen, durch die ihr Einkommen entweder auf €30.000 verdoppelt wird oder auf €10.000 fällt. Jede dieser Möglichkeiten hat eine Wahrscheinlichkeit von 0,5. Wie in Abbildung 5.3(a) dargestellt, beträgt der mit einem Einkommensniveau von €10.000 verbundene Nutzen 10 (im Punkt *A*) und der mit einem Einkommensniveau von €30.000 verbundene Nutzen 18 (in *E*). Die risikoreiche Anstellung muss mit der gegenwärtigen Anstellung mit einem Gehalt von €15.000, bei der der Nutzen bei 13 liegt (in *B*), verglichen werden. Um die neue Anstellung zu bewerten, kann die Konsumentin den Erwartungswert des daraus resultierenden Einkommens berechnen.

5.2 Präferenzen im Hinblick auf das Risiko

Da wir in diesem Fall den Wert ausgedrückt als Nutzen der Frau messen, müssen wir den **erwarteten Nutzen** $E(u)$ berechnen, den sie erzielen kann. Der erwartete Nutzen ist die *Summe der mit allen möglichen Ergebnissen verbundene Nutzen gewichtet mit der Wahrscheinlichkeit des Eintretens jedes Ergebnisses*. In diesem Fall lautet der erwartete Nutzen:

$$E(u) = (1/2)u(€10.000) + (1/2)u(€30.000) = 0{,}5(10) + 0{,}5(18) = 14$$

Folglich wird die neue, risikoreiche Anstellung gegenüber der ursprünglichen Anstellung bevorzugt, da der erwartete Nutzen von 14 größer ist als der ursprüngliche Nutzen von 13. Die alte Anstellung beinhaltete kein Risiko – sie garantierte ein Einkommen von €15.000 und ein Nutzenniveau von 13. Die neue Anstellung ist risikoreich, bietet aber sowohl ein höheres erwartetes Einkommen (€20.000) als auch, was wichtiger ist, einen höheren erwarteten Nutzen. Will die Frau in unserem Beispiel ihren erwarteten Nutzen erhöhen, wird sie die risikoreiche Anstellung annehmen.

> **Erwarteter Nutzen**
>
> Die Summe der mit allen möglichen Ergebnissen verbundenen Nutzen gewichtet mit der Wahrscheinlichkeit des Eintretens jedes Ergebnisses.

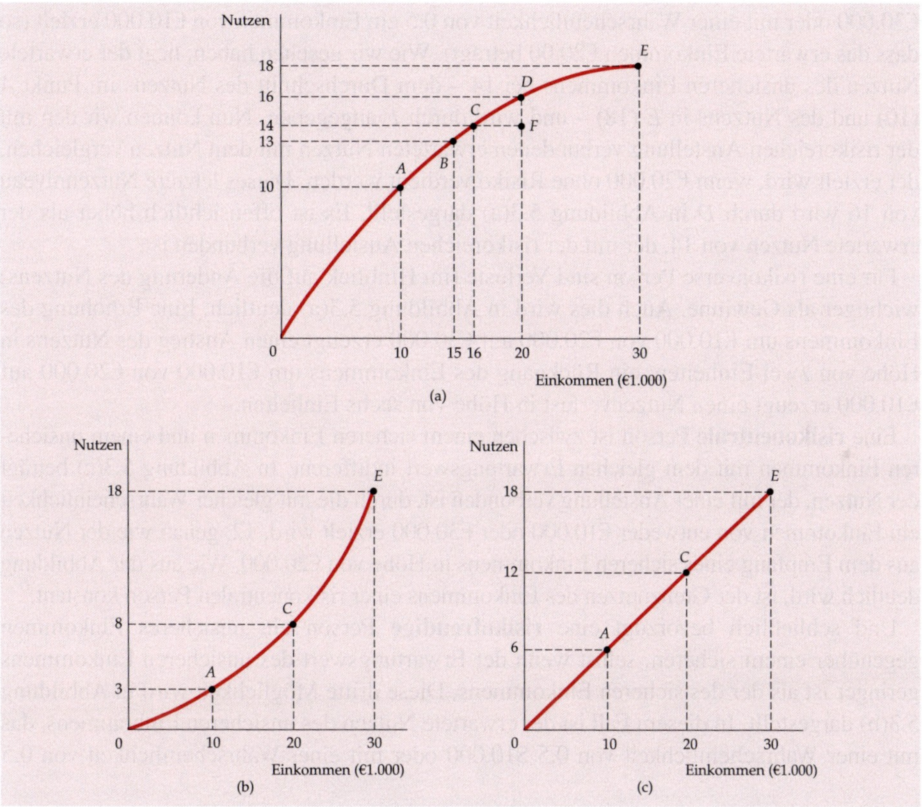

Abbildung 5.3: Risikoavers, risikofreudig und risikoneutral

Die Menschen unterscheiden sich in ihren Präferenzen im Hinblick auf das Risiko. In Abbildung **(a)** nimmt der Grenznutzen einer Konsumentin ab, während sich ihr Einkommen erhöht. Die Konsumentin ist risikoavers, da sie ein sicheres Einkommen von €20.000 (mit einem Nutzen von 16) gegenüber einem Glücksspiel mit einem Einkommen von €10.000 mit Wahrscheinlichkeit 0,5 und einem Einkommen von €30.000 mit Wahrscheinlichkeit 0,5 (und einem erwarteten Nutzen von 14) vorzieht. Die Konsumentin in Abbildung **(b)** ist risikofreudig: Sie würde das gleiche Glücksspiel (mit einem erwarteten Nutzen von 10,5) dem sicheren Einkommen (mit einem Nutzen von 8) vorziehen. Die Konsumentin in Abbildung **(c)** schließlich ist risikoneutral und indifferent zwischen sicheren und unsicheren Ereignissen mit gleichem erwarteten Einkommen.

5.2.1 Unterschiedliche Präferenzen im Hinblick auf das Risiko

Risikoavers

Präferenz für ein sicheres Einkommen gegenüber einem risikobehafteten Einkommen mit dem gleichen Erwartungswert.

Die Menschen unterscheiden sich in ihrer Bereitschaft, ein Risiko einzugehen. Manche Menschen sind risikoavers, manche sind risikofreudig und manche sind risikoneutral. Eine **risikoaverse** Person zieht ein sicheres Einkommen einem risikobehafteten Einkommen mit dem gleichen Erwartungswert vor. (Eine solche Person weist einen abnehmenden Grenznutzen des Einkommens auf.) Die Risikoaversion ist die häufigste Einstellung im Hinblick auf das Risiko. Wir können die Tatsache, dass die meisten Menschen meistens risikoavers sind, daran erkennen, dass die meisten Menschen nicht nur eine Lebensversicherung, eine Krankenversicherung und eine Kfz-Versicherung abschließen, sondern auch Berufe mit relativ stabilem Verdienst wählen.

Abbildung 5.3(a) bezieht sich auf eine Frau, die risikoavers ist. Nehmen wir an, dass sie entweder ein sicheres Einkommen in Höhe von €20.000 erzielen oder eine Anstellung wählen kann, bei der sie mit einer Wahrscheinlichkeit von 0,5 ein Einkommen von €30.000 oder mit einer Wahrscheinlichkeit von 0,5 ein Einkommen von €10.000 erzielt (so dass das erwartete Einkommen €20.00 beträgt). Wie wir gesehen haben, liegt der erwartete Nutzen des unsicheren Einkommens bei 14 – dem Durchschnitt des Nutzens im Punkt A (10) und des Nutzens in E (18) – und wird durch F angegeben. Nun können wir den mit der risikoreichen Anstellung verbundenen erwarteten Nutzen mit dem Nutzen vergleichen, der erzielt wird, wenn €20.000 ohne Risiko verdient werden. Dieses letztere Nutzenniveau von 16 wird durch D in Abbildung 5.3(a) dargestellt. Es ist offensichtlich höher als der erwartete Nutzen von 14, der mit der risikoreichen Anstellung verbunden ist.

Für eine risikoaverse Person sind Verluste (im Hinblick auf die Änderung des Nutzens) wichtiger als Gewinne. Auch dies wird in Abbildung 5.3(a) deutlich. Eine Erhöhung des Einkommens um €10.000 von €20.000 auf €30.000 erzeugt einen Anstieg des Nutzens in Höhe von zwei Einheiten; ein Rückgang des Einkommens um €10.000 von €20.000 auf €10.000 erzeugt einen Nutzenverlust in Höhe von sechs Einheiten.

Risikoneutral

Indifferenz zwischen einem sicheren und einem unsicheren Einkommen mit dem gleichen Erwartungswert.

Eine **risikoneutrale** Person ist zwischen einem sicheren Einkommen und einem unsicheren Einkommen mit dem gleichen Erwartungswert indifferent. In Abbildung 5.3(c) beträgt der Nutzen, der mit einer Anstellung verbunden ist, durch die mit gleicher Wahrscheinlichkeit ein Einkommen von entweder €10.000 oder €30.000 erzielt wird, 12, genau wie der Nutzen aus dem Empfang eines sicheren Einkommens in Höhe von €20.000. Wie aus der Abbildung deutlich wird, ist der Grenznutzen des Einkommens einer risikoneutralen Person konstant.[6]

Risikofreudig

Präferenz für ein risikoreiches Einkommen gegenüber einem sicheren Einkommen mit dem gleichen Erwartungswert.

Und schließlich bevorzugt eine **risikofreudige** Person ein unsicheres Einkommen gegenüber einem sicheren, selbst wenn der Erwartungswert des unsicheren Einkommens geringer ist als der des sicheren Einkommens. Diese dritte Möglichkeit wird in Abbildung 5.3(b) dargestellt. In diesem Fall ist der erwartete Nutzen des unsicheren Einkommens, das mit einer Wahrscheinlichkeit von 0,5 $10.000 oder mit einer Wahrscheinlichkeit von 0,5

---

6 Folglich kann, wenn Menschen risikoneutral sind, das von ihnen erzielte Einkommen als Indikator ihres Wohlbefindens verwendet werden. Eine staatliche Politik, durch die ihr Einkommen verdoppelt würde, würde damit also auch ihren Nutzen verdoppeln. Gleichzeitig würden staatliche Politiken, durch die die Risiken, mit denen die Menschen konfrontiert werden, verändert werden, ohne deren erwartetes Einkommen zu ändern, das Wohlbefinden dieser Gruppe nicht beeinflussen. Die Risikoneutralität ermöglicht es einer Person, Komplikationen zu vermeiden, die mit den Auswirkungen staatlicher Handlungen auf das Risiko der Ergebnisse verknüpft sein könnten.

$30.000 betragen wird, *höher* als der mit einem sicheren Einkommen von $20.000 verbundene Nutzen. Numerisch ausgedrückt lautet dies:

$E(u) = 0{,}5u(€10.000) + 0{,}5u(€30.000) = 0{,}5(3) + 0{,}5(18) = 10{,}5 > u(€20.000) = 8$

Natürlich können manche Menschen gegenüber einigen Risiken abgeneigt sein und im Hinblick auf andere wie risikofreudige Menschen handeln. So schließen beispielsweise viele Menschen eine Lebensversicherung ab und sind konservativ im Hinblick auf die Wahl ihres Arbeitsplatzes, aber sie mögen trotzdem das Glücksspiel. Einige Kriminologen könnten Kriminelle als risikofreudig beschreiben, insbesondere wenn diese Straftaten trotz einer hohen Wahrscheinlichkeit der Ergreifung und Bestrafung begehen. Mit Ausnahme solcher spezieller Fälle sind jedoch nur wenige Menschen risikofreudig zumindest im Hinblick auf große Käufe oder hohe Einkommens- oder Vermögenssummen.

Die Risikoprämie Die **Risikoprämie** ist die maximale Geldsumme, die ein risikoaverser Mensch zur Vermeidung eines Risikos zu zahlen bereit ist. Im Allgemeinen hängt die Größenordnung der Risikoprämie von den risikoreichen Alternativen ab, mit denen die Person konfrontiert wird. Zur Bestimmung der Risikoprämie wurde die Nutzenfunktion aus Abbildung 5.3(a) in Abbildung 5.4 noch einmal dargestellt und auf ein Einkommen von €40.000 erweitert. Wir erinnern uns, dass von einer Frau, die eine risikoreiche Anstellung mit einem erwarteten Einkommen von €20.000 annehmen wird, ein erwarteter Nutzen von 14 erzielt wird. Dieses Ergebnis wird grafisch durch eine horizontale Linie von Punkt F aus zur vertikalen Achse dargestellt, wobei der Punkt F die Gerade AE halbiert (und folglich den Durchschnitt von €10.000 und €30.000 darstellt). Allerdings kann das Nutzenniveau von 14 durch die Frau auch mit einem sicheren Einkommen von €16.000 erreicht werden, wie durch die vertikale Linie von Punkt C aus nach unten gezeigt wird. Folglich ist die durch die Strecke CF gegebene Risikoprämie von €4.000 die Summe des erwarteten Einkommens (€20.000 minus €16.000), die sie aufgeben würde, um zwischen der risikoreichen Anstellung und einer hypothetischen Anstellung, mit der sie ein sicheres Einkommen in Höhe von €16.000 erzielt, indifferent zu bleiben.

> **Risikoprämie**
>
> Die maximale Geldsumme, die ein risikoaverser Mensch zur Vermeidung eines Risikos zu zahlen bereit ist.

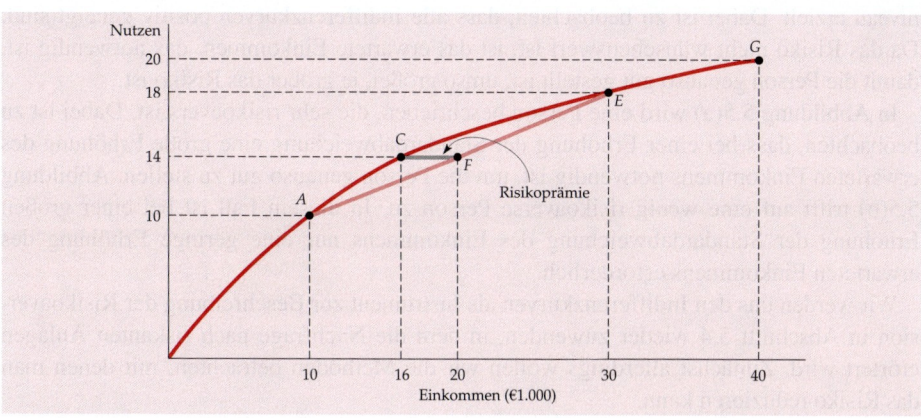

Abbildung 5.4: Die Risikoprämie
Die Risikoprämie CF misst die Summe des Einkommens, die eine Person bereit ist aufzugeben, um zwischen einer risikoreichen und einer sicheren Wahl indifferent zu bleiben. In diesem Beispiel beträgt die Risikoprämie €4.000, da ein sicheres Einkommen von €16.000 (im Punkt C) den gleichen erwarteten Nutzen (14) erbringt wie ein unsicheres Einkommen (mit einer Wahrscheinlichkeit von 0,5, sich in Punkt A zu befinden, und einer Wahrscheinlichkeit von 0,5, sich in Punkt E zu befinden), das einen Erwartungswert von €20.000 hat.

Risikoaversion und Einkommen Das Ausmaß der Risikoaversion einer Person hängt von der Art des Risikos und dem Einkommen der betreffenden Person ab. Bei ansonsten gleichen Voraussetzungen bevorzugen risikoaverse Menschen eine geringere Variabilität der Ergebnisse. Es wurde aufgezeigt, dass bei zwei Ergebnissen – einem Einkommen von €10.000 und einem Einkommen von €30.000 – die Risikoprämie €4.000 beträgt. Betrachten wir nun eine zweite risikoreiche Anstellung: Bei dieser wird mit einer Wahrscheinlichkeit von 0,5 ein Einkommen in Höhe von €40.000 mit, wie in Abbildung 5.4 dargestellt, einem Nutzenniveau von 20 erzielt und mit einer Wahrscheinlichkeit von 0,5 ein Einkommen von €0 mit einem Nutzenniveau von 0. Auch in diesem Fall beträgt das erwartete Einkommen €20.000, der erwartete Nutzen liegt allerdings nur bei 10:

$$\text{erwarteter Nutzen} = 0{,}5u(€0) + 0{,}5u(€40.000) = 0 + 0{,}5(20) = 10$$

Im Vergleich zu einer hypothetischen Anstellung, in der mit Sicherheit ein Einkommen in Höhe von €20.000 erzielt wird, erreicht die Person mit der risikoreichen Anstellung 6 Einheiten Erwartungsnutzen weniger: Sie erzielt 10 anstelle von 16 Einheiten. Gleichzeitig könnte diese Person aber auch 10 Einheiten Nutzen aus einer Anstellung mit einem sicheren Einkommen in Höhe von €10.000 erzielen. Folglich beträgt die Risikoprämie in diesem Fall €10.000, da die betreffende Person zur Vermeidung des Risikos eines unsicheren Einkommens bereit wäre, auf €10.000 ihres erwarteten Einkommens von €20.000 zu verzichten. Je höher die Variabilität des Einkommens ist, desto mehr wäre die Person für die Vermeidung der risikoreichen Situation zu zahlen bereit.

Risikoaversion und Indifferenzkurven Das Ausmaß der Risikoaversion einer Person kann auch in Indifferenzkurven, die das erwartete Einkommen mit der Variabilität des Einkommens in Beziehung setzen, beschrieben werden, wobei Letztere durch die Standardabweichung gemessen wird. In Abbildung 5.5 werden solche Indifferenzkurven für zwei Personen dargestellt, von denen eine risikoavers und die andere nur geringfügig risikoavers ist. Jede Indifferenzkurve stellt die Kombinationen des erwarteten Einkommens und der Standardabweichung des Einkommens dar, bei denen das Individuum das gleiche Nutzenniveau erzielt. Dabei ist zu beobachten, dass alle Indifferenzkurven positiv geneigt sind: Da das Risiko nicht wünschenswert ist, ist das erwartete Einkommen, das notwendig ist, damit die Person genauso gut gestellt ist, umso größer, je größer das Risiko ist.

In Abbildung 5.5(a) wird eine Person beschrieben, die sehr risikoavers ist. Dabei ist zu beobachten, dass bei einer Erhöhung der Standardabweichung eine große Erhöhung des erwarteten Einkommens notwendig ist, um die Person genauso gut zu stellen. Abbildung 5.5(b) trifft auf eine wenig risikoaverse Person zu. In diesem Fall ist bei einer großen Erhöhung der Standardabweichung des Einkommens nur eine geringe Erhöhung des erwarteten Einkommens erforderlich.

Wir werden uns den Indifferenzkurven als Instrument zur Beschreibung der Risikoaversion in Abschnitt 5.4 wieder zuwenden, in dem die Nachfrage nach riskanten Anlagen erörtert wird. Zunächst allerdings wollen wir die Methoden betrachten, mit denen man das Risiko reduzieren kann.

> In § 3.1 wird eine Indifferenzkurve als alle Warenkörbe, mit denen für einen Konsumenten das gleiche Befriedigungsniveau erzielt wird, definiert.

5.2 Präferenzen im Hinblick auf das Risiko

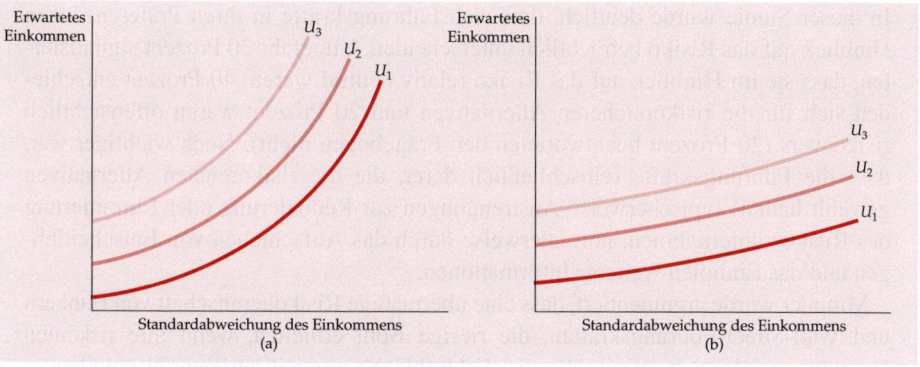

Abbildung 5.5: Die Risikoaversion und Indifferenzkurven
Teil **(a)** trifft auf eine Person zu, die sehr risikoavers ist: Eine Erhöhung der Standardabweichung des Einkommens dieser Person macht eine starke Erhöhung des erwarteten Einkommens notwendig, wenn diese Person genauso gut gestellt bleiben soll. Teil **(b)** trifft auf eine Person zu, die nur wenig risikoavers ist: Eine Erhöhung der Standardabweichung des Einkommens macht nur eine geringe Erhöhung des erwarteten Einkommens notwendig, wenn die Person genauso gut gestellt bleiben soll.

Beispiel 5.2: Geschäftsführer und die Wahl des Risikos

Sind Geschäftsführer risikofreudiger als die meisten anderen Menschen? Wenn ihnen verschiedene Strategien vorgelegt werden, von denen einige risikoreich und andere sicher sind, welche wählen sie aus? In einer Studie wurden 464 Führungskräfte gebeten, einen Fragebogen auszufüllen, in dem risikoreiche Situationen beschrieben wurden, mit denen man als Vizepräsident eines hypothetischen Unternehmens konfrontiert werden könnte.[7] Den Befragten wurden vier risikoreiche Ereignisse dargestellt, von denen jedes eine bestimmte Wahrscheinlichkeit eines günstigen oder ungünstigen Ergebnisses hatte. Die Auszahlungen und Wahrscheinlichkeiten wurden so gewählt, das jedes Ereignis den gleichen Erwartungswert hatte. In aufsteigender Reihenfolge des involvierten Risikos (gemessen durch die Differenz zwischen den günstigen und ungünstigen Ergebnissen) handelte es sich um die folgenden vier Ereignisse:

1. ein Gerichtsverfahren über eine Patentverletzung
2. die Drohung eines Kunden, einen Wettbewerber zu beliefern
3. ein Konflikt mit der Gewerkschaft
4. ein Gemeinschaftsprojekt mit einem Wettbewerber

Um die Bereitschaft der Befragten, Risiken einzugehen oder zu vermeiden, abzuschätzen, wurden ihnen eine Reihe von Fragen gestellt. In verschiedenen Situationen konnten sie sich entscheiden, eine Entscheidung aufzuschieben, Informationen zu sammeln, zu verhandeln oder eine Entscheidung zu delegieren. Jede Option ermöglichte es den Befragten, Risiken zu vermeiden oder die Risiken, die sie später eingehen würden, zu modifizieren. ▶

---

[7] Dieses Beispiel beruht auf Kenneth R. MacCrimmon und Donald A. Wehrung, „The Risk In-Basket", *Journal of Business* 57 (1984): 367–387.

In dieser Studie wurde deutlich, dass sich Führungskräfte in ihren Präferenzen im Hinblick auf das Risiko beträchtlich unterscheiden. Ungefähr 20 Prozent signalisierten, dass sie im Hinblick auf das Risiko relativ neutral waren, 40 Prozent entschieden sich für die risikoreicheren Alternativen und 20 Prozent waren offensichtlich risikoavers (20 Prozent beantworteten den Fragebogen nicht). Noch wichtiger war, dass die Führungskräfte (einschließlich derer, die die risikoreichen Alternativen gewählt hatten) typischerweise Anstrengungen zur Reduzierung oder Eliminierung des Risikos unternahmen, normalerweise durch das Aufschieben von Entscheidungen und das Einholen weiterer Informationen.

Mitunter wurde argumentiert, dass eine übermäßige Risikobereitschaft von Bankern und Wall-Street-Führungskräften, die riesige Boni erhielten, wenn ihre riskanten Geschäfte erfolgreich waren, aber bei Fehlschlägen nur mit geringen Nachteilen zu rechnen hatten, eine der Ursachen der Finanzkrise im Jahr 2008 war. Das Trouble Asset Relief Programme (TARP) des US-Finanzministeriums hat zwar einige der Banken gerettet, konnte allerdings bisher dem „unnötigen und übermäßigen" Eingehen von Risiken durch die Führungskräfte der Banken keinen Riegel vorschieben.

5.3 Risikoabbau

Wie aus dem Wachstum der staatlichen Lotterien in letzter Zeit deutlich wird, wählen die Menschen manchmal risikoreiche Alternativen, die eher auf risikofreudiges als auf risikoaverses Verhalten hindeuten. Gegenüber einer großen Vielfalt risikoreicher Situationen sind die Menschen allerdings allgemein risikoavers. In diesem Abschnitt werden drei Methoden beschrieben, mit denen die Konsumenten und die Manager normalerweise die Risiken reduzieren: die *Diversifikation*, die *Versicherung* und die *Beschaffung weiterer Informationen* über die Entscheidungen und Auszahlungen.

5.3.1 Diversifikation

Diversifikation

Risikoabbau durch die Aufteilung der Ressourcen auf verschiedene Aktivitäten, deren Ergebnisse nicht in engem Zusammenhang stehen.

Wir erinnern uns an dieser Stelle an das alte Sprichwort: „Man soll nicht alles auf eine Karte setzen." Ignoriert man diesen Ratschlag, geht man ein unnötiges Risiko ein: Stellt sich heraus, dass die Karte (bzw. der Warenkorb) doch nicht so gut war, ist alles verloren. Stattdessen kann man das Risiko durch **Diversifikation** reduzieren: durch die Aufteilung der Ressourcen auf eine Vielzahl von Aktivitäten, deren Ergebnisse in keinem engen Zusammenhang stehen.

Nehmen wir beispielsweise an, Sie beabsichtigen, eine Teilzeitstelle als Verkäufer von Geräten auf Provisionsbasis anzunehmen. Sie können sich entscheiden ausschließlich Klimaanlagen oder ausschließlich Heizgeräte zu verkaufen oder Sie verbringen jeweils die Hälfte Ihrer Zeit mit dem Verkauf eines der beiden Geräte. Natürlich können Sie nicht sicher sein, wie warm oder kalt das Wetter im nächsten Jahr sein wird. Wie sollten Sie ihre Zeit aufteilen, um das bei dieser Tätigkeit involvierte Risiko zu minimieren?

Das Risiko kann durch *Diversifikation* minimiert werden – durch die Aufteilung der Zeit, so dass Sie anstelle eines Produktes zwei oder mehr Produkte (deren Verkäufe in keinem engen Zusammenhang stehen) verkaufen. Nehmen wir an, es besteht eine Wahrscheinlichkeit von 0,5, dass es ein relativ heißes Jahr wird und eine Wahrscheinlichkeit von 0,5, dass es ein kaltes Jahr wird. In Tabelle 5.5 werden die Einkünfte dargestellt, die Sie mit dem Verkauf von Klimaanlagen und Heizgeräten erzielen können.

Tabelle 5.5

Das Einkommen aus dem Verkauf von Geräten (€)

	Warmes Wetter	Kaltes Wetter
Verkäufe von Klimaanlagen	30.000	12.000
Verkäufe von Heizgeräten	12.000	30.000

Verkaufen Sie ausschließlich Klimaanlagen oder ausschließlich Heizgeräte, beträgt Ihr tatsächliches Einkommen entweder €12.000 oder €30.000, aber Ihr erwartetes Einkommen wird €21.000 (0,5[€30.000] + 0,5[€12.000]) betragen. Nehmen wir nun aber an, Sie diversifizieren, indem Sie Ihre Zeit gleichmäßig zwischen den beiden Produkten aufteilen. In diesem Fall wird Ihr Einkommen unabhängig vom Wetter sicher €21.000 betragen. Ist das Wetter heiß, verdienen Sie aus dem Verkauf von Klimaanlagen €15.000 und €6.000 aus dem Verkauf von Heizgeräten. Ist das Wetter kalt, verdienen Sie aus dem Verkauf von Klimaanlagen €6.000 und aus dem Verkauf von Heizgeräten €15.000. In diesem Fall wird durch die Diversifikation das gesamte Risiko eliminiert.

Natürlich ist die Diversifikation nicht immer so einfach. In unserem Beispiel sind die Verkäufe von Heizgeräten und Klimaanlagen **negativ korreliert** – sie neigen dazu, sich in unterschiedliche Richtungen zu bewegen. Mit anderen Worten ausgedrückt bedeutet dies: Sind die Verkäufe des einen Produktes hoch, sind die Verkäufe des anderen niedrig. Aber das Prinzip der Diversifikation ist ein allgemeines Prinzip: Solange man seine Ressourcen auf unterschiedliche Aktivitäten aufteilen kann, deren Ergebnisse in *keinem* engen Zusammenhang stehen, kann man einen gewissen Teil des Risikos eliminieren.

Negativ korrelierte Variablen
Variablen mit der Tendenz, sich in entgegengesetzte Richtungen zu bewegen.

Der Aktienmarkt Die Diversifikation ist insbesondere für die Personen wichtig, die auf dem Aktienmarkt investieren wollen. An jedem beliebigen Tag kann der Preis einer einzelnen Aktie stark fallen oder steigen, aber die Preise einiger Aktien steigen während die anderer fallen. Eine Person, die ihr gesamtes Geld in eine einzige Aktie investiert (d.h. alles auf eine Karte setzt) geht deshalb ein viel höheres Risiko als nötig ein. Das Risiko kann durch die Investition in ein Portfolio von zehn oder zwanzig unterschiedlichen Aktien, wenn schon nicht eliminiert, so doch zumindest reduziert werden. Genauso kann das Risiko auch durch den Kauf von Anteilen eines **Investmentfonds** diversifiziert werden: Organisationen, die das Kapital einzelner Investoren zusammenlegen, um eine große Anzahl verschiedener Aktien zu kaufen.

Investmentfonds
Organisation, die für den Kauf einer großen Anzahl unterschiedlicher Aktien oder anderer Finanzanlagen die Geldmittel einzelner Investoren zusammenlegt.

Im Fall des Aktienmarktes kann nicht das gesamte Risiko diversifiziert werden: Obwohl der Preis einiger Aktien steigt, wenn der anderer fällt, sind die Aktienpreise in gewissem Maß **positiv korreliert**: Sie bewegen sich als Reaktion auf Änderungen der wirtschaftlichen Bedingungen tendenziell in die gleiche Richtung. So kann beispielsweise das Einsetzen einer schweren Rezession, durch die wahrscheinlich die Gewinne vieler Unternehmen reduziert werden, von einer Abschwächung des gesamten Marktes begleitet werden. Folglich ist der Investor selbst mit einem diversifizierten Aktienportfolio noch einem gewissen Risiko ausgesetzt.

Positiv korrelierte Variablen
Variablen mit der Tendenz, sich in die gleiche Richtung zu bewegen.

5.3.2 Versicherung

Es wurde aufgezeigt, dass risikoaverse Personen bereit sind, zur Vermeidung eines Risikos Geld zu zahlen. Tatsächlich werden risikoaverse Personen, wenn die Kosten der Versicherung gleich dem erwarteten Verlust sind (z.B. wenn eine Police mit einem erwarteten Verlust von €1.000 auch €1.000 kostet), eine ausreichende Versicherung abschließen, um sich vollständig vor einem finanziellen Verlust zu schützen, den sie unter Umständen erleiden könnten.

Warum ist dies so? Die Antwort findet sich bereits in der obigen Beschreibung der Risikoaversion. Durch den Erwerb einer Versicherung wird einer Person das gleiche Einkommen garantiert, unabhängig davon, ob ein Verlust eintritt oder nicht. Da die Kosten der Versicherung gleich dem erwarteten Verlust sind, ist das sichere Einkommen gleich dem erwarteten Einkommen aus der risikoreichen Situation. Für einen risikoaversen Konsumenten wird durch die Garantie des gleichen Einkommens unabhängig vom Ergebnis ein größerer Nutzen erzielt, als es der Fall wäre, wenn diese Person ein hohes Einkommen hätte, wenn kein Verlust eintritt und ein niedriges Einkommen bei Eintritt eines Verlustes.

Um dies zu erklären, nehmen wir an, ein Eigenheimbesitzer muss mit einer Wahrscheinlichkeit von zehn Prozent damit rechnen, dass in sein Haus eingebrochen wird und er einen Verlust in Höhe von €10.000 erleidet. Nehmen wir weiter an, dass er über Vermögen im Wert von €50.000 verfügt. In Tabelle 5.6 wird sein Vermögen in zwei Situationen dargestellt – mit einer Versicherung zum Preis von €1.000 und ohne Versicherung.

Tabelle 5.6

Die Entscheidung über den Abschluss einer Versicherung (€)

Versicherung	Einbruch (Wahrscheinlichkeit 0,1)	Kein Einbruch (Wahrscheinlichkeit 0,9)	Erwartetes Vermögen	Standardabweichung
Nein	40.000	50.000	49.000	3.000
Ja	49.000	49.000	49.000	0

Dabei ist zu beachten, dass das erwartete Vermögen in beiden Situationen gleich ist (€49.000). Die Variabilität unterscheidet sich allerdings recht stark: Wie in der Tabelle dargestellt wird, beträgt die Standardabweichung des Vermögens im Fall, dass keine Versicherung besteht, €3.000, bei Bestehen einer Versicherung dagegen €0. Gibt es keinen Einbruch, gewinnt der nicht versicherte Eigenheimbesitzer im Vergleich zum versicherten Eigenheimbesitzer €1.000. Wird aber eingebrochen, verliert der nicht versicherte Eigenheimbesitzer im Gegensatz zum versicherten Eigenheimbesitzer €9.000. Dabei sei noch einmal daran erinnert: Für eine risikoaverse Person spielen Verluste (im Hinblick auf die Änderung des Nutzens) eine größere Rolle als Gewinne. Folglich erzielt ein risikoaverser Eigenheimbesitzer durch den Abschluss einer Versicherung einen höheren Nutzen.

Das Gesetz der großen Zahl Normalerweise erwerben die Konsumenten Versicherungen von Unternehmen, die sich auf deren Verkauf spezialisieren. Versicherungsgesellschaften sind Unternehmen, die Versicherungen anbieten, da sie wissen, dass sie beim Verkauf einer großen Anzahl an Policen nur einem vergleichsweise geringen Risiko ausgesetzt sind. Die Fähigkeit, Risiken durch Nutzung von Größenvorteilen zu vermeiden, beruht auf dem *Gesetz* *der großen Zahl*, das besagt, dass, obwohl einzelne Ereignisse zufällig und weitgehend unvorhersehbar sein können, das durchschnittliche Ergebnis vieler ähnlicher Ereignisse prognostiziert werden kann. So kann ich beispielsweise, wenn ich eine Münze werfe, nicht vorhersagen, ob Kopf oder Zahl nach oben zeigen wird, aber ich weiß, dass, wenn viele Münzen geworfen werden, ungefähr die Hälfte Kopf und die andere Hälfte Zahl zeigen wird. Genauso kann ich als Verkäufer von Kfz-Versicherungen nicht vorhersagen, ob ein bestimmter Fahrer einen Unfall haben wird oder nicht; aber ich kann mir aus der Erfahrung der Vergangenheit angemessen sicher sein, welcher Anteil einer großen Gruppe von Fahrern Unfälle haben wird.

Die versicherungsmathematische Gerechtigkeit Durch die Größenvorteile können die Versicherungsgesellschaften für sich selbst sicherstellen, dass bei einer ausreichend großen Anzahl von Ereignissen die insgesamt eingezahlten Prämien gleich den gesamten Auszahlungen sind. Kehren wir, um dies zu illustrieren, noch einmal zu unserem Einbruchsbeispiel zurück. Ein Mann weiß, dass eine zehnprozentige Wahrscheinlichkeit besteht, dass in sein Haus eingebrochen wird. Tritt dies ein, wird er einen Verlust in Höhe von €10.000 erleiden. Bevor er diesem Risiko ausgesetzt wird, errechnet er den erwarteten Verlust in einer Höhe von €1.000 (0,10 × €10.000). Allerdings besteht ein beträchtliches Risiko, da eine zehnprozentige Wahrscheinlichkeit für einen hohen Verlust besteht. Nehmen wir nun an, dass sich 100 Personen in der gleichen Situation befinden und sie alle bei einer Versicherungsgesellschaft eine Einbruchsversicherung abschließen. Da sie alle mit einer zehnprozentigen Wahrscheinlichkeit eines Verlustes in Höhe von €10.000 konfrontiert werden, könnte die Versicherungsgesellschaft jedem von ihnen eine Prämie von €1.000 in Rechnung stellen. Mit dieser Prämie von €1.000 wird ein Versicherungsfonds in Höhe von €100.000 gebildet, aus dem die Schäden beglichen werden können. Die Versicherungsgesellschaft kann sich auf das Gesetz der großen Zahl stützen, das besagt, dass der erwartete Verlust der 100 Individuen insgesamt wahrscheinlich sehr nahe bei jeweils €1.000 liegt. Folglich beträgt die insgesamt ausgezahlte Summe ca. €100.000, und das Unternehmen muss keine größeren Auszahlungen befürchten.

Ist die Versicherungsprämie, wie im oben angeführten Beispiel, gleich der erwarteten Auszahlung, bezeichnet man die Versicherung als **versicherungsmathematisch gerecht**. Da allerdings die Versicherungsgesellschaften die Verwaltungskosten abdecken und einen gewissen Gewinn erzielen müssen, verlangen sie typischerweise Prämien, die die erwarteten Verluste übersteigen. Gibt es eine ausreichende Anzahl an Versicherungsgesellschaften, so dass ein Wettbewerbsmarkt besteht, sind die Prämien nahe den versicherungsmathematisch gerechten Niveaus. In einigen Bundesstaaten und Ländern sind allerdings die Versicherungsprämien reguliert. Normalerweise besteht dabei das Ziel darin, die Konsumenten vor unverhältnismäßig hohen Prämien zu schützen. Die staatliche Regulierung von Märkten wird in den Kapiteln 9 und 10 dieses Buches detailliert erörtert.

In den letzten Jahren sind einige Versicherungsgesellschaften zu der Ansicht gelangt, dass Katastrophen, wie beispielsweise Erdbeben, so einzigartig sind, dass sie nicht als diversifizierbare Risiken betrachtet werden können. Und tatsächlich sind diese Gesellschaften in Folge von Verlusten aufgrund vergangener Katastrophen der Überzeugung, dass sie keine versicherungsmathematisch gerechten Versicherungssätze bestimmen können. So musste zum Beispiel in Kalifornien der Staat selbst in das Versicherungsgeschäft eintreten, um die Lücke auszufüllen, die entstanden war, als private Gesellschaften den Verkauf von Versicherungen gegen Erdbeben ablehnten. Der vom Staat unterhaltene gemeinsame Fonds bietet zu höheren Versicherungssätzen einen geringeren Versicherungsschutz als früher von den privaten Versicherungsgesellschaften angeboten wurde.

Versicherungsmathematisch gerecht

Situation, bei der eine Versicherungsprämie gleich der erwarteten Auszahlung ist.

Beispiel 5.3: Der Wert einer Versicherung des Rechtsanspruchs auf eine Immobilie beim Kauf eines Hauses

Nehmen wir an, eine Familie kauft ihr erstes Haus. Die Familie weiß, dass zum Abschluss des Kaufes eine Urkunde nötig ist, die ihr ein „einwandfreies Eigentum" einräumt. Ohne ein solches einwandfreies Eigentum besteht immer die Möglichkeit, dass der Verkäufer des Hauses nicht dessen rechtmäßiger Eigentümer ist. Natürlich könnte der Verkäufer versuchen, einen Betrug zu begehen, viel wahrscheinlicher ist es aber, dass ihm seine Eigentumsrechte nicht genau bekannt sind. So kann der Eigentümer beispielsweise durch Einsatz der Immobilie als „Kreditsicherheit" einen hohen Kredit aufgenommen haben. Oder die Immobilie kann mit Rechtsauflagen versehen sein, die deren Verwendung beschränken.

Nehmen wir an, die Familie in unserem Beispiel ist bereit, €300.000 für das Haus zu zahlen, ist aber überzeugt davon, dass eine Chance von eins zu zwanzig besteht, dass sich bei sorgfältiger Recherche herausstellt, dass dem Verkäufer die Immobilie nicht wirklich gehört. In diesem Fall wäre die Immobilie nichts wert. Wäre keine Versicherung verfügbar, würde eine risikoneutrale Familie höchstens €285.000 für diese Immobilie bieten (0,95[€300.000] + 0,05[0]). Allerdings wäre eine Familie, die den größten Teil ihres Vermögens in einem Haus anlegt, wahrscheinlich risikoavers und würde folglich ein viel niedrigeres Gebot für den Kauf des Hauses abgeben – beispielsweise €230.000.

In derartigen Fällen liegt es offensichtlich im Interesse des Käufers, sicher zu sein, dass kein Risiko aus fehlenden Eigentumsrechten besteht. Dies erreicht der Käufer durch den Abschluss einer „Versicherung von Rechtsansprüchen auf Grundbesitz". Die Versicherungsgesellschaft, die diese Versicherung übernimmt, recherchiert die Geschichte der Immobilie, überprüft, ob sie mit jeglichen gesetzlichen Haftpflichten versehen ist und versichert sich generell, dass keine Probleme im Hinblick auf die Eigentumsverhältnisse bestehen. Die Versicherungsgesellschaft erklärt sich danach einverstanden, jegliches eventuell noch verbleibende Risiko zu übernehmen.

Da sich diese Versicherungsgesellschaft auf derartige Versicherungen spezialisiert hat und die relevanten Informationen relativ einfach beschaffen kann, sind die Kosten der Versicherung von Rechtsansprüchen auf Grundbesitz oftmals geringer als der Erwartungswert des betreffenden Verlustes.

Eine Prämie von €1.500 für die Versicherung von Rechtsansprüchen auf Grundbesitz ist nicht ungewöhnlich und der erwartete Verlust kann beträchtlich höher sein. Außerdem liegt es auch im Interesse der Verkäufer, eine solche Versicherung zu erbringen, da, mit Ausnahme der risikofreudigsten, alle Käufer viel mehr für ein Haus zu zahlen bereit sind, wenn es versichert ist, als wenn dies nicht der Fall ist. Und in der Tat sind die Verkäufer in den meisten US-Bundesstaaten verpflichtet, eine solche Versicherung von Rechtsansprüchen auf ein Grundstück zu erbringen, bevor der Verkauf abgeschlossen werden kann. Zusätzlich dazu verlangen die Hypothekenbanken von neuen Käufern eine Versicherung des Rechtsanspruchs auf das Grundstück, bevor die Hypothek ausgezahlt wird, da auch sie von diesem Risiko betroffen sind.

5.3.3 Der Wert von Informationen

Entscheidungen werden häufig auf der Grundlage unvollkommener Informationen getroffen. Wären weitere Informationen verfügbar, könnten bessere Vorhersagen getroffen werden und das Risiko würde reduziert. Da Informationen ein wertvolles Gut sind, sind die Menschen bereit, dafür zu zahlen. Der **Wert vollständiger Information** besteht aus der Differenz zwischen dem Erwartungswert einer Entscheidung bei vollständiger Information und dem Erwartungswert bei unvollständiger Information.

Um zu untersuchen, wie wertvoll Informationen sein können, nehmen wir an, Sie wären Geschäftsführer eines Bekleidungsgeschäftes und müssten entscheiden, wie viele Anzüge Sie für die Herbstsaison bestellen wollen. Bestellen Sie 100 Anzüge, liegen Ihre Kosten bei €180 pro Anzug. Wenn Sie allerdings nur 50 Anzüge bestellen, steigen die Kosten auf €200. Sie wissen, dass Sie die Anzüge für jeweils €300 verkaufen werden, allerdings wissen Sie nicht, wie hoch der Gesamtumsatz sein wird. Alle nicht verkauften Anzüge können zurückgeschickt werden, allerdings nur zur Hälfte des Preises, den Sie ursprünglich gezahlt haben. Ohne zusätzliche Informationen handeln Sie gemäß Ihrer Einschätzung, dass eine Wahrscheinlichkeit von 0,5 für den Verkauf von 100 Anzügen besteht, und eine Wahrscheinlichkeit von 0,5 für den Verkauf von 50 Anzügen besteht. In Tabelle 5.7 wird der Gewinn, den Sie in jedem dieser beiden Fälle erzielen würden, dargestellt.

> **Wert vollständiger Information**
>
> Differenz zwischen dem Erwartungswert einer Entscheidung bei vollständiger Information und dem Erwartungswert bei unvollständiger Information.

Tabelle 5.7

Die Gewinne aus dem Verkauf von Anzügen (€)

	Verkauf von 50 Anzügen	Verkauf von 100 Anzügen	Erwarteter Gewinn
Einkauf von 50 Anzügen	5.000	5.000	5.000
Einkauf von 100 Anzügen	1.500	12.000	6.750

Ohne zusätzliche Informationen würden Sie sich für den Kauf von 100 Anzügen entscheiden, wenn Sie risikoneutral eingestellt sind und dabei das Risiko eingehen, dass Ihr Gewinn entweder €12.000 oder €1.500 betragen könnte. Wären Sie risikoavers eingestellt, würden Sie 50 Anzüge kaufen: In diesem Fall wüssten Sie mit Sicherheit, dass Ihr Gewinn €5.000 betragen würde.

Bei vollständiger Information können Sie, unabhängig von den zukünftigen Verkäufen, die richtige Bestellung auslösen. Wenn 50 Anzüge verkauft würden und Sie 50 Anzüge bestellt hätten, läge Ihr Gewinn bei €5.000. Wenn andererseits 100 Anzüge verkauft würden und Sie 100 Anzüge bestellt hätten, läge Ihr Gewinn bei €12.000. Da beide Ergebnisse gleich wahrscheinlich sind, läge Ihr erwarteter Gewinn bei vollständiger Information bei €8.500. Der Wert der Informationen wird wie folgt berechnet:

Erwartungswert bei vollständiger Information	€8.500
Minus: Erwartungswert bei Unsicherheit (Kauf von 100 Anzügen):	−€6.750
Wert vollständiger Information	€1.750

Folglich ist die Beschaffung einer genauen Prognose der Verkäufe bis zu €1.750 wert. Obwohl Prognosen zwangsläufig fehlerhaft sind, lohnt es sich, in eine Marktstudie zu investieren, die eine angemessene Prognose der Verkäufe des nächsten Jahres liefert.

> ### Beispiel 5.4: Der Wert von Informationen auf dem Internetmarkt für Verbraucherelektronik
>
> Preisvergleichswebseiten bieten wertvolle Informationsressourcen für die Verbraucher. Dies geht aus einer Untersuchung der führenden Preisvergleichswebseite, Shopper.com, hervor. Dabei wurden Preisinformationen zu mehr als 1.000 der am meisten verkauften Elektronikprodukte über 8 Monate untersucht. Es wurde festgestellt, dass die Verbraucher gegenüber dem Kauf im Einzelhandel circa 16% eingespart hatten, wenn sie die Webseite nutzten, da durch die Webseite die Kosten der Suche nach dem Produkt mit dem niedrigsten Preis deutlich gesunken sind.[8]
>
> Dabei ist der Wert der Preisvergleichsinformationen nicht für jeden und für jedes Produkt gleich. Es kommt auf den Wettbewerb an. In der Studie wurde festgestellt, dass die Verbraucher 11% einsparten, wenn nur zwei Firmen Preise auf Shopper.com angaben. Die Einsparungen nahmen allerdings mit der Zahl der Wettbewerber zu und stiegen bei mehr als 30 Unternehmen, die Preise einstellen, auf 20% an.
>
> Nun könnte man denken, dass im Internet so viele Informationen über Preise generiert werden, dass langfristig nur noch die Produkte mit den niedrigsten Preisen verkauft werden, so dass der Wert solcher Informationen letztlich auf null sinkt. Bisher ist dies allerdings nicht der Fall. Für die Übertragung und den Erwerb von Informationen über das Internet bestehen für beide Parteien Fixkosten. Dazu gehören die Kosten für die Wartung von Servern und die Gebühren, die Webseiten wie Shopper.com für die Führung von Preisen auf ihren Seiten in Rechnung stellen. Im Ergebnis dessen ist es wahrscheinlich, dass es auch in der Zukunft, wenn das Internet weiter wächst und reift, weiter deutlich unterschiedliche Preise geben wird.

In § 2.4 wird die Preiselastizität der Nachfrage als die aus einer Änderung des Preises eines Gutes um ein Prozent resultierende prozentuale Änderung der nachgefragten Menge des Gutes definiert.

---

8 Michael Baye, John Morgan und Patrick Scholten, „The Value of Information in an Online Electronics Market", *Journal of Public Policy and Market*, Band 22 (2003): 17–25.

Vielleicht denken Sie, dass mehr Informationen immer gut sind. Wie das folgende Beispiel zeigt, ist das allerdings nicht immer der Fall.

> **Beispiel 5.5: Ärzte, Patienten und der Wert von Informationen**
>
> Es sei angenommen, Sie sind schwer krank und zur Behandlung der Krankheit ist ein großer Eingriff notwendig. Wenn wir annehmen, dass Sie die bestmögliche medizinische Versorgung wollen, wie würden Sie den besten Chirurgen und das Krankenhaus auswählen, das Ihnen diese Versorgung gewähren kann? Viele Menschen würden ihre Freunde oder ihren Hausarzt um eine Empfehlung bitten. Obwohl eine solche natürlich hilfreich sein kann, sind für eine wirklich informierte Entscheidung wahrscheinlich detailliertere Informationen notwendig. Dazu gehört beispielsweise die Frage, wie erfolgreich der Chirurg und das Krankenhaus, an dem er operiert, bei der Durchführung der betreffenden Operation sind, die auch Sie benötigen. Wie viele Patienten sind aufgrund der Operation gestorben bzw. bei wie vielen kam es zu schweren Komplikationen? Allerdings ist es für die meisten Patienten schwer bzw. unmöglich, Informationen dieser Art zu erhalten. Wären die Patienten besser gestellt, wenn detaillierte Informationen über die Leistung von Ärzten und Krankenhäusern in der Vergangenheit leicht verfügbar wären?
>
> Nicht zwangsläufig. Mehr Informationen sind häufig – aber nicht immer – besser. Interessanterweise könnte in diesem speziellen Fall der Zugriff auf Leistungsdaten tatsächlich zu einer Verschlechterung der gesundheitlichen Ergebnisse führen. Warum ist das so? Weil der Zugriff auf solche Informationen zwei verschiedene Anreize schaffen würde, die das Verhalten sowohl von Ärzten als auch von Patienten beeinflussen würden. Erstens würden diese Informationen die Patienten in die Lage versetzen, Ärzte mit besseren dokumentierten Leistungen in der Vergangenheit auszuwählen, wodurch für die Ärzte ein Anreiz geschaffen wird, eine bessere Leistung zu bieten. Dabei handelt es sich um ein gutes Ergebnis. Aber dadurch könnten zweitens die Ärzte dazu ermutigt werden, ihre Praxis auf Patienten zu begrenzen, die sich in einem vergleichsweise guten Gesundheitszustand befinden. Der Grund dafür liegt darin, dass bei sehr alten bzw. schwer kranken Patienten eine höhere Wahrscheinlichkeit von Komplikationen bzw. Todesfällen in Folge der Behandlung besteht. Ärzte, die solche Patienten behandeln, haben wahrscheinlich schlechtere dokumentierte Ergebnisse (bei ansonsten gleichen Voraussetzungen). Soweit die Ärzte nach ihrer Leistung bewertet würden, bestünde für sie ein Anreiz, die Behandlung von sehr alten bzw. schwer kranken Patienten zu vermeiden. Infolgedessen wäre es für solche Patienten schwierig oder gar unmöglich, eine Behandlung zu erhalten.
>
> Ob mehr Informationen wirklich besser sind, hängt davon ab, welche Auswirkung dominiert – die Fähigkeit der Patienten, informiertere Entscheidungen zu treffen, oder der Anreiz für Ärzte, die Behandlung von schwer kranken Patienten zu vermeiden. ▶

In einer neueren Studie haben Ökonomen die obligatorischen „Zeugnisse", die in New York und Pennsylvania Anfang der 1990er Jahre zur Bewertung der Ergebnisse von Koronarbypass-Operationen eingeführt worden sind, untersucht.[9] Sie analysierten die Entscheidungen für Krankenhäuser und die Ergebnisse für sämtliche älteren Herzinfarktpatienten und Patienten, bei denen in den Vereinigten Staaten zwischen 1987 und 1994 eine Koronarbypass-Operation durchgeführt wurde. Durch einen Vergleich der Trends in New York und Pennsylvania mit den Trends in anderen Bundesstaaten konnten sie die Auswirkungen der durch die Verfügbarkeit der Zeugnisse möglichen, erhöhten Informationen bestimmen. Dabei stellten sie Folgendes fest: Obwohl die Zeugnisse dazu führten, dass die Patienten besser zu den Ärzten und Krankenhäusern passten, hatten sie auch eine Verschiebung in der Behandlung weg von den schwerer erkrankten Patienten und hin zu den gesünderen zur Folge. Insgesamt führte dies zu schlechteren Ergebnissen, insbesondere unter den schwerer erkrankten Patienten. Folglich kam die Studie zu dem Ergebnis, dass die Wohlfahrt durch die Zeugnisse reduziert wurde.

Die Ärzteschaft hat in gewissem Maß auf dieses Problem reagiert. So haben beispielsweise herzchirurgische Programme in den gesamten USA die Ergebnisse der durchgeführten koronaren Bypass-Operationen im Jahr 2010 freiwillig gemeldet. Dabei wurde jedes Programm mit einem bis drei Sternen bewertet, wobei die Bewertung hier „risikobereinigt" war, um so den Anreiz für die Ärzte zu senken, Patienten mit geringerem Risiko auszuwählen

Durch mehr Informationen wird die Wohlfahrt häufig verbessert, da diese es den Menschen ermöglichen, das Risiko zu reduzieren und Maßnahmen zu ergreifen, mit denen die Auswirkungen schlechter Ergebnisse reduziert werden. Allerdings können die Menschen aufgrund von Informationen ihr Verhalten auch auf unerwünschte Art und Weise ändern, wie dieses Beispiel gezeigt hat. Wir werden diese Frage in Kapitel 17 weiter erörtern.

*5.4 Die Nachfrage nach riskanten Anlagen

Die meisten Menschen sind risikoavers. Wenn sie die Wahl haben, bevorzugen sie ein festes monatliches Einkommen gegenüber einem Einkommen, das, obwohl es im Durchschnitt genauso hoch ist, von Monat zu Monat willkürlich schwankt. Trotz dieser Tatsache investieren die gleichen Menschen ihre gesamten Ersparnisse oder einen Teil davon in Aktien, Wertpapiere und andere Anlagen, die mit einem gewissen Risiko verbunden sind. Warum investieren risikoaverse Menschen auf dem Aktienmarkt und riskieren damit den Verlust ihrer gesamten Investition oder eines Teils davon?[10] Wie entscheiden die Menschen bei Investitionen oder Plänen für die Zukunft welches Risiko sie eingehen möchten? Zur Beantwortung dieser Fragen müssen wir die Nachfrage nach riskanten Anlagen untersuchen.

---

9 David Dranove, Daniel Kessler, Mark McClennan und Mark Satterthwaite, „Is More Information better? The Effects of ‚Report Cards' on Health Care Providers", *Journal of Political Economy* 3 (Juni 2003).

10 Die meisten Amerikaner investieren zumindest etwas Geld in Aktien oder andere risikoreiche Anlagen, oft auch nur indirekt. So besitzen beispielsweise viele Arbeitnehmer, die Vollzeitstellen haben, Anteile von Pensionsfonds, die zum Teil durch Beiträge aus ihren eigenen Gehältern und zum Teil durch Beiträge der Arbeitgeber finanziert werden. Normalerweise werden derartige Fonds zum Teil auf dem Aktienmarkt investiert.

*5.4 Die Nachfrage nach riskanten Anlagen

5.4.1 Anlagen

Eine **Anlage** liefert dem Eigentümer *einen Fluss von Geld oder Leistungen*. Es handelt sich sowohl bei einem Eigenheim, einem Mietshaus, einem Sparkonto oder auch bei Aktien von General Motors um Anlagen. So liefert beispielsweise ein Haus dem Eigentümer einen Fluss von Wohnungsleistungen und könnte, wenn der Eigentümer dort nicht wohnen wollte, vermietet werden und somit einen Geldfluss liefern. Desgleichen können Wohnungen in einem Mietshaus vermietet werden und somit dem Eigentümer des Gebäudes einen Fluss an Mieteinkünften liefern. Auf ein Sparkonto werden (normalerweise täglich oder monatlich) Zinsen gezahlt, die normalerweise auf dem Konto wieder angelegt werden.

Der Geldfluss, der aus einer Anlage entsteht, kann die Form einer expliziten Zahlung, wie beispielsweise eines Mieteinkommens aus einem Mietshaus, annehmen: Der Vermieter erhält monatlich Mietzahlungen von den Mietern. Eine weitere Form der expliziten Zahlung sind die Dividenden auf Anteile an Stammaktien: Die Eigentümer von General Motors-Aktien erhalten alle drei Monate ihre vierteljährliche Dividendenauszahlung.

Mitunter nimmt allerdings der Geldfluss aus dem Besitz einer Anlage eine implizite Form an: die Form eines Anstiegs oder Rückgangs des Preises oder Wertes der Anlage. Der Anstieg des Anlagewertes wird als *Kapitalgewinn* und ein Rückgang des Anlagewertes als *Kapitalverlust* bezeichnet. Wächst beispielsweise die Bevölkerung einer Stadt, kann sich der Wert eines Mietshauses erhöhen. Der Eigentümer des Gebäudes erzielt dann einen Kapitalgewinn über das Mieteinkommen hinaus. Dieser Kapitalgewinn bleibt allerdings bis zum Verkauf des Gebäudes *unverwertet*, da bis dahin kein Geld empfangen wird. Es gibt aber einen impliziten Geldfluss, da das Gebäude jederzeit verkauft werden *könnte*. Auch der Geldfluss aus dem Besitz von General Motors-Aktien ist teilweise implizit. Der Preis der Aktie ändert sich von Tag zu Tag, und immer, wenn dies geschieht, gewinnen oder verlieren die Aktienbesitzer.

> **Anlage**
>
> Investition, die dem Eigentümer einen Geld- oder Leistungsfluss liefert.

5.4.2 Riskante und risikolose Anlagen

Eine **riskante Anlage** *liefert einen Geldfluss, der zumindest teilweise zufällig ist*. Mit anderen Worten ausgedrückt bedeutet dies, der Geldfluss ist im Voraus nicht mit Sicherheit bekannt. Eine Aktie von General Motors ist ein offensichtliches Beispiel für eine riskante Anlage: Im Voraus kann man nicht wissen, ob der Aktienkurs im Lauf der Zeit steigt oder fällt, darüber hinaus kann man noch nicht einmal sicher sein, dass das Unternehmen auch weiterhin die gleiche Dividende pro Aktie (oder überhaupt Dividenden) auszahlt. Obwohl das Risiko oft mit dem Aktienmarkt assoziiert wird, sind auch die meisten anderen Anlagen riskant.

Ein Mietshaus ist ein Beispiel dafür. Man kann nicht wissen, um wie viel die Grundstückspreise steigen oder fallen werden, ob das Gebäude die ganze Zeit voll vermietet sein wird oder auch ob die Mieter ihre Miete unverzüglich zahlen. Auch Industrieanleihen liefern ein weiteres Beispiel dafür: Das ausgebende Unternehmen könnte in Konkurs gehen oder den Wertpapierbesitzern ihre Zinsen und die Kapitalschuld nicht zurückzahlen. Selbst langfristige Staatsanleihen der USA, die in zehn oder zwanzig Jahren fällig werden, sind riskant. Obwohl es äußerst unwahrscheinlich ist, dass die Bundesregierung bankrott geht, könnte die Inflationsrate unerwartet ansteigen, und zukünftige Zinszahlungen sowie die Rückzahlung der Kapitalschuld am Ende der Laufzeit könnten dadurch real ausgedrückt weniger wert sein und somit den Wert der Anleihen verringern.

> **Riskante Anlage**
>
> Anlage aus der dem Eigentümer ein unsicherer Geld- oder Leistungsstrom erwächst.

> **Risikolose (oder risikofreie) Anlage**
>
> Anlage, die einen mit Sicherheit bekannten Geld- oder Leistungsfluss bietet.

Im Gegensatz dazu ist mit einer **risikolosen** (oder **risikofreien**) **Anlage** ein Geldfluss verbunden, der mit Sicherheit bekannt ist. Kurzfristige Staatsanleihen der USA – die als kurzfristige Schatzwechsel bezeichnet werden – sind risikolos oder zumindest fast risikolos. Da diese Anleihen nach wenigen Monaten fällig werden, besteht nur ein geringes Risiko aus einem unerwarteten Anstieg der Inflationsrate. Man kann darüber hinaus auch einigermaßen zuversichtlich sein, dass der US-amerikanische Staat seine Verpflichtungen im Hinblick auf die Anleihe erfüllen wird (d.h. es nicht ablehnen wird, bei Fälligkeit der Anleihe die Rückzahlung an den Eigentümer vorzunehmen). Andere Beispiele für risikolose oder fast risikolose Anlagen sind Sparbuchkonten und kurzfristige Einlagenzertifikate.

5.4.3 Anlageerträge

> **Ertrag**
>
> Gesamter Geldfluss einer Anlage in Relation zu ihrem Preis.

Anlagen werden aufgrund des durch sie erzielbaren Geldflusses gekauft und gehalten. Um Anlagen miteinander zu vergleichen, ist es hilfreich, diesen Geldfluss im Vergleich zum Preis oder Wert der Anlage zu betrachten. Der **Ertrag** einer Anlage ist *der gesamte mit ihr erzielte Geldfluss – einschließlich der Kapitalgewinne und -verluste – in Relation zu ihrem Preis.* So weist beispielsweise eine Anleihe mit einem heutigen Wert von €1.000, für die in diesem (und jedem anderen) Jahr €100 ausgezahlt werden, einen Ertrag von zehn Prozent auf.[11] Wenn ein Mietshaus im vergangenen Jahr €10 Millionen wert war, sein Wert sich in diesem Jahr auf €11 Millionen erhöht hat und darüber hinaus auch Mieteinnahmen von €0,5 Millionen (nach Abzug der Kosten) entstanden sind, hätte es über das vergangene Jahr einen Ertrag von 15 Prozent erzielt. Wenn eine General Motors-Aktie zu Beginn des Jahres €80 wert war, bis zum Ende des Jahres auf €72 gefallen ist und eine Dividende von €4 darauf ausgezahlt wurde, hat sie einen Ertrag von –5 (die Dividendenrendite von fünf Prozent minus den Kapitalverlust von zehn Prozent) erzielt.

> **Realer Ertrag**
>
> Der einfache (oder nominale) Ertrag einer Anlage minus die Inflationsrate.

Wenn die Menschen ihre Ersparnisse in Aktien, Anleihen, Grundstücke oder andere Anlagen investieren, hoffen sie normalerweise, damit einen Ertrag zu erzielen, der die Inflationsrate übersteigt, so dass sie durch die Aufschiebung des Konsums in der Zukunft mehr kaufen können als dies der Fall wäre, wenn sie ihr gesamtes Einkommen heute ausgeben würden. Folglich wird der Ertrag auf eine Anlage oft *real* – d.h. *inflationsbereinigt* – ausgedrückt. Der **reale Ertrag** eines Anlagegutes ist dessen einfacher (oder nominaler) Ertrag *minus* der Inflationsrate. So haben beispielsweise bei einer jährlichen Inflationsrate von fünf Prozent, die Anleihe, das Mietshaus und die GM-Aktien reale Erträge von jeweils 5, 10 und –10 Prozent erzielt.

> **Erwarteter Ertrag**
>
> Ertrag, den eine Anlage durchschnittlich erzielen sollte.

Erwartete und tatsächliche Erträge Da die meisten Anlagen riskant sind, kann ein Investor im Voraus nicht wissen, welche Erträge sie im Laufe des nächsten Jahres erzielen werden. So hätte das Mietshaus in unserem Beispiel, anstatt im Wert zu steigen, im Wert fallen können, und der Preis der GM-Aktie hätte, anstatt zu fallen, steigen können. Trotzdem können wir Anlagen vergleichen, indem wir ihren erwarteten Ertrag betrachten. Der **erwartete Ertrag** einer Anlage ist der *Erwartungswert ihres Ertrages*, d.h. der Ertrag,

---

[11] Der Preis einer Anleihe ändert sich im Laufe eines Jahres häufig. Steigt (oder sinkt) die Anleihe während des Jahres im Wert, sind die damit erzielten Erträge höher (oder niedriger) als zehn Prozent. Außerdem sollte die oben gegebene Definition des Begriffs „Ertrag" nicht mit dem Begriff der „internen Ertragsrate" verwechselt werden, der mitunter zum Vergleich von Geldflüssen, die im Lauf einiger Zeit eintreten, verwendet wird. Andere Maße des Ertrags werden in Kapitel 15 im Rahmen der Darstellung der diskontierten Gegenwartswerte erörtert.

den sie durchschnittlich erzielen sollte. In manchen Jahren kann der **tatsächliche Ertrag** einer Anlage viel höher sein, als der erwartete Ertrag, und in manchen Jahren kann er niedriger sein. Über einen langen Zeitraum betrachtet, sollte jedoch der durchschnittliche Ertrag dem erwarteten Ertrag sehr nahe kommen.

Verschiedene Anlagen haben unterschiedliche erwartete Erträge. In Tabelle 5.8 wird beispielsweise dargestellt, dass, während der erwartete reale Ertrag eines kurzfristigen US-Schatzwechsels bei weniger als einem Prozent liegt, der erwartete reale Ertrag einer Reihe repräsentativer Aktien an der New Yorker Börse bei mehr als neun Prozent lag.[12] Warum sollte irgendjemand einen Schatzwechsel kaufen, wenn der erwartete Ertrag von Aktien so viel höher ist? Weil die Nachfrage nach einer Anlage nicht nur von deren erwartetem Ertrag abhängt, sondern auch von deren *Risiko*: Obwohl Aktien einen höheren erwarteten Ertrag aufweisen als Schatzwechsel, tragen sie auch ein höheres Risiko. Ein Maß des Risikos, die Standardabweichung des realen jährlichen Ertrags ist bei Inhaberaktien gleich 20,1 Prozent, bei Industrieanleihen beträgt sie 8,5 Prozent und bei kurzfristigen US-Schatzwechseln nur 3,1 Prozent.

> **Tatsächlicher Ertrag**
>
> Von einer Anlage erzielter Ertrag.

Tabelle 5.8

Investitionen – Risiko und Ertrag (1926–2010)

	Durchschnittliche Ertragsrate (%)	Durchschnittliche reale Ertragsrate (%)	Risiko (Standardabweichung, %)
Inhaberaktien (S&P 500)	11,9	8,7	20,4
Langfristige Industrieanleihen	6,2	3,3	8,3
Kurzfristige US Schatzwechsel	3,7	0,7	3,1

Quelle: Ibbotson® SBBI® Classic Yearbook: Market Results for Stocks, Bonds, Bills and Inflation 1926–2010 © 2011 Morningstar.

Die Zahlen in Tabelle 5.8 legen den Schluss nahe, dass je höher der erwartete Ertrag einer Investition ist, desto höher ist das involvierte Risiko. Wenn wir annehmen, dass die Investitionen einer Person gut gestreut sind, ist dies tatsächlich der Fall.[13] Infolgedessen muss der risikoaverse Investor den erwarteten Ertrag dem Risiko gegenüberstellen. Dieses Abwägen wird im nächsten Abschnitt detaillierter untersucht.

---

12 Bei manchen Aktien ist der erwartete Ertrag höher, bei manchen ist er niedriger. Die Aktien kleinerer Unternehmen (z.B. einige der an der NASDAQ gehandelten Firmen) haben höhere erwartete Ertragsraten – und höhere Standardabweichungen des Ertrags.

13 Hier ist das *nicht diversifizierbare* Risiko von Bedeutung. Eine einzelne Aktie kann sehr riskant sein, aber trotzdem einen niedrigen erwarteten Ertrag haben, da ein Großteil des Risikos durch den Besitz einer großen Anzahl solcher Aktien gestreut werden kann. Das *nicht diversifizierbare Risiko*, das aus der Tatsache entsteht, dass die einzelnen Aktienpreise mit dem gesamten Aktienmarkt korrelieren, ist das Risiko, das auch dann weiter besteht, wenn man ein diversifiziertes Aktienportfolio besitzt. Dieser Punkt wird im Kapitel 15 im Zusammenhang mit dem *Capital Asset Pricing-Modell* detaillierter erörtert.

5.4.4 Der Tradeoff zwischen Risiko und Ertrag

Nehmen wir an, eine Frau möchte ihre Ersparnisse in zwei Anlagen – kurzfristige Schatzwechsel, die fast risikofrei sind, und eine repräsentative Gruppe von Aktien – investieren. Sie muss entscheiden, wie viel sie in jede Anlage investieren will. So könnte sie beispielsweise ausschließlich in kurzfristige Schatzwechsel, ausschließlich in Aktien oder auch in eine Kombination von beiden investieren. Wie aufgezeigt werden wird, ist dieses Problem analog zu dem Konsumentenproblem der Aufteilung eines Budgets zwischen den Käufen von Lebensmitteln und Bekleidung.

Bezeichnen wir den risikofreien Ertrag auf den kurzfristigen Schatzwechsel mit E_f. Da der Ertrag risikofrei ist, sind der erwartete und der tatsächliche Ertrag gleich. Zusätzlich dazu bezeichnen wir den *erwarteten Ertrag* der Investition in den Aktienmarkt mit E_m und den tatsächlichen Ertrag mit r_m. Der tatsächliche Ertrag ist risikobehaftet. Zum Zeitpunkt der Entscheidung über die Investition kennen wir eine Reihe möglicher Ergebnisse und die Wahrscheinlichkeit jedes dieser Ergebnisse, wissen aber nicht, welches spezielle Ergebnis eintreten wird. Die riskante Anlage wird einen höheren erwarteten Ertrag aufweisen als die risikofreie Anlage ($E_m > E_f$). Wäre dies nicht der Fall, würden risikoaverse Investoren nur kurzfristige Schatzwechsel kaufen, und es würden keine Aktien verkauft werden.

Das Investitionsportfolio Um zu bestimmen, wie viel Geld die Investorin in jede Anlage investieren sollte, setzen wir b gleich dem auf dem Aktienmarkt investierten Anteil ihrer Ersparnisse und $(1 - b)$ gleich dem zum Kauf von kurzfristigen Schatzwechseln verwendeten Anteil. Der erwartete Ertrag ihres gesamten Portfolios, E_p, ist ein gewichteter Durchschnitt des erwarteten Ertrags der beiden Anlagen:[14]

$$E_p = bE_m + (1 - b)E_f \tag{5.1}$$

Nehmen wir beispielsweise an, dass kurzfristige Schatzwechsel einen Ertrag von vier Prozent haben ($E_f = 0{,}04$), dass der erwartete Ertrag des Aktienmarktes 12 Prozent beträgt ($E_m = 0{,}12$) und $b = 1/2$ ist. In diesem Fall beträgt $E_p = 8$ Prozent. Wie risikobehaftet ist dieses Portfolio? Ein Maß des Risikos ist die Standardabweichung des Ertrags. Wir werden die *Standardabweichung* der riskanten Investition in den Aktienmarkt mit σ_m bezeichnen. Mittels einiger Rechenoperationen können wir zeigen, dass die *Standardabweichung des Portfolios* σ_p (mit einer riskanten und einer risikofreien Anlage) der in die riskante Anlage investierte Teil des Portfolios mal die Standardabweichung dieser Anlage ist:[15]

$$\sigma_p = b\sigma_m \tag{5.2}$$

---

14 Der Erwartungswert der Summe der beiden Variablen ist die Summe der Erwartungswerte. Folglich gilt: $R_p = E[br_m] + E[(1-b)R_f] = bE[r_m] + (1-b)R_f = bR_m + (1-b)R_f$

15 Um darzustellen warum dies der Fall ist, erkennen wir aus Fußnote 4, dass die Varianz des Ertrags des Portfolios wie folgt geschrieben werden kann: $\sigma_p^2 = E[br_m + (1-b)R_f - R_p]^2$
Durch Einsetzen von Gleichung (5.1) für den erwarteten Ertrag des Portfolios R_p erhalten wir:
$\sigma_p^2 = E[br_m + (1-b)R_f - bR_m - (1-b)R_f]^2 = E[b(r_m - R_m)]^2 = b^2\sigma_m^2$
Da die Standardabweichung einer Zufallsvariablen die Quadratwurzel ihrer Varianz ist, gilt:
$\sigma_p = b_m\sigma_m = b^2 E(r_m - R_m)^2$.

5.4.5 Das Entscheidungsproblem des Investors

Wir haben noch immer nicht bestimmt, wie die Investorin diesen Anteil b wählen sollte. Dazu müssen wir zunächst aufzeigen, dass sie sich einem Tradeoff zwischen Risiko und Ertrag gegenüber sieht, analog zur Budgetgeraden eines Konsumenten. Zur Bestimmung dieses Tradeoffs erkennen wir, dass die Gleichung (5.1) für den erwarteten Ertrag des Portfolios wie folgt umgeschrieben werden kann:

$$E_p = E_f + b(E_m - E_f)$$

Aus Gleichung (5.2) erkennen wir nun, dass $b = \sigma_p/\sigma_m$, so dass gilt:

$$E_p = E_f + \frac{(E_m - E_f)}{\sigma_m}\sigma_p \qquad (5.3)$$

> In § 3.2 wird erklärt, wie eine Budgetgerade aus dem Einkommen eines Individuums und den Preisen der verfügbaren Güter bestimmt wird.

Das Risiko und die Budgetgerade Diese Gleichung ist eine *Budgetgerade*, da sie den Tradeoff zwischen dem Risiko (σ_p) und dem erwarteten Ertrag (E_p) beschreibt. Dabei ist zu beachten, dass es sich um die Gleichung für eine Gerade handelt: Da E_m, E_f und σ_m Konstanten sind, ist die Steigung $(E_m - E_f)/\sigma_m$ eine Konstante genau wie der Achsenabschnitt E_f. Diese Gleichung besagt, dass *sich der erwartete Ertrag auf das Portfolio E_p erhöht, wenn sich die Standardabweichung dieses Ertrags σ_p erhöht*. Die Steigung dieser Budgetgeraden $(E_m - E_f)/\sigma_m$ wird als **Preis des Risikos** bezeichnet, da sie angibt, welches zusätzliche Risiko ein Investor auf sich nehmen muss, wenn er einen höheren erwarteten Ertrag erzielen will.

> **Marktpreis des Risikos**
>
> Zusätzliches Risiko, das ein Investor auf sich nehmen muss, um einen höheren erwarteten Ertrag zu erzielen.

Die Budgetgerade wird in Abbildung 5.6 dargestellt. Will die Investorin aus unserem Beispiel kein Risiko eingehen, kann sie ihr gesamtes Vermögen in kurzfristige Schatzwechsel investieren ($b = 0$) und einen erwarteten Ertrag von E_f erzielen. Um einen höheren erwarteten Ertrag zu erzielen, muss sie ein gewisses Risiko eingehen. Beispielsweise könnte sie ihr gesamtes Vermögen in Aktien investieren ($b = 1$), womit sie einen erwarteten Ertrag von E_m erzielen würde, aber eine Standardabweichung von σ_m auf sich nehmen müsste. Oder sie könnte einen gewissen Teil ihres Vermögens in jede der beiden Anlageformen investieren und somit einen erwarteten Ertrag irgendwo zwischen E_f und E_m erzielen, wobei die Standardabweichung geringer als σ_m, aber größer als 0 wäre.

Das Risiko und die Indifferenzkurven In Abbildung 5.6 wird auch die Lösung für das Problem der Investorin dargestellt. In der Abbildung werden drei Indifferenzkurven gezeigt. Jede Kurve beschreibt Kombinationen von Risiko und Ertrag, mit denen die Investorin die gleiche Befriedigung erzielt. Die Kurven sind positiv geneigt, da das Risiko nicht wünschenswert ist. Folglich wird bei einem größeren Risiko ein höherer erwarteter Ertrag nötig, damit die Investorin gleich gut gestellt ist. Mit der Kurve U_3 wird die höchste Befriedigung und mit U_1 die geringste Befriedigung erzielt: Bei einem bestimmten Risiko erzielt die Investorin auf U_3 einen höheren erwarteten Ertrag als auf U_2, und auf U_2 erzielt sie wiederum einen höheren erwarteten Ertrag als auf U_1.

Von den drei Indifferenzkurven würde die Investorin es bevorzugen auf U_3 zu sein. Diese Position ist allerdings nicht realisierbar, da U_3 die Budgetgerade nicht berührt. Die Kurve U_1 ist realisierbar, aber die Investorin kann noch besser gestellt werden. Wie der Konsument, der Mengen von Lebensmitteln und Bekleidung auswählt, stellt sich die

Investorin aus unserem Beispiel am besten, indem sie eine Kombination von Risiko und Ertrag in dem Punkt auswählt, in dem eine Indifferenzkurve (in diesem Fall U_2) die Budgetgerade berührt. In diesem Punkt hat der Ertrag der Investorin einen Erwartungswert E^* und eine Standardabweichung σ^*.

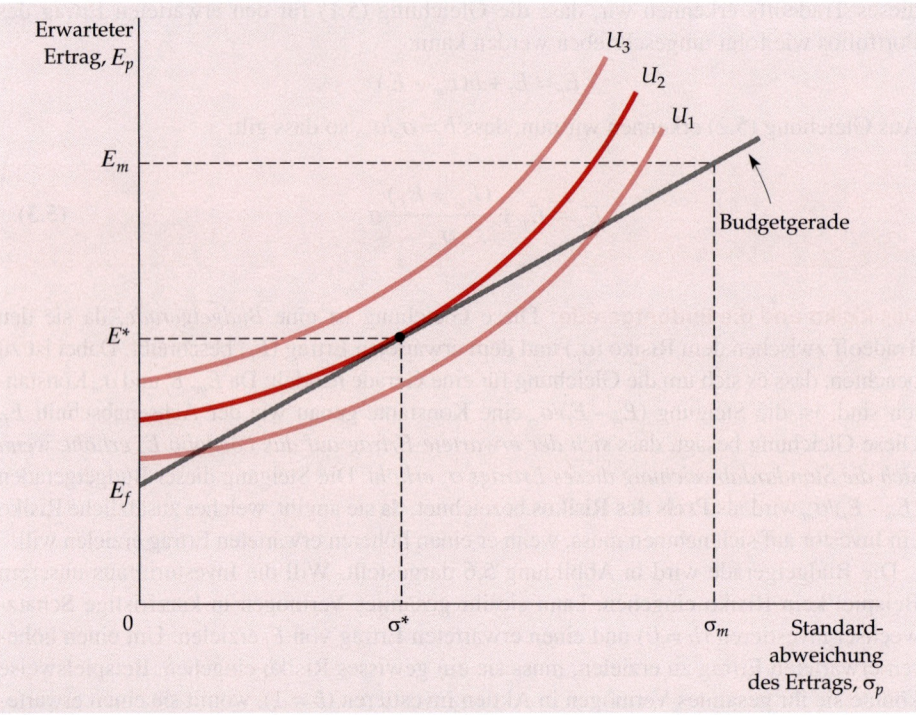

Abbildung 5.6: Die Entscheidung zwischen Risiko und Ertrag
Eine Investorin teilt ihr Vermögen auf zwei Anlagen auf -risikofreie kurzfristige Schatzwechsel und Aktien. Die Budgetgerade beschreibt den Tradeoff zwischen dem erwarteten Ertrag und dessen Risiko, gemessen durch die Standardabweichung. Die Steigung der Budgetgeraden ist $(E_m - E_f)/\sigma_m$, was dem Preis des Risikos entspricht. Es werden drei Indifferenzkurven dargestellt, die jeweils Kombinationen von Risiko und Ertrag zeigen, mit denen ein Investor die gleiche Befriedigung erzielt. Die Kurven sind positiv geneigt, da eine risikoaverse Investorin einen höheren erwarteten Ertrag verlangt, wenn sie ein größeres Risiko eingehen soll. Das nutzenmaximierende Investitionsportfolio befindet sich in dem Punkt, in dem die Indifferenzkurve U_2 die Budgetgerade berührt.

Natürlich unterscheiden sich die Menschen in ihren Einstellungen im Hinblick auf das Risiko. Diese Tatsache wird in Abbildung 5.7 dargestellt, die zeigt, wie zwei verschiedene Investoren ihre Portfolios auswählen. Der Investor A ist sehr risikoavers. Da seine Indifferenzkurve U_A die Budgetgerade in einem Punkt mit niedrigem Risiko berührt, wird er fast sein gesamtes Vermögen in kurzfristige Schatzwechsel investieren und einen erwarteten Ertrag E_A erzielen, der nur geringfügig höher ist als der risikofreie Ertrag E_f. Investorin B ist weniger risikoavers. Sie wird einen Großteil ihres Vermögens in Aktien investieren und, während der Ertrag ihres Portfolios einen höheren Erwartungswert E_B hat, wird er auch eine größere Standardabweichung σ_B aufweisen.

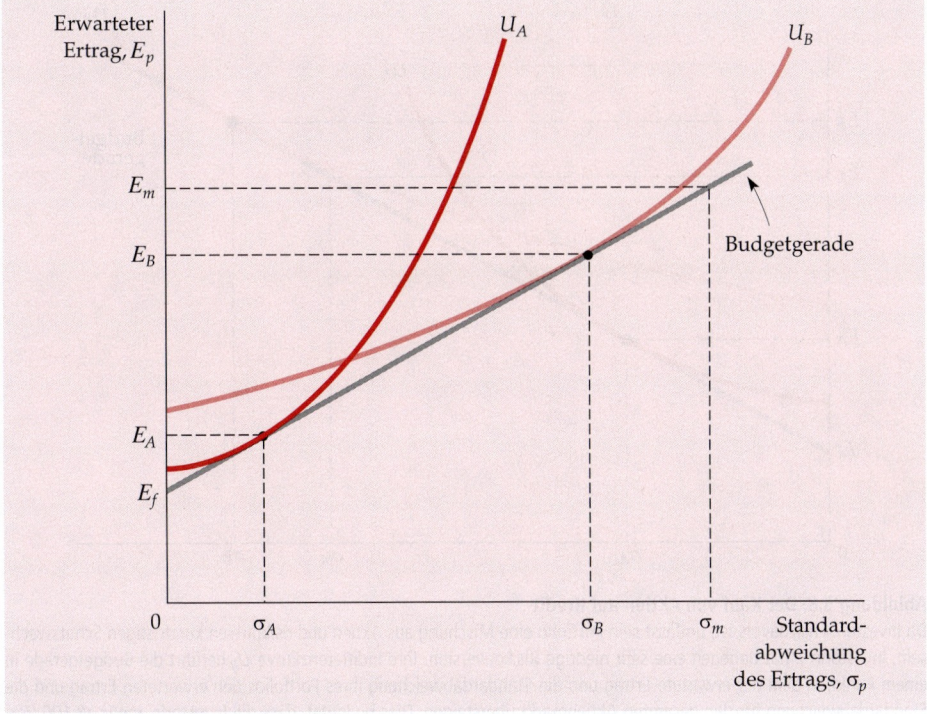

Abbildung 5.7: Die Entscheidungen zweier unterschiedlicher Investoren
Investor A ist sehr risikoavers. Da sein Portfolio hauptsächlich aus der risikofreien Anlage bestehen wird, ist sein erwarteter Ertrag E_A nur geringfügig höher als der risikofreie Ertrag. Sein Risiko σ_A wird allerdings auch nur gering sein. Investorin B ist weniger risikoavers. Sie wird einen Großteil ihres Vermögens in Aktien investieren. Obwohl der erwartete Ertrag ihres Portfolios E_B größer sein wird, ist allerdings der Ertrag auch risikobehafteter.

Hat die Investorin B eine ausreichend niedrige Risikoaversion, kann sie Aktien auf *Kredit* kaufen: Dies bedeutet, sie leiht von einer Maklerfirma Geld, um mehr Vermögen auf dem Aktienmarkt zu investieren als sie tatsächlich besitzt. In der Tat hält eine Person, die Aktien auf Kredit kauft, ein Portfolio, dessen Wert zu mehr als 100 Prozent in Aktien investiert ist. Diese Situation wird in Abbildung 5.8 dargestellt, die die Indifferenzkurven für zwei Investoren zeigt. Investor A, der vergleichsweise risikoavers ist, investiert circa die Hälfte seines Kapitals in Aktien. Investorin B dagegen hat eine Indifferenzkurve, die relativ flach verläuft und die Budgetgerade in einem Punkt berührt, in dem der erwartete Ertrag des Portfolios den erwarteten Ertrag des Aktienmarktes übersteigt. Um dieses Portfolio halten zu können, muss die Investorin Geld leihen, da sie *mehr* als 100 Prozent ihres Vermögens in den Aktienmarkt investieren will. Diese Art des Kaufes von Aktien auf Kredit ist eine Form der *Hebelwirkung*: Die Investorin kann ihren erwarteten Ertrag bis über das Niveau des gesamten Aktienmarktes steigern, aber dies geschieht zum Preis eines erhöhten Risikos.

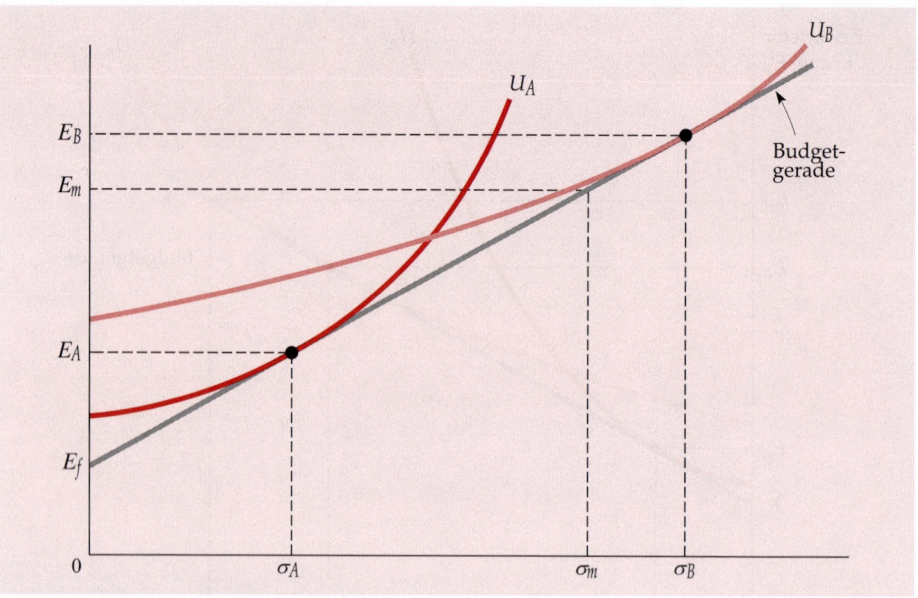

Abbildung 5.8: Der Kauf von Aktien auf Kredit
Da Investor *A* risikoavers ist, umfasst sein Portfolio eine Mischung aus Aktien und risikofreien kurzfristigen Schatzwechseln. Investorin *B* hat dagegen eine sehr niedrige Risikoaversion. Ihre Indifferenzkurve U_B berührt die Budgetgerade in einem Punkt, in dem der erwartete Ertrag und die Standardabweichung ihres Portfolios den erwarteten Ertrag und die Standardabweichung für den gesamten Aktienmarkt übersteigen. Dies bedeutet, dass die Investorin *mehr als* 100 Prozent ihres Vermögens in den Aktienmarkt investieren möchte. Sie tut dies durch den Kauf von Aktien *auf Kredit* – d.h., indem sie von einer Maklerfirma Geld leiht, um die Investition finanzieren zu können.

In den Kapiteln 3 und 4 haben wir das Problem der Konsumentenwahl vereinfacht, indem wir angenommen haben, dass der Konsument nur zwischen zwei Gütern – Lebensmitteln und Bekleidung – auswählen kann. Im gleichen Sinn haben wir auch die Wahl des Investors vereinfacht, indem wir sie auf kurzfristige Schatzwechsel und Aktien begrenzt haben. Die Grundprinzipien wären allerdings auch bei einer größeren Anzahl von Anlagen (z.B. Industrieanleihen, Grundstücken und verschiedenen Arten von Aktien) die gleichen. Jeder Investor muss zwischen dem Risiko und dem Ertrag abwägen.[16] Die Höhe des zusätzlichen Risikos, das ein Investor auf sich zu nehmen bereit ist, um einen höheren erwarteten Ertrag zu erzielen, hängt davon ab, wie risikoavers er ist. Weniger risikoaverse Investoren neigen dazu, einen größeren Anteil riskanter Anlagen in ihr Portfolio aufzunehmen.

---

[16] Wie bereits an früherer Stelle dieses Kapitels erwähnt, ist das nicht diversifizierbare Risiko von Bedeutung, da die Investoren das diversifizierbare Risiko durch den Erwerb vieler unterschiedlicher Aktien (z.B. durch Investmentfonds) eliminieren können. Das diversifizierbare und das nicht diversifizierbare Risiko werden in Kapitel 15 erörtert.

Beispiel 5.6: Investitionen auf dem Aktienmarkt

Während der 1990er trat eine Veränderung des Investitionsverhaltens der Amerikaner ein. Zum einen begannen viele Amerikaner zum ersten Mal auf dem Aktienmarkt zu investieren. 1989 hatten ca. 32 Prozent der Familien in den Vereinigten Staaten einen Teil ihres Vermögens entweder direkt (durch den Besitz einzelner Aktien) oder indirekt (durch Investmentfonds oder in Aktien investierte Pensionskassen) auf dem Aktienmarkt angelegt. Im Jahr 1998 stieg dieser Anteil auf mehr als 49 Prozent. Zusätzlich dazu erhöhte sich im gleichen Zeitraum der in Aktien investierte Anteil des Vermögens von ca. 26 Prozent auf ungefähr 54 Prozent.[17]

Ein Großteil dieser Veränderung ist den jüngeren Investoren zuzuschreiben. In der Gruppe der unter 35-Jährigen erhöhte sich die Beteiligung am Aktienmarkt von ca. 22 Prozent im Jahr 1989 auf ca. 41 Prozent im Jahr 1998. In den meisten Punkten hat sich das Anlageverhalten der Haushalte nach der Verschiebung in den 1990er Jahren stabilisiert. Im Jahr 2007 belief sich der Anteil von Familien mit Anlagen auf dem Aktienmarkt auf 51,1 %. Allerdings sind auch die älteren Amerikaner viel aktiver geworden. Im Jahr 2007 hielten 40 Prozent der Altersgruppe über 75 Jahre Aktien gegenüber nur 29 Prozent im Jahr 1998.

Warum begannen mehr Menschen auf dem Aktienmarkt zu investieren? Ein Grund dafür liegt im Beginn des Online-Handels über das Internet, durch den es viel einfacher wurde zu investieren. Ein weiterer Grund dafür kann im beträchtlichen Anstieg der Aktienkurse liegen, der während der späten 1990er, teilweise durch die sogenannte „Interneteuphorie" angetrieben, eintrat. Aufgrund dieser Steigerungen glaubten manche Investoren vielleicht, dass die Kurse auch in der Zukunft nur noch weiter steigen könnten. Ein Analyst formulierte es so: „Das gnadenlose Wachstum des Marktes über einen Zeitraum von sieben Jahren, die Popularität von Investmentfonds und der Wechsel der Arbeitgeber zu selbstgesteuerten Pensionsplänen sowie die Lawine von Publikationen zum Thema: „Investieren leicht gemacht" haben alle zur Schaffung einer Nation finanzwirtschaftlicher Alleswisser beigetragen".[18]

In Abbildung 5.9 werden die Dividendenrendite und das Kurs-Gewinn-Verhältnis für den S&P 500 (einen Index der Aktien von 500 großen Konzernen) für den Zeitraum 1970–2011 dargestellt. Dabei ist zu beobachten, dass die Dividendenrendite (die jährliche Dividende geteilt durch den Aktienkurs) von circa fünf Prozent im Jahr 1980 auf weniger als 2 Prozent im Jahr 2000 gefallen ist. Das Kurs-Gewinn-Verhältnis (der Aktienkurs geteilt durch den jährlichen Gewinn pro Aktie) erhöhte sich von ca. 8 im Jahr 1980 auf mehr als 40 im Jahr 2002, bevor es zwischen 2005 und 2007 auf ca. 20 fiel und dann bis 2011 gestiegen ist. Rückblickend betrachtet konnte ein solcher Anstieg des Kurs-Gewinn-Verhältnisses nur eintreten, wenn die Anleger zu der Überzeugung gelangt waren, dass die Gewinne der Unternehmen im folgenden Jahrzehnt weiterhin schnell wachsen würden. Dies deutet darauf hin, dass in den späten 1990ern viele Anleger einen niedrigen Grad der Risikoaversion aufwiesen oder recht optimistisch im Hinblick auf die Wirtschaft waren bzw. dass beides zutraf. ▶

---

17 Diese Daten stammen aus *Federal Reserve Bulletin*, Januar 2000 und der Survey of Consumer Finances 2011.

18 „We're All Bulls Here: Strong Market Makes Everybody an Expert", *Wall Street Journal*, 12. September 1997.

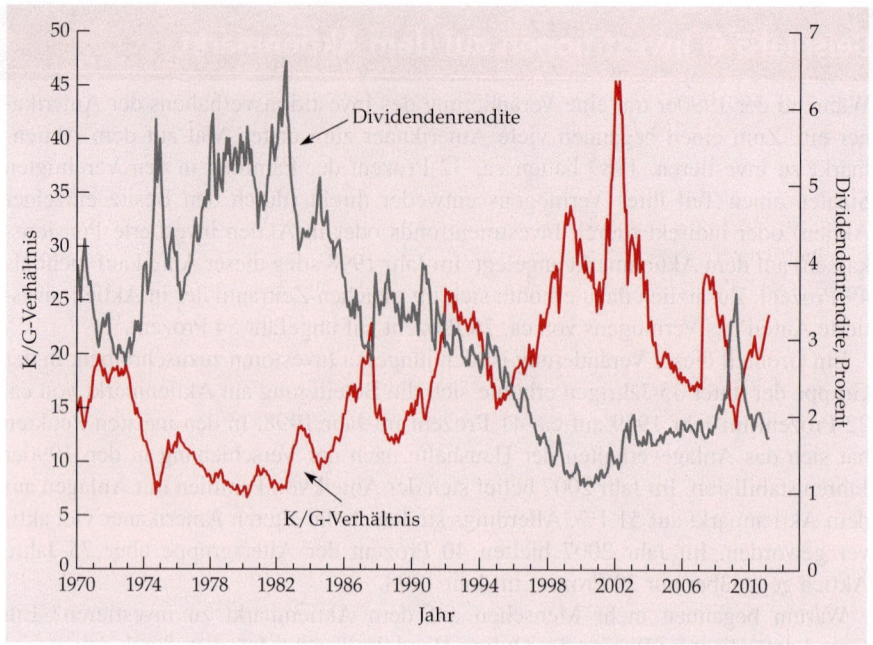

Abbildung 5.9: Die Dividendenrendite und das Kurs-Gewinn-Verhältnis für den S&P 500
Die Dividendenrendite (die jährliche Dividende geteilt durch den Aktienkurs) fiel von 1980 bis 1999 dramatisch, während das Kurs-Gewinn-Verhältnis (der Aktienkurs geteilt durch den jährlichen Gewinn pro Aktie) für den S&P 500 durchschnittlich gestiegen ist.

Als alternative Erklärung dieses Phänomens argumentierten einige Volkswirte, dass der Anstieg der Aktienpreise während der 1990er das Ergebnis von „Herdenverhalten" war, bei dem die Anleger unbedingt in den Markt gelangen wollten, nachdem sie von den erfolgreichen Erfahrungen anderer gehört hatten.[19]

Die psychologischen Motivationen, die das Herdenverhalten erklären, können auch zur Erklärung solcher Aktienmarktseifenblasen beitragen. Allerdings gehen diese Erklärungen weit über den Aktienmarkt hinaus. Sie treffen in einer Vielzahl von Situationen auch auf das Verhalten von Konsumenten und Führungskräften von Unternehmen zu. Ein solches Verhalten kann nicht immer durch die vereinfachten Annahmen erfasst werden, die wir bis zu diesem Punkt über die Verbraucherentscheidung getroffen haben. Im nächsten Kapitel werden wir auch diese Aspekte des Verhaltens detailliert erörtern und untersuchen, wie die traditionellen Modelle aus den Kapiteln 3 und 4 erweitert werden können, um ein Verständnis für dieses Verhalten zu entwickeln.

---

19 Siehe beispielsweise Robert Shiller, *Irrational Exuberance*", Princeton University Press, 2000.

5.5 Blasen

Von 1995 bis 2000 sind die Aktienpreise vieler Internetunternehmen drastisch gestiegen. Was steckte hinter diesen dramatischen Preissteigerungen? Man könnte, wie viele Aktienanalysten, Anlageberater und gewöhnliche Anleger das damals getan haben, argumentieren, dass diese Preissteigerungen durch fundamentale Daten gerechtfertigt waren. Damals glaubten viele, dass das Potenzial des Internets, insbesondere mit der zunehmenden Verfügbarkeit von Internetzugängen mit hoher Übertragungsgeschwindigkeit, praktisch grenzenlos war. Schließlich wurden zunehmend mehr Güter und Leistungen online über Unternehmen wie Amazon.com, Craigslist.org, Ticketmaster.com, Fandango.com und eine große Vielzahl anderer Webseiten gekauft. Überdies begannen mehr und mehr Menschen, die Nachrichten online zu lesen, anstatt gedruckte Zeitungen und Zeitschriften zu kaufen. Außerdem wurden Informationen zunehmend online über Quellen wie Google, Bing, Wikipedia und WebMD zur Verfügung gestellt. Infolgedessen begannen die Unternehmen, einen zunehmenden Teil ihrer Werbung anstatt in Zeitungen und im Fernsehen im Internet zu platzieren.

Und tatsächlich hat das Internet mit Sicherheit das Leben der meisten von uns verändert. (De facto werden einige der Leser die elektronische Version dieses Buches lesen, die von der Pearson-Webseite heruntergeladen (und hoffentlich auch bezahlt) wurde.) Heißt das nun allerdings auch, dass ein Unternehmen, dessen Name auf „..com" endet, in der Zukunft auch tatsächlich hohe Gewinne erwirtschaften wird? Wahrscheinlich nicht. Und doch haben viele Anleger (wobei hier „Spekulanten" wahrscheinlich eine passendere Bezeichnung wäre) die Aktien von Internetunternehmen zu sehr hohen Preisen gekauft – Preise, die sich zunehmend schwer durch fundamentale Daten, d.h. auf der Grundlage rationaler Vorhersagen der zukünftigen Rentabilität, rechtfertigen ließen. Dies führte zur Internetblase, einem Preisanstieg der Internetaktien, der nicht auf der Geschäftsrentabilität, sondern auf der Überzeugung beruhte, dass die Preise der betreffenden Aktien weiter steigen würden. Diese **Blase** platzte, als die Anleger erkannten, dass die Rentabilität dieser Unternehmen alles andere als sicher war und dass Preise, die steigen, auch wieder fallen können

Blasen sind häufig das Ergebnis von irrationalem Verhalten. Die Menschen denken nicht mehr klar. Sie kaufen etwas, weil der Preis immer weiter steigt und sie (vielleicht unterstützt durch die Meinung anderer) glauben, dass der Preis noch weiter steigen wird, so dass Gewinne sicher sind. Fragt man diese Anleger, ob denn der Preis irgendwann einmal fallen könnte, antworten sie typischerweise: „Ja, aber vorher verkaufe ich." Wenn man dann weiter fragt, woher sie denn wissen, wann der Preis zu fallen beginnt, lautet die Antwort wahrscheinlich: „Ich kann das erkennen." Allerdings ist es natürlich so, dass der Anleger es nicht erkennt. Die Anleger verkaufen, nachdem der Preis gefallen ist und verlieren damit zumindest einen Teil ihrer Investition. (Der Lichtblick dabei mag allerdings sein, dass die Anleger im Zuge dessen zumindest etwas über Wirtschaftswissenschaften lernen.)

Blasen sind häufig insoweit harmlos, als zwar einige Menschen Geld verlieren, aber die Volkswirtschaft insgesamt keinen dauerhaften Schaden nimmt. Das ist allerdings nicht immer der Fall. Die Vereinigten Staaten erlebten eine langandauernde Immobilienpreisblase, die im Jahr 2008 platzte und zu finanziellen Verlusten bei Großbanken führte. In der Hoffnung, dass sich der Immobilienpreisboom weiter fortsetze, hatten nämlich die Großbanken viele Hypotheken an Menschen vergeben, die sich die monatlichen Zahlungen eigentlich gar nicht leisten konnten. Viele dieser Hypotheken waren nun nicht mehr viel wert, denn die Schuldner verloren in der einsetzenden Wirtschaftskrise ihre Arbeit und konnten dem monatlichen Schuldendienst an die Großbanken nicht mehr nachkom-

> **Blase**
>
> Anstieg des Preises eines Gutes, der nicht auf den grundlegenden Nachfragefaktoren oder Fundamentaldaten, sondern auf der Überzeugung beruht, dass der Preis weiter steigen wird.

> Aus Kapitel 4.3 ist bekannt, dass die spekulative Nachfrage nicht durch den direkten Nutzen aus dem Besitz oder dem Konsum eines Gutes, sondern durch die Erwartung angetrieben wird, dass der Preis des Gutes steigen wird.

men. Einige dieser Banken erhielten hohe staatliche Hilfszahlungen, um sie vor der Insolvenz zu retten. Viele Hausbesitzer hatten allerdings weniger Glück und verloren ihre Häuser durch Zwangsversteigerungen. Ende des Jahres 2008 befanden sich die USA in der schlimmsten Rezession seit der Weltwirtschaftskrise der 1930er Jahre. Und die alles andere als harmlose Immobilienpreisblase war zumindest teilweise dafür verantwortlich.

Beispiel 5.7: Die Immobilienpreisblase (I)

Circa ab dem Jahr 1998 begannen die US-amerikanischen Immobilienpreise dramatisch anzusteigen. In Abbildung 5.10 wird der S&P/Case Shiller Wohnimmobilienpreisindex für die USA insgesamt dargestellt.[20] Von 1987 (dem Zeitpunkt der ersten Veröffentlichung des Index) bis 1998 stieg der Index nominell um circa 3 Prozent pro Jahr. (Real ausgedrückt, d.h. nach Abzug der Inflation, sank der Index um ungefähr 0,5 Prozent pro Jahr.) Dies war eine normale, dem Bevölkerungs- und Einkommenszuwachs sowie der Inflation entsprechende Preissteigerungsrate. Dann begannen die Preise allerdings viel schneller zu steigen, wobei der Index um circa 10 Prozent pro Jahr stieg und schließlich 2006 den Höchstwert von 190 erreichte. Während dieses acht Jahre umfassenden Zeitraums von 1998 bis 2006 glaubten viele Menschen den Mythos, dass Immobilien eine todsichere Anlage darstellen und dass die Preise einfach nur steigen können. Auch viele Banken folgten diesem Mythos und zahlten Hypotheken an Kunden aus, deren Einkommen deutlich niedriger als notwendig war, um langfristig die monatlichen Zinszahlungen und Tilgungen leisten zu können. Infolgedessen nahm die Nachfrage nach Wohnimmobilien dramatisch zu. Einige Anleger kauften im Zuge dieser Entwicklung vier oder fünf Häuser, in der Annahme, diese in einem Jahr wieder verkaufen und schnelle Gewinne erzielen zu können. Durch diese spekulative Nachfrage wurden die Preise noch weiter in die Höhe getrieben.

Allerdings passierte im Jahr 2006 dann etwas Seltsames: Die Preise stiegen nicht weiter. Tatsächlich sanken sie 2006 sogar geringfügig (um nominell ungefähr 2 Prozent). Im Jahr 2007 begannen die Preise dann schnell zu sinken und 2008 war klar, dass der große Immobilienboom nur eine Blase war und dass diese Blase geplatzt war. Vom Spitzenwert Anfang des Jahres 2006 bis 2011 sanken die Immobilienpreise nominell um über 33 Prozent. (Real sanken sie um beinahe 40%.) Hier ist zu berücksichtigen, dass dieser Wert einen Durchschnittswert für die gesamten Vereinigten Staaten darstellt. In einigen Staaten, wie Florida, Arizona und Nevada erwies sich die Blase als viel schlimmer und die Preise stürzten um mehr als 50 Prozent ab. ▶

---

20 Der S&P/Case Shiller Index misst die Veränderung der Immobilienpreise durch die Nachverfolgung wiederholter Verkäufe von Einfamilienhäusern in 20 Städten in den gesamten Vereinigten Staaten. Durch den Vergleich des ursprünglichen Kaufpreises eines Hauses mit dem in späteren Verkäufen erzielten Preis kann der Index auch andere Variablen (d.h. Größe, Standort, Stil) berücksichtigen, die ebenfalls zu steigenden Immobilienpreisen führen können.

Die Vereinigten Staaten waren nicht das einzige Land mit einer Immobilienpreisblase. In Europa passierte mehr oder weniger das Gleiche. So kletterten beispielsweise die Immobilienpreise in Irland, einer boomenden Wirtschaft mit steigenden Auslandsinvestitionen, zwischen 1995 und 2007 um 305% (641% zwischen 1987 und 2007 – jeweils nominell). Nach einem Jahrzehnt überdurchschnittlichen Wachstums platzte dann die Blase in Irland. Im Jahr 2010 waren die Immobilienpreise um über 28% gegenüber dem Spitzenwert 2007 gefallen. In Spanien und anderen europäischen Ländern geschah Ähnliches. Diese Entwicklungen haben zu einer weltweiten Schuldenkrise beigetragen. Andere offensichtliche Blasen werden noch platzen. So steigen in vielen chinesischen Städten, einschließlich Schanghai und Peking, die Immobilien- und Grundstückspreise so schnell an, dass einige Wohnungen Berichten zufolge ihren Wert innerhalb von wenigen Monaten verdoppeln.[21]

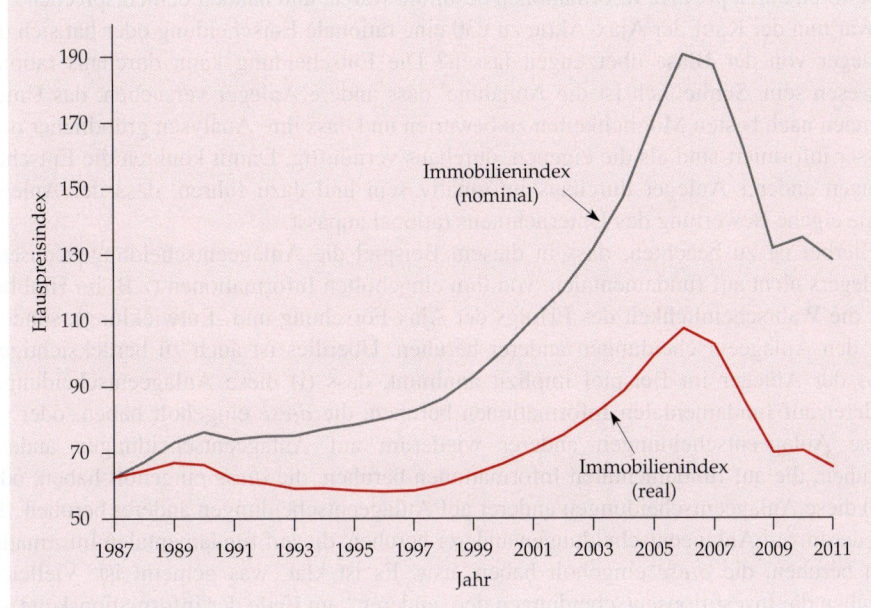

Abbildung 5.10: S&P/Case Shiller-Wohnimmobilienpreisindex
Der Index zeigt den durchschnittlichen Eigenheimpreis in den Vereinigten Staaten auf nationaler Ebene. Hier sind der Anstieg des Index von 1998 bis 2007 sowie der darauffolgende drastische Rückgang zu erkennen.

---

21 Aus Angst vor einem plötzlichen Zusammenbruch hat die chinesische Regierung Maßnahmen zur Begrenzung der explodierenden Immobilienpreise ergriffen, die Anforderungen zur Kreditvergabe verschärft und fordert höhere Anzahlungen von Käufern. Siehe dazu: http://www.businessinsider.com/the-chinese-real-estate-bubble-is-the-most-obvious-bubble-ever-2010-1#prices-are-way-out-of-whack-compared-to-global-standards-3.

5.5.1 Informationskaskaden

Es sei angenommen, ein Anleger erwägt, in die Aktien der Ajax Corp. zu investieren, die zu €20 pro Aktie gehandelt werden. Ajax ist ein Biotechnologieunternehmen, das an einem radikal neuen Ansatz zur Behandlung chronischer Langeweile (einer Erkrankung, an der häufig Studenten der Volkswirtschaftslehre leiden) arbeitet. Für den Anleger ist es schwierig, die Aussichten des Unternehmens zu bewerten, aber €20 scheint ein angemessener Preis zu sein. Jetzt sieht er allerdings, dass der Preis auf €21 und €22 steigt und dann auf €25 pro Aktie springt. Und tatsächlich haben einige Freunde des Anlegers gerade Aktien zu €25 gekauft. Jetzt erreicht der Preis sogar €30. Andere Anleger scheinen also etwas zu wissen. Vielleicht haben sie sich mit Biochemikern besprochen, die die Aussichten des Unternehmens besser bewerten können. Deshalb entscheidet unser Anleger sich, die Aktie zu einem Preis von €30 zu kaufen. Er ist überzeugt, dass die Entscheidungen der anderen Investoren durch positive Informationen bestimmt waren, und handelt dementsprechend.

War nun der Kauf der Ajax-Aktie zu €30 eine rationale Entscheidung oder hat sich der Anleger von der Blase überzeugen lassen? Die Entscheidung kann durchaus rational gewesen sein. Schließlich ist die Annahme, dass andere Anleger versuchen, das Unternehmen nach besten Möglichkeiten zu bewerten und dass ihre Analysen gründlicher oder besser informiert sind als die eigenen, durchaus vernünftig. Damit könnten die Entscheidungen anderer Anleger durchaus informativ sein und dazu führen, dass der Anleger seine eigene Bewertung des Unternehmens rational anpasst.

Hierbei ist zu beachten, dass in diesem Beispiel die Anlageentscheidungen unseres Anlegers nicht auf fundamentalen, von ihm eingeholten Informationen (z.B. im Hinblick auf die Wahrscheinlichkeit des Erfolgs der Ajax-Forschung und -Entwicklung), sondern auf den Anlageentscheidungen anderer beruhen. Überdies ist auch zu berücksichtigen, dass der Anleger im Beispiel implizit annimmt, dass (i) diese Anlageentscheidungen anderer auf fundamentalen Informationen beruhen, die *diese* eingeholt haben, oder (ii) diese Anlageentscheidungen anderer wiederum auf Anlageentscheidungen anderer beruhen, die auf fundamentalen Informationen beruhen, die *diese* eingeholt haben, oder (iii) diese Anlageentscheidungen anderer auf Anlageentscheidungen anderer beruhen, die wiederum auf Anlageentscheidungen anderer beruhen, die auf fundamentalen Informationen beruhen, die *diese* eingeholt haben, usw. Es ist klar, was gemeint ist. Vielleicht beruhen die Investitionsentscheidungen der „anderen" am Ende der Informationskette auf schwachen Informationen, die nicht aussagekräftiger waren als die Informationen, mit denen unser Anleger begonnen hat, über Ajax nachzudenken. Mit anderen Worten ausgedrückt bedeutet dies, dass die Anlageentscheidungen unseres Anlegers das Ergebnis einer Informationskaskade sein können. Dabei handelt es sich um Entscheidungen auf der Grundlage von Entscheidungen auf der Grundlage von Entscheidungen usw. usw., die durch sehr begrenzte fundamentale Informationen angetrieben werden.

Die aus einer **Informationskaskade** resultierende Blase kann tatsächlich insoweit rational sein, als sie eine Grundlage für die Überzeugung bietet, dass eine Investition in die Blase zu einem Gewinn führen wird. Der Grund dafür ist, dass *der erwartete Gewinn eines Anlegers an nachgeordneter Stelle der Kette positiv ist,* wenn die Anleger frühzeitig in der Kette tatsächlich positive Informationen ermitteln und Entscheidungen auf diesen Informationen beruhen.[22] Allerdings geht damit ein beträchtliches Risiko einher, das zumindest von einigen Anlegern unterschätzt wird.

> **Informationskaskade**
>
> Die Bewertung (beispielsweise einer Anlagemöglichkeit) teilweise auf der Grundlage der Handlungen anderer, die wiederum auf den Handlungen anderer beruhen.

Beispiel 5.8: Die Immobilienpreisblase (II)

Informationskaskaden können zur Erklärung der Immobilienpreisblasen in den USA und anderen Ländern beitragen. So haben sich beispielsweise die Preise für Eigenheime in Miami zwischen 1999 und 2006 beinahe verdreifacht. Wäre es vollkommen irrational gewesen, im Jahr 2006 eine Immobilie in Miami zu kaufen? In den Jahren vor 2006 haben einige Analysten, teilweise aufgrund der zunehmenden Anzahl von Rentnern, die in ein wärmeres Klima umziehen wollten, sowie teilweise aufgrund des Zustroms von Einwanderern mit familiären oder anderen Verbindungen in Miami, eine deutliche Zunahme der Nachfrage nach Wohnimmobilien in Miami und anderen Teilen Floridas vorhergesagt. Wenn andere Anleger in der Überzeugung, dass diese Analysten ihre Hausaufgaben gemacht haben, gehandelt haben, so kann ihre Anlage durchaus rational gewesen sein.

Überdies können Informationskaskaden auch zur Erklärung der Immobilienblasen beitragen, zu denen es an anderen Orten in den USA, insbesondere in Arizona, Nevada und Kalifornien, gekommen ist. (Siehe Abbildung 5.11.) Auch in diesen Fällen hatten einige Analysten große Steigerungen der Nachfrage prognostiziert.

Andererseits sagten nur wenige Analysten große Zunahmen der Nachfrage in Städten wie Cleveland (das nicht gerade ein Paradies für Rentner ist) vorher. Tatsächlich waren solche Städte dann auch nur in geringem Maß von der Blase betroffen.

War also der Kauf einer Immobilie in Miami im Jahr 2006 rational? Unabhängig von der Frage, ob ein solcher Kauf nun rational war oder nicht, hätten die Anleger wissen müssen, dass der Kauf von Immobilien dort (oder an anderen Orten in Florida, Arizona, Nevada und Kalifornien) mit erheblichen Risiken verbunden war. Rückblickend wissen wir heute, dass viele dieser Investoren ihr letztes Hemd (und dabei auch ihr Heim) verloren haben. ▶

---

[22] Für ein relativ einfaches Beispiel, das diese Tatsache illustriert (und eine interessante Erörterung bietet), siehe S. Bikhchandani, D. Hirschleifer und I. Welch, „Learning from the Behaviour of Others: Conformity, Fads and Informational Cascades", *12 Journal of Economic Perspectives*, (Sommer 1998): 151–170.

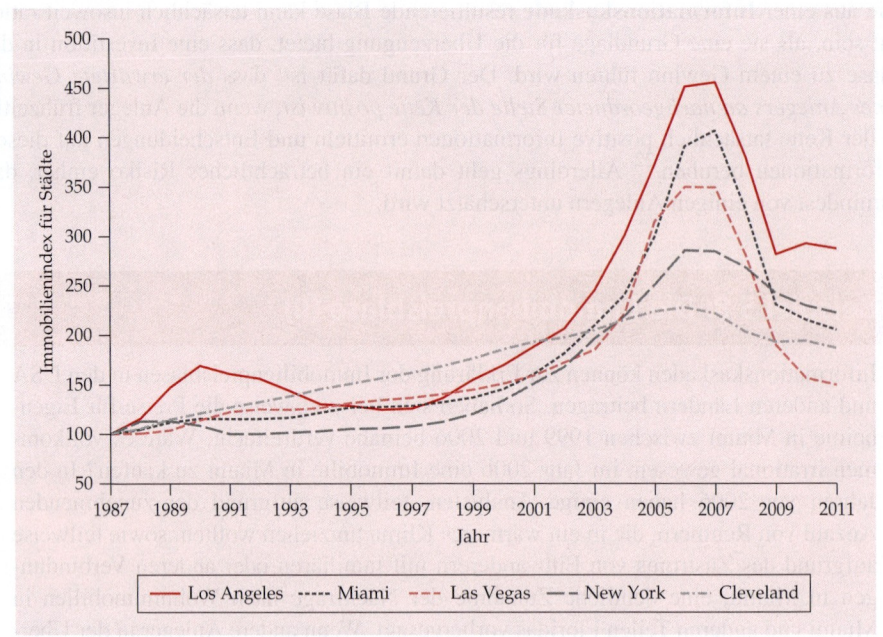

Abbildung 5.11: S&P/Case Shiller-Wohnimmobilienpreisindex für fünf Städte
Der Index gibt den (nominellen) durchschnittlichen Eigenheimpreis für fünf verschiedene Städte an. In einigen Städten war die Immobilienblase viel schlimmer ausgeprägt als in anderen. In Los Angeles, Miami und Las Vegas ist es zu einigen der stärksten Steigerungen der Eigenheimpreise gekommen und beginnend im Jahr 2007 stürzten die Preise dann ab. Andererseits hat Cleveland die Immobilienblase weitgehend vermieden. Hier sind die Eigenheimpreise nur moderat gestiegen und dann wieder gefallen.

5.6 Verhaltensökonomie

An dieser Stelle sei daran erinnert, dass die grundlegende Theorie der Verbrauchernachfrage auf drei Annahmen beruht: (1) Die Verbraucher bevorzugen einige Güter klar gegenüber anderen. (2) Die Verbraucher werden mit Budgetbeschränkungen konfrontiert und (3) die Verbraucher wählen bei gegebenen Präferenzen, begrenztem Einkommen und gegebenen Preisen verschiedener Güter Kombinationen von Gütern aus, die ihre Zufriedenheit (bzw. ihren Nutzen) maximieren. Allerdings sind diese Annahmen nicht immer realistisch: Die Präferenzen sind nicht immer eindeutig oder können sich je nach dem Kontext, in dem die Entscheidungen gefällt werden, ändern und die Verbraucherentscheidungen sind nicht immer nutzenmaximierend.

Vielleicht könnte unser Verständnis der Verbrauchernachfrage (sowie der Entscheidungen von Unternehmen) verbessert werden, wenn wir realistischere und detailliertere Annahmen zum menschlichen Verhalten berücksichtigen. Dies ist das Ziel des sich neu entwickelnden Fachgebiets der *Verhaltensökonomie*, das das Gebiet der Mikroökonomie erweitert und bereichert hat.[23] Dieses Thema wird eingeführt, indem einige Beispiele für Verbraucherverhalten dargestellt werden, die nicht einfach unter Verwendung der grundlegenden Annahmen zur Nutzenmaximierung, auf die wir uns bisher gestützt haben, erklärt werden können:

- Es hat gerade einen schweren Schneesturm gegeben, also fahren Sie zum Baumarkt, um einen Schneeschieber zu kaufen. Sie hatten erwartet, dass Sie für den Schneeschieber einen Preis von €20 bezahlen müssen – den Preis, den der Baumarkt normalerweise verlangt. Jetzt stellen Sie allerdings fest, dass der Baumarkt den Preis plötzlich auf €40 erhöht hat. Obwohl Sie eine Preiserhöhung aufgrund des Schneesturms erwarten würden, sind Sie der Ansicht, dass eine Verdopplung des Preises ungerecht ist und der Baumarkt Sie ausnutzen will. Verärgert kaufen Sie den Schneeschieber nicht.[24]
- Sie haben genug von dem ganzen Schnee und beschließen deshalb, in den Urlaub aufs Land zu fahren. Unterwegs halten Sie an einer Raststätte an, um Mittag zu essen. Obwohl es unwahrscheinlich ist, dass Sie jemals in dieses Restaurant zurückkehren, halten Sie es für gerecht und angemessen, als Anerkennung für den guten Service, der Ihnen geboten wurde, ein Trinkgeld in Höhe von 15 Prozent zu geben.
- Sie kaufen dieses Lehrbuch in einer Online-Buchhandlung, da der Preis dort niedriger ist, als der Preis in Ihrer örtlichen Buchhandlung. Allerdings berücksichtigen Sie beim Preisvergleich die Versandkosten nicht.

In jedem dieser Beispiele wird ein plausibles Verhalten dargestellt, das nicht mit Hilfe eines ausschließlich auf den in den Kapiteln 3 und 4 beschriebenen Grundannahmen beruhenden Modells erklärt werden kann. Stattdessen müssen wir Erkenntnisse aus der Psychologie und Soziologie nutzen, um unsere Grundannahmen zum Verbraucherverhalten zu ergänzen. Diese Erkenntnisse helfen uns, die komplexeren Verbraucherpräferenzen, die Verwendung einfacherer Regeln zur Entscheidungsfindung und die Schwierigkeiten zu erklären, die Menschen häufig haben, die Gesetze der Wahrscheinlichkeit zu verstehen.

Anpassungen des Standardmodells der Verbraucherpräferenzen und nachfrage können in drei Kategorien eingeteilt werden: die Tendenz, Güter und Leistungen teilweise aufgrund der Umgebung zu bewerten, in der man sich befindet, die Sorge über die Gerechtigkeit einer Wirtschaftstransaktion und die Verwendung einfacher Faustregeln zur Lösung komplexer wirtschaftlicher Entscheidungen. Diese werden im Folgenden einzeln betrachtet.

---

23 Für eine detailliertere Erörterung des in diesem Abschnitt vorgestellten Materials siehe Stefano Della Vigna, „Psychology and Economics: Evidence from the Field", *Journal of Economic Literature* (in Kürze erscheinend), Colin Camerer und George Loewenstein, „Behavioral Economics: Past, Present and Future", in Colin Camerer, George Loewenstein und Matthew Rabin (Hrsg.), *Advances in Behavioral Economics*, Princeton University Press, 2003.

24 Dieses Beispiel beruht auf Daniel Kahnemann, Jack Knetsch und Richard H. Thaler, „Fairness as a Constraint on Profit Seeking: Entitlements in the Market", *American Economic Review* 76 (September 1986), S. 728–741.

5.6.1 Referenzpunkte und Verbraucherpräferenzen

Referenzpunkt

Der Punkt, von dem aus eine Person eine Konsumentscheidung trifft.

Das Standardmodell des Verbraucherverhaltens beruht auf der Annahme, dass die Konsumenten den von ihnen gekauften Gütern und Dienstleistungen einzigartige Werte beimessen. Die Psychologen und Marktforschungsstudien haben allerdings festgestellt, dass der wahrgenommene Wert teilweise von der Umgebung abhängt, in der die Kaufentscheidung getroffen wird. Diese Umgebung schafft einen **Referenzpunkt**, auf dem die Präferenzen zumindest teilweise beruhen können. Der Referenzpunkt kann diese Entscheidung stark beeinflussen.

Betrachten wir beispielsweise die Preise für Wohnungen in Pittsburgh und San Francisco. In Pittsburgh betrug im Jahr 2006 die durchschnittliche Monatsmiete für eine Zweizimmerwohnung ca. $650, während in San Francisco die Miete für eine ähnliche Wohnung $2.125 betrug. Für jemanden, der an die Miete in San Francisco gewöhnt ist, könnte Pittsburgh wie ein Schnäppchen wirken. Andererseits könnte sich jemand, der von Pittsburgh nach San Francisco zieht, „über den Tisch gezogen" fühlen – und es ungerecht finden, dass die Wohnungen so teuer sind.[25]

In diesem Beispiel unterscheidet sich der Referenzpunkt deutlich zwischen den Personen, die lange in San Francisco leben und denen, die lange Zeit in Pittsburgh leben.

Referenzpunkte können sich aus vielen Gründen entwickeln: unser Konsum des Gutes in der Vergangenheit, unsere Erfahrungen in einem Markt, unsere Erwartungen darüber, wie sich die Preise verhalten sollten und selbst der Kontext, in dem wir ein Gut konsumieren. Referenzpunkte können deutliche Auswirkungen darauf haben, wie Individuen an ökonomische Entscheidungen herangehen.

Im Folgenden werden verschiedene Beispiele von Referenzpunkten und die Art und Weise, wie diese das Verbraucherverhalten beeinflussen, beschrieben.

Besitztumseffekt (Endowment-Effekt)

Bei Individuen verzeichnete Tendenz, einem Gut, das man besitzt, einen höheren Wert beizumessen, als einem Gut, bei dem dies nicht der Fall ist.

Endowment-Effekt Ein bekanntes Beispiel eines Referenzpunktes ist der **Besitztumseffekt (Endowment-Effekt)** – die Tatsache, dass Individuen einem Gut einen höheren Wert beimessen, wenn sie es besitzen, als wenn sie es nicht besitzen. Eine Möglichkeit, diesen Effekt zu illustrieren, bildet die Kluft zwischen dem Preis, den eine Person bereit ist, für ein Gut zu bezahlen, und dem Preis, zu dem die Person bereit ist, das gleiche Gut an eine andere Person zu verkaufen. Die grundlegende Theorie des Verbraucherverhaltens besagt, dass dieser Preis eigentlich gleich sein sollte, während viele Experimente gezeigt haben, dass dies nicht dem entspricht, was in der Praxis passiert.[26]

In einem Experiment im Unterricht wurde einer Hälfte der Studenten zufällig ein Gratiskaffeebecher mit einem Wert von $5 zugeteilt, während die andere Hälfte der Studenten nichts bekam.[27] Die Studenten, die einen Becher erhalten hatten, wurden nach dem Mindestpreis gefragt, zu dem sie den Becher an ihren Professor zurückverkaufen

---

[25] Dieses Beispiel beruht auf Uri Simonsohn und George Loewenstein, „Mistake #37: The Effects of Previously Encountered Prices on Current Housing Demand", *The Economic Journal* 116 (Januar 2006), S. 175–199.

[26] Derartige experimentelle Arbeit ist für die Entwicklung der Verhaltensökonomie wichtig. Aus diesem Grund erhielt im Jahr 2002 Vernon Smith, der einen Großteil der Pionierarbeit im Bereich des Einsatzes von Experimenten zur Prüfung wirtschaftlicher Theorien geleistet hat, zusammen mit einem weiteren Forscher den Nobelpreis.

[27] Daniel Kahneman, Jack L. Knetsch und Richard H. Thaler, „Experimental Tests of the Endowment Effect and the Coase Theorem", *Journal of Political Economy* 98, (Dezember 1990), S. 1925–48.

würden, während die zweite Gruppe nach dem minimalen Geldbetrag gefragt wurde, den sie anstatt eines Bechers akzeptieren würden. Die beiden Gruppen waren mit ähnlichen Entscheidungen konfrontiert, allerdings ging jede von einem anderen Referenzpunkt aus.

Bei der ersten Gruppe, deren Referenzpunkt der Besitz eines Bechers war, betrug der durchschnittliche Verkaufspreis $7,00. Die zweite Gruppe, deren Referenzpunkt der Nichtbesitz eines Bechers war, war bereit, durchschnittlich $3,50 anstatt eines Bechers zu akzeptieren. Diese Kluft der Preise zeigt, dass der Verzicht auf den Becher von denjenigen, die einen Becher erhalten hatten, als größerer „Verlust" empfunden wurde, als der „Gewinn" aus dem Erhalt eines Bechers, für diejenigen, die keinen erhalten hatten. Hierbei handelt es sich um einen Endowment-Effekt – der Becher hat für denjenigen einen höheren Wert, der den Becher bereits besitzt.

Verlustaversion   Das oben beschriebene Experiment mit dem Kaffeebecher ist auch ein Beispiel für die **Verlustaversion** – die bei Individuen verzeichnete Tendenz, die Vermeidung von Verlusten gegenüber der Erzielung von Gewinnen zu bevorzugen. Die Studenten, die den Becher besaßen und überzeugt waren, dass der Marktwert des Bechers $5 beträgt, waren gegenüber einem Verkauf des Bechers zu weniger als $5 avers, da ein solcher Verkauf zu einem wahrgenommenen Verlust geführt hätte. Die Tatsache, dass sie den Kaffeebecher gratis erhalten hatten und damit insgesamt trotzdem noch einen Gewinn erzielt hätten, spielte keine so große Rolle.

Als weiteres Beispiel für die Verlustaversion kann angeführt werden, dass Individuen mitunter zögern, Aktien mit Verlust zu verkaufen, selbst wenn sie den Verkaufserlös in andere Aktien investieren könnten, die sie für eine bessere Anlage halten. Warum ist das so? Weil der ursprüngliche, für die Aktien bezahlte Preis – der sich tatsächlich als für die Gegebenheiten des Marktes zu hoch erwiesen hat – als Referenzpunkt wirkt und die Menschen verlustavers sind. (Der Verlust von €1.000 bei einer Anlage scheint mehr zu „schmerzen" als der wahrgenommene Nutzen aus dem Gewinn von €1.000.) Obwohl es so scheint, dass es eine Vielzahl von Umständen gibt, unter denen Besitztumseffekte auftreten, wissen wir heute, dass diese Effekte zu verschwinden neigen, wenn die Verbraucher einschlägige Erfahrungen sammeln. So würde nicht erwartet werden, dass Börsenmakler oder andere Anlageprofis die oben beschriebene Verlustaversion aufweisen.[28]

Framing   Präferenzen werden auch durch die Einordnung (**Framing**), eine weitere Form der Referenzpunkte, beeinflusst. Framing ist die Tendenz, sich bei der Entscheidungsfindung auf den Kontext zu verlassen, in dem eine Entscheidung beschrieben wird. Wie Entscheidungen eingeordnet werden – welche Namen sie erhalten, der Kontext, in dem sie beschrieben werden, sowie deren Auftreten – beeinflusst die von Individuen getroffenen Entscheidungen. Ist es zum Beispiel wahrscheinlicher, dass der Leser eine Hautcreme kauft, auf deren Packung steht „verlangsamt den Alterungsprozess" oder auf deren Packung steht „verjüngend"? Auch wenn diese Produkte abgesehen von ihrer Verpackung im Wesentlichen identisch sein können, würden in der realen Welt, in der Informationen mitunter begrenzt sind und die Perspektive eine Rolle spielt, viele Verbraucher das Produkt bevorzugen, das die Jugend betont.

Verlustaversion

Bei Individuen verzeichnete Tendenz, die Vermeidung von Verlusten gegenüber der Erzielung von Gewinnen zu bevorzugen.

Framing

Die Tendenz, sich bei der Entscheidungsfindung auf den Kontext zu verlassen, in dem eine Entscheidung beschrieben wird.

---

28 John A. List, „Does Market Experience Eliminate Market Anomalies?", *Quarterly Journal of Economics* 118 (Januar 2003), S. 41–71.

> **Beispiel 5.9: Hausverkäufe**
>
> Hausbesitzer verkaufen manchmal ihre Häuser, weil sie für einen neuen Arbeitsplatz umziehen müssen, weil sie näher an ihrem Arbeitsplatz (oder weiter weg davon) leben wollen oder weil sie ein größeres oder ein kleineres Haus wollen. Also bringen sie ihr Haus auf den Markt. Aber zu welchem Preis? Hausbesitzer können im Allgemeinen eine gute Vorstellung über den Verkaufspreis ihres Hauses entwickeln, indem sie sich die Verkaufspreise vergleichbarer Häuser anschauen oder mit einem Immobilienmakler sprechen. Allerdings legen Immobilienbesitzer häufig eine Preisforderung fest, die deutlich über dem realistisch zu erwartenden Verkaufspreis für die Immobilie liegt. Infolgedessen kann das Haus viele Monate lang auf dem Markt bleiben, bevor die Besitzer dann widerwillig den Preis senken. Während dieser Zeit mussten die Besitzer das Haus weiter pflegen sowie Steuern, Nebenkosten und Versicherungen dafür bezahlen. Das scheint irrational zu sein. Warum legen die Besitzer keine Preisforderung fest, die einem vom Markt akzeptierten Preis näher kommt?
>
> Auch hier wirkt der Endowment-Effekt. Die Besitzer sehen ihre Immobilie als etwas Besonderes. Ihr Besitz des Hauses hat ihnen etwas gegeben, das sie als eine besondere Würdigung des Wertes des Hauses sehen – einen Wert, der tatsächlich jeden Preis übersteigen kann, den der Markt akzeptiert.
>
> Wenn die Immobilienpreise gesunken sind, könnte auch hier die Verlustaversion eine Rolle spielen. Wie in den Beispielen 5.7 und 5.8 aufgezeigt wurde, begannen die US-amerikanischen und europäischen Immobilienpreise im Jahr 2008 zu sinken, als die Immobilienblase platzte. Infolgedessen wurden einige Immobilienbesitzer bei der Bestimmung einer Preisforderung und insbesondere dann durch ihre Verlustaversion beeinflusst, wenn sie ihr Haus zu einem Zeitpunkt in der Nähe der Spitze der Blase gekauft hatten. Durch den Verkauf des Hauses wird ein Verlust auf dem Papier, der unter Umständen nicht real erscheint, zu einem realen Verlust. Die Vermeidung dieser Realität kann zur Erklärung des Widerwillens von Hausbesitzern beitragen, den letzten Schritt des Verkaufs ihrer Immobilie zu gehen. Deshalb ist es wenig überraschend, dass Häuser während einer Rezession tendenziell länger auf dem Markt bleiben.

5.6.2 Gerechtigkeit

Viele Menschen tun Dinge, weil sie glauben, dass dies angemessen oder gerecht sei, selbst wenn sie keinen finanziellen oder sonstigen materiellen Vorteil daraus ziehen. Die Beispiele dafür umfassen Spenden, Ehrenämter oder das Geben von Trinkgeld in Restaurants. Die Gerechtigkeit beeinflusst auch in unserem Beispiel des Kaufs eines Schneeschiebers das Verbraucherverhalten.

Auf den ersten Blick scheint unsere grundlegende Verbrauchertheorie die Gerechtigkeit nicht zu berücksichtigen. Allerdings können unsere Modelle der Nachfrage häufig so modifiziert werden, dass sie die Auswirkungen der Gerechtigkeit auf das Verbraucherverhalten berücksichtigen. Um dies zu verdeutlichen, kehren wir zu unserem ursprünglichen Beispiel mit dem Schneeschieber zurück. In diesem Beispiel betrug der Marktpreis von Schneeschiebern €20, kurz nach einem Schneesturm (der zu einer Verschiebung der

Nachfragekurve führte) erhöhten die Läden allerdings den Preis auf €40. Einige Verbraucher hatten dann das Gefühl, dass sie ungerecht behandelt wurden, und weigerten sich, einen Schneeschieber zu kaufen.

Dies wird in Abbildung 5.12 verdeutlicht. Bei normalem Wetter gilt die Nachfragekurve D_1. In dieser Situation verlangen die Läden €20 für einen Schneeschieber und verkaufen eine Gesamtmenge von Q_1 Schneeschiebern pro Monat (da viele Verbraucher in der Erwartung, dass es schneien wird, Schneeschieber kaufen). Tatsächlich wären einige Personen bereit gewesen, viel mehr für einen Schneeschieber zu zahlen (der obere Teil der Nachfragekurve). Sie müssen dies allerdings nicht tun, da der Marktpreis €20 beträgt. Dann tobt ein Schneesturm und die Nachfragekurve verschiebt sich nach rechts. Wäre der Preis bei €20 geblieben, so wäre die nachgefragte Menge auf Q_2 gestiegen. Hier ist allerdings zu beobachten, dass die neue Nachfragekurve (D_2) nicht so weit nach oben verläuft, wie die alte Nachfragekurve. Viele Verbraucher könnten hier das Gefühl haben, dass ein Anstieg des Preises beispielsweise bis auf €25 gerecht wäre, aber ein deutlicher Anstieg über diesen Betrag hinaus ungerechter Wucher sei. Damit wird die neue Nachfragekurve bei Preisen über €25 sehr elastisch und bei einem Preis von deutlich mehr als €30 können keine Schneeschieber mehr verkauft werden.

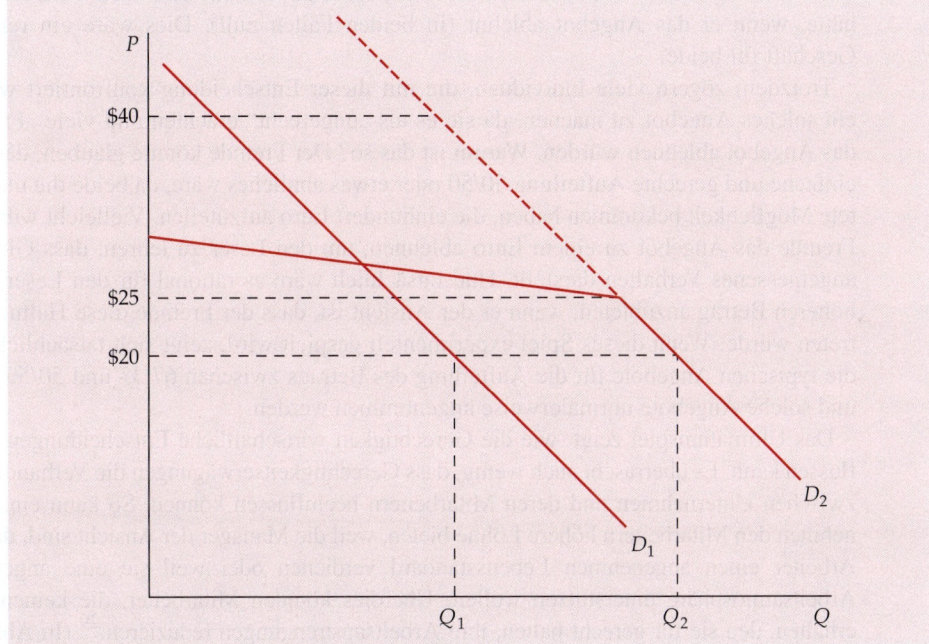

Abbildung 5.12: Die Nachfrage nach Schneeschiebern
Unter normalen Witterungsbedingungen gilt die Nachfragekurve D_1. Die Läden verlangen €20 und verkaufen Q_1 Schaufeln pro Monat. Bei einem Schneesturm verschiebt sich die Nachfragekurve nach rechts. Wäre der Preis bei €20 geblieben, so wäre die nachgefragte Menge auf Q_2 gestiegen. Allerdings erstreckt sich die neue Nachfragekurve (D_2) nicht so weit nach oben wie die alte. Hier sehen die Verbraucher einen Preisanstieg auf beispielsweise €25 als gerecht an, aber ein deutlicher Anstieg darüber hinaus wird als ungerechter Wucher wahrgenommen. Die neue Nachfragekurve ist bei Preisen über €25 sehr elastisch und bei einem Preis von deutlich über €30 werden keine Schneeschieber mehr verkauft.

Hier ist zu beachten, welche Rolle die Gerechtigkeit spielt. Unter normalen Witterungsbedingungen wären einige Verbraucher sogar bereit gewesen, €30 oder selbst €40 für einen Schneeschieber zu bezahlen. Aber sie wissen, dass der Preis immer €20 betragen hat, und haben das Gefühl, dass eine deutliche Preiserhöhung nach einem Schneesturm ungerechter Wucher ist, und weigern sich zu kaufen. An dieser Stelle ist auch zu beachten, dass die Standardnachfragekurven so modifiziert werden können, dass sie die Ansichten der Verbraucher zur Gerechtigkeit berücksichtigen.

Das sogenannte *Ultimatumspiel* bietet ein weiteres Beispiel für die Gerechtigkeit. Es sei angenommen, dass dem Leser unter den folgenden Regeln die Möglichkeit geboten wird, mit einem Fremden, den der Leser niemals wieder treffen wird, 100 1-Euro-Münzen zu teilen: Der Leser macht zuerst einen Vorschlag über die Aufteilung des Geldes zwischen ihm und dem Fremden. Der Fremde reagiert darauf, indem er den Vorschlag annimmt oder ablehnt. Nimmt der Fremde an, bekommt jeder den vom Leser vorgeschlagenen Anteil. Lehnt der Fremde ab, bekommen beide nichts. Was sollte der Leser tun?

Da mehr Geld einen größeren Nutzen impliziert, gibt unsere grundlegende Theorie eine eindeutige Antwort auf diese Frage. In diesem Fall sollte der Leser vorschlagen, dass er 99 Euro bekommt, während der andere nur 1 Euro erhält. Überdies sollte der Fremde diesen Vorschlag annehmen, da 1 Euro mehr ist, als er zuvor hatte und auch mehr ist, als er hätte, wenn er das Angebot ablehnt (in beiden Fällen null). Dies wäre ein rentables Geschäft für beide.

Trotzdem zögern viele Individuen, die mit dieser Entscheidung konfrontiert werden, ein solches Angebot zu machen, da sie es als „ungerecht" erachten und viele „Fremde" das Angebot ablehnen würden. Warum ist das so? Der Fremde könnte glauben, dass eine einfache und gerechte Aufteilung 50/50 oder etwas ähnliches wäre, da beide die unerwartete Möglichkeit bekommen haben, die einhundert Euro aufzuteilen. Vielleicht würde der Fremde das Angebot zu einem Euro ablehnen, um den Leser zu lehren, dass Gier kein angemessenes Verhalten darstellt. Und tatsächlich wäre es rational für den Leser, einen höheren Betrag anzubieten, wenn er der Ansicht ist, dass der Fremde diese Haltung vertreten würde. Wenn dieses Spiel experimentell gespielt wird, zeigt sich tatsächlich, dass die typischen Angebote für die Aufteilung des Betrags zwischen 67/33 und 50/50 liegen und solche Angebote normalerweise angenommen werden.

Das Ultimatumspiel zeigt, wie die Gerechtigkeit wirtschaftliche Entscheidungen beeinflussen kann. Es überrascht auch wenig, dass Gerechtigkeitserwägungen die Verhandlungen zwischen Unternehmen und deren Mitarbeitern beeinflussen können. So kann ein Unternehmen den Mitarbeitern höhere Löhne bieten, weil die Manager der Ansicht sind, dass die Arbeiter einen angenehmen Lebensstandard verdienen oder weil sie eine angenehme Arbeitsatmosphäre unterstützen wollen. Überdies könnten Mitarbeiter, die keinen Lohn erhalten, den sie für gerecht halten, ihre Arbeitsanstrengungen reduzieren.[29] (In Abschnitt 17.6 wird aufgezeigt, dass die Zahlung von höheren Löhnen als den Marktlöhnen an die Arbeitnehmer auch mit Hilfe der „Effizienzlohntheorie" der Arbeitsmärkte erläutert werden kann, bei der Gerechtigkeitserwägungen keine Rolle spielen.) Die Gerechtigkeit hat auch

---

[29] Eine allgemeine Erörterung der Verhaltensökonomie und der Lohn- und Beschäftigungstheorie findet sich in George Akerlof, „Behavioral Macroeconomics and Macroeconomic Behavior", *American Economic Review* 92, (Juni 2002), S. 411–433.

Auswirkungen auf die Art und Weise, auf die Unternehmen Preise festsetzen und kann erklären, warum Unternehmen die Preise eher als Reaktion auf höhere Kosten als auf Nachfragesteigerungen hin erhöhen können.[30]

Glücklicherweise können Gerechtigkeitserwägungen im Grundmodell des Verbraucherverhaltens berücksichtigt werden. Wenn Individuen, die nach San Francisco ziehen, der Ansicht sind, dass hohe Mieten für Wohnungen ungerecht sind, reduziert sich ihre maximale Bereitschaft, für Mietwohnungen zu bezahlen. Sofern eine hinreichende Anzahl von Individuen diese Haltung teilt, führt der sich daraus ergebende Nachfragerückgang zu niedrigeren Mietpreisen. Desgleichen wird es, wenn eine hinreichende Anzahl Arbeitnehmer nicht überzeugt ist, dass ihre Entlohnung gerecht ist, einen Rückgang des Arbeitsangebots geben und die Lohnsätze werden steigen.

5.6.3 Faustregeln und Verzerrungen bei der Entscheidungsfindung

Viele wirtschaftliche und alltägliche Entscheidungen können sich recht komplex gestalten – insbesondere, wenn sie Entscheidungen zu Fragen umfassen, in denen wir wenig Erfahrung haben. In solchen Fällen greifen die Menschen häufig auf Faustregeln oder andere mentale Abkürzungen zurück, die bei der Entscheidungsfindung helfen sollen. So wurde in dem Beispiel zum Trinkgeld eine Faustregel eingesetzt, als die Entscheidung gefällt wurde, ein Trinkgeld in Höhe von 15 Prozent zu gewähren. Allerdings kann die Verwendung solcher Faustregeln zu einer Verzerrung in der ökonomischen Entscheidungsfindung führen – etwas, das unser grundlegendes Modell nicht zulässt.[31]

Verankerung Die mentalen Regeln, die wir bei der Entscheidungsfindung einsetzen, hängen häufig sowohl von dem Kontext, in dem Entscheidungen getroffen werden, als auch von den verfügbaren Informationen ab. Nehmen wir beispielsweise an, Sie haben gerade einen Spendenaufruf von einer neuen örtlichen Wohltätigkeitsorganisation erhalten. Anstatt der Bitte um eine Spende irgendeines Betrags, bittet Sie die Organisation, einen Betrag von €20, €50, €100, €250 oder einen „anderen Betrag" auszuwählen. Der Zweck dieser Vorschläge besteht darin, Sie dazu zu bringen, ihre endgültige Spende festzulegen. Eine derartige **Verankerung** bezieht sich auf die Auswirkung, die eine empfohlene (eventuell in keinem Zusammenhang stehende) Information auf die endgültige Entscheidung haben kann. Anstatt zu versuchen, genau zu entscheiden, wie viel man spenden will – zum Beispiel €44,52 – und da man überdies nicht geizig wirken will, könnte man dann einfach einen Scheck für die nächst höhere Kategorie – €50 – ausstellen. Eine andere Person, die nur eine symbolische Spende von €10 geben möchte, könnte sich dann für den niedrigsten angegebenen Betrag von €20 entscheiden. In beiden Fällen kann durch die Verankerung die Entscheidung des Individuums hin zu höheren Spenden verzerrt werden.

Desgleichen ist es kein Zufall, dass so viele Preise nach dem Komma die Zahlen „95" oder „99" aufweisen. Die Verkäufer wissen, dass Käufer tendenziell die erste Stelle der Preise überbetonen und außerdem auch in Preiskategorien wie „unter €20" oder „über €20" denken. Damit erscheint einem Verbraucher, der nicht sorgfältig überlegt, ein Preis von „€19,95" viel günstiger als ein Preis von „€20,01".

> **Verankerung**
>
> Tendenz, sich bei der Entscheidungsfindung stark auf eine vorherige (empfohlene) Information zu stützen.

---

30 Siehe zum Beispiel Julio J. Rotemberg, „Fair Pricing", NBER Working Paper No. W10915, 2004.
31 Für eine Einführung zu diesem Thema siehe Amos Tversky und Daniel Kahneman, „Judgement under Uncertainty: Heuristics and Biases", *Science* 185 (September 1974), S. 1124–1131.

Faustregeln Eine häufige Methode zur Reduzierung der bei der Entscheidungsfindung notwendigen Anstrengungen besteht darin, scheinbar unwichtige Informationen zu ignorieren. So fallen beispielsweise beim Kauf von Waren über das Internet häufig Versandkosten an. Auch wenn sie gering sind, sollten diese Kosten bei der Konsumentscheidung als Bestandteil des Endpreises des Gutes berücksichtigt werden. Allerdings hat eine neuere Studie gezeigt, dass Versandkosten typischerweise von vielen Verbrauchern bei der Entscheidung über einen Internetkauf ignoriert werden. Ihre Entscheidungen sind verzerrt, weil sie den Preis von Waren für niedriger halten, als er tatsächlich ist.[32]

Obwohl durch das Vertrauen auf Faustregeln Verzerrungen in der Entscheidungsfindung entstehen können, ist es wichtig zu verstehen, dass diese doch einem nützlichen Zweck dienen. Häufig helfen Faustregeln, Zeit und Anstrengungen zu sparen und führen nur zu kleinen Verzerrungen. Folglich sollten sie nicht absolut abgelehnt werden.

Die Verbraucher werden bei der Entscheidungsfindung häufig mit Unsicherheit konfrontiert und verfügen nicht über das notwendige Verständnis der Gesetze der Wahrscheinlichkeit, um diese Entscheidungen optimal zu treffen. (Hier sei beispielsweise an die Schwierigkeit bei der Berechnung des erwarteten Nutzens erinnert.) Deshalb setzen Verbraucher bei der Entscheidungsfindung häufig Faustregeln ein, die mitunter allerdings zu starken Verzerrungen führen können.

Das Gesetz der kleinen Zahlen Die Menschen unterliegen mitunter einem Vorurteil, das als das „**Gesetz der kleinen Zahlen**" bezeichnet wird: Sie neigen dazu, die Wahrscheinlichkeit des Eintretens bestimmter Ereignisse hoch anzusetzen, wenn sie relativ wenige Informationen aus ihrer neueren Erinnerung haben. So neigen beispielsweise viele Menschen dazu, die Wahrscheinlichkeit, dass sie selbst oder jemand, den sie kennen, bei einem Flugzeugabsturz stirbt oder im Lotto gewinnt, zu übertreiben. An dieser Stelle sei noch einmal an den Roulettespieler erinnert, der auf Schwarz setzt, nachdem er gesehen hat, dass drei Mal hintereinander Rot gewann: Er hat die Gesetze der Wahrscheinlichkeit ignoriert.

Die Forschung hat gezeigt, dass Anleger auf dem Aktienmarkt häufig einem Vorurteil der kleinen Zahlen unterliegen, wenn sie glauben, dass auf hohe Erträge über die letzten Jahre über die nächsten Jahre wahrscheinlich noch höhere Erträge folgen werden – und tragen somit zu der Art „Herdenverhalten" bei, das wir im vorangegangenen Abschnitt erörtert haben. In diesem Fall bewerten die Anleger den wahrscheinlichen Erlös aus der Anlage durch die Beobachtung des Aktienmarktes über einen kurzen Zeitraum. Tatsächlich müsste man die Erträge auf dem Aktienmarkt über viele Jahrzehnte studieren, um den erwarteten Ertrag auf Kapitalanlagen genau schätzen zu können. Desgleichen gilt, dass, wenn Menschen auf der Grundlage von Daten über einige Jahre die Wahrscheinlichkeit bewerten, dass die Wohnungspreise steigen werden, die sich daraus ergebenden Fehlwahrnehmungen zu Preisblasen auf dem Wohnungsmarkt führen können.[33]

> **Gesetz der kleinen Zahlen**
>
> Die Tendenz, die Wahrscheinlichkeit des Eintretens bestimmter Ereignisse zu hoch anzusetzen, wenn vergleichsweise wenige Informationen verfügbar sind.

---

32 Tankim Hossain und John Morgan, „… Plus Shipping and Handling: Revenue (Non) Equivalence in Field Experiments on eBay", *Advances in Economic Analysis & Policy* 6: 2 (2006).

33 Siehe Charles Himmelberg, Christopher Mayer und Todd Sinai, „Assessing High House Prices: Bubbles, Fundamentals and Misperceptions", *Journal of Economic Perspectives* 19, (Herbst 2005).

Obwohl Individuen ein gewisses Verständnis der tatsächlichen Wahrscheinlichkeiten aufweisen können (genau wie beim Werfen einer Münze), entstehen Schwierigkeiten, wenn die Wahrscheinlichkeiten nicht bekannt sind. So haben beispielsweise nur wenige Menschen eine Vorstellung von der Wahrscheinlichkeit, dass sie selbst oder ein Bekannter in einen Autounfall oder Flugzeugabsturz verwickelt werden könnten. In solchen Fällen bilden wir subjektive Wahrscheinlichkeitsbewertungen zu solchen Ereignissen. Dabei kann unsere Schätzung der subjektiven Wahrscheinlichkeiten nah an den tatsächlichen Wahrscheinlichkeiten liegen – oftmals ist dies allerdings nicht der Fall.

Die Bildung subjektiver Wahrscheinlichkeiten ist nicht immer einfach und die Menschen neigen dabei im Allgemeinen zu mehreren Vorurteilen. So ist beispielsweise bei der Bewertung der Wahrscheinlichkeit eines Ereignisses der Kontext, in dem die Bewertung erfolgt, sehr wichtig. Wenn vor kurzem ein Unglück wie z.B. ein Flugzeugabsturz passiert ist, übertreiben die Menschen tendenziell die Wahrscheinlichkeit, dass ihnen dies auch passieren würde. Desgleichen ist es so, dass viele Menschen, wenn die Wahrscheinlichkeit eines bestimmten Ereignisses sehr gering ist, diese Möglichkeit in ihrer Entscheidungsfindung einfach ignorieren.

5.6.4 Zusammenfassung

Zu welcher Schlussfolgerung kommen wir nun nach dieser Diskussion? Sollten wir auf die in Kapitel 3 und 4 erörterte traditionelle Verbrauchertheorie verzichten? Auf keinen Fall. Tatsächlich funktioniert die grundlegende Theorie, mit der wir uns bisher vertraut gemacht haben, in vielen Situationen. Sie hilft uns, die Eigenschaften der Verbrauchernachfrage zu verstehen und zu bewerten sowie die Auswirkungen von Preis- oder Einkommensänderungen auf die Nachfrage vorherzusagen. Obwohl dadurch nicht *alle* Verbraucherentscheidungen erklärt werden, gibt sie doch Aufschluss über viele dieser Entscheidungen. Das sich entwickelnde Fachgebiet der Verhaltensökonomie versucht, die Situationen, die mit Hilfe des grundlegenden Verbrauchermodells nicht ohne weiteres erklärt werden können, zu erklären und ausführlich darzulegen.

Im Zuge des weiteren Studiums der Volkswirtschaftslehre wird der Leser feststellen, dass es viele Fälle gibt, in denen die volkswirtschaftlichen Modelle die Realität nicht vollkommen widerspiegeln. Die Volkswirte müssen sorgfältig fallweise entscheiden, welche Eigenschaften der realen Welt berücksichtigt und welche vereinfachenden Annahmen getroffen werden sollen, um sicherzustellen, dass die Modelle weder zu kompliziert für die Untersuchung noch zu einfach sind, um nützlich zu sein.

5 Unsicherheit und Verbraucherverhalten

Beispiel 5.10: Taxifahrer in New York City

Die meisten Taxifahrer mieten ihre Taxis für eine fixe tägliche Gebühr von einem Unternehmen, das eine Wagenflotte besitzt. Sie können sich dann entscheiden, das Taxi während eines Zeitraums von zwölf Stunden so viel oder so wenig zu fahren, wie sie wollen. Wie bei vielen anderen Dienstleistungen schwankt das Geschäft in Abhängigkeit vom Wetter, von Pannen bei der U-Bahn, Ferien usw. von Tag zu Tag sehr stark. Wie reagieren die Taxifahrer auf diese Schwankungen, von denen viele in hohem Maße unvorhersehbar sind?

In vielen Städten sind die Fahrpreise für Taxis gesetzlich festgelegt und ändern sich nicht von einem Tag zum andern. Allerdings erzielen die Taxifahrer an arbeitsreichen Tagen einen höheren Stundenlohn, da sie nicht so viel Zeit mit der Suche nach Fahrgästen verbringen müssen. Die traditionelle volkswirtschaftliche Theorie würde in diesem Fall vorhersagen, dass die Taxifahrer an Tagen mit vielen Fahrgästen länger arbeiten als an Tagen mit weniger Fahrgästen; da sie durch eine zusätzliche Stunde an einem Tag mit vielen Fahrgästen $20 verdienen könnten, während eine zusätzliche Stunde an einem Tag mit weniger Fahrgästen nur $10 einbringt. Wird mit der traditionellen Theorie das tatsächliche Verhalten der Taxifahrer erklärt?

In einer interessanten Studie wurden die tatsächlichen Fahrtaufzeichnungen über Taxifahrten, die von der New York Taxi and Limousine Commission für das Frühjahr 1994 ermittelt wurden, analysiert.[34] Die tägliche Mietgebühr für ein Taxi betrug zu dieser Zeit $76 und Benzin kostete ungefähr $15 pro Tag. Überraschenderweise haben die Forscher festgestellt, dass die meisten Fahrer an Tagen mit weniger Fahrgästen *mehr* Stunden und an Tagen mit mehr Fahrgästen *weniger* Stunden fahren. Mit anderen Worten ausgedrückt, besteht eine *negative Beziehung* zwischen dem effektiven Stundenlohn und den an einem Tag gearbeiteten Stunden. Je höher der Lohn ist, desto eher können die Fahrer an diesem Tag Feierabend machen. Dieses Ergebnis kann mit Hilfe der Verhaltensökonomie erklärt werden. Nehmen wir an, dass die meisten Taxifahrer ein Einkommensziel für jeden Tag haben. Dieses Ziel dient effektiv als Referenzpunkt. Von einer Verhaltensperspektive aus betrachtet ist die Festsetzung eines täglichen Einkommensziels sinnvoll. Ein Einkommensziel bietet eine einfache Entscheidungsregel für die Fahrer, da sie nur über ihre Einnahmen für diesen Tag Buch führen müssen. (Das Gleiche ginge auch mit der Festsetzung einer bestimmten Anzahl von Stunden, aber den Taxifahrern ist unter Umständen nicht klar, dass dies ein besseres Maß wäre.) Ein tägliches Ziel hilft den Fahrern auch bei möglichen Problemen mit der Selbstkontrolle. Ohne ein solches Ziel kann ein Fahrer unter Umständen an vielen Tagen beschließen, eher Feierabend zu machen, um den Mühen der Arbeit zu entgehen. ▶

---

[34] Colin Camerer, Linda Babcock, George Loewenstein und Richard Thaler, „Labor Supply of New York City Cabdrivers: One Day at a Time", *Quarterly Journal of Economics*, Mai 1997, S. 404–441. Siehe auch Henry S. Farber, „Reference-Dependent Preferences and Labor Supply: The Case of New York City Taxi Drivers", *American Economic Review* 98 (2008): 1069–82.

Allerdings stellen andere Studien diese „Verhaltenserklärung" der Vorgehensweise der Taxifahrer in Frage. In einer anderen Studie mit Taxifahrern aus New York City, die ihre Taxis gemietet haben, wurde die Schlussfolgerung gezogen, dass das traditionelle ökonomische Modell tatsächlich wichtige Einblicke in das Verhalten der Fahrer bietet.[35]

Die Schlussfolgerung aus der Studie war, dass das Tageseinkommen nur geringe Auswirkungen auf die Entscheidung des betreffenden Fahrers, Feierabend zu machen, hatte. Es scheint vielmehr so, als beruhe die Entscheidung, Feierabend zu machen, auf der kumulierten Anzahl der an diesem Tag bereits gearbeiteten Stunden und nicht auf der Erreichung eines speziellen Einkommensziels.

Was unter Umständen bald als die „große Taxifahrerdebatte" bekannt werden wird, endete allerdings nicht an dieser Stelle. Eine neue Studie hat versucht, diese beiden scheinbar widersprüchlichen Ergebnisse zu erklären. Durch eine erneute Analyse der gleichen Taxiaufzeichnungen haben die Autoren festgestellt, dass das traditionelle volkswirtschaftliche Modell durchaus viele Entscheidungen der Taxifahrer während ihres Arbeitstages erklären kann, dass aber ein Verhaltensmodell, das Referenzpunkte und anvisierte Ziele (im Hinblick auf Einkommen und Arbeitsstunden) berücksichtigt, sogar noch bessere Ergebnisse erzielt.[36] Bei Interesse an der Taxibranche sind die Beispiele in den Kapiteln 8, 9 und 15 empfehlenswert.

ZUSAMMENFASSUNG

1. Konsumenten und Manager treffen häufig Entscheidungen, bei denen eine Unsicherheit im Hinblick auf die Zukunft besteht. Diese Unsicherheit wird durch den Begriff *Risiko* gekennzeichnet, der verwendet wird, wenn jedes der möglichen Ergebnisse und die Wahrscheinlichkeit des Eintreten dieser Ergebnisse bekannt ist.

2. Konsumenten und Investoren sorgen sich über den Erwartungswert und die Variabilität unsicherer Ergebnisse. Der Erwartungswert ist ein Maß der mittleren Tendenz des Wertes der riskanten Ergebnisse. Die Variabilität wird häufig durch die Standardabweichung der Ergebnisse gemessen, die die Quadratwurzel des wahrscheinlichkeitsgewichteten Durchschnitts der Quadrate der Abweichung jedes möglichen Ergebnisses vom Erwartungswert ist.

3. Bei unsicheren Entscheidungen maximieren die Konsumenten ihren Erwartungsnutzen – den Durchschnitt des mit jedem Ergebnis verbundenen Nutzens – wobei die jeweiligen Wahrscheinlichkeiten zur Gewichtung eingesetzt werden.

---

35 Henry S. Farber, „Is Tomorrow Another Day? The Labor Supply of New York City Cabdrivers," *Journal of Political Economy* 113 (2005): S. 46–82.
36 Siehe Vincent J. Crawford und Juanjuan Meng, „New York City Cab Driver's Labor Supply Revisited: Reference-Dependent Preferences with Rational-Expectations Targets for Hours and Income", *American Economic Review*, 101 (August 2011): 1912–1934.

4. Eine Person, die einen sicheren Ertrag in Höhe einer bestimmten Summe gegenüber einer riskanten Investition mit einem erwarteten Ertrag in gleicher Höhe bevorzugen würde, ist risikoavers. Die maximale Geldsumme, die eine risikoaverse Person zur Vermeidung eines Risikos zu zahlen bereit ist, wird als *Risikoprämie* bezeichnet. Eine Person, die zwischen einer riskanten Investition und dem sicheren Empfang des erwarteten Ertrages dieser Investition indifferent ist, ist risikoneutral. Ein risikofreudiger Konsument würde eine riskante Investition mit einem bestimmten erwarteten Ertrag dem sicheren Erhalt dieses erwarteten Ertrages vorziehen.

5. Das Risiko kann durch (a) die Diversifikation, (b) die Versicherung und (c) die Beschaffung zusätzlicher Informationen reduziert werden.

6. Das *Gesetz der großen Zahl* ermöglicht es den Versicherungsgesellschaften, Versicherungen anzubieten, bei denen die eingezahlte Prämie dem Erwartungswert des versicherten Verlustes entspricht. Eine solche Versicherung wird als *versicherungsmathematisch gerecht* bezeichnet.

7. Die Konsumententheorie kann auf Entscheidungen im Hinblick auf Investitionen in riskante Anlagen angewendet werden. Die Budgetgerade spiegelt den Preis des Risikos wider, und die Indifferenzkurven der Konsumenten stellen deren Einstellungen im Hinblick auf das Risiko dar.

8. Das individuelle Verhalten erscheint mitunter unvorhersehbar, sogar irrational und widersprüchlich zu den dem grundlegenden Modell der Verbraucherentscheidung zu Grunde liegenden Annahmen. Das Studium der Verhaltensökonomie bereichert die Verbrauchertheorie durch die Berücksichtigung von *Referenzpunkten*, dem Besitztumseffekt, der Verankerung, Erwägungen der Gerechtigkeit und Abweichungen von den Gesetzen der Wahrscheinlichkeit.

ZUSAMMENFASSUNG

Kontrollfragen

1. Was bedeutet es, wenn eine Person *risikoavers* ist? Warum sind manche Menschen wahrscheinlich risikoavers, während andere risikofreudig sind?

2. Warum ist die Varianz ein besseres Maß der Variabilität als die Spannweite?

3. Georg hat €5.000, die er in einem Investmentfonds anlegen will. Der erwartete Ertrag auf den Investmentfonds *A* beträgt 15 Prozent und der erwartete Ertrag auf den Investmentfonds *B* beträgt 10 Prozent. Sollte Georg den Investmentfonds *A* oder den Investmentfonds *B* auswählen?

4. Was bedeutet die Maximierung des erwarteten Nutzens für die Konsumenten? Können Sie sich einen Fall vorstellen, bei dem eine Person den erwarteten Nutzen unter Umständen *nicht* maximiert?

5. Warum will man sich oft vollständig durch eine Versicherung gegen unsichere Situationen absichern, selbst wenn die gezahlte Prämie den Erwartungswert des versicherten Verlustes übersteigt?

6. Warum verhält sich eine Versicherungsgesellschaft wahrscheinlich als wäre sie risikoneutral, selbst wenn ihre Geschäftsführer risikoavers sind?

7. Wann lohnt es sich, für die Beschaffung von Informationen, mit denen die Unsicherheit verringert werden kann, Geld zu zahlen?
8. Wie kann durch die Diversifikation des Portfolios eines Investors das Risiko vermieden werden?
9. Warum legen manche Investoren einen großen Teil ihres Portfolios in riskanten Anlagen an, während andere hauptsächlich in risikofreie Alternativen investieren? (*Hinweis*: Erzielen die beiden Typen von Investoren durchschnittlich genau den gleichen Ertrag? Wenn ja, begründen Sie.)
10. Was ist ein Zuwendungseffekt? Geben Sie ein Beispiel für einen solchen Effekt.
11. Jennifer kauft ein und sieht ein schönes T-Shirt. Allerdings ist der Preis von €50 höher als der Preis, den sie zu zahlen bereit ist. Einige Wochen später findet Sie das T-Shirt im Sonderangebot für €25 und kauft es. Als eine Freundin ihr €50 für das T-Shirt bietet, will sie es nicht verkaufen. Erklären Sie Jennifers Verhalten.

Die Kontrollfragen samt Lösungen sowie weitere kapitelbegleitende Inhalte finden Sie im MyLab.

Übungen

1. Betrachten Sie eine Lotterie mit drei möglichen Ergebnissen:
   - €125 werden mit einer Wahrscheinlichkeit von 0,2 erzielt.
   - €100 werden mit einer Wahrscheinlichkeit von 0,3 erzielt.
   - €50 werden mit einer Wahrscheinlichkeit von 0,5 erzielt.
   a. Wie hoch ist der Erwartungswert der Lotterie?
   b. Wie hoch ist die Varianz der Ergebnisse?
   c. Wie viel würde eine risikoneutrale Person zahlen, um in der Lotterie mitzuspielen?

2. Nehmen wir an, Sie haben in ein neues Computerunternehmen investiert, dessen Rentabilität von zwei Faktoren abhängt:

   (1) davon, ob der US-amerikanische Kongress einen Zoll verabschiedet, durch den die Kosten japanischer Computer steigen, und (2) ob die US-amerikanische Volkswirtschaft schnell oder langsam wächst. Welches sind die vier sich gegenseitig ausschließenden Situationen der Welt, über die Sie sich Sorgen machen müssten?

3. Richard überlegt, ob er ein Los der staatlichen Lotterie kaufen soll. Jedes Los kostet €1 und die Wahrscheinlichkeit von Gewinnen gestaltet sich wie folgt:

Wahrscheinlichkeit	Ertrag
0,5	€0,00
0,25	€1,00
0,2	€2,00
0,05	€7,50

   a. Wie hoch ist der Erwartungswert für Richards Auszahlung, wenn er ein Lotterielos kauft? Wie hoch ist die Varianz?
   b. Richards Spitzname ist „Rick Risikolos", da er ein äußerst risikoaverser Mensch ist. Würde er das Los kaufen?
   c. Nehmen wir an, Richard würde eine Versicherung gegen den Verlust von Geld angeboten. Wie viel wäre er bei einem Kauf von 1.000 Lotterielosen bereit, für eine Versicherung seines Glücksspiels zu zahlen?
   d. Welche Entscheidung würde der Bundesstaat langfristig gesehen angesichts des Preises eines Loses und der Wahrscheinlichkeits-/Ertragstabelle im Bezug auf die Lotterie treffen?

4. Nehmen wir an, ein Investor erwägt eine geschäftliche Entscheidung, bei der es drei mögliche Ergebnisse gibt, deren Wahrscheinlichkeiten und Erträge in der folgenden Tabelle angegeben werden:

Wahrscheinlichkeit	Ertrag
0,4	€100
0,3	€30
0,3	−€30

Wie hoch ist der Erwartungswert der unsicheren Investition? Wie hoch ist die Varianz?

5. Sie sind ein Versicherungsvertreter, der für einen neuen Klienten namens Sam eine Police ausstellen muss. Sein Unternehmen, die Gesellschaft für Kreative Alternativen zu Mayonnaise (GKAM), arbeitet an einem Mayonnaiseersatz mit niedrigem Fett- und Cholesteringehalt für die Sandwichaufstrichindustrie. Die Sandwichindustrie wird demjenigen Erfinder, der als erster einen solchen Mayonnaiseersatz patentieren lässt, einen Spitzenbetrag zahlen. Sams GKAM erscheint Ihnen als sehr riskantes Geschäft. Sie haben seine möglichen Erträge wie folgt berechnet:

Wahrscheinlichkeit	Ertrag
0,999	−€1.000.000 (es gelingt ihm nicht)
0,001	€1.000.000.000 (es gelingt ihm, und er verkauft seine Formel)

a. Wie hoch ist der erwartete Ertrag von Sams Projekt? Wie hoch ist die Varianz?
b. Welches ist die maximale Summe, die Sam für die Versicherung aufzuwenden bereit ist? Nehmen Sie an, Sam ist risikoneutral.
c. Nehmen Sie an, Sie haben herausgefunden, dass die Japaner kurz davor stehen, im nächsten Monat ihren eigenen Mayonnaiseersatz auf den Markt zu bringen. Sam weiß dies nicht und hat gerade ihr letztes Angebot von €1.000 für die Versicherung abgelehnt. Nehmen Sie an, Sam sagt ihnen, dass GKAM zur Vervollkommnung seines Mayonnaiseersatzes nur noch sechs Monate braucht *und* dass Sie das, was Sie über die Japaner wissen, tatsächlich wissen. Würden Sie in einem nachfolgenden Angebot an Sam die Prämie für die Police senken oder erhöhen? Würde Sam auf der Grundlage seiner Informationen das Angebot annehmen?

6. Nehmen Sie an, Nataschas Nutzenfunktion wird durch $u(I) = \sqrt{10I}$ gegeben, wobei I das jährliche Einkommen in Tausend Euro darstellt.
a. Ist Natascha risikofreudig, risikoneutral oder risikoavers? Begründen Sie.
b. Nehmen Sie an, Natascha erzielt gegenwärtig ein Einkommen in Höhe von €40.000 ($I = 40$) und kann dieses Einkommen im nächsten Jahr mit Sicherheit erzielen. Ihr wird die Möglichkeit geboten, eine neue Anstellung anzunehmen, bei der eine Wahrscheinlichkeit von 0,6 besteht, dass sie ein Einkommen in Höhe von €44.000 erzielt, und eine Wahrscheinlichkeit von 0,4 besteht, dass sie nur €33.000 verdient. Sollte Sie die neue Anstellung annehmen?
c. Wäre Natascha in (b) bereit, eine Versicherung abzuschließen, um sich gegen das mit der neuen Anstellung verbundene, variable Einkommen abzusichern? Wenn dies der Fall ist, wie viel wäre sie für eine solche Versicherung zu zahlen bereit? (*Hinweis*: Wie hoch ist die Risikoprämie?)

7. Es sei angenommen, dass zwei Anlagen drei gleiche Auszahlungen erzielen, dass sich allerdings die mit jeder Auszahlung verbundene Wahrscheinlichkeit wie in der unten stehenden Tabelle dargestellt unterscheidet:

Auszahlung	Wahrscheinlichkeit (Anlage A)	Wahrscheinlichkeit (Anlage B)
€300	0,10	0,30
€250	0,80	0,40
€200	0,10	0,30

a. Bestimmen Sie den erwarteten Ertrag und die Standardabweichung jeder Anlage.

b. Jill hat die Nutzenfunktion $U = 5I$, wobei I die Auszahlung angibt. Welche Anlage wählt sie?

c. Ken hat die Nutzenfunktion $U = \sqrt{5I}$. Welche Anlage wählt er?

d. Laura hat die Nutzenfunktion $U = 5I^2$. Welche Anlage wählt sie?

8. Als Besitzer eines landwirtschaftlichen Familienbetriebes, dessen Vermögen sich auf €250.000 beläuft, müssen Sie sich entscheiden, entweder in dieser Saison nichts anzubauen und die Einkünfte aus dem vergangenen Jahr (€200.000) in einem sicheren Geldmarktfonds mit einem Ertrag von 5,0 Prozent zu investieren oder Sommermais anzubauen. Der Anbau kostet €200.000 und bis zur Ernte dauert es sechs Monate. Wenn es Regen gibt, werden zum Zeitpunkt der Ernte durch den Anbau des Sommermais Erlöse in Höhe von €500.000 erzielt. Wenn es allerdings zu einer Dürre kommt, werden aus dem Anbau Erlöse in Höhe von €50.000 erzielt. Als dritte Alternative könnten Sie eine dürreresistente Sorte Sommermais zu Kosten von €250.000 anbauen, mit der zum Zeitpunkt der Ernte ein Erlös in Höhe von €500.0000 erzielt wird, wenn es Regen gibt und mit der im Fall einer Dürre Erlöse in Höhe von €350.000 erzielt werden. Sie sind risikoavers und Ihre Präferenz im Hinblick auf das Vermögen der Familie (W) wird durch die Beziehung $U(W) = \sqrt{W}$ angegeben. Die Wahrscheinlichkeit einer Dürre im Sommer beträgt 0,30, während die Wahrscheinlichkeit für Regen sich auf 0,7 beläuft. Welche der drei Alternativen sollten Sie wählen? Erklären Sie Ihre Entscheidung.

9. Zeichnen Sie eine Nutzenfunktion des Einkommens $u(I)$, mit der ein Mann beschrieben wird, der bei niedrigem Einkommen risikofreudig, bei hohem Einkommen aber risikoavers ist. Können Sie erklären, warum eine solche Nutzenfunktion die Präferenzen einer Person angemessen beschreiben könnte?

10. Eine Stadt erwägt, wie viel sie für die Überwachung der Parkuhren ausgeben sollte. Dem Stadtdirektor stehen die folgenden Informationen zur Verfügung:

– Die Beschäftigung einer Person zur Überwachung der Parkuhren kostet €10.000 pro Jahr.

– Wird eine Person zur Überwachung der Parkuhren beschäftigt, ist die Wahrscheinlichkeit, dass ein Fahrer jedes Mal, wenn er falsch parkt, einen Strafzettel erhält gleich 0,25.

– Werden zwei Personen zur Überwachung der Parkuhren beschäftigt, liegt die Wahrscheinlichkeit, dass ein Falschparker einen Strafzettel erhält bei 0,5; bei drei Personen zur Überwachung der Parkuhren liegt die Wahrscheinlichkeit bei 0,75, und bei vier Personen ist sie gleich Eins.

– Bei Beschäftigung von zwei Personen zur Überwachung der Parkuhren liegt die gegenwärtige Geldstrafe für das Überschreiten der Parkzeit bei €20.

a. Nehmen Sie zunächst an, dass alle Fahrer risikoneutral sind. Welche Geldbuße für falsches Parken würden Sie erheben und wie viele Personen würden Sie zur Überwachung der Parkuhren einstellen (1, 2, 3 oder 4), um das gegenwärtige Niveau der Vermeidung von falschem Parken zu minimalen Kosten zu erreichen?

b. Nehmen Sie nun an, dass die Fahrer äußerst risikoavers sind. Wie würde sich in diesem Fall ihre Antwort auf (a) ändern?

c. (Zur Diskussion) Was würde geschehen, wenn sich die Fahrer gegen das Risiko von Geldstrafen für falsches Parken versichern könnten? Wäre es eine gute staatliche Politik, eine derartige Versicherung zu erlauben?

11. Eine gemäßigt risikoaverse Investorin hat 50 Prozent ihres Portfolios in Aktien und 50 Prozent ihres Portfolios in risikofreien Schatzwechseln angelegt. Zeigen Sie, wie jedes der folgenden Ereignisse die Budgetgerade der Investorin und den Anteil der Aktien in ihrem Portfolio beeinflussen wird:

a. Die Standardabweichung des Ertrags des Aktienmarktes erhöht sich, während der erwartete Ertrag des Aktienmarktes gleich bleibt.

b. Der erwartete Ertrag auf dem Aktienmarkt erhöht sich, aber die Standardabweichung des Aktienmarktes bleibt gleich.

c. Der Ertrag der risikofreien Schatzwechsel erhöht sich.

12. Es sei angenommen, dass es zwei Arten von E-Book-Nutzern gibt: 100 „Standard"-Nutzer mit der Nachfrage $Q = 20 - P$ und 100 „Faustregel"-Nutzer, die 10 E-Books nur dann kaufen, wenn der Preis niedriger als €10 ist. (Ihre Nachfragekurve wird bei $P < 10$ durch $Q = 10$ und bei $P \leq 10$ durch $Q = 0$ angegeben.) Zeichnen Sie die sich daraus ergebende Gesamtnachfragekurve für E-Books. Welche Auswirkungen hat das Faustregelverhalten auf die Elastizität der Gesamtnachfrage nach E-Books?

Die Lösungen zu ausgewählten Übungen finden Sie im Anhang dieses Buches. Die kompletten Lösungen für die Übungen finden Dozenten im MyLab.

Die Produktion

6.1 Unternehmen und ihre Produktionsentscheidungen ... 280

6.2 Die Produktion mit einem variablen Input (Arbeit) 284
Beispiel 6.1: Eine Produktionsfunktion für das Gesundheitswesen ... 291
Beispiel 6.2: Malthus und die Nahrungsmittelkrise 294
Beispiel 6.3: Die Arbeitsproduktivität und der Lebensstandard 297

6.3 Die Produktion mit zwei variablen Inputs 298
Beispiel 6.4: Eine Produktionsfunktion für Weizen 305

6.4 Skalenerträge 307
Beispiel 6.5: Die Skalenerträge in der Teppichindustrie 309

6 Die Produktion

In den letzten drei Kapiteln haben wir uns auf die *Nachfrageseite* des Marktes konzentriert – auf die Präferenzen und das Verhalten der Konsumenten. Nun wenden wir uns der *Angebotsseite* zu und untersuchen das Verhalten der Produzenten. Wir werden untersuchen, wie Unternehmen effizient produzieren können und wie sich ihre Produktionskosten bei Änderungen der Faktorpreise und des Produktionsniveaus ändern. Wir werden auch aufzeigen, dass es starke Ähnlichkeiten zwischen den von Unternehmen und den von Konsumenten getroffenen Optimierungsentscheidungen gibt. Mit anderen Worten ausgedrückt werden uns unsere Kenntnisse des Konsumentenverhaltens dabei helfen, das Produzentenverhalten zu verstehen.

In diesem und dem nächsten Kapitel wird die **Theorie der Firma** erörtert, die beschreibt, wie ein Unternehmen kostenminimierende Produktionsentscheidungen fällt und wie die daraus resultierenden Kosten eines Unternehmens mit dessen Produktion variieren. Unsere Kenntnisse der Produktion und der Kosten werden uns dabei helfen, die Eigenschaften des Marktangebots zu verstehen. Sie werden sich ebenfalls als hilfreich für die Behandlung von Problemen erweisen, die im Geschäftsleben regelmäßig auftreten. Um dies zu illustrieren, betrachten wir nur einige der Probleme, mit denen ein Unternehmen wie General Motors häufig konfrontiert wird. Wie viele Fließbandmaschinen und wie viele Arbeitskräfte sollten in den neuen Produktionsstätten für Automobile eingesetzt werden? Sollten, wenn das Unternehmen die Produktion steigern will, mehr Arbeitskräfte eingestellt oder neue Produktionsstätten errichtet werden bzw. sollte beides geschehen? Ist es sinnvoller, dass in einer Produktionsstätte verschiedene Modelle hergestellt werden, oder sollte jedes Modell in einem eigenen Werk gefertigt werden? Welche Kosten sollte GM für das kommende Jahr erwarten? Wie ändern sich diese Kosten wahrscheinlich im Laufe der Zeit, und wie werden sie durch das Produktionsniveau beeinflusst? Diese Fragen betreffen nicht nur gewerbliche Unternehmen, sondern auch andere Produzenten von Gütern und Dienstleistungen, wie beispielsweise Regierungen und gemeinnützige Organisationen.

> **Theorie der Firma**
> Erklärung dafür, wie ein Unternehmen kostenminimierende Produktionsentscheidungen trifft und wie seine Kosten mit der Produktion variieren.

6.1 Unternehmen und ihre Produktionsentscheidungen

Unternehmen, wie wir sie heute kennen, sind eine vergleichsweise neue Erfindung. Vor der Mitte des 19. Jahrhunderts erfolgte beinahe die gesamte Produktion durch Bauern, Handwerker, Einzelpersonen, die Stoffe webten und Bekleidung herstellten, und Händler, die verschiedene Waren kauften und verkauften. Dies traf auf die USA, Europa und auf alle anderen Orte der Welt zu. Das Konzept eines Unternehmens – das von Führungskräften und nicht von den Eigentümern geführt wurde und in dem eine große Anzahl von Arbeitern eingestellt und beschäftigt wird – existierte gar nicht. Moderne Unternehmen entwickelten sich erst gegen Ende des 19. Jahrhunderts.[1]

Heute sind Unternehmen selbstverständlich. Es fällt schwer, sich die Produktion von Autos ohne große Unternehmen, wie Ford und Toyota, die Produktion von Öl und Erdgas ohne Unternehmen wie Exxon-Mobil und Shell oder selbst die Produktion von Frühstücksflocken ohne Unternehmen wie Kellogg und General Mills vorzustellen. An dieser Stelle wollen wir kurz innehalten und uns fragen, ob wir tatsächlich Unternehmen zur

---

[1] Die klassische Geschichte der Entwicklung des modernen Unternehmens wird in Alfred Chandler Jr, „*The Visible Hand: The Managerial Revolution in American Business*", Cambridge: Harvard University Press, 1977 dargestellt.

Erzeugung der von uns regelmäßig konsumierten Güter und Dienstleistungen brauchen. Diese Frage stellt Ronald Coase in seinem berühmten Artikel von 1937: Warum brauchen wir Unternehmen, wenn es den Märkten so gut gelingt, Ressourcen zuzuteilen?[2]

6.1.1 Warum gibt es Firmen?

Brauchen wir wirklich Unternehmen, um Fahrzeuge zu produzieren? Warum könnten Fahrzeuge denn nicht durch eine Reihe von Einzelpersonen produziert werden, die unabhängig arbeiten und bei Bedarf Verträge miteinander schließen, anstatt bei General Motors angestellt zu sein? Könnte nicht einfach jemand ein Auto (für ein Honorar) entwerfen, während andere den Stahl kaufen, die zum Stanzen der nach dem Design erforderlichen Formen erforderliche Ausrüstung mieten und dann das Stanzen (auch für vereinbarte Honorare) übernehmen? Wieder andere Personen würden dann die Lenkräder und Kühler produzieren und andere würden die verschiedenen Teile montieren und so weiter, und jede Aufgabe würde zu einem festgesetzten Honorar ausgeführt werden.

Oder betrachten wir ein anderes Beispiel: Die Autoren dieses Buches arbeiten für Universitäten. Dies sind im Wesentlichen Unternehmen, die Bildungsleistungen in Verbindung mit Forschungsleistungen erbringen. Die Autoren erhalten monatliche Gehälter und sollen im Gegenzug dafür regelmäßig Unterricht (für durch die „Unternehmen" rekrutierte Studenten und in von den „Unternehmen" bereitgestellten Räumlichkeiten) halten, (in den von den „Unternehmen" zur Verfügung gestellten Büros) forschen und schreiben sowie Verwaltungsaufgaben ausführen. Könnte man die Universitäten nicht einfach umgehen und Studenten (die in den Unterricht kommen und uns bezahlen) Unterrichtsleistungen auf Stundenbasis in gemieteten Unterrichtsräumen anbieten und überdies auf Honorarbasis forschen? Brauchen wir wirklich Hochschulen und Universitäten mit all ihren Gemeinkosten?

Prinzipiell könnten Autos tatsächlich durch eine große Anzahl unabhängiger Arbeiter produziert werden und Bildung könnte auch durch eine Reihe unabhängiger Lehrer sichergestellt werden. Diese Arbeiter würden ihre Leistungen für ein vereinbartes Honorar erbringen, wobei das Honorar wiederum durch das Marktangebot und die Nachfrage bestimmt wird. Allerdings wird sehr schnell klar, dass ein solches Produktionssystem extrem ineffizient wäre. Beispielsweise wäre es für die unabhängigen Arbeiter sehr schwierig zu entscheiden, wer bei der Produktion von Autos welche Aufgabe übernehmen soll, bzw. die Honorare zu verhandeln, die jeder Arbeiter für diese Aufgabe erhält. Wenn dann das Design des Fahrzeuges verändert wird, müssten all diese Aufgaben und Honorare neu verhandelt werden. Die Qualität von so produzierten Fahrzeugen wäre wahrscheinlich schrecklich, während die Kosten astronomisch hoch wären.

Unternehmen bieten eine *Koordinierung*smöglichkeit, die äußerst wichtig ist und schmerzlich vermisst werden würde, wenn die Arbeiter unabhängig agieren. Zunächst müssen die Arbeiter, wenn es Unternehmen gibt, nicht jede von ihnen ausgeführte Aufgabe verhandeln und die Honorare aushandeln, die für diese Aufgaben gezahlt werden. Unternehmen können diese Form des Aushandelns durch Manager vermeiden, die *die Produktion der angestellten Arbeitnehmer leiten* – sie sagen den Arbeitern, was wann zu tun ist und die Arbeiter (sowie die Manager selbst) erhalten dafür einfach ein Wochen- oder Monatsgehalt.

---

[2] Ronald Coase, „The Nature of the Firm", Economica (1937), Band 4: 386–405. Coase erhielt 1991 den Nobelpreis in Wirtschaftswissenschaften.

Natürlich gibt es keine Garantie dafür, dass ein Unternehmen effizient arbeitet, und es existieren viele Beispiele für Unternehmen, die sehr ineffizient arbeiten. Die Manager können nicht immer überwachen, was die Arbeiter tun, und auch die Manager selbst treffen mitunter Entscheidungen, die in ihrem eigenen und nicht im Interesse des Unternehmens liegen. Infolgedessen ist die Theorie der Firma (sowie umfassender die Organisationsökonomik) zu einem wichtigen Bereich der mikroökonomischen Forschung geworden. Diese Theorie umfasst sowohl positive Aspekte (die erklären, warum sich Manager und Arbeiternehmer so verhalten, wie sie es tun) als auch normative Aspekte (die erklären, wie Unternehmen am besten so organisiert werden können, dass sie so effizient wie möglich arbeiten).[3] Einige Aspekte dieser Theorie werden an späterer Stelle dieses Buches erörtert. An dieser Stelle sei einfach betont, dass Unternehmen existieren, weil sie eine viel effizientere Produktion von Gütern und Leistungen ermöglichen, als dies andernfalls möglich wäre.

6.1.2 Die Produktionstechnologie

Was tun Unternehmen? Es wurde aufgezeigt, dass Unternehmen die Aktivitäten einer großen Anzahl von Arbeitskräften und Managern organisieren und koordinieren. Aber mit welchem Zweck tun sie dies? Auf der grundlegendsten Ebene verwandeln Unternehmen *Inputs* in *Outputs* (oder Produkte). Dieser Produktionsprozess, bei dem Inputs in Outputs umgewandelt werden, bildet das wesentliche Element der Tätigkeit eines Unternehmens. Die Inputs, die auch als **Produktionsfaktoren** bezeichnet werden, umfassen all die Faktoren, die das Unternehmen als Teil des Produktionsprozesses einsetzen muss. So gehören beispielsweise bei einer Bäckerei die Arbeit der Mitarbeiter, die Rohstoffe, wie z.B. Mehl und Zucker, und das in die Backöfen, Mixer und andere Ausrüstungsgegenstände für die Produktion von Gütermengen wie Brot, Kuchen und Gebäckstücken investierte Kapital zu den Inputs.

> **Produktionsfaktoren**
>
> Inputs in den Produktionsprozess (z.B. Arbeit, Kapital und Rohstoffe).

Die Inputs können in die großen Kategorien *Arbeit*, *Rohstoffe* und *Kapital* eingeteilt werden, die jeweils enger definiertere Unterkategorien umfassen können. Der Arbeitskräfteeinsatz umfasst qualifizierte Arbeitskräfte (Zimmermänner, Ingenieure) und ungelernte Arbeitskräfte (landwirtschaftliche Arbeiter) sowie die unternehmerische Arbeit der Führungskräfte des Unternehmens. Die Rohstoffe umfassen Stahl, Kunststoff, Elektrizität und Wasser sowie alle anderen von dem Unternehmen eingekauften und in Konsumgüter umgewandelten Güter. Das Kapital umfasst Gebäude, Maschinen und sonstige Ausrüstungsgegenstände sowie die Lagerbestände.

6.1.3 Die Produktionsfunktion

> **Produktionsfunktion**
>
> Funktion, die die höchste Produktionsmenge darstellt, die ein Unternehmen mit jeder angegebenen Kombination von Inputs produzieren kann.

Unternehmen können mit einer Vielzahl von Methoden, unter Verwendung verschiedener Kombinationen von Arbeit, Rohstoffen und Kapital, Inputs in Outputs umwandeln. Die Beziehung zwischen den Inputs für den Produktionsprozess und den daraus resultierenden Outputs wird durch die Produktionsfunktion beschrieben. Eine **Produktionsfunktion** gibt die höchste Produktionsmenge q an, die ein Unternehmen mit jeder angegebenen Kombi-

---

[3] Es gibt eine Fülle an Literatur zur Theorie der Firma. Einer der Klassiker ist Oliver Williamson, „*Markets and Hierarchies: Analysis and Antitrust Implications*", New York: Free Press, 1975. (Williamson erhielt 2009 für seine Arbeit einen Nobelpreis.)

nation von Inputs produzieren kann.[4] Aus Gründen der Vereinfachung nehmen wir an, dass zwei Inputs, Arbeit L und Kapital K, bestehen. Somit kann die Produktionsfunktion wie folgt geschrieben werden:

$$q = F(K,L) \tag{6.1}$$

Diese Gleichung setzt die Produktionsmenge mit den Mengen der beiden Inputs, Kapital und Arbeit, in Beziehung. So könnte beispielsweise die Produktionsfunktion die Anzahl an Personalcomputern beschreiben, die pro Jahr mit einer Produktionsstätte von ca. 1.000 m² und einer bestimmten Menge an Maschinen und Arbeitskräften produziert werden können. Oder sie könnte den Ertrag beschreiben, den ein Bauer mit Hilfe einer speziellen Menge von Maschinen und Arbeitskräften erzielen kann.

Es ist wichtig, sich zu vergegenwärtigen, dass die Inputs und die Outputs *Stromgrößen* sind. So setzt zum Beispiel ein Produzent von Personalcomputern *jedes Jahr* eine bestimmte Menge Arbeit ein, um im Laufe dieses Jahres eine gewisse Anzahl an Computern herzustellen. Obwohl das Unternehmen eventuell seine Produktionsstätte und die Maschinen besitzt, können wir es so betrachten, als zahle es die Kosten für die Nutzung der Produktionsstätte und der Maschinen im Verlauf des Jahres. Zur Vereinfachung werden wir häufig den Zeitbezug ignorieren und uns nur auf die Mengen von Arbeit, Kapital und auf die Gütermengen beziehen. Sofern nichts anderes angegeben ist, werden wir uns allerdings auf die Menge der Arbeit und des Kapitals, die jährlich eingesetzt wird, sowie auf die jedes Jahr hergestellte Gütermenge beziehen.

Die Produktionsfunktion ermöglicht es, die Inputs in unterschiedlichen Verhältnissen zu kombinieren, so dass die Gütermenge auf verschiedene Art und Weise hergestellt werden kann. Für die Produktionsfunktion in Gleichung (6.1) könnte dies bedeuten, dass mehr Kapital und weniger Arbeit eingesetzt wird oder umgekehrt. So kann beispielsweise Wein auf arbeitsintensive Weise mit vielen Arbeitskräften oder auf kapitalintensive Weise mit Hilfe von Maschinen und unter Einsatz von nur wenigen Arbeitern hergestellt werden.

Dabei ist zu beachten, dass Gleichung (6.1) auf eine *bestimmte Technologie* zutrifft – d.h., auf einen bestimmten Kenntnisstand über die unterschiedlichen Methoden, die zur Umwandlung der Faktoreinsatzmengen in Gütermengen eingesetzt werden könnten. Wenn die Technologie weitere Fortschritte macht und sich die Produktionsfunktion ändert, kann ein Unternehmen bei einer gegebenen Inputmenge einen größeren Output erzielen. So kann es einem Hersteller von Computerhardware durch ein neueres, schnelleres Fließband möglich werden, in einem bestimmten Zeitraum mehr Hochgeschwindigkeitscomputer zu produzieren.

Die Produktionsfunktionen beschreiben, was *technisch machbar* ist, wenn das Unternehmen *effizient* arbeitet – d.h., wenn das Unternehmen jede Inputkombination so effektiv wie möglich einsetzt. Die Annahme, dass die Produktion stets technisch effizient ist, muss nicht immer zutreffen, aber es ist angemessen anzunehmen, dass gewinnorientierte Unternehmen keine Ressourcen verschwenden.

---

[4] In diesem und den folgenden Kapiteln wird die Variable q für den Output eines Unternehmens und Q für den Output einer Branche verwendet.

6 Die Produktion

6.1.4 Die kurze und die lange Frist

Es dauert eine gewisse Zeit, bis ein Unternehmen seine Inputs so angepasst hat, dass es sein Produkt mit anderen Mengen von Arbeit und Kapital produzieren kann. Ein neues Werk muss projektiert und errichtet werden; Maschinen und andere Anlagen müssen bestellt und geliefert werden. Bis zum Abschluss dieser Aktivitäten kann leicht ein Jahr oder sogar mehr Zeit vergehen. Infolgedessen ist es unwahrscheinlich, dass das Unternehmen in der Lage ist, sehr viel Kapital durch Arbeit zu ersetzen, wenn wir Produktionsentscheidungen in einem sehr kurzen Zeitraum, beispielsweise ein oder zwei Monate, betrachten.

Da die Unternehmen abwägen müssen, ob Inputs geändert werden können oder nicht und, für den Fall, dass sie geändert werden können, in welchem Zeitraum dies möglich ist, ist es wichtig, bei der Analyse der Produktion zwischen der kurzen und der langen Frist zu unterscheiden. Die **kurze Frist** bezieht sich auf einen Zeitraum, in dem ein oder mehrere Produktionsfaktoren nicht geändert werden können. Mit anderen Worten ausgedrückt kann kurzfristig zumindest ein Faktor nicht geändert werden; ein solcher Faktor wird als **fixer Produktionsfaktor** bezeichnet. Die **lange Frist** ist der Zeitraum, der notwendig ist, damit *alle* Faktoreinsatzmengen variabel werden.

Gemäß den Erwartungen können die Arten der von den Unternehmen getroffenen Entscheidungen sich in der kurzen und der langen Frist stark unterscheiden. Kurzfristig können Unternehmen die Intensität ändern, mit der sie eine bestimmte Produktionsstätte oder bestimmte Produktionsmaschinen einsetzen; langfristig können sie dagegen die Größe der Produktionsstätte ändern. Alle kurzfristig fixen Produktionsfaktoren stellen die Ergebnisse vorheriger langfristiger Entscheidungen auf der Grundlage von Schätzungen der Mengen dar, die das Unternehmen gewinnbringend produzieren und verkaufen könnte.

Es gibt keinen speziellen Zeitraum, wie beispielsweise ein Jahr, der die kurze von der langen Frist trennt. Dies muss eher von Fall zu Fall entschieden werden. So kann die lange Frist bei einem Unternehmen wie dem Limonadenstand eines Kindes nur ein oder zwei Tage betragen, während die lange Frist bei einem Mineralölproduzenten oder einem Automobilhersteller sogar fünf oder zehn Jahre umfassen kann.

Es wird aufgezeigt, dass Unternehmen zur Minimierung der Produktionskosten langfristig die Mengen all ihrer Inputs variieren können. Bevor allerdings dieser allgemeine Fall behandelt wird, beginnen wir mit einer Analyse der kurzen Frist, in der nur ein Input zum Produktionsprozess verändert werden kann. In diesem Zusammenhang sei angenommen, dass Kapital der fixe Input und Arbeit variabel ist.

6.2 Die Produktion mit einem variablen Input (Arbeit)

Bei der Entscheidung darüber, welche Menge eines bestimmen Inputs gekauft werden soll, muss ein Unternehmen den daraus resultierenden Nutzen mit den Kosten des Inputs vergleichen. Manchmal ist es hilfreich, den Nutzen und die Kosten auf der *Grundlage des Zuwachses* zu betrachten, d.h. indem man sich auf die zusätzliche Gütermenge konzentriert, die aus einer Steigerung einer Faktoreinsatzmenge resultiert. In anderen Situationen ist es hilfreich, Vergleiche auf *der Grundlage des Durchschnitts* anzustellen, d.h. durch die Betrachtung des Ergebnisses einer beträchtlichen Erhöhung eines Inputs. Wir werden den Nutzen und die Kosten mit Hilfe beider Methoden analysieren.

Kurze Frist

Zeitraum, in dem Mengen eines oder mehrerer Produktionsfaktoren nicht geändert werden können.

Fixer Produktionsfaktor

Produktionsfaktor, der nicht geändert werden kann.

Lange Frist

Zeitraum, der notwendig ist, damit alle Produktionsfaktoren variabel werden.

6.2 Die Produktion mit einem variablen Input (Arbeit)

Wenn das Kapital fix, die Arbeit aber variabel ist, besteht die einzige Möglichkeit für das Unternehmen, einen höheren Output zu produzieren, darin, seinen Arbeitseinsatz zu steigern. Stellen Sie sich beispielsweise vor, Sie leiten ein Bekleidungsunternehmen. Obwohl Sie über eine feste Menge an Maschinen verfügen, können Sie mehr oder weniger Arbeitskräfte zum Nähen und zum Betrieb der Maschinen einstellen. Sie müssen entscheiden, wie viele Arbeitskräfte Sie einstellen und wie viel Bekleidung Sie produzieren wollen. Um diese Entscheidung treffen zu können, müssen Sie wissen, um welche Menge sich die Produktion q erhöht (sofern dies überhaupt der Fall ist), wenn sich der Arbeitskräfteeinsatz L erhöht.

Diese Informationen sind in Tabelle 6.1 aufgeführt. In den ersten drei Spalten ist die Gütermenge angegeben, die in einem Monat mit unterschiedlichen Mengen Arbeit und einem fixen Kapitaleinsatz von 10 Einheiten produziert werden kann. In der ersten Spalte wird die Menge der Arbeit, in der zweiten Spalte die fixe Menge des Kapitals und in der dritten Spalte die Gesamtproduktion angezeigt. Ist der Arbeitskräfteeinsatz null, so ist auch die Gütermenge gleich null. Danach erhöht sich die Gütermenge, und zwar bis zu einem Arbeitskräfteeinsatz von 8 Einheiten. Übersteigt der Einsatz diese Menge, geht die Gesamtproduktion zurück: Obwohl zunächst durch jede Einheit des Arbeitskräfteeinsatzes ein immer größerer Vorteil aus den bestehenden Maschinen gezogen werden kann, sind zusätzliche Arbeitskräfte nach einem bestimmten Punkt nicht mehr hilfreich und können sich in der Tat kontraproduktiv auswirken. Fünf Personen können ein Fließband besser betreiben als zwei, aber zehn Personen können sich dann im Weg stehen.

Tabelle 6.1

Die Produktion mit einem variablen Input

Menge der Arbeit (L)	Menge des Kapitals (K)	Gesamtproduktion (q)	Durchschnittsprodukt (q/L)	Grenzprodukt ($\Delta q/\Delta L$)
0	10	0	–	–
1	10	10	10	10
2	10	30	15	20
3	10	60	20	30
4	10	80	20	20
5	10	95	19	15
6	10	108	18	13
7	10	112	16	4
8	10	112	14	0
9	10	108	12	−4
10	10	100	10	−8

6.2.1 Durchschnitts- und Grenzprodukte

Durchschnittsprodukt

Output pro Einheit eines bestimmten Inputs.

Der Beitrag, den die Arbeit zum Produktionsprozess leistet, kann auf der Grundlage des *Durchschnitts-* und des *Grenzproduktes* (d.h. der *Zuwächse*) der Arbeit beschrieben werden. Die vierte Spalte in Tabelle 6.1 gibt das **Durchschnittsprodukt der Arbeit** (DP_L) an, bei dem es sich um die Gütermenge pro Einheit des Arbeitskräfteeinsatzes handelt. Das Durchschnittsprodukt wird durch die Division der Gesamtproduktion q durch den gesamten Arbeitskräfteeinsatz L errechnet. Das Durchschnittsprodukt der Arbeit misst die Produktivität der Arbeitskräfte eines Unternehmens im Hinblick darauf, welche Gütermenge jede Arbeitskraft durchschnittlich produziert. In unserem Beispiel erhöht sich das Durchschnittsprodukt anfänglich, fällt aber, wenn der Arbeitskräfteeinsatz größer als vier wird.

Grenzprodukt

Bei einer Erhöhung eines Inputs um eine Einheit produzierter zusätzlicher Output.

Die fünfte Spalte der Tabelle 6.1 gibt das **Grenzprodukt der Arbeit** (GP_L) an. Dabei handelt es sich um den *zusätzlichen* Output, der produziert wird, wenn der Arbeitskräfteeinsatz um eine Einheit erhöht wird. So steigt beispielsweise bei einem fixen Kapital von 10 Einheiten bei einer Erhöhung des Arbeitskräfteeinsatzes von zwei auf drei die Gesamtproduktion von 30 auf 60, dadurch wird ein zusätzlicher Output von 30 (d.h. 60 − 30) Einheiten geschaffen. Das Grenzprodukt der Arbeit kann als $\Delta q/\Delta L$ geschrieben werden, mit anderen Worten ausgedrückt bedeutet dies: die aus einer Erhöhung des Arbeitskräfteeinsatzes ΔL um eine Einheit resultierende Änderung der Gütermenge Δq.

Dabei ist zu bedenken, dass das Grenzprodukt der Arbeit von der eingesetzten Kapitalmenge abhängt. Stiege das Kapital von zehn auf zwanzig, würde sich höchstwahrscheinlich auch das Grenzprodukt der Arbeit erhöhen. Warum ist dies so? Weil zusätzliche Arbeitskräfte wahrscheinlich produktiver sind, wenn sie mehr Kapital verwenden können. Genau wie das Durchschnittsprodukt, erhöht sich auch das Grenzprodukt anfänglich und sinkt danach, in diesem Fall nach der dritten Einheit der Arbeit. Dies kann wie folgt zusammengefasst werden:

> Durchschnittsprodukt der Arbeit = Output/Arbeitskräfteinput = q/L
>
> Grenzprodukt der Arbeit =
> Änderung des Outputs/Änderung des Arbeitskräfteinputs = $\Delta q/\Delta L$

6.2.2 Die Steigungen der Produktkurve

In Abbildung 6.1 werden die in Tabelle 6.1 enthaltenen Informationen grafisch dargestellt. (Wir haben in der Abbildung alle Punkte mit durchgehenden Linien verbunden.) Abbildung 6.1(a) zeigt, dass sich die Gütermenge bei einer Erhöhung des Arbeitskräfteeinsatzes erhöht, bis eine maximale Gütermenge von 112 erreicht wird; danach fällt sie wieder. Dieser fallende Teil der Gesamtproduktkurve wird mit einer gestrichelten Linie eingezeichnet, um darzustellen, dass die Produktion mit mehr als acht Arbeitskräften wirtschaftlich nicht rational ist. Es kann niemals wirtschaftlich sein, zusätzliche Mengen eines teuren Inputs einzusetzen, um *weniger* Output zu produzieren.

In Abbildung 6.1(b) werden die Durchschnitts- und Grenzproduktkurven dargestellt. (Die Einheiten auf der vertikalen Achse sind von der Gütermenge pro Monat auf die Gütermenge pro Arbeitskraft pro Monat umgestellt worden.) Dabei ist zu beachten, dass das Grenzprodukt solange positiv ist, solange der Output ansteigt, aber negativ wird, wenn der Output sinkt.

6.2 Die Produktion mit einem variablen Input (Arbeit)

Die Tatsache, dass die Grenzproduktkurve die horizontale Achse des Diagramms im Punkt der maximalen Gesamtproduktion schneidet, ist kein Zufall. Dies geschieht, da durch die Hinzufügung einer weiteren Arbeitskraft, mit der die Produktion verlangsamt und der Gesamtoutput reduziert wird, ein negatives Grenzprodukt für diese Arbeitskraft einhergeht.

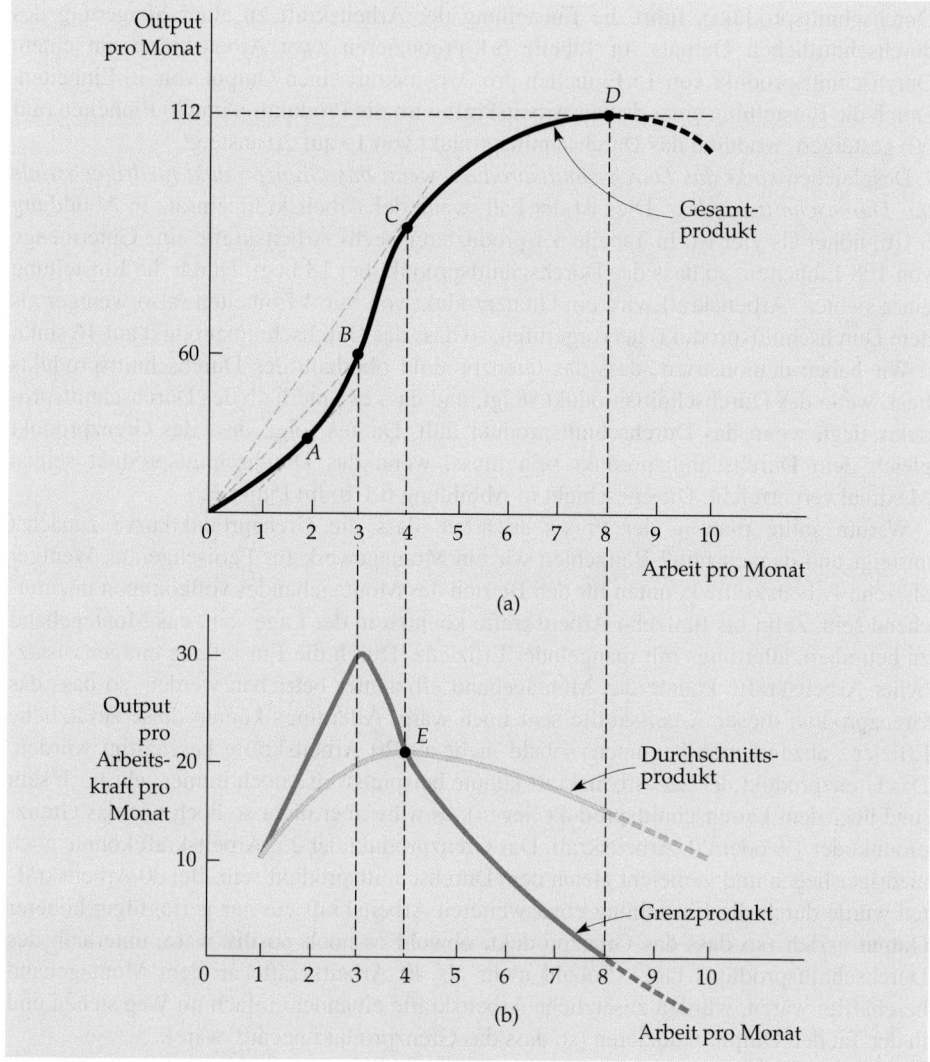

Abbildung 6.1: Die Produktion mit einem variablen Input
Die Gesamtproduktkurve in **(a)** gibt die mit unterschiedlichen Höhen des Arbeitskräfteeinsatzes produzierte Gütermenge an. Die Durchschnitts- und Grenzprodukte in **(b)** können (mit Hilfe der Daten aus Tabelle 6.1) aus der Gesamtproduktkurve ermittelt werden. Im Punkt A beträgt das Grenzprodukt 20, da die Tangente an die Gesamtproduktkurve eine Steigung von 20 aufweist. Im Punkt B in **(a)** beträgt das Durchschnittsprodukt der Arbeit 20, was der Steigung der Geraden aus dem Ursprung bis zum Punkt B entspricht. Das Durchschnittprodukt der Arbeit im Punkt C in **(a)** ist durch die Steigung der Strecke OC gegeben. Links von Punkt E in **(b)** liegt das Grenzprodukt oberhalb des Durchschnittsprodukts, und das Durchschnittsprodukt steigt. Rechts von E liegt das Grenzprodukt unterhalb des Durchschnittsprodukts, und das Durchschnittsprodukt fällt. Infolgedessen stellt E den Punkt dar, in dem das Durchschnitts- und das Grenzprodukt gleich sind, wenn das Durchschnittsprodukt seinen Maximalwert erreicht.

Die Durchschnittsprodukt- und Grenzproduktkurven sind eng miteinander verbunden. *Ist das Grenzprodukt höher als das Durchschnittsprodukt, erhöht sich das Durchschnittsprodukt.* Dies trifft auf den Arbeitskräfteeinsatz von bis zu 4 Einheiten in Abbildung 6.1(b) zu. Ist der Output einer zusätzlichen Arbeitskraft höher als der durchschnittliche Output jeder bereits beschäftigten Arbeitskraft (d.h. das Grenzprodukt ist höher als das Durchschnittsprodukt), führt die Einstellung der Arbeitskraft zu einer Steigerung des durchschnittlichen Outputs. In Tabelle 6.1 produzieren zwei Arbeitskräfte mit einem Durchschnittsprodukt von 15 Einheiten pro Arbeitskraft einen Output von 30 Einheiten. Durch die Einstellung einer dritten Arbeitskraft wird die Produktion um 30 Einheiten (auf 60) gesteigert, wodurch das Durchschnittsprodukt von 15 auf 20 ansteigt.

Desgleichen *sinkt das Durchschnittsprodukt, wenn das Grenzprodukt niedriger ist als das Durchschnittsprodukt.* Dies ist der Fall, wenn der Arbeitskräfteeinsatz in Abbildung 6.1(b) höher als vier ist. In Tabelle 6.1 produzieren sechs Arbeitskräfte eine Gütermenge von 108 Einheiten, so dass das Durchschnittsprodukt bei 18 liegt. Durch die Einstellung einer siebten Arbeitskraft wird ein Grenzprodukt von nur 4 Einheiten (also weniger als dem Durchschnittsprodukt) hervorgerufen, so dass das Durchschnittsprodukt auf 16 sinkt.

Wir haben demonstriert, dass das Grenzprodukt oberhalb des Durchschnittsprodukts liegt, wenn das Durchschnittsprodukt steigt, und dass es unterhalb des Durchschnittsprodukts liegt, wenn das Durchschnittsprodukt fällt. Daraus folgt, dass das Grenzprodukt gleich dem Durchschnittsprodukt sein muss, wenn das Durchschnittsprodukt seinen Maximalwert erreicht. Dies geschieht in Abbildung 6.1(b) im Punkt E.

Warum sollte man in der Praxis erwarten, dass die Grenzproduktkurve zunächst ansteigt und danach fällt? Betrachten wir ein Montagewerk für Fernsehgeräte. Weniger als zehn Arbeitskräfte könnten für den Betrieb des Montagebandes vollkommen unzureichend sein. Zehn bis fünfzehn Arbeitskräfte könnten in der Lage sein, das Montageband zu betreiben, allerdings mit mangelnder Effizienz. Durch die Einstellung einiger zusätzlicher Arbeitskräfte könnte das Montageband effizienter betrieben werden, so dass das Grenzprodukt dieser Arbeitskräfte sehr hoch wäre. Allerdings könnte diese zusätzliche Effizienz abzunehmen beginnen, sobald mehr als 20 Arbeitskräfte beschäftigt würden. Das Grenzprodukt der 22. Arbeitskraft könnte beispielsweise noch immer sehr hoch sein (und über dem Durchschnittsprodukt liegen), es wäre aber nicht so hoch wie das Grenzprodukt der 19. oder 20. Arbeitskraft. Das Grenzprodukt der 25. Arbeitskraft könnte noch niedriger liegen und vielleicht gleich dem Durchschnittsprodukt sein. Bei 30 Arbeitskräften würde durch die Einstellung einer weiteren Arbeitskraft ein nur geringfügig höherer Output erzielt (so dass das Grenzprodukt, obwohl es noch positiv wäre, unterhalb des Durchschnittsprodukts läge). Sobald mehr als 40 Arbeitskräfte an dem Montageband beschäftigt wären, würden zusätzliche Arbeitskräfte einander einfach im Weg stehen und in der Tat den Output reduzieren (so dass das Grenzprodukt negativ wäre).

6.2.3 Die Durchschnittsproduktkurve der Arbeit

Die geometrische Beziehung zwischen der Gesamtproduktion und den Durchschnitts- und Grenzproduktkurven wird in Abbildung 6.1(a) dargestellt. Das Durchschnittsprodukt der Arbeit entspricht der Gesamtproduktion geteilt durch die Menge des Arbeitskräfteeinsatzes. In Punkt B entspricht das Durchschnittsprodukt beispielsweise einem Output von 60 geteilt durch den Input von 3 bzw. einem Output von 20 Einheiten pro Einheit des Arbeitskräfteeinsatzes. Dieses Verhältnis entspricht allerdings genau der Steigung der in

Abbildung 6.1(a) vom Ursprung bis zum Punkt B verlaufenden Geraden. Im Allgemeinen wird *das Durchschnittsprodukt der Arbeit durch die Steigung der vom Ursprung bis zum entsprechenden Punkt auf der Gesamtproduktkurve eingezeichneten Geraden angegeben.*

6.2.4 Die Grenzproduktkurve der Arbeit

Das Grenzprodukt der Arbeit (Grenzertrag) entspricht der aus einer Steigerung des Arbeitskräfteeinsatzes um eine Einheit resultierenden Änderung der Gesamtproduktion. Im Punkt A beträgt das Grenzprodukt beispielsweise 20, da die Tangente an die Gesamtproduktkurve eine Steigung von 20 aufweist. Im Allgemeinen *wird das Grenzprodukt der Arbeit in einem Punkt durch die Steigung der Gesamtproduktkurve in diesem Punkt angegeben.* In Abbildung 6.1(b) ist zu erkennen, dass das Grenzprodukt der Arbeit zu Beginn ansteigt, seinen Höchstwert bei einem Arbeitskräfteeinsatz von drei erreicht und dann sinkt, wenn man sich entlang der Gesamtproduktkurve bis zu C und D nach oben bewegt. Im Punkt D, in dem die Gesamtproduktion maximiert wird, ist die Steigung der Tangente an die Gesamtproduktkurve gleich null genau wie das Grenzprodukt. Über diesen Punkt hinaus wird das Grenzprodukt negativ.

Die Beziehung zwischen den Durchschnitts- und Grenzprodukten Die grafische Beziehung zwischen den Durchschnitts- und Grenzprodukten in Abbildung 6.1(a) ist zu beachten. In B ist das Grenzprodukt der Arbeit (die Steigung der Tangente an die Gesamtproduktkurve im Punkt B – nicht explizit angegeben) größer als das Durchschnittsprodukt (gestrichelte Strecke OB). Infolgedessen erhöht sich das Durchschnittsprodukt der Arbeit, wenn wir uns von B nach C bewegen. Im Punkt C sind das Durchschnitts- und das Grenzprodukt der Arbeit gleich: Während das Durchschnittsprodukt der Steigung der Gerade OC aus dem Ursprung entspricht, ist das Grenzprodukt die Tangente an die Gesamtproduktkurve im Punkt C. (Dabei ist die Gleichheit der Durchschnitts- und Grenzprodukte im Punkt E in Abbildung 6.1(b) zu beachten.) Wenn wir uns schließlich über C hinaus zu D bewegen, sinkt das Grenzprodukt unter das Durchschnittsprodukt; wir können überprüfen, dass die Steigung der Tangente der Gesamtproduktkurve in jedem Punkt zwischen C und D niedriger ist als die Steigung der Strecke aus dem Ursprung.

6.2.5 Das Gesetz der abnehmenden Grenzerträge

Auf die meisten Produktionsprozesse trifft ein abnehmendes Grenzprodukt der Arbeit (sowie abnehmende Grenzprodukte anderer Inputs) zu. Das **Gesetz der abnehmenden Grenzerträge** besagt, dass, wenn sich der Einsatz eines Inputs in gleichmäßigen Zuwächsen erhöht (wobei andere Inputs fix sind), schließlich ein Punkt erreicht wird, in dem sich die daraus resultierenden Zuwächse des Outputs verringern. Ist der Arbeitskräfteeinsatz gering (und das Kapital fix), wird durch die zusätzliche Arbeit der Output beträchtlich gesteigert; dies ist oftmals der Tatsache zuzuschreiben, dass die Arbeitskräfte sich nunmehr speziellen Aufgaben widmen können. Schließlich tritt jedoch das Gesetz der abnehmenden Grenzerträge ein: Gibt es zu viele Arbeitskräfte, so werden einige von ihnen ineffektiv, und das Grenzprodukt der Arbeit sinkt.

Das Gesetz der abnehmenden Grenzerträge trifft normalerweise auf die kurze Frist zu, wenn mindestens ein Faktor fix ist. Allerdings kann es auch auf die lange Frist zutreffen. Selbst wenn die Faktoreinsatzmengen langfristig variabel sind, kann ein Manager trotzdem Produktionsentscheidungen analysieren wollen, bei der eine oder mehrere Inputs

Gesetz der abnehmenden Grenzerträge

Prinzip, das besagt, dass bei Steigerungen des Einsatzes eines Faktors (wobei die anderen Faktoren fix sind), die daraus resultierenden Zuwächse der Gütermenge letztendlich abnehmen werden.

unverändert bleiben. Nehmen wir an, dass nur zwei Betriebsgrößen realisierbar sind und die Unternehmensleitung entscheiden muss, welches der Werke gebaut werden soll. In diesem Fall würde die Unternehmensleitung wissen wollen, wann bei jeder der beiden Optionen abnehmende Grenzerträge einsetzen.

Das Gesetz abnehmender Grenzerträge darf allerdings nicht mit möglichen Änderungen der *Qualität* der Arbeitskräfte bei einer Steigerung des Arbeitskräfteeinsatzes verwechselt werden (die wahrscheinlich eintreten würde, wenn die am höchsten qualifizierten Arbeitskräfte zuerst und die Arbeitskräfte mit der geringsten Qualifizierung zuletzt eingestellt werden). In unserer Analyse der Produktion haben wir uns auf die Annahme gestützt, dass alle eingesetzten Arbeitskräfte die gleiche Qualität haben und dass sich abnehmende Grenzerträge aus den Beschränkungen des Einsatzes anderer fixer Faktoren (z.B. der Maschinen) und nicht aus einer Verringerung der Qualität der Arbeitskräfte ergeben. Außerdem dürfen abnehmende Grenzerträge nicht mit *negativen* Erträgen verwechselt werden. Das Gesetz der abnehmenden Grenzerträge beschreibt ein *abnehmendes,* aber nicht zwangsläufig negatives Grenzprodukt.

Das Gesetz der abnehmenden Grenzerträge trifft auf eine bestimmte Produktionstechnologie zu. Im Laufe der Zeit kann sich allerdings durch Erfindungen und andere Verbesserungen der Technologie die komplette Gesamtproduktkurve in Abbildung 6.1(a) nach oben verschieben, so dass mit den gleichen Faktoreinsatzmengen eine größere Gütermenge produziert werden kann. Dieses Prinzip wird in Abbildung 6.2 illustriert. Zu Beginn wird die Produktionskurve durch O_1 angegeben, aber durch Verbesserungen der Technologie kann sich die Kurve nach oben verschieben, zunächst auf O_2 und danach auf O_3.

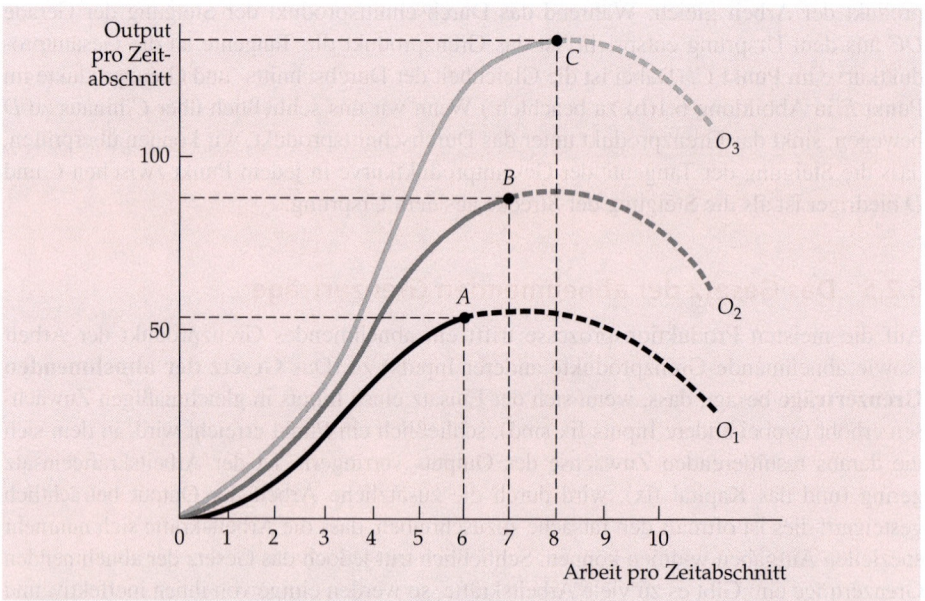

Abbildung 6.2: Die Auswirkungen technischen Fortschritts
Die Arbeitsproduktivität (der Output pro Einheit des Arbeitskräfteeinsatzes) kann sich bei Verbesserungen der Technologie erhöhen, obwohl jeder bestehende Produktionsprozess abnehmende Erträge der Arbeit aufweist. Bewegen wir uns im Laufe der Zeit von Punkt A auf der Kurve O_1 zu B auf der Kurve O_2 und zu C auf der Kurve O_3, stellen wir fest, dass sich die Arbeitsproduktivität erhöht.

Nehmen wir beispielsweise an, dass im Laufe der Zeit, während der Arbeitskräfteeinsatz in der landwirtschaftlichen Produktion ansteigt, die Technologie verbessert wird. Diese Veränderungen könnten beispielsweise gentechnisch verändertes, schädlingsresistentes Saatgut, stärkere und wirkungsvollere Düngemittel sowie bessere Agrargeräte umfassen. Infolgedessen verschiebt sich der Output von A (mit einem Input von 6 auf der Kurve O_1) nach B (mit einem Input von 7 auf der Kurve O_2) nach C (mit einem Input von 8 auf der Kurve O_3).

Die Verschiebung von A nach B und C setzt die Steigerung des Arbeitskräfteeinsatzes mit einer Produktionssteigerung in Beziehung und lässt es so erscheinen, als bestünden keine abnehmenden Grenzerträge, obwohl dies tatsächlich der Fall ist. In der Tat deuten die Verschiebungen der Gesamtproduktkurve darauf hin, dass es nicht zu negativen langfristigen Auswirkungen auf die Wirtschaft kommen wird. In der Tat hat, wie wir in Beispiel 6.1 erläutern werden, die Nichtberücksichtigung technischen Fortschritts in der langen Frist dazu geführt, dass der britische Wirtschaftswissenschaftler Thomas Malthus fälschlicherweise schreckliche Konsequenzen aus dem weiteren Bevölkerungswachstum vorhersagte.

Beispiel 6.1: Eine Produktionsfunktion für das Gesundheitswesen

Die Aufgaben für das Gesundheitswesen steigen in vielen Ländern schnell an. Dies trifft insbesondere in den Vereinigten Staaten zu, wo in den letzten Jahren 15% des BIP für das Gesundheitswesen ausgegeben wurden. Aber auch andere Länder wenden erhebliche Ressourcen für das Gesundheitswesen auf (z.B. 11% des BIP in Frankreich und Deutschland sowie 8% des BIP in Japan und dem Vereinigten Königreich). Spiegeln diese gestiegenen Ausgaben Steigerungen des Outputs oder Ineffizienzen im Produktionsprozess wider? In Abbildung 6.3 wird eine Produktionsfunktion für das Gesundheitswesen in den Vereinigten Staaten dargestellt.[5] Auf der vertikalen Achse wird ein mögliches Maß der Gesundheitsleistung, die durchschnittliche Steigerung der Lebenserwartung der Bevölkerung, abgetragen. (Ein anderes Maß der Leistung könnte die Senkung der durchschnittlichen Anzahl an Herzanfällen oder Schlaganfällen sein.) Auf der horizontalen Achse werden die für Produktionsfaktoren im Gesundheitswesen (einschließlich Ärzte, Krankenschwestern, Verwaltungskräfte, Krankenhausausstattungen und Medikamente) ausgegebenen Dollarbeträge in Tausend Dollar abgetragen. Die Produktionsfunktion stellt das maximal erreichbare Gesundheitsergebnis für die Bevölkerung insgesamt als Funktion der pro Kopf für Produktionsfaktoren im Gesundheitswesen ausgegebenen Dollar dar. Die Punkte auf der Produktionsfunktion, wie A, B und C, sind durch ihre Konstruktion Produktionsfaktoren, die so effizient wie möglich zur Produktion des Ergebnisses eingesetzt werden. Der unterhalb der Produktionsfunktion gelegene Punkt D ist insoweit ineffizient, als die mit D verbundenen Produktionsfaktoren für das Gesundheitswesen nicht das maximal mögliche Gesundheitsergebnis erzielen. ▶

---

[5] Dieses Beispiel beruht auf Alan M. Garber und Jonathan Skinner, „Is American Health Care Uniquely Inefficient?", *Journal of Economic Perspectives*, Band 22, Nr. 4 (Herbst 2008): 27–50.

Hier ist zu beachten, dass die Produktionsfunktion abnehmende Erträge aufweist: Sie verläuft relativ flach, wenn mehr und mehr Geld für das Gesundheitswesen ausgegeben wird. So ist beispielsweise die Gesundheitsleistung in Punkt B deutlich höher als die Leistung in Punkt A, da die Grenzproduktivität der Ausgaben für das Gesundheitswesen hoch ist. Ausgehend von Punkt A erhöhen zusätzliche Ausgaben für das Gesundheitswesen in Höhe von $20.000 (von $10.000 auf $30.000) die Lebenserwartung um 3 Jahre. Allerdings ist das Ergebnis im Punkt C nur geringfügig höher als das Ergebnis in Punkt B, obwohl der Unterschied in den Einsatzfaktoren groß ist. Beim Wechsel von B auf C erhöhen zusätzliche Ausgaben für das Gesundheitswesen in Höhe von $20.000 die Lebenserwartung nur um ein Jahr. Warum ist das so? Die Antwort auf diese Frage lautet, dass bei den heute vorhandenen medizinischen Technologien zusätzliche Ausgaben für medizinische Verfahren bzw. die Verwendung neuerer Medikamente nur minimale Auswirkungen auf die Lebenserwartungsraten haben. Damit wird die Grenzproduktivität der für die Gesundheit ausgegebenen Gelder bei steigenden Ausgabenniveaus zunehmend weniger effektiv.

Hier sehen wir eine mögliche Erklärung für das hohe Niveau der Ausgaben für das Gesundheitswesen in den Vereinigten Staaten. Die Vereinigten Staaten sind vergleichsweise wohlhabend und es ist natürlich, dass sich die Verbraucherpräferenzen bei steigenden Einkommen hin zu mehr Gesundheitsfürsorge verschieben, selbst wenn die Erzielung von nur bescheidenen Steigerungen der Lebenserwartung zunehmend teurer wird. (Hier sei an die Erörterung der Entscheidung im Hinblick auf die Gesundheitsfürsorge in Beispiel 3.4 erinnert.) Damit haben die Amerikaner unter Umständen zunehmend bessere medizinische Ergebnisse angestrebt. Allerdings war dies angesichts des Verlaufs der Produktionsfunktion für das Gesundheitswesen nur eingeschränkt erfolgreich. Anders ausgedrückt operieren die Vereinigten Staaten im Vergleich mit anderen Ländern eventuell weiter rechts entlang des flach verlaufenden Teils der Produktionsfunktion für das Gesundheitswesen.

Allerdings gibt es hier auch noch eine weitere Erklärung. Es wäre möglich, dass die Produktion im Gesundheitswesen in den Vereinigten Staaten ineffizient ist, d.h., mit den gleichen oder ähnlichen Ausgaben für die Produktionsfaktoren könnten bessere medizinische Ergebnisse erreicht werden, wenn diese Ausgaben effektiver eingesetzt werden. In Abbildung 6.3 wird dies als Wechsel von Punkt D auf Punkt B dargestellt – hier wird die Lebenserwartung durch eine effizientere Nutzung der Produktionsfaktoren ohne zusätzliche Ausgaben um ein Jahr erhöht. Und ein Vergleich der verschiedenen Maße der Gesundheit und des Gesundheitswesens in einer Reihe entwickelter Länder deutet darauf hin, dass dies durchaus der Fall sein könnte. ▶

Erstens verwenden nur 28 Prozent der Ärzte im Bereich der Primärversorgung in den Vereinigten Staaten elektronische Patientenakten – verglichen mit 89 Prozent im Vereinigten Königreich und 98 Prozent in den Niederlanden. Zweitens betrug der Prozentsatz chronisch kranker Patienten, die keine Behandlung anstrebten, empfohlene Behandlungen nicht einhielten oder die verschriebene Medikamente nicht vollständig einnahmen, in den Vereinigten Staaten 42 Prozent – verglichen mit 9 Prozent im Vereinigten Königreich und 20 Prozent in Deutschland. Drittens ist das Abrechnungs-, Versicherungs- und Berechtigungsnachweissystem in den Vereinigten Staaten komplexer und belastender als in vielen anderen Ländern, so dass die Anzahl des Verwaltungspersonals im Gesundheitswesen pro Kopf größer ist.

Wahrscheinlich sind beide Erklärungen für die Ausgaben im US-amerikanischen Gesundheitswesen in gewissem Maße gültig. Möglicherweise besteht in den Vereinigten Staaten tatsächlich eine Ineffizienz in der Produktion im Gesundheitswesen. Überdies ist es auch wahrscheinlich, dass bei steigenden Einkommen in den USA die Menschen verglichen mit anderen Gütern zunehmend mehr Gesundheitsfürsorge nachfragen werden, so dass bei abnehmenden Grenzerträgen die zusätzlichen Vorteile für die Gesundheit beschränkt sind.

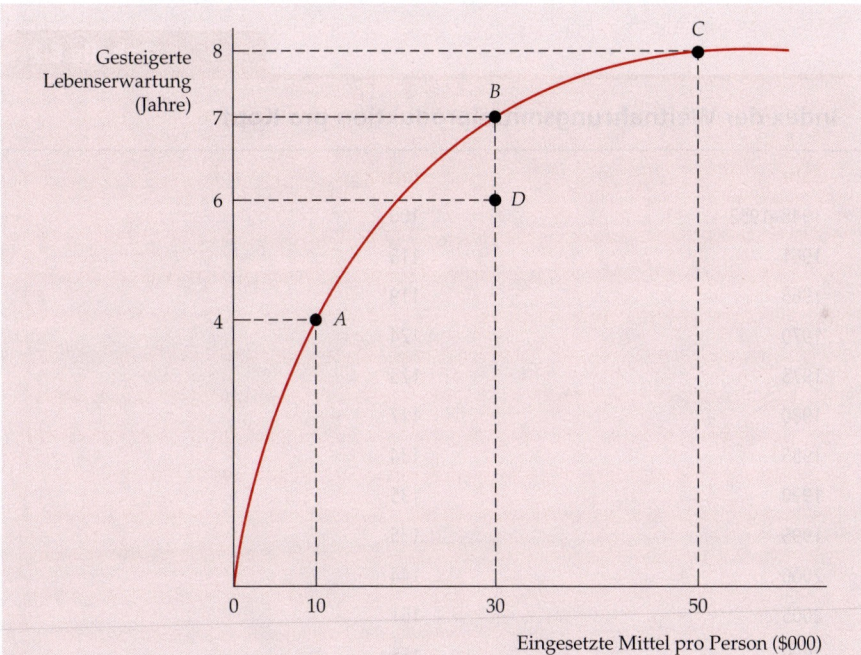

Abbildung 6.3: Eine Produktionsfunktion für das Gesundheitswesen
Durch zusätzliche Ausgaben für die Gesundheitsfürsorge (Einsatzfaktoren) steigt die Lebenserwartung (Produktion) entlang der Produktionsgrenze. Die Punkte A, B, und C stellen Punkte dar, an denen die Einsatzfaktoren effizient eingesetzt werden, obwohl beim Wechsel von Punkt B auf C abnehmende Grenzerträge bestehen. Punkt D ist ein Punkt der Inputineffizienz.

6 Die Produktion

Beispiel 6.2: Malthus und die Nahrungsmittelkrise

Das Gesetz der abnehmenden Grenzerträge war ein wesentlicher Bestandteil der Betrachtungen des Volkswirts Thomas Malthus (1766–1834).[6] Malthus war der Ansicht, dass die begrenzte Menge des auf der Welt verfügbaren Bodens nicht genügend Nahrungsmittel liefern könnte, wenn die Bevölkerung wachsen würde und mehr Arbeitskräfte beginnen würden, das Land zu bewirtschaften. Wenn schließlich sowohl die Grenz- als auch die durchschnittliche Produktivität der Arbeit abnehmen würden und mehr Menschen ernährt werden müssten, hätte dies Massenhunger und den Hungertod vieler Menschen zur Folge. Glücklicherweise hatte Malthus Unrecht (obwohl er im Hinblick auf die abnehmenden Grenzerträge der Arbeit Recht hatte).

Im Verlauf des vergangenen Jahrhunderts hat sich die Nahrungsmittelproduktion in den meisten Ländern (einschließlich der von Entwicklungsländern, wie z.B. Indien) aufgrund technischen Fortschritts drastisch geändert. Infolgedessen haben sich das Durchschnittsprodukt der Arbeit und die Gesamtnahrungsmittelproduktion erhöht. Dieser technische Fortschritt umfasst neue hochertragreiche krankheitsresistente Sorten von Saatgut, bessere Düngemittel und bessere Erntegeräte.

Tabelle 6.2

Index der Weltnahrungsmittelproduktion pro Kopf

Jahr	Index
1948–1952	100
1961	115
1965	119
1970	124
1975	125
1980	127
1985	134
1990	135
1995	135
2000	144
2005	151
2009	155

Wie Tabelle 6.2 zeigt, hat die Gesamtnahrungsmittelproduktion auf der ganzen Welt seit 1960 das Bevölkerungswachstum übertroffen.[7]

---

6 Thomas Malthus, *Essay on the Principle of Population*, 1798.
7 Die Daten zur weltweiten Nahrungsmittelproduktion pro Kopf stammen von der UN Ernährungs- und Landwirtschaftsorganisation (FAO). Siehe auch *http://faostat.fao.org*.

Diese Steigerung der weltweiten landwirtschaftlichen Produktivität wird auch in Abbildung 6.4 dargestellt, in der die durchschnittlichen Getreideerträge von 1970 bis einschließlich 2005 sowie ein Weltpreisindex für Lebensmittel dargestellt werden.[8]

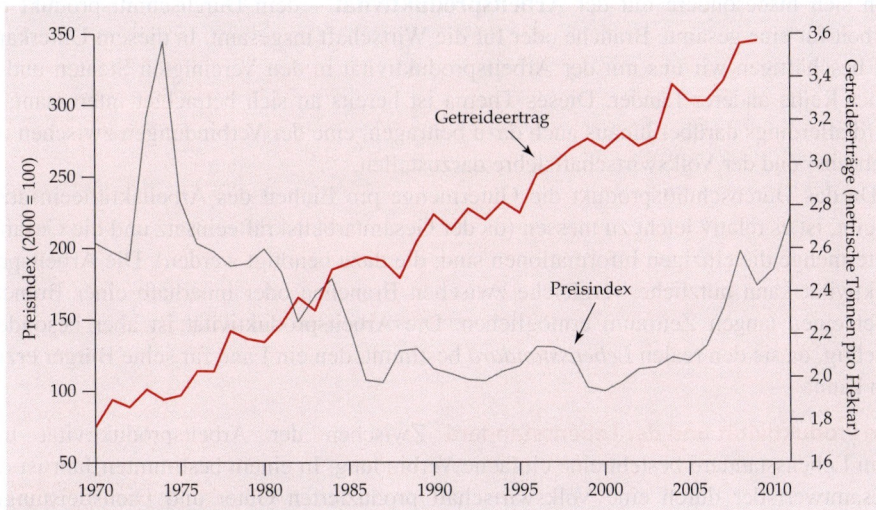

Abbildung 6.4: Die Getreideerträge und der Weltnahrungsmittelpreis
Die Getreideerträge sind ständig gewachsen. Der durchschnittliche Weltnahrungsmittelpreis ist während der frühen 1970er zeitweilig angestiegen, fällt aber seit dieser Zeit wieder.

Dabei ist zu beachten, dass sich die Getreideerträge in diesem Zeitraum beständig erhöht haben. Da das Wachstum der landwirtschaftlichen Produktivität zu einer Erhöhung des Nahrungsmittelangebotes geführt hat, die das Wachstum der Nachfrage überstieg, sind die Preise, mit Ausnahme eines zeitweiligen Anstieges während der frühen 1970er, ständig gefallen.

In manchen Gebieten, wie der Sahel-Zone in Afrika, ist der Hunger noch immer ein gravierendes Problem. Dies ist zum Teil der niedrigen Arbeitsproduktivität in diesen Gebieten zuzuschreiben. Obwohl in anderen Ländern ein Agrarüberschuss produziert wird, gibt es aufgrund der Schwierigkeiten bei der Umverteilung von Nahrungsmitteln von produktiveren auf weniger produktive Regionen der Welt und aufgrund des niedrigen Einkommens dieser weniger produktiveren Regionen noch immer Massenhunger.

---

[8] Die Daten stammen von der UN-Ernährungs- und Landwirtschaftsorganisation und der Weltbank. Siehe auch *http://faostat.fao.org*.

6.2.6 Die Arbeitsproduktivität

Arbeitsproduktivität

Durchschnittsprodukt der Arbeit für eine ganze Branche oder die Volkswirtschaft insgesamt.

Obwohl dieses Buch ein Mikroökonomielehrbuch ist, liefern viele der hier entwickelten Konzepte eine Grundlage für die makroökonomische Analyse. Die Volkswirte beschäftigen sich insbesondere mit der **Arbeitsproduktivität** – dem Durchschnittsprodukt der Arbeit für eine gesamte Branche oder für die Wirtschaft insgesamt. In diesem Unterkapitel beschäftigen wir uns mit der Arbeitsproduktivität in den Vereinigten Staaten und in einer Reihe anderer Länder. Dieses Thema ist bereits an sich betrachtet interessant, es wird allerdings darüber hinaus auch dazu beitragen, eine der Verbindungen zwischen der Betriebs- und der Volkswirtschaftslehre darzustellen.

Da das Durchschnittsprodukt die Gütermenge pro Einheit des Arbeitskräfteeinsatzes angibt, ist es relativ leicht zu messen (da der Gesamtarbeitskräfteeinsatz und die Gesamtgütermenge die einzigen Informationen sind, die dazu benötigt werden). Die Arbeitsproduktivität kann nützliche Vergleiche zwischen Branchen oder innerhalb einer Branche über einen langen Zeitraum ermöglichen. Die Arbeitsproduktivität ist aber besonders wichtig, da sie den realen *Lebensstandard* bestimmt, den ein Land für seine Bürger erzielen kann.

Die Produktivität und der Lebensstandard Zwischen der Arbeitsproduktivität und dem Lebensstandard besteht eine einfache Verbindung. In einem bestimmten Jahr ist der Gesamtwert der durch eine Volkswirtschaft produzierten Güter und Dienstleistungen gleich den an alle Produktionsfaktoren geleisteten Zahlungen, einschließlich der Löhne, der Kapitalentlohnung und der Unternehmensgewinne. Die Konsumenten erhalten allerdings letzten Endes diese Faktorentlohnung in Form von Löhnen, Gehältern, Dividenden oder Zinszahlungen. Infolgedessen können die Konsumenten insgesamt ihren Konsum langfristig nur durch die Erhöhung der von ihnen produzierten Gesamtmenge steigern.

Kapitalstock

Gesamtbestand des zur Verwendung in der Produktion verfügbaren Kapitals.

Technischer Wandel

Entwicklung neuer Technologien, mit denen Produktionsfaktoren effektiver eingesetzt werden können.

Das Verständnis der Ursachen des Produktivitätswachstums ist ein wichtiger Forschungsbereich in der Volkswirtschaftslehre. Wir wissen bereits, dass eine der wichtigsten Quellen für die Steigerung der Arbeitsproduktivität das Wachstum des **Kapitalstocks** ist – d.h. des Gesamtbestands des zur Verwendung in der Produktion verfügbaren Kapitals. Da eine Erhöhung des Kapitals mehr und bessere Maschinen zur Folge hat, kann jede Arbeitskraft in jeder gearbeiteten Stunde einen größeren Output produzieren. Eine weitere wichtige Quelle für die Erhöhung der Arbeitsproduktivität ist der **technische Wandel** – d.h. die Entwicklung neuer Technologien, mit denen die Arbeit (und andere Produktionsfaktoren) effektiver eingesetzt werden kann und neue, qualitativ hochwertigere Güter produziert werden können.

Wie in Beispiel 6.3 erläutert wird, unterscheiden sich die Niveaus der Arbeitsproduktivität genauso wie die Wachstumsraten der Produktivität in den verschiedenen Ländern beträchtlich. In Anbetracht der zentralen Rolle, die die Produktivität im Hinblick auf unseren Lebensstandard spielt, ist es wichtig, diese Unterschiede zu verstehen.

Beispiel 6.3: Die Arbeitsproduktivität und der Lebensstandard

Wird sich der Lebensstandard in den Vereinigten Staaten, Europa und Japan weiterhin verbessern oder werden diese Volkswirtschaften kaum in der Lage sein zu verhindern, dass zukünftige Generationen schlechter gestellt sein werden, als es die Menschen von heute sind? Da das reale Einkommen der Konsumenten in diesen Ländern sich nur so schnell erhöht wie die Produktivität, hängt die Antwort auf diese Frage von der Arbeitsproduktivität der Arbeitskräfte ab.

Wie in Tabelle 6.3 dargestellt, war das Produktionsniveau pro beschäftigte Person in den Vereinigten Staaten 2006 höher als in allen anderen Industriestaaten. Allerdings sind im Zeitraum nach dem Zweiten Weltkrieg zwei Muster für die Amerikaner beunruhigend gewesen. Zum einen ist bis in die 1990er Jahre die Produktivität in den Vereinigten Staaten weniger schnell gewachsen als die Produktivität in den meisten anderen Industriestaaten. Zum anderen war das Wachstum der Produktivität von 1974 bis 2006 in allen Industriestaaten viel geringer als in der Vergangenheit.[9]

Tabelle 6.3

Die Arbeitsproduktivität in Industriestaaten

	Vereinigte Staaten	Japan	Frankreich	Deutschland	Vereinigtes Königreich
	Gütermenge pro beschäftige Person (2006)				
	$82.158	$57.721	$72.949	$60.692	$65.224
Zeitraum	Jährliche Wachstumsrate der Arbeitsproduktivität (%)				
1960–1973	2,29	7,86	4,70	3,98	2,84
1974–1982	0,22	2,29	1,73	2,28	1,53
1983–1991	1,54	2,64	1,50	2,07	1,57
1992–2000	1,94	1,08	1,40	1,64	2,22
2001–2006	1,78	1,73	1,02	1,10	1,47

Während eines Großteils des Zeitraums von 1960 bis 1991 hatte Japan die höchste Wachstumsrate der Produktivität, gefolgt von Deutschland und Frankreich. Das Wachstum der Produktivität der USA war am niedrigsten und sogar etwas niedriger als das Wachstum der Produktivität des Vereinigten Königreichs. Dies ist zum Teil auf Unterschiede in den Investitionsraten und im Wachstum des Kapitalstocks in jedem dieser Länder zurückzuführen. Das höchste Kapitalwachstum wiesen ▶

---

9 Die Zahlen zum BIP, zur Beschäftigung und zum PPP stammen von der OECD. Weitere Informationen unter *http://www.oecd.org*. Im Verzeichnis Statistics „Frequently Requested Statistics" auswählen.

während des Zeitraums nach dem Zweiten Weltkrieg Japan, Frankreich und Deutschland auf, die nach dem Krieg in hohem Maße wiederaufgebaut wurden. Deshalb ist die niedrigere Wachstumsrate der Produktivität in den Vereinigten Staaten im Vergleich zu den Wachstumsraten von Japan, Frankreich und Deutschland in gewissem Maß das Ergebnis des Aufholprozesses dieser Länder nach dem Krieg.

Das Wachstum der Produktivität ist auch mit dem Wirtschaftssektor der natürlichen Rohstoffe verbunden. Als die Erschöpfung des Öls und anderer natürlicher Rohstoffe begann, sank die Gütermenge pro Arbeitskraft. Umweltschutzvorschriften (wie beispielsweise die Verpflichtung zur Wiederherstellung des ursprünglichen Zustands des Landes, auf dem Kohle im Tagebauverfahren abgebaut worden war) haben diesen Effekt verstärkt, als die Öffentlichkeit begann, sich mehr mit der Bedeutung sauberer Luft und sauberen Wassers zu beschäftigen.

Aus Tabelle 6.3 ist ersichtlich, dass sich das Produktivitätswachstum in den Vereinigten Staaten in den 1990ern erhöht hat. Einige Wirtschaftswissenschaftler sind der Ansicht, dass die Informations- und Kommunikationstechnologie (IKT) den wesentlichen Antrieb für das hohe Wachstum gebildet hat. Allerdings deutet das abgeschwächte Wachstum der letzten Jahre darauf hin, dass der Beitrag der IKT eventuell bereits seinen Höhepunkt überschritten hat.

6.3 Die Produktion mit zwei variablen Inputs

Wir haben unsere Analyse der kurzfristigen Produktionsfunktion, bei der ein Input, Arbeit, variabel und der andere, Kapital, fix ist, beendet. Nun wenden wir uns der langen Frist zu, bei der sowohl Arbeit als auch Kapital variabel sind. Das Unternehmen kann nun seinen Output auf viele verschiedene Arten herstellen, indem es verschiedene Mengen von Arbeit und Kapital kombiniert. In diesem Kapitel werden wir untersuchen, wie ein Unternehmen unter den Kombinationen von Arbeit und Kapital auswählen kann, mit denen der gleiche Output erzielt wird. Im ersten Abschnitt wird die Größe des Produktionsprozesses untersucht, indem analysiert wird, wie sich der Output verändert, wenn die Inputkombinationen verdoppelt und verdreifacht werden usw.

6.3.1 Die Isoquanten

Beginnen wir mit der Untersuchung der Produktionstechnologie eines Unternehmens, das zwei Inputs verwendet und beide variieren kann. Nehmen wir an, die Inputs sind Arbeit und Kapital und werden zur Produktion von Lebensmitteln eingesetzt. In Tabelle 6.4 wird die mit verschiedenen Inputkombinationen erzielbare Gütermenge angegeben.

Der Arbeitskräfteeinsatz wird in der obersten Zeile und der Kapitaleinsatz in der linken Spalte angegeben. Jeder Eintrag gibt die maximale (technisch effiziente) Gütermenge an, die jedes Jahr mit jeder, im Verlauf dieses Jahres eingesetzten Kombination von Arbeit und Kapital produziert werden kann. So werden beispielsweise mit vier Einheiten Arbeit pro Jahr und zwei Einheiten Kapital pro Jahr 85 Einheiten Lebensmittel produziert. Lesen wir jede Zeile, so wird deutlich, dass sich der Output erhöht, wenn der Arbeitskräfteeinsatz ansteigt, während der Kapitaleinsatz konstant bleibt. Lesen wir jede Spalte, so wird deutlich, dass sich der Output ebenfalls erhöht, wenn der Kapitaleinsatz erhöht wird, während der Arbeitskräfteeinsatz konstant bleibt.

Tabelle 6.4

Die Produktion mit zwei variablen Inputs

Kapitaleinsatz	Arbeitskräfteeinsatz				
	1	2	3	4	5
1	20	40	55	65	(75)
2	40	60	(75)	85	90
3	55	(75)	90	100	105
4	65	85	100	110	115
5	(75)	90	105	115	120

Die in Tabelle 6.4 enthaltenen Informationen können mit Hilfe von Isoquanten auch grafisch dargestellt werden. Eine **Isoquante** ist *eine Kurve, die alle möglichen Inputkombinationen, mit denen der gleiche Output erzielt wird, darstellt.* In Abbildung 6.5 werden drei Isoquanten dargestellt. (Die Achsen des Diagramms messen die Mengen der beiden Inputs.) Diese Isoquanten beruhen auf den Daten in Tabelle 6.4, wurden aber als stetige Kurven gezeichnet, um die Verwendung von Teilbeträgen der Inputs zu berücksichtigen.

Beispielsweise stellt die Isoquante q_1 alle Kombinationen von Arbeit und Kapital pro Jahr dar, mit denen gemeinsam eine Gütermenge von 55 Einheiten pro Jahr erzielt wird. Zwei dieser Punkte, A und D, entsprechen Tabelle 6.4. Im Punkt A wird mit einer Einheit Arbeit und drei Einheiten Kapital eine Gütermenge von 55 Einheiten erzielt; in D wird die gleiche Gütermenge mit drei Einheiten Arbeit und einer Einheit Kapital erzielt. Die Isoquante q_2 stellt alle Inputkombinationen dar, mit denen ein Output von 75 Einheiten erzielt wird, und entspricht den vier in der Tabelle mit einem Kreis markierten Kombinationen von Arbeit und Kapital (z.B. in Punkt B, in dem zwei Einheiten Arbeit und drei Einheiten Kapital kombiniert werden). Die Isoquante q_2 liegt oberhalb und rechts von q_1, da zur Erzielung eines höheren Produktionsniveaus mehr Arbeit und Kapital eingesetzt werden müssen. Schließlich stellt die Isoquante q_3 die Kombinationen von Arbeit und Kapital dar, mit denen ein Output von 90 Einheiten erzielt wird. In Punkt C werden drei Einheiten Arbeit und drei Einheiten Kapital kombiniert, wogegen Punkt E zwei Einheiten Arbeit und fünf Einheiten Kapital umfasst.

Isoquante

Kurve, die alle möglichen Inputkombinationen darstellt, mit denen der gleiche Output erzielt wird.

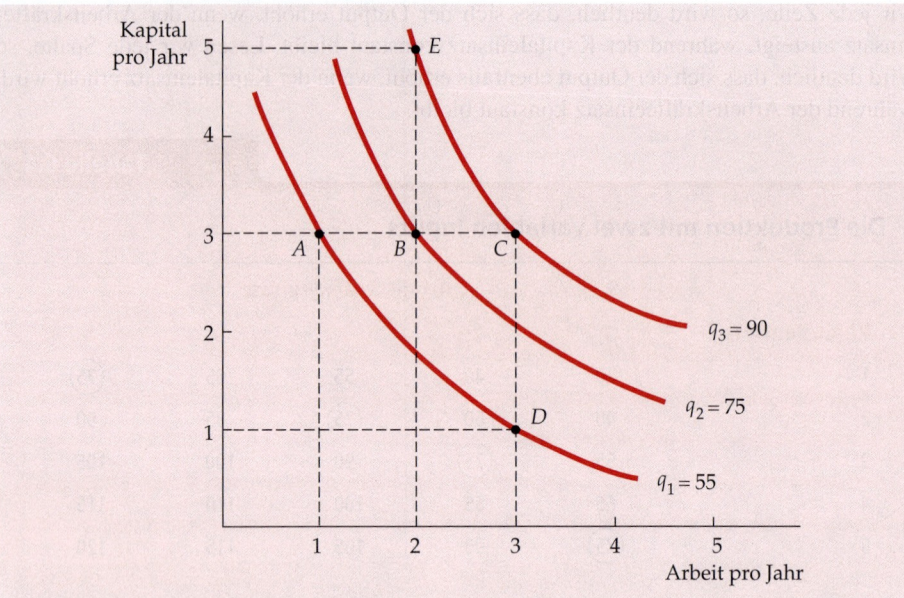

Abbildung 6.5: Die Produktionsisoquanten stellen die unterschiedlichen Kombinationen von Inputs dar, die notwendig sind, damit ein Unternehmen eine bestimmte Gütermenge produzieren kann. Eine Menge von Isoquanten, eine *Isoquantenschar*, beschreibt die Produktionsfunktion des Unternehmens. Die Gütermenge erhöht sich, wenn wir von der Isoquante q_1 (bei der in Punkten wie z.B. A und D 55 Einheiten pro Jahr produziert werden) zur Isoquante q_2 (bei der in Punkten wie B 75 Einheiten pro Jahr produziert werden) und zur Isoquante q_3 (bei der in Punkten wie C und E 90 Einheiten pro Jahr produziert werden) wechseln.

Isoquantenschar

Zur Beschreibung einer Produktionsfunktion verwendete Darstellung, in der mehrere Isoquanten zusammen abgebildet werden.

Isoquantenschar Werden in einem einzigen Diagramm mehrere Isoquanten wie in Abbildung 6.5 zusammen abgebildet, wird diese Darstellung als **Isoquantenschar** bezeichnet. Eine Isoquantenschar ist eine weitere Methode zur Beschreibung der Produktionsfunktion, genauso wie eine Indifferenzkurvenschar eine Methode zur Beschreibung der Nutzenfunktion darstellt. Jede Isoquante entspricht einem anderen Produktionsniveau. Das Produktionsniveau erhöht sich, wenn man sich in der Abbildung nach oben und rechts bewegt.

6.3.2 Die Inputflexibilität

Die Isoquanten zeigen die Flexibilität an, über die Unternehmen bei Produktionsentscheidungen verfügen: Normalerweise können sie einen bestimmten Output durch die Substitution eines Inputs durch einen anderen erzielen. Für die Führungskräfte ist es wichtig, die Eigenschaften dieser Flexibilität zu verstehen. So sahen sich beispielsweise Fast-Food-Restaurants in letzter Zeit einem Mangel an jungen Niedriglohn-Arbeitskräften gegenüber. Die Firmen haben darauf mit einer Automatisierung reagiert – sie haben Salatbars mit Selbstbedienung eingerichtet und technisch ausgereiftere Kochgeräte installiert. Darüber hinaus haben sie zur Besetzung der offenen Stellen ältere Arbeitnehmer eingestellt. Wie in den Kapiteln 7 und 8 dargestellt wird, können die Führungskräfte durch die Berücksichtigung dieser Flexibilität im Produktionsprozess Kombinationen von Inputs wählen, mit denen die Kosten minimiert werden und der Gewinn maximiert wird.

6.3.3 Abnehmende Grenzerträge

Da sowohl die Arbeit als auch das Kapital langfristig variabel sind, ist es für ein Unternehmen bei der Wahl der optimalen Mischung seiner Produktionsfaktoren hilfreich, die Frage zu stellen, was geschieht, wenn eine der Faktoreinsatzmengen erhöht wird, während die andere konstant gehalten wird. Das Ergebnis dieser Analyse wird in Abbildung 6.5 beschrieben, in der die abnehmenden Grenzerträge sowohl der Arbeit als auch des Kapitals dargestellt werden. Man kann durch die Einzeichnung einer horizontalen Linie bei einer bestimmten Höhe des Kapitals – beispielsweise 3 – erkennen, warum abnehmende Grenzerträge auf die Arbeit bestehen. Lesen wir die Produktionsniveaus auf jeder Isoquante bei steigender Arbeit ab, erkennen wir, dass durch jede zusätzliche Einheit des Arbeitskräfteeinsatzes ein immer geringer werdender zusätzlicher Output erzielt wird. Wenn beispielsweise der Arbeitskräfteeinsatz von einer Einheit auf zwei Einheiten (von *A* auf *B*) erhöht wird, steigt der Output um 20 (von 55 auf 75). Wird allerdings die Arbeit um eine weitere zusätzliche Einheit (von *B* auf *C*) erhöht, steigt der Output nur um 15 (von 75 auf 90). Folglich gibt es sowohl kurz- als auch langfristig abnehmende Grenzerträge der Arbeit. Da die Erhöhung eines Faktors, während der andere Faktor konstant gehalten wird, schließlich zu einem immer geringeren Zuwachs der Gütermenge führt, muss die Isoquante steiler werden, wenn anstelle der Arbeit das Kapital erhöht wird und flacher, wenn die Arbeit anstelle des Kapitals erhöht wird.

Auch für das Kapital bestehen abnehmende Grenzerträge. Ist der Produktionsfaktor Arbeit fix, geht bei einer Steigerung des Kapitals das Grenzprodukt des Kapitals zurück. Wird beispielsweise das Kapital von 1 auf 2 erhöht und der Faktor Arbeit bei 3 konstant gehalten, liegt das Grenzprodukt des Kapitals zu Beginn bei 20 (75 – 55), fällt aber dann bei einer Erhöhung des Kapitals von 2 auf 3 auf 15 (90 – 75).

6.3.4 Die Substitution zwischen den Produktionsfaktoren

Bei zwei variablen Inputs erwägt ein Manager den Ersatz des einen durch den anderen Input. Die Steigung jeder der Isoquanten zeigt an, wie bei konstantem Output die Menge des einen Inputs durch die Menge des anderen substituiert werden kann. Wird das negative Vorzeichen weggelassen, bezeichnet man die Steigung als **Grenzrate der technischen Substitution (GRTS)**. Die *Grenzrate der technischen Substitution von Kapital durch Arbeit* ist die Menge, um die der Kapitalinput bei Einsatz einer weiteren Einheit Arbeit reduziert werden kann, so dass der Output konstant bleibt. Dies ist analog zur Grenzrate der Substitution (GRS) in der Konsumententheorie. In Abschnitt 3.1 wurde erläutert, dass die GRS beschreibt, wie die Konsumenten bei konstantem Befriedigungsniveau zwei Güter gegenseitig ersetzen. Wie die GRS wird auch die GRTS stets als positive Menge gemessen:

> GRTS = – Änderung des Kapitaleinsatzes/Änderung des Arbeitskräfteeinsatzes
> = – $\Delta K / \Delta L$ (bei konstantem q)

wobei ΔK und ΔL geringe Änderungen des Kapitals und der Arbeit entlang einer Isoquante darstellen.

In Abbildung 6.6 ist die GRTS bei einer Erhöhung des Arbeitskräfteeinsatzes von einer Einheit auf zwei und einem fixen Output von 75 gleich 2. Allerdings sinkt die GRTS bei einer Erhöhung des Arbeitskräfteeinsatzes von zwei auf drei Einheiten auf 1 und fällt danach weiter auf 2/3 und 1/3. Offensichtlich wird, wenn mehr und mehr Arbeit Kapital ersetzt, die

---

Grenzrate der technischen Substitution (GRTS)

Betrag, um den die Menge eines Inputs reduziert werden kann, wenn eine zusätzliche Einheit eines anderen Inputs eingesetzt wird, so dass der Output konstant bleibt.

In § 3.1 wird erläutert, dass die Grenzrate der Substitution die maximale Menge eines Gutes ist, auf die ein Konsument zu verzichten bereit ist, um eine weitere Einheit eines anderen Gutes zu erhalten.

Arbeit weniger produktiv und das Kapital vergleichsweise produktiver. Folglich wird weniger Kapital benötigt, um den Output konstant zu halten, und die Isoquante wird flacher.

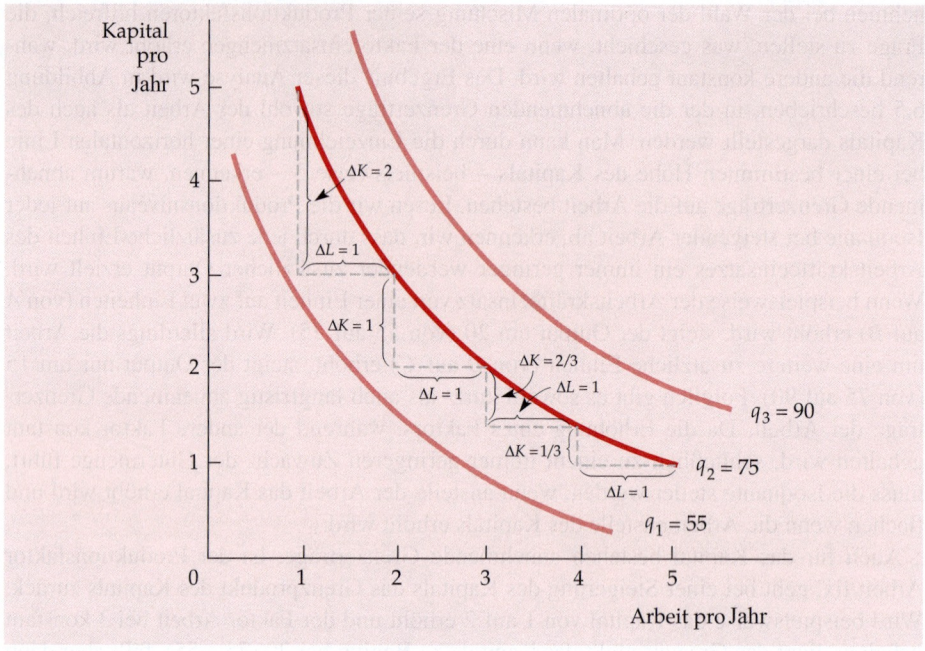

Abbildung 6.6: Die Grenzrate der technischen Substitution
Wie die Indifferenzkurven sind auch die Isoquanten negativ geneigt und konvex. Die Steigung der Isoquanten in jedem Punkt misst die Grenzrate der technischen Substitution – die Fähigkeit des Unternehmens, unter Beibehaltung des gleichen Produktionsniveaus Kapital durch Arbeit zu ersetzen. Auf der Isoquanten q_2 fällt die GRTS von 2 auf 1 und danach auf 2/3 und 1/3.

> In § 3.1 wird erläutert, dass eine Indifferenzkurve konvex ist, wenn bei einer Bewegung entlang der Kurve nach unten die Grenzrate der Substitution abnimmt.

Abnehmende GRTS Wir gehen von der Annahme aus, dass eine *abnehmende* GRTS besteht. Mit anderen Worten ausgedrückt bedeutet dies, die GRTS fällt, wenn wir uns entlang einer Isoquanten nach unten bewegen. Die mathematische Folgerung daraus ist, dass die Isoquanten, genau wie die Indifferenzkurven, *konvex* oder nach innen gekrümmt sind. Dies trifft in der Tat auf die meisten Produktionstechnologien zu. Die abnehmende GRTS gibt an, dass die Produktivität eines jeden Produktionsfaktors begrenzt ist. Wird anstelle von Kapital mehr und mehr Arbeit in den Produktionsprozess eingebracht, sinkt die Produktivität der Arbeit. Desgleichen gilt, dass die Produktivität des Kapitals sinkt, wenn anstelle der Arbeit mehr und mehr Kapital eingesetzt wird. Für die Produktion ist eine ausgeglichene Mischung beider Faktoreinsatzmengen notwendig.

Wie aus unserer obigen Erörterung hervorgeht, ist die GRTS eng mit den Grenzprodukten der Arbeit GP_L und des Kapitals GP_K verbunden. Um diese Verbindung zu untersuchen, stellen wir uns vor, dass wir den Arbeitskräfteeinsatz geringfügig erhöhen und die Menge des Kapitals so reduzieren, dass der Output konstant bleibt. Der aus der Erhöhung des Arbeitskräfteeinsatzes resultierende zusätzliche Output ist gleich dem zusätzlichen Output pro Einheit der zusätzlichen Arbeit (dem Grenzprodukt der Arbeit) mal der Anzahl der Einheiten der zusätzlichen Arbeit:

Zusätzlicher Output aus erhöhtem Arbeitskräfteeinsatz = $(GP_L)(\Delta L)$

Desgleichen ist der aus dem verringerten Kapitaleinsatz resultierende Outputrückgang gleich dem Rückgang des Outputs pro Einheit des reduzierten Kapitals (dem Grenzprodukt des Kapitals) mal der Anzahl der Einheiten des reduzierten Kapitals:

$$\text{Outputreduktion aus verringertem Kapitaleinsatz} = (GP_K)(\Delta K)$$

Da wir bei einer Bewegung entlang einer Isoquante den Output konstant halten, muss die Gesamtänderung des Outputs gleich null sein. Folglich gilt:

$$(GP_L)(\Delta L) + (GP_K)(\Delta K) = 0$$

Durch die Umordnung der Terme können wir feststellen, dass gilt:

$$(GP_L)/(GP_K) = -(\Delta K/\Delta L) = \text{GRTS} \qquad (6.2)$$

Gleichung (6.2) besagt, dass *die Grenzrate der technischen Substitution zwischen zwei Inputs gleich dem Verhältnis der physischen Grenzprodukte der Inputs* ist. Diese Formel wird bei der Betrachtung der kostenminimierenden Wahl von Faktoreinsatzmengen durch Unternehmen in Kapitel 7 hilfreich sein.

6.3.5 Produktionsfunktionen – zwei Spezialfälle

Zwei Extremfälle von Produktionsfunktionen stellen den möglichen Grad der Substitution von Inputs im Produktionsprozess dar. Im ersten, in Abbildung 6.7 dargestellten Fall sind die Produktionsfaktoren *vollkommene Substitute*. In diesem Fall ist die GRTS in allen Punkten der Isoquante konstant. Infolgedessen kann die gleiche Gütermenge (beispielsweise q_3) fast ausschließlich mit Kapital (in Punkt A), fast ausschließlich mit Arbeit (im Punkt C) oder mit einer ausgeglichenen Kombination von beiden (im Punkt B) produziert werden. So können beispielsweise Musikinstrumente fast ausschließlich mit Werkzeugmaschinen oder mit nur sehr wenigen Werkzeugen und hoch qualifizierter Arbeit produziert werden.

> In § 3.1 wird erläutert, dass zwei Güter vollkommene Substitutionsgüter sind, wenn die Grenzrate der Substitution des einen durch das andere eine Konstante ist.

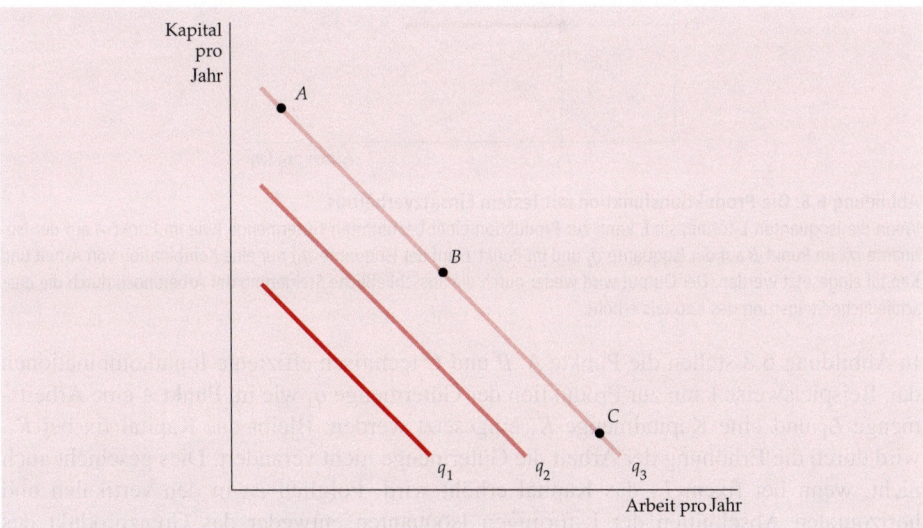

Abbildung 6.7: Die Isoquanten bei Inputs, die vollkommene Substitute sind
Sind die Isoquanten Geraden, ist die GRTS konstant. Folglich ist die Rate gleich, mit der Kapital und Arbeit gegenseitig ersetzt werden können, und zwar unabhängig vom Niveau der verwendeten Faktoreinsatzmengen. Die Punkte A, B und C stellen drei verschiedene Kombinationen von Arbeit und Kapital dar, mit denen die gleiche Gütermenge q_3 erzielt wird.

6 Die Produktion

Produktionsfunktion mit festem Einsatzverhältnis

Produktionsfunktion mit L-förmigen Isoquanten, so dass nur eine Kombination von Arbeit und Kapital zur Produktion jedes Outputniveaus eingesetzt werden kann.

In Abbildung 6.8 wird das andere Extrem, die **Produktionsfunktion mit festem Einsatzverhältnis**, die manchmal als Leontief-Produktionsfunktion bezeichnet wird, dargestellt. In diesem Fall ist es unmöglich, zwischen Inputs zu substituieren. Für jedes Produktionsniveau ist eine spezielle Kombination von Arbeit und Kapital notwendig: Zusätzliche Gütermengen können nur erzielt werden, wenn Arbeit und Kapital jeweils in einem bestimmten Verhältnis hinzugefügt werden. Infolgedessen sind die Isoquanten L-förmig, genau wie die Indifferenzkurven L-förmig sind, wenn zwei Güter vollkommene Komplementärgüter sind. Ein Beispiel dafür ist der Bau von Betonfußwegen mit Hilfe von Presslufthämmern. Zur Bedienung eines Presslufthammers wird eine Person gebraucht – die Produktion wird weder durch zwei Personen und einen Presslufthammer noch durch eine Person und zwei Presslufthämmer gesteigert. Als weiteres Beispiel nehmen wir an, dass ein Unternehmen, das Getreideprodukte herstellt, eine neue Art von Frühstücksflocken, Nutty Oat Crunch, anbietet, deren zwei Inputs Nüsse und Hafer sind. Laut dem Geheimrezept zur Herstellung der Frühstücksflocken wird für jede Portion der Frühstücksflocken jeweils eine Unze (28,35g) Nüsse auf vier Unzen Hafer benötigt. Würde das Unternehmen nun zusätzliche Nüsse, aber keinen Hafer kaufen, würde sich die Gütermenge der Getreideflocken nicht ändern, da die Nüsse mit dem Hafer in einem festen Verhältnis kombiniert werden müssen. Desgleichen wäre auch der Kauf von zusätzlichem Hafer ohne den Kauf zusätzlicher Nüsse unproduktiv.

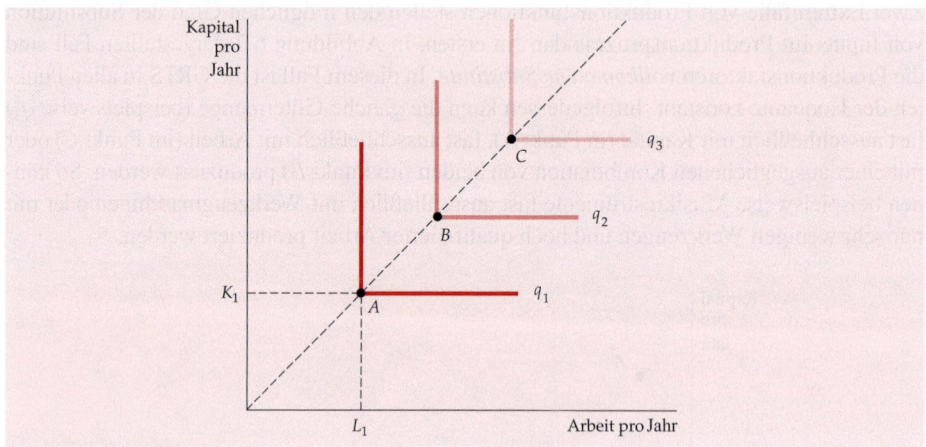

Abbildung 6.8: Die Produktionsfunktion mit festem Einsatzverhältnis
Wenn die Isoquanten L-förmig sind, kann zur Produktion einer bestimmten Gütermenge (wie im Punkt A auf der Isoquante q_1, im Punkt B auf der Isoquante q_2 und im Punkt C auf der Isoquante q_3) nur eine Kombination von Arbeit und Kapital eingesetzt werden. Der Output wird weder durch die ausschließliche Steigerung der Arbeit noch durch die ausschließliche Steigerung des Kapitals erhöht.

In § 3.1 wird erläutert, dass zwei Güter vollständige Komplementärgüter sind, wenn deren Indifferenzkurven rechtwinklig verlaufen.

In Abbildung 6.8 stellen die Punkte A, B und C technisch effiziente Inputkombinationen dar. Beispielsweise kann zur Produktion der Gütermenge q_1 wie im Punkt A eine Arbeitsmenge L_1 und eine Kapitalmenge K_1 eingesetzt werden. Bleibt das Kapital fix bei K_1, wird durch die Erhöhung der Arbeit die Gütermenge nicht verändert. Dies geschieht auch nicht, wenn bei fixem L_1 das Kapital erhöht wird. Folglich ist in den vertikalen und horizontalen Abschnitten der L-förmigen Isoquanten entweder das Grenzprodukt des Kapitals oder das Grenzprodukt der Arbeit gleich null. Höhere Gütermengen werden nur erzielt, wenn sowohl das Kapital als auch die Arbeit erhöht werden, wie dies beim Wechsel von der Inputkombination A zur Inputkombination B der Fall ist.

Die Produktionsfunktion mit festem Einsatzverhältnis beschreibt Situationen, in denen die Produktionsmethoden begrenzt sind. Beispielsweise kann die Produktion einer Fernsehshow eine bestimmte Mischung von Kapital (Kamera- und Tonausrüstung usw.) und Arbeit (Produzent, Regisseur, Schauspieler usw.) umfassen. Um mehr dieser Sendungen zu produzieren, müssten alle Produktionsfaktoren proportional erhöht werden. Insbesondere wäre es schwierig, den Kapitaleinsatz auf Kosten der Arbeit zu erhöhen, da Schauspieler (mit Ausnahme von Animationsfilmen) notwendige Produktionsfaktoren sind. Desgleichen wäre es schwierig, Arbeit durch Kapital zu ersetzen, da für die Produktion von Filmen heutzutage technisch hoch entwickelte Filmausrüstungen notwendig sind.

Beispiel 6.4: Eine Produktionsfunktion für Weizen

Agrarprodukte können mit Hilfe verschiedener Methoden erzeugt werden. In den USA auf großen Farmen erzeugte Lebensmittel werden normalerweise mit *kapitalintensiver Technologie* produziert, für die beträchtliche Investitionen in das Kapital, wie beispielsweise Gebäude und Ausrüstungen, notwendig sind, aber nur ein relativ geringer Arbeitskräfteeinsatz. Allerdings können Lebensmittel auch mit sehr geringem Kapital (einer Hacke) und einem hohen Arbeitseinsatz (mehrere Menschen mit der zur Bearbeitung des Bodens notwendigen Geduld und dem nötigen Durchhaltevermögen) erzeugt werden.

Eine Methode zur Beschreibung des landwirtschaftlichen Produktionsprozesses ist die Darstellung einer (oder mehrerer) Isoquanten, die die Inputkombination beschreibt, mit der ein bestimmtes Produktionsniveau (oder mehrere Produktionsniveaus) erzielt wird. Die folgende Beschreibung stammt aus einer statistisch geschätzten Produktionsfunktion für Weizen.[10]

In Abbildung 6.9 wird eine mit der Produktionsfunktion verbundene Isoquante, die einer Gütermenge von 13.800 Scheffeln Weizen pro Jahr entspricht, dargestellt. Der Manager der Farm kann diese Isoquante verwenden, um zu entscheiden, ob die Einstellung weiterer Arbeitskräfte oder der Einsatz einer größeren Anzahl Maschinen wirtschaftlich ist. Nehmen wir an, die Farm arbeitet gegenwärtig in Punkt A mit einem Arbeitskräfteeinsatz L von 500 Stunden und einem Kapitaleinsatz K von 100 Maschinenstunden. Der Manager beschließt zu experimentieren, indem nur 90 Stunden an Maschinenzeit aufgewendet werden. Er stellt fest, dass er, um den gleichen Ertrag pro Jahr zu erzielen, diese Maschinenzeit durch die Hinzufügung von 260 Arbeitsstunden ersetzen muss.

Aus den Ergebnissen dieses Experimentes kann der Manager Rückschlüsse über den Verlauf der Isoquante der Weizenproduktion ziehen. Vergleicht er die Punkte A (in dem $L = 500$ und $K = 100$) und B (in dem $L = 760$ und $K = 90$) in Abbildung 6.9, die sich beide auf der gleichen Isoquante befinden, stellt er fest, dass die Grenzrate der technischen Substitution gleich 0,04 ($-\Delta K/\Delta L = -(-10)/260 = 0{,}04$) ist. ▶

---

[10] Die Lebensmittelproduktionsfunktion, auf der dieses Beispiel beruht, wird durch die Gleichung $q = 100(K^{0,8}L^{0,2})$ gegeben, wobei q die Produktion in Scheffel Weizen pro Jahr angibt, K die jährlich eingesetzte Menge von Maschinen und L die jährlich aufgewendeten Arbeitsstunden.

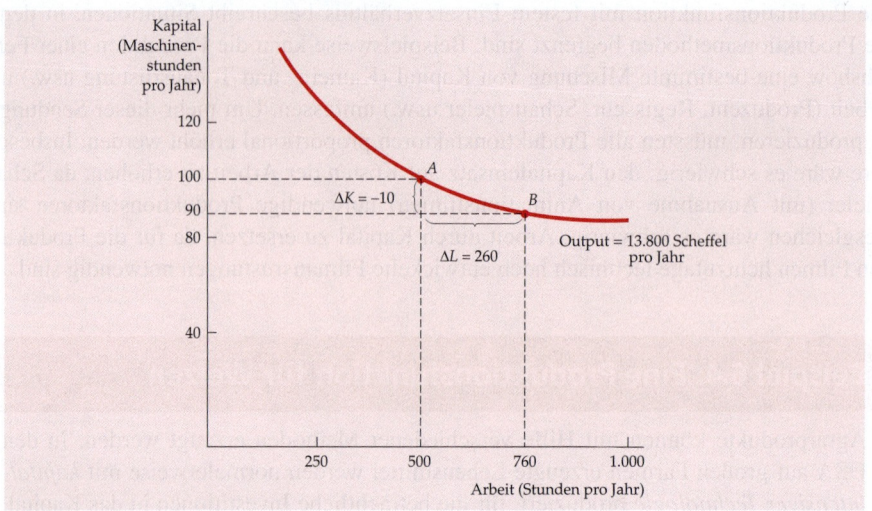

Abbildung 6.9: Die Isoquante zur Beschreibung der Weizenproduktion
Eine Weizenmenge von 13.800 Scheffeln pro Jahr kann mit verschiedenen Kombinationen von Arbeit und Kapital produziert werden. Der kapitalintensivere Produktionsprozess wird als Punkt *A*, der arbeitsintensivere Produktionsprozess als Punkt *B* dargestellt. Die Grenzrate der technischen Substitution zwischen *A* und *B* ist gleich 10/260 = 0,04.

Die GRTS offenbart die Art des Tradeoffs, der bei der Steigerung des Arbeitskräfteeinsatzes und der Reduzierung des Einsatzes von Agrargeräten auftritt. Da die GRTS einen beträchtlich geringeren Wert als 1 aufweist, weiß der Manager, dass er, wenn der Lohn einer Arbeitskraft gleich den Kosten des Betriebs einer Maschine ist, mehr Kapital einsetzen sollte. (Beim gegenwärtigen Produktionsniveau benötigt er 260 Einheiten Arbeit, um 10 Einheiten Kapital zu ersetzen.) In der Tat weiß er, dass sein Produktionsprozess kapitalintensiver werden sollte, es sei denn die Arbeit ist bedeutend weniger teuer als die Verwendung einer Maschine.

Die Frage, wie viele Arbeitskräfte eingestellt und wie viele Maschinen eingesetzt werden sollen, kann erst dann vollständig geklärt werden, wenn im nächsten Kapitel die Kosten der Produktion erörtert werden. Allerdings zeigt dieses Beispiel deutlich, wie Kenntnisse über Produktionsisoquanten und die Grenzrate der technischen Substitution einer Führungskraft helfen können. Es zeigt darüber hinaus auch auf, warum die meisten Farmen in den Vereinigten Staaten und Kanada, wo die Arbeit vergleichsweise teuer ist, in dem Produktionsbereich arbeiten, in dem die GRTS relativ hoch ist (mit einer hohen Kapitalintensität), während Farmen in Entwicklungsländern, in denen die Arbeit billig ist, mit einer niedrigeren GRTS (und einer niedrigeren Kapitalintensität) operieren.[11] Die zu verwendende exakte Kombination von Arbeit und Kapital hängt von den Faktorpreisen ab, die in Kapitel 7 erörtert werden.

---

11 Mit Hilfe der in Fußnote 6 angegebenen Produktionsfunktion ist es nicht schwierig (unter Verwendung der Differentialrechnung) aufzuzeigen, dass die Grenzrate der technischen Substitution durch GRTS = $(GP_L/GP_K) = (1/4)(K/L)$ gegeben ist. Folglich sinkt die GRTS, wenn das Verhältnis von Kapital zu Arbeit sinkt. Eine interessante Studie der landwirtschaftlichen Produktion in Israel findet sich in Richard E. Just, David Zilberman und Eithan Hochman, „Estimation of Multicrop Production Functions"; *American Journal of Agricultural Economics* 65 (1983): 770–780.

6.4 Skalenerträge

Unsere Analyse der Substitution von Produktionsfaktoren hat gezeigt, was geschieht, wenn ein Unternehmen einen Faktor durch einen anderen ersetzt. Wenn allerdings langfristig alle Produktionsfaktoren variabel sind, muss das Unternehmen auch die beste Methode zur Erhöhung der Gütermenge erwägen. Eine Möglichkeit, dies zu erreichen, besteht in der Änderung der *Größenordnung* der Produktion durch die *proportionale Erhöhung aller Produktionsfaktoren*. Wenn zur Produktion von 100 Scheffeln Weizen ein Bauer, der mit einer Erntemaschine einen Morgen Land bearbeitet, notwendig ist, was würde dann mit dem Output geschehen, wenn zwei Bauern mit zwei Maschinen auf zwei Morgen Land eingesetzt werden? Der Output wird sich sicherlich erhöhen – aber wird er sich verdoppeln, wird er sich mehr als verdoppeln oder wird er sich auf weniger als das Doppelte erhöhen? Die **Skalenerträge** geben die Rate an, mit der sich der Output bei proportionaler Erhöhung der Inputs erhöht. Im Folgenden werden wir drei verschiedene Fälle untersuchen: zunehmende, konstante und abnehmende Skalenerträge.

> **Skalenerträge**
>
> Rate, mit der sich der Output erhöht, wenn die Inputs proportional erhöht werden.

Zunehmende Skalenerträge Wenn sich der Output bei einer Verdoppelung der Inputs mehr als verdoppelt, bestehen **zunehmende Skalenerträge**. Dies kann der Fall sein, da eine höhere Betriebsgröße der Unternehmensleitung und den Arbeitskräften eine Spezialisierung ihrer Aufgaben ermöglicht, und sie in die Lage versetzt, technisch ausgereiftere, groß angelegte Werke und Ausrüstungen einzusetzen. Ein bekanntes Beispiel für zunehmende Erträge sind die Fließbänder in der Automobilproduktion.

> **Zunehmende Skalenerträge**
>
> Bei einer Verdoppelung aller Inputs steigt der Output um mehr als das Doppelte.

Die Aussicht auf zunehmende Skalenerträge ist für die staatliche Politik eine wichtige Frage. Gibt es zunehmende Erträge, ist es dann wirtschaftlich von Vorteil, wenn ein großes Unternehmen (zu relativ geringen Kosten) anstelle vieler kleiner Unternehmen (zu relativ hohen Kosten) produziert? Da dieses große Unternehmen den von ihm festgelegten Preis kontrollieren kann, könnte es in einem solchen Fall notwendig werden, den Preis zu regulieren. So sind beispielsweise die zunehmenden Erträge bei der Versorgung mit Elektrizität einer der Gründe, warum es große, regulierte Elektrizitätsversorgungsunternehmen gibt.

Konstante Skalenerträge Eine zweite Möglichkeit bei der Betrachtung der Größenordnung der Produktion ist, dass sich der Output bei einer Verdoppelung der Inputs auch verdoppelt. In diesem Fall spricht man von **konstanten Skalenerträgen**. Bei konstanten Skalenerträgen beeinflusst die Betriebgröße eines Unternehmens die Produktivität seiner Faktoren nicht – eine Produktionsstätte, in der ein bestimmtes Produktionsverfahren eingesetzt wird, kann leicht ein zweites Mal gebaut werden, so dass zwei Produktionsstätten auch den doppelten Output produzieren. So kann beispielsweise ein großes Reisebüro den gleichen Service pro Kunde liefern und das gleiche Verhältnis von Kapital (Büroraum) zu Arbeit (Reisebürokaufleute) einsetzen wie ein kleineres Büro, das weniger Kunden bedient.

> **Konstante Skalenerträge**
>
> Bei einer Verdoppelung aller Inputs verdoppelt sich der Output.

Abnehmende Skalenerträge Schließlich kann es auch Fälle geben, in denen der Output um weniger als das Doppelte ansteigt, wenn alle Inputs verdoppelt werden. Dieser Fall der **abnehmenden Skalenerträge** trifft auf einige Unternehmen zu, die in großem Umfang operieren. Denn schließlich können Schwierigkeiten bei der Organisierung und der Leitung eines Betriebs in großem Umfang zu einer geringeren Produktivität sowohl des Kapitals als auch der Arbeit führen. Es kann schwieriger werden, die Kommunikation zwischen den Arbeitskräften und der Unternehmensleitung zu kontrollieren, wenn der

> **Abnehmende Skalenerträge**
>
> Der Output erhöht sich bei einer Verdoppelung aller Inputs um weniger als das Doppelte.

Arbeitsplatz unpersönlicher wird. Folglich ist der Fall der abnehmenden Skalenerträge wahrscheinlich mit Problemen im Bereich der Koordinierungsaufgaben und der Aufrechterhaltung zweckdienlicher Kommunikationswege zwischen der Unternehmensleitung und den Arbeitskräften verbunden.

6.4.1 Die Darstellung der Skalenerträge

Die Skalenerträge müssen nicht bei allen möglichen Outputniveaus gleich sein. So kann ein Unternehmen beispielsweise bei niedrigeren Outputniveaus zunehmende Skalenerträge, dagegen bei höheren Outputniveaus konstante und letztendlich abnehmende Skalenerträge aufweisen.

Das Bestehen oder Nicht-Bestehen von Skalenerträgen wird in den beiden Teilen der Abbildung 6.10 grafisch dargestellt. Die Gerade 0A aus dem Ursprung in jeder der beiden Darstellungen beschreibt einen Produktionsprozess, in dem Arbeit und Kapital als Inputs für die Erzielung verschiedener Produktionsniveaus im Verhältnis von fünf Stunden Arbeitszeit zu zwei Stunden Maschinenzeit eingesetzt werden. In Abbildung 6.10(a) weist die Produktionsfunktion des Unternehmens konstante Skalenerträge auf. Bei einem Einsatz von fünf Stunden Arbeitszeit und zwei Stunden Maschinenzeit wird ein Output von 10 Einheiten produziert. Verdoppeln sich beide Inputs, verdoppelt sich auch der Output von 10 auf 20 Einheiten. Verdreifachen sich beide Inputs, verdreifacht sich auch der Output von 10 auf 30. Anders ausgedrückt bedeutet dies, zur Produktion von 20 Einheiten wird das Doppelte beider Inputs benötigt und zur Produktion von 30 Einheiten das Dreifache beider Inputs.

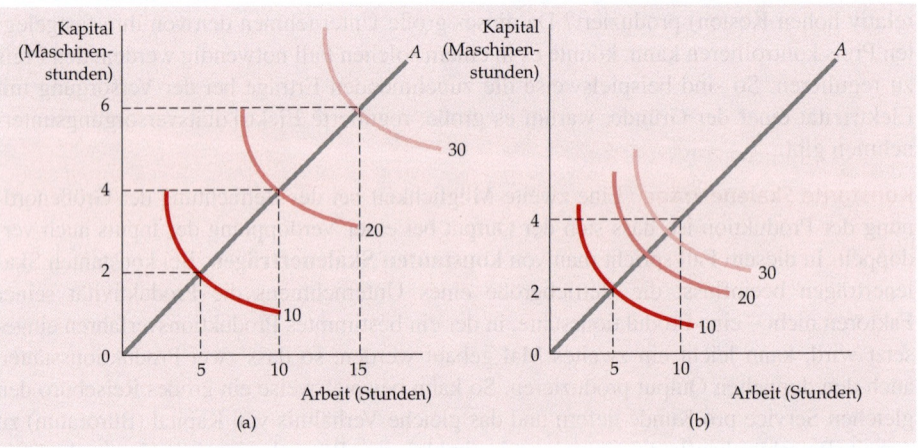

Abbildung 6.10: Skalenerträge
Weist der Produktionsprozess eines Unternehmens, wie hier in Teil **(a)** durch eine Bewegung entlang des Strahls 0A dargestellt, konstante Skalenerträge auf, bestehen bei proportionalen Outputsteigerungen gleichmäßige Abstände zwischen den Isoquanten. Gibt es allerdings, wie in **(b)** dargestellt, zunehmende Skalenerträge, wird der Abstand zwischen den Isoquanten bei Inputerhöhungen entlang des Strahles geringer.

In Abbildung 6.10(b) weist die Produktionsfunktion des Unternehmens zunehmende Skalenerträge auf. In diesem Fall befinden sich die Isoquanten näher beieinander, wenn wir uns entlang 0A vom Ursprung wegbewegen. Infolgedessen wird zur Steigerung der Produktion von 10 auf 20 Einheiten weniger als das Doppelte beider Inputs benötigt, und zur Produktion von 30 Einheiten deutlich weniger als das Dreifache der Inputs. Für den (in der Abbildung nicht dargestellten) Fall, dass die Produktionsfunktion abnehmende Skalenerträge aufweist, würde das Gegenteil zutreffen. Bei abnehmenden Erträgen würden die Isoquanten einen zunehmenden Abstand zueinander aufweisen, wenn sich die Produktionsniveaus proportional erhöhen.

Die Skalenerträge unterscheiden sich bei den verschiedenen Unternehmen und Branchen beträchtlich. Bei ansonsten gleichen Voraussetzungen sind die Unternehmen in einer Branche wahrscheinlich umso größer, je höher die Skalenerträge sind. Da die Produktion hohe Investitionen in Anlagegüter umfasst, weist das produzierende Gewerbe wahrscheinlich eher zunehmende Skalenerträge auf als dienstleistungsorientierte Branchen. Dienstleistungen sind dagegen arbeitsintensiver und können normalerweise in kleinen Mengen genauso effizient erbracht werden wie in großem Umfang.

Beispiel 6.5: Die Skalenerträge in der Teppichindustrie

Die Teppichindustrie der Vereinigten Staaten konzentriert sich um die Stadt Dalton im Norden des Bundesstaates Georgia. Von einer zunächst relativ kleinen Branche mit vielen kleinen Firmen während der ersten Hälfte des 20. Jahrhunderts wuchs sie schnell und wurde ein wichtiger Industriezweig mit einer großen Anzahl von Unternehmen aller Größen. So werden zum Beispiel in Tabelle 6.5 die fünf größten Teppichhersteller aufgeführt, also nach dem jeweiligen Versand im Jahr 1996 in Millionen Dollar angegeben.[12]

Tabelle 6.5

Die US-amerikanische Teppichindustrie

Teppichabsatz im Jahr 2005 (Millionen Dollar pro Jahr)	
1. Shaw Industries	4.346
2. Mohawk	3.779
3. Beaulieu	1.115
4. Interface	421
5. Royalty	298

---

12 *Floor Focus,* Mai 2005.

6 Die Produktion

Gegenwärtig gibt es drei relativ große Hersteller (Shaw, Mohawk und Beaulieu) sowie eine Anzahl kleinerer Produzenten. Darüber hinaus gibt es auch viele Teppichfachhändler, Großhändler, Teppicheinkaufsvereinigungen und nationale Teppichfachhandelsketten. Die Teppichindustrie ist aus verschiedenen Gründen schnell gewachsen.

Die Konsumentennachfrage nach Teppichen aus Wolle, Nylon und Polypropylen für gewerbliche und Wohnzwecke ist sprunghaft gestiegen. Außerdem haben Innovationen wie beispielsweise die Einführung größerer, schnellerer und effizienterer Teppichtuftmaschinen zu einer Kostensenkung und einer beträchtlichen Steigerung der Teppichproduktion geführt. In Verbindung mit der Steigerung der Produktion, haben sich die Innovationen und der Wettbewerb so ausgewirkt, dass es zu einem Rückgang der realen Teppichpreise kam.

Falls überhaupt, inwieweit kann das Wachstum der Teppichindustrie durch das Bestehen von Skalenerträgen erklärt werden? Es hat sicherlich beträchtliche Verbesserungen in der Verarbeitung von Schlüsselfaktoren der Produktion (wie z.B. farbechten Garnen) und im Vertrieb der Teppiche an Einzelhändler und Konsumenten gegeben. Wie aber sieht es im Hinblick auf die Produktion der Teppiche aus? Die Teppichproduktion ist kapitalintensiv – für die Produktionsstätten sind hohe Investitionen in Hochgeschwindigkeitstuftmaschinen, die aus verschiedenen Arten von Garnen Teppiche herstellen, sowie in Maschinen, die die Verstärkung auf die Teppiche kleben, sie auf die entsprechende Größe zuschneiden sowie sie verpacken, etikettieren und ausgeben.

Insgesamt macht das Sachanlagevermögen (einschließlich der Produktionsstätten und Ausrüstungen) ca. 77 Prozent der Kosten eines typischen Teppichherstellers aus, während der Produktionsfaktor Arbeit die verbleibenden 23 Prozent umfasst. Im Laufe der Zeit haben die großen Teppichhersteller die Größenordnung ihres Betriebs durch die Installation größerer und effizienterer Tuftmaschinen in größeren Produktionsstätten erhöht. Gleichzeitig wurde auch der Arbeitskräfteeinsatz in diesen Produktionsstätten bedeutend erhöht. Welches Ergebnis hatte dies zur Folge? Proportionale Erhöhungen der Inputs haben in diesen größeren Werken zu einer mehr als proportionalen Steigerung des Outputs geführt. So kann beispielsweise eine Verdoppelung des Kapital- und Arbeitskräfteeinsatzes zu einer Steigerung des Outputs um 110 Prozent führen. Dieses Muster trifft allerdings nicht auf die ganze Branche in gleichem Ausmaß zu.

Die meisten kleineren Teppichhersteller haben festgestellt, dass kleine Änderungen der Größenordnung keine oder nur geringe Auswirkungen auf die Gütermenge haben, d.h. durch kleine proportionale Steigerungen der Inputs wurde der Output nur proportional erhöht.

Folglich können wir die Teppichindustrie als eine Branche beschreiben, in der bei relativ kleinen Produktionsstätten konstante Skalenerträge und bei größeren Produktionsstätten zunehmende Skalenerträge erzielt werden. Diese zunehmenden Erträge sind allerdings begrenzt, und man kann erwarten, dass sich bei weiterer Erhöhung der Betriebsgrößen schließlich abnehmende Skalenerträge einstellen würden.

ZUSAMMENFASSUNG

1. Eine *Produktionsfunktion* beschreibt den maximalen Output, den ein Unternehmen mit jeder bestimmten Inputkombination produzieren kann.

2. Kurzfristig sind einer oder mehrere der Inputs für den Produktionsprozess fix. Langfristig sind alle Inputs potenziell variabel.

3. Die Produktion mit einem variablen Input, Arbeit, kann mit Hilfe des *Durchschnittsprodukts der Arbeit* (das die Gütermenge pro Einheit des Arbeitskräfteeinsatzes misst) und des *Grenzprodukts der Arbeit* (das die zusätzliche Gütermenge bei einer Steigerung des Arbeitskräfteeinsatzes um eine Einheit misst) beschrieben werden.

4. Gemäß dem *Gesetz der abnehmenden Grenzerträge* weist ein variabler Input (normalerweise der Produktionsfaktor Arbeit), wenn ein oder mehrere Inputs fix sind, wahrscheinlich ein Grenzprodukt auf, das schließlich bei steigendem Niveau des Faktoreinsatzes abnimmt.

5. Eine *Isoquante* ist eine Kurve, die alle Inputkombinationen darstellt, mit denen ein bestimmtes Outputniveau erreicht werden kann. Die Produktionsfunktion eines Unternehmens kann durch eine Reihe von mit verschiedenen Outputniveaus verbundenen Isoquanten dargestellt werden.

6. Isoquanten sind stets negativ geneigt, da das Grenzprodukt aller Produktionsfaktoren positiv ist. Der Verlauf jeder Isoquante kann durch die Grenzrate der technischen Substitution in jedem Punkt der Isoquante beschrieben werden. Die *Grenzrate der technischen Substitution von Kapital – durch Arbeit* (GRTS) ist die Menge, um die der Kapitaleinsatz reduziert werden kann, wenn eine zusätzliche Einheit des Produktionsfaktors Arbeit aufgewendet wird, so dass der Output konstant bleibt.

7. Der Lebensstandard, den ein Land für seine Bürger erzielen kann, ist eng mit dessen Niveau der Arbeitsproduktivität verbunden. Rückgänge der Wachstumsraten der Produktivität in den Industriestaaten sind teilweise auf fehlende Steigerungen der Kapitalinvestitionen zurückzuführen.

8. Die Möglichkeiten der Substitution zwischen den Inputs im Produktionsprozess reichen von Produktionsfunktionen, bei denen die Inputs *vollkommene Substitute* sind, bis zu Produktionsfunktionen, bei denen das Verhältnis der zu verwendenden Inputs fest ist (*Produktionsfunktionen mit festem Einsatzverhältnis*).

9. In der langfristigen Analyse neigen wir dazu, uns auf die Wahl der Größenordnung eines Unternehmens bzw. die Wahl der Größe seines Betriebs zu konzentrieren. Konstante Skalenerträge bedeuten, dass eine Verdopplung aller Inputs zu einer Verdopplung der Outputs führt. Zunehmende Skalenerträge treten auf, wenn sich der Output bei einer Verdopplung der Inputs – mehr als verdoppelt; abnehmende Skalenerträge bestehen, wenn sich der Output um weniger als das Doppelte erhöht.

Kontrollfragen

1. Was ist eine Produktionsfunktion? Wie unterscheidet sich eine langfristige Produktionsfunktion von einer kurzfristigen?

2. Warum erhöht sich das Grenzprodukt der Arbeit wahrscheinlich kurzfristig, wenn eine größere Menge des variablen Inputs hinzugefügt wird?

3. Warum weist die Produktion letztendlich in der kurzen Frist abnehmende Grenzerträge des Produktionsfaktors Arbeit auf?

4. Sie sind ein Arbeitgeber, der eine freie Stelle an einem Fließband besetzen möchte. Interessieren Sie sich mehr für das Durchschnittsprodukt der Arbeit oder das Grenzprodukt der Arbeit der letzten eingestellten Arbeitskraft? Sollten Sie noch mehr Arbeitskräfte einstellen, wenn Sie bemerken, dass ihr Durchschnittsprodukt gerade beginnt, zurückzugehen? Was sagt diese Situation über das Grenzprodukt der letzten von Ihnen eingestellten Arbeitskraft aus?

5. Was ist der Unterschied zwischen einer Produktionsfunktion und einer Isoquante?

6. Warum sollte ein Unternehmen, das mit sich ständig ändernden Bedingungen konfrontiert wird, überhaupt *jegliche* Faktoren fix halten? Welche Kriterien bestimmen, ob ein Faktor fix oder variabel ist?

7. Isoquanten können konvex, linear oder L-förmig verlaufen. Was sagt jeder dieser Verläufe über die Art der Produktionsfunktion aus? Was sagt jeder dieser Verläufe über die GRTS aus?

8. Kann eine Isoquante jemals positiv geneigt sein? Erklären Sie Ihre Antwort.

9. Erklären Sie den Begriff „Grenzrate der technischen Substitution". Was bedeutet GRTS = 4?

10. Erklären Sie, warum die Grenzrate der technischen Substitution wahrscheinlich abnimmt, wenn immer mehr Kapital durch Arbeit ersetzt wird.

11. Abnehmende Erträge eines einzigen Produktionsfaktors und konstante Skalenerträge sind nicht unvereinbar. Erörtern Sie diese These.

12. Kann ein Unternehmen eine Produktionsfunktion haben, die bei verschiedenen Größenordnungen der Produktion bei Outputsteigerungen zunehmende Skalenerträge, konstante Skalenerträge und abnehmende Skalenerträge aufweist? Erörtern Sie dies.

13. Geben Sie ein Beispiel für einen Produktionsprozess, bei dem die kurze Frist nur einen Tag oder eine Woche und die lange Frist einen eine Woche übersteigenden Zeitraum umfasst.

Die Kontrollfragen samt Lösungen sowie weitere kapitelbegleitende Inhalte finden Sie im MyLab.

Übungen

1. Die Speisekarte in Joes Cafe umfasst eine Vielzahl von Kaffeegetränken, Gebäckstücken und Sandwiches. Das Grenzprodukt einer zusätzlichen Arbeitskraft kann als die Anzahl Kunden definiert werden, die durch diese Arbeitskraft in einem bestimmten Zeitraum bedient werden können. Joe hat bisher einen Mitarbeiter beschäftigt, erwägt jetzt aber, einen zweiten und einen dritten einzustellen. Erklären Sie, warum das Grenzprodukt des zweiten und des dritten Mitarbeiters unter Umständen höher als das des ersten sein kann. Warum könnten Sie erwarten, dass das Grenzprodukt der zusätzlichen Arbeitskräfte letztendlich abnimmt?

2. Nehmen wir an, ein Stuhlproduzent operiert in der kurzen Frist (mit seinem bestehenden Werk und der bestehenden Ausrüstung). Der Produzent hat die folgenden, verschiedenen Zahlen von Mitarbeitern entsprechenden Produktionsniveaus festgestellt:

Anzahl der Arbeitskräfte	Anzahl der Stühle
1	10
2	18
3	24
4	28
5	30
6	28
7	25

a. Berechnen Sie das Durchschnitts- und das Grenzprodukt der Arbeit für diese Produktionsfunktion.
b. Weist diese Produktionsfunktion abnehmende Grenzerträge des Produktionsfaktors Arbeit auf? Begründen Sie Ihre Antwort.
c. Erklären Sie intuitiv, was dazu führen könnte, dass das Grenzprodukt der Arbeit negativ wird.

3. Füllen Sie die Lücken in der folgenden Tabelle aus.

4. Ein Wahlkampfmanager muss entscheiden, ob Wahlwerbung im Fernsehen oder Briefe an potenzielle Wähler betont werden sollen. Beschreiben Sie die Produktionsfunktion für Wählerstimmen. Wie könnten Informationen über diese Funktion (beispielsweise der Verlauf der Isoquanten) dem Wahlkampfmanager bei der Strategieplanung helfen?

5. Zeichnen Sie eine repräsentative Isoquante für jedes der folgenden Beispiele. Was können Sie in jedem Fall über die Grenzrate der technischen Substitution sagen?
   a. Ein Unternehmen kann zur Produktion seines Outputs entweder nur Vollzeitbeschäftigte einstellen oder eine Kombination aus Vollzeit- und Teilzeitbeschäftigten. Zur Wahrung des gleichen Outputniveaus muss das Unternehmen für jeden entlassenen Vollzeitbeschäftigten eine zunehmende Anzahl Teilzeitbeschäftigter einstellen.
   b. Ein Unternehmen stellt fest, dass es stets zwei Einheiten Arbeit gegen eine Einheit Kapital eintauschen und trotzdem den Output konstant halten kann.
   c. Zur Bedienung einer Maschine in der Fabrik benötigt ein Unternehmen jeweils genau zwei Vollzeitmitarbeiter.

Menge des variablen Produktionsfaktors	Gesamtproduktion	Grenzprodukt des variablen Produktionsfaktors	Durchschnittsprodukt des variablen Produktionsfaktors
0	0	–	–
1	225		
2			300
3		300	
4	1140		
5		225	
6			225

6. Ein Unternehmen hat einen Produktionsprozess, bei dem die Produktionsfaktoren langfristig vollkommene Substitute sind. Können Sie bestimmen, ob die Grenzrate der technischen Substitution hoch oder niedrig ist oder ob weitere Informationen gebraucht werden? Erörtern Sie dies.

7. Bei der Produktion von Computerchips beträgt das Grenzprodukt der Arbeit 50 Chips pro Stunde. Die Grenzrate der technischen Substitution von Maschinenstunden durch Arbeitsstunden beträgt 1/4. Wie hoch ist das Grenzprodukt des Kapitals?

8. Weisen die folgenden Produktionsfunktionen abnehmende, konstante oder zunehmende Skalenerträge auf? Was geschieht mit dem Grenzprodukt jedes einzelnen Faktors, wenn dieser Faktor erhöht und der andere Faktor konstant gehalten wird?
   a. $q = 3L + 2K$
   b. $q = (2L + 2K)^{1/2}$
   c. $q = 3LK^2$
   d. $q = L^{1/2}K^{1/2}$
   e. $q = 4L^{1/2} + 4K$

9. Die Produktionsfunktion für die Personalcomputer der Firma DISK,-Inc. wird durch $q = 10K^{0,5}L^{0,5}$ gegeben, wobei q die Anzahl der pro Tag produzierten Computer angibt, K die Stunden des Maschineneinsatzes und L die Stunden des Arbeitskräfteeinsatzes. Disks Wettbewerber, FLOPPY Inc., verwendet die folgende Produktionsfunktion: $q = 10K^{0,6}L^{0,4}$.
   a. Welches der Unternehmen wird einen größeren Output erzielen, wenn beide die gleichen Mengen Kapital und Arbeit einsetzen?
   b. Nehmen Sie an, dass Kapital auf neun Maschinenstunden begrenzt ist, aber ein uneingeschränktes Angebot des Produktionsfaktors Arbeit besteht. In welchem Unternehmen ist das Grenzprodukt der Arbeit höher? Erklären Sie Ihre Antwort.

10. In Beispiel 6.3 wird Weizen in Übereinstimmung mit der folgenden Produktionsfunktion produziert:
$$q = 100(K^{0,8}L^{0,2}).$$

a. Beginnen Sie mit einem Kapitaleinsatz von 4 und einem Arbeitskräfteeinsatz von 49 und stellen Sie dar, dass sowohl das Grenzprodukt der Arbeit als auch das Grenzprodukt des Kapitals abnimmt.
b. Weist diese Produktionsfunktion zunehmende, abnehmende oder konstante Skalenerträge auf?

11. Es sei angenommen, die Lebenserwartung Jahren (L) ist eine Funktion von zwei Inputs – Gesundheitsausgaben (H) und Nahrungsmittelausgaben (N) – in Hundert Euro pro Jahr. Die Produktionsfunktion lautet $L = cH^{0,8}N^{0,2}$.
   a. Weisen Sie beginnend mit einem Gesundheitseinsatz von €400 pro Jahr ($H = 4$) und einem Nahrungsmitteleinsatz von €4.900 pro Jahr ($N = 49$) nach, dass sowohl das Grenzprodukt der Gesundheitsausgaben als auch das Grenzprodukt der Nahrungsmittel abnehmen.
   b. Weist diese Produktionsfunktion zunehmende, abnehmende oder konstante Skalenerträge auf?
   c. Es sei angenommen, dass in einem von einer Hungersnot betroffenen Land N fix bei 2 liegt und $c = 20$ gilt. Stellen Sie die Produktionsfunktion für die Lebenserwartung als Funktion der Gesundheitsausgaben dar, wobei L auf der vertikalen Achse und H auf der horizontalen Achse abgetragen werden.
   d. Nun sei angenommen, eine andere Nation gewährt dem von der Hungersnot betroffenen Land Nahrungsmittelhilfe, so dass N auf 4 steigt. Stellen Sie die neue Produktionsfunktion dar.
   e. Jetzt sei angenommen, dass $N = 4$ und $H = 2$. Sie leiten eine Wohlfahrtsorganisation, die diesem Land entweder Nahrungsmittelhilfe oder medizinische Hilfe zur Verfügung stellen kann. Was bietet den größeren Vorteil, eine Erhöhung von H um 1 oder eine Erhöhung von N um 1?

Die Lösungen zu ausgewählten Übungen finden Sie im Anhang dieses Buches. Die kompletten Lösungen für die Übungen finden Dozenten im MyLab.

Die Kosten der Produktion

**7.1 Die Messung der Kosten:
Welche Kosten sind von Bedeutung?** 316
Beispiel 7.1: Die Auswahl des Standorts für ein neues Gebäude
der juristischen Fakultät 320
Beispiel 7.2: Versunkene, fixe und variable Kosten:
Computer, Software und Pizza 324

7.2 Die Kosten in der kurzen Frist 327
Beispiel 7.3: Die kurzfristigen Kosten der Aluminiumverhüttung 331

7.3 Die Kosten in der langen Frist 334
Beispiel 7.4: Die Auswirkungen von Abwassergebühren
auf die Inputwahl 340
Beispiel 7.5: Die Reduzierung des Energieverbrauchs 345

7.4 Kurzfristige und langfristige Kostenkurven 347

7.5 Die Produktion von zwei Gütern – Verbundvorteile 354
Beispiel 7.6: Verbundvorteile in der Transportbranche 357

*7.6 Dynamische Kostenänderungen – die Lernkurve 358
Beispiel 7.7: Die Lernkurve in der Praxis 361

*7.7 Schätzung und Prognose der Kosten 364
Beispiel 7.8: Kostenfunktionen für elektrische Energie 366

Anhang zu Kapitel 7 375

7 Die Kosten der Produktion

Im letzten Kapitel wurde die Produktionstechnologie des Unternehmens untersucht – die Beziehung, die aufzeigt, wie Faktoreinsatzmengen in Gütermengen umgewandelt werden können. In diesem Kapitel werden wir nun untersuchen, wie die Produktionstechnologie zusammen mit den Preisen der Produktionsfaktoren die Produktionskosten des Unternehmens bestimmen.

Bei einer bestimmten Produktionstechnologie eines Unternehmens müssen die Manager entscheiden, *wie* produziert werden soll. Wie bereits aufgezeigt wurde, können Inputs zur Produktion des gleichen Outputs auf verschiedene Art und Weise kombiniert werden. Beispielsweise kann ein bestimmter Output mit einem hohen Arbeitskräfteeinsatz und einem sehr geringen Kapitaleinsatz, mit einem sehr geringen Arbeitskräfteeinsatz und einem hohen Kapitaleinsatz oder mit einer anderen Kombination der beiden Faktoren produziert werden. In diesem Kapitel wird aufgezeigt, wie die *optimale* – d.h. kostenminimierende – Inputkombination gewählt wird. Wir werden auch aufzeigen, inwieweit die Kosten des Unternehmens von dessen Produktionshöhe abhängen. Außerdem werden wir untersuchen, wie diese Kosten sich wahrscheinlich im Laufe der Zeit ändern.

Zunächst wird erklärt, wie *Kosten* definiert und gemessen werden, wobei wir zwischen dem von Ökonomen, die sich mit der zukünftigen Leistung eines Unternehmens beschäftigen, und dem von Buchhaltern, die sich auf die Bilanzabschlüsse eines Unternehmens konzentrieren, verwendeten Begriff der Kosten unterscheiden. Danach werden wir untersuchen, wie die Eigenschaften der Produktionstechnologie des Unternehmens die Kosten sowohl kurzfristig, wenn das Unternehmen nur wenig zur Änderung seines Kapitalstocks tun kann, als auch langfristig, wenn das Unternehmen alle Faktoreinsatzmengen ändern kann, beeinflussen.

Dann werden wir aufzeigen, wie das Konzept der Skalenerträge so generalisiert werden kann, dass *sowohl* Änderungen der Inputkombination als auch die Produktion vieler verschiedener Gütermengen möglich sind. Wir werden außerdem aufzeigen, wie die Kosten mitunter im Laufe der Zeit sinken, wenn die Unternehmensführung und die Arbeitskräfte aus ihren Erfahrungen lernen und den Produktionsprozess effizienter gestalten. Schließlich wird aufgezeigt, wie empirische Informationen zur Schätzung von Kostenfunktionen und zur Prognose der zukünftigen Kosten eingesetzt werden können.

7.1 Die Messung der Kosten: Welche Kosten sind von Bedeutung?

Bevor wir analysieren können, wie ein Unternehmen die Kosten minimieren kann, müssen wir zunächst klären, wie wir *Kosten* definieren und wie diese gemessen werden sollten. Was sollte beispielsweise als Teil der Kosten eines Unternehmens berücksichtigt werden? Die Kosten umfassen natürlich die Löhne, die ein Unternehmen seinen Arbeitskräften zahlt, und die Miete, die es für seine Büroräume zahlt. Wie allerdings gestaltet sich die Situation, wenn das Unternehmen bereits ein Bürogebäude besitzt und keine Miete zahlen muss? Wie sollten Gelder berücksichtigt werden, die das Unternehmen vor zwei oder drei Jahren für Investitionsgüter oder Forschung und Entwicklung ausgegeben hat (und die es nicht mehr zurückbekommen kann)? Derartige Fragen werden im Zusammenhang mit der Erörterung der von Führungskräften getroffenen wirtschaftlichen Entscheidungen erörtert.

7.1.1 Ökonomische Kosten und buchhalterische Kosten

Ökonomen betrachten Kosten oftmals anders als Finanzbuchhalter, die sich normalerweise mit der Berichterstattung über die Leistung des Unternehmens in der Vergangenheit zur externen Verwendung beschäftigen, wie dies bei Jahresabschlüssen der Fall ist. Finanzbuchhalter neigen dazu, die Finanzlage und die Geschäfte des Unternehmens rückblickend zu betrachten, da sie die Aktiva und Passiva aufstellen und die Leistung in der Vergangenheit bewerten müssen. Infolgedessen können die **buchhalterischen Kosten** – die von den Finanzbuchhaltern gemessenen Kosten – Punkte umfassen, die von Ökonomen nicht berücksichtigt würden, und Punkte außer Acht lassen, die von Ökonomen mitaufgenommen würden. So umfassen die buchhalterischen Kosten beispielsweise die tatsächlichen Ausgaben plus den Abschreibungsaufwand für Anlagegüter, der auf der Grundlage der zulässigen Besteuerung bestimmt wird.

Ökonomen – und, so hoffen wir, Führungskräfte in Unternehmen – betrachten das Unternehmen von einem vorwärts gerichteten Blickpunkt aus. Sie beschäftigen sich mit der Allokation knapper Mittel. Deshalb betrachten sie, wie hoch die Kosten wahrscheinlich in der Zukunft sein werden, und untersuchen Methoden, mit denen das Unternehmen vielleicht seine Ressourcen umverteilen könnte, um so die Kosten zu senken und die Rentabilität zu verbessern. Wie wir noch aufzeigen werden, beschäftigen sich die Ökonomen folglich mit den **ökonomischen Kosten**, bei denen es sich um die Kosten der Nutzung von Ressourcen bei der Produktion handelt. Welche Ressourcenarten gehören zu den ökonomischen Kosten? Der Begriff „ökonomisch" besagt, dass zwischen den Kosten, die von einem Unternehmen kontrolliert werden, und den Kosten, die es nicht kontrollieren kann, unterschieden werden muss. Er besagt außerdem, dass *alle* für die Produktion maßgeblichen Kosten betrachtet werden müssen. Dabei sind natürlich Kapital, Arbeit und Rohstoffe Ressourcen, deren Kosten einbezogen werden müssen. Allerdings kann ein Unternehmen unter Umständen auch andere Ressourcen mit Kosten einsetzen, die weniger offensichtlich, aber genauso wichtig sind. Hierbei spielt das Konzept der Opportunitätskosten eine wichtige Rolle.

Buchhalterische Kosten

Tatsächliche Ausgaben plus Abschreibungen auf Anlagegüter.

Ökonomische Kosten

Einem Unternehmen aus der Nutzung der wirtschaftlichen Ressourcen in der Produktion entstehende Kosten, einschließlich der Opportunitätskosten.

7.1.2 Opportunitätskosten

Opportunitätskosten sind die Kosten in Verbindung mit Möglichkeiten, die versäumt werden, wenn die Ressourcen des Unternehmens nicht ihrer alternativen Verwendung mit dem höchstmöglichen Wert zugeführt werden. Dies lässt sich am einfachsten durch ein Beispiel verdeutlichen. Betrachten wir beispielsweise ein Unternehmen, das ein Gebäude besitzt und folglich keine Miete für Büroräume zahlt. Bedeutet dies, dass die Kosten für die Büroräume gleich null sind? Während die Manager und der Finanzbuchhalter des Unternehmens diese Kosten als null betrachtet hätten, würde ein Ökonom berücksichtigen, dass das Unternehmen durch die Vermietung der Büroräume an ein anderes Unternehmen Mieteinnahmen erzielen könnte. Durch die Vermietung der Büroräume würde man diese Ressource einer alternativen Verwendung zuführen – einer Verwendung, durch die das Unternehmen Mieteinnahmen erzielt hätte. Diese verlorenen Mieteinnahmen stellen die Opportunitätskosten der Nutzung der Büroräume dar. Da diese Büroräume eine von dem Unternehmen eingesetzte Ressource sind, bilden diese Opportunitätskosten auch ökonomische Kosten für ihr Geschäft und sollten als Teil der ökonomischen Kosten der Geschäftsaktivitäten berücksichtigt werden.

Opportunitätskosten

Kosten in Verbindung mit Möglichkeiten, die versäumt werden, wenn die Ressourcen des Unternehmens nicht ihrer alternativen Verwendung mit dem höchstmöglichen Wert zugeführt werden.

Wie sieht es mit den an die Mitarbeiter des Unternehmens gezahlten Löhnen und Gehältern aus? Dabei handelt es sich eindeutig um ökonomische Kosten, bei näherer Betrachtung wird allerdings auch deutlich, dass es sich ebenfalls um Opportunitätskosten handelt. Der Grund dafür besteht darin, dass das an die Arbeiter gezahlte Geld stattdessen auch einer alternativen Verwendung zugeführt werden könnte. Vielleicht hätte das Unternehmen auch das gesamte Geld oder einen Teil dessen für den Kauf arbeitssparender Maschinen oder sogar für die Produktion eines völlig anderen Produktes einsetzen können. So erkennen wir, dass die ökonomischen Kosten und die Opportunitätskosten tatsächlich auf das Gleiche hinauslaufen. Solange sämtliche Ressourcen des Unternehmens angemessen berücksichtigt und gemessen werden, stellen wir fest, dass gilt:

$$\text{Ökonomische Kosten} = \text{Opportunitätskosten}$$

Obwohl sowohl die ökonomischen Kosten als auch die Opportunitätskosten das Gleiche beschreiben, ist das Konzept der Opportunitätskosten in Situationen besonders hilfreich, in denen Alternativen, die nicht gewählt wurden, keine finanziellen Ausgaben widerspiegeln. Im Folgenden sollen die Opportunitätskosten näher betrachtet werden, um aufzuzeigen, wie sich dadurch bei der Behandlung der Löhne und damit auch der Kosten der Produktionseinsatzfaktoren die ökonomischen Kosten von den buchhalterischen Kosten unterscheiden können. Betrachten wir dazu die Besitzerin eines Spielzeuggeschäfts, die das Geschäft führt, sich selbst aber kein Gehalt zahlt. (Zur Vereinfachung der Erörterung verzichten wir darauf, die für den Büroraum bezahlte Miete zu berücksichtigen.) Hätte sich die Besitzerin des Spielzeugladens entschieden, eine andere Arbeitsstelle anzunehmen, so hätte sie einen Arbeitsplatz finden können, mit dem sie $60.000 im Wesentlichen für den gleichen Arbeitseinsatz hätte erzielen können. In diesem Fall betragen die Opportunitätskosten der Zeit, die sie bei der Arbeit in ihrem Spielzeuggeschäft verbringt, $60.000.

Nun sei angenommen, dass sie im vergangenen Jahr einen Spielzeugbestand für einen Preis von $1 Million erworben hat. Sie hofft, dass es ihr gelingen wird, diese Spielzeuge während der Weihnachtszeit mit einem erheblichen Aufschlag auf die Einkaufskosten zu verkaufen. Allerdings erhält sie im Frühherbst ein Angebot von einem anderen Spielzeughändler, der ihr anbietet, ihren Bestand für $1,5 Millionen zu kaufen. Sollte sie ihren Bestand verkaufen oder nicht? Die Antwort auf diese Frage hängt zum Teil von ihren Geschäftsaussichten, zum Teil aber auch von den Opportunitätskosten des Kaufs eines neuen Bestands ab. Wenn wir annehmen, dass der Erwerb eines neuen Bestands $1,5 Millionen kosten würde, so betragen die Opportunitätskosten des aktuellen Bestands $1,5 Millionen und nicht $1,0 Millionen, was dem ursprünglich gezahlten Betrag entspricht.

Nun könnte man an dieser Stelle fragen, warum die Opportunitätskosten nicht nur $500.000 betragen, da dies dem Unterschied zwischen dem Marktwert des Bestands und den Kosten des Erwerbs des Bestands entspricht. Der Schlüssel zu dieser Frage liegt darin, dass die Besitzerin bei der Entscheidung darüber, was mit dem Bestand geschehen soll, eine Entscheidung darüber trifft, was für ihr Geschäft in der Zukunft am besten ist. Dabei muss sie die Tatsache berücksichtigen, dass sie, wenn sie den Bestand für ihre eigene Verwendung behält, auf die $1,5 Millionen verzichten würde, die sie durch den Verkauf des Bestands an ein anderes Unternehmen erzielt hätte.[1]

---

1 Natürlich verändern sich die Opportunitätskosten mit den Umständen sowie von Zeit zu Zeit. Wenn der Wert des Bestands des Einzelhändlers aufgrund der Tatsache, dass er einige Weihnachtsprodukte enthält, für die eine hohe Nachfrage besteht, plötzlich auf $1,7 Million steigt, würden die Opportunitätskosten des Nichtverkaufs und der eigenen Verwendung dieses Bestands auf $1,7 Millionen steigen.

Hierbei ist zu beachten, dass ein Buchhalter die Dinge unter Umständen nicht so sieht. Ein Buchhalter könnte der Besitzerin des Spielzeugladens unter Umständen sagen, dass die Kosten der Nutzung des Bestands sich nur auf die $1 Million belaufen, die sie dafür bezahlt hat. Wir hoffen allerdings, dass der Leser versteht, warum dies irreführend wäre. Die tatsächlichen ökonomischen Kosten des Nichtverkaufs und der eigenen Verwendung belaufen sich auf die $1,5 Millionen, die der Eigentümer durch den Verkauf des Bestands an einen anderen Einzelhändler erzielt hätte.

Desgleichen behandeln Buchhalter und Ökonomen Abschreibungen unterschiedlich. Bei der Bewertung der zukünftigen Rentabilität eines Geschäftes beschäftigt sich ein Ökonom oder ein Manager mit dem Kapitalaufwand für die Produktionsstätte und die Maschinen. Diese Kosten umfassen nicht nur die Kosten für den Kauf und den darauf folgenden Betrieb der Maschinen, sondern auch die Kosten im Zusammenhang mit dem Verschleiß. Bei der Bewertung der Leistung in der Vergangenheit verwenden Bilanzbuchhalter steuerliche Regelungen, die für breit definierte Typen von Anlagegütern gelten, um die zulässige Abschreibung in ihren Kosten- und Gewinnermittlungen zu bestimmen. Allerdings müssen diese Abschreibungsbeträge den tatsächlichen Verschleiß der Ausrüstung nicht widerspiegeln, der sich wahrscheinlich von Anlagegut zu Anlagegut unterscheidet.

7.1.3 Versunkene Kosten (sunk costs)

Obwohl Opportunitätskosten häufig versteckt sind, sollten sie bei wirtschaftlichen Entscheidungen berücksichtigt werden. Auf **versunkene Kosten** trifft genau das Gegenteil zu: Aufwendungen sind getätigt worden und können nicht rückgängig gemacht werden. Versunkene Kosten sind normalerweise erkennbar, nachdem sie allerdings aufgetreten sind, sollten sie bei zukünftigen wirtschaftlichen Entscheidungen stets ignoriert werden.

Da versunkene Kosten nicht rückgängig gemacht werden können, sollten sie die Entscheidungen des Unternehmens nicht beeinflussen. Betrachten wir beispielsweise den Kauf spezieller, für eine Produktionsstätte entworfener Ausrüstungen. Nehmen wir an, diese Ausrüstungen können nur für den ursprünglichen Zweck eingesetzt und nicht für alternative Verwendungszwecke umfunktioniert werden. Bei den Ausgaben für diese Ausrüstungen handelt es sich um versunkene Kosten. *Da die Ausrüstungen über keine alternative Verwendungsmöglichkeit verfügen, sind die Opportunitätskosten gleich null.* Folglich sollten sie bei den Kosten des Unternehmens nicht berücksichtigt werden. Die Entscheidung für den Kauf dieser Ausrüstungen mag gut oder schlecht gewesen sein. Dies spielt keine Rolle mehr. Es ist einfach Schnee von gestern und sollte bei den gegenwärtigen Entscheidungen nicht in Betracht gezogen werden.

Was wäre allerdings, wenn die Ausrüstungen einer anderen Verwendung zugeführt werden könnten oder an ein anderes Unternehmen verkauft oder vermietet werden könnten? In einem solchen Fall würde die Verwendung der Ausrüstungen einen ökonomischen Kostenaspekt beinhalten – nämlich die Opportunitätskosten der Verwendung der Ausrüstungen statt deren Verkauf oder Vermietung an ein anderes Unternehmen.

Betrachten wir nun *zukünftige* versunkene Kosten. Nehmen wir dazu beispielsweise an, dass das Unternehmen die speziellen Ausrüstungen noch nicht erworben hat, sondern lediglich erwägt, dies zu tun. Zukünftige versunkene Kosten sind *Investitionen*. In diesem Fall muss das Unternehmen entscheiden, ob die Investition in die speziellen Ausrüstungen *wirtschaftlich* ist – d.h. ob sie zu einem Fluss von Erlösen führt, der groß genug ist, um die Kosten zu rechtfertigen. In Kapitel 15 wird detailliert erklärt, wie Investitionsentscheidungen dieser Art getroffen werden.

> **Versunkene Kosten (sunk costs)**
>
> Ausgaben, die getätigt worden sind und nicht rückgängig gemacht werden können.

7 Die Kosten der Produktion

Nehmen wir beispielsweise an, ein Unternehmen erwägt, seinen Hauptsitz in eine andere Stadt zu verlegen. Im vergangenen Jahr zahlte das Unternehmen €500.000 für eine Option auf den Kauf eines Gebäudes in dieser Stadt. Die Option gibt dem Unternehmen das Recht, das Gebäude zu einem Preis von €5.000.000 zu kaufen, wodurch die Gesamtausgaben, für den Fall, dass das Unternehmen schließlich den Kauf tätigt, bei €5.500.000 liegen. Nun stellt das Unternehmen aber fest, dass in der gleichen Stadt ein vergleichbares Gebäude zu einem Preis von €5.250.000 zur Verfügung steht. Welches Gebäude sollte das Unternehmen kaufen? Die Antwort lautet: das erste Gebäude. Die Option zu einem Preis von €500.000 ist ein versunkener Kostenaspekt und sollte die gegenwärtigen Entscheidungen des Unternehmens nicht beeinflussen. Zur Entscheidung steht nun, ob weitere €5.000.000 oder weitere €5.250.000 ausgegeben werden sollen. Da die ökonomische Analyse die versunkenen Kosten der Option nicht berücksichtigt, liegen die ökonomischen Kosten der ersten Immobilie bei €5.000.000; dagegen entstehen bei der neueren Immobilie ökonomische Kosten in Höhe von €5.250.000. Wenn das neue Gebäude €4.900.000 kosten würde, sollte das Unternehmen natürlich diese Immobilie kaufen und auf seine Option verzichten.

Beispiel 7.1: Die Auswahl des Standorts für ein neues Gebäude der juristischen Fakultät

Die juristische Fakultät der Northwestern University hatte lange Zeit ihren Sitz in Chicago am Ufer des Michigan-Sees. Der Hauptcampus der Universität befindet sich allerdings im Vorort Evanston. Mitte der siebziger Jahre begann die juristische Fakultät mit der Planung der Errichtung eines neuen Gebäudes und musste sich für einen geeigneten Standort entscheiden. Sollte das neue Gebäude auf dem gegenwärtigen Standort errichtet werden, wo es auch weiterhin in der Nähe der großen Anwaltskanzleien im Geschäftsviertel von Chicago wäre? Oder sollte der Sitz nach Evanston verlegt werden, wo er physisch mit dem Rest der Universität zusammengelegt werden könnte?

Der Standort im Geschäftsviertel hatte viele prominente Befürworter. Sie argumentierten zum Teil dahingehend, dass es kosteneffektiv sei, das neue Gebäude in der Stadt zu errichten, da der Universität das Grundstück bereits gehörte. In Evanston müsste ein großes Stück Land gekauft werden, wenn das Gebäude dort errichtet werden sollte. Ergibt dieses Argument einen wirtschaftlichen Sinn?

Nein. Hier wurde der weit verbreitete Fehler der Nichtberücksichtigung der Opportunitätskosten gemacht. Vom wirtschaftlichen Standpunkt aus betrachtet, ist es sehr teuer, einen Standort im Geschäftsviertel zu wählen, da die Opportunitätskosten des wertvollen Standorts am Ufer des Sees hoch sind: Diese Immobilie hätte für eine so hohe Summe verkauft werden können, dass der Kauf des Landes in Evanston möglich gewesen und noch beträchtliches Kapital übrig geblieben wäre.

Letztendlich hat sich die Northwestern University dafür entschieden, den Standort der juristischen Fakultät in Chicago zu belassen. Diese Entscheidung mag angemessen sein, wenn der Standort in Chicago für die juristische Fakultät besonders wertvoll ist; sie ist aber unangemessen, wenn sie auf der Annahme beruht, dass das Land im Geschäftsviertel ohne Kosten verfügbar sei.

7.1.4 Fixkosten und variable Kosten

Einige der Kosten des Unternehmens verändern sich mit dem Output, während andere gleich bleiben, solange das Unternehmen überhaupt einen Output produziert. Diese Unterscheidung wird für die Untersuchung der gewinnmaximierenden Outputentscheidung des Unternehmens im nächsten Kapitel von Bedeutung sein. Folglich unterteilen wir die **Gesamtkosten** (**TK** oder **C**) – die gesamten ökonomischen Kosten der Produktion – in zwei Komponenten:

- **Fixkosten (FK):** Kosten, die sich bei Änderungen des Produktionsniveaus nicht ändern.
- **Variable Kosten (VK):** Kosten, die sich bei Änderungen des Produktionsniveaus ändern.

Je nach den Umständen können die Fixkosten eventuell Ausgaben für die Anlagenerhaltung, die Versicherung, Heizung und Strom sowie vielleicht für eine Mindestanzahl an Mitarbeitern umfassen. Diese Kosten bleiben, unabhängig davon, welchen Output das Unternehmen produziert, gleich. Die variablen Kosten, zu denen die Aufwendungen für Löhne, Gehälter und die für die Produktion eingesetzten Rohmaterialien gehören, steigen, wenn der Output sich erhöht.

Die Fixkosten ändern sich nicht mit dem Produktionsniveau – sie müssen gezahlt werden, selbst wenn kein Output produziert wird. *Ein Unternehmen kann die Fixkosten nur beseitigen, indem es das Geschäft aufgibt.*

Geschäftsaufgabe Eine Geschäftsaufgabe bedeutet nicht zwangsläufig, dass ein Unternehmen vollständig schließt. Es sei angenommen, ein Bekleidungsunternehmen besitzt mehrere Werke, die Nachfrage geht zurück und das Unternehmen will die Produktion und die Kosten in einem Werk soweit wie möglich reduzieren. Durch eine Senkung der Produktion des betreffenden Werkes auf Null, könnte das Unternehmen die Kosten der Rohstoffe und einen Großteil der Kosten für Arbeitskräfte reduzieren, allerdings würden dem Werk trotzdem noch die Fixkosten für die Bezahlung der Werksleitung, des Sicherheitspersonals sowie die fortlaufende Wartung entstehen. Die einzige Möglichkeit, diese Fixkosten zu eliminieren bestünde darin, die Türen zu schließen, den Strom abzuschalten und vielleicht sogar die Maschinen zu verkaufen oder zu verschrotten. Das Unternehmen würde trotzdem noch im Geschäft bleiben und könnte seine verbleibenden Fabriken betreiben. Es könnte eventuell sogar das geschlossene Werk wiedereröffnen, wobei dies allerdings teuer werden könnte, wenn der Kauf neuer Maschinen oder die Überholung der alten Maschinen notwendig würde.

Fix oder variabel? Woher wissen wir, welche Kosten fix sind und welche variabel sind? Die Antwort auf diese Frage hängt von dem von uns betrachteten Zeitraum ab. Über einen sehr kurzen Zeithorizont – beispielsweise von einigen Monaten – betrachtet, sind die meisten Kosten fix. Über einen derartig kurzen Zeitraum ist ein Unternehmen typischerweise verpflichtet, vertraglich festgelegte Lieferungen von Materialien entgegenzunehmen und zu bezahlen und es kann unabhängig davon, wie viel oder wenig das Unternehmen produziert, nicht einfach Mitarbeiter entlassen.

Andererseits werden über einen längeren Zeitraum – von beispielsweise zwei oder drei Jahren – viele Kosten variabel. Wenn das Unternehmen seine Produktion über einen so langen Zeitraum seine Produktion verringern will, kann es Personal abbauen, weniger Rohstoffe einkaufen und eventuell sogar einen Teil seiner Maschinen verkaufen. Über

---

Gesamtkosten (TK oder C)

Die gesamten ökonomischen Kosten der Produktion, die aus Fixkosten und variablen Kosten bestehen.

Fixkosten (FK)

Kosten, die sich nicht mit dem Produktionsniveau ändern, und die nur durch eine Geschäftsaufgabe beseitigt werden können.

Variable Kosten (VK)

Kosten, die sich mit dem Produktionsniveau ändern.

einen sehr langen Zeithorizont – beispielsweise von zehn Jahren – sind beinahe alle Kosten variabel. Arbeitnehmer und Führungskräfte können entlassen (bzw. die Beschäftigungszahlen können durch den Abgang von Arbeitskräften reduziert) und ein Großteil der Maschinen kann abverkauft werden bzw. es erfolgt keine Ersetzung, wenn Maschinen veralten und nicht ersetzt werden.

Für die Unternehmensleitung ist es wichtig, zu wissen, welche Kosten fix und welche variabel sind. Plant ein Unternehmen eine Erhöhung oder Reduzierung seiner Produktion, so will es wissen, welche Auswirkung diese Veränderung auf die Kosten hat. Betrachten wir beispielsweise ein Problem, mit dem Delta Airlines konfrontiert wurde. Delta wollte wissen, wie sich ihre Kosten ändern würden, wenn die Anzahl ihrer Linienflüge um zehn Prozent reduziert würde. Die Antwort auf diese Frage hängt davon ab, ob man die kurze oder die lange Frist betrachtet. Kurzfristig gesehen – beispielsweise über einen Zeitraum von sechs Monaten – sind die Flugpläne festgelegt und es wäre schwierig, Arbeitskräfte zu entlassen oder ihnen zu kündigen. Folglich sind die meisten kurzfristigen Kosten von Delta Airlines fix und können mit der Reduzierung der Flüge nicht bedeutend gesenkt werden. Langfristig gesehen – beispielsweise über einen Zeitraum von zwei oder mehr Jahren – stellt sich die Situation doch ganz anders dar. Delta hätte dann ausreichend Zeit zur Verfügung gehabt, um Flugzeuge, die nicht mehr gebraucht werden zu verkaufen oder zu vermieten und die nicht mehr benötigten Arbeitskräfte zu entlassen. In diesem Fall ist ein Großteil der Kosten von Delta variabel und kann folglich bei einer Reduzierung der Flüge um zehn Prozent beträchtlich gesenkt werden.

7.1.5 Fixe Kosten und versunkene Kosten

Oftmals werden die fixen Kosten und die versunkenen Kosten verwechselt. Wie oben erklärt, handelt es sich bei den fixen Kosten um Kosten, die von einem Unternehmen, das im Geschäftsleben tätig ist, unabhängig von dessen Produktionsniveau gezahlt werden. Solche Kosten umfassen beispielsweise die Gehälter der leitenden Führungskräfte und die Aufwendungen für deren Büroräume und für Hilfskräfte sowie die Versicherungen und die Kosten für die Wartung der Anlagen. Fixkosten können nur vermieden werden, wenn das Unternehmen ein Werk schließt oder das Geschäft aufgibt – die leitenden Führungskräfte sowie deren Assistenten werden in einem solchen Fall beispielsweise nicht mehr gebraucht.

Dagegen sind versunkene Kosten solche Kosten, die entstanden sind und *nicht rückgängig* gemacht werden können. Ein Beispiel dafür bilden die einem Pharmaunternehmen entstehenden Forschungs- und Entwicklungskosten für die Entwicklung und Erprobung eines neuen Medikaments sowie danach, wenn die Sicherheit und Wirksamkeit des Medikaments nachgewiesen ist, die Kosten seiner Vermarktung. Diese Kosten können, unabhängig davon, ob das Medikament ein Erfolg oder ein Fehlschlag ist, nicht rückgängig gemacht werden und sind somit versunken. Die Kosten eines Chipwerks zur Herstellung von in Computern eingesetzten Mikroprozessoren bilden ein weiteres Beispiel dafür. Da die Ausrüstung des Werks zu spezialisiert ist, um in einer anderen Branche verwendet zu werden, sind ein Großteil, wenn nicht sogar alle Aufwendungen versunken, d.h. sie können nicht rückgängig gemacht werden. (Ein kleiner Teil der Kosten könnte eventuell rückgängig gemacht werden, wenn die Ausrüstung als Schrott verkauft wird.)

Nehmen wir andererseits an, dass das Unternehmen vereinbart hat, unabhängig von dessen Output oder Rentabilität Einzahlungen in einen Rentensparplan für seine Mitarbeiter vorzunehmen, solange das Unternehmen im Geschäft ist. Diese Zahlungen könnten nur eingestellt werden, wenn das Unternehmen das Geschäft aufgibt. In diesem Fall sollten die Zahlungen als fixe Kosten betrachtet werden.

Warum unterscheiden wir zwischen fixen und versunkenen Kosten? Weil fixe Kosten die Entscheidungen eines Unternehmens für die Zukunft beeinflussen, während versunkene Kosten dies nicht tun. Fixkosten, die im Vergleich zum Erlös hoch sind und nicht reduziert werden können, können dazu führen, dass ein Unternehmen schließt – da die Eliminierung dieser Kosten und das Erzielen von Nullgewinnen besser sein kann, als beständig Verluste in Kauf zu nehmen. Das Eingehen hoher versunkener Kosten kann sich im Nachhinein als schlechte Entscheidung erweisen (beispielsweise bei der erfolglosen Entwicklung eines neuen Produktes), aber die Aufwendungen sind versunken und können durch die Aufgabe des Geschäfts nicht rückgängig gemacht werden. Natürlich ist dies bei *zukünftigen* versunkenen Kosten anders und, wie weiter oben erwähnt wurde, würden solche Kosten natürlich die Entscheidungen des Unternehmens im Hinblick auf die Zukunft beeinflussen. (Sollte das Unternehmen beispielsweise die Entwicklung des betreffenden neuen Produktes durchführen?)

Abschreibung versunkener Kosten. In der Praxis unterscheiden viele Unternehmen nicht immer zwischen versunkenen und fixen Kosten. So könnte zum Beispiel der Halbleiterhersteller, der €600 Millionen für ein Werk zur Produktion von Mikrochips ausgegeben hat (wobei es sich eindeutig um versunkene Kosten handelt), die Ausgaben über sechs Jahre **abschreiben** und diese Kosten als fixe Kosten in Höhe von €100 Millionen pro Jahr behandeln. Dies funktioniert, solange die Führungskräfte des Unternehmens verstehen, dass die jährlichen Kosten in Höhe von €100 Millionen nicht verschwinden, wenn das Werk geschlossen wird. Und tatsächlich kann die Abschreibung des Investitionsaufwands auf diese Art und Weise – die Aufteilung der Kosten über viele Jahre sowie deren Behandlung als fixe Kosten – eine hilfreiche Methode zur Bewertung der langfristigen Rentabilität des Unternehmens bilden.

Überdies kann die Abschreibung eines hohen Investitionsaufwandes und dessen Behandlung als laufende fixe Kosten auch die wirtschaftliche Analyse des Betriebs eines Unternehmens vereinfachen. So werden wir beispielsweise noch aufzeigen, dass diese Behandlung von Investitionsaufwendungen auch das Verständnis des Tradeoffs bei der Entscheidung eines Unternehmens über den Einsatz von Arbeit und Kapitel erleichtert. Zur Vereinfachung werden wir versunkene Kosten in der Regel genau so behandeln, wenn wir die Produktionsentscheidungen einer Firma betrachten. Wenn die Unterscheidung zwischen versunkenen und fixen Kosten eine grundlegende Bedeutung für die volkswirtschaftliche Analyse aufweist, wird dies angemerkt.

> **Abschreibung**
>
> Strategie, bei der einmalige Aufwendungen als über eine gewisse Anzahl von Jahren verteilte jährliche Kosten behandelt werden.

7 Die Kosten der Produktion

Beispiel 7.2: Versunkene, fixe und variable Kosten: Computer, Software und Pizza

Beim Durcharbeiten dieses Buches wird der Leser feststellen, dass die Preisbildungs- und Produktionsentscheidungen eines Unternehmens – sowie dessen Rentabilität – in hohem Maße von der Struktur seiner Kosten abhängen. Deshalb ist es für Führungskräfte wichtig, die Charakteristika der Produktionskosten zu verstehen und in der Lage zu sein, Kosten als variabel, fix oder versunken zu identifizieren. Das relative Ausmaß dieser verschiedenen Kostenkomponenten kann sich über verschiedene Branchen hinweg beträchtlich unterscheiden. Gute Beispiele dafür liefern die PC-Branche (in der ein Großteil der Kosten variabel ist), die Computersoftwarebranche (in der ein Großteil der Kosten versunken ist) und die Branche der Pizzerien (in der ein Großteil der Kosten fix ist). Im Folgenden wollen wir diese Beispiele im Einzelnen betrachten.

Unternehmen wie Dell, Gateway, Hewlett-Packard und IBM produzieren jedes Jahr Millionen von Personalcomputern. Da die von ihnen hergestellten Computer sich sehr ähneln, ist der Wettbewerb hart und die Rentabilität hängt entscheidend von der Fähigkeit ab, die Kosten niedrig zu halten. Ein Großteil dieser Kosten ist variabel – sie erhöhen sich proportional zur jährlich hergestellten Anzahl an Computern. Der wichtigste Kostenaspekt sind die Kosten der Komponenten: für den Mikroprozessor, der einen Großteil der eigentlichen Berechnungen durchführt, die Speicherchips, Festplattenlaufwerke und andere Speichergeräte, Video- und Soundkarten usw. Typischerweise wird die Mehrzahl dieser Komponenten von Zulieferern in Mengen gekauft, die von der Anzahl der produzierten Computer abhängen.

Ein weiterer wichtiger Bestandteil der variablen Kosten dieser Unternehmen ist der Produktionsfaktor Arbeit; Arbeitskräfte werden zur Montage der Computer, danach zu deren Verpackung und Vertrieb benötigt. In diesen Unternehmen gibt es nur geringe versunkene Produktionskosten, da die Werke im Vergleich zum Wert der jährlich in den Unternehmen produzierten Gütermenge nur wenig kosten. Desgleichen gibt es nur wenige fixe Kosten – eventuell die Gehälter der Spitzenführungskräfte, einige Wachmänner und Elektrizität. Wenn folglich Dell und Hewlett-Packard über Möglichkeiten zur Kostenreduzierung nachdenken, konzentrieren sie sich größtenteils auf die Erzielung besserer Preise für die Komponenten oder die Reduzierung des Arbeitskräftebedarfs – die beide Möglichkeiten zur Reduzierung variabler Kosten bilden.

Wie aber sieht es mit den Softwareprogrammen aus, die auf diesen Personalcomputern laufen? Microsoft produziert das Windows Betriebssystem sowie eine Vielzahl von Anwenderprogrammen, wie z.B. Word, Excel und PowerPoint. Darüber hinaus produziert aber auch eine Vielzahl anderer Unternehmen – von denen manche klein und manche groß sind – Softwareprogramme, die auf Personalcomputern laufen. Die Produktionskosten solcher Unternehmen unterscheiden sich sehr deutlich von den Kosten, mit denen die Hersteller der Hardware konfrontiert werden. Bei der Produktion von Software sind die meisten Kosten *versunken*. Typischerweise gibt ein Softwareunternehmen eine hohe Geldsumme für die Entwicklung eines neuen Anwendungsprogramms aus. Diese Ausgaben können nicht rückgängig gemacht werden. ▶

Nachdem das Programm fertiggestellt ist, kann das Unternehmen versuchen, seine Investition durch den Verkauf einer größtmöglichen Anzahl von Kopien des Programms zurückzuerlangen (und darüber hinaus einen Gewinn zu erzielen). Die variablen Kosten der Produktion an Kopien des Programms sind sehr gering – dabei handelt es sich weitestgehend um die Kosten des Kopierens des Programms auf Disketten oder CDs und die anschließende Verpackung und den Vertrieb des Produktes. Außerdem sind auch die Fixkosten der Produktion gering. Da ein Großteil der Kosten versunken ist, kann der Eintritt in das Softwaregeschäft ein großes Risiko beinhalten. Bis das Geld für die Entwicklung ausgegeben und das Produkt zum Verkauf freigegeben ist, weiß der Unternehmer wahrscheinlich nicht, wie viele Kopien verkauft werden können und ob er in der Lage sein wird, Geld daran zu verdienen oder nicht.

Zum Schluss wollen wir uns nun der Pizzeria um die Ecke zuwenden. Bei der Pizzeria ist der größte Teil der Kosten fix. Die versunkenen Kosten sind recht gering, da die Backöfen für die Pizzen, die Stühle, die Tische und Teller wiederverkauft werden können, wenn die Pizzeria das Geschäft aufgibt. Auch die variablen Kosten sind relativ gering – hauptsächlich handelt es sich dabei um die Zutaten für die Pizza (Mehl, Tomatensauce, Käse und Peperoni für eine typische große Pizza könnten bis €2 kosten) und vielleicht um die Löhne für einige Mitarbeiter, die bei der Herstellung, beim Servieren und bei der Auslieferung der Pizzen helfen. Ein Großteil der Kosten ist fix – die Opportunitätskosten der Zeit des Inhabers (er könnte typischerweise zwischen 60 und 70 Stunden pro Woche arbeiten), die Miete und Kosten für die Wasser- und Energieversorgung. Aufgrund dieser hohen Fixkosten erzielen die meisten Pizzerien (die für eine große Pizza, durch die vielleicht variable Produktionskosten in Höhe von €3 entstehen, €10 verlangen könnten) keine sehr hohen Gewinne.

7.1.6 Grenzkosten und Durchschnittskosten

Zur Vervollständigung der Erörterung der Kosten wenden wir uns nun der Unterscheidung zwischen Grenz- und Durchschnittskosten zu. Zur Erklärung des Unterschieds zwischen diesen wird ein spezielles numerisches Beispiel einer Kostenfunktion (der Beziehung zwischen Kosten und Produktion) verwendet, das die Kostensituation vieler Unternehmen verkörpert. Das Beispiel wird in Tabelle 7.1 dargestellt. Nach der Erklärung der Begriffe „Grenzkosten" und „Durchschnittskosten" wird erörtert, welche Unterschiede die Kostenanalyse für die kurze und die lange Frist aufweist.

Grenzkosten (GK) Die **Grenzkosten** – die mitunter auch als *Mehrkosten* bezeichnet werden – sind die Erhöhung der Kosten, die sich aus der Erhöhung des Outputs um eine zusätzliche Einheit ergibt. Da die Fixkosten sich nicht ändern, wenn sich das Produktionsniveau des Unternehmens ändert, sind die Grenzkosten gleich der Erhöhung der variablen Kosten oder dem Anstieg der Gesamtkosten, der sich aus einer zusätzlich produzierten Outputeinheit ergibt. Deshalb können die Grenzkosten wie folgt geschrieben werden:

$$GK = \Delta VK/\Delta q = \Delta TK/\Delta q$$

Die Grenzkosten geben an, wie viel eine Erhöhung des Outputs des Unternehmens um eine Einheit kostet. In Tabelle 7.1 werden die Grenzkosten entweder aus den variablen Kosten (Spalte 2) oder aus den Gesamtkosten (Spalte 3) berechnet. Beispielsweise beträ-

> **Grenzkosten (GK)**
>
> Aus der Produktion einer zusätzlichen Outputeinheit resultierender Anstieg der Kosten.

7 Die Kosten der Produktion

gen die Grenzkosten der Erhöhung der Produktion von zwei auf drei Einheiten €20, da sich die variablen Kosten des Unternehmens von €78 auf €98 erhöhen. (Die Gesamtkosten der Produktion erhöhen sich ebenfalls um €20 – von €128 auf €148. Die Gesamtkosten unterscheiden sich von den variablen Kosten nur um die Summe der Fixkosten, die sich laut Definition nicht ändert, wenn sich der Output ändert.)

Totale Durchschnittskosten (TDK) Die totalen Durchschnittskosten, auch bezeichnet als TDK oder als *durchschnittliche ökonomische Kosten*, sind die Gesamtkosten des Unternehmens geteilt durch dessen Produktionsniveau TK/q. Folglich liegen die totalen Durchschnittskosten bei einer Produktionshöhe von fünf Einheiten bei €36 – das heißt, bei €180/5. Grundsätzlich geben die totalen Durchschnittskosten die Kosten der Produktion pro Einheit an.

> **Totale Durchschnittskosten (TDK)**
> Gesamtkosten des Unternehmens geteilt durch dessen Produktionsniveau.

Tabelle 7.1

Die kurzfristigen Kosten eines Unternehmens

Output (Einheiten pro Jahr)	Fixkosten (Euro pro Jahr) (FK) (1)	Variable Kosten (Euro pro Jahr) (VK) (2)	Gesamtkosten (Euro pro Jahr) (TK) (3)	Grenzkosten (Euro pro Einheit) (GK) (4)	Fixe Durchschnittskosten (Euro pro Einheit) (FDK) (5)	Variable Durchschnittskosten (Euro pro Einheit) (VDK) (6)	Totale Durchschnittskosten (Euro pro Einheit) (TDK) (7)
0	50	0	50	–	–	–	–
1	50	50	100	50	50,0	50,0	100,0
2	50	78	128	28	25,0	39,0	64,0
3	50	98	148	20	16,7	32,7	49,3
4	50	112	162	14	12,5	28,0	40,5
5	50	130	180	18	10,0	26,0	36,0
6	50	150	200	20	8,3	25,0	33,3
7	50	175	225	25	7,1	25,0	32,1
8	50	204	254	29	6,3	25,5	31,8
9	50	242	292	38	5,6	26,9	32,4
10	50	300	350	58	5,0	30,0	35,0
11	50	385	435	85	4,5	35,0	39,5

> **Fixe Durchschnittskosten (FDK)**
> Fixkosten geteilt durch das Produktionsniveau.

Die TDK verfügen über zwei Komponenten. Die **fixen Durchschnittskosten** sind die Fixkosten (Spalte 1 in Tabelle 7.1) geteilt durch das Produktionsniveau FK/q. So betragen beispielsweise die **fixen Durchschnittskosten** der Produktion einer Gütermenge von vier Einheiten €12,50 (€50/4). Da die Fixkosten konstant sind, sinken die **fixen Durchschnittskosten**, wenn der Output ansteigt.

Variable Durchschnittskosten Die **variablen Durchschnittskosten (VDK)** sind die variablen Kosten geteilt durch das Produktionsniveau VK/q. Die **variablen Durchschnittskosten** der Produktion einer Gütermenge von fünf Einheiten liegen bei €26 – das heißt bei €130/5.

Wir haben nun alle verschiedenen Arten von Kosten erörtert, die für die Produktionsentscheidungen sowohl auf Wettbewerbsmärkten als auch auf Nichtwettbewerbsmärkten relevant sind. Nun wenden wir uns der Frage zu, wie sich die Kosten in der kurzen und in der langen Frist unterscheiden. Dies ist insbesondere für die Fixkosten wichtig. Kosten, die in der kurzen Frist fix sind, beispielsweise die Löhne für Mitarbeiter mit befristeten Arbeitsverträgen – sind über einen längeren Zeithorizont hinweg unter Umständen nicht mehr fix. Desgleichen können die fixen Kapitalkosten für Anlagen und Ausrüstungen variabel werden, wenn der Zeithorizont ausreichend lang ist, um es dem Unternehmen zu ermöglichen, neue Ausrüstungen zu kaufen und eine neue Anlage zu bauen. Fixkosten müssen allerdings langfristig nicht zwingend verschwinden. Nehmen wir beispielsweise an, dass ein Unternehmen Beiträge für einen Pensionsplan für seine Mitarbeiter eingezahlt hat. Seine daraus erwachsenden Verpflichtungen, die teilweise fix sind, können selbst langfristig bestehen bleiben; sie könnten nur verschwinden, wenn das Unternehmen in Konkurs geht.

> **Variable Durchschnittskosten (VDK)**
> Variable Kosten geteilt durch das Produktionsniveau.

7.2 Die Kosten in der kurzen Frist

In diesem Kapitel liegt das Hauptaugenmerk auf den kurzfristigen Kosten. Die langfristigen Kosten werden in Abschnitt 7.3 betrachtet.

7.2.1 Die Determinanten der kurzfristigen Kosten

In Tabelle 7.1 wird dargestellt, dass sich die variablen Kosten und die Gesamtkosten bei einer Steigerung des Outputs erhöhen. Die Steigerungsrate dieser Kosten hängt von der Art des Produktionsprozesses und insbesondere davon ab, inwieweit die Produktion abnehmende Erträge variabler Faktoren aufweist. Wir erinnern uns aus Kapitel 6, dass abnehmende Erträge des Produktionsfaktors Arbeit auftreten, wenn das Grenzprodukt der Arbeit abnimmt. Wenn der Produktionsfaktor Arbeit der einzige Input ist, was geschieht dann bei einer Steigerung des Unternehmensoutputs? Zur Produktion eines größeren Outputs muss das Unternehmen mehr Arbeitskräfte einstellen. Wenn dann das Grenzprodukt der Arbeit bei einer Erhöhung der Menge der eingestellten Arbeitskräfte (aufgrund der abnehmenden Erträge) sinkt, müssen immer größere Ausgaben aufgebracht werden, um den Output noch weiter zu erhöhen. Infolgedessen steigen die variablen Kosten und die Gesamtkosten bei einer Erhöhung des Outputs. Wenn andererseits das Grenzprodukt der Arbeit bei einer Steigerung der Menge der Arbeitskräfte nur geringfügig sinkt, steigen die Kosten bei einer Outputerhöhung nicht so schnell.[2]

Im Folgenden wollen wir die Beziehung zwischen der Produktion und den Kosten detaillierter betrachten, indem wir uns auf die Kosten eines Unternehmens konzentrieren, das zu einem fixen Lohn w so viele Arbeitskräfte wie es wünscht einstellen kann. Wir

> In § 6.2 wird erläutert, dass abnehmende Grenzerträge eintreten, wenn zusätzliche Inputs zu einem Rückgang der Outputzuwächse führen.

---

[2] Wir nehmen in diesem Zusammenhang implizit an, dass, da die Arbeitskräfte in Wettbewerbsmärkten eingestellt werden, die Zahlung pro Einheit des Faktors unabhängig vom Output des Unternehmens gleich bleibt.

erinnern uns, dass die Grenzkosten GK die Änderung der variablen Kosten bei einer Änderung des Outputs um eine Einheit angeben (d.h. $\Delta VK/\Delta q$). Die Änderung der variablen Kosten sind allerdings die Kosten pro Einheit der zusätzlichen Arbeit w mal der Menge der zur Produktion des zusätzlichen Outputs benötigten zusätzliche Arbeit ΔL. Da $\Delta VK = w\Delta L$, folgt dass

$$GK = \Delta VK/\Delta q = w\Delta L/\Delta q$$

> Das Grenzprodukt der Arbeit wird in § 6.2 erörtert.

Wir erinnern uns aus Kapitel 6, dass das Grenzprodukt der Arbeit GP_L die aus einer Änderung des Arbeitskräfteeinsatzes um eine Einheit resultierende Änderung des Outputs oder $\Delta q/\Delta L$ ist. Folglich ist die zur Erzielung einer zusätzlichen Outputeinheit nötige Arbeit $\Delta L/\Delta q = 1/GP_L$. Dementsprechend gilt:

$$GK = w/GP_L \qquad (7.1)$$

Gleichung (7.1) besagt, dass die Grenzkosten gleich dem Preis des Inputs geteilt durch dessen Grenzprodukt sind. Nehmen wir beispielsweise an, das Grenzprodukt der Arbeit beträgt 3 und der Lohnsatz liegt bei €30 pro Stunde. In diesem Fall wird der Output durch eine Arbeitsstunde um drei Einheiten erhöht, so dass für eine Outputeinheit 1/3 einer zusätzlichen Arbeitsstunde gebraucht wird und diese Einheit somit €10 kostet. Die Grenzkosten der Produktion dieser Outputeinheit liegt bei €10, was gleich dem Lohn von €30 geteilt durch das Grenzprodukt der Arbeit von 3 ist. Ein niedriges Grenzprodukt der Arbeit bedeutet, dass eine große Menge zusätzlicher Arbeit notwendig ist, um einen größeren Output zu produzieren; dies ist eine Tatsache, die wiederum zu hohen Grenzkosten führt. Im umgekehrten Fall bedeutet ein hohes Grenzprodukt, dass der Arbeitskräftebedarf niedrig ist, genau wie die Grenzkosten. Allgemeiner ausgedrückt steigen die Grenzkosten der Produktion immer dann, wenn das Grenzprodukt der Arbeit abnimmt und umgekehrt.[3]

Abnehmende Grenzerträge und Grenzkosten Wenn abnehmende Grenzerträge bestehen, bedeutet dies, dass das Grenzprodukt der Arbeit abnimmt, während sich die Anzahl der beschäftigten Arbeitskräfte erhöht. Infolgedessen erhöhen sich bei abnehmenden Grenzerträgen die Grenzkosten im Zuge der Outputerhöhung. Dies wird durch die Betrachtung der Angaben für die Grenzkosten in Tabelle 7.1 deutlich. Bei den Produktionsniveaus von 0 bis 4 gehen die Grenzkosten zurück; bei den Produktionsniveaus von 4 bis 11 steigen allerdings die Grenzkosten – dies spiegelt das Bestehen abnehmender Grenzerträge wider.

7.2.2 Der Verlauf der Kostenkurven

In Abbildung 7.1 werden die Änderungen verschiedener Maße der Kosten bei Outputänderungen dargestellt. Im oberen Teil der Abbildung sind die Gesamtkosten und deren zwei Bestandteile, die variablen Kosten und die Fixkosten, dargestellt im unteren Teil der Abbildung die Grenzkosten und die durchschnittlichen Kosten. Diese Kostenkurven, die auf den in Tabelle 7.1 dargestellten Informationen beruhen, liefern unterschiedliche Informationen.

---

3 Bei zwei oder mehr variablen Inputs ist die Beziehung komplexer. Das Grundprinzip trifft allerdings immer noch zu: Je höher die Produktivität der Faktoren ist, um so niedriger sind die variablen Kosten, die dem Unternehmen bei der Erzielung jedes beliebigen Produktionsniveaus entstehen.

7.2 Die Kosten in der kurzen Frist

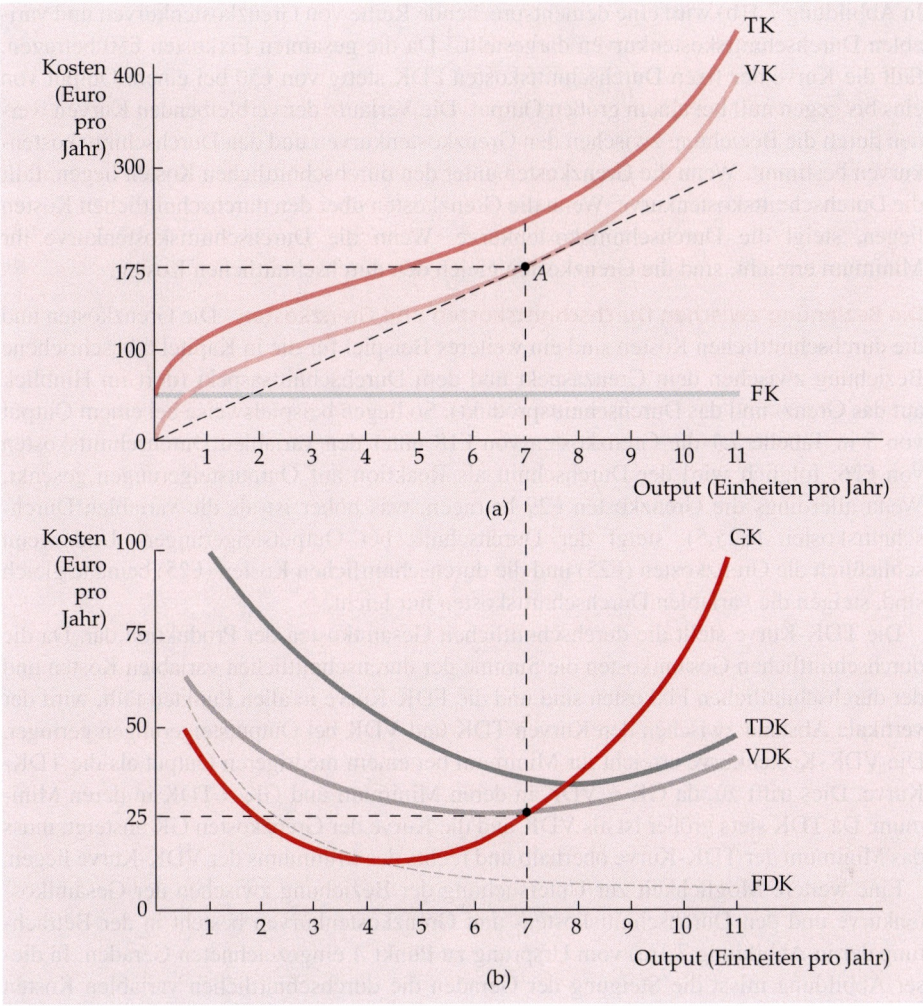

Abbildung 7.1: Kostenkurven für ein Unternehmen
In **(a)** sind die Gesamtkosten (TK) gleich der vertikalen Summe der Fixkosten FK und der variablen Kosten VK. In **(b)** sind die totalen Durchschnittskosten TDK die Summe der variablen Durchschnittskosten VDK und der fixen Durchschnittskosten FDK. Die Grenzkosten GK schneiden die Kurven der variablen Durchschnittskosten und der totalen Durchschnittskosten in deren Minima.

In Abbildung 7.1(a) ist zu beobachten, dass sich die Fixkosten FK nicht ändern, wenn sich der Output ändert – diese Kosten werden als horizontale Linie bei €50 dargestellt. Die variablen Kosten VK sind gleich null, wenn die Gütermenge null ist, und steigen danach kontinuierlich mit dem Anstieg der Gütermenge. Die Gesamtkostenkurve TK wird durch die vertikale Addition der Fixkostenkurve und der variablen Kostenkurve bestimmt. Da die Fixkosten konstant sind, beträgt der vertikale Abstand zwischen den beiden Kurven stets €50.

In Abbildung 7.1(b) wird eine dementsprechende Reihe von Grenzkostenkurven und variablen Durchschnittskostenkurven dargestellt.[4] Da die gesamten Fixkosten €50 betragen, fällt die Kurve der fixen Durchschnittskosten FDK stetig von €50 bei einem Output von eins bis gegen null bei einem großen Output. Die Verläufe der verbleibenden Kurven werden durch die Beziehung zwischen den Grenzkostenkurven und den Durchschnittskostenkurven bestimmt. Wenn die Grenzkosten unter den durchschnittlichen Kosten liegen, fällt die Durchschnittskostenkurve. Wenn die Grenzkosten über den durchschnittlichen Kosten liegen, steigt die Durchschnittskostenkurve. Wenn die Durchschnittskostenkurve ihr Minimum erreicht, sind die Grenzkosten gleich den durchschnittlichen Kosten.

Die Beziehung zwischen Durchschnittskosten und Grenzkosten Die Grenzkosten und die durchschnittlichen Kosten sind ein weiteres Beispiel für die in Kapitel 6 beschriebene Beziehung zwischen dem Grenzaspekt und dem Durchschnittsaspekt (dort im Hinblick auf das Grenz- und das Durchschnittsprodukt). So liegen beispielsweise bei einem Output von 5 in Tabelle 7.1 die Grenzkosten von €18 unter den variablen Durchschnittskosten von €26; folglich wird der Durchschnitt als Reaktion auf Outputsteigerungen gesenkt. Wenn allerdings die Grenzkosten €29 betragen, was höher ist als die variablen Durchschnittskosten (€25,5), steigt der Durchschnitt bei Outputsteigerungen. Und wenn schließlich die Grenzkosten (€25) und die durchschnittlichen Kosten (€25) beinahe gleich sind, steigen die variablen Durchschnittskosten nur leicht.

Die TDK-Kurve stellt die durchschnittlichen Gesamtkosten der Produktion dar. Da die durchschnittlichen Gesamtkosten die Summe der durchschnittlichen variablen Kosten und der durchschnittlichen Fixkosten sind und die FDK-Kurve in allen Punkten fällt, wird der vertikale Abstand zwischen den Kurven TDK und VDK bei Outputsteigerungen geringer. Die VDK-Kostenkurve erreicht ihr Minimum bei einem niedrigeren Output als die TDK-Kurve. Dies trifft zu, da GK = VDK in deren Minimum und GK = TDK in deren Minimum. Da TDK stets größer ist als VDK und die Kurve der Grenzkosten GK ansteigt, muss das Minimum der TDK-Kurve oberhalb und rechts des Minimums der VDK-Kurve liegen.

Eine weitere Möglichkeit zur Untersuchung der Beziehung zwischen der Gesamtkostenkurve und den Durchschnittskosten- und Grenzkostenkurven besteht in der Betrachtung der in Abbildung 7.1(a) vom Ursprung zu Punkt *A* eingezeichneten Geraden. In dieser Abbildung misst die Steigung der Geraden die durchschnittlichen variablen Kosten (Gesamtkosten in Höhe von €175 geteilt durch eine Gütermenge von 7 oder Kosten in Höhe von €25 pro Einheit). Da die Steigung der Kurve VK die Grenzkosten angibt (sie misst die Änderungen der variablen Kosten bei einer Outputsteigerung um eine Einheit), ist die Tangente an die Kurve VK im Punkt *A* gleich den Grenzkosten der Produktion bei einem Output von 7. Im Punkt *A* sind diese Grenzkosten von €25 gleich den durchschnittlichen variablen Kosten von €25, da bei diesem Output die durchschnittlichen variablen Kosten minimiert werden.

Die Gesamtkosten als Stromgröße Dabei ist zu beachten, dass der Output des Unternehmens als Stromgröße gemessen wird: Das Unternehmen produziert eine bestimmte Anzahl an Einheiten *pro Jahr*. Folglich sind deren Gesamtkosten eine Stromgröße – beispielsweise

---

4 Diese Kurven entsprechen nicht genau den Zahlen aus Tabelle 7.1. Da die Grenzkosten die mit einer Änderung des Outputs angegebene Änderung der Kosten angeben, haben wir die GK Kurve für die erste Outputeinheit grafisch dargestellt, indem wird den Output gleich 1/2 gesetzt haben, für die zweite Outputeinheit wurde die Gütermenge gleich 1 1/2 gesetzt und so weiter.

eine bestimmte Anzahl an Euro pro Jahr. (Die durchschnittlichen Kosten und die Grenzkosten werden allerdings in Euro *pro Einheit* gemessen.) Aus Gründen der Vereinfachung werden wir den Zeitbezug häufig weglassen und uns auf die Gesamtkosten in Euro und auf den Output in Einheiten beziehen. Der Leser sollte allerdings berücksichtigen, dass die Produktion eines Unternehmensoutputs sowie der Kostenaufwand über einen bestimmten Zeitraum auftreten. Überdies werden wir oft den Begriff *Kosten* (K) verwenden, wenn wir uns auf die Gesamtkosten beziehen. Desgleichen werden wir, sofern nichts anderes angemerkt ist, den Begriff *durchschnittliche Kosten* (DK) verwenden, wenn wir uns auf die durchschnittlichen Gesamtkosten beziehen.

Die Grenzkosten und die durchschnittlichen Kosten sind sehr wichtige Konzepte. Wie wir in Kapitel 8 aufzeigen werden, spielen sie bei der Wahl des Produktionsniveaus des Unternehmens eine entscheidende Rolle. Kenntnisse der kurzfristigen Kosten sind insbesondere für die Unternehmen von Bedeutung, die in einer Umgebung operieren, in der die Nachfragesituation beträchtlichen Schwankungen unterworfen ist. Produziert das Unternehmen gegenwärtig auf einem Produktionsniveau, auf dem sich die Grenzkosten stark erhöhen, und kann die Nachfrage sich in der Zukunft eventuell erhöhen, könnte die Unternehmensleitung zur Vermeidung höherer Kosten die Produktionskapazität erweitern wollen.

> ### Beispiel 7.3: Die kurzfristigen Kosten der Aluminiumverhüttung
>
> Aluminium ist ein leichtes, vielseitiges Metall, das in einer Vielzahl von Anwendungen eingesetzt wird, z.B. in Flugzeugen, Fahrzeugen, Verpackungen und Baumaterialien. Die Aluminiumherstellung beginnt mit dem Abbau von Bauxit in Ländern wie z.B. Australien, Brasilien, Guinea, Jamaika und Surinam. Bauxit ist ein Erz, das eine relativ hohe Konzentration von Aluminiumoxid aufweist, das durch ein chemisches Raffinierungsverfahren vom Bauxit getrennt wird. Das Aluminiumoxid wird danach durch ein Verhüttungsverfahren, bei dem ein elektrischer Strom zur Trennung der Sauerstoffatome von den Aluminiumoxidmolekülen eingesetzt wird, in Aluminium umgewandelt. In unserem Beispiel wollen wir uns auf dieses Verhüttungsverfahren konzentrieren, das der kostenintensivste Schritt bei der Aluminiumherstellung ist.
>
> Alle großen Aluminiumproduzenten, wie UC RUSAL, Alcoa, Alcan und Hydro Aluminium, betreiben Schmelzhütten. Eine typische Schmelzhütte verfügt über zwei Fertigungslinien, die jeweils 300 bis 400 Tonnen Aluminium pro Tag produzieren. Wir konzentrieren uns auf die kurzfristigen Produktionskosten. Folglich betrachten wir die Kosten des Betriebs einer bestehenden Produktionsstätte, da kurzfristig nicht ausreichend Zeit zur Errichtung zusätzlicher Produktionsstätten zur Verfügung steht. (Die Planung, Errichtung und vollständige Ausrüstung einer Aluminiumschmelzhütte dauert ca. vier Jahre.)
>
> Obwohl die Kosten einer Schmelzhütte beträchtlich sind (über \$1 Milliarde), nehmen wir an, dass die Anlage nicht verkauft werden kann und die Kosten folglich versunkene Produktionskosten sind und ignoriert werden können. Darüber hinaus werden wir auch die Fixkosten ignorieren, da diese hauptsächlich durch den Verwaltungsaufwand entstehenden Kosten relativ gering sind. Somit können wir uns ausschließlich auf die kurzfristigen variablen Kosten konzentrieren. ▶

Die Kosten der Produktion

In Tabelle 7.2 werden die durchschnittlichen Produktionskosten pro Tonne für eine typische Aluminiumhütte dargestellt.[5] Die Angaben über die Kosten betreffen eine Anlage, an der in zwei Schichten pro Tag 600 Tonnen Aluminium hergestellt werden. Wären die Preise ausreichend hoch, könnte das Unternehmen sich für die Produktion mit drei Schichten pro Tag entscheiden, indem es seine Mitarbeiter bittet, Überstunden zu leisten. Allerdings würden sich die Lohn- und Wartungskosten wahrscheinlich für diese dritte Schicht um ca. 50 Prozent erhöhen, da höhere Überstundenvergütungen gezahlt werden müssten. Wir haben die Kostenkomponenten in Tabelle 7.2 in zwei Gruppen eingeteilt. Die erste Gruppe umfasst die Kosten, die bei jedem Produktionsniveau gleich bleiben würden, und die zweite Gruppe umfasst die Kosten, die sich erhöhen würden, wenn die Gütermenge 600 Tonnen pro Tag überstiege.

Tabelle 7.2

Die Produktionskosten für die Verhüttung von Aluminium ($/Tonne) (bei einer Gütermenge von 600 Tonnen/Tag)

A. Bei allen Produktionsniveaus konstante Kosten pro Tonne	Produktion < 600 Tonnen/Tag	Produktion > 600 Tonnen/Tag
Elektrizität	$316	$316
Aluminiumoxid	369	369
Sonstige Rohstoffe	125	125
Kosten für Strom und Brennstoff für die Anlage	10	10
Zwischensumme	$820	$820
B. Kosten pro Tonne, die ansteigen, wenn der Output 600 Tonnen/Tag übersteigt		
Produktionsfaktor Arbeit	$150	$225
Wartung	120	180
Frachtkosten	50	75
Zwischensumme	$320	$480
Produktionskosten insgesamt	**$1.140**	**$1.300**

Dabei ist zu beachten, dass die größten Kostenkomponenten bei einer Aluminiumhütte die Elektrizität und die Kosten des Aluminiumoxids sind, die zusammen ca. 60 Prozent der gesamten Produktionskosten ausmachen. Da Elektrizität, Aluminiumoxid und die anderen Rohstoffe direkt proportional zur produzierten Menge Aluminium eingesetzt werden, stellen sie die Produktionskosten pro Tonne dar, die im Hinblick ▶

---

[5] Dieses Beispiel beruht auf Kenneth S. Corts, „*The Aluminum Industry in 1994*", Harvard Business School Case N9-799-129, April 1999.

auf das Produktionsniveau konstant sind. Die Kosten für Arbeit und Wartung sowie die Frachtkosten sind ebenfalls proportional zum Produktionsniveau; dies trifft aber nur zu, wenn die Anlage in zwei Schichten pro Tag betrieben wird. Zur Erhöhung des Outputs auf über 600 Tonnen pro Tag wäre eine dritte Schicht notwendig. Dies würde zu einer Erhöhung der Kosten für Arbeit und Wartung sowie der Frachtkosten von 50 Prozent pro Tonne führen.

Die kurzfristige Grenzkostenkurve und die variable Durchschnittskostenkurve für die Schmelzhütte werden in Abbildung 7.2 dargestellt. Die Grenzkosten und die variablen Durchschnittskosten sind bei Kosten in Höhe von $1.140 pro Tonne bei Outputs von bis zu 600 Tonnen pro Tag konstant. Gehen wir mit Hilfe einer dritten Schicht zu einem Output von mehr als 600 Tonnen pro Tag über, steigen die Grenzkosten der Arbeit, Wartung sowie der Fracht von $320 pro Tonne auf $480 pro Tonne, wodurch die Grenzkosten insgesamt von $1.140 pro Tonne auf $1.300 pro Tonne steigen. Was passiert mit den variablen Durchschnittskosten, wenn der Output höher als 600 Tonnen pro Tag ist? Wenn $q > 600$, werden die gesamten variablen Kosten durch die folgende Gleichung angegeben:

$$VK = (1.140)(600) + 1.300(q - 600)$$
$$= 1.300q - 96.000$$

Folglich sind die variablen Durchschnittskosten gleich:

$$VDK = 1.300 - \frac{96.000}{q}$$

Wie Abbildung 7.2 darstellt, wird, wenn schließlich der Output auf 900 Tonnen pro Tag steigt, eine absolute Kapazitätsgrenze erreicht; in diesem Punkt werden die Grenzkosten und die durchschnittlichen Kosten der Produktion unendlich.

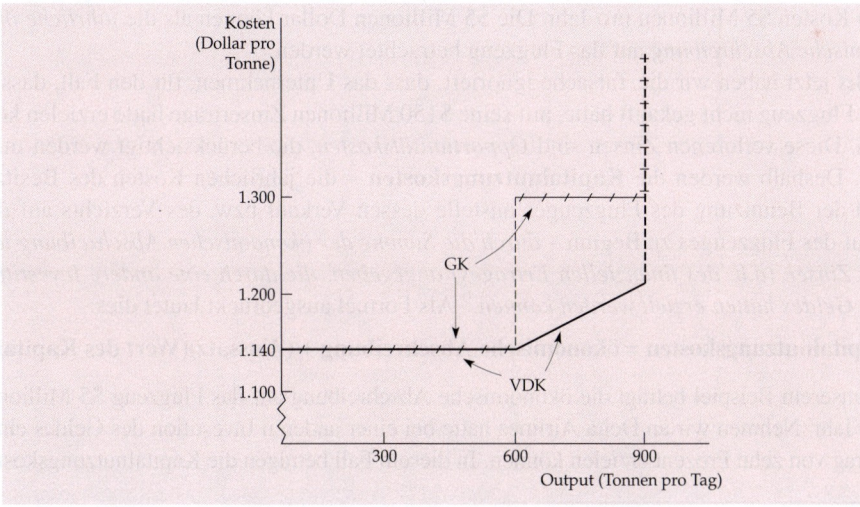

Abbildung 7.2: Die kurzfristigen variablen Kosten der Aluminiumverhüttung
Die kurzfristigen variablen Kosten der Verhüttung sind für Produktionsniveaus, bei denen bis zu zwei Schichten eingesetzt werden, konstant. Wird eine dritte Schicht eingeführt, steigen die Grenzkosten und die durchschnittlichen variablen Kosten, bis die maximale Kapazität erreicht wird.

7.3 Die Kosten in der langen Frist

Langfristig verfügt ein Unternehmen über viel mehr Flexibilität. Es kann seine Kapazität durch die Erweiterung bestehender oder den Bau neuer Werke ausbauen; es kann die Anzahl seiner Mitarbeiter erhöhen oder reduzieren und in einigen Fällen kann es auch die Gestaltung seiner Produkte ändern oder neue Produkte auf den Markt bringen. In diesem Abschnitt werden wir aufzeigen, wie ein Unternehmen Inputkombinationen wählt, die die Kosten der Produktion eines bestimmten Outputs minimieren. Darüber hinaus wird die Beziehung zwischen den langfristigen Kosten und dem Produktionsniveau untersucht. Zunächst wollen wir die dem Unternehmen aus dem Einsatz von Anlagegütern entstehenden Kosten sorgfältig betrachten. Danach wird aufgezeigt, welche Rolle diese Kosten zusammen mit den Kosten des Produktionsfaktors Arbeit bei der Entscheidung über die Produktion spielt.

7.3.1 Die Kapitalnutzungskosten

Unternehmen mieten oder pachten häufig Ausrüstungen, Gebäude oder sonstiges im Produktionsprozess eingesetztes Kapital. In anderen Situationen wird das Kapital gekauft. In unserer Analyse wird es allerdings hilfreich sein, das Kapital als gemietet zu betrachten, selbst wenn es tatsächlich gekauft wurde. Ein Beispiel kann uns dabei helfen zu erklären, warum und wie wir so vorgehen. Kehren wir zu einem unserer früheren Beispiele zurück und nehmen an, dass Delta Airlines erwägt, eine neue Boeing 777 zum Preis von $150 Millionen zu erwerben. Obwohl Delta jetzt eine hohe Summe für das Flugzeug zahlen würde, kann der Kaufpreis für wirtschaftliche Zwecke über die Lebensdauer des Flugzeugs verteilt oder *abgeschrieben* werden. Dies ermöglicht es Delta, ihre Erlöse und Kosten auf der *Grundlage der jährlichen Stromgrößen* zu vergleichen. Wir nehmen an, dass das Flugzeug eine Nutzungsdauer von 30 Jahren hat; folglich betragen die abgeschriebenen Kosten $5 Millionen pro Jahr. Die $5 Millionen Dollar können als die *jährliche ökonomische Abschreibung* auf das Flugzeug betrachtet werden.

Bis jetzt haben wir die Tatsache ignoriert, dass das Unternehmen, für den Fall, dass es das Flugzeug nicht gekauft hätte, auf seine $150 Millionen Zinserträge hätte erzielen können. Diese verlorenen Zinsen sind *Opportunitätskosten*, die berücksichtigt werden müssen. Deshalb werden die **Kapitalnutzungskosten** – die jährlichen Kosten des Besitzes und der Benutzung des Flugzeuges anstelle dessen Verkauf bzw. des Verzichts auf den Kauf des Flugzeuges zu Beginn – *durch die Summe der ökonomischen Abschreibung und der Zinsen (d.h. des finanziellen Ertrages) angegeben, die durch eine andere Investition des Geldes hätten erzielt werden können.*[6] Als Formel ausgedrückt lautet dies:

Kapitalnutzungskosten = ökonomische Abschreibung + (Zinssatz)(Wert des Kapitals)

In unserem Beispiel beträgt die ökonomische Abschreibung auf das Flugzeug $5 Millionen pro Jahr. Nehmen wir an Delta Airlines hätte bei einer anderen Investition des Geldes einen Ertrag von zehn Prozent erzielen können. In diesem Fall betragen die Kapitalnutzungskosten

---

Kapitalnutzungskosten

Summe der jährlichen Kosten des Besitzes und der Verwendung eines Anlagegegenstandes gleich der ökonomischen Abschreibung plus den verlorenen Zinsen.

---

[6] Genauer ausgedrückt sollte der finanzielle Ertrag eine Investition mit ähnlichem Risiko widerspiegeln. Der Zinssatz sollte aus diesem Grund eine Risikoprämie umfassen. Dieser Punkt wird in Kapitel 15 erörtert. Hierbei ist auch zu beachten, dass die Kapitalnutzungskosten nicht um Steuern bereinigt sind. Wenn die Steuern berücksichtigt werden, sollten die Erlöse und Kosten auf der Grundlage der Werte nach Abzug der Steuern gemessen werden.

$5 Millionen + (0,10)($150 Millionen-Abschreibung). Wenn das Flugzeug im Laufe der Zeit abgeschrieben wird, sinkt sein Wert genau wie die Opportunitätskosten. So betragen beispielsweise zum Zeitpunkt des Kaufes, das erste Jahr vorausblickend betrachtet die Kapitalnutzungskosten $5 Millionen + (0,10)($150 Millionen) = $20 Millionen. Im zehnten Jahr des Besitzes des Flugzeugs ist dessen Wert um $50 Millionen abgeschrieben und das Flugzeug somit noch $100 Millionen wert. Zu diesem Zeitpunkt betragen die Kapitalnutzungskosten $5 Millionen + (0,10)($100 Millionen) = 15 Millionen pro Jahr.

Die Kapitalnutzungskosten können auch als Rate pro Dollar des Kapitals ausgedrückt werden:

$$r = \text{Abschreibungssatz} + \text{Zinssatz}$$

In unserem Beispiel mit dem Flugzeug liegt der Abschreibungssatz bei 1/30 = 3,33 Prozent pro Jahr. Hätte Delta eine Ertragsquote von zehn Prozent pro Jahr erzielen können, würden ihre Kapitalnutzungskosten bei $r = 3,33 + 10 = 13,33$ Prozent pro Jahr liegen.

Wie bereits aufgezeigt, kann das Unternehmen langfristig alle seine Inputs ändern. Im Folgenden werden wir nun darlegen, wie das Unternehmen mit Informationen über die Lohnsätze und die Kapitalnutzungskosten Inputkombinationen wählt, mit denen die Kosten der Produktion einer bestimmten Gütermenge minimiert werden. Danach wird die Beziehung zwischen den langfristigen Kosten und dem Produktionsniveau untersucht.

7.3.2 Die kostenminimierende Inputwahl

Nun wenden wir uns einem grundlegenden Problem zu, mit dem alle Unternehmen konfrontiert werden: *die Frage der Auswahl der Inputs für die Produktion eines bestimmten Outputs zu minimalen Kosten*. Aus Gründen der Vereinfachung arbeiten wir mit zwei variablen Inputs: Arbeit (gemessen als Anzahl der Arbeitsstunden pro Jahr) und Kapital (gemessen als Anzahl der Maschinenstunden pro Jahr).

Die von einem Unternehmen eingesetzte Menge an Arbeit und Kapital hängt natürlich von den Preisen dieser Produktionsfaktoren ab. Wir nehmen an, dass für beide Faktoren Wettbewerbsmärkte bestehen, so dass deren Preise von den Aktivitäten des Unternehmens nicht beeinflusst werden. (In Kapitel 14 werden Arbeitsmärkte untersucht, die keine Wettbewerbsmärkte sind.) In diesem Beispiel sind die Kosten der Arbeit einfach der *Lohnsatz w*. Wie hoch ist aber der Preis des Kapitals?

Der Preis des Kapitals Langfristig kann ein Unternehmen die Menge des von ihm eingesetzten Kapitals anpassen. Selbst wenn das Kapital spezielle Maschinen umfasst, die keine alternative Verwendung haben, können die Ausgaben für diese Maschinen noch nicht als versunkene Kosten betrachtet werden und müssen folglich berücksichtigt werden; das Unternehmen entscheidet *für die Zukunft*, wie viel Kapital es einsetzen möchte. Anders als bei den Personalkosten sind allerdings hohe Anfangsausgaben für das Kapital notwendig. Um die Ausgaben des Unternehmens für das Kapital mit den kontinuierlichen Personalkosten zu vergleichen, wollen wir das Kapital als *Stromgröße* ausdrücken – d.h. in Euro pro Jahr. Dazu müssen wir die Ausgaben abschreiben, indem wir sie über die Nutzungsdauer des Kapitals verteilen; darüber hinaus müssen wir auch die verlorenen Zinsen berücksichtigen, die das Unternehmen durch eine andere Investition des Geldes hätte erzielen können. Wie wir oben aufgezeigt haben, entspricht dies genau dem Vorgehen bei den Berechnungen der *Kapitalnutzungskosten*. Wie oben ist hier der Preis des Kapitals dessen *Nutzungskosten*, die durch $r = $ Abschreibungssatz + Zinssatz gegeben werden.

7 Die Kosten der Produktion

Mietsatz

Kosten der Anmietung einer Einheit des Kapitals pro Jahr.

Mietsatz des Kapitals Mitunter wird Kapital nicht gekauft, sondern gemietet. Ein Beispiel dafür ist die Bürofläche in einem großen Bürogebäude. In diesem Fall entspricht der Preis des Kapitals dessen **Mietsatz** – d.h. den Kosten der Anmietung einer Einheit Kapital pro Jahr.

Bedeutet dies, dass bei der Bestimmung des Preises des Kapitals zwischen gemietetem und gekauftem Kapital unterschieden werden muss? Nein. Wenn der Kapitalmarkt ein Wettbewerbsmarkt ist (wie wir für unsere Betrachtungen angenommen haben), *sollte der Mietsatz gleich den Nutzungskosten r sein.* Warum ist dies so? Weil in einem Wettbewerbsmarkt Unternehmen, die Kapital besitzen (beispielsweise der Eigentümer des großen Bürohauses), für dessen Vermietung einen wettbewerbsfähigen Ertrag erwarten – nämlich die Ertragsrate, die sie durch eine andere Investition ihres Geldes hätten erzielen können, plus einem Betrag zur Entschädigung für die Abschreibung des Kapitals. *Dieser wettbewerbsfähige Ertrag sind die Kapitalnutzungskosten.*

Viele Lehrbücher nehmen einfach an, dass das gesamte Kapital zu einem Mietsatz r angemietet wird. Wie wir gerade aufgezeigt haben, ist dies eine angemessene Annahme. Allerdings sollte der Leser nun auch verstehen, *warum* diese Annahme angemessen ist: *Gekauftes Kapital kann so behandelt werden, als wäre es zu einem den Kapitalnutzungskosten entsprechenden Mietsatz gemietet.*

Für den Rest dieses Kapitels gehen wir daher von der Annahme aus, dass das Unternehmen sein gesamtes Kapital zu einem Mietsatz oder „Preis" r anmietet, genauso wie Arbeitskräfte zu einem Lohnsatz oder „Preis" w eingestellt werden. Darüber hinaus nehmen wir an, dass Unternehmen versunkene Kapitalkosten als über die Zeit verteilte Fixkosten betrachten. Deshalb müssen wir im Folgenden versunkene Kosten nicht berücksichtigen. Nun können wir uns darauf konzentrieren, wie ein Unternehmen diese Preise bei der Bestimmung der einzusetzenden Menge der Produktionsfaktoren Kapital und Arbeit berücksichtigt.[7]

7.3.3 Die Isokostengerade

Isokostengerade

Graph, der alle möglichen Kombinationen von Arbeit und Kapital darstellt, die zu bestimmten Gesamtkosten gekauft werden können.

Zunächst betrachten wir die Kosten der Anmietung von Produktionsfaktoren, die durch die Isokostengeraden eines Unternehmens dargestellt werden können. Eine **Isokostengerade** stellt alle möglichen Kombinationen von Arbeit und Kapital dar, die zu bestimmten Gesamtkosten erworben werden können. Um zu untersuchen, wie eine Isokostengerade aussieht, erinnern wir uns, dass die Gesamtkosten C der Produktion einer bestimmten Gütermenge durch die Summe der Personalkosten wL und der Kapitalkosten rK des Unternehmens gegeben werden:

$$C = wL + rK \tag{7.2}$$

---

[7] Natürlich besteht die Möglichkeit, dass sich die Inputpreise bei steigender Nachfrage aufgrund von Überstunden oder einer relativen Knappheit der Anlagegüter erhöhen. Die Möglichkeit einer Beziehung zwischen den Inputpreisen und den von einem Unternehmen nachgefragten Mengen betrachten wir in Kapitel 14.

Bei jedem unterschiedlichen Niveau der Gesamtkosten beschreibt die Gleichung (7.2) eine andere Isokostengerade. So beschreibt beispielsweise die Isokostengerade C_0 in Abbildung 7.3 alle möglichen Kombinationen von Arbeit und Kapital, durch deren Anmietung Gesamtkosten in Höhe von C_0 entstehen.

Schreiben wir die Gleichung der Gesamtkosten als Geradengleichung um, erhalten wir:

$$K = C/r - (w/r)L$$

Daraus folgt, dass die Isokostengerade eine Steigung von $\Delta K/\Delta L = -(w/r)$ aufweist, was dem Verhältnis des Lohnsatzes zum Mietsatz des Kapitals entspricht. Dabei ist zu beachten, dass diese Steigung ähnlich der Steigung der Budgetgeraden ist, mit der der Konsument konfrontiert wird (da sie ausschließlich durch die Preise der betreffenden Güter bestimmt wird, unabhängig davon, ob es sich dabei um Produktionsfaktoren oder Gütermengen handelt). Sie gibt an, dass, wenn das Unternehmen eine Einheit Arbeit aufgeben würde (und w Euro an Kosten zurückerhielte), um w/r Einheiten Kapital zu einem Preis von r Euro pro Einheit zu erhalten, die Gesamtkosten der Produktion für das Unternehmen gleich bleiben würden. Wenn beispielsweise der Lohnsatz bei €10 läge und der Mietsatz des Kapitals €5 betrüge, könnte das Unternehmen ohne Änderung der Gesamtkosten eine Einheit Arbeit durch zwei Einheiten Kapital ersetzen.

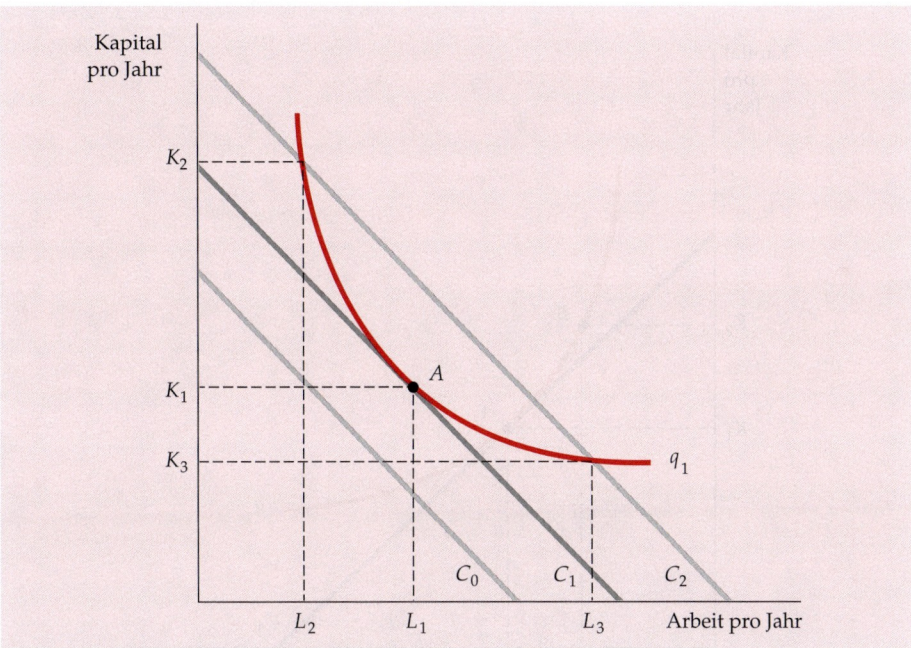

Abbildung 7.3: Die Produktion eines bestimmten Outputs zu minimalen Kosten
Isokostenkurven beschreiben die Inputkombinationen für die Produktion, durch die dem Unternehmen die gleichen Kosten entstehen. Die Isokostenkurve C_1 berührt die Isoquante q_1 im Punkt A und gibt an, dass der Output q_1 zu minimalen Kosten mit dem Arbeitskräfteeinsatz L_1 und dem Kapitaleinsatz K_1 produziert werden kann. Andere Inputkombinationen – L_2, K_2 und L_3, K_3 – ergeben den gleichen Output zu höheren Kosten.

7.3.4 Die Wahl der Inputs

Nehmen wir an, wir wollen auf dem Produktionsniveau q_1 produzieren. Wie können wir dies zu minimalen Kosten erreichen? Betrachten wir dazu in Abbildung 7.4 die mit q_1 bezeichnete Produktionsisoquante des Unternehmens. Hierbei besteht das Problem in der Auswahl des Punktes auf dieser Isoquante, in dem die Gesamtkosten minimiert werden.

In Abbildung 7.4 wird die Lösung für dieses Problem dargestellt. Nehmen wir an, das Unternehmen gibt C_0 für Inputs aus. Leider kann mit den Ausgaben C_0 keine Inputkombination gekauft werden, mit der das Unternehmen den Output q_1 erzielen kann. Der Output q_1 kann allerdings mit dem Ausgabenbetrag C_2, entweder durch den Einsatz von K_2 Einheiten Kapital und L_2 Einheiten Arbeit oder durch den Einsatz von K_3 Einheiten Kapital und L_3 Einheiten Arbeit erzielt werden. Aber C_2 entspricht nicht den minimalen Kosten. Die gleiche Gütermenge q_1 kann zu den Kosten von C_1 durch den Einsatz von K_1 Einheiten Kapital und L_1 Einheiten Arbeit billiger produziert werden. In der Tat ist die Isokostengerade C_1 die niedrigste Isokostengerade, mit der der Output q_1 produziert werden kann. Der Tangentialpunkt der Isoquante Q_1 und der Isokostengeraden C_1 im Punkt A gibt die kostenminimierende Wahl der Inputs L_1 und K_1 an, die unmittelbar aus dem Diagramm abgelesen werden können. In diesem Punkt sind die Steigungen der Isoquante und der Isokostengerade genau gleich.

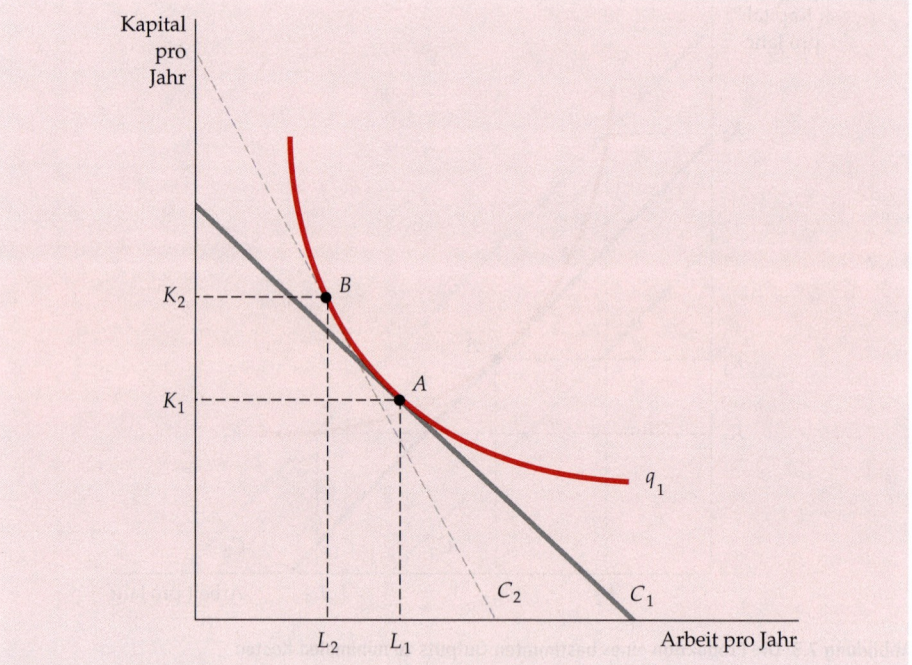

Abbildung 7.4: Inputsubstitution bei Änderung eines Inputpreises
Wenn das Unternehmen mit der Isokostenkurve C_1 konfrontiert wird, produziert es den Output q_1 im Punkt A mit einem Einsatz von L_1 Einheiten Arbeit und K_1 Einheiten Kapital. Steigt der Preis der Arbeit, werden die Isokostenkurven steiler. Der Output q_1 wird nun im Punkt B auf der Isokostenkurve C_2 mit einem Einsatz von L_2 Einheiten Arbeit und K_2 Einheiten Kapital produziert.

Wenn sich die Ausgaben für alle Inputs erhöhen, ändert sich die Steigung der Isokostengerade nicht – da die Inputpreise sich nicht geändert haben. Der Achsenabschnitt steigt allerdings an. Nehmen wir an, dass sich der Preis einer der Inputs, beispielsweise des Produktionsfaktors Arbeit, erhöht. In diesem Fall würde sich die Steigung der Isokostengerade, (w/r), betragsmäßig erhöhen, und die Isokostengerade würde steiler werden. Dies wird in Abbildung 7.4 dargestellt. Zu Beginn ist die Isokostengerade C_1, und das Unternehmen minimiert seine Kosten der Herstellung der Gütermenge q_1 im Punkt A durch den Einsatz von L_1 Einheiten Arbeit und K_1 Einheiten Kapital. Steigt der Preis der Arbeit, wird die Isokostengerade steiler. Die Isokostengerade C_2 spiegelt den höheren Preis der Arbeit wider. Wenn das Unternehmen mit diesen höheren Kosten der Arbeit konfrontiert wird, minimiert es seine Kosten der Herstellung der Gütermenge q_1, indem es im Punkt B mit einem Einsatz von L_2 Einheiten Arbeit und K_2 Einheiten Kapital produziert. Somit hat das Unternehmen auf den höheren Preis der Arbeit reagiert, indem es im Produktionsprozess Arbeit durch Kapital ersetzt hat.

In welchem Zusammenhang steht die Isokostengerade mit dem Produktionsprozess des Unternehmens? Wir erinnern uns, dass wir in der Analyse der Produktionstechnologie aufgezeigt haben, dass die Grenzrate der technischen Substitution GRTS von Kapital durch Arbeit der negativen Steigung der Isoquanten ist und dem Verhältnis der Grenzprodukte von Arbeit und Kapital entspricht:

$$\text{GRTS} = -\Delta K/\Delta L = GP_L/GP_K \tag{7.3}$$

Im oben stehenden Abschnitt haben wir festgestellt, dass die Isokostenkurve eine Steigung von $\Delta K/\Delta L = -w/r$ aufweist. Daraus ergibt sich, dass die folgende Bedingung zutrifft, wenn ein Unternehmen die Kosten der Produktion einer bestimmten Gütermenge minimiert:

$$GP_L/GP_K = w/r$$

Diese Bedingung kann, leicht umformuliert, wie folgt geschrieben werden:

$$GP_L/w = GP_K/r \tag{7.4}$$

> In § 6.3 wird erklärt, dass die GRTS die Menge ist, um die der Kapitaleinsatz reduziert werden kann, wenn eine zusätzliche Einheit des Produktionsfaktors Arbeit eingesetzt wird, so dass der Output konstant bleibt.

GP_L/w ist der zusätzliche Output, der aus der Ausgabe eines zusätzlichen Euros für den Produktionsfaktor Arbeit resultiert. Nehmen wir an, dass der Lohnsatz bei €10 liegt und dass durch die Bereitstellung einer weiteren Arbeitskraft für den Produktionsprozess der Output um 20 Einheiten erhöht wird. Der zusätzliche Output pro Euro, der für die zusätzliche Arbeitskraft ausgegeben wird, beträgt 20/10 = 2 Einheiten des Outputs pro Euro. Desgleichen ist GP_K/r der zusätzliche Output, der aus der Ausgabe eines zusätzlichen Euros für das Kapital resultiert. Deshalb besagt Gleichung (7.4), dass ein kostenminimierendes Unternehmen seine Inputs so wählen sollte, dass der Wert des letzten Euros jedes zum Produktionsprozess hinzugefügten Inputs den gleichen zusätzlichen Output erzielen sollte.

Warum muss diese Bedingung auf die Kostenminimierung zutreffen? Nehmen wir an, dass neben dem Lohnsatz von €10 der Mietsatz des Kapitals €2 beträgt. Nehmen wir darüber hinaus an, dass durch die Erhöhung des Kapitals um eine Einheit der Output um 20 Einheiten gesteigert wird. In diesem Fall beträgt der zusätzliche Output pro Euro des Kapitaleinsatzes 20/€2 = 10 Einheiten des Outputs pro Euro. Da ein für das Kapital aufgewendeter Euro fünf Mal produktiver ist als ein für die Arbeit aufgewendeter Euro, wird das Unternehmen mehr Kapital und weniger Arbeit einsetzen wollen. Wenn das Unternehmen die Arbeit reduziert und das Kapital erhöht, erhöht sich dessen Grenzprodukt der Arbeit, und das Grenzprodukt des Kapitals sinkt. Schließlich wird der Punkt erreicht werden, indem bei der Produktion einer zusätzlichen Outputeinheit die gleichen Kosten entstehen, unabhängig davon welcher zusätzliche Input verwendet wird. In diesem Punkt minimiert das Unternehmen seine Kosten.

Beispiel 7.4: Die Auswirkungen von Abwassergebühren auf die Inputwahl

Stahlwerke werden oft in der Nähe von Flüssen errichtet. Ein Fluss bietet leicht verfügbare, preiswerte Transportmöglichkeiten sowohl für das Eisenerz, das in der Produktion verwendet wird, als auch für den fertigen Stahl selbst. Leider bietet er allerdings auch eine billige Entsorgungsmethode für die Nebenprodukte des Produktionsprozesses, die *Abwässer*. So bearbeitet beispielsweise ein Stahlwerk das Eisenerz für die Verarbeitung im Hochofen, indem das eisenerzhaltige Sedimentgestein zu einer feinen Konsistenz zermahlen wird. Im Zuge dieses Verfahrens wird das Erz durch ein Magnetfeld extrahiert, wenn ein Strom von Wasser und fein gemahlenem Erz durch die Anlage fließt. Ein Nebenprodukt dieses Verfahrens – feine Erzgesteinpartikel – kann zu relativ niedrigen Kosten für das Unternehmen in den Fluss eingeleitet werden. Alternative Entsorgungsmethoden oder private Aufbereitungsanlagen sind vergleichsweise teuer.

Da die Erzgesteinpartikel nichtabbaubaren Abfall darstellen, der die Pflanzen- und Fischwelt schädigen kann, hat die amerikanische Umweltschutzbehörde (EPA) eine Abwassergebühr erhoben – dabei handelt es sich um eine Gebühr pro Mengeneinheit, die das Stahlwerk für die in den Fluss eingeleiteten Abwässer zu zahlen hat. Wie sollte der Manager des Stahlwerks mit der Erhebung dieser Gebühr umgehen, um die Kosten der Produktion zu minimieren?

Nehmen wir an, dass das Stahlwerk ohne die Regulierung mit einem Einsatz von 2.000 Maschinenstunden an Kapital und 10.000 Gallonen Wasser (das bei der Wiedereinleitung in den Fluss Erzgesteinpartikel enthält) 2.000 Tonnen Stahl pro Monat produziert. Der Manager schätzt, dass eine Maschinenstunde $40 kostet und die Einleitung jeder Gallone Abwasser in den Fluss $10. Folglich betragen die Gesamtkosten der Produktion $180.000: $80.000 für das Kapital und $100.000 für das Abwasser. Wie sollte der Manager auf die von der EPA erhobene Abwassergebühr in Höhe von $10 pro Gallone eingeleiteten Abwassers reagieren? Der Manager weiß, dass der Produktionsprozess über eine gewisse Flexibilität verfügt. Wenn das Unternehmen eine teurere Abwasseraufbereitungsanlage installiert, kann es den gleichen Output mit weniger Abwasser produzieren.

In Abbildung 7.5 wird die kostenminimierende Reaktion dargestellt. Auf der vertikalen Achse wird der Kapitaleinsatz des Unternehmens in Maschinenstunden pro Monat abgetragen – auf der horizontalen Achse wird die Abwassermenge in Gallonen pro Monat gemessen. Zunächst betrachten wir das Niveau, auf dem das Unternehmen produziert, wenn noch keine Abwassergebühr erhoben wird. Punkt *A* stellt den ▶

Kapitaleinsatz und das Abwasserniveau dar, mit dem das Unternehmen seine Menge Stahl zu minimalen Kosten produzieren kann. Da das Unternehmen die Kosten minimiert, liegt A auf der Isokostengeraden FC, die die Isoquante berührt. Die Steigung der Isokostengeraden ist gleich –$10/$40 = –0,25, da eine Einheit Kapital vier Mal so viel kostet wie eine Einheit Abwasser.

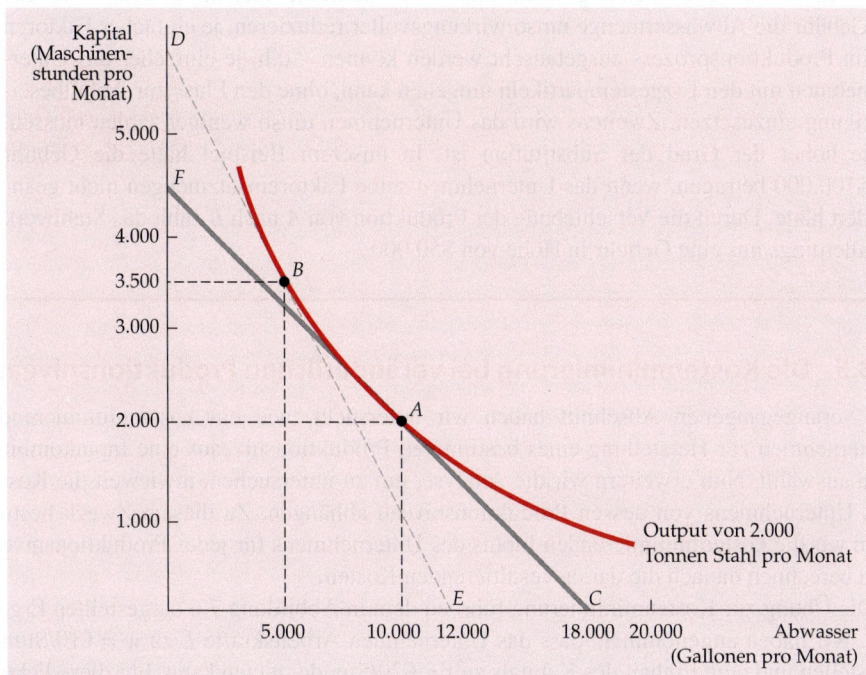

Abbildung 7.5: Die kostenminimierende Reaktion auf eine Abwassergebühr
Muss ein Unternehmen keine Gebühr für die Einleitung seines Abwassers in einen Fluss bezahlen, entscheidet es sich für die Produktion eines bestimmten Outputs mit einem Einsatz von 10.000 Gallonen Wasser und 2.000 Maschinenstunden des Kapitals in Punkt A. Allerdings werden durch eine Abwassergebühr die Kosten des Abwassers erhöht und die Isokostenkurve wird von FC zu DE verschoben. Die Gebühr führt dazu, dass das Unternehmen im Punkt B produziert – einem Prozess, der zu einer bedeutend geringeren Menge Abwasser führt.

Nach der Erhebung der Abwassergebühr steigen die Kosten für das Abwasser von $10 pro Gallone auf $20: Für jede Gallone Abwasser (die $10 kostet) muss das Unternehmen weitere $10 an den Staat zahlen. Folglich steigen die Abwasserkosten durch die Abwassergebühr im Vergleich zu den Kosten des Kapitals. Um den gleichen Output zu den niedrigsten möglichen Kosten produzieren zu können, muss der Manager die Isokostengerade mit einer Steigung von –$20/$40 = –0,5 wählen, die die Isoquante berührt.

In Abbildung 7.5 ist DE die dazu geeignete Isokostengerade, und B gibt die geeignete Wahl des Kapitals und des Abwassers an. Durch den Wechsel von A zu B wird deutlich, dass im Fall der Erhebung einer Abwassergebühr der Einsatz einer alternativen Produktionstechnologie, die die Verwendung des Kapitals (3.500 Maschinen- ▶

stunden) betont und bei der weniger Abwasser (5.000 Gallonen) erzeugt wird, billiger ist als der ursprüngliche Prozess, bei dem die Rückgewinnung nicht betont wurde. Dabei ist zu beachten, dass sich die Gesamtkosten der Produktion auf $240.000 erhöht haben: $140.000 für Kapital, $50.000 für Abwasser und $50.000 für die Abwassergebühr.

Aus dieser Entscheidung kann man zwei Schlüsse ziehen. Erstens wird die Gebühr die Abwassermenge umso wirkungsvoller reduzieren, je einfacher Faktoren im Produktionsprozess ausgetauscht werden können – d.h. je einfacher das Unternehmen mit den Erzgesteinpartikeln umgehen kann, ohne den Fluss zur Abfallbeseitigung einzusetzen. Zweitens wird das Unternehmen umso weniger zahlen müssen, je höher der Grad der Substitution ist. In unserem Beispiel hätte die Gebühr $100.000 betragen, wenn das Unternehmen seine Faktoreinsatzmengen nicht geändert hätte. Durch die Verschiebung der Produktion von A nach B zahlt das Stahlwerk allerdings nur eine Gebühr in Höhe von $50.000.

7.3.5 Die Kostenminimierung bei veränderlichen Produktionsniveaus

Im vorangegangenen Abschnitt haben wir untersucht, wie ein kostenminimierendes Unternehmen zur Herstellung eines bestimmten Produktionsniveaus eine Inputkombination auswählt. Nun erweitern wir die Analyse, um zu untersuchen, inwieweit die Kosten des Unternehmens von dessen Produktionsniveau abhängen. Zu diesem Zweck bestimmen wir die kostenminimierenden Inputs des Unternehmens für jedes Produktionsniveau und berechnen danach die daraus resultierenden Kosten.

Die Übung zur Kostenminimierung führt zu dem in Abbildung 7.6 dargestellten Ergebnis. Wir haben angenommen, dass das Unternehmen Arbeitskräfte L zu w = €10/Stunde einstellen und eine Einheit des Kapitals zu r = €20/Stunde mieten kann. Für diese Faktorkosten haben wir drei der Isokostengeraden des Unternehmens gezeichnet. Jede Isokostengerade wird durch die folgende Gleichung angegeben:

$$C = (€10/\text{Stunde})(L) + (€20/\text{Stunde})(K)$$

In Abbildung 7.6(a) stellt die niedrigste (nicht bezeichnete) Gerade Kosten in Höhe von €1.000 dar, die mittlere Gerade stellt Kosten in Höhe von €2.000 und die höchste Gerade stellt Kosten in Höhe von €3.000 dar.

Es ist zu erkennen, dass in Abbildung 7.6(a) jeder der Punkte A, B und C ein Tangentialpunkt zwischen einer Isokostenkurve und einer Isoquanten ist. So gibt beispielsweise Punkt B an, dass die Produktionsmethode für einen Output von 200 Einheiten mit den niedrigsten Kosten im Einsatz von 100 Einheiten Arbeit und 50 Einheiten Kapital besteht; diese Kombination liegt auf der €2.000-Isokostengerade. Desgleichen beträgt die kostengünstigste Methode zur Produktion eines Outputs von 100 Einheiten (die niedrigste, nicht bezeichnete Isoquante) €1.000 (im Punkt A, L = 50, K = 25); die kostengünstigste Methode zur Produktion eines Outputs von 300 Einheiten beträgt €3.000 (im Punkt C, L = 150, K = 75).

7.3 Die Kosten in der langen Frist

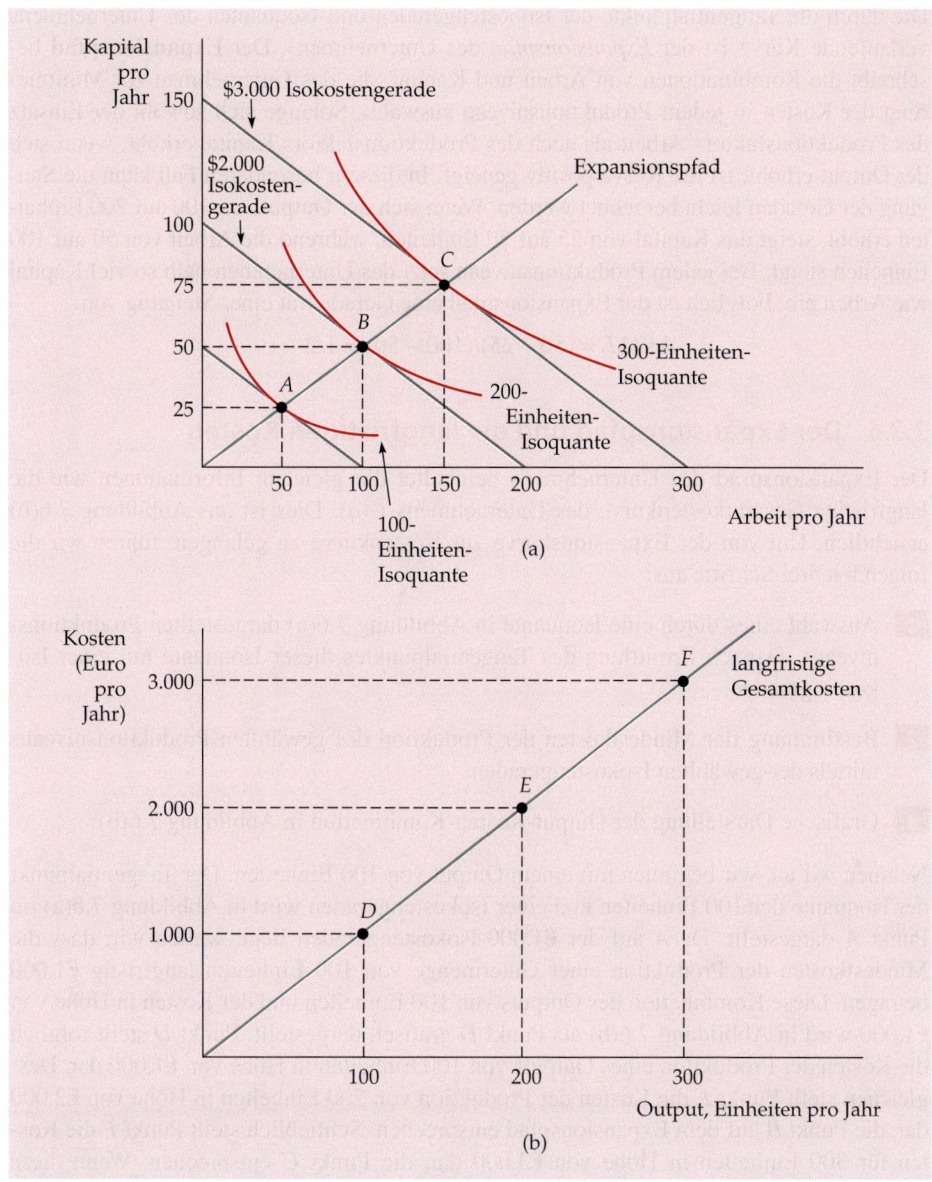

Abbildung 7.6: Der Expansionspfad und die langfristige Gesamtkostenkurve eines Unternehmens
In (a) stellt der Expansionspfad (aus dem Ursprung durch die Punkte A, B und C) die kostengünstigsten Kombinationen von Arbeit und Kapital dar, die langfristig – d.h. wenn beide Produktionsfaktoren veränderlich sind – zur Produktion jedes Produktionsniveaus eingesetzt werden können. In (b) der dementsprechenden Kurve der langfristigen Gesamtkosten (aus dem Ursprung durch die Punkte D, E und F), werden die Mindestkosten der Produktion der drei in (a) dargestellten Produktionsniveaus gemessen.

7 Die Kosten der Produktion

> **Expansionspfad**
>
> Durch die Tangentialpunkte der Isokostengeraden und Isoquanten eines Unternehmens verlaufende Kurve.

Die durch die Tangentialpunkte der Isokostengeraden und Isoquanten des Unternehmens verlaufende Kurve ist der *Expansionspfad* des Unternehmens. Der **Expansionspfad** beschreibt die Kombinationen von Arbeit und Kapital, die das Unternehmen zur Minimierung der Kosten in jedem Produktionsniveau auswählt. Solange sich sowohl der Einsatz des Produktionsfaktors Arbeit als auch des Produktionsfaktors Kapital erhöht, wenn sich der Output erhöht, ist die Kurve positiv geneigt. In diesem besonderen Fall kann die Steigung der Geraden leicht berechnet werden. Wenn sich der Output von 100 auf 200 Einheiten erhöht, steigt das Kapital von 25 auf 50 Einheiten, während die Arbeit von 50 auf 100 Einheiten steigt. Bei jedem Produktionsniveau setzt das Unternehmen halb so viel Kapital wie Arbeit ein. Folglich ist der Expansionspfad eine Gerade mit einer Steigung von:

$$\Delta K/\Delta L = (50 - 25)/(100 - 50) = 1/2$$

7.3.6 Der Expansionspfad und die langfristigen Kosten

Der Expansionspfad des Unternehmens beinhaltet die gleichen Informationen wie die langfristige Gesamtkostenkurve des Unternehmens $C(q)$. Dies ist aus Abbildung 7.6(b) ersichtlich. Um von der Expansionskurve zur Kostenkurve zu gelangen, führen wir die folgenden drei Schritte aus:

1 Auswahl eines durch eine Isoquante in Abbildung 7.6(a) dargestellten Produktionsniveaus. Danach Ermittlung des Tangentialpunktes dieser Isoquante mit einer Isokostengeraden.

2 Bestimmung der Mindestkosten der Produktion des gewählten Produktionsniveaus mittels der gewählten Isokostengeraden.

3 Grafische Darstellung der Output-Kosten-Kombination in Abbildung 7.6(b).

Nehmen wir an, wir beginnen mit einem Output von 100 Einheiten. Der Tangentialpunkt der Isoquante der 100 Einheiten und einer Isokostengeraden wird in Abbildung 7.6(a) im Punkt A dargestellt. Da A auf der €1.000-Isokostengeraden liegt, wissen wir, dass die Mindestkosten der Produktion einer Gütermenge von 100 Einheiten langfristig €1.000 betragen. Diese Kombination des Outputs von 100 Einheiten und der Kosten in Höhe von €1.000 wird in Abbildung 7.6(b) als Punkt D grafisch dargestellt. Punkt D stellt folglich die Kosten der Produktion eines Outputs von 100 Einheiten in Höhe von €1.000 dar. Desgleichen stellt Punkt E die Kosten der Produktion von 200 Einheiten in Höhe von €2.000 dar, die Punkt B auf dem Expansionspfad entsprechen. Schließlich stellt Punkt F die Kosten für 300 Einheiten in Höhe von €3.000 dar, die Punkt C entsprechen. Wenn diese Schritte für jedes Produktionsniveau wiederholt werden, erhält man die langfristige Gesamtkostenkurve in Abbildung 7.6(b) – d.h. die langfristigen Mindestkosten der Produktion jeder Gütermenge.

In diesem speziellen Beispiel bildet die Kurve der langfristigen Gesamtkosten eine Gerade. Warum ist dies so? Weil in der Produktion konstante Skalenerträge bestehen: Wenn sich die Inputs proportional erhöhen, trifft dies auch auf die Outputs zu. Wie im nächsten Abschnitt aufgezeigt wird, liefert der Verlauf des Expansionspfades Informationen darüber, wie sich die Kosten im Zusammenhang mit Veränderungen der Betriebsgröße des Unternehmens ändern.

Beispiel 7.5: Die Reduzierung des Energieverbrauchs

Politische Entscheidungsträger auf der ganzen Welt beschäftigen sich damit, Möglichkeiten zur Reduzierung des Energieverbrauchs zu finden. Dies spiegelt einerseits Umweltbelange wieder – ein Großteil der verbrauchten Energie stammt aus fossilen Brennstoffen und trägt damit zum Ausstoß von Treibhausgasen und zum Treibhauseffekt bei. Andererseits ist Energie, ob in Form von Öl, Erdgas, Kohle oder Kernenergie, auch teuer, so dass Unternehmen, wenn es ihnen gelingt, ihren Energieverbrauch zu senken, auch ihre Kosten reduzieren können.

Im Wesentlichen haben Unternehmen zwei Möglichkeiten, die von ihnen eingesetzte Energiemenge zu reduzieren. Die erste Möglichkeit besteht darin, Energie durch andere Produktionsfaktoren zu ersetzen. So sind beispielsweise einige Maschinen unter Umständen zwar teurer, benötigen aber auch weniger Energie, so dass die Unternehmen bei steigenden Energiepreisen mit dem Kauf und der Verwendung dieser energieeffizienten Maschinen und damit durch den Austausch von Kapital für Energie reagieren können. Und genau das ist in den letzten Jahren im Zusammenhang mit den steigenden Energiepreisen geschehen: Die Unternehmen haben teure, aber energieeffizientere Heiz- und Kühlsysteme, industrielle Verarbeitungsanlagen, Laster, PKW und andere Fahrzeuge gekauft bzw. installiert.

Die zweite Möglichkeit zur Senkung des Energieverbrauchs liegt im technologischen Wandel. Im Laufe der Zeit führen Forschung und Entwicklung zu Innovationen, die die Erzeugung des gleichen Outputs mit weniger Inputs – weniger Arbeit, weniger Kapital und weniger Energie – ermöglichen. Damit setzen Unternehmen zur Produktion des gleichen Outputs weniger Energie (und weniger Kapital) ein, selbst wenn die relativen Preise von Energie und Kapital gleich bleiben. Die Fortschritte in der Robotertechnik über die letzten zwanzig Jahre sind ein Beispiel dafür: PKW und LKW werden heute mit weniger Kapital und Energie (sowie weniger Arbeit) hergestellt.

Diese beiden Möglichkeiten zur Reduzierung des Energieverbrauchs werden in den Abbildungen 7.7(a) und (b) dargestellt, in denen gezeigt wird, wie Kapital und Energie zur Produktion des Outputs kombiniert werden.[8] Die Isoquanten in jeder Abbildung stellen die verschiedenen Kombinationen von Kapital und Energie dar, die zur Erzeugung des gleichen Outputs verwendet werden können. Die Abbildung zeigt, wie Senkungen des Energieverbrauchs mit zwei Möglichkeiten erzielt werden können. Erstens können Unternehmen Energie durch mehr Kapital ersetzen, beispielsweise als Reaktion auf eine staatliche Subvention für Investitionen in energiesparende Ausrüstungen bzw. auf einen Anstieg der Strompreise. ▶

---

[8] Diese Beispiel beruht auf Kenneth Gillingham, Richard G. Newell and Karen Palmer, „Energy Efficiency Economics and Policy", *Annual Review of Resource Economics*, 2009, Band 1: 597–619.

7 Die Kosten der Produktion

Dies wird in Abbildung 7.7(a) als Verschiebung entlang der Isoquante q_1 von Punkt A zu Punkt B dargestellt, wobei als Reaktion auf eine Verschiebung der Isokostenkurve von C_0 auf C_1 das Kapital von K_1 zu K_2 zunimmt, während die Energie von E_2 auf E_1 zurückgeht. Zweitens kann sich die Isoquante q_1, die ein bestimmtes Outputniveau darstellt, wie in Abbildung 7.7(b) aufgrund des technologischen Wandels nach innen verschieben. Bei der Interpretation dieser Kurve muss man vorsichtig sein. Mit beiden Isoquanten wird der gleiche Output erzeugt, aber der technologische Wandel hat die Erreichung des gleichen Outputs mit weniger Kapital (dies entspricht einem Wechsel von K_2 auf K_1) und mit weniger Energie (dies entspricht einem Wechsel von E_2 auf E_1) ermöglicht. Im Ergebnis dessen hat sich die Isoquante q_1 von einer die Isokostenkurve in Punkt C berührenden zu einer die Isokostenkurve in Punkt D berührenden Isokostenkurve verschoben, da der gleiche Output (q_1) jetzt mit weniger Kapital und weniger Energie erzielt werden kann.

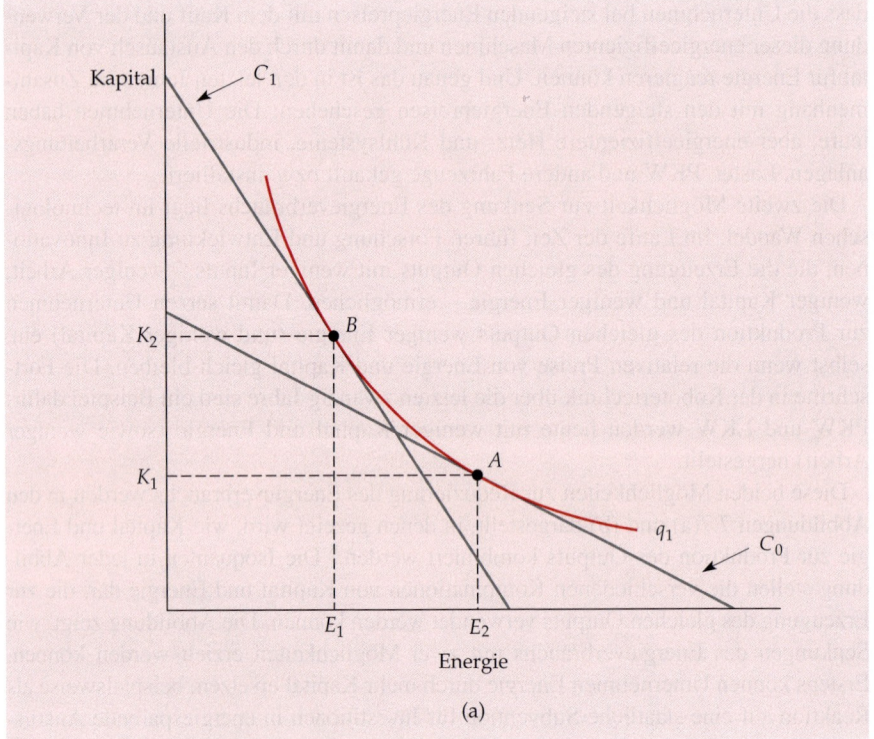

Abbildung 7.7a: Energieeffizienz durch die Ersetzung von Energie durch Kapital
Durch den Austausch von Energie durch Kapital kann eine höhere Energieeffizienz erreicht werden. Dies wird als Verschiebung entlang der Isoquante q_1 von Punkt A auf Punkt B dargestellt, bei der als Reaktion auf eine Verschiebung der Isokostenkurve von C_0 auf C_1 das Kapital von K_1 auf K_2 steigt und Energie von E_2 auf E_1 sinkt. ▶

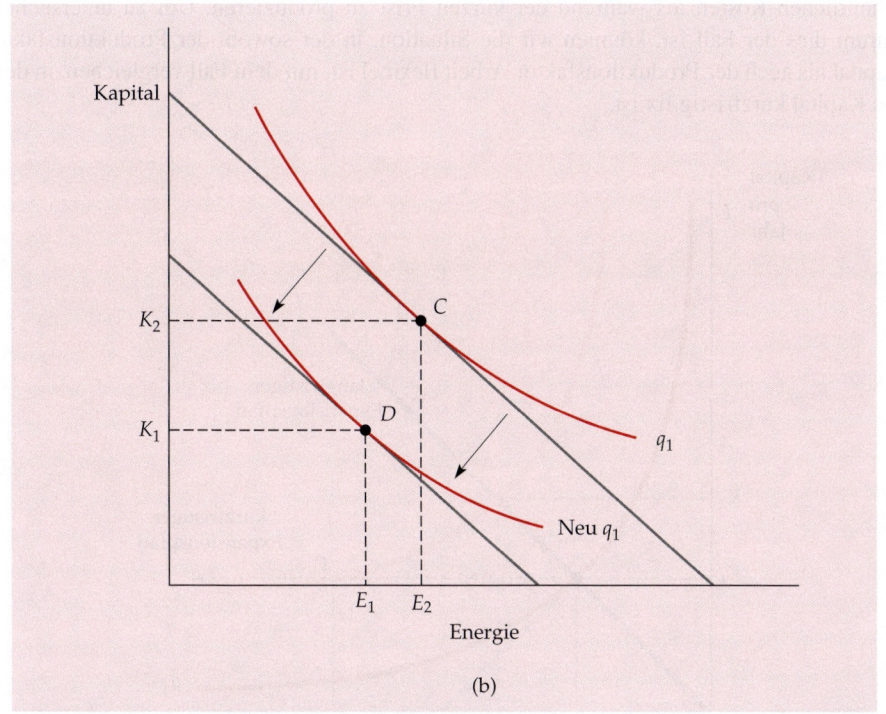

Abbildung 7.7b: Energieeffizienz durch technologischen Wandel
In Folge des technologischen Wandels kann der gleiche Output mit geringeren Inputmengen erzeugt werden. In der Abbildung stellt die mit q_1 bezeichnete Isoquante Kombinationen von Energie und Kapital dar, mit denen der Output q_1 erzielt wird. Die Isokostenkurve wird in Punkt C mit der Kombination aus Energie und Kapital E_2 und K_2 berührt. Aufgrund des technologischen Wandels verschiebt sich die Isoquante nach innen, so dass der gleiche Output q_1 nun mit weniger Energie und Kapital (in diesem Fall in Punkt D mit der Energie-Kapital-Kombination E_1 und K_1) erzeugt werden kann.

7.4 Kurzfristige und langfristige Kostenkurven

An früherer Stelle dieses Kapitels (siehe Abbildung 7.1, Seite 329)) wurde erläutert, dass die kurzfristigen Durchschnittskostenkurven U-förmig verlaufen. Wir werden nun aufzeigen, dass auch die Kurven der langfristigen durchschnittlichen Kosten U-förmig verlaufen können; aber in diesem Fall wird der Verlauf der Kurven durch andere ökonomische Faktoren erklärt. In diesem Abschnitt werden die langfristigen Durchschnitts- und Grenzkostenkurven erörtert und die Unterschiede zwischen diesen Kurven und ihren kurzfristigen Gegenstücken hervorgehoben.

7.4.1 Die Inflexibilität der kurzfristigen Produktion

Wir erinnern uns, dass die lange Frist so definiert wurde, dass diese dann besteht, wenn sämtliche Inputs des Unternehmens veränderlich sind. Langfristig ist der Planungshorizont des Unternehmens groß genug, um eine Änderung der Betriebsgröße zu ermöglichen. Diese zusätzliche Flexibilität ermöglicht es dem Unternehmen, zu niedrigeren durchschnittlichen Kosten als während der kurzen Frist zu produzieren. Um zu untersuchen, warum dies der Fall ist, könnten wir die Situation, in der sowohl der Produktionsfaktor Kapital als auch der Produktionsfaktor Arbeit flexibel ist, mit dem Fall vergleichen, in dem das Kapital kurzfristig fix ist.

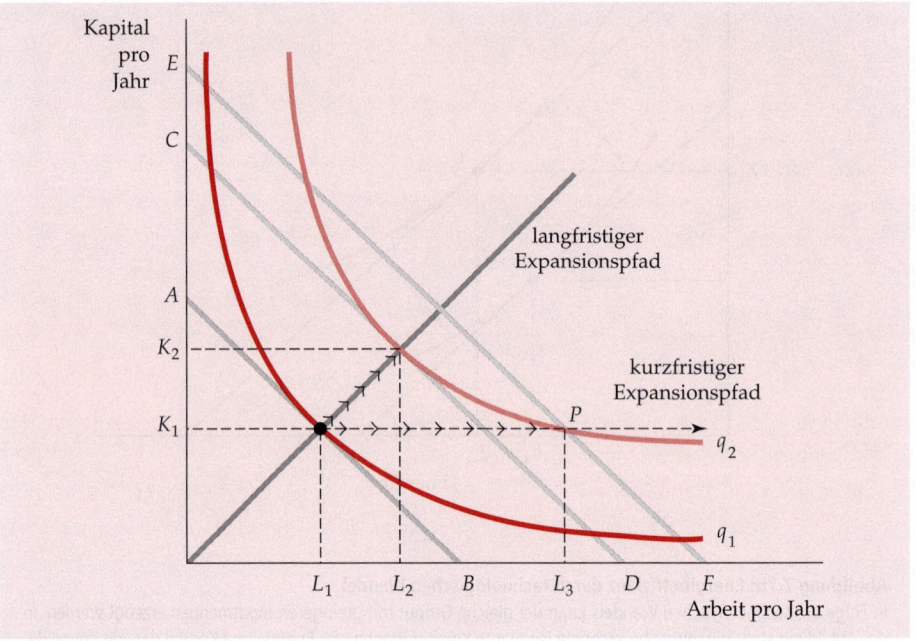

Abbildung 7.8: Die Inflexibilität der kurzfristigen Produktion
Wenn ein Unternehmen kurzfristig operiert, können seine Produktionskosten eventuell aufgrund der Inflexibilität des Einsatzes des Produktionsfaktors Kapital nicht minimiert werden. Der Output liegt zu Beginn auf dem Niveau q_1. Kurzfristig kann der Output q_2 nur durch die Erhöhung des Arbeitskräfteeinsatzes von L_1 auf L_3 produziert werden, da das Kapital in K_1 fix ist. Langfristig kann der gleiche Output durch die Erhöhung des Produktionsfaktors Arbeit von L_1 auf L_2 und des Produktionsfaktors Kapital von K_1 auf K_2 billiger produziert werden.

In Abbildung 7.8 werden die Produktionsisoquanten des Unternehmens dargestellt. Der *langfristige Expansionspfad* des Unternehmens bildet die Gerade aus dem Ursprung, die dem Expansionspfad in Abbildung 7.6 entspricht. Nehmen wir nun an, das Kapital ist kurzfristig auf dem Niveau K_1 fix. Zur Produktion des Outputs q_1 würde das Unternehmen die Kosten durch die Auswahl der L_1 entsprechenden Arbeit minimieren, die dem Tangentialpunkt mit der Isokostengerade AB entspricht. Die Inflexibilität wird deutlich, wenn das Unternehmen beschließt, die Gütermenge auf q_2 zu erhöhen, ohne seinen Kapitaleinsatz zu steigern. Wäre das Kapital nicht fix, würde das Unternehmen diese Gütermenge mit dem Kapital K_2 und der Arbeit L_2 produzieren. Seine Produktionskosten würden durch die Isokostengerade CD dargestellt werden.

Allerdings zwingt die Tatsache, dass das Kapital fix ist, das Unternehmen zur Steigerung seines Outputs durch den Einsatz des Kapitals K_1 und der Arbeit L_3 in Punkt P. Punkt P liegt auf der Isokostengerade EF, die höhere Kosten darstellt als die Isokostengerade CD. Warum sind die Produktionskosten höher, wenn das Kapital fix ist? Weil das Unternehmen nicht in der Lage ist, bei einer Steigerung der Produktion teurere Arbeit durch vergleichsweise preiswertes Kapital zu ersetzen. Diese Inflexibilität wird im *kurzfristigen Expansionspfad* dargestellt, der als Linie aus dem Ursprung beginnt und dann, wenn der Kapitaleinsatz K_1 erreicht ist, eine horizontale Linie wird.

7.4.2 Die langfristigen durchschnittlichen Kosten

Langfristig versetzt die Fähigkeit, die Menge des Kapitaleinsatzes zu ändern, das Unternehmen in die Lage, die Kosten zu senken. Um zu untersuchen, wie sich die Kosten ändern, wenn sich das Unternehmen langfristig entlang seines Expansionspfades bewegt, können wir die langfristigen Durchschnitts- und Grenzkostenkurven betrachten.[9] Die wichtigste Determinante des Verlaufs der langfristigen Durchschnitts- und Grenzkostenkurven ist die Beziehung zwischen der Betriebsgröße des Unternehmens und den für die Minimierung der Kosten des Unternehmens notwendigen Faktoreinsatzmengen. Nehmen wir beispielsweise an, dass der Produktionsprozess des Unternehmens bei allen Einsatzniveaus konstante Skalenerträge aufweist. In diesem Fall führt eine Verdopplung der Inputs zu einer Verdopplung des Outputs. Da die Inputpreise bei einer Erhöhung des Outputs unverändert bleiben, müssen die durchschnittlichen Produktionskosten bei allen Produktionsniveaus gleich sein.

Nehmen wir stattdessen an, dass der Produktionsprozess des Unternehmens zunehmende Skalenerträge aufweist: Eine Verdopplung der Inputs führt zu einer Steigerung des Outputs um mehr als das Doppelte. In diesem Fall sinken die durchschnittlichen Produktionskosten bei steigendem Output, da eine Verdopplung der Kosten mit einer Erhöhung des Outputs um mehr als das Doppelte einhergeht. Dem gleichen logischen Argument zufolge müssen sich die durchschnittlichen Kosten der Produktion bei einer Outputsteigerung erhöhen, wenn abnehmende Skalenerträge bestehen.

In Abbildung 7.6(a) wurde dargestellt, dass die mit dem Expansionspfad verbundene Kurve der langfristigen Gesamtkosten eine Gerade aus dem Ursprung ist. In diesem Fall konstanter Skalenerträge sind die langfristigen durchschnittlichen Kosten der Produktion konstant: Sie bleiben bei Outputsteigerungen unverändert. Bei einem Output von 100 betragen die langfristigen Durchschnittskosten €1.000/100 = €10 pro Einheit. Bei einem Output von 200 betragen die langfristigen Durchschnittskosten €2.000/200 = €10 pro Einheit. Auch bei einem Output von 300 Einheiten betragen die Durchschnittskosten €10 pro Einheit. Da konstante Durchschnittskosten konstante Grenzkosten bedeuten, werden die langfristigen Durchschnittskosten- und Grenzkostenkurven durch eine horizontale Linie bei Kosten in Höhe von €10 pro Einheit angegeben.

Wir erinnern uns, dass wir im vorangegangenen Kapitel die Produktionstechnologie eines Unternehmens untersucht haben, das zunächst zunehmende Skalenerträge, danach konstante Skalenerträge und schließlich abnehmende Skalenerträge aufweist. In Abbildung 7.9 wird eine typische **langfristige Durchschnittskostenkurve (LDK)** dargestellt, die mit dieser Beschreibung des Produktionsprozesses übereinstimmt. Wie die **kurzfristige Durchschnittskostenkurve** ist auch die langfristige Durchschnittskostenkurve U-förmig, aber die Ursache dieses Verlaufes liegt in den zunehmenden und abnehmenden Skalenerträgen und nicht in den abnehmenden Erträgen eines Produktionsfaktors.

Langfristige Durchschnittskostenkurve (LDK)

Kurve, die die durchschnittlichen Kosten der Produktion mit dem Output in Verbindung bringt, wenn alle Inputs, einschließlich des Kapitals, variabel sind.

Kurzfristige Durchschnittskostenkurve (SDK)

Kurve, die die durchschnittlichen Kosten der Produktion mit dem Output in Verbindung bringt, wenn das Niveau des Kapitaleinsatzes fix ist.

---

9 Wir haben aufgezeigt, dass kurzfristig die Verläufe der durchschnittlichen Kosten und der Grenzkosten in erster Linie durch abnehmende Erträge bestimmt werden. Wie in Kapitel 6 erläutert, sind abnehmende Erträge jedes Faktors mit konstanten (oder sogar zunehmenden) Skalenerträgen vereinbar.

7 Die Kosten der Produktion

Langfristige Grenz-kostenkurve (LGK)

Änderung der langfristigen Gesamtkosten bei einer marginalen Outputerhöhung um eine Einheit.

Die **langfristige Grenzkostenkurve (LGK)** kann aus der langfristigen Durchschnittskostenkurve abgeleitet werden; sie misst die langfristigen Änderungen der Gesamtkosten bei marginalen Outputsteigerungen. Die langfristige Grenzkostenkurve liegt unterhalb der langfristigen Durchschnittskostenkurve, wenn LDK fällt, und oberhalb davon, wenn LDK steigt.[10] Die beiden Kurven schneiden sich im Punkt A, in dem die langfristige Durchschnittskostenkurve ihr Minimum erreicht. In dem speziellen Fall, in dem DK konstant ist, sind LDK und LGK gleich.

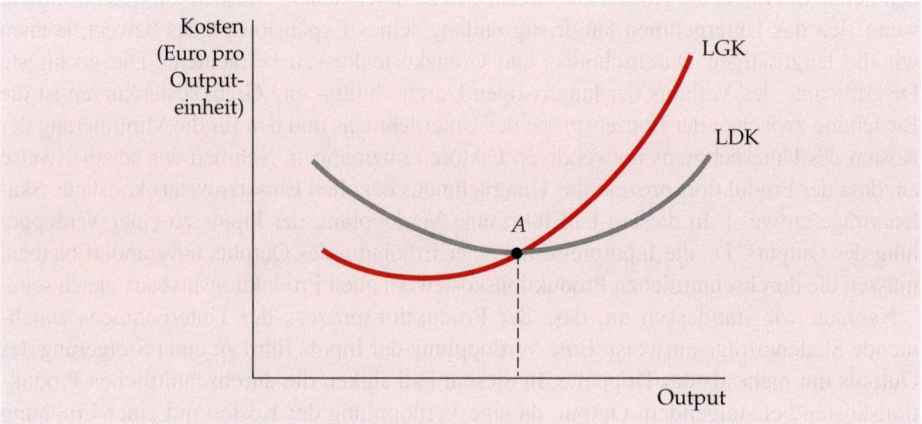

Abbildung 7.9: Die langfristigen Durchschnitts- und Grenzkosten
Produziert ein Unternehmen einen Output, bei dem die langfristigen Durchschnittskosten LDK sinken, sind die langfristigen Grenzkosten LGK niedriger als LDK. Im umgekehrten Fall, wenn LDK zunimmt, ist LGK höher als LDK. Die beiden Kurven schneiden sich im Punkt A, in dem LDK ihr Minimum erreicht.

7.4.3 Größenvorteile und Größennachteile

Wenn der Output zunimmt, sinken wahrscheinlich die durchschnittlichen Kosten des Unternehmens für die Produktion dieses Outputs, zumindest bis zu einem gewissen Punkt. Dies kann aus den folgenden Gründen geschehen:

1. Das Unternehmen arbeitet in größerem Umfang, die Arbeitskräfte können sich auf die Aktivitäten spezialisieren, in denen sie besonders produktiv sind.

2. Die Größe kann zu Flexibilität führen. Durch Veränderungen der zur Produktion des Outputs des Unternehmens eingesetzten Inputkombinationen können die Führungskräfte den Produktionsprozess effektiver organisieren.

3. Das Unternehmen kann in der Lage sein, einige Produktionsfaktoren zu niedrigeren Kosten zu erwerben, weil es die Inputs in großen Mengen kauft und daher bessere Preise aushandeln kann. Die Inputmischung kann sich mit der Größenordnung des Betriebs des Unternehmens ändern, wenn die Führungskräfte Inputs mit geringen Kosten nutzen.

---

10 Wir erinnern uns, dass gilt: DK = TDK = TK/q. Daraus folgt, dass ΔDK/Δq = [$q(\Delta$TK/Δq) – TK]/q^2 = (GK – DK)/q. Offensichtlich ist ΔDK/Δq positiv und GK>DK, wenn DK steigt. Entsprechend gilt, dass, wenn DK abnimmt, ΔDK/Δq negativ und GK<DK ist.

Allerdings ist es wahrscheinlich, dass die Durchschnittskosten der Produktion ab einem gewissen Punkt mit dem Output zunehmen werden. Für diese Veränderung bestehen drei Gründe:

1 Zumindest kurzfristig kann es durch den in der Fabrik zur Verfügung stehenden Raum und die Maschinen für die Arbeitskräfte schwieriger werden, ihre Arbeit effektiv auszuführen.

2 Die Führung eines größeren Unternehmens kann komplexer und ineffizient werden, da die Anzahl an Aufgaben zunimmt.

3 Die Vorteile des Kaufes großer Mengen können verschwinden, nachdem bestimmte Mengen erreicht worden sind. Ab einem gewissen Punkt können die verfügbaren Vorräte durch wichtige Produktionsfaktoren beschränkt sein, wodurch deren Preis steigt.

Zur Analyse der Beziehung zwischen der Betriebsgröße und den Kosten des Unternehmens müssen wir erkennen, dass der Expansionspfad des Unternehmens bei Änderungen der Inputproportionen keine Gerade mehr bildet und das Konzept der Skalenerträge nicht mehr zutrifft. Stattdessen können wir sagen, dass das Unternehmen **Größenvorteile (economies of scale)** genießt, wenn es seinen Output zu weniger als dem Doppelten der Kosten verdoppeln kann. Dementsprechend bestehen **Größennachteile (diseconomies of scale)**, wenn zu einer Verdopplung des Outputs mehr als das Doppelte der Kosten notwendig ist. Der Begriff *Größenvorteile* umfasst zunehmende Skalenerträge als Sonderfall, ist aber allgemeiner, da er sich ändernde Inputproportionen widerspiegelt, wenn das Unternehmen sein Produktionsniveau verändert. Vor diesem allgemeineren Hintergrund beschreibt eine U-förmige langfristige Durchschnittskostenkurve ein Unternehmen, das bei vergleichsweise niedrigen Produktionsniveaus mit Größenvorteilen und bei vergleichsweise hohen Produktionsniveaus mit Größennachteilen konfrontiert wird.

Um den Unterschied zwischen Skalenerträgen (bei denen Inputs bei Steigerungen des Outputs in konstanten Verhältnissen eingesetzt werden) und Größenvorteilen (bei denen die Inputproportionen variabel sind) aufzuzeigen, betrachten wir das Beispiel eines Milchviehbetriebs. Die Milchproduktion ist eine Funktion des Landes, der Ausrüstung, der Kühe und des Futters. Ein Milchviehbetrieb mit 50 Kühen setzt eine Inputmischung ein, bei der die Arbeit stärker gewichtet ist als die Ausrüstung (d.h., die Kühe werden von Hand gemolken). Wenn alle Inputs verdoppelt werden, könnte ein landwirtschaftlicher Betrieb mit 100 Kühen seine Milchproduktion verdoppeln. Das Gleiche trifft auf einen Betrieb mit 200 Kühen zu usw. In diesem Fall bestehen konstante Skalenerträge.

Allerdings besteht für große Milchviehbetriebe die Möglichkeit, Melkmaschinen einzusetzen. Wenn in einem großen Betrieb, unabhängig von der Größe des Betriebs, die Kühe weiterhin von Hand gemolken werden, so werden auch weiterhin konstante Skalenerträge bestehen. Wenn allerdings der Betrieb von 50 auf 100 Kühe wechselt, ändert er auch seine Technologie hin zum Einsatz der Maschinen und kann dabei seine durchschnittlichen Produktionskosten für die Milch von 20 Cent pro Gallone auf 15 Cent reduzieren. In diesem Fall bestehen Größenvorteile.

> **Größenvorteile (economies of scale)**
>
> Der Output kann verdoppelt werden, ohne die Kosten zu verdoppeln.

> **Größennachteile (diseconomies of scale)**
>
> Zu einer Verdopplung des Outputs ist eine Erhöhung der Kosten um mehr als das Doppelte notwendig.

Dieses Beispiel illustriert die Tatsache, dass der Produktionsprozess eines Unternehmens konstante Skalenerträge aufweist, trotzdem aber auch Größenvorteile haben kann. Natürlich können Unternehmen sowohl zunehmende Skalenerträge als auch Größenvorteile aufweisen. Ein Vergleich dieser beiden ist hilfreich:

> *Zunehmende Skalenerträge*: Der Output erhöht sich um mehr als das Doppelte, wenn alle Inputs verdoppelt werden.
>
> *Größenvorteile*: Zu einer Verdopplung des Outputs ist weniger als eine Verdopplung der Kosten notwendig.

Die Größenvorteile werden häufig anhand einer Kosten-Output-Elastizität E_C gemessen. E_C ist die aus einer Steigerung des Outputs um ein Prozent resultierende prozentuale Änderung der Produktionskosten:

$$E_C = (\Delta C/C)/(\Delta q/q) \tag{7.5}$$

Um zu untersuchen, in welcher Beziehung E_C mit unserem herkömmlichen Kostenmaß steht, schreiben wir die Gleichung (7.5) wie folgt um:

$$E_C = (\Delta C/\Delta q)/(C/q) = GK/DK \tag{7.6}$$

Offensichtlich ist E_C gleich 1, wenn die Grenzkosten gleich den Durchschnittskosten sind. In diesem Fall erhöhen sich die Kosten proportional mit dem Output, und es bestehen weder Größenvorteile noch Größennachteile. (Konstante Skalenerträge würden zutreffen, wenn die Inputproportionen fix wären.) Wenn Größenvorteile bestehen (d.h. wenn die Kosten sich unterproportional zum Output erhöhen), sind die Grenzkosten niedriger als die Durchschnittskosten (wobei beide sinken), und E_C ist geringer als 1. Und schließlich sind die Grenzkosten für den Fall, dass Größennachteile bestehen, höher als die Durchschnittskosten, und E_C ist größer als 1.

7.4.4 Die Beziehung zwischen kurzfristigen und langfristigen Kosten

In Abbildung 7.10 wird die Beziehung zwischen den kurzfristigen und den langfristigen Kosten dargestellt. Wir nehmen an, dass ein Unternehmen sich über die zukünftige Nachfrage nach seinem Produkt nicht sicher ist und drei alternative Betriebsgrößen in Erwägung zieht. Die kurzfristigen Durchschnittskostenkurven für die drei alternativen Lösungen werden durch SDK_1, SDK_2 und SDK_3 angegeben. Die Entscheidung ist wichtig, da, wenn das Werk einmal gebaut ist, das Unternehmen wahrscheinlich über einen gewissen Zeitraum hinweg nicht in der Lage sein wird, seine Größe zu ändern.

In Abbildung 7.10 wird ein Fall dargestellt, in dem drei verschiedene Betriebsgrößen möglich sind. Rechnet das Unternehmen damit, einen Output von q_1 Einheiten zu produzieren, sollte das kleinste Werk gebaut werden. Dann würden die Durchschnittskosten der Produktion des Unternehmens €8 betragen. (Wenn das Unternehmen beschlossen hat, einen Output q_1 zu produzieren, liegen seine kurzfristigen Durchschnittskosten noch immer bei €8). Wenn es allerdings q_2 produzieren will, wäre das Werk mit mittlerer Größe das beste. Desgleichen wäre bei einem Output von q_3 das größte der drei Werke die effizienteste Wahl.

In § 6.4 wird erläutert, dass zunehmende Skalenerträge auftreten, wenn der Output sich bei einer proportionalen Verdopplung der Inputs mehr als verdoppelt.

7.4 Kurzfristige und langfristige Kostenkurven

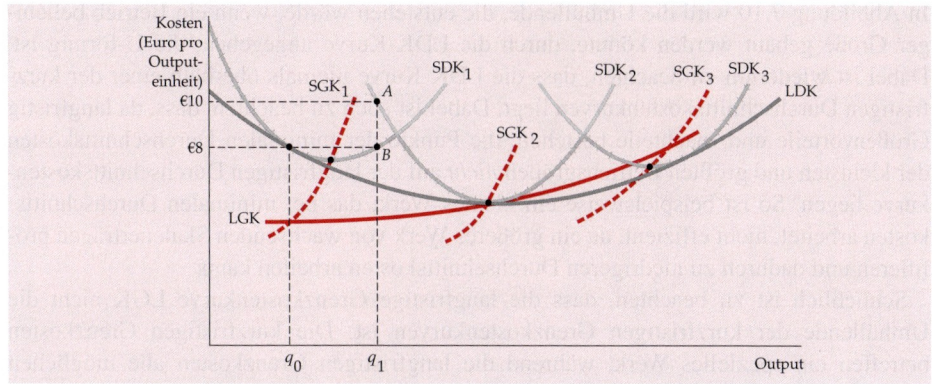

Abbildung 7.10: Die langfristigen Kosten bei Größenvorteilen und Größennachteilen
Die langfristige Durchschnittskostenkurve LDK ist die Umhüllende der kurzfristigen Durchschnittskostenkurven SDK_1, SDK_2 und SDK_3. Bei Größenvorteilen und Größennachteilen liegen die Minima der kurzfristigen Durchschnittskostenkurven nicht auf der langfristigen Durchschnittskostenkurve.

Wie sieht die langfristige Durchschnittskostenkurve des Unternehmens aus? Langfristig kann das Unternehmen die Betriebsgröße ändern. Dabei wird es immer das Werk auswählen, bei dem die durchschnittlichen Produktionskosten minimiert werden. Die langfristige Durchschnittskostenkurve wird durch die quer durchgestrichenen Teile der kurzfristigen Durchschnittskostenkurven angegeben, da diese die Mindestkosten der Produktion bei jedem Produktionsniveau darstellen. Die langfristige Durchschnittskostenkurve ist die *Umhüllende* der kurzfristigen Durchschnittskostenkurven – sie umhüllt oder umgibt die kurzfristigen Kurven.

Nehmen wir nun an, es stehen viele mögliche Betriebsgrößen zur Wahl, die jeweils eine andere kurzfristige Durchschnittskostenkurve aufweisen. Auch in diesem Fall bildet die langfristige Durchschnittskostenkurve die Umhüllende der kurzfristigen Kurven. In Abbildung 7.10 handelt es sich dabei um die Kurve LDK. Unabhängig von dem durch das Unternehmen angestrebten Produktionsniveau kann das Unternehmen die Betriebsgröße (und die Mischung der Produktionsfaktoren Kapital und Arbeit) so auswählen, dass der Output zu den minimalen Durchschnittskosten produziert werden kann. Die langfristige Durchschnittskostenkurve weist zu Beginn Größenvorteile, aber dann bei höheren Outputniveaus Größennachteile auf.

Um die Beziehung zwischen den kurzfristigen und den langfristigen Kostenkurven zu erläutern, betrachten wir ein Unternehmen, das den Output q_1 in Abbildung 7.10 produzieren will. Baut das Unternehmen ein kleines Werk, trifft die kurzfristige Durchschnittskostenkurve SDK_1 zu. Die Durchschnittskosten der Produktion (im Punkt B auf SDK_1) betragen dann €8. Eine kleinere Betriebsgröße ist eine bessere Wahl als eine mittlere Betriebsgröße mit Durchschnittskosten der Produktion in Höhe von €10 (Punkt A auf der Kurve SDK_2). Punkt B würde folglich ein Punkt auf der langfristigen Kostenfunktion werden, wenn nur drei Betriebsgrößen möglich sind. Könnten auch andere Betriebsgrößen gewählt werden und würde es dem Unternehmen mit mindestens einer der Größen möglich werden, q_1 zu Kosten von weniger als €8 pro Einheit zu produzieren, wäre B nicht mehr auf der langfristigen Kostenkurve.

In Abbildung 7.10 wird die Umhüllende, die entstehen würde, wenn ein Betrieb beliebiger Größe gebaut werden könnte, durch die LDK-Kurve angegeben, die U-förmig ist. Dabei ist wiederum zu beachten, dass die LDK-Kurve niemals oberhalb einer der kurzfristigen Durchschnittskostenkurven liegt. Dabei ist auch zu beachten, dass, da langfristig Größenvorteile und -nachteile bestehen, die Punkte der minimalen Durchschnittskosten der kleinsten und größten Betriebsgrößen *nicht* auf der langfristigen Durchschnittskostenkurve liegen. So ist beispielsweise ein kleines Werk, das bei minimalen Durchschnittskosten arbeitet, nicht effizient, da ein größeres Werk von wachsenden Skalenerträgen profitieren und dadurch zu niedrigeren Durchschnittskosten arbeiten kann.

Schließlich ist zu beachten, dass die langfristige Grenzkostenkurve LGK nicht die Umhüllende der kurzfristigen Grenzkostenkurven ist. Die kurzfristigen Grenzkosten betreffen ein spezielles Werk, während die langfristigen Grenzkosten alle möglichen Betriebsgrößen betreffen. Alle Punkte auf der langfristigen Grenzkostenkurve entsprechen den mit der kosteneffizientesten Betriebsgröße verbundenen kurzfristigen Grenzkosten. In Übereinstimmung mit dieser Beziehung schneidet SGK_1 in Abbildung 7.10 LGK im Produktionsniveau q_0, in dem SDK_1 LDK berührt.

7.5 Die Produktion von zwei Gütern – Verbundvorteile

Viele Unternehmen stellen mehr als ein Produkt her. Manchmal sind die von einem Unternehmen hergestellten Produkte sehr eng miteinander verbunden: So erzeugt ein Hühnerhof beispielsweise Geflügel und Eier, ein Automobilhersteller produziert Automobile und LKWs, und eine Universität liefert Ausbildung und Forschung. Währenddessen kann ein Unternehmen zu anderen Zeiten Produkte herstellen, die physisch nicht miteinander verbunden sind. In beiden Fällen können dem Unternehmen aus der Produktion von zwei oder mehr Produkten wahrscheinlich Produktions- und Kostenvorteile erwachsen. Diese Vorteile können sich aus der gemeinsamen Nutzung von Inputs und Produktionseinrichtungen, aus gemeinsamen Vermarktungsprogrammen oder möglicherweise aus Kosteneinsparungen durch eine gemeinsame Verwaltung ergeben. In einigen Fällen führt die Herstellung eines Produktes automatisch und zwangsläufig zu einem Nebenprodukt, das für das Unternehmen wertvoll ist. So stellen beispielsweise die Produzenten von Blech Metallabfall und Metallschnitzel her, die sie verkaufen können.

7.5.1 Gütertransformationskurven

Gütertransformationskurve
Kurve, die die verschiedenen Kombinationen von zwei unterschiedlichen Outputs (Gütern) darstellt, die mit einer bestimmten Inputmenge hergestellt werden können.

Um die wirtschaftlichen Vorteile der Verbundproduktion zu untersuchen, wollen wir ein Automobilunternehmen betrachten, das zwei Produkte herstellt: Automobile und Traktoren. Für beide Produkte werden Kapital (Werke und Maschinen) und Arbeit als Inputs eingesetzt. Automobile und Traktoren werden normalerweise nicht im gleichen Werk gefertigt, aber in der Produktion wird das Potenzial der Führungskräfte gemeinsam verwendet, und es werden ähnliche Maschinen und Fachpersonal eingesetzt. Die Unternehmensleitung muss entscheiden, welche Menge jedes Produkts erzeugt werden soll. In Abbildung 7.11 werden zwei **Gütertransformationskurven** dargestellt, die die verschiedenen Kombinationen von Automobilen und Traktoren zeigen, die mit einem bestimmten

Faktoreinsatz von Arbeit und Maschinen hergestellt werden können. Die Kurve O_1 beschreibt alle Kombinationen der beiden Gütermengen, die mit relativ niedrigen Inputniveaus produziert werden können, und die Kurve O_2 beschreibt die Kombinationen der Gütermengen, die mit einer Verdoppelung der Inputs verbunden sind.

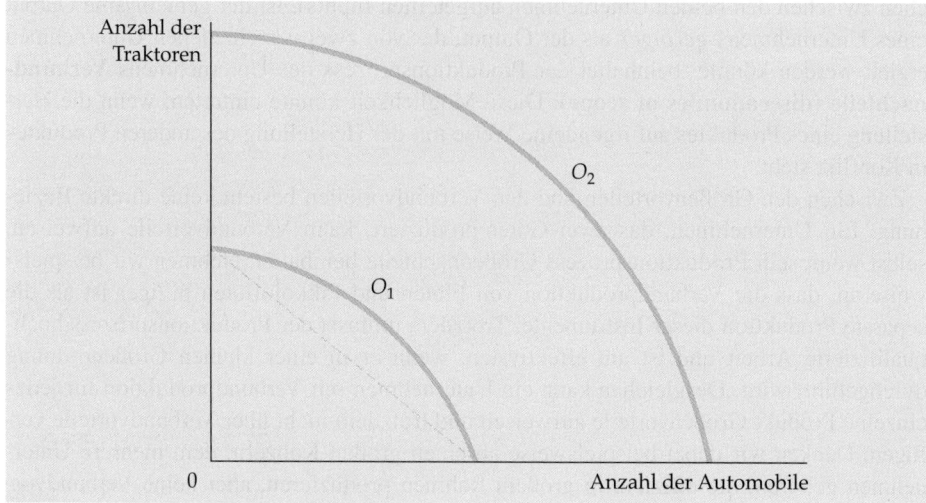

Abbildung 7.11: Die Gütertransformationskurve
Die Gütertransformationskurve beschreibt die verschiedenen Kombinationen von zwei Gütermengen, die mit einer fixen Menge von Produktionsfaktoren hergestellt werden können. Die Gütertransformationskurven O_1 und O_2 sind nach außen gekrümmt (oder konkav), da Verbundvorteile bestehen.

Warum weist die Gütertransformationskurve eine negative Steigung auf? Weil das Unternehmen, um eine größere Menge des einen Outputs zu erzielen, auf einen Teil des anderen Outputs verzichten muss. So wendet beispielsweise ein Unternehmen, das sich auf die Automobilproduktion konzentriert, einen geringeren Teil seiner Ressourcen für die Produktion von Traktoren auf. In Abbildung 7.11 liegt die Kurve O_2 doppelt so weit vom Ursprung entfernt wie die Kurve O_1. Dies bedeutet, dass der Produktionsprozess dieses Unternehmens bei der Herstellung beider Produkte konstante Skalenerträge aufweist.

Wäre die Kurve O_1 eine Gerade, würde die Verbundproduktion keine Vorteile (oder Nachteile) mit sich bringen. Ein kleineres Unternehmen, das sich auf die Automobilproduktion spezialisiert, und ein weiteres Unternehmen, das sich auf die Produktion von Traktoren spezialisiert, würden die gleiche Gütermenge produzieren wie ein einzelnes Unternehmen, das beide Produkte herstellt. Die Gütertransformationskurve ist allerdings nach außen gekrümmt (oder *konkav*), da die Verbundproduktion normalerweise Vorteile beinhaltet, die es einem einzelnen Unternehmen ermöglichen, mehr Automobile und Traktoren mit den gleichen Ressourcen herzustellen wie zwei Unternehmen, die jedes der Produkte separat herstellen. Diese Produktionsvorteile beinhalten die gemeinsame Nutzung der Produktionsfaktoren. Eine gemeinsame Unternehmensleitung ist beispielsweise oft in der Lage, die Produktion besser zu planen und zu organisieren und die buchhalterischen und finanziellen Aspekte effektiver zu bewältigen, als dies bei separaten Unternehmensleitungen der Fall wäre.

7.5.2 Verbundvorteile und Verbundnachteile

Verbundvorteile (economies of scope)
Situation, in der der gemeinsame Output eines einzelnen Unternehmens größer ist als der Output, der durch zwei verschiedene Unternehmen erzielt werden kann, von denen jedes ein einziges Produkt herstellt.

Verbundnachteile (diseconomies of scope)
Situation, in der der gemeinsame Output eines einzelnen Unternehmens geringer ist als der Output, der durch verschiedene Unternehmen erzielt werden kann, von denen jedes ein einziges Produkt herstellt.

Im Allgemeinen bestehen **Verbundvorteile (economies of scope)**, wenn der gemeinsame Output eines einzigen Unternehmens größer als der Output ist, der von zwei verschiedenen, jeweils ein Produkt herstellenden Unternehmen erzielt werden könnte (mit den gleichen zwischen den beiden Unternehmen aufgeteilten Inputs). Ist der gemeinsame Output eines Unternehmens *geringer* als der Output, der von zwei verschiedenen Unternehmen erzielt werden könnte, beinhaltet der Produktionsprozess des Unternehmens **Verbundnachteile (diseconomies of scope)**. Diese Möglichkeit könnte eintreten, wenn die Herstellung eines Produktes auf irgendeine Weise mit der Herstellung des anderen Produktes in Konflikt steht.

Zwischen den Größenvorteilen und den Verbundvorteilen besteht keine direkte Beziehung. Ein Unternehmen, das zwei Güter produziert, kann Verbundvorteile aufweisen, selbst wenn sein Produktionsprozess Größennachteile beinhaltet. Nehmen wir beispielsweise an, dass die Verbundproduktion von Flöten und Pikkoloflöten billiger ist als die separate Produktion dieser Instrumente. Trotzdem umfasst der Produktionsprozess hochqualifizierte Arbeit und ist am effektivsten, wenn er in einer kleinen Größenordnung durchgeführt wird. Desgleichen kann ein Unternehmen mit Verbundproduktion für jedes einzelne Produkt Größenvorteile aufweisen und trotzdem nicht über Verbundvorteile verfügen. Denken wir dabei beispielsweise an einen großen Konzern, dem mehrere Unternehmen gehören, die effizient in großem Rahmen produzieren, aber keine Verbundvorteile genießen, da sie separat verwaltet werden.

7.5.3 Der Grad der Verbundvorteile

Grad der Verbundvorteile (SC)
Prozentsatz der Kosteneinsparungen, die sich aus der Verbundproduktion anstelle der Einzelproduktion von zwei oder mehr Produkten ergeben.

Der Grad, zu dem Verbundvorteile bestehen, kann auch durch eine Analyse der Kosten des Unternehmens bestimmt werden. Wenn mit einer von einem Unternehmen eingesetzten Inputkombination ein größerer Output hergestellt wird, als zwei unabhängige Unternehmen produzieren könnten, kostet die Herstellung beider Produkte das einzelne Unternehmen weniger, als dies die unabhängigen Unternehmen kosten würde. Zur Messung des Grades, zu dem Verbundvorteile bestehen, sollte die Frage danach gestellt werden, welcher Prozentsatz der Produktionskosten durch die Verbundproduktion von zwei (oder mehr) Produkten anstelle deren separater Produktion eingespart wird. Die Gleichung (7.7) gibt den **Grad der Verbundvorteile (SC)** an, der diese Kosteneinsparungen misst:

$$\text{SC} = \frac{C(q_1) + C(q_2) - C(q_1, q_2)}{C(q_1, q_2)} \tag{7.7}$$

$C(q_1)$ stellt die Kosten der Produktion der Gütermenge q_1, $C(q_2)$ die Kosten der Produktion der Gütermenge q_2 und $C(q_1, q_2)$ die Kosten der verbundenen Produktion beider Gütermengen dar. Wenn die physischen Outputeinheiten addiert werden können, wie im Beispiel der Automobile und Traktoren, lautet der Ausdruck $C(q_1 + q_2)$. Bestehen Verbundvorteile, so sind die Kosten der verbundenen Produktion geringer als die Summe der Kosten bei unverbundener Produktion. Folglich ist SC größer als 0. Bestehen Verbundnachteile, so ist SC negativ. Im Allgemeinen sind die Verbundvorteile umso höher, je größer der Wert von SC ist.

Beispiel 7.6: Verbundvorteile in der Transportbranche

Nehmen Sie an, Sie führen ein LKW-Transportunternehmen, das Ladungen verschiedener Größe zwischen unterschiedlichen Städten befördert.[11] Im LKW-Transportgeschäft können, in Abhängigkeit von der Größe der Fracht und von der Länge des Transports, einige miteinander verwandte, aber doch eigenständige Produkte angeboten werden. Zum Ersten kann jede Ladung, unabhängig davon, ob sie klein oder groß ist, direkt ohne Zwischenstopps von einem Ort zu einem anderen befördert werden. Zum Zweiten kann eine Fracht mit anderen Ladungen (die eventuell an unterschiedliche Zielorte befördert werden) kombiniert und dann indirekt vom Ausgangsort zum Zielort befördert werden. Jede Art der Ladung, unabhängig davon, ob es sich um eine Teilladung oder eine Komplettladung handelt, kann unterschiedliche Transportlängen umfassen.

Dies wirft die Frage sowohl nach Größenvorteilen als auch nach Verbundvorteilen auf. Die Frage der Größenvorteile besteht darin, ob große Direkttransporte billiger und rentabler sind als einzelne Transporte durch kleine Spediteure. Die Frage der Verbundvorteile besteht darin, ob ein großes LKW-Transportunternehmen sowohl bei der Durchführung schneller Direkttransporte als auch bei den indirekten, langsameren (aber weniger teuren) Transporten Kostenvorteile genießt. Durch die zentrale Planung und Organisation der Routen könnten Verbundvorteile entstehen. Der Schlüssel zum Bestehen von Größenvorteilen liegt in der Tatsache, dass die Organisation der Routen und der Arten der oben beschriebenen Transporte effizienter erreicht werden kann, wenn viele Transporte durchgeführt werden. In derartigen Fällen ist ein Unternehmen wahrscheinlich eher in der Lage, Transporte zu planen, bei denen die meisten LKWs voll und nicht nur halb voll beladen sind.

Studien der LKW-Transportbranche haben gezeigt, dass es Verbundvorteile gibt. Beispielsweise untersuchte eine Analyse von 105 Speditionsbetrieben vier charakteristische Produkte: (1) kurze Transporte mit Teilladungen, (2) Transporte über mittlere Strecken mit Teilladungen, (3) Langstreckentransporte mit Teilladungen und (4) Transporte mit Gesamtladungen. Die Ergebnisse zeigen, dass der Grad der Verbundvorteile (SC) für ein hinreichend großes Unternehmen 1,576 beträgt.

Der Grad der Verbundvorteile fällt allerdings auf 0,104, wenn das Unternehmen sehr groß wird. Da große Unternehmen ausreichend große Ladungen befördern, entsteht normalerweise durch die Zuladung einer Teilfracht an einem Zwischenterminal kein Vorteil. Ein direkter Transport vom Ausgangsort zum Zielort ist ausreichend. Die Verbundvorteile verringern sich allerdings offensichtlich bei steigender Unternehmensgröße, da mit der Führung sehr großer Unternehmen andere Nachteile verbunden sind. Auf jeden Fall führt die Möglichkeit der Kombination von Teilladungen an Zwischenterminals zu Kostensenkungen und zu einer Steigerung der Rentabilität des Unternehmens.

Die Studie legt deshalb den Schluss nahe, dass ein Unternehmen, um in der LKW-Transportbranche wettbewerbsfähig zu sein, in der Lage sein muss, Teilladungen an Zwischenstopps zu kombinieren.

---

[11] Dieses Beispiel beruht auf Judy S. Wang Chiang und Ann F. Friedlaender, „Truck Technology and Efficient Market Structure", *Review of Economics and Statistics* 67 (1985): 250–258.

*7.6 Dynamische Kostenänderungen – die Lernkurve

Bisher ist ein Grund angeführt worden, aus dem ein großes Unternehmen eventuell niedrigere langfristige Durchschnittskosten aufweisen kann als ein kleines Unternehmen: zunehmende Skalenerträge der Produktion. Es ist verlockend, nun daraus zu schließen, dass Unternehmen, die im Lauf der Zeit niedrigere Durchschnittskosten aufweisen, wachsende Unternehmen mit zunehmenden Skalenerträgen sind. Dies muss allerdings nicht zutreffen. In einigen Unternehmen können die langfristigen Durchschnittskosten im Laufe der Zeit zurückgehen, da die Arbeitskräfte und die Führungskräfte neue technische Informationen aufnehmen, während sie bei ihren jeweiligen Arbeitsaufgaben erfahrener werden.

Während die Führungskräfte und die Arbeitskräfte Erfahrungen mit der Produktion sammeln, sinken die Grenzkosten und die Durchschnittskosten der Produktion eines bestimmten Outputs in dem Unternehmen aus vier Gründen:

1 Die Arbeitskräfte benötigen häufig eine längere Zeit zur Erfüllung einer bestimmten Aufgabe, die sie zum ersten Mal übernehmen. Werden sie geschickter, erhöht sich auch ihre Geschwindigkeit.

2 Die Führungskräfte lernen, den Produktionsprozess, vom Materialfluss bis hin zur Organisation der Produktion an sich, effektiver zu planen.

3 Die Ingenieure, die zunächst in der Gestaltung ihrer Produkte sehr vorsichtig sind, können ausreichend Erfahrungen sammeln, um in der Lage zu sein, bei der Ausführung Toleranzen zu gestatten, durch die ohne eine Erhöhung der Fehlerquote Kosten eingespart werden. Bessere und speziellere Werkzeuge sowie eine bessere Betriebsorganisation können darüber hinaus zur Kostensenkung beitragen.

4 Die Zulieferer lernen, wie es möglich ist, die benötigten Materialien effektiver zu verarbeiten, und könnten einen Teil dieses Vorteils in Form niedrigerer Rohstoffkosten weitergeben.

Infolgedessen „lernt" ein Unternehmen im Laufe der Zeit, während sich der kumulierte Output erhöht. Dieser Lernprozess wird von Führungskräften eingesetzt, um die Planung der Produktion und die Prognose der zukünftigen Kosten zu unterstützten. In Abbildung 7.12 wird dieser Prozess in Form einer **Lernkurve** dargestellt – einer Kurve, die die Beziehung zwischen dem kumulierten Output eines Unternehmens und der zur Produktion jeder Outputeinheit benötigten Inputmenge beschreibt.

> **Lernkurve**
> Graph, der die von einem Unternehmen zur Produktion jeder Outputeinheit benötigte Inputmenge zu dessen kumuliertem Output in Beziehung setzt.

7.6.1 Die grafische Darstellung der Lernkurve

In Abbildung 7.12 wird eine Lernkurve für die Produktion von Werkzeugmaschinen dargestellt. Die horizontale Achse misst die *kumulierte* Anzahl an Werkzeugmaschinenlosen (Gruppen von ca. 40), die das Unternehmen produziert hat. Die vertikale Achse gibt die Anzahl der Arbeitsstunden an, die zur Produktion jedes Loses notwendig sind. Der Arbeitskräfteeinsatz pro Outputeinheit hat direkte Auswirkungen auf die Produktionskosten, da die Grenz- und Durchschnittskosten der Produktion umso niedriger sind, je niedriger die Anzahl der benötigten Arbeitsstunden ist.

*7.6 Dynamische Kostenänderungen – die Lernkurve

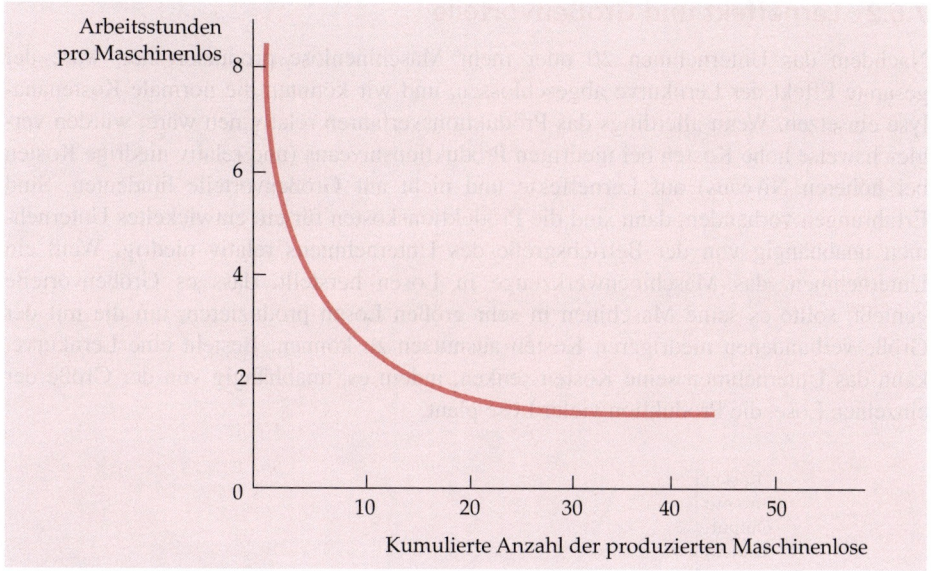

Abbildung 7.12: Die Lernkurve
Die Produktionskosten eines Unternehmens können im Laufe der Zeit fallen, wenn die Führungskräfte und die Arbeitskräfte erfahrener und effektiver beim Einsatz der verfügbaren Produktionsstätte und der Ausrüstung werden. Die Lernkurve zeigt an, um wie viel die benötigten Arbeitsstunden pro Outputeinheit fallen, während der kumulierte Output steigt.

Die Lernkurve in Abbildung 7.12 beruht auf folgender Beziehung:

$$L = A + BN^{-\beta} \quad (7.8)$$

wobei N der kumulierte Output und L der Arbeitskräfteeinsatz pro Outputeinheit ist. A, B und β sind Konstanten, wobei A und B positiv sind und β zwischen 0 und 1 liegt. Wenn N gleich 1 ist, ist L gleich $A + B$, so dass $A + B$ den zur Produktion der ersten Outputeinheit benötigten Arbeitskräfteeinsatz angibt. Wenn β gleich null ist, bleibt der Arbeitskräfteeinsatz pro Outputeinheit gleich, wenn sich der kumulierte Output erhöht; es gibt dann keinen Lerneffekt. Wenn β positiv ist und N immer größer wird, nähert sich L beliebig an A an. A stellt folglich den minimalen Arbeitskräfteeinsatz pro Outputeinheit dar, nachdem der gesamte Lernprozess stattgefunden hat.

Der Lerneffekt ist umso wichtiger, je größer β ist. Ist β beispielsweise gleich 0,5, fällt der Arbeitskräfteeinsatz pro Outputeinheit proportional zur Quadratwurzel des kumulierten Outputs. Dieser Grad des Lerneffekts kann die Produktionskosten des Unternehmens beträchtlich verringern, wenn das Unternehmen mehr Erfahrungen sammelt.

In unserem Beispiel der Werkzeugmaschinen hat β einen Wert von 0,31. Bei dieser speziellen Lernkurve führt jede Verdopplung des kumulierten Outputs zu einem Rückgang des Bedarfs an Inputs (abzüglich des Mindestbedarfs an Inputs) um ca. 20 Prozent.[12] Wie in Abbildung 7.12 dargestellt, fällt die Lernkurve drastisch, wenn sich die kumulierte Anzahl der Lose auf ca. 20 erhöht. Bei einem Output von über 20 Losen sind die Kosteneinsparungen allerdings vergleichsweise niedrig.

---

12 Da gilt: $(L - A) = BN^{-0,31}$, kann überprüft werden, dass $0,8(L - A)$ ungefähr gleich $B(2N)^{-0,31}$ ist.

7.6.2 Lerneffekt und Größenvorteile

Nachdem das Unternehmen 20 oder mehr Maschinenlose produziert hat, wäre der gesamte Effekt der Lernkurve abgeschlossen, und wir könnten die normale Kostenanalyse einsetzen. Wenn allerdings das Produktionsverfahren relativ neu wäre, würden vergleichsweise hohe Kosten bei niedrigen Produktionsniveaus (und relativ niedrige Kosten bei höheren Niveaus) auf Lerneffekte und nicht auf Größenvorteile hindeuten. Sind Erfahrungen vorhanden, dann sind die Produktionskosten für ein entwickeltes Unternehmen unabhängig von der Betriebsgröße des Unternehmens relativ niedrig. Weiß ein Unternehmen, das Maschinenwerkzeuge in Losen herstellt, dass es Größenvorteile genießt, sollte es seine Maschinen in sehr großen Losen produzieren, um die mit der Größe verbundenen niedrigeren Kosten ausnutzen zu können. Besteht eine Lernkurve, kann das Unternehmen seine Kosten senken, indem es, unabhängig von der Größe der einzelnen Lose, die Produktion vieler Lose plant.

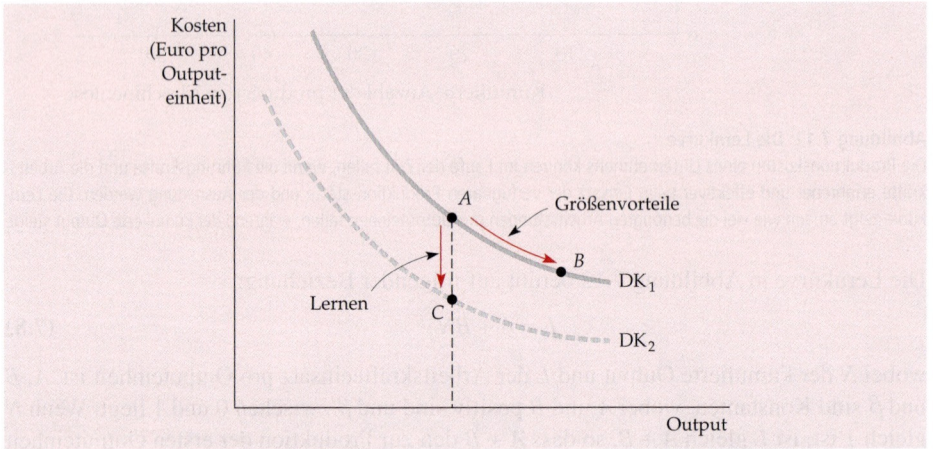

Abbildung 7.13: Größenvorteile und Lerneffekte
Die Durchschnittskosten der Produktion eines Unternehmens können im Laufe der Zeit aufgrund eines Anstiegs der Verkäufe bei Bestehen von zunehmenden Erträgen (was einer Bewegung von A nach B auf der Kurve DK_1 entspricht) sinken oder sie können zurückgehen, da eine Lernkurve besteht (was einem Wechsel von A auf der Kurve DK_1 nach C auf der Kurve DK_2 entspricht).

Dieses Phänomen wird in Abbildung 7.13 dargestellt. DK_1 stellt die langfristigen Durchschnittskosten der Produktion eines Unternehmens dar, das Größenvorteile der Produktion aufweist. Folglich führt die Änderung der Produktion von A zu B entlang DK_1 aufgrund von Größenvorteilen zu niedrigeren Kosten. Die Verschiebung von A auf DK_1 nach C auf DK_2 führt allerdings aufgrund eines Lernprozesses zu niedrigeren Kosten, durch den die Durchschnittskostenkurve nach unten verschoben wird.

Für ein Unternehmen, das die Produktionskosten eines neuen Erzeugnisses prognostizieren möchte, ist die Lernkurve von entscheidender Bedeutung. Nehmen wir beispielsweise an, dass ein Unternehmen, das Werkzeugmaschinen herstellt, weiß, dass sein Arbeitskräftebedarf pro Maschine bei den ersten zehn Maschinen 1,0 beträgt, dass der minimale Arbeitskräftebedarf A gleich null ist und dass β ungefähr gleich 0,32 ist. In Tabelle 7.3 wird der gesamte Arbeitskräftebedarf für die Produktion von 80 Maschinen berechnet.

*7.6 Dynamische Kostenänderungen – die Lernkurve

Tabelle 7.3

Die Prognose des Arbeitskräftebedarfs für die Produktion eines bestimmten Outputs

Kumulierter Output (N)	Arbeitskräftebedarf pro Einheit für jeweils 10 Outputeinheiten (L)*	Gesamtarbeitskräftebedarf
10	1,00	10,0
20	0,80	18,0 = (10,0 + 8,0)
30	0,70	25,0 = (18,0 + 7,0)
40	0,64	31,4 = (25,0 + 6,4)
50	0,60	37,4 = (31,4 + 6,0)
60	0,56	43,0 = (37,4 + 5,6)
70	0,53	48,3 = (43,0 + 5,3)
80	0,51	53,4 = (48,3 + 5,1)

* Die Zahlen in dieser Spalte wurden mit Hilfe der Gleichung $\log(L) = -0{,}322 \log(N/10)$ berechnet, wobei L der Arbeitskräfteeinsatz pro Einheit und N der kumulierte Output sind.

Da eine Lernkurve besteht, sinkt der Arbeitskräftebedarf pro Einheit bei steigender Produktion. Deshalb steigt der gesamte Arbeitskräftebedarf für die Produktion immer größerer Gütermengen in immer kleineren Zuwächsen, und ein Unternehmen, das nur den hohen anfänglichen Arbeitskräftebedarf betrachtet, wird eine übermäßig pessimistische Meinung über das Geschäft entwickeln. Nehmen wir weiterhin an, das Unternehmen plant, für einen langen Zeitraum in dem Geschäft aktiv zu bleiben und zehn Einheiten pro Jahr zu produzieren. Nehmen wir an, der gesamte Arbeitskräftebedarf für die Produktion des ersten Jahres liegt bei zehn. Im ersten Produktionsjahr werden die Kosten des Unternehmens hoch sein, während es Erfahrungen in dem Geschäft sammelt. Nachdem allerdings der Lerneffekt eingetreten ist, werden die Produktionskosten sinken. Nach acht Jahren wird der Arbeitskräftebedarf für die Produktion von zehn Einheiten bei nur 5,1 liegen und die Kosten pro Einheit werden nur noch ungefähr halb so hoch sein wie im ersten Produktionsjahr. Folglich kann die Lernkurve für ein Unternehmen, das abwägt, ob der Eintritt in eine Branche rentabel ist, von Bedeutung sein.

Beispiel 7.7: Die Lernkurve in der Praxis

Nehmen wir an, dass Sie als Geschäftsführer eines Unternehmens, das gerade in die Chemiebranche eingetreten ist, mit dem folgenden Problem konfrontiert werden: Sollten Sie einen relativ niedrigen Output produzieren und zu einem hohen Preis verkaufen? Oder sollten Sie einen niedrigeren Preis für Ihr Produkt festsetzen und die Verkaufsrate erhöhen? Die zweite Alternative ist ansprechend, wenn Sie erwarten, dass eine Lernkurve besteht. In diesem Fall werden durch die erhöhten Produktionsvolumina die durchschnittlichen Produktionskosten im Laufe der Zeit gesenkt und der Gewinn des Unternehmens wird erhöht. ▶

Sie sollten zunächst bestimmen, ob tatsächlich eine Lernkurve vorliegt: Wenn dies der Fall ist, sinken bei der Produktion und dem Verkauf eines höheren Volumens im Laufe der Zeit die durchschnittlichen Produktionskosten und die Rentabilität steigt. Hier muss auch zwischen dem Effekt des Lernens und Größenvorteilen unterschieden werden. Bei Größenvorteilen sind die Durchschnittskosten bei einem höheren Output zu jeder Zeit niedriger, während beim Effekt des Lernens die durchschnittlichen Kosten sinken, während der kumulierte Output des Unternehmens steigt. Durch die ständig wiederholte Produktion vergleichsweise kleiner Volumina bewegt sich das Unternehmen entlang der Lernkurve nach unten. Dabei werden hier allerdings keine hohen Größenvorteile erzielt. Das Gegenteil trifft bei der Produktion hoher Volumina zu einem gegebenen Zeitpunkt zu, wenn man nicht die Möglichkeit hat, diese Erfahrung im Laufe der Zeit zu wiederholen.

Um die weitere Vorgehensweise zu bestimmen, können wir die verfügbare statistische Evidenz heranziehen, die die Komponenten der Lernkurve (das Erlernen neuer Verfahren durch Arbeit, technische Verbesserungen usw.) von zunehmenden Skalenerträgen unterscheidet. Beispielsweise hat eine Studie von 37 Chemieprodukten gezeigt, dass in der Chemiebranche Kostensenkungen direkt mit dem Wachstum des kumulierten Branchenoutputs, mit den Investitionen in verbesserte Kapitalausstattungen und, in geringerem Umfang, mit Größenvorteilen verbunden sind.[13] Tatsächlich fallen bei der gesamten Stichprobe von Chemieprodukten die Durchschnittskosten der Produktion um 5,5 Prozent pro Jahr. Die Studie zeigt, dass bei jeder Verdopplung der Betriebsgröße die Durchschnittskosten der Produktion um 11 Prozent fallen.

Bei jeder Verdopplung des kumulierten Outputs fallen allerdings die Durchschnittskosten der Produktion um 27 Prozent. Die statistischen Nachweise zeigen deutlich, dass die Lerneffekte in der Chemiebranche wichtiger sind als die Größenvorteile.[14]

Es ist ebenfalls aufgezeigt worden, dass die Lernkurve in der Halbleiterbranche von Bedeutung ist. ▶

---

13 Die Studie wurde von Marvin Lieberman durchgeführt, „The Learning Curve and Pricing in the Chemical Processing Industries", RAND *Journal of Economics* 15 (1984): 213–228.

14 Der Autor verwendete die Durchschnittskosten DK der chemischen Produkte, den kumulierten Branchenoutput X und die durchschnittliche Betriebsgröße Z. Danach schätzte er die Beziehung log (DK) = $-0{,}387 \log (X) - 0{,}173 \log (Z)$. Der Koeffizient für den kumulierten Output von $-0{,}387$ gibt an, dass bei jeder Steigerung des kumulierten Outputs um ein Prozent die Durchschnittskosten um 0,387 Prozent sinken. Der Koeffizient für die Betriebsgröße von $-0{,}173$ gibt an, dass die Kosten bei jeder Steigerung der Betriebsgröße um ein Prozent um 0,173 Prozent sinken. Durch die Interpretation der beiden Koeffizienten im Hinblick auf die Variablen der Gütermenge und der Betriebsgröße, können wir ca. 15 Prozent der Kostensenkung Steigerungen der durchschnittlichen Größenordnung der Betriebsstätten und 85 Prozent Steigerungen der industriellen Gesamtgütermenge zuordnen. Nehmen wir an, dass sich die Betriebsgröße im Lauf der Studie verdoppelt, während sich die Gesamtgütermenge um den Faktor 5 erhöht. In diesem Fall würden die Kosten aufgrund der gesteigerten Größe um elf Prozent und aufgrund der Steigerung der Gesamtgütermenge um 62 Prozent sinken.

*7.6 Dynamische Kostenänderungen – die Lernkurve

In einer Studie von sieben Generationen von dynamisch aufzufrischenden Schreib/Lesespeicher- (DRAM) Halbleiterbauelementen von 1974 bis 1992 wurde festgestellt, dass die Lernraten durchschnittlich 20 Prozent betrugen; folglich würde eine Steigerung des kumulierten Outputs um zehn Prozent zu einem Rückgang der Kosten um zwei Prozent führen.[15] In der Studie wurden auch die Lernprozesse von Unternehmen in Japan mit denen von Unternehmen in den Vereinigten Staaten verglichen. Dabei wurde festgestellt, dass bei den Lerngeschwindigkeiten kein erkennbarer Unterschied besteht.

Ein weiteres Beispiel liefert die Luftfahrtindustrie; hier wurden in Studien Lernraten von bis zu 40 Prozent festgestellt. Dies wird in Abbildung 7.14 dargestellt, die den Arbeitskräftebedarf für die Produktion von Flugzeugen bei Airbus Industrie darstellt. Dabei ist zu erkennen, dass für die ersten 10 oder 20 Flugzeuge ein viel höherer Arbeitskräftebedarf besteht als für das 100. oder 200. Flugzeug. Darüber hinaus sollte auch beachtet werden, wie die Lernkurve nach einem bestimmten Punkt abflacht; in diesem Fall ist der gesamte Lernprozess fast abgeschlossen, nachdem 200 Flugzeuge gebaut wurden.

Die Lernkurveneffekte können bei der Bestimmung des Verlaufs der langfristigen Kostenkurven von Bedeutung und folglich für die Steuerung der Entscheidungen der Unternehmensleitung hilfreich sein. Die Führungskräfte können die Informationen aus Lernkurven verwenden, um zu bestimmen, ob ein Produktionsbetrieb rentabel ist oder nicht und, falls er rentabel ist, welchen Umfang der Betrieb der Produktionsstätte haben müsste und welcher kumulierte Output notwendig wäre, um einen positiven Cashflow zu erzeugen.

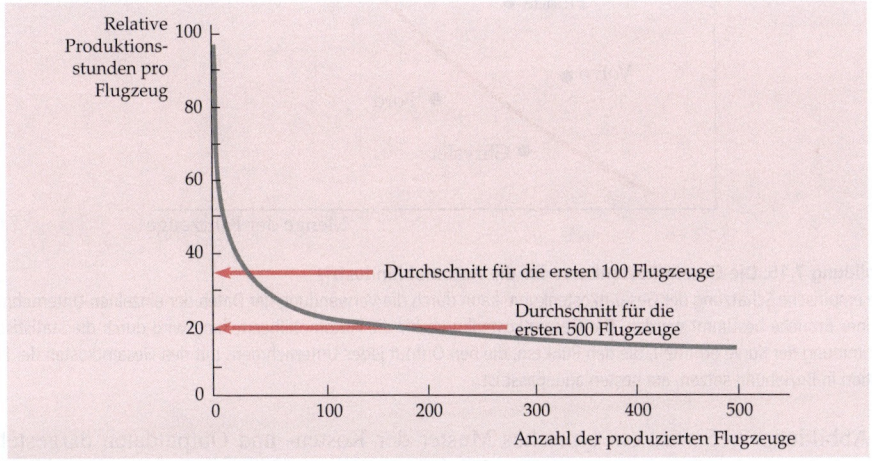

Abbildung 7.14: Die Lernkurve für das Unternehmen Airbus Industrie
Die Lernkurve setzt den Arbeitskräftebedarf pro Flugzeug in Beziehung zur kumulierten Anzahl der produzierten Flugzeuge. Wenn die Organisation des Produktionsprozesses verbessert wird und die Arbeitskräfte Erfahrung in ihrer Tätigkeit sammeln, sinkt der Arbeitskräftebedarf drastisch.

---

15 Die Studie wurde von D.A. Irwin und P.J. Klenow durchgeführt, „Learning-By-Doing Spillovers in the Semiconductor Industry", *Journal of Political Economy* 102 (Dezember 1994): 1200–1227.

*7.7 Schätzung und Prognose der Kosten

Kostenfunktion

Funktion, die die Produktionskosten mit dem Produktionsniveau und anderen Variablen, die das Unternehmen kontrollieren kann, in Beziehung setzt.

Ein Unternehmen, das seine Tätigkeit ausbaut oder verringert, muss prognostizieren können, wie die Kosten sich bei Änderungen des Outputs verändern werden. Schätzungen der zukünftigen Kosten können durch eine **Kostenfunktion** ermittelt werden, die die Produktionskosten mit dem Produktionsniveau und anderen Variablen, die durch das Unternehmen gesteuert werden können, in Beziehung setzt.

Nehmen wir an, wir wollen die kurzfristigen Produktionskosten in der Automobilindustrie beschreiben. Wir könnten Daten über die Anzahl der von jedem Automobilhersteller produzierten Automobile Q ermitteln und diese Informationen mit den variablen Produktionskosten VK in Beziehung setzen. Durch Verwendung der variablen Kosten anstelle der Gesamtkosten wird das Problem der Zuteilung der Fixkosten des Produktionsprozesses eines Unternehmens mit mehreren Produkten auf das spezielle untersuchte Produkt vermieden.[16]

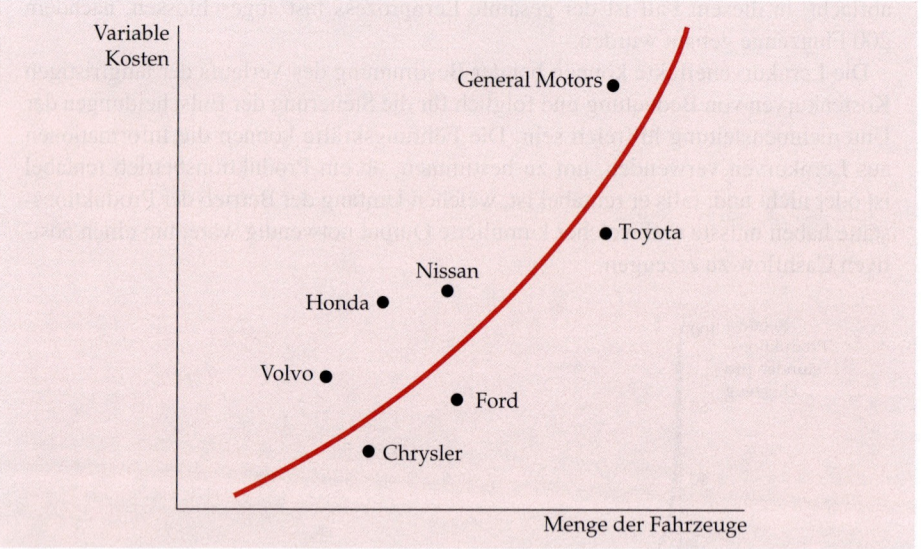

Abbildung 7.15: Die Gesamtkostenkurve für die Automobilindustrie
Eine empirische Schätzung der Gesamtkostenkurve kann durch die Verwendung der Daten der einzelnen Unternehmen in einer Branche bestimmt werden. Die Gesamtkostenkurve für die Automobilherstellung wird durch die statistische Bestimmung der Kurve ermittelt, die den Punkten, die den Output jedes Unternehmens mit den Gesamtkosten der Produktion in Beziehung setzen, am besten angepasst ist.

Die Kleinstquadrat-Regressionsmethode wird im Anhang zu diesem Buch beschrieben.

In Abbildung 7.15 wird ein typisches Muster der Kosten- und Outputdaten dargestellt. Jeder Punkt in dem Diagramm setzt den Output eines Automobilherstellers mit den variablen Produktionskosten dieses Unternehmens in Beziehung. Zur genauen Prognose der Kosten muss die zugrunde liegende Beziehung zwischen den variablen Kosten und dem Output bestimmt werden. Für den Fall, dass ein Unternehmen seine Produktion ausbaut, können wir dann die damit wahrscheinlich verbundenen Kosten berechnen.

---

16 Wird bei steigendem Output eine zusätzliche Ausstattungseinheit benötigt, sollten die jährlichen Mietkosten für diese Ausstattung als Teil der variablen Kosten betrachtet werden. Wenn allerdings die gleiche Maschine für alle Produktionsniveaus verwendet werden kann, sollte deren Kosten als fix betrachtet und nicht berücksichtigt werden.

Die Kurve in der Abbildung ist mit diesem Hintergedanken gezeichnet worden – sie liefert eine ausreichend nahe Anpassung an die Kostendaten. (Typischerweise würde die Kleinstquadratmethode der Regression zur Anpassung der Kurve an die Daten verwendet werden.) Welcher Verlauf ist allerdings am geeignetsten, und wie kann dieser Verlauf algebraisch dargestellt werden?

Im Folgenden wird eine Kostenfunktion angegeben, die ausgewählt werden könnte:

$$\text{VK} = \beta q \tag{7.9}$$

Obwohl sie einfach einzusetzen ist, trifft diese lineare Beziehung zwischen den Kosten und der Gütermenge nur bei konstanten Grenzkosten zu.[17] Bei jeder Erhöhung des Outputs um eine Einheit steigen die variablen Kosten um β; folglich sind die Grenzkosten konstant und gleich β.

Wollen wir eine U-förmige Durchschnittskostenkurve und Grenzkosten zulassen, die nicht konstant sind, müssen wir eine komplexere Kostenfunktion verwenden. Eine Möglichkeit besteht in der Verwendung der *quadratischen* Kostenfunktion, die die variablen Kosten mit dem Output und dem quadrierten Output in Beziehung setzt:

$$\text{VK} = \beta q + \gamma q^2 \tag{7.10}$$

Diese Funktion impliziert eine Grenzkostenkurve der folgenden Geradenform: $\text{GK} = \beta + 2\gamma q$.[18] Wenn γ positiv ist, steigen die Grenzkosten bei steigendem Output; wenn γ negativ ist, sinken die Grenzkosten bei steigendem Output.

Ist die Grenzkostenkurve nicht linear, kann eine *kubische Kostenfunktion* verwendet werden:

$$\text{VK} = \beta q + \gamma q^2 + \delta q^3 \tag{7.11}$$

In Abbildung 7.16 wird diese kubische Kostenfunktion dargestellt. Die Abbildung gibt sowohl U-förmige Grenzkostenkurven als auch U-förmige Durchschnittskostenkurven an.

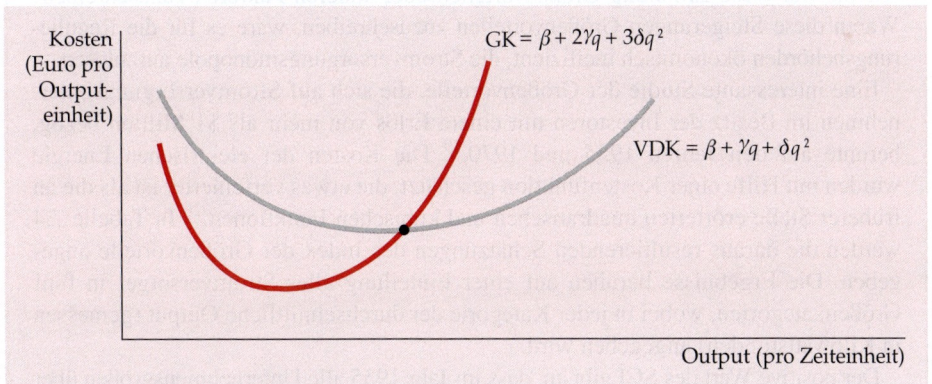

Abbildung 7.16: Kubische Kostenfunktion
Eine kubische Kostenfunktion gibt an, dass die Durchschnitts- und Grenzkostenkurven U-förmig verlaufen.

---

17 Bei statistischen Kostenanalysen können zur Kostenfunktion andere Variablen hinzugefügt werden, um Unterschiede der Kosten der Produktionsfaktoren, der Produktionsprozesse, der Produktmischung usw. zwischen den Unternehmen zu berücksichtigen.

18 Die kurzfristigen Grenzkosten werden durch $\Delta \text{VK}/\Delta q = \beta + \gamma \Delta(q^2)$ gegeben. Aber es gilt: $\Delta(q^2)/\Delta q = 2q$. (Dies kann mit Hilfe der Differenzialrechnung oder eines numerischen Beispiels überprüft werden.) Deshalb gilt: $\text{GK} = \beta + 2\gamma q$.

Kostenfunktionen können aus mehreren Gründen schwierig zu messen sein. Zum einen stellen die Produktionszahlen oft eine Summe verschiedener Produkttypen dar. So umfassen beispielsweise die von General Motors produzierten Automobile verschiedene Modelle. Zweitens werden die Kostendaten häufig direkt aus Buchhaltungsdaten ermittelt, die die Opportunitätskosten nicht berücksichtigen. Drittens ist die Aufteilung der Instandhaltungskosten und anderer Anlagenkosten auf ein spezielles Produkt schwierig, wenn es sich bei dem Unternehmen um einen Konzern handelt, der mehr als ein Produktsortiment herstellt.

7.7.1 Kostenfunktionen und die Messung von Größenvorteilen

Wir erinnern uns, dass die Kosten-Outputelastizität E_C bei Größenvorteilen kleiner als eins und bei Größennachteilen größer als eins ist. Der *Index der Größenvorteile* (SCI) liefert eine Kennzahl, die angibt, ob Größenvorteile bestehen oder nicht. Der SCI wird wie folgt definiert:

$$\text{SCI} = 1 - E_C \tag{7.12}$$

Wenn $E_C = 1$, gilt SCI = 0, und es bestehen weder Größenvorteile noch Größennachteile. Ist E_C größer als eins, dann ist SCI negativ, und es bestehen Größennachteile. Wenn schließlich E_C kleiner als eins ist, ist SCI positiv, und es bestehen Größenvorteile.

Beispiel 7.8: Kostenfunktionen für elektrische Energie

Im Jahr 1955 kauften die Konsumenten in den USA 369 Milliarden Kilowattstunden (kWh) Elektrizität; im Jahr 1970 kauften sie 1.083 Milliarden. Da es im Jahr 1970 weniger Stromversorger gab, hatte sich die Produktion pro Unternehmen beträchtlich erhöht. War diese Erhöhung Größenvorteilen oder anderen Faktoren zuzuschreiben? Wären diese Steigerungen Größenvorteilen zuzuschreiben, wäre es für die Regulierungsbehörden ökonomisch ineffizient, die Stromversorgungsmonopole aufzulösen.

Eine interessante Studie der Größenvorteile, die sich auf Stromversorgungsunternehmen im Besitz der Investoren mit einem Erlös von mehr als $1 Million bezog, beruhte auf den Jahren 1955 und 1970.[19] Die Kosten der elektrischen Energie wurden mit Hilfe einer Kostenfunktion geschätzt, die etwas verfeinerter ist als die an früherer Stelle erörterten quadratischen und kubischen Funktionen.[20] In Tabelle 7.4 werden die daraus resultierenden Schätzungen des Index der Größenvorteile angegeben. Die Ergebnisse beruhen auf einer Einteilung aller Stromversorger in fünf Größenkategorien, wobei in jeder Kategorie der durchschnittliche Output (gemessen in Kilowattstunden) angegeben wird.

Der positive Wert des SCI gibt an, dass im Jahr 1955 alle Unternehmensgrößen über gewisse Größenvorteile verfügten. Das Ausmaß der Größenvorteile sinkt allerdings bei steigenden Unternehmensgrößen. Die Durchschnittskostenkurve der Analyse des Jahres 1955 wird in Abbildung 7.17 angegeben und mit 1955 bezeichnet. ▶

---

19 Dieses Beispiel beruht auf Laurits Christensen und William H. Greene, „Economies of Scale in U.S. Electric Power Generation", *Journal of Political Economy* 84 (1976): 655–676.
20 Die in dieser Studie verwendete Translog-Kostenfunktion liefert eine allgemeinere funktionale Beziehung als die von uns erörterten Kostenfunktionen.

Tabelle 7.4

Größenvorteile in der Stromerzeugungsbranche

Output (Millionen kWh)	43	338	1.109	2.226	5.819
Wert des SCI, 1955	0,41	0,26	0,16	0,10	0,04

Der Punkt der minimalen Durchschnittskosten tritt im Punkt A bei einem Output von ca. 20 Milliarden kWh ein. Da es im Jahr 1955 keine Unternehmen dieser Größe gab, hat kein Unternehmen die Möglichkeit der Skalenerträge in der Produktion ausgeschöpft. Dabei ist allerdings zu beachten, dass die Durchschnittskostenkurve ab einem Output von neun Milliarden kWh relativ flach verläuft, also in einem Bereich, in dem sieben der 124 Unternehmen produzierten.

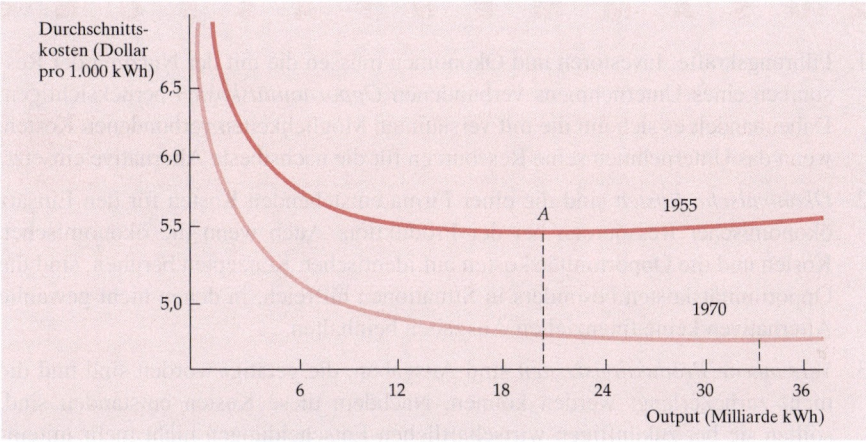

Abbildung 7.17: Die Durchschnittskosten der Produktion in der Energieerzeugungsbranche
Die Durchschnittskosten der Erzeugung elektrischer Energie erreichten im Jahr 1955 bei ungefähr 20 Milliarden kWh ihr Minimum. Bis zum Jahr 1970 waren die Durchschnittskosten der Produktion drastisch gefallen und erreichten bei einem Output von mehr als 33 Milliarden kWh ihr Minimum.

Als die gleichen Kostenfunktionen mit den Daten für das Jahr 1970 geschätzt wurden, ergab sich daraus die mit 1970 beschriftete Kurve in Abbildung 7.17. Die Abbildung zeigt deutlich, dass die Durchschnittskosten der Produktion von 1955 bis 1970 gesunken sind. (Die Daten werden in realen Dollar des Jahres 1970 angegeben.) Der flache Teil der Kurve beginnt aber nun bei ca. 15 Milliarden kWh. Im Jahr 1970 produzierten 24 von 80 Unternehmen in diesem Bereich. Somit operierten mehr Unternehmen im flachen Teil der Durchschnittskostenkurve, in dem Größenvorteile kein wichtiges Phänomen sind. Noch wichtiger war die Tatsache, dass die meisten Unternehmen in einem Teil der Kostenkurve des Jahres 1970 produzierten, der flacher verlief als der Punkt, in dem sie auf der Kurve des Jahres 1955 produziert hatten. ▶

(Fünf Unternehmen befanden sich in Punkten von Größennachteilen: Consolidated Edison [SCI = -0,003], Detroit Edison [SCI = –0,004], Duke Power [SCI = –0,012], Commonwealth Edison [SCI –0,014] und Southern [SCI = –0,028].) Folglich waren die nicht ausgeschöpften Größenvorteile im Jahr 1970 viel geringer als im Jahr 1955.

Diese Analyse der Kostenfunktion macht deutlich, dass der Rückgang der Kosten der Erzeugung elektrischer Energie nicht durch die Möglichkeit großer Unternehmen, Größenvorteile auszunutzen, erklärt werden kann. Wichtige Gründe für die niedrigeren Kosten liegen vielmehr in Verbesserungen der Technologie, die nicht mit der Betriebsgröße des Unternehmens verbunden sind, und im Rückgang der realen Kosten für Inputs, wie z.B. Kohle und Öl. Die Tendenz zu niedrigeren Durchschnittskosten, die durch eine Bewegung entlang der Durchschnittskostenkurve nach rechts dargestellt wird, ist, verglichen mit den Auswirkungen technischer Verbesserungen, minimal.

ZUSAMMENFASSUNG

1. Führungskräfte, Investoren und Ökonomen müssen die mit der Nutzung der Ressourcen eines Unternehmens verbundenen *Opportunitätskosten* berücksichtigen: Dabei handelt es sich um die mit versäumten Möglichkeiten verbundenen Kosten, wenn das Unternehmen seine Ressourcen für die nächstbeste Alternative einsetzt.

2. *Ökonomische Kosten* sind die einer Firma entstehenden Kosten für den Einsatz ökonomischer Ressourcen bei der Produktion. Auch wenn die ökonomischen Kosten und die Opportunitätskosten auf identischen Konzepten beruhen, sind die Opportunitätskosten besonders in Situationen hilfreich, in denen nicht gewählte Alternativen keine finanziellen Ausgaben beinhalten.

3. *Versunkene Produktionskosten* sind Ausgaben, die getätigt worden sind und die nicht zurückerlangt werden können. Nachdem diese Kosten entstanden sind, sollten sie bei zukünftigen wirtschaftlichen Entscheidungen nicht mehr miteinbezogen werden.

4. Kurzfristig sind eine oder mehrere Produktionsfaktoren des Unternehmens fix. Die Gesamtkosten können in Fixkosten und variable Kosten unterteilt werden. Die *Grenzkosten* eines Unternehmens sind die mit jeder zusätzlichen Outputeinheit verbundenen, zusätzlichen variablen Kosten. Die *variablen Durchschnittskosten* sind die gesamten variablen Kosten geteilt durch die Anzahl der Outputeinheiten.

5. Kurzfristig, wenn nicht alle Inputs variabel sind, bestimmt das Bestehen von abnehmenden Erträgen den Verlauf der Kostenkurven. Insbesondere besteht eine inverse Beziehung zwischen dem Grenzprodukt eines einzelnen variablen Faktors und den Grenzkosten der Produktion. Die Kurven der durchschnittlichen variablen Kosten und der durchschnittlichen Gesamtkosten verlaufen U-förmig. Die kurzfristige Grenzkostenkurve steigt über einen bestimmten Punkt an und schneidet beide Durchschnittskostenkurven von unterhalb kommend in ihren Minima.

6. Langfristig sind alle Produktionsfaktoren variabel. Infolgedessen hängt die Wahl der Inputs sowohl von den relativen Kosten der Produktionsfaktoren als auch davon ab, inwieweit das Unternehmen zwischen den Inputs seines Produktionsprozesses substituieren kann. Die kostenminimierende Inputwahl wird getroffen, indem der Tangentialpunkt der das Niveau des gewünschten Outputs repräsentierenden Isoquante und der Isokostengerade ermittelt wird.

7. Der *Expansionspfad* des Unternehmens zeigt, wie sich die kostenminimierende Inputwahl ändert, wenn sich die Größenordnung oder der Output eines Betriebs ändert. Infolgedessen liefert der Expansionspfad hilfreiche, für langfristige Planungsentscheidungen relevante Informationen.

8. Die langfristige Durchschnittskostenkurve ist die Umhüllende der kurzfristigen Durchschnittskostenkurven des Unternehmens und spiegelt das Bestehen oder Nichtbestehen von Skalenerträgen wider. Bestehen anfänglich zunehmende und danach abnehmende Skalenerträge, verläuft die langfristige Durchschnittskostenkurve U-förmig und die Umhüllende umfasst nicht alle Minima der kurzfristigen Durchschnittskosten.

9. Ein Unternehmen verfügt über *Größenvorteile*, wenn es seinen Output zu weniger als dem Doppelten der Kosten verdoppeln kann. Dementsprechend bestehen Größennachteile, wenn zu einer Verdopplung des Outputs mehr als das Doppelte der Kosten notwendig ist. Größenvorteile und -nachteile sind selbst bei variablen Faktorproportionen möglich, während Skalenerträge nur angewendet werden können, wenn die Faktorproportionen fix sind.

10. Produziert ein Unternehmen zwei (oder mehr) Güter, ist es wichtig zu untersuchen, ob *Verbundvorteile* der Produktion bestehen. Verbundvorteile bestehen, wenn ein Unternehmen jede Kombination der beiden Outputs billiger produzieren kann, als dies zwei unabhängigen Unternehmen möglich wäre, die jeweils ein einzelnes Produkt herstellen. Der Grad der Verbundvorteile wird durch die prozentuale Kostensenkung gemessen, die bei der Verbundproduktion zweier Produkte in einem Unternehmen entsteht, verglichen mit den Kosten der separaten Produktion dieser beiden Güter.

11. Die Durchschnittskosten der Produktion eines Unternehmens können im Laufe der Zeit sinken, wenn das Unternehmen „lernt", wie die Produktion effektiver gestaltet werden kann. Die *Lernkurve* zeigt, um wie viel die zur Produktion eines bestimmten Outputs benötigte Faktoreinsatzmenge sinkt, wenn sich der kumulierte Output des Unternehmens erhöht.

12. Kostenfunktionen setzen die Kosten der Produktion mit dem Produktionsniveau des Unternehmens in Beziehung. Die Funktionen können sowohl kurzfristig als auch langfristig gemessen werden, indem entweder Informationen über Unternehmen in einer Branche zu einem bestimmten Zeitpunkt oder Informationen über eine Branche über einen Zeitraum verwendet werden. Eine Reihe funktionaler Beziehungen, einschließlich linearer, quadratischer und kubischer, kann zur Darstellung von Kostenfunktionen verwendet werden.

ZUSAMMENFASSUNG

Kontrollfragen

1. Ein Unternehmen zahlt seinem Buchhalter ein vorläufiges Honorar von €10.000 pro Jahr. Handelt es sich dabei um explizite oder implizite Kosten?
2. Die Eigentümerin eines kleinen Einzelhandelsgeschäfts übernimmt die Buchhaltung selbst. Wie würden Sie die Opportunitätskosten ihrer Arbeit messen?
3. Erklären Sie, ob die folgenden Aussagen richtig oder falsch sind:
   a. Wenn der Besitzer eines Geschäftes sich kein Gehalt zahlt, sind die buchhalterischen Kosten gleich null, aber die ökonomischen Kosten sind positiv.
   b. Ein Unternehmen, das einen positiven buchhalterischen Gewinn erzielt, erreicht nicht notwendigerweise auch einen positiven ökonomischen Gewinn.
   c. Wenn ein Unternehmen einen Mitarbeiter einstellt, der arbeitslos war, sind die Opportunitätskosten der Nutzung der Arbeit des Mitarbeiters gleich null.
4. Nehmen Sie an, Arbeit ist der einzige variable Input für einen Produktionsprozess. Welche Aussage können Sie über das Grenzprodukt der Arbeit treffen, wenn die Grenzkosten der Produktion bei der Produktion einer größeren Anzahl Outputeinheiten abnehmen?
5. Nehmen Sie an, ein Stuhlproduzent stellt fest, dass die Grenzrate der technischen Substitution von Arbeit durch Kapital in seinem Produktionsprozess beträchtlich höher ist als das Verhältnis des Mietsatzes der Maschinen zum Lohnsatz der Fließbandarbeit. Wie sollte er den Einsatz von Kapital und Arbeit ändern, um die Produktionskosten zu minimieren?
6. Warum sind Isokostenkurven Geraden?
7. Es sei angenommen, dass die Grenzkosten der Produktion steigen. Wissen Sie, ob die durchschnittlichen variablen Kosten steigen oder sinken, wenn die Grenzkosten der Produktion steigen? Begründen Sie Ihre Antwort.
8. Es sei angenommen, dass die Grenzkosten der Produktion höher als die variablen Durchschnittskosten sind. Wissen Sie, ob die durchschnittlichen variablen Kosten steigen oder sinken, wenn die Grenzkosten der Produktion höher sind als die durchschnittlichen variablen Kosten? Begründen Sie Ihre Antwort.
9. Warum erreicht die variable Durchschnittskostenkurve eines Unternehmens ihr Minimum bei einem niedrigeren Produktionsniveau als die totale Durchschnittskostenkurve, wenn die Durchschnittskostenkurven dieses Unternehmens U-förmig verlaufen?
10. Was können Sie über den Verlauf der langfristigen Durchschnittskostenkurve eines Unternehmens sagen, wenn das Unternehmen bis zu einem bestimmten Produktionsniveau zunehmende Skalenerträge und danach konstante Skalenerträge aufweist?
11. Wie beeinflusst die Änderung des Preises eines Inputs den langfristigen Expansionspfad eines Unternehmens?
12. Unterscheiden Sie zwischen Größenvorteilen und Verbundvorteilen. Warum kann das eine ohne das andere vorhanden sein?
13. Bildet der Expansionspfad eines Unternehmens immer eine Gerade?
14. Was ist der Unterschied zwischen Größenvorteilen und Skalenerträgen?

Die Kontrollfragen samt Lösungen sowie weitere kapitelbegleitende Inhalte finden Sie im MyLab.

Übungen

1. Joe gibt seine Anstellung als Computerprogrammierer auf, bei der er ein Gehalt von €50.000 erzielt hat, um in einem Gebäude, das ihm gehört und das er zuvor für €24.000 pro Jahr vermietet hatte, sein eigenes Computersoftware-Unternehmen zu eröffnen. In seinem ersten Geschäftsjahr hat er die folgenden Aufwendungen: ihm selbst gezahltes Gehalt €40.000, Miete €0, sonstige Ausgaben €25.000. Bestimmen Sie die buchhalterischen Kosten und die ökonomischen Kosten, die mit Joes Computersoftware-Unternehmen verbunden sind.

2. a. Füllen Sie die Lücken in der nachfolgenden Tabelle aus.
   b. Zeichnen Sie ein Diagramm, in dem die Grenzkosten, die variablen Durchschnittskosten und die totalen Durchschnittskosten dargestellt werden, wobei die Kosten auf der vertikalen Achse sowie die Menge auf der horizontalen Achse abgetragen werden.

Output-einheiten	Fixkosten	Variable Kosten	Gesamtkosten	Grenzkosten	Fixe Durchschnittskosten	Variable Durchschnittskosten	Totale Durchschnittskosten
0			100				
1			125				
2			145				
3			157				
4			177				
5			202				
6			236				
7			270				
8			326				
9			398				
10			490				

3. Ein Unternehmen hat fixe Produktionskosten in Höhe von €5.000 und konstante Grenzkosten der Produktion in Höhe von €500 pro produzierte Einheit.
   a. Wie lautet die Gesamtkostenfunktion des Unternehmens? Wie lautet die Durchschnittskostenfunktion?
   b. Wenn das Unternehmen die durchschnittlichen Gesamtkosten minimieren will, würde es sich für eine große oder eine kleine Betriebsgröße entscheiden? Erläutern Sie Ihre Antwort.

4. Nehmen Sie an, ein Unternehmen muss, unabhängig davon, ob es einen Output produziert oder nicht, eine jährliche Steuer, die einer fixen Summe entspricht, bezahlen.
   a. Wie beeinflusst diese Steuer die Fix-, Grenz- und Durchschnittskosten des Unternehmens?
   b. Nehmen wir nun an, von dem Unternehmen wird eine Steuer erhoben, die proportional zu der Anzahl produzierter Einheiten ist. Bestimmen Sie auch in diesem Fall, wie die Steuer die Fix-, Grenz- und Durchschnittskosten des Unternehmens beeinflusst.

5. Vor einigen Jahren wurde in *Business Week* Folgendes berichtet:

   Während eines Absatzrückganges bei Automobilen entschieden GM, Ford und Chrysler, dass es billiger ist, Autos mit einem Verlust an Vermietungsgesellschaften zu verkaufen als Arbeitskräfte zu entlassen. Dies ist auf die Tatsache zurückzuführen, dass die Schließung und Wiedereröffnung von Produktionsstätten teuer ist, teilweise aufgrund der gegenwärtigen Tarifverträge zwischen der Gewerkschaft und den Automobilherstellern, die diese verpflichten, viele Arbeitskräfte zu bezahlen, selbst wenn sie nicht arbeiten.

   Wenn in dem Artikel der Verkauf „mit einem Verlust" erörtert wird, bezieht sich dies auf den buchhalterischen oder den ökonomischen Gewinn? Wie unterscheiden sich die beiden in diesem Fall? Erklären Sie kurz.

6. Nehmen wir an, die Volkswirtschaft durchläuft eine Rezession. Die Arbeitskosten fallen um 50 Prozent, und es wird erwartet, dass sie für einen langen Zeitraum auf diesem Niveau bleiben. Zeigen Sie grafisch, wie diese Änderung der relativen Preise von Arbeit und Kapital den Expansionspfad des Unternehmens beeinflussen.

7. Die Kosten des Fluges eines Passagierflugzeugs von A nach B betragen €50.000. Die Fluggesellschaft fliegt diese Route vier Mal pro Tag: um 7:00 Uhr, 10:00 Uhr, 13:00 und 16:00 Uhr. Der erste und der letzte Flug sind mit 240 Fluggästen voll besetzt. Der zweite und der dritte Flug sind jeweils nur halb voll. Bestimmen Sie für jeden Flug die Durchschnittskosten pro Passagier. Es sei angenommen, die Fluggesellschaft beauftragt sie als Marketingberater und will wissen, welche Art von Kunden sie ansprechen sollte – den Kunden außerhalb der Stoßzeiten (die beiden mittleren Flüge) oder den Kunden während der Spitzenzeit (der erste und der letzte Flug). Welchen Rat würden sie erteilen?

8. Sie leiten ein Werk, das Motoren in großen Mengen herstellt, indem Teams von Arbeitern Maschinen am Fließband einsetzen. Die Technologie wird durch die folgende Produktionsfunktion zusammengefasst:

$$q = 5KL$$

wobei q die Anzahl der Motoren pro Woche, K die Anzahl der Maschinen am Fließband und L die Anzahl der Teams von Arbeitern angibt. Jede Fließbandmaschine wird für einen Satz von r = €10.000 pro Woche angemietet und jedes Team kostet w = €5.000 pro Woche. Die Kosten der Motoren setzen sich aus den Kosten für die Teams der Arbeiter und die Maschinen plus €2.000 pro Motor für Materialien zusammen. Das Werk hat als Teil seiner Auslegung einen fixen Bestand von fünf Fließbandmaschinen.

   a. Wie gestaltet sich die Kostenfunktion Ihres Werkes – d.h. wie hoch sind die Kosten für die Produktion von q Motoren? Wie hoch sind die Durchschnitts- und Grenzkosten für die Produktion von q Motoren? Wie ändern sich die Durchschnittskosten bei Änderungen des Outputs?

   b. Wie viele Teams sind zur Produktion von 250 Motoren nötig? Wie hoch sind die Durchschnittskosten pro Motor?

   c. Sie werden gebeten, Empfehlungen für den Entwurf einer neuen Produktionsstätte einzureichen. Was würden sie vorschlagen? Welches Verhältnis von Kapital zu Arbeit (K/L) sollte in dem neuen Werk gewählt werden, wenn die Gesamtkosten der Produktion jedes Niveaus von q minimiert werden sollen?

9. Die kurzfristige Gesamtkostenfunktion eines Unternehmens wird durch die Gleichung

$$TK = 200 + 55q$$

angegeben, wobei TK die Gesamtkosten sind und q die insgesamt produzierte Gütermenge, die beide in Zehntausenden gemessen werden.

   a. Wie hoch sind die Fixkosten des Unternehmens?

   b. Wie hoch sind bei einer Produktion von 100.000 Einheiten die durchschnittlichen variablen Kosten?

   c. Wie hoch sind die Grenzkosten der Produktion für das Unternehmen?

d. Wie hoch sind die durchschnittlichen Fixkosten?

e. Nehmen Sie an, das Unternehmen leiht Geld und baut sein Werk aus. Seine Fixkosten steigen um €50.000, während seine variablen Kosten auf €45.000 pro 1.000 Einheiten fallen. Die Zinskosten (i) werden ebenfalls in die Gleichung aufgenommen. Durch jede Steigerung des Zinssatzes um einen Punkt steigen die Kosten um €3.000. Stellen Sie die neue Kostengleichung auf.

*10. Ein Stuhlproduzent stellt seine Fließbandarbeitskräfte zu einem Lohnsatz von €30 pro Stunde ein und errechnet, dass die Mietkosten der Maschinen €15 pro Stunde betragen. Nehmen Sie an, dass ein Stuhl mit einem Einsatz von vier Stunden Arbeit oder Maschinen in jeder Kombination hergestellt werden kann. Minimiert das Unternehmen seine Kosten, wenn es gegenwärtig drei Stunden Arbeit für jede Stunde Maschinenzeit einsetzt? Wenn dies der Fall ist, warum ist das so? Wie kann das Unternehmen die Situation verbessern, wenn dies nicht der Fall ist? Stellen Sie die Isoquante und die beiden Isokostengeraden für die gegenwärtige Kombination von Arbeit und Kapital und für die optimale Kombination von Arbeit und Kapital grafisch dar.

*11. Es sei angenommen, dass die Produktionsfunktion eines Unternehmens lautet

$$q = 10L^{1/2}K^{1/2}.$$

Die Kosten einer Einheit Arbeit betragen €20 und die Kosten einer Einheit Kapital €80.

a. Das Unternehmen produziert gegenwärtig 100 Outputeinheiten und hat beschlossen, dass die kostenminimierenden Mengen Arbeit und Kapital jeweils 20 und 5 sind. Stellen Sie dies grafisch mit Hilfe von Isoquanten und Isokostengeraden dar.

b. Das Unternehmen will jetzt den Output auf 140 Einheiten erhöhen. Wie viel Arbeit wird das Unternehmen benötigen, wenn das Kapital kurzfristig fix ist? Stellen Sie dies grafisch dar und bestimmen Sie die neuen Gesamtkosten des Unternehmens.

c. Bestimmen Sie grafisch den langfristigen kostenminimierenden Einsatz von Kapital und Arbeit, wenn das Unternehmen 140 Einheiten produzieren will.

d. Bestimmen Sie den optimalen Einsatz von Kapital und Arbeit, der zur Produktion von 140 Outputeinheiten notwendig ist, wenn die Grenzrate der technischen Substitution gleich K/L ist.

*12. Die Kostenfunktion eines Computerunternehmens setzt dessen Durchschnittskosten der Produktion DK mit dessen kumuliertem Output in Tausend Computern Q in Beziehung. Die Betriebsgröße des Unternehmens ausgedrückt in jährlich produzierten Tausenden Computern q innerhalb der Produktionsskala von 10.000 bis 50.000 Computern wird angegeben durch

$$DK = 10 - 0{,}1Q + 0{,}3q$$

a. Besteht ein Lernkurveneffekt?

b. Gibt es zunehmende oder abnehmende Skalenerträge?

c. Seit seiner Gründung hat das Unternehmen insgesamt 40.000 Computer produziert. In diesem Jahr produziert es 10.000 Computer. Im nächsten Jahr will das Unternehmen seine Produktion auf 12.000 Computer erhöhen. Werden die Durchschnittskosten der Produktion des Unternehmens steigen oder sinken? Erklären Sie Ihre Antwort.

*13. Nehmen Sie an, die langfristige Gesamtkostenfunktion für eine Branche wird durch die folgende kubische Gleichung angegeben: $TK = a + bq + cq^2 + dq^3$. Weisen Sie (mit Hilfe der Differenzialrechnung) nach, dass diese Gesamtkostenfunktion zumindest bei einigen Werten der Parameter a, b, c und d mit einer U-förmig verlaufenden Durchschnittskostenkurve vereinbar ist.

*14. Ein Computerunternehmen stellt Hardware und Software in der gleichen Produktionsstätte und mit den gleichen Arbeitskräften her. Die Gesamtkosten der Produktion von Zentralrechnern H und Softwareprogrammen S wird angegeben durch

$$TK = aH + bS - cHS$$

wobei a, b und c positiv sind. Ist diese Gesamtkostenfunktion mit dem Bestehen von Größenvorteilen oder Größennachteilen vereinbar? Oder mit dem Bestehen von Verbundvorteilen oder Verbundnachteilen?

Die Lösungen zu ausgewählten Übungen finden Sie im Anhang dieses Buches. Die kompletten Lösungen für die Übungen finden Dozenten im MyLab.

Anhang zu Kapitel 7

Die Produktions- und Kostentheorie – eine mathematische Darstellung

Dieser Anhang stellt eine mathematische Abhandlung der Grundlagen der Produktions- und Kostentheorie dar. Wie in Kapitel 4 setzen wir auch hier die Methode der Lagrangeschen Multiplikatoren zur Lösung des Kostenminimierungsproblems des Unternehmens ein.

Die Kostenminimierung

Die Theorie der Firma beruht auf der Annahme, dass Unternehmen Inputs für den Produktionsprozess auswählen, durch die die Kosten der Outputproduktion minimiert werden. Gibt es zwei Inputs, Kapital (K) und Arbeit (L), beschreibt die Produktionsfunktion $F(K,L)$ den maximalen Output, der mit jeder möglichen Inputkombination produziert werden kann. Wir nehmen an, dass jeder der Faktoren des Produktionsprozesses positive, aber abnehmende Grenzprodukte aufweist. Deshalb gilt, wenn wir das Grenzprodukt von Arbeit und Kapital als $GP_K(K,L)$ und $GP_L(K,L)$ schreiben:

$$GP_K(K,L) = \frac{\partial F(K,L)}{\partial K} > 0, \quad \frac{\partial^2 F(K,L)}{\partial K^2} < 0$$

$$GP_L(K,L) = \frac{\partial F(K,L)}{\partial L} > 0, \quad \frac{\partial^2 F(K,L)}{\partial L^2} < 0$$

Ein Wettbewerbsunternehmen betrachtet sowohl den Preis der Arbeit w als auch den Preis des Kapitals r als gegeben. In diesem Fall kann das Kostenminimierungsproblem wie folgt geschrieben werden:

$$\text{Minimiere } C = wL + rK \qquad (A7.1)$$

unter der Nebenbedingung, dass ein fixer Output q_0 produziert wird:

$$F(K,L) = q_0 \qquad (A7.2)$$

C gibt die Kosten der Herstellung des fixen Produktionsniveaus q_0 an.

Um die Nachfrage des Unternehmens nach den Produktionsfaktoren Arbeit und Kapital zu bestimmen, wählen wir die Werte, die (A7.1) unter der Nebenbedingung (A7.2) minimieren. Dieses beschränkte Optimierungsproblem kann in drei Schritten mit Hilfe der im Anhang zu Kapitel 4 erörterten Methode gelöst werden.

- **1. Schritt:** Aufstellen der Lagrange-Funktion, die die Summe zweier Komponenten ist: der (zu minimierenden) Kosten der Produktion und des Lagrangeschen Multiplikators λ mal der Outputbeschränkung, mit der das Unternehmen konfrontiert wird:

$$\Phi = wL + rK - \lambda[F(K,L) - q_0] \qquad (A7.3)$$

■ **2. Schritt:** Differenzierung der Lagrange-Funktion bezüglich K, L und λ. Danach Nullsetzung der Ableitungen zur Ermittlung der notwendigen Bedingungen für ein Minimum:[1]

$$\partial \Phi / \partial K = r - \lambda GP_K(K,L) = 0$$

$$\partial \Phi / \partial L = w - \lambda GP_L(K,L) = 0 \quad \text{(A7.4)}$$

$$\partial \Phi / \partial \lambda = F(K,L) - q_0 = 0$$

■ **3. Schritt:** Im Allgemeinen können diese Gleichungen zur Bestimmung der optimierenden Werte von L, K und λ gelöst werden. Die Kombination der ersten beiden Bedingungen aus (A7.4) ist besonders aufschlussreich; dadurch erhalten wir:

$$GP_K(K,L)/r = GP_L(K,L)/w \quad \text{(A7.5)}$$

Gleichung (A7.5) besagt, dass das Unternehmen, wenn es seine Kosten minimiert, seine Inputs so auswählt, dass es das Grenzprodukt jeden Faktors geteilt durch dessen Preis gleichsetzt. Dabei handelt es sich um genau die gleiche Bedingung, wie die als Gleichung 7.4 (Seite 339) des Lehrbuchs hergeleitete.

Schließlich können wir die ersten beiden Bedingungen von (A7.4) umstellen, um den Lagrangeschen Multiplikator zu bewerten:

$$r = \lambda GP_K(K,L) = 0 \Rightarrow \lambda = \frac{r}{GP_K(K,L)} \quad \text{(A7.6)}$$

$$w = \lambda GP_L(K,L) = 0 \Rightarrow \lambda = \frac{w}{GP_L(K,L)}$$

Nehmen wir an, der Output erhöht sich um eine Einheit. Da das Grenzprodukt des Kapitals den mit einem zusätzlichen Kapitaleinsatz verbundenen zusätzlichen Output misst, gibt $1/GP_K(K,L)$ das zur Produktion einer Outputeinheit benötigte, zusätzliche Kapital an. Folglich misst $r/GP_K(K,L)$ die zusätzlichen Inputkosten für die Produktion einer zusätzlichen Outputeinheit durch die Erhöhung des Kapitals. Desgleichen misst $w/GP_L(K,L)$ die zusätzlichen Kosten der Produktion einer Outputeinheit mit Hilfe eines zusätzlichen Einsatzes des Produktionsfaktors Arbeit. In beiden Fällen ist der Lagrangesche Multiplikator gleich den Grenzkosten der Produktion, da er angibt, um wie viel die Kosten steigen, wenn die produzierte Menge um eine Einheit erhöht wird.

Die Grenzrate der technischen Substitution

Wir erinnern uns, dass eine *Isoquante* eine Kurve ist, die die Menge aller Inputkombinationen darstellt, mit denen das Unternehmen das gleiche Produktionsniveau – beispielsweise $q_0{}^*$ – erreichen kann. Folglich stellt die Bedingung $F(K,L) = q_0$ eine Produktionsisoquante dar. Während sich die Kombinationen der Inputs entlang der Isoquante ändern, ist die durch die totale Ableitung von $F(K,L)$ gegebene Änderung des Outputs gleich null (d.h. $dq = 0$): Folglich gilt:

$$GP_K(K,L)dK + GP_L(K,L)dL = dq = 0 \quad \text{(A7.7)}$$

---

[1] Diese Bedingungen sind für eine Lösung mit positiven Mengen beider Produktionsfaktoren notwendig.

Durch Umordnen erhalten wir:

$$-dK/dL = \text{GRTS}_{LK} = \text{GP}_L(K,L)/\text{GP}_K(K,L) \qquad \text{(A7.8)}$$

wobei GRTS_{LK} die Grenzrate der technischen Substitution zwischen Arbeit und Kapital des Unternehmens angibt.

Nun stellen wir die in (A7.5) gegebene Bedingung wie folgt um:

$$\text{GP}_L(K,L)/\text{GP}_K(K,L) = w/r \qquad \text{(A7.9)}$$

Da die linke Seite von (A7.8) den negativen Wert der Steigung der Isoquante darstellt, folgt daraus, dass die Grenzrate der technischen Substitution des Unternehmens (bei der Inputs bei konstantem Output ausgetauscht werden) im Tangentialpunkt der Isoquante und der Isokostengerade gleich dem Verhältnis der Inputpreise ist (das die Steigung der Isokostengerade des Unternehmens darstellt).

Dieses Ergebnis kann durch erneutes Umschreiben von (A7.9) noch anders betrachtet werden:

$$\text{GP}_L/w = \text{GP}_K/r \qquad \text{(A7.10)}$$

Gleichung (A7.10 ist gleich A7.5) besagt, dass die Grenzprodukte aller Produktionsfaktoren gleich sein müssen, wenn diese Grenzprodukte durch die Kosten pro Einheit jedes Produktionsfaktors angepasst werden. Wenn die kostenangepassten Grenzprodukte nicht gleich wären, könnte das Unternehmen seine Faktoreinsatzmengen ändern, um den gleichen Output zu niedrigeren Kosten zu produzieren.

Die Dualität in der Produktions- und Kostentheorie

Wie im Fall der Konsumententheorie weist auch die Entscheidung der Unternehmung über die Faktoreinsatzmengen einen dualen Charakter auf. Die optimale Auswahl von K und L kann nicht nur als Problem der Auswahl der niedrigsten, die Produktionsisoquante berührenden Isokostengerade, sondern auch als Problem der Auswahl der höchsten, eine bestimmte Isokostengerade berührenden Isoquante analysiert werden. Es sei angenommen, wir wollen für die Produktion C_0 ausgeben. Beim dualen Problem wird nun danach gefragt, mit welcher Kombination von K und L der höchste Output zu Kosten in Höhe von C_0 produziert werden kann. Durch die Lösung der folgenden Aufgabe können wir die Gleichwertigkeit der beiden Ansätze demonstrieren:

Maximiere $F(K, L)$ unter der Nebenbedingung

$$wL + rK = C_0 \qquad \text{(A7.11)}$$

Diese Aufgabe kann mit Hilfe der Langrange-Methode gelöst werden:

- Schritt 1: Wir stellen die Lagrange-Funktion auf

$$\Phi = F(K, L) - \mu(wL + rK - C_0) \qquad \text{(A7.12)}$$

wobei μ der Lagrange-Multiplikator ist.

7 Die Kosten der Produktion

– Schritt 2: Wir leiten die Lagrange-Funktion bezüglich K, L und μ ab und setzen die sich daraus ergebenden Gleichungen gleich Null, um die notwendigen Bedingungen für ein Maximum zu bestimmen:

$$\frac{\partial \Phi}{\partial K} = \mathrm{GP}_K(K,L) - \mu r = 0$$
$$\frac{\partial \Phi}{\partial K} = \mathrm{GP}_L(K,L) - \mu w = 0 \qquad \text{(A7.13)}$$
$$\frac{\partial \Phi}{\partial \mu} = wL - rK + C_0 = 0$$

– Schritt 3: Normalerweise können wir die Gleichungen aus A7.13 verwenden, um nach K und L aufzulösen. Dabei können insbesondere die ersten beiden Gleichungen gleichgesetzt werden, um nachzuweisen, dass:

$$\mu = \frac{\mathrm{GP}_K(K,L)}{r}$$
$$\mu = \frac{\mathrm{GP}_L(K,L)}{w} \qquad \text{(A7.14)}$$
$$\Rightarrow \frac{\mathrm{GP}_K(K,L)}{r} = \frac{\mathrm{GP}_L(K,L)}{w}$$

Dieses Ergebnis ist identisch mit A7.5, d.h., der für die Minimierung der Kosten notwendigen Bedingung.

Die Cobb-Douglas-Kosten- und Produktionsfunktionen

Cobb-Douglas-Produktionsfunktion

Produktionsfunktion der Form $q = AK^\alpha L^\beta$, wobei q der Output, K die Menge des Kapitals und L die Menge der Arbeit ist und wobei α und β Konstanten sind.

Bei einer speziellen Produktionsfunktion $F(K,L)$ können die Bedingungen (A7.13) und (A7.14) zur Herleitung der *Kostenfunktion* $C(q)$ verwendet werden. Um dieses Prinzip zu verstehen, werden wir das Beispiel einer **Cobb-Douglas-Produktionsfunktion** betrachten. Diese Produktionsfunktion lautet:

$$F(K,L) = AK^\alpha L^\beta$$

wobei A, α und β positive Konstanten sind.

Wir nehmen an, dass $\alpha < 1$ und $\beta < 1$, so dass das Unternehmen abnehmende Grenzprodukte der Arbeit und des Kapitals aufweist.[2] Wenn $\alpha + \beta = 1$, weist das Unternehmen *konstante Skalenerträge* auf, da durch eine Verdopplung von K und L F verdoppelt wird. Wenn $\alpha + \beta > 1$, weist das Unternehmen *zunehmende Skalenerträge* auf, und wenn $\alpha + \beta < 1$, weist es *abnehmende Skalenerträge* auf.

Als Anwendungsbeispiel betrachten wir die in Beispiel 6.5 (Seite 309) beschriebene Teppichbranche. Die Produktion sowohl kleiner als auch großer Unternehmen kann durch eine Cobb-Douglas-Produktionsfunktion beschrieben werden. Bei kleinen Unternehmen gilt $\alpha = 0{,}77$ und $\beta = 0{,}23$. Da $\alpha + \beta = 1$, bestehen konstante Skalenerträge. Bei größeren Unternehmen gilt allerdings $\alpha = 0{,}83$ und $\beta = 0{,}22$. Folglich ist $\alpha + \beta = 1{,}05$, und es bestehen zunehmende Skalenerträge. Die Cobb-Douglas Produktionsfunktion tritt in der

---

[2] Wenn beispielsweise das Grenzprodukt der Arbeit durch $\mathrm{GP}_L = \partial[F(K,L)]/\partial L = \beta AK^\alpha L^{\beta-1}$ gegeben ist, sinkt GP_L, wenn L steigt.

Volkswirtschaftslehre häufig auf und kann zur Modellierung vieler Arten der Produktion verwendet werden. Wir haben bereits aufgezeigt, wie sie Unterschiede in den Skalenerträgen berücksichtigen kann. Überdies können damit auch Änderungen der Technologie oder der Produktivität im Wert von A berücksichtigt werden: Je höher der Wert von A, desto mehr kann mit einem gegebenen Niveau von K und L produziert werden.

Um die Mengen des Kapitals und der Arbeit, die von einem Unternehmen zur Minimierung der Kosten der Produktion eines Outputs q_0 eingesetzt werden sollten, zu bestimmen, formulieren wir zunächst die Lagrange-Funktion:

$$\Phi = wL + rK - \lambda(AK^\alpha L^\beta - q_0) \tag{A7.15}$$

Durch die Differenzierung hinsichtlich L, K und λ und Nullsetzung der Ableitungen erhalten wir:

$$\partial \Phi / \partial L = w - \lambda(\beta AK^\alpha L^{\beta-1}) = 0 \tag{A7.16}$$

$$\partial \Phi / \partial K = r - \lambda(\alpha AK^{\alpha-1} L^\beta) = 0 \tag{A7.17}$$

$$\partial \Phi / \partial \lambda = AK^\alpha L^\beta - q_0 = 0 \tag{A7.18}$$

Aus Gleichung (A7.16) erhalten wir:

$$\lambda = w / A\beta K^\alpha L^{\beta-1} \tag{A7.19}$$

Durch Einsetzen dieser Formel in Gleichung (A7.17) erhalten wir:

$$r\beta AK^\alpha L^{\beta-1} = w\alpha AK^{\alpha-1} L^\beta \tag{A7.20}$$

oder

$$L = \frac{\beta r}{\alpha w} K \tag{A7.21}$$

A7.21 entspricht dem Expansionspfad. Nun verwenden wir Gleichung (A7.21) um L aus der Gleichung (A7.18) zu eliminieren:

$$AK^\alpha \left(\frac{\beta r}{\alpha w} K\right)^\beta - q_0 = 0 \tag{A7.22}$$

Danach schreiben wir die Gleichung wie folgt um

$$K^{\alpha+\beta} = \left(\frac{\alpha w}{\beta r}\right)^\beta \frac{q_0}{A} \tag{A7.23}$$

oder

$$K = \left(\frac{\alpha w}{\beta r}\right)^{\frac{\beta}{\alpha+\beta}} \left(\frac{q_0}{A}\right)^{\frac{1}{\alpha+\beta}} \tag{A7.24}$$

A7.24 ist die Faktornachfrage nach Kapital. Wir haben nunmehr die kostenminimierende Kapitalmenge bestimmt. Wenn also q_0 Einheiten Output zu minimalen Kosten produziert werden sollen, gibt (A7.24) an, wie viel Kapital als Teil des Produktionsplans eingesetzt werden soll. Um den kostenminimierenden Arbeitseinsatz zu bestimmen, setzen wir einfach Gleichung (A7.24) in die Gleichung (A7.21) ein:

$$L = \frac{\beta r}{\alpha w} K = \frac{\beta r}{\alpha w} \left[\left(\frac{\alpha w}{\beta r}\right)^{\frac{\beta}{\alpha+\beta}} \left(\frac{q_0}{A}\right)^{\frac{1}{\alpha+\beta}} \right]$$

$$L = \left(\frac{\beta r}{\alpha w}\right)^{\frac{\alpha}{\alpha+\beta}} \left(\frac{q_0}{A}\right)^{\frac{1}{\alpha+\beta}} \qquad \text{(A7.25)}$$

A7.25 ist die beschränkte Faktornachfrage nach Arbeit. Dabei ist zu beachten, dass, wenn der Lohnsatz w im Vergleich zum Preis des Kapitals r steigt, das Unternehmen mehr Kapital und weniger Arbeit einsetzen wird. Nehmen wir an, dass sich A aufgrund einer technologischen Änderung erhöht (so dass das Unternehmen bei gleichen Inputs einen größeren Output produzieren kann). In diesem Fall sinken sowohl K als auch L.

Wir haben aufgezeigt, wie die Kostenminimierung unter einer Outputbeschränkung zur Bestimmung der optimalen Mischung von Arbeit und Kapital eingesetzt werden kann. Nun werden wir die Kostenfunktion des Unternehmens bestimmen. Die Gesamtkosten der Produktion eines *beliebigen Outputs* q können durch Einsetzen der Gleichung (A7.24) für K und der Gleichung (A7.25) für L in die Gleichung $C = wL + rK$ ermittelt werden. Nach einigen algebraischen Umstellungen erhalten wir:

$$C = w^{\beta/(\alpha+\beta)} r^{\alpha/(\alpha+\beta)} [(\frac{\alpha}{\beta})^{\beta/(\alpha+\beta)} + (\frac{\alpha}{\beta})^{-\alpha/(\alpha+\beta)}] (\frac{q}{A})^{1/(\alpha+\beta)} \qquad \text{(A7.26)}$$

Diese *Kostenfunktion* gibt an, (1) wie sich die Gesamtkosten der Produktion erhöhen, wenn das Produktionsniveau q steigt und (2) wie die Kosten sich ändern, wenn sich die Inputpreise ändern. Wenn $\alpha + \beta$ gleich 1 ist, vereinfacht sich Gleichung (A7.26) auf:

$$C = w^{\beta} r^{\alpha} [(\alpha/\beta)^{\beta} + (\alpha/\beta)^{-\alpha}] (1/A) q \qquad \text{(A7.27)}$$

In diesem Fall werden sich folglich die Kosten proportional zum Output erhöhen. Infolgedessen weist der Produktionsprozess konstante Skalenerträge auf. Desgleichen bestehen zunehmende Skalenerträge, wenn $\alpha + \beta$ größer ist als 1, und abnehmende Skalenerträge, wenn $\alpha + \beta$ kleiner ist als 1.

Die Kostenfunktion des Unternehmens enthält viele wünschenswerte Eigenschaften. Um dies zu sehen, betrachten wir die spezielle Kostenfunktion mit konstanten Skalenerträgen (A7.27). Es sei angenommen, dass der Output q_0 produziert werden soll, wobei sich die Löhne allerdings verdoppeln. Welche Änderung der Kosten sollte in diesem Fall erwartet werden? Die neuen Kosten werden gegeben durch:

$$C_1 = (2w)^{\beta} r^{\alpha} \left[\left(\frac{\alpha}{\beta}\right)^{\beta} + \left(\frac{\alpha}{\beta}\right)^{-\alpha}\right] \left(\frac{1}{A}\right) q_0 = 2^{\beta} \underbrace{w^{\beta} r^{\alpha} \left[\left(\frac{\alpha}{\beta}\right)^{\beta} + \left(\frac{\alpha}{\beta}\right)^{-\alpha}\right] \left(\frac{1}{A}\right) q_0}_{C_0} = 2^{\beta} C_0$$

An dieser Stelle sei daran erinnert, dass wir zu Beginn dieses Abschnitts angenommen hatten, dass $\alpha < 1$ und $\beta < 1$. Folglich gilt: $C_1 < 2C_0$. Obwohl sich die Löhne verdoppelt haben, sind die Kosten der Produktion von q_0 um weniger als das Doppelte gestiegen. Dies ist das erwartete Ergebnis. Wenn ein Unternehmen plötzlich mehr für Arbeit bezahlen muss, setzt es weniger Arbeit und mehr des vergleichsweise billigeren Kapitals ein und begrenzt auf diese Art und Weise den Anstieg der Gesamtkosten.

Nun betrachten wir das duale Problem der Outputmaximierung, die mit einem Kostenaufwand von C_0 Euro erzeugt werden kann. Wir überlassen es dem Leser, dieses Problem für eine Cobb-Douglas-Produktionsfunktion durchzuarbeiten. Der Leser sollte nun in der Lage sein aufzuzeigen, dass die Gleichungen (A7.24) und (A7.25) die kostenminimierende Inputwahl beschreiben. Als Hilfestellung zu Beginn sei bemerkt, dass die Lagrange-Funktion für dieses duale Problem $\Phi = AK^\alpha L^\beta - \mu(wL + rK - C_0)$ lautet.

Übungen

1. Welche der folgenden Produktionsfunktionen weisen zunehmende, konstante bzw. abnehmende Skalenerträge auf?
   a. $F(K,L) = K^2 L$
   b. $F(K,L) = 10K + 5L$
   c. $F(K,L) = (KL)^{0,5}$

2. Die Produktionsfunktion für ein Produkt wird durch $q = 100KL$ gegeben. Wie hoch sind die Minimalkosten der Produktion eines Outputs von 1.000 Einheiten, wenn der Preis des Kapitals bei €120 pro Tag und der Preis der Arbeit bei €30 pro Tag liegen?

3. Nehmen Sie an, dass eine Produktionsfunktion durch $F(K,L) = KL^2$ angegeben wird, der Preis des Kapitals €10 und der Preis der Arbeit €15 beträgt. Mit welcher Kombination von Arbeit und Kapital werden die Kosten der Produktion einer beliebigen Gütermenge minimiert?

4. Nehmen wir an, der Prozess zu Herstellung leichter Parkas bei der Firma Polly's Parkas wird durch die folgende Funktion beschrieben:

   $$q = 10K^{0,8}(L-40)^{0,2}$$

   wobei q die Anzahl der produzierten Parkas, K die Anzahl der computerisierten Nähmaschinenstunden und L die Anzahl der Arbeitsstunden ist. Zusätzlich zu Arbeit und Kapital werden für die Produktion jedes Parkas Materialien im Wert von €10 eingesetzt.
   a. Leiten Sie die kostenminimierende Nachfrage nach K und L als Funktion des Outputs (q), der Lohnsätze (w) und der Mietsätze der Maschinen (r) unter der Nebenbedingung der oben angegebenen Produktionsfunktion her. Verwenden Sie die Ergebnisse zur Ableitung der Gesamtkostenfunktion, das heißt, der Kosten als Funktion von q, r, w und der konstanten €10 pro Einheit an Materialkosten.
   b. Für dieses Verfahren werden qualifizierte Arbeitskräfte benötigt, die €32 pro Stunde verdienen. Der Mietsatz für die im Verfahren eingesetzten Maschinen liegt bei €64 pro Stunde. Wie hoch sind die Gesamtkosten als Funktion von q bei diesen Faktorpreisen? Weist diese Technologie abnehmende, konstante oder zunehmende Skalenerträge auf?
   c. Polly's Parkas plant 2.000 Parkas pro Woche herzustellen. Wie viele Arbeitskräfte sollte das Unternehmen zu diesen Faktorpreisen einstellen (bei 40 Stunden pro Woche) und wie viele Maschinen sollte es zu den oben angegebenen Faktorpreisen mieten (bei 40 Maschinenstunden pro Woche)? Wie hoch sind bei diesem Produktionsniveau die Grenz- und Durchschnittskosten der Produktion?

Die Lösungen zu ausgewählten Übungen finden Sie im Anhang dieses Buches. Die kompletten Lösungen für die Übungen finden Dozenten im MyLab.

Gewinnmaximierung und Wettbewerbsangebot

8.1	**Vollkommene Wettbewerbsmärkte**	384
8.2	**Die Gewinnmaximierung**	387
8.3	**Grenzerlös, Grenzkosten und die Gewinnmaximierung**	391
8.4	**Die kurzfristige Outputentscheidung**	394
	Beispiel 8.1: Eigentumswohnungen im Vergleich zu Wohnungsgenossenschaften in New York	390
	Beispiel 8.2: Die kurzfristige Produktionsentscheidung einer Aluminiumschmelzhütte	398
	Beispiel 8.3: Einige Kostenüberlegungen für Führungskräfte	399
8.5	**Die kurzfristige Angebotskurve eines Wettbewerbsunternehmens**	401
	Beispiel 8.4: Die kurzfristige Produktion von Mineralölprodukten	403
8.6	**Die kurzfristige Marktangebotskurve**	404
	Beispiel 8.5: Das kurzfristige Weltangebot an Kupfer	406
8.7	**Die langfristige Outputentscheidung**	410
8.8	**Die langfristige Marktangebotskurve**	418
	Beispiel 8.6: Branchen mit konstanten, zunehmenden und abnehmenden Kosten: Kaffee, Öl und Automobile	422
	Beispiel 8.7: Das Angebot an Taxis in New York	425
	Beispiel 8.8: Das langfristige Wohnungsangebot	427

ÜBERBLICK

8

Eine Kostenkurve beschreibt die minimalen Kosten, zu denen ein Unternehmen unterschiedliche Gütermengen produzieren kann. Wenn wir die Kostenkurve eines Unternehmens kennen, können wir uns einem fundamentalen Problem zuwenden, mit dem jedes Unternehmen konfrontiert wird: Welche Menge sollte produziert werden? In diesem Kapitel werden wir untersuchen, wie ein Unternehmen bei vollkommenem Wettbewerb das Produktionsniveau auswählt, auf dem sein Gewinn maximiert wird. Weiterhin wird aufgezeigt, wie die von einzelnen Unternehmen getroffene Wahl der Gütermenge zu einer Angebotskurve für die ganze Branche führt.

Unsere Erläuterung von Produktion und Kosten in den Kapiteln 6 und 7 betrifft Unternehmen in allen Arten von Märkten. Wir konzentrieren uns allerdings in diesem Kapitel auf Unternehmen in *vollkommenen Wettbewerbsmärkten*, in denen alle Unternehmen ein identisches Produkt herstellen und jedes dieser Unternehmen im Vergleich zur Branche so klein ist, dass seine Produktionsentscheidungen keine Auswirkungen auf den Marktpreis haben. Neue Unternehmen können leicht in die Branche eintreten, wenn sie ein Gewinnpotenzial wahrnehmen, und bestehende Unternehmen können die Branche verlassen, wenn sie beginnen, Geld zu verlieren.

Zunächst wird erklärt, was genau mit einem *Wettbewerbsmarkt* gemeint ist. Danach wird erörtert, warum die Annahme sinnvoll ist, dass Unternehmen (in jedem Markt) das Ziel der Gewinnmaximierung haben. Es wird ein Grundsatz für die Auswahl der gewinnmaximierenden Gütermenge für Unternehmen in allen Märkten aufgestellt, unabhängig davon, ob es sich dabei um Wettbewerbsmärkte handelt oder nicht. Danach wird untersucht, wie ein Wettbewerbsunternehmen seine Gütermenge kurzfristig und langfristig auswählt.

Als Nächstes werden wir untersuchen, wie sich die Outputwahl eines Unternehmens ändert, wenn sich die Kosten der Produktion bzw. die Preise der Produktionsfaktoren ändern. So werden wir aufzeigen, wie die *Angebotskurve eines Unternehmens* hergeleitet wird. Danach werden die Angebotskurven der einzelnen Unternehmen zur Ermittlung der *Branchenangebotskurve* zusammengefasst. Kurzfristig entscheiden die Unternehmen in einer Branche zur Gewinnmaximierung, welches Produktionsniveau gehalten wird. Langfristig fällen sie nicht nur Outputentscheidungen sondern entscheiden auch, ob sie überhaupt auf einem Markt bleiben wollen. Wir werden aufzeigen, dass, während die Aussicht auf hohe Gewinne Firmen dazu ermutigt, in eine Branche einzutreten, Verluste sie dazu veranlassen, die Branche zu verlassen.

8.1 Vollkommene Wettbewerbsmärkte

In Kapitel 2 wurde die Angebot-Nachfrage-Analyse eingesetzt, um zu erklären, wie sich ändernde Marktbedingungen den Marktpreis von Produkten wie Weizen oder Benzin beeinflussen. Es wurde aufgezeigt, dass der Gleichgewichtspreis und die Menge jedes Produktes durch den Schnittpunkt der Marktnachfrage- und der Marktangebotskurven bestimmt werden. Dieser Analyse liegt das Modell eines *vollkommenen Wettbewerbsmarktes* zugrunde. Das Modell des vollkommenen Wettbewerbs ist bei der Untersuchung einer Reihe von Märkten, einschließlich der Agrar- und Treibstoffmärkte sowie der Warenmärkte, der Immobilien-, Dienstleistungs- und Finanzmärkte, hilfreich. Da dieses Modell so wichtig ist, werden wir die grundlegenden Annahmen, auf denen es beruht, detaillierter erörtern.

Das Modell des vollkommenen Wettbewerbs beruht auf drei Grundannahmen: (1) Preisnehmerverhalten, (2) Produkthomogenität und (3) freier Markteintritt und -austritt. Diese Annahmen sind bereits an früherer Stelle dieses Buchs aufgetreten; hier werden sie zusammengefasst und ausführlich dargelegt.

Preisnehmerverhalten Viele Unternehmen stehen in einem Markt im Wettbewerb und folglich wird jedes Unternehmen mit einer bedeutenden Anzahl direkter Wettbewerber für seine Produkte konfrontiert. *Da allerdings jedes einzelne Unternehmen nur einen kleinen Anteil der Gesamtgütermenge des Marktes verkauft, haben dessen Entscheidungen keine Auswirkungen auf den Marktpreis.* Folglich nimmt jedes Unternehmen den *Marktpreis als gegeben* an; in vollkommenen Wettbewerbsmärkten sind Unternehmen **Preisnehmer**.

Nehmen wir beispielsweise an, Sie sind der Eigentümer eines kleinen Glühbirnen-Vertriebsgeschäfts, das Glühbirnen vertreibt. Sie kaufen die Glühbirnen vom Hersteller und verkaufen sie im Großhandel an kleine Geschäfte und Einzelhandelsmärkte. Leider sind Sie nur einer unter vielen konkurrierenden Großhändlern. Infolgedessen stellen Sie fest, dass nur wenig Spielraum für Verhandlungen mit Ihren Kunden besteht. Wenn Sie keinen Wettbewerbspreis anbieten – der auf dem Markt bestimmt wird –, werden ihre Kunden ihre Geschäfte anderweitig machen. Außerdem wissen Sie, dass die von Ihnen verkaufte Anzahl Glühbirnen nur geringe oder gar keine Auswirkungen auf den Großhandelspreis der Glühbirnen haben wird. Somit sind Sie ein Preisnehmer.

Die Annahme des Preisnehmerverhaltens trifft auf *Konsumenten* genauso zu wie auf Unternehmen. In einem vollkommenen Wettbewerbsmarkt kauft jeder Konsument einen so geringen Anteil des Branchenoutputs, dass er keinen Einfluss auf den Marktpreis hat und daher den Preis als gegeben annimmt.

Eine andere Möglichkeit, die Annahme des Preisnehmerverhaltens auszudrücken, besteht darin zu formulieren, dass es in dem Markt viele unabhängige Unternehmen und unabhängige Konsumenten gibt, die alle – korrekterweise – annehmen, dass ihre Entscheidungen den Marktpreis nicht beeinflussen.

Produkthomogenität Das Preisnehmerverhalten tritt normalerweise in Märkten auf, in denen die Unternehmen identische oder fast identische Produkte herstellen. Wenn die *Produkte aller Unternehmen in einem Markt gegeneinander vollkommen substituierbar sind* – d.h. wenn sie *homogen* sind –, kann kein Unternehmen den Preis seines Produktes über den Preis der anderen Unternehmen anheben, ohne dadurch einen Großteil seines Umsatzes oder seinen gesamten Umsatz zu verlieren. Die meisten landwirtschaftlichen Erzeugnisse sind homogen: Da die Produktqualität unter den Erzeugerbetrieben in einer Region relativ ähnlich ist, fragen die Käufer von Mais beispielsweise nicht, auf welchem Hof das Produkt angebaut wurde. Öl, Benzin und Rohstoffe wie Kupfer, Eisen, Holz, Baumwolle und Stahlblech sind ebenfalls recht homogen. Die Ökonomen bezeichnen homogene Produkte als *Waren*.

Wenn Produkte im Gegensatz zum eben beschriebenen Fall nicht homogen sind, hat jedes Unternehmen die Möglichkeit, seinen Preis über den Preis seiner Wettbewerber anzuheben, ohne seinen gesamten Umsatz zu verlieren. Eiskrems führender Marken, wie Häagen-Dazs, können beispielsweise zu höheren Preisen verkauft werden, da für Häagen-Dazs andere Zutaten verwendet werden und diese Eiskrem von vielen Konsumenten als qualitativ hochwertigeres Produkt angesehen wird.

Die Annahme der Produkthomogenität ist wichtig, da sie in Übereinstimmung mit der Angebot-Nachfrage-Analyse sicherstellt, dass es *einen einzigen Marktpreis* gibt.

Preisnehmer

Unternehmen, das keinen Einfluss auf den Marktpreis hat und folglich den Preis als gegeben annimmt.

8 Gewinnmaximierung und Wettbewerbsangebot

Freier Markteintritt und -austritt

Dieser besteht, wenn keine besonderen Kosten existieren, die einem Unternehmen den Eintritt in einen Markt oder das Verlassen dieses Marktes erschweren.

Freier Markteintritt und -austritt Diese dritte Annahme des **freien Markteintritts und -austritts** gibt an, dass es keine besonderen Kosten gibt, die einem neuen Unternehmen den Eintritt in eine Branche und die Produktion in dieser oder auch das Verlassen dieser Branche erschweren, wenn das Unternehmen keinen Gewinn erzielen kann. *Infolgedessen können die Käufer leicht von einem Anbieter zu einem anderen wechseln und Anbieter können in einen Markt eintreten oder diesen verlassen.*

Bei den speziellen Kosten, die den Markteintritt beschränken könnten, handelt es sich um Kosten, die ein Marktneuling übernehmen, die aber ein etabliertes Unternehmen nicht zahlen müsste. So ist beispielsweise die pharmazeutische Industrie kein vollkommener Wettbewerbsmarkt, da Merck, Pfizer und andere Unternehmen Patente halten, die ihnen exklusive Rechte auf die Produktion von Medikamenten einräumen. Jeder Marktneuling müsste entweder in Forschung und Entwicklung investieren, um seine eigenen wettbewerbsfähigen Produkte zu entwickeln, oder beträchtliche Lizenzgebühren an eines oder mehrere der bereits auf dem Markt befindlichen Unternehmen zahlen. Die Ausgaben für Forschung und Entwicklung oder die Lizenzgebühren könnten die Möglichkeiten eines Unternehmens begrenzen, in den Markt einzutreten. Desgleichen ist die Flugzeugindustrie nicht vollkommen kompetitiv, da für den Markteintritt enorme Investitionen in Produktionsstätten und Anlagen notwendig sind, die nur einen geringen oder gar keinen Wiederverkaufswert besitzen.

Die Annahme des freien Markteintritts und -austritts ist für einen effektiven Wettbewerb wichtig. Dies bedeutet, dass die Konsumenten leicht zu einem Konkurrenzunternehmen wechseln können, wenn der gegenwärtige Anbieter seine Preise erhöht. Für die Unternehmen bedeutet dies, dass ein Unternehmen, das eine Gewinnmöglichkeit wahrnimmt, frei in eine Branche eintreten und diese verlassen kann, wenn es Geld verliert. Folglich kann ein Unternehmen Arbeitskräfte einstellen und Kapital und Rohmaterialien nach Bedarf einkaufen, und es kann diese Produktionsfaktoren freisetzen oder verlegen, wenn es schließen oder seinen Sitz verlegen will.

Wenn diese drei Bedingungen des vollkommenen Wettbewerbs zutreffen, können Marktnachfrage- und Marktangebotskurven eingesetzt werden, um das Verhalten der Marktpreise zu analysieren. In den meisten Märkten treffen diese Annahmen wahrscheinlich nicht genau zu. Dies bedeutet allerdings nicht, dass das Modell des vollkommenen Wettbewerbs nicht nützlich ist. Einige Märkte kommen der Erfüllung unserer Annahmen tatsächlich nahe. Aber selbst wenn eine oder mehrere dieser drei Annahmen nicht zutreffen, so dass ein Markt nicht vollkommen kompetitiv ist, kann aus Vergleichen mit dem vollkommen kompetitiven Ideal viel gelernt werden.

8.1.1 Wann ist ein Markt höchst kompetitiv?

In § 2.4 wird erklärt, dass die Nachfrage preiselastisch ist, wenn der prozentuale Rückgang der nachgefragten Menge größer als der prozentuale Anstieg des Preises ist.

Mit Ausnahme der landwirtschaftlichen Märkte sind nur weniger Märkte in der echten Welt *vollkommen* kompetitiv in dem Sinn, dass jedes Unternehmen mit einer vollkommen horizontalen Nachfragekurve für ein homogenes Produkt in einer Branche mit freiem Markteintritt und -austritt konfrontiert wird. Trotzdem sind viele Märkte *höchst* kompetitiv in dem Sinn, dass die Unternehmen sich äußerst elastischen Nachfragekurven gegenübersehen und relativ leicht eintreten und austreten können.

Eine einfache Faustregel, um zu beschreiben, ob ein Markt ein nahezu vollkommener Wettbewerbsmarkt ist, wäre sehr schön. Leider gibt es keine solche Faustregel, und es ist wichtig zu verstehen, warum dies so ist. Betrachten wir den offensichtlichsten Kandidaten: eine Branche mit vielen Unternehmen (beispielsweise mindestens 10 bis 20). Da sich Unternehmen bei der Preisfestsetzung implizit oder explizit verabreden können, ist allein das Vorhandensein vieler Unternehmen nicht ausreichend, damit sich eine Branche dem vollkommenen Wettbewerb annähert. Im umgekehrten Fall wird durch die Existenz von nur wenigen Unternehmen in einem Markt Wettbewerbsverhalten nicht ausgeschlossen. Nehmen wir an, dass nur drei Unternehmen auf einem Markt bestehen, aber die Marktnachfrage nach dem Produkt sehr elastisch ist. In einem solchen Fall ist die Nachfragekurve, mit der jedes der Unternehmen konfrontiert wird, wahrscheinlich beinahe elastisch und die Unternehmen werden sich verhalten, *als ob* sie auf einem vollkommenen Wettbewerbsmarkt agieren. Selbst wenn die Marktnachfrage nicht sehr elastisch ist, könnten diese Unternehmen sehr aggressiv konkurrieren (wie wir in Kapitel 13 aufzeigen werden). Die dabei zu berücksichtigende, wichtige Tatsache ist, dass, obwohl sich die Unternehmen in vielen Situationen wie Wettbewerber verhalten, kein einfacher Indikator existiert, der angibt, wann ein Markt höchst kompetitiv ist. Oftmals ist es notwendig, sowohl die Unternehmen selbst als auch ihre strategischen Wechselwirkungen zu untersuchen, wie wir dies in den Kapitel 12 und 13 tun werden.

8.2 Die Gewinnmaximierung

Im Folgenden wenden wir uns der Analyse der Gewinnmaximierung zu. In diesem Abschnitt stellen wir die Frage, ob die Unternehmen in der Tat danach streben, den Gewinn zu maximieren. Im Anschluss daran, in Abschnitt 8.3, wird eine Regel beschrieben, die von jedem Unternehmen – unabhängig davon, ob es in einem Wettbewerbsmarkt agiert oder nicht – zur Ermittlung des gewinnmaximierenden Produktionsniveaus eingesetzt werden kann. Dann werden wir den Spezialfall eines Unternehmens in einem Wettbewerbsmarkt untersuchen. Wir unterscheiden die Nachfragekurve, mit der ein Wettbewerbsunternehmen konfrontiert wird, von der Marktnachfragekurve und verwenden diese Informationen zur Beschreibung der Gewinnmaximierungsregel eines Wettbewerbsunternehmens.

8.2.1 Maximieren Unternehmen ihre Gewinne?

Die Annahme der *Gewinnmaximierung* wird in der Mikroökonomie häufig eingesetzt, da damit das Verhalten der Unternehmen mit angemessener Genauigkeit vorhergesagt werden kann und unnötige analytische Komplikationen vermieden werden. Allerdings ist die Frage, ob Unternehmen danach streben, ihre Gewinne zu maximieren, umstritten.

Bei kleineren Unternehmen, die von ihren Eigentümern geleitet werden, dominiert wahrscheinlich der Gewinn bei fast allen Entscheidungen. Bei größeren Unternehmen stehen die Führungskräfte, die Routineentscheidungen treffen, allerdings normalerweise wenig im Kontakt mit den Eigentümern (d.h. den Aktionären). Infolgedessen können die Eigentümer das Verhalten der Führungskräfte des Unternehmens nicht regelmäßig überwachen. Somit steht den Führungskräften ein gewisser Spielraum bei der Unternehmensführung zur Verfügung, und sie können vom gewinnmaximierenden Verhalten abweichen.

Die Führungskräfte können sich eventuell mehr mit Zielen wie der Umsatzmaximierung, der Umsatzsteigerung oder der Zahlung von Dividenden zur Zufriedenstellung der Aktionäre beschäftigen. Sie könnten sich auch auf Kosten der längerfristigen Gewinne übermäßig auf die kurzfristigen Gewinne konzentrieren (vielleicht um befördert zu werden oder eine Prämie zu erhalten), obwohl die langfristige Gewinnmaximierung den Interessen der Aktionäre besser dient.[1] Da die Beschaffung von technischen und Marketinginformationen teuer ist, arbeiten die Manager mitunter mit Hilfe von Faustregeln, für die keine vollkommenen Informationen notwendig sind. Gelegentlich verfolgen sie auch Strategien zum Beteiligungserwerb und/ oder zum Wachstum, die erheblich riskanter sind, als den Eigentümern des Unternehmens unter Umständen recht ist.

Der Anstieg der Anzahl von Konkursen von Unternehmen, insbesondere in den Bereichen Internet, Telekommunikation und Energie, in der letzten Zeit in Verbindung mit dem schnellen Anstieg der Gehälter von Geschäftsführern hat Fragen nach den Motiven der Führungskräfte in großen Unternehmen aufgeworfen. Dies sind wichtige Themen, denen wir uns in Kapitel 17 zuwenden werden, wenn die Anreize für Manager und Eigentümer detailliert erörtert werden. Für den Moment ist es wichtig zu erkennen, dass die Freiheit eines Managers, andere Ziele als die langfristige Gewinnmaximierung zu verfolgen, begrenzt ist. Wenn die Führungskräfte in der Tat solche Ziele verfolgen, können sie durch die Aktionäre oder den Aufsichtsrat ausgetauscht oder das Unternehmen kann durch eine neue Geschäftsführung übernommen werden. Auf jeden Fall ist es unwahrscheinlich, dass Unternehmen, die ihre Gewinne nicht annähernd maximieren, überleben. Unternehmen, die in Wettbewerbsbranchen überleben, machen die langfristige Gewinnmaximierung zu einer ihrer höchsten Prioritäten.

Folglich ist unsere Arbeitshypothese der Gewinnmaximierung einleuchtend. Unternehmen, die schon seit langer Zeit im Geschäft sind, konzentrieren sich wahrscheinlich sehr auf die Gewinne – unabhängig davon, was ihre Führungskräfte darüber hinaus zu tun scheinen. So kann beispielsweise ein Unternehmen, das das öffentliche Fernsehen unterstützt, gemeinnützig und uneigennützig erscheinen. Allerdings liegt diese Wohltätigkeit wahrscheinlich im langfristigen finanziellen Interesse des Unternehmens, da durch diese Spenden ein ideeller Wert geschaffen wird.

8.2.2 Alternative Formen der Organisation

Kooperative

Zusammenschluss von Unternehmen oder Personen, der sich im gemeinschaftlichen Eigentum der Mitglieder befindet und zum gegenseitigen Vorteil betrieben wird.

Nachdem wir nun die Tatsache unterstrichen haben, dass die Gewinnmaximierung eine grundlegende Annahme in den meisten wirtschaftlichen Analysen des Verhaltens von Unternehmen bildet, wollen wir im Folgenden eine wichtige Einschränkung dieser Annahme betrachten: Einige Formen von Unternehmen haben Zielsetzungen, die sich relativ deutlich von der Gewinnmaximierung unterscheiden. Eine wichtige Form solcher Organisationen bildet die **Kooperative** – ein Zusammenschluss von Unternehmen oder Menschen, der sich im gemeinschaftlichen Besitz der Mitglieder befindet und von diesen zum gegenseitigen Nutzen betrieben wird. So könnten beispielsweise mehrere landwirtschaftliche Betriebe eine Genossenschaftsvereinbarung schließen, durch die sie ihre Ressourcen zusammenlegen

---

[1] Um dies genauer zu formulieren, ist die Maximierung des Marktwertes des Unternehmens ein angemesseneres Ziel als die Gewinnmaximierung, da der Marktwert den Gewinnstrom umfasst, den das Unternehmen im Laufe der Zeit erzielt. Dieser Strom der gegenwärtigen und zukünftigen Gewinne liegt im direkten Interesse der Aktionäre.

können, um Milch an die Verbraucher zu vertreiben und zu vermarkten. Da jedes teilnehmende Mitglied der Milchkooperative eine unabhängige wirtschaftliche Einheit ist, wird jeder landwirtschaftliche Betrieb so handeln, dass er seinen eigenen Gewinn (anstelle der Gewinne der Genossenschaft insgesamt) maximiert und dabei die Vereinbarung zum gemeinsamen Marketing und Vertrieb als gegeben ansehen. Derartige Kooperationsvereinbarungen finden sich häufig auf landwirtschaftlichen Märkten.

In vielen Gemeinden oder Städten kann man einer Lebensmittelgenossenschaft beitreten, deren Ziel darin besteht, den Mitgliedern Lebensmittel und andere Gemischtwaren zu den niedrigstmöglichen Kosten zur Verfügung zu stellen. Normalerweise sieht eine solche Lebensmittelgenossenschaft aus wie ein Geschäft oder ein kleiner Supermarkt. Der Einkauf in diesen Genossenschaften ist entweder auf die Mitglieder beschränkt oder es kann dort jeder einkaufen und die Mitglieder erhalten Rabatte. Die Preise sind so festgesetzt, dass die Gesellschaft finanzielle Verluste vermeidet, Gewinne sind allerdings nebensächlich und werden an die Mitglieder (normalerweise proportional zu deren Einkäufen) weitergegeben.

Wohnungsgenossenschaften oder Bauvereine bilden ein weiteres Beispiel für diese Form der Organisation. Bei der Genossenschaft kann es sich um einen Wohnblock handeln, dessen Grundstück und Gebäude im Besitz einer Gesellschaft stehen. Die in dem Gebäude wohnenden Mitglieder der Genossenschaft halten Anteile der Gesellschaft, die mit dem Recht verbunden sind, eine Einheit zu nutzen – eine Vereinbarung, die stark einem langfristigen Mietvertrag ähnelt. Die Genossenschaftsmitglieder können sich auf verschiedene Art und Weise an der Verwaltung ihres Gebäudes beteiligen: Sie können gesellschaftliche Veranstaltungen organisieren, sich um die Finanzen kümmern oder sogar entscheiden, wer ihre Nachbarn werden. Wie bei anderen Arten von Genossenschaften besteht auch hier das Ziel nicht in der Gewinnmaximierung sondern darin, den Mitgliedern der Genossenschaft qualitativ hochwertigen Wohnraum zu den geringstmöglichen Kosten zu bieten.

Eine ähnliche Form der Organisation von Wohneigentum ist die **Eigentumswohnung**. Eine Eigentumswohnung ist eine Wohneinheit (eine Wohnung, ein Reihenhaus oder eine andere Immobilienform), die im Einzelbesitz steht, bei der allerdings die Nutzung von gemeinschaftlichen Einrichtungen (wie z.B. Korridoren, Heizung, Fahrstühlen und Außenanlagen) sowie der Zugang zu diesen gemeinsam von einer Eigentümergesellschaft verwaltet wird. Dabei teilen sich die Eigentümer auch die Kosten für die Wartung und den Betrieb der Gemeinschaftseinrichtungen. Verglichen mit einer Genossenschaft hat eine Eigentumswohnung, wie in Beispiel 8.1 dargestellt wird, den wichtigen Vorteil, dass die Verwaltung vereinfacht wird.

Eigentumswohnung

Eine Wohneinheit, die sich im Einzelbesitz befindet, aber Zugang zu gemeinschaftlichen Einrichtungen bietet, die von einer Eigentümergemeinschaft bezahlt und verwaltet werden.

8 Gewinnmaximierung und Wettbewerbsangebot

Beispiel 8.1: Eigentumswohnungen im Vergleich zu Wohnungsgenossenschaften in New York

Während die Besitzer von Eigentumswohnungen im Hinblick auf die Verwaltung der Gemeinschaftsräume (z.B. Eingangsbereiche) mit den anderen Besitzern von Eigentumswohnungen zusammenarbeiten müssen, können sie ihre eigenen Entscheidungen im Hinblick darauf treffen, wie ihre eigene Wohneinheit verwaltet werden soll, um den größtmöglichen Wert zu erzielen. Im Gegensatz dazu teilen die Genossenschaften die Haftung für jegliche offene Hypothek auf das Genossenschaftsgebäude und unterliegen komplexeren Verwaltungsvorschriften. Obwohl allerdings ein Großteil der Verwaltung normalerweise an einen Vorstand delegiert wird, der alle Genossenschaftsmitglieder vertritt, müssen die Mitglieder häufig beträchtliche Zeit für die Verwaltung des Vereins aufwenden. Außerdem können Eigentümer von Eigentumswohnungen ihre Einheiten zu jeder Zeit und an jeden Käufer veräußern, für den sie sich entscheiden, während die Genossenschaftsmitglieder die Zustimmung des Vorstands einholen müssen, bevor ein Verkauf stattfinden kann.

In den USA insgesamt sind Eigentumswohnungen mit einem Faktor von 10 zu 1 viel weiter verbreitet als Genossenschaftswohnungen. In dieser Hinsicht unterscheidet sich allerdings die Stadt New York stark vom Rest des Landes – hier sind Genossenschaftswohnungen populärer und übersteigen die Anzahl der Eigentumswohnungen um einen Faktor von 4 zu 1. Wie erklärt sich die Popularität von Wohnungsgenossenschaften in New York? Ein Teil der Begründung ist historischer Natur. Die Wohnungsgenossenschaften sind in den USA eine viel ältere Organisationsform, die bis in die Mitte des 19. Jahrhunderts zurückreicht, während die Entwicklung der Eigentumswohnungen erst Mitte der 1960er Jahre begann – zu einem Zeitpunkt, zu dem eine große Anzahl von Gebäuden in New York bereits Wohnungsgenossenschaften waren. Außerdem schrieb die Bauordnung in New York die Baugenossenschaft als Verwaltungsstruktur vor, während in anderen Teilen des Landes Eigentumswohnungen an Beliebtheit zunahmen.

Dies ist allerdings mittlerweile Geschichte. Die Baubeschränkungen in New York wurden vor langer Zeit abgeschafft und trotzdem ging die Umwandlung von Genossenschaftswohnungen hin zu Eigentumswohnungen vergleichsweise langsam vonstatten. Warum war das so? Eine neuere Studie bietet einige interessante Antworten auf diese Frage.[2] Die Autoren dieser Studie haben festgestellt, dass eine typische Eigentumswohnung einen um ca. 15,5 Prozent höheren Wert als eine äquivalente Genossenschaftswohnung hat. Offensichtlich bildet der Besitz einer Wohnung in Form einer Genossenschaftswohnung nicht die beste Möglichkeit zur Maximierung des Wertes der Wohnung. Allerdings können die Genossenschaftsmitglieder bei einem Verkauf selektiver bei der Auswahl ihrer Nachbarn vorgehen – und dies scheint etwas zu sein, das den New Yorkern sehr wichtig ist. Anscheinend sind in New York viele Eigentümer bereit gewesen, auf beträchtliche Geldbeträge zu verzichten, um nichtmonetäre Vorteile zu erzielen.

---

[2] Michael H. Schill, Ioan Voicu und Jonathan Miller, *The Condominium v. Cooperative Puzzle: An Empirical Analysis of Housing in New York City,* NYU Law & Economics Research Paper No. 04-003, 10. Februar 2004.

8.3 Grenzerlös, Grenzkosten und die Gewinnmaximierung

Wir kehren jetzt zu unserer Arbeitshypothese der Gewinnmaximierung zurück und untersuchen die Folgen dieses Ziels für den Betrieb eines Unternehmens. Zu Beginn betrachten wir die gewinnmaximierende Entscheidung über den Output eines *beliebigen* Unternehmens, unabhängig davon, ob das Unternehmen in einem vollkommenen Wettbewerbsmarkt agiert oder ein Unternehmen ist, das den Preis beeinflussen kann. Da der **Gewinn** die Differenz zwischen dem (Gesamt-)Erlös und den (Gesamt-)Kosten darstellt, müssen zur Bestimmung des gewinnmaximierenden Produktionsniveaus des Unternehmens dessen Erlöse analysiert werden. Nehmen wir an, das Unternehmen produziert den Output Q und erzielt den Erlös E. Dieser Erlös ist gleich dem Preis des Produktes P mal der Anzahl der verkauften Einheiten: $E = Pq$. Die Produktionskosten C hängen ebenfalls vom Produktionsniveau ab. Der Gewinn des Unternehmens π ist gleich der Differenz zwischen dem Erlös und den Kosten:

$$\pi(q) = E(q) - C(q)$$

> **Gewinn**
>
> Differenz zwischen dem Gesamterlös und den Gesamtkosten.

(In diesem Fall zeigen wir explizit, dass π, E und C von der Gütermenge abhängen. Normalerweise lassen wir diesen Hinweis aus.)

Zur Gewinnmaximierung wählt das Unternehmen den Output, bei dem die Differenz zwischen dem Erlös und den Kosten am größten ist. Dieses Prinzip wird in Abbildung 8.1 dargestellt. Der Erlös $E(q)$ ist eine Kurve, die die Tatsache widerspiegelt, dass das Unternehmen ein größeres Produktionsniveau nur durch eine Senkung seines Preises verkaufen kann. Die Steigung dieser Erlöskurve ist der **Grenzerlös**: die aus einer Steigerung des Outputs um eine Einheit resultierende Erlösänderung.

> **Grenzerlös**
>
> Aus einer Steigerung des Outputs um eine Einheit resultierende Erlösänderung.

Außerdem wird die Gesamtkostenkurve $C(q)$ dargestellt. Die Steigung dieser Kurve, die die zusätzlichen Kosten der Produktion einer zusätzlichen Outputeinheit misst, sind die *Grenzkosten* des Unternehmens. Dabei ist zu beachten, dass die Gesamtkosten $C(q)$ positiv sind, wenn der Output gleich null ist, da kurzfristig Fixkosten bestehen.

Bei dem in Abbildung 8.1 dargestellten Unternehmen sind die Gewinne bei niedrigen Produktionsniveaus negativ, da der Erlös zur Abdeckung der Fixkosten und der variablen Kosten nicht ausreicht. Wenn der Output steigt, erhöht sich der Erlös schneller als die Kosten, so dass der Gewinn schließlich positiv wird. Der Gewinn steigt weiter, bis der Output das Niveau q^* erreicht. In diesem Punkt sind der Grenzerlös und die Grenzkosten gleich, und der vertikale Abstand zwischen dem Erlös und den Kosten AB ist am größten. q^* ist das gewinnmaximierende Produktionsniveau. Dabei ist zu beachten, dass bei Produktionsniveaus über q^* die Kosten schneller steigen als der Erlös – d.h. der Grenzerlös ist niedriger als die Grenzkosten. Folglich sinkt der Gewinn unter sein Maximum, wenn der Output sich über q^* erhöht.

8 Gewinnmaximierung und Wettbewerbsangebot

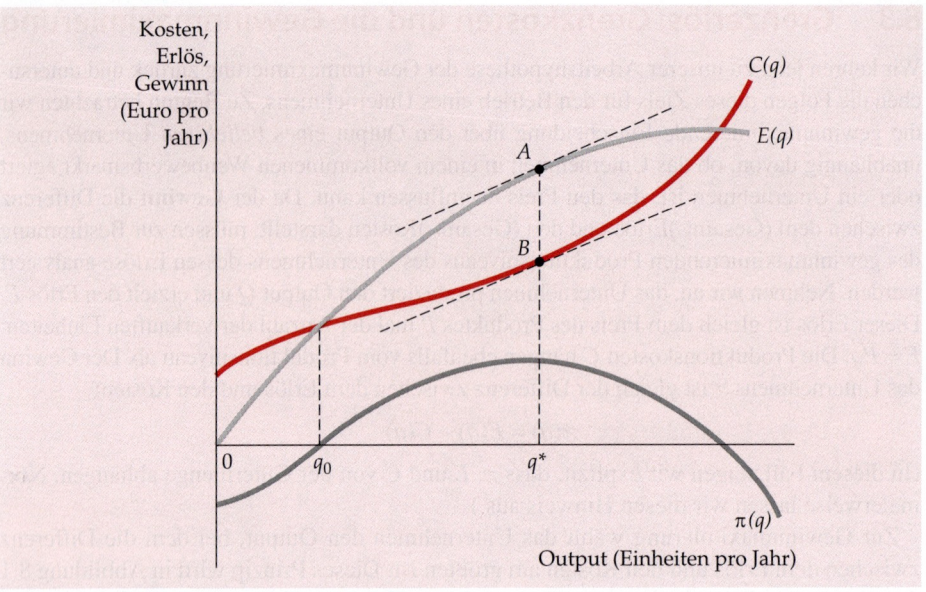

Abbildung 8.1: Die kurzfristige Gewinnmaximierung
Ein Unternehmen wählt den Output q^* so, dass der Gewinn, die Differenz AB zwischen dem Erlös E und den Kosten C, maximiert wird. Bei diesem Output ist der Grenzerlös (die Steigung der Erlöskurve) gleich den Grenzkosten (der Steigung der Kostenkurve).

Die Regel, die besagt, dass der Gewinn maximiert wird, wenn der Grenzerlös gleich den Grenzkosten ist, trifft auf alle Unternehmen zu, unabhängig davon, ob es sich um Wettbewerbsunternehmen handelt oder nicht. Diese wichtige Regel kann auch algebraisch hergeleitet werden. Der Gewinn $\pi = E - C$ wird in dem Punkt maximiert, in dem eine zusätzliche Outputsteigerung den Gewinn nicht ändert (d.h. $\Delta\pi/\Delta q = 0$):

$$\Delta\pi/\Delta q = \Delta E/\Delta q - \Delta C/\Delta q = 0$$

$\Delta E/\Delta q$ ist der Grenzerlös GE und $\Delta C/\Delta q$ sind die Grenzkosten GK. Folglich können wir schlussfolgern, dass der Gewinn maximiert wird, wenn gilt GE − GK = 0, so dass gilt:

$$GE(q) = GK(q)$$

8.3.1 Die Nachfrage und der Grenzerlös bei einem Wettbewerbsunternehmen

Da in einer Wettbewerbsbranche jedes Unternehmen nur einen kleinen Anteil des gesamten Branchenumsatzes erzielt, *wird die Größe der Gütermenge, die das Unternehmen zu verkaufen beschließt, keine Auswirkungen auf den Marktpreis des Produktes haben*. Der Marktpreis wird durch die Branchennachfrage- und Branchenangebotskurve bestimmt. Folglich ist ein Wettbewerbsunternehmen ein *Preisnehmer*. Wir erinnern uns, dass das Preisnehmerverhalten eine der grundlegenden Annahmen des vollkommenen Wettbewerbs war. Ein preisnehmendes Unternehmen weiß, dass seine Produktionsentscheidung keine Auswirkungen auf den Preis des Produktes haben wird. Wenn beispielsweise ein Bauer

8.3 Grenzerlös, Grenzkosten und die Gewinnmaximierung

entscheidet, wie viele Morgen Weizen er in einem bestimmten Jahr anbauen will, kann er den Weizenpreis – zum Beispiel in Höhe von €4 pro Scheffel – als gegeben betrachten. Dieser Preis wird durch seine Entscheidung über die Anbaufläche nicht beeinflusst.

Oft will man zwischen den Marktnachfragekurven und den Nachfragekurven, mit denen einzelne Unternehmen konfrontiert werden, unterscheiden. In diesem Kapitel werden wir den Output und die Nachfrage des *Marktes* mit Großbuchstaben (Q und D) und den Output und die Nachfrage des *Unternehmens* mit kleinen Buchstaben (q und d) bezeichnen.

Da ein einzelnes Wettbewerbsunternehmen ein Preisnehmer ist, wird die Nachfragekurve d, mit der es konfrontiert wird, als horizontale Linie dargestellt. In Abbildung 8.2(a) entspricht die Nachfragekurve des Bauern einem Preis von €4 pro Scheffel Weizen. Auf der horizontalen Achse wird die Weizenmenge abgetragen, die der Bauer verkaufen kann, und auf der vertikalen Achse wird der Preis gemessen.

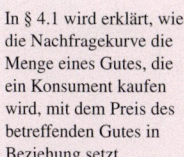

In § 4.1 wird erklärt, wie die Nachfragekurve die Menge eines Gutes, die ein Konsument kaufen wird, mit dem Preis des betreffenden Gutes in Beziehung setzt.

Vergleichen wir nun die Nachfragekurve, der sich das Unternehmen (in unserem Beispiel der Bauer) in Abbildung 8.2(a) gegenüber sieht, mit der Marktnachfragekurve D in Abbildung 8.2(b). Die Marktnachfragekurve gibt an, wie viel Weizen *alle Konsumenten* zu jedem möglichen Preis kaufen. Sie ist negativ geneigt, da die Konsumenten zu einem niedrigeren Preis mehr kaufen. Die Nachfragekurve, der sich das Unternehmen gegenüber sieht, verläuft allerdings horizontal, da die Verkäufe des Unternehmens keine Auswirkungen auf den Preis haben. Nehmen wir an, das Unternehmen erhöht seine Verkäufe von 100 auf 200 Scheffel Weizen. Dies hätte fast keinerlei Auswirkungen auf den Markt, da die in der Branche produzierte Menge Weizen 100 Millionen Scheffel beträgt. Der Preis wird durch das Zusammenwirken aller Unternehmen und Konsumenten auf dem Markt, nicht durch die Produktionsentscheidung eines einzelnen Unternehmens bestimmt.

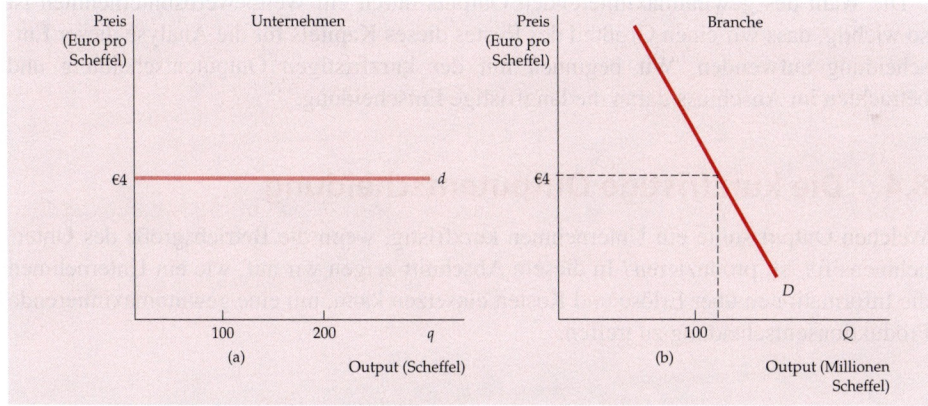

Abbildung 8.2: Die Nachfragekurve, der sich ein Wettbewerbsunternehmen gegenüber sieht
Ein Wettbewerbsunternehmen liefert nur einen kleinen Anteil des Gesamtoutputs aller Unternehmen in einer Branche. Folglich nimmt das Unternehmen den Marktpreis des Produktes als gegeben an und wählt seinen Output auf der Grundlage der Annahme, dass der Preis durch die Produktionsentscheidung nicht beeinflusst wird. In **(a)** ist die Nachfragekurve, mit der das Unternehmen konfrontiert wird, vollkommen elastisch, obwohl die Marktnachfragekurve in **(b)** negativ geneigt ist.

Aus dem gleichen Grund kann ein einzelnes Unternehmen, wenn es mit einer horizontalen Nachfragekurve konfrontiert wird, eine zusätzliche Outputeinheit verkaufen, ohne den Preis zu senken. Infolgedessen steigt der *Gesamterlös* des Unternehmens, wenn eine zusätzliche Einheit verkauft wird, um einen mit dem Preis identischen Betrag: Durch einen für €4 verkauften Scheffel Weizen wird ein zusätzlicher Erlös von €4 geschaffen. Daher beträgt der Grenzerlös konstant €4. Gleichzeitig beträgt auch der von dem Unternehmen erzielte *Durchschnittserlös* €4, da jeder produzierte Scheffel Weizen zu einem Preis von €4 verkauft wird. Folglich gilt:

> Die Nachfragekurve d, der sich ein einzelnes Unternehmen in einem Wettbewerbsmarkt gegenüber sieht, ist sowohl dessen Durchschnittserlöskurve als auch dessen Grenzerlöskurve. Entlang dieser Nachfragekurve sind der Grenzerlös, der Durchschnittserlös und der Preis gleich.

8.3.2 Die Gewinnmaximierung eines Wettbewerbsunternehmens

Da die Nachfragekurve, mit der ein Wettbewerbsunternehmen konfrontiert wird, horizontal verläuft, so dass GE = P gilt, kann die auf alle Unternehmen zutreffende, allgemeine Regel für die Gewinnmaximierung vereinfacht werden. Ein vollkommen kompetitives Unternehmen sollte seinen Output so auswählen, dass die *Grenzkosten gleich dem Preis* sind:

$$\text{GK}(q) = \text{GE} = P$$

Dabei ist zu beachten, dass es sich hierbei um eine Regel für die Bestimmung der Gütermenge und nicht für die Bestimmung des Preises handelt, da Wettbewerbsunternehmen den Preis als fix annehmen.

Die Wahl des gewinnmaximierenden Outputs durch ein Wettbewerbsunternehmen ist so wichtig, dass wir einen Großteil des Restes dieses Kapitels für die Analyse dieser Entscheidung aufwenden. Wir beginnen mit der kurzfristigen Outputentscheidung und betrachten im Anschluss daran die langfristige Entscheidung.

8.4 Die kurzfristige Outputentscheidung

Welchen Output sollte ein Unternehmen kurzfristig, wenn die Betriebsgröße des Unternehmens fix ist, produzieren? In diesem Abschnitt zeigen wir auf, wie ein Unternehmen die Informationen über Erlöse und Kosten einsetzen kann, um eine gewinnmaximierende Produktionsentscheidung zu treffen.

8.4.1 Die kurzfristige Gewinnmaximierung eines Wettbewerbsunternehmens

Die Grenz-, Durchschnitts- und Gesamtkosten werden in § 7.1 erörtert.

Kurzfristig arbeitet das Unternehmen mit einer fixen Kapitalmenge und muss die Niveaus seiner variablen Produktionsfaktoren (Arbeit und Rohstoffe) so wählen, dass der Gewinn maximiert wird. In Abbildung 8.3 wird die kurzfristige Entscheidung des Unternehmens dargestellt. Die Durchschnitts- und Grenzerlöskurven werden als horizontale Gerade bei einem Preis von €40 eingezeichnet. In dieser Abbildung wurden die durchschnittliche Gesamtkostenkurve TDK, die durchschnittliche variable Kostenkurve VDK und die Grenzkostenkurve GK eingezeichnet, so dass der Gewinn des Unternehmens leichter zu erkennen ist.

8.4 Die kurzfristige Outputentscheidung

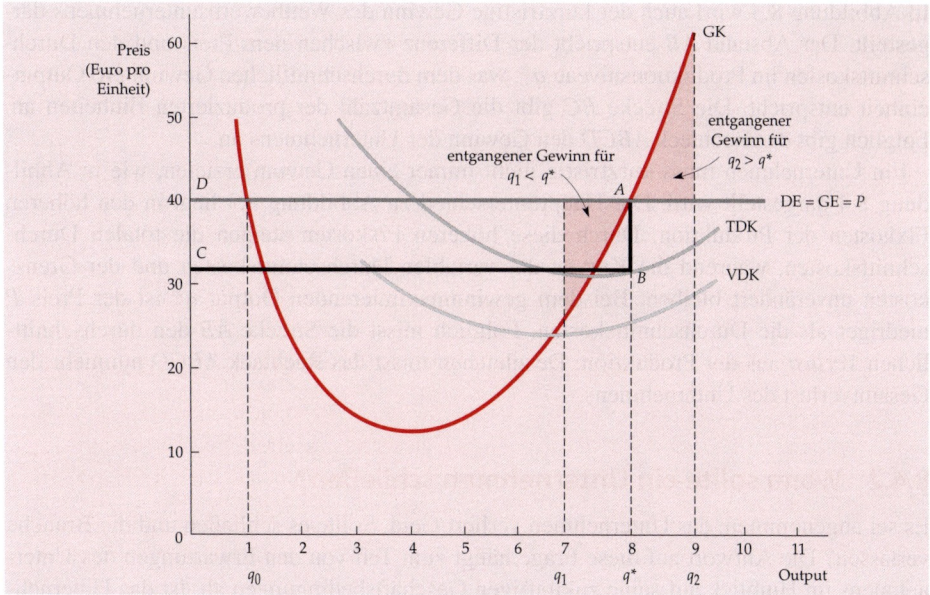

Abbildung 8.3: Ein Wettbewerbsunternehmen mit positivem Gewinn
Kurzfristig maximiert das Wettbewerbsunternehmen seinen Gewinn, indem es einen Output q^* auswählt, bei dem seine Grenzkosten GK gleich dem Preis P (oder dem Grenzerlös GE) seines Produktes ist. Der Gewinn des Unternehmens wird durch das Rechteck $ABCD$ gemessen. Jeder niedrigere Output q_1 oder jeder höhere Output q_2 führt zu einem niedrigeren Gewinn.

Der Gewinn wird im Punkt A maximiert, in dem der Output $q^* = 8$ ist und der Preis €40 beträgt, da der Grenzerlös in diesem Punkt gleich den Grenzkosten ist. Um zu verstehen, dass $q^* = 8$ tatsächlich der gewinnmaximierende Output ist, beachten wir, dass bei einem niedrigeren Output, beispielsweise $q_1 = 7$, der Grenzerlös höher ist als die Grenzkosten; folglich könnte der Gewinn durch eine Erhöhung des Outputs gesteigert werden. Der schattierte Bereich zwischen $q_1 = 7$ und q^* gibt den mit der Produktion von q_1 verbundenen, verlorenen Gewinn an. Bei einem höheren Output, beispielsweise q_2, sind die Grenzkosten höher als der Grenzerlös; folglich werden durch eine Verringerung des Outputs Kosten eingespart, die die Erlöskürzung übersteigen. Der schattierte Bereich zwischen q^* und $q_2 = 9$ stellt den mit der Produktion von q_2 verbundenen, verlorenen Gewinn dar. Bei einem Output von $q^* = 8$ wird der Gewinn durch die Fläche des Rechtecks $ABCD$ angegeben.

Die Kurven GE und GK schneiden sich bei einem Output q_0 sowie q^*. Bei q_0 wird allerdings der Gewinn offensichtlich nicht maximiert. Durch eine Erhöhung des Outputs über q_0 wird der Gewinn gesteigert, da die Grenzkosten deutlich unter dem Grenzerlös liegen. Aus diesem Grund kann die Bedingung für die Gewinnmaximierung wie folgt angegeben werden: *Der Grenzerlös ist in einem Punkt, in dem die Grenzkostenkurve ansteigt, gleich den Grenzkosten.* Diese Schlussfolgerung ist von großer Bedeutung, da sie auf Produktionsentscheidungen von Unternehmen zutrifft, die vollkommen kompetitiv sein können oder auch nicht. Dies kann wie folgt umformuliert werden:

Outputregel: Wenn ein Unternehmen überhaupt einen Output produziert, sollte es auf dem Niveau produzieren, auf dem der Grenzerlös gleich den Grenzkosten ist.

In Abbildung 8.3 wird auch der kurzfristige Gewinn des Wettbewerbsunternehmens dargestellt. Der Abstand AB entspricht der Differenz zwischen dem Preis und den Durchschnittskosten im Produktionsniveau q^*, was dem durchschnittlichen Gewinn pro Outputeinheit entspricht. Die Strecke BC gibt die Gesamtzahl der produzierten Einheiten an. Folglich gibt das Rechteck ABCD den Gewinn des Unternehmens an.

Ein Unternehmen muss kurzfristig nicht immer einen Gewinn erzielen, wie in Abbildung 8.4 dargestellt wird. Der Hauptunterschied zu Abbildung 8.3 liegt in den höheren Fixkosten der Produktion. Durch diese höheren Fixkosten steigen die totalen Durchschnittskosten, während die Kurven der variablen Durchschnittskosten und der Grenzkosten unverändert bleiben. Bei dem gewinnmaximierenden Output q^* ist der Preis P niedriger als die Durchschnittskosten. Folglich misst die Strecke AB den durchschnittlichen *Verlust* aus der Produktion. Desgleichen misst das Rechteck ABCD nunmehr den Gesamtverlust des Unternehmens.

8.4.2 Wann sollte ein Unternehmen schließen?

In § 7.1 wurde erörtert, dass die ökonomischen Kosten die Kosten eines Unternehmens für die Nutzung der Ressourcen in der Produktion, einschließlich deren Opportunitätskosten sind.

Es sei angenommen, das Unternehmen verliert Geld. Sollte es schließen und die Branche verlassen? Die Antwort auf diese Frage hängt zum Teil von den Erwartungen des Unternehmens im Hinblick auf seine zukünftigen Geschäftsbedingungen ab. Ist das Unternehmen überzeugt davon, dass sich die Bedingungen verbessern werden und dass das Geschäft in der Zukunft profitabel sein wird, kann es Sinn machen, kurzfristig auch bei Verlusten weiterzuarbeiten. Nehmen wir aber für den Moment an, dass das Unternehmen erwartet, dass der Preis seines Produkts in der vorhersehbaren Zukunft gleich bleiben wird. Was sollte das Unternehmen dann tun?

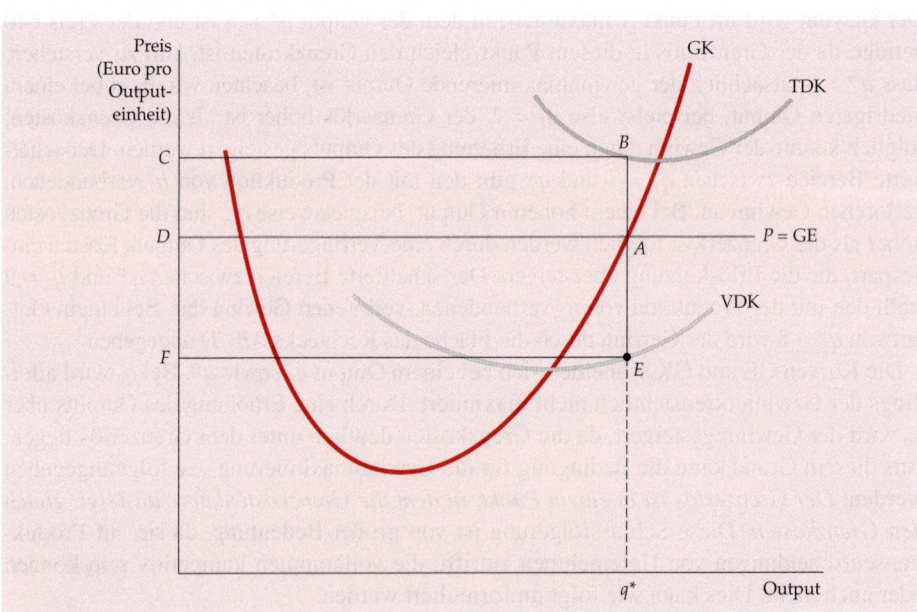

Abbildung 8.4: Ein Wettbewerbsunternehmen, dem Verluste entstehen
Ein Wettbewerbsunternehmen sollte schließen, wenn der Preis unter TDK liegt. Das Unternehmen kann kurzfristig weiterhin produzieren, wenn der Preis höher ist als die variablen Durchschnittskosten.

Hierbei ist zu beachten, dass das Unternehmen Geld verliert, wenn sein Preis geringer ist als die durchschnittlichen Gesamtkosten beim gewinnmaximierenden Output $q*$. In diesem Fall sollte das Unternehmen schließen und die Branche verlassen, wenn nur geringe Chancen bestehen, dass sich die Bedingungen verbessern werden. Diese Entscheidung ist wie in Abbildung 8.4 dargestellt selbst dann angemessen, wenn der Preis höher ist als die variablen Durchschnittskosten. Falls das Unternehmen weiter produziert, minimiert es seine Verluste beim Output $q*$, macht aber weiter Verluste anstatt Gewinne, da der Preis unterhalb der durchschnittlichen Gesamtkosten liegt. An dieser Stelle ist auch zu beachten, dass in Abbildung 8.4 aufgrund des Bestehens von Fixkosten die durchschnittlichen Gesamtkosten die variablen Durchschnittskosten übersteigen und dass auch die durchschnittlichen Gesamtkosten den Preis übersteigen, so dass das Unternehmen in der Tat Geld verliert. Es sei daran erinnert, dass sich die Fixkosten nicht mit der Höhe des Outputs verändern, sondern dass sie nur eliminiert werden können, wenn das Unternehmen schließt. (Zu den Beispielen für *Fixkosten* gehören die Gehälter der Manager des Werks und des Sicherheitspersonals sowie die Stromkosten für Beleuchtung und Heizung.)

> In § 7.1 wird erörtert, dass Fixkosten laufende Kosten sind, die sich nicht mit dem Outputniveau ändern, die aber vermieden werden, wenn das Unternehmen schließt.

Ist die Schließung des Unternehmens als Strategie immer sinnvoll? Nicht zwangsläufig. Das Unternehmen kann *kurzfristig* mit Verlusten operieren, da es davon ausgeht, dass es in der Zukunft wieder Gewinne machen wird, wenn der Preis seines Produkts steigt oder die Produktionskosten sinken. Die Fortführung des Betriebs mit Verlusten mag schmerzhaft sein, ermöglicht allerdings auch die Aussicht auf bessere Ergebnisse in der Zukunft. Darüber hinaus bleibt das Unternehmen durch die Fortführung des Geschäfts flexibel und kann die eingesetzte Kapitalmenge verändern und damit seine durchschnittlichen Gesamtkosten reduzieren. Diese Alternative scheint insbesondere dann interessant, wenn der Preis des Produkts höher ist als die variablen Durchschnittskosten der Produktion, da das Unternehmen durch den Weiterbetrieb bei $q*$ einen Teil seiner Fixkosten abdecken kann.

Das Beispiel einer Pizzeria in Kapitel 7 (Beispiel 7.2) ist hilfreich für die Darstellung dieses Konzepts. Wir erinnern uns, dass Pizzerien hohe Fixkosten (Miete, Pizzaöfen usw. sind zu bezahlen) und geringe variable Kosten (Zutaten und eventuell die Löhne einiger Mitarbeiter) haben. Es sei angenommen, dass der Preis, den die Pizzeria ihren Kunden berechnet, unter den durchschnittlichen Gesamtkosten der Produktion liegt. Dadurch verliert die Pizzeria durch den Weiterverkauf von Pizzen Geld und sollte schließen, wenn sie erwartet, dass sich die Geschäftsbedingungen in der Zukunft nicht ändern werden. Sollte der Besitzer das Geschäft verkaufen und schließen? Nicht zwangsläufig. Diese Entscheidung hängt von der Erwartung des Besitzers im Hinblick darauf ab, wie sich das Pizzageschäft in der Zukunft entwickeln wird. Vielleicht klappt es ja, wenn der Besitzer Jalapeno-Pfeffer für seine Pizzen verwendet, den Preis erhöht und für die neue scharfe Pizza wirbt.

8 Gewinnmaximierung und Wettbewerbsangebot

Beispiel 8.2: Die kurzfristige Produktionsentscheidung einer Aluminiumschmelzhütte

Wie sollte der Geschäftsführer einer Aluminiumschmelzhütte den gewinnmaximierenden Output des Betriebs bestimmen? Wir erinnern uns aus Beispiel 7.3 (Seite 331), dass die kurzfristigen Grenzkosten der Produktion der Schmelzhütte davon abhängen, ob die Anlage in zwei oder drei Schichten pro Tag betrieben wird. Wie in Abbildung 8.5 dargestellt, betragen die Grenzkosten $1.140 pro Tonne bei Produktionsniveaus von bis zu 600 Tonnen pro Tag und $1.300 pro Tonne bei Produktionsniveaus zwischen 600 und 900 Tonnen pro Tag.

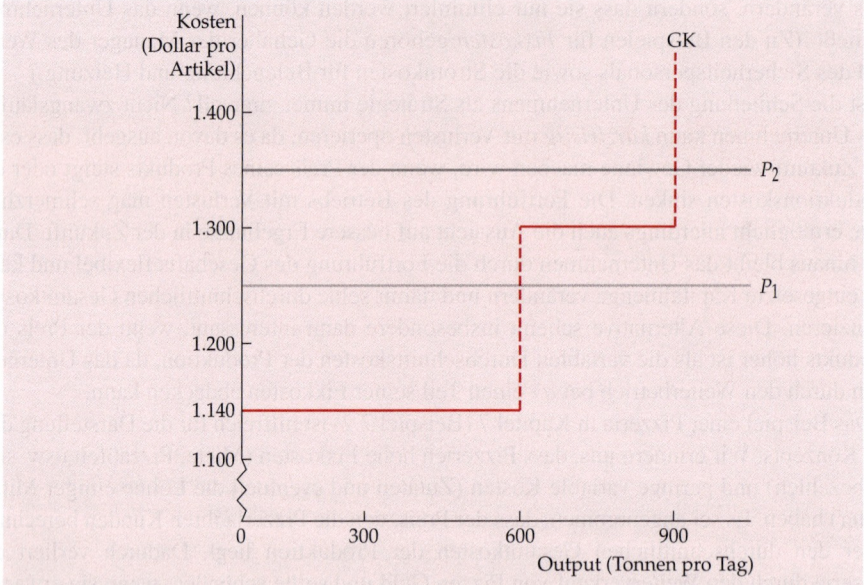

Abbildung 8.5: Der kurzfristige Output einer Aluminiumschmelzhütte
Kurzfristig sollte das Unternehmen 600 Tonnen pro Tag produzieren, wenn der Preis über $1.140 pro Tonne, aber unter $1.300 pro Tonne liegt. Wenn der Preis höher als $1.300 pro Tonne ist, sollte das Unternehmen eine Überstundenschicht einführen und 900 Tonnen pro Tag produzieren. Fällt der Preis unter $1.140 pro Tonne, sollte das Unternehmen die Produktion einstellen, aber es sollte wahrscheinlich im Geschäft bleiben, da der Preis in der Zukunft wieder steigen könnte. ▶

Nehmen wir an, dass der Preis des Aluminiums zunächst bei $P_1 = \$1.250$ pro Tonne liegt. In diesem Fall liegt der gewinnmaximierende Output bei 600 Tonnen; das Unternehmen kann über seine variablen Kosten in Höhe von $110 pro Tonne einen Gewinn erzielen, indem es Arbeitskräfte in zwei Schichten pro Tag beschäftigt. Der Betrieb einer dritten Schicht würde Überstundenarbeit umfassen, und der Preis des Aluminiums reicht nicht aus, um die zusätzliche Produktion profitabel zu machen. Nehmen wir allerdings an, dass der Aluminiumpreis auf $P_2 = \$1.360$ pro Tonne ansteigt. Dieser Preis ist höher als die Grenzkosten der dritten Schicht in Höhe von $1.300, wodurch die Erhöhung des Outputs auf 900 Tonnen pro Tag rentabel wird.

Nehmen wir schließlich an, der Preis fällt auf nur $1.100 pro Tonne. In diesem Fall sollte das Unternehmen die Produktion einstellen, aber es sollte wahrscheinlich im Geschäft bleiben. Denn es könnte durch diesen Schritt in der Zukunft die Produktion wiederaufnehmen, wenn der Preis ansteigt.

Beispiel 8.3: Einige Kostenüberlegungen für Führungskräfte

Die Anwendung der Regel, dass der Grenzerlös gleich den Grenzkosten sein sollte, hängt von der Fähigkeit der betreffenden Führungskraft ab, die Grenzkosten zu schätzen.[3] Um nützliche Maße der Kosten zu ermitteln, sollten Führungskräfte drei Richtlinien berücksichtigen.

Erstens sollten, außer unter begrenzten Umständen, die variablen Durchschnittskosten nicht als Ersatz für die Grenzkosten verwendet werden. Wenn die Grenz- und Durchschnittskosten fast konstant sind, gibt es nur eine geringe Differenz zwischen beiden. Wenn allerdings sowohl die Grenz- als auch die Durchschnittskosten drastisch ansteigen, kann die Verwendung der variablen Durchschnittskosten bei der Entscheidung über die zu produzierende Menge irreführend sein. Nehmen wir beispielsweise an, ein Unternehmen verfügt über die folgenden Informationen im Hinblick auf die Kosten:

Gegenwärtiger Output	100 Einheiten pro Tag, von denen 80 während der regulären Schicht und 20 im Rahmen von Überstunden produziert werden
Materialkosten	€8 pro Einheit für den gesamten Output
Arbeitskosten	€30 pro Einheit für die reguläre Schicht; €50 pro Einheit für die Überstundenschicht

Berechnen wir nun die variablen Durchschnittskosten und die Grenzkosten für die ersten 80 Outputeinheiten und untersuchen dann, wie sich diese beiden Kostenmaße ändern, wenn wir die mit Überstundenarbeit produzierten, zusätzlichen 20 Einheiten ▶

---

[3] Dieses Beispiel bezieht sich auf die Erörterung der Kosten und der Entscheidungen von Führungskräften in Thomas Nagle und Reed Holden, „*The Strategy and Tactics of Pricing*", Englewood Cliffs, NJ: Prentice Hall, 1995, Kapitel 2.

berücksichtigen. Für die ersten 80 Einheiten entsprechen die variablen Durchschnittskosten einfach den Arbeitskosten (€2.400 = €30 pro Einheit × 80 Einheiten) plus den Materialkosten (€640 = €8 pro Einheit × 80 Einheiten) geteilt durch die 80 Einheiten – (€2.400 + €640)/80 = €38 pro Einheit. Da die variablen Durchschnittskosten für jede Outputeinheit gleich sind, sind die Grenzkosten ebenfalls gleich €38 pro Einheit.

Erhöht sich der Output auf 100 Einheiten pro Tag, ändern sich sowohl die variablen Durchschnittskosten als auch die Grenzkosten. Die variablen Kosten sind nunmehr gestiegen; sie umfassen die zusätzlichen Materialkosten in Höhe von €160 (20 Einheiten × €8 pro Einheit) und die zusätzlichen Arbeitskosten in Höhe von €1.000 (20 Einheiten × €50 pro Einheit). Folglich entsprechen die variablen Durchschnittskosten den Gesamtarbeitskosten plus den Materialkosten (€2.400 + €1.000 + €640 + €160) geteilt durch die Gütermenge von 100 Einheiten oder €42 pro Einheit.

Wie sieht es allerdings bei den Grenzkosten aus? Während die Materialkosten pro Einheit bei €8 unverändert geblieben sind, sind die Grenzkosten der Arbeit auf €50 pro Einheit gestiegen, so dass die Grenzkosten jeder während der Überstunden produzierten Outputeinheit bei €58 pro Tag liegen. Da die Grenzkosten höher sind als die variablen Durchschnittskosten, wird eine Führungskraft, die sich auf die variablen Durchschnittskosten stützt, zu viel produzieren.

Zweitens *kann ein einzelner Posten der Buchhaltung eines Unternehmens zwei Komponenten umfassen, von denen nur eine die Grenzkosten beinhaltet*. Nehmen wir beispielsweise an, eine Führungskraft versucht, die Produktion zu verringern. Sie reduziert die Zahl der Arbeitsstunden einiger Arbeitskräfte und entlässt andere. Allerdings ist das Gehalt eines entlassenen Mitarbeiters unter Umständen kein genaues Maß der Grenzkosten der Produktion, wenn Kürzungen vorgenommen werden. So sind Unternehmen beispielsweise oftmals aufgrund von Tarifverträgen verpflichtet, den entlassenen Mitarbeitern einen Teil ihres Gehalts zu zahlen. In diesem Fall sind die Grenzkosten bei steigender Produktion nicht gleich den Einsparungen der Grenzkosten bei einer Reduzierung der Produktion. Die Einsparungen sind die Arbeitskosten nach Abzug der notwendigen Entlassungsabfindung.

Drittens *sollten bei der Bestimmung der Grenzkosten alle Opportunitätskosten berücksichtigt werden*. Nehmen wir an, ein Kaufhaus möchte Kinderzimmermöbel verkaufen. Der Geschäftsführer entscheidet, dass anstelle der Errichtung einer neuen Verkaufsfläche ein Teil der dritten Etage, auf der zuvor Haushaltsgeräte verkauft worden waren, für die Möbel verwendet werden soll. Die Grenzkosten dieser Fläche betragen €90 pro Quadratfuß (0,09 m^2) pro Tag an Gewinnen, die das Unternehmen erzielt hätte, wenn auf dieser Fläche weiterhin Haushaltsgeräte verkauft worden wären. Dieses Maß der Opportunitätskosten kann unter Umständen viel höher sein, als die Summe die das Kaufhaus tatsächlich für diesen Teil des Gebäudes bezahlt hat.

Diese drei Richtlinien können Führungskräften bei der korrekten Messung der Grenzkosten helfen. Gelingt ihnen dies nicht, kann die Produktion zu hoch oder zu niedrig sein und somit die Gewinne reduzieren.

8.5 Die kurzfristige Angebotskurve eines Wettbewerbsunternehmens

Eine *Angebotskurve* für ein Unternehmen gibt an, welche Gütermenge das Unternehmen zu jedem möglichen Preis produziert. Wir haben aufgezeigt, dass Wettbewerbsunternehmen ihre Gütermenge bis zu dem Punkt steigern, in dem der Preis gleich den Grenzkosten ist, aber schließen, wenn der Preis unter den variablen Durchschnittskosten liegt. Folglich ist die Angebotskurve des Unternehmens der *Teil der Grenzkostenkurve, der oberhalb der Kurve der variablen Durchschnittskosten liegt.*

In Abbildung 8.6 wird die kurzfristige Angebotskurve dargestellt. Hierbei ist zu beachten, dass für jedes P, das höher als die minimalen VDK ist, die gewinnmaximierende Gütermenge direkt aus dem Graph abgelesen werden. So ist beispielsweise zu einem Preis P_1 die angebotene Menge q_1 und zu einem Preis P_2 die angebotene Menge q_2. Bei einem Preis P, der kleiner (oder gleich) den minimalen VDK ist, beträgt die gewinnmaximierende Gütermenge null. In Abbildung 8.6 besteht die gesamte kurzfristige Angebotskurve aus dem quer gestrichelten Teil der vertikalen Achse plus der Grenzkostenkurve über dem Punkt der minimalen variablen Durchschnittskosten.

> In § 7.1 wird erläutert, dass die ökonomischen Kosten die mit versäumten Möglichkeiten verbundenen Kosten sind.

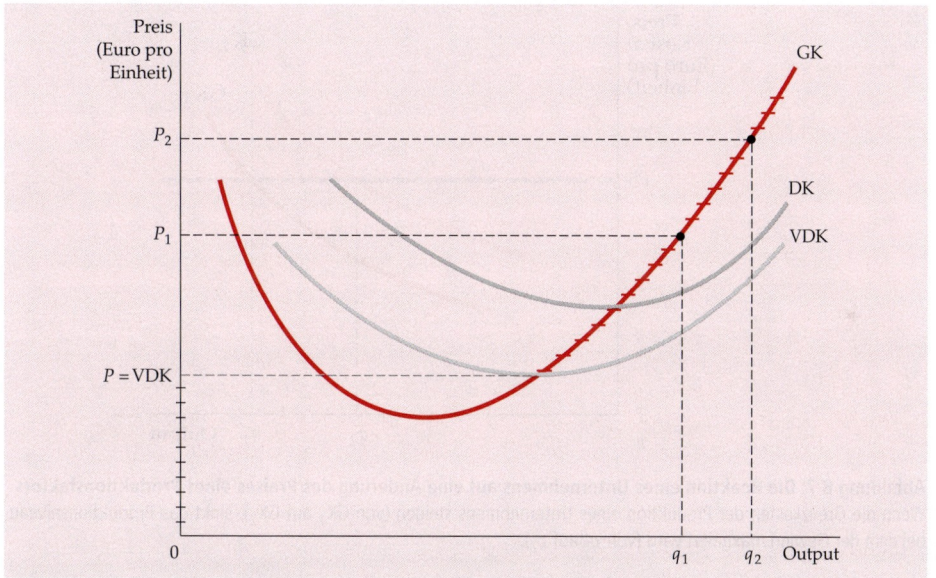

Abbildung 8.6: Die kurzfristige Angebotskurve für ein Wettbewerbsunternehmen
Kurzfristig wählt das Unternehmen seine Gütermenge so, dass die Grenzkosten GK gleich dem Preis sind, solange das Unternehmen seine variablen Durchschnittskosten abdeckt. Wenn alle Fixkosten abgeschriebene versunkene Produktionskosten sind, wird die kurzfristige Angebotskurve durch den quer gestrichelten Teil der Grenzkostenkurve angegeben.

Die kurzfristigen Angebotskurven von Wettbewerbsunternehmen sind aus dem gleichen Grund positiv geneigt, aus dem die Grenzkosten ansteigen – es bestehen abnehmende Grenzerträge eines oder mehrerer Produktionsfaktoren. Infolgedessen veranlasst eine Steigerung des Marktpreises die bereits auf dem Markt vorhandenen Unternehmen, die von ihnen produzierten Mengen zu erhöhen. Durch den höheren Preis wird die zusätzliche Produktion wirtschaftlich und der *Gesamtgewinn* des Unternehmens gesteigert, da er alle von dem Unternehmen produzierten Einheiten betrifft.

> In § 6.2 wird erklärt, dass abnehmende Grenzerträge eintreten, wenn jede zusätzliche Steigerung eines Inputs zu immer geringeren Outputsteigerungen führt.

8.5.1 Die Reaktion des Unternehmens auf die Änderung eines Inputpreises

Ändert sich der Preis seines Produktes, so ändert das Unternehmen sein Produktionsniveau um sicherzustellen, dass die Grenzkosten der Produktion weiterhin gleich dem Preis bleiben. Oft allerdings ändert sich der Preis des Produktes gleichzeitig mit den Preisen der *Produktionsfaktoren*. In diesem Abschnitt untersuchen wir, wie die Entscheidung über den zu produzierenden Output des Unternehmens sich als Reaktion auf eine Änderung des Preises eines seiner Inputs ändert.

In Abbildung 8.7 wird die Grenzkostenkurve eines Unternehmens dargestellt, die zu Beginn durch GK_1 gegeben wird, wenn das Unternehmen mit einem Preis von €5 für sein Produkt konfrontiert wird. Das Unternehmen maximiert den Gewinn durch die Produktion der Gütermenge q_1. Nehmen wir nun an, dass sich der Preis eines Inputs erhöht. Da nun die Produktion jeder Outputeinheit mehr kostet, führt diese Erhöhung zu einer Verschiebung der Grenzkostenkurve nach oben von GK_1 zu GK_2. Der neue, gewinnmaximierende Output ist q_2, bei dem $P = GK_2$. Folglich führt der höhere Preis dazu, dass das Unternehmen seinen Output reduziert.

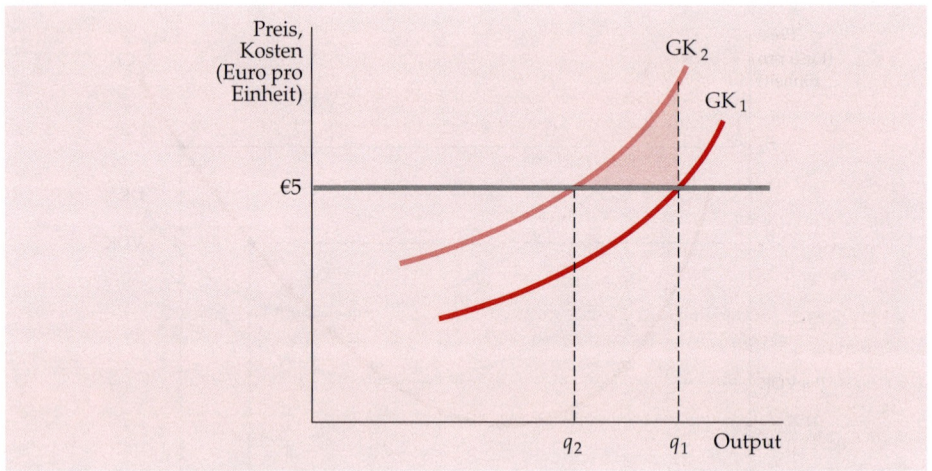

Abbildung 8.7: Die Reaktion eines Unternehmens auf eine Änderung des Preises eines Produktionsfaktors
Wenn die Grenzkosten der Produktion eines Unternehmens steigen (von GK_1 auf GK_2), sinkt das Produktionsniveau, bei dem der Gewinn maximiert wird (von q_1 auf q_2).

Hätte das Unternehmen weiterhin q_1 produziert, wäre ihm bei der letzten Einheit der Produktion ein Verlust entstanden. Tatsächlich wird der Gewinn bei allen Produktionsniveaus oberhalb von q_2 gesenkt. In der Abbildung gibt der schattierte Bereich die Gesamteinsparungen des Unternehmens (oder anders ausgedrückt: den Rückgang des verlorenen Gewinns) in Verbindung mit der Senkung des Outputs von q_1 auf q_2 an.

Beispiel 8.4: Die kurzfristige Produktion von Mineralölprodukten

Nehmen wir an, Sie leiten eine Ölraffinerie, die Rohöl in eine bestimmte Mischung von Produkten, einschließlich Benzin, Flugzeugbenzin und als Heizöl verwendeten Restkraftstoff, umwandelt. Obwohl eine große Menge Rohöl verfügbar ist, hängt die in ihrem Werk raffinierte Menge von der Kapazität der Raffinerie und den Produktionskosten ab. Welche Menge sollte pro Tag produziert werden?[4]

Für diese Entscheidung sind Informationen über die Grenzkosten der Produktion der Raffinerie von grundlegender Bedeutung. In Abbildung 8.8 wird die kurzfristige Grenzkostenkurve (SGK) dargestellt. Die Grenzkosten steigen mit dem Output, allerdings in einer Reihe ungleichmäßiger Abschnitte und nicht als glatte Kurve. Die Erhöhung tritt in Abschnitten ein, da die Raffinerie verschiedene Verarbeitungseinheiten zur Umwandlung von Rohöl in Endprodukte einsetzt. Erreicht eine bestimmte Verarbeitungseinheit ihre Kapazitätsgrenze, kann der Output nur durch den Einsatz eines teureren Verfahrens gesteigert werden. So kann beispielsweise Benzin vergleichsweise billig aus leichtem Rohöl in einer Verarbeitungseinheit, die als „Thermocracker" bezeichnet wird, hergestellt werden. Wenn diese Einheit ihre Kapazitätsgrenze erreicht, kann weiterhin zusätzliches Benzin hergestellt werden (aus schwerem oder leichtem Rohöl) – aber nur zu höheren Kosten. Im in Abbildung 8.8 dargestellten Fall wird die erste Kapazitätsgrenze erreicht, wenn die Produktion ca. 9.700 Barrel pro Tag beträgt. Eine zweite Kapazitätsgrenze wird wichtig, wenn die Produktion auf über 10.700 Barrel pro Tag steigt.

Nun wird die Bestimmung des zu produzierenden Outputs relativ leicht. Nehmen wir an, dass die raffinierten Produkte zu einem Preis von $73 pro Barrel verkauft werden können. Da die Grenzkosten der Produktion für die erste Einheit fast $74 betragen, sollte bei einem Preis von $73 kein Rohöl in der Raffinerie verarbeitet werden. Wenn allerdings der Preis zwischen $74 und $75 liegt, sollte die Raffinerie 9.700 Barrel pro Tag produzieren (und den Thermocracker somit auslasten). Wenn schließlich der Preis über $75 liegt, sollte die teurere Raffinierungseinheit eingesetzt und die Produktion bis auf 10.700 Barrel pro Tag erhöht werden.

Da die Kostenfunktion schrittweise ansteigt, wissen Sie, dass Sie Ihre Produktionsentscheidungen nicht als Reaktion auf *kleine* Änderungen des Preises ändern müssen. Normalerweise werden Sie ausreichend Rohöl verarbeiten, um die betreffenden Verarbeitungseinheiten auszulasten, bis der Preis beträchtlich ansteigt (oder sinkt). In diesem Fall müssen Sie einfach berechnen, ob durch den erhöhten Preis der Einsatz einer zusätzlichen, teureren Verarbeitungseinheit gerechtfertigt wird. ▶

---

[4] Dieses Beispiel beruht auf James M. Griffin, „The Process Analysis Alternative to Statistical Cost Functions: An Application to Petroleum Refining", *American Economic Review* 62 (1972): 46–56. Die Zahlen sind aktualisiert und auf eine spezielle Raffinerie angewendet worden.

8 Gewinnmaximierung und Wettbewerbsangebot

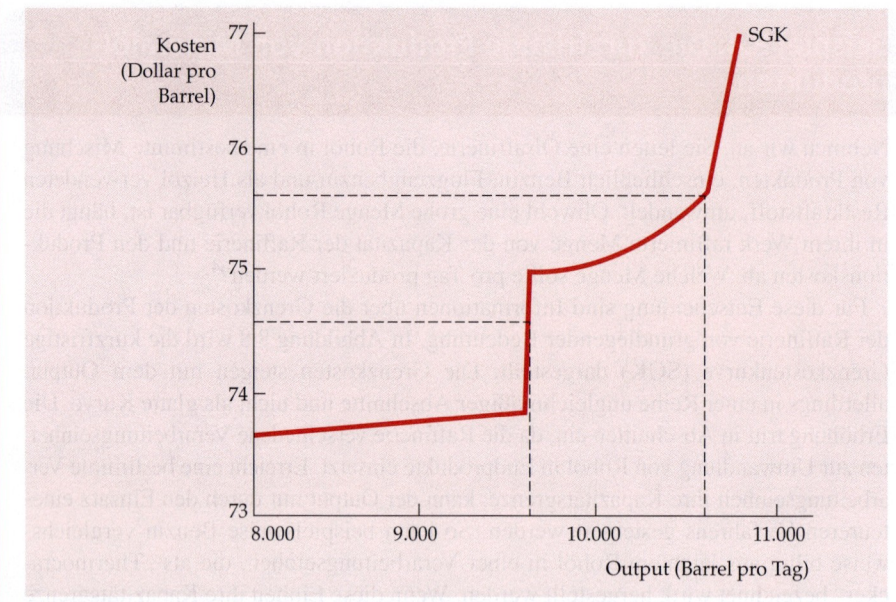

Abbildung 8.8: Die kurzfristige Produktion von Mineralölerzeugnissen
Die Grenzkosten der Produktion von Mineralölerzeugnissen aus Rohöl steigen bei einigen Produktionsniveaus drastisch, wenn die Raffinerie von einer Verarbeitungseinheit zu einer anderen wechselt. Infolgedessen kann das Produktionsniveau gegenüber einigen Änderungen des Preises unempfindlich sein, während es gegenüber anderen Preisänderungen sehr empfindlich ist.

8.6 Die kurzfristige Marktangebotskurve

Die *kurzfristige Marktangebotskurve* gibt die Gütermenge an, die eine Branche kurzfristig zu jedem möglichen Preis produziert. Der Branchenoutput ist die Summe der von allen einzelnen Unternehmen der Branche angebotenen Mengen. Deshalb kann die Marktangebotskurve durch die Addition der Angebotskurven jedes dieser Unternehmen ermittelt werden. In Abbildung 8.9 wird dargestellt, wie dies geschieht, wenn nur drei Unternehmen bestehen, die jeweils unterschiedliche kurzfristige Produktionskosten aufweisen. Die Grenzkostenkurve jedes Unternehmens wird nur für den Teil gezeichnet, der oberhalb der jeweiligen variablen Durchschnittskostenkurve liegt. (In diesem Fall werden nur drei Unternehmen dargestellt, um die Abbildung einfach zu halten; die gleiche Analyse trifft aber auch zu, wenn viele Unternehmen existieren.)

Zu jedem Preis unterhalb von P_1 produziert die Branche keinen Output, da P_1 die minimalen variablen Durchschnittskosten des Unternehmens mit den niedrigsten Kosten darstellt. Zwischen P_1 und P_2 produziert nur das Unternehmen 3. Die Angebotskurve der Branche wird folglich identisch mit diesem Teil der Angebotskurve GK_3 des Unternehmens 3 sein. Zum Preis P_2 ist das Angebot der Branche gleich der Summe der von allen drei Unternehmen angebotenen Mengen. Unternehmen 1 liefert zwei Einheiten, Unternehmen 2 liefert fünf Einheiten und Unternehmen 3 liefert acht Einheiten. Folglich umfasst das Angebot der Branche 15 Einheiten. Zum Preis P_3 liefert das Unternehmen 1 vier Einheiten, das Unternehmen 2 liefert sieben Einheiten und das Unternehmen 3 liefert zehn Einheiten; somit liefert die Branche 21 Einheiten. Dabei ist zu beachten, dass die Angebotskurve der Branche positiv geneigt ist, aber im Preis P_2, dem niedrigsten Preis zu dem alle Unternehmen produzieren, einen Knick aufweist. Existieren allerdings in dem Markt viele Unternehmen, verliert dieser Knick seine Bedeutung. Folglich kann das Angebot der Branche normalerweise als glatte, positiv geneigte Kurve dargestellt werden.

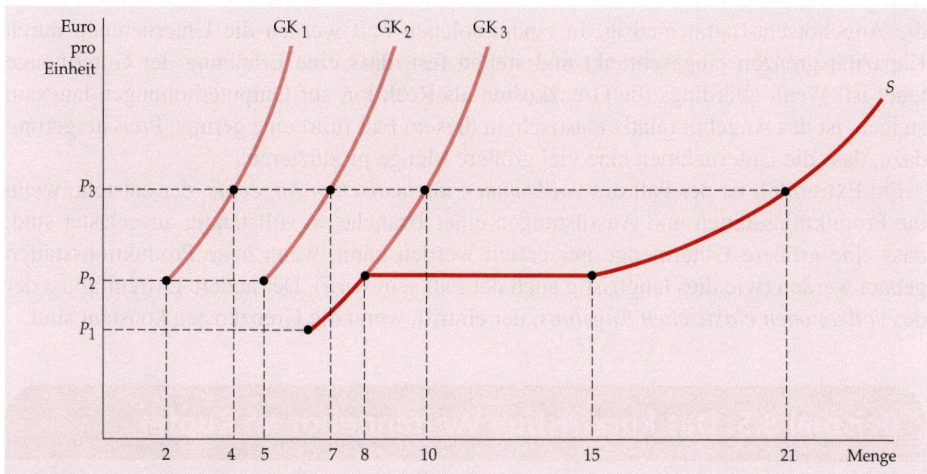

Abbildung 8.9: Das kurzfristige Angebot einer Branche
Die kurzfristige Angebotskurve einer Branche ist die Summe der Angebotskurven der einzelnen Unternehmen. Da das dritte Unternehmen eine niedrigere durchschnittliche variable Kostenkurve als die beiden ersten Unternehmen aufweist, beginnt die Marktangebotskurve S im Preis P_1 und folgt der Grenzkostenkurve des dritten Unternehmens GK_3, bis der Preis gleich P_2 ist, in dem die Kurve einen Knick aufweist. Zu P_2 und allen darüber liegenden Preisen ist die von der Branche angebotene Menge die Summe der von jedem der drei Unternehmen angebotenen Mengen.

8.6.1 Die Elastizität des Marktangebots

Leider ist die Bestimmung der Angebotskurve einer Branche nicht immer durch eine einfache Addition einer Reihe individueller Angebotskurven möglich. Wenn der Preis steigt, erhöhen alle Unternehmen in der Branche ihren Output. Durch diesen zusätzlichen Output wird die Nachfrage nach den Produktionsfaktoren gesteigert, und dies kann zu höheren Faktorpreisen führen. Wie in Abbildung 8.7 aufgezeigt wurde, wird die Grenzkostenkurve des Unternehmens durch steigende Faktorpreise nach oben verschoben. Beispielsweise kann aufgrund einer erhöhten Nachfrage nach Rindfleisch auch die Nachfrage nach Mais und Sojabohnen (die zur Fütterung der Rinder eingesetzt werden) steigen und somit zu einer Erhöhung der Preise dieser Agrarprodukte führen. Durch die höheren Faktorpreise wiederum würden die Grenzkostenkurven der Unternehmen nach oben verschoben. Diese Verschiebung nach oben führt zur Wahl einer niedrigeren Gütermenge (zu jedem Marktpreis) durch jedes Unternehmen und somit dazu, dass die Angebotskurve der Branche weniger stark auf Änderungen des Güterpreises reagiert, als dies sonst der Fall wäre.

8 | winnmaximierung und Wettbewerbsangebot

> In § 2.4 wird die Elastizität des Angebots als die aus einer Erhöhung des Preises um ein Prozent resultierende prozentuale Änderung der angebotenen Menge definiert.

Die Preiselastizität des Marktangebots misst die Empfindlichkeit des Branchenoutputs im Hinblick auf den Marktpreis. Die Elastizität des Angebots E_S ist die als Reaktion auf eine Änderung des Preises P um ein Prozent eintretende prozentuale Änderung der angebotenen Menge Q:

$$E_S = (\Delta Q/Q)/(\Delta P/P)$$

Da die Grenzkostenkurven positiv geneigt sind, ist die kurzfristige Angebotselastizität stets positiv. Steigen die Grenzkosten als Reaktion auf Outputerhöhungen schnell an, ist die Angebotselastizität niedrig. In einem solchen Fall werden die Unternehmen durch Kapazitätsgrenzen eingeschränkt und stellen fest, dass eine Erhöhung der Gütermenge teuer ist. Wenn allerdings die Grenzkosten als Reaktion auf Outputerhöhungen langsam steigen, ist das Angebot relativ elastisch; in diesem Fall führt eine geringe Preissteigerung dazu, dass die Unternehmen eine viel größere Menge produzieren.

Ein Extremfall ist der Fall des *vollkommen unelastischen Angebots*, der entsteht, wenn die Produktionsstätten und Ausrüstungen einer Branche so vollständig ausgelastet sind, dass eine größere Gütermenge nur erzielt werden kann, wenn neue Produktionsstätten gebaut werden (wie dies langfristig auch der Fall sein wird). Der andere Extremfall ist der des *vollkommen elastischen Angebots*, der eintritt, wenn die Grenzkosten konstant sind.

Beispiel 8.5: Das kurzfristige Weltangebot an Kupfer

Kurzfristig hängt der Verlauf der Marktangebotskurve für einen Bodenschatz wie Kupfer davon ab, wie sich die Kosten des Abbaus innerhalb der wichtigsten Produzenten der Welt und zwischen ihnen unterscheiden. Die Kosten des Abbaus, der Verhüttung und der Reinigung des Kupfers unterscheiden sich aufgrund von Unterschieden der Arbeits- und Transportkosten sowie aufgrund von Unterschieden des Kupfergehalts im Erz. In Tabelle 8.1 werden einige der relevanten Daten zur Produktion und zu den Kosten für die neun größten kupferproduzierenden Staaten zusammengefasst.[5] An dieser Stelle sei daran erinnert, dass, weil die Kosten für den Bau von Minen, Hütten und Scheideanstalten als versunken betrachtet werden, die Zahlen für die Grenzkosten in Tabelle 8.1 die Kosten des Betriebs (aber nicht des Baues) dieser Anlagen in der kurzen Frist darstellen.

Diese Daten können verwendet werden, um die kurzfristige Weltangebotskurve für Kupfer zu zeichnen. Die Angebotskurve ist eine kurzfristige Kurve, da sie die bestehenden Bergwerke und Scheideanstalten als fix betrachtet. In Abbildung 8.10 wird dargestellt, wie diese Kurve für die neun in der Tabelle angegebenen Länder konstruiert wird. (Die Kurve ist unvollständig, da es einige kleinere Produzenten mit höheren Kosten gibt, die wir nicht berücksichtigt haben.) Hier ist zu beachten, dass die Kurve in Abbildung 8.10 eine Näherung darstellt. Die Zahlen der Grenzkosten für jedes Land werden als Durchschnitt für alle Kupferproduzenten in dem betreffenden Land ermittelt und die durchschnittlichen Kosten sind ungefähr gleich. So weisen beispielsweise in den Vereinigten Staaten einige Produzenten Grenzkosten auf, die höher sind als 1,70 Cent, und einige haben Grenzkosten, die niedriger sind. ▶

---

5 Wir danken James Burrows von Charles River Associates, Inc., der so freundlich war, uns diese Daten zur Verfügung zu stellen. Aktualisierte Daten und fachverwandte Informationen sind im Internet unter *http://minerals.usgs.gov/minerals/* verfügbar.

8.6 Die kurzfristige Marktangebotskurve

Tabelle 8.1

Die Weltkupferbranche (2010)

Land	Jährliche Produktion (Tausend metrische Tonnen)	Grenzkosten (Dollar pro Pfund)
Australien	900	2,30
Kanada	480	2,60
Chile	5.520	1,60
Indonesien	840	1,80
Peru	1.285	1,70
Polen	430	2,40
Russland	750	1,30
USA	1.120	1,70
Sambia	770	1,50

Quelle: U.S. Geological Survey, Mineral Commodity Summaries, Januar 2011, (http://minerals.usgs.gov/minerals/pubs/commodity/copper/mcs-2011-coppe.pdf).

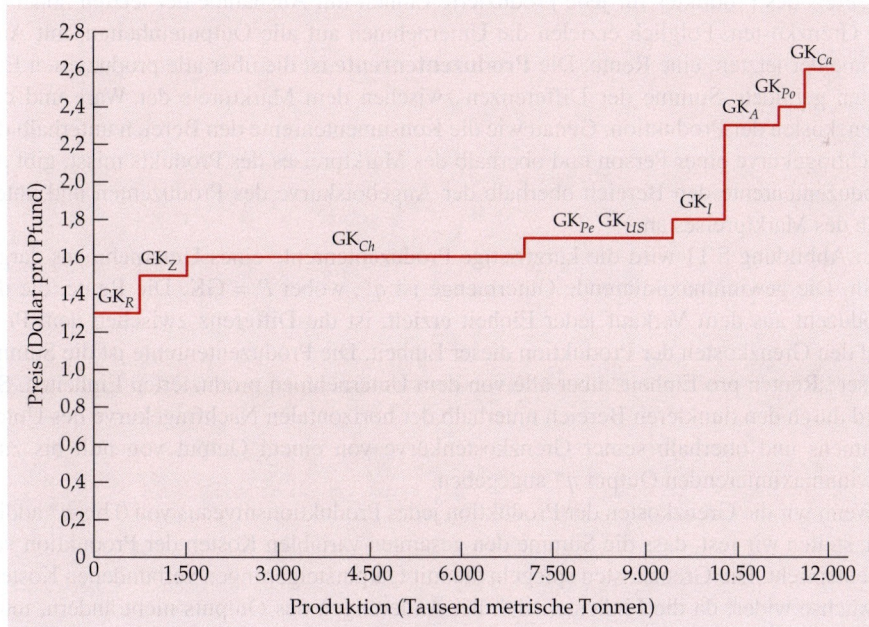

Abbildung 8.10: Das kurzfristige Weltangebot an Kupfer
Die Weltangebotskurve für Kupfer wird durch die Addition der Grenzkostenkurven jedes der wichtigen kupferproduzierenden Länder ermittelt. Die Angebotskurve ist positiv geneigt, da die Grenzkosten der Produktion von einem niedrigen Wert in Höhe von 65 Cent in Russland bis zu einem hohen Wert von $1,30 in Kanada reichen. ▶

Das Kupfer mit den niedrigsten Kosten wird in Russland abgebaut, wo die Grenzkosten von raffiniertem Kupfer bei ca. 1,30 Cent pro Pfund liegen. Die mit GK_R bezeichnete Strecke stellt die Grenzkostenkurve für Russland dar. Die Kurve verläuft horizontal, bis die Gesamtkapazität des Abbaus und der Raffinierung von Kupfer in Russland erreicht wird. (Dieser Punkt wird bei einem Produktionsniveau von ca. 750.000 metrischen Tonnen pro Jahr erreicht.) Die Strecke GK_Z beschreibt die Grenzkostenkurve für Sambia, GK_{Ch} stellt die Grenzkostenkurve für Chile dar und so weiter.

Die Weltangebotskurve wird durch die horizontale Addition der Angebotskurven jedes Landes ermittelt. Wie aus der Abbildung ersichtlich, hängt die Elastizität der Angebotskurve vom Kupferpreis ab. Bei vergleichsweise niedrigen Preisen, wie z.B. von $1,30 und $1,80 pro Pfund, ist die Kurve relativ elastisch, da geringe Preissteigerungen zu hohen Steigerungen des angebotenen Kupfers führen. Zu höheren Preisen allerdings – beispielsweise über $2,40 pro Pfund – wird die Angebotskurve unelastischer, da zu solchen Preisen die meisten Produzenten an oder nahe an der Kapazitätsgrenze produzieren.

8.6.2 Die kurzfristige Produzentenrente

> Ein Überblick über die Konsumentenrente wird in § 4.4 gegeben, wo diese als die Differenz zwischen dem Betrag, den ein Konsument für ein Gut zu zahlen bereit ist, und dem vom Konsumenten beim Kauf tatsächlich gezahlten Betrag definiert wird.

In Kapitel 4 haben wir die Konsumentenrente als Differenz zwischen dem maximalen Betrag, den eine Person für einen Artikel zahlen würde, und dessen Marktpreis definiert. Auf die Unternehmen trifft ein analoges Konzept zu. Wenn die Grenzkosten steigen, ist der Preis des Produktes für jede produzierte Einheit mit Ausnahme der letzten höher als die Grenzkosten. Folglich erzielen die Unternehmen auf alle Outputeinheiten, mit Ausnahme der letzten, eine Rente. Die **Produzentenrente** ist die über alle produzierten Einheiten gebildete Summe der Differenzen zwischen dem Marktpreis der Ware und den Grenzkosten der Produktion. Genau wie die Konsumentenrente den Bereich unterhalb der Nachfragekurve einer Person und oberhalb des Marktpreises des Produkts misst, gibt die Produzentenrente den Bereich oberhalb der Angebotskurve des Produzenten und unterhalb des Marktpreises an.

> **Produzentenrente**
>
> Summe der Differenzen zwischen dem Marktpreis eines Gutes und den Grenzkosten der Produktion über alle von einem Unternehmen produzierte Einheiten.

In Abbildung 8.11 wird die kurzfristige Produzentenrente eines Unternehmens dargestellt. Die gewinnmaximierende Gütermenge ist q^*, wobei $P = GK$. Die Rente, die der Produzent aus dem Verkauf jeder Einheit erzielt, ist die Differenz zwischen dem Preis und den Grenzkosten der Produktion dieser Einheit. Die Produzentenrente ist die Summe dieser „Renten pro Einheit" über alle von dem Unternehmen produzierten Einheiten. Sie wird durch den dunkleren Bereich unterhalb der horizontalen Nachfragekurve des Unternehmens und oberhalb seiner Grenzkostenkurve von einem Output von null bis zum gewinnmaximierenden Output q^* angegeben.

Wenn wir die Grenzkosten der Produktion jedes Produktionsniveaus von 0 bis q^* addieren, stellen wir fest, dass die Summe den gesamten variablen Kosten der Produktion von q^* entspricht. Die Grenzkosten spiegeln die mit Outputsteigerungen verbundenen Kostenzuwächse wider; da die Fixkosten sich bei Änderungen des Outputs nicht ändern, muss die Summe der Grenzkosten gleich der Summe der variablen Kosten des Unternehmens sein.[6] Folglich kann die Produzentenrente alternativ auch als *die Differenz zwischen dem Erlös des Unternehmens und seinen gesamten variablen Kosten* definiert werden. In Abbildung 8.11 wird die Produzentenrente ebenfalls durch das Rechteck *ABCD* angegeben, das dem Erlös (0*Abq**) minus den variablen Kosten (0*DCq**) entspricht.

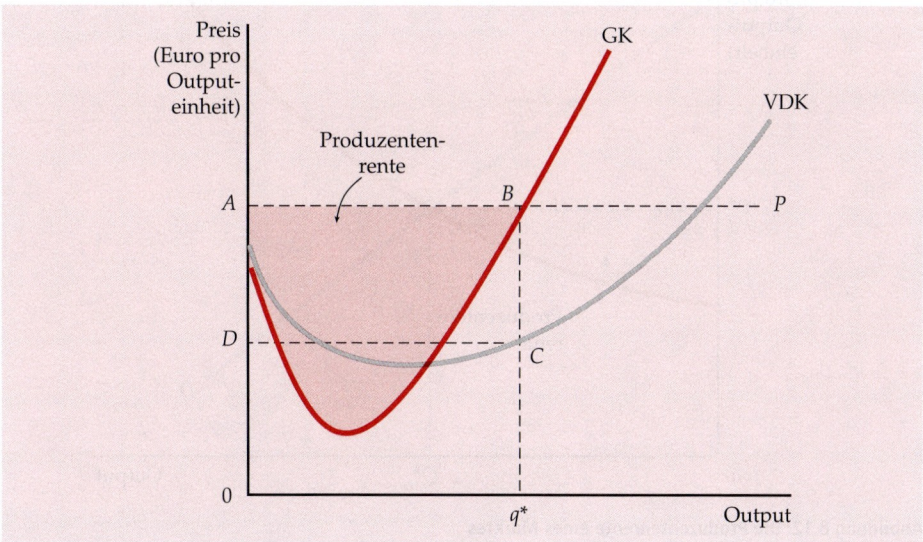

Abbildung 8.11: Die Produzentenrente eines Unternehmens
Die Produzentenrente eines Unternehmens wird durch den schattierten Bereich unterhalb des Marktpreises und oberhalb der Grenzkostenkurve zwischen den Outputs 0 und q^*, dem gewinnmaximierenden Output, angegeben. Anders ausgedrückt, ist sie gleich dem Rechteck *ABCD*, da die Summe aller Grenzkosten bis zu q^* gleich den durchschnittlichen variablen Kosten der Produktion von q^* ist.

Produzentenrente und Gewinn Die Produzentenrente ist eng mit dem Gewinn verbunden, aber mit diesem nicht identisch. Kurzfristig ist die Produzentenrente gleich dem Erlös minus den variablen Kosten, was dem *variablen Gewinn* entspricht. Andererseits ist der Gesamtgewinn gleich dem Erlös minus *aller* sowohl variabler als auch fixer Kosten:

$$\text{Produzentenrente} = PR = E - VK$$

$$\text{Gewinn} = \pi = E - VK - FK$$

Daraus folgt, dass kurzfristig, wenn die Fixkosten positiv sind, die Produzentenrente höher ist als der Gewinn.

Das Ausmaß, zu dem Unternehmen eine Produzentenrente genießen, hängt von deren Produktionskosten ab. Unternehmen mit höheren Kosten erzielen eine geringere Produzentenrente und Unternehmen mit niedrigeren Kosten eine höhere. Durch die Addition der Produzentenrenten aller Unternehmen kann die Produzentenrente eines Marktes bestimmt werden. Dies wird aus Abbildung 8.12 ersichtlich. Die Marktangebotskurve beginnt auf der vertikalen Achse in dem Punkt, der die durchschnittlichen variablen Kos-

---

6 Die Fläche unter der Grenzkostenkurve von 0 bis q^* ist gleich TK(q^*) − TK(0) = TK − FK = VK.

ten des Unternehmens mit den niedrigsten Kosten in dem Markt darstellt. Die Produzentenrente ist der Bereich, der unterhalb des Marktpreises des Produktes und oberhalb der Angebotskurve zwischen den Produktionsniveaus 0 und Q^* liegt.

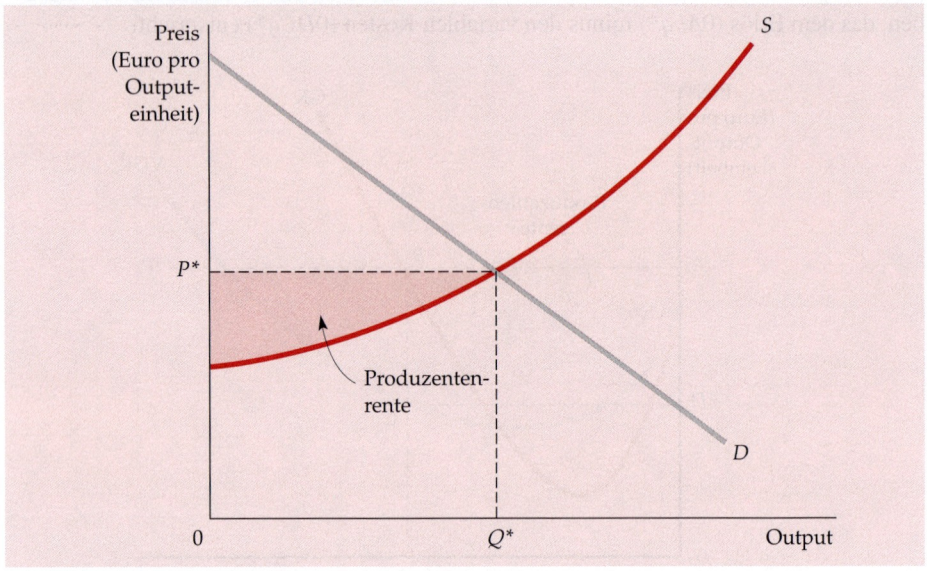

Abbildung 8.12: Die Produzentenrente eines Marktes
Die Produzentenrente eines Marktes ist der Bereich unterhalb des Marktpreises und oberhalb der Marktangebotskurve zwischen 0 und der Gütermenge Q^*.

8.7 Die langfristige Outputentscheidung

Kurzfristig sind einer oder mehrere der Inputs des Unternehmens fix. In Abhängigkeit von der verfügbaren Zeit kann dies die Flexibilität des Unternehmens beschränken, nämlich seinen Produktionsprozess an neue technologische Entwicklungen anzupassen bzw. seine Betriebsgröße bei Änderungen der wirtschaftlichen Bedingungen zu erhöhen bzw. zu reduzieren. Im Gegensatz dazu kann das Unternehmen langfristig all seine Inputs, einschließlich der Anlagengröße, verändern. Es kann entscheiden, die Produktion einzustellen (d.h. die Branche zu *verlassen*) oder mit der Herstellung eines Produktes zu beginnen (d.h. in eine Branche *einzutreten*). Da wir uns hier mit Wettbewerbsmärkten beschäftigen, lassen wir einen freien Markteintritt und -austritt zu. Mit anderen Worten ausgedrückt, wir nehmen an, dass Unternehmen ohne jegliche rechtliche Beschränkungen oder besondere mit dem Markteintritt verbundene Kosten in einen Markt eintreten oder diesen verlassen können. (Wir erinnern uns aus Abschnitt 8.1, dass dies eine der grundlegenden Annahmen für den vollkommenen Wettbewerb ist.) Nach der Analyse der langfristigen Outputentscheidung eines gewinnmaximierenden Unternehmens in einem Wettbewerbsmarkt erörtern wir den Charakter des langfristigen Wettbewerbsgleichgewichts. Außerdem erörtern wir die Beziehung zwischen dem Markteintritt und ökonomischen und buchhalterischen Gewinnen.

8.7.1 Die langfristige Gewinnmaximierung

In Abbildung 8.13 wird dargestellt, wie ein Wettbewerbsunternehmen seine langfristige gewinnmaximierende Outputentscheidung trifft. Wie in der kurzen Frist sieht sich das Unternehmen auch in diesem Fall einer horizontalen Nachfragekurve gegenüber. (In Abbildung 8.13 nimmt das Unternehmen den Marktpreis von €40 als gegeben an.) Seine kurzfristige Durchschnitts- (Gesamt-)Kostenkurve SDK und seine kurzfristige Grenzkostenkurve SGK sind so niedrig, dass das Unternehmen durch die Produktion einer Gütermenge q_1, bei der GK = P = GE ist, einen positiven Gewinn erzielen kann, der durch das Rechteck ABCD angegeben wird. Die langfristige Durchschnittskostenkurve LDK spiegelt das Bestehen von Größenvorteilen bis zu einem Produktionsniveau q_2 und von Größennachteilen bei höheren Produktionsniveaus wider. Die langfristige Grenzkostenkurve LGK schneidet die langfristigen Durchschnittskosten von unten im Punkt q_2, dem Minimum der langfristigen Durchschnittskosten.

> In § 7.4 wird erklärt, dass Größenvorteile entstehen, wenn ein Unternehmen seinen Output zu weniger als dem Doppelten der Kosten verdoppeln kann.

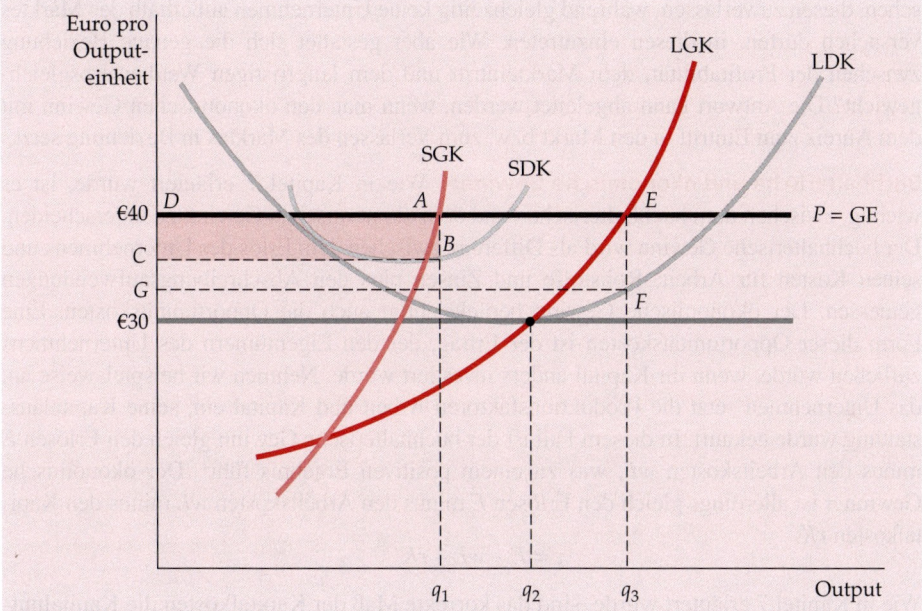

Abbildung 8.13: Die langfristige Outputentscheidung
Das Unternehmen maximiert seinen Gewinn durch die Wahl des Outputs, bei dem der Preis gleich den langfristigen Kosten LGK ist. In der Darstellung steigert das Unternehmen durch die langfristige Steigerung seines Outputs seinen Gewinn von ABCD auf EFGD.

Glaubt das Unternehmen, dass der Marktpreis bei €40 bleiben wird, will es die Größe seiner Produktionsstätte erhöhen, um den Output auf q_3 zu erhöhen, bei dem die *langfristigen* Grenzkosten gleich dem Preis von €40 sind. Wenn diese Erweiterung abgeschlossen ist, steigt die Gewinnmarge von AB auf EF, und der Gesamtgewinn steigt von ABCD auf EFGD. Der Output q_3 ist gewinnmaximierend für das Unternehmen, da bei jedem niedrigeren Output (beispielsweise q_2) der Grenzerlös aus der zusätzlichen Produktion höher ist als die Grenzkosten. Aus diesem Grund ist die Erweiterung wünschenswert. Allerdings sind bei jedem Output, der höher ist als q_3, die Grenzkosten höher als der Grenzerlös. Deshalb würde durch eine zusätzliche Produktion der Gewinn reduziert. Zusammenfassend können wir formulieren, dass *der langfristige* Output *eines gewinnmaximierenden Wettbewerbsunternehmens der Punkt ist, indem die langfristigen Grenzkosten gleich dem Preis sind.*

Dabei ist zu beachten, dass der Gewinn, den das Unternehmen erzielen kann, umso höher ist, je höher der Marktpreis ist. Dementsprechend fällt bei einem Rückgang des Güterpreises von €40 auf €30 der Gewinn ebenfalls. Zu einem Preis von €30 liegt der gewinnmaximierende Output bei q_2, dem Punkt der langfristigen minimalen Durchschnittskosten. In diesem Fall erzielt das Unternehmen einen ökonomischen Nullgewinn, da gilt P = TDK.

8.7.2 Das langfristige Wettbewerbsgleichgewicht

Damit langfristig ein Gleichgewicht entstehen kann, müssen bestimmte wirtschaftliche Bedingungen gegeben sein. Die auf dem Markt etablierten Unternehmen dürfen nicht wünschen, diesen zu verlassen, während gleichzeitig keine Unternehmen außerhalb des Marktes versuchen dürfen, in diesen einzutreten. Wie aber gestaltet sich die genaue Beziehung zwischen der Profitabilität, dem Markteintritt und dem langfristigen Wettbewerbsgleichgewicht? Die Antwort kann abgeleitet werden, wenn man den ökonomischen Gewinn mit dem Anreiz zum Eintritt in den Markt bzw. zum Verlassen des Marktes in Beziehung setzt.

Buchhalterische und ökonomische Gewinne Wie in Kapitel 7 erläutert wurde, ist es wichtig, zwischen dem buchhalterischen und dem ökonomischen Gewinn zu unterscheiden. Der buchhalterische Gewinn wird als Differenz zwischen dem Erlös des Unternehmens und seinen Kosten für Arbeit, Rohstoffe und Zinsen plus den Abschreibungsaufwendungen gemessen. Der ökonomische Gewinn berücksichtigt auch die Opportunitätskosten. Eine Form dieser Opportunitätskosten ist der Ertrag, der den Eigentümern des Unternehmens zufließen würde, wenn ihr Kapital anders investiert würde. Nehmen wir beispielsweise an, das Unternehmen setzt die Produktionsfaktoren Arbeit und Kapital ein, seine Kapitalausstattung wurde gekauft. In diesem Fall ist der buchhalterische Gewinn gleich den Erlösen E minus den Arbeitskosten wL, was zu einem positiven Ergebnis führt. Der ökonomische Gewinn π ist allerdings gleich den Erlösen E minus den Arbeitskosten wL minus den Kapitalkosten rK:

$$\pi = E - wL - rK$$

Wie in Kapitel 7 erläutert wurde, sind das korrekte Maß der Kapitalkosten die Kapitalnutzungskosten, die den jährlichen Ertrag darstellen, den das Unternehmen durch eine anderweitige Investition seines Geldes anstelle des Erwerbs des Kapitals erzielen könnte plus der jährlichen Abschreibung auf das Kapital.

Ökonomische Nullgewinne Wenn ein Unternehmen in einen Markt eintritt, tut es dies in der Erwartung, dass es auf seine Investition einen Ertrag erzielen wird. Ein **ökonomischer Nullgewinn** bedeutet, dass das Unternehmen einen *normalen* – d.h. wettbewerbsfähigen – Ertrag auf diese Investition erzielt. Dieser normale Ertrag, der ein Teil der Kapitalnutzungskosten ist, stellt die Möglichkeit des Unternehmens dar, sein Geld zum Kauf von Kapital und nicht zu einer anderweitigen Investition einzusetzen. Folglich ist ein *Unternehmen, das einen ökonomischen Nullgewinn erzielt, durch die Investition seines Geldes in Kapital genauso gut gestellt wie durch eine anderweitige Investition des Geldes* – es erzielt einen wettbewerbsfähigen Ertrag auf seine Investition. Somit erreicht ein solches Unter-

---

Ökonomischer Nullgewinn

Ein Unternehmen erzielt einen normalen Ertrag auf seine Investition – d.h. es ist genauso gut gestellt wie durch eine anderweitige Investition des Geldes.

nehmen eine ausreichende Leistung und sollte in dem Geschäft bleiben. (Ein Unternehmen, das einen *negativen* ökonomischen Gewinn erzielt, sollte allerdings erwägen, den Betrieb zu schließen, wenn es nicht erwartet, dass sich die finanzielle Lage in der Zukunft verbessern wird.)

Wie wir aufzeigen werden, stellt sich der Gewinn in Wettbewerbsmärkten langfristig bei null ein. Ökonomische Nullgewinne bedeuten nicht, dass die Unternehmen eine schlechte Leistung aufweisen, sondern dass die Branche ein Wettbewerbsmarkt ist.

Markteintritt und Marktaustritt In Abbildung 8.13 wird dargestellt, wie ein Unternehmen durch einen Preis von €40 dazu veranlasst wird, seinen Output zu erhöhen und einen positiven Gewinn zu verwirklichen. Da der Gewinn nach dem Abzug der Opportunitätskosten des Kapitals berechnet wird, bedeutet ein positiver Gewinn einen ungewöhnlich hohen Ertrag auf eine Finanzinvestition, der durch den Eintritt in eine rentable Branche erzielt werden kann. Aufgrund dieses hohen Ertrages leiten die Investoren Ressourcen weg von anderen Branchen und hin zu dieser – folglich wird es *Markteintritte* geben. Schließlich wird die Marktangebotskurve durch die erhöhte mit dem Markteintritt verbundene Produktion nach rechts verschoben. Infolgedessen erhöht sich die Gütermenge des Marktes und der Marktpreis des Produktes fällt.[7] Dies wird in Abbildung 8.14 dargestellt. In Teil (b) der Abbildung hat sich die Angebotskurve von S_1 auf S_2 verschoben, wodurch der Preis von P_1 (€40) auf P_2 (€30) fällt. In Teil (a), der ein einzelnes Unternehmen betrifft, berührt die langfristige Durchschnittskostenkurve die horizontale Preisgerade beim Output q_2.

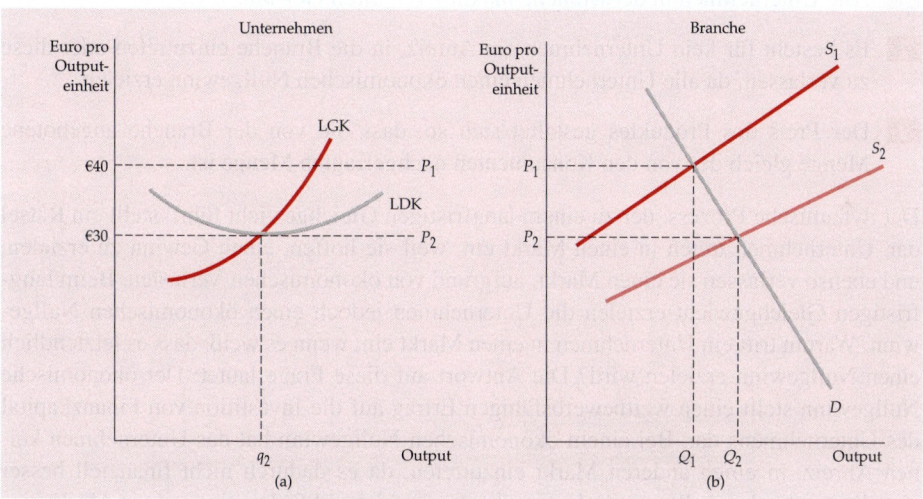

Abbildung 8.14: Das langfristige Wettbewerbsgleichgewicht
Zu Beginn liegt der langfristige Gleichgewichtspreis eines Produktes bei €40 pro Einheit, wie in (b) als Schnittpunkt der Nachfragekurve D und der Angebotskurve S_1 dargestellt. In (a) sehen wir, dass die Unternehmen positive Gewinne erzielen können, da die langfristigen Durchschnittskosten ein Minimum von €30 (in q_2) erreichen. Dieser positive Gewinn ermutigt neue Unternehmen in den Markt einzutreten, und führt zu einer Verschiebung der Angebotskurve nach rechts auf S_2 wie in (b) dargestellt. Das langfristige Gleichgewicht wird, wie in (a) dargestellt, bei einem Preis von €30 erreicht, bei dem jedes Unternehmen einen Nullgewinn erzielt und kein Anreiz besteht, in die Branche einzutreten oder diese zu verlassen.

---

[7] Die Frage, warum die langfristige Angebotskurve unter Umständen positiv geneigt sein kann, wird im nächsten Abschnitt erörtert.

Ein ähnliches Beispiel würde auch auf den Austritt aus dem Markt zutreffen. Es sei angenommen, dass die minimalen langfristigen Durchschnittskosten der Unternehmen weiterhin €30 betragen, dass aber der Marktpreis auf €20 fällt. Wir erinnern uns an die Erörterung an früherer Stelle dieses Kapitels: Wenn keine Preisänderung erwartet wird, verlässt das Unternehmen die Branche, wenn es nicht alle seine Kosten abdecken kann, d.h. wenn der Preis niedriger als die variablen Durchschnittskosten ist. Allerdings endet die Geschichte hier nicht. Durch den Austritt einiger Unternehmen aus dem Markt sinkt die Produktion, wodurch sich die Marktangebotskurve nach links verschiebt. Der Marktoutput sinkt und der Preis des Produktes steigt, bis bei einem Breakeven-Preis von €30 ein Gleichgewicht erreicht wird. Zusammenfassend können wir formulieren:

> Ein Unternehmen betritt einen Markt mit freiem Markteintritt und -austritt, wenn es einen positiven langfristigen Gewinn erzielen kann, und es verlässt diesen Markt, wenn es einen langfristigen Verlust erwartet.

Langfristiges Wettbewerbsgleichgewicht

Alle Unternehmen in einer Branche maximieren ihren Gewinn, kein Unternehmen hat einen Anreiz, in den Markt einzutreten oder diesen zu verlassen, und der Preis gestaltet sich so, dass die angebotene Menge gleich der nachgefragten Menge ist.

Wenn ein Unternehmen einen ökonomischen Nullgewinn erzielt, besteht für das Unternehmen kein Anreiz, die Branche zu verlassen. Desgleichen besteht für andere Unternehmen kein besonderer Anreiz, in die Branche einzutreten. Ein **langfristiges Wettbewerbsgleichgewicht** tritt ein, wenn drei Bedingungen zutreffen:

1. Alle Unternehmen in der Branche maximieren ihren Gewinn.
2. Es besteht für kein Unternehmen ein Anreiz, in die Branche einzutreten oder diese zu verlassen, da alle Unternehmen einen ökonomischen Nullgewinn erzielen.
3. Der Preis des Produktes gestaltet sich so, dass die von der Branche angebotene Menge gleich der von den Konsumenten nachgefragten Menge ist.

Der dynamische Prozess, der zu einem langfristigen Gleichgewicht führt, stellt ein Rätsel dar. Unternehmen treten in einen Markt ein, weil sie hoffen, einen Gewinn zu erzielen, und ebenso verlassen sie einen Markt, aufgrund von ökonomischen Verlusten. Beim langfristigen Gleichgewicht erzielen die Unternehmen jedoch einen ökonomischen Nullgewinn. Warum tritt ein Unternehmen in einen Markt ein, wenn es weiß, dass es letztendlich einen Nullgewinn erzielen wird? Die Antwort auf diese Frage lautet: Der ökonomische Nullgewinn stellt einen wettbewerbsfähigen Ertrag auf die Investition von Finanzkapital des Unternehmens dar. Bei einem ökonomischen Nullgewinn hat das Unternehmen keinen Anreiz, in einen anderen Markt einzutreten, da es dadurch nicht finanziell besser gestellt werden kann. Wenn das Unternehmen ausreichend frühzeitig in einen Markt eintritt, um kurzfristig einen ökonomischen Gewinn erzielen zu können, ist dies umso besser. Desgleichen gilt, dass ein Unternehmen, wenn es einen unrentablen Markt schnell verlässt, das Geld seiner Investoren sparen kann. Folglich gibt das Konzept des langfristigen Gleichgewichts die Richtung des wahrscheinlichen Verhaltens der Unternehmen an. Das Konzept des letztendlichen Nullgewinns und des langfristigen Gleichgewichts sollten einen Unternehmer nicht entmutigen – es sollte stattdessen positiv gesehen werden, da es die Möglichkeit auf die Erzielung eines wettbewerbsfähigen Ertrags widerspiegelt.

Unternehmen mit identischen Kosten Um zu untersuchen, warum alle Bedingungen für das langfristige Gleichgewicht zutreffen müssen, nehmen wir an, dass alle Unternehmen identische Kosten aufweisen. Nun betrachten wir, was geschieht, wenn als Reaktion auf eine Möglichkeit, einen Gewinn zu erzielen, zu viele Unternehmen in eine Branche eintreten. Die Branchenangebotskurve in Abbildung 8.14(b) wird sich weiter nach rechts verschieben, und der Preis wird unter €30 – beispielsweise auf €25 – fallen. Zu diesem Preis werden die Unternehmen allerdings Geld verlieren. Infolgedessen werden einige Unternehmen die Branche verlassen. Es werden weiterhin Unternehmen den Markt verlassen, bis die Marktangebotskurve sich wieder auf S_2 verschiebt. Erst wenn kein Anreiz für Unternehmen besteht, in den Markt einzutreten oder diesen zu verlassen, kann ein Markt ein langfristiges Gleichgewicht erreichen.

Unternehmen mit unterschiedlichen Kosten Nehmen wir nun an, dass nicht alle Unternehmen in der Branche identische Kosten aufweisen. Vielleicht besitzt ein Unternehmen ein Patent, durch das es zu niedrigeren Durchschnittskosten als alle anderen Unternehmen produzieren kann. In diesem Fall ist es mit dem Konzept des langfristigen Gleichgewichts vereinbar, wenn dieses Unternehmen einen höheren *buchhalterischen* Gewinn und eine höhere Produzentenrente als andere Unternehmen erzielt. Solange andere Investoren und Unternehmen das Patent, durch das die Kosten gesenkt werden, nicht erwerben können, besteht für sie kein Anreiz, in die Branche einzutreten. Umgekehrt gilt auch, dass, solange der Prozess auf dieses Produkt und diese Branche beschränkt ist, das glückliche Unternehmen, dem das Patent gehört, keinen Anreiz hat, die Branche zu verlassen.

Die Unterscheidung zwischen dem buchhalterischen und dem ökonomischen Gewinn ist in diesem Zusammenhang wichtig. Ist das Patent profitabel, werden andere Unternehmen in der Branche bereit sein, für dessen Nutzung zu zahlen (oder versuchen, das gesamte Unternehmen zu kaufen, um das Patent zu erwerben). Der erhöhte Wert des Patents stellt folglich für das Unternehmen, in dessen Besitz es sich befindet, eine Form der Opportunitätskosten dar. Anstatt die Rechte auf das Patent zu nutzen, könnte es diese verkaufen. Wenn alle Unternehmen ansonsten gleich effizient sind, fällt der *ökonomische* Gewinn des Unternehmens auf null. Wenn allerdings das Unternehmen, das im Besitz des Patents ist, effizienter arbeitet als andere Unternehmen, erzielt es einen positiven Gewinn. Wenn allerdings der Patentinhaber ansonsten weniger effizient ist, sollte er das Patent verkaufen und die Branche verlassen.

Die Opportunitätskosten von Grund und Boden Es gibt auch andere Fälle, in denen Unternehmen, die einen positiven buchhalterischen Gewinn erzielen, unter Umständen einen ökonomischen Nullgewinn erzielen. Nehmen wir beispielsweise an, dass sich ein Bekleidungsgeschäft zufällig in der Nähe eines großen Einkaufszentrums befindet. Der zusätzliche Kundenstrom kann die buchhalterischen Gewinne beträchtlich erhöhen, da die Kosten von Grund und Boden auf deren historischen Kosten beruhen. Was allerdings den ökonomischen Gewinn anbelangt, müssen die Kosten von Grund und Boden deren Opportunitätskosten widerspiegeln, die in diesem Fall den gegenwärtigen Marktwert von Grund und Boden reflektieren. Wenn die Opportunitätskosten von Grund und Boden berücksichtigt werden, ist die Rentabilität des Bekleidungsgeschäfts nicht höher als die seiner Wettbewerber.

Folglich ist die Bedingung, dass der ökonomische Gewinn gleich null sein muss, grundlegend, damit der Markt ein langfristiges Gleichgewicht erreicht. Per definitionem stellt ein positiver ökonomischer Gewinn eine Möglichkeit für Investoren und einen Anreiz dar, in eine Branche einzutreten. Ein positiver buchhalterischer Gewinn kann allerdings anzeigen, dass die bereits in der Branche operierenden Unternehmen wertvolle Vermögenswerte, Fähigkeiten und Ideen besitzen, die andere Unternehmen nicht notwendigerweise dazu ermutigen, in die Branche einzutreten.

8.7.3 Ökonomische Renten

Wir haben erläutert, dass einige Unternehmen höhere buchhalterische Gewinne erzielen als andere, da sie Zugang zu Produktionsfaktoren haben, für die ein beschränktes Angebot besteht. Diese Faktoren können Land und Bodenschätze, unternehmerische Fähigkeiten oder andere kreative Talente umfassen. Was in diesen Situationen dazu führt, dass der ökonomische Gewinn langfristig gleich null wird, ist die Bereitschaft der anderen Unternehmen, die Produktionsfaktoren einzusetzen, für die ein beschränktes Angebot besteht. Die positiven buchhalterischen Gewinne werden deshalb in *ökonomische Renten* umgerechnet, die von knappen Faktoren erzielt werden. Die **ökonomische Rente** ist der Betrag, den Unternehmen für einen Produktionsfaktor zu zahlen bereit sind, minus des minimalen Betrags, der zu dessen Kauf notwendig ist. In Wettbewerbsmärkten ist die ökonomische Rente sowohl kurzfristig als auch langfristig häufig positiv, obwohl ein Nullgewinn besteht.

Nehmen wir beispielsweise an, dass zwei Unternehmen aus einer Branche uneingeschränkte Eigentümer ihres Grund und Bodens sind; folglich sind die minimalen Kosten des Erwerbs des Landes gleich null. Ein Unternehmen liegt jedoch an einem Fluss und kann seine Produkte zu Kosten, die €10.000 pro Jahr niedriger sind als die des anderen Unternehmens, das sich im Landesinneren befindet, verschiffen. In diesem Fall ist der um €10.000 höhere Gewinn des ersten Unternehmens der mit dem Standort am Fluss verbundenen ökonomischen Rente von €10.000 zuzuschreiben. Diese Rente wird erzielt, da das Land am Fluss wertvoll ist und andere Unternehmen bereit wären, dafür zu zahlen. Schließlich wird durch den Wettbewerb um diesen speziellen Produktionsfaktor der Wert dieses Faktors auf €10.000 erhöht. Die Bodenrente – die Differenz zwischen den €10.000 und den Kosten des Erwerbs von Grund und Boden von null – beträgt ebenfalls €10.000. Dabei ist zu beachten, dass während die ökonomische Rente gestiegen ist, der ökonomische Gewinn des Unternehmens am Fluss auf null gesunken ist. Die ökonomische Rente spiegelt die Tatsache wider, dass der Besitz von Grund und Boden sowie allgemeiner der Besitz jeglichen Produktionsfaktors mit begrenztem Angebot mit Opportunitätskosten verbunden ist. Hier belaufen sich die Opportunitätskosten des Besitzes von Grund und Boden auf einen Betrag von €10.000, der als ökonomische Rente identifiziert wird.

Das Bestehen der ökonomischen Renten erklärt, warum es Märkte gibt, in die Unternehmen nicht als Reaktion auf Gewinnmöglichkeiten eintreten können. In diesen Märkten ist das Angebot eines oder mehrerer Produktionsfaktoren fix, ein oder mehrere Unternehmen erzielen ökonomische Renten, und alle Unternehmen weisen ökonomische Nullgewinne auf. Durch ökonomische Nullgewinne erkennt ein Unternehmen, dass es nur in einem Markt bleiben sollte, wenn seine Produktion mindestens genauso effizient ist wie die der anderen Unternehmen. Sie geben den möglichen Eintrittswilligen in den Markt auch an, dass der Markteintritt nur rentabel wird, wenn die Neulinge effizienter produzieren als die Unternehmen, die bereits in dem Markt operieren.

Ökonomische Rente

Betrag, den Unternehmen für einen Produktionsfaktor zu zahlen bereit sind, minus des für diesen Kauf benötigten minimalen Betrags.

8.7.4 Die langfristige Produzentenrente

Nehmen wir an, dass ein Unternehmen einen positiven buchhalterischen Gewinn erzielt, dass aber kein Anreiz für andere Unternehmen existiert, in die Branche einzutreten bzw. diese zu verlassen. Folglich muss dieser Gewinn die ökonomische Rente widerspiegeln. In welcher Beziehung steht also die Rente zur Produzentenrente? Zu Beginn müssen wir beachten, dass die ökonomische Rente auf Inputs zutrifft, während die Produzentenrente auf Outputs zutrifft. Dabei ist außerdem zu beachten, dass die Produzentenrente die Differenz zwischen dem Marktpreis, den ein Produzent erhält, und den Grenzkosten der Produktion misst. Folglich *umfasst die Produzentenrente, die ein Unternehmen langfristig in einem Wettbewerbsmarkt auf die von ihm verkaufte Gütermenge erzielt, die ökonomische Rente, die es aus all seinen knappen Produktionsfaktoren erzielt.*[8]

Nehmen wir beispielsweise an, eine Fußballmannschaft hat eine Lizenz, die es ihr ermöglicht, in einer bestimmten Stadt zu operieren. Nehmen wir weiterhin an, dass der einzige alternative Standort für die Mannschaft eine Stadt ist, in der sie beträchtlich niedrigere Erlöse erzielen würde. Folglich erzielt das Unternehmen eine mit seinem gegenwärtigen Standort verbundene ökonomische Rente. Diese Rente spiegelt die Differenz zwischen dem Betrag, den das Unternehmen für seinen gegenwärtigen Standort zu zahlen bereit wäre, und dem Betrag, der zur Umsiedlung in die alternative Stadt notwendig wäre, wider. Das Unternehmen erzielt auch in Verbindung mit dem Verkauf von Eintrittskarten und anderen Lizenzartikeln an seinem gegenwärtigen Standort eine Produzentenrente. Diese Produzentenrente spiegelt alle ökonomischen Renten einschließlich der mit den anderen Produktionsfaktoren des Unternehmens (dem Stadion und den Spielern) verbundenen Renten wider.

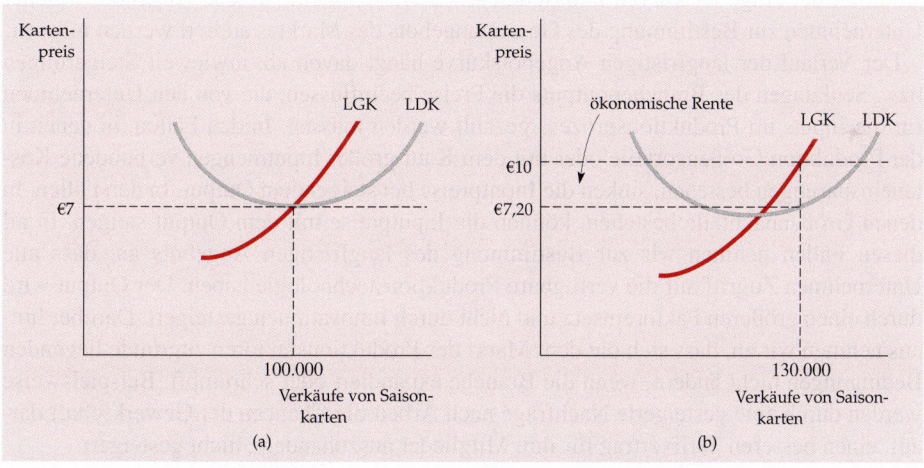

Abbildung 8.15: Unternehmen erzielen im langfristigen Gleichgewicht einen Nullgewinn
Im langfristigen Gleichgewicht erzielen alle Unternehmen einen ökonomischen Nullgewinn. In **(a)** verkauft eine Baseballmannschaft in einer Stadt mittlerer Größe ausreichend Karten, so dass der Preis (€7) gleich den Grenz- und Durchschnittskosten ist. In **(b)** ist die Nachfrage größer, so dass ein Preis von €10 verlangt werden kann. Die Mannschaft erhöht die Verkäufe bis zu dem Punkt, in dem die Durchschnittskosten der Produktion plus der durchschnittlichen ökonomischen Rente gleich dem Kartenpreis sind. Wenn die mit dem Besitz der Lizenz verbundenen Opportunitätskosten berücksichtigt werden, erzielt die Mannschaft einen ökonomischen Nullgewinn.

---

8 In einem nichtkompetitiven Markt spiegelt die Produzentenrente den ökonomischen Gewinn sowie die ökonomische Rente wider.

In Abbildung 8.15 wird dargestellt, dass Unternehmen mit einer ökonomischen Rente den gleichen ökonomischen Gewinn erzielen wie Unternehmen, die keine Rente erzielen. In Teil (a) wird der ökonomische Gewinn einer Fußballmannschaft dargestellt, die ihren Standort in einer Stadt mittlerer Größe hat. Der durchschnittliche Preis einer Eintrittskarte beträgt €7, und die Kosten gestalten sich so, dass das Unternehmen einen ökonomischen Nullgewinn erzielt. In Teil (b) wird der Gewinn einer Mannschaft mit den gleichen Kosten dargestellt. Sie befindet sich allerdings in einer größeren Stadt. Da in diesem Fall mehr Menschen Fußballspiele sehen wollen, kann die zweite Mannschaft Karten zu einem Preis von €10 pro Stück verkaufen und dabei auf jeder Karte einen buchhalterischen Gewinn von €2,80 über deren Durchschnittskosten von €7,20 erzielen. Allerdings stellt die mit dem günstigeren Standort verbundene Rente eine Form von Kosten – d.h. Opportunitätskosten – für das Unternehmen dar, da es seine Lizenz an eine andere Mannschaft verkaufen könnte. Infolgedessen ist der ökonomische Gewinn der Mannschaft aus der größeren Stadt ebenfalls gleich null.

8.8 Die langfristige Marktangebotskurve

In unserer Analyse des kurzfristigen Angebots haben wir zunächst die Angebotskurve des Unternehmens abgeleitet und danach erläutert, wie durch die Addition der Angebotskurven der einzelnen Unternehmen die Marktangebotskurve ermittelt wird. Allerdings kann man das langfristige Angebot nicht genauso analysieren: Langfristig treten Unternehmen in den Markt ein und verlassen ihn, wenn sich der Marktpreis ändert. Dadurch wird eine Addition der Angebotskurven unmöglich – wir wissen nicht, welche Angebote welcher Unternehmen zur Bestimmung des Gesamtangebots des Marktes addiert werden müssen.

Der Verlauf der langfristigen Angebotskurve hängt davon ab, inwieweit Steigerungen bzw. Senkungen des Branchenoutputs die Preise beeinflussen, die von den Unternehmen für die Inputs im Produktionsprozess gezahlt werden müssen. In den Fällen, in denen in der Produktion Größenvorteile oder mit dem Kauf großer Inputmengen verbundene Kosteneinsparungen bestehen, sinken die Inputpreise bei steigendem Output. In den Fällen, in denen Größennachteile bestehen, können die Inputpreise mit dem Output steigen. In all diesen Fällen nehmen wir zur Bestimmung des langfristigen Angebots an, dass alle Unternehmen Zugriff auf die verfügbare Produktionstechnologie haben. Der Output wird durch einen größeren Faktoreinsatz und nicht durch Innovationen gesteigert. Darüber hinaus nehmen wir an, dass sich die dem Markt der Produktionsfaktoren zugrunde liegenden Bedingungen nicht ändern, wenn die Branche expandiert oder schrumpft. Beispielsweise werden durch eine gesteigerte Nachfrage nach Arbeit die Chancen der Gewerkschaft darauf, einen besseren Tarifvertrag für ihre Mitglieder auszuhandeln, nicht gesteigert.

In unserer Analyse des langfristigen Angebots wird es hilfreich sein, drei Arten von Branchen zu unterscheiden: *Branchen mit konstanten, mit zunehmenden und mit abnehmenden Kosten.*

8.8.1 Branchen mit konstanten Kosten

In Abbildung 8.16 wird die Ableitung der langfristigen Angebotskurve für eine **Branche mit konstanten Kosten** dargestellt. Die Outputentscheidung eines Unternehmens wird in (a) dargestellt, während der Output der Branche in (b) angegeben wird. Nehmen wir an, die Branche befindet sich anfänglich im Schnittpunkt der Marktnachfragekurve D_1 und der kurzfristigen Marktangebotskurve S_1 im Gleichgewicht. Der im Schnittpunkt von Angebot und Nachfrage liegende Punkt A befindet sich auf der langfristigen Angebotskurve S_L, da er angibt, dass die Branche einen Output von Q_1 Einheiten produziert, wenn P_1 der langfristige Gleichgewichtspreis ist.

> **Branche mit konstanten Kosten**
>
> Branche, deren langfristige Angebotskurve horizontal verläuft.

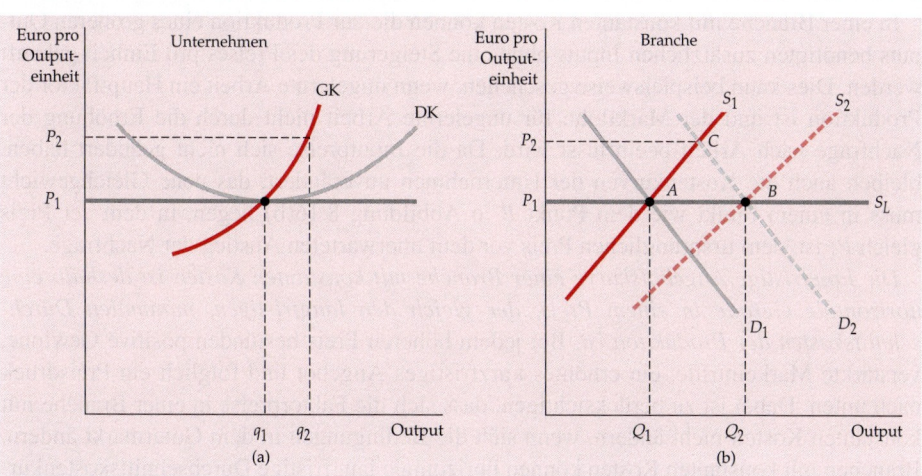

Abbildung 8.16: Das langfristige Angebot in einer Branche mit konstanten Kosten
In (b) ist die langfristige Angebotskurve in einer Branche mit konstanten Kosten eine horizontale Gerade S_L. Wenn die Nachfrage steigt, was anfänglich zu einer Steigerung des Preises (dargestellt durch die Verschiebung von Punkt A zu Punkt C) führt, erhöht das Unternehmen zunächst seinen Output von q_1 auf q_2, wie in (a) dargestellt. Der Markteintritt neuer Unternehmen führt dann aber zu einer Verschiebung des Branchenoutputs nach rechts. Da die Faktorpreise von dem gesteigerten Branchenoutput nicht beeinflusst werden, setzt sich der Markteintritt neuer Unternehmen so lange fort, bis der ursprüngliche Preis erreicht wird (im Punkt B (in b)).

Um andere Punkte auf der langfristigen Angebotskurve zu ermitteln, nehmen wir an, die Marktnachfrage nach dem Produkt steigt unerwartet an (beispielsweise aufgrund einer Kürzung der persönlichen Einkommensteuer). Ein typisches Unternehmen produziert zu Beginn einen Output q_1, bei dem P_1 gleich den langfristigen Grenzkosten und den langfristigen durchschnittlichen Kosten ist. Da das Unternehmen sich allerdings auch im kurzfristigen Gleichgewicht befindet, ist der Preis auch gleich den kurzfristigen Grenzkosten. Nehmen wir an, dass durch die Steuersenkung die Marktnachfragekurve von D_1 auf D_2 verschoben wird. Die Nachfragekurve D_2 schneidet die Angebotskurve S_1 im Punkt C. Infolgedessen steigt der Preis von P_1 auf P_2.

In Teil (a) der Abbildung 8.16 wird dargestellt, welche Auswirkungen dieser Preisanstieg auf ein typisches Unternehmen in der Branche hat. Wenn der Preis auf P_2 steigt, folgt das Unternehmen seiner kurzfristigen Grenzkostenkurve und erhöht den Output auf q_2. Durch diese Outputwahl wird der Gewinn maximiert, weil sie die Bedingung erfüllt, dass der Preis gleich den kurzfristigen Grenzkosten ist. Wenn es so reagiert, wird jedes Unternehmen im kurzfristigen Gleichgewicht einen positiven Gewinn erzielen. Dieser Gewinn wird für neue Investoren attraktiv sein und dazu führen, dass bestehende Unternehmen ihren Betrieb ausbauen und neue Unternehmen in den Markt eintreten.

Infolgedessen verschiebt sich in Abbildung 8.16(b) die kurzfristige Angebotskurve nach rechts von S_1 auf S_2. Diese Verschiebung führt dazu, dass der Markt sich zu einem neuen langfristigen Gleichgewicht im Schnittpunkt von D_2 und S_2 bewegt. Damit dieser Schnittpunkt ein langfristiges Gleichgewicht bildet, muss die Gütermenge soweit ausgebaut werden, dass die Unternehmen einen Nullgewinn erzielen und der Anreiz zum Eintreten in die Branche oder zum Verlassen der Branche verschwindet.

In einer Branche mit konstanten Kosten können die zur Produktion eines größeren Outputs benötigten zusätzlichen Inputs ohne eine Steigerung des Preises pro Einheit gekauft werden. Dies kann beispielsweise geschehen, wenn ungelernte Arbeit ein Hauptfaktor der Produktion ist und der Marktlohn für ungelernte Arbeit nicht durch die Erhöhung der Nachfrage nach Arbeit beeinflusst wird. Da die Inputpreise sich nicht geändert haben, bleiben auch die Kostenkurven der Unternehmen unverändert; das neue Gleichgewicht muss in einem Punkt wie dem Punkt B in Abbildung 8.16(b) liegen, in dem der Preis gleich P_1 ist, dem ursprünglichen Preis vor dem unerwarteten Anstieg der Nachfrage.

Die langfristige Angebotskurve einer Branche mit konstanten Kosten ist deshalb eine horizontale Gerade in einem Preis, der gleich den langfristigen, minimalen Durchschnittskosten der Produktion ist. Bei jedem höheren Preis bestünden positive Gewinne, verstärkte Markeintritte, ein erhöhtes kurzfristiges Angebot und folglich ein Preisdruck nach unten. Dabei ist zu berücksichtigen, dass sich die Faktorpreise in einer Branche mit konstanten Kosten nicht ändern, wenn sich die Bedingungen in dem Gütermarkt ändern. Branchen mit konstanten Kosten können horizontale langfristige Durchschnittskostenkurven haben.

8.8.2 Branchen mit zunehmenden Kosten

Branche mit zunehmenden Kosten

Eine Branche, deren langfristige Angebotskurve positiv geneigt ist.

In einer **Branche mit zunehmenden Kosten** steigen die Preise einiger oder aller Inputs der Produktion, wenn die Branche expandiert und die Nachfrage nach den Produktionsfaktoren steigt. Eine solche Situation kann beispielsweise entstehen, wenn die Branche ausgebildete Arbeitskräfte einsetzt, für die ein knappes Angebot besteht, wenn die Nachfrage steigt. Wenn ein Unternehmen Bodenschätze benötigt, die nur auf bestimmten Arten von Land verfügbar sind, steigen die Kosten von Grund und Boden als Input bei steigendem Output. In Abbildung 8.17 wird die Ableitung des langfristigen Angebots dargestellt, die der bereits erläuterten Ableitung für eine Branche mit konstanten Kosten ähnlich ist. Die Branche befindet sich zunächst im Punkt A in Teil (b) im Gleichgewicht. Wenn sich die Nachfragekurve unerwartet von D_1 auf D_2 verschiebt, erhöht sich der Preis des Produktes kurzfristig auf P_2, und der Branchenoutput steigt von Q_1 auf Q_2. Ein typisches Unternehmen, wie in Teil (a) dargestellt, erhöht seinen Output als Reaktion auf den höheren Preis durch eine Bewegung entlang seiner kurzfristigen Grenzkostenkurve von q_1 auf q_2. Der von diesem und anderen Unternehmen erzielte Gewinn veranlasst neue Unternehmen, in die Branche einzutreten.

8.8 Die langfristige Marktangebotskurve

Wenn neue Unternehmen in den Markt eintreten und der Output steigt, führt die erhöhte Nachfrage nach Produktionsfaktoren dazu, dass sich die Preise einiger oder aller Produktionsfaktoren erhöhen. Die kurzfristige Marktangebotskurve verschiebt sich wie zuvor nach rechts, allerdings nicht so stark, und das neue Gleichgewicht im Punkt B führt zu einem Preis P_3, der höher ist als der anfängliche Preis P_1. Da durch die höheren Faktorpreise die kurzfristigen und die langfristigen Kostenkurven des Unternehmens erhöht werden, ist der höhere Marktpreis notwendig, um sicherzustellen, dass die Unternehmen im langfristigen Gleichgewicht Nullgewinne erzielen. Dies wird in Abbildung 8.17(a) dargestellt. Die Durchschnittskostenkurve verschiebt sich von DK_1 zu DK_2 nach oben, während sich die Grenzkostenkurve von GK_1 zu GK_2 nach links verschiebt. Der neue langfristige Gleichgewichtspreis P_3 ist gleich den neuen minimalen Durchschnittskosten. Wie im Fall der Branche mit konstanten Kosten verschwindet der durch die anfängliche Erhöhung der Nachfrage verursachte höhere kurzfristige Gewinn langfristig, wenn die Unternehmen ihren Output erhöhen und die Faktorkosten steigen.

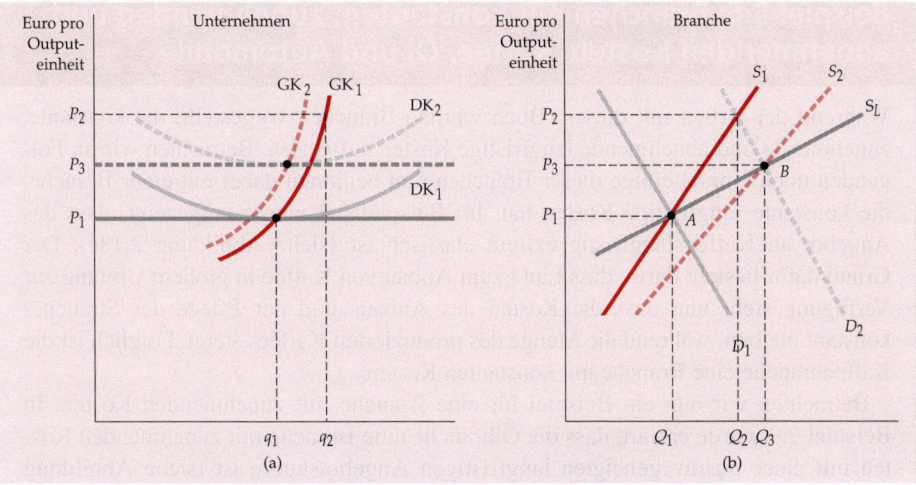

Abbildung 8.17: Das langfristige Angebot in einer Branche mit zunehmenden Kosten
In **(b)** ist die langfristige Angebotskurve in einer Branche mit zunehmenden Kosten die positiv geneigte Kurve SL. Steigt die Nachfrage, was zunächst zu einem Preisanstieg führt, erhöhen die Unternehmen ihren Output von q_1 auf q_2 in Abbildung **(a)**. In diesem Fall führt der Markteintritt neuer Unternehmen zu einer Verschiebung des Angebots nach rechts. Da die Faktorpreise infolgedessen ansteigen, tritt das neue langfristige Gleichgewicht bei einem höheren Preis ein als das anfängliche Gleichgewicht.

Das neue Gleichgewicht im Punkt B in Abbildung 8.17(b) liegt folglich auf der langfristigen Angebotskurve der Branche. *In einer Branche mit zunehmenden Kosten ist die langfristige Marktangebotskurve positiv geneigt*. Die Branche produziert eine größere Gütermenge, aber nur zu dem höheren Preis, der zum Ausgleich der Erhöhung der Faktorkosten notwendig ist. Der Begriff „zunehmende Kosten" bezeichnet die Verschiebung der langfristigen Durchschnittskostenkurven der Unternehmen nach oben, nicht die positive Steigung der Kostenkurve an sich.

8.8.3 Branchen mit abnehmenden Kosten

Die Branchenangebotskurve kann auch negativ geneigt sein. In diesem Fall führt ein unerwarteter Anstieg der Nachfrage wie zuvor zu einer Erhöhung des Outputs. Wenn allerdings die Branche größer wird, kann sie ihren Größenvorteil nutzen, um einige der Produktionsfaktoren billiger einzukaufen. So kann beispielsweise eine größere Branche zu einem verbesserten Transportsystem oder einem besseren, weniger teuren finanziellen Netz führen. In diesem Fall verschieben sich die Durchschnittskostenkurven des Unternehmens nach unten (obwohl diese keine Größenvorteile genießen), und der Marktpreis des Produktes fällt. Der niedrigere Marktpreis und die niedrigeren Durchschnittskosten der Produktion führen zu einem neuen langfristigen Gleichgewicht mit einer größeren Anzahl Unternehmen, einem größeren Output und einem niedrigeren Preis. Folglich ist bei einer **Branche mit abnehmenden Kosten** die langfristige Marktangebotskurve negativ geneigt.

> **Branche mit abnehmenden Kosten**
>
> Eine Branche, deren langfristige Angebotskurve negativ geneigt ist.

Beispiel 8.6: Branchen mit konstanten, zunehmenden und abnehmenden Kosten: Kaffee, Öl und Automobile

Während der Arbeit mit diesem Buch wurden Branchen vorgestellt, die konstante, zunehmende und abnehmende langfristige Kosten aufweisen. Betrachten wir im Folgenden noch einmal einige dieser Branchen und beginnen dabei mit einer Branche, die konstante langfristige Kosten hat. Im Beispiel 2.7 wurde aufgezeigt, dass das Angebot an Kaffee langfristig extrem elastisch ist (siehe Abbildung 2.18c). Der Grund dafür besteht darin, dass Land zum Anbau von Kaffee in großem Umfang zur Verfügung steht und dass die Kosten des Anbaus und der Pflege der Sträucher konstant bleiben, während die Menge des produzierten Kaffees steigt. Folglich ist die Kaffeebranche eine Branche mit konstanten Kosten.

Betrachten wir nun ein Beispiel für eine Branche mit zunehmenden Kosten. In Beispiel 2.9 wurde erklärt, dass die Ölbranche eine Branche mit zunehmenden Kosten mit einer positiv geneigten langfristigen Angebotskurve ist (siehe Abbildung 2.23(b)). Warum nehmen die Kosten zu? Weil nur eine begrenzte Verfügbarkeit von leicht zugänglichen Erdölfeldern mit großem Volumen besteht. Infolgedessen sind die Ölfirmen gezwungen bei einer Erhöhung ihres Outputs Öl aus zunehmend teuren Feldern zu fördern.

Schließlich noch ein Beispiel für eine Branche mit abnehmenden Kosten. Die Nachfrage nach Automobilen wurde in den Beispielen 3.1 und 3.3 erörtert. Wie sieht es aber mit dem Angebot aus? In der Automobilbranche entstehen gewisse Kostenvorteile, da die Inputs bei steigendem Produktionsvolumen preiswerter eingekauft werden können. Und tatsächlich kaufen die großen Automobilhersteller – wie z.B. General Motors, Toyota, Ford und Honda – Batterien, Motoren, Bremssysteme und andere wichtige Produktionsfaktoren von Unternehmen, die sich auf die effiziente Produktion dieser Inputs spezialisiert haben. Infolgedessen sinken die Durchschnittskosten der Automobilproduktion bei zunehmendem Produktionsvolumen.

8.8.4 Die Auswirkungen einer Steuer

In Kapitel 7 haben wir aufgezeigt, dass eine Steuer auf einen Input eines Unternehmens (in diesem Fall in Form einer Abwassergebühr) für das Unternehmen einen Anreiz schafft, die Art und Weise des Faktoreinsatzes in seinem Produktionsprozess zu ändern. Nun werden wir betrachten, wie ein Unternehmen auf eine Steuer auf seine Produktion reagieren kann. Um die Analyse zu vereinfachen, nehmen wir an, dass das Unternehmen eine Produktionstechnologie mit fixen Koeffizienten einsetzt. Verursacht das Unternehmen Verschmutzungen, kann es durch die Produktionssteuer zu einer Reduzierung seiner Gütermenge und damit seiner Abwässer angeregt werden oder eine solche Steuer könnte einfach erhoben werden um Einnahmen für den Staat zu erzielen.

Zunächst nehmen wir an, dass die Produktionssteuer nur für dieses Unternehmen erhoben wird und folglich den Marktpreis des Produktes nicht beeinflusst. Wir werden aufzeigen, dass die Produktionssteuer das Unternehmen dazu anregt, seinen Output zu reduzieren. In Abbildung 8.18 werden die betreffenden kurzfristigen Kostenkurven für ein Unternehmen dargestellt, das durch die Produktion des Outputs q_1 und den Verkauf seines Produktes zu einem Preis P_1 einen positiven ökonomischen Gewinn erzielt. Da die Steuer für jede Outputeinheit veranlagt wird, erhöht sie die Grenzkostenkurve des Unternehmens von GK_1 auf $GK_2 = GK_1 + t$, wobei t die Steuer pro Outputeinheit des Unternehmens ist. Durch die Steuer erhöht sich auch die durchschnittliche variable Kostenkurve um den Betrag t.

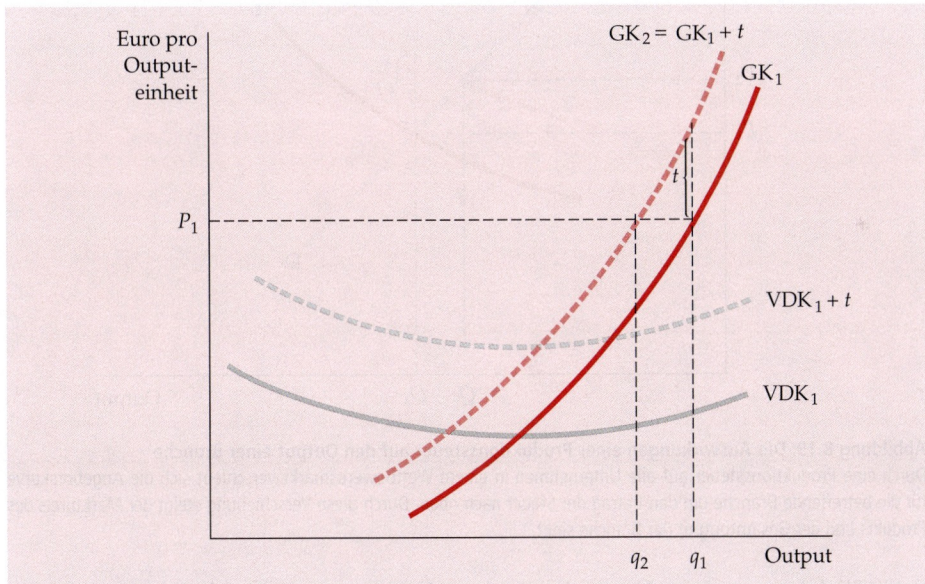

Abbildung 8.18: Die Auswirkungen einer Produktionssteuer auf den Output eines Wettbewerbsunternehmens
Durch eine Produktionssteuer wird die Grenzkostenkurve des Unternehmens um den Betrag der Steuer erhöht. Das Unternehmen reduziert seinen Output bis auf den Punkt, in dem die Grenzkosten plus der Steuer gleich dem Preis des Produktes sind.

Die Produktionssteuer kann zwei mögliche Auswirkungen haben. Wenn das Unternehmen nach der Erhebung der Steuer noch immer einen positiven ökonomischen Gewinn oder einen ökonomischen Nullgewinn erzielen kann, maximiert es seinen Gewinn durch die Auswahl eines Produktionsniveaus, in dem die Grenzkosten plus der Steuer gleich dem Preis des Produktes sind. Sein Output fällt von q_1 auf q_2, und die implizierte Auswirkung der Steuer ist die Verschiebung der Angebotskurve nach oben (um den Betrag der Steuer). Wenn das Unternehmen nach der Erhebung der Steuer keinen ökonomischen Gewinn mehr erzielen kann, wird es sich dafür entscheiden, den Markt zu verlassen.

Nehmen wir nun an, dass alle Unternehmen in der Branche besteuert werden und somit höhere Grenzkosten aufweisen. Da jedes Unternehmen zum gegenwärtigen Preis seinen Output reduziert, sinkt auch der von der Branche angebotene Gesamtoutput, wodurch der Preis des Produktes steigt. Dies wird in Abbildung 8.19 illustriert. Eine Verschiebung der Angebotskurve nach oben von S_1 auf $S_2 = S_1 + t$ führt zu einer Erhöhung des Marktpreises des Produktes (um weniger als den Betrag der Steuer) von P_1 auf P_2. Diese Preissteigerung vermindert einige der oben beschriebenen Auswirkungen. Die Unternehmen reduzieren ihren Output weniger, als dies ohne eine Preissteigerung der Fall wäre.

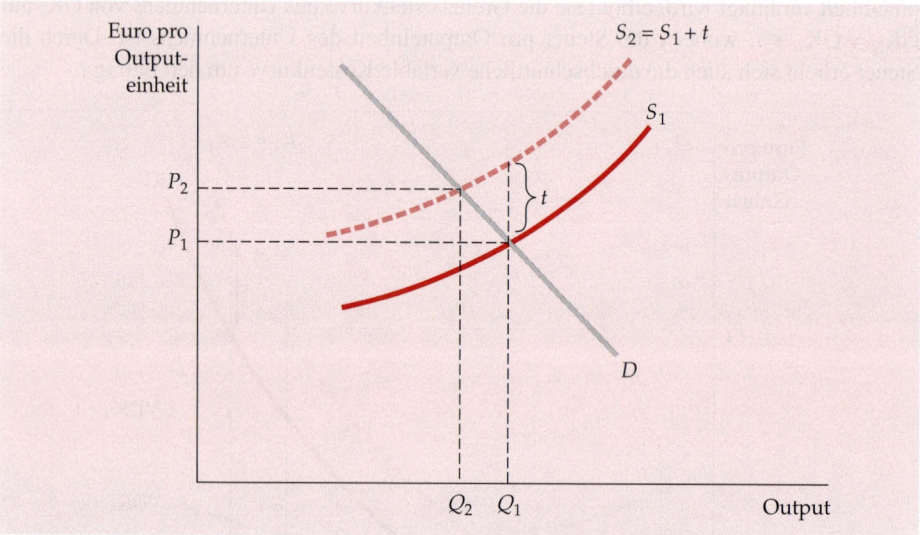

Abbildung 8.19: Die Auswirkungen einer Produktionssteuer auf den Output einer Branche
Durch eine Produktionssteuer auf alle Unternehmen in einem Wettbewerbsmarkt verschiebt sich die Angebotskurve für die betreffende Branche um den Betrag der Steuer nach oben. Durch diese Verschiebung steigt der Marktpreis des Produkts und der Gesamtoutput der Branche sinkt.

Schließlich können einige Unternehmen (deren Kosten etwas höher sind als die der anderen) durch eine Produktionssteuer dazu angeregt werden, die Branche zu verlassen. Dabei wird durch die Steuer die langfristige Durchschnittskostenkurve jedes Unternehmens erhöht.

8.8.5 Die langfristige Elastizität des Angebots

Die langfristige Elastizität des Branchenangebots wird genau wie die kurzfristige Elastizität definiert: Es handelt sich dabei um die prozentuale Änderung des Outputs ($\Delta Q/Q$), die sich aus einer prozentualen Änderung des Preises ($\Delta P/P$) ergibt. In einer Branche mit konstanten Kosten ist die langfristige Angebotskurve horizontal und die langfristige Angebotselastizität unendlich groß. (Eine geringe Steigerung des Preises führt zu einer extrem großen Outputsteigerung.) In einer Branche mit zunehmenden Kosten wird allerdings die langfristige Angebotselastizität positiv aber endlich sein. Da die Branchen sich langfristig anpassen und expandieren können, würden wir im Allgemeinen erwarten, dass die langfristigen Elastizitäten des Angebots größer sind als die kurzfristigen.[9] Das Ausmaß der Elastizität hängt davon ab, inwieweit die Faktorkosten sich bei einer Expansion des Marktes erhöhen. So wird beispielsweise eine Branche, die sehr leicht verfügbare Produktionsfaktoren einsetzt, ein elastischeres langfristiges Angebot aufweisen als eine Branche, die Faktoren einsetzt, für die ein knappes Angebot besteht.

Beispiel 8.7: Das Angebot an Taxis in New York

Der Preis einer Taxifahrt hängt natürlich von der gefahrenen Strecke ab. Die meisten Städte regulieren die Fahrpreise, die ein Taxi berechnen kann. Normalerweise beginnt eine Fahrt mit einer fixen Gebühr beim Einsteigen in das Taxi, danach wird eine Gebühr pro gefahrenen Kilometer berechnet. Im Jahr 2011 gab es in New York City 13.150 Taxis. Nun würde man davon ausgehen, dass es weniger Taxifahrer geben und die angebotene Menge sinken würde, wenn die Fahrpreise zurückgehen. Desgleichen würde man erwarten, dass bei steigenden Fahrpreisen mehr Fahrer Taxi fahren wollen würden und die Menge steigen würde. Im Folgenden soll überprüft werden, ob das stimmt.

Taxifahren ist keine einfache Arbeit. Die meisten Fahrer arbeiten an sechs Tagen pro Woche Schichten von zwölf Stunden. Welches Jahreseinkommen kann der Fahrer erwarten? Unter der Annahme, dass der Fahrer 50 Wochen pro Jahr arbeitet, ergibt sich die Gesamtzahl der gearbeiteten Stunden wie folgt: (12)(6)(50) = 3.600 Stunden pro Jahr. Allerdings wird ein Teil der Stunden mit Warten am Taxistand und der Suche nach Fahrgästen verbracht – tatsächlich ist nur in 2/3 der Zeit tatsächlich ein zahlender Fahrgast an Bord, d.h. circa 2400 Stunden pro Jahr. Wenn er ungefähr 10 Meilen pro Stunden fährt (es geht schließlich um New York), fährt der Taxifahrer ungefähr 24.000 „bezahlte" Meilen pro Jahr. Einige Fahrten sind länger als andere, aber eine durchschnittliche Taxifahrt in New York umfasst circa 5 Meilen und (2011) betrug der Durchschnittspreis ca. $12,60 laut Taxameter bzw. $15 inklusive Trinkgeld. Damit macht der Fahrer auf der Grundlage der durchschnittlichen Fahrten von 5 Meilen ungefähr (24.000)/(5) = 4.800 Fahrten und erzielt damit ein Bruttoeinkommen von ($15)(4.800) = $72.000 pro Jahr. ▶

---

[9] In einigen Fällen trifft das Gegenteil zu. Betrachten wir die Elastizität des Angebots des Schrottes eines dauerhaften Gutes wie Kupfer. Wir erinnern uns aus Kapitel 2, dass, da es einen existierenden Bestand an Schrott gibt, die langfristige Elastizität des Angebots *geringer* sein wird als die kurzfristige.

Aus diesem Einkommen muss der Fahrer Benzin, Versicherung, Wartung und die Wertminderung des Taxis begleichen, die sich auf $10.000 pro Jahr summieren können. Das sind allerdings nicht die einzigen Kosten. Wie in den meisten Städten benötigen Taxis auch in New York eine Lizenz. Die durch die Stadt ausgegebenen Lizenzen gehören den Taxiunternehmen. Die Unternehmen vermieten die Lizenzen zu einem ebenfalls durch die Stadt regulierten Satz an die Fahrer: $110 pro 12-Stundenschicht. Wenn der Taxifahrer 50 Wochen pro Jahr und 6 Schichten pro Woche fährt, muss er damit zusätzlich (6)(50)(110) = $33.000 pro Jahr für die Lizenz zahlen. Damit verbleibt dem Fahrer ein Nettoeinkommen von nur $72.000 – $10.000 – $33.000 = $29.000 pro Jahr.

Nun sei angenommen, dass die Stadt New York den Fahrpreis senkt, so dass eine Fahrt von 5 Meilen dem Fahrer statt $15 nur noch $10 einbringt. Damit würde der jährliche Bruttoerlös des Fahrers von $72.000 auf $48.000 sinken. Nach Abzug der Kosten für die Lizenz sowie Benzin usw. würde dem Fahrer ein Nettojahreseinkommen von nur $5.000 verbleiben. Unter diesen Umständen würde kaum noch jemand als Taxifahrer arbeiten wollen. Im Folgenden sei angenommen, dass die Stadt New York die Taxifahrpreise anhebt, so dass eine Fahrt von 5 Meilen $20 anstatt $15 einbringt. Damit steigt der jährliche Bruttoerlös des Fahrers auf $96.000 und sein Nettoeinkommen nach Kosten betrüge dann $53.000. Das ist durchaus kein schlechter Verdienst für eine Arbeit, die nur eine geringe Ausbildung und keine besonderen Kenntnisse erfordert, so dass dann viel mehr Menschen als Taxifahrer arbeiten wollen würden. Aufgrund dessen würden wir eine sehr elastische Angebotskurve für Taxis erwarten – geringe Senkungen des Preises (des für eine durchschnittliche Fahrt von fünf Meilen erzielten Fahrpreises) führen zu einem drastischen Rückgang der Menge und geringe Preissteigerungen bewirken eine drastische Steigerung der Menge (in Form der in Betrieb befindlichen Taxis). Dies wird durch die mit S bezeichnete Angebotskurve in Abbildung 8.20 illustriert.

An dieser Stelle fehlt allerdings etwas: Auch wenn eine Senkung der Fahrpreise tatsächlich zu einer Senkung der angebotenen Menge führt, wird eine Preiserhöhung nicht zu einer Steigerung der angebotenen Menge führen. Warum nicht? Weil die Anzahl der Lizenzen bei 13.150 fix ist. Dies entspricht ungefähr der Zahl an Lizenzen, die 1937 vorhanden war. Da die Stadt New York keine weiteren Lizenzen vergibt, begrenzt sie damit effektiv das Angebot an Taxis auf 13.150. Daher wird die Angebotskurve bei einer Menge von 13.150 vertikal (in der Abbildung mit S' bezeichnet).

Viele Städte verlangen Taxilizenzen und beschränken deren Anzahl. Der Grund dafür wird in Beispiel 9.5 erklärt. ▶

8.8 Die langfristige Marktangebotskurve

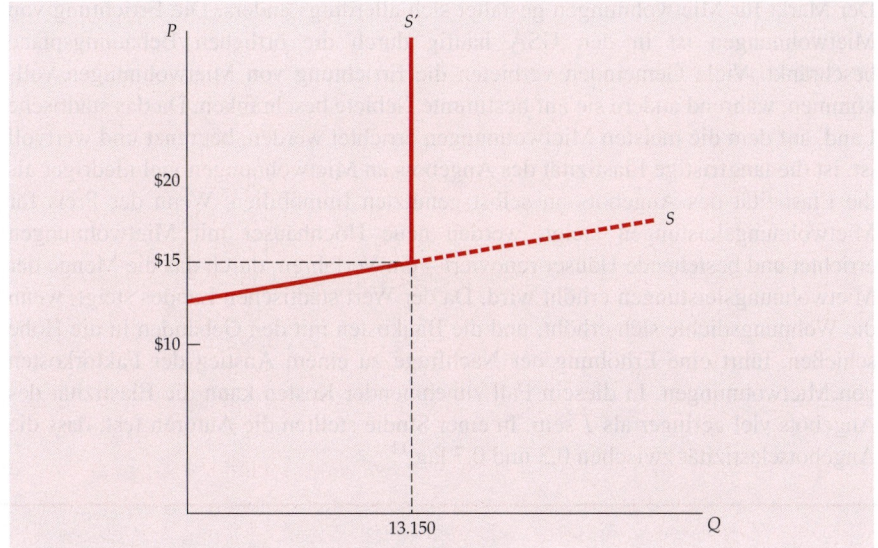

Abbildung 8.20: Die Angebotskurve für Taxis in New York
Bestünden keine Beschränkungen für die Anzahl der Lizenzen, wäre die Angebotskurve hoch elastisch. Taxifahrer arbeiten schwer und verdienen nicht viel, daher würden sich bei einem Rückgang des Preises P (für eine Fahrt von fünf Meilen) viele Fahrer einen anderen Arbeitsplatz suchen. Desgleichen würden bei einem Preisanstieg viele neue Fahrer in den Markt eintreten. Allerdings ist die Anzahl der Lizenzen – und damit die Anzahl der Taxis – auf 13.150 beschränkt, so dass die Angebotskurve bei dieser Menge vertikal wird.

Beispiel 8.8: Das langfristige Wohnungsangebot

Selbst genutzte Immobilien und Mietwohnungen liefern interessante Beispiele der Bandbreite möglicher Angebotselastizitäten. Wohnungen werden von Personen gemietet oder gekauft, um die Leistungen zu erhalten, die ein Haus bietet – ein Ort, an dem man essen und schlafen kann, an dem man sich wohlfühlt und so weiter. Sollte der Preis der Wohnungsleistungen in einer Region des Landes ansteigen, könnte sich die Menge der angebotenen Leistungen beträchtlich erhöhen.

Zu Beginn betrachten wir das Angebot selbstgenutzter Immobilien in Vororten oder ländlichen Gebieten, in denen Land nicht knapp ist. In diesem Fall erhöht sich der Preis von Grund und Boden nicht substanziell, wenn sich die Menge der angebotenen Wohnungen erhöht. Desgleichen werden wahrscheinlich auch die mit der Errichtung verbundenen Kosten nicht steigen, da für Bauholz und andere Materialien ein nationaler Markt besteht. Deshalb ist die langfristige Elastizität des Wohnungsangebots wahrscheinlich sehr hoch und nähert sich einer Branche mit konstanten Kosten an. In der Tat wurde in vielen Studien festgestellt, dass die langfristige Angebotskurve fast horizontal verläuft.[10] ▶

---

10 Ein Überblick über die relevante Literatur findet sich in Dixie M. Blackley, „The Long-Run Elasticity of New Housing Supply in the United States: Empirical Evidence for 1950 to 1994", *Journal of Real Estate Finance and Economics* 18 (1999): 25–42.

Der Markt für Mietwohnungen gestaltet sich allerdings anders. Die Errichtung von Mietwohnungen ist in den USA häufig durch die örtlichen Bebauungspläne beschränkt. Viele Gemeinden verbieten die Errichtung von Mietwohnungen vollkommen, während andere sie auf bestimmte Gebiete beschränken. Da das städtische Land, auf dem die meisten Mietwohnungen errichtet werden, begrenzt und wertvoll ist, ist die langfristige Elastizität des Angebots an Mietwohnungen viel niedriger als die Elastizität des Angebots an selbst genutzten Immobilien. Wenn der Preis für Mietwohnungsleistungen steigt, werden neue Hochhäuser mit Mietwohnungen errichtet und bestehende Häuser renoviert – ein Verfahren, durch das die Menge der Mietwohnungsleistungen erhöht wird. Da der Wert städtischen Landes steigt, wenn die Wohnungsdichte sich erhöht, und die Baukosten mit den Gebäuden in die Höhe schießen, führt eine Erhöhung der Nachfrage zu einem Anstieg der Faktorkosten von Mietwohnungen. In diesem Fall zunehmender Kosten kann die Elastizität des Angebots viel geringer als *1* sein. In einer Studie stellten die Autoren fest, dass die Angebotselastizität zwischen 0,3 und 0,7 lag.[11]

ZUSAMMENFASSUNG

1. Führungskräfte können in Übereinstimmung mit einer komplexen Reihe von Zielen und unter verschiedenen Nebenbedingungen agieren. Wir können allerdings annehmen, dass Unternehmen sich so verhalten, als maximierten sie ihren langfristigen Gewinn.

2. Viele Märkte nähern sich dem vollkommenen Wettbewerb an, sofern ein oder mehrere Unternehmen sich so verhalten, als ob sie mit einer fast horizontalen Nachfragekurve konfrontiert würden. Im Allgemeinen ist die Anzahl der Unternehmen in einer Branche nicht immer ein guter Indikator dafür, inwieweit die Branche kompetitiv ist.

3. Da ein Unternehmen in einem Wettbewerbsmarkt einen geringen Anteil der Gesamtproduktion der Branche ausmacht, trifft es seine Outputwahl auf der Grundlage der Annahme, dass seine Produktionsentscheidung keine Auswirkungen auf den Preis des Produktes haben wird. In diesem Fall sind die Nachfragekurve und die Grenzerlöskurve identisch.

4. Kurzfristig maximiert ein Wettbewerbsunternehmen durch die Wahl einer Gütermenge, bei der der Preis gleich den (kurzfristigen) Grenzkosten ist, seinen Gewinn. Dieser Preis muss allerdings höher sein als die minimalen variablen Durchschnittskosten der Produktion des Unternehmens oder er muss diesen gleich sein.

---

11 Siehe Frank deLeeuw und Nkanta Ekanem, „The Supply of Rental Housing", *American Economic Review* 61 (Dezember 1971): 806–817, Tabelle 5.2.

5. Die kurzfristige Marktangebotskurve ist die horizontale Summe der Angebotskurven der Unternehmen in einer Branche. Sie kann durch die Elastizität des Angebots wie folgt beschrieben werden: die aus einer prozentualen Änderung des Preises resultierende prozentuale Änderung der angebotenen Menge.

6. Die Produzentenrente für ein Unternehmen besteht aus der Differenz zwischen seinem Erlös und den minimalen Kosten, die zur Produktion seines gewinnmaximierenden Outputs notwendig wären. Sowohl kurzfristig als auch langfristig ist die Produzentenrente der Bereich unterhalb der horizontalen Preisgeraden und oberhalb der Grenzkosten der Produktion.

7. Die *ökonomische Rente* ist die Zahlung für einen knappen Produktionsfaktor minus des minimalen, für die Beschaffung des Faktors benötigten Betrags. Langfristig ist die Produzentenrente in einem Wettbewerbsmarkt gleich der durch alle knappen Produktionsfaktoren erzielten ökonomischen Rente.

8. Langfristig wählen gewinnmaximierende Wettbewerbsunternehmen die Gütermenge, bei der der Preis gleich den langfristigen Grenzkosten ist.

9. Ein langfristiges Wettbewerbsgleichgewicht tritt unter folgenden Bedingungen ein: (a) die Unternehmen maximieren ihre Gewinne, (b) alle Unternehmen erzielen einen ökonomischen Nullgewinn, so dass es keinen Anreiz für einen Markteintritt oder einen Marktaustritt gibt, und (c) die nachgefragte Menge des Produktes ist gleich der angebotenen Menge.

10. Die langfristige Angebotskurve eines Unternehmens verläuft horizontal, wenn es sich um eine Branche mit konstanten Kosten handelt, in der die (mit der erhöhten Nachfrage nach dem Produkt verbundene) erhöhte Nachfrage nach den Produktionsfaktoren keine Auswirkungen auf den Marktpreis der Produktionsfaktoren hat. Die langfristige Angebotskurve eines Unternehmens ist allerdings in einer Branche mit zunehmenden Kosten positiv geneigt, in der die erhöhte Nachfrage nach Produktionsfaktoren zu einem Anstieg des Marktpreises eines oder aller Produktionsfaktoren führt.

ZUSAMMENFASSUNG

Kontrollfragen

1. Warum würde ein Unternehmen, dem Verluste entstehen, sich dafür entscheiden, weiter zu produzieren anstatt die Produktion einzustellen?
2. Erklären Sie, warum die Marktangebotskurve einer Branche nicht gleich der langfristigen Grenzkostenkurve dieser Branche ist.
3. Im langfristigen Gleichgewicht erzielen alle Unternehmen in der Branche einen ökonomischen Nullgewinn. Warum ist dies so?
4. Worin besteht der Unterschied zwischen dem ökonomischen Gewinn und der Produzentenrente?
5. Warum treten Unternehmen in eine Branche ein, wenn sie wissen, dass langfristig die ökonomischen Gewinne null betragen werden?
6. Zu Beginn des 20. Jahrhunderts gab es viele kleine US-amerikanische Automobilhersteller. Am Ende des 20. Jahrhunderts gab es nur noch zwei große. Nehmen Sie an, dass diese Situation nicht das Ergebnis einer laxen bundesstaatlichen Durchsetzung der Antimonopolgesetze ist. Wie erklären Sie den Rückgang der Anzahl der Hersteller? (*Hinweis*: Wie gestaltet sich die der Automobilindustrie inhärente Kostenstruktur?)
7. Da die Branche X durch einen vollkommenen Wettbewerb gekennzeichnet ist, erzielt jedes Unternehmen einen ökonomischen Nullgewinn. Wenn der Produktpreis fällt, kann kein Unternehmen überleben. Stimmen Sie dieser These zu oder nicht? Erörtern Sie dies.
8. Ein Anstieg der Nachfrage nach Videofilmen führt ebenfalls zu einer Erhöhung der Gagen der Schauspieler und Schauspielerinnen. Wird die langfristige Angebotskurve für Filme eher horizontal oder eher positiv geneigt verlaufen? Erklären Sie Ihre Antwort.
9. Richtig oder falsch? Ein Unternehmen sollte stets eine Gütermenge produzieren, bei der die langfristigen Durchschnittskosten minimiert werden. Erklären Sie Ihre Antwort.
10. Können in einer Branche, die durch eine positiv geneigte Angebotskurve gekennzeichnet ist, konstante Skalenerträge bestehen? Erklären Sie Antwort.
11. Welche Annahmen müssen erfüllt sein, damit ein Markt vollkommen kompetitiv ist? Setzen Sie das, was Sie in diesem Kapitel gelernt haben, ein, um zu erklären, warum jede dieser Annahmen wichtig ist.
12. Nehmen wir an, eine Wettbewerbsbranche wird mit einem Anstieg der Nachfrage konfrontiert (d.h. die Kurve verschiebt sich nach oben). Mit welchen Schritten kann ein Wettbewerbsmarkt eine erhöhte Gütermenge sicherstellen? Ändert sich Ihre Antwort, wenn die Regierung eine Preisobergrenze festlegt?
13. Die Regierung verabschiedet ein Gesetz, mit dem eine beträchtliche Subvention für jeden Hektar Land gestattet wird, der für den Tabakanbau eingesetzt wird. Wie beeinflusst dieses Programm die langfristige Angebotskurve für Tabak?
14. Eine bestimmte Staubsaugermarke kann sowohl in einigen Läden vor Ort als auch in mehreren Katalogen oder in Internetshops gekauft werden.
    a. Erzielen langfristig alle Verkäufer ökonomische Nullgewinne, wenn sie alle den gleichen Preis für den Staubsauger verlangen?
    b. Wenn alle Verkäufer den gleichen Preis verlangen und ein lokaler Verkäufer das Gebäude, in dem er sein Geschäft betreibt, besitzt, erzielt dieser Verkäufer einen positiven ökonomischen Gewinn?
    c. Besteht für den Verkäufer, der keine Miete bezahlt, ein Anreiz, den von ihm für den Staubsauger verlangten Preis zu senken?

Die Kontrollfragen samt Lösungen sowie weitere kapitelbegleitende Inhalte finden Sie im MyLab.

Übungen

1.

q	P	E P = 60	C	π P = 60	GK P = 60	GE P = 60	E P = 50	GE P = 50	π P = 50
0	60		100						
1	60		150						
2	60		178						
3	60		198						
4	60		212						
5	60		230						
6	60		250						
7	60		272						
8	60		310						
9	60		355						
10	60		410						
11	60		475						

Die Daten in der obigen Tabelle liefern Informationen über den Preis (in Euro), zu dem ein Unternehmen eine Outputeinheit verkaufen kann, sowie über die Gesamtkosten der Produktion.
   a. Füllen Sie die Lücken in der Tabelle aus.
   b. Zeigen Sie auf, was mit der Outputentscheidung des Unternehmens und dem Gewinn geschieht, wenn der Preis des Produktes von €60 auf €50 fällt.

2. Zeigen Sie mit Hilfe der Daten aus der Tabelle, was mit der Outputwahl des Unternehmens und dem Gewinn geschieht, wenn die Fixkosten der Produktion von €100 auf €150 und dann auf €200 steigen. Es sei angenommen, dass der Güterpreis weiterhin €60 pro Einheit beträgt. Welche allgemeine Schlussfolgerung können Sie hinsichtlich der Auswirkungen der Fixkosten auf die Outputwahl eines Unternehmens ziehen?

3. Verwenden Sie die gleichen Informationen wie in der Tabelle zu Übung 1.
   a. Leiten Sie die kurzfristige Angebotskurve des Unternehmens her. (*Hinweis*: Sie könnten eventuell die betreffenden Kostenkurven zeichnen.)
   b. Wie lautet die Marktangebotskurve, wenn auf dem Markt 100 identische Unternehmen bestehen?

4. Nehmen Sie an, Sie sind der Geschäftsführer eines Unternehmens, das auf einem Wettbewerbsmarkt Uhren herstellt. Ihre Produktionskosten werden durch $C = 200 + 2Q^2$ gegeben, wobei Q das Produktionsniveau und C die Gesamtkosten sind. Die Grenzkosten der Produktion sind gleich $4Q$. Die Fixkosten der Produktion betragen €200.
   a. Wenn der Preis der Uhren €100 beträgt, wie viele Uhren sollten Sie zur Gewinnmaximierung herstellen?
   b. Wie hoch ist der Gewinn?
   c. Bei welchem minimalen Preis werden Sie einen positiven Output herstellen?

5. Nehmen Sie an, die Grenzkosten der Produktion der Gütermenge q eines Wettbewerbsunternehmens sind gegeben durch: GK$(q) = 3 + 2q$. Nehmen Sie darüber hinaus an, dass der Marktpreis des Produkts €9 beträgt.
   a. Welches Produktionsniveau wird das Unternehmen erzeugen?
   b. Wie hoch ist die Produzentenrente des Unternehmens?
   c. Es sei angenommen, die variablen Durchschnittskosten des Unternehmens werden durch VDK$(q) = 3 + q$ gegeben. Weiterhin sei angenommen, dass bekannt ist, dass die Fixkosten des Unternehmens sich auf €3 belaufen. Wird das Unternehmen kurzfristig positive, negative oder Nullgewinne erzielen?

6. Ein Unternehmen produziert in einer Wettbewerbsbranche und hat die Gesamtkostenfunktion $C = 50 + 4q + 2q^2$ und die Grenzkostenfunktion GK $= 4 + 4q$. Bei dem gegebenen Marktpreis von €20 produziert das Unternehmen fünf Outputeinheiten. Maximiert das Unternehmen seinen Gewinn? Welche Outputmenge sollte das Unternehmen langfristig wählen?

7. Es sei angenommen, die Kostenfunktion der gleichen Firma ist $C(q) = 4q^2 + 16$.
   a. Bestimmen Sie die variablen Kosten, Fixkosten, totalen Durchschnittskosten, variablen Durchschnittskosten und fixen Durchschnittskosten. (*Hinweis*: Die Grenzkosten werden durch GK $= 8q$ gegeben.)
   b. Stellen Sie die totalen Durchschnittskosten, die Grenzkosten und die variablen Durchschnittskosten in einem Diagramm dar.
   c. Bestimmen Sie den Output, bei dem die totalen Durchschnittskosten minimiert werden.
   d. In welchem Preisbereich produziert das Unternehmen einen positiven Output?
   e. In welchem Preisbereich erzielt das Unternehmen einen negativen Gewinn?
   f. In welchem Preisbereich erzielt das Unternehmen einen positiven Gewinn?

*8. Ein Wettbewerbsunternehmen weist die folgende kurzfristige Kostenfunktion auf:
$$C(q) = q^3 - 8q^2 + 30q + 5.$$
   a. Bestimmen Sie die GK, TDK und VDK und stellen Sie diese in einem Diagramm dar.
   b. In welchem Preisbereich liefert das Unternehmen einen Output von null?
   c. Bestimmen Sie die Angebotskurve des Unternehmens in Ihrem Diagramm.
   d. Zu welchem Preis würde das Unternehmen genau sechs Outputeinheiten liefern?

*9. a. Es sei angenommen, die kurzfristige Produktionsfunktion eines Unternehmens lautet
$$q = 9x^{1/2},$$
wobei Fixkosten von €1.000 entstehen und x der variable Input ist, dessen Kosten sich auf €4.000 pro Einheit belaufen. Wie hoch sind die Gesamtkosten der Produktion eines Outputniveaus q? Mit anderen Worten ausgedrückt, bestimmen Sie die Gesamtkostenfunktion $C(q)$.
   b. Schreiben Sie die Gleichung für die Angebotskurve.
   c. Wie viele Einheiten produziert das Unternehmen, wenn der Preis €1.000 beträgt? Wie hoch ist der Gewinn? Stellen Sie Ihre Antwort mit Hilfe einer Kostenkurve dar.

*10. Nehmen Sie an, Ihnen werden die folgenden Informationen zu einer bestimmten Branche gegeben:

$Q^D = 6.500 - 100P$ Marktnachfrage
$Q^S = 1.200P$ Marktangebot
$C(q) = 722 + \dfrac{q^2}{200}$ Gesamtkostenfunktion des Unternehmens
$GK(q) = \dfrac{2q}{200}$ Grenzkostenfunktion des Unternehmens

Es sei angenommen, dass alle Unternehmen identisch sind und der Markt durch vollkommenen Wettbewerb gekennzeichnet ist.
   a. Bestimmen Sie den Gleichgewichtspreis, die Gleichgewichtsmenge, den von dem Unternehmen angebotenen Output und den Gewinn jedes Unternehmens.

b. Würden Sie langfristig erwarten, dass es zum Eintritt in die Branche oder zum Austritt aus dieser kommt? Erläutern Sie Ihre Antwort. Welche Auswirkungen hat ein Eintritt bzw. Austritt auf das Marktgleichgewicht?

c. Wie hoch ist der niedrigste Preis zu dem jedes Unternehmen seinen Output langfristig verkaufen würde? Ist der Gewinn zu diesem Preis positiv, negativ oder gleich null? Erläutern Sie Ihre Antwort.

d. Wie hoch ist der niedrigste Preis zu dem jedes Unternehmen kurzfristig seinen Output verkaufen würde? Ist der Gewinn zu diesem Preis positiv, negativ oder gleich null? Erläutern Sie Ihre Antwort.

*11. Es sei angenommen, dass ein Wettbewerbsunternehmen eine Gesamtkostenfunktion $C(q) = 450 + 15q + 2q^2$ und eine Grenzkostenfunktion $GK(q) = 15 + 4q$ aufweist. Bestimmen Sie das von dem Unternehmen produzierte Outputniveau bei einem Preis von $P = €115$ pro Einheit. Bestimmen Sie die Höhe des Gewinns und die Höhe der Produzentenrente.

*12. Eine Reihe von Geschäften bietet als Dienstleistung für ihre Kunden die Entwicklung von Filmen an. Es sei angenommen, dass jedes Geschäft, das diese Dienstleistung anbietet, eine Kostenfunktion $C(q) = 50 + 0,5q + 0,08q^2$ und Grenzkosten $GK = 0,5 + 0,16q$ aufweist.

a. Befindet sich die Branche im langfristigen Gleichgewicht, wenn der gegenwärtige Preis für die Entwicklung eines Films €8,50 beträgt? Bestimmen Sie den mit dem langfristigen Gleichgewicht verbundenen Preis, wenn dies nicht der Fall ist.

b. Es sei nun angenommen, dass eine neue Technologie entwickelt wird, mit der die Kosten der Entwicklung von Filmen um 25 Prozent reduziert werden. Wie viel wäre jedes einzelne Geschäft für den Kauf dieser neuen Technologie zu zahlen bereit, wenn wir annehmen, dass sich die Branche im langfristigen Gleichgewicht befindet?

*13. Betrachten Sie eine Stadt, in der im gesamten Innenstadtbereich eine Reihe von Hotdog-Ständen betrieben wird. Es sei angenommen, dass jeder Verkäufer Grenzkosten in Höhe von €1,50 pro verkauftes Hotdog und keine Fixkosten hat. Es sei ferner angenommen, dass die maximale Anzahl Hotdogs, die ein Verkäufer verkaufen kann, 100 Stück pro Tag beträgt.

a. Wie viele Hotdogs will jeder Verkäufer verkaufen, wenn der Preis für ein Hotdog jetzt €2 beträgt?

b. Bleibt der Preis für ein Hotdog bei €2, wenn in der Branche vollkommener Wettbewerb besteht? Falls nicht, wie hoch wird der Preis dann sein?

c. Wie viele Verkäufer gibt es, wenn jeder Verkäufer genau 100 Hotdogs pro Tag verkauft und die Nachfrage nach Hotdogs in der Stadt $Q = 4.400 - 1.200P$ lautet?

d. Es sei angenommen, die Stadt beschließt, die Hotdog-Verkäufer durch die Vergabe von Genehmigungen zu regulieren. Zu welchem Preis wird ein Hotdog verkauft, wenn die Stadt nur zwanzig Genehmigungen ausgibt und jeder Verkäufer auch weiterhin 100 Hotdogs pro Tag verkauft?

e. Es sei angenommen, die Stadt beschließt, die Genehmigungen zu verkaufen. Wie hoch wäre der höchste Preis, den ein Verkäufer für eine solche Genehmigung bezahlen würde?

*14. Von einem bestimmten Unternehmen, das sein Produkt für €5 in einer Wettbewerbsbranche mit vielen Unternehmen verkauft, wird eine Umsatzsteuer in Höhe von €1 pro Outputeinheit erhoben.

a. Wie beeinflusst diese Steuer die Kostenkurven für das Unternehmen?

b. Was geschieht mit dem Preis, dem Output und dem Gewinn des Unternehmens?

c. Wird es zum Eintritt in die Branche oder zum Austritt aus dieser kommen?

*15. Von der Hälfte der Unternehmen (den Verursachern von Verschmutzungen) in einer Wettbewerbsbranche wird eine Umsatzsteuer in Höhe von zehn Prozent erhoben. Der Erlös wird als zehnprozentige Subvention auf den Wert der verkauften Gütermenge an die verbleibenden Unternehmen (die umweltschonenden Unternehmen) ausgezahlt.
   a. Wenn Sie annehmen, dass alle Unternehmen vor der Erhebung der Umsatzsteuer/Auszahlung der Subvention identische konstante langfristige Durchschnittskosten aufweisen, welche Auswirkungen würden Sie sowohl kurzfristig als auch langfristig auf den Preis des Produktes, den Output jedes Unternehmens und den Output der Branche erwarten? (*Hinweis*: In welchem Zusammenhang steht der Preis mit den Inputs der Branche?)
   b. Kann eine solche Politik *immer* mit einem ausgeglichenen Budget erreicht werden, in dem die Steuereinnahmen gleich den Subventionszahlungen sind? Warum ist dies der Fall bzw. warum nicht? Erklären Sie Ihre Antwort.

Die Lösungen zu ausgewählten Übungen finden Sie im Anhang dieses Buches. Die kompletten Lösungen für die Übungen finden Dozenten im MyLab.

Die Analyse von Wettbewerbsmärkten

9.1 **Die Bewertung der Gewinne und Verluste staatlicher Eingriffe – die Konsumenten- und die Produzentenrente** .. 436
  Beispiel 9.1: Preisregulierungen und Erdgasknappheiten 441

9.2 **Die Effizienz eines Wettbewerbsmarktes** 443
  Beispiel 9.2: Der Markt für menschliche Nieren 445

9.3 **Mindestpreise** 448
  Beispiel 9.3: Die Regulierung der Fluggesellschaften 451

9.4 **Preisstützungen und Produktionsquoten** 454
  Beispiel 9.4: Die Stützung des Weizenpreises 458
  Beispiel 9.5: Warum findet man kein Taxi? 461

9.5 **Importquoten und Zölle** 463
  Beispiel 9.6: Die Zuckerquote 466

9.6 **Die Auswirkungen einer Steuer oder einer Subvention** .. 469
  Beispiel 9.7: Eine Benzinsteuer 474

9 Die Analyse von Wettbewerbsmärkten

In Kapitel 2 wurde erläutert, wie Angebots- und Nachfragekurven dabei helfen können, das Verhalten von Wettbewerbsmärkten zu beschreiben und zu verstehen. In den Kapiteln 3 bis 8 wurde dargestellt, wie diese Kurven abgeleitet werden und welche Faktoren ihren Verlauf bestimmen. Auf dieser Grundlage aufbauend kehren wir nun zur Angebot-Nachfrage-Analyse zurück und zeigen auf, wie diese auf eine große Vielzahl wirtschaftlicher Probleme angewendet werden kann – Probleme, die einen Konsumenten betreffen könnten, der mit einer Kaufentscheidung konfrontiert wird, oder Probleme, die ein Unternehmen betreffen könnten, das mit einem langfristigen Planungsproblem konfrontiert wird, oder die eine Regierungsbehörde betreffen könnten, die eine Politik gestalten und deren wahrscheinliche Auswirkungen bewerten muss.

Wir beginnen, indem wir aufzeigen, wie die Konsumenten- und die Produzentenrente zur Analyse der *Wohlfahrtswirkungen* einer staatlichen Politik eingesetzt werden können – mit anderen Worten ausgedrückt, um zu untersuchen, wer durch die Politik gewinnt und wer verliert und in welchem Ausmaß dies geschieht. Die Konsumenten- und Produzentenrente wird auch eingesetzt, um die *Effizienz* eines Wettbewerbsmarktes zu demonstrieren – warum durch den Gleichgewichtspreis und die Gleichgewichtsmenge in einem Wettbewerbsmarkt die gesamte ökonomische Wohlfahrt der Produzenten und Konsumenten maximiert wird.

Danach werden wir die Angebot-Nachfrage-Analyse auf eine Vielzahl von Problemen anwenden. In den Vereinigten Staaten wie auch in Deutschland und den meisten anderen Ländern gibt es nur sehr wenige nicht von staatlichen Eingriffen der einen oder anderen Art betroffene Märkte, so dass wir uns bei der Analyse dieser Probleme hauptsächlich mit den Auswirkungen solcher Eingriffe beschäftigen. Unser Ziel besteht nicht einfach darin, diese Probleme zu lösen, sondern darin, den Lesern aufzuzeigen, wie sie die Instrumentarien der ökonomischen Analyse für ähnliche Probleme selbst einsetzen können. Wir hoffen, dass es dem Leser durch das Durcharbeiten der folgenden Beispiele möglich wird, zu erkennen, wie die Reaktion der Märkte auf sich ändernde wirtschaftliche Bedingungen und staatliche Politiken berechnet und die daraus resultierenden Gewinne und Verluste für die Konsumenten und Produzenten bewertet werden.

9.1 Die Bewertung der Gewinne und Verluste staatlicher Eingriffe – die Konsumenten- und die Produzentenrente

> In § 2.7 wurde erklärt, dass bei Preisregulierungen der Preis eines Produktes eine maximal zulässige Preisobergrenze nicht übersteigen darf.

Am Ende von Kapitel 2 wurde aufgezeigt, dass durch eine vom Staat verhängte Preisobergrenze die nachgefragte Menge eines Gutes steigt (zu einem niedrigeren Preis wollen die Konsumenten eine größere Menge kaufen) und die angebotene Menge sinkt (die Produzenten wollen zu dem niedrigeren Preis nicht so viel anbieten). Das Ergebnis ist eine Knappheit – d.h. eine Überschussnachfrage. Natürlich sind die Konsumenten, die das Gut noch kaufen können, besser gestellt, da sie nun weniger zahlen. (Vermutlich bestand darin auch das Ziel des staatlichen Eingriffs.) Um wie viel werden allerdings die Konsumenten *insgesamt* besser gestellt, wenn wir auch diejenigen berücksichtigen, die das Gut nicht mehr erwerben können? Könnten sie insgesamt schlechter gestellt sein? Und wenn wir die Produzenten und die Konsumenten alle zusammen betrachten, wird ihre *gesamte Wohlfahrt* höher oder niedriger sein und um wie viel wird sie dies sein? Um derartige Fragen beantworten zu können, brauchen wir eine Methode zur Messung der Gewinne und Verluste aus staatlichen Eingriffen und der durch solche Interventionen verursachten Änderungen des Marktpreises und der Marktmenge.

9.1 Die Bewertung der Gewinne und Verluste staatlicher Eingriffe – die Konsumenten- und die Produzentenrente

Unsere Methode besteht in der Berechnung der aus einer Intervention resultierenden Änderungen der *Konsumenten- und Produzentenrente*. In Kapitel 4 wurde erläutert, dass die *Konsumentenrente* den aggregierten Nettovorteil misst, den die Konsumenten aus einem Wettbewerbsmarkt ziehen. In Kapitel 8 wurde erklärt, dass die *Produzentenrente* den aggregierten Nettovorteil der Produzenten misst. Im Folgenden werden wir untersuchen, wie die Konzepte der Konsumenten- und Produzentenrente in der Praxis angewendet werden können.

9.1.1 Überblick über die Konsumenten- und Produzentenrente

In einem nichtregulierten Wettbewerbsmarkt kaufen und verkaufen die Konsumenten und Produzenten zum herrschenden Marktpreis. Dabei ist aber zu beachten, dass für einige Konsumenten der Wert des Gutes diesen Marktpreis *übersteigt*; sie würden für das Gut, wenn nötig, mehr bezahlen. Die *Konsumentenrente* ist der gesamte Vorteil oder Wert, den die Konsumenten über den von ihnen für das Gut gezahlten Betrag hinaus erzielen.

Nehmen wir beispielsweise an, der Marktpreis beträgt, wie in Abbildung 9.1 dargestellt, €5 pro Einheit. Einige Konsumenten messen diesem Gut wahrscheinlich einen sehr hohen Wert bei und würden viel mehr als €5 dafür zahlen. So würde beispielsweise der Konsument *A* bis zu €10 für das Gut zahlen. Da allerdings der Marktpreis nur €5 beträgt, erzielt er einen Nettovorteil von €5 – dem Wert von €10, den er dem Gut beimisst, minus dem Betrag von €5, den er für dessen Kauf bezahlen muss. Die Konsumentin *B* misst diesem Gut einen etwas geringeren Wert bei. Sie wäre bereit, €7 zu zahlen und erzielt somit einen Nettovorteil von €2. Und schließlich misst der Konsument *C* dem Gut einen dem Marktpreis entsprechenden Wert von €5 zu. Er ist zwischen dem Kauf und dem Nichtkauf des Gutes indifferent, und wenn der Marktpreis einen Cent höher wäre, würde er auf den Kauf verzichten. Folglich erzielt der Konsument *C* keinen Nettovorteil.[1]

Für die Konsumenten insgesamt ist die Konsumentenrente die Fläche zwischen der Nachfragekurve und dem Marktpreis (d.h. die dunkel schattierte Fläche in Abbildung 9.1). Da die *Konsumentenrente den gesamten Nettovorteil der Konsumenten misst*, können wir den Gewinn bzw. den Verlust, der den Konsumenten durch einen staatlichen Eingriff entsteht, durch die sich daraus ergebende Änderung der Konsumentenrente messen.

Die *Produzentenrente* ist das analoge Maß für die Produzenten. Einige Produzenten stellen Einheiten zu Kosten, die dem Marktpreis genau entsprechen, her. Andere Einheiten könnten allerdings zu Kosten, die niedriger sind als der Marktpreis, hergestellt werden und würden noch immer produziert und verkauft werden, selbst wenn der Marktpreis niedriger wäre. Folglich erzielen die Produzenten einen Vorteil – einen Überschuss – aus dem Verkauf dieser Einheiten. Für jede Einheit ist dieser Überschuss gleich der Differenz zwischen dem Marktpreis, den der Produzent erhält, und den Grenzkosten der Produktion der betreffenden Einheit.

Für den Markt insgesamt ist die Produzentenrente die Fläche oberhalb der Angebotskurve bis zum Marktpreis. Dies ist der *Vorteil, den Produzenten mit niedrigen Kosten durch den Verkauf zum Marktpreis erzielen*. In Abbildung 9.1 stellt dies das graue Dreieck dar. Und da die Produzentenrente den gesamten Nettovorteil der Produzenten misst, können wir den

> Ein Überblick über die Konsumentenrente findet sich in § 4.4, wo sie als die Differenz zwischen dem Betrag, den ein Konsument für das Gut zu zahlen bereit ist, und dem von ihm tatsächlich beim Kauf gezahlten Betrag definiert wird.

> Ein Überblick über die Produzentenrente wird in § 8.6 gegeben, wo sie als die über alle produzierten Einheiten ermittelte Summe der Differenz zwischen dem Marktpreis des Gutes und den Grenzkosten der Produktion des Gutes definiert wird.

---

[1] Natürlich messen einige Konsumenten dem Gut einen *geringeren* Wert als €5 bei. Diese Konsumenten bilden den Teil der Nachfragekurve rechts von der Gleichgewichtsmenge Q_0 und kaufen das Gut nicht.

Gewinn oder Verlust der Produzenten aus einem staatlichen Eingriff messen, indem wir die sich daraus ergebende Änderung der Produzentenrente messen.

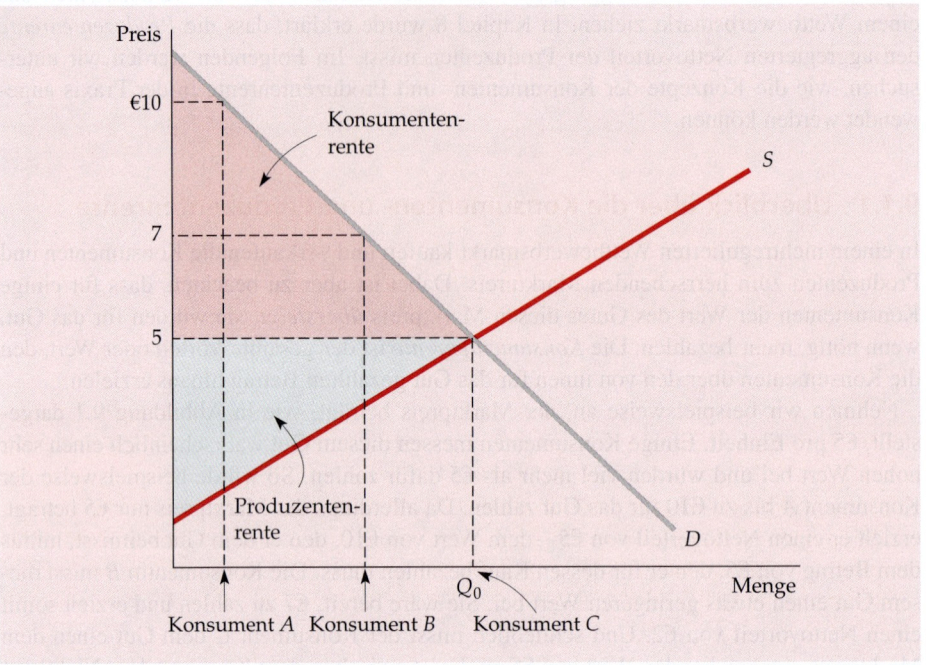

Abbildung 9.1: Die Konsumenten- und die Produzentenrente
Der Konsument *A* würde €10 für ein Gut zahlen, dessen Marktpreis €5 beträgt, und erzielt folglich einen Vorteil von €5. Die Konsumentin *B* erzielt einen Vorteil von €2, und der Konsument *C*, der dem Gut einen dem Marktpreis genau entsprechenden Wert beimisst, erzielt keinen Vorteil. Die Konsumentenrente, die den gesamten Vorteil aller Konsumenten misst, ist die dunkel schattierte Fläche zwischen der Nachfragekurve und dem Marktpreis. Die Produzentenrente misst die Gesamtgewinne der Produzenten plus der Renten der Produktionsfaktoren. Sie wird durch den grau schattierten Bereich zwischen der Angebotskurve und dem Marktpreis angegeben. Zusammen messen die Konsumenten- und die Produzentenrente den Wohlfahrtsgewinn eines Wettbewerbsmarktes.

9.1.2 Die Anwendung der Konsumenten- und der Produzentenrente

Wohlfahrtswirkungen

Durch einen staatlichen Eingriff in einen Markt verursachte Gewinne und Verluste.

Mit Hilfe der Konsumenten- und der Produzentenrente können wir die **Wohlfahrtswirkungen** eines staatlichen Eingriffes in einen Markt bewerten. Wir können bestimmen, wer aus dem Eingriff gewinnt und wer verliert und in welchem Ausmaß. Um zu untersuchen, wie dies erfolgt, kehren wir zu unserem Beispiel der *Preisregulierungen* zurück, das zum ersten Mal gegen Ende des Kapitels 2 auftrat. Der Staat verbietet den Produzenten einen Preis zu verlangen, der die *Preisobergrenze* übersteigt, die unterhalb des markträumenden Niveaus festgelegt ist. Wir erinnern uns, dass eine solche Preisobergrenze durch eine Reduzierung der Produktion und eine Erhöhung der nachgefragten Menge eine Knappheit (eine Überschussnachfrage) verursacht.

In Abbildung 9.2 wird Abbildung 2.24 (Seite 93) noch einmal dargestellt, allerdings mit der Änderung, dass hier auch die aus der staatlichen Preisregulierungspolitik resultierenden Änderungen der Konsumenten- und Produzentenrente dargestellt werden. Im Folgenden wollen wir diese Änderungen schrittweise betrachten.

9.1 Die Bewertung der Gewinne und Verluste staatlicher Eingriffe – die Konsumenten- und die Produzentenrente

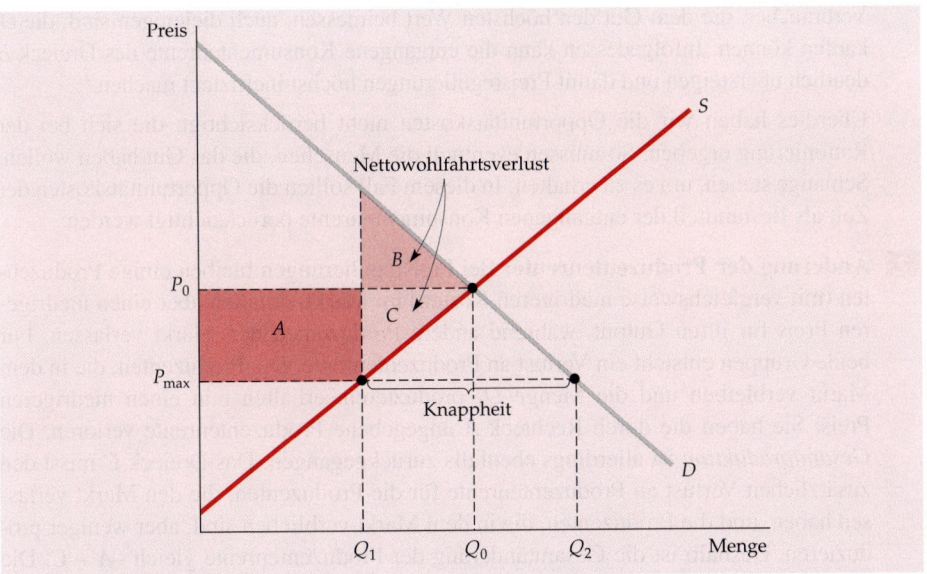

Abbildung 9.2: Die aus Preisregulierungen resultierende Änderung der Konsumenten- und Produzentenrente
Der Preis des Gutes wurde so reguliert, dass er nicht höher sein darf als P_{max}, der unterhalb des markträumenden Preises P_0 liegt. Die Gewinne der Konsumenten sind die Differenz zwischen dem Rechteck A und dem Dreieck B. Der Verlust der Produzenten ist die Summe des Rechtecks A und des Dreiecks C. Die Dreiecke B und C zusammen messen den Nettowohlfahrtsverlust (Deadweight-Verlust) aus den Preisregulierungen.

1 **Änderung der Konsumentenrente:** Als Ergebnis des staatlichen Eingriffs sind einige Konsumenten schlechter und einige besser gestellt. Diejenigen, die schlechter gestellt sind, sind die Konsumenten, die das Gut aufgrund des Produktions- und Verkaufsrückgangs von Q_0 auf Q_1 nicht mehr kaufen können. Andere Konsumenten können allerdings das Gut noch immer kaufen (vielleicht, weil sie zu rechten Zeit am rechten Ort sind oder bereit sind, Schlange zu stehen). Diese Konsumenten sind besser gestellt, weil sie das Gut zu einem niedrigeren Preis (P_{max} anstelle von P_0) kaufen können.

Um wie viel besser oder schlechter ist jede Gruppe gestellt? Die Konsumenten, die das Gut noch immer kaufen können, erzielen eine *Steigerung* der Konsumentenrente, die durch das Rechteck A gegeben wird. Dieses Rechteck misst die Preisreduktion jeder Einheit mal der Anzahl der Einheiten, die die Konsumenten zu dem niedrigeren Preis kaufen können. Andererseits verlieren die Konsumenten, die das Gut nicht mehr kaufen können, ihre Rente; ihr *Verlust* wird durch das Dreieck B angegeben. Dieses Dreieck misst den Wert für die Konsumenten nach Abzug des Betrags, den sie hätten zahlen müssen, der aufgrund des Outputrückgangs von Q_0 auf Q_1 verloren geht. Folglich ist die Nettoänderung der Konsumentenrente gleich $A - B$. Da in Abbildung 9.2 das Rechteck A größer ist als das Dreieck B, wissen wir, dass die Nettoänderung der Konsumentenrente positiv ist.

An dieser Stelle ist es wichtig zu betonen, dass wir von der Annahme ausgegangen sind, dass die Konsumenten, die sich das Gut leisten können, auch diejenigen sind, die dem Gut den höchsten Wert beimessen. Wenn dies nicht der Fall ist, z.B. wenn der Output Q_1 beliebig zugeteilt wird, wäre der Betrag der entgangenen Konsumentenrente größer als Dreieck B. In vielen Fällen besteht kein Grund für die Annahme, dass die

Verbraucher, die dem Gut den höchsten Wert beimessen, auch diejenigen sind, die es kaufen können. Infolgedessen kann die entgangene Konsumentenrente das Dreieck *B* deutlich übersteigen und damit Preisregulierungen höchst ineffizient machen.[2]

Überdies haben wir die Opportunitätskosten nicht berücksichtigt, die sich bei der Rationierung ergeben. So müssen eventuell die Menschen, die das Gut haben wollen, Schlange stehen, um es zu erhalten. In diesem Fall sollten die Opportunitätskosten der Zeit als Bestandteil der entgangenen Konsumentenrente berücksichtigt werden.

2 **Änderung der Produzentenrente:** Bei Preisregulierungen bleiben einige Produzenten (mit vergleichsweise niedrigeren Kosten) im Markt, erhalten aber einen niedrigeren Preis für ihren Output, während andere Produzenten den Markt verlassen. Für beide Gruppen entsteht ein Verlust an Produzentenrente. Die Produzenten, die in dem Markt verbleiben und die Menge Q_1 produzieren, erhalten nun einen niedrigeren Preis. Sie haben die durch Rechteck *A* angegebene Produzentenrente verloren. Die *Gesamtproduktion* ist allerdings ebenfalls zurückgegangen. Das Dreieck *C* misst den zusätzlichen Verlust an Produzentenrente für die Produzenten, die den Markt verlassen haben, und die Produzenten, die in dem Markt verblieben sind, aber weniger produzieren. Deshalb ist die Gesamtänderung der Produzentenrente gleich $-A - C$. Die Produzenten verlieren offensichtlich infolge der Preisregulierungen.

3 **Nettowohlfahrtsverlust:** Wird der aus den Preisregulierungen resultierende Verlust der Produzenten durch den Gewinn der Konsumenten ausgeglichen? Nein. Wie in Abbildung 9.2 dargestellt, führen die Preisregulierungen zu einem Nettoverlust an Gesamtrente, der als **Nettowohlfahrtsverlust** (Deadweight-Verlust) bezeichnet wird. Wir erinnern uns, dass die Änderung der Konsumentenrente $A - B$ und die Änderung der Produzentenrente $-A - C$ ist. Die *Gesamtänderung* der Rente ist folglich $(A - B) + (-A - C) = -B - C$. Folglich gibt es einen Nettowohlfahrtsverlust, der in Abbildung 9.2 durch die beiden Dreiecke *B* und *C* angegeben wird. Dieser Nettowohlfahrtsverlust ist eine durch die Preisregulierungen verursachte Ineffizienz; der Verlust an Produzentenrente übersteigt den Gewinn an Konsumentenrente.

Wenn die Politiker die Konsumentenrente höher bewerten als die Produzentenrente, kann der aus den Preisregulierungen resultierende Nettowohlfahrtsverlust unter Umständen keine besonders hohe politische Bedeutung tragen. Wenn allerdings die Nachfragekurve sehr unelastisch ist, können Preisregulierungen, wie in Abbildung 9.3 dargestellt, zu einem *Nettoverlust an Konsumentenrente* führen. In dieser Abbildung ist das Dreieck *B*, das den Verlust der Konsumenten misst, die aus dem Markt herausrationiert wurden, größer als das Rechteck *A*, das den Gewinn der Konsumenten misst, die das Gut kaufen können. In diesem Fall messen die Konsumenten dem Gut einen hohen Wert bei, so dass diejenigen, die es nicht mehr kaufen können, einen hohen Verlust erleiden.

> **Nettowohlfahrtsverlust (Deadweight-Verlust)**
>
> Nettoverlust der gesamten Rente (Konsumenten- plus Produzentenrente).

---

[2] Eine gute Analyse dieses Aspekts der Preisregulierungen bietet David Colander, Sieuwer Gaastra und Casey Rothschild, „The Welfare Costs of Market Restriction", *Southern Economic Journal*, Band 77(1), 2011: 213–223.

9.1 Die Bewertung der Gewinne und Verluste staatlicher Eingriffe – die Konsumenten- und die Produzentenrente

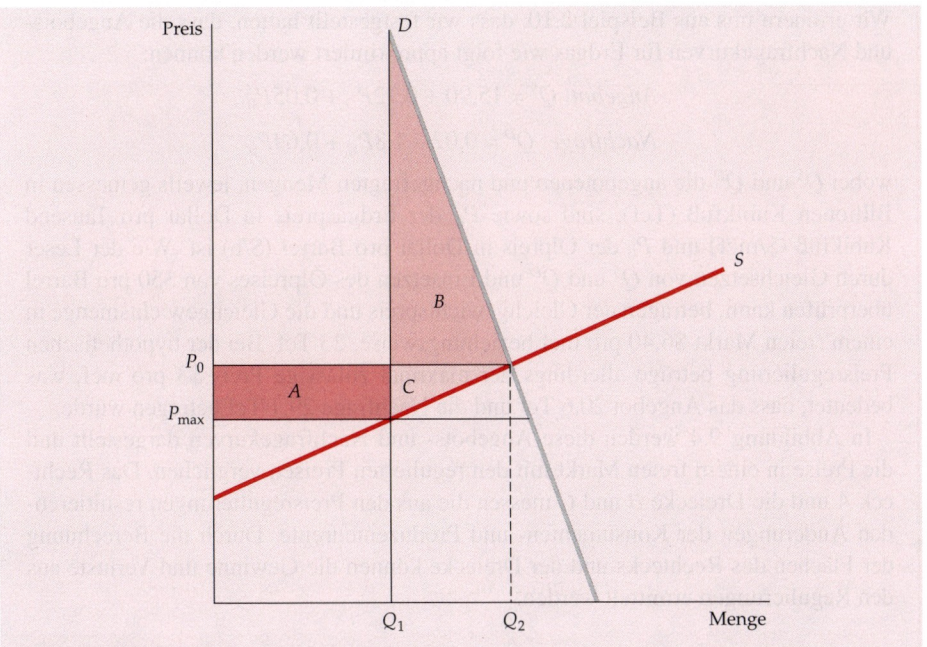

Abbildung 9.3: Die Auswirkungen von Preisregulierungen bei einer unelastischen Nachfrage
Wenn die Nachfrage ausreichend unelastisch ist, kann das Dreieck *B* größer sein als das Rechteck *A*. In diesem Fall entsteht den Konsumenten aus den Preisregulierungen ein Nettoverlust.

Die Nachfrage nach Benzin ist kurzfristig sehr unelastisch (aber langfristig viel elastischer). Im Sommer des Jahres 1979 entstanden aus Regulierungen der Ölpreise, die verhinderten, dass die inländischen Benzinpreise in den USA auf das Weltmarktniveau anstiegen, Benzinknappheiten. Die Konsumenten standen stundenlang Schlange, um Benzin zu kaufen. Dies ist ein gutes Beispiel für Preiskontrollen, durch die die Konsumenten – die Gruppe, die durch die Politik vermutlich geschützt werden sollte – schlechter gestellt werden.

Beispiel 9.1: Preisregulierungen und Erdgasknappheiten

In Beispiel 2.10 (Seite 94) wurden die Preisregulierungen der Erdgasmärkte während der 1970er Jahre analysiert. Überdies wurde geprüft, was passieren würde, wenn der Staat den Großhandelspreis von Erdgas erneut regulieren würde. Dabei wurde insbesondere aufgezeigt, dass der marktwirtschaftliche Großhandelspreis für Erdgas im Jahr 2007 ca. $6,40 pro Tausend Kubikfuß (mcf) betrug, und es wurden die Mengen berechnet, die angeboten und nachgefragt werden würden, wenn der Preis auf höchstens $3,00 pro mcf festgelegt würde.

Nachdem nun die Konzepte der *Konsumentenrente, der Produzentenrente* sowie des *Nettowohlfahrtsverlustes* eingeführt worden sind, können die Wohlfahrtswirkungen dieses Höchstpreises berechnet werden. ▶

Wir erinnern uns aus Beispiel 2.10, dass wir festgestellt hatten, dass die Angebots- und Nachfragekurven für Erdgas wie folgt approximiert werden können:

$$\text{Angebot}: Q^S = 15{,}90 + 0{,}72 P_G + 0{,}05 P_0$$

$$\text{Nachfrage}: Q^D = 0{,}02 - 1{,}8 P_G + 0{,}69 P_0$$

wobei Q^S und Q^D die angebotenen und nachgefragten Mengen, jeweils gemessen in Billionen Kubikfuß (Tcf), sind sowie P_G der Erdgaspreis in Dollar pro Tausend Kubikfuß ($/mcf) und P_0 der Ölpreis in Dollar pro Barrel ($/b) ist. Wie der Leser durch Gleichsetzen von Q^S und Q^D und Einsetzen des Ölpreises von $50 pro Barrel überprüfen kann, betragen der Gleichgewichtspreis und die Gleichgewichtsmenge in einem freien Markt $6,40 pro mcf beziehungsweise, 23 Tcf. Bei der hypothetischen Preisregulierung betrüge allerdings der maximal zulässige Preis $3 pro mcf, was bedeutet, dass das Angebot 20,6 Tcf und die Nachfrage 29,1 Tcf betragen würde.

In Abbildung 9.4 werden diese Angebots- und Nachfragekurven dargestellt und die Preise in einem freien Markt mit den regulierten Preisen verglichen. Das Rechteck *A* und die Dreiecke *B* und *C* messen die aus den Preisregulierungen resultierenden Änderungen der Konsumenten- und Produzentenrente. Durch die Berechnung der Flächen des Rechtecks und der Dreiecke können die Gewinne und Verluste aus den Regulierungen ermittelt werden.

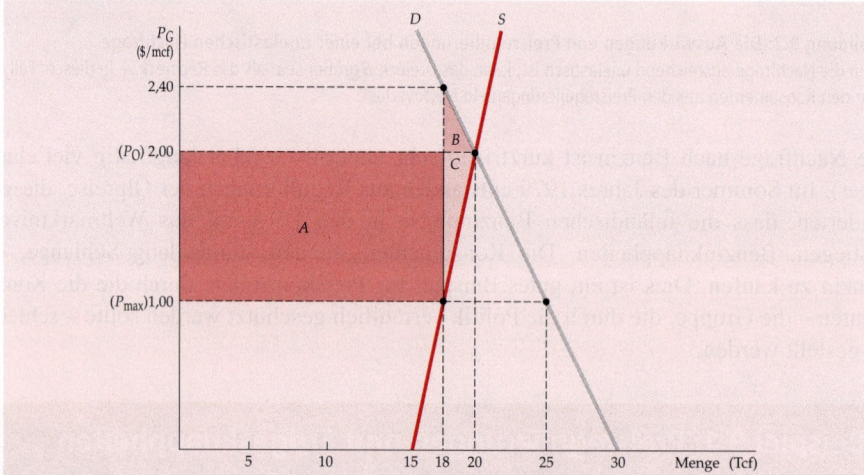

Abbildung 9.4: Die Auswirkungen der Regulierungen der Erdgaspreise
Der markträumende Preis für Erdgas beträgt $6,40 pro mcf und der (hypothetische) maximal zulässige Preis beträgt $3,00. Dies hat eine Knappheit von 29,1 − 20,6 = 8,5 Tcf zur Folge. Der Gewinn der Konsumenten ist gleich dem Rechteck *A* minus Dreieck *B*, während der Verlust der Produzenten gleich Rechteck *A* plus Dreieck *C* ist. Der Nettowohlfahrtsverlust ist gleich der Summe der Dreiecke *B* plus *C*.

Um dies berechnen zu können, beachten wir zuerst, dass 1 Tcf gleich 1 Milliarde mcf ist. (Die Mengen und Preise müssen in gemeinsamen Einheiten ausgedrückt werden.) Darüber hinaus können wir durch Einsetzen der Menge von 20,6 Tcf in die Gleichung der Nachfragekurve bestimmen, dass die vertikale Gerade bei 20,6 Tcf die Nachfragekurve in einem Preis von $7,73 pro mcf schneidet. ▶

Danach können wir die Flächen wie folgt berechnen:

$A = (20{,}6 \text{ Milliarden mcf}) \times (\$3{,}40/\text{mcf}) = \$70{,}04 \text{ Milliarden}$

$B = (1/2) \times (2{,}4 \text{ Milliarden mcf}) \times (\$1{,}33/\text{mcf}) = \$1{,}60 \text{ Milliarden}$

$C = (1/2) \times (2{,}4 \text{ Milliarden mcf}) \times (\$3{,}40/\text{mcf}) = \$4{,}08 \text{ Milliarden}$

(Die Fläche eines Dreiecks ist gleich 1/2-mal dem Produkt aus Höhe und Basis.) Folglich wäre die aufgrund dieser hypothetischen Preisregulierungen entstehende Änderung der Konsumentenrente gleich $A - B = 70{,}04 - 1{,}60 = \$68{,}44$ Milliarden.

Die Änderung der Produzentenrente wäre gleich $-A - C = -70{,}04 - 4{,}08 = -\$74{,}12$ Milliarden.

Schließlich wäre der jährliche Nettowohlfahrtsverlust gleich $-B - C = -1{,}60 - 4{,}08 = -\$5{,}68$ Milliarden. Hierbei ist zu beachten, dass der Großteil dieses Nettowohlfahrtsverlustes aus Dreieck C, d.h. aus dem denjenigen Konsumenten entstehenden Verlust herrührt, die in Folge der Preisregulierung kein Erdgas bekommen können.

9.2 Die Effizienz eines Wettbewerbsmarktes

Um das Ergebnis eines Marktes bewerten zu können, wird häufig gefragt, ob dieser Markt die **ökonomische Effizienz** – die Maximierung der aggregierten Konsumenten- und Produzentenrente – erreicht. Wir haben im vorangegangenen Abschnitt aufgezeigt, wie durch Preisregulierungen ein Nettowohlfahrtsverlust entsteht. Durch diese Politik werden folglich der Volkswirtschaft *Effizienzkosten* aufgebürdet: Zusammen genommen werden die Konsumenten- und die Produzentenrente um den Betrag des Nettowohlfahrtsverlusts reduziert. (Natürlich bedeutet dies nicht, dass eine solche Politik schlecht ist; sie kann andere von den Politikern und der Öffentlichkeit als wichtig erachtete Ziele erfüllen.)

Marktversagen Man könnte nun denken, dass, wenn das einzige Ziel darin besteht, die ökonomische Effizienz zu erzielen, man sich besser nicht in einen Wettbewerbsmarkt einmischen sollte. Dies ist mitunter aber nicht immer der Fall. In einigen Situationen tritt ein **Marktversagen** ein: Da die Preise den Konsumenten und Produzenten nicht die richtigen Signale senden, ist der unregulierte Wettbewerbsmarkt ineffizient – d.h. die aggregierte Konsumenten- und Produzentenrente wird nicht maximiert. Es gibt zwei wichtige Fälle, in denen ein Marktversagen eintreten kann:

1 **Externalitäten:** Mitunter können die Aktivitäten von Konsumenten oder Produzenten zu Kosten oder Vorteilen führen, die nicht als Teil des Marktpreises erscheinen. Derartige Kosten oder Vorteile werden als **Externalitäten** bezeichnet, da sie „extern", also außerhalb des Marktes, auftreten. Ein Beispiel dafür sind die der Gesellschaft entstehenden Kosten der Umweltverschmutzung durch einen Produzenten von Industriechemikalien. Ohne staatliche Eingriffe besteht für einen solchen Produzenten kein Anreiz, die gesellschaftlichen Kosten dieser Verschmutzung zu berücksichtigen. Externalitäten und die richtige Reaktion des Staates darauf werden in Kapitel 18 erörtert.

Ökonomische Effizienz

Die Maximierung der aggregierten Konsumenten- und Produzentenrente.

Marktversagen

Situation, in der ein unregulierter Wettbewerbsmarkt ineffizient ist, weil die Preise nicht die richtigen Signale an die Konsumenten und Produzenten senden.

Externalität

Eine von einem Produzenten oder einem Konsumenten unternommene Aktivität, die andere Produzenten oder Konsumenten beeinflusst, aber im Marktpreis nicht berücksichtigt wird.

2 Informationsmangel: Ein Marktversagen kann auch eintreten, wenn die Konsumenten nicht über ausreichende Informationen hinsichtlich der Qualität oder der Eigenschaften eines Produktes verfügen und somit keine nutzenmaximierenden Kaufentscheidungen treffen können. In einem solchen Fall können staatliche Eingriffe (die beispielsweise eine „wahrheitsgemäße Kennzeichnung" von Produkten verlangen) wünschenswert sein. Die Rolle der Informationen wird in Kapitel 17 detailliert erörtert.

Ohne Externalitäten bzw. ohne einen Mangel an Informationen führt ein unregulierter Wettbewerbsmarkt zum wirtschaftlich effizienten Produktionsniveau. Um dies zu illustrieren, betrachten wir, was geschieht, wenn der Preis so beschränkt wird, dass er nicht das Niveau des markträumenden Gleichgewichtspreises erreichen kann.

Wir haben die Auswirkungen einer *Preisobergrenze* (ein Preis, der unterhalb des markträumenden Preises gehalten wird) bereits untersucht. Wie aus Abbildung 9.2 (Seite 439) ersichtlich ist, sinkt die Produktion (von Q_0 auf Q_1), und es gibt einen dementsprechenden Verlust der Gesamtrente (die Dreiecke des Nettowohlfahrtsverlustes B und C). Es wird eine zu geringe Menge produziert, und die Konsumenten und Produzenten sind insgesamt schlechter gestellt.

Nehmen wir nun stattdessen an, dass der Staat den Preis *oberhalb* des markträumenden Niveaus festlegt – beispielsweise bei P_2 anstelle von P_0. Wie in Abbildung 9.5 dargestellt, werden die Konsumenten nun weniger kaufen (Q_3 anstelle von Q_0), obwohl die Produzenten zu diesem höheren Preis eine größere Menge produzieren möchten (Q_2 anstelle von Q_0). Wenn wir annehmen, dass die Produzenten nur das produzieren, was verkauft werden kann, wird das Produktionsniveau des Marktes Q_3 sein, und auch in diesem Fall gibt es einen Nettoverlust an Gesamtrente. In Abbildung 9.5 stellt das Rechteck A nun einen Transfer von den Konsumenten auf die Produzenten (die jetzt einen höheren Preis erhalten) dar, die Dreiecke B und C aber stellen wiederum einen Nettowohlfahrtsverlust dar. Aufgrund des höheren Preises kaufen einige Konsumenten das Gut nicht mehr (ein durch das Dreieck B angegebener Verlust an Konsumentenrente) und einige Produzenten stellen es nicht mehr her (ein durch das Dreieck C angegebener Verlust an Produzentenrente).

In der Tat geben die Dreiecke des Nettowohlfahrtsverlustes B und C in Abbildung 9.5 eine optimistische Beurteilung der Effizienzkosten der staatlichen Eingriffe, durch die der Preis oberhalb des markräumenden Niveaus liegen muss. Einige durch den hohen Preis P_2 angelockte Produzenten könnten ihre Kapazität und Produktionsniveaus erhöhen, was zu unverkauften Gütermengen führen würde. (Dies geschah in der Luftfahrtindustrie, als die Flugpreise vor 1980 durch die Flugsicherheitsbehörde oberhalb der markträumenden Niveaus festgelegt wurden.) Oder die Regierung könnte, um die Produzenten zufrieden zu stellen, die unverkaufte Gütermenge aufkaufen, um das Produktionsniveau bei Q_2 oder nahe dabei zu halten. (Dies geschieht in der US-amerikanischen Landwirtschaft.) In beiden Fällen übersteigt der gesamte Nettowohlfahrtsverlust die Dreiecke B und C.

Mindestpreise, Preisstützungen und ähnliche staatliche Eingriffe werden in den nächsten Abschnitten detaillierter erörtert. Neben der Erläuterung, wie die Angebot-Nachfrage-Analyse zum Verständnis und zur Bewertung dieser Eingriffe eingesetzt werden kann, zeigen wir auf, wie Abweichungen vom Gleichgewicht des Wettbewerbsmarktes zu Effizienzkosten führen.

9.2 Die Effizienz eines Wettbewerbsmarktes

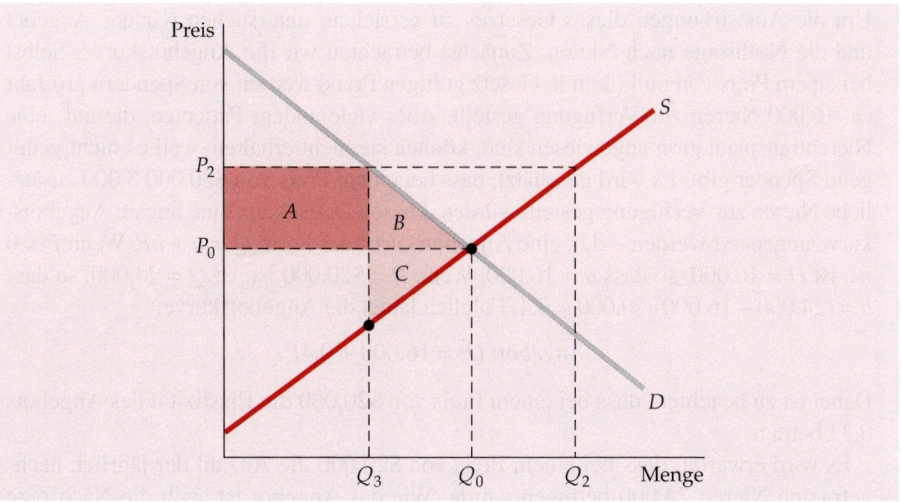

Abbildung 9.5: Wohlfahrtsverlust bei einem oberhalb des markträumenden Niveaus festgelegten Preis
Wenn der Preis so reguliert wird, dass er nicht niedriger sein darf als P_2, wird nur Q_3 nachgefragt. Wenn Q_3 produziert wird, wird der Nettowohlfahrtsverlust durch die Dreiecke *B* und *C* gegeben. Zu dem Preis P_2 möchten die Produzenten mehr als Q_3 produzieren. Wenn dies geschieht, werden die Nettowohlfahrtsverluste noch höher sein.

Beispiel 9.2: Der Markt für menschliche Nieren

Sollten die Menschen das Recht haben, Teile ihres Körpers zu verkaufen? Der amerikanische Kongress ist überzeugt, dass die Antwort auf diese Frage Nein lautet. Im Jahr 1984 verabschiedete er das nationale Organtransplantationsgesetz, das den Verkauf von Organen für Transplantationen verbietet. Organe dürfen nur gespendet werden.

Obwohl der Verkauf von Organen durch das Gesetz verboten ist, sind die Organe dadurch nicht wertlos. Stattdessen verhindert das Gesetz, dass die Personen, die Organe spenden (lebende Personen oder die Familien Verstorbener), deren ökonomischen Wert ernten. Durch das Gesetz wird darüber hinaus eine Knappheit an Organen geschaffen. Jedes Jahr werden in den Vereinigten Staaten 16.000 Nieren, 44.000 Augenhornhäute und 2.300 Herzen transplantiert.

Es besteht aber eine beträchtliche Überschussnachfrage nach diesen Organen und viele potenzielle Empfänger müssen ohne sie auskommen. Einige der potenziellen Empfänger sterben infolgedessen. So standen beispielsweise im Juli 2011 ungefähr 111.500 Patienten auf der nationalen Warteliste des Organ Procurement and Transplantation Network (OPTN) in den USA. Es wurden allerdings im Jahr 2010 in den Vereinigten Staaten nur 28.662 Transplantationen durchgeführt. Obwohl sich die Anzahl der Transplantationen seit 1990 beinahe verdoppelt hat, nahm die Anzahl der Patienten, die auf Organe warten, im gleichen Zeitraum um ungefähr das Fünffache zu.[3] ▶

---

3 Quelle: Organ Procurement and Transplantation Network, *http://www.optn.org*.

9 Die Analyse von Wettbewerbsmärkten

Um die Auswirkungen dieses Gesetzes zu verstehen, untersuchen wir das Angebot und die Nachfrage nach Nieren. Zunächst betrachten wir die Angebotskurve. Selbst bei einem Preis von null (dem lt. Gesetz gültigen Preis) werden von Spendern pro Jahr ca. 16.000 Nieren zur Verfügung gestellt. Aber viele andere Patienten, die auf eine Nierentransplantation angewiesen sind, können sie nicht erhalten, weil es nicht genügend Spender gibt. Es wird geschätzt, dass bei einem Preis von $20.000 8.000 zusätzliche Nieren zur Verfügung gestellt würden. Diesen Daten kann eine lineare Angebotskurve angepasst werden – d.h. eine Angebotskurve der Form $Q = a + bP$. Wenn $P = 0$ ist, ist $Q = 16.000$, so dass $a = 16.000$. Wenn $P = \$20.000$ ist, ist $Q = 24.000$, so dass $b = (24.000 - 16.000)/20.000 = 0{,}4$. Folglich lautet die Angebotskurve:

$$\text{Angebot: } Q^S = 16.000 + 0{,}4P$$

> In § 2.6 wird erklärt, wie lineare Nachfrage- und Angebotskurven aus Informationen über den Gleichgewichtspreis und die Gleichgewichtsmenge sowie über die Preiselastizitäten des Angebots und der Nachfrage angepasst werden.

Dabei ist zu beachten, dass bei einem Preis von $20.000 die Elastizität des Angebots 0,33 beträgt.

Es wird erwartet, dass bei einem Preis von $20.000 die Anzahl der jährlich nachgefragten Nieren 24.000 betragen würde. Wie das Angebot ist auch die Nachfrage relativ preisunelastisch; eine angemessene Schätzung der Preiselastizität der Nachfrage bei einem Preis von $20.000 liegt bei –0,33. Dies impliziert die folgende lineare Nachfragekurve:

$$\text{Nachfrage: } Q^D = 32.000 - 0{,}4P$$

Diese Angebots- und Nachfragekurven werden in Abbildung 9.6 dargestellt, in der der markträumende Preis bei $20.000 und die markträumende Menge bei 24.000 dargestellt werden.

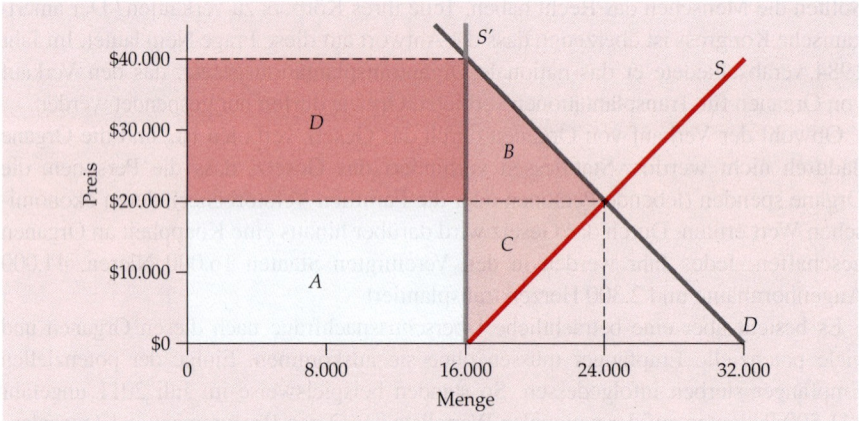

Abbildung 9.6: Der Markt für Nieren und die Auswirkungen des nationalen Organtransplantationsgesetzes in den Vereinigten Staaten
Der markträumende Preis beträgt $20.000. Zu diesem Preis würden ca. 24.000 Nieren pro Jahr angeboten werden. Durch das Gesetz wird der Preis effektiv auf null festgesetzt. Jährlich werden noch ca. 16.000 Nieren gespendet; dieses beschränkte Angebot wird als S' dargestellt. Der Verlust der Spender wird durch das Rechteck A und das Dreieck C angegeben. Wenn die Empfänger die Nieren kostenlos erhielten, würde ihr Gewinn durch das Rechteck A minus Dreieck B angegeben werden. In der Praxis werden Nieren häufig auf der Grundlage der Zahlungsbereitschaft zugeteilt, und viele Empfänger zahlen einen Großteil oder den Gesamtbetrag des Preises von $40.000, bei dem der Markt bei einem beschränkten Angebot geräumt wird. Die Rechtecke A und D messen den Gesamtwert der Nieren bei einem beschränkten Angebot. ▶

Da der Verkauf von Nieren verboten ist, ist das Angebot auf 16.000 (die Anzahl der von Spendern zur Verfügung gestellten Nieren) begrenzt. Dieses beschränkte Angebot wird als vertikale Gerade S' dargestellt. Wie beeinflusst dies die Wohlfahrt der Nierenspender und -empfänger?

Zunächst wollen wir die Spender betrachten. Die Personen, die eine Niere zur Verfügung stellen, erhalten die $20.000, die die Niere wert ist, nicht – dies ist der Verlust an Rente, der durch das Rechteck A dargestellt wird und gleich (16.000)($20.000) = $320 Millionen ist. Darüber hinaus spenden einige Menschen keine Niere, die dazu bereit wären, wenn sie dafür Geld erhielten. Diese Menschen verlieren den durch das Dreieck C dargestellten Betrag an Rente, der gleich (1/2)(8.000)($20.000) = $80 Millionen ist. Folglich beträgt der Gesamtverlust der Spender $400 Millionen.

Betrachten wir nun die Empfänger. Vermutlich lag es in der Absicht des Gesetzes, die Niere als Geschenk an den Empfänger zu betrachten. In diesem Fall *gewinnen* die Empfänger, die Nieren erhalten, das Rechteck A ($320 Millionen), da sie (bzw. ihre Versicherungen) den Preis von $20.000 nicht zahlen müssen. Diejenigen, die keine Niere erhalten können, verlieren den durch das Dreieck B angegebenen Betrag an Rente in Höhe von $80 Millionen.

Dies bedeutet eine Nettosteigerung der Rente der Empfänger in Höhe von $320 – $60 = $240 Millionen. Dies gibt außerdem einen Wohlfahrtsverlust der Rente der Empfänger an, der gleich den Flächen der Dreiecke B und C (d.h. $160 Millionen) ist.

Diese Schätzungen der Wohlfahrtswirkungen des staatlichen Eingriffs müssen unter Umständen aus zwei Gründen korrigiert werden. Erstens werden die Nieren nicht notwendigerweise denjenigen zugeteilt, die ihnen den höchsten Wert beimessen. Wenn das begrenzte Angebot an Nieren teilweise Menschen zugeteilt wird, die ihnen einen Wert unter $40.000 zumessen, wird der tatsächliche Nettowohlfahrtsverlust höher als der von uns geschätzte Wert sein. Zweitens gibt es bei einer Überschussnachfrage keine Möglichkeit sicherzustellen, dass die Empfänger ihre Nieren als Geschenk erhalten. In der Praxis werden Nieren oft auf der Basis der Zahlungsbereitschaft zugeteilt, und viele Empfänger zahlen letztendlich den gesamten Preis von $40.000 oder einen Großteil dieses Preises, der bei einem auf 16.000 Nieren beschränkten Angebot zur Markträumung notwendig ist. In diesem Fall wird ein beträchtlicher Teil des Wertes der Nieren – in der Abbildung die Rechtecke A und D – durch die Krankenhäuser und die Vermittler abgeschöpft. Infolgedessen wird durch das Gesetz die Rente der Empfänger sowie der Spender reduziert.[4] ▶

---

4 Weitere Analysen dieser Effizienzkosten finden sich in Dwane L. Barney und R. Larry Reynolds, „An Economic Analysis of Transplant Organs", *Atlantic Economic Journal* 17 (September 1989): 12–20; David L. Kaserman und A.H. Barnett, „An Economic Analysis of Transplant Organs: A Comment and Extension", *Atlantic Economic Journal* 19 (Juni 1991): 57–64; und A. Frank Adams III, A.H. Barnett und David L. Kaserman, „Markets for Organs: The Question of Supply", *Contemporary Economic Policy* 17 (April 1999): 147–155.

Nierentransplantationen werden auch durch die Notwendigkeit passender Blutgruppen erschwert. Für eine neuere Analyse dazu siehe Alvin F. Roth, Tayfun Sönmez und M. Utku Ünver, „Efficient Kidney Exchange: Coincidence of Wantsin Markets with Compatibility – Based Preferences", *American Economic Review* 97 (Juni 2007).

Natürlich gibt es auch Argumente, die das Verbot des Verkaufs von Organen unterstützen.[5] Eines dieser Argumente rührt aus dem Problem unvollständiger Informationen her. Wenn die Spender Zahlungen für ihre Organe erhielten, könnten sie nachteilige Informationen über ihre Krankengeschichte verschweigen. Dieses Argument trifft wahrscheinlich am meisten auf den Verkauf von Blut zu, bei dem eine Möglichkeit der Übertragung von Hepatitis, AIDS und anderen Viruserkrankungen besteht. Allerdings kann die Untersuchung des Blutes (zu Kosten, die im Marktpreis inbegriffen sind) selbst in diesem Fall effizienter sein als ein Verbot des Verkaufs. Diese Frage ist ein zentraler Bestandteil der Debatte um die Blutpolitik in den Vereinigten Staaten.

Ein zweites Argument besteht darin, dass es einfach ungerecht wäre, ein grundlegendes Lebensbedürfnis auf der Grundlage der Zahlungsfähigkeit zuzuteilen. Dieses Argument geht über die Wirtschaftswissenschaften hinaus. Allerdings sollten in diesem Zusammenhang zwei wichtige Punkte berücksichtigt werden.

Erstens, wenn der Preis eines Gutes mit beträchtlichen Opportunitätskosten auf null festgesetzt wird, gibt es zwangsläufig ein reduziertes Angebot und eine Überschussnachfrage. Zweitens ist nicht verständlich, warum lebende Organe anders behandelt werden sollten als enge Substitutionsgüter. So werden beispielsweise künstliche Gliedmaßen, Gelenke und Herzklappen verkauft, obwohl echte Nieren nicht verkauft werden dürfen.

Der Verkauf von Organen umfasst viele komplexe ethische und ökonomische Fragen. Diese Fragen sind wichtig, und unser Beispiel soll sie nicht beiseite schieben. Die Volkswirtschaftslehre, die eine kalte Wissenschaft ist, zeigt einfach auf, dass menschliche Organe einen wirtschaftlichen Wert haben, der nicht ignoriert werden darf, und dass der Gesellschaft durch das Verbot des Verkaufs von Organen Kosten aufgebürdet werden, die man gegenüber den Vorteilen dieses Verbots abwägen muss.

9.3 Mindestpreise

Wie wir aufgezeigt haben, wird manchmal versucht, mit einem staatlichen Eingriff die Preise über die markträumenden Niveaus *anzuheben* und nicht, sie zu senken. Beispiele dafür umfassen die frühere Regulierung der Fluggesellschaften durch die Flugsicherheitsbehörde, das Mindestlohngesetz und eine Reihe von agrarpolitischen Eingriffen. (Die meisten Importquoten und -zölle verfolgen ebenfalls dieses Ziel, wie in Abschnitt 9.5 dargestellt wird.) Eine Methode, die Preise über die markträumenden Niveaus anzuheben, besteht in der direkten Regulierung – einfach indem man Preise verbietet, die ein bestimmtes Mindestniveau unterschreiten.

Betrachten wir noch einmal Abbildung 9.5 (Seite 445). Wenn die Erwartungen der Produzenten richtig sind, dass sie nur die niedrigere Menge Q_3 verkaufen können, wird der Nettowohlfahrtsverlust durch die Dreiecke *B* und *C* gegeben. Wie wir allerdings bereits erklärt haben, könnten die Produzenten unter Umständen ihren Output nicht auf Q_3

---

5 Erörterungen der Stärken und Schwächen dieser Argumente finden sich in Susan Rose-Ackerman, „Inalienability and the Theory of Property Rights", *Columbia Law Review* 85 (Juni 1985): 931–969 und Roger D. Blair und David L. Kasermann, „The Economics and Ethics of Alternative Cadaveric Organ Procurement Policies", *Yale Journal on Regulation* 8 (Sommer 1991): 403–452.

begrenzen. Was geschieht, wenn die Produzenten glauben, dass sie zu dem höheren Preis so viel verkaufen können, wie sie wollen, und dementsprechend produzieren? Diese Situation wird in Abbildung 9.7 dargestellt, in der P_{min} einen durch die Regierung festgelegten Mindestpreis darstellt. Die angebotene Menge beträgt nun Q_2 und die nachgefragte Menge ist gleich Q_3, wobei die Differenz zwischen beiden das unverkaufte Überschussangebot darstellt. Betrachten wir nun die daraus resultierenden Änderungen der Produzenten- und Konsumentenrente.

Die Konsumenten, die das Gut noch immer kaufen, müssen nun einen höheren Preis dafür zahlen und erleiden somit einen Verlust an Konsumentenrente, der durch das Rechteck A in Abbildung 9.7 angegeben wird. Einige Konsumenten haben aufgrund des höheren Preises auch den Markt verlassen, mit einem dementsprechenden Verlust an Konsumentenrente, der durch das Dreieck B angegeben wird. Die Gesamtänderung der Konsumentenrente ist deshalb gleich:

$$\Delta KR = -A - B$$

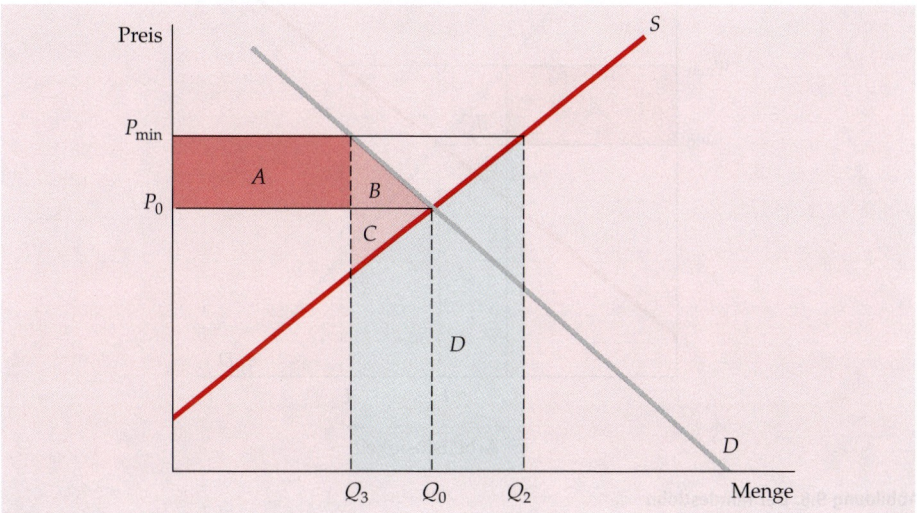

Abbildung 9.7: Der Mindestpreis
Der Preis wird so reguliert, dass er nicht niedriger als P_{min} sein darf. Die Produzenten möchten Q_2 liefern, aber die Konsumenten kaufen nur Q_3. Wenn die Produzenten tatsächlich Q_2 produzieren, wird die Menge $Q_2 - Q_3$ nicht verkauft, und die Änderung der Produzentenrente ist gleich $A - C - D$. In diesem Fall können die Produzenten als Gruppe schlechter gestellt sein.

Die Konsumenten sind infolge dieser Politik offensichtlich schlechter gestellt.

Wie aber ist die Situation der Produzenten? Sie erzielen für die von ihnen verkauften Einheiten einen höheren Preis, was zu einer Steigerung der Produzentenrente, angegeben durch Rechteck A, führt. (Das Rechteck A stellt den Geldtransfer von den Konsumenten zu den Produzenten dar.) Aber der Rückgang der Verkäufe von Q_0 auf Q_3 führt zu einem Verlust an Rente, der durch das Dreieck C angegeben wird. Schließlich müssen wir die den Produzenten entstehenden Kosten der Produktionssteigerung von Q_0 auf Q_2 berücksichtigen. Da die Produzenten nur Q_3 verkaufen, gibt es keinen Erlös, mit dem die Kosten der Produktion von $Q_2 - Q_3$ abgedeckt werden. Wie können wir diese Kosten messen? Dazu müssen wir berücksichtigen, dass die Angebotskurve die aggregierte Grenzkostenkurve für die Branche ist. Folglich gibt die Angebotskurve die zusätzlichen Kosten der Produktion jeder zusätzlichen Einheit an. Deshalb ist die Fläche unter der Angebotskurve von Q_3 bis Q_2 gleich den Kosten der Produktion der Menge $Q_2 - Q_3$. Diese Kosten werden durch das schattierte Trapez D dargestellt. Somit lautet die Gesamtänderung der Produzentenrente, wenn die Produzenten nicht mit einer Reduzierung der Produktion auf die unverkaufte Gütermenge reagieren, wie folgt:

$$\Delta PR = A - C - D$$

Da das Trapez D groß sein kann, kann ein Mindestpreis sogar zu einem Nettoverlust der Rente allein für die Produzenten führen. Infolgedessen kann diese Form staatlicher Eingriffe aufgrund der Kosten der Überschussproduktion zu einem Gewinnrückgang der Produzenten führen.

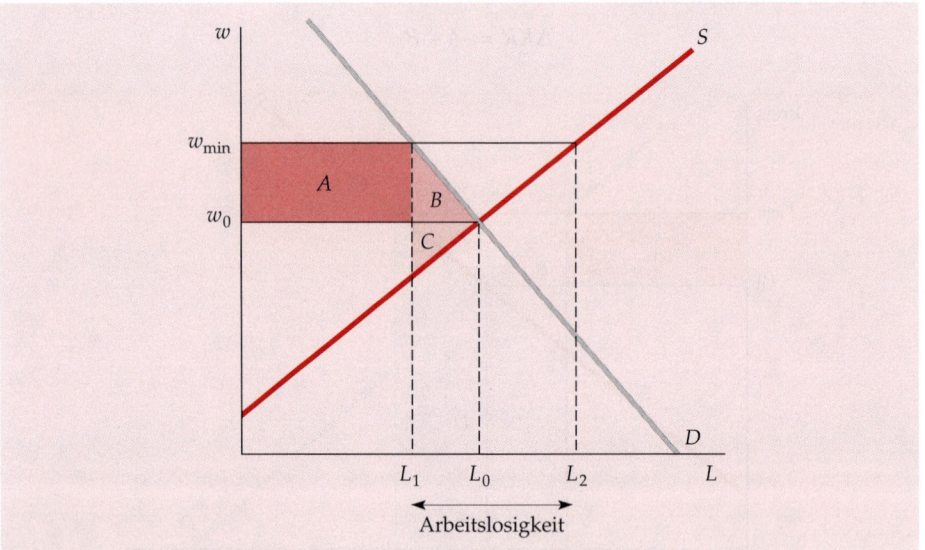

Abbildung 9.8: Der Mindestlohn
Obwohl der markträumende Lohn w_0 ist, dürfen die Unternehmen nicht weniger als w_{min} zahlen. Dies führt zu Arbeitslosigkeit in Höhe von $L_2 - L_1$ und einem durch die Dreiecke B und C angegebenen Nettowohlfahrtsverlust.

Ein weiteres Beispiel eines staatlich verordneten Mindestpreises ist das Mindestlohngesetz. Die Auswirkungen dieser Politik werden in Abbildung 9.8 dargestellt, die das Angebot und die Nachfrage nach Arbeit zeigt. Der Lohn wird bei w_{min} auf ein Niveau festgesetzt, das höher ist als der markträumende Preis w_0. Infolgedessen erhalten die Arbeitskräfte, die eine Arbeit finden können, einen höheren Lohn. Allerdings werden einige der Arbeitsuchenden keine Arbeit finden können. Diese Politik führt also zu Arbeitslosigkeit, die in der Abbildung gleich $L_2 - L_1$ ist. Der Mindestlohn wird in Kapitel 14 detaillierter untersucht.

Beispiel 9.3: Die Regulierung der Fluggesellschaften

Vor 1980 unterschied sich die Luftfahrtindustrie in den Vereinigten Staaten beträchtlich von der heutigen. Die Flugpreise und -routen wurden durch die Flugsicherheitsbehörde (CAB) streng reguliert. Die CAB legte die meisten Flugpreise deutlich oberhalb der Preise fest, die auf einem freien Markt geherrscht hätten. Sie begrenzte darüber hinaus auch den Marktzugang, so dass viele Routen nur von einer oder zwei Fluggesellschaften bedient wurden. In den späten 1970ern allerdings liberalisierte die CAB die Flugpreisregulierung und gestattete den Fluggesellschaften, alle von ihnen gewünschten Routen zu bedienen. Im Jahr 1981 war die gesamte Branche liberalisiert, und die CAB selbst wurde im Jahr 1982 aufgelöst. Seit dieser Zeit haben viele neue Fluggesellschaften den Betrieb aufgenommen, und der Preiswettbewerb ist oft sehr scharf.

Viele Führungskräfte von Fluggesellschaften befürchteten damals, dass die Deregulierung Chaos in der Branche verursachen und der Wettbewerbsdruck zu drastisch reduzierten Gewinnen und sogar zu Konkursen führen würde. Schließlich war der ursprüngliche Grundgedanke für die Regulierung durch die CAB der, „Stabilität" in eine Branche zu bringen, die als von entscheidender Bedeutung für die US-amerikanische Volkswirtschaft erachtet wurde. Und man könnte glauben, dass, solange der Preis über dem markträumenden Niveau gehalten wurde, die Gewinne höher waren, als dies auf einem freien Markt der Fall gewesen wäre.

Die Liberalisierung führte zu großen Veränderungen in der Branche. Einige Fluggesellschaften fusionierten oder gaben das Geschäft auf, während neue in die Branche eintraten. Obwohl die Preise (zu Gunsten der Konsumenten) beträchtlich fielen, reduzierten sich die Gewinne insgesamt nicht sehr, da die von der CAB festgelegten Mindestpreise zu Ineffizienzen und künstlich hohen Kosten geführt hatten. Die Auswirkungen der Mindestpreise werden in Abbildung 9.9 dargestellt, in der P_0 und Q_0 der markträumende Preis und die markträumende Menge sind, P_{min} ist der durch die CAB festgelegte Mindestpreis und Q_1 die zu diesem höheren Preis nachgefragte Menge. Das Problem bestand darin, dass die Fluggesellschaften zum Preis P_{min} eine Menge Q_2, die viel größer war als Q_1, anbieten wollten. Obwohl sie ihren Output nicht auf Q_2 erweiterten, erhöhten sie ihn deutlich über Q_1 – auf Q_3 in der Abbildung – in der Hoffnung, diese Menge auf Kosten der Wettbewerber zu verkaufen. Infolgedessen war die Kapazitätsauslastung (der Prozentsatz der besetzten Plätze) relativ niedrig – und das Gleiche traf auf die Gewinne zu. (Das Trapez D gibt die Kosten des nicht verkauften Outputs an.) ▶

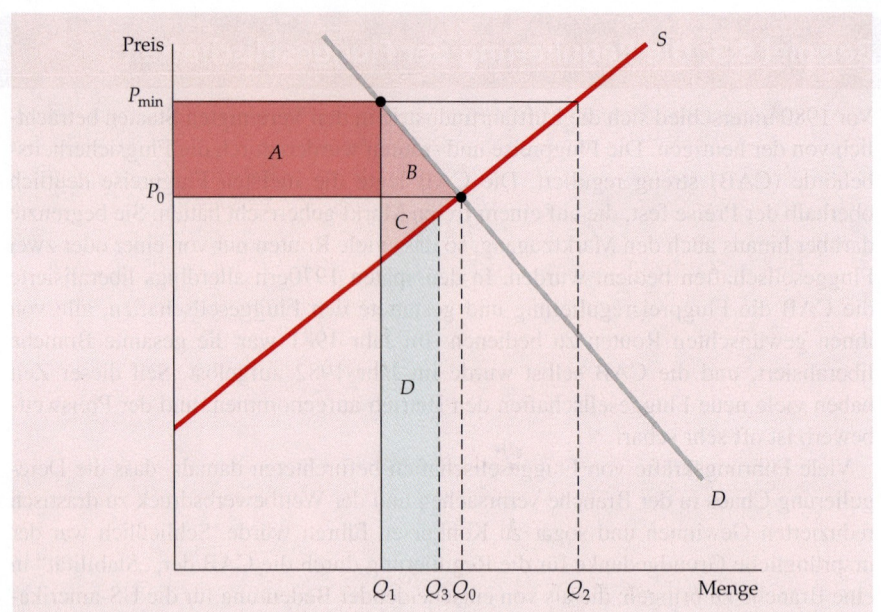

Abbildung 9.9: Die Auswirkungen der Luftfahrtregulierung durch die Flugsicherheitsbehörde
Zu dem Preis P_{min} möchten die Fluggesellschaften die Menge Q_2 anbieten, die deutlich über der Menge Q_1 liegt, die die Konsumenten kaufen wollen. In diesem Beispiel liefern sie Q_3. Das Trapez D gibt die Kosten des nicht verkauften Outputs an. Die Gewinne der Fluggesellschaften könnten infolge der Regulierung noch niedriger gewesen sein, da das Dreieck C und das Trapez D zusammen das Rechteck A übersteigen können. Zusätzlich dazu verlieren die Konsumenten $A + B$.

In Tabelle 9.1 werden einige Schlüsselzahlen angegeben, die die Entwicklung der Luftfahrtbranche beschreiben.[6] Nach der Liberalisierung stieg die Zahl der Fluggesellschaften wie auch die Passagierauslastung (die prozentuale Auslastung der Sitze) drastisch an. Die Passagiermeilenrate (der Erlös pro geflogene Passagiermeile) fiel real (inflationsbereinigt) ausgedrückt von 1980 bis 1990 deutlich und sank bis 2010 weiter. Dieser Rückgang war das Ergebnis des stärkeren Wettbewerbs und der Senkungen der Flugpreise und ermöglichte damit noch viel mehr Verbrauchern Flugreisen. Und was geschah mit den Kosten? Der reale Kostenindex zeigt, dass selbst nach der Inflationsbereinigung die Kosten von 1975 bis 1980 um ca. 20 Prozent stiegen und dann über die nächsten 15 Jahre allmählich sanken. Allerdings werden die Kostenänderungen in hohem Maße durch Änderungen der Treibstoffkosten verursacht, die wiederum durch Änderungen des Ölpreises hervorgerufen werden. (Bei den meisten Fluggesellschaften machen die Treibstoffkosten knapp 30 Prozent der gesamten Betriebskosten aus.) Wie in Tabelle 9.1 dargestellt, waren die realen Treibstoffkosten drastischen Schwankungen unterworfen, wobei dies nichts mit der Liberalisierung zu tun hatte. Da die Fluggesellschaften keine Kontrolle über die Ölpreise haben, ist es aufschlussreicher, einen „korrigierten" realen Kostenindex zu betrachten, der um die Auswirkungen sich ändernder Treibstoffkosten bereinigt ist. Die realen Treibstoffkosten sind von 1975 bis 1980 beträchtlich gestiegen, wodurch ein Großteil des Anstiegs des realen Kostenindexes erklärt wird. ▶

---

6 US-Handelsministerium, Luftverkehrsverband.

Tabelle 9.1

Daten über die Luftfahrtbranche

	1975	1980	1990	2000	2005	2010
Anzahl der Fluggesellschaften	36	63	70	94	80	63
Passagierauslastung (%)	54	58	62	72	78	82
Passagiermeilenrate (in konstanten Dollar des Jahres 1995)	0,218	0,210	0,150	0,118	0,092	0,094
Realer Kostenindex (1995 = 100)	101	122	109	101	93	148
Realer Treibstoffkostenindex (1995 = 100)	249	300	163	125	237	342
Um die Treibstoffkostensteigerungen berichtigter realer Kostenindex	71	73	95	96	67	76

Die realen Treibstoffkosten haben sich vom Jahr 2000 bis zum Jahr 2010 (aufgrund drastischer Steigerungen des Ölpreises) beinahe verdreifacht. Wären die Treibstoffkosten gleich geblieben, so wäre der reale Kostenindex (von 85 auf 76) gesunken und nicht drastisch (von 89 auf 145) gestiegen.

Wie hat sich nun die Liberalisierung der Luftfahrtbranche auf die Konsumenten und die Produzenten ausgewirkt? Da neue Fluggesellschaften in den Markt eintraten und die Flugpreise sanken, haben die Konsumenten davon profitiert. Diese Tatsache wird durch den in Abbildung 9.9 durch das Rechteck A und das Dreieck B angegebenen Anstieg der Konsumentenrente bestätigt. (Der tatsächliche Vorteil der Konsumenten war etwas niedriger, da die *Qualität* sank, als die Flugzeuge stärker ausgelastet waren und sich die Anzahl der Verspätungen und Streichungen von Flügen vervielfachte.) Was die Fluggesellschaften betrifft, so mussten diese lernen, in einer Umgebung mit stärkerem Wettbewerb – die aus diesem Grund turbulenter war – zu leben, und einige Unternehmen haben dies nicht überlebt. Aber insgesamt wurden die Fluggesellschaften so viel kosteneffizienter, dass die Produzentenrente sogar gestiegen sein kann. Der gesamte Wohlfahrtsgewinn aus der Liberalisierung war positiv und recht groß.[7]

---

[7] Studien der Auswirkungen der Liberalisierung stammen von John M. Trapani und C. Vincent Olson, „An Analysis of the Impact of Open Entry on Price and the Quality of Service in the Airline Industry", *Review of Economics and Statistics* 64 (Februar 1984): 118–138; David R. Graham, Daniel P. Kaplan und David S. Sibley, „Efficiency and Competition in the Airline Industry", *Bell Journal of Economics* (Frühjahr 1983):118–138; S. Morrison und Clifford Whinston, „*The Economic Effects of Airline Deregulation*", Washington: Brookings Institution, 1986 und Nancy L. Rose, „Profitability and Product Quality: Economic Determinants of Airline Safety Performance", *Journal of Political Economy* 98 (Oktober 1990): 944–964.

9.4 Preisstützungen und Produktionsquoten

Neben der Festsetzung eines Mindestpreises kann der Staat den Preis eines Gutes auch auf andere Art und Weise erhöhen. Ein Großteil der US-amerikanischen Agrarpolitik beruht auf einem System von **Preisstützungen**, durch die der Staat den Marktpreis eines Gutes oberhalb des auf einem freien Markt vorherrschenden Niveaus festsetzt und im Rahmen derer er den Teil des Outputs aufkauft, der zur Wahrung dieses Preises notwendig ist. Der Staat kann den Preis auch durch eine *Beschränkung der Produktion* entweder in direkter Form oder durch Anreize für die Produzenten erhöhen. In diesem Abschnitt wird dargestellt, wie diese staatlichen Eingriffe funktionieren. Darüber hinaus werden deren Auswirkungen auf die Konsumenten, die Produzenten und den Bundeshaushalt untersucht.

> **Preisstützung**
> Preis, der durch den Staat über dem Niveau eines freien Marktpreises festgelegt und durch staatliche Aufkäufe des Überschussangebots aufrechterhalten wird.

9.4.1 Preisstützungen

In den Vereinigten Staaten zielen Preisstützungen auf die Erhöhung der Preise für Milchprodukte, Tabak, Mais, Erdnüsse und so weiter ab, so dass die Produzenten dieser Güter höhere Einkommen erzielen können. Bei einem Preisstützungsprogramm legt der Staat einen Stützungspreis P_S fest und kauft danach den Teil des Outputs auf, der notwendig ist, um den Marktpreis auf diesem Niveau zu halten. Dies wird in Abbildung 9.10 dargestellt. Wir wollen im Folgenden die daraus resultierenden Gewinne und Verluste für die Konsumenten, Produzenten und den Staat untersuchen.

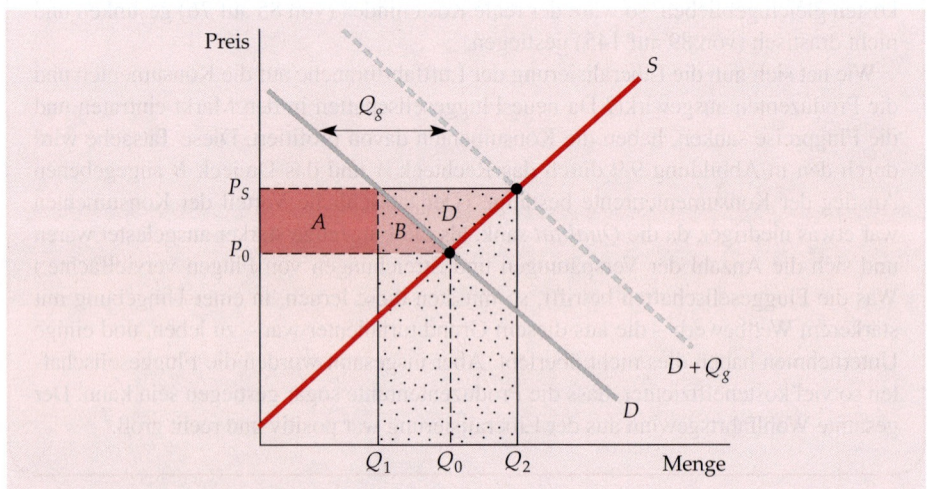

Abbildung 9.10: Preisstützungen
Um einen Preis P_S über dem markträumenden Preis P_0 zu halten, kauft der Staat eine Menge Q_g auf. Die Gewinne der Produzenten sind gleich $A + B + D$. Der Verlust der Konsumenten umfasst $A + B$. Die Kosten des Staates werden durch das gepunktete Rechteck angegeben, dessen Fläche $P_S(Q_2 - Q_1)$ ist.

Konsumenten Zum Preis P_S fällt die von den Konsumenten nachgefragte Menge auf Q_1, während sich die angebotene Menge auf Q_2 erhöht. Um diesen Preis zu halten und zu vermeiden, dass sich in den Lagern der Produzenten die Bestände auftürmen, muss der Staat die Menge $Q_g = Q_2 - Q_1$ aufkaufen. In der Tat fügt der Staat seine Nachfrage Q_g der Nachfrage der Konsumenten hinzu, und die Produzenten können die von ihnen gewünschte Menge zum Preis P_S verkaufen.

Da die Konsumenten, die das Gut kaufen, anstelle von P_0 den höheren Preis P_S zahlen müssen, entsteht ihnen ein Verlust an Konsumentenrente, der durch das Rechteck A angegeben wird. Aufgrund des höheren Preises kaufen andere Konsumenten das Gut nicht mehr oder sie kaufen eine geringere Menge des Gutes. Ihr Verlust der Konsumentenrente wird durch das Dreieck B gegeben. Wie auch im weiter oben untersuchten Fall des Mindestpreises verlieren die Konsumenten, in diesem Fall um einen Betrag

$$\Delta KR = -A - B$$

Produzenten Andererseits gewinnen die Produzenten (und aus diesem Grund wird eine solche Politik umgesetzt). Die Produzenten verkaufen nun eine größere Menge Q_2 anstelle von Q_0, und dies zu dem höheren Preis P_S. Aus Abbildung 9.10 ist zu erkennen, dass die Produzentenrente um den folgenden Betrag steigt:

$$\Delta PR = A + B + D$$

Der Staat Es entstehen allerdings auch dem Staat Kosten (die durch Steuergelder bezahlt werden und somit letztendlich Kosten für die Konsumenten sind). Diese Kosten betragen $(Q_2 - Q_1)P_S$; dies ist die Summe, die der Staat für den Aufkauf des Outputs bezahlen muss. In Abbildung 9.10 wird dies durch das große gepunktete Rechteck dargestellt. Diese Kosten können reduziert werden, wenn der Staat einen Teil seiner Aufkäufe zu „Schleuderpreisen" – d.h. zu einem niedrigeren Preis ins Ausland – verkaufen kann. Dadurch wird allerdings die Möglichkeit der inländischen Produzenten, an ausländische Märkte zu verkaufen, geschädigt, und es sind schließlich die inländischen Produzenten, die der Staat mit dieser Politik in erster Linie zufrieden stellen will.

Wie hoch sind die Gesamtwohlfahrtskosten dieser Politik? Um dies zu ermitteln, addieren wir die Änderung der Konsumentenrente zur Änderung der Produzentenrente und subtrahieren danach die dem Staat entstehenden Kosten. Folglich ist die Gesamtänderung der Wohlfahrt gleich

$$\Delta KR + \Delta PR - \text{Kosten für den Staat} = D - (Q_2 - Q_1)P_S$$

Im Hinblick auf Abbildung 9.10 ist die Gesellschaft insgesamt um einen durch das große gepunktete Rechteck minus Dreieck D angegebenen Betrag schlechter gestellt.

Wie wir in Beispiel 9.4 aufzeigen werden, kann dieser Wohlfahrtsverlust sehr hoch sein. Der unglücklichste Teil dieser Politik ist allerdings die Tatsache, dass es eine viel effizientere Methode gibt, den Bauern zu helfen. Wenn das Ziel darin besteht, den Bauern ein zusätzliches Einkommen in Höhe von $A + B + D$ zu geben, ist es für die Gesellschaft bedeutend weniger teuer, ihnen dieses Geld direkt und nicht durch Preisstützungen zu geben. Da die Konsumenten bei den Preisstützungen ohnehin $A + B$ verlieren, kann die Gesellschaft, wenn den Bauern das Geld direkt zur Verfügung gestellt wird, das große gepunktete Rechteck minus Dreieck D einsparen. Warum gibt der Staat dann nicht einfach den Bauern das Geld? Vielleicht, weil Preisstützungen ein weniger offensichtliches Geschenk und somit politisch attraktiver sind.[8]

---

8 In der Praxis werden Preisstützungen für viele landwirtschaftliche Produkte durch Kredite umgesetzt. Der Kreditzins ist in Wirklichkeit eine Preisuntergrenze. Wenn die Marktpreise während der Laufzeit des Kredites nicht ausreichend hoch sind, können die Bauern ihre Ernte als *volle Rückzahlung des Kredites* an den Staat (genauer gesagt an die Commodity Credit Corporation) verpfänden. Für die Bauern besteht dazu ein Anreiz, sofern der Marktpreis nicht über den Stützungspreis steigt.

9.4.2 Produktionsquoten

Zusätzlich zu seinem Eintreten in den Markt und dem Aufkauf eines Teils des Outputs – wodurch die Gesamtnachfrage erhöht wird – kann der Staat den Preis eines Gutes auch durch eine *Reduzierung des Angebots* erhöhen. Er kann dies auf dem Verordnungsweg tun – d.h. einfach durch die Festlegung von Quoten dafür, welche Menge jedes Unternehmen produzieren darf. Bei dementsprechenden Quoten kann der Preis bis auf jedes willkürlich festgelegte Niveau nach oben geschraubt werden.

Und genau mit dieser Methode halten, wie wir in Beispiel 9.5 zeigen werden, viele Stadtverwaltungen die hohen Fahrpreise von Taxis aufrecht. Sie begrenzen das Gesamtangebot durch die Festlegung, dass jedes Taxi eine Zulassungsplakette haben muss und durch eine Begrenzung der Gesamtzahl der Zulas-sungsplaketten. Ein weiteres Beispiel dafür ist die Kontrolle der Alkoholausschanklizenzen durch die Regierungen der einzelnen Bundesstaaten in den USA. Durch die Vorschrift, dass alle Bars und Restaurants, in denen Alkohol ausgeschenkt wird, über eine Alkoholausschanklizenz verfügen müssen, und durch die Begrenzung der Anzahl derartiger Lizenzen ist der Markteintritt neuer Gastronomen begrenzt, was es den bereits bestehenden Unternehmen mit solchen Lizenzen ermöglicht, höhere Preise zu verlangen und höhere Gewinnmargen zu erzielen.

Die Wohlfahrtswirkungen der Produktionsquoten werden in Abbildung 9.11 dargestellt. Der Staat begrenzt die angebotene Menge auf Q_1 anstelle des markträumenden Niveaus Q_0. Folglich wird die Angebotskurve die vertikale Gerade S' in Q_1. Die Konsumentenrente wird um das Rechteck A (die Konsumenten, die das Gut kaufen, zahlen einen höheren Preis) plus dem Dreieck B (zu diesem höheren Preis kaufen einige Konsumenten das Gut nicht mehr) reduziert. Die Produzenten gewinnen Rechteck A (durch den Verkauf zu einem höheren Preis), verlieren aber Dreieck C (da sie nun anstelle von Q_0 Q_1 produzieren und verkaufen). Auch in diesem Fall entsteht ein Nettowohlfahrtsverlust, der durch die Dreiecke B und C angegeben wird.

Anreizprogramme In der US-amerikanischen Landwirtschaftspolitik wird die Gütermenge nicht durch direkte Quoten, sondern eher durch Anreize reduziert. Im Rahmen von *Anbauflächenbegrenzungsprogrammen* erhalten Bauern finanzielle Anreize dafür, einen Teil ihrer Anbaufläche brach liegen zu lassen. In Abbildung 9.11 werden auch die Wohlfahrtswirkungen der Reduzierung des Angebots mit dieser Methode dargestellt. Dabei ist zu beachten, dass die Angebotskurve, da die Bauern zustimmen, die bebaute Ackerfläche zu begrenzen, wiederum bei der Menge Q_1 vollkommen unelastisch wird und der Marktpreis von P_0 auf P_S steigt.

Wie im Fall der direkten Produktionsquoten ist die Änderung der Konsumentenrente gleich

$$\Delta KR = -A - B$$

Die Bauern erzielen nun einen höheren Preis für die Produktion von Q_1, was dem Gewinn an Rente in Höhe des Rechtecks A entspricht. Da allerdings die Produktion von Q_0 auf Q_1 reduziert wurde, gibt es einen Verlust an Produzentenrente, der dem Dreieck C entspricht. Schließlich erhalten die Bauern als Anreiz zur Senkung der Produktion Geld vom Staat. Folglich ist die Gesamtänderung der Produzentenrente nun gleich

$$\Delta PR = A - C + \text{Zahlungen für die Nichtproduktion}$$

Die dem Staat entstehenden Kosten umfassen eine ausreichende Zahlung an die Bauern als Anreiz zur Reduzierung des Outputs auf Q_1. Dieser Anreiz muss mindestens so groß sein wie $B + C + D$, da dies der zusätzliche Gewinn ist, der *zu dem höheren Preis P_S* durch den

Anbau erzielt werden könnte. (Dabei ist zu berücksichtigen, dass der höhere Preis P_S den Bauern einen Anreiz liefert, noch *mehr* zu produzieren, obwohl der Staat versucht, sie zu einer *geringeren* Produktion zu bewegen.) Folglich betragen die dem Staat entstehenden Kosten mindestens $B + C + D$, und die gesamte Änderung der Produzentenrente ist gleich

$$\Delta PR = A - C + B + C + D = A + B + D$$

Dabei handelt es sich um die gleiche Änderung der Produzentenrente wie im Fall der durch die staatlichen Aufkäufe des Outputs aufrechterhaltenen Preisstützungen. (Wir verweisen hier auf Abbildung 9.10.) Somit sollten die Bauern zwischen den beiden staatlichen Eingriffen indifferent sein, da sie letztendlich den gleichen Geldbetrag aus beiden erzielen. Was die Konsumenten betrifft, so verlieren sie den gleichen Geldbetrag.

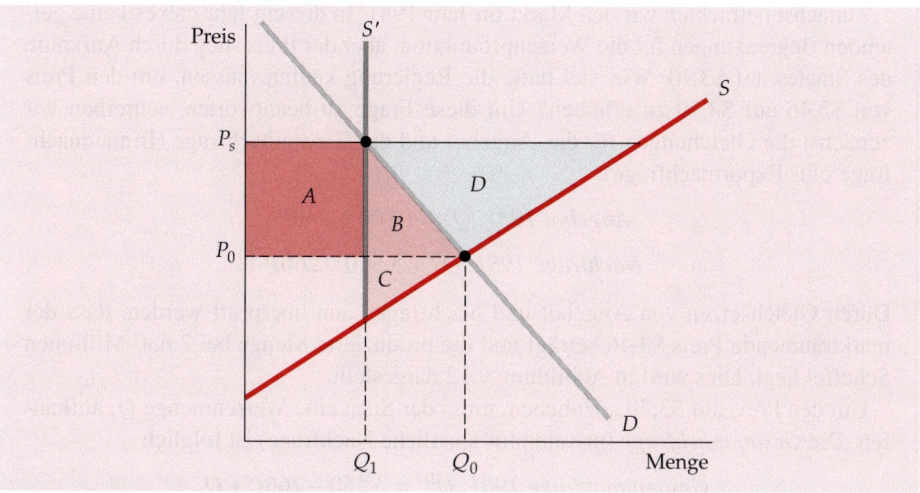

Abbildung 9.11: Angebotsbeschränkungen
Um einen Preis P_S oberhalb des markträumenden Preises P_0 zu halten, kann der Staat entweder durch die Verhängung von Produktionsquoten (wie bei den Zulassungsplaketten der Taxis) oder durch die Bereitstellung eines finanziellen Anreizes zur Senkung des Outputs für die Produzenten (wie bei den Begrenzungen der Anbauflächen) das Angebot auf Q_1 begrenzen. Damit ein Anreiz funktioniert, muss er mindestens so groß sein wie $B + C + D$, was den zusätzlichen Gewinn aus dem Anbau bei dem höheren Preis P_S angibt. Die Kosten für den Staat sind damit mindestens $B + C + D$.

Welche Politik kostet den Staat mehr? Die Antwort auf diese Frage hängt davon ab, ob die Summe der Dreiecke $B + C + D$ in Abbildung 9.11 größer oder kleiner ist als $(Q_2 - Q_1)P_S$ (das große gepunktete Rechteck) in Abbildung 9.10. Normalerweise wird diese Summe kleiner sein, so dass ein Anbauflächenbegrenzungsprogramm den Staat (und die Gesellschaft) weniger kostet als durch Aufkäufe des Staates aufrechterhaltene Preisstützungen.

Trotzdem ist auch ein Anbauflächenbegrenzungsprogramm für die Gesellschaft teurer als die direkte Zahlung von Geld an die Bauern. Die Gesamtänderung der Wohlfahrt ($\Delta KR + \Delta PR$ − Kosten für den Staat) bei einem Anbauflächenbegrenzungsprogramm lautet folglich:

$$\Delta \text{Wohlfahrt} = -A - B + A + B + D - B - C - D = -B - C$$

Im Hinblick auf die Effizienz wäre die Gesellschaft offensichtlich besser gestellt, wenn der Staat den Bauern einfach $A + B + D$ gäbe und den Preis und den Output unberührt ließe. Die Bauern würden dann $A + B + D$ gewinnen, und der Staat würde $A + B + D$ verlieren, so dass anstatt eines Verlustes von $B + C$ die Gesamtänderung der Wohlfahrt null betragen würde. Allerdings ist die wirtschaftliche Effizienz nicht immer das Ziel der staatlichen Politik.

Beispiel 9.4: Die Stützung des Weizenpreises

In den Beispielen 2.5 (Seite 69) und 4.3 (Seite 185) haben wir begonnen, den Weizenmarkt in den Vereinigten Staaten zu untersuchen. Mit Hilfe von linearen Nachfrage- und Angebotskurven haben wir festgestellt, dass der markträumende Weizenpreis im Jahr 1981 ca. $3,46 betrug, aber bis zum Jahr 2002 aufgrund eines Rückgangs der Exportnachfrage bis auf $2,78 fiel. In Wirklichkeit hielten staatliche Programme den tatsächlichen Weizenpreis höher und lieferten den Bauern direkte Subventionen. Wie funktionierten diese Programme? Wie viel kosteten sie die Konsumenten letztendlich, und um wie viel haben sie das bundesstaatliche Defizit erhöht?

Zunächst betrachten wir den Markt im Jahr 1981. In diesem Jahr gab es keine geltenden Begrenzungen für die Weizenproduktion, aber der Preis stieg durch Aufkäufe des Staates auf $3,70. Wie viel hätte die Regierung kaufen müssen, um den Preis von $3,46 auf $3,70 zu erhöhen? Um diese Frage zu beantworten, schreiben wir zunächst die Gleichungen für das Angebot und die Gesamtnachfrage (Binnennachfrage plus Exportnachfrage):

$$\text{Angebot 1981}: Q^S = 1.800 + 240P$$

$$\text{Nachfrage 1981}: Q^D = 3.550 - 266P$$

Durch Gleichsetzen von Angebot und Nachfrage kann überprüft werden, dass der markträumende Preis $3.46 beträgt und die produzierte Menge bei 2.630 Millionen Scheffel liegt. Dies wird in Abbildung 9.12 dargestellt.

Um den Preis auf $3,70 anzuheben, muss der Staat eine Weizenmenge Q_g aufkaufen. Die *Gesamtnachfrage* (private plus staatliche Nachfrage) ist folglich:

$$\text{Gesamtnachfrage 1981}: Q^{DT} = 3.550 - 266P + Q_g$$

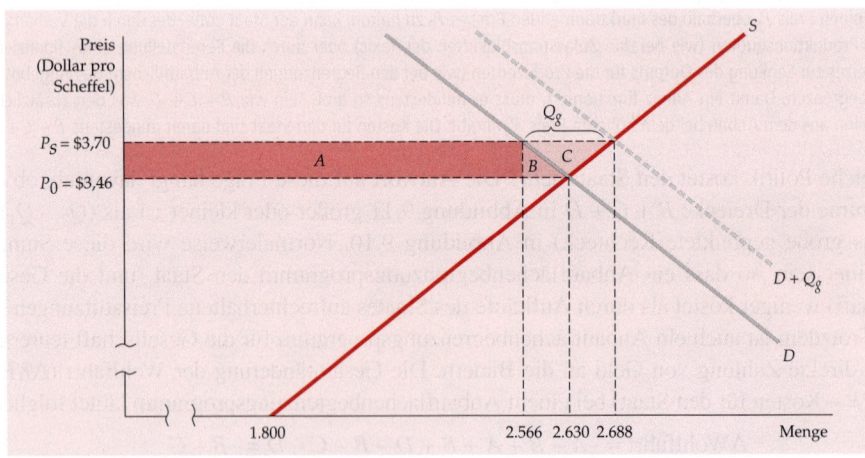

Abbildung 9.12: Der Weizenmarkt im Jahr 1981
Durch den Aufkauf von 122 Millionen Scheffel Weizen erhöhte der Staat den markträumenden Preis von $3,46 pro Scheffel auf $3,70.

Nun setzen wir das Angebot mit dieser Gesamtnachfrage gleich:

$$1.800 + 240P = 3.550 - 266P + Q_g$$

oder

$$Q_g = 506P - 1.750$$

Diese Gleichung kann zur Bestimmung der notwendigen Menge der staatlichen Weizenaufkäufe Q_g als Funktion des gewünschten Stützungspreises P verwendet werden. Um einen Preis von $3,70 zu erzielen, muss der Staat die folgende Menge aufkaufen:

$$Q_g = (506)(3,70) - 1.750 = 122 \text{ Millionen Scheffel}$$

Dabei ist in Abbildung 9.12 zu beachten, dass diese 122 Millionen Scheffel die Differenz zwischen der zum Preis von $3,70 angebotenen Menge (2.688 Millionen Scheffel) und der Menge der privaten Nachfrage (2.566 Millionen Scheffel) darstellt. In der Abbildung werden auch die Gewinne und Verluste für die Konsumenten und Produzenten dargestellt. Wir erinnern uns, dass die Konsumenten das Rechteck *A* und das Dreieck *B* verlieren. Man kann überprüfen, dass das Rechteck *A* gleich (3,70 – 3,46)(2.566) = $616 Millionen und das Dreieck *B* gleich (1/2)(3,70 – 3,46)(2.630 – 2.566) = $8 Millionen ist, so dass die Gesamtkosten für die Konsumenten $624 Millionen betragen.

Die Kosten für den Staat sind gleich den von ihm für den Weizen gezahlten $3,70 mal der von ihm gekauften 122 Millionen Scheffel oder $451,4 Millionen. Die Gesamtkosten des Programms betragen folglich $624 + $451,4 = $1.075 Millionen. Der Leser kann dies mit dem Gewinn der Produzenten vergleichen, der gleich dem Rechteck *A* plus den Dreiecken *B* und *C* ist. Man kann überprüfen, dass dieser Gewinn $638 Millionen beträgt.

Die Preisstützungen für Weizen waren im Jahr 1981 teuer. Um die Rente der Bauern um $638 Millionen zu erhöhen, mussten die Konsumenten und die Steuerzahler $1.076 Millionen zahlen. Tatsächlich bezahlten die Steuerzahler sogar noch mehr. Die Weizenproduzenten erhielten außerdem Subventionen in Höhe von ca. 30 Cent pro Scheffel, was sich auf weitere $806 Millionen summiert.

Im Jahr 1996 verabschiedete der US-amerikanische Kongress ein neues Agrargesetz, das den Spitznamen „Gesetz zum Recht auf freien Anbau" erhielt. Mit diesem Gesetz soll die Rolle des Staates reduziert und die Landwirtschaft marktorientierter werden. Durch das Gesetz werden die Produktionsquoten (für Weizen, Mais, Reis und andere Produkte) abgeschafft und die staatlichen Aufkäufe und Subventionen bis zum Jahr 2003 allmählich reduziert. Allerdings wird durch dieses Gesetz die US-amerikanische Landwirtschaft nicht vollkommen liberalisiert. So werden beispielsweise die Preisstützungsprogramme für Erdnüsse und Zucker beibehalten. Darüber hinaus würden, sofern der Kongress das Gesetz im Jahr 2003 nicht verlängert, die Preisstützungen und Produktionsquoten auf dem Niveau von vor dem Jahr 1996 wieder in Kraft treten. (Der Kongress hat das Gesetz nicht verlängert – nähere Informationen dazu siehe unten.) Selbst mit dem Gesetz aus dem Jahr 1996 blieben die Agrarsubventionen noch immer beträchtlich. ▶

Im Beispiel 2.5 wurde aufgezeigt, dass der markträumende Preis für Weizen 2007 auf $6,00 pro Scheffel gestiegen ist. Im Jahr 2007 lauteten die Angebots- und Nachfragekurven wie folgt:

$$\text{Nachfrage: } Q_D = 2.900 - 125P$$

$$\text{Angebot: } Q_S = 1.460 + 115P$$

Man kann überprüfen, dass in diesem Fall die markträumende Menge 2.150 Millionen Scheffel beträgt. Der Kongress hat das „Freedom to Farm"-Gesetz nicht verlängert. Stattdessen kehrten der Kongress und die Regierung Bush im Jahr 2002 die Auswirkungen dieses Gesetzes aus dem Jahr 1996 durch die Verabschiedung des „Farm Security and Rural Investment Act" im Wesentlichen um, mit dem die Subventionen für die meisten Agrarprodukte, insbesondere Getreide und Baumwolle wieder eingeführt wurden.[9] Obwohl die Preisstützungen mit dem Gesetz nicht ausdrücklich wieder in Kraft gesetzt werden, wird darin vom Staat verlangt, auf der Grundlage einer fixen Zahlungsrate sowie der zugrunde gelegten Anbaufläche für ein bestimmtes Agrarprodukt „fixe Direktzahlungen" an die Produzenten zu leisten. Unter Verwendung der Weizenanbauflächen und der Produktionsniveaus in den USA im Jahr 2001 kann berechnet werden, dass das neue Gesetz den Steuerzahler beinahe $1,1 Milliarden an jährlichen Zahlungen allein an die Weizenproduzenten kosten wird.[10]

Berechnungen ergeben, dass das Farmgesetz aus dem Jahr 2002 den Steuerzahler im Lauf von zehn Jahren $190 Milliarden kosten wird.

Der Kongress hat die Agrarsubventionen im Jahr 2007 noch einmal geprüft. Bei den meisten Feldfrüchten wurden die Subventionssätze entweder aufrechterhalten oder erhöht, wodurch die Belastung der amerikanischen Steuerzahler sogar noch gestiegen ist. Tatsächlich sind durch den Food, Conservation and Energy Act aus dem Jahr 2008 die Subventionsraten auf die meisten Feldfrüchte bis zum Jahr 2012 zu Kosten in Höhe von $284 Milliarden über fünf Jahre gestiegen. In der letzten Zeit hat es allerdings eine Rückkehr zur Abschaffung von Subventionen gegeben und als Bestandteil des Maßnahmenpakets zur Bewältigung der Haushaltskrise 2011 wurden neue Kürzungen genehmigt.

---

[9] Siehe Mike Allen, „Bush Signs Bill Providing Big Farm Subsidy Increases", *The Washington Post*, 14. Mai 2002. Siehe auch David E. Sanger, „Reversing Course: Bush Signs Bill Raising Farm Subsidies", *The New York Times*, 14. Mai 2002.

[10] Geschäzte Direktzahlungen für Weizen im Jahr 2001 = (Zahlungsrate) × (Ertrag) × (zugrunde gelegte Anbaufläche) × 0,85 = ($0,52) × (40,2) × (59.617.000) × 0,85 = $1,06 Milliarden.

Beispiel 9.5: Warum findet man kein Taxi?

Haben Sie jemals versucht, in New York ein Taxi zu erwischen? Viel Glück! Wenn es regnet oder während der Hauptverkehrszeiten kann es durchaus eine Stunde dauern, bis es klappt. Warum? Warum gibt es nicht mehr Taxis in New York?

Der Grund dafür ist einfach. Die Stadt New York begrenzt die Anzahl der Taxis, indem sie für jedes Taxi eine Zulassungsplakette (im Wesentlichen eine Lizenz) verlangt und dabei die Anzahl der Zulassungsplaketten begrenzt. Im Jahr 2011 gab es in New York 13.150 Zulassungsplaketten – ungefähr genauso viele wie im Jahr 1937, zu einer Zeit, in der es viel einfacher war, ein Taxi zu finden. Aber die Stadt ist seit 1937 gewachsen und die Nachfrage nach Taxifahrten hat sich ebenfalls deutlich erhöht, so dass die Obergrenze von 13.150 heute eine Beschränkung bildet, die das Leben der New Yorker durchaus erschweren kann. Dies wirft nun eine andere Frage auf: Warum sollte eine Stadt etwas tun, das das Leben ihrer Einwohner erschwert? Warum werden nicht einfach mehr Zulassungsplaketten ausgegeben?

Auch hier ist der Grund ein einfacher: Damit würde sie den Zorn der aktuellen Besitzer von Zulassungsplaketten auf sich ziehen. Bei diesen handelt es sich zumeist um große Taxiunternehmen, die die Zulassungsplaketten und die Taxis an Fahrer vermieten und über erhebliche politische und Lobbying-Macht verfügen. Die Zulassungsplaketten können von den Unternehmen, denen sie gehören, gekauft und verkauft werden. Im Jahr 1937 gab es ausreichend Plaketten für alle, deshalb hatten sie nur einen geringen Wert. Bis zum Jahr 1947 war allerdings der Wert einer Zulassungsplakette bereits auf $2.500 gestiegen. Im Jahr 1980 betrug ihr Wert $55.000, und bis zum Jahr 2011 war der Wert auf $880.000 gestiegen.

Das ist tatsächlich wahr – da die Stadt New York nicht mehr Zulassungsplaketten ausgibt, nähert sich der Wert einer Zulassungsplakette mittlerweile $1 Million an. Natürlich würde dieser Wert aber drastisch fallen, wenn die Stadt beginnt, mehr Zulassungsplaketten auszugeben. Somit haben die New Yorker Taxiunternehmen, denen zusammen die 13.150 verfügbaren Zulassungsplaketten gehören, alles Mögliche unternommen, um zu verhindern, dass die Stadt mehr ausgibt – und sind in diesen Bemühungen erfolgreich gewesen. ▶

Die Situation wird in Abbildung 9.13 dargestellt. Die Nachfragekurve D und die Angebotskurve S beruhen auf den Elastizitäten aus Untersuchungen der Taximärkte in New York und anderen Städten.[11]

Wenn die Stadt weitere 7.000 Zulassungsplaketten ausgibt, so dass dann insgesamt ungefähr 20.000 Plaketten vorhanden wären, würden sich Angebot und Nachfrage bei einem Preis von ungefähr $350.000 pro Zulassungsplakette ausgleichen – das wäre zwar immer noch viel Geld, würde aber ausreichen, um Taxis zu mieten, ein Taxiunternehmen zu führen und trotzdem noch einen Gewinn zu erzielen. Das Angebot ist allerdings auf 13.150 begrenzt, wobei die (mit S' bezeichnete) Angebotskurve in diesem Punkt vertikal wird und die Nachfragekurve bei einem Preis von $880.000 schneidet.

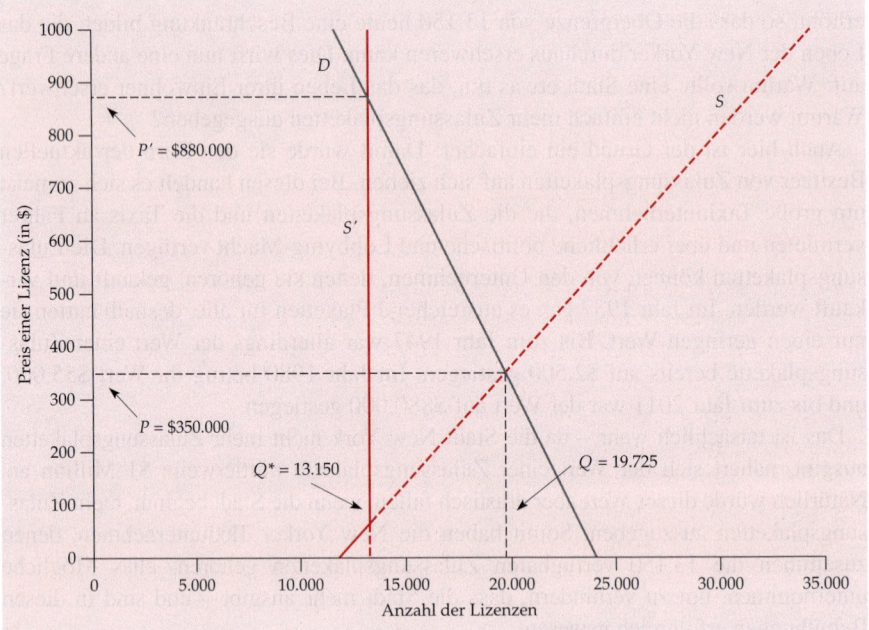

Abbildung 9.13: Taxizulassungen in New York City
Die Nachfragekurve D gibt die Anzahl der von Taxiunternehmen nachgefragten Anzahl Zulassungsplaketten als Funktion des Preises einer Zulassungsplakette an. Die Angebotskurve S gibt die Anzahl der Zulassungsplaketten, die von den aktuellen Besitzern verkauft werden würde, als Funktion des Preises an. Die Stadt New York begrenzt die Menge auf 13.150, so dass die Angebotskurve vertikal wird und die Nachfrage bei $880.000 (dem Marktpreis einer Zulassungsplakette im Jahr 2011) schneidet.

---

11 Die Elastizitäten stammen aus Bruce Schaller, „Elasticities für Taxicab Fares and Service Availability", *Transportation* 26 (1999): 283–297. Informationen über die Taxibestimmungen und die Preise von Zulassungsplaketten in New York sind auf der Webseite der Taxi- und Limousinenkommission der Stadt New York unter: *http://www.nyc.gov/tlc* und unter *http://www.schallerconsult.com/taxi/* verfügbar.

An dieser Stelle ist zu berücksichtigen, dass die Strategie der Stadt New York im Hinblick auf die Vergabe von Zulassungsplaketten den Taxifahrern sowie den Bürgern schadet, die Taxis brauchen. Die meisten Zulassungsplaketten gehören großen Taxiunternehmen – nicht den Fahrern, die sie selbst von den Unternehmen mieten müssen (nur ein kleiner Anteil der Plaketten ist für Selbstnutzer reserviert). Um Taxifahrer zu werden, müssen Kandidaten eine Fahrprüfung absolvieren und zertifiziert werden. Im Jahr 2011 gab es in New York 44.000 zertifizierte Fahrer, von denen gleichzeitig aber nur 13.150 fahren dürfen, so dass viele arbeitslos sind.

Ist die Strategie im Hinblick auf Taxis in New York City einzigartig? Keinesfalls. In Boston gab es 2010 nur 1.825 Zulassungsplaketten, die zu einem Preis von $410.000 gekauft und verkauft wurden. Und Ähnliches zeigt sich, wenn man versucht, in Mailand, Rom oder beinahe jeder anderen Stadt in Italien ein Taxi zu erwischen. Der italienische Staat beschränkt die Anzahl der Zulassungsplaketten streng. Hier gehören diese aber nicht großen Taxiunternehmen wie in New York, sondern einzelnen Familien, die über politischen Einfluss verfügen und so den Wert ihrer kostbaren Zulassungsplaketten schützen können.

9.5 Importquoten und Zölle

Viele Länder setzen **Importquoten** und **Zölle** ein, um den inländischen Preis eines Produktes oberhalb des Weltniveaus zu halten und es somit der inländischen Industrie zu ermöglichen, höhere Gewinne zu erzielen, als dies bei freiem Handel möglich wäre. Wie wir noch aufzeigen werden, können die der Gesellschaft aus dieser Protektion erwachsenden Kosten hoch sein, wobei der Verlust der Konsumenten den Gewinn der inländischen Produzenten übersteigen kann.

Ohne eine Quote oder einen Zoll importiert ein Land ein Gut, wenn dessen Weltpreis unter dem Marktpreis liegt, der vorherrschen würde, wenn es keine Importe gäbe. Dies wird in Abbildung 9.14 dargestellt. S und D stellen die inländischen Angebots- und Nachfragekurven dar. Gäbe es keine Importe, wären der inländische Preis und die inländische Menge gleich P_0 und Q_0, bei denen das Angebot gleich der Nachfrage ist. Der Weltpreis P_w liegt allerdings unter P_0, so dass für die inländischen Konsumenten ein Anreiz besteht, aus dem Ausland zu kaufen, und sie werden dies auch tun, wenn die Importe nicht beschränkt sind. Wie viel wird importiert? Der inländische Preis fällt bis auf den Weltpreis P_w; zu diesem niedrigeren Preis fällt die inländische Produktion auf Q_s und der inländische Konsum steigt auf Q_d. Die Importe sind folglich gleich der Differenz zwischen dem inländischen Konsum und der inländischen Produktion, $Q_d - Q_s$.

Nehmen wir nun an, der Staat beugt sich dem Druck der inländischen Industrie und schafft die Importe durch die Verhängung einer Quote von null ab – d.h. er verbietet jegliche Importe des Gutes. Wie hoch sind die Gewinne und Verluste aus einer solchen Politik?

> **Importquote**
> Begrenzung der Menge eines Gutes, die importiert werden darf.

> **Zoll**
> Abgabe auf ein importiertes Gut.

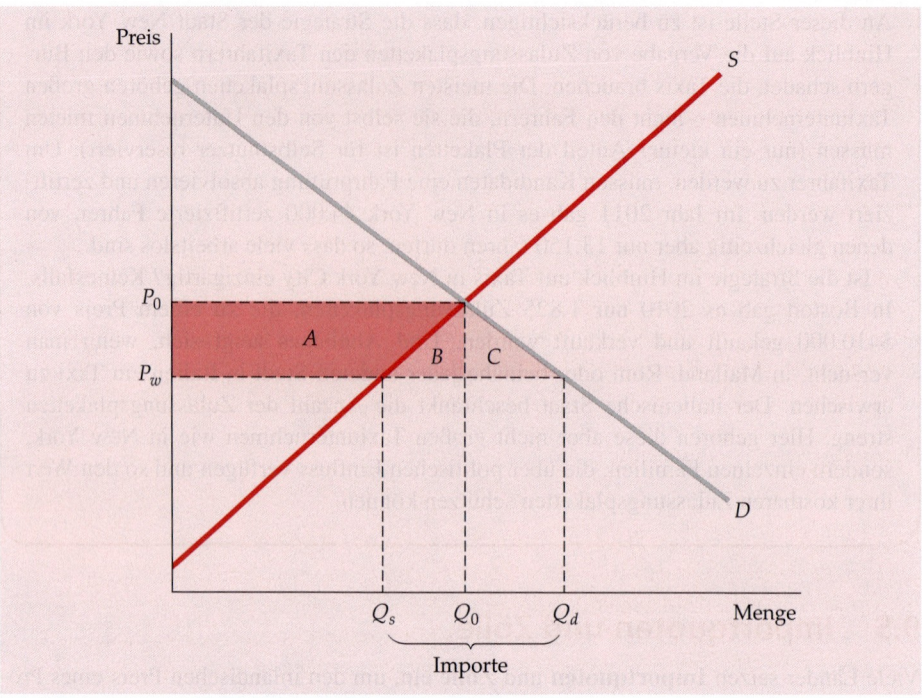

Abbildung 9.14: Importzoll oder -quote zur Abschaffung von Importen
In einem freien Markt ist der inländische Preis gleich dem Weltpreis P_W. Eine Gesamtmenge Q_d wird konsumiert, von der Teil Q_s inländisch geliefert und der Rest importiert wird. Wenn die Importe abgeschafft werden, steigt der Preis auf P_0. Das Trapez A gibt den Gewinn der Produzenten an. Der Verlust der Konsumenten ist gleich $A + B + C$, so dass der Nettowohlfahrtsverlust gleich $B + C$ ist.

Sind keine Importe zulässig, steigt der inländische Preis auf P_0. Die Konsumenten, die das Gut (in der Menge Q_0) noch immer kaufen, zahlen einen höheren Preis und verlieren den durch das Trapez A und das Dreieck B angegebenen Betrag der Konsumentenrente. Außerdem werden zu diesem höheren Preis einige Konsumenten das Gut nicht mehr kaufen, so dass es einen zusätzlichen, durch das Dreieck C angegebenen Verlust der Konsumentenrente gibt. Folglich ist die Gesamtänderung der Konsumentenrente gleich

$$\Delta KR = -A - B - C$$

Wie ist nun aber die Situation der Produzenten? Der Output ist nun höher (Q_0 anstelle von Q_s) und wird zu einem höheren Preis (P_0 anstelle von P_w) verkauft. Folglich erhöht sich die Produzentenrente um den Betrag des Trapezes A:

$$\Delta PR = A$$

Die Änderung der Gesamtrente, $\Delta KR + \Delta PR$, ist folglich gleich $-B - C$. Auch in diesem Fall gibt es einen Nettowohlfahrtsverlust – die Konsumenten verlieren mehr als die Produzenten gewinnen.

Die Importe könnten auch durch die Erhebung eines ausreichend hohen Zolles auf null reduziert werden. In diesem Fall müsste der Zoll gleich oder größer der Differenz zwischen P_0 und P_w sein. Bei einem Zoll dieser Höhe wird es keine Importe und folglich auch keine staatlichen Einnahmen aus der Erhebung der Zölle geben, so dass die Auswirkungen auf die Konsumenten und Produzenten die gleichen wären wie im Fall der Festsetzung einer Quote.

Häufiger zielt eine solche staatliche Politik allerdings nicht auf eine Abschaffung, sondern auf eine Reduzierung der Importe ab. Dies kann wiederum ebenfalls, wie in Abbildung 9.15 dargestellt, entweder mit einem Zoll oder mit einer Quote erreicht werden. Wenn freier Handel besteht, ist der inländische Preis gleich dem Weltpreis P_w, und die Importe sind gleich $Q_d - Q_s$. Nehmen wir nun an, dass auf Importe ein Zoll in Höhe von T Euro pro Einheit erhoben wird. In diesem Fall steigt der Preis auf P^* (den Weltpreis plus dem Zoll), die inländische Produktion steigt und der inländische Konsum sinkt.

In Abbildung 9.15 führt dieser Zoll zu einer durch die folgende Gleichung angegebenen Änderung der Konsumentenrente:

$$\Delta KR = -A - B - C - D$$

Die Änderung der Produzentenrente ist wiederum:

$$\Delta PR = A$$

Und schließlich erzielt der Staat Einnahmen in Höhe des Betrags des Zolls mal der Menge der Importe, also gleich dem Rechteck D. Folglich ist die Gesamtänderung der Wohlfahrt ΔKR plus ΔPR plus den Einnahmen des Staates gleich $-A - B - C - D + A + D = -B - C$. Die Dreiecke B und C stellen wiederum den Nettowohlfahrtsverlust aus der Beschränkung der Importe dar. (B stellt den Verlust aus der inländischen Überproduktion und C den Verlust aus dem zu niedrigen Konsum dar.)

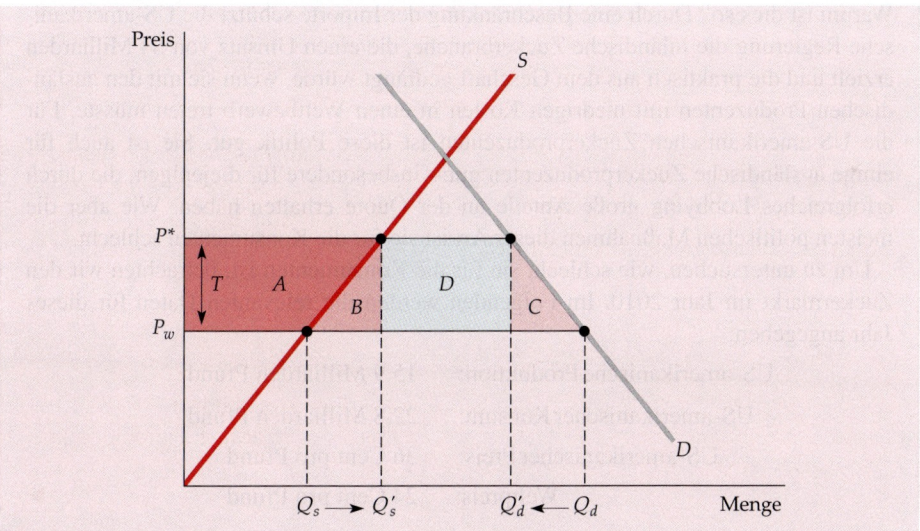

Abbildung 9.15: Ein Importzoll oder eine Importquote (allgemeiner Fall)
Werden die Importe reduziert, steigt der inländische Preis von P_w auf P^*. Dies kann durch eine Quote oder einen Zoll $T = P^* - P_w$ erreicht werden. Auch in diesem Fall stellt das Trapez A den Gewinn der inländischen Produzenten dar. Der Verlust der Konsumenten ist gleich $A + B + C + D$. Wird ein Zoll erhoben, gewinnt der Staat D die Einnahmen aus dem Zoll, also ist der inländische Nettoverlust gleich $B + C$. Wenn stattdessen eine Importquote eingeführt wird, wird das Rechteck D Teil der Gewinne der ausländischen Produzenten und der inländische Nettoverlust ist gleich $B + C + D$.

9 Die Analyse von Wettbewerbsmärkten

Nehmen wir an, dass der Staat anstelle eines Zolles zur Beschränkung der Importe eine Quote festlegt. Die ausländischen Produzenten dürfen nur eine bestimmte Menge ($Q'_d - Q'_s$ in Abbildung 9.15) in die Vereinigten Staaten einführen und können dann den höheren Preis P^* für ihre Verkäufe dort verlangen. Die Änderungen der US-amerikanischen Konsumenten- und Produzentenrente entsprechen denen bei der Erhebung eines Zolles, aber der US-amerikanische Staat erzielt nicht die durch das Rechteck D angegebenen Erlöse, sondern das Geld geht in Form höherer Gewinne an die ausländischen Produzenten. Die Vereinigten Staaten sind also insgesamt durch den Verlust von D zusätzlich zum Nettowohlfahrtsverlust in Höhe von B und C schlechter gestellt als mit dem Zoll.[12]

Genau dies geschah in den 1980ern bei den Automobilimporten aus Japan. Auf Druck der inländischen Automobilproduzenten handelte die Reagan-Regierung „freiwillige" Importbeschränkungen aus, gemäß derer die Japaner einer Begrenzung der Importe von Automobilen in die Vereinigten Staaten zustimmten. Deshalb konnten die Japaner die Autos, die in die USA verschickt wurden, zu einem über dem Weltniveau liegenden Preis verkaufen und für jedes einzelne Fahrzeug eine höhere Gewinnmarge erzielen. Die Vereinigten Staaten wären besser gestellt gewesen, wenn sie sich einfach für die Erhebung eines Zolles auf diese Importe entschieden hätten.

> In § 2.6 wird erörtert, wie lineare Angebots- und Nachfragefunktionen an Daten dieser Art angepasst werden.

Beispiel 9.6: Die Zuckerquote

In den letzten Jahren lag der Weltpreis für Zucker zwischen 10 und 28 Cent pro Pfund, während der Preis in den Vereinigten Staaten bei 30 bis 40 Cent pro Pfund lag. Warum ist dies so? Durch eine Beschränkung der Importe schützt die US-amerikanische Regierung die inländische Zuckerbranche, die einen Umsatz von \$4 Milliarden erzielt und die praktisch aus dem Geschäft gedrängt würde, wenn sie mit den ausländischen Produzenten mit niedrigen Kosten in einen Wettbewerb treten müsste. Für die US-amerikanischen Zuckerproduzenten ist diese Politik gut. Sie ist auch für einige ausländische Zuckerproduzenten gut – insbesondere für diejenigen, die durch erfolgreiches Lobbying große Anteile an der Quote erhalten haben. Wie aber die meisten politischen Maßnahmen dieser Art ist sie für die Konsumenten schlecht.

Um zu untersuchen, wie schlecht sie für die Konsumenten ist, betrachten wir den Zuckermarkt im Jahr 2010. Im Folgenden werden die relevanten Daten für dieses Jahr angegeben:

US-amerikanische Produktion:	15,9 Milliarden Pfund
US-amerikanischer Konsum:	22,8 Milliarden Pfund
US-amerikanischer Preis:	36 Cent pro Pfund
Weltpreis:	24 Cent pro Pfund

---

12 Alternativ dazu kann eine Importquote durch die Rationierung der Importe von US amerikanischen Importunternehmen oder Handelsgesellschaften umgesetzt werden. Diese Zwischenhändler wären dann berechtigt, jährlich eine fixe Menge des Gutes zu importieren. Solche Rechte sind wertvoll, da die Zwischenhändler das Produkt auf dem Weltmarkt zum Preis P_w kaufen und es dann zum Preis P^* wiederverkaufen können. Der Gesamtwert dieser Rechte wird folglich durch das Rechteck D gegeben. Wenn der Staat die betreffenden Rechte zu diesem Geldbetrag *verkauft*, kann er den gleichen Erlös wie mit dem Zoll erzielen. Wenn diese Rechte aber kostenlos vergeben werden, wie dies manchmal tatsächlich der Fall ist, wird das Geld für die Zwischenhändler zu einem unerwarteten Gewinn.

Zu diesen Preisen und Mengen beträgt die Preiselastizität des US-amerikanischen Angebots 1,5 und die Preiselastizität der US-amerikanischen Nachfrage –0,3.[13]

Wir werden diesen Daten lineare Angebots- und Nachfragekurven anpassen und diese anschließend zur Berechnung der Auswirkungen der Quoten verwenden. Man kann überprüfen, dass die folgende US-amerikanische Angebotskurve mit einem Produktionsniveau von 15,9 Milliarden Pfund, einem Preis von 36 Cent pro Pfund und einer Angebotselastizität von 1,5 übereinstimmt:

$$US\text{-}amerikanisches\ Angebot: Q^S = -7{,}95 + 0{,}66P$$

wobei die Menge in Milliarden Pfund und der Preis in Cent pro Pfund angegeben wird. Desgleichen ergibt die Nachfrageelastizität von –0,3 zusammen mit den Daten für den US-amerikanischen Verbrauch und den US-amerikanischen Preis die folgende lineare Nachfragekurve:

$$US\text{-}amerikanische\ Nachfrage: Q^D = 29{,}73 - 0{,}19P$$

Diese Angebots- und Nachfragekurven sind in Abbildung 9.16 dargestellt. Mit Hilfe der oben angegebenen US-amerikanischen Angebots- und Nachfragekurve kann man überprüfen, dass zum Weltpreis von 24 Cent die US-amerikanische Produktion nur ca. 7,9 Milliarden Pfund betragen hätte, während sich der US-amerikanische Verbrauch auf ungefähr 25,2 Milliarden Pfund belaufen hätte, von dem 25,2 – 7,9 = 17,3 Milliarden Pfund hätten importiert werden müssen. Aber die Importe waren zum Glück für die US-amerikanischen Produzenten auf nur 6,9 Milliarden Pfund begrenzt.

Welche Auswirkungen hatte die Importbeschränkung auf den US-amerikanischen Preis? Um dies zu bestimmen, verwenden wir die US-amerikanischen Angebots- und Nachfragegleichungen und setzen die nachgefragte Menge minus der Angebotsmenge gleich 6,9:

$$Q_S - Q_D = (29{,}73 - 0{,}19P) - (-7{,}95 + 0{,}66P) = 6{,}9$$

Der Leser kann nachprüfen, dass die Lösung dieser Gleichung $P = 36{,}2$ Cent lautet. Damit hat die Importbeschränkung wie in der Abbildung dargestellt den US-amerikanischen Preis um ungefähr 36 Cent in die Höhe getrieben.

Wie viel haben die US-amerikanischen Konsumenten dadurch verloren? Die verlorene Konsumentenrente wird durch die Summe des Trapezes A, der Dreiecke B und C und des Rechtecks D angegeben. Wir empfehlen dem Leser, diese Berechnungen durchzuarbeiten, um zu bestätigen, dass das Trapez A einem Wert von \$1.431 Millionen, das Dreieck B einem Wert von \$477 Millionen, das Dreieck C einem Wert von \$137 Millionen und das Rechteck D einem Wert von \$836 Millionen entspricht. Im Jahr 2001 betrugen die Gesamtkosten für die Konsumenten ca. \$2,9 Milliarden. ▶

---

13 Die Preise und Mengen stammen vom Economic Research Service des US-Landwirtschaftsministeriums. Für weitere Informationen siehe: *http://www.ers.usda.gor/Briefing/Sugar/Data.htm*.
Diese Elastizitätsschätzungen beruhen auf Morris E. Morkre und David G. Tarr, „*Effects of Restrictions on United States Imports: Five Case Studies and Theory*", US Federal Trade Commission Staff Report, Juni 1981 und F. M. Scherer, „*The United States Sugar Program*", Kennedy School of Government Case Study, Harvard University, 1992. Eine allgemeine Erörterung der Zuckerquoten und anderer Aspekte der US amerikanischen Agrarpolitik findet sich in D. Gale Johnson, „*Agricultural Policy and Trade*", New York: New York University Press, 1985 und in Gail L. Cramer und Clarence W. Jensen, „*Agricultural Economics and Agribusiness*", New York: Wiley, 1985.

Wie viel haben die Produzenten aus dieser Politik gewonnen? Der Anstieg ihrer Rente wird durch das Trapez *A* (d.h. ca. $1,4 Milliarden) angegeben. Der Wert von $836 Millionen des Rechtecks *D* war ein Gewinn für die ausländischen Produzenten, denen es gelungen war, hohe Quotenzuteilungen zu erhalten, da sie einen höheren Preis für ihren Zucker erhielten. Die Dreiecke *B* und *C* stellen einen Nettowohlfahrtsverlust in Höhe von ca. $614 Millionen dar.

Der Weltpreis für Zucker ist über die letzten zehn Jahre volatil gewesen. In der Mitte des ersten Jahrzehnts des neuen Jahrtausends hob die Europäische Union die Schutzmaßnahmen für europäischen Zucker auf. Infolgedessen wurde die Region von einem Nettoexporteur von Zucker zu einem Nettoimporteur. In der gleichen Zeit ist die Nachfrage nach Zucker in sich schnell entwickelnden Schwellenländern, wie Indien, Pakistan und China, in die Höhe geschnellt. Aber die Zuckerproduktion in diesen Ländern ist oft schwer vorhersagbar: Sie sind zwar häufig Nettoexporteure, aber Veränderungen der staatlichen Politik und sich ändernde Witterungsbedingungen führen häufig zu einer reduzierten Produktion und zwingen sie, zur Befriedigung der Binnennachfrage Zucker zu importieren. Darüber hinaus wird in vielen Ländern, wie Brasilien, Zucker auch zur Herstellung von Ethanol verwendet, wodurch die für Lebensmittel verfügbare Menge weiter sinkt.

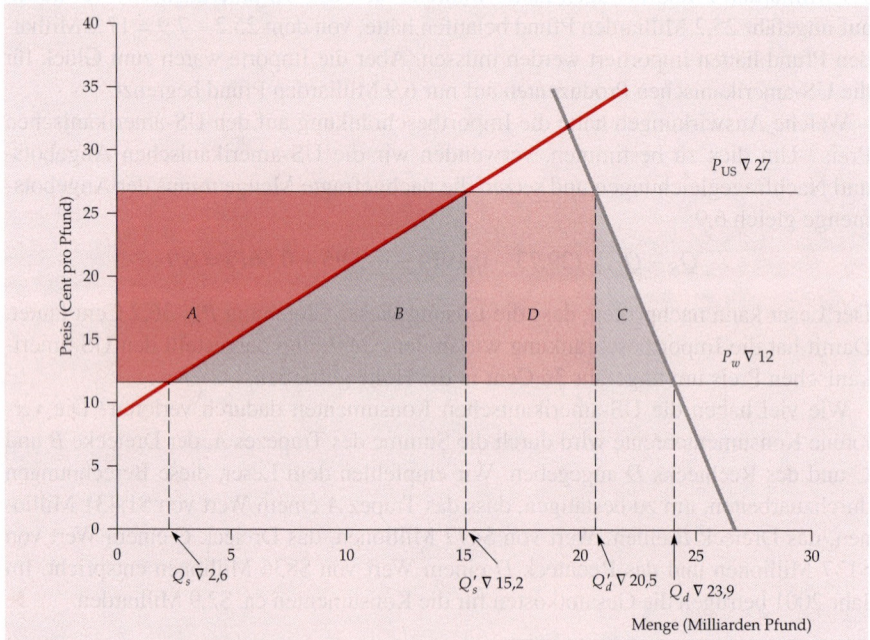

Abbildung 9.16: Die Zuckerquote im Jahr 2010
Zum Weltpreis von 24 Cent pro Pfund wären im Jahr 2010 in den Vereinigten Staaten 25,2 Milliarden Pfund Zucker konsumiert worden, die, mit Ausnahme von 7,9 Milliarden Pfund, importiert worden wären. Die Beschränkung der Importe auf 6,9 Milliarden Pfund führte dazu, dass der US-Preis um 12 Cent anstieg. Die Kosten der Konsumenten, *A* + *B* + *C* + *D*, betrugen ca. $2,9 Milliarden. Der Gewinn der inländischen Produzenten entsprach dem Trapez *A* mit einem Wert von ca. $1,4 Milliarden. Das Rechteck *D* mit einem Wert von $836 Millionen entspricht dem Gewinn der ausländischen Produzenten, denen es gelang, Quotenzuteilungen zu erhalten. Die Dreiecke *B* und *C* stellen den Nettowohlfahrtsverlust in Höhe von ca. $614 Millionen dar.

9.6 Die Auswirkungen einer Steuer oder einer Subvention

Was würde mit dem Preis eines bestimmten Gutes geschehen, wenn der Staat eine Steuer in Höhe von €1 auf jede verkaufte Einheit des Gutes erhebt? Diese Frage würde oft dahingehend beantwortet werden, dass der Preis um einen Euro ansteigt und die Konsumenten nun einen Euro pro Einheit des Gutes mehr zahlen müssen, als ohne die Steuer. Aber diese Antwort ist falsch.

Oder betrachten wir die folgende Frage. Der Staat will eine Steuer in Höhe von 50 Cent pro Gallone auf Benzin erheben und erwägt zwei Möglichkeiten zu deren Einziehung. Bei Methode 1 würden die Eigentümer jeder Tankstelle das Steuergeld (50 Cent mal der Anzahl der verkauften Gallonen) in einer verschlossenen Büchse deponieren, die von einem Regierungsbeamten geleert wird. Bei Methode 2 würde der Käufer die Steuer (50 Cent mal der Anzahl der gekauften Gallonen) direkt an den Staat zahlen. Welche Methode kostet den Käufer mehr? Viele Menschen würden diese Frage mit Methode 2 beantworten. Aber auch diese Antwort wäre falsch.

Die Last einer Steuer (oder der Vorteil einer Subvention) entfällt zum Teil auf den Konsumenten und zum Teil auf den Produzenten. Außerdem spielt es keine Rolle, wer das Geld in die verschlossene Schachtel steckt (oder den Scheck an den Staat schickt) – die oben angeführten Methoden 1 und 2 kosten den Konsumenten den gleichen Geldbetrag. Wie wir aufzeigen werden, hängt der von den Konsumenten getragene Anteil der Steuer von den Verläufen der Angebots- und Nachfragekurven und insbesondere von den relativen Elastizitäten des Angebots und der Nachfrage ab. Im Hinblick auf unsere erste Frage würde eine Steuer in Höhe von €1 auf jede Einheit des speziellen Gutes in der Tat zu einem Anstieg des Preises führen, dieser wäre aber normalerweise *geringer* als €1 und mitunter sogar *viel* geringer. Um verstehen zu können, warum dies so ist, setzen wir Angebots- und Nachfragekurven ein, um zu untersuchen wie Konsumenten und Produzenten durch die Erhebung einer Steuer auf ein Produkt beeinflusst werden und was mit dem Preis und der Menge geschieht.

Die Auswirkungen einer Stücksteuer Zur Vereinfachung wollen wir eine **Stücksteuer** betrachten – d.h. eine Steuer in Höhe eines bestimmten Geldbetrages *pro verkaufte Einheit*. Dies steht im Gegensatz zu einer *Wertsteuer* (d.h. einer proportionalen Steuer), wie zum Beispiel der Umsatzsteuer. (Die Analyse einer Wertsteuer verläuft ungefähr gleich und führt zu den gleichen qualitativen Ergebnissen.) Beispiele für Stücksteuern liefern unter anderem die Steuern auf Benzin und Zigaretten.

> **Stücksteuer**
>
> Steuer in Höhe eines bestimmten Geldbetrages pro verkaufte Einheit.

Nehmen wir beispielsweise an, der Staat erhebt eine Steuer von t Cent pro Einheit eines bestimmen Gutes. Wenn wir annehmen, dass jeder das Gesetz befolgt, muss der Staat t Cent für jedes verkaufte Stück erhalten. *Dies bedeutet, dass der vom Käufer gezahlte Preis den Nettopreis, den der Verkäufer erhält, um t Cent übersteigen muss.* Diese einfache buchhalterische Beziehung – und ihre Auswirkungen – sind in Abbildung 9.17 ersichtlich. Hier stellen P_0 und Q_0 den Marktpreis und die Menge *vor* der Erhebung der Steuer dar. P_b ist der von den Käufern gezahlte Preis und P_s der Nettopreis, den die Verkäufer *nach* der Erhebung der Steuer erhalten. Dabei ist zu beachten, dass gilt $P_b - P_s = t$; – also ist der Staat zufrieden.

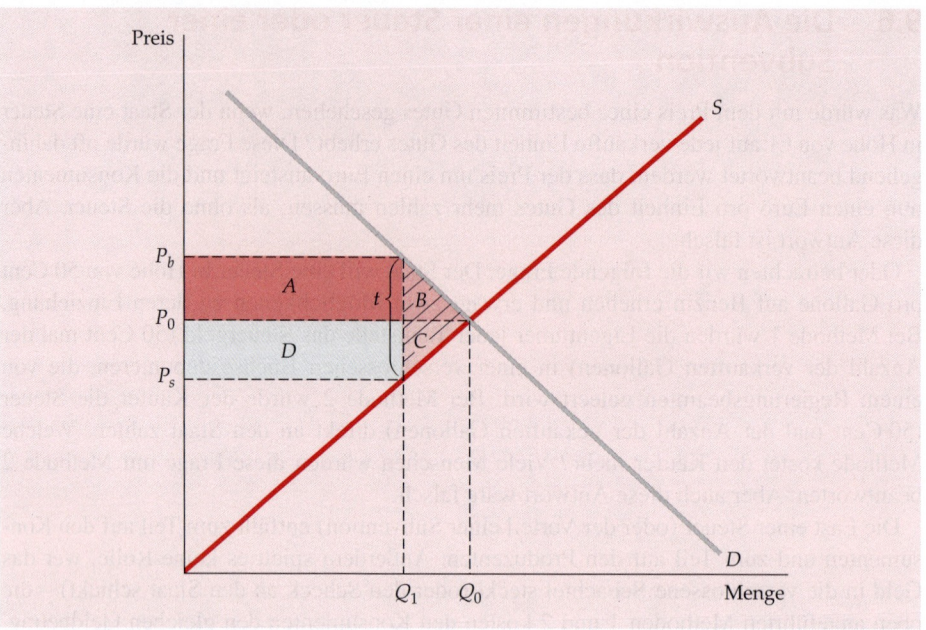

Abbildung 9.17: Die Steuerinzidenz
P_b ist der von den Käufern gezahlte Preis (inklusive der Steuer). P_s ist der Preis, den die Verkäufer nach Abzug der Steuer erhalten. In diesem Beispiel ist die Steuerlast annähernd gleich zwischen den Käufern und den Verkäufern aufgeteilt. Die Käufer verlieren $A + B$, die Verkäufer verlieren $D + C$, und der Staat erzielt Einnahmen in Höhe von $A + D$. Der Nettowohlfahrtsverlust ist gleich $B + C$.

Wie bestimmen wir, wie hoch die Marktmenge nach der Erhebung der Steuer sein wird und welchen Teil die Käufer bzw. die Verkäufer tragen? Zunächst erinnern wir uns, dass die Käufer sich nur für den Preis interessieren, den sie bezahlen müssen: P_b. Die Menge, die sie kaufen werden, wird in der Nachfragekurve angegeben. Es handelt sich dabei um die Menge, die wir im Preis P_b aus der Nachfragekurve ablesen. Desgleichen interessieren sich die Verkäufer für den Nettopreis P_s, den sie erhalten. Bei P_s kann die von ihnen produzierte und verkaufte Menge aus der Angebotskurve abgelesen werden. Schließlich wissen wir, dass die verkaufte Menge gleich der gekauften Menge sein muss. Die Lösung besteht also darin, die dem Preis P_b entsprechende Menge auf der Nachfragekurve und die dem Preis P_s entsprechende Menge auf der Angebotskurve zu ermitteln, so dass die Differenz $P_b - P_s$ gleich der Steuer t ist. In Abbildung 9.17 wird diese Menge als Q_1 dargestellt.

Wer trägt die Last der Steuer? In Abbildung 9.17 wird diese Last annähernd gleich zwischen den Käufern und den Verkäufern aufgeteilt. Der Marktpreis (der von den Käufern gezahlte Preis) steigt um die Hälfte der Steuer. Und der Preis, den die Verkäufer erhalten, sinkt um ungefähr die Hälfte der Steuer.

Wie in Abbildung 9.17 dargestellt, müssen nach der Erhebung der Steuer *vier Bedingungen* erfüllt sein:

1 Die verkaufte Menge und der von den Käufern gezahlte Preis P_b müssen auf der Nachfragekurve liegen (da die Käufer sich nur für den Preis interessieren, den sie bezahlen müssen).

2 Die verkaufte Menge und der Preis P_s, den die Verkäufer erhalten, müssen auf der Angebotskurve liegen (da die Verkäufer sich nur für den Geldbetrag interessieren, den sie abzüglich der Steuer erhalten können).

3 Die nachgefragte Menge muss gleich der angebotenen Menge sein (Q_1 in der Abbildung).

4 Die Differenz zwischen dem Preis, den der Käufer zahlt, und dem Preis, den der Verkäufer erhält, muss gleich der Steuer t sein.

Diese Bedingungen können mit Hilfe der folgenden vier Gleichungen zusammengefasst werden:

$$Q^D = Q^D(P_b) \qquad (9.1a)$$

$$Q^S = Q^S(P_s) \qquad (9.1b)$$

$$Q^D = Q^S \qquad (9.1c)$$

$$P_b - P_s = t \qquad (9.1d)$$

Wenn wir die Nachfragekurve $Q^D(P_b)$, die Angebotskurve $Q^S(P_s)$ und die Höhe der Steuer t kennen, können wir diese Gleichungen nach dem von den Käufern gezahlten Preis P_b, dem von den Verkäufern erzielten Preis P_s und der nachgefragten und angebotenen Gesamtmenge auflösen. Diese Aufgabe ist, wie wir in Beispiel 9.6 demonstrieren werden, nicht so schwierig, wie sie vielleicht scheint.

In Abbildung 9.17 wird auch dargestellt, dass eine Steuer zu einem *Nettowohlfahrtsverlust* führt. Da die Käufer einen höheren Preis zahlen, gibt es eine Änderung der Konsumentenrente um

$$\Delta KR = -A - B$$

Da die Produzenten nun einen niedrigeren Preis erhalten, gibt es außerdem eine Änderung der Produzentenrente um

$$\Delta PR = -C - D$$

Die staatlichen Steuereinnahmen betragen tQ_1, die Summe der Rechtecke A und D. Folglich ist die Gesamtänderung der Wohlfahrt, ΔKR plus ΔPR plus den Einnahmen des Staates, gleich $-A - B - C - D + A + D = -B - C$. Die Dreiecke B und C stellen den Nettowohlfahrtsverlust aus der Steuer dar.

In Abbildung 9.17 wird die Steuerlast fast gleichmäßig zwischen den Käufern und den Verkäufern aufgeteilt, aber dies ist nicht immer der Fall. Ist die Nachfrage relativ unelastisch und das Angebot relativ elastisch, wird die Steuerlast größtenteils von den Käufern getragen. In Abbildung 9.18(a) wird dargestellt, warum dies der Fall ist: Für eine nur geringfügige Änderung der nachgefragten Menge ist eine relativ große Preissteigerung notwendig, wogegen ein nur geringer Preisrückgang notwendig ist, um die angebotene Menge zu reduzieren. Da beispielsweise Zigaretten abhängig machen, ist die Elastizität der Nachfrage gering (ca. –0,3), deshalb werden die Tabaksteuern größtenteils von den

Käufern der Zigaretten bezahlt.[14] In Abbildung 9.18(b) wird das Gegenteil dazu dargestellt: Wenn die Nachfrage relativ elastisch und das Angebot relativ unelastisch ist, entfällt die Last der Steuer größtenteils auf die Verkäufer.

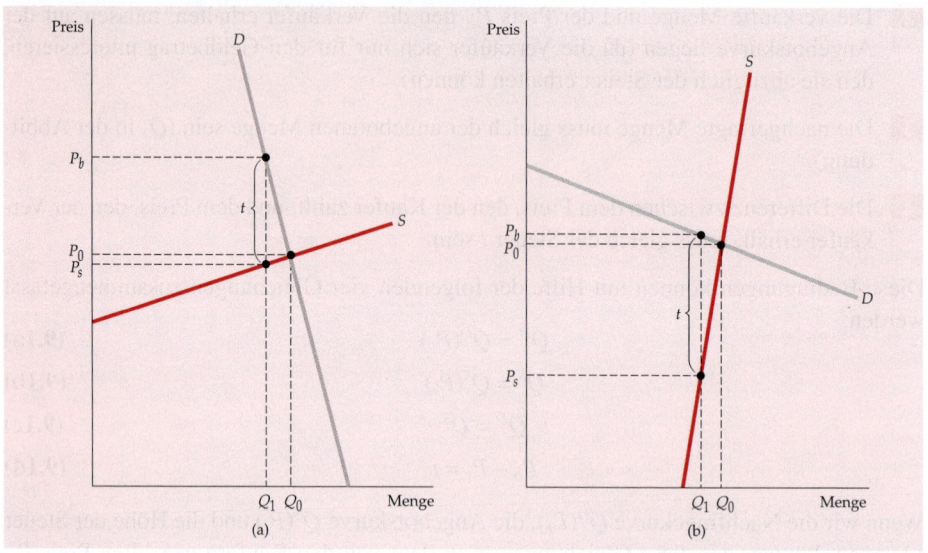

Abbildung 9.18: Die Abhängigkeit der Auswirkungen einer Steuer von den Elastizitäten des Angebots und der Nachfrage
(a) Wenn die Nachfrage im Vergleich zum Angebot sehr unelastisch ist, entfällt der größte Teil der Steuerlast auf die Käufer. (b) Wenn die Nachfrage im Vergleich zum Angebot sehr elastisch ist, entfällt sie größtenteils auf die Verkäufer.

So können wir, selbst wenn wir anstelle der ganzen Nachfrage- und Angebotskurven nur über Schätzungen der Elastizitäten des Angebots und der Nachfrage in einem Punkt oder für einen kleinen Preis- und Mengenbereich verfügen, trotzdem noch grob bestimmen, wer die größte Last der Steuer trägt (unabhängig davon, ob diese Steuer tatsächlich erhoben oder nur als politische Möglichkeit erörtert wird). Im Allgemeinen *entfällt der größte Teil der Steuerlast auf den Käufer, wenn E_d/E_s gering ist, und auf den Verkäufer, wenn E_d/E_s groß ist.*

In der Tat können wir durch die Verwendung der folgenden Überwälzungsformel den von den Käufern getragenen Prozentsatz der Steuerlast bestimmen:

$$\text{Überwälzungsanteil} = E_s/(E_s - E_d)$$

Diese Formel gibt an, welcher Anteil der Steuer in Form höherer Preise an die Konsumenten weitergegeben wird. Wenn beispielsweise die Nachfrage vollkommen unelastisch ist, so dass E_d gleich null ist, ist der Überwälzungsanteil gleich 1, und die gesamte Steuerlast wird von den Konsumenten getragen. Ist die Nachfrage vollkommen elastisch, ist der Überwälzungsanteil gleich null, und die Produzenten tragen die gesamte Steuerlast. (Der von den Produzenten getragene Anteil der Steuerlast wird durch $-E_d/(E_s - E_d)$ gegeben.)

---

14 Siehe Daniel A. Sumner und Michael K. Wohlgenant, „Effects of an Increase in the Federal Excise Tax on Cigarettes", *American Journal of Agricultural Economics* 67 (Mai 1985): 235–242.

9.6.1 Die Auswirkungen einer Subvention

Eine **Subvention** kann auf sehr ähnliche Art wie eine Steuer analysiert werden – tatsächlich kann man sich eine Subvention als *negative Steuer* vorstellen. Bei einer Subvention *übersteigt* der vom Verkäufer erzielte Preis den vom Käufer bezahlten Preis, und die Differenz zwischen diesen beiden bildet den Betrag der Subvention. Wie zu erwarten ist, sind die Auswirkungen einer Subvention auf die produzierte und konsumierte Menge genau gegensätzlich zu den Auswirkungen der Steuer – die Menge wird sich erhöhen.

> **Subvention**
> Zahlung, durch die der vom Käufer bezahlte Preis niedriger wird als der vom Verkäufer erzielte Preis, d.h. eine negative Steuer.

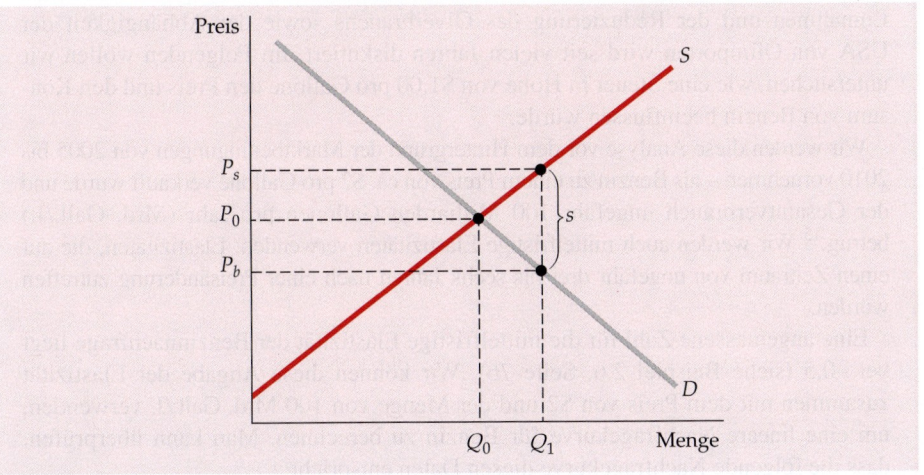

Abbildung 9.19: Eine Subvention
Eine Subvention kann als negative Steuer betrachtet werden. Wie bei einer Steuer wird der Vorteil aus einer Subvention in Abhängigkeit von den relativen Elastizitäten des Angebots und der Nachfrage zwischen den Käufern und den Verkäufern aufgeteilt.

Dies wird in Abbildung 9.19 dargestellt. Zum Marktpreis vor der Einführung der Subvention P_0 sind die Elastizitäten des Angebots und der Nachfrage annähernd gleich. Deshalb wird der Vorteil aus der Subvention annähernd gleichmäßig zwischen den Käufern und den Verkäufern aufgeteilt. Wie bei der Steuer ist das allerdings nicht immer der Fall. Im Allgemeinen *fließt der Vorteil einer Subvention hauptsächlich den Käufern zu, wenn E_d/E_s klein ist, und er fließt hauptsächlich den Verkäufern zu, wenn E_d/E_s groß ist*.

Wie im Fall der Steuer können wir bei gegebener Angebotskurve, Nachfragekurve und Höhe der Subvention s nach den daraus resultierenden Preisen und der daraus resultierenden Menge auflösen. Die gleichen vier Bedingungen wie für eine Steuer treffen auch auf eine Subvention zu; in diesem Fall ist die Differenz zwischen dem Preis, den der Verkäufer erhält, und dem Preis, den der Käufer bezahlt, gleich der Subvention. Auch in diesem Fall können wir diese Bedingungen algebraisch formulieren:

$$Q^D = Q^D(P_b) \qquad (9.2a)$$

$$Q^S = Q^S(P_s) \qquad (9.2b)$$

$$Q^D = Q^S \qquad (9.2c)$$

$$P_s - P_b = s \qquad (9.2d)$$

9 Die Analyse von Wettbewerbsmärkten

Um sicherzugehen, dass der Leser verstanden hat, wie die Auswirkungen einer Steuer oder einer Subvention analysiert werden, kann es hilfreich sein, ein oder zwei Beispiele, wie in den Übungen 2 und 14 am Ende dieses Kapitels, durchzuarbeiten.

Beispiel 9.7: Eine Benzinsteuer

Das Konzept einer hohen Benzinsteuer mit den Zielen der Erhöhung der staatlichen Einnahmen und der Reduzierung des Ölverbrauchs sowie der Abhängigkeit der USA von Ölimporten wird seit vielen Jahren diskutiert. Im Folgenden wollen wir untersuchen, wie eine Steuer in Höhe von $1,00 pro Gallone den Preis und den Konsum von Benzin beeinflussen würde.

Wir werden diese Analyse vor dem Hintergrund der Marktbedingungen von 2005 bis 2010 vornehmen – als Benzin zu einem Preis von ca. $2 pro Gallone verkauft wurde und der Gesamtverbrauch ungefähr 100 Milliarden Gallonen pro Jahr (Mrd. Gall./J.) betrug.[15] Wir werden auch mittelfristige Elastizitäten verwenden: Elastizitäten, die auf einen Zeitraum von ungefähr drei bis sechs Jahren nach einer Preisänderung zutreffen würden.

Eine angemessene Zahl für die mittelfristige Elastizität der Benzinnachfrage liegt bei –0,5 (siehe Beispiel 2.6, Seite 76). Wir können diese Angabe der Elastizität zusammen mit dem Preis von $2 und der Menge von 100 Mrd. Gall./J. verwenden, um eine lineare Nachfragekurve für Benzin zu berechnen. Man kann überprüfen, dass die folgende Nachfragekurve diesen Daten entspricht:

$$\text{Benzinnachfrage: } Q^D = 150 - 25P$$

Benzin wird aus Rohöl raffiniert, wobei ein Teil des Rohöls in den USA hergestellt und ein weiterer Teil importiert wird. (Ein Teil des Benzins wird ebenfalls direkt importiert.) Die Angebotskurve für Benzin hängt deshalb vom Weltölpreis, vom inländischen Öl-angebot und den Kosten der Raffinierung ab. Die Details dazu übersteigen den Umfang dieses Beispiels, aber eine angemessene Zahl für die Elastizität des Angebots liegt bei 0,4.

Der Leser sollte überprüfen, dass diese Elastizität zusammen mit dem Preis von $2 und der Menge von 100 Mrd. Gall./J. die folgende lineare Angebotskurve ergibt:

$$\text{Benzinangebot: } Q^S = 60 + 20P$$

Man sollte ebenfalls überprüfen, dass diese Nachfrage- und Angebotskurven einen Marktpreis von $2 und eine Menge von 100 Mrd. Gall./J. implizieren. ▶

In § 2.6 wird erklärt, dass die Nachfrage langfristig häufig preiselastischer ist als kurzfristig, da die Menschen Zeit brauchen, um ihre Konsumgewohnheiten zu ändern, und/oder da die Nachfrage nach einem Gut mit dem Bestand eines anderen Gutes verbunden sein könnte, der sich nur langsam ändert.

---

[15] Natürlich unterscheiden sich die Preise in den Regionen und für die verschiedenen Benzinsorten, dies kann allerdings hier ignoriert werden. Mengen von Öl und Ölprodukten werden häufig in Barrel gemessen, ein Barrel umfasst 42 Gallonen (158,98l), somit könnte die Mengenangabe auch als 2,4 Milliarden Barrel pro Jahr ausgedrückt werden.

9.6 Die Auswirkungen einer Steuer oder einer Subvention

Wir können diese linearen Nachfrage- und Angebotskurven zur Berechnung der Auswirkungen einer Steuer in Höhe von $1,00 pro Gallone verwenden. Zuerst schreiben wir die vier durch die Gleichungen (9.2a–d) gegebenen, zu erfüllenden Bedingungen:

$$Q^D = 150 - 25P_b \quad \text{(Nachfrage)}$$

$$Q^S = 60 + 20P_s \quad \text{(Angebot)}$$

$$Q^D = Q^S \quad \text{(Das Angebot muss gleich der Nachfrage sein.)}$$

$$P_b - P_s = 1,00 \quad \text{(Der Staat muss \$1,00 pro Gallone erhalten.)}$$

Nun verbinden wir die ersten drei Gleichungen, um Angebot und Nachfrage gleichzusetzen:

$$150 - 25P_b = 60 + 20P_s$$

Die letzte der vier Gleichungen kann als $P_b = P_s + 1,00$ umgeschrieben und für P_b in die oben angeführte Gleichung eingesetzt werden:

$$150 - 25(P_s + 1,00) = 60 + 20P_s$$

Nun können wir diese Gleichung umstellen und nach P_s auflösen:

$$20P_s + 25P_s = 150 - 25 - 60$$

$$45P_s = 65 \text{ oder } P_s = 1,44$$

Wir erinnern uns, dass $P_b = P_s + 1,00$, so dass $P_b = 2,44$. Schließlich können wir die Gesamtmenge entweder aus der Nachfragekurve oder aus der Angebotskurve bestimmen. Wenn wir die Nachfragekurve (und den Preis $P_b = 2,44$) verwenden, stellen wir fest, dass $Q = 150 - (25)(2,44) = 150 - 61$ oder $Q = 89$ Mrd. Gall./J. Dies stellt einen Rückgang des Benzinverbrauchs um elf Prozent dar. Diese Berechnungen und die Auswirkungen der Steuer werden in Abbildung 9.20 dargestellt.

Die Last dieser Steuer würde annähernd gleichmäßig zwischen den Konsumenten und den Produzenten aufgeteilt werden. Die Konsumenten würden ca. 44 Cent pro Gallone mehr für Benzin zahlen, und die Produzenten würden ca. 56 Cent pro Gallone weniger erhalten. Deshalb sollte es nicht überraschen, dass sowohl die Konsumenten als auch die Produzenten sich gegen eine solche Steuer aussprachen und dass Politiker, die diese beiden Gruppen vertreten, sich jedes Mal, wenn ein solcher Vorschlag vorgebracht wurde, sich gegen ihn engagierten. Dabei ist allerdings zu beachten, dass dem Staat durch die Steuer beträchtliche Einnahmen erwachsen würden. Die jährlichen Einnahmen wären gleich $tQ = (1,00)89 = \$89$ Milliarden pro Jahr. ▶

Zur Wiederholung des Verfahrens zur Berechnung linearer Kurven siehe § 2.6. Sind Daten für Preis und Menge sowie Schätzungen der Nachfrage- und Angebotselastizitäten vorhanden, kann ein Zweischritteverfahren zur Auflösung der nachgefragten und der angebotenen Menge eingesetzt werden.

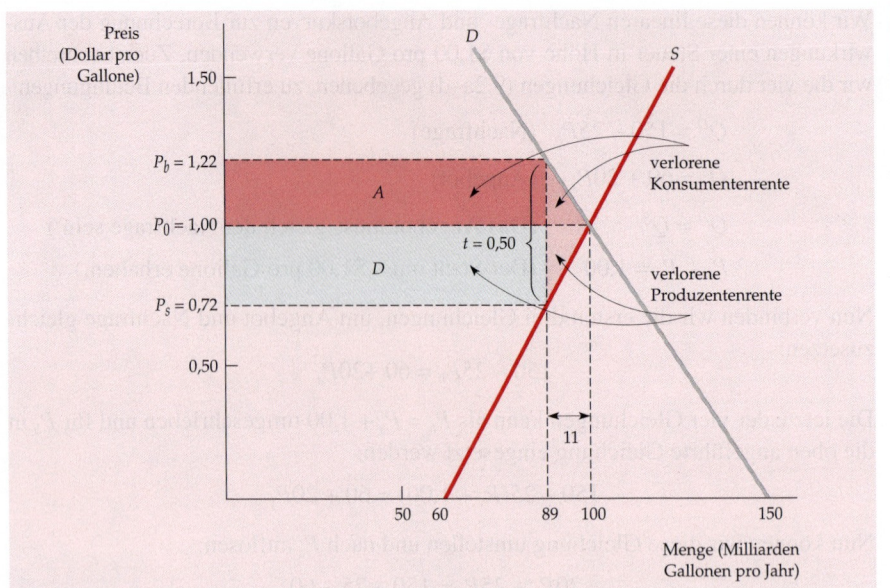

Abbildung 9.20: Die Auswirkungen einer Benzinsteuer in Höhe von 1 Dollar
Der Preis für Benzin ab Zapfsäule steigt von $2,00 pro Gallone auf $2,44 und die verkaufte Menge fällt von 100 auf 89 Mrd. Gall./J. Die jährlichen Einnahmen aus der Steuer betragen (1,00)89 = $89 Milliarden. Die beiden Dreiecke geben den Nettowohlfahrtsverlust in Höhe von $5,5 Milliarden pro Jahr an.

Die den Konsumenten und den Produzenten entstehenden Kosten wären allerdings höher als dieser Betrag von $89 Milliarden an Steuereinnahmen. In Abbildung 9.20 wird der Nettowohlfahrtsverlust aus dieser Steuer durch die beiden schattierten Dreiecke angegeben. Die beiden Rechtecke A und D stellen die gesamten durch den Staat erzielten Steuereinnahmen dar, aber der Gesamtverlust der Konsumenten- und Produzentenrente übersteigt dies.

Bevor man entscheiden kann, ob eine Benzinsteuer wünschenswert ist, ist es wichtig zu wissen, wie groß der daraus resultierende Nettowohlfahrtsverlust wahrscheinlich sein wird. Dies kann leicht aus Abbildung 9.20 errechnet werden. Wenn wir die beiden kleineren Dreiecke zu einem größeren verbinden, stellen wir fest, dass dessen Fläche gleich

$$(1/2) + (\$1{,}00/\text{Gallone}) + (11 \text{ Milliarden Gallonen/Jahr}) = \$5{,}5 \text{ Milliarden pro Jahr}$$

ist. Dieser Nettowohlfahrtsverlust entspricht ca. sechs Prozent der aus der Steuer resultierenden staatlichen Einnahmen und muss gegen jegliche zusätzliche Vorteile, die die Steuer mit sich bringen könnte, abgewogen werden.

ZUSAMMENFASSUNG

1. Einfache Modelle von Angebot und Nachfrage können zur Analyse einer großen Vielzahl staatlicher Eingriffe in den Markt verwendet werden. Zu den von uns untersuchten speziellen Eingriffen gehören Preisregulierungen, Mindestpreise, Preisstützungsprogramme, Produktionsquoten oder Anreizprogramme zur Senkung der Produktion, Importzölle und -quoten sowie Steuern und Subventionen.

2. In jedem Fall werden die Konsumenten- und die Produzentenrente eingesetzt, um die Gewinne und Verluste für Produzenten und Konsumenten zu bewerten. Durch die Anwendung dieser Methode auf die Preisregulierungen von Erdgas, die Luftfahrtregulierung, Preisstützungen für Weizen und die Zuckerquote haben wir festgestellt, dass diese Gewinne und Verluste sehr groß sein können.

3. Erhebt der Staat eine Steuer oder gewährt eine Subvention, steigt bzw. sinkt der Preis normalerweise nicht um den vollen Betrag der Steuer bzw. der Subvention. Außerdem wird die Inzidenz der Steuer oder der Subvention normalerweise zwischen den Konsumenten und den Produzenten aufgeteilt. Der Anteil, den jede Gruppe letztendlich zahlt bzw. erhält, hängt von den relativen Elastizitäten des Angebots und der Nachfrage ab.

4. Staatliche Eingriffe führen im Allgemeinen zu einem Nettowohlfahrtsverlust. Selbst wenn die Konsumentenrente und die Produzentenrente gleich gewichtet werden, gibt es einen Nettoverlust aus staatlichen Eingriffen, durch die ein Teil der Rente von einer auf die andere Gruppe verschoben wird. In einigen Fällen ist dieser Nettowohlfahrtsverlust gering, aber in anderen Fällen – für die Preisstützungen und Importquoten Beispiele sind – ist er sehr hoch. Dieser Nettowohlfahrtsverlust ist eine Form der ökonomischen Ineffizienz, die bei der Gestaltung und Umsetzung staatlicher Maßnahmen berücksichtigt werden muss.

5. Staatliche Eingriffe auf einem Wettbewerbsmarkt sind nicht immer schlecht. Der Staat – und die Gesellschaft, die er vertritt – kann andere Ziele verfolgen als die ökonomische Effizienz. Und es gibt darüber hinaus Situationen, in denen durch das staatliche Eingreifen die ökonomische Effizienz verbessert werden kann. Beispiele dafür sind Externalitäten und Fälle des Marktversagens. Diese Situationen und die Methoden, mit denen der Staat darauf reagieren kann, werden in den Kapiteln 17 und 18 erörtert.

ZUSAMMENFASSUNG

Kontrollfragen

1. Was bedeutet *Nettowohlfahrtsverlust*? Warum führt eine Preisobergrenze normalerweise zu einem Nettowohlfahrtsverlust?

2. Nehmen Sie an, die Angebotskurve für ein Gut ist vollkommen unelastisch. Würde ein Nettowohlfahrtsverlust entstehen, wenn der Staat eine Preisobergrenze unterhalb des markträumenden Niveaus festlegt? Erklären Sie Ihre Antwort.

3. Wie können die Konsumenten durch eine Preisobergrenze besser gestellt werden? Unter welchen Bedingungen könnten sie dadurch schlechter gestellt werden?

4. Nehmen Sie an, der Staat reguliert den Preis eines Gutes so, dass er ein bestimmtes Mindestniveau nicht unterschreiten darf. Können die Produzenten insgesamt durch einen solchen Mindestpreis schlechter gestellt werden? Erklären Sie Ihre Antwort.

5. Wie werden in der Praxis Produktionsbegrenzungen eingesetzt, um die Preise für die folgenden Güter und Dienstleistungen anzuheben: (a) Taxifahrten, (b) Getränke in einem Restaurant oder in einer Bar, (c) Weizen oder Mais?

6. Nehmen Sie an, der Staat will das Einkommen der Bauern erhöhen. Warum kosten Preisstützungen oder Anbauflächenbegrenzungsprogramme die Gesellschaft mehr als eine direkte Geldzahlung an die Bauern?

7. Nehmen Sie an, der Staat will die Importe eines bestimmten Gutes begrenzen. Wäre in diesem Zusammenhang eine Importquote oder ein Zoll vorzuziehen? Warum ist dies so?

8. Die Last einer Steuer wird zwischen den Produzenten und den Konsumenten aufgeteilt. Unter welchen Bedingungen werden die Konsumenten den größten Teil der Steuer tragen? Unter welchen Bedingungen werden die Produzenten den größten Teil tragen? Was bestimmt den Anteil einer Subvention, aus der den Konsumenten ein Vorteil entsteht?

9. Warum führt eine Steuer zu einem Nettwohlfahrtsverlust? Was bestimmt die Höhe dieses Verlustes?

Die Kontrollfragen samt Lösungen sowie weitere kapitelbegleitende Inhalte finden Sie im MyLab.

Übungen

1. Der US-amerikanische Kongress hat den Mindestlohn immer wieder erhöht. Von einigen wurde vorgeschlagen, dass eine staatliche Subvention die Arbeitgeber bei der Finanzierung des höheren Lohnes unterstützen könnte. In dieser Übung werden die ökonomischen Aspekte eines Mindestlohns und von Lohnsubventionen untersucht. Nehmen Sie an, das Angebot an ungelernter Arbeit wird gegeben durch

$$L^S = 10w$$

wobei L^S die Menge der ungelernten Arbeit (in Millionen beschäftigter Personen pro Jahr) und w der Lohnsatz (in Dollar pro Stunde) ist. Die Nachfrage nach Arbeit wird gegeben durch

$$L^D = 80 - 10w$$

a. Wie hoch werden der Lohnsatz und das Beschäftigungsniveau auf einem freien Markt sein? Nehmen Sie an, der Staat legt einen Mindestlohn von $5 pro Stunde fest. Wie viele Menschen würden dann beschäftigt werden?

b. Nehmen Sie anstelle eines Mindestlohnes an, dass der Staat eine Subvention in Höhe von $1 pro Stunde für jeden Beschäftigten zahlt. Wie hoch wird das Gesamtniveau der Beschäftigung nun sein? Wie hoch wird der Gleichgewichtslohn sein?

2. Nehmen Sie an, der Markt für ein bestimmtes Produkt kann mit Hilfe der folgenden Gleichungen beschrieben werden:

$$\text{Nachfrage: } P = 10 - Q$$
$$\text{Angebot: } P = Q - 4$$

wobei P der Preis in Tausend Dollar und Q die Menge in Tausend Einheiten ist.

a. Wie hoch sind der Gleichgewichtspreis und die Gleichgewichtsmenge?
b. Nehmen Sie an, der Staat erhebt eine Steuer in Höhe von $1 pro Einheit, um den Verbrauch dieses speziellen Gutes zu reduzieren und die staatlichen Einnahmen zu erhöhen. Wie hoch wird die neue Gleichgewichtsmenge sein? Welchen Preis wird der Käufer zahlen? Welchen Betrag pro Einheit wird der Verkäufer erhalten?
c. Nehmen Sie an, der Staat ändert seine Meinung im Hinblick auf die Bedeutung unseres speziellen Gutes für die Zufriedenheit der Bevölkerung. Die Steuer wird abgeschafft und den Produzenten des Gutes wird eine Subvention von $1 pro Einheit gewährt. Wie hoch wird die Gleichgewichtsmenge sein? Welchen Preis wird der Käufer zahlen? Welchen Betrag pro Einheit (einschließlich der Subvention) wird der Verkäufer erhalten? Wie hoch werden die Gesamtkosten des Staates sein?

3. Die japanischen Reisproduzenten haben extrem hohe Produktionskosten, die zum einen auf die hohen Opportunitätskosten des Landes zurückzuführen sind, zum anderen können sie keine Vorteile aus einer Produktion in großem Umfang ziehen. Analysieren Sie die folgenden zwei politischen Maßnahmen, mit denen die japanische Reisproduktion aufrechterhalten werden soll: (1) eine Subvention pro Pfund für die Bauern, die für jedes produzierte Pfund Reis gezahlt wird, (2) ein Zoll pro Pfund auf importierten Reis. Stellen Sie mit Hilfe von Angebots- und Nachfragediagrammen den Gleichgewichtspreis und die Gleichgewichtsmenge, die inländische Reisproduktion, die staatlichen Einnahmen bzw. Verluste und den Nettwohlfahrtsverlust aus jeder der beiden politischen Maßnahmen dar. Welche Politik wird der japanische Staat wahrscheinlich bevorzugen? Welche Politik werden die japanischen Bauern wahrscheinlich bevorzugen?

4. Im Jahr 1983 führte die Reagan-Regierung ein neues Agrarprogramm ein, das als „Programm zur Zahlung in Naturalien" bezeichnet wurde. Um zu untersuchen, wie dieses Programm funktionierte, wollen wir den Weizenmarkt betrachten.

a. Nehmen Sie an, die Nachfragefunktion ist $Q^D = 28 - 2P$ und die Angebotsfunktion $Q^S = 4 + 4P$, wobei P der Preis des Weizens in Dollar pro Scheffel und Q die Menge in Milliarden Scheffel bezeichnet. Geben Sie den Gleichgewichtspreis und die Gleichgewichtsmenge eines freien Marktes an.
b. Nehmen Sie nun an, der Staat will das Angebot an Weizen im Vergleich zum Gleichgewicht eines freien Marktes um 25 Prozent senken, indem er den Bauern für die Nichtnutzung von Anbauflächen Geld zahlt. Allerdings wird diese Zahlung in Weizen und nicht in Dollar geleistet – daher der Name des Programms. Der Weizen stammt aus den riesigen Reserven des Staates, die aus den vorherigen Preisstützungsprogrammen entstanden sind. Diese ausgezahlte Weizenmenge ist gleich der Menge, die auf dem aus der Produktion genommenen Land geerntet worden wäre. Wie viel wird nun von den Bauern produziert? Wie viel wird durch den Staat indirekt auf dem Markt angeboten? Wie hoch ist der neue Marktpreis? Wie viel gewinnen die Bauern? Gewinnen oder verlieren die Konsumenten?
c. Hätte der Staat den Weizen nicht an die Bauern zurückgegeben, so hätte er ihn eingelagert oder vernichtet. Erzielen die Steuerzahler aus dem Programm einen Gewinn? Welche potenziellen Probleme werden damit geschaffen?

5. In den USA werden pro Jahr ca. 100 Millionen Pfund Geleebohnen verbraucht, und der Preis liegt bei ca. 50 Cent pro Pfund. Allerdings haben die Hersteller der Geleebohnen das Gefühl, dass ihr Einkommen zu niedrig ist, und so haben sie die Regierung überzeugt, dass Preisstützungen angemessen sind. Der Staat wird deshalb so viele Geleebohnen aufkaufen, wie notwendig sind, um den Preis bei $1 pro Pfund zu halten. Allerdings sind die Regierungsökonomen über die Auswirkungen dieses Programms besorgt, da sie über keinerlei Schätzungen der Elastizitäten der Nachfrage nach Geleebohnen und des Angebots von Geleebohnen verfügen.

   a. Könnte dieses Programm den Staat *mehr* als $50 Millionen pro Jahr kosten? Unter welchen Bedingungen könnte dies geschehen? Könnte es *weniger* als $50 Millionen pro Jahr kosten? Unter welchen Bedingungen wäre dies der Fall? Stellen Sie dies mit einem Diagramm dar.

   b. Könnte dieses Programm die Konsumenten (im Hinblick auf die verlorene Konsumentenrente) *mehr* als $50 Millionen pro Jahr kosten? Unter welchen Bedingungen wäre dies der Fall? Könnte es die Konsumenten *weniger* als $50 Millionen pro Jahr kosten? Unter welchen Bedingungen wäre dies der Fall? Verwenden Sie auch hier zu Darstellungszwecken ein Diagramm.

6. In Übung 4 in Kapitel 2 (Seite 99) wurde eine Pflanzenfaser untersucht, die auf einem Wettbewerbsmarkt gehandelt und zu einem Weltpreis von $9 pro Pfund in die USA importiert wurde. Das US-amerikanische Binnenangebot und die Binnennachfrage bei verschiedenen Preisniveaus werden in der folgenden Tabelle dargestellt.

   Beantworten Sie die folgenden Fragen zum US-amerikanischen Markt:

   a. Überprüfen Sie, ob die Nachfragekurve durch $Q_D = 40 - 2P$ und die Angebotskurve durch $Q_S = 2/3P$ angegeben wird.

Preis	US-Angebot (in Mio. Pfund)	US-Nachfrage (in Mio. Pfund)
3	2	34
6	4	28
9	6	22
12	8	16
15	10	10
18	12	4

   b. Überprüfen Sie, ob die USA 16 Millionen Pfund importieren würden, wenn keine Handelsbeschränkung bestünde.

   c. Wie hoch wird der US-amerikanische Preis und das Niveau der Importe sein, wenn die Vereinigten Staaten einen Zoll von $3 pro Pfund erheben? Welche Einnahmen wird der Staat aus dem Zoll erzielen? Wie hoch ist der Nettowohlfahrtsverlust?

   d. Wie hoch wird der US-amerikanische Preis sein, wenn die Vereinigten Staaten keinen Zoll erheben aber eine Importquote von acht Millionen Pfund verhängen? Wie hoch sind die Kosten dieser Quote für die US-amerikanischen Verbraucher der Faser? Wie hoch ist der Gewinn der US-amerikanischen Produzenten?

7. Die USA importieren ihren gesamten Kaffee. Die jährliche Nachfrage nach Kaffee durch die US-amerikanischen Verbraucher wird durch die Nachfragekurve $Q = 250 - 10P$ gegeben, wobei Q die Menge (in Millionen Pfund) und P der Marktpreis pro Pfund Kaffee ist. Die Produzenten weltweit können den Kaffee mit konstanten Grenzkosten (durchschnittlichen Kosten) von $8 pro Pfund ernten und an US-amerikanische Großhändler verschicken. Die US-amerikanischen Großhändler wiederum können den Kaffee für konstante $2 pro Pfund vertreiben. Beim US-amerikanischen Kaffeemarkt handelt es sich um einen Wettbewerbsmarkt. Der Kongress erwägt die Einführung eines Zolls von $2 pro Pfund auf Kaffeeimporte.

a. Wie viel bezahlen die Konsumenten für ein Pfund Kaffee, wenn kein Zoll besteht? Wie hoch ist die nachgefragte Menge?
b. Wie viel bezahlen die Konsumenten für ein Pfund Kaffee, wenn der Zoll erhoben wird? Wie hoch ist die nachgefragte Menge?
c. Berechnen Sie die verlorene Konsumentenrente.
d. Berechnen Sie den vom Staat erzielten Steuererlös.
e. Führt der Zoll zu einem Nettoverlust bzw. zu einem Nettogewinn für die Gesellschaft insgesamt?

8. In einem äußerst kompetitiven Weltmarkt wird ein bestimmtes Metall zu einem Weltpreis von $9 pro Unze (28g) gehandelt. Zu diesem Preis stehen unbegrenzte Mengen zum Import in die Vereinigten Staaten zur Verfügung. Das Angebot dieses Metalls aus US-amerikanischen Berg- und Hüttenwerken kann durch die Gleichung $Q^S = 2/3P$ dargestellt werden, wobei Q^S die US-amerikanische Gütermenge in Millionen Unzen und P der inländische Preis ist. Die Nachfrage nach dem Metall in den USA beträgt $Q^D = 40 - 2P$, wobei Q^D die Binnennachfrage in Millionen Unzen ist.

In den letzten Jahren war die US-amerikanische Branche durch einen Zoll in Höhe von $9 pro Unze geschützt. Aufgrund des Drucks ausländischer Regierungen, planen die USA diesen Zoll auf null zu senken. Da sie sich durch diese Änderung bedroht fühlt, versucht die US-amerikanische Branche ein freiwilliges Begrenzungsabkommen zu schließen, durch das die Importe in die Vereinigten Staaten auf acht Millionen Unzen pro Jahr begrenzt würden.

a. Wie hoch war der inländische Preis des Metalls in den USA, als der Zoll in Höhe von $9 erhoben wurde?
b. Wie hoch wird der US-amerikanische Preis des Metalls sein, wenn die Vereinigten Staaten den Zoll abschaffen und das freiwillige Beschränkungsabkommen geschlossen wird?

9. Zu den geplanten Steuermaßnahmen, die regelmäßig vom Kongress erwogen werden, gehört eine zusätzliche Steuer auf Spirituosen. Diese Steuer würde Bier nicht betreffen. Die Preiselastizität des Angebots von Spirituosen beträgt 4,0, die Preiselastizität der Nachfrage liegt bei –0,2. Die Kreuzpreiselastizität der Nachfrage nach Bier in Bezug auf den Preis der Spirituosen beträgt 0,1.

a. Wer wird den größten Teil der Last tragen, wenn die neue Steuer erhoben wird, die Anbieter oder die Konsumenten der Spirituosen?
b. Wenn angenommen wird, dass das Bierangebot unendlich elastisch ist, wie wird dann die neue Steuer den Biermarkt beeinflussen?

10. In Beispiel 9.1 (Seite 441) haben wir die Gewinne und Verluste aus Preisregulierungen für Erdgas berechnet und festgestellt, dass es einen Nettowohlfahrtsverlust in Höhe von $5,68 Milliarden gab. Diese Berechnung beruhte auf einem Ölpreis von $50 pro Barrel.

a. Wie hoch wäre der Preis von Erdgas auf einem freien Markt bei einem Ölpreis von $60 pro Barrel? Wie hoch wäre der Nettowohlfahrtsverlust, der entsteht, wenn der maximal zulässige Erdgaspreis $3,00 pro Tausend Kubikfuß beträgt?
b. Welcher Ölpreis würde sich aus einem marktwirtschaftlichen Preis für Erdgas von $3 ergeben?

11. In Beispiel 9.6 werden die Auswirkungen der Zuckerquote beschrieben. Im Jahr 2005 waren die Importe auf 5,3 Milliarden Pfund beschränkt, wodurch der inländische Preis auf 27 Cent pro Pfund stieg. Nehmen Sie an, die Importe würden auf 10 Milliarden Pfund gesteigert.

a. Wie hoch wäre der neue US-amerikanische Preis?
b. Wie viel würden die Konsumenten gewinnen und die Produzenten verlieren?
c. Wie würden sich die Auswirkungen auf den Nettowohlfahrtsverlust und die ausländischen Produzenten gestalten?

12. Die inländischen Angebots- und Nachfragekurven für Kicherbohnen lauten wie folgt:

    $Angebot: P = 50 + Q$

    $Nachfrage: P = 200 - 2Q$

    wobei P der Preis in Cent pro Pfund und Q die Menge in Millionen Pfund ist. Die USA sind ein kleiner Produzent auf dem Weltmarkt für Kicherbohnen, auf dem der gegenwärtige Preis (der durch keine unserer Maßnahmen beeinflusst wird) 60 Cent pro Pfund beträgt. Der Kongress erwägt einen Zoll in Höhe von 40 Cent pro Pfund. Ermitteln Sie den inländischen Preis von Kicherbohnen, der sich ergibt, wenn der Zoll erhoben wird. Berechen Sie außerdem den Gewinn oder Verlust der inländischen Konsumenten und der inländischen Produzenten in Dollar sowie die staatlichen Einnahmen aus dem Zoll.

13. Gegenwärtig werden die Sozialversicherungsabgaben in den Vereinigten Staaten gleichmäßig zwischen den Arbeitgebern und den Arbeitnehmern aufgeteilt. Die Arbeitgeber müssen eine Abgabe in Höhe von 6,2 Prozent der von ihnen gezahlten Löhne an den Staat abführen, und die Arbeitnehmer zahlen einen Beitrag in Höhe von 6,2 Prozent des Lohnes, den sie erhalten. Nehmen Sie an, diese Abgabe würde so verändert, dass die Arbeitgeber die gesamten 12,4 Prozent und die Arbeitnehmer nichts zahlen: Wären die Arbeitnehmer in diesem Fall besser gestellt?

14. Sie wissen, dass, wenn eine Steuer auf ein bestimmtes Produkt erhoben wird, die Steuerlast zwischen den Produzenten und den Konsumenten aufgeteilt wird. Sie wissen auch, dass die Nachfrage nach Automobilen durch einen Bestandsanpassungsprozess gekennzeichnet ist. Nehmen Sie an, dass plötzlich eine spezielle Umsatzsteuer in Höhe von 20 Prozent auf Automobile erhoben wird. Wird der von den Konsumenten bezahlte Anteil der Steuer im Laufe der Zeit steigen oder sinken oder wird er gleich bleiben? Erklären Sie kurz. Wiederholen Sie dies am Beispiel einer Benzinsteuererhebung von 50 Cent pro Gallone.

15. Im Jahr 2011 rauchten die Amerikaner 16 Milliarden Päckchen Zigaretten. Sie zahlen einen durchschnittlichen Einzelhandelspreis von $5,00 pro Päckchen.
    a. Leiten Sie die linearen Nachfrage- und Angebotskurven für Zigaretten bei einer Elastizität des Angebots von 0,5 und einer Elastizität der Nachfrage von −0,4 her.
    b. Zigaretten unterliegen einer bundesstaatlichen Steuer, die im Jahr 2011 ca. 1 Dollar pro Päckchen betrug. Wie wirkt sich diese Steuer auf den markträumenden Preis und die markträumende Menge aus?
    c. Welchen Anteil dieser bundesstaatlichen Steuer werden die Konsumenten bezahlen? Welchen Anteil werden die Produzenten bezahlen?

Die Lösungen zu ausgewählten Übungen finden Sie im Anhang dieses Buches. Die kompletten Lösungen für die Übungen finden Dozenten im MyLab.

TEIL III

Marktstruktur und Wettbewerbsstrategie

10 Marktmacht – Monopol und Monopson 485

11 Preisbildung bei Marktmacht 539

12 Monopolistische Konkurrenz und Oligopol 607

13 Spieltheorie und Wettbewerbsstrategie 657

14 Märkte für Produktionsfaktoren 715

15 Investitionen, Zeit und Kapitalmärkte 753

III tstruktur und Wettbewerbsstrategie

In Teil III wird eine Vielzahl verschiedener Märkte untersucht. Außerdem wird erklärt, wie die Entscheidungen, die ein Unternehmen zu Preisbildung, Investitionen und Produktion zu treffen hat, ganz wesentlich von der jeweiligen Marktstruktur und dem Verhalten der Konkurrenten abhängen.

Kapitel 10 und 11 befassen sich mit *Marktmacht*: der Fähigkeit von Käufern und/oder Verkäufern, Marktpreise zu beeinflussen. Wir werden untersuchen, wie Marktmacht entsteht, wie sie sich auf einzelne Unternehmen auswirkt, wie sie das Wohl von Verbrauchern und Produzenten beeinträchtigt, und wie sie durch staatliche Bestimmungen eingeschränkt werden kann. Wir werden ebenfalls beleuchten, welche Preis- und Werbestrategien ein Unternehmen entwickeln kann, um seine Marktmacht optimal zu nutzen.

In Kapitel 12 und 13 geht es um Märkte mit einer begrenzten Anzahl an Anbietern. Wir werden eine Reihe solcher Märkte untersuchen, vom *monopolistischen Wettbewerb*, wo mehrere Anbieter verschiedenartige Produkte anbieten, bis hin zum *Kartell*, wo eine Gruppe einzelner Unternehmen ihre Entscheidungen koordiniert und so als Monopolist auftritt. Im Besonderen beschäftigen wir uns mit Märkten, auf denen es nur wenige Anbieter gibt. In diesem Fall muss jedes Unternehmen seine eigenen Investitions-, Produktions- und Preisstrategie entwerfen, dabei aber gleichzeitig das Verhalten seiner Konkurrenten im Auge behalten. Zur Analyse dieser Strategien werden wir verschiedene Prinzipien aus der Spieltheorie entwickeln und anwenden.

Kapitel 14 zeigt, wie Märkte für Produktionsfaktoren, wie etwa Arbeit und Rohstoffe, funktionieren. Wir werden untersuchen, welche Entscheidungen ein Unternehmen zum Einsatz von Produktionsfaktoren zu treffen hat, und wie diese Entscheidungen von der Struktur der jeweiligen Märkte abhängen. Kapitel 15 schließlich beschäftigt sich mit Investitionsentscheidungen von Unternehmen. Wir werden aufzeigen, wie ein Unternehmen zukünftige Gewinne bewerten kann, die es von einer Investition erwartet und diesen Wert mit den anfallenden Investitionskosten vergleicht, um so zu entscheiden, ob die Investition lohnenswert ist oder nicht. Wir werden dieses Prinzip auch auf die Entscheidungen einer Einzelperson anwenden, wenn diese sich entscheiden muss, ein Auto oder ein Haushaltsgerät zu kaufen oder in Bildung und Erziehung zu investieren.

Marktmacht – Monopol und Monopson

10.1 Monopol 487
    Beispiel 10.1: Preisbildung für Prilosec 495

10.2 Monopolmacht 500
    Beispiel 10.2: Die Elastizitäten der Nachfrage nach
    Erfrischungsgetränken 502
    Beispiel 10.3: Aufschlagspreisbildung –
    vom Supermarkt bis zur Designerjeans 505
    Beispiel 10.4: Die Preisbildung bei Videos 506

10.3 Ursachen der Monopolmacht 508

10.4 Die gesellschaftlichen Kosten der Monopolmacht 510

10.5 Monopson 516

10.6 Monopsonmacht 520
    Beispiel 10.5: Monopsonmacht in der verarbeitenden
    Industrie der USA 524

10.7 Einschränkung der Marktmacht – Kartellgesetze 525
    Beispiel 10.6: Preisabsprache per Telefon 529
    Beispiel 10.7: Gehe direkt ins Gefängnis, gehe nicht über Los ... 530
    Beispiel 10.8: Die USA und die Europäische Union gegen Microsoft . 531

10

ÜBERBLICK

10 Marktmacht – Monopol und Monopson

Herrscht auf einem Markt vollkommener Wettbewerb, so sorgt die große Anzahl Käufer und Verkäufer dafür, dass kein einzelner Käufer oder Verkäufer den Marktpreis beeinflussen kann. Allein die Marktkräfte Angebot und Nachfrage bestimmen den Preis. Einzelne Unternehmen akzeptieren den Marktpreis bei ihren Produktionsentscheidungen als gegebenen Faktor; ebenso sehen ihn Verbraucher bei ihren Kaufentscheidungen als gegeben an.

In diesem Kapitel geht es vorrangig um *Monopole und Monopsone*, die beiden polaren Gegensätze zum vollkommenen Wettbewerb. Ein **Monopol** ist ein Markt, auf dem es nur einen Verkäufer, aber viele Käufer gibt. Ein **Monopson** ist genau das Gegenteil: ein Markt also, auf dem es viele Verkäufer, aber nur einen Käufer gibt. Monopole und Monopsone haben sehr viel gemeinsam und werden deshalb beide in diesem Kapitel behandelt.

Zunächst werden wir uns mit dem Verhalten von Monopolisten befassen. Da ein Monopolist als einziger Anbieter eines Produkts auftritt, ist seine Nachfragekurve auch gleichzeitig die Marktnachfragekurve. Diese Marktnachfragekurve setzt den Preis, den der Monopolist erhält, in eine direkte Beziehung zur Menge, die er zum Verkauf anbietet. Wir werden aufzeigen, wie ein Monopolist seinen Preissetzungsspielraum ausnutzen kann und welches Preis-Mengen-Verhältnis jeweils im Fall eines Monopols oder eines vollkommenen Wettbewerbs zur Gewinnmaximierung führt.

Im Allgemeinen wird beim Monopol die verkaufte Menge geringer, der Marktpreis aber höher sein als auf einem Wettbewerbsmarkt. Dies verursacht zusätzliche volkswirtschaftliche Kosten, weil insgesamt weniger Verbraucher das jeweilige Produkt kaufen, dafür aber mehr bezahlen müssen. Um diese für die Gesellschaft nachteilige Situation soweit wie möglich zu verhindern, gibt es in vielen Ländern Kartellgesetze, die die Bildung von Monopolen verbieten. Wenn sich Monopole aufgrund von Größenvorteilen anbieten – ein Beispiel dafür sind etwa regionale Energieunternehmen –, kann der Staat die Wirtschaftlichkeit des Marktes erhöhen, indem er den Preis des Monopolisten reguliert.

Ein *reines Monopol*, bei dem es wirklich nur einen Anbieter gibt, ist selten, allerdings gibt es viele Märkte, auf denen nur ein paar wenige Firmen miteinander direkt konkurrieren. Auf diesen Märkten sind die Beziehungen zwischen den einzelnen Unternehmen meist sehr komplex und es werden vielschichtige strategische Entscheidungen getroffen, die oft die Spieltheorie mit einbeziehen. Diese Themen werden in den Kapiteln 12 und 13 behandelt. Einzelne Unternehmen können also durchaus in der Lage sein, Marktpreise zu beeinflussen, und deshalb danach streben, ihre Preise unter Umständen erheblich höher anzusetzen als ihre jeweiligen Grenzkosten. Diese Unternehmen haben *Monopolmacht*. Wir werden genau untersuchen, was Monopolmacht ist, woran sie zu messen ist und wie sie sich auf die Preisbildung auswirkt.

Als Nächstes werden wir uns dem *Monopson* zuwenden. Anders als auf einem Wettbewerbsmarkt ist beim Monopson der Preis, den der Monopsonist bezahlt, direkt abhängig von der Menge, die er kauft. Sein Problem besteht darin, zu entscheiden, welche Kaufmenge den Nettowert seines Kaufs, d.h. den Wert der gekauften Ware abzüglich des Kaufpreises, maximiert. Wir werden aufzeigen, wie diese Entscheidung zu treffen ist, und dabei gleichzeitig die Gemeinsamkeiten von Monopol und Monopson beleuchten.

Zwar ist ein reines Monopson ebenso ungewöhnlich wie ein reines Monopol, allerdings gibt es auch hier viele Märkte mit sehr wenigen Käufern, die das jeweilige Produkt zu einem sehr viel geringeren Preis als auf einem Wettbewerbsmarkt erwerben können. Diese Käufer haben *Monopsonmacht*. Typischerweise tritt eine solche Situation auf Zulieferermärkten auf. General Motors, einer der größten US-Automobilhersteller, verfügt beispiels-

---

Monopol

Markt mit nur einem Verkäufer.

Monopson

Markt mit nur einem Käufer.

weise in vielen Märkten über Monopsonmacht, etwa auf dem Markt für Autoreifen, Autobatterien oder andere Autoteile. Wir werden genau untersuchen, was Monopsonmacht ist, wie sie zu messen ist und wie sie sich auf die Preisbildung auswirkt.

Monopol- und Monopsonmacht sind zwei Formen von **Marktmacht**. Marktmacht bezeichnet die Fähigkeit eines Verkäufers oder eines Käufers, den Marktpreis einer Ware zu beeinflussen.[1] Da Käufer und Verkäufer in der Realität auch auf Wettbewerbsmärkten zumindest in geringem Umfang über Marktmacht verfügen, müssen wir verstehen, wie Marktmacht funktioniert und wie sie sich auf Anbieter und Verbraucher auswirkt.

> **Marktmacht**
>
> Die Fähigkeit eines Verkäufers oder eines Käufers, den Marktpreis einer Ware zu beeinflussen.

10.1 Monopol

Als einziger Hersteller und Anbieter eines Produkts befindet sich ein Monopolist in einer einzigartigen Position. Wenn der Monopolist entscheidet, den Preis seiner Ware zu erhöhen, muss er sich keine Sorgen um eventuelle Konkurrenten machen, die das gleiche Produkt zu niedrigeren Preisen anbieten und ihm dadurch seinen Marktanteil streitig machen könnten. Der Monopolist ist der Markt und hat so die uneingeschränkte Kontrolle darüber, welche Warenmenge zum Kauf angeboten wird.

Das bedeutet jedoch nicht, dass der Monopolist jeden beliebigen Preis für seine Ware verlangen kann – zumindest dann nicht, wenn er nach Gewinnmaximierung strebt. Dieses Lehrbuch ist genau dafür ein perfektes Beispiel. Der Verlag Prentice Hall Inc. besitzt das Urheberrecht und hat also das Monopol auf die Herstellung dieses Buches. Warum verlangt der Verlag also nicht 500 Euro für jedes Buch? Weil es dann nur sehr wenige Menschen kaufen würden und Prentice Hall einen sehr viel niedrigeren Gewinn erzielen würde.

Um seinen Gewinn zu maximieren, muss ein Monopolist zunächst seine Kosten definieren und die Besonderheiten der Marktnachfrage untersuchen, denn genaue Kenntnisse über Kosten und Nachfrage sind ausschlaggebend für die wirtschaftlichen Entscheidungen eines Unternehmens. Auf der Basis dieses Wissens muss der Monopolist nun entscheiden, wie viel er produzieren und verkaufen wird. Der Stückpreis, den der Monopolist schließlich erzielt, ergibt sich dann direkt aus der Marktnachfragekurve. Der Monopolist hat aber auch die Möglichkeit, den Preis zu bestimmen, den er für sein Produkt verlangen möchte. In diesem Fall leitet sich die Menge, die er zu diesem Preis verkaufen wird, wieder direkt aus der Marktnachfragekurve ab.

10.1.1 Durchschnitts- und Grenzerlös

Der Durchschnittserlös eines Monopolisten, d.h. der Preis, den er pro verkaufter Produktionseinheit erhält, liegt genau auf der Marktnachfragekurve. Um ein Produktionsniveau auswählen zu können, das zur Gewinnmaximierung führt, muss der Monopolist allerdings auch seinen **Grenzerlös** kennen. Das ist die Veränderung des Gesamterlöses aufgrund einer Produktionssteigerung um eine Produktionseinheit.

> **Grenzerlös**
>
> Veränderung des Gesamterlöses aufgrund einer Produktionssteigerung um eine Produktionseinheit.

---

[1] Bei Gericht bezeichnet der Begriff „Monopolmacht" immer eine erhebliche und dauerhafte Marktmacht eines Unternehmens, die im Rahmen der Kartellgesetzgebung eine genaue Beobachtung des betreffenden Unternehmens rechtfertigt. In diesem Buch wird der Begriff „Monopolmacht" allerdings aus didaktischen Gründen immer zur Bezeichnung der Marktmacht des Verkäufers verwendet, gleichgültig, ob diese Marktmacht erheblich ist oder nicht.

10 Marktmacht – Monopol und Monopson

> In § 8.3 erklären wir, dass der Grenzerlös angibt, um wie viel der Gesamterlös ansteigt, wenn die Produktion um eine Einheit steigt.

Um die Beziehung zwischen Gesamt-, Grenz- und Durchschnittserlös zu verdeutlichen, nehmen wir folgende Nachfragekurve eines Unternehmens an:

$$P = 6 - Q$$

In Tabelle 10.1 wird die Entwicklung von Gesamt- Grenz- und Durchschnittserlös für diese Nachfragekurve aufgezeigt. Bemerkenswert ist, dass der Gesamterlös bei einem Preis von €6 gleich null ist, denn zu diesem Preis wird nichts verkauft. Bei einem Preis von €5 wird ein Stück verkauft, und der Gesamt- sowie der Grenzerlös betragen €5. Ein Anstieg der verkauften Stückzahl von 1 auf 2 hat eine Steigerung des Gesamterlöses von €5 auf €8 zur Folge; der Grenzerlös beträgt also €3. Bei einer Steigerung der Verkaufsmenge von 2 auf 3 sinkt der Grenzerlös auf €1, und ein Anstieg von 3 auf 4 verkaufte Stücke ergibt einen negativen Grenzerlös. Solange der Grenzerlös positiv ist, steigt der Gesamterlös mit der Anzahl der verkauften Einheiten. Sobald der Grenzerlös allerdings negativ wird, fällt auch der Gesamterlös.

Tabelle 10.1

Gesamt-, Grenz- und Durchschnittserlös

Preis (P)	Menge (Q)	Gesamterlös (E)	Grenzerlös (GE)	Durchschnittserlös (DE)
€6	0	€0	–	–
€5	1	€5	€5	€5
€4	2	€8	€3	€4
€3	3	€9	€1	€3
€2	4	€8	–€1	€2
€1	5	€5	–€3	€1

Bei negativ geneigter Nachfragekurve ist der Preis (Durchschnittserlös) eines Produkts größer als der Grenzerlös, weil alle Einheiten zum gleichen Preis verkauft werden. Soll der Absatz um eine Einheit gesteigert werden, muss der Preis sinken. In diesem Fall werden aber alle verkauften Einheiten, und nicht nur die zusätzlich verkaufte Einheit, einen geringeren Erlös erzielen. Dies wird in Tabelle 10.1 deutlich, wenn die Produktionsmenge von 1 auf 2 Einheiten steigt und der Preis gleichzeitig auf €4 sinkt. Der Grenzerlös beträgt €3: €4 aus dem Verkauf der zusätzlichen Einheit abzüglich €1, dem Erlösverfall durch Verkauf der ersten Einheit für nicht mehr €5, sondern für €4. Der Grenzerlös (€3) liegt also unter dem Preis (€4).

Abbildung 10.1 zeigt Durchschnitts- und Grenzerlös anhand der Daten aus Tabelle 10.1. Die Nachfragekurve ist hier eine gerade Linie und die Steigung der Grenzerlöskurve ist in diesem Fall genau doppelt so groß wie die Steigung der Nachfragekurve. Beide Kurven haben den gleichen Achsenschnittpunkt.[2]

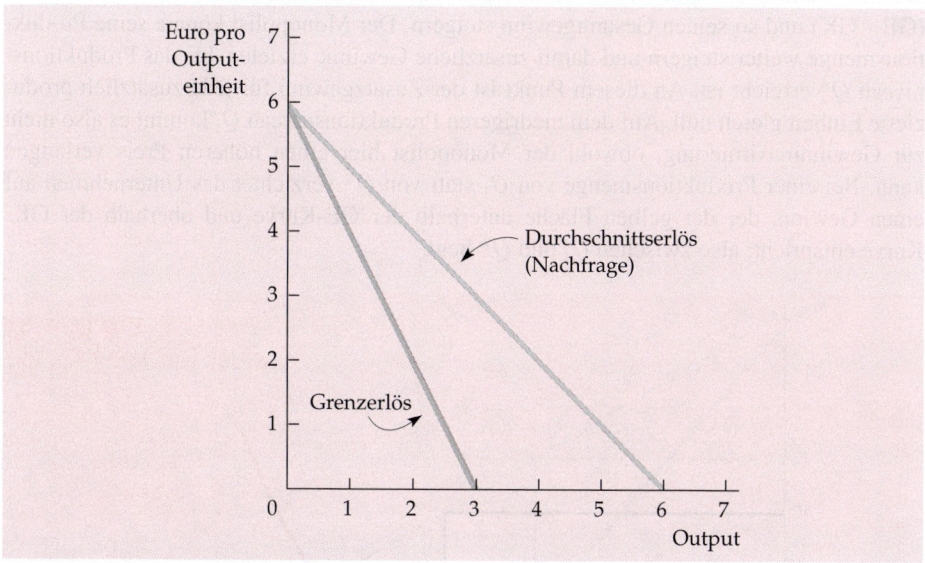

Abbildung 10.1: Durchschnitts- und Grenzerlös
Die Abbildung zeigt Durchschnitts- und Grenzerlös für die Nachfragekurve $P = 6 - Q$.

10.1.2 Die Produktionsentscheidung des Monopolisten

Welche Menge sollte ein Monopolist produzieren? In Kapitel 8 sahen wir, dass ein Unternehmen zur Gewinnmaximierung das Produktionsniveau so festlegen muss, dass der Grenzerlös gleich den Grenzkosten ist. Diese Lösung gilt auch für das Problem des Monopolisten. In Abbildung 10.2 entspricht die Marktnachfragekurve D der Durchschnittserlöskurve des Monopolisten. Sie weist den Stückpreis, den der Monopolist erzielt, als Funktion seines Produktionsniveaus aus. Die Abbildung zeigt außerdem die entsprechende Grenzerlöskurve GE sowie die Durchschnitts- und Grenzkostenkurven, DK und GK. Beim Produktionsniveau Q^* sind Grenzerlös und Grenzkosten gleich. Anhand der Nachfragekurve können wir nun den Preis P^* definieren, der diesem Produktionsniveau Q^* entspricht.

> In § 7.1 erklären wir, dass die Grenzkosten den Anstieg der variablen Kosten darstellen, der sich aus einer Produktionssteigerung um eine Produktionseinheit ergibt.

---

2 Schreibt man die Nachfragekurve so, dass der Preis P eine Funktion der Menge Q ist, also $P = a - bQ$, so ergibt sich der Gesamterlös aus der Gleichung $PQ = aQ - bQ^2$. Der Grenzerlös errechnet sich (mittels Infinitesimalrechnung) gemäß $d(PQ)/dQ = a - 2bQ$. In diesem Beispiel ist die Nachfrage $P = 6 - Q$ und der Grenzerlös GE $= 6 - 2Q$. (Dies gilt allerdings nur für kleine Veränderungen der Größe Q und deckt sich nicht ganz mit den Daten aus Tabelle 10.1.)

Wie können wir aber sicher sein, dass genau Q^* die Produktionsmenge ist, die zur Gewinnmaximierung führt? Nehmen wir an, der Monopolist arbeitet auf dem niedrigeren Produktionsniveau Q_1 und erhält dafür den entsprechenden Preis P_1. Wie auf Abbildung 10.2 zu sehen, würde dann der Grenzerlös die Grenzkosten übersteigen, und das Unternehmen könnte bei einer Produktionssteigerung einen zusätzlichen Gewinn erzielen (GE – GK) und so seinen Gesamtgewinn steigern. Der Monopolist könnte seine Produktionsmenge weiter steigern und damit zusätzliche Gewinne erzielen, bis das Produktionsniveau Q^* erreicht ist. An diesem Punkt ist der Zusatzgewinn für jede zusätzlich produzierte Einheit gleich null. Auf dem niedrigeren Produktionsniveau Q_1 kommt es also nicht zur Gewinnmaximierung, obwohl der Monopolist hier einen höheren Preis verlangen kann. Bei einer Produktionsmenge von Q_1 statt von Q^* verzichtet das Unternehmen auf einen Gewinn, der der gelben Fläche unterhalb der GE-Kurve und oberhalb der GK-Kurve entspricht, also zwischen Q_1 und Q^* liegt.

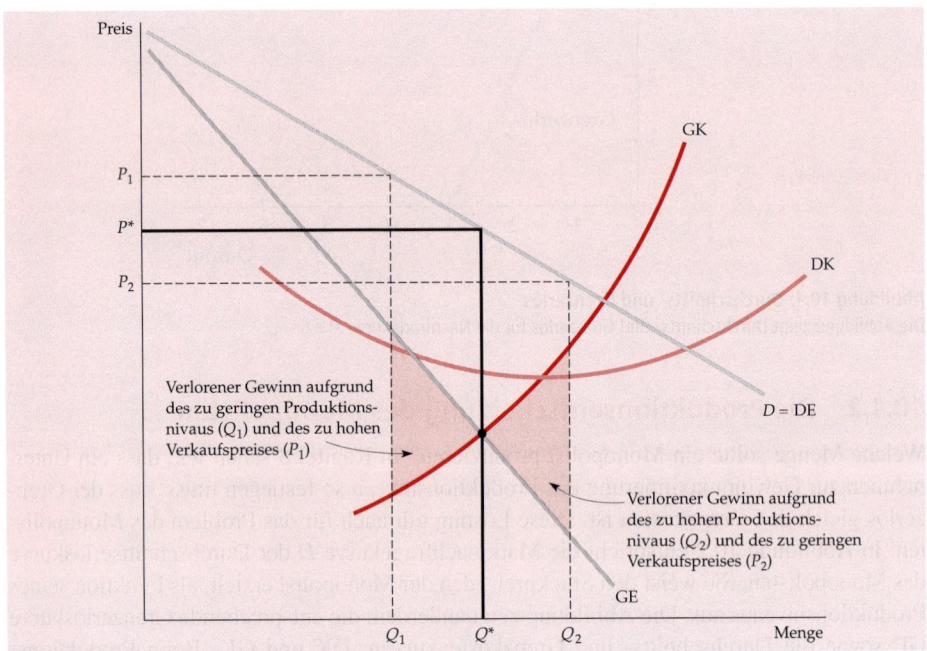

Abbildung 10.2: Gewinn wird maximiert, wenn der Grenzerlös den Grenzkosten entspricht
Q^* ist das Produktionsniveau, bei dem GE = GK. Hat das Unternehmen ein niedrigeres Produktionsniveau – zum Beispiel Q_1 – gibt es einen Teil seines Gewinns auf, denn der zusätzliche Erlös aus dem Verkauf der Produktionseinheiten zwischen Q_1 und Q^* ist höher als die zusätzlichen Produktionskosten für diese Einheiten. Auch eine Produktionssteigerung von Q^* auf Q_2 würde den Gewinn verringern, denn die Zusatzkosten übersteigen in diesem Bereich den Zusatzerlös.

Die Abbildung 10.2 zeigt auch, dass ein Produktionsniveau Q_2 ebenso wenig zur Gewinnmaximierung führt. Bei dieser Produktionsmenge übersteigen die Grenzkosten den Grenzerlös. Wenn der Monopolist also etwas weniger als Q_2 produzieren würde, könnte er seinen Gesamtgewinn steigern (um GK – GE). Sinkt das Produktionsniveau bis auf Q^* ab, führt das zu einer zusätzlichen Gewinnsteigerung. Der zusätzlich erzielte Gewinn entspricht auf der Abbildung der gelben Fläche unterhalb der GK-Kurve und oberhalb der GE-Kurve zwischen Q^* und Q_2.

Auch algebraisch können wir beweisen, dass Q^* der Punkt der Gewinnmaximierung ist. Der Gewinn π ist die Differenz zwischen Erlös und Kosten, die beide von Q abhängig sind:

$$\pi(Q) = E(Q) - C(Q)$$

Steigt Q von null aus an, so steigt auch der Gewinn, bis er sein Höchstniveau erreicht hat, und fällt dann allmählich wieder ab. Das Produktionsniveau Q, das den maximalen Gewinn erzielt, definiert sich also so, dass dort der Zusatzgewinn aus einem kleinen Anstieg von Q genau null ergibt (d.h. $\Delta\pi/\Delta Q = 0$). Dann gilt:

$$\Delta\pi/\Delta Q = \Delta E/\Delta Q - \Delta C/\Delta Q = 0$$

$\Delta E/\Delta Q$ entspricht dem Grenzerlös und $\Delta C/\Delta Q$ definiert die Grenzkosten. Am Punkt der Gewinnmaximierung gilt also GE − GK = 0 oder GE = GK.

10.1.3 Ein Beispiel

Um dieses Ergebnis zu verdeutlichen, hilft ein anschauliches Beispiel. Angenommen die Produktionskosten liegen bei

$$C(Q) = 50 + Q^2$$

Anders ausgedrückt betragen die Fixkosten also €50 und die variablen Kosten Q^2. Nehmen wir weiter folgende Nachfragekurve an:

$$P(Q) = 40 - Q$$

Setzt man nun Grenzerlös gleich Grenzkosten, kann man leicht nachprüfen, dass es bei einer Produktionsmenge $Q = 10$ zur Gewinnmaximierung kommt. Diese Produktionsmenge entspricht einem Preis von €30[3].

Kosten, Erlös und Gewinn sind in Abbildung 10.3(a) dargestellt. Produziert das Unternehmen gar nichts oder nur eine geringe Menge, so ist der Gewinn aufgrund der trotzdem anfallenden Fixkosten negativ. Mit der Produktionsmenge Q steigt auch der Gewinn und erreicht bei $Q^* = 10$ das Maximum von €150. Danach fällt der Gewinn mit weiter steigender Produktionsmenge wieder ab. Am Punkt der Gewinnmaximierung ist die Steigung der Erlös- und der Kostenkurven identisch. (Auch die jeweiligen Tangenten rr' und cc' verlaufen hier parallel.) Die Steigung der Erlöskurve ist $\Delta E/\Delta Q$ (oder auch der Grenzerlös) und die Steigung der Kostenkurve ist $\Delta C/\Delta Q$ (oder auch die Grenzkosten). Weil der Gewinn dann maximiert wird, wenn Grenzerlös gleich Grenzkosten ist, sind die beiden Steigungen an diesem Punkt identisch.

Abbildung 10.3(b) zeigt die entsprechenden Kurven für Grenz- und Durchschnittserlös sowie für Grenz- und Durchschnittskosten. Der Schnittpunkt der Grenzerlös- und Grenzkostenkurven liegt bei $Q^* = 10$. Bei dieser Produktionsmenge liegen die durchschnittlichen Stückkosten bei €15 und der Stückpreis liegt bei €30. Somit ergibt sich ein durchschnittlicher Gewinn von €30 − €15 = €15 pro Einheit. Bei zehn verkauften Einheiten beträgt der Gewinn (10)(€15) = €150. Dies entspricht der dunklen Fläche in der Abbildung.

---

[3] Die Durchschnittskosten liegen bei $C(Q)/Q = 50/Q + Q$ und die Grenzkosten sind $\Delta C/\Delta Q = 2Q$. Der Erlös liegt bei $E(Q) = P(Q)Q = 40Q - Q^2$, also ist der Grenzerlös GE $= \Delta E/\Delta Q = 40 - 2Q$. Setzt man Grenzerlös gleich Grenzkosten, so ergibt sich $40 - 2Q = 2Q$ oder $Q = 10$.

10 Marktmacht – Monopol und Monopson

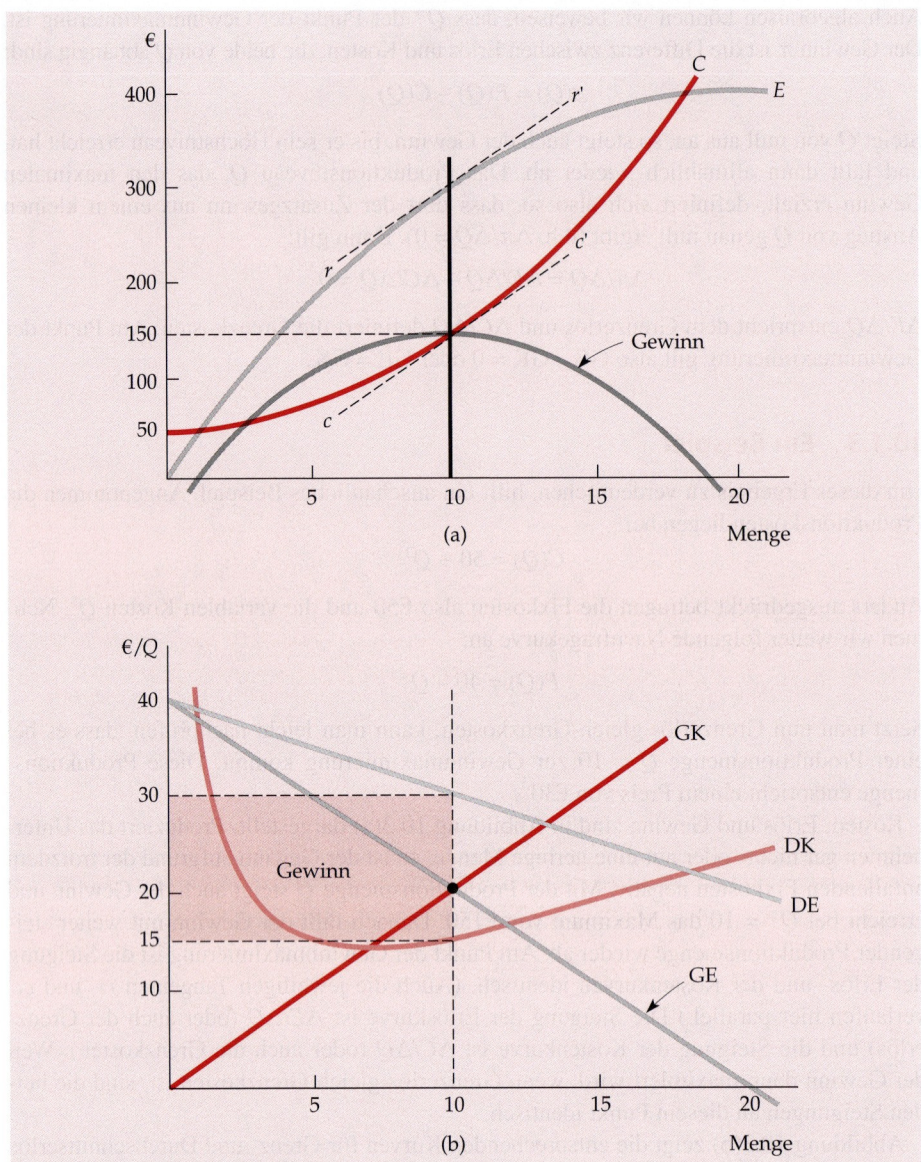

Abbildung 10.3: Beispiel für Gewinnmaximierung
Abbildung **(a)** zeigt Gesamterlös (*E*), Gesamtkosten (*C*) und Gewinn, der sich aus der Differenz zwischen beiden ergibt. Abbildung **(b)** enthält Durchschnitts- und Grenzerlös sowie Durchschnitts- und Grenzkosten. Der Grenzerlös ist gleichzeitig die Steigung der Gesamterlöskurve, und die Grenzkosten geben die Steigung der Gesamtkostenkurve an. Die Produktionsmenge, die zur Gewinnmaximierung führt, ist $Q^* = 10$, der Punkt, an dem Grenzerlös und Grenzkosten gleich sind. An diesem Punkt ist die Steigung der Gewinnkurve null und die Steigungen der Gesamterlös- und der Gesamtkostenkurve sind identisch. Der Gewinn beträgt €15 pro Produktionseinheit, die Differenz zwischen dem Durchschnittserlös und den Durchschnittskosten. Da zehn Einheiten produziert werden, beträgt der Gesamtgewinn €150.

10.1.4 Eine Faustregel zur Preisbildung

Wir wissen nun, dass Preis und Produktionsmenge so gewählt werden sollten, dass der Grenzerlös gleich den Grenzkosten ist. Wie aber kann ein Produktmanager in der Praxis herausfinden, welchen Preis und welche Menge er für sein Produkt ansetzen muss? Die meisten Produktmanager wissen nicht sehr viel über die Durchschnitts- und Grenzerlöskurven ihrer Produkte. Auch die Grenzkosten sind den meisten nur für einen begrenzten Produktionsbereich bekannt. Deshalb möchten wir die theoretische Grundbedingung, dass Grenzerlös gleich Grenzkosten sein soll, in eine einfache Faustregel umwandeln, die auch in der Praxis leicht angewendet werden kann.

Zunächst stellen wir den Grenzerlös auf etwas andere Weise dar:

$$GE = \frac{\Delta E}{\Delta Q} = \frac{\Delta(PQ)}{\Delta Q}$$

Dabei wird deutlich, dass der zusätzliche Erlös aus einer Produktionssteigerung um eine Einheit, $\Delta(PQ)/\Delta Q$, zwei Komponenten hat:

1 Die Produktion einer zusätzlichen Einheit und der Verkauf dieser Einheit zum Preis P steigern den Erlös um $(1)(P) = P$.

2 Da die Nachfragekurve des Unternehmens aber fallend verläuft, führen Produktion und Verkauf dieser zusätzlichen Einheit gleichzeitig zu einem geringfügigen Preisrückgang $\Delta P/\Delta Q$, der den Erlös aller verkauften Einheiten schmälert, d.h. es kommt zu einer Veränderung des Gesamterlöses gemäß $Q(\Delta P/\Delta Q)$.

Es gilt also:

$$GE = P + Q\frac{\Delta P}{\Delta Q} = P + P\left(\frac{Q}{P}\right)\left(\frac{\Delta P}{\Delta Q}\right)$$

Die rechte Seite der Gleichung haben wir erhalten, indem wir den Term $Q(\Delta P/\Delta Q)$ mit P multipliziert und dividiert haben. Erinnern wir uns, dass die Nachfrageelastizität als $E_d = (P/Q)(\Delta Q/\Delta P)$ definiert wird. Also ist $(Q/P)(\Delta P/\Delta Q)$ der Kehrwert der Nachfrageelastizität, $1/E_d$, gemessen auf dem gewinnmaximierenden Produktionsniveau. Weiter gilt:

$$GE = P + P(1/E_d)$$

Die Nachfrageelastizität wird in §§ 2.4 und 4.3 behandelt.

Da das Ziel des Unternehmens die Gewinnmaximierung ist, können wir nun Grenzerlös gleich Grenzkosten setzen:

$$GK = P + P(1/E_d)$$

Diese Formel kann nun wie folgt umgeformt werden:

$$\frac{P - GK}{P} = -\frac{1}{E_d} \quad (10.1)$$

10 Marktmacht – Monopol und Monopson

Diese Gleichung liefert eine Faustregel für die Preisbildung. Die linke Seite, $(P - GK)/P$, ist der Preisaufschlag auf die Grenzkosten als Prozentsatz des Preises. Die Gleichung sagt also aus, dass der Aufschlag gleich minus der umgekehrten Nachfrageelastizität sein soll.[4] Die rechte Seite der Gleichung, der Preisaufschlag also, wird immer positiv sein, da die Nachfrageelastizität *negativ* ist. Wir können diese Gleichung auch umformulieren und so den Preis direkt als Aufschlag auf die Grenzkosten darstellen:

$$P = \frac{GK}{1 + (1/E_d)} \qquad (10.2)$$

Ist die Preiselastizität beispielsweise –4 und die Grenzkosten €9 pro Einheit, so beträgt der optimale Preis €9/(1 – 1/4) = €9/0,75 = €12 pro Einheit.

Wie ist der Preis eines Monopolisten mit dem Wettbewerbspreis zu vergleichen? In Kapitel 8 haben wir gesehen, dass auf einem vollkommenen Wettbewerbsmarkt der Preis den Grenzkosten entspricht. Ein Monopolist wird zwar einen Preis verlangen, der die Grenzkosten übersteigt, *aber dennoch umgekehrt von der Nachfrageelastizität abhängt*. Wie die Aufschlagsgleichung (10.1) zeigt, wenn die Nachfrage sehr elastisch, E_d also eine sehr große negative Zahl ist, liegt der Preis sehr nahe bei den Grenzkosten. In diesem Fall gibt es also keinen großen Unterschied zwischen einem monopolistischen und einem Wettbewerbsmarkt. Ist die Nachfrage sehr elastisch, so hat ein Monopolist insgesamt wenig Vorteile.

> In § 8.1 erklären wir, dass ein Unternehmen auf einem vollkommenen Wettbewerbsmarkt ein Produktionsniveau wählen wird, bei dem die Grenzkosten dem Preis entsprechen.

Bedenken wir auch, dass ein Monopolist niemals ein Produktionsniveau wählen wird, das auf dem unelastischen Abschnitt der Nachfragekurve liegt – d.h. wo der absolute Wert der Nachfrageelastizität geringer als 1 ist. Um zu sehen, warum das so ist, nehmen wir an, dass der Monopolist ein Produktionsniveau dort wählt, wo die Nachfrageelastizität –0,5 beträgt. In diesem Fall könnte der Monopolist höhere Gewinne erzielen, wenn er weniger produziert und zu einem höheren Preis verkauft. (Eine zehnprozentige Reduzierung der Produktionsmenge würde beispielsweise einen 20prozentigen Preisanstieg und somit eine zehnprozentige Erhöhung der Erlöse ermöglichen. Wenn die Grenzkosten größer als null wären, würde sich der Gewinn sogar um mehr als zehn Prozent erhöhen, denn die geringere Produktionsmenge würde die Kosten des Unternehmens senken.) Wenn ein Monopolist seine Produktionsmenge senkt und seinen Preis erhöht, bewegt er sich entlang der Nachfragekurve nach oben zu einem Punkt, wo der absolute Wert der Nachfrageelastizität über 1 liegt und die Aufschlagsregel von Gleichung (10.2) erfüllt ist.

> In § 4.3 und Tabelle 4.3 erklären wir, dass bei einer Preiserhöhung auch die Ausgaben – und damit die Erlöse – anwachsen, wenn die Nachfrage unelastisch ist, dass beides sinkt, wenn die Nachfrage elastisch ist, und dass beides gleich bleibt, wenn die Nachfrageelastizität bei 1 liegt.

Nehmen wir nun aber an, dass die Grenzkosten bei null liegen. In diesem Fall können wir die Gleichung (10.2) nicht direkt anwenden, um den gewinnmaximierenden Preis zu finden. Aus Gleichung (10.1) sehen wir jedoch, dass ein Unternehmen, das seinen Gewinn maximieren will, an dem Punkt produzieren wird, wo die Nachfrageelastizität genau –1 entspricht. Sind die Grenzkosten gleich null, entspricht eine Gewinnmaximierung einer Erlösmaximierung, und der Erlös wird maximiert, wenn $E_d = -1$.

---

4 Diese Preisaufschlagsgleichung gilt für den Punkt der Gewinnmaximierung. Wenn sowohl die Nachfrageelastizität als auch die Grenzkosten stark über den relevanten Produktionsbereich variieren, muss man unter Umständen die gesamten Nachfrage- und Grenzkostenkurven kennen, um das optimale Produktionsniveau definieren zu können. Andererseits kann diese Gleichung angewendet werden, um zu prüfen, ob ein bestimmtes Produktionsniveau und ein entsprechender Preis optimal sind.

Beispiel 10.1: Preisbildung für Prilosec

Im Jahr 1995 kam ein neues Medikament auf den Markt, das die US-Firma Astra-Merck zur Langzeitbehandlung von Magengeschwüren entwickelt hatte. Dieses Medikament, Prilosec, stand für eine neue Generation von Medikamenten dieser Art. Allerdings gab es bereits mehrere andere Produkte auf dem Markt. Tagamet war seit 1977 und Zantac seit 1983 erhältlich. Pepcid und Axid gab es seit 1986 und 1988. Diese vier Medikamente wirkten alle sehr ähnlich, indem sie die Säurebildung im Magen reduzierten. Prilosec dagegen basierte auf einem völlig neuen biochemischen Verfahren und war sehr viel wirkungsvoller als seine Vorgänger.

Schon 1996 hatte es sich daher zum meistverkauften Medikament der Welt entwickelt und keine großen Konkurrenten mehr zu fürchten.[5]

1995 setzte Astra-Merck den Preis für eine Tagesdosis Prilosec auf $3,50 fest. Im Vergleich dazu lagen die Preise für eine Tagesdosis Tagamet und Zantac bei etwa $1,50 bis $2,25. Entspricht diese Preissetzung der Aufschlagsformel (10.2)? Die Grenzkosten für Produktion und Verpackung von Prilosec belaufen sich auf lediglich 30 bis 40 Cent pro Tagesdosis. Diese geringen Grenzkosten lassen darauf schließen, dass die Nachfrageelastizität des Marktes, E_D, sich in etwa zwischen −1,0 und −1,2 bewegt. Statistischen Auswertungen zufolge, die die Nachfrage für Pharmazieprodukte untersuchen, ist dies tatsächlich eine realistische Schätzung der Nachfrageelastizität. Also entspricht die Preissetzung für Prilosec mit einem Aufschlag von über 400 Prozent auf die Grenzkosten durchaus unserer Faustregel zur Preisbildung.

10.1.5 Verschiebung der Nachfrage

Auf einem Wettbewerbsmarkt gibt es eine klare Beziehung zwischen Preis und angebotener Menge. Diese Beziehung ist in der Angebotskurve dargestellt, die, wie wir in Kapitel 8 gesehen haben, die Grenzkosten der Produktion für die gesamte Branche abbildet. An der Angebotskurve kann man ablesen, wie viel zu jedem Preis produziert wird.

Auf einem monopolistischen Markt gibt es keine Angebotskurve. Anders ausgedrückt, es gibt dort keine eindeutige Beziehung zwischen Preis und angebotener Menge. Das liegt daran, dass die Produktionsentscheidung des Monopolisten nicht nur von den Grenzkosten, sondern auch von der jeweiligen Nachfragekurve abhängt. Folglich führt eine

---

[5] Prilosec wurde in einem Joint Venture der schwedischen Firma Astra und des US-Unternehmens Merck entwickelt. Bereits 1989 wurde es zur Behandlung von Sodbrennen auf den Markt gebracht und 1991 zur kurzfristigen Behandlung von Magengeschwüren genehmigt. Erst die Genehmigung zur Langzeitbehandlung im Jahr 1995 erschloss dem Medikament allerdings einen wirklich großen Markt. 1998 kaufte Astra Mercks Anteile an Prilosec, übernahm 1999 die Firma Zeneca und heißt heute Astra-Zeneca. 2001 erzielte Astra-Zeneca aus dem Verkauf von Prilosec Umsätze von über $4,9 Milliarden. Prilosec war zu diesem Zeitpunkt das weltweit meistverkaufte verschreibungspflichtige Medikament. Als sich der Patentschutz für Prilosec dem Ende näherte, brachte Astra-Zeneca Nexium auf den Markt, ein neues (und Informationen des Unternehmens zufolge besseres) Medikament gegen Magengeschwüre. Im Jahr 2006 war Nexium mit einem Umsatz von $5,7 Milliarden das am dritthäufigsten verkaufte Medikament der Welt.

Verschiebung der Nachfragekurve nicht zu einer Reihe verschiedener Preise und Mengen entsprechend einer Angebotskurve wie auf einem Wettbewerbsmarkt. Stattdessen kann eine Veränderung der Nachfrage zu einer Preisveränderung ohne entsprechende Mengenveränderung, zu einer Mengenveränderung ohne Preisänderung oder aber zu einer Verschiebung beider Größen, Menge und Preis führen.

Dieses Prinzip wird in Abbildung 10.4(a) und (b) verdeutlicht. Auf beiden Abbildungen ist die ursprüngliche Nachfragekurve als D_1, die entsprechende Grenzerlöskurve als GE_1 und ursprünglicher Preis und angebotene Menge des Monopolisten als P_1 und Q_1 dargestellt. In Abbildung 10.4(a) wird die Nachfragekurve gedreht und nach unten verschoben. Die neuen Nachfrage- und Grenzerlöskurven sind als D_2 und GE_2 dargestellt. Man erkennt, dass GE_2 die Grenzkostenkurve am selben Punkt schneidet wie GE_1. Folglich bleibt die angebotene Menge gleich, während der Preis auf P_2 fällt.

In Abbildung 10.4(b) wird die Nachfragekurve gedreht und nach oben verschoben. Die neue Grenzerlöskurve GE_2 schneidet die Grenzkostenkurve bei einer größeren Menge Q_2 anstatt Q_1. Der Preis bleibt allerdings auch nach der Verschiebung der Nachfragekurve unverändert.

Normalerweise bewirkt eine Verschiebung der Nachfrage sowohl Veränderungen im Preis als auch in der angebotenen Menge. Die Sonderfälle in den Abbildungen 10.4 zeigen aber einen wichtigen Unterschied zwischen Monopol- und Wettbewerbsangebot. Auf einem Wettbewerbsmarkt kann die Branche zu jedem Preis nur eine bestimmte Menge anbieten. Für den Monopolisten existiert diese eindeutige Beziehung nicht. Er könnte – je nach Verschiebung der Nachfrage – zum gleichen Preis mehrere verschiedene Mengen oder aber die gleiche Menge zu verschiedenen Preisen anbieten.

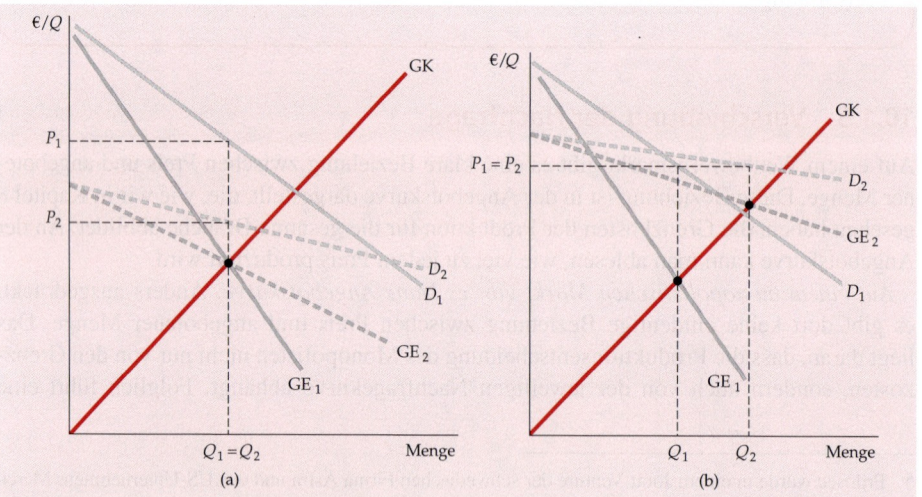

Abbildung 10.4: Verschiebung der Nachfrage
Verschiebt man die Nachfragekurve, so zeigt sich, dass ein Monopolist keine Angebotskurve hat, d.h. es gibt keine eindeutige Beziehung zwischen Preis und angebotener Menge. In **(a)** verschiebt sich die Nachfragekurve D_1 auf eine neue Ebene D_2. Doch die neue Grenzerlöskurve GE_2 schneidet die Grenzkostenkurve genau am selben Punkt wie vorher GE_1. Das gewinnmaximierende Produktionsniveau bleibt also unverändert, obwohl der Preis von P_1 auf P_2 fällt. In **(b)** schneidet die neue Grenzerlöskurve GE_2 die Grenzkostenkurve bei einem höheren Produktionsniveau Q_2. Da die neue Nachfrage aber elastischer ist, bleibt der Preis unverändert.

10.1.6 Die Auswirkung einer Steuer

Eine Produktionssteuer kann sich auf einen Monopolisten auch anders auswirken als auf ein Unternehmen eines Wettbewerbsmarktes. In Kapitel 9 haben wir gesehen, dass bei einer spezifischen Steuer (d.h. einer Steuer, die pro Produktionseinheit erhoben wird) auf einem Wettbewerbsmarkt der Preis um einen Betrag steigt, der geringer ist als die Steuer selbst. Produzenten und Verbraucher teilen sich also die Steuerlast. Bei einem Monopol allerdings kann der Preis manchmal um einen Betrag ansteigen, der *höher* ist als die Steuer selbst.

Die Auswirkung einer Steuer auf einen Monopolisten ist sehr einfach zu analysieren. Nehmen wir an, es wird eine spezifische Steuer von t Euro pro Einheit erhoben, der Monopolist muss also pro verkaufte Einheit t Euro an den Staat abführen. Folglich steigen die Grenz- (und Durchschnitts-)Kosten um den Steuerbetrag t. Waren die Grenzkosten des Monopolisten ursprünglich GK, so definiert sich nun die optimale Produktionsentscheidung als

$$GE = GK + t$$

Grafisch dargestellt verschiebt sich die Grenzkostenkurve um den Steuerbetrag t nach oben, und es ergibt sich ein neuer Schnittpunkt mit der Grenzerlöskurve. Abbildung 10.5 zeigt dies. Hier sind Q_0 und P_0 Produktionsmenge und Preis vor Erhebung der Steuer und Q_1 und P_1 zeigen Menge und Preis nach Steuer.

> In § 9.6 erklären wir, dass eine spezifische Steuer eine Steuer in Höhe eines bestimmten Geldbetrages pro verkaufte Einheit ist und wie sich eine Steuer auf Preis und angebotene Menge auswirkt.

> In § 8.2 erklären wir, dass ein Unternehmen seinen Gewinn maximiert, indem es ein Produktionsniveau wählt, bei dem Grenzerlös gleich Grenzkosten ist.

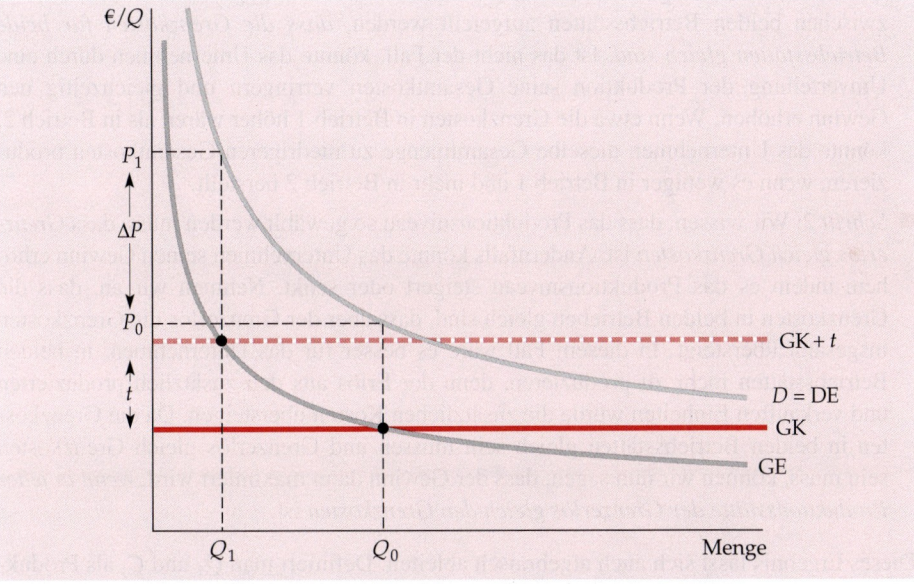

Abbildung 10.5: Die Auswirkung einer Verbrauchssteuer auf einen Monopolisten
Bei Erhebung einer Steuer t steigen die tatsächlichen Grenzkosten eines Monopolisten um den gleichen Betrag t auf GK + t. In diesem Beispiel ist der Preisanstieg ΔP größer als der Steuerbetrag t.

Eine Verschiebung der Grenzkostenkurve nach oben führt zu einer geringeren Menge und zu einem höheren Preis. Manchmal ist der Preisanstieg geringer als der Steuerbetrag; dies trifft aber nicht immer zu. In Abbildung 10.5 steigt der Preis um *mehr* als den Steuerbetrag. Auf einem Wettbewerbsmarkt wäre das unmöglich, beim Monopolisten aber kann dieser Fall durchaus eintreten, weil die Beziehung zwischen Preis und Grenzkosten von der Nachfrageelastizität abhängt. Nehmen wir zum Beispiel an, ein Monopolist ist mit einer Nachfragekurve mit konstanter Elastizität −2 und konstanten Grenzkosten GK konfrontiert. Gleichung (10.2) sagt aus, dass der Preis gleich den doppelten Grenzkosten ist. Mit der Erhebung einer Steuer t steigen die Grenzkosten auf GK + t, und der Preis erhöht sich somit auf 2(GK + t) = 2GK + 2t. Der Preis steigt also um das Zweifache des Steuerbetrages. (Der Gewinn des Monopolisten fällt jedoch mit Erhebung der Steuer.)

*10.1.7 Ein Unternehmen mit mehreren Betriebsstätten

Wir haben gesehen, dass ein Unternehmen seinen Gewinn maximiert, indem es ein Produktionsniveau wählt, bei dem der Grenzerlös gleich den Grenzkosten ist. Viele Unternehmen produzieren aber in zwei oder mehr Betriebsstätten, deren Betriebskosten verschieden sein können. Jedoch unterscheidet sich die Logik bei der Wahl des Produktionsniveaus für solche Unternehmen nicht wesentlich von der, die ein Unternehmen anwendet, das nur eine Betriebsstätte besitzt.

Nehmen wir an, ein Unternehmen hat zwei Betriebsstätten. Wie hoch sollte die Gesamtproduktion sein, und wie viel davon sollte jede der beiden Betriebsstätten übernehmen? Intuitiv erschließt sich die Antwort aus den folgenden zwei Schritten:

- *Schritt 1*: Gleichgültig, wie hoch die gesamte Produktionsmenge sein soll, sie sollte so zwischen beiden Betriebsstätten aufgeteilt werden, *dass die Grenzkosten für beide Betriebsstätten gleich sind.* Ist das nicht der Fall, könnte das Unternehmen durch eine Umverteilung der Produktion seine Gesamtkosten verringern und gleichzeitig den Gewinn erhöhen. Wenn etwa die Grenzkosten in Betrieb 1 höher wären als in Betrieb 2, könnte das Unternehmen dieselbe Gesamtmenge zu niedrigeren Gesamtkosten produzieren, wenn es weniger in Betrieb 1 und mehr in Betrieb 2 herstellt.

- *Schritt 2*: Wir wissen, dass das Produktionsniveau so gewählt werden muss, dass *Grenzerlös gleich Grenzkosten* ist. Andernfalls könnte das Unternehmen seinen Gewinn erhöhen, indem es das Produktionsniveau steigert oder senkt. Nehmen wir an, dass die Grenzkosten in beiden Betrieben gleich sind, dass aber der Grenzerlös die Grenzkosten insgesamt übersteigt. In diesem Fall wäre es besser für das Unternehmen, in beiden Betriebsstätten mehr zu produzieren, denn der Erlös aus den zusätzlich produzierten und verkauften Einheiten würde die zusätzlichen Kosten übersteigen. Da die Grenzkosten in beiden Betriebsstätten gleich sein müssen und Grenzerlös gleich Grenzkosten sein muss, können wir nun sagen, dass der Gewinn dann maximiert wird, *wenn in jeder Produktionsstätte der Grenzerlös gleich den Grenzkosten* ist.

Dieses Ergebnis lässt sich auch algebraisch ableiten. Definiert man Q_1 und C_1 als Produktionsmenge und Produktionskosten von Betrieb 1, Q_2 und C_2 als Produktionsmenge und Produktionskosten von Betrieb 2 und $Q_T = Q_1 + Q_2$ als gesamte Produktionsmenge, so gilt für den Gewinn

$$\pi = PQ_T - C_1(Q_1) - C_2(Q_2)$$

10.1 Monopol

Das Unternehmen sollte das Produktionsniveau so lange steigern, bis der zusätzliche Gewinn der letzten produzierten Einheit gleich null ist. Setzen wir zunächst den zusätzlichen Gewinn aus der Produktion einer Einheit in Betrieb 1 gleich null:

$$\frac{\Delta \pi}{\Delta Q_1} = \frac{\Delta(PQ_T)}{\Delta Q_1} - \frac{\Delta C_1}{\Delta Q_1} = 1$$

Hier ist $\Delta(PQ_T)/\Delta Q_1$ der zusätzliche Erlös aus Produktion und Verkauf einer weiteren Einheit, also der Grenzerlös GE für die gesamte Produktion des Unternehmens. Der nächste Term, $\Delta C_1/\Delta Q_1$ bezeichnet die Grenzkosten in Betrieb 1 GK_1. Vereinfacht erhalten wir also $GE - GK_1 = 0$ oder

$$GE = GK_1$$

Ebenso lässt sich der zusätzliche Gewinn durch die Produktion einer weiteren Einheit in Betrieb 2 ausdrücken:

$$GE = GK_2$$

Fassen wir diese Gleichungen zusammen, so sehen wir, dass das Unternehmen so produzieren sollte, dass

$$GE = GK_1 = GK_2 \tag{10.3}$$

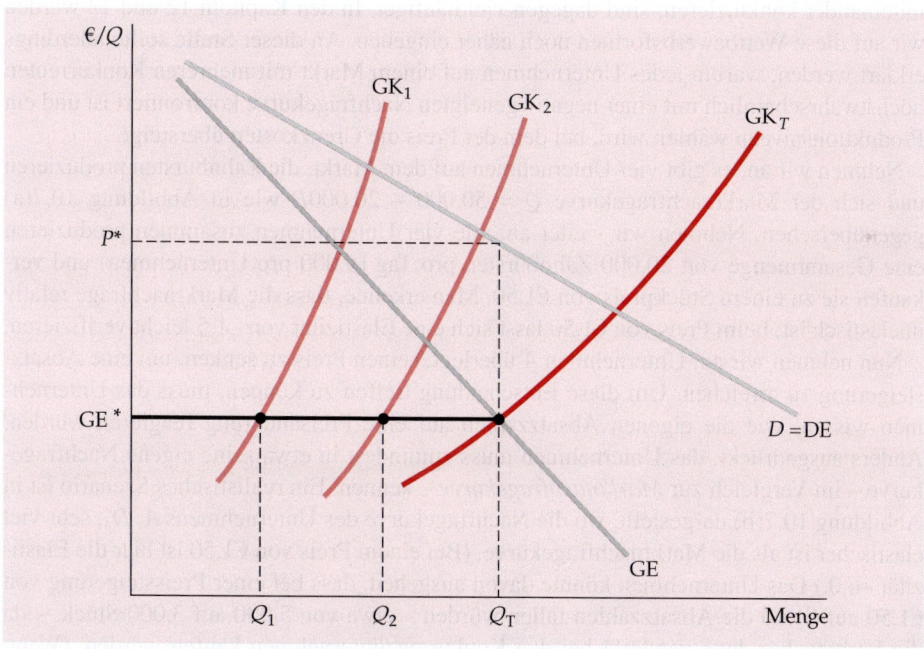

Abbildung 10.6: Produktion mit zwei Betriebsstätten
Ein Unternehmen mit zwei Betriebsstätten maximiert seinen Gewinn, indem es die jeweiligen Produktionsniveaus Q_1 und Q_2 so wählt, dass für jede Betriebsstätte der gesamte Grenzerlös GE (der von der Gesamtproduktionsmenge abhängt) gleich den jeweiligen Grenzkosten GK_1 und GK_2 ist.

> Man erkenne, dass wir die Nachfragekurve einer Wettbewerbsbranche in § 8.5 auf ganz ähnliche Weise ermittelt haben, indem wir die Grenzkostenkurven der einzelnen Unternehmen horizontal addiert haben.

Abbildung 10.6 verdeutlicht diese Gleichung für ein Unternehmen mit zwei Betriebsstätten. GK_1 und GK_2 sind die Grenzkostenkurven für die beiden Betriebe. (Es sei darauf hingewiesen, dass die Grenzkosten von Betrieb 1 höher sind als von Betrieb 2.) Die Kurve GK_T definiert die gesamten Grenzkosten des Unternehmens, die man aus einer horizontalen Addition von GK_1 und GK_2 erhält. Nun können wir die gewinnmaximierenden Produktionsniveaus Q_1, Q_2 und Q_T definieren. Zunächst ermitteln wir den Schnittpunkt von GK_T mit GE; dieser Punkt bestimmt die gesamte Produktionsmenge Q_T. Dann zeichnen wir von diesem Punkt auf der Grenzerlöskurve eine horizontale Gerade zur vertikalen Achse. Wir erhalten den Punkt GE*, der den Grenzerlös des Unternehmens definiert. Die Schnittpunkte der Grenzerlöskurve des Unternehmens mit GK_1 und GK_2 liefern die Produktionsmengen Q_1 und Q_2 der beiden Betriebsstätten, wie in Gleichung (10.3) angegeben.

Man erkennt, dass die Gesamtproduktionsmenge Q_T den Grenzerlös des Unternehmens und somit auch den Preis P^* bestimmt. Q_1 und Q_2 aber bestimmen die Grenzkosten der beiden Betriebsstätten. Da wir GK_T durch eine horizontale Addition von GK_1 und GK_2 erhielten, wissen wir, dass $Q_1 + Q_2 = Q_T$ sein muss. Die vorliegenden Produktionsniveaus erfüllen also die Bedingung $GE = GK_1 = GK_2$.

10.2 Monopolmacht

Ein reines Monopol gibt es nur selten. Märkte, auf denen einige wenige Unternehmen miteinander konkurrieren, sind dagegen viel häufiger. In den Kapiteln 12 und 13 werden wir auf diese Wettbewerbsformen noch näher eingehen. An dieser Stelle sollte allerdings erklärt werden, warum jedes Unternehmen auf einem Markt mit mehreren Konkurrenten höchstwahrscheinlich mit einer negativ geneigten Nachfragekurve konfrontiert ist und ein Produktionsniveau wählen wird, bei dem der Preis die Grenzkosten übersteigt.

Nehmen wir an, es gibt vier Unternehmen auf dem Markt, die Zahnbürsten produzieren und sich der Marktnachfragekurve $Q = 50.000 - 20.000P$ wie in Abbildung 10.7(a) gegenübersehen. Nehmen wir weiter an, alle vier Unternehmen zusammen produzieren eine Gesamtmenge von 20.000 Zahnbürsten pro Tag (5.000 pro Unternehmen) und verkaufen sie zu einem Stückpreis von €1,50. Man erkenne, dass die Marktnachfrage relativ unelastisch ist; beim Preis von €1,50 lässt sich eine Elastizität von −1,5 leicht verifizieren.

Nun nehmen wir an, Unternehmen A überlegt, seinen Preis zu senken, um eine Absatzsteigerung zu erreichen. Um diese Entscheidung treffen zu können, muss das Unternehmen wissen, wie die eigenen Absatzzahlen auf eine Preisänderung reagieren würden. Anders ausgedrückt, das Unternehmen muss zumindest in etwa seine eigene Nachfragekurve – im Vergleich zur *Marktnachfragekurve* – kennen. Ein realistisches Szenario ist in Abbildung 10.7(b) dargestellt, wo die Nachfragekurve des Unternehmens A, D_A, sehr viel elastischer ist als die Marktnachfragekurve. (Bei einem Preis von €1,50 ist hier die Elastizität −6,0.) Das Unternehmen könnte davon ausgehen, dass bei einer Preissteigerung von €1,50 auf €1,60 die Absatzzahlen fallen würden – etwa von 5.000 auf 3.000 Stück –, da die Verbraucher dann verstärkt bei den Konkurrenzunternehmen kaufen würden. (Wenn *alle* Unternehmen ihren Stückpreis auf €1,60 erhöhten, würden die Absatzzahlen von Unternehmen *A* lediglich auf 4.500 Stück sinken.) Es gibt aber verschiedene Gründe, warum die Absatzzahlen von Unternehmen *A* bei einer Preissteigerung eben nicht auf null absinken würden, wie das auf einem vollkommenen Wettbewerbsmarkt der Fall wäre. Zunächst kann es sein, dass die Zahnbürsten des Unternehmens *A* geringfügig anders sind als die der Konkurrenz, so dass einige Verbraucher bereit sind, einen etwas höheren Preis zu bezahlen. Außerdem könnten die anderen Unternehmen ebenfalls ihre Preise erhöhen. Ähnlich könnte Unternehmen *A* davon ausgehen, dass es bei einer Preissenkung von €1,50 auf €1,40 mehr Zahnbürsten verkaufen könnte – beispielsweise 7.000 anstatt 5.000 Stück. Das Unternehmen wird aber nie den ganzen Markt für sich beanspruchen können. Einige Verbraucher werden auch weiterhin die Zahnbürsten der anderen Unternehmen bevorzugen oder diese senken ebenfalls ihre Preise.

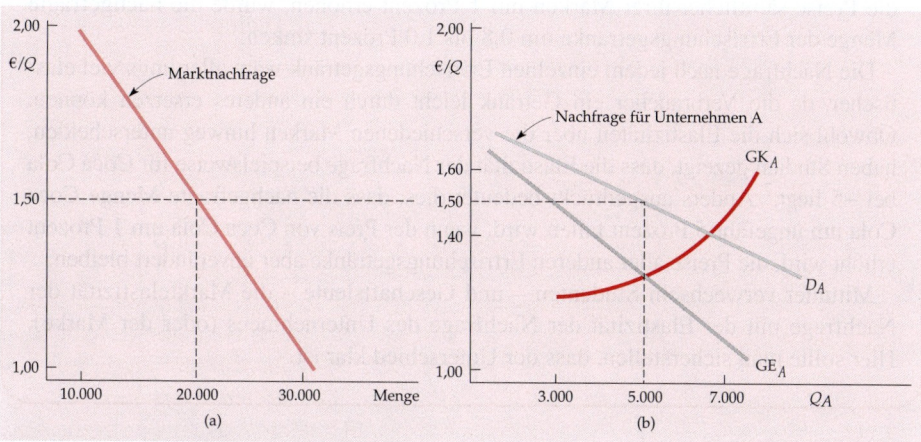

Abbildung 10.7: Die Nachfrage nach Zahnbürsten
Abbildung **(a)** zeigt die Marktnachfrage nach Zahnbürsten, während Abbildung **(b)** die Nachfrage des Unternehmens *A* darstellt. Bei einem Marktpreis von €1,50 beträgt die Elastizität der Marktnachfrage –1,5. Unternehmen *A* allerdings ist aufgrund des Wettbewerbs mit den Konkurrenten mit einer weitaus elastischeren Nachfragekurve D_A konfrontiert. Bei einem Stückpreis von €1,50 beträgt die Nachfrageelastizität –6,0. Dennoch hat Unternehmen *A* gewisse Monopolmacht, da der gewinnmaximierende Preis von €1,50 höher liegt als die Grenzkosten.

Die Nachfragekurve von Unternehmen *A* hängt also zum einen davon ab, wie sehr sich sein Produkt von den Konkurrenzprodukten unterscheidet, und zum anderen davon, wie die vier Unternehmen miteinander konkurrieren. Mit Produktdifferenzierung und zwischenbetrieblichem Wettbewerb werden wir uns in Kapitel 12 und 13 befassen. Ein wesentlicher Punkt sollte jedoch schon hier klar werden: *Die Nachfragekurve von Unternehmen A wird wahrscheinlich elastischer sein als die Marktnachfragekurve, jedoch nicht unendlich elastisch wie die Nachfragekurve eines Unternehmens, das auf einem vollkommenen Wettbewerbsmarkt agiert.*

> **Beispiel 10.2: Die Elastizitäten der Nachfrage nach Erfrischungsgetränken**
>
> Erfrischungsgetränke bieten ein gutes Beispiel für den Unterschied zwischen der Marktelastizität der Nachfrage und der Elastizität der Nachfrage eines Unternehmens. Außerdem sind Erfrischungsgetränke wichtig, weil ihr Verzehr mit starkem Übergewicht bei Kindern in Verbindung gebracht wird und damit eine Besteuerung dieser Getränke gesundheitliche Vorteile bringen könnte.
>
> Eine neue Prüfung verschiedener statistischer Untersuchungen hat zu der Erkenntnis geführt, dass die Marktelastizität der Nachfrage nach Erfrischungsgetränken zwischen −0,8 und −1,0 liegt.[6] Das heißt, wenn alle Erfrischungsgetränkehersteller die Preise sämtlicher ihrer Marken um 1 Prozent erhöhen, würde die nachgefragte Menge der Erfrischungsgetränke um 0,8 bis 1,0 Prozent sinken.
>
> Die Nachfrage nach jedem einzelnen Erfrischungsgetränk wäre allerdings viel elastischer, da die Verbraucher ein Getränk leicht durch ein anderes ersetzen können. Obwohl sich die Elastizitäten über die verschiedenen Marken hinweg unterscheiden, haben Studien gezeigt, dass die Elastizität der Nachfrage beispielsweise für Coca Cola bei −5 liegt.[7] Anders ausgedrückt bedeutet dies, dass die nachgefragte Menge Coca Cola um ungefähr 5 Prozent fallen wird, wenn der Preis von Coca Cola um 1 Prozent erhöht wird, die Preise aller anderen Erfrischungsgetränke aber unverändert bleiben.
>
> Mitunter verwechseln Studenten – und Geschäftsleute – die Marktelastizität der Nachfrage mit der Elastizität der Nachfrage des Unternehmens (oder der Marke). Hier sollte man sicherstellen, dass der Unterschied klar ist.

10.2.1 Produktion, Preis und Monopolmacht

Wie in Kapitel 12 und 13 aufgezeigt wird, ist gewöhnlich die Bestimmung der Elastizität der Nachfrage nach dem Produkt eines Unternehmens schwieriger als die Bestimmung der Marktelastizität der Nachfrage. Trotzdem ziehen Unternehmen häufig Marktforschung und statistische Studien heran, um die Elastizitäten der Nachfrage nach ihren Produkten zu schätzen, da die Kenntnis dieser Elastizitäten für gewinnmaximierende Produktions- und Preisbildungsentscheidungen von grundlegender Bedeutung sein kann.

Im Folgenden kehren wir zur Nachfrage nach Zahnbürsten in Abbildung 10.7 zurück. Dabei sei angenommen, dass das Unternehmen A in dieser Abbildung seine Nachfragekurve gut kennt.

Wenn Unternehmen *A* seine Nachfragekurve kennt, wie viel sollte es dann produzieren? Auch hier gilt das bereits bekannte Prinzip: Beim gewinnmaximierenden Produktionsniveau ist der Grenzerlös gleich den Grenzkosten. In Abbildung 10.7(b) entspricht dieses Produktionsniveau 5.000 Stück. Der entsprechende Stückpreis ist €1,50; er liegt über den Grenzkosten. Obwohl Unternehmen *A* also kein reiner Monopolist ist, *hat es*

---

6 T. Andreyeva, M.W. Long und K.D. Brownell, „The Impact of Food Prices on Consumption: A Systematic Review of Research on the Price Elasticity of Demand for Food", *American Journal of Public Health*, 2010, Band 100, 216–222.

7 Siehe Beispiel 12.1.

doch *Monopolmacht*, denn es kann gewinnbringend einen Preis verlangen, der die Grenzkosten übersteigt. Natürlich ist die Monopolmacht schwächer, als sie es wäre, wenn Unternehmen *A* sämtliche Konkurrenten vom Markt verdrängt hätte und als reines Monopol agieren könnte; dennoch kann die vorliegende Monopolmacht beträchtlich sein.

Das wirft zwei Fragen auf:

1 Wie können wir Monopolmacht *messen*, um Unternehmen miteinander vergleichen zu können? (Bisher haben wir über Monopolmacht nur im *qualitativen* Sinn gesprochen.)

2 Wo liegen die *Ursachen* von Monopolmacht, und *warum* haben manche Unternehmen mehr Monopolmacht als andere?

Im Folgenden werden wir uns mit diesen beiden Fragen auseinander setzen. In den Kapiteln 12 und 13 folgt außerdem eine noch umfassendere Antwort auf die zweite Frage.

10.2.2 Messung der Monopolmacht

Erinnern wir uns an die wichtige Unterscheidung zwischen einem Unternehmen auf einem vollkommenen Wettbewerbsmarkt und einem Unternehmen mit Monopolmacht: *Beim Wettbewerbsunternehmen ist der Preis gleich den Grenzkosten; beim Unternehmen mit Monopolmacht übersteigt der Preis die Grenzkosten.* Daraus ergibt sich eine direkte Möglichkeit, die Monopolmacht zu messen, indem man misst, um wie viel genau beim gewinnmaximierenden Produktionsniveau der Preis die Grenzkosten übersteigt. Insbesondere können wir das Aufschlagsverhältnis von Preis minus Grenzkosten zu Preis verwenden, das wir schon an früherer Stelle als Faustregel zur Preisbildung vorgestellt haben. Dieses Maß der Monopolmacht wurde 1934 von dem Wirtschaftswissenschaftler Abba Lerner vorgestellt und heißt daher **Lerners Maß der Monopolmacht**. Es beschreibt die Differenz zwischen Preis und Grenzkosten dividiert durch den Preis. Mathematisch wird es folgendermaßen ausgedrückt:

$$L = (P - GK)/P$$

> **Lerners Maß der Monopolmacht**
>
> Maß der Monopolmacht, das sich aus der Differenz zwischen Preis und Grenzkosten im Verhältnis zum Preis berechnet.

Dieser Index L hat immer einen Wert zwischen null und eins. Für ein Unternehmen auf einem vollkommenen Wettbewerbsmarkt gilt $P = GK$. L ist also null. Je größer L ist, desto größer ist auch die Monopolmacht des Unternehmens.

Das Maß der Monopolmacht kann auch über die Nachfrageelastizität des Unternehmens ausgedrückt werden. Wenden wir Gleichung (10.1) an, so ergibt sich:

$$L = (P - GK)/P = -1/E_d \qquad (10.4)$$

Erinnern wir uns jedoch, dass E_d hier die Elastizität der Nachfragekurve des *jeweiligen Unternehmens* und nicht des gesamten Marktes ist. Im oben ausgeführten Zahnbürstenbeispiel beträgt die Nachfrageelastizität von Unternehmen A – 6,0, und der Grad der Monopolmacht ist demnach für Unternehmen A $1/6 = 0{,}167$.[8]

---

[8] Bei der Anwendung des Lerner-Index auf die Politik des Staates gegenüber den Unternehmen gibt es drei Probleme. Zunächst ist es oft schwierig, die Grenzkosten exakt zu messen, deshalb werden in der Regel im Lerner-Index die durchschnittlichen variablen Kosten herangezogen. Wenn das Unternehmen seine Preise außerdem unterhalb des optimalen Preises ansetzt (etwa um gesetzliche Überprüfung zu vermeiden), kann seine potenzielle Monopolmacht vom Index nicht erfasst werden. Schließlich ignoriert der Index auch dynamische Aspekte der Preisbildung wie etwa die Auswirkung der Lernkurve oder Verschiebungen der Nachfrage. Vgl. Robert S. Pindyck, „The Measurement of Monopoly Power in Dynamic Markets", *Journal of Law and Economics* 28, April 1985: 193–222.

Man erkennt an diesem Beispiel, dass eine beträchtliche Monopolmacht nicht zwangsläufig mit hohen Gewinnen einhergeht. Der Gewinn ist abhängig von den Durchschnittskosten im Verhältnis zum Preis. Unternehmen *A* könnte zwar mehr Monopolmacht haben als Unternehmen *B*, aufgrund von höheren Durchschnittskosten aber gleichzeitig weniger Gewinn machen.

10.2.3 Eine Faustregel zur Preisbildung

Im vorhergehenden Abschnitt haben wir mit Hilfe der Gleichung (10.2) den Preis als einfachen Aufschlag auf die Grenzkosten berechnet:

$$P = \frac{\text{GK}}{1 + (1/E_d)}$$

Diese Beziehung liefert uns auch eine Faustregel für jedes Unternehmen mit Monopolmacht. Wir müssen dabei jedoch bedenken, dass E_d hier die Nachfrageelastizität für ein einzelnes *Unternehmen* und nicht für den *Markt* bezeichnet.

Es ist schwieriger, die Nachfrageelastizität für ein einzelnes Unternehmen zu bestimmen als für den gesamten Markt, denn das Unternehmen muss immer auch bedenken, wie seine Konkurrenten auf Preisänderungen reagieren werden. Grundsätzlich muss der verantwortliche Manager die prozentuale Veränderung der Verkaufszahlen abschätzen, die sich aus einer einprozentigen Preisänderung ergibt. Diese Schätzung kann entweder auf einer formalen Modellrechnung oder auf Erfahrung und Intuition des Managers beruhen.

Auf Basis dieser geschätzten Nachfrageelastizität des Unternehmens kann der Manager den angemessenen Preisaufschlag berechnen. Ist die Nachfrage sehr elastisch, so wird der Aufschlag gering sein (und wir können sagen, dass das Unternehmen nur geringe Monopolmacht hat). Ist die Nachfrageelastizität dagegen gering, so wird der Aufschlag relativ hoch sein (das Unternehmen verfügt also über beträchtliche Monopolmacht). Die Abbildungen 10.8(a) und 10.8(b) verdeutlichen diese beiden Beispiele.

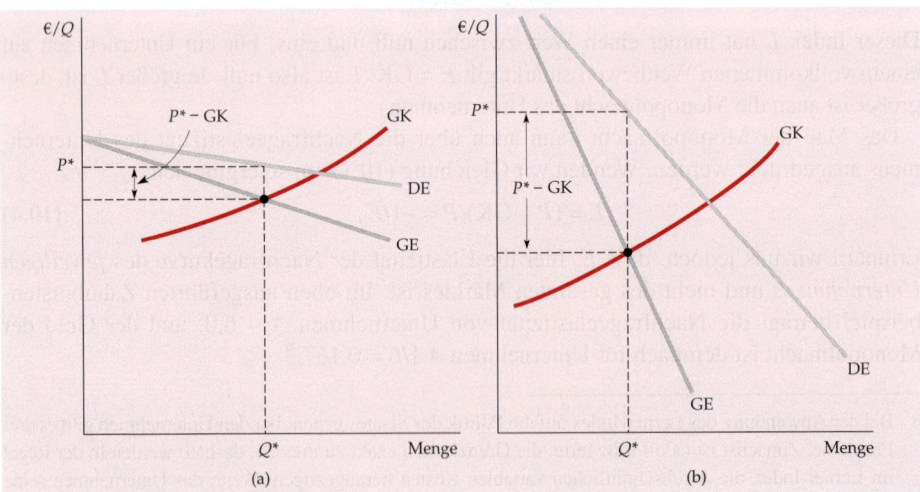

Abbildung 10.8: Nachfrageelastizität und Preisaufschlag
Der Preisaufschlag (*P* − GK)/*P* ist gleich minus dem Kehrwert der Nachfrageelastizität des Unternehmens. Ist ein Unternehmen wie in Abbildung **(a)** mit einer elastischen Nachfragekurve konfrontiert, so ist der Preisaufschlag ebenso wie die Monopolmacht des Unternehmens eher gering. Ist die Nachfragekurve eines Unternehmens relativ unelastisch wie in Abbildung **(b)**, so trifft das Gegenteil zu.

Beispiel 10.3: Aufschlagspreisbildung – vom Supermarkt bis zur Designerjeans

Drei Beispiele sollen zeigen, wie und wann Aufschlagspreisbildung zum Einsatz kommt. Betrachten wir eine Supermarktkette. Obwohl die Nachfrageelastizität für Lebensmittel gering ist (etwa –1), werden die meisten Gegenden von mehreren Supermärkten bedient, so dass kein einzelner Markt seine Preise zu stark erhöhen kann, ohne viele Kunden an seine Konkurrenten zu verlieren.

Folglich ist die Nachfrageelastizität eines einzelnen Supermarktes oft sehr hoch und kann bis zu –10 betragen. Setzen wir diese Zahl für E_d in die Gleichung (10.2) ein, erhalten wir $P = GK/(1 – 0,1) = GK/(0,9) = (1,11)GK$. Dies sagt aus, dass der Manager eines typischen Supermarktes seine Preise etwa elf Prozent über den Grenzkosten ansetzen sollte. Über einen relativ breit angelegten Bereich von Produktionsniveaus (bei dem die Größe der Verkaufsfläche und die Zahl der Angestellten konstant bleibt) enthalten diese Grenzkosten auch die Einkaufskosten der Nahrungsmittel im Großhandel, die Lagerkosten und die Kosten der Bereitstellung in den Regalen etc. In den meisten Supermärkten liegt der Preisaufschlag tatsächlich bei zehn bis elf Prozent.

Kleinere Einzelhandelsgeschäfte, die etwa in den USA, aber auch in vielen europäischen Ländern oft sieben Tage die Woche und rund um die Uhr geöffnet sind, verlangen normalerweise höhere Preise als Supermärkte. Warum ist das so? Weil die Nachfrageelastizität des Einzelhändlers oft geringer ist. Seine Kunden sind normalerweise weniger preissensitiv. Vielleicht brauchen sie spät nachts noch einen Laib Brot oder eine Tüte Milch oder finden es einfach zu unbequem, zum nächsten Supermarkt zu fahren. Die Nachfrageelastizität eines Einzelhändlers liegt etwa bei –5; man kann also aus der Aufschlagsgleichung ableiten, dass hier der Preisaufschlag auf die Grenzkosten etwa 25 Prozent betragen sollte. Und dies ist in der Realität auch meistens der Fall.

Das Lerner-Maß, $(P – GK)/P$, besagt, dass der Einzelhändler mehr Monopolmacht hat – macht er aber deshalb auch mehr Gewinn? Dies ist meist nicht der Fall. Da das Verkaufsvolumen sehr viel geringer, seine Fixkosten aber höher sind, erzielt ein Einzelhändler meist einen wesentlich geringeren Gewinn als ein großer Supermarkt – trotz des höheren Preisaufschlags.

Betrachten wir schließlich noch einen Hersteller von Designerjeans. Es gibt unendlich viele Unternehmen, die Jeans herstellen; einige Verbraucher sind aber bereit, für eine Marken- oder Designerjeans einen wesentlich höheren Preis zu bezahlen. Die Frage, wie viel mehr sie genau bezahlen würden, oder genauer, um wie viel die Absatzzahlen infolge einer Preiserhöhung absinken würden, muss ein Designerjeanshersteller sehr genau analysieren, weil eben davon die Preisbildung für seine Ware abhängt (beim Verkauf vom Großhandel an den Einzelhandel, der dann wiederum einen Preisaufschlag vornimmt). Auf dem Markt für Designerjeans liegt die Nachfrageelastizität für die meisten bekannten Marken bei –2 bis –3. Dies bedeutet, dass hier die Preise 50 bis 100 Prozent über den Grenzkosten liegen sollten. Die Grenzkosten liegen normalerweise bei $20 bis $25 pro Paar, während je nach Marke der Großhandelspreis bei $30 bis $50 liegt. Im Gegensatz dazu werden für den „Massenmarkt" produzierte Jeans in der Regel zu Großhandelspreisen von $18 bis $25 pro Paar verkauft. Warum ist das so? Weil Jeans ohne eine Designermarke viel preiselastischer sind.

10 Marktmacht – Monopol und Monopson

Beispiel 10.4: Die Preisbildung bei Videos

Mitte der 80er Jahre stieg die Zahl der Haushalte, in denen es einen Videorekorder gab, sprunghaft an, und damit wuchsen auch die Märkte für den Verleih und Verkauf bespielter Videokassetten. Obwohl zu dieser Zeit viel mehr Videokassetten durch kleine Einzelhandelsgeschäfte verliehen als direkt verkauft wurden, war doch der Markt für Videoverkäufe sehr groß und wuchs ständig. Jedoch fiel es den Herstellern anfangs schwer, zu entscheiden, welchen Preis sie für bespielte Videokassetten verlangen sollten. Folglich wurden im Jahr 1985 die populärsten Filme zu sehr unterschiedlichen Preisen verkauft, wie die Daten in Tabelle 10.2 zeigen.

Tabelle 10.2

Einzelhandelspreise für VHS und DVDs

1985		2011	
Titel	EHP VHS	Titel	EHP DVD
Purple Rain	$29,98	Tangled	$20,60
Jäger des verlorenen Schatzes	$24,95	Harry Potter und die Heiligtümer des Todes, Teil I	$20,58
Jane Fonda Workout	$59,95	Megamind	$18,74
Das Imperium schlägt zurück	$79,98	Ich – Einfach Unverbesserlich	$14,99
Ein Offizier und Gentleman	$24,95	Blutrot	$27,14
Star Trek: Der Film	$24,95	The King's Speech	$14,99
Star Wars	$39,98	Secretariat	$20,60

Daten von Nash Information Services, LLC (http://www.thenumbers.com).

Bemerkenswert ist, dass der Film *The Empire Strikes Back* zu einem Preis von fast 80 Dollar verkauft wurde, während *Star Trek*, ein Film, der die gleiche Zielgruppe hatte und ähnlich erfolgreich war, nur 25 Dollar kostete. Diese Preisunterschiede spiegeln die Unsicherheiten der Hersteller im Bezug auf die Preisbildung wider. Die Frage war, ob niedrigere Preise die Verbraucher dazu bringen würden, verstärkt Videos zu kaufen anstatt sie auszuleihen. Da die Videohersteller nicht an den Einnahmen der Einzelhändler aus dem Videoverleih beteiligt waren, sollten sie ihre Preise für Videokassetten nur dann senken, wenn dies tatsächlich genügend Verbraucher veranlassen würde, die Kassetten zu kaufen. Da der Markt noch jung war, konnten die Hersteller auf keine fundierten Schätzwerte für die Nachfrageelastizität zurückgreifen, und so setzten sie ihre Preise versuchsweise auf verschiedenen Ebenen an.[9] ▶

---

[9] „Video Producers Debate the Value of Price Cuts", *New York Times*, 19. Februar, 1985. Für eine umfassende Studie über die Preisbildung bei Videokassetten siehe Carl E. Enomoto and Soumendra N., „Ghosh, Pricing in the Home-Video Market", Working Paper, New Mexico State University, 1992.

Als der Markt jedoch reifte, bildeten Verkaufsanalysen und Marktstudien mit der Zeit eine immer solidere Grundlage für die Preisentscheidungen der Hersteller. Die Studien deuteten stark darauf hin, dass die Nachfragekurve preiselastisch war und der gewinnmaximierende Preis somit im Bereich von 15 bis 30 Dollar lag. Schon in den 90er Jahren hatten die meisten Videohersteller ihre Preise nach unten angepasst. Als die DVD im Jahr 1997 auf den Markt kam, waren die Preise der meistverkauften DVDs sehr viel einheitlicher. Seit dieser Zeit sind die Preise populärer DVDs relativ gleichmäßig geblieben und weiter gefallen. Wie Tabelle 10.2 zeigt, betrugen die Preise im Jahr 2011 in der Regel ungefähr $20 (HD). Infolgedessen hat sich der Absatz von Videos, wie in Abbildung 10.9 dargestellt, kontinuierlich erhöht. Nach der Einführung von hochauflösenden (HD-) DVDs im Jahr 2006 begann die Verdrängung konventioneller DVDs durch das neue Format.

In Abbildung 10.9 ist zu erkennen, dass die Gesamtumsatzzahlen von (sowohl konventionellen als auch HD-) DVDs im Jahr 2007 ihr Maximum erreichten und danach schnell zu sinken begannen. Was war geschehen? Spielfilme wurden durch „Video-on-Demand" Dienste der Kabel- und Satellitenfernsehanbieter zunehmend im Fernsehen verfügbar. Viele Filme waren sogar kostenlos verfügbar, während die Zuschauer für andere Filme eine Gebühr zwischen $4 und $6 bezahlen mussten. „On-Demand" Filme wurden zusammen mit Videostreams im Internet zu einem zunehmend attraktiven Ersatz und verdrängten damit den Absatz von DVDs.

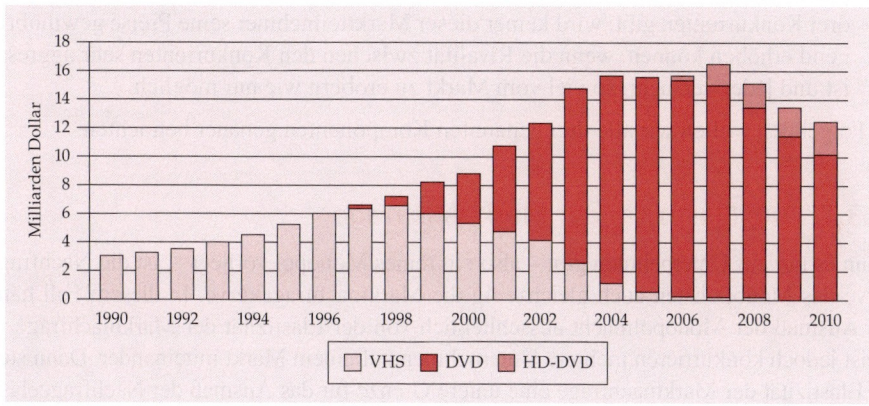

Abbildung 10.9: Verkauf von Videokassetten
Zwischen 1990 und 1998 brachten Preisrückgänge viele Verbraucher dazu, mehr Videokassetten zu kaufen. Im Jahr 2001 überholte der Absatz von DVDs den Absatz von VHS-Videokassetten.

Hochauflösende DVDs kamen 2006 auf den Markt. Es wird erwartet, dass diese letztlich die konventionellen DVDs verdrängen. Mittlerweile werden allerdings alle DVDs durch Videostreaming verdrängt.

10.3 Ursachen der Monopolmacht

Warum verfügen manche Unternehmen über beträchtliche Monopolmacht, andere dagegen über wenig oder gar keine? Erinnern wir uns, dass Monopolmacht die Fähigkeit ist, den Preis höher als die Grenzkosten anzusetzen, wobei der Betrag, um den der Preis die Grenzkosten übersteigt, vom Kehrwert der Nachfrageelastizität des jeweiligen Unternehmens abhängt. Wie Gleichung (10.4) zeigt, ist die Monopolmacht eines Unternehmens umso größer, je geringer seine Nachfrageelastizität ist. Letztendlich wird das Ausmaß der Monopolmacht eines Unternehmens also durch seine Nachfrageelastizität bestimmt. Wir sollten deshalb unsere Frage umformulieren: Warum haben manche Unternehmen (z.B. eine Supermarktkette) eine elastischere Nachfragekurve als andere (etwa ein Hersteller von Markenkleidung)?

Drei Faktoren bestimmen die Nachfrageelastizität eines Unternehmens:

1 *Die Elastizität der Marktnachfrage.* Da die Nachfrage des einzelnen Unternehmens mindestens so elastisch ist, wie die Nachfrage des Marktes, auf dem es agiert, begrenzt die Elastizität der Marktnachfrage die potenzielle Monopolmacht eines Unternehmens.

2 *Die Anzahl der Unternehmen auf dem Markt.* Gibt es sehr viele Unternehmen auf dem Markt, so ist es eher unwahrscheinlich, dass ein einzelner Marktteilnehmer den Marktpreis nachhaltig beeinflussen kann.

3 *Die Interaktionen der Unternehmen.* Selbst wenn es auf einem Markt nur zwei oder drei Konkurrenten gibt, wird keiner dieser Marktteilnehmer seine Preise gewinnbringend erhöhen können, wenn die Rivalität zwischen den Konkurrenten sehr aggressiv ist und jeder versucht, so viel vom Markt zu erobern wie nur möglich.

Im Folgenden wollen wir alle drei genannten Komponenten genauer betrachten.

10.3.1 Die Elastizität der Marktnachfrage

Wenn es nur ein Unternehmen gibt – also ein reines Monopol vorliegt –, ist die Nachfragekurve des Monopolisten auch gleichzeitig die Marktnachfragekurve. In diesem Fall hängt das Ausmaß der Monopolmacht ausschließlich von der Elastizität der Marktnachfrage ab. Meist jedoch konkurrieren mehrere Unternehmen auf einem Markt miteinander. Dann stellt die Elastizität der Marktnachfrage eine untere Grenze für das Ausmaß der Nachfrageelastizität der einzelnen Unternehmen dar. Erinnern wir uns an das Zahnbürstenbeispiel, das in Abbildung 10.7 (Seite 501) dargestellt wurde. Die Marktnachfrage nach Zahnbürsten muss nicht sehr elastisch sein, die Nachfrage für das einzelne Unternehmen dagegen ist viel elastischer. (In Abbildung 10.7 beträgt die Elastizität der Marktnachfrage –1,5, die Nachfrageelastizität für jedes einzelne Unternehmen aber –6.) Um wie viel genau die Nachfrageelastizität eines bestimmten Unternehmens zunimmt, hängt von seinem Konkurrenzverhalten ab. Aber wie dieses Konkurrenzverhalten auch aussehen mag, die Nachfrageelastizität eines einzelnen Unternehmens auf diesem Markt wird niemals unter –1,5 sinken.

Da die Marktnachfrage nach Öl relativ unelastisch ist (zumindest kurzfristig betrachtet), konnte die OPEC in den 70er und Anfang der 80er Jahre den Ölpreis weit oberhalb der Grenzkosten der Produktion ansetzen. Die Nachfrage nach anderen Wirtschaftsgütern wie etwa Kaffee, Kakao, Zinn und Kupfer ist allerdings sehr viel elastischer; deshalb sind auch die Versuche der Produzenten, diese Märkte zu kartellisieren und die Preise zu erhöhen, in den meisten Fällen gescheitert. Denn auf jedem dieser Märkte bildet die Nachfrageelastizität des Gesamtmarktes eine natürliche Beschränkung der Monopolmacht, die ein einzelner Produzent haben kann.

10.3.2 Die Anzahl der Unternehmen

Der zweite Faktor, der die Nachfragekurve und damit die Monopolmacht eines Unternehmens bestimmt, ist die Anzahl der Unternehmen auf dem Markt. Ceteris paribus wird die Monopolmacht jedes einzelnen Unternehmens sinken, sobald die Anzahl der Konkurrenten steigt. Wenn immer mehr Unternehmen in den Wettbewerb eintreten, wird es für jedes einzelne Unternehmen immer schwieriger, die Preise zu erhöhen und gleichzeitig zu vermeiden, dass viele seiner Kunden zur Konkurrenz abwandern.

Natürlich kommt es hier nicht allein auf die gesamte Anzahl der Unternehmen an, sondern vor allem auf die Anzahl der „bedeutenden Marktteilnehmer", d.h. der Konkurrenten, die über einen erheblichen Marktanteil verfügen. Wenn etwa nur zwei große Unternehmen 90 Prozent des Marktes für sich beanspruchen und 20 kleinere Firmen um die restlichen zehn Prozent konkurrieren, verfügen die beiden Großunternehmen höchstwahrscheinlich über beträchtliche Monopolmacht. Wenn nur sehr wenige Unternehmen für einen Großteil der Umsätze auf einem Markt verantwortlich sind, spricht man von einem *hochkonzentrierten* Markt.[10]

Oft heißt es – und das ist nicht immer scherzhaft gemeint –, die größte Angst der amerikanischen Wirtschaft sei der Wettbewerb. Dies muss nicht unbedingt zutreffen. Dennoch würden wir sicher erwarten, dass auf einem Markt, auf dem es nur wenige Marktteilnehmer gibt, diese Konkurrenten darauf bedacht sind, dass möglichst keine neuen Konkurrenten hinzukommen. Denn steigt die Zahl der konkurrierenden Unternehmen an, so sinkt dadurch zwangsläufig die Monopolmacht der etablierten Unternehmen. Ein wichtiger Aspekt der Wettbewerbsstrategie (um die es verstärkt in Kapitel 13 gehen wird) ist also die Errichtung von **Eintrittsbarrieren** – Bedingungen, die andere Unternehmen davon abhalten sollen, in den bestehenden Markt einzutreten.

Manchmal gibt es natürliche Eintrittsbarrieren. Ein Unternehmen kann beispielsweise ein *Patent* auf eine Technologie besitzen, die für die Produktion eines bestimmten Gutes notwendig ist. Das macht es anderen Unternehmen unmöglich, in diesen Markt einzutreten – zumindest bis das Patent ausgelaufen ist. Andere gesetzlich abgesicherte Rechte haben einen ähnlichen Effekt – *Urheberrechte* können den Verkauf eines Buches, eines Musikstücks oder eines Computersoftwareprogramms auf ein einzelnes Unternehmen beschränken, und die Vorschrift, eine staatliche *Lizenz* zu haben, kann neue Unternehmen davon abhalten, auf den Märkten für Telefondienste, Fernsehprogramme oder Lastwagentransporte aktiv zu werden. Schließlich können es auch die *Größenvorteile* eines oder einiger weniger Unternehmen für neue Anbieter zu teuer machen, in den bestehenden Markt einzugreifen. In manchen Fällen können die Größenvorteile so groß sein, dass es am effizientesten ist, wenn ein einzelnes Unternehmen – in diesem Fall also ein *natürliches Monopol* – den gesamten Markt bedient. In Kürze werden wir näher auf Größenvorteile und natürliche Monopole eingehen.

> **Eintrittsbarriere**
>
> Eine Bedingung, die das Eintreten neuer Konkurrenten in einen Markt verhindert.

> In § 7.4 erklären wir, dass ein Unternehmen über Größenvorteile verfügt, wenn es seine Produktion verdoppeln kann, ohne dafür gleichzeitig die Kosten verdoppeln zu müssen.

---

10 Die statistische Maßzahl des *Konzentrationsindex* gibt an, wie groß der Marktanteil etwa der vier größten Unternehmen auf einem Markt ist. Sie wird oft herangezogen, um die Konzentration eines Marktes zu messen. Die Marktmacht hängt also auch – aber nicht nur – von der Marktkonzentration ab.

10.3.3 Die Interaktionen der Unternehmen

Die Art und Weise, wie sich konkurrierende Unternehmen zueinander verhalten und wie sie aufeinander reagieren, ist ebenfalls ein wichtiger – wenn nicht sogar oft der wichtigste – bestimmende Faktor der Monopolmacht. Nehmen wir an, es gibt vier Unternehmen auf dem Markt. Sie könnten einen aggressiven Konkurrenzkampf führen und ständig versuchen, die Preise der anderen zu unterbieten, um ihre Marktanteile zu vergrößern. So könnten sie die Preise bis fast auf das Niveau eines Wettbewerbsmarktes drücken, denn jedes Unternehmen müsste fürchten, bei einer Preissteigerung von den Konkurrenten unterboten zu werden und Marktanteile zu verlieren. Folglich haben alle vier Unternehmen nur geringe Monopolmacht.

Andererseits könnten die Firmen aber auch nur in geringem Maß miteinander konkurrieren. Sie könnten sich sogar heimlich darauf verständigen (und damit die Kartellgesetze übertreten), die Produktion insgesamt zu beschränken und die Preise zu erhöhen. Eine gemeinsame Preiserhöhung mehrerer Unternehmen bringt höchstwahrscheinlich allen höhere Gewinne, so dass die Bildung eines Kartells beträchtliche Monopolmacht schaffen kann.

In Kapitel 12 und 13 werden wir uns genauer mit den Interaktionen zwischen Unternehmen befassen. An dieser Stelle sei nur darauf hingewiesen, dass ceteris paribus die Monopolmacht geringer ist, wenn Unternehmen aggressiv miteinander konkurrieren. Arbeiten sie jedoch zusammen, ist die Monopolmacht sehr viel größer.

Erinnern wir uns, dass sich die Monopolmacht eines Unternehmens im Laufe der Zeit verändern kann, etwa wenn sich die operativen Bedingungen des Unternehmens (Marktnachfrage und Kosten), das Verhalten des Unternehmens oder der Konkurrenten verändert. Man muss die Monopolmacht also als dynamische Größe sehen. Die Marktnachfragekurve könnte beispielsweise kurzfristig betrachtet sehr unelastisch, langfristig aber viel elastischer sein. (Da dies auf dem Ölmarkt der Fall ist, verfügte das OPEC-Kartell kurzfristig über beträchtliche Monopolmacht, konnte diese aber langfristig nicht halten.) Zudem kann kurzfristig vorliegende tatsächliche oder potenzielle Monopolmacht den Wettbewerb auf einem Markt langfristig steigern. Die Aussicht auf hohe kurzfristig erzielbare Gewinne kann viele neue Unternehmen auf einen Markt locken, wodurch sich die Monopolmacht langfristig reduziert.

10.4   Die gesellschaftlichen Kosten der Monopolmacht

Auf einem Wettbewerbsmarkt ist der Preis gleich den Grenzkosten. Monopolmacht andererseits bedeutet, dass der Preis die Grenzkosten übersteigt. Da Monopolmacht zu höheren Preisen und niedrigeren Produktionsniveaus führt, würde man normalerweise davon ausgehen, dass es den Verbrauchern dadurch schlechter, den Unternehmen aber besser geht. Nehmen wir aber an, wir bewerten das Wohl der Verbraucher genauso hoch wie das der Unternehmen. Sorgt Monopolmacht nun dafür, dass es Verbrauchern und Unternehmen insgesamt besser oder schlechter geht?

Wir können diese Frage beantworten, indem wir die Konsumenten- und Produzentenrenten vergleichen, die sich auf einem Wettbewerbsmarkt und auf einem reinen Monopolmarkt ergeben.[11] (Wir nehmen an, dass für den Wettbewerbsmarkt und den Monopolisten die gleichen Kostenkurven gelten.) Abbildung 10.10 zeigt die Durchschnitts- und Grenzerlöskurven sowie die Grenzkostenkurve des Monopolisten an. Um maximale Gewinne zu erzielen, hat der Monopolist das Produktionsniveau gewählt, auf dem Grenzkosten gleich Grenzerlös sind; sein Preis und die produzierte Menge sind also P_m und Q_m. Auf dem Wettbewerbsmarkt muss der Preis gleich den Grenzkosten sein; also liegen Preis und produzierte Menge dieses Marktes, P_c und Q_c, am Schnittpunkt der Durchschnittserlös- (oder Nachfrage-)Kurve mit der Grenzkostenkurve. Nun können wir untersuchen, wie sich die Rente verändert, wenn wir uns vom Wettbewerbspreis P_c und der Wettbewerbsmenge Q_c zum Monopolpreis P_m und der Monopolmenge Q_m bewegen.

In § 9.1 erklären wir, dass die Konsumentenrente den Gesamtwert oder -nutzen bezeichnet, den Verbraucher beim Kauf eines Gutes erhalten und der über den bezahlten Preis hinausgeht. Produzentenrente bezeichnet das gleiche Maß aus Sicht der Produzenten.

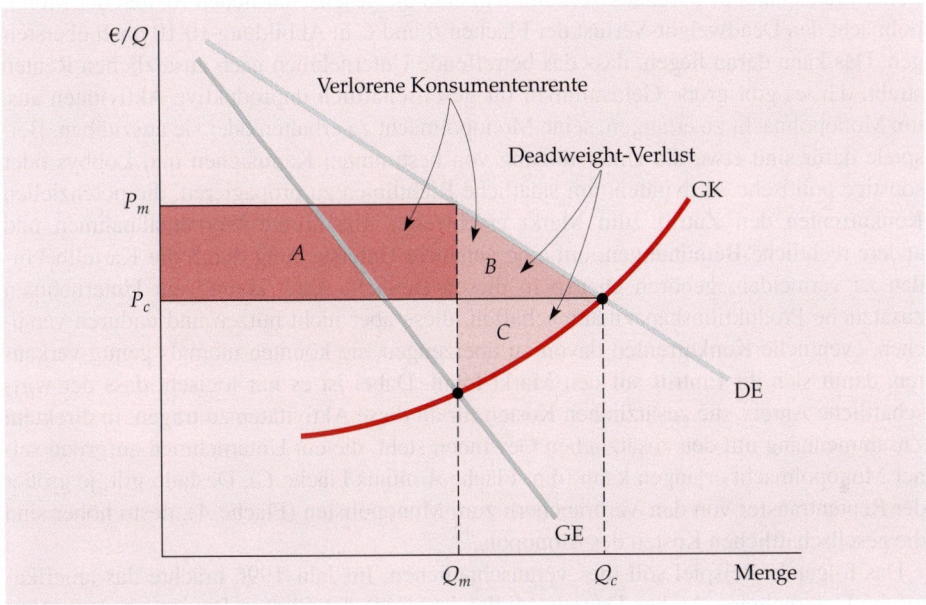

Abbildung 10.10: Nettowohlfahrtsverlust aufgrund von Monopolmacht
Die schattierten Flächen zeigen Veränderungen der Konsumenten- und Produzentenrente an, die sich ergeben, wenn man sich vom Wettbewerbspreis P_c und der Wettbewerbsmenge Q_c zum Monopolpreis P_m und der Monopolmenge Q_m bewegt. Aufgrund des höheren Preises verlieren die Konsumenten $A + B$, und der Monopolist gewinnt $A − C$ hinzu. Der Nettowohlfahrtsverlust entspricht also $B + C$.

Beim Monopol ist der Preis höher und die Verbraucher kaufen weniger. Aufgrund des höheren Preises verlieren die Verbraucher, die das Gut zum höheren Preis kaufen, einen Teil ihrer Konsumentenrente. Der Betrag, den sie dabei verlieren, entspricht der Fläche von Rechteck A. Diejenigen Verbraucher, die das Gut nicht zum Preis P_m kaufen, es aber zum Preis P_c kaufen würden, verzichten ebenfalls auf einen Teil ihrer Rente. Dieser Verlust entspricht der Fläche B. Der Gesamtverlust an Konsumentenrente beträgt also $A + B$. Der Monopolist andererseits gewinnt Rechteck A hinzu, da er ja zu einem höheren Preis

---

11 Ein Markt mit zwei oder mehr Unternehmen, die alle eine gewisse Monopolmacht haben, erfordert eine komplexere Analyse. Die grundlegenden Ergebnisse sind jedoch gleich.

verkauft, verliert aber gleichzeitig Rechteck C, d.h. er verzichtet auf den Gewinn aus den zusätzlich verkauften Einheiten $Q_c - Q_m$ zum Preis P_c. Der Gesamtgewinn an Produzentenrente beträgt also $A - C$. Zieht man nun den Gesamtverlust an Konsumentenrente vom Gesamtgewinn an Produzentenrente ab, so erhält man einen Nettoverlust von $B + C$. Dies ist der *Nettowohlfahrtsverlust (Deadweight-Verlust) aufgrund von Monopolmacht*. Selbst wenn die Gewinne des Produzenten hoch besteuert und so an die Verbraucher der Endprodukte umverteilt würden, bliebe doch eine Ineffizienz zurück, denn das Produktionsniveau läge immer noch unter dem Wettbewerbsniveau. Der Deadweight-Verlust entspricht den gesellschaftlichen Kosten dieser Ineffizienz.

10.4.1 Das Streben nach Renten

> **Streben nach Renten**
>
> liegt vor, wenn ein Unternehmen hohe Geldsummen für sozial unproduktive Aktivitäten ausgibt mit dem Ziel, Monopolmacht zu erlangen, zu erhalten oder auszuüben.

In der Praxis kann es durchaus vorkommen, dass die gesellschaftlichen Kosten der Monopolmacht den Deadweight-Verlust der Flächen B und C in Abbildung 10.10 noch übersteigen. Das kann daran liegen, dass das betreffende Unternehmen nach zusätzlichen Renten strebt, d.h. es gibt große Geldsummen für gesellschaftlich unproduktive Aktivitäten aus, um Monopolmacht zu erlangen, seine Monopolmacht zu erhalten oder sie auszuüben. Beispiele dafür sind etwa die Unterstützung von bestimmten Kampagnen und Lobbys oder sonstige politische Aktivitäten, um staatliche Richtlinien zu propagieren, die potenziellen Konkurrenten den Zutritt zum Markt erschweren. Bestimmte Werbemaßnahmen und andere rechtliche Bemühungen, um eine genauere Untersuchung durch die Kartellbehörden zu vermeiden, gehören ebenso in diesen Bereich. Auch könnte ein Unternehmen zusätzliche Produktionskapazitäten schaffen, diese aber nicht nutzen und dadurch versuchen, eventuelle Konkurrenten davon zu überzeugen, sie könnten niemals genug verkaufen, damit sich ihr Eintritt auf den Markt lohnt. Dabei ist es nur logisch, dass der wirtschaftliche Anreiz, die zusätzlichen Kosten für all diese Aktivitäten zu tragen, in direktem Zusammenhang mit den zusätzlichen Gewinnen steht, die ein Unternehmen aufgrund seiner Monopolmacht erlangen kann (d.h. Fläche A minus Fläche C). Deshalb gilt, je größer der Rententransfer von den Verbrauchern zum Monopolisten (Fläche A), desto höher sind die gesellschaftlichen Kosten des Monopols.[12]

Das folgende Beispiel soll dies veranschaulichen. Im Jahr 1996 brachte das amerikanische Unternehmen Archer Daniels Midland (ADM) die Clinton-Regierung dazu, Vorschriften einzuführen, die besagten, dass Äthanol (Äthylalkohol), das in Automobilbrennstoffen verwendet wird, ausschließlich aus Mais gewonnen werden müsse. (Es gab bereits Pläne innerhalb der US-Regierung, Normalbenzin Äthanol zuzusetzen, um die Abhängigkeit des Landes von importiertem Öl zu verringern.) Die chemische Wirkung von Äthanol ist dieselbe, gleichgültig ob es aus Mais, Kartoffeln, Getreide oder anderen Erzeugnissen gewonnen wird. Warum sollte man also darauf bestehen, Äthanol nur aus Mais herzustellen? Die Antwort liegt nahe: ADM besaß ein fast reines Monopol auf die Äthanolgewinnung auf Maisbasis; die neuen Richtlinien sollten also aufgrund dieser Monopolmacht für das Unternehmen zu einer Gewinnsteigerung führen.

---

[12] Das Konzept des Strebens nach Renten wurde von Gordon Tullock entwickelt. Für weitere Informationen zu diesem Thema siehe Gordon Tullock, „*Rent Seeking*", Brookfield VT: Edward Elgar, 1993, oder Robert D. Tollison und Roger D. Congleton, „*The Economic Analysis of Rent Seeking*", Brookfield VT: Edward Elgar, 1995.

10.4.2 Preisregulierung

Wegen der gesellschaftlichen Kosten verhindern Kartellgesetze im Allgemeinen, dass einzelne Unternehmen übermäßige Monopolmacht aufbauen können. Am Ende dieses Kapitels werden wir auf die Kartellgesetzgebung näher eingehen. An dieser Stelle wenden wir uns einer anderen Maßnahme zu, durch welche der Staat die Monopolmacht einschränken kann, nämlich der Preisregulierung.

In Kapitel 9 haben wir gesehen, dass Preisregulierung auf einem Wettbewerbsmarkt immer zu einem Nettowohlfahrtsverlust führt. Hat ein Unternehmen Monopolmacht, kann das aber durchaus anders sein. In einer solchen Situation kann die Preisregulierung sogar den Deadweight-Verlust, der sich aus der Monopolmacht ergibt, eliminieren.

Abbildung 10.11 verdeutlicht die Auswirkungen einer Preisregulierung. P_m und Q_m sind der Preis und die Menge, die sich ohne Regulierung ergeben würden – an einem Punkt also, wo der Grenzerlös den Grenzkosten entspricht. Nehmen wir nun an, der Preis wird so reguliert, dass er P_1 nicht übersteigen darf. Um die gewinnmaximierende Menge des Unternehmens zu finden, müssen wir ermitteln, wie die Durchschnitts- und Grenzerlöskurven von der Regulierung beeinflusst werden.

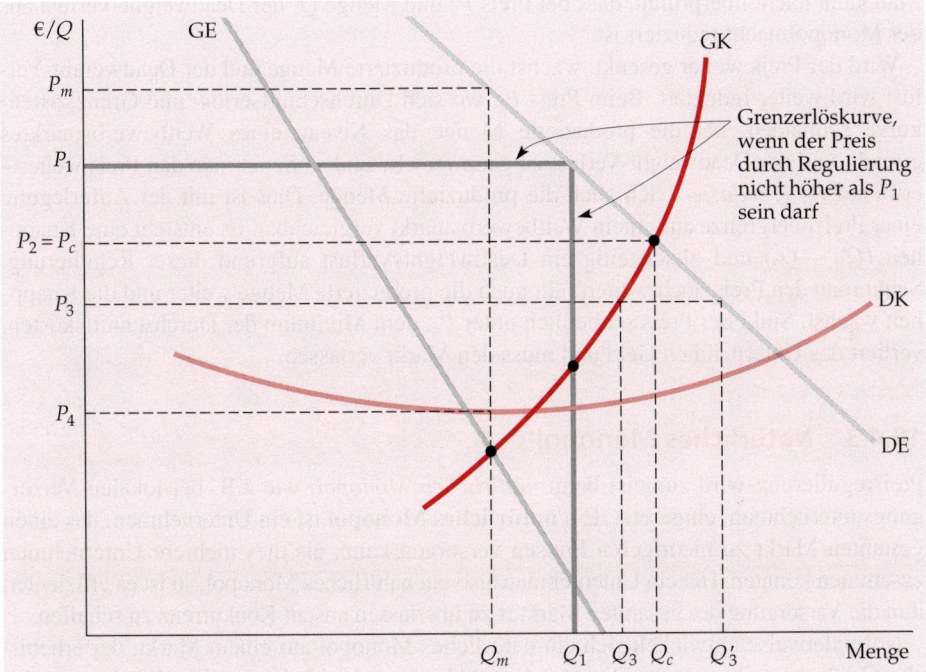

Abbildung 10.11: Preisregulierung
Ist ein Monopolist auf sich allein gestellt, produziert er die Menge Q_m und verkauft sie zum Preis P_m. Wenn der Staat allerdings eine Preisobergrenze P_1 einführt, sind Durchschnitts- und Grenzerlöse des Unternehmens bis zu einem Produktionsniveau von Q_1 konstant gleich P_1. Bei höheren Produktionsniveaus gelten die ursprünglichen Durchschnitts- und Grenzerlöskurven. Die neue Grenzerlöskurve ist demnach die dunkel eingezeichnete Linie, die die Grenzkostenkurve bei Q_1 schneidet. Wird der Preis auf P_c gesenkt, das ist der Punkt, in dem die Grenzkostenkurve die Durchschnittserlöskurve schneidet, steigt die Produktion auf das maximale Niveau Q_c an. Dies ist das Produktionsniveau, das ein Wettbewerbsunternehmen wählen würde. Senkt man den Preis weiter auf P_3, so sinkt auch das Produktionsniveau auf Q_3 und es entsteht eine Knappheit von $Q'_3 - Q_3$.

Da das Unternehmen für jede produzierte Menge bis zum Produktionsniveau Q_1 nicht mehr als P_1 pro Stück verlangen kann, ist seine neue Durchschnittserlöskurve eine horizontale Gerade durch P_1. Bei Produktionsniveaus über Q_1 sind alte und neue Durchschnittserlöskurve identisch. Hier wird das Unternehmen weniger als P_1 verlangen und so von der Preisregulierung unberührt bleiben.

Die neue Grenzerlöskurve des Unternehmens entspricht seiner neuen Durchschnittserlöskurve und wird ebenfalls durch die dunkel eingezeichnete Linie in Abbildung 10.11 definiert. Für Produktionsniveaus bis Q_1 ist der Grenzerlös gleich dem Durchschnittserlös. (Erinnern wir uns, dass es sich hier ähnlich verhält wie bei einem Wettbewerbsunternehmen: Wenn der Durchschnittserlös konstant ist, sind Durchschnitts- und Grenzerlös gleich.) Für Produktionsniveaus über Q_1 entspricht die neue Grenzerlöskurve der ursprünglichen Kurve. Die vollständige Grenzerlöskurve hat nun also drei Teile: (1) einen horizontalen Abschnitt bei P_1 für Mengen bis zu Q_1, (2) einen vertikalen Abschnitt bei der Menge Q_1, der die ursprünglichen Durchschnitts- und Grenzerlöskurven verbindet, und (3) die ursprüngliche Grenzerlöskurve für Mengen über Q_1.

Um seine Gewinne zu maximieren, sollte das Unternehmen das Produktionsniveau Q_1 wählen, denn an diesem Punkt schneidet seine Grenzerlöskurve die Grenzkostenkurve. Man kann leicht überprüfen, dass bei Preis P_1 und Menge Q_1 der Deadweight-Verlust aus der Monopolmacht reduziert ist.

Wird der Preis weiter gesenkt, wächst die produzierte Menge und der Deadweight-Verlust wird weiter reduziert. Beim Preis P_c, wo sich Durchschnittserlös- und Grenzkostenkurve schneiden, hat die produzierte Menge das Niveau eines Wettbewerbsmarktes erreicht und der Deadweight-Verlust ist ganz verschwunden. Senkt man den Preis weiter – etwa auf P_3 –, *reduziert* sich auch die produzierte Menge. Dies ist mit der Auferlegung einer Preisobergrenze auf einem Wettbewerbsmarkt vergleichbar. Es entsteht eine Knappheit ($Q'_3 - Q_3$) und gleichzeitig ein Deadweight-Verlust aufgrund dieser Regulierung. Senkt man den Preis noch weiter, fällt auch die produzierte Menge weiter und die Knappheit wächst. Sinkt der Preis schließlich unter P_4, dem Minimum der Durchschnittskosten, verliert das Unternehmen Geld und muss den Markt verlassen.

10.4.3 Natürliches Monopol

> **Natürliches Monopol**
>
> Ein Unternehmen, das einen gesamten Markt allein zu niedrigeren Kosten versorgen kann, als dies mehrere Unternehmen zusammen könnten.

Preisregulierung wird zumeist beim *natürlichen Monopol*, wie z.B. bei lokalen Versorgungsunternehmen, eingesetzt. Ein **natürliches Monopol** ist ein Unternehmen, das einen gesamten Markt zu niedrigeren Preisen versorgen kann, als dies mehrere Unternehmen zusammen könnten. Hat ein Unternehmen also ein natürliches Monopol, so ist es effizienter, ihm die Versorgung des gesamten Marktes zu überlassen anstatt Konkurrenz zu schaffen.

Normalerweise entwickelt sich ein natürliches Monopol auf einem Markt, der erhebliche Größenvorteile zulässt. Dies wird in Abbildung 10.12 dargestellt. Würde man das hier dargestellte Unternehmen in zwei getrennte Firmen aufspalten, die beide je die Hälfte des Marktes bedienen, lägen die Durchschnittskosten jedes einzelnen Unternehmens über den ursprünglich anfallenden Kosten beim natürlichen Monopol.

Man erkennt aus Abbildung 10.12, dass die Durchschnittskosten immer fallen, so dass die Grenzkosten immer unterhalb der Durchschnittskosten liegen. Ohne Regulierung würde das Unternehmen die Menge Q_m produzieren und sie zum Preis P_m verkaufen. Im Idealfall würde die Regulierungsbehörde den Preis des Unternehmens gern auf das Wettbewerbsniveau P_c drücken. Auf diesem Niveau würde der Preis jedoch die Durchschnittskosten nicht abdecken, und das Unternehmen müsste den Markt verlassen. Die beste Alternative ist daher, den Preis bei P_r festzusetzen, im Punkt also, wo sich Durchschnittskosten- und Durchschnittserlöskurve schneiden. In diesem Fall erlangt das Unternehmen keine zusätzlichen Gewinne aufgrund seiner Monopolstellung und die produzierte Menge ist so groß wie möglich, ohne das Unternehmen vom Markt zu vertreiben.

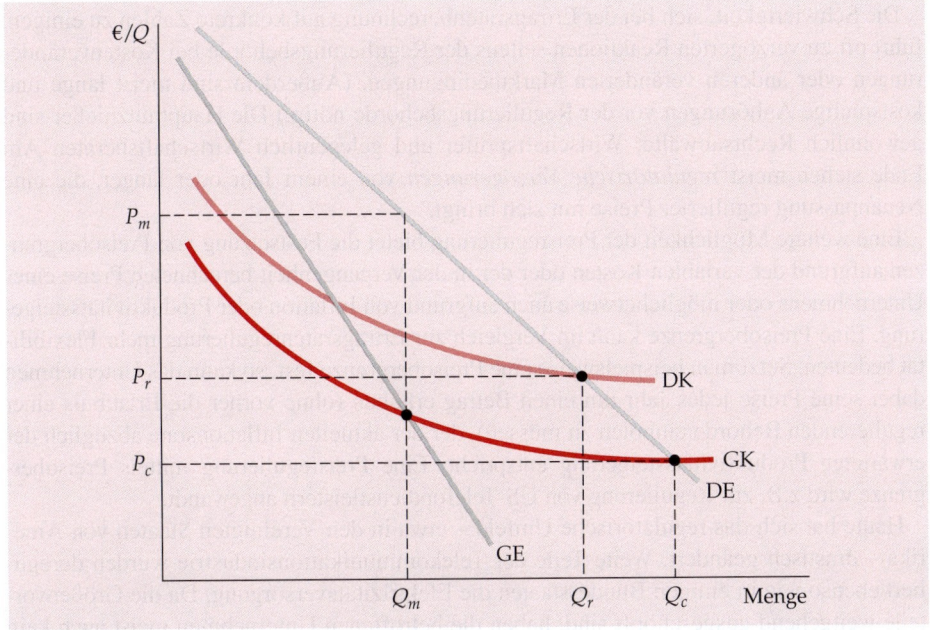

Abbildung 10.12: Preisregulierung beim natürlichen Monopol
Ein Unternehmen ist ein natürliches Monopol, wenn es über alle Produktionsniveaus hinweg Größenvorteile nutzen kann, d.h. wenn Durchschnitts- und Grenzkosten immer fallen. Würde man den Preis bei P_c festsetzen, würde das Unternehmen Geld verlieren und müsste seine Geschäfte aufgeben. Setzt man den Preis bei P_r fest, ergibt sich dadurch die größte mögliche Produktionsmenge, das Unternehmen bleibt auf dem Markt, erzielt aber keine zusätzlichen Monopolgewinne.

10.4.4 Preisregulierung in der Praxis

Erinnern wir uns, dass der Wettbewerbspreis (P_c in Abbildung 10.11) in dem Punkt liegt, wo sich die Grenzkosten- und die Durchschnittserlöskurve (Nachfragekurve) des Unternehmens schneiden. Ähnliches gilt auch für das natürliche Monopol; der minimale zulässige Preis (P_r in Abbildung 10.12) liegt in dem Punkt, wo sich Durchschnittskosten- und Nachfragekurve schneiden. Leider ist es oft schwierig, diese Preise in der Praxis genau zu definieren, da die Nachfrage- und Kostenkurven der Unternehmen sich mit wechselnden Marktbedingungen verschieben können.

> **Ertragsraten-regulierung**
>
> Der maximal zulässige Preis, den die Regulierungsbehörde auf der Basis der (erwarteten) Ertragsrate eines Unternehmens festlegt.

Aus diesem Grund basiert die Preisregulierung für ein Monopol manchmal auf der Ertragsrate seines Kapitals. Die Regulierungsbehörde setzt den zulässigen Preis so fest, dass diese Ertragsrate in gewisser Weise „kompetitiv" oder „fair" ist. Diese Vorgehensweise nennt man **Ertragsratenregulierung**: Der maximale zulässige Preis basiert auf der (erwarteten) Ertragsrate, die das Unternehmen erzielen wird.[13]

Leider ergeben sich bei der Anwendung der Ertragsratenregulierung schwierige Probleme. Zunächst ist der Kapitalstock eines Unternehmens, ein Schlüsselelement bei der Bestimmung der Ertragsrate, schwer zu bewerten. Außerdem müsste eine „faire" Ertragsrate auf den tatsächlichen Kapitalkosten des Unternehmens basieren, diese Kosten hängen aber wiederum vom Verhalten der Regulierungsbehörde ab (und davon, welche zukünftig erlaubten Ertragsraten die Investoren erwarten).

Die Schwierigkeit, sich bei der Ertragsratenberechnung auf konkrete Zahlen zu einigen, führt oft zu verzögerten Reaktionen seitens der Regulierungsbehörde bei Kostenveränderungen oder anderen veränderten Marktbedingungen. (Außerdem sind meist lange und kostspielige Anhörungen vor der Regulierungsbehörde nötig.) Die Hauptnutznießer sind gewöhnlich Rechtsanwälte, Wirtschaftsprüfer und gelegentlich Wirtschaftsberater. Am Ende stehen meist *regulatorische Verzögerungen* von einem Jahr oder länger, die eine Neuanpassung regulierter Preise mit sich bringt.

Eine weitere Möglichkeit der Preisregulierung bietet die Festsetzung von Preisobergrenzen aufgrund der variablen Kosten oder der in der Vergangenheit berechneten Preise eines Unternehmens oder möglicherweise auch aufgrund von Inflation oder Produktivitätssteigerung. Eine Preisobergrenze kann im Vergleich zur Ertragsratenregulierung mehr Flexibilität bedeuten. Setzt man beispielsweise eine Preisobergrenze fest, so kann das Unternehmen dabei seine Preise jedes Jahr um einen Betrag erhöhen (ohne vorher die Erlaubnis einer regulierenden Behörde einholen zu müssen), der der aktuellen Inflationsrate abzüglich der erwarteten Produktivitätssteigerung entspricht. Eine Preisregulierung mittels Preisobergrenze wird z.B. zur Regulierung von US-Telefondienstleistern angewandt.

Heute hat sich das regulatorische Umfeld – etwa in den Vereinigten Staaten von Amerika – drastisch geändert. Weite Teile der Telekommunikationsindustrie wurden dereguliert ebenso wie in einigen Bundesstaaten die Elektrizitätsversorgung. Da die Größenvorteile weitgehend ausgeschöpft sind, haben die betroffenen Unternehmen meist auch kein natürliches Monopol mehr. Zudem machte es der technologische Fortschritt neuen Unternehmen relativ leicht, auf diese Märkte vorzudringen.

10.5 Monopson

Bisher beschränkten sich unsere Erläuterungen zur Marktmacht ausschließlich auf die Verkäuferseite des Marktes. Nun wenden wir uns der *Käuferseite* zu. Wir werden feststellen, dass auch eine kleine Gruppe an Käufern – vorausgesetzt es sind nicht zu viele – Marktmacht haben kann und diese auch für sich gewinnbringend ausüben und dadurch den Kaufpreis beeinflussen kann.

---

[13] Regulierungsbehörden verwenden normalerweise eine Formel wie die folgende, um den Preis zu bestimmen: $P = VDK + (D + T + sK)/Q$, wobei VDK die durchschnittlichen variablen Kosten, Q die Produktionsmenge, s die erlaubte „faire" Ertragsrate, D die Abschreibung, T die Steuern und K der gegenwärtige Kapitalstock des Unternehmens ist.

10.5 Monopson

Zunächst einige Begriffe:

- Ein **Monopson** ist ein Markt mit nur einem Käufer.
- Ein **Oligopson** ist ein Markt mit nur wenigen Käufern.
- Gibt es auf dem Markt nur einen oder einige wenige Käufer, können diese Käufer **Monopsonmacht** haben; das ist die Fähigkeit, den Kaufpreis zu beeinflussen. Monopsonmacht verhilft dem Käufer dazu, ein Gut zu einem geringeren Preis als dem Wettbewerbspreis zu kaufen.

Nehmen wir an, wir müssen entscheiden, welche Menge eines bestimmten Gutes wir kaufen wollen. Man könnte das grundlegende Marginalprinzip anwenden, d.h. so viele Einheiten kaufen, bis der zusätzliche Wert oder Nutzen der letzten gekauften Einheit genau gleich den Kosten für diese Einheit ist. Anders ausgedrückt, bei dieser letzten oder Grenzeinheit sollte der zusätzliche Nutzen den zusätzlichen Kosten genau entsprechen.

Sehen wir uns diesen zusätzlichen Nutzen und die zusätzlichen Kosten genauer an. Wir verwenden den Begriff **Grenzwert**, um den zusätzlichen Nutzen aus dem Kauf einer weiteren Einheit eines Gutes zu definieren. Wie aber können wir diesen Grenzwert bestimmen? Erinnern wir uns aus Kapitel 4, dass die Nachfragekurve eines Individuums den Grenzwert oder Grenznutzen als Funktion der gekauften Menge definiert. Deshalb entspricht die *Grenzwertkurve* auch der *Nachfragekurve* des Individuums nach diesem Gut. Die Nachfragekurve eines Individuums verläuft fallend, weil der Grenzwert aus dem Kauf jeder Einheit eines Gutes immer weiter sinkt, je mehr Einheiten gekauft werden.

> **Oligopson**
> Ein Markt mit nur wenigen Käufern.
>
> **Monopsonmacht**
> Die Fähigkeit des Käufers, den Marktpreis eines Gutes zu beeinflussen.
>
> **Grenzwert**
> Zusätzlicher Nutzen aus dem Kauf einer weiteren Einheit eines Gutes.
>
> In § 4.1 erklären wir, dass der zusätzliche Nutzen, den ein Verbraucher jeder weiteren gekauften Einheit eines Gutes zumisst, sinkt, je weiter er sich entlang der fallenden Nachfragekurve abwärts bewegt, d.h. je größer die gekaufte Menge wird.

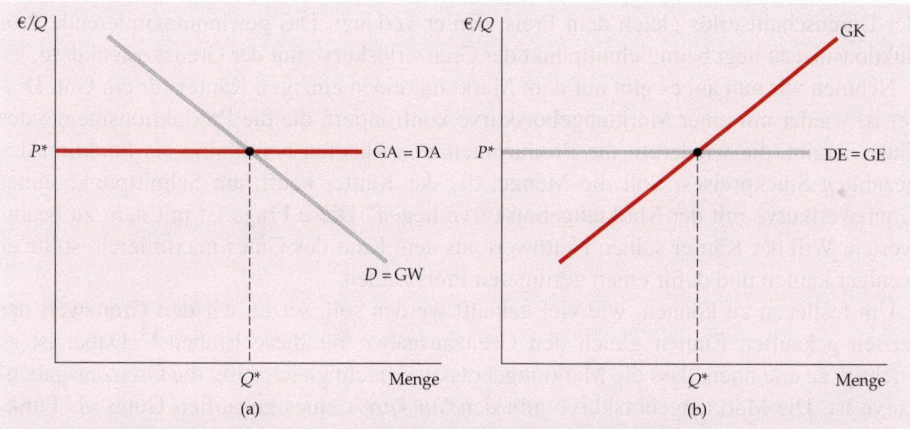

Abbildung 10.13: Wettbewerbskäufer und Wettbewerbsverkäufer im Vergleich
In Abbildung **(a)** nimmt der Wettbewerbskäufer den Marktpreis P^* als gegeben an. Deshalb sind seine Durchschnittsausgaben (DA) und seine Grenzausgaben (GA) konstant und gleich. Die zu kaufende Menge findet man, indem man Preis und Grenzwert GW (Nachfrage) gleichsetzt. In Abbildung **(b)** nimmt der Wettbewerbsverkäufer ebenfalls den Marktpreis als gegeben an. Sein Grenz- und Durchschnittserlös sind auch konstant und gleich. Das angemessene Produktionsniveau lässt sich finden, indem man Preis und Grenzkosten gleichsetzt.

10 Marktmacht – Monopol und Monopson

Grenzausgaben

Die zusätzlichen Kosten, die beim Kauf einer weiteren Einheit eines Gutes anfallen.

Durchschnittsausgaben

Der Preis für eine gekaufte Einheit eines Gutes.

Die zusätzlichen Kosten, die beim Kauf einer weiteren Einheit anfallen, nennt man **Grenzausgaben**. Wie hoch diese Grenzausgaben sind, hängt davon ab, ob es sich um einen Wettbewerbskäufer oder einen Käufer mit Monopsonmacht handelt. Nehmen wir an, es handelt sich um einen Wettbewerbskäufer, der also den Preis, den er für das betreffende Gut bezahlt, nicht beeinflussen kann. In diesem Fall sind die Kosten für jede weitere gekaufte Einheit gleich, egal wie viele Einheiten er kauft. Sie entsprechen dem Marktpreis des Gutes. Abbildung 10.13(a) veranschaulicht dieses Prinzip. Der Stückpreis, den der Wettbewerbskäufer bezahlt, entspricht seinen **Durchschnittsausgaben** und ist für alle Einheiten gleich. Wo liegen aber seine *Grenzausgaben* pro gekaufter Einheit? Für jeden Wettbewerbskäufer sind die Grenzausgaben gleich den Durchschnittsausgaben, die wiederum dem Marktpreis des Gutes entsprechen.

Abbildung 10.13(a) zeigt auch die Grenzwertkurve eines Wettbewerbskäufers, d.h. seine Nachfragekurve. Wie viele Einheiten des Gutes sollte er kaufen? Er sollte so viele Einheiten kaufen, bis der Grenzwert der letzten gekauften Einheit genau den Grenzausgaben für diese Einheit entspricht. Also sollte er die Menge Q^* kaufen, die am Schnittpunkt der Durchschnittsausgaben- und der Nachfragekurve liegt.

Wir haben die Begriffe Grenz- und Durchschnittsausgaben deshalb eingeführt, weil sie die Auswirkungen von Monopsonmacht leichter verständlich machen. Bevor wir uns jedoch dieser Situation zuwenden, sehen wir uns die Analogie der Bedingungen für einen Wettbewerbskäufer und einen Wettbewerbsverkäufer an. Abbildung 10.13(b) zeigt, wie ein Wettbewerbsverkäufer entscheidet, wie viele Einheiten er produzieren und verkaufen soll. Da der Verkäufer den Marktpreis als gegeben annimmt, sind sowohl der Grenz- wie auch der Durchschnittserlös gleich dem Preis, den er verlangt. Das gewinnmaximierende Produktionsniveau liegt beim Schnittpunkt der Grenzerlöskurve mit der Grenzkostenkurve.

Nehmen wir nun an, es gibt auf dem Markt nur einen einzigen Käufer für ein Gut. Dieser ist wieder mit einer Marktangebotskurve konfrontiert, die die Produktionsmenge des Gutes angibt, die wiederum die Produzenten zu verkaufen bereit sind als Funktion des gezahlten Stückpreises. Soll die Menge, die der Käufer kauft, am Schnittpunkt seiner Grenzwertkurve mit der Marktangebotskurve liegen? Diese Frage ist mit nein zu beantworten. Will der Käufer seinen Nettowert aus dem Kauf des Gutes maximieren, sollte er weniger kaufen und dafür einen geringeren Preis zahlen.

Um festlegen zu können, wie viel gekauft werden soll, setzen wir den Grenzwert der letzten gekauften Einheit gleich den Grenzausgaben für diese Einheit.[14] Dabei ist es wichtig, zu erkennen, dass die Marktangebotskurve nicht gleichzeitig die Grenzausgabenkurve ist. Die Marktangebotskurve gibt den *Stückpreis* eines gekauften Gutes als Funktion der gesamten gekauften Menge an. Anders ausgedrückt ist die Marktangebotskurve gleich der *Durchschnittsausgabenkurve*. Und da diese Durchschnittsausgabenkurve steigend verläuft, muss die Grenzausgabenkurve darüber liegen. Die Entscheidung, eine weitere Einheit zu kaufen, steigert den Preis für *alle* gekauften Einheiten, nicht nur den Preis der zusätzlich gekauften Einheit.[15]

---

14 Mathematisch können wir den Nettowert NW aus dem Kauf des Gutes als NW = $W - A$ definieren, wobei W den Wert des Kaufes für den Käufer und A seine Ausgaben bezeichnet. Der Nettowert wird maximiert, wenn $\Delta NW/\Delta Q = 0$ ist. Dann gilt $\Delta NW/\Delta Q = \Delta W/\Delta Q - \Delta A/\Delta Q$ = GW − GA = 0, sodass GW = GA.

15 Um die Grenzausgabenkurve algebraisch zu berechnen, schreiben wir die Angebotskurve mit dem Preis P auf der linken Seite: $P = P(Q)$. Dann sind die Gesamtausgaben A gleich Preis mal Menge oder $A = P(Q)Q$ und die Grenzausgaben sind GA = $\Delta A/\Delta Q = P(Q) + Q(\Delta P/\Delta Q)$. Da die Angebotskurve steigend verläuft, ist $\Delta P/\Delta Q$ positiv und die Grenzausgaben liegen über den Durchschnittsausgaben.

10.5 Monopson

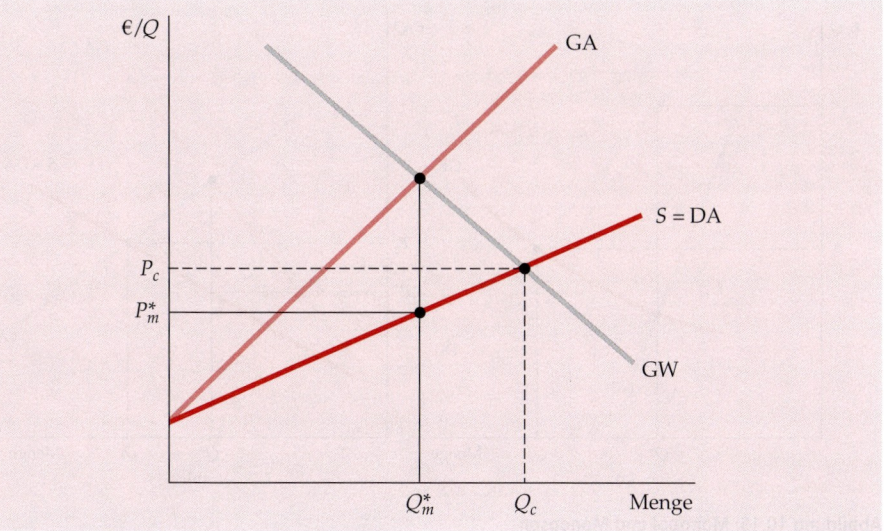

Abbildung 10.14: Ein Käufer mit Monopsonmacht
Die Marktangebotskurve ist die Durchschnittsausgabenkurve des Monopsonisten DA. Da die Durchschnittsausgaben immer ansteigen, liegen die Grenzausgaben darüber. Ein Monopsonist kauft die Menge Q^*_m, denn an diesem Punkt schneiden sich seine Grenzausgabenkurve und seine Grenzwertkurve (Nachfragekurve). Der entsprechende Stückpreis P^*_m leitet sich dann von der Durchschnittsausgabenkurve (Angebotskurve) ab. Auf einem Wettbewerbsmarkt sind Preis und Menge, P_c und Q_c, beide höher. Sie liegen in dem Punkt, wo sich Durchschnittsausgabenkurve (Angebot) und Grenzwertkurve (Nachfrage) schneiden.

Abbildung 10.14 verdeutlicht dieses Prinzip. Die optimale Menge, die ein Monopsonist kaufen würde, Q^*_m, findet man am Schnittpunkt der Nachfragekurve mit der Grenzausgabenkurve. Den Preis, den der Monopolist bezahlt, findet man auf der Angebotskurve: Es ist der Preis P^*_m, der dem Angebot Q^*_m entspricht. Deutlich ist zu erkennen, dass diese Menge Q^*_m und der Preis P^*_m niedriger sind als gekaufte Menge und Kaufpreis auf einem Wettbewerbsmarkt, Q_c und P_c.

10.5.1 Monopson und Monopol im Vergleich

Man kann das Monopson leichter verstehen, wenn man es mit dem Monopol vergleicht. Abbildungen 10.15(a) und 10.15(b) veranschaulichen diesen Vergleich. Erinnern wir uns, dass ein Monopolist einen Preis verlangen kann, der über seinen Grenzkosten liegt, denn er ist mit einer abwärts geneigten Nachfragekurve (oder Durchschnittserlöskurve) konfrontiert und sein Grenzerlös liegt unterhalb seines Durchschnittserlöses. Setzt man Grenzkosten und Grenzerlös gleich, erhält man die Menge Q^*, die geringer ist als die angebotene Menge auf einem Wettbewerbsmarkt, und den Preis P^*, der über dem Wettbewerbspreis P_c liegt.

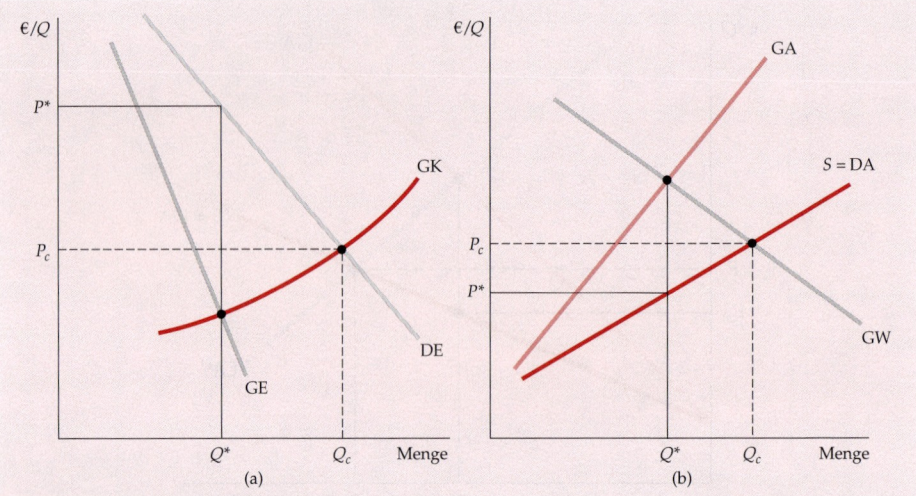

Abbildung 10.15: Monopol und Monopson
Diese beiden Diagramme zeigen die Analogie zwischen Monopol und Monopson. **(a)** Der Monopolist wählt ein Produktionsniveau, bei dem Grenzerlös und Grenzkosten gleich sind. Der Durchschnittserlös übersteigt hier den Grenzerlös, so dass der Preis über den Grenzkosten liegt. **(b)** Der Monopsonist kauft bis zu dem Punkt, in dem seine Grenzausgaben gleich seinem Grenzwert sind. Hier übersteigen die Grenzausgaben die Durchschnittsausgaben, so dass der Grenzwert über dem bezahlten Preis liegt.

Beim Monopson ist die Situation genau analog. Wie Abbildung 10.15(b) zeigt, kann der Monopsonist ein Gut *zu einem Preis kaufen, der unterhalb seines Grenzwertes liegt*, denn er ist mit einer ansteigenden Angebotskurve (oder Durchschnittsausgabenkurve) konfrontiert. Also sind für den Monopsonisten die Grenzausgaben höher als die Durchschnittsausgaben. Setzt man den Grenzwert gleich den Grenzausgaben, so erhält man die Menge Q^*, die niedriger ist als die gekaufte Menge auf einem Wettbewerbsmarkt, und den Preis P^*, der unter dem Wettbewerbspreis P_c liegt.

10.6 Monopsonmacht

Reine Monopsone kommen in der Praxis selten vor. Sehr viel häufiger sind allerdings Märkte mit nur einigen wenigen Käufern, von denen jeder eine gewisse Monopsonmacht besitzt. So konkurrieren etwa die großen US-Automobilkonzerne als Käufer auf dem Reifenmarkt. Da jeder von ihnen einen großen Marktanteil hat, verfügt er auch über eine gewisse Monopsonmacht auf diesem Markt. General Motors, eines der größten Unternehmen auf diesem Markt, könnte so beim Vertragsabschluss über die Lieferung von Reifen oder anderen Automobilteilen beträchtliche Monopsonmacht ausüben.

Auf einem Wettbewerbsmarkt entspricht der Preis dem Grenzwert eines Gutes. Ein Käufer mit Monopsonmacht kann jedoch ein Gut zu einem Preis kaufen, der unterhalb des Grenzwertes liegt. Um wie viel der Preis unterhalb des Grenzwertes herabgesetzt wird, hängt von der Angebotselastiziät ab, mit der der Käufer konfrontiert ist.[16] Ist das

---

[16] Die genaue Beziehung (analog zu Gleichung (10.1) ergibt sich aus $(GW - P)/P = -1/E_s$. Diese Gleichung ergibt sich, da $GW = GA$ und $GA = \Delta(PQ)/\Delta Q = P + Q(\Delta P/\Delta Q)$.

Angebot sehr elastisch (d.h. E_s ist groß), wird der Preisabschlag gering sein, der Käufer verfügt also nur über geringe Monopsonmacht. Ist das Angebot dagegen unelastisch, wird der Preisabschlag groß sein, und der Käufer hat beträchtliche Monopsonmacht. Die Abbildungen 10.16(a) und 10.16(b) illustrieren diese beiden Fälle.

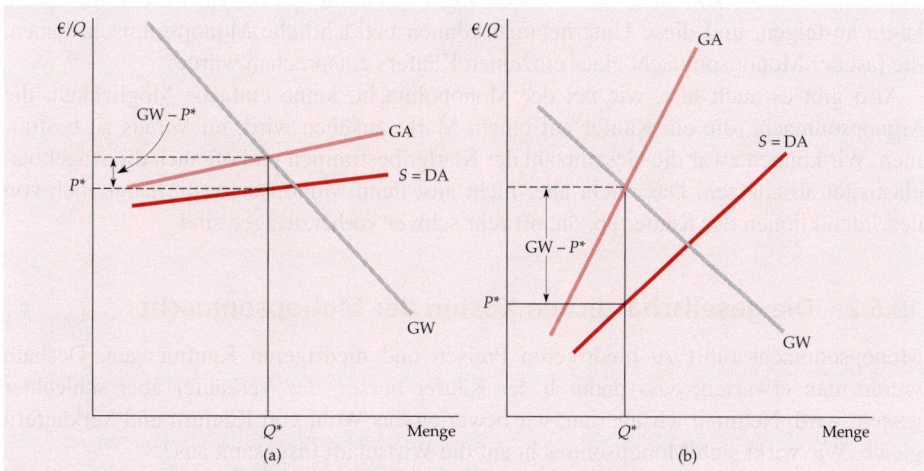

Abbildung 10.16: Monopsonmacht: elastisches und unelastisches Angebot im Vergleich
Monopsonmacht hängt von der Angebotselastizität ab. Ist das Angebot elastisch, wie in **(a)**, liegen Grenzausgaben und Durchschnittsausgaben nicht weit auseinander und der Preis weicht nicht sehr stark vom Wettbewerbspreis ab. Ist das Angebot dagegen unelastisch, wie in **(b)**, so ist das Gegenteil der Fall.

10.6.1 Ursachen der Monopsonmacht

Welche Faktoren bestimmen das Ausmaß der Monopsonmacht auf einem Markt? Wieder können wir Parallelen ziehen zu Monopol und Monopolmacht. Wir haben gesehen, dass Monopolmacht von drei Dingen abhängt, nämlich der Nachfrageelastizität des Marktes, der Anzahl der Verkäufer auf dem Markt und der Interaktion dieser Verkäufer. Monopsonmacht ist von drei ganz ähnlichen Faktoren abhängig, nämlich der Angebotselastizität des Marktes, der Anzahl der Käufer und der Interaktion dieser Käufer.

Angebotselastizität des Marktes Ein Monopsonist profitiert von einer steigenden Angebotskurve, denn dadurch übersteigen die Grenzausgaben die Durchschnittsausgaben. Je unelastischer die Angebotskurve, desto größer ist die Differenz zwischen Grenz- und Durchschnittsausgaben und desto größer ist auch die Monopsonmacht des Käufers. Gibt es nur einen Käufer auf dem Markt – liegt also ein natürliches Monopson vor –, so hängt der Grad seiner Monopsonmacht völlig von der Angebotselastizität des Marktes ab. Ist das Angebot sehr elastisch, so ist die Monopsonmacht gering und ein reiner Monopsonist hat nur wenige Vorteile.

Anzahl der Käufer Auf den meisten Märkten gibt es mehr als nur einen Käufer. Die Anzahl der Käufer ist ein wichtiger bestimmender Faktor der Monopsonmacht. Ist die Gesamtzahl der Käufer groß, kann kein einzelner Käufer den Marktpreis übermäßig stark beeinflussen. Jeder dieser Käufer ist also mit einer extrem elastischen Angebotskurve konfrontiert und der Markt entspricht fast einem Wettbewerbsmarkt. Potenzielle Monopsonmacht ergibt sich nur dann, wenn die Anzahl der Käufer begrenzt ist.

Interaktionen der Käufer Nehmen wir schließlich an, es gibt drei oder vier Käufer auf dem Markt. Wenn diese Käufer einen aggressiven Konkurrenzkampf führen, werden sie dadurch die Preise in die Höhe treiben und damit in die Nähe ihres Grenzwertes bringen. Sie haben also nur geringe Monopsonmacht. Wenn die Käufer allerdings nur in geringem Maße miteinander konkurrieren oder sich sogar zusammenschließen, werden die Preise kaum ansteigen, und diese Unternehmen können beträchtliche Monopsonmacht haben, die fast der Monopsonmacht eines einzelnen Käufers entsprechen würde.

Also gibt es auch hier, wie bei der Monopolmacht, keine einfache Möglichkeit, die Monopsonmacht, die ein Käufer auf einem Markt ausüben wird, im Voraus zu bestimmen. Wir können zwar die Gesamtzahl der Käufer bestimmen und oft auch die Angebotselastizität abschätzen. Das reicht aber nicht aus, denn Monopsonmacht hängt auch von den Interaktionen der Käufer ab, die oft sehr schwer vorherzusagen sind.

10.6.2 Die gesellschaftlichen Kosten der Monopsonmacht

Monopsonmacht führt zu niedrigeren Preisen und niedrigeren Kaufmengen. Deshalb würde man erwarten, dass dadurch der Käufer besser, der Verkäufer aber schlechter gestellt wird. Nehmen wir aber an, wir bewerten das Wohl von Käufern und Verkäufern gleich. Wie wirkt sich Monopsonmacht auf die Wirtschaft insgesamt aus?

Diese Frage können wir beantworten, indem wir die Konsumenten- und Produzentenrente auf einem Wettbewerbsmarkt mit der Konsumenten- und Produzentenrente eines monopsonistischen Marktes vergleichen. Abbildung 10.17 zeigt die Durchschnitts- und die Grenzausgabenkurve sowie die Grenzwertkurve eines Monopsonisten. Der Nettowert für den Monopsonisten wird maximiert, wenn er die Menge Q_m zum Preis von P_m kauft, so dass der Grenzwert gleich den Grenzausgaben ist. Auf einem Wettbewerbsmarkt ist der Preis gleich dem Grenzwert. Wettbewerbspreis und -menge, Q_c und P_c, ergeben sich also aus dem Schnittpunkt der Durchschnittsausgabenkurve mit der Grenzwertkurve. Nun wollen wir sehen, wie sich die Rente verändert, wenn wir uns vom Wettbewerbspreis P_c und der Wettbewerbsmenge Q_c zum Monopsonpreis P_m und der Monopsonmenge Q_m bewegen.

> Man erkenne die Ähnlichkeit mit dem Nettowohlfahrtsverlust aufgrund von Monopolmacht, was in § 10.4 behandelt wurde.

Liegt ein Monopson vor, so ist der Preis geringer und es wird weniger verkauft. Aufgrund des niedrigeren Preises verlieren die Verkäufer Rente entsprechend der Fläche des Rechtecks A in der Abbildung. Zusätzlich verlieren die Verkäufer Rente in Höhe der Fläche des Dreiecks C, da die Verkaufsmenge zurückgeht. Der Gesamtverlust an Produzenten-(Verkäufer-)Rente beträgt daher A + C. Da der Käufer zu einem geringeren Preis kauft, gewinnt er Rente in Höhe der Fläche des Rechtecks A hinzu. Er kauft jedoch weniger, nämlich Q_m anstatt Q_c, und verliert daher die Rente, die der Fläche des Dreiecks B entspricht. Der Gesamtgewinn an Konsumentenrente beträgt deshalb A − B. Insgesamt ergibt sich also ein Gesamtverlust an Rente von B + C. Dies ist der *Nettowohlfahrtsverlust (Deadweight-Verlust) aufgrund von Monopsonmacht*. Selbst wenn die Gewinne des Monopsonisten hoch besteuert und so an die Produzenten umverteilt würden, bliebe doch eine Ineffizienz zurück, denn das Produktionsniveau läge immer noch unter dem Wettbewerbsniveau. Der Deadweight-Verlust entspricht den gesellschaftlichen Kosten dieser Ineffizienz.

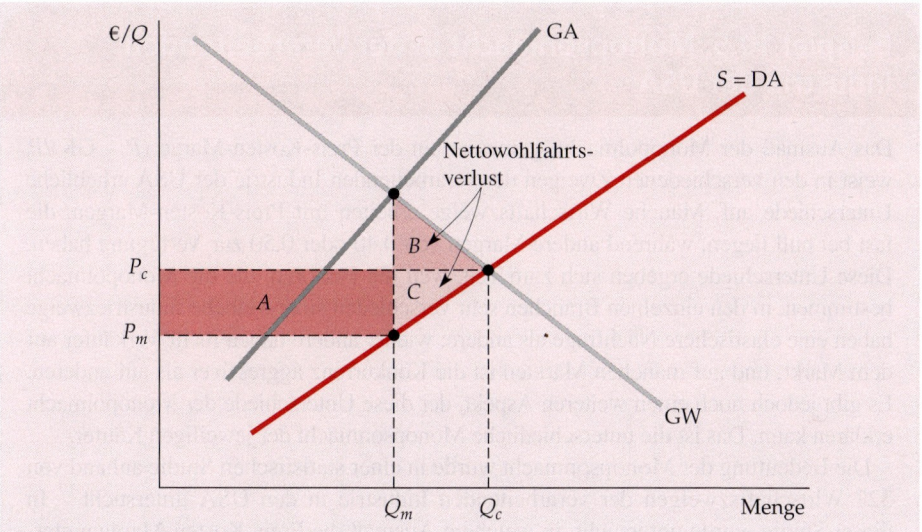

Abbildung 10.17: Nettowohlfahrtsverlust aufgrund von Monopsonmacht
Die schattierten Flächen zeigen die Veränderungen der Konsumenten- und Produzentenrenten an, die sich ergeben, wenn man sich vom Wettbewerbspreis P_c und der Wettbewerbsmenge Q_c zum Monopsonpreis P_m und der Monopsonmenge Q_m bewegt. Da beim Monopson sowohl Preis als auch Menge geringer sind, ergibt sich eine Käufer-(Konsumenten-)Rente von $A - B$. Die Produzentenrente fällt um $A + C$, also entsteht ein Nettowohlfahrtsverlust von $B + C$.

10.6.3 Bilaterales Monopol

Was passiert, wenn ein Monopolist auf einen Monopsonisten trifft? Das ist schwer vorherzusagen. Einen solchen Markt, auf dem es nur einen Verkäufer und nur einen Käufer gibt, nennt man **bilaterales Monopol**. Versucht man, sich diesen Markt vorzustellen, so wird schnell klar, warum es so schwierig ist, Preis und Verkaufsmenge vorherzusagen. Sowohl Käufer als auch Verkäufer sind in einer guten Verhandlungsposition. Leider gibt es keine einfache Regel, die besagt, welcher von beiden das bessere Ergebnis erzielen wird, wenn dies überhaupt für einen von ihnen der Fall sein wird. Vielleicht hat die eine Seite mehr Zeit und Geduld oder sie kann die andere Seite davon überzeugen, dass sie einfach aus dem Markt ausscheiden würde, sobald der Preis zu tief fällt oder zu hoch steigt.

Bilaterale Monopole sind selten. Häufiger dagegen gibt es Märkte, auf denen einige wenige Verkäufer eine gewisse Monopolmacht besitzen und an einige wenige Käufer verkaufen, die ihrerseits über Monopsonmacht verfügen. Obwohl es auch hier zu individuellen Verhandlungen kommen kann, können wir doch ein grundlegendes Prinzip anwenden. *Monopson- und Monopolmacht werden sich höchstwahrscheinlich gegenseitig neutralisieren.* Anders ausgedrückt wird die Monopsonmacht der Käufer die effektive Monopolmacht der Verkäufer verringern und umgekehrt. Dies bedeutet jedoch nicht, dass der Markt schließlich einem Wettbewerbsmarkt gleicht. Wenn etwa die Monopolmacht sehr groß, die Monopsonmacht dagegen gering ist, so hat die restliche Monopolmacht noch immer eine beträchtliche Wirkung. Im Allgemeinen wird jedoch Monopsonmacht den Preis näher an die Grenzkosten heranbringen, und Monopolmacht bringt ihn näher an den Grenzwert.

Bilaterales Monopol
Markt mit nur einem Verkäufer und nur einem Käufer.

Beispiel 10.5: Monopsonmacht in der verarbeitenden Industrie der USA

Das Ausmaß der Monopolmacht, gemessen an der Preis-Kosten-Marge $(P - GK)/P$, weist in den verschiedenen Zweigen der verarbeitenden Industrie der USA erhebliche Unterschiede auf. Manche Wirtschaftszweige arbeiten mit Preis-Kosten-Margen, die fast bei null liegen, während andere Margen von 0,40 oder 0,50 zur Verfügung haben. Diese Unterschiede ergeben sich zum Teil, weil die Faktoren, die die Monopolmacht bestimmen, in den einzelnen Branchen sehr verschieden sind. Manche Industriezweige haben eine elastischere Nachfrage als andere; wieder andere haben mehr Verkäufer auf dem Markt; und auf manchen Märkten ist die Konkurrenz aggressiver als auf anderen. Es gibt jedoch noch einen weiteren Aspekt, der diese Unterschiede der Monopolmacht erklären kann. Das ist die unterschiedliche Monopsonmacht der jeweiligen Käufer.

Die Bedeutung der Monopsonmacht wurde in einer statistischen Studie anhand von 327 Wirtschaftszweigen der verarbeitenden Industrie in den USA untersucht.[17] In dieser Studie wurde untersucht, in welchem Ausmaß die Preis-Kosten-Margenunterschiede in den einzelnen Industriezweigen auf die variierende Monopsonmacht der jeweiligen Käufer zurückzuführen waren. Obwohl das Ausmaß der Monopsonmacht der Käufer nicht direkt gemessen werden konnte, standen für die Studie dennoch andere wichtige Daten zur Verfügung, die eine Messung der Monopsonmacht erleichterten, wie etwa die Käuferkonzentration (der Anteil am Gesamtumsatz, der den drei oder vier größten Käufern zuzurechnen ist) und die durchschnittliche Höhe der jährlichen Kaufaufträge.

Die Studie belegte, dass die Monopsonmacht der Käufer einen wesentlichen Einfluss auf die Preis-Kosten-Margen der Verkäufer hatte und die Monopolmacht der Verkäufer so erheblich reduzieren konnte. Nehmen wir etwa die Käuferkonzentration, ein wichtiger bestimmender Faktor der Monopsonmacht. In Branchen, in denen nur vier oder fünf Unternehmen alle oder fast alle Käufe tätigen, sind die Preis-Kosten-Margen der Verkäufer im Durchschnitt um bis zu zehn Prozentpunkte geringer als in vergleichbaren Branchen mit Hunderten von Käufern.

Ein gutes Beispiel für Monopsonmacht in der US-verarbeitenden Industrie ist der Markt für Automobilteile oder -komponenten wie etwa Bremsen oder Kühler. Jeder führende Automobilhersteller der USA kauft seine einzelnen Autoteile von mindestens drei, oft sogar von bis zu zwölf Anbietern. Hinzu kommt, dass für ein standardisiertes Produkt, wie etwa eine Bremse, jeder Automobilhersteller normalerweise einen Teil seines Bedarfs selbst produziert, so dass er nicht völlig von externen Zulieferern abhängig ist. Dies verschafft den führenden Automobilherstellern wie etwa General Motors und Ford eine perfekte Verhandlungsposition gegenüber ihren Zulieferern. Jeder Zulieferer muss sich im Kampf um Aufträge gegen fünf bis zehn Konkurrenten durchsetzen, kann aber nur an einige wenige Käufer verkaufen. Handelt es sich um ein spezialisiertes Autoteil, gibt es vielleicht sogar nur *einen einzigen* Käufer. Folglich haben die großen amerikanischen Automobilhersteller beträchtliche Monopsonmacht. ▶

---

17 Die Studie wurde durchgeführt von Steven H. Lustgarten, The Impact of Buyer Concentration in Manufacutring Industries, *Review of Economics and Statistics* 57, Mai 1975: 125–132.

Diese Monopsonmacht zeigt sich an den Bedingungen, zu denen die Zulieferer produzieren und verkaufen. Um einen Verkaufsvertrag zu erhalten, muss ein Zulieferer als sehr zuverlässig gelten, was sowohl die Produktqualität als auch seine Fähigkeit angeht, knappe Lieferfristen einzuhalten. Zulieferer müssen außerdem sehr flexibel auf Volumenänderungen reagieren können, denn Verkäufe und Produktionsniveaus der Automobilhersteller sind starken Schwankungen ausgesetzt. Schließlich sind auch die Preisverhandlungen bekanntermaßen sehr schwierig. Es kann vorkommen, dass ein potenzieller Zulieferer seinen Vertrag nur deshalb verliert, weil sein Angebot um einen Cent pro Einheit über dem seines Konkurrenten liegt. Es liegt auf der Hand, dass Produzenten von Automobilteilen normalerweise sehr geringe oder keine Monopolmacht haben.

10.7 Einschränkung der Marktmacht – Kartellgesetze

Wir haben gesehen, dass Marktmacht – gleichgültig ob sie von Käufern oder Verkäufern ausgeübt wird – potenzielle Käufer schädigt, die zu Wettbewerbspreisen hätten kaufen können. Außerdem verringert sich bei Marktmacht das Produktionsniveau, und dies führt zu einem Nettowohlfahrtsverlust. Übermäßige Marktmacht verursacht auch Probleme in den Bereichen Gerechtigkeit und Fairness. Denn wenn ein Unternehmen beträchtliche Marktmacht besitzt, so wird es auf Kosten der Verbraucher profitieren. Theoretisch könnte der zusätzliche Gewinn eines Unternehmens durch Besteuerung eliminiert und an die Käufer des Endprodukts umverteilt werden, aber eine solche Umverteilung ist häufig nicht durchführbar. Es ist schwierig, genau zu bestimmen, welcher Anteil am Gewinn eines Unternehmens direkt auf die Monopolmacht zurückzuführen ist, und noch komplizierter ist es, alle Käufer ausfindig zu machen und sie anteilig gemäß ihrem Einkauf zu entschädigen.

Wie also kann eine Gesellschaft Marktmacht beschränken und außerdem verhindern, dass sie wettbewerbsschädigend eingesetzt wird? Bei einem natürlichen Monopol, wie etwa einem Elektrizitätswerk, liegt die Lösung des Problems in der direkten Preisregulierung. Allgemein muss man Unternehmen allerdings daran hindern, übermäßige Marktmacht durch Fusionen und Übernahmen überhaupt erst zu erlangen, und verhindern, dass Unternehmen, die bereits über Marktmacht verfügen, diese einsetzen, um den Wettbewerb zu behindern. In den Vereinigten Staaten und den meisten anderen Staaten wird dies durch die **Kartellgesetze** erreicht. Dies sind Regelungen und Richtlinien zur Förderung des Wettbewerbs, die Vorgehensweisen verbieten, welche den Wettbewerb wahrscheinlich einschränken.

Die Kartellgesetze unterscheiden sich von Land zu Land, wobei wir uns im Folgenden hauptsächlich darauf konzentrieren, wie diese Gesetze in den Vereinigten Staaten funktionieren. Dabei muss allerdings bereits zu Beginn betont werden, dass es in den Vereinigten Staaten und andernorts, auch wenn es Beschränkungen (wie beispielsweise im Hinblick auf geheime Absprachen mit anderen Unternehmen) gibt, im Allgemeinen nicht illegal ist, *Monopolist zu sein oder über Marktmacht zu verfügen*. Im Gegenteil dazu haben wir aufgezeigt, dass *Patent-* und *Urheberrechtsgesetze* die Monopolstellung von Unternehmen schützen, die einzigartige Innovationen entwickelt haben. Damit hat Microsoft ein Beinahe-Monopol im Bereich der Betriebssysteme für Personalcomputer, da andere Unternehmen das Windows-System nicht kopieren dürfen. Selbst wenn Microsoft über ein vollständiges Monopol verfügen würde (das tut es aber nicht – das Unternehmen steht auf dem

Kartellgesetze

Regelungen und Richtlinien, die Vorgehensweisen verbieten, welche den Wettbewerb höchstwahrscheinlich oder tatsächlich einschränken.

Markt mit den Apple- und Linux-Betriebssystemen im Wettbewerb), wäre auch das nicht rechtswidrig. Rechtswidrig könnte es aber sein, wenn Microsoft seine Monopolmacht im Bereich der Betriebssysteme für Personalcomputer einsetzt, um andere Unternehmen am Markteintritt mit neuen Betriebssystemen zu hindern. Wie in Beispiel 10.8 aufgezeigt werden wird, bildete dies die Grundlage für die gegen Microsoft vom US-amerikanischen Justizministerium und der Europäischen Kommission eingereichten Klagen.

10.7.1 Beschränkungen für Unternehmen

Innovationen fördern das Wirtschaftswachstum und verbessern die Wohlfahrt der Verbraucher, deshalb freuen wir uns, wenn Apple mit der Erfindung des iPhone und iPad Marktmacht aufbaut oder ein Pharmaunternehmen mit der Erfindung eines lebensrettenden Medikaments Marktmacht gewinnt. Allerdings gibt es auch andere Möglichkeiten für ein Unternehmen, Marktmacht zu gewinnen, die nicht so löblich sind, und an dieser Stelle kommen dann die Kartellgesetze ins Spiel. Grundsätzlich funktionieren diese Gesetze wie folgt:

Der Abschnitt 1 des Sherman Act (der 1890 verabschiedet wurde) verbietet Verträge, Zusammenschlüsse oder Absprachen, die den Handel beschränken. Ein offensichtliches Beispiel für einen rechtswidrigen Zusammenschluss ist eine ausdrückliche Vereinbarung zwischen den Produzenten, ihren Output zu beschränken und/oder den Preis über dem wettbewerblichen Niveau festzusetzen. Wie Beispiel 10.7 verdeutlicht, hat es mehrere Fälle solcher illegalen Zusammenschlüsse und Verschwörungen gegeben.

Parallelverhalten

Eine Form der stillschweigenden Übereinkunft, bei der ein Unternehmen konsequent genauso handelt wie sein Konkurrent.

Eine implizite *stillschweigende Übereinkunft*, **die sich in parallelem Verhalten äußert**, kann auch als Übertretung dieses Gesetzes ausgelegt werden. Wenn Unternehmen B beispielsweise konsequent die gleiche Preispolitik verfolgt wie Unternehmen A (parallele Preissetzung) und sich damit ganz anders verhält, als man es von Unternehmen erwarten würde, zwischen denen keine Kollusion herrscht (z.B. Preiserhöhungen trotz rückläufiger Nachfrage und Überangebots), lässt dies den Schluss auf eine stillschweigende Übereinkunft zu.[18]

Verdrängungswettbewerb

Preispolitik, die gegenwärtige Konkurrenten vom Markt verdrängt und neue Konkurrenten vom Markteintritt abhält, so dass ein Unternehmen von höheren zukünftigen Gewinnen profitieren kann.

Abschnitt 2 des Sherman-Gesetzes erklärt die tatsächliche oder versuchte Monopolisierung eines Marktes für illegal und verbietet illegale Absprachen, die zur Monopolisierung führen. Das Clayton-Gesetz (1914) hat viel dazu beigetragen, um genau zu definieren, welche Praktiken wettbewerbsschädigend sind. So ist es laut Clayton-Gesetz beispielsweise illegal, wenn ein Unternehmen mit hohem Marktanteil verlangt, dass ein Käufer oder Leasingnehmer seines Gutes nicht von einem Konkurrenten kaufen darf. Zudem ist es laut Clayton-Gesetz Unternehmen verboten, einen **Verdrängungswettbewerb**, d.h.

---

[18] Das Sherman-Gesetz ist auf alle Unternehmen anwendbar, die in den USA Geschäfte betreiben (in dem Maß, in dem eine illegale Übereinkunft zur Beschränkung des Handels amerikanische Märkte betreffen könnte). Ausländische Regierungen (oder Unternehmen, die unter der Aufsicht ihrer Regierungen arbeiten) unterliegen jedoch diesem Gesetz nicht, also hat die OPEC vom US-Justizministerium nichts zu befürchten. Zudem *dürfen* Unternehmen in Bezug auf *Exporte* Übereinkünfte treffen. Das Webb-Pomerence Gesetz von 1918 erlaubt eine Preisfixierung und diesbezügliche Absprache für Exportmärkte, *vorausgesetzt, dass Binnenmärkte von dieser Kollusion unberührt bleiben*. Unternehmen, die auf diese Weise agieren, müssen eine „Webb-Pomerene Association" bilden und diese bei der Regierung registrieren lassen.

eine Preispolitik zu betreiben, die gegenwärtige Konkurrenten vom Markt verdrängt und neue Wettbewerber vom Markteintritt abhält (so dass das Unternehmen, von dem dieser Verdrängungswettbewerb ausgeht, in der Zukunft von höheren Preisen profitieren kann).

Monopolmacht kann auch durch die Fusion mehrerer Unternehmen zu einem größeren und dominanteren Unternehmen entstehen oder dadurch, dass ein Unternehmen durch Kauf einer Unternehmensbeteiligung ein anderes übernimmt oder kontrolliert. Das Clayton-Gesetz verbietet Fusionen und Übernahmen, wenn sie „den Wettbewerb erheblich einschränken" oder „tendenziell die Monopolbildung fördern".

Die Kartellgesetze beschränken mögliches wettbewerbsschädigendes Verhalten auch noch auf andere Art. Das Clayton-Gesetz beispielsweise, das 1936 um das Robinson-Patman-Gesetz erweitert wurde, macht eine Preisdiskriminierung illegal, wenn dabei Käufern, die prinzipiell identische Güter kaufen, unterschiedliche Preise berechnet werden und diese Preisunterschiede mit großer Wahrscheinlichkeit den Wettbewerb behindern. Aber selbst in diesem Fall sind die betroffenen Unternehmen nicht haftbar zu machen, wenn sie beweisen können, dass die Preisunterschiede nötig waren, um konkurrenzfähig zu bleiben. (Im nächsten Kapitel werden wir sehen, dass Preisdiskriminierung in der Praxis eine gängige Strategie ist. Sie wird dann zum Gegenstand der Kartellgesetzgebung, wenn Käufer wirtschaftlich geschädigt werden und der Wettbewerb behindert wird.)

Ein weiterer wichtiger Bestandteil der Kartellgesetzgebung der USA ist das Federal-Trade-Commission-Gesetz (verabschiedet 1914, erweitert 1938, 1973 und 1975), das die Federal Trade Commission (FTC), die oberste Kartellbehörde der USA, ins Leben rief. Dieses Gesetz ist eine Ergänzung des Sherman- und des Clayton-Gesetzes, denn es fördert den freien Wettbewerb durch eine Reihe von Verboten von unfairen und wettbewerbsschädigenden Praktiken. Beispiele solcher Praktiken sind irreführende Werbung und Auszeichnung, Vereinbarungen mit Einzelhändlern über den Ausschluss konkurrierender Marken usw. Da diese Verbote in Anhörungen vor der FTC ausgelegt und durchgesetzt werden, reicht die Machtausübung dieses Gesetzes viel weiter, als dies bei anderen Kartellgesetzen der Fall ist.

Tatsächlich enthalten die Kartellgesetze nur vage Formulierungen in Bezug darauf, was erlaubt ist und was nicht. Sie sollen lediglich ein allgemeines Regelwerk bieten, das das US-Justizministerium, die FTC und die Gerichte frei nach ihren Ansichten und Entscheidungen auslegen und anwenden können. Dies ist ein sehr wichtiger Faktor, denn es ist schwierig, im Voraus zu wissen, wie eine mögliche Wettbewerbsbeschränkung aussehen kann. Diese Vieldeutigkeit wiederum erzeugt ein Gewohnheitsrecht (d.h. die Art, wie die Gerichte dieses Regelwert auslegen) und ergänzende Regelungen und Richtlinien (z.B. durch die FTC oder das Justizministerium).

10.7.2 Durchsetzung der Kartellgesetze in den USA

Die Kartellgesetze werden in den USA auf drei Arten durchgesetzt:

1. *Durch die Kartellabteilung des US-Justizministeriums.* Als Zweig der Exekutive reflektieren ihre Entscheidungen eng die Ansichten der jeweiligen US-Regierung. Auf eine externe Beschwerde oder eine interne Studie hin kann das Ministerium ein strafrechtliches oder zivilrechtliches Verfahren oder beides einleiten. Die Folge einer kriminellen Handlung kann für ein Unternehmen die Zahlung eines Bußgeldes und für ein Individuum ebenfalls die Zahlung eines Bußgeldes oder eine Gefängnisstrafe sein.

Individuen, die beispielsweise illegale Preisabsprachen treffen oder Angebote fälschen, können eines *Verbrechens* angeklagt werden und müssen – im Fall einer Verurteilung – vielleicht eine Gefängnisstrafe verbüßen: das sollte man sich merken, falls man plant, sein mikroökonomisches Wissen für eine große Karriere zu nutzen! Verliert ein Unternehmen einen Zivilprozess, so ist es gezwungen, die wettbewerbsschädigenden Handlungen einzustellen und, was oft vorkommt, Schadenersatz zu zahlen.

2 *Durch die administrativen Anhörungen der Federal Trade Commission.* Auch hier kann eine solche Anhörung die Folge einer externen Beschwerde oder einer Eigeninitiative der FTC sein. Wenn die FTC beschließt, dass Handlungsbedarf besteht, kann sie entweder eine freiwillige Zustimmung fordern, das Gesetz zu befolgen, oder eine formale Anweisung der Kommission ergehen lassen, die eine Einhaltung des Gesetzes anordnet.

3 *Durch zivile Verfahren.* Individuen oder Unternehmen können *in Höhe des dreifachen Schadens* klagen, von dem ihr Geschäft oder Besitz betroffen ist. Die Gefahr, dreifachen Schadenersatz zahlen zu müssen, kann auf potenzielle Gesetzesübertreter sehr abschreckend wirken. Individuen oder Unternehmen können bei Gericht auch gerichtliche Verfügungen beantragen, um die Gesetzesübertreter zu zwingen, ihre wettbewerbsschädigenden Handlungen einzustellen.

Die amerikanischen Kartellgesetze sind strenger und umfassender als die Kartellgesetzgebung der meisten anderen Länder. Es wird sogar von einigen Gegnern behauptet, diese Gesetze verhinderten, dass amerikanische Unternehmen erfolgreich auf internationalen Märkten konkurrieren könnten. Natürlich schränken die Gesetze amerikanische Unternehmen in ihren Handlungen ein und benachteiligen sie so eventuell zeitweise im internationalen Wettbewerb. Diese Nachteile muss man aber unbedingt gegen die Vorteile dieser strengen Gesetzgebung aufwiegen. Denn die Kartellgesetze leisteten einen entscheidenden Beitrag zur Aufrechterhaltung des Wettbewerbs, und dieser Wettbewerb ist eine wesentliche Voraussetzung für wirtschaftliche Effizienz, Innovation und Wirtschaftswachstum.

10.7.3 Kartellgesetze in Europa

Die Europäische Union wächst und damit entwickeln sich auch ihre Methoden zur Durchsetzung der Kartellgesetze. Die Zuständigkeit für die Durchsetzung von Kartellgesetzen, wenn es dabei um zwei oder mehr Mitgliedsstaaten geht, liegt bei einer einzigen Behörde, der Generaldirektion Wettbewerb in Brüssel. Die jeweiligen Kartellbehörden der einzelnen Länder sind dagegen für alle Belange zuständig, die sich zum Großteil oder auch ausschließlich auf einzelne Länder auswirken.

Auf den ersten Blick ähneln die Kartellgesetze der Europäischen Union sehr den US-amerikanischen Gesetzen. Artikel 81 des Vertrags der Europäischen Gemeinschaft bezieht sich ebenso wie Abschnitt 1 des Sherman-Gesetzes auf Handelsbeschränkungen. Artikel 82, der sich hauptsächlich mit dem Missbrauch von Marktmacht durch *dominante* Unternehmen befasst, ähnelt in vielerlei Hinsicht Abschnitt 2 des Sherman-Gesetzes. Schließlich entspricht auch die europäische Fusionskontrollverordnung in weiten Teilen Abschnitt 7 des Clayton-Gesetzes.

Dennoch bleiben, was Vorgehensweise und Inhalt betrifft, eine ganze Reihe grundlegender Unterschiede zwischen den Kartellgesetzen Europas und der USA. Meist geht die Beurteilung von Fusionen in Europa schneller vonstatten, und in der Praxis lässt sich die Marktmacht eines dominanten Unternehmens in Europa auch leichter nachweisen als in den USA. In beiden Regionen gibt es zudem längst Gesetze gegen Preisabsprachen, doch in Europa kann eine Übertretung dieser Gesetze ausschließlich mit Zivilstrafen geahndet werden, während US-amerikanische Gerichte auch Gefängnisstrafen oder Bußgelder verhängen können.

Die Durchsetzung der Kartellgesetze hat in den letzten zehn Jahren auf der ganzen Welt zugenommen. Heute gibt es in mehr als einhundert Ländern aktive Exekutivorgane. Auch wenn keine formelle globale Kartellbehörde existiert, treffen sich die Exekutivbehörden mindestens einmal pro Jahr unter der Schirmherrschaft des Internationalen Wettbewerbsnetzes.

Beispiel 10.6: Preisabsprache per Telefon

Im Jahr 1981 und Anfang 1982 führten die Fluggesellschaften American Airlines und Braniff Airways einen erbitterten Konkurrenzkampf um Passagiere. Ein Preiskrieg brach aus, als sich die Unternehmen gegenseitig immer weiter unterboten, um zusätzliche Marktanteile zu erobern. Am 21. Februar 1982 griff Robert Crandall, Präsident und Vorstandsvorsitzender von American Airlines, zum Telefon und rief Howard Putnam, Präsident und Vorstandsvorsitzender von Braniff, an. Crandall sollte später zu seiner eigenen Überraschung herausfinden, dass das Telefonat aufgezeichnet worden war. Sinngemäß lautete es folgendermaßen:[19]

Crandall: Ich finde es verdammt idiotisch, dass wir uns hier gegenseitig niedermachen und keiner von uns verdient einen müden Cent daran.

Putnam: Na ja, …

Crandall: Was soll dieser ganze verdammte Mist denn noch bringen?

Putnam: Nun, wenn Sie jede Route, die Braniff fliegt, mit einer American Airlines Route überlagern, dann kann ich dabei nicht tatenlos zusehen. Wir werden uns nicht kampflos geschlagen geben.

Crandall: Klar, nur läuft das bei Eastern und Delta Airlines in Atlanta schon seit Jahren genauso ab, und es funktioniert bestens.

Putnam: Haben Sie mir einen Vorschlag zu machen?

Crandall: Den habe ich sehr wohl. Erhöhen Sie einfach Ihre verdammten Preise um 20 Prozent, dann tue ich morgen das Gleiche.

Putnam: Robert, wir …

Crandall: Sie verdienen mehr dabei und ich auch.

Putnam: Wir können doch hier nicht über Preispolitik reden!

Crandall: Ach, verdammt noch mal, Howard. Wir können doch wohl über jedes verdammte Thema reden, das uns gefällt. ▶

---

19 Nach Angaben der *New York Times*, 24. Februar 1983.

Hier irrte sich Crandall allerdings. Geschäftsführer dürfen nicht über jedes Thema sprechen, das ihnen gefällt. Ein Gespräch über Preise und eine Vereinbarung, sie gemeinsam festzusetzen, stellt eine klare Verletzung des Abschnitts 1 des Sherman-Gesetzes dar. Putnam muss dies gewusst haben, denn er lehnte Crandalls Vorschlag sofort ab. Als das amerikanische Justizministerium von diesem Anruf erfuhr, reichte es unverzüglich eine Klage ein, in der es Crandall vorwarf, durch seinen Vorschlag der Preisfixierung die Kartellgesetze verletzt zu haben.

Ein *Vorschlag*, die Preise zu fixieren, reicht jedoch nicht für eine Verletzung des Abschnitts 1 des Sherman-Gesetzes aus. Eine Gesetzesübertretung ist erst gegeben, wenn sich beide Parteien auf eine Preisfixierung *einigen*. Da also Putnam Crandalls Vorschlag abgelehnt hatte, lag auch keine Gesetzesübertretung vor. Das Gericht entschied jedoch später, dass der Vorschlag, die Preise zu fixieren, als Versuch gewertet werden konnte, die Luftfahrtindustrie der USA teilweise zu monopolisieren und deshalb eine Verletzung des Abschnitts 2 des Sherman-Gesetzes darstellte. American Airlines sicherte dem US-Justizministerium jedoch zu, sich nie wieder auf derartige Aktivitäten einzulassen.

Beispiel 10.7: Gehe direkt ins Gefängnis, gehe nicht über Los

Manchmal vergessen Führungskräfte, dass Preisabsprachen in den Vereinigten Staaten eine Straftat sind, die nicht nur hohe Geldstrafen, sondern auch Gefängnisstrafen nach sich ziehen kann. Eine Gefängnisstrafe abzusitzen, macht sicher keinen Spaß. Der Internet- und Mobiltelefonzugang ist schrecklich. Es gibt kein Kabelfernsehen und auch das Essen lässt meist zu wünschen übrig. Wenn man also als Führungskraft erfolgreich ist, sollte man es sich genau überlegen, bevor man einen solchen Anruf tätigt. Und wenn sich das Unternehmen zufällig in Europa oder Asien befindet, heißt das noch lange nicht, dass man nicht in ein amerikanisches Gefängnis kommt, wie zum Beispiel in den folgenden Fällen:

- Im Jahr 1996 bekannten sich Archer Daniels Midland (ADM) und zwei weitere Produzenten von Lysine (einem Tierfutterzusatz) schuldig, illegale Preisabsprachen vorgenommen zu haben. 1999 wurden drei ADM-Führungskräfte dafür zu Gefängnisstrafen von zwei bis drei Jahren verurteilt.[20]

- Im Jahr 1999 bekannten sich vier der weltweit größten Chemie- und Arzneimittelunternehmen – Hoffmann-La Roche aus der Schweiz, die deutsche BASF, Rhone Poulenc aus Frankreich und Takeda aus Japan – der Preisabsprache für in den USA und Europa verkaufte Vitamine schuldig. Die Unternehmen zahlten Geldstrafen in Höhe von $1,5 Milliarden an das US-Justizministerium (DOJ), $1 Milliarde an die EU-Kommission und mehr als $4 Milliarden, um Zivilklagen abzuwehren. Führungskräfte aller dieser Unternehmen saßen Gefängnisstrafen in den USA ab. ▶

---

20 In diesem Fall kann man auf diese Weise aber sogar noch ins Kino kommen. In einem Film aus dem Jahr 2009 mit dem Titel „Der Informant!" spielt Matt Damon die Rolle des Mark Whitacre, des ADM-Managers, der die Verschwörung zur Absprache von Preisen angezeigt und danach wegen Veruntreuung eine Gefängnisstrafe abgesessen hat.

- Von 2002 bis 2009 setzte Horizon Lines die Preise in Absprache mit Sea Star Lines fest (es handelt sich hier um Reedereien mit Sitz in Puerto Rico). Fünf leitende Mitarbeiter erhielten Gefängnisstrafen zwischen einem und fünf Jahren.
- Acht Unternehmen, zumeist aus Korea und Japan, sprachen von 1998 bis 2002 die Preise für DRAM (Speicherchips) ab. Im Jahr 2007 wurden 18 leitende Mitarbeiter dieser Unternehmen in den Vereinigten Staaten zu Gefängnisstrafen verurteilt.
- Im Jahr 2009 bekannten sich fünf Unternehmen der Preisabsprache für LCD-Displays in den Jahren 2001 bis 2006 für schuldig. 22 Führungskräfte erhielten in den Vereinigten Staaten Gefängnisstrafen (zusätzlich zu Geldstrafen in einer Höhe von $1 Milliarde).
- Im Jahr 2011 wurden zwei Unternehmen wegen Preisabsprachen und Angebotsmanipulation für Transportbeton in Iowa verurteilt. Eine Führungskraft wurde zu einem Jahr Gefängnis verurteilt, eine weitere zu vier Jahren.

Ist das Konzept klar? Der Leser dieses Buches sollte nicht den Fehler machen, das zu tun, was diese Geschäftsleute getan haben. Dann kommt man auch nicht ins Gefängnis.

Beispiel 10.8: Die USA und die Europäische Union gegen Microsoft

Im Laufe der letzten beiden Jahrzehnte hat sich Microsoft zum größten Computersoftware-Unternehmen der Welt entwickelt. Das Microsoft-Betriebssystem Windows hat bei PCs einen Marktanteil von über 90 Prozent weltweit. Auch der Markt für Büroanwendungen wird eindeutig von Microsoft dominiert, das Microsoft Office Suite-Paket mit Word (Textverarbeitung), Excel (Tabellenkalkulation) und Powerpoint (Präsentationen) hatte seit beinahe einem Jahrzehnt einen Marktanteil von ebenfalls über 95 Prozent.

Seinen unglaublichen Erfolg verdankt Microsoft nicht zuletzt den technologisch und marketingtechnisch kreativen Entscheidungen des mittlerweile zurückgetretenen Konzernchefs Bill Gates. Gibt es wirtschaftlich und/oder rechtlich gesehen irgendetwas daran auszusetzen, wenn man so erfolgreich und dominant ist? Das kommt ganz darauf an. Gemäß den Kartellgesetzen der Vereinigten Staaten und der Europäischen Union ist es Unternehmen verboten, den freien Handel zu behindern oder durch sonstige unrechtmäßige Aktivitäten Monopolstellung zu erlangen oder zu sichern. War Microsoft in solche illegalen wettbewerbsbehindernden Aktivitäten verwickelt?

Die amerikanische Regierung bejahte dies 1998, Microsoft aber stritt es ab. Die Kartellbehörde des US-Justizministeriums (Department of Justice, DOJ) reichte eine Klage mit dem Vorwurf ein, dass Microsoft seinen Internet-Browser, den Internet Explorer, rechtswidrig mit seinem Betriebssystem gebündelt hat, um so sein dominantes Monopol im Bereich der Betriebssysteme aufrechtzuerhalten.

Das DOJ behauptete, dass Microsoft befürchtete, dass der Netscape Internet Browser (Netscape Navigator) seine (Microsofts) Monopolstellung auf dem Markt für PC-Betriebssysteme gefährden könnte. Diese Gefahr besteht, da der Netscape Browser (der Netscape Navigator) auch die Java Software von Sun mit einschließt, die Programme *jedes* Betriebssystems unterstützt, also auch für die Windows-Konkurrenzprodukte. ▶

Nach einem achtmonatigen, hart umkämpften Verfahren zu einer Reihe wirtschaftlicher Fragen befand das Gericht, Microsoft übe auf dem Markt für PC-Betriebssysteme tatsächlich Monopolmacht aus, die es rechtswidrig unter Verletzung von Abschnitt 2 des Sherman Act aufrechterhielt. Die Richter befanden aber weiter, dass die exklusiven Abkommen mit Computerherstellern und Internetserviceprovidern den Wettbewerb nicht stark genug eingeschränkt hätten, um eine Verletzung von Abschnitt 1 des Sherman-Gesetzes zu ergeben. Im Berufungsverfahren unterstützte das Berufungsgericht des District of Columbia die Entscheidung des Bezirksgerichts und bestätigte, dass Microsoft ein Monopol sei und zum Schutz dieses Monopols wettbewerbsbehindernde Handlungen vorgenommen habe. Das Gericht ließ jedoch offen, ob die Hinzunahme des Internet Explorer zum Betriebssystem selbst eine illegale Handlung darstellte.

Allerdings waren die Probleme von Microsoft mit der Einigung in den USA nicht beendet. Im Jahr 2004 ordnete die EU-Kommission an, dass Microsoft für seine wettbewerbsfeindlichen Vorgehensweisen Geldstrafen in Höhe von $794 Millionen zahlen und eine Version von Windows ohne den Windows Media Player produzieren musste, die neben den Standardversionen verkauft werden sollte. Im Jahr 2008 erhob die EU-Kommission mit der Begründung, dass Microsoft die frühere Entscheidung nicht eingehalten hatte, eine zusätzliche Geldstrafe in Höhe von $1,44 Milliarden.

In der jüngeren Vergangenheit hat Microsoft als Reaktion auf ein Problem im Zusammenhang mit der Bündelung von Browsern vereinbart, den Kunden beim ersten Hochfahren ihrer neuen Betriebssysteme eine Auswahl an Browsern anzubieten.

Im Jahr 2011 befand sich der europäische Fall gegen Microsoft noch in der Berufung. Es gibt deutliche Beweise dafür, dass die von der EU festgelegten Maßnahmen nur geringe Auswirkungen auf den Markt für Media Player oder Browser gehabt haben. Allerdings wird Microsoft mit einer noch stärkeren Bedrohung als dem Verfahren in den USA oder der EU konfrontiert, beispielsweise in Form von Wettbewerb durch die einflussreiche Suchmaschine Google und durch soziale Medien, wie Facebook.

ZUSAMMENFASSUNG

1. Marktmacht ist die Fähigkeit von Verkäufern oder Käufern, den Preis eines Gutes zu beeinflussen.

2. Es gibt zwei Formen der Marktmacht. Wenn Verkäufer einen Preis verlangen, der die Grenzkosten übersteigt, so bedeutet das, dass sie Monopolmacht haben. Diese wird durch die Differenz zwischen Preis und Grenzkosten gemessen. Wenn Käufer ein Gut zu einem Preis kaufen können, der unterhalb ihres Grenzwertes für dieses Gut liegt, so haben sie Monopsonmacht, die durch die Differenz zwischen Grenzwert und Preis gemessen wird.

3. Monopolmacht wird zum Teil durch die Anzahl der Konkurrenten auf dem Markt bestimmt. Gibt es nur einen einzigen Verkäufer, ein reines Monopol, so hängt das Ausmaß der Monopolmacht ausschließlich von der Nachfrageelastizität des Marktes ab. Je unelastischer die Marktnachfrage ist, desto mehr Monopolmacht hat das Unternehmen. Gibt es mehrere Unternehmen auf dem Markt, so hängt das Ausmaß der Monopolmacht auch von den Interaktionen der Konkurrenten ab. Je aggressiver der Konkurrenzkampf ist, desto weniger Monopolmacht hat jedes einzelne Unternehmen.

4. Monopsonmacht wird zum Teil durch die Anzahl der Käufer auf dem Markt bestimmt. Gibt es nur einen einzigen Käufer, ein reines Monopson, so hängt das Ausmaß der Monopsonmacht ausschließlich von der Angebotselastizität des Marktes ab. Je unelastischer das Marktangebot ist, desto mehr Monopsonmacht hat der Käufer. Gibt es mehrere Käufer auf dem Markt, so hängt das Ausmaß der Monopsonmacht auch davon ab, wie aggressiv diese um das Angebot konkurrieren.

5. Marktmacht kann gesellschaftliche Kosten verursachen. Da sowohl Monopol- als auch Monopsonmacht zur Folge haben, dass die produzierte und verkaufte Menge unter das Produktionsniveau eines Wettbewerbsmarktes sinkt, entsteht ein Nettowohlfahrtsverlust an Konsumenten- und Produzentenrente. Durch zusätzliches Streben nach Renten können weitere gesellschaftliche Kosten entstehen.

6. Manchmal wird aufgrund von Größenvorteilen ein natürliches Monopol wünschenswert. Doch auch in diesem Fall wird der Staat durch Preisregulierung das Wohl der Gesamtwirtschaft maximieren.

7. Allgemein verlassen wir uns auf die Kartellgesetze, die die Unternehmen daran hindern sollen, übermäßige Marktmacht auszuüben.

ZUSAMMENFASSUNG

Kontrollfragen

1. Ein Monopolist hat ein Produktionsniveau gewählt, bei dem die Grenzkosten den Grenzerlös übersteigen. Wie sollte er sein Produktionsniveau anpassen, um höhere Gewinne zu erzielen?

2. Wir schreiben den prozentualen Aufschlagspreis auf die Grenzkosten als $(P - GK)/P$. Wie hängt für einen Monopolisten, der seine Gewinne maximiert, dieser Preisaufschlag von der Nachfrageelastizität ab? Warum kann dieser Aufschlag als Maßstab für die Monopolmacht angesehen werden?

3. Warum gibt es beim Monopol keine Marktangebotskurve?

4. Warum kann ein Unternehmen auch dann Monopolmacht haben, wenn es nicht der einzige Verkäufer auf einem Markt ist?

5. Was sind einige Ursachen für Monopolmacht? Nennen Sie jeweils ein Beispiel.

6. Welche Faktoren bestimmen das Ausmaß der Monopolmacht, die ein einzelnes Unternehmen haben kann? Erklären Sie kurz jeden Faktor.

7. Warum verursacht Monopolmacht gesellschaftliche Kosten? Würde eine Umverteilung der Monopolgewinne der Produzenten an die Konsumenten die gesellschaftlichen Kosten der Monopolmacht eliminieren? Begründen Sie kurz Ihre Antwort.

8. Warum steigt das Produktionsniveau eines Monopolisten, wenn der Staat ihn zwingt, seine Preise zu senken? Wenn der Staat eine Preisobergrenze setzen möchte, die die Produktionsmenge des Monopolisten maximiert, wo sollte dieser Preis liegen?

9. Wie sollte ein Monopsonist entscheiden, welche Menge eines Gutes er kaufen soll? Wird er mehr oder weniger kaufen als ein Wettbewerbskäufer? Begründen Sie kurz Ihre Antwort.

10. Was bedeutet der Begriff „Monopsonmacht"? Warum kann ein Unternehmen selbst dann Monopsonmacht haben, wenn es nicht der einzige Käufer auf dem Markt ist?

11. Was sind einige Ursachen für Monopsonmacht? Welche Faktoren bestimmen das Ausmaß der Monopsonmacht, die ein einzelnes Unternehmen haben kann?

12. Warum verursacht Monopsonmacht gesellschaftliche Kosten? Würde eine Umverteilung der Monopsongewinne der Käufer an die Verkäufer die gesellschaftlichen Kosten der Monopsonmacht eliminieren? Begründen Sie kurz Ihre Antwort

Die Kontrollfragen samt Lösungen sowie weitere kapitelbegleitende Inhalte finden Sie im MyLab.

Übungen

1. Wird ein Anstieg der Nachfrage nach dem Produkt eines Monopolisten immer zu höheren Preisen führen? Begründen Sie Ihre Antwort. Wird ein Anstieg des Angebots, mit dem ein monopsonistischer Käufer konfrontiert ist, immer zu niedrigeren Preisen führen? Begründen Sie Ihre Antwort.

2. Caterpillar-Traktoren, einer der größten Landmaschinenhersteller der Welt, hat Sie beauftragt, das Unternehmen zum Thema Preispolitik zu beraten. Unter anderem möchte das Unternehmen wissen, um wie viel sich der Absatz durch einen fünfprozentigen Preisanstieg verringern würde. Welche Informationen benötigen Sie, um Caterpillar bei diesem Problem zu helfen? Erklären Sie, warum diese Faktoren wichtig sind.

3. Ein monopolistisches Unternehmen ist mit einer Nachfrage mit konstanter Elastizität –2,0 konfrontiert. Es hat konstante Grenzkosten von €20 pro Einheit und setzt den Preis so an, dass der Gewinn maximiert wird. Sollten die Grenzkosten um 25 Prozent steigen, würde sich dann auch der Verkaufspreis um 25 Prozent erhöhen?

4. Ein Unternehmen ist mit der folgenden Durchschnittserlöskurve (Nachfragekurve) konfrontiert:

$$P = 1.200 - 0{,}02Q$$

wobei Q die wöchentliche Produktionsmenge und P der Preis in Cent pro Einheit ist. Die Kostenfunktion des Unternehmens lautet $C = 60Q + 25.000$. Nehmen wir an, das Unternehmen maximiert seine Gewinne.
   a. Wie hoch sind Produktionsmenge, Preis und Gesamtgewinn pro Woche?
   b. Wenn der Staat beschließt, eine Steuer von 14 Cent pro Einheit zu erheben, wie hoch sind dann die neue Produktionsmenge, der neue Preis und der Gewinn pro Woche?

5. Die folgende Tabelle zeigt die Nachfragekurve, mit der ein Monopolist konfrontiert ist, der zu konstanten Grenzkosten von €10 produziert.

Preis	Menge
€18	0
€16	4
€14	8
€12	12
€10	16
€8	20
€6	24
€4	28
€2	32
€0	36

   a. Berechnen Sie die Grenzerlöskurve des Unternehmens.
   b. Wie hoch sind gewinnmaximierendes Produktionsniveau, Preis und Gewinn des Unternehmens?
   c. Wie hoch wären Gleichgewichtspreis und -menge dieses Unternehmens in einer Wettbewerbsindustrie?
   d. Wie hoch wäre der Wohlfahrtsgewinn, wenn der Monopolist gezwungen wäre, auf Wettbewerbsniveau zu produzieren und zum Wettbewerbspreis zu verkaufen? Wer würde dadurch gewinnen, wer würde verlieren?

6. Nehmen wir an, eine Branche hat folgende Merkmale:

   $C = 100 + 2q^2$ Gesamtkostenfunktion jedes Unternehmens

   $GK = 4q$ Grenzkostenfunktion der Unternehmen

   $P = 90 - 2Q$ Nachfragekurve der Branche

   $GE = 90 - 4Q$ Grenzerlöskurve der Branche

   a. Finden Sie Monopolpreis, -menge und Gewinnhöhe, wenn es in dieser Branche *nur ein* Unternehmen gibt.
   b. Finden Sie Preis, Menge und Gewinnhöhe, wenn es sich um eine Wettbewerbsbranche handelt.
   c. Stellen Sie die Nachfrage-, die Grenzerlös-, die Grenzkosten- und die Durchschnittskostenkurve grafisch dar. Zeigen Sie den Unterschied zwischen der Gewinnhöhe bei einem Monopol und bei vollständigem Wettbewerb auf zwei verschiedene Arten. Zeigen Sie, dass beide zum numerisch gleichen Ergebnis führen.

7. Nehmen wir an, ein Monopolist, der seinen Gewinn maximiert, produziert 800 Produktionseinheiten und verlangt €40 pro Einheit.
   a. Ermitteln Sie die Grenzkosten der letzten produzierten Einheit, wenn die Nachfrageelastizität des Produkts –2 beträgt.
   b. Wie hoch ist der prozentuale Preisaufschlag des Unternehmens auf die Grenzkosten?
   c. Nehmen wir an, die Durchschnittskosten der letzten produzierten Einheit betragen €15 und die Fixkosten des Unternehmens liegen bei €2.000. Wie hoch ist der Gewinn des Unternehmens?

8. Ein Unternehmen besitzt zwei Betriebe, deren Kosten wie folgt definiert sind:

$$\text{Betrieb 1: } C_1(Q_1) = 10Q_1^2$$
$$\text{Betrieb 2: } C_2(Q_2) = 20Q_2^2$$

Das Unternehmen hat folgende Nachfragekurve:
$$P = 700 - 5Q$$
wobei Q die gesamte Produktionsmenge ist, also $Q_1 + Q_2$.

   a. Zeichnen Sie die Grenzkostenkurven und die Durchschnitts- und Grenzerlöskurven für beide Betriebe sowie die gesamte Grenzkostenkurve (d.h. die Grenzkostenkurve der Produktionsmenge $Q = Q_1 + Q_2$) in ein Diagramm ein. Geben Sie das gewinnmaximierende Produktionsniveau für jeden Betrieb an sowie die gesamte Produktionsmenge und den Preis.

   b. Berechnen Sie die gewinnmaximierenden Werte für Q_1, Q_2, Q und P.

   c. Angenommen die Arbeitskosten steigen in Betrieb 1, aber nicht in Betrieb 2. Wie sollte das Unternehmen folgende Größen daraufhin anpassen (d.h. sie erhöhen, senken oder unverändert lassen): das Produktionsniveau in Betrieb 1? Das Produktionsniveau in Betrieb 2? Die gesamte Produktionsmenge? Den Preis?

9. Ein Arzneimittelhersteller hat ein Monopol auf ein neu patentiertes Medikament. Das Mittel kann in jeder seiner beiden Produktionsstätten hergestellt werden. Die Produktionskosten der beiden Betriebe sind $GK_1 = 20 + 2Q_1$ und $GK_2 = 10 + 5Q_2$. Das Unternehmen schätzt die Nachfrage nach diesem Produkt auf $P = 20 - 3(Q_1 + Q_2)$. Wie hoch sollte die Produktionsplanung für jeden Betrieb sein? Welchen Preis sollte das Unternehmen für das Produkt ansetzen?

10. Einer der bedeutendsten Kartellfälle des 20. Jahrhunderts fand im Jahr 1945 statt und betraf die Aluminium Company of America (Alcoa). Zu dieser Zeit kontrollierte Alcoa etwa 90 Prozent der primären Aluminiumproduktion in den USA, und man warf dem Unternehmen vor, den Aluminiummarkt zu monopolisieren. Zu seiner Verteidigung führte Alcoa an, dass es zwar tatsächlich einen Großteil des Primärmarktes für Aluminium kontrolliere, dass aber der Sekundärmarkt (d.h. Aluminium, das aus Recyclingprodukten hergestellt wird) etwa 30 Prozent des gesamten Aluminiummarktes ausmache. Und hier gäbe es zahlreiche Recyclingunternehmen, die miteinander konkurrierten. Deshalb, so argumentierte Alcoa, habe es keine wesentliche Monopolmacht

   a. Nennen Sie klare Argumente, die *für* Alcoas Position sprechen.

   b. Nennen Sie klare Argumente, die *gegen* Alcoa sprechen.

11. Ein Monopolist ist mit der Nachfragekurve $P = 11 - Q$ konfrontiert, wobei P in Euro pro Einheit und Q in tausend Mengeneinheiten angegeben ist. Der Monopolist hat konstante Durchschnittskosten von €6 pro Einheit.

   a. Zeichnen Sie die Durchschnitts- und Grenzerlöskurve sowie die Durchschnitts- und Grenzkostenkurve in ein Diagramm ein. Wie hoch sind gewinnmaximierender Preis und Menge des Monopolisten? Wie hoch ist der Gewinn, der sich daraus ergibt? Berechnen Sie mit Hilfe des Lerner-Maßes das Ausmaß der Monopolmacht des Monopolisten.

   b. Die staatliche Regulierungsbehörde setzt eine Preisobergrenze von €7 pro Einheit fest. Welche Menge wird der Monopolist verkaufen und wie hoch wird sein Gewinn sein? Wie verändert sich das Ausmaß der Monopolmacht?

   c. Welche Preisobergrenze führt zum größtmöglichen Produktionsniveau? Wie hoch ist dieses Produktionsniveau? Wie groß ist die Monopolmacht des Unternehmens, wenn es zu diesem Preis verkauft?

12. Michelle's Monopoly Mutant Turtles (MMMT) besitzt das exklusive Recht, Mutant Turtle T-Shirts in den USA zu verkaufen. Die Nachfrage nach diesen T-Shirts ist $Q = 10.000/P^2$. Die kurzfristigen Kosten lauten $C_{kurzfr.} = 2.000 + 5Q$, die langfristigen Kosten $C_{langfr.} = 6Q$.
    a. Welchen Preis sollte MMMT verlangen, um seine Gewinne kurzfristig zu maximieren? Welche Menge verkauft das Unternehmen und wie hoch ist sein Gewinn? Wäre es wirtschaftlich besser für das Unternehmen, wenn es kurzfristig die Produktion einstellen würde?
    b. Welchen Preis sollte MMMT verlangen, um seine Gewinne langfristig zu maximieren? Welche Menge verkauft das Unternehmen und wie hoch ist sein Gewinn? Wäre es wirtschaftlich besser für das Unternehmen, wenn es langfristig die Produktion einstellen würde?
    c. Können wir erwarten, dass MMMT kurzfristig gesehen geringere Grenzkosten hat als langfristig? Begründen Sie Ihre Antwort.

13. Ein Hersteller produziert ein Gut auf einem vollkommenen Wettbewerbsmarkt und verkauft es zum Stückpreis von $10 auf dem US-amerikanischen Markt. Das Gut wird in zwei verschiedenen Betrieben produziert, wobei ein Betrieb in Massachusetts, der andere in Connecticut liegt. Probleme mit den Arbeitern in Connecticut zwingen den Hersteller dazu, die Löhne in diesem Betrieb zu erhöhen, so dass die Grenzkosten dort steigen. Sollte der Hersteller daraufhin seine Produktion verlagern und mehr in Massachusetts produzieren?

14. Die Anstellung von Lehrassistenten an führenden Universitäten kann als Monopson bezeichnet werden. Nehmen wir an, die Nachfrage nach Assistenten ist $W = 30.000 - 125n$, wobei W das jährliche Gehalt (engl. wage) und n die Anzahl der angestellten Assistenten ist. Das Angebot an Lehrassistenten ist definiert als $W = 1.000 + 75n$.

    a. Wenn die Universität ihre Position als Monopsonist ausnutzt, wie viele Lehrassistenten wird sie dann einstellen? Welches Gehalt wird sie zahlen?
    b. Wenn die Universität stattdessen mit einem unendlichen Angebot an Lehrassistenten zu einem Jahresgehalt von €10.000 konfrontiert wäre, wie viele Assistenten würde sie einstellen?

*15. Dayna's Doorstops Inc. (im folgenden DD) ist ein Monopolist in der Türstopperindustrie. Die Kosten des Unternehmens liegen bei $C = 100 - 5Q + Q^2$, und die Nachfrage ist $P = 55 - 2Q$.
    a. Welchen Preis sollte DD wählen, um seine Gewinne zu maximieren? Welche Menge produziert das Unternehmen? Wie hoch sind der Gewinn und die Konsumentenrente, die DD erwirtschaftet?
    b. Wie hoch wäre die produzierte Menge, wenn DD auf einem vollkommenen Wettbewerbsmarkt agieren und GK = P ansetzen würde? Wie hoch wären dann Gewinn und Konsumentenrente?
    c. Wie hoch ist der Deadweight-Verlust aufgrund der Monopolmacht in Teil (a)?
    d. Nehmen wir an, der Staat ist über das hohe Preisniveau bei Türstoppern besorgt und setzt eine Preisobergrenze von €27 fest. Wie wirkt sich das auf Preis, Menge, Konsumentenrente und den erzielten Gewinn aus? Wie hoch ist der Deadweight-Verlust, der sich daraus ergibt?
    e. Nehmen wir nun an, der Staat setzt die Preisobergrenze bei €23 fest. Wie wirkt sich dies auf Preis, Menge, Konsumentenrente, Gewinn und Deadweight-Verlust aus?
    f. Nehmen wir schließlich noch eine Preisobergrenze von €12 an. Wie hoch sind bei diesem Preis Menge, Konsumentenrente, Gewinn und Deadweight-Verlust?

*16. In Lake Wobegon, Minnesota, gibt es zehn Haushalte. Alle haben eine Nachfrage nach Elektrizität von $Q = 50 - P$. Die Produktionskosten des lokalen Elektrizitätswerks, Lake Wobegon Electric, LWE, liegen bei TK = $500 + Q$.

   a. Wenn die zuständige Regulierungsbehörde sicherstellen möchte, dass auf diesem Markt kein Deadweight-Verlust entsteht, welchen Preis wird sie dann für LWE ansetzen? Wie hoch wird in diesem Fall die Produktionsmenge sein? Berechnen Sie die Konsumentenrente und den Gewinn, den LWE zu diesem Preis erwirtschaftet.

   b. Wenn die Regulierungsbehörde sicherstellen möchte, dass LWE kein Geld verliert, wie hoch ist dann der niedrigste Preis, den sie festsetzen kann? Berechnen Sie Produktionsmenge, Konsumentenrente und Gewinn für diesen Preis. Gibt es einen Deadweight-Verlust?

   c. Christina weiß, dass diese kleine Stadt sehr wohl ohne einen Deadweight-Verlust leben kann. Sie schlägt vor, jeden Haushalt zu verpflichten, einen festen Grundbetrag für das Recht zu bezahlen, Elektrizität beziehen zu dürfen. Der tatsächlich verbrauchte Strom soll dann pro Einheit abgerechnet und bezahlt werden. So kann LWE kostendeckend produzieren und gleichzeitig den in Teil (a) berechneten Preis verlangen. Wie hoch müsste dieser feste Grundbetrag pro Haushalt sein, damit Christinas Plan funktionier? Warum kann man mit Sicherheit sagen, dass kein Haushalt eine Zahlung verweigern und lieber auf Elektrizität verzichten wird?

17. Eine bestimmte Stadt im mittleren Westen der USA erhält ihre gesamte Elektrizität von einem Unternehmen, Northstar Electric. Obwohl das Unternehmen ein Monopol ist, gehört es den Bürgern der Stadt, die die Gewinne immer am Jahresende zu gleichen Teilen untereinander aufteilen. Nun behauptet der CEO des Unternehmens, da ja alle Gewinne wieder an die Bürger flössen, wäre es aus wirtschaftlicher Sicht sinnvoll, für den Strom den Monopolpreis zu verlangen. Richtig oder falsch? Erklären Sie Ihre Antwort.

18. Ein Monopolist ist mit folgender Nachfragekurve konfrontiert:

$$Q = 144/P^2$$

wobei Q die nachgefragte Menge und P den Preis bezeichnet. Die *durchschnittlichen variablen Kosten* des Monopolisten liegen bei

$$VDK = Q^{1/2}$$

und die Fixkosten betragen 5.

   a. Wie hoch sind der gewinnmaximierende Preis und die entsprechende Menge? Welcher Gewinn ergibt sich daraus?

   b. Nehmen wir an, der Staat setzt eine Preisobergrenze von €4 pro Einheit fest. Wie viel wird der Monopolist produzieren? Wie hoch ist der sich ergebende Gewinn?

   c. Nehmen wir nun an, der Staat möchte die Preisobergrenze so festlegen, dass der Monopolist die größtmögliche Menge produziert. Welcher Preis ist der richtige?

Die Lösungen zu ausgewählten Übungen finden Sie im Anhang dieses Buches. Die kompletten Lösungen für die Übungen finden Dozenten im MyLab.

Preisbildung bei Marktmacht

11.1 **Abschöpfung der Konsumentenrente**................. 541

11.2 **Preisdiskriminierung**...................... 542
Beispiel 11.1: Wirtschaftliche Gründe für Coupons und Rabatte.... 552
Beispiel 11.2: Flugpreise........................ 554

11.3 **Intertemporale Preisdiskriminierung und Spitzenlast- (Peak-Load-) Preisbildung**................ 555
Beispiel 11.3: Preisbildung für einen Bestseller................. 559

11.4 **Zweistufige Gebühren**................................ 560
Beispiel 11.4: Preisbildung für Mobilfunkdienste 564

11.5 **Bündelung**... 567
Beispiel 11.5: Menü oder à la carte:
Das Preisbildungsproblem eines Restaurants 577

*11.6 **Werbung** 579
Beispiel 11.6: Werbung in der Praxis 583

Anhang zu Kapitel 11................................ 592

11 Preisbildung bei Marktmacht

Wie wir bereits in Kapitel 10 erklärt haben, kommt Marktmacht in der Praxis häufig vor. In vielen Branchen gibt es nur einige wenige Produzenten, von denen jeder also eine gewisse Marktmacht besitzt. Und viele Unternehmen, die etwa als Käufer von Rohstoffen, Arbeitskraft oder speziellen Kapitalgütern auftreten, haben auf den Märkten für diese Produktionsfaktoren gewisse Monopsonmacht. Für die Verantwortlichen in den Unternehmen besteht das Problem darin zu entscheiden, wie diese Marktmacht am effizientesten genutzt werden kann. Sie müssen Preise festlegen und über die Menge an Produktionsfaktoren entscheiden. Außerdem müssen sie bestimmen, wie hoch das Produktionsniveau sowohl kurzfristig als auch langfristig sein soll, um die Unternehmensgewinne zu maximieren.

Die Manager eines Unternehmens mit Marktmacht haben eine schwierigere Aufgabe als diejenigen, deren Unternehmen auf einem vollkommenen Wettbewerbsmarkt agiert. Ein Unternehmen auf einem kompetitiven Gütermarkt hat nämlich keinerlei Möglichkeiten, den Marktpreis zu beeinflussen. Folglich müssen sich die Verantwortlichen nur über die Kostenseite der Betriebsabläufe Gedanken machen, d.h. sie müssen ein Produktionsniveau wählen, bei dem der Preis den Grenzkosten entspricht. Die Manager eines Unternehmens mit Monopolmacht dagegen müssen sich auch mit den besonderen Merkmalen der Nachfrage beschäftigen. Selbst wenn sie nur einen einzigen Preis für die Produktionsmenge ihres Unternehmens festlegen wollen, müssen sie zumindest ungefähr die Nachfrageelastizität kennen, um bestimmen zu können, wie hoch dieser Preis (und das entsprechende Produktionsniveau) sein soll. Außerdem können Unternehmen oft sehr viel profitabler arbeiten, wenn sie eine komplexere Preisstrategie anwenden und beispielsweise verschiedenen Kunden unterschiedliche Preise berechnen. Um solche Preisstrategien zu entwerfen, müssen die Manager zum einen einfallsreich sein, zum anderen aber auch noch besser über die Nachfrage Bescheid wissen.

In diesem Kapitel wird erklärt, wie Unternehmen mit Marktmacht ihre Preise festsetzen. Wir beginnen mit dem grundlegenden Ziel jeder Preisstrategie, nämlich Konsumentenrente abzuschöpfen und sie in zusätzliche Gewinne für das Unternehmen umzuwandeln. Dann werden wir erläutern, wie dieses Ziel mittels *Preisdiskriminierung* erreicht werden kann. Das bedeutet, dass unterschiedlichen Kunden für das gleiche Produkt oder ein leicht abgewandeltes Produkt verschiedene Preise berechnet werden. Da die Strategie der Preisdiskriminierung in der einen oder anderen Form häufig angewandt wird, ist es wichtig zu verstehen, wie sie funktioniert.

Als Nächstes beschäftigen wir uns mit einer *zweistufigen Gebühr*. Das heißt, Verbraucher müssen im Voraus für das Recht bezahlen, das jeweilige Gut zu einem späteren Zeitpunkt (zu zusätzlichen Kosten) kaufen zu können. Ein klassisches Beispiel hierfür ist ein Vergnügungspark, für den die Besucher zunächst eine Eintrittsgebühr und dann für jede Fahrt eine zusätzliche Gebühr zahlen. Natürlich kann man einen Vergnügungspark als einen sehr speziellen Markt ansehen, aber es gibt auch noch andere Beispiele für zweistufige Gebühren, wie etwa den Preis eines Gilette-Rasierers, der dem Eigentümer erst die Möglichkeit gibt, Gilette-Rasierklingen zu kaufen, oder einen Tennisclub, dem die Mitglieder eine Jahresgebühr sowie dann eine Platzgebühr pro Stunde bezahlen. Ein weiteres Beispiel wäre die monatliche Gebühr für Ferngespräche, die es dem Eigentümer ermöglicht, Ferngespräche zu führen, die minutengenau abgerechnet werden.

Wir werden uns auch mit der *Bündelung* befassen, einer Preisstrategie, bei der es schlicht darum geht, einzelne Produkte zu kombinieren und sie dann als Gesamtpaket zu verkaufen. Beispiele hierfür sind etwa ein PC, den man zusammen mit bestimmten Software-Paketen kauft, oder eine einwöchige Urlaubsreise, bei der die Kosten für Flug, Mietwagen und Hotel bereits im Preis enthalten sind, oder ein Luxusauto, bei dem Schiebedach, elektrische Fensterheber und Stereoanlage zur Standardausstattung gehören.

Schließlich werden wir untersuchen, wie Unternehmen mit Marktmacht Werbung einsetzen. Wir werden sehen, dass die Entscheidung, wie viel Geld für eine bestimmte Werbemaßnahme ausgegeben werden soll, eine genaue Kenntnis der Nachfrage erfordert und sehr eng mit den Preisbildungsentscheidungen des Unternehmens verbunden ist. Wir werden eine einfache Faustregel ableiten, die festlegt, wie das Verhältnis von Werbeausgaben zu Verkaufszahlen aussehen sollte, um eine Gewinnmaximierung zu erreichen.

11.1 Abschöpfung der Konsumentenrente

Alle Preisstrategien, die wir untersuchen werden, haben eines gemeinsam: Ihr Ziel ist es immer, Konsumentenrente abzuschöpfen und diese auf die Produzenten zu übertragen. Abbildung 11.1 verdeutlicht diese Aussage. Nehmen wir an, das dargestellte Unternehmen würde seine gesamte Produktionsmenge zu einem einzigen Stückpreis verkaufen. Um seine Gewinne zu maximieren, würde es den Preis P^* und das entsprechende Produktionsniveau Q^* wählen, denn hier liegt der Schnittpunkt der Grenzkostenkurve- und der Grenzerlöskurve. Zwar würde das Unternehmen dann bereits gewinnbringend arbeiten, dennoch könnten sich die Verantwortlichen fragen, ob sich dieser Gewinn nicht steigern ließe.

Die Konsumentenrente wurde in §4.4 erklärt und in §9.1 noch einmal aufgegriffen.

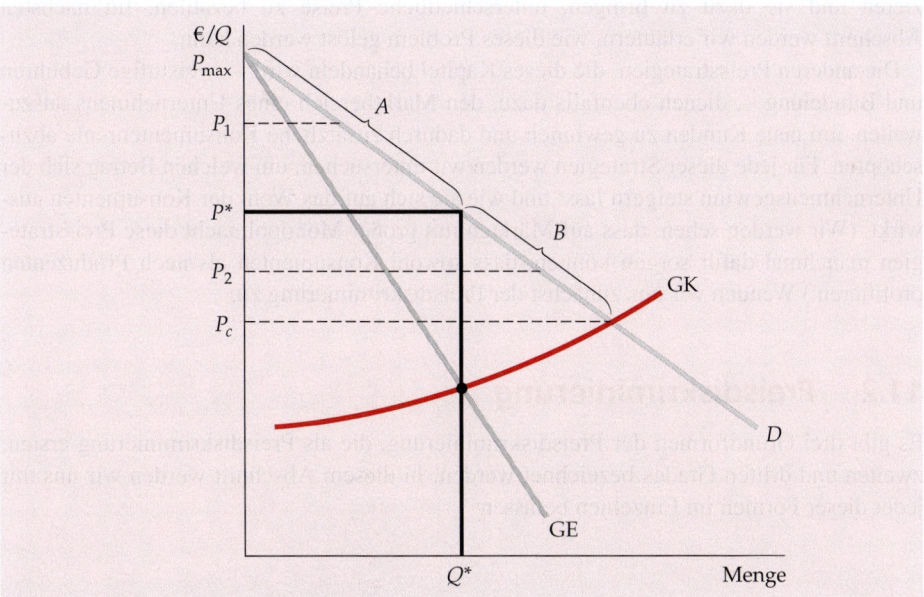

Abbildung 11.1: Abschöpfung der Konsumentenrente
Kann ein Unternehmen allen seinen Kunden nur einen Preis berechnen, so wird dieser Preis bei P^* und die entsprechende Produktionsmenge bei Q^* liegen. Idealerweise könnte das Unternehmen aber den Kunden, die dazu bereit sind, einen höheren Preis als P^* berechnen und somit einen Teil der Konsumentenrente abschöpfen, die im Bereich A der Nachfragekurve vorliegt. Außerdem könnte das Unternehmen Kunden, die weniger als P^* bezahlen wollen, einen geringeren Preis berechnen, vorausgesetzt, dies führt nicht zu einer generellen Preissenkung bei anderen Kunden. So könnte das Unternehmen auch einen Teil der Konsumentenrente vom Bereich B der Nachfragekurve für sich beanspruchen.

Sie wissen, dass einige Kunden (im Bereich A der Nachfragekurve) durchaus einen höheren Preis als P^* bezahlen würden. Eine Preiserhöhung aber würde den Verlust einiger Kunden und somit eine Reduzierung des Produktionsniveaus und der erzielten Gewinne bedeuten. Andererseits kaufen einige Konsumenten das Produkt des Unternehmens nicht, da ihnen der Preis P^* zu hoch ist. Viele von ihnen würden aber einen Preis bezahlen, der immer noch über den Grenzkosten des Unternehmens liegt (diese Konsumenten befinden sich im Bereich B der Nachfragekurve). Durch eine Preissenkung könnte das Unternehmen einige dieser Konsumenten hinzu gewinnen. Allerdings würde dadurch auch der Erlös aus dem Verkauf an die bereits vorhandenen Kunden zurückgehen und die Gewinne würden ebenso sinken.

Wie kann das Unternehmen also die Konsumentenrente der Verbraucher im Bereich A (oder zumindest Teile davon) abschöpfen und andererseits auch gewinnbringend an einige potenzielle Kunden im Bereich B verkaufen? Weiterhin einen einzigen Preis zu verlangen, wird ganz klar nicht zum Ziel führen. Das Unternehmen könnte jedoch verschiedenen Kunden unterschiedliche Preise berechnen, je nachdem, wo sich diese Kunden entlang der Nachfragekurve befinden. Einigen Kunden am oberen Ende von Bereich A könnte man beispielsweise den höheren Preis P_1, einigen Kunden am unteren Ende von Bereich B dagegen den niedrigeren Preis P_2 berechnen. Kunden im mittleren Bereich der Nachfragekurve würden weiterhin den Preis P^* bezahlen. Dies ist die Basis für die Strategie der **Preisdiskriminierung**, bei der unterschiedliche Kunden unterschiedliche Preise bezahlen. Das Problem liegt natürlich darin, diese unterschiedlichen Kunden zu identifizieren und sie dazu zu bringen, unterschiedliche Preise zu bezahlen. Im nächsten Abschnitt werden wir erläutern, wie dieses Problem gelöst werden kann.

Die anderen Preisstrategien, die dieses Kapitel behandeln wird – zweistufige Gebühren und Bündelung –, dienen ebenfalls dazu, den Marktbereich eines Unternehmens auszuweiten, um neue Kunden zu gewinnen und dadurch zusätzliche Konsumentenrente abzuschöpfen. Für jede dieser Strategien werden wir untersuchen, um welchen Betrag sich der Unternehmensgewinn steigern lässt und wie sie sich auf das Wohl der Konsumenten auswirkt. (Wir werden sehen, dass auf Märkten mit großer Monopolmacht diese Preisstrategien manchmal dafür sorgen können, dass sowohl Konsumenten als auch Produzenten profitieren.) Wenden wir uns zunächst der Preisdiskriminierung zu.

> **Preisdiskriminierung**
>
> Die Berechnung unterschiedlicher Preise bei unterschiedlichen Kunden für ähnliche Güter.

11.2 Preisdiskriminierung

Es gibt drei Grundformen der Preisdiskriminierung, die als Preisdiskriminierung ersten, zweiten und dritten Grades bezeichnet werden. In diesem Abschnitt werden wir uns mit jeder dieser Formen im Einzelnen befassen.

11.2.1 Preisdiskriminierung ersten Grades

Im Idealfall möchte ein Unternehmen jedem einzelnen Kunden einen unterschiedlichen Preis berechnen. Wenn es könnte, würde es von jedem Kunden den maximalen Preis verlangen, den dieser für jede gekaufte Einheit zu zahlen bereit ist. Dieser maximale Preis wird als **Reservationspreis** des Kunden bezeichnet. Berechnet ein Unternehmen jedem einzelnen Kunden seinen Reservationspreis, so wird dies als vollkommene **Preisdiskriminierung ersten Grades** bezeichnet.[1] Untersuchen wir nun, wie sich das auf die Gewinne des Unternehmens auswirkt.

Zunächst müssen wir wissen, wie hoch der Gewinn des Unternehmens ist, wenn es nur einen einzigen Stückpreis P^* bezahlt. Dies ist in der Abbildung 11.2 dargestellt. Um dies herauszufinden, können wir den Gewinn aus jeder zusätzlich produzierten und verkauften Einheit bis zum Produktionsniveau Q^* addieren. Dieser zusätzliche Gewinn ergibt sich aus dem Grenzerlös abzüglich den Grenzkosten jeder Einheit. In Abbildung 11.2 ist dieser Grenzerlös am höchsten und die Grenzkosten sind am geringsten, wenn wir die erste Einheit betrachten. Für jede weitere Einheit fällt der Grenzerlös und die Grenzkosten steigen. Also wählt das Unternehmen das Produktionsniveau Q^*, bei dem Grenzerlös und Grenzkosten gleich sind.

> **Reservationspreis**
> Maximaler Preis, den ein Kunde für ein Gut zu zahlen bereit ist.
>
> **Preisdiskriminierung ersten Grades**
> Die Berechnung des Reservationspreises bei jedem Kunden.
>
> In § 8.3 erklären wir, dass das gewinnmaximierende Produktionsniveau eines Unternehmens bei dem Punkt liegt, an dem Grenzerlös und Grenzkosten gleich sind.

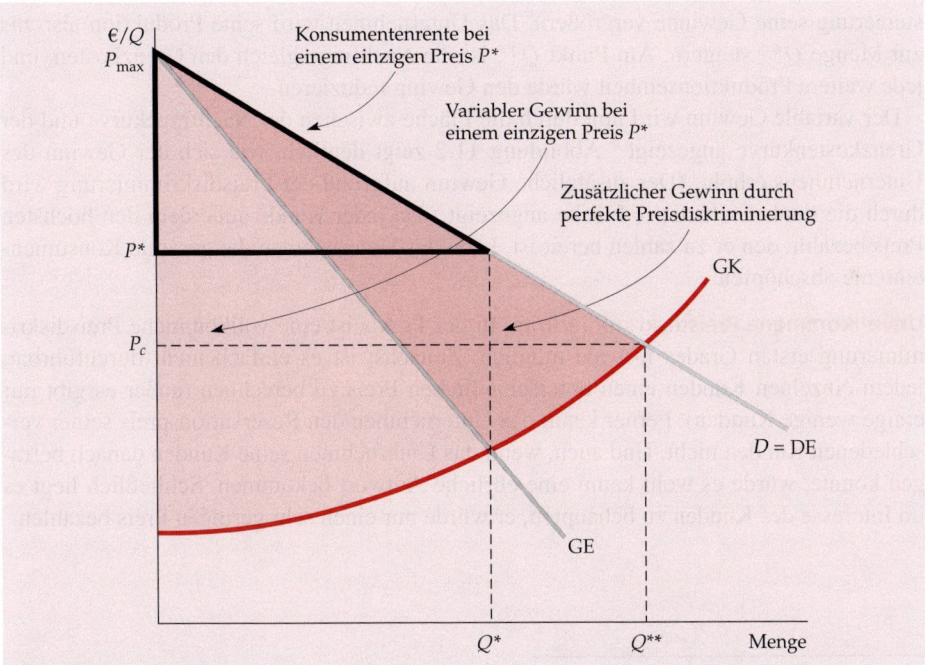

Abbildung 11.2: Zusätzlicher Gewinn aufgrund von vollkommener Preisdiskriminierung ersten Grades
Da das Unternehmen jedem Kunden seinen Reservationspreis berechnet, ist es gewinnbringend, das Produktionsniveau auf Q^{**} zu steigern. Wenn nur ein einziger Stückpreis P^* berechnet wird, so ist der variable Gewinn des Unternehmens gleich der Fläche zwischen Grenzerlöskurve und Grenzkostenkurve. Bei vollkommener Preisdiskriminierung steigt der Gewinn an und wird durch die Fläche zwischen der Nachfrage- und der Grenzkostenkurve angezeigt.

---

[1] Wir nehmen an, dass jeder Kunde nur eine Einheit des Gutes kauft. Wenn ein Kunde mehrere Einheiten kauft, müsste das Unternehmen für jede Einheit einen anderen Preis berechnen.

11 Preisbildung bei Marktmacht

Variabler Gewinn

Summe der Gewinne aus jeder zusätzlich produzierten Einheit, d.h. Gewinn ohne Berücksichtigung der Fixkosten.

Wenn wir die Gewinne aus jeder zusätzlich produzierten Einheit addieren, erhalten wir den **variablen Gewinn** des Unternehmens. Das ist der Unternehmensgewinn ohne Berücksichtigung der Fixkosten. In Abbildung 11.2 wird dieser variable Gewinn durch die gelb schattierte Fläche zwischen Grenzerlöskurve und Grenzkostenkurve dargestellt.[2] Die Konsumentenrente ist gleich der Fläche zwischen der Durchschnittserlöskurve und dem von den Konsumenten bezahlten Preis P^*. Sie wird durch das schwarze Dreieck in der Abbildung ausgewiesen.

Vollkommene Preisdiskriminierung
Was geschieht, wenn das Unternehmen eine vollkommene Preisdiskriminierung durchführen kann? Da jedem Kunden genau der Preis berechnet wird, den er zu zahlen bereit ist, spielt der Grenzerlös für die Bestimmung des Produktionsniveaus für das Unternehmen keine Rolle mehr. Stattdessen ist der zusätzliche Erlös aus dem Verkauf jeder weiteren Einheit einfach gleich dem Preis, den der Kunde dafür bezahlt, und wird folglich durch die Nachfragekurve definiert.

Da die Preisdiskriminierung keinen Einfluss auf die Kostenstruktur des Unternehmens hat, werden die Kosten jeder weiteren produzierten Einheit weiterhin durch seine Grenzkostenkurve angegeben. *Daher ist der zusätzliche Gewinn aus Produktion und Verkauf einer weiteren Einheit nun die Differenz zwischen Nachfrage und Grenzkosten.* Solange die Nachfrage größer ist als die Grenzkosten, kann das Unternehmen durch Produktionssteigerung seine Gewinne vergrößern. Das Unternehmen wird seine Produktion also bis zur Menge Q^{**} steigern. Am Punkt Q^{**} ist die Nachfrage gleich den Grenzkosten, und jede weitere Produktionseinheit würde den Gewinn reduzieren.

Der variable Gewinn wird nun durch die Fläche zwischen der Nachfragekurve und der Grenzkostenkurve angezeigt.[3] Abbildung 11.2 zeigt deutlich, wie sich der Gewinn des Unternehmens erhöht. (Der zusätzliche Gewinn aufgrund der Preisdiskriminierung wird durch die dunkel schattierte Fläche angezeigt.) Da jeder Kunde außerdem den höchsten Preis bezahlt, den er zu zahlen bereit ist, kann das Unternehmen die gesamte Konsumentenrente abschöpfen.

Unvollkommene Preisdiskriminierung
In der Praxis ist eine vollkommene Preisdiskriminierung ersten Grades fast nie möglich. Zunächst ist es einfach nicht durchführbar, jedem einzelnen Kunden einen unterschiedlichen Preis zu berechnen (außer es gibt nur einige wenige Kunden). Ferner kennt das Unternehmen den Reservationspreis seiner verschiedenen Kunden nicht. Und auch, wenn das Unternehmen seine Kunden danach befragen könnte, würde es wohl kaum eine ehrliche Antwort bekommen. Schließlich liegt es im Interesse des Kunden zu behaupten, er würde nur einen sehr geringen Preis bezahlen.

---

2 Erinnern wir uns aus Kapitel 10, dass der Gesamtgewinn π die Differenz zwischen dem Gesamterlös E und den Gesamtkosten C ist. Folglich ist der zusätzliche Gewinn $\Delta\pi = \Delta E - \Delta C$ = GE – GK. Den variablen Gewinn erhält man, indem man alle $\Delta\pi$s addiert; daraus ergibt sich die schattierte Fläche zwischen der GE und der GK Kurve. Die Fixkosten, die von den Produktions- und Preissetzungsentscheidungen des Unternehmens unabhängig sind, bleiben dabei unberücksichtigt. Daraus folgt also, dass der Gesamtgewinn gleich dem variablen Gewinn abzüglich der Fixkosten ist.

3 Wieder ist der zusätzliche Gewinn $\Delta\pi = \Delta E - \Delta C$, doch ΔE ergibt sich aus dem Preis, den jeder Kunde bezahlt (d.h. der Durchschnittserlöskurve). Also ist $\Delta\pi$ = DE – GK. Der variable Gewinn ist die Summe dieser $\Delta\pi$s und wird durch die Fläche zwischen der DE und der GK Kurve angegeben.

Manchmal haben Unternehmen allerdings die Möglichkeit, eine unvollkommene Preisdiskriminierung durchzuführen, indem sie einigen ihrer Kunden unterschiedliche Preise berechnen, die auf deren geschätzten Reservationspreisen basieren. Diese Strategie wird häufig von bestimmten Berufsgruppen wie Ärzten, Rechtsanwälten, Steuerberatern oder Architekten angewandt, die ihre Kunden recht gut kennen. In solchen Fällen können die Dienstleister gut einschätzen, wie viel ihre Kunden zu zahlen bereit sind, und ihre Gebühren entsprechend festsetzen. So kann beispielsweise ein Arzt einem Patienten mit geringem Einkommen, der eine geringe Zahlungsbereitschaft oder einen eingeschränkten Versicherungsschutz hat, ein günstigeres Honorar anbieten und andererseits Patienten mit höherem Einkommen oder besserem Versicherungsschutz höhere Honorare berechnen. Und ein Steuerberater hat nach Fertigstellung der Steuererklärung eines Kunden alle notwendigen Informationen, um abschätzen zu können, wie viel der Kunde für seine Dienstleistung zu zahlen bereit ist.

Ein weiteres Beispiel ist ein Autoverkäufer, der normalerweise (in den USA) mit einer 15-prozentigen Gewinnmarge arbeitet. Der Verkäufer kann nun einen Teil seiner Marge an den Kunden abtreten, um mit ihm handelseinig zu werden, oder aber darauf bestehen, dass der Kunde den vollen Preis bezahlt. Ein guter Verkäufer kann seine Kunden sehr gut einschätzen und weiß genau, wer sich nach einem anderen Auto umsehen wird, wenn er nicht einen kräftigen Preisnachlass bekommt. (Aus Sicht des Verkäufers ist schließlich ein kleiner Gewinn besser als gar kein Verkauf und somit kein Gewinn.) Ist ein Kunde aber in Eile, so wird ihm der Verkäufer eher den vollen Preis berechnen. Anders ausgedrückt, *ein guter Verkäufer weiß, wie er die Strategie der Preisdiskriminierung anzuwenden hat.*

Ein weiteres Beispiel sind die Studiengebühren an amerikanischen Universitäten. Zwar verlangen die Universitäten von allen Studenten in ihren Studienprogrammen die gleichen Studiengebühren. Darüber hinaus bieten sie aber finanzielle Hilfen in Form von Stipendien oder subventionierten Krediten an, die die Nettogebühr, die ein Student zu zahlen hat, erheblich reduzieren können. Ein Student, der solche Hilfsleistungen beantragen möchte, muss allerdings Informationen über das Einkommen und die Vermögensverhältnisse seiner Familie offen legen, und so kann die Universität die Höhe der finanziellen Hilfsleistung an die Zahlungsfähigkeit (und damit die Zahlungsbereitschaft) des Studenten koppeln. Also zahlen Studenten, die finanziell besser gestellt sind, in der Regel mehr für ihre Universitätsausbildung, während finanziell weniger gut gestellte Studenten auch weniger bezahlen.

Abbildung 11.3 verdeutlicht diese Strategie der unvollkommenen Preisdiskriminierung. Könnte hier nur ein einziger Preis berechnet werden, so wäre es P_4^*. Stattdessen werden aber sechs verschiedene Preise berechnet, von denen der niedrigste, P_6, in etwa an dem Punkt liegt, wo die Grenzkostenkurve die Nachfragekurve schneidet. Man kann erkennen, dass die Kunden, die nicht bereit gewesen wären, den Preis P_4^* oder einen noch höheren Preis zu bezahlen, von dieser Situation profitieren – sie sind nun auch auf dem Markt aktiv und können sich zumindest an einer kleinen Konsumentenrente erfreuen. Wenn durch Preisdiskriminierung tatsächlich genug neuen Kunden der Marktzugang ermöglicht wird, kann dies das Gesamtwohl der Konsumenten sogar so weit erhöhen, dass sowohl die Konsumenten als auch die Produzenten davon profitieren.

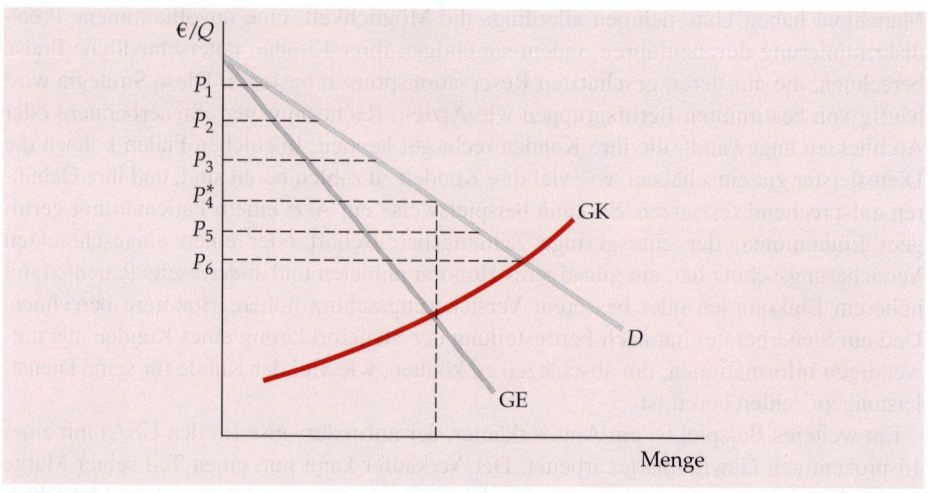

Abbildung 11.3: Preisdiskriminierung ersten Grades in der Praxis
Normalerweise kennen Unternehmen den Reservationspreis jedes einzelnen ihrer Kunden nicht. Manchmal können Reservationspreise jedoch grob eingeschätzt werden. In diesem Fall werden sechs verschiedene Preise berechnet. Das Unternehmen steigert dadurch seine Gewinne, aber auch einige Konsumenten können davon profitieren. Gibt es nur ein Preisniveau P_4^*, so gibt es auch weniger Kunden. Die Kunden, die jetzt den Preis P_5 oder P_6 bezahlen, profitieren also von zusätzlicher Konsumentenrente.

11.2.2 Preisdiskriminierung zweiten Grades

Auf manchen Märkten kauft jeder Verbraucher viele Einheiten eines Gutes im Laufe einer beliebigen Zeitspanne, und deshalb sinkt die Nachfrage nach diesem Gut mit steigender Anzahl der gekauften Einheiten. Beispiele sind etwa der Markt für Wasser, Heizöl und Elektrizität. Jeder Verbraucher kauft z.B. einige Kilowattstunden Elektrizität pro Monat, doch seine Zahlungsbereitschaft sinkt mit steigendem Verbrauch. Die ersten 100 Kilowattstunden können für den Verbraucher einen sehr hohen Wert haben – denn er braucht sie, um den Kühlschrank zu betreiben und gerade ausreichendes Licht zu haben. Bei zusätzlich gekauften Stromeinheiten wird es dagegen sehr viel leichter zu sparen – und das lohnt sich besonders, wenn der Preis hoch ist. In dieser Situation kann ein Unternehmen Preisdiskriminierung gemäß den gekauften Einheiten betreiben. Diese Strategie nennt man **Preisdiskriminierung zweiten Grades** und sie beinhaltet die Berechnung unterschiedlicher Preise für unterschiedliche Verkaufsmengen des gleichen Gutes oder der gleichen Dienstleistung.

Die Gewährung von Mengenrabatten ist ein Beispiel für die Preisdiskriminierung zweiten Grades. Eine einzelne Glühbirne kann beispielsweise €5 kosten, während ein Paket mit vier Glühbirnen nur €14 kostet, so dass bei diesem Paket der Durchschnittspreis pro Glühbirne bei €3,50 liegt. Dasselbe gilt beispielsweise auch für den Preis für Cornflakes, denn die 1.000-Gramm-Packung ist sicher billiger als die 500-Gramm-Packung.

> **Preisdiskriminierung zweiten Grades**
>
> Die Berechnung verschiedener Stückpreise für unterschiedliche Verkaufsmengen des gleichen Gutes oder der gleichen Dienstleistung.

11.2 Preisdiskriminierung

Ein weiteres Beispiel für Preisdiskriminierung zweiten Grades ist die *Paketpreisbildung*, die z.B. von Elektrizitäts-, Gas- oder Wasserwerken betrieben wird. Bei der **Paketpreisbildung** werden dem Verbraucher unterschiedliche Preise berechnet, je nachdem, welche Menge des Gutes oder welches Verkaufspaket er kauft. Wenn Größenvorteile dafür sorgen, dass Durchschnitts- und Grenzkosten eines Unternehmens immer fallen, kann die Regierungsbehörde, die mit der Preisregulierung betraut ist, eine Paketpreisbildung anregen. Da diese Preisstrategie zu höheren Produktionsniveaus und damit zusätzlichen Größenvorteilen führt, kann sie sich positiv auf das Wohl der Verbraucher auswirken und gleichzeitig dem Unternehmen höhere Gewinne ermöglichen. Denn während die Stückpreise insgesamt sinken, kann das Unternehmen aufgrund der ebenfalls gesunkenen Stückkosten seine Gewinne trotzdem steigern.

Abbildung 11.4 zeigt die Preisdiskriminierung zweiten Grades anhand eines Unternehmens mit sinkenden Durchschnitts- und Grenzkosten. Würde das Unternehmen nur einen einzigen Preis verlangen, so wäre dieser P_0 und die entsprechende Produktionsmenge wäre Q_0. Stattdessen werden drei verschiedene Preise berechnet, je nach gekaufter Menge. Das erste Verkaufspaket wird zum Preis P_1, das zweite zum Preis P_2 und das dritte zum Preis P_3 verkauft.

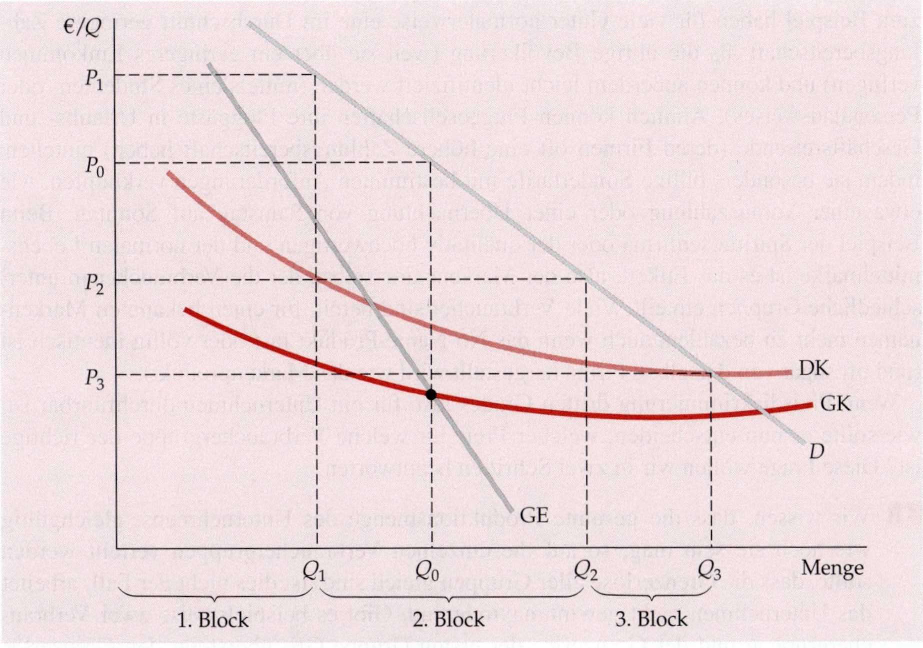

> **Paketpreisbildung**
> Berechnung unterschiedlicher Preise für unterschiedliche Verkaufsmengen oder Verkaufspakete.

Abbildung 11.4: Preisdiskriminierung zweiten Grades
Für unterschiedliche Verkaufsmengen oder Verkaufspakete des gleichen Gutes werden unterschiedliche Preise berechnet. Dieses Beispiel zeigt drei Verkaufspakete zu den jeweiligen Preisen P_1, P_2 und P_3. Es bestehen außerdem Größenvorteile, denn Durchschnitts- und Grenzkosten fallen. Auch Verbraucher können also von einer Preisdiskriminierung zweiten Grades profitieren, wenn das Produktionsniveau steigt und die Produktionskosten sinken.

11.2.3 Preisdiskriminierung dritten Grades

Eine bekannte amerikanische Spirituosenfirma wendet eine auf den ersten Blick sehr seltsame Preisstrategie an. Das Unternehmen stellt einen Wodka her, der als einer der weichsten und wohlschmeckendsten Wodkas beworben wird. Dieser Wodka heißt „Three Star Golden Crown" und kostet $16 pro Flasche.[4] Allerdings füllt diese Firma einen Teil des gleichen Wodkas auch unter dem Namen „The Sloshbucket" ab und verkauft ihn für $8 pro Flasche. Warum handelt die Firma so? Hat der Präsident des Unternehmens etwa selbst zu oft zu tief ins Glas geschaut?

Vielleicht ist das der Fall, hauptsächlich aber betreibt dieses Unternehmen **Preisdiskriminierung dritten Grades**, denn diese Strategie ist für die Firma gewinnbringend. Bei dieser Form der Preisdiskriminierung werden die Verbraucher in zwei oder mehr Gruppen eingeteilt, wobei jede Gruppe eine unterschiedliche Nachfragekurve hat. Diese Art der Preisdiskriminierung wird von Unternehmen am häufigsten angewandt. Beispiele sind etwa normale und spezielle Flugpreise, besonders hochwertige und normale Spirituosenmarken, Dosengemüse und tiefgefrorenes Gemüse, Ermäßigungen für Studenten, Senioren etc.

> **Preisdiskriminierung dritten Grades**
>
> Verbraucher werden in zwei oder mehr Gruppen mit verschiedenen Nachfragekurven eingeteilt, wobei jeder Gruppe unterschiedliche Preise berechnet werden.

Bildung von Verbrauchergruppen In jedem dieser Beispiele wird ein bestimmtes Merkmal benutzt, um Verbraucher in bestimmte Gruppen einzuteilen. Studenten und Senioren zum Beispiel haben für viele Güter normalerweise eine im Durchschnitt geringere Zahlungsbereitschaft als die übrige Bevölkerung (weil sie über ein geringeres Einkommen verfügen) und können außerdem leicht identifiziert werden (mittels eines Studenten- oder Personalausweises). Ähnlich können Fluggesellschaften ihre Fluggäste in Urlaubs- und Geschäftsreisende (deren Firmen oft eine höhere Zahlungsbereitschaft haben) einteilen, indem sie besonders billige Sondertarife mit bestimmten Anforderungen verknüpfen, wie etwa einer Vorauszahlung oder einer Übernachtung von Samstag auf Sonntag. Beim Beispiel der Spirituosenfirma oder der qualitativ hochwertigen und der normalen Lebensmittelmarke ist es das Etikett, also der Markenname selbst, der die Verbraucher in unterschiedliche Gruppen einteilt. Viele Verbraucher sind bereit, für einen bekannten Markennamen mehr zu bezahlen, auch wenn das No-Name-Produkt fast oder völlig identisch ist (und oft sogar von derselben Firma hergestellt wird wie das Markenprodukt).

Wenn Preisdiskriminierung dritten Grades also für ein Unternehmen durchführbar ist, wie sollte es nun entscheiden, welcher Preis für welche Verbrauchergruppe der richtige ist? Diese Frage wollen wir in zwei Schritten beantworten.

1 Wir wissen, dass die gesamte Produktionsmenge des Unternehmens, gleichgültig wie hoch sie sein mag, so auf die einzelnen Verbrauchergruppen verteilt werden sollte, dass die Grenzerlöse aller Gruppen gleich sind. Ist dies nicht der Fall, arbeitet das Unternehmen nicht gewinnmaximierend. Gibt es beispielsweise zwei Verbrauchergruppen und der Grenzerlös der ersten Gruppe GE_1 übersteigt den Grenzerlös der zweiten Gruppe GE_2, könnte das Unternehmen ganz offensichtlich seine Gewinne steigern, indem es seine Produktion von der zweiten auf die erste Gruppe verlagert. Dies könnte durch eine Preissenkung für Gruppe 1 und eine gleichzeitige Preiserhöhung für Gruppe 2 erreicht werden. Gleichgültig wie hoch die Preise für die verschiedenen Verbrauchergruppen auch sein mögen, sie müssen also immer so gewählt werden, dass die Grenzerlöse aller Gruppen gleich sind.

---

4 Zum Schutz der Beteiligten wurden die Namen geändert.

2 Wir wissen auch, dass die *gesamte* Produktionsmenge so gewählt werden muss, dass der Grenzerlös für jede Verbrauchergruppe gleich den Grenzkosten der Produktion ist. Ist dies nicht der Fall, könnte das Unternehmen wiederum seinen Gewinn maximieren, indem es die gesamte Produktionsmenge reduziert oder steigert (und gleichzeitig den Preis für beide Verbrauchergruppen senkt oder erhöht). Nehmen wir beispielsweise an, die Grenzerlöse wären für beide Verbrauchergruppen gleich, überstiegen aber gleichzeitig die Grenzkosten. In diesem Fall könnte das Unternehmen durch eine Produktionssteigerung und eine Preissenkung für beide Verbrauchergruppen seine Gewinne maximieren. Denn dadurch würden die Grenzerlöse sinken (und dennoch für beide Gruppen gleich bleiben) und sich gleichzeitig auf die Grenzkosten zubewegen.

Nähern wir uns diesem Problem nun algebraisch. Dabei sei P_1 der Preis, der der ersten Verbrauchergruppe berechnet wird, P_2 der Preis, den die zweite Verbrauchergruppe bezahlt, und $C(Q_T)$ die gesamten Produktionskosten für die gesamte Produktionsmenge $Q_T = Q_1 + Q_2$. In diesem Fall ergibt sich der Gewinn aus

$$\pi = P_1 Q_1 + P_2 Q_2 - C(Q_T)$$

Das Unternehmen sollte die Verkaufsmengen beider Verbrauchergruppen, Q_1 und Q_2, so lange erhöhen, bis der zusätzliche Gewinn aus der letzten verkauften Einheit gleich null ist. Zunächst setzen wir den zusätzlichen Gewinn aus Verkäufen an die Gruppe 1 gleich null:

$$\frac{\Delta \pi}{\Delta Q_1} = \frac{\Delta(P_1 Q_1)}{\Delta Q_1} - \frac{\Delta C}{\Delta Q_1} = 0$$

Hier bezeichnet $\Delta(P_1 Q_1)/\Delta Q_1$ den zusätzlichen Erlös aus dem Verkauf einer weiteren Produktionseinheit an die erste Verbrauchergruppe (also GE_1). Der nächste Term, $\Delta C/\Delta Q_1$, bezeichnet die zusätzlichen Kosten, die die Produktion dieser weiteren Einheit verursacht, also GK. Wir erhalten entsprechend:

$$GE_1 = GK$$

Ähnlich können wir für die zweite Verbrauchergruppe ableiten:

$$GE_2 = GK$$

Kombinieren wir diese Gleichungen, so sehen wir, dass Preise und Produktionsmengen so gewählt werden müssen, dass

$$GE_1 = GE_2 = GK \qquad (11.1)$$

Dieses Ergebnis bestätigt, dass die Grenzerlöse jeder einzelnen Gruppe gleich und auch gleich den Grenzkosten sein müssen.

11 Preisbildung bei Marktmacht

> Bei unserer Ermittlung einer Faustregel zur Preisbildung in § 10.1 haben wir erklärt, dass ein Unternehmen, das nach Gewinnmaximierung strebt, sein Produktionsniveau so wählen sollte, dass der Grenzerlös gleich dem Produktpreis plus dem Verhältnis von Produktpreis zur Preiselastizität der Nachfrage ist.

Bestimmung relativer Preise Für die Manager eines Unternehmens ist es mit Sicherheit einfacher, die relativen Preise zu ermitteln, die jeder Verbrauchergruppe berechnet werden sollen, und diese zur Elastizität der jeweiligen Nachfragekurve in Bezug zu setzen. Erinnern wir uns aus Abschnitt 10.1, dass wir den Grenzerlös auch als Bezugsgröße der Nachfrageelastizität ausdrücken können:

$$GE = P(1 + 1/E_d)$$

Es gilt also $GE_1 = P_1(1 + 1/E_1)$ und $GE_2 = P_2(1 + 1/E_2)$, wobei E_1 und E_2 die jeweiligen Nachfrageelastizitäten der Verkäufe auf dem ersten und zweiten Markt bezeichnen. Setzt man nun GE_1 gleich GE_2, wie in Gleichung (11.1), so ergibt sich folgende Gleichung, die für alle Preise gelten muss:

$$\frac{P_1}{P_2} = \frac{(1+1/E_2)}{(1+1/E_1)} \quad (11.2)$$

Wie zu erwarten war, wird der höhere Preis den Verbrauchern mit geringerer Nachfrageelastizität berechnet. Beträgt die Nachfrageelastizität der Verbrauchergruppe 1 beispielsweise –2 und die Nachfrageelastizität der Verbrauchergruppe 2 – 4, so erhalten wir $P_1/P_2 = (1 – 1/4)/(1 – 1/2) = (3/4)/(1/2) = 1,5$. Anders ausgedrückt sollte der Preis, der Verbrauchergruppe 1 berechnet wird, 1,5-mal so hoch sein wie der Preis für Verbrauchergruppe 2.

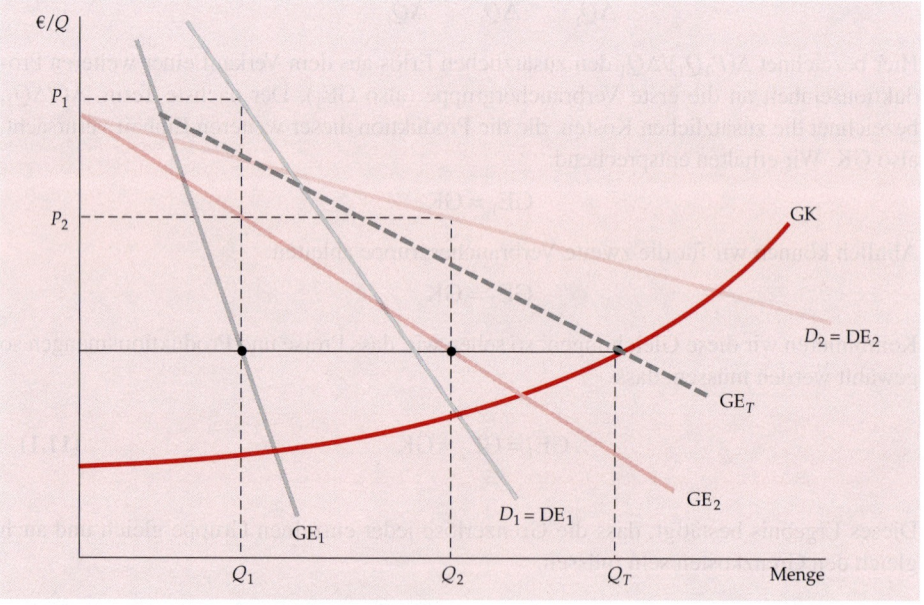

Abbildung 11.5: Preisdiskriminierung dritten Grades
Die Verbraucher werden in zwei verschiedene Gruppen mit unterschiedlichen Nachfragekurven eingeteilt. Der optimale Preis und die optimale Menge müssen so gewählt werden, dass die Grenzerlöse jeder Gruppe einander entsprechen und ebenso gleich den Grenzkosten sind. Hier wird Verbrauchergruppe 1, mit der Nachfragekurve D_1, der Preis P_1 berechnet, während Verbrauchergruppe 2 mit einer elastischeren Nachfragekurve D_2 den geringeren Preis P_2 bezahlt. Die Höhe der Grenzkosten ist abhängig von der gesamten Produktionsmenge Q_T. Man erkenne, dass Q_1 und Q_2 so gewählt werden, dass $GE_1 = GE_2 = GK$.

Abbildung 11.5 zeigt die Preisdiskriminierung dritten Grades. Man erkenne, dass die Nachfragekurve für die erste Verbrauchergruppe D_1 weniger elastisch ist, als die Nachfragekurve der Gruppe 2. Dementsprechend ist der Preis für die erste Verbrauchergruppe auch höher. Die gesamte Produktionsmenge, $Q_T = Q_1 + Q_2$, erhält man, indem man zunächst die Grenzerlöse GE_1 und GE_2 horizontal addiert – daraus ergibt sich die gestrichelte Kurve GE_T – und danach ihren Schnittpunkt mit der Grenzkostenkurve ermittelt. Da GK gleich GE_1 und GE_2 sein muss, können wir nun eine horizontale Gerade von diesem Schnittpunkt aus nach links einzeichnen, um die Produktionsmengen Q_1 und Q_2 zu finden.

Es muss sich für ein Unternehmen nicht immer lohnen, an mehr als nur eine Verbrauchergruppe zu verkaufen. Wenn beispielsweise die Nachfrage bei der zweiten Gruppe nur sehr gering ist und die Grenzkosten gleichzeitig stark ansteigen, könnten die gestiegenen Produktionskosten, die beim Verkauf an diese Gruppe entstehen, den zusätzlichen Erlös übersteigen. In Abbildung 11.6 ist es für das Unternehmen besser, nur einen einzigen Preis P^* zu berechnen und nur an die größere Verbrauchergruppe zu verkaufen. Die Zusatzkosten aus dem Verkauf an den kleineren Markt würden den Zusatzerlös, der sich aus dieser Verkaufsaktivität ergeben könnte, überwiegen.

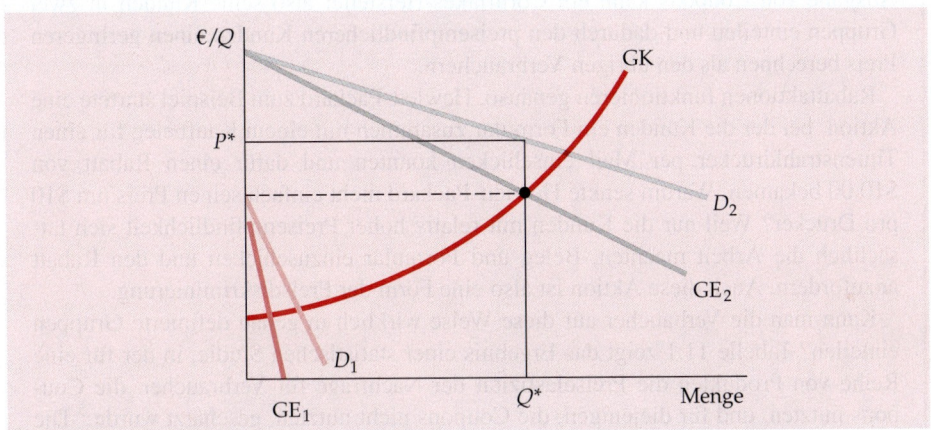

Abbildung 11.6: Keine Verkäufe an kleine Märkte
Selbst wenn eine Preisdiskriminierung dritten Grades machbar ist, zahlt es sich für ein Unternehmen nicht immer aus, an beide Verbrauchergruppen zu verkaufen, wenn es mit steigenden Grenzkosten konfrontiert ist. Hier ist die Zahlungsbereitschaft der ersten Verbrauchergruppe, mit Nachfragekurve D_1, nicht sehr hoch. Es wäre für das Unternehmen unrentabel, an diese Verbrauchergruppe zu verkaufen, da der Preis zu niedrig wäre, um die sich ergebenden gestiegenen Grenzkosten abzudecken.

Beispiel 11.1: Wirtschaftliche Gründe für Coupons und Rabatte

Die Hersteller von haltbaren Lebensmitteln und verwandten Konsumgütern geben in den USA oft Coupons aus, mit denen die Verbraucher ihre Produkte verbilligt kaufen können. Diese Coupons werden gewöhnlich als Teil einer Werbemaßnahme für dieses Produkt verteilt. Werbeanzeigen können in Zeitungen oder Zeitschriften erscheinen oder als Postwurfsendung an die Haushalte verteilt werden. Ein Coupon für eine bestimmte Cornflakes-Marke könnte beispielsweise beim Kauf einer Packung 50 Cent Rabatt wert sein. Warum geben Unternehmen solche Coupons aus? Warum senken sie nicht einfach die Preise und sparen sich so die Kosten für Druck und Vertrieb der Coupons?

Coupons sind eine Form der Preisdiskriminierung. Studien belegen, dass sich nur etwa 20 bis 30 Prozent aller Verbraucher die Mühe machen, solche Coupons auszuschneiden, zu sammeln und einzulösen. Diese Verbraucher sind tendenziell preisempfindlicher als diejenigen, die die Coupons nicht nutzen. Sie haben oft eine höhere Nachfrageelastizität und einen niedrigeren Reservationspreis. Durch die Ausgabe von Coupons kann ein Cornflakes-Hersteller also seine Kunden in zwei Gruppen einteilen und dadurch den preisempfindlicheren Kunden einen geringeren Preis berechnen als den übrigen Verbrauchern.

Rabattaktionen funktionieren genauso. Hewlett-Packard zum Beispiel startete eine Aktion, bei der die Kunden ein Formular zusammen mit einem Kaufbeleg für einen Tintenstrahldrucker per Mail einschicken konnten und dafür einen Rabatt von $10,00 bekamen. Warum senkte Hewlett-Packard nicht einfach seinen Preis um $10 pro Drucker? Weil nur die Kunden mit relativ hoher Preisempfindlichkeit sich tatsächlich die Arbeit machten, Beleg und Formular einzuschicken und den Rabatt anzufordern. Auch diese Aktion ist also eine Form der Preisdiskriminierung.

Kann man die Verbaucher auf diese Weise wirklich in genau definierte Gruppen einteilen? Tabelle 11.1 zeigt das Ergebnis einer statistischen Studie, in der für eine Reihe von Produkten die Preiselastizität der Nachfrage für Verbraucher, die Coupons nutzten, und für diejenigen, die Coupons nicht nutzten, geschätzt wurde.[5] Die Studie bestätigt, dass Couponnutzer tendenziell eine preissensitivere Nachfrage haben. Sie zeigt auch, in welchem Maß die Nachfrageelastizitäten beider Gruppen variieren und wie sich diese Unterschiede von Produkt zu Produkt verändern.

Für sich allein betrachtet geben diese Schätzungen der Nachfrageelastizität dem Unternehmen keine Auskunft darüber, welchen Preis es wählen und wie hoch der gewährte Rabatt sein sollte, denn sie beziehen sich auf die *Marktnachfrage* und nicht auf die Nachfrage nach den speziellen Marken, die das Unternehmen herstellt. ▶

---

[5] Die Studie wurde durchgeführt von Chakravarthi Narasimhan, „A Price Discrimination Theory of Coupons", *Marketing Science*, Frühling 1984. Eine kürzlich anhand von Cornflakes-Coupons durchgeführte Studie ergab, dass im Gegensatz zu den Vorhersagen, die sich aus dem Preisdiskriminierungsmodell ergeben würden, die Cornflakes-Preise tendenziell sinken, wenn viele Couponaktionen gestartet werden. Dies könnte daran liegen, dass solche Couponaktionen den Wettbewerb unter den Cornflakes-Herstellern verstärken. Siehe Aviv Nevo und Catherine Wolfram, „Prices and Coupons for Breakfast Cereals", *RAND Journal of Economics* 33, (2002): 319–339.

Tabelle 11.1

Preiselastizität der Nachfrage von Couponnutzern und -nichtnutzern

Produkt	PREISELASTIZITÄT	
	Nichtnutzer	Nutzer
Toilettenpapier	–0,60	–0,66
Fertige Füllungen und Saucen	–0,71	–0,96
Shampoo	–0,84	–1,04
Speiseöl	–1,22	–1,32
Fertiggerichte	–0,88	–1,09
Kuchenmischung	–0,21	–0,43
Katzenfutter	–0,49	–1,13
Gefrorene Fertiggerichte	–0,60	–0,95
Gelatine	–0,97	–1,25
Spaghetti Sauce	–1,65	–1,81
Haarspülung	–0,82	–1,12
Suppen	–1,05	–1,22
Hotdogs	–0,59	–0,77

So zeigt Tabelle 11.1 zum Beispiel an, dass die Nachfrageelastizität für Kuchenmischungen für Nichtnutzer von Coupons bei –0,21 und für Couponnutzer bei –0,43 liegt. Die Nachfrageelastizität für jede einzelne der acht oder zehn großen Marken, die es auf dem Markt gibt, wird jedoch weit größer sein als irgendeine dieser beiden Zahlen – einer Faustregel zufolge etwa acht- bis zehnmal so hoch.[6] Für jede beliebige dieser Kuchenmischungen, nehmen wir z.B. Pillsbury, kann also die Nachfrageelastizität für Couponnutzer bei etwa –2,4 und für Nichtnutzer bei etwa –1,2 liegen. Anhand von Gleichung (11.2) können wir nun ableiten, dass der Preis für Nichtnutzer etwa 1,5-mal so hoch sein sollte wie der Preis für Couponnutzer. Anders ausgedrückt, wenn eine Packung Kuchenmischung $3,00 kostet, sollte das Unternehmen Coupons ausgeben, die einen Rabatt in Höhe von $1,00 gewähren.

---

[6] Diese Faustregel lässt sich herleiten, wenn der Wettbewerb zwischen den Unternehmen durch das Cournot-Modell beschrieben werden kann, das wir in Kapitel 12 behandeln werden.

Beispiel 11.2: Flugpreise

Flugreisende sind oft sehr überrascht über die Vielzahl verschiedener Preisangebote für einen Hin- und Rückflug von New York nach Los Angeles. So kostete der Flug in der ersten Klasse kürzlich ungefähr $2.000, in der regulären Touristenklasse dagegen etwa $1.000. Außerdem wurden spezielle Billigtarife um $200 angeboten (die oft an eine Buchung zwei Wochen im Voraus und eine Übernachtung von Samstag auf Sonntag geknüpft waren). Auch wenn sich der Service in der ersten Klasse durchaus von dem in der Touristenklasse bei minimaler Aufenthaltsdauer unterscheidet, rechtfertigen diese Unterschiede doch keinesfalls einen Preis, der in der ersten Klasse so viel höher ist als in der Touristenklasse. Warum setzen Fluggesellschaften ihre Preise also so an?

Diese Flugpreise stellen eine gewinnbringende Form der Preisdiskriminierung dar. Der durch die Diskriminierung entstehende Gewinn ist für das Unternehmen so hoch, weil verschiedene Kundengruppen mit sehr unterschiedlicher Nachfrageelastizität die Flugtickets zu den verschiedenen Preisen kaufen. Tabelle 11.2 zeigt Preis- und Einkommenselastizität der Nachfrage für drei verschiedene Ticketkategorien, die von amerikanischen Fluggesellschaften angeboten werden: erste Klasse, reguläre Touristenklasse und Billigtarife. (Ein Ticket zu einem solchen Billigtarif ist oft mit Einschränkungen verbunden und wird teilweise auch nicht zurückerstattet.)

Tabelle 11.2

Nachfrageelastizität bei Flugpreisen

Elastizität	TICKETKATEGORIEN		
	Erste Klasse	Reguläre Touristenklasse	Billigtarif
Preis	–0,3	–0,4	–0,9
Einkommen	1,2	1,2	1,8

Man beachte, dass die Nachfrage nach Billigtarifen etwa zwei- bis dreimal preiselastischer ist als die Nachfrage nach Tickets in der ersten oder der regulären Touristenklasse. Wie erklären sich diese Unterschiede? Während Billigtarife meist von Familien und anderen Urlaubsreisenden genutzt werden, werden Flüge in der Ersten oder der regulären Touristenklasse häufiger von Geschäftsreisenden gebucht, die sich in der Regel nicht aussuchen können, wann sie fliegen, und deren Reisekosten überdies meist von ihren Unternehmen übernommen werden. Auch hier gelten die angegebenen Elastizitäten natürlich für die Marktnachfrage, und da auf dem Markt mehrere Fluggesellschaften miteinander im Wettbewerb stehen, wird die Nachfrageelastizität für jede einzelne Fluggesellschaft höher sein. ▶

Das *relative* Maß der Elastizitäten der drei angegebenen Ticketkategorien sollte jedoch in etwa gleich bleiben. Wenn Nachfrageelastizitäten also so stark variieren, sollte es nicht überraschen, dass die Fluggesellschaften für die verschiedenen Servicekategorien so unterschiedliche Preise ansetzen.

Im Laufe der Zeit wurden die Preisdiskriminierungsstrategien der amerikanischen Fluggesellschaften immer raffinierter. Heute wird eine unüberschaubare Vielzahl verschiedener Preise angeboten, je nachdem, wie lange im Voraus man das Flugticket kauft, zu wie viel Prozent der Flugpreis bei Nichtantritt der Reise zurückerstattet wird und ob die Reise eine Wochenendübernachtung mit einschließt.[7] Die Fluggesellschaften wollen mit diesen Preissystemen eine noch feinmaschigere Preisdiskriminierung ihrer Kunden nach deren jeweiligen Reservationspreisen erreichen. Eine Führungskraft der Branche drückte es folgendermaßen aus: „Wir wollen einem Fluggast seinen Sitzplatz nicht für $69 verkaufen, wenn er bereit wäre, dafür $400 zu bezahlen."[8] Gleichzeitig möchte die Fluggesellschaft einen Sitzplatz natürlich aber lieber für $69 verkaufen, als ihn unbesetzt zu lassen.

11.3 Intertemporale Preisdiskriminierung und Spitzenlast-(Peak-Load-)Preisbildung

Es gibt zwei weitere wichtige Formen der Preisdiskriminierung, die eng miteinander verwandt sind und beide häufig eingesetzt werden. Die erste Form ist die **intertemporale Preisdiskriminierung**, wobei Verbraucher mit unterschiedlichen Nachfragefunktionen in verschiedene Gruppen eingeteilt werden, indem zu verschiedenen Zeitpunkten unterschiedliche Preise berechnet werden. Die zweite Form ist die **Spitzenlast-Preisbildung**, bei der in Spitzenzeiten, wenn die Grenzkosten aufgrund von Kapazitätsengpässen steigen, höhere Preise berechnet werden. Beide Strategien beruhen darauf, zu unterschiedlichen Zeiten unterschiedliche Preise zu berechnen, dies geschieht jedoch in beiden Fällen aus verschiedenen Gründen. Wir werden beide Formen der Reihe nach genauer betrachten.

> **Intertemporale Preisdiskriminierung**
>
> Einteilung der Verbraucher mit unterschiedlichen Nachfragefunktionen in verschiedene Gruppen durch Berechnung unterschiedlicher Preise zu unterschiedlichen Zeitpunkten.

11.3.1 Intertemporale Preisdiskriminierung

Das Ziel der intertemporalen Preisdiskriminierung besteht darin, die Verbraucher in eine Gruppe mit starker Nachfrage und in eine Gruppe mit schwacher Nachfrage einzuteilen, indem man zunächst einen sehr hohen Preis ansetzt, der im Laufe der Zeit immer mehr fällt. Um zu sehen, wie diese Strategie funktioniert, verfolgen wir, wie ein Elektronikunternehmen die Preise für neue, technologisch fortgeschrittene Geräte festsetzt, wie z.B.

> **Spitzenlast-(Peak-Load-)Preisbildung**
>
> Berechnung höherer Preise in Spitzenzeiten, wenn Kapazitätsengpässe die Grenzkosten ansteigen lassen.

---

[7] Die Fluggesellschaften legen außerdem fest, welche Sitzplatzkontingente zu welchem Flugpreis zur Verfügung stehen. Diese Einteilung hängt von der Gesamtnachfrage und der für den Flug erwarteten Passagiermischung ab und kann sich mit näherrückendem Abflugtermin ändern, falls sich Gesamtnachfrage und Passagiermischung verschieben.

[8] „The Art of Devising Air Fares", *New York Times*, 4. März 1987.

für hochwertige Digitalkameras oder LCD-Fernsehbildschirme. In Abbildung 11.7 zeigt D_1 die (unelastische) Nachfragekurve einer kleinen Gruppe von Verbrauchern an, die dem jeweils neuen Produkt einen hohen Wert beimessen und mit dem Kauf keinesfalls warten wollen (z.B. Photographiefans, die immer die neueste Kamera haben wollen). D_2 zeigt die Nachfragekurve der größeren Verbrauchergruppe an, die eher bereit ist, auf das neue Produkt zu verzichten, wenn der Preis zu hoch ist. Die richtige Strategie ist demnach, das Produkt zunächst zum hohen Preis P_1 anzubieten, zu dem meist die Verbraucher auf der Nachfragekurve D_1 kaufen werden. Zu einem späteren Zeitpunkt, wenn die Verbraucher der ersten Gruppe das Produkt bereits gekauft haben, wird der Preis auf P_2 gesenkt, und nun kauft die große Verbrauchergruppe auf der Nachfragekurve D_2.[9]

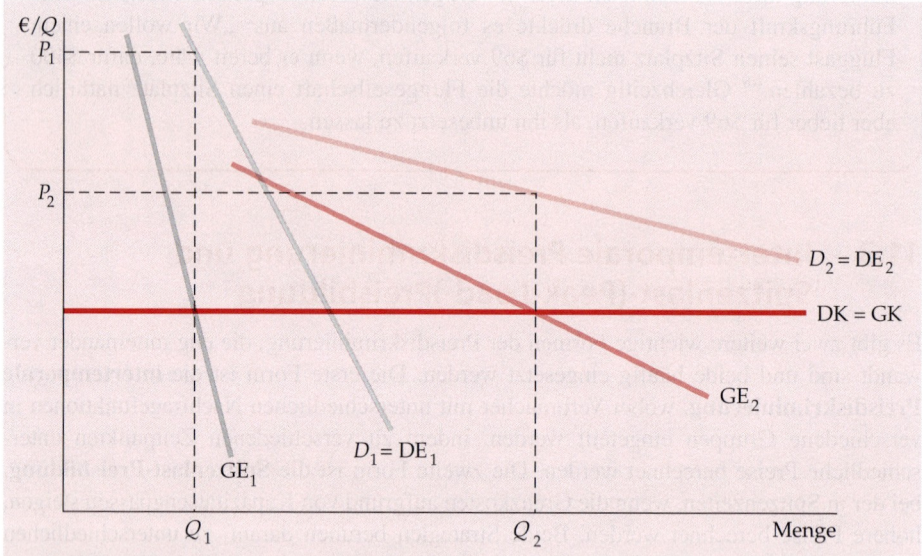

Abbildung 11.7: Intertemporale Preisdiskriminierung
Verbraucher werden dadurch in verschiedene Gruppen eingeteilt, dass das Unternehmen den Preis im Laufe der Zeit verändert. Am Anfang ist der Preis hoch und das Unternehmen kann von den Verbrauchern Konsumentenrente abschöpfen, die eine hohe Nachfrage nach dem Produkt haben und die mit dem Kauf nicht warten möchten. Später wird der Preis reduziert, damit das Produkt auch auf dem Massenmarkt attraktiv ist.

Es gibt noch weitere Beispiele für intertemporale Preisdiskriminierung. Eines davon sind die Eintrittspreise für Kinos, denn oft wird für einen neu erschienenen Kinofilm ein höherer Eintrittspreis verlangt als für Filme, die bereits ein Jahr oder länger in den Kinos laufen. Auch Verlage praktizieren diese Art der Preisdiskriminierung, indem sie für die zuerst erscheinende gebundene Fassung eines Buches einen höheren Preis verlangen als für die Taschenbuchversion, die meist etwa ein Jahr später auf den Markt kommt. Viel-

---

9   Die Preise für elektronische Neuheiten sinken auch mit der Zeit, da die Hersteller mit steigenden Verkaufszahlen zunehmend Größenvorteile nutzen können und sich auf der Lernkurve abwärts bewegen, was die Kosten senkt. Doch selbst wenn die Kosten nicht fallen würden, könnten die Hersteller ihre Gewinne maximieren, indem sie den Preis zunächst hoch ansetzen und ihn erst mit der Zeit senken, denn so setzen sie Preisdiskriminierung ein und können Konsumentenrente abschöpfen.

fach wird angenommen, der geringere Taschenbuchpreis ergebe sich aus den sehr viel niedrigeren Produktionskosten, aber das ist ein Trugschluss. Ist das Buch einmal redigiert und gesetzt, sind die Grenzkosten für jede weitere Ausgabe – gleichgültig ob gebunden oder nicht – relativ gering; sie betragen nur ungefähr einen Euro. Die Taschenbuchausgabe wird nicht für einen weit geringeren Preis verkauft, weil die Druckkosten geringer sind, sondern weil die Verbraucher mit hoher Nachfrage bereits die gebundene Version des Buches gekauft haben. Alle übrigen Verbraucher – die Käufer des Taschenbuchs – haben eine sehr viel elastischere Nachfrage.

11.3.2 Spitzenlast-Preisbildung

Bei der Spitzenlast-Preisbildung werden ebenfalls zu verschiedenen Zeitpunkten verschiedene Preise berechnet. Sie zielt jedoch nicht darauf ab, Konsumentenrente abzuschöpfen, sondern die wirtschaftliche Effizienz zu erhöhen, indem den Verbrauchern Preise berechnet werden, die nahe bei den Grenzkosten liegen.

Bei manchen Gütern und Dienstleistungen erreicht die Nachfrage zu ganz bestimmten Zeiten ihren Höhepunkt – bei Straßen und Tunnels sind es die täglichen Stoßzeiten, bei Elektrizität sind es lange heiße Sommernachmittage (dies gilt besonders in den USA aufgrund der Klimaanlagen), und in Skigebieten und Vergnügungsparks sind es die Wochenenden. Aufgrund von Kapazitätsengpässen sind auch die Grenzkosten zu diesen Spitzenzeiten hoch. Deshalb sollten die Preise zu diesen Zeiten ebenfalls höher sein.

Dies ist in Abbildung 11.8 dargestellt, wobei D_1 die Nachfragekurve für die Stoßzeit und D_2 die Kurve für die übrige Zeit ist. Das Unternehmen produziert so, dass zu jeder Zeit der Grenzerlös gleich den Grenzkosten ist, und erzielt folglich in der Stoßzeit den höheren Preis P_1 und die entsprechende Verkaufsmenge Q_1 und in der übrigen Zeit den niedrigeren Preis P_2 und die Menge Q_2. Durch diese Strategie ist der Gewinn des Unternehmens höher, als er es wäre, wenn es nur einen einzigen Preis berechnen würde. Außerdem arbeitet das Unternehmen so effizienter, denn die Summe der Produzenten- und Konsumentenrenten ist größer, weil die Preise näher an den Grenzkosten liegen.

Dieser Gewinn an Effizienz durch Spitzenlastpreise ist ein wichtiger Faktor. Wäre das Unternehmen ein Monopolist mit Preisregulierung (z.B. ein Elektrizitätswerk), so sollte die Regulierungsbehörde die Preise P_1 und P_2 an den Punkten festsetzen, an denen die *Nachfragekurven* D_1 und D_2 die Grenzkostenkurve schneiden, und nicht etwa dort, wo die Grenzerlöskurve die Grenzkostenkurve schneidet. In diesem Fall können die Verbraucher den gesamten Effizienzgewinn realisieren.

> In § 9.2 erklären wir, dass wirtschaftliche Effizienz die Maximierung der gesamten Produzenten- und Konsumentenrente bedeutet.

Man erkenne, dass sich die Spitzenlast-Preisbildung von der Preisdiskriminierung dritten Grades unterscheidet. Bei der Preisdiskriminierung dritten Grades muss der Grenzerlös für jede Verbrauchergruppe gleich sein und außerdem den Grenzkosten entsprechen. Dies ist so, weil die Kosten, die entstehen, wenn unterschiedliche Gruppen bedient werden, nicht voneinander unabhängig sind.

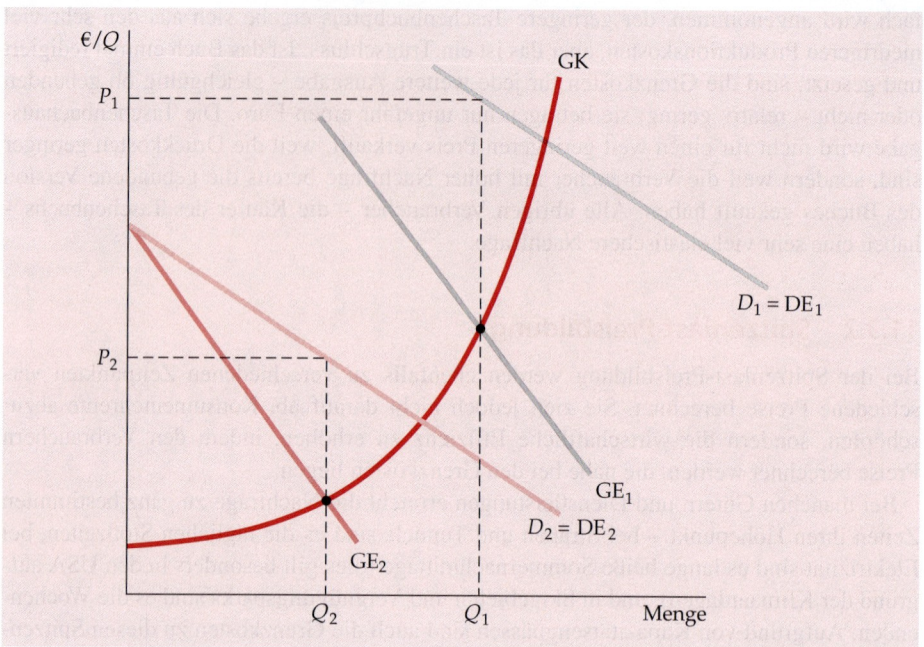

Abbildung 11.8: Spitzenlast-Preisbildung
Die Nachfrage nach einigen Gütern und Dienstleistungen steigt zu bestimmten Tages- oder Jahreszeiten drastisch an. Deshalb ist es für ein Unternehmen profitabler, während dieser Spitzenzeiten einen höheren Preis P_1 zu verlangen, als durchgehend einen einzigen Preis zu berechnen. Diese Strategie ist außerdem effizienter, da die Grenzkosten in Stoßzeiten höher sind.

Bei regulären und verbilligten Flugpreisen beispielsweise wirkt sich ein Anstieg des Verkaufs verbilligter Tickets auf die Kosten des Verkaufs regulärer Tickets aus – die Grenzkosten steigen rapide an, je mehr sich das Flugzeug füllt. Bei der Spitzenlast-Preisbildung (und auch bei den meisten Fällen der intertemporalen Preisdiskriminierung) ist das jedoch nicht so. Werden an einem Wochentag mehr Karten für den Skilift oder den Vergnügungspark verkauft, so beeinflusst das die Kosten, die beim Verkauf der Karten am Wochenende entstehen, nicht wesentlich. Genauso wird der Verkauf von mehr Elektrizität zu Nichtspitzenzeiten die Kosten des Verkaufs von Elektrizität zu Spitzenzeiten nicht wesentlich erhöhen. Daraus ergibt sich, dass Preise und Verkaufsmenge für jede Zeitperiode unabhängig festgelegt werden können, indem man in jeder Periode die Grenzkosten gleich dem Grenzerlös setzt.

Ein weiteres Beispiel hierfür sind Kinos, die für Abendvorstellungen einen höheren Eintrittspreis verlangen als für Matinees. Für die meisten Kinobetreiber sind die Grenzkosten, die aus der Bedienung der Besucher während einer Matinee entstehen, unabhängig von den Kosten, die für eine Abendvorstellung anfallen. Der Unternehmer kann also die optimalen Preise für Matinee und Abendvorstellung unabhängig voneinander bestimmen, indem er für jede Zeitperiode die Nachfrage und die Grenzkosten einschätzt.

11.3 Intertemporale Preisdiskriminierung und Spitzenlast-(Peak-Load-)Preisbildung

> **Beispiel 11.3: Preisbildung für einen Bestseller**
>
> Die Herausgabe einer gebundenen und einer Taschenbuchausgabe des gleichen Buches macht es den Verlagen möglich, die Strategie der Preisdiskriminierung anzuwenden. Wie bei den meisten Produkten ist auch bei Büchern die Zahlungsbereitschaft der Verbraucher höchst unterschiedlich. Einige Verbraucher legen beispielsweise großen Wert darauf, einen neuen Bestseller zu kaufen, sobald er auf den Markt kommt, selbst wenn er €25 oder mehr kostet. Andere Verbraucher werden dagegen ein Jahr warten, bis das Buch als Taschenbuch erscheint und nur noch €10 kostet. Doch wie kann ein Verlag entscheiden, dass €25 der richtige Preis für die gebundene Version und €10 der optimale Preis für die Taschenbuchversion ist? Und wie lange sollte der Verlag mit der Herausgabe der Taschenbuchversion warten?
>
> Der Schlüssel hierzu liegt in der Einteilung der Verbraucher in zwei Gruppen, so dass diejenigen, die bereit sind, einen höheren Preis für das Buch zu bezahlen, dies auch tun, und nur die übrigen auf das Erscheinen des Taschenbuches warten. Das bedeutet, dass der Verlag geraume Zeit vergehen lassen muss, bis das Taschenbuch erscheint. Denn wenn die Verbraucher wissen, dass die Taschenbuchausgabe ohnehin in wenigen Monaten erscheinen wird, ist für sie der Anreiz gering, die gebundene Version zu kaufen.[10] Andererseits darf der Verlag aber mit der Herausgabe des Taschenbuchs auch nicht zu lange warten, da sonst das Interesse der Verbraucher nachlässt und der Markt austrocknet. Folglich warten die Verlage gewöhnlich 12 bis 18 Monate mit der Veröffentlichung der Taschenbuchausgabe eines Buches.
>
> Wie steht es mit dem Preis? Die Preisfestlegung für eine gebundene Neuerscheinung ist schwierig, denn mit Ausnahme einiger Autoren, deren Bücher sich erfahrungsgemäß immer verkaufen, hat der Verlag nur wenige Informationen, die für die Einschätzung der Nachfrage nach einer Neuerscheinung hilfreich sein könnten. Oft kann diese Schätzung nur aufgrund der Verkaufszahlen bereits erschienener ähnlicher Bücher vorgenommen werden. Gewöhnlich gibt es allerdings nur generelle Daten für jede Buchkategorie. Die meisten neuen Romane werden daher bei ihrer Veröffentlichung zu ähnlichen Preisen angeboten. Klar ist jedoch, dass die Verbraucher, die bereit sind, auf das Erscheinen der Taschenbuchversion zu warten, eine viel elastischere Nachfrage haben als Vielleser. Deshalb ist es auch nicht verwunderlich, dass Taschenbücher so viel billiger verkauft werden als gebundene Bücher.[11]

---

10 Einige Verbraucher werden auch dann das gebundene Buch kaufen, wenn die Taschenbuchausgabe bereits auf dem Markt ist, denn es ist stabiler und sieht im Bücherregal schöner aus. Der Verlag muss dies zwar bei der Preisfestlegung berücksichtigen, verglichen mit der intertemporalen Preisdiskriminierung ist es jedoch zweitrangig.

11 Gebundene Bücher und Taschenbücher werden oft von verschiedenen Verlagen herausgegeben. Die Agentur des Autors vergibt die Rechte für beide Ausgaben, doch im Vertrag für die Taschenbuchversion ist eine zeitliche Verzögerung festgelegt, um die Verkäufe der gebundenen Version zu schützen. Es gilt jedoch nach wie vor dasselbe Prinzip. Das Ausmaß der zeitlichen Verzögerung und die Preise beider Ausgaben werden anhand der intertemporalen Preisdiskriminierung festgelegt.

11.4 Zweistufige Gebühren

Zweistufige Gebühr
Eine Form der Preisbildung, bei der den Verbrauchern sowohl eine Eintritts- als auch eine Nutzungsgebühr berechnet wird.

Die **zweistufige Gebühr** steht im Zusammenhang mit der Preisdiskriminierung und bietet eine weitere Möglichkeit, Konsumentenrente abzuschöpfen. Dabei müssen die Verbraucher im Voraus eine Gebühr bezahlen, die ihnen das Recht gibt, ein Produkt zu kaufen. Später zahlen die Verbraucher dann für jede Produktionseinheit, die sie konsumieren möchten, eine weitere Gebühr. Das klassische Beispiel für diese Strategie ist ein Vergnügungspark.[12] Man bezahlt zunächst den Eintrittspreis und dann eine weitere Gebühr für jede Fahrt. Der Besitzer des Vergnügungsparks muss entscheiden, ob er eine hohe Eintrittsgebühr und geringe Preise für die einzelnen Fahrten verlangen soll oder ob er den Verbrauchern freien Eintritt gewährt und dafür die Fahrpreise hoch ansetzt.

Zweistufige Gebühren werden in den verschiedensten Bereichen angewandt. Beispiele sind Tennis- und Golf-Clubs (wo man einen jährlichen Mitgliedsbeitrag und zusätzlich eine Gebühr für jede Nutzung des Tennis- oder Golfplatzes bezahlt) oder die Miete für einen Großrechner (man bezahlt eine monatliche Grundgebühr zuzüglich einer Gebühr für jede genutzte Prozessoreinheit) oder ein Telefonanschluss (wo man ebenfalls eine monatliche Grundgebühr und zusätzlich jede genutzte Telefoneinheit bezahlt). Die Strategie greift auch bei Nassrasierern (man bezahlt den Rasierer, der es ermöglicht, Rasierklingen zu verwenden, die wiederum nur zu der speziellen gewählten Marke passen).

Das Problem des Unternehmens besteht darin, zu entscheiden, wie hoch die *Eintrittsgebühr* (die wir mit T bezeichnen) im Vergleich zur *Nutzungsgebühr* (von uns mit P bezeichnet) sein soll. Wenn wir annehmen, dass das Unternehmen über gewisse Marktmacht verfügt, sollte es die Eintrittsgebühr hoch und die Nutzungsgebühr gering ansetzen oder umgekehrt? Zur Lösung dieses Problems müssen wir die grundlegenden Prinzipien verstehen, die hier zur Anwendung kommen.

Ein einzelner Konsument Beginnen wir mit einem künstlich konstruierten, aber einfachen Fall. Nehmen wir an, es gibt nur einen einzigen Verbraucher auf dem Markt (oder viele Verbraucher mit identischen Nachfragekurven). Nehmen wir weiter an, das Unternehmen kennt die Nachfragekurve dieses Verbrauchers. Erinnern wir uns nun, dass das Unternehmen so viel Konsumentenrente wie möglich abschöpfen möchte. In diesem Fall ist die Lösung des Problems ganz einfach. Das Unternehmen sollte die Nutzungsgebühr P gleich den Grenzkosten und die Eintrittsgebühr T gleich der gesamten Konsumentenrente jedes Konsumenten setzen. Also bezahlt der Verbraucher in Abbildung 11.9 T^* (oder etwas weniger) für das Recht, das Produkt zu nutzen, und P^* = GK für jede verbrauchte Einheit. Werden beide Gebühren so gesetzt, kann das Unternehmen die gesamte vorhandene Konsumentenrente als Gewinn abschöpfen.

---

[12] Walter Oi war der Erste, der diese Preisstrategie analysierte, „A Disneyland Dilemma: Two-Part Tariffs for a Mickey Mouse Monopoly", *Quarterly Journal of Economics* (Februar 1971): 77–96.

11.4 Zweistufige Gebühren

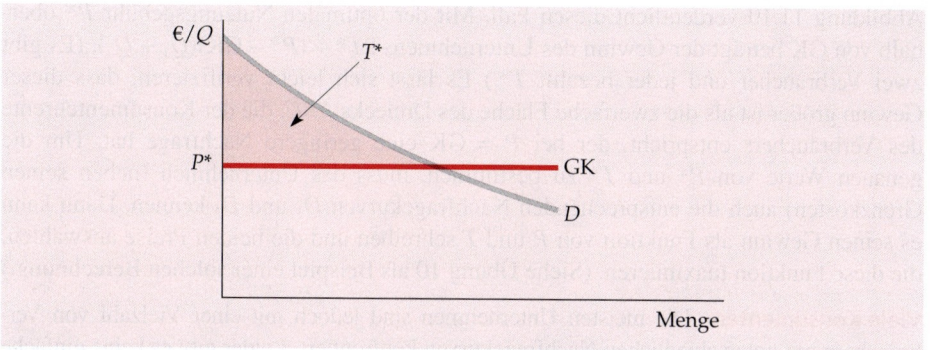

Abbildung 11.9: Zweistufige Gebühr bei einem einzelnen Konsumenten
Der Konsument hat die Nachfragekurve D. Das Unternehmen maximiert seinen Gewinn, indem es die Nutzungsgebühr P gleich den Grenzkosten und die Eintrittsgebühr T gleich der gesamten Konsumentenrente des Verbrauchers setzt.

Zwei Konsumenten Nehmen wir nun an, es gibt zwei verschiedene Verbraucher (oder zwei Gruppen mit jeweils identischen Verbrauchern) auf dem Markt. Das Unternehmen kann jedoch nur *eine* Eintrittsgebühr und *eine* Nutzungsgebühr festlegen. Folglich ist es für das Unternehmen nicht länger erstrebenswert, die Nutzungsgebühr gleich den Grenzkosten zu setzen. Täte es dies, könnte die Gebühr höchstens so hoch sein wie die Konsumentenrente des Konsumenten mit der geringeren Nachfrage (denn andernfalls würde das Unternehmen diesen Konsumenten verlieren), und diese würde nicht zur Gewinnmaximierung führen. Stattdessen sollte das Unternehmen die Nutzungsgebühr *oberhalb* der Grenzkosten festlegen und dann die Eintrittsgebühr gleich der verbleibenden Konsumentenrente des Verbrauchers mit der geringeren Nachfrage setzen.

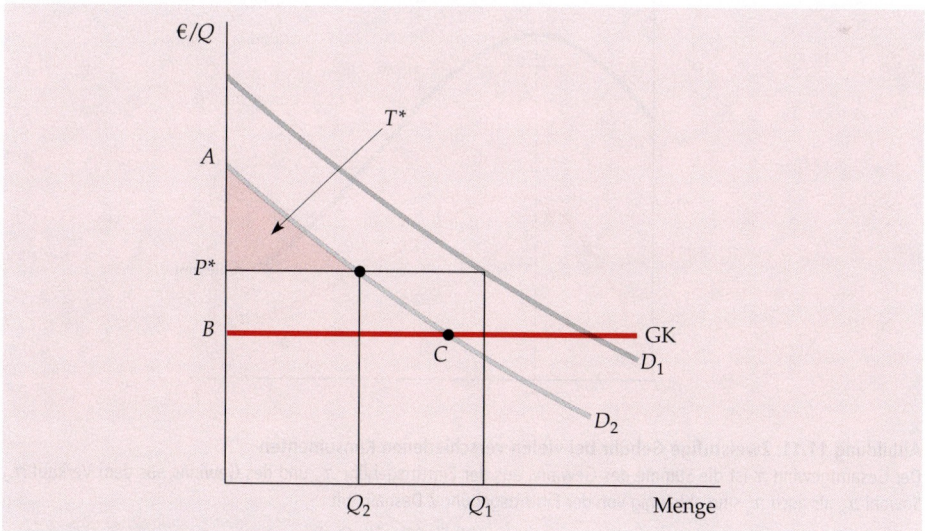

Abbildung 11.10: Zweistufige Gebühr bei zwei Konsumenten
Die gewinnmaximierende Nutzungsgebühr P^* übersteigt hier die Grenzkosten. Die Eintrittsgebühr T^* entspricht der Konsumentenrente des Verbrauchers mit der geringeren Nachfrage. Daraus ergibt sich ein Gewinn von $2T^* + (P^* - GK)(Q_1 + Q_2)$. Man erkenne, dass dieser Gewinn größer ist als die zweifache Fläche des Dreiecks ABC.

Abbildung 11.10 verdeutlicht diesen Fall. Mit der optimalen Nutzungsgebühr P^* oberhalb von GK beträgt der Gewinn des Unternehmens $2T^* + (P^* - GK)(Q_1 + Q_2)$. (Es gibt zwei Verbraucher und jeder bezahlt T^*.) Es lässt sich leicht verifizieren, dass dieser Gewinn größer ist als die zweifache Fläche des Dreiecks ABC, die der Konsumentenrente des Verbrauchers entspricht, der bei $P = GK$ eine geringere Nachfrage hat. Um die genauen Werte von P^* und T^* zu bestimmen, muss das Unternehmen (neben seinen Grenzkosten) auch die entsprechenden Nachfragekurven D_1 und D_2 kennen. Dann kann es seinen Gewinn als Funktion von P und T schreiben und die beiden Preise auswählen, die diese Funktion maximieren. (Siehe Übung 10 als Beispiel einer solchen Berechnung.)

Viele Konsumenten   Die meisten Unternehmen sind jedoch mit einer Vielzahl von Verbrauchern mit unterschiedlichen Nachfragekurven konfrontiert. Leider gibt es keine einfache Formel, mit der sich die für diesen Fall optimale zweistufige Gebühr berechnen ließe. Stattdessen muss ein Unternehmen wahrscheinlich mehrere Versuche durchführen, um eine optimale Lösung zu finden. Fest steht jedoch, dass es immer einen Tradeoff gibt. Ist die Eintrittsgebühr gering, bedeutet das mehr Besucher und höhere Gewinne aus der Nutzungsgebühr. Wenn jedoch die Eintrittsgebühr fällt und die Besucherzahl steigt, wird der Gewinn aus der Eintrittsgebühr sinken. Das Problem besteht also darin, die Eintrittsgebühr so zu wählen, dass eine optimale Anzahl an Besuchern das Angebot wahrnimmt, damit der Gewinn maximiert wird. Prinzipiell können wir dies erreichen, indem wir mit einer Nutzungsgebühr P beginnen, die entsprechende optimale Eintrittsgebühr T finden und schließlich den sich daraus ergebenden Gewinn abschätzen. Dann wird die Nutzungsgebühr P verändert und die entsprechende neue Eintrittsgebühr T und der neue Gewinn berechnet. Durch eine derartige Iteration können wir uns der optimalen zweistufigen Gebühr immer weiter annähern.

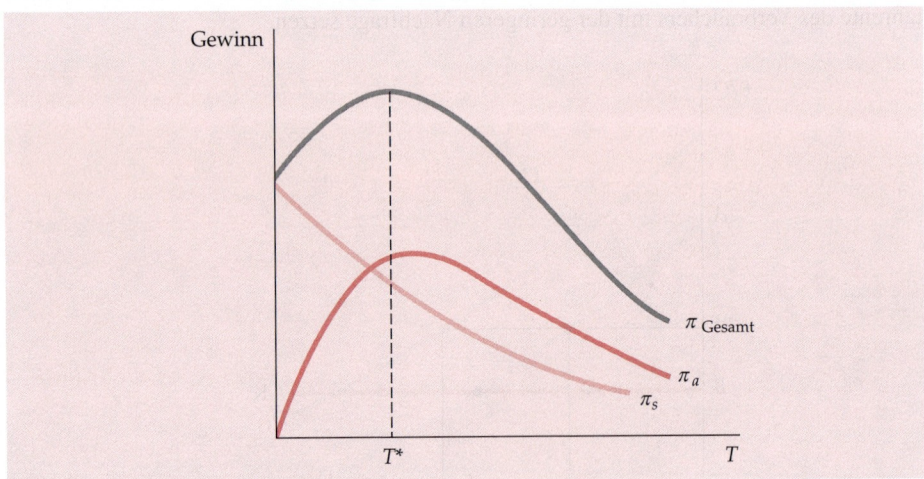

Abbildung 11.11: Zweistufige Gebühr bei vielen verschiedenen Konsumenten
Der Gesamtgewinn π ist die Summe des Gewinns aus der Eintrittsgebühr π_a und des Gewinns aus dem Verkauf π_s. Sowohl π_a als auch π_s sind abhängig von der Eintrittsgebühr T. Deshalb gilt

$$\pi = \pi_a + \pi_s = n(T)T + (P - GK)Q(n),$$

wobei n die Anzahl der Besucher in Abhängigkeit der Eintrittsgebühr T und Q die Verkaufsrate ist, die mit steigender Zahl n ebenfalls ansteigt. In diesem Fall ist bei gegebenem P T^* die gewinnmaximierende Eintrittsgebühr. Um die optimalen Werte für P und T zu berechnen, beginnen wir mit einem beliebigen Wert für P, finden den entsprechenden optimalen Wert T und schätzen den sich ergebenden Gewinn. Dann wird P verändert und T wird zusammen mit dem Gewinn entsprechend neu berechnet.

Abbildung 11.11 verdeutlicht diesen Fall. Der Gewinn des Unternehmens, π, ist in zwei Komponenten aufgeteilt, die beide als Funktion der Eintrittsgebühr T dargestellt sind, wobei eine feste Nutzungsgebühr P angenommen wird. Die erste Komponente, π_a, ist der Gewinn aus der Eintrittsgebühr und entspricht dem Erlös $n(T)T$, wobei $n(T)$ die Anzahl der Besucher ist. (Man erkenne, dass ein hohes T ein kleines n bedeutet.) Zu Beginn des Prozesses, wenn T von null aus erhöht wird, steigt auch der Erlös $n(T)T$. Schließlich wird jedoch jede weitere Erhöhung von T den Wert n so klein werden lassen, dass $n(T)T$ sinkt. Die zweite Komponente, π_s, ist der Gewinn aus dem Verkauf des Gutes oder der Dienstleistung selbst zum Preis P und entspricht $(P - GK)Q$, wobei Q die Rate bezeichnet, mit der die Besucher das Gut kaufen. Je größer die Anzahl der Besucher n, desto größer wird auch Q sein. Also sinkt π_s, wenn T steigt, denn ein steigendes T lässt n sinken.

Wenn wir mit einer Zahl für P beginnen, können wir den optimalen (gewinnmaximierenden) Wert T^* ermitteln. Dann verändern wir P, bestimmen einen neuen Wert T^* und können nun sehen, ob der sich ergebende neue Gewinn höher oder geringer ist als der ursprüngliche. Dieser Prozess wird so lange wiederholt, bis der maximale Gewinn gefunden ist.

Natürlich sind für den Entwurf einer optimalen zweistufigen Gebühr mehr Informationen nötig als nur die Auswahl eines einzigen Preises. Es reicht auch noch nicht aus, die Grenzkostenkurve und die gesamte Nachfrage zu kennen. Leider ist es (in den meisten Fällen) unmöglich, die Nachfragekurve jedes Verbrauchers zu kennen, aber es wäre zumindest sinnvoll zu wissen, um wie viel sich die einzelnen Nachfragekurven voneinander unterscheiden. Wenn die Nachfragen der Verbraucher nach einem Gut relativ ähnlich sind, ist es für das betreffende Unternehmen sinnvoll, einen Preis P zu verlangen, der nahe an den Grenzkosten liegt, und die Eintrittsgebühr T hoch anzusetzen. Aus Sicht des Unternehmens ist dies der Idealfall, denn so kann ein Großteil der Konsumentenrente abgeschöpft werden. Wenn die Nachfragekurven der einzelnen Kunden jedoch stark voneinander abweichen, wäre es dagegen für das Unternehmen sinnvoll, den Preis P relativ weit oberhalb der Grenzkosten festzusetzen und eine geringere Eintrittsgebühr T zu verlangen. In diesem Fall ist eine zweistufige Gebühr allerdings sehr viel weniger wirkungsvoll, was die Abschöpfung von Konsumentenrente betrifft. Die Festsetzung eines einzigen Preises kann hier ebenso sinnvoll sein.

In Disneyland, Kalifornien, und in Disneyworld, Florida, besteht die Preisstrategie darin, eine hohe Eintrittsgebühr, dafür aber keine Fahrgebühren zu verlangen. Diese Strategie ist sinnvoll, denn die Nachfrage ist bei allen Vergnügungsparkbesuchern relativ ähnlich. Die meisten Besucher haben ein tägliches Budget eingeplant (das auch Ausgaben für Speisen und Getränke mit einschließt), und diese Budgets liegen in der Regel nahe beieinander.

Unternehmen sind ständig auf der Suche nach innovativen Preisstrategien und einige haben eine zweistufige Gebühr mit einem besonderen Trick entwickelt und eingeführt. In diesen Fällen berechtigt die Eintrittsgebühr T die Besucher, eine gewisse Anzahl an Einheiten kostenlos zu verbrauchen oder zu nutzen. Beim Kauf eines Gilette-Rasierers beispielsweise sind gewöhnlich einige Rasierklingen bereits im Verkaufspaket enthalten. Und die monatliche Leasinggebühr für einen Großrechner berechtigt meist zur Nutzung einiger Recheneinheiten, bevor die Nutzungsgebühr fällig wird. Dieser Trick macht es

11 Preisbildung bei Marktmacht

den Unternehmen möglich, eine höhere Eintrittsgebühr T zu berechnen, ohne dass ihm dadurch viele Kleinkunden verloren gehen. Da die Kleinkunden in diesem System meist keine oder nur eine geringe Nutzungsgebühr zahlen, kann das Unternehmen durch die höhere Eintrittsgebühr ihre Konsumentenrente abschöpfen, ohne diese Kunden vom Markt zu verdrängen, und gleichzeitig einen größeren Teil der Konsumentenrente größerer Kunden für sich ausnutzen.

Beispiel 11.4: Preisbildung für Mobilfunkdienste

Für die Preisbildung der meisten Telefondienste wird eine zweistufige Gebühr angewandt: Es gibt eine monatliche Grundgebühr, die eventuell einige kostenlose Telefoneinheiten beinhaltet, zuzüglich einer Gebühr, die meist pro telefonierte Minute abgerechnet wird. Dies gilt auch für Mobilfunkdienste, die sowohl in den Vereinigten Staaten als auch weltweit explosionsartig gewachsen sind. Im Fall der Mobilfunknetze haben die Dienstleister die Strategie der zweistufigen Gebühr fast schon zu einer Kunstform erhoben.

In den meisten Gegenden der Vereinigten Staaten von Amerika können sich die Verbraucher zwischen vier landesweit agierenden Netzbetreibern, Verizon, T-Mobile, AT&T und Sprint, entscheiden. Die Anbieter stehen zwar miteinander im Konkurrenzkampf um Kunden, haben aber jeweils auch eine gewisse Marktmacht. Diese entsteht zum Teil durch oligopolistische Preisbildung und entsprechende Produktionsentscheidungen, wie wir in Kapitel 12 und 13 noch erläutern werden. Marktmacht entsteht auch durch die *Umstiegskosten* der Verbraucher: Wenn sie sich für ein Mobilfunknetz entscheiden, müssen sie sich dazu meist für einen längeren Zeitraum von mindestens einem Jahr verpflichten, wobei ein Vertragsbruch relativ teuer kommt. Die meisten Anbieter verlangen eine Gebühr von mindestens $200, wenn der Vertrag vorzeitig beendet werden soll.

Da die Anbieter über Marktmacht verfügen, müssen sie sich sehr eingehend mit der Wahl der richtigen, gewinnmaximierenden Preisstrategie beschäftigen. Die zweistufige Gebühr ist für Mobilfunkanbieter eine ideale Strategie, um Konsumentenrente abzuschöpfen und sie in Gewinn umzuwandeln.

Tabelle 11.3 zeigt eine Aufstellung der von Verizon Wireless, Sprint und AT&T sowie Orange (einem in mehreren Ländern operierenden Tochterunternehmen der France Telecom) und China Mobile angebotenen Tarifpläne für Mobilfunkdienste (für das Jahr 2011). Hier ist zu erkennen, dass all diese Mobilfunkanbieter ihren Kunden eine Reihe zweistufiger Tarife anbieten, wobei die Tarifpläne ähnlich strukturiert sind.

Im Folgenden werden wir uns auf den Verizon-Plan konzentrieren. Der preisgünstigste Verizon-Plan ist mit einer monatlichen Grundgebühr von $39,99 verbunden und umfasst 450 Freiminuten (d.h. 450 Gesprächsminuten pro Monat, die zu jeder Zeit des Tages eingesetzt werden können). ▶

Überdies enthält dieser Tarifplan unbeschränkte Gesprächszeit nachts und an Wochenenden (also während Zeiträumen, in denen die Nachfrage im Allgemeinen viel niedriger ist). Abonnenten, die mehr als die 450 Freiminuten nutzen, werden $0,45 für jede zusätzliche Minute in Rechnung gestellt. Ein Kunde, der sein Mobiltelefon häufiger einsetzt, könnte sich für einen teureren Plan entscheiden. So könnte dieser Kunde beispielsweise den Plan wählen, der $59,99 pro Monat kostet, aber 900 Freiminuten und eine Gebühr von $0,40 für jede zusätzliche Minute enthält. Und sollte zum Beispiel der geneigte Leser sein Mobiltelefon ständig benutzen (und daher nur wenig Zeit für andere Dinge haben), könnte er sich für einen Plan entscheiden, der unbegrenzte Freiminuten zu monatlichen Kosten von $69,99 umfasst.

Warum bieten Mobilfunkbetreiber verschiedene Arten von Plänen und nochmals Optionen innerhalb jedes Plans an? Warum verlangen sie nicht nur eine einfache zweistufige Gebühr mit einer monatlichen Grundgebühr und einer bestimmten Nutzungsgebühr pro Telefonminute? Die zahlreichen verschiedenen Pläne und Modelle ermöglichen es den Netzbetreibern, die zweistufige Gebühr mit einer Preisdiskriminierung dritten Grades zu kombinieren. Die Tarifpläne sind so strukturiert, dass sich die Verbraucher aufgrund ihrer Telefongewohnheiten selbst in verschiedene Gruppen einteilen. Und für jede Gruppe gilt eine eigene zweistufige Gebühr.

Um zu sehen, wie diese Einteilung in Gruppen funktioniert, wollen wir die Entscheidungen einiger Verbraucher für unterschiedliche Arten von Plänen betrachten. Individuen, die ihr Mobiltelefon nur gelegentlich benutzen, werden so wenig wie möglich für den Mobiltelefondienst ausgeben wollen und sich für den preisgünstigsten Plan (mit den wenigsten Freiminuten) entscheiden. Die teuersten Pläne eignen sich am besten für Personen, die ihr Mobiltelefon sehr stark nutzen (wie beispielsweise Vertreter, die viel reisen und den ganzen Tag über viel telefonieren) und ihre Kosten pro Minute minimieren wollen. Andere Pläne eignen sich besser für Verbraucher mit moderaten Telefonbedürfnissen.

Die Verbraucher werden sich immer für das Angebot entscheiden, das ihre Bedürfnisse am besten erfüllt. Deshalb lassen sie sich in Verbrauchergruppen einteilen, wobei die Nachfrage jeder einzelnen Verbrauchergruppe nach Mobiltelefondiensten relativ homogen sein wird. Erinnern wir uns, dass eine zweistufige Gebühr dann den größten Erfolg bringt, wenn die Nachfrage der Verbraucher identisch oder sehr ähnlich ist. (In Abbildung 11.9 sahen wir, dass bei identischer Konsumentennachfrage die zweistufige Gebühr angewandt werden kann, um die *gesamte* Konsumentenrente abzuschöpfen.) Indem ein Unternehmen eine Situation schafft, die alle Verbraucher in bestimmte homogene Verbrauchergruppen einteilt, kann es die Vorteile der zweistufigen Gebühr optimal nutzen. ▶

Tabelle 11.3

Mobilfunkangebote (2011)

Freiminuten	Monatliche Grundgebühr	Freiminuten nachts/an Wochenenden	Gebühr pro Minute nach Freiminuten
A. Verizon: America's Choice Grundtarif			
450	$39,99	Unbegrenzt	$0,45
900	$59,99	Unbegrenzt	$0,40
Unbegrenzt	$69,99	Unbegrenzt	Im Preis enthalten
B. Sprint: Grundtarife			
200	$29,99	Unbegrenzt	$0,45
450	$39,99	Unbegrenzt	$0,45
900	$59,99	Unbegrenzt	$0,40
C. AT&T: Individuelle Tarife			
450	$39,99	5000	$0,45
900	$59,99	Unbegrenzt	$0,40
Unbegrenzt	$69,99	Unbegrenzt	Im Preis enthalten
D. Orange (UK)			
100	$10,00	Keine	25 Pence
200	$15,00	Keine	25 Pence
300	$20,00	Keine	25 Pence
E. Orange (Israel)			
Keine	28,00 NIS	Keine	0,59 NIS
100	38,00 NIS	Keine	0,59 NIS
400	61,90 NIS	Keine	0,59 NIS
F. China Mobile			
150	58 RMB	Keine	0,40 RMB
450	158 RMB	Keine	0,35 RMB
800	258 RMB	Keine	0,32 RMB
1200	358 RMB	Keine	0,30 RMB
1800	458 RMB	Keine	0,25 RMB

Anmerkung: Zur Umstellung der internationalen Preise auf US-Dollar (Stand: August 2011) sind die folgenden Umrechnungsfaktoren zu verwenden: 1 £ = $1,60, 1 NIS = $0,30 und 1 RMB = $0,13. Daten verschiedener Mobilfunkanbieter.

11.5 Bündelung

Es gibt wohl kaum jemanden, der den Film „Vom Winde verweht" aus dem Jahr 1939 noch nicht gesehen hat. Er ist ein Klassiker, der heute noch fast genauso populär ist wie damals.[13] Mit genauso großer Sicherheit kann man sagen, dass wohl kaum ein Leser den Film „Getting Gertie's Garter" gesehen hat, einen Flop den dieselbe Filmgesellschaft (Loews) ebenfalls 1939 produzierte. Ebenso sicher ist wohl, dass die meisten Leser nicht wissen, dass die Preisbildung beider Filme anhand einer sehr ungewöhnlichen Strategie vorgenommen wurde.[14]

Kinos, die „Vom Winde verweht" mieteten, waren verpflichtet, auch „Getting Gertie's Garter" zu mieten. (Kinobetreiber zahlen den Filmgesellschaften für jeden gemieteten Film eine tägliche oder wöchentliche Gebühr.) Anders ausgedrückt, diese beiden Filme wurden **gebündelt**, d.h. als Paket verkauft.[15] Warum wandte die Filmgesellschaft diese Strategie an?

> **Bündelung**
>
> Preisstrategie, bei der zwei oder mehr Produkte als Paket verkauft werden.

Die Antwort liegt scheinbar auf der Hand. „Vom Winde verweht" war ein sehr erfolgreicher Film und „Gertie" war ein Flop; also zwang die Bündelung die Kinos dazu, den Gertie-Film ebenfalls zu mieten. Wirtschaftlich gesehen ergibt diese Antwort allerdings keinen Sinn. Nehmen wir an, der Reservationspreis eines Kinobetreibers für „Vom Winde verweht" (d.h. der Preis, den er maximal dafür zu zahlen bereit ist), liegt bei €12.000 pro Woche und der Reservationspreis für den Gertie-Film beträgt €3.000 wöchentlich. Folglich liegt der Maximalpreis des Kinobetreibers für *beide* Filme bei €15.000, gleichgültig, ob er die Filme einzeln oder als Paket mietet.

Bündelung ist nur dann sinnvoll, *wenn Verbraucher heterogene Nachfragekurven haben* und ein Unternehmen keine Preisdiskriminierung durchführen kann. In diesem Fall bedienen verschiedene Kinos unterschiedliche Kundenzielgruppen, und deshalb können verschiedene Kinos auch mit unterschiedlichen Nachfragekurven nach bestimmten Filmen konfrontiert sein. Bestimmte Kinos sind beispielsweise für bestimmte Altersgruppen besonders attraktiv, die wiederum unterschiedliche Vorlieben in Bezug auf die Filmauswahl haben.

Um zu sehen, wie eine Filmgesellschaft diese Heterogenität zu ihrem Vorteil nutzen kann, nehmen wir an, es gibt *zwei* Kinos, deren Reservationspreise für unsere beiden oben genannten Filme folgendermaßen aussehen:

	Vom Winde verweht	Getting Gertie's Garter
Kino A	€12.000	€3.000
Kino B	€10.000	€4.000

---

13 Inflationsbereinigt spielte „Vom Winde verweht" das beste Ergebnis aller Zeiten ein. Der Film „Titanic" aus dem Jahr 1997 spielte 601 Millionen Dollar ein. „Vom Winde verweht" erspielte 1939 81,5 Millionen Dollar, ein Ergebnis, das auf 1997 umgerechnet 941 Millionen Dollar entsprechen würde.

14 Den Lesern, die behaupten, all dies doch gewusst zu haben, stellen wir hiermit noch eine letzte Quizfrage: Wer spielte die Rolle der Gertie in „Getting Gertie's Garter"?

15 Die großen Hollywood-Studios wurden 1948 gezwungen, die Bündelung ihrer Filme einzustellen. Damals entschied der Oberste Gerichtshof, dass die Studios die Kartellgesetze verletzten, indem sie die Kinos zwangen, ihre Filme entweder insgesamt oder gar nicht zu kaufen. Überdies wurden die Studios gezwungen, ihre Kinoketten zu verkaufen. Dies führte zum Ende einer jahrzehntelangen Ära der monopolistischen vertikalen Integration, durch die die Studios zu wirtschaftlichen Machtzentren geworden waren.

Werden die Filme separat ausgeliehen, so liegt der maximale Preis für „Vom Winde verweht" bei €10.000, denn ein höherer Preis würde Kino B vom Markt ausschließen. Demnach beträgt der maximale Preis für „Getting Gertie's Garter" €3.000. Wenn die Filmgesellschaft diese Preise verlangt, ergibt das einen Gesamterlös von €26.000 oder €13.000 pro Kino. Nehmen wir nun an, der Filmverleih wird *gebündelt*. Kino A bemisst den Wert des *Filmpakets* mit €15.000 (€12.000 + €3.000) und für Kino B liegt er bei €14.000 (€10.000 + €4.000). Demnach kann die Filmgesellschaft jedem Kino für das Filmpaket €14.000 berechnen und einen Gesamterlös von €28.000 erreichen. Es ist also offensichtlich, dass Bündelung hier zu mehr Erlös führt (um genau €2.000).

11.5.1 Relative Bewertungen

Warum ist die Bündelung profitabler als ein Einzelverkauf der Filme? Der Grund ist, dass (in diesem Fall) die *relativen Bewertungen* der beiden Filme umgekehrt sind. Mit anderen Worten, obwohl beide Kinos sehr viel mehr für „Vom Winde verweht" als für den Gertie-Film zahlen würden, würde Kino A für „Vom Winde verweht" mehr bezahlen als Kino B (€12.000 gegenüber €10.000), während Kino B wiederum mehr für „Getting Gertie's Garter" bezahlen würde als Kino A (€4.000 gegenüber €3.000). Um einen Fachbegriff zu verwenden: die Nachfragen sind hier *negativ korreliert*, d.h. der Kinobesucher, der bereit ist, für „Vom Winde verweht" am meisten zu bezahlen, hat für „Getting Gertie's Garter" gleichzeitig die geringste Zahlungsbereitschaft. Um zu sehen, warum dieser Punkt so ausschlaggebend ist, nehmen wir nun eine *positive Korrelation* der Nachfragen an, d.h. Kino A würde für *beide* Filme mehr bezahlen.

	Vom Winde verweht	**Getting Gertie's Garter**
Kino A	€12.000	€4.000
Kino B	€10.000	€3.000

Der Höchstpreis, den Kino A nun für das Filmpaket bezahlen würde, liegt bei €16.000, doch der Höchstpreis von Kino B beträgt nur €13.000. Werden die Filme also gebündelt, wäre der maximal zu erzielende Preis €13.000 pro Kino, was einem Gesamterlös von €26.000 entspricht. Dieser Gesamterlös ist genauso hoch wie bei einem Einzelverkauf der Filme.

Nehmen wir nun an, ein Unternehmen verkauft zwei verschiedene Güter an viele Konsumenten. Um die möglichen Vorteile der Bündelung zu analysieren, verwenden wir ein einfaches Diagramm, um die Vorlieben der Verbraucher in Verbindung mit ihren Reservationspreisen und ihren Konsumentscheidungen angesichts der gegebenen Marktpreise zu beschreiben. In Abbildung 11.12 ist die horizontale Achse r_1 der Reservationspreis der Konsumenten für Produkt 1 und die vertikale Achse r_2 der Reservationspreis für Produkt 2.

Die Abbildung zeigt die Reservationspreise für drei Konsumenten. Konsument A ist bereit, bis zu €3,25 für Produkt 1 und bis zu €6 für Produkt 2 zu bezahlen. Konsument B ist bereit, bis zu €8,25 für Produkt 1 und bis zu €3,25 für Produkt 2 zu bezahlen. Konsument C dagegen ist bereit, für jedes der beiden Produkte bis zu €10 zu bezahlen. Allgemein können die Reservationspreise jeder beliebigen Anzahl an Konsumenten auf diese Weise dargestellt werden.

11.5 Bündelung

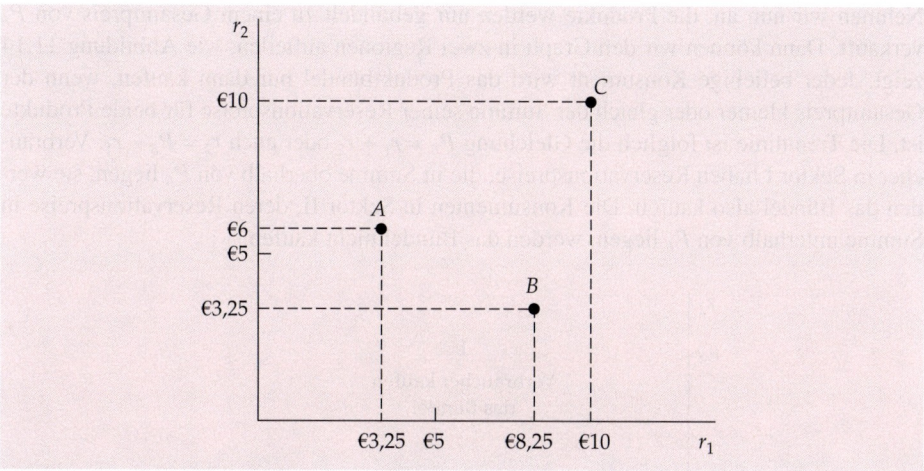

Abbildung 11.12: Reservationspreise
Die Reservationspreise r_1 und r_2 für zwei Güter werden hier für die drei Konsumenten A, B und C angezeigt. Konsument A ist bereit, für Produkt 1 bis zu €3,25 und für Produkt 2 bis zu €6 zu bezahlen.

Nehmen wir weiter an, es gibt viele Konsumenten und die Produkte werden einzeln zu den Preisen von jeweils P_1 und P_2 verkauft. Abbildung 11.13 zeigt, wie sich Verbraucher in bestimmte Gruppen einteilen lassen. Die Reservationspreise der Verbraucher in Sektor I sind höher als die Preise, die tatsächlich für beide Produkte verlangt werden, also werden diese Verbraucher beide Produkte kaufen. Die Konsumenten in Sektor II haben einen Reservationspreis für das Produkt 2, der oberhalb von P_2 liegt, doch ihr Reservationspreis für Produkt 1 liegt unterhalb von P_1. Sie werden folglich nur Produkt 2 kaufen. Ähnlich werden Verbraucher in Sektor IV nur Produkt 1 kaufen. Und Verbraucher in Sektor III schließlich haben Reservationspreise, die bei beiden Produkten unterhalb der tatsächlichen Verkaufspreise liegen, und werden daher keines der Produkte kaufen.

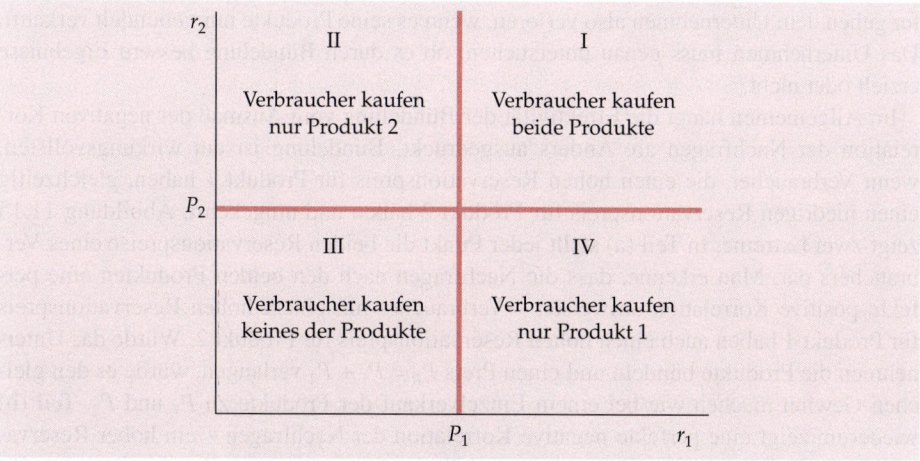

Abbildung 11.13: Konsumentscheidungen, wenn Produkte separat verkauft werden
Die Reservationspreise der Verbraucher in Sektor I übersteigen die Preise P_1 und P_2 für beide Produkte, also werden diese Verbraucher beide Produkte kaufen. Verbraucher in den Sektoren II und IV kaufen nur jeweils eins der Produkte, und die Verbraucher in Sektor III kaufen keines von beiden.

Nehmen wir nun an, die Produkte werden nur gebündelt zu einem Gesamtpreis von P_B verkauft. Dann können wir den Graph in zwei Regionen aufteilen, wie Abbildung 11.14 zeigt. Jeder beliebige Konsument wird das Produktbündel nur dann kaufen, wenn der Gesamtpreis kleiner oder gleich der Summe seiner Reservationspreise für beide Produkte ist. Die Trennlinie ist folglich die Gleichung $P_B = r_1 + r_2$ oder auch $r_2 = P_B - r_1$. Verbraucher in Sektor I haben Reservationspreise, die in Summe oberhalb von P_B liegen, sie werden das Bündel also kaufen. Die Konsumenten in Sektor II, deren Reservationspreise in Summe unterhalb von P_B liegen, werden das Bündel nicht kaufen.

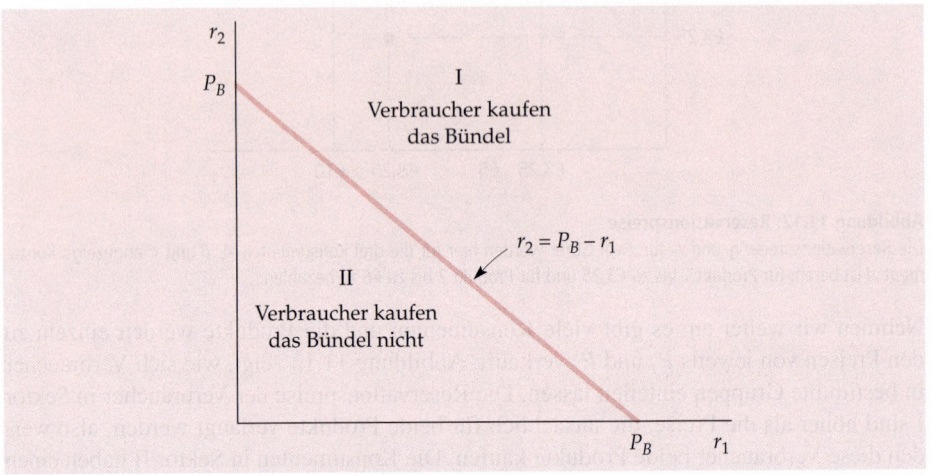

Abbildung 11.14: Konsumentscheidungen bei Produktbündelung
Verbraucher vergleichen die *Summe* ihrer Reservationspreise, $r_1 + r_2$, mit dem Preis des Bündels P_B. Und sie kaufen das Bündel nur, wenn $r_1 + r_2$ mindestens so groß ist wie P_B.

Abhängig von den verlangten Preisen würden wohl einige Verbraucher aus Sektor II der Abbildung 11.14 eines der Produkte kaufen, wenn sie separat verkauft würden. Diese Käufer gehen dem Unternehmen also verloren, wenn es seine Produkte nur gebündelt verkauft. Das Unternehmen muss genau untersuchen, ob es durch Bündelung bessere Ergebnisse erzielt oder nicht.

Im Allgemeinen hängt die Effektivität der Bündelung vom Ausmaß der negativen Korrelation der Nachfragen ab. Anders ausgedrückt, Bündelung ist am wirkungsvollsten, wenn Verbraucher, die einen hohen Reservationspreis für Produkt 1 haben, gleichzeitig einen niedrigen Reservationspreis für Produkt 2 haben und umgekehrt. Abbildung 11.15 zeigt zwei Extreme. In Teil (a) stellt jeder Punkt die beiden Reservationspreise eines Verbrauchers dar. Man erkenne, dass die Nachfragen nach den beiden Produkten eine perfekte positive Korrelation aufweisen – Verbraucher mit einem hohen Reservationspreis für Produkt 1 haben auch einen hohen Reservationspreis für Produkt 2. Würde das Unternehmen die Produkte bündeln und einen Preis $P_B = P_1 + P_2$ verlangen, würde es den gleichen Gewinn machen wie bei einem Einzelverkauf der Produkte zu P_1 und P_2. Teil (b) wiederum zeigt eine perfekte negative Korrelation der Nachfragen – ein hoher Reservationspreis für Produkt 2 bedeutet einen verhältnismäßig geringeren Reservationspreis für Produkt 1. In diesem Fall ist Bündelung die ideale Strategie. Indem es den in der Abbildung ausgewiesenen Preis P_B verlangt, kann das Unternehmen die *gesamte* Konsumentenrente abschöpfen.

11.5 Bündelung

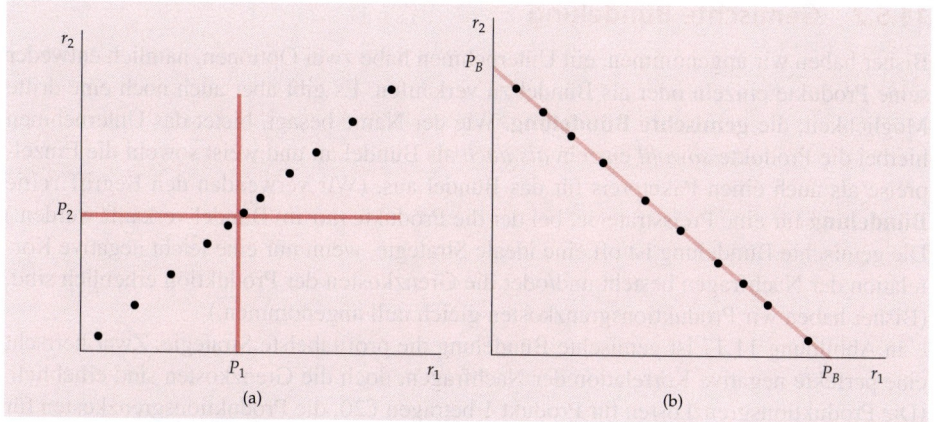

Abbildung 11.15: Reservationspreise
Da die Nachfrage in Teil **(a)** eine perfekte positive Korrelation aufweisen, kann das Unternehmen durch Bündelung keine zusätzlichen Gewinne erzielen, denn der Gewinn bleibt mit und ohne Bündelung gleich hoch. Teil **(b)** weist eine perfekte negative Korrelation der Nachfragen auf. Hier ist Bündelung die ideale Strategie – dadurch kann die gesamte Konsumentenrente abgeschöpft werden.

Abbildung 11.16, die das Kinobeispiel illustriert, das wir zu Beginn des Abschnitts ausgeführt haben, zeigt, dass die Nachfragen der beiden Kinos eine negative Korrelation aufweisen. (Kino A zahlt vergleichsweise mehr für „Vom Winde verweht", doch Kino B zahlt vergleichsweise mehr für „Getting Gertie's Garter"). Das macht es für die Filmgesellschaft profitabler, beide Filme als Bündel zum Preis von €14.000 zu vermieten.

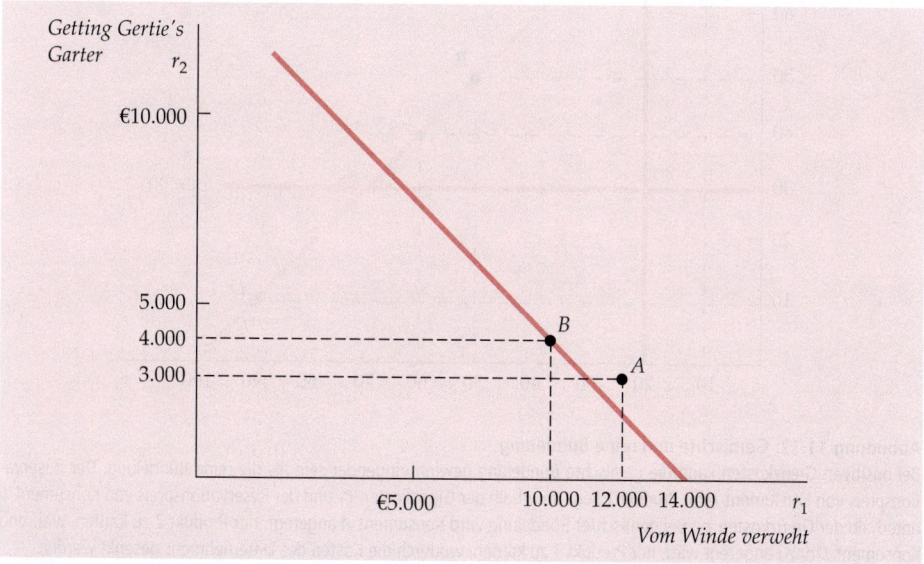

Abbildung 11.16: Kinobeispiel
Konsumenten A und B sind zwei Kinos. Das Diagramm zeigt ihre jeweiligen Reservationspreise für die Filme „Vom Winde verweht" und „Getting Gertie's Garter". Aufgrund der negativen Korrelation der Nachfragen zahlt sich eine Bündelung aus.

11.5.2 Gemischte Bündelung

Gemischte Bündelung

Preisstrategie, bei der zwei oder mehr Produkte sowohl als Bündel als auch einzeln verkauft werden.

Reine Bündelung

Preisstrategie, bei der bestimmte Produkte nur als Bündel verkauft werden.

Bisher haben wir angenommen, ein Unternehmen habe zwei Optionen, nämlich entweder seine Produkte einzeln oder als Bündel zu verkaufen. Es gibt aber auch noch eine dritte Möglichkeit, die **gemischte Bündelung**. Wie der Name besagt, bietet das Unternehmen hierbei die Produkte *sowohl* einzeln *als auch* als Bündel an und weist sowohl die Einzelpreise als auch einen Paketpreis für das Bündel aus. (Wir verwenden den Begriff **reine Bündelung** für eine Preisstrategie, bei der die Produkte *nur* im Bündel verkauft werden.) Die gemischte Bündelung ist oft eine ideale Strategie, wenn nur eine leicht negative Korrelation der Nachfragen besteht und/oder die Grenzkosten der Produktion erheblich sind. (Bisher haben wir Produktionsgrenzkosten gleich null angenommen.)

In Abbildung 11.17 ist gemischte Bündelung die profitabelste Strategie. Zwar herrscht eine perfekte negative Korrelation der Nachfragen, doch die Grenzkosten sind erheblich. (Die Produktionsgrenzkosten für Produkt 1 betragen €20, die Produktionsgrenzkosten für Produkt 2 €30.) Es gibt vier Konsumenten, A bis D.

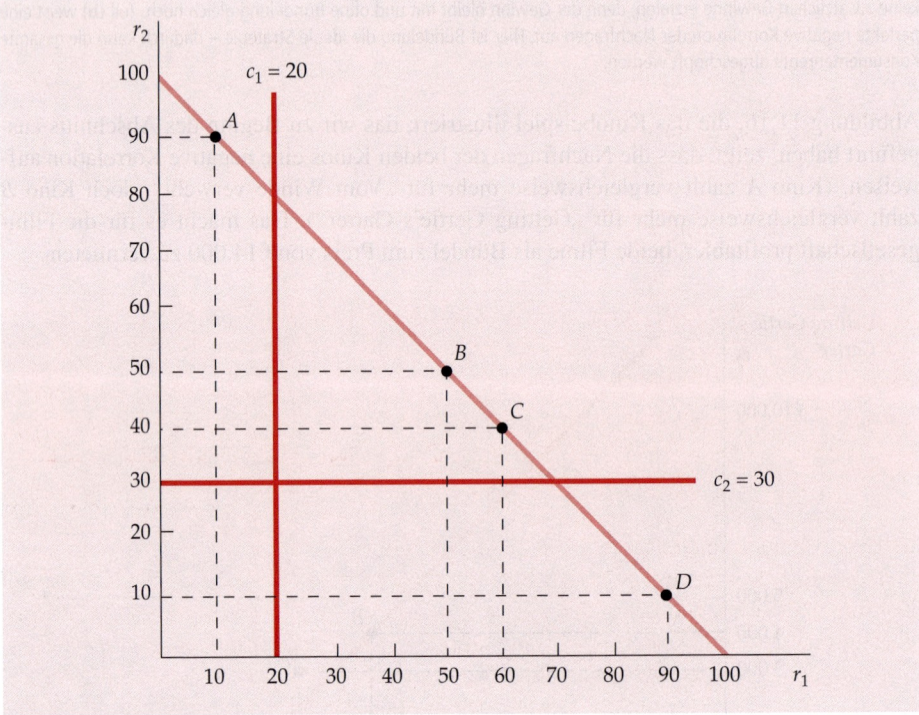

Abbildung 11.17: Gemischte und reine Bündelung
Bei positiven Grenzkosten kann die gemischte Bündelung gewinnbringender sein als die reine Bündelung. Der Reservationspreis von Konsument A für Produkt 1 liegt unterhalb der Grenzkosten c_1 und der Reservationspreis von Konsument D unterhalb der Grenzkosten c_2. Bei gemischter Bündelung wird Konsument A angeregt, nur Produkt 2 zu kaufen, während Konsument D dazu angeregt wird, nur Produkt 1 zu kaufen, wodurch die Kosten des Unternehmens gesenkt werden.

Stellen wir nun einen Vergleich der drei Preisstrategien an:

1 Einzelverkauf der Produkte zu den Preisen $P_1 = €50$ und $P_2 = €90$

2 Verkauf der Produkte im Bündel zum Preis $P_B = €100$

3 Gemischte Bündelung, wobei die Produkte einzeln zu den Preisen $P_1 = P_2 = €89{,}95$ oder im Bündel zum Preis von €100 angeboten werden

Tabelle 11.4 zeigt diese drei Strategien und die sich ergebenden Gewinne. (Es können auch andere Preise für P_1, P_2 und P_B eingesetzt werden, um zu zeigen, dass die in der Tabelle angegebenen Preise den Gewinn für jede Strategie maximieren.) Werden die Produkte getrennt verkauft, so werden nur die Konsumenten B, C und D Produkt 1 kaufen, und Konsument A wird als Einziger Produkt 2 kaufen. Der Gesamtgewinn liegt also bei $3(€50 − €20) + 1(€90 − €30) = €150$. Bei einer Bündelung werden alle vier Konsumenten das Paket für €100 kaufen; es ergibt sich also ein Gesamtgewinn von $4(€100 − €20 − €30) = €200$. Wie zu erwarten war, ist die reine Bündelung gewinnbringender als der Einzelverkauf der Produkte, da eine negative Korrelation der Nachfragen gegeben ist. Wie steht es jedoch mit der gemischten Bündelung? Hierbei kauft nur Konsument D Produkt 1 für €89,95, Konsument A kauft Produkt 2 für €89,95, und die Konsumenten B und C kaufen das Bündel zu €100. Der Gesamtgewinn ist also $(89{,}95 − €20) + (89{,}95 − €30) + 2(€100 − €20 − €30) = €229{,}90$.[16]

Tabelle 11.4

Beispiel für Bündelung

	P_1	P_2	P_B	Gewinn
Einzelverkauf	€50	€90	–	€150
Reine Bündelung	–	–	€100	€200
Gemischte Bündelung	€89,95	€89,95	€100	€229,90

In diesem Fall ist die gemischte Bündelung die profitabelste Strategie, obwohl eine perfekte negative Korrelation der Nachfragen vorliegt (d.h. die Reservationspreise aller vier Konsumenten liegen auf der Geraden $r_2 = 100 − r_1$). Warum ist das so? Für jedes Produkt übersteigen die Grenzkosten der Produktion den Reservationspreis eines Konsumenten. Konsument A beispielsweise hat einen Reservationspreis von €90 für Produkt 2, sein Reservationspreis für Produkt 1 liegt jedoch nur bei €10. Da die Kosten für die Produktion einer weiteren Einheit von Produkt 1 €20 betragen, würde es das Unternehmen vorziehen, wenn Konsument A nur das Produkt 2 und nicht das ganze Bündel kaufen würde. Dies kann erreicht werden, indem Produkt 2 separat zum Kauf angeboten wird, und zwar zu einem Preis, der knapp unter dem Reservationspreis des Konsumenten A liegt. Gleich-

---

16 Man erkenne, dass bei der Strategie der gemischten Bündelung Produkt 1 und 2 nicht €90, sondern €89,95 kosten. Würden sie €90 kosten, so wären Verbraucher A und D indifferent gegenüber dem Kauf eines einzelnen Produkts oder dem Kauf des ganzen Bündels. Außerdem fällt der Gewinn geringer aus, wenn sie das ganze Bündel kaufen.

zeitig wird auch das Produktbündel weiterhin zu einem Preis, der für die Konsumenten *B* und *C* akzeptabel ist, angeboten.

Die gemischte Bündelung wäre in diesem Beispiel *nicht* die ideale Strategie, wenn die Grenzkosten gleich null wären, denn dann ergäbe sich für das Unternehmen kein Vorteil daraus, Konsument *A* vom Kauf des Produktes 1 und Konsument *D* vom Kauf des Produktes 2 auszuschließen. Wir überlassen es dem Leser, diesen Sachverhalt nachzuweisen (Übung 12).[17]

Auch wenn die Grenzkosten gleich null sind, kann die gemischte Bündelung dennoch profitabler sein als die reine Bündelung, wenn keine perfekte negative Korrelation der Nachfragen besteht. (Erinnern wir uns, dass in Abbildung 11.17 die Reservationspreise der vier Konsumenten eine perfekte negative Korrelation aufweisen.) Dieser Fall wird in Abbildung 11.18 verdeutlicht, wo wir das Beispiel aus Abbildung 11.17 modifiziert haben. In Abbildung 11.18 sind die Grenzkosten gleich null, aber die Reservationspreise der Konsumenten *B* und *C* sind nun höher. Vergleichen wir jetzt nochmals die drei Strategien Einzelverkauf, reine und gemischte Bündelung.

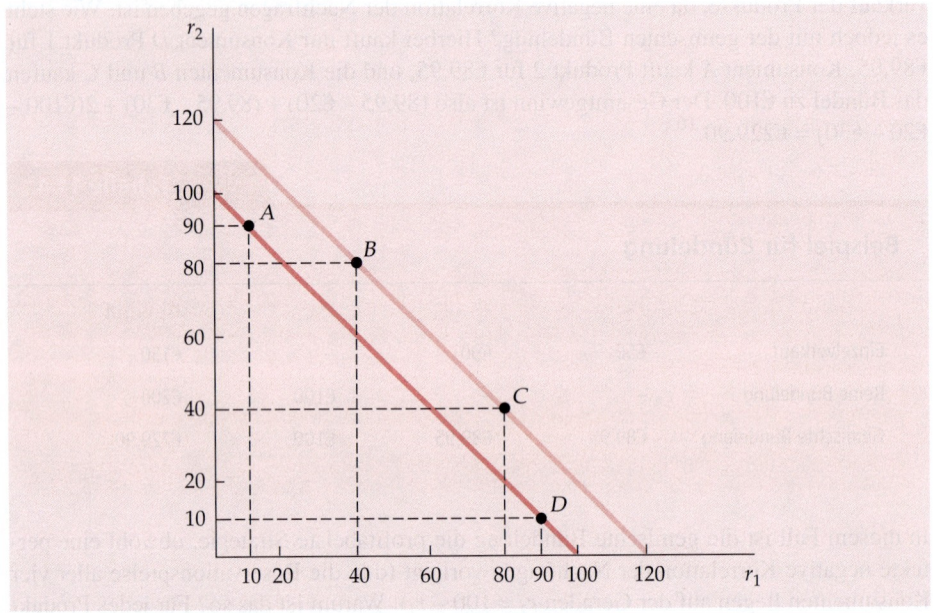

Abbildung 11.18: Gemischte Bündelung bei Grenzkosten gleich null
Wenn die Grenzkosten gleich null sind, ist die gemischte Bündelung trotzdem profitabler als die reine Bündelung, wenn keine perfekte negative Korrelation der Verbrauchernachfragen besteht. In diesem Beispiel sind Konsumenten *B* und *C* bereit, €20 mehr für das Bündel zu bezahlen als Konsumenten *A* und *D*. Bei einer reinen Bündelung beträgt der Paketpreis €100. Bei einer gemischten Bündelung kann der Paketpreis auf €120 gesteigert werden, und das Unternehmen kann den Konsumenten *A* und *D* immer noch €90 für ein einzelnes Produkt berechnen.

---

17 Manchmal kann es für ein Unternehmen mit Monopolmacht profitabel sein, seine Produkte mit den Produkten eines anderen Unternehmens zu bündeln. Siehe dazu Richard L. Schmalensee „Commodity Bundling by Single-Product Monopolies", *Journal of Law and Economics* 25, April 1982: 67–71. Bündelung kann auch profitabel sein, wenn es sich um substitutive oder komplementäre Güter handelt. Siehe dazu Arthur Lewbel, „Bundling of Substitutes or Complements", *International Journal of Industrial Organization* 3, 1985: 101–107.

Tabelle 11.5 zeigt die optimalen Preise und die sich ergebenden Gewinne für jede der drei Strategien. (Wieder kann man andere Preise für P_1, P_2 und P_B einsetzen, um nachzuweisen, dass die angegebenen Preise den Gewinn für jede Strategie jeweils maximieren.) Wenn die Produkte separat verkauft werden, kaufen nur die Konsumenten C und D Produkt 1, und nur die Konsumenten A und B kaufen Produkt 2; der Gesamtgewinn beträgt also €320. Bei der reinen Bündelung kaufen alle vier Konsumenten das Bündel zu einem Preis von €100; als Gesamtgewinn ergibt sich also €400. Wie erwartet, wird aufgrund der negativen Korrelation der Nachfragen bei der reinen Bündelung ein höherer Gewinn erzielt als beim Einzelverkauf. Die gemischte Bündelung ist jedoch noch profitabler. Bei dieser Strategie kauft Konsument A nur Produkt 2, Konsument D kauft nur Produkt 1, und die Konsumenten B und C kaufen das Bündel zum Preis von €120. Der Gesamtgewinn beträgt hier also €420.

Tabelle 11.5

Gemischte Bündelung bei Grenzkosten gleich null

	P_1	P_2	P_B	Gewinn
Einzelverkauf	€80	€80	–	€320
Reine Bündelung	–	–	€100	€400
Gemischte Bündelung	€90	€90	€120	€420

Warum ergibt die gemischte Bündelung höhere Gewinne als die reine Bündelung, obwohl die Grenzkosten gleich null sind? Der Grund liegt darin, dass keine perfekte negative Korrelation der Nachfragen vorliegt. Die beiden Konsumenten, die für beide Produkte eine hohe Nachfrage haben, (B und C) sind bereit, mehr für das Bündel zu zahlen als die beiden Konsumenten A und D. Deshalb können wir bei der gemischten Bündelung den Preis für das Bündel erhöhen (von €100 auf €120), dieses Bündel an die betreffenden Konsumenten verkaufen und den restlichen Konsumenten €90 für ein einzelnes Produkt berechnen.

11.5.3 Bündelung in der Praxis

Bündelung ist eine weit verbreitete Preisstrategie. Beim Kauf eines neuen Autos kann man zum Beispiel Extras wie elektrische Fensterheber, elektrisch verstellbare Sitze oder ein Schiebedach separat kaufen. Es gibt aber auch die Möglichkeit, ein „Luxuspaket" zu kaufen, das diese Extras gebündelt enthält. Die Hersteller von Luxusautos (wie Lexus, BMW oder Infiniti) schließen solche Extras meist in ihre „Standardausstattung" mit ein, sie wenden also die Strategie der reinen Bündelung an. Bei Autos mittlerer Preisklasse werden diese Extras oft separat oder als Teil eines Bündels angeboten. Die Automobilhersteller müssen also entscheiden, welche Extras in solchen Bündeln enthalten sein sollen und wie die Preise festzusetzen sind.

Ein weiteres Beispiel sind Urlaubsreisen. Wer eine Fernreise plant, kann entweder selbst die Hotelreservierung vornehmen, selbst alle Flüge buchen und sich selbst einen Mietwagen suchen. Alternativ dazu gibt es aber auch die Möglichkeit, eine Pauschalreise zu buchen, in der Flugpreis, Ausflüge, Hotel und manchmal sogar die Mahlzeiten bereits enthalten sind.

Das Kabelfernsehen ist ein weiteres Beispiel für Preisbündelung. In den USA bieten die Kabelgesellschaften normalerweise ein Grundpaket zu einer geringen monatlichen Gebühr an. Zusätzlich werden einzelne Zusatzkanäle, wie Cinemax, Home Box Office und Disney Channel einzeln und zu einer zusätzlichen monatlichen Gebühr angeboten. Die Kabelgesellschaften bieten aber auch Verkaufspakete an, in denen zwei oder mehr dieser Zusatzkanäle im Bündel verkauft werden. Die Bündelung der Kabelkanäle ist deshalb profitabel, weil die Nachfragen negativ korreliert sind. Wie können wir das wissen? Da ein Tag nur 24 Stunden hat, kann ein Konsument die Zeit, in der er den HBO-Kanal eingeschaltet hat, nicht damit verbringen, den Disney Channel zu sehen. Daher werden Verbraucher mit hohen Reservationspreisen für bestimmte Kanäle relativ geringe Reservationspreise für andere Kanäle haben.

Wie kann ein Unternehmen nun entscheiden, ob es seine Produkte bündeln soll und wie hoch die gewinnmaximierenden Preise liegen sollen? Die meisten Unternehmen kennen die Reservationspreise ihrer Kunden nicht. Marktstudien können ihnen jedoch helfen, die Verteilung der Reservationspreise ihrer Kunden einzuschätzen. Auf Basis dieser Informationen kann dann eine Preisstrategie entworfen werden.

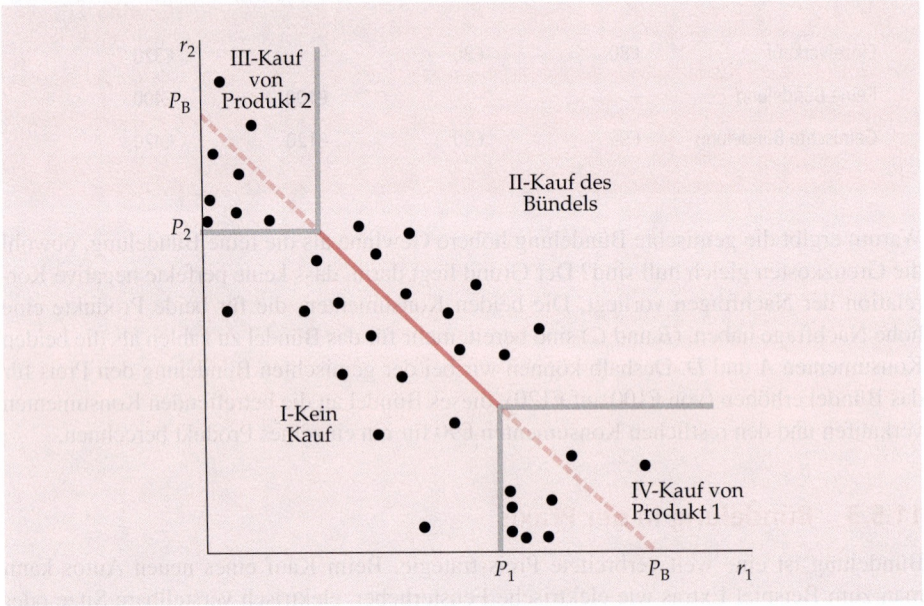

Abbildung 11.19: Gemischte Bündelung in der Praxis
Die Punkte in dieser Abbildung sind Schätzwerte der Reservationspreise einer repräsentativen Auswahl von Verbrauchern. Ein Unternehmen kann zunächst einen Preis für das Produktbündel, P_B, so wählen, dass die diagonale Gerade, die diese Preise verbindet, in etwa mittig durch die Punkte verläuft. Dann kann das Unternehmen verschiedene Einzelpreise P_1 und P_2 ausprobieren. Sind P_B, P_1 und P_2 gefunden, können für diese Kundenstichprobe die zu erzielenden Gewinne berechnet werden. Dann kann das Unternehmen andere Werte für P_1, P_2 und P_B wählen, um zu prüfen, ob dies zu höheren Gewinnen führt. Dieser Prozess wird so oft wiederholt, bis die gewinnmaximierenden Preise gefunden sind.

Dies ist in Abbildung 11.19 dargestellt. Die Punkte sind Schätzwerte der Reservationspreise einer repräsentativen Auswahl von Verbrauchern (etwa aus einer Marktstudie). Das Unternehmen könnte zunächst einen Preis für das Bündel, P_B, so bestimmen, dass die diagonale Gerade, die diese Preise verbindet, etwa mittig durch die Punkte in der Abbil-

11.5 Bündelung

dung verläuft. Dann könnten individuelle Preise wie P_1 und P_2 ausprobiert werden. Sind P_B, P_1 und P_2 gefunden, können die Verbraucher in vier Bereiche eingeteilt werden, wie in der Abbildung gezeigt. Die Verbraucher im Bereich I kaufen nichts (da $r_1 < P_1$, $r_2 < P_2$ und $r_1 + r_2 < P_B$). Die Verbraucher im Bereich II kaufen das Produktbündel (da $r_1 + r_2 > P_B$). Die Verbraucher im Bereich III kaufen nur Produkt 2 (da $r_2 > P_2$, aber $r_1 < P_B - P_2$). Ebenso kaufen die Verbraucher im Bereich IV lediglich Produkt 1. Anhand dieser Verteilung lässt sich nun der zu erwartende Gewinn berechnen. Nun kann das Unternehmen P_B, P_1 und P_2 verändern und prüfen, ob diese Veränderungen zu höheren Gewinnen führen. Dies kann (mit Hilfe des Computers) so oft wiederholt werden, bis die gewinnmaximierenden Preise gefunden sind.

Beispiel 11.5: Menü oder à la carte: Das Preisbildungsproblem eines Restaurants

Viele Restaurants bieten sowohl komplette Menüs als auch à-la-carte-Bestellungen an. Warum ist das so? Wenn sie zum Essen ausgehen, wissen die meisten Verbraucher ungefähr, wie viel sie ausgeben möchten (und wählen ein entsprechendes Restaurant aus). Restaurantbesucher haben jedoch ganz unterschiedliche Vorlieben. Einige legen zum Beispiel großen Wert auf die Vorspeise und verzichten gerne auf das Dessert. Wieder anderen ist die Vorspeise nicht wichtig, doch gehört ein Dessert für sie zu jedem Essen. Und einer dritten Gruppe sind weder Vorspeise noch Dessert besonders wichtig. Welche Preisstrategie sollte also ein Restaurant wählen, um von diesen heterogenen Verbrauchergruppen so viel Konsumentenrente wie möglich abzuschöpfen? Die Antwort liegt natürlich in der gemischten Bündelung.

Für ein Restaurant bedeutet gemischte Bündelung sowohl das Angebot eines kompletten Menüs (bei dem Vorspeise, Hauptgericht und Dessert als Paket verkauft werden) als auch ein A-la-carte-Angebot (bei dem der Gast selbst auswählen kann, ob und welche Vor-, Haupt- und Nachspeise er bestellen möchte.) Bei dieser Strategie können die Preise der A-la-carte-Auswahl so gewählt werden, dass das Restaurant Konsumentenrente von den Verbrauchern abschöpfen kann, die auf manche Gerichte größeren Wert legen als auf andere. (Diese Verbraucher entsprächen den Verbrauchern A und D in Abbildung 11.17, Seite 572.) Gleichzeitig bleiben die Kunden beim kompletten Menü, deren Reservationspreise für einzelne Gerichte weniger stark variieren (z.B. Verbraucher, die weder auf Vorspeise noch auf Dessert besonders großen Wert legen.)

Will ein Restaurant beispielsweise die Kunden anziehen, die bereit sind, etwa €20 für ein Abendessen auszugeben, wird es seine Vorspeisen zu ca. €5, die Hauptgerichte zu etwa €14 und die Desserts zu €4 anbieten. Das Restaurant könnte auch ein komplettes Menü mit Vor-, Haupt- und Nachspeise zu €20 anbieten. Dann wird ein Gast, der großen Wert auf Nachspeisen legt, sich jedoch nichts aus Vorspeisen macht, nur Hauptgericht und Nachspeise bestellen und etwa €18 ausgeben (und das Restaurant spart die Kosten für die Zubereitung einer Vorspeise). Gleichzeitig kann ein Gast, der weder auf die Vor- noch auf die Nachspeise besonders großen Wert legt (d.h. dafür vielleicht €3 oder €3,50 ausgeben möchte), das komplette Menü bestellen. ▶

Man muss in kein teures französisches Restaurant gehen, um mit gemischter Bündelung konfrontiert zu werden. Tabelle 11.6 zeigt die Preise einiger einzelner Gerichte und der kompletten Menüs (ein Fisch- oder Fleischgericht, eine große Portion Pommes Frites sowie ein großes Getränk) in einem typischen amerikanischen McDonald's-Restaurant. Auffallend ist, dass man einen Big Mac, eine große Portion Pommes Frites und ein großes Getränk jeweils separat für einen Gesamtpreis von $7,27 oder einen Bündelpreis von $5,29 kaufen kann. Wer keinen Wert auf Pommes Frites legt, kann ebenso gut nur den Big Mac und das Getränk für $4,98 kaufen, das sind 31 Cent weniger als der Bündelpreis.

Tabelle 11.6

Gemischte Bündelung bei McDonald's (2011)

Einzelgericht (Burger)	Preis	Menü (mit Getränk und Pommes Frites)	Nicht gebündelter Preis	Bündelpreis	Ersparnis
Hähnchen-Sandwich	$5,49	Hähnchen-Sandwich	$10,07	$7,89	$2,18
Fischfilet	$4,39	Fischfilet	$8,97	$6,79	$2,18
Big Mac	$4,69	Big Mac	$9,27	$6,99	$2,18
Quarter Pounder	$4,69	Quarter Pounder	$9,27	$7,19	$2,08
Double Quarter Pounder	$6,09	Double Quarter Pounder	$10,17	$8,39	$2,28
10 Chicken McNuggets	$5,19	10 Chicken McNuggets	$9,77	$7,59	$2,18
Große Portion Pommes Frites	$2,59				
Großes Getränk	$1,99				

Quelle: Speisekarte McDonald's.

Zum Nachteil der Konsumenten ist leider oft kreative Preisbildung für den Erfolg eines Restaurants wichtiger als kreative Kochkunst. Denn erfolgreiche Gastronomen kennen die Nachfragemerkmale ihrer Gäste genau und nutzen dieses Wissen, um eine Preisstrategie zu entwerfen, die so viel Konsumentenrente wie möglich abschöpft.

11.5.4 Koppelung

Koppelung

Preisstrategie, bei der der Kunde zunächst ein Produkt kaufen muss, um danach ein anderes Produkt erwerben zu können.

Koppelung ist ein allgemeiner Begriff, der darauf hinweist, dass Produkte in bestimmten Kombinationen gekauft oder verkauft werden müssen. Die reine Bündelung ist eine häufige Form der Koppelung, es gibt jedoch noch eine Reihe anderer Formen. Nehmen wir zum Beispiel an, ein Unternehmen verkauft ein Produkt (etwa ein Kopiergerät), das die Verwendung eines Sekundärprodukts (z.B. Papier) erfordert; und jeder Verbraucher, der das erste Produkt kauft, muss auch das Sekundärprodukt vom selben Unternehmen kaufen. Diese Vorgabe ist meist vertraglich festgelegt. Man erkenne, dass sich dieser Fall von den vorher angeführten Beispielen der Preisbündelung unterscheidet, wo der Verbraucher die Möglichkeit hatte, nur eines der angebotenen Produkte zu kaufen und auch zu nutzen. In diesem Fall aber ist das erste Produkt ohne das Sekundärprodukt wertlos.

Warum setzen Unternehmen diese Art der Preisbildung ein? Ein großer Vorteil der Koppelung besteht für das Unternehmen darin, dass es die *Nachfrage genau bemessen* und effektivere Preisdiskriminierung betreiben kann. In den 50er Jahren beispielsweise, als Xerox ein Monopol auf Kopiergeräte, aber nicht auf Papier besaß, waren Verbraucher, die Xerox-Kopierer mieteten, verpflichtet, auch Xerox-Papier zu kaufen. Dadurch konnte Xerox die Papiernachfrage genau abschätzen (die Verbraucher, die ihre Kopierer intensiv nutzten, brauchten auch entsprechend mehr Papier). So konnte Xerox bei der Preisbildung der Kopiergeräte eine zweistufige Gebühr einführen. Auch IBM verpflichtete während der 50er Jahre die Mieter ihrer Großrechner dazu, bestimmte Lochkarten aus Papier zu benutzen, die nur von IBM hergestellt wurden. Indem IBM die Preise für diese Lochkarten weit oberhalb der Grenzkosten ansetzte, konnte das Unternehmen tatsächlich den Konsumenten, die eine höhere Nachfrage hatten auch höhere Preise für die Rechnernutzung berechnen.[18]

Koppelung kann auch zur Ausweitung der Marktmacht eingesetzt werden. Wie wir in Beispiel 10.8 (Seite 531) ausgeführt haben, leitete das US-Justizministerium 1998 ein Verfahren gegen Microsoft ein und warf dem Unternehmen vor, seinen Browser Internet Explorer an das Betriebssystem Windows 98 gekoppelt zu haben, um dadurch seine Monopolstellung auf dem Markt für PC-Betriebssysteme aufrechtzuerhalten.

Es gibt noch weitere Anwendungsgebiete für die Koppelung. Ein Bereich ist der Schutz des Kunden-Goodwill, der mit einem Markennamen verbunden ist. Aus diesem Grund müssen Franchisenehmer oft all ihre Güter vom Franchisegeber kaufen. So verlangt das Unternehmen Mobil Oil beispielsweise, dass seine Servicestationen Produkte wie Motoröl, Batterien etc. ausschließlich von Mobil Oil beziehen. Ähnlich musste bis vor kurzem jeder McDonald's-Franchisenehmer sämtliche Zutaten und Materialien – vom Hamburger bis zum Pappbecher – von McDonald's beziehen. Dadurch sollten absolute Produktuniformität und der Schutz des Markennamens sichergestellt werden.[19]

*11.6 Werbung

Wir haben gesehen, wie Unternehmen ihre Marktmacht zur Preisbildung einsetzen können. Preisentscheidungen sind für jedes Unternehmen wichtig, aber die meisten Unternehmen mit Marktmacht haben noch eine weitere wichtige Entscheidung zu treffen, nämlich wie viel Werbung sie betreiben sollen. In diesem Abschnitt werden wir untersuchen, wie

---

18 Maßnahmen der US-Kartellbehörden zwangen IBM jedoch dazu, diese Preisbildungsstrategie aufzugeben.
19 In einigen Fällen gibt es Gerichtsentscheidungen, die besagen, dass eine Koppelung zum Schutz des Kunden-Goodwill nicht nötig, sondern im Gegenteil wettbewerbsschädigend sei. Heute kann ein McDonald's-Franchisenehmer seine Ware von jedem von McDonald's genehmigten Zulieferer kaufen. Zusätzliche Informationen zu Kartellfragen und Franchisekoppelung finden Sie bei Benjamin Klein und Lester F. Saft, „The Law and Economics of Franchise Tying Contracts", *Journal of Law and Economics* 28, Mai 1985: 345–361.

11 Preisbildung bei Marktmacht

Unternehmen mit Marktmacht gewinnmaximierende Werbeentscheidungen treffen können und wie diese Entscheidungen von den Nachfragemerkmalen der Produkte des Unternehmens abhängen.[20]

Zur Vereinfachung nehmen wir an, dass das Unternehmen nur einen einzigen Preis für sein Produkt festsetzt. Wir nehmen auch an, dass das Unternehmen aus intensiven Marktstudien weiß, wie seine nachgefragte Menge sowohl vom Preis P als auch von den Werbeausgaben (engl. advertising expenditure) A abhängt; es kennt also $Q(P,A)$. Abbildung 11.20 zeigt die Nachfrage- und Kostenkurven des Unternehmens mit und ohne Werbung. DE und GE sind die Durchschnitts- und Grenzerlöskurven ohne Werbung und DK und GK die entsprechenden Durchschnitts- und Grenzkostenkurven. Das Unternehmen produziert die Menge Q_0, bei der GE = GK und erzielt den Preis P_0. Der Gewinn pro Produktionseinheit ist die Differenz zwischen P_0 und den Durchschnittskosten; also ist der Gesamtgewinn π_0 durch das hell schattierte Rechteck angezeigt.

> In § 7.1 wird unterschieden zwischen Grenzkosten – dem Anstieg der Kosten, wenn eine weitere Einheit produziert wird – und Durchschnittskosten – den Kosten pro produzierter Einheit.

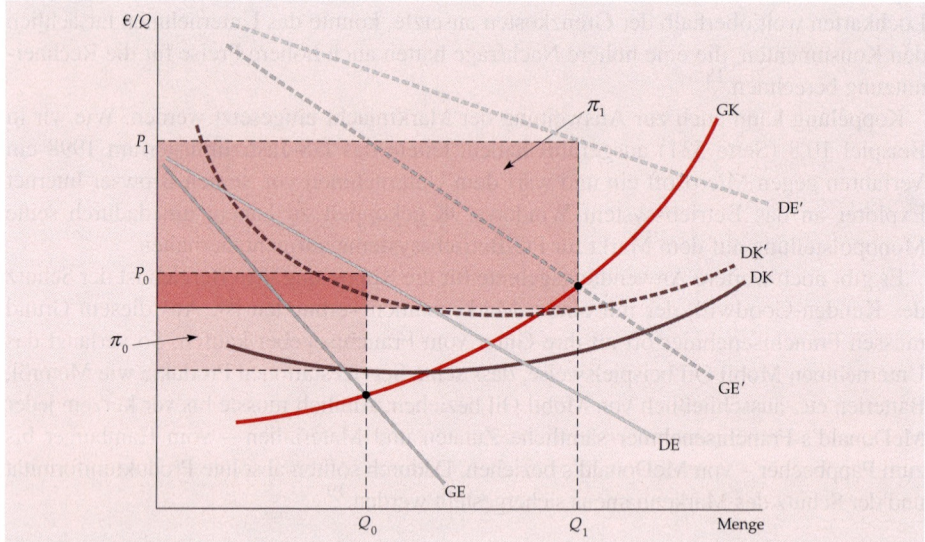

Abbildung 11.20: Die Auswirkungen der Werbung
DE und GE sind Durchschnitts- und Grenzerlöskurven, wenn das Unternehmen keine Werbung betreibt, und DK und GK sind die entsprechenden Durchschnitts- und Grenzkostenkurven. Das Unternehmen produziert die Menge Q_0 und erzielt den Preis P_0. Der gesamte Gewinn π_0 wird durch die hell schattierte Fläche angezeigt. Wenn das Unternehmen Werbung betreibt, verschieben sich die Durchschnitts- und Grenzerlöskurven nach rechts. Die Durchschnittskosten steigen (auf DK'), doch die Grenzkostenkurve bleibt unverändert. Das Unternehmen produziert nun Q_1 (bei GE' = GK) und erzielt den Preis P_1. Der Gesamtgewinn π_1 ist nun größer.

Nehmen wir nun an, das Unternehmen macht Werbung. Dadurch verschiebt sich die Nachfragekurve nach rechts außen, und die neuen Durchschnitts- und Grenzerlöskurven sind DE' und GE'. Werbeausgaben sind Fixkosten; also verschiebt sich die Durchschnittskostenkurve des Unternehmens nach rechts oben (auf DK'). Die Grenzkosten bleiben

---

20 Ein Unternehmen, das auf einem vollkommenen Wettbewerbsmarkt agiert, hat wenig Grund zu werben, denn es kann definitionsgemäß nur genau so viel verkaufen, wie es zu einem gegebenen Marktpreis produzieren kann. Deshalb wäre es ungewöhnlich, dass ein Produzent von Mais oder Sojabohnen Werbung macht.

jedoch unverändert. Mit Werbung produziert das Unternehmen die Menge Q_1 (bei GE' = GK) und erzielt den Preis P_1. Der Gesamtgewinn π_1 ist nun das dunkel schattierte sehr viel größere Rechteck.

Das Unternehmen in Abbildung 11.20 erzielt zwar mit Werbung ganz klar ein besseres Ergebnis, jedoch sagt die Abbildung nichts darüber aus, *wie viel* geworben werden sollte. Das Unternehmen muss seinen Preis P und die Werbeausgaben A so wählen, dass der Gewinn maximiert wird. Es gilt also:

$$\pi = PQ(P,A) - C(Q) - A$$

Bei gegebenem Preis werden höhere Werbeausgaben mehr Verkäufe und höhere Erlöse zur Folge haben. Wie hoch sind aber die gewinnmaximierenden Werbeausgaben des Unternehmens? Hier ist man vielleicht versucht zu sagen, dass das Unternehmen seine Werbeausgaben bis zu dem Punkt steigern solle, bis der letzte Werbe-Euro genau einen zusätzlichen Euro an Einnahmen hervorbringt – bis also der Grenzerlös der Werbung $\Delta(P,Q)/\Delta A$ genau 1 ist. Wie Abbildung 11.20 zeigt, lässt diese Vorgehensweise einen wichtigen Aspekt außer Acht. Erinnern wir uns, dass *Werbung zu einer Steigerung der Produktionsmenge führt*. (In der Abbildung steigt die Produktionsmenge von Q_0 auf Q_1.) Eine höhere Produktionsmenge bedeutet aber wiederum steigende Produktionskosten, und dies muss beim Kosten-Nutzen-Vergleich jedes weiteren Werbe-Euros in Betracht gezogen werden.

Die richtige Entscheidung besteht darin, die Werbeausgaben so lange zu erhöhen, bis der Grenzerlös eines weiteren Werbe-Euros GE_{Ads} gleich den *gesamten* Grenzkosten der Werbung ist. Diese gesamten Grenzkosten sind die Summe dieses Euros, der direkt für die Werbung ausgegeben wurde, und der Grenzkosten der Produktion aufgrund der durch die Werbung steigenden Verkäufe. Also sollte das Unternehmen bis zu dem Punkt werben, bei dem gilt:

$$GE_{Ads} = P\frac{\Delta Q}{\Delta A} = 1 + GK\frac{\Delta Q}{\Delta A} \tag{11.3}$$

= gesamte Grenzkosten der Werbung

Diese Regel wird oft von Managern ignoriert, die ihre Werbebudgets nur durch einen Vergleich des zu erwartenden Nutzens (z.B. steigende Verkäufe) mit den reinen Werbekosten rechtfertigen. Zusätzliche Verkäufe bedeuten aber auch zusätzliche Produktionskosten, die ebenso berücksichtigt werden müssen.[21]

11.6.1 Eine Faustregel für die Werbung

Ebenso wie die Regel GE = GK ist auch die Gleichung (11.3) manchmal praktisch schwer anwendbar. In Kapitel 10 sahen wir, dass GE = GK folgende Faustregel für die Preisbildung impliziert: $(P - GK)/P = -1/E_P$, wobei E_P die Preiselastizität der Nachfrage für das Unternehmen ist. Wir können diese Faustregel für die Preisbildung mit der Gleichung (11.3) kombinieren und erhalten so eine Faustregel für die Werbung.

> In Gleichung (10.1) bieten wir eine Faustregel zur Preisbildung für ein gewinnmaximierendes Unternehmen an – der Aufschlag auf die Grenzkosten als Prozentsatz des Preises sollte gleich dem negativen Kehrwert der Preiselastizität der Nachfrage sein.

---

21 Um dieses Ergebnis mittels Differenzialrechnung herzuleiten, muss $\pi(Q,A)$ bezüglich A differenziert und die Ableitung gleich null gesetzt werden: $\partial\pi/\partial A = P(\partial Q/\partial A) - GK(\partial Q/\partial A) - 1 = 0$
Eine Umformung ergibt die Gleichung (11.3).

Zunächst wird Gleichung (11.3) wie folgt umgeschrieben:

$$(P - \text{GK})\frac{\Delta Q}{\Delta A} = 1$$

Nun werden beide Seiten dieser Gleichung mit A/PQ multipliziert, dem **Verhältnis von Werbung zum Umsatz**:

$$\frac{P - \text{GK}}{P}\left[\frac{A}{Q}\frac{\Delta Q}{\Delta A}\right] = \frac{A}{PQ}$$

Der Term in Klammern, $(A/Q)(\Delta Q/\Delta A)$, ist die **Werbeelastizität der Nachfrage**, d.h. die prozentuale Veränderung der nachgefragten Menge, die sich aus einem einprozentigen Anstieg der Werbeausgaben ergibt. Wir bezeichnen diese Nachfrageelastizität mit E_A. Da $(P - \text{GK})/P = -1/E_P$ sein muss, können wir obige Gleichung wie folgt umschreiben:

$$A/PQ = -(E_A/E_P) \qquad (11.4)$$

> **Verhältnis von Werbung zum Umsatz**
>
> Das Verhältnis der Werbeausgaben eines Unternehmens zu dessen Umsätzen.

> **Werbeelastizität der Nachfrage**
>
> Prozentuale Veränderung der nachgefragten Menge, die sich aus einer einprozentigen Steigerung der Werbeausgaben ergibt.

Die Gleichung (11.4) ist eine Faustregel für die Werbung. Sie besagt, dass das Verhältnis von Werbung zum Umsatz eines Unternehmens gleich minus dem Verhältnis von Werbeelastizität zu Preiselastizität der Nachfrage sein soll. Hat das Unternehmen also relevante Informationen über diese beiden Elastizitäten (etwa aus Marktstudien), so kann es diese Faustregel anwenden, um zu überprüfen, ob das geplante Werbebudget zu klein oder zu groß ist.

Um diese Regel in den richtigen Kontext zu bringen, nehmen wir an, ein Unternehmen erwirtschaftet Erlöse von €1 Million pro Jahr, setzt aber lediglich €10.000 (ein Prozent des Gesamtumsatzes) für Werbung an. Das Unternehmen weiß, dass seine Werbeelastizität der Nachfrage bei 0,2 liegt; eine Verdoppelung der Werbeausgaben von €10.000 auf €20.000 würde die Umsatzzahlen also um 20 Prozent steigen lassen. Das Unternehmen kennt auch seine Preiselastizität der Nachfrage, –4. Sollte das Unternehmen sein Werbebudget aufstocken, da es ja weiß, dass bei dieser Preiselastizität von –4 ein erheblicher Aufschlag auf die Grenzkosten möglich ist? Die Antwort lautet ja. Aus Gleichung (11.4) wissen wir, dass das Verhältnis von Werbung zum Umsatz bei diesem Unternehmen –(0,2/–4) = 5 Prozent sein sollte, also sollte das Unternehmen sein Werbebudget von €10.000 auf €50.000 aufstocken.

Diese Regel ist intuitiv einleuchtend. Sie besagt, dass Unternehmen viel werben sollten, wenn (a) die Nachfrage sehr sensibel auf Werbung reagiert (d.h. E_A ist hoch) oder (b) die Nachfrage nicht sehr preiselastisch ist (E_P ist gering). Zwar ist (a) offensichtlich, doch warum sollten Unternehmen auch bei geringer Preiselastizität der Nachfrage mehr werben? Geringe Preiselastizität der Nachfrage bedeutet einen hohen Aufschlag auf die Grenzkosten. Daher ist der Grenzgewinn jeder zusätzlichen verkauften Einheit hoch. In diesem Fall lohnen sich die Werbeausgaben also auch, wenn sie dazu führen, dass nur einige wenige Einheiten mehr verkauft werden.[22]

---

[22] Werbung wirkt sich oft auf die Preiselastizität der Nachfrage aus und muss deshalb berücksichtigt werden. Bei einigen Produkten weitet die Werbung den Markt aus, indem ein größerer Kundenkreis angezogen oder ein Mitläufereffekt ausgelöst wird. Dies kann leicht zu einer höheren Preiselastizität der Nachfrage führen, als dies ohne Werbung der Fall wäre. (Da E_A aber höchstwahrscheinlich hoch ist, lohnt sich die Werbung dennoch.) Manchmal wird Werbung aber auch eingesetzt, um ein Produkt von seinen Konkurrenzprodukten zu differenzieren (durch die Schaffung von Markenimage und -identifikation sowie Attraktivität), wodurch die Preiselastizität der Nachfrage verringert wird.

Beispiel 11.6: Werbung in der Praxis

In Beispiel 10.3 (Seite 505) untersuchten wir, wie Supermärkte, Einzelhandelsgeschäfte und Hersteller von Designerjeans Preisaufschläge einsetzen. Wir sahen, dass die Höhe des Preisaufschlags auf die Grenzkosten in jedem Fall von der Preiselastizität der Nachfrage des jeweiligen Unternehmens abhängt. Betrachten wir nun, warum diese Unternehmen, genau wie die Hersteller anderer Güter, so viel (oder so wenig) Werbung machen.

Betrachten wir zunächst die Supermärkte. Wir haben gesagt, dass die Preiselastizität der Nachfrage für einen typischen Supermarkt etwa bei –10 liegt. Um das Verhältnis von Werbung zum Umsatz bestimmen zu können, müssen wir aber auch die Werbeelastizität der Nachfrage kennen. Dieser Wert kann erheblich variieren, je nachdem, in welchem Teil des Landes sich der Supermarkt befindet und ob er in der Stadt oder in einer eher ländlichen Gegend liegt. Eine realistische Bandbreite ist jedoch 0,1 bis 0,3. Setzen wir diese Werte nun in die Gleichung (11.4) ein, so sehen wir, dass das Werbebudget eines typischen Supermarktes etwa ein bis drei Prozent des Gesamtumsatzes betragen sollte – wie dies tatsächlich bei vielen Supermärkten der Fall ist.

Einzelhändler haben eine geringere Preiselastizität der Nachfrage (etwa –5), doch ihr Verhältnis von Werbung zum Umsatz ist gewöhnlich geringer als das von Supermärkten. (Oft ist dieser Wert sogar gleich null) Warum ist das so? Die Antwort liegt darin begründet, dass Einzelhandelsgeschäfte oft die Kunden aus der näheren Umgebung bedienen, die vielleicht spät abends noch etwas brauchen oder einfach nicht zum Supermarkt fahren wollen. Aber diese Kunden kennen den Einzelhändler bereits und werden ihre Einkaufsgewohnheiten höchstwahrscheinlich auch dann nicht ändern, wenn er mehr Werbung betreibt. E_A ist also sehr gering, und Werbung lohnt sich meist nicht.

Für Hersteller von Designerjeans dagegen ist Werbung ziemlich wichtig. Ihr Verhältnis von Werbung zum Umsatz liegt bei etwa 10 bis 20 Prozent. Die Werbung ist notwendig, um den Kunden auf das Produkt aufmerksam zu machen und ein Markenimage aufzubauen. Wir haben gesagt, dass die Preiselastizität der Nachfrage für die Hauptmarken in etwa bei –3 bis –4 liegt. Die Werbeelastizität der Nachfrage kann sich im Bereich von 0,3 bis hin zu 1 bewegen. Also ist die Höhe der Werbeausgaben hier durchaus berechtigt.

Waschmittel liegen beim Verhältnis von Werbung zum Umsatz mit an der Spitze aller Produkte; manchmal beträgt dieses Verhältnis über 30 Prozent, obwohl die Nachfrage nach einer bestimmten Marke mindestens so preiselastisch ist wie die Nachfrage nach einer bestimmten Designerjeans.

Was rechtfertigt also die hohen Werbeausgaben? Die Werbeelastizität ist extrem hoch. Die Nachfrage nach einer bestimmten Waschmittelmarke hängt ganz entscheidend von der Werbung ab. ▶

Ohne Werbung hätten die Kunden wenig Grund, genau diese Marke zu wählen.[23]

Tabelle 11.7 schließlich zeigt Umsätze, Werbeausgaben und das Verhältnis beider Werte für führende Markenhersteller rezeptfreier Medikamente. Man beachte, dass im Allgemeinen die Verhältniswerte recht hoch sind. Wie bei Waschmitteln ist die Werbeelastizität der Nachfrage für bekannte Markenhersteller beträchtlich. Alka-Seltzer, Mylanta und Tums beispielsweise wirken alle gleichermaßen gegen Magensäure. Die Umsatzzahlen hängen jedoch von der Markenidentifikation des Kunden ab, und diese erfordert Werbung.

Tabelle 11.7

Umsätze und Werbeausgaben führender Markenhersteller rezeptfreier Medikamente in den USA (in Millionen Dollar)

	Umsätze	Werbeausgaben	Verhältnis (%)
Schmerzmittel			
Tylanol	855	143,8	17
Advil	360	91,7	26
Bayer	170	43,8	26
Excedrin	130	26,7	21
Mittel gegen Magensäure			
Alka-Seltzer	160	52,2	33
Mylanta	135	32,8	24
Tums	135	27,6	20
Erkältungsmittel			
Benadryl	130	30,9	24
Sudafed	115	28,6	25
Hustenmittel			
Vicks	350	26,6	8
Robitussin	205	37,7	19
Halls	130	17,4	13

Quelle: Milt Freudenheim, „Rearranging Drugstore Shelves", *The New York Times*, 27. September 1994.

---

23 Für einen Überblick über statistische Ansätze zur Einschätzung der Werbeelastizität der Nachfrage siehe Ernst R. Berndt, *The Practice of Econometrics*, Reading, MA, Addison-Wesley, 1991, Kap. 8.

ZUSAMMENFASSUNG

1. Unternehmen mit Marktmacht sind in einer beneidenswerten Position, denn sie haben das Potenzial, hohe Gewinne zu erwirtschaften. Die Umsetzung dieses Potenzials kann aber wesentlich von ihrer Preisstrategie abhängen. Selbst wenn das Unternehmen nur einen einzigen Preis ansetzt, braucht es einen Schätzwert für die Elastizität der Nachfrage nach seinen Produkten. Für kompliziertere Strategien, die etwa die Festsetzung mehrerer Preise erfordern, sind noch mehr Informationen nötig.

2. Eine Preisstrategie zielt auf eine Vergrößerung des Kundenstammes ab, an den das Unternehmen verkaufen kann, und auf die Abschöpfung einer möglichst großen Konsumentenrente. Es gibt eine Reihe verschiedener Preisstrategien, bei denen meist mehr als ein Preis festgesetzt werden muss.

3. Im Idealfall möchte ein Unternehmen vollkommene Preisdiskriminierung durchführen, d.h. jedem Kunden den jeweiligen Reservationspreis berechnen. In der Praxis ist das jedoch nur in den seltensten Fällen möglich. Andererseits werden zur Gewinnsteigerung oft verschiedene Formen unvollkommener Preisdiskriminierung eingesetzt.

4. Die zweistufige Gebühr ist ein anderes Mittel zur Abschöpfung von Konsumentenrente. Verbraucher müssen zunächst eine Eintrittsgebühr bezahlen, die es ihnen dann ermöglicht, das Gut zu einem Stückpreis zu erwerben. Die zweistufige Gebühr ist am effektivsten, wenn die Verbrauchernachfragen relativ homogen sind.

5. Sind die Nachfragen heterogen und negativ korreliert, kann eine Bündelung die Gewinne steigern. Bei der reinen Bündelung werden zwei oder mehr Produkte nur zusammen als Paket verkauft. Bei der gemischten Bündelung kann der Verbraucher die Güter einzeln oder im Bündel kaufen. Die gemischte Bündelung kann profitabler sein als die reine Bündelung, wenn die Grenzkosten erheblich sind oder die Nachfragen nicht perfekt negativ korrelieren.

6. Bündelung ist eine Sonderform der Koppelung, der Forderung, dass Produkte in einer bestimmten Kombination ge- oder verkauft werden müssen. Koppelung wird eingesetzt, um die Verbrauchernachfrage sehr genau zu bemessen oder den Kunden-Goodwill in Verbindung mit einem Markennamen zu schützen.

7. Werbung kann die Gewinne zusätzlich steigern. Das gewinnmaximierende Verhältnis von Werbung zum Umsatz ist gleich dem Verhältnis von Werbeelastizität zu Preiselastizität der Nachfrage.

ZUSAMMENFASSUNG

Kontrollfragen

1. Nehmen wir an, ein Unternehmen kann vollkommene Preisdiskriminierung ersten Grades betreiben. Was wäre der niedrigste Preis, den es verlangen würde, und wie hoch wäre seine gesamte Produktionsmenge?

2. Wie praktiziert ein Automobilverkäufer Preisdiskriminierung? Wie beeinflusst die Fähigkeit, richtige Preisdiskriminierung einzusetzen, sein Einkommen?

3. Elektrizitätswerke betreiben oft Preisdiskriminierung zweiten Grades. Warum kann sich das auch zum Wohl der Verbraucher auswirken?

4. Nennen Sie einige Beispiele für Preisdiskriminierung dritten Grades. Kann Preisdiskriminierung dritten Grades effektiv sein, wenn die verschiedenen Verbrauchergruppen unterschiedliche Nachfrageniveaus aber gleiche Preiselastizitäten haben?

5. Zeigen Sie, warum eine optimale Preisdiskriminierung dritten Grades erfordert, dass der Grenzerlös jeder Verbrauchergruppe gleich den Grenzkosten ist. Erklären Sie anhand dieser Bedingung, wie ein Unternehmen seine Preise und Gesamtproduktionsmengen verändern sollte, wenn sich die Nachfragekurve einer Verbrauchergruppe nach außen verschiebt, so dass sich der Grenzerlös für diese Gruppe erhöht.

6. Bei der Preisbildung für Automobile verlangen US-amerikanische Autohersteller gewöhnlich einen prozentual sehr viel höheren Aufschlag auf Luxusausstattungen (wie etwa Lederausstattung etc.) als auf das Auto selbst oder auf Grundausstattungen wie Servolenkung und Automatikgetriebe. Erklären Sie, warum das so ist.

7. Warum ist die Spitzenlast-Preisbildung eine Form der Preisdiskriminierung? Kann sie die Situation der Verbraucher verbessern? Geben Sie ein Beispiel.

8. Wie kann ein Unternehmen eine optimale zweistufige Gebühr festlegen, wenn es zwei Kunden mit unterschiedlichen Nachfragekurven hat? (Nehmen Sie an, das Unternehmen kennt die Nachfragekurven.)

9. Warum ist die Preisbildung für einen Gilette-Rasierer eine Form einer zweistufigen Gebühr? Muss Gilette sowohl auf die Produktion der Rasierer als auch auf die Produktion der Rasierklingen ein Monopol besitzen? Nehmen Sie an, Sie beraten Gilette bei der Festsetzung der beiden Preise der zweistufigen Gebühr. Welche Vorgehensweise würden Sie vorschlagen?

10. In Woodland, Kalifornien, gibt es viele Zahnärzte, aber nur einen Augenarzt. Wofür bekommen Senioren wohl eher Preisnachlässe angeboten – für Zahnkontrolluntersuchungen oder für Augenkontrolluntersuchungen? Warum?

11. Warum hat die MGM-Filmgesellschaft die Filme „Vom Winde verweht" und „Getting Gertie's Garter" als Bündel vermietet? Welche Merkmale muss die Nachfrage haben, damit Bündelung die Gewinne steigert?

12. Wie unterscheidet sich gemischte Bündelung von reiner Bündelung? Unter welchen Umständen ist gemischte Bündelung der reinen Bündelung vorzuziehen? Warum praktizieren viele Restaurants die gemischte Bündelung (indem sie sowohl ein komplettes Menü als auch à-la-carte-Bestellungen anbieten) anstelle der reinen Bündelung?

13. Wie unterscheidet sich die Koppelung von der Bündelung? Warum kann es für ein Unternehmen sinnvoll sein, eine Koppelung zu praktizieren?

14. Warum ist es nicht richtig, bis zu dem Punkt zu werben, an dem der letzte Euro für Werbeausgaben genau einen zusätzlichen Euro an Umsatz generiert? Wie lautet die korrekte Regel für die Grenzausgaben für Werbung?

15. Wie kann ein Unternehmen prüfen, ob sein Werbebudget zu hoch oder zu niedrig ist? Welche Informationen braucht es?

Die Kontrollfragen samt Lösungen sowie weitere kapitelbegleitende Inhalte finden Sie im MyLab.

Übungen

1. Preisdiskriminierung erfordert die Fähigkeit, Verbraucher in Gruppen einzuteilen und Arbitrage zu verhindern. Erklären Sie, wie die folgenden Beispiele als Preisdiskriminierungsstrategien funktionieren können, und gehen Sie dabei auf Einteilung der Verbraucher und Arbitrage ein.
   a. Die Forderung, dass Flugreisende mindestens eine Übernachtung von Samstag auf Sonntag nicht zu Hause verbringen, damit ein Billigticket gekauft werden kann
   b. Die Vereinbarung, Zement an Kunden zu liefern und Basierung der Preise auf dem Standort der Käufer
   c. Der Verkauf von Küchenmaschinen zusammen mit Coupons, die an den Hersteller geschickt werden können und so einen Rabatt von €10 gewähren
   d. Das Angebot vorübergehender Preisnachlässe für Badehandtücher
   e. Die Berechnung höherer Preise bei Patienten mit höherem Einkommen als bei Patienten mit geringerem Einkommen für plastische Chirurgie

2. Wenn die Nachfrage für Drive-in-Kinos bei Paaren elastischer ist als bei Einzelpersonen, ist es für die Kinobetreiber optimal, eine Eintrittsgebühr für den Fahrer des Autos und eine zusätzliche Gebühr für die Mitfahrer zu verlangen. Ist diese Behauptung wahr oder falsch? Begründen Sie Ihre Antwort.

3. In Beispiel 11.1 (Seite 552) sahen wir, wie die Hersteller haltbarer Lebensmittel und verwandter Konsumgüter Coupons als ein Mittel der Preisdiskriminierung einsetzen. Obwohl Gutscheine in den USA weit verbreitet sind, ist das in anderen Ländern nicht der Fall. In Deutschland sind Coupons sogar gesetzlich verboten.
   a. Verbessert oder verschlechtert das Couponverbot in Deutschland die Situation der *Verbraucher*?
   b. Verbessert oder verschlechtert das Couponverbot in Deutschland die Situation der *Produzenten*?

4. Nehmen wir an, BMW kann jede beliebige Anzahl an Automobilen zu konstanten Grenzkosten von €20.000 und Fixkosten von €10 Millionen herstellen. Sie werden gebeten, den BMW-Vorstandsvorsitzenden bei der Frage zu beraten, welche Verkaufsmengen und -preise BMW für Europa und die Vereinigten Staaten ansetzen sollte. Die Nachfrage nach BMWs in jedem der beiden Märkte ist wie folgt definiert:

   $$Q_E = 4.000.000 - 100 P_E$$

   und

   $$Q_U = 1.000.000 - 20 P_U$$

   wobei der Index E für Europa und der Index U für die Vereinigten Staaten (United States) steht. Alle Preise und Kosten werden in Tausend Euro gemessen. Nehmen wir an, dass BMW die Verkäufe in den USA auf autorisierte BMW-Händler beschränken kann.
   a. Welche Menge sollte BMW auf jedem Markt verkaufen, und wie hoch wird der Preis auf diesen Märkten sein? Wie hoch ist der Gesamtgewinn?
   b. Wenn BMW gezwungen wäre, auf jedem Markt den gleichen Preis zu verlangen, welche Menge sollte dann auf jedem Markt verkauft werden, und wie hoch wären Gleichgewichtspreis und Gewinn des Unternehmens?

5. Ein Monopolist muss entscheiden, wie er seine Produktionsmenge zwischen zwei Märkten aufteilt. Die beiden Märkte sind geografisch getrennt (Ostküste und Mittlerer Westen der USA). Nachfrage und Grenzerlös der beiden Märkte sind folgendermaßen definiert:

   $$P_1 = 15 - Q_1 \quad GE_1 = 15 - 2Q_1$$
   $$P_2 = 25 - 2Q_2 \quad GE_2 = 25 - 4Q_2$$

   Die Gesamtkosten des Monopolisten sind $C = 5 + 3(Q_1 + Q_2)$. Wie hoch sind Preis, Produktionsmenge, Gewinn, Grenzerlöse und Deadweight-Verlust: (a) wenn der Monopolist Preisdiskriminierung betreiben kann oder (b) wenn es gesetzlich verboten ist, in den beiden Regionen unterschiedliche Preise zu berechnen?

*6. Die Fluggesellschaft Elizabeth Airlines (EA) fliegt nur eine Route, nämlich von Chicago nach Honolulu. Die Nachfrage für jeden Flug auf dieser Strecke ist $Q = 500 - P$. Die Kosten, die bei EA für jeden Flug anfallen, sind $30.000 zuzüglich $100 pro Passagier.
   a. Wie hoch ist der gewinnmaximierende Preis, den EA verlangen wird? Wie viele Passagiere werden jeden Flug buchen? Wie hoch ist der Gewinn, den EA für jeden Flug erwirtschaftet?
   b. EA erkennt, dass die Fixkosten, die bei jedem Flug entstehen, in Wahrheit bei $41.000 und nicht bei $30.000 liegen. Wird die Fluggesellschaft noch lange im Geschäft bleiben? Illustrieren Sie Ihre Antwort durch einen Graphen, der die Nachfragekurve für EA sowie die beiden Durchschnittskostenkurven bei Fixkosten von $30.000 und $41.000 darstellt.
   c. Nun erkennt EA, dass zwei unterschiedliche Gruppen von Passagieren nach Honolulu fliegen. Gruppe A sind Geschäftsreisende mit der Nachfrage $Q_A = 260 - 0{,}4P$. Gruppe B sind Studenten mit der Nachfrage $Q_B = 240 - 0{,}6P$. Die Studenten sind leicht zu erkennen; also beschließt EA, ihnen einen anderen Preis zu berechnen als den Geschäftsreisenden. Zeichnen Sie beide Nachfragekurven sowie ihre horizontale Summe. Welchen Preis berechnet EA den Studenten? Welchen Preis berechnet die Fluggesellschaft den übrigen Reisenden? Wie viele Passagiere jeder Gruppe sind auf jedem Flug?
   d. Wie hoch wäre der Gewinn der Fluggesellschaft bei jedem Flug? Könnte das Unternehmen im Geschäft bleiben? Berechnen Sie die Konsumentenrente jeder Verbrauchergruppe. Wie hoch ist die gesamte Konsumentenrente?
   e. Wie viel Konsumentenrente erlangten die Verbraucher der Gruppe A durch einen Flug nach Honolulu, bevor EA mit der Preisdiskriminierung begann? Wie hoch war die Konsumentenrente für Gruppe B? Warum sank die gesamte Konsumentenrente mit dem Einsatz der Preisdiskriminierung, obwohl doch die gesamte Verkaufsmenge unverändert blieb?

7. Viele Videotheken bieten zwei verschiedene Möglichkeiten an, sich Filme auszuleihen:
   – Eine zweistufige Gebühr: ein jährlich zahlbarer Mitgliedsbeitrag (z.B. €40) zuzüglich einer geringen Leihgebühr für jeden entliehenen Film (z.B. €2 pro Film und Tag).
   – Eine einfache Leihgebühr: kein Mitgliedsbeitrag, dafür eine höhere Leihgebühr für entliehene Filme (z.B. €4 pro Film und Tag).

   Welche Logik steckt hinter dem Angebot dieser beiden Möglichkeiten? Warum bietet die Videothek ihren Kunden diese beiden Möglichkeiten an, anstatt einfach eine zweistufige Gebühr zu verlangen?

8. Sal's Satellitengesellschaft sendet Fernsehprogramme an Abonnenten in Los Angeles und New York. Die Nachfragefunktionen beider Verbrauchergruppen sind:

$$Q_{NY} = 60 - 0{,}25 P_{NY}$$
$$Q_{LA} = 100 - 0{,}5 P_{LA}$$

   wobei Q in Tausend Abonnenten pro Jahr gemessen wird und P der Abonnementpreis pro Jahr ist. Die Kosten für die Bereitstellung von Q Serviceeinheiten sind:

$$C = 1.000 + 40Q$$

   wobei $Q = Q_{NY} + Q_{LA}$.
   a. Wie hoch sind die gewinnmaximierenden Preise und die entsprechenden Mengen für die Märkte in Los Angeles und New York?
   b. Durch einen neuen Satelliten, den das Pentagon kürzlich aussetzte, können Abonnenten in Los Angeles auch Sal's Programm für New York und Abonnenten in New York auch Sal's Programm für Los Angeles empfangen. Folglich kann jeder Bürger von New York oder Los Angeles Sal's Programme empfangen, indem er in einer der beiden Städte das Programm abonniert. Sal kann also nur einen einzigen Preis berechnen. Welchen Preis sollte Sal berechnen, und welche Verkaufsmengen wird er in New York und Los Angeles erzielen?

c. Welche der oben beschriebenen Situationen, (a) oder (b), verschafft Sal einen größeren Vorteil? In Bezug auf die Konsumentenrente: Welche Situation bevorzugen die Menschen in New York und welche Situation bevorzugen die Menschen in Los Angeles? Warum?

*9. Sie sind Geschäftsführer der Firma Super Computer Inc. (SC), die Supercomputer verleiht. SC erhält eine feste Leihgebühr pro Zeiteinheit im Austausch für das Recht zur uneingeschränkten Nutzung des Rechners mit einer Rate von P Cent pro Sekunde. SC hat zwei potenzielle Kundengruppen gleicher Größe – zehn Unternehmen und zehn akademische Institute. Jeder Geschäftskunde hat die Nachfrage $Q = 10 - P$, wobei Q in Millionen Sekunden pro Monat gemessen wird. Jedes akademische Institut hat die Nachfrage $Q = 8 - P$. Die Grenzkosten, die SC pro zusätzlicher Recheneinheit entstehen, betragen 2 Cent pro Sekunde, gleichgültig wie hoch das Rechenvolumen ist.

a. Nehmen wir an, man kann Geschäftskunden und akademische Kunden trennen. Welche Leih- und Nutzungsgebühr sollte jeder Gruppe berechnet werden? Wie hoch sind die entstehenden Gewinne?

b. Nehmen wir nun an, die beiden Kundengruppen können nicht getrennt werden, und es wird keine Leihgebühr berechnet. Wie hoch muss die Nutzungsgebühr sein, damit es zur Gewinnmaximierung kommt? Wie hoch sind die entstehenden Gewinne?

c. Nehmen wir weiter an, es wird eine zweistufige Gebühr entworfen, d.h. es wird eine Leihgebühr und auch eine Nutzungsgebühr festgesetzt, die sowohl Geschäftskunden als auch akademische Institute bezahlen. Wie hoch sollten diese beiden Gebühren sein? Wie hoch sind die Gewinne? Erklären Sie, warum der Preis nicht gleich den Grenzkosten ist.

10. Als Besitzer des einzigen Tennisclubs in einer abgelegenen wohlhabenden Wohngegend müssen Sie entscheiden, wie hoch die Mitgliedsbeiträge und die Nutzungsgebühren für Ihre Tennisplätze sein sollen. Es gibt zwei Gruppen von Tennisspielern. Die „ernsthaften" Spieler haben die Nachfrage

$$Q_1 = 10 - P$$

wobei Q_1 die wöchentliche Platznutzung in Stunden und P die Nutzungsgebühr pro Spieler und Stunde bezeichnet. Es gibt auch „gelegentliche" Spieler; diese haben die Nachfrage

$$Q_2 = 4 - 0{,}25P$$

Nehmen wir an, es gibt in jeder Gruppe 1.000 Spieler. Da es sehr viele Tennisplätze gibt, sind die Grenzkosten der Platzzeit gleich null. Die Fixkosten betragen €10.000 pro Woche. Ernsthafte und gelegentliche Spieler lassen sich nicht auseinander halten; also muss ihnen der gleiche Preis berechnet werden.

a. Nehmen wir an, Sie wollen eine „professionelle" Atmosphäre erzeugen und beschränken deshalb die Mitgliedschaft in Ihrem Club lediglich auf ernsthafte Spieler. Wie hoch sollen der *jährliche* Mitgliedsbeitrag sowie die Nutzungsgebühr für die Plätze sein (angenommen werden 52 Wochen pro Jahr), um den Gewinn zu maximieren, wenn die Beschränkung gilt, dass nur ernsthafte Spieler dem Club beitreten? Wie hoch ist der Gewinn (pro Woche)?

b. Ein Freund erzählt Ihnen, dass Sie höhere Gewinne erzielen könnten, indem Sie beiden Verbrauchergruppen eine Mitgliedschaft ermöglichen. Hat Ihr Freund Recht? Welcher jährliche Beitrag und welche Platznutzungsgebühr würden in diesem Fall die Gewinne maximieren? Wie hoch wäre der Gewinn?

c. Nehmen wir an, dass im Laufe der Jahre viele junge, karrierebewusste Geschäftsleute in Ihre Wohngegend gezogen sind, die alle ernsthafte Tennisspieler sind. Sie schätzen, dass es nun 3.000 ernsthafte und 1.000 gelegentliche Spieler gibt. Ist es immer noch gewinnbringend, die gelegentlichen Spieler zu bedienen? Wie hoch sind der gewinnmaximierende Jahresbeitrag sowie die Platznutzungsgebühr? Wie hoch ist der wöchentliche Gewinn?

11. Betrachten Sie nochmals Abbildung 11.12 (S. 569), die die Reservationspreise von drei Verbrauchern für zwei Güter zeigt. Wenn wir annehmen, dass die Grenzkosten der Produktion für beide Güter gleich null sind, kann der Produzent seine Gewinne maximieren, indem er die Güter separat verkauft, reine Bündelung oder gemischte Bündelung betreibt? Welche Preise sollte er verlangen?

12. Betrachten Sie nochmals Abbildung 11.17 (S. 572). Nehmen wir an, die Grenzkosten c_1 und c_2 sind gleich null. Zeigen Sie, dass in diesem Fall reine und nicht gemischte Bündelung die profitabelste Preisstrategie ist. Welcher Preis sollte für das Bündel berechnet werden? Wie hoch ist der Gewinn des Unternehmens?

13. Vor einigen Jahren erschien ein Artikel in der *New York Times* über die Preisstrategien von IBM. Am Vortag hatte IBM erhebliche Preissenkungen für die meisten seiner kleinen und mittleren Computer angekündigt. In dem Artikel war Folgendes zu lesen:

    IBM hat wohl keine andere Wahl als seine Preise periodisch zu reduzieren, um die Kunden dazu zu bewegen, mehr zu kaufen und weniger zu leasen. Wenn diese Strategie Erfolg hat, könnte es für die Hauptkonkurrenten von IBM schwierig werden. Computerkäufe sind einfach notwendig, damit IBM steigende Erlöse und Gewinne erzielen kann, so Ulric Weil von Morgan Stanley in seinem neuen Buch *Information Systems in the 80s*. Weil macht klar, dass IBM sein Hauptaugenmerk nicht mehr auf das Leasinggeschäft richten kann.

    a. Geben Sie eine kurze, aber klare Argumentation, die *dafür* spricht, dass IBM seine Kunden anregen sollte, „mehr zu kaufen und weniger zu leasen".
    b. Geben Sie eine kurze, aber klare Argumentation, die *gegen* diese Behauptung spricht.
    c. Welche Faktoren bestimmen, ob Leasing oder Verkauf für ein Unternehmen profitabler ist? Begründen Sie Ihre Antwort kurz.

14. Sie verkaufen zwei Produkte, 1 und 2, auf einem Markt mit drei Verbrauchern, die folgende Reservationspreise haben:

Verbraucher	Für Gut 1	Für Gut 2
A	€20	€100
B	€60	€60
C	€100	€20

    Die Stückkosten jedes Produkts betragen €30.
    a. Berechnen Sie die optimalen Preise und Gewinne, wenn beide Produkte (a) separat oder (b) in reiner Bündelung oder (c) in gemischter Bündelung verkauft werden.
    b. Welche Strategie ist die profitabelste? Warum?

15. Ein Unternehmen produziert zwei Güter, deren Nachfragen voneinander unabhängig sind. Für beide Güter sind die Grenzkosten gleich null. Das Unternehmen ist mit vier Verbrauchern (oder Verbrauchergruppen) konfrontiert, die folgende Reservationspreise haben:

Verbraucher	Für Gut 1	Für Gut 2
A	€25	€100
B	€40	€80
C	€80	€40
D	€100	€25

    a. Betrachten wir drei alternative Preisstrategien: (a) separater Verkauf der Güter, (b) reine Bündelung und (c) gemischte Bündelung. Bestimmen Sie für *jede Strategie* die optimalen Preise und die sich ergebenden Gewinne. Welche Strategie ist die beste?
    b. Nehmen wir nun an, dass bei der Produktion jedes Gutes Grenzkosten von €30 entstehen. Wie wirkt sich diese Information auf Ihre Antworten in Teil (a) aus? Warum ist nun eine andere Preisstrategie vorzuziehen?

16. Eine Kabelfernsehgesellschaft bietet zusätzlich zur Grundversorgung noch zwei weitere Produkte an, nämlich einen Sportkanal (Produkt 1) und

einen Spielfilmkanal (Produkt 2). Abonnenten der Grundversorgung können beide Kanäle getrennt zu einer Monatsgebühr von jeweils P_1 und P_2 abonnieren. Sie haben auch die Möglichkeit, beide Kanäle als Bündel zum Preis von P_B zu kaufen, wobei $P_B < P_1 + P_2$. Verbraucher können aber auch ganz auf die Zusatzkanäle verzichten und nur die Grundversorgung abonnieren. Die Grenzkosten des Unternehmens für die Zusatzkanäle sind gleich *null*. Mit Hilfe von Marktstudien kann das Unternehmen die Reservationspreise einer repräsentativen Verbrauchergruppe in seinem Sendebereich für beide Zusatzkanäle einschätzen. Diese Reservationspreise sind in Abbildung 11.21 (als x) ebenso eingezeichnet wie die Preise P_1, P_2 und P_B, die das Unternehmen gegenwärtig berechnet. Der Graph ist in die Bereiche I, II, III und IV aufgeteilt.

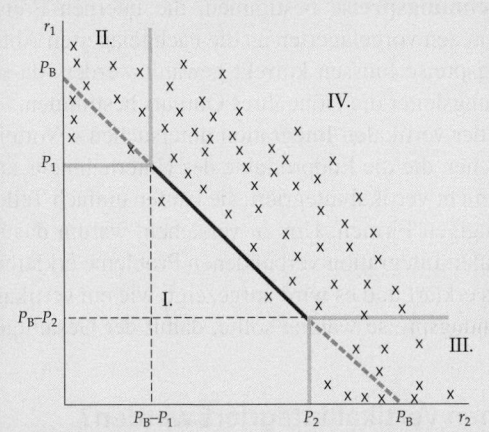

Abbildung 11.21: Zu Übung 16

a. Welche Produkte werden von den Verbrauchern in den Bereichen I, II, III und IV jeweils gekauft (wenn überhaupt)? Begründen Sie kurz Ihre Antwort.
b. Man erkenne, dass die Reservationspreise für den Sportkanal und den Spielfilmkanal, wie sie in der Abbildung erscheinen, negativ korreliert sind. Warum kann man annehmen – oder auch nicht –, dass die Reservationspreise der Konsumenten für Fernsehkanäle eine negative Korrelation zeigen?
c. Der Vizepräsident der Firma äußert sich folgendermaßen: „Da die Grenzkosten für einen weiteren Kanal gleich null sind, bringt die gemischte Bündelung gegenüber der reinen Bündelung keinerlei Vorteile. Unsere Gewinne wären genauso hoch, wenn wir den Sportkanal und den Spielfilmkanal ausschließlich gebündelt anbieten würden". Stimmen Sie dem zu oder nicht? Begründen Sie kurz Ihre Antwort.
d. Nehmen wir an, die Kabelgesellschaft setzt weiterhin gemischte Bündelung ein, um die beiden Zusatzkanäle zu verkaufen. Ausgehend von der Verteilung der Reservationspreise in Abbildung 11.21: Sollte das Unternehmen Ihrer Ansicht nach irgendeinen seiner gegenwärtigen Preise verändern? Wenn ja, wie?

*17. Betrachten wir ein Unternehmen mit Monopolmacht, das mit folgender Nachfragekurve konfrontiert ist:

$$P = 100 - 3Q + 4A^{1/2}$$

und folgende Gesamtkostenfunktion hat:

$$C = 4Q^2 + 10Q + A$$

wobei A die Werbeausgaben, P den Preis und Q die Produktionsmenge bezeichnet.

a. Berechnen Sie die Werte für A, P und Q, die zur Gewinnmaximierung führen.
b. Berechnen Sie Lerners Maß der Monopolmacht $L = (P - GK)/P$ mit den gewinnmaximierenden Werten für A, P und Q.

Die Lösungen zu ausgewählten Übungen finden Sie im Anhang dieses Buches. Die kompletten Lösungen für die Übungen finden Dozenten im MyLab.

Anhang zu Kapitel 11

Das vertikal integrierte Unternehmen

Horizontale Integration

Organisationsform, bei der mehrere Produktionsstätten das gleiche oder ein ähnliches Produkt für ein Unternehmen herstellen.

Viele Unternehmen sind *integriert* – sie bestehen aus mehreren Geschäftsbereichen, die jeweils eigene Manager haben. Einige Unternehmen sind **horizontal integriert**: Es gibt mehrere Geschäftsbereiche, die das gleiche oder eng verwandte Produkte herstellen. Ein Beispiel dafür wurde bei der Erörterung des Unternehmens mit mehreren Betriebsstätten in Abschnitt 10.1 dargestellt. Einige Unternehmen sind andererseits **vertikal integriert**: Sie bestehen aus mehreren Abteilungen, wobei einige dieser Abteilungen Teile und Komponenten produzieren, die andere Abteilungen zur Herstellung des Endproduktes verwenden. So haben beispielsweise Automobilhersteller „vorgelagerte" Abteilungen, die Motoren, Bremsen, Kühler und andere Komponenten produzieren, welche die „nachgelagerten" Abteilungen zur Fertigstellung des fertigen Fahrzeuges brauchen. (Manche Unternehmen sind sowohl vertikal als auch horizontal integriert.)

Vertikale Integration

Organisationsform, bei der ein Unternehmen mehrere Abteilungen umfasst, wobei einige Teile und Komponenten fertigen, die andere zur Herstellung des fertigen Produktes einsetzen.

In diesem Anhang werden die wirtschaftlichen Fragen erklärt, die in einem vertikal integrierten Unternehmen entstehen. Wie aufgezeigt werden wird, hat die vertikale Integration wichtige Vorteile. Sie führt allerdings auch zu komplexen Preisbildungsentscheidungen: Welchen Wert sollte das Unternehmen den Teilen und Komponenten zuordnen, die von den vorgelagerten an die nachgelagerten Abteilungen weitergegeben werden? Das Unternehmen muss die **Verrechnungspreise** bestimmen, die internen Preise, zu denen die Teile und Komponenten von den vorgelagerten an die nachgelagerten Abteilungen „verkauft" werden. Verrechnungspreise müssen korrekt gewählt werden, da sie die Signale bilden, mit denen die Abteilungsleiter die Höhe ihres Outputs bestimmen.

Verrechnungspreis

Interner Preis, zu dem Teile und Komponenten vorgelagerter Abteilungen an nachgelagerte Abteilungen innerhalb eines Unternehmens „verkauft" werden.

Zunächst werden wir die Vorteile der vertikalen Integration untersuchen – Vorteile für das Unternehmen sowie die Verbraucher, die die Endprodukte des Unternehmens kaufen. Einige Unternehmen sind allerdings nicht vertikal integriert, sie kaufen einfach Teile oder Komponenten von anderen, unabhängigen Firmen. Um zu verstehen, warum das so ist, werden wir einige der mit der vertikalen Integration verbundenen Probleme erklären. Als Nächstes wird der Verrechnungspreis erklärt und es wird aufgezeigt, wie ein vertikal integriertes Unternehmen seine Verrechnungspreise wählen sollte, damit der Gesamtgewinn des Unternehmens maximiert wird.

Warum sollte ein Unternehmen vertikal integriert werden?

Die vertikale Integration weist eine Reihe von Vorteilen auf. Wenn vorgelagerte und nachgelagerte Abteilungen Bestandteile der gleichen Firma sind, kann es unter Umständen einfacher sein zu garantieren, dass Teile und Komponenten rechtzeitig hergestellt und geliefert werden und dass diese nach den genauen, für die nachgelagerte Abteilung notwendigen Spezifikationen gefertigt werden. (Andererseits kann in vielen Fällen mit einem sorgfältig aufgesetzten und durchgesetzten Vertrag zwischen unabhängigen vorgelagerten und nachgelagerten Unternehmen genau das Gleiche erreicht werden.) Der größte Vorteil der vertikalen Integration besteht allerdings darin, dass damit das Problem eines doppelten Preisaufschlags, d.h. der sogenannten „double marginalization", vermieden wird.

Marktmacht und doppelter Preisaufschlag

Ein oder mehrere Unternehmen, die einander Produkte entlang einer vertikalen Kette verkaufen, verfügen über Marktmacht. So verfügen beispielsweise United Technologies und General Electric über Monopolmacht bei der Produktion von Düsentriebwerken, die sie an Boeing und Airbus verkaufen. Diese Unternehmen wiederum haben Monopolmacht auf dem Markt für Verkehrsflugzeuge. Wie üben Unternehmen entlang einer vertikalen Kette solche Monopolmacht aus und welchen Einfluss haben sie auf Preise und Output? Würden die Unternehmen von einem vertikalen Zusammenschluss profitieren, bei dem ein vorgelagertes und ein damit verbundenes nachgelagertes Unternehmen integriert werden? Würden die Verbraucher davon profitieren?

Um diese Fragen zu beantworten, soll das folgende Beispiel betrachtet werden. Es sei angenommen, ein Motorenproduzent hat Monopolmacht auf dem Markt für Motoren und ein Automobilproduzent, der diese Motoren kauft, verfügt über Monopolmacht auf dem Markt für Autos. Würden diese beiden Unternehmen aufgrund der Marktmacht irgendwie von einer Fusion profitieren? Würden die Konsumenten des Endproduktes – d.h. der Autos – durch eine Fusion besser oder schlechter gestellt werden? Viele Leute (die dieses Buch nicht gelesen haben) würden die erste Frage eventuell mit „vielleicht" beantworten, während sie die zweite Frage mit „schlechter gestellt" beantworten würden. Es stellt sich allerdings heraus, dass bei Bestehen von Marktmacht dieser Art eine vertikale Fusion für beide Unternehmen *sowie für die Verbraucher nützlich* sein könnte.

Separate Unternehmen Um dies zu untersuchen, betrachten wir das folgende einfache Beispiel. Es sei angenommen, ein monopolistischer Produzent von Spezialmotoren stellt diese Motoren mit konstanten Grenzkosten von c_E her und verkauft die Motoren zu einem Preis P_E. Die Motoren werden von einem monopolistischen Hersteller von Sportwagen gekauft, der die Fahrzeuge zu einem Preis P verkauft. Die Nachfrage nach den Fahrzeugen wird gegeben durch:

$$Q = A - P \tag{A11.1}$$

wobei die Konstante $A > c_E$ ist. Um dieses Beispiel so einfach wie möglich zu halten, nehmen wir an, dass der Fahrzeughersteller abgesehen von den Kosten des Motors keine zusätzlichen Kosten hat. (Zur Übung kann der Leser dieses Beispiel unter der Annahme wiederholen, dass für die Montage der Fahrzeuge zusätzliche konstante Grenzkosten c_A entstehen.)

Wenn die beiden Unternehmen voneinander unabhängig sind, nimmt der Fahrzeughersteller den Preis der Motoren als gegeben hin und wählt den Preis für seine Fahrzeuge so, dass seine Gewinne maximiert werden:

$$\pi_A = (P - P_E)(A - P) \tag{A11.2}$$

Es kann überprüft werden, dass bei gegebenem P_E der gewinnmaximierende Preis der Fahrzeuge wie folgt gegeben ist:[1]

$$P^* = 1/2(A + P_E) \tag{A11.3}$$

---

[1] Leiten Sie π_A nach P ab und setzen Sie es gleich null.

Damit gestalten sich die Anzahl der verkauften Fahrzeuge und der Gewinn des Fahrzeugherstellers wie folgt:[2]

$$Q = 1/2(A - P_E) \tag{A11.4}$$

und

$$\pi_A = 1/4(A - P_E)^2 \tag{A11.5}$$

Wie gestaltet sich die Situation aber für den Motorenhersteller? Er wählt den Preis für die Motoren P_E so, dass er seinen Gewinn maximiert:

$$\pi_E = (P_E - c_E)Q(P_E) = (P_E - c_E)1/2(A - P_E) \tag{A11.6}$$

Nun kann überprüft werden, dass sich der gewinnmaximierende Preis der Motoren wie folgt gestaltet:[3]

$$P_{E*} = 1/2(A + c_E) \tag{A11.7}$$

Damit ist der Gewinn des Motorenherstellers gleich:

$$\pi_{E*} = 1/8(A - c_E)^2 \tag{A11.8}$$

Jetzt kehren wir zur Gleichung (A11.5) zurück, um den Gewinn für den Fahrzeughersteller zu bestimmen, und setzen den Motorenpreis aus Gleichung (A11.7) ein. Dabei wird aufgezeigt, dass sich der Gewinn des Fahrzeugherstellers dann wie folgt gestaltet:

$$\pi_{A*} = 1/16(A - c_E)^2 \tag{A11.9}$$

$$\pi_{TOT*} = \pi_{A*} + \pi_{E*} = 3/16(A - c_E)^2 \tag{A11.10}$$

Desgleichen ist der von den Verbrauchern bezahlte Preis der Fahrzeuge gleich:

$$P^* = 1/4(3A + c_E) \tag{A11.11}$$

---

[2] Setzen Sie den Term (A11.3) für P^* in die Gleichungen (A11.1) für Q und (A11.2) für π_A ein.
[3] Nun π_E nach P_E ableiten und gleich null setzen.

Vertikale Integration Nun sei angenommen, dass der Motorenhersteller und der Automobilhersteller fusionieren und so ein vertikal integriertes Unternehmen bilden. In diesem Fall würde die Leitung dieses Unternehmens einen Preis für die Fahrzeuge wählen, mit dem der Gewinn des Unternehmens maximiert wird:

$$\pi = (P - c_E)(A - P) \tag{A11.12}$$

Der gewinnmaximierende Preis der Autos ist jetzt gleich:

$$P^* = (A + c_E)/2 \tag{A11.13}$$

Damit ergibt sich ein Gewinn von:

$$\pi^* = 1/4(A - c_E)^2 \tag{A11.14}$$

Hier ist zu erkennen, dass der Gewinn des integrierten Unternehmens *höher* ist als der Gesamtgewinn für die beiden Einzelunternehmen, die unabhängig arbeiten. Darüber hinaus ist der Preis der Autos für die Verbraucher *niedriger*. (Um zu überprüfen, dass dies tatsächlich der Fall ist, vergleichen wir (A11.11) mit (A11.13) und berücksichtigen, dass $A > c_E$.) Daher profitieren in diesem Fall nicht nur die fusionierenden Unternehmen, sondern auch die Verbraucher von der vertikalen Integration.

Doppelter Preisaufschlag Warum würden sich sowohl die fusionierenden Unternehmen als auch die Verbraucher bei einer vertikalen Fusion besser stellen? Der Grund dafür besteht darin, dass die vertikale Integration das Problem des **doppelten Preisaufschlags** vermeidet. Wenn die beiden Unternehmen unabhängig voneinander agieren, kann jedes Unternehmen seine Monopolmacht ausüben, indem es seinen Preis über die Grenzkosten erhöht. Dazu muss allerdings jedes Unternehmen seinen Output vertraglich binden. Der Motorenproduzent bindet seinen Output vertraglich zu einem Preis über den Grenzkosten und der Automobilhersteller tut das Gleiche. Durch diesen „doppelten Preisaufschlag" wird der Preis über die „einfache Marginalisierung" und den einfachen Preisaufschlag des integrierten Unternehmens hinaus erhöht.

> **Doppelter Preisaufschlag**
>
> Wenn jedes Unternehmen entlang einer vertikalen Kette den Preis über seine Grenzkosten erhöht und damit den Preis des Endproduktes erhöht.

Dieses Beispiel des doppelten Gewinnaufschlags wird in Abbildung A11.1 grafisch dargestellt, in der die Nachfragekurve (Durchschnittserlöskurve) sowie die entsprechende Grenzerlöskurve für Autos dargestellt sind. Beim Automobilhersteller entspricht die Grenzerlöskurve der Fahrzeuge der Nachfragekurve für die Motoren (und damit effektiv dem Nettogrenzerlös der Motoren). Sie beschreibt die Anzahl der vom Automobilhersteller gekauften Motoren als Funktion des Preises. Vom Standpunkt des Motorenherstellers aus betrachtet, ist es die Durchschnittserlöskurve für die Motoren (d.h. die Nachfragekurve nach Motoren, mit der der Motorenhersteller konfrontiert wird). Dieser Nachfragekurve entspricht die Grenzerlöskurve für Motoren des Motorenherstellers, die in der Abbildung mit GE_E gekennzeichnet ist. Sind der Motorenhersteller und der Automobilhersteller separate Unternehmen, erzeugt der Motorenhersteller seine Anzahl Motoren in dem Punkt, in dem seine Grenzerlöskurve die Grenzkostenkurve schneidet. Diese Menge Motoren ist mit Q'_E bezeichnet. Der Automobilhersteller kauft diese Motoren und produziert eine dementsprechende Anzahl Fahrzeuge. Daher ist der Preis der Fahrzeuge gleich P'_A.

Was geschieht, wenn die Unternehmen fusionieren? Das integrierte Unternehmen hat die Nachfragekurve DE_{Autos} und die entsprechende Grenzerlöskurve GE_{Autos}. Es stellt eine Anzahl von Motoren und die gleiche Anzahl von Fahrzeugen in dem Punkt her, in dem die Grenzerlöskurve der Fahrzeuge die Grenzkosten der Fahrzeugherstellung schneidet, die in unserem Beispiel einfach den Grenzkosten der Motoren entsprechen. Wie in der Abbildung dargestellt, werden zu einem entsprechend niedrigeren Preis eine größere Menge Motoren und damit Fahrzeuge hergestellt.

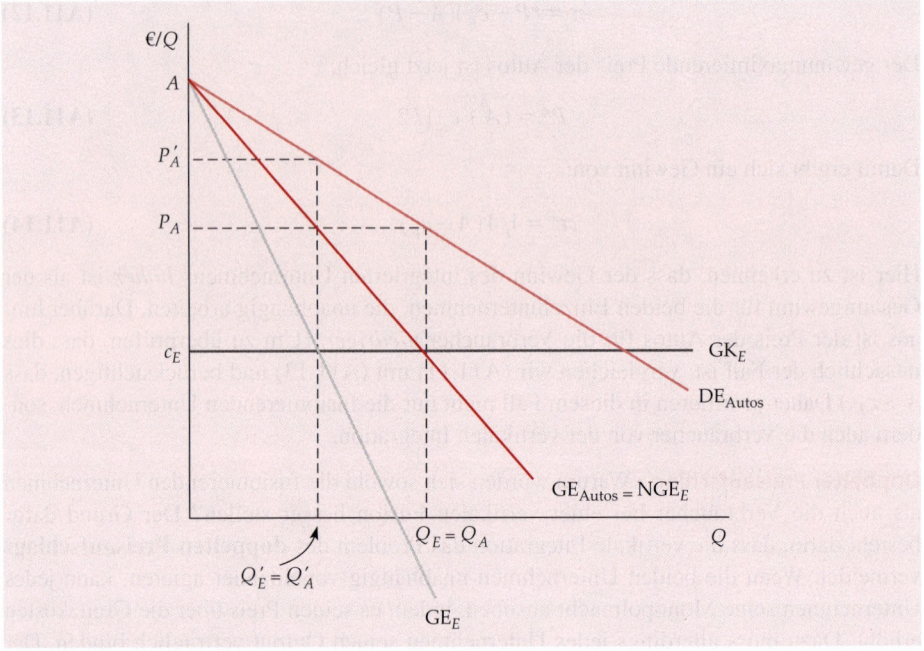

Abbildung A11.1: Beispiel für den doppelten Preisaufschlag
Bei dem Automobilhersteller entspricht die Grenzerlöskurve der Fahrzeuge der Nachfragekurve nach Motoren (dem Nettogrenzerlös für Motoren). Dieser Nachfragekurve entspricht die Grenzerlöskurve des Motorenherstellers, GE_E. Sind der Motorenhersteller und der Fahrzeughersteller separate Firmen, so stellt der Motorenhersteller in dem Punkt, in dem seine Grenzerlöskurve seine Grenzkostenkurve schneidet, eine Menge Q_E der Motoren her. Der Automobilhersteller kauft diese Motoren und stellt die gleiche Anzahl Fahrzeuge her. Daher ist der Preis der Fahrzeuge gleich P'_A. Wenn die Firmen fusionieren, hat das integrierte Unternehmen die Nachfragekurve DE_{Autos} und die Grenzerlöskurve GE_{Autos}. Es stellt in dem Punkt, in dem GE_{Autos} gleich den Grenzkosten der Fahrzeugproduktion, GK_E, ist, eine Anzahl Motoren und die entsprechende Anzahl Fahrzeuge her. Damit werden mehr Motoren und Fahrzeuge produziert und der Preis der Fahrzeuge ist niedriger.

Alternativen zur vertikalen Integration Was können Unternehmen tun, um das Problem des doppelten Preisaufschlags zu reduzieren, wenn eine vertikale Fusion keine Option bildet? Eine Lösung besteht darin, dass das vorgelagerte Unternehmen versuchen kann, den nachgelagerten Markt soweit wie möglich zu einem Wettbewerbsmarkt zu machen und damit den doppelten Preisaufschlag zu reduzieren. Damit würde das Unternehmen Intel, das über Monopolmacht auf dem Markt für Prozessoren verfügt, versuchen, alles in seiner Macht stehende zu tun, um sicherzustellen, dass der Markt für Personal Computer ein hochgradiger Wettbewerbsmarkt bleibt, und kann dabei sogar in ihrem Bestand gefährdete Computerunternehmen unterstützen. Eine zweite Methode zum Umgang mit dem doppelten Preisaufschlag wird als **Mengenvorgabe** bezeichnet. Das Konzept besteht hierbei darin, den nachgelagerten Unternehmen eine Umsatzquote oder

Mengenvorgaben
Nutzung einer Umsatzquote oder anderer Anreize, um die nachgelagerten Unternehmen zu motivieren, so viel wie möglich zu verkaufen.

sonstige Beschränkung aufzuerlegen, so dass diese ihren Output nicht in der Absicht reduzieren, den Preis zu erhöhen. So schaffen beispielsweise Automobilhersteller finanzielle Anreize, mit denen die Händler (die über ein gewisses Maß an Monopolmacht verfügen) motiviert werden sollen, so viele Fahrzeuge wie möglich zu verkaufen.

Verrechnungspreisbildung im integrierten Unternehmen

Im Folgenden soll das gewinnmaximierende vertikal integrierte Unternehmen betrachtet und aufgezeigt werden, wie dieses seine Verrechnungspreise und die Produktionsniveaus in den einzelnen Abteilungen bestimmt.

Beginnen wir mit dem einfachsten Fall: Es gibt keinen Außenmarkt für den Output der vorgelagerten Abteilung, d.h. die Abteilung stellt ein Gut her, das von einem anderen Unternehmen weder produziert noch gebraucht wird. Später untersuchen wir, was passiert, wenn es für den Output der vorgelagerten Abteilung einen Außenmarkt gibt.

Verrechnungspreisbildung ohne Außenmarkt Betrachten wir dazu noch einmal Abbildung A11.1. Darin wurde aufgezeigt, dass bei einem integrierten Unternehmen die gewinnmaximierende, von dem Unternehmen hergestellte Anzahl Motoren und Fahrzeuge gleich $Q_E = Q_A$ in dem Punkt ist, in dem GE_{Autos} gleich den Grenzkosten der Fahrzeugproduktion, GK_E, sind. Nun sei angenommen, dass die nachgelagerte Abteilung der vorgelagerten Abteilung, die Motoren produziert, einen Verrechnungspreis für jeden verwendeten Motor „bezahlt". Wie hoch sollte der Verrechnungspreis sein? Er sollte den Grenzkosten der Motorenfertigung, d.h. GK_E, entsprechen. Warum ist das so? In diesem Fall hat die Automobilabteilung Grenzkosten der Automobilproduktion in Höhe von GK_E, so dass die Abteilung, selbst wenn sie ihren eigenen Gewinn maximieren will, die korrekte Anzahl Fahrzeuge produziert.

Diese Frage kann auch im Hinblick auf die *Opportunitätskosten* betrachtet werden. Welche Opportunitätskosten hat das integrierte Unternehmen im Hinblick auf die Nutzung eines weiteren Motors (zur Produktion eines weiteren Autos)? Diese Kosten entsprechen den Grenzkosten der Motoren. Damit gilt eine einfache Regel: *Der Verrechnungspreis jeglicher vorgelagerter Teile und Komponenten ist so festzusetzen, dass er den Grenzkosten der Herstellung dieser Teile und Komponenten entspricht.*

Nun könnte man argumentieren, dass das Beispiel in Abbildung A11.1 allzu sehr vereinfacht ist, da die einzigen Kosten der Herstellung eines Autos die Kosten des Motors sind. Im Folgenden sei nun angenommen, dass ein Unternehmen drei Abteilungen hat. Zwei vorgelagerte Abteilungen produzieren Inputs für eine nachgelagerte Abteilung, die diese Inputs verarbeitet. Die beiden vorgelagerten Abteilungen produzieren die Mengen Q_1 und Q_2 und haben Gesamtkosten von jeweils $C_1(Q_1)$ und $C_2(Q_2)$. Die nachgelagerte Abteilung produziert die Menge Q und hat folgende Produktionsfunktion:

$$Q = f(K, L, Q_1, Q_2)$$

wobei K und L die Produktionsfaktoren Kapital (K) und Arbeit (L) und Q_1 und Q_2 die Zwischenprodukte aus den vorgelagerten Abteilungen sind. Unter Ausschluss der Inputkosten für Q_1 und Q_2 hat die nachgeordnete Abteilung die Gesamtproduktionskosten $C_d(Q)$. Der Gesamterlös aus den Verkäufen des Endprodukts ist $E(Q)$.

11 Preisbildung bei Marktmacht

Wir nehmen an, dass es für die Zwischenprodukte Q_1 und Q_2 keine Außenmärkte gibt. (Sie können also nur von der nachgelagerten Abteilung innerhalb des Unternehmens verwendet werden.) Dann stellen sich dem Unternehmen zwei Fragen:

1 Welche Mengen Q_1, Q_2 und Q führen zu Gewinnmaximierung?

2 Gibt es ein Anreizschema, das zur Dezentralisierung des Unternehmensmanagements führt? Genauer Kann man die Verrechnungspreise P_1 und P_2 so festsetzen, dass *bei einer Gewinnmaximierung innerhalb jeder einzelnen Abteilung gleichzeitig der Gesamtgewinn des Unternehmens maximiert wird?*

Um diese Fragen zu beantworten, müssen wir zunächst den Gesamtgewinn des Unternehmens kennen:

$$\pi(Q) = E(Q) - C_d(Q) - C_1(Q_1) - C_2(Q_2) \qquad \text{(A11.15)}$$

> In § 10.1 erklären wir, dass ein Unternehmen zur Gewinnmaximierung das Produktionsniveau wählen muss, bei dem der Grenzerlös gleich den Grenzkosten ist.

Bei welcher Produktionsmenge Q_1 wird dieser Gewinn maximiert? Es ist die Menge, bei *der die Kosten für die letzte produzierte Einheit von Q_1 genau gleich dem zusätzlichen Erlös aus dieser Einheit für das Unternehmen* ist. Die Kosten für die Produktion einer weiteren Einheit von Q_1 sind die Grenzkosten $\Delta C_1/\Delta Q_1 = GK_1$. Wie viel zusätzlichen Erlös bringt diese letzte Produktionseinheit? Eine zusätzliche Einheit von Q_1 ermöglicht es dem Unternehmen, eine größere Menge des Endproduktes Q herzustellen, diese zusätzliche Menge Q ist $\Delta Q/\Delta Q_1 = GP_1$, das Grenzprodukt von Q_1. Eine weitere Einheit des Endproduktes ergibt einen zusätzlichen Erlös $\Delta E/\Delta Q = GE$, verursacht der nachgelagerten Abteilung aber auch zusätzliche Kosten in Höhe von $\Delta C_d/\Delta Q = GK_d$. Also ist der *Nettogrenzerlös* NGE_1, den das Unternehmen durch die Produktion einer zusätzlichen Einheit von Q_1 erzielt, gleich $(GE - GK_d)GP_1$. Setzen wir diesen Term gleich den Grenzkosten für die Produktionseinheit, so erhalten wir folgende Regel für die Gewinnmaximierung[4]:

$$NGE_1 = (GE - GK_d)GP_1 = GK_1 \qquad \text{(A11.16)}$$

Führen wir die gleichen Schritte für das zweite Zwischenprodukt durch, so erhalten wir folgende Gleichung:

$$NGE_2 = (GE - GK_d)GP_2 = GK_2 \qquad \text{(A11.17)}$$

Man erkenne aus den Gleichungen (A11.16) und (A11.17), dass es *falsch* ist, das Produktionsniveau Q des Unternehmens dort festzulegen, wo der Grenzerlös gleich den Grenzkosten der nachgelagerten Abteilung ist, d.h. wo gilt, dass $GE = GK_d$. Tut man dies, so lässt man die Produktionskosten der Zwischenprodukte außer Acht. (GE übersteigt GK_d, da diese Kosten positiv sind.) Man erkenne ebenso, dass die Gleichungen (A11.16) und

---

[4] Mit Hilfe der Differenzialrechnung können wir diese Regel auch ableiten, indem wir Gleichung (A11.15) bezüglich Q_1 differenzieren:

$$d\pi/dQ_1 = (dR/dQ)(\delta Q/\delta Q_1) - (dC_d/dQ)(\delta Q/\delta Q_1) - dC_1/dQ_1 = (GE - GK_d)GP_1 - GK_1$$

Setzen wir zur Gewinnmaximierung $d\pi/dQ = 0$, so erhalten wir die Gleichung (A11.16).

(A11.17) Standardbedingungen der Marginalanalyse sind. Die Produktionsmenge jeder vorgelagerten Abteilung sollte so festgelegt werden, dass ihre Grenzkosten gleich ihrem Grenzbeitrag zum Gesamtgewinn des Unternehmens sind.

Welche Verrechnungspreise P_1 und P_2 sollen nun der nachgelagerten Abteilung für die Zwischenprodukte „berechnet" werden? Erinnern wir uns, dass es zur Maximierung des Gesamtgewinns kommt, wenn jede der drei Abteilungen mit Hilfe der Verrechnungspreise ihre eigenen Gewinne maximiert. Die beiden vorgelagerten Abteilungen werden ihre Gewinne π_1 und π_2 maximieren, die wie folgt definiert sind:

$$\pi_1 = P_1 Q_1 - C_1(Q_1)$$

und

$$\pi_2 = P_2 Q_2 - C_2(Q_2)$$

Da wir die vorgelagerten Abteilungen P_1 und P_2 als gegeben annehmen, werden sie Q_1 und Q_2 so wählen, dass $P_1 = GK_1$ und $P_2 = GK_2$. Ebenso wird die nachgelagerte Abteilung ihren Gewinn maximieren:

$$\pi(Q) = E(Q) - C_d(Q) - P_1 Q_1 - P_2 Q_2$$

Da die nachgelagerte Abteilung P_1 und P_2 ebenfalls als gegeben hinnimmt, wird sie Q_1 und Q_2 so wählen, dass

$$(GE - GK_d)GP_1 = NGE_1 = P_1 \qquad \text{(A11.18)}$$

und

$$(GE - GK_d)GP_2 = NGE_2 = P_2 \qquad \text{(A11.19)}$$

Durch die Gleichsetzung der Verrechnungspreise mit den jeweiligen Grenzkosten ($P_1 = GK_1$ und $P_2 = GK_2$) sind die Bedingungen für die Gewinnmaximierung aus den Gleichungen (A11.16) und (A11.17) erfüllt. Es gibt daher eine einfache Lösung für das Problem der Verrechnungspreisbildung. *Man setze jeden Verrechnungspreis gleich den Grenzkosten der jeweiligen vorgelagerten Abteilung.* Erhält dann jede Abteilung die Anweisung, ihren eigenen Gewinn zu maximieren, werden die Produktionsmengen Q_1 und Q_2, die die vorgelagerten Abteilungen wählen, genau den Mengen entsprechen, die die nachgelagerte Abteilung „kaufen" möchte, und der Gesamtgewinn des Unternehmens wird so maximiert.

Um dies grafisch darzustellen, sei angenommen, dass Race Car Motors Inc. zwei Abteilungen hat. Die vorgelagerte Motorenabteilung produziert Motoren und die nachgelagerte Montageabteilung setzt die Automobile zusammen und verwendet dazu einen Motor (und einige andere Teile) pro Auto. In Abbildung A11.2 ist die Durchschnittserlöskurve DE gleichzeitig die Nachfragekurve des Unternehmens. (Man erkenne, dass das Unternehmen auf dem Automobilmarkt Monopolmacht hat.) GK_A sind die Grenzkosten der Automontage *bei gegebenen Motoren* (d.h. die Kosten für die Motoren werden nicht berücksichtigt.) Da für jedes Automobil nur genau ein Motor notwendig ist, ist das Grenzprodukt der Motoren gleich 1. Also ist die Kurve, die als $GE - GK_A$ definiert ist, gleichzeitig die Nettogrenzerlöskurve für die Motoren (engl. engines):

$$NGE_E = (GE - GK_A)GP_E = GE - GK_A$$

11 Preisbildung bei Marktmacht

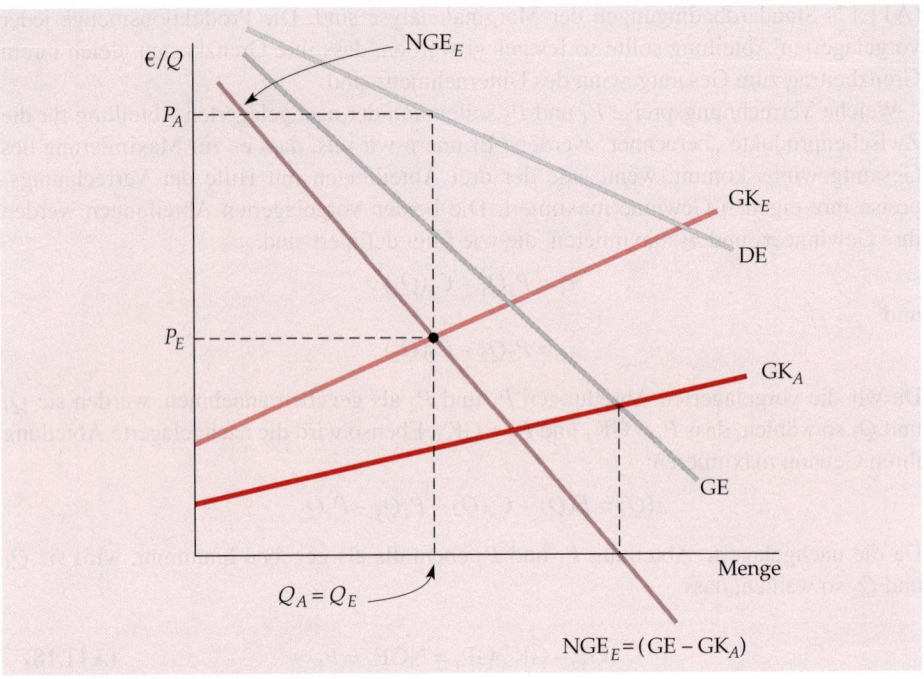

Abbildung A11.2: Race Car Motors Inc.
Die vorgelagerte Abteilung des Unternehmens sollte eine Menge an Motoren Q_E produzieren, bei der ihre Grenzkosten für die Motorenproduktion, GK_E, gleich dem Nettogrenzerlös der nachgelagerten Abteilung NGE_E ist. Da das Unternehmen genau einen Motor pro Auto verwendet, ist NGE_E die Differenz zwischen dem Grenzerlös aus dem Verkauf der Autos und den Kosten der Montage der Autos, also $GE - GK_A$. Der optimale Verrechnungspreis für Motoren, P_E, entspricht den Grenzkosten der Motorenproduktion. Fertige Automobile werden zum Preis P_A verkauft.

Die gewinnmaximierende Menge an Motoren (und Autos) liegt am Schnittpunkt der Nettogrenzerlöskurve NGE_E mit der Grenzkostenkurve der Motoren GK_E. Nachdem es die zu produzierende Menge an Autos festgelegt hat und die Kostenfunktionen der jeweiligen Abteilungen kennt, kann das Management der Race Care Motors Inc. nun den Verrechnungspreis P_E festsetzen, der die Motoren, die für die Automontage verwendet werden, korrekt bewertet. Dieser Verrechnungspreis sollte zur Berrechnung der Gewinne der Abteilungen (und der Jahresboni der Abteilungsleiter) herangezogen werden.

Verrechnungspreisbildung bei kompetitivem Außenmarkt Nehmen wir nun an, es gibt einen *kompetitiven Außenmarkt* für das Zwischenprodukt, das von der vorgelagerten Abteilung hergestellt wird. Da der Außenmarkt ein Wettbewerbsmarkt ist, gibt es nur einen einzigen Marktpreis, zu dem das Zwischenprodukt gekauft und verkauft werden kann. *Daher sind die Grenzkosten des Zwischenproduktes einfach gleich dem Marktpreis.* Da der optimale Verrechnungspreis gleich den Grenzkosten sein muss, muss er also auch gleich dem kompetitiven Marktpreis sein.

Um dies zu verdeutlichen, nehmen wir an, es gibt einen Wettbewerbsmarkt für die Motoren, die Race Car Motors herstellt. Ist der Marktpreis gering, wird das Unternehmen wahrscheinlich einige oder alle benötigten Motoren auf dem Wettbewerbsmarkt kaufen wollen. Abbildung A11.3 illustriert diesen ersten Fall. Für Produktionsmengen unterhalb

$Q_{E,1}$ liegen die Grenzkosten der vorgelagerten Abteilung für die Motorenproduktion, GK_E, unterhalb des Marktpreises $P_{E,M}$. Für Produktionsmengen über $Q_{E,1}$ liegen die Grenzkosten oberhalb des Marktpreises. Das Unternehmen sollte seine Motoren zu geringstmöglichen Kosten beziehen; also werden die Grenzkosten für Motoren, GK^*_E, für Produktionsmengen bis zu $Q_{E,1}$ gleich den Grenzkosten der vorgelagerten Abteilung und für Produktionsmengen über $Q_{E,1}$ gleich dem Marktpreis sein. Man erkenne, dass Race Car Motors in diesem Fall mehr Motoren und Autos produziert als ohne Außenmarkt für Motoren. Die nachgelagerte Abteilung kauft nun die Gesamtmenge $Q_{E,2}$ an Motoren und montiert die gleiche Anzahl an Automobilen. Aber sie „kauft" nur die Menge $Q_{E,1}$ von der vorgelagerten Abteilung und die restlichen Motoren auf dem freien Wettbewerbsmarkt.

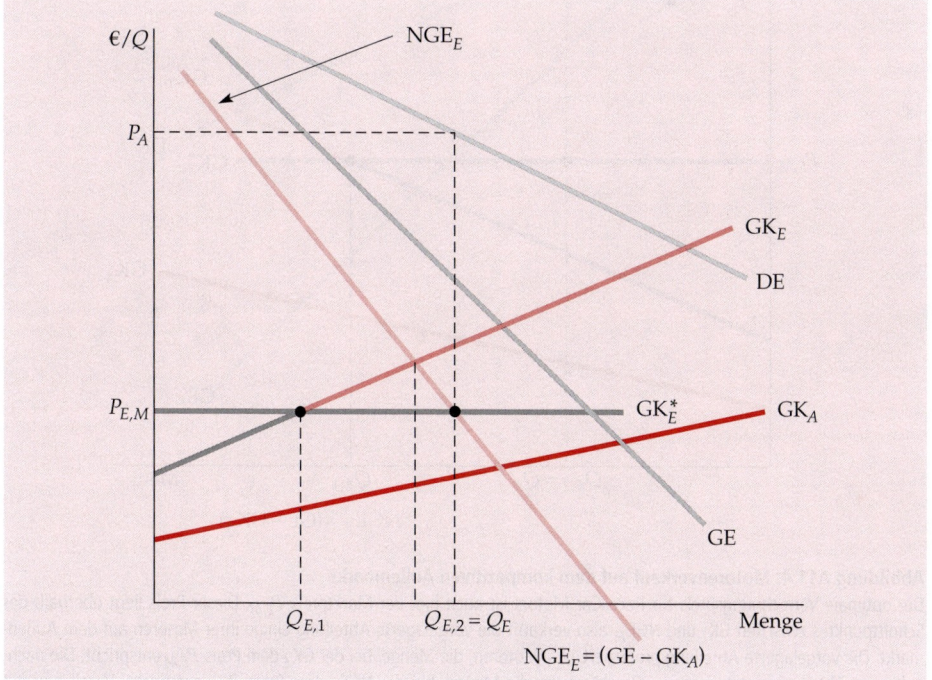

Abbildung A11.3: Motorenkauf auf dem kompetitiven Außenmarkt
Die Grenzkosten von Race Car Motors für die Produktion von Motoren, GK^*_E, sind bis zur Produktionsmenge Q_{E1} die Grenzkosten der vorgelagerten Abteilung und bei Produktionsmengen darüber der Marktpreis $P_{E,M}$. Die nachgelagerte Abteilung sollte eine Gesamtmenge von Q_{E2} kaufen, um eine ebenso große Anzahl Autos zu montieren. Denn dann sind die Grenzkosten der Motorenproduktion gleich dem Nettogrenzerlös. Die Menge $Q_{E2} - Q_{E1}$ dieser Motoren wird auf dem Außenmarkt gekauft. Für die restliche Menge Q_{E1} „bezahlt" die nachgelagerte Abteilung der vorgelagerten Abteilung den Verrechnungspreis $P_{E,M}$.

Es erscheint vielleicht sonderbar, dass Race Car Motors Motoren auf dem freien Markt kaufen muss, die es auch selbst herstellen könnte. Wenn das Unternehmen jedoch alle benötigten Motoren selbst herstellen würde, lägen die Grenzkosten der Produktion oberhalb des kompetitiven Marktpreises. Auch wenn der Gewinn der vorgelagerten Abteilung dann höher wäre, *so wäre doch der Gesamtgewinn des Unternehmens geringer.*

Abbildung A11.4 zeigt den Fall, bei dem Race Car Motors seine Motoren auf dem Außenmarkt *verkauft*. Nun liegt der kompetitive Marktpreis $P_{E,M}$ oberhalb des Verrechnungspreises, den das Unternehmen ohne Außenmarkt festgelegt hätte. In diesem Fall produziert die vorgelagerte Abteilung $Q_{E,1}$ Motoren, obwohl nur $Q_{E,2}$ Motoren von der nachgelagerten Abteilung zur Montage benötigt werden. Die restlichen Motoren werden zum Preis von $P_{E,M}$ auf dem Außenmarkt verkauft.

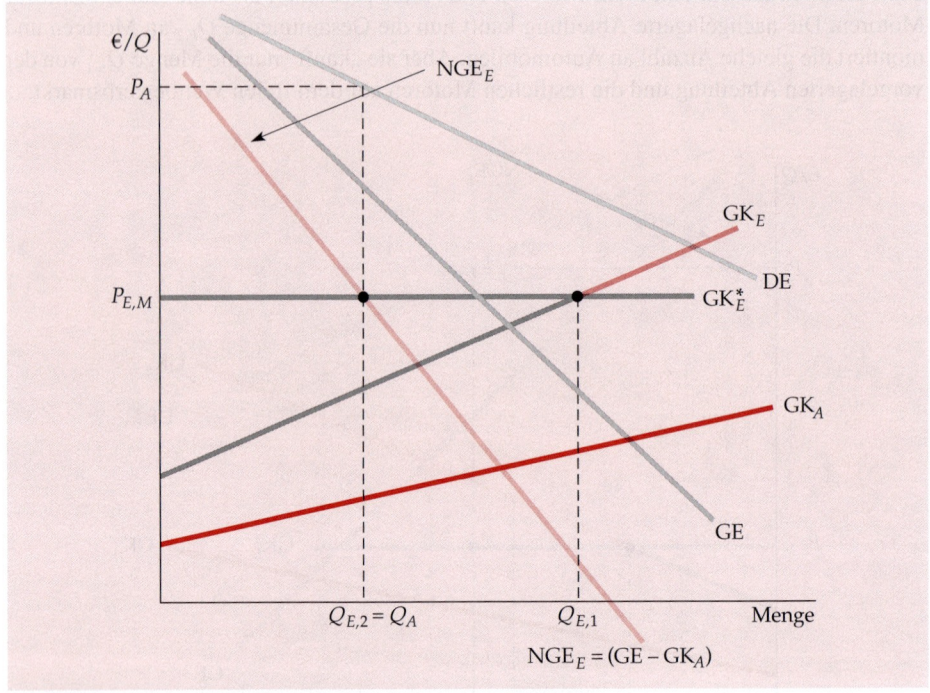

Abbildung A11.4: Motorenverkauf auf dem kompetitiven Außenmarkt
Der optimale Verrechnungspreis für Race Car Motors ist auch hier der Marktpreis $P_{E,M}$. Dieser Preis liegt oberhalb des Schnittpunktes zwischen GK_E und NGE_E, also verkauft die vorgelagerte Abteilung einige ihrer Motoren auf dem Außenmarkt. Die vorgelagerte Abteilung produziert Q_{E1} Motoren, die Menge, bei der GK_E dem Preis $P_{E,M}$ entspricht. Die nachgelagerte Abteilung nutzt aber nur Q_{E2} Motoren, die Menge, bei der NGE_E dem Preis $P_{E,M}$ entspricht. Verglichen mit Abbildung A11.2, wo es keinen Außenmarkt gab, werden in diesem Fall mehr Motoren, aber weniger Autos produziert.

Man erkenne, dass im Vergleich zur Situation ohne Außenmarkt für Motoren Race Car Motors nun mehr Motoren, aber weniger Autos herstellt. Warum sollte das Unternehmen nicht weiterhin die größere Anzahl Motoren produzieren und sie alle selbst verwenden, um auch mehr Autos zu montieren? Die Antwort ist, dass die Motoren einen zu hohen Wert haben. Der Nettogrenzerlös aus dem Verkauf der Motoren auf dem freien Markt ist höher als der Nettogrenzerlös, den man bei einer Eigenverwendung erzielen könnte.

Verrechnungspreisbildung bei nichtkompetitivem Außenmarkt Nehmen wir nun an, es gibt einen Außenmarkt für das Zwischenprodukt der vorgelagerten Abteilung, aber dieser Markt ist kein Wettbewerbsmarkt.

Nehmen wir an, der Motor, den die Motorenabteilung von Race Car Motors produziert, ist ein Spezialprodukt, das nur diese Firma herstellen kann. Damit kann Race Car Motors ein Monopol-Lieferant für den Außenmarkt sein, während das Unternehmen gleichzeitig auch Motoren für seinen eigenen Bedarf produziert. Dieses Beispiel soll im Folgenden nicht detailliert betrachtet werden, trotzdem sollte deutlich werden, dass der der Motorenabteilung gezahlte Verrechnungspreis niedriger als der Preis ist, zu dem Motoren auf dem Außenmarkt gekauft werden. Warum wird der Motorenabteilung ein Preis „gezahlt", der niedriger ist als der Preis, der auf einem Außenmarkt gezahlt wird? Der Grund dafür liegt darin, dass die Opportunitätskosten der internen Nutzung eines Motors nur die Grenzkosten der Produktion des Motors sind, während die Opportunitätskosten des externen Verkaufs des Motors höher sind, da sie einen monopolistischen Preisaufschlag beinhalten. Es gibt jedoch einen Außenmarkt für diesen Motor. Race Car Motors kann deshalb als monopolistischer Zulieferer auf diesem Markt agieren und gleichzeitig Motoren für die eigene Montage herstellen. Wie hoch ist in diesem Fall der optimale Verrechnungspreis für die Motoren, die von der nachgelagerten Abteilung genutzt werden, und zu welchem Preis sollten die Motoren (wenn überhaupt) auf dem Außenmarkt verkauft werden?

Manchmal kann ein vertikal integriertes Unternehmen Komponenten auf einem Außenmarkt kaufen, auf dem es *Monopsonmacht* besitzt. Nehmen wir zum Beispiel an, Race Car Motors sei das einzige Unternehmen, das die von seiner vorgelagerten Motorenabteilung hergestellten Motoren verwendet, während aber auch andere Unternehmen diesen Motor produzieren. Damit kann Race Car Motors seine Motoren von der vorgelagerten Motorenabteilung beziehen oder sie *als Monopsonist* auf einem Außenmarkt kaufen. Obwohl wir für diesen Fall keine grafische Darstellung anbieten, sollte der Leser leicht erkennen können, dass hier der Verrechnungspreis, der an die Motorenabteilung bezahlt wird, *über* dem Preis liegt, zu dem die Motoren auf dem Außenmarkt gekauft werden. Warum aber sollte man der vorgelagerten Abteilung einen höheren Preis als den Marktpreis auf dem Außenmarkt „bezahlen"? Bei Monopsonmacht verursacht der Kauf eines zusätzlichen Motors *Grenzausgaben*, die höher sind als der tatsächliche Marktpreis des Motors. Die Grenzausgaben sind die Opportunitätskosten des externen Kaufs eines Motors, damit sollten sie gleich dem an die Motorenabteilung gezahlten Verrechnungspreis sein, so dass der Verrechnungspreis höher als der extern gezahlte Preis ist.

> In § 10.5 erklären wir, dass die Grenzausgabenkurve eines Käufers mit Monopsonmacht oberhalb seiner Durchschnittsausgabenkurve liegt, da die Entscheidung, eine weitere Einheit eines Gutes zu kaufen zu einem höheren Preis für alle gekauften Einheiten führt.

Steuern und Verrechnungspreisbildung Bisher haben wir bei der Erörterung der Verrechnungspreisbildung die Steuer nicht beachtet. Tatsächlich können allerdings Steuern eine wichtige Rolle bei der Bestimmung von Verrechnungspreisen spielen, wenn das Ziel darin besteht, die Gewinne des integrierten Unternehmens *nach Steuern* zu maximieren. Dies ist insbesondere dann der Fall, wenn die vorgelagerten und nachgelagerten Abteilungen des Unternehmens in verschiedenen Ländern operieren.

Um dies zu verdeutlichen, sei angenommen, dass sich die vorgelagerte Motorenabteilung von Race Car Motors zufällig in einem asiatischen Land mit einem niedrigen Unternehmenssteuersatz befindet, während sich die nachgelagerte Montageabteilung in den Vereinigten Staaten befindet, wo ein höherer Steuersatz gilt. Nun sei angenommen, dass ohne Steuern die Grenzkosten und damit der optimale Verrechnungspreis für einen Motor $5.000 betragen würden. Welche Auswirkungen haben die Steuern auf den Verrechnungspreis?

In unserem Beispiel führt der Unterschied in den Steuersätzen dazu, dass die Opportunitätskosten der nachgelagerten Verwendung eines Motors $5.000 übersteigen. Warum ist das so? Weil der durch die Verwendung des Motors erzeugte nachgelagerte Gewinn mit einem vergleichsweise hohen Steuersatz besteuert wird. Damit wird das Unternehmen unter Berücksichtigung der Steuern einen höheren Verrechnungspreis von beispielsweise

$7.000 festsetzen wollen. Dadurch sinken die nachgelagerten Gewinne in den Vereinigten Staaten (so dass das Unternehmen weniger Steuern zahlt) und erhöhen sich die Gewinne der vorgelagerten Abteilung, die einen niedrigeren Steuersatz hat.

Ein Rechenbeispiel Nehmen wir an, Race Car Motors ist mit folgender Nachfragekurve für seine Automobile konfrontiert:

$$P = 20.000 - Q$$

Der Grenzerlös des Unternehmens ist:

$$GE = 20.000 - 2Q$$

Die Montagekosten der nachgelagerten Abteilung sind:

$$C_A(Q) = 8.000Q$$

Also sind die Grenzkosten dieser Abteilung $GK_A = 8.000$. Die Produktionskosten der vorgelagerten Motorenabteilung sind:

$$C_E(Q_E) = 2Q_E^2$$

Die Grenzkosten dieser Abteilung liegen also bei $GK_E(Q_E) = 4Q_E$.

Zunächst nehmen wir an, es gibt keinen *Außenmarkt* für die Motoren. Wie viele Motoren und Automobile sollte das Unternehmen produzieren? Wie hoch sollte der Verrechnungspreis der Motoren sein? Um diese Fragen zu beantworten, setzen wir den Nettogrenzerlös der Motoren gleich den Grenzkosten der Motorenproduktion. Da jedes Automobil genau einen Motor hat, gilt $Q_E = Q$. Der Nettogrenzerlös der Motoren ist also:

$$NGE_E = GE - GK_A = 12.000 - 2Q_E$$

Nun setzen wir NRM_E gleich GK_E:

$$12.000 - 2Q_E = 4Q_E$$

Folglich gilt $6Q_E = 12.000$ und $Q_E = 2.000$. Das Unternehmen sollte also 2.000 Motoren und 2.000 Autos produzieren. Der optimale Verrechnungspreis ist gleich den Grenzkosten für diese 2.000 Motoren:

$$P_E = 4Q_E = €8.000$$

Nehmen wir weiter an, dass die Motoren zu einem Preis von €6.000 auf einem *kompetitiven Außenmarkt* ge- und verkauft werden können. Dieser Preis liegt unterhalb des Verrechnungspreises von €8.000, der dann optimal ist, wenn es keinen Außenmarkt gibt; das Unternehmen sollte also einige Motoren auf dem Außenmarkt kaufen. Die Grenzkosten der Motoren und der optimale Verrechnungspreis liegen jetzt bei €6.000. Nun setzen wir diese Grenzkosten von €6.000 gleich dem Nettogrenzerlös der Motoren:

$$6.000 = NGE_E = 12.000 - 2Q_E$$

Also ist die Gesamtmenge an Motoren und Autos jetzt 3.000. Das Unternehmen produziert jetzt mehr Autos (und verkauft sie zu einem geringeren Preis), weil seine Produktionskosten für Motoren niedriger sind. Da der Verrechnungspreis der Motoren nun €6.000 beträgt, liefert die vorgelagerte Motorenabteilung nur 1.500 Motoren an die Montageabteilung (da $GK_E(1.500) = €6.000$). Die restlichen 1.500 Motoren werden auf dem Außenmarkt zugekauft.

Übungen

1. Es sei angenommen, Boeing hat die folgende Nachfragekurve für den monatlichen Absatz seiner Boeing 787:

   $$Q = 120 - 0{,}5p$$

   wobei Q die pro Monat verkauften Flugzeuge sind und P der Preis in Millionen Dollar ist. In den Flugzeugen werden Antriebe von General Electric eingesetzt und Boeing zahlt General Electric für jeden Antrieb einen Preis P_E (in Millionen Dollar). Die Grenzkosten von General Electric für die Herstellung von Antrieben belaufen sich auf 20 (Millionen Dollar). Neben den Kosten für die Antriebe entstehen Boeing Grenzkosten von 100 (Millionen Dollar) pro Flugzeug.
   a. Wie hoch ist bei einem gegebenen Preis P_E für die Antriebe der gewinnmaximierende Flugzeugpreis von Boeing? Wie hoch ist der gewinnmaximierende Preis, den General Electric für jeden Antrieb berechnet? Welchen Preis wird Boeing bei diesem Preis für die Antriebe für seine Flugzeuge verlangen?
   b. Es sei angenommen, Boeing übernimmt die General-Electric-Motorenabteilung, so dass die Motoren und Flugzeuge nunmehr von der gleichen Firma hergestellt werden. Welchen Preis verlangt das Unternehmen jetzt für seine Flugzeuge?

2. Betrachten Sie nochmals das Rechenbeispiel über Race Car Motors. Berechnen Sie die Gewinne, die die vorgelagerte Abteilung, die nachgelagerte Abteilung sowie das Unternehmen insgesamt in jedem der drei untersuchten Fälle erzielt: (a) Es gibt keinen Außenmarkt für Motoren. (b) Es gibt einen Wettbewerbsmarkt für Motoren, auf dem der Marktpreis €6.000 beträgt. (c) Das Unternehmen ist ein monopolistischer Zulieferer von Motoren auf einem Außenmarkt. In welchem Fall erzielt Race Car Motors den höchsten Gewinn? In welchem Fall ist der Gewinn der vorgelagerten Abteilung, in welchem der Gewinn der nachgelagerten Abteilung am höchsten?

3. Ajax Computer stellt einen Computer zur Temperaturregelung in Bürogebäuden her. Das Unternehmen verwendet einen Mikroprozessor, der von einer vorgelagerten Abteilung produziert wird, und andere Teile, die es auf kompetitiven Außenmärkten kauft. Der Mikroprozessor wird zu konstanten Grenzkosten von €500 produziert, und die Grenzkosten der Montage des Computers (einschließlich der Kosten für die anderen Teile) durch die nachgelagerte Montageabteilung betragen konstant €700. Der Verkaufspreis des Unternehmens beträgt €2.000 pro Computer, und bisher gab es keinen Außenmarkt für die Mikroprozessoren.
   a. Nehmen wir an, es entwickelt sich ein Außenmarkt für die Mikroprozessoren; Ajax verfügt auf diesem Markt über Monopolmacht und kann die Mikroprozessoren zu einem Stückpreis von €1.000 dort verkaufen. Nehmen wir weiter an, dass die Nachfrage nach Mikroprozessoren nicht mit der Nachfrage nach Ajax-Computern zusammenhängt. Welchen Verrechnungspreis sollte Ajax für die Verwendung der Mikroprozessoren in seiner nachgelagerten Computerabteilung ansetzen? Sollte die Computerproduktion gesteigert oder gesenkt werden oder unverändert bleiben?
   b. Wie würde sich Ihre Antwort auf (a) verändern, wenn die Nachfragen nach Computern und nach Mikroprozessoren im Wettbewerb stünden, d.h. wenn einige Verbraucher die Mikroprozessoren kaufen würden, um sie zur Herstellung ihrer eigenen Temperaturkontrollsysteme einzusetzen?

4. Reebok produziert und verkauft Laufschuhe. Das Unternehmen hat eine Marktnachfragekurve von $P = 11 - 1{,}5Q_s$, wobei Q_s die Anzahl der verkauften Paar Schuhe (in Tausend) und P der Preis in Euro pro tausend Paar Schuhe ist. Für die Produktion jedes Paars wird etwa ein Quadratyard (ca. 90 cm²) Leder benötigt. Das Leder wird in Reeboks Gestaltungsabteilung zugeschnitten. Die Kostenfunktion für Leder ist

$$TK_L = 1 + Q_L + 0{,}5Q_L^2$$

wobei Q_L die produzierte Ledermenge ist (in tausend Quadratyard). Lässt man die Lederkosten unberücksichtigt, so ist die Kostenfunktion für Laufschuhe

$$TK_s = 2Q_s$$

a. Wie hoch ist der optimale Verrechnungspreis?
b. Leder kann auf einem Wettbewerbsmarkt zum Preis von $P_F = 1{,}5$ ge- und verkauft werden. Wie viel Leder sollte die Gestaltungsabteilung in diesem Fall intern produzieren? Wie viel Leder sollte sie auf dem Außenmarkt verkaufen? Wird Reebok auf diesem Markt auch Leder einkaufen? Ermitteln Sie den optimalen Verrechnungspreis.
c. Nehmen wir nun an, dass Reeboks Leder einzigartig und von besonders hoher Qualität ist. Deshalb könnte die Gestaltungsabteilung als monopolistischer Zulieferer auf dem Außenmarkt auftreten und gleichzeitig das Leder an die nachgelagerte Abteilung liefern. Nehmen wir auch an, die Nachfragekurve nach Leder auf dem Außenmarkt ist $P = 32 - Q_L$. Wie hoch ist der optimale Verrechnungspreis für Leder, das von der nachgelagerten Abteilung genutzt wird? Zu welchem Preis sollte das Leder (wenn überhaupt) auf dem Außenmarkt verkauft werden? Welche Menge wird (wenn überhaupt) auf dem Außenmarkt verkauft?

Die Lösungen zu ausgewählten Übungen finden Sie im Anhang dieses Buches. Die kompletten Lösungen für die Übungen finden Dozenten im MyLab.

Monopolistische Konkurrenz und Oligopol

12.1 **Monopolistische Konkurrenz** 609
   Beispiel 12.1: Monopolistische Konkurrenz auf den Märkten
   für Cola-Getränke und Kaffee 613

12.2 **Oligopol** 615

12.3 **Preiswettbewerb** 624
   Beispiel 12.2: Ein Preisbildungsproblem für Procter & Gamble 629

12.4 **Wettbewerb versus Kollusion:
   Das Gefangenendilemma** 631
   Beispiel 12.3: Procter & Gamble in einem Gefangenendilemma 634

12.5 **Auswirkungen des Gefangenendilemmas
   auf die Preisbildung im Oligopol** 635
   Beispiel 12.4: Preisführerschaft und Preisstarrheit
   bei Geschäftsbanken 638
   Beispiel 12.5: Preise von Hochschullehrbüchern 641

12.6 **Kartelle** 642
   Beispiel 12.6: Die Kartellbildung beim Collegesport in den USA 646
   Beispiel 12.7: Das Milchkartell 648

ÜBERBLICK

12 Monopolistische Konkurrenz und Oligopol

In den letzten beiden Kapiteln haben wir gesehen, wie Unternehmen mit Monopolmacht Preise und Produktionsniveaus so bestimmen können, dass ihre Gewinne maximiert werden. Wir haben auch gesehen, dass Monopolmacht nicht gleichbedeutend mit einer reinen Monopolstellung eines Unternehmens sein muss. In vielen Industriezweigen konkurrieren einige Unternehmen miteinander, von denen jedes eine gewisse Monopolmacht besitzt: Es kann den Preis kontrollieren und ihn so oberhalb der Grenzkosten ansetzen.

In diesem Kapitel untersuchen wir Marktstrukturen, die sich vom reinen Monopol unterscheiden, aber dennoch zu Monopolmacht führen können. Wir beginnen mit etwas, das wie ein Oxymoron erscheint: der **monopolistischen Konkurrenz**. Ein Markt, auf dem ein monopolistischer Wettbewerb herrscht, ist einem vollkommenen Wettbewerbsmarkt in zweierlei Hinsicht sehr ähnlich, denn dort gibt es viele Unternehmen, und der Markteintritt ist nicht beschränkt. Der Unterschied zum vollkommenen Wettbewerb liegt darin, dass das Produkt *differenziert* ist, d.h. jedes Unternehmen verkauft eine eigene Marke oder Version des Produktes, die sich in Qualität, Erscheinungsbild oder Verbraucherimage von den Konkurrenzprodukten unterscheidet. Und jedes Unternehmen ist alleiniger Hersteller seiner jeweiligen Marke. Das Ausmaß der Monopolmacht, über das jedes Unternehmen verfügt, hängt davon ab, wie erfolgreich es sein Produkt von den Konkurrenzprodukten differenziert. Für solche monopolistischen Wettbewerbsmärkte gibt es zahlreiche Beispiele: Zahnpasta, Waschmittel und Kaffee sind nur einige wenige davon.

Die zweite Marktform, die wir untersuchen werden, ist das **Oligopol**. Auf diesem Markt konkurrieren nur einige wenige Unternehmen miteinander, und der Markteintritt ist beschränkt. Die Produkte, die die Unternehmen herstellen, können differenziert sein, wie z.B. bei Automobilen, oder auch nicht, wie etwa bei Stahl. Monopolmacht und Rentabilität hängen auf oligopolistischen Märkten zum Teil davon ab, wie die Unternehmen interagieren. Wenn es z.B. eher zu Kooperation als zu Konkurrenz kommt, könnten alle Unternehmen ihre Preise erheblich oberhalb der Grenzkosten ansetzen und hohe Gewinne erzielen.

In manchen oligopolistischen Branchen kooperieren die Unternehmen tatsächlich miteinander, in anderen Industriezweigen wiederum herrscht ein erbitterter Konkurrenzkampf, selbst wenn dadurch die Gewinne geringer ausfallen. Um zu ergründen, warum das so ist, müssen wir untersuchen, wie oligopolistische Unternehmen über Preise und Produktionsniveaus entscheiden. Diese Entscheidungen sind sehr komplex, da jedes Unternehmen *strategisch* agieren muss – im Entscheidungsprozess müssen auch immer die möglichen Reaktionen der Konkurrenten berücksichtigt werden. Um Oligopole zu verstehen, müssen wir also einige Grundbegriffe der Spieltheorie und der Strategie erläutern. In Kapitel 13 werden diese Themen dann noch ausführlicher behandelt.

Die dritte Marktform, die wir untersuchen wollen, ist das **Kartell**. Auf einem Kartellmarkt treffen einige oder alle Unternehmen ausdrücklich eine geheime Absprache über Preise und Produktionsniveaus, um ihren *gemeinsamen* Gewinn zu maximieren. Kartelle können sich auf Märkten entwickeln, auf denen normalerweise Wettbewerb herrschen würde, wie bei der OPEC, oder auf oligopolistischen Märkten, wie etwa beim internationalen Bauxit-Kartell.

Auf den ersten Blick erscheint ein Kartell wie ein reines Monopol. Schließlich scheinen alle Unternehmen eines Kartells so zu agieren, als wären sie Teil eines großen Unternehmens. Ein Kartell unterscheidet sich allerdings von einem Monopol in zwei wesentlichen Punkten. Da Kartelle erstens selten den gesamten Markt kontrollieren, müssen sie berück-

---

Monopolistische Konkurrenz

Ein Markt, auf dem Unternehmen frei eintreten können und jeweils ihre eigene Marke oder Version eines differenzierten Produktes herstellen.

Oligopol

Ein Markt, auf dem einige wenige Unternehmen miteinander konkurrieren und der Markteintritt beschränkt ist.

Kartell

Ein Markt, auf dem einige oder alle Unternehmen ausdrücklich eine geheime Absprache über Preise und Produktionsniveaus treffen, um ihren gemeinsamen Gewinn zu maximieren.

sichtigen, wie sich ihre Preisentscheidungen auf das Produktionsniveau der Unternehmen auswirken, die nicht Teil des Kartells sind. Und da die Kartellmitglieder zweitens eben *nicht* Teil eines großen Unternehmens sind, könnten sie sich leicht dazu verleiten lassen, ihre Partner zu hintergehen, indem sie die vereinbarten Preise unterbieten und sich dadurch einen höheren Marktanteil sichern. All das führt dazu, dass Kartelle in der Regel eher instabil und kurzlebig sind.

12.1 Monopolistische Konkurrenz

In vielen Branchen werden sehr stark differenzierte Produkte angeboten. Aus verschiedenen Gründen nehmen die Verbraucher die verschiedenen Marken der einzelnen Unternehmen als sehr unterschiedlich wahr. Crest Zahnpasta wird beispielsweise von amerikanischen Verbrauchern ganz anders wahrgenommen als Colgate, Aim und ein Dutzend anderer Zahnpasten. Die Unterschiede liegen zum Teil im Geschmack, in der Konsistenz, aber auch in der Reputation – dem Image (gleichgültig, ob es nun der Wahrheit entspricht oder nicht), das die Verbraucher von der Marke Crest und ihrer relativen Wirksamkeit bei der Kariesbekämpfung haben. Folglich werden einige (jedoch nicht alle) Verbraucher bereit sein, mehr für Crest zu bezahlen.

Da Procter & Gamble der einzige Produzent von Crest ist, hat das Unternehmen Monopolmacht. Diese Monopolmacht ist jedoch eingeschränkt, da die Verbraucher Crest leicht durch andere Produkte ersetzen können, sollte der Preis für Crest steigen. Denn auch wenn diejenigen Verbraucher, die Crest bevorzugen, bereit sind, dafür mehr zu bezahlen, sind die meisten von ihnen doch nicht gewillt, einen sehr viel höheren Preis dafür zu bezahlen. Der typische Crest-Konsument wird etwa 25 oder sogar 50 US-Cent mehr für eine Tube bezahlen, aber keinesfalls einen oder zwei Dollar mehr. Für die meisten Verbraucher ist Zahnpasta gleich Zahnpasta und die Unterschiede zwischen den einzelnen Marken sind gering. Demnach ist die Nachfragekurve nach Crest-Zahnpasta zwar negativ geneigt, aber dennoch relativ elastisch. (Realistisch geschätzt liegt die Nachfrageelastizität nach Crest bei etwa –5.) Aufgrund seiner begrenzten Monopolmacht wird Procter & Gamble einen Preis verlangen, der zwar etwas, aber nicht erheblich oberhalb der Grenzkosten liegt. Bei Tide-Waschmittel oder Scott-Küchenpapier ist die Situation ähnlich.

> In § 10.2 erklären wir, dass der Verkäufer eines Produktes eine gewisse Monopolmacht besitzt, wenn er gewinnbringend einen Preis oberhalb der Grenzkosten verlangen kann.

12.1.1 Die Voraussetzungen für monopolistische Konkurrenz

Ein monopolistischer Wettbewerbsmarkt ist durch zwei Hauptmerkmale gekennzeichnet:

1 Unternehmen konkurrieren, indem sie differenzierte Produkte verkaufen, die leicht gegeneinander austauschbar, aber keine vollkommenen Substitute sind. Anders ausgedrückt, die Kreuzpreiselastizität der Nachfragen nach diesen Produkten sind zwar hoch, aber nicht unendlich.

2 Es herrscht *freier Marktzutritt und -austritt*, d.h. es ist relativ leicht für neue Unternehmen, ihre eigenen Marken auf den Markt zu bringen, und auch für etablierte Unternehmen, den Markt zu verlassen, sobald ihre Produkte keinen Gewinn mehr abwerfen.

Um zu verstehen, warum die Möglichkeit des freien Markteintritts eine wichtige Voraussetzung ist, vergleichen wir nun die Märkte für Zahnpasta und für Automobile. Auf dem Zahnpastamarkt herrscht monopolistischer Wettbewerb, der Automobilmarkt dagegen ist ein Oligopol. Für neue Unternehmen ist es relativ leicht, neue Zahnpastamarken einzuführen, und diese Tatsache schränkt die Rentabilität der Produktion von Crest oder Colgate ein. Wären auf dem Markt hohe Gewinne zu erzielen, so würden andere Firmen die nötigen finanziellen Mittel einsetzen (für Entwicklung, Produktion, Werbung und Verkaufsförderung) und selbst neue Marken auf den Markt bringen, wodurch sich Rentabilität und Marktanteil von Crest und Colgate verringern würden.

Auch der Automobilmarkt zeichnet sich durch Produktdifferenzierung aus. Jedoch erschweren die enormen Größenvorteile bei der Produktion neuen Unternehmen den Markteintritt erheblich. Bis zum Markteintritt japanischer Autohersteller Mitte der 70er Jahre konnten daher die drei großen US-Automobilhersteller den gesamten US-Markt weitgehend unter sich aufteilen.

Neben Zahnpasta gibt es noch viele weitere Beispiele für monopolistischen Wettbewerb. Seife, Shampoo, Deodorants, Rasierschaum, rezeptfreie Erkältungsmittel und viele andere Produkte, die gemeinhin in Drogerien angeboten werden, werden auf monopolistischen Wettbewerbsmärkten verkauft. Auch die Märkte für Fahrräder und andere Sportgeräte sind durch monopolistischen Wettbewerb gekennzeichnet. Für den gesamten Einzelhandel gilt weitgehend das Gleiche, da die einzelnen Produkte in vielen verschiedenen Geschäften angeboten werden, die miteinander dadurch konkurrieren, dass sie ihre angebotenen Dienstleistungen je nach Standort, Verfügbarkeit, Fachwissen des Verkaufspersonals, Zahlungskonditionen etc. differenzieren. Der Markteintritt ist relativ leicht; wenn in einer Gegend also hohe Gewinne zu erzielen sind, weil es dort erst wenige Geschäfte gibt, werden sich bald neue Einzelhändler ansiedeln.

12.1.2 Kurz- und langfristiges Gleichgewicht

Wie beim Monopol so sind auch im monopolistischen Wettbewerb die Unternehmen mit fallend verlaufenden Nachfragekurven konfrontiert und verfügen daher über Monopolmacht. Das bedeutet jedoch nicht, dass Unternehmen im monopolistischen Wettbewerb gleichzeitig immer hohe Gewinne erzielen. Denn monopolistischer Wettbewerb lässt sich in gewisser Weise auch mit dem vollkommenen Wettbewerb vergleichen. Da nämlich ein freier Markteintritt möglich ist, wird die Möglichkeit, Gewinne zu erzielen, andere Unternehmen mit Konkurrenzprodukten anziehen, wodurch das Gewinnpotenzial allmählich auf null reduziert wird.

Um diesen Sachverhalt deutlich zu machen, untersuchen wir den Gleichgewichtspreis und das entsprechende Produktionsniveau eines Unternehmens im monopolistischen Wettbewerb aus kurzfristiger und aus langfristiger Sicht. Abbildung 12.1(a) zeigt das kurzfristige Gleichgewicht. Da sich das Produkt des Unternehmens von seinen Konkurrenzprodukten unterscheidet, verläuft hier die Nachfragekurve D_{SR} fallend. (Dies ist die Nachfragekurve *des Unternehmens* und nicht die Marktnachfragekurve, die noch steiler verlaufen würde.) Die gewinnmaximierende Produktionsmenge Q_{SR} liegt am Schnittpunkt der Grenzerlöskurve mit der Grenzkostenkurve. Da der entsprechende Preis P_{SR} die Durchschnittskosten übersteigt, erzielt das Unternehmen einen Gewinn, der durch das schattierte Rechteck in der Abbildung gekennzeichnet ist.

> In § 10.1 erklären wir, dass ein Monopolist seinen Gewinn dadurch maximiert, dass er sein Produktionsniveau so festlegt, dass der Grenzerlös gleich den Grenzkosten ist.

12.1 Monopolistische Konkurrenz

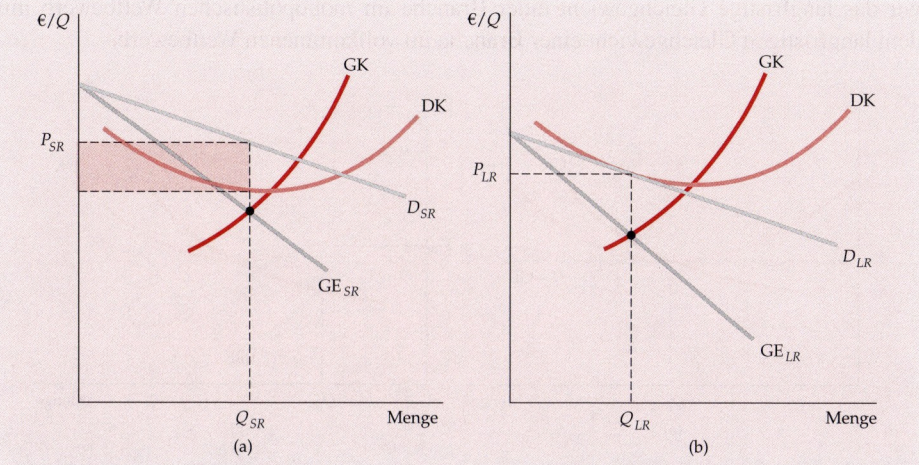

Abbildung 12.1: Ein Unternehmen im monopolistischen Wettbewerb aus kurzfristiger und aus langfristiger Sicht
Da das Unternehmen der einzige Hersteller seiner Marke ist, ist es mit einer fallend verlaufenden Nachfragekurve konfrontiert. Der Preis übersteigt die Grenzkosten und das Unternehmen verfügt über Monopolmacht. Aus kurzfristiger Sicht, wie in Teil **(a)** dargestellt, übersteigt der Preis auch die Durchschnittskosten, und das Unternehmen erzielt einen Gewinn, der durch die dunkel schattierte Fläche gekennzeichnet ist. Langfristig wird dieser Gewinn jedoch weitere Unternehmen mit Konkurrenzprodukten auf den Markt locken. Der Marktanteil des Unternehmens sinkt, und seine Nachfragekurve verschiebt sich nach unten. Im langfristigen Gleichgewicht, dargestellt in Teil **(b)**, ist der Preis gleich den Durchschnittskosten, und das Unternehmen erzielt einen Gewinn gleich null, obwohl es immer noch Monopolmacht besitzt.

Langfristig wird dieser Gewinn dazu führen, dass andere Unternehmen in den Markt eintreten. Je mehr Konkurrenzprodukte eingeführt werden, desto mehr schrumpfen Marktanteil und Verkaufszahlen unseres Unternehmens; seine Nachfragekurve wird sich nach unten verschieben, wie in Abbildung 12.1(b) dargestellt. (Langfristig können sich auch die Durchschnitts- und Grenzkostenkurven verschieben. Hier nehmen wir jedoch zur Vereinfachung an, dass die Kosten unverändert bleiben.) Die langfristige Nachfragekurve D_{LR} wird die Durchschnittskostenkurve des Unternehmens gerade berühren. In diesem Fall kommt es bei der Produktionsmenge Q_{LR} und dem Preis P_{LR} zur Gewinnmaximierung, wobei hier der *Gewinn bei null* liegt, denn der Preis ist gleich den Durchschnittskosten. Immer noch verfügt unser Unternehmen über Monopolmacht: Seine langfristige Nachfragekurve verläuft fallend, weil seine eigene Marke immer noch einzigartig ist. Doch der Markteintritt und die Konkurrenz anderer Unternehmen haben seine Gewinne auf null gedrückt.

Allgemein kann man allerdings sagen, dass unterschiedliche Unternehmen mit unterschiedlich hohen Kosten konfrontiert werden und einige Marken sich stärker von der Konkurrenz unterscheiden. Ist dies der Fall, können Unternehmen leicht voneinander abweichende Preise verlangen und manche werden dadurch einen kleinen Gewinn erzielen.

12.1.3 Monopolistische Konkurrenz und wirtschaftliche Effizienz

Vollkommene Wettbewerbsmärkte sind wünschenswert, weil sie wirtschaftlich effizient sind; solange es keine Externalitäten gibt und nichts das Wirken der Marktkräfte behindert, ist die gesamte Konsumenten- und Produzentenrente auf maximalem Niveau. In mancherlei Hinsicht ist der monopolistische Wettbewerb dem vollkommenen Wettbewerb ähnlich. Ist er jedoch auch eine effiziente Marktform? Um diese Frage zu beantworten, vergleichen

---

Erinnern wir uns aus § 8.7, dass die Möglichkeit des freien Markteintritts und -austritts im langfristigen Gleichgewicht bedeutet, dass wirtschaftliche Gewinne gleich null sind.

In § 9.2 erklären wir, dass Wettbewerbsmärkte deshalb effizient sind, weil sie die Summe der Konsumenten- und der Produzentenrente maximieren.

wir das langfristige Gleichgewicht einer Branche im monopolistischen Wettbewerb mit dem langfristigen Gleichgewicht einer Branche im vollkommenen Wettbewerb.

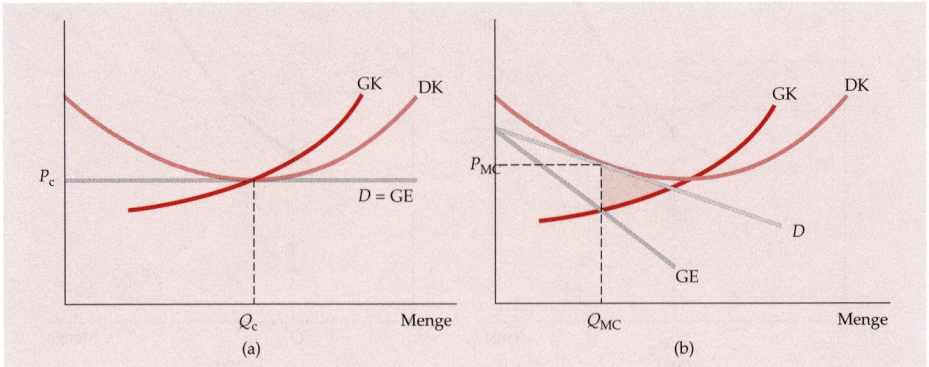

Abbildung 12.2: Vergleich des Gleichgewichts beim monopolistischen und beim vollkommenen Wettbewerbsmarkt

Beim vollkommenen Wettbewerb, wie in (a), ist der Preis gleich den Grenzkosten, beim monopolistischen Wettbewerb aber übersteigt der Preis die Grenzkosten, und es entsteht ein Deadweight-Verlust, dargestellt durch die dunkel schattierte Fläche in (b). Bei beiden Marktformen kommt es so lange zu Markteintritten, bis die Gewinne auf null gedrückt werden. Beim vollkommenen Wettbewerb verläuft die Nachfragekurve des Unternehmens horizontal, also liegt der Nullgewinn an dem Punkt, wo die Durchschnittskosten minimiert werden. Beim monopolistischen Wettbewerb verläuft die Nachfragekurve dagegen fallend, also liegt der Nullgewinnpunkt links von dem Punkt, an dem die Durchschnittskosten minimiert werden. Bei der Beurteilung des monopolistischen Wettbewerbs muss man diese Ineffizienz gegen die Gewinne der Verbraucher aufgrund der Produktvielfalt abwägen.

Abbildung 12.2 zeigt, dass es in einer Branche mit monopolistischem Wettbewerb zwei Ursachen für Ineffizienz gibt:

1 Anders als beim vollkommenen Wettbewerb übersteigt der Gleichgewichtspreis beim monopolistischen Wettbewerb die Grenzkosten. Das bedeutet, dass der Wert, den die Verbraucher einer zusätzlichen Produktionseinheit beimessen, die Produktionskosten dieser Einheit übersteigt. Würde man das Produktionsniveau bis zu dem Punkt steigern, an dem die Nachfragekurve die Grenzkostenkurve schneidet, könnte die gesamte Rente um einen Betrag gesteigert werden, der der dunkel schattierten Fläche in Abbildung 12.2(b) entspricht. Dies sollte den Leser nicht überraschen. In Kapitel 10 haben wir gesehen, dass Monopolmacht, die ja auch auf dem monopolistischen Wettbewerbsmarkt existiert, einen Deadweight-Verlust verursacht.

> In § 10.4 beschäftigen wir uns mit dem Nettowohlfahrtsverlust aufgrund von Monopolmacht.

2 Man erkenne aus Abbildung 12.2, dass das Unternehmen auf dem monopolistischen Wettbewerbsmarkt mit *Überschusskapazitäten* arbeitet, d.h. sein Produktionsniveau liegt unterhalb des Niveaus, bei dem die Durchschnittskosten minimiert werden. Der Markteintritt neuer Unternehmen drückt den Gewinn sowohl auf dem vollkommenen als auch auf dem monopolistischen Wettbewerbsmarkt auf null. Beim vollkommenen Wettbewerb ist jedes Unternehmen mit einer horizontalen Nachfragekurve konfrontiert, d.h. der Nullgewinn tritt bei minimalen Durchschnittskosten ein, wie Abbildung 12.2(a) zeigt. Auf einem monopolistischen Wettbewerbsmarkt dagegen verläuft die Nachfragekurve fallend, also befindet sich der Nullgewinnpunkt links von den minimalen Durchschnittskosten. Überschusskapazitäten sind ineffizient, weil die Durchschnittskosten geringer wären, wenn es weniger Unternehmen gäbe.

Diese Ineffizienzen wirken sich zum Nachteil der Verbraucher aus. Ist der monopolistische Wettbewerb also eine Marktform, die volkswirtschaftlich nicht wünschenswert ist und reguliert werden sollte? Die Antwort auf diese Frage lautet wahrscheinlich nein; und dafür gibt es zwei Gründe.

1 In den meisten monopolistischen Wettbewerbsmärkten ist die Marktmacht gering. Normalerweise konkurrieren genügend Unternehmen mit Marken gegeneinander, die hinreichend substituierbar sind, so dass kein Unternehmen nachhaltige Monopolmacht erringt. Ein eventuell aufgrund der Marktmacht entstehender Deadweight-Verlust wird deshalb eher gering sein. Und da die Nachfragekurven der Unternehmen relativ elastisch sind, liegen auch die Durchschnittskosten nahe beim Minimum.

2 Jede sich ergebende Ineffizienz muss gegen den wichtigen Vorteil des monopolistischen Wettbewerbs, die *Produktvielfalt*, abgewogen werden. Viele Verbraucher schätzen die Möglichkeit sehr hoch ein, aus einer großen Anzahl konkurrierender Produkte, die sich in vielerlei Hinsicht unterscheiden, auswählen zu können. Der Gewinn aufgrund von Produktvielfalt kann also sehr hoch sein und die Nachteile der ineffizienten Kostenstruktur aufgrund der fallend verlaufenden Nachfragekurve bei weitem überwiegen.

Beispiel 12.1: Monopolistische Konkurrenz auf den Märkten für Cola-Getränke und Kaffee

Die Märkte für alkoholfreie Getränke und Kaffee verdeutlichen die Merkmale des monopolistischen Wettbewerbs. Auf jedem Markt wird eine Vielzahl an Markenprodukten angeboten, die alle kleine Unterschiede aufweisen, jedoch enge Substitute füreinander sind. Jede Cola-Sorte schmeckt beispielsweise ein bisschen anders. (Aber schmecken Sie wirklich den Unterschied zwischen Coca Cola und Pepsi?) Und auch jede Kaffeesorte unterscheidet sich geringfügig in Geschmack, Aroma oder Koffeingehalt von den Konkurrenzprodukten. Die meisten Verbraucher entwickeln also ihre Vorlieben. Manche Verbraucher auf dem amerikanischen Markt bevorzugen vielleicht Maxwell-House-Kaffee und kaufen deshalb diese Marke regelmäßig. Eine solche Markentreue ist aber gewöhnlich begrenzt. Steigt der Preis für Maxwell House plötzlich erheblich über die Preise anderer Marken, werden die meisten Konsumenten, die vorher Maxwell House gekauft haben, höchstwahrscheinlich zu anderen Marken wechseln.

Wie viel Monopolmacht hat also General Foods, das Unternehmen das Maxwell House produziert, mit dieser Marke genau? Anders gefragt, wie groß ist die Nachfrageelastizität für Maxwell House? Die meisten großen Unternehmen untersuchen bei ihren Marktstudien die Verbrauchernachfragen genau. Die vom Unternehmen ermittelten Schätzwerte sind normalerweise geschützt, doch in einer Studie, die die Nachfragen nach verschiedenen Cola- und Kaffeemarken untersuchte, wurde ein simuliertes Einkaufsexperiment durchgeführt, um herauszufinden, wie sich die Marktanteile jeder Marke in Reaktion auf bestimmte Preisveränderungen verschieben. Tabelle 12.1 fasst die Ergebnisse der Studie zusammen und zeigt die Nachfrageelastizitäten mehrerer Markenprodukte. ▶

Tabelle 12.1

Nachfrageelastizitäten für Cola- und Kaffeemarken[1]

	Marke	Nachfrageelastizität
Cola-Getränke	Royal Crown	–2,4
	Coca Cola	–5,2 bis –5,7
Gemahlener Kaffee	Folgers	–6,4
	Maxwell House	–8,2
	Chock Full o'Nuts	–3,6

Man erkenne zunächst, dass die Cola-Marke Royal Crown sehr viel weniger preiselastisch ist als Coca Cola. Obwohl die Marke in den USA nur einen geringen Marktanteil hat, ist ihr Geschmack unverkennbarer als der von Coca Cola, Pepsi oder anderen Marken, so dass die Konsumenten, die diese Marke kaufen, auch eine stärkere Markentreue zeigen. Die Tatsache, dass Royal Crown mehr Monopolmacht besitzt als Coca Cola bedeutet jedoch nicht, dass mit dieser Marke auch höhere Gewinne zu erzielen sind. Denn die Gewinne hängen neben dem Preis auch von den Fixkosten und der Produktionsmenge ab. Selbst wenn Coca Cola einen geringeren Durchschnittsgewinn erzielt, ist doch der Gesamtgewinn sehr viel höher, da die Marke einen viel größeren Marktanteil hat.

Weiter fällt auf, dass Kaffeeprodukte im Allgemeinen eine höhere Preiselastizität aufweisen als Cola-Getränke. Die Käufer von Kaffee zeigen weniger Markentreue als die Käufer von Cola-Getränken, da die Unterschiede zwischen den Kaffeesorten für die Verbraucher weniger wahrnehmbar sind als die Unterschiede der Cola-Marken. Man erkenne, dass die Nachfrage nach Chock Full o'Nuts weniger preiselastisch ist als die der Konkurrenzprodukte. Warum ist das so? Es liegt daran, dass Chock Full o'Nuts ebenso wie Royal Crown Cola verglichen mit Folgers oder Maxwell House einen außergewöhnlicheren Geschmack hat, so dass die Verbraucher, die diesen Kaffee kaufen, eher loyal bleiben. Die Unterschiede zwischen Folgers und Maxwell House nehmen weniger Verbraucher wahr oder sie kümmern sich einfach nicht darum.

Mit Ausnahme von Royal Crown und Chock full o'Nuts zeigen alle untersuchten Produkte eine relativ hohe Preiselastizität. Mit Preiselastizitäten im Bereich von –4 bis –8 verfügt jede Marke nur über begrenzte Monopolmacht. Dies ist typisch für den monopolistischen Wettbewerb.

---

[1] Die Elastizitätsschätzwerte in Tabelle 12.1 stammen von John R. Nevin, „Laboratory Experiments for Estimating Consumer Demand: A Validation Study", *Journal of Marketing Research,* 11 (August 1974): 261–268, sowie Laksham Krishnamurthi und S. P. Raj, „A Model of Brand Choice and Purchase Quantity Price Sensitivities", *Marketing Science* (1991). In typischen gestellten Einkaufsexperimenten werden Verbraucher gebeten, aus einer Reihe Markenartikel ihre bevorzugten Marken auszuwählen. Dieses Experiment wird jeweils mit unterschiedlichen Preisen mehrere Male wiederholt.

12.2 Oligopol

Auf oligopolistischen Märkten können die Produkte differenziert sein oder auch nicht. Worauf es bei diesem Markt ankommt, ist, dass nur einige wenige Unternehmen für den Großteil der Marktproduktion verantwortlich sind. Auf manchen oligopolistischen Märkten können einige oder alle Unternehmen langfristig beträchtliche Gewinne erzielen, da *Eintrittsbarrieren* es für neue Unternehmen schwierig oder sogar unmöglich machen, auf den Markt zu gelangen. Das Oligopol ist eine häufig anzutreffende Marktstruktur. Beispiele für oligopolistische Industriezweige sind die Automobil-, die Stahl-, die Aluminium-, die Petrochemie-, die Elektronik- und die Computerbranche.

Wodurch entstehen Eintrittsbarrieren? Einige der Gründe haben wir bereits in Kapitel 10 behandelt. Aufgrund von Größenvorteilen kann es unrentabel sein, wenn mehr als ein Unternehmen auf einem Markt agiert; Patente oder der Zugriff auf bestimmte Technologien können mögliche Konkurrenten ausschließen; und die Notwendigkeit, Geld für Markenimage und Marktpräsenz auszugeben, könnte viele neue Unternehmen vom Markteintritt abhalten. All dies sind „natürliche" Eintrittsbarrieren – sie liegen der jeweiligen Marktstruktur zugrunde. Darüber hinaus können etablierte Unternehmen *strategische Maßnahmen* ergreifen, um neue Markteintritte zu verhindern. So können sie zum Beispiel damit drohen, den Markt mit ihren Produkten zu überschwemmen und so die Preise in den Keller zu treiben, falls es zu neuen Markteintritten kommt. Und um diese Drohung glaubhaft zu machen, könnten sie Überschusskapazitäten für die Produktion einrichten.

Ein oligopolistisches Unternehmen zu leiten ist sehr kompliziert, da bei den Entscheidungen zu Preis, Produktionsniveau, Werbung und Investitionen wichtige strategische Aspekte berücksichtigt werden müssen. Da nur einige wenige Unternehmen miteinander im Wettbewerb stehen, muss jeder der Konkurrenten genau abwägen, wie sich seine Entscheidungen auf seine Rivalen auswirken werden und wie die Rivalen reagieren könnten.

Nehmen wir an, dass das Unternehmen Ford aufgrund von schleppenden Automobilverkäufen über eine zehnprozentige Preissenkung nachdenkt, um die Nachfrage anzukurbeln. Ford muss genau überlegen, wie andere konkurrierende Autohersteller auf diesen Schritt reagieren werden. Vielleicht reagieren sie gar nicht, oder sie reduzieren ihre Preise nur geringfügig – in diesem Fall könnte Ford mit einem beträchtlichen Anstieg seiner Verkaufszahlen rechnen, der zum großen Teil auf Kosten seiner Konkurrenten entsteht. Vielleicht nimmt die Konkurrenz aber auch ähnlich drastische Preissenkungen vor; in diesem Fall werden alle drei Automobilhersteller mehr Autos verkaufen, aber auch – aufgrund der niedrigeren Preise – geringere Gewinne erzielen. Eine weitere Möglichkeit ist, dass einige andere Autohersteller ihre Preise noch weiter reduzieren als Ford, um Ford dafür zu bestrafen, das stabile Marktgefüge aus dem Gleichgewicht gebracht zu haben. Diese Aktion könnte dann zu einem Preiskrieg und zu erheblichen Gewinneinbußen aller drei Firmen führen. Ford muss all diese Möglichkeiten genau abwägen. Tatsächlich muss jedes Unternehmen bei fast jeder bedeutenden wirtschaftlichen Entscheidung – Festsetzung der Preise und Produktionsniveaus, Einleitung einer großen Werbekampagne oder Aufbau zusätzlicher Produktionskapazitäten – versuchen, die möglichen Reaktionen der Konkurrenten so genau wie möglich einzuschätzen.

Diese strategischen Überlegungen können sehr komplex sein. Bei der Entscheidungsfindung muss jedes Unternehmen die Reaktionen seiner Konkurrenten abwägen und sich gleichzeitig dessen bewusst sein, dass auch *sie* über die Reaktionen *des Unternehmens* genauestens nachdenken. Überdies sind alle Entscheidungen, Reaktionen, Reaktionen auf

Reaktionen etc. dynamische Prozesse, d.h. sie verändern sich mit der Zeit. Wenn die Manager eines Unternehmens die möglichen Konsequenzen ihrer Entscheidungen abschätzen, müssen sie annehmen, dass ihre Konkurrenten ebenso vernünftig und intelligent sind wie sie selbst. Dann müssen sie sich in die Position der Konkurrenten hineinversetzen und überlegen, wie diese reagieren werden.

12.2.1 Gleichgewicht auf einem oligopolistischen Markt

Wenn wir einen Markt untersuchen, möchten wir normalerweise den Preis und die Produktionsmenge bestimmen, die in einer Gleichgewichtssituation vorherrschen. Wir haben beispielsweise gesehen, dass auf einem vollkommenen Wettbewerbsmarkt beim Gleichgewichtspreis die angebotene Menge gleich der nachgefragten Menge ist. Weiter haben wir gesehen, dass beim Monopol ein Gleichgewicht gegeben ist, wenn der Grenzerlös gleich den Grenzkosten ist. Schließlich haben wir beim Studium des monopolistischen Wettbewerbs gesehen, wie sich ein langfristiges Gleichgewicht ergibt, wenn der Gewinn durch den Markteintritt neuer Unternehmen auf null reduziert wird.

Auf diesen Märkten könnte jedes Unternehmen den Preis und die Marktnachfrage als gegeben hinnehmen und seine Konkurrenten weitgehend ignorieren. Auf einem oligopolistischen Markt dagegen basieren die Preisbildung und die Festlegung des Produktionsniveaus durch das Unternehmen zum Teil auf strategischen Überlegungen in Bezug auf das Verhalten der Konkurrenz. Gleichzeitig sind die Entscheidungen der Konkurrenten abhängig von den Entscheidungen unseres ersten Unternehmens. Wie können wir dann aber herausfinden, welcher Preis und welche Produktionsmenge sich im Gleichgewichtsfall ergeben, und ob es überhaupt ein Gleichgewicht geben wird? Um diese Fragen zu beantworten, brauchen wir ein grundlegendes Prinzip zur Beschreibung eines Gleichgewichts, das entsteht, wenn Unternehmen Entscheidungen treffen und dabei ihre Reaktionen jeweils gegenseitig mit einbeziehen.

> In § 8.7 erklären wir, dass es zum langfristigen Gleichgewicht kommt, wenn kein Unternehmen mehr den Anreiz hat, in den Markt einzutreten oder ihn zu verlassen, weil alle Unternehmen einen wirtschaftlichen Gewinn von null erzielen und die nachgefragte Menge der angebotenen Menge entspricht.

Erinnern wir uns, wie wir auf einem Wettbewerbs- und einem Monopolmarkt ein Gleichgewicht beschrieben haben. *Wenn sich ein Markt im Gleichgewicht befindet, handeln die Unternehmen auf die bestmögliche Weise und haben keinen Grund, ihre Preise oder Produktionsmengen zu verändern.* Also ist ein Wettbewerbsmarkt im Gleichgewicht, wenn die angebotene Menge der nachgefragten Menge entspricht: Jedes Unternehmen hat die für sich optimale Strategie gewählt – es verkauft seine gesamte Produktionsmenge und maximiert die eigenen Gewinne. Ebenso befindet sich ein Monopolist im Gleichgewicht, wenn der Grenzerlös gleich den Grenzkosten ist, weil er dann ebenfalls seine Strategie optimiert und seine Gewinne maximiert.

Nash-Gleichgewicht Mit einigen Abwandlungen können wir das gleiche Prinzip auch auf einen oligopolistischen Markt anwenden. Hier möchte jedoch jedes Unternehmen optimal handeln *und dabei das Handeln der Konkurrenten stets mit einbeziehen*. Wovon sollte das Unternehmen also bei der Einschätzung dieses Handelns ausgehen? Da das Unternehmen selbst optimal handelt und gleichzeitig das Handeln seiner Konkurrenten berücksichtigt, *ist es nur natürlich anzunehmen, dass auch die Konkurrenz optimal handeln und dabei das Handeln des ersten Unternehmens berücksichtigen wird*. Jedes einzelne Unternehmen bezieht also bei allen Entscheidungen seine Konkurrenten mit ein und nimmt gleichzeitig an, dass diese ebenso handeln.

Diese Aussage klingt zunächst etwas abstrakt, sie ist jedoch logisch und stellt für uns – wie wir später sehen werden – eine Basis zur Bestimmung des Gleichgewichts auf einem oligopolistischen Markt dar. Dieses Konzept wurde ursprünglich von dem Mathematiker John Nash im Jahr 1951 entwickelt, deshalb trägt das **Nash-Gleichgewicht** seinen Namen. Dies ist ein wichtiger Begriff, den wir im Folgenden noch häufig verwenden werden.

> *Nash-Gleichgewicht*: Jedes Unternehmen optimiert seine Entscheidungen unter Berücksichtigung des Handelns seiner Konkurrenten.

Nash-Gleichgewicht

Menge von Strategien oder Maßnahmen, bei denen jedes Unternehmen optimal handelt unter Berücksichtigung des Handelns der Konkurrenten.

Wir werden auf diesen Gleichgewichtsbegriff in Kapitel 13 nochmals näher eingehen. Dort werden wir aufzeigen, wie dieses Konzept bei einer Reihe strategischer Probleme eingesetzt werden kann. In diesem Kapitel werden wir es jedoch zur Analyse oligopolistischer Märkte einsetzen.

Um den Sachverhalt so einfach wie möglich zu erklären, werden wir uns in diesem Kapitel hauptsächlich auf Märkte konzentrieren, auf denen zwei Unternehmen miteinander konkurrieren. Einen solchen Markt nennt man **Duopol**. In diesem Fall hat jedes Unternehmen also nur genau einen Konkurrenten, den es bei seiner Entscheidungsfindung berücksichtigen muss. Obwohl wir uns hier auf Duopole beschränken werden, gelten unsere Ergebnisse grundsätzlich auch für Märkte, auf denen mehr als zwei Unternehmen agieren.

Duopol

Ein Markt, auf dem zwei Unternehmen miteinander konkurrieren.

12.2.2 Das Cournot-Modell

Wir werden mit dem einfachen Modell eines Duopols beginnen, das ursprünglich von dem französischen Wirtschaftswissenschaftler Augustin Cournot im Jahr 1838 entwickelt wurde. Nehmen wir an, beide Unternehmen produzieren ein homogenes Gut und kennen die Marktnachfragekurve. *Jedes Unternehmen muss entscheiden, wie viel es produzieren soll; und beide treffen ihre Entscheidungen zum gleichen Zeitpunkt*. Bei der Festsetzung des Produktionsniveaus berücksichtigt jedes Unternehmen die mögliche Reaktion des Konkurrenten. Es weiß, dass *auch* der Konkurrent jetzt seine Produktionsentscheidung trifft und dass der Marktpreis von der *gesamten Produktionsmenge* beider Unternehmen abhängen wird.

Erinnern wir uns aus § 8.8, dass für die Kunden von Unternehmen, die homogene oder identische Güter produzieren, bei der Kaufentscheidung nur der Preis ausschlaggebend ist.

Das Wesentliche beim **Cournot-Modell** ist, *dass jedes Unternehmen das Produktionsniveau seiner Konkurrenten als gegeben ansieht und dann entscheidet, wie viel es selbst produziert*. Um zu sehen, wie das funktioniert, betrachten wir die Produktionsentscheidung von Unternehmen 1. Nehmen wir an, Unternehmen 1 glaubt, dass Unternehmen 2 gar nichts produzieren wird. In diesem Fall ist die Nachfragekurve von Unternehmen 1 die Marktnachfragekurve. In Abbildung 12.3 ist diese als $D_1(0)$ dargestellt, die Nachfragekurve von Unternehmen 1, wenn Unternehmen 2 nichts produziert. Abbildung 12.3 zeigt auch die entsprechende Grenzerlöskurve $GE_1(0)$. Wir nahmen an, dass die Grenzkosten von Unternehmen 1, GK_1, konstant sind. Wie in der Abbildung gezeigt, liegt das gewinnmaximierende Produktionsniveau von Unternehmen 1 bei 50 Einheiten, an dem Punkt also, wo sich $GE_1(0)$ und GK_1 schneiden. Wenn also Unternehmen 2 nichts produziert, sollte Unternehmen 1 50 Einheiten produzieren.

Cournot-Modell

Modell eines oligopolistischen Marktes, bei dem die Unternehmen ein homogenes Gut produzieren, jedes Unternehmen die Produktionsmenge der Konkurrenten als gegeben hinnimmt und alle Unternehmen ihre Produktionsentscheidungen gleichzeitig treffen.

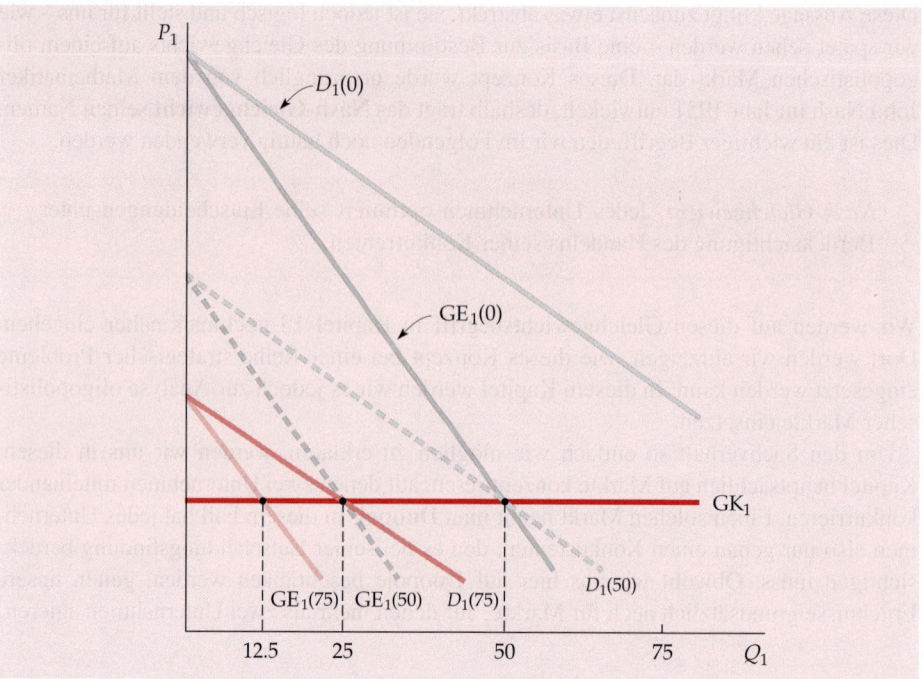

Abbildung 12.3: Die Produktionsentscheidungen von Unternehmen 1
Das gewinnmaximierende Produktionsniveau von Unternehmen 1 hängt davon ab, wie hoch es das Produktionsniveau von Unternehmen 2 einschätzt. Wenn Unternehmen 1 glaubt, dass Unternehmen 2 nichts produzieren wird, so ist seine Nachfragekurve, $D_1(0)$, gleichzeitig die Marktnachfragekurve. Die entsprechende Grenzerlöskurve, $GE_1(0)$, schneidet die Grenzkostenkurve von Unternehmen 1, GK_1, bei einer Produktionsmenge von 50 Einheiten. Glaubt Unternehmen 1 dagegen, dass Unternehmen 2 50 Einheiten produzieren wird, so verschiebt sich seine Nachfragekurve, $D_1(50)$, genau um diesen Betrag nach links. Die Vorgabe der Gewinnmaximierung legt nun ein Produktionsniveau von 25 Stück nahe. Wenn Unternehmen 1 schließlich glaubt, dass Unternehmen 2 75 Einheiten produzieren wird, so wird es selbst nur 12,5 Einheiten produzieren.

Nehmen wir stattdessen an, Unternehmen 1 glaubt, dass Unternehmen 2 50 Einheiten produzieren wird. Dann ist die Nachfragekurve von Unternehmen 1 gleich der Marktnachfragekurve um genau 50 Einheiten nach links verschoben. In Abbildung 12.3 trägt diese Kurve die Bezeichnung $D_1(50)$ und die entsprechende Grenzerlöskurve ist $GE_1(50)$. Das gewinnmaximierende Produktionsniveau von Unternehmen 1 liegt nun bei 25 Einheiten, an dem Punkt also, wo $GE_1(50) = GK_1$. Nun nehmen wir weiter an, Unternehmen 1 glaubt, dass Unternehmen 2 75 Einheiten produzieren wird. Dann ist die Nachfragekurve von Unternehmen 1 die Marktnachfragekurve um 75 Einheiten nach links verschoben. In Abbildung 12.3 ist sie mit $D_1(75)$ und die entsprechende Grenzerlöskurve ist mit $GE_1(75)$ gekennzeichnet. Das gewinnmaximierende Produktionsniveau liegt für Unternehmen 1 nun bei 12,5 Einheiten, denn dort schneiden sich $GE_1(75)$ und GK_1. Nehmen wir schließlich noch an, Unternehmen 1 glaubt, dass Unternehmen 2 100 Einheiten produzieren wird. Dann würden die Nachfragekurve und Grenzerlöskurve von Unternehmen 1 (die auf der Abbildung nicht dargestellt sind) die Grenzkostenkurve genau an der vertikalen Achse schneiden. Wenn Unternehmen 1 also glaubt, dass Unternehmen 2 100 oder mehr Einheiten produzieren wird, sollte es selbst gar nichts produzieren.

Reaktionskurven Zusammenfassend können wir Folgendes festhalten: Wenn Unternehmen 1 glaubt, dass Unternehmen 2 nichts produzieren wird, sollte es 50 Einheiten produzieren; glaubt es, Unternehmen 2 produziert 50, sollte es 25 herstellen; glaubt es, Unternehmen 2 produziert 75, wird es selbst nur 12,5 Einheiten produzieren; und glaubt es schließlich, Unternehmen 2 stellt 100 Einheiten her, so wird es selbst nichts produzieren. Das gewinnmaximierende Produktionsniveau von Unternehmen 1 *fällt also mit wachsender erwarteter Produktionsmenge von Unternehmen 2*. Dieses Verhältnis nennen wir die **Reaktionskurve** von Unternehmen 1 und bezeichnen es mit $Q_1^*(Q_2)$. Diese Kurve ist in Abbildung 12.4 dargestellt, wo jede der vier oben definierten Produktionsmengenkombinationen mit einem *x* gekennzeichnet ist.

> **Reaktionskurve**
>
> Das Verhältnis der gewinnmaximierenden Produktionsmenge eines Unternehmens und seiner erwarteten Produktionsmenge des Konkurrenten.

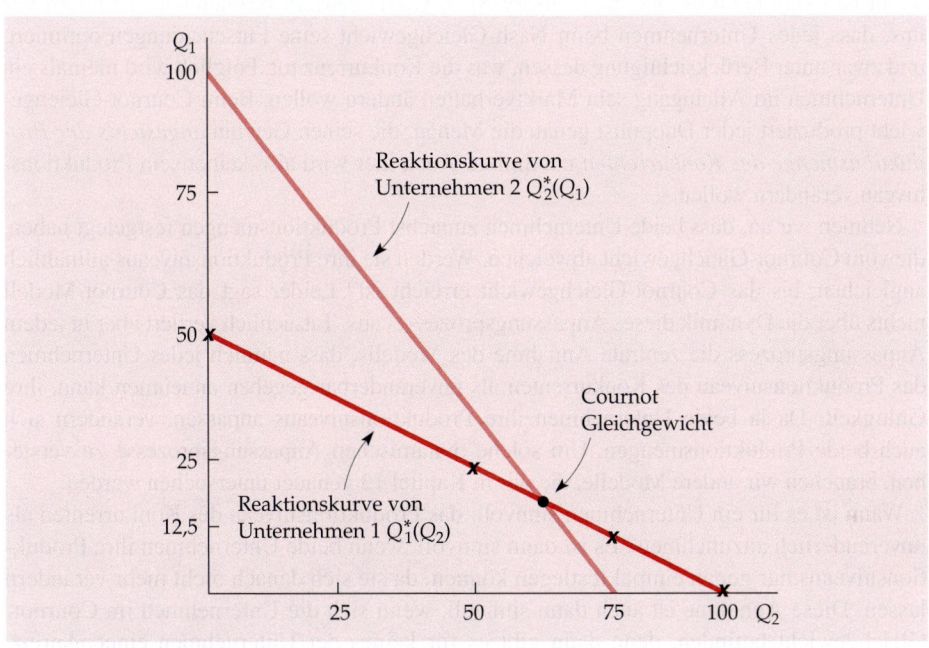

Abbildung 12.4: Reaktionskurven und Cournot-Gleichgewicht
Die Reaktionskurve von Unternehmen 1 zeigt seine Produktionsmenge als Funktion seiner Einschätzung der Produktionsmenge von Unternehmen 2. (Die *x*-Werte für $Q_2 = 0$, 50 und 75 entsprechen den Beispielen aus Abbildung 12.3.) Die Reaktionskurve von Unternehmen 2 zeigt seine Produktionsmenge als Funktion seiner Einschätzung der Produktionsmenge von Unternehmen 1. Beim Cournot-Gleichgewicht schätzt jedes Unternehmen die Produktionsmenge seines Konkurrenten richtig ein und maximiert so den eigenen Gewinn. Deshalb wird sich kein Unternehmen von diesem Gleichgewicht wegbewegen.

Bei Unternehmen 2 können wir die gleiche Analyse durchführen. Wir können also das Produktionsniveau von Unternehmen 2 unter Berücksichtigung verschiedener Schätzwerte für die Produktion von Unternehmen 1 ermitteln. Als Ergebnis erhalten wir eine Reaktionskurve für Unternehmen 2, die Kurve $Q_2^*(Q_1)$, die das Produktionsniveau von Unternehmen 2 mit seinen Schätzwerten für die Produktionsmenge von Unternehmen 1 in Beziehung setzt. Wenn sich die Grenzerlös- oder Grenzkostenkurve von Unternehmen 2 von derjenigen von Unternehmen 1 unterscheidet, wird auch die Reaktionskurve eine andere Form haben. Die Reaktionskurve von Unternehmen 2 könnte beispielsweise wie in Abbildung 12.4 dargestellt verlaufen.

> **Cournot-Gleichgewicht**
>
> Gleichgewicht beim Cournot-Modell, bei dem jedes Unternehmen das Produktionsniveau seines Konkurrenten richtig einschätzt und seine eigene Produktionsmenge entsprechend wählt.

Cournot-Gleichgewicht Wie viel wird jedes Unternehmen produzieren? Die Reaktionskurve eines Unternehmens gibt ihm Auskunft darüber, wie viel es angesichts der Produktionsmenge des Konkurrenten selbst produzieren sollte. Bei einer Gleichgewichtssituation setzt jedes Unternehmen sein Produktionsniveau anhand seiner eigenen Reaktionskurve fest, und die Gleichgewichts-Produktionsmengen ergeben sich aus dem *Schnittpunkt* der beiden Reaktionskurven. Die daraus resultierenden Produktionsniveaus beider Unternehmen nennen wir **Cournot-Gleichgewicht**. Bei diesem Gleichgewicht schätzt jedes Unternehmen die Produktionsmenge des Konkurrenten richtig ein und maximiert so die eigenen Gewinne.

Man erkenne, dass dieses Cournot-Gleichgewicht ein Beispiel für das Nash-Gleichgewicht ist (Man kann es also als *Cournot-Nash-Gleichgewicht* bezeichnen). Erinnern wir uns, dass jedes Unternehmen beim Nash-Gleichgewicht seine Entscheidungen optimiert, und zwar unter Berücksichtigung dessen, was die Konkurrenz tut. Folglich wird niemals ein Unternehmen im Alleingang sein Marktverhalten ändern wollen. Beim Cournot-Gleichgewicht produziert jeder Duopolist genau die Menge, die seinen Gewinn *angesichts der Produktionsmenge des Konkurrenten* maximiert. Auch hier wird also keiner sein Produktionsniveau verändern wollen.

Nehmen wir an, dass beide Unternehmen zunächst Produktionsmengen festgelegt haben, die vom Cournot-Gleichgewicht abweichen. Werden sie ihre Produktionsniveaus allmählich angleichen, bis das Cournot-Gleichgewicht erreicht ist? Leider sagt das Cournot-Modell nichts über die Dynamik dieses Anpassungsprozesses aus. Tatsächlich verliert aber in jedem Anpassungsprozess die zentrale Annahme des Modells, dass nämlich jedes Unternehmen das Produktionsniveau des Konkurrenten als unveränderbar gegeben annehmen kann, ihre Gültigkeit. Da ja beide Unternehmen ihre Produktionsniveaus anpassen, verändern sich auch beide Produktionsmengen. Um solche dynamischen Anpassungsprozesse zu verstehen, brauchen wir andere Modelle, die wir in Kapitel 13 genauer untersuchen werden.

Wann ist es für ein Unternehmen sinnvoll, das Produktionsniveau des Konkurrenten als unveränderlich anzunehmen? Es ist dann sinnvoll, wenn beide Unternehmen ihre Produktionsniveaus nur genau einmal festlegen können, da sie sich danach nicht mehr verändern lassen. Diese Annahme ist auch dann sinnvoll, wenn sich die Unternehmen im Cournot-Gleichgewicht befinden, denn dann gibt es für keines der Unternehmen einen Anreiz, seine Produktionsmenge zu verändern. Bei der Anwendung des Cournot-Modells müssen wir uns also auf Unternehmen im Gleichgewicht beschränken.

12.2.3 Die lineare Nachfragekurve – ein Beispiel

Betrachten wir nun als Beispiel zwei identische Unternehmen, die mit einer linearen Marktnachfragekurve konfrontiert sind. Dieses Beispiel wird die Bedeutung des Cournot-Gleichgewichts beleuchten und einen Vergleich mit dem Wettbewerbsgleichgewicht und dem Kollusionsgleichgewicht ermöglichen, das entsteht, wenn Unternehmen durch geheime Absprache ihre Produktionsniveaus gemeinsam festlegen.

Nehmen wir an, die Duopolisten sind mit folgender Marktnachfragekurve konfrontiert:

$$P = 30 - Q$$

wobei Q die gesamte Produktionsmenge beider Unternehmen, also $Q = Q_1 + Q_2$, ist. Nehmen wir auch an, dass die Grenzkosten beider Unternehmen gleich null sind:

$$GK_1 = GK_2 = 0$$

Nun können wir die Reaktionskurve von Unternehmen 1 wie folgt bestimmen. Um den Gewinn zu maximieren, setzt es den Grenzerlös gleich den Grenzkosten. Der Gesamterlös E_1 ergibt sich aus

$$E_1 = PQ_1 = (30 - Q)Q_1$$
$$= 30Q_1 - (Q_1 + Q_2)Q_1$$
$$= 30Q_1 - Q_1^2 - Q_1Q_2$$

Der Grenzerlös von Unternehmen 1, GE_1, ist genau gleich dem zusätzlichen Erlös ΔR_1 aufgrund einer Produktionssteigerung von ΔQ_1:

$$GE_1 = \Delta E_1/\Delta Q_1 = 30 - 2Q_1 - Q_2$$

Nun setzen wir GE_1 gleich null (wie die Grenzkosten des Unternehmens), lösen nach Q_1 auf und erhalten:

Reaktionskurve von Unternehmen 1: $Q_1 = 15 - 1/2 Q_2$ **(12.1)**

Die gleiche Berechnung lässt sich auch für Unternehmen 2 durchführen:

Reaktionskurve von Unternehmen 2: $Q_2 = 15 - 1/2 Q_1$ **(12.2)**

Die Gleichgewichtsproduktionsmengen sind die Werte für Q_1 und Q_2, die sich am Schnittpunkt der beiden Reaktionskurven befinden, d.h. die Werte, die die Gleichungen (12.1) und (12.2) lösen. Ersetzt man Q_2 in Gleichung (12.1) durch den Term auf der rechten Seite der Gleichung (12.2), kann man überprüfen, dass die Gleichgewichtsmengen folgende sind:

Cournot Gleichgewicht: $Q_1 = Q_2 = 10$

Die gesamte Produktionsmenge ist daher $Q = Q_1 + Q_2 = 20$, also liegt der Gleichgewichtspreis bei $P = 30 - Q = 10$ und jedes Unternehmen erzielt einen Gewinn von 100.

Abbildung 12.5 zeigt die Cournot-Reaktionskurven und dieses Cournot-Gleichgewicht. Man erkenne, dass die Reaktionskurve des Unternehmens 1 sein Produktionsniveau Q_1 als Funktion des Produktionsniveaus von Unternehmen 2, Q_2, zeigt. Genauso zeigt die Reaktionskurve von Unternehmen 2 Q_2 als Funktion von Q_1. (Da beide Unternehmen identisch sind, haben beide Reaktionskurven die gleiche Form. Sie sehen deshalb verschieden aus, weil eine Kurve Q_1 im Verhältnis zu Q_2 und die andere Kurve Q_2 im Verhältnis zu Q_1 darstellt.) Das Cournot-Gleichgewicht befindet sich am Schnittpunkt beider Kurven. An diesem Punkt maximiert jedes Unternehmen die eigenen Gewinne angesichts des Produktionsniveaus des Konkurrenten.

12 Monopolistische Konkurrenz und Oligopol

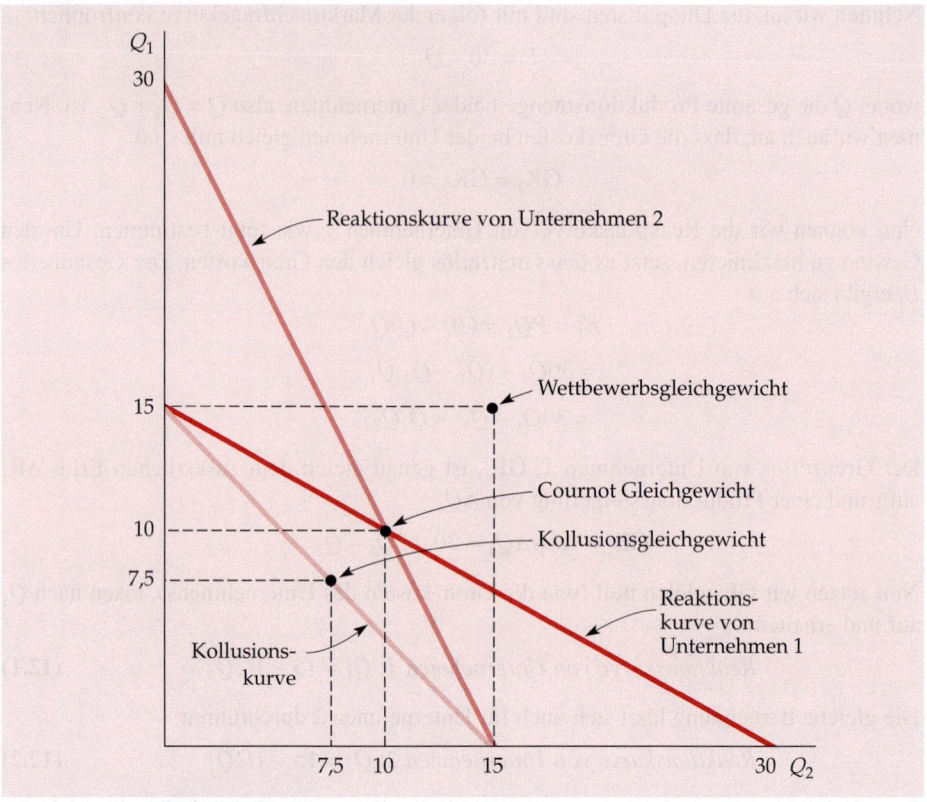

Abbildung 12.5: Ein Duopolbeispiel
Die Nachfragekurve ist $P = 30 - Q$, und beide Unternehmen haben Grenzkosten gleich null. Beim Cournot-Gleichgewicht produziert jedes Unternehmen zehn Einheiten. Die Kollusionskurve zeigt Kombinationen für Q_1 und Q_2, bei denen der *Gesamtgewinn* maximiert wird. Treffen die Unternehmen Absprachen und teilen sich die Gewinne gleichmäßig, so wird jedes Unternehmen 7,5 Einheiten herstellen. Die Abbildung zeigt auch das Wettbewerbsgleichgewicht, bei dem der Preis gleich den Grenzkosten und der Gewinn gleich null ist.

Wir nahmen an, dass beide Unternehmen miteinander konkurrieren. Nehmen wir nun stattdessen an, dass die Kartellgesetze gelockert wurden und die beiden Unternehmen geheime Absprachen treffen konnten. Sie würden also ihr Produktionsniveau so festlegen, dass der *Gesamtgewinn* maximiert wird und diesen Gesamtgewinn vermutlich gleichmäßig untereinander aufteilen. Der Gesamtgewinn wird maximiert, indem die gesamte Produktionsmenge Q so gewählt wird, dass der Grenzerlös gleich den Grenzkosten ist, die in diesem Beispiel bei null liegen. Der Gesamterlös beider Unternehmen ist demnach:

$$E = PQ = (30 - Q)Q = 30Q - Q^2$$

Der Grenzerlös ist daher:

$$GE = \Delta E / \Delta Q = 30 - 2Q$$

Setzen wir den Grenzerlös gleich null, so sehen wir, dass der Gesamtgewinn bei $Q = 15$ maximiert wird.

Jede Kombination von Q_1 und Q_2, die in Summe 15 ergibt, maximiert den Gesamtgewinn. Die Kurve $Q_1 + Q_2$, *Kollusionskurve* genannt, zeigt also alle Outputkombinationen von Q_1 und Q_2 an, die den Gesamtgewinn maximieren. Auch diese Kurve ist in Abbildung 12.5 dargestellt. Kommen die Unternehmen überein, alle Gewinne gleichmäßig aufzuteilen, wird jedes Unternehmen die Hälfte der Gesamtproduktion übernehmen:

$$Q_1 = Q_2 = 7{,}5$$

Wie zu erwarten war, produzieren beide Unternehmen nun weniger – und erzielen höhere Gewinne (112,50) – als beim Cournot-Gleichgewicht. Abbildung 12.5 zeigt dieses Kollusionsgleichgewicht sowie die *kompetitiven* Produktionsniveaus, bei denen der Preis gleich den Grenzkosten ist. (Man kann überprüfen, dass sie bei $Q_1 = Q_2 = 15$ liegen, was bedeutet, dass die Gewinne beider Unternehmen gleich null sind.) Man erkenne, dass das Cournot-Gleichgewicht (für die Unternehmen) viel vorteilhafter ist, als das Wettbewerbsgleichgewicht, jedoch nicht so gewinnbringend wie das Kollusionsgleichgewicht.

12.2.4 Der Vorteil des ersten Zuges – das Stackelberg-Modell

Wir nahmen an, dass unsere beiden Duopolisten ihre Produktionsentscheidungen gleichzeitig treffen. Nun wollen wir untersuchen, was geschieht, wenn eines der Unternehmen diese Entscheidung als erstes treffen kann. Zwei Fragen sind dabei besonders interessant. Ist es ein Vorteil, zuerst entscheiden zu können? Und wie viel wird jedes Unternehmen produzieren?

Fahren wir mit unserem bewährten Beispiel fort und nehmen wir an, dass die Grenzkosten zweier Unternehmen gleich null sind und dass die Marktnachfrage $P = 30 - Q$ ist, wobei Q die gesamte Produktionsmenge bezeichnet. *Nehmen wir nun an, Unternehmen 1 setzt seine Produktionsmenge zuerst fest. Dann, nach Beobachtung dieser Outputentscheidung, setzt Unternehmen 2 seine Produktionsmenge fest. Unternehmen 1 muss also bei seiner Entscheidung berücksichtigen, wie Unternehmen 2 reagieren wird.* Dieses **Stackelberg-Modell** eines Duopols unterscheidet sich vom Cournot-Modell dadurch, dass dort keines der beiden Unternehmen die Möglichkeit hat, irgendwie zu reagieren.

Stackelberg-Modell

Oligopol-Modell, bei dem ein Unternehmen seine Produktionsentscheidung früher als alle anderen trifft.

Beginnen wir mit Unternehmen 2. Da es seine Produktionsentscheidung *nach* Unternehmen 1 trifft, nimmt es die Produktionsmenge von Unternehmen 1 als unveränderlich gegeben hin. Deshalb ergibt sich die gewinnmaximierende Produktionsmenge für Unternehmen 2 aus seiner Reaktionskurve nach Cournot, die wir oben als Gleichung (12.2) abgeleitet haben:

Reaktionskurve von Unternehmen 2: $Q_2 = 15 - 1/2 Q_1$ (12.2)

Wie steht es mit Unternehmen 1? Um seine Gewinne zu maximieren, wählt es Q_1 so aus, dass der Grenzerlös gleich seinen Grenzkosten, also gleich null, ist. Erinnern wir uns, dass der Erlös von Unternehmen 1 folgendermaßen definiert ist:

$$E_1 = PQ_1 = 30Q_1 - Q_1^2 - Q_1 Q_2 \qquad (12.3)$$

Da E_1 von Q_2 abhängig ist, muss Unternehmen 1 abschätzen, wie viel Unternehmen 2 produzieren wird. Allerdings weiß Unternehmen 1, dass Unternehmen 2 seine Produktionsmenge Q_2 gemäß seiner Reaktionskurve (12.2) wählen wird. Setzen wir für Q_2 die Gleichung (12.2) in die Gleichung (12.3) ein, so erhalten wir für den Erlös von Unternehmen 1:

$$E_1 = 30Q_1 - Q_1^2 - Q_1\left(15 - 1/2\,Q_1\right)$$
$$= 15Q_1 - 1/2\,Q_1^2$$

Der Grenzerlös von Unternehmen 1 ist daher:

$$\text{GE}_1 = \Delta E_1 / \Delta Q_1 = 15 - Q_1 \tag{12.4}$$

Setzen wir $\text{GE}_1 = 0$, so erhalten wir $Q_1 = 15$. Und aus der Reaktionskurve von Unternehmen 2 (12.2) sehen wir, dass $Q_2 = 7{,}5$ ist. Unternehmen 1 produziert doppelt so viel wie Unternehmen 2 und macht auch doppelt so viel Gewinn. *Zuerst entscheiden zu können, ist für Unternehmen 1 also vorteilhaft.* Dies mag zunächst unlogisch erscheinen. Es müsste doch nachteilig sein, seine Produktionsentscheidung zuerst bekannt geben zu müssen. Warum bringt es also einen strategischen Vorteil, den ersten Schritt zu tun?

Der Grund liegt darin, dass diese erste Bekanntgabe eine *gegebene Tatsache* schafft. Gleichgültig was die Konkurrenz tun wird, die Produktionsmenge des ersten Unternehmens wird immer hoch sein. Um seine eigenen Gewinne zu maximieren, muss der Konkurrent diese hohe Produktionsmenge als gegebene Tatsache akzeptieren und selbst ein niedriges Produktionsniveau wählen. (Denn wenn auch der Konkurrent viel produzieren würde, würde das den Preis drücken und beide würden Geld verlieren. Wenn der Konkurrent also nicht nur darauf aus ist, es dem ersten Unternehmen „heimzuzahlen", ist es für ihn sinnlos, eine große Produktionsmenge anzusetzen.) Wie wir in Kapitel 13 sehen werden, kommt es in vielen strategischen Situationen zu diesem „Vorteil des ersten Zuges".

Das Cournot-Modell und das Stackelberg-Modell beschreiben verschiedene Formen oligopolistischen Verhaltens. Welches der Modelle am ehesten zutrifft, hängt vom jeweiligen Industriezweig ab. In einer Branche, in der sich die einzelnen Unternehmen sehr ähnlich sind und keines eine besondere Führungsposition oder einen erheblichen Vorteil bei den betrieblichen Abläufen hat, trifft eher das Cournot-Modell zu. Andere Industriezweige werden dagegen oft von einem großen Unternehmen dominiert, das gewöhnlich die Position eines Marktführers inne hat und neue Produkte und Preise immer als Erstes einführt; ein Beispiel hierfür wäre der Markt für Großrechner, auf dem IBM der klare Marktführer ist. Hier ist wohl eher das Stackelberg-Modell anwendbar.

12.3 Preiswettbewerb

Bisher nahmen wir an, dass unsere Unternehmen mittels Festsetzung der Produktionsmengen miteinander konkurrieren. In vielen oligopolistischen Branchen dreht sich der Wettbewerb jedoch primär um die Preisfestsetzung. Für GM, Ford und Daimler-Chrysler beispielsweise ist der Preis eine entscheidende strategische Größe, und jede der Firmen wählt ihr Preisniveau unter Berücksichtigung ihrer Konkurrenten aus. In diesem Abschnitt wollen wir anhand des Nash-Gleichgewichts den Preiswettbewerb untersuchen. Wir tun das zunächst in einer Branche, die ein homogenes Gut produziert, und schließlich in einem Industriezweig, wo ein gewisses Maß an Produktdifferenzierung herrscht.

12.3.1 Preiswettbewerb bei homogenen Produkten – das Bertrand-Modell

Das **Bertrand-Modell** wurde 1883 von dem französischen Wirtschaftswissenschaftler Joseph Bertrand entwickelt. Wie das Cournot-Modell ist es auf Unternehmen anwendbar, die das gleiche homogene Gut produzieren und ihre Entscheidungen gleichzeitig treffen. In diesem Fall entscheiden die Unternehmen jedoch über den zu berechnenden *Preis* und nicht über die zu produzierende Menge. Wie wir sehen werden, kann diese kleine Änderung das Ergebnis drastisch verändern.

> **Bertrand-Modell**
>
> Oligopol-Modell, bei dem Unternehmen ein homogenes Gut produzieren, wobei jedes Unternehmen den Preis seiner Konkurrenten als gegeben ansieht und alle Unternehmen gleichzeitig ihre Preisentscheidung treffen.

Kehren wir nochmals zum Duopolbeispiel aus dem letzten Abschnitt zurück, bei dem die Nachfragekurve folgendermaßen definiert ist:

$$P = 30 - Q$$

wobei $Q = Q_1 + Q_2$ erneut die gesamte Produktionsmenge eines homogenen Gutes ist. Dieses Mal nehmen wir an, beide Unternehmen haben Grenzkosten von jeweils €3:

$$GK_1 = GK_2 = 3$$

Als kleine Übung kann der Leser überprüfen, dass das Cournot-Gleichgewicht für dieses Duopol, das sich ergibt, wenn beide Unternehmen ihre Produktionsentscheidung gleichzeitig treffen, bei $Q_1 = Q_2 = 9$ liegt. Ebenso lässt sich ermitteln, dass bei diesem Cournot-Gleichgewicht der Marktpreis bei €12 liegt, so dass jedes Unternehmen €81 Gewinn erzielt.

Nehmen wir nun an, diese beiden Duopolisten konkurrieren, indem sie gleichzeitig den *Preis* und nicht die Menge festlegen. Welchen Preis werden die beiden Unternehmen jeweils wählen und welche Gewinne ergeben sich daraus? Um diese Fragen zu beantworten, sei zunächst nochmals darauf hingewiesen, dass beide Produkte homogen sind und die Verbraucher daher nur von dem Anbieter kaufen werden, der den geringsten Preis verlangt. Wenn beide Unternehmen also unterschiedliche Preise verlangen, wird das Unternehmen, dessen Preis geringer ist, den gesamten Markt bedienen, während das andere Unternehmen gar nichts verkaufen wird. Wenn beide Unternehmen dagegen den gleichen Preis verlangen, werden die Verbraucher keinen Wert darauf legen, bei welchem der beiden sie kaufen, und jedes Unternehmen wird je die Hälfte des Marktes versorgen.

Wo liegt in diesem Fall das Nash-Gleichgewicht? Wenn wir über diese Frage etwas nachdenken, werden wir zu dem Ergebnis kommen, dass aufgrund des Anreizes, die Preise zu senken, das Nash-Gleichgewicht hier gleich dem Wettbewerbsgleichgewicht ist – beide Unternehmen werden ihre Preise also gleich den Grenzkosten ansetzen: $P_1 = P_2 = €3$. Die gesamte Produktionsmenge beträgt demnach 27 Einheiten, wovon jedes Unternehmen 13,5 produziert. Und da der Preis gleich den Grenzkosten ist, ist der Gewinn beider Unternehmen gleich null. Um zu überprüfen, ob dies tatsächlich dem Nash-Gleichgewicht entspricht, untersuchen wir, ob eines der Unternehmen einen Anreiz hat, seinen Preis zu verändern. Nehmen wir an, Unternehmen 1 erhöht seinen Preis. In dem Fall würde es alle seine Verkäufe an Unternehmen 2 verlieren, was klar ein großer Nachteil wäre. Senkt es stattdessen die Preise, würde es zwar den gesamten Markt erobern, aber bei der Produktion jeder einzelnen Einheit Geld verlieren – wieder stünde Unternehmen 1 also schlechter da als vorher. Deshalb hat Unternehmen 1 (genauso wie Unternehmen 2) keinerlei Anreiz, das bestehende Gleichgewicht zu verändern. Jedes Unternehmen hat die optimalen Entscheidungen zur eigenen Gewinnmaximierung unter Berücksichtigung des Konkurrenten getroffen.

Warum aber kann es kein Nash-Gleichgewicht geben, bei dem jedes Unternehmen zwar den gleichen Preis verlangt, dieser aber etwas höher ist (z.B. €5), damit jedes Unternehmen etwas Gewinn macht? In diesem Fall könnte jedes Unternehmen schon durch eine geringfügige Preissenkung den gesamten Markt für sich erobern und so seine Gewinne fast verdoppeln. Jedes Unternehmen würde also seinen Konkurrenten im Preis unterbieten wollen. Folglich würden sich beide Konkurrenten so lange gegenseitig unterbieten, bis der Preis auf €3 gefallen ist.

Indem wir statt der Menge den Preis zur strategisch wichtigen Variablen gemacht haben, erhalten wir ein drastisch verändertes Ergebnis. Da im Cournot-Modell jedes Unternehmen nur neun Einheiten produziert, ist der Marktpreis €12. Unser letztes Beispiel dagegen ergab einen Marktpreis von €3. Während beim Cournot-Modell jedes Unternehmen einen Gewinn erzielt, ist beim Bertrand-Modell der Preis der Unternehmen gleich den Grenzkosten, und es werden keine Gewinne erzielt.

Kritiker lehnen das Bertrand-Modell aus mehreren Gründen ab. Wenn Unternehmen ein homogenes Gut produzieren, ist es für sie natürlicher, durch die Festsetzung der Produktionsmenge und nicht der Verkaufspreise zu konkurrieren. Und auch wenn die Unternehmen die Preise strategisch festsetzen und den *gleichen* Preis auswählen (wie es das Modell vorhersagt), wie viele Verkäufe entfallen dann auf jedes einzelne Unternehmen? Zwar *nahmen wir an*, dass beide Unternehmen die gleiche Menge verkaufen werden, es gibt aber keinen Grund, warum dies zwingend so sein muss. Trotz dieser Unzulänglichkeiten ist das Bertrand-Modell dennoch nützlich, denn es zeigt deutlich, wie das Gleichgewichtsergebnis in einem Oligopol ganz wesentlich davon abhängen kann, welche Variable die Unternehmen als strategisch wichtige Größe auswählen.[2]

12.3.2 Preiswettbewerb mit differenzierten Produkten

Oligopolistische Märkte zeichnen sich oft durch ein gewisses Maß an Produktdifferenzierung aus.[3] Der jeweilige Marktanteil ergibt sich nicht nur aus dem Preis sondern auch aus Unterschieden in Design, Leistungsfähigkeit und Haltbarkeit der verschiedenen Produkte. In solchen Fällen ist es ganz natürlich, dass die Unternehmen durch Preisfestsetzung und nicht durch Mengenentscheidung konkurrieren.

Um zu sehen, wie der Preiswettbewerb bei differenzierten Produkten funktioniert, wenden wir das folgende einfache Beispiel an. Nehmen wir an, es gibt zwei Duopolisten.

---

[2] Es ist auch erwiesen, dass Unternehmen, die ein homogenes Gut produzieren und dadurch konkurrieren, dass sie *zunächst* Produktionskapazitäten und danach Verkaufspreise festlegen, wieder das Cournot-Gleichgewicht der Produktionsmengen erreichen. Siehe dazu David Kreps und Jose Scheinkman, „Quantity Precommitment and Bertrand Competition Yield Cournot Outcomes", *Bell Journal of Economics* 14, 1983: 326–338.

[3] Auch bei einem scheinbar homogenen Gut kann Produktdifferenzierung vorliegen. Nehmen wir als Beispiel Benzin. Auch wenn das Benzin selbst ein homogenes Produkt ist, so unterscheiden sich doch die Tankstellen erheblich in Bezug auf Standort und angebotene Serviceleistungen. Folglich können sich die Benzinpreise der einzelnen Tankstellen erheblich voneinander unterscheiden.

Jeder der beiden hat Fixkosten von €20, aber variable Kosten gleich null; beide Unternehmen haben die gleiche Nachfragekurve:

Nachfragekurve von Unternehmen 1: $Q_1 = 12 - 2P_1 + P_2$ (12.5a)

Nachfragekurve von Unternehmen 2: $Q_2 = 12 - 2P_2 + P_1$ (12.5b)

wobei P_1 und P_2 die Preise sind, die Unternehmen 1 und 2 jeweils verlangen; Q_1 und Q_2 sind die sich daraus ergebenden Verkaufsmengen. Man erkenne, dass die Verkaufsmenge jedes Unternehmens sinkt, wenn der eigene Preis steigt, sich aber erhöht, wenn der Konkurrent einen höheren Preis verlangt.

Preisfestsetzung Wir gehen davon aus, dass beide Unternehmen ihre Preise gleichzeitig festsetzen, und dabei den Preis des Konkurrenten als gegeben hinnehmen. Also können wir das Konzept des Nash-Gleichgewichts heranziehen, um die sich ergebende Preise zu bestimmen. Betrachten wir zunächst Unternehmen 1. Sein Gewinn π_1 ist sein Erlös P_1Q_1 abzüglich der Fixkosten von €20. Setzen wir für Q_1 die Nachfragekurve (12.5a) ein, so erhalten wir:

$$\pi_1 = P_1Q_1 - 20 = 12P_1 - 2P_1^2 + P_1P_2 - 20$$

Bei welchem Preis P_1 wird dieser Gewinn maximiert? Die Antwort hängt vom Preis P_2 ab, den Unternehmen 1 als gegeben annimmt. Doch welchen Preis Unternehmen 2 auch verlangt, der Gewinn von Unternehmen 1 wird dann maximiert, wenn der zusätzliche Gewinn aus einer sehr kleinen Preissteigerung von P_1 genau gleich null ist. Unter der Annahme, dass P_2 gegeben ist, ergibt sich der gewinnmaximierende Preis für Unternehmen 1 also folgendermaßen:

$$\Delta\pi_1/\Delta P_1 = 12 - 4P_1 + P_2 = 0$$

Diese Gleichung kann so umgeschrieben werden, dass sich die folgende Preisbildungsregel oder *Reaktionskurve* für Unternehmen 1 ergibt:

Reaktionskurve von Unternehmen 1: $P_1 = 3 + 1/4 P_2$

Aus dieser Gleichung kann Unternehmen 1 ablesen, welchen Preis es, bei gegebenem Preis des Unternehmens 2 festlegen soll. Auf ähnliche Weise können wir die Preisbildungsregel für Unternehmen 2 ableiten:

Reaktionskurve von Unternehmen 2: $P_2 = 3 + 1/4 P_1$

Diese Reaktionskurven sind in Abbildung 12.6 abgebildet. Das Nash-Gleichgewicht liegt am Schnittpunkt der beiden Reaktionskurven. Es lässt sich leicht überprüfen, dass beide Unternehmen an diesem Punkt einen Preis von €4 berechnen und einen Gewinn von €12 erzielen. *An diesem Punkt hat jedes Unternehmen bei gegebenem Preis des Konkurrenten seine eigene Preisentscheidung optimiert und hat deshalb keinerlei Anreiz, diesen Preis zu verändern.*

Nehmen wir nun an, dass beide Unternehmen eine geheime Preisabsprache treffen. Anstatt ihre Preise unabhängig voneinander festzusetzen, entscheiden sie also gemeinsam, den gleichen Preis für ihre Produkte zu verlangen; und dieser Preis soll die Gewinne der beiden Unternehmen maximieren. Man kann überprüfen, dass in diesem Fall der Preis bei €6 liegen würde. Dies wäre offensichtlich für beide Unternehmen vorteilhaft, denn sie würden einen Gewinn von jeweils €16 erzielen.[4] Abbildung 12.6 zeigt dieses Kollusionsgleichgewicht.

Nehmen wir schließlich an, Unternehmen 1 trifft seine Preisentscheidung zuerst. Dann erst – nach Beobachtung der Preisentscheidung von Unternehmen 1 – setzt Unternehmen 2 seinen Preis fest. Anders als beim Stackelberg-Modell, wo es um die Festsetzung der Produktionsmengen ging, ergäbe sich in diesem Fall für Unternehmen 1 ein erheblicher *Nachteil* daraus, den ersten Schritt zu tun. (Um dies zu überprüfen, muss man nur den gewinnmaximierenden Preis für Unternehmen *1 unter Berücksichtigung der Reaktionskurve von Unternehmen 2* ausrechnen.) Warum ist es hier nachteilig, zuerst am Zug zu sein? Weil dies dem Unternehmen, das den zweiten Zug macht, die Möglichkeit gibt, den ersten Preis nur geringfügig zu unterbieten und dadurch einen größeren Marktanteil zu erlangen. (Siehe Übung 10 am Kapitelende.)

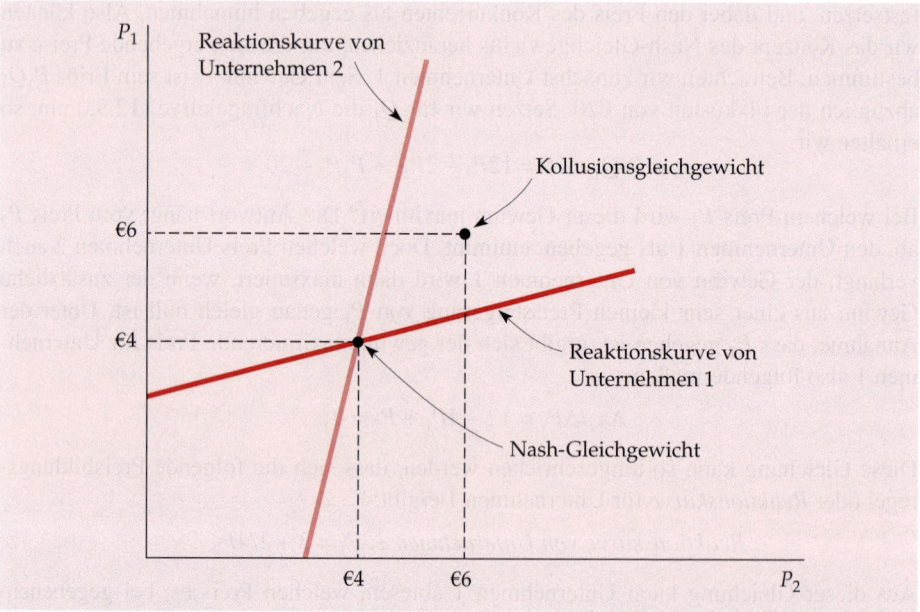

Abbildung 12.6: Nash-Gleichgewicht in Preisen
Hier verkaufen zwei Unternehmen ein differenziertes Produkt, und die Nachfrage jedes Unternehmens hängt sowohl von seinem eigenen Preis als auch vom Preis des Konkurrenten ab. Beide Unternehmen nehmen ihre Preisbildung gleichzeitig vor, jedes Unternehmen nimmt also den Preis des Konkurrenten als gegeben an. Die Reaktionskurve von Unternehmen 1 zeigt seinen gewinnmaximierenden Preis als Funktion des Preises von Unternehmen 2 an. Das Gleiche gilt für Unternehmen 2. Das Nash-Gleichgewicht befindet sich am Schnittpunkt der beiden Reaktionskurven; wenn also jedes Unternehmen einen Preis von €4 verlangt, optimiert es seine Preisentscheidung bei gegebenem Preis des Konkurrenten und hat keinen Anreiz, seinen Preis zu verändern. Die Abbildung zeigt auch das Kollusionsgleichgewicht an. Wenn die Unternehmen ihren Preis gemeinsam festlegten, würden sie ein Preisniveau von €6 wählen.

---

4 Beide Unternehmen haben die gleichen Kosten, also werden sie auch den gleichen Preis P berechnen. Der Gesamtgewinn ergibt sich aus: $\pi_T = \pi_1 + \pi_2 = 24P - 4P^2 + 2P^2 - 40 = 24P - 2P^2 - 40$. Dieser Gewinn wird maximiert, wenn $\Delta\pi_T/\Delta P = 0$. $\Delta\pi_T/\Delta P = 24 - 4P$, also ist der gemeinsame gewinnmaximierende Preis $P = 6$. Jedes Unternehmen erzielt also einen Gewinn von $\pi_1 = \pi_2 = 12P - P^2 - 20 = 72 - 36 - 20 =$ €16.

Beispiel 12.2: Ein Preisbildungsproblem für Procter & Gamble

Als Procter & Gamble (P&G) plante, mit Gypsy Moth Tape, einem Präparat zur Bekämpfung einer schädlichen Raupenart (Schwammspinner), in den japanischen Markt einzutreten, kannte es zwar seine Produktionskosten und auch die Marktnachfragekurve, hatte aber dennoch Probleme damit, den richtigen Verkaufspreis festzulegen, denn zwei weitere Firmen – Kao Soap, Ltd. und Unilever, Ltd. – planten zur gleichen Zeit auch den Schritt nach Japan. Alle drei Unternehmen mussten ihre Preise in etwa zur gleichen Zeit festlegen, und P&G musste diese Tatsache bei seiner eigenen Preisbildung berücksichtigen.[5]

Da alle drei Unternehmen zur Herstellung von Gypsy Moth Tape die gleiche Technologie anwandten, hatten sie auch die gleichen Produktionskosten. Jedes Unternehmen hatte monatliche Fixkosten in Höhe von $480.000 sowie variable Kosten von $1 pro Produktionseinheit. Aus Marktstudien schloss P&G, dass seine Nachfragekurve für monatliche Verkäufe folgendermaßen aussah:

$$Q = 3.375 P^{-3{,}5} (P_U)^{0{,}25} (P_K)^{0{,}25}$$

wobei Q die monatlichen Verkäufe in tausend Einheiten und P, P_U und P_K die jeweiligen Preise von P&G, Unilever und Kao sind. Versetzen wir uns nun in die Lage von P&G. Angenommen Kao und Unilever sind mit der gleichen Nachfragekurve konfrontiert: *Mit welchem Preis sollte P&G in den Markt eintreten, und wie viel Gewinn kann das Unternehmen damit erwarten?*

Zunächst können wir den zu erwartenden Gewinn als Funktion des Verkaufspreises berechnen und dabei unterschiedliche Annahmen über die Verkaufspreise von Unilever und Kao treffen. Unter Verwendung der obigen Angaben zu Nachfrage und Kosten haben wir diese Berechnungen durchgeführt und sie in Tabelle 12.2 zusammengefasst. Jeder Eintrag zeigt den monatlichen Gewinn von P&G in tausend Dollar für eine bestimmte Preiskombination. (Dabei nahmen wir an, dass Unilever und Kao jeweils den gleichen Preis berechnen.) Wenn P&G beispielsweise einen Preis von $1,30 berechnet und Kao und Unilever jeweils $1,50 verlangen, ergibt sich für P&G ein monatlicher Gewinn von $15.000.

Erinnern wir uns, dass die Manager von Unilever und Kao höchstwahrscheinlich die gleichen Überlegungen und Berechnungen anstellen wie P&G und deshalb auch ihre eigenen Versionen der Tabelle 12.2 haben werden. Nehmen wir nun an, die Konkurrenten von P&G verlangen einen Preis von $1,50 oder mehr. Wie die Tabelle zeigt, wird P&G in diesem Fall einen Preis von nur $1,40 ansetzen, denn dieser Preis führt zur Gewinnmaximierung. (Verlangt die Konkurrenz beispielsweise $1,50, würde P&G mit einem Preis von $1,40 einen Gewinn von $29.000 erzielen, mit einem Preis von $1,50 dagegen nur $20.000 und mit einem Preis von $1,30 sogar nur $15.000 Gewinn.) ▶

---

5 Dieses Beispiel basiert auf Lehrmaterial, das von Professor John Hauser von MIT zusammengestellt wurde. Um P&Gs Eigeninteressen zu schützen, wurden einige Fakten zu Produkt und Markt leicht verändert. Die grundlegende Darstellung des Problems, dem sich P&G gegenübersah, ist jedoch zutreffend.

P&G wird also keinen Preis von $1,50 (oder höher) ansetzen wollen. Unter der Annahme, dass die Konkurrenz die gleichen Überlegungen anstellt, sollte P&G demnach auch nicht erwarten, dass die Konkurrenten einen Preis von $1,50 (oder mehr) verlangen werden.

Tabelle 12.2

P&Gs monatlicher Gewinn (in tausend Dollar)

P&Gs Preis (in $)	(gleicher) Preis der Konkurrenten (in $)						
	1,10	1,20	1,30	1,40	1,50	1,60	1,70	1,80
1,10	−226	−215	−204	−194	−183	−174	−165	−155
1,20	−106	−89	−73	−58	−43	−28	−15	−2
1,30	−56	−37	−19	2	15	31	47	62
1,40	−44	−25	−6	12	29	46	62	78
1,50	−52	−32	−15	3	20	36	52	68
1,60	−70	−51	−34	−18	−1	14	30	44
1,70	−93	−76	−59	−44	−28	−13	1	15
1,80	−118	−102	−87	−72	−57	−44	−30	−17

Was passiert, wenn die Konkurrenz $1,30 verlangt? In diesem Fall würde P&G immer Geld verlieren. Der Verlust würde jedoch bei einem Preis von $1,40 minimiert (auf $6.000 pro Monat). Also würden die Konkurrenten nicht erwarten, dass P&G einen Preis von $1,30 verlangt, und aus dem gleichen Grund sollte auch P&G nicht erwarten, dass die Konkurrenten einen so niedrigen Preis verlangen werden. Welcher Preis optimiert die Preisentscheidung von P&G bei gegebenen Preisen der Konkurrenten? Dieser optimale Preis liegt bei $1,40. Und dies ist auch der Preis, bei dem die Konkurrenten *ihre* Preisentscheidung optimieren können; es ergibt sich also ein Nash-Gleichgewicht.[6] Wie die Tabelle zeigt, ergibt sich bei diesem Preis für alle drei Firmen ein monatlicher Gewinn von $12.000.

Würde P&G mit seinen Konkurrenten eine geheime Preisabsprache treffen, ergäbe sich daraus ein höherer Gewinn. Alle Beteiligten würden sich in diesem Fall auf einen Preis von $1,50 einigen, und jeder könnte einen Gewinn von $20.000 erzielen. Dieses Kollusionsabkommen könnte jedoch schwer durchsetzbar sein, denn jedes Unternehmen könnte durch eine Preissenkung seine Gewinne zusätzlich steigern – und natürlich ist sich auch jedes Unternehmen dieser Tatsache bewusst.

---

6 Dieses Nash-Gleichgewicht kann man auch algebraisch aus der Nachfragekurve und den obigen Kostenangaben herleiten. Wir überlassen dies dem Leser als Übungsaufgabe.

12.4 Wettbewerb versus Kollusion: das Gefangenendilemma

Ein Nash-Gleichgewicht ist ein *nichtkooperatives* Gleichgewicht: Jedes Unternehmen trifft seine Entscheidungen so, dass seine eigenen Gewinne maximiert werden, und zwar unter Berücksichtigung der Reaktionen der Konkurrenten. Wie wir gesehen haben, ist der sich daraus ergebende Gewinn für jedes Unternehmen zwar höher als beim Wettbewerbsgleichgewicht, jedoch gleichzeitig niedriger als bei einer Übereinkunft der Unternehmen.

Kollusion ist allerdings illegal, und die meisten Manager ziehen es vor, nicht ins Gefängnis zu wandern. Wenn jedoch eine Kooperation zu höheren Gewinnen führen kann, warum kooperieren die Unternehmen dann nicht, *ohne* ausdrücklich geheime Absprachen zu treffen? Genauer gesagt, wenn zwei Unternehmen beide den gewinnmaximierenden Preis ermitteln könnten, auf den man sich *im Fall* einer Übereinkunft einigen würde, *warum setzt dann nicht einfach ein Unternehmen diesen Preis an und hofft, dass der Konkurrent dasselbe tun wird?* Denn *wenn* der Konkurrent dasselbe tut, werden beide Unternehmen höhere Gewinne erzielen.

Das Problem liegt darin, dass der Konkurrent sich wahrscheinlich *nicht* dafür entscheiden wird, seinen Preis auf diesem Kollusionsniveau festzusetzen. Warum nicht? *Die Antwort ist, dass der Konkurrent ein für ihn besseres Ergebnis erzielen kann, indem er einen niedrigeren Preis ansetzt, selbst wenn er wüsste, dass sein Gegenüber seinen Preis auf Kollusionsniveau festsetzt.*

Um dies zu verstehen, wenden wir uns nochmals unserem Beispiel des Preiswettbewerbs aus dem letzten Abschnitt zu. Die Unternehmen haben in diesem Beispiel beide Fixkosten von €20 und keine variablen Kosten. Beide sind mit folgender Nachfragekurve konfrontiert:

Nachfragekurve von Unternehmen 1: $Q_1 = 12 - 2P_1 + P_2$

Nachfragekurve von Unternehmen 2: $Q_2 = 12 - 2P_2 + P_1$

Wir haben ermittelt, dass beim Nash-Gleichgewicht jedes Unternehmen einen Preis von €4 und einen Gewinn von €12 erzielen kann, während sich im Fall der Preiskollusion ein Preis von €6 und ein Gewinn von €16 ergeben würde. Nehmen wir nun an, dass die Unternehmen keine geheime Preisabsprache treffen, dass aber Unternehmen 1 den Kollusionspreis von €6 ansetzt in der Hoffnung, dass Unternehmen 2 das Gleiche tun. Tut Unternehmen 2 tatsächlich das Gleiche, könnte es also einen Gewinn von €16 erzielen. Was passiert aber, wenn Unternehmen 2 stattdessen €4 verlangt? In diesem Fall könnte Unternehmen 2 folgenden Gewinn erzielen:

$$\pi_2 = P_2 Q_2 - 20 = (4)\left[12 - (2)(4) + 6\right] - 20 = 20$$

Unternehmen 1 dagegen wird lediglich folgenden Gewinn erzielen:

$$\pi_1 = P_1 Q_1 - 20 = (6)\left[12 - (2)(6) + 4\right] - 20 = 4$$

Wenn also Unternehmen 1 €6, Unternehmen 2 aber nur €4 verlangt, wird sich der Gewinn von Unternehmen 2 auf €20 erhöhen. Und dies geschieht auf Kosten von Unternehmen 1, denn dessen Gewinn sinkt dann auf €4 ab. Natürlich liegt für das Unternehmen 2 der optimale Preis in diesem Fall bei €4. Wenn Unternehmen 2 einen Preis von €6 und Unternehmen 1 einen Preis von €4 verlangte, würde ebenso Unternehmen 1 €20 und Unternehmen 2 €4 Gewinn machen.

12 Monopolistische Konkurrenz und Oligopol

Nichtkooperatives Spiel

Spiel, in dem es keine Möglichkeit gibt, zu verhandeln und bindende Verträge durchzusetzen.

Auszahlungsmatrix

Tabelle, die den Gewinn (oder die Auszahlung) jedes Unternehmens für die verschiedenen Entscheidungsmöglichkeiten der beiden Konkurrenten anzeigt.

Auszahlungsmatrix Tabelle 12.3 fasst die Ergebnisse dieser verschiedenen Möglichkeiten zusammen. Bei ihren Preisentscheidungen spielen die beiden Unternehmen ein **nichtkooperatives Spiel**: Alle Unternehmen optimieren ihre Entscheidungen unabhängig voneinander unter Berücksichtigung des Konkurrenten. Tabelle 12.3 zeigt die so genannte **Auszahlungsmatrix** dieses Spiels, denn sie zeigt den Gewinn (oder die Auszahlung) jedes Unternehmens für die verschiedenen Entscheidungsmöglichkeiten der beiden Konkurrenten. Das obere linke Feld der Auszahlungsmatrix zeigt uns beispielsweise, dass jedes Unternehmen €12 Gewinn macht, wenn beide einen Preis von €4 wählen. Oben rechts können wir ablesen, dass Unternehmen 1 bei einem Preis von €4 €20 Gewinn macht, wenn Unternehmen 2 seinen Preis bei €6 ansetzt und damit also €4 Gewinn erzielt.

Tabelle 12.3

Auszahlungsmatrix für das Preisspiel

		Unternehmen 2	
		Berechnet €4	Berechnet €6
Unternehmen 1	Berechnet €4	€12, €12	€20, €4
	Berechnet €6	€4, €20	€16, €16

Diese Auszahlungsmatrix liefert uns die Antwort auf unsere ursprüngliche Frage: Warum kooperieren Unternehmen nicht miteinander und erzielen dabei höhere Gewinne, ohne geheime Absprachen zu treffen? In unserem Fall würde eine Kooperation bedeuten, dass *beide* Unternehmen einen Preis von €6 anstatt €4 verlangen und dabei Gewinne von jeweils €16 anstatt €12 erzielen. Das Problem aber liegt darin, dass jedes Unternehmen immer mehr verdienen kann, wenn es nur €4 verlangt, *gleichgültig was sein Konkurrent tut*. Die Auszahlungsmatrix zeigt es deutlich: Wenn Unternehmen 2 €4 verlangt, tut Unternehmen 1 am besten daran, ebenfalls €4 zu berechnen. Verlangt Unternehmen 2 €6, so ist es für Unternehmen 1 immer noch am besten, €4 zu berechnen. Ähnlich ist es für Unternehmen 2 immer am besten, €4 zu verlangen, gleichgültig, welchen Preis Unternehmen 1 ansetzt. Folglich kann keines der beiden Unternehmen davon ausgehen, dass sein Konkurrent einen Preis von €6 ansetzen wird, und beide werden €4 verlangen – es sei denn, sie könnten ein für beide bindendes Abkommen treffen, wonach beide verpflichtet sind, €6 zu berechnen.

Gefangenendilemma

Ein Beispiel aus der Spieltheorie, bei dem zwei Gefangene unabhängig voneinander entscheiden müssen, ob sie ein Verbrechen gestehen sollen oder nicht. Wenn nur ein Gefangener gesteht, wird er eine milde Strafe erhalten, während der andere eine schwere Strafe erhält. Gesteht keiner von beiden, wird die Strafe milder ausfallen als bei einem Geständnis beider Gefangenen.

Das Gefangenendilemma Ein klassisches Beispiel aus der Spieltheorie, **Gefangenendilemma** genannt, verdeutlicht die Probleme oligopolistischer Unternehmen. In diesem Beispiel werden zwei Gefangene beschuldigt, ein Verbrechen gemeinschaftlich begangen zu haben. Sie befinden sich in getrennten Gefängniszellen und haben keine Möglichkeit, miteinander zu kommunizieren. Jeder von beiden soll nun ein Geständnis ablegen. Wenn beide Gefangenen gestehen, werden beide zu einer Gefängnisstrafe von fünf Jahren verurteilt. Gesteht keiner von beiden, so wird die Beweisführung für den Staatsanwalt schwierig, und beide Gefangenen könnten einen Vergleich und eine lediglich zweijährige Haftstrafe erreichen. Wenn aber nur ein Gefangener gesteht, der andere aber nicht, so erhält der Geständige nur eine Strafe von einem Jahr, während der andere für zehn Jahre hinter Gitter muss. Versetzen wir uns in die Lage eines der Gefangenen – was würden wir tun?

12.4 Wettbewerb versus Kollusion: das Gefangenendilemma

Die Auszahlungsmatrix in Tabelle 12.4 fasst die möglichen Ergebnisse unserer Entscheidungen zusammen. (Man erkenne, dass hier die „Auszahlung" in jedem Fall negativ ist; so bedeutet der Eintrag im unteren rechten Feld der Matrix, dass beide Gefangenen eine zweijährige Strafe verbüßen müssen.) Aus der Matrix geht hervor, dass die Gefangenen in der Zwickmühle sitzen. Wenn sie sich beide darauf verständigen könnten, nicht zu gestehen (in Form einer bindenden Übereinkunft), so müssten beide nur für zwei Jahre ins Gefängnis. Sie können jedoch nicht miteinander sprechen, und selbst wenn sie es könnten – würden sie einander vertrauen? Entschließt sich der Gefangene A, nicht zu gestehen, riskiert er, von seinem ehemaligen Komplizen verraten zu werden. Zieht man sämtliche Überlegungen in Betracht, ist klar, *dass der Gefangene B immer im Vorteil sein wird, wenn er gesteht – gleichgültig was der Gefangene A tut.* Genauso ist es auch für den Gefangenen A immer besser zu gestehen, sodass sich der Gefangene B Sorgen machen muss, dass er übervorteilt wird, wenn er nicht gesteht. Also werden wahrscheinlich beide Gefangenen gestehen und dafür fünf Jahre Gefängnis verbüßen müssen.

Tabelle 12.4

Auszahlungsmatrix für das Gefangenendilemma

		Gefangener B	
		Gesteht	Gesteht nicht
Gefangener A	Gesteht	–5, –5	–1, –10
	Gesteht nicht	–10, –1	–2, –2

Oligopolistische Unternehmen sehen sich oft einem derartigen Gefangenendilemma ausgesetzt. Sie müssen entscheiden, ob sie einen aggressiven Konkurrenzkampf führen und auf Kosten ihrer Konkurrenten einen möglichst großen Marktanteil erobern sollen. Oder sie könnten „kooperieren", d.h. passiv konkurrieren, indem sie mit ihren Konkurrenten koexistieren, sich mit ihrem gegenwärtigen Marktanteil zufrieden geben und vielleicht sogar eine stillschweigende Übereinkunft treffen. Wenn die Unternehmen einen passiven Wettbewerb führen, hohe Preise und geringe Produktionsniveaus ansetzen, werden sie in jedem Fall höhere Gewinne erzielen als in einem aggressiven Konkurrenzkampf.

Wie unsere Gefangenen so hat aber auch jedes Unternehmen einen Anreiz, seine Mitbewerber „auszutricksen" und deren Preise zu unterbieten – und jeder weiß über die Absichten des anderen Bescheid. So wünschenswert eine Kooperation für die Unternehmen auch wäre, jedes Unternehmen macht sich – zu Recht – Sorgen, dass seine Mitstreiter plötzlich aus dem passiven Wettbewerb ausscheren und aggressivere Maßnahmen ergreifen könnten, um sich so den Löwenanteil des Marktes zu sichern. Bei dem in Tabelle 12.3 dargestellten Preisproblem wäre es für beide Unternehmen vorteilhafter, wenn sie „kooperieren" und einen höheren Preis verlangen würden. Gleichzeitig befinden sich die Unternehmen aber in einem Gefangenendilemma, denn keiner kann dem anderen trauen und annehmen, dass dieser einen hohen Verkaufspreis ansetzt.

12 Monopolistische Konkurrenz und Oligopol

Beispiel 12.3: Procter & Gamble in einem Gefangenendilemma

In Beispiel 12.2 haben wir aufgezeigt, welche Probleme sich ergaben, als P&G, Unilever und Kao Soap gleichzeitig den Plan fassten, den japanischen Markt für Gypsy Moth Tape zu erobern. Sie alle waren mit den gleichen Nachfrage- und Kostenbedingungen konfrontiert; jedes Unternehmen musste also eine Preisentscheidung treffen, bei der die Konkurrenten mitberücksichtigt wurden. In Tabelle 12.2 (Seite 630) zeigten wir eine Aufstellung der Preise, die P&G abhängig von den Preisentscheidungen seiner Konkurrenten ansetzen könnte. Wir kamen zu dem Ergebnis, dass P&G davon ausgehen sollte, dass die Konkurrenz einen Preis von $1,40 ansetzen würde, und selbst den gleichen Preis verlangen sollte.[7]

Für P&G wäre es vorteilhafter, wenn sowohl das Unternehmen selbst *als auch seine Konkurrenten* einen Preis von $1,50 berechnen würden. Das geht klar aus der Auszahlungsmatrix in Tabelle 12.5 hervor. Diese Auszahlungstabelle ist ein Ausschnitt aus Tabelle 12.2 für die Preise von $1,40 und $1,50, wobei die Gewinne der Konkurrenten von P&G jeweils auch dargestellt sind.[8] Wenn alle Unternehmen einen Preis von $1,50 verlangen, erzielt jedes einen monatlichen Gewinn von $20.000 anstatt $12.000, was dem Gewinn beim Preis von $1,40 entsprechen würde. Warum setzen die Unternehmen ihren Preis also nicht bei $1,50 an?

Tabelle 12.5

Auszahlungsmatrix für ein Preisproblem

		Unilever und Kao	
		Berechnet $1,40	Berechnet $1,50
P&G	Berechnet $1,40	$12, $12	$29, $11
	Berechnet $1,50	$3, $21	$20, $20

Die Antwort liegt darin, dass sie sich in einem Gefangenendilemma befinden. Gleichgültig was Unilever und Kao tun, P&G wird immer höhere Gewinne erzielen, wenn es selbst einen Preis von $1,40 ansetzt. Verlangen Unilever und Kao beispielsweise $1,50, kann P&G mit einem Preis von $1,40 $29.000 Monatsgewinn erzielen, während es bei einem Preis von $1,50 nur $20.000 Gewinn sind. Für Unilever und Kao gilt dasselbe. ▶

---

[7] Wie in Beispiel 12.2 wurden auch hier zum Schutz der Eigeninteressen von P&G einige Tatsachen zu Produkt und Markt verändert.

[8] In dieser Tabelle wird angenommen, dass Unilever und Kao jeweils den gleichen Preis berechnen. Die Eintragungen entsprechen den Gewinnen in tausend Dollar pro Monat.

Denn wenn P&G sich entschließen sollte, $1,50 zu berechnen und die beiden anderen Konkurrenten einen Preis von $1,40 ansetzen, wird jeder der beiden $21.000 Gewinn machen – und nicht nur $20.000.[9] Folglich kennt P&G den starken Anreiz seiner Konkurrenten, zu unterbieten und selbst einen Preis von $1,40 zu verlangen, wenn P&G sich dazu entschließt, $1,50 zu berechnen. In diesem Fall hätte P&G nur einen sehr geringen Marktanteil und sein monatlicher Gewinn betrüge lediglich $3.000. Sollte P&G also seinen Konkurrenten vertrauen, und seinen Preis bei $1,50 ansetzen? Wären wir selbst in diesem Dilemma, was würden wir wohl tun?

12.5 Auswirkungen des Gefangenendilemmas auf die Preisbildung im Oligopol

Verurteilt das Gefangenendilemma oligopolistische Unternehmen also dazu, immer einen aggressiven Konkurrenzkampf zu führen und geringe Gewinne zu erzielen? Nicht unbedingt. Die Gefangenen in unserem Beispiel haben nur eine einzige Chance, ihre Schuld zu gestehen, die meisten Unternehmen aber setzen ihre Preise und Produktionsniveaus immer wieder neu fest, denn sie beobachten ständig das Verhalten ihrer Konkurrenten und passen ihre eigenen Entscheidungen entsprechend an. Dadurch können Unternehmen einen bestimmten Ruf aufbauen, aus dem sich schließlich Vertrauen entwickeln kann. Aus diesen Gründen kommt es gelegentlich doch zu Koordinationen und Kooperationen zwischen Oligopolisten.

Nehmen wir als Beispiel eine Branche mit drei oder vier Unternehmen, die alle seit längerer Zeit auf dem Markt etabliert sind. Im Laufe der Jahre kann es passieren, dass die Manager der ständigen Preiskriege überdrüssig werden, die sie schließlich nur Geld kosten, und es kann sich eine stillschweigende Übereinkunft entwickeln, gemäß der alle Beteiligten ein dauerhaft hohes Preisniveau beibehalten und kein Unternehmen versucht, seinen Marktanteil auf Kosten der Konkurrenten zu vergrößern. Auch wenn für jedes Unternehmen die Versuchung groß ist, die Preise der Konkurrenz zu unterbieten, so wissen doch alle Manager, dass die daraus resultierenden Gewinne nur von kurzer Dauer sein werden. Denn die Konkurrenten würden umgehend zurückschlagen und das Ergebnis wäre letztendlich ein erneuter Preiskrieg mit langfristig niedrigen Gewinnen.

Zu dieser Auflösung des Gefangenendilemmas kommt es in manchen Branchen, in anderen dagegen nicht. Denn manchmal sind die Manager mit den mäßig hohen Gewinnen aufgrund des stillschweigenden Abkommens nicht zufrieden und ziehen einen aggressiven Konkurrenzkampf vor, um ihren Marktanteil zu erhöhen. Manchmal ist es auch schwierig, solch ein stillschweigendes Abkommen zu treffen. Für Unternehmen mit verschiedenen Kostenstrukturen und unterschiedlicher Einschätzung der Marktnachfrage kann es beispielsweise unmöglich sein, sich auf den „richtigen" Kollusionspreis zu einigen. So liegt dieser Preis vielleicht nach Ansicht von Unternehmen *A* bei €10, während Unternehmen *B* €9 für richtig hält. Setzt Unternehmen *B* also seinen Preis bei €9 an, so

---

[9] Würden P&G und Kao beide $1,50 verlangen, während nur Unilever diesen Preis mit $1,40 unterböte, betrüge der Monatsgewinn für Unilever $29.000. Es ist also besonders rentabel, die einzige Firma zu sein, die einen niedrigen Preis verlangt.

könnte das in den Augen von Unternehmen *A* ein Versuch sein, die Preise zu unterbieten. Natürlich wird Unternehmen *A* seine Preise im Gegenzug auf €8 reduzieren. Was folgt, ist ein Preiskrieg.

In vielen Branchen hält deshalb eine stillschweigende Übereinkunft nur kurze Zeit. Oft ist das grundlegende Misstrauen gegeneinander so groß, dass es sofort zu einem Preiskrieg kommt, sobald eines der beteiligen Unternehmen in den Augen der anderen eine falsche Bewegung macht, indem es etwa seine Preise verändert oder mehr Werbung betreibt.

12.5.1 Preisstarrheit

> **Preisstarrheit**
>
> Merkmal oligopolistischer Märkte, gemäß dem Unternehmen selbst dann zögern, ihre Preise zu verändern, wenn sich Kosten und Nachfrage ändern.

Da eine stillschweigende Übereinkunft meist nicht sehr stabil ist, haben oligopolistische Unternehmen oft einen starken Wunsch nach Stabilität, besonders in Bezug auf den Preis. Aus diesem Grund kann eine oligopolistische Branche durch **Preisstarrheit** gekennzeichnet sein. Denn selbst wenn sich Kosten und Nachfragen verändern, zögern viele Unternehmen, ihre Preise anzupassen. Bei sinkenden Kosten oder schwindender Marktnachfrage fürchten sie, dass ihre Konkurrenten eventuelle Preissenkungen falsch verstehen und einen Preiskrieg auslösen könnten. Und bei steigenden Kosten oder wachsender Nachfrage zögern viele Unternehmen mit einer Preiserhöhung, weil sie fürchten, ihre Konkurrenten könnten es ihnen nicht gleichtun.

> **Modell der geknickten Nachfragekurve**
>
> Oligopol-Modell, bei dem jedes Unternehmen mit einer Nachfragekurve konfrontiert ist, die beim gegenwärtigen Marktpreis einen Knick aufweist. Bei höheren Preisen ist die Nachfrage sehr elastisch, bei niedrigeren Preisen dagegen unelastisch.

Diese Preisstarrheit ist die Basis für das **Oligopol-Modell der geknickten Nachfragekurve**. Nach diesem Modell ist jedes Unternehmen mit einer Nachfragekurve konfrontiert, die beim gegenwärtigen Preis P^* einen Knick aufweist (siehe Abbildung 12.7). Bei Preisen oberhalb von P^* ist die Nachfragekurve sehr elastisch. Das liegt daran, dass das Unternehmen glaubt, bei einer Preiserhöhung seinerseits Verkäufe und einen Großteil seines Marktanteils zu verlieren, da die Konkurrenten seiner Meinung nach ihre Preise nicht erhöhen werden. Andererseits glaubt das Unternehmen, dass bei einer Preissenkung seinerseits unterhalb von P^* andere Unternehmen ebenfalls ihre Preise senken würden, da sie ja *ihren* Marktanteil nicht verlieren wollen. In diesem Fall werden die Verkäufe nur in dem Maß steigen, in dem der niedrigere Marktpreis die gesamte Marktnachfrage erhöht.

Da die Nachfragekurve des Unternehmens geknickt ist, verläuft dessen Grenzerlöskurve unstetig. (Der untere Teil der Grenzerlöskurve entspricht dem unelastischeren Teil der Nachfragekurve, wie durch die durchgezogenen Abschnitte beider Kurven dargestellt.) Folglich können sich die Kosten des Unternehmens ändern, ohne dass es zu einer Preisänderung kommt. Wie Abbildung 12.7 zeigt, könnten die Grenzkosten steigen, sind aber trotzdem immer noch gleich dem Grenzerlös bei gleichem Produktionsniveau, so dass auch der Preis unverändert bleibt.

Das Modell der geknickten Nachfragekurve ist zwar verführerisch einfach, liefert aber dennoch keine wirkliche Erklärung für die Preisbildung beim Oligopol. Es sagt nichts darüber aus, wie und warum die Unternehmen ausgerechnet den Preis P^* und keinen anderen Preis ansetzten. Dieses Modell eignet sich primär zur *Beschreibung* der Preisstarrheit und weniger als *Erklärung* dafür. Die Ursachen der Preisstarrheit liegen im Gefangenendilemma und im Wunsch der Unternehmen, einen für alle Beteiligten zerstörerischen Preiskrieg zu vermeiden.

12.5 Auswirkungen des Gefangenendilemmas auf die Preisbildung im Oligopol

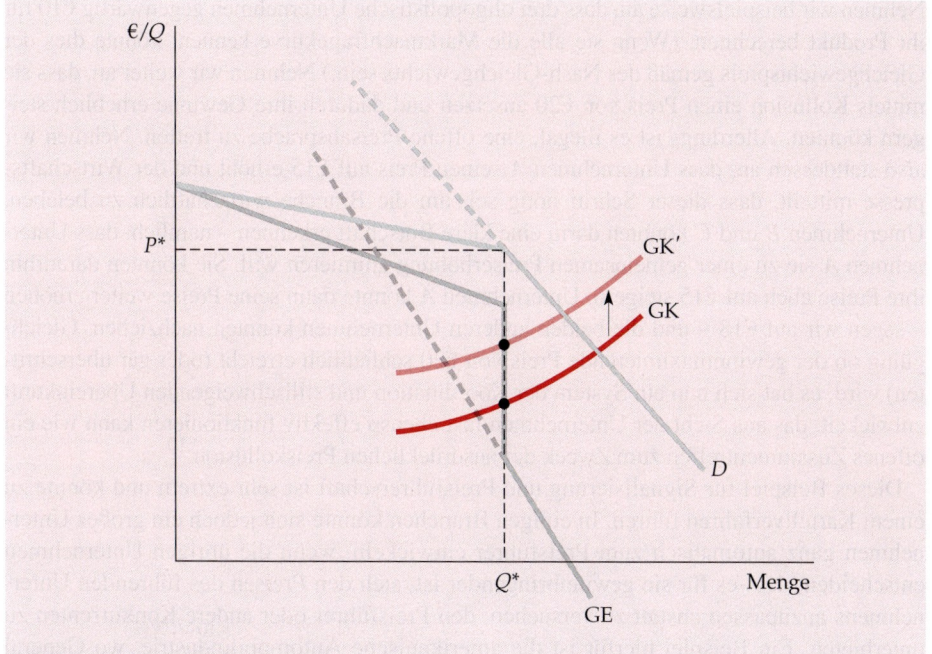

Abbildung 12.7: Die geknickte Nachfragekurve
Jedes Unternehmen glaubt, dass bei einer Preiserhöhung seinerseits über den gegenwärtigen Preis P^* keiner seiner Konkurrenten folgen und es deshalb einen Großteil seiner Verkäufe verlieren würde. Jedes Unternehmen glaubt weiter, dass bei einer Preissenkung seinerseits alle Konkurrenten folgen würden und dass seine Verkäufe deshalb nur in dem Maße steigen würden, in dem auch die Marktnachfrage wächst. Deshalb zeigt die Nachfragekurve des Unternehmens, D, am Marktpreis P^* einen Knick, und seine Grenzerlöskurve, GE, verläuft ab diesem Punkt unstetig. Steigen die Grenzkosten von GK auf GK', so wird das Unternehmen immer noch dasselbe Produktionsniveau Q^* haben und denselben Preis P^* berechnen.

12.5.2 Preissignalisierung und Preisführerschaft

Ein großes Hindernis der stillschweigenden Preiskollusion ist die Tatsache, dass es den beteiligten Unternehmen oft schwer fällt, sich (ohne miteinander darüber zu sprechen) auf den richtigen Preis zu einigen. Diese Koordination wird besonders kompliziert, wenn sich Kostenstrukturen und Nachfragebedingungen – und damit der „richtige" Preis – verändern. Die **Preissignalisierung** ist eine Form der stillschweigenden Übereinkunft, mit der dieses Problem manchmal umgangen wird. Ein Unternehmen könnte (zum Beispiel per Pressemitteilung) verkünden, dass es seinen Preis erhöht hat, und dann darauf hoffen, dass seine Konkurrenten diese Mitteilung als Signal verstehen, es ihm gleichzutun. Ist das der Fall, so werden alle Unternehmen (zumindest kurzfristig) höhere Gewinne erzielen können.

Manchmal entwickelt sich ein Verhaltensmuster, bei dem ein Unternehmen regelmäßig Preisänderungen verkündet und die anderen Unternehmen immer diesem Verhalten folgen. Dieses Muster wird **Preisführerschaft** genannt. Einem Unternehmen wird stillschweigend die „Preisführerschaft" zuerkannt, während die übrigen Konkurrenten, die „Preisanpasser", ihre Preise angleichen. Dieses Verhalten löst das Problem der Preiskoordination. Denn hier setzt einfach jeder Konkurrent den Preis an, den der Preisführer vorgegeben hat.

Preissignalisierung

Eine Form der stillschweigenden Übereinkunft, bei der ein Unternehmen eine Preiserhöhung verkündet in der Hoffnung, dass die Konkurrenten es ihm gleichtun werden.

Preisführerschaft

Ein Preisbildungsmuster, bei dem ein Unternehmen regelmäßig Preisänderungen verkündet, die dann von den Konkurrenten übernommen werden.

Nehmen wir beispielsweise an, dass drei oligopolistische Unternehmen gegenwärtig €10 für ihr Produkt berechnen. (Wenn sie alle die Marktnachfragekurve kennen, könnte dies der Gleichgewichtspreis gemäß des Nash-Gleichgewichts sein.) Nehmen wir weiter an, dass sie mittels Kollusion einen Preis von €20 ansetzen und dadurch ihre Gewinne erheblich steigern könnten. Allerdings ist es illegal, eine offene Preisabsprache zu treffen. Nehmen wir also stattdessen an, dass Unternehmen A seinen Preis auf €15 erhöht und der Wirtschaftspresse mitteilt, dass dieser Schritt nötig sei, um die Branche wirtschaftlich zu beleben. Unternehmen B und C könnten darin eine klare Botschaft erkennen – nämlich, dass Unternehmen A sie zu einer gemeinsamen Preiserhöhung animieren will. Sie könnten daraufhin ihre Preise auch auf €15 steigern. Unternehmen A könnte dann seine Preise weiter erhöhen – sagen wir auf €18 – und die beiden anderen Unternehmen könnten nachziehen. Gleichgültig ob der gewinnmaximierende Preis von €20 schließlich erreicht (oder gar überschritten) wird, es hat sich nun ein System der Koordination und stillschweigenden Übereinkunft entwickelt, das aus Sicht der Unternehmen fast ebenso effektiv funktionieren kann wie ein offenes Zusammentreffen zum Zweck der ausdrücklichen Preiskollusion.[10]

Dieses Beispiel für Signalisierung und Preisführerschaft ist sehr extrem und könnte zu einem Kartellverfahren führen. In einigen Branchen könnte sich jedoch ein großes Unternehmen ganz automatisch zum Preisführer entwickeln, wenn die übrigen Unternehmen entscheiden, dass es für sie gewinnbringender ist, sich den Preisen des führenden Unternehmens anzupassen anstatt zu versuchen, den Preisführer oder andere Konkurrenten zu unterbieten. Ein Beispiel hierfür ist die amerikanische Automobilindustrie, wo General Motors traditionell die Führerrolle innehat.

Die Strategie der Preisführerschaft kann für oligopolistische Unternehmen auch ein Mittel sein, mit dem Problem der zögerlichen Preisanpassungen umzugehen, das von der Angst der Unternehmen herrührt, unterboten zu werden oder ein bewährtes Gleichgewicht ins Wanken zu bringen. Wenn sich Kosten- und Nachfragestrukturen verändern, könnte es für betroffene Unternehmen allmählich unvermeidlich werden, ihre Preise, die lange unangetastet blieben, diesen Veränderungen anzupassen. In diesem Fall könnten sie auf ein Signal des Preisführers warten, das ihnen sagt, wann und um wie viel die Preise angepasst werden sollen. Manchmal fällt einem großen Unternehmen ganz automatisch die Führerrolle zu; manchmal übernehmen aber auch im Laufe der Zeit unterschiedliche Unternehmen diese Position. Das folgende Beispiel verdeutlicht diesen Fall.

Beispiel 12.4: Preisführerschaft und Preisstarrheit bei Geschäftsbanken

Geschäftsbanken leihen Geld von Einzelpersonen und Unternehmen, die ihr Geldvermögen auf Girokonten, Sparkonten oder in Form von Einlagenzertifikaten anlegen. Diese Gelder verleihen sie dann in Form von Krediten weiter an Privathaushalte und Unternehmen. Ihr Gewinn ergibt sich daraus, dass der berechnete Kreditzins höher ist, als der gewährte Einlagenzins.

Die größten amerikanischen Geschäftsbanken konkurrieren miteinander umd die Vergabe von Krediten an große Kapitalgesellschaften. Dieser Konkurrenzkampf ▶

---

10 Ein formales Modell, wie Preisführerschaft eine Übereinkunft begünstigen kann, finden Sie bei Julio J. Rotemberg und Garth Saloner, „Collusive Price Leadership", *Journal of Industrial Economics*, 1990.

findet hauptsächlich über den Preis statt – in diesem Fall also über den Zinssatz, den sie berechnen. Wird der Konkurrenzkampf aggressiv, so sinken die Zinsen und damit auch die Gewinne der Banken. Der Anreiz, einen solchen aggressiven Wettbewerb zu vermeiden, führt zu Preisstarrheit und einer Form der Preisführerschaft.

Der Zinssatz, den die Banken großen Geschäftskunden berechnen, wird in den USA Prime Rate, also Zinssatz für die „ersten" Kunden, genannt. Da die Prime Rate sehr bekannt ist, kann sie leicht als Anhaltspunkt für eine eventuelle Preisführerschaft herangezogen werden. Viele Großbanken berechnen nahezu oder genau den gleichen Prime-Rate-Zinssatz; auch vermeiden sie eine zu häufige Veränderung dieses Zinssatzes, da dies das bestehende Gleichgewicht destabilisieren und zu einem Preiskrieg führen könnte. Die Prime Rate ändert sich nur, wenn auch die übrigen Zinssätze aufgrund veränderter Marktbedingungen drastisch nach oben schnellen oder abstürzen. Tritt diese Situation ein, so verkündet eine der Großbanken eine Veränderung ihrer Prime Rate, und alle anderen Banken folgen rasch ihrem Beispiel. Die Rolle des Preisführers wechselt von Zeit zu Zeit, wann immer jedoch der momentane Preisführer eine Zinsänderung ankündigt, ziehen die übrigen Konkurrenten innerhalb von zwei bis drei Tagen nach.

Abbildung 12.8 vergleicht die Prime Rate mit dem Zinssatz für langfristige, erstklassige (AAA) Industrieanleihen über den gleichen Zeitraum hinweg. Auffällig ist hierbei, dass der Prime-Rate-Zinssatz über lange Zeitabschnitte hinweg stabil blieb, während der Zinssatz für Industrieanleihen ständigen Schwankungen unterworfen war. Dies bildet ein Beispiel für Preisstarrheit – die Banken verändern ihren Kreditzinssatz aus Angst, unterboten zu werden und Geschäft an ihre Wettbewerber zu verlieren, nur ungern.

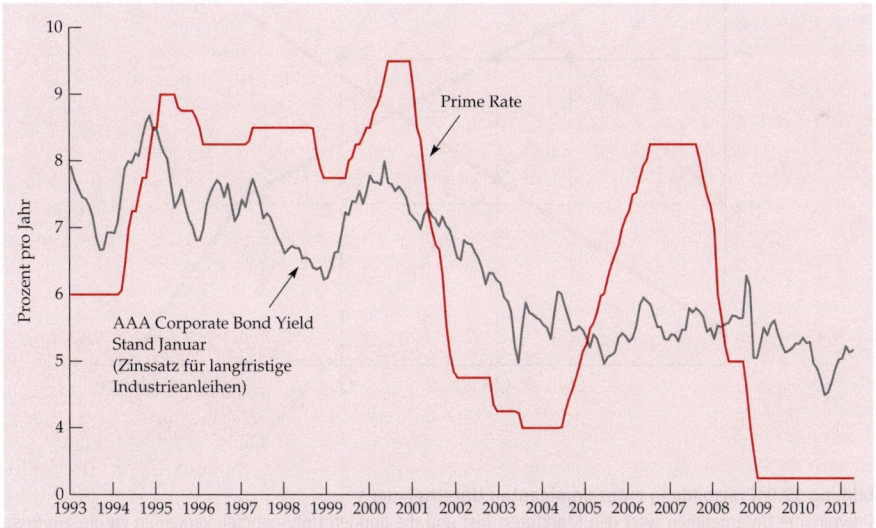

Abbildung 12.8: Die Prime Rate im Vergleich mit dem Zinssatz für Industrieanleihen
Die Prime Rate ist der Zinssatz, den amerikanische Großbanken ihren großen Geschäftskunden für kurzfristige Kredite berechnen. Dieser Zinssatz ändert sich nur selten, weil die Großbanken sich nicht gegenseitig unterbieten möchten. Kommt es doch zu einer Zinsänderung, so tut eine der Banken diesen Schritt als erste und alle anderen folgen schnell nach. Der andere dargestellte Zinssatz ist die Rendite auf langfristige Industrieanleihen. Da diese Anleihen rege gehandelt werden, schwankt der Zinssatz mit den sich verändernden Marktbedingungen.

12.5.3 Das Modell des dominanten Unternehmens

Dominantes Unternehmen

Ein Unternehmen mit einem hohen Marktanteil, das die Preise zur eigenen Gewinnmaximierung festsetzt und dabei die Angebotsreaktion kleinerer Unternehmen berücksichtigt.

Auf manchen oligopolistischen Märkten hat ein großes Unternehmen einen Hauptanteil an den Gesamtverkäufen, während eine Gruppe kleinerer Unternehmen den Rest des Marktes bedient. In diesem Fall könnte das große Unternehmen als **dominantes Unternehmen** agieren und die Marktpreise so ansetzen, dass die eigenen Gewinne maximiert werden. Die übrigen Unternehmen, die jedes für sich ohnehin nur einen geringen Einfluss auf den Marktpreis nehmen könnten, würden dann unter den Bedingungen eines vollkommenen Wettbewerbsmarkts agieren; sie nehmen den Preis des dominanten Unternehmens als gegeben hin und passen ihr Produktionsniveau entsprechend an. Welchen Preis sollte das dominante Unternehmen aber festsetzen? Um seine Gewinne zu maximieren, muss es berücksichtigen, wie die Produktionsniveaus der anderen Unternehmen von dem angesetzten Preis abhängen.

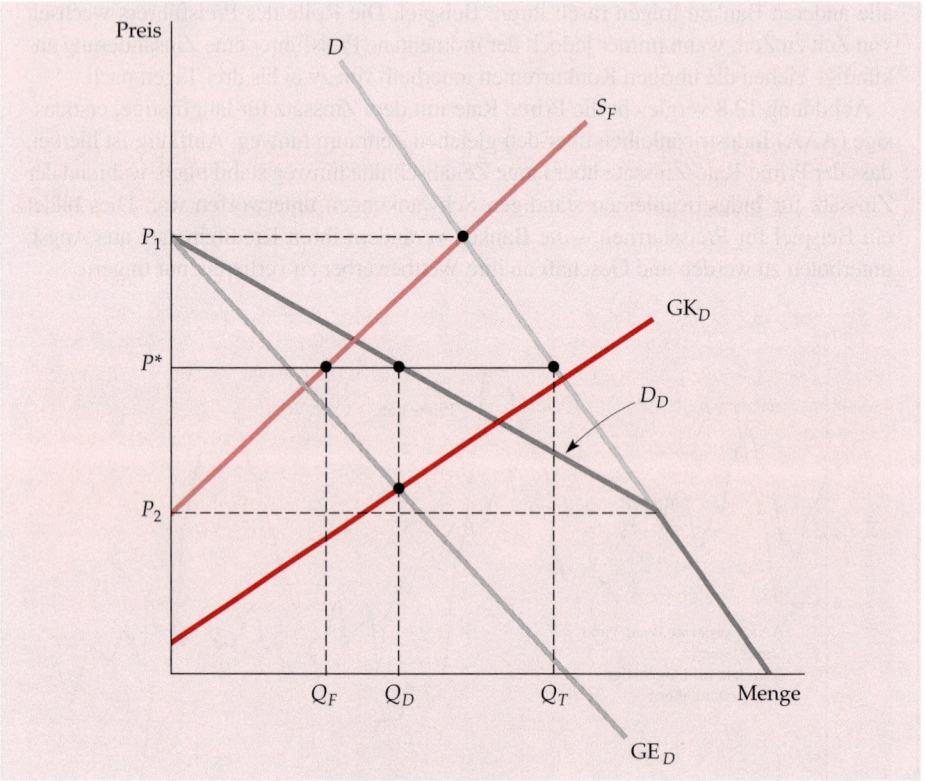

Abbildung 12.9: Preisbildung eines dominanten Unternehmens
Das dominante Unternehmen setzt den Marktpreis fest und die übrigen Unternehmen verkaufen zu diesem Preis, so viel sie wollen. Die Nachfragekurve des dominanten Unternehmens, D_D, ist die Differenz zwischen der Marktnachfrage D und dem Angebot der Randfirmen S_F. Das dominante Unternehmen produziert die Menge Q_D, die an dem Punkt liegt, wo sein Grenzerlös GE_D gleich seinen Grenzkosten GK_D ist. Der entsprechende Preis ist P^*. Zu diesem Preis verkaufen die Randunternehmen die Menge Q_F, so dass die Gesamtverkäufe Q_T entsprechen.

Abbildung 12.9 zeigt, wie ein dominantes Unternehmen seinen Preis festsetzt. Hier ist D die Marktnachfragekurve und S_F die Angebotskurve (d.h. die Gesamtgrenzkostenkurve der kleineren Randunternehmen). Das dominante Unternehmen muss *seine eigene* Nachfragekurve D_D ermitteln. Wie die Abbildung zeigt, ist diese Kurve einfach die Differenz zwischen der Marktnachfrage und dem Angebot der Randunternehmen. Beim Preis P_1 beispielsweise ist das Angebot der Randfirmen genau gleich der Marktnachfrage; daher kann das dominante Unternehmen zu diesem Preis nichts verkaufen. Liegt der Preis bei P_2 oder darunter, werden die Randfirmen keinerlei Angebot zur Verfügung stellen; also ist hier die Nachfragekurve des dominanten Unternehmens gleich der Marktnachfragekurve. Bei Preisen zwischen P_1 und P_2 ist das dominante Unternehmen mit der Nachfragekurve D_D konfrontiert.

Der Nachfragekurve des dominanten Unternehmens D_D entspricht dessen Grenzerlöskurve GE_D. Die Grenzkostenkurve des dominanten Unternehmens ist GK_D. Um seinen Gewinn zu maximieren, produziert das Unternehmen die Menge Q_D, die am Schnittpunkt von GE_D mit GK_D liegt. Von der Nachfragekurve D_D können wir den Marktpreis P^* ablesen. Zu diesem Preis verkaufen die Randfirmen die Menge Q_F; also liegt die gesamte Verkaufsmenge bei $Q_T = Q_D + Q_F$.

Beispiel 12.5: Preise von Hochschullehrbüchern

Wenn Sie dieses Buch neu in einer Hochschulbücherei in den Vereinigten Staaten gekauft hätten, hätten Sie wahrscheinlich knapp $200 dafür bezahlt. Nun handelt es sich dabei zweifelsohne um ein exzellentes Buch – aber $200? Warum so viel?[11]

Ein Besuch einer amerikanischen Bücherei würde schnell zeigen, dass der Preis dieses Lehrbuchs durchaus nicht ungewöhnlich ist. Die meisten in den Vereinigten Staaten verkauften Lehrbücher haben Einzelhandelspreise im Bereich von $200. Und tatsächlich werden selbst andere Mikroökonomielehrbücher – die dem vorliegenden Buch natürlich nicht das Wasser reichen können – zu einem Preis von ungefähr $200 verkauft. Die Verlage setzen die Preise ihrer Lehrbücher fest. Sollten wir also erwarten, dass durch den Wettbewerb unter den Verlagen die Preise sinken?

Die Veröffentlichung von Hochschullehrbüchern ist, teilweise aufgrund von Fusionen und Übernahmen, während des letzten Jahrzehnts zu einem Oligopol geworden. (Pearson, der Verleger dieses Buchs, ist der größte Verleger von Hochschullehrbüchern, gefolgt von Cengage Learning und McGraw Hill.)

Diese Verleger müssen einen Anreiz haben, einen Preiskrieg zu vermeiden, durch den die Preise sinken könnten. Die beste Möglichkeit, einen Preiskrieg zu verhindern, besteht darin, Rabattierungen zu vermeiden und die Preise regelmäßig gemeinsam zu erhöhen. ▶

---

11 Sie hätten unter Umständen etwas gespart, wenn Sie das Buch online gekauft hätten. Wenn Sie das Buch gebraucht gekauft hätten oder eine elektronische Version geliehen hätten, dann hätten Sie wahrscheinlich nur ungefähr die Hälfte des amerikanischen Einzelhandelspreises bezahlt. Und wenn Sie die internationale Ausgabe für Studenten als Paperback, die nur außerhalb der USA verkauft wird, kaufen, dann hätten Sie wahrscheinlich viel weniger bezahlt. Für eine aktualisierte Preisliste von Mikroökonomielehrbüchern für fortgeschrittene Anfänger siehe *http://theory.economics.utoronto.ca/poet/*.

Überdies ist auch der Buchhandel hochkonzentriert und der Aufschlag des Einzelhandels auf Lehrbücher beträgt circa 30 Prozent. Damit bedeutet ein Einzelhandelspreis von $200, dass der Verleger einen Netto-(Großhandels-)Preis von $150 erhält. Die Elastizität der Nachfrage ist gering, da der Lehrer das Lehrbuch auswählt und dabei den Preis häufig nicht berücksichtigt. Wenn der Preis andererseits zu hoch ist, werden einige Studenten ein gebrauchtes Buch kaufen oder sich entscheiden, das Buch gar nicht zu kaufen. Tatsächlich wäre es durchaus möglich, dass die Verleger mehr Geld verdienen könnten, wenn sie die Lehrbuchpreise senken. Warum tun sie das also nicht? Erstens könnte dies zu einem der gefürchteten Preiskriege führen. Und zweitens haben die Verleger eventuell dieses Buch gar nicht gelesen.

12.6 Kartelle

Produzenten innerhalb eines Kartells einigen sich ausdrücklich auf die Festsetzung eines gemeinsamen Preises und gemeinsamer Produktionsniveaus. Nicht alle Produzenten einer Branche müssen sich diesem Kartell anschließen; tatsächlich umfassen die meisten Kartelle nur eine kleine Anzahl an Unternehmen. Wenn sich aber genügend Produzenten an die Kartellabkommen halten und die Marktnachfrage auch ausreichend unelastisch ist, könnte ein Kartell die Marktpreise erheblich über das Wettbewerbsniveau nach oben treiben.

Kartelle sind oft international aktiv. Während die US-Kartellgesetze amerikanischen Unternehmen eine Übereinkunft verbieten, sind die Gesetze anderer Länder oft sehr viel weniger streng und werden auch unvollständiger durchgesetzt. Außerdem hindert niemand Länder oder Unternehmen, die im Besitz oder unter der Kontrolle ausländischer Regierungen sind, Kartelle zu bilden. Das OPEC-Kartell ist beispielsweise ein internationales Abkommen ölproduzierender Länder, dem es über ein Jahrzehnt lang gelang, die weltweiten Ölpreise weit oberhalb des Wettbewerbsniveaus zu halten.

Auch anderen internationalen Kartellen gelingt es immer wieder, Preise in die Höhe zu treiben. Mitte der 70er Jahre sorgte zum Beispiel die International Bauxit Association (IBA) für eine Vervierfachung der Bauxitpreise, und ein geheimes internationales Urankartell trieb die Uranpreise in die Höhe. Einige Kartelle hatten aber auch langfristigeren Erfolg. Von 1928 bis in die frühen 70er Jahre hinein hielt ein Kartell mit dem Namen Mercurio Europeo die Quecksilberpreise fast auf Monopolniveau, und ein internationales Kartell hielt seine Monopolstellung auf dem Jodmarkt von 1878 bis 1939. Den meisten Kartellen gelang und gelingt es dennoch nicht, die Preise zu beeinflussen. Ein internationales Kupferkartell, das bis zum heutigen Tag besteht, hatte noch nie einen maßgeblichen Einfluss auf die Kupferpreise. Auch diverse Versuche, die Preise für Zinn, Kaffee, Tee und Kakao mittels Kartellvereinbarungen hochzutreiben, schlugen fehl.[12]

---

12 Siehe Jeffrey K. MacKie-Mason und Robert S. Pindyck, „Cartel Theory and Cartel Experience in International Minerals Markets", in *Energy: Markets and Regulation*, Camebridge, MA, MIT Press.

12.6 Kartelle

Bedingungen für den Erfolg eines Kartells Warum haben einige Kartelle Erfolg, während andere fehlschlagen? Es gibt zwei Grundbedingungen für den Erfolg eines Kartells. Zunächst muss die Kartellorganisation stabil sein, d.h. die Mitglieder müssen sich auf Preise und Produktionsniveaus einigen und sich auch an die getroffenen Vereinbarungen halten. Anders als die Gefangenen im Gefangenendilemma können die Kartellmitglieder miteinander sprechen, um ihr Abkommen zu treffen. Das heißt jedoch nicht, dass eine solche Einigung leicht zu erzielen ist. Verschiedene Mitglieder können mit unterschiedlichen Kosten konfrontiert sein, die Marktnachfrage verschieden einschätzen oder sogar unterschiedliche Ziele verfolgen. All das kann dazu führen, dass sie ihre Preise auf unterschiedlichen Niveaus festsetzen möchten. Außerdem ist jedes Kartellmitglied ständig der Versuchung ausgesetzt, seine Partner zu hintergehen, indem es seine Preise nur leicht senkt und dadurch einen größeren Marktanteil erringt, als ihm ursprünglich zugedacht war. Oft wirkt nur die Drohung, langfristig zu kompetitiven Preisen zurückzukehren, als Abschreckung gegen einen solchen Betrug. Sind jedoch die Gewinne, die sich aus der Kartellbildung ergeben, groß genug, so kann diese Drohung durchaus ausreichen.

Die zweite Erfolgsbedingung ist potenzielle Monopolmacht. Auch wenn ein Kartell seine organisatorischen Probleme lösen kann, wird es dennoch wenig Spielraum für eine Preiserhöhung haben, wenn es mit einer sehr elastischen Nachfragekurve konfrontiert ist. Potenzielle Monopolmacht kann daher die wichtigste Erfolgsbedingung eines Kartells sein. Wenn die möglichen Gewinne einer Kooperation groß sind, so ist für die Kartellmitglieder der Anreiz, ihre organisatorischen Probleme in den Griff zu bekommen, sehr viel größer.

> Erinnern wir uns aus § 10.2, dass Monopolmacht die Marktmacht eines Verkäufers bezeichnet, d.h. die Fähigkeit eines Unternehmens, den Preis seines Produktes oberhalb der Grenzkosten der Produktion anzusetzen.

12.6.1 Analyse der Kartellpreisbildung

Es kommt nur selten vor, dass sich *alle* Hersteller eines Produktes zu einem Kartell zusammenschließen. Ein Kartell umfasst normalerweise nur einen Teil der Gesamtproduktion und muss daher bei der Preisbildung die Angebotsreaktion der kompetitiven Anbieter (die keine Kartellmitglieder sind) berücksichtigen. Die Kartellpreisbildung kann also anhand des oben vorgestellten Modells des dominanten Unternehmens erfolgen. Wir werden dieses Modell auf zwei Kartelle anwenden, nämlich das OPEC-Ölkartell und das CIPEC-Kupferkartell.[13] So können wir verstehen, warum OPEC mit Erfolg die Preise erhöhen konnte, während dies CIPEC nicht gelang.

Analyse des OPEC-Kartells Abbildung 12.10 zeigt den Fall OPEC. Die Gesamtnachfrage TD ist die weltweite Nachfragekurve nach Rohöl und S_c ist die kompetitive (Nicht-OPEC-) Angebotskurve. Die Nachfragekurve für OPEC-Öl, D_{OPEC}, ist die Differenz zwischen der Gesamtnachfrage und dem kompetitiven Angebot. Die entsprechenden Grenzerlös- und Grenzkostenkurven sind GE_{OPEC} und GK_{OPEC}. Eindeutig ist zu erkennen, dass die OPEC weitaus niedrigere Produktionskosten hat als alle übrigen Produzenten außerhalb der OPEC. Bei der Menge Q_{OPEC} sind Grenzkosten und Grenzerlös der Organisation gleich – dies ist also die Menge, die die OPEC produzieren wird. Von der Nachfragekurve der OPEC können wir nun ablesen, dass der Marktpreis P^* betragen wird; bei diesem Preis liegt das kompetitive Angebot bei Q_c.

---

[13] CIPEC ist die französische Abkürzung für International Council of Copper Exporting Countries.

Nehmen wir nun an, es gibt kein Kartell erdölexportierender Länder, sondern stattdessen einen reinen Wettbewerbsmarkt für Rohöl. Der Preis wäre dann gleich den Grenzkosten. Also können wir klar sagen, dass der Wettbewerbspreis am Schnittpunkt von Nachfrage- und Grenzkostenkurve der OPEC liegen muss. Dieser Preis P_C ist weitaus geringer als der Kartellpreis P^*. Da sowohl die Gesamtnachfrage als auch das Angebot an Nicht-OPEC-Öl unelastisch sind, ist auch die Nachfrage nach OPEC-Öl relativ unelastisch. Deshalb verfügt das Kartell über beträchtliche Monopolmacht und hat diese Macht eingesetzt, um die Preise weit über das Wettbewerbsniveau zu treiben.

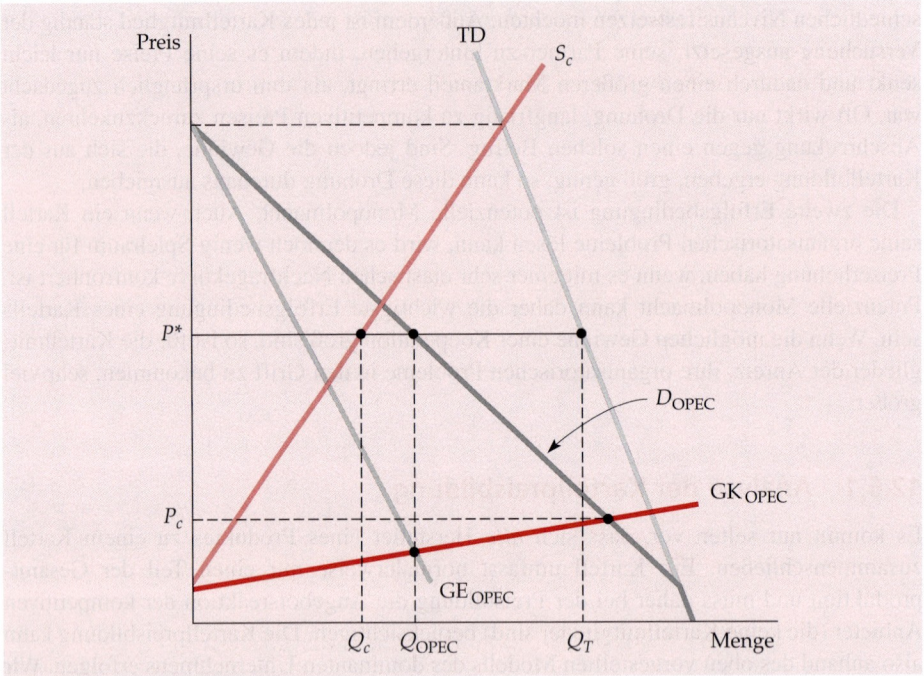

Abbildung 12.10: Das OPEC-Ölkartell
TD ist die Gesamtnachfrage nach Öl weltweit und S_C die kompetitive (Nicht-OPEC-)Angebotskurve. Die Nachfrage nach OPEC-Öl, D_{OPEC}, ist die Differenz zwischen diesen beiden Kurven. Da sowohl die Gesamtnachfragekurve als auch die kompetitive Angebotskurve unelastisch sind, ist auch die Nachfragekurve der OPEC unelastisch. Die gewinnmaximierende Produktionsmenge der OPEC, Q_{OPEC}, liegt am Schnittpunkt der Grenzerlös- mit der Grenzkostenkurve der Organisation. Bei dieser Produktionsmenge ist der Marktpreis P^*. Gäbe es kein OPEC-Kartell, läge der Wettbewerbspreis bei P_C, am Schnittpunkt der Nachfrage- mit der Grenzkostenkurve der OPEC.

In Kapitel 2 haben wir darauf hingewiesen, dass immer zwischen kurzfristiger und langfristiger Nachfrage und ebenso zwischen kurzfristigem und langfristigem Angebot unterschieden werden muss. Diese Unterscheidung ist hier besonders wichtig. Die Gesamtnachfragekurve sowie die kompetitive Angebotskurve in Abbildung 12.10 gelten nur innerhalb der kurz- und mittelfristigen Analyse. Langfristig gesehen sind beide Kurven sehr viel elastischer; und das bedeutet, dass auch die Nachfragekurve der OPEC sehr viel elastischer sein wird. Also können wir davon ausgehen, dass es der OPEC langfristig nicht gelingen wird, einen Kartellpreis aufrechtzuerhalten, der weit über dem Wettbewerbsniveau liegt. Und tatsächlich fielen zwischen 1982 und 1989 die realen Ölpreise, was größtenteils auf die langfristige Anpassung der weltweiten Nachfrage und des kompetitiven Angebots zurückzuführen war.

Analyse des CIPEC-Kartells Abbildung 12.11 zeigt eine ähnliche Analyse der CIPEC. Die CIPEC besteht aus vier kupferproduzierenden Ländern: Chile, Peru, Zambia und Kongo (ehemals Zaire), die gemeinsam weniger als die Hälfte der weltweiten Kupferproduktion abdecken. In diesen Ländern sind zwar die Produktionskosten für Kupfer geringer als in Nicht-CIPEC-Ländern, jedoch ist der Unterschied mit Ausnahme von Chile nicht sehr groß. In der Abbildung 12.11 liegt daher die Grenzkostenkurve der CIPEC nur wenig unterhalb der Angebotskurve der Nicht-CIPEC-Länder. Die Nachfragekurve der CIPEC, D_{CIPEC}, ist die Differenz zwischen der Gesamtnachfrage TD und dem kompetitiven (Nicht-CIPEC-)Angebot S_c. Der Schnittpunkt der Grenzerlös- und der Grenzkostenkurve der CIPEC liegt bei Q_{CIPEC} mit dem entsprechenden Preis P^*. Und auch hier liegt der Wettbewerbspreis P_c am Schnittpunkt der Nachfrage- und der Grenzkostenkurve der CIPEC. Man erkenne, dass in diesem Fall der Wettbewerbspreis sehr nahe am Kartellpreis P^* liegt.

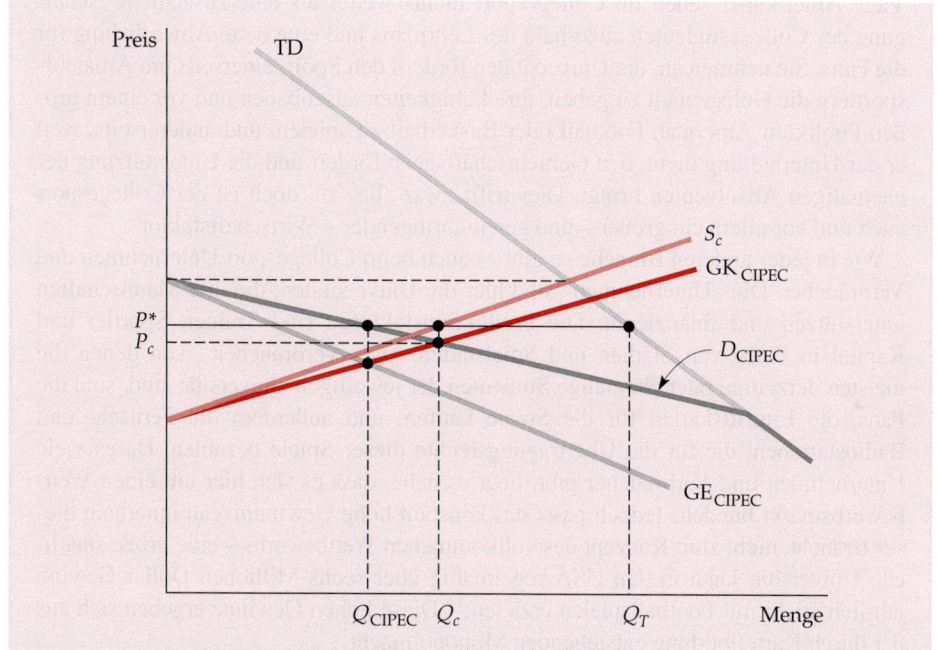

Abbildung 12.11: Das CIPEC-Kupferkartell
TD ist die Gesamtnachfrage nach Kupfer und S_c das kompetitive (Nicht-CIPEC-) Angebot. Die Nachfragekurve der CIPEC, D_{CIPEC}, ist die Differenz zwischen beiden Kurven. Sowohl die Gesamtnachfrage als auch das kompetitive Angebot sind relativ elastisch, sodass auch die Nachfragekurve der CIPEC elastisch ist und die CIPEC über eine relativ geringe Monopolmacht verfügt. Man erkenne, dass der gewinnmaximierende Preis der CIPEC P^* nahe beim Wettbewerbspreis P_c liegt.

Warum kann die CIPEC also die Kupferpreise nicht wesentlich erhöhen? Wie Abbildung 12.11 zeigt, ist die Gesamtnachfrage nach Kupfer viel elastischer als die Ölnachfrage, denn andere Materialen, wie etwa Aluminium, können leicht als Kupfersubstitute eingesetzt werden. Auch das kompetitive Angebot ist weitaus elastischer. Nicht-CIPEC-Produzenten könnten im Fall eines Preisanstiegs schon kurzfristig ihr Angebot erhöhen. (Dies liegt teilweise an dem vorhandenen Angebot an Kupferschrott.) Also ist die potenzielle Monopolmacht der CIPEC gering.

Wie die Beispiele von OPEC und CIPEC zeigen, sind für eine erfolgreiche Kartellbildung zwei Dinge erforderlich. Erstens darf die Gesamtnachfrage nach dem betreffenden Gut nicht sehr preiselastisch sein, und zweitens muss das Kartell nahezu das gesamte Angebot weltweit kontrollieren. Ist dies nicht der Fall, so darf das Angebot der Nichtkartellmitglieder nicht preiselastisch sein. Die meisten internationalen Rohstoffkartelle schlugen fehl, da kaum ein Weltmarkt beide Bedingungen erfüllt.

Beispiel 12.6: Die Kartellbildung beim Collegesport in den USA

Viele Amerikaner sehen im Collegesport nichts weiter als eine zusätzliche Betätigung der Collegestudenten außerhalb des Lehrplans und eine nette Abwechslung für die Fans. Sie nehmen an, die Universitäten fördern den Sport, einerseits um Amateursportlern die Gelegenheit zu geben, ihre Fähigkeiten auszubauen und vor einem großen Publikum American Football oder Basketball zu spielen, und andererseits, weil er der Unterhaltung dient, den Gemeinschaftsgeist fördert und die Unterstützung der ehemaligen Absolventen bringt. Dies trifft zwar alles zu, doch ist der Collegesport auch und vor allem ein großer – und gewinnbringender – Wirtschaftsfaktor.

Wie in jeder anderen Branche so gibt es auch beim Collegesport Unternehmen und Verbraucher. Die „Unternehmen" sind hier die Universitäten, die ihre Mannschaften unterstützen und finanzieren. Die Produktionsfaktoren sind Trainer, Sportler und Kapital in Form von Stadien und Spielstätten. Die „Verbraucher", von denen die meisten derzeitige oder ehemalige Studenten der jeweiligen Universität sind, sind die Fans, die Eintrittskarten für die Spiele kaufen, und außerdem die Fernseh- und Radiostationen, die für die Übertragungsrechte dieser Spiele bezahlen. Da es viele Unternehmen und Verbraucher gibt, liegt es nahe, dass es sich hier um einen Wettbewerbsmarkt handelt. Jedoch passt das konstant hohe Gewinnniveau innerhalb dieser Branche nicht zum Konzept des vollkommenen Wettbewerbs – eine große staatliche Universität kann in den USA regelmäßig über sechs Millionen Dollar Gewinn jährlich allein mit Footballspielen erzielen.[14] Diese hohen Gewinne ergeben sich aus der durch Kartellbildung entstehenden Monopolmacht.

Die betreffende Kartellorganisation ist in diesem Fall die National Collegiate Athletic Association (NCAA). Die NCAA greift bei einer Reihe wichtiger Aktivitäten wettbewerbshemmend ein. Um die Verhandlungsposition der Collegesportler zu schwächen, schafft und setzt die NCAA Regeln bezüglich der Startberechtigung und der Entlohnung durch. Zur Begrenzung des Konkurrenzkampfes der einzelnen Universitäten schränkt die Organisation die Anzahl der Spiele pro Saison sowie die Anzahl der Mannschaften pro Liga ein. ▶

---

14 Siehe „In Big-Time College Athletics, the Real Score Is in Dollars", *New York Times*, 1. März 1987.

Schließlich hatte die NCAA auch das alleinige Verhandlungsrecht für alle Football-Fernsehverträge, was den Preiswettbewerb erheblich einschränkte und der Organisation überdies eine Monopolstellung bei einer der Haupteinnahmequellen der Branche sicherte. Die NCAA wurde 1984 gezwungen, diese Vorgehensweise zu beenden.

Ist die NCAA ein erfolgreiches Kartell? Wie in den meisten Kartellen so haben auch hier die Mitglieder zeitweise einige der Regeln und Richtlinien missachtet. Bis 1984 aber hatte die Kartellorganisation die Monopolmacht im Collegebasketball in weit größerem Maß ausgebaut, als dies ohne Kartell der Fall gewesen wäre. Allerdings entschied der oberste Gerichtshof der USA im Jahr 1984, dass die Monopolisierung der Football-Fernsehrechte durch die NCAA illegal sei und dass einzelne Universitäten von nun an ihre Vertragsbedingungen selbst aushandeln konnten. Der folgende Konkurrenzkampf ließ die Vertragsgebühren sinken. Dies führte einerseits dazu, dass heute mehr College-Footballspiele im Fernsehen gezeigt werden, andererseits gingen aber aufgrund der geringeren Preise auch die Einnahmen der Universitäten erheblich zurück. Die Entscheidung des obersten Gerichtshofes hat also die Monopolmacht der NCAA insgesamt gesehen zwar erheblich eingeschränkt, sie aber keinesfalls ganz beseitigt. Die Organisation führt immer noch Verhandlungen über Gebühren für andere im Fernsehen übertragene Collegesportarten. 2010 unterzeichneten CBS und Turner Broadcasting einen Vertrag über $10,8 Milliarden mit der NCAA für Übertragungsrechte für das Herren-Basketballturnier der ersten Division für 14 Jahre. Gleichzeitig hat der Verband einen Vertrag mit ESPN über Übertragungsrechte für elf Sportarten ohne Einnahmen (einschließlich Frauenbasketballmeisterschaft der ersten Division, Fußball, Eishockey der Männer und der College World Series) aus dem Jahr 2001 verlängert. Nach diesem Vertrag sollte ESPN der NCAA über elf Jahre $200 Millionen Dollar bezahlen.[15] Seit dieser Zeit sind die wettbewerbsfeindlichen Praktiken der NCAA wiederholt angegriffen worden. Im Jahr 2005 hat das National Invitation Tournament (NIT), ein vom Metropolitan Intercollegiate Basketball Committee abgehaltenes College-Basketball-Turnier, die Bestimmung der NCAA in Frage gestellt, die die zu ihrem Turnier eingeladenen Hochschulen quasi gezwungen hat, die NIT zu boykottieren. Das NIT vertrat die Ansicht, dass diese Praxis wettbewerbsfeindlich sei und eine unrechtmäßige Verwendung der Macht der NCAA darstelle. Die Parteien haben sich in dem Verfahren schließlich für fast $60 Millionen außergerichtlich geeinigt. Im Jahr 2007 wurde die NCAA von 11.500 Football- und Basketballspielern der Ersten Liga mit der Behauptung verklagt, dass die Organisation den Preis von Sportstipendien unrechtmäßig unterhalb des Preises für eine Hochschulausbildung festsetze. Den Spielern zufolge zahlte ihnen die NCAA aufgrund ihrer willkürlichen Begrenzung von Stipendien durchschnittlich $2.500 pro Jahr zu wenig.

---

15 „Sweeping Changes Suggested for NCAA; Graduation Rates, Commercialism Cited", *The Washington Post*, 27. Juni, 2001; „NCAA Panel Trying to Turn Back Clock; Big Bucks Make the Knight Commision's Recent Call for Academic Integrity Obsolete", *San Antonio Express-News*, 20. Juli, 2001.

Beispiel 12.7: Das Milchkartell

Die amerikanische Regierung stützt und reguliert den Milchpreis seit der Zeit der großen Depression bis heute. In den 90er Jahren begann die Regierung jedoch damit, die regulierenden Maßnahmen abzubauen, was zu zunehmenden Schwankungen des Milchpreises im Großhandel führte. Und natürlich ließen daraufhin auch die Beschwerden der betroffenen Landwirte nicht lange auf sich warten.

Auf diese Beschwerden hin erlaubte die US-Regierung den Milchproduzenten der sechs New-England-Staaten im Jahr 1996 die Bildung eines Kartells. Dieses Kartell – das Northeast Interstate Dairy Compact – bleibt von den Kartellgesetzen unberührt und setzt Mindestpreise für den Milchgroßhandel fest. Das Ergebnis dieser Entscheidung war, dass Verbraucher in New England nun mehr für ihre Milch bezahlten als Verbraucher im übrigen Land.

1999 suchte der amerikanische Kongress die Lobby der Landwirte in den übrigen US-Bundesstaaten dadurch zu befriedigen, dass er in Erwägung zog, das Milchkartell zu erweitern. Also wurden Gesetze formuliert, die es den Landwirten in New York, New Jersey, Maryland, Delaware und Pennsylvania gestatteten, dem New-England-Kartell beizutreten und so ein Kartell zu bilden, das die Mehrzahl der nordöstlichen Bundesstaaten der USA umfasste.[16] Natürlich wollten die Landwirte der südlichen Bundesstaaten auch nicht zu kurz kommen und drängten den Kongress, für sie ebenfalls höhere Milchpreise zuzulassen. Daraufhin erhielten 1999 auch 16 Südstaaten, darunter Texas, Florida und Georgia, die Berechtigung, ein eigenes regionales Kartell zu bilden.

Studien belegen, dass die Aktivitäten des ursprünglichen Kartells (das lediglich aus den New-England-Staaten bestand) den Milchpreis im Einzelhandel lediglich um ein paar Cent pro Liter ansteigen ließen. Warum ist das so? Der Grund liegt darin, dass das New-England-Kartell von vielen Randproduzenten umgeben ist, die der Kartellorganisation nicht angehören – nämlich den Milchproduzenten aus New York, New Jersey und anderen Staaten. Eine Ausweitung des Kartells verringert jedoch den Einfluss dieser Randgruppen, wodurch der Einfluss des Kartells auf die Milchpreise mit großer Wahrscheinlichkeit ansteigt.

Der Kongress erkannte schließlich die politischen Probleme und regionalen Konflikte, die aufgrund dieser Kartellbestrebungen entstanden waren, und schaffte das Northeast Interstate Dairy Compact im Oktober 2001 ab. Zwar haben Befürworter des Kartells versucht, es erneut aufleben zu lassen, doch der Widerstand im Kongress war stark und ab 2007 wurde das Kartell nicht wieder genehmigt. Trotzdem profitiert die Milchwirtschaft weiterhin von Preisstützungen der US-Regierung.

---

16 „Congress Weighs an Expanded Milk Cartel That Would Aid Farmers by Raising Prices", *New York Times*, 2. Mai 1999. Bei Redaktionsschluss dieses Buches hatte der US-Kongress dieses Gesetz noch nicht verabschiedet. Aktuelle Informationen zu diesem Thema sind zu finden unter *www.dairycompact.org*.

ZUSAMMENFASSUNG

1. Auf einem monopolistischen Wettbewerbsmarkt konkurrieren die Unternehmen durch den Verkauf differenzierter Produkte, die in hohem Maße substituierbar sind. Neue Unternehmen können ungehindert in den Markt eintreten oder ihn verlassen. Jedes Unternehmen verfügt nur über ein geringes Maß an Monopolmacht. Langfristig werden so lange neue Unternehmen auf den Markt kommen, bis die zu erwirtschaftenden Gewinne gleich null sind. Dann produzieren die Unternehmen mit Überschusskapazitäten (d.h. ihre Produktionsniveaus liegen unterhalb des Niveaus, bei dem die Durchschnittskosten minimal sind.)

2. Auf einem oligopolistischen Markt sind nur einige wenige Unternehmen für den Großteil der Produktion oder die gesamte Produktion verantwortlich. Aufgrund von Eintrittsbarrieren haben manche Unternehmen die Möglichkeit, selbst langfristig beträchtliche Gewinne zu erzielen. Wirtschaftliche Entscheidungen erfordern auch strategische Überlegungen – jedes Unternehmen muss bedenken, wie sich seine Entscheidungen auf die Konkurrenten auswirken und diese wahrscheinlich reagieren werden.

3. Im Cournot-Modell eines Oligopols treffen die Unternehmen ihre Entscheidungen bezüglich des Produktionsniveaus gleichzeitig, wobei jedes das Produktionsniveau der Konkurrenten als feststehende Größe ansieht. Im Gleichgewicht maximiert jedes Unternehmen die eigenen Gewinne bei gegebener Outputmenge der Konkurrenz; also besteht für keines der Unternehmen ein Anreiz, sein Produktionsniveau zu verändern. Die Unternehmen befinden sich daher in einem Nash-Gleichgewicht. Der Gewinn jedes einzelnen Unternehmens ist so höher als er es bei vollkommenem Wettbewerb wäre; er ist jedoch geringer als er es im Fall einer Übereinkunft wäre.

4. Beim Stackelberg-Modell setzt ein Unternehmen sein Produktionsniveau als erstes fest. Dieses Unternehmen hat einen strategischen Vorteil und erzielt höhere Gewinne. Es weiß, dass es sein Produktionsniveau hoch ansetzen kann und dass die Konkurrenten dann niedrige Outputmengen ansetzen müssen, wenn sie ihre Gewinne maximieren wollen.

5. Das Konzept des Nash-Gleichgewichts kann auch auf Märkte angewandt werden, auf denen die Konkurrenten Substitute produzieren und mittels Preissetzung konkurrieren. Im Gleichgewichtsfall maximiert jedes Unternehmen die eigenen Gewinne bei gegebenen Preisen der Konkurrenten und hat daher keinen Anreiz, seinen Preis zu verändern.

6. Unternehmen könnten durch eine geheime Preisabsprache ihre Gewinne zusätzlich steigern, jedoch wird dies gewöhnlich durch die Kartellgesetze verboten. Sie könnten nun alle einen hohen Preis ansetzen in der Hoffnung, dass die Konkurrenten das Gleiche tun werden, doch befinden sie sich in einem Gefangenendilemma, wodurch dieser Fall sehr unwahrscheinlich wird. Denn für jedes Unternehmen ist der Anreiz groß, zu betrügen und durch eine Preisreduktion Marktanteile der Konkurrenten für sich zu erobern.

7. Aufgrund des Gefangenendilemmas kommt es auf oligopolistischen Märkten zu Preisstarrheit. Die Unternehmen ändern ihre Preise nur zögerlich aus Angst, dadurch einen Preiskrieg auszulösen.

8. Die Preisführerschaft ist eine Form der stillschweigenden Übereinkunft, die manchmal die Probleme des Gefangenendilemmas umgehen kann. Dabei setzt ein Unternehmen den Preis fest und die übrigen Konkurrenten ziehen nach.

9. Beim Kartell kommt es zu einer ausdrücklichen Absprache zwischen Unternehmen bezüglich Produktionsniveau und Preis. Für den Erfolg eines Kartells ist entscheidend, dass die Gesamtnachfrage nicht sehr preiselastisch ist und das Kartell entweder einen Großteil der gesamten Produktionsmenge kontrolliert oder das Angebot der Nichtkartellmitglieder relativ unelastisch ist.

Z U S A M M E N F A S S U N G

Kontrollfragen

1. Was sind die Merkmale eines monopolistischen Wettbewerbsmarktes? Wie verändern sich Gleichgewichtspreis und -menge auf einem solchen Markt, wenn ein Unternehmen ein neues, verbessertes Produkt auf den Markt bringt?

2. Warum verläuft beim monopolistischen Wettbewerb die Nachfragekurve des Unternehmens flacher als die Gesamtnachfragekurve? Nehmen wir an, ein Unternehmen auf einem monopolistischen Wettbewerbsmarkt erzielt kurzfristig einen Gewinn. Wie wird sich seine Nachfragekurve langfristig verändern?

3. Einige Experten vertreten die Meinung, es gebe zu viele Sorten Frühstücksflocken auf dem Markt. Nennen Sie Argumente, die für diese These sprechen. Nennen Sie Argumente, die dagegen sprechen.

4. Warum ist das Cournot-Gleichgewicht stabil (d.h. warum haben die betroffenen Unternehmen keinen Anreiz, ihre Produktionsniveaus zu verändern, nachdem sie einmal das Gleichgewicht erreicht haben)? Selbst wenn sie keine Übereinkunft treffen können – warum setzen nicht alle Unternehmen ihre Produktionsmengen auf dem für alle gewinnmaximierenden Niveau fest (d.h. auf dem Niveau, das sie in einer Übereinkunft gewählt hätten)?

5. Beim Stackelberg-Modell ist das Unternehmen, das sein Produktionsniveau zuerst festlegt, im Vorteil. Erklären Sie warum.

6. Was haben das Cournot- und das Bertrand-Modell gemeinsam? Wo liegen die Unterschiede der beiden Modelle?

7. Erklären Sie die Bedeutung des Nash-Gleichgewichts, wenn die Unternehmen mittels Preissetzung konkurrieren. Warum ist dieses Gleichgewicht stabil? Warum erhöhen die Unternehmen ihre Preise nicht auf ein Niveau, das ihre gemeinsamen Gewinne maximiert?

8. Die geknickte Nachfragekurve verdeutlicht die Preisstarrheit. Erklären Sie, wie dieses Modell funktioniert. Wo stößt es an seine Grenzen? Warum kommt es auf oligopolistischen Märkten zu Preisstarrheit?

9. Warum ergibt sich auf oligopolistischen Märkten oft eine Preisführerschaft? Erklären Sie, wie ein Preisführer einen gewinnmaximierenden Preis bestimmt.

10. Warum konnte das OPEC-Kartell die Ölpreise mit Erfolg in die Höhe treiben, während das CIPEC-Kartell fehlschlug? Welche Bedingungen müssen erfüllt sein, damit Kartellbildung Erfolg hat? Welche organisatorischen Probleme müssen Kartelle überwinden?

Die Kontrollfragen samt Lösungen sowie weitere kapitelbegleitende Inhalte finden Sie im MyLab.

Übungen

1. Nehmen wir an, alle Unternehmen einer Branche, in der ein monopolistischer Wettbewerb herrscht, würden zu einem großen Unternehmen verschmolzen. Würde dieses neue Unternehmen ebenso viele verschiedene Marken produzieren wie vorher? Würde es nur eine einzige Marke produzieren? Begründen Sie Ihre Antwort.

2. Betrachten wir zwei Unternehmen mit der Nachfragekurve $P = 50 - 5Q$, wobei $Q = Q_1 + Q_2$ ist. Die Kostenfunktionen der Unternehmen lauten $C_1(Q_1) = 20 + 10Q_1$ und $C_2(Q_2) = 10 + 12Q_2$.
    a. Nehmen wir an, beide Unternehmen sind neu auf dem Markt. Wie hoch ist die Produktionsmenge, die den gemeinsamen Gewinn maximiert? Wie viel wird jedes einzelne Unternehmen produzieren? Wie würde sich Ihre Antwort verändern, wenn die Unternehmen noch nicht auf dem Markt aktiv wären?
    b. Wo liegen die Gleichgewichtsmenge und der Gleichgewichtsgewinn jedes Unternehmens, wenn sie nicht zusammenarbeiten? Wenden Sie das Cournot-Modell an. Zeichnen Sie die Reaktionskurven der Unternehmen und weisen Sie den Gleichgewichtspunkt aus.
    c. Welchen Preis würde Unternehmen 1 für Unternehmen 2 bezahlen wollen, wenn wir davon ausgehen, dass eine geheime Übereinkunft illegal ist, eine Übernahme aber nicht?

3. Ein Monopolist kann bei konstanten Durchschnitts- (und Grenz-)Kosten von DK = GK = €5 produzieren. Seine Nachfragekurve lautet $Q = 53 - P$.
    a. Berechnen Sie den gewinnmaximierenden Preis und die entsprechende Produktionsmenge dieses Monopolisten sowie seinen Gewinn.
    b. Nehmen wir an, ein zweites Unternehmen kommt auf den Markt. Q_1 sei die Produktionsmenge des ersten und Q_2 die Produktionsmenge des zweiten Unternehmens. Die Marktnachfrage liegt nun bei
    $$Q_1 + Q_2 = 53 - P$$
    Nehmen wir an, dass das zweite Unternehmen mit den gleichen Kosten wie das erste konfrontiert ist. Schreiben Sie die Gewinne jedes Unternehmens als Funktionen von Q_1 und Q_2.
    c. Nehmen wir an (wie im Cournot-Modell), dass jedes Unternehmen sein gewinnmaximierendes Produktionsniveau in der Annahme auswählt, dass die Produktionsmenge der Konkurrenz eine feststehende Größe ist. Definieren Sie die Reaktionskurven beider Unternehmen (d.h. die Funktion, die die jeweils gewünschte Produktionsmenge in Bezug auf die Produktionsmenge der Konkurrenz angibt).
    d. Berechnen Sie das Cournot-Gleichgewicht (d.h. die Werte für Q_1 und Q_2, bei denen beide Unternehmen ihre Entscheidungen optimieren bei gegebener Produktionsmenge des Konkurrenten). Wie hoch sind der sich ergebende Marktpreis und der Gewinn jedes Unternehmens?
    *e. Nehmen wir an, es gibt N Unternehmen in einer Branche, die alle die gleichen konstanten Grenzkosten von GK = 5 haben. Finden Sie das Cournot-Gleichgewicht. Wie viel wird jedes Unternehmen produzieren, wie hoch wird der Marktpreis sein, und wie viel Gewinn kann jedes Unternehmen erzielen? Zeigen Sie außerdem auf, dass sich bei steigender Zahl N der Marktpreis dem Preis annähert, der beim vollkommenen Wettbewerb gelten würde.

4. Diese Übungsaufgabe ist eine Fortsetzung der Aufgabe 3. Betrachten wir also nochmals die beiden Unternehmen mit gleichen konstanten Grenzkosten GK = 5 und der Marktnachfragekurve $Q_1 + Q_2 = 53 - P$. Nun werden wir das Stackelberg-Modell einsetzen, um zu analysieren, was geschieht, wenn ein Unternehmen sein Produktionsniveau zeitlich vor dem anderen festlegt.
    a. Angenommen, Unternehmen 1 ist der Stackelberg-Führer (d.h. es trifft seine Produktionsentscheidungen vor Unternehmen 2). Definieren Sie die Reaktionskurven, die jedem Unternehmen angeben, wie viel es selbst in Bezug auf das Produktionsniveau des Konkurrenten produzieren sollte.

b. Wie viel wird jedes Unternehmen produzieren, und wie hoch werden die jeweiligen Gewinne sein?

5. Zwei Unternehmen konkurrieren durch den Verkauf identischer Produkte. Sie wählen ihre Produktionsniveaus Q_1 und Q_2 zeitgleich aus und sind mit folgender Nachfragekurve konfrontiert:

$$P = 30 - Q$$

wobei $Q = Q_1 + Q_2$ ist. Bis vor kurzem waren *die Grenzkosten beider Unternehmen gleich null.* Aufgrund neuer Umweltschutzverordnungen stiegen die Grenzkosten von Unternehmen 2 auf €15. Die Grenzkosten von Unternehmen 1 bleiben weiterhin gleich null. Ist die folgende Aussage richtig oder falsch? „Aufgrund dieser Veränderungen steigt der Marktpreis auf *Monopolniveau.*"

6. Nehmen wir an, zwei Unternehmen produzieren identische Produkte und sind die einzigen auf dem Markt. Ihre Kosten betragen $C_1 = 60Q_1$ und $C_2 = 60Q_2$, wobei Q_1 die Produktionsmenge von Unternehmen 1 und Q_2 die Produktionsmenge von Unternehmen 2 ist. Der Preis ergibt sich aus folgender Nachfragekurve:

$$P = 300 - Q$$

wobei $Q = Q_1 + Q_2$ ist.
   a. Finden Sie das Cournot-Nash-Gleichgewicht. Berechnen Sie die Gewinne, die jedes Unternehmen an diesem Gleichgewichtspunkt erzielt.
   b. Nehmen wir an, die beiden Unternehmen bilden ein Kartell, um ihre Gewinne zu maximieren. Wie viel wird produziert? Berechnen Sie den Gewinn jedes Unternehmens.
   c. Nehmen wir an, Unternehmen 1 ist das einzige Unternehmen auf dem Markt. Wie würden sich die gesamte Produktionsmenge und der Gewinn von Unternehmen 1 vom Ergebnis in Teil (b) unterscheiden?
   d. Betrachten wir nochmals das Duopol aus Teil (b). Nehmen wir an, Unternehmen 1 hält sich an die Übereinkunft, während Unternehmen 2 betrügt und die Produktion erhöht. Welche Menge wird Unternehmen 2 nun produzieren? Wie hoch ist der Gewinn jedes Unternehmens?

7. Nehmen wir an, zwei konkurrierende Unternehmen, A und B, produzieren ein homogenes Gut. Die Grenzkosten beider Unternehmen betragen GK = €50. Beschreiben Sie, wie sich Output und Preis in jeder der folgenden Situationen jeweils (a) beim Cournot-Gleichgewicht, (b) bei einem Kollusionsgleichgewicht und (c) beim Bertrand-Gleichgewicht verändern würden.
   a. Unternehmen A muss eine Lohnerhöhung vornehmen, wodurch seine Grenzkosten auf €80 ansteigen.
   b. Die Grenzkosten beider Unternehmen steigen an.
   c. Die Nachfragekurve verschiebt sich nach rechts oben.

8. Nehmen wir an, in der Luftfahrtindustrie der USA gibt es nur zwei Unternehmen: American und Texas Air Corp. Beide Unternehmen haben die gleiche Kostenfunktion $C(q) = 40q$. Die Marktnachfragekurve lautet $P = 100 - Q$, und jedes Unternehmen rechnet damit, dass sich der Konkurrent gemäß dem Cournot-Modell verhalten wird.
   a. Berechnen Sie das Cournot-Nash-Gleichgewicht für jedes Unternehmen unter der Annahme, dass jedes Unternehmen sein gewinnmaximierendes Produktionsniveau unter Berücksichtigung des Produktionsniveaus des Konkurrenten auswählt. Wie hoch sind die Gewinne der beiden Unternehmen?
   b. Wie hoch wäre die Gleichgewichtsmenge, wenn die Grenz- und Durchschnittskosten für Texas Air konstant bei 25 und für American Air konstant bei €40 liegen würden?
   c. Nehmen wir nun an, die ursprüngliche Kostenfunktion von $C(q) = 40q$ gilt wieder für beide Konkurrenten. Wie viel sollte Texas Air bereit sein zu investieren, um seine Grenzkosten von 40 auf 25 zu reduzieren, wenn es annimmt, dass American Air nicht mitzieht? Wie viel sollte American Air bereit sein zu investieren, um seine Grenzkosten auf 25 zu drücken, wenn es annimmt, dass die Grenzkosten von Texas Air in jedem Fall bei 25 liegen?

*9. Die Nachfrage nach Glühbirnen kann durch die Nachfragekurve $Q = 100 - P$ beschrieben werden, wobei Q in Millionen Schachteln verkaufter Birnen gemessen wird und P der Preis pro Schachtel ist. Es gibt zwei Glühbirnenhersteller auf dem Markt, Everglow und Dimlit. Beide haben identische Kostenfunktionen:

$$C_i = 10Q_i + 1/2 Q_i^2 \quad (i = E, D)$$
$$Q = Q_E + Q_D$$

a. Weil sie nicht in der Lage sind, das vorhandene Potenzial für eine stillschweigende Übereinkunft zu erkennen, agieren beide Firmen als kurzfristig vollkommene Wettbewerber. Wo liegen die Gleichgewichtswerte für Q_E, Q_D und P? Wie hoch sind die Gewinne der beiden Unternehmen?

b. In beiden Unternehmen wechselt die Führungsriege. Unabhängig voneinander erkennen beide Manager die oligopolistischen Merkmale des Glühbirnenmarktes und handeln nach dem Cournot-Modell. Wo liegen die Gleichgewichtswerte für Q_E, Q_D und P? Wie hoch sind die Gewinne der beiden Unternehmen?

c. Nehmen wir an, der Manager von Everglow vermutet richtig, dass Dimlit von der Cournot-Verhaltensannahme ausgeht, und spielt selbst nach dem Stackelberg-Modell. Wo liegen die Gleichgewichtswerte für Q_E, Q_D und P? Wie hoch sind die Gewinne der beiden Unternehmen?

d. Wenn beide Unternehmen ein Abkommen treffen, wo liegen dann die Gleichgewichtswerte für Q_E, Q_D und P? Wie hoch sind die Gewinne der beiden Unternehmen?

10. Zwei Unternehmen produzieren sehr hochwertige Schaffellbezüge für Autositze, Western Where (WW) und B.B.B. Sheep (BBBS). Beide Unternehmen haben folgende Kostenfunktion:

$$C(q) = 30q + 1{,}5q^2$$

Die Marktnachfrage nach diesen Sitzbezügen ist durch die inverse Nachfragegleichung gegeben:

$$P = 300 - 3Q$$

wobei $Q = q_1 + q_2$, also die gesamte Produktionsmenge ist.

a. Wenn jedes Unternehmen seine eigenen Gewinne maximiert und dabei die Produktionsmenge des Konkurrenten als gegeben hinnimmt (die Unternehmen verhalten sich also wie Oligopolisten nach Cournot), wie hoch werden die Gleichgewichtsmengen sein, die jedes Unternehmen wählt? Wie hoch sind gesamte Produktionsmenge und Marktpreis? Welchen Gewinn kann jedes Unternehmen erzielen?

b. Die Manager von WW und BBBS erkennen, dass sie ihre Situation optimieren könnten, indem sie eine Übereinkunft treffen. Wie hoch wären im Fall einer solchen Übereinkunft die gewinnmaximierenden Produktionsniveaus beider Unternehmen? Wie hoch wäre der Marktpreis? Wie hoch wären Produktionsmenge und Gewinn jedes Unternehmens in diesem Fall?

c. Die Manager erkennen, dass eine ausdrücklich getroffene Übereinkunft illegal ist. Jedes Unternehmen muss allein entscheiden, ob es die Cournot-Gleichgewichtsmenge oder die Kartell-Gleichgewichtsmenge produzieren will. Um sich die Entscheidung zu erleichtern, konstruiert der Manager von WW die unten angegebene Auszahlungsmatrix. Tragen Sie in die Kästchen jeweils die Gewinne von WW und BBBS ein. Welche Produktionsstrategie werden die beiden Unternehmen wohl angesichts dieser Auszahlungsmatrix verfolgen?

Gewinnauszahlungsmatrix (WW-Gewinn, BBBS-Gewinn)		BBBS	
		Produziert Cournotmenge q	Produziert Kartellmenge q
WW	Produziert Cournotmenge q		
	Produziert Kartellmenge q		

d. Nehmen wir an, WW kann sein Produktionsniveau festlegen, bevor BBBS dies tut. Welche Produktionsmenge wird WW in diesem Fall wählen? Wie viel wird BBBS produzieren? Wie hoch sind Marktpreis und Gewinn jedes Unternehmens? Ist es für WW vorteilhaft, sein Produktionsniveau als Erster auswählen zu können? Begründen Sie Ihre Antwort.

*11. Zwei Unternehmen konkurrieren durch Preissetzung. Ihre Nachfragekurven liegen bei

$$Q_1 = 20 - P_1 + P_2$$

und

$$Q_2 = 20 + P_1 - P_2$$

wobei P_1 und P_2 die Preise sind, die beide Unternehmen jeweils berechnen. Q_1 und Q_2 sind die entsprechenden Produktionsmengen. Man erkenne, dass die Nachfrage für jedes Gut lediglich von der Preisdifferenz abhängt. Wenn beide Unternehmen in einem gemeinsamen Abkommen den Preis auf dem gleichen Niveau festsetzen würden, könnten sie den Preis so hoch ansetzen, wie sie wollten und unendlich hohe Gewinne erzielen. Die Grenzkosten liegen bei null.

a. Nehmen wir an, beide Unternehmen setzen ihre Preise *gleichzeitig* fest. Finden Sie das sich ergebende Nash-Gleichgewicht. Welchen Preis wird jedes Unternehmen in diesem Fall berechnen, wie viel wird es verkaufen, und wie hoch wird sein Gewinn sein? (*Hinweis*: Maximieren Sie den Gewinn jedes Unternehmens in Bezug auf seinen Preis.)

b. Nehmen wir nun an, Unternehmen 1 setzt seinen Preis fest, *bevor* Unternehmen 2 dies tut. Welchen Preis wird jedes Unternehmen in diesem Fall berechnen, wie viel wird es verkaufen, und wie hoch wird sein Gewinn sein?

c. Nehmen wir schließlich an, wir sind selbst eines dieser Unternehmen und können das Spiel auf dreierlei Arten spielen: (a) beide Unternehmen legen ihre Preise gleichzeitig fest, (b) wir setzen unsere Preise zuerst fest, und (c) unser Konkurrent setzt seine Preise zuerst fest. Könnten wir zwischen diesen Möglichkeiten wählen, welche würden wir wohl auswählen? Begründen Sie Ihre Antwort.

*12. Das Modell des dominanten Unternehmens kann uns helfen, die Verhaltensweisen einiger Kartelle besser zu verstehen. Wenden wir das Modell zunächst auf das OPEC-Ölkartell an. Wir werden isoelastische Kurven verwenden, um die Weltnachfrage W und die kompetitive (Nichtkartell-) Angebotskurve S zu beschreiben. Realistische Werte für die Preiselastizitäten der Weltnachfrage und des kompetitiven Angebots liegen bei –0,5 bzw. 0,5. Messen wir W und S in Millionen Barrel pro Tag (mb/d), so können wir also schreiben:

$$W = 160 P^{-1/2}$$

und

$$S = (3\,1/3) P^{1/2}$$

Man erkenne, dass die Nettonachfrage der OPEC bei $D = W - S$ liegt.

a. Zeichnen Sie die Weltnachfragekurve W, die kompetitive Angebotskurve S, die Nettonachfragekurve der OPEC D und die Grenzerlöskurve der OPEC. Nehmen wir aus Näherungsgründen an, dass die Produktionskosten der OPEC gleich null sind. Geben Sie im Diagramm den optimalen Preis und das optimale Produktionsniveau der OPEC sowie das Produktionsniveau der Nicht-OPEC-Länder an. Zeigen Sie nun im Diagramm an, wie sich die einzelnen Kurven verschieben und wie sich der optimale Preis der OPEC verändert, wenn das Angebot der Nicht-OPEC-Länder sich aufgrund knapper werdender Ölreserven verteuert.

b. Berechnen Sie den optimalen (gewinnmaximierenden) Preis der OPEC. (*Hinweis*: Da die Grenzkosten der OPEC bei null liegen, geben Sie einfach die Erlösfunktion der OPEC an und ermitteln Sie den Preis, der diese maximiert.)

c. Nehmen wir an, die ölverbrauchenden Länder schließen sich zu einem Käuferkartell zusammen, um Monopsonmacht zu erlangen. Was können wir über den Einfluss dieser Entwicklung auf den Ölpreis sagen, und was können wir nicht sagen?

13. Nehmen wir an, auf dem Markt für Sportschuhe gibt es ein dominantes und fünf Randunternehmen. Die Marktnachfrage lautet $Q = 400 - 2P$. Das dominante Unternehmen hat konstante Grenzkosten von 20. Die Randunternehmen haben jeweils Grenzkosten von GK = $20 + 5q$.
    a. Überprüfen sie, dass die Gesamtangebotskurve der fünf Randunternehmen $Q_f = P - 20$ lautet.
    b. Finden Sie die Nachfragekurve des dominanten Unternehmens.
    c. Finden Sie die gewinnmaximierende Produktionsmenge und den entsprechenden Preis, den das dominante Unternehmen verlangt, und die gewinnmaximierende Menge und den entsprechenden Preis für jedes der Randunternehmen.
    d. Nehmen wir an, es gibt nicht fünf sondern zehn Randunternehmen. Wie verändert das unsere Ergebnisse?
    e. Nehmen wir an, es gibt weiterhin fünf Randunternehmen, die aber ihre Grenzkosten auf jeweils GK = $20 + 2q$ senken konnten. Wie verändert das unsere Ergebnisse?

*14. Zitronenproduzenten bilden ein Kartell, das vier Plantagen umfasst. Ihre Gesamtkostenfunktionen sind jeweils:

$$TK_1 = 20 + 5Q_1^2$$
$$TK_2 = 25 + 3Q_2^2$$
$$TK_3 = 15 + 4Q_3^2$$
$$TK_4 = 20 + 6Q_4^2$$

TK wird in hundert Dollar und Q in geernteten und verschickten Kartons pro Monat gemessen.
    a. Erstellen Sie eine Tabelle mit Gesamt-, Durchschnitts- und Grenzkosten jedes Unternehmens für Produktionsniveaus zwischen einem und fünf Kartons pro Monat (d.h. für 1, 2, 3, 4 und 5 Kartons).
    b. Wenn das Kartell sich entschlösse, zehn Kartons pro Monat zu einem Preis von $25 pro Karton zu verschicken, wie sollte die gesamte Produktionsmenge unter den Produzenten aufgeteilt werden?
    c. Welches Unternehmen hat bei diesem Produktionsniveau den größten Anreiz zu betrügen? Besteht für eines der Unternehmen *kein* Anreiz zu betrügen?

Die Lösungen zu ausgewählten Übungen finden Sie im Anhang dieses Buches. Die kompletten Lösungen für die Übungen finden Dozenten im MyLab.

Spieltheorie und Wettbewerbsstrategie

13.1 Spiele und strategische Entscheidungen 658
  Beispiel 13.1: Erwerb eines Unternehmens. 661
13.2 Dominante Strategien 662
13.3 Mehr zum Nash-Gleichgewicht 664
13.4 Wiederholte Spiele 672
  Beispiel 13.2: Oligopolistische Kooperation in der
  Wasseruhrenindustrie. 675
  Beispiel 13.3: Wettbewerb und Kollusion in der
  US-Luftfahrtindustrie. 676
13.5 Sequenzielle Spiele 678
13.6 Drohungen, Verpflichtungen und Glaubwürdigkeit ... 681
  Beispiel 13.4: Die vorbeugende Investmentstrategie von Wal-Mart.. 687
13.7 Eintrittsabschreckung 689
  Beispiel 13.5: DuPont schreckt Eintritt in die
  Titandioxid-Branche ab 694
  Beispiel 13.6: Die Windelkriege 695
*13.8 Auktionen 697
  Beispiel 13.7: Auktionen für Rechtsdienstleistungen 704
  Beispiel 13.8: Internetauktionen 705

13 Spieltheorie und Wettbewerbsstrategie

In Kapitel 12 haben wir damit begonnen, einige der strategischen Produktions- und Preisentscheidungen zu untersuchen, die Unternehmen häufig treffen müssen. Wir haben gesehen, wie ein Unternehmen die möglichen Reaktionen seiner Konkurrenten bei der eigenen Entscheidungsfindung berücksichtigt. Es gibt jedoch noch viele weitere Fragen zu Marktstrukturen und unternehmerischem Verhalten, die wir noch nicht beantwortet haben. Warum beispielsweise neigen Unternehmen in manchen Branchen dazu zu kooperieren, während in anderen Wirtschaftszweigen aggressiver Konkurrenzkampf herrscht? Wie gelingt es manchen Unternehmen, potenzielle neue Konkurrenten vom Markteintritt abzuschrecken? Und wie sollten Unternehmen ihre Preisentscheidungen treffen, wenn sich Nachfrage- oder Kostenstrukturen verändern und neue Konkurrenten auf den Markt drängen?

Zur Beantwortung all dieser Fragen werden wir die Spieltheorie anwenden und damit unsere Analyse der strategischen Entscheidungsfindung erweitern. Die Anwendung der Spieltheorie stellt in der Mikroökonomie eine wichtige Entwicklung dar. In diesem Kapitel werden wir einige Grundlagen der Spieltheorie erklären; außerdem werden wir aufzeigen, wie sie zum besseren Verständnis von Marktentwicklung und Marktfunktion dienen kann und wie Manager über die strategischen Entscheidungen denken sollten, mit denen sie fortlaufend konfrontiert werden. Beispielsweise werden wir untersuchen, was geschieht, wenn oligopolistische Unternehmen ihre Preise über einen längeren Zeitraum hinweg strategisch festsetzen und verändern müssen, so dass sich das Gefangenendilemma, das wir in Kapitel 12 behandelt haben, fortlaufend wiederholt. Wir werden auch sehen, welche strategischen Entscheidungen Unternehmen treffen können, um einen Wettbewerbsvorteil oder eine bessere Verhandlungsposition zu erlangen, und wie sie Drohungen, Versprechen oder noch konkretere Handlungen zur Eintrittsabschreckung nutzen können. Schließlich werden wir uns Auktionen zuwenden und sehen, wie die Spieltheorie zur Gestaltung von Auktionen und Bietstrategien herangezogen werden kann.

13.1 Spiele und strategische Entscheidungen

> **Spiel**
> Situation, in der Spieler (Teilnehmer) strategische Entscheidungen treffen, die die Handlungen und Reaktionen der Mitspieler mit einbeziehen.

> **Auszahlung**
> Wert, der einem möglichen Ergebnis beigemessen wird.

> **Strategie**
> Regel oder Aktionsplan für ein Spiel.

Zunächst wollen wir klären, worum es beim Spielen und bei der strategischen Entscheidungsfindung überhaupt geht. Ein **Spiel** ist jede Situation, in der *Spieler* (Teilnehmer) *strategische Entscheidungen* treffen – d.h. Entscheidungen, die jeweils die Handlungen und Reaktionen der Mitspieler mit einbeziehen. Beispiele für Spiele sind etwa der Wettbewerb mehrerer Unternehmen durch Preisbildung oder das Verhalten von Auktionsbesuchern, die dasselbe Kunstwerk ersteigern möchten. Strategische Entscheidungen führen für die Spieler zu einer **Auszahlung**, d.h. zu einem Ergebnis, das ihnen Vorteile und Nutzen bringt. Für Unternehmen, die über Preisbildung konkurrieren, besteht dieser Erfolg aus den erzielten Gewinnen; für den Auktionsbesucher, der schließlich den Zuschlag erhält, besteht der Erfolg in der Konsumentenrente, d.h. dem Wert, den er dem Kunstwerk beimisst, abzüglich des bezahlten Preises.

Ein Hauptziel der Spieltheorie ist es, die optimale Strategie für jeden Spieler zu bestimmen. Eine **Strategie** besteht aus Regeln und einem Aktionsplan für ein Spiel. So könnte die Strategie unseres preisbildenden Unternehmens etwa lauten: „Ich werde meinen Preis hoch halten, solange meine Konkurrenten das Gleiche tun; sobald aber ein Konkurrent seinen Preis senkt, werde ich meinen Preis noch weiter senken." Ein Auktionsbesucher dagegen könnte folgende Strategie verfolgen: „Ich gebe ein erstes Gebot über €2.000 ab, um den anderen Bietern zu zeigen, dass ich ein ernst zu nehmender Mitbieter bin, steigt der Preis aber über €5.000, dann steige ich aus." Die **optimale Strategie** ist für jeden Spieler diejenige, die seine erwartete Auszahlung maximiert.

Wir werden uns hier auf Spiele konzentrieren, deren Teilnehmer *rational* sind, denen also die Konsequenzen ihres Handelns bewusst sind. Im Grunde werden wir uns mit folgender Frage auseinander setzen: Wenn ich glaube, dass meine Konkurrenten rational denken und so handeln, dass ihre Auszahlung maximiert wird, wie soll ich dann ihr Verhalten in meine eigenen Entscheidungen mit einbeziehen? Natürlich können wir es in der Praxis auch gelegentlich mit Konkurrenten zu tun haben, die irrational denken und weniger gut in der Lage sind als wir, die Folgen ihres Handelns zu überblicken. Trotzdem ist es für unsere Überlegungen ein guter Ausgangspunkt, wenn wir annehmen, dass unsere Konkurrenten genauso rational und klug sind wie wir.[1] Wir werden sehen, dass die Berücksichtigung des Konkurrentenverhaltens nicht so einfach ist, wie sie auf den ersten Blick erscheint. Vielmehr kann es sehr schwierig sein, die richtige Strategie zu bestimmen, selbst wenn auf einem Markt völlige Symmetrie und vollkommene Information herrschen, d.h. wenn alle Konkurrenten die gleiche Kostenstruktur und außerdem alle relevanten Informationen über Kosten, Nachfrage etc. der Konkurrenten haben. Im Weiteren werden wir uns aber auch mit komplexeren Situationen auseinander setzen, wenn Unternehmen etwa mit verschiedenen Kosten, unterschiedlichen Informationen und unterschiedlichen Abstufungen von Wettbewerbsvorteilen und -nachteilen konfrontiert sind.

13.1.1 Nichtkooperative und kooperative Spiele

Die ökonomischen Spiele, an denen sich Unternehmen beteiligen, können entweder *kooperativ* oder *nichtkooperativ* sein. In **einem kooperativen Spiel** handeln die Spieler bindende Verträge aus, auf deren Basis sie gemeinsame Strategien entwickeln können. In einem **nichtkooperativen Spiel** dagegen ist das Aushandeln und Durchsetzen bindender Verträge nicht möglich. Ein Beispiel eines kooperativen Spiels ist die Preisverhandlung für einen Teppich zwischen Käufer und Verkäufer. Wenn die Produktionskosten des Teppichs bei €100 liegen und der Käufer ihm einen Wert von €200 beimisst, so ist eine kooperative Lösung des Spiels möglich: Jeder Preis zwischen €101 und €199, auf den sich beide einigen können, wird die Summe der Konsumentenrente des Käufers und des Gewinns des Verkäufers maximieren, und beide werden sich durch das Geschäft besser stellen. Bei einem weiteren kooperativen Spiel könnte es um zwei Unternehmen gehen, die über eine gemeinsame Investition in die Entwicklung einer neuen Technologie verhandeln (unter der Annahme, dass keines der beiden Unternehmen genug Know-how besitzt, um allein erfolgreich zu sein). Wenn die Unternehmen einen bindenden Vertrag unterschreiben können, in dem die Gewinne aus ihrer gemeinsamen Investition aufgeteilt werden, so ist ein kooperatives Ergebnis möglich, von dem beide Parteien profitieren werden.[2]

> **Optimale Strategie**
>
> Die Strategie, die die erwartete Auszahlung des Spielers maximiert.

> **Kooperatives Spiel**
>
> Ein Spiel, bei dem die Teilnehmer bindende Verträge aushandeln können, auf deren Basis es ihnen möglich ist, gemeinsame Strategien zu entwickeln.

> **Nichtkooperatives Spiel**
>
> Ein Spiel bei dem das Aushandeln und Durchsetzen bindender Verträge nicht möglich ist.

---

1 Bei einer Befragung gaben 80% unserer Studenten an, klüger und fähiger zu sein als die meisten ihrer Mitstudenten. Dennoch hoffen wir, dass für den Leser die Vorstellung nicht zu abwegig ist, gegen Konkurrenten anzutreten, die ebenso klug und fähig sind wie er selbst.

2 Die Verhandlung über den Preis eines Teppichs nennt man *Fixsummenspiel*, da die Summe aus Konsumentenrente und Gewinn des Verkäufers immer gleich bleibt, unabhängig davon wie hoch der endgültige Verkaufspreis ist. Die Verhandlung über ein gemeinsames Joint-Venture ist ein *Nichtfixsummenspiel*, denn der Gesamtgewinn aus der Investition hängt vom Verhandlungsergebnis ab (z.B. von der Höhe der Geldbeträge, die jedes Unternehmen einzusetzen bereit ist).

Ein Beispiel für ein nichtkooperatives Spiel liefern zwei konkurrierende Unternehmen, die bei den eigenen – unabhängig voneinander stattfindenden – Preisentscheidungen jeweils die wahrscheinlichen Reaktionen des Konkurrenten mit einbeziehen. Jedes Unternehmen weiß, dass es einen größeren Marktanteil erobern kann, indem es den Preis des Konkurrenten unterbietet. Gleichzeitig ist ihm aber auch bewusst, dass es durch einen solchen Schritt einen Preiskrieg riskiert. Ein weiteres nichtkooperatives Spiel ist die oben erwähnte Kunstauktion. Bei der Festlegung der eigenen optimalen Strategie muss jeder Bieter das Verhalten der Mitbieter berücksichtigen.

Man erkenne, dass der grundlegende Unterschied zwischen kooperativen und nichtkooperativen Spielen in der *Möglichkeit der Vertragsschließung* liegt. Beim kooperativen Spiel sind gegenseitig bindende Vereinbarungen möglich, beim nichtkooperativen Spiel nicht.

Wir werden uns hier vornehmlich mit nichtkooperativen Spielen befassen. Unabhängig vom Spiel sollte allerdings der folgende wesentliche Punkt zur strategischen Entscheidungsfindung beachtet werden:

> Es kommt darauf an, den Standpunkt des Gegners zu verstehen und seine wahrscheinlichen Reaktionen auf das eigene Handeln abzuleiten.

Auf den ersten Blick scheint das selbstverständlich zu sein. Natürlich muss man den Standpunkt des Gegners verstehen. Und doch kommt es auch in den einfachsten Spielsituationen oft vor, dass Mitspieler die Position und die sich daraus ergebenden Reaktionen des Gegners ignorieren oder falsch einschätzen.

Wie kauft man eine Dollarnote? Betrachten wir als Beispiel das folgende von Martin Shubik entwickelte Spiel.[3] Eine Dollarnote wird auf ungewöhnliche Art und Weise versteigert. Der Meistbietende erhält die Dollarnote für den gebotenen Betrag. Aber auch der Bieter, der das zweithöchste Gebot abgegeben hat, muss den gebotenen Betrag bezahlen – und erhält dafür gar nichts. *Wenn wir dieses Spiel mitspielen würden, wie viel würden wir wohl für die Dollarnote bieten?*

Erfahrungen mit Studenten zeigen, dass sie oft mehr als einen Dollar für die Dollarnote bieten. In einer typischen Situation bietet ein Student zunächst 20 Cent, ein zweiter 30 Cent. Der erste Bieter läuft nun Gefahr, seine 20 Cent zu verlieren, überlegt aber, dass er einen Dollar gewinnen kann, wenn er mehr bietet, und erhöht sein Gebot auf 40 Cent. So setzt sich das gegenseitige Überbieten immer weiter fort, bis die Gebote bei 90 Cent zu einem Dollar stehen. Nun muss sich derjenige, der 90 Cent bietet, entscheiden, ob er auf $1,10 erhöht oder 90 Cent verliert. In den meisten Fällen erhöht er sein Gebot und das gegenseitige Überbieten geht weiter. Bei einigen derartigen Experimenten musste der „Gewinner" der Auktion schließlich bis zu drei Dollar für den zu ersteigernden Dollar bezahlen!

Warum spielen intelligente Studenten so ein Spiel mit? Sie haben versäumt, die möglichen Reaktionen der Mitspieler und die sich daraus ergebenden Folgen zu durchdenken.

Im restlichen Kapitel werden wir einfache Spiele untersuchen, in denen es um Preisbildungs-, Werbungs- und Investitionsentscheidungen geht. Diese Spiele sind deswegen als einfach zu bezeichnen, weil man *anhand einiger Annahmen über das Verhalten von Unternehmen* die beste Strategie für jedes Unternehmen bestimmen kann. Dennoch werden wir sehen, dass es selbst bei diesen einfachen Spielen nicht immer leicht ist, die richtigen Ver-

---

3 Martin Shubik, *„Game Theory in the Social Sciences"*, Cambridge, MA, MIT Press, 1982.

haltensannahmen zu treffen, und dass diese oft davon abhängen, wie das Spiel gespielt wird (z.B. wie lange die Unternehmen schon auf dem Markt sind; welchen Ruf sie auf dem Markt haben etc.). Deshalb sollte der Leser beim Lesen dieses Kapitels versuchen, sich die Grundlagen der strategischen Entscheidungsfindung anzueignen. Außerdem darf man nie aus den Augen verlieren, wie wichtig es ist, die Position des Gegenspielers und dessen rationale Reaktionen auf die eigenen Handlungen zu berücksichtigen, wie Beispiel 13.1 zeigt.

Beispiel 13.1: Erwerb eines Unternehmens

Wir versetzen uns in die Lage von Unternehmen A (den Käufer), das überlegt, ob es Unternehmen T (das Übernahmeziel, von engl. target) aufkaufen soll.[4] Wir planen, Bargeld für die gesamten Aktien von Unternehmen T anzubieten, sind uns aber nicht sicher, welchen Preis wir bieten sollen. Folgender Sachverhalt macht die Situation noch komplizierter: Der Wert des Unternehmens T – und damit eigentlich auch dessen Überlebensfähigkeit – hängt vom Ergebnis eines wichtigen Ölförderungsprojekts ab, das gerade durchgeführt wird. Schlägt das Projekt fehl, so wird Unternehmen T mit der gegenwärtigen Führungsriege wertlos sein. Ist es jedoch erfolgreich, so könnte jede Aktie des Unternehmens unter dem gegenwärtigen Management bis zu €100 wert sein. Jeder Aktienwert zwischen €0 und €100 wird als gleichermaßen wahrscheinlich angesehen.

Es ist jedoch kein Geheimnis, dass Unternehmen T unter dem fortschrittlich gesinnten Management von Unternehmen A sehr viel mehr wert sein wird als unter seinem gegenwärtigen Management. Tatsächlich wird der Wert von Unternehmen T – gleichgültig wie hoch er genau unter dem aktuellen Management ist – *mit dem Management von Unternehmen A immer um 50 Prozent ansteigen*. Schlägt das Ölprojekt fehl, liegt der Wert pro Aktie zwar immer bei 0 Euro, erzeugt das Projekt aber einen Wert von €50 pro Aktie unter dem gegenwärtigen Management, so wird dieser Aktienwert unter der Führung von Unternehmen A bei €75 liegen. Ähnlich wird aus einem Aktienwert von €100 unter der Führung von Unternehmen T ein Wert von €150 pro Aktie unter Unternehmen A.

Wir müssen nun entscheiden, welchen Preis Unternehmen A Unternehmen T für seine Aktien bieten soll. Und dieses Angebot muss *jetzt* abgegeben werden – *bevor* das Ergebnis des Ölprojekts bekannt ist. Alles sieht danach aus, als begrüße Unternehmen T eine Übernahme durch Unternehmen A – *natürlich nur zum richtigen Preis*. Wir gehen davon aus, dass Unternehmen T mit einer Entscheidung über unser Angebot so lange warten wird, bis ihm die Ergebnisse des Ölprojekts vorliegen. Ob es unser Angebot annimmt oder ablehnt, wird Unternehmen T dann entscheiden, bevor die Ergebnisse der Ölbohrungen durch die Presse allgemein bekannt gegeben werden.

Also werden wir (Unternehmen A) das Projektergebnis bei Einreichung unseres Angebots nicht kennen, während Unternehmen T die Bohrergebnisse kennen wird, wenn es über unser Angebot entscheidet. Unternehmen T wird also jeden Preis des Unternehmens A akzeptieren, der höher ist als der Unternehmenswert (pro Aktie) unter dem gegenwärtigem Management. ▶

---

[4] Dies ist eine leicht abgewandelte Version eines Beispiels, das von Max Bazerman für einen Kurs am MIT entworfen wurde.

Als Vertreter von Unternehmen A ziehen wir Angebote von €0 pro Aktie (d.h. wir verzichten ganz auf ein Angebot) bis €150 pro Aktie in Erwägung. *Welchen Preis sollten wir für die Aktien von Unternehmen T bieten?*

Anmerkung: Die typische Antwort auf diese Frage – ein Gebot zwischen €50 und €75 – ist falsch. Am Ende dieses Kapitels werden wir die richtige Antwort geben, wir ermutigen jedoch den Leser, dieses Problem selbst zu lösen.

13.2 Dominante Strategien

Wie können wir entscheiden, welches die beste Strategie für ein Spiel ist? Wie können wir im Voraus bestimmen, wie ein Spiel wahrscheinlich ausgehen wird? Wir brauchen eine Hilfestellung, um herausfinden zu können, wie das rationale Verhalten jedes Spielers zu einer Gleichgewichtslösung führen kann. Einige Strategien können erfolgreich sein, wenn die Konkurrenten sich für bestimmte Dinge entscheiden, und fehlschlagen, wenn sie sich anders entscheiden. Andere Strategien sind jedoch immer erfolgreich, gleichgültig was die Konkurrenten tun. Wir beginnen mit dem Begriff der **dominanten Strategie** – *einer Strategie die, unabhängig von den Handlungen des Gegners, immer optimal ist.*

Das folgende Beispiel verdeutlicht diesen Sachverhalt für den Fall eines Duopols. Nehmen wir an, Unternehmen A und B verkaufen konkurrierende Produkte und müssen sich entscheiden, ob sie Werbekampagnen starten sollen oder nicht. Dabei wird jedes Unternehmen von der Entscheidung seines Konkurrenten beeinflusst werden. Die möglichen Ergebnisse dieses Spiels sind in der Auszahlungsmatrix in Tabelle 13.1 dargestellt. (Erinnern wir uns, dass eine Auszahlungsmatrix die möglichen Ergebnisse eines Spiels zusammenfasst. Hier ist die erste Zahl in jedem Feld die Auszahlung für Unternehmen A und die zweite Zahl die Auszahlung für Unternehmen B.) Wenn beide Unternehmen werben, erzielt Unternehmen A einen Gewinn von 10 und Unternehmen B einen Gewinn in Höhe von 5. Wenn nur Unternehmen A, nicht aber Unternehmen B wirbt, so wird Unternehmen A einen Gewinn von 15 erzielen, während der Gewinn von Unternehmen B bei null liegen wird. Die Tabelle enthält auch die Ergebnisse der anderen beiden Möglichkeiten.

Dominante Strategie

Eine Strategie, die, unabhängig von den Handlungen des Gegners, immer optimal ist.

In § 12.4 erklären wir, dass eine Auszahlungsmatrix eine Tabelle ist, die die Auszahlungen jedes Spielers angesichts seiner eigenen Entscheidungen und der Entscheidungen seines Konkurrenten darstellt.

Tabelle 13.1

Auszahlungsmatrix für ein Werbespiel

		Unternehmen B	
		Werbung	Keine Werbung
Unternehmen A	Werbung	10, 5	15, 0
	Keine Werbung	6, 8	10, 2

Welche Strategie sollte jedes der Unternehmen wählen? Betrachten wir zunächst Unternehmen A. Es sollte in jedem Fall Werbung betreiben, denn gleichgültig, was Unternehmen B tut, es ist für Unternehmen A immer optimal zu werben. Wenn Unternehmen B Werbung betreibt, erzielt Unternehmen A einen Gewinn von 10, wenn es selbst auch wirbt. Wenn nicht, liegt sein Gewinn bei 6. Macht *B* keine Werbung, so verdient *A* mit eigener Werbung 15, ohne Werbung dagegen nur 10. Also ist Werbung eine dominante Strategie für Unternehmen *A*. Das Gleiche gilt für Unternehmen *B*. Gleichgültig was Unternehmen *A* tut, Unternehmen *B* profitiert immer am meisten, wenn es selbst wirbt. Wenn wir daher annehmen, dass beide Unternehmen rational handeln, müssen wir zu dem Ergebnis kommen, *dass beide Unternehmen werben werden*. Dieses Ergebnis ist einfach abzuleiten, da beide Unternehmen damit eine dominante Strategie verfolgen.

Wenn jeder Spieler eine dominante Strategie verfolgt, so nennen wir das Ergebnis dieses Spiels ein **Gleichgewicht in dominanten Strategien**. Solche Spiele sind einfach zu analysieren, da die optimale Strategie jedes Spielers bestimmt werden kann, ohne dass man sich um die Handlungen der anderen Spieler kümmern muss.

Leider gibt es nicht in jedem Spiel eine dominante Strategie für jeden Spieler. Um dies zu verdeutlichen, werden wir unser Werbebeispiel geringfügig verändern. Die Auszahlungsmatrix aus Tabelle 13.1 bleibt in Tabelle 13.2 bis auf das Feld rechts unten unverändert – wenn also keines der Unternehmen wirbt, wird Unternehmen *B* weiterhin einen Gewinn von 2 erzielen, während der Gewinn von Unternehmen *A* nun sogar bei 20 liegen wird. (Dies kann daran liegen, dass die Werbeanzeigen von Unternehmen *A* größtenteils defensiv und darauf ausgerichtet sind, die Behauptungen von Unternehmen *B* zu widerlegen. Außerdem könnten die Werbeanzeigen sehr teuer sein, so dass Unternehmen *A* ohne sie seine Ausgaben beträchtlich senken kann.)

> **Gleichgewicht in dominanten Strategien**
>
> Das Ergebnis eines Spiels, bei dem jedes Unternehmen für sich die bestmögliche Entscheidung trifft, ohne Rücksicht auf die Handlungen der Konkurrenten.

Tabelle 13.2

Modifiziertes Werbespiel

		Unternehmen B	
		Werbung	Keine Werbung
Unternehmen A	Werbung	10, 5	15, 0
	Keine Werbung	6, 8	20, 2

Nun hat Unternehmen *A* keine dominante Strategie mehr. *Seine optimale Strategie hängt davon ab, was Unternehmen B tun wird*. Wenn Unternehmen *B* Werbung betreibt, ist es auch für Unternehmen *A* das Beste zu werben. Betreibt Unternehmen *B* jedoch keine Werbung, so tut auch Unternehmen *A* am besten daran, nicht zu werben. Nehmen wir nun an, beide Unternehmen müssten ihre Entscheidungen gleichzeitig treffen. Was sollte Unternehmen *A* tun?

Um diese Frage zu beantworten, muss sich Unternehmen *A* in die Lage seines Konkurrenten versetzen. Welche Entscheidung ist aus Sicht von Unternehmen *B* die beste, und was wird Unternehmen *B* also höchstwahrscheinlich tun? Die Antwort liegt auf der Hand. Unternehmen *B* hat die dominante Strategie, Werbung zu betreiben, gleichgültig was Unternehmen *A* tut. (Wenn Unternehmen *A* Werbung betreibt, so verdient Unternehmen *B* mit eigener Werbung 5 und ohne Werbung null. Betreibt *A* keine Werbung, so verdient *B* mit Werbung 8 und ohne Werbung nur 2.) Unternehmen *A* kann also zu dem Schluss kommen, dass Unternehmen *B* selbst werben wird. Und das bedeutet, dass auch Unternehmen *A* werben sollte (und damit einen Gewinn von 10 anstatt von 6 erzielen würde). Das logisch richtige Ergebnis dieses Spiels ist, dass beide Unternehmen werben, weil Unternehmen A damit angesichts der Entscheidung von Unternehmen B auch für sich die optimale Entscheidung trifft, und Unternehmen B optimiert ebenfalls seine Entscheidung angesichts dessen, was Unternehmen A tut.

13.3 Mehr zum Nash-Gleichgewicht

Zur Herleitung des wahrscheinlichen Ergebnisses eines Spiels haben wir bisher aus sich heraus durchsetzbare („self-enforcing") oder „stabile" Strategien herangezogen. Dominante Strategien sind zwar stabil, es gibt jedoch viele Spiele, in denen es für einen oder sogar mehrere Spieler keine dominante Strategie gibt. Deshalb brauchen wir ein allgemeineres Gleichgewichtskonzept. In Kapitel 12 haben wir den Begriff des Nash-Gleichgewichts vorgestellt, das, wie wir sahen, vielseitig anwendbar und intuitiv verständlich ist.[5]

Erinnern wir uns, dass ein Nash-Gleichgewicht eine Menge von Strategien (oder Handlungen) ist, die so ausgelegt ist, *dass jeder Spieler unter Berücksichtigung der Handlungen des Gegners für sich das Bestmögliche tut.* Da keiner der Spieler den Anreiz hat, von seiner Nash-Strategie abzuweichen, sind diese Strategien stabil. In dem in Tabelle 13.2 dargestellten Beispiel kommt es dann zum Nash-Gleichgewicht, wenn beide Unternehmen Werbung betreiben. Unter Berücksichtigung der Entscheidung des Gegners erfährt jedes Unternehmen die Befriedigung, die bestmögliche Entscheidung für sich getroffen zu haben, und hat deshalb keinen Anreiz, diese Entscheidung zu verändern.

In § 12.2 erklären wir, dass das Cournot-Gleichgewicht ein Nash-Gleichgewicht ist, bei dem jedes Unternehmen die Produktionsentscheidung des Konkurrenten richtig einschätzt.

In Kapitel 12 haben wir das Nash-Gleichgewicht angewandt, um Produktion und Preisbildung oligopolistischer Unternehmen zu untersuchen. Beim Cournot-Modell etwa setzt jedes Unternehmen seine eigene Produktionsmenge fest und nimmt dabei die Produktionsmengen seiner Konkurrenten als gegebene Größen hin. Wir sahen, dass beim Cournot-Gleichgewicht kein Unternehmen den Anreiz hat, seine Produktionsmenge im Alleingang zu verändern, da jedes Unternehmen seine Entscheidung unter Berücksichtigung der Produktionsentscheidungen der Konkurrenten optimiert hat. Ein Cournot-Gleichgewicht ist also gleichzeitig ein Nash-Gleichgewicht.[6] Wir haben auch Modelle untersucht, bei denen Unternehmen ihr Preisniveau festsetzen und dabei die Preise ihrer Gegner als gegebene Größen hinnehmen. Und auch hier gilt, dass beim Nash-Gleichgewicht jedes Unternehmen unter Berücksichtigung der Preisentscheidungen seiner Konkurrenten den größtmöglichen Gewinn erzielt. Auch hier gibt es also keinen Anreiz, die Preise zu verändern.

---

5 Unsere Erläuterungen zum Nash-Gleichgewicht und zur Spieltheorie allgemein bewegen sich auf einem einführenden Niveau. Für eine tiefer gehende Behandlung der Spieltheorie und ihrer Anwendungsgebiete siehe James W. Friedman, *„Game Theory with Applications to Economics"*, New York, Oxford University Press, 1990; Drew Fudenberg und Jean Tirole, *„Game Theory"*, Cambridge, MA, MIT Press, 1991; und Avinash Dixit und Susan Skeath, *„Games of Strategy"*, 2. Auflage, New York, Norton, 1999.

6 Auch ein Stackelberg-Gleichgewicht ist ein Nash-Gleichgewicht. Dennoch gelten beim Stackelberg-Modell etwas andere Spielregeln. Hier trifft ein Unternehmen seine Produktionsentscheidung, bevor das andere dies tut. Unter diesen veränderten Voraussetzungen optimiert jedes Unternehmen unter Berücksichtigung der gegnerischen Entscheidungen sein eigenes Handeln.

13.3 Mehr zum Nash-Gleichgewicht

Es ist durchaus hilfreich, das Konzept des Nash-Gleichgewichts mit dem des Gleichgewichts dominanter Strategien zu vergleichen.

> *Dominante Strategien:* Wir tun das Bestmögliche unabhängig von den Entscheidungen der anderen. Die anderen tun das Bestmögliche unabhängig von unseren Entscheidungen.
>
> *Nash-Gleichgewicht*: Wir tun das Bestmögliche bei gegebenen Entscheidungen der anderen. Die anderen tun das Bestmögliche bei gegebenen Entscheidungen unsererseits.

Man erkenne, dass ein Gleichgewicht in dominanten Strategien ein Sonderfall des Nash-Gleichgewichts ist.

Im Werbespiel aus Tabelle 13.2 gibt es ein einziges Nash-Gleichgewicht – beide Firmen betreiben Werbung. Im Allgemeinen muss ein Spiel kein eindeutiges Nash-Gleichgewicht haben. Manche Spiele haben gar kein Nash-Gleichgewicht, während wieder andere mehrere haben (d.h. mehrere Strategiekombinationen sind stabil und aus sich heraus durchsetzbar). Einige weitere Beispiele werden uns helfen, dies noch klarer zu sehen.

Die Frage der Produktwahl Betrachten wir folgendes Beispiel, in dem es um die Frage der Produktwahl geht. Zwei Unternehmen, die Frühstücksflocken herstellen, sind auf einem Markt aktiv, auf dem zwei neue Sorten Frühstücksflocken mit Erfolg eingeführt werden können – vorausgesetzt jede neue Sorte wird nur von einem Unternehmen eingeführt. Es gibt einen Markt für neue knusprige Flocken und für neue süße Flocken. Jedes Unternehmen hat aber lediglich die finanziellen Mittel, um nur ein neues Produkt auf den Markt zu bringen. Die Auszahlungsmatrix beider Unternehmen könnte in etwa wie in Tabelle 13.3 dargestellt aussehen.

Tabelle 13.3

Die Frage der Produktwahl

		Unternehmen 2	
		Knusprig	**Süß**
Unternehmen 1	Knusprig	–5, –5	10, 10
	Süß	10, 10	–5, –5

In diesem Fall spielt es für keines der Unternehmen eine Rolle, welches der Produkte es herstellt – solange beide Unternehmen sich nicht für das gleiche Produkt entscheiden. Wenn sie sich absprechen könnten, würden sich die Unternehmen vermutlich darauf einigen, den Markt aufzuteilen. Was geschieht aber, wenn sich die Unternehmen *nichtkooperativ* verhalten müssen? Nehmen wir an, dass Unternehmen 1 auf irgendeine Weise – vielleicht mit Hilfe einer Pressemitteilung – ankündigt, dass es die süßen Frühstücksflocken neu auf den Markt bringen wird, und dass Unternehmen 2 (nach Erhalt dieser Nachricht) ankündigt, es werde die knusprigen Flocken auf den Markt bringen. Angesichts der

Annahmen, die jedes Unternehmen bezüglich der Entscheidungen des Konkurrenten getroffen hat, hat keines der beiden Unternehmen den Anreiz, sein Vorhaben zu ändern. Denn wenn es dieses Vorhaben in die Tat umsetzt, beträgt die Auszahlung 10; weicht es aber ab und die Konkurrenz bleibt bei ihrer Strategie, beträgt die Auszahlung −5. Daher ist die Strategiekombination im linken unteren Feld der Auszahlungsmatrix stabil und stellt ein Nash-Gleichgewicht dar: Bei gegebener Strategie des Gegners tut jedes Unternehmen das Bestmögliche und hat auch keinen Anreiz, dies zu verändern.

Man erkenne, dass auch das rechte obere Feld der Auszahlungsmatrix ein Nash-Gleichgewicht darstellt. Zu diesem Gleichgewicht kann es kommen, wenn Unternehmen 1 ankündigt, es wolle die knusprigen Flocken herstellen. Jedes Nash-Gleichgewicht ist stabil, denn *sobald die Strategien einmal festgelegt sind*, wird kein Spieler auf eigene Faust davon abweichen. Ohne zusätzliche Informationen können wir allerdings unmöglich wissen, *welche* Gleichgewichtssituation eintreten wird (knusprig/süß oder süß/knusprig) und ob es überhaupt zu einem Gleichgewicht kommen wird. Natürlich ist für beide Unternehmen der Anreiz groß, *eine* der beiden Gleichgewichtssituationen herzustellen, denn wenn sie beide die gleiche Sorte Frühstücksflocken herstellen, werden beide Geld verlieren. Die Tatsache, dass die beiden Unternehmen keine offenen Absprachen treffen dürfen, bedeutet nicht, dass es für sie nicht zum Nash-Gleichgewicht kommen kann. Wenn sich ein neuer Markt entwickelt, entsteht oft ein gegenseitiges Verständnis, wenn sich die betroffenen Unternehmen gegenseitig „signalisieren", welche weitere Entwicklung dieser Markt nehmen soll.

Das Standortspiel am Strand Nehmen wir nun an, dass wir (Y) und unser Konkurrent (C) beide planen, diesen Sommer am Strand Erfrischungsgetränke zu verkaufen. Der Strand ist 200 Meter lang, und die Sonnenanbeter verteilen sich gleichmäßig über die ganze Länge. Wir und unser Konkurrent verkaufen die gleichen Erfrischungsgetränke zu den gleichen Preisen, also werden die Konsumenten einfach zum jeweils nächsten Verkaufsstand gehen. An welcher Stelle am Strand sollen wir unseren Verkaufsstand aufbauen, und wo wird wohl unser Konkurrent seinen Stand platzieren?

Denkt man über diese Frage einen Moment nach, so wird man erkennen, dass die einzige Möglichkeit, ein Nash-Gleichgewicht zu erreichen, darin besteht, beide Verkaufsstände an derselben Stelle genau in der Strandmitte aufzubauen (siehe Abbildung 13.1). Um zu erkennen, warum dies so ist, nehmen wir zunächst an, unser Konkurrent platziert seinen Stand an einer anderen Stelle *(A)*. Um dorthin zu gelangen, muss man den Strand zu drei Vierteln überqueren. In diesem Fall würden auch wir mit unserem Stand nicht mehr in der Strandmitte bleiben wollen, sondern uns in der Nähe unseres Konkurrenten, genauer: gerade links von ihm, niederlassen. Denn dadurch würden wir fast drei Viertel des Marktes für uns erobern, während unser Konkurrent nur das restliche Viertel bekommt. Dieses Ergebnis stellt allerdings kein Gleichgewicht dar, denn natürlich würde unser Konkurrent dann in die Strandmitte umziehen, und wir würden es ihm gleichtun.

Mit Hilfe dieses „Standortspiels am Strand" können wir eine Reihe von Phänomenen besser verstehen. Sicher ist dem Leser schon einmal aufgefallen, dass an einem Straßenabschnitt von etwa drei bis vier Kilometern zwei oder drei Tankstellen oder auch mehrere Autohändler immer nahe beieinander liegen. Ebenso bewegen sich in einem Wahlkampf die Kandidaten der unterschiedlichen Parteien bei der Festlegung ihrer Parteiprogramme immer typischerweise in Richtung der politischen Mitte.

13.3 Mehr zum Nash-Gleichgewicht

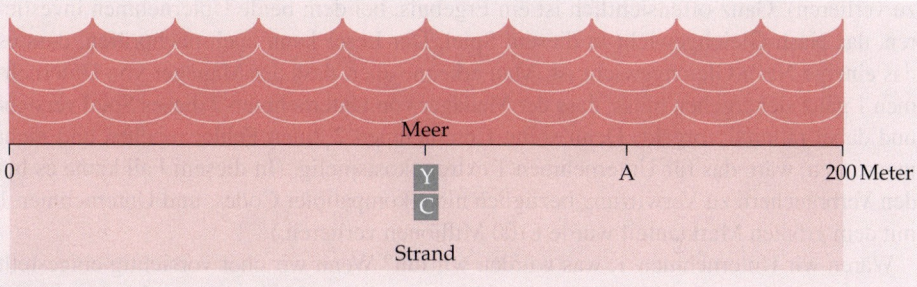

Abbildung 13.1: Standortspiel am Strand
Unser Konkurrent (C) und wir (Y) planen beide, am Strand Erfrischungsgetränke zu verkaufen. Wenn sich die Sonnenanbeter gleichmäßig auf den gesamten Strand verteilen und immer zum nächstgelegenen Verkaufsstand gehen, werden wir beide unsere Verkaufsstände nebeneinander in der Mitte des Strandes platzieren. Dies ist das einzigmögliche Nash-Gleichgewicht. Wenn unser Konkurrent zum Punkt A umzieht, werden wir ihm folgen und uns gerade links von ihm niederlassen, wo wir drei Viertel des gesamten Marktes beherrschen könnten. Daraufhin würde unser Konkurrent allerdings wieder zur Strandmitte umziehen, und wieder würden wir ihm dorthin folgen.

13.3.1 Maximin-Strategien

Das Konzept des Nash-Gleichgewichts beruht zum großen Teil auf der rationalen Denkweise der einzelnen Beteiligten. Die Wahl der Strategie hängt bei den einzelnen Spielern nicht nur davon ab, ob sie selbst rational denken, sondern auch davon, ob ihre Gegenspieler dies ebenfalls tun. Wie Tabelle 13.4 zeigt, kann dies durchaus eine Einschränkung darstellen.

Tabelle 13.4

Maximin-Strategie

		Unternehmen 2	
		Keine Investition	Investition
Unternehmen 1	Keine Investition	0, 0	–10, 10
	Investition	–100, 0	20, 10

In diesem Spiel konkurrieren zwei Unternehmen durch den Verkauf von Verschlüsselungssoftware. Da beide Unternehmen den gleichen Verschlüsselungscode verwenden, können Dokumente, die mit Hilfe einer Software verschlüsselt wurden, auch mit der anderen Software wieder entschlüsselt werden. Dies stellt für die Verbraucher einen Vorteil dar. Allerdings hat Unternehmen 1 einen weitaus größeren Marktanteil (da es früher auf den Markt kam und seine Software mehr Bedienungskomfort bietet). Beide Unternehmen überlegen nun, ob sie in die Entwicklung eines neuen Verschlüsselungscodes investieren sollen.

Man erkenne, dass die Entscheidung für die Investition für Unternehmen 2 eine dominante Strategie darstellt, da es dadurch – gleichgültig was Unternehmen 1 tut – immer besser gestellt sein wird. Unternehmen 1 sollte also davon ausgehen, dass Unternehmen 2 investieren wird. In diesem Fall wäre es auch für Unternehmen 1 besser zu investieren (und damit €20 Millionen zu verdienen) anstatt nicht zu investieren (und €10 Millionen zu verlieren). Ganz offensichtlich ist ein Ergebnis, bei dem beide Unternehmen investieren, das Nash-Gleichgewicht in diesem Spiel. Der Leser kann auch nachprüfen, dass es das einzige Nash-Gleichgewicht ist. Man erkenne aber, dass der Manager von Unternehmen 1 ganz sichergehen muss, dass der Manager von Unternehmen 2 dieses Spiel versteht und dabei rational vorgeht. Denn sollte Unternehmen 2 einen Fehler machen und nicht investieren, wäre das für Unternehmen 1 extrem kostspielig. (In diesem Fall käme es bei den Verbrauchern zu Verwirrung bezüglich nicht kompatibler Codes, und Unternehmen 1 mit dem größten Marktanteil würde €100 Millionen verlieren.)

Wären wir Unternehmen 1, was würden wir tun? Wenn wir eher vorsichtig eingestellt sind und uns Sorgen machen, dass das Management von Unternehmen 2 keine ausreichenden Informationen haben oder nicht rational handeln könnte, werden wir uns wahrscheinlich gegen eine Investition entscheiden. In diesem Fall würden wir im schlimmsten Fall €10 Millionen verlieren; doch die Gefahr, €100 Millionen zu verlieren, ist gebannt. Eine solche Strategie nennt man **Maximin-Strategie**, *da sie den minimal zu erreichenden Gewinn maximiert*. Wenn beide Unternehmen eine solche Maximin-Strategie anwenden würden, würde das bedeuten, dass Unternehmen 1 nicht investiert, während Unternehmen 2 investiert. Eine Maximin-Strategie ist vorsichtig, aber nicht gewinnmaximierend. (Unternehmen 1 etwa verliert dabei €10 Millionen anstatt €20 Millionen zu verdienen.) Wenn Unternehmen 1 allerdings *sicher wüsste*, dass Unternehmen 2 die Maximin-Strategie anwendet, würde es vorziehen, selbst auch zu investieren (und €20 Millionen zu verdienen) anstatt seiner eigenen Maximin-Strategie gemäß nicht zu investieren.

Maximierung der erwarteten Auszahlung Die Maximin-Strategie ist vorsichtig. Wenn sich Unternehmen 1 nicht sicher ist, was Unternehmen 2 tun wird, aber jeder möglichen Handlung von Unternehmen 2 Wahrscheinlichkeiten zuordnen könnte, könnte es stattdessen eine Strategie einsetzen, *die seine erwartete Auszahlung maximiert*. Nehmen wir zum Beispiel an, Unternehmen 1 geht davon aus, dass Unternehmen 2 mit einer Wahrscheinlichkeit von nur zehn Prozent nicht investieren wird. In diesem Fall ist die erwartete Auszahlung von Unternehmen 1 bei einer Investition (0,1)(–100) + (0,9)(20) = €8 Millionen. Investiert Unternehmen 1 nicht, so beträgt die erwartete Auszahlung (0,1)(0) + (0,9)(–10) = –€9 Millionen. Hier sollte Unternehmen 1 also ganz klar investieren.

Nehmen wir nun aber an, Unternehmen 1 geht davon aus, dass Unternehmen 2 mit einer Wahrscheinlichkeit von 30 Prozent nicht investieren wird. In diesem Fall ist die erwartete Auszahlung von Unternehmen 1 bei einer Investition (0,3)(–100) + (0,7)(20) = –€16 Millionen. Investiert Unternehmen 1 nicht, so beträgt die erwartete Auszahlung dagegen (0,3)(0) + (0,7)(–10) = –€7 Millionen. Unternehmen 1 wird sich also gegen eine Investition entscheiden.

Wir können sehen, dass die Strategie von Unternehmen 1 entscheidend davon abhängt, wie es die Wahrscheinlichkeit der verschiedenen Handlungsmöglichkeiten von Unternehmen 2 einschätzt. Diese Wahrscheinlichkeiten zu bestimmen, scheint auf den ersten Blick eine schwierige Aufgabe zu sein. Allerdings sehen sich Unternehmen oft großen Unsicherheiten ausgesetzt (z.B. bezüglich Marktbedingungen, zukünftigen Kosten und Konkurrentenverhalten) und müssen häufig aufgrund von Erwartungswerten und geschätzten Wahrscheinlichkeiten ihre Entscheidungen treffen.

Maximin-Strategie

Eine Strategie, die den minimal zu erreichenden Gewinn maximiert.

Zum Konzept des Erwartungswertes siehe § 5.1, wo er als gewichtetes Mittel der Auszahlungen aller möglichen Ergebnisse definiert wird, wobei die Wahrscheinlichkeit jedes Ergebnisses zur Gewichtung herangezogen wird.

13.3 Mehr zum Nash-Gleichgewicht

Das Gefangenendilemma Wo liegt im Fall des Gefangenendilemmas aus Kapitel 12 das Nash-Gleichgewicht? Tabelle 13.5 zeigt die Auszahlungsmatrix des Gefangenendilemmas. Erinnern wir uns, dass das ideale Ergebnis darin bestehen würde, dass keiner der Beschuldigten gesteht, denn in diesem Fall betrüge die Gefängnisstrafe für beide nur je zwei Jahre. Ein Geständnis ist aber für beide Gefangenen *die dominante Strategie* – daraus ergibt sich für jeden eine höhere Auszahlung, gleichgültig was der andere tut. Dominante Strategien sind auch gleichzeitig Maximin-Strategien. Also ist das Ergebnis, bei dem beide Gefangenen gestehen, sowohl das Nash-Gleichgewicht also auch die Maximin-Lösung. Umso rationaler ist es für jeden der beiden Gefangenen zu gestehen.

Tabelle 13.5

Gefangenendilemma

		Gefangener B	
		Gesteht	Gesteht nicht
Gefangener A	Gesteht	−5, −5	−1, −10
	Gesteht nicht	−10, −1	−2, −2

13.3.2 Gemischte Strategien

Bei allen Spielen, die wir bisher untersucht haben, ging es um Strategien, bei denen jeder Spieler eine ganz bestimmte Entscheidung trifft oder eine ganz bestimmte Handlung vornimmt, so z.B. zu werben oder nicht zu werben, den Preis bei €4 oder bei €6 anzusetzen etc. Solche Strategien nennt man **reine Strategien**. Es gibt jedoch auch Spiele, bei denen eine reine Strategie nicht das beste Ergebnis bringt.

Reine Strategie

Eine Strategie, bei der ein Spieler eine ganz bestimmte Entscheidung trifft oder eine ganz bestimmte Handlung vornimmt.

Das Münzspiel Ein Beispiel für ein solches Spiel ist das Münzspiel. Dabei entscheidet sich jeder Spieler für Kopf oder Zahl, und beide Spieler decken ihre Münzen gleichzeitig auf. Passen die Münzen zusammen (d.h. zeigen sie beide Kopf oder Zahl), so gewinnt Spieler A und erhält einen Euro von Spieler B. Passen die Münzen nicht zusammen, so gewinnt Spieler B und erhält einen Euro von Spieler A. Die Auszahlungsmatrix ist in Tabelle 13.6 dargestellt.

Tabelle 13.6

Das Münzspiel

		Spieler B	
		Kopf	Zahl
Spieler A	Kopf	1, −1	−1, 1
	Zahl	−1, 1	1, −1

Man erkenne, dass es in diesem Spiel kein Nash-Gleichgewicht geben kann, wenn beide Spieler eine reine Strategie wählen. Nehmen wir beispielsweise an, Spieler *A* entscheidet sich für die Strategie, seine Münze immer auf Kopf zu legen. In diesem Fall würde Spieler *B* also Zahl spielen wollen. Wählt aber Spieler *B* Zahl, so wird Spieler *A* natürlich auch Zahl spielen wollen. Keine Kombination von Kopf oder Zahl befriedigt hier beide Spieler – einer von beiden wird immer seine Strategie ändern wollen.

Obwohl es hier bei reinen Strategien kein Nash-Gleichgewicht geben kann, ist ein solches Gleichgewicht bei **gemischten Strategien** durchaus möglich. *Dies sind Strategien, bei denen die Spieler eine zufällige Entscheidung zwischen zwei oder mehr Handlungsmöglichkeiten treffen, ausgehend von einer Menge ausgewählter Wahrscheinlichkeiten.* In diesem Spiel könnte Spieler *A* beispielsweise einfach seine Münze werfen und dabei mit einer Wahrscheinlichkeit von jeweils 50 Prozent Kopf oder Zahl spielen. Wenn tatsächlich beide Spieler diese Strategie wählen, ergibt sich ein Nash-Gleichgewicht, denn dabei optimieren beide Spieler angesichts der Handlung des Gegners ihre Spielentscheidung. Man erkenne, dass das Ergebnis des Spiels reiner Zufall ist, jedoch ist die *erwartete Auszahlung* für jeden Spieler gleich null.

Es mag dem Leser seltsam erscheinen, ein Spiel mittels zufälliger Auswahl der Vorgehensweisen zu spielen. Er möge sich jedoch in die Lage von Spieler *A* versetzen und darüber nachdenken, was geschehen würde, wenn er irgendeine *andere* Strategie anstelle des gerade beschriebenen zufälligen Münzwurfs wählen würde. Was passiert etwa, wenn er sich immer für Kopf entscheidet? Wenn Spieler *B* das weiß, wird er sich natürlich für Zahl entscheiden, und Spieler *A* würde verlieren. Und selbst wenn Spieler *B* diese Strategie nicht kennt, könnte er sie nach mehrfacher Wiederholung des Spiels leicht erraten und daraufhin selbst eine Strategie wählen, die die andere aussticht. Und natürlich würde Spieler *A* spätestens dann seine Strategie ändern wollen – genau aus diesem Grund ist diese Situation kein Nash-Gleichgewicht. Nur wenn beide Gegner jeweils zufällig und mit einer Wahrscheinlichkeit von je 50 Prozent Kopf oder Zahl wählen, gäbe es für keinen von beiden einen Anreiz, von dieser Strategie abzuweichen. (Es lässt sich leicht nachprüfen, dass andere Wahrscheinlichkeiten, wie etwa 75 Prozent für Kopf und 25 Prozent für Zahl, nicht zum Nash-Gleichgewicht führen.)

Ein Grund, sich gemischten Strategien zuzuwenden, liegt also darin, dass manche Spiele (wie etwa das Münzspiel) bei reinen Strategien kein Nash-Gleichgewicht haben. Es lässt sich jedoch nachweisen, dass es in jedem Spiel mindestens *ein* Nash-Gleichgewicht gibt, wenn man die Anwendung gemischter Strategien mit einbezieht.[7] Das heißt also, dass gemischte Strategien dann Lösungen für Spieler liefern, wenn das mit reinen Strategien nicht möglich ist. Ob solche Lösungen mit gemischten Strategien allerdings sinnvoll sind, hängt natürlich vom jeweiligen Spiel und seinen Spielern ab. Für Glücksspiele wie das Münzspiel oder Poker beispielsweise sind gemischte Strategien wahrscheinlich sehr sinnvoll. Ein Unternehmen andererseits wird es für weniger sinnvoll halten, dass sein Konkurrent seinen Preis nach dem Zufallsprinzip festlegt.

Der Geschlechterkampf Einige Spiele weisen sowohl bei gemischten als auch bei reinen Strategien ein Nash-Gleichgewicht auf. Ein Beispiel hierfür ist der „Geschlechterkampf", ein Spiel, das dem Leser vielleicht schon bekannt ist. Es geht folgendermaßen:

Gemischte Strategie

Eine Strategie, bei der ein Spieler eine zufällige Entscheidung zwischen zwei oder mehr Handlungsmöglichkeiten trifft, ausgehend von einer Menge ausgewählter Wahrscheinlichkeiten.

---

[7] Genauer: jedes Spiel mit einer endlichen Anzahl an Spielern und einer endlichen Anzahl an Spielmöglichkeiten hat mindestens ein Nash-Gleichgewicht. Zum Beweis dieser These siehe David M. Kreps, „A Course in Microeconomic Theory", Princeton, NJ, Princeton University Press 1990, S. 409.

13.3 Mehr zum Nash-Gleichgewicht

Jim und Joan würden gerne den Samstagabend miteinander verbringen, haben jedoch unterschiedliche Vorlieben, was das Unterhaltungsprogramm betrifft. Jim würde gerne in die Oper gehen, während Joan sich lieber Wrestling ansehen würde. Wie die Auszahlungsmatrix in Tabelle 13.7 zeigt, würde Jim am liebsten mit Joan zusammen in die Oper gehen. Es ist ihm aber trotzdem lieber, mit Joan zum Wrestling als allein in die Oper zu gehen. Für Joan gilt umgekehrt das Gleiche.

Tabelle 13.7

Der Geschlechterkampf

		Jim	
		Wrestling	Oper
Joan	Wrestling	2, 1	0, 0
	Oper	0, 0	1, 2

Man erkenne zunächst, dass es in diesem Spiel bei der Anwendung reiner Strategien zwei Nash-Gleichgewichte gibt. Im einen Gleichgewichtsfall gehen Jim und Joan gemeinsam zum Wrestling und im anderen gemeinsam in die Oper. Joan würde natürlich das erste Ergebnis vorziehen, Jim das zweite. Beide Ergebnisse sind aber Nash-Gleichgewichte, denn weder Jim noch Joan würden in einem dieser Fälle ihre Entscheidung angesichts der Entscheidung des Partners ändern wollen.

Dieses Spiel hat aber auch ein Nash-Gleichgewicht, wenn gemischte Strategien zur Anwendung kommen: Joan wählt Wrestling mit einer Wahrscheinlichkeit von 2/3 und Oper mit einer Wahrscheinlichkeit von 1/3. Bei Jim liegt die Wahrscheinlichkeit, dass er die Oper wählt, bei 2/3 und die Wahrscheinlichkeit für Wrestling bei 1/3. Der Leser kann nachprüfen, dass Joan mit keiner anderen Strategie besser abschneidet, wenn sie diese Strategie wählt, und umgekehrt.[8] Das Ergebnis des Spiels ist Zufall, und Jim und Joan haben beide eine erwartete Auszahlung von 2/3.

Sollten wir davon ausgehen, dass Jim und Joan solche gemischten Strategien einsetzen? Wahrscheinlich nicht, es sei denn, beide sind sehr risikofreudig oder in gewisser Weise ein seltsames Paar. Indem sie sich auf eine Form der Abendunterhaltung einigen, erreicht jeder zumindest eine Auszahlung von 1, was die erwartete Auszahlung von 2/3 bei gemischten Strategien übersteigt. In diesem wie in vielen anderen Spielen stellen gemischte Strategien zwar eine weitere Lösung dar, diese ist aber nicht sehr realistisch. Also werden wir uns im restlichen Kapitel auf die Analyse reiner Strategien beschränken.

---

8 Nehmen wir an, Joan entscheidet nach dem Zufallsprinzip, wobei p die Wahrscheinlichkeit ist, dass ihre Wahl auf Wrestling fällt, und $(1-p)$ die Wahrscheinlichkeit, dass sie sich für die Oper entscheidet. Da Jim die Wahrscheinlichkeiten 1/3 für Wrestling und 2/3 für Oper anwendet, liegt die Wahrscheinlichkeit, dass beide Wrestling wählen werden, bei $(1/3)p$ und die Wahrscheinlichkeit, dass beide die Oper wählen werden, bei $(2/3)(1-p)$. Also ist für Joan die erwartete Auszahlung $2(1/3)p + 1(2/3)(1-p) = (2/3)p + 2/3 - (2/3)p = 2/3$. Dieser Wert ist unabhängig von p, so dass Joan kein besseres erwartetes Ergebnis erzielen kann, gleichgültig, welchen Wert sie für p wählt.

13.4 Wiederholte Spiele

In Kapitel 12 haben wir gesehen, dass sich Unternehmen auf oligopolistischen Märkten bei der Preis- oder Produktionsentscheidung oft in einem Gefangenendilemma befinden. Können diese Unternehmen einen Ausweg aus diesem Dilemma finden, so dass es zu einer oligopolistischen Koordination und Kooperation (ob offen oder stillschweigend) kommen kann?

Um diese Frage beantworten zu können, müssen wir erkennen, dass das Gefangenendilemma in der uns bisher bekannten Form seine Grenzen hat. Auch wenn einige Gefangene in ihrem Leben tatsächlich nur eine einzige Chance haben, zu gestehen oder eben nicht, ist es doch den meisten Unternehmen möglich, ihre Entscheidungen bezüglich Preis und Produktionsniveau immer wieder neu zu treffen. In der Realität spielen die meisten Unternehmen also **wiederholte Spiele**: Immer wieder werden Entscheidungen getroffen und Auszahlungen erzielt. Bei wiederholten Spielen können die angewandten Strategien komplexer werden. Mit jeder Wiederholung des Gefangenendilemmas beispielsweise kann sich ein Unternehmen durch sein Verhalten eine Reputation aufbauen und gleichzeitig das Verhalten des Gegners studieren.

Wie aber verändert eine Wiederholung das wahrscheinliche Ergebnis eines Spiels? Nehmen wir an, wir sind Unternehmen 1 und befinden uns in dem Gefangenendilemma, das in Tabelle 13.8 dargestellt ist. Wenn beide Unternehmen einen hohen Preis berechnen, wird für beide der Gewinn höher ausfallen, als wenn beide einen geringen Preis verlangen. Dennoch haben wir Angst, einen hohen Preis zu berechnen, denn wenn unser Konkurrent dann einen niedrigeren Preis verlangt, werden wir Geld verlieren, während unser Konkurrent davon profitieren wird. Was aber geschieht, wenn dieses Spiel immer wiederholt wird – wenn beispielsweise beide Unternehmen ihre Preise immer am Ersten jeden Monats gemeinsam veröffentlichen? Sollten wir dann nicht eine andere Strategie anwenden, etwa unseren Preis mit der Zeit verändern und damit auf das Verhalten unseres Konkurrenten reagieren?

> **Wiederholtes Spiel**
> Ein Spiel, bei dem immer wieder Handlungen vorgenommen und Auszahlungen erzielt werden.

Tabelle 13.8

Ein Preisbildungsproblem

		Unternehmen 2	
		Geringer Preis	**Hoher Preis**
Unternehmen 1	**Geringer Preis**	10, 10	100, −50
	Hoher Preis	−50, 100	50, 50

In einer interessanten Studie bat Robert Axelrod Spieltheoretiker, die ihrer Meinung nach beste Strategie für dieses Wiederholungsspiel zu entwickeln.[9] (Eine mögliche Strategie wäre folgende: „Wir beginnen mit einem hohen Preis und senken ihn allmählich. Wenn aber unser Konkurrent seinen Preis senkt, erhöhen wir unseren zunächst für eine Weile, bevor wir ihn wieder senken etc.") Danach ließ Axelrod diese Strategien in einer Computersimulation gegeneinander laufen, um zu sehen, welche die erfolgreichste war.

---

[9] Siehe Robert Axelrod, „The Evolution of Cooperation", New York, Basic Books, 1984.

13.4 Wiederholte Spiele

Die „Tit-for-Tat"-Strategie („Auge um Auge, Zahn um Zahn") Erwartungsgemäß funktionieren einige Strategien gegen manche Maßnahmen besser als gegen andere. Es ging jedoch darum, bei diesem Experiment die robusteste Strategie zu finden, d.h. die Strategie, die gegen *alle* oder fast alle anderen Strategien im Durchschnitt am erfolgreichsten war. Das Ergebnis war überraschend, denn die Strategie, die am erfolgreichsten abschnitt, war eine einfache **„Tit-for-Tat"-Strategie**. „Wir beginnen mit einem hohen Preis, den wir so lange halten, wie unser Konkurrent „kooperiert" und ebenfalls einen hohen Preis berechnet. Sobald aber unser Konkurrent seinen Preis senkt, ziehen wir sofort nach und reduzieren auch unseren Preis. Wenn sich unser Konkurrent später entscheidet, zu kooperieren und seinen Preis wieder zu erhöhen, werden wir unseren Preis auch sofort wieder erhöhen."

Warum ist diese „Tit-for-Tat"-Strategie am erfolgreichsten? Genauer gesagt, können wir erwarten, dass sich unser Gegner kooperativ verhalten (und einen hohen Preis berechnen) wird, wenn wir diese „Tit-for-Tat"-Strategie einsetzen?

Unendlich oft wiederholte Spiele Nehmen wir an, das Spiel wird *unendlich oft wiederholt*. Anders ausgedrückt, unser Konkurrent und wir setzen Monat für Monat unsere Preise neu fest. In diesem Fall ist ein kooperatives Verhalten die rational richtige Reaktion auf die „Tit-for-Tat"-Strategie. (Dies setzt voraus, dass unser Konkurrent weiß, oder den Schluss ziehen kann, dass wir eine „Tit-for-Tat"-Strategie einsetzen.) Um zu sehen, warum das so ist, nehmen wir an, dass unser Konkurrent in einem Monat einen geringen Preis ansetzt und uns unterbietet. In diesem Monat wird er einen hohen Gewinn erzielen. Unser Konkurrent weiß allerdings, dass wir im folgenden Monat ebenfalls einen geringen Preis ansetzen werden, so dass sein Gewinn sinken und auch weiterhin auf niedrigem Niveau bleiben wird, solange wir beide einen geringen Preis berechnen. Da das Spiel unendlich oft wiederholt wird, muss der kumulative Gewinnverlust jeden kurzfristigen Gewinn überwiegen, der durch das Unterbieten im ersten Monat entsteht. Also ist es nicht rational zu unterbieten.

Tatsächlich müssen unsere Konkurrenten bei einem unendlich wiederholten Spiel nicht einmal sicher wissen, dass wir „Tit-for-Tat" spielen, um selbst die Kooperation als rationale Strategie zu wählen. Selbst wenn unser Konkurrent davon ausgeht, dass wir nur *möglicherweise* „Tit-for-Tat" spielen, wird er es immer noch für rational halten, zu Beginn einen hohen Preis zu berechnen und diesen beizubehalten, solange wir das auch tun. Warum ist das so? Beim unendlich wiederholten Spiel wird der *erwartete* Gewinn aufgrund der Kooperation den Gewinn aufgrund des unterbotenen Preises überwiegen. Dies gilt auch dann, wenn die Wahrscheinlichkeit, dass wir „Tit-for-Tat" spielen (und damit weiterhin kooperieren) gering ist.

Endliche Anzahl an Wiederholungen Nehmen wir nun an, dass das Spiel *endlich* oft wiederholt wird – sagen wir N Monate lang. (N kann groß, muss aber endlich sein.) Wenn unser Konkurrent (Unternehmen 2) rational ist *und davon ausgeht, dass auch wir rational sind*, wird er folgende Überlegung anstellen: „Da Unternehmen 1 „Tit-for-Tat" spielen wird, können wir (Unternehmen 2) dessen Preis nicht unterbieten – *mit Ausnahme des letzten Monats*. Im letzten Monat *sollten* wir sogar unterbieten, denn dann können wir in diesem Monat einen hohen Gewinn erzielen, und danach wird das Spiel vorbei sein, so dass Unternehmen 1 nicht zurückschlagen kann. Also werden wir bis zum letzten Monat einen hohen Preis verlangen, und im letzten Monat den Preis senken.

Da aber wir (Unternehmen 1) die gleiche Überlegung angestellt haben, planen auch wir, im letzten Monat einen geringen Preis zu berechnen. Natürlich kann Unternehmen 2 auch zu diesem Ergebnis kommen und es *weiß* deshalb, dass auch wir im letzten Monat

---

„Tit-for-Tat"-Strategie („Auge um Auge, Zahn um Zahn")

Eine Strategie beim wiederholten Spiel, bei der ein Spieler auf die Aktionen des Gegners reagiert, indem er mit kooperativen Gegnern zusammenarbeitet und unkooperative Gegner angreift.

einen niedrigen Preis verlangen wollen. Wie steht es dann aber mit dem vorletzten Monat? Da es im letzten Monat ohnehin zu keinem kooperativen Verhalten kommen wird, beschließt Unternehmen 2, auch im vorletzten Monat bereits den Preis des Konkurrenten mit einem geringen Preis zu unterbieten. Wir kommen aber natürlich zu dem gleichen Schluss und planen also *auch* einen niedrigen Preis für den vorletzten Monat. Und da sich diese Überlegung auf jeden einzelnen Monat übertragen lässt, löst sich das Spiel auf. Das einzige rationale Ergebnis für beide Unternehmen ist, jeden Monat einen geringen Preis zu berechnen.

„Tit-for-Tat"-Strategie in der Praxis

Da die meisten von uns nicht davon ausgehen können, ewig zu leben, würde das Argument der Auflösung für die „Tit-for-Tat"-Strategie nur wenig Sinn machen und wir befänden uns tatsächlich in einem Gefangenendilemma. In der Tat kann die „Tit-for-Tat"-Strategie manchmal funktionieren und Kooperation vorherrschen. Dafür gibt es zwei Hauptgründe.

Erstens wissen die meisten Manager nicht, wie lange sie mit ihren Wettbewerbern konkurrieren werden. Dadurch wird kooperatives Verhalten zu einer guten Strategie. Wenn der Endpunkt des wiederholten Spiels unbekannt ist, findet das Argument der Auflösung, das mit der klaren Erwartung der Unterbietung im letzten Monat beginnt, keine Anwendung mehr. Wie bei einem unendlich oft wiederholten Spiel wäre es rational, eine „Tit-for-Tat"-Strategie zu verfolgen.

Zweitens könnte der Konkurrent gewisse Zweifel im Hinblick auf das Ausmaß meiner Rationalität haben.

Nehmen wir an, unser Konkurrent *glaubt* (er muss nicht sicher wissen), dass wir „Tit-for-Tat" spielen werden. Außerdem glaubt er, dass wir vielleicht blind „Tit-for-Tat" spielen werden, d.h. er glaubt, dass wir unter Umständen die logischen Konsequenzen eines endlichen Zeithorizontes nicht bis ins letzte Detail bedacht haben und deshalb eventuell nur eingeschränkt rational handeln. Unser Konkurrent könnte beispielsweise denken, wir hätten nicht bedacht, dass er im letzten Monat unsere Preise unterbieten wird und dass wir dementsprechend auch einen geringeren Preis im letzten Monat berechnen sollten etc. „*Vielleicht*," so denkt unser Konkurrent, „wird Unternehmen 1 blind „Tit-for-Tat" spielen und immer einen hohen Preis verlangen, solange wir dies tun." Dann (vorausgesetzt, der Zeithorizont ist lang genug) ist es für unseren Konkurrenten rational, bis zum letzten Monat einen hohen Preis zu verlangen (und uns dann zu unterbieten).

Man erkenne, dass es uns hier besonders auf das Wort „vielleicht" ankommt. „Unser Konkurrent muss nicht sicher wissen, dass wir blind „Tit-for-Tat" spielen oder wir überhaupt „Tit-for-Tat" spielen werden. Allein die *Möglichkeit*, dass dies eintritt, kann die Kooperation (bis gegen Ende des Spiels) zu einer guten Strategie werden lassen, wenn der Zeithorizont lang genug ist. Selbst wenn die Einschätzung unseres Konkurrenten über die Wahl unserer Spielstrategie falsch ist, ist die Kooperation *bezüglich des Erwartungswertes* eine gewinnbringende Strategie. Bei einem langfristigen Zeithorizont kann die Summe aus gegenwärtigen und zukünftigen Gewinnen, gewichtet mit der Wahrscheinlichkeit, mit der die Einschätzung zutrifft, die Summe der Gewinne, die in einem Preiskrieg zu erzielen sind, überwiegen, selbst wenn der Konkurrent als Erster unterbietet. Schließlich können wir, wenn wir falsch liegen und unser Konkurrent einen niedrigen Preis ansetzt, unsere Strategie ändern, wobei wir lediglich den Gewinn eines Monats verlieren – dies ist ein geringer Verlust gemessen an den beträchtlichen Gewinnen, die beide Konkurrenten erzielen könnten, wenn sie beide ihre Preise hoch ansetzen.

Die meisten Manager wissen nicht, wie lange ihr Konkurrenzkampf mit einem Rivalen dauern wird; und diese Tatsache führt auch dazu, dass kooperatives Verhalten zu einer guten Strategie wird. Wenn der Endpunkt eines wiederholten Spiels unbekannt ist, lässt sich die Argumentationskette, die mit der klaren Erwartung beginnt, dass die Preise im letzten Monat unterboten werden, nicht länger aufrechterhalten. Ebenso wie beim unendlich wiederholten Spiel wird es also auch hier rational sein, „Tit-for-Tat" zu spielen.

Folglich kann es beim wiederholten Spiel eine kooperative Lösung für das Gefangenendilemma geben. Und auf den meisten Märkten wird ein Spiel tatsächlich über einen langen und unvorhersehbaren Zeitraum ständig wiederholt, und viele Manager zweifeln daran, ob ihre Konkurrenten und auch sie selbst immer „vollkommen rational" handeln. Daraus ergibt sich, dass in manchen Branchen, besonders dort, wo nur wenige Unternehmen über einen längeren Zeitraum und unter stabilen Nachfrage- und Kostenbedingungen agieren, gegenseitige Kooperation herrscht, ohne dass ausdrückliche Vereinbarungen getroffen wurden. (Die unten beschriebene Wasseruhrenindustrie ist hierfür ein Beispiel.) In vielen anderen Industriezweigen gibt es dagegen nur wenig oder gar keine Kooperation.

Manchmal bricht eine Kooperation zusammen oder sie beginnt erst gar nicht, weil es zu viele Unternehmen auf dem Markt gibt. Noch öfter liegt die Ursache für fehlgeschlagene Kooperationen in sich schnell verändernden Nachfrage- und Kostenbedingungen. Unsicherheiten bezüglich Nachfrage und Kostenstruktur erschweren es den Unternehmen, eine stillschweigende Übereinkunft darüber zu treffen, wie ihre Kooperation aussehen soll. (Wir erinnern uns, dass eine *ausdrückliche* Vereinbarung aufgrund von Treffen und Diskussionen zu einer Verletzung der Kartellgesetze führen könnte.) Nehmen wir zum Beispiel an, dass ein Unternehmen aufgrund von Kostenunterschieden oder unterschiedlichen Einschätzungen der Nachfrage einen Preis von €50 für den richtigen Kooperationspreis hält, während dieser für ein zweites Unternehmen bei €40 liegt. Verlangt das zweite Unternehmen nun €40, so könnte das in den Augen des ersten Unternehmens bedeuten, dass es ihm Marktanteile streitig machen möchte. Die Reaktion des zweiten Unternehmens wäre dann gemäß der „Tit-for-Tat"-Strategie ganz klar eine weitere Preissenkung auf €35. Ein Preiskrieg ist in diesem Fall sehr wahrscheinlich.

> ### Beispiel 13.2: Oligopolistische Kooperation in der Wasseruhrenindustrie
>
> Seit ungefähr vier Jahrzehnten werden fast alle Wasseruhren, die in den Vereinigten Staaten von Amerika verkauft werden, von vier amerikanischen Firmen hergestellt: Rockwell International, Badger Meter, Neptune Water Meter Company und Hersey Products.[10]
>
> Die meisten Käufer von Wasseruhren sind städtische Wasserwerke, die die Uhren in Wohn- und Geschäftshäusern installieren, um so den Wasserverbrauch zu messen ▶

---

10 Dieses Beispiel basiert teilweise auf der von Nancy Taubenslag zusammengestellten Fallstudie „*Rockwell International*", Harvard Business School Case No. 9-383-019, Juli 1983. In den späten 1980er Jahren wurde Rockwell aufgeteilt und der Bereich Wasseruhren an British Tyre & Rubber veräußert, das später Teil von Insys wurde. Insys wiederum ist ein multinationales Unternehmen, das in den Vereinigten Staaten Wasseruhren unter dem Markennamen Foxboro verkauft. Hersey wurde 1999 ein Tochterunternehmen von Mueller Products, verkauft allerdings immer noch Wasseruhren unter dem Namen Hersey. Badger und Neptune treten immer noch als Einzelunternehmen auf.

und den Verbrauchern den entsprechenden Betrag in Rechnung zu stellen. Da die Kosten für diese Uhren nur einen kleinen Teil der Gesamtkosten für die Wasserversorgung ausmachen, sind die Wasserwerke hauptsächlich darauf bedacht, dass die Uhren exakt und zuverlässig arbeiten. Der Preis spielt keine große Rolle, und die Nachfrage ist sehr unelastisch. Auch ist die Nachfrage sehr stabil; da ja jedes neue Gebäude eine Wasseruhr braucht, wächst der Bedarf stetig mit dem Anstieg der Bevölkerungszahl.

Außerdem bestehen zwischen den Wasserwerken und den Wasseruhrenherstellern in der Regel sehr langfristige Geschäftsbeziehungen, und die Wasserwerke haben kein Interesse daran, den Anbieter zu wechseln. Da es jedem Marktneuling extrem schwer fallen wird, etablierten Unternehmen Kunden abzuwerben, besteht auf dem Markt eine erhebliche Eintrittsbarriere. Auch die beträchtlichen Größenvorteile stellen eine weitere Eintrittsbarriere dar. Denn um einen nennenswerten Marktanteil zu erobern, muss ein Unternehmen, das neu auf den Markt kommt, in den Bau einer Großfabrik investieren. Diese Anforderung schließt Markteintritte neuer Unternehmen praktisch aus.

Da die Nachfrage unelastisch und stabil ist und außerdem keine Gefahr besteht, dass neue Konkurrenten auf den Markt drängen, könnten die vier etablierten Firmen durch eine gemeinsame kooperative Preisfestsetzung beträchtliche Monopolgewinne erzielen. Wenn sie andererseits einen aggressiven Konkurrenzkampf führen und sich gegenseitig im Preis unterbieten, um ihren jeweiligen Marktanteil zu erhöhen, würden ihre Gewinne bis fast auf Wettbewerbsniveau absinken. Die Unternehmen befinden sich also in einem Gefangenendilemma. Kann sich kooperatives Verhalten durchsetzen?

Es kann und hat sich auch durchgesetzt. Erinnern wir uns, dass immer dieselben vier Firmen seit Jahrzehnten ein *wiederholtes Spiel* spielen. Die Nachfrage ist stabil und vorhersehbar, und allen Unternehmen war es möglich, über Jahre hinweg die eigene Kostensituation und die Kostensituation der Konkurrenten genau einzuschätzen. In einer solchen Situation funktioniert die „Tit-for-Tat"-Strategie optimal, denn für jedes Unternehmen zahlt sich eine Kooperation aus, solange die Konkurrenten ebenfalls kooperieren.

Also verhalten sich die vier Unternehmen als wären sie allesamt Mitglieder desselben Country-Clubs. Nur selten wird ein Versuch gestartet, den Preis zu unterbieten, und jedes Unternehmen scheint mit seinem etablierten Marktanteil zufrieden zu sein. Dieses Geschäft mag zwar langweilig erscheinen, es ist aber auch sehr rentabel. Denn alle vier Unternehmen erzielen Renditen, die weit über dem Niveau von Industriezweigen liegen, in denen größerer Wettbewerb herrscht.

Beispiel 13.3: Wettbewerb und Kollusion in der US-Luftfahrtindustrie

Im März 1983 trat American Airlines, dessen Präsident Robert Crandall durch seine kreativen Telefonanrufe berühmt wurde (siehe Beispiel 10.5, Seite 529), mit dem Vorschlag an die Öffentlichkeit, alle Fluggesellschaften sollten ihre Flugpreise auf der Basis der Flugentfernung in Meilen vereinheitlichen. Der Preis pro Meile sollte von der gesamten Fluglänge abhängen, wobei der niedrigste Preis bei 15 Cent pro Meile für Entfernungen über 2.500 Meilen liegen sollte. Bei kürzeren Entfernungen ▶

sollte der Preis pro Meile entsprechend ansteigen, und der höchste Preis, 53 Cent pro Meile, sollte für Entfernungen unter 250 Meilen gelten. Ein einfacher Flug in der Touristenklasse von Boston nach Chicago beispielsweise – eine Entfernung von 932 Meilen – würde demnach also $233 kosten (basierend auf einem Meilenpreis von 25 Cent für Entfernungen zwischen 751 und 1.000 Meilen).

Dieser Vorschlag hätte die vielen verschiedenen Tarife – von denen einige erheblich verbilligt waren – ersetzt, die es zum damaligen Zeitpunkt gab. Der Preis für einen Flug von einer Stadt zur anderen würde nach diesem System lediglich von der Entfernung zwischen beiden Städten abhängen. Ein Vizepräsident von American Airlines formulierte es so: „Die neue vereinfachte Tarifstruktur wird die Verwirrung um die Flugpreise erheblich reduzieren." Die meisten anderen großen Fluggesellschaften reagierten sehr positiv auf diesen Plan und begannen bereits damit, ihn umzusetzen. Ein Vizepräsident von TWA sagte: „Das ist ein guter Schritt. Er ist sehr kaufmännisch." Auch United Airlines kündigte rasch an, es werde den Tarifplan für die Routen übernehmen, auf denen es mit American Airlines konkurrierte, was für den Großteil seiner Flugrouten galt. TWA und Continental kündigten an, sie würden den Plan auf allen ihren Routen übernehmen.[11]

Warum aber schlug American Airlines diese Tarifstruktur vor, und was machte sie für die anderen Fluggesellschaften so attraktiv? Ging es wirklich darum, „die Verwirrung um die Flugpreise zu reduzieren?" Die Antwort darauf lautet nein; vielmehr kam es den Fluggesellschaften darauf an, den Preiswettbewerb einzuschränken und ein stillschweigendes Preisabkommen zu erreichen. Der Kampf um Marktanteile hatte die Flugpreise jahrelang nach unten gedrückt. Und außerdem hatte Robert Crandall ja erst knapp ein Jahr zuvor erfahren müssen, dass eine offene telefonische Preisabsprache illegal ist. Also würden die Unternehmen stattdessen ihre Preise stillschweigend gemeinsam festlegen, indem sie sich auf die Verwendung desselben Tarifsystems einigten.

Doch der Plan schlug fehl, denn er fiel dem Gefangenendilemma zum Opfer. Nur zwei Wochen nachdem der Plan bekanntgegeben und von den meisten Fluggesellschaften bereits übernommen worden war, senkte die Fluggesellschaft Pan Am, die mit ihrem kleinen US-Marktanteil unzufrieden war, ihre Flugpreise.

Aus Angst, ihre eigenen Marktanteile zu verlieren, passten American, United und TWA ihre eigenen Flugtarife schnellstens an. Die Preisunterbietungen begannen von neuem und von dem neuen Plan war – zum Segen für die Verbraucher – bald keine Rede mehr.

Im April 1992 stellte American Airlines eine zweite, vereinfachte vierstufige Tarifstruktur vor, die die meisten anderen Fluggesellschaften rasch übernahmen. Doch auch dieser Plan fiel bald erneuten Wettbewerbsrabatten zum Opfer. Im Mai 1992 führte Northwest Airlines ein „Freiflugprogramm für Kinder" an, worauf American Airlines mit einem Sommer-Sonderverkauf zum halben Preis reagierte, den andere Anbieter sofort übernahmen. Folglich verlor die Luftfahrtindustrie Umsätze in Milliardenhöhe.

Warum ist der Wettbewerb bei der Flugpreisfestsetzung so aggressiv? Die Fluggesellschaften planen ihre Routenkapazitäten zwei bis drei Jahre im Voraus, treffen aber ihre Preisentscheidungen sehr kurzfristig von Monat zu Monat oder gar von Woche zu Woche. Kurzfristig gesehen sind die Grenzkosten, die sich aus der Beförderung ▶

---

11 „American to Base Fares on Mileage", *New York Times*, 15. März 1983, „Most Big Airlines Back American's Fare Plan", *New York Times*, 17. März 1983.

weiterer Passagiere ergeben, sehr gering – im Grunde sind das nur die Kosten für ein Erfrischungsgetränk und eine Tüte Erdnüsse. Daraus ergibt sich für jede Fluggesellschaft der Anreiz, ihre Flugpreise zu senken und dadurch ihren Konkurrenten Passagiere abzuwerben. Außerdem schwankt die Nachfrage nach Flugtickets oft in unvorhersehbarer Weise. All diese Faktoren verhindern eine stillschweigende Preiskooperation.

Ein aggressiver Wettbewerb ist also auch weiterhin die Regel in der Luftfahrtindustrie der USA. So führten 2002 sowohl American Airlines als auch US Airways Preiserhöhungen ein, nur um sie sofort wieder abzuschaffen als klar wurde, dass andere Fluggesellschaften nicht mitzogen. Tatsache ist sogar, dass der Preiswettbewerb aus verschiedenen Gründen in den letzten Jahren noch härter geworden ist. Zunächst können heute Billigfluglinien – z.B. Southwest und JetBlue – Millionen preisbewusster Verbraucher für sich gewinnen; sie zwingen so die großen Fluggesellschaften, ihre Preise ebenfalls zu senken. Außerdem sind die Fluglinien in Zeiten schleppender Nachfrage gezwungen, ihre Preise zu reduzieren, um Kunden anwerben zu können. Und auch das Internet trägt mit Reiseseiten wie Expedia, Orbitz und Travelocity dazu bei, dass viele Verbraucher online Preise vergleichen und Flüge buchen, was den Preiswettbewerb verstärkt. Diese neuen Entwicklungen haben schon viele große Fluggesellschaften in den Bankrott getrieben und für Millionenverluste in der gesamten Branche gesorgt.

13.5 Sequenzielle Spiele

Sequenzielles Spiel

Ein Spiel, bei dem die Spieler jeweils abwechselnd handeln und dabei auf die Handlungen und Reaktionen der Mitspieler reagieren.

In den meisten Spielen, die wir bisher erörtert haben, handeln beide Spieler gleichzeitig. Beim Cournot-Duopol-Modell beispielsweise entscheiden beide Unternehmen gleichzeitig über das Produktionsniveau. Beim **sequenziellen Spiel** handeln die Spieler abwechselnd. Das Stackelberg-Modell, das wir in Kapitel 12 behandelt haben, ist ein Beispiel für ein sequenzielles Spiel, denn hier setzt ein Unternehmen sein Produktionsniveau fest, bevor das andere dies tut. Es gibt noch viele weitere Beispiele, so etwa die Werbeentscheidung eines Unternehmens und die folgende Reaktion eines Konkurrenten; eine eintrittsabschreckende Investition eines etablierten Unternehmens und die Entscheidung eines potenziellen Konkurrenten, ob er daraufhin in den Markt eintritt oder nicht; oder eine neue gesetzliche Regelung und die darauf folgende Investition und Produktionsveränderung des betroffenen Unternehmens.

Im restlichen Kapitel werden wir uns eine Reihe sequenzieller Spiele ansehen. Wie wir sehen werden, sind diese Spiele oft leichter zu analysieren als solche Spiele, bei denen die Spieler gleichzeitig handeln. Bei einem sequenziellen Spiel kommt es darauf an, die möglichen Handlungen und rationalen Reaktionen jedes Spielers zu durchdenken.

Nehmen wir als einfaches Beispiel nochmals die Frage der Produktwahl, die wir bereits in Abschnitt 13.3 betrachtet haben. Bei diesem Problem sind zwei Unternehmen mit einem Markt konfrontiert, auf dem zwei Sorten Frühstücksflocken erfolgreich eingeführt werden könnten, vorausgesetzt jedes Unternehmen führt nur eine der beiden Sorten ein. Dieses Mal wollen wir aber die Auszahlungsmatrix leicht verändern. Wie Tabelle 13.9 zeigt, werden sich die neuen süßen Flocken in jedem Fall besser verkaufen als die neuen knusprigen Flocken, denn mit ihnen lässt sich ein Gewinn von 20 anstatt von 10 erzielen (vielleicht weil die Mehrzahl der Verbraucher lieber Süßes anstatt Knuspriges mag). Beide Frühstücksflocken werfen jedoch beim Verkauf einen Gewinn ab, immer noch vorausgesetzt, dass jede Sorte nur von einem Unternehmen eingeführt wird. (Vergleiche Tabelle 13.9 mit Tabelle 13.3, Seite 665.)

Tabelle 13.9

Die Frage der Produktwahl (modifiziert)

		Unternehmen 2	
		Knusprig	**Süß**
Unternehmen 1	**Knusprig**	–5, –5	10, 20
	Süß	20, 10	–5, –5

Nehmen wir an, beide Unternehmen müssen ihre Entscheidung unabhängig voneinander und gleichzeitig bekannt geben, ohne die Pläne des Konkurrenten zu kennen. In diesem Fall werden sich beide wahrscheinlich für die süßen Flocken entscheiden – und beide werden Geld verlieren.

Nehmen wir nun an, Unternehmen 1 ist schneller produktionsfertig und kann seine neuen Frühstücksflocken zuerst einführen. Nun ergibt sich ein sequenzielles Spiel. Zuerst führt Unternehmen 1 neue Frühstücksflocken ein, dann Unternehmen 2. Was wird das Ergebnis dieses Spiels sein? Bei seiner Entscheidungsfindung muss Unternehmen 1 die rationale Reaktion von Unternehmen 2 berücksichtigen. Es weiß, gleichgültig für welche Flockensorte es sich entscheidet, Unternehmen 2 wird immer die andere Sorte wählen. Also wird Unternehmen 1 die süßen Flocken einführen, denn es weiß, dass Unternehmen 2 daraufhin die knusprigen Flocken wählen wird.

13.5.1 Die extensive Form eines Spiels

Zwar kann man das Ergebnis dieses sequenziellen Spiels aus der Auszahlungsmatrix in Tabelle 13.9 ablesen, aber manche sequenziellen Spiele lassen sich dennoch leichter visualisieren, wenn wir die möglichen Handlungen in Form eines Entscheidungsbaums darstellen. Diese Darstellung wird **extensive Form eines Spiels** genannt. Sie ist in Abbildung 13.2 zu sehen. Diese Abbildung zeigt die möglichen Handlungen von Unternehmen 1 (Einführung der süßen oder der knusprigen Frühstücksflocken) sowie die möglichen Reaktionen von Unternehmen 2 (U. 2) auf jede dieser Handlungen. Die sich ergebende Auszahlung steht am Ende jedes Astes. Führt Unternehmen 1 beispielsweise die knusprigen Flocken ein und Unternehmen 2 entscheidet sich daraufhin auch für die knusprigen Flocken, beträgt die Auszahlung jedes Unternehmens –5.

Um die Lösung für dieses Spiel in extensiver Form zu ermitteln, müssen wir vom Ende her rückwärts vorgehen. Für Unternehmen 1 ist die beste Handlungsfolge diejenige, bei der es selbst 20 verdient, während Unternehmen 2 10 verdient. Daraus kann es leicht ableiten, dass es selbst die süßen Flocken einführen sollte, worauf Unternehmen 2 dann mit der Einführung der knusprigen Flocken reagiert.

> **Extensive Form eines Spiels**
>
> Darstellung möglicher Handlungen in einem Spiel in Form eines Entscheidungsbaums.

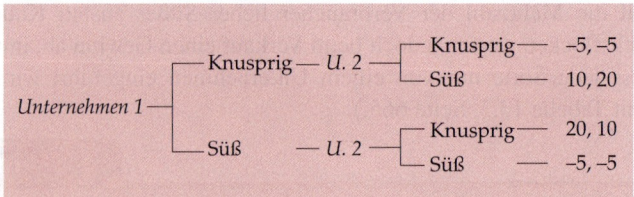

Abbildung 13.2: Produktwahlspiel in extensiver Form

13.5.2 Der Vorteil des ersten Zuges

In diesem Produktwahlspiel hat derjenige, der zuerst handelt, einen klaren Vorteil. Durch die Einführung der süßen Frühstücksflocken schafft Unternehmen 1 eine feststehende Tatsache, die Unternehmen 2 im Grunde als einzige Wahlmöglichkeit lässt, die knusprigen Flocken einzuführen. Dies entspricht weitgehend dem Vorteil des ersten Zuges, wie wir ihn in Kapitel 12 beim Stackelberg-Modell kennen gelernt haben. In diesem Modell kann das Unternehmen, das zuerst am Zug ist, ein hohes Produktionsniveau ansetzen und somit seinem Konkurrenten nur die Wahl lassen, selbst auf niedrigem Niveau zu produzieren.

Um diesen Vorteil des ersten Zuges genauer zu untersuchen, ist es sinnvoll, an dieser Stelle das Stackelberg-Modell nochmals zu betrachten und mit dem Cournot-Modell zu vergleichen, bei dem beide Unternehmen ihre Produktionsmenge gleichzeitig festlegen. Wie in Kapitel 12 werden wir auch in diesem Beispiel zwei Duopolisten betrachten, die mit folgender Marktnachfragekurve konfrontiert sind:

$$P = 30 - Q$$

wobei Q die gesamte Produktionsmenge, also $Q = Q_1 + Q_2$ ist. Auch hier werden wir annehmen, dass die Grenzkosten beider Unternehmen bei null liegen. Erinnern wir uns, dass in diesem Fall das Cournot-Gleichgewicht bei $Q_1 = Q_2 = 10$ liegt, so dass $P = 10$ ist und jedes Unternehmen einen Gewinn von 100 erzielt. Erinnern wir uns außerdem, dass im Fall einer Kollusion beide Unternehmen das Produktionsniveau auf $Q_1 = Q_2 = 7{,}5$ festlegen würden, so dass $P = 15$ und jedes Unternehmen einen Gewinn von 112,5 erzielt. Schließlich wissen wir aus Abschnitt 12.3, dass beim Stackelberg-Modell, bei dem Unternehmen 1 als erstes handelt, das Ergebnis bei $Q_1 = 15$ und $Q_2 = 7{,}5$ liegt, so dass $P = 7{,}5$ ist und die Gewinne jeweils 112,5 und 56,25 betragen.

Dieses und einige weitere mögliche Ergebnisse sind in der Auszahlungsmatrix in Tabelle 13.10 zusammengefasst. Wenn beide Unternehmen gleichzeitig handeln, besteht die einzige mögliche Lösung des Spiels darin, dass beide jeweils 10 produzieren und einen Gewinn von 100 erzielen. Bei diesem Cournot-Gleichgewicht optimiert jedes Unternehmen seine Entscheidungen bei gegebenen Entscheidungen des Konkurrenten. Handelt Unternehmen 1 jedoch als erstes, so weiß es, dass sein Handeln die Wahlmöglichkeiten von Unternehmen 2 einschränken wird. Wenn Unternehmen 1 7,5 produziert, so kann man in der Auszahlungsmatrix ablesen, dass die bestmögliche Reaktion von Unternehmen 2 darin besteht, selbst 10 zu produzieren. In diesem Fall liegt der Gewinn für Unternehmen 1 bei 93,75 und für Unternehmen 2 bei 125. Wenn Unternehmen 1 dagegen 10 produziert, wird sich auch Unternehmen 2 entscheiden, 10 zu produzieren, und beide Unternehmen werden 100 verdienen. Setzt

---

In § 12.2 erklären wir, dass das Stackelberg-Modell ein Oligopol Modell ist, bei dem ein Unternehmen seine Produktionsentscheidung trifft, bevor die anderen dies tun.

In § 12.2 erklären wir, dass beim Cournot-Modell jedes Unternehmen die Produktionsmenge der Konkurrenten als feststehende Größe betrachtet, und dass alle Unternehmen gleichzeitig entscheiden, wie viel sie produzieren.

aber Unternehmen 1 $Q_1 = 15$ an, so wird Unternehmen 2 $Q_2 = 7{,}5$ setzen, so dass Unternehmen 1 112,5 und Unternehmen 2 nur 56,25 verdient. Also liegt der höchstmögliche Gewinn für Unternehmen 1 bei 112,5; und es kann ihn erzielen, wenn es $Q_1 = 15$ setzt. Verglichen mit dem Cournot-Modell ist dieses Ergebnis für Unternehmen 1, das zuerst handelt, weitaus besser, während Unternehmen 2 weitaus schlechter abschneidet.

Tabelle 13.10

Wahl des Produktionsniveaus

		Unternehmen 2		
		7,5	10	15
Unternehmen 1	7,5	112,5; 112,5	93,75; 125	56,25; 112,5
	10	125; 93,75	100; 100	50; 75
	15	112,5; 56,25	75; 50	0; 0

13.6 Drohungen, Verpflichtungen und Glaubwürdigkeit

Das Produktwahlproblem und das Stackelberg-Modell sind zwei Beispiele dafür, wie ein Unternehmen, das den ersten Zug macht, eine feststehende Tatsache schaffen kann, die ihm einen Vorteil gegenüber seinem Konkurrenten bringt. In diesem Abschnitt werden wir diesen Vorteil des ersten Zuges genauer betrachten. Außerdem werden wir bestimmen, aufgrund *welcher* Faktoren ein Unternehmen den ersten Zug macht. Wir werden uns auf die folgende Frage konzentrieren: *Welche Entscheidungen kann ein Unternehmen treffen, um sich auf dem Markt einen Vorteil zu verschaffen?* Wie könnte ein Unternehmen beispielsweise potenzielle Konkurrenten vom Markteintritt abschrecken oder existierende Konkurrenten dazu bringen, ihre Preise zu erhöhen, ihr Produktionsniveau zu senken oder den Markt ganz zu verlassen?

Es sei daran erinnert, dass im Stackelberg-Modell das Unternehmen, das den ersten Zug gemacht hat, einen Vorteil erzielte, indem es *sich auf einen großen Output festgelegt hat*. Eine Festlegung zu treffen – was das zukünftige Verhalten beschränkt – ist von entscheidender Bedeutung. Um zu erklären, warum dies der Fall ist, sei angenommen, dass das Unternehmen, das den ersten Zug gemacht hat (Unternehmen 1), später als Reaktion auf die Handlungen von Unternehmen 2 seine Entscheidung ändern könnte. Was würde passieren?

Offensichtlich würde Unternehmen 2 einen großen Output produzieren. Warum ist das so? Weil das Unternehmen weiß, dass Unternehmen 1 mit einer Reduzierung seines zuerst bekanntgegebenen Outputs reagiert. Die einzige Art und Weise, auf die Unternehmen 1 einen Vorteil aus dem ersten Zug ziehen kann, besteht darin, sich festzulegen. Tatsächlich *beschränkt Unternehmen 1 das Verhalten von Unternehmen 2, indem es sein eigenes Verhalten einschränkt*.

Die Vorstellung, das eigene Verhalten einzuschränken, um einen Vorteil zu erlangen, erscheint vielleicht paradox; wir werden jedoch bald sehen, dass dies durchaus sinnvoll ist. Betrachten wir dazu einige Beispiele.

Kehren wir zunächst nochmals zu dem Produktwahlproblem aus Tabelle 13.9 zurück. Das Unternehmen, das seine neuen Frühstücksflocken zuerst auf den Markt bringt, wird am besten abschneiden. *Doch welches Unternehmen wird seine Frühstücksflocken zuerst einführen?* Selbst wenn beide Unternehmen gleich lang brauchen, um produktionsfertig zu sein, hat doch jedes den Anreiz, *sich zuerst auf die süßen Flocken festzulegen.* Das Schlüsselwort heißt „festlegen." Wenn Unternehmen 1 einfach verkündet, es werde die süßen Flocken herstellen, so wird Unternehmen 2 wenig Grund haben, dies zu glauben. Schließlich kann Unternehmen 2, dem die Anreize wohl bekannt sind, die gleiche Ankündigung lauter und stimmgewaltiger machen. Unternehmen 1 muss also sein Verhalten auf irgendeine Art und Weise so einschränken, dass Unternehmen 2 davon ausgeht, dass Unternehmen 1 *keine Wahl* hat und die süßen Flocken herstellen muss. Unternehmen 1 könnte beispielsweise eine teure Werbekampagne starten, in der es die süßen Flocken lange vor ihrer Markteinführung anpreist, und dadurch seinen Ruf aufs Spiel setzen. Unternehmen 1 könnte auch einen Vertrag über die vorzeitige Lieferung einer großen Menge Zucker unterzeichnen (und diesen Vertrag öffentlich bekannt machen oder zumindest eine Kopie davon an Unternehmen 2 schicken). Es kommt darauf an, dass sich Unternehmen 1 auf die Produktion der süßen Flocken *festlegen* muss. Diese eindeutige Festlegung ist eine strategische Handlung, die Unternehmen 2 dazu bringen wird, genau so zu entscheiden, wie Unternehmen 1 es möchte – nämlich für die Produktion der knusprigen Flocken.

Warum aber kann Unternehmen 1 seinem Konkurrenten nicht einfach damit *drohen*, dass es die süßen Flocken in jedem Fall produziert, selbst wenn Unternehmen 2 dasselbe tut? Die Antwort liegt darin, dass Unternehmen 2 wenig Grund hätte, diese Drohung ernst zu nehmen – außerdem könnte es ja selbst dieselbe Drohung aussprechen. Eine Drohung ist nur dann sinnvoll, wenn sie auch glaubhaft ist. Anhand des folgenden Beispiels sollte dies klarer werden.

13.6.1 Leere Drohungen

Nehmen wir an, Unternehmen 1 stellt PCs her, die sowohl zur Textverarbeitung als auch für andere Zwecke genutzt werden können. Unternehmen 2 produziert PCs, die nur zur Textverarbeitung eingesetzt werden können. Wie die Auszahlungsmatrix in Tabelle 13.11 zeigt, können beide Unternehmen reichliche Gewinne erzielen, solange Unternehmen 1 für seine Computer einen hohen Preis verlangt. Selbst wenn Unternehmen 2 seinen Preis sehr niedrig ansetzt, werden immer noch viele Verbraucher die PCs von Unternehmen 1 kaufen (da sie für so viele andere Dinge eingesetzt werden können); trotzdem wird der hohe Preisunterschied auch einige Kunden dazu bringen, reine Textverarbeitungscomputer zu kaufen. Setzt aber Unternehmen 1 seinen Preis gering an, so ist Unternehmen 2 gezwungen, das Gleiche zu tun (da es andernfalls einen Gewinn von null erzielen würde), und der Gewinn beider Unternehmen läge bedeutend niedriger.

Unternehmen 1 wird wohl das Ergebnis im oberen linken Feld der Matrix bevorzugen. Für Unternehmen 2 dagegen ist die Berechnung eines geringen Preises ganz klar die dominante Strategie. Also wird sich das Ergebnis des rechten oberen Feldes durchsetzen (gleichgültig welches Unternehmen seine Preisentscheidung als erstes trifft).

Tabelle 13.11

Preisbildung von Computern

		Unternehmen 2	
		Hoher Preis	**Niedriger Preis**
Unternehmen 1	**Hoher Preis**	100, 80	80, 100
	Niedriger Preis	20, 0	10, 20

In dieser Branche wäre Unternehmen 1 höchstwahrscheinlich das „dominante" Unternehmen, da seine Preisentscheidungen das gesamte Gewinnniveau der Branche am stärksten beeinflussen. Kann Unternehmen 1 seinen Konkurrenten dazu bringen, einen hohen Preis zu berechnen, indem es *androht*, selbst einen niedrigen Preis zu berechnen, wenn auch der Preis von Unternehmen 2 niedrig ist? Die Antwort lautet nein, wie aus der Auszahlungsmatrix in Tabelle 13.11 deutlich hervorgeht. *Gleichgültig* was Unternehmen 2 tut, Unternehmen 1 schneidet immer sehr viel schlechter ab, wenn es einen geringen Preis verlangt. Folglich ist seine Drohung unglaubwürdig.

13.6.2 Verpflichtung und Glaubwürdigkeit

Manchmal können Unternehmen ihren Drohungen aber auch Glaubwürdigkeit verleihen. Um zu sehen, wie das funktioniert, betrachten wir das folgende Beispiel. Das Unternehmen Race Car Motors Inc. stellt Automobile her, und die Firma Far Out Engines, Ltd. produziert spezielle Automotoren. Far Out Engines verkauft die Mehrzahl seiner Motoren an Race Car Motors und nur einige wenige Stücke auf dem Außenmarkt. Also ist seine Abhängigkeit von Race Car Motors groß, und es trifft seine Produktionsentscheidungen auf Basis der Produktionspläne von Race Car Motors.

In diesem Fall liegt also ein sequenzielles Spiel vor, bei dem Race Car Motors die „Führungsposition" innehat. Es entscheidet zuerst, welche Automobiltypen es produzieren wird, und daraufhin wird Far Out Engines entscheiden, welche Motortypen es produziert. Die Auszahlungsmatrix in Tabelle 13.12 (a) zeigt die möglichen Ergebnisse dieses Spiels. (Die Gewinne werden in Millionen Dollar gemessen.) Man beachte, dass Race Car Motors am besten abschneidet, wenn es sich für die Produktion kleiner Autos entscheidet. Es weiß, dass Far Out Engines auf diese Entscheidung hin kleine Motoren herstellen wird, die es dann zum Großteil an Race Car Motors verkaufen wird. Für Far Out ergibt sich also ein Gewinn von €3 Millionen, für Race Car Motors ein Gewinn von €6 Millionen.

Far Out Engines andererseits würde eindeutig das Ergebnis im rechten unteren Feld der Matrix bevorzugen. Wenn es nämlich große Motoren produzieren und Race Car Motors diese für deren große Autos kaufen würde, könnte Far Out Engines einen Gewinn von €8 Millionen erzielen. (Race Car Motors dagegen hätte nur einen Gewinn von €3 Millionen.) Kann Far Out Engines Race Car Motors dazu bringen, große anstatt kleine Autos zu produzieren?

13 Spieltheorie und Wettbewerbsstrategie

Tabelle 13.12 (a)

Produktionsentscheidungsproblem

		Race Car Motors	
		Kleine Autos	Große Autos
Far Out Engines	Kleine Motoren	3, 6	3, 0
	Große Motoren	1, 1	8, 3

Nehmen wir an, Far Out Engines *droht an*, in jedem Fall große Motoren zu produzieren, gleichgültig wofür sich Race Car Motors entscheidet. Nehmen wir weiter an, dass kein anderer Motorenhersteller den Bedarf von Race Car Motors auf die Schnelle decken kann. Wenn Race Car die Drohungen von Far Out ernst nehmen würde, würde es sich für die Produktion von großen Autos entscheiden. Andernfalls hätte es große Schwierigkeiten, die Motoren für seine kleinen Autos aufzutreiben, und könnte nur €1 Million anstelle von €3 Millionen Gewinn erzielen. Doch auch diese Drohung ist unglaubwürdig. Sobald Race Car nämlich seine Absicht, weiterhin kleine Autos zu produzieren, verkündet hat, gibt es für Far Out keinen Anreiz mehr, seine Drohung aufrechtzuerhalten.

Far Out kann seiner Drohung Glaubwürdigkeit verleihen, indem es sichtbar und irreversibel seine eigene Auszahlung der Matrix reduziert, so dass seine eigenen Entscheidungsmöglichkeiten eingeschränkt werden. Genauer gesagt muss Far Out die Gewinne, die es mit kleinen Motoren erzielen kann, (die Auszahlungen in der oberen Reihe der Matrix), reduzieren. Dies könnte dadurch geschehen, dass Far Out *einen Teil seiner Produktionskapazitäten für kleine Motoren abbaut oder zerstört*. Daraus ergäbe sich die Auszahlungsmatrix in Tabelle 13.12 (b). Nun *weiß* Race Car Motors, dass Far Out Engines in jedem Fall große Motoren bauen wird, gleichgültig für welche Autos sich Race Car entscheidet. Wenn Race Car kleine Autos produziert, wird Far Out seine großen Motoren bestmöglich an andere Autohersteller verkaufen und sich mit einem Gewinn von €1 Million zufrieden geben. Dieses Ergebnis ist immer noch besser als mit der Produktion von kleinen Motoren gar nichts zu verdienen. Da sich Race Car in diesem Fall anderswo nach Motoren umsehen muss, werden auch seine Gewinne geringer ausfallen (€1 Million). Jetzt liegt es also ganz klar im Interesse von Race Car, große Autos zu bauen. Indem Far Out eine Handlung vollzogen hat, *die ihm einen scheinbaren Nachteil bringt*, hat das Unternehmen das Ergebnis des Spiels zu seinen Gunsten verändert.

Tabelle 13.12 (b)

Modifiziertes Produktionsentscheidungsproblem

		Race Car Motors	
		Kleine Autos	Große Autos
Far Out Engines	Kleine Motoren	0, 6	0, 0
	Große Motoren	1, 1	8, 3

Auch wenn strategische Festlegungen dieser Art wirkungsvoll sein können, bergen sie doch ein hohes Risiko und setzen eine genaue Kenntnis der Auszahlungsmatrix und der jeweiligen Branche voraus. Nehmen wir beispielsweise an, Far Out legt sich auf die Produktion großer Motoren fest, wird aber von der Tatsache überrascht, dass andere Unternehmen kleine Motoren zu sehr niedrigen Preisen herstellen können. Diese Festlegung könnte Far Out dann nicht die gewünschten dauerhaft hohen Gewinne, sondern im Gegenteil die Bankrotterklärung bescheren.

Welche Rolle spielt die Reputation? Die richtige *Reputation* zu entwickeln kann auch einen strategischen Vorteil bedeuten. Betrachten wir nochmals den Wunsch von Far Out Engines, große Motoren für die großen Autos von Race Car Motors zu bauen. Nehmen wir an, die Manager von Far Out geraten in den Ruf, irrational, ja sogar einfach verrückt zu sein. Denn sie drohen an, große Motoren zu produzieren, gleichgültig was Race Car tut. (Wir beziehen uns auf Tabelle 13.12 (a).) Nun könnte diese Drohung ohne jedes weitere Zutun bereits glaubhaft sein. Man kann schließlich nicht sicher sein, ob ein irrational denkender Manager immer die gewinnmaximierende Entscheidung trifft. In einer Spielsituation kann die Partei, die angeblich (oder tatsächlich) ein wenig verrückt ist, einen erheblichen Vorteil haben.

Beim wiederholten Spiel kann der Aufbau der richtigen Reputation eine besonders wichtige Strategie darstellen. Ein Unternehmen könnte es beispielsweise vorteilhaft finden, sich einige Spielrunden lang irrational zu verhalten. Denn dadurch könnte es eine Reputation aufbauen, die ihm später erlaubt, seine langfristigen Gewinne erheblich zu steigern.

13.6.3 Verhandlungsstrategie

Unsere Analyse von Verpflichtung und Glaubwürdigkeit können wir auch auf Verhandlungsprobleme anwenden. Das Ergebnis einer Verhandlungssituation kann auch von der Fähigkeit der beiden Parteien abhängen, Züge zu machen, die ihre jeweilige relative Verhandlungsposition verändern.

Betrachten wir beispielsweise zwei Unternehmen, die beide planen, eines von zwei Komplementärgütern auf den Markt zu bringen. Wie die Auszahlungsmatrix in Tabelle 13.13 zeigt, hat Unternehmen 1 gegenüber Unternehmen 2 einen Kostenvorteil, wenn es Gut A produziert. Produzieren beide Unternehmen also Gut A, kann Unternehmen 1 einen geringeren Preis verlangen und so einen höheren Gewinn erzielen. Ebenso hat Unternehmen 2 bei der Produktion von Gut B einen Kostenvorteil gegenüber Unternehmen 1. Wenn sich beide Unternehmen absprechen könnten, wer welches Gut produziert, läge das rationale Ergebnis oben rechts in der Auszahlungsmatrix: Unternehmen 1 produziert A, Unternehmen 2 produziert B, und beide erzielen Gewinne von 50. Und zu diesem Ergebnis kommt es tatsächlich auch *ohne Kooperation*, gleichgültig ob eines der Unternehmen den ersten Zug macht oder ob beide gleichzeitig entscheiden. Warum ist das so? Das kommt daher, dass die dominante Strategie für Unternehmen 2 lautet, B zu produzieren, während Unternehmen 1 die dominante Strategie hat, A zu produzieren. Also ist (A, B) das einzige Nash-Gleichgewicht.

Tabelle 13.13

Produktionsentscheidung

		Unternehmen 2	
		Produktion von A	Produktion von B
Unternehmen 1	Produktion von A	40, 5	50, 50
	Produktion von B	60, 40	5, 45

Natürlich würde Unternehmen 1 das Ergebnis im unteren linken Feld der Auszahlungsmatrix bevorzugen. Doch im Rahmen dieser begrenzten Menge an Entscheidungsmöglichkeiten wird es dieses Ergebnis nicht erreichen können. Nehmen wir nun aber weiter an, dass Unternehmen 1 und 2 auch um ein zweites Thema verhandeln, bei dem es darum geht, zu entscheiden, ob sie einem Forschungskonsortium beitreten sollen, das ein drittes Unternehmen ins Leben rufen möchte. Tabelle 13.14 zeigt die Auszahlungsmatrix für dieses Entscheidungsproblem. Für beide Unternehmen lautet die dominante Strategie ganz klar, diesem Konsortium beizutreten, denn dadurch erhöhen sich ihre Gewinne um jeweils 40.

Tabelle 13.14

Entscheidung über den Eintritt in ein Konsortium

		Unternehmen 2	
		Kein Beitritt	Beitritt
Unternehmen 1	Kein Beitritt	10, 10	10, 20
	Beitritt	20, 10	40, 40

Nehmen wir nun an, dass Unternehmen 1 *diese beiden Verhandlungsfragen* durch die Ankündigung *verknüpft*, es werde dem Konsortium *nur* beitreten, wenn sich Unternehmen 2 damit einverstanden erklärt, Gut A zu produzieren. In diesem Fall liegt es tatsächlich im Interesse von Unternehmen 2, Gut A zu produzieren (wobei Unternehmen 1 Gut B produziert), denn im Gegenzug wird Unternehmen 1 dem Konsortium beitreten. Dieses Beispiel zeigt, wie strategische Schritte in Verhandlungssituationen eingesetzt werden können und warum die Kombination zweier Entscheidungen in Verhandlungssituationen manchmal einer Partei einen Vorteil auf Kosten der anderen bringen kann.

Betrachten wir als weiteres Beispiel zwei Personen, die über den Preis eines Hauses verhandeln. Nehmen wir an, dass wir, als potenzielle Käufer, nicht mehr als €200.000 für das Haus bezahlen möchten, das uns aber eigentlich €250.000 wert ist. Der Verkäufer andererseits würde jeden Kaufpreis über €180.000 akzeptieren, möchte aber natürlich den höchstmöglichen Preis erzielen. Angenommen wir sind der einzige Kaufinteressent für das Haus – wie können wir den Verkäufer davon überzeugen, dass wir eher von einem Kauf Abstand nehmen würden als über €200.000 zu bezahlen?

Wir könnten erklären, dass wir keinesfalls gewillt sind, mehr als €200.000 für das Haus zu bezahlen. Aber ist eine solche Äußerung glaubhaft? Sie ist dann glaubhaft, wenn der Verkäufer unsere Reputation als harter und unnachgiebiger Verhandlungspartner kennt, der sich immer an seine Äußerungen hält. Was aber, wenn wir keine Reputation dieser Art haben? Dann weiß der Verkäufer, dass für uns zwar der Anreiz groß ist, eine solche Äußerung zu machen (die schließlich nichts kostet), dass jedoch der Anreiz, sich auch daran zu halten, für uns eher gering ist (denn dies wird voraussichtlich unser einziger geschäftlicher Kontakt mit dem Verkäufer sein). Folglich wird diese Äußerung allein noch nicht wesentlich zur Verbesserung unserer Verhandlungsposition beitragen.

Die Äußerung kann jedoch funktionieren, wenn sie mit einem Schritt kombiniert wird, der ihr Glaubwürdigkeit verleiht. Durch eine derartige strategische Entscheidung müssen wir unsere Flexibilität einschränken – unsere Wahlmöglichkeiten begrenzen –, so dass wir am Ende keine andere Wahl haben, als uns an unsere Äußerung zu halten. Eine Möglichkeit wäre, mit einem Dritten eine bindende Wette abzuschließen: „Wenn wir für dieses Haus mehr als €200.000 bezahlen sollten, so bezahlen wir Ihnen €60.000." Wenn wir, alternativ hierzu, das Haus im Auftrag unserer Firma kaufen, könnte diese darauf bestehen, dass jeder Kaufpreis über €200.000 durch den Vorstand genehmigt werden muss. Gleichzeitig könnte sie verkünden, dass der Vorstand in den nächsten Monaten nicht mehr zusammenkommen wird. In beiden Fällen wird unsere Äußerung glaubhaft, denn wir haben keine Möglichkeit mehr, sie nicht zu befolgen. Folglich haben wir zwar weniger Flexibilität, aber gleichzeitig auch eine stärkere Verhandlungsposition.

Beispiel 13.4: Die vorbeugende Investmentstrategie von Wal-Mart

Wal-Mart Stores Inc. ist eine extrem erfolgreiche Discount-Einzelhandelskette, die von Sam Walton 1969 gegründet wurde.[12] Der große Erfolg seiner Geschäftsidee war für diese Branche sehr ungewöhnlich. In den 60er und 70er Jahren sorgten die schnelle Expansion bestehender Unternehmen sowie Markteintritt und Expansion neuer Konkurrenten dafür, dass der Konkurrenzkampf im Discount-Einzelhandel auf den US-Märkten immer aggressiver wurde. In den 70er und 80er Jahren waren die Gewinne branchenweit rückläufig und große Discount-Ketten, wie etwa King's, Korvette's, Mammoth Mart, W.T. Grant und Woolco, mussten Konkurs anmelden. Wal-Mart Stores jedoch wuchs unvermindert weiter und warf mehr und mehr Gewinn ab. Ende 1985 war Sam Walton einer der reichsten Männer Amerikas.

Warum war Wal-Mart Stores so erfolgreich, während andere scheiterten? Die Antwort auf diese Frage liegt in der Expansionsstrategie des Unternehmens. Um ihre Preise unterhalb des Niveaus von gewöhnlichen Kaufhäusern und kleinen Einzelhandelsgeschäften halten zu können, bauen die Discountketten auf Größe, spartanische Ausstattung und hohen Lagerumschlag. In den 60er Jahren glaubte man, dass sich Discountgeschäfte nur in Städten mit über 100.000 Einwohnern erfolgreich halten könnten. Sam Walton war anderer Meinung und entschloss sich, seine Geschäfte ▶

---

12 Dieses Beispiel basiert zum Teil auf Informationen aus Pankaj Ghemawat, *„Wal-Mart Stores' Discount Operations"*, Harvard Business School, 1986.

in Kleinstädten im Südwesten der USA zu eröffnen. So gab es 1970 bereits 30 Wal-Mart-Geschäfte in Kleinstädten in Arkansas, Missouri und Oklahoma. Und diese Geschäfte hatten Erfolg, weil Wal-Mart damit 30 „lokale Monopole" geschaffen hatte. Discount-Geschäfte, die in großen Städten eröffnet wurden, standen im Wettbewerb mit anderen ansässigen Discount-Geschäften, und dadurch wurden Preise und Gewinnmargen nach unten gedrückt. In den Kleinstädten dagegen gab es nur Platz für genau ein Discount-Geschäft. So konnte Wal-Mart die regulären Einzelhändler unterbieten und musste sich keine Sorgen darüber machen, dass ein zweiter Discounter eröffnen und ihm Konkurrenz machen könnte.

Es dauerte bis Mitte der 70er Jahre, bis andere Discountketten erkannt hatten, wie gewinnbringend die Strategie von Wal-Mart war, ein Geschäft in einer Kleinstadt zu eröffnen, die das Marktpotenzial für genau ein solches Geschäft hatte, und dadurch lokale Monopolstellung zu erlangen. Da es in den USA sehr viele Kleinstädte gibt, ging es schließlich darum, welcher Anbieter als Erster in den einzelnen Städten vertreten war. Wal-Mart befand sich nun in einem *Präventivspiel*, wie in der Auszahlungsmatrix in Tabelle 13.15 dargestellt.

Tabelle 13.15

Das Präventivspiel der Discountkette

		Unternehmen X	
		Geschäft eröffnen	Kein Geschäft eröffnen
Wal Mart	Geschäft eröffnen	–10, –10	20, 0
	Kein Geschäft eröffnen	0, 20	0, 0

Die Matrix zeigt, dass Wal-Mart einen Gewinn von 20 erzielen wird, während das Unternehmen X einen Gewinn von null macht, wenn Wal-Mart in einer Kleinstadt ein Geschäft eröffnet, die von Unternehmen X nicht bedient wird. Genauso wird Wal-Mart null und Unternehmen X 20 verdienen, wenn Unternehmen X und nicht Wal-Mart sein Geschäft dort eröffnet. Eröffnen jedoch beide Unternehmen ein Geschäft in der gleichen Stadt, *so verlieren beide je 10*.

In diesem Spiel gibt es zwei Nash-Gleichgewichte – sie sind im oberen rechten Feld und im unteren linken Feld zu sehen. Welches Gleichgewicht sich durchsetzen wird, hängt davon ab, *welches Unternehmen den ersten Schritt macht*. Wenn Wal-Mart den ersten Schritt macht, kann es in den Markt eintreten – im Bewusstsein, dass es dann für Unternehmen X rational ist, nicht einzutreten – und sich eines Gewinns von 20 sicher sein. *Der Trick besteht also darin, präventiv zu handeln* und schnell in anderen Kleinstädten Geschäfte zu eröffnen, bevor Unternehmen X (oder Y oder Z) dies tun kann. Und genauso hat Wal-Mart gehandelt. Im Jahr 1986 besaß die Kette 1.009 Geschäfte und erzielte einen Jahresgewinn von $450 Millionen. Und während andere Discountketten Konkurs anmelden mussten, ging es für Wal-Mart weiterhin aufwärts. Und 1999 war Wal-Mart die größte Einzelhandelskette weltweit mit 2.454 Geschäften in den USA und 729 Niederlassungen im Rest der Welt sowie einem Jahresumsatz von $138 Milliarden. ▶

Auch in den letzten Jahren kam Wal-Mart häufig anderen Einzelhändlern zuvor und eröffnete überall auf der Welt neue Discount- und Großhandelsgeschäfte (z.B. Sam's Club) sowie eine neue Kombination aus Discountgeschäft und Supermarkt (Wal-Mart Supercenter). Wal-Mart ist bei der Anwendung seiner Präventivstrategie in anderen Ländern besonders aggressiv vorgegangen. Im Jahr 2010 hatte Wal-Mart ca. 4.413 Geschäfte in den Vereinigten Staaten und ungefähr 4.557 Geschäfte in ganz Europa, Lateinamerika und Asien. Überdies war Wal-Mart mit mehr als 2,1 Millionen Mitarbeitern weltweit auch zum größten privaten Arbeitgeber geworden.

13.7 Eintrittsabschreckung

Eintrittsbarrieren, eine wichtige Ursache für Monopolmacht und Gewinne, ergeben sich manchmal von selbst. So können beispielsweise Größenvorteile, Patente und Lizenzen sowie der Zugang zu wichtigen Inputs Eintrittsbarrieren sein. Aber auch Unternehmen selbst können manchmal potenzielle Wettbewerber abschrecken, in einen Markt einzutreten.

Zur Eintrittsabschreckung *muss das etablierte Unternehmen jeden potenziellen neuen Konkurrenten davon überzeugen, dass ein Markteintritt unrentabel wäre.* Um zu sehen, wie dies geschehen könnte, versetzen wir uns in die Lage eines etablierten Monopolisten, der mit einem potenziellen neuen Konkurrenten auf seinem Markt, Unternehmen X, konfrontiert ist. Nehmen wir an, dass Unternehmen X für den Marktzutritt Sunk Costs von €80 Millionen für den Bau einer Betriebsstätte aufbringen müsste. Der Monopolist möchte Unternehmen X nun natürlich davon abhalten, auf seinem Markt aktiv zu werden. Denn wenn X draußen bleibt, kann der Monopolist weiterhin einen hohen Preis berechnen und hohe Monopolgewinne erzielen. Wie in der Auszahlungsmatrix in Tabelle 13.16 (a) angezeigt, würde er in diesem Fall €200 Millionen Gewinn erzielen.

In § 7.1 erklären wir, dass Sunk Costs Ausgaben sind, die nicht mehr rückgängig zu machen sind.

Tabelle 13.16 (a)

Markteintrittsmöglichkeiten

		Potenzieller Eintrittskandidat	
		Markteintritt	Kein Markteintritt
Etabliertes Unternehmen	Hoher Preis (Anpassung)	100, 20	200, 0
	Geringer Preis (Preiskrieg)	70, −10	130, 0

Entscheidet sich Unternehmen X für den Markteintritt, so muss der Monopolist auch eine Entscheidung treffen. Er könnte sich der neuen Situation „anpassen" und weiterhin einen hohen Preis verlangen in der Hoffnung, dass auch Unternehmen X das tut. In diesem Fall wird er nur €100 Millionen Gewinn machen, da er ja den Markt teilen muss. Der neue Konkurrent auf dem Markt wird *netto* €20 Millionen Gewinn erzielen: €100 Millionen abzüglich €80 Millionen für den Bau der Betriebsstätte. (Dieses Ergebnis ist im oberen linken Feld der Auszahlungsmatrix angegeben.) Alternativ könnte der Monopolist seine eigenen Produktionskapazitäten ausbauen, mehr herstellen und den Preis senken. Dies wird seinen Marktanteil steigern und seine Einnahmen um €20 Millionen erhöhen. Ein solcher Ausbau der Kapazitäten verursacht aber auch Kosten von €50 Millionen, so dass sein Nettogewinn auf €70 Millionen sinken wird. Da ein solcher Preiskrieg aber auch die Einnahmen des neuen Konkurrenten um €30 Millionen schmälern wird, ergibt sich für ihn ein Nettoverlust von €10 Millionen. (Dieses Ergebnis ist im unteren linken Feld der Auszahlungsmatrix angegeben.) Sollte sich schließlich Unternehmen X doch gegen einen Markteintritt entscheiden, der Monopolist aber dennoch seine Kapazitäten erhöhen und seinen Preis senken, wird sein Nettogewinn um €70 Millionen fallen (von €200 Millionen auf €130 Millionen). Dieser Betrag ergibt sich aus den Zusatzkosten von €50 Millionen sowie Umsatzeinbußen von €20 Millionen aufgrund des geringeren Preises ohne gleichzeitige Erhöhung des Marktanteils. Es ist klar, dass dieses Ergebnis, dargestellt im rechten unteren Feld, keinerlei Sinn ergibt.

Wenn Unternehmen X glaubt, der Monopolist werde sich anpassen und nach seinem Markteintritt einen hohen Preis beibehalten, wird er den Markteintritt für profitabel halten und sich dafür entscheiden. Nehmen wir aber an, der Monopolist droht eine Produktionssteigerung und einen Preiskrieg an, um Unternehmen X vom Markteintritt abzuschrecken. Wenn Unternehmen X diese Drohung ernst nimmt, wird es sich gegen einen Markteintritt entscheiden, da es mit einem Verlust von €10 Millionen rechnen muss. Die Drohung ist jedoch unglaubwürdig. Wie Tabelle 13.16 (a) zeigt (und wie auch der potenzielle Konkurrent weiß*), ist es im besten Interesse des Monopolisten, sich anzupassen und seinen Preis hoch zu halten, wenn der Markteintritt erst einmal erfolgt ist.* Wenn Unternehmen X also rational handelt, so wird es sich für einen Markteintritt entscheiden, und daraus resultiert das Ergebnis im oberen linken Feld der Auszahlungsmatrix.

Was aber geschieht, wenn das etablierte Unternehmen eine unwiderrufliche Verpflichtung eingehen könnte, die im Fall eines Markteintritts seine Anreize verändert – eine Verpflichtung also, die ihm im Fall des Markteintritts keine Wahl lässt, außer seine Preise zu senken? Nehmen wir genauer an, der Monopolist investiert die €50 Millionen zur Kapazitätserweiterung, um später einen Preiskrieg führen zu können, bereits *jetzt* und nicht erst später. Auch wenn der Monopolist später sein Preisniveau hoch hält (gleichgültig ob Unternehmen X nun in den Markt eintritt oder nicht), werden diese Investitionskosten immer seine Auszahlung schmälern.

In diesem Fall ergibt sich also eine neue Auszahlungsmatrix, dargestellt in Tabelle 13.16 (b). Die Entscheidung des etablierten Unternehmens, bereits jetzt in einen Kapazitätsausbau zu investieren, macht seine Drohung, einen kompetitiven Preiskrieg anzuzetteln, *vollkommen glaubhaft*. Da er ja die notwendigen zusätzlichen Kapazitäten, die er für den Preiskrieg braucht, bereits hat, wäre es für ihn vorteilhafter, eben diesen Preiskrieg zu führen als seinen Preis hoch zu halten. Da der potenzielle Konkurrent nun sicher weiß, dass sein Markteintritt einen Preiskrieg auslösen würde, besteht für ihn die rationale Entscheidung darin, auf den Markteintritt zu verzichten. Also kann der Monopolist nach erfolgreicher Marktabschreckung weiterhin einen hohen Preis berechnen und damit €150 Millionen Gewinn erzielen.

Kann ein etablierter Monopolist neue Markteintritte verhindern, ohne die kostspielige Investition in neue Produktionskapazitäten auf sich nehmen zu müssen? Wir haben bereits gesehen, dass der Ruf, irrational zu handeln, einen strategischen Vorteil bedeuten kann. Nehmen wir also an, das etablierte Unternehmen hat solch einen Ruf. Nehmen wir weiter an, dass es in der Vergangenheit jeden potenziellen neuen Konkurrenten durch erbarmungslose Preissenkungen vom Markt vertrieben hat, die in manchen Fällen (rational unerwünschte) Verluste mit sich brachten. In diesem Fall könnte eine solche Drohung tatsächlich glaubhaft wirken, denn aufgrund der Irrationalität des Monopolisten zieht es der neue Konkurrent vielleicht vor, dem Markt fernzubleiben.

Tabelle 13.16 (b)

Eintrittsabschreckung

		Potenzieller Eintrittskandidat	
		Markteintritt	**Kein Markteintritt**
Etabliertes Unternehmen	Hoher Preis (Anpassung)	50, 20	150, 0
	Geringer Preis (Preiskrieg)	70, –10	130, 0

Wenn das oben beschriebene Spiel andererseits *unendlich oft wiederholt* würde, könnte es für den etablierten Monopolisten ein *rationaler* Anreiz sein, seine Drohung eines Preiskriegs wahrzumachen, sobald ein neuer potenzieller Konkurrent auftaucht. Warum ist das so? Weil die langfristigen Gewinne aufgrund einer Eintrittsabschreckung die kurzfristigen Verluste durch den Preiskrieg bei weitem überwiegen. Folgt der mögliche Konkurrent diesem Gedankengang, könnte ihm die Preiskriegsdrohung des etablierten Unternehmens durchaus glaubhaft erscheinen, so dass er sich vom Markt fernhalten wird. In diesem Fall verlässt sich das etablierte Unternehmen also auf seinen Ruf, rational zu handeln – und besonders weitsichtig zu sein –, um sich selbst die Glaubwürdigkeit zu sichern, die für eine erfolgreiche Abschreckung nötig ist. Der Erfolg dieser Strategie hängt allerdings vom Zeithorizont und von den relativen Gewinnen und Verlusten aus Anpassung und Preiskrieg ab.

Wir haben gesehen, dass die Attraktivität eines Markteintritts zum großen Teil von der erwarteten Reaktion des etablierten Unternehmens abhängt. Im Allgemeinen kann man nicht davon ausgehen, dass ein etabliertes Unternehmen im Falle eines neuen Markteintritts sein Produktionsniveau unverändert lassen wird. Stattdessen könnte es schließlich nachgeben, seine Produktionsmenge senken und den Preis auf ein neues gemeinsames gewinnmaximierendes Niveau erhöhen. Da potenzielle neue Konkurrenten dies sehr wohl wissen, muss ein etabliertes Unternehmen die glaubhafte Drohung eines Preiskriegs erzeugen, um diese vom Markteintritt abzuschrecken. Der Ruf, irrational zu handeln, kann da sehr hilfreich sein. Und tatsächlich scheint darauf ein Großteil der eintrittsabschreckenden Verhaltensweisen zu basieren, die auf realen Märkten zu beobachten sind. Ein potenzieller neuer Konkurrent muss immer darauf gefasst sein, dass nach seinem Markteintritt das rationale Branchendenken zusammenbrechen kann. Denn dadurch, dass es sein Image der Irrationalität und der Kampflust fördert, kann ein etabliertes Unternehmen einen potenziellen Eintrittskandidaten vielleicht davon überzeugen, dass das Risiko eines Preiskriegs zu hoch ist.[13]

---

13 Hier gibt es eine Analogie zur *nuklearen Abschreckung*. Betrachten wir die Androhung eines Atomkriegs, die die ehemalige Sowjetunion während des Kalten Krieges von einem Einmarsch in Westeuropa abschrecken sollte. Würden die Vereinigten Staaten im Fall einer sowjetischen Invasion wirklich mit dem Einsatz atomarer Waffen reagiert haben, da sie ja wussten, dass dann die Sowjetunion ebenso zurückgeschlagen hätte? Für die USA ist es keinesfalls rational, so zu reagieren, so dass diese Drohung eines Atomwaffeneinsatzes vielleicht nicht glaubhaft wirkte. Dieser Ansatz setzt allerdings voraus, dass alle Beteiligten rational handeln; aber es gibt Gründe zu befürchten, dass die USA eben *nicht* rational reagieren könnten. Und selbst wenn eine irrationale Reaktion der USA als noch so unwahrscheinlich eingeschätzt wird, kann sie – angesichts der Kostspieligkeit eines möglichen Irrtums – doch abschreckend wirken. Die Vereinigten Staaten können sich also einen Vorteil verschaffen, indem sie die Möglichkeit, selbst irrational zu handeln oder im Falle einer Invasion die Kontrolle zu verlieren, im Bewusstsein der Welt lebendig halten. Dies ist die „Rationalität der Irrationalität". Vergleiche Thomas Schelling, „*The Strategy of Conflict*", (Harvard Univ. Press, 1980).

13.7.1 Strategische Handelspolitik und Internationaler Wettbewerb

Wir haben gesehen, wie eine präventive Investition für ein Unternehmen von Vorteil sein kann, da sie eine glaubhafte Drohung gegen mögliche neue Konkurrenten darstellt. In manchen Situationen kann eine präventive Investition – bezuschusst oder anderweitig durch die jeweilige Regierung unterstützt – gar einem ganzen *Land* einen Vorteil auf den internationalen Märkten verschaffen und so zu einem wichtigen Instrument der internationalen Handelspolitik werden.

Steht diese Aussage mit dem in Konflikt, was wir über die Vorteile des freien Handels gelernt haben? Beispielsweise haben wir in Kapitel 9 gesehen, dass Handelsbeschränkungen wie Zölle und Kontingente zu Deadweight-Verlusten führen können. In Kapitel 16 gehen wir noch weiter und zeigen, dass Freihandel zwischen Einzelpersonen (oder zwischen Ländern) ganz allgemein für alle Beteiligten von Vorteil ist. Wie aber kann angesichts all dieser Vorzüge des Freihandels eine staatliche Intervention in den internationalen Handel jemals wünschenswert sein? Es gibt immer mehr Literatur über internationale Handelspolitik, die belegt, dass ein Land in gewissen Situationen durchaus von politischen Maßnahmen profitieren kann, die der inländischen Industrie international einen Wettbewerbsvorteil verschaffen.

Um zu sehen, wie es dazu kommen kann, betrachten wir eine Branche, in der beträchtliche Größenvorteile existieren, eine Branche also, in der einige wenige große Unternehmen sehr viel effektiver produzieren können als viele kleine. Nehmen wir an, dass die Regierung durch die Gewährung von Subventionen und Steuernachlässen inländische Unternehmen dazu bringen kann, schneller zu expandieren, als sie es sonst täten. Dies könnte Unternehmen aus anderen Ländern davon abhalten, selbst auf dem Weltmarkt aktiv zu werden, so dass die inländischen Unternehmen dadurch von höheren Preisen und höheren Verkaufszahlen profitieren können. Eine solche politische Maßnahme funktioniert aber nur, wenn eine glaubwürdige Drohung gegen neue Konkurrenten erzeugt wird. So könnten etwa große inländische Unternehmen, die ihre Größenvorteile voll nutzen können, den gesamten Weltmarkt zu niedrigen Preisen bedienen. Wenn nun andere Unternehmen auf den Markt drängten, würde dies den Preis so weit drücken, dass für sie kein Gewinn mehr zu erzielen ist.

Der Markt für Verkehrsflugzeuge Betrachten wir als Beispiel den internationalen Markt für Verkehrsflugzeuge. Die Entwicklung und Produktion eines neuen Flugzeugtyps unterliegt erheblichen Größenvorteilen. Die Entwicklung eines neuen Flugzeugs würde sich für ein Unternehmen also nur dann lohnen, wenn es erwarten könnte, viele Exemplare zu verkaufen. Nehmen wir an, Boeing und Airbus (ein europäisches Konsortium mit Frankreich, Deutschland, Großbritannien und Spanien) ziehen beide die Entwicklung eines neuen Flugzeugtyps in Erwägung. (Dies war auch tatsächlich Ende der 70er und Anfang der 80er Jahre der Fall.) Die endgültige Auszahlung hängt für jedes Unternehmen zum Teil davon ab, was sein Konkurrent tun wird. Nehmen wir an, der Plan ist nur dann wirtschaftlich rentabel, wenn nur ein Unternehmen das neue Flugzeug herstellt. In diesem Fall könnten die Auszahlungen, wie in Tabelle 13.17 (a) dargestellt, aussehen.[14]

---

[14] Dieses Beispiel stammt aus Paul R. Krugman, „Is Free Trade Passé?", *Journal of Economic Perspectives* 1, Herbst 1987: 131–144.

Tabelle 13.17 (a)
Entwicklung eines neuen Flugzeugtyps

		Airbus	
		Produktion	**Keine Produktion**
Boeing	**Produktion**	−10, −10	100, 0
	Keine Produktion	0, 100	0, 0

Wenn Boeing beim Entwicklungsprozess einen Vorsprung hat, entspricht das Ergebnis dieses Spiels dem oberen rechten Feld der Auszahlungsmatrix. Boeing wird das neue Flugzeug produzieren und Airbus wird auf die Produktion verzichten, da es erkennt, dass es andernfalls Geld verlieren würde. Der Gewinn für Boeing liegt bei 100.

Natürlich würden es die europäischen Regierungen lieber sehen, wenn Airbus den neuen Flugzeugtyp produzieren könnte. Können sie also das Spielergebnis verändern? Nehmen wir an, sie verpflichten sich dazu, Airbus zu subventionieren, und sagen dem Unternehmen diese Verpflichtung zu, noch bevor sich Boeing eindeutig auf die Produktion des Flugzeugs festgelegt hat. Sollten die europäischen Regierungen – *ohne Rücksicht auf die Entscheidung des Konkurrenten* – Airbus-Subventionen in Höhe von 20 zusagen, wenn es das Flugzeug produziert, so wird sich die Auszahlungsmatrix wie in Tabelle 13.17 (b) dargestellt verändern.

Tabelle 13.17 (b)
Entwicklung eines neuen Flugzeugtyps mit europäischen Subventionen

		Airbus	
		Produktion	**Keine Produktion**
Boeing	**Produktion**	−10, 10	100, 0
	Keine Produktion	0, 120	0, 0

Nun wird Airbus an der Produktion des Flugzeugs in jedem Fall verdienen, unabhängig davon, ob Boeing auch produziert oder nicht. Boeing weiß, auch wenn es sich selbst auf die Produktion des neuen Flugzeugs festlegt, wird Airbus dasselbe tun, und Boeing wird Geld verlieren. Also wird Boeing sich gegen eine Produktion entscheiden; das Ergebnis des Spiels lässt sich im unteren linken Feld der Tabelle 13.17(b) ablesen. Eine Subvention von 20 verändert also das Spielergebnis erheblich. Vorher entschied sich Airbus gegen eine Investition und erzielte Gewinne gleich null, danach produziert Airbus das neue Flugzeug und kann Gewinne von 120 erzielen. Hierbei stellen 100 Einheiten einen Gewinntransfer von Amerika nach Europa dar. Also bringt aus europäischer Sicht die Subvention der Airbusproduktion einen hohen Ertrag.

Tatsächlich verpflichteten sich die europäischen Regierungen zu einer Subvention der Airbusproduktion, so dass Airbus in den 80er Jahren erfolgreich eine Reihe neuer Flugzeugtypen auf den Markt bringen konnte. Das Endergebnis dieses Spiels entsprach in der Realität nicht ganz unserem vereinfachten Beispiel. Denn auch Boeing brachte in dieser Zeit neue Flugzeugtypen auf den Markt (die Modelle 757 und 767), die extrem hohe Gewinne einbrachten. Als der zivile Luftverkehr wuchs, wurde schnell klar, dass beide Unternehmen gleichermaßen gewinnbringend neue Flugzeugtypen entwickeln und produzieren konnten. Trotzdem wäre der Marktanteil von Boeing ohne die europäischen Subventionen an Airbus natürlich sehr viel höher gewesen. Einer Studie zufolge beliefen sich die gesamten Subventionen im Laufe der 80er Jahre auf geschätzte $25,9 Milliarden. Aus der Studie ging auch hervor, dass Airbus ohne diese Subventionen der Markteintritt niemals gelungen wäre.[15]

Dieses Beispiel zeigt, wie strategische politische Maßnahmen zu einem Gewinntransfer von einem Land zum anderen führen können. Trotzdem sollten wir bedenken, dass ein Land, das auf solche Maßnahmen zurückgreift, immer mit eventuellen Vergeltungsschlägen seiner Handelspartner rechnen muss. Wenn es zu einem Handelskrieg kommt, kann dies am Ende bei allen Beteiligten großen Schaden anrichten. Ein Land muss vor der Ergreifung solcher strategischen handelspolitischen Maßnahmen die Möglichkeit eines solchen Ergebnisses in Betracht ziehen.

Beispiel 13.5: DuPont schreckt von Eintritt in die Titandioxid-Branche ab

Titandioxid ist ein Bleichmittel, das bei der Herstellung von Farbe, Papier und anderen Produkten eingesetzt wird. Anfang der 70er Jahre waren DuPont und National Lead für je ein Drittel des US-Verkaufsmarktes für Titandioxid verantwortlich. Weitere sieben Unternehmen bedienten den restlichen Markt. 1972 zog DuPont eine Kapazitätserweiterung in Betracht. Die Branche veränderte sich und DuPont glaubte, dass es diese Veränderungen mit Hilfe der richtigen Strategie nutzen könnte, um den eigenen Marktanteil zu vergrößern und den Markt zu beherrschen.[16]

Drei Faktoren mussten bedacht werden. Obwohl die genaue zukünftige Nachfrage nach Titandioxid ungewiss war, ging man von einem erheblichen Nachfrageanstieg aus. Außerdem hatte die Regierung die Einführung neuer Umweltschutzverordnungen angekündigt. Und schließlich stiegen die Preise der Rohstoffe, die man für die Herstellung von Titandioxid benötigte. Die neuen Verordnungen und die höheren Inputpreise würden sich ganz erheblich auf die Produktionskosten auswirken und DuPont dadurch einen Kostenvorteil verschaffen. Denn zum einen reagierte die von DuPont eingesetzte Produktionstechnologie weniger empfindlich auf Veränderungen der Inputpreise, und zum anderen lagen die DuPont-Produktionsstätten in Gebieten, in denen die Entsorgung korrosiver Abfälle weitaus unkomplizierter war als für andere Hersteller. DuPont nahm an, dass National Lead sowie einige andere ▶

---

15 „Aid to Airbus Called Unfair in U.S. Study", *New York Times*, 8. September 1990.
16 Dieses Beispiel basiert auf Pankaj Ghemawat, „Capacity Expansion in the Titanium Dioxide Industry", *Journal of Industrial Economics* 33, Dezember 1984: 145–163, und P. Ghemawat, „DuPont in Titanium Dioxide", Harvard Business School, Case No. 9-385-140, Juni 1986.

Produzenten aufgrund dieser Kostenveränderung gezwungen sein würden, einen Teil ihrer Produktionskapazitäten abzubauen. Deshalb würden DuPont's Konkurrenten durch den Bau neuer Produktionsstätten tatsächlich einen „Wiedereintritt" auf den Markt vornehmen müssen. Könnte es DuPont gelingen, sie davon abzuschrecken?

Im Jahr 1972 entwarf DuPont folgende Strategie: Durch die Investition von nahezu $400 Millionen in den Ausbau seiner Produktionskapazitäten plante das Unternehmen, seinen Marktanteil bis 1985 auf 64 Prozent auszubauen. Die bereitgestellten Produktionskapazitäten würden dabei den tatsächlichen Kapazitätsbedarf weit übersteigen. DuPont kam es nur darauf an, die *Konkurrenten von einer möglichen Investition abzuschrecken*. Größenvorteile und eine Abwärtsbewegung entlang der Lernkurve würden DuPont einen Größenvorteil verschaffen. Dieser Plan würde es den anderen Unternehmen nicht nur erschweren, erfolgreich zu konkurrieren, er würde auch der unausgesprochenen Drohung Glaubwürdigkeit verleihen, dass DuPont in Zukunft eher kämpfen würde als sich anzupassen.

Diese Strategie war gut durchdacht und schien auch einige Jahre lang zu funktionieren. Im Jahr 1975 jedoch begannen die Dinge außer Kontrolle zu geraten. Dies lag zum einen daran, dass die Nachfrage weit weniger stark zunahm als erwartet, wodurch es branchenweit zu Überschusskapazitäten kam. Zum anderen wurden die neuen Umweltregelungen nur mit wenig Nachdruck durchgesetzt, so dass keiner der Konkurrenten wie erwartet seine Kapazitäten abbauen musste. Schließlich führte die von DuPont angewandte Strategie 1978 dazu, dass die Federal Trade Commission, die US-Kartellbehörde, aktiv wurde. Die FTC behauptete, DuPont würde versuchen, den Markt zu monopolisieren. Zwar gewann DuPont den Streitfall, der starke Nachfragerückgang machte diesen Sieg jedoch nahezu wertlos.

Beispiel 13.6: Die Windelkriege

Seit mehr als zwei Jahrzehnten wird die Wegwerfwindelindustrie in den USA von zwei Unternehmen dominiert. Procter & Gamble hat einen Marktanteil von etwa 50 Prozent und Kimberly-Clark bedient etwa 30–40 Prozent des Marktes.[17] Wie sieht der Wettbewerb zwischen diesen beiden Firmen aus? Und warum haben es bisher keine anderen Unternehmen geschafft, in diesem Markt einzudringen und sich einen nennenswerten Anteil dieses Fünf-Milliarden-Dollar-Marktes zu sichern?

Obwohl es nur zwei Hauptunternehmen gibt, ist der Wettbewerb doch sehr aggressiv und findet meist in Form *kostensenkender Innovationen* statt. Der Schlüssel zum Erfolg liegt in der Perfektionierung des Herstellungsprozesses, so dass ein Betrieb möglichst viele Windeln zu möglichst niedrigen Kosten produzieren kann. Dies ist allerdings nicht so einfach, wie es auf den ersten Blick aussieht. Die Herstellung von Zelluloseflaum zur Absorbtion, das Hinzufügen eines elastischen Bundes, das Zusammenfügen, Falten und Verpacken der Windel – all das bei einer Produktionsrate von 3.000 Windeln pro Minute und zu Kosten von 8 bis 10 Cent pro Windel – erfordert ▶

---

17 Procter & Gamble produziert Pampers, Ultra Pampers und Luvs; Kimberly-Clark hat nur eine Hauptmarke, Huggies.

einen innovativen sorgfältig geplanten und fein abgestimmten Prozess. Außerdem können kleinere technische Verbesserungen im Herstellungsablauf zu erheblichen Wettbewerbsvorteilen führen. Kann ein Unternehmen seine Produktionskosten auch nur minimal reduzieren, so kann es auch seine Preise senken und einen höheren Marktanteil erobern. Folglich sind beide Unternehmen gezwungen, im ständigen Rennen um eine Kostensenkung viel Geld für Forschung und Entwicklung (F&E) auszugeben.

Dies ist in der Auszahlungsmatrix in Tabelle 13.18 dargestellt. Nur wenn beide Unternehmen verstärkt in F&E investieren, können sie damit rechnen, ihren gegenwärtigen Marktanteil zu halten. P&G erzielt dabei einen Gewinn von 40, während Kimberly-Clark (mit dem kleineren Marktanteil) einen Gewinn von 20 machen kann. Wenn keines der Unternehmen mehr Geld für F&E ausgibt, werden Kosten und Preise gleich bleiben, und das ersparte Geld wird Teil ihres Gewinns. P&G's Gewinn wird sich demnach auf 60, Kimberly-Clark's auf 40 erhöhen. Wenn aber nur ein Unternehmen seine Investitionen in F&E fortsetzt, während das andere davon absieht, wird die innovativere Firma schließlich den Großteil des gegnerischen Marktanteils für sich erobern können. Wenn beispielsweise Kimberly-Clark, nicht aber P&G Geld für Forschung und Entwicklung ausgibt, muss P&G damit rechnen, 20 zu verlieren, während sich der Gewinn für Kimberly-Clark auf 60 erhöhen wird. Beide Unternehmen befinden sich demnach in einem Gefangenendilemma. Und für beide besteht die dominante Strategie darin, in F&E zu investieren.

Tabelle 13.18

Wettbewerb durch F&E

		Kimberly-Clark	
		F&E	Kein F&E
P&G	F&E	40, 20	80, −20
	Keine F&E	−20, 60	60, 40

Warum aber hat sich zwischen beiden keine Kooperation entwickelt? Schließlich sind beide Firmen schon seit Jahren in diesem Markt aktiv, und auch die Nachfrage nach Windeln ist relativ stabil. Aus mehreren Gründen ist ein Gefangenendilemma, bei dem es um F&E geht, besonders schwer zu lösen. Zunächst ist es für ein Unternehmen schwierig, die F&E-Aktivitäten seines Konkurrenten in dem Maße zu beobachten, wie es seinen Preis überwachen kann. Außerdem kann es mehrere Jahre dauern, bis ein F&E-Programm abgeschlossen ist und zu einer nennenswerten Produktverbesserung führt. Es ist also eher unwahrscheinlich, dass in diesem Fall eine „Tit-for-Tat"-Strategie, bei der beide Unternehmen so lange kooperieren, bis eines „betrügt", funktionieren würde. Es kann passieren, dass ein Unternehmen erst dann von den geheimen F&E-Aktivitäten seines Konkurrenten erfährt, wenn dieser bereits öffentlich ein neues, verbessertes Produkt ankündigt. Und zu diesem Zeitpunkt kann es bereits zu spät sein, um noch selbst ein F&E-Programm zu starten. ▶

> Die kontinuierlichen F&E-Ausgaben durch P&G und Kimberly-Clark dienen aber auch dazu, andere Konkurrenten vom Markteintritt abzuschrecken. Zusätzlich zu ihrem bekannten Markennamen haben beide Unternehmen ein so hohes Maß an technischem Know-how und Herstellungserfahrung erworben, dass sie gegenüber jeder Firma, die jetzt neu auf den Markt käme, einen beträchtlichen Kostenvorteil hätten. Denn ein neuer Konkurrent müsste nicht nur neue Betriebsstätten bauen, sondern auch erhebliche Summen für F&E ausgeben, um zumindest einen kleinen Teil des Marktes für sich beanspruchen zu können. Und auch nach der Produktionsaufnahme müsste ein neuer Konkurrent weiterhin verstärkt in F&E investieren, um im Laufe der Zeit seine Kosten reduzieren zu können. Ein Markteintritt wäre nur dann rentabel, wenn P&G und Kimberly-Clark beide keine Forschung und Entwicklung mehr betreiben würden, denn dadurch könnte ein neuer Konkurrent Boden gutmachen und schließlich sogar einen Kostenvorteil erringen. Wir haben jedoch gesehen, dass kein rational denkendes Unternehmen eine solche Entwicklung erwarten würde.[18]

*13.8 Auktionen

In diesem Abschnitt befassen wir uns mit **Auktionsmärkten** – mit Märkten also, auf denen Produkte im Rahmen eines formalen Bietprozesses ge- und verkauft werden.[19] Auktionen gibt es in allen Größen und Formen. Oft werden sie für den Verkauf differenzierter, verstärkt einzigartiger, Produkte eingesetzt, wie etwa Kunstwerke, Antiquitäten oder das Recht, in einem bestimmten Gebiet Öl zu fördern. In den vergangenen Jahren ließ beispielsweise das amerikanische Finanzministerium seine Schatzwechsel auf Auktionen versteigern, die US-Kommunikationsbehörde (Federal Commission of Communication) setzte Auktionen zum Verkauf von Teilen des elektromagnetischen Spektrums des Mobilfunknetzes ein, und auch das Verteidigungsministerium der USA vergab seine Produktionsaufträge für militärische Ausstattung mittels Auktionen. Denn solche Auktionen haben wichtige Vorteile. Meist sind sie weniger zeitaufwendig als Eins-zu-eins-Verhandlungen, und sie regen den Wettbewerb unter den Bietern in einer Art und Weise an, die zu einer direkten Einnahmesteigerung auf Seiten des Verkäufers führt.

Warum sind Auktionen so populär und erfolgreich? Die geringen Transaktionskosten liefern nur einen Teil der Antwort. Anders als Verkäufe in Einzelhandelsgeschäften sind Auktionen von Natur aus interaktiv, denn es gibt immer viele Käufer, die um ein Produkt ihres Interesses konkurrieren. Diese Interaktion kann besonders für den Verkauf bestimmter Güter vorteilhaft sein, darunter einzigartige Kunstwerke oder Erinnerungsstücke von berühmten Sportlern, die aufgrund ihrer Einzigartigkeit keinen Marktwert entwickeln konnten. Auch für den Verkauf nicht einzigartiger Güter können Auktionen sinnvoll sein, wenn der ihnen beigemessene Wert schwankt.

Auktionsmärkte

Märkte, auf denen Produkte im Rahmen eines formalen Bietprozesses ge- und verkauft werden.

---

18 Beispiel 15.4 in Kapitel 15 befasst sich genauer mit der Rentabilität einer Kapitalinvestition durch einen neuen Konkurrenten auf dem Windelmarkt.

19 Über Auktionen gibt es sehr viel Literatur. Vergleiche z.B. Paul Milgrom, „Auctions and Bidding: A Primer", *Journal of Economic Perspectives,* Summer 1989: 3–22; Avinash Dixit und Susan Skeath, *Games of Strategy,* 2. Auflage, New York, Norton, 1999, und Preston Mc Afee, *Competitive Solutions: The Strategist's Toolkit,* Princeton University Press (2002): Kapitel 12.

13 Spieltheorie und Wettbewerbsstrategie

Ein Beispiel hierfür ist die tägliche Versteigerung von frischem Tunfisch auf dem Fischmarkt von Tokio.[20] Jeder Tunfisch ist in Größe, Form und Qualität einzigartig und hat daher auch einen einzigartigen Wert. Würde jede Verkaufstransaktion mittels individueller Verhandlungen und Diskussionen mit potenziellen Käufern vonstatten gehen, wäre das extrem zeitraubend. Stattdessen werden die Tunfische jeden Morgen in einer Auktion versteigert, wobei jeweils der Meistbietende den Zuschlag erhält. Dieses Verfahren spart eine Menge Transaktionskosten und steigert daher die Effizienz des Marktes.

Der gewählte Ablauf einer Auktion und besonders die Richtlinien, die diesen Ablauf regeln, wirken sich in starkem Maß auf das Auktionsergebnis aus. Ein Verkäufer wird natürlich auf ein Auktionsverfahren Wert legen, das seine Einkünfte aus dem Verkauf des Produktes maximiert. Ein Käufer dagegen, der mehrere Gebote potenzieller Verkäufer sammelt und vergleicht, wird eine Auktion bevorzugen, die die erwarteten Kosten des Produktes, das er kaufen möchte, minimiert.

> **Englische (oder mündliche) Auktion**
>
> Eine Auktion, bei der sich ein Verkäufer aktiv um ständig steigende Gebote aus einer Gruppe potenzieller Käufer bemüht.

> **Holländische Auktion**
>
> Auktion, in der ein Verkäufer zunächst einen Artikel zu einem relativ hohen Preis anbietet und diesen dann um feste Beträge reduziert, bis der Artikel verkauft wird.

> **Auktion mit verschlossenen Geboten**
>
> Auktion, bei der alle Gebote gleichzeitig in verschlossenen Umschlägen abgegeben werden und der Gewinner derjenige ist, der das höchste Gebot abgegeben hat.

> **Erstpreisauktion**
>
> Auktion, bei der der Verkaufspreis gleich dem höchsten Gebot ist.

> **Zweitpreisauktion**
>
> Auktion, bei der der Verkaufspreis gleich dem zweithöchsten Gebot ist.

13.8.1 Auktionsverfahren

Wir werden sehen, dass die Wahl des Auktionsverfahrens die Auktionseinnahmen des Verkäufers beeinflussen kann. Es gibt verschiedene Auktionsformen, die verstärkt zum Einsatz kommen.

1 **Traditionelle englische (oder mündliche) Auktion:** Der Verkäufer bemüht sich aktiv um ständig steigende Gebote aus einer Gruppe potenzieller Käufer. Alle Beteiligten kennen das aktuelle Höchstgebot zu jedem Zeitpunkt der Auktion. Die Auktion ist beendet, sobald kein Bieter mehr bereit ist, das gegenwärtige Höchstgebot zu überbieten. Der Auktionsgegenstand wird dann zum Preis, der dem Höchstgebot entspricht, an den Meistbietenden verkauft.

2 **Holländische Auktion:** Der Verkäufer beginnt die Auktion mit einem relativ hohen Preis für den Auktionsgegenstand. Findet sich kein potenzieller Käufer, der diesen Preis bezahlen möchte, so reduziert der Verkäufer den Preis um jeweils feste Beträge. Der erste Käufer, der einen neu angebotenen Preis akzeptiert, erhält den Zuschlag für das Produkt zu diesem Preis.

3 **Auktion mit verschlossenen Geboten:** Alle Gebote werden gleichzeitig in verschlossenen Umschlägen abgegeben. Gewinner ist der Bieter, der das höchste Gebot abgegeben hat. Der Preis, den der Meistbietende zu zahlen hat, hängt jedoch von den gewählten Auktionsregeln ab. Bei einer **Erstpreisauktion** entspricht der Verkaufspreis dem Höchstgebot. Bei einer **Zweitpreisauktion** dagegen entspricht der Verkaufspreis dem zweithöchsten Gebot.

13.8.2 Bewertung und Information

Nehmen wir an, wir möchten ein einzigartiges und wertvolles Produkt, etwa ein Gemälde oder eine seltene Münze, verkaufen. Welche Auktionsform ist für uns am besten? Die Antwort auf diese Frage hängt von den Vorlieben der Bieter und von den ihnen zugänglichen Informationen ab. Betrachten wir zwei unterschiedliche Fälle:

---

20 John McMillan, „*Reinventing the Bazaar: A Natural History of Markets*", New York, Norton, 2002.

1 Bei **Auktionen mit privatem Wert** kennt jeder Bieter seinen persönlichen Wert, oder seinen *Reservationspreis*, für den Auktionsgegenstand, und diese Werte variieren von Bieter zu Bieter. Außerdem weiß kein Bieter genau, welchen Wert seine Mitbieter dem Gegenstand beimessen. Beispielsweise könnte ein Bieter einem signierten Mark-McGwire-Baseball einen extrem hohen Wert beimessen, ohne dass er weiß, dass sein Mitbieter diesen weniger hoch bewertet.

2 Bei **Auktionen mit gemeinsamem Wert** hat der Auktionsgegenstand für alle Bieter in etwa denselben Wert. Jedoch kennen die Bieter diesen Wert nicht genau – sie können ihn nur schätzen, so dass die einzelnen Schätzwerte variieren. Wird beispielsweise ein im Meer gelegenes Ölreservoir versteigert, so entspricht sein Wert dem Ölpreis abzüglich der Förderkosten multipliziert mit der Ölmenge dieses Gebiets. Folglich sollte der Wert dieses Ölreservoirs für alle Bieter in etwa gleich sein. Die Bieter kennen jedoch weder die genaue Ölmenge noch die Förderkosten – diese Beträge können sie nur schätzen. Und da diese Schätzwerte variieren werden, könnten sie für dieses Ölreservoir sehr unterschiedliche Gebote abgeben.

> **Auktion mit privatem Wert**
> Eine Auktion, bei der jeder Bieter den Wert kennt, den er persönlich dem Auktionsgegenstand beimisst, wobei die Bewertungen der einzelnen Bieter voneinander abweichen.

> Erinnern wir uns aus § 11.2, dass der Reservationspreis der maximale Geldbetrag ist, den eine Einzelperson für ein Produkt zu zahlen bereit ist.

In der Praxis können Auktionen sowohl Merkmale von Auktionen mit privatem Wert als auch von Auktionen mit gemeinsamem Wert tragen. So kann die Auktion um Ölvorkommen z.B. Merkmale einer Privatwertauktion tragen, denn verschiedene Ölvorkommen sind auch mit unterschiedlichen Förderkosten verbunden. Zur Vereinfachung werden wir hier allerdings beide Formen trennen. Zunächst werden wir uns mit der Auktion mit privatem Wert befassen und uns anschließend der Auktion mit gemeinsamem Wert zuwenden.

> **Auktion mit gemeinsamem Wert**
> Eine Auktion, bei der der Auktionsgegenstand für alle Bieter den gleichen Wert hat, diese aber den genauen Wert nicht kennen, so dass ihre Schätzungen voneinander abweichen.

13.8.3 Auktionen mit privatem Wert

Bei Auktionen mit privatem Wert haben die Bieter verschiedene Reservationspreise für das angebotene Objekt. So können wir beispielsweise annehmen, dass sich bei einer Auktion des signierten Barry-Bonds-Baseballs die Reservationspreise der einzelnen Bieter zwischen $1 (ein Bieter, der sich nicht für Baseball interessiert, sondern nur spaßeshalber mitbietet) und $600 (ein Fan der San Francisco Giants) bewegen. Kein Bieter, der sich an der Auktion des Baseballs beteiligt, weiß natürlich, wie viele Mitbieter er hat und wie hoch die Gebote sein werden.

Je nach Auktionsverfahren muss jeder Bieter seine optimale Bietstrategie festlegen. Bei einer offenen englischen Auktion etwa besteht die Strategie darin, das eigene Höchstgebot festzulegen. In einer holländischen Auktion zielt die Strategie darauf ab, den Preis festzusetzen, bei dem der Bieter sein einziges Gebot abgeben möchte. Und bei der Auktion mit geschlossenen Geboten muss strategisch entschieden werden, welches Gebot im geschlossenen Umschlag abgegeben wird.

Wie verhält es sich in diesem Spiel mit den Auszahlungen? Für den Gewinner der Auktion ist die Auszahlung gleich der Differenz zwischen seinem Reservationspreis und dem gezahlten Preis. Für all diejenigen, die bei der Auktion leer ausgehen, beträgt die Auszahlung null. Angesichts dieser Auszahlungen wollen wir nun verschiedene Bietstrategien und Ergebnisse bei unterschiedlichen Auktionsverfahren untersuchen.

Zunächst werden wir aufzeigen, dass englische mündliche Auktionen und Zweitpreisauktionen mit verschlossenen Angeboten fast zum gleichen Ergebnis führen. Beginnen wir mit der Zweitpreisauktion mit verschlossenen Angeboten. Bei dieser Auktion lautet die *dominante Strategie*, wahrheitsgetreu zu bieten, denn es bringt dem Bieter keinerlei

Vorteile, Gebote unterhalb seines Reservationspreises abzugeben. Das ist so, weil der Preis, den er bezahlt, auf der Bewertung des *zweithöchsten Bieters* und nicht auf seiner eigenen Bewertung basiert. Nehmen wir an, unser Reservationspreis liegt bei €100. Wenn wir ein Gebot abgeben, das unterhalb unseres Reservationspreises liegt – sagen wir €80 –, so riskieren wir, den Auktionsgegenstand an den zweithöchsten Bieter zu verlieren, der €85 bietet. Hätten wir dagegen gewonnen (etwa mit einem Gebot von €87), so hätten wir eine positive Auszahlung erzielt. Wenn wir aber ein Gebot abgeben, das über unserem Reservationspreis liegt – sagen wir €105 –, so riskieren wir, obwohl wir gewinnen würden, eine negative Auszahlung zu erzielen.

Ebenso besteht bei der englischen Auktion die dominante Strategie darin, solange immer etwas mehr als der Meistbietende zu bieten – z.B. €1 mehr –, *bis unser Reservationspreis erreicht ist*. Wenn wir nämlich aufhören mitzubieten, bevor unser Reservationspreis erreicht ist, riskieren wir, eine positive Auszahlung zu verlieren. Und wenn wir über unseren Reservationspreis hinaus mitbieten, erreichen wir garantiert eine negative Auszahlung. Wie hoch werden also die Gebote steigen? Der Bietprozess wird so lange weitergehen, bis das Höchstgebot um €1 über dem Reservationspreis des zweithöchsten Bieters liegt. Auch bei der Auktion mit verschlossenen Angeboten wird das Gebot des Gewinners dem Reservationspreis des zweithöchsten Bieters entsprechen. Also wird das Ergebnis beider Auktionen nahezu identisch sein. (Theoretisch sollten die Ergebnisse nur um ein oder zwei Euro voneinander abweichen.) Zur Verdeutlichung dieses Prinzips nehmen wir an, es gibt drei Bieter, deren Bewertungen jeweils €50, €40 und €30 betragen. Außerdem gehen wir davon aus, dass sowohl die Bieter als auch der Auktionator vollständige Informationen über diese Bewertungen hat. Wenn unsere Bewertung bei €50 läge, würden wir in einer englischen Auktion ein Höchstgebot von €40,01 abgeben, um den Bietprozess gegenüber dem Teilnehmer zu gewinnen, dessen Reservationspreis €40 beträgt. Auch in einer Auktion mit verschlossenen Angeboten würden wir das exakt gleiche Gebot abgeben.

Selbst wenn keine vollständigen Informationen vorliegen, würden wir mit ähnlichen Ergebnissen rechnen. Wir wissen, dass es für uns als Verkäufer keine Rolle spielt, ob eine englische mündliche Auktion oder eine Zweitpreisauktion mit verschlossenen Angeboten abgehalten wird, da die Bieter in beiden Fällen eine private Bewertung vornehmen werden. Nehmen wir an, wir planen einen Gegenstand mittels einer Auktion mit verschlossenen Angeboten zu versteigern. Sollten wir uns für die Erst- oder für die Zweitpreisauktion entscheiden? Man könnte glauben, die Erstpreisauktion sei vorzuziehen, da der Kaufpreis dem höchsten anstatt dem zweithöchsten Gebot entspricht. Aber natürlich stellen auch die Bieter diese Überlegung an und passen ihre Bietstrategie entsprechend an. Da ihnen bewusst ist, dass sie im Erfolgsfall das Höchstgebot zahlen müssen, werden sie von vornherein weniger bieten.

Bei einer Zweitpreisauktion mit verschlossenen Angeboten entsprechen die Auktionseinnahmen dem zweithöchsten Reservationspreis. Die Auswirkungen einer Erstpreisauktion mit verschlossenen Angeboten auf die Einnahmen des Verkäufers sind jedoch weitaus komplizierter, da auch die optimale Strategie der Bieter komplexer ist. Die optimale Strategie besteht für den Bieter darin, ein Gebot festzulegen, das seiner Meinung nach gleich oder etwas über dem Reservationspreis derjenigen Person mit dem zweithöchsten Reservationspreis liegt.[21] Warum ist dies so? Dies ist so, weil der Gewinner

---

21 Genauer gesagt besteht die beste Strategie darin, ein Gebot auszuwählen, das unserer Meinung nach dem zweithöchsten erwarteten Reservationspreis entspricht oder etwas darüber liegt, *unter der Bedingung, dass unsere Bewertung die höchste ist*.

einen Preis zahlen muss, der seinem Gebot entspricht. Und es lohnt sich niemals, mehr zu bezahlen als den zweithöchsten Reservationspreis. Wir sehen also, dass die Erst- und Zweitpreisauktion mit verschlossenen Angeboten zu denselben zu erwartenden Einnahmen führen.

13.8.4 Auktionen mit gemeinsamem Wert

Nehmen wir an, dass wir zusammen mit vier weiteren Personen an einer mündlichen Auktion teilnehmen, um ein großes Glasgefäß mit Cent-Stücken zu erwerben. Der Meistbietende wird den Zuschlag bekommen und auch das Höchstgebot zahlen müssen. Jeder Bieter kann das Gefäß zwar genau untersuchen, er darf es aber nicht öffnen, um die Münzen zu zählen. Wie sieht unsere optimale Bietstrategie aus, sobald wir uns auf einen Schätzwert für die Cent-Stücke festgelegt haben? Dies ist eine klassische Auktion mit gemeinsamem Wert, da das Glasgefäß für alle Bieter denselben Wert hat. Das Problem besteht für uns und unsere Mitbieter nur darin, dass wir diesen Wert nicht kennen.

Leicht könnte man hier den Fehler machen, den viele Neulinge in einer solchen Situation machen würden, nämlich solange mitzubieten, bis der eigene Schätzwert für die Anzahl der Cent-Stücke erreicht ist – und nicht länger. Dies ist jedoch keineswegs die optimale Bietstrategie. Erinnern wir uns, dass weder wir noch unsere Mitbieter genau wissen, wie viele Münzen in dem Gefäß sind. Alle Bieter haben unabhängig voneinander eigene Schätzungen angestellt, die natürlich fehleranfällig sind – einige sind vielleicht zu hoch, andere zu niedrig. Wer wird nun also der Gewinner dieser Auktion sein? Wenn jeder Bieter so lange mitbietet, bis sein Schätzwert erreicht ist, *so wird das Gefäß höchstwahrscheinlich an den Bieter mit der größten positiven Abweichung gehen*, d.h. an den Bieter, der die Anzahl der Münzen am meisten überschätzt hat.

Der Fluch des Gewinners („Winner's Curse") Um dieses Ergebnis richtig einschätzen zu können, nehmen wir an, es befinden sich tatsächlich 620 Münzen in dem Gefäß. Nehmen wir weiter an, die Schätzwerte der Bieter liegen bei 540, 590, 615, 650 und 690. Nehmen wir schließlich an, dass unser Schätzwert bei 690 liegt und wir in der Auktion zu einem Preis von €6,80 den Zuschlag bekommen. Aber sollten wir uns über diesen Zuschlag freuen? Die Antwort lautet nein, denn wir haben ja €6,80 bezahlt, obwohl die Münzen im Gefäß nur €6,20 wert sind. Damit sind wir dem **Fluch des Gewinners** zum Opfer gefallen. Der Gewinner einer Auktion mit gemeinsamem Wert schneidet oft schlechter ab, als diejenigen, die nicht gewonnen haben, denn der Gewinner ist meist übermäßig optimistisch und bietet deshalb mehr für das Auktionsobjekt, als es eigentlich wert ist.

Der Fluch des Gewinners kann bei jeder Auktion mit gemeinsamem Wert auftreten, was von den Bietern oft übersehen wird. Nehmen wir beispielsweise an, wir möchten unser Haus streichen lassen; also bitten wir fünf Maler darum, einen Kostenvoranschlag für diesen Auftrag zu erstellen, und teilen jedem Maler mit, dass wir uns für das günstigste Angebot entscheiden werden. Wer wird den Zuschlag bekommen? Es wird wahrscheinlich der Maler sein, der den Arbeitsaufwand am meisten unterschätzt hat. Zunächst freut sich der Maler wahrscheinlich noch darüber, den Auftrag erhalten zu haben, bald wird er jedoch merken, dass die Arbeit viel aufwendiger ist, als er erwartet hat. Demselben Problem können sich Ölfirmen gegenübersehen, die um den Erwerb eines im Meer liegenden Ölreservoirs mitbieten, wobei die Größe des Reservoirs und die Höhe der Förderkosten (und damit der Wert des Reservoirs) nicht genau bekannt sind. Wenn es die

> **Der Fluch des Gewinners („Winner's Curse")**
>
> Eine Situation, in der der Gewinner einer Auktion mit gemeinsamem Wert schlechter abschneidet, weil er den Wert des Auktionsobjekts überschätzt und deshalb zu viel geboten hat.

Bieter versäumen, den Fluch des Gewinners zu berücksichtigen, wird der Meistbietende wahrscheinlich nur deswegen den Zuschlag bekommen, weil er den Wert des Reservoirs überschätzt hat und deshalb mehr dafür bezahlt, als es eigentlich wert ist.

Wie aber soll man mit dem Fluch des Gewinners umgehen, wenn man bei einer Auktion mit gemeinsamem Wert mitbietet? Man muss nicht nur den Wert des Auktionsgegenstandes einschätzen, sondern auch berücksichtigen, dass dieser Schätzwert – ebenso wie die Schätzwerte der anderen Bieter – fehlerhaft sein kann. Um den Fluch des Gewinners zu umgehen, müssen wir unser Höchstgebot um den Betrag unterhalb unseres Schätzwertes ansetzen, der dem erwarteten Fehler des Höchstbietenden der Auktion entspricht. Je genauer wir schätzen, umso weniger müssen wir unser Gebot reduzieren. Wenn wir die Genauigkeit unseres Schätzwertes nicht eindeutig festlegen können, so können wir zumindest die Abweichung der Schätzwerte der anderen Bieter einschätzen. Herrscht zwischen den übrigen Bietern große Uneinigkeit, wird auch unser Schätzwert eher unpräzise sein. Um die Abweichungen der Schätzwerte zu messen, können wir die Standardabweichung heranziehen, die mit einer statistischen Formel berechnet werden kann.

Ölfirmen nehmen meist schon seit Jahren an Auktionen teil, auf denen Ölreservoirs versteigert werden, und können dadurch diese Standardabweichung recht genau bestimmen. Das hilft ihnen, den Fluch des Gewinners einzukalkulieren, indem sie ihre Höchstgebote um den erwarteten Fehler des Auktionsgewinners unterhalb ihrer Schätzwerte festlegen. Folglich haben Ölgesellschaften selten das Gefühl, etwas falsch gemacht zu haben, nachdem sie eine Auktion gewonnen haben. Malermeister andererseits haben meist eine weniger ausgereifte Bietstrategie und sind deshalb sehr viel anfälliger für den Fluch des Gewinners.

In einer Auktion mit verschlossenen Angeboten tritt das Problem des Fluchs des Gewinners häufiger auf als in einer traditionellen englischen Auktion. Gibt es in einer traditionellen Auktion nur einen Bieter, der übermäßig optimistisch ist, kann dieser den Bietprozess auch noch gewinnen, wenn er nur ein geringfügig höheres Gebot abgibt als der zweithöchste Bieter. Damit der Fluch des Gewinners zum Problem wird, muss es also mindestens zwei übermäßig optimistische Bieter geben. In einer Auktion mit verschlossenen Angeboten dagegen könnte der große Optimismus den Bieter dazu verleiten, alle anderen Teilnehmer mit deutlichem Abstand zu überbieten.

13.8.5 Maximierung der Auktionseinnahmen

Nun wollen wir nochmals zu der Frage zurückkehren, welches Auktionsverfahren aus Sicht des Verkäufers das günstigste ist. Hier sind einige Tipps, die bei der Wahl des richtigen Formats helfen sollen.

1 An einer Auktion mit privatem Wert sollten so viele Bieter wie möglich teilnehmen. Zusätzliche Bieter erhöhen nicht nur das zu erwartende Höchstgebot, sondern auch die zu erwartende Bewertung des zweithöchsten Bieters.

2 Bei einer Auktion mit gemeinsamem Wert sollte man sich (a) für eine offene Auktion entscheiden und keine Auktion mit verschlossenen Angeboten anstreben, denn es gilt die Faustregel, dass eine offene englische Auktion höhere zu erwartende Einnahmen erzeugt als eine Auktion mit verschlossenen Angeboten. Weiter sollte man (b) einige Informationen über den wahren Wert des Auktionsobjektes preisgeben, um die Angst vor dem Fluch des Gewinners zu zerstreuen und die Bieter zu ermutigen.

3 In einer Auktion mit privatem Wert sollte der Verkäufer das Mindestgebot für sich so festlegen, dass es seinem Wert entspricht, zu dem er das Gut behalten und zu einem späteren Zeitpunkt verkaufen würde, oder dass es diesen Wert leicht übersteigt. Dies schützt gegen Verluste, wenn es nur relativ wenige Bieter gibt, die den Wert des Guts nicht hoch einschätzen. Außerdem könnten sich dadurch die Gebote der Bieter erhöhen, denn der Verkäufer signalisiert, dass das Gut wertvoll ist. Für den Verkäufer ist es ein klarer Vorteil, dass er die Möglichkeit hat, das Gut zu einem späteren Zeitpunkt zu verkaufen, wenn es kein Mindestgebot gibt; das kann aber auch zum Nachteil werden, wenn die Bieter zukünftiger Auktionen den fehlgeschlagenen ersten Verkaufsversuch als Signal für mindere Qualität auffassen.

Warum also sollte man eine offene Auktion wählen? Erinnern wir uns, dass jeder Bieter einer Auktion mit gemeinsamem Wert ein Gebot abgeben wird, das unterhalb seiner persönlichen Bewertung liegt, um den Fluch des Gewinners zu umgehen. Je größer die Unsicherheit über den wahren Wert des Objekts, desto größer ist auch die Wahrscheinlichkeit, dass die Gebote zu hoch ausfallen und desto größer ist für die Bieter deshalb der Anreiz, ihre Gebote zu reduzieren. (Ist ein Bieter zudem noch risikoavers, so verstärkt sich dieser Effekt.) Jedoch ist für die Bieter die Unsicherheit in einer englischen Auktion geringer als in einer Auktion mit verschlossenen Angeboten, da er beobachten kann, bei welchen Preisen seine Mitbieter aus der Auktion aussteigen. Dadurch erhält er Informationen über ihre Schätzwerte. Wenn der Verkäufer seinen Bietern also mehr Informationen zur Verfügung stellt, werden risikoaverse Bieter dadurch ermutigt, mehr zu bieten, denn sie vertrauen darauf, dadurch den Fluch des Gewinners mit einkalkuliert zu haben.

13.8.6 Auktionen und Kollusion

Wir haben gesehen, dass bei Auktionen ein großer Teil der Gewinne für den Verkäufer daraus entsteht, dass er den Wettbewerb unter den Bietern anregt. Daraus folgt nun, dass die Käufer ihre Verhandlungsposition stärken können, indem sie die Anzahl der Bieter oder der Gebote reduzieren. In manchen Fällen kann dies auf legalem Weg durch die Bildung von Käufergruppen erfolgen, es gibt jedoch auch einen illegalen Weg – ausdrückliche Absprachen, die gegen die Kartellgesetzgebung verstoßen. Eine Kollusion unter Käufern ist nicht einfach zu erreichen, denn selbst wenn sie zu einer „Einigung" kommen, haben einzelne Käufer doch den Anreiz, zu betrügen und in letzter Minute ihre Gebote zu erhöhen, um das gewünschte Gut zu bekommen. Werden solche Auktionen jedoch öfters wiederholt, können die Teilnehmer die Bieter bestrafen, die betrogen haben, indem sie sie immer wieder überbieten. In Auktionen mit offenen Geboten kommt es häufiger zu einer Käuferkollusion als in einer Auktion mit verschlossenen Angeboten, denn in offenen Auktionen haben die Bieter die besten Chancen, Betrüger zu entlarven und zu bestrafen.

Ein bekanntes Beispiel für eine Käuferkollusion fand Mitte der 80er Jahre statt, als sich die Besitzer von US-Baseballteams darauf verständigten, ihre Gebote für Spieler von freien Agenturen zu begrenzen. Solche Bietprozesse fanden häufig und außerdem offen statt, so dass die Besitzer die Mitbieter bestrafen konnten, die zu oft und zu aggressiv mitboten. Die Kollusionsmöglichkeiten beschränken sich allerdings nicht nur auf die Käufer. Im Jahr 2001 wurden zwei der weltweit renommiertesten Auktionshäuser, Sotheby's und Christie's, schuldig gesprochen, eine geheime Preisabsprache über Kommissionen getroffen zu haben, die den Verkäufern der Auktionsgegenstände angeboten wurden. Alfred Taubman, ehemaliger Vorstandschef von Sotheby's, wurde für seine Beteiligung an diesen Absprachen zu einer Gefängnisstrafe von einem Jahr verurteilt.

Beispiel 13.7: Auktionen für Rechtsdienstleistungen

In den Vereinigten Staaten führen Klägeranwälte häufig Verfahren, bei denen sie Gruppen von Personen vertreten, die angeblich durch die Handlungen der Beklagten, die nachteilige Auswirkungen auf die Gesundheit oder das Wohlbefinden haben, geschädigt wurden. Diese Anwälte werden normalerweise auf Erfolgsgrundlage bezahlt, das heißt, sie bekommen kein Honorar, wenn sie den Fall verlieren. Gewinnen sie aber, erhalten sie einen Prozentsatz der gezahlten Entschädigung, der normalerweise bei circa 30% liegt.

In einer Reihe von Fällen folgten solche Sammelklagen erfolgreichen Untersuchungen und Anklagen durch staatliche Behörden. So haben beispielsweise Anwälte, die Käufer von PCs vertraten, Klage eingereicht, um Entschädigungen für überhöhte Zahlungen zu erhalten, nachdem der US-amerikanische Staat erfolgreich Microsoft verklagt hatte und festgestellt wurde, dass das Unternehmen den Markt für PC-Betriebssysteme übernommen hatte. Durch die Klage des Staates hatten die Anwälte der Sammelkläger einen Vorteil, der ihre Arbeit deutlich erleichterte. Viele der entscheidenden Dokumente waren bereits offengelegt worden und sie mussten nicht nachweisen, dass Microsoft ein Monopol auf dem Markt für PC-Betriebssysteme innehat.

Im Ergebnis solcher Fälle erschien das prozentuale Honorar im Vergleich zu den Anstrengungen der Anwälte unangemessen hoch. Was könnte dagegen getan werden? Eine Reihe von Bundesrichtern hatte eine Lösung dafür: die Durchführung von Auktionen, bei denen die Anwälte Gebote für das Recht, die potenziellen Sammelkläger zu vertreten, abgeben. Bei einer typischen Auktion dieser Art bieten die Anwälte ein Honorar in Form eines Prozentsatzes als Bestandteil einer Auktion mit verschlossenen Geboten an. In einer ungewöhnlichen Auktion nach einem strafrechtlichen Urteil gegen die Auktionshäuser Sotheby's und Christie's gestattete der Richter Lewis Kaplan aus dem Gerichtsbezirk Südliches New York den Kanzleien, als Teil ihrer Gebote eine größere Bandbreite an Zahlungsbedingungen anzubieten. Die Kanzlei Boies, Schiller & Flexner gewann den Bietprozess mit einem Angebot von 25 Prozent auf eventuelle Urteilssummen von mehr als $425 Millionen. Monate nachdem die Kanzlei den Fall übernommen hatte, einigte sich David Boies mit den Beklagten auf $512 Millionen. Damit verdienten die Anwälte ein Honorar von $26,75 Millionen (25 Prozent der $107 Millionen, um die der Betrag die Mindestsumme von $425 Millionen überstieg) und erzielte etwas mehr als $475 Millionen für die Sammelkläger.

Beispiel 13.8: Internetauktionen

Mit dem Aufstieg des Internets ist die Beliebtheit von Auktionen explosionsartig gestiegen. Durch das Internet sanken die Transaktionskosten sogar so stark, dass Privatpersonen auf der ganzen Welt heute bequem von zuhause aus auch Produkte mit relativ geringem Wert online anbieten. Mittlerweile gibt es zahllose Internetseiten, die sich ausschließlich der Durchführung von Auktionen verschrieben haben, in denen die Teilnehmer eine breit gefächerte Auswahl an Produkten kaufen und verkaufen können. Sehen wir uns an, wie derartige Internetauktionen funktionieren.[22]

Die beliebteste Internetauktionsseite ist *www.ebay.com*. Hier werden jeden Tag zahlreiche Artikel, von Antiquitäten über Autos und Beanie Babies bis hin zu seltenen Münzen, mittels Internetauktion versteigert. 1995 gründete Pierre Omidyar die Internetauktionsseite, weil er versuchen wollte, einen kaputten Laseranzeiger zu verkaufen. Heute dominiert eBay den privaten Internetauktionsmarkt. Millionen von Produkten werden täglich zum Verkauf angeboten, darunter so ungewöhnliche Dinge wie eine karibische Insel, riesige Areale in den Catskills und eine Geisterstadt in Nevada. Im Jahr 2011 liefen etwa 85 Prozent aller US-amerikanischen Internetauktionsverkäufe über eBay ab, wobei Gesamtumsätze von über $60 Milliarden erzielt wurden. Durchschnittlich sind zu jedem Zeitpunkt mehr als 14 Millionen Artikel notiert.

Wie kam es, dass eBay heute eine so dominante Position einnimmt? Warum ist es anderen Internetauktionsseiten (wie Yahoo oder Amazon) nicht gelungen, eBay einen gewissen Marktanteil abzunehmen? Die Antwort liegt darin, dass Internetauktionen erhebliche *Netzwerk-Externalitäten* mit sich bringen. Welche Auktionsseite würden wir wählen, wenn wir einige seltene Münzen oder Briefmarken versteigern wollten? Natürlich würden wir uns für die Seite mit den meisten potenziellen Bietern entscheiden. Ebenso würden wir, wenn wir seltene Münzen oder Briefmarken ersteigern wollten, die Auktionsseite mit den meisten Verkäufern wählen. Also neigen sowohl Käufer als auch Verkäufer dazu, immer die Auktionsseite mit dem größten Marktanteil zu nutzen. Da eBay die erste große Internetauktionsseite war, konnte es mit einem hohen Marktanteil beginnen und dieser Marktanteil ist angesichts der Netzwerkexternalitäten noch gestiegen.

> In § 4.5 erklären wir, wie Netzwerkexternalitäten den Verkauf eines Produkts beeinflussen.

Um die kritische Rolle von Netzwerkeffekten zu verstehen, soll im Folgenden betrachtet werden, was passierte, als eBay international zu expandieren versuchte. In China stand das Unternehmen im Wettbewerb mit Taobao, dessen Manager wussten, wie wichtig es war, durch einen frühzeitigen Marktanteil einen Vorteil zu erzielen. Daher hatte Taobao entschieden, den Verkäufern keine Gebühren zu berechnen. Damit erzielte das Unternehmen einen Großteil seiner Einnahmen durch Werbung. Zwar waren die Einnahmen durch diese Strategie beschränkt, aber Taobao wurde mit einem Marktanteil von mehr als 80 Prozent im Jahr 2010 schnell zur führenden Webseite für Internetauktionen in China.[23] ▶

---

22 Mehr Informationen zu Internetauktionen finden Sie bei Patrick Bajari und Ali Hortaçsu, „Economic Insights from Internet Auctions", *Journal of Economic Literature* 42 (Juni 2004): 457–486.
23 Laut *Forbes*, 3. Mai 2011.

Und auch in Japan verlor eBay – dieses Mal gegen Yahoo! Japan Auctions, das durch eine aggressive Strategie einen Vorteil durch einen frühen Marktanteil erzielte. Aufgrund des starken Netzwerkeffekts wurde es für eBay (genau wie für jedes andere Unternehmen) beinahe unmöglich, gegen die Dominanz von Yahoo! in Japan zu bestehen.

Im Folgenden sollen noch einmal die Vereinigten Staaten und die Frage, wie eBay-Auktionen funktionieren, betrachtet werden. Bei Einzelartikeln setzt eBay eine Auktion mit steigenden Geboten ein, die wie folgt funktioniert: Die Gebote müssen in festgelegten Mindestschritten erhöht werden. Der Meistbietende erhält den Zuschlag und bezahlt dem Verkäufer einen Preis, der dem zweithöchsten Gebot plus der Mindeststeigerung entspricht, um den der Preis erhöht wird (beispielsweise 25 Cent). Wenn der Bieter also ein Gebot von €20 für eine DVD abgibt und die Auktion gewinnt, zahlt er das zweithöchste Gebot (z.B. €19), zuzüglich der Mindeststeigerung von 25 Cent. Die eBay-Auktion mit steigenden Preisen entspricht den bereits beschriebenen Auktionsformaten nicht genau, da es einen festgelegten und bekannten Zeitpunkt gibt, an dem die Auktion endet. Dies kann dazu führen, dass Bieter ihre Gebote strategisch zum Ende der Auktion abgeben.

In vielen Internetauktionen werden hauptsächlich Dinge mit Privatwert versteigert. (Trotzdem spielt allerdings auch ein Gemeinwertelement eine Rolle, denn jeder kann schließlich Dinge zum Verkauf anbieten – und keiner weiß genau, wie zuverlässig der jeweilige Verkäufer ist.) Besonders bei Auktionen für einzigartige Antiquitäten spielt der Privatwert eine große Rolle, denn diese können für einzelne Bieter einen immensen Wert haben. Bei Auktionen mit privatem Wert muss sich der Bieter auch keine besonderen Gedanken über die Entwicklung der Gebote machen. Denn aus den Geboten der Mietbieter kann er zwar deren Vorlieben ablesen, der Wert, den er selbst dem Gegenstand beimisst, ist aber seine ganz persönliche Entscheidung. Auch wenn er das Stück natürlich zu einem Preis ersteigern möchte, der möglichst weit unterhalb seiner eigenen Bewertung liegt, muss er sich um den Fluch des Gewinners keine Sorgen machen. Denn er kann nicht enttäuscht werden, solange seine Bewertung des Objektes den Kaufpreis übersteigt.

In den Vereinigten Staaten bezahlt der Verkäufer für den Käufer beim Kauf eines Artikels. Die Gewinne von eBay aus den meisten Auktionen stammen aus den vom Verkäufer gezahlten Gebühren. Bei den meisten Auktionen zahlt der Verkäufer eine Gebühr, wenn der Artikel zum Verkauf eingestellt wird, sowie eine weitere Gebühr, wenn der Artikel verkauft wird. Natürlich ist die Frage, wer letztlich die Last dieser Gebühren zahlen sollte, komplex. Um dies zu verdeutlichen, sei angenommen, dass es sich bei dem im Internet verkauften Artikel um einen Gemeinwertartikel handelt, der auch anderweitig leicht verfügbar ist (z.B. eine Musik-CD, DVD oder ein Buch). Dann ist die Gebühr wie eine Steuer (die aber von eBay und nicht vom Staat erhoben wird). Wie bei einer Steuer wird die Last der Gebühren sowohl vom Käufer als auch vom Verkäufer getragen und, wie in Abschnitt 9.6 erklärt, hängt sie von den relativen Elastizitäten von Angebot und Nachfrage ab.

Vor einigen Dingen sollte man sich bei einer Teilnahme an Internetauktionen dennoch in Acht nehmen. Anders als die traditionellen Auktionshäuser stellen Auktionsinternetseiten wie eBay, bei deren Auktionen es meist um kleinere Beträge geht, ausschließlich öffentliche Foren dar, in denen sich Käufer und Verkäufer austauschen können. Sie gewährleisten keine Qualitätskontrollen. ▶

Einige Seiten, darunter auch eBay, geben jedem Käufer zwar die Möglichkeit, dem Verkäufer innerhalb des Forums öffentlich Feedback zu geben, jedoch ist dies meist der einzige Anhaltspunkt über die Vertrauenswürdigkeit von Verkäufern, der potenziellen Käufern zur Verfügung steht. Und natürlich kann es über Verkäufer, die auf diesen Seiten zum ersten Mal auftreten, noch kein Feedback geben (das Gleiche gilt für Verkäufer, die sich einen neuen Benutzernamen zulegen). In den letzten Jahren hat eBay ein Käuferschutzprogramm eingerichtet, aber das Verfahren zur Umsetzung von Ansprüchen kann langwierig sein. Außerdem besteht bei Internetauktionen immer die Gefahr, dass Gebote manipuliert werden.

So könnte ein Verkäufer in einer Auktion durch eigene fiktive Gebote das Bietverfahren manipulieren. Es ist also immer ratsam, größte Vorsicht walten zu lassen, wenn man sich als Bieter an einer Internetauktion beteiligen möchte.

> In Abschnitt 9.6 wird erklärt, dass je nach den relativen Elastizitäten von Nachfrage und Angebot die Last einer Steuer zum Teil vom Verkäufer und zum Teil vom Käufer getragen wird.

ZUSAMMENFASSUNG

1. Ein Spiel ist kooperativ, wenn die Spieler kommunizieren und einen bindenden Vertrag schließen können; sonst ist es nichtkooperativ. Bei jeder Art von Spiel kommt es bei der Wahl der Strategie in erster Linie darauf an, die Position des Gegners zu verstehen und (wenn der Gegner rational ist) seine wahrscheinlichen Reaktionen auf das eigene Handeln richtig vorherzusehen. Die Missdeutung der gegnerischen Position ist ein häufiger Fehler, wie Beispiel 13.1, Erwerb eines Unternehmens (Seite 661), zeigt.[24]

2. Ein Nash-Gleichgewicht ist eine Menge an Strategien, mit Hilfe derer alle Spieler ihre Entscheidungen bei gegebenen Strategien ihrer Mitspieler optimieren. Ein Gleichgewicht in dominanten Strategien ist ein Sonderfall des Nash-Gleichgewichts; eine dominante Strategie ist immer optimal, gleichgültig was die anderen Spieler tun. Ein Nash-Gleichgewicht beruht auf der Rationalität aller beteiligten Spieler. Eine Maximin-Strategie ist vorsichtiger, denn sie maximiert das minimal mögliche Ergebnis.

---

[24] Hier ist die Lösung für das Problem von Unternehmen A: *Es sollte für die Aktien von Unternehmen T nichts bieten*. Erinnern wir uns, dass Unternehmen T ein Kaufangebot nur dann akzeptieren wird, wenn es den Unternehmenswert (pro Aktie) unter dem gegenwärtigen Management übersteigt. Nehmen wir an, wir bieten €50. Unternehmen T wird dieses Angebot nur dann akzeptieren, wenn die Ergebnisse des Ölförderungsprojekts mit dem gegenwärtigen Management zu einem Aktienwert von €50 oder weniger führen. Jeder Wert zwischen €0 und €100 ist gleichermaßen wahrscheinlich. Also liegt der *Erwartungswert der Aktien von Unternehmen T – wenn es unser Angebot akzeptiert*, d.h. wenn die Ergebnisse des Ölförderungsprojekts einen Aktienwert von unter €50 nahe legen – bei €25, so dass der Aktienwert unter der Führung von Unternehmen A auf (1,5)(€25) = 37,5 ansteigen würde; und dieser Wert liegt unter €50. Tatsächlich muss Unternehmen A davon ausgehen, dass der Aktienwert der T-Aktie für jeden Preis P nur bei (3/4)P liegt, wenn Unternehmen T das Angebot annimmt.

3. Bei einigen Spielen gibt es kein Nash-Gleichgewicht, wenn nur reine Strategien zum Einsatz kommen. Beim Einsatz gemischter Strategien kann es jedoch ein oder mehr Gleichgewichte geben. Bei der gemischten Strategie entscheidet sich der Spieler willkürlich zwischen zwei oder mehr möglichen Handlungen auf der Basis einer Reihe ausgewählter Wahrscheinlichkeiten.

4. Strategien, die für ein einmaliges Spiel ungeeignet sind, können für ein wiederholtes Spiel optimal sein. Je nach der Anzahl der Wiederholungen kann eine „Tit-for-Tat"-Strategie, bei der man kooperiert, solange der Gegner dasselbe tut, optimal sein, um das immer wieder auftretende Gefangenendilemma zu lösen.

5. Beim sequenziellen Spiel handeln die Spieler der Reihe nach. In manchen Fällen hat der Spieler, der den ersten Zug macht einen Vorteil. Dadurch könnte für die Spieler der Anreiz bestehen, sich so früh wie möglich auf bestimmte Handlungen festzulegen, bevor ihr Gegenspieler dies tun kann.

6. Eine leere Drohung ist eine Drohung, bei der kein Anreiz besteht, sie wahr zu machen. Wenn die Gegenspieler rational sind, sind leere Drohungen wertlos. Um einer Drohung Glaubwürdigkeit zu verleihen, kann es notwendig sein, seine späteren Handlungsmöglichkeiten durch eine strategische Handlung einzuschränken und damit einen Anreiz zu schaffen, die Drohung wahr zu machen.

7. Verhandlungssituationen sind Beispiele für kooperative Spiele. Wie beim nichtkooperativen Spiel können auch hier die Verhandlungspartner manchmal einen strategischen Vorteil erlangen, indem sie ihre eigene Flexibilität einschränken.

8. Zum Zweck der Eintrittsabschreckung muss ein etabliertes Unternehmen jeden potenziellen Konkurrenten davon überzeugen, dass dessen Markteintritt unrentabel wäre. Dies kann er durch zusätzliche Investitionstätigkeit erreichen, denn dadurch droht er glaubhaft an, dass er jedem neuen Markteintritt mit einem Preiskrieg entgegentreten wird. Manchmal haben auch strategische handelspolitische Maßnahmen von Regierungen dieses Ziel.

9. Es gibt eine Reihe verschiedener Auktionsverfahren, darunter die englische (mündliche) Auktion mit steigenden Geboten, die holländische (mündliche) Auktion mit fallenden Geboten und die Auktion mit verschlossenen Angeboten. Die Chancen des Verkäufers, viel Geld zu verdienen, oder des Käufers, ein Objekt zu einem vernünftigen Preis zu erwerben, hängen vom jeweiligen Auktionsverfahren ab und davon, ob die zu versteigernden Objekte für alle Bieter den gleichen Wert haben (wie in einer Auktion mit gemeinsamem Wert) oder ob verschiedene Bieter unterschiedliche Werteinschätzungen haben (wie in einer Auktion mit privatem Wert).

ZUSAMMENFASSUNG

Kontrollfragen

1. Was ist der Unterschied zwischen einem kooperativen und einem nichtkooperativen Spiel? Nennen Sie jeweils ein Beispiel.
2. Was ist eine dominante Strategie? Warum ist ein Gleichgewicht in dominanten Strategien stabil?
3. Erklären Sie die Bedeutung des Nash-Gleichgewichts. Wie unterscheidet es sich von einem Gleichgewicht in dominanten Strategien?
4. Worin unterscheidet sich ein Nash-Gleichgewicht von einer Maximin-Lösung? Wann ist eine Maximin-Lösung wahrscheinlicher als ein Nash-Gleichgewicht?
5. Was ist eine „Tit-for-Tat"-Strategie? Warum ist sie eine rationale Strategie für ein sich endlos wiederholendes Gefangenendilemma?
6. Betrachten wir ein Spiel, bei dem das Gefangenendilemma zehnmal wiederholt wird, beide Spieler rational sind und über alle notwendigen Informationen verfügen. Ist in diesem Fall eine „Tit-for-Tat"-Strategie optimal? Unter welchen Bedingungen wäre diese Strategie optimal?
7. Nehmen wir an, unser Konkurrent und wir spielen das Preisspiel aus Tabelle 13.8 (Seite 672). Wir müssen beide unseren Preis gleichzeitig bekannt geben. Können wir unser Spielergebnis verbessern, wenn wir unserem Gegenspieler versprechen, einen höheren Preis festzusetzen?
8. Was bedeutet der „Vorteil des ersten Zuges?" Nennen Sie ein Beispiel einer Spielsituation, in der ein Vorteil des ersten Zuges gegeben ist.
9. Was ist eine strategische Handlung? Warum kann der Aufbau einer bestimmten Reputation eine strategische Handlung sein?
10. Kann die Androhung eines Preiskriegs potenzielle Konkurrenten abschrecken? Welche Schritte könnte ein Unternehmen tun, um diese Drohung glaubhaft zu machen?
11. Eine strategische Handlung beschränkt die Flexibilität eines Spielers, bringt ihm aber dennoch einen Vorteil. Warum ist das so? Wie könnte sich ein Spieler in einer Verhandlungssituation durch eine strategische Handlung einen Vorteil verschaffen?
12. Warum kann der Fluch des Gewinners für die Bieter in einer Auktion mit gemeinsamem Wert zum Problem werden, nicht aber in einer Auktion mit privatem Wert?

Die Kontrollfragen samt Lösungen sowie weitere kapitelbegleitende Inhalte finden Sie im MyLab.

Übungen

1. In vielen oligopolistischen Branchen konkurrieren über einen langen Zeitraum hinweg dieselben Unternehmen miteinander, wobei sie ihre Preise immer wieder neu festlegen und einander ständig beobachten. Warum kommt es angesichts dieser ständigen Wiederholungen zwischen ihnen im Normalfall dennoch nicht zu kooperativem Verhalten?
2. In vielen Branchen herrscht das Problem der Überschusskapazitäten – viele Unternehmen investieren gleichzeitig massiv in Kapazitätserweiterungen, so dass die Gesamtkapazität am Ende weit über der Nachfrage liegt. Dies geschieht nicht nur in Industriezweigen, deren Nachfrage sehr volatil und unvorhersehbar ist, sondern auch in Branchen, deren Nachfrage relativ stabil ist. Welche Faktoren führen zu Überschusskapazitäten? Erklären Sie kurz jeden Faktor.
3. Zwei Computerfirmen, A und B, planen die Markteinführung von Netzwerksystemen für das bürotechnische Informationsmanagement. Jedes Unternehmen kann entweder ein schnelles hochqualitatives System (Hoch) oder ein langsameres,

einfacheres System (Niedrig) einführen. Marktstudien zeigen, dass die zu erwartenden Gewinne der Unternehmen je nach gewählter Strategie folgendermaßen aussehen werden:

a. Wenn beide Unternehmen ihre Entscheidung gleichzeitig treffen und eine Maximin-Strategie (mit geringem Risiko) anwenden, wie wird dann das Ergebnis aussehen?

		Unternehmen B	
		Hoch	Niedrig
Unternehmen A	Hoch	50, 40	60, 45
	Niedrig	55, 55	15, 20

b. Nehmen wir an, beide Unternehmen versuchen, ihre Gewinne zu maximieren, doch Unternehmen A hat einen Planungsvorsprung und kann sich als erstes auf ein System festlegen. Wie wird nun das Ergebnis aussehen? Wie sieht das Ergebnis aus, wenn Unternehmen B einen Planungsvorsprung hat und sich zuerst festlegen kann?

c. Sich einen Vorsprung zu erarbeiten kostet Geld (schließlich muss ein großes Ingenieurteam zusammengestellt werden). Betrachten wir nun ein *zweistufiges Spiel*, bei dem, *erstens*, jedes Unternehmen entscheidet, wie viel Geld es für das Vorantreiben seiner Planung ausgeben soll und, *zweitens*, jedes Unternehmen entscheidet, welches Produkt es herstellt (Hoch oder Niedrig). Welches Unternehmen wird mehr Geld für die Planung ausgeben? Wie viel wird es ausgeben? Sollte das andere Unternehmen *überhaupt* Geld investieren, um den Planungsprozess zu beschleunigen? Begründen Sie Ihre Antwort.

4. Zwei Unternehmen sind auf dem Markt für Schokoladenprodukte aktiv. Jedes von ihnen kann entscheiden, ob es das obere Marktsegment (hohe Qualität) oder das untere Marktsegment (geringe Qualität) bedienen möchte. Die folgende Auszahlungsmatrix zeigt die zu erwartenden Gewinne:

		Unternehmen 2	
		Hoch	Niedrig
Unternehmen 1	Hoch	−20, −30	900, 600
	Niedrig	100, 800	50, 50

a. Welche Ergebnisse stellen Nash-Gleichgewichte dar, wenn es überhaupt welche gibt?

b. Wenn die Manager beider Unternehmen konservativ sind und beide nach der Maximin-Strategie handeln, wie wird dann das Ergebnis aussehen?

c. Welches ist das kooperative Ergebnis?

d. Welches Unternehmen profitiert am meisten von diesem kooperativen Ergebnis? Wie viel müsste dieses Unternehmen seinem Konkurrenten anbieten, um ihn zur Kooperation zu veranlassen?

5. Zwei große Fernsehsender konkurrieren an einem bestimmten Wochentag zu zwei verschiedenen Zeiten um Einschaltquoten, nämlich zunächst von 20 bis 21 Uhr und dann von 21 bis 22 Uhr. Jeder Sender hat zwei Unterhaltungssendungen, um diese Zeitfenster zu besetzen, und muss entscheiden, in welcher Reihenfolge sie zu senden sind. Jeder Sender kann wählen, ob er die erfolgreichere Sendung zuerst ausstrahlt oder sie für das spätere Zeitfenster von 21 bis 22 Uhr aufspart. Die unterschiedlichen Entscheidungskombinationen ergeben folgende Variationen der Einschaltquoten:

		Sender 2	
		Erstes Zeitfenster	Zweites Zeitfenster
Sender 1	Erstes Zeitfenster	20, 30	18, 18
	Zweites Zeitfenster	15, 15	30, 10

a. Finden Sie das Nash-Gleichgewicht für dieses Spiel, wenn beide Sender ihre Entscheidung gleichzeitig treffen.

b. Wenn beide Sender das Risiko meiden wollen und eine Maximin-Strategie anwenden, wie sieht dann das Spielergebnis aus?
c. Wie sähe das Gleichgewicht aus, wenn Sender 1 zuerst entscheiden könnte? Wie sähe es aus, wenn Sender 2 zuerst entscheiden könnte?
d. Nehmen wir an, die Verantwortlichen der Sender treffen sich, um ihre Programmpläne abzustimmen, und der Verantwortliche von Sender 1 verspricht, seine Erfolgssendung im ersten Zeitfenster zu platzieren. Ist dieses Versprechen glaubhaft? Wie sähe höchstwahrscheinlich das Ergebnis aus?

6. Zwei Konkurrenten planen, ein neues Produkt einzuführen. Jedes Unternehmen muss sich zwischen Produkt A, B und C entscheiden. Beide treffen ihre Entscheidung gleichzeitig. Die sich ergebenden Auszahlungen lauten wie folgt:

		Unternehmen 2		
		A	B	C
Unternehmen 1	A	−10, −10	0, 10	10, 20
	B	10, 0	−20, −20	−5, 15
	C	20, 10	15, −5	−30, −30

a. Gibt es bei der Anwendung reiner Strategien Nash-Gleichgewichte? Wenn ja, wie lauten sie?
b. Welches Ergebnis wird dieses Spiel haben, wenn beide Unternehmen eine Maximin-Strategie wählen?
c. Wenn Unternehmen 1 eine Maximin-Strategie anwendet und Unternehmen 2 dies weiß, wie wird Unternehmen 2 reagieren?

7. Man kann sich die Handelspolitik von Japan und den USA als Gefangenendilemma vorstellen. Beide Länder erwägen politische Maßnahmen zur Öffnung oder Schließung ihrer Importmärkte. Die Auszahlungsmatrix sieht wie folgt aus:

		Japan	
		Marktöffnung	Marktschließung
USA	Marktöffnung	10, 10	5, 5
	Marktschließung	−100, 5	1, 1

a. Nehmen wir an, dass beiden Ländern diese Auszahlungsmatrix bekannt ist und beide Länder annehmen, das andere Land werde im eigenen Interesse handeln. Gibt es eine dominante Strategie für eines der beiden Länder? Wie sieht die Gleichgewichtspolitik aus, wenn jedes Land rational im Sinne der eigenen Wohlstandmaximierung handelt?
b. Nehmen wir nun an, dass Japan nicht sicher ist, ob die USA rational handeln werden. Japan ist besonders in Sorge darüber, dass amerikanische Politiker Japan schaden wollen, auch wenn das keine Wohlstandsmaximierung für die USA bringt. Wie könnte sich diese Sorge auf Japans Strategieentscheidung auswirken? Wie könnte sie das Gleichgewicht verändern?

8. Wir sind ein Duopolist, der ein homogenes Gut produziert. Unser Konkurrent und wir haben beide Grenzkosten von null. Die Marktnachfragekurve lautet

$$P = 30 - Q$$

wobei $Q = Q_1 + Q_2$ ist. Q_1 ist unsere Produktionsmenge und Q_2 die Produktionsmenge unseres Konkurrenten. Auch unser Konkurrent kennt den Inhalt dieses Buches.

a. Nehmen wir an, wir werden dieses Spiel nur ein einziges Mal spielen. Wenn wir unsere Produktionsentscheidung beide gleichzeitig treffen müssen, wie hoch werden wir unser Produktionsniveau ansetzen? Wie hoch wird unser zu erwartender Gewinn sein? Begründen Sie Ihre Antwort.

b. Nehmen wir an, wir erfahren, dass wir unser Produktionsniveau zeitlich *vor* unserem Konkurrenten bekannt geben müssen. Wieviel werden wir in diesem Fall produzieren, und wie hoch wird unserer Meinung nach das Produktionsniveau unseres Konkurrenten sein? Wie hoch wird unser zu erwartender Gewinn sein? Ist es ein Vorteil oder ein Nachteil, die Produktionsentscheidung als Erster zu treffen? Begründen Sie Ihre Antwort kurz. Wie viel würden wir für das Recht bezahlen, entweder als Erster oder als Zweiter unsere Entscheidung verkünden zu können?

c. Nehmen wir stattdessen an, dass diese Entscheidung nur die erste von zehn Spielrunden (mit demselben Konkurrent) darstellt. In jeder Runde verkünden unser Konkurrent und wir unsere Produktionsentscheidung gleichzeitig. Wir wollen die Summe unserer Gewinne über alle zehn Runden hinweg maximieren. Wie viel werden wir in der ersten Runde produzieren? Wie viel werden wir erwartungsgemäß in der zehnten Runde produzieren? Wie viel in der neunten Runde? Begründen Sie kurz Ihre Antwort.

d. Wieder werden wir eine Reihe von zehn Runden spielen. Dieses Mal wird allerdings unser Konkurrent in jeder Runde seine Outputentscheidung bekannt geben, bevor wir dies tun. Wie werden sich unsere Antworten auf Frage c) in diesem Fall verändern?

9. Wir spielen folgendes Verhandlungsspiel: Spieler A macht den ersten Zug und schlägt Spieler B vor, €100 untereinander aufzuteilen. (Spieler A könnte beispielsweise vorschlagen, selbst €60 zu nehmen, während Spieler B €40 erhält.) Spieler B kann diesen Vorschlag annehmen oder auch nicht. Lehnt er ab, so reduziert sich der verfügbare Gesamtbetrag auf €90, und nun macht Spieler B ein Teilungsangebot. Wenn Spieler A nun wiederum dieses Angebot ablehnt, sinkt die Gesamtsumme auf €80 und Spieler A macht erneut ein Angebot. Lehnt Spieler B dieses Angebot erneut ab, so fällt der Gesamtbetrag auf null. Beide Spieler sind rational, voll informiert und möchten ihre jeweiligen Auszahlungen maximieren. Welcher Spieler wird in diesem Spiel am besten abschneiden?

*10. Defendo hat sich entschieden, ein brandneues Videospiel einzuführen. Als erstes Unternehmen auf dem Markt hat Defendo damit zumindest eine gewisse Zeit lang eine Monopolposition inne. Bei der Entscheidung, welche Art von Fertigungsstätte es bauen soll, kann sich Defendo zwischen zwei Technologien entscheiden. Technologie A ist öffentlich zugänglich und brächte jährliche Kosten von

$$C^A(q) = 10 + 8q$$

mit sich.

Technologie B ist die eigene, nicht öffentliche Technologie, die in den Forschungslabors von Defendo entwickelt wurde. Diese ist zwar mit höheren Fixkosten für die Produktion verbunden, verursacht aber geringere Grenzkosten:

$$C^B(q) = 60 + 2q$$

Defendo muss entscheiden, welche Technologie es anwenden wird. Die Marktnachfrage nach dem neuen Produkt ist $P = 20 - Q$, wobei Q die branchenweite Produktionsmenge ist.

a. Nehmen wir an, Defendo ist sich sicher, dass es seine Monopolstellung auf dem Markt während der gesamten Lebensdauer des Produkts (fünf Jahre) beibehalten kann, ohne dass Markteintritte anderer Konkurrenten drohen. Zu welcher Technologie würden wir Defendo in diesem Fall raten? Wie hoch wäre der Gewinn des Unternehmens?

b. Nehmen wir nun an, Defendo geht davon aus, dass sein Erzfeind Offendo mit dem Gedanken spielt, kurz nach der Einführung des neuen Produktes durch Defendo ebenfalls auf diesem Markt aktiv zu werden. Offendo hat nur Zugang zu Technologie A. Wenn Offendo in den Markt eintritt, spielen beide ein Cournot-Spiel (um Mengen) und erreichen ein Cournot-Nash-Gleichgewicht.

i. Wenn Defendo Technologie A anwendet und Offendo in den Markt eintritt, wie hoch wird dann der Gewinn jedes Unternehmens sein? Würde sich Offendo angesichts dieser zu erwartenden Gewinne für einen Markteintritt entscheiden?

ii. Wenn Defendo Technologie B anwendet und Offendo in den Markt eintritt, wie hoch wird dann der Gewinn jedes Unternehmens sein? Würde sich Offendo angesichts dieser zu erwartenden Gewinne für einen Markteintritt entscheiden?

iii. Angesichts dieser Gefahr eines möglichen weiteren Markteintritts: Zu welcher Technologie würden wir Defendo raten? Wie hoch wären Defendos Gewinne, wenn es unseren Rat befolgt? Wie hoch wäre in diesem Fall die Konsumentenrente?

c. Wie steht es mit dem gesellschaftlichen Wohlstand (der Summe aus Konsumentenrente und Produzentengewinn) angesichts der Gefahr eines weiteren Markteintritts? Was geschieht mit dem Gleichgewichtspreis? Was könnte das für die Rolle *potenzieller zukünftiger* Konkurrenten zur Begrenzung der Marktmacht bedeuten?

11. Drei Wettbewerber, A, B und C, haben jeweils einen Ballon und eine Pistole. Von festen Positionen aus schießen sie auf die gegnerischen Ballons. Wird ein Ballon getroffen, so scheidet sein Besitzer aus. Der Spieler, dessen Ballon am Ende übrig bleibt, gewinnt das Spiel und erhält €1.000 Preisgeld. Zu Spielbeginn entscheidet das Los, in welcher Reihenfolge die Spieler schießen dürfen, wobei jeder Spieler auf jeden noch verbleibenden Ballon schießen kann. Alle wissen, dass A der beste Schütze ist und sein Ziel nie verfehlt, dass B mit einer Wahrscheinlichkeit von 0,9 trifft und dass die Wahrscheinlichkeit, dass C trifft, bei 0,8 liegt. Für welchen Spieler ist die Wahrscheinlichkeit, die €1.000 zu gewinnen, am höchsten? Begründen Sie Ihre Antwort.

12. Ein Antiquitätenhändler kauft regelmäßig Einzelstücke auf Privatauktionen, an denen ausschließlich andere Antiquitätenhändler teilnehmen. Die meisten seiner Auktionskäufe sind für ihn rentabel, da er die Stücke gewinnbringend weiterverkaufen kann. Manchmal fährt er aber auch in eine nahe gelegene Stadt, um dort an einer öffentlichen Auktion teilzunehmen. Er erkennt, dass er selbst in den seltenen Fällen, wenn er dort den Zuschlag bekommt, oft enttäuscht wird, denn er kann die erworbene Antiquität meist nicht gewinnbringend verkaufen. Erklären Sie, warum der Händler in beiden Fällen so unterschiedliche Erfolge erzielt.

13. Wir sind auf der Suche nach einem neuen Haus und haben uns entschieden, an der Versteigerung eines Hauses teilzunehmen. Wir glauben, der Wert des Hauses liegt zwischen €125.000 und €150.000, sind uns aber hinsichtlich des genauen Werts nicht sicher. Wir wissen auch, dass sich der Verkäufer das Recht vorbehalten hat, das Haus vom Markt zu nehmen, wenn ihn das Höchstgebot nicht zufrieden stellt.

a. Sollen wir an der Auktion teilnehmen? Wenn ja, warum; wenn nein, warum nicht?

b. Nehmen wir an, wir sind ein Bauunternehmer. Wir planen, das Haus zu renovieren und es dann gewinnbringend weiterzuverkaufen. Wie beeinflusst das unsere Antwort auf Frage a)? Hängt die Antwort davon ab, ob wir die fachliche Qualifikation besitzen, genau dieses Haus fachgerecht zu renovieren?

Die Lösungen zu ausgewählten Übungen finden Sie im Anhang dieses Buches. Die kompletten Lösungen für die Übungen finden Dozenten im MyLab.

Märkte für Produktionsfaktoren

14.1 Kompetitive Faktormärkte 716
   Beispiel 14.1: Die Nachfrage nach Flugzeugtreibstoff 723
   Beispiel 14.2: Das Arbeitsangebot für Ein- und
   Zwei-Verdiener-Haushalte 729

14.2 Gleichgewicht auf einem kompetitiven Faktormarkt ... 731
   Beispiel 14.3: Die Bezahlung beim Militär 734

14.3 Faktormärkte mit Monopsonmacht 736
   Beispiel 14.4: Monopsonmacht auf dem Markt für Baseballspieler ... 739
   Beispiel 14.5: Der Arbeitsmarkt für Jugendliche und
   der Mindestlohn 740

14.4 Faktormärkte mit Monopolmacht 741
   Beispiel 14.6: Der Rückzug der Gewerkschaften aus dem
   privaten Sektor 744
   Beispiel 14.7: Lohnunterschiede – erneute Betrachtung 746

14 Märkte für Produktionsfaktoren

Bisher haben wir uns auf *Outputmärkte* konzentriert, auf Märkte für Güter und Dienstleistungen, die von Unternehmen verkauft und von Verbrauchern gekauft werden. In diesem Kapitel geht es um *Faktormärkte*, um Märkte für Arbeit, Rohstoffe und andere Produktionsfaktoren. Ein Großteil unseres Lehrmaterials wird dem Leser bereits bekannt sein, denn Angebot und Nachfrage auf den Faktormärkten werden von den gleichen Kräften beeinflusst wie auf den Outputmärkten.

Wir haben gesehen, dass einige Outputmärkte vollkommene oder nahezu vollkommene Wettbewerbsmärkte sind, während andere durch die Marktmacht der Produzenten gekennzeichnet sind. Das Gleiche gilt für die Faktormärkte. Wir werden drei verschiedene Faktormarktstrukturen untersuchen:

1. Vollkommene Wettbewerbsmärkte für Produktionsfaktoren
2. Märkte, auf denen die Faktorkäufer Monopsonmacht besitzen
3. Märkte, auf denen die Faktorverkäufer Monopolmacht besitzen

Wir werden auch Beispiele aufzeigen, in denen das Gleichgewicht auf dem Faktormarkt vom Ausmaß der Marktmacht auf dem *Outputmarkt* abhängt.

14.1 Kompetitive Faktormärkte

Ein kompetitiver Faktormarkt ist ein Markt, auf dem es eine große Anzahl an Verkäufern und Käufern für einen Produktionsfaktor wie Arbeit oder Rohstoffe gibt. Da kein einzelner Käufer oder Verkäufer den Faktorpreis beeinflussen kann, ist jeder von ihnen ein Preisnehmer. Wenn beispielsweise einzelne Bauunternehmen, die Bauholz benötigen, einen kleinen Teil der auf dem Markt verfügbaren Gesamtmenge an Bauholz kaufen, wird sich ihre Kaufentscheidung nicht auf den Holzpreis auswirken. Das Gleiche gilt, wenn jeder Holzlieferant nur einen kleinen Teil des Marktes kontrolliert. In diesem Fall wird keine Entscheidung eines einzelnen Verkäufers den Preis des Holzes, das er verkauft, beeinflussen. Stattdessen wird der Preis des Holzes (sowie die produzierte Gesamtmenge) durch das Gesamtangebot und die Gesamtnachfrage bestimmt.

Wir beginnen mit der Analyse der Nachfrage einzelner Unternehmen nach einem bestimmten Produktionsfaktor. Dann werden alle Einzelnachfragen addiert, um die Marktnachfrage zu erhalten. Schließlich werden wir uns der Angebotsseite des Marktes zuwenden und aufzeigen, wie Marktpreis und Faktormengen bestimmt werden.

14.1.1 Die Nachfrage nach einem Produktionsfaktor, wenn nur ein Faktor variabel ist

Die Nachfragekurven von Produktionsfaktoren sind ebenso nach unten geneigt wie die Nachfragekurven von Endprodukten, die durch einen Produktionsprozess entstehen. Im Gegensatz zur Konsumentennachfrage nach Gütern und Dienstleistungen ist die Faktornachfrage jedoch eine **abgeleitete Nachfrage**; d.h. sie ist abhängig und wird abgeleitet vom Produktionsniveau des jeweiligen Unternehmens und den Faktorkosten. So ist die Nachfrage der Microsoft Corporation nach Computerprogrammierern eine abgeleitete Nachfrage, die sowohl vom gegenwärtigen Gehaltsniveau der Programmierer als auch von den von Microsoft erwarteten Softwareverkäufen abhängt.

Abgeleitete Nachfrage

Nachfrage nach einem Produktionsfaktor, die abhängig ist und abgeleitet wird vom Produktionsniveau des Unternehmens und von den Faktorkosten.

14.1 Kompetitive Faktormärkte

Um die Faktornachfrage zu analysieren, werden wir Kapitel 7 verwenden, das uns zeigt, wie ein Unternehmen seine Produktionsfaktoren auswählt. Wir nehmen an, das Unternehmen stellt seine Produkte mit Hilfe von zwei Produktionsfaktoren, Kapital K und Arbeit L her. Beide Faktoren können jeweils zum Preis von r (den Leihkosten für Kapital) und w (dem Lohn) erworben werden.[1] Wir nehmen weiter an, dass das Unternehmen über einsatzfähige Betriebsstätten und Ausstattung verfügt (wie in der kurzfristigen Analyse) und nun entscheiden muss, wie viele Arbeitskräfte es einstellen soll.

Angenommen, das Unternehmen hat eine bestimmte Anzahl Arbeiter eingestellt und möchte nun wissen, ob es rentabel wäre, einen weiteren Arbeiter einzustellen. Dies ist der Fall, wenn der zusätzliche Erlös aus der Produktionsleistung seiner Arbeit die Kosten dieser Arbeit übersteigt. Den Zusatzerlös aus einer weiteren Arbeitseinheit, das **Grenzerlösprodukt der Arbeit,** Arbeitsnachfrage, bezeichnen wir als GEP_L. Wir werden aufzeigen, dass das Unternehmen mehr Arbeitskräfte einstellen sollte, wenn GEP_L mindestens so groß ist wie der Lohn w.

Wie messen wir GEP_L? *Es ist die zusätzliche Produktionsmenge aus dieser zusätzlichen Arbeitseinheit, multipliziert mit dem Zusatzerlös aus einer weiteren Produktionseinheit.* Die zusätzliche Produktionsmenge ergibt sich aus dem Grenzprodukt der Arbeit GP_L und der Zusatzerlös aus dem Grenzerlös GE.

Als Formel ausgedrückt ist das Grenzerlösprodukt gleich $\Delta E/\Delta L$, wobei L die Anzahl der Einheiten des Produktionsfaktors Arbeit und E der Erlös ist. Die zusätzliche Produktionsmenge pro Arbeitseinheit, GP_L, lautet $\Delta Q/\Delta L$, und der Grenzerlös, GE ist gleich $\Delta E/\Delta Q$. Da $\Delta E/\Delta L = (\Delta E)/(\Delta Q)(\Delta Q/\Delta L)$ ist, folgt daraus, dass

$$GEP_L = (GP_L)(GE) \tag{14.1}$$

Dieses wichtige Ergebnis gilt für jeden kompetitiven Faktormarkt, gleichgültig ob der Outputmarkt kompetitiv ist oder nicht. Um die Merkmale des GEP_L genauer zu beleuchten, wollen wir jedoch mit dem Beispiel eines vollkommen kompetitiven Output- und Inputmarktes beginnen. Auf einem kompetitiven Outputmarkt verkauft ein Unternehmen seine gesamte Produktionsmenge zu einem Marktpreis P. Der Grenzerlös aus dem Verkauf jeder weiteren Produktionseinheit ist also gleich P. In diesem Fall ist das Grenzerlösprodukt der Arbeit gleich dem Grenzprodukt der Arbeit multipliziert mit dem Produktpreis:

$$GEP_L = (GP_L)(P) \tag{14.2}$$

Die obere der beiden Kurven in Abbildung 14.1 stellt die GEP_L-Kurve eines Unternehmens in einem kompetitiven Outputmarkt dar. Man erkenne, dass das Grenzprodukt der Arbeit mit zunehmenden Arbeitsstunden sinkt, da der Faktor Arbeit abnehmende Erträge aufweist. Die Kurve des Grenzerlösproduktes der Arbeit verläuft daher fallend, obwohl der Produktpreis konstant ist.

Die untere der beiden Kurven in Abbildung 14.1 ist die GEP_L-Kurve eines Unternehmens, das auf dem Outputmarkt Monopolmacht besitzt. Unternehmen mit Monopolmacht sind mit einer negativ geneigten Nachfragekurve konfrontiert und müssen deshalb den Preis all ihrer Produktionseinheiten senken, um mehr zu verkaufen. Folglich liegt der Grenzerlös immer unterhalb des Preises (GE < P). Dies erklärt, warum die Kurve des

---

Grenzerlösprodukt
Zusatzerlös aus dem Verkauf einer Produktionsmenge, die aufgrund einer zusätzlichen Einheit eines Produktionsfaktors entsteht.

Erinnern wir uns aus § 8.3, dass der Grenzerlös als Erlöszuwachs aufgrund eines Anstiegs der Produktion um eine Einheit definiert ist.

In § 8.2 erklären wir, dass auf einem Wettbewerbsmarkt jedes Unternehmen seine Produktionsmenge zu einem Preis verkauft, der sowohl seinem Durchschnittserlös als auch seinem Grenzerlös entspricht, weil die Nachfrage für jedes Unternehmen hier vollkommen elastisch ist.

In § 6.2 erklären wir das Gesetz der abnehmenden Grenzerträge – in dem Maße wie der Einsatz eines Inputfaktors steigt, wobei andere Inputs fix sind, sinken die sich ergebenden Outputzuwächse.

---

[1] Wir nehmen außerdem implizit an, dass alle Produktionsfaktoren in ihrer Qualität identisch sind. Unterschiede in den Fähigkeiten von Arbeitern werden in Kapitel 17 behandelt.

Monopolisten unterhalb der Wettbewerbskurve liegt und der Grenzerlös mit wachsender Produktionsmenge sinkt. Die GEP-Kurve ist also in diesem Fall negativ geneigt, weil *sowohl* die Genzerlöskurve *als auch* die Grenzproduktkurve fallend verlaufen.

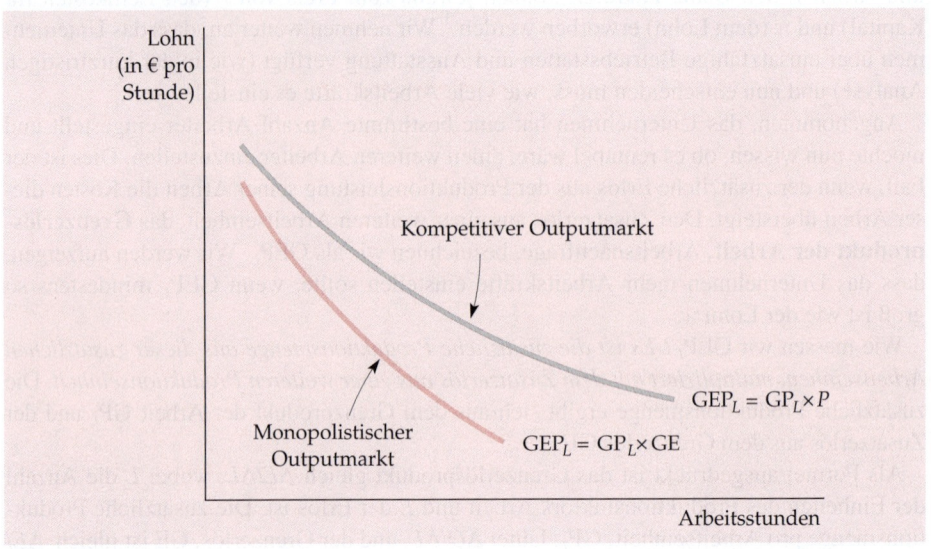

Abbildung 14.1: Das Grenzerlösprodukt
Auf einem kompetitiven Faktormarkt, auf dem der Produzent ein Preisnehmer ist, ergibt sich die Nachfrage des Käufers nach einem Produktionsfaktor aus der Kurve des Grenzerlösproduktes. Die GEP-Kurve verläuft fallend, weil das Grenzprodukt der Arbeit mit zunehmender Anzahl der Arbeitsstunden sinkt. Hat der Hersteller des Produktes Monopolmacht, ergibt sich die Nachfrage nach dem Produktionsfaktor ebenfalls aus der GEP-Kurve. Doch in diesem Fall verläuft die GEP-Kurve deswegen fallend, weil sowohl das Grenzprodukt der Arbeit als auch der Grenzerlös sinken.

Man erkenne, dass uns das Grenzerlösprodukt angibt, wie viel das Unternehmen für eine weitere Arbeitseinheit zu zahlen bereit sein sollte. Solange das GEP_L größer ist als der Lohn, sollte das Unternehmen zusätzliche Arbeitseinheiten erwerben. Liegt das Grenzerlösprodukt unterhalb des Lohns, sollte das Unternehmen Arbeiter freistellen. Erst wenn das Grenzerlösprodukt der Höhe des Lohns entspricht, hat das Unternehmen die Arbeitsmenge erworben, die zur Gewinnmaximierung führt. Die Bedingung für die Gewinnmaximierung lautet daher wie folgt:

$$GEP_L = w \qquad (14.3)$$

Abbildung 14.2 verdeutlicht diese Bedingung. Die Nachfragekurve nach Arbeit, D_L, entspricht dem GEP_L. Man erkenne, dass die nachgefragte Arbeitsmenge steigt, wenn der Lohn fällt. Da der Arbeitsmarkt ein vollkommener Wettbewerbsmarkt ist, kann das Unternehmen zum marktüblichen Lohn w^* beliebig viele Arbeiter einstellen. Die Arbeitsangebotskurve, S_L, mit der sich das Unternehmen konfrontiert sieht, ist daher eine horizontal verlaufende Gerade. Die gewinnmaximierende Arbeitsmenge, L^*, die das Unternehmen einstellt, liegt am Schnittpunkt der Angebotskurve mit der Nachfragekurve.

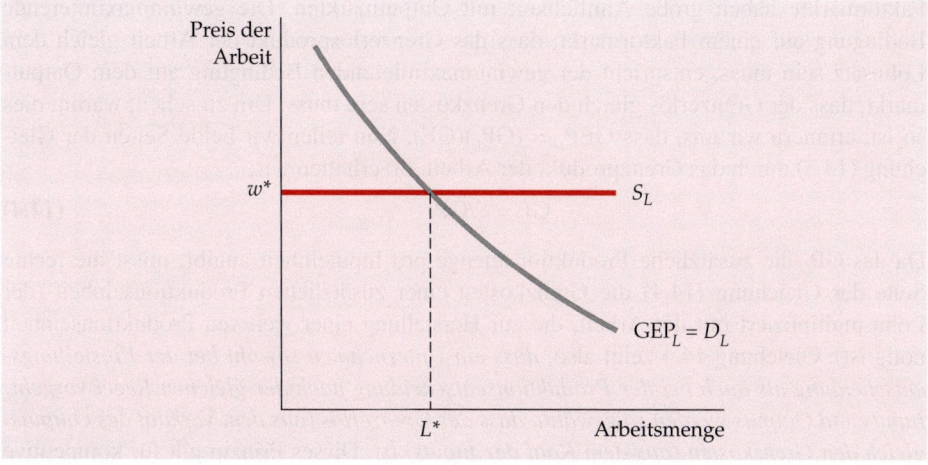

Abbildung 14.2: Die Arbeitsnachfrage eines Unternehmens (bei fixem Kapital)
Auf einem kompetitiven Arbeitsmarkt ist ein Unternehmen mit einer vollkommen elastischen Arbeitsangebotskurve, S_L, konfrontiert und kann zum Marktlohn w^* beliebig viele Arbeiter einstellen. Die Arbeitsnachfrage des Unternehmens, D_L, ergibt sich aus seinem Grenzerlösprodukt der Arbeit, GEP_L. Ein Unternehmen, das nach Gewinnmaximierung strebt, wird L^* Arbeitseinheiten erwerben, denn an diesem Punkt ist das Grenzerlösprodukt der Arbeit gleich dem Lohnsatz.

Abbildung 14.3 zeigt, wie sich die nachgefragte Arbeitsmenge verändert, wenn der Marktlohnsatz von w_1 auf w_2 fällt. Der Lohnsatz kann dann sinken, wenn viele Berufsanfänger auf den Markt drängen (wie das beispielsweise bei den Babyboomern der Fall war). Die nachgefragte Arbeitsmenge des Unternehmens liegt ursprünglich bei L_1, am Schnittpunkt von GEP_L mit S_1. Verschiebt sich aber die Arbeitsangebotskurve von S_1 nach S_2, so sinkt der Lohnsatz von w_1 auf w_2 und die nachgefragte Arbeitsmenge erhöht sich von L_1 auf L_2.

> In § 8.3 erklären wir, dass ein Unternehmen seinen Gewinn maximiert, indem es seine Produktionsmenge so festlegt, dass der Grenzerlös den Grenzkosten entspricht.

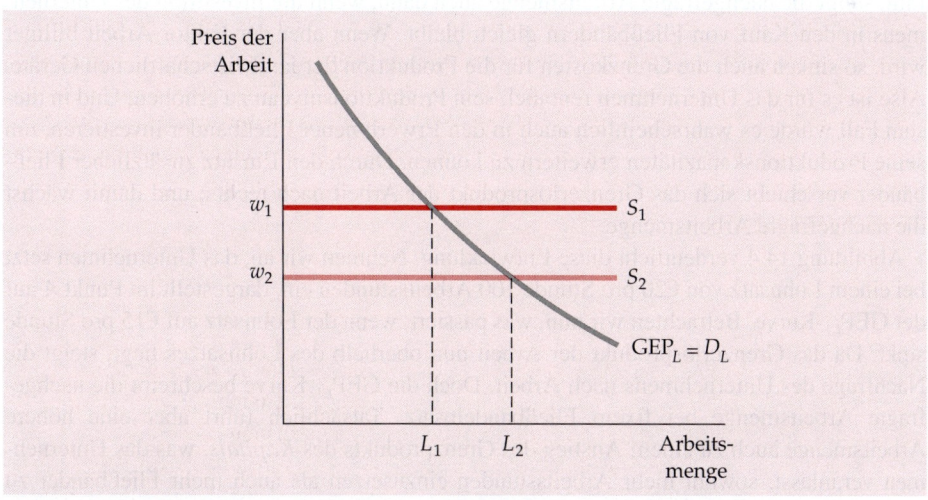

Abbildung 14.3: Eine Verschiebung von Arbeitsangebot und Arbeitsnachfrage
Wenn das Arbeitsangebot für ein Unternehmen bei S_1 liegt, so erwirbt das Unternehmen L_1 Arbeitseinheiten zum Lohn w_1. Fällt aber der Marktlohnsatz und das Arbeitsangebot verschiebt sich nach S_2, so maximiert das Unternehmen seine Gewinne, wenn es sich entlang der Arbeitsnachfragekurve abwärts bewegt, bis der neue Lohnsatz, w_2, gleich dem Grenzerlösprodukt der Arbeit ist. Folglich wird es L_2 Arbeitseinheiten erwerben.

Faktormärkte haben große Ähnlichkeit mit Outputmärkten. Die gewinnmaximierende Bedingung auf einem Faktormarkt, dass das Grenzerlösprodukt der Arbeit gleich dem Lohnsatz sein muss, entspricht der gewinnmaximierenden Bedingung auf dem Outputmarkt, dass der Grenzerlös gleich den Grenzkosten sein muss. Um zu sehen, warum dies so ist, erinnern wir uns, dass $GEP_L = (GP_L)(GE)$. Nun teilen wir beide Seiten der Gleichung (14.3) durch das Grenzprodukt der Arbeit. So erhalten wir:

$$GE = w/GP_L \qquad (14.4)$$

Da das GP_L die zusätzliche Produktionsmenge pro Inputeinheit angibt, misst die rechte Seite der Gleichung (14.4) die Grenzkosten einer zusätzlichen Produktionseinheit (der Lohn multipliziert mit der Arbeit, die zur Herstellung einer weiteren Produktionseinheit nötig ist). Gleichung 14.4 zeigt also, *dass ein Unternehmen sowohl bei der Einstellungsentscheidung als auch bei der Produktionsentscheidung nach der gleichen Regel vorgeht: Inputs und Outputs werden so gewählt, dass der Grenzerlös (aus dem Verkauf des Outputs) gleich den Grenzkosten (aus dem Kauf der Inputs) ist.* Dieses Prinzip gilt für kompetitive und nicht kompetitive Märkte gleichermaßen.

14.1.2 Die Nachfrage nach einem Produktionsfaktor, wenn mehrere Faktoren variabel sind

Wenn ein Unternehmen gleichzeitig die benötigten Mengen von zwei oder mehr variablen Produktionsfaktoren festlegen muss, wird das Einstellungsproblem komplizierter, denn eine Preisänderung eines Produktionsfaktors wird die Nachfrage nach den anderen Faktoren beeinflussen. Nehmen wir beispielsweise an, dass sowohl Arbeit als auch Fließbänder für die Produktion landwirtschaftlicher Geräte variable Inputfaktoren darstellen. Wir möchten die Arbeitsnachfragekurve des Unternehmens bestimmen. Wenn der Lohnsatz fällt, steigt die nachgefragte Arbeitsmenge auch dann, wenn die Investition des Unternehmens in den Kauf von Fließbändern gleich bleibt. Wenn aber der Faktor Arbeit billiger wird, so sinken auch die Grenzkosten für die Produktion der landwirtschaftlichen Geräte. Also ist es für das Unternehmen rentabel, sein Produktionsniveau zu erhöhen. Und in diesem Fall würde es wahrscheinlich auch in den Erwerb neuer Fließbänder investieren, um seine Produktionskapazitäten erweitern zu können. Durch den Einsatz zusätzlicher Fließbänder verschiebt sich das Grenzerlösprodukt der Arbeit nach rechts; und damit wächst die nachgefragte Arbeitsmenge.

Abbildung 14.4 verdeutlicht diese Entwicklung. Nehmen wir an, das Unternehmen setzt bei einem Lohnsatz von €20 pro Stunde 100 Arbeitsstunden ein, dargestellt im Punkt A auf der GEP_{L1}-Kurve. Betrachten wir nun, was passiert, wenn der Lohnsatz auf €15 pro Stunde sinkt. Da das Grenzerlösprodukt der Arbeit nun oberhalb des Lohnsatzes liegt, steigt die Nachfrage des Unternehmens nach Arbeit. Doch die GEP_{L1}-Kurve beschreibt die nachgefragte Arbeitsmenge bei fixem Fließbandeinsatz. Tatsächlich führt aber eine höhere Arbeitsmenge auch zu einem Anstieg des Grenzprodukts des *Kapitals*, was das Unternehmen veranlasst, sowohl mehr Arbeitsstunden einzusetzen als auch mehr Fließbänder zu erwerben. Da nun mehr Fließbänder im Einsatz sind, wird das Grenzprodukt der Arbeit steigen (denn die Arbeiter sind produktiver, wenn sie an mehr Fließbändern arbeiten können). Die Kurve des Grenzerlösproduktes wird sich nach rechts (auf GEP_{L2}) verschieben. Wenn also der Lohnsatz sinkt, wird das Unternehmen 140 Arbeitsstunden einsetzen, am neuen Punkt C der Nachfragekurve, und nicht 120 Arbeitsstunden, was Punkt B entspräche. Die Punkte A und C liegen auf der Arbeitsnachfragekurve des Unternehmens, D_L (bei variabler Anzahl an Fließbändern). Punkt B liegt dagegen nicht auf dieser Kurve.

Man erkenne, dass in diesem Beispiel die Arbeitsnachfragekurve elastischer ist als jede der beiden Grenzproduktkurven der Arbeit (die auf einer fixen Anzahl an Fließbändern basieren). Wenn der Inputfaktor Kapital also langfristig variabel ist, führt das zu einer größeren Elastizität der Nachfrage, da die Unternehmen im Produktionsprozess Arbeit durch Kapital ersetzen können.

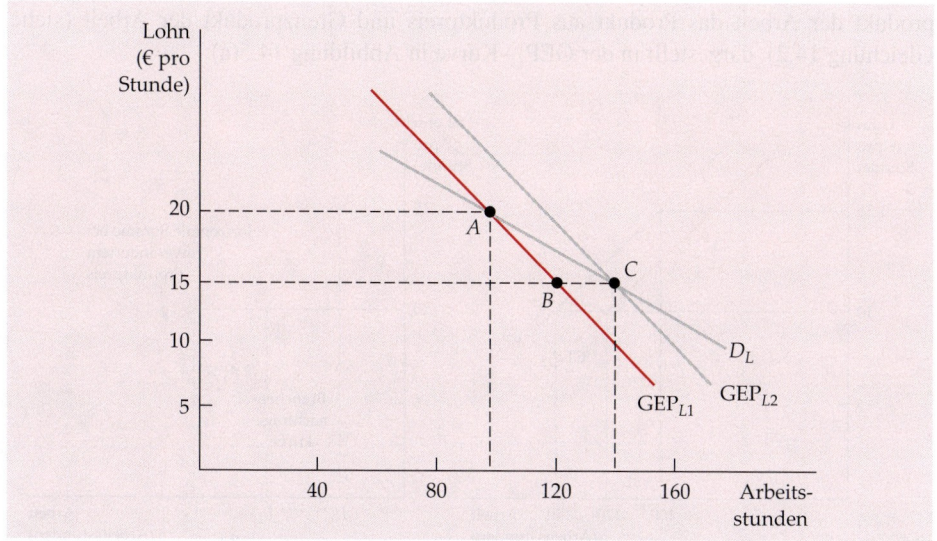

Abbildung 14.4: Die Arbeitsnachfrage eines Unternehmens (bei variablem Kapital)
Wenn zwei oder mehr Inputfaktoren variabel sind, so hängt die Nachfrage eines Unternehmens nach dem einen Faktor vom Grenzerlösprodukt beider Faktoren ab. Bei einem Lohnsatz von €20 stellt Punkt A einen Punkt auf der Arbeitsnachfragekurve des Unternehmens dar. Fällt der Lohnsatz auf €15, so steigt das Grenzprodukt des Kapitals, was das Unternehmen veranlasst, mehr Fließbänder zu kaufen und mehr Arbeit einzusetzen. Folglich verschiebt sich die GEP-Kurve von GEP_{L1} auf GEP_{L2}. Damit ergibt sich ein neuer Punkt C auf der Arbeitsnachfragekurve des Unternehmens. Punkte A und C liegen also auf der Arbeitsnachfragekurve des Unternehmens, Punkt B dagegen nicht.

14.1.3 Die Marktnachfragekurve

Als wir die einzelnen Nachfragekurven der Verbraucher zusammengefasst haben, um daraus die Marktnachfragekurve eines Produkts zu erhalten, taten wir dies bisher nur für einen einzelnen Industriezweig. Jedoch wird ein Produktionsfaktor, wie z.B. gelernte Arbeit, von Unternehmen in vielen verschiedenen Branchen nachgefragt. Um die gesamte Marktnachfrage nach Arbeit zu erhalten, müssen wir daher zunächst bestimmen, wie hoch die Arbeitsnachfrage in jeder einzelnen Branche ist, und diese Branchennachfragekurven dann horizontal addieren. Der zweite Schritt ist einfach. Die Addition von Branchennachfragekurven, um die Marktnachfragekurve nach Arbeit zu erhalten, funktioniert genauso wie die Addition einzelner Produktnachfragekurven, um die Marktnachfragekurven nach diesem Produkt zu ermitteln. Wir wollen uns daher auf den schwierigeren ersten Schritt konzentrieren.

> Erinnern wir uns aus § 4.3, dass die Marktnachfragekurve eines Produkts angibt, welche Menge dieses Produkts die Verbraucher zu kaufen bereit sind, wenn sich der Produktpreis ändert.

Ermittlung der Branchennachfrage Der erste Schritt – die Ermittlung der Branchennachfrage – berücksichtigt die Tatsache, dass sich sowohl das Produktionsniveau des Unternehmens als auch der Produktpreis mit den Preisen der Produktionsfaktoren verändern. Es ist leichter, die Marktnachfrage zu bestimmen, wenn es nur einen einzigen Produzenten gibt. In diesem Fall entspricht die Kurve des Grenzerlösprodukts der Branchennachfragekurve nach diesem Faktor. Gibt es jedoch mehrere Unternehmen auf dem Markt, so ist die Analyse komplexer, da es zwischen den Unternehmen zu Interaktionen kommen kann. Betrachten wir beispielsweise die Arbeitsnachfrage, wenn die Outputmärkte durch vollkommenen Wettbewerb gekennzeichnet sind. Dann ist das Grenzerlösprodukt der Arbeit das Produkt aus Produktpreis und Grenzprodukt der Arbeit (siehe Gleichung 14.2), dargestellt in der GEP_{L1}-Kurve in Abbildung 14.5(a).

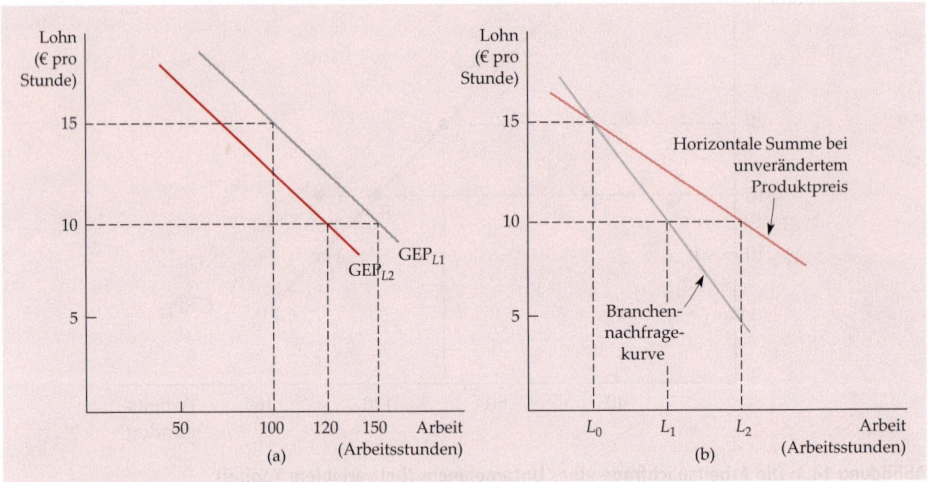

Abbildung 14.5: Die branchenweite Arbeitsnachfrage
Die Arbeitsnachfragekurve eines Wettbewerbsunternehmens, GEP_{L1}, geht in Bild **(a)** von einem gegebenen Produktpreis aus. Wenn aber der Lohnsatz von €15 auf €10 pro Stunde fällt, so fällt auch der Produktpreis. Also verschiebt sich die Nachfragekurve des Unternehmens nach unten auf GEP_{L2}. Folglich ist die branchenweite Nachfragekurve, dargestellt in Bild **(b)**, elastischer als die Nachfragekurve, die sich ergeben würde, wenn von einem unveränderten Produktpreis ausgegangen würde.

Nehmen wir zunächst an, dass der Lohnsatz €15 pro Stunde beträgt und die Nachfrage des Unternehmens bei 100 Arbeitsstunden liegt. Nun fällt der Lohnsatz für dieses Unternehmen auf €10 pro Stunde. Wenn kein anderes Unternehmen zu diesem niedrigen Lohn Arbeiter einstellen könnte, dann würde unser Unternehmen 150 Arbeitsstunden einsetzen (dies entspricht dem Punkt auf der GEP_{L1}-Kurve, bei dem der Lohnsatz €10 beträgt). Sinkt der Lohnsatz aber für alle Unternehmen einer Branche, so werden auch branchenweit mehr Arbeiter eingestellt. Dies wird zu einer branchenweiten Produktionssteigerung, einer Verschiebung der Branchenangebotskurve nach rechts und einem geringeren Marktpreis für das Produkt führen.

Wenn der Produktpreis in Abbildung 14.5(a) sinkt, so verschiebt sich die ursprüngliche Grenzerlösproduktkurve nach unten, von GEP_{L1} auf GEP_{L2}. Diese Verschiebung führt dazu, dass das Unternehmen eine geringere Arbeitsmenge nachfragt – 120 Arbeitsstunden anstelle von 150. Folglich wird auch die branchenweite Nachfrage nach Arbeit nun geringer sein als in einer Situation, bei der nur ein Unternehmen in der Lage ist, Arbeiter zu geringeren Löhnen einzustellen. Abbildung 14.5(b) verdeutlicht dies. Die hellere Gerade zeigt die horizontale Summe der Arbeitsnachfragekurven der einzelnen Unternehmen, die sich ergeben würde, wenn der Produktpreis nach einer Veränderung des Lohnsatzes unverändert bliebe. Die dunklere Gerade zeigt die branchenweite Arbeitsnachfrage unter Berücksichtigung der Tatsache, dass der Produktpreis fallen wird, wenn alle Unternehmen aufgrund des gesunkenen Lohnsatzes ihre Produktion ausweiten werden. Bei einem Lohnsatz von €15 pro Stunde liegt die branchenweite Arbeitsnachfrage bei L_0 Arbeitsstunden. Fällt es auf €10 pro Stunde, so steigt die Nachfrage auf L_1. Man erkenne, dass dies ein kleinerer Anstieg ist als ein Anstieg auf L_2, zu dem es kommen würde, wenn der Produktpreis unverändert bliebe. Die Aggregation der Branchennachfragekurven zur Marktnachfragekurve nach Arbeit ist der letzte Schritt. Um ihn auszuführen, addieren wir einfach die Arbeitsnachfrage aller Branchen.

Die Ableitung der Marktnachfragekurve nach Arbeit (oder nach jedem anderen Produktionsfaktor) bleibt auch dann gleich, wenn es sich um einen nicht kompetitiven Outputmarkt handelt. Der einzige Unterschied besteht darin, dass es in diesem Fall schwieriger ist vorherzusagen, wie sich der Produktpreis aufgrund einer Verschiebung des Lohnsatzes verändern wird, denn wahrscheinlich wird jedes Unternehmen auf dem Markt seine Preise strategisch festlegen und sie nicht einfach als gegeben annehmen.

Beispiel 14.1: Die Nachfrage nach Flugzeugtreibstoff

Die Kerosinpreise waren in den vergangenen Jahrzehnten äußerst volatil und sind im Allgemeinen mit den Ölpreisen gestiegen oder gesunken. Als die Kerosinpreise hoch waren, machten sie ungefähr 30 Prozent der Betriebskosten der Fluggesellschaften aus. Waren die Kerosinpreise niedrig, machten sie 10 bis 15 Prozent der Kosten aus. Insgesamt bleibt Kerosin allgemein der zweitgrößte Kostenfaktor für die Fluggesellschaften (nach der Arbeit).

Für die Manager der Ölraffinerien, die ja entscheiden müssen, wie viel Treibstoff sie produzieren sollen, ist es äußerst wichtig, die Nachfrage nach Flugzeugtreibstoff zu verstehen. Genauso wichtig ist dies aber auch für die Manager der Fluggesellschaften, die planen müssen, wie sich ihre Treibstoffkäufe und -kosten mit steigenden Preisen verändern werden, und die entscheiden müssen, ob sie in kraftstoffsparende Flugzeuge investieren sollen.[2]

---

[2] Dieses Beispiel stammt zum Teil von Joseph M. Cigliano, „The Demand for Jet Fuel by the U.S. Domestic Trunk Airlines", *Business Economics*, September 1982, 32–36.

14 Märkte für Produktionsfaktoren

> In § 2.4 definieren wir die Preiselastizität der Nachfrage als die prozentuale Veränderung der nachgefragten Menge, die sich aus einer einprozentigen Preisveränderung eines Gutes ergibt.

Welche Auswirkungen steigende Treibstoffkosten auf die Luftfahrtindustrie haben, hängt zum einen davon ab, ob die Fluggesellschaften in der Lage sind, ihren Treibstoffverbrauch einzuschränken, indem sie ihr Fluggewicht reduzieren (d.h. weniger Reservetreibstoff mitführen) und langsamer fliegen (und dadurch den Luftwiderstand verringern und die Motoreffizienz erhöhen), oder ob sie ihre höheren Kosten in Form höherer Preise an ihre Kunden weitergeben können. Also ist die Preiselastizität der Nachfrage sowohl abhängig von der Fähigkeit der Fluggesellschaften, Treibstoff zu sparen, als auch von den Elastizitäten von Reiseangebot und Reisenachfrage.

Um die kurzfristige Nachfrageelastizität nach Treibstoff zu messen, verwenden wir als nachgefragte Treibstoffmenge die Anzahl der verbrauchten Gallonen Flugbenzin einer amerikanischen Fluggesellschaft innerhalb ihres gesamten inländischen Routennetzes. (Eine Gallone entspricht etwa vier Litern.) Der Treibstoffpreis wird in Dollar pro Gallone angegeben. Eine statistische Analyse der Nachfrage muss weitere Faktoren außer dem Preis mit einbeziehen, die erklären können, warum einige Unternehmen mehr Treibstoff benötigen als andere. So setzen einige Fluggesellschaften beispielsweise effizientere Flugzeuge ein als andere. Ein zweiter Faktor ist die Fluglänge: Je kürzer der Flug, umso höher ist der Pro-Meilen-Verbrauch an Treibstoff. Diese beiden Faktoren wurden bei der statistischen Analyse berücksichtigt, die die nachgefragte Treibstoffmenge in Beziehung zum Treibstoffpreis setzte. Tabelle 14.1 zeigt einige kurzfristige Preiselastizitäten. (Neu eingeführte Flugzeugtypen blieben unberücksichtigt.)

Tabelle 14.1

Kurzfristige Preiselastizität der Nachfrage nach Flugzeugtreibstoff

Fluggesellschaft	Elastizität	Fluggesellschaft	Elastizität
American	–0,06	Delta	–0,15
Continental	–0,09	United	–0,10
Northwest	–0,07		

Die Preiselastizitäten der einzelnen Fluggesellschaften nach Treibstoff bewegen sich zwischen –0,06 (bei American) und –0,15 (bei Delta). Insgesamt zeigen die Ergebnisse, dass die Nachfrage nach Treibstoff als Inputfaktor für die Produktion von Flugmeilen durch die Fluggesellschaften sehr unelastisch ist. Dieses Endergebnis ist wenig überraschend. Denn kurzfristig gesehen gibt es kein gutes Substitutionsprodukt für Treibstoff. Die langfristige Nachfrageelastizität ist höher, weil in diesem Fall die Fluggesellschaften die Möglichkeit haben, effizientere Flugzeuge einzusetzen.

Abbildung 14.6 zeigt die kurzfristige und die langfristige Nachfragekurve nach Flugzeugtreibstoff. Die kurzfristige Nachfragekurve, GEP_{SR}, ist weit unelastischer als die langfristige Nachfragekurve, da es einige Zeit dauert, bis im Falle eines Anstiegs der Treibstoffpreise neuere effizientere Flugzeuge entwickelt und gebaut werden, die die alten Maschinen ersetzen können. ▶

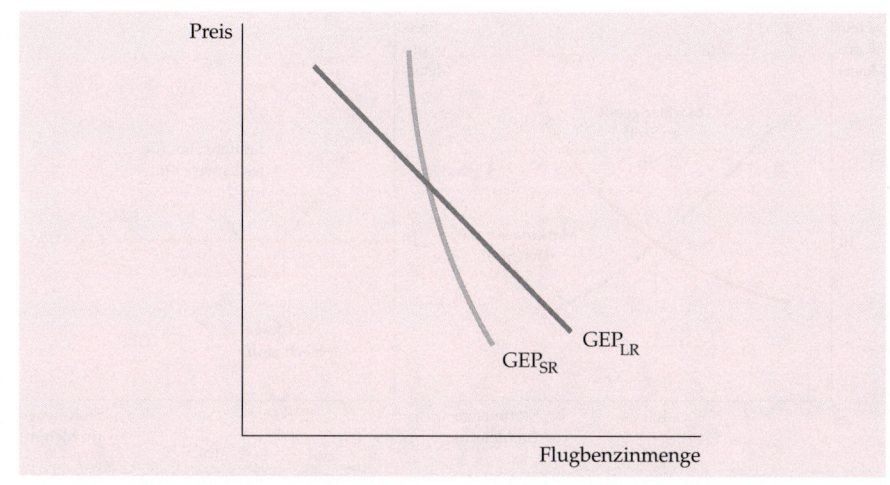

Abbildung 14.6: Kurzfristige und langfristige Nachfrage nach Flugzeugtreibstoff
Die kurzfristige Nachfrage nach Flugbenzin, GEP_{SR}, ist unelastischer als die langfristige Nachfrage, GEP_{LR}. Kurzfristig können die Fluggesellschaften im Fall eines Preisanstiegs ihren Treibstoffverbrauch nicht in nennenswertem Maß einschränken. Langfristig können sie dagegen längere effizienter Flugrouten wählen und auch effizientere Flugzeuge einsetzen.

14.1.4 Das Angebot an Produktionsfaktoren für ein Unternehmen

Ist der Markt für einen Produktionsfaktor ein vollkommener Wettbewerbsmarkt, so kann ein Unternehmen jede beliebige Menge dieses Faktors zum festen Marktpreis kaufen. Dieser ergibt sich aus dem Schnittpunkt der Marktnachfrage- mit der Marktangebotskurve, wie in Abbildung 14.7(a) dargestellt. Die Angebotskurve des Produktionsfaktors, mit der ein Unternehmen konfrontiert ist, ist in diesem Fall vollkommen elastisch. So kauft, wie in Abbildung 14.7(b) gezeigt, ein Unternehmen Stoff zum Preis von €10 pro Meter, um ihn zu Kleidung zu verarbeiten. Da dieses Unternehmen nur einen kleinen Teil des Stoffmarktes repräsentiert, kann es jede beliebige Stoffmenge kaufen, ohne den Preis zu beeinflussen.

In Abschnitt 10.5 haben wir erklärt, dass die Angebotskurve DA, mit der sich das Unternehmen in Abbildung 14.7(b) konfrontiert sieht, seine **Durchschnittsausgabenkurve** ist (ebenso wie die Nachfragekurve des Unternehmens dessen *Durchnittserlöskurve* ist), da sie den Preis pro Einheit abbildet, den ein Unternehmen für ein Gut bezahlt. Andererseits bildet die **Grenzausgabenkurve** die Ausgaben des Unternehmens für eine *zusätzliche Produkteinheit* ab, die es kauft. (Die Grenzausgabenkurve auf einem Faktormarkt ist analog zur Grenzerlöskurve auf dem Outputmarkt.) Die Grenzausgaben sind davon abhängig, ob es sich um einen Käufer auf einem vollkommenen Wettbewerbsmarkt oder um einen Käufer mit Monopsonmacht handelt. Ist der Käufer kompetitiv, sind die Kosten aller Einheiten gleich, unabhängig davon wie viele er kauft, und entsprechen dem Marktpreis des Produkts. Der gezahlte Preis entspricht den Durchschnittsausgaben pro Einheit, und die Grenzausgaben entsprechen diesem Durchschnitt. Ist der Faktormarkt also kompetitiv, so sind die Durchschnittsausgaben- und die Grenzausgabenkurven identische horizontale Geraden. Ebenso sind die Grenz- und Durchnittserlöskurven eines kompetitiven Unternehmens auf dem Outputmarkt identisch (und verlaufen horizontal).

Durchschnittsausgabenkurve

Angebotskurve, die den Preis pro Einheit abbildet, den ein Unternehmen für ein Gut bezahlt.

Grenzausgabenkurve

Eine Kurve, die die zusätzlichen Kosten darstellt, die beim Kauf einer zusätzlichen Einheit eines Gutes entstehen.

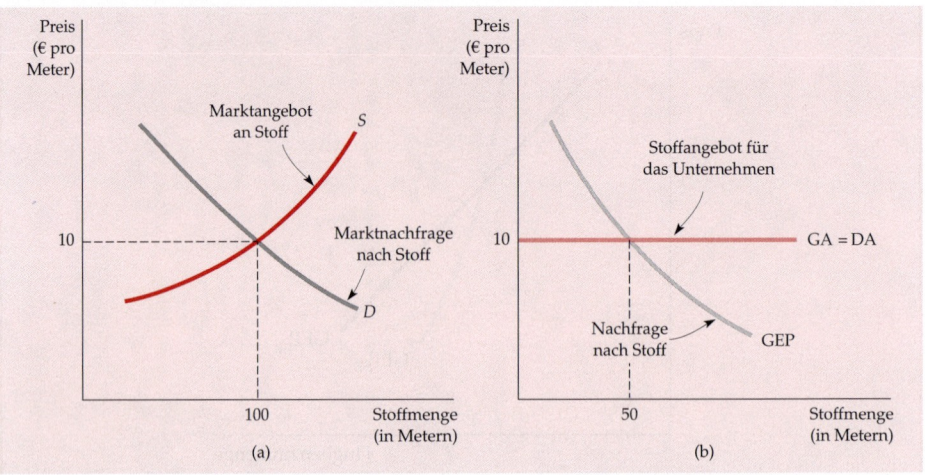

Abbildung 14.7: Das Inputangebot eines Unternehmens auf einem kompetitiven Faktormarkt
Auf einem kompetitiven Faktormarkt kann ein Unternehmen jede beliebige Menge eines Produktionsfaktors kaufen, ohne damit den Preis zu beeinflussen. Daher ist das Unternehmen mit einer vollkommen elastischen Angebotskurve dieses Faktors konfrontiert. Folglich liegt die Menge des Inputfaktors, die der Produzent kaufen wird, am Schnittpunkt der Input-Nachfragekurve mit der Input-Angebotskurve. In **(a)** entsprechen sich die branchenweit nachgefragte Stoffmenge und die Angebotsmenge bei einem Preis von €10 pro Meter. In **(b)** ist das Unternehmen beim Meterpreis von €10 mit einer horizontalen Grenzausgabenkurve konfrontiert und entscheidet sich, 50 Meter zu kaufen.

Welche Menge des Produktionsfaktors sollte ein Unternehmen auf einem kompetitiven Faktormarkt kaufen? Solange die Grenzerlösproduktkurve oberhalb der Grenzausgabenkurve liegt, kann es seinen Gewinn steigern, indem es die gekaufte Faktormenge erhöht, da der Nutzen einer zusätzlichen Einheit (GEP) deren Kosten (GA) übersteigt. Liegt aber die Grenzerlösproduktkurve unterhalb der Grenzausgabenkurve, so ist der Nutzen einiger gekaufter Einheiten geringer als ihre Kosten. Es liegt also Gewinnmaximierung vor, *wenn das Grenzerlösprodukt gleich den Grenzausgaben ist*:

$$GA = GEP \qquad (14.5)$$

Bei der Betrachtung des Sonderfalls eines kompetitiven Outputmarktes haben wir gesehen, dass das Unternehmen so lange Produktionsfaktoren, wie z.B. Arbeit, kaufte, bis das Grenzerlösprodukt dem Preis des Inputfaktors w entsprach, wie in Gleichung (14.3) dargestellt. Herrscht Wettbewerb, so gilt für die Gewinnmaximierung also, dass der Preis des Produktionsfaktors gleich den Grenzausgaben sein muss.

$$GA = w \qquad (14.6)$$

In unserem Beispiel liegt der Stoffpreis (€10 pro Meter) auf dem kompetitiven Stoffmarkt, dargestellt in Abbildung 14.7(a), am Schnittpunkt der Nachfragekurve mit der Angebotskurve. Abbildung 14.7(b) zeigt die Stoffmenge, die ein Unternehmen kauft. Sie liegt am Schnittpunkt der Grenzausgabenkurve mit der Grenzerlösproduktkurve. Kauft das Unternehmen 50 Meter Stoff, so entsprechen die Grenzausgaben von €10 dem Grenzerlös aus dem Verkauf der Kleidung, die aus dem zusätzlich gekauften Stoff hergestellt wurde. Würde es weniger als 50 Meter kaufen, so würde das Unternehmen die Chance ungenutzt verstreichen lassen, durch den Verkauf von mehr Kleidung zusätzliche Gewinne zu erzielen. Und wenn das Unternehmen mehr als 50 Meter Stoff kaufen würde, so lägen die Kosten für den Stoff höher als der zusätzliche Erlös aus dem Verkauf der zusätzlich hergestellten Kleidungsstücke.

14.1.5 Das Marktangebot an Produktionsfaktoren

Die Marktangebotskurve eines Produktionsfaktors hat in der Regel eine positive Steigung. In Kapitel 8 haben wir gesehen, dass das Marktangebot eines Gutes, das auf einem Wettbewerbsmarkt verkauft wird, normalerweise auch ansteigend verläuft, weil die Grenzkosten für die Produktion des Gutes gewöhnlich steigen. Dasselbe gilt auch für Stoffe und andere Rohstoffe und Produktionsfaktoren.

Geht es aber um den Produktionsfaktor Arbeit, so sind es Menschen und nicht Unternehmen, die die Angebotsentscheidungen treffen. In diesem Fall bestimmt nicht die Gewinnmaximierung der Unternehmen, sondern die Nutzenmaximierung der Arbeitskräfte das Angebot. In der folgenden Diskussion verwenden wir die Analyse der Einkommens- und Substitutionseffekte aus Kapitel 4, um zu zeigen, dass die Marktangebotskurve der Arbeit sowohl ansteigend verlaufen als auch, wie in Abbildung 14.8 gezeigt, *rückwärts geneigt* sein kann. Mit anderen Worten kann ein höherer Lohnsatz also auch zu einem geringeren Angebot an Arbeit führen.

> In § 8.6 erklären wir, dass die kurzfristige Marktangebotskurve die Produktionsmenge angibt, die Unternehmen auf dem Markt zu jedem möglichen Preis herstellen.

> In § 4.2 erklären wir, dass ein Preisanstieg eines Gutes zwei Auswirkungen hat: Zum einen sinkt die reale Kaufkraft jedes Verbrauchers (der Einkommenseffekt); zum anderen wird das Gut relativ teurer (der Substitutionseffekt).

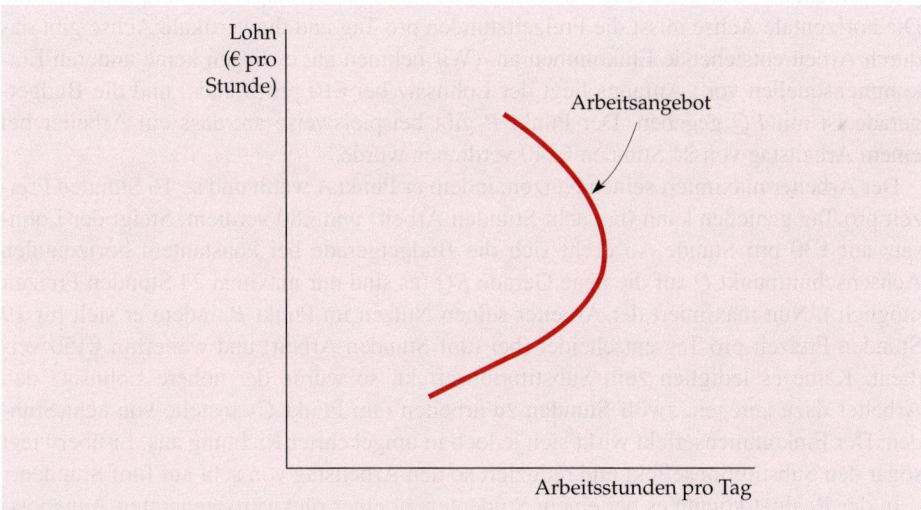

Abbildung 14.8: Rückwärts geneigte Arbeitsangebotskurve
Steigt der Lohnsatz, so steigt anfangs auch das Angebot an Arbeitsstunden. Mit der Zeit kann dieses Angebot aber wieder sinken, weil sich die einzelnen Arbeiter für mehr Freizeit und weniger Arbeitszeit entscheiden. Der rückwärts geneigte Teil der Arbeitsangebotskurve wird dann zur Realität, wenn der Einkommenseffekt der höheren Löhne (der zu mehr Freizeit anregt) den Substitutionseffekt (der zu mehr Arbeit anregt) übersteigt.

Um zu sehen, warum sich eine Arbeitsangebotskurve rückwärts neigen kann, teilen wir den Tag in Arbeitsstunden und Freizeit auf. *Freizeit* ist ein Oberbegriff für angenehme Aktivitäten, die nichts mit Arbeit zu tun haben, darunter auch Essen und Schlafen. *Arbeit* ist dem Arbeiter nur aufgrund des Einkommens von Nutzen, das sie erzeugt. Wir nehmen hier an, dass ein Arbeiter die Flexibilität besitzt, selbst zu entscheiden, wie viele Stunden er pro Tag arbeitet.

Der Lohnsatz misst den Preis, mit dem der Arbeiter seine Freizeit bewertet, denn sein Lohn entspricht genau der Geldmenge, auf die er zugunsten von mehr Freizeit verzichtet. Mit steigendem Lohnsatz steigt also auch der Preis der Freizeit. Aufgrund dieser Preisveränderung ergibt sich sowohl ein Substitutionseffekt (eine Veränderung des relativen Preises bei konstantem Nutzen) als auch ein Einkommenseffekt (eine Veränderung des Nutzens bei konstanten relativen Preisen). Es kommt zu einem Substitutionseffekt, weil der höhere Preis der Freizeit die Arbeiter dazu anregt, Freizeit durch Arbeit zu ersetzen. Und der Einkommenseffekt ergibt sich, weil der höhere Lohnsatz die Kaufkraft der Arbeiter erhöht. Mit diesem höheren Einkommen kann der Arbeiter mehr von allen Gütern kaufen – und eines dieser Güter ist Freizeit. Entscheiden sich die Arbeiter für mehr Freizeit, so liegt das also am Einkommenseffekt, der sie dazu anregt, weniger Stunden zu arbeiten. Der Einkommenseffekt kann in diesem Fall erheblich sein, denn für die meisten Menschen ist der Lohn oder das Gehalt der Hauptbestandteil des Einkommens. Überwiegt der Einkommenseffekt den Substitutionseffekt, so ergibt sich eine rückwärts geneigte Angebotskurve.

Abbildung 14.9 zeigt, wie die Entscheidung zwischen Arbeit und Freizeit an einem gewöhnlichen Werktag zu einer rückwärts geneigten Arbeitsangebotskurve führen kann. Die horizontale Achse misst die Freizeitstunden pro Tag und die vertikale Achse gibt das durch Arbeit entstehende Einkommen an. (Wir nehmen an, es liegen keine anderen Einkommensquellen vor.) Anfangs liegt der Lohnsatz bei €10 pro Stunde, und die Budgetgerade ist mit *PQ* gegeben. Der Punkt *P* gibt beispielsweise an, dass ein Arbeiter bei einem Arbeitstag von 24 Stunden €240 verdienen würde.

Der Arbeiter maximiert seinen Nutzen, indem er Punkt *A* wählt und so 16 Stunden Freizeit pro Tag genießen kann (bei acht Stunden Arbeit) und €80 verdient. Steigt der Lohnsatz auf €30 pro Stunde, so dreht sich die Budgetgerade bei konstantem horizontalen Achsenschnittpunkt *Q* auf die neue Gerade *RQ* (es sind nur maximal 24 Stunden Freizeit möglich.). Nun maximiert der Arbeiter seinen Nutzen im Punkt *B*, indem er sich für 19 Stunden Freizeit pro Tag entscheidet (bei fünf Stunden Arbeit) und weiterhin €150 verdient. Käme es lediglich zum Substitutionseffekt, so würde der höhere Lohnsatz den Arbeiter dazu anregen, zwölf Stunden zu arbeiten (am Punkt *C*) anstelle von acht Stunden. Der Einkommenseffekt wirkt sich jedoch in umgekehrter Richtung aus. Er überwiegt sogar den Substitutionseffekt und reduziert so den Arbeitstag von acht auf fünf Stunden.

In der Realität könnte es bei einem Studenten zu einer rückwärts geneigten Angebotskurve kommen, der den Sommer über arbeitet, um sich seinen Lebensunterhalt für das Studium zu verdienen. Sobald ein bestimmter Zielwert an Einnahmen erreicht ist, hört der Student auf zu arbeiten und verbringt mehr Zeit mit Freizeitaktivitäten. In diesem Fall würde ein steigender Lohnsatz zu weniger Arbeitsstunden führen, da er dem Studenten ermöglicht, den festgelegten Einnahmenzielwert schneller zu erreichen.

Die rückwärts geneigte Angebotskurve gilt auch für Taxifahrer. Wie in Beispiel 5.9 aufgezeigt, führt bei Taxifahrern mit einem täglichen Einnahmenzielwert ein Anstieg des Stundenlohns zu einer Reduzierung der Arbeitsstunden der Fahrer.

14.1 Kompetitive Faktormärkte

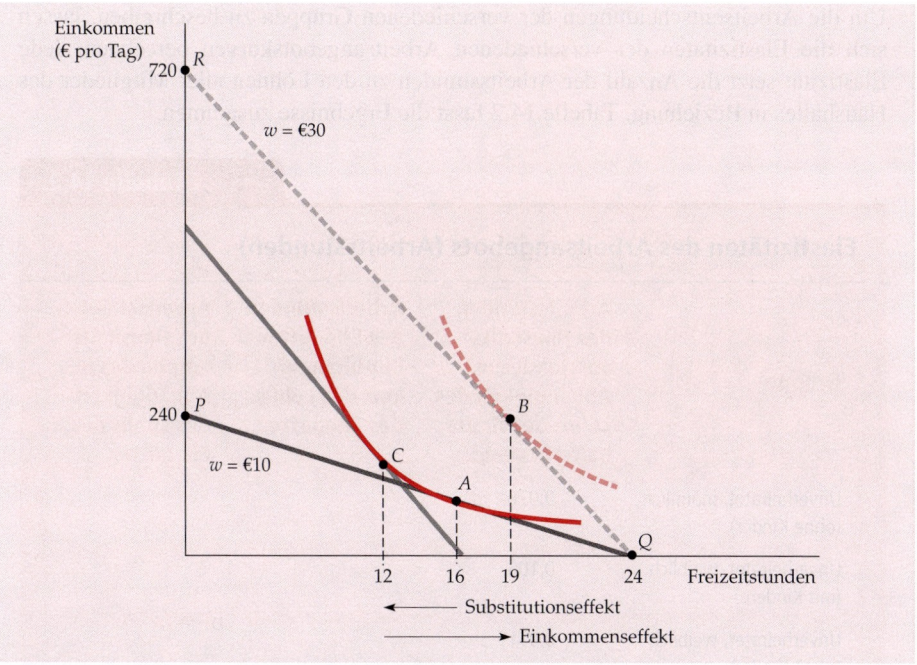

Abbildung 14.9: Substitutions- und Einkommenseffekte einer Lohnerhöhung
Steigt der Lohnsatz von €10 auf €30 pro Stunde, so verschiebt sich die Budgetgerade des Arbeiters von PQ nach RQ. Folglich bewegt sich der Arbeiter von A nach B und verkürzt so seine Arbeitszeit von acht auf fünf Stunden. Zur Arbeitszeitverkürzung kommt es, weil der Einkommenseffekt den Substitutionseffekt überwiegt. In diesem Fall ist die Arbeitsangebotskurve rückwärts geneigt.

Beispiel 14.2: Das Arbeitsangebot für Ein- und Zwei-Verdiener-Haushalte

Eine der dramatischsten Veränderungen des Arbeitsmarktes im 20. Jahrhundert bezieht sich auf den steigenden Frauenanteil in der Arbeitswelt. 1950 waren lediglich 34 Prozent der Frauen auf dem Arbeitsmarkt aktiv, 2010, dagegen waren bereits knapp 60 Prozent der Erwerbstätigen Frauen. Vor allem verheiratete Frauen sind im Wesentlichen für diesen Anstieg verantwortlich. Die immer bedeutendere Rolle der Frauen auf dem Arbeitsmarkt wirkt sich auch maßgeblich auf den Wohnungsmarkt aus. Die Entscheidung, wo man leben und arbeiten will, wird in zunehmendem Maße von beiden Ehepartnern gemeinsam getroffen.

Die komplexe Natur dieser Entscheidung wurde in einer Studie analysiert, die die Arbeitsentscheidungen von 94 unverheirateten Frauen mit den Arbeitsentscheidungen von 379 Ehepaaren und Familien verglich.[3]

---

3 Siehe Janet E. Kohlhase, „Labor Supply and Housing Demand for One- and Two-Earner Households", *Review of Economics and Statistics* 68, 1986: 48–56; und Ray C. Fair und Diane J. Macunovich, „Explaining the Labor Force Participation of Women" 20–24, unveröffentlicht, Februar 1997, erhältlich unter *http://cowless.econ.yale.edu/Plcd/c11a/d116.pdf*.

Um die Arbeitsentscheidungen der verschiedenen Gruppen zu beschreiben, lassen sich die Elastizitäten der verschiedenen Arbeitsangebotskurven berechnen. Jede Elastizität setzt die Anzahl der Arbeitsstunden zu den Löhnen aller Mitglieder des Haushaltes in Beziehung. Tabelle 14.2 fasst die Ergebnisse zusammen.

Tabelle 14.2

Elastizitäten des Arbeitsangebots (Arbeitsstunden)

Gruppe	Arbeitsstunden des Haushaltsvorstandes in Abhängigkeit des Lohns des Haushaltsvorstandes	Arbeitsstunden des Ehegatten in Abhängigkeit des Lohns des Ehegatten	Arbeitsstunden des Haushaltsvorstandes in Abhängigkeit des Lohns des Ehegatten
Unverheiratet, männlich (ohne Kinder)	0,026		
Unverheiratet, weiblich (mit Kindern)	0,106		
Unverheiratet, weiblich (ohne Kinder)	0,011		
Ein-Verdiener-Familie (mit Kindern)	–0,078		
Ein-Verdiener-Familie (ohne Kinder)	0,007		
Zwei-Verdiener-Familie (mit Kindern)	–0,002	–0,086	–0,004
Zwei-Verdiener-Familie (ohne Kinder)	–0,107	–0,028	–0,059

Wenn ein höherer Lohnsatz zu weniger Arbeitsstunden führt, so ist die Arbeitsangebotskurve rückwärts geneigt. Das bedeutet, der Einkommenseffekt, der zu mehr Freizeit anregt, überwiegt den Substitutionseffekt, der zu mehr Arbeit anregt. In diesem Fall ist die Elastizität des Arbeitsangebots negativ. Tabelle 14.2 zeigt, dass Personen in Ein-Verdiener-Familien mit Kindern und Personen in Zwei-Verdiener-Familien (mit oder ohne Kinder) alle rückwärts geneigte Arbeitsangebotskurven aufweisen, wobei die Elastizitäten zwischen –0,002 und –0,078 liegen. Alleinverdiener mit Familie befinden sich meist auf dem ansteigend verlaufenden Abschnitt ihrer Arbeitsangebotskurve, wobei die größte Elastizität von 0,106 bei allein stehenden Frauen mit Kindern vorliegt. Verheiratete Frauen (die in der Statistik als Ehegatten der Haushaltsvorstände aufgeführt sind) befinden sich auch auf dem rückwärts geneigten Abschnitt der Arbeitsangebotskurve. In dieser Gruppe liegen die Elastizitäten zwischen –0,028 und –0,086.

14.2 Gleichgewicht auf einem kompetitiven Faktormarkt

Ein kompetitiver Faktormarkt befindet sich im Gleichgewicht, wenn beim Marktpreis der Produktionsfaktoren die angebotene und die nachgefragte Menge gleich sind. Abbildung 14.10(a) zeigt ein solches Gleichgewicht auf einem Arbeitsmarkt. Am Punkt A beträgt der Gleichgewichts-Lohnsatz w_c, und die Gleichgewichts-Angebotsmenge ist L_c. Alle Arbeiter sind gut informiert, erhalten daher den gleichen Lohn und erzeugen identische Grenzerlösprodukte ihrer Arbeit, gleichgültig wo sie angestellt sind. Läge der Lohn irgendeines Arbeiters unterhalb seines Grenzprodukts, wäre es für ein Unternehmen gewinnbringend, diesem Arbeiter einen höheren Lohn anzubieten.

Wenn auch der Outputmarkt ein vollkommener Wettbewerbsmarkt ist, so misst die Nachfragekurve eines Produktionsfaktors den Nutzen, den die Verbraucher des Produkts dem zusätzlichen Einsatz dieses Produktionsfaktors im Produktionsprozess beimessen. Auch der Lohnsatz reflektiert die Kosten, die dem Unternehmen und der Gesellschaft entstehen, wenn eine zusätzliche Einheit dieses Faktors eingesetzt wird. So ist im Punkt A in Abbildung 14.10(a) der marginale Nutzen einer Arbeitsstunde (ihr Grenzerlösprodukt GEP_L) gleich ihrer Grenzkosten (dem Lohnsatz w).

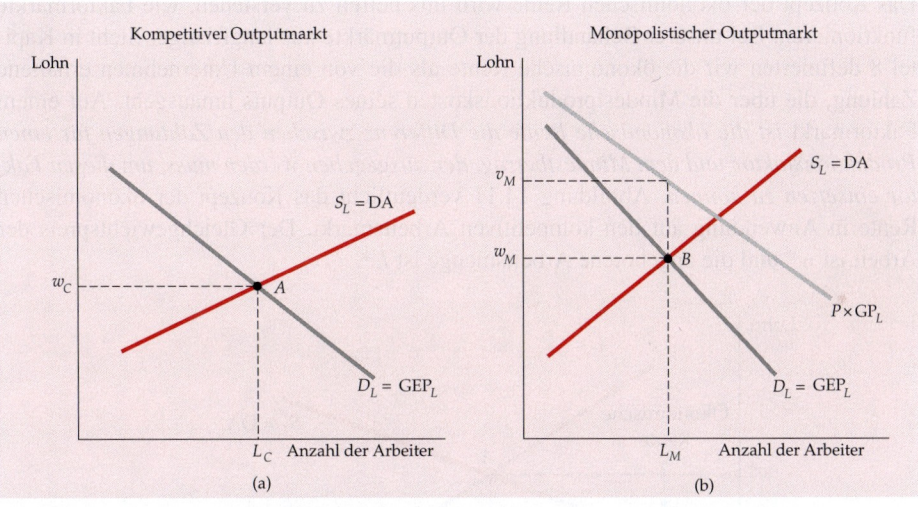

Abbildung 14.10: Arbeitsmarktgleichgewicht
Auf einem kompetitiven Arbeitsmarkt mit ebenfalls kompetitivem Outputmarkt liegt der Gleichgewichtslohn, w_C, am Schnittpunkt der Nachfragekurve (oder der Grenzerlösproduktkurve) nach Arbeit mit der Angebotskurve (der Durchschnittsausgabenkurve) der Arbeit. Dies ist Punkt A in Abbildung 14.10(a). Teil (b) der Abbildung zeigt, dass im Fall einer Monopolstellung des Produzenten der Grenzwert eines Arbeiters, v_M, größer ist als sein Lohn, w_M. Also werden zu wenige Arbeitskräfte eingestellt. (Punkt B gibt an, wie viele Arbeiter das Unternehmen beschäftigt und welchen Lohn es bezahlt.)

Wenn sowohl Output- als auch Inputmärkte vollkommen kompetitiv sind, werden alle Produktionsfaktoren effizient eingesetzt, weil der Unterschied zwischen dem Gesamtnutzen und den gesamten Kosten maximiert wird. Effizienz erfordert, dass der Zusatzerlös aus dem Einsatz einer zusätzlichen Arbeitseinheit (das Grenzerlösprodukt der Arbeit, GEP_L) dem Nutzen der zusätzlichen Produktion für den Verbraucher entspricht. Dieser ergibt sich aus dem Produktpreis multipliziert mit dem Grenzprodukt der Arbeit, $(P)(GP_L)$.

> In § 9.2 erklären wir, dass ein vollkommener Wettbewerbsmarkt deswegen effizient ist, weil die Summe der gesamten Konsumenten- und Produzentenrenten maximiert wird.

Ist der Outputmarkt nicht vollkommen kompetitiv, so ist die Bedingung $GEP_L = (P)(GP_L)$ nicht länger erfüllt. Man erkenne in Abbildung 14.10(b), dass die Kurve, die den Produktpreis multipliziert mit dem Grenzprodukt der Arbeit, $[(P)(GP_L)]$, abbildet, oberhalb der Grenzerlösproduktkurve, $[(GE)(GP_L)]$, liegt. Punkt B weist den Gleichgewichtslohnsatz w_M und das Gleichgewichtsangebot an Arbeit L_M aus. Da aber der Produktpreis angibt, welchen Wert die Konsumenten jeder weiteren Produktionseinheit beimessen, die sie kaufen, ist $(P)(GP_L)$ der Wert, mit dem die Verbraucher zusätzliche Arbeitseinheiten belegen. Wenn also L_M Arbeiter eingestellt werden, sind die Grenzkosten des Unternehmens, w_M, geringer als der marginale Nutzen für den Verbraucher, v_M. Obwohl das Unternehmen seine Gewinne maximiert, liegt seine Produktion unterhalb des effizienten Niveaus und es setzt nicht die effiziente Arbeitsmenge ein. Die wirtschaftliche Effizienz könnte gesteigert werden, wenn mehr Arbeitskräfte eingestellt würden und somit auch mehr Output produziert würde. (Die Gewinne für die Verbraucher würden die verlorenen Gewinne des Unternehmens überwiegen.)

14.2.1 Ökonomische Rente

> In § 8.7 erklären wir, dass die ökonomische Rente der Betrag ist, den ein Unternehmen für einen Produktionsfaktor zu zahlen bereit ist abzüglich des Mindestbetrags, der zum Kauf dieses Faktors notwendig ist.

Das Konzept der ökonomischen Rente wird uns helfen zu verstehen, wie Faktormärkte funktionieren. Bei unserer Behandlung der Outputmärkte aus langfristiger Sicht in Kapitel 8 definierten wir die ökonomische Rente als die von einem Unternehmen erhaltene Zahlung, die über die Mindestproduktionskosten seines Outputs hinausgeht. Auf einem Faktormarkt *ist die ökonomische Rente die Differenz zwischen den Zahlungen für einen Produktionsfaktor und dem Mindestbetrag, der ausgegeben werden muss, um diesen Faktor einsetzen zu können.* Abbildung 14.11 verdeutlicht das Konzept der ökonomischen Rente in Anwendung auf den kompetitiven Arbeitsmarkt. Der Gleichgewichtspreis der Arbeit ist w^* und die angebotene Arbeitsmenge ist L^*.

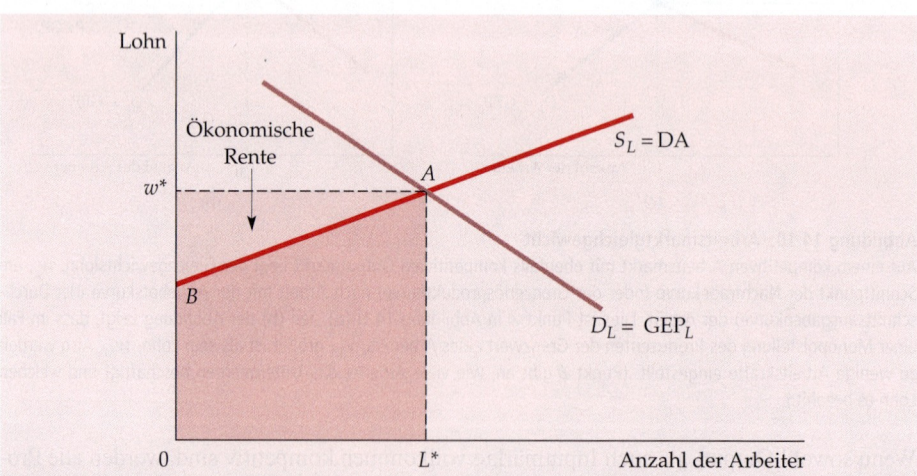

Abbildung 14.11: Ökonomische Rente
Die ökonomische Rente in Verbindung mit dem Einsatz der Arbeit ist der Lohnüberschuss, der zusätzlich zum Mindestbetrag gezahlt wird, der aufgebracht werden muss, um Arbeiter einzustellen. Der Gleichgewichtslohn liegt im Punkt A am Schnittpunkt der Arbeitsangebotskurve mit der Arbeitsnachfragekurve. Der ansteigende Verlauf der Angebotskurve (DA) bedeutet, dass einige Arbeiter ihren Arbeitsplatz für weniger Lohn als w^* angenommen hätten. Die hell schattierte Fläche ABw^* stellt die ökonomische Rente aller Arbeiter dar.

Die Arbeitsangebotskurve entspricht der ansteigend verlaufenden Durchschnittsausgabenkurve. Die Nachfragekurve entspricht der fallend verlaufenden Grenzerlösproduktkurve. Da die Angebotskurve angibt, wie viel Arbeit bei jedem Lohnsatz angeboten wird, sind die Mindestausgaben, um L^* Arbeitseinheiten zu erwerben, gleich der dunkel schattierten Fläche AL^*0B unterhalb der Angebotskurve und links vom Gleichgewichtsangebot an Arbeit L^*.

Auf vollkommenen Wettbewerbsmärkten erhalten alle Arbeiter den Lohn w^*. Dieser Lohn ist erforderlich, damit der letzte „marginale" Arbeiter seine Arbeitskraft zur Verfügung stellt. Alle anderen Arbeiter aber verdienen ökonomische Renten, da ihr Lohnsatz höher ist als der Lohn, der erforderlich wäre, um sie zur Arbeit zu bewegen. Da die gesamten Lohnzahlungen dem Rechteck $0w^*AL^*$ entsprechen, gibt also die Fläche ABw^* die ökonomische Rente der Arbeit an.

Man erkenne, dass die ökonomische Rente gleich null wäre, wenn die Angebotskurve vollkommen elastisch wäre. Renten ergeben sich nur dann, wenn das Angebot etwas unelastisch ist. Ist das Angebot vollkommen unelastisch, so sind alle Zahlungen für einen Produktionsfaktor ökonomische Renten, weil dieser Faktor in jedem Fall angeboten wird, gleichgültig welcher Preis bezahlt wird.

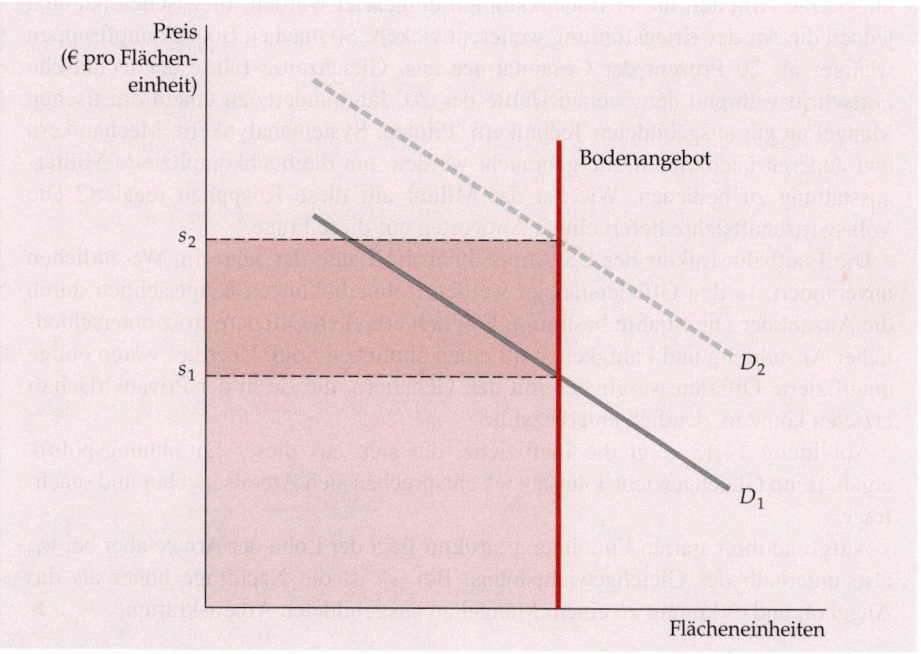

Abbildung 14.12: Bodenrente
Wenn das Bodenangebot vollkommen unelastisch ist, liegt der Marktpreis des Bodens am Schnittpunkt der Angebotskurve mit der Nachfragekurve. Der gesamte Wert des Bodens entspricht dann einer ökonomischen Rente. Liegt die Nachfrage bei D_1, so ist die ökonomische Rente pro Flächeneinheit gleich s_1. Steigt die Nachfrage auf D_2, so steigt auch die Rente pro Flächeneinheit auf s_2.

Wie Abbildung 14.12 zeigt, ist ein Beispiel eines Produktionsfaktors, dessen Angebot unelastisch ist, der Produktionsfaktor Boden. Die Angebotskurve ist vollkommen unelastisch, weil der Boden für Wohnungsbau (oder Landwirtschaft) zumindest kurzfristig eine unveränderbare Größe ist. Und da der Boden unelastisch angeboten wird, bestimmt sich sein Preis allein durch die Nachfrage. Die Nachfrage nach Boden ist mit D_1 dargestellt, und sein Preis pro Einheit beträgt s_1. Die gesamte Bodenrente ist im unteren schattierten Rechteck gegeben. Steigt die Nachfrage nach Boden aber auf D_2, so steigt auch der Rentenwert pro Einheit auf s_2. Nun schließt die gesamte Bodenrente auch das obere schattierte Rechteck mit ein. Folglich erhöht ein Anstieg der Bodennachfrage (eine Verschiebung der Nachfragekurve nach rechts) sowohl den Bodenpreis pro Flächeneinheit als auch die ökonomische Rente.

Beispiel 14.3: Die Bezahlung beim Militär

Schon seit vielen Jahren hat die amerikanische Armee mit einem Personalproblem zu kämpfen. Während des Bürgerkriegs waren etwa 90 Prozent aller Streitkräfte ungelernte Arbeiter, die in Bodenkämpfen eingesetzt wurden. Inzwischen hat sich jedoch die Art der Kriegsführung weiterentwickelt. So machen Bodenkampftruppen weniger als 20 Prozent der Gesamtarmee aus. Gleichzeitig führte der technische Fortschritt während der zweiten Hälfte des 20. Jahrhunderts zu einem drastischen Mangel an gut ausgebildeten Technikern, Piloten, Systemanalytikern, Mechanikern und anderen Fachkräften, die gebraucht werden, um die hochkomplizierte Militärausstattung zu bedienen. Wie hat das Militär auf diese Knappheit reagiert? Die Volkswirtschaftslehre liefert einige Antworten auf diese Frage.[4]

Die Laufbahnstruktur der US-Armee blieb im Laufe der Jahre im Wesentlichen unverändert. In den Offiziersrängen werden Lohnerhöhungen hauptsächlich durch die Anzahl der Dienstjahre bestimmt. Folglich erhielten Offiziere trotz unterschiedlicher Ausbildung und Fähigkeiten oft einen ähnlichen Sold. Überdies waren einige qualifizierte Offiziere verglichen mit den Gehältern, die sie in der Privatwirtschaft erzielen könnten, deutlich unterbezahlt.

Abbildung 14.13 zeigt die Ineffizienz, die sich aus dieser Entlohnungspolitik ergab. Beim Gleichgewichtslohnsatz w^* entsprechen sich Arbeitsangebot und -nachfrage.

Aufgrund ihrer starren Entlohnungsstruktur liegt der Lohn der Armee aber bei w_0, also unterhalb des Gleichgewichtslohns. Bei w_0 ist die Nachfrage höher als das Angebot, und es kommt zu einem Mangel an ausgebildeten Arbeitskräften. ▶

---

[4] Walter Y. Oi, „*Paying Soldiers: On a Wage Structure for a Large Internal Labor Market*", unveröffentlichte, undatierte Studie.

In den letzten zehn Jahren hat das Militär seine Entlohnungsstruktur verändert, um auch weiterhin effektive Streitkräfte bereitstellen zu können. Im Jahr 2007 trat als Erstes eine Lohnerhöhung von 7,2 Prozent in Kraft. Dem folgte ein Anstieg von 3,9 Prozent im Jahr 2009 und von 3,4 Prozent im Jahr 2010.

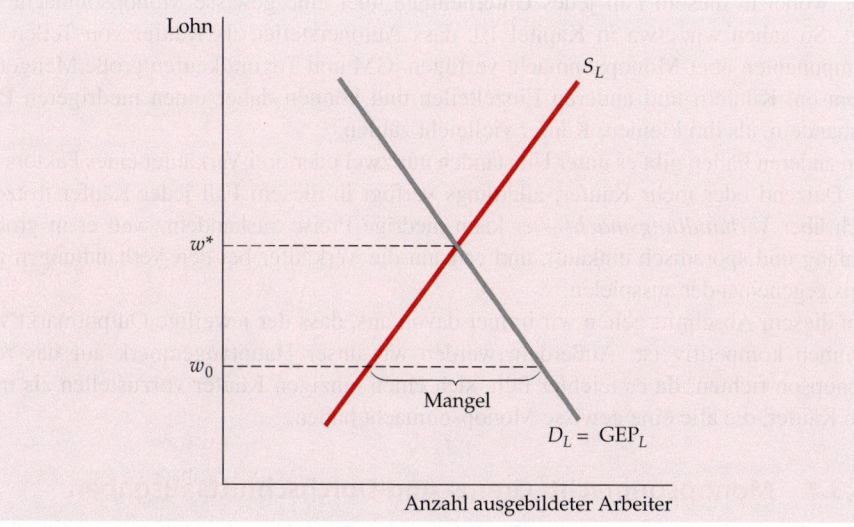

Abbildung 14.13: Der Mangel an ausgebildetem Militärpersonal
Wird beim Militär ein Lohnsatz w^* bezahlt, befindet sich der Arbeitsmarkt im Gleichgewicht. Wird der Lohnsatz unterhalb von w^*, etwa bei w_0 gehalten, ergibt sich ein Personalmangel, weil die nachgefragte Arbeitsmenge größer ist als die Angebotsmenge.

Trotzdem bleibt das Lohnniveau beim Militär niedrig: Im Jahr 2011 verdiente ein Obergefreiter \$20.470, ein Feldwebel \$24.736, ein Hauptmann \$43.927 und ein Major \$49.964.[5] Um ihrem Personalproblem entgegenzuwirken, hat die US-Armee damit begonnen, die Lohnstruktur zu verändern, indem sie die Anzahl und Höhe der Bonuszahlungen für Rückkehrer erhöht. Ausgewählte Rückkehrerboni zielten auf qualifizierte Arbeitskräfte ab, bei denen Knappheit herrscht. Überdies nutzte das Militär von 2008 bis 2011 auch die anhaltend hohen Arbeitslosenzahlen aus und betonte die angebotene umfangreiche technische Ausbildung in Verbindung mit subventioniertem Wohnraum, Lebensmitteln, Gesundheitsfürsorge und Ausbildung. Im Ergebnis dieser Strategie wechselte der Markt für qualifizierte Arbeitskräfte beim Militär wieder zu dem in Abbildung 14.13 dargestellten, markträumenden Gleichgewichtspreis w^*.

---

5   http://militarypay.defense.gov/pay

14.3 Faktormärkte mit Monopsonmacht

> In § 10.5 erklären wir, dass ein Käufer Monopsonmacht hat, wenn seine Kaufentscheidung den Preis eines Gutes beeinflussen kann.

Auf einigen Faktormärkten verfügen einzelne Käufer über *Käufermacht*, die es ihnen ermöglicht, die von ihnen bezahlten Preise zu beeinflussen. Dies geschieht oft entweder dann, wenn ein Unternehmen ein Monopsonkäufer ist oder wenn es nur wenige Käufer gibt, wobei in diesem Fall jedes Unternehmen über eine gewisse Monopsonmacht verfügt. So sahen wir etwa in Kapitel 10, dass Autohersteller als Käufer von Teilen und Komponenten über Monopsonmacht verfügen. GM und Toyota kaufen große Mengen an Bremsen, Kühlern und anderen Einzelteilen und können daher einen niedrigeren Preis aushandeln, als ihn kleinere Käufer vielleicht zahlen.

In anderen Fällen gibt es unter Umständen nur zwei oder drei Verkäufer eines Faktors und ein Dutzend oder mehr Käufer; allerdings verfügt in diesem Fall jeder Käufer trotzdem noch über *Verhandlungsmacht* – er kann niedrige Preise aushandeln, weil er in großem Umfang und sporadisch einkauft, und er kann die Verkäufer bei den Verhandlungen zum Preis gegeneinander ausspielen.

In diesem Abschnitt gehen wir immer davon aus, dass der jeweilige Outputmarkt vollkommen kompetitiv ist. Außerdem werden wir unser Hauptaugenmerk auf das reine Monopson richten, da es leichter fällt, sich einen einzigen Käufer vorzustellen als mehrere Käufer, die alle eine gewisse Monopsonmacht haben.

14.3.1 Monopsonmacht: Grenz- und Durchschnittsausgaben

> In § 10.5 erklären wir, dass die Grenzausgaben die Kosten für eine weitere Einheit sind und dass die Durchschnittsausgaben dem Durchschnittspreis pro Einheit entsprechen.

Bei der Entscheidung, wie viel eines Produktes gekauft werden soll, erhöht man beständig die Anzahl der gekauften Einheiten, bis der zusätzliche Wert der letzten gekauften Einheit – *der Grenzwert* – genau den Kosten für diese Einheit – *den Grenzausgaben* – entspricht. Beim vollkommenen Wettbewerb entspricht der Preis, den man für ein Produkt bezahlt – *die Durchschnittsausgaben* –, den Grenzausgaben.

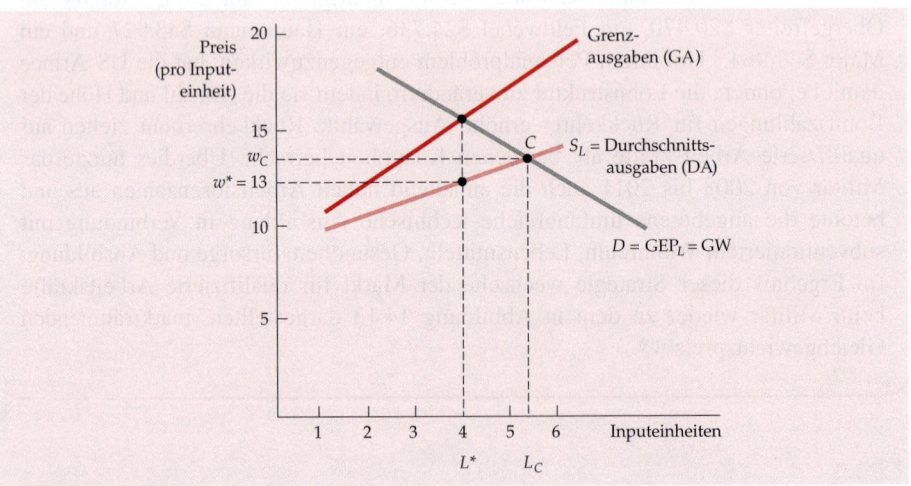

Abbildung 14.14: Grenz- und Durchschnittsausgaben
Verfügt der Käufer eines Produktionsfaktors über Monopsonmacht, so liegt seine Grenzausgabenkurve oberhalb der Durchschnittsausgabenkurve, da die Entscheidung, eine weitere Einheit zu kaufen, den Preis für alle gekauften Einheiten und nicht nur für die letzte gekaufte Einheit erhöht. Die Anzahl der gekauften Inputeinheiten liegt bei L^*, am Schnittpunkt der Grenzerlösproduktkurve mit der Grenzausgabenkurve. Der entsprechende Lohnsatz, w^*, ist geringer als der Wettbewerbslohnsatz w_C.

Hat der Käufer jedoch Monopsonmacht, so sind die Grenzausgaben höher als die Durchschnittsausgaben, wie in Abbildung 14.14 dargestellt.

Die Faktorangebotskurve, mit der der Monopsonist konfrontiert ist, ist gleichzeitig die Marktangebotskurve. Diese zeigt, welche Menge des Produktionsfaktors die Verkäufer zu verkaufen bereit sind, wenn der Faktorpreis steigt. Da der Monopsonist für jede Einheit den gleichen Preis bezahlt, entspricht die Angebotskurve seiner *Durchschnittsausgabenkurve*. Die Durchschnittsausgabenkurve verläuft ansteigend, weil die Entscheidung, eine weitere Einheit zu kaufen, den Preis aller gekauften Einheiten – nicht nur der zuletzt gekauften – erhöht. Für ein Unternehmen, das nach Gewinnmaximierung strebt, kommt es bei der Kaufentscheidung aber auf die *Grenzausgabenkurve* an. Die Grenzausgabenkurve liegt oberhalb der Durchschnittsausgabenkurve. Wenn das Unternehmen den Faktorpreis erhöht, um mehr Einheiten zu erwerben, muss es für *alle* Einheiten – und nicht nur für die letzte erworbene Einheit – diesen höheren Preis bezahlen.

14.3.2 Inputkaufentscheidungen mit Monopsonmacht

Welche Menge eines Inputfaktors sollte das Unternehmen kaufen? Wir haben bereits gesehen, dass es bis zu dem Punkt kaufen sollte, an dem die Grenzausgaben dem Grenzerlösprodukt entsprechen. Hier ist der Wert der letzten gekauften Einheit (GEP) genau gleich den Kosten (GA). Abbildung 14.14 illustriert dieses Prinzip anhand des Arbeitsmarktes. Man erkenne, dass der Monopsonist L^* Arbeitseinheiten in dem Punkt erwirbt, wo GA = GEP_L. Der Lohnsatz der Arbeiter, w^*, ergibt sich aus dem Punkt auf der Durchschnittsausgaben- oder Angebotskurve, der diesen L^* Arbeitseinheiten entspricht.

Wie wir in Kapitel 10 zeigten, maximiert ein Käufer mit Monopsonmacht seinen Nettowert (Nutzen minus Ausgaben) aus einem Kauf, indem er bis zu dem Punkt kauft, an dem der Grenzwert (GW) den Grenzausgaben entspricht:

$$GW = GA$$

Für ein Unternehmen, das einen Produktionsfaktor kauft, entspricht GW genau dem Grenzerlösprodukt des Faktors, GEP. Es ergibt sich also (wie beim kompetitiven Faktormarkt) folgende Gleichung:

$$GA = GEP \qquad (14.7)$$

Man erkenne aus Abbildung 14.14, dass der Monopsonist weniger Arbeitskräfte einstellt als ein Unternehmen oder eine Gruppe von Unternehmen, die keine Monopsonmacht besitzen. Auf einem kompetitiven Arbeitsmarkt würden L_c Arbeiter eingestellt. Auf diesem Niveau entspricht die nachgefragte Arbeitsmenge (die sich von der Grenzerlösproduktkurve ablesen lässt) der angebotenen Arbeitsmenge (die durch die Durchschnittsausgabenkurve bestimmt wird). Man erkenne auch, dass der Monopsonist seinen Arbeitern einen Lohn w^* bezahlen wird, der unterhalb des Wettbewerbslohnsatzes w_c liegt.

Monopsonmacht kann aus verschiedenen Gründen entstehen. Eine Ursache kann in der hochgradigen Spezialisierung eines Unternehmens liegen. Wenn dieses Unternehmen ein Einzelteil kauft, das kein anderes Unternehmen benötigt, so hat es höchstwahrscheinlich auf dem Markt für dieses Einzelteil eine Monopsonstellung. Eine weitere Ursache kann der Standort des Unternehmens sein – so könnte ein Unternehmen zum Beispiel der einzige größere Arbeitgeber in einer Region sein. Monopsonmacht kann auch entstehen, wenn die Käufer eines Faktors ein Kartell bilden, das die Faktorkäufe begrenzt, so dass die Unternehmen den Faktor zu einem Preis kaufen können, der unterhalb des Wettbewerbsniveaus liegt. (Wie wir bereits in Kapitel 10 erklärt haben, stellt dies eine Verletzung der Kartellgesetze dar.)

In einer Volkswirtschaft gibt es nur wenige reine Monopsonisten. Unternehmen (oder Einzelpersonen) können jedoch oft eine gewisse Monopsonmacht besitzen, da ihre Käufe einen Großteil eines Marktes ausmachen. Der Staat tritt als Monopsonist auf, wenn er Freiwillige beim Militär einstellt oder Raketen, Flugzeuge und andere spezielle Militärausrüstung kauft. Ein Bergbauunternehmen oder jedes andere Unternehmen, das der Hauptarbeitgeber in einer bestimmten Region ist, verfügt auf dem regionalen Arbeitsmarkt ebenfalls über Monopsonmacht. Doch auch in solchen Fällen kann die Monopsonmacht begrenzt sein, da der Staat in gewissem Maße mit den anderen Unternehmen konkurriert, die ähnliche Arbeitsplätze anbieten. Ebenso konkurriert das Bergbauunternehmen in gewissem Maße mit Unternehmen in nahe gelegenen Gemeinden.

Verhandlungsmacht Auf einigen Faktormärkten gibt es eine kleine Anzahl von Verkäufern und eine kleine Anzahl von Käufern. In solchen Fällen verhandeln ein einzelner Käufer und ein einzelner Verkäufer miteinander, um einen Preis zu bestimmen. Der sich daraus ergebende Preis kann, je nachdem, welche Seite über mehr Verhandlungsmacht verfügt, hoch oder niedrig sein.

Das Maß an Verhandlungsmacht, über das ein Käufer bzw. Verkäufer verfügt, wird zum Teil durch die Anzahl der konkurrierenden Käufer und der konkurrierenden Verkäufer bestimmt. Allerdings wird es auch durch die Art des Kaufes selbst beeinflusst. Wenn ein Käufer umfangreiche und sporadische Käufe tätigt, kann er mitunter die Verkäufer bei der Verhandlung eines Preises gegeneinander ausspielen und somit beträchtliche Verhandlungsmacht anhäufen.

Ein Beispiel für diese Art von Verhandlungsmacht gibt es auf dem Markt für Verkehrsflugzeuge. Fluggesellschaften wollen Flugzeuge zu den niedrigst möglichen Preisen kaufen. Allerdings gibt es Dutzende Fluggesellschaften und nur zwei führende Hersteller von Verkehrsflugzeugen – Boeing und Airbus. Nun könnte man denken, dass Boeing und Airbus bei der Verhandlung der Preise infolgedessen einen wesentlichen Vorteil genießen. Allerdings trifft genau das Gegenteil zu. Und es ist wichtig zu verstehen, warum das so ist.

Fluggesellschaften kaufen nicht alle Tage Flugzeuge und sie kaufen normalerweise nicht nur jeweils ein Flugzeug. Im Normalfall bestellt ein Unternehmen wie American Airlines nur alle drei bis vier Jahre neue Flugzeuge, wobei jeder Auftrag 20 oder 30 Flugzeuge zu Kosten in Höhe von mehreren Milliarden Dollar umfasst. Auch wenn Boeing und Airbus sehr groß sind, handelt es sich bei solchen Aufträgen nicht um kleine Käufe und jeder Verkäufer versucht, den Auftrag zu bekommen. American Airlines wiederum weiß das und kann diese Tatsache zu ihrem Vorteil einsetzen. Wenn American Airlines beispielsweise eine Entscheidung zwischen 20 neuen Boeing 777 und 20 neuen Airbus A340 (bei denen es sich um Konkurrenzmodelle handelt) trifft, kann die Fluggesellschaft die beiden Unternehmen beim Aushandeln eines Preises gegeneinander ausspielen. Wenn also Boeing beispielsweise einen Preis von $150 Millionen pro Flugzeug anbietet, könnte American Airlines zu Airbus gehen und um ein besseres Angebot als dieses bitten. Unabhängig davon, was Airbus dann anbietet, wird American Airlines wieder zu Boeing gehen und (wahrheitsgemäß oder auch nicht) mit der Begründung, dass Airbus hohe Rabatte anbietet, einen noch höheren Preisnachlass verlangen. Dann geht American Airlines wieder zu Airbus, danach wieder zu Boeing und so weiter, bis es ihr gelungen ist, einen hohen Preisnachlass von einem der beiden Unternehmen zu erhalten.

Beispiel 14.4: Monopsonmacht auf dem Markt für Baseballspieler

In den Vereinigten Staaten sind die Baseballspiele der ersten Liga von den Kartellgesetzen ausgenommen. Dazu kam es aufgrund eines Urteils des Obersten Gerichtshofs und des politischen Kurses im US-Kongress, die Kartellgesetze nicht auf den Arbeitsmarkt anzuwenden.[6] Durch diese Ausnahmeregelung war es den Eigentümern der Baseballteams (bis 1975) möglich, ein monopsonistisches Kartell zu betreiben. Wie alle Kartelle war auch dieses abhängig von der Übereinkunft der Mitglieder. Diese Übereinkunft schloss einen jährlichen Rekrutierungsplan der Spieler sowie eine *Schutzklausel* mit ein, die jeden Spieler effektiv lebenslang an ein Team band und dadurch jeden Wettbewerb zwischen den Teams um die Spieler größtenteils unterband. Sobald ein Spieler von einem Team eingestellt worden war, konnte er für kein anderes Team mehr spielen, es sei denn, die Rechte wurden an dieses Team verkauft.

Folglich besaßen die Eigentümer der Baseballteams bei der Aushandlung neuer Verträge ihren Spielern gegenüber Monopsonmacht. Denn für die Spieler bestand die einzige Alternative zur Unterzeichnung des Vertrages darin, das Baseballspiel komplett aufzugeben oder im Ausland zu spielen.

In den 60er und frühen 70er Jahren lagen die Gehälter der Baseballspieler weit unterhalb des Marktwertes ihrer Grenzprodukte (die teilweise durch die zusätzliche öffentliche Aufmerksamkeit bestimmt wurden, die besseres Schlagen und Werfen erzeugen würde). Wäre der Spielermarkt ein vollkommener Wettbewerbsmarkt gewesen, hätten beispielsweise die Spieler, die 1969 tatsächlich etwa $42.000 Jahresgehalt erhielten, stattdessen etwa $300.000 verdient (was auf das Jahr 2007 umgerechnet etwa $1,7 Millionen Dollar entsprechen würde).

Zum Glück für die Spieler und zum Unglück für die Teameigentümer kam es 1972 zu einem Streik, auf den zunächst eine Klage eines Spielers (Curt Flood von den St. Louis Cardinals) und schließlich eine schiedsgerichtliche Einigung zwischen Spielern und Teameigentümern folgte.

Dieser Prozess mündete zuletzt 1975 in eine Übereinkunft, derzufolge jeder Spieler ein freier Agent werden konnte, nachdem er sechs Jahre lang für eine Baseballmannschaft gespielt hatte. Die Schutzklausel galt nicht mehr, und so wurde ein hochgradig monopsonistischer Arbeitsmarkt mit einem Mal viel kompetitiver.

Was folgte, war ein interessantes Experiment der volkswirtschaftlichen Arbeitsmarkttheorie. Zwischen 1975 und 1980 pendelte sich der Baseballspielermarkt auf ein neues Gleichgewicht ohne Schutzklausel ein. Vor 1975 machten die Ausgaben für Spielerverträge etwa 25 Prozent der Gesamtausgaben eines Teams aus, schon 1980 war dieser Anteil auf 40 Prozent angewachsen. Überdies verdoppelten sich die realen Durchschnittsgehälter der Spieler. 1992 verdiente ein Baseballspieler im Durchschnitt $1.014.942 – ein immenser Anstieg im Vergleich zu den monopsonistischen Gehältern der 60er Jahre. 1969 lag beispielsweise das Durchschnittsgehalt eines ▶

---

[6] Dieses Beispiel basiert auf einer Strukturanalyse der Gehälter von Baseballspielern, die von Roger Noll durchgeführt wurde. Er stellte uns freundlicherweise seine relevanten Daten zur Verfügung.

Baseballspielers bei etwa $42.000. Inflationsbereinigt entspricht das auf 2007 umgerechnet etwa $236.000.

Und die Gehälter der Baseballspieler stiegen weiter an. Während das Durchschnittsgehalt noch 1990 bei etwas unter $600.000 gelegen hatte, war es bis zum Jahr 2000 schon auf $1.998.000 sowie im Jahr 2011 auf $3.305.393 angestiegen, und viele Spieler verdienten sogar noch weitaus mehr. Das Durchschnittsgehalt bei den New York Yankees betrug im Jahr 2011 über $8.947.937.

Beispiel 14.5: Der Arbeitsmarkt für Jugendliche und der Mindestlohn

In § 9.3 erklären wir, dass durch die Festsetzung eines Mindestlohns auf einem vollkommenen Wettbewerbsmarkt Arbeitslosigkeit und ein Nettowohlfahrtsverlust entstehen können.

Die Erhöhungen des Mindestlohns in den USA (auf $4,50 im Jahr 1996 und schließlich auf $7,20 im Jahr 2011) war ein sehr kontroverses Thema, denn sie warf die Frage auf, ob die Kosten etwaiger entstehender Arbeitslosigkeit vom Nutzen der höheren Löhne übertroffen werden könnten, den diejenigen erfahren hatten, deren Lohn angehoben wurde.[7] Eine Studie zu den Auswirkungen des Mindestlohns auf die Beschäftigung in Schnellimbissrestaurants in New Jersey verstärkte diese kontroverse Diskussion zusätzlich.[8]

In einigen US-Bundesstaaten liegen die Mindestlöhne oberhalb des nationalen Niveaus. Bereits im April 1992 wurde in New Jersey der Mindestlohn von $4,25 auf $5,05 pro Stunde erhöht. David Card und Alan Krueger untersuchten 410 Fast-Food-Restaurants und fanden schließlich heraus, dass die Beschäftigung nach der Mindestlohnerhöhung sogar um 13 Prozent *gestiegen* war. Wie lässt sich dieses erstaunliche Ergebnis erklären? Eine mögliche Erklärung ist, dass die Restaurants auf die höheren Mindestlöhne dadurch reagierten, dass sie die Lohnnebenleistungen, also meist das Angebot an kostenlosen oder kostengünstigeren Mahlzeiten, reduzierten. Möglich ist auch, dass die Arbeitgeber reagierten, indem sie weniger Ausbildungsmöglichkeiten am Arbeitsplatz bereitstellten und Arbeitnehmern mit Berufserfahrung, deren Lohn zuvor über dem Mindestlohn gelegen hatte, nun weniger bezahlten.

Eine weitere mögliche Erklärung für die gestiegenen Beschäftigungszahlen in New Jersey läuft darauf hinaus, dass der Arbeitsmarkt für Teenager und andere ungelernte Arbeiter nicht sehr kompetitiv ist. Ist dies der Fall, so lässt sich die Analyse aus Kapitel 9 hier nicht anwenden. Wäre der Arbeitsmarkt für ungelernte Arbeitskräfte in der Fast-Food-Branche beispielsweise monopsonistisch, so müsste sich ein Anstieg des Mindestlohns erwartungsgemäß ganz anders auswirken. ▶

---

7 Siehe Beispiel 1.4 (Seite 41) für eine erste Behandlung des Mindestlohns sowie Abschnitt 9.3 (Seite 448) für eine Analyse seiner Auswirkungen auf die Beschäftigung.

8 David Card und Alan Krueger, „Minimum Wages and Employment: A Case Study of the Fast-Food Industry in New Jersey and Pennsylvania", *American Economic Review 84* (September 1994). Siehe auch David Card und Alan Krieger, „A Reanalysis of the Effect of the New Jersey Minimum Wage on the Fast-Food Industry with Representative Payroll Data", Arbeitspapier Nr. 6386, Cambridge, MA, National Bureau of Economic Research, 1998, und Madeline Zadodvy, „Why Minimum Wage Hikes May not Reduce Employment", Federal Reserve Bank of Atlanta, *Economic Review,* Zweites Quartal 1998.

Nehmen wir an, ein Arbeitgeber in der Fast-Food-Branche mit Monopsonmacht auf dem Arbeitsmarkt würde seinen Arbeitnehmern einen Lohn von $4,25 anbieten, und zwar auch dann, wenn es keinen Mindestlohn gäbe. Nehmen wir weiter an, dass die Arbeitnehmer $5,10 verdienen könnten, wenn der Arbeitsmarkt ein vollkommener Wettbewerbsmarkt wäre. Abbildung 14.14 zeigt, dass eine Erhöhung des Mindestlohns nicht nur das Lohnniveau, sondern auch das Beschäftigungsniveau steigern würde (von L^* auf L_c).

Beweist die Fast-Food-Studie also, dass Arbeitgeber auf diesem Arbeitsmarkt Monopsonmacht besitzen? Die empirische Antwort auf diese Frage lautet nein. Wenn Unternehmen Monopsonmacht besitzen, der Fast-Food-Markt aber kompetitiv ist, so sollte der Anstieg des Mindestlohns keine Auswirkungen auf die Fast-Food-Preise haben. Und da der Fast-Food-Markt so immens kompetitiv ist, wären die Unternehmen, die den höheren Mindestlohn zahlen müssen, gezwungen, die höheren Lohnkosten selbst zu absorbieren. Die Studie ergab jedoch, dass sich die Preise nach der Einführung des höheren Mindestlohns tatsächlich erhöhten.

Die Card-Krueger-Analyse des Mindestlohns bleibt weiterhin ein kontroverses Diskussionsthema. Eine Reihe von Autoren führte das Argument an, die New-Jersey-Studie sei atypisch. Sie weisen darauf hin, dass die meisten Studien ergeben, dass ein höherer Mindestlohn in der Tat die Beschäftigungszahlen senkt, wie wir in Kapitel 9 abgeleitet haben.[9] Doch wie sollen wir nun weiter verfahren? Vielleicht erfordert eine bessere Beschreibung der Niedriglohn-Arbeitsmärkte eine komplexere Theorie (wie etwa die in Kapitel 17 behandelte Effizienzlohntheorie). In jedem Fall werden neue empirische Studien die Auswirkungen des Mindestlohns noch gründlicher untersuchen.

14.4 Faktormärkte mit Monopolmacht

Ebenso wie Inputkäufer Monopsonmacht haben können, so können auch Inputverkäufer Monopolmacht besitzen, wenn ein Unternehmen beispielsweise ein Patent auf die Produktion eines Computerchips besitzt, das kein anderes Unternehmen duplizieren kann. Das bedeutendste Beispiel für Monopolmacht auf Faktormärkten betrifft die Gewerkschaften; deshalb werden auch wir darauf unser Hauptaugenmerk richten. In den folgenden Abschnitten werden wir aufzeigen, wie eine Gewerkschaft, die beim Verkauf von Arbeitsdienstleistungen eine Monopolstellung innehat, das Wohlergehen ihrer Mitglieder steigern und gleichzeitig Nichtmitglieder maßgeblich beeinflussen kann.

In § 10.2 erklären wir, dass ein Verkäufer eines Produktes eine gewisse Monopolmacht besitzt, wenn er einen Preis berechnen kann, der oberhalb der Grenzkosten liegt.

14.4.1 Monopolmacht über den Lohnsatz

Abbildung 14.15 zeigt eine Arbeitsnachfragekurve auf einem Markt ohne Monopsonmacht. Diese Nachfrage ergibt sich aus der Aufaddierung der Grenzerlösprodukte aller Unternehmen, die auf diesem Markt um den Erwerb von Arbeitseinheiten konkurrieren.

---

9 Man vergleiche beispielsweise Donald Deere, Kevin M. Murphy und Finis Welch, „Employment and the 1990–1991 Minimum Wage Hike", *American Economic Review Papers and Proceedings* 85, Mai 1995: 232–237, und David Neumark und William Wascher, „Minimum Wages and Employment: A Case Study of the Fast-Food Industry in New Jersey and Pennsylvania: Comment", *American Economic Review*, 90 (2000) 1362–1396.

Die Arbeitsangebotskurve gibt an, wie Gewerkschaftsmitglieder Arbeit anbieten würden, *wenn* ihre Gewerkschaft keine Monopolmacht ausüben würde. In diesem Fall wäre der Arbeitsmarkt ein Wettbewerbsmarkt und L^* Arbeiter würden zum Lohn von w^* eingestellt, denn dies ist der Schnittpunkt der Nachfragekurve D_L mit der Angebotskurve S_L.

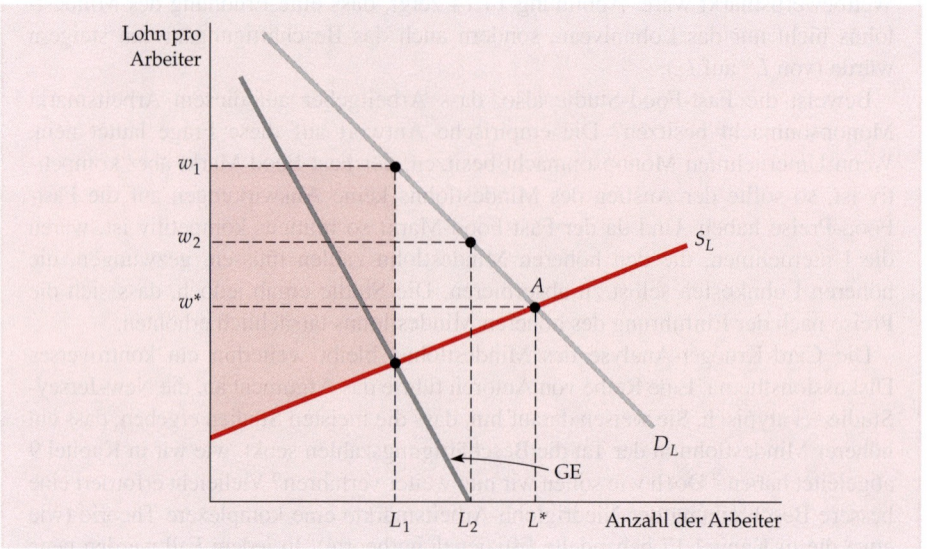

Abbildung 14.15: Monopolmacht der Verkäufer von Arbeit
Tritt eine Gewerkschaft als Monopolist auf, wählt sie einen Punkt auf der Arbeitsnachfragekurve des Käufers D_L aus. Der Verkäufer kann die Anzahl der eingestellten Arbeiter beim Punkt L^* maximieren, indem er einem Lohnsatz von w^* zustimmt. Die Menge an Arbeitern L_1, die von den Beschäftigten erzielte Rente maximiert, wird durch den Schnittpunkt der Grenzerlöskurve mit der Arbeitsangebotskurve bestimmt. Hier erhalten die Gewerkschaftsmitglieder einen Lohn von w_1. Wenn die Gewerkschaft schließlich die Gesamtlöhne maximieren möchte, die an die Beschäftigten gezahlt werden, so sollte sie zustimmen, dass L_2 Arbeiter zum Lohn von w_2 eingestellt werden. An diesem Punkt ist der Grenzerlös der Gewerkschaft gleich null.

Da die Gewerkschaft jedoch Monopolmacht besitzt, kann sie jeden Lohnsatz und die entsprechende angebotene Arbeitsmenge frei wählen, genauso wie ein monopolistischer Verkäufer eines Produkts den Preis und die dazugehörige Produktionsmenge auswählt. Würde die Gewerkschaft die Gesamtzahl der beschäftigten Arbeitskräfte maximieren wollen, so würde sie das Wettbewerbsniveau und damit Punkt A wählen. Wenn es jedoch das Ziel der Gewerkschaft ist, ein Lohnniveau oberhalb des Wettbewerbsniveaus zu erreichen, so könnte sie die Zahl ihrer Mitglieder auf L_1 beschränken. Folglich würde das Unternehmen einen Lohn von w_1 zahlen. In diesem Fall wären die arbeitenden Gewerkschaftsmitglieder eindeutig besser gestellt, während diejenigen ohne Beschäftigung benachteiligt sind.

Lohnt sich eine Politik eingeschränkter Mitgliedschaft bei Gewerkschaften? Wenn die Gewerkschaft das Ziel verfolgt, die ökonomische Rente seiner Mitglieder zu maximieren, so lautet die Antwort auf diese Frage ja. Indem sie die Zahl ihrer Mitglieder beschränkt, verhält sich die Gewerkschaft wie ein Monopolist, der seine Produktionsmenge einschränkt, um seinen Gewinn zu maximieren. Für ein Unternehmen ist der Gewinn gleich dem erhaltenen Erlös abzüglich seiner Opportunitätskosten. Für eine Gewerkschaft ist die Rente gleich den Löhnen aller Gewerkschaftsmitglieder, die über die Opportunitätskosten hinausgehen. Um diese Rente zu maximieren, muss die Gewerkschaft die Anzahl der

---

In § 7.1 erklären wir, dass Opportunitätskosten die Kosten sind, die im Zusammenhang mit nicht genutzten Möglichkeiten entstehen, wenn die Einsatzmittel eines Unternehmens nicht der besten alternativen Verwendung zugeführt werden.

beschäftigten Arbeiter so wählen, dass der Grenzerlös für die Gewerkschaft (also die zusätzlich verdienten Löhne) gleich den zusätzlichen Kosten sind, die entstehen, um die Beschäftigten zur Arbeit anzuregen. Diese Kosten sind *Grenz*opportunitätskosten, da sie ein Maß dessen sind, was ein Arbeitgeber einem zusätzlichen Arbeiter anzubieten hat, um ihn anzuregen, für dieses Unternehmen zu arbeiten. Jedoch wird der Lohn, der nötig ist, um zusätzliche Arbeiter dazu zu bewegen, Arbeitsstellen anzunehmen, durch die Arbeitsangebotskurve S_L bestimmt.

Die rentenmaximierende Kombination des Lohnsatzes und der Arbeiteranzahl liegt am Schnittpunkt der GE-Kurve mit der S_L-Kurve. Vor diesem Hintergrund der Rentenmaximierung haben wir den Lohnsatz w_1 sowie die Menge der Arbeiter L_1 gewählt. Die schattierte Fläche unterhalb der Arbeitsnachfragekurve, oberhalb der Arbeitsangebotskurve und links von L_1, stellt die ökonomische Rente aller Arbeiter dar.

Von dieser rentenmaximierenden Politik können auch die Arbeiter profitieren, die keine Gewerkschaftsmitglieder sind, wenn sie Arbeitsstellen finden, für die keine Gewerkschaftsmitgliedschaft erforderlich ist. Gibt es jedoch solche Stellen nicht, könnte die Rentenmaximierung eine zu tiefe Kluft zwischen Gewinnern und Verlierern schaffen. Eine alternative Zielsetzung für die Gewerkschaften ist die Maximierung der Gesamtlöhne aller Gewerkschaftsmitglieder. Betrachten wir nochmals das Beispiel in Abbildung 14.15. Um dieses Ziel zu erreichen, wird die Anzahl der beschäftigten Arbeiter von L_1 so lange erhöht, bis der Grenzerlös für die Gewerkschaft gleich null ist. Da jede weitere Neueinstellung die gesamten Lohnzahlungen sinken lässt, werden die Gesamtlöhne maximiert, wenn der Lohnsatz bei w_2 und die Zahl der beschäftigten Arbeiter bei L_2 liegt.

14.4.2 Gewerkschaftsmitglieder und Nichtmitglieder

Wenn die Gewerkschaft mit Hilfe ihrer Monopolmacht die Löhne ihrer Mitglieder zum Steigen bringt, werden weniger Gewerkschaftsmitglieder eingestellt. Da aber diese Arbeiter entweder in den nicht gewerkschaftlichen Sektor überwechseln oder sich von vornherein gegen eine Gewerkschaftsmitgliedschaft entscheiden, ist es wichtig, auch den nicht gewerkschaftlich organisierten Bereich einer Volkswirtschaft zu verstehen.

Nehmen wir an, dass das Gesamtangebot an Gewerkschaftsmitgliedern und Nichtmitgliedern eine feststehende Größe ist. In Abbildung 14.16 ist das Marktangebot an Arbeit beider Bereiche durch die Kurve S_L gegeben. Die Arbeitsnachfrage der Unternehmen im gewerkschaftlich organisierten Sektor wird durch D_U, die Nachfrage im nicht gewerkschaftlich organisierten Sektor durch D_{NU} bestimmt. Die gesamte Marktnachfrage ist die horizontale Summe der Nachfragen in beiden Sektoren; sie ist durch D_L gegeben.

Nehmen wir an, die Gewerkschaft entscheidet sich dafür, den Lohnsatz ihrer Mitglieder über den Wettbewerbslohnsatz von w^* auf w_U zu steigern. Angesichts dieses neuen Lohnsatzes fällt die Anzahl der im gewerkschaftlich organisierten Sektor beschäftigten Arbeiter um den Betrag ΔL_U, wie auf der horizontalen Achse dargestellt. Und da diese Arbeiter im nicht gewerkschaftlich organisierten Sektor eine Beschäftigung finden, gleicht sich der Lohnsatz im nichtorganisierten Sektor so lange weiter an, bis der Arbeitsmarkt im Gleichgewicht ist. Bei dem neuen Lohnsatz im nichtorganisierten Sektor, w_{NU}, entspricht die Anzahl der zusätzlich dort eingestellten Arbeiter, ΔL_{NU}, der Zahl der Arbeiter, die den gewerkschaftlich organisierten Sektor verlassen haben.

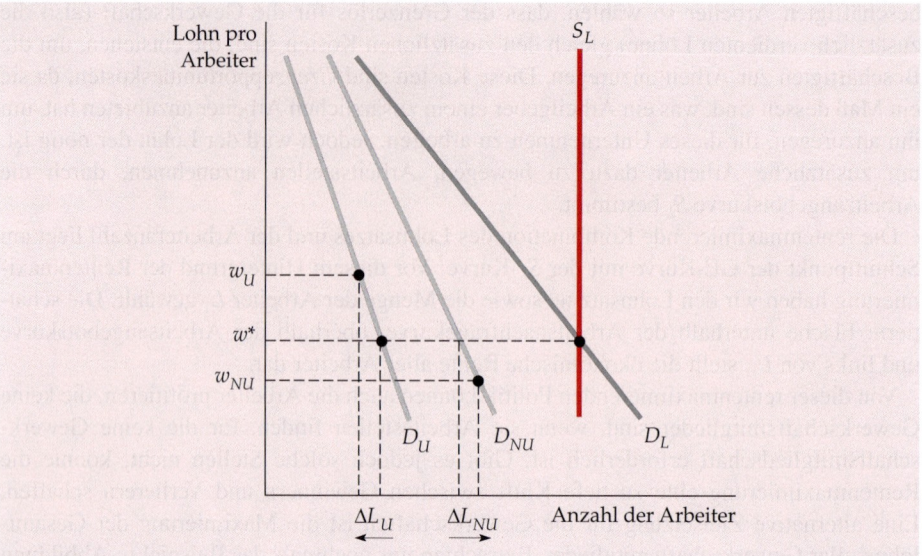

Abbildung 14.16: Lohndifferenzierung im gewerkschaftlich und nicht gewerkschaftlich organisiertem Sektor
Wenn eine monopolistische Gewerkschaft im gewerkschaftlich organisierten Sektor einer Volkswirtschaft die Löhne von w^* auf w_U erhöht, so fallen die Beschäftigungszahlen in diesem Sektor, wie in der Bewegung entlang der Nachfragekurve D_U dargestellt. Damit das gesamte Arbeitsangebot, S_L, unverändert bleibt, muss der Lohnsatz im nicht gewerkschaftlich organisierten Sektor von w^* auf w_{NU} sinken. Dies ist durch die Bewegung entlang der Nachfragekurve D_{NU} angezeigt.

Abbildung 14.16 zeigt die negativen Folgen einer Gewerkschaftsstrategie, die darauf abzielt, die Löhne der Gewerkschaftsmitglieder zu steigern. In diesem Fall sinken nämlich die Löhne der Nichtmitglieder. Der Einsatz der Gewerkschaften kann Arbeitsbedingungen verbessern und nützliche Informationen für Arbeiter und Management liefern. Wenn aber die Nachfrage nach Arbeit nicht vollkommen unelastisch ist, profitieren meist die Gewerkschaftsmitglieder auf Kosten der Nichtmitglieder.

Beispiel 14.6: Der Rückzug der Gewerkschaften aus dem privaten Sektor

Seit einigen Jahrzehnten sind sowohl die Mitgliederzahlen als auch die Verhandlungsmacht der Gewerkschaften weltweit rückläufig.[10] Ein Rückgang der Monopolmacht der Gewerkschaften kann verschiedene Auswirkungen auf die Gewerkschaftsverhandlungen haben und außerdem der herrschende Lohnsatz und die Beschäftigungszahlen beeinflussen. In den 70er Jahren waren diese Auswirkungen vor allem bei den gewerkschaftlichen Löhnen zu spüren. Obwohl die Beschäftigungsraten weitgehend unverändert blieben, verminderte sich das Lohngefälle zwischen Gewerkschaftsmitgliedern und Nichtmitgliedern erheblich. Man hätte erwarten können, dass sich dasselbe ▶

---

10 Dieses Beispiel basiert auf Richard Edwards und Paul Swaim, „Union-Nonunion Earnings Differentials and the Decline of Private-Sector Unionism", *American Economic Review* 76, Mai 1986: 97–102.

Muster auch in den 80er Jahren wiederholen würde, da es zum einen zu vielen Lohnstopps kam, die mit großem Medieninteresse verfolgt wurden, zum anderen erlebten zweistufige Tarifabschlüsse einen großen Aufschwung, im Rahmen derer neue Gewerkschaftsmitglieder geringere Löhne erhielten als erfahrenere Kollegen.

Überraschenderweise änderte sich allerdings der Verhandlungsablauf zwischen Gewerkschaften und Arbeitgebern in diesem Zeitraum. Zwischen 1979 und 1984 fiel der Anteil der gewerkschaftlich organisierten Beschäftigten von 27,8 auf 19,0 Prozent. Dennoch blieb die Lohndifferenz zwischen Gewerkschaftsmitgliedern und Nichtmitgliedern stabil – tatsächlich wuchs sie sogar in manchen Industriezweigen noch an. Der Gewerkschaftslohnsatz in den Branchen Bergbau, Forstwirtschaft und Fischerei beispielsweise lag im Jahr 1979 um 25 Prozent über dem Lohnsatz der Nichtmitglieder. Und auch 1984 war er noch um 24 Prozent höher. Andererseits stieg diese Lohndifferenz in der verarbeitenden Industrie leicht von etwa 14 Prozent im Jahr 1979 auf 16 Prozent im Jahr 1984 an. Dieses gleiche Muster setzte sich im Laufe der Jahre fort. Wie Abbildung 14.17 zeigt, war der Anteil der gewerkschaftlich organisierten Arbeitskräfte bis 2006 auf unter 12 Prozent aller Beschäftigten gefallen. Die Lohndifferenz zwischen beiden Gruppen blieb dagegen weitgehend unverändert.

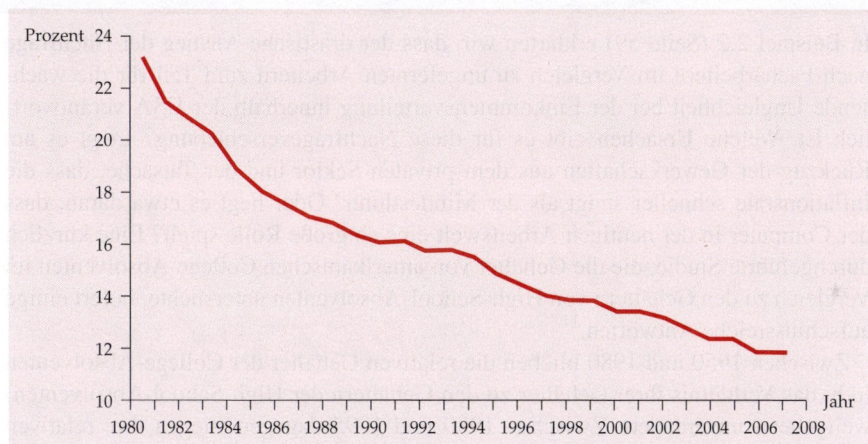

Abbildung 14.17: Gewerkschaftlich organisierte Arbeiter als Anteil der Gesamtbeschäftigung
Der Anteil der gewerkschaftlich organisierten Beschäftigten hat sich im Laufe der letzten 25 Jahre kontinuierlich vermindert.
Quelle: Bureau of Labor Statistics, Employment and Earnings, Januarausgabe, The Economist, 12. Juni 1999.

In den letzten Jahren sind die Löhne der Nichtmitglieder schneller gestiegen als die Löhne der Gewerkschaftsmitglieder. Dennoch bleibt die Differenz zwischen beiden Lohnniveaus signifikant. So zeigen die Daten einer Umfrage zu Arbeitgeberkosten und Arbeitnehmerentlohnung im Jahr 2006, dass die Löhne und Gehälter von Gewerkschaftsmitgliedern in der Privatwirtschaft bei durchschnittlich \$21,64 pro Stunde liegen, während Nichtmitglieder durchschnittlich eine Vergütung von \$17,59 pro Stunde erhalten.

Eine Erklärung für dieses Reaktionsmuster bei Lohn- und Beschäftigungsstruktur liegt in der gewählten Verhandlungsstrategie der Gewerkschaften. Denn sie verfolgten das Ziel, den individuellen Lohnsatz ihrer Mitglieder zu maximieren, anstatt eine Maximierung der Gesamtlöhne der Gewerkschaftsmitglieder anzustreben. Jedoch ist wohl die Nachfrage nach gewerkschaftlich organisierten Arbeitskräften im Laufe der Zeit immer elastischer geworden, denn für die Unternehmen wird es immer leichter, in ihrem Produktionsprozess gut ausgebildete Arbeitskräfte durch Kapital zu ersetzen. Angesichts der elastischen Nachfrage nach ihren Dienstleistungen kann die Gewerkschaft nur den Lohnsatz ihrer Mitglieder stabil halten und muss dabei in Kauf nehmen, dass die Beschäftigungszahlen sinken. Auch der Einsatz nicht gewerkschaftlich organisierter Arbeiter anstelle von Gewerkschaftsmitgliedern kann natürlich zu weiteren Einbußen gewerkschaftlicher Verhandlungsmacht führen. Wie dies das Lohngefälle zwischen Mitgliedern und Nichtmitgliedern beeinflussen wird, bleibt abzuwarten.

Beispiel 14.7: Lohnunterschiede – erneute Betrachtung

In Beispiel 2.2 (Seite 59) erklärten wir, dass der drastische Anstieg der Nachfrage nach Facharbeitern im Vergleich zu ungelernten Arbeitern zum Teil für die wachsende Ungleichheit bei der Einkommensverteilung innerhalb der USA verantwortlich ist. Welche Ursachen gibt es für diese Nachfrageverschiebung? Liegt es am Rückzug der Gewerkschaften aus dem privaten Sektor und der Tatsache, dass die Inflationsrate schneller steigt als der Mindestlohn? Oder liegt es etwa daran, dass der Computer in der heutigen Arbeitswelt eine so große Rolle spielt? Eine kürzlich durchgeführte Studie, die die Gehälter von amerikanischen College-Absolventen im Vergleich zu den Gehältern von High-School-Absolventen untersuchte, liefert einige aufschlussreiche Antworten.[11]

Zwischen 1950 und 1980 blieben die relativen Gehälter der College-Absolventen (d.h. das Verhältnis ihrer Gehälter zu den Gehältern der High-School-Absolventen) weitgehend unverändert. Zwischen 1980 und 1995 dagegen stiegen ihre relativen Gehälter dagegen sprunghaft an. Dieses Muster stimmt nicht mit dem überein, was man erwarten würde, wenn der Rückgang der gewerkschaftlichen Organisation (und/oder die Veränderungen des Mindestlohns) der einzige Grund für die wachsende Ungleichheit wäre. Ein Hinweis darauf, was wirklich passiert ist, erschließt sich, wenn man berücksichtigt, wie stark die Nutzung des Computers am Arbeitsplatz innerhalb der letzten 20 Jahre zugenommen hat. Im Jahr 1984 arbeiteten 25,1 Prozent aller Beschäftigten mit dem Computer, im Jahr 1993 waren es bereits 45,8 Prozent, und 2003 lag dieser Anteil bei 56,1 Prozent. Bei Managern und Angehörigen hochqualifizierter Berufe betrug er sogar über 80 Prozent. ▶

---

[11] David H. Autor, Lawrence Katz und Alan B. Krueger, „Computing Inequality: Have Computers Changed the Labor Market?", *Quarterly Journal of Economics* 113 (November 1998): 1169–1213.

Zwar nahm die Computernutzung in der gesamten Arbeitswelt zu, am stärksten wirkte sich diese Entwicklung jedoch auf die Beschäftigten mit College-Abschluss aus – hier stieg der Anteil der Computernutzer von 42 auf 82 Prozent. Bei den Arbeitern ohne High-School-Abschluss betrug der Anstieg dagegen nur 11 Prozentpunkte (von 5 auf 16 Prozent). Bei den High-School-Absolventen erhöhte sich der Anteil der Computernutzer um 21 Prozentpunkte (von 19 auf 40 Prozent.)

Eine weitere Analyse betreffend Arbeitsplätze und Lohnentwicklung bestätigt die große Bedeutung des Computers in der Arbeitswelt. Aufgrund besserer Ausbildungsmöglichkeiten und verstärkter Computernutzung stieg die Nachfrage nach gut ausgebildeten Fachkräften. Die Gehälter der College-Absolventen, die in der Lage waren, den Computer zu bedienen, stiegen (im Vergleich zu den High-School-Absolventen) zwischen 1983 und 1993 um etwa elf Prozent. Für die Absolventen, die den Computer nicht bedienen konnten, stiegen die Gehälter dagegen um weniger als vier Prozent an. Eine statistische Analyse zeigt, dass insgesamt betrachtet der schnelle Fortschritt in der Computertechnologie für etwa 50 Prozent des relativen Gehaltsanstiegs in diesem Zeitraum verantwortlich ist. Außerdem ergab sich der Anstieg der Nachfrage nach Fachpersonal hauptsächlich in solchen Branchen, wo auch der Computer immer stärker zum Einsatz kam.

Ist dieser Anstieg der relativen Gehälter für ausgebildete Fachkräfte allgemein als negativ zu sehen? Es gibt zumindest einen Wirtschaftswissenschaftler, der diese Frage klar mit nein beantwortet.[12] Zwar kann die wachsende Ungleichheit durchaus zu einem Nachteil für Beschäftigte mit Niedriglöhnen führen, deren begrenzte Möglichkeiten sie schließlich zwingen könnten, ganz aus dem Arbeitsmarkt auszuscheiden. Im Extremfall könnten sie sogar in die Kriminalität abrutschen. Andererseits kann diese Entwicklung auch Beschäftigte motivieren, deren Aufstiegschancen sich durch die besser bezahlten Positionen immens verbessert haben.

Betrachten wir die Situation von jungen Frauen und Männern in den USA, die entscheiden müssen, ob sie nur die High School abschließen oder auch das College besuchen möchten. Wir werden als Basis das Gehalt eines High-School-Absolventen verwenden. Im Jahr 2005 verdienten College-Absolventen im Alter von 25 und darüber durchschnittlich $500 mehr pro Woche als diejenigen, die ihre Ausbildung mit dem High-School-Abschluss beendet hatten. Im Vergleich zu 1979 bedeutet das einen Anstieg der realen Löhne für College-Absolventen, aber einen Rückgang der realen Löhne für High-School-Absolventen. Zudem ist die Arbeitslosenrate bei den High-School-Absolventen dreimal höher als bei denjenigen, die einen College-Abschluss haben. Der Gehaltsvorsprung der College-Absolventen hat sich in den letzten 30 Jahren mehr als verdoppelt, und dies ist ein starker Anreiz für alle College-Studenten, ihre Studien abzuschließen.

---

12 Finis Welch, „In Defense of Inequality", *American Economic Association Papers and Proceedings* 89, (Mai 1999): 1–17.

ZUSAMMENFASSUNG

1. Auf einem kompetitiven Inputmarkt ergibt sich die Nachfrage nach einem Produktionsfaktor aus dem Grenzerlösprodukt, also dem Produkt aus dem Grenzerlös des Unternehmens und dem Grenzprodukt des Produktionsfaktors.

2. Ein Unternehmen wird auf einem kompetitiven Arbeitsmarkt so lange Arbeiter einstellen, bis das Grenzerlösprodukt der Arbeit gleich dem Lohnsatz ist. Dieses Prinzip entspricht der Bedingung, die für die Gewinnmaximierung der Produktion gilt, nämlich dass die Produktionsmenge so lange erhöht werden soll, bis der Grenzerlös gleich den Grenzkosten ist.

3. Die Marktnachfrage nach einem Produktionsfaktor ist die horizontale Summe aller Branchennachfragen nach diesem Faktor. Doch die Branchennachfrage entspricht nicht der horizontalen Summe der Nachfragen aller Unternehmen in dieser Branche. Um die Branchennachfrage zu bestimmen, muss man die Tatsache berücksichtigen, dass der Marktpreis des Produkts sich in Reaktion auf Veränderungen des Faktorpreises ebenfalls verändert.

4. Wenn Faktormärkte kompetitiv sind, so nimmt der Käufer eines Inputs an, dass seine Kaufentscheidungen sich nicht auf den Preis auswirken werden. Folglich sind sowohl die Grenzausgaben- als auch die Durchschnittsausgabenkurve vollkommen elastisch.

5. Die Marktangebotskurve eines Produktionsfaktors wie etwa Arbeit muss nicht zwangsläufig ansteigend verlaufen. Es kann sich auch eine rückwärts geneigte Angebotskurve ergeben, wenn der Einkommenseffekt aufgrund des höheren Lohnsatzes (es wird mehr Freizeit nachgefragt, weil Freizeit ein normales Gut ist) den Substitutionseffekt (es wird weniger Freizeit nachgefragt, weil ihr Preis gestiegen ist) überwiegt.

6. Die ökonomische Rente ist die Differenz zwischen den Zahlungen für Produktionsfaktoren und den Mindestzahlungen, die erforderlich wären, um sie einsetzen zu können. Auf dem Arbeitsmarkt wird diese Rente durch die Fläche unterhalb des Lohnsatzes und oberhalb der Grenzausgabenkurve gemessen.

7. Wenn ein Käufer eines Produktionsfaktors Monopsonmacht besitzt, liegt seine Grenzausgabenkurve oberhalb der Durchschnittsausgabenkurve. Dies zeigt an, dass der Monopsonist einen höheren Preis zahlen muss, um eine größere Faktormenge einsetzen zu können.

8. Wenn der Verkäufer eines Produktionsfaktors wie etwa eine Gewerkschaft ein Monopolist ist, wählt der Verkäufer den Punkt auf der Grenzerlösproduktkurve aus, der seiner Zielsetzung am besten entspricht. Die Maximierung der Beschäftigungszahlen, der ökonomischen Rente oder der Löhne sind drei mögliche Zielsetzungen einer Gewerkschaft.

ZUSAMMENFASSUNG

Kontrollfragen

1. Warum ist die Arbeitsnachfragekurve eines Unternehmens, welches auf einem Outputmarkt Monopolmacht besitzt, unelastischer als in dem Fall, in dem es auf einem Wettbewerbsmarkt agierte?

2. Warum kann eine Arbeitsangebotskurve rückwärts geneigt sein?

3. Warum ist die Nachfrage eines Computerunternehmens nach Computerprogrammierern eine abgeleitete Nachfrage?

4. Vergleichen Sie die Einstellungsentscheidungen eines monopsonistischen und eines kompetitiven Arbeitgebers. Welcher von beiden wird mehr Arbeiter einstellen, und welcher wird höhere Löhne bezahlen?

5. Rockmusiker verdienen manchmal mehrere Millionen im Jahr. Lässt sich ein so hohes Einkommensniveau mit Hilfe der ökonomischen Rente erklären?

6. Was geschieht mit der Nachfrage nach einem Produktionsfaktor, wenn es verstärkt zum Einsatz eines Komplementärfaktors kommt?

7. Welcher Zusammenhang besteht für einen Monopsonisten zwischen dem Angebot eines Produktionsfaktors und den dafür anfallenden Grenzausgaben?

8. Gegenwärtig setzt die National Football League in den USA ein System zur Verpflichtung von College-Spielern an, in dem jeder Spieler von nur einem Team ausgewählt werden kann. Der Spieler muss mit diesem Team einen Vertrag unterschreiben, andernfalls darf er in der Liga nicht spielen. Wie würden sich die Gehälter neu verpflichteter und erfahrener Spieler verändern, wenn dieses System abgeschafft würde und alle Teams um die Spieler konkurrieren könnten?

9. Die Regierung möchte Sozialhilfeempfänger dazu ermutigen, sich eine Arbeitsstelle zu suchen. Sie denkt über zwei mögliche Anreizprogramme nach:
   a. Unternehmen erhalten €2 pro Stunde für jeden eingestellten Sozialhilfeempfänger.
   b. Jedes Unternehmen, das einen oder mehrere Sozialhilfeempfänger einstellt, erhält eine Zahlung von €1.000 jährlich, gleichgültig, wie viele Sozialhilfeempfänger eingestellt werden.

   Wie erfolgreich kann jedes dieser beiden Konzepte die Einstellungschancen von Sozialhilfeempfängern steigern?

10. Ein kleines Unternehmen, das Keksspezialitäten herstellt, hat als einzigen variablen Produktionsfaktor Arbeit. Das Unternehmen ermittelt, dass ein Durchschnittsarbeiter 50 Kekse pro Tag herstellen kann, die Kosten eines Durchschnittsarbeiters liegen bei €64 pro Tag und jeder Keks kostet €1. Maximiert das Unternehmen seinen Gewinn? Erklären Sie Ihre Antwort.

11. Ein Unternehmen setzt für seine Produktion Arbeit und Maschinen ein. Erklären Sie, warum ein Anstieg des durchschnittlichen Lohnsatzes zum einen zu einer Bewegung entlang der Arbeitsnachfragekurve und zu einer Verschiebung der Kurve führt.

Die Kontrollfragen samt Lösungen sowie weitere kapitelbegleitende Inhalte finden Sie im MyLab.

Übungen

1. Nehmen wir an, der Lohnsatz liegt bei €16 pro Stunde und der Produktpreis beträgt €2. Die Mengenangaben für Produktion und Arbeit sind in Einheiten pro Stunde aufgeführt.

q	L
0	0
20	1
35	2
47	3
57	4
65	5
70	6

   a. Ermitteln Sie die gewinnmaximierende Arbeitsmenge.
   b. Nehmen wir an, der Produktpreis bleibt bei €2, doch der Lohnsatz steigt auf €21. Ermitteln Sie die neue gewinnmaximierende Menge von L.
   c. Nehmen wir an, der Produktpreis steigt auf €3 und der Lohnsatz bleibt bei €16. Ermitteln Sie die neue gewinnmaximierende Menge von L.
   d. Nehmen wir an, Preis und Lohnsatz bleiben unverändert bei €2 und €16, es gibt aber eine technische Neuheit, die die Produktionsmenge bei jeder beliebigen Arbeitsmenge um 25 Prozent steigert. Ermitteln Sie die neue gewinnmaximierende Menge von L.

2. Nehmen wir an, dass Beschäftigte, deren Einkommen unterhalb von €10.000 liegen, gegenwärtig keine Einkommensteuer zahlen müssen. Nehmen wir auch an, es gibt ein neues staatliches Programm, das jedem Arbeiter €5.000 zusichert, gleichgültig ob er ein Einkommen erzielt oder nicht. Auf ein Einkommen, das über €10.000 hinausgeht, muss jeder Arbeiter 50 Prozent Steuern zahlen. Zeichnen Sie die Budgetgerade, mit der sich jeder Arbeiter angesichts dieses neuen Programms konfrontiert sieht. Wie wird sich das Programm voraussichtlich auf die Arbeitsangebotskurve der Arbeiter auswirken?

3. Erklären Sie folgende Sachverhalte unter Verwendung Ihrer Kenntnisse über das Grenzerlösprodukt:
   a. Ein berühmter Tennisstar erhält €200.000 für den Auftritt in einem 30-Sekunden-Fernsehwerbespot. Der Schauspieler, der dabei seinen Doppelpartner spielt, bekommt nur €500.
   b. Der Präsident eines kränkelnden Kreditinstituts wird dafür bezahlt, dass er die letzten beiden Jahre seines Vertrages *nicht mehr* arbeitet.
   c. Ein Jumbo-Jet für 400 Passagiere wird mit einem höheren Preis bezeichnet als ein Flugzeugtyp für 250 Passagiere, obwohl die Fertigungskosten für beide Maschinen gleich sind.

4. Die Nachfrage nach den unten aufgeführten Produktionsfaktoren ist gestiegen. Welche Schlüsse können daraus auf die Nachfrage nach den jeweils damit zusammenhängenden Konsumgütern gezogen werden? Wenn die Nachfrage nach den Konsumgütern stabil bleibt, welche andere Erklärung gibt es für den Anstieg dieser abgeleiteten Nachfragen nach diesem Produkt?
   a. Speicherchips für Computer
   b. Flugzeugtreibstoff für Passagierflugzeuge
   c. Papier für Zeitungen
   d. Aluminium für Getränkedosen

5. Nehmen wir an, es gibt zwei Gruppen von Arbeitern, nämlich gewerkschaftlich organisierte und nicht organisierte Arbeiter. Der Gesetzgeber verabschiedet eine neue Bestimmung, nach der alle Arbeiter einer Gewerkschaft beitreten müssen. Wie werden sich daraufhin erwartungsgemäß die Löhne der vorherigen Nichtmitglieder verändern? Was geschieht mit den Löhnen der ursprünglichen Gewerkschaftsmitglieder? Welche Annahmen wurden über das Verhalten der Gewerkschaften getroffen?

6. Nehmen wir an, dass die Produktionsfunktion eines Unternehmens durch $Q = 12L - L^2$ gegeben ist, wobei $L = 0,...,6$ gilt. L ist der Arbeitsinput pro Tag und Q der Output pro Tag. Leiten Sie die Arbeitsnachfragekurve des Unternehmens ab und zeichnen Sie sie, wenn die Produkte des Unternehmens zum Preis von €10 auf einem Wettbewerbsmarkt verkauft werden. Wie viele Arbeiter wird das Unternehmen jeweils einstellen, wenn der Lohnsatz €30 oder €60 pro Tag beträgt? (*Hinweis*: Das Grenzprodukt der Arbeit ist $12 - 2L$.)

7. Der einzige gesetzliche Arbeitgeber für Militärsoldaten in den Vereinigten Staaten ist die US-Regierung. Wenn die Regierung das Wissen um ihre Monopsonstellung einsetzt, welche Kriterien wird sie bei der Einstellungsentscheidung anwenden? Was geschieht, wenn eine Wehrdienstpflicht eingeführt wird?

8. Die Arbeitsnachfrage einer Branche ist durch $L = 1.200 - 10w$ gegeben, wobei L die nachgefragte Arbeitsmenge pro Tag und w der Lohnsatz ist. Die Angebotskurve lautet $L = 20w$. Wo liegen der Gleichgewichtslohnsatz und die entsprechende nachgefragte Arbeitsmenge? Wie hoch ist die ökonomische Rente der Arbeitnehmer?

9. Nehmen wir unter Verwendung der Informationen aus Aufgabe 7 nun an, dass alle verfügbaren Arbeitskräfte von einer monopolistischen Gewerkschaft kontrolliert werden, die die Rente ihrer Mitglieder maximieren will. Wie hoch sind nun die eingestellte Arbeitsmenge und der Lohnsatz? Wie ist diese Antwort mit der Antwort aus Aufgabe 7 zu vergleichen? Erläutern Sie Ihre Antwort. (*Hinweis*: Die Grenzerlöskurve der Gewerkschaft ist durch $L = 1.200 - 10w$ gegeben.)

*10. Ein Unternehmen setzt einen einzigen Produktionsfaktor, Arbeit, ein, um die Produktionsmenge q nach der Produktionsfunktion $q = 8\sqrt{L}$ herzustellen. Die Güter werden für €150 pro Einheit verkauft und der Lohnsatz liegt bei €75 pro Stunde.

 a. Ermitteln Sie die gewinnmaximierende Menge von L.
 b. Ermitteln Sie die gewinnmaximierende Menge q.
 c. Wie hoch ist der maximale Gewinn?
 d. Nehmen wir nun an, das Unternehmen muss eine Steuer von €30 pro Produktionseinheit bezahlen und der Lohnsatz wir mit €15 pro Stunde subventioniert. Nehmen wir weiter an, das Unternehmen ist ein Preisnehmer, so dass der Produktpreis bei €150 bleibt. Ermitteln Sie die neuen gewinnmaximierenden Mengen für L und q sowie den entsprechenden Gewinn.

11. Nehmen wir nun an, das Unternehmen muss eine Steuer von 20 Prozent auf seine Gewinne abführen. Ermitteln Sie die neuen gewinnmaximierenden Mengen für L und q sowie den entsprechenden Gewinn.

Die Lösungen zu ausgewählten Übungen finden Sie im Anhang dieses Buches. Die kompletten Lösungen für die Übungen finden Dozenten im MyLab.

Investitionen, Zeit und Kapitalmärkte

15.1 Bestands- und Stromgrößen 755
15.2 Der diskontierte Gegenwartswert 756
    Beispiel 15.1: Der Wert verlorener Verdienste 758
15.3 Der Wert eines festverzinslichen Wertpapiers 760
    Beispiel 15.2: Die Erträge auf Industrieanleihen 763
15.4 Das Kapitalwertkriterium für Investitionsentscheidungen.......................... 764
    Beispiel 15.3: Der Wert einer New Yorker Taxilizenz 768
15.5 Risikoanpassungen 769
    Beispiel 15.4: Kapitalinvestitionen in der Wegwerfwindelbranche .. 772
15.6 Investitionsentscheidungen von Verbrauchern........ 774
    Beispiel 15.5: Die Auswahl einer Klimaanlage und eines neuen Autos 775
15.7 Investitionen in Humankapital...................... 777
    Beispiel 15.6: Lohnt sich ein MBA-Abschluss? 779
*15.8 Intertemporale Produktionsentscheidungen – erschöpfbare Rohstoffe............................. 782
    Beispiel 15.7: Wie erschöpfbar sind erschöpfbare Rohstoffe? 785
15.9 Wie werden Zinssätze bestimmt?.................... 787

15 Investitionen, Zeit und Kapitalmärkte

In Kapitel 14 sahen wir, dass Unternehmen auf Wettbewerbsmärkten die Grenzerlösprodukte jedes Produktionsfaktors mit dessen Kosten vergleichen, um zu entscheiden, wie viel sie jeden Monat kaufen sollen. Die Entscheidungen aller Unternehmen bestimmen die Marktnachfrage nach jedem Faktor, und der Marktpreis ist derjenige Preis, bei dem die nachgefragte gleich der angebotenen Menge ist. Für Produktionsfaktoren wie Arbeit oder Rohstoffe ist diese Darstellung ziemlich vollständig, nicht aber für den Faktor Kapital. Der Grund hierfür liegt in der *Langlebigkeit* des Kapitals: es bleibt dauerhaft bestehen und trägt noch Jahre nach seinem Erwerb zum Produktionsprozess bei.

Unternehmen leihen sich manchmal Kapital, ähnlich wie sie Arbeitskräfte einstellen. Ein Unternehmen mietet zum Beispiel Büroräume und bezahlt dafür monatlich Miete ebenso wie es Arbeiter einstellt und ihnen dafür monatlich Lohn bezahlt. Häufiger jedoch werden mittels Kapitalausgaben Fabriken und Betriebsausstattung gekauft, die jahrelang halten sollen. Dies bringt den Faktor *Zeit* ins Spiel. Wenn ein Unternehmen entscheidet, ob es eine Fabrik bauen oder eine Maschine kaufen soll, muss es immer die *heute* nötigen Ausgaben mit den zusätzlich *in der Zukunft* erzielbaren Gewinne vergleichen. Um diesen Vergleich anstellen zu können, muss sich das Unternehmen folgender Frage widmen: *Wie viel sind zukünftige Gewinne heute wert?* Bei der Einstellung von Arbeitskräften oder dem Kauf von Rohstoffen taucht dieses Problem nicht auf. Um solche Entscheidungen treffen zu können, muss das Unternehmen lediglich die *heutigen* Ausgaben für den Produktionsfaktor – z.B. den Lohnsatz oder den Stahlpreis – mit dem *heutigen* Grenzerlösprodukt vergleichen.

In diesem Kapitel werden wir erfahren, wie man den laufenden Wert zukünftiger Geldströme berechnen kann. Dies ist die Basis für unsere Analyse der Investitionsentscheidungen eines Unternehmens. Bei den meisten dieser Entscheidungen geht es darum, heutige Ausgaben mit Gewinnen zu vergleichen, die in der Zukunft erzielt werden. Wir werden sehen, wie Unternehmen diesen Vergleich anstellen und daraus ableiten können, ob sich die Ausgabe lohnt. Oft können die zukünftigen Gewinne aus einer Kapitalinvestition höher oder niedriger ausfallen als vorhergesehen. Wir werden auch sehen, wie Unternehmen diese Unsicherheiten mit einkalkulieren können.

Außerdem treffen Einzelpersonen Entscheidungen bezüglich Kosten und Nutzen zu unterschiedlichen Zeitpunkten, wobei die gleichen Prinzipien gelten. So werden wir z.B. untersuchen, wie ein Verbraucher, der eine neue Klimaanlage kaufen möchte, bestimmen kann, ob es wirtschaftlich sinnvoll ist, ein Modell zu kaufen, das energiesparend arbeitet und zwar in der Anschaffung teurer ist, aber dafür auch für niedrigere Stromrechnungen in der Zukunft sorgt. Wir werden auch Investitionen in *Humankapital* analysieren. Ist es wirtschaftlich sinnvoll, ein College oder die Universität zu besuchen, anstatt unmittelbar nach der Schule eine Arbeitsstelle anzunehmen und Geld zu verdienen?

Wir werden auch andere intertemporale Entscheidungen untersuchen, die Unternehmen manchmal treffen müssen. So bedeutet etwa die Produktion eines erschöpfbaren Rohstoffs wie Erdgas oder Öl heute, dass in Zukunft weniger davon gefördert werden kann. Wie sollte ein Produzent auf diese Tatsache reagieren? Und wie lange sollte ein Holzproduzent die Bäume auf seinem Grund nachwachsen lassen, bis er sie für die Holzproduktion fällt?

Die Antworten auf diese Investitions- und Produktionsentscheidungen sind zum Teil abhängig vom Zinssatz, den man bezahlt oder erhält, wenn man Geld leiht oder verleiht. Wir werden die Faktoren untersuchen, die die Höhe der Zinssätze bestimmen, und wir werden erklären, warum die Zinssätze für Staatsanleihen, Industrieanleihen und Spareinlagen voneinander abweichen.

> In § 14.1 erklären wir, dass die Nachfrage nach jedem Produktionsfaktor auf einem kompetitiven Faktormarkt durch das Grenzerlösprodukt bestimmt wird, d.h. durch den Zusatzerlös, der mit einer zusätzlichen Einheit dieses Faktors erzielt werden kann.

15.1 Bestands- und Stromgrößen

Ehe wir fortfahren, müssen wir uns im Klaren sein, wie Kapital und andere von Unternehmen erworbene Produktionsfaktoren gemessen werden. Kapital wird als *Bestandsgröße* gemessen, d.h. als Menge an Betriebsstätten und Ausrüstungen, die ein Unternehmen besitzt. Besitzt ein Unternehmen, etwa eine Elektromotorenfabrik, einen Wert von €10 Millionen, sagen wir, es hat einen *Kapitalbestand* von €10 Millionen. Die Produktionsfaktoren Arbeit und Rohstoffe dagegen werden, ebenso wie die Produktionsmenge eines Unternehmens, als *Stromgrößen* gemessen. So könnte das gleiche Unternehmen etwa 20.000 Arbeitsstunden und 50.000 Pfund Kupfer *pro Monat* einsetzen, um 8.000 Elektromotoren *pro Monat* zu produzieren. (Die Wahl der monatlichen Einheiten ist willkürlich, wir könnten diese Mengeneinheiten ebenso gut pro Woche oder pro Jahr angeben – beispielsweise 240.000 Arbeitsstunden pro Jahr, 240.000 Pfund Kupfer pro Jahr und 96.000 Motoren pro Jahr).

> Erinnern wir uns aus § 6.1, dass die Produktionsfunktion eines Unternehmens Input- und Outputströme umfasst. Jedes Jahr werden bestimmte Mengen an Arbeit und Kapital in bestimmte Produktionsmengen umgewandelt.

Betrachten wir diesen Motorenproduzenten etwas näher. Sowohl die variablen Kosten als auch die Produktionsmenge sind Stromgrößen. Nehmen wir an, der Lohnsatz liegt bei €15 pro Stunde und der Kupferpreis beträgt €2 pro Pfund. In diesem Fall betragen die variablen Kosten (20.000)(€15) + (20.000)(€2,00) = €340.000 *pro Monat*. Die durchschnittlichen variablen Kosten andererseits sind Kosten *pro Produktionseinheit*:

$$\frac{340.000 \text{ Euro pro Monat}}{8.000 \text{ Einheiten pro Monat}} = 42{,}50 \text{ Euro pro Einheit}$$

Nehmen wir an, das Unternehmen verkauft seine Elektromotoren für €52,50 pro Stück. In diesem Fall liegt der durchschnittliche Gewinn pro Einheit bei €52,50 − €42,50 = €10, und der Gesamtgewinn beträgt €80.000 *pro Monat*. (Man erkenne, dass auch der Gesamtgewinn eine Stromgröße ist.) Um die Motoren herstellen und verkaufen zu können, braucht das Unternehmen aber zusätzlich Kapital – und zwar die Fabrik, die es für €10 Millionen gebaut hat. *Also kann das Unternehmen aufgrund seines Kapitalbestands von €10 Millionen einen Gewinnstrom in Höhe von €80.000 im Monat erzielen.*

War die Investition von €10 Millionen in diese Fabrik eine gute Entscheidung? Um diese Frage beantworten zu können, müssen wir den monatlichen Gewinnstrom von €80.000 in eine Zahl umrechnen, die wir mit den Fabrikkosten von €10 Millionen vergleichen können. Nehmen wir an, die Fabrik soll 20 Jahre lang halten. In diesem Fall kann man die Frage ganz einfach umformulieren: Wie hoch ist der heutige Wert von monatlich €80.000 in den nächsten 20 Jahren? Liegt dieser Wert über €10 Millionen, so hat sich die Investition gelohnt.

Ein Gewinn von €80.000 monatlich 20 Jahre lang beläuft sich auf (€80.000)(20)(12) = €19,2 Millionen. Das würde bedeuten, dass der Bau der Fabrik eine großartige Investition war. Aber sind €80.000, die man in fünf – oder in 20 – Jahren verdient, heute €80.000 wert? Die Antwort auf diese Frage lautet nein, denn heute verdientes Geld kann man anlegen – auf einem Bankkonto, in Form einer Anleihe oder einer anderen zinstragenden Anlage –, um damit in der Zukunft mehr Geld zu erzielen. Also sind €19,2 Millionen, die man innerhalb der nächsten 20 Jahre erhält *weniger* wert als €19,2 Millionen heute.

15.2 Der diskontierte Gegenwartswert

In Abschnitt 15.4 werden wir zu unserer Elektromotorenfabrik für €10 Millionen zurückkehren, zunächst aber müssen wir uns mit einer grundlegenden Frage beschäftigen: *Wie viel ist ein zukünftig erhaltener Euro heute wert?* Die Antwort auf diese Frage hängt vom geltenden **Zinssatz** ab, der Rate, zu der man Geld leihen und verleihen kann.

Zinssatz
Rate, zu der man Geld leihen und verleihen kann.

Nehmen wir an, der jährliche Zinssatz ist R. (Es spielt keine Rolle, welcher Zinssatz dies in Wirklichkeit ist; wir werden uns später mit den verschiedenen existierenden Zinssätzen befassen.) Dann kann €1 heute investiert werden und bringt in einem Jahr 1€$(1 + R)$. 1€$(1 + R)$ ist daher der *zukünftige Wert* von €1 heute. Wie hoch ist nun der heutige Wert, d.h. der **diskontierte Gegenwartswert oder Barwert (BW)**, von €1, der in einem Jahr ausbezahlt wird? Die Antwort auf diese Frage ist einfach: Da $1 + R$ Euro in einem Jahr heute $(1 + R)/(1 + R) = 1$ Euro wert ist, *ist 1 Euro in einem Jahr heute 1 Euro/$(1 + R)$ wert*. Dies ist der Geldbetrag, der nach Investition mit Zinssatz R nach einem Jahr genau 1 Euro ergibt.

Diskontierter Gegenwartswert (Barwert)
Der gegenwärtige Wert eines erwarteten zukünftigen Geldstroms.

Wie hoch ist der heutige Wert von einem Euro, der in *zwei* Jahren ausbezahlt wird? Würde man heute €1 zum Zinssatz R anlegen, wäre er in einem Jahr $1 + R$ Euro wert und $(1 + R)(1 + R) = (1 + R)^2$ Euro in zwei Jahren. Da $(1 + R)^2$ Euro in zwei Jahren heute €1 wert sind, ist €1 in zwei Jahren heute €$1/(1 + R)^2$ wert. Ebenso ist ein Euro, der in drei Jahren ausbezahlt wird, heute €$1/(1 + R)^3$ wert. Und ein Euro, der in n Jahren bezahlt wird, ist heute €$1/(1 + R)^n$ wert.[1]

Diese Ergebnisse können wir wie folgt zusammenfassen.

$$\text{BW von €1 ausbezahlt nach 1 Jahr} = \frac{€1}{(1 + R)}$$

$$\text{BW von €1 ausbezahlt nach 2 Jahren} = \frac{€1}{(1 + R)^2}$$

$$\text{BW von €1 ausbezahlt nach 3 Jahren} = \frac{€1}{(1 + R)^3}$$

$$\vdots$$

$$\text{BW von €1 ausbezahlt nach } n \text{ Jahren} = \frac{€1}{(1 + R)^n}$$

Tabelle 15.1 zeigt den Barwert von €1 ausbezahlt nach 1, 2, 5, 10, 20 und 30 Jahren mit jeweils verschiedenen Zinssätzen. Man erkenne, dass bei Zinssätzen über 6 oder 7 Prozent €1, der in 20 oder 30 Jahren ausbezahlt wird, heute sehr wenig wert ist. Bei geringen Zinssätzen ist das jedoch nicht der Fall. Ist R beispielsweise 3 Prozent, so ist der BW von €1, ausbezahlt in 20 Jahren, etwa 55 Cent. Anders ausgedrückt, wenn man heute 55 Cent mit einer Verzinsung von 3 Prozent anlegen würde, erhielte man in 20 Jahren dafür etwa €1.

---

[1] Wir nehmen an, dass der jährliche Zinssatz von Jahr zu Jahr gleich bleibt. Wenn wir aber davon ausgehen, dass sich der jährliche Zinssatz ändern kann, so ist der Zinssatz in Jahr 1 R_1, in Jahr 2 R_2, usw. Nach zwei Jahren wäre ein heute investierter Euro demnach $(1+R_1)(1+R_2)$ Euro wert, so dass der Barwert von einem Euro, der in zwei Jahren ausbezahlt wird, gleich €$1/(1+R_1)(1+R_2)$ ist. Ebenso ist der Barwert von einem Euro, der in n Jahren ausbezahlt wird, gleich €$1/(1+R_1)(1+R_2)\ldots(1+R_n)$.

Tabelle 15.1

Barwert eines zukünftigen Euros

Zinssatz	1 Jahr	2 Jahre	5 Jahre	10 Jahre	20 Jahre	30 Jahre
0,01	€0,990	€0,980	€0,951	€0,905	€0,820	€0,742
0,02	0,980	0,961	0,906	0,820	0,673	0,552
0,03	0,971	0,943	0,863	0,744	0,554	0,412
0,04	0,962	0,925	0,822	0,676	0,456	0,308
0,05	0,952	0,907	0,784	0,614	0,377	0,231
0,06	0,943	0,890	0,747	0,558	0,312	0,174
0,07	0,935	0,873	0,713	0,508	0,258	0,131
0,08	0,926	0,857	0,681	0,463	0,215	0,099
0,09	0,917	0,842	0,650	0,422	0,178	0,075
0,10	0,909	0,826	0,621	0,386	0,149	0,057
0,15	0,870	0,756	0,497	0,247	0,061	0,015
0,20	0,833	0,694	0,402	0,162	0,026	0,004

15.2.1 Die Bewertung von Zahlungsströmen

Nun können wir den Gegenwartswert eines Zahlungsstroms über verschiedene Zeiträume bestimmen. Betrachten wir beispielsweise die beiden Zahlungsströme in Tabelle 15.2. Strom A beträgt €200. Davon werden €100 heute und weitere €100 in einem Jahr bezahlt. Zahlungsstrom B beträgt €220. €20 werden heute bezahlt, €100 in einem Jahr und €100 in zwei Jahren. Welcher der beiden Zahlungsströme wäre vorzuziehen? Die Antwort auf diese Frage hängt vom Zinssatz ab.

Tabelle 15.2

Zwei Zahlungsströme

	Heute	1 Jahr	2 Jahre
Zahlungsstrom A	€100	€100	€0
Zahlungsstrom B	€20	€100	€100

Um den Barwert dieser beiden Zahlungsströme zu berechnen, berechnen und addieren wir die Gegenwartswerte der Zahlungen, die jedes Jahr gemacht werden:

$$\text{BW von Zahlungsstrom } A = 100\,\text{Euro} + \frac{100\,\text{Euro}}{(1+R)}$$

$$\text{BW von Zahlungsstrom } B = 20\,\text{Euro} + \frac{100\,\text{Euro}}{(1+R)} + \frac{100\,\text{Euro}}{(1+R)^2}$$

Tabelle 15.3 zeigt die Barwerte der beiden Zahlungsströme mit Zinssätzen von 5, 10, 15 und 20 Prozent. Wie die Tabelle zeigt, hängt es vom Zinssatz ab, welcher Zahlungsstrom vorzuziehen ist. Bei Zinssätzen von 10 Prozent, oder weniger, ist Zahlungsstrom B mehr wert; bei Zinssätzen von 15 Prozent, oder mehr, ist dagegen Strom A mehr wert. Dies ist so, weil in Strom A zwar weniger Geld fließt, dies aber dafür früher.

Tabelle 15.3

Barwert von Zahlungsströmen

	$R = 0{,}05$	$R = 0{,}10$	$R = 0{,}15$	$R = 0{,}20$
BW von Strom A	€195,24	€190,91	€186,96	€183,33
BW von Strom B	€205,94	€193,55	€182,58	€172,78

Das in den Tabellen 15.2 und 15.3 dargestellte einfache Beispiel verdeutlicht ein wichtiges Prinzip. Der Barwert eines Zahlungsstroms hängt von drei Aspekten ab: (1) dem Betrag jeder Zahlung, (2) dem Zeitablauf der Zahlungen und (3) dem zur Abzinsung von in der Zukunft zu leistenden Zahlungen verwendeten Zinssatz. Wie noch aufgezeigt wird, gilt dieses Prinzip für eine große Bandbreite von Problemen.

Beispiel 15.1: Der Wert verlorener Verdienste

In Gerichtsverfahren, bei denen es um Unfälle geht, klagen Opfer oder deren Erben (wenn die Opfer getötet wurden) gegen die schädigende Partei (oder eine Versicherungsgesellschaft), um Schadenersatz zu bekommen. Dieser Schadenersatz soll nicht nur Schmerzen und Leid, sondern auch zukünftiges Einkommen kompensieren, das die verletzte oder verstorbene Person erzielt hätte, wenn der Unfall nicht geschehen wäre. Um zu sehen, wie der Gegenwartswert entgangener Verdienste berechnet werden kann, werden wir einen tatsächlich geschehenen Fall aus dem Jahr 1996 untersuchen. (Zum Schutz der Anonymität wurden die Namen der Beteiligten sowie einige weitere Daten verändert.)

Am 1. Januar 1996 starb Harold Jennings im Alter von 53 Jahren bei einem Autounfall. Seine Familie verklagte den Fahrer des anderen beteiligten Autos wegen Fahrlässigkeit. Ein Großteil des geforderten Schadenersatzes bezog sich auf den Gegenwartswert der Verdienste, die Jennigs durch seine Arbeit als Flugzeugpilot erlangt hätte, wenn er nicht bei dem Unfall getötet worden wäre. Die Berechnung des Gegenwartswertes war typisch für einen solchen Fall.

Hätte Jennings im Jahr 1996 gearbeitet, so hätte sein Jahresgehalt $85.000 betragen. Das normale Renteneintrittsalter für einen Piloten liegt bei 60 Jahren. Bei der Berechnung des Gegenwartswerts von Jennings' verlorenen Verdiensten, müssen wir mehrere Dinge berücksichtigen. Zunächst wäre sein Gehalt wahrscheinlich im Laufe der Jahre gestiegen. Außerdem können wir nicht sicher sein, ob er bis zu seinem ▶

Rentenalter gelebt hätte, wenn es nicht zu dem Unfall gekommen wäre. Er hätte aus irgendeinem anderen Grund früher sterben können. Der Barwert seiner verlorenen Verdienste bis zum Renteneintritt Ende 2003 berechnet sich also folgendermaßen:

$$BW = W_0 + \frac{W_0(1+g)(1-m_1)}{(1+R)} + \frac{W_0(1+g)^2(1-m_2)}{(1+R)^2} + \ldots + \frac{W_0(1+g)^7(1-m_7)}{(1+R)^7}$$

W_0 ist das Jahresgehalt von 1996; g ist die die jährliche Wachstumsrate, mit der das Gehalt wahrscheinlich angestiegen wäre (also wäre $W_0(1+g)$ das Jahresgehalt 1997 und $W_0(1+g)^2$ das Jahresgehalt 1998 gewesen usw.) Weiter sind $m_1, m_2, \ldots, m_7$ etc. *Sterberaten*, d.h. die Wahrscheinlichkeiten, dass Jennings aus irgendeinem anderen Grund im Jahr 1997, 1998, 2003 etc. verstorben wäre.

Um diesen Barwert berechnen zu können, müssen wir die Sterberaten $m_1, \ldots, m_7$, die erwartete Wachstumsrate des Gehalts g sowie den Zinssatz R kennen. Sterberaten sind aus Versicherungstabellen erhältlich, die die Todesraten von Männern ähnlichen Alters und ähnlicher Abstammung angeben.[2] Als Wert für g können wir 8 Prozent einsetzen; dies entspricht der durchschnittlichen Wachstumsrate von Pilotengehältern von 1985–1995. Als Zinssatz können wir schließlich den Satz für US-Staatsanleihen verwenden, der zu diesem Zeitpunkt etwa 9 Prozent betrug. (In den Abschnitten 15.4 und 15.5 werden wir näher darauf eingehen, wie man den richtigen Zinssatz auswählt, um zukünftige Cashflows zu diskontieren.) Tabelle 15.4 gibt die Details zur Berechnung des Gegenwartswertes an.

Tabelle 15.4

Die Berechnung verlorener Verdienste

Jahr	$W_0(1+g)^t$	$(1-m_t)$	$1/(1+R)^t$	$W_0(1+g)^t(1-m_t)/(1+R)^t$
1996	$85.000	0,991	1,000	$84.235
1997	$91.800	0,990	0,917	$83.339
1998	$99.144	0,989	0,842	$82.561
1999	$107.076	0,988	0,772	$81.671
2000	$115.642	0,987	0,708	$80.810
2001	$124.893	0,986	0,650	$80.044
2002	$134.884	0,985	0,596	$79.185
2003	$145.675	0,984	0,547	$78.409

Wenn wir die letzte Spalte der Tabelle aufsummieren, erhalten wir einen BW von $650.254. Wenn Jennings' Familie beweisen kann, dass die Gegenpartei schuldig ist und wenn keine anderen Schadenersatzforderungen hier zur Verhandlung stehen, könnte die Familie diesen Betrag als Schadenersatz zugesprochen bekommen.[3]

---

[2] Für US-Daten vergleiche man z.B. *Statistical Abstract of the United States*, 2007, Tabelle 100.
[3] Tatsächlich müsste diese Summe um die Beträge verringert werden, die Jennings für seinen eigenen Verbrauch ausgegeben hätte, und die deshalb nicht seiner Frau und seinen Kindern zugute gekommen wären.

15.3 Der Wert eines festverzinslichen Wertpapiers

Festverzinsliches Wertpapier

Ein Vertrag, bei dem sich der Schuldner verpflichtet, dem Wertpapierhalter (dem Gläubiger) einen Geldstrom zu bezahlen.

Ein **festverzinsliches Wertpapier** ist ein Vertrag, bei dem sich der Schuldner verpflichtet, dem Wertpapierhalter (dem Gläubiger) einen Geldstrom zu bezahlen. So können bei einer Industrieanleihe (einer Anleihe, die von einem Unternehmen ausgegeben wird) jährliche Couponzahlungen von €100 für die nächsten zehn Jahre erfolgen. Die Rückzahlung von €1.000 erfolgt dann nach Ablauf der zehn Jahre.[4] Wie viel sollte man für ein solches Wertpapier bezahlen? Um zu bestimmen, wie viel die Anleihe wert ist, berechnen wir einfach den Barwert der Zahlungsströme.

$$\text{BW} = \frac{100}{(1+R)} + \frac{100}{(1+R)^2} + \dots + \frac{100}{(1+R)^{10}} + \frac{1.000}{(1+R)^{10}} \tag{15.1}$$

Auch hier hängt der Gegenwartswert vom Zinssatz ab. Abbildung 15.1 zeigt den Wert der Anleihe – den Gegenwartswert ihrer Zahlungsströme – bei Zinssätzen bis zu 20 Prozent. Man erkenne: Je höher der Zinssatz steigt, desto geringer ist der Wert des Papiers. Bei einem Zinssatz von 5 Prozent liegt der Wert der Anleihe bei etwa €1.386, während der Anleihewert bei einem Zinssatz von 15 Prozent nur €749 beträgt.

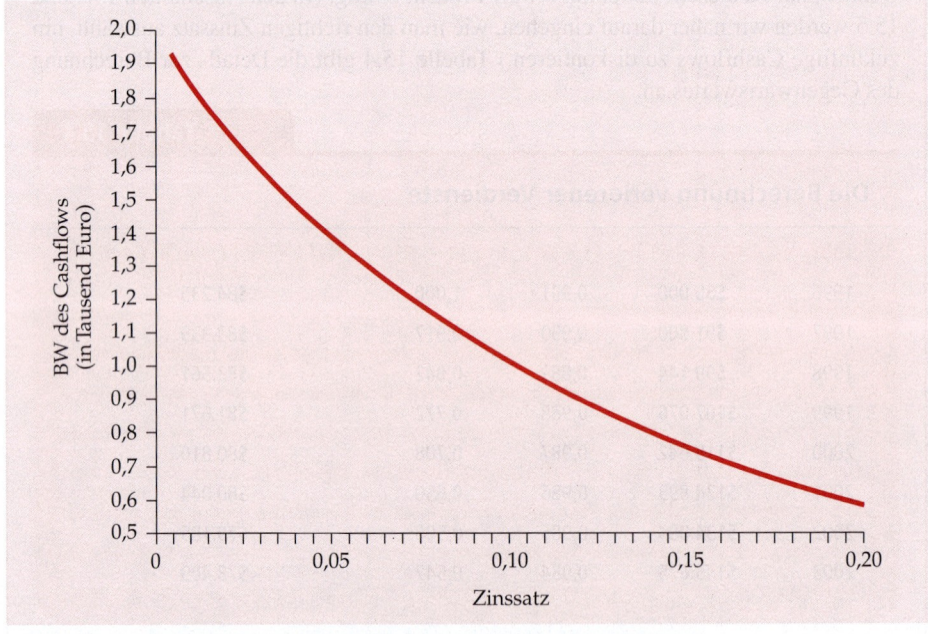

Abbildung 15.1: Gegenwartswert der Cashflows eines festverzinslichen Wertpapiers
Da die meisten Auszahlungen eines festverzinslichen Wertpapiers in der Zukunft geleistet werden, sinkt der diskontierte Gegenwartswert mit ansteigendem Zinssatz. Liegt der Zinssatz beispielsweise bei 5 Prozent, so ist der Barwert eines 10-jährigen Wertpapiers mit einer Rückzahlung von €1.000 und einer jährlichen Auszahlung von €100 gleich €1.386.

---

4 In den USA werden die Couponzahlungen auf die meisten Industrieanleihen in Halbjahresraten geleistet. Um die Rechnungen möglichst einfach zu gestalten, gehen wir von jährlichen Zahlungen aus.

15.3.1 Ewige Rentenpapiere

Ein **ewiges Rentenpapier** ist ein Wertpapier, das *für immer* eine jährliche feste Auszahlung erbringt. Welchen Wert hat ein ewiges Rentenpapier, dessen Auszahlung bei €100 jährlich liegt? Der Barwert der Zahlungsströme ergibt sich aus folgender unendlicher Summe:

$$BW = \frac{100}{(1+R)} + \frac{100}{(1+R)^2} + \frac{100}{(1+R)^3} + \frac{100}{(1+R)^4} + \dots$$

Glücklicherweise müssen wir diese Terme nicht alle einzeln ausrechnen und aufaddieren, um den Wert dieses ewigen Rentenpapiers zu ermitteln. Die Aufsummierung kann mittels einer einfachen Formel erfolgen.[5]

$$BW = €100/R \qquad (15.2)$$

Wenn also der Zinssatz bei 5 Prozent liegt, so beträgt der Wert des ewigen Rentenpapiers €100/(0,05) = €2.000. Liegt der Zinssatz bei 20 Prozent, so ist der Wert des ewigen Rentenpapiers nur €500.

> **Ewiges Rentenpapier**
>
> Ein Wertpapier, das für immer eine jährliche feste Auszahlung erbringt.

15.3.2 Der effektive Ertrag eines festverzinslichen Wertpapiers

Viele Industrie- und Staatsanleihen werden auf dem *Rentenmarkt* gehandelt. Den Wert eines gehandelten Papiers kann man direkt dadurch bestimmen, dass man seinen Marktpreis betrachtet, denn dies ist der Wert, auf den sich Käufer und Verkäufer geeinigt haben.[6] Normalerweise kennen wir also den Wert eines solchen Wertpapiers, doch um es mit anderen Anlagemöglichkeiten vergleichen zu können, wollen wir den Zinssatz bestimmen, der mit diesem Wert vereinbar ist.

Effektivverzinsung Gleichungen (15.1) und (15.2) zeigen, dass die Werte von zwei verschiedenen festverzinslichen Papieren vom Zinssatz abhängig sind, der zur Diskontierung zukünftiger Zahlungen verwendet wird. Diese Gleichungen kann man auch „umdrehen" und so den Zinssatz in Abhängigkeit vom Wert des Papiers darstellen. Beim ewigen Rentenpapier ist das besonders leicht. Nehmen wir an, der Marktpreis – und damit der Wert – der ewigen Rente ist P. Dann folgt aus Gleichung (15.2), dass $P = €100/R$ und $R = €100/P$ ist. Liegt der Preis der ewigen Rente also bei €1.000, so wissen wir, dass der Zinssatz $R = €100/€1.000 = 0,10$ oder gleich 10 Prozent ist. Diesen Zinssatz nennt man die **Effektivverzinsung oder Ertragsrate**. Es ist der prozentuale Ertrag, den man erhält, wenn man in ein festverzinsliches Wertpapier investiert.

Wollen wir für das Rentenpapier mit zehnjähriger Laufzeit und Coupon aus Gleichung (15.1) die Effektivverzinsung berechnen, so ist das etwas komplizierter. Wenn der Preis des Papiers gleich P ist, können wir Gleichung (15.1) folgendermaßen umschreiben:

$$P = \frac{100}{(1+R)} + \frac{100}{(1+R)^2} + \frac{100}{(1+R)^3} + \dots + \frac{100}{(1+R)^{10}} + \frac{1.000}{(1+R)^{10}}$$

> **Effektivverzinsung oder Ertragsrate**
>
> Prozentualer Ertrag, den man erhält, wenn man in ein festverzinsliches Wertpapier investiert.

---

[5] Nehmen wir an, dass x der BW von €1 pro Jahr als Zahlung für immer ist, so dass $x = 1/(1+R) + 1/(1+R)^2 + \dots$ Dann gilt $x(1+R) = 1 + 1/(1+R) + 1/(1+R)^2 + \dots$, so dass $x(1+R) = 1 + x$, $xR = 1$ und $x = 1/R$ ist.

[6] Die Preise aktiv gehandelter Industrie- und US-Staatsanleihen werden in Tageszeitungen wie dem Wall Street Journal und der New York Times und auf Internetseiten über den Finanzmarkt wie *www.yahoo.com*, *www.bloomberg.com* und *www.schwab.com* veröffentlicht.

Bei gegebenem Preis P muss die Gleichung nach R aufgelöst werden. Zwar gibt es in diesem Fall keine einfache Formel, die R in Abhängigkeit von P ausdrückt, es gibt jedoch Methoden, um (meist mit Hilfe eines Taschenrechners und von Tabellenkalkulationsprogrammen wie Excel) R numerisch auszurechnen. Abbildung 15.2, die die gleiche Kurve darstellt wie Abbildung 15.1, zeigt für das zehnjährige Rentenpapier, wie R von P abhängt. Liegt der Preis des Papiers etwa bei €1.000, so ist die Effektivverzinsung 10 Prozent. Steigt der Preis auf €1.300, so fällt die Effektivverzinsung auf etwa 6 Prozent. Fällt aber der Preis auf €700, so steigt wiederum die Verzinsung auf über 16 Prozent.

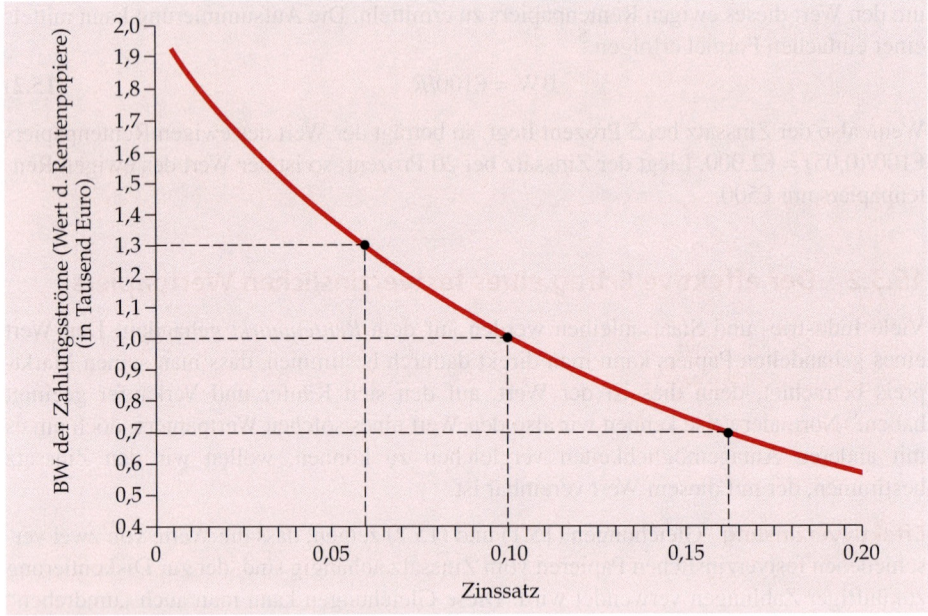

Abbildung 15.2: Effektivverzinsung eines Rentenpapiers
Die Effektivverzinsung ist der Zinssatz, bei dem der Gegenwartswert des Zahlungsstroms des Papiers gleich seinem Marktpreis ist. Die Abbildung zeigt den Gegenwartswert des Zahlungsstroms als Funktion des Zinssatzes. Die Effektivverzinsung wird also ermittelt, indem man eine horizontale Gerade auf der Höhe des Wertpapierpreises einzeichnet. Wenn etwa der Preis dieses Papiers bei €1.000 liegt, so ist die Effektivverzinsung etwa 10 Prozent. Beträgt der Preis €1.300, so liegt die Effektivverzinsung bei etwa 6 Prozent. Und bei einem Preis von €700 beträgt die Effektivverzinsung 16.2 Prozent.

Verschiedene festverzinsliche Wertpapiere können sehr unterschiedliche Erträge haben. Industrieanleihen bringen in der Regel mehr als Staatsanleihen und wie Beispiel 15.2 zeigt, bringen die Anleihen mancher Unternehmen mehr als die Papiere anderer Firmen. Einer der wichtigsten Gründe hierfür ist, dass die einzelnen Papiere mit unterschiedlichen Risiken verbunden sind. So ist es sehr viel unwahrscheinlicher, dass der Staat seinen Zahlungsverpflichtungen aus den ausgegebenen Anleihen (für Zinsen oder Rückzahlung) nicht nachkommen kann, als bei einem Unternehmen aus dem privaten Sektor. Einige Unternehmen wiederum sind finanziell stärker als andere, und es ist deshalb weniger wahrscheinlich, dass sie zahlungsunfähig werden. Bereits in Kapitel 5 sahen wir, dass der Ertrag einer Investition, den der Investor verlangt, umso höher ist, je mehr Risiko die Investition birgt. Folglich haben auch riskantere Wertpapiere höhere Erträge.

15.3 Der Wert eines festverzinslichen Wertpapiers

Beispiel 15.2: Die Erträge auf Industrieanleihen

Um zu sehen, wie die Erträge von Industrieanleihen berechnet werden – und wie sie von Unternehmen zu Unternehmen abweichen können – betrachten wir die Erträge zweier verschiedener Papiere. Die eine Anleihe wird von Microsoft, die andere von der Drogeriemarktkette RiteAid ausgegeben. Jedes der beiden Papiere hat einen *Nennwert* von $100, d.h. der Halter des Papiers erhält bei dessen Fälligkeit diesen Betrag als Rückzahlung. Bei jedem Papier erfolgt eine halbjährliche „Coupon"-(oder Zins-)Zahlung.

Wir berechnen die Erträge der Wertpapiere mit Hilfe der Schlusspreise vom 1. August 2011. Die folgenden Informationen wurden von der Yahoo!Finanzen-Webseite heruntergeladen:

Tabelle 15.5

	Microsoft	RiteAid
Preis ($)	$106,60	$93,00
Coupon ($)	$5,300	$9,500
Fälligkeitsdatum	8. Februar 2041	15. Juni 2017
Ertrag bis Fälligkeit (%)	4,877 Prozent	11,099 Prozent
Aktueller Ertrag (%)	4,972 Prozent	10,215 Prozent
Bewertung	AAA	CCC

Was bedeuten diese Zahlen? Bei Microsoft bildete der Preis von $106,60 den Schlusspreis am 1. August 2011 auf der Basis eines Nennwertes der Anleihe von $100.

Der Coupon von $5,30 bedeutet, dass dem Besitzer der Anleihe alle sechs Monate $2,65 gezahlt werden. Das Fälligkeitsdatum entspricht dem Datum, zu dem die Anleihe fällig wird und der Halter den Nennwert von $100 erhält. Der weiter unten genannte Ertrag von 4,877 Prozent bis zur Fälligkeit entspricht dem effektiven Ertrag (d.h. der Ertragsrate) der Anleihe. Der aktuelle Ertrag entspricht einfach dem Coupon geteilt durch den Preis, d.h. 5,300/106,60 = 4,972 Prozent. (Der aktuelle Ertrag ist allerdings nur begrenzt relevant, da er nichts über die tatsächliche Ertragsrate der Anlage aussagt.) Schließlich wird die Microsoft-Anleihe mit AAA bewertet, was der höchstmöglichen Einstufung für eine Unternehmensanleihe entspricht und darauf hindeutet, dass die Wahrscheinlichkeit eines Ausfalls sehr niedrig ist.[7] ▶

---

[7] Diese Papiere haben tatsächlich einen Nennwert von $1.000, nicht $100. Die Preise und Couponzahlungen werden so angegeben, als sei der Nennwert 100. Um die tatsächlichen Preise und Zahlungen zu erhalten, muss man einfach die auf den Finanzwebseiten oder in der Zeitung angegebenen Zahlen mit 10 multiplizieren.

Wie berechnen wir den effektiven Ertrag (d.h. die Ertragsrate oder den Ertrag bis zur Fälligkeit) auf diese Anleihe? Zur Vereinfachung nehmen wir an, dass die Couponzahlungen jährlich und nicht halbjährlich geleistet werden. (Der dadurch entstehende Fehler ist gering.) Da das Microsoft-Papier 2041 fällig wird, werden von 2011 bis 2041, also 30 Jahre lang, Zahlungen geleistet. Der Ertrag ergibt sich aus folgender Gleichung:

$$106{,}60 = \frac{5{,}3}{(1+R)} + \frac{5{,}3}{(1+R)^2} + \frac{5{,}3}{(1+R)^3} + \ldots + \frac{5{,}3}{(1+R)^{29}} + \frac{5{,}3}{(1+R)^{30}}$$

Zur Bestimmung des effektiven Ertrags muss diese Gleichung nach R aufgelöst werden.[8] Man kann überprüfen (durch Einsetzen und Verifizieren der Gleichung), dass die Lösung ca. $R^* = 4{,}877$ Prozent lautet.

Der Ertrag der Rite-Aid-Anleihe lässt sich auf die gleiche Weise ermitteln. Das Papier hatte einen Preis von \$93,00; es erfolgten Couponzahlungen von \$9,50 pro Jahr und das Papier wird in 2017 – 2011 = 6 Jahren fällig. Somit lautet die Ertragsgleichung wie folgt:

$$93{,}00 = \frac{9{,}5}{(1+R)} + \frac{9{,}5}{(1+R)^2} + \frac{9{,}5}{(1+R)^3} + \frac{9{,}5}{(1+R)^4} + \frac{9{,}5}{(1+R)^5} + \frac{9{,}5}{(1+R)^6}$$

Der Leser kann überprüfen, dass die Lösung für diese Gleichung ca. $R^* = 11{,}099$ Prozent lautet.

Warum aber war der Ertrag des Rite-Aid-Papiers so viel höher als der Ertrag des Microsoft-Papiers? Das liegt daran, dass das Rite-Aid-Papier viel mehr Risiken barg. Im Jahr 2011 entstanden der Drogeriemarktkette Verluste aufgrund des zunehmenden Wettbewerbsdrucks durch größere Ketten wie Wal-Mart, die durch ihre Größe die Preise für alle Produkte von Toilettenartikeln bis hin zu verschreibungspflichtigen Medikamenten unterbieten konnten. Zwischen 2007 und 2011 erzielte Rite Aid nur in einem Quartal Gewinne. Aufgrund dieser Tatsache prognostizierten viele Analysten die Insolvenz des Unternehmens. Dementsprechend wurde das Rite-Aid-Papier mit CCC (der niedrigsten Bewertung) bewertet. Da die Investoren wussten, dass es eine erhebliche Möglichkeit gab, dass Rite Aid unter Umständen seinen Zahlungen aus der Anleihe nicht nachkommen würde, waren sie nur dann bereit, das Papier zu kaufen, wenn der erwartete Ertrag ausreichend hoch war, um sie für das Risiko zu entschädigen.

15.4 Das Kapitalwertkriterium für Investitionsentscheidungen

In § 7.1 erklären wir, dass Sunk Costs Ausgaben sind, die getätigt wurden und nicht wieder rückgängig zu machen sind.

Eine der häufigsten und wichtigsten Entscheidungen, die Unternehmen zu treffen haben, bezieht sich auf die Investition neuen Kapitals. So werden Millionenbeträge in Fabriken oder Maschinen investiert, die viele Jahre lang halten und die Gewinne der Unternehmen beeinflussen. Die zukünftigen Cashflows, die solche Investitionen erzeugen werden, sind oft ungewiss. Und ist die Fabrik einmal gebaut, kann das Unternehmen sie gewöhnlich nicht mehr wieder abbauen und verkaufen, um seine Investition rückgängig zu machen – es entstehen Sunk Costs.

---

8 Die Gleichung kann in Excel mit Hilfe des Solver nach R aufgelöst werden.

15.4 Das Kapitalwertkriterium für Investitionsentscheidungen

Wie kann ein Unternehmen entscheiden, ob sich eine bestimmte Kapitalinvestition lohnt oder nicht? Es sollte den Gegenwartswert der zukünftigen Cashflows berechnen, die es aufgrund der Investition erwartet und diesen mit den Kosten der Investition vergleichen. Diese Methode nennt man auch **das Kapitalwert- (oder Nettobarwert, abgekürzt NBW-) Kriterium**.

> Kapitalwertkriterium: Man sollte investieren, wenn der Gegenwartswert der erwarteten zukünftigen Cashflows aus der Investition die Kosten der Investition übersteigt.

Nehmen wir an, eine Kapitalinvestition kostet C und soll über die nächsten 10 Jahre hinweg Gewinne von $\pi_1, \pi_2, \ldots, \pi_{10}$ einbringen. Nun können wir den Kapitalwert folgendermaßen darstellen:

$$\text{NBW} = -C + \frac{\pi_1}{(1+R)} + \frac{\pi_2}{(1+R)^2} + \ldots + \frac{\pi_{10}}{(1+R)^{10}} \quad (15.3)$$

wobei R den **Diskontsatz** bezeichnet, den wir verwenden, um die zukünftigen Gewinnströme zu diskontieren. (R kann ein Marktzinssatz oder jeder andere Zinssatz sein; wir werden in Kürze darauf eingehen, wie er zu wählen ist.) Gleichung (15.3) beschreibt den Nettonutzen, den das Unternehmen aufgrund der Investition hat. Das Unternehmen sollte nur dann investieren, wenn der Nettonutzen positiv ist – d.h. nur dann, wenn NBW > 0 ist.

Bestimmung des Diskontsatzes Welchen Diskontsatz sollte das Unternehmen verwenden? Die Antwort auf diese Frage hängt davon ab, welche Alternativen das Unternehmen für die Verwendung ihres Geldes hat. Anstatt in dieses Projekt könnte das Unternehmen beispielsweise in ein anderes Projekt investieren, das andere Gewinnströme erzeugt. Oder es könnte in ein festverzinsliches Wertpapier investieren, das einen anderen Ertrag hat. Folglich können wir R als die **Opportunitätskosten des Kapitals** des Unternehmens bezeichnen. Hätte es nicht in dieses Projekt investiert, hätte das Unternehmen durch eine andere Investition einen Ertrag erzielen können. *Der korrekte Wert von R ist daher der Ertrag, den das Unternehmen durch eine ähnliche Investition erzielen könnte.*

Mit „ähnlich" meinen wir hier eine Investition mit vergleichbarem *Risiko*. Wie wir in Kapitel 5 sahen, ist der erwartete Ertrag einer Investition umso höher, je mehr Risiko diese Investition birgt. Daher sind die Opportunitätskosten einer Investition in dieses Projekt gleich dem Ertrag, den man mit einem anderen Projekt oder anderen Vermögenswerten mit vergleichbarem Risiko erzielen könnte.

Im nächsten Abschnitt werden wir sehen, wie die Risiken von Investitionen zu bewerten sind. Hier nehmen wir einfach an, dass dieses *Projekt kein Risiko* birgt (d.h. das Unternehmen kann sicher sein, dass die zukünftigen Gewinnströme π_1, π_2 etc. betragen werden.) In diesem Fall sind die Opportunitätskosten der Investition gleich dem *risikofreien* Ertrag, z.B. dem Ertrag, den man mit einer Staatsanleihe erzielen könnte. Wenn das Projekt erwartungsgemäß 10 Jahre dauern soll, könnte das Unternehmen den Jahreszinssatz einer 10-jährigen Staatsanleihe heranziehen, um den Kapitalwert des Projekts wie in Gleichung (15.3) zu berechnen.[9] Liegt der Kapitalwert bei null, so ist der Nutzen dieses Projekts genau gleich den Opportunitätskosten, so dass es für das Unternehmen ohne

---

Kapitalwert-Kriterium

Regel, die besagt, dass man nur dann investieren sollte, wenn der Gegenwartswert der erwarteten zukünftigen Cashflows aus der Investition die Kosten der Investition übersteigt.

Diskontsatz

Zinssatz, der verwendet wird, um den Wert eines Euros, den man in der Zukunft erhält, mit dem Wert eines Euros zu vergleichen, den man heute erhält.

Opportunitätskosten des Kapitals

Ertragsrate, die man erlangen könnte, wenn man in ein alternatives Projekt mit ähnlichem Risiko investieren würde.

---

[9] Dies ist nur eine Annäherung. Genau genommen müsste das Unternehmen den Zinssatz einer einjährigen Staatsanleihe zur Diskontierung von π_1, den Zinssatz einer zweijährigen Anleihe zur Diskontierung von π_2 usw. heranziehen.

Belang ist, ob es investiert oder nicht. Ist der Kapitalwert größer null, so übersteigt der Nutzen die Opportunitätskosten und die Investition sollte stattfinden.[10]

15.4.1 Die Elektromotorenfabrik

In Abschnitt 15.1 ging es um die Entscheidung, €10 Millionen in eine Fabrik zu investieren, in der Elektromotoren hergestellt werden. In dieser Fabrik könnte das Unternehmen Arbeitskräfte und Kupfer einsetzen, um 20 Jahre lang 8.000 Motoren pro Monat bei Kosten von je €42,50 zu produzieren. Die Motoren könnten zu einem Preis von je €52,50 verkauft werden, so dass sich ein Gewinn von €10 pro Einheit oder €80.000 pro Monat ergäbe. Wir nehmen an, dass die Fabrik zwar nach 20 Jahren veraltet ist, aber für einen Schrottwert von €1 Million verkauft werden kann. Ist dies eine gute Investition? Um diese Frage zu beantworten, müssen wir den Kapitalwert berechnen.

Wir werden hier annehmen, dass die Stückkosten von €42,50 und der Stückpreis von €52,50 sichere Größen sind, so dass das Unternehmen sicher sein kann, jeden Monat €80.000, also €960.000 pro Jahr, an Gewinn einzunehmen. Wir nehmen auch an, dass der Schrottwert von €1 Million eine sichere Größe ist. Daher sollte das Unternehmen einen risikofreien Zinssatz verwenden, um die zukünftigen Gewinne zu diskontieren. Wenn man die Cashflows in Millionen Euro angibt, lautet die Gleichung für den Kapitalwert:

$$\text{NBW} = -10 + \frac{0{,}96}{(1+R)} + \frac{0{,}96}{(1+R)^2} + \frac{0{,}96}{(1+R)^3} + \ldots + \frac{0{,}96}{(1+R)^{20}} + \frac{1}{(1+R)^{20}} \qquad (15.4)$$

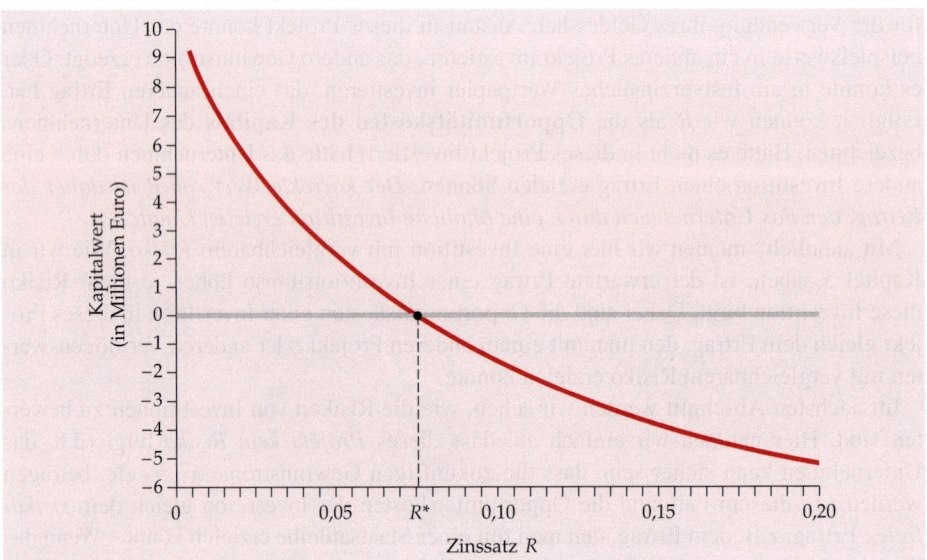

Abbildung 15.3: Kapitalwert einer Fabrik
Der Kapitalwert einer Fabrik ist der diskontierte Gegenwartswert aller Cashflows, die mit dem Bau und Betrieb der Fabrik zusammenhängen. In diesem Fall ist dies der diskontierte Gegenwartswert der zukünftigen Gewinnströme abzüglich der gegenwärtigen Baukosten. Der Kapitalwert fällt mit steigendem Zinssatz. Beim Zinssatz R^* ist der Kapitalwert gleich null.

---

10 Diese Kapitalwertregel trifft nicht zu, wenn die Investition irreversibel oder sehr unsicher ist oder verschoben werden kann. Für eine Bewertung irreversibler Investitionen siehe Avinash Dixit und Robert Pindyck, „*Investment under Uncertainty*", Princeton, NJ, Princeton University Press, 1994.

Abbildung 15.3 zeigt den Kapitalwert als Funktion des Diskontsatzes R. Man erkenne, dass der Kapitalwert beim Zinssatz R^*, der etwa 7,5 Prozent entspricht, gleich null ist. (Der Zinssatz R^* wird manchmal als die *interne Ertragsrate* der Investition bezeichnet.) Bei Diskontsätzen unter 7,5 Prozent ist der Kapitalwert positiv und das Unternehmen sollte in den Bau der Fabrik investieren. Bei Diskontsätzen über 7,5 Prozent ist der Kapitalwert negativ, und das Unternehmen sollte von einer Investition absehen.

15.4.2 Reale und nominale Diskontsätze

Im Beispiel oben nahmen wir an, dass die zukünftigen Cashflows sicher sind, so dass als Diskontsatz R ein risikofreier Zinssatz dienen konnte, wie etwa der Zinssatz für Staatsanleihen. Nehmen wir an, dieser Zinssatz liegt bei 9 Prozent. Bedeutet das nun, dass der Kapitalwert negativ ist und das Unternehmen nicht investieren sollte?

Um diese Frage zu beantworten, müssen wir zwischen realen und nominalen Zinssätzen sowie zwischen realen und nominalen Cashflows unterscheiden. Beginnen wir mit den Cashflows. In Kapitel 1 betrachteten wir reale und nominale Preise. Wir erklärten, dass der Nominalpreis die Inflation mit einschließt, während der reale Preis *inflationsbereinigt* ist. In unserem Beispiel nahmen wir an, dass die Elektromotoren aus unserer Fabrik in den nächsten 20 Jahren für je €52,50 verkauft werden konnten. Die Auswirkungen der Inflation ließen wir aber bisher unberücksichtigt. Ist dieser Preis von €52,50 ein realer, d.h. inflationsbereinigter Preis oder schließt er die Wirkung der Inflation mit ein? Wir werden sehen, dass die Antwort auf diese Frage entscheidend sein kann.

Nehmen wir an, dass der Preis von €52,50 und die Produktionskosten von €42,50 reale Beträge sind. Das heißt, dass wir im Fall einer 5-prozentigen jährlichen Inflationsrate davon ausgehen können, dass der Nominalpreis der Motoren von €52,50 im ersten Jahr auf $(1,05)(€52,50) = €55,13$ im zweiten Jahr, weiter auf $(1,05)(€55,13) = €57,88$ im dritten Jahr etc. ansteigen wird. Also ist auch unser jährlicher Gewinn von €960.000 ein realer Betrag.

Wenden wir uns nun dem Diskontsatz zu. *Wenn die Cashflows reale Beträge sind, so muss auch der Diskontsatz real sein*. Dies ist so, weil der Diskontsatz gleich den Opportunitätskosten der Investition ist. Wenn die Inflation also bei den Cashflows unberücksichtigt bleibt, sollte sie auch bei den Opportunitätskosten unberücksichtigt bleiben.

> Opportunitätskosten werden in § 7.1 behandelt.

In unserem Beispiel sollte der Diskontsatz also der reale Zinssatz auf Staatsanleihen sein. Der nominale Zinssatz (9 Prozent) ist der Satz, den wir in den Zeitungen lesen können, er schließt die Inflation mit ein. Der reale Zinssatz ist demnach der nominale Zinssatz abzüglich der erwarteten Inflationsrate.[11] Wenn wir davon ausgehen, dass die Inflation bei durchschnittlich 5 Prozent pro Jahr liegen wird, wäre der reale Zinssatz demnach $9 - 5 = 4$ Prozent. Dies ist der Diskontsatz, der zur Berechnung des Kapitalwerts der Fabrikinvestition des Motorenunternehmens verwendet werden sollte. Man erkennt aus Abbildung 15.3, dass bei diesem Zinssatz der Kapitalwert klar positiv ist, so dass die Investition getätigt werden sollte.

Wird die Kapitalwertregel zur Bewertung von Investitionen herangezogen, so können die verwendeten Zahlen real oder nominal sein, beide Arten müssen nur übereinstimmen. Sind also die Cashflows reale Zahlen, so sollte auch der Diskontsatz eine reale Zahl sein. Wird dagegen ein nominaler Zinssatz verwendet, müssen die Auswirkungen zukünftiger Inflation auch bei den Cashflows berücksichtigt werden.

---

11 Es kann verschiedene Meinungen über zukünftige Inflationsraten geben, was dazu führen kann, dass auch die Schätzungen des realen Zinssatzes unterschiedlich sind.

15.4.3 Negative zukünftige Cashflows

Es kann einige Jahre dauern, bis Fabriken und andere Produktionsstätten fertig gebaut und ausgestattet sind. Auch die Investitionskosten verteilen sich dann auf mehrere Jahre und fallen nicht alle zu Beginn des Projekts an. Außerdem kann man auch davon ausgehen, dass einige Investitionen in den ersten Jahren zu *Verlusten* und nicht zu Gewinnen führen werden. (So kann beispielsweise die Nachfrage nach einem neuen Produkt gering sein, bis die Verbraucher davon erfahren, oder die Kosten können zu Anfang sehr hoch sein und erst dann sinken, wenn Manager und Arbeiter sich entlang der Lernkurve abwärts bewegt haben.) Negative zukünftige Cashflows stellen für die Kapitalwertregel kein Problem dar; sie werden einfach diskontiert genau wie positive Cashflows.

Nehmen wir zum Beispiel an, dass es ein Jahr dauern wird, bis unsere Motorenfabrik fertig gebaut ist. €5 Millionen werden sofort ausgegeben und weitere €5 Millionen werden nächstes Jahr ausgegeben. Gehen wir weiter davon aus, dass die Fabrik im ersten Jahr ihres Betriebs erwartungsgemäß €1 Million und im zweiten Betriebsjahr €0,5 Millionen *verlieren* wird. Danach wird sie bis zum 20. Jahr €0,96 Millionen jährlich einbringen und schließlich für einen Schrottwert von €1 Million verkauft werden, wie bisher geplant. (All diese Cashflows sind reale Beträge.) Nun sieht der Kapitalwert wie folgt aus:

$$\text{NBW} = -5 - \frac{5}{(1+R)} - \frac{1}{(1+R)^2} - \frac{0,5}{(1+R)^3} + \frac{0,96}{(1+R)^4} + \frac{0,96}{(1+R)^5} + \ldots + \frac{0,96}{(1+R)^{20}} + \frac{1}{(1+R)^{20}} \quad \textbf{(15.5)}$$

Nehmen wir an, der reale Zinssatz ist 4 Prozent. Sollte das Unternehmen die Fabrik bauen? Man kann überprüfen, dass der Kapitalwert negativ ist, also lohnt sich diese Investition nicht.

Beispiel 15.3: Der Wert einer New Yorker Taxilizenz

In Beispiel 9.5 wurde aufgezeigt, dass im Jahr 2011 die Anzahl der Taxilizenzen in New York ungefähr genauso hoch war wie im Jahr 1937, so dass der Preis einer Lizenz sich auf $880.000 belief. (An dieser Stelle sei daran erinnert, dass eine Lizenz eine Genehmigung ist, mit der die Verwendung eines Taxis zum Transport von Fahrgästen gestattet wird.) Die Lizenzen gehören den Taxiunternehmen, die erfolgreich Druck auf die Stadtverwaltung ausgeübt haben, die im Umlauf befindliche Anzahl zu beschränken, und dadurch den Preis hoch gehalten haben – allerdings um den Preis, dass es den Einwohnern der Stadt schwer gemacht wird, ein Taxi zu finden.

Eine Taxilizenz ermöglicht es dem Besitzer, ein Taxi an einen Fahrer zu vermieten und damit einen Gewinn aus dem Betrieb des Taxis zu erzielen. Ist der Gewinn aber hoch genug, um einen Wert einer Lizenz von $880.000 zu rechtfertigen? Um dies zu bestimmen, soll der Einkommensstrom berechnet werden, den ein Taxiunternehmen aus der Vermietung der Lizenz an einen oder mehrere Taxifahrer erzielen kann.

Das Taxiunternehmen stellt dem Fahrer eine Pauschalgebühr für die Nutzung der Lizenz in Rechnung, für diese Gebühr wird allerdings von der Stadt eine Obergrenze festgelegt. Im Jahr 2011 betrug die Gebühr $110 pro zwölfstündige Schicht oder $220 pro Tag. Unter der Annahme, dass das Taxi an 7 Tagen pro Woche und über 50 Wochen pro Jahr genutzt wird, würde das Taxiunternehmen (7)(50)($220) = $77.000 pro Jahr aus der Lizenz erzielen. Es existiert nur ein geringes Risiko (es besteht ▶

eine Taxiknappheit und damit ist es einfach, Fahrer zu finden, die bereit sind, die Lizenz zu mieten) und die gedeckelte Gebühr ist mit der Inflation gestiegen. Daher wäre ein Diskontsatz von 5 Prozent wahrscheinlich zur Diskontierung zukünftiger Einkommensströme angemessen. Unter der Annahme eines Zeithorizonts von 20 Jahren gestaltet sich der Barwert dieses Einkommensstroms damit wie folgt:

$$BW = \frac{70.000}{1,05} + \frac{70.000}{1,05^2} + \frac{70.000}{1,05^3} + ... + \frac{70.000}{1,05^{20}} = \$872.355$$

Damit steht ein Preis der Lizenz im Bereich von $880.000 im Einklang mit dem Einkommensstrom, den die Lizenz für das Taxiunternehmen generiert.

15.5 Risikoanpassungen

Wir sahen, dass ein risikofreier Zinssatz sich zur Diskontierung sicherer zukünftiger Cashflows eignet. Bei den meisten Projekten sind allerdings die zukünftigen Cashflows alles andere als sicher. Bei unserer Motorenfabrik müssen wir beispielsweise damit rechnen, dass zukünftige Kupferpreise, Nachfragen, Motorenpreise und sogar zukünftige Lohnsätze unsicher sind. Das Unternehmen kann also nicht sicher wissen, wie hoch die Gewinne aus der Fabrik in den nächsten 20 Jahren genau sein werden. Der genaueste Schätzwert könnte bei €960.000 pro Jahr liegen, tatsächlich können die Gewinne aber auch höher oder niedriger sein. Wie sollte das Unternehmen diese Unsicherheiten bei der Berechnung des Kapitalwerts der Investition berücksichtigen?

Eine gängige Methode ist die Erhöhung des risikofreien Diskontsatzes um eine **Risikoprämie**. Dabei geht man davon aus, dass die Besitzer des Unternehmens Risiken möglichst vermeiden wollen, was dazu führt, dass riskante zukünftige Cashflows weniger wert sind als sichere. Dieser Tatsache wird Rechnung getragen, indem man den Diskontsatz erhöht und dadurch den Kapitalwert der zukünftigen Cashflows vermindert. Wie hoch sollte jedoch diese Risikoprämie sein? Wir werden sehen, dass die Antwort auf diese Frage von der Art des Risikos abhängt.

Risikoprämie

Ein Geldbetrag, den eine risikoaverse Person bezahlt, um ein Risiko zu vermeiden.

15.5.1 Diversifizierbare und nichtdiversifizierbare Risiken

Der Aufschlag einer Risikoprämie auf den Diskontsatz muss mit Bedacht erfolgen. Wenn die Manager des Unternehmens im Interesse der Aktionäre handeln, müssen sie zwischen zwei Risikoarten unterscheiden – dem *diversifizierbaren* und dem *nichtdiversifizierbaren* Risiko.[12] Ein **diversifizierbares Risiko** kann dadurch eliminiert werden, dass man in viele verschiedene Projekte investiert oder Aktien vieler Unternehmen besitzt. Ein **nichtdiversifizierbares Risiko** dagegen kann dadurch nicht eliminiert werden. *Nur die nichtdiversifizierbaren Risiken beeinflussen die Opportunitätskosten des Kapitals und sollten in die Risikoprämie einfließen.*

Diversifizierbares Risiko

Ein Risiko, das dadurch eliminiert werden kann, dass man in viele verschiedene Projekte investiert oder Aktien vieler Unternehmen besitzt.

---

[12] Diversifizierbare Risiken werden auch nichtsystematische Risiken und nichtdiversifizierbare Risiken werden auch systematische Risiken genannt. Der einfache Aufschlag einer Risikoprämie auf den Diskontsatz muss nicht immer die richtige Art und Weise sein, mit Risiken umzugehen. Vergleiche z.B. Richard Brealey und Stewart Myers, „*Principles of Corporate Finance*", New York, McGraw-Hill, 2011.

> **Nichtdiversifizierbares Risiko**
>
> Ein Risiko, das nicht dadurch eliminiert werden kann, dass man in viele verschiedene Projekte investiert oder Aktien vieler Unternehmen besitzt.

Diversifizierbares Risiko Um dies zu verstehen, erinnern wir uns aus Kapitel 5, dass durch Diversifikation viele Risiken eliminiert werden können. So können wir beim Werfen einer Münze nicht vorher wissen, ob wir Kopf oder Zahl erhalten werden. Wir können jedoch mit ziemlicher Sicherheit sagen, dass bei tausend Würfen in etwa die Hälfte Kopf zeigen werden. Ebenso kann eine Versicherungsgesellschaft, die einem Kunden eine Lebensversicherung verkauft, nicht weiß, wie lange dieser Kunde leben wird. Indem sie jedoch Lebensversicherungen an Tausende von Menschen verkauft, kann die Gesellschaft mit ziemlicher Sicherheit den Prozentsatz der Kunden bestimmen, die jedes Jahr sterben werden.

Dasselbe gilt im Wesentlichen für Entscheidungen über eine Kapitalinvestition. Auch wenn der Gewinnfluss einer einzelnen Investition große Risiken bergen kann, wird das gesamte Risiko sehr viel geringer sein, wenn das Unternehmen in Dutzende von Projekten investiert (wie das die meisten großen Unternehmen tun). Und selbst wenn das Unternehmen nur in ein Projekt investiert, können immer noch die Aktionäre ihr Risiko diversifizieren, indem sie Aktien von einem Dutzend oder mehr verschiedenen Unternehmen halten – oder indem sie in einen Investmentfond investieren, der viele verschiedene Aktien enthält. So können die Aktionäre – die Besitzer des Unternehmens – ihr diversifizierbares Risiko eliminieren.

Da Investoren ihr diversifizierbares Risiko eliminieren können, können sie nicht erwarten, dafür einen höheren als den risikofreien Zinssatz zu erhalten. Niemand wird sie dafür bezahlen, dass sie ein unnötiges Risiko auf sich nehmen. Und tatsächlich liegen die Erträge von Anlagen, die nur diversifizierbare Risiken bergen, im Durchschnitt in der Nähe des risikofreien Zinssatzes. Erinnern wir uns nun, dass der Diskontsatz eines Projekts gleich den Opportunitätskosten *einer Investition in dieses Projekt und in kein anderes Projekt oder in eine andere Anlage mit ähnlichen Risikomerkmalen ist*. Wenn also alle Risiken dieses Projekts diversifizierbar sind, sind die Opportunitätskosten gleich dem risikofreien Zinssatz. *Es sollte keine Risikoprämie auf den Diskontsatz aufgeschlagen werden.*

Nichtdiversifizierbares Risiko Wie steht es mit dem nichtdiversifizierbaren Risiko? Stellen wir zunächst klar, wie es zu einem solchen Risiko kommen kann. Für eine Lebensversicherungsgesellschaft stellt die Gefahr eines großen Krieges ein nichtdiversifizierbares Risiko dar. Denn in einem Krieg kann die Sterberate drastisch ansteigen, und so kann das Unternehmen nicht weiterhin erwarten, dass eine „durchschnittliche" Anzahl ihrer Kunden jedes Jahr sterben wird, gleichgültig wie viele Kunden die Gesellschaft insgesamt hat. Folglich decken die meisten Versicherungspolicen, gleichgültig ob es dabei um Lebens-, Kranken- oder Sachversicherungen geht, keine Verluste aufgrund von Kriegshandlungen ab.

Bei Kapitalinvestitionen können nichtdiversifizierbare Risiken entstehen, wenn die Gewinne des Unternehmens stark von der allgemeinen wirtschaftlichen Lage abhängen. Liegt ein kräftiges Wirtschaftswachstum vor, so sind Unternehmensgewinne in der Regel höher. (Für unsere Elektromotorenfirma ist die Nachfrage nach Motoren wahrscheinlich hoch, also steigen auch die Gewinne.) Andererseits fallen die Gewinne meist im Zuge eines wirtschaftlichen Abschwungs. Da das zukünftige Wirtschaftswachstum unsicher ist, kann man nicht alle Risiken durch Diversifikation ausschalten. Die Investoren sollten also höhere Erträge erzielen, wenn sie dieses Risiko auf sich nehmen (und tun dies auch).

Wenn ein Projekt nichtdiversifizierbare Risiken birgt, sind auch die Opportunitätskosten einer Investition in dieses Projekt höher als der risikofreie Zinssatz, und es muss eine Risikoprämie aufgeschlagen werden. Betrachten wir nun, wie die Höhe dieser Risikoprämie bestimmt werden kann.

15.5.2 Das Capital Asset Pricing-Modell

Das **Capital Asset Pricing-Modell** (CAPM) misst die Risikoprämie einer Kapitalinvestition, indem der erwartete Ertrag aus dieser Investition mit dem erwarteten Ertrag des gesamten Aktienmarktes verglichen wird. Um dieses Modell zu verstehen, nehmen wir zunächst an, wir investierten (etwa in Form eines Investmentfonds) auf dem gesamten Aktienmarkt. In diesem Fall ist unsere Investition vollkommen diversifiziert und wir tragen kein diversifizierbares Risiko. Allerdings tragen wir nichtdiversifizierbare Risiken, denn der Aktienmarkt bewegt sich meist mit der gesamten Wirtschaftslage. (Der Aktienmarkt reflektiert erwartete zukünftige Gewinne, die teilweise von der Wirtschaftslage abhängig sind.) Folglich ist der erwartete Ertrag auf dem Aktienmarkt höher als der risikofreie Zinssatz. Wenn wir den erwarteten Ertrag auf dem Aktienmarkt mit r_m und den risikofreien Satz mit r_f bezeichnen, so ist die Risikoprämie des Marktes gleich $r_m - r_f$. Dies ist der zusätzliche erwartete Ertrag, den wir aufgrund des nichtdiversifizierbaren Risikos auf dem Aktienmarkt erzielen.

> **Capital Asset Pricing-Modell (CAPM)**
>
> Ein Modell, bei dem die Risikoprämie einer Kapitalinvestition von der Korrelation des Investitionsertrags mit dem Ertrag des gesamten Aktienmarktes abhängt.

Betrachten wir nun das nichtdiversifizierbare Risiko einer Anlage wie etwa den Aktien eines Unternehmens. Wir können das Risiko daran messen, wie stark der Anlageertrag mit dem Ertrag des Aktienmarktes insgesamt korreliert (d.h. in welchem Maß sich beide Erträge in gleicher Richtung bewegen). Die Aktien eines Unternehmens könnten beispielsweise fast keine Korrelation mit dem Gesamtmarkt aufweisen. Im Durchschnitt betrachtet würde sich der Kurs dieser Aktien unabhängig von der Bewegung des restlichen Marktes verändern, also beinhalten diese Aktien wenig bis kein nichtdiversifizierbares Risiko. Der Ertrag dieser Aktien sollte also etwa dem risikofreien Zinssatz entsprechen. Andere Aktien wiederum könnten stark mit dem Gesamtmarkt korrelieren, so dass deren Kursschwankungen noch stärker ausfallen als die Schwankungen des Marktes. Diese Aktien wären demnach mit einem beträchtlichen nichtdiversifizierbaren Risiko behaftet, das das Risiko des Gesamtmarktes vielleicht sogar übertrifft. Ist das der Fall, so wird der Durchschnittsertrag dieser Aktien den Marktertrag r_m übertreffen.

Das CAPM fasst diese Beziehung zwischen erwartetem Ertrag und Risikoprämie in folgender Gleichung zusammen:

$$r_i - r_f = \beta(r_m - r_f) \tag{15.6}$$

wobei r_i der erwartete Ertrag einer Anlage ist. Die Gleichung sagt aus, dass die Risikoprämie einer Anlage (ihr erwarteter Ertrag abzüglich des risikofreien Zinssatzes) proportional zur Risikoprämie des Marktes ist. Die Konstante der Proportionalität, β, bezeichnet man als **Beta-Faktor**. Sie misst die Empfindlichkeit, mit der der Anlageertrag auf Marktschwankungen reagiert, und damit das nichtdiversifizierbare Risiko der Anlage. Wenn eine einprozentige Aufwärtsbewegung des Marktes den Kurs der Anlage um 2 Prozent steigen lässt, ist Beta gleich 2. Wenn der der Anlage auf ein einprozentiges Marktwachstum mit einem Anstieg von einem Prozent reagiert, ist Beta gleich 1. Und wenn sich der Einzelkurs nach einem einprozentigen Marktwachstum gar nicht verändert, so ist Beta gleich null. Gleichung (15.6) zeigt, je größer Beta ist, desto größer ist auch der erwartete Ertrag der Anlage. Dies ist so, weil das diversifizierbare Risiko der Anlage damit höher ist.

> **Beta-Faktor**
>
> Eine Konstante, die die Empfindlichkeit des Ertrags einer Anlage auf Marktschwankungen und damit das nichtdiversifizierbare Risiko dieser Anlage misst.

Der Risiko-angepasste Diskontsatz Ist Beta gegeben, so können wir den korrekten Diskontsatz bestimmen, der für die Berechnung des Kapitalwerts einer Anlage verwendet werden muss. Dieser Diskontsatz ist der zu erwartende Ertrag dieser Anlage oder jeder anderen Anlage mit gleichem Risiko. Er ist also der risikofreie Zinssatz zuzüglich einer Risikoprämie, die das nichtdiversifizierbare Risiko berücksichtigt.

$$\text{Diskontsatz} = r_f + \beta(r_m - r_f) \qquad (15.7)$$

Im Verlauf der letzten 60 Jahre betrug die Risikoprämie auf dem Aktienmarkt, $(r_m - r_f)$ durchschnittlich 8 Prozent. Bei einem realen risikofreien Zinssatz von 4 Prozent und einem Beta von 0,6 wäre der korrekte Diskontsatz 0,04 + 0,60(0,08) = 0,09 oder 9 Prozent.

Wenn es sich bei der Anlage um eine Aktie handelt, kann Beta gewöhnlich statistisch geschätzt werden.[13] Wenn es sich bei der Anlage dagegen um eine neue Fabrik handelt, ist die Bestimmung von Beta schwieriger. Viele Unternehmen verwenden daher die Kapitalkosten des Unternehmens als (nominalen) Diskontsatz. Die **Kapitalkosten des Unternehmens** sind ein gewichteter Durchschnitt der erwarteten Erträge der Aktien des Unternehmens (die wiederum vom Beta des Unternehmens abhängen) und des Zinssatzes, den es für seine Kredite bezahlt. Diese Herangehensweise ist richtig, so lange die fragliche Kapitalinvestition für das gesamte Unternehmen typisch ist. Sie kann jedoch irreführend sein, wenn die Kapitalinvestition ein viel höheres oder viel geringeres nichtdiversifizierbares Risiko aufweist als das Unternehmen insgesamt. In diesem Fall könnte es sinnvoller sein, eine vernünftige Schätzung darüber abzugeben, wie stark die Einkünfte aus der Investition von der gesamten Wirtschaftslage abhängen werden.

Kapitalkosten eines Unternehmens

Gewichteter Durchschnitt des erwarteten Ertrages aus den Aktien eines Unternehmens und des Zinssatzes, den es für seine Kredite bezahlt.

Beispiel 15.4: Kapitalinvestitionen in der Wegwerfwindelbranche

In Beispiel 13.6 (Seite 695) betrachteten wir die Wegwerfwindelindustrie, die seit langem von Procter & Gamble mit einem Marktanteil von etwa 50 Prozent und von Kimberly-Clark mit weiteren 30-40 Prozent Marktanteil dominiert wird. Wir erklärten, dass die fortlaufenden F&E-Ausgaben (Ausgaben für Forschung und Entwicklung) diesen Unternehmen zu einem Kostenvorteil verholfen haben, der neue Markteintritte abschreckt. Nun werden wir die Kapitalinvestitionsentscheidung eines potenziellen Marktneulings untersuchen.

Nehmen wir an, wir überlegen, ob wir in diese Branche einsteigen sollen. Um bei Produktion, Werbung und Vertrieb Größenvorteile nutzen zu können, müssen wir drei Fabriken bauen, die jeweils $60 Millionen kosten, wobei die Baukosten sich auf drei Jahre verteilen. Wenn bei der Produktion alle verfügbaren Kapazitäten ausgeschöpft werden, können in allen drei Fabriken insgesamt 2,5 Milliarden Windeln pro Jahr hergestellt werden. Diese werden im Großhandel für ca. 16 Cent pro Stück ▶

---

[13] Man kann Beta mit Hilfe einer linearen Regression des Aktienertrages auf den Überschussertrag des Marktes $r_m - r_f$ schätzen. So würde man beispielsweise herausfinden, dass Beta für die Intel Corporation etwa gleich 1,4, Beta für Eastman Kodak etwa 0,8 und Beta für General Motors ca. gleich 0,5 ist.

verkauft, woraus sich Erlöse von etwa $400 Millionen pro Jahr ergeben. Wir können davon ausgehen, dass unsere variablen Kosten bei etwa $290 Millionen jährlich liegen werden, es ergibt sich also ein Nettoerlös von $110 Millionen pro Jahr.

Allerdings werden wir auch noch andere Ausgaben haben. Aufgrund der Erfahrungen von P&G und Kimberley-Clark müssen wir davon ausgehen, dass wir etwa $60 Millionen für F&E ausgeben müssen, um einen effizienten Fertigungsprozess zu entwickeln, und weitere $20 Millionen für F&E pro Produktionsjahr, um den Produktionsprozess kontinuierlich weiterentwickeln zu können. Wenn wir schließlich unter voller Kapazitätsauslastung produzieren, müssen wir damit rechnen, weitere $50 Millionen pro Jahr an Personalkosten für Verkauf, Werbung und Marketing ausgeben zu müssen. Nun beläuft sich der Nettobetriebsgewinn auf $40 Millionen jährlich. Die Fabriken werden 15 Jahre in Betrieb und danach veraltet sein.

Lohnt sich diese Investition? Um dies herauszufinden, wollen wir den Kapitalwert berechnen. Tabelle 15.6 enthält alle relevanten Daten. Wir nehmen an, dass die Produktion mit einer Kapazitätsauslastung von 33 Prozent beginnt, wenn die Fabriken im Jahr 2015 fertiggestellt sind. Wir nehmen auch an, dass die volle Kapazitätsauslastung innerhalb von zwei Jahren erreicht sein und dass die Produktion daraufhin bis zum Jahr 2030 durchlaufen wird. Angesichts der Nettocashflows lässt sich der Kapitalwert folgendermaßen berechnen:

$$\text{NBW} = -120 - \frac{93{,}4}{(1+R)} - \frac{56{,}6}{(1+R)^2} + \frac{40}{(1+R)^3} + \frac{40}{(1+R)^4} + \ldots + \frac{40}{(1+R)^{15}}$$

Tabelle 15.6 zeigt den Kapitalwert für Diskontsätze von 5, 10 und 15 Prozent.

Tabelle 15.6

Daten für Kapitalwertberechnung (in Millionen Dollar)

	Vor 2015	2015	2016	2017	…	2030
Verkäufe		133,3	266,7	400,0	…	400,0
– Variable Kosten		96,7	193,3	290,0	…	290,0
– Laufende F&E		20,0	20,0	20,0	…	20,0
– Vertrieb, Werbung und Verkaufsförderung		50,0	50,0	50,0	…	50,0
Betriebsgewinn		–33,4	3,4	40,0	…	40,0
– Baukosten	60,0	60,0	60,0			
– Anfängliche F&E	60,0					
Netto Cashflow	–120,0	–93,4	–56,6	40,0	…	40,0
Diskontsatz		0,05	0,10	0,15		
NBW		80,5	–16,9	–75,1		

Man erkenne, dass der Kapitalwert bei einem Diskontsatz von 5 Prozent positiv, bei Diskontsätzen von 10 und 15 Prozent dagegen negativ ist. Welches ist der richtige Diskontsatz? Zunächst haben wir die Inflation außer Acht gelassen, so dass der Diskontsatz ein *realer* Wert sein sollte. Zweitens sind die Cashflows mit Risiken verbunden, denn wir wissen nicht, wie effizient unsere Fabriken arbeiten werden, wie wirkungsvoll unsere Werbung und Verkaufsförderung sein wird und wir kennen auch die zukünftige Nachfrage nach Wegwerfwindeln nicht. Einige dieser Risiken sind nicht diversifizierbar. Um die Risikoprämie zu berechnen, verwenden wir ein Beta von 1, denn dieser Wert ist typisch für Hersteller von Konsumgütern dieser Art. Als risikofreien realen Zinssatz verwenden wir 4 Prozent, und 8 Prozent sei die Risikoprämie auf dem Aktienmarkt. Somit sollte unser Diskontsatz folgender sein:

$$R = 0{,}04 + 1(0{,}08) = 0{,}12$$

Bei diesem Diskontsatz ist der Kapitalwert klar negativ, also lohnt sich die Investition nicht. Wir werden nicht in die Windelbranche einsteigen und P&G und Kimberly-Clark können sich entspannt zurücklehnen. Es sollte uns jedoch nicht überraschen, dass diese beiden Unternehmen auf einem Markt Geld verdienen können, auf dem uns das nicht möglich ist. Ihre jahrelangen Erfahrungen und F&E-Investitionen (sie müssen keine $60 Millionen ausgeben, um neue Fabriken zu bauen), und ihr Markenname verhelfen ihnen zu einem Wettbewerbsvorteil, den ein neuer Konkurrent nur sehr schwer überwinden könnte.

15.6 Investitionsentscheidungen von Verbrauchern

Wir haben gesehen, wie Unternehmen zukünftige Cashflows bewerten und daraufhin entscheiden, ob sie in langlebiges Kapital investieren wollen. Auch die Verbraucher müssen ähnliche Entscheidungen treffen, wenn sie dauerhafte Güter wie Autos oder größere Haushaltsgeräte anschaffen wollen. Anders als die Kaufentscheidung von Lebensmitteln, Unterhaltung oder Kleidung geht es bei der Kaufentscheidung eines dauerhaften Gutes darum, den *zukünftigen* Nutzen mit den *heutigen* Anschaffungskosten zu vergleichen.

Nehmen wir an, wir müssen entscheiden, ob wir uns ein neues Auto kaufen sollen. Wenn wir das Auto sechs oder sieben Jahre behalten, wird ein Großteil des Nutzens (ebenso wie ein Großteil der Unterhaltskosten) in der Zukunft anfallen. Deshalb müssen wir den zukünftigen Strom des Nettonutzens, der sich aus dem Besitz des Autos ergibt, (die Vorteile eines Transportmittels abzüglich der Kosten für Versicherung, Wartung und Benzin) mit dem Kaufpreis des Autos vergleichen. Ebenso müssen wir bei der Kaufentscheidung einer neuen Klimaanlage ihren Kaufpreis mit dem Gegenwartswert des zukünftigen Stroms des Nettonutzens (die Vorteile einer kühlen Wohnung abzüglich den Stromkosten) vergleichen.

Mit diesen Problemen verhält es sich genauso wie mit dem Problem eines Unternehmens, das zukünftige Gewinnströme mit den aktuellen Kosten für Bau und Ausstattung vergleichen muss, wenn es eine Kapitalinvestitionsentscheidung trifft. Wir können daher diese Probleme ebenso analysieren, wie das Investitionsproblem des Unternehmens. Wenden wir diese Analyse also auf die Frage an, ob ein Verbraucher ein neues Auto kaufen soll oder nicht.

Der Hauptnutzen aus dem Besitz eines Autos ist die Transportdienstleistung, die es bietet. Der Wert dieser Dienstleistung variiert von Verbraucher zu Verbraucher. Nehmen wir an, unser Konsument misst dieser Dienstleistung den Wert S Euro pro Jahr bei. Nehmen wir auch an, dass sich die Gesamtausgaben für den Unterhalt (Versicherung, Wartung und Benzin) auf E Euro pro Jahr belaufen, dass das Auto €20.000 kostet und dass sein Wiederverkaufswert nach 6 Jahren bei €4.000 liegt.

Nun können wir die Kaufentscheidung in Form einer Kapitalwertberechnung ausdrücken:

$$\text{NBW} = -20.000 + (S-E) + \frac{(S-E)}{(1+R)} + \frac{(S-E)}{(1+R)^2} + \ldots + \frac{(S-E)}{(1+R)^6} + \frac{4.000}{(1+R)^6} \quad (15.8)$$

Welchen Diskontsatz R sollte der Verbraucher anwenden? Er sollte nach dem gleichen Prinzip vorgehen wie das Unternehmen. Der Diskontsatz ist gleich den Opportunitätskosten des Geldes. Wenn der Konsument bereits €20.000 hat und keinen Kredit aufnehmen muss, so ist der korrekte Diskontsatz der Ertrag, den er erzielen könnte, indem er das Geld anderweitig anlegt – etwa in Form einer Spareinlage oder einer Staatsanleihe. Verschuldet sich der Konsument andererseits, so entspricht der Diskontsatz dem Schuldzins, den er bereits bezahlt. Da dieser Zinssatz wahrscheinlich sehr viel höher ist, als der Zinssatz einer Spareinlage oder einer Staatsanleihe, wird auch der Kapitalwert geringer sein.

Verbraucher müssen sich oft auf einen Tradeoff zwischen Vorauszahlungen und zukünftigen Zahlungen einlassen. Ein Beispiel hierfür ist die Entscheidung, ob ein neues Auto gekauft oder geleast werden soll. Nehmen wir an, wir können einen neuen Toyota Corolla für €15.000 kaufen und ihn nach 6 Jahren für €6.000 wieder verkaufen. Alternativ könnten wir das Auto für €300 monatlich 3 Jahre lang leasen und es dann wieder zurückgeben. Was ist besser – Kauf oder Leasing? Wieder hängt die Antwort vom Zinssatz ab. Ist der Zinssatz sehr gering, so ist es besser, das Auto zu kaufen, weil der Gegenwartswert zukünftiger Leasingzahlungen sehr hoch ist. Ist der Zinssatz dagegen hoch, so ist es besser zu leasen, da der Gegenwartswert der zukünftigen Leasingzahlungen gering ist.

Beispiel 15.5: Die Auswahl einer Klimaanlage und eines neuen Autos

Beim Kauf einer neuen Klimaanlage muss man sich auf einen Trade-off einlassen. Einige Klimaanlagen sind preisgünstiger als andere, sind aber auch weniger effizient – sie verbrauchen sehr viel Strom bei relativ geringer Leistung. Andere sind teurer aber auch leistungsfähiger. Sollte man eine ineffiziente Klimaanlage kaufen, die zwar weniger kostet, deren zukünftige Betriebskosten aber höher sein werden? Oder sollte man sich für eine effiziente Anlage entscheiden, die heute mehr kostet, dafür aber niedrigere Betriebskosten hat?

Nehmen wir an, wir vergleichen Klimaanlagen mit vergleichbarer Kühlleistung, die also denselben Nutzenstrom erzeugen. Wir können also den diskontierten Gegenwartswert ihrer Kosten vergleichen. Unter Annahme einer 8-jährigen Lebensdauer ohne Wiederverkauf lässt sich der Barwert der Kosten aus Kauf und Betrieb der Klimaanlage folgendermaßen berechnen:

$$\text{BW} = C_i + OC_i + \frac{OC_i}{(1+R)} + \frac{OC_i}{(1+R)^2} + \ldots + \frac{OC_i}{(1+R)^8}$$

▶

wobei C_i der Kaufpreis der Klimaanlage i und OC_i die durchschnittlichen jährlichen Betriebskosten sind.

Welche Klimaanlage vorzuziehen ist, hängt von unserem Diskontsatz ab. Wenn wir wenig Bargeld zur Verfügung haben und uns Geld leihen müssen, sollten wir einen hohen Diskontsatz heranziehen. In diesem Fall würden wir uns wahrscheinlich für eine preisgünstigere aber auch weniger effiziente Anlage entscheiden, da dadurch der Gegenwartswert der zukünftigen Betriebskosten gering ausfällt. Haben wir jedoch genügend Bargeld zur Verfügung, sind unsere Opportunitätskosten für dieses Geld (und damit unser Diskontsatz) relativ niedrig, und wir würden uns höchstwahrscheinlich für eine teurere Anlage entscheiden.

Eine ökonometrische Studie, die das Kaufverhalten privater Haushalte in den USA am Beispiel von Klimaanlagen untersucht, zeigt, dass viele Verbraucher ihre Kapitalkosten und die erwarteten zukünftigen Betriebskosten auf eben diese Weise gegeneinander abwägen, auch wenn die Diskontsätze, die dabei verwendet werden relativ hoch sind – für die Gesamtbevölkerung liegen sie im Durchschnitt bei 20 Prozent.[14] (Amerikanische Verbraucher scheinen kurzsichtig zu handeln, indem sie zukünftige Einsparungen zu stark diskontieren.)

Die Studie belegt auch, dass die verwendeten Diskontsätze der Verbraucher in einem inversen Zusammenhang mit ihrem Einkommen stehen. So verwendeten Personen, die über ein überdurchschnittlich hohes Einkommen verfügen, Diskontsätze von etwa 9 Prozent, während Personen, deren Einkommen sich im unteren Bereich des Spektrums bewegt, Diskontsätze von 39 Prozent oder mehr heranzogen. Dieses Ergebnis entspricht unseren Erwartungen, denn Personen mit höheren Einkommen haben in der Regel mehr Bargeld zur freien Verfügung und daher geringere Opportunitätskosten des Geldes.

Der Kauf eines neuen Autos ist mit einem ähnlichen Trade-off verbunden. So kann ein Auto zwar weniger kosten als ein anderes, ersteres ist dann aber entsprechend weniger effizient beim Spritverbrauch und ist auch teurer in Wartung und Reparatur, so dass die erwarteten zukünftigen Unterhaltskosten höher sind. Ebenso wie bei der Klimaanlage kann auch hier ein Verbraucher zwei oder mehr Autos vergleichen, indem er den diskontierten Gegenwartswert des jeweiligen Kaufpreises und der erwarteten jährlichen Durchschnittsunterhaltskosten berechnet. Eine ökonometrische Studie zum Thema Autokauf ergab, dass viele Verbraucher tatsächlich den Kaufpreis und die erwarteten Unterhaltskosten auf diese Weise gegeneinander abwägen.[15] Dieser Studie zufolge lag der durchschnittliche Diskontsatz aller Verbraucher im Bereich von 11 bis 17 Prozent. Diese Schätzwerte sind weit geringer als die geschätzten Diskontwerte, die beim Kauf von Klimaanlagen angewendet werden. Dies liegt wahrscheinlich daran, dass Kredite für den Kauf eines Neuwagens relativ leicht zu bekommen sind.

---

14 Vergleiche Jerry A. Hausman, Individual Discount Rates and the Purchase and Utilization of Energy-Using Durables, *Bell Journal of Economics* 10, Frühling 1979, 33–54.

15 Vergleiche Mark K. Dreyfus und W. Kip Viscusi, Rates of Time Preference and Consumer Valuations of Automobile Safety and Fuel Efficiency, *Journal of Law and Economics* 38, April 1995, 79–105.

15.7 Investitionen in Humankapital

Bisher haben wir analysiert, wie Unternehmen und Verbraucher entscheiden können, ob sie in materielles Kapital – Gebäude und Ausrüstung im Fall eines Unternehmens und Gebrauchsgüter wie Autos und Haushaltsgeräte im Fall des Konsumenten – investieren sollen. Wir haben gesehen, wie sich die Kapitalwertregel in diesen Situationen anwenden lässt: Man sollte investieren, wenn der Gegenwartswert der Gewinne aus der Investition den Gegenwartswert der Kosten übersteigt.

Einige sehr wichtige Investitionsentscheidungen betreffen allerdings nicht materielles Kapital, sondern *Humankapital*. Da der Leser sich mit diesem Buch beschäftigt, investiert er gerade in diesem Moment in sein eigenes Humankapital.[16] Durch das Studium der Mikroökonomie, vielleicht im Rahmen eines Universitätsstudiums, erwirbt der Leser wertvolle Kenntnisse und Fähigkeiten, die ihn in der Zukunft produktiver werden lassen.

Humankapital bezeichnet *Wissen, Fähigkeiten und Erfahrung, die einer Einzelperson mehr Produktivität verleihen und es ihr ermöglichen, im Laufe ihres Lebens höhere Einkünfte zu erzielen*. Wer ein College oder die Universität besucht, eine besondere Ausbildung macht oder sich im Beruf weiterbildet, investiert in sein Humankapital. Es ist sehr wahrscheinlich, dass sich das investierte Geld, die Zeit und die Mühe, die man in sein Humankapital steckt, in Form von anspruchsvolleren oder besser bezahlten Arbeitsmöglichkeiten auszahlen wird.

Wie sollte sich eine Einzelperson entscheiden, ob sie in Humankapital investieren sollte oder nicht? Zur Beantwortung dieser Frage können wir die gleiche Kapitalwertregel anwenden, die wir auch beim materiellen Kapital benutzten.

Nehmen wir beispielsweise an, dass wir uns nach Abschluss des Gymnasiums entscheiden müssten, ob wir ein vierjähriges Universitätsstudium aufnehmen oder stattdessen sofort zu arbeiten beginnen sollen. Um die Situation so einfach wie möglich zu halten, wollen wir die Entscheidung aus rein finanzieller Sicht analysieren und jegliche positive oder negative Nebeneffekte des Studiums (z.B. in Form von Studentenpartys oder Prüfungen) außer Acht lassen. Wir werden den NBW von Kosten und Nutzen eines Universitätsabschlusses berechnen.

Der Kapitalwert eines Universitätsstudiums Ein Universitätsstudium ist mit zwei wesentlichen Kostenfaktoren verbunden. Da man studiert und nicht arbeitet, entstehen Opportunitätskosten in Form der verlorenen Gehälter, die man verdient hätte, wenn man gearbeitet hätte. Für einen typischen High-School-Absolventen in den USA könnten sich diese verlorenen Gehälter auf geschätzte $20.000 pro Jahr belaufen. Der zweite wichtige Kostenfaktor betrifft Studiengebühren, sowie Kosten für Wohnung und Verpflegung und Studienmaterial (z.B. dieses Buch). Besonders in den USA gibt es große Unterschiede zwischen den Studiengebühren und den Kosten für Wohnung und Verpflegung, je nachdem ob man ein staatliches oder ein privates College besucht, und ob man zuhause oder auf dem Campus wohnt. Auch Stipendien spielen natürlich eine Rolle. Auch hier wollen

> **Humankapital**
>
> Wissen, Fähigkeiten und Erfahrung, die einer Einzelperson mehr Produktivität verleihen und es ihr ermöglichen, im Laufe ihres Lebens höhere Einkünfte zu erzielen.

---

[16] Natürlich kann es auch sein, dass der Leser dieses Buch so amüsant findet, dass er es aus reinem Vergnügen liest.

wir von geschätzten $20.000 Kosten pro Jahr ausgehen. (Die meisten staatlichen Schulen sind zwar günstiger, viele private Universitäten dafür aber sehr viel teurer.) Wir nehmen also an, dass die gesamten wirtschaftlichen Kosten eines College-Studiums, das in den USA 4 Jahre dauert, $40.000 jährlich betragen.

Ein wesentlicher Vorteil einer College-Ausbildung ist die Möglichkeit, damit im gesamten anschließenden Berufsleben höhere Einkünfte zu erzielen. In den USA verdient ein College-Absolvent durchschnittlich etwa $20.000 mehr pro Jahr als ein High School-Absolvent. In der Praxis ist diese Einkommensdifferenz während der ersten 5 bis 10 Jahre nach dem Studium am größten und wird danach immer geringer. Zur Vereinfachung nehmen wir aber an, dass diese Differenz von $20.000 über 20 Jahre konstant bleibt. In diesem Fall beträgt der Nettobarwert eines College-Studiums (in $1.000)

$$\text{NBW} = -40 - \frac{40}{(1+R)} - \frac{40}{(1+R)^2} - \frac{40}{(1+R)^3} + \frac{20}{(1+R)^4} + \ldots + \frac{20}{(1+R)^{23}}$$

> In § 15.4 beschäftigen wir uns mit realen und nominalen Diskontsätzen und erklären, dass der reale Diskontsatz dem nominalen Diskontsatz abzüglich der erwarteten Inflationsrate entspricht.

Welchen Diskontsatz, R, sollten wir zur Berechnung des NBW heranziehen? Da wir von konstanten Kosten über die Jahre ausgehen, ignorieren wir damit automatisch die Inflation. Deshalb sollten wir einen *realen* Diskontsatz verwenden. In diesem Fall wäre ein angemessener realer Diskontsatz etwa 5 Prozent. Dieser Satz würde die Opportunitätskosten des Geldes für viele Haushalte widerspiegeln – den Ertrag also, den man erzielen könnte, wenn man in andere Vermögenswerte als in Humankapital investiert. Wir können überprüfen, dass der NBW in diesem Fall etwa $66.000 beträgt. Bei einem Diskontsatz von 5 Prozent ist es also – zumindest aus rein finanzieller Sicht – eine gute Entscheidung, in ein College-Studium zu investieren.

> In § 8.7 erklären wir, dass ein wirtschaftlicher Gewinn von null bedeutet, dass ein Unternehmen einen kompetitiven Ertrag aus seiner Investition erzielt.

Obwohl der NBW einer College-Ausbildung positiv ist, ist er doch nicht sehr groß. Warum ist der finanzielle Ertrag eines Studiums nicht höher? Das liegt daran, dass in den USA heute ein College-Studium für die Mehrzahl aller High-School-Absolventen zugänglich ist.[17] Anders ausgedrückt ist eine College-Ausbildung eine Investition mit nahezu freiem Zutritt. Wie wir in Kapitel 8 sahen, sollten wir auf Märkten mit freiem Zutritt von einem wirtschaftlichen Gewinn von null ausgehen. Das bedeutet, dass Investitionen einen kompetitiven Ertrag erbringen. Natürlich bedeutet ein geringer wirtschaftlicher Ertrag nicht, dass man sein College-Studium nun nicht beenden sollte – es bietet neben den höheren zukünftigen Einkünften noch viele weitere Vorteile.

---

17 Das heißt allerdings nicht, dass jeder High-School-Absolvent das College seiner Wahl besuchen kann. Einige Colleges sind sehr selektiv und verlangen gute Übertrittsnoten und einen guten Einstufungstest. Die meisten Colleges bieten jedoch der Mehrzahl der High-School-Absolventen die Möglichkeit, ein Studium abzuschließen. Wie wir in Beispiel 2.1 sahen, sind gegenwärtig über 13 Millionen Studenten in amerikanischen Colleges zum Studium eingeschrieben.

15.7 Investitionen in Humankapital

Beispiel 15.6: Lohnt sich ein MBA-Abschluss?

Bestimmt denken viele Leser dieses Buches darüber nach, eventuell ein MBA-Studium in Angriff zu nehmen, oder sie stecken schon mitten drin. Dieser ursprünglich US-amerikanische Universitätsabschluss erlangt auch in Europa und besonders in Deutschland zunehmende Bedeutung. Lohnt sich aber ein solcher Abschluss auch? Vielleicht kann die folgende Analyse bei dieser Entscheidung etwas Hilfestellung geben.

In den allermeisten Fällen bedeutet ein MBA-Abschluss eine – nicht selten erhebliche – Steigerung der Einkünfte. Tabelle 15.7 zeigt Schätzwerte der durchschnittlichen Gehälter vor und nach dem MBA-Studium für 32 Universitäten (24 in den Vereinigten Staaten und 8 in anderen Ländern)[18]. Wir können sehen, dass die Einkommenssteigerung teilweise dramatisch ausfallen. Allerdings müssen wir immer bedenken, dass Tabelle 15.7 nicht alle MBA-Programme der USA zeigt. Da die Liste besonders viele der Top-MBA-Programme enthält und da die Gehälter meist auf Angaben der Absolventen selbst beruhen, überzeichnet sie wahrscheinlich die durchschnittlichen MBA-Gehälter aller Absolventen landesweit. Für die gesamten Vereinigten Staaten beläuft sich eine grobe Schätzung der Durchschnittsgehälter von Studenten, die kurz vor dem MBA-Studium stehen, auf etwa $45.000 pro Jahr. Der durchschnittliche *Gehaltszuwachs nach dem MBA beträgt etwa $30.000 pro Jahr. Für unsere einfache Analyse gehen wir davon aus, dass diese $30.000 über 20 Jahre hinweg konstant bestehen bleiben.*

In den USA dauert ein MBA-Studium normalerweise zwei Jahre und kostet etwa $45.000 pro Jahr. (Nur sehr wenige MBA-Studenten erhalten ein Stipendium.) Zusätzlich zu Studiengebühren und anderen Ausgaben muss man unbedingt auch die Opportunitätskosten der verlorenen Gehälter während des Studiums berücksichtigen, weitere $45.000 pro Jahr. Der NBW dieser Investition lautet daher

$$\text{NBW} = -90 - \frac{90}{(1+R)} + \frac{90}{(1+R)^2} + \ldots + \frac{90}{(1+R)^{21}}$$

Wir können nachprüfen, dass der NBW bei einem realen Diskontsatz von 5 Prozent etwa $180.000 beträgt. ▶

---

[18] Die Daten geben das Durchschnittsgehalt von Studenten, die ihren MBA im Jahr 2007 abgeschlossen hatten, im Jahr 2011 an. Sie gelten für die 100 besten Wirtschaftshochschulen in der *Financial Times* (http://rankings.ft.com/businessschoolrankings/global-mba-rankings-2011).

Tabelle 15.7

Gehälter vor und nach einem MBA-Abschluss

Universität	Gehalt vor dem MBA	Durchschnittliches Gehalt 3 Jahre nach dem MBA
Universität Stanford	$84.998	$182.746
Universität Pennsylvania: Wharton	$78.544	$175.153
Harvard Business School	$79.082	$170.817
Columbia Business School	$77.127	$167.366
MIT Sloan School of Management	$71.653	$153.353
Dartmouth College: Tuck	$73.114	$155.732
Universität Chicago	$72.904	$152.370
Yale School of Management	$65.000	$151.451
Northwestern University: Kellogg	$71.889	$143.777
Cornell University: Johnson	$67.852	$140.454
New York University: Stern	$63.195	$138.398
UCLA: Anderson	$66.459	$136.906
Duke University: Fuqua	$65.820	$136.248
University of Michigan	$65.788	$130.082
University of Virginia	$64.397	$130.082
Carnegie Mellon	$63.509	$127.018
Georgetown University	$60.817	$126.500
University of Texas at Austin	$61.359	$118.422
University of Southern California	$62.701	$116.624
Vanderbilt University: Owen	$55.886	$114.567
Indiana University: Kelley	$60.497	$112.524
University of Rochester: Kelley	$52.965	$111.226
Pennsylvania State University	$58.556	$110.085
Purdue University: Krannert	$51.676	$100.252

15.7 Investitionen in Humankapital

Gehälter vor und nach einem MBA-Abschluss (Fortsetzung)

Universität	Gehalt vor dem MBA	Durchschnittliches Gehalt 3 Jahre nach dem MBA
Internationale Wirtschaftshochschulen		
Indian Institute of Management, Ahmedabad (Indien)	$69.222	$174.440
Insead (Frankreich/Singapor)	$71.141	$147.974
London Business School	$63.074	$146.332
International Institute for Management Development (MD) (Schweiz)	$77.005	$145.539
Universität Cambridge: Judge (GB)	$67.400	$134.475
Hong Kong UST Business School (China)	$55.097	$133.334
HEC Paris (Frankreich)	$59.848	$123.287
Incae Business School (Costa Rica)	$43.307	$89.212

Daten aus The Financial Times, Ltd., Global MBA Rankings 2011
(http://rankings.ft.com/businessschoolrankings/global-mba-rankings-2011)

Warum ist die Auszahlung von MBA-Abschlüssen, wie oben in Tabelle 15.7 aufgeführt, so viel höher als die Auszahlung eines vierjährigen Grundstudiums? Das liegt daran, dass der Zutritt zu vielen MBA-Programmen (und besonders die in Tabelle 15.7 aufgelisteten Programme) selektiv und schwierig ist. Das Gleiche gilt für andere weiterführende Studiengänge wie etwa Jura oder Medizin.) Da es viel mehr Bewerber als MBA-Studienplätze gibt, bleibt der Ertrag des Abschlusses hoch.

Sollten wir also ein MBA-Studium machen? Wie wir gerade sahen, ist der finanzielle Teil der Entscheidung einfach: die Investition ist zwar kostspielig, der Ertrag aber sehr hoch. Natürlich gibt es auch noch andere Faktoren, die eine solche Entscheidung beeinflussen. Einige Studenten finden die Kurse, die sie im Rahmen des Programms belegen (besonders die Volkswirtschaft) sehr interessant. Andere sind von den Studieninhalten weniger begeistert. Außerdem gibt es da noch die Zweifel, ob das Grundstudium und die Ergebnisse des Einstufungstests gut genug sind, damit diese besondere Investition in Humankapital eine machbare Alternative ist. Viele entscheiden sich auch einfach lieber für einen anderen Berufszweig, gleichgültig ob dieser nun gewinnbringender ist oder nicht. Es bleibt dem Leser überlassen, die Erträge einer Investition in eine Ausbildung in den Bereichen Kunst, Jura oder Lehre zu errechnen.

*15.8 Intertemporale Produktionsentscheidungen – erschöpfbare Rohstoffe

Produktionsentscheidungen sind oft auch *intertemporal* von Bedeutung –, denn die heutige Produktion wirkt sich auf die Verkaufszahlen und die Kosten der Zukunft aus. Die Lernkurve, die wir in Kapitel 7 behandelten, ist dafür ein Beispiel. Durch die heutige Produktion sammelt das Unternehmen Erfahrung, die die zukünftigen Kosten verringert. In diesem Fall ist die heutige Produktion zum Teil eine Investition in zukünftige Kostenreduktionen, und beim Vergleich der Kosten und Nutzen muss dieser Aspekt mit berücksichtigt werden. Ein weiteres Beispiel ist die Produktion erschöpfbarer Ressourcen. Wenn der Eigentümer einer Ölquelle heute Öl fördert, steht für die zukünftige Förderung weniger Öl zur Verfügung. Dies muss bei der Entscheidung über die Produktionsmenge mit in Betracht gezogen werden.

In solchen Fällen muss man bei Produktionsentscheidungen Kosten und Nutzen von heute mit den Kosten und Nutzen der Zukunft vergleichen. Auch bei diesen Entscheidungen können wir das Prinzip des diskontierten Gegenwartswerts anwenden. Hierbei werden wir uns genauer mit erschöpfbaren Ressourcen befassen, jedoch gilt das gleiche Prinzip auch für andere intertemporale Produktionsentscheidungen.

> Erinnern wir uns aus § 7.6, dass angesichts der Lernkurve die Produktionskosten eines Unternehmens mit der Zeit sinken, denn sowohl Manager als auch Arbeiter werden erfahrener und effektiver bei der Nutzung der verfügbaren Maschinen und Ausrüstungen.

15.8.1 Die Produktionsentscheidung eines einzelnen Rohstoffproduzenten

Nehmen wir an, unser reicher Onkel schenkt uns eine Ölquelle. Die Quelle fasst 1.000 Barrel Öl, die zu konstanten Durchschnitts- und Grenzkosten von €10 pro Barrel gefördert werden können. Sollten wir das ganze verfügbare Öl heute fördern, oder sollten wir es für die Zukunft sparen?[19]

Man könnte denken, die Antwort auf diese Frage hängt davon ab, wie viel Gewinn wir durch die Ölförderung erzielen können. Warum sollten wir das Öl also nicht einfach dann fördern, wenn der Ölpreis die Förderkosten übersteigt? Dies lässt jedoch die Opportunitätskosten außer Acht, die zu berücksichtigen sind, wenn wir das Öl heute verbrauchen, so dass es in der Zukunft nicht mehr zur Verfügung steht.

Also hängt die richtige Antwort auf unsere Frage nicht vom gegenwärtigen Gewinnniveau, sondern von unseren Erwartungen bezüglich eines Anstiegs des Ölpreises ab. Öl im Boden ist wie Geld auf der Bank. Man sollte es dann im Boden belassen, wenn es einen Ertrag erbringt, der mindestens so hoch ist wie der gegenwärtige Marktzins. Wenn wir also davon ausgehen, dass der Ölpreis konstant bleibt oder nur langsam ansteigt, wäre es besser, das gesamte Öl jetzt zu fördern und zu verkaufen und den Erlös auf dem Markt anzulegen. Wenn wir jedoch davon ausgehen, dass der Ölpreis schnell steigen wird, sollten wir es im Boden belassen.

Wie schnell muss der Ölpreis steigen, damit wir uns dafür entscheiden, das Öl im Boden zu belassen? Der Wert jedes Barrels Öl in unserer Quelle entspricht dem Ölpreis abzüglich der €10 Förderkosten. (Dies ist also der Gewinn, den wir erzielen können, wenn wir jedes Barrel fördern und verkaufen.) Dieser Wert muss mindestens so schnell steigen wie der Marktzins, damit wir das Öl im Boden lassen. Unsere Regel für die Pro-

---

[19] Bei den meisten Ölquellen sind Grenz- und Durchschnittskosten in der Realität nicht konstant, und es wäre äußerst kostspielig, das ganze Öl in kurzer Zeit zu fördern. Diese zusätzliche Schwierigkeit werden wir hier vernachlässigen.

duktionsentscheidung lautet also folgendermaßen. *Wir sollten unser gesamtes Öl im Boden belassen, wenn wir davon ausgehen, dass der Ölpreis abzüglich der Förderkosten schneller steigt als der Marktzins. Wir sollten das ganze Öl fördern und verkaufen, wenn wir erwarten, dass der Ölpreis abzüglich der Förderkosten langsamer steigt als der Marktzins.* Was aber sollen wir tun, wenn wir davon ausgehen, dass der Ölpreis abzüglich Förderkosten und der Marktzins genau gleich schnell steigen werden? Dann spielt es für uns keine Rolle, ob wir das Öl fördern oder es im Boden belassen. Wenn P_t der Ölpreis dieses Jahres, P_{t+1} der Ölpreis des nächsten Jahres und c die Förderkosten sind, können wir diese Produktionsregel folgendermaßen ausdrücken:

Wenn $(P_{t+1} - c) > (1 + R)(P_t - c)$, lassen wir das Öl im Boden.

Wenn $(P_{t+1} - c) < (1 + R)(P_t - c)$, verkaufen wir das gesamte Öl jetzt.

Wenn $(P_{t+1} - c) = (1 + R)(P_t - c)$, spielt es keine Rolle, was wir tun.

Unter Verwendung unserer Erwartungen bezüglich der Wachstumsrate des Ölpreises können wir anhand dieser Regel entscheiden, ob wir das Öl fördern sollen oder nicht. Aber wie sollen wir das Wachstum des Ölpreises in der Zukunft einschätzen?

15.8.2 Das Verhalten des Marktpreises

Nehmen wir an, es gäbe kein OPEC-Kartell, und der Ölmarkt bestünde aus vielen kompetitiven Produzenten, die, wie wir, eine Ölquelle besitzen. In diesem Fall können wir ermitteln, wie schnell der Ölpreis wahrscheinlich steigen wird, indem wir die Produktionsentscheidungen anderer Produzenten berücksichtigen. Wenn auch die anderen Produzenten den höchstmöglichen Ertrag erzielen möchten, werden sie dieselbe Regel anwenden, die wir oben aufgestellt haben. Das bedeutet, dass *der Ölpreis abzüglich der Grenzkosten genauso schnell steigen muss wie der Marktzins.*[20] Um zu sehen, warum dies so ist, nehmen wir zunächst an, der Ölpreis ohne Produktionskosten steigt schneller an als der Marktzins. In diesem Fall würde kein Produzent sein Öl verkaufen. Dies wiederum würde den Marktpreis unweigerlich nach oben treiben. Wenn andererseits der Ölpreis ohne Produktionskosten langsamer steigt als der Marktzins, würden alle Produzenten versuchen, ihre gesamte Ölmenge sofort zu verkaufen, was den Marktpreis natürlich drücken würde.

Abbildung 15.4 zeigt, wie der Marktpreis steigen muss. Die Grenzkosten der Ölförderung sind gleich GK, und Ölpreis und -gesamtmenge entsprechen ursprünglich P_0 und Q_0. Teil (a) zeigt den Nettopreis, $P - GK$, der ebenso schnell ansteigt wie der Marktzins. Teil (b) zeigt, dass mit steigendem Preis die nachgefragte Menge sinkt. Dies setzt sich fort, bis zum Zeitpunkt T, wenn das gesamte Öl verbraucht ist und der Preis P_T so hoch ist, dass die Nachfrage genau gleich null ist.

---

[20] Diese Regel wird als Hotelling-Regel bezeichnet, da sie zuerst von Harold Hotelling aufgestellt wurde in The Economics of Exhaustible Resources, *Journal of Political Economy* 39, April 1931, 137–175.

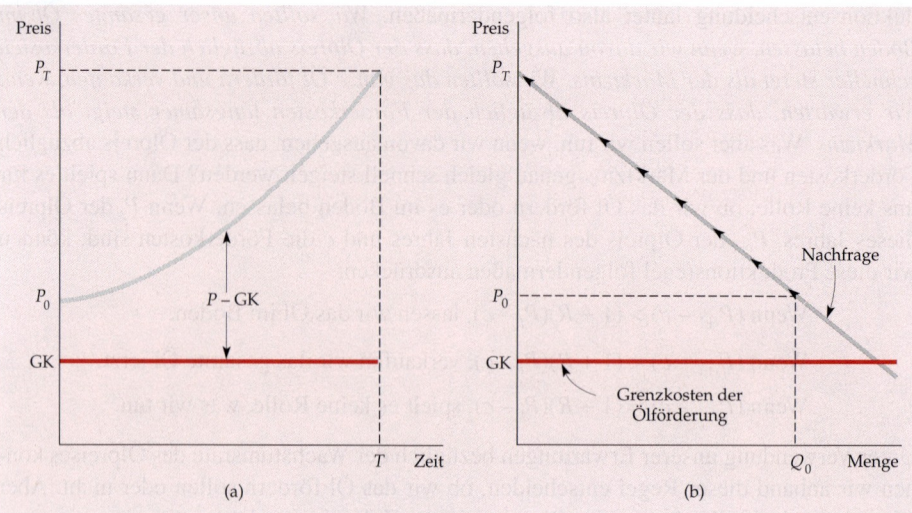

Abbildung 15.4: Der Preis eines erschöpfbaren Rohstoffs
In Teil **(a)** wird ein Preis angezeigt, der im Laufe der Zeit immer weiter steigt. Ressourcen im Boden müssen einen Ertrag erzielen, der dem Ertrag anderer Vermögenswerte entspricht. Daher wird auf einem Wettbewerbsmarkt der Preis abzüglich der Grenzkosten der Produktion genauso schnell steigen wie der Marktzins. Teil **(b)** zeigt die Bewegung entlang der Nachfragekurve aufwärts angesichts steigender Preise.

15.8.3 Nutzungskosten

In Kapitel 8 sahen wir, dass ein Wettbewerbsunternehmen immer bis zu dem Punkt produziert, an dem der Preis den Grenzkosten entspricht. Auf einem Wettbewerbsmarkt für einen erschöpfbaren Rohstoff *übersteigt* der Preis die Grenzkosten (und die Differenz zwischen Preis und Grenzkosten wird im Laufe der Zeit immer größer). Widerspricht das dem, was wir in Kapitel 8 gelernt haben?

Hier liegt kein Widerspruch vor, denn wir müssen berücksichtigen, dass die *gesamten* Grenzkosten der Produktion einer erschöpfbaren Ressource höher sind als die Grenzkosten, die anfallen, um den Rohstoff aus dem Boden zu holen. Es gibt zusätzliche Opportunitätskosten, denn wenn wir eine Rohstoffeinheit heute produzieren und verkaufen, steht sie in der Zukunft nicht mehr für den Verkauf zur Verfügung. Diese Opportunitätskosten nennen wir die **Nutzungskosten der Produktion**. In Abbildung 15.4 entsprechen die Nutzungskosten der Differenz zwischen dem Preis und den Grenzkosten der Produktion. Sie steigt mit der Zeit, da die im Boden verbleibende Ressource knapper wird und damit die Opportunitätskosten des Abbaus einer weiteren Einheit steigen.

Nutzungskosten der Produktion

Die Opportunitätskosten aus Produktion und Verkauf einer Rohstoffeinheit heute, die somit für einen Verkauf in der Zukunft nicht mehr zur Verfügung steht.

15.8.4 Die Rohstoffproduktion eines Monopolisten

Was geschieht, wenn der Rohstoff von einem *Monopolisten* produziert wird und nicht auf einem kompetitiven Markt? Sollte der Preis abzüglich der Grenzkosten immer noch genauso schnell steigen wie der Marktzins?

Nehmen wir an, dass ein Monopolist sich entscheiden muss, ob er eine zusätzliche Einheit eines Rohstoffs im Boden belässt oder sie fördert und verkauft. Der Wert dieser Einheit entspricht dem *Grenzerlös* abzüglich der Grenzkosten. Die Einheit sollte im Boden belassen werden, wenn davon ausgegangen werden kann, dass ihr Wert schneller steigen wird als der Marktzins. Sie sollte gefördert und verkauft werden, wenn man erwarten kann, dass ihr Wert *langsamer* steigen wird als der Marktzins. Da der Monopolist die gesamte Produktionsmenge kontrolliert, wird er seine Produktionsmenge so wählen, dass der Grenzerlös abzüglich der Grenzkosten – d.h. der Wert einer zusätzlichen Einheit des Rohstoffs – genauso schnell steigt wie der Marktzins:

$$(GE_{t+1} - GK) = (1 + R)(GE_t - GK)$$

In § 10.1 erklären wir, dass ein Monopolist seinen Gewinn dadurch maximiert, dass er seine Produktionsmenge so wählt, dass der Grenzerlös gleich den Grenzkosten ist.

Man erkenne, dass diese Regel auch für ein Wettbewerbsunternehmen gilt. Für ein Wettbewerbsunternehmen entspricht der Grenzerlös jedoch dem Marktpreis p.

Für einen Monopolisten, der mit einer fallend verlaufenden Nachfragekurve konfrontiert ist, übersteigt der Preis den Grenzerlös. Wenn also der Grenzerlös abzüglich der Grenzkosten ebenso schnell steigt wie der Marktzins, so steigt der *Preis* abzüglich der Grenzkosten langsamer als der Marktzins. Hier kommt es also zu dem interessanten Ergebnis, dass der Monopolist *umweltbewusster* handelt als ein Wettbewerbsunternehmen. Indem er seine Monopolmacht einsetzt, beginnt der Monopolist nämlich mit der Berechnung eines höheren Preises und baut den Rohstoff langsamer ab.

Beispiel 15.7: Wie erschöpfbar sind erschöpfbare Rohstoffe?

Rohstoffe wie Erdöl, Erdgas, Kohle, Uran, Kupfer, Eisen, Blei, Zink, Nickel und Helium sind allesamt erschöpfbar. Die im Boden vorhandene Menge dieser Rohstoffe ist begrenzt, also wird die Förderung und der Verbrauch jedes Rohstoffs irgendwann enden. Trotzdem sind einige Ressourcen „erschöpfbarer" als andere.

Bei Öl, Erdgas und Helium reichen die bisher bekannten und potenziell zu entdeckenden Erdvorkommen lediglich aus, um den momentanen Konsumbedarf für weitere 50 bis 100 Jahre zu decken. Bei diesen Rohstoffen können die Nutzungskosten des Abbaus ein wesentlicher Bestandteil des Marktpreises sein. Die bekannten und potenziellen Erdvorkommen anderer Ressourcen, wie Kohle oder Eisen, reichen dagegen aus, um den laufenden Bedarf noch in den nächsten mehreren 100 oder 1.000 Jahren zu decken. Bei diesen Rohstoffen sind die Nutzungskosten verschwindend gering.

Die Nutzungskosten eines Rohstoffs können aufgrund geologischer Informationen über bestehende und potenziell zu entdeckende Reserven eingeschätzt werden. Ein weiterer wichtiger Faktor für den Schätzwert ist die Kenntnis der Nachfragekurve und der Geschwindigkeit, mit der sich die Kurve höchstwahrscheinlich im Laufe der Zeit mit zunehmendem Wirtschaftswachstum nach außen verschieben wird. ▶

Liegt ein Wettbewerbsmarkt vor, so lassen sich die Nutzungskosten aus der ökonomischen Rente ableiten, die der Eigentümer des Bodens verdient, in dem die Rohstoffe zu finden sind.

Tabelle 15.8 zeigt Schätzwerte von Nutzungskosten als Anteil der Wettbewerbspreise von Rohöl, Erdgas, Uran, Kupfer, Bauxit, Nickel, Eisenerz und Gold.[21] Man erkenne, dass die Nutzungskosten nur bei Rohöl und Erdgas einen wesentlichen Teil des Preises ausmachen. Bei den anderen Ressourcen ist dieser Anteil klein und in einigen Fällen ganz zu vernachlässigen. Und auch wenn es bei den meisten dieser Rohstoffe immer wieder zu starken Preisschwankungen kommt, sind dafür nicht die Nutzungskosten verantwortlich. So veränderten sich etwa die Ölpreise aufgrund der OPEC und der politischen Turbulenzen im Persischen Golf. Die Preisveränderungen des Erdgases lagen an Änderungen der Nachfrage nach Energie. Die Uran- und Bauxitpreise änderten sich aufgrund von Kartellbildungen in den 70er Jahren und der Kupferpreis schwankte ebenfalls aufgrund von Streiks und Änderungen der Nachfrage.

Der zunehmende Abbau der Rohstoffe war also in den letzten Jahrzehnten kein bestimmender Faktor der Rohstoffpreise. Marktstrukturen und Veränderungen der Marktnachfrage spielten dabei eine viel größere Rolle. Die Bedeutung des zunehmenden Abbaus darf man jedoch trotzdem nicht vernachlässigen. Langfristig gesehen wird er der entscheidende bestimmende Faktor der Rohstoffpreise sein.

Tabelle 15.8

Nutzungskosten als Anteil des Wettbewerbspreises

Rohstoff	Nutzungskosten/Wettbewerbspreis		
Rohöl	0,4	bis	0,5
Erdgas	0,4	bis	0,5
Uran	0,1	bis	0,2
Kupfer	0,2	bis	0,3
Bauxit	0,05	bis	0,2
Nickel	0,1	bis	0,2
Eisenerz	0,1	bis	0,2
Gold	0,05	bis	0,1

---

21 Diese Zahlen basieren auf Michael J. Mueller, „Scarcity and Ricardian Rents for Crude Oil", *Economic Inquiry* 23, 1985, 703–724; Kenneth R. Stollery, „Mineral Depletion with Cost as the Extraction Limit: A Model Applied to the Behavior of Prices in the Nickel Industry", *Journal of Environmental Exonomics and Management* 10, 1983, 151–165; Robert S. Pindyck, „On Monopoly Power in Extractive Resource Markets", *Journal of Enovironmental Economics and Management* 14, 1987, 128–142 und Martin L. Weitzman, „Pricing the Limits of Growth from Mineral Depletion", *Quarterly Joural of Economics* 114 (Mai 1999), 691–706; und Gregory M. Ellis und Robert Halvorsen, „Estimation of Market Power in a Nonrenewable Resource Industry", *Journal of Political Economy* 110 (2002), 833–899.

15.9 Wie werden Zinssätze bestimmt?

Wir sahen, dass Investitionsentscheidungen und intertemporale Produktionsentscheidungen mit Hilfe des Marktzinses getroffen werden können. Doch wie wird die Höhe des Marktzinses bestimmt? Und warum schwankt das Zinsniveau? Um diese Fragen beantworten zu können, müssen wir uns erinnern, dass der Zinssatz dem Preis entspricht, den Kreditnehmer den Kreditgebern für den Gebrauch ihrer Geldmittel bezahlen. Genau wie jeder andere Marktpreis werden auch die Zinsen durch Angebot und Nachfrage bestimmt. In diesem Fall geht es um Angebot und Nachfrage nach Darlehensmitteln.

Das *Angebot an Darlehensmitteln* kommt von Haushalten, die einen Teil ihres Einkommens sparen möchten, um in der Zukunft mehr konsumieren (oder Erbschaften hinterlassen) zu können. So erzielen einige Haushalte zwar jetzt ein hohes Einkommen, erwarten aber, während der Rente weniger einzunehmen. Wenn sie jetzt sparen, können sie ihren Konsum gleichmäßiger über die Jahre verteilen. Und da sie außerdem auf das Geld, das sie jetzt verleihen, noch Zinsen erhalten, können sie als Ausgleich für ihren geringeren Konsum jetzt in Zukunft mehr konsumieren. Je höher also der Zinssatz ist, umso größer ist der Anreiz zu sparen. Das Angebot an Darlehensmitteln ist daher eine ansteigend verlaufende Kurve, die in Abbildung 15.5 die Bezeichnung S trägt.

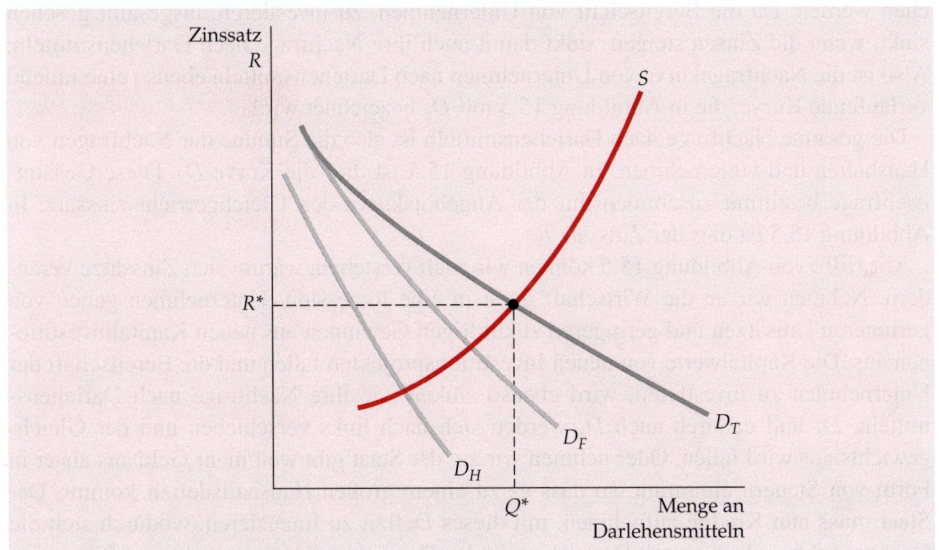

Abbildung 15.5: Angebot und Nachfrage nach Darlehensmitteln
Die Marktzinsen werden durch Angebot und Nachfrage nach Darlehensmitteln bestimmt. Haushalte stellen Darlehen zur Verfügung, um in Zukunft mehr konsumieren zu können; dabei bieten sie umso mehr Darlehensmittel an, je höher der Zinssatz ist. Haushalte und Unternehmen fragen Darlehensmittel nach, ihre Nachfrage ist jedoch umso geringer, je höher der Zinssatz ist. Verschiebungen von Angebot und Nachfrage führen zu Veränderungen des Zinssatzes.

Die *Nachfrage nach* Darlehensmitteln setzt sich aus zwei Komponenten zusammen. Zunächst möchten einige Haushalte mehr konsumieren als sie gegenwärtig an Einnahmen erzielen, entweder weil ihr Einkommen zwar jetzt gering ist, sie aber mit einem Anstieg in der Zukunft rechnen, oder weil sie eine größere Anschaffung tätigen wollen (z.B. ein Haus), die mit zukünftigem Einkommen bezahlt werden muss. Diese Haushalte sind bereit, Zinsen dafür zu bezahlen, da sie mit dem Konsum nicht warten müssen. Je höher jedoch der Zinssatz ist, desto höher sind auch die Kosten die entstehen, wenn sie jetzt konsumieren, anstatt zu warten, und entsprechend gering ist demnach die Bereitschaft der Haushalte, sich Geld zu leihen. Die Nachfrage der Haushalte nach Darlehensmitteln ist demnach eine fallend verlaufende Funktion des Zinssatzes. In Abbildung 15.5 trägt die Kurve die Bezeichnung D_H.

Die zweite Nachfragequelle nach Darlehensmitteln sind Unternehmen, die Kapitalinvestitionen tätigen möchten. Wir erinnern uns, dass Unternehmen in die Projekte investieren werden, deren Kapitalwert positiv ist, denn ein positiver Kapitalwert bedeutet, dass der erwartete Ertrag des Projekts die Opportunitätskosten des Geldes übersteigt. Diese Opportunitätskosten – der Diskontsatz, der zur Berechnung des Kapitalwerts herangezogen wurde – entsprechen dem Zinssatz, der eventuell dem jeweiligen Risiko entsprechend angepasst wird. Oft nehmen Unternehmen Kredite auf, um zu investieren, da der Gewinnstrom aus der Investition erst in der Zukunft auftritt, während die Kosten der Investition gewöhnlich jetzt aufgebracht werden müssen. Die Investitionsvorhaben von Unternehmen sind daher ein wesentlicher Bestandteil der Nachfrage nach Darlehensmitteln.

Wir sahen jedoch bereits, dass der Kapitalwert eines Projekts umso geringer ist, je höher der Zinssatz liegt. Steigen die Zinsen, so werden einige Projekte, deren Kapitalwerte zuvor positiv waren, plötzlich negative Kapitalwerte aufweisen und deshalb gestrichen werden. Da die Bereitschaft von Unternehmen, zu investieren, insgesamt gesehen sinkt, wenn die Zinsen steigen, sinkt damit auch ihre Nachfrage nach Darlehensmitteln. Also ist die Nachfragekurve von Unternehmen nach Darlehensmitteln ebenso eine fallend verlaufende Kurve, die in Abbildung 15.5 mit D_F bezeichnet wird.

Die gesamte Nachfrage nach Darlehensmitteln ist also die Summe der Nachfragen von Haushalten und Unternehmen. In Abbildung 15.5 ist dies die Kurve D_T. Diese Gesamtnachfrage bestimmt zusammen mit der Angebotskurve den Gleichgewichtszinssatz. In Abbildung 15.5 ist dies der Zinssatz R^*.

Mit Hilfe von Abbildung 15.5 können wir auch verstehen, warum sich Zinssätze verändern. Nehmen wir an die Wirtschaft gerät in eine Rezession. Unternehmen gehen von geringeren Umsätzen und geringeren zukünftigen Gewinnen aus neuen Kapitalinvestitionen aus. Die Kapitalwerte von neuen Investitionsprojekten fallen und die Bereitschaft der Unternehmen zu investieren, wird ebenso sinken wie ihre Nachfrage nach Darlehensmitteln. D_F und dadurch auch D_T werden sich nach links verschieben und der Gleichgewichtszins wird fallen. Oder nehmen wir an, der Staat gibt weit mehr Geld aus als er in Form von Steuern einnimmt, so dass es zu einem großen Haushaltsdefizit kommt. Der Staat muss nun Kredite aufnehmen, um dieses Defizit zu finanzieren, wodurch sich die Gesamtnachfragekurve nach Darlehensmitteln, D_T, nach rechts verschiebt und R ansteigt. Die Geldpolitik der Zentralbank ist ein weiterer wichtiger bestimmender Faktor des Zinsniveaus. Die Zentralbank eines Landes kann Geld schöpfen und damit das Angebot verleihbarer Mittel nach rechts verschieben und R senken.

15.9.1 Eine Vielzahl von Zinssätzen

In Abbildung 15.5 werden einzelne Nachfrage- und Angebotskurven aggregiert, als ob es nur einen einzigen Marktzins gäbe. Tatsächlich aber nehmen und geben Haushalte, Unternehmen und auch der Staat Kredite zu ganz verschiedenen Bedingungen und Konditionen. Folglich gibt es eine große Bandbreite verschiedener „Markt"-Zinsen. An dieser Stelle wollen wir einige der wichtigsten Zinssätze des amerikanischen Marktes kurz beschreiben, die in den Tageszeitungen auftauchen und manchmal für Kapitalinvestitionsentscheidungen herangezogen werden.

- **Der Zinssatz für kurzfristige Schatzwechsel (Treasury Bill Rate):** Ein Schatzwechsel ist eine kurzfristige Anleihe (mit einer Laufzeit von einem Jahr oder kürzer), die von der US-Regierung ausgegeben wird. Sie ist ein reines *Diskontpapier*, d.h. es werden keine Couponzahlungen geleistet. Stattdessen wird das Papier zu einem Preis verkauft, der geringer ist als sein Rückkaufwert bei Fälligkeit. Ein Schatzwechsel mit einer Laufzeit von drei Monaten wird beispielsweise für $98 verkauft. In drei Monaten kann er für $100 eingelöst werden. Seine effektive Dreimonatsrendite liegt also bei etwa 2 Prozent, die effektive Jahresrendite damit bei etwa 8 Prozent.[22] Dieser Zinssatz kann als kurzfristiger risikofreier Zinssatz gelten.

- **Der Zinssatz für längerfristige Staatsanleihen (Treasury Bond Rate):** Ein Treasury Bond ist eine längerfristige Anleihe, die von der US-Regierung ausgegeben wird. Die Laufzeit liegt über einem Jahr und beträgt in der Regel 10 bis 30 Jahre. Die Zinssätze können je nach Fälligkeitsdatum der Anleihen variieren.

- **Der Diskontsatz:** Manchmal nehmen Geschäftsbanken kurzfristige Kredite von der US-Zentralbank (Federal Reserve Board) auf. Diese Kredite werden in den USA *Diskontkredite* genannt, und der Zinssatz, den die Zentralbank dafür verlangt, ist der Diskontsatz.[23]

- **Der Tagesgeldsatz:** Dies ist der Zinssatz, den Banken untereinander für kurzfristige Kredite über Tagesgelder verlangen. Tagesgelder können in Umlauf befindliche Gelder sowie Geldeinlagen bei den amerikanischen Landeszentralbanken sein. Banken halten diese Einlagen bei den Landeszentralbanken, um die gesetzlich geforderten Rücklagen garantieren zu können. Banken mit überschüssigen Rücklagen können diese zum Tagesgeldsatz an andere Banken mit Rücklagendefiziten verleihen. Der Tagesgeldsatz ist für die Landeszentralbanken ein wichtiges Instrument der Geldpolitik.

- **Der Zinssatz auf kurzfristige Industrieanleihen (Commercial Paper Rate):** Ein Commercial Paper ist ein kurzfristiges Diskontpapier (mit einer Laufzeit von 6 Monaten oder kürzer), das von Unternehmen mit hoher Bonität ausgegeben wird. Da ein Commercial Paper nur unwesentlich riskanter ist als ein Schatzwechsel, liegt dieser Zinssatz in der Regel nur um höchstens ein Prozent über der Treasury Bill Rate.

---

[22] Genau gesagt beträgt die Dreimonatsrendite $(100/98) - 1 = 0{,}0204$ und die Jahresrendite $(100/98)^4 - 1 = 0{,}0842$ oder 8,42 Prozent.

[23] Dem Diskontsatz der US-Zentralbank entspricht in der Europäischen Währungsunion der Mindestbietungssatz bei den Hauptrefinanzierungsgeschäften der Europäischen Zentralbank gegenüber den in der Europäischen Währungsunion ansässigen Geschäftsbanken.

- **Der Zinssatz für Schuldner höchster Bonität (Prime Rate):** Dies ist der Zinssatz (manchmal *Referenzzins* genannt), den die Großbanken als Referenzwert für die Vergabe von kurzfristigen Krediten an ihre größten Geschäftskunden angeben. Wie wir in Beispiel 12.4 (Seite 638) sahen, schwankt dieser Zinssatz nicht wie andere Zinssätze von Tag zu Tag.

- **Der Zinssatz für Industrieanleihen (Corporate Bond Rate):** Tageszeitungen und staatliche Publikationen veröffentlichen die durchschnittliche Jahresrendite für langfristige Industrieanleihen (normalerweise mit Laufzeiten von 20 Jahren) in verschiedenen Risikokategorien (z.B. Unternehmen hoher Bonität, mittlerer Bonität etc.). Diese Durchschnittsrenditen geben an, wie viel Kapitalgesellschaften für langfristige Kredite bezahlen. Wie wir jedoch in Beispiel 15.2 sahen, können die Erträge solcher Wertpapiere beträchtlich schwanken, je nach der finanziellen Stärke des Unternehmens und der Laufzeit des Papiers.

ZUSAMMENFASSUNG

1. Der Kapitalbestand eines Unternehmens wird als Bestandsgröße gemessen, während Produktionsfaktoren wie Arbeit und Rohstoffe Stromgrößen sind. Sein Kapitalbestand ermöglicht es einem Unternehmen, im Laufe der Zeit einen Gewinnstrom zu erzielen.

2. Wenn ein Unternehmen eine Kapitalinvestition tätigt, gibt es jetzt Geld aus, um in der Zukunft Gewinne zu erzielen. Um zu entscheiden, ob sich die Investition lohnt, muss das Unternehmen den Gegenwartswert der zukünftigen Gewinne bestimmen, indem es diese diskontiert.

3. Der diskontierte Gegenwartswert von €1, der in einem Jahr ausbezahlt wird, beträgt €$1/(1 + R)$, wobei R der Zinssatz ist. Der diskontierte Gegenwartswert von €1, ausbezahlt in n Jahren, beträgt €$1/(1 + R)^n$.

4. Ein festverzinsliches Wertpapier ist ein Vertrag, bei dem sich ein Kreditnehmer verpflichtet, dem Wertpapierhalter einen Geldstrom zu bezahlen. Der Wert des Papiers entspricht dem diskontierten Gegenwartswert dieses Geldstroms. Der effektive Ertrag des Wertpapiers ist der Zinssatz, bei dem der Wert mit dem Marktpreis übereinstimmt. Die Erträge festverzinslicher Wertpapiere schwanken aufgrund von unterschiedlichen Risikofaktoren und Laufzeiten.

5. Durch die Anwendung des Kapitalwertkriteriums können Unternehmen entscheiden, ob sie Kapitalinvestitionen tätigen sollen oder nicht. Sie sollten investieren, wenn der Gegenwartswert der erwarteten zukünftigen Cashflows aus der Investition die Kosten der Investition übersteigt.

6. Der Diskontsatz, den ein Unternehmen zur Berechnung des Kapitalwerts einer Investition heranzieht, sollte den Opportunitätskosten des Kapitals entsprechen, d.h. dem Ertrag, den das Unternehmen durch eine ähnliche Investition erzielen kann.

7. Wenn der Kapitalwert berechnet wird, sollte bei nominalen Cashflows (die die Inflation miteinschließen) auch der Diskontsatz nominal sein. Bei realen Cashflows (die inflationsbereinigt sind) sollte dagegen auch ein realer Diskontsatz verwendet werden.

8. Eine Risikoanpassung kann durch den Aufschlag einer Risikoprämie auf den Diskontsatz vorgenommen werden. Jedoch sollte diese Risikoprämie nur nichtdiversifizierbare Risiken widerspiegeln. Im Capital Asset Pricing-Modell (CAPM) ist die Risikoprämie gleich dem Beta des Projekts multipliziert mit der Risikoprämie des Aktienmarktes insgesamt. Das Beta misst, wie empfindlich der Ertrag eines Projekts auf Marktbewegungen reagiert.

9. Auch Verbraucher müssen Investitionsentscheidungen treffen, die auf die gleiche Weise analysiert werden müssen wie die Entscheidungen von Unternehmen. Bei der Entscheidung, ob ein dauerhaftes Gut wie etwa ein Auto oder ein großes Haushaltsgerät gekauft werden soll, muss der Verbraucher den Gegenwartswert der zukünftigen Betriebskosten berücksichtigen.

10. Eine Investition in Humankapital – Wissen, Fähigkeiten und Erfahrung, die einer Einzelperson mehr Produktivität verleihen und es ihr deshalb ermöglichen, in der Zukunft höhere Einkünfte zu erzielen – können genauso wie andere Investitionen bewertet werden. Eine Investition in eine weiterführende Ausbildung beispielsweise macht dann wirtschaftlich gesehen Sinn, wenn der Barwert der zukünftig erwarteten Steigerung des Einkommens den Barwert der Kosten übersteigt.

11. Ein erschöpfbarer Rohstoff im Boden ist wie Geld auf der Bank und muss auch einen vergleichbaren Ertrag erzielen. Ist der Markt also kompetitiv, so wird der Preis abzüglich der Grenzkosten für die Förderung ebenso schnell ansteigen wie der Marktzins. Die Differenz zwischen Preis und Grenzkosten wird als *Nutzungskosten* bezeichnet – dies sind die Opportunitätskosten des Abbaus einer Einheit des Rohstoffs.

12. Das Zinsniveau des Marktes wird durch Angebot und Nachfrage nach Darlehensmitteln bestimmt. Haushalte stellen Darlehen zur Verfügung, damit sie in Zukunft mehr konsumieren können. Haushalte, Unternehmen und der Staat fragen Darlehensmittel nach. Veränderungen bei Angebot oder Nachfrage führen zu veränderten Zinssätzen.

ZUSAMMENFASSUNG

Kontrollfragen

1. Ein Unternehmen nutzt die Produktionsfaktoren Stoff und Arbeit, um Hemden in einer Fabrik herzustellen, die es für €10 Millionen gekauft hat. Welche der Produktionsfaktoren werden als Stromgröße, welche als Bestandsgröße gemessen? Wie würde sich Ihre Antwort verändern, wenn das Unternehmen die Fabrik nicht gekauft, sondern geleast hätte? Wird die Produktionsmenge des Unternehmens als Strom- oder Bestandsgröße gemessen? Wie steht es mit dem Gewinn?

2. Wie berechnen Investoren den Gegenwartswert eines Rentenpapiers? Wie hoch ist bei einem Zinssatz von 5 Prozent der Gegenwartswert eines ewigen Rentenpapiers, das für immer €1.000 jährlich ausbezahlt?

3. Was versteht man unter der Effektivverzinsung eines Rentenpapiers? Wie wird sie berechnet? Warum sind die Effektivverzinsungen bei manchen Industrieanleihen höher als bei anderen?

4. Wie lautet das Kapitalwertkriterium einer Investitionsentscheidung? Wie berechnet man den Kapitalwert eines Investitionsprojekts? Welcher Diskontsatz sollte zur Berechnung des Kapitalwerts verwendet werden, wenn alle Cashflows eines Projekts sicher sind?

5. Ein Arbeitnehmer geht in Pension und hat zwei Möglichkeiten: Er kann sich für eine pauschale finanzielle Abfindung des Unternehmens oder aber für eine kleinere jährlich ausbezahlte Summe entscheiden, die bis ans Lebensende ausbezahlt wird. Wie kann der Rentner entscheiden, welche Möglichkeit die bessere ist? Welche Informationen braucht er?

6. Die Preise für festverzinsliche Wertpapiere sind in den letzten Monaten kontinuierlich gestiegen. Was kann man daraus, ceteris paribus, über die Entwicklung der Zinssätze im gleichen Zeitraum schließen? Erklären Sie Ihre Antwort.

7. Was ist der Unterschied zwischen einem realen und einem nominalen Diskontsatz? Wann sollte bei der Berechnung des Kapitalwerts der reale und wann der nominale Diskontsatz herangezogen werden?

8. Wie wird eine Risikoprämie verwendet, um bei der Kapitalwertberechnung eine Risikoanpassung vorzunehmen? Was ist der Unterschied zwischen diversifizierbarem und nichtdiversifizierbarem Risiko? Warum sollte nur nichtdiversifizierbares Risiko in der Risikoprämie berücksichtigt werden?

9. Was versteht man unter „Marktertrag" im Capital Asset Pricing-Modell? Warum ist der Marktertrag größer als der risikofreie Zinssatz? Was misst das Beta einer Anlage im CAPM? Warum sollten Anlagen mit hohem Beta höhere erwartete Erträge haben als Anlagen mit niedrigem Beta?

10. Nehmen wir an, wir müssen entscheiden, ob wir €100 Millionen in ein Stahlwerk investieren sollen. Wir kennen die erwarteten Cashflows des Projekts, diese sind jedoch riskant, denn die Stahlpreise könnten in der Zukunft steigen oder fallen. Wie könnte uns das CAPM bei der Auswahl eines Diskontsatzes zur Kapitalwertberechnung helfen?

11. Wie wägt ein Konsument gegenwärtige gegen zukünftige Kosten ab, wenn er eine neue Klimaanlage oder ein anderes großes Haushaltsgerät auswählt? Wie könnte ihm dabei eine Kapitalwertberechnung helfen?

12. Was versteht man unter den „Nutzungskosten" der Förderung eines erschöpfbaren Rohstoffs? Warum steigt der Preis abzüglich der Förderkosten mit der Rate des Marktzinssatzes, wenn der Markt für einen erschöpfbaren Rohstoff kompetitiv ist?

13. Was bestimmt das Angebot an Darlehensmitteln? Was bestimmt deren Nachfrage? Wodurch könnten sich diese Angebots- und Nachfragekurven verschieben und wie würde sich das auf den Zinssatz auswirken?

Die Kontrollfragen samt Lösungen sowie weitere kapitelbegleitende Inhalte finden Sie im MyLab.

Übungen

1. Nehmen wir an, der Zinssatz beträgt 10 Prozent. Wenn zu diesem Zinssatz heute €100 investiert werden, wie viel werden diese €100 nach einem Jahr wert sein? Wie viel nach zwei und wie viel nach fünf Jahren? Wie hoch ist der heutige Wert von €100, die in einem Jahr ausbezahlt werden; die in zwei Jahren ausbezahlt werden; die in fünf Jahren ausbezahlt werden?

2. Man bietet uns zwei verschiedene Zahlungsströme an: (a) €100 werden in einem Jahr und weitere €100 in zwei Jahren ausbezahlt; (b) €80 werden in einem Jahr und €130 werden in zwei Jahren ausbezahlt. Welchen Zahlungsstrom sollten wir wählen, wenn der Zinssatz bei 5 Prozent liegt? Wie sollten wir uns entscheiden, wenn der Zinssatz 15 Prozent beträgt?

3. Nehmen wir an, der Zinssatz beträgt 10 Prozent. Wie hoch ist der Wert eines Coupon-Wertpapiers, das €80 jährlich für die nächsten fünf Jahre und im sechsten Jahr den Rückzahlungsbetrag von €1.000 auszahlt? Führen Sie die gleiche Berechnung mit einem Zinssatz von 15 Prozent durch.

4. Ein Rentenpapier hat noch zwei Jahre Laufzeit bis zur Fälligkeit. Es leistet nach einem Jahr eine Couponzahlung von €100 und nach dem zweiten Jahr eine Couponzahlung von €100 sowie die Rückzahlung des Kapitals von €1.000. Der Kurs des Papiers liegt bei €966. Wie hoch ist seine Effektivverzinsung?

5. Gleichung (15.5) (Seite 768) zeigt den Kapitalwert einer Investition in eine Elektromotorenfabrik. Die Hälfte der anfallenden Kosten von insgesamt €10 Millionen wird jetzt bezahlt und der Rest in einem Jahr. Man geht davon aus, dass die Fabrik in den ersten zwei Jahren des Betriebs Geld verlieren wird. Wie hoch ist der Kapitalwert dieses Projekts bei einem Diskontsatz von 4 Prozent? Lohnt sich die Investition?

6. Der Marktzins beträgt 5 Prozent und soll auch auf diesem Niveau bleiben. Verbraucher können zu diesem Zinssatz Kredite in beliebiger Höhe aufnehmen und gewähren. Begründen Sie Ihre Entscheidung in jedem der folgenden Fälle:

    a. Würden Sie ein Geschenk in Höhe von €500 heute einem Geschenk von €540 im nächsten Jahr vorziehen?

    b. Würden Sie ein Geschenk in Höhe von €100 heute einem zinsfreien Kredit von €500 mit vier Jahren Laufzeit vorziehen?

    c. Würden Sie einen Preisnachlass von €350 auf ein Auto im Wert von €8.000 einer Finanzierung des Autos zum vollen Preis mit einem Zinssatz von 0 Prozent für ein Jahr vorziehen?

    d. Sie haben soeben eine Million im Lotto gewonnen und erhalten €50.000 jährlich für die nächsten 20 Jahre. Wie viel ist das heute für Sie wert?

    e. Sie gewinnen den „Jackpot der wahren Million", bei dem Sie entweder heute €1 Million oder €60.000 jährlich für immer bekommen können (dieses Recht kann auch an die Erben weitergegeben werden). Wofür entscheiden Sie sich?

    f. In der Vergangenheit mussten erwachsene Kinder Schenkungssteuer zahlen, wenn sie von ihren Eltern Geschenke im Wert von über €10.000 erhielten. Jedoch konnten die Eltern ihren Kindern zinsfreie Kredite gewähren. Warum waren einige Leute der Meinung, dies sei unfair? Wem gegenüber war diese Regelung unfair?

7. Ralph muss entscheiden, ob er die Graduate School besuchen soll. Wenn er zwei Jahre die Universität besucht und jedes Jahr $15.000 Studiengebühr bezahlt, wird er eine Arbeitsstelle bekommen, in der er für den Rest seines Arbeitslebens $50.000 jährlich verdienen wird. Entscheidet er sich gegen die Universität, wird er sofort eine Arbeitsstelle annehmen. In dem Fall wird er in den nächsten drei Jahren $30.000, in den folgenden drei Jahren $45.000 und in allen weiteren Folgejahren $60.000 verdienen. Lohnt sich eine Entscheidung für die Graduate School, wenn der Zinssatz bei 10 Prozent liegt?

8. Nehmen wir an, unser Onkel schenkt uns eine Ölquelle wie diejenige, die wir in Abschnitt 15.8 beschrieben haben. (Die Grenzkosten der Produktion liegen konstant bei €50.) Der Ölpreis beträgt gegenwärtig €80, wird aber von einem Kartell kontrolliert, das für einen Großteil der gesamten Ölproduktion verantwortlich ist. Sollten wir unser gesamtes Öl jetzt fördern und verkaufen oder sollten wir damit warten? Begründen Sie Ihre Antwort.

9. Wir planen eine Investition in edlen Wein. Jede Kiste kostet €100, und wir wissen aus Erfahrung, dass der Wert einer Kiste Wein, die t Jahre lang gehalten wird, $100t^{1/2}$ entspricht. 100 Kisten Wein stehen zum Verkauf und der Zinssatz beträgt 10 Prozent.
   a. Wie viele Kisten sollten wir kaufen, wie lange sollten wir mit dem Wiederverkauf warten und wie viel Geld werden wir zum Zeitpunkt des Wiederverkaufs erhalten?
   b. Nehmen wir an, dass uns zum Kaufzeitpunkt jemand sofort €130 pro Kiste bietet. Sollten wir dieses Angebot annehmen?
   c. Wie würden sich Ihre Antworten verändern, wenn der Zinssatz nur 5 Prozent betragen würde?

10. Wenden wir uns nochmals der Kapitalinvestitionsentscheidung in der Wegwerfwindelindustrie (Beispiel 15.4) aus Sicht des etablierten Unternehmens zu. Wenn P&G oder Kimberley-Clark ihre Kapazitäten durch den Bau von drei weiteren Fabriken ausweiten würden, müssten Sie vor der Produktionsaufnahme keine $60 Millionen für F&E ausgeben. Wie beeinflusst dieser Vorteil die Kapitalwertberechnungen in Tabelle 15.5 (Seite 763)? Lohnt sich die Investition bei einem Diskontsatz von 12 Prozent?

11. Nehmen wir an, wir können einen neuen Toyota Corolla für €20.000 kaufen und ihn nach 6 Jahren für €12.000 wieder verkaufen. Alternativ können wir das Auto für €300 monatlich drei Jahre lang leasen und es nach Ablauf der drei Jahre wieder zurückgeben. Der Einfachheit halber nehmen wir an, dass die Leasingraten jährlich anstatt monatlich gezahlt werden, d.h. sie betragen jährlich €3.600 für die nächsten drei Jahre.
   a. Ist es besser zu kaufen oder zu leasen, wenn der Zinssatz r 4 Prozent beträgt?
   b. Was ist vorzuziehen bei einem Zinssatz von 12 Prozent?
   c. Bei welchem Zinssatz würde es für uns keine Rolle spielen, ob wir das Auto kaufen oder leasen?

12. Ein Konsument steht vor folgender Entscheidung: Er kann einen Computer für €1.000 kaufen und für die nächsten drei Jahre eine monatliche Gebühr von €10 für einen Internetzugang bezahlen, oder er kann einen Rabatt von €400 auf den Kaufpreis des Computers erhalten (so dass dieser nur noch €600 kostet), muss aber dafür für den Internetzugang monatlich €25 für die nächsten 3 Jahre bezahlen. Zur Vereinfachung nehmen wir an, dass der Verbraucher die Internetgebühr jährlich bezahlt (d.h. bei €10 monatlich also €120 im Jahr).
   a. Wie sollte sich der Konsument entscheiden, wenn der Zinssatz bei 3 Prozent liegt?
   b. Wie lautet die Entscheidung bei einem Zinssatz von 17 Prozent?
   c. Bei welchem Zinssatz spielt es für den Konsumenten keine Rolle, für welche der beiden Möglichkeiten er sich entscheidet?

Die Lösungen zu ausgewählten Übungen finden Sie im Anhang dieses Buches. Die kompletten Lösungen für die Übungen finden Dozenten im MyLab.

TEIL IV

Information, Marktversagen und die Rolle des Staates

16 Allgemeines Gleichgewicht und ökonomische Effizienz 797

17 Märkte mit asymmetrischer Information 843

18 Externalitäten und öffentliche Güter 883

IV Information, Marktversagen und die Rolle des Staates

Ein Großteil der Analyse in den ersten drei Teilen dieses Buches zielte auf positive Fragen ab – wie sich Verbraucher und Unternehmen verhalten und wie dieses Verhalten die verschiedenen Marktstrukturen beeinflusst. In Teil IV verwenden wir einen eher normativen Ansatz. Hier werden wir die Zielsetzung der ökonomischen Effizienz beschreiben und aufzeigen, wann Märkte effiziente Ergebnisse erzielen. Außerdem wird erklärt, wann Märkte versagen und also staatliche Interventionen erforderlich sind.

Kapitel 16 befasst sich mit der Analyse des allgemeinen Gleichgewichts, bei der die Interaktionen zwischen zusammenhängenden Märkten berücksichtigt werden. Dieses Kapitel analysiert auch, welche Bedingungen erfüllt sein müssen, damit eine Volkswirtschaft effizient ist, und es zeigt, wann und warum ein vollkommener Wettbewerbsmarkt effizient ist. Kapitel 17 untersucht eine wichtige Ursache für Marktversagen – unvollständige Information. Wir zeigen auf, dass es auf manchen Märkten unmöglich werden kann, Güter effizient zuzuteilen, und dass manche Märkte sogar gar nicht existieren, wenn einige Marktteilnehmer bessere Informationen haben als andere. Wir weisen auch nach, wie Verkäufer Probleme im Zusammenhang mit asymmetrischer Information vermeiden können, indem sie potenziellen Käufern Signale bezüglich der Produktqualität geben. Kapitel 18 schließlich beschäftigt sich mit zwei weiteren Ursachen für Marktversagen, nämlich Externalitäten und öffentliche Güter. Wir zeigen, dass dieses Marktversagen zwar manchmal durch private Verhandlungen behoben werden kann, dass in anderen Fällen daraus aber die Notwendigkeit staatlicher Interventionen entsteht. Weiter wird eine Reihe wirkungsvoller Maßnahmen gegen Marktversagen besprochen, wie etwa Besteuerung von Umweltverschmutzung und handelbare Emissionszertifikate.

Allgemeines Gleichgewicht und ökonomische Effizienz

16.1 Die allgemeine Gleichgewichtsanalyse 798
  Beispiel 16.1: Der weltweite Markt für Ethanol 801
  Beispiel 16.2: Ansteckung auf den Aktienmärkten weltweit 804

16.2 Effizienz beim Tausch 806

16.3 Gerechtigkeit und Effizienz 815

16.4 Effizienz bei der Produktion 819

16.5 Die Vorteile des Freihandels 826
  Beispiel 16.3: Internationale Arbeitsteilung und die Produktion
        von iPods 829
  Beispiel 16.4: Kosten und Nutzen besonderer Protektion 831

16.6 Ein Überblick – die Effizienz von Wettbewerbsmärkten 832

16.7 Warum Wettbewerbsmärkte versagen 834
  Beispiel 16.5: Ineffizienz im Gesundheitswesen 836

16 Allgemeines Gleichgewicht und ökonomische Effizienz

Bisher haben wir größtenteils Einzelmärkte in Isolation betrachtet. Jedoch bestehen zwischen Märkten oft gegenseitige Abhängigkeiten. Die Bedingungen auf einem Markt können die Preise und Produktionsmengen auf anderen Märkten beeinflussen. Dies kann daran liegen, dass ein Gut ein Inputfaktor für die Produktion eines anderen Gutes ist oder dass zwei Güter Substitute oder Komplemente sind. In diesem Kapitel untersuchen wir, wie diese gegenseitigen Beziehungen mit Hilfe der *allgemeinen Gleichgewichtsanalyse* berücksichtigt werden können.

Wir werden auch auf das Thema der ökonomischen Effizienz, das wir in Kapitel 9 bereits behandelten, nochmals verstärkt eingehen und werden die Vorteile einer kompetitiven Marktwirtschaft aufzeigen. Zu diesem Zweck werden wir zunächst die ökonomische Effizienz analysieren und dabei mit dem Tausch von Gütern zwischen Einzelpersonen oder Ländern beginnen. Sodann werden wir anhand dieser Tauschanalyse besprechen, ob die in einer Wirtschaft erzeugten Ergebnisse gerecht sind. Werden die Ergebnisse als ungerecht angesehen, kann der Staat dazu beitragen, das Einkommen in entsprechendem Maße umzuverteilen.

Als Nächstes werden wir die Bedingungen beschreiben, die eine Volkswirtschaft erfüllen muss, um Güter effizient zu produzieren und zu verteilen. Wir werden erklären, warum ein System eines vollkommenen Wettbewerbsmarktes diese Bedingungen erfüllt. Wir werden auch aufzeigen, warum der internationale Freihandel die Produktionsmöglichkeiten eines Landes erweitern und Verbrauchern Vorteile bringen kann. Die meisten Märkte sind jedoch keine vollkommenen Wettbewerbsmärkte, viele weichen sogar ziemlich stark von diesem Ideal ab. Im letzten Abschnitt dieses Kapitels (als Vorschau auf unsere detaillierte Diskussion zum Thema Marktversagen in den Kapiteln 17 und 18) werden die Hauptgründe erläutert, die dazu führen, dass Märkte nicht effizient funktionieren.

16.1 Die allgemeine Gleichgewichtsanalyse

Partielle Gleichgewichtsanalyse

Die Ermittlung von Gleichgewichtspreisen und -mengen auf einem Markt unabhängig von den Einflüssen anderer Märkte.

Bisher basierten unsere Erläuterungen zum Marktverhalten zum Großteil auf einer **partiellen Gleichgewichtsanalyse**. Wenn wir mit Hilfe dieser partiellen Analyse Gleichgewichtspreise und -mengen auf einem Markt ermitteln, so tun wir das unter der Annahme, dass die Aktivitäten auf einem Markt wenig bis gar keine Auswirkungen auf andere Märkte haben. In den Kapiteln 2 und 9 nahmen wir beispielsweise an, dass der Weizenmarkt größtenteils unabhängig von den Märkten verwandter Produkte funktioniert, wie etwa den Märkten für Mais und Sojabohnen.

Oft reicht eine partielle Gleichgewichtsanalyse aus, um das Verhalten der Marktteilnehmer zu verstehen. Die Beziehungen zwischen den Märkten können jedoch von großer Bedeutung sein. So sahen wir etwa in Kapitel 2, wie die Preisveränderung eines Gutes die Nachfrage nach einem anderen Gut beeinflussen kann, wenn diese Güter Komplemente oder Substitute sind. Und in Kapitel 8 sahen wir, dass ein Anstieg der Nachfrage nach einem Produktionsfaktor eines Unternehmens dazu führen kann, dass sowohl der Marktpreis dieses Faktors als auch der Preis des Endprodukts steigt.

Anders als die partielle Gleichgewichtsanalyse *ermittelt die* **allgemeine Gleichgewichtsanalyse** *die Preise und Mengen auf allen Märkten gleichzeitig* und berücksichtigt dabei ausdrücklich rückwirkende Einflüsse. Ein solcher *rückwirkender Einfluss* kann die Anpassung von Preis oder Menge auf einem Markt sein, der durch Preis- oder Mengenanpassung auf einem verwandten Markt hervorgerufen wird. Nehmen wir beispielsweise an, die US-Regierung erhebt Steuern auf Ölimporte. Dadurch würde sich die Ölangebotskurve sofort nach links verschieben (da ausländisches Öl teurer wird) und der Ölpreis würde steigen. Die Auswirkungen der Steuer gehen jedoch noch weiter. Durch den gestiegenen Ölpreis erhöht sich die Nachfrage nach Erdgas und damit auch sein Preis. Durch den höheren Erdgaspreis wiederum kommt es zu einem Anstieg der Ölnachfrage (einer Verschiebung der Nachfragekurve nach rechts), wodurch sich der Ölpreis noch weiter steigert. Diese Interaktionen zwischen Öl- und Erdgasmarkt würden sich so lange fortsetzen, bis schließlich ein Gleichgewicht erreicht ist, bei dem die angebotenen Mengen auf beiden Märkten den nachgefragten Mengen entsprechen.

> **Allgemeine Gleichgewichtsanalyse**
>
> Gleichzeitige Ermittlung von Preisen und Mengen auf allen relevanten Märkten unter Berücksichtigung rückwirkender Einflüsse.

In der Praxis ist eine vollständige allgemeine Gleichgewichtsanalyse, die die Auswirkungen einer Veränderung eines Marktes auf *alle* anderen Märkte mit einbezieht, nicht durchführbar. Stattdessen werden wir uns hier auf zwei bis drei Märkte beschränken, die zueinander in enger Beziehung stehen. Wenn wir beispielsweise die Auswirkungen einer Ölsteuer betrachten, beziehen wir dabei die Märkte für Erdgas, Kohle und Elektrizität mit ein.

16.1.1 Zwei Märkte in gegenseitiger Abhängigkeit – der Übergang zum allgemeinen Gleichgewicht

Um die gegenseitige Abhängigkeit zwischen Märkten zu untersuchen, betrachten wir die Wettbewerbsmärkte für den Verleih von DVDs und für Kinokarten. Diese beiden Märkte stehen in engem Zusammenhang, denn dadurch, dass die meisten Konsumenten einen DVD-Player besitzen, haben sie die Möglichkeit, Filme sowohl zuhause als auch im Kino anzuschauen. Veränderungen in der Preispolitik des einen Marktes werden sich also höchstwahrscheinlich auch auf den anderen Markt auswirken, was wiederum zu rückwirkenden Einflüssen auf dem ersten Markt führt.

Abbildung 16.1 zeigt die Angebots- und Nachfragekurven für DVDs und Kinofilme. In Teil (a) beträgt der Preis pro Kinokarte ursprünglich €6,00 und der Markt befindet sich am Schnittpunkt von D_M und S_M im Gleichgewicht. Teil (b) zeigt an, dass der DVD-Markt bei einem Preis von €3,00 auch im Gleichgewicht ist.

Nehmen wir nun an, der Staat erhebt eine Steuer von €1 auf jede gekaufte Kinokarte. Wendet man die partielle Gleichgewichtsanalyse an, so verschiebt sich infolge dieser Steuer die Angebotskurve von Kinofilmen um €1 nach oben, von S_M auf S^*_M, wie in Abbildung 16.1(a) dargestellt. Anfangs steigt durch diese Verschiebung der Preis für Kinokarten auf €6,35 pro Stück und die Menge der verkauften Karten sinkt von Q_M auf Q'_M. Damit ist der Endpunkt der partiellen Gleichgewichtsanalyse erreicht. Mit Hilfe der allgemeinen Gleichgewichtsanalyse können wir jedoch noch weiter gehen, indem wir zwei Dinge tun. Zum einen müssen wir betrachten, welche Auswirkungen die Kinosteuer auf den DVD-Verleihmarkt hat und zum anderen müssen wir sehen, ob es irgendwelche rückwirkenden Einflüsse vom DVD-Markt auf den Kinomarkt gibt.

16 Allgemeines Gleichgewicht und ökonomische Effizienz

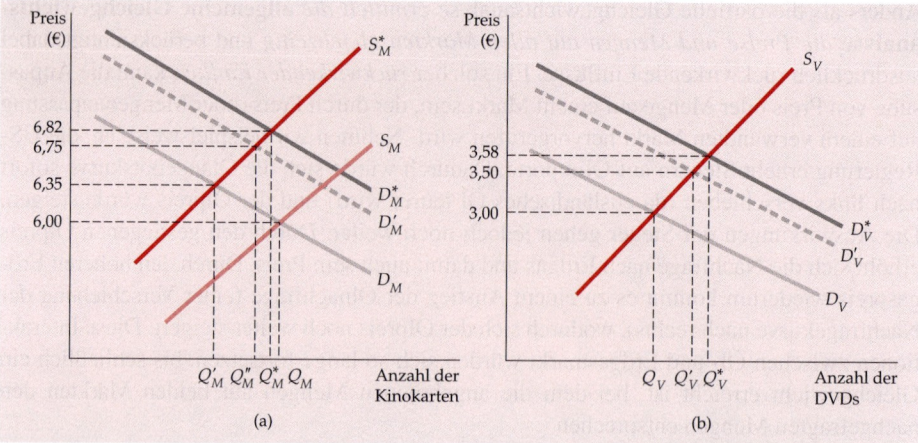

Abbildung 16.1: Zwei Märkte mit gegenseitiger Abhängigkeit: (a) Kinokarten und (b) Videoverleih
Wenn zwischen Märkten Abhängigkeiten bestehen, so müssen die Preise aller Produkte gleichzeitig bestimmt werden. Hier sorgt eine Steuer auf Kinokarten dafür, dass das Angebot von Kinofilmen sich nach oben von S_M auf S^*_M verschiebt, wie in Abbildung (a) dargestellt. Durch den höheren Preis für Kinokarten (€6,35 anstatt €6,00) verschiebt sich ursprünglich die Nachfrage nach DVDs ebenfalls aufwärts (von D_V nach D'_V), was zu einer Erhöhung der DVD-Preise führt (von €3,00 auf €3,50), dargestellt in Abbildung (b). Der höhere DVD-Preis hat jedoch einen rückwirkenden Einfluss auf den Kinomarkt und sorgt dafür, dass sich hier die Nachfrage von D_M auf D'_M verschiebt und der Preis für Kinokarten von €6,35 auf €6,75 steigt. Diese Wechselwirkung setzt sich fort, bis ein allgemeines Gleichgewicht erreicht ist. Dies ist am Schnittpunkt von D^*_M und S^*_M in Abbildung (a) mit einem Kinokartenpreis von €6,82 dargestellt. In Abbildung (b) liegt dieses Gleichgewicht am Schnittpunkt von D^*_V mit S_V bei einem DVD-Preis von €3,58.

> In § 2.1 erklären wir, dass zwei Güter Substitute sind, wenn ein Preisanstieg des einen Gutes zu einem Anstieg der nachgefragten Menge des anderen Gutes führt.

Die Kinosteuer beeinflusst den Markt für DVDs, weil Kinofilme und DVDs *Substitute* sind. Ein höherer Preis für Kinokarten sorgt dafür, dass sich die Nachfrage nach DVDs von D_V auf D'_V verschiebt, wie in Abbildung 16.1(b) dargestellt. Damit erhöht sich der DVD-Preis von €3,00 auf €3,50. Man erkenne also, dass eine Besteuerung eines Produkts sich auf die Preise und Verkäufe anderer Produkte auswirken kann – manchmal sollten die Verantwortlichen in der Politik diese Tatsache bedenken, wenn sie ihre Steuerpolitik entwerfen.

Wie steht es nun mit dem Kinomarkt? Die ursprüngliche Nachfragekurve für Kinofilme basierte auf der Annahme, dass der DVD-Preis unveränderlich bei €3,00 bleiben würde. Da dieser Preis aber nun €3,50 beträgt, wird sich auch die Nachfrage nach Kinofilmen aufwärts verschieben, von D_M auf D'_M in Abbildung 16.1(a). Der neue Gleichgewichtspreis für Kinokarten (am Schnittpunkt von S^*_M mit D'_M) liegt bei €6,75, anstatt €6,35, und die Menge verkaufter Kinokarten steigt von Q'_M auf Q''_M. Eine partielle Gleichgewichtsanalyse hätte also die Auswirkung der Steuer auf den Kinokartenpreis weit unterschätzt. Der DVD-Markt steht in so engem Zusammenhang zum Markt für Kinokarten, dass wir unbedingt die allgemeine Gleichgewichtsanalyse anwenden müssen, um den vollen Effekt der Steuer zu bestimmen.

16.1.2 Das Erreichen des allgemeinen Gleichgewichts

Unsere Analyse ist noch nicht abgeschlossen. Die Veränderung des Marktpreises für Kinokarten erzeugt einen rückwirkenden Effekt auf den Preis für DVDs, der sich wiederum auf den Kinopreis auswirkt und so weiter. Am Ende müssen wir den Gleichgewichtspreis und die Gleichgewichtsmenge *beider* Märkte *gleichzeitig* bestimmen. Der Gleichgewichtspreis für Kinokarten, €6,82, ergibt sich in Abbildung 16.1(a) aus dem Schnittpunkt der Gleichgewichtsangebots- mit der Gleichgewichtsnachfragekurve nach Kinokarten (S^*_M und D^*_M). Der Gleichgewichtsvideopreis von €3,58 ergibt sich in Abbildung 16.1(b) aus dem Schnittpunkt der Gleichgewichtsangebots- mit der Gleichgewichtsnachfragekurve nach DVDs (S_V und D^*_V). Dies sind die beiden korrekten Preise des allgemeinen Gleichgewichts, denn die Angebots- und Nachfragekurven des DVD-Marktes wurden *auf Basis der Annahme bestimmt, dass der Preis für eine Kinokarte €6,82 beträgt*. Und ebenso wurden die Angebots- und Nachfragekurven des Kinomarktes *auf Basis der Annahme gewählt, dass der DVD-Preis €3,58 beträgt*. Anders ausgedrückt stimmen beide Kurvenpaare mit den Preisen in den verbundenen Märkten überein, und wir haben keinen Grund anzunehmen, dass sich Angebots- und Nachfragekurven in einem der beiden Märkte erneut verändern werden. Um in der Praxis die allgemeinen Gleichgewichtspreise (und -mengen) zu bestimmen, müssen wir gleichzeitig zwei Preise finden, die die nachgefragte Menge mit der angebotenen Menge in allen voneinander abhängigen Märkten gleichsetzen. Für unsere beiden Märkte würde das bedeuten, dass wir Lösungen für vier Gleichungen finden müssen (Angebot an Kinokarten, Nachfrage nach Kinokarten, Angebot an DVDs und Nachfrage nach DVDs).

Selbst wenn wir nur am Kinomarkt interessiert sind, müssen wir doch erkennen, dass es wichtig ist, hier auch den Markt für DVDs mit einzubeziehen, wenn wir die Auswirkung der Kinosteuer bestimmen möchten. In diesem Beispiel würde eine partielle Gleichgewichtsanalyse die Auswirkung der Steuer *untertreiben*, denn wir würden daraus schließen, dass sich der Preis einer Kinokarte lediglich von €6,00 auf €6,35 erhöht. Eine allgemeine Gleichgewichtsanalyse zeigt uns jedoch, dass die Kinosteuer sich stärker auf den Preis auswirkt, denn er steigt ja tatsächlich auf €6,82.

Kinofilme und DVDs sind Substitute. Wenn wir Diagramme zeichnen, die zu denen aus Abbildung 16.1 analog sind, sollten wir uns davon überzeugen können, dass eine partielle Gleichgewichtsanalyse bei *komplementären Gütern* zu einer *Übertreibung* des Steuereffekts führt. Denken wir beispielsweise an Benzin und Autos. Eine Benzinsteuer wird zwar den Preis hochtreiben, dadurch verringert sich jedoch die Nachfrage nach Autos, was sich wiederum dämpfend auf die Benzinnachfrage auswirkt und den Benzinpreis wieder etwas senkt.

> Erinnern wir uns aus § 2.1, dass zwei Güter Komplemente sind, wenn ein Preisanstieg eines Gutes zu einem Rückgang der nachgefragten Menge des anderen Gutes führt.

Beispiel 16.1: Der weltweite Markt für Ethanol

Hohe Rohölpreise, Schadstoffemissionen sowie die zunehmende Abhängigkeit von volatilen ausländischen Öllieferungen haben zu einem wachsenden Interesse an alternativen Treibstoffquellen, wie Ethanol, geführt. Ethanol ist ein Treibstoff mit hoher Oktanzahl und sauberer Verbrennung, der aus erneuerbaren Ressourcen, wie Zuckerrohr und Mais, hergestellt wird. Er wird weithin als Mittel zur Reduzierung von Autoabgasen in Bezug auf die Erderwärmung angepriesen. Dabei besteht ein hohes Maß an wechselseitiger Abhängigkeit zwischen der Produktion und dem Absatz von brasilianischem Ethanol (aus Zuckerrohr) und in den USA (aus Mais) hergestelltem Ethanol. Wir werden im Folgenden aufzeigen, dass die US-amerikanische Regulierung des eigenen Ethanol-Marktes beträchtliche Auswirkungen auf den brasilianischen Markt hat, was wiederum auf den Markt in den Vereinigten Staaten zurückwirkt. Obwohl die US-amerikanischen Produzenten aller Wahrscheinlichkeit nach von dieser wechselseitigen Abhängigkeit profitiert haben, hat sie auch nachteilige Auswirkungen auf die US-amerikanischen Verbraucher, die brasilianischen Produzenten und wahrscheinlich auch die Verbraucher in Brasilien. ▶

Der Weltmarkt für Ethanol wird von Brasilien und den Vereinigten Staaten dominiert, die im Jahr 2005 mehr als 90 Prozent der weltweiten Produktion lieferten.[1] Dabei ist Ethanol nichts Neues: Der brasilianische Staat begann bereits Mitte der 1970er Jahre als Reaktion auf steigende Ölpreise und sinkende Zuckerpreise, Ethanol mit einem Programm zu fördern, das sich als erfolgreich erwies. Im Jahr 2007 machte Ethanol als Folge des gigantischen Wachstums der Nachfrage nach Flex-Fuel-Fahrzeugen, die mit jeder Mischung aus Ethanol und Benzin betrieben werden können, 40 Prozent des gesamten brasilianischen Kraftfahrzeugtreibstoffs aus. Die US-amerikanische Ethanolproduktion wurde zunächst durch das Energiesteuergesetz aus dem Jahr 1978 gefördert, in dem Steuerbefreiungen für Gemische aus Ethanol und Benzin festgelegt worden waren. In der jüngeren Vergangenheit wurde im Energiepolitikgesetz aus dem Jahr 2005 die Anforderung festgeschrieben, dass die US-amerikanische Kraftstoffproduktion in jedem Jahr einen Mindestanteil an erneuerbaren Treibstoffen umfassen musste – hierbei handelte es sich um eine Festlegung, die im Wesentlichen ein Grundniveau der Ethanolproduktion verordnete.

Die US-amerikanischen und brasilianischen Ethanolmärkte sind eng miteinander verbunden. Infolgedessen kann die US-amerikanische Regulierung des eigenen Ethanolmarktes beträchtliche Auswirkungen auf den Markt in Brasilien haben. Diese wechselseitige globale Abhängigkeit wurde durch das Energiesicherheitsgesetz aus dem Jahr 1979 deutlich, wonach die USA eine Steuergutschrift von $0,51 pro Gallone Ethanol anboten, um Alternativen zu Benzin zu unterstützen. Überdies erhob der amerikanische Staat eine Steuer in Höhe von $0,54 pro Gallone auf importiertes Ethanol, um zu verhindern, dass ausländische Ethanolproduzenten die Vorteile aus dieser Steuergutschrift abschöpfen. Diese Politik hat sich als äußerst wirkungsvoll erwiesen: In den USA wurde ein zunehmender Teil der Maisernte für die Ethanolproduktion verwendet, während die brasilianischen Importe (die aus Zuckerrohr hergestellt werden) zurückgegangen sind. Obwohl die Produzenten von dieser Politik profitiert haben, liegt sie nicht im Interesse der amerikanischen Ethanolverbraucher. Es wird geschätzt, dass, während Brasilien Ethanol zu weniger als $0,90 pro Gallone exportieren kann, die Herstellung einer Gallone Ethanol aus in Iowa produziertem Mais $1,10 kostet. Folglich würden die amerikanischen Verbraucher profitieren, wenn die Steuer und die Subvention abgeschafft würden – durch diesen Schritt würden die Importe von billigerem, aus Zuckerrohr hergestelltem Ethanol aus Brasilien steigen.

In Abbildung 16.2 werden die prognostizierten Veränderungen auf dem Ethanolmarkt bei einer vollständigen Abschaffung der US-amerikanischen Zölle im Jahr 2006 dargestellt. Die obere hellrote Kurve in Abbildung 16.2(a) entspricht einer Schätzung der brasilianischen Ethanolexporte ohne US-amerikanische Zölle, während die dunkelrote Kurve die brasilianischen Exporte bei den bestehenden US-amerikanischen Zöllen darstellt. In Abbildung 16.2(b) wird der Preis von Ethanol in den USA mit bzw. ohne den Zoll dargestellt. Wie zu erkennen ist, würden die brasilianischen Ethanolexporte bei einer Abschaffung der Zölle drastisch ansteigen und die US-amerikanischen Verbraucher würden davon profitieren. Dies wäre auch für die brasilianischen Produzenten und Verbraucher vorteilhaft. ▶

---

1 Das vorliegende Beispiel beruht auf Amani Elobeid und Simla Tokgoz, „*Removal of U.S. Ethanol Domestic and Trade Distortions: Impact on U.S. and Brazilian Ethanol Markets*", Arbeitspapier, 2006.

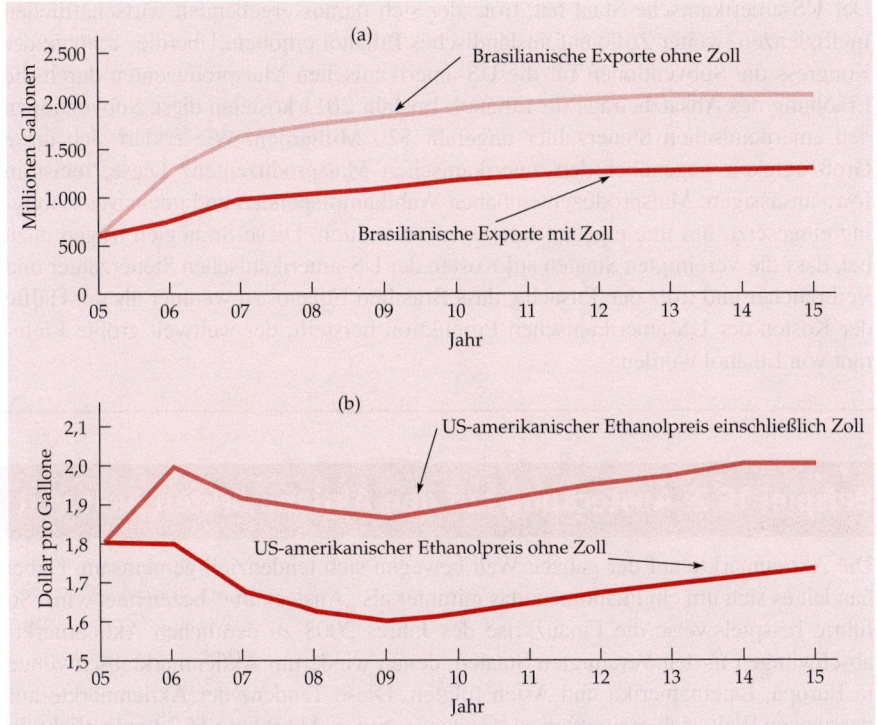

Abbildung 16.2: Auswirkungen einer Abschaffung des Zolls auf Ethanol für brasilianische Exporte
Sollten die US-amerikanischen Zölle auf im Ausland produziertes Ethanol abgeschafft werden, würde Brasilien sehr viel mehr Ethanol in die Vereinigten Staaten exportieren und somit einen Großteil des teureren, in den USA aus Mais erzeugten Ethanols verdrängen. Infolgedessen würde der Preis für Ethanol in den USA sinken und die Verbraucher würden davon profitieren.

Der von den US-amerikanischen Zöllen geschaffene adverse Anreiz bildet allerdings nicht die ganze Situation im Hinblick auf Ethanol und Märkte mit wechselseitigen Abhängigkeiten ab. Im Jahr 1984 verabschiedete der Kongress die Carribean Basin Initiative (CBI) – ein Steuergesetz, mit dem die wirtschaftliche Entwicklung in den karibischen Staaten gefördert werden sollte. Diesem Gesetz zufolge erhält in den betreffenden Ländern verarbeitetes Ethanol bis zu 60 Millionen Gallonen pro Jahr einen zollfreien Status. Als Reaktion darauf hat Brasilien in verschiedene Ethanol-dehydrierungsanlagen in der Karibik investiert, um das eigene, aus Zucker hergestellte Ethanol in die USA exportieren zu können, ohne den Zoll in Höhe von 54 Cent pro Gallone bezahlen zu müssen.

Der US-amerikanische Staat hat, trotz der sich daraus ergebenden wirtschaftlichen Ineffizienzen, weiter Zölle auf ausländisches Ethanol erhoben. Überdies erhöhte der Kongress die Subventionen für die US-amerikanischen Maisproduzenten durch die Erhöhung des Absatzbetrags für Ethanol. Im Jahr 2011 kosteten diese Subventionen den amerikanischen Steuerzahler ungefähr $20 Milliarden. Wie erklärt sich diese Großzügigkeit gegenüber den amerikanischen Maisproduzenten? Diese, meist in Iowa ansässigen, Maisproduzenten haben Wahlkampfspenden und intensives Lobbying eingesetzt, um ihre eigenen Interessen zu wahren. Diese Strategien trugen dazu bei, dass die Vereinigten Staaten auf Kosten der US-amerikanischen Steuerzahler und Verbraucher und trotz der Tatsache, dass Brasilien Ethanol zu weniger als der Hälfte der Kosten der US-amerikanischen Produktion herstellt, der weltweit größte Lieferant von Ethanol wurden.

Beispiel 16.2: Ansteckung auf den Aktienmärkten weltweit

Die Aktienmärkte auf der ganzen Welt bewegen sich tendenziell gemeinsam. Dabei handelt es sich um ein Phänomen, das mitunter als „Ansteckung" bezeichnet wird. So führte beispielsweise die Finanzkrise des Jahres 2008 zu deutlichen Aktienmarktabschwüngen in den Vereinigten Staaten, denen wiederum Aktienmarktabschwünge in Europa, Lateinamerika und Asien folgten. Diese Tendenz der Aktienmärkte auf der ganzen Welt, sich zusammen zu bewegen, wird in Abbildung 16.3 verdeutlicht, in der die drei großen Aktienmarktindizes in den Vereinigten Staaten (der S&P 500), im Vereinigten Königreich (der FTSE) und in Deutschland (der DAX) dargestellt werden. Der S&P 500 umfasst die 500 an der New Yorker Börse und der NASDAQ gelisteten, US-amerikanischen Unternehmen mit dem höchsten Marktwert. Der (liebevoll als „Footsie" bezeichnete) FTSE umfasst 100 der größten britischen Unternehmen an der Londoner Börse und der DAX beinhaltet die 30 größten, an der Frankfurter Börse gelisteten deutschen Unternehmen. (Jeder dieser Aktienmarktindizes wurde auf 100 im Jahr 1984 eingestellt.) Es ist zu erkennen, dass das Gesamtmuster der Aktienpreisbewegungen in allen drei Ländern gleich war. Warum neigen die Aktienmärkte dazu, sich gemeinsam zu bewegen?

Es gibt zwei wesentliche Ursachen, die beide Erscheinungsformen des allgemeinen Gleichgewichts sind: Erstens sind die Aktienmärkte (und Anleihemärkte) auf der ganzen Welt mittlerweile hochgradig integriert. So kann beispielsweise ein Anleger in den Vereinigten Staaten leicht Aktien kaufen oder verkaufen, die in London, Frankfurt oder anderswo auf der Welt gehandelt werden. Desgleichen können Anleger in Europa und Asien Aktien beinahe überall auf der Welt kaufen und verkaufen. Infolgedessen werden bei einem drastischen Kursverfall der US-amerikanischen Aktien, die dann verglichen mit europäischen und asiatischen Aktien relativ preiswert werden, europäische und asiatische Anleger einen Teil ihre Aktien verkaufen und US-amerikanische Aktien kaufen, wodurch die europäischen und asiatischen Aktienkurse sinken. Damit haben externe Schocks, die die Aktienkurse in einem Land beeinflussen, den gleichen tendenziellen Effekt auf die Kurse in anderen Ländern. ▶

Der zweite Grund ist, dass die wirtschaftlichen Bedingungen auf der ganzen Welt tendenziell korrelieren und diese wirtschaftlichen Bedingungen eine wichtige Determinante der Aktienkurse bilden. (So sinken beispielsweise während einer Rezession die Unternehmensgewinne, wodurch auch die Aktienpreise fallen.) Es sei angenommen, dass die Vereinigten Staaten in eine tiefe Rezession geraten (wie dies 2008 der Fall war). In diesem Fall konsumieren die Amerikaner weniger und die US-amerikanischen Importe sinken. Die US-amerikanischen Importe sind allerdings die Exporte anderer Länder, die dann wiederum sinken und so die Wirtschaftsleistung sowie die Beschäftigung in diesen Ländern reduzieren. Daher kann eine Rezession in den Vereinigten Staaten zu einer Rezession in Europa führen und umgekehrt. Dies bildet einen weiteren Effekt des allgemeinen Gleichgewichts, der zur „Ansteckung" über die Aktienmärkte hinweg führt.

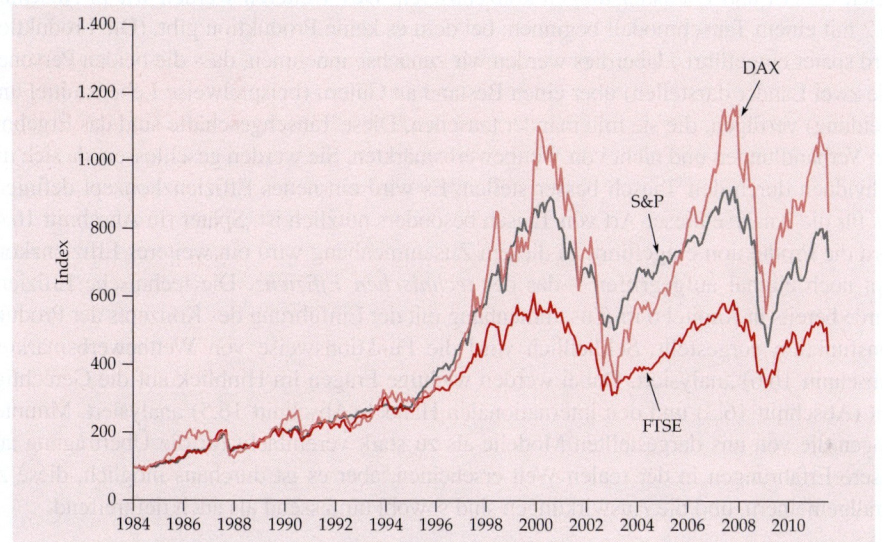

Abbildung 16.3: Aktienkurse in den Vereinigten Staaten und Europa
In der Abbildung sind drei Aktienmarktindizes, der S&P 500 in den Vereinigten Staaten, der FTSE im Vereinigten Königreich und der DAX in Deutschland, gemeinsam abgebildet. Sie sind so skaliert, dass sie im Jahr 1984 jeweils bei 100 beginnen. Die Indizes bewegen sich tendenziell zusammen und steigen bzw. sinken damit ungefähr zur gleichen Zeit.
Datenquelle: *www.worldbank.org*.

16.1.3 Ökonomische Effizienz

In Kapitel 9 sahen wir, dass ein Wettbewerbsmarkt deshalb ökonomisch effizient ist, weil er die gesamte Konsumenten- und Produzentenrente maximiert.

Dies wird normalerweise mit dem Begriff „*ökonomische Effizienz*" bezeichnet. Inwiefern gilt nun aber dieses wichtige Konzept der ökonomischen Effizienz unter Berücksichtigung der Wechselbeziehungen zwischen Märkten, unabhängig davon, ob diese für den Freihandel offen oder beschränkt sind, ob sie marktorientiert oder geplant sind bzw. ob sie hochgradig reguliert sind oder nicht? Glücklicherweise gibt es ein Konzept der ökonomischen Effizienz, das auch gilt, wenn es keinen Markt gibt, sondern die Menschen einfach miteinander Waren tauschen. Im Rest dieses Kapitels und, in gewissem Maße, in den verbleibenden Kapiteln dieses Buches werden Fragen im Hinblick auf die ökonomische Effizienz betrachtet und deren Folgen bewertet.

Die folgende Analyse ist etwas komplexer als die vorangegangenen Analysen. An dieser Stelle konzentrieren wir uns auf die Wechselwirkungen zwischen multiplen Märkten mit mehreren Einheiten, die im Wettbewerb miteinander stehen oder miteinander handeln. Darüber hinaus ergeben sich aus der Funktionsweise von Wettbewerbsmärkten im allgemeinen Gleichgewicht wichtige Schlussfolgerungen im Hinblick auf die Gerechtigkeit, die betrachtet werden müssen. Um allerdings die Leser in diesem Prozess mitzunehmen, besteht unsere Strategie darin, die theoretische Analyse langsam und schrittweise aufzubauen.

Dabei werden wir uns auf zwei und nicht auf mehr Länder (die jeweils durch einen anderen, einzelnen Verbraucher oder Produzenten dargestellt werden) und zwei anstelle von vielen Gütern und Dienstleistungen konzentrieren. Des Weiteren werden wir in Abschnitt 16.2 mit einem Tauschmodell beginnen, bei dem es keine Produktion gibt. (Die Produktion wird später eingeführt.) Überdies werden wir zunächst annehmen, dass die beiden Personen (die zwei Länder darstellen) über einen Bestand an Gütern (beispielsweise Lebensmittel und Kleidung) verfügen, die sie miteinander tauschen. Diese Tauschgeschäfte sind das Ergebnis von Verhandlungen und nicht von Wettbewerbsmärkten. Sie werden geschlossen, da sich die Individuen durch den Tausch besser stellen. Es wird ein neues Effizienzkonzept definiert, das für die Analyse dieser Art von Tausch besonders nützlich ist. Später (in Abschnitt 16.4) wird die Produktion eingeführt. In diesem Zusammenhang wird ein weiteres Effizienzkonzept noch einmal aufgegriffen – das der *technischen Effizienz*. Die technische Effizienz wurde bereits in Kapitel 6 im Zusammenhang mit der Einführung des Konzepts der Produktionsfunktion vorgestellt. Schließlich wird die Funktionsweise von Wettbewerbsmärkten (Abschnitt 16.6) analysiert. Dabei werden wichtige Fragen im Hinblick auf die Gerechtigkeit (Abschnitt 16.3) und den internationalen Handel (Abschnitt 16.5) analysiert. Mitunter mögen die von uns dargestellten Modelle als zu stark vereinfacht für die Übertragung auf unsere Erfahrungen in der realen Welt erscheinen, aber es ist durchaus möglich, diese zu verallgemeinern, und die Auswirkungen sind sowohl umfassend als auch tiefgreifend.

> In Abschnitt 6.1 wurde erklärt, dass eine Produktionsfunktion die technische Effizienz beschreibt, die erreicht wird, wenn ein Unternehmen eine Kombination von Inputs so effektiv wie möglich einsetzt.

16.2 Effizienz beim Tausch

Um den Begriff der ökonomischen Effizienz genauer zu analysieren, beginnen wir mit der **Tauschwirtschaft** und betrachten das Verhalten von zwei Verbrauchern, die zwei Güter untereinander tauschen können. (Diese Analyse gilt auch für den Handel zwischen zwei Ländern.) Nehmen wir an, dass die beiden Güter ursprünglich so verteilt sind, dass beide Verbraucher profitieren können, wenn sie miteinander tauschen. In diesem Fall ist die ursprüngliche Allokation der Güter *ökonomisch ineffizient.* Bei einer **Pareto-effizienten Allokation** *der Güter kann keiner der beiden besser gestellt werden, ohne dass der andere dadurch schlechter gestellt wird.* Dieser geht auf den italienischen Wirtschaftswissenschaftler Vilfredo Pareto zurück, der den Begriff der Effizienz beim Tausch prägte.

> **Tauschwirtschaft**
> Ein Markt, auf dem zwei oder mehr Verbraucher zwei Güter untereinander austauschen.

> **Effiziente (oder Pareto-effiziente) Allokation**
> Güterverteilung, bei der niemand besser gestellt werden kann, ohne dass ein anderer dadurch schlechter gestellt wird.

An dieser Stelle ist allerdings anzumerken, dass die Pareto-Effizienz nicht das Gleiche ist wie die in Kapitel 9 definierte ökonomische Effizienz. Bei der Pareto-Effizienz wissen wir, dass keine Möglichkeit besteht, beide Personen besser zu stellen (eine Person stellt sich stets auf Kosten der anderen besser). Wir können allerdings nicht mit Sicherheit wissen, dass diese Gestaltung die gemeinsame Wohlfahrt beider Personen maximiert.

Gleichfalls ist anzumerken, dass die Pareto-Effizienz auch Folgen im Hinblick auf die Gerechtigkeit hat. Es kann unter Umständen möglich sein, die Güter so neu zu verteilen, dass die Wohlfahrt der beiden Personen *insgesamt* erhöht wird, sich aber eine Person dadurch schlechter stellt. Wenn wir die Güter so umverteilen können, dass eine Person sich nur geringfügig schlechter stellt, während sich die andere Person sehr viel besser stellt, wäre das eine gute Sache, selbst wenn das nicht Pareto-effizient wäre? Auf diese Frage gibt es keine einfache Antwort. Einige Leser mögen dies für eine gute Sache halten, während andere dies unter Umständen nicht für gerecht halten würden. Ihre eigene Antwort auf diese Frage hängt auch davon ab, was Sie für gerecht oder ungerecht halten.

16.2.1 Die Vorteile des Handels

Freiwilliger Handel zwischen zwei Einzelpersonen oder zwei Ländern ist in der Regel für alle Beteiligten vorteilhaft.[2] Um zu sehen, wie man durch den Handel einen Vorteil erlangen kann, betrachten wir einen Tauschhandel zwischen zwei Personen genauer, wobei wir davon ausgehen, dass der Tausch selbst kostenlos ist.

Nehmen wir an, James und Karen haben zusammen 10 Einheiten Nahrungsmittel (F) und 6 Einheiten Kleidung (C). Tabelle 16.1 zeigt, dass James anfangs 7 Einheiten Nahrungsmittel und 1 Einheit Kleidung hat. Karen hat ursprünglich 3 Einheiten Nahrung und 5 Einheiten Kleidung. Um zu entscheiden, ob ein Handel von Vorteil wäre, müssen wir wissen, wie wichtig beiden jeweils Nahrung und Bekleidung sind. Da Karen viele Kleidungsstücke und wenig Nahrungsmittel besitzt, nehmen wir an, dass ihre Grenzrate der Substitution (GRS) von Nahrungsmittel für Bekleidung gleich 3 ist. Um eine Einheit Nahrung zu erhalten, würde sie 3 Einheiten Kleidung aufgeben. James' GRS von Nahrung für Kleidung ist dagegen nur gleich 1/2. Er würde für eine Einheit Nahrung nur 1/2 Einheit Bekleidung aufgeben.

> In § 3.1 erklären wir, dass die Grenzrate der Substitution die maximale Menge eines Gutes ist, die der Verbraucher für eine Einheit eines anderen Gutes aufzugeben bereit ist.

Tabelle 16.1

Der Vorteil des Handels

Person	Anfangsallokation	Handel	Endallokation
James	7F, 1C	−1F, +1C	6F, 2C
Karen	3F, 5C	+1F, −1C	4F, 4C

---

2 Es gibt einige Situationen, in denen Handel keine Vorteile bringt. Zunächst könnten Personen aufgrund begrenzter Informationen glauben, sie würden von einem Handel profitieren, der ihnen aber tatsächlich Nachteile bringt. Außerdem können Einzelpersonen durch physische Gewaltandrohung oder die Androhung späterer wirtschaftlicher Vergeltungsmaßnahmen zum Handel gezwungen werden. Weiter können Freihandelsbeschränkungen, wie in Kapitel 13 beobachtet, einem Land manchmal einen strategischen Handelsvorteil bescheren.

Ein Handel, von dem beide profitieren, ist also möglich, denn James bewertet Kleidung viel höher als Karen, während diese den Lebensmitteln einen viel höheren Wert beimisst als James. Um eine weitere Nahrungsmitteleinheit zu erhalten, wäre Karen bereit, bis zu drei Einheiten Kleidung aufzugeben. James dagegen wird eine Einheit Nahrungsmittel für 1/2 Einheit Kleidung aufgeben. Das tatsächliche Austauschverhältnis hängt vom Verhandlungsprozess ab. Ein mögliches Ergebnis wäre, dass James eine Einheit Nahrung gegen 1/2 bis 3 Einheiten Kleidung von Karen eintauscht.

Nehmen wir an, Karen bietet James eine Einheit Bekleidung gegen 1 Einheit Nahrungsmittel an, und James nimmt das Angebot an. Beide profitieren von diesem Tausch. James wird mehr Kleidung haben, die er höher bewertet als Karen, und Karen wird mehr Lebensmittel haben, die sie höher bewertet als Kleidung. Solange die Grenzraten der Substitution zweier Verbraucher unterschiedlich sind, gibt es für sie die Möglichkeit, zum gegenseitigen Vorteil zu tauschen, da die Allokation der Ressourcen ineffizient ist. Durch einen Tauschhandel profitieren beide Seiten. Dementsprechend müssen die Grenzraten der Substitution beider Verbraucher gleich sein, damit eine ökonomische Effizienz vorliegt.

Dieses wichtige Ergebnis gilt auch, wenn es viele Verbraucher und Güter gibt. *Die Allokation von Gütern ist nur dann effizient, wenn die Güter so verteilt werden, dass die Grenzrate der Substitution jedes Güterpaars für alle Verbraucher gleich ist.*

16.2.2 Das Edgeworth-Boxdiagramm

Wenn Handeln vorteilhaft ist, welcher Handel ist dann möglich? Und welche dieser Möglichkeiten sorgt für eine effiziente Allokation der Güter unter den Verbrauchern? In welchem Ausmaß werden die Verbraucher profitieren? Wir können all diese Fragen für jedes Beispiel mit zwei Personen und zwei Gütern beantworten, wenn wir die so genannte **Edgeworth Box** anwenden, die nach dem Volkswirt F.Y. Edgeworth benannt ist.

Abbildung 16.4 zeigt eine Edgeworth Box, in der die horizontale Achse die Anzahl der Nahrungsmitteleinheiten und die vertikale Achse die Anzahl der Bekleidungseinheiten angibt. Die Länge der Box entspricht 10 Nahrungsmitteleinheiten. Dies ist die gesamte verfügbare Nahrungsmenge. Die Höhe der Box entspricht 6 Kleidungseinheiten, also der gesamten verfügbaren Menge an Kleidung.

In der Edgeworth Box beschreibt jeder Punkt die Warenkörbe *beider* Verbraucher. Der Warenkorb von James wird vom Ursprung O_J aus abgelesen und der Warenkorb von Karen wird in umgekehrter Richtung vom Ursprung O_K aus abgelesen. Punkt A beispielsweise stellt die ursprüngliche Allokation von Kleidung und Nahrung dar. Wenn wir an der horizontalen Achse entlang von links nach rechts am unteren Rand lesen, so sehen wir, dass James 7 Einheiten Nahrung hat und wenn wir am linken Rand des Diagramms entlang der vertikalen Achse nach oben lesen, sehen wir, dass er eine Einheit Kleidung hat. Für James bedeutet also Punkt A 7F und 1C. Daraus folgt, dass für Karen 3F und 5C übrig bleiben. Karens Nahrungsallokation (3F) liest man von rechts nach links entlang des oberen Randes des Boxdiagramms ausgehend von O_K ab. Dementsprechend kann man ihre Kleidungsallokation (5C) von oben nach unten entlang des rechten Randes des Boxdiagramms ablesen.

Edgeworth Box

Ein Diagramm, das alle möglichen Allokationen zweier Güter zwischen zwei Konsumenten oder zweier Produktionsfaktoren zwischen zwei Produktionsprozessen darstellt.

16.2 Effizienz beim Tausch

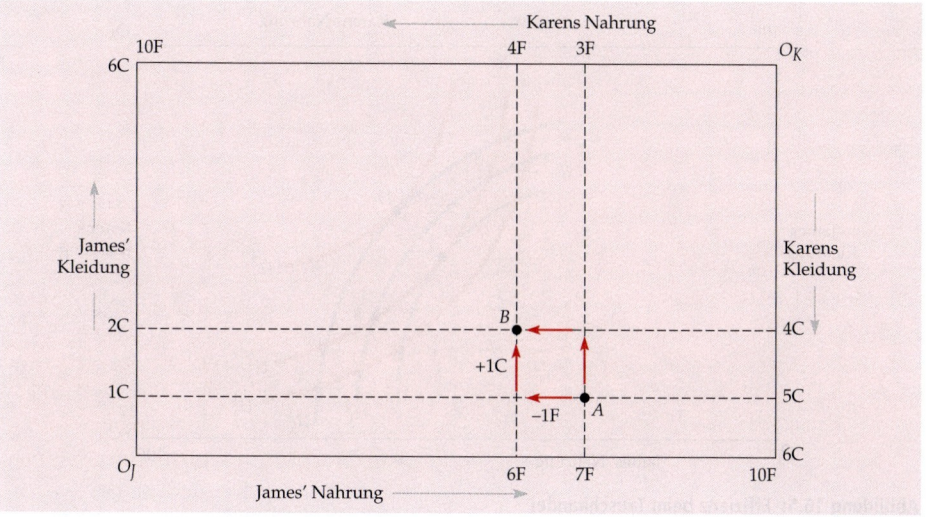

Abbildung 16.4: Tausch in einer Edgeworth Box
Jeder Punkt im Edgeworth-Diagramm stellt gleichzeitig die Warenkörbe von James und Karen dar, die jeweils Nahrung und Kleidung enthalten. Am Punkt A hat James beispielsweise 7 Einheiten Nahrung und eine Einheit Kleidung, während Karen 3 Einheiten Nahrung und 5 Einheiten Kleidung hat.

Wir können auch die Auswirkungen eines Tauschhandels zwischen Karen und James ablesen. James gibt 1F im Tausch für 1C auf und bewegt sich von Punkt A zu Punkt B. Karen gibt 1C auf und erhält dafür 1F, bewegt sich also auch von A nach B. Punkt B bildet also die Warenkörbe von James und Karen nach einem Tauschgeschäft ab, das für beide vorteilhaft war.

16.2.3 Effiziente Allokationen

Ein Tauschgeschäft, das von A nach B führt, ist also sowohl für James als auch für Karen vorteilhaft. Liegt im Punkt B aber eine *effiziente* Allokation vor? Das hängt davon ab, ob die Grenzraten der Substitution von James und Karen im Punkt B gleich sind, und dies ist wiederum abhängig von der Form ihrer Indifferenzkurven. Abbildung 16.5 zeigt einige Indifferenzkurven von James und Karen. Da James' Allokationen vom Ursprung O_J aus gemessen werden, lassen sich seine Indifferenzkurven auf die übliche Weise einzeichnen. Karens Indifferenzkurven wurden um 180 Grad gedreht, so dass der Ursprung die obere rechte Ecke der Box ist. Ebenso wie James' sind auch Karens Indifferenzkurven konvex, wir sehen sie nur aus einer anderen Perspektive.

Da wir nun die Indifferenzkurven der beiden Personen kennen, wollen wir die Kurven mit den Bezeichnungen U_J^1 und U_K^1 untersuchen, die durch die ursprüngliche Allokation im Punkt A verlaufen. Die Grenzraten der Substitution von James und Karen geben die Steigung ihrer jeweiligen Indifferenzkurve im Punkt A an. Für James liegt die GRS von Bekleidung durch Lebensmittel bei 1/2, während sie für Karen bei 3 liegt. Die schattierte Fläche zwischen den beiden Indifferenzkurven stellt alle möglichen Allokationen von Nahrungsmitteln und Bekleidung dar, bei denen James und Karen im Vergleich zu Punkt A besser gestellt wären. Anders ausgedrückt beschreibt sie alle für beide vorteilhaften Tauschmöglichkeiten.

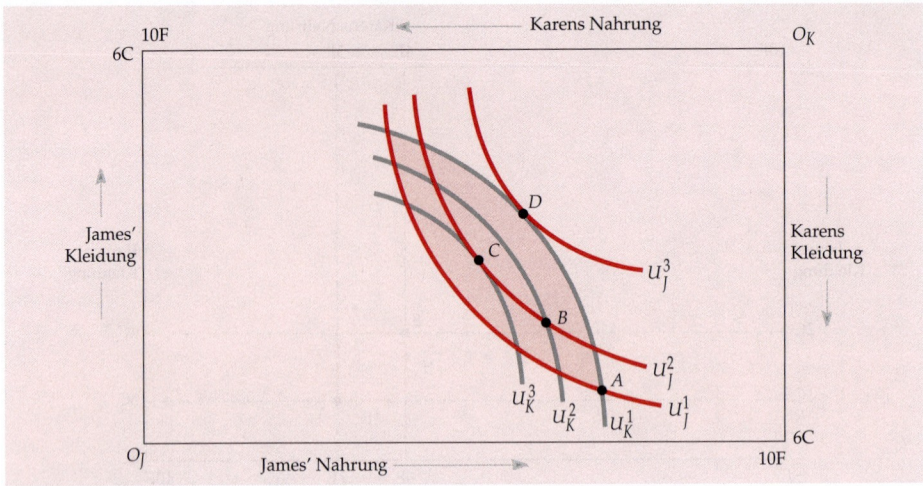

Abbildung 16.5: Effizienz beim Tauschhandel
Die Edgeworth Box bildet die Möglichkeiten beider Konsumenten ab, durch den Tauschhandel von Gütern ihre Befriedigung zu erhöhen. Wenn A die ursprüngliche Güterallokation darstellt, so gibt die schattierte Fläche alle Möglichkeiten eines für beide vorteilhaften Handels an.

Ausgehend vom Punkt A würde jeder Tauschhandel, der zu einer Allokation der Güter außerhalb der schattierten Fläche führen würde, einem der beiden Verbraucher einen Nachteil bringen. Deshalb sollte es zu einem solchen Tausch nicht kommen. Die Bewegung von A nach B war für beide vorteilhaft. In Abbildung 16.5 sieht man jedoch, dass B kein effizienter Allokationspunkt ist, denn die Indifferenzkurven U_J^2 und U_K^2 schneiden sich in diesem Punkt. In diesem Punkt sind also die Grenzraten der Substitution von James und Karen nicht gleich und die Allokation ist nicht effizient. Ausgehend von Punkt B würde James lieber auf einige Einheiten Lebensmittel verzichten, um zusätzliche Bekleidung zu erhalten. Er wäre bereit, jegliches Tauschgeschäft einzugehen, durch das er sich nicht schlechter stellen würde und durch das er hoffentlich einen zusätzlichen Nutzen erzielt. Dies wäre mit vielen Tauschgeschäften möglich. Karen wäre andererseits bereit, auf Bekleidung zu verzichten, um mehr Lebensmittel zu erhalten. Auch hier gibt es viele Tauschgeschäfte, mit denen sie sich besser stellen würde. Dies verdeutlicht einen wichtigen Aspekt. *Selbst wenn ein Tauschhandel, der von einer ineffizienten Allokation ausgeht, beiden Parteien einen Vorteil bringt, muss die neue Allokation nicht zwangsläufig effizient sein.*

Nehmen wir an, dass ausgehend von Punkt B ein weiteres Tauschgeschäft vorgenommen wird, bei dem James eine weitere Einheit Nahrung für eine zusätzliche Einheit Kleidung aufgibt und Karen eine Einheit Kleidung gegen eine Einheit Nahrung eintauscht. Punkt C in Abbildung 16.5 gibt die neue Allokation an. Durch den Tausch von Lebensmitteln gegen Bekleidung und den damit verbundenen Wechsel von Punkt B auf Punkt C konnten James und Karen ein Pareto-effizientes Ergebnis erzielen und sich beide besser stellen. Im Punkt C sind die Grenzraten der Substitution beider Parteien identisch, denn hier berühren sich beide Indifferenzkurven. Tritt dieser Fall ein, so kann eine Partei keinen weiteren Vorteil erlangen, ohne dass es zu Lasten der anderen Partei geht. Deshalb liegt im Punkt C eine effiziente Allokation vor.

Natürlich liegt im Punkt C nicht das einzig mögliche effiziente Ergebnis eines Tauschgeschäfts zwischen James und Karen vor. Wenn James es versteht, geschickt zu verhandeln, könnte sich durch ein Tauschgeschäft die Güterallokation beispielsweise auch von A nach D verlagern, dem Berührungspunkt der Indifferenzkurve U_J^3 und der Indifferenzkurve U_K^1. In diesem Punkt hätte Karen zwar im Vergleich zu Punkt A keine Nachteile, James hätte dagegen erhebliche Vorteile. Und da von diesem Punkt aus kein weiterer Handel möglich ist, ist D eine effiziente Allokation. Also sind Punkt C und D beides effiziente Allokationen, wobei James das Ergebnis D dem Ergebnis C und Karen umgekehrt den Punkt C dem Punkt D vorziehen würde. Im Allgemeinen ist es schwierig vorherzusagen, auf welche Allokation man sich im Verhandlungsprozess einigen wird, denn das Ergebnis hängt vom Verhandlungsgeschick der beteiligten Parteien ab.

16.2.4 Die Kontraktkurve

Wir sahen, dass ausgehend von einer ursprünglichen Allokation durch allgemein vorteilhafte Tauschgeschäfte viele mögliche effiziente Allokationen erreicht werden können. Um *alle möglichen effizienten Allokationen von Nahrung und Kleidung* zwischen Karen und James zu finden, müssen wir *alle Tangentialpunkte ihrer Indifferenzkurven* suchen. Abbildung 16.6 zeigt die **Kontraktkurve**: Die Kurve, die durch alle Punkte effizienter Allokation verläuft.

Die Kontraktkurve zeigt alle Allokationen, von denen aus kein weiterer Tauschhandel durchgeführt werden kann, von dem beide Verbraucher profitieren. *Diese Allokationen sind effizient, wenn es keine Möglichkeit gibt, durch eine Umverteilung der Güter einen Verbraucher besser zu stellen, ohne den anderen schlechter zu stellen.* In Abbildung 16.6 sind drei Allokationen, die mit E, F und G bezeichnet sind, Pareto-effizient, obwohl an jedem dieser Punkte die beiden Güter Kleidung und Nahrung unterschiedlich aufgeteilt sind, denn hier kann kein Verbraucher einen weiteren Vorteil erlangen, ohne dass der andere dadurch benachteiligt wird.

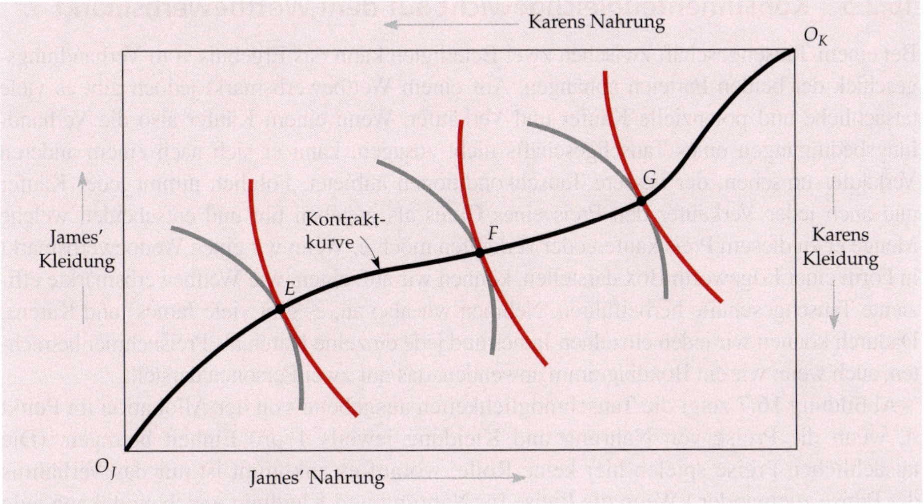

> **Kontraktkurve**
>
> Eine Kurve, die alle effizienten Güterallokationen zwischen zwei Verbrauchern oder alle effizienten Inputallokationen zwischen zwei Produktionsfunktionen abbildet.

Abbildung 16.6: Die Kontraktkurve
Die Kontraktkurve bildet alle Allokationen ab, bei denen sich die Indifferenzkurven der Verbraucher berühren. Jeder Punkt auf der Kurve ist effizient, denn kein Verbraucher kann einen Vorteil erlangen, ohne dem anderen zu schaden.

Einige Eigenschaften der Kontraktkurve machen es uns leichter, das Konzept des effizienten Tauschhandels zu verstehen. Hat man einmal einen Punkt – z.B. Punkt E – auf der Kontraktkurve gewählt, gibt es keine Möglichkeit, sich zu einem anderen Punkt auf der Kurve – sagen wir Punkt F – zu bewegen, ohne dass dies einem der Verbraucher schadet. (In diesem Fall wäre das Karen.) Karen stellt sich dabei schlechter, da sie in F über weniger Bekleidung und Lebensmittel als in E verfügt. Ohne weitere Vergleiche zwischen den Präferenzen von Karen und James anzustellen, können wir die Allokationen von Punkt F und Punkt E nicht vergleichen. Wir wissen einfach nur, dass beide effizient sind. So gesehen ist die Pareto-Effizienz ein bescheidenes Ziel. Es sagt zwar aus, dass wir alle Tauschgeschäfte durchführen sollen, die beiden Parteien Vorteile bringen, es legt aber nicht fest, welche dieser Tauschgeschäfte am besten sind. Dennoch kann die Pareto-Effizienz ein wirkungsvolles Konzept sein. Denn wenn ein Tauschhandel die Effizienz erhöht, liegt es im Interesse *jedes Beteiligten*, sich auf diesen Handel einzulassen.

Oft lässt sich die Effizienz auch dann erhöhen, wenn ein Aspekt des anstehenden Tauschgeschäftes einen Beteiligten benachteiligt. Wir müssen dann nur ein zweites Tauschgeschäft anschließen und dafür sorgen, dass das Ergebnis beider Tauschgeschäfte *zusammen* mindestens einem Beteiligten einen Vorteil bringt, ohne dem anderen zu schaden. Nehmen wir beispielsweise an, wir schlagen vor, ein bestehendes Importkontingent für Automobilimporte in die USA aufzuheben. Zwar könnten amerikanische Verbraucher dann von niedrigeren Preisen und einer größeren Warenauswahl profitieren, jedoch würden einige Beschäftigte in der Autobranche ihren Arbeitsplatz verlieren. Was aber, wenn wir die Aufhebung des Importkontingents mit Steuererleichterungen und Subventionen für die Umschulung der betroffenen Beschäftigten kombinieren würden? In diesem Fall würden die amerikanischen Verbraucher profitieren (auch nach Berücksichtigung der Kosten für die staatlichen Subventionen) und auch die Beschäftigten in der Autobranche hätten keinen Nachteil erlitten. Also erhöht das Endergebnis die Effizienz.

16.2.5 Konsumentengleichgewicht auf dem Wettbewerbsmarkt

Bei einem Tauschgeschäft zwischen zwei Beteiligten kann das Ergebnis vom Verhandlungsgeschick der beiden Parteien abhängen. Auf einem Wettbewerbsmarkt jedoch gibt es viele tatsächliche und potenzielle Käufer und Verkäufer. Wenn einem Käufer also die Verhandlungsbedingungen eines Tauschgeschäfts nicht zusagen, kann er sich nach einem anderen Verkäufer umsehen, der bessere Tauschkonditionen anbietet. Folglich nimmt jeder Käufer und auch jeder Verkäufer den Preis eines Gutes als gegeben hin und entscheidet, welche Menge er zu diesem Preis kaufen oder verkaufen möchte. Wenn wir einen Wettbewerbsmarkt in Form einer Edgeworth Box darstellen, können wir aufzeigen, wie Wettbewerbsmärkte effiziente Tauschgeschäfte herbeiführen. Nehmen wir also an, es gibt viele James' und Karens. Dadurch können wir jeden einzelnen James und jede einzelne Karen als Preisnehmer betrachten, auch wenn wir ein Boxdiagramm anwenden, das nur zwei Personen darstellt.

Abbildung 16.7 zeigt die Tauschmöglichkeiten ausgehend von der Allokation im Punkt A, wenn die Preise von Nahrung und Kleidung jeweils 1 pro Einheit betragen. (Die tatsächlichen Preise spielen hier keine Rolle; worauf es ankommt ist nur das Verhältnis der Preise zueinander.) Wenn die Preise für Nahrung und Kleidung gleich sind, kann jede Nahrungsmitteleinheit für eine Kleidungseinheit ausgetauscht werden. Folglich beschreibt die Preisgerade PP' im Diagramm, die eine Steigung von -1 hat, alle möglichen Allokationen, die durch einen Tausch erreicht werden können.

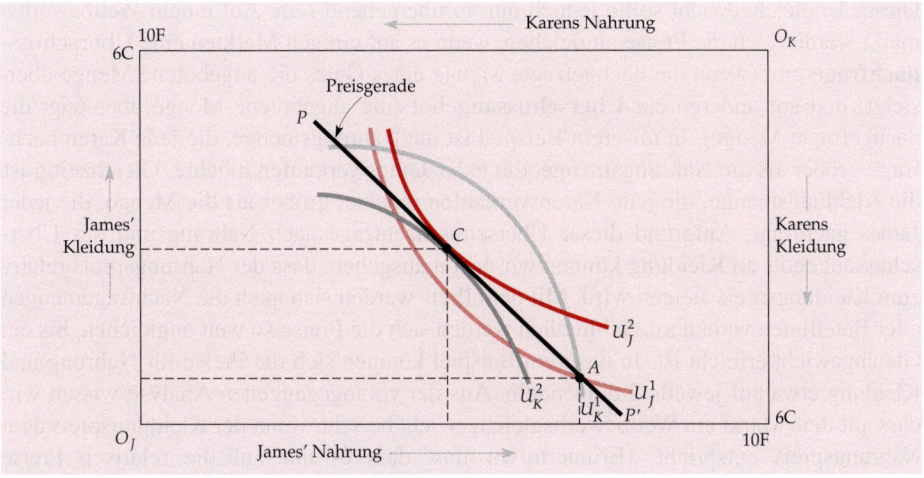

Abbildung 16.7: Das Wettbewerbsgleichgewicht
Auf einem Wettbewerbsmarkt bestimmen die Preise zweier Güter die Tauschbedingungen unter den Verbrauchern. Wenn Punkt *A* der ursprünglichen Allokation der Güter entspricht und die Preisgerade *PP'* das Verhältnis der beiden Preise zueinander ausdrückt, wird sich auf dem Wettbewerbsmarkt ein Gleichgewicht im Punkt *C* ergeben, denn hier berühren sich beide Indifferenzkurven. Folglich ist das Wettbewerbsgleichgewicht effizient.

Nehmen wir an, jeder James entscheidet sich, 2 Bekleidungseinheiten zu kaufen und dafür 2 Nahrungsmitteleinheiten zu verkaufen. Dadurch würde sich jeder James vom Punkt *A* zum Punkt *C* bewegen und sein Nutzen würde sich von Indifferenzkurve U_J^1 auf U_J^2 steigern. Gleichzeitig kauft jede Karen 2 Einheiten Nahrung und verkauft dafür 2 Einheiten Kleidung. Dadurch bewegt sich auch jede Karen von *A* nach *C*, und ihr Nutzen steigert sich von U_K^1 auf U_K^2.

Wir haben die Preise der beiden Güter so gewählt, dass die Nahrungsmenge, die jede Karen nachfragt, der Nahrungsmenge entspricht, die jeder James verkaufen möchte. Ebenso entspricht die Kleidungsmenge, die jeder James nachfragt, genau der Kleidungsmenge, die jede Karen verkaufen möchte. Folglich befinden sich die Märkte für Nahrung und Kleidung im Gleichgewicht. *Ein Gleichgewicht entspricht einer Menge von Preisen, bei der die nachgefragte Menge auf jedem Markt gleich der dort angebotenen Menge ist.* Dies ist gleichzeitig ein *Wettbewerbsgleichgewicht*, denn alle Anbieter und Nachfrager sind Preisnehmer.

Es lässt sich nicht bei allen Preisen ein Gleichgewicht herstellen. Wenn der Preis pro Nahrungsmitteleinheit beispielsweise 3 ist und der Preis für Bekleidung 1, so muss Bekleidung für Lebensmittel im Verhältnis 3 zu 1 getauscht werden, d.h., um eine zusätzliche Einheit Nahrungsmittel zu erhalten, muss auf 3 Einheiten Bekleidung verzichtet werden. Doch dann ist kein James gewillt, Bekleidungseinheiten für weitere Nahrungsmittel einzutauschen, da seine GRS von Kleidung für Nahrung nur 1/2 beträgt, d.h., er wäre nur bereit, auf 2 Einheiten Bekleidung zu verzichten, um 1 Einheit Lebensmittel zu erhalten. Dagegen würde jede Karen sehr gern ihre Bekleidungseinheiten verkaufen, um dafür mehr Nahrung zu bekommen, doch sie hat niemanden, mit dem sie tauschen kann. Also befindet sich der Markt im *Ungleichgewicht*, da die nachgefragten Mengen an Bekleidung und Lebensmitteln nicht den angebotenen Mengen entsprechen.

> In § 8.7 erklären wir, dass ein Preisnehmer-Unternehmen im Wettbewerbsgleichgewicht seinen Gewinn maximiert, und dass der Preis des Produkts so angelegt sein muss, dass die nachgefragte Menge der angebotenen Menge entspricht.

Überschuss-nachfrage

Die nachgefragte Menge eines Gutes übersteigt die angebotene Menge.

Überschussangebot

Die angebotene Menge eines Gutes übersteigt die nachgefragte Menge.

Dieses Ungleichgewicht sollte jedoch nur vorübergehend sein. Auf einem Wettbewerbsmarkt werden sich die Preise angleichen, wenn es auf einigen Märkten eine **Überschussnachfrage** gibt (wenn die nachgefragte Menge eines Gutes die angebotene Menge übersteigt) und auf anderen ein **Überschussangebot** (die angebotene Menge übersteigt die nachgefragte Menge). In unserem Beispiel ist die Nahrungsmenge, die jede Karen nachfragt, größer als die Nahrungsmenge, die jeder James verkaufen möchte. Gleichzeitig ist die Kleidungsmenge, die jede Karen verkaufen möchte, größer als die Menge, die jeder James nachfragt. Aufgrund dieser Überschussnachfrage nach Nahrung und des Überschussangebots an Kleidung können wir davon ausgehen, dass der Nahrungspreis relativ zum Kleidungspreis steigen wird. Mit dem Preis werden sich auch die Nachfragemengen aller Beteiligten verändern. Schließlich werden sich die Preise so weit angleichen, bis ein Gleichgewicht erreicht ist. In unserem Beispiel könnten sich die Preise für Nahrung und Kleidung etwa auf jeweils 2 einpendeln. Aus der vorangegangenen Analyse wissen wir, dass auf dem Markt ein Wettbewerbsgleichgewicht besteht, wenn der Kleidungspreis dem Nahrungspreis entspricht. (Erinnern wir uns, dass es nur auf die relativen Preise ankommt; es spielt also keine Rolle, ob die Preise beider Güter jeweils 1 oder 2 sind.)

Man erkenne den wichtigen Unterschied zwischen einem Tauschgeschäft zwischen zwei Beteiligten und einer Volkswirtschaft mit vielen Beteiligten. Sind nur zwei Parteien beteiligt, ist das Ergebnis aufgrund der Verhandlungen nicht vorauszusagen. Sind jedoch viele Marktteilnehmer beteiligt, so werden die Produktpreise von den gemeinsamen Entscheidungen der Nachfrager und Anbieter der Güter bestimmt.

16.2.6 Die ökonomische Effizienz von Wettbewerbsmärkten

Wir sind nun in der Lage, eine der grundlegendsten Erkenntnisse mikroönonomischer Analyse zu verstehen. Anhand von Punkt C in Abbildung 16.7 können wir sehen, dass *die Allokation in einem Wettbewerbsgleichgewicht ökonomisch effizient* ist. Der Hauptgrund dafür ist, dass C an einem Berührungspunkt zweier Indifferenzkurven liegen muss. Ist das nicht der Fall, wird ein James oder eine Karen ihren Nutzen nicht maximieren können; deshalb wird er oder sie gewillt sein, ein weiteres Tauschgeschäft durchzuführen, um den eigenen Nutzen zu erhöhen.

Dieses Ergebnis gilt sowohl im Rahmen eines Tauschgeschäfts als auch im Rahmen einer allgemeinen Gleichgewichtssituation, in der alle Märkte vollkommen kompetitiv sind. Es zeigt uns auf ganz direkte Art und Weise, wie die berühmte von Adam Smith beschriebene *unsichtbare Hand* funktioniert, denn es sagt aus, dass eine Volkswirtschaft ihre Ressourcen automatisch effizient verteilen wird, ohne dass regulierend von außen eingegriffen werden muss. Durch die unabhängigen Handlungen von Konsumenten und Produzenten, die die Marktpreise als gegeben hinnehmen, können Märkte ökonomisch effizient funktionieren. Es sollte nicht überraschen, dass dieses Ergebnis der unsichtbaren Hand oft als Norm herangezogen wird, mit der die Abläufe auf real existierenden Märkten verglichen werden. Einige sind der Ansicht, dass dieses Konzept der unsichtbaren Hand für den normativen Standpunkt spricht, dass weniger staatliche Interventionen angebracht seien. Sie vertreten die Meinung, die Märkte seien in höchstem Maße kompetitiv. Für andere wiederum spricht die unsichtbare Hand für eine ausgeprägte Rolle des Staates, denn sie setzen dem entgegen, dass Interventionen notwendig seien, um die Märkte kompetitiver zu gestalten.

Zwar sind viele Wirtschaftswissenschaftler über staatliche Interventionen geteilter Meinung, die meisten von ihnen halten jedoch das Ergebnis der unsichtbaren Hand für bedeutend. Tatsächlich wird die Erkenntnis, dass ein Wettbewerbsgleichgewicht ökonomisch effizient ist, oft als erster Lehrsatz der **Wohlfahrtsökonomie** bezeichnet. (Wohlfahrtsökonomie beschäftigt sich mit der normativen Bewertung von Märkten und Wirtschaftspolitik.) Formal lautet dieser erste Lehrsatz folgendermaßen.

> **Wohlfahrtsökonomie**
>
> Normative Bewertung von Märkten und Wirtschaftspolitik.

> Wenn alle Marktteilnehmer auf einem Wettbewerbsmarkt handeln, werden alle gegenseitig vorteilhaften Tauschgeschäfte durchgeführt, und die sich ergebende Gleichgewichtsallokation der Ressourcen ist ökonomisch effizient.

Nun wollen wir zusammenfassen, was wir über ein Wettbewerbsgleichgewicht aus Sicht des Konsumenten wissen.

1 Da sich die Indifferenzkurven berühren, sind alle Grenzraten der Substitution zwischen den Verbrauchern gleich.

2 Da jede Indifferenzkurve die Preisgerade berührt, entspricht die GRS jedes Konsumenten dem Preisverhältnis der beiden Güter.

Um so eindeutig wie möglich zu formulieren, verwenden wir die Bezeichnung GRS_{FC}, um die GRS von Nahrungsmitteln für Bekleidung anzugeben. Dann gilt, wenn P_C und P_F die beiden Preise sind:

$$GRS_{FC}^J = P_F/P_C = GRS_{FC}^K \quad (16.1)$$

Es ist nicht leicht, eine effiziente Allokation zu erreichen, wenn es viele Konsumenten (und viele Produzenten) gibt. Es ist jedoch möglich, wenn alle Märkte vollkommen kompetitiv sind. Effiziente Ergebnisse lassen sich aber auch noch mit anderen Mitteln erzielen – beispielsweise durch ein zentralistisches System, in dem der Staat sämtliche Güter und Dienstleistungen zuteilt. Die kompetitive Lösung wird jedoch oft bevorzugt, denn durch sie werden die Ressourcen mit Hilfe minimaler Informationen verteilt. Alle Verbraucher müssen ihre eigenen Präferenzen und die Marktpreise kennen, sie müssen jedoch nicht wissen, was produziert oder von anderen Verbrauchern nachgefragt wird. Andere Allokationsmethoden erfordern mehr Informationen und können deshalb nur schwer und mühsam durchgeführt werden.

16.3 Gerechtigkeit und Effizienz

Wir zeigten auf, dass es verschiedene effiziente Allokationsmöglichkeiten für Güter gibt, und wir sahen, dass eine vollkommen kompetitive Volkswirtschaft eine effiziente Allokation hervorbringt. Allerdings gibt es viele Pareto-effiziente Allokationen und einige Allokationen sind wahrscheinlich gerechter als andere. Wie können wir entscheiden, welche die *gerechteste* Allokation ist? Dies ist eine schwierige Frage – weder Wirtschaftswissenschaftler noch andere Experten sind sich darüber einig, wie *Gerechtigkeit* zu definieren ist und wie sie zu messen ist. Jeder derartige Versuch liefe auf subjektive Nutzenvergleiche hinaus, und jeder rational denkende Mensch könnte über die Herangehensweise eine andere Meinung haben. In diesem Abschnitt erörtern wir diesen allgemeinen Aspekt und verdeutlichen ihn anschließend anhand eines Beispiels, in dem wir aufzeigen werden, dass es keinerlei Grund gibt zu glauben, eine durch das Wettbewerbsgleichgewicht erzielte Allokation sei gerecht.

16.3.1 Die Nutzenmöglichkeitsgrenze

Erinnern wir uns, dass jeder Punkt auf der Kontraktkurve unserer zwei-Personen-Tauschwirtschaft das jeweilige Nutzenniveau angibt, das James und Karen erreichen können. In Abbildung 16.8 stellen wir die Information aus der Edgeworth Box in anderer Form dar. James' Nutzen wird an der horizontalen Achse und Karens Nutzen an der vertikalen Achse gemessen. Jeder Punkt in der Edgeworth Box entspricht einem Punkt in Abbildung 16.8, denn jede Allokation erzeugt einen Nutzen für beide Beteiligte. Jede Bewegung nach rechts in Abbildung 16.8 bedeutet eine Nutzensteigerung für James und jede Bewegung nach oben steigert den Nutzen für Karen.

Die **Nutzenmöglichkeitsgrenze** *bildet alle effizienten Allokationen ab.* Sie zeigt die Nutzenniveaus, die vorliegen, wenn beide Beteiligten die Kontraktkurve erreicht haben. Punkt O_J stellt einen Extremfall dar, bei dem James keine Güter und daher keinen Nutzen hat. Punkt O_K ist der andere Extremfall, bei dem Karen keine Güter hat. Alle anderen Punkte auf der Grenzlinie, wie E, F und G, entsprechen Punkten auf der Kontraktkurve, bei denen kein Beteiligter einen Vorteil erreichen kann, ohne dem anderen zu schaden. Punkt H dagegen bildet eine ineffiziente Allokation ab, da jede Tauschaktion innerhalb der schattierten Fläche einem oder beiden Beteiligten einen Vorteil bringt. Im Punkt L wären beide Parteien besser gestellt, jedoch ist Punkt L unerreichbar, da es von beiden Gütern nicht genug gibt, um die Nutzenniveaus dieses Punktes herzustellen.

> **Nutzenmöglichkeitsgrenze**
>
> Eine Kurve, die alle effizienten Ressourcenallokationen darstellt, gemessen an den Nutzenniveaus der beiden Beteiligten.

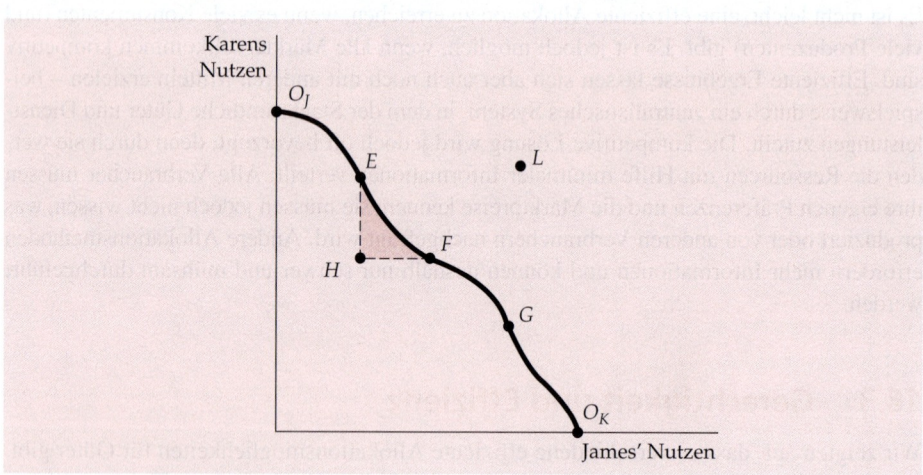

Abbildung 16.8: Die Nutzenmöglichkeitsgrenze
Die Nutzenmöglichkeitsgrenze zeigt die Nutzenniveaus, die zwei Individuen jeweils nach einem Tauschhandel erreichen, dessen Ergebnis auf der Kontraktkurve liegt. Die Punkte E, F und G entsprechen Punkten auf der Kontraktkurve und sind effizient. Punkt H ist dagegen ineffizient, da von jedem Tauschhandel innerhalb der schattierten Fläche einer oder beide Beteiligten profitieren.

Es scheint nahe liegend, dass eine gerechte Allokation auch gleichzeitig effizient sein muss. Vergleichen wir dazu Punkt *H* mit den Punkten *F* und *E*. Sowohl *F* als auch *E* sind effizient und an jedem dieser Punkte profitiert einer der Beteiligten (relativ zu Punkt *H*), ohne dass der andere einen Nachteil erleidet. Deshalb könnten wir übereinstimmend sagen, dass es für James oder Karen oder für beide ungerecht wäre, die Allokation *H* und nicht die Allokationen *F* oder *E* anzustreben.

Nehmen wir aber an, dass *H* und *G* die einzigen möglichen Allokationen sind. Ist *G* gerechter als *H*? Dies ist nicht unbedingt der Fall. Denn verglichen mit *H* bringt Punkt *G* einen größeren Nutzen für James aber einen geringeren Nutzen für Karen. Einige könnten der Meinung sein, dass Punkt *G* gerechter ist als *H*. Andere könnten genau das Gegenteil denken. Wir können also daraus schließen, dass *eine Pareto-ineffiziente Allokation der Ressourcen gerechter sein kann als eine andere Pareto-effiziente Allokation.*

Das Problem besteht darin, wie eine gerechte Allokation zu definieren ist. Selbst wenn wir uns auf alle Punkte entlang der Nutzenmöglichkeitsgrenze beschränken, können wir uns immer noch fragen, welcher dieser Punkte der gerechteste ist. *Das hängt davon ab, was man mit Gerechtigkeit verbindet* und auch davon, welche interpersonalen Nutzenvergleiche man anstellen möchte.

Gesellschaftliche Wohlfahrtsfunktionen In der Volkswirtschaftslehre wenden wir oft eine **gesellschaftliche Wohlfahrtsfunktion** an, um das Wohlergehen der Gesellschaft insgesamt im Hinblick auf den Nutzen einzelner Mitglieder zu definieren. Eine gesellschaftliche Wohlfahrtsfunktion ist hilfreich, wenn wir Politikmaßnahmen bewerten wollen, die sich auf einige Mitglieder der Gesellschaft anders als auf andere auswirken. Eine dieser Wohlfahrtsfunktionen, die *utilitaristische* Wohlfahrtsfunktion, gewichtet den Nutzen jedes Individuums gleich und maximiert so den Gesamtnutzen aller Mitglieder der Gesellschaft. Jede gesellschaftliche Wohlfahrtsfunktion kann mit einer bestimmten Ansicht über die Gerechtigkeit in Verbindung gebracht werden. Manche Ansichten gewichten jedoch die einzelnen Nutzen nicht ausdrücklich und können deshalb nicht durch eine gesellschaftliche Wohlfahrtsfunktion abgebildet werden. Einer marktorientierten Ansicht zufolge ist das Ergebnis des kompetitiven Marktprozesses gerecht, weil es diejenigen belohnt, die am fähigsten sind und am härtesten arbeiten. Ist beispielsweise *E* die kompetitive Gleichgewichtsallokation, würde dieser Ansicht nach *E* als gerechter bewertet als *F*, obwohl die Güter weniger gleichmäßig verteilt sind.

Sind mehr als zwei Personen beteiligt, wird die Bedeutung des Wortes Gerechtigkeit noch komplexer. Die *Rawlssche* Ansicht[3] betont, dass eine gleiche Verteilung der Ressourcen den Menschen im Voraus den Anreiz nimmt, hart zu arbeiten, da der Wohlstand, den sie dadurch erreichen, ihnen durch Besteuerung wieder genommen wird. Diese Ansicht lässt Ungleichheiten zu, wenn diese dem am schlechtesten gestellten Mitglied der Gesellschaft einen Vorteil verschaffen. Nach *Rawls maximiert die gerechteste Allokation den Nutzen des am schlechtesten gestellten Mitglieds einer Gesellschaft.* Die Rawlssche Perspektive könnte *egalitär* sein, wenn die Güter unter allen Mitgliedern der Gesellschaft gleich verteilt sind; dies muss aber nicht der Fall sein. Nehmen wir an, dass wir durch

> **Gesellschaftliche Wohlfahrtsfunktion**
>
> Maß, das das Wohlergehen der Gesellschaft insgesamt im Hinblick auf den Nutzen einzelner Mitglieder definiert.

---

[3] Vergleiche John Rawls, „*A Theory of Justice*", New York, Oxford University Press, 1971.

eine höhere Belohnung der produktiveren Personen die produktivsten Mitglieder dazu bringen können, noch härter zu arbeiten. Dadurch könnten mehr Güter und Dienstleistungen produziert werden, von denen ein gewisser Teil dann umverteilt werden könnte, um die ärmsten Mitglieder einer Gesellschaft besserzustellen.

Tabelle 16.2

Vier Ansichten über die Gerechtigkeit

1. Egalitäre Ansicht – alle Mitglieder einer Gesellschaft erhalten die gleiche Menge an Gütern
2. Rawlssche Ansicht – maximiere den Nutzen des am schlechtesten gestellten Gesellschaftsmitglieds
3. Utilitaristische Ansicht – maximiere den Gesamtnutzen aller Gesellschaftsmitglieder
4. Marktorientierte Ansicht – das Ergebnis des Marktprozesses ist das gerechteste Ergebnis

Die vier Ansichten über Gerechtigkeit in Tabelle 16.2 reichen von vollkommen egalitär bis zu nicht egalitär. Die egalitäre Ansicht verlangt ausdrücklich eine gleichmäßige Allokation, die Rawlssche Ansicht legt sehr viel Wert auf diese Gleichmäßigkeit (denn ohne sie wären einige sehr viel schlechter gestellt als andere). Die utilitaristische Sicht dagegen erfordert ein gewisses Maß an Ungleichheit zwischen den besser und den schlechter gestellten Gesellschaftsmitgliedern. Und die marktorientierte Sicht schließlich kann zu beträchtlichen Ungleichheiten bei der Allokation von Gütern und Dienstleistungen führen.

16.3.2 Gerechtigkeit und vollkommener Wettbewerb

Ein Wettbewerbsgleichgewicht führt zu einem Pareto-effizienten Ergebnis, das gerecht oder auch nicht gerecht sein kann. Tatsächlich könnte sich – je nach der ursprünglichen Allokation – an jedem Punkt der Kontraktkurve ein Wettbewerbsgleichgewicht ergeben. Stellen wir uns beispielsweise vor, dass ursprünglich die gesamte Kleidung und Nahrung Karen zugeteilt ist. Dies entspräche dem Punkt O_J in Abbildung 16.8, und Karen hätte keinen Grund, sich auf einen Tauschhandel einzulassen. Der Punkt O_J wäre demnach ebenso wie Punkt O_K und alle dazwischen liegenden Punkte auf der Kontraktkurve, ein Wettbewerbsgleichgewicht.

Da effiziente Allokationen nicht immer gerecht sind, ist eine Gesellschaft in gewissem Maß auf den Staat angewiesen, der Einkommen oder Güter unter den Haushalten umverteilt, um Ziele der Gerechtigkeit zu verwirklichen. Solche Ziele lassen sich durch das Steuersystem verwirklichen. Werden die Einnahmen aus einer progressiven Einkommensteuer beispielsweise für staatliche Programme genutzt, von denen die Haushalte proportional zu ihrem Einkommen profitieren, so bedeutet das eine Umverteilung des Einkommens von den Reichen zu den Armen. Außerdem kann der Staat öffentliche Dienstleistungen anbieten, wie etwa die medizinische Versorgung der Armen (in den USA Medicaid genannt), oder er kann durch Hilfsprogramme, wie etwa die Ausgabe von Lebensmittelmarken (in den USA Food Stamps genannt) Geldmittel umverteilen.

Das Ergebnis, dass ein Wettbewerbsgleichgewicht an jedem Punkt der Kontraktkurve auftreten kann, ist eine wesentliche Erkenntnis der Mikroökonomie. Sie ist deshalb besonders wichtig, weil sie eine Antwort auf eine grundlegende normative Frage nahe legt: Gibt es einen Trade-off zwischen Gerechtigkeit und Effizienz? Anders ausgedrückt, muss eine Gesellschaft, die nach einer gerechteren Allokation der Ressourcen strebt, zwangsläufig Pareto-effizient operieren? Die Antwort auf diese Frage gibt *der zweite Lehrsatz der Wohlfahrtsökonomie*, der besagt, dass eine Umverteilung nicht mit ökonomischer Effizienz in Konflikt stehen muss. Formal lautet dieser zweite Lehrsatz folgendermaßen.

> Wenn die individuellen Präferenzen konvex sind, dann stellt jede Pareto-effiziente Allokation (jeder Punkt auf der Kontraktkurve) ein Wettbewerbsgleichgewicht für eine bestimmte Anfangsallokation dar.

Wir erinnern uns aus §3.1, dass eine Indifferenzkurve bei abnehmender GRS konvex verläuft, wenn wir uns entlang der Kurve nach unten bewegen.

Wörtlich genommen sagt uns dieser Lehrsatz, dass jedes als gerecht empfundene Gleichgewicht durch die geeignete Verteilung von Ressourcen unter den Individuen erreicht werden kann, und dass eine solche Verteilung selbst keine Ineffizienzen erzeugen muss. Leider verursachen alle Programme, die in unserer Gesellschaft Einkommen umverteilen aber wirtschaftliche Kosten. Steuererhöhungen können Arbeiter dazu bringen, weniger zu arbeiten, oder Unternehmen veranlassen, ihre Geldmittel lieber zur Steuervermeidung als zur Güterproduktion einzusetzen. Es gibt also in der Realität doch ein Spannungsverhältnis zwischen dem Ziel der Gerechtigkeit und dem Ziel der Effizienz, und es müssen diesbezüglich immer wieder schwierige Entscheidungen getroffen werden. Die Wohlfahrtsökonomie, die auf dem ersten und zweiten Lehrsatz aufbaut, ist ein nützlicher Rahmen für die Erörterung der normativen Fragen rund um die Gerechtigkeits- und Effizienzproblematik der staatlichen Politik.

16.4 Effizienz bei der Produktion

Nachdem wir uns bis hierher mit den Bedingungen befasst haben, die erfüllt sein müssen, um eine effiziente Allokation durch einen Austausch zweier Güter zu erreichen, wollen wir uns nun dem effizienten Einsatz von Produktionsfaktoren in einem Produktionsprozess zuwenden. Wir nehmen an, es gibt eine feststehende Gesamtangebotsmenge zweier Inputs, Arbeit und Kapital. Beide sind nötig, um die bekannten Güter, Kleidung und Nahrung, zu produzieren. Nun gehen wir jedoch nicht mehr von nur zwei Individuen aus, sondern nehmen an, dass viele Verbraucher Inputs für die Produktion besitzen (darunter auch den Faktor Arbeit), und durch deren Verkauf ihr Einkommen verdienen. Dieses Einkommen wird wiederum auf beide Güter aufgeteilt.

Diese Rahmenbedingungen setzen die verschiedenen Angebots- und Nachfrageelemente einer Volkswirtschaft zueinander in Beziehung. Die Individuen bieten ihre Produktionsfaktoren an und verwenden das daraus verdiente Einkommen, um anschließend Güter und Dienstleistungen nachzufragen und zu konsumieren. Steigt der Preis eines Produktionsfaktors, so erzielen die Individuen, die diesen Faktor in großer Menge anbieten, ein höheres Einkommen und konsumieren mehr von einem der beiden Güter. Dies wiederum steigert die Nachfrage nach dem Produktionsfaktor, der für die Produktion dieses Gutes erforderlich ist und hat so einen rückwirkenden Einfluss auf den Preis dieses Produktionsfaktors. Nur mit Hilfe einer allgemeinen Gleichgewichtsanalyse lassen sich die Preise bestimmen, bei denen sich Angebot und Nachfrage auf jedem Markt entsprechen.

16.4.1 Inputeffizienz

Um zu sehen, wie Inputs effizient kombiniert werden können, müssen wir die verschiedenen Kombinationsmöglichkeiten bei der Produktion jedes der beiden Güter ermitteln. Dabei ist eine bestimmte Inputallokation für den Produktionsprozess **technisch effizient**, wenn der Output eines Gutes nicht erhöht werden kann, ohne dass dadurch der Output des anderen Gutes sinkt. Effizienz in der Produktion ist für uns kein neues Konzept. In Kapitel 6 sahen wir bereits, dass eine Produktionsfunktion die maximale Produktionsmenge darstellt, die mit einer gegebenen Inputmenge erreicht werden kann. Hier erweitern wir dieses Konzept auf die Produktion zweier Güter anstelle von nur einem Gut.

Wenn Inputmärkte kompetitiv sind, ergibt sich immer ein Punkt effizienter Produktion. Betrachten wir, warum dies so ist. Wenn die Märkte für Arbeit und Kapital vollkommene Wettbewerbsmärkte sind, ist der Lohnsatz w in allen Wirtschaftszweigen gleich. Auch der Leihpreis für Kapital r ist gleich, unabhängig davon, ob das Kapital in der Nahrungsmittel- oder in der Bekleidungsbranche eingesetzt wird. Aus Kapitel 7 wissen wir, dass Nahrungs- und Kleidungsproduzenten, die ihre Produktionskosten minimieren wollen, ihre Kombinationen aus Arbeit und Kapital so wählen werden, dass das Verhältnis des Grenzprodukts beider Inputs gleich dem Verhältnis der Inputpreise ist.

$$GP_L/GP_K = w/r$$

Wir zeigten jedoch auch, dass das Verhältnis der Grenzprodukte der beiden Produktionsfaktoren gleich der Grenzrate der technischen Substitution von Arbeit für Kapital $GRTS_{LK}$ ist. Folglich gilt

$$GRTS_{LK} = w/r \tag{16.2}$$

Da GRTS gleichzeitig die Steigung der Isoquante des Unternehmens ist, kann es auf einem Inputmarkt nur dann zu einem Wettbewerbsgleichgewicht kommen, wenn jeder Produzent die Faktoren Arbeit und Kapital so einsetzt, dass die Steigungen der Isoquanten einander und gleichzeitig dem Preisverhältnis der beiden Inputfaktoren entsprechen. Folglich *ist das Wettbewerbsgleichgewicht in der Produktion effizient*.

16.4.2 Die Produktionsmöglichkeitsgrenze

Die **Produktionsmöglichkeitsgrenze** zeigt die verschiedenen Kombinationen von Nahrung und Kleidung, die mittels feststehender Inputmengen an Arbeit und Kapital bei konstanter Technologie produziert werden können. Die Grenze in Abbildung 16.9 leitet sich aus der Produktionskontraktkurve ab. Jeder Punkt, der sowohl auf der Kontraktkurve als auch auf der Produktionsmöglichkeitskurve liegt, beschreibt ein effizientes Produktionsniveau für Kleidung und Nahrung.

Punkt O_F stellt dabei ein Extrem dar, bei dem nur Kleidung produziert wird, während O_C das andere Extrem abbildet, an dem nur Nahrung produziert wird. Die Punkte B, C und D entsprechen Punkten, in denen sowohl Nahrungsmittel als auch Bekleidung effizient produziert werden.

Technische Effizienz

Bedingung, unter der Unternehmen Inputs kombinieren, um einen gegebenen Output so kostengünstig wie möglich zu produzieren.

In § 7.3 erklären wir, dass der Leihpreis für Kapital den jährlichen Kosten für die Inanspruchnahme einer Kapitaleinheit entspricht.

In § 6.3 erklären wir, dass die Grenzrate der technischen Substitution von Arbeit für Kapital dem Betrag entspricht, um den der Kapitalinput gesenkt werden kann, wenn eine weitere Arbeitseinheit eingesetzt wird, während die Produktionsmenge konstant bleibt.

Produktionsmöglichkeitsgrenze

Eine Kurve, die die möglichen Kombinationen zweier Güter zeigt, die mittels feststehender Inputmengen produziert werden können.

16.4 Effizienz bei der Produktion

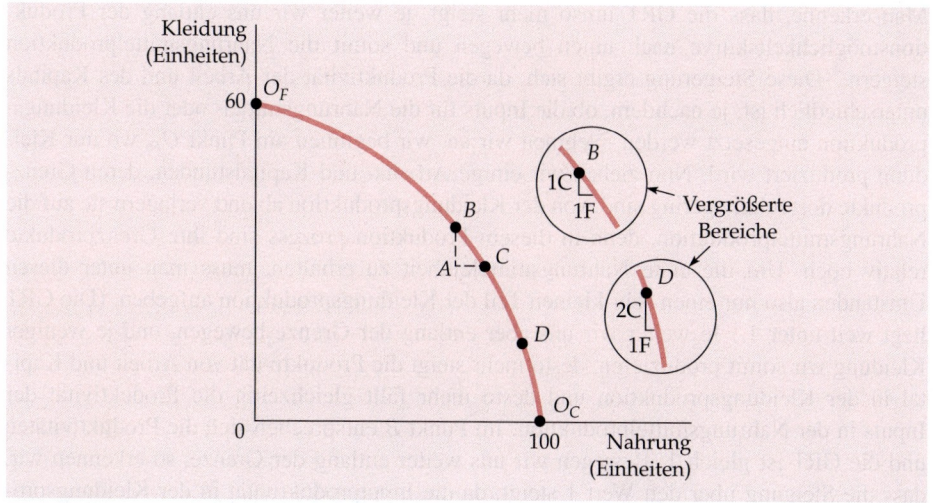

Abbildung 16.9: Die Produktionsmöglichkeitsgrenze
Die Produktionsmöglichkeitsgrenze zeigt alle effizienten Outputkombinationen. Die Punkte B, C und D entsprechen den jeweils vergleichbaren Punkten auf der Produktionskontraktkurve in Abbildung 16.9. Die Produktionsmöglichkeitsgrenze ist konkav, weil ihre Steigung (die Grenzrate der Transformation) mit steigenden Produktionsniveaus der Nahrung ebenfalls steigt.

Punkt A, der eine ineffiziente Allokation abbildet, liegt innerhalb der Produktionsmöglichkeitsgrenze. Alle Punkte innerhalb des Dreiecks ABC bilden einen vollständigen Einsatz von Kapital und Arbeit im Produktionsprozess ab. Durch eine Verzerrung des Arbeitsmarktes, etwa durch eine Gewerkschaft, die eine Maximierung ihrer Rente anstrebt, wird jedoch die gesamte Volkswirtschaft in der Produktion ineffizient. Wo wir letztendlich auf der Produktionsmöglichkeitsgrenze liegen, hängt von der Verbrauchernachfrage nach den beiden Gütern ab. So sei beispielsweise angenommen, die Verbraucher tendierten dazu, Nahrungsmittel gegenüber Bekleidung zu präferieren. Ein mögliches Wettbewerbsgleichgewicht tritt in D in Abbildung 16.9 ein. Wenn andererseits die Verbraucher Bekleidung gegenüber Nahrungsmitteln präferieren, tritt das Wettbewerbsgleichgewicht in einem Punkt auf der Produktionsmöglichkeitsgrenze ein, der näher bei O_F liegt.

Warum verläuft die Produktionsmöglichkeitsgrenze fallend? Um effizient mehr Nahrungsmittel zu produzieren, muss man Inputs von der Bekleidungsproduktion abziehen, und dies senkt wiederum das Produktionsniveau der Kleidung. Da alle Punkte innerhalb der Grenze ineffizient sind, liegen sie auch nicht auf der Produktionskontraktkurve.

Die Grenzrate der Transformation

Die Produktionsmöglichkeitskurve verläuft konkav (nach außen gekrümmt), d.h. ihre Steigung nimmt betragsmäßig zu, je mehr Nahrung produziert wird. Um dies zu beschreiben, definieren wir die **Grenzrate der Transformation** von Nahrung für Kleidung (GRT) als betragsmäßige Steigung der Grenze an jedem Punkt. Die GRT gibt an, *wie viel Kleidung aufgegeben werden muss, um eine weitere Einheit an Nahrung zu produzieren*. Die Vergrößerungen in Abbildung 16.9 zeigen beispielsweise, dass im Punkt B auf der Grenze GRT gleich 1 ist, da eine Bekleidungseinheit aufgegeben werden muss, um eine weitere Nahrungsmitteleinheit zu erhalten. Im Punkt D ist dagegen GRT gleich 2, da für eine zusätzliche Nahrungsmitteleinheit 2 Bekleidungseinheiten aufgegeben werden müssen.

Erinnern wir uns aus § 14.4, dass eine Gewerkschaft, die eine Rentenmaximierung anstrebt, das Ziel hat, die Löhne, die die Mitglieder über ihre Opportunitätskosten hinaus verdienen, zu maximieren

Grenzrate der Transformation

Die Menge eines Gutes, die für die Produktion einer zusätzlichen Einheit eines zweiten Gutes aufgegeben werden muss.

Man erkenne, dass die GRT umso mehr steigt, je weiter wir uns entlang der Produktionsmöglichkeitskurve nach unten bewegen und somit die Nahrungsmittelproduktion steigern.[4] Diese Steigerung ergibt sich, da die Produktivität der Arbeit und des Kapitals unterschiedlich ist, je nachdem, ob die Inputs für die Nahrungsmittel- oder die Kleidungsproduktion eingesetzt werden. Nehmen wir an, wir beginnen am Punkt O_F, wo nur Kleidung produziert wird. Nun ziehen wir einige Arbeits- und Kapitalstunden, deren Grenzprodukte dort relativ gering sind, von der Kleidungsproduktion ab und verlagern sie auf die Nahrungsmittelproduktion, denn in diesem Produktionsprozess sind ihre Grenzprodukte relativ hoch. Um die erste Nahrungsmitteleinheit zu erhalten, muss man unter diesen Umständen also nur einen sehr kleinen Teil der Kleidungsproduktion aufgeben. (Die GRT liegt weit unter 1.) Je weiter wir uns aber entlang der Grenze bewegen, und je weniger Kleidung wir somit produzieren, desto mehr steigt die Produktivität von Arbeit und Kapital in der Kleidungsproduktion und desto mehr fällt gleichzeitig die Produktivität der Inputs in der Nahrungsmittelproduktion. Im Punkt B entsprechen sich die Produktivitäten und die GRT ist gleich 1. Bewegen wir uns weiter entlang der Grenze, so erkennen wir, dass die Steigung über den Wert 1 steigt, da die Inputproduktivität in der Kleidungsproduktion weiter steigt und die Produktivität der Nahrungsmittelproduktion weiter abnimmt.

Die Form der Produktionsmöglichkeitskurve lässt sich auch in Bezug auf die Produktionskosten beschreiben. Im Punkt O_F, in dem ein geringer Anteil der Kleidungsproduktion verloren geht, um eine zusätzliche Nahrungsmitteleinheit zu erhalten, sind die Grenzkosten der Nahrungsmittelproduktion sehr gering: Es wird mit geringen Inputmengen eine große Outputmenge erzeugt. Die Grenzkosten der Kleidungsproduktion sind dagegen sehr hoch (denn es wird eine große Menge beider Inputs benötigt, um eine weitere Kleidungseinheit zu produzieren). Ist also die GRT gering, so ist auch das Verhältnis der Grenzkosten der Nahrungsmittelproduktion, GK_F, zu den Grenzkosten der Kleidungsproduktion, GK_C, gering. Tatsächlich *misst die Steigung der Produktionsmöglichkeitskurve die Grenzkosten der Produktion eines Gutes im Verhältnis zu den Grenzkosten der Produktion des anderen Gutes.* Der Kurvenverlauf der Produktionsmöglichkeitskurve ergibt sich direkt aus der Tatsache, dass die Grenzkosten der Nahrungsmittelproduktion im Verhältnis zu den Grenzkosten der Kleidungsproduktion ansteigen. Deshalb gilt die folgende Gleichung an jedem Punkt entlang der Grenze.

$$\text{GRT} = GK_F/GK_C \tag{16.3}$$

Im Punkt B etwa ist die GRT gleich 1. Wenn an diesem Punkt Inputs von der Kleidungs- auf die Nahrungsmittelproduktion verlagert werden, gewinnt und verliert man jeweils eine Produktionseinheit. Wenn die Inputkosten für die Produktion einer Einheit jedes Gutes jeweils €100 betragen, ergibt sich als Verhältnis der Grenzkosten €100/€100, oder 1. Die Gleichung (16.3) gilt auch am Punkt D (genauso wie an jedem anderen Punkt auf der Grenze). Nehmen wir an, dass die Inputs, die für die Produktion einer Nahrungsmitteleinheit nötig sind, €160 kosten. In diesem Fall wären die Grenzkosten der Nahrungsmittelproduktion gleich €160, die Grenzkosten der Kleidungsproduktion dagegen nur gleich €80 (€160/2 Kleidungseinheiten). Folglich ist das Verhältnis der Grenzkosten, 2, gleich GRT.

---

4 Die Steigung der Produktionsmöglichkeitskurve muss nicht immer beständig steigen. Nehmen wir etwa an, es gäbe bei der Nahrungsmittelproduktion stark abnehmende Skalenerträge. In diesem Fall würde die Kleidungsmenge, die für eine weitere Nahrungsmitteleinheit aufgegeben werden müsste, mit zunehmender Verlagerung der Inputs von der Kleidungs- auf die Nahrungsmittelproduktion sinken.

16.4.3 Outputeffizienz

Damit eine Volkswirtschaft effizient funktioniert, müssen die Güter nicht nur zu minimalen Kosten produziert werden, sie müssen auch *in Kombinationen produziert werden, die der Kauf- und Zahlungsbereitschaft der Verbraucher entsprechen*. Um dieses Prinzip zu verstehen, erinnern wir uns aus Kapitel 3, dass die Grenzrate der Substitution von Kleidung für Nahrung (GRS) die Bereitschaft des Verbrauchers misst, für eine weitere Nahrungsmitteleinheit zu bezahlen, indem er weniger Kleidung konsumiert. Die Grenzrate der Transformation wiederum gibt die Kosten einer zusätzlichen Nahrungsmitteleinheit im Verhältnis zu einer geringeren Kleidungsproduktion an. In einer Volkswirtschaft wird also nur effizient produziert, wenn für jeden Verbraucher folgende Gleichung gilt:

$$\text{GRS} = \text{GRT} \tag{16.4}$$

Um zu sehen, warum diese Bedingung für die Effizienz erfüllt sein muss, nehmen wir an, GRT ist gleich 1, während GRS gleich 2 ist. In diesem Fall sind die Verbraucher also bereit, 2 Bekleidungseinheiten aufzugeben, um dafür 1 Nahrungsmitteleinheit zu erhalten. Jedoch entsprechen die Kosten einer zusätzlichen Nahrungsmitteleinheit nur einer Bekleidungseinheit, die dafür aufgegeben werden muss. Es wird deutlich, dass zu wenig Nahrung produziert wird. Um Effizienz zu erreichen, muss die Nahrungsmittelproduktion gesteigert werden, so dass die GRS fällt und die GRT steigt, bis sich beide Werte entsprechen. Das Gesamtergebnis ist nur dann effizient, wenn die Gleichung GRS = GRT für alle Güterpaare gilt.

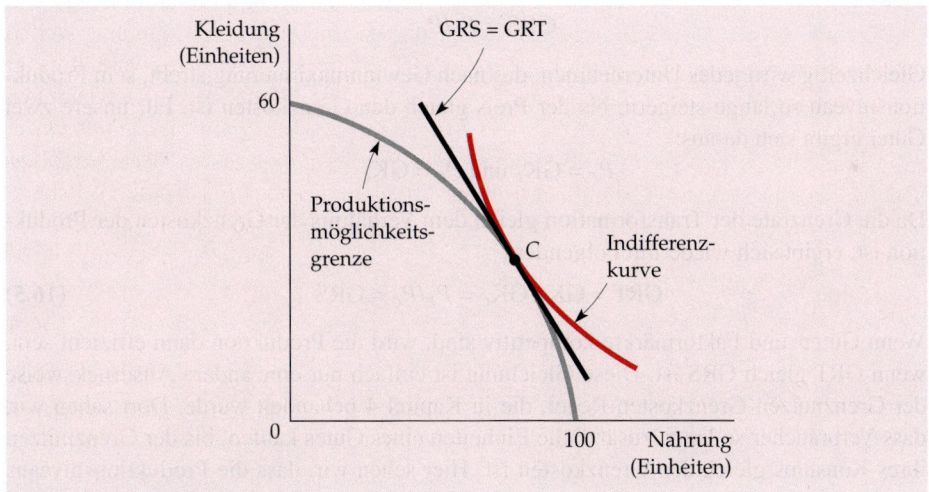

Abbildung 16.10: Outputeffizienz
Eine effiziente Outputkombination liegt vor, wenn die Grenzrate der Transformation zwischen beiden Gütern (die die Produktionskosten eines Gutes im Verhältnis zum anderen Gut misst) und die Grenzrate der Substitution des Verbrauchers (die den Grenznutzen aus dem Konsum eines Gutes im Vergleich zum anderen Gut misst) gleich sind.

Abbildung 16.10 stellt diese wichtige Effizienzbedingung grafisch dar. Hier wurde die Indifferenzkurve eines Verbrauchers an die Produktionsmöglichkeitskurve aus Abbildung 16.9 gelegt. Man erkenne, dass *C* der einzige Punkt auf der Produktionsmöglichkeitskurve ist, an dem die Befriedigung des Verbrauchers maximiert wird. Zwar sind alle

Punkte auf der Produktionsmöglichkeitskurve technisch effizient, aus Sicht des Verbrauchers dagegen stellen nicht alle die effizienteste Kombination der Güterproduktion dar. Im Tangentialpunkt der Indifferenzkurve und der Produktionsgrenze sind die GRS (die Steigung der Indifferenzkurve) und die GRT (die Steigung der Produktionsgrenze) gleich.

Wenn wir für die Planung einer Volkswirtschaft verantwortlich wären, stünden wir vor einem schwierigen Problem. Um Effizienz zu erzielen, müssen wir dafür sorgen, dass die Grenzrate der Transformation und die Grenzrate der Substitution der Verbraucher gleich sind. Wenn nun aber verschiedene Verbraucher unterschiedliche Präferenzen haben, was Kleidung und Nahrung betrifft, wie können wir dann entscheiden, welches Produktionsniveau für Kleidung und Nahrung gewählt werden soll, und welche Menge jeder Verbraucher erhalten soll, damit die GRS für alle Verbraucher gleich ist? Die damit verbundenen Informations- und Logistikkosten wären immens. Und dies ist einer der Gründe, warum Zentralverwaltungswirtschaften wie etwa die ehemalige Sowjetunion wirtschaftlich so schlecht abschnitten. Glücklicherweise kann auch ein gut funktionierendes kompetitives Marktsystem das gleiche effiziente Ergebnis erzielen, wie eine ideale Planwirtschaft.

16.4.4 Effizienz auf den Gütermärkten

> In § 3.3 erklären wir, dass eine Nutzenmaximierung im Allgemeinen dann erreicht ist, wenn die Grenzrate der Substitution zwischen zwei Gütern dem Preisverhältnis dieser Güter entspricht.

Sind Gütermärkte vollkommen kompetitiv, so teilen alle Verbraucher ihre Budgets so auf, dass ihre Grenzraten der Substitution zwischen zwei Gütern dem Preisverhältnis dieser Güter entsprechen. Für unsere beiden Güter, Nahrung und Kleidung, ergibt sich daraus Folgendes:

$$GRS = P_F/P_C$$

Gleichzeitig wird jedes Unternehmen, das nach Gewinnmaximierung strebt, sein Produktionsniveau so lange steigern, bis der Preis gleich den Grenzkosten ist. Für unsere zwei Güter ergibt sich daraus:

$$P_F = GK_F \text{ und } P_C = GK_C$$

Da die Grenzrate der Transformation gleich dem Verhältnis der Grenzkosten der Produktion ist, ergibt sich wiederum Folgendes:

$$GRT = GK_F/GK_C = P_F/P_C = GRS \tag{16.5}$$

> In § 3.3 erklären wir, dass es zu einer Nutzenmaximierung kommt, wenn der Grenznutzen aus dem Konsum einer weiteren Einheit jedes Produkts gleich den Grenzkosten des Produkts ist.

Wenn Güter- und Faktormärkte kompetitiv sind, wird die Produktion dann effizient sein, wenn GRT gleich GRS ist. Diese Gleichung ist einfach nur eine andere Ausdrucksweise der Grenznutzen-Grenzkosten-Regel, die in Kapitel 4 behandelt wurde. Dort sahen wir, dass Verbraucher so lange zusätzliche Einheiten eines Gutes kaufen, bis der Grenznutzen ihres Konsums gleich den Grenzkosten ist. Hier sehen wir, dass die Produktionsniveaus von Kleidung und Nahrung so gewählt werden, dass der Grenznutzen aus dem Konsum einer weiteren Nahrungsmitteleinheit gleich den Grenzkosten der Nahrungsmittelproduktion ist. Das Gleiche gilt für den Konsum und die Produktion von Bekleidung.

16.4 Effizienz bei der Produktion

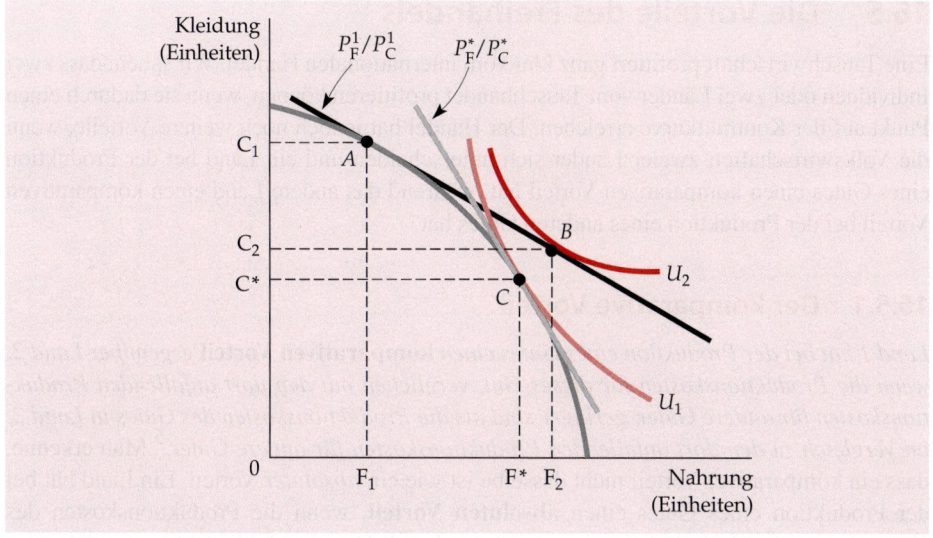

Abbildung 16.11: Wettbewerb und Outputeffizienz
Auf einem kompetitiven Gütermarkt konsumieren die Verbraucher so lange, bis ihre Grenzrate der Substitution dem Preisverhältnis entspricht. Die Produzenten wählen ihr Produktionsniveau so, dass die Grenzrate der Transformation gleich dem Preisverhältnis ist. Da GRS gleich GRT ist, ist der kompetitive Gütermarkt effizient. Jedes andere Preisverhältnis würde zu einer Überschussnachfrage eines Gutes und einem Überschussangebot des anderen Gutes führen.

Abbildung 16.11 zeigt, dass kompetitive Gütermärkte dann effizient funktionieren, wenn Produktions- und Konsumentscheidungen getrennt werden. Nehmen wir an, dass auf dem Markt ein Preisverhältnis von P_F^1/P_C^1 besteht. Wenn die Produzenten ihre Inputs effizient einsetzen, werden sie Nahrung und Kleidung im Punkt A produzieren, wo das Preisverhältnis der GRT, d.h. der Steigung der Produktionsmöglichkeitsgrenze entspricht. Angesichts dieser Budgeteinschränkung möchten die Verbraucher jedoch im Punkt B konsumieren, wo sie ihr Befriedigungsniveau auf der höheren Indifferenzkurve U_2 maximieren. Allerdings produzieren die Hersteller zum Preisverhältnis P_F^1/P_C^1 nicht die Kombination aus Nahrungsmitteln und Bekleidung in B. Da der Produzent F_1 Nahrungsmitteleinheiten produzieren möchte, die Konsumenten aber F_2 Nahrungsmitteleinheiten kaufen möchten, ergibt sich eine Überschussnachfrage nach Nahrung. Dementsprechend kommt es zu einem Überschussangebot an Kleidung, da die Konsumenten nur C_2 Kleidungseinheiten kaufen, die Produzenten aber C_1 Kleidungseinheiten verkaufen möchten. Die Marktpreise werden sich dementsprechend anpassen. Der Nahrungspreis wird steigen, während der Kleidungspreis sinken wird. Wenn sich das Preisverhältnis P_F/P_C erhöht, wird sich die Preisgerade entlang der Produktionsgrenze bewegen.

Ein Gleichgewicht ergibt sich im Punkt C, wo das Preisverhältnis P^*_F/P^*_C ist. An diesem Punkt möchten die Produzenten F^* Nahrungsmitteleinheiten und C^* Bekleidungseinheiten verkaufen, und die Konsumenten möchten jeweils die gleichen Mengen kaufen. An diesem Gleichgewichtspunkt ist GRT gleich GRS, also ist hier das Wettbewerbsgleichgewicht produktionseffizient.

16.5 Die Vorteile des Freihandels

Eine Tauschwirtschaft profitiert ganz klar vom internationalen Handel. Wir sahen, dass zwei Individuen oder zwei Länder vom Tauschhandel profitieren können, wenn sie dadurch einen Punkt auf der Kontraktkurve erreichen. Der Handel hat jedoch noch weitere Vorteile, wenn die Volkswirtschaften zweier Länder sich unterscheiden und ein Land bei der Produktion eines Gutes einen komparativen Vorteil hat, während das andere Land einen komparativen Vorteil bei der Produktion eines anderen Gutes hat.

16.5.1 Der komparative Vorteil

Komparativer Vorteil

Eine Situation, bei der Land 1 bei der Produktion eines Gutes gegenüber Land 2 im Vorteil ist, da die Produktionskosten für dieses Gut in Land 1, verglichen mit den dort anfallenden Produktionskosten für andere Güter, geringer sind als die Produktionskosten des Gutes in Land 2, im Vergleich zu den dort anfallenden Produktionskosten für andere Güter.

Land 1 hat bei der Produktion eines Gutes einen **komparativen Vorteil** gegenüber Land 2, wenn die Produktionskosten für dieses Gut, verglichen mit den dort anfallenden Produktionskosten für andere Güter, geringer sind als die Produktionskosten des Gutes in Land 2, im Vergleich zu den dort anfallenden Produktionskosten für andere Güter.[5] Man erkenne, dass ein komparativer Vorteil nicht dasselbe ist wie ein *absoluter* Vorteil. Ein Land hat bei der Produktion eines Gutes einen **absoluten Vorteil**, wenn die Produktionskosten des Gutes dort geringer sind als in einem anderen Land. Dagegen bedeutet ein komparativer Vorteil, dass die Kosten in einem Land, *im Vergleich zu den Kosten anderer Güter, die es produziert*, geringer sind als die Kosten im anderen Land.

Absoluter Vorteil

Eine Situation, bei der Land 1 bei der Produktion eines Gutes gegenüber Land 2 im Vorteil ist, weil die Produktionskosten in Land 1 geringer sind als in Land 2.

Wenn zwei Länder jeweils einen komparativen Vorteil haben, profitieren sie davon, wenn sie das Gut produzieren, das sie am besten herstellen können und den Rest verkaufen. Um dies nachzuweisen, nehmen wir an, dass das erste Land, Holland, bei der Produktion von Käse und Wein einen absoluten Vorteil hat. Dort kann ein Arbeiter ein Pfund Käse in einer Stunde und eine Gallone Wein in zwei Stunden herstellen. In Italien dagegen braucht ein Arbeiter 6 Stunden, um ein Pfund Käse und 3 Stunden, um eine Gallone Wein herzustellen. Die Produktionsverhältnisse sind in Tabelle 16.3 zusammengefasst.[6]

Tabelle 16.3

Benötigte Arbeitsstunden für die Produktion von Käse und Wein

Land	Käse (1 Pfund)	Wein (1 Gallone)
Holland	1	2
Italien	6	3

---

[5] Formell formulieren wir, dass Land i, wenn es 2 Güter, x und y, und 2 Länder, i und j, gibt, bei der Produktion des Gutes x einen komparativen Vorteil hat, wenn $\frac{a_x^i}{a_y^i} < \frac{a_x^j}{a_y^j}$, wobei q_x^i die Kosten der Produktion des Gutes x in Land i sind.

[6] Dieses Beispiel basiert auf „World Trade: Jousting for Advantage", *The Economist* (22. September 1990) 5–40.

Holland hat Italien gegenüber einen *komparativen* Vorteil bei der Produktion von Käse. In Holland sind die Produktionskosten für Käse (ausgedrückt in benötigten Arbeitsstunden) halb so hoch wie die Produktionskosten für Wein, während in Italien die Produktionskosten für Käse doppelt so hoch sind wie die Produktionskosten für Wein. Ebenso hat Italien einen komparativen Vorteil bei der Weinproduktion, denn dort kann Wein mit der Hälfte der Produktionskosten des Käses hergestellt werden.

Was geschieht, wenn Länder handeln? Der komparative Vorteil jedes Landes legt fest, was bei einem Handel zwischen beiden Ländern geschieht. Das Ergebnis ist abhängig vom Preis jedes Gutes im Verhältnis zum anderen Gut, wenn es zum Handel kommt. Um zu sehen wie dies funktionieren könnte, nehmen wir an, dass bei einem Handel zwischen Holland und Italien eine Gallone Wein um den gleichen Preis verkauft wird wie ein Pfund Käse. Nehmen wir an, dass in beiden Ländern Vollbeschäftigung herrscht. Daher besteht die einzige Möglichkeit, die Weinproduktion zu steigern, darin, Arbeitskräfte aus der Käseproduktion abzuziehen und umgekehrt.

Ohne Handel könnte Holland mit einem Input von 24 Arbeitsstunden 24 Pfund Käse, 12 Gallonen Wein oder eine Kombination aus beiden Gütern, etwa 18 Pfund Käse und 3 Gallonen Wein produzieren. Holland kann jedoch noch besser abschneiden. In jeder Arbeitsstunde kann Holland ein Pfund Käse produzieren, das es dann gegen eine Gallone Wein eintauschen kann. Würde der Wein dagegen zuhause produziert, wären dafür 2 Arbeitsstunden pro Gallone nötig. Deshalb liegt es im Interesse Hollands, sich auf die Produktion von Käse zu spezialisieren, diesen dann nach Italien zu exportieren und im Austausch dafür Wein zu erhalten. Würde Holland beispielsweise 24 Pfund Käse produzieren und 6 Pfund davon im Handel exportieren, könnte es dadurch 18 Pfund Käse und 6 Gallonen Wein konsumieren – eine klare Verbesserung gegenüber den 18 Pfund Käse und 3 Gallonen Wein, die es ohne Handel zur Verfügung hätte.

Auch Italien kann vom Handel profitieren. Man erkenne, dass Italien ohne Handel mit einem Input von 24 Arbeitsstunden 4 Pfund Käse, 8 Gallonen Wein oder eine Kombination beider Güter, wie etwa 3 Pfund Käse und 2 Gallonen Wein produzieren kann. Andererseits kann Italien in jeder Arbeitsstunde 1/3 Gallonen Wein produzieren, die es für 1/3 Pfund Käse im Handel eintauschen kann. Würde der Käse zuhause produziert, wären dafür doppelt so viele Arbeitsstunden nötig. Für Italien ist es also vorteilhaft, sich auf die Weinproduktion zu spezialisieren. Nehmen wir also an, Italien produziert 8 Gallonen Wein und exportiert 6 davon im Handel für Käse. In diesem Fall könnte man in Italien 6 Pfund Käse und 2 Gallonen Wein konsumieren, und auch dies ist eine Verbesserung gegenüber den 3 Pfund Käse und 2 Gallonen Wein, die ohne Handel verfügbar gewesen wären.

16.5.2 Eine erweiterte Produktionsmöglichkeitsgrenze

Wenn es einen komparativen Vorteil gibt, so gibt der internationale Handel einem Land die Möglichkeit, außerhalb seiner Produktionsmöglichkeitskurve zu konsumieren. Dies ist in Abbildung 16.12 grafisch dargestellt, die die Produktionsmöglichkeitskurve für Holland zeigt. Nehmen wir an, dass Holland ursprünglich durch protektionistische Handelsbarrieren daran gehindert wurde, mit Italien Handel zu treiben. Zu welchem Ergebnis führt also der Wettbewerbsprozess in Holland? Das Produktionsniveau liegt im Punkt A, auf der Indifferenzkurve U_1, wo die GRT sowie das Verhältnis von Wein- zu Käsepreis vor dem Handel gleich 2 sind. Könnte Holland Handel treiben, so würde es 2 Pfund Käse im Austausch für eine Gallone Wein exportieren wollen.

16 Allgemeines Gleichgewicht und ökonomische Effizienz

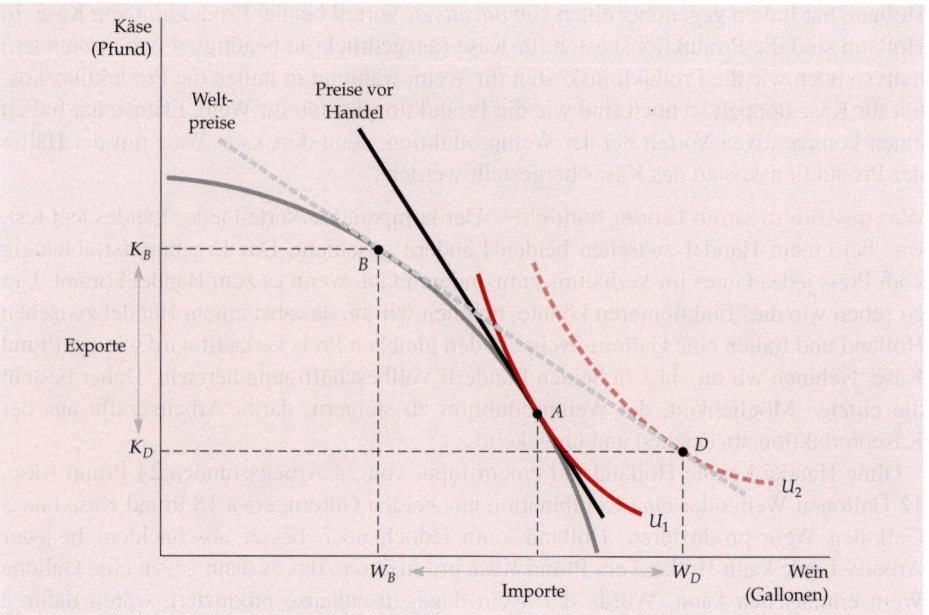

Abbildung 16.12: Die Vorteile des Handels
Ohne Handel spielen sich Konsum und Produktion am Punkt *A* ab; hier entspricht das Preisverhältnis von Käse zu Wein 2 zu 1. Kommt es zum Handel bei einem relativen Preis von 1 Käseeinheit zu 1 Weineinheit, verlagert sich die Inlandsproduktion auf den Punkt *B*, während der Inlandskonsum nun bei Punkt *D* liegt. Durch den freien Handel stieg der Nutzen von U_1 auf U_2.

Nehmen wir nun an, dass die Handelsbarrieren aufgehoben werden und ein freier Handel zwischen Holland und Italien möglich ist. Nehmen wir auch an, dass der Handel wegen unterschiedlicher Nachfragen und Kosten in beiden Ländern im Verhältnis eins zu eins stattfindet. Also ist es für Holland vorteilhaft, am Punkt *B* zu produzieren, wo die 1/1 Preisgerade die Produktionsmöglichkeitskurve des Landes berührt.

Die Analyse geht jedoch noch weiter. Punkt *B* bildet die Produktionsentscheidung in Holland ab. (Sobald die Handelsbarriere fällt, wird Holland zuhause mehr Käse und weniger Wein produzieren.) Kommt es jedoch zum Handel, wird der Konsum in Holland am Punkt *D* stattfinden, wo die höhere Indifferenzkurve U_2 die Handelspreisgerade berührt. Durch den Handel erweitern sich also in Holland die Konsummöglichkeiten über die Produktionsmöglichkeitsgrenze hinaus. Holland wird $W_D - W_B$ Weineinheiten importieren und $K_B - K_D$ Käseeinheiten exportieren.

Kommt es zum internationalen Handel, muss jedes Land eine Reihe wichtiger Anpassungen vornehmen. Da Holland Wein importiert, geht die heimische Weinproduktion zurück und damit die Beschäftigungszahlen in der Weinbranche. Andererseits nimmt die Käseproduktion zu und somit steigen auch die Beschäftigungszahlen in dieser Branche. Für Arbeitskräfte mit spezieller fachlicher Ausbildung könnte es schwierig sein, den Arbeitsplatz zu wechseln. Also geht nicht jeder Beteiligte aus dem freien Handel als Gewinner hervor. Zwar profitieren davon ganz klar die Verbraucher, doch die Produzenten und Arbeiter in der Weinindustrie werden – zumindest vorübergehend – einen Nachteil erleiden.

Beispiel 16.3: Internationale Arbeitsteilung und die Produktion von iPods

Die meisten Menschen sehen den Außenhandel als Import oder Export von Fertigprodukten. Tatsächlich umfasst der Handel häufig viele Schritte, mit denen Rohstoffe in Fertigprodukte umgewandelt werden. Bei jedem dieser Schritte werden Zwischengüter mit Arbeitseinsatz oder Maschinen verbunden, um so einen Teil oder die Gesamtheit der Fertigprodukte herzustellen. So können beispielsweise Arbeitnehmer eine Reihe Chips oder andere Bauteile für einen Computer montieren. Somit umfasst ein typisches Produkt eine Reihe von Aufgaben, die jeweils auch gehandelt werden können. Die Frage, wo und wie diese Aufgaben ausgeführt werden, bildet einen wichtigen Bestandteil effizienter Produktion und effizienten Handels.[7]

Betrachten wir dazu einen iPod von Apple. Auf der Rückseite steht: „Designed by Apple in California. Assembled in China." [„Von Apple in Kalifornien entworfen. In China montiert."] Allerdings entspricht dies, wie in Tabelle 16.4[8] dargestellt, nur dem Anfang und dem Ende einer langen Reihe von Aufgaben, die zur Herstellung eines iPod notwendig sind. Dabei sind drei Punkte zu beachten: Erstens ist die Herstellung von iPods ein wahrhaft globales Unternehmen. Das Produkt wird an einem Ort gestaltet, während die Firmenleitung an einem anderen Ort ihren Sitz hat und der tatsächliche Bau an einem weiteren Standort stattfindet. Und dies trifft nicht nur auf den iPod insgesamt, sondern auch auf seine wesentlichen Bauteile zu. Diese „Aufteilung" der Produktion, die es Unternehmen gestattet, bei unterschiedlichen Produktionsschritten die komparativen Vorteile der verschiedenen Länder auszunutzen, wurde durch bessere Kommunikationstechnologien und einen Rückgang der Versandkosten ermöglicht. So können beispielsweise die Vereinigten Staaten einen komparativen Vorteil im Hinblick auf die Aufgabe der Produktgestaltung aufweisen. Die Entwürfe werden dann nach China geschickt, das einen komparativen Vorteil im Hinblick auf die Aufgabe der Montage aufweist. Das montierte Produkt wird dann in die Vereinigten Staaten zurückgesandt, wo US-amerikanische Unternehmen die Aufgaben im Bereich Vertrieb und Einzelhandel ausführen.

Zweitens ist zu beachten, dass die meisten Bestandteile eines iPod Halbfertigprodukte, wie Festplatten oder Monitore, und keine Rohstoffe, wie Kunststoff oder Silikon, sind. Um die Produktion effizienter zu gestalten, werden die meisten Teile von Spezialunternehmen konstruiert und gebaut. Natürlich hätte Apple auch eigene Werke aufbauen können, um Prozessoren, Festplatten oder Laufwerke herzustellen, aber es ist effizienter, mit den Produktionskapazitäten anderer Firmen in anderen Ländern zu handeln bzw. diese zu nutzen. So kann beispielsweise Toshiba aufgrund der bloßen Größe seiner Produktionskapazität einen komparativen Vorteil bei der Produktion von Festplatten aufweisen. ▶

---

[7] Gene M. Grossman und Esteban Rossi-Hansberg, „The Rise of Offshoring: It's Not Wine for Cloth Anymore", Arbeitspapier, Princeton University, 2006.

[8] Dieses Beispiel beruht auf Greg Linden, Kenneth I. Kraemer und Jason Dedrick, „Who Captures Value in a Global Innovation System? The Case of Apple's iPod", PCIC UC-Irvine, Juni 2007.

Tabelle 16.4

Unterschiedliche Aufgaben bei der iPod-Produktion

Bauteil	Unternehmen	Produktionsstandort	Preis ($)	% des Einzelhandelspreises
Produktgestaltung/-konzept	Apple (USA)	USA	79,85	26,7
Festplatte	Toshiba (Japan)	China	73,39	24,6
Display	Matsushita & Toshiba	Japan	20,39	6,8
Videoprozessor	Broadcom (USA)	Taiwan oder Singapur	8,36	2,8
Hauptprozessor	PortalPlayer (USA)	USA oder Taiwan	4,94	1,7
Montage der Einheit	Inventec (Taiwan)	China	3,70	1,2
Alle anderen Teile (ca. 450)	–	–	33,62	11,2
Teile insgesamt	–	–	144,40	48,3
Vertrieb und Einzelhandel	–	USA	74,75	25,0
Endgültiger Einzelhandelspreis (2005)	–	–	299,00	100,00

Schließlich ist zu beachten, dass die physischen Teile etwas weniger als die Hälfte des Einzelhandelspreises des iPod ausmachen. Wie bei den meisten anderen Produkten wird auch hier ein ganzes Bündel verschiedener Leistungen benötigt, um den iPod zu konstruieren, zu entwickeln und zu vertreiben. Die Firmen, die diese Leistungen erbringen – einschließlich Apple, erhalten schließlich ebenfalls einen beträchtlichen Anteil des endgültigen Verkaufspreises.

16.5 Die Vorteile des Freihandels

Beispiel 16.4: Kosten und Nutzen besonderer Protektion

Die Rufe nach protektionistischen politischen Maßnahmen wurden im Laufe der 80er und frühen 90er Jahre immer lauter. Und auch heute noch wird dieses Thema kontrovers diskutiert, sei es im Zusammenhang mit den besonderen Handelsbeziehungen zu einigen asiatischen Ländern oder in Bezug auf das nordamerikanische Freihandelsabkommen (NAFTA). Protektionismus kann in vielerlei Formen auftreten; Beispiele dafür sind Zölle und Kontingente, wie wir sie in Kapitel 9 besprachen, regulatorische Hürden, Subventionen für inländische Unternehmen und Devisenkontrollen. Tabelle 16.5 fasst die wichtigsten Ergebnisse einer kürzlich durchgeführten Studie über von den USA verhängte Handelsbarrieren zusammen.[9]

Ein Hauptzweck des Protektionismus ist die Bewahrung von Arbeitsplätzen in bestimmten Industriezweigen – deshalb ist es auch nicht verwunderlich, dass sich aus solchen politischen Maßnahmen Gewinne für die Produzenten ergeben. Die Kosten bestehen allerdings in Verlusten für die Konsumenten und beträchtlichen Effizienzeinbußen. Diese Effizienzeinbußen ergeben sich aus der Summe des Verlustes an Produzentenrente infolge ineffizienter inländischer Überproduktion und des Verlustes an Konsumentenrente infolge höherer inländischer Preise und geringeren Konsums.

Wie Tabelle 16.5 zeigt, kommt es in der Textil- und Bekleidungsindustrie zu den größten Effizienzeinbußen. Obwohl die Produzenten erhebliche Gewinne erzielten, sind in diesem Fall die Konsumentenverluste größer. Auch die Effizienzverluste aufgrund (ineffizienter) inländischer Überproduktion von Textilien und aufgrund rückläufigen inländischen Konsums von importierten Textilprodukten waren beträchtlich – sie betrugen geschätzte $9,89 Milliarden. Der zweitgrößte Verursacher der Ineffizienz war die Milchwirtschaft – dort beliefen sich die Verluste auf $2,79 Milliarden.

Schließlich erkenne man, dass die Effizienzkosten, die durch die Unterstützung inländischer Produzenten entstehen, von Branche zu Branche sehr verschieden sind. In der Textilbranche beträgt das Verhältnis von Effizienzkosten zu Produzentengewinnen 22 Prozent, in der Milchwirtschaft sind es 27 Prozent. Nur in der Orangensaftproduktion ist dieser Wert höher (33,3 Prozent). In anderen Branchen ist er jedoch erheblich geringer – 3,7 Prozent bei Farbfernsehern, 8,7 Prozent bei Flussstahl und 9,5 Prozent bei der Bücherherstellung. ▶

> In § 9.1 erklären wir, dass die Konsumentenrente der Gesamtnutzen oder -wert ist, den die Konsumenten über den Betrag hinaus erhalten, den sie für ein Gut bezahlen. Die Produzentenrente ist das analoge Maß für die Produzenten.

---

9 Dieses Beispiel basiert auf Cletus Coughlin, K. Alec Chrystal und Geoffrey E. Wood, „*Protectionist Trade Policies, A Survey of Theory, Evidence and Rationale*", Federal Reserve Bank of St. Louis, Januar/Februar 1988, 12–30. Die Daten der Tabelle wurden entnommen Gary Clyde Hufbauer, Diane T. Berliner und Kimberley Ann Elliott, „*Trade Protection in the United States: 31 Case Studies*", Institute of International Economics 5, 1986.

Tabelle 16.5

Quantifizierung der Kosten der Protektion

Branche	Produzenten-gewinne[a] (in Millionen $)	Konsumenten-verluste[b] (in Millionen $)	Effizienz-verluste[c] (in Millionen $)
Bücher	622	1.020	59
Orangensaft	796	1.071	265
Textilien und Bekleidung	44.883	55.084	9.865
Flussstahl	7.753	13.873	673
Farbfernseher	388	857	14
Milchprodukte	10.021	11.221	2.795
Fleisch	3.264	3.672	296
Zucker	1.431	2.882	614

[a] Die Produzentengewinne dieses Zollfalls sind als Fläche des Trapezoids A in Abbildung 9.15 abgebildet.
[b] Die Konsumentenverluste sind gleich der Summe der Flächen A, B, C und D in Abbildung 9.15.
[c] Diese sind durch die Dreiecke B und C in Abbildung 9.15 dargestellt.

16.6 Ein Überblick – die Effizienz von Wettbewerbsmärkten

Unsere Analyse des allgemeinen Gleichgewichts und der ökonomischen Effizienz ist nun abgeschlossen. Unser Vorgehen führte zu zwei bemerkenswerten Ergebnissen. Zunächst wurde aufgezeigt, dass es bei jeder beliebigen Anfangsallokation von Ressourcen zu einem kompetitiven Tauschprozess unter Individuen kommt, sei es durch Tausch auf Faktor- oder auf Gütermärkten, der schließlich in ein ökonomisch effizientes Ergebnis mündet. Der erste Lehrsatz der Wohlfahrtsökonomie besagt, dass ein kompetitives System, das auf den Eigeninteressen der Konsumenten und Produzenten und auf der Fähigkeit von Marktpreisen basiert, beiden Seiten Informationen zu vermitteln, zu einer effizienten Allokation der Ressourcen führen wird.

Zweitens zeigten wir auf, dass bei einer Konvexität der Indifferenzkurven jede beliebige effiziente Ressourcenallokation durch einen kompetitiven Prozess erreicht werden kann, der diese Ressourcen in geeigneter Weise umverteilt. Natürlich kann es viele Pareto-effiziente Ergebnisse geben. Der zweite Lehrsatz der Wohlfahrtsökonomie besagt, dass unter bestimmten (zugegebenermaßen idealen) Bedingungen die Themenbereiche Gerechtigkeit und Effizienz getrennt voneinander behandelt werden können. Wenn wir bereit sind, Fragen der Gerechtigkeit zurückzustellen, wissen wir, dass es ein Wettbewerbsgleichgewicht gibt, bei dem die Konsumenten- und Produzentenrente maximiert wird, d.h. das ökonomisch effizient ist.

16.6 Ein Überblick – die Effizienz von Wettbewerbsmärkten

Für beide Lehrsätze der Wohlfahrtsökonomie ist die Annahme entscheidend, dass die Märkte kompetitiv sind. Leider gilt keines dieser Ergebnisse auch auf Märkten, die aus irgendeinem Grund keine Wettbewerbsmärkte mehr sind. In den nächsten beiden Kapiteln geht es um Situationen, in denen Märkte versagen können und darum, was ein Staat dagegen unternehmen kann. Bevor wir fortfahren, sollten wir aber nochmals wiederholen, wie der Wettbewerbsprozess funktioniert. Wir werden dazu der Reihe nach die Bedingungen für ökonomische Effizienz im Tauschhandel, auf Faktormärkten und auf Gütermärkten aufzählen. Diese Bedingungen sind wichtig. Für jeden der drei Fälle sollte der Leser sowohl die in diesem Kapitel gegebene Erklärung der Bedingung als auch die zugrunde liegenden Konzepte aus früheren Kapiteln nochmals nachlesen.

1 *Effizienz beim Tauschhandel:* Alle Allokationen müssen auf der Tauschkontraktkurve liegen, so dass die Grenzrate der Substitution von Nahrung für Kleidung für jeden Konsumenten gleich ist.

$$GRS_{FC}^J = GRS_{FC}^K$$

Auf einem Wettbewerbsmarkt kommt es zu einem effizienten Ergebnis, weil für die Verbraucher die Berührung der Budgetgerade und der höchsten erreichbaren Indifferenzkurve sicherstellt, dass

$$GRS_{FC}^J = P_F/P_C = GRS_{FC}^K$$

> Erinnern wir uns aus § 3.3, dass die Verbraucherbefriedigung maximiert wird, wenn die Grenzrate der Substitution von Nahrung für Kleidung gleich dem Verhältnis des Nahrungspreises zum Kleidungspreis ist.

2 *Effizienz beim Einsatz von Inputs in der Produktion:* Alle Inputkombinationen müssen auf der Produktionskontraktkurve liegen, so dass die Grenzrate der technischen Substitution von Arbeit für Kapital im Produktionsprozess beider Güter gleich ist.

$$GRTS_{LK}^F = GRTS_{LK}^C$$

Auf einem Wettbewerbsmarkt kommt es zu diesem effizienten Ergebnis, weil jeder Produzent seinen Gewinn maximiert, indem er seine Arbeits- und Kapitalinputs so wählt, dass das Verhältnis der Inputpreise gleich der Grenzrate der technischen Substitution ist.

$$GRTS_{LK}^F = w/r = GRTS_{LK}^C$$

> Erinnern wir uns aus § 7.3, dass bei einer Gewinnmaximierung die Grenzrate der technischen Substitution von Arbeit für Kapital gleich dem Verhältnis des Lohnsatzes zu den Kapitalkosten sein muss.

3 *Effizienz auf dem Gütermarkt:* Die Gütermischung muss so gewählt werden, dass die Grenzrate der Transformation zwischen den Gütern gleich den Grenzraten der Substitution der Konsumenten ist.

$$GRT_{FC} = GRS_{FC} \text{ (für alle Konsumenten)}$$

Auf einem Wettbewerbsmarkt kommt es zu diesem effizienten Ergebnis, weil die gewinnmaximierenden Produzenten ihre Produktionsmenge so lange erhöhen, bis die Grenzkosten gleich dem Preis sind.

$$P_F = GK_F, P_C = GK_C$$

> In §8.3 erklären wir, dass es für ein Wettbewerbsunternehmen gewinnmaximierend ist, wenn es seine Produktionsmenge so wählt, dass die Grenzkosten gleich dem Preis sind, weil das Unternehmen mit einer horizontalen Nachfragekurve konfrontiert ist.

Folglich ergibt sich folgende Gleichung

$$GRT_{FC} = GK_F/GK_C = P_F/P_C$$

Konsumenten maximieren jedoch ihre Befriedigung auf kompetitiven Märkten nur, wenn

$$P_F/P_C = GRS_{FC} \text{ (für alle Konsumenten)}$$

Es gilt also

$$GRS_{FC} = GRT_{FC}$$

und die Bedingungen für die Outputeffizienz sind erfüllt. Damit es zu einem effizienten Ergebnis kommt, müssen die Güter in Kombinationen und zu Kosten produziert werden, die der Kaufbereitschaft der Verbraucher entsprechen.

16.7 Warum Wettbewerbsmärkte versagen

Die Effizienzbedingungen lassen sich auf zweierlei Arten interpretieren. Die erste Interpretation betont, dass Wettbewerbsmärkte funktionieren. Sie sagt auch aus, dass immer sichergestellt sein muss, dass die Voraussetzungen für einen Wettbewerb gegeben sind, damit die Ressourcen effizient aufgeteilt werden können. Die zweite Interpretation dagegen betont, dass diese Wettbewerbsvoraussetzungen wahrscheinlich nicht erfüllt werden. Sie sagt aus, dass man sich auf Möglichkeiten konzentrieren muss, mit Marktversagen umzugehen. Bisher haben wir uns auf die erste Interpretation konzentriert. Im Rest des Buches richten wir unser Augenmerk verstärkt auf die zweite Interpretation.

Es gibt vier Hauptgründe, warum Wettbewerbsmärkte versagen, nämlich *Marktmacht, unvollständige Information, Externalitäten und öffentliche Güter.* Hier werden wir uns der Reihe nach jedem Faktor zuwenden.

16.7.1 Marktmacht

In § 10.2 erklären wir, dass der Verkäufer eines Gutes Monopolmacht besitzt, wenn er gewinnbringend einen Preis berechnen kann, der oberhalb der Grenzkosten liegt. Ebenso wird in § 10.5 erklärt, dass ein Käufer Monopsonmacht besitzt, wenn seine Kaufentscheidungen den Preis eines Gutes beeinflussen können.

Wir sahen, dass es zu einer Ineffizienz kommen kann, wenn ein Produzent oder Zulieferer Marktmacht besitzt. Nehmen wir beispielsweise an, dass ein Nahrungsmittelproduzent in unserem Edgeworth-Boxdiagramm über Monopolmacht verfügt. Er wählt daher seine Produktionsmenge so, dass sein Grenzerlös (und nicht sein Preis) den Grenzkosten entspricht und verkauft daher eine geringere Menge zu einem Preis oberhalb des Wettbewerbspreises. Eine geringere Produktionsmenge bedeutet auch geringere Grenzkosten der Nahrungsmittelproduktion. Gleichzeitig werden die freigesetzten Produktionsfaktoren für die Bekleidungsproduktion eingesetzt, wodurch hier die Grenzkosten steigen. Folglich nimmt die Grenzrate der Transformation ab, da $GRT_{FC} = GK_F/GK_C$. So könnte sich schließlich eine Situation wie in Punkt A auf der Produktionsmöglichkeitsgrenze in Abbildung 16.9 ergeben. Wird zu wenig Nahrung und zu viel Bekleidung produziert, so ergibt sich eine Produktionsineffizienz, da Unternehmen mit Marktmacht bei ihren Preisentscheidungen einen anderen Preis verwenden als Konsumenten bei ihren Konsumentscheidungen.

Bei Marktmacht auf dem Inputmarkt verläuft die Argumentation ganz ähnlich. Nehmen wir an, Arbeiter hätten mit Hilfe von Gewerkschaften Marktmacht über ihr Arbeitsangebot bei der Lebensmittelproduktion. In diesem Fall würde auf dem Nahrungsmittelmarkt zu wenig Arbeit zu zu hohen Löhnen (w_F) angeboten werden. Gleichzeitig käme es auf dem Bekleidungsmarkt zu einem Überangebot an Arbeit bei zu niedrigen Löhnen (w_C).

Auf dem Bekleidungsmarkt wären somit die Inputeffizienzbedingungen erfüllt, denn $\text{GRTS}_{LK}^{C} = w_C/r$. Auf dem Lebensmittelmarkt jedoch wäre der Lohnsatz höher als auf dem Bekleidungsmarkt. Deshalb gilt $\text{GRTS}_{LK}^{F} = w_F/r > w_C/r = \text{GRTS}_{LK}^{C}$. Es kommt zu einer Inputineffizienz, da bei einem effizienten Ergebnis die Grenzraten der technischen Substitution in beiden Produktionsprozessen gleich sein müssten.

16.7.2 Unvollständige Information

Wenn die Verbraucher keine genauen Informationen über Marktpreise und Produktqualität haben, kann ein Marktsystem nicht effizient funktionieren. Dieser Informationsmangel könnte die Produzenten dazu verleiten, von einigen Gütern zu viel und von anderen zu wenig anzubieten. In anderen Fällen könnten Verbraucher aus diesem Grund ein bestimmtes Produkt nicht kaufen, obwohl sie einen Nutzen daraus hätten, während andere Produkte kaufen könnten, die ihnen von Nachteil sind. So könnten einige Verbraucher etwa eine Pille kaufen, die garantierten Gewichtsverlust verspricht, von der sich aber später herausstellt, dass sie keinen medizinischen Wert hat. Schließlich kann Informationsmangel auch dauerhaft verhindern, dass sich Märkte entwickeln. So könnte es in solchen Fällen zum Beispiel unmöglich sein, bestimmte Versicherungen abzuschließen, da die Versicherungsgesellschaften nicht wissen, welche Verbraucher einem bestimmten Risiko ausgesetzt sind.

Jedes dieser Informationsprobleme kann einen ineffizienten Wettbewerbsmarkt zur Folge haben. In Kapitel 17 werden wir näher auf Informationsineffizienzen eingehen und auch sehen, wie staatliche Interventionen diese beheben können.

16.7.3 Externalitäten

Das Preissystem funktioniert effizient, weil die Marktpreise den Produzenten und den Konsumenten gleichermaßen Informationen vermitteln. Manchmal geben die Marktpreise aber auch keinen Aufschluss über die Aktivitäten von Produzenten oder Verbrauchern. Eine *Externalität* liegt vor, wenn eine Konsum- oder Produktionsaktivität sich indirekt auf andere Konsum- oder Produktionsaktivitäten auswirkt, und sich dies nicht direkt aus den Marktpreisen ablesen lässt. Wie wir in Abschnitt 9.2 (Seite 443) erklärten, weist die Bezeichnung *Externalität* darauf hin, dass die Auswirkungen auf andere (gleichgültig ob positiv oder negativ) außerhalb des Marktes (also extern) stattfinden.

Nehmen wir zum Beispiel an, dass eine Stahlfabrik Abwässer in einen Fluss pumpt, wodurch ein Erholungsgebiet flussabwärts zum Schwimmen und Fischen unbrauchbar wird. Es liegt eine Externalität vor, denn der Stahlhersteller trägt die wahren Kosten, die das Abwasser verursacht hat, nicht und setzt so zu viel Abwasser für seine Stahlproduktion ein. Dies führt zu einer Inputineffizienz. Gilt diese Externalität für die gesamte Stahlindustrie, ist der Stahlpreis (der den Grenzkosten der Produktion entspricht) geringer als ein Preis, der die Produktionskosten einschließlich der Verschmutzungskosten wiederspiegeln würde. Folglich wird zu viel Stahl produziert und es ergibt sich eine Outputineffizienz.

Externalitäten, und wie damit umgegangen werden kann, werden wir in Kapitel 18 besprechen.

16.7.4 Öffentliche Güter

Öffentliches Gut

Nichtausschließbares, nichtrivalisierendes Gut, das preisgünstig zur Verfügung gestellt werden kann, das aber, sobald es einmal zur Verfügung steht, dem Zugriff anderer schwer entzogen werden kann.

Die letzte Ursache für Marktversagen tritt auf, wenn ein Markt Güter, die viele Konsumenten wertschätzen, nicht anbieten kann. Ein **öffentliches Gut** kann vielen Konsumenten preisgünstig zur Verfügung gestellt werden, haben jedoch einmal einige Verbraucher Zugang zu diesem Gut, ist es sehr schwierig, andere Konsumenten vom Gebrauch des Gutes abzuhalten. Nehmen wir zum Beispiel an, ein Unternehmen erwägt, eine neue Technologie zu erforschen, für die es jedoch kein Patent erhalten kann. Ist die Erfindung einmal öffentlich bekannt, können andere sie leicht duplizieren. Die Forschungsarbeit ist also nicht gewinnbringend – es sei denn, man kann die anderen Unternehmen vom Verkauf des Produkts ausschließen.

Also bieten Märkte zu wenige öffentliche Güter an. In Kapitel 18 werden wir sehen, dass ein Staat dieses Problem manchmal lösen kann, indem er ein öffentliches Gut selbst zur Verfügung stellt oder für private Unternehmen Anreize schafft, das Gut zu produzieren.

Beispiel 16.5: Ineffizienz im Gesundheitswesen

Die Vereinigten Staaten geben einen höheren Anteil ihres BIP für das Gesundheitswesen aus als die meisten anderen Länder. Heißt das, dass das amerikanische Gesundheitswesen weniger effizient ist als andere Gesundheitssysteme? Dies ist eine wichtige Frage der staatlichen Politik, die wir unter Verwendung der in diesem Kapitel eingeführten Analyse beantworten können. In diesem Zusammenhang bestehen zwei eindeutige Effizienzfragen. Erstens ist das amerikanische Gesundheitswesen technisch effizient bei der Produktion in dem Sinne, dass die beste Kombination von Einsatzfaktoren, wie Krankenhausbetten, Ärzte, Krankenschwestern und Medikamente, eingesetzt wird, um bessere gesundheitliche Ergebnisse zu erzielen? Zweitens sind die Vereinigten Staaten bei der Bereitstellung von Gesundheitsfürsorge produktionseffizient; das heißt, ist der gesundheitliche Nutzen eines weiteren für die Gesundheitsfürsorge ausgegebenen Dollars größer als die Opportunitätskosten anderer Güter und Dienstleistungen, die anstelle dessen bereitgestellt werden könnten?

Die Frage der technischen Effizienz wurde in Kapitel 6 erörtert. Wie in Beispiel 6.1 aufgezeigt wurde, bestehen abnehmende Erträge, wenn immer mehr Gesundheitsfürsorge bereitgestellt wird. Infolgedessen sind, selbst wenn wir uns auf der Produktionsgrenze befinden, zunehmend mehr Ressourcen erforderlich, um kleine Steigerungen bei den gesundheitlichen Ergebnissen (z.B. Steigerungen der Lebenserwartung) zu erzielen. Wir haben allerdings auch aufgezeigt, dass Grund zu der Annahme besteht, dass das Gesundheitswesen unterhalb der Grenze arbeitet, so dass bei einem effizienteren Einsatz der Inputs bessere gesundheitliche Ergebnisse mit geringeren Steigerungen der Ressourcen oder ganz ohne solche Steigerungen erzielt werden könnten. So kommen beispielsweise auf jeden niedergelassenen Arzt in den Vereinigten Staaten 2,2 Verwaltungskräfte. Dieser Wert ist 25 Prozent höher als die entsprechende Zahl im Vereinigten Königreich, 165 Prozent höher als in den Niederlanden und 215 Prozent höher als in Deutschland. Es scheint, als würden verglichen mit anderen entwickelten Ländern in den USA wesentlich mehr Zeit und Kosten für die Bearbeitung der Berechtigungsnachweise, der Meldungen von Ansprüchen, der Überprüfungs- und ▶

Abrechnungsanforderungen der verschiedenen Versicherungsgesellschaften aufgewendet werden. Überdies scheinen eine Reihe von kostengünstigen und hochwirksamen Behandlungen in den Vereinigten Staaten wenig verschrieben zu werden. So kosten beispielsweise Betablocker pro Dosis nur einige Cent und es wird davon ausgegangen, dass sie die Sterbefälle durch Herzinfarkte um 25% senken. Und trotzdem werden sie in einigen Teilen der Vereinigten Staaten nur selten verschrieben.

Wie gestaltet sich die Situation nun im Hinblick auf die Produktionseffizienz? Mitunter wird die Ansicht vertreten, dass der zunehmende Prozentsatz des Einkommens, der in den Vereinigten Staaten für Gesundheitsausgaben aufgewendet wird, bereits ein Beweis für eine Ineffizienz ist. Wie wir allerdings in Beispiel 3.4 aufgezeigt haben, könnte dies auch einfach nur eine starke Präferenz der US-amerikanischen Bevölkerung, deren Einkommen im Allgemeinen gestiegen ist, für die Gesundheitsfürsorge widerspiegeln. In der dem Beispiel zugrunde liegenden Studie wurde die Grenzrate der Substitution zwischen gesundheitsbezogenen und nicht gesundheitsbezogenen Gütern berechnet. Dabei wurde festgestellt, dass bei steigendem Konsum der Grenznutzen des Konsums für nicht gesundheitsbezogene Güter schnell sinkt. Wie bereits erklärt wurde, überrascht dies wenig: Wenn die Menschen älter werden und ihr Einkommen steigt, gewinnt ein weiteres gewonnenes Jahr Lebenserwartung gegenüber einem neuen Auto oder einem zweiten Haus an Wert. Somit ist ein zunehmender Anteil des Einkommens, der für die Gesundheit ausgegeben wird, durchaus mit der Produktionseffizienz vereinbar.

ZUSAMMENFASSUNG

1. Die partielle Gleichgewichtsanalyse von Märkten geht davon aus, dass es keine Auswirkungen auf zusammenhängende Märkte gibt. Die allgemeine Gleichgewichtsanalyse untersucht alle Märkte gleichzeitig und berücksichtigt dabei rückwirkende Einflüsse anderer Märkte auf den zu untersuchenden Markt.

2. Eine Güterallokation ist effizient, wenn kein Verbraucher von einem Handel profitieren kann, ohne dass ein anderer Verbraucher benachteiligt wird. Wenn alle Verbraucher so lange einen Handel betreiben, bis alle vorteilhaften Tauschgeschäfte getätigt sind, ist das Ergebnis Pareto-effizient und liegt auf der Kontraktkurve.

3. Ein kompetitives Gleichgewicht beschreibt eine Reihe von Preisen und Mengen. Wenn jeder Konsument seine bevorzugte Allokation wählt, so entspricht die nachgefragte Menge auf jedem Markt der angebotenen Menge. Alle kompetitiven Gleichgewichtsallokationen liegen auf der Tauschkontraktkurve und sind Pareto-effizient.

4. Die Nutzenmöglichkeitsgrenze misst alle effizienten Allokationen in Bezug auf das Nutzenniveau, das jeder Konsument erreicht. Obwohl beide Einzelpersonen eine andere Allokation gegenüber einer ineffizienten Allokation bevorzugt, muss diese Präferenz nicht für *jede* effiziente Allokation gelten. So kann eine ineffiziente Allokation gerechter sein als eine effiziente.

5. Da ein Wettbewerbsgleichgewicht nicht gerecht sein muss, kann ein Staat danach streben, den Wohlstand von den Reichen auf die Armen umzuverteilen. Weil eine solche Umverteilung aber Kosten verursacht, entsteht ein Konflikt zwischen Gerechtigkeit und Effizienz.

6. Eine Allokation von Produktionsfaktoren ist technisch effizient, wenn die Produktionsmenge eines Gutes nicht erhöht werden kann, ohne dass die Produktionsmenge eines anderen Gutes sinkt. Alle Punkte technischer Effizienz liegen auf der Produktionskontraktkurve und stellen Tangentialpunkte der Isoquanten der beiden Güter dar.

7. Ein Wettbewerbsgleichgewicht auf Inputmärkten ergibt sich, wenn die Grenzrate der technischen Substitution zwischen Inputpaaren gleich dem Verhältnis der Inputpreise ist.

8. Die Produktionsmöglichkeitsgrenze misst alle effizienten Allokationen in Bezug auf die Outputniveaus, die mit einer bestimmten Inputkombination produziert werden können. Die Grenzrate der Transformation von Gut 1 für Gut 2 steigt, je mehr von Gut 1 und je weniger von Gut 2 produziert wird. Die Grenzrate der Transformation entspricht dem Verhältnis der Grenzkosten der Produktion von Gut 1 zu den Grenzkosten der Produktion von Gut 2.

9. Es kommt nur dann zu einer effizienten Güterallokation, wenn die Grenzrate der Substitution zwischen zwei Gütern (die für alle Konsumenten gleich ist) beim Konsum der Grenzrate der Transformation zwischen diesen Gütern bei der Produktion entspricht.

10. Wenn Faktor- und Gütermärkte vollkommen kompetitiv sind, entspricht die Grenzrate der Substitution (die mit dem Verhältnis der Güterpreise übereinstimmt) der Grenzrate der Transformation (die mit dem Verhältnis der Grenzkosten der Produktion beider Güter übereinstimmt).

11. Der freie internationale Handel erweitert die Produktionsmöglichkeitsgrenze eines Landes. Davon profitieren die Verbraucher.

12. Wettbewerbsmärkte können aus vier Gründen ineffizient sein. Zunächst können Unternehmen oder Verbraucher auf Faktor- oder Gütermärkten Marktmacht besitzen. Außerdem können Verbrauchern oder Produzenten nur unvollständige Informationen zur Verfügung stehen, wodurch sie falsche Konsum- oder Produktionsentscheidungen treffen können. Weiter könnte es zu Externalitäten kommen. Und schließlich könnten einige gesellschaftlich wünschenswerte öffentliche Güter nicht produziert werden.

ZUSAMMENFASSUNG

Kontrollfragen

1. Warum kann eine allgemeine Gleichgewichtsanalyse aufgrund von rückwirkenden Einflüssen beträchtlich von einer partiellen Gleichgewichtsanalyse abweichen?

2. Erklären Sie anhand des Edgeworth-Boxdiagramms, warum ein Punkt gleichzeitig die Warenkörbe zweier Verbraucher abbilden kann.

3. Erklären Sie mit Hilfe der Tauschanalyse des Edgeworth-Boxdiagramms, warum die Grenzraten der Substitution beider Verbraucher an jedem Punkt der Kontraktkurve gleich sind.

4. „Da alle Punkte auf der Kontraktkurve effizient sind, sind sie aus gesellschaftlicher Sicht alle gleichermaßen wünschenswert." Stimmen Sie dieser Aussage zu? Begründen Sie Ihre Antwort.

5. In welcher Beziehung steht die Nutzenmöglichkeitskurve zur Kontraktkurve?

6. Welche Bedingungen müssen beim Edgeworth-Produktions-Box-Diagramm erfüllt sein, damit eine Allokation auf der Produktionskontraktkurve liegt? Warum liegt ein kompetitives Gleichgewicht auf der Kontraktkurve?

7. In welcher Beziehung steht die Produktionsmöglichkeitsgrenze zur Produktionskontraktkurve?

8. Was ist die Grenzrate der Transformation (GRT)? Erklären Sie, warum die GRT eines Gutes für ein anderes gleich dem Verhältnis der Grenzkosten der Produktion beider Güter ist.

9. Erklären Sie, warum die Güterallokation unter Konsumenten nicht effizient ist, wenn die GRT nicht der Grenzrate der Substitution der Konsumenten entspricht.

10. Warum können von einem Freihandel zwischen zwei Ländern die Verbraucher beider Länder profitieren?

11. Wenn Land A bei der Produktion von zwei Gütern gegenüber Land B einen absoluten Vorteil hat, liegt es nicht im besten Interesse von Land A mit Land B zu handeln. Richtig oder falsch? Erklären Sie Ihre Antwort.

12. Stimmen Sie den folgenden Aussagen jeweils zu oder nicht? Erklären Sie Ihre Antwort.
    a. Wenn es möglich ist, drei Pfund Käse gegen zwei Flaschen Wein zu tauschen, so beträgt der Preis für Käse 2/3 des Weinpreises.
    b. Ein Land kann durch Handel nur dann gewinnen, wenn es ein Gut zu niedrigeren absoluten Kosten produzieren kann als sein Handelspartner.
    c. Wenn die Grenz- und Durchschnittskosten der Produktion konstant sind, dann liegt es im besten Interesse eines Landes, sich voll und ganz auf die Produktion einiger Güter zu spezialisieren und andere Güter zu importieren.
    d. Wir nehmen an, Arbeit sei der einzige Produktionsfaktor. Wenn die Opportunitätskosten für die Produktion von 1 Meter Stoff 3 Scheffel (ca. 36 l) Weizen betragen, so erfordert die Produktion von Weizen 3-mal soviel Arbeitskraft pro Einheit wie die Produktion von Weizen.

13. Was sind die vier Hauptursachen für Marktversagen? Erklären Sie kurz, warum jede Ursache die effiziente Arbeitsweise eines Wettbewerbsmarktes beeinträchtigt.

Die Kontrollfragen samt Lösungen sowie weitere kapitelbegleitende Inhalte finden Sie im MyLab.

Übungen

1. Nehmen wir an, Gold (G) und Silber (S) sind Substitute füreinander, da beide zur Absicherung gegen Inflation dienen können. Nehmen wir weiter an, dass das Angebot beider Güter kurzfristig eine feststehende Größe ist ($Q_G = 75$ und $Q_S = 300$) und dass die Nachfragen nach Gold und Silber folgendermaßen definiert sind

   $$P_G = 975 - Q_G + 0{,}5 P_S$$
   und
   $$P_S = 600 - Q_S + 0{,}5 P_G$$

   a. Wie lauten die Gleichgewichtspreise von Gold und Silber?
   b. Nehmen wir an, die Entdeckung eines neuen Goldvorkommens erhöht die angebotene Menge auf 150 Einheiten. Wie wirkt sich diese Entdeckung auf die Preise beider Güter aus?

2. Analysieren Sie unter Verwendung einer allgemeinen Gleichgewichtsanalyse und unter Berücksichtigung von Rückkopplungseffekten folgende Situationen:
   a. Die wahrscheinlichen Auswirkungen eines Krankheitsausbruchs auf Hühnerfarmen auf die Märkte für Hühner- und Rindfleisch.
   b. Die Auswirkungen von Steuererhöhungen auf Flugpreise für Flüge in besonders attraktive Touristenregionen wie Florida und Kalifornien und auf die Preise für Hotelzimmer in diesen Regionen.

3. Jane hat 3 Liter Limonade und 9 Sandwiches. Bob wiederum hat 8 Liter Limonade und 4 Sandwiches. Mit dieser Ausstattung beträgt Janes Grenzrate der Substitution (GRS) von Limonade für Sandwiches 4. Bobs GRS ist gleich 2. Zeichnen Sie ein Edgeworth-Boxdiagramm, um aufzuzeigen, ob diese Allokation effizient ist. Ist sie es, erklären Sie warum. Ist sie es nicht, erklären Sie, von welchem Tauschhandel beide Seiten profitieren könnten.

4. Jennifer und Drew konsumieren Orangensaft und Kaffee. Jennifers GRS von Orangensaft für Kaffee ist 1 und Drews GRS von Orangensaft für Kaffee ist 3. Wenn Orangensaft €2 und Kaffee €3 kostet, auf welchem Markt herrscht dann Nachfrageüberschuss? Welche Entwicklung erwarten Sie in Bezug auf die Preise auf beiden Märkten?

5. Setzen Sie die fehlenden Informationen in die folgenden Tabellen ein. Verwenden Sie für jede Tabelle die angegebenen Informationen, um einen möglichen Handel aufzuzeigen. Bestimmen Sie dann die endgültige Allokation und einen möglichen GRS-Wert in der effizienten Lösung. (*Hinweis*: Es gibt mehr als eine richtige Antwort.) Illustrieren Sie Ihre Antwort mit Hilfe eines Edgeworth-Boxdiagramms.

   a. Normans GRS von Nahrung für Kleidung ist 1 und Ginas GRS von Nahrung für Kleidung ist 4:

Einzelperson	Ursprüngliche Allokation	Handel	Endgültige Allokation
Norman	6N, 2K		
Gina	1N, 8K		

   b. Michaels GRS von Nahrung für Kleidung ist 1/2 und Kellys GRS von Nahrung für Kleidung ist 3:

Einzelperson	Ursprüngliche Allokation	Handel	Endgültige Allokation
Michael	10N, 3K		
Kelly	5N, 15K		

6. Nehmen wir an, dass in einer Tauschanalyse zwischen zwei Einzelpersonen beide die gleichen Präferenzen haben. Ist die Kontraktkurve in diesem Fall eine Gerade? Begründen Sie Ihre Antwort. (Fällt Ihnen ein Gegenbeispiel ein?)

7. Geben Sie ein Beispiel für eine Bedingung, unter welcher die Produktionsmöglichkeitsgrenze nicht konkav sein könnte.

8. Ein Monopsonist erwirbt Arbeitsstunden für weniger als den Wettbewerbslohnsatz. Welche Art der Ineffizienz wird sich aus diesem Einsatz von Monopsonmacht ergeben? Wie würde sich Ihre Antwort verändern, wenn der Monopsonist auf dem Arbeitsmarkt gleichzeitig ein Monopolist auf dem Outputmarkt wäre?

9. Die Acme Corporation produziert von den Gütern *Alpha* und *Beta* jeweils x und y Einheiten.
    a. Verwenden Sie eine Produktionsmöglichkeitskurve, um zu erklären, wie die Bereitschaft, von Gut *Alpha* mehr oder weniger zu produzieren, von der Grenzrate der Transformation von *Alpha* für *Beta* abhängt.
    b. Betrachten wir zwei Extremfälle der Produktion. Acme produziert anfangs (i) null Einheiten von *Alpha* oder (ii) null Einheiten von *Beta*. Beschreiben Sie die Ausgangspositionen von (i) und (ii), wenn Acme immer bestrebt ist, auf der Produktionsmöglichkeitskurve zu bleiben. Was geschieht, wenn Acme die Produktion beider Güter aufnimmt?

10. Nehmen wir im Zusammenhang mit unserer Analyse der Edgeworth-Produktionsbox an, dass aufgrund einer neuen Erfindung ein Nahrungsmittelproduktionsprozess mit konstanten Skalenerträgen nun zu einem Produktionsprozess mit stark zunehmenden Skalenerträgen wird. Wie wirkt sich diese Veränderung auf die Produktionskontraktkurve aus?

11. Nehmen wir an, Land A und Land B produzieren beide Wein und Käse. Land A hat 800 Einheiten Arbeit zur Verfügung, Land B 600. Vor dem Handel konsumiert Land A 40 Pfund Käse und 8 Flaschen Wein, Land B konsumiert 30 Pfund Käse und 10 Flaschen Wein.

Einzelperson	Land A	Land B
Arbeit pro Pfund Käse	10	10
Arbeit pro Flasche Wein	50	30

   a. Welches Land hat bei der Produktion der Güter jeweils einen komparativen Vorteil? Erklären Sie Ihre Antwort.
   b. Bestimmen Sie grafisch und algebraisch die Produktionsmöglichkeitskurve jedes Landes. (Kennzeichen Sie den Produktionspunkt vor dem Handel mit *PT* und nach dem Handel mit *P*.)
   c. Nehmen wir an, dass 36 Pfund Käse und 9 Flaschen Wein gehandelt werden. Kennzeichnen Sie dann den Konsumpunkt nach dem Handel mit *C*.
   d. Beweisen Sie, dass beide Länder durch den Handel profitieren.
   e. Wie lautet die Steigung der Preisgeraden, bei der es zum Handel kommt?

12. Es sei angenommen, eine Bäckerei habe 16 Mitarbeiter, die sich in Brotbäcker (B) und Kuchenbäcker (C) aufteilen, so dass gilt $B + C = 16$. Zeichnen Sie die Produktionsmöglichkeitsgrenze für Brot (y) und Kuchen (x) für die folgenden Produktionsfunktionen:
    a. $y = 2B^{0,5}$ und $x = C^{0,5}$
    b. $y = B$ und $x = 2C^{0,5}$

Die Lösungen zu ausgewählten Übungen finden Sie im Anhang dieses Buches. Die kompletten Lösungen für die Übungen finden Dozenten im MyLab.

Märkte mit asymmetrischer Information

17.1 Qualitätsunsicherheit und der Markt für „Lemons" ... 844
Beispiel 17.1: MEDICARE ... 850
Beispiel 17.2: „Lemons" beim Baseball in der ersten US-Liga ... 852

17.2 Marktsignalisierung ... 853
Beispiel 17.3: Arbeiten bis in die Nacht ... 858

17.3 Moral Hazard ... 859
Beispiel 17.4: Abbau von Moral Hazard – Garantien für Tiergesundheit ... 862

17.4 Das Prinzipal-Agent-Problem ... 863
Beispiel 17.5: CEO-Gehälter ... 865
Beispiel 17.6: Die Geschäftsführer von gemeinnützigen Krankenhäusern als Agenten ... 867

*17.5 Managementanreize im integrierten Unternehmen ... 870
Beispiel 17.7: Effizienzlöhne bei der Ford Motor Company ... 874

17.6 Asymmetrische Information auf dem Arbeitsmarkt: die Effizienzlohntheorie ... 875

17 Märkte mit asymmetrischer Information

Asymmetrische Information

Eine Situation, in der ein Käufer und ein Verkäufer unterschiedliche Informationen über eine Transaktion haben.

In diesem Buch wurde zumeist davon ausgegangen, dass Konsumenten und Produzenten vollständige Informationen über die ökonomischen Variablen zur Verfügung stehen, die für ihre Entscheidungen von Belang sind. Nun betrachten wir was geschieht, wenn einige Marktteilnehmer mehr wissen als andere – wenn also eine **asymmetrische Information** vorliegt.

Asymmetrische Information kennzeichnet viele geschäftliche Situationen. Oft weiß der Verkäufer eines Produkts besser über dessen Qualität Bescheid als der Käufer. Und die Arbeitnehmer kennen ihre Kenntnisse und Fähigkeiten zumeist besser als die Arbeitgeber. Ebenso kennen die Manager eines Unternehmens ihre Kosten, Wettbewerbspositionen und Investitionsmöglichkeiten genauer als die Eigentümer des Unternehmens.

Das Vorliegen asymmetrischer Information erklärt viele institutionelle Einrichtungen in unserer Gesellschaft. Sie ist ein Grund, warum Automobilhersteller eine Garantie auf Teile und Dienstleistungen an einem Neuwagen gewähren. Aus diesem Grund unterschreiben auch Arbeitnehmer und Arbeitgeber Arbeitsverträge, die Anreize und Belohnungen enthalten, und auch die Aktionäre eines Unternehmens müssen deshalb das Verhalten der Manager genau beobachten.

Zunächst wollen wir eine Situation untersuchen, in der die Verkäufer eines Produktes über mehr Informationen über die Produktqualität verfügen als die Käufer. Wir werden sehen, wie diese Form der asymmetrischen Information zu einem Marktversagen führen kann. Im zweiten Abschnitt werden wir sehen, wie Verkäufer einige der Probleme in Bezug auf asymmetrische Information verhindern können, indem sie potenziellen Kunden Signale zur Produktqualität geben. Produktgarantien sind eine Art Versicherung, die hilfreich sein kann, wenn Käufer weniger wissen als Verkäufer. Der dritte Abschnitt wird jedoch zeigen, dass auch der Abschluss einer Versicherung Schwierigkeiten mit sich bringt, wenn die Käufer mehr wissen als die Verkäufer.

Im vierten Abschnitt zeigen wir, dass Manager andere Ziele als die Gewinnmaximierung verfolgen können, wenn es für die Besitzer eines Privatunternehmens teuer ist, das Managerverhalten zu überwachen. Anders ausgedrückt haben die Manager in diesem Fall mehr Informationen als die Eigentümer. Wir zeigen auch, wie Unternehmen dem Management Anreize zur Gewinnmaximierung bieten können, selbst wenn die Beobachtung ihres Verhaltens mit Kosten verbunden ist. Schließlich werden wir noch sehen, dass Arbeitsmärkte ineffizient funktionieren können, wenn die Arbeitnehmer mehr über ihre eigene Produktivität wissen als die Arbeitgeber.

17.1 Qualitätsunsicherheit und der Markt für „Lemons"

Nehmen wir an, wir kaufen ein neues Auto für €20.000, fahren es 100 Kilometer und beschließen dann, dass wir es eigentlich gar nicht wollen. Mit dem Auto ist alles in Ordnung – es läuft hervorragend und erfüllt alle unsere Erwartungen. Wir haben einfach das Gefühl, dass wir genauso gut ohne Auto auskommen könnten und das Geld lieber für andere Dinge sparen sollten. Also entscheiden wir uns, das Auto wieder zu verkaufen. Wie viel werden wir wohl dafür bekommen? Wahrscheinlich nicht mehr als €16.000 – obwohl der Wagen brandneu ist, erst 100 Kilometer gefahren wurde und Garantien hat, die auf den neuen Besitzer übertragbar sind. Wenn wir ein potenzieller Kunde wären, würden auch wir aber nicht mehr als €16.000 für das Auto bezahlen.

Warum verliert das Auto so stark an Wert, nur weil es jetzt ein Gebrauchtwagen ist? Um diese Frage zu beantworten, gehen wir von unseren eigenen Bedenken als potenzieller Kunde aus. Wir würden uns fragen, warum dieses Auto verkauft werden soll. Hat der Besitzer wirklich einfach nur seine Meinung geändert, oder stimmt etwas nicht damit? Ist dieses Auto etwa eine „Zitrone"?

Gebrauchtwagen werden für weit weniger verkauft als Neuwagen, weil *über ihre Qualität asymmetrische Information* vorliegt. Der Verkäufer eines Gebrauchtwagens weiß weit mehr über das Auto als der potenzielle Käufer. Natürlich kann der Käufer einen Mechaniker damit beauftragen, den Wagen zu überprüfen, aber der Verkäufer kennt das Auto genau und weiß immer noch mehr darüber. Außerdem spricht schon allein die Tatsache, dass das Auto zum Verkauf steht, dafür, dass es eine „Zitrone" ist – warum sollte man ein zuverlässiges Auto verkaufen? Ein potenzieller Kunde eines Gebrauchtwagens ist also immer misstrauisch bezüglich der Qualität des Autos – und das aus gutem Grund.

George Akerlof[1] war der Erste, der die Auswirkungen asymmetrischer Information bezüglich der Produktqualität untersuchte, die weit über den Markt für Gebrauchtwagen hinausgehen. Akerlofs Analysen gehen weit über den Markt für Gebrauchtwagen hinaus. Auch die Märkte für Versicherungen, Finanzkredite, und selbst der Arbeitsmarkt, sind von asymmetrischer Information über die Produktqualität gekennzeichnet. Um die Auswirkungen asymmetrischer Information zu verstehen, werden wir mit dem Gebrauchtwagenmarkt beginnen und die dort erarbeiteten Konzepte dann auf andere Märkte übertragen.

17.1.1 Der Gebrauchtwagenmarkt

Nehmen wir an, es gibt zwei Arten von Gebrauchtwagen – qualitativ hochwertige Autos und Autos minderer Qualität. *Nehmen wir weiter an, dass sowohl Käufer als auch Verkäufer beide Autoarten voneinander unterscheiden können.* Es gibt also zwei Märkte, wie in Abbildung 17.1 dargestellt. In Teil (a) ist S_H die Angebotskurve für hochwertige Autos und D_H ist die entsprechende Nachfragekurve. Ebenso sind S_L und D_L in Teil (b) die Angebots- und Nachfragekurve für Autos minderer Qualität. Bei jedem beliebigen Preis liegt S_H links von S_L, denn die Besitzer hochwertiger Autos verkaufen ihre Autos weniger gern und müssen dafür auch einen höheren Preis erhalten. Ähnlich liegt auch D_H höher als D_L, da die Käufer bereit sind, für ein besseres Auto auch einen höheren Preis zu bezahlen. Die Abbildung zeigt, dass der Marktpreis für Autos hoher Qualität bei €10.000 und der Preis für Autos minderer Qualität bei €5.000 liegt. In beiden Gruppen werden jeweils 50.000 Autos verkauft.

In der Realität weiß der Verkäufer eines Gebrauchtwagens sehr viel mehr über die Qualität des Wagens als der Käufer. (Die Käufer finden erst mehr über die Qualität heraus, nachdem sie das Auto gekauft und eine Zeit lang gefahren haben.) Betrachten wir also was passiert, wenn die Verkäufer die Wagenqualität kennen, die Käufer aber nicht. Anfangs könnten die Käufer davon ausgehen, dass die Chancen 50:50 stehen, dass das Auto, das sie kaufen möchten, von guter Qualität ist. Wenn nämlich *sowohl* der Verkäufer *als auch* der Käufer die Qualität des Wagens kennen würde, würden jeweils 50.000 Stück von jeder Sorte Auto verkauft. Beim Kauf eines Gebrauchtwagens würden daher alle Käufer die

---

[1] George A. Akerlof, „The Market for Lemons: Quality Uncertainty and the Market Mechanism", *Quarterly Journal of Economics*, August 1970, 488–500.

Autoqualität als „mittel" einschätzen. (Natürlich werden sie die wahre Qualität nach dem Kauf schnell herausfinden.) Die Nachfrage nach Autos, deren Qualität als mittel eingestuft wird, wird in Abbildung 17.1 mit D_M bezeichnet und liegt zwischen D_H und D_L. Wie die Abbildung zeigt, *werden nun weniger qualitativ hochwertige Autos (25.000) und mehr Autos minderer Qualität (75.000) verkauft.*

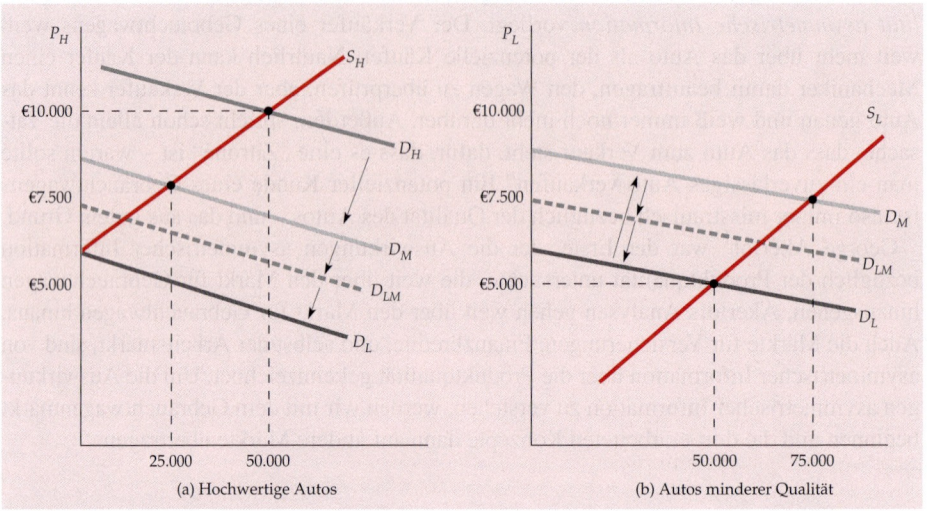

Abbildung 17.1: Der Markt für Gebrauchtwagen
Wenn die Verkäufer mehr Informationen über die Qualität eines Produkts haben als die Käufer, kann sich ein „Lemons-Problem" ergeben, bei dem Produkte minderer Qualität qualitativ hochwertige Produkte vom Markt verdrängen. In Teil **(a)** liegt die Nachfragekurve für Autos hoher Qualität bei D_H. Wenn nun die Käufer ihre Erwartungen bezüglich der Durchschnittsqualität der Autos auf diesem Markt senken, verschiebt sich ihre wahrgenommene Nachfrage auf D_M. Ebenso verschiebt sich in Teil **(b)** die wahrgenommene Nachfragekurve für Gebrauchtwagen minderer Qualität von D_L auf D_M. Folglich sinkt die Verkaufsmenge der Autos hoher Qualität von 50.000 auf 25.000 und die Verkaufsmenge der Autos minderer Qualität steigt von 50.000 auf 75.000. Letztendlich werden nur noch Gebrauchtwagen minderer Qualität verkauft.

Sobald die Käufer erkennen, dass die meisten verkauften Autos minderer Qualität sind (etwa drei Viertel der gesamten Verkaufsmenge), verschiebt sich ihre wahrgenommene Nachfrage. Wie Abbildung 17.1 zeigt, könnte die neue wahrgenommene Nachfragekurve bei D_{LM} liegen, und das bedeutet, dass die Käufer der Meinung sind, alle Gebrauchtwagen hätten im Durchschnitt eine geringe oder mittlere Qualität. Dies führt jedoch dazu, dass der Verkaufsmix der Autos sich noch weiter in Richtung der Wagen minderer Qualität verschiebt. Folglich verschiebt sich auch die wahrgenommene Nachfragekurve weiter nach links und treibt damit den Verkaufsmix noch weiter Richtung mindere Qualität. *Diese Verschiebung setzt sich so lange fort, bis nur noch Gebrauchtwagen minderer Qualität verkauft werden.* Und an diesem Punkt ist dann der Marktpreis zu gering, damit noch hochwertige Autos zum Verkauf angeboten werden könnten, also nehmen die Verbraucher zu Recht an, dass jeder Gebrauchtwagen, den sie kaufen von minderer Qualität sein wird. Somit ist die einzig relevante Nachfragekurve D_L.

Die in Abbildung 17.1 dargestellte Situation ist ein Extremfall. Der Markt könnte sich auch bei einem Preis im Gleichgewicht einpendeln, zu dem zumindest einige qualitativ hochwertige Gebrauchtwagen verkauft werden können. *Der Anteil der Wagen mit hoher Qualität ist jedoch geringer als er es wäre, wenn die Verbraucher sich über die Wagenqua-*

lität im Klaren wären, bevor sie den Kauf tätigen. Und das ist der Grund, warum wir für unser brandneues Auto, von dem *wir wissen*, dass es in perfektem Zustand ist, mit einem viel geringeren Preis als dem Neupreis rechnen müssen. Aufgrund asymmetrischer Information verdrängen qualitativ mindere Güter qualitativ hochwertige Güter vom Markt. Dieses Phänomen, manchmal auch das *„Lemons-Problem"* genannt, ist ein Hauptauslöser für das Versagen eines Marktes. Deshalb wollen wir nochmals besonders darauf hinweisen.

> *Das Lemons-Problem*: Liegt asymmetrische Information vor, so können Produkte von minderer Qualität qualitativ hochwertige Produkte vom Markt verdrängen.

17.1.2 Die Auswirkungen asymmetrischer Information

Unser Gebrauchtwagenbeispiel zeigt, wie asymmetrische Information zu Marktversagen führen kann. In einer idealen Welt, in der alle Märkte voll und ganz funktionieren, wären die Verbraucher in der Lage zwischen Gebrauchtwagen hoher und minderer Qualität zu wählen. Einige entscheiden sich für einen Wagen minderer Qualität, weil er billiger ist, während andere lieber mehr bezahlen und dafür bessere Qualität erhalten. Leider können die Verbraucher in der Realität die Qualität eines Autos erst korrekt einschätzen, nachdem sie es gekauft haben. Folglich sinkt der Preis für Gebrauchtwagen und qualitativ hochwertige Autos werden vom Markt verdrängt.

Es kommt also zum Marktversagen, weil einige Eigentümer qualitativ hochwertiger Gebrauchtwagen ihre Autos geringer bewerten als potenzielle Käufer dieser Autos hoher Qualität. Somit könnten beide Parteien von einem Handel profitieren. Leider verhindert der Informationsmangel auf Seiten des Käufers, dass dieser allseits vorteilhafte Handel zustande kommt.

Adverse Selektion Der Gebrauchtwagenmarkt ist nur ein stilisiertes Beispiel zur Verdeutlichung eines wichtigen Problems, von dem viele Märkte betroffen sind – das Problem der adversen Selektion. Es kommt zu einer **adversen Selektion**, wenn Produkte verschiedener Qualität zum gleichen Preis verkauft werden, da Käufer oder Verkäufer nicht über genügend Informationen verfügen, um die wahre Produktqualität zum Kaufzeitpunkt zu bestimmen. Folglich wird eine zu große Menge des qualitativ minderen Produkts und eine zu geringe Menge des qualitativ hochwertigen Produkts auf dem Markt verkauft. Betrachten wir einige weitere Beispiele für asymetrische Information und adverse Selektion. Dabei werden wir auch erläutern, wie der Staat oder private Unternehmen auf dieses Problem reagieren können.

Der Versicherungsmarkt Warum haben in den USA Menschen über 65 Jahre Schwierigkeiten, eine Krankenversicherung abzuschließen, gleichgültig welchen Preis sie bezahlen wollen? Ältere Menschen sind zwar einem viel höheren Krankheitsrisiko ausgesetzt, doch warum steigen die Versicherungsbeiträge nicht einfach entsprechend, um dieses höhere Risiko auszugleichen? Wieder liegt der Grund bei asymmetrischer Information. Die Menschen, die eine Versicherung abschließen möchten, wissen über ihren eigenen Gesundheitszustand viel besser Bescheid, als jede Versicherungsgesellschaft, selbst wenn sie eine medizinische Untersuchung vorschreibt. Folglich ergibt sich eine adverse Selektion, ebenso wie das auf dem Gebrauchtwagenmarkt der Fall ist. Weil Menschen mit Gesundheitsproblemen eher eine Versicherung abschließen wollen als gesunde Men-

> **Adverse Selektion**
>
> Eine Form des Marktversagens, die entsteht, wenn Produkte unterschiedlicher Qualität aufgrund von asymmetrischer Information zum gleichen Preis verkauft werden, so dass zu viel des minderwertigen Produkts und zu wenig des hochwertigen Produkts verkauft wird.

schen, steigt der Anteil der Versicherten mit Gesundheitsproblemen an. Dadurch müssen die Versicherungsbeiträge steigen; und daraus folgt wiederum, dass sich immer mehr gesunde Menschen, die sich ihres geringen Risikos bewusst sind, gegen eine Versicherung entscheiden. Somit steigt der Anteil nichtgesunder Versicherter noch weiter an, und die Beiträge erhöhen sich weiter. Dieser Prozess setzt sich so lange fort, bis nahezu alle Versicherten einen schlechten Gesundheitszustand haben. Und an diesem Punkt wird die Versicherung sehr teuer, oder der Versicherer verkauft – im Extremfall – sogar gar keine Versicherungen mehr.

Durch die adverse Selektion kann es auch noch in anderen Bereichen des Versicherungsmarktes zu Problemen kommen. Nehmen wir an, ein Versicherungsunternehmen möchte eine Police zur Versicherung eines besonderen Vorfalls, wie etwa eines Autounfalls, der zu einem Sachschaden führt, anbieten. Es wählt eine Kundenzielgruppe aus – etwa Männer unter 25 –, denen sie diese Police anbieten möchte, und schätzt, dass die Wahrscheinlichkeit eines Unfalls für einen Menschen dieser Gruppe bei 0,01 liegt. Allerdings ist für einige dieser Männer die Wahrscheinlichkeit, in einen Unfall verwickelt zu werden, geringer als 0,01, während für andere die Wahrscheinlichkeit weit über 0,01 liegt. Wenn der Versicherer zwischen Männern mit hohem Risiko und Männern mit geringem Risiko nicht unterscheiden kann, wird er die Versicherungsbeiträge nach der durchschnittlichen Unfallwahrscheinlichkeit von 0,01 ausrichten. Was wird geschehen? Diejenigen mit einer niedrigen Unfallwahrscheinlichkeit werden sich gegen eine Versicherung entscheiden, während diejenigen mit hohen Unfallwahrscheinlichkeiten die Versicherung abschließen werden. Dadurch steigt wiederum die Unfallwahrscheinlichkeit derjenigen, die sich für die Versicherung entscheiden, auf über 0,01 und zwingt somit die Versicherungsgesellschaft, ihre Beiträge zu erhöhen. Im Extremfall werden also nur diejenigen, die höchstwahrscheinlich in einen Unfall verwickelt werden, eine Versicherung abschließen, wodurch Versicherungsverkäufe wiederum unrentabel werden.

Eine Lösung für das Problem der adversen Selektion besteht darin, die Risiken zusammenzufassen. Bei der Krankenversicherung kann der Staat diese Funktion übernehmen, z.B. durch Versicherungsprogramme wie Medicare (in den USA). Durch die Gewährleistung einer Versicherung für *alle* Menschen über 65 Jahre kann der Staat das Problem der adversen Selektion beheben. Ebenso versuchen Versicherungsunternehmen das Problem der adversen Selektion weitgehend auszuschalten oder zu umgehen, indem sie Gruppen-Versicherungsverträge am Arbeitsplatz anbieten. Wenn ein Versicherer alle Angestellten eines Unternehmens versichert, gleichgültig, ob sie gesund oder krank sind, kann er seine Risiken verteilen und die Wahrscheinlichkeit senken, dass viele für ihn risikoreiche Einzelpersonen eine Versicherungspolice kaufen.[2]

---

[2] Einige Experten argumentieren, dass eine Zusammenfassung der Risiken nicht die wichtigste Daseinsberechtigung des Medicare-Programms ist, denn bei den meisten Menschen im Alter von 65 Jahren lassen sich relativ stabile Aussagen über den langfristigen Gesundheitszustand treffen, so dass es den Versicherungsunternehmen durchaus möglich ist, zwischen risikoreichen und weniger risikoreichen Personen zu unterscheiden. Eine weitere Daseinsberechtigung von Medicare bezieht sich auf die Distribution: Nach 65 steigt auch für relativ gesunde Menschen die Wahrscheinlichkeit, dass sie mehr medizinische Betreuung brauchen, so dass die Versicherung ohne asymmetrische Informationen teurer wird. Und viele ältere Menschen werden eben nicht über ein ausreichend hohes Einkommen verfügen, um sich eine teurere Versicherung leisten zu können.

Der Kreditmarkt Durch die Verwendung einer Kreditkarte nehmen viele von uns einen Kredit in Anspruch, ohne dafür Sicherheiten zu bieten. Die meisten Kreditkarten gewähren dem Eigentümer einen Kreditrahmen von mehreren tausend Euro, außerdem besitzen viele Menschen mehr als eine Kreditkarte.

Die Kreditkartenunternehmen verdienen ihr Geld, indem sie auf den Schuldensaldo Zinsen berechnen. Wie kann jedoch ein solches Unternehmen zwischen Kunden hoher Bonität (die ihre Schulden bezahlen) und Kunden geringer Bonität (die dies nicht tun) unterscheiden? Die Kunden selbst verfügen ganz klar über mehr Information – d.h. sie wissen besser als das Kreditkartenunternehmen, ob sie ihre Schulden zurückzahlen können. Auch hier ergibt sich das Lemons-Problem. Kreditkartenfirmen und Banken müssen *allen* Kunden die gleichen Zinssätze berechnen. Dies zieht mehr Kunden geringerer Bonität an, wodurch sich der Zinssatz zwangsläufig erhöht. Dadurch kommen wiederum noch mehr Kunden geringer Bonität hinzu und die Zinsen steigen weiter.

Tatsächlich *können* Kreditkartenfirmen und Banken oftmals im Computer gespeicherte Daten über das vergangene Kreditverhalten von Kunden heranziehen, eine Information, die sie oft auch untereinander austauschen, um dadurch Kunden hoher Bonität von Kunden geringer Bonität zu unterscheiden. Viele Menschen sind jedoch der Ansicht, dass solche Computeraufzeichnungen über ihr Kreditverhalten einen Eingriff in die Privatsphäre darstellen. Sollte es Unternehmen gestattet sein, diese Kreditdaten zu behalten und sie mit anderen Kreditgebern auszutauschen? Wir können diese Frage nicht für den Leser beantworten, wir können nur darauf hinweisen, dass solche Kreditdaten eine wichtige Funktion erfüllen. Sie eliminieren das Problem der asymmetrischen Information und adversen Selektion, oder schränken es zumindest stark ein – ein Problem, das andernfalls verhindern könnte, dass Kreditmärkte effizient arbeiten. Denn ohne die Kreditdaten wäre es auch für kreditwürdige Kunden sehr schwierig, sich Geld zu leihen.

17.1.3 Die Bedeutung der Reputation und der Standardisierung

Asymmetrische Information liegt auch in vielen anderen Märkten vor. Hier seien nur einige Beispiele genannt.

- *Einzelhandelsgeschäfte:* Übernimmt das Geschäft die Reparatur eines defekten Produkts oder ist es möglich, dies umzutauschen? Die Geschäfte wissen besser über ihre diesbezügliche Handhabung Bescheid als wir.
- *Händler von seltenen Briefmarken, Münzen, Büchern und Gemälden:* Sind die Stücke echt oder gefälscht? Der Händler weiß viel besser über die Authentizität seiner Ware Bescheid als wir.
- *Dachdecker, Installateure und Elektriker:* Wenn wir unser Haus von einem Fachmann neu decken oder reparieren lassen, steigen wir dann hinauf, um die Qualität der Arbeit zu überprüfen?
- *Restaurants:* Wie oft gehen wir bei einem Restaurantbesuch in die Küche, um nachzusehen, ob der Koch frische Zutaten verwendet und die Hygienevorschriften einhält?

In all diesen Fällen weiß der Verkäufer sehr viel besser über die Produktqualität Bescheid als der Käufer. Wenn die Verkäufer ihren Käufern keine Informationen über ihre Produktqualität zukommen lassen können, werden qualitativ minderwertige Güter und Dienstleistungen hochqualitative Produkte vom Markt verdrängen, und es kommt zum Marktversagen. Deswegen ist für die Verkäufer von hochwertigen Produkten und Dienstleistungen der Anreiz groß, die Verbraucher davon zu überzeugen, dass sie tatsächlich gute Qualität anbieten. In den oben genannten Beispielen erreichen sie das vornehmlich durch ihre *Reputation*. Wir kaufen in einem bestimmten Geschäft ein, weil dort der Kundendienst einen guten Ruf hat. Wir stellen einen bestimmten Dachdecker oder Installateur ein, weil seine Arbeit einen guten Ruf hat. Wir besuchen ein bestimmtes Restaurant, weil es den Ruf hat, immer frische Zutaten zu verwenden, und weil niemand, den wir kennen, bisher nach einem Essen dort krank geworden ist.

Amazon und andere Internethändler setzen ein anderes Modell ein, um ihren Ruf zu schützen. Sie ermöglichen es den Kunden, Produkte zu bewerten und Kommentare abzugeben. Die Möglichkeit der Bewertung und Kommentierung reduziert das Lemons-Problem, indem sie den Kunden mehr Informationen gibt und die Verkäufer motiviert, ihren Teil des Geschäfts einzuhalten.

Manchmal ist es einem Unternehmen jedoch unmöglich, eine Reputation zu entwickeln. So werden die meisten Autobahnraststätten und -hotels von ihren Gästen meist nur ein einziges Mal oder sehr selten besucht, wodurch die Betriebe keine Gelegenheit haben, einen Ruf zu entwickeln. Wie können sie also mit dem Lemons-Problem umgehen? Eine Möglichkeit ist die *Standardisierung*. Vielleicht geht man zuhause nicht gern regelmäßig zu McDonald's. Fährt man aber irgendwo auf der Autobahn und möchte etwas essen, dann könnte ein McDonald's schon viel einladender aussehen. Das liegt daran, dass McDonald's ein standardisiertes Produkt anbietet. In jedem McDonald's im Land werden die gleichen Zutaten verwendet und die gleichen Gerichte serviert. Wer weiß, vielleicht ist das Essen in Joe's Diner ja besser, aber wenigstens weiß man bei McDonald's schon vorher genau, was man bekommt.

Beispiel 17.1: MEDICARE

Die Reform des Gesundheitswesens steht schon seit Jahren im Vordergrund der politischen Debatte in den Vereinigten Staaten sowie auf der ganzen Welt. In den Vereinigten Staaten besteht eine Kernfrage darin, ob jeder Mensch eine Krankenversicherung haben sollte und ob die Beteiligung an einer Form eines staatlichen oder privaten Versicherungsprogramms obligatorisch vorgeschrieben sein sollte. Um das Argument für eine solche Zwangsversicherung zu verstehen, soll im Folgenden das Medicare-Programm betrachtet werden.

Medicare wurde 1965 als staatliches Programm gegründet, mit dem alle Personen über 65 Jahre sowie Personen unter 65 Jahren mit bestimmten Behinderungen krankenversichert werden sollten. Medicare wird über Lohnsummensteuern finanziert, die zum Teil von den Arbeitnehmern und zum Teil von den Arbeitgebern gezahlt werden. (Im Jahr 2011 wurden 1,45% von den Löhnen und Gehältern der Arbeitnehmer einbehalten und die Arbeitgeber zahlten ebenfalls einen entsprechenden Betrag von 1,45%, wobei die Sätze 2013 erhöht werden sollen.) Das zentrale Charakteristikum von Medicare ist, dass die Beteiligung obligatorisch ist – im Wesentlichen nehmen alle Arbeitnehmer an diesem Programm teil. Tatsächlich funktioniert Medicare nur durch die obligatorische Teilnahme – und unterscheidet sich damit von anderen staatlichen und privaten Programmen im Bereich der Gesundheitsfürsorge. ▶

17.1 Qualitätsunsicherheit und der Markt für „Lemons"

Um zu verdeutlichen, warum die obligatorische Beteiligung von so großer Bedeutung ist, sei eine Alternative angenommen, bei der private Versicherer Senioren Versicherungspolicen zu Kosten von $5.000 pro Jahr anbieten. Hier sei daran erinnert, dass asymmetrische Informationen bestehen: Die Menschen wissen viel mehr über ihren Gesundheitszustand, ihren Lebensstil und ihren wahrscheinlichen zukünftigen Bedarf an Gesundheitsfürsorge als es Versicherungsunternehmen möglich ist. Im Folgenden soll nun betrachtet werden, wer sich für den Kauf der Versicherung entscheidet und wer die jährlichen Aufwendungen von $5.000 einspart. Es ist viel wahrscheinlicher, dass die Senioren, die chronische Erkrankungen haben oder aus anderen Gründen erwarten, dass ihre Kosten für die Gesundheitsfürsorge $5.000 übersteigen werden, sich für die Versicherung entscheiden, als Senioren, die bei ausgezeichneter Gesundheit sind und deshalb niedrigere Kosten erwarten. Dies führt zu einem Problem der adversen Selektion: Es werden zumeist kranke Menschen die Versicherung kaufen, infolgedessen wird die Versicherungsgesellschaft Geld verlieren und muss dann den Preis des Versicherungsschutzes, beispielsweise auf $7.000, erhöhen. Dies ist wiederum allerdings kein stabiles Ergebnis, da dann nur die Menschen mit einem relativen schlechten Gesundheitszustand, die Gesundheitsfürsorgekosten von über $7.000 erwarten, die Versicherung kaufen werden. Damit schreibt das Unternehmen dann erneut rote Zahlen. Bei jeder Preiserhöhung durch die Versicherungsgesellschaft werden einige der gesünderen verbleibenden Kunden sich gegen die Versicherung entscheiden, bis schließlich nur noch sehr kranke Menschen die Versicherung kaufen wollen. (So gestaltete sich die Situation im Wesentlichen vor 1965.) Und was geschieht, wenn einige der nicht versicherten Senioren krank werden? Einige von ihnen verfügen eventuell über ausreichend Mittel, um die medizinischen Kosten aus eigener Tasche zu finanzieren. Allerdings sind die meisten nicht so wohlhabend und enden dann in der Notaufnahme des lokalen Krankenhauses, das gesetzlich verpflichtet ist, sie zu behandeln. Infolgedessen werden die Kosten der Gesundheitsversorgung für die meisten Senioren von der Gesellschaft insgesamt, teilweise durch die Subventionierung der Behandlung in der Notaufnahme, getragen.

Medicare löst dieses Problem der adversen Selektion. Alle Senioren über 65 Jahre nehmen an diesem Programm teil – sowohl diejenigen, die niedrige Gesundheitsfürsorgekosten erwarten, als auch diejenigen, die hohe Kosten erwarten. In diesem Fall subventionieren natürlich Versicherte mit geringen Kosten die Versicherten mit hohen Kosten. Da allerdings die adverse Selektion bei einem gesetzlich vorgeschriebenen Programm kein Problem ist, sind die Gesamtkosten für Medicare niedriger als die Kosten der meisten privaten Versicherungssysteme. Und in der Tat hat sich Medicare den Ruf eines der erfolgreichsten und effizientesten staatlichen Programme in den Vereinigten Staaten erworben.

Beispiel 17.2: „Lemons" beim Baseball in der ersten US-Liga

Wie kann man testen, ob es auf einem Markt „Lemons" gibt? Eine Möglichkeit ist, die Qualität gebraucht verkaufter Produkte mit der Qualität solcher Produkte zu vergleichen, die nur selten wiederverkauft werden. Da die Käufer von gebrauchten Gütern nur begrenzte Informationen haben, sollten auf einem Lemons-Markt gebraucht verkaufte Produkte eine geringere Qualität aufweisen als Produkte, die nur selten auf diesem Markt auftauchen. Ein solcher „Gebrauchtmarkt" entstand vor einiger Zeit aufgrund einer Änderung der Vertragsregeln für Baseballspieler der ersten US-Liga.[3]

Vor 1976 hatten Baseballteams der ersten Liga das Exklusivrecht, den Vertrag eines Spielers zu verlängern. Ab 1976 wurde dieses System für rechtswidrig erklärt und es entstand ein neues Vertragssystem. Jetzt können Spieler, die 6 Jahre lang in einem Team der ersten Liga gespielt haben, neue Verträge mit ihrem ursprünglichen Team abschließen oder zu freien Agenten werden, und mit neuen Teams Verträge abschließen. Dadurch, dass nun viele freie Agenten vorhanden sind, entsteht ein „Gebrauchtmarkt" für Baseballspieler.

Auch auf dem freien Agentenmarkt ist das Problem der asymmetrischen Information weit verbreitet. Ein potenzieller Käufer, nämlich das ursprüngliche Team des Spielers, verfügt über fundiertere Informationen über seine Fähigkeiten als die anderen Teams. Ginge es hier um Gebrauchtwagen, so könnten wir durch einen Vergleich der Reparatur-Vorgeschichten überprüfen, ob asymmetrische Information vorliegt. Beim Baseball können wir entsprechend die Krankengeschichte der Spieler vergleichen.

Wenn ein Spieler hart trainiert und ein anspruchsvolles Konditionstraining absolviert, können wir davon ausgehen, dass sein Verletzungsrisiko gering und die Wahrscheinlichkeit hoch ist, dass er trotz Verletzung noch Leistung erbringen kann. Anders ausgedrückt, motiviertere Spieler verbringen gewöhnlich weniger Zeit verletzt auf der Ersatzbank. Liegt ein Lemons-Markt vor, so können wir davon ausgehen, dass freie Agenten öfter verletzt sind als Spieler, die bei ihren ursprünglichen Teams bleiben. Auch könnte es sein, dass einige Spieler bereits gesundheitliche Einschränkungen haben, die ihre ursprünglichen Teams kennen, und die ihre Chancen auf eine Vertragserneuerung mindern. Und da solche Spieler verstärkt zu freien Agenten werden, würden unter ihnen die Verletzungsraten rapide zunehmen.

Aus Tabelle 17.1, die die Leistungen aller Spieler nach Abschluss eines mehrjährigen Vertrags zusammenfasst, gehen zwei Dinge deutlich hervor. Zunächst steigt sowohl bei den freien Agenten als auch bei den Spielern, die eine Vertragserneuerung erhielten, die Verletzungsrate nach der Unterzeichnung eines neuen Vertrags. Die Krankheitstage pro Saison stiegen von durchschnittlich 4,73 auf 12,55. Zum anderen weichen die Verletzungsraten der freien Agenten von denen der Spieler mit Vertragserneuerung erheblich voneinander ab. Spieler mit Vertragsverlängerung fallen im Durchschnitt 9,68 Tage, freie Agenten 17,23 Tage aus. ▶

---

3 Dieses Beispiel basiert auf Kenneth Lehns Studie des freien Agentenmarktes. Siehe „Information Asymmetries in Baseball's Free-Agent Market", *Economic Inquiry*, 1984, 37–44.

Tabelle 17.1

Einschränkungen der Spielfähigkeit

	Verletzungstage pro Saison		
	Vor Vertrags-abschluss	Nach Vertrags-abschluss	Prozentuale Veränderung
Alle Spieler	4,73	12,55	165,4
Spieler mit Vertragserneuerung	4,76	9,68	103,4
Freie Agenten	4,67	17,23	268,9

Diese beiden Ergebnisse deuten darauf hin, dass der freie Agentenmarkt ein Lemons-Markt ist. Dieser ergibt sich, weil die Baseballteams ihre eigenen Spieler besser kennen als die konkurrierenden Teams.

17.2 Marktsignalisierung

Wir sahen, dass asymmetrische Information manchmal zum Lemons-Problem führen kann. Da die Verkäufer ihre Produktqualität sehr viel besser kennen als die Käufer, könnten die Käufer von einer geringen Produktqualität ausgehen. Dadurch sinkt der Preis, und es werden tatsächlich nur Produkte minderer Qualität verkauft. Wir sahen außerdem, wie staatliche Interventionen (etwa auf dem Krankenversicherungsmarkt) oder die Entwicklung einer Reputation (etwa in Dienstleistungsbranchen) dieses Problem eindämmen können. Nun wollen wir uns mit einem weiteren wichtigen Mechanismus befassen, der Käufern und Verkäufern helfen kann, mit dem Problem asymmetrischer Information umzugehen, nämlich der **Marktsignalisierung**. Der Begriff der Marktsignalisierung wurde ursprünglich von Michael Spence entwickelt, der aufzeigte, dass auf manchen Märkten die Verkäufer den Käufern Signale übermittelten, um dadurch Informationen über die Qualität ihrer Produkte weiterzugeben.[4]

Um zu sehen, wie Marktsignale funktionieren, betrachten wir den *Arbeitsmarkt*, der ein gutes Beispiel für einen Markt mit asymmetrischer Information darstellt. Nehmen wir an, ein Unternehmen erwägt, einige neue Arbeitskräfte einzustellen. Die neuen Arbeiter (die „Verkäufer" ihrer Arbeitskraft) wissen viel besser Bescheid über die Qualität der Arbeit, die sie leisten können, als das Unternehmen (der Käufer der Arbeitskräfte). Sie wissen beispielsweise, wie hart sie gewöhnlich arbeiten, wie viel Verantwortungsbewusstsein sie haben, welche Fähigkeiten sie haben etc. Das Unternehmen erfährt dies erst, nachdem die Arbeiter eingestellt wurden und einige Zeit gearbeitet haben.

Warum stellt ein Unternehmen also nicht einfach Arbeitskräfte ein, beobachtet, wie sie arbeiten und wirft dann diejenigen wieder hinaus, die unproduktiv sind? Diese Vorgehensweise ist oft mit hohen Kosten verbunden. In vielen Ländern und auch in vielen amerikanischen Unternehmen ist es sehr schwierig, einen Arbeitnehmer, der länger als einige

Marktsignalisierung

Ein Prozess, bei dem Verkäufer an Käufer Signale aussenden, um Informationen über die Qualität ihrer Produkte zu vermitteln.

---
[4] Michael Spence, *„Market Signaling"*, Cambridge, MA: Harvard University Press, 1974.

Monate angestellt ist, einfach zu entlassen. (Es kann sein, dass das Unternehmen einen triftigen Entlassungsgrund nennen oder eine Abfindung zahlen muss.) Außerdem dauert es in vielen Berufen mindestens sechs Monate, bis neue Arbeiter voll produktiv arbeiten. Vorher sind vielleicht aufwändige Trainingsmaßnahmen am Arbeitsplatz nötig, die das Unternehmen beträchtliche Summen kosten. Also dauert es oft zwischen 6 Monaten und einem Jahr, bis ein Unternehmen weiß, ob neue Arbeitskräfte produktiv sind. Es ist offensichtlich, dass ein Unternehmen einen erheblichen Vorteil hätte, wenn es über die Produktivität potenzieller neuer Arbeitnehmer Bescheid wüsste, *bevor* sie eingestellt werden.

Welche Eigenschaften kann ein Unternehmen untersuchen, um mehr über die Produktivität von Arbeitskräften herauszufinden, bevor es sie einstellt? Können potenzielle Arbeitnehmer Informationen über ihre Produktivität vermitteln? Ein Kandidat, der gut angezogen zum Vorstellungsgespräch erscheint, könnte schon dadurch wichtige Informationen vermitteln; andererseits kleiden sich auch unproduktive Arbeiter gelegentlich gut, um eine Arbeitsstelle zu bekommen. Ein gutes äußeres Erscheinungsbild ist daher ein *schwaches Signal* – es trägt nicht viel dazu bei, die produktiven von den unproduktiven Arbeitern abzugrenzen. *Ein starkes Signal zeichnet sich dadurch aus, dass es produktiven Arbeitern leichter fällt, es auszusenden als unproduktiven, so dass es also viel häufiger von produktiven Menschen kommt.*

Die *Ausbildung* ist so ein starkes Signal auf dem Arbeitsmarkt. Das Ausbildungsniveau eines Menschen kann anhand verschiedener Dinge gemessen werden – die Anzahl der Schuljahre spielt eine Rolle, ebenso wie die erworbenen Abschlüsse, die Reputation der besuchten Schulen und Universitäten, die Abschlussnote des Kandidaten etc. Natürlich kann die Ausbildung die Produktivität eines Arbeitnehmers direkt und indirekt steigern, indem sie Informationen, Fähigkeiten und allgemeine Kenntnisse vermittelt, die für die Arbeit nützlich sind. Doch selbst wenn die Ausbildung nicht zur Produktivitätssteigerung beiträgt, ist sie dennoch ein nützliches *Signal* für Produktivität, denn produktiveren Menschen fällt es leichter, einen hohen Ausbildungsgrad zu erreichen. Es überrascht nicht, dass produktivere Menschen meist intelligenter, motivierter, disziplinierter und auch engagierter und fleißiger sind – dies alles sind auch Eigenschaften, die in der Ausbildung von Nutzen sind. Deshalb ist es wahrscheinlicher, dass produktivere Menschen auch einen höheren Bildungsgrad erreichen, *um dadurch Unternehmen ihre Produktivität zu signalisieren und besser bezahlte Arbeitsplätze zu bekommen*. Also betrachten Unternehmen zu Recht die Ausbildung als Signal der Produktivität.

17.2.1 Ein einfaches Modell der Signalisierung auf dem Arbeitsmarkt

Um zu sehen, wie Marktsignale funktionieren, wenden wir uns einem einfachen Modell zu.[5] Nehmen wir an, es gibt nur Arbeiter mit geringer Produktivität (Gruppe I), deren Durchschnitts- und Grenzprodukt gleich 1 ist, und Arbeiter mit hoher Produktivität (Gruppe II), deren Durchschnitts- und Grenzprodukt gleich 2 ist. Die Arbeiter werden von Wettbewerbsunternehmen eingestellt, die ihre Produkte für €10.000 verkaufen und die von jedem Arbeitnehmer durchschnittlich 10 Jahre Arbeit erwarten. Wir nehmen auch an, dass die Hälfte der Arbeiter in Gruppe I und die andere Hälfte in Gruppe II ist, so dass die *durchschnittliche* Produktivität aller Arbeiter bei 1,5 liegt. Man erkenne, dass der

---

5   Dies ist die Grundform des Modells aus Spence, *„Marketing Signaling"*.

Erlös, der erwartungsgemäß von der ersten Gruppe erzielt wird, gleich €100.000 (€10.000/Jahr × 10 Jahre) ist. Der erwartete Erlös der zweiten Gruppe liegt bei €200.000 (€20.000/Jahr × 10 Jahre).

Wenn die Unternehmen die Produktivität der Arbeiter kennen würden, würden sie ihnen Löhne anbieten, die ihren Grenzerlösprodukten entsprechen. Die Arbeiter der Gruppe I erhielten also einen Jahreslohn von €10.000, die Arbeiter der Gruppe II einen Jahreslohn von €20.000. Wenn es den Unternehmen aber nicht möglich ist, die Produktivität der Arbeiter vor der Einstellung zu bestimmen, werden sie allen Arbeitnehmern einen Lohn bezahlen, der der durchschnittlichen Produktivität entspricht, also €15.000. Die Arbeitnehmer der Gruppe I würden demnach mehr verdienen (€15.000 anstelle von €10.000), und dies geht auf Kosten der Gruppe II (deren Mitglieder nur €15.000 anstelle von €20.000 verdienen).

Betrachten wir nun was geschieht, wenn das Marktsignal Ausbildung ausgesendet wird. Nehmen wir dazu an, dass alle Bestandteile der Ausbildung (Abschlüsse, Endnoten etc.) mittels eines einzigen Index y zusammengefasst werden können, der die Jahre höherer Ausbildung repräsentiert. Die gesamte Ausbildung ist mit Kosten verbunden, und je höher der Ausbildungsgrad y ist, desto höher sind auch die Kosten. Diese Kosten beinhalten Studiengebühren, Lehrmaterial, die Opportunitätskosten entgangener Löhne sowie die psychischen „Kosten", für gute Noten hart arbeiten zu müssen. Wichtig ist, *dass die Ausbildungskosten für die weniger produktive Arbeitergruppe höher sind, als für die produktivere Arbeitergruppe*. Davon können wir aus zwei Gründen ausgehen. Erstens sind die weniger produktiven Arbeiter meist einfach weniger wissbegierig. Zweitens absolvieren die weniger produktiven Arbeiter die gewählte Schul- und Lehrlaufbahn meist langsamer. Nehmen wir konkret an, dass für die Arbeiter der Gruppe I die Ausbildungskosten, die aufgebracht werden mussten, um Ausbildungsniveau y zu erreichen, folgendermaßen definiert sind.

$$C_I(y) = €40.000y$$

Arbeiter der Gruppe II mussten dagegen folgende Kosten aufbringen.

$$C_{II}(y) = €20.000y$$

Zur Vereinfachung und um eine drastische Darstellung der Bedeutung von Marktsignalen zu erreichen, nehmen wir nun an, *dass die Ausbildung nichts dazu beiträgt, die eigene Produktivität zu erhöhen; ihr einziger Wert liegt in ihrer Funktion als Marktsignal*. Finden wir heraus, ob sich ein Marktgleichgewicht erreichen lässt, bei dem verschiedene Arbeitnehmer unterschiedliche Ausbildungsniveaus haben und die Unternehmen diese als Signale der Produktivität auffassen.

Gleichgewicht Betrachten wir dazu das folgende mögliche Gleichgewicht. Nehmen wir an, die Unternehmen treffen ihre Entscheidung anhand folgender Regel: *Jeder Arbeitnehmer mit einem Ausbildungsniveau von y^* oder darüber gehört der Gruppe II an und erhält einen Lohn von €20.000. Jeder Arbeitnehmer, dessen Ausbildungsniveau unterhalb von y^* liegt, gehört der Gruppe I an und erhält €10.000 Lohn.* Die Wahl des Ausbildungsniveaus y^* ist dabei willkürlich, damit diese Entscheidungsregel aber zu einem Gleichgewicht führt, müssen die Unternehmen die Arbeitnehmer genau einordnen können. Andernfalls müsste das Unternehmen seine Regel ändern. Funktioniert diese Regel? Um diese Frage beantworten zu können, müssen wir ermitteln, welches Ausbildungsniveau sich die Mitglieder jeder Gruppe *angesichts dieser Entscheidungsregel der Unternehmen* aneignen werden. Erinnern wir uns dazu daran, dass eine gute Ausbildung jedem Arbeitnehmer einen besser bezahlten Arbeitsplatz verschafft. Der Nutzen der Ausbildung, $B(y)$, entspricht dem *Lohnanstieg* in Verbindung mit jedem Ausbildungsniveau, wie in Abbildung 17.2 gezeigt. Man erkenne, dass $B(y)$ ursprünglich gleich null ist; dies entspricht dem €100.000-Basislohn, den man innerhalb von 10 Jahren ohne jegliche höhere Schulausbildung verdienen kann.

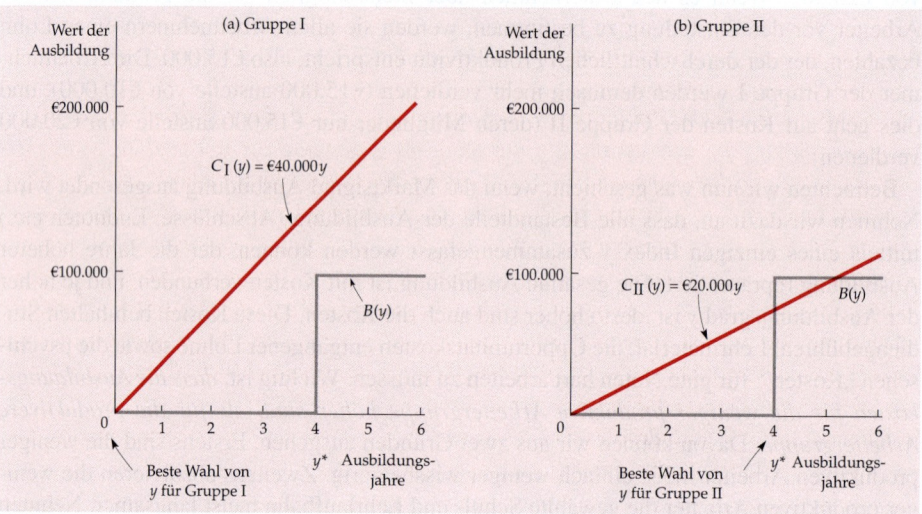

Abbildung 17.2: Marktsignalisierung
Die Ausbildung kann ein nützliches Signal für die hohe Produktivität einer Arbeitergruppe sein, wenn es dieser Gruppe leichter fällt, eine bessere Ausbildung zu erlangen als einer Gruppe weniger produktiver Arbeiter. In Teil **(a)** werden die weniger produktiven Arbeiter das Ausbildungsniveau $y = 0$ wählen, da die Kosten einer zusätzlichen Ausbildung die zusätzlichen Verdienste aufgrund dieser Ausbildung überschreiten. In Teil **(b)** dagegen wird die produktivere Arbeitergruppe ein Ausbildungsniveau $y^* = 4$ wählen, denn der Verdienstzuwachs übersteigt die Kosten.

Bleibt das Ausbildungsniveau unterhalb von y^*, so bleibt $B(y)$ unverändert bei null, denn auch der 10-Jahres-Verdienst bleibt auf dem Grundniveau von €100.000. Steigt das Ausbildungsniveau jedoch auf y^* oder darüber, so steigt auch der 10-Jahres-Verdienst auf €200.000, und $B(y)$ erhöht sich auf €100.000.

Welche Ausbildung sollte sich ein Arbeiter aneignen? Er sollte sich ganz klar entscheiden zwischen *keiner* zusätzlichen Ausbildung (d.h. $y = 0$) und einem Ausbildungsniveau y^*. Dies ist so, weil jedes Ausbildungsniveau unterhalb von y^* das Basiseinkommen von €100.000 nicht verändert, so dass eine zusätzliche Ausbildung oberhalb von 0 aber unterhalb von y^* keinen zusätzlichen Nutzen bringt. Ähnlich bringt es auch keinen Vorteil, wenn das Ausbildungsniveau über y^* steigt, denn y^* reicht aus, damit der Arbeiter den höheren Gesamtverdienst von €200.000 erzielt.

Kosten-Nutzen-Vergleich Um zu entscheiden, welches Ausbildungsniveau sie anstreben sollen, vergleichen viele Arbeiter den Nutzen der Ausbildung mit deren Kosten. Die Mitglieder beider Gruppen stellen die folgende Kosten-Nutzen-Rechnung auf. *Ich werde das Ausbildungsniveau y^* anstreben, wenn der entstehende Nutzen (d.h. der zusätzliche Verdienst) mindestens so hoch ist wie die entstehenden Ausbildungskosten.* Für beide Gruppen beträgt der mögliche Nutzen (der Verdienstzuwachs) €100.000. Die Kosten weichen jedoch voneinander ab. Für die Gruppe I betragen sie €40.000y, während sie für Gruppe II nur bei €20.000y liegen. Also wird Gruppe I keine zusätzliche Ausbildung anstreben, solange gilt, dass

$$€100.000 < €40.000y^* \text{ oder } y^* > 2{,}5$$

Gruppe II wird dagegen das Ausbildungsniveau y^* anstreben solange gilt, dass

$$€100.000 > €20.000y^* \text{ oder } y^* < 5$$

Diese Resultate ergeben ein Gleichgewicht, *solange y^* sich zwischen 2,5 und 5 bewegt*. Nehmen wir beispielsweise an, y^* ist gleich 4,0, wie in Abbildung 17.2 dargestellt. Dann werden die Arbeiter in Gruppe I der Meinung sein, dass sich eine zusätzliche Ausbildung nicht auszahlt und sie werden keine weitere Ausbildung anstreben, während die Mitglieder der Gruppe II der Meinung sein werden, dass sich die Ausbildung lohnt; sie werden das Bildungsniveau $y = 4{,}0$ anstreben. Wenn ein Unternehmen Kandidaten zum Vorstellungsgespräch einlädt, die keine höhere Ausbildung haben, nimmt es zu Recht an, dass deren Produktivität gering ist, und bietet ihnen einen Lohn von €10.000 an. Ähnlich geht das Unternehmen zu Recht davon aus, dass Kandidaten mit einer vierjährigen Universitätsausbildung, die es zum Vorstellungsgespräch einlädt, eine höhere Produktivität haben und sichert diesen einen jährlichen Lohn von €20.000 zu. Deshalb ergibt sich auf dem Markt ein Gleichgewicht. Kandidaten mit hoher Produktivität werden eine zusätzliche Ausbildung anstreben, um ihre Produktivität zu signalisieren. Und die Unternehmen werden dieses Signal wahrnehmen und ihnen hohe Löhne anbieten.

Dies ist ein sehr vereinfachtes Modell, das jedoch einen wichtigen Aspekt deutlich macht. Die Ausbildung kann ein wichtiges Signal sein, das es einem Unternehmen möglich macht, die Arbeitnehmer gemäß ihrer Produktivität einzuteilen. Einige Arbeitnehmer (diejenigen mit hoher Produktivität) werden eine höhere Ausbildung anstreben, *obwohl diese Ausbildung nichts zu einer Produktivitätssteigerung beiträgt*. Diese Arbeitnehmer möchten sich nur als hochproduktiv darstellen, also eignen sie sich die nötige Ausbildung an, um dieses Signal auszusenden.

Natürlich vermittelt die Ausbildung in der Realität sehr wohl nützliches Wissen, das letztendlich zur Produktivitätssteigerung führt. (Würden wir das nicht glauben, hätten wir dieses Buch nicht geschrieben.) Aber Ausbildung hat eben auch eine Signalfunktion. So bestehen beispielsweise viele amerikanische Unternehmen darauf, dass ihre angehenden Manager über einen MBA-Abschluss verfügen. Das liegt zum einen daran, dass MBA-Absolventen viel über Volkswirtschaftslehre, Finanzwesen und andere wichtige Bereiche lernen. Es gibt aber auch noch einen zweiten Grund. Einen MBA-Abschluss zu machen erfordert Intelligenz, Disziplin und harte Arbeit – und wer diese Eigenschaften hat, ist in der Regel auch sehr produktiv.

17.2.2 Garantien und Gewährleistungen

Wir haben die besondere Bedeutung der Signalisierung auf dem Arbeitsmarkt hervorgehoben. Sie kann aber auch auf vielen anderen Märkten eine wichtige Rolle spielen, die durch asymmetrische Information gekennzeichnet sind. Betrachten wir Märkte für dauerhafte Gebrauchsgüter wie Fernseher, Stereoanlagen, Kameras oder Kühlschränke. Es gibt unzählige Unternehmen, die diese Geräte herstellen, doch sind einige Marken zuverlässiger als andere. Wenn die Verbraucher nicht unterscheiden könnten, welche Marken in der

17 Märkte mit asymmetrischer Information

Regel verlässlicher sind als andere, könnte man die besseren Marken auch nicht zu höheren Preisen verkaufen. Die Unternehmen, die solch ein verlässlicheres qualitativ hochwertiges Produkt herstellen, müssen den Verbraucher deshalb auf diesen Unterschied aufmerksam machen. Wie können sie dies jedoch auf überzeugende Weise tun? *Garantien und Gewährleistungen* sind die Antwort.

Garantien und Gewährleistungen signalisieren effektiv hohe Produktqualität, denn eine umfassende Gewährleistungsgarantie ist für den Hersteller eines Produkts minderer Qualität kostspieliger als für den Hersteller eines hochwertigen Produkts. Es ist viel wahrscheinlicher, dass bei dem qualitativ minderwertigen Produkt eine Kundendienstleistung in Anspruch genommen wird, die durch die Garantie abgedeckt ist, die der Produzent also bezahlen muss. Also werden die Hersteller von Produkten minderer Qualität in ihrem eigenen Interesse keine umfassenden Gewährleistungsgarantien anbieten. So können die Verbraucher eine umfassende Garantieleistung zu Recht als Signal für hohe Qualität ansehen und werden deshalb für Produkte mit Garantie auch mehr bezahlen.

Beispiel 17.3: Arbeiten bis in die Nacht

Arbeitsmarktsignale enden nicht mit der Einstellung eines neuen Arbeitnehmers. Selbst einige Jahre nach der Einstellung weiß der Arbeitnehmer immer noch besser über seine eigenen Fähigkeiten Bescheid als der Arbeitgeber. Dies gilt umso mehr für Branchen, in denen es besonders auf aktuelles Fachwissen ankommt, wie etwa bei Ingenieuren, Computerprogrammierern, Finanzexperten, Rechtsanwälten, Managern und Unternehmensberatern. Auch wenn ein ausnehmend begabter EDV-Programmierer seinen Mitarbeitern überlegen ist und nur effiziente und einwandfreie Programme schreibt, kann es einige Jahre dauern, bis sein Arbeitgeber dieses Talent voll wahrnimmt. Wie sollten Arbeitgeber also angesichts dieser asymmetrischen Information Beförderungen und Gehaltserhöhungen handhaben?

Können besonders begabte und produktive Arbeitnehmer diese Tatsache signalisieren, und sich dadurch eine frühere Beförderung oder eine kräftigere Lohnerhöhung sichern?

Arbeitnehmer können ihr Talent und ihre Produktivität oft dadurch signalisieren, dass sie *mehr und länger arbeiten*. Da den begabteren und produktiveren Menschen ihre Arbeit in der Regel auch mehr Freude und Befriedigung bereitet, ist es für sie mit geringeren Kosten verbunden, dieses Signal auszusenden als für andere Arbeitnehmer. Dies ist also ein starkes Signal, das wichtige Informationen vermittelt. Also können sich Arbeitgeber bei ihren Gehalts- und Beförderungsentscheidungen auf dieses Signal verlassen – und tun dies auch.

Dieses Signalisierungsverfahren hat die Arbeitsweise vieler Menschen geprägt. Fachlich hochspezialisierten Arbeitern wird daher in der Regel kein Stundenlohn sondern ein festes Gehalt für eine 35- oder 40-Stundenwoche bezahlt. Geleistete Überstunden werden ihnen dabei zumeist nicht gesondert vergütet. Und dennoch leisten gerade diese Arbeitnehmer oft mehr und mehr Überstunden. ▶

So ergaben Umfragen des US-Arbeitsministeriums, dass der Anteil der Arbeitnehmer, die 49 oder mehr Stunden pro Woche arbeiten, von 13 Prozent im Jahr 1979 auf mehr als 18 Prozent im Jahr 2006 gestiegen ist.[6] Viele junge Rechtsanwälte, Buchhalter, Unternehmensberater, Investmentbanker und Computerprogrammierer arbeiten regelmäßig bis spät in die Nacht und auch an den Wochenenden und absolvieren nicht selten 60- bis 70-Stundenwochen. Sollten wir überrascht sein, dass viele so hart arbeiten? Ganz und gar nicht, denn sie versuchen, damit Signale auszusenden, die ihre Karriere entscheidend beeinflussen können.

Arbeitgeber verlassen sich in zunehmendem Maße auf die Signalwirkung längerer Arbeitszeiten, denn der schnelle technische Fortschritt erschwert es ihnen, die Fähigkeiten und Produktivität ihrer Arbeitnehmer auf andere Weise einzuschätzen.

Eine Studie, die die EDV-Spezialisten der Xerox Corporation untersuchte, ergab beispielsweise, dass viele Arbeitnehmer deshalb bis in die Nacht hinein arbeiten, weil sie fürchten, von ihren Vorgesetzten sonst als Drückeberger abgestempelt zu werden, die immer den einfachsten Weg gehen. Und die Vorgesetzten lassen keinen Zweifel daran, dass diese Angst begründet ist. „Wir wissen nicht, wie wir den Wert eines EDV-Spezialisten einschätzen sollen", so ein Xerox Manager, „deshalb schätzen wir diejenigen am höchsten ein, die bis in die Nacht arbeiten."

Immer weniger Unternehmen bieten den gesicherten Job fürs Leben an und auch der Konkurrenzkampf um die nächste Beförderung wird immer härter – deshalb sehen sich immer mehr Arbeitnehmer gezwungen, mehr und länger zu arbeiten. Wenn sich auch der Leser in einer solchen Situation befindet und 60- bis 70-Stundenwochen absolviert, kann er nun zumindest das Positive daran sehen, denn er sendet damit ein sehr starkes Signal aus.[7]

17.3 Moral Hazard

Wenn eine Partei voll versichert ist, und durch die Versicherungsgesellschaft mit begrenzten Informationen nicht ausreichend überwacht werden kann, kann der Versicherte eine Handlung vornehmen, die die Wahrscheinlichkeit erhöht, dass ein Unfall oder eine Verletzung eintritt. Wenn beispielsweise das Eigenheim eines Versicherten voll gegen Diebstahl versichert ist, könnte es sein, dass der Versicherte weniger gründlich darauf achtet, ob die Türen verschlossen sind, wenn er das Haus verlässt. Oder er könnte sich gegen die Installation einer Alarmanlage entscheiden. Die Möglichkeit, dass sich das Verhalten einer Person ändert, weil sie eine Versicherung abgeschlossen hat, ist ein Beispiel für ein Problem, das **Moral Hazard** genannt wird.

Moral Hazard

Liegt vor, wenn ein Versicherter, dessen Handlungen nicht überwacht werden, die Wahrscheinlichkeit oder das Ausmaß einer Versicherungsleistung im Zusammenhang mit einem Vorfall beeinflussen kann.

---

6 „At the Desk, Off the Clock and Below Statistical Radar", *New York Times*, 18. Juli, 1999. Daten über geleistete Arbeitsstunden in den USA sind vom Current Population Survey (CPS) des Bureau of Labor Statistics (BLS) unter *http://www.bls.gov/cps/#charemp* erhältlich; *Persons at Work in Agriculture and Nonagricultural Industries by Hours of Work*.

7 Für eine interessante Studie zum „Zeitstress" siehe Daniel S. Hamermesh und Jungmin Lee, „Stressed Out on Four Continents: Time Crunch or Yuppie Kvetch?" *Review of Economics and Statistics*, May 2007, (89), 374–383.

Der Begriff des Moral Hazard bezieht sich nicht nur auf Versicherungsprobleme, sondern auch auf Probleme in der Arbeitswelt, wenn Arbeitnehmer, die nicht von ihren Vorgesetzten beobachtet werden, nicht ihren Fähigkeiten entsprechend arbeiten („Shirking"). Allgemein ausgedrückt *kommt es zu einem* Moral Hazard, *wenn eine Partei, deren Handlungen unbeobachtet bleiben, die Wahrscheinlichkeit oder das Ausmaß einer Zahlung beeinflussen kann.* Ein Patient, der voll krankenversichert ist, könnte etwa häufiger den Arzt aufsuchen als ein Patient, bei dem nicht alle Leistungen abgedeckt sind. Wenn der Versicherer das Verhalten des Versicherten überwachen kann, so kann er denjenigen, die mehr Leistungen in Anspruch nehmen, auch höhere Beiträge berechnen. Kann der Versicherer jedoch keine Überwachung durchführen, so kann es sich am Ende herausstellen, dass die Leistungen höher ausfallen als erwartet. Ist ein Moral Hazard gegeben, so kann dies die Versicherungsgesellschaften dazu zwingen, allen Versicherten höhere Beiträge zu berechnen oder den Verkauf der Versicherungen ganz einzustellen.

Betrachten wir zum Beispiel die Entscheidungen, denen sich die Besitzer eines Lagerhauses stellen müssen, das von deren Versicherungsgesellschaft mit €100.000 bewertet wurde. Nehmen wir an, dass die Wahrscheinlichkeit eines Feuers bei 0,005 liegt, wenn die Besitzer für ihre Angestellten ein Feuervermeidungstraining für €50 durchführen. Ohne dieses Training steigt die Feuerwahrscheinlichkeit auf 0,01. Der Versicherer, der diese Fakten kennt, steckt in der Zwickmühle, wenn er die Entscheidung des Unternehmens bezüglich des Feuertrainings nicht überwachen kann. Die Police des Versicherers kann keine Klausel enthalten, die besagt, dass eine Zahlungsleistung nur dann erfolgt, wenn das Feuervermeidungstraining durchgeführt wird. Gäbe es das Trainingsprogramm, so könnte der Versicherer die Versicherungsprämie für das Lagerhaus so ansetzen, dass sie dem erwarteten Verlust durch Feuer entspricht – dieser erwartete Verlust beträgt 0,005 × €100.000 = €500. Haben sie die Versicherung jedoch einmal abgeschlossen, besteht für die Besitzer des Lagerhauses kein Anreiz mehr, das Trainingsprogramm durchzuführen. Denn im Fall eines Feuers würden ja ihre finanziellen Verluste voll ausgeglichen. Wenn also der Versicherer diese Versicherung für €500 verkauft, wird er einen Verlust erwirtschaften, denn der erwartete Verlust aufgrund von Feuer ist nun €1.000 (0,01 × €100.00).

Doch nicht nur Versicherer sehen sich diesem Problem des Moral Hazard gegenüber. Es verändert auch die Fähigkeit von Märkten, ihre Ressourcen effizient aufzuteilen. In Abbildung 17.3 beispielsweise stellt D die Nachfrage nach wöchentlich gefahrenen Kilometern mit dem Auto dar. Die Nachfragekurve, die den Grenznutzen des Fahrens angibt, verläuft fallend, da einige Menschen auf andere Transportmittel umsteigen, wenn die Fahrtkosten steigen. Nehmen wir an, dass die Fahrtkosten ursprünglich die Versicherungskosten enthalten, und dass die Versicherungsgesellschaften die gefahrenen Kilometer exakt messen können. In diesem Fall besteht kein Moral Hazard, und die Grenzkosten des Autofahrens sind gleich GK. Die Autofahrer wissen, dass sie höhere Beiträge zahlen müssen, wenn sie mehr fahren, wodurch sich auch ihre Gesamtkosten des Autofahrens erhöhen. (Wir nehmen an, dass die Kosten pro gefahrenem Kilometer konstant bleiben.) Wenn die Fahrtkosten beispielsweise €1,50 pro Kilometer betragen (und davon 50 Cent Versicherungskosten sind), wird der Fahrer 100 Kilometer pro Woche fahren.

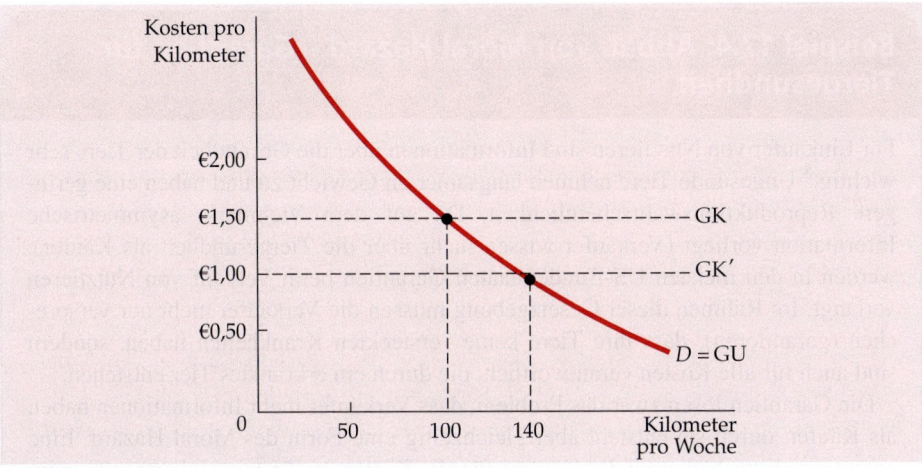

Abbildung 17.3: Die Auswirkungen von Moral Hazard
Moral Hazard beeinträchtigt die Märkte in ihrer Fähigkeit, vorhandene Ressourcen effizient aufzuteilen. *D* zeigt die Nachfrage nach Autofahrten an. Ohne Moral Hazard liegen die Grenzkosten des Transports, GK, bei €1,50 pro Kilometer und der Fahrer fährt 100 Kilometer, was der effizienten Menge entspricht. Gibt es einen Moral Hazard, so nimmt der Fahrer die Kosten pro Kilometer als GK' = €1,00 wahr und fährt 140 Kilometer.

Es kommt zu einem Moral Hazard, sobald die Versicherungsgesellschaften die Fahrgewohnheiten des Einzelnen nicht mehr überwachen können, und somit die Versicherungsprämie nicht mehr von den gefahrenen Kilometern abhängt. In diesem Fall gehen die Autofahrer davon aus, dass etwaige zusätzliche Unfallkosten, die sie verursachen, auf eine große Gruppe Versicherter umgelegt werden, so dass jeden Einzelnen nur ein verschwindend kleiner Anteil trifft. Da ihre Versicherungsprämie nicht je nach gefahrenen Kilometern variiert, kostet jeder zusätzlich gefahrene Kilometer nun €1,00 anstelle von €1,50, wie durch die Grenzkostenkurve GK' angezeigt. Die Anzahl gefahrener Kilometer wird sich somit auf das gesellschaftlich ineffiziente Niveau von 140 Kilometern erhöhen.

Moral Hazard verändert nicht nur das Verhalten, es führt auch zu ökonomischer Ineffizienz. Diese Ineffizienz entsteht, weil der Versicherte entweder die Kosten oder den Nutzen seiner Handlungen anders wahrnimmt als die tatsächlichen gesellschaftlichen Kosten oder Nutzen. In dem Autofahrtenbeispiel aus Abbildung 17.3 liegt das effiziente Fahrniveau am Schnittpunkt der Grenznutzen- (GU) mit der Grenzkostenkurve (GK). Mit Moral Hazard sind die vom Fahrer wahrgenommenen Grenzkosten (GK') jedoch geringer als die tatsächlichen Kosten, und die Anzahl der wöchentlich gefahrenen Kilometer (140) liegt oberhalb des Effizienzniveaus, bei dem der Grenznutzen gleich den Grenzkosten (100) ist.

Beispiel 17.4: Abbau von Moral Hazard – Garantien für Tiergesundheit

Für Einkäufer von Nutztieren sind Informationen über die Gesundheit der Tiere sehr wichtig.[8] Ungesunde Tiere nehmen langsamer an Gewicht zu und haben eine geringere Reproduktionswahrscheinlichkeit. Da auf dem Viehmarkt asymmetrische Information vorliegt (Verkäufer wissen mehr über die Tiergesundheit als Käufer), werden in den meisten US-Bundesstaaten Garantien beim Verkauf von Nutztieren verlangt. Im Rahmen dieser Gesetzgebung müssen die Verkäufer nicht nur versprechen (garantieren), dass ihre Tiere keine versteckten Krankheiten haben, sondern sind auch für alle Kosten verantwortlich, die durch ein erkranktes Tier entstehen.

Die Garantien lösen zwar das Problem, dass Verkäufer mehr Informationen haben als Käufer, durch sie entsteht aber gleichzeitig eine Form des Moral Hazard. Eine garantierte Entschädigung des Käufers für alle Kosten im Zusammenhang mit einem erkrankten Tier bedeutet auch, dass die Versicherungsbeiträge nicht davon abhängen, wie sorgfältig die Käufer oder deren Vertreter ihre Tiere vor Krankheiten schützen. Aufgrund dieser Garantien tendieren Viehkäufer dazu, Ausgaben für eine frühe Diagnostizierung erkrankter Tiere zu vermeiden, wodurch die Verluste steigen.

Um das Problem des Moral Hazard zu umgehen, haben viele US-Bundesstaaten ihre Garantiegesetzgebung dahingehend geändert, dass die Verkäufer nun verpflichtet sind, den Käufern mitzuteilen, ob Teile des Viehbestands zum Zeitpunkt des Verkaufs erkrankt sind. Einige Staaten schreiben auch vor, dass die Verkäufer die im Bundesstaat und im gesamten Land geltenden Richtlinien zur Tiergesundheit befolgen müssen, wodurch Erkrankungen eingedämmt werden. Darüber hinaus müssen Garantien, die besagen, dass Tiere nicht an versteckten Krankheiten leiden, dem Käufer jedoch ausdrücklich in schriftlicher oder mündlicher Form übermittelt werden.

Nach einem Ausbruch des Rinderwahns im Jahr 2003 hat das US-amerikanische Landwirtschaftsministerium das nationale Tieridentifikationssystem (NAIS) als Mittel zur weiteren Reduzierung von Moral Hazard eingeführt. Mit dem NAIS soll die gesamte Lieferkette transparenter gestaltet werden, so dass Ausbrüche der Krankheit auf den Verantwortlichen zurückgeführt werden können.

---

8 Dieses Beispiel basiert auf Terence J. Centner und Michael E. Wetzstein, „Reducing Moral Hazard Associated with Implied Warranties of Animal Health", *American Journal of Agricultural Economics* 69, 1987, 143–150.

17.4 Das Prinzipal-Agent-Problem

Wäre die Überwachung der Produktivität von Arbeitnehmern nicht mit Kosten verbunden, könnten die Eigentümer eines Unternehmens sicherstellen, dass ihre Manager und Angestellten effektiv arbeiten. In den meisten Unternehmen können die Eigentümer jedoch nicht alles überwachen, was die Arbeitnehmer tun – die Arbeitnehmer sind besser informiert als die Unternehmenseigentümer. Diese Informationsasymmetrie verursacht ein **Prinzipal-Agent-Problem**.

Eine *Agency-Beziehung* besteht immer dann, wenn es eine Vereinbarung gibt, in der das Wohl einer Person davon abhängt, was eine andere Person tut. Der **Agent** ist dabei die Person, die handelt, und der **Prinzipal** ist die Partei, die durch die Handlung beeinflusst wird. *Ein Prinzipal-Agent-Problem ergibt sich, wenn Agenten ihre eigenen Ziele und nicht die Ziele des Prinzipals verfolgen.* In unserem Beispiel sind der Manager und die Arbeitnehmer die Agenten, die Unternehmenseigentümer sind die Prinzipale. In diesem Fall ergibt sich das Prinzipal-Agent-Problem dadurch, dass die Manager ihre eigenen Ziele verfolgen, selbst wenn das zu geringeren Gewinnen für die Eigentümer führt.

Agency-Beziehungen gibt es in unserer Gesellschaft sehr häufig. So treten beispielsweise Ärzte als Agenten für Krankenhäuser auf und wählen als solche Patienten und Behandlungsmethoden aus, die zwar ihren eigenen Vorlieben entsprechen, aber nicht unbedingt mit den Zielsetzungen des Krankenhauses konform sind. Auch kann es vorkommen, dass Hausverwalter ihre Objekte nicht den Wünschen der Eigentümer entsprechend verwalten. Manchmal werden auch Versicherte als Agenten und Versicherungsgesellschaften entsprechend als Prinzipale gesehen.

Wie wirken sich unvollständige Information und kostspielige Überwachung auf die Handlungsweisen der Agenten aus? Und welche Mechanismen können eingesetzt werden, damit Manager einen Anreiz haben, im Interesse der Eigentümer zu handeln? Diese Fragen stehen bei jeder Prinzipal-Agent-Analyse im Mittelpunkt. In diesem Abschnitt werden wir das Prinzipal-Agent-Problem aus verschiedenen Blickwinkeln untersuchen. Zunächst betrachten wir das Eigentümer-Manager-Problem innerhalb privater und öffentlicher Unternehmen. Zweitens werden wir untersuchen, wie die Eigentümer dieses Problem mit Hilfe von Vertragsbeziehungen mit ihren Angestellten in den Griff bekommen können.

> **Prinzipal-Agent-Problem**
>
> Ein Problem, das sich ergibt, wenn Agenten (z.B. die Manager eines Unternehmens) ihre eigenen Ziele und nicht die Ziele der Prinzipale (z.B. der Eigentümer des Unternehmens) verfolgen.

> **Agent**
>
> Eine Person, die von einem Prinzipal beauftragt wird, dessen Ziele zu verfolgen.

> **Prinzipal**
>
> Eine Person, die einen oder mehrere Agenten beauftragt, ein Ziel zu verfolgen.

17.4.1 Das Prinzipal-Agent-Problem in privaten Unternehmen

Einzelaktionäre, die nicht zum Management gehören, besitzen normalerweise nur einen kleinen Anteil des Aktienbestandes dieser Unternehmen und haben damit nur wenig oder gar keine Macht, Manager zu entlassen, die eine schlechte Leistung abliefern. De facto ist es für die Aktionäre schwer oder gar nicht möglich, umfassende Informationen darüber zu erhalten, was die Manager tun und wie gut ihre Leistung ist. Die Überwachung der Manager ist kostenintensiv und auch die Beschaffung von Informationen kann teuer sein. Infolgedessen können Manager oft ihre eigenen Ziele verfolgen, anstatt sich auf die Ziele der Aktionäre zu konzentrieren, die darin bestehen, den Wert des Unternehmens zu maximieren.[9]

---

[9] Siehe Merritt B. Fox, *„Finance and Industrial Performance in a Dynamic Economy"*, New York: Columbia University Press, 1987.

Wie aber lauten die Ziele der Manager? Manche sagen, Manager seien mehr am Wachstum als am eigentlichen Gewinn eines Unternehmens interessiert. Denn schnelleres Wachstum und ein größerer Marktanteil bescheren höhere Cashflows, die wiederum mehr Sonderleistungen für die Manager möglich machen. Andere wiederum betonen den Nutzen, den die Manager aus ihren Positionen ziehen, und dies nicht nur aufgrund des erzielten Gewinns, sondern auch durch das Ansehen ihrer Umgebung, die Macht, das Unternehmen kontrollieren zu können, die Sonderleistungen und andere Vergünstigungen sowie durch die lange Amtszeit in ihrer Position.

Die Möglichkeit der Manager, von den Zielen der Eigentümer abzuweichen, ist dennoch begrenzt. Denn zum einen können sich die Aktionäre lautstark beschweren, wenn sie das Gefühl haben, dass sich das Management nicht angemessen verhält. In Ausnahmefällen können sie sogar (in den USA meist mit Hilfe des Board of Directors, der die Aufgabe hat, das Management zu überwachen)[10] den Rücktritt der amtierenden Manager erzwingen. Zweitens kann sich ein lebhafter Markt für Unternehmenskontrolle bilden. Ein Übernahmeangebot wird viel eher ausgesprochen, wenn das Management eines Unternehmens schlechte Leistungen erbringt, und dies ist wiederum für die Manager ein starker Anreiz, das Ziel der Gewinnmaximierung zu verfolgen. Drittens kann es einen sehr differenzierten Markt für Manager geben. Werden Manager gesucht, die zur Gewinnmaximierung beitragen, so können diese hohe Gehälter erzielen und werden wiederum anderen Managern einen Anreiz bieten, dasselbe Ziel zu verfolgen.

Leider sind die Mittel der Aktionäre zur Kontrolle des Managementverhaltens sehr eingeschränkt und mangelhaft. So kann es zu Unternehmensübernahmen oft aufgrund persönlicher und wirtschaftlicher Machtbestrebungen und nicht aufgrund ökonomischer Effizienz kommen. Auch der Arbeitsmarkt für Manager könnte nicht perfekt funktionieren, denn oft stehen hochrangige Manager kurz vor dem Renteneintritt und haben sehr langfristige Verträge. Das Problem begrenzter Kontrollmöglichkeiten durch die Aktionäre zeigt sich am dramatischsten bei der Vergütung von Führungskräften, die in den letzten Jahrzehnten drastisch angestiegen ist. Im Jahr 2002 ergab eine von *Business Week* durchgeführte Umfrage, bei der die 365 größten US-amerikanischen Unternehmen befragt wurden, dass ein Vorstandsvorsitzender (CEO) in den USA im Jahr 2000 durchschnittlich $13,1 Millionen verdiente, wobei die Gehälter seitdem weiterhin im zweistelligen Bereich anstiegen. Noch beunruhigender aber ist die Tatsache, dass es bei den 10 börsennotierten Unternehmen, die von den am höchsten bezahlten CEOs geführt wurden, eine *negative* Korrelation zwischen dem Gehalt des Vorstandsvorsitzenden und der wirtschaftlichen Leistung des Unternehmens gab.

Es ist also offensichtlich, dass es den Aktionären nicht mehr möglich ist, das Verhalten der Manager in angemessener Weise zu steuern. Wie kann dieses Problem angegangen werden? Theoretisch ist die Antwort auf diese Frage ganz einfach: Es müssen Mechanismen gefunden werden, die die Interessen von Managern und Aktionären besser koordinieren können. In der Praxis wird sich dies aber sicherlich als schwierig erweisen. Die Securities and Exchange Commission, die US-Börsenaufsichtsbehörde, schlug kürzlich unter anderem die Einführung von Reformen vor, die unabhängigen Direktoren außerhalb des Unternehmens mehr Einflussmöglichkeiten geben. Andere mögliche Reformen sehen eine engere Kopplung der CEO-Gehälter an die langfristige wirtschaftliche Leistung des Unternehmens

---

10 Im Gegensatz zum US-Board-System sind im deutschen System der Unternehmenskontrolle Geschäftsführung und Aufsichtsrat getrennte Gremien, wobei die Funktion des Aufsichtsrats darin besteht, den Vorstand zu überwachen.

vor. Belohnungsstrukturen, die sich auf die Rentabilität eines Unternehmens in einem Zeitraum von 5 bis 10 Jahren beziehen, können eher effiziente Leistungsanreize schaffen als Belohnungsstrukturen mit einer kurzfristigen Ausrichtung. Im nächsten Abschnitt werden wir weitere Lösungsansätze dieses wichtigen Prinzipal-Agent-Problems betrachten.

Beispiel 17.5: CEO-Gehälter

Washington Mutual, eine neu gegründete Bausparkasse, erlebte während der 1990er Jahre und zu Beginn des neuen Jahrtausends unglaubliches Wachstum. Der Immobilienboom war in vollem Gange und die Bank verfolgte unter Leitung des CEO (Vorstandsvorsitzenden) Kerry Killinger eine aggressive Strategie bei der Ausgabe neuer Hypotheken. Im Jahr 2007 steckte Washington Mutual dann allerdings in Schwierigkeiten. Als der Immobilienmarkt einbrach und die Immobilienwerte nachgaben, wurde deutlich, dass die Bank eine gefährlich hohe Anzahl von Subprime-Hypotheken in ihren Büchern hatte. Bis zum Herbst 2008 waren die Vermögenswerte der Washington Mutual durch die FDIC, die amerikanische Einlagensicherungsbehörde, eingezogen und zu einem Notverkaufspreis von $1,9 Milliarden an den Wettbewerber JP Morgan Chase verkauft worden, um den bis dato in der amerikanischen Geschichte größten Zusammenbruch einer Bank zu verhindern. Weniger als drei Wochen vor diesem Verkauf entließ der Aufsichtsrat der Washington Mutual Killinger. Trotzdem erhielt er ein Abfindungspaket in Höhe von über $15,3 Millionen.[11] Sein Nachfolger, Alan Fishman, stand der Bank gerade 17 Tage vor – erhielt allerdings eine Abfindung von $11,6 Millionen, zusätzlich zu einem Antrittsbonus von $7,5 Millionen.[12] Währenddessen gingen die Aktionäre der Washington Mutual beim Verkauf leer aus.

Killinger und Fishman waren nicht die einzigen Banker oder sogar die einzigen Vorstandsvorsitzenden, die unabhängig von ihrer Leistung und der Verfassung der von ihnen geführten Unternehmen hohe Gesamtvergütungen erhielten. Die Vergütung von CEOs ist über die letzten Jahrzehnte dramatisch gestiegen. Das durchschnittliche Jahresgehalt von Produktionsarbeitern in den USA ist von $18.187 im Jahr 1990 auf $32.093 im Jahr 2009 gestiegen. Allerdings betrug, in konstanten Dollar (des Jahres 1990) ausgedrückt, das durchschnittliche Jahresgehalt im Jahr 2009 nur $19.552. Dies entspricht einem Anstieg von nur 7,5%. Zur gleichen Zeit ist die durchschnittliche Jahresvergütung von CEOs von $2,9 Millionen auf $8,5 Millionen bzw. um $5,2 Millionen in Dollar des Jahres 1990 gestiegen.[13] Mit anderen Worten ausgedrückt, sind die realen Gehälter der CEOs um beinahe 80% gestiegen, während die Reallöhne der Produktionsarbeiter nur um 7,5% gestiegen sind. Warum ist das so? Sind die Topmanager produktiver geworden oder gelingt es ihnen einfach besser, ökonomische Renten aus den Unternehmen zu gewinnen? Die Antwort auf diese Frage liegt im Prinzipal-Agent-Problem, das der Festlegung der CEO-Vergütung zugrunde liegt. ▶

---

11 http://seattletimes.nwsource.com/html/businesstechnology/2011590001_wamuside13.html
12 http://www.nytimes.com/2008/09/26/business/26wamu.html
13 Quelle: Bureau of Labor Statistics, Institute for Policy Studies – United for a Fair Economy (2006). Die durchschnittlichen CEO-Gehälter erreichten bei $11 Millionen im Jahr 2005 ihren Höchststand und sanken dann während der Rezession von 2007 bis 2009 wieder. Nach dem Jahr 2009 stiegen die Gehälter wieder.

Viele Wirtschaftswissenschaftler waren jahrelang der Ansicht, die Vergütung von Führungskräften stelle eine angemessene Entlohnung für Talent dar. Neueste Daten zeigen aber, dass es den CEOs einfach möglich war, ihre Macht über die Vorstände auszubauen. Und diese Macht nutzten sie, um Vergütungsvereinbarungen zu erzielen, die in keinem Verhältnis zu ihrer Leistung und zu ihrem tatsächlichen wirtschaftlichen Beitrag zum Unternehmensergebnis stand. Im Grunde steigerten die Manager zunehmend ihre Fähigkeit, um aus dem Unternehmen ökonomische Renten zu gewinnen. Wie kam es dazu?

Zunächst fehlt den meisten Unternehmensvorständen die nötige Information und Unabhängigkeit, um mit den Managern effektiv zu verhandeln. Vorstände können häufig die Leistung der CEOs nicht angemessen überwachen und daher auch keine effektiven Verhandlungen über Vergütungspakete führen die eng mit ihrer Leistung verbunden sind. Überdies bestehen die Vorstände meist aus einer Mischung aus unternehmensinternen Mitgliedern, darunter hohe Führungskräfte oder deren Vertreter, und externen Mitgliedern, die von den Führungskräften ausgewählt werden und ihnen oft sehr nahe stehen.[14] Deshalb besteht für die Vorstände ein großer Anreiz, Manager zu unterstützen, um wieder für den Vorstand nominiert oder auf andere Art und Weise belohnt zu werden.

Untersuchungen haben gezeigt, dass hohe CEO-Vergütungen negativ mit dem Buchwert und der Rentabilität des Unternehmens korreliert sind.[15] Anders ausgedrückt bedeutet das, je höher das Gehalt des CEO ist, desto niedriger ist wahrscheinlich die Rentabilität des Unternehmens. Darüber hinaus bleiben CEOs mit ungewöhnlich hohen Gehältern mit höherer Wahrscheinlichkeit trotz schlechter wirtschaftlicher Ergebnisse bei einem Unternehmen. Diese Effekte verstärken sich bei Unternehmen, bei denen der Vorstand fest etabliert ist und die Aktionärsrechte begrenzt sind.

Überdies sind in der jüngere Vergangenheit auch „goldene Fallschirme", großzügige Abfindungszahlungen, die CEOs mit ihren Vorständen aushandeln können, in die Kritik geraten. Einige Experten argumentieren, dass derartige Garantien die CEOs vom Druck des Vorstands und der Aktionäre, sich auf kurzfristiges Wachstum zu konzentrieren, befreien und es ihnen ermöglichen, stattdessen den Fokus auf das langfristige Wachstum des Unternehmen zu richten. Allerdings ist hier nachgewiesen worden, dass bei CEOs mit goldenen Fallschirmen eine geringere Wahrscheinlichkeit besteht, dass sie sich um das langfristige Wachstum kümmern und dass sie bei Verhandlungen über den Verkauf ihres Unternehmens an eine andere Gesellschaft mit höherer Wahrscheinlichkeit Übernahmebedingungen zustimmen, die für die Aktionäre schmerzhaft sind.[16]

---

14 Killinger war Vorstandsvorsitzender der Washington Mutual, bis er zwei Monate vor dem Zusammenbruch der Bank entlassen wurde.

15 Im Jahr 2007 verdiente Killinger, der auch Vorsitzender des Firmenvorstands der Washington Mutual war, $18,1 Millionen und wurde so zum bestbezahlten CEO eines börsennotierten Unternehmens (*http://www.equilar.com/NewsArticles/062407_pay.pdf*). Dies traf insbesondere zu, da der CEO den größten Anteil der Vergütung für die fünf höchsten Führungskräfte des Unternehmens erhielt. Für eine detailliertere Erörterung und Analyse siehe Lucian A. Bebchuk, Martjin Cremers und Urs Peyer, „The CEO Pay Slice", *Journal of Financial Economics* (Frühling 2012).

16 Lucian A. Bebchuk, Alma Cohen und Charles C.Y. Wang, „Golden Parachutes and the Wealth of Shareholders", Harvard Law School Olin Discussion Paper No. 683, Dezember 2010.

17.4.2 Das Prinzipal-Agent-Problem in öffentlichen Unternehmen

Das Prinzipal-Agent-Prinzip kann uns auch dabei helfen, das Verhalten von Managern öffentlicher Unternehmen zu verstehen. Auch diese Manager könnten an Macht und Sondervergünstigungen interessiert sein, die sie erreichen können, wenn sie ihre Organisation über das „effiziente" Maß hinaus expandieren. Da auch die Überwachung staatlicher Manager mit Kosten verbunden ist, gibt es auch hier keine Garantien, dass sie auf einem effizienten Niveau produzieren. Es ist unwahrscheinlich, dass gesetzmäßige Überprüfungen einer staatlichen Behörde effektiv sein werden, solange die Behörde selbst mehr Informationen über ihre Kosten hat als das überprüfende Organ.

Auch wenn auf dem staatlichen Sektor einige der Marktkräfte nicht vorhanden sind, die zur Disziplinierung der privaten Manager dienen, können auch staatliche Behörden effektiv überwacht werden. Zunächst ist den Leitern einer staatlichen Behörde nicht nur die Größe ihrer Einrichtung wichtig. Tatsächlich entscheiden sich viele sogar für geringer bezahlte Arbeitsplätze im öffentlichen Sektor, weil sie auf das „öffentliche Interesse" bedacht sind. Zweitens sind auch staatliche Manager den Zwängen eines Arbeitsmarktes unterworfen – fast so wie private Manager. Wenn staatliche Manager in dem Ruf stehen, unsachgemäße Ziele zu verfolgen, könnte das ihre Möglichkeiten, in Zukunft hohe Gehälter zu beziehen, einschränken. Drittens üben die Legislative und andere Regierungsbehörden eine Überwachungsfunktion aus. So besteht in den USA eine Hauptaufgabe des Government Accounting Office und des Office of Management and Budget darin, andere Behörden zu überwachen.

Auf lokaler Ebene werden staatliche Manager meist noch genauer überprüft. Nehmen wir zum Beispiel an, dass die Verkehrsbehörde einer Stadt ihr Busverkehrsnetz über das effiziente Niveau hinaus ausgeweitet hat. Die Bürger können den Verantwortlichen in diesem Fall aus dem Amt wählen oder – als letzten Ausweg – auf andere Verkehrsmittel umsteigen oder umziehen. Der Wettbewerb unter den Behörden kann ebenso effektiv verhindern, dass sich Manager vom Gewinnmaximierungsziel abwenden, wie dies der Wettbewerb unter privaten Unternehmen tut.

Beispiel 17.6: Die Geschäftsführer von gemeinnützigen Krankenhäusern als Agenten

Verfolgen die Manager gemeinnütziger Organisationen die gleichen Ziele wie die Manager gewinnorientierter Unternehmen? Sind gemeinnützige Organisationen effizienter oder weniger effizient als private Unternehmen? Eine Betrachtung des Gesundheitswesens der USA kann uns zu diesen Fragen einige Einblicke verschaffen. In einer Studie wurden 725 Krankenhäuser untersucht, die zu 14 wichtigen Krankenhausketten der USA gehören; dabei wurden der Investitionsertrag und die Durchschnittskosten von gemeinnützigen und gewinnorientierten Krankenhäusern verglichen, um zu ermitteln, ob ihre Ergebnisse voneinander abwichen.[17] ▶

---

17 Regina E. Herzlinger und William S. Krasker, „Who Profits from Nonprofits?" *Harvard Business Review 65*, Januar–Februar 1987, 93–106.

Die Studie ergab, dass in den Jahren 1977 und 1981 die Rentabilität beider Krankenhausarten tatsächlich voneinander abwich. 1977 erzielten die gewinnorientierten Krankenhäuser zum Beispiel einen Ertrag von 11,6 Prozent, während gemeinnützige Einrichtungen 8,8 Prozent verzeichneten. Und vier Jahre später erzielten gewinnorientierte Häuser 12,7 Prozent und gemeinnützige Häuser 7,4 Prozent Ertrag. Allerdings ist hier ein direkter Vergleich der Erträge und Kosten nicht angemessen, denn beide Krankenhausarten erfüllen unterschiedliche Funktionen. So stellen 24 Prozent der gemeinnützigen Krankenhäuser Assistenzärzte ein, verglichen mit nur 6 Prozent der gewinnorientierten. Ähnliche Unterschiede gibt es bei der Bereitstellung von besonderen Behandlungsmethoden. 10 Prozent der gemeinnützigen aber nur 5 Prozent der gewinnorientierten Einrichtungen führen Operationen am offenen Herzen durch. Ferner haben 43 Prozent der gemeinnützigen Häuser Frühchenstationen, dies gilt aber nur für 29 Prozent der gewinnorientierten.

Mit Hilfe einer statistischen Regressionsanalyse, die diese Dienstleistungsunterschiede berücksichtigt, kann man bestimmen, ob diese Unterschiede für die höheren Kosten verantwortlich sind. Die Studie ergab, dass die Durchschnittskosten pro Patient und Tag nach einer Angleichung der Dienstleistungen in gemeinnützigen Krankenhäusern noch um 8 Prozent höher lagen als in gewinnorientierten Häusern. Daraus kann man schließen, dass der Gewinnstatus eines Krankenhauses die Leistung der Einrichtung genauso beeinflusst, wie die Prinzipal-Agent-Theorie dies vorhersagt. Ohne die Wettbewerbskräfte, denen gewinnorientierte Einrichtungen ausgesetzt sind, handeln gemeinnützige Häuser oft weniger kostenbewusst und deshalb kann es sein, dass sie die Vertreterfunktion für ihre Auftraggeber – und das ist hier die Gesellschaft insgesamt – unangemessen erfüllen.

Natürlich bieten gemeinnützige Krankenhäuser Dienstleistungen an, die eine Gesellschaft oft gerne zu subventionieren bereit ist. Doch sollte man auch die zusätzlichen Kosten, die ein gemeinnütziges Krankenhaus mit sich bringt bei der Gewährung einer Steuerbefreiung berücksichtigen.

17.4.3 Anreize im Rahmen des Prinzipal-Agent-Konzepts

Wir sahen, warum die Ziele von Managern und Eigentümern im Rahmen der Prinzipal-Agent-Problematik voneinander abweichen können. Wie können also die Eigentümer ihre Entlohnungssysteme entwerfen, damit Manager und Arbeiter deren Ziele so exakt wie möglich erreichen? Zur Beantwortung dieser Frage wollen wir ein spezielles Problem untersuchen.

Ein kleiner Uhrenhersteller setzt für seine Produktion Arbeit und Maschinen ein. Die Eigentümer möchten die Gewinne maximieren. Dabei müssen sie sich auf den Mitarbeiter verlassen, der für die Wartung der Maschinen zuständig ist, denn sein Einsatz beeinflusst die Wahrscheinlichkeit, mit der die Maschinen ausfallen und damit das Gewinnniveau des Unternehmens. Die Erlöse hängen aber auch noch von anderen Zufallsfaktoren ab, etwa der Qualität der Einzelteile und der Zuverlässigkeit der übrigen Arbeitnehmer. Da eine Überwachung sehr kostspielig ist, kann der Eigentümer weder den Einsatz des Wartungsverantwortlichen direkt messen noch mit Sicherheit sagen, dass der gleiche Einsatz auch immer zum gleichen Gewinnniveau führen wird. Tabelle 17.2 stellt diese Daten dar.

Tabelle 17.2

Erlöse aus der Uhrenherstellung

	Pech	Glück
Geringer Einsatz ($a = 0$)	€10.000	€20.000
Hoher Einsatz ($a = 1$)	€20.000	€40.000

Die Tabelle zeigt, dass der Wartungsverantwortliche entweder mit hohem oder mit geringem Einsatz arbeiten kann. Ein geringer Einsatz ($a = 0$) erzeugt Erlöse von €10.000 oder €20.000 (mit gleicher Wahrscheinlichkeit) in Abhängigkeit der oben erwähnten Zufallsfaktoren. Das niedrigere Erlösniveau bezeichnen wir mit „Pech" und das höhere mit „Glück". Wenn der Wartungsverantwortliche hohen Einsatz zeigt ($a = 1$), beträgt der Erlös entweder €20.000 (Pech) oder €40.000 (Glück). Diese Zahlen machen das Problem unvollständiger Information deutlich. Bei einem Erlös von €20.000 können die Eigentümer nicht wissen, ob der Wartungsverantwortliche mit hohem oder mit geringem Einsatz gearbeitet hat.

Nehmen wir an, es ist das Ziel des Wartungsverantwortlichen mit seinem Arbeitseinsatz, seine Lohnzahlungen abzüglich der Kosten (in Form von verlorener Freizeit und unangenehmer Arbeitszeit) zu maximieren. Zur Vereinfachung nehmen wir an, dass seine Kosten bei geringem Einsatz null und bei hohem Einsatz €10.000 betragen, (formal ausgedrückt, $C = €10.000a$).

Nun können wir das Prinzipal-Agent-Problem aus der Sicht der Eigentümer formulieren. Es ist das Ziel der Eigentümer, den erwarteten Gewinn angesichts der Unsicherheit der Ergebnisse und angesichts mangelnder Überwachung des Wartungsverantwortlichen zu maximieren. Die Eigentümer können mit dem Wartungsverantwortlichen einen Arbeitsvertrag abschließen, jedoch muss das Bezahlungsschema voll und ganz auf der messbaren Produktionsmenge des Herstellungsprozesses und nicht auf dem Einsatzniveau des Arbeitnehmers aufbauen. Um diese Verbindung darzustellen, bezeichnen wir das Bezahlungsschema mit $w(E)$ und betonen so, dass die Bezahlung nur vom erzielten Erlös abhängt.

Wie sieht hier ein optimales Zahlungsschema aus? Und kann ein solches Schema überhaupt so effektiv sein wie ein Schema, das auf dem Arbeitseinsatz und nicht auf dem Output basiert? An dieser Stelle können wir diese Fragen nur im Ansatz beantworten. Ein optimales Bezahlungsschema hängt davon ab, wie die Produktion aussieht, wie viel Unsicherheit im Spiel ist und welche Ziele Eigentümer und Manager verfolgen. Ein solches Schema ist oft nicht so effektiv wie ein ideales Bezahlungsschema, das direkt an den Arbeitseinsatz gekoppelt ist. Informationsmangel kann die ökonomische Effizienz senken, da dadurch sowohl der Erlös der Eigentümer als auch der Lohn des Wartungsverantwortlichen gleichzeitig sinken können.

Betrachten wir nun, wie man ein Bezahlungsschema entwerfen kann, wenn der Wartungsverantwortliche seinen erhaltenen Lohn abzüglich seiner Einsatzkosten maximieren möchte.[18] Nehmen wir zunächst an, die Eigentümer bieten ihm einen festen Lohn an. Wie hoch dieser Lohn genau ist, spielt keine Rolle, wir können jedoch am besten sehen, wor-

---

18 Wir nehmen an, der Wartungsverantwortliche ist risikoneutral, so dass keine Effizienz verloren geht. Wenn er jedoch risikoscheu wäre, käme es zu einem Effizienzverlust.

auf es ankommt, wenn dieser Lohn gleich null ist. (Null kann hier auch für jedes andere Lohnniveau stehen, das in vergleichbaren Unternehmen gezahlt wird.) Angesichts eines Lohns von null hat der Wartungsverantwortliche keinen Anreiz, einen höheren Einsatz zu bringen. Dies hat den einfachen Grund, dass er an den Gewinnen, die den Eigentümern aufgrund eines höheren Einsatzes zukommen, in keiner Weise beteiligt ist. Daraus folgt also, dass ein fester Lohn zu einem ineffizienten Ergebnis führt. Ist $a = 0$ und $w = 0$, so werden die Eigentümer einen erwarteten Gewinn von €15.000 erzielen und der Lohn des Wartungsverantwortlichen ist gleich null.

Eigentümer und Wartungsverantwortlicher werden gleichermaßen davon profitieren, wenn der Arbeitnehmer für seinen produktiven Einsatz belohnt wird. Nehmen wir zum Beispiel an, dass die Eigentümer dem Arbeitnehmer folgendes Entlohnungsschema anbieten:

$$\text{Wenn } E = \text{€}10.000 \text{ oder €}20.000, \text{ dann } w = 0.$$

$$\text{Wenn } E = \text{€}40.000, \text{ dann } w = \text{€}24.000. \tag{17.1}$$

Innerhalb dieses Bonussystems erzeugt geringer Einsatz keine zusätzlichen Lohnzahlungen. Ein hoher Einsatz jedoch erzeugt eine erwartete Zahlung von €12.000, und die erwartete Zahlung abzüglich der Einsatzkosten von €12.000 – €10.000 = €2.000. In diesem Fall wird sich der Wartungsverantwortliche dafür entscheiden, bei der Arbeit einen hohen Einsatz zu bringen. Und auch die Eigentümer profitieren von diesem Arrangement, denn sie erzielen einen erwarteten Erlös in Höhe von €30.000 und einen Gewinn von €18.000.

Dies ist jedoch nicht das einzige Entlohnungsschema, das den Eigentümern Vorteile bringt. Nehmen wir an, sie schließen einen Vertrag ab, der den Wartungsverantwortlichen durch das folgende Arrangement an den Erlösen beteiligt. Für Erlöse über €18.000 gilt

$$w = E - \text{€}18.000 \tag{17.2}$$

(Andernfalls ist der Lohn gleich null.) Wenn der Wartungsverantwortliche in diesem Fall einen geringen Arbeitseinsatz zeigt, liegt sein erwarteter Lohn bei €1.000. Ist sein Arbeitseinsatz jedoch hoch, beträgt sein erwarteter Lohn €12.000, und der erwartete Lohn abzüglich der €10.000 Einsatzkosten ist €2.000. (Der Gewinn der Eigentümer beträgt wie zuvor €18.000.)

Also erbringt in unserem Beispiel ein System der Erlösbeteiligung das gleiche Ergebnis wie ein Bonussystem. In komplexeren Situationen können die Anreizauswirkungen beider Systeme durchaus voneinander abweichen. Dennoch lässt sich das hier dargelegte Grundprinzip auf alle Prinzipal-Agent-Probleme übertragen. Kann der Arbeitseinsatz nicht direkt gemessen werden, so kann ein Anreizsystem, das das Ergebnis hohen Arbeitseinsatzes belohnt, die Agenten dazu bringen, die Ziele anzustreben, die ihre Prinzipale angesetzt haben.

*17.5 Managementanreize im integrierten Unternehmen

Horizontale Integration

Organisationsform, bei der mehrere Produktionsstätten gleiche oder verwandte Produkte eines Unternehmens herstellen.

Wir sahen, dass Unternehmenseigentümer und Manager asymmetrische Information über Nachfrage, Kosten und andere Variablen haben können. Wir sahen auch, wie die Eigentümer Entlohnungssysteme entwerfen können, um ihre Manager dazu zu bringen, angemessene Leistungen zu erbringen. Nun richten wir unser Augenmerk auf *integrierte* Unternehmen, Unternehmen also, die aus mehreren Geschäftsbereichen mit jeweils eigenen Managern bestehen. Einige Unternehmen weisen eine **horizontale Integration** auf, d.h. in mehreren Produktionsstätten werden gleiche oder verwandte Produkte hergestellt. Andere Unternehmen sind **vertikal integrierte** Unternehmen, d.h. vorgelagerte Abteilungen produzieren Materialien, Teile und Komponenten, die wiederum nachgelagerte Abteilungen verwenden, um die Endprodukte zu fertigen. Integration verursacht organisatorische Probleme. Einige dieser Probleme besprachen wir bereits im Anhang zu Kapitel 11, wo wir die *Verrechnungspreisbildung* Unternehmen im vertikal integrierten Unternehmen behandelten. Dabei sahen wir, wie ein Unternehmen die Preise von Teilen und Komponenten festsetzt, die vorgelagerte Abteilungen nachgelagerten Abteilungen zur Verfügung stellen. An dieser Stelle werden wir nun Probleme besprechen, die sich aus asymmetrischer Information ergeben.

> **Vertikale Integration**
>
> Organisationsform, bei der ein Unternehmen aus mehreren Abteilungen besteht, von denen einige Teile und Komponenten produzieren, die von anderen Abteilungen zum Endprodukt verarbeitet werden.

17.5.1 Asymmetrische Information und Anreizsysteme im integrierten Unternehmen

In einem integrierten Unternehmen ist es wahrscheinlich, dass die Manager der einzelnen Abteilungen besser über ihre jeweiligen Betriebskosten und Produktionspotenziale informiert sind als das zentrale Management. Diese asymmetrische Information verursacht zwei Probleme.

1 Wie kann das zentrale Management den Managern der einzelnen Abteilungen zutreffende Informationen über deren Betriebskosten und Produktionspotenziale entlocken? Dies ist wichtig, denn die Inputs einiger Abteilungen könnten gleichzeitig die Outputs anderer Abteilungen sein, außerdem müssen die Auslieferungstermine an die Kunden geplant werden und auch die Preise können nicht festgelegt werden, ohne die gesamten Kosten und Produktionskapazitäten zu kennen.

2 Welche Entlohnungs- oder Anreizstruktur sollte das zentrale Management anwenden, um die Manager dazu zu bringen, so effizient wie möglich zu produzieren? Sollte man ihre Boni je nach ihrer Produktionsmenge bemessen und wenn ja, wie sollte die Bonusstruktur aussehen?

Um diese Probleme zu verstehen, betrachten wir ein Unternehmen mit mehreren Betriebsstätten, die alle das gleiche Produkt herstellen. Jeder Manager einer Betriebsstätte verfügt über viel genauere Informationen über seine Produktionskapazitäten als das zentrale Management. Um Engpässe zu vermeiden und Lieferungen zuverlässig planen zu können, möchte das zentrale Management mehr darüber erfahren, welche Mengen jede einzelne Produktionsstätte herstellen kann. Es möchte auch, dass in jedem Betrieb so viel wie möglich produziert wird. Untersuchen wir nun, wie das zentrale Management die gewünschten Informationen erhalten und dabei gleichzeitig die Manager dazu bringen kann, ihre Betriebe so effizient wie möglich zu betreiben.

Eine Möglichkeit ist, den Managern Boni gemäß der Gesamtproduktionsmenge ihrer Betriebe oder gemäß ihres Betriebsgewinns auszuzahlen. Dieser Ansatz würde die Manager zwar ermutigen, ihren Output zu maximieren, er würde aber auch diejenigen bestrafen, die hohe Kosten und geringe Kapazitäten verzeichnen. Selbst wenn diese Betriebe effizient produzieren, wären ihr Output und ihr Gewinn – und damit auch der Managerbonus – geringer als dies bei Betrieben mit niedrigeren Kosten und höheren Kapazitäten der Fall ist. Außerdem gäbe es für die einzelnen Manager keinen Anreiz, zutreffende Informationen über ihre Kosten und Kapazitäten zu ermitteln und weiterzugeben.

Eine zweite Möglichkeit ist, die Manager zunächst über ihre Kosten und Kapazitäten zu befragen und *anschließend* die Boni danach auszurichten, welche Leistungen sie im Verhältnis zu ihren Antworten erbringen. Man könnte beispielsweise jeden Manager fragen, welche Menge sein Betrieb pro Jahr produzieren kann. Am Jahresende erhält dann jeder Manager einen Bonus, der sich danach richtet, wie nah das tatsächliche Produktionsniveau an der Zielvorgabe liegt. Beträgt das geschätzte erreichbare Produktionsniveau des Managers Q_f, so könnte der Jahresbonus, gemessen in Euro, sich folgendermaßen berechnen.

$$B = 10.000 - 0{,}5(Q_f - Q) \tag{17.3}$$

wobei Q das tatsächliche Produktionsniveau ist und 10.000 dem Bonus entspricht, wenn die Produktion auf Kapazitätsniveau liegt. 0,5 ist ein gewählter Faktor, der den Bonus mindert, wenn Q unterhalb von Q_f liegt.

Dieses Bonussystem böte den Managern allerdings den Anreiz, ihre Kapazitäten zu unterschätzen. Denn wenn sie Kapazitäten angeben, die unterhalb der von ihnen als zutreffend erachteten Kapazitäten liegen, können sie leicht hohe Boni erzielen, ohne dabei effizient arbeiten zu müssen. Wenn ein Manager beispielsweise seine Produktionskapazität auf 18.000 anstatt auf 20.000 schätzt, der Betrieb tatsächlich aber nur 16.000 herstellt, erhöht sich der Managerbonus von €8.000 auf €9.000. Also ist es auch mit diesem System nicht möglich, genaue Informationen über die Produktionskapazität zu ermitteln, und auch eine effiziente Arbeitsweise ist damit nicht gewährleistet.

Nun wollen wir dieses Entlohnungsschema modifizieren. Immer noch befragen wir die Manager, welche Produktionskapazität ihnen realistisch machbar erscheint und knüpfen ihren Bonus an diese Schätzung. Um den Bonus zu berechnen, wenden wir allerdings eine etwas kompliziertere Formel als in (17.3) an.

$$\text{Wenn } Q > Q_f, \ B = 0{,}3Q_f + 0{,}2(Q - Q_f)$$
$$\text{Wenn } Q \leq Q_f, \ B = 0{,}3Q_f - 0{,}5(Q_f - Q) \tag{17.4}$$

Die Parameter (0,3, 0,2 und 0,5) wurden so gewählt, dass für jeden Manager der Anreiz besteht, die *tatsächlich* machbare Produktionsmenge anzugeben *und* dafür zu sorgen, dass Q, der tatsächliche Output, so groß wie möglich ist.

Um zu erkennen, dass dieses Schema wirklich die gewünschte Wirkung hat, betrachten wir Abbildung 17.4. Nehmen wir an, die tatsächliche Produktionsgrenze liegt bei $Q^* = 20.000$ Einheiten jährlich. Der Bonus, den der Manager erhält, wenn die geschätzte machbare Produktionsmenge die tatsächliche Produktionsgrenze angibt, wird durch die Gerade mit der Bezeichnung $Q_f = 20.000$ angegeben. Diese Gerade wird für Produktionsmengen oberhalb 20.000 Einheiten fortgesetzt, um das Bonussystem zu verdeutlichen. Sie wird jedoch als gestrichelte Linie weitergeführt, um anzudeuten, dass eine solche Produktionsmenge nicht machbar ist. Man erkenne, dass der Managerbonus maximiert wird, wenn der Betrieb genau seine Produktionsgrenze von 20.000 Einheiten erreicht. An dieser Stelle beträgt der Bonus €6.000.

Nehmen wir nun aber an, der Manager gibt seine erreichbare Produktionskapazität mit nur 10.000 Einheiten an. In diesem Fall wird der Managerbonus durch die Gerade mit der Bezeichnung $Q_f = 10.000$ angegeben. Der maximale Bonus beträgt nun €5.000 und kann bei einer Produktionsmenge von 20.000 Einheiten erzielt werden. Man erkenne jedoch, dass dies weniger ist als der Bonus, der erreichbar wäre, wenn die erreichbare Produktionskapazität wahrheitsgemäß mit 20.000 angegeben worden wäre.

Dieselbe Argumentationskette lässt sich auf Manager anwenden, die ihre möglichen Kapazitäten überzeichnen. Wenn der Manager seine machbare Produktionskapazität mit 30.000 Einheiten jährlich angibt, so ergibt sich sein Bonus aus der Gerade mit der Bezeichnung $Q_f = 30.000$. Der maximale Bonus von €4.000, der bei einer Produktionsmenge von 20.000 erreicht wird, liegt unterhalb des Bonus, der mit einer korrekten Kapazitätsangabe zu erreichen wäre.[19]

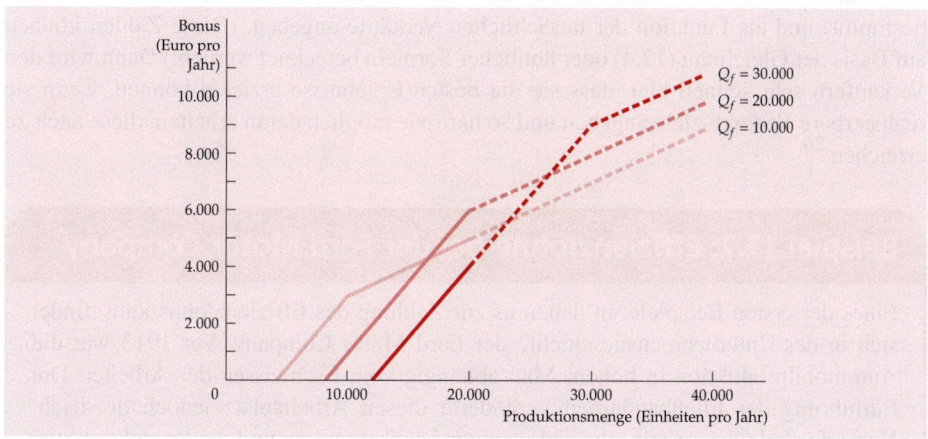

Abbildung 17.4: Anreizgestaltung im integrierten Unternehmen
Man kann ein Bonussystem entwerfen, das dem Manager den Anreiz gibt, die Größe seines Betriebes exakt einzuschätzen. Gibt der Manager eine machbare Produktionskapazität von 20.000 Einheiten pro Jahr an, die der tatsächlichen Kapazität entspricht, so wird der erreichte Bonus maximiert (mit €6.000).

17.5.2 Anwendungen

Dem Problem der asymmetrischen Information und des richtigen Anreizsystems begegnet man im unternehmerischen Umfeld sehr häufig, deshalb tauchen Anreizsysteme wie das oben beschriebene in vielen verschieden Bereichen auf. Wie können Manager beispielsweise ihre Außendienstmitarbeiter dazu bringen, realistische Verkaufsziele zu setzen und weiterzugeben und dann so hart wie möglich zu arbeiten, um sie auch zu erreichen?

Die meisten Außendienstler sind für bestimmte Regionen zuständig. Ein Verkäufer dessen Verkaufsgebiet eine dicht besiedelte städtische Region ist, kann für gewöhnlich mehr verkaufen als ein Verkäufer, dem ein dünn besiedeltes Gebiet zugeteilt wurde. Dennoch möchte das Unternehmen alle Mitarbeiter gerecht entlohnen. Und sie sollen auch den Anreiz verspüren, so hart wie möglich zu arbeiten und realistische Zielvorgaben anzugeben, so dass die Unternehmensführung Produktion und Liefertermine planen kann. Schon immer haben Unternehmen Bonussysteme und Kommissionen zur Entlohnung von Ver-

---

[19] Jeder Bonus der Form $B = \beta Q_f + \alpha(Q - Q_f)$, wenn $Q > Q_f$, und $B = \beta Q_f - \gamma(Q_f - Q)$, wenn $Q \leq Q_f$ und $\gamma > \beta > \alpha > 0$, funktioniert genauso. Siehe Martin L. Weitzman, The New Soviet Incentive Model, *Bell Journal of Economics* 7 (1976), Nummer 1, 251–257. Bei diesem Schema gibt es allerdings ein dynamisches Problem, das wir vernachlässigt haben. Die Manager müssen einen hohen Bonus für gute Leistungen dieses Jahr gegen die Tatsache abwägen, dass ihnen in der Zukunft noch ehrgeizigere Ziele vorgegeben werden. Dieses Thema wird diskutiert in Martin L. Weitzman, The Ratchet Principle and Performance Incentives, *Bell Journal of Economics* 11 (1980), Nummer 1, 302–308.

kaufspersonal eingesetzt, doch die Anreizsysteme waren oft mangelhaft. So wurden typischerweise die Kommissionen der Verkäufer proportional zu ihren Verkäufen berechnet. Doch dieses System bot weder den Anreiz, zutreffende Informationen über machbare Verkaufsziele preiszugeben noch die maximale Leistungsfähigkeit zu erreichen.

Heute lernen die Unternehmen allmählich, dass Bonussysteme wie das in Gleichung (17.4) angegebene, bessere Ergebnisse erbringen. So kann man dem Verkäufer eine Reihe von Zahlen zeigen, die seinen Bonus als Funktion des Verkaufsziels (vom Verkäufer bestimmt) und als Funktion der tatsächlichen Verkäufe angeben. (Diese Zahlen können auf Basis der Gleichung (17.4) oder ähnlicher Formeln berechnet werden.) Dann wird den Verkäufern sehr schnell klar, dass sie die besten Ergebnisse erzielen können, wenn sie realisierbare Verkaufsziele angeben und so hart wie möglich daran arbeiten, diese auch zu erreichen.[20]

Beispiel 17.7: Effizienzlöhne bei der Ford Motor Company

Eines der ersten Beispiele, in denen es zur Zahlung des Effizienzlohns kam, findet sich in der Unternehmensgeschichte der Ford Motor Company. Vor 1913 war die Automobilproduktion in hohem Maß abhängig vom Fachwissen der Arbeiter. Die Einführung der Fließbandarbeit veränderte diesen Arbeitsplatz jedoch drastisch. Nun erforderte die Arbeit sehr viel weniger Fachkenntnisse und die Produktion war abhängig von der korrekten Wartung der Fließbandausstattung. Doch mit zunehmender Veränderung der Autofabriken wuchs auch der Unmut der Arbeiter. Im Jahr 1913 betrug die Fluktuationsrate bei Ford 380 Prozent. Im folgenden Jahr stieg sie auf 1.000 Prozent und die Gewinnmargen brachen ein.

Ford brauchte eine stabile Arbeitnehmerschaft und Henry Ford (sowie sein Geschäftspartner James Couzens) sorgte dafür, dass das Unternehmen sie bekam. 1914, als der übliche Tageslohn für Fabrikarbeit im Durchschnitt zwischen $2 und $3 lag, führte Ford einen Lohnsatz von $5 pro Tag ein. Hinter dieser Lohnpolitik steckte eine verbesserte Arbeitseffizienz (und Großzügigkeit). Ziel des Unternehens war es, bessere Arbeiter anzulocken, die bei ihrer Arbeit bleiben und letztendlich die Unternehmensgewinne steigern würden.

Auch wenn Henry Ford Angriffe dafür einstecken musste – seine Politik zahlte sich aus. Die Arbeiterschaft wurde stabiler und die positive Presse beflügelte die Verkaufszahlen. Außerdem konnte sich Ford seine Arbeiter aussuchen und war so in der Lage, Arbeiter einzustellen, die im Durchschnitt produktiver waren. Ford gab an, dass durch die Lohnerhöhung auch die Loyalität und die persönliche Effizienz der Arbeiter gestiegen waren, was auch quantitative Schätzungen bestätigen. Nach Berechnungen der Personalleitung Fords stieg die Produktivität um 51 Prozent. Eine weitere Studie ergab, dass sich die Fehlzeiten der Arbeiter halbiert hatten und begründete Entlassungen stark zurückgegangen waren. Folglich übertraf die Produktionssteigerung die Lohnerhöhung bei weitem und Fords Rentabilität stieg von $30 Millionen 1914 auf $60 Millionen 1916.

---

20 Siehe Jacob Gonik, „The Salesmen's Bonuses to Their Forecasts", *Harvard Business Review,* May–June 1978, 116–123.

17.6 Asymmetrische Information auf dem Arbeitsmarkt – die Effizienzlohntheorie

Wenn der Arbeitsmarkt ein Wettbewerbsmarkt ist, werden all diejenigen, die arbeiten wollen, Arbeit finden und dafür Löhne erhalten, die ihren Grenzprodukten entsprechen. Und dennoch gibt es in vielen Ländern beträchtliche Arbeitslosigkeit, obwohl viele intensiv nach Arbeit suchen. Viele Arbeitslose würden vermutlich sogar für einen geringeren Lohnsatz arbeiten als ihn manche Arbeiter bekommen. Warum senken dann die Unternehmen nicht einfach ihre Lohnsätze, stellen mehr Beschäftigte ein und erhöhen dadurch ihre Gewinne? Kann unser Modell des Wettbewerbsgleichgewichts auch Langzeit-Arbeitslosigkeit erklären?

In diesem Abschnitt zeigen wir, wie sich mit Hilfe der **Effizienzlohntheorie** Arbeitslosigkeit und Lohndiskriminierung erklären lassen.[21] Bisher ermittelten wir die Arbeitsproduktivität aufgrund der Fähigkeiten des Arbeiters und der Kapitalinvestition des Unternehmens. Effizienzlohnmodelle gehen davon aus, dass die Arbeitsproduktivität auch vom Lohnsatz abhängt. Für diese Beziehung gibt es viele Erklärungen. Einige Wirtschaftswissenschaftler gehen davon aus, dass die Produktivität der Arbeiter in Entwicklungsländern aus nahrungstechnischen Gründen vom Lohnsatz abhängt. Denn besser bezahlte Arbeiter können sich mehr und besseres Essen leisten, sind deshalb gesünder und können produktiver arbeiten.

Für die Situation in den Vereinigten Staaten liefert das **Shirking-Modell** eine bessere Erklärung. Da eine Arbeiterüberwachung kostspielig und unmöglich ist, verfügen Unternehmen über unvollständige Informationen über die Produktivität ihrer Arbeiter und es ergibt sich ein Prinzipal-Agent-Problem. In seiner einfachsten Form geht das Shirking-Modell von einem vollkommenen Wettbewerbsmarkt aus, auf dem alle Arbeiter gleich produktiv sind und den gleichen Lohnsatz erhalten. Sind sie einmal angestellt, können die Arbeiter entweder produktiv arbeiten oder während der Arbeitszeit bummeln. Da aber nur begrenzte Informationen über ihre Leistungen vorliegen, könnte es sein, dass die Arbeiter, die bummeln, nicht gefeuert werden.

Das Modell funktioniert folgendermaßen. Wenn ein Unternehmen seinen Angestellten den markträumenden Lohnsatz w^* bezahlt, liefert ihnen das den Anreiz, zu bummeln. Denn selbst wenn sie erwischt und entlassen werden (was nicht der Fall sein muss), können sie sofort wieder anderswo zum gleichen Lohn eine Arbeit finden. Da die drohende Kündigung den Arbeitern in diesem Fall keine Kosten verursacht, haben sie keinen Anreiz, produktiv zu sein. Als Anreiz, nicht zu bummeln, muss das Unternehmen seinen Arbeitern höhere Löhne bieten. Bei diesen höheren Löhnen werden Arbeiter, die gefeuert werden, weil sie während der Arbeitszeit bummeln, einen geringeren Lohn erhalten, wenn sie sich von anderen Unternehmen zum Lohn w^* anstellen lassen. Ist die Lohndifferenz groß genug, wird dies die Arbeiter dazu bringen, produktiv zu arbeiten und dieses Unternehmen wird keine Probleme mehr mit Shirking haben. Der Lohnsatz, bei dem die Arbeiter nicht mehr bummeln, ist der **Effizienzlohn**.

> Erinnern wir uns aus § 14.1, dass auf einem vollkommen kompetitiven Arbeitsmarkt die Unternehmen bis zu dem Punkt Arbeitskräfte einstellen, an dem der reale Lohn (der Lohn dividiert durch den Produktpreis) dem Grenzprodukt der Arbeit entspricht.

> **Effizienzlohntheorie**
> Erklärung für das Auftreten von Arbeitslosigkeit und Lohndiskriminierung, die darauf aufbaut, dass die Arbeitsproduktivität durch den Lohnsatz beeinflusst werden kann.

> **Shirking-Modell**
> Prinzip, das besagt, dass Arbeitnehmer den Anreiz haben, während der Arbeitszeit zu bummeln, wenn das Unternehmen ihnen den markträumenden Lohnsatz zahlt, denn entlassene Arbeiter können zum gleichen Lohn auch woanders eingestellt werden.

> **Effizienzlohn**
> Der Lohn, den ein Unternehmen einem Arbeitgeber bezahlt als Anreiz gegen Shirking.

---

21 Vergleiche James L. Yellen, „Efficiency Wage Models of Unemployment", *American Economic Review* 74, Mai 1984, 200–205. Die Analyse beruht auf Joseph E. Stiglitz, „The Causes and Consequences of the Dependence of Quality on Price", *Journal of Economic Literature* 25, März 1987, 1–48.

Bis hierher haben wir uns nur mit einem einzigen Unternehmen befasst. Das Problem des Shirking beschäftigt jedoch alle Unternehmen. Also werden auch alle Unternehmen Löhne bieten, die oberhalb des markträumenden Lohnsatzes, w^*, liegen – etwa bei w_e (Effizienzlohn). Macht dies den Anreiz für die Arbeiter, nicht zu bummeln, zunichte, weil sie ja von anderen Unternehmen auch zum höheren Lohn eingestellt werden, wenn sie entlassen werden? Dies ist nicht der Fall, denn da alle Unternehmen Löhne über w^* anbieten, liegt die Nachfrage nach Arbeit unterhalb des markträumenden Niveaus, und es kommt zur Arbeitslosigkeit. Also werden Arbeiter, die entlassen werden, zunächst einmal arbeitslos werden, bevor sie zum Lohn w_e erneut Arbeit finden.

Abbildung 17.5 illustriert Shirking auf dem Arbeitsmarkt. Die Arbeitsnachfrage, D_L, verläuft aus den bekannten Gründen fallend. Gäbe es kein Shirking, würde der Schnittpunkt von D_L mit dem Arbeitsangebot (S_L) den Marktlohn w^* bestimmen und es ergäbe sich Vollbeschäftigung (L^*). Da es jedoch Shirking gibt, sind einige Unternehmen nicht bereit, nur w^* zu bezahlen. Vielmehr werden die Unternehmen bei jedem beliebigen Arbeitslosigkeitsniveau auf dem Arbeitsmarkt einen Lohn oberhalb von w^* bezahlen, um dadurch die Arbeiter dazu zu bringen, produktiv zu arbeiten. Dieser Lohn wird als Nicht-Shirking-Nebenbedingung (NSC, von engl. no-shirking constraint) bezeichnet. Diese Kurve gibt für jedes Arbeitslosigkeitsniveau den Mindestlohn an, den Arbeiter verdienen müssen, um nicht zu bummeln. Man erkenne, je größer die Arbeitslosigkeit, desto kleiner ist die Differenz zwischen w^* und dem Effizienzlohn. Warum ist das so? Wenn die Arbeitslosigkeit hoch ist, riskieren die Arbeiter, die bummeln, lange Phasen der Arbeitslosigkeit und brauchen deshalb keinen großen Anreiz, um produktiv zu sein.

> In § 14.2 erklären wir, dass der Gleichgewichtslohn am Schnittpunkt der Arbeitsnachfragekurve mit der Arbeitsangebotskurve liegt.

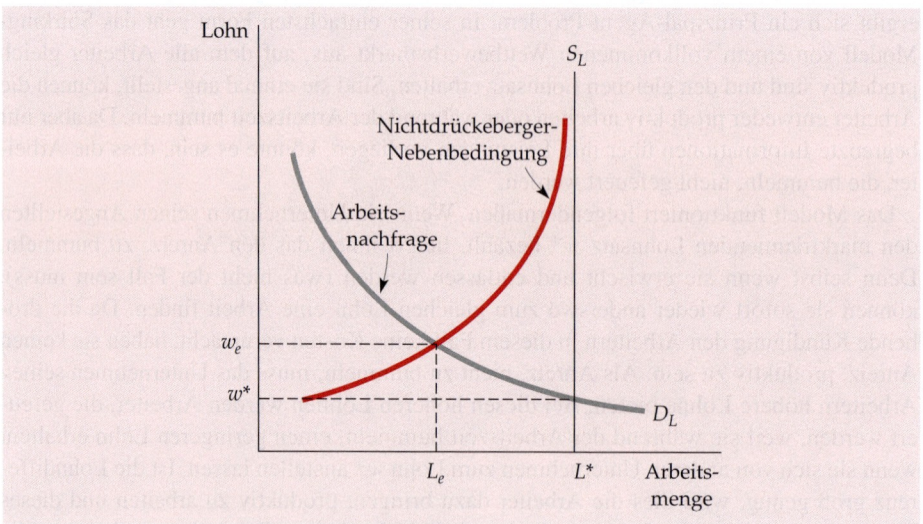

Abbildung 17.5: Arbeitslosigkeit im Shirking-Modell
Auf kompetitiven Arbeitsmärkten kann es zur Arbeitslosigkeit kommen, wenn die Arbeitgeber die Arbeitnehmer nicht genau überwachen können. Hier gibt die „Nicht-Shirking-Bedingung" (NSC) den Lohnsatz an, der benötigt wird, um die Arbeiter davon abzuhalten, zu bummeln. Das Unternehmen stellt L_e Arbeiter ein (zu einem Effizienzlohnsatz w_e, der oberhalb des Wettbewerbsniveaus liegt), dadurch entsteht eine Arbeitslosigkeit von $L^* - L_e$.

In Abbildung 17.5 liegt der Gleichgewichtslohn am Schnittpunkt der NSC- mit der D_L-Kurve. Hier verdienen L_e Arbeiter den Lohn w_e. Dieses Gleichgewicht stellt sich ein, weil die NSC-Kurve den niedrigsten Lohn angibt, den das Unternehmen bezahlen kann, ohne dass es zur Drückebergerei kommt. Unternehmen müssen nicht mehr als diesen Lohn bezahlen, um die benötigte Anzahl Arbeiter zu bekommen. Sie werden auch nicht weniger bezahlen, denn bei einem geringeren Lohn käme es zur Drückebergerei. Man erkenne, dass die NSC-Kurve nie die Arbeitsangebotskurve schneidet. Und das bedeutet, dass es auch im Gleichgewicht immer eine gewisse Arbeitslosigkeit geben wird.

ZUSAMMENFASSUNG

1. Der Verkäufer eines Produkts verfügt oft über mehr Informationen über dessen Qualität als der Käufer. Asymmetrische Information dieser Art verursacht Marktversagen, bei dem schlechte Produkte oft gute Produkte vom Markt verdrängen. Marktversagen kann vermieden werden, wenn Verkäufer standardisierte Produkte, Garantien oder Gewährleistungen anbieten oder auf andere Art und Weise eine gute Reputation für ihre Produkte entwickeln.

2. Auf Versicherungsmärkten kommt es oft zu asymmetrischer Information, da der Käufer der Versicherung oft mehr Information über das gegebene Risiko hat als der Versicherer. Dies kann zu einer adversen Selektion führen, bei der sich Personen mit hohem Risiko für eine Versicherung und Personen mit geringem Risiko dagegen entscheiden. Ein weiteres Problem für Versicherungsmärkte ist Moral Hazard, bei dem der Versicherte nach Abschluss der Versicherung weniger auf Risikovermeidung achtet.

3. Verkäufer können mit dem Problem asymmetrischer Information umgehen, indem sie Käufern Signale über die Produktqualität übermitteln. So können Arbeitnehmer ihre hohe Produktivität durch das Anstreben eines hohen Ausbildungsniveaus signalisieren.

4. Durch asymmetrische Information kann es für einen Unternehmenseigentümer (Prinzipal) kostspielig sein, das Verhalten seiner Manager (Agenten) genau zu überwachen. Die Manager könnten höhere Sonderleistungen oder auch eine Maximierung der Verkaufszahlen anstreben, selbst wenn die Aktionäre eine Gewinnmaximierung vorziehen würden.

5. Eigentümer können einige Prinzipal-Agent-Probleme umgehen, indem sie Arbeitsverträge entwerfen, die ihren Agenten den Anreiz liefern, produktiv zu arbeiten.

6. Asymmetrische Information kann eine Erklärung dafür sein, warum es auf Arbeitsmärkten zu Arbeitslosigkeit kommt, obwohl einige Arbeiter intensiv nach Arbeit suchen. Nach der Effizienzlohntheorie erhöht ein Lohn, der oberhalb des Wettbewerbslohns liegt (der Effizienzlohn), die Produktivität der Arbeiter, indem es sie vom Bummeln während der Arbeitszeit abhält.

Kontrollfragen

1. Warum kann asymmetrische Information zwischen Käufern und Verkäufern zu Marktversagen führen, wenn ein Markt ansonsten vollkommen kompetitiv ist?

2. Wenn der Gebrauchtwagenmarkt ein „Lemons-Markt" ist, welche Reparaturvorgeschichte kann man dann von verkauften Gebrauchtwagen im Vergleich zur Reparaturvorgeschichte nicht verkaufter Wagen erwarten?

3. Erklären Sie den Unterschied zwischen adverser Selektion und Moral Hazard auf Versicherungsmärkten. Gibt es das eine ohne das andere?

4. Beschreiben Sie einige Möglichkeiten von Verkäufern, die Käufer davon zu überzeugen, dass ihre Produkte eine hohe Qualität haben. Welche Methoden können bei folgenden Produkten angewandt werden: Waschmaschinen der Firma Maytag, Hamburger von Burger King, große Diamanten.

5. Warum empfindet es ein Verkäufer als vorteilhaft, die Qualität eines Produktes zu signalisieren? Warum sind Garantien und Gewährleistungen eine Form von Marktsignalen?

6. Joe hat in seiner vierjährigen College-Ausbildung sehr gut abgeschnitten und einen hohen Punktedurchschnitt erzielt. Ist seine Leistung für Joes zukünftigen Arbeitgeber ein starkes Signal dafür, dass er besonders produktiv arbeiten wird? Warum oder warum nicht?

7. Warum kann es Managern möglich sein, andere Ziele als die Gewinnmaximierung zu erreichen, die ja das Ziel der Aktionäre ist?

8. Wie kann man anhand des Prinzipal-Agent-Modells erklären, warum öffentliche Unternehmen, wie etwa Postfilialen, andere Ziele außer der Gewinnmaximierung verfolgen?

9. Warum können Bonus- und Gewinnbeteiligungssysteme oft Prinzipal-Agent-Probleme lösen, während das mit festen Lohnzahlungen nicht gelingt?

10. Was ist der Effizienzlohn? Warum ist es für ein Unternehmen gewinnbringend, diesen Lohn auszuzahlen, wenn die Arbeiter über mehr Information bezüglich ihrer Produktivität verfügen als das Unternehmen?

Die Kontrollfragen samt Lösungen sowie weitere kapitelbegleitende Inhalte finden Sie im MyLab.

Übungen

1. Viele Verbraucher sehen in einem bekannten Markennamen ein Signal für Qualität und bezahlen deshalb mehr für ein Markenprodukt (z.B. für Aspirin von Bayer anstelle eines generischen Produkts). Kann ein Markenname wirklich ein gutes Qualitätssignal sein? Warum oder warum nicht?

2. Gary hat vor kurzem seinen Collegeabschluss gemacht. Nach sechs Monaten in seinem neuen Job hat er endlich genug gespart, um sich sein erstes Auto zu kaufen.
   a. Gary weiß nur wenig über die Unterschiede zwischen Automarken und Modellen. Wie könnte er anhand von Marktsignalen, Reputation oder Standardisierung Vergleiche anstellen?
   b. Wir sind Kreditsachbearbeiter in einer Bank. Nachdem er sich für ein Auto entschieden hat, kommt Gary zu uns, weil er einen Kredit aufnehmen möchte. Da er erst vor kurzem die Ausbildung beendet hat, hat er keine lange Kreditvorgeschichte. Die Bank aber hat langjährige Erfahrung bei der Versicherung frisch gebackener College-Absolventen. Kann diese Information Gary nützen? Wenn ja, wie?

3. Eine große Universität schafft Bewertungen der Noten 5 und 6 ab. Zur Begründung wird angeführt, dass viele Studenten überdurchschnittlich gut abschneiden, wenn sie nicht unter dem Druck stehen, durchzufallen. Die Universität gibt an, sie möchte, dass alle Studenten nur noch die Noten 1 und 2 bekommen. Wenn die Zielvorgabe ist, den gesamten Notendurchschnitt auf 2 oder besser zu heben, ist dies dann eine gute Strategie? Nehmen Sie in Ihrer Antwort Bezug auf das Problem des Moral Hazard.

4. Professor Jones wurde gerade am volkswirtschaftlichen Institut einer großen Universität eingestellt. Der Präsident verkündet, die Universität habe sich einer erstklassigen Ausbildung für ihre Studenten verschrieben. Zwei Wochen nach Semesterbeginn erscheint Jones nicht mehr zu seinen Lehrveranstaltungen. Anscheinend widmet er seine gesamte Zeit der wirtschaftswissenschaftlichen Forschung anstatt seinen Studenten. Jones argumentiert, seine Forschungsarbeit bringe dem Institut und der Universität hohes Ansehen. Sollte man ihm gestatten, weiterhin ausschließlich an seinen Forschungen zu arbeiten? Nehmen Sie in Ihrer Antwort Bezug auf das Prinzipal-Agent-Problem.

5. Eine Reihe amerikanischer Autohersteller, die den Ruf haben, Autos mit schlechter Pannenstatistik zu produzieren, bieten ihren Autokäufern nun umfassende Garantien an. (z.B. 7 Jahre Garantie auf alle Einzelteile und Arbeitsleistungen im Zusammenhang mit mechanischen Problemen).
   a. Halten Sie diese Strategie für sinnvoll angesichts Ihrer Kenntnisse über den „Lemons-Markt"?
   b. Kann es sein, dass sich aus dieser Strategie ein Moral Hazard-Problem entwickelt? Begründen Sie Ihre Antwort.

6. Um den Wettbewerb und das Verbraucherwohl zu fördern, schreibt die Federal Trade Commission amerikanischen Unternehmen vor, wahrheitsgemäß zu werben. Wie kann wahrheitsgemäße Werbung den Wettbewerb fördern? Warum wäre ein Markt weniger kompetitiv, wenn Unternehmen nicht wahrheitsgetreu werben würden?

7. Ein Versicherungsunternehmen erwägt, drei Arten von Versicherungspolicen auszugeben. (i) vollständige Deckung, (ii) vollständige Deckung nach einer Selbstbeteiligung von €10.000 und (iii) 90-prozentige Deckung aller Verluste. Bei welcher Police kommt es am ehesten zu einem Moral Hazard-Problem?

8. Wir haben gesehen, dass sich durch asymmetrische Information die Durchschnittsqualität der Produkte, die auf einem Markt verkauft werden, vermindern kann, da Produkte minderer Qualität qualitativ hochwertige Produkte verdrängen können. Wenn es um Märkte mit häufig auftretender asymmetrischer Information geht, würden Sie dann den folgenden Aussagen jeweils zustimmen oder nicht? Begründen Sie kurz Ihre Antworten.
   a. Der Staat sollte die Veröffentlichung von Verbraucherinformationen subventionieren.
   b. Der Staat sollte Qualitätsstandards einführen, so dass es Unternehmen verboten ist, Produkte minderer Qualität zu verkaufen.
   c. Der Hersteller eines hochwertigen Produkts wird höchstwahrscheinlich umfassende Garantieleistungen anbieten.
   d. Der Staat sollte *allen* Unternehmen vorschreiben, umfassende Garantien anzubieten.

9. Zwei Gebrauchtwagenhändler konkurrieren direkt nebeneinander an einer Hauptstraße. Der erste, Harry's Cars, verkauft qualitativ hochwertige Autos, die sorgfältig gewartet und falls nötig auch repariert werden. Jedes Auto, das er kauft und wartet, um es dann wieder zu verkaufen, kostet Harry durchschnittlich €8.000. Der zweite Händler, Lew's Motors, verkauft Autos minderer Qualität. Jedes Auto, das er verkauft, kostet Lew durchschnittlich €5.000. Wenn die Verbraucher die Qualität der Gebrauchtwagen kennen würden, wären sie gerne bereit, für Harry's Autos im Durchschnitt €10.000 und für Lew's Autos im Durchschnitt €7.000 zu bezahlen.

Wenn die Verbraucher keine weiteren Informationen bekommen, kennen sie die Qualität der Fahrzeuge der beiden Autohändler nicht. In diesem Fall gehen sie davon aus, dass sie eine 50-prozentige Chance haben, einen hochwertigen Wagen zu bekommen und sind daher bereit, €8.500 für ein Auto zu bezahlen.

Harry hat eine Idee. Er bietet auf alle Teile eines verkauften Autos eine Garantie an. Er weiß, dass eine Garantie, die Y Jahre gilt, durchschnittlich €500Y kosten wird, und er weiß auch, dass Lew, wenn er die gleiche Garantie bieten will, diese Leistung durchschnittlich €1.000Y kosten wird.

a. Nehmen wir an, Harry bietet eine einjährige Garantie auf alle seine verkauften Autos an. Ist dies ein glaubhaftes Qualitätssignal? Wird Lew das gleiche Angebot machen, oder wird er darauf verzichten, sodass die Verbraucher mit Recht annehmen können, dass Harry's Autos aufgrund der Garantie von hoher Qualität und durchschnittlich €10.000 wert sind?
   – Wie hoch sind Lew's Gewinne, wenn er *keine* einjährige Garantie anbietet? Wie hoch sind die Gewinne, wenn er eine Garantie bietet?
   – Wie hoch sind Harry's Gewinne, wenn Lew *keine* einjährige Garantie anbietet? Wie hoch sind sie, wenn Lew die Garantie auch bietet?
   – Wird Lew mit Harry gleichziehen und die Garantie ebenfalls anbieten?
   – Ist Harry's Idee der einjährigen Garantie gut?

b. Was geschieht, wenn Harry eine zweijährige Garantie anbietet? Ist dies ein glaubwürdiges Qualitätssignal? Wie steht es mit einer dreijährigen Garantie?

c. Wenn wir Harry beraten müssten, welche Garantiezeit würden wir vorschlagen? Begründen Sie Ihre Antwort.

*10. Der Vorstand der ASP Industries geht davon aus, dass der Jahresgewinn des Unternehmens den Zahlen in der untenstehenden Tabelle entspricht. Der Gewinn (π) ist abhängig von der Marktnachfrage und dem Einsatz des neuen CEO. Die Wahrscheinlichkeiten für jede Marktlage sind ebenfalls in der Tabelle angegeben.

Der Vorstand muss ein Vergütungspaket für den CEO entwerfen, das den erwarteten Gewinn des Unternehmens maximiert. Das Unternehmen steht Risiken neutral gegenüber, der CEO aber ist risikoscheu. Die Nutzen-Funktion des CEO lautet:

Nutzen = $W^{0,5}$ bei geringem Einsatz

Nutzen = $W^{0,5} - 100$ bei hohem Einsatz

wobei W dem Einkommen des CEO entspricht. (–100 sind die Nutzeneinbußen des CEO, wenn er sich stark einsetzt.) Der Vorstand kennt die Nutzen-Funktion des CEO und beide haben alle Informationen aus der Tabelle. Der Vorstand weiß *nicht*, ob sich der CEO nur geringfügig oder stark einsetzen wird und wie die Marktlage genau sein wird, er kennt aber die Gewinnprognosen für alle Szenarien.

Welche der drei unten aufgeführten Kompensationspakete würde der Vorstand von ASP Industries bevorzugen? Warum?

a. Paket 1: Zahlung eines jährlichen pauschalen Gehalts an den CEO von €575.000.

b. Paket 2: Zahlung von fixen sechs Prozent des jährlichen Firmengewinns an den CEO.

c. Paket 3: Zahlung eines pauschalen Grundgehalts von jährlich €5.000.000 plus 50 Prozent aller Unternehmensgewinne über €15 Millionen.

Marktnachfrage	Geringe Nachfrage	Mittlere Nachfrage	Hohe Nachfrage
Marktwahrscheinlichkeiten	0,30	0,40	0,30
Geringer Einsatz	π = €5 Millionen	π = €10 Millionen	π = €15 Millionen
Hoher Einsatz	π = €10 Millionen	π = €15 Millionen	π = €17 Millionen

11. Der kurzfristige Erlös eines Unternehmens ist definiert als $E = 10e - e^2$, wobei e das Arbeitseinsatzniveau eines typischen Arbeiters ist. (Wir gehen davon aus, dass alle Arbeiter identisch sind.) Ein Arbeiter wählt seinen Arbeitseinsatz so, dass sein Lohn abzüglich des Einsatzes $w - e$ maximiert wird. (Wir nehmen an, dass die Einsatzkosten pro Einheit 1 sind.) Ermitteln Sie für jedes der folgenden Entlohnungssysteme das Arbeitseinsatzniveau und das Gewinnniveau (Erlös abzüglich ausgezahltem Lohn). Erklären Sie, warum diese unterschiedlichen Prinzipal-Agent-Beziehungen zu unterschiedlichen Ergebnissen führen.
    a. $w = 2$ für $e \leq 1$; sonst gilt $w = 0$
    b. $w = E/2$
    c. $w = E - 12{,}5$

12. UNIVERSAL SAVINGS & LOAN kann $1.000 verleihen. Risikolose Darlehen werden im nächsten Jahr mit einem Zinssatz von 4% vollständig zurückgezahlt. Bei riskanten Darlehen besteht eine 20-prozentige Wahrscheinlichkeit für einen Ausfall (keine Rückzahlung) und eine Wahrscheinlichkeit von 80%, dass das Darlehen vollständig und mit einem Zinssatz von 30% zurückgezahlt wird.

    a. Welchen Gewinn kann das Geldinstitut zu erzielen erwarten? Weisen Sie nach, dass die erwarteten Gewinne gleich sind, unabhängig davon, ob das Kreditinstitut die risikobehafteten oder risikolosen Darlehen vergibt.
    b. Nunmehr sei angenommen, dass das Kreditinstitut weiß, dass der Staat UNIVERSAL im Fall eines Ausfalls helfen würde (indem er die ursprünglichen $1.000 zurückzahlt). Für welche Art Darlehen entscheidet sich das Kreditinstitut in diesem Fall? Wie hoch wären die erwarteten Kosten für den Staat?
    c. Nun sei angenommen, dass das Kreditinstitut nicht mit Sicherheit weiß, dass es Unterstützung erhalten wird, es besteht aber die Wahrscheinlichkeit P. Bei welchen Werten von P wird das Kreditinstitut risikobehaftete Darlehen vergeben?

Die Lösungen zu ausgewählten Übungen finden Sie im Anhang dieses Buches. Die kompletten Lösungen für die Übungen finden Dozenten im MyLab.

Externalitäten und öffentliche Güter

18.1 Externalitäten... 884
    Beispiel 18.1: Kosten und Nutzen von Schwefeldioxidemissionen ... 888

18.2 Korrekturmöglichkeiten für Marktversagen............ 890
    Beispiel 18.2: Die Reduzierung der Schwefeldioxidemissionen
    in Peking 898
    Beispiel 18.3: Emissionshandel und saubere Luft................ 899
    Beispiel 18.4: Die Regulierung des städtischen Abfalls 905

18.3 Bestandsexternalitäten 906
    Beispiel 18.5: Die Erderwärmung...................... 911

18.4 Externalitäten und Eigentumsrechte 914
    Beispiel 18.6: Das Coase-Theorem in der Praxis 917

18.5 Ressourcen im Gemeineigentum 918
    Beispiel 18.7: Langustenfischerei in Louisiana.................. 920

18.6 Öffentliche Güter 921
    Beispiel 18.8: Die Nachfrage nach sauberer Luft 925

18.7 Private Präferenzen für öffentliche Güter 927

18

ÜBERBLICK

18 Externalitäten und öffentliche Güter

In diesem Kapitel befassen wir uns mit *Externalitäten* – den Auswirkungen von Produktions- und Konsumentscheidungen, die der Markt nicht direkt widerspiegelt – und *öffentlichen Gütern* – Gütern, von denen alle Verbraucher profitieren, die aber auf dem Markt entweder gar nicht oder in zu geringer Menge angeboten werden. Externalitäten und öffentliche Güter sind wichtige Ursachen für Marktversagen und werfen deshalb schwer wiegende politische Fragen auf. Wie viel Abwasser sollten Unternehmen zum Beispiel – wenn überhaupt – in Flüsse und Ströme leiten dürfen? Wie streng sollten Autoabgasvorschriften abgefasst sein? Wie viel sollte der Staat für die nationale Verteidigung ausgeben? Wie viel für Bildung, Grundlagenforschung oder die öffentlichen Fernsehsender?

Wenn Externalitäten im Spiel sind, muss der Preis eines Gutes nicht unbedingt seinen gesellschaftlichen Wert widerspiegeln. Folglich können Märkte zu viel oder zu wenig von diesem Gut produzieren und das Marktergebnis ist ineffizient. Zu Anfang wollen wir Externalitäten näher beschreiben und aufzeigen, wie genau sie zu Marktineffizienzen führen können. Dann wollen wir Lösungsmöglichkeiten abwägen. Bei einigen Lösungsmöglichkeiten spielt staatliche Regulierung eine große Rolle, andere stützen sich vor allem auf Verhandlungsprozesse zwischen Individuen oder auf das legale Recht der Geschädigten, die Verursacher der Externalität zu verklagen.

Als Nächstes analysieren wir öffentliche Güter. Die Grenzkosten der Bereitstellung eines öffentlichen Gutes für einen weiteren Verbraucher sind gleich null, und man kann die Verbraucher nicht davon abhalten, dieses Gut zu konsumieren. Wir unterscheiden zwischen Gütern, die nur schwer privat bereitzustellen sind und solchen Gütern, die durch den Markt angeboten werden könnten. Wir schließen mit dem Problem, dem sich Politiker gegenüber sehen, wenn sie entscheiden müssen, welche Menge eines öffentlichen Gutes bereitzustellen ist.

18.1 Externalitäten

Es kann zwischen Produzenten, zwischen Konsumenten oder zwischen Konsument und Produzent zu **Externalitäten** kommen. Sie können *negativ* sein – wenn die Handlungen einer Partei einer anderen Partei Kosten verursachen – oder *positiv* – wenn eine Partei von den Handlungen einer anderen Partei profitiert.

Eine *negative Externalität* ergibt sich beispielsweise, wenn ein Stahlwerk sein Abwasser in einen Fluss leitet, auf den Fischer weiter flussabwärts für ihren täglichen Fang angewiesen sind. Je mehr Abwässer das Stahlwerk in den Fluss leitet, desto weniger Fische können gefangen werden. Für das Unternehmen besteht jedoch kein Anreiz, die externen Kosten, die es den Fischern verursacht, in seine Produktionsentscheidungen mit einzubeziehen. Außerdem gibt es keinen Markt, auf dem diese externen Kosten auf den Stahlpreis übertragen werden könnten. Eine *positive Externalität* ergibt sich, wenn ein Hausbesitzer sein Haus neu streichen lässt und einen schönen Garten anlegt. Zwar profitieren alle Nachbarn von dieser Aktion, doch der Hausbesitzer berücksichtigt diesen Nutzen höchstwahrscheinlich nicht bei seiner Entscheidung, das Haus zu verschönern.

> **Externalität**
> Handlung eines Produzenten oder Konsumenten, die andere Produzenten oder Konsumenten beeinflusst aber im Marktpreis nicht berücksichtigt wird.

18.1.1 Negative Externalitäten und Ineffizienz

Da Externalitäten im Marktpreis nicht berücksichtigt werden, können sie ökonomische Ineffizienz verursachen. Wenn Unternehmen die mit negativen Externalitäten verbundenen Schäden nicht berücksichtigen, führt dies zu einer Überschussproduktion und unnötigen gesellschaftlichen Kosten. Um zu sehen, warum das so ist, betrachten wir unser Beispiel einer Stahlfabrik, die ihre Abwässer in einen Fluss leitet. Abbildung 18.1(a) zeigt die Produktionsentscheidung eines Stahlwerks auf einem Wettbewerbsmarkt. Abbildung 18.1(b) zeigt die Angebots- und Nachfragekurven des Marktes, wobei davon ausgegangen wird, dass alle Stahlwerke ähnliche Externalitäten verursachen. Wir nehmen an, dass das Unternehmen eine Produktionsfunktion mit festem Einsatzverhältnis hat, so dass es seine Inputkombination nicht verändern kann. Abwasser und andere Abfallprodukte können nur durch eine Verringerung der Produktionsmenge reduziert werden. (Ohne diese Annahme würden die Unternehmen gemeinsam unter einer Vielzahl von Kombinationen zwischen Output und einer Reduzierung der Verschmutzung auswählen.) Wir werden die Auswirkungen der Externalität in zwei Schritten analysieren. Zunächst sehen wir, was geschieht, wenn nur ein Stahlwerk die Wasserverschmutzung verursacht, und danach betrachten wir das Ergebnis, wenn alle Unternehmen gleichermaßen das Wasser verschmutzen.

In § 6.3 erklären wir, dass es bei einer Produktionsfunktion mit festem Einsatzverhältnis unmöglich ist, Produktionsfaktoren gegeneinander auszutauschen, da für jedes Produktionsniveau eine bestimmte Kombination von Arbeit und Kapital benötigt wird.

Der Stahlpreis liegt bei P_1, am Schnittpunkt der Nachfrage- und Angebotskurve in Abbildung 18.1(b). Die GK-Kurve in (a) gibt die Grenzkosten der Produktion einer typischen Stahlfabrik an. Das Unternehmen maximiert seinen Gewinn, wenn es sein Produktionsniveau auf q_1 festsetzt, wo die Grenzkosten dem Preis entsprechen (der wiederum gleich dem Grenzerlös ist, da das Unternehmen den Preis als gegeben hinnimmt). Da sich die Produktionsmenge jedoch verändert, verändern sich auch die externen Kosten, die den Fischern flussabwärts auferlegt werden. Diese externen Kosten sind in der **externen Grenzkostenkurve** (EGK) in Abbildung 18.1(a) dargestellt. Intuitiv ist klar, warum die gesamten externen Kosten mit dem Output steigen – es gibt mehr Verschmutzung. Allerdings konzentriert sich unsere Analyse auf die externen *Grenz*kosten, mit denen die zusätzlichen, in Verbindung mit jeder erzeugten Outputeinheit entstandenen externen Kosten gemessen werden. In der Praxis verläuft die EGK-Kurve für die meisten Formen der Verschmutzung steigend. Wenn die Fabrik mehr produziert und mehr Abwässer einleitet, steigt auch der zusätzliche Schaden für die Fischer.

In § 8.3 erklären wir, dass es für ein Wettbewerbsunternehmen gewinnmaximierend ist, da es mit einer horizontalen Nachfragekurve konfrontiert wird, sein Produktionsniveau so zu wählen, dass die Grenzkosten gleich dem Preis sind.

Externe Grenzkosten

Anstieg der extern entstehenden Kosten, wenn ein oder mehrere Unternehmen ihren Output um eine Einheit steigern.

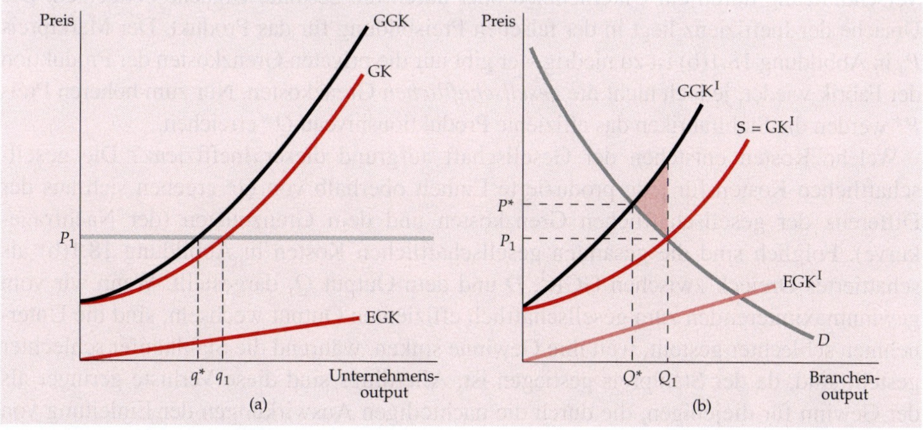

Abbildung 18.1: Externe Kosten
Wenn negative Externalitäten auftreten, liegen die gesellschaftlichen Grenzkosten GGK oberhalb der Grenzkosten GK. Die Differenz entspricht den externen Grenzkosten EGK. In Teil **(a)** produziert ein gewinnmaximierendes Unternehmen die Menge q_1, bei der der Preis GK entspricht. Die effiziente Produktionsmenge ist q^*, bei der der Preis gleich GGK ist. In Teil **(b)** entspricht die kompetitive Produktionsmenge des Unternehmens Q_1, dem Schnittpunkt von Branchenangebot GK^I und -nachfrage D. Die effiziente Gütermenge Q^* ist jedoch geringer, sie liegt am Schnittpunkt der Nachfragemit der gesellschaftlichen Grenzkostenkurve GGK^I.

18 Externalitäten und öffentliche Güter

Gesellschaftliche Grenzkosten

Die Summe der Grenzkosten der Produktion und der externen Grenzkosten

Aus gesellschaftlicher Sicht produziert das Unternehmen einen zu großen Output. Der effiziente Output wird produziert, wenn der Produktpreis gleich den **gesellschaftlichen Grenzkosten (GGK)** der Produktion ist. Dies sind die Grenzkosten der Produktion zuzüglich der externen Grenzkosten, die bei der Abwasserentsorgung entstehen. In Abbildung 18.1(a) erhält man die gesellschaftliche Grenzkostenkurve durch Addition der Grenzkosten und der externen Grenzkosten bei jedem beliebigen Produktionsniveau (z.B. GGK = GK + EGK). Die gesellschaftliche Grenzkostenkurve GGK schneidet die Preisgerade am Produktionsniveau q^*. Da in diesem Fall nur ein Unternehmen Abwässer in den Fluss einleitet, bleibt der Marktpreis des Produkts unverändert. Dennoch ist der Output des Unternehmens zu hoch (q_1 anstelle von q^*) und verursacht zu viel Abwasser.

Betrachten wir nun was passiert, wenn alle Stahlfabriken ihre Abwässer in die Flüsse einleiten. In Abbildung 18.1(b) ist die GK^I-Kurve die Branchenangebotskurve. Die externen Grenzkosten im Zusammenhang mit dem Branchenoutput, EGK^I, ergeben sich aus der Addition der Grenzkosten jeder geschädigten Person auf jedem Produktionsniveau. Die GGK^I-Kurve stellt die Summe der Grenzkosten der Produktion und der externen Grenzkosten *aller Stahlfabriken* dar. Folglich gilt $GGK^I = GK^I + EGK^I$.

In § 9.2 erklären wir, dass es ohne Marktversagen auf einem Wettbewerbsmarkt zu einem ökonomisch effizienten Produktionsniveau kommt.

Ist der Branchenoutput effizient, wenn dabei Externalitäten entstehen? Abbildung 18.1(b) zeigt, dass der effiziente branchenweite Output dem Produktionsniveau entspricht, bei dem der Grenznutzen einer zusätzlichen Produktionseinheit gleich den gesellschaftlichen Grenzkosten ist. Da die Nachfragekurve die Grenznutzen der Verbraucher angibt, liegt der effiziente Output bei Q^*, am Schnittpunkt der gesellschaftlichen Grenzkosten GGK^I mit der Nachfragekurve D. Der kompetitive branchenweite Output liegt jedoch bei Q_1, am Schnittpunkt der Nachfrage- und der Angebotskurve, GK^I. Der Branchenoutput ist offensichtlich zu hoch.

In unserem Beispiel wird bei jeder beliebigen Produktionsmenge eine bestimmte Menge Abwasser in die Flüsse geleitet. Deshalb besteht die ökonomische Ineffizienz in der Überproduktion, die dazu führt, dass zu viel Abwasser abgeleitet wird, gleichgültig ob wir die Verschmutzung durch ein Unternehmen oder durch die gesamte Branche betrachten. Die Ursache der Ineffizienz liegt in der falschen Preisbildung für das Produkt. Der Marktpreis P_1 in Abbildung 18.1(b) ist zu niedrig – er gibt nur die privaten Grenzkosten der Produktion der Fabrik wieder, jedoch nicht die *gesellschaftlichen* Grenzkosten. Nur zum höheren Preis P^* werden die Stahlfabriken das effiziente Produktionsniveau Q^* erreichen.

Welche Kosten entstehen der Gesellschaft aufgrund dieser Ineffizienz? Die gesellschaftlichen Kosten für jede produzierte Einheit oberhalb von Q^* ergeben sich aus der Differenz der gesellschaftlichen Grenzkosten und dem Grenznutzen (der Nachfragekurve). Folglich sind die gesamten gesellschaftlichen Kosten in Abbildung 18.1(b) als schattiertes Dreieck zwischen GGK^I, D und dem Output Q_1 dargestellt. Wenn wir vom gewinnmaximierenden zum gesellschaftlich effizienten Output wechseln, sind die Unternehmen schlechter gestellt, weil ihre Gewinne sinken, während die Stahlkäufer schlechter gestellt sind, da der Stahlpreis gestiegen ist. Allerdings sind diese Verluste geringer als der Gewinn für diejenigen, die durch die nachteiligen Auswirkungen der Einleitung von Abwässern in den Fluss geschädigt wurden.

Durch Externalitäten entsteht sowohl eine kurzfristige als auch eine langfristige Ineffizienz. In Kapitel 8 sahen wir, dass Unternehmen in eine Wettbewerbsbranche eintreten, wenn der Produktpreis über den *durchschnittlichen Produktionskosten* liegt und diese verlassen, wenn der Preis unterhalb der Durchschnittskosten liegt. In einem langfristigen Gleichgewicht entspricht der Preis den (langfristigen) Durchschnittskosten. Wenn es zu negativen Externalitäten kommt, sind die privaten Durchschnittskosten der Produktion geringer als die durchschnittlichen gesellschaftlichen Kosten. Folglich verbleiben einige Unternehmen auf dem Markt, obwohl es für sie effizienter wäre, auszusteigen. Also werden durch negative Externalitäten zu viele Unternehmen angeregt, in einer Branche zu bleiben.

18.1.2 Positive Externalitäten und Ineffizienz

Externalitäten können auch zu einer zu geringen Produktionsmenge führen, wie das Beispiel der Haus- und Gartenneugestaltung zeigt. In Abbildung 18.2 misst die horizontale Achse die Investition des Hauseigentümers (in Euro) für die Haus- und Gartengestaltung. Die Grenzkostenkurve für die Hausreparatur bildet die Reparaturkosten ab, wenn mehr Arbeit am Haus geleistet wird. Sie verläuft horizontal, da diese Kosten nicht vom Ausmaß der Reparaturarbeiten abhängen. Die Nachfragekurve D misst den privaten Grenznutzen, den der Hausbesitzer aufgrund der Erneuerungsarbeiten hat. Der Eigentümer wird sich entscheiden, q_1 in die Reparaturen zu investieren; dieser Wert liegt am Schnittpunkt seiner Nachfrage- und der Grenzkostenkurve. Die Reparaturarbeiten erzeugen aber auch einen externen Nutzen für die Nachbarn, wie die **externe Grenznutzenkurve** (EGU) zeigt. Diese Kurve verläuft in diesem Beispiel fallend, da der Grenznutzen bei geringen Reparaturarbeiten hoch ist, jedoch zurückgeht, wenn die Reparaturarbeiten ausgedehnt werden.

> **Externer Grenznutzen**
>
> Nutzensteigerung, die andere Parteien erfahren, wenn ein Unternehmen seinen Output um eine Einheit erhöht.

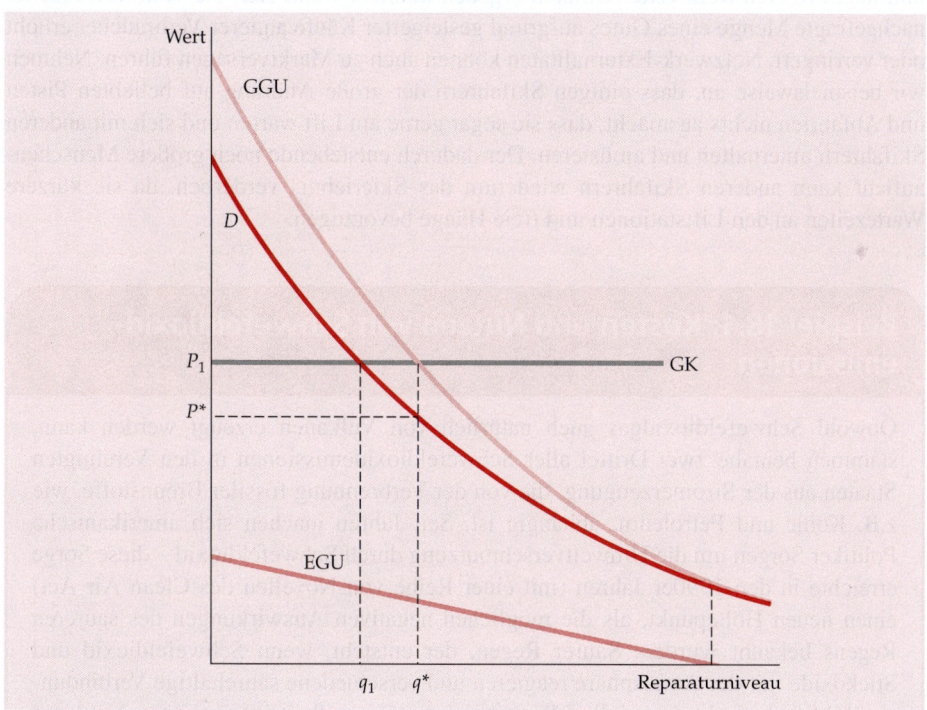

Abbildung 18.2: Externer Nutzen
Kommt es zu positiven Externalitäten, so ist der gesellschaftliche Grenznutzen GGU höher als der Grenznutzen D. Die Differenz ist der externe Grenznutzen EGU. Ein Hauseigentümer, der im eigenen Interesse handelt, wird q_1 in seine Reparaturarbeiten investieren; dieser Wert ergibt sich aus dem Schnittpunkt der Grenznutzenkurve D mit der Grenzkostenkurve GK. Das effiziente Reparaturniveau q^* ist jedoch höher und liegt am Schnittpunkt der gesellschaftlichen Grenznutzenkurve mit der Grenzkostenkurve.

18 Externalitäten und öffentliche Güter

Gesellschaftlicher Grenznutzen

Die Summe des privaten Grenznutzens und des externen Grenznutzens.

Die **gesellschaftliche Grenznutzenkurve** GGU ergibt sich aus einer Addition des privaten Grenznutzens und des externen Grenznutzens für jedes Produktionsniveau. Folglich gilt GGU = D + EGU. Das effiziente Produktionsniveau q^*, bei dem der gesellschaftliche Grenznutzen zusätzlicher Reparaturarbeit den Grenzkosten dieser Reparaturen entspricht, befindet sich am Schnittpunkt der GGU- und der GK-Kurven. Die Ineffizienz ergibt sich, weil der Hauseigentümer nicht den gesamten Nutzen aus seiner Haus- und Gartenerneuerung erfährt. Folglich ist der Preis P_1 zu hoch, um ihn dazu zu bringen, Haus und Garten im gesellschaftlich wünschenswerten Maß zu erneuern. Um das effiziente Angebotsniveau q^* zu gewährleisten, ist ein geringerer Preis P^* nötig.

Ein weiteres Beispiel einer positiven Externalität ist das Geld, das Unternehmen für Forschung und Entwicklung (F&E) ausgeben. Oft können die Innovationen, die aus solchen Forschungsarbeiten hervorgehen, nicht vor dem Zugriff anderer Unternehmen geschützt werden. Nehmen wir zum Beispiel an, ein Unternehmen entwirft ein neues Produkt. Wenn es dies patentieren lassen kann, könnte das Unternehmen mit der Produktion und dem Vertrieb des neuen Produktes hohe Gewinne erzielen. Wenn der neue Entwurf aber von anderen Unternehmen kopiert werden kann, können diese einen Teil der Gewinne des Ursprungsunternehmens für sich beanspruchen. In diesem Fall gibt es also wenig Anreize, um F&E zu betreiben, und der Markt wird dafür höchstwahrscheinlich zu wenig Geldmittel bereitstellen.

In § 4.5 erklären wir, dass bei einer vorliegenden Netzwerk-Externalität die Nachfrage jedes Verbrauchers von den Käufen der anderen Verbraucher abhängt.

Der Begriff der Externalität ist nicht neu: In Kapitel 4 erklärten wir, dass sich positive und negative Netzwerk-Externalitäten ergeben können, wenn sich die vom Verbraucher nachgefragte Menge eines Gutes aufgrund gesteigerter Käufe anderer Verbraucher erhöht oder verringert. Netzwerk-Externalitäten können auch zu Marktversagen führen. Nehmen wir beispielsweise an, dass einigen Skifahrern der große Andrang auf beliebten Pisten und Abfahrten nichts ausmacht, dass sie sogar gerne am Lift warten und sich mit anderen Skifahrern unterhalten und amüsieren. Der dadurch entstehende noch größere Menschenauflauf kann anderen Skifahrern wiederum das Skierlebnis verderben, da sie kürzere Wartezeiten an den Liftstationen und freie Hänge bevorzugen.

Beispiel 18.1: Kosten und Nutzen von Schwefeldioxidemissionen

Obwohl Schwefeldioxidgas auch natürlich von Vulkanen erzeugt werden kann, stammen beinahe zwei Drittel aller Schwefeldioxidemissionen in den Vereinigten Staaten aus der Stromerzeugung, die von der Verbrennung fossiler Brennstoffe, wie z.B. Kohle und Petroleum, abhängig ist. Seit Jahren machen sich amerikanische Politiker Sorgen um die Umweltverschmutzung durch Schwefeldioxid – diese Sorge erreichte in den 1990er Jahren (mit einer Reihe von Novellen des Clean Air Act) einen neuen Höhepunkt, als die möglichen negativen Auswirkungen des saureren Regens bekannt wurden. Saurer Regen, der entsteht, wenn Schwefeldioxid und Stickoxide mit der Atmosphäre reagieren und verschiedene säurehaltige Verbindungen bilden, bedroht materiellen Besitz und die Gesundheit im gesamten Mittleren Westen und Nordwesten der Vereinigten Staaten.[1] ▶

---

[1] Weitere Informationen zu Schwefeldioxid und saurem Regen werden unter http://www.epa.gov zur Verfügung gestellt.

Saurer Regen kann die menschliche Gesundheit zum einen direkt aus der Atmosphäre oder indirekt aus dem Boden, wo unsere Nahrungsmittel angebaut werden, negativ beeinflussen. Es ist nachgewiesen worden, dass saurer Regen das Risiko für Herz- und Lungenerkrankungen, wie Asthma und Bronchitis, erhöht. Überdies ist saurer Regen mit frühen Todesfällen sowohl bei Erwachsenen als auch bei Kindern in Verbindung gebracht worden. Einer Schätzung zufolge hätten mehr als 17.000 Todesfälle pro Jahr verhindert werden können, wenn die Schwefeldioxidemissionen um 50 Prozent des Niveaus der 1980er Jahre – einer Zeit, in der die Emissionen in den Vereinigten Staaten einen historischen Höchststand erreichten – gesenkt worden wären.

Neben der menschlichen Gesundheit schädigt der saure Regen auch Wasser und Wälder sowie Bauwerke. Einer Studie zufolge hätte eine fünfzigprozentige Reduzierung des Schwefeldioxidniveaus in den 1980er Jahren Verbesserungen im Bereich des Freizeitfischens mit einem Wert von $24 Millionen pro Jahr, einem jährlichen Wert von $800 Millionen für den Bereich des kommerziell genutzten Holzes sowie einem jährlichen Wert von $700 Millionen für die Getreideproduzenten zur Folge gehabt.[2] Überdies ist nachgewiesen worden, dass Schwefeldioxidemissionen durch erhöhte Oberflächenkorrosion Lacke, Stahl, Kalkstein und Marmor schädigen. Obwohl die Kosten des sauren Regens für vom Menschen hergestellte Materialien schwer zu quantifizieren sind, bieten die Fahrzeughersteller mittlerweile säureresistente Lacke für Neuwagen zu durchschnittlichen Kosten von $5 pro Fahrzeug bzw. zu $61 Millionen für sämtliche, in den USA verkauften neuen PKW und LKW an.

Wie gestalten sich nun aber die Kosten der Senkung der Schwefeldioxidemissionen? Um diese Reduzierungen zu erreichen, müssen die Unternehmen Ausrüstungen zur Emissionskontrolle installieren. Die Mehrkosten zur Erzielung gewisser Emissionsreduzierungen sind wahrscheinlich gering; allerdings steigen diese Kosten, wenn immer höhere Investitionen in die Kapitalausstattung notwendig werden, um weitere Senkungen zu erzielen.

In Abbildung 18.3 wird ein Beispiel der Kosten und des Nutzens aus der Reduzierung von Schwefeldioxidemissionen dargestellt, das auf einer Studie der Emissionsreduzierung in Philadelphia beruht.[3] Die Graphik kann am einfachsten von rechts nach links gelesen werden, da aufgezeigt werden soll, welches Ausmaß der Vermeidung von Schwefeldioxidkonzentrationen vom gegenwärtigen Niveau von 0,08 Teilen pro Million gesellschaftlich wünschenswert ist. Die Grenzkostenkurve der Vermeidung steigt (von rechts nach links) und zeigt immer dann sprunghafte Anstiege, wenn neue, kapitalintensive Ausrüstungen zur Verschmutzungskontrolle für die Verbesserung der Treibstoffeffizienz notwendig sind.

Die externen Grenzkosten spiegeln (auch hier von rechts nach links gelesen) die zunehmende Reduzierung der durch sauren Regen verursachten Schäden wider. Studien über Atemwegserkrankungen, Materialkorrosion und eingeschränkte Sicht ergaben, dass die gesellschaftlichen Grenzkosten bei mäßig hohem Schadstoffanteil hoch und relativ konstant sind. Bei sehr niedrigen Konzentrationen sinken ▶

---

2 Spencer Banzhaf et al., „Valuation of Natural Resource Improvements in the Adirondacks", Washington: Resource for the Future, September 2004.
3 Thomas R. Irvin, „A Cost Benefit Analysis of Sulfur Dioxide Abatement Regulations in Philadelphia", *Business Economics*, September 1977, S. 12–20.

allerdings die externen Grenzkosten und schließlich gibt es nur noch wenige nachteilige Auswirkungen auf die Gesundheit, Materialien oder ästhetische Aspekte.

Das effiziente Niveau reduzierter Schwefeldioxidemissionen ergibt sich bei der Anzahl der Schwefelteile pro Million, bei der die Grenzkosten der Reduktion gleich den externen Grenzkosten sind. Aus Abbildung 18.3 ist ersichtlich, dass dieses Niveau bei ungefähr 0,0275 ppm liegt.

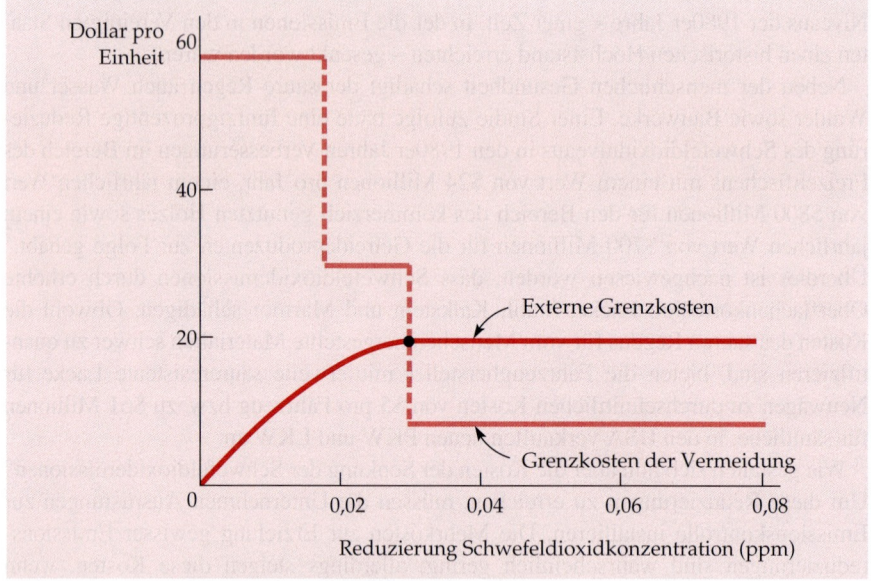

Abbildung 18.3: Die Senkung der Schwefeldioxidemissionen
Bei der effizienten Schwefeldioxidkonzentration werden die Grenzkosten der Vermeidung den externen Grenzkosten gleichgesetzt. Hier bildet die Grenzkostenkurve der Vermeidung eine Reihe von Stufen, die jeweils den Einsatz neuer Vermeidungstechnologien darstellen.

Zusammenfassend kann formuliert werden, dass aus der Reduzierung der Schwefeldioxidemissionen eindeutig wesentliche Vorteile erwachsen. Welche Maßnahmen, sofern vorhanden, können am besten eingesetzt werden, um diese Reduzierungen effizient zu erreichen? Zu diesen Fragen kehren wir zurück, nachdem wir in Abschnitt 18.2 eine Vielzahl an Politikoptionen zur Behandlung von Externalitäten kennengelernt haben.

18.2 Korrekturmöglichkeiten für Marktversagen

Wie lässt sich eine Ineffizienz aufgrund von Externalitäten korrigieren? Wenn das Unternehmen, das die Externalität verursacht, eine Produktionstechnologie mit festem Einsatzverhältnis hat, kann man die Externalität nur dadurch einschränken, dass man dem Unternehmen nahe legt, weniger zu produzieren. Wie in Kapitel 8 gesehen, lässt sich dieses Ziel mit Hilfe einer Produktionssteuer erreichen. Glücklicherweise können die meisten Unternehmen ihre Produktionsfaktoren im Produktionsprozess aber als Substitute einsetzen, indem sie ihre eingesetzte Technologie verändern. So kann etwa ein Hersteller einen Filter in seinen Schornstein einbauen, um den Schadstoffausstoß zu mindern.

18.2 Korrekturmöglichkeiten für Marktversagen

Betrachten wir ein Unternehmen, das seine Produkte auf einem Wettbewerbsmarkt verkauft. Das Unternehmen emittiert Schadstoffe, die die Luftqualität der Umgebung verschlechtern. Eine Schadstoffreduktion ist für das Unternehmen mit Kosten verbunden. Abbildung 18.4 verdeutlicht diesen Tradeoff. Die horizontale Achse misst die Schadstoffemission und die vertikale Achse die Kosten pro Emissionseinheit. Zur Vereinfachung nehmen wir an, dass die Entscheidungen des Unternehmens über Produktionsmenge und Schadstoffausstoß unabhängig voneinander getroffen werden können, und dass das Unternehmen seine gewinnmaximierende Produktionsmenge bereits festgelegt hat. Deshalb kann das Unternehmen nun sein bevorzugtes Emissionsniveau festlegen. Die Kurve mit der Bezeichnung EGK zeigt die externen *Grenzkosten der Emissionen*. Diese Kurve gesellschaftlicher Kosten stellt den mit den Emissionen verbundenen, gestiegen Schaden dar. In der folgenden Diskussion werden wir die Begriffe *externe Grenzkosten* und *gesellschaftliche Grenzkosten* synonym verwenden. (Es sei an dieser Stelle daran erinnert, dass der Output des Unternehmens fix ist, so dass die privaten Produktionskosten – im Gegensatz zur Reduzierung der Verschmutzung – unverändert bleiben.) Die EGK-Kurve verläuft steigend, da die *Grenzkosten* der Externalität umso höher sind, je ausgeprägter sie ist. (Studien über die Auswirkungen von Luft- und Wasserverschmutzung ergaben, dass niedrige Schadstoffmengen nur geringen Schaden anrichten. Mit steigender Schadstoffmenge nimmt jedoch auch das Ausmaß der Schäden erheblich zu.)

> Erinnern wir uns aus § 7.3, dass ein Unternehmen seine Produktionsfaktoren substituieren kann, indem es auf eine Schadstoffgebühr durch Veränderung der eingesetzten Technologie reagiert.

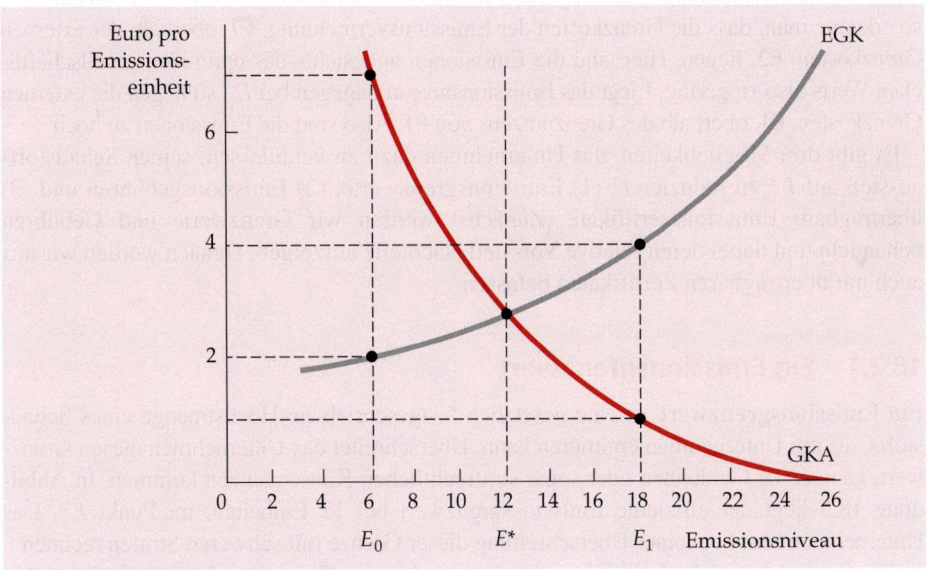

Abbildung 18.4: Das effiziente Emissionsniveau
Das effiziente Emissionsniveau eines Unternehmens entspricht dem Niveau, bei dem die externen Grenzkosten der Emission, EGK, gleich dem Vorteil sind, der sich aufgrund geringerer Vermeidungskosten, GKA, ergibt. Das effiziente Niveau von 12 Einheiten liegt im Punkt E^*.

Da unser Augenmerk auf der Senkung der bestehenden Emissionsniveaus liegt, wird es hilfreich sein, die EGK-Kurve von rechts nach links zu lesen. Von dieser Perspektive aus betrachtet erkennen wir, dass die mit einer geringen Reduzierung der Emissionen von einer Höhe von 26 Einheiten aus (die den zusätzlichen Nutzen reduzierter Emissionen darstellen) verbundenen EGK höher als €6 pro Einheit sind. Wenn allerdings die Emissionen immer weiter reduziert werden, sinken die gesellschaftlichen Grenzkosten (schließlich) auf unter €2 pro Einheit. Ab einem gewissen Punkt wird der zusätzliche Nutzen aus der Senkung der Emissionen kleiner als €2.

Die mit GKA bezeichnete Kurve bildet *die Grenzkosten der Emissionsvermeidung* ab. Sie misst die zusätzlichen Kosten, die einem Unternehmen entstehen, wenn es Ausstattungen installiert, die der Emissionsvermeidung dienen. Die GKA-Kurve verläuft fallend, da die Grenzkosten der Emissionsvermeidung bei geringer Emissionseindämmung gering, bei hoher Emissionseindämmung dagegen beträchtlich sind. (Eine geringe Emissionseindämmung ist nicht teuer – das Unternehmen kann einfach seinen Produktionsplan umstellen, so dass die meisten Schadstoffe nachts emittiert werden, wenn sich nur wenige Menschen draußen aufhalten. Größere Emissionseindämmung erfordert eine Veränderung des Produktionsprozesses.) Wie im Fall der EGK-Kurve ist es auch hier für unsere unmittelbare Erkenntnis hilfreich, die GKA-Kurve von rechts nach links zu lesen. Aus dieser Perspektive betrachtet steigen die Grenzkosten der Emissionsvermeidung, während wir immer höhere Emissionsreduzierungen anstreben.

Unternimmt das Unternehmen *nichts* zur Emissionsvermeidung, so liegt das gewinnmaximierende Emissionsniveau des Unternehmens bei 26, denn an dieser Stelle sind die Grenzkosten der Emissionsvermeidung gleich null. Das effiziente Emissionsniveau, 12 Einheiten, liegt im Punkt E^*, wo die externen Grenzkosten der Emission, €3, gleich den Grenzkosten der Emissionsvermeidung sind. Liegt das Emissionsniveau unterhalb von E^* – etwa bei E_0 –, so erkennt man, dass die Grenzkosten der Emissionsvermeidung, €7, oberhalb der externen Grenzkosten, €2, liegen. Hier sind die Emissionen angesichts des optimalen gesellschaftlichen Werts also zu gering. Liegt das Emissionsniveau dagegen bei E_1, so liegen die externen Grenzkosten, €4, oberhalb des Grenznutzens von €1. Also sind die Emissionen zu hoch.

Es gibt drei Möglichkeiten, das Unternehmen dazu zu veranlassen, seinen Schadstoffausstoß auf E^* zu reduzieren: (1) Emissionsgrenzwerte, (2) Emissionsgebühren und (3) übertragbare Emissionszertifikate. Zunächst werden wir Grenzwerte und Gebühren behandeln und dabei deren relative Vor- und Nachteile aufzeigen. Danach werden wir uns auch mit übertragbaren Zertifikaten befassen.

18.2.1 Ein Emissionsgrenzwert

Emissionsgrenzwert

Gesetzlich festgeschriebene Höchstmenge eines Schadstoffs, die ein Unternehmen emittieren darf.

Ein **Emissionsgrenzwert** ist eine gesetzlich festgeschriebene Höchstmenge eines Schadstoffs, die ein Unternehmen emittieren kann. Überschreitet das Unternehmen diesen Grenzwert, kann es zu Geldbußen oder sogar strafrechtlichen Konsequenzen kommen. In Abbildung 18.5 liegt der effiziente Emissionsgrenzwert bei 12 Einheiten, im Punkt E^*. Das Unternehmen muss bei einer Überschreitung dieser Grenze mit schweren Strafen rechnen.

Der Grenzwert stellt sicher, dass das Unternehmen effizient produziert. Es kann den Grenzwert erfüllen, wenn es Ausrüstungen zur Emissionsvermeidung installiert. Durch die gestiegenen Ausgaben zur Schadstoffvermeidung wird sich die Durchschnittskostenkurve des Unternehmens erhöhen (um die Durchschnittskosten der Emissionsvermeidung). Für die Unternehmen ist ein Brancheneintritt nur dann rentabel, wenn der Produktpreis über den Durchschnittskosten der Produktion und der Emissionsvermeidung liegt – dies ist die Effizienzbedingung für diese Branche.[4]

---

[4] Diese Analyse geht davon aus, dass die gesellschaftlichen Kosten der Emissionen sich im Laufe der Zeit nicht verändern. Findet eine Veränderung statt, so verändern sich auch die Effizienzgrenzwerte.

18.2.2 Eine Emissionsgebühr

Eine **Emissionsgebühr** ist eine Gebühr, die auf jede Emissionseinheit eines Unternehmens erhoben wird. Wie Abbildung 18.5 zeigt, führt eine Emissionsgebühr von €3 zu einem effizienten Verhalten unseres Unternehmens. Mit dieser Gebühr minimiert das Unternehmen seine Kosten, indem es seine Emissionen von 26 auf 12 Einheiten reduziert. Um zu sehen warum dies so ist, erkenne man, dass die erste Emissionseinheit eliminiert werden kann (von 26 auf 25 Einheiten), ohne dass dies hohe Kosten verursacht. (Die Grenzkosten eines zusätzlichen Emissionsabbaus sind hier nahezu gleich null.) Das Unternehmen muss also nur geringe Kosten aufbringen, um die €3 pro Emissionseinheit zu umgehen. Tatsächlich liegen die Grenzkosten der Emissionsvermeidung für alle Emissionsniveaus über 12 Einheiten unterhalb der Emissionsgebühr. Es zahlt sich also aus, Schadstoffemissionen einzudämmen. Unterhalb eines Niveaus von 12 Emissionseinheiten liegen die Grenzkosten der Emissionsvermeidung jedoch oberhalb der Gebühr. In diesem Fall wird es das Unternehmen vorziehen, die Gebühr zu bezahlen, anstatt seine Emissionen zu reduzieren. Also zahlt das Unternehmen eine Gesamtgebühr, die dem mittelhellen Rechteck entspricht und die gesamten Vermeidungskosten, die dem dunkleren Dreieck unterhalb der GKA-Kurve und rechts von $E = 12$ entsprechen. Diese Kosten sind geringer als die Gebühr, die das Unternehmen zahlen müsste, wenn es seinen Emissionsausstoß gar nicht reduziert hätte.

> **Emissionsgebühr**
>
> Eine Gebühr, die auf jede Emissionseinheit eines Unternehmens erhoben wird.

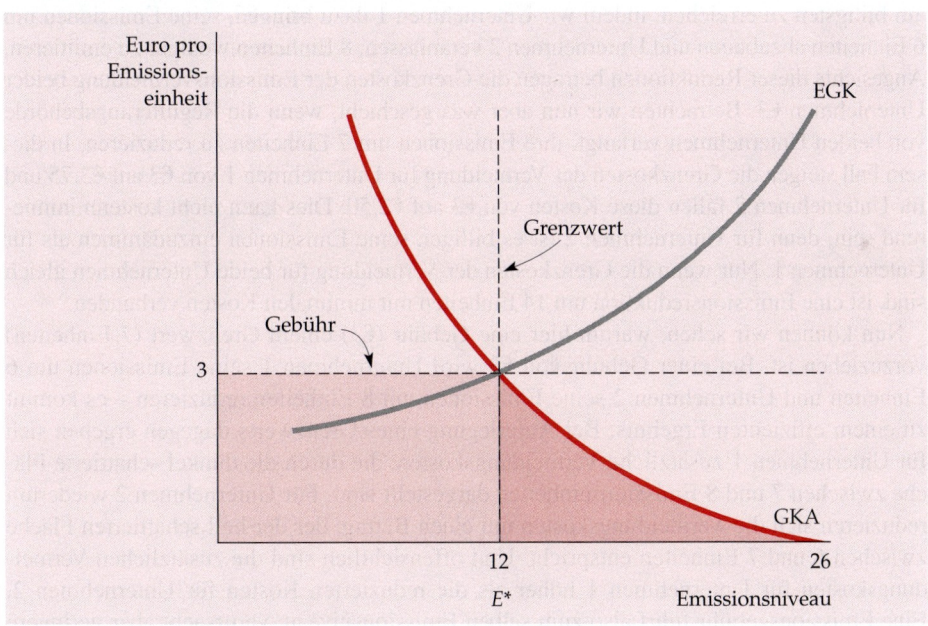

Abbildung 18.5: Grenzwerte und Gebühren
Das effiziente Emissionsniveau E^* kann entweder durch eine Emissionsgebühr oder einen Emissionsgrenzwert erreicht werden. Angesichts einer Gebühr von €3 pro Emissionseinheit reduziert ein Unternehmen seinen Emissionsausstoß so lange, bis die Gebühr den Grenzkosten der Emissionsvermeidung entspricht. Das gleiche reduzierte Emissionsniveau kann durch Einführung eines Emissionsgrenzwerts von 12 Einheiten erreicht werden.

18.2.3 Grenzwerte und Gebühren im Vergleich

In den USA vertraut man zur Emissionsregulierung traditionell auf die Einführung von Grenzwerten. In anderen Ländern, wie etwa Deutschland, erzielt man dagegen mit Gebühren große Erfolge. Welche Methode ist nun besser? Die relativen Vorteile von Grenzwerten und Gebühren sind abhängig von der Informationsmenge, die den politisch Verantwortlichen zur Verfügung steht sowie von den tatsächlichen Kosten der Emissionsregulierung.

Um diese Unterschiede zu verstehen, nehmen wir zunächst an, dass die staatliche Behörde, die für die Regulierung zuständig ist, aufgrund der entstehenden Verwaltungskosten für alle Unternehmen die gleiche Gebühr oder den gleichen Grenzwert festsetzen muss.

Was spricht für Gebühren? Betrachten wir zunächst, welche Argumente für eine Gebühr sprechen. Gehen wir dabei von zwei Unternehmen aus, für die aufgrund ihres Standorts die gleichen gesellschaftlichen Grenzkosten für Emissionen gelten, gleichgültig welches von ihnen seinen Emissionsausstoß senkt. Da beide aber unterschiedliche Vermeidungskosten haben, stimmen ihre Grenzkostenkurven der Emissionsvermeidung nicht überein. Abbildung 18.6 zeigt, warum in einem solchen Fall die Auferlegung von Emissionsgebühren einer Grenzwertfestsetzung vorzuziehen ist. GKA_1 und GKA_2 stellen die Grenzkostenkurven der Emissionsvermeidung der beiden Unternehmen dar. Jedes Unternehmen verursacht ursprünglich einen Emissionsausstoß von 14 Einheiten. Nehmen wir an, wir möchten den gesamten Schadstoffausstoß um 14 Einheiten verringern. Wie Abbildung 18.6 zeigt, ist dies am billigsten zu erreichen, indem wir Unternehmen 1 dazu bringen, seine Emissionen um 6 Einheiten abzubauen und Unternehmen 2 veranlassen, 8 Einheiten weniger zu emittieren. Angesichts dieser Reduktionen betragen die Grenzkosten der Emissionsvermeidung beider Unternehmen €3. Betrachten wir nun aber was geschieht, wenn die Regulierungsbehörde von beiden Unternehmen verlangt, ihre Emissionen um 7 Einheiten zu reduzieren. In diesem Fall steigen die Grenzkosten der Vermeidung für Unternehmen 1 von €3 auf €3,75 und für Unternehmen 2 fallen diese Kosten von €3 auf €2,50. Dies kann nicht kostenminimierend sein, denn für Unternehmen 2 ist es billiger, seine Emissionen einzudämmen als für Unternehmen 1. Nur wenn die Grenzkosten der Vermeidung für beide Unternehmen gleich sind, ist eine Emissionsreduktion um 14 Einheiten mit minimalen Kosten verbunden.

Nun können wir sehen, warum hier eine Gebühr (€3) einem Grenzwert (7 Einheiten) vorzuziehen ist. Bei einer Gebühr von €3 wird Unternehmen 1 seine Emissionen um 6 Einheiten und Unternehmen 2 seine Emissionen um 8 Einheiten reduzieren – es kommt zu einem effizienten Ergebnis. Bei Auferlegung eines Grenzwerts dagegen ergeben sich für Unternehmen 1 zusätzliche Vermeidungskosten, die durch die dunkel schattierte Fläche zwischen 7 und 8 Emissionseinheiten dargestellt sind. Für Unternehmen 2 wiederum reduzieren sich die Vermeidungskosten um einen Betrag, der der hell schattierten Fläche zwischen 6 und 7 Einheiten entspricht. Und offensichtlich sind die zusätzlichen Vermeidungskosten für Unternehmen 1 höher als die reduzierten Kosten für Unternehmen 2. Eine Emissionsgebühr führt also zum selben Emissionsniveau, verursacht aber geringere Kosten als ein für alle Unternehmen geltender Emissionsgrenzwert.

18.2 Korrekturmöglichkeiten für Marktversagen

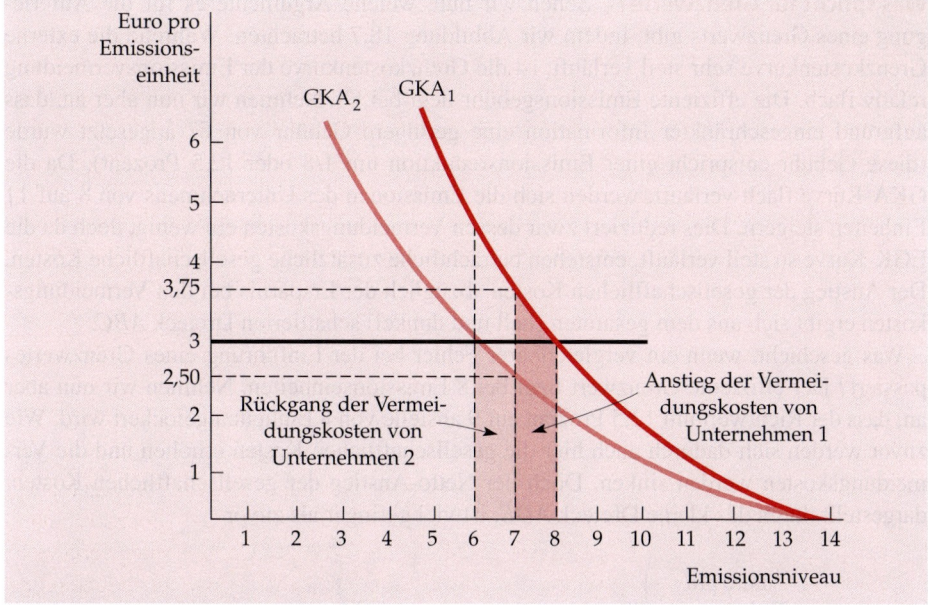

Abbildung 18.6: Was spricht für Gebühren?
Bei begrenzter Information kann der politische Entscheidungsträger vor der Entscheidung stehen, entweder eine einheitliche Emissionsgebühr oder einen einheitlichen Emissionsgrenzwert für alle Unternehmen einzuführen. Durch eine Gebühr von €3 lässt sich eine Emissionsreduktion um insgesamt 14 Einheiten billiger erreichen als durch einen Grenzwert von 7 Einheiten pro Unternehmen. Bei Anwendung der Gebühr reduziert das Unternehmen, dessen Vermeidungskostenkurve niedriger liegt (Unternehmen 2), seine Emissionen um mehr als das Unternehmen mit einer höher liegenden Kostenkurve (Unternehmen 1).

Allgemein ausgedrückt gibt es mehrere Gründe, warum Gebühren vorteilhafter sein können als Grenzwerte. Wenn Grenzwerte erstens in gleichem Maß für alle Unternehmen gelten, so bewirken Gebühren die gleiche Emissionsreduktion zu geringeren Kosten. Gebühren stellen zweitens für Unternehmen einen starken Anreiz dar, neue Ausrüstung zu installieren, die es ihnen möglich macht, ihren Emissionsausstoß sogar *noch weiter* zu reduzieren. Nehmen wir an, ein Richtwert schreibt eine Emissionsreduktion um 6 Einheiten, von 14 auf 8, für jedes Unternehmen vor. Unternehmen 1 erwägt, eine neue Ausrüstung zu installieren, durch die sich seine Grenzkosten der Emissionsvermeidung von GKA_1 auf GKA_2 verringern würden. Ist die Ausstattung relativ preisgünstig, so wird sich das Unternehmen für einen Einbau entscheiden, denn dadurch verringern sich die Kosten, die bei der Einhaltung des Grenzwertes anfallen. Dagegen böte eine Emissionsgebühr von €3 einen größeren Anreiz für das Unternehmen, seinen Schadstoffausstoß zu reduzieren. Denn durch die Gebühr sinken nicht nur die Vermeidungskosten des Unternehmens für die ersten 6 reduzierten Einheiten, es wäre außerdem noch billiger für das Unternehmen, seinen Schadstoffausstoß um weitere 2 Einheiten zu senken. Denn bei Emissionsniveaus zwischen 6 und 8 ist die Emissionsgebühr höher als die Grenzkosten der Schadstoffvermeidung.

18 Externalitäten und öffentliche Güter

Was spricht für Grenzwerte? Sehen wir nun, welche Argumente es für die Auferlegung eines Grenzwerts gibt, indem wir Abbildung 18.7 betrachten. Während die externe Grenzkostenkurve sehr steil verläuft, ist die Grenzkostenkurve der Emissionsvermeidung relativ flach. Die effiziente Emissionsgebühr liegt bei €8. Nehmen wir nun aber an, dass aufgrund eingeschränkter Information eine geringere Gebühr von €7 angesetzt wurde (diese Gebühr entspricht einer Emissionsreduktion um 1/8 oder 12,5 Prozent). Da die GKA-Kurve flach verläuft, werden sich die Emissionen des Unternehmens von 8 auf 11 Einheiten steigern. Dies reduziert zwar dessen Vermeidungskosten ein wenig, doch da die EGK-Kurve so steil verläuft, entstehen beträchtliche zusätzliche gesellschaftliche Kosten. Der Anstieg der gesellschaftlichen Kosten abzüglich der Ersparnis bei den Vermeidungskosten ergibt sich aus dem gesamten (hell und dunkel) schattierten Dreieck ABC.

Was geschieht, wenn ein vergleichbarer Fehler bei der Einführung eines Grenzwertes passiert? Der effiziente Grenzwert liegt bei 8 Emissionseinheiten. Nehmen wir nun aber an, dass der Richtwert um 12,5 Prozent auf 9 anstelle von 8 Einheiten gelockert wird. Wie zuvor werden sich dadurch auch hier die gesellschaftlichen Kosten erhöhen und die Vermeidungskosten werden sinken. Doch der Netto-Anstieg der gesellschaftlichen Kosten, dargestellt durch das kleine Dreieck ADE, ist viel geringer als zuvor.

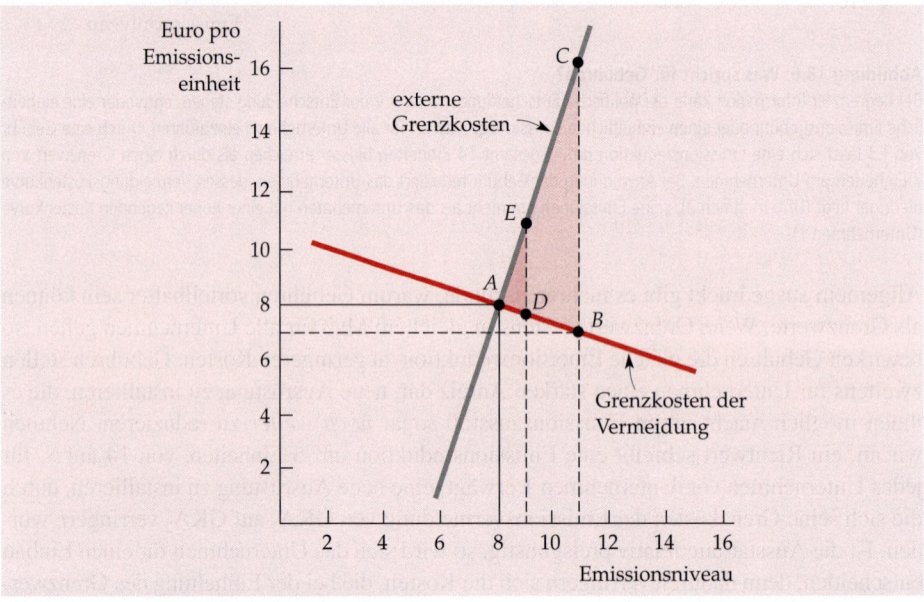

Abbildung 18.7: Was spricht für Grenzwerte?
Wenn der Staat über begrenzte Information bezüglich Kosten und Nutzen der Emissionsvermeidung verfügt, könnte entweder ein Grenzwert oder eine Gebühr vorzuziehen sein. Der Grenzwert ist dann vorzuziehen, wenn die externe Grenzkostenkurve steil verläuft und die Grenzkostenkurve der Vermeidung relativ flach ist. Hier führt ein Fehler von 12,5 Prozent bei der Festsetzung des Grenzwerts zu zusätzlichen gesellschaftlichen Kosten, die dem Dreieck ADE entsprechen. Der gleiche Fehler bei Festsetzung einer Gebühr verursacht zusätzliche Kosten, die dem Dreieck ABC entsprechen.

Dieses Beispiel macht die Unterschiede zwischen Grenzwerten und Gebühren deutlich. Wenn die externe Grenzkostenkurve relativ steil verläuft, und die Grenzkostenkurve der Emissionsvermeidung relativ flach ist, sind die Kosten, die entstehen, wenn die Emissionen nicht gesenkt werden, relativ hoch. In solchen Fällen ist ein Grenzwert einer Gebühr vorzuziehen. Bei unvollständiger Information gewähren Grenzwerte eine größere Sicherheit bezüglich Emissionsniveaus, während die Vermeidungskosten unsicher sind. Gebühren dagegen gewährleisten eine größere Sicherheit bezüglich der Vermeidungskosten, lassen aber keine sicheren Aussagen über die Reduktion von Emissionsniveaus zu. Welche Maßnahme besser geeignet ist, hängt also von der Art der Unsicherheiten und dem Verlauf der Kostenkurven ab.[5]

18.2.4 Handelbare Emissionszertifikate

Wenn wir Kosten und Nutzen einer Emissionsvermeidung kennen würden und wenn die Kosten für alle Unternehmen gleich hoch wären, könnten wir einen Grenzwert festsetzen. Wären die Vermeidungskosten der einzelnen Unternehmen dagegen verschieden hoch, würde eine Emissionsgebühr gut funktionieren. Sind die Kosten der einzelnen Unternehmen aber verschieden und wir kennen Kosten und Nutzen nicht, kann weder ein Grenzwert noch eine Gebühr zu einem effizienten Ergebnis führen.

In diesem Fall können wir unser Ziel mit Hilfe **handelbarer Emissionszertifikate** erreichen. Innerhalb dieses Systems muss jedes Unternehmen eine Erlaubnis haben, Schadstoffe emittieren zu können. Jedes Zertifikat enthält die genaue Anzahl an Emissionseinheiten, die ein Unternehmen verursachen darf. Jedes Unternehmen, das Schadstoffe emittiert, die nicht durch ein Zertifikat genehmigt sind, muss mit beträchtlichen Geldstrafen rechnen. Die Zertifikate werden unter den Unternehmen aufgeteilt, wobei die Gesamtsumme der erlaubten Emissionen so gewählt wird, dass sie der gewünschten Höchstsumme an Emissionen entspricht. Die Zertifikate sind handelbar, sie können ge- und verkauft werden.

> **Handelbare Emissionszertifikate**
>
> Ein System handelbarer Zertifikate, die unter Unternehmen aufgeteilt werden und einen Höchstwert an zu verursachenden Emissionen festlegen.

Im Rahmen dieses Systems kaufen diejenigen Unternehmen Emissionzertifikate, für die es am schwierigsten ist, ihren Schadstoffausstoß einzudämmen. Nehmen wir also an, die beiden Unternehmen in Abbildung 18.6 (Seite 895) hätten Zertifikate zur Verfügung, die ihnen gestatten, bis zu 7 Schadstoffeinheiten zu emittieren. Unternehmen 1, das mit relativ hohen Grenzkosten der Emissionsvermeidung konfrontiert ist, würde für ein Emissionszertifikat für eine Schadstoffeinheit bis zu €3,75 bezahlen, für Unternehmen 2 liegt der Wert eines solchen Zertifikats dagegen nur bei €2,50. Daher sollte Unternehmen 2 sein Zertifikat für einen Preis zwischen €2,50 und €3,75 an Unternehmen 1 verkaufen.

Wenn es genügend Unternehmen und Zertifikate gibt, wird sich ein Wettbewerbsmarkt für Zertifikate entwickeln. Beim Marktgleichgewicht entspricht der Preis für ein Zertifikat den Grenzkosten der Emissionsvermeidung aller Unternehmen. Denn andernfalls wäre es für ein Unternehmen vorteilhaft, noch mehr Zertifikate zu kaufen. So wird das vom Staat

---

[5] Unsere Analyse geht davon aus, dass die Emissionsgebühr als fixe Gebühr pro Emissionseinheit erhoben wird. Wird die Gebühr aufgrund fehlender Information zu niedrig angesetzt, wird das Unternehmen eine beträchtliche zusätzliche Schadstoffmenge verursachen. Nehmen wir jedoch an, die fixe Gebühr wird durch ein Gebührenschema ersetzt, das so entworfen wurde, dass die Gebühr pro Einheit mit dem Emissionsniveau ansteigt. In diesem Fall wird bei einem zu geringen Gebührenschema die ansteigende Gebühr das Unternehmen davon abhalten, zusätzlich Schadstoffe zu emittieren. Im Allgemeinen ist eine variable Gebühr wirkungsvoller als eine fixe, wenn das Gebührenschema so angelegt werden kann, dass es den durch die Emissionen entstehenden Umweltschäden entspricht. In diesem Fall wissen die Unternehmen, dass die Zahlungen, die sie leisten müssen, in etwa dem Schaden entsprechen, den sie verursachen. Sie werden so den Umweltschaden *in* ihre Produktionsentscheidungen *internalisieren*. Vergleiche Louis Kaplow und Steven Shavell, „On the Superiority of Corrective Taxes to Quantitiy Regulation", *American Law and Economics Review* 4 (Spring 2002): 1–17.

festgesetzte Emissionsniveau mit minimalem Kostenaufwand erreicht. Unternehmen mit relativ niedrigen Grenzkostenkurven der Emissionsvermeidung werden ihre Emissionen am stärksten reduzieren, und Unternehmen mit hohen Grenzkostenkurven der Emissionsvermeidung werden Zertifikate kaufen und ihre Emissionen am wenigsten senken.

Handelbare Emissionszertifkate schaffen einen Markt für Externalitäten. Dieser Marktansatz ist reizvoll, denn er kombiniert einige positive Eigenschaften eines Grenzwertsystems mit den Kostenvorteilen eines Gebührensystems. Die für das System zuständige Behörde legt die Gesamtzahl der Zertifikate und damit auch die Emissionsobergrenze fest, ebenso wie dies bei einem Grenzwertsystem der Fall wäre. Dadurch, dass die Zertifikate handelbar sind, ist es jedoch auch möglich, die Emissionsvermeidung mit minimalem Kostenaufwand zu erreichen.[6]

Beispiel 18.2: Die Reduzierung der Schwefeldioxidemissionen in Peking

Durch die Verbrennung von Kohle zur Verwendung in der Stromerzeugung sowie durch den verbreiteten Einsatz von Kohleöfen in privaten Haushalten in Peking und in vielen anderen Städten in China wurde ein riesiges Problem verursacht. Die Emissionen haben nicht nur zu Problemen mit saurem Regen geführt, sondern sie haben in Verbindung mit den Emissionen der wachsenden Anzahl von Fahrzeugen dafür gesorgt, dass Peking nicht nur eine der am stärksten verschmutzten Städte in China, sondern in der ganzen Welt geworden ist. So betrug beispielsweise 1995 das Schwefeldioxidniveau in Peking 90 Milligramm pro Kubikmeter, was deutlich schlechter war als Berlin (18 mg/m^3), Kopenhagen (7), London (25), New York (26), Tokio (18) und Mexiko-Stadt (74). Unter den großen Metropolen der Welt wies nur Moskau ein höheres Schwefeldioxidniveau (109 mg/m^3) auf.

Langfristig besteht der Schlüssel zur Lösung des Problems von Peking darin, Kohle durch sauberere Treibstoffe zu ersetzen, die Nutzung der öffentlichen Verkehrsmittel zu unterstützen und, wenn nötig, kraftstoffsparende Hybridfahrzeuge einzuführen. Allerdings sah sich Peking mit einem Problem konfrontiert, bevor es die Olympischen Spiele 2008 ausrichtete. Was konnte die Stadt tun, um die Schwefeldioxidemissionen zu reduzieren und so den Teilnehmern sowie den Gästen der Olympischen Spiele eine sauberere Umgebung anzubieten?

Die Stadtverwaltung fasste den Beschluss, eine große Anzahl von Kohlekraftwerken zu schließen. Die Luftqualität in Peking verbesserte sich 2008 während der olympischen Spiele um 30 Prozent – zu Kosten von \$10 Milliarden. Allerdings waren ein Jahr nach den Spielen, als viele der Umweltbestimmungen nicht mehr in Kraft waren, ungefähr 60 Prozent der Verbesserungen wieder verlorengegangen. War die Schließung der Kohlekraftwerke die effizienteste politische Entscheidung? Unsere Untersuchung der Strategien zur Vermeidung von Emissionen deutet darauf hin, dass dies ▶

---

6 Angesichts begrenzter Information und kostspieliger Überwachung ist ein System handelbarer Zertifikate nicht immer ideal. Wird die Gesamtzahl der Zertifikate beispielsweise fehlerhaft festgelegt und steigen die Grenzkosten der Emissionsvermeidung für einige Unternehmen drastisch an, so könnte ein Zertifikatssystem diese Unternehmen durch Auferlegung zu hoher Vermeidungskosten vom Markt vertreiben. (Dieses Problem ergibt sich auch bei Gebühren.)

nicht der Fall ist. Zum einen verfügen wir über Erfahrungen im Hinblick auf den Einsatz von Grenzwerten zur Regulierung der Schwefeldioxidemissionen in Philadelphia (siehe Beispiel 18.1, Seite 888). Im Jahr 1968 führte die Stadt Philadelphia Richtlinien zur Luftqualität ein, die den maximal erlaubten Schwefelanteil in Motoröl auf 1,0 Prozent oder weniger begrenzten. Dieser Richtwert führte zu einem erheblichen Rückgang des Schwefelgehalts in der Luft – von 0,10 Teilen pro Million 1968 auf unter 0,03 Teile pro Million 1973. Durch die bessere Luftqualität verbesserte sich auch die Gesundheit der Bevölkerung, Materialien und Gebäude wurden weniger beschädigt und Häuser und Grundstücke höher bewertet. Beispiel 18.1 zeigt, dass der festgelegte Grenzwert auf der Grundlage der Bewertung von Kosten und Nutzen Sinn machte.

Würde die Schaffung eines Systems von Emissionsgebühren – oder, was noch besser wäre, ein System handelbarer Emissionszertifikate – in Peking sogar noch besser funktionieren? Eine Studie der Regulierung von handelbaren Schwefeldioxidemissionen von Kraftwerken hat gezeigt, dass durch marktfähige Zertifikate in den USA die Kosten der Einhaltung eines auf Regulierungen beruhenden Grenzwertes um die Hälfte gesenkt werden können.[7] Können in Peking ähnliche Ergebnisse erzielt werden? Die Antwort auf diese Frage hängt zum Teil davon ab, ob der Markt für die handelbaren Emissionen selbst effizient funktionieren wird. Überdies hängt die Antwort aber auch vom Verlauf der Grenzkostenkurve der Vermeidung sowie der externen Grenzkostenkurve ab. Wie die Erörterung oben gezeigt hat, stellen sich die Argumente für Emissionsgebühren (und für handelbare Zertifikate) dann am stärksten dar, wenn (1) die Unternehmen sich wesentlich in ihren Grenzkosten der Vermeidung unterscheiden und (2) die Kurve der externen Grenzkosten der Emissionen relativ steil verläuft und die Grenzkostenkurve der Vermeidung relativ flach.

Beispiel 18.3: Emissionshandel und saubere Luft

Die Kosten der Luftverschmutzungskontrolle beliefen sich in den 80er Jahren in den USA auf ca. $18 Milliarden pro Jahr und stiegen Anfang der 90er Jahre sogar noch weiter an.[8] In den folgenden Jahrzehnten könnten diese Kosten durch ein effektives Emissionshandelssystem erheblich gesenkt werden. Die Programme der amerikanischen Umweltbehörde, mit den Namen „Bubble" und „Offest" stellten den bescheidenen Versuch dar, die Säuberungskosten mit Hilfe eines solchen Handelssystems zu senken.

Die „Bubble" gestattet es einem einzelnen Unternehmen, seine Emissionskontrollen bezüglich einzelner Schadstoffquellen selbst anzupassen, solange die *gesamte Emissionsgrenze* des Unternehmens nicht überschritten wird. In der Theorie könnte die „Bubble" dazu eingesetzt werden, Emissionsobergrenzen für viele Unternehmen oder für eine ganze geografische Region festzusetzen. In der Praxis jedoch wird sie bisher nur auf einzelne Unternehmen angewandt. Und das Ergebnis besteht nun ▶

---

7 Don Fullerton, Shaun P. McDermott und Jonathan P. Caulkins, „Sulfur Dioxide Compliance of a Regulated Utility", NBER-Arbeitspapier Nr. 5542, April 1996.
8 Siehe Robert W. Hahn und Gordon L. Hester, The Market for Bads: EPA's Experience with Emissions Trading, *Regulation* 1987, 48–53; Brian J. McKean, „Evolution of Marketable Permits: The U.S. Experience with Sulfur-Dioxide Allowance Trading", Environmental Protection Agency, Dezember 1996.

darin, dass tatsächlich „Zertifikate" innerhalb eines Unternehmens gehandelt werden. Kann ein Unternehmensbereich seine Schadstoffemissionen verringern, so darf ein anderer Bereich mehr emittieren. Kosteneinsparungen bei der Emissionsvermeidung im Zusammenhang mit dem Programm der US-Umweltbehörde und den 42 eingeführten „Bubbles" belaufen sich seit 1979 auf etwa $300 Millionen.

Im Rahmen des „Offest-Programms" können neue Emissionsquellen in geografischen Regionen eingerichtet werden, in denen die Richtwerte zur Luftqualität nicht erfüllt werden, dies gilt jedoch nur, wenn die Verursacher gleichzeitig die neuen Emissionen durch eine Emissionsreduktion aus bestehenden Quellen um mindestens die gleiche Menge ausgleichen. „Offsets" können durch internes Handeln erlangt werden, doch der externe Handel mit anderen Unternehmen ist auch gestattet. Seit 1976 wurden bereits über 2.000 „Offset"-Vereinbarungen geschlossen.

Durch ihren sehr begrenzten Handlungsspielraum unterschätzen die „Bubble"- und „Offset"-Programme die möglichen Vorteile eines breit angelegten Emissionshandelssystems beträchtlich. Eine Studie untersuchte die geschätzten Kosten für eine Senkung der Kohlenwasserstoffemissionen in allen Werken der Firma Du Pont um 85 Prozent im Rahmen drei verschiedener politischer Vorgaben. (1) Bei jeder Emissionsquelle jeder Fabrik muss der Schadstoffausstoß um 85 verringert werden, (2) jede Fabrik muss ihren gesamten Schadstoffausstoß um 85 Prozent reduzieren, wobei nur interner Handel möglich ist und (3) das gesamte Emissionsniveau aller Fabriken muss um 85 Prozent vermindert werden, wobei interner und externer Handel erlaubt sind.[9] Ohne jeden Handel betrugen die Kosten für die Emissionssenkung $105,7 Millionen. Durch internen Handel verringerten sich die Kosten um $42,6 Millionen. Und mit internem und externem Handel sanken die Kosten weiter auf $14,6 Millionen.

Offensichtlich können also die potenziellen Kosteneinsparungen eines wirkungsvollen Emissionshandelsprogramms beträchtlich sein. Dies könnte eine Erklärung dafür sein, dass der US-Kongress sich im Clean Air Act von 1990, dem Gesetz für saubere Luft, vor allem auf übertragbare Zertifikate zur Eindämmung des sauren Regens konzentrierte. Saurer Regen kann Menschen, Tieren, Pflanzen und Gebäuden erheblichen Schaden zufügen. So führte die US-Regierung ein Zertifikatssystem ein, mit dessen Hilfe die Schwefeldioxid- und Stickoxid-Emissionen bis zum Jahr 2000 um jeweils 10 Millionen und 2,5 Millionen Tonnen gesenkt werden sollten. Dieses System ist auch heute noch in Kraft.

Jedes Zertifikat im Rahmen dieses Systems erlaubt die Emission von maximal einer Tonne Schwefeldioxid in die Luft. Elektrizitätswerken und anderen Emissionsverursachern werden je nach ihren gegenwärtigen Emissionsniveaus Zertifikate zugeteilt. Die Unternehmen können also die nötigen Kapitalinvestitionen vornehmen, um ihre Emissionen zu reduzieren und dazu eventuell überschüssige Zertifikate verkaufen, oder sie können durch den Kauf zusätzlicher Zertifikate die kostspieligen Investitionen zur Emissionseindämmung umgehen. ▶

---

9 M.T. Maloney und Bruce Yandle, „Bubbles and Efficiency: Cleaner Air at Lower Cost", *Regulation*, Mai/Juni 1980, 49–52.

Anfang der 90er Jahre gingen Ökonomen davon aus, dass der Handelspreis der Zertifikate $300 betragen würde. Tatsächlich schwankten die Preise, wie aus Abbildung 18.8 ersichtlich ist, im Zeitraum 1993–2003 zwischen $100 und $200. Woran lag das? Es stellte sich heraus, dass eine Absenkung der Schwefeldioxidemissionen weniger kostspielig war als erwartet (der Abbau schwefelarmer Kohle war erheblich gesunken), und viele Elektrizitätswerke nutzten diese Entwicklung aus, um ihre Emissionen zu verringern.

Allerdings stiegen die Preise der Zertifikate in den Jahren 2005 und 2006 deutlich an. Im Zuge dieses Anstiegs erreichten die Preise im Dezember 2005 einen Maximalwert von beinahe $1.600. Dies war das Ergebnis eines Anstiegs des Preises von schwefelarmer Kohle sowie, was noch wichtiger war, der gestiegenen Nachfrage nach Zertifikaten, die sich entwickelte, weil mehr Kraftwerke strenge Grenzwerte für Emissionen einhalten mussten.[10]

Ab dem Jahr 2007 begann allerdings der Marktpreis für Emissionszertifikate zu sinken. Dies war zum Teil auf einen Prozess zurückzuführen, der von einer Gruppe von Versorgungsunternehmen angestrengt worden war und den die EPA verlor. Das Gericht entschied, dass die EPA ihre Befugnisse überschritten hatte, indem sie den Markt für Schwefeldioxidemissionsberechtigungen über den ursprünglichen Umfang hinaus erweiterte. Der Markt könnte nach der Entscheidung des Gerichts durchaus ausgebaut werden, die EPA muss allerdings ihre Bestimmungen so überarbeiten, dass sie den bestehenden Bestimmungen des „Clean Air Act" entsprechen. Nach dieser Entscheidung stürzten die Preise der Zertifikate ab und der Markt erreichte schließlich 2010 die Talsohle, als die EPA neue Vorschriften erließ, nach denen die meisten Emissionsreduktionen aus Änderungen in einzelnen Werken stammen müssen und die Nutzung von Emissionszertifikaten beschränkt wird. Im Jahr 2011 hätte man ein Zertifikat für nur $2 pro Tonne (vielleicht als Geschenk für einen engen Freund) kaufen können.

Werden die Preise der Emissionszertifikate so niedrig bleiben, dass das gesamte Programm unter Umständen aufgelöst wird? Die Antwort auf diese Frage hängt von der Menge Schwefeldioxidemissionen ab, die die Vereinigten Staaten zuzulassen bereit sind. Werden die Emissionsgrenzwerte verschärft, so könnten die Preise der Zertifikate schließlich wieder ansteigen. ▶

---

10 Wir möchten Elizabeth Bailey, Denny Ellerman und Paul Joskow für die Bereitstellung der Daten zu den Preisen von Emissionszertifikaten und für ihre hilfreichen Anmerkungen danken. Für eine genauere Erklärung zu den Zertifikatspreisen siehe A. D. Ellerman, P. L. Joskow, R. Schmalensee, J. P. Montero und E. M. Bailey, „Markets for Clean Air: The U.S. Acid Rain Program", M.I.T. Center of Energy and Environmental Policy Research 1999. Mehr Informationen über handelbare Zertifikate allgemein erhalten Sie auf der Internetseite der EPA unter www.epa.gov.

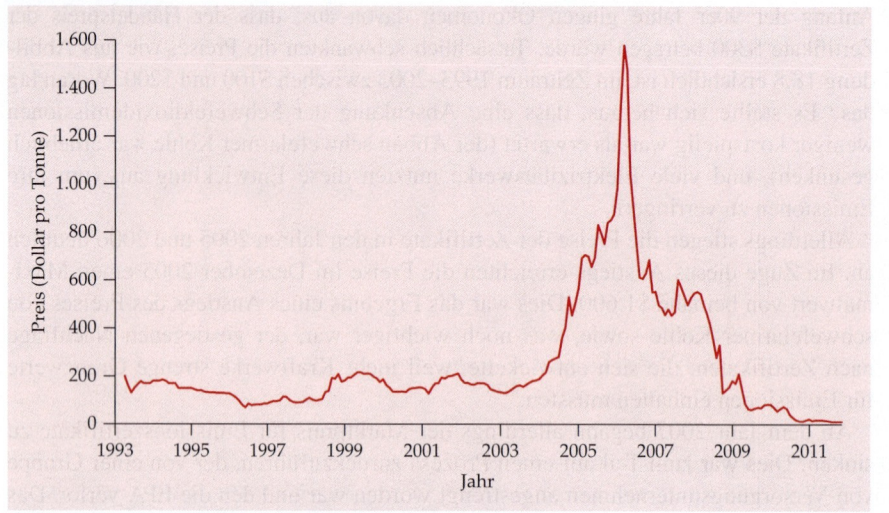

Abbildung 18.8: Der Preis für handelbare Emissionszertifikate
Der Preis für handelbare Zertifikate für Schwefeldioxidemissionen schwankte im Zeitraum von 1993 bis 2003 zwischen $100 und $200, stieg dann in den Jahren 2005 und 2006 aufgrund steigender Nachfrage nach Zertifikaten deutlich an. In den nächsten Jahren schwankte der Preis zwischen ca. $400 und $500 pro Tonne, bevor der Markt im Jahr 2008 zusammenbrach, nachdem die EPA gezwungen war, das Emissionszertifikatprogramm zu überarbeiten.

18.2.5 Recycling

Wenn die Entsorgung von Abfallprodukten Produzenten und Konsumenten keine oder nur geringe private Kosten verursacht, wird die Gesellschaft insgesamt zu viel Abfall entsorgen. Die Übernutzung von Originärstoffen und die Unternutzung von recyceltem Material wird zu einem Marktversagen führen, das staatliche Interventionen erforderlich machen könnte. Glücklicherweise kann dieses Marktversagen mit Hilfe geeigneter Recyclinganreize korrigiert werden.[11]

Um zu sehen, wie Recyclinganreize funktionieren, betrachten wir die Entscheidung eines typischen Haushalts bezüglich der Entsorgung von Glasbehältern. In vielen Gemeinden muss jeder Haushalt eine feste jährliche Gebühr für die Abfallentsorgung bezahlen. Folglich können diese Haushalte ihre Abfälle – darunter auch Glasbehälter – zu sehr geringen Kosten entsorgen – denn sie müssen nur die Zeit und die Mühe investieren, die Abfälle in die Mülltonne zu geben.

Aufgrund der geringen Müllentsorgungskosten ergibt sich eine Abweichung zwischen den privaten und den gesellschaftlichen Kosten der Entsorgung. Die privaten Grenzkosten der Entsorgung, also die Kosten, die dem Haushalt beim Entsorgen der Glasbehälter entstehen – sind wahrscheinlich bei geringen und mittleren Abfallmengen konstant (unabhängig davon, welche genaue Abfallmenge anfällt). Bei größeren Müllmengen steigen

---

11 Auch ohne staatliches Eingreifen wird es zu verschiedenen Recyclingprozessen kommen, wenn der Preis für Originärstoffe hoch genug ist. Erinnern wir uns etwa aus Kapitel 2, dass mehr Kupferabfallprodukte recycelt werden, wenn der Kupferpreis hoch ist.

die Grenzkosten, denn nun sind zusätzliche Fracht- und Lagergebühren fällig. Dagegen enthalten die gesellschaftlichen Kosten der Entsorgung die Umweltschädigung aufgrund der Verschmutzung sowie Verletzungen durch scharfe Glasteile. Die gesellschaftlichen Grenzkosten steigen zum Teil aufgrund steigender privater Grenzkosten und zum Teil, weil die umwelttechnischen und ästhetischen Kosten der Verschmutzung oft mit wachsender Müllentsorgung ebenfalls drastisch ansteigen.

Beide Kostenkurven sind in Abbildung 18.9 dargestellt. Die horizontale Achse misst, von links nach rechts, die Abfallmenge m, die die Haushalte entsorgen bis hin zu einem Maximalwert von 12 Pfund pro Woche. Dementsprechend kann die recycelte Abfallmenge von rechts nach links abgelesen werden. Mit dem Anstieg der entsorgten Müllmenge steigen auch die privaten Grenzkosten, GK, jedoch in weit geringerem Ausmaß als die gesellschaftlichen Grenzkosten, GGK.

Das Recycling von Glasbehältern kann von der Gemeinde selbst oder einem privaten Unternehmen durchgeführt werden, das sich um Sammlung, Zusammenführung und Verarbeitung des Materials kümmert. Die Grenzkosten des Recyclings steigen wahrscheinlich mit zunehmender Recyclingmenge an, teilweise weil die Kosten für Sammlung, Trennung und Reinigung damit immer stärker steigen. Die Grenzkostenkurve des Recyclings, GKR, in Abbildung 18.9 liest man am besten von rechts nach links. Gibt es also 12 Pfund Abfallmaterial, so findet kein Recycling statt; die Grenzkosten liegen bei null. Mit sinkender Abfallmenge nimmt dann das Recycling zu und die Grenzkosten des Recycling steigen.

Die effiziente Recyclingmenge liegt an dem Punkt vor, in dem Grenzkosten des Recyclings, GKR, gleich den gesellschaftlichen Grenzkosten der Entsorgung, GGK, sind. Wie Abbildung 18.9 zeigt, ist die effiziente zu entsorgende Abfallmenge, m^*, geringer als die Menge, die sich auf einem privaten Markt ergeben würde, m_1.

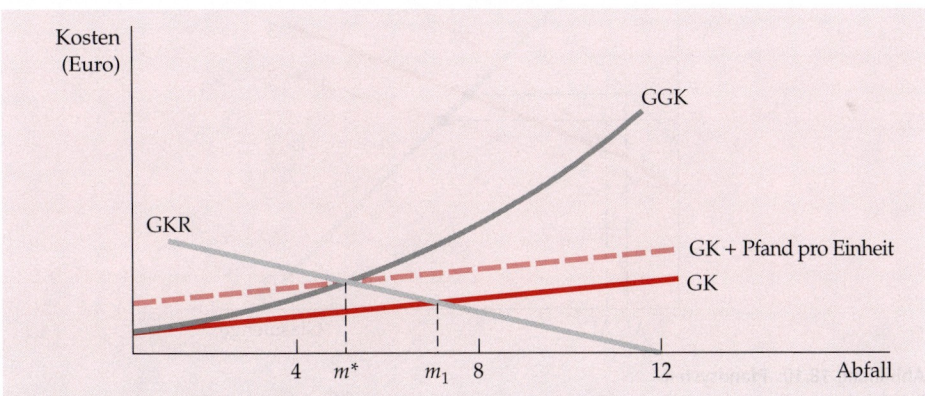

Abbildung 18.9: Die effiziente Recyclingmenge
Die effiziente Recyclingmenge von Abfallprodukten ergibt sich, wenn man die gesellschaftlichen Grenzkosten der Abfallentsorgung, GGK, mit den Grenzkosten des Recycling, GKR, gleichsetzt. Die effiziente zu entsorgende Abfallmenge, m^*, ist dabei geringer als die Menge, die sich auf einem privaten Markt ergeben würde, m_1.

Warum setzt man nicht eine Entsorgungsgebühr, einen Entsorgungsrichtwert oder gar übertragbare Entsorgungszertifikate ein, um diese Externalität zu umgehen? Theoretisch könnte jede dieser Maßnahmen Abhilfe schaffen, sie sind jedoch schwer in die Praxis umzusetzen und werden daher nur selten angewendet. Eine Entsorgungsgebühr ist beispielsweise nur schwer durchsetzbar, da es für eine Gemeinde sehr kostspielig wäre, den gesamten Müll zu sortieren und dann beispielsweise alle Glasbehälter zu sammeln. Preisbildung und Rechnungsstellung für die Müllentsorgung wären ebenfalls teuer, da Gewicht und Zusammensetzung der Materialien die gesellschaftlichen Kosten des Abfalls und damit den geeigneten Preis beeinflussen würden.

Pfandsysteme Eine politische Maßnahme, die erfolgreich als Recyclinganreiz angewendet wird, ist das rückzahlbare Pfand.[12] Innerhalb eines Pfandsystems zahlt man beim Kauf eines Glasbehälters anfangs eine Pfandgebühr an den Ladenbesitzer. Dieses Pfand wird rückerstattet, wenn der Behälter zum Geschäft oder einem Recycling Center zurückgebracht wird. Pfandsysteme schaffen einen wünschenswerten Anreiz – das Pfand pro Einheit kann so gewählt werden, dass Haushalte (und Unternehmen) dadurch mehr recyceln.

Aus Sicht des Einzelnen verursacht das Pfand zusätzliche private Entsorgungskosten, nämlich die Opportunitätskosten, die entstehen, wenn man sich das Pfand nicht rückerstatten lässt. Wie in Abbildung 18.9 gezeigt, wird der Einzelne aufgrund gestiegener Entsorgungskosten seine Müllentsorgung reduzieren und gleichzeitig die Recyclingmenge auf das gesellschaftlich optimale Niveau m^* erhöhen.

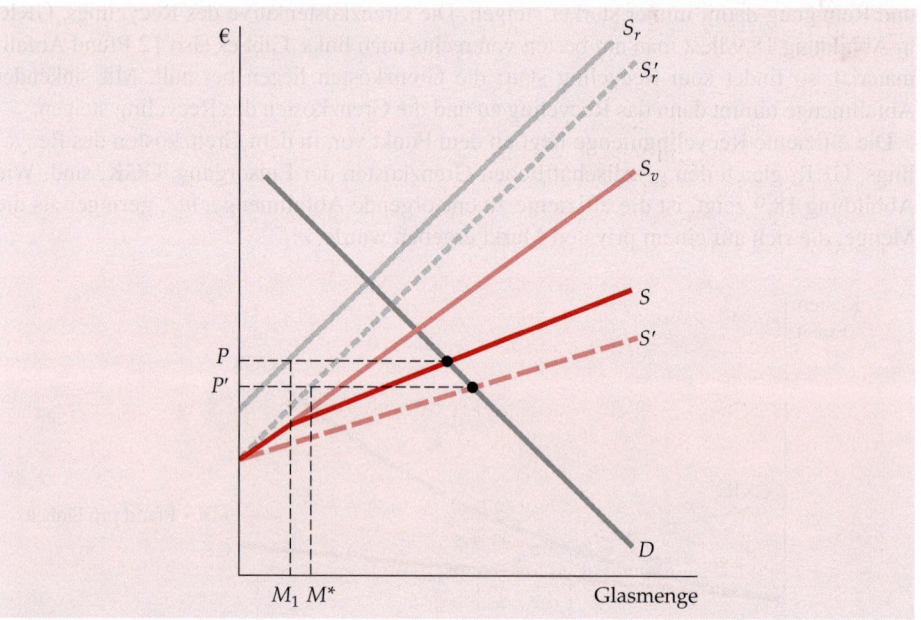

Abbildung 18.10: Pfandsystem
Das Angebot an neuen Glasbehältern wird durch S_v und das Angebot von Recyclingglas wird durch S_r angegeben. Das Marktangebot S ist die horizontale Summe dieser beiden Kurven. Zunächst umfasst das Gleichgewicht auf dem Markt für Glasbehälter einen Preis P und ein Angebot an recyceltem Glas M_1. Durch die Erhöhung der relativen Kosten der Entsorgung und die Unterstützung des Recyclings erhöht das Pfand das Angebot an recyceltem Glas von S_r auf S_r' und das Gesamtangebot an Glas von S auf S'. Dann fällt der Glaspreis auf P', die Menge des recycelten Glases steigt auf M^* und die Menge des Abfallglases nimmt ab.

---

12 Vergleiche Frank Ackerman, „*Why Do We Recycle: Markets, Values and Public Policy*", Washington: Island Press, 1997 für eine allgemeine Abhandlung des Recycling.

Eine ähnliche Analyse lässt sich auch auf den gewerblichen Bereich anwenden. Abbildung 18.10 zeigt eine fallend verlaufende Nachfragekurve nach Glasbehältern, D. Das Angebot an neuen Glasbehältern ist durch S_v und das Angebot an recyceltem Glas durch S_r angegeben. Das Marktangebot S ist die horizontale Summe dieser beiden Kurven. Folglich ist der Marktpreis für Glas P und das Gleichgewichtsangebot an recyceltem Glas ist M_1.

Durch eine Erhöhung der relativen Entsorgungskosten und die Schaffung von Recyclinganreizen steigert das Pfandsystem das Angebot an recyceltem Glas von S_r auf S_r' und das gesamte Angebot steigt von S auf S', wodurch der Glaspreis auf P' fällt. Folglich steigt die Menge an Recyclingglas auf M^*, was wiederum einen Rückgang von Abfallglas bedeutet.

Ein Pfandsystem hat noch einen weiteren Vorteil – es entsteht dadurch ein Markt für Recyclingprodukte. In vielen Gemeinden spezialisieren sich öffentliche und private Unternehmen und auch Privatpersonen darauf, Recyclingmaterial zu sammeln und einzulösen. Und je größer und effizienter dieser Markt wird, desto mehr steigt die Nachfrage nach recyceltem anstelle von neuem Material, und dies wiederum wirkt sich positiv auf die Umwelt aus.

Beispiel 18.4: Die Regulierung des städtischen Abfalls

1990 erzeugte jeder Einwohner von Los Angeles durchschnittlich etwa 6,4 Pfund festen Abfall pro Tag, und die Bewohner anderer großer amerikanischer Städte lagen nicht weit dahinter. Im Vergleich dazu wurden in Tokyo, Paris, Hong Kong und Rom nur jeweils 3/2,4/1,9 und 1,5 Pfund Müll pro Tag und Einwohner erzeugt.[13]

Einige dieser Unterschiede rühren von unterschiedlichen Konsumniveaus her, zum Großteil liegen diese aber an den Bemühungen vieler Länder, Recyclinganreize zu bieten. In den Vereinigten Staaten werden etwa nur 25 Prozent des gebrauchten Aluminiums, 23 Prozent des Papiers und 8,5 Prozent des gebrauchten Glases recycelt.

Auch in den Vereinigten Staaten wurden inzwischen eine Reihe politischer Anregungen gegeben, die Recyclinganreize schaffen sollen. Die erste betrifft das oben beschriebene Pfandsystem. Die zweite betrifft eine *Müllgebühr*, die Haushalte an ihre Gemeinden zahlen müssen; sie berechnet sich proportional zum Gewicht (oder Volumen) des entsorgten Mülls. Um die Menschen dazu zu bringen, ihren recycelbaren Müll zu trennen, werden alle getrennten Glasabfälle kostenfrei abgeholt. Solche Müllgebühren mögen zwar Anreize bieten, den vorhandenen Müll zu recyceln, sie veranlassen jedoch niemanden dazu, von vornherein recycelbare Produkte zu konsumieren.

Eine dritte Möglichkeit ist, eine *Mülltrennungspflicht* von recycelbarem Material wie etwa Glas einzuführen. Damit dieses System effizient funktioniert, müssen Stichproben durchgeführt und im Fall von Verstößen hohe Geldbußen verhängt werden. Die Mülltrennungspflicht ist wahrscheinlich die unattraktivste Alternative, und das nicht nur, weil sie schwer durchsetzbar ist, sondern auch, weil jeder Einzelne – wenn die Kosten für eine Mülltrennung hoch genug sind – dazu veranlasst werden könnte, einfach auf Behälter aus anderen Materialien, die nicht recycelbar und daher umweltschädigend sind, umzusteigen, wie etwa Plastik. ▶

---

13 Dieses Beispiel basiert auf Peter S. Menell, „Beyond the Throwaway Society: An Incentive Approach to Regulating Municipal Solid Waste", *Ecology Law Quarterly*, 1990, 655–739. Vergleiche auch Marie Lynn Miranda et al., „*Unit Pricing for Residential Municipal Solid Waste: An Assesment of the Literature*", US Environmental Protection Agency, März 1996.

Wie potenziell wirkungsvoll diese drei Maßnahmen sind, lässt sich anhand einer Analyse über die Mischung von Glas und Plastik verdeutlichen. Dabei wurde angenommen, dass Verbraucher verschiedene Präferenzen haben, wobei die Hälfte lieber Plastik-, die andere Hälfte lieber Glasbehälter verwendet. Abgesehen vom Material unterscheiden sich die Produkte in Preis, Qualität und Menge nicht voneinander. Ohne jeden Recyclinganreiz käme es zu einer 50:50-Aufteilung zwischen Glas und Plastik. Aus gesellschaftlicher Sicht wäre es jedoch wünschenswert, wenn mehr recycelbares Glas zum Einsatz käme.

Eine Trennungspflicht bleibt in diesem Fall wirkungslos. Denn die Kosten der Mülltrennung sind so hoch, dass der Anteil der Glasbehälter tatsächlich noch auf 40 Prozent absinkt. Eine Müllgebühr dagegen erzielt schon viel bessere Ergebnisse. Mit ihr steigt der Einsatz von Glasbehältern auf 72,5 Prozent. Am besten schneidet schließlich das Pfandsystem ab, denn damit kaufen 78,9 Prozent der Verbraucher recycelbare Glasbehälter.

Ein Fall, der sich kürzlich in Perkasie, Pennsylvania, ereignet hat, zeigt, dass solche Recyclingprogramme tatsächlich erfolgreich sein können. Vor der Einführung eines Recyclingprogramms, das alle drei gerade beschriebenen Maßnahmen umfasste, betrug der gesamte nicht getrennte feste Müll dort jährlich 2.573 Tonnen. Mit der Einführung des Programms fiel diese Menge auf einen Wert von unter 1.038 Tonnen – ein Rückgang um 59 Prozent. Und die Stadt sparte folglich $90.000 an Müllentsorgungskosten.

Im vergangenen Jahrzehnt haben die Recyclingbemühungen zugenommen. Im Jahr 2009 wurden 50,7 Prozent des Aluminiums, 74,2 des Büropapiers und 31,1 Prozent der Glasbehälter recycelt. Insgesamt haben die Amerikaner 4,4 Pfund Feststoffabfälle pro Person und Tag verursacht, wovon 1,46 Pfund entweder recycelt oder kompostiert wurden.

18.3 Bestandsexternalitäten

Wir haben die negativen Externalitäten untersucht, die sich direkt aus *Flüssen* schädlicher Verschmutzung ergeben. So wurde beispielsweise aufgezeigt, wie Schwefeldioxidemissionen aus Kraftwerken sich negativ auf die Luft auswirken können, die von Menschen eingeatmet wird, so dass staatliche Interventionen in Form von Emissionsgebühren bzw. -grenzwerten gerechtfertigt sein können. An dieser Stelle sei daran erinnert, dass wir die Grenzkosten der Reduzierung der *Flüsse* der Emissionen mit dem Grenznutzen verglichen haben, um das gesellschaftlich optimale Emissionsniveau zu bestimmen.

Mitunter rührt allerdings der Schaden für die Gesellschaft nicht direkt aus dem Emissionsfluss, sondern aus dem *kumulierten Bestand* des Schadstoffes. Die Erderwärmung bildet ein gutes Beispiel dafür. Es wird angenommen, dass die Erderwärmung auf die Ansammlung von Kohlendioxid und anderen Treibhausgasen (THG) in der Atmosphäre zurückzuführen ist. (Wenn die Konzentration von THG zunimmt, wird in der Atmosphäre mehr Sonnenlicht absorbiert und weniger Sonnenlicht wieder reflektiert, was einen Anstieg der Durchschnittstemperaturen zur Folge hat.) Emissionen von Treibhausgasen führen nicht zu den unmittelbaren Schäden, zu denen Schwefeldioxidemissionen führen. Vielmehr ist es in diesem Fall der *Bestand der akkumulierten Treibhausgase in der Atmosphäre*, der letztlich den Scha-

---

Wir erinnern uns aus Abschnitt 15.1, dass das Kapital eines Unternehmens als Bestandsgröße gemessen wird und die Anlage, mit der das Kapital geschaffen wird, als Strom- oder Flussgröße. Der Output des Unternehmens wird auch als Flussgröße gemessen.

den verursacht. Überdies ist die *Zerstreuungsrate* von akkumulierten Treibhausgasen sehr niedrig: Wenn sich die Treibhausgaskonzentration in der Atmosphäre einmal wesentlich erhöht hat, wird sie viele Jahre lang hoch bleiben, selbst wenn weitere Emissionen von THG auf null reduziert würden. Deshalb bestehen Sorgen im Hinblick darauf, dass die THG-Emissionen jetzt gesenkt werden sollten, anstatt darauf zu warten, dass sich die Konzentrationen über fünfzig oder noch mehr Jahre aufbauen (und die Temperaturen zu steigen beginnen).

Bestandsexternalitäten können (genau wie Flussexternalitäten) auch positiv sein. Ein Beispiel dafür bildet der Bestand an „Wissen", der sich infolge von Investitionen in F&E aufbaut. Im Laufe der Zeit führen Forschung und Entwicklung zu neuen Ideen, neuen Produkten, effizienteren Produktionsmethoden und anderen Innovationen, von denen die Gesellschaft insgesamt und nicht nur diejenigen profitieren, die sich mit Forschung und Entwicklung beschäftigen. Aufgrund dieser positiven Externalität gibt es ein starkes Argument für die staatliche Subventionierung von Forschung und Entwicklung. Dabei ist allerdings zu beachten, dass die Gesellschaft von dem *Bestand* des Wissens und der Innovationen und nicht von dem Fluss der F&E profitiert, mit dem der Bestand aufgebaut wird.

Wir haben in Kapitel 15 den Unterschied zwischen Bestands- und Stromgrößen (oder Flussgrößen) untersucht. Wie in Abschnitt 15.1 (Seite 755) erklärt, wird das Kapital, das ein Unternehmen besitzt, als *Bestandsgröße*, d.h. als Menge der Anlagen und Ausrüstungen, die ein Unternehmen besitzt, gemessen. Das Unternehmen kann seinen Kapitalstock erhöhen, indem es zusätzliche Anlagen und Ausrüstungen kauft, d.h. indem es einen *Fluss* von Investitionsaufwendungen generiert. (An dieser Stelle sei daran erinnert, dass die Einsatzmengen von Arbeit und Kapital auch als *Strom-* oder *Flussgrößen* gemessen werden, was auch auf den Output des Unternehmens zutrifft.) Es wurde aufgezeigt, dass diese Unterscheidung wichtig ist, da sie dem Unternehmen dabei hilft zu entscheiden, ob in ein neues Werk, in neue Ausrüstungen oder in anderes Kapital investiert werden soll. Durch den Vergleich des *diskontierten Gegenwartswertes* (oder *Barwertes BW*) der zusätzlichen Gewinne, die sich wahrscheinlich aus der Investition ergeben, mit den Kosten der Investition, d.h. durch die Berechnung des *Kapitalwertes* (oder *Nettobarwertes NBW*), kann das Unternehmen bestimmen, ob die Investition wirtschaftlich gerechtfertigt ist oder nicht.

Das gleiche Konzept des Kapitalwertes findet Anwendung, wenn wir analysieren wollen, wie der Staat auf eine Bestandsexternalität reagieren sollte. Im Fall der Verschmutzung müssen wir bestimmen, wie jegliches kontinuierliches Emissionsniveau zu einem Aufbau des Schadstoffes führt. Danach muss bestimmt werden, welcher wirtschaftliche Schaden sich wahrscheinlich aus dem größeren Bestand ergeben wird. Danach können wir den Gegenwartswert der kontinuierlichen Kosten für die Emissionsreduzierung in jedem Jahr mit dem Gegenwartswert der wirtschaftlichen Vorteile aus einem reduzierten zukünftigen Bestand des Schadstoffes vergleichen.

Der Bestandsaufbau und dessen Auswirkungen

Im Folgenden konzentrieren wir uns auf die Verschmutzung, um aufzuzeigen, wie sich der Bestand eines Schadstoffes im Laufe der Zeit verändert. Bei beständigen Emissionen akkumuliert sich der Bestand, während allerdings auch ein gewisser Anteil des Bestands, δ, in jedem Jahr abgebaut wird. Wenn wir nun annehmen, dass der Bestand im ersten Jahr bei null beginnt, so ist der Bestand des Schadstoffes (S) genau gleich der Menge der Emissionen in dem betreffenden Jahr (E):

$$S_1 = E_1$$

Bestandsexternalitäten

Kumuliertes Ergebnis der Aktivitäten eines Produzenten oder Konsumenten, das, obwohl es im Marktpreis nicht berücksichtigt wird, Auswirkungen auf andere Produzenten oder Verbraucher hat.

Wir erinnern uns aus Abschnitt 15.2, dass der diskontierte Gegenwartswert (oder Barwert BW) einer Reihe erwarteter, zukünftiger Geldströme gleich der Summe dieser Finanzströme diskontiert mit dem entsprechenden Zinssatz ist. Überdies wurde in Abschnitt 15.4 festgestellt, dass gemäß der Vorschrift des Kapitalwertes (oder Nettobarwertes NBW) ein Unternehmen investieren sollte, wenn der BW des erwarteten zukünftigen Finanzflusses aus einer Investition größer als die Kosten ist.

Im zweiten Jahr ist der Bestand des Schadstoffs gleich den Emissionen dieses Jahres zuzüglich des nicht abgebauten Bestands aus dem ersten Jahr:

$$S_2 = E_2 + (1-\delta)S_1$$

und so weiter. Im Allgemeinen wird der Bestand in jedem beliebigen Jahr t durch die in dem betreffenden Jahr erzeugten Emissionen zuzüglich des nicht abgebauten Bestands aus dem vorherigen Jahr angegeben:

$$S_t = E_t + (1-\delta)S_{t-1}$$

Wenn die Emissionen mit einer konstanten jährlichen Rate E erfolgen, dann entspricht nach N Jahren der Bestand des Schadstoffes:[14]

$$S_N = E[1 + (1-\delta) + (1-\delta)^2 + \ldots + (1-\delta)^{N-1}]$$

Wenn N unendlich groß wird, nähert sich der Bestand dem langfristigen Gleichgewichtsniveau E/δ.

Die Auswirkungen der Verschmutzung resultieren aus dem sich ansammelnden Bestand. Wenn zunächst der Bestand gering ist, sind die wirtschaftlichen Auswirkungen gering – allerdings nehmen die Auswirkungen mit zunehmendem Bestand zu. So resultieren beispielsweise bei der Erderwärmung aus höheren Konzentrationen von Treibhausgasen höhere Temperaturen. Dies erklärt auch die Sorge, dass der Bestand von THG in der Atmosphäre, wenn die Emissionen dieser Treibhausgase mit den gegenwärtigen Geschwindigkeiten weitergehen, schließlich so weit steigen könnte, dass er beträchtliche Temperaturanstiege verursacht – was wiederum nachteilige Auswirkungen auf Wettermuster, die Landwirtschaft und die Lebensbedingungen haben könnte. Je nach den Kosten der Reduzierung von Treibhausgasemissionen und den zukünftigen Vorteilen, die aus der Vermeidung dieser Temperaturanstiege resultieren, kann es für Staaten Sinn machen, Regelungen zu treffen, mit denen Emissionen schon heute reduziert werden, anstatt abzuwarten, bis der atmosphärische Bestand der Treibhausgase noch viel größer geworden ist.

Numerisches Beispiel Dieses Konzept kann mit Hilfe eines einfachen Beispiels konkretisiert werden. Es sei angenommen, dass ohne staatliche Intervention über die nächsten 100 Jahre jedes Jahr 100 Einheiten eines Schadstoffes in die Atmosphäre freigesetzt werden, dass die Zerstreuungsrate, δ, sich auf 2 Prozent pro Jahr beläuft und der Bestand des Schadstoffs zu Beginn null beträgt. In Tabelle 18.1 wird dargestellt, wie sich der Bestand im Laufe der Zeit aufbaut. Hierbei ist zu beachten, dass der Bestand nach 100 Jahren ein Niveau von 4.377 Einheiten erreicht hat. (Wenn dieses Niveau der Emissionen ewig fortgesetzt wird, nähert sich der Bestand schließlich $E/\delta = 100/0{,}02 = 5.000$ Einheiten an.)

Es sei angenommen, dass der Bestand der Schadstoffe einen wirtschaftlichen Schaden (im Hinblick auf Gesundheitskosten, eine reduzierte Produktivität usw.) in Höhe von €1 Million pro Einheit verursacht. Folglich gilt, dass der sich daraus ergebende Schaden für das betreffende Jahr, wenn sich der Gesamtbestand des Schadstoffs beispielsweise auf 1.000 Einheiten beläuft, gleich €1 Milliarde wäre. Nehmen wir nun an, dass sich die jährlichen Kosten für eine Reduzierung der Emissionen auf €15 Millionen pro Einheit der

---

14 Um dies zu erkennen, muss beachtet werden, dass nach einem Jahr der Schadstoffbestand $S_1 = E$ gilt. Im zweiten Jahr ist der Bestand $S_2 = E + (1-\delta)S_1 = E + (1-\delta)E$, im dritten Jahr ist der Bestand gleich $S_3 = E + (1-\delta)S_2 = E + (1-\delta)E + (1-\delta)^2 E$ und so weiter. Wenn N unendlich groß wird, nähert sich der Bestand E/δ.

Reduzierung belaufen. Folglich würde eine Senkung der Emissionen von 100 Einheiten auf null 100 × €15 Millionen = €1,5 Milliarden pro Jahr kosten. Würde es in diesem Fall Sinn machen, die Emissionen ab sofort auf null zu senken?

Zur Beantwortung dieser Frage müssen wir den Gegenwartswert der jährlichen Kosten in Höhe von €1,5 Milliarden mit dem Gegenwartswert des jährlichen Nutzens aus einem reduzierten Bestand des Schadstoffs vergleichen. Natürlich wäre der Bestand des Schadstoffs über die nächsten 100 Jahre ebenfalls gleich null, wenn die Emissionen ab sofort auf null gesenkt werden. Folglich entspräche der Vorteil aus dieser Politik den Einsparungen der gesellschaftlichen Kosten in Verbindung mit dem zunehmenden Bestand des Schadstoffs. In Tabelle 18.1 werden die jährlichen Kosten der Reduzierung der Emissionen von 100 Einheiten auf null, der jährliche Nutzen aus der Schadensvermeidung sowie der jährliche *Nettonutzen* (der jährliche Nutzen abzüglich der Kosten der Eliminierung von Emissionen) dargestellt. Wie erwartet werden würde, ist der jährliche Nutzen in den frühen Jahren negativ, da der Schadstoffbestand niedrig ist. Der Nettonutzen wird erst später positiv, wenn der Schadstoffbestand zugenommen hat.

Tabelle 18.1

Aufbau des Schadstoffbestands

Jahr	E	S_t	Schaden (Milliarden €)	Kosten von $E = 0$ (Milliarden €)	Nettonutzen (Milliarden €)
2010	100	100	0,100	1,5	– 1,400
2011	100	198	0,198	1,5	– 1,302
2012	100	296	0,296	1,5	– 1,204
...					
2110	100	4.337	4,337	1,5	2,837
...					
∞	100	5.000	5,000	1,5	3,500

Um zu bestimmen, ob eine Politik der Null-Emissionen Sinn macht, müssen wir den NBW der Politik berechnen, bei dem es sich im vorliegenden Fall um den diskontierten Gegenwartswert der in Tabelle 18.1 dargestellten jährlichen Nettonutzen handelt. Wenn der Diskontsatz mit R angegeben wird, lautet der NBW:

$$\text{NBW} = (-1,5 + 0,1) + \frac{(-1,5 + 0,198)}{1+R} + \frac{(-1,5 + 0,296)}{(1+R)^2} + \ldots + \frac{(-1,5 + 4,337)}{(1+R)^{99}}$$

Ist der NBW positiv oder negativ? Die Antwort auf diese Frage hängt vom Diskontsatz, R, ab. In Tabelle 18.2 wird der NBW als Funktion des Diskontsatzes dargestellt. (Die mittlere Zeile in Tabelle 18.2, in der die Zerstreuungsrate δ 2 Prozent beträgt, entspricht Tabelle 18.1. Überdies stellt Tabelle 18.2 auch die NBW für Zerstreuungsraten von 1 und 4 Prozent dar.) Für Diskontsätze von 4 Prozent oder weniger ist der NBW deutlich positiv; wenn allerdings der Diskontsatz hoch ist, ist der NBW negativ.

Wir erinnern uns aus Abschnitt 15.1, dass der NBW einer Investition abnimmt, wenn der Diskontsatz steigt. In Abbildung 15.3 wird der NBW für ein Elektromotorenwerk dargestellt. Hierbei ist die Ähnlichkeit zum vorliegenden Problem der Umweltpolitik zu beachten.

In Tabelle 18.2 wird auch dargestellt, wie der NBW einer „Null-Emissionspolitik" von der Zerstreuungsrate, δ, abhängig ist. Wenn δ niedriger ist, erreicht der akkumulierte Schadstoffbestand höhere Niveaus und verursacht mehr wirtschaftliche Schäden, so dass die zukünftigen Vorteile aus einer Reduzierung der Emissionen dann größer sind. Aus Tabelle 18.2 ist zu erkennen, dass der NBW der Eliminierung von Emissionen bei jedem gegebenen Diskontsatz viel größer ist, wenn $\delta = 0{,}01$, bzw. dass dieser viel kleiner ist, wenn $\delta = 0{,}04$ gilt. Wie wir noch sehen werden, liegt einer der Gründe, aus denen so viele Sorgen im Hinblick auf die Erderwärmung erwachsen, in der Tatsache, dass der Bestand der THG nur sehr langsam abgebaut wird: δ beträgt nur ca. 0,005.

Tabelle 18.2

NBW einer „Null-Emissionspolitik"

		Diskontsatz R				
		0,01	0,02	0,04	0,06	0,08
Zerstreuungsrate, δ	0,01	108,81	54,07	12,20	− 0,03	− 4,08
	0,02	65,93	31,20	4,49	− 3,25	− 5,69
	0,04	15,48	3,26	− 5,70	− 7,82	− 8,11

Achtung: Die Eintragungen in der Tabelle sind NBW in Milliarden Euro. Die Eintragungen für $\delta = 0{,}02$ entsprechen den Zahlen für den Nettonutzen aus Tabelle 18.1.

Gesellschaftlicher Diskontsatz

Der Gesellschaft insgesamt aus der Erzielung eines zukünftigen wirtschaftlichen Nutzens anstatt eines gegenwärtigen Nutzens entstehende Opportunitätskosten.

Bei der Formulierung der Umweltpolitik tritt bei Vorhandensein von Bestandsexternalitäten ein weiterer, komplizierender Faktor auf: Welcher Diskontsatz sollte verwendet werden? Da die Kosten und Vorteile einer Politik für die Gesellschaft insgesamt gelten, sollte auch der Diskontsatz die der Gesellschaft entstehenden Opportunitätskosten aus der Erzielung eines wirtschaftlichen Nutzens in der Zukunft anstelle von heute wiedergeben. Diese Opportunitätskosten, die zur Berechnung von Nettobarwerten für staatliche Projekte verwendet werden sollten, werden als **gesellschaftlicher Diskontsatz** bezeichnet. Wie allerdings in Beispiel 18.5 aufgezeigt wird, besteht unter den Volkswirten nur wenig Einstimmigkeit im Hinblick auf die angemessene, für den gesellschaftlichen Diskontsatz zu verwendende Zahl.

Prinzipiell hängt der gesellschaftliche Diskontsatz von drei Faktoren ab: (1) von der erwarteten Rate des realen Wirtschaftswachstums, (2) dem Ausmaß der Risikoaversion der Gesellschaft insgesamt sowie (3) von der „Rate der reinen Zeitpräferenz" für die Gesellschaft insgesamt. Bei schnellem Wirtschaftswachstum werden zukünftige Generationen über höhere Einkommen als die gegenwärtigen Generationen verfügen, und wenn der Grenznutzen des Einkommens abnimmt (d.h. sie sind risikoavers), wird der Nutzen eines zusätzlichen Dollars für die zukünftigen Generationen niedriger sein als der Nutzen eines heute lebenden Individuums. Aus diesem Grund bieten die zukünftigen Vorteile einen geringeren Nutzen und sollten daher diskontiert werden. Überdies könnten die Menschen selbst dann, wenn wir kein wirtschaftliches Wachstum erwarten, es einfach bevorzugen, heute einen Vorteil zu erhalten als in der Zukunft (Rate der reinen Zeitpräferenz). Je nach den eigenen Ansichten über das zukünftige reale Wirtschaftswachstum, über das Ausmaß der Risikoaversion für die Gesellschaft insgesamt sowie über die Rate der reinen Zeitpräferenz könnte man zu dem Schluss kommen, dass der gesellschaftliche Diskontsatz bis zu 6 Prozent oder auch nur 1 Prozent betragen sollte. Und genau darin liegt die Schwierigkeit. Bei einem Diskontsatz von 6 Prozent ist es schwer, fast jede staatliche Politik zu rechtfertigen, die heute Kosten verursacht, aber erst in 50 oder 100 Jahren Vorteile bringt (z.B. eine Politik zum Umgang mit der Klimaerwärmung). Dies gilt allerdings nicht, wenn der Diskontsatz nur 1 oder 2 Prozent beträgt.[15] Infolgedessen läuft bei Problemen mit langen Zeithorizonten die politische Debatte häufig auf eine Debatte über den korrekten Diskontsatz hinaus.

Beispiel 18.5: Die Erderwärmung

Über die letzten 100 Jahre haben sich die Emissionen von Kohlendioxid und anderen Treibhausgasen drastisch erhöht, da das Wirtschaftswachstum von einer stärkeren Nutzung von fossilen Brennstoffen begleitet wurde, was wiederum eine Zunahme der Konzentration von THG in der Atmosphäre zur Folge hatte. Selbst wenn sich die weltweiten THG-Emissionen auf den aktuellen Niveaus stabilisieren, würden die THG-Konzentrationen in der Atmosphäre während der nächsten 100 Jahre weiter wachsen. Da sie das Sonnenlicht einfangen, verursachen diese höheren THG-Konzentrationen wahrscheinlich in ca. 50 Jahren einen beträchtlichen Anstieg der globalen mittleren Temperaturen und könnten schwerwiegende Folgen für die Umwelt haben – beispielsweise Überflutungen tiefliegender Gebiete, wenn die Polarkappen abschmelzen und die Meeresspiegel ansteigen, extreme Witterungsbedingungen, Störungen von Ökosystemen und eine reduzierte landwirtschaftliche Produktion. Das gegenwärtige Ausmaß der THG-Emissionen könnte gesenkt werden – so könnten beispielsweise Staaten feste Steuern auf die Nutzung von Benzin und andere fossile Brennstoffe erheben – allerdings wäre diese Lösung teuer. Das Problem liegt darin, dass die Kosten der Reduzierung der Treibhausgasemissionen heute entstehen würden, während die Vorteile aus den reduzierten Emissionen allerdings erst in 50 oder noch mehr Jahren realisiert werden würden. Sollten die Industrienationen der Welt die Einführung von Regelungen zur drastischen Reduzierung von THG-Emissionen vereinbaren oder ist der diskontierte Gegenwartswert der wahrscheinlichen Vorteile solcher Regelungen dafür einfach zu gering?

Es gibt viele Studien von Naturwissenschaftlern und Volkswirten zur Ansammlung von THG-Konzentrationen und den sich daraus ergebenden Anstiegen der weltweiten Temperaturen, die auftreten könnten, wenn keine Schritte zur Senkung der Emissionen unternommen würden. Obwohl es beträchtliche Unstimmigkeiten über die genauen wirtschaftlichen Auswirkungen höherer Temperaturen gibt, besteht zumindest dahingehend ein Konsens, dass die Auswirkungen beträchtlich wären. ▶

---

15 So sind zum Beispiel €100, die man in 100 Jahren erhält, bei einem Diskontsatz von 6 Prozent heute nur €0,29 wert. Bei einem Diskontsatz von 1 Prozent sind die gleichen €100 heute €36,97 – mithin also 127 mal so viel – wert.

Somit würde die Reduzierung der Emissionen heute einen zukünftigen Nutzen bieten.[16] Auch die Kosten einer Reduzierung der Emissionen (oder einer Vermeidung ihres Anstiegs über die gegenwärtigen Niveaus hinaus) können geschätzt werden, obwohl hier ebenfalls Uneinigkeit über die genauen Zahlen herrscht.

In Tabelle 18.3 werden die THG-Emissionen und die durchschnittliche weltweite Temperaturänderung in Abständen von zehn Jahren für zwei Szenarien dargestellt. Das erste Szenario ist das „Business-As-Usual"-Szenario, nach dem sich die THG-Emissionen im Laufe des nächsten Jahrhunderts mehr als verdoppeln würden, bei dem die durchschnittliche THG-Konzentration ansteigen und die durchschnittliche Temperatur bis zum Jahr 2110 um 4 Grad Celsius über das gegenwärtige Niveau steigen würde. Der aus einem solchen Temperaturanstieg resultierende Schaden wird auf 1,3 Prozent des weltweiten BIP pro Jahr geschätzt. Weiterhin wird angenommen, dass das weltweite BIP real mit einer Rate von 2,5 Prozent pro Jahr von seinem Wert von $65 Billionen im Jahr 2010 wächst. Folglich wird der Schaden aus der Erderwärmung im Jahr 2110 ca. (0,01)(4)(768) = $40 Billionen pro Jahr erreichen.

Im zweiten in Tabelle 18.3 dargestellten Szenario wird die THG-Konzentration bei 550pm stabilisiert, so dass der Temperaturanstieg auf nur 2 Grad Celsius beschränkt wird, was im Jahr 2060 erreicht wird. Um dies zu erreichen, müssen die THG-Emissionen ab dem Jahr 2010 um 1 Prozent pro Jahr reduziert werden. Die jährlichen Kosten dieser Politik zur Emissionsreduzierung werden auf 1 Prozent des weltweiten BIP geschätzt.[17] (Da angenommen wird, dass das weltweite BIP jedes Jahr steigt, nehmen auch die Kosten dieser Politik zu.) In der Tabelle wird auch der jährliche Nettonutzen aus der Politik dargestellt, der gleich dem Schaden nach dem „Business-As-Usual"-Szenario abzüglich des (kleineren) Schadens bei Senkung der Emissionen abzüglich der Kosten für die Reduzierung der Emissionen ist.

Macht diese Politik zur Emissionsreduzierung Sinn? Zur Beantwortung dieser Frage müssen wir den Gegenwartswert der Flussgröße des Nettonutzens berechnen, der entscheidend vom Zinssatz abhängt. Eine im Vereinigten Königreich durchgeführte Überprüfung empfiehlt einen gesellschaftlichen Diskontsatz von 1,3 Prozent. Mit diesem Diskontsatz beträgt der NBW der Politik $21,3 Billionen, was zeigt, dass die Politik zur Reduzierung der Emissionen ganz offensichtlich wirtschaftlich ist. Der NBW ist kleiner, aber noch immer positiv ($1,63 Billionen), wenn wir einen Diskontsatz von 2 Prozent ansetzen. Bei einem Diskontsatz von 3 Prozent ist der NBW allerdings gleich –$9,7 Billionen und bei einem Diskontsatz von 5 Prozent gleich –$12,7 Billionen.

Wir haben eine bestimmte – zugegebenermaßen relativ strenge – Politik zur Reduzierung von THG-Emissionen untersucht. Die Frage, ob diese Politik oder irgendeine ▶

---

16 Siehe beispielsweise den „Assessment Report of the Intergovernmental Panel on Climate Change" aus dem Jahr 2007, Cambridge University Press, oder online unter http://www.hm-treasury.gov.uk/independent_reviews/stern_review_ecobnomics_climate_change/.

17 Diese Politik wurde in dem von der britischen Regierung in Auftrag gegebenen Stern Review on the Economics of Climate Change, der online unter http://www.hm-treasury.gov.uk/stern_review_report.htm verfügbar ist, empfohlen. Die Schätzung der Kosten in Höhe von 1 Prozent des BIP stammt aus dem Stern Review. Die Schätzung des Schadens aus höheren Temperaturen (1,3 Prozent des BIP für jede Steigerung um 1 Grad Celsius) ist eine Mischung aus Schätzungen aus dem Stern Review und dem IPCC-Bericht.

andere Politik zur Beschränkung der THG-Emissionen wirtschaftlich Sinn macht, hängt ganz offensichtlich von dem Diskontsatz ab, der zur Abzinsung zukünftiger Kosten und Nutzen verwendet wird. Allerdings muss darauf hingewiesen werden, dass die Volkswirte sich nicht darüber einig sind, welcher Satz angesetzt werden sollte, und infolgedessen sind sie sich auch nicht einig darüber, was gegen die Klimaerwärmung getan werden sollte.[18]

Tabelle 18.3

Die Reduzierung der THG-Emissionen

	„Business-As-Usual"				Senkung der Emissionen um 1% pro Jahr					
Jahr	E_t	S_t	ΔT_t	Schaden	E_t	S_t	ΔT_t	Schaden	Kosten	Nettonutzen
2010	50	430	0°	0	50	430	0°	0	0,65	−0,65
2020	55	460	0,5°	0,54	45	460	0,5°	0,43	0,83	−0,72
2030	62	490	1°	1,38	41	485	1°	1,11	1,07	−0,79
2040	73	520	1,5°	2,66	37	510	1,4°	2,13	1,36	−0,83
2050	85	550	2°	4,54	33	530	1,8°	3,63	1,75	−0,84
2060	90	580	2,3°	6,77	30	550	2°	5,81	2,23	−1,27
2070	95	610	2,7°	9,91	27	550	2°	7,44	2,86	−0,38
2080	100	640	3°	14,28	25	550	2°	9,52	3,66	1,10
2090	105	670	3,3°	20,31	22	550	2°	12,18	4,69	3,44
2100	110	700	3,7°	28,59	20	550	2°	15,60	6,00	7,00
2110	115	730	4°	39,93	18	550	2°	19,97	7,68	12,28

Anmerkungen: E_t wird in Gigatonnen (Milliarden metrische Tonnen) CO_2-Äquivalent (CO_2e) gemessen. S_t wird in Teilen pro Millionen (ppm) atmosphärischen CO_2e gemessen, die die Temperaturänderung ΔT_t wird in Grad Celsius angegeben, während Kosten, Schäden und Nettonutzen in Billionen Dollar des Jahres 2007 gemessen werden. Die Kosten für die Reduzierung der Emissionen werden auf 1 Prozent des BIP pro Jahr geschätzt. Prognosen besagen, dass das weltweite BIP real mit 2,5 Prozent von einem Niveau von \$65 Billionen im Jahr 2010 wachsen wird. Der Schaden aus der Klimaerwärmung wird für jedes Grad Celsius, um das die Temperatur ansteigt, auf 1,3 Prozent des BIP pro Jahr geschätzt.

---

18 Dieser Konflikt über den Zinssatz und seine entscheidende Rolle bei der Bewertung von Maßnahmen zur Reduzierung von THG Emissionen wird in Martin L. Weitzman, „The Stern Review of the Economics of Climate Change", *Journal of Economic Literature*, (September 2007) sehr schön verdeutlicht. Überdies bestehen auch viele Ungewissheiten im Hinblick auf das Ausmaß möglicher zukünftiger Klimaerwärmungen sowie deren gesellschaftlicher und wirtschaftlicher Auswirkungen. Diese Unsicherheiten können Auswirkungen auf die Politik haben, sind aber im vorliegenden Beispiel ignoriert worden. Siehe dazu beispielsweise R.S. Pindyck, „Uncertainty in Environmental Economics", *Journal of Environmental Economics and Policy*, (Winter 2007), R.S. Pindyck, „Uncertain Outcomes and Climate Change Policy", *Journal of Environmental Economics and Management*, 2012.

18.4 Externalitäten und Eigentumsrechte

Wir sahen, wie durch staatliche Regulierung Ineffizienzen aufgrund von Externalitäten abgebaut werden können. Emissionsgebühren und übertragbare Emissionszertifikate funktionieren deshalb, weil sie den Unternehmen neue Anreize bieten, und sie dazu zwingen, die von ihnen verursachten externen Kosten zu berücksichtigen. Es gibt jedoch noch andere Möglichkeiten, Externalitäten zu vermeiden. In diesem Abschnitt wird gezeigt, dass Ineffizienzen in manchen Fällen durch private Verhandlungen zwischen den Betroffenen ausgeschaltet werden können. Auch ein Rechtssystem, das einer Partei das Recht gibt, zu klagen, um sich ihre Verluste ausgleichen zu lassen, kann Externalitäten eliminieren.

18.4.1 Eigentumsrechte

Eigentumsrechte sind gesetzliche Regelungen, die beschreiben, was Individuen oder Unternehmen mit ihrem Eigentum tun dürfen. Besitzt man beispielsweise das Eigentumsrecht auf ein Grundstück, so kann man darauf bauen oder es verkaufen und ist vor Übergriffen durch andere geschützt.

> **Eigentumsrechte**
> Gesetzliche Regelungen, die angeben, was Individuen oder Unternehmen mit ihrem Eigentum tun dürfen.

Um zu sehen, warum Eigentumsrechte wichtig sind, wollen wir zu unserem Unternehmen zurückkehren, das Abwässer in einen Fluss einleitet. Dabei gingen wir davon aus, dass die Fabrik Eigentumsrechte besaß, die ihr erlaubten, den Fluss für die Entsorgung zu nutzen, und dass gleichzeitig die Fischer keine Eigentumsrechte auf einen „unverschmutzten Fluss" besaßen. Also gab es für das Unternehmen keinen Anreiz, die Abwasserkosten in seine Produktionskalkulationen mit einzubeziehen. Anders ausgedrückt *externalisierte* die Fabrik die durch das Abwasser entstehenden Kosten. Nehmen wir nun aber an, dass der Fluss den Fischern gehörte, d.h. sie besaßen auch ein Eigentumsrecht auf sauberes Wasser. In diesem Fall könnten sie verlangen, von dem Unternehmen für das Recht der Abwasserentsorgung bezahlt zu werden. In dem Fall würde das Unternehmen entweder die Produktion einstellen oder die Entsorgungskosten bezahlen. Somit wären diese Kosten *internalisiert*, und es käme zu einer effizienten Resourcenallokation.

18.4.2 Verhandlungen und ökonomische Effizienz

Ökonomische Effizienz kann sich ohne staatliche Interventionen ergeben, wenn die vorhandene Externalität nur wenige Parteien betrifft und die Eigentumsrechte klar umrissen sind. Um zu sehen, wie ein solcher Fall aussehen könnte, betrachten wir eine numerische Version des Abwasserbeispiels. Nehmen wir an, dass sich durch das Abwasser des Unternehmens der Gewinn der Fischer verringerte. Wie Tabelle 18.4 zeigt, kann das Unternehmen ein Filtersystem installieren, um dadurch die Abwassermenge zu reduzieren, oder die Fischer können für die Installation einer Kläranlage aufkommen.[19]

Eine effiziente Lösung maximiert den gemeinsamen Gewinn von Fischern und Unternehmen. Es kommt dabei zu einer Maximierung, wenn das Unternehmen die Filter installiert und die Fischer keine Kläranlage bauen. Betrachten wir, wie die beiden Parteien aufgrund unterschiedlicher Eigentumsrechte zu verschiedenen Verhandlungsergebnissen kommen.

---

[19] Für eine ausführlichere Diskussion eines abgewandelten Beispiels siehe Robert Cooter und Thomas Ulen, „*Law and Economics*", (Reading, MA: Addison Wesley Longman, Inc., 2000), Kap.4.

18.4 Externalitäten und Eigentumsrechte

Tabelle 18.4

Gewinne bei alternativen Emissionsentscheidungen (pro Tag)

	Unternehmensgewinne (€)	Gewinne der Fischer (€)	Gesamtgewinn (€)
Kein Filter, keine Kläranlage	500	100	600
Filter, keine Kläranlage	300	500	800
Kein Filter, Kläranlage	500	200	700
Filter, Kläranlage	300	300	600

Nehmen wir an, das Unternehmen kann per Eigentumsrecht, seine Abwässer in den Fluss leiten. Anfangs beträgt dann der Gewinn der Fischer €100 und der Gewinn des Unternehmens €500. Durch den Bau einer Kläranlage können die Fischer ihren Gewinn auf €200 erhöhen, dabei beträgt der gemeinsame Gewinn, ohne Kooperation, €700 (€200 + €500). Außerdem sind die Fischer bereit, dem Unternehmen bis zu €300 für die Installation eines Filters zu bezahlen – dies ist die Differenz zwischen den €500 Gewinn mit Filter und den €200 Gewinn ohne Kooperation. Da das Unternehmen nur €200 Gewinn durch die Installation eines Filters einbüßt, wird es zu einer Installation bereit sein, denn sein Verlust wird mehr als ausgeglichen. In diesem Fall beträgt der Gewinn aus einer Kooperation für beide Seiten €100 – die €300 Gewinn der Fischer abzüglich der €200 Kosten für den Filter.

Nehmen wir an, die Fischer und das Unternehmen einigten sich, den Gewinn gleichmäßig aufzuteilen, indem die Fischer dem Unternehmen €250 für die Filterinstallation bezahlen. Tabelle 18.5 zeigt, dass dieses Verhandlungsergebnis auch dem effizienten Ergebnis entspricht. In der Spalte „Recht auf Einleitung" sehen wir, dass ohne eine Kooperation die Fischer €200 und das Unternehmen €500 Gewinn macht. Mit einer Kooperation steigt der Gewinn für beide um €50.

Tabelle 18.5

Verhandlung mit unterschiedlichen Eigentumsrechten

	Recht auf Einleitung (€)	Recht auf sauberes Wasser (€)
Ohne Kooperation		
Unternehmensgewinn	500	300
Gewinn der Fischer	200	500
Mit Kooperation		
Unternehmensgewinn	550	300
Gewinn der Fischer	250	500

Nehmen wir nun an, die Fischer verfügen über das Eigentumsrecht für sauberes Wasser, wodurch das Unternehmen einen Filter installieren muss. Dabei erzielt das Unternehmen einen Gewinn von €300 und die Fischer erzielen €500 Gewinn. Da keine Partei durch Verhandlung eine bessere Position erreichen kann, ist dieses ursprüngliche Ergebnis auch effizient.

Diese Analyse lässt sich auf alle Situationen anwenden, in denen es klar umrissene Eigentumsrechte gibt. *Wenn Parteien ohne Kosten und zu ihrem beiderseitigen Vorteil verhandeln können, ist das Verhandlungsergebnis effizient, gleichgültig, welche Eigentumsrechte vorliegen.* Den kursiv gedruckten Text bezeichnet man als **Coase-Theorem**, zu Ehren von Ronald Coase, der viel zu seiner Entwicklung beigetragen hat.[20]

Coase-Theorem

Ein Prinzip, das besagt, dass ein Verhandlungsergebnis unabhängig von der Gestaltung der Eigentumsrechte effizient ist, wenn Parteien ohne Kosten und zu ihrem beiderseitigen Vorteil verhandeln können.

18.4.3 Teure Verhandlungen – die Rolle des strategischen Verhaltens

Verhandlungsprozesse können zeitaufwändig und teuer sein, besonders wenn Eigentumsrechte nicht klar dargelegt sind. In diesem Fall weiß keine Partei genau, wie hart sie verhandeln muss, damit sich die Gegenpartei auf eine Einigung einlässt. In unserem Beispiel wussten beide Parteien, dass man sich im Verhandlungsprozess auf eine Zahlung zwischen €200 und €300 einigen musste. Wenn sich die Parteien jedoch über die Eigentumsrechte nicht im Klaren wären, könnte es sein, dass die Fischer nur €100 zahlen wollen, und die Verhandlungen würden scheitern.

Verhandlungen können auch dann scheitern, wenn Kommunikation und Überwachung zwar kostenlos sind, wenn aber beide Parteien der Meinung sind, sie könnten noch höhere Gewinne erzielen. Eine Partei verlangt einen großen Gewinnanteil und weigert sich zu verhandeln, weil sie fälschlicherweise annimmt, die Gegenseite würde früher oder später nachgeben. Zu einem weiteren Problem kommt es, wenn viele Parteien beteiligt sind. Nehmen wir beispielsweise an, dass die Emissionen einer Fabrik Hunderte oder Tausende von Haushalten erheblich beeinträchtigen. In diesem Fall machen es die Verhandlungskosten den Parteien fast unmöglich, eine Einigung zu erzielen.

18.4.4 Eine gerichtliche Lösung – die Schadenersatzklage

In vielen Situationen mit Externalitäten hat die geschädigte Partei (das Opfer) das Recht, die schädigende Partei zu verklagen. Ist die Klage erfolgreich, so kann das Opfer finanziellen Schadenersatz als Ausgleich für den ihm entstandenen Schaden erhalten. Eine Schadenersatzklage unterscheidet sich von einer Emissionsgebühr oder einer Müllgebühr, da in diesem Fall das Opfer und nicht der Staat die Zahlung erhält.

Um zu sehen, wie eine potenziell mögliche Klage zu einem effizienten Ergebnis führen kann, betrachten wir nochmals unser Abwasserbeispiel. Nehmen wir zunächst an, die Fischer haben ein Recht auf sauberes Wasser. Also ist das Unternehmen für den den Fischern entstehenden Schaden verantwortlich zu machen, *wenn* es keinen Filter installiert. Für die Fischer beträgt der Schaden in diesem Fall €400 (die Differenz zwischen dem Gewinn der Fischer ohne Abwasser [€500] und ihrem Gewinn mit Abwasser [€100]).

---

20 Ronald Coase, „The Problem of Social Cost", *Journal of Law and Economics* 3, 1960, 1–44.

Das Unternehmen hat folgende Möglichkeiten:

1 Kein Filtereinbau, Schadenersatzzahlung: Gewinn = €100 (€500 – €400)

2 Filtereinbau, keine Schadenersatzzahlung: Gewinn = €300 (€500 – €200)

Für das Unternehmen ist es also vorteilhaft, den Filter zu installieren, denn dies ist erheblich billiger als eine Schadenersatzzahlung. Folglich kommt es zum effizienten Ergebnis.

Ein effizientes Ergebnis (mit anderer Gewinnaufteilung) ergibt sich auch, wenn das Unternehmen über das Recht verfügt, sein Abwasser einzuleiten. Zwar hätten die Fischer das gesetzliche Recht, vom Unternehmen den Einbau eines Filters zu verlangen, sie müssten dem Unternehmen aber die €200 entgangenen Gewinn (nicht die Filterkosten) ersetzen. Die Fischer haben also drei Möglichkeiten:

1 Bau einer Kläranlage: Gewinn = €200

2 Forderung eines Filtereinbaus mit Schadenersatzzahlung: Gewinn = €300 (€500 – €200)

3 Keine Kläranlage, kein Filtereinbau: Gewinn = €100

Die Fischer erzielen den höchsten Gewinn, wenn sie die zweite Möglichkeit wählen. Sie werden also von dem Unternehmen einen Filtereinbau fordern, werden ihm aber gleichzeitig den entgangenen Gewinn von €200 ersetzen. Ebenso wie in dem Fall, als die Fischer das Recht auf sauberes Wasser besaßen, ist auch dies ein effizientes Ergebnis, weil ein Filter installiert wurde. Man erkenne jedoch, dass €300 Gewinn weit weniger sind als die €500, die die Fischer erzielen, wenn sie ein Recht auf sauberes Wasser haben.

Dieses Beispiel zeigt, dass eine Schadenersatzklage Verhandlungen unnötig werden lässt, denn dadurch werden die Folgen der Entscheidungen, die die Parteien zu treffen haben, klar dargelegt. Wenn die geschädigte Partei das Recht hat, von der schädigenden Partei Schadenersatz zu erhalten, so ist ein effizientes Ergebnis sichergestellt. (Liegen jedoch unvollständige Informationen vor, so könnte eine Schadenersatzklage auch zu einem ineffizienten Ergebnis führen.)

> ### Beispiel 18.6: Das Coase-Theorem in der Praxis
>
> Wie ein kooperatives Abkommen zwischen New York City und New Jersey aus dem Jahr 1987 zeigt, lässt sich das Coase-Theorem sowohl auf den Staat als auch auf Einzelpersonen und Organisationen anwenden.
>
> Viele Jahre lang beeinträchtigte austretender Müll von Abfallverarbeitungsanlagen im New Yorker Hafen die Wasserqualität entlang der Küste New Jerseys. Immer wieder kam es auch zu einer Verschmutzung der Strände. Einer der schlimmsten Vorfälle dieser Art ereignete sich im August 1987, als über 200 Tonnen Müll vor der Küste New Jerseys ins Meer gerieten und einen 50 Meilen langen Schlammteppich bildeten.
>
> New Jersey hatte ein Recht auf saubere Strände und hätte die Stadt New York verklagen können, um wegen der Müllverseuchung Schadenersatz zu verlangen. New Jersey hätte auch eine gerichtliche Verfügung erbitten können, die der Stadt New York vorschrieb, ihre Müllanlagen stillzulegen, bis dieses Problem gelöst war. ▶

New Jersey kam es aber auf saubere Strände und nicht auf Schadenersatz an. Und New York wollte weiterhin seine Müllanlagen betreiben. Folglich ergab sich ein Spielraum für eine gemeinsame vorteilhafte Regelung. Nach zweiwöchiger Verhandlung kamen New York und New Jersey zu einer Einigung. New Jersey willigte ein, von einer Schadenersatzklage gegen die Stadt New York abzusehen, und New York willigte ein, spezielle Boote und anderes schwimmendes Gerät einzusetzen, um eventuell austretenden Müll von Staten Island und Brooklyn einzudämmen. Die Stadt stimmte auch der Bildung eines Überwachungsteams zu, das alle Müllanlagen kontrollieren und diejenigen schließen sollte, die sich nicht an das Abkommen hielten. Gleichzeitig wurde Beamten aus New Jersey uneingeschränkter Zugang zu allen Müllverarbeitungsanlagen gewährt, damit sie die Effektivität des Programms überwachen konnten.

18.5 Ressourcen im Gemeineigentum

Ressourcen im Gemeineigentum

Ressourcen, auf die jedermann freien Zugriff hat.

Gelegentlich ergeben sich Externalitäten, wenn Ressourcen kostenlos verwendet werden können. Auf **Ressourcen im Gemeineigentum** hat jedermann freien Zugriff. Folglich ergibt sich oft eine Übernutzung. Luft und Wasser sind dafür die gebräuchlichsten Beispiele. Andere Beispiele sind Fisch- und andere Tierbestände oder die Erforschung und der Abbau von Rohstoffen. Betrachten wir einige mögliche Ineffizienzen, wenn sich Ressourcen im Gemeineigentum und nicht im Privateigentum befinden.

Nehmen wir etwa einen großen See mit Forellen, auf den eine unbegrenzte Zahl Fischer Zugriff hat. Jeder Fischer fischt so lange, bis der Grenzerlös seiner Fischerei (oder der Grenzwert, wenn es sich um Sportfischerei und nicht um kommerzielle Fischerei handelt) gleich seinen Kosten ist. Der See ist aber im Gemeineigentum, so dass für keinen Fischer der Anreiz besteht, zu berücksichtigen, wie seine Fischerei die Möglichkeiten der anderen beeinflusst. Folglich sind die privaten Kosten des Fischers geringer als die wahren Kosten, die der Gesellschaft entstehen, denn durch die Fischerei reduziert sich der Fischbestand, so dass für andere weniger Fische übrig bleiben. Daraus ergibt sich eine Ineffizienz – es werden zu viele Fische gefangen.

Abbildung 18.11 zeigt diese Situation. Nehmen wir an, dass der Fischfang aus dem See verglichen mit der Nachfrage relativ gering ist, so dass die Fischer den Fischpreis als gegeben hinnehmen. Nehmen wir auch an, dass kontrolliert werden kann, wie viele Fischer Zugang zum See haben. Das effiziente Fischfangniveau pro Monat, F^*, liegt dort, wo der Grenznutzen aus dem Fischfang gleich den gesellschaftlichen Grenzkosten ist. Der Grenznutzen ist der Preis, der sich von der Nachfragekurve ablesen lässt. Das Diagramm zeigt, dass die gesellschaftlichen Grenzkosten nicht nur die privaten Betriebskosten sondern auch die gesellschaftlichen Kosten enthalten, die mit einem Abbau des Fischbestands verbunden sind.

Nun wollen wir das effiziente Ergebnis mit dem vergleichen, was geschieht, wenn der See Gemeineigentum ist. In diesem Fall bleiben die externen Grenzkosten unberücksichtigt und jeder Fischer fischt so lange, bis er keinen Gewinn mehr erzielen kann. Wenn nur eine Fischmenge von F^* gefangen wird, so übersteigt der Erlös der Fischerei die Kosten und die Fischer können höhere Gewinne erzielen, wenn sie noch mehr fischen. Es kommen so lange immer mehr Fischer auf den Fischereimarkt, bis, am Punkt F_c in Abbildung 18.11, der Preis gleich den Grenzkosten ist. Im Punkt F_c werden jedoch zu viele Fische gefangen.

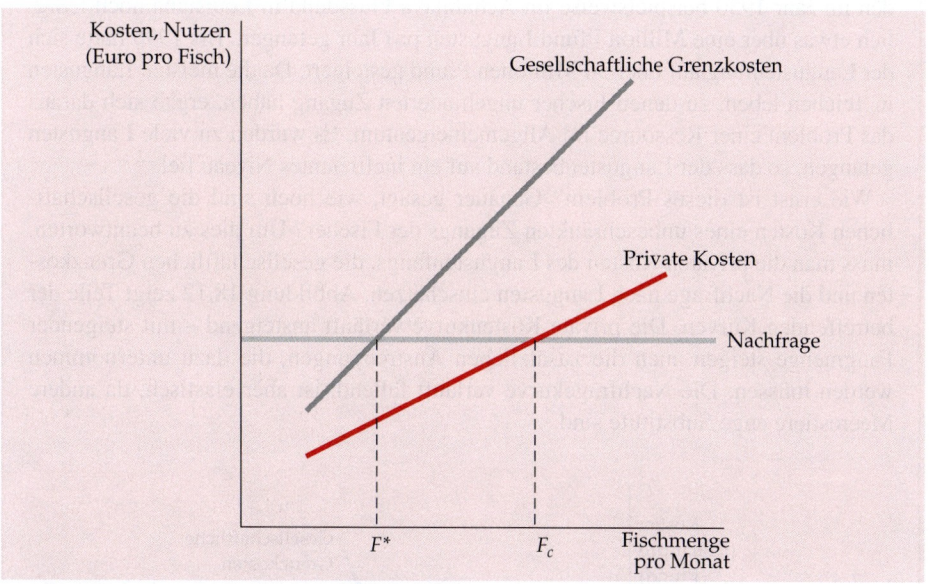

Abbildung 18.11: Ressourcen im Gemeineigentum
Wenn eine Ressource im Gemeineigentum, wie etwa ein Fischbestand, für jedermann zugänglich ist, wird die Ressource bis zum Punkt F_c aufgebraucht, an dem die privaten Kosten dem zusätzlich erzeugten Erlös entsprechen. Dieses Niveau geht über das effiziente Niveau, F^*, hinaus, an dem die gesellschaftlichen Grenzkosten des Ressourcenverbrauchs gleich dem Grenznutzen sind (wie ihn die Nachfragekurve vorgibt.)

Es gibt eine relativ einfache Lösung für das Problem, das sich ergibt, wenn Ressourcen im Gemeineigentum stehen – ein einziger Eigentümer sollte die Ressource verwalten. Der Eigentümer setzt eine Nutzungsgebühr für die Ressource fest, die den Grenzkosten des Ressourcenabbaus, hier des Fischfangs, entspricht. Angesichts dieser Zahlungsverpflichtung werden es die Fischer insgesamt nicht mehr als rentabel erachten, mehr Fisch als die Menge F^* zu fangen. Leider sind die meisten Ressourcen im Gemeineigentum riesig groß und eine Verwaltung durch einen einzelnen Eigentümer ist undurchführbar.

Über die letzten Jahrzehnte hat die staatliche Aufsicht eine teilweise Lösung für dieses Problem geschaffen. In vielen Fischfanggebieten in den Vereinigten Staaten legt der Staat die jährlich zulässige Gesamtfangmenge fest und weist den Fischern individuelle Fischfangquoten zu, die im Rahmen einer Auktion oder eines anderen Allokationsprozesses bestimmt werden.[21]

---

21 Zu Einzelheiten siehe den Environmental Defense-Fund-Bericht, „Sustaining America's Fisheries and Fishing Communities: An Evaluation of Incentive-Based Management", von Lawrence J. White (2007).

Beispiel 18.7: Langustenfischerei in Louisiana

In jüngster Zeit werden Langustengerichte in Restaurants immer beliebter. So wurden im Jahr 1950 beispielsweise im Achafalaya Flussdelta in Louisiana noch lediglich etwas über eine Million Pfund Langusten pro Jahr gefangen. Bis 1995 hatte sich der Langustenfang auf über 30 Millionen Pfund gesteigert. Da die meisten Langusten in Teichen leben, zu denen Fischer ungehinderten Zugang haben, ergab sich daraus das Problem einer Ressource im Allgemeineigentum. Es wurden zu viele Langusten gefangen, so dass der Langustenbestand auf ein ineffizientes Niveau fiel.[22]

Wie ernst ist dieses Problem? Genauer gesagt, wie hoch sind die gesellschaftlichen Kosten eines unbeschränkten Zugangs der Fischer? Um dies zu beantworten, muss man die privaten Kosten des Langustenfangs, die gesellschaftlichen Grenzkosten und die Nachfrage nach Langusten einschätzen. Abbildung 18.12 zeigt Teile der betreffenden Kurven. Die private Kostenkurve verläuft ansteigend – mit steigender Fangmenge steigen auch die zusätzlichen Anstrengungen, die dazu unternommen werden müssen. Die Nachfragekurve verläuft fallend, ist aber elastisch, da andere Meerestiere enge Substitute sind.

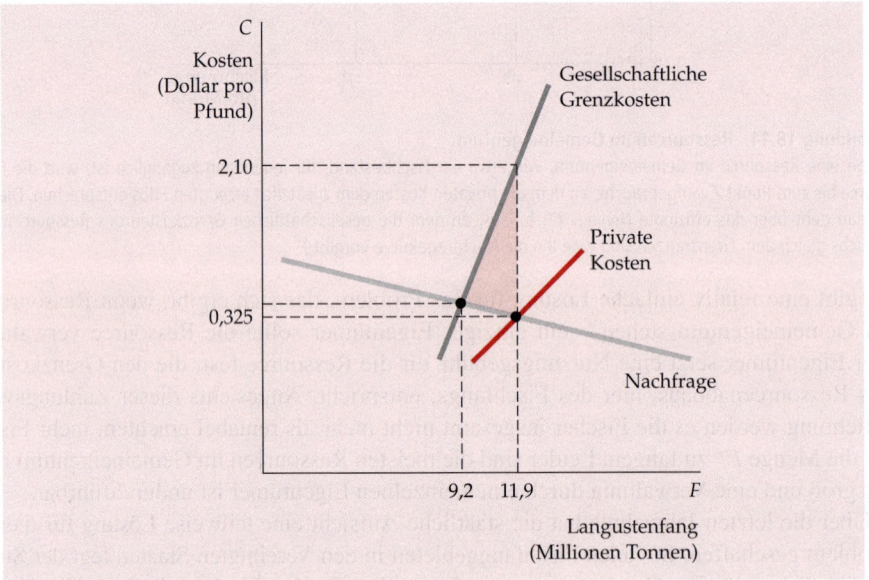

Abbildung 18.12: Langusten als Ressource im Gemeineigentum
Da Langusten in Becken gezüchtet werden, auf die Fischer uneingeschränkten Zugriff haben, sind sie eine Ressource im Gemeineigentum. Das effiziente Fangniveau ergibt sich, wenn der Grenznutzen den gesellschaftlichen Grenzkosten entspricht. Das tatsächliche Fangniveau liegt aber an dem Punkt, an dem der Langustenpreis den privaten Fangkosten entspricht. Die schattierte Fläche gibt die gesellschaftlichen Kosten dieser Ressource im Gemeineigentum an. ▶

---

[22] Dieses Beispiel basiert auf Frederick W. Bell, „Mitigating the Tragedy of the Commons", *Southern Economic Journal* 52, 1986, 653–664.

Wir können die effiziente Langustenfangmenge grafisch oder algebraisch bestimmen. Dazu sei F der Langustenfang in Millionen Pfund pro Jahr (gemessen entlang der horizontalen Achse) und C seien die Kosten in Dollar pro Pfund (gemessen entlang der vertikalen Achse). In dem Bereich, wo sich die verschiedenen Kurven schneiden, gelten folgende Definitionen der drei Kurven:

Nachfrage: $\quad C = 0{,}401 - 0{,}0064F$

Gesellschaftliche Grenzkosten: $\quad C = -5{,}645 + 0{,}6509F$

Private Kosten: $\quad C = -0{,}357 + 0{,}0573F$

Die effiziente Langustenfangmenge von 9,2 Millionen Pfund, bei der Nachfrage und gesellschaftliche Grenzkosten einander entsprechen, liegt am Schnittpunkt der beiden Kurven. Die tatsächlich gefangene Menge, 11,9 Millionen Pfund, ergibt sich aus der Gleichsetzung von Nachfrage und privaten Kosten, also am Schnittpunkt beider Kurven. Das schattierte Dreieck in der Abbildung misst die gesellschaftlichen Kosten des freien Zugangs. Es gibt den Überschuss der gesellschaftlichen Kosten über die privaten Vorteile der Fischerei an, wobei ausgehend vom effizienten Niveau (wo die Nachfrage den gesellschaftlichen Grenzkosten entspricht) bis zum tatsächlichen Niveau (wo die Nachfrage den privaten Kosten entspricht) aufsummiert wird. In diesem Fall werden die gesellschaftlichen Kosten durch ein Dreieck mit einer Basis von 2,7 Millionen Pfund (11,9 – 9,2) und einer Höhe von $1,775 ($2,10 – $0,325), oder $2.396.000 approximiert. Man erkenne, dass diese gesellschaftlichen Kosten durch eine Zugangs- oder Fangmengenbeschränkung vermieden werden könnten.

18.6 Öffentliche Güter

Wir sahen, dass Externalitäten, darunter auch Ressourcen im Gemeineigentum, Marktineffizienzen verursachen, die manchmal staatliche Interventionen erforderlich machen. Wann sollte – wenn überhaupt – der Staat als Produzent von Gütern und Dienstleistungen an die Stelle privater Unternehmen treten? In diesem Abschnitt werden eine Reihe von Bedingungen beschrieben, unter denen der private Markt ein Gut entweder überhaut nicht zur Verfügung stellt oder es bei Zurverfügungstellung nicht angemessen preislich bewertet.

Nichtrivalisierende Güter Wie wir in Kapitel 16 sahen, haben **öffentliche Güter** zwei Eigenschaften. Sie sind *nichtrivalisierend und nichtausschließbar*. Ein Gut ist **nichtrivalisierend**, wenn bei jedem beliebigen Produktionsniveau die Grenzkosten der Bereitstellung an einen zusätzlichen Verbraucher gleich null sind. Bei den meisten Gütern, die auf privaten Märkten angeboten werden, sind die Grenzkosten, die bei einer Produktionssteigerung entstehen, positiv. Bei einigen Gütern verursachen jedoch zusätzliche Verbraucher keine zusätzlichen Kosten. Betrachten wir die Auslastung einer Autobahn bei geringem Verkehrsaufkommen. Da die Autobahn bereits besteht und es auch keinen Stau gibt, liegen die zusätzlichen Kosten, sie zu befahren bei null. Oder betrachten wir die Nutzung eines Leuchtturms durch ein Schiff. Ist der Leuchtturm einmal gebaut und funktionstüchtig, so verursacht es keine zusätzlichen Betriebskosten, wenn ein weiteres Schiff seine Signale nutzt. Nehmen wir schließlich noch die öffentlichen Fernsehsender. Offensichtlich sind die Kosten eines zusätzlichen Zuschauers gleich null.

Öffentliches Gut

Nichtausschließbares, nichtrivalisierendes Gut: Die Grenzkosten der Bereitstellung an einen zusätzlichen Verbraucher sind gleich null und niemand kann vom Konsum des Gutes ausgeschlossen werden.

Nichtrivalisierendes Gut

Ein Gut, dessen Grenzkosten der Bereitstellung an einen zusätzlichen Verbraucher gleich null sind.

Die meisten Güter sind rivalisierend im Konsum. Wenn wir zum Beispiel ein Möbelstück kaufen, haben wir damit automatisch die Möglichkeit ausgeschlossen, dass ein anderer es kaufen kann. Rivalisierende Güter müssen unter den Verbrauchern aufgeteilt werden. Nichtrivalisierende Güter können jedermann zugänglich gemacht werden, ohne dass die Konsummöglichkeit des Einzelnen beeinflusst wird.

Nichtausschließbare Güter Ein Gut ist **nichtausschließbar**, wenn Verbraucher nicht vom Konsum des Gutes ausgeschlossen werden können. Folglich ist es schwierig oder gar unmöglich, den Verbrauchern etwas für die Nutzung eines nichtausschließbaren Gutes zu berechnen. Das Gut kann ohne direkte Bezahlung konsumiert werden. Ein Beispiel eines nichtausschließbaren Gutes ist die nationale Verteidigung. Hat ein Land einmal für eine Landesverteidigung gesorgt, profitieren alle Bürger von dieser Dienstleistung. Ein Leuchtturm und ein öffentlicher Fernsehkanal sind ebenfalls Beispiele für nichtausschließbare Güter.

> **Nichtausschließbare Güter**
>
> Güter, von deren Konsum Verbraucher nicht ausgeschlossen werden können, so dass es sehr schwierig oder sogar unmöglich ist, etwas für ihre Nutzung zu berechnen.

Nicht nichtausschließbare Güter müssen nicht landesweit bereitgestellte Güter sein. Wenn eine Region oder eine Stadt eine landwirtschaftliche Plage ausrottet, profitieren davon alle Landwirte und Verbraucher. Es wäre praktisch unmöglich, einen einzelnen Landwirt vom Nutzen dieser Aktion auszuschließen. Automobile dagegen sind ausschließbare (und rivalisierende) Güter. Verkauft ein Händler einem Verbraucher einen Neuwagen, hat er damit ausgeschlossen, dass ein anderer dieses Auto kaufen kann.

Einige Güter sind ausschließbar aber nichtrivalisierend. Bei geringem Verkehrsaufkommen ist das Überfahren einer Brücke nichtrivalisierend, denn durch ein weiteres Auto auf der Brücke wird die Geschwindigkeit der anderen Autofahrer nicht verringert. Gleichzeitig ist das Überfahren einer Brücke aber auch ausschließbar, denn die betreibende Behörde kann Verbraucher davon abhalten, sie zu überqueren. Ein Fernsehsignal ist ein weiters Beispiel. Ist das Signal einmal gesendet, sind die Grenzkosten, dieses Signal für einen anderen Verbraucher verfügbar zu machen, gleich null, also ist dies ein nichtrivalisierendes Gut. Sendesignale können aber auch zu ausschließbaren Gütern werden, indem man sie verschlüsselt und für die Entschlüsselung Gebühren verlangt.

Wieder andere Güter sind nichtausschließbar aber rivalisierend. Ein Meer oder ein großer See ist nichtausschließbar, die Fischerei darin ist jedoch rivalisierend, denn dadurch entstehen anderen Kosten – je mehr Fisch gefangen wird, umso weniger steht er anderen zur Verfügung. Luft ist nichtausschließbar und oft auch nichtrivalisierend. Sie kann jedoch auch rivalisierend sein, wenn die Schadstoffemissionen eines Unternehmens die Luftqualität für andere verschlechtern.

Öffentliche Güter, die sowohl nichtrivalisierend als auch nichtausschließbar sind, gewähren den Verbrauchern einen Vorteil, ohne Grenzkosten zu verursachen. Außerdem kann niemand von ihrem Gebrauch ausgeschlossen werden. Das klassische Beispiel eines öffentlichen Gutes ist die nationale Verteidigung. Wie wir sahen, ist Verteidigung ein nichtausschließbares Gut, sie ist jedoch auch nichtrivalisierend, da die Grenzkosten der Bereitstellung der Verteidigung für einen zusätzlichen Verbraucher gleich null sind. Auch ein Leuchtturm ist ein öffentliches Gut, weil es nichtrivalisierend und nichtausschließbar ist, anders ausgedrückt, es wäre schwierig, Schiffen etwas für die erhaltene Dienstleistung zu berechnen.[23]

---

[23] Leuchttürme müssen nicht durch den Staat zur Verfügung gestellt werden. Siehe Ronald Coase, „The Lighthouse in Economics", *Journal of Law and Economics* 17, 1974, 357–376 für eine Beschreibung, wie Leuchttürme im England des 19. Jahrhunderts privat finanziert wurden.

Die Liste öffentlicher Güter ist sehr viel kürzer als die Liste der Güter, die der Staat zur Verfügung stellt. Viele öffentlich bereitgestellte Güter sind entweder rivalisierend im Konsum, ausschließbar oder beides. Schulbildung zum Beispiel ist rivalisierend im Konsum. Es entstehen positive Grenzkosten, wenn ein weiterer Schüler Schulbildung erhält, denn je größer die Klassen werden, desto weniger Aufmerksamkeit bekommt jeder einzelne Schüler. So kann auch die Erhebung einer Schulgebühr manche Kinder von bestimmten Bildungseinrichtungen ausschließen. Der Staat stellt öffentliche Schulbildung zur Verfügung, weil sich dadurch positive Externalitäten ergeben und nicht weil Schulbildung ein öffentliches Gut ist.

Betrachten wir schließlich noch die Verwaltung von Nationalparks. Ein Teil der Öffentlichkeit kann durch die Erhebung von Eintritts- oder Campinggebühren von der Nutzung der Parks ausgeschlossen werden. Auch ist die Parknutzung rivalisierend – ist der Park überfüllt, kann der Einlass eines weiteren Autos in den Park den Nutzen, den andere daraus haben, vermindern.

18.6.1 Effizienz und öffentliche Güter

Das effiziente Niveau für die Bereitstellung eines privaten Gutes ergibt sich aus dem Vergleich des Grenznutzens einer zusätzlichen Einheit mit den Grenzkosten für die Produktion dieser Einheit. Effizienz liegt vor, wenn sich Grenznutzen und Grenzkosten entsprechen. Dasselbe Prinzip gilt auch für öffentliche Güter, doch die Analyse ist eine andere. Bei privaten Gütern wird der Grenznutzen durch den Nutzen gemessen, den der Verbraucher daraus zieht. Beim öffentlichen Gut müssen wir fragen, welchen Wert jeder Verbraucher einer zusätzlichen Produktionseinheit beimisst. Den Grenznutzen erhält man dann aus der Addition der Werte *aller* Verbraucher, die das Gut nutzen. Um das effiziente Niveau der Bereitstellung zu ermitteln, müssen wir anschließend die Summe der Grenznutzen mit den Grenzkosten der Produktion gleichsetzen.

Abbildung 18.13 stellt das effiziente Produktionsniveau eines öffentlichen Gutes dar. D_1 ist die Nachfrage eines Konsumenten nach dem öffentlichen Gut und D_2 ist die Nachfrage eines zweiten Konsumenten. Jede Nachfragekurve gibt uns den Grenznutzen, den der Konsument aus dem Konsum zieht, für jeden Output an. Gibt es beispielsweise 2 Einheiten des öffentlichen Gutes, ist der erste Konsument bereit, €1,50 für das Gut zu bezahlen, und somit ist €1,50 der Grenznutzen. Ähnlich hat der zweite Verbraucher einen Grenznutzen von €4,00.

Um die Summe der Grenznutzen *beider* Verbraucher zu berechnen, müssen wir beide Nachfragekurven *vertikal* addieren. Wenn beispielsweise der Output bei 2 Einheiten liegt, addieren wir den Grenznutzen von €1,50 und den Grenznutzen von €4,00 und erhalten einen gesellschaftlichen Grenznutzen von €5,50. Wird diese Summe für jeden Output des öffentlichen Gutes berechnet, erhalten wir die Gesamtnachfragekurve des öffentlichen Gutes, D.

Das effiziente Produktionsniveau liegt vor, wenn der Grenznutzen der Gesellschaft gleich den Grenzkosten ist. Dies gilt am Schnittpunkt der Nachfrage- mit der Grenzkostenkurve. Da in unserem Beispiel die Grenzkosten bei €5,50 liegen, ist das effiziente Produktionsniveau 2.

Um zu sehen, warum dieses Niveau effizient ist, erkenne man, was geschieht, wenn nur 1 Produktionseinheit bereitgestellt wird. Obwohl die Grenzkosten bei €5,50 bleiben, beträgt der Grenznutzen etwa €7,00 Euro. Und da der Grenznutzen die Grenzkosten übersteigt, wird eine zu geringe Menge des Gutes bereitgestellt. Nehmen wir nun an, dass der

> In § 4.3 erklären wir, dass man eine Marktnachfragekurve durch die horizontale Addition individueller Nachfragekurven erhalten kann.

Output des öffentlichen Gutes bei 3 Einheiten liegt. Nun ist der Grenznutzen von etwa €4,00 geringer als die Grenzkosten von €5,50. Die bereitgestellte Menge des Gutes ist zu groß. Nur wenn der gesellschaftliche Grenznutzen den Grenzkosten entspricht, wird das öffentliche Gut in effizienter Menge bereitgestellt.[24]

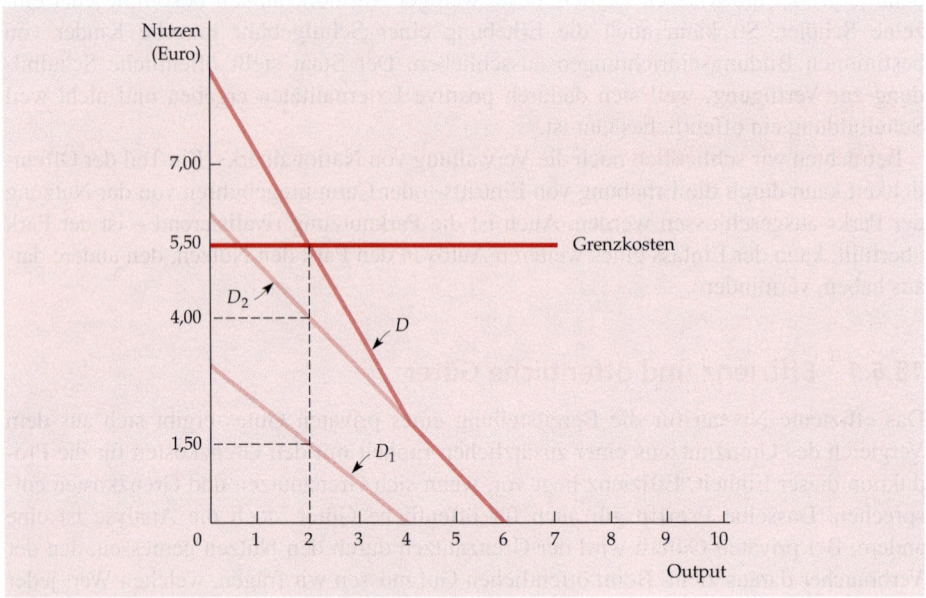

Abbildung 18.13: Effiziente Bereitstellung eines öffentlichen Gutes
Ist ein Gut nichtrivalisierend, so ergibt sich der gesellschaftliche Grenznutzen des Konsums, beschrieben durch die Nachfragekurve D, aus einer vertikalen Addition der individuellen Nachfragekurven nach dem Gut, D_1 und D_2. Am effizienten Produktionsniveau schneiden sich Nachfrage- und Grenzkostenkurve.

18.6.2 Öffentliche Güter und Marktversagen

Nehmen wir an, wir erwägen ein Bekämpfungsprogramm gegen Stechmücken in unserer Gemeinde zur Verfügung zu stellen. Wir wissen, dass dieses Programm für die Gemeinde mehr wert sein wird als die €50.000, die es kostet. Können wir einen Gewinn erzielen, wenn wir das Programm privat anbieten? Wenn wir jedem der 10.000 Haushalte der Gemeinde eine Gebühr von €5,00 berechnen würden, könnten wir gerade kostendeckend arbeiten. Wir können jedoch niemanden zwingen, diese Gebühr zu bezahlen, geschweige denn ein System entwerfen, bei dem die Haushalte, die eine Mückenbekämpfung am höchsten bewerten, auch die höchsten Gebühren zahlen.

Leider ist die Mückenbekämpfung ein nichtausschließbares Gut. Wenn wir die Dienstleistung zur Verfügung stellen, profitieren zwangsläufig alle Bewohner davon. Folglich gibt es für die Haushalte keinen Anreiz, für das Programm auch wirklich den Preis zu bezahlen, der es ihnen wert ist. Die Verbraucher können also als **Trittbrettfahrer** (Free rider) agieren, indem sie den Wert des Programms herunterspielen, um die Vorzüge zu erlangen, ohne dafür bezahlen zu müssen.

Trittbrettfahrer (Free rider)
Ein Konsument oder Produzent, der für ein nichtausschließbares Gut nichts bezahlt in der Erwartung, dass andere dafür bezahlen.

---

24 Wir zeigten, dass nichtausschließbare, nichtrivalisierende Güter in ineffizienter Menge bereitgestellt werden. Eine ähnliche Argumentation lässt sich auch für nichtrivalisierende aber ausschließbare Güter führen.

Bei öffentlichen Gütern ist es durch die Anwesenheit von Trittbrettfahrern schwierig bis unmöglich, diese Güter auf dem Markt effizient anzubieten. Es könnte sein, dass bei einem relativ preisgünstigen Programm, das nur wenige betrifft, alle Haushalte freiwillig zustimmen, sich die Kosten zu teilen. Sind jedoch viele Haushalte betroffen, so sind freiwillige private Abkommen meist wirkungslos. Das öffentliche Gut muss demnach subventioniert oder durch den Staat bereitgestellt werden, wenn dies effizient geschehen soll.

Beispiel 18.8: Die Nachfrage nach sauberer Luft

Im Beispiel 4.6 (Seiten 193 ff.) verwendeten wir die Nachfragekurve nach sauberer Luft, um den Nutzen einer sauberen Umwelt zu berechnen. Nun wollen wir die saubere Luft in ihrer Eigenschaft als öffentliches Gut untersuchen. Viele Faktoren wie das Wetter, das Fahrverhalten von Autofahrern und Industrieabgase beeinflussen die Luftqualität einer Region. Jede Bemühung, die Luft zu reinigen, führt im Allgemeinen zu einer Verbesserung der Luftqualität in der gesamten Region. Folglich ist saubere Luft nichtausschließbar, denn man kann niemanden davon abhalten, die saubere Luft zu genießen. Saubere Luft ist auch nichtrivalisierend, denn wenn wir sie genießen, kann jeder andere sie trotzdem auch genießen.

Da saubere Luft ein öffentliches Gut ist, gibt es dafür keinen Markt und keinen kontrollierbaren Preis, zu dem Menschen bereit wären, saubere Luft gegen andere Güter zu tauschen. Glücklicherweise können wir aufgrund des Immobilienmarktes Rückschlüsse auf die Bereitschaft der Menschen ziehen, für saubere Luft zu bezahlen. Denn eine Familie zahlt mehr für ein Haus, das in einer Gegend mit guter Luftqualität steht als für ein ansonsten identisches Haus in einer Gegend mit schlechter Luftqualität.

Betrachten wir die Nachfrageschätzwerte nach sauberer Luft, die aus einer statistischen Analyse des Wohnungsmarktes im Großraum Boston hervorgehen.[25] Die Analyse korreliert die Immobilienpreise mit der Luftqualität und anderen Eigenschaften der Objekte und der jeweiligen Wohngegend. Abbildung 18.14 zeigt drei Nachfragekurven, bei denen der Wert, der sauberer Luft beigemessen wird, vom Stickoxidgehalt und auch vom Einkommen abhängt. Die horizontale Achse misst den Verschmutzungsgrad der Luft durch Stickoxid in Teilen pro hundert Millionen (pphm). Die vertikale Achse misst die Zahlungsbereitschaft jedes Haushalts für eine Senkung des Stickoxidniveaus um ein Teil pro hundert Millionen.

Die Nachfragekurven verlaufen steigend, weil an der horizontalen Achse die Luftverschmutzung und nicht die saubere Luft gemessen wird. Erwartungsgemäß ist die Bereitschaft, mehr für saubere Luft zu bezahlen umso geringer, je sauberer die Luft ist. Die Unterschiede bei der Zahlungsbereitschaft für saubere Luft sind erheblich. In Boston etwa liegt der Stickoxidgehalt der Luft zwischen 3 und 9 pphm. Ein Haushalt mit mittlerem Einkommen wäre bereit, $800 für eine Senkung des Stickoxidgehalts um 1 pphm zu zahlen, wenn der Stickoxidgehalt bei 3 pphm liegt; dieser Betrag würde aber auf $2.200 hochschnellen, wenn der Stickoxidgehalt der Luft bei 9 pphm liegt. ▶

---

25 David Harrison, Jr. und Daniel L. Rubinfeld, „Hedonic Housing Prices and the Demand for Clean Air", *Journal of Environmental Economics and Management* 5, 1978, 81–102.

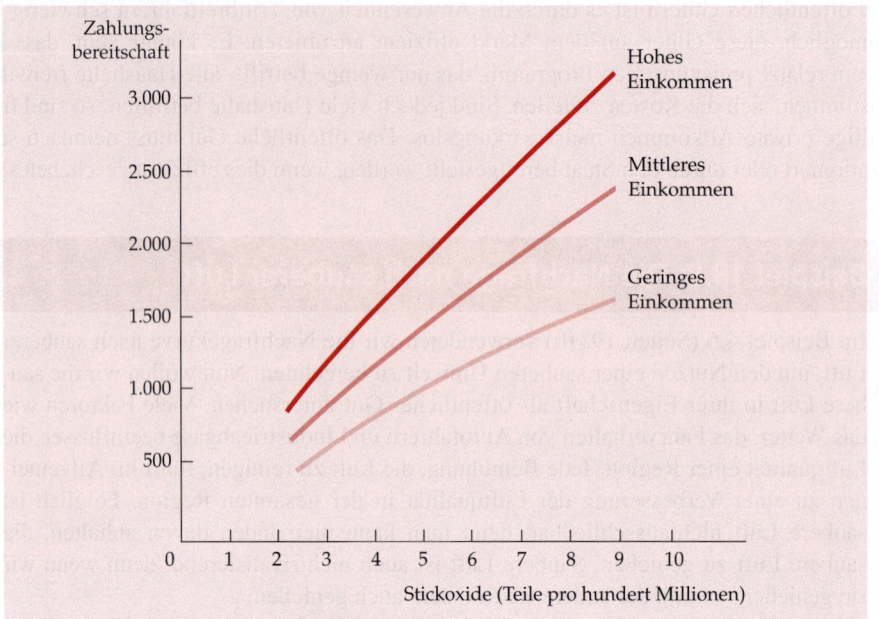

Abbildung 18.14: Die Nachfrage nach sauberer Luft
Die drei Kurven beschreiben die Zahlungsbereitschaft für saubere Luft (eine Senkung des Stickstoffgehalts) für drei verschiedene Haushalte (geringes, mittleres und hohes Einkommen). Im Allgemeinen haben Haushalte mit höherem Einkommen auch eine höhere Nachfrage nach sauberer Luft als Haushalte mit geringem Einkommen. Außerdem ist jeder Haushalt umso weniger bereit, für saubere Luft zu bezahlen, je weiter die Luftqualität steigt.

Man erkenne, dass Haushalte mit hohem Einkommen bereit sind, für eine geringfügige Verbesserung der Luftqualität mehr zu bezahlen als Haushalte mit geringem Einkommen. Bei geringem Stickstoffgehalt (3pphm) beträgt der Unterschied zwischen Haushalten mit hohem und mit mittlerem Einkommen nur $200, bei höherem Stickoxidgehalt (9pphm) steigt er allerdings auf $700 an.

Mit Hilfe der quantitativen Daten über die Nachfrage nach sauberer Luft und getrennten Schätzwerten über die Kosten der Luftverbesserung können wir nun ermitteln, ob die Vorteile von Richtlinien zum Umweltschutz die Kosten überwiegen. Eine Studie der National Academy of Sciences über die Regulierung von Autoabgasen befasste sich mit genau diesem Thema. Die Studie ergab, dass sich durch solche Regulierungen Schadstoffkonzentrationen, wie etwa die Stickoxidwerte in der Luft, um etwa 10 Prozent vermindern würden. Der Nutzen dieses 10-prozentigen Rückgangs für alle Bewohner der Vereinigten Staaten wurde mit ca. $2 Milliarden berechnet. Die Studie kam auch zu dem Schluss, dass es erheblich weniger als $2 Milliarden kosten würde, Automobile mit Katalysatoren auszustatten, um die Emissionsgrenzwerte zu erreichen. Die Studie kam also zu dem Ergebnis, dass hier die Vorteile der Regulierungen die Nachteile überwogen.

18.7 Private Präferenzen für öffentliche Güter

Produziert der Staat ein öffentliches Gut, so ist das vorteilhaft, denn er kann zur Bezahlung Steuern und Gebühren festlegen. Wie kann der Staat jedoch ermitteln, *welche Menge* eines öffentlichen Gutes er zur Verfügung stellen muss, wenn das Trittbrettfahrerproblem Menschen dazu verleitet, ihre Präferenzen nicht klar zu äußern? In diesem Abschnitt wollen wir uns mit einem Mechanismus befassen, anhand dessen private Präferenzen für staatlich produzierte Güter gemessen werden können.

Allokationsfragen werden üblicherweise durch einen Wahlprozess entschieden. So stimmen die Menschen direkt über eine lokale Budgetfrage ab und wählen Vertreter, die dann andere Fragen entscheiden. Viele Wahlvorgänge auf lokaler und regionaler Ebene laufen nach dem *Mehrheitsprinzip* ab. Dabei hat jeder Wähler eine Stimme und der Kandidat oder das Thema, das über 50 Prozent der Stimmen erhält, gewinnt. Betrachten wir nun, wie durch eine Mehrheitswahl die Bereitstellung staatlicher Ausbildung bestimmt wird. Abbildung 18.15 beschreibt die Präferenzen für Ausbildungsausgaben (pro Schüler) von drei Bürgern, die drei Interessengruppen im Schulbezirk vertreten.

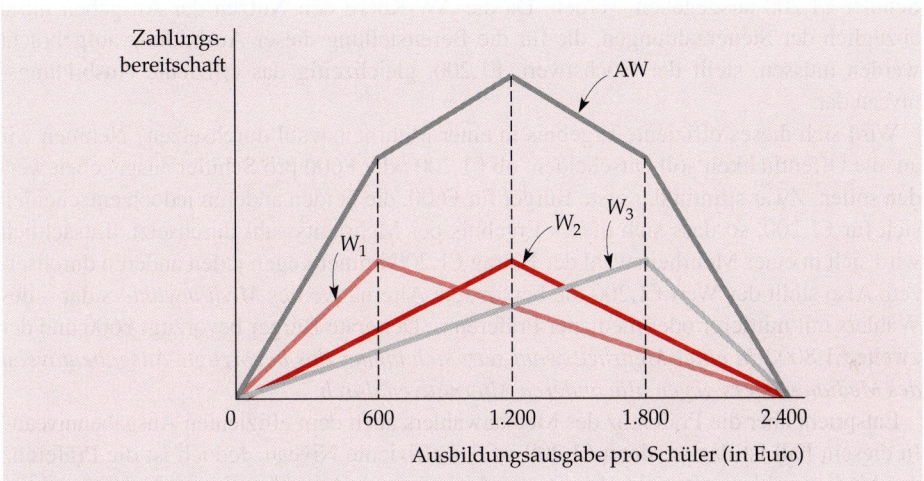

Abbildung 18.15: Ermittlung des Bildungsausgabenniveaus
Das effiziente Bildungsausgabenniveau ergibt sich durch die Addition der Zahlungsbereitschaften für Bildung (netto Steuerzahlungen) der drei Bürger. Die Kurven W_1, W_2 und W_3 bilden die jeweilige Zahlungsbereitschaft ab, und die Kurve *AW* stellt die gesamte Zahlungsbereitschaft dar. Das effiziente Ausgabenniveau liegt bei €1.200 pro Schüler. Das tatsächlich bereitgestellte Ausgabenniveau entspricht dem nachgefragten Niveau des Medianwählers. In diesem speziellen Fall ist die Präferenz des Medianwählers (am Höhepunkt von W_2) gleichzeitig das effiziente Niveau.

Kurve W_1 zeigt die Zahlungsbereitschaft des ersten Bürgers für Ausbildung abzüglich notwendiger Steuerzahlungen. Die Zahlungsbereitschaft für jedes Ausgabenniveau entspricht dem maximalen Geldbetrag, den der Bürger zahlen würde, um dieses Ausgabenniveau bereitzustellen, anstatt gar nichts auszugeben.[26] Im Allgemeinen steigt auch der Nutzen eines höheren Ausgabenniveaus für Ausbildung mit den steigenden Ausgaben. Die für die-

---

[26] Anders ausgedrückt misst die Zahlungsbereitschaft die Konsumentenrente, die der Bürger erlangt, wenn ein bestimmtes Ausgabenniveau gewählt wird.

ses Ausbildungsniveau nötigen Steuerzahlungen wachsen allerdings auch an. Die Zahlungsbereitschaftskurve, die den Nettonutzen der Ausbildungsausgaben darstellt, verläuft zunächst steigend, weil der Bürger auf ein geringes Ausgabenniveau großen Wert legt. Sobald die Ausgaben aber über €600 pro Schüler steigen, steigt der Wert, den der Haushalt der Ausbildung beimisst, mit abnehmender Rate und der Nettonutzen ist tatsächlich rückläufig. Schließlich wird das Ausgabenniveau so hoch (bei €2.400 pro Schüler), dass es für den Bürger keine Rolle mehr spielt, ob nun so viel oder gar kein Geld für Ausbildung ausgegeben wird.

Kurve W_2, die die Zahlungsbereitschaft des zweiten Bürgers (netto Steuern) abbildet, verläuft ähnlich, erreicht ihr Maximum aber bei einem Ausgabenniveau von €1.200 pro Schüler. W_3 schließlich, die Zahlungsbereitschaft des dritten Bürgers, hat bei €1.800 pro Schüler ihren Höchstwert erreicht.

Die dunkle Linie mit der Bezeichnung AW bildet die gesamte Zahlungsbereitschaft für Ausbildung ab, ist also die vertikale Summe von W_1, W_2 und W_3. Die AW-Kurve gibt den Maximalbetrag an, den alle drei Bürger für jedes Ausbildungsniveau zu zahlen bereit sind. Wie Abbildung 18.15 zeigt, ist die Zahlungsbereitschaft insgesamt am höchsten, wenn pro Schüler €1.200 ausgegeben werden. Da die AW-Kurve den Nutzen der Ausgaben misst abzüglich der Steuerzahlungen, die für die Bereitstellung dieser Ausbildung aufgebracht werden müssen, stellt der Höchstwert, €1.200, gleichzeitig das effiziente Ausbildungsniveau dar.

Wird sich dieses effiziente Ergebnis in einer Mehrheitswahl durchsetzen? Nehmen wir an, die Öffentlichkeit soll entscheiden, ob €1.200 oder €600 pro Schüler ausgegeben werden sollen. Zwar stimmt der erste Bürger für €600, die beiden anderen jedoch entscheiden sich für €1.200, so dass sich dieses Ergebnis per Mehrheitswahl durchsetzt. Tatsächlich wird sich in einer Mehrheitswahl der Betrag €1.200 immer gegen jeden anderen durchsetzen. Also stellt der Wert €1.200 die bevorzugte Alternative des *Medianwählers* dar – des Wählers mit mittlerer oder medianer Präferenz. (Der erste Bürger bevorzugt €600 und der zweite €1.800.) *In einer Mehrheitswahl setzt sich immer das bevorzugte Ausgabenniveau des Medianwählers gegen alle anderen Alternativen durch.*

Entspricht aber die Präferenz des Medianwählers auch dem effizienten Ausgabenniveau? In diesem Fall ist das so, denn €1.200 ist das effiziente Niveau. Jedoch ist die Präferenz des Medianwählers oft *nicht* gleichzeitig das effiziente Ausgabenniveau. Nehmen wir an die Präferenz des dritten Bürgers entspricht der Präferenz des zweiten. In diesem Fall fiele die Wahl des Medianwählers zwar immer noch auf €1.200 pro Schüler, doch das effiziente Ausgabenniveau läge unterhalb von €1.200 (da das effiziente Niveau sich aus dem Durchschnitt der Präferenzen aller drei Bürger ergibt.) In diesem Fall würde eine Mehrheitswahl zu einem zu hohen Ausgabenniveau für Bildung führen. Drehen wir das Beispiel um, so dass der erste und der zweite Bürger identische Präferenzen haben, so ergibt eine Mehrheitswahl zu geringe Bildungsausgaben.

Obwohl sich also beim Mehrheitswahlrecht immer die Präferenzen des Medianwählers in der Abstimmung durchsetzen, müssen diese Wahlergebnisse nicht immer ökonomisch effizient sein. Das Mehrheitswahlrecht ist ineffizient, da es die Präferenz jedes Bürgers gleich gewichtet – das effiziente Ergebnis dagegen gewichtet die Stimme jedes Bürgers gemäß seiner Präferenzstärke.

ZUSAMMENFASSUNG

1. Eine Externalität tritt auf, wenn ein Konsument oder Produzent die Produktions- oder Konsumaktivitäten anderer in einer Art und Weise beeinflusst, die sich nicht direkt auf dem Markt widerspiegelt. Externalitäten verursachen Marktineffizienzen, da sie die Fähigkeit der Marktpreise einschränken, zutreffende Informationen über die angemessene Produktionsmenge und den angemessenen Preis zu vermitteln.

2. Umweltverschmutzung ist ein häufig auftretendes Beispiel einer Externalität, die zu Marktversagen führt. Dem kann durch Emissionsgrenzwerte, Emissionsgebühren, handelbare Emissionszertifikate oder Recyclinganreize entgegengewirkt werden. Wenn Unsicherheiten über Kosten und Nutzen bestehen, kann jeder der drei Mechanismen vorzuziehen sein, je nach dem Verlauf der gesellschaftlichen Grenzkostenkurve und der Grenznutzenkurve.

3. Mitunter wird der Schaden durch den kumulierten Bestand eines Schadstoffes und nicht durch die aktuelle Höhe der Emissionen verursacht. Die Ansammlung von Treibhausgasen, die zu einer Erderwärmung führen können, bildet ein Beispiel für eine solche Bestandsexternalität.

4. Ineffizienzen aufgrund von Marktversagen können durch private Verhandlungen der betroffenen Personen behoben werden. Gemäß dem Coase-Theorem ist das Verhandlungsergebnis dann effizient, wenn die Eigentumsrechte klar umrissen sind, wenn keine Transaktionskosten und kein strategisches Verhalten vorliegen. Jedoch ist es unwahrscheinlich, dass Verhandlungen ein effizientes Ergebnis erzielen, da die Parteien sich oft strategisch verhalten.

5. Ressourcen im Gemeineigentum werden nicht von einer einzelnen Person kontrolliert und können genutzt werden, ohne dass dafür ein Preis gezahlt werden muss. Aus dieser freien Nutzung ergibt sich eine Externalität, denn die gegenwärtige Übernutzung der Ressource schädigt alle, die sie in Zukunft nutzen werden.

6. Güter, die mit hoher Wahrscheinlichkeit nicht auf dem privaten Markt produziert werden, sind nichtrivalisierend oder nichtausschließbar. Ein Gut ist nichtrivalisierend, wenn die Grenzkosten der Bereitstellung an einen weiteren Verbraucher bei jedem beliebigen Produktionsniveau gleich null sind. Ein Gut ist nichtausschließbar, wenn es teuer oder unmöglich ist, Verbraucher von der Nutzung auszuschließen. Öffentliche Güter sind sowohl nichtrivalisierend als auch nichtausschließbar.

7. Ein öffentliches Gut wird in effizienter Menge bereitgestellt, wenn die vertikale Summe der einzelnen Nachfragemengen nach dem Gut gleich den Grenzkosten der Produktion ist.

8. Die Mehrheitswahl ist eine Möglichkeit für Bürger, ihre Präferenzen für öffentliche Güter zu äußern. Bei der Mehrheitswahl entspricht das bereitgestellte Ausgabenniveau der Präferenz des Medianwählers. Dieses Niveau muss nicht gleichzeitig effizient sein.

Kontrollfragen

1. Welche der folgenden Situationen beschreibt eine Externalität? Welche nicht? Erklären Sie den Unterschied.
   a. Eine politische Maßnahme, die brasilianische Kaffeeexporte beschränkt, führt zu einem Anstieg der Kaffeepreise in den USA – dadurch steigen auch die Teepreise.
   b. Ein Werbeballon lenkt einen Motorradfahrer ab, der daraufhin einen Telefonmasten rammt.

2. Vergleichen und kontrastieren Sie folgende drei Mechanismen zur Bekämpfung von Externalitäten durch Umweltverschmutzung, wenn Vermeidungskosten und -nutzen unsicher sind. (a) Eine Emissionsgebühr, (b) ein Emissionsgrenzwert und (c) ein System handelbarer Emissionszertifikate.

3. Wann erfordern Externalitäten staatliche Interventionen? Wann sind solche Interventionen wahrscheinlich unnötig?

4. Betrachten wir einen Markt, auf dem ein Unternehmen Monopolmacht besitzt. Nehmen wir weiter an, dass das Unternehmen bei einer gegebenen negativen oder positiven Externalität produziert. Führt diese Externalität zwangsläufig zu einer gesteigerten Fehlallokation der Ressourcen?

5. Externalitäten ergeben sich ausschließlich, weil Einzelpersonen sich der Konsequenzen ihrer Handlungen nicht bewusst sind. Stimmen Sie dieser Aussage zu oder nicht? Erklären Sie Ihre Antwort.

6. Um eine Branche dazu zu bringen, auf dem gesellschaftlich gesehen optimalen Niveau zu produzieren, sollte die Regierung auf die Produktion eine Steuer pro Produktionseinheit erheben, die den Grenzkosten der Produktion entspricht. Richtig oder falsch? Erklären Sie Ihre Antwort.

7. George und Stan wohnen nebeneinander. George pflanzt in seinem Garten gerne Blumen an, doch jedes Mal, wenn er neue Blumen anpflanzt, kommt Stans Hund herüber und gräbt sie aus. Stans Hund verursacht den Schaden – will man also wirtschaftliche Effizienz erreichen, so muss Stan für die Errichtung eines Zauns um sein Grundstück bezahlen, um seinen Hund zu bändigen. Stimmen Sie dieser Aussage zu oder nicht? Erklären Sie Ihre Antwort.

8. Eine Emissionsgebühr wird an den Staat bezahlt, während eine schädigende Partei, die verklagt wird, die Schadenersatzzahlung direkt an den durch die Externalität Geschädigten leistet. Welche Verhaltensunterschiede der Opfer könnten sich erwartungsgemäß bei diesen beiden Arrangements ergeben?

9. Warum kommt es bei freiem Zugriff auf eine Ressource im Gemeineigentum zu einem ineffizienten Ergebnis?

10. Öffentliche Güter sind nichtrivalisierend und nichtausschließbar. Erklären Sie beide Begriffe und zeigen Sie genau auf, worin sie sich voneinander unterscheiden.

11. Neben einem Dorf befinden sich mehrere 1.000 Quadratmeter bestes Weideland. Dem Dorf gehört das Land und es gestattet allen Dorfbewohnern, deren Kühe dort kostenfrei grasen zu lassen. Einige Mitglieder des Dorfrats sind der Ansicht, das Weideland werde übermäßig beansprucht. Ist das wahrscheinlich? Dieselben Ratsmitglieder haben auch vorgeschlagen, die Bauern sollten eine jährlich fällige Gras-Erlaubnis kaufen oder das Dorf solle den Bauern das Weideland verkaufen. Halten Sie dies für gute Ideen?

12. Öffentliche Fernsehanstalten werden teilweise durch private Spenden finanziert, obwohl jeder, der einen Fernseher hat, diese Sender kostenfrei sehen kann. Lässt sich dieses Phänomen anhand des Trittbrettfahrerproblems erklären?

13. Erklären Sie, warum das Medianwählerergebnis nicht effizient sein muss, wenn das Mehrheitswahlprinzip die Höhe der staatlichen Ausgaben bestimmt.

14. Würden Sie Wikipedia als öffentliches Gut betrachten? Umfasst es positive oder negative Externalitäten?

Die Kontrollfragen samt Lösungen sowie weitere kapitelbegleitende Inhalte finden Sie im MyLab.

Übungen

1. Eine Reihe von Unternehmen hat sich in der westlichen Hälfte einer Stadt angesiedelt, nachdem die Osthälfte mit Einfamilienhäusern bebaut worden ist. Alle Unternehmen stellen das gleiche Produkt her, und durch die Produktion werden giftige Abgase frei, die die Stadtbewohner beeinträchtigen.
   a. Warum erzeugen die Unternehmen eine Externalität?
   b. Glauben Sie, dass sich das Problem durch private Verhandlungen lösen lässt? Begründen Sie Ihre Antwort.
   c. Wie kann die Stadt das effiziente Niveau der Luftqualität ermitteln?

2. Ein Computerprogrammierer setzt sich gegen Copyright Software ein. Er vertritt die Meinung, dass jeder von innovativen Programmen profitieren sollte, die für PCs geschrieben werden, und dass junge Programmierer, die Zugriff auf eine breite Auswahl an Computerprogrammen haben, dadurch zu noch innovativeren Programmen inspiriert werden. Stimmen Sie angesichts des möglichen gesellschaftlichen Grenznutzens dieser Argumentation zu?

3. Nehmen wir an, wissenschaftliche Studien ergeben folgende Informationen über Kosten und Nutzen von Schwefeldioxid-Emissionen.

   Nutzen der Emissionsvermeidung (-reduktion):
   $$GU = 500 - 20A$$
   Kosten der Emissionsvermeidung:
   $$GK = 200 + 5A$$
   wobei A die reduzierte Menge in Millionen Tonnen misst und Kosten und Nutzen in Euro pro Tonne angegeben sind.

   a. Wo liegt das gesellschaftlich effiziente Niveau der Emissionsvermeidung?
   b. Wie hoch sind Grenznutzen und Grenzkosten der Vermeidung beim gesellschaftlich effizienten Vermeidungsniveau?
   c. Was geschieht mit dem gesellschaftlichen Nettonutzen (Nutzen minus Kosten), wenn man eine Million Tonnen mehr Emissionen abbaut als das effiziente Niveau verlangt? Was geschieht, wenn es eine Million Tonnen weniger sind?
   d. Warum ist es gesellschaftlich effizient, den Grenznutzen gleich den Grenzkosten zu setzen, anstatt so lange die Emissionen zu reduzieren, bis der Gesamtnutzen den Gesamtkosten entspricht?

4. Vier Unternehmen haben sich an verschiedenen Standorten entlang eines Flusses angesiedelt und leiten unterschiedliche Mengen Abwasser hinein. Das Abwasser beeinträchtigt das Schwimmvergnügen der flussabwärts lebenden Bevölkerung. Diese Menschen können Schwimmbäder bauen, um nicht mehr im Fluss schwimmen zu müssen, und die Unternehmen können Filter einbauen, die die schädlichen Chemikalien aus dem Abwasser herausfiltern. Wie würden wir als Ratgeber einer regionalen Planungsorganisation folgende Möglichkeiten, mit diesem Problem umzugehen, vergleichen und gegeneinander abgrenzen?
   a. Eine Abwassergebühr gleicher Höhe für alle Unternehmen entlang des Flusses.
   b. Ein Grenzwert für das eingeleitete Abwasser, der für jedes Unternehmen gleich hoch ist.
   c. Ein System übertragbarer Abwasserzertifikate, bei dem das gesamte Abwasserniveau feststeht und alle Unternehmen die gleichen Zertifikate erhalten.

5. Medizinische Untersuchungen ergaben die negativen Folgen des Mitrauchens. Und kürzlich durchgeführte Gesellschaftsstudien weisen auf die wachsende Intoleranz hin, mit denen man Rauchern an öffentlichen Orten begegnet. Wenn wir Raucher sind und trotz strengerer Gesetze gegen das Rauchen diese Gewohnheit nicht aufgeben wollen – wie wirken sich dann folgende Gesetzesvorschläge auf unser Verhalten aus? Profitieren wir als einzelne Raucher von diesen Programmen? Profitiert die Gesellschaft als Ganzes?
   a. Ein Gesetzesvorschlag wird eingereicht, der eine Reduzierung des Teer- und Nikotingehalts in allen Zigaretten vorschreibt.
   b. Auf jede Packung Zigaretten wird eine Steuer erhoben.
   c. Auf jede verkaufte Zigarettenpackung wird eine Steuer erhoben.
   d. Raucher müssen zu jeder Zeit vom Staat ausgestellte Raucherzertifikate bei sich haben.

6. Der Papiermarkt in einer bestimmten Region der USA wird durch die folgenden Nachfrage- und Angebotskurven bestimmt:

$$Q_D = 160.000 - 2.000P$$

und

$$Q_S = 40.000 + 2.000P$$

wobei Q_D die nachgefragte Menge und Q_S die angebotene Menge, jeweils in Einheiten von 100 Pfund ist. P ist der Preis pro 100 Pfund. Gegenwärtig werden keine Versuche unternommen, um die Einleitung von Abwässern aus den Papierfabriken in Flüsse und Ströme zu regulieren. Folglich werden erhebliche Mengen Abwässer eingeleitet. Die externen Grenzkosten (EGK) der Papierproduktion sind durch die Kurve EGK = $0,0006\, Q_S$ definiert.
   a. Berechnen Sie Papierpreis und -menge, wenn unter Wettbewerbsbedingungen produziert und kein Versuch unternommen wird, die Einleitung von Abwässern zu regulieren.
   b. Ermitteln Sie den gesellschaftlich effizienten Preis und die entsprechende Produktionsmenge an Papier.
   c. Erklären Sie, warum die Lösungen, die Sie zu a) und b) errechnet haben, voneinander abweichen.

7. Auf einem Markt für Reinigungen lautet die inverse Marktnachfragekurve $P = 100 - Q$ und die (privaten) Grenzkosten der Produktion der Gesamtheit aller Reinigungsunternehmen lauten GK = $10 + Q$. Die Umweltverschmutzung durch die Reinigungen erzeugt einen externen Schaden, der durch die externe Grenzkostenkurve EGK = Q definiert ist.
   a. Berechnen Sie Preis und Produktionsmenge der Reinigungen, wenn unter Wettbewerbsbedingungen ohne Regulierung produziert wird.
   b. Ermitteln Sie den gesellschaftlich effizienten Preis und die entsprechende Produktionsmenge der Reinigungen.
   c. Berechnen Sie die Steuer, die auf einem Wettbewerbsmarkt zur Podukution der gesellschaftlich effizienten Menge führen würde.
   d. Berechnen Sie Preis und Produktionsmenge der Reinigungen, wenn unter monopolistischen Bedingungen ohne Regulierung produziert wird.
   e. Berechnen Sie die Steuer, die auf einem monopolistischen Markt zur Produktion der gesellschaftlich effizienten Menge führen würde.
   f. Welche Marktstruktur führt zu größerem gesellschaftlichen Wohlstand, wenn man davon ausgeht, dass kein Versuch unternommen wird, die Verschmutzung zu regulieren? Erklären Sie Ihre Antwort.

8. Siehe Beispiel 18.5 zur Erderwärmung. In Tabelle 18.3 (Seite 913) werden die jährlichen Nettogewinne aus einer Politik dargestellt, bei der die Treibhausgasemissionen um 1 Prozent pro Jahr reduziert werden. Zu welchem Diskontsatz ist der NBW dieser Politik genau gleich null?

9. Ein Bienenzüchter wohnt neben einer Apfelbaumplantage. Der Plantagenbesitzer profitiert von den Bienen, da jedes Bienenvolk Blütenpollen auf etwa einem halben Hektar Fläche verteilt.

Der Besitzer zahlt jedoch für diese Dienstleistung nichts, da die Bienen ja auf sein Grundstück kommen, ohne dass er dafür etwas tun muss. Da jedoch nicht genügend Bienen da sind, um die Pollen auf alle Bäume zu verteilen, muss der Besitzer die Bestäubung künstlich fortsetzen. Dies verursacht Kosten von €10 pro halbem Hektar.

Die Imkerei verursacht Grenzkosten von GK = $10 + 5Q$, wobei Q die Anzahl der Bienenvölker ist. Jedes Volk bringt Honig im Wert von €40.
   a. Wie viele Bienenvölker wird der Imker unterhalten?
   b. Ist dies die ökonomisch effiziente Anzahl an Bienenvölkern?
   c. Welche Veränderung würde zu einem effizienteren Betrieb führen?

10. In einer Gemeinde gibt es drei Gruppen. Ihre Nachfragekurven nach öffentlichen Fernsehprogrammen in Stunden, T, sind folgendermaßen definiert.

$$W_1 = €200 - T$$
$$W_2 = €240 - 2T$$
$$W_3 = €320 - 2T$$

Nehmen wir an, das öffentliche Fernsehprogramm ist ein rein öffentliches Gut, das zu konstanten Grenzkosten von €200 pro Stunde produziert werden kann.
   a. Wie hoch ist die effiziente Stundenzahl des öffentlichen Fernsehens?
   b. Wie viele Stunden öffentliches Fernsehen würde ein privater Markt bereitstellen?

11. Betrachten wir nochmals das Beispiel der Ressource im Gemeineigentum aus Beispiel 18.7. Nehmen wir an, Langusten werden als Speisefisch immer beliebter, sodass sich die Nachfragekurve von $C = 0{,}401 - 0{,}0064F$ auf $C = 0{,}50 - 0{,}0064F$ verschiebt. Wie beeinflusst diese Nachfrageverschiebung die tatsächliche Langustenfangmenge, die effiziente Fangmenge und die gesellschaftlichen Kosten des freien Zugriffs? (*Hinweis*: Verwenden Sie die gesellschaftliche Grenzkostenkurve sowie die private Kostenkurve aus dem Beispiel.)

12. Die George Bank, ein sehr produktives Fischereigebiet vor der Küste Neuenglands, kann in Bezug auf ihre Fischbestände in zwei Bereiche aufgeteilt werden. Zone 1 hat den höchsten Bestand pro Quadratkilometer, ist aber beträchtlichen abnehmenden Erträgen der Fischerei unterworfen. Die täglich gefangene Menge in Zone 1 (in Tonnen) entspricht

$$F_1 = 200(X_1) - 2(X_1)^2$$

wobei X_1 die Anzahl der Boote angibt, die dort fischen. Zone 2 hat zwar einen geringeren Fischbestand, ist jedoch größer, und abnehmende Erträge sind ein geringeres Problem. Hier ist die täglich gefangene Menge folgende:

$$F_2 = 100(X_2) - (X_2)^2$$

wobei X_2 die Anzahl der Boote angibt, die in Zone 2 fischen. Der marginale Fischfang MFC (von engl. marginal fish catch) beträgt in jeder Zone jeweils

$$\text{MFC}_1 = 200 - 4(X_1)$$
$$\text{MFC}_2 = 100 - 2(X_2)$$

Es gibt 100 Boote, die eine staatliche Lizenz besitzen, in diesen beiden Bereichen zu fischen. Die Fische werden für €100 pro Tonne verkauft. Die Gesamtkosten (Kapital und Betrieb) liegen konstant bei €1.000 pro Boot und Tag. Beantworten Sie die folgenden Fragen zu dieser Situation:
   a. Wenn die Boote fischen können, wo sie wollen, ohne staatlich festgelegte Einschränkung, wie viele Boote werden dann in jeder Zone fischen? Wie hoch ist der Bruttowert des Fangs?
   b. Wenn der Staat die Anzahl der Boote beschränken kann, wie viele sollte er dann in jeder Zone zulassen? Wie hoch ist nun der Bruttowert des Fangs? Nehmen wir an, die Gesamtzahl der Boote bleibt bei 100.
   c. Wenn noch mehr Fischer Boote kaufen und sich der Fischfangflotte anschließen möchten, sollte ein Staat, der auf die Maximierung des Nettofangwerts abzielt, ihnen Lizenzen gewähren? Warum oder warum nicht?

Die Lösungen zu ausgewählten Übungen finden Sie im Anhang dieses Buches. Die kompletten Lösungen für die Übungen finden Dozenten im MyLab.

TEIL V

Anhang

A Die Grundlagen der Regression 937

B Glossar 947

C Lösungen zu ausgewählten Übungen 961

A Die Grundlagen der Regression

In diesem Anhang werden die Grundlagen der **multiplen Regressionsanalyse** mit Hilfe eines Beispiels zu ihrer Anwendung in der Volkswirtschaftslehre erklärt.[1] Die multiple Regression ist eine Methode zur Anpassung wirtschaftlicher Beziehungen an Daten, mit deren Hilfe wir wirtschaftliche Beziehungen quantifizieren und Hypothesen dazu überprüfen können.

Bei einer **linearen Regression** weisen die Beziehungen, die wir den Daten anpassen, die folgende Form auf:

$$Y = b_0 + b_1 X_1 + b_2 X_2 + \ldots + b_k X_k + e \tag{A.1}$$

> **Multiple Regressionsanalyse**
>
> Statistisches Verfahren zur Quantifizierung wirtschaftlicher Beziehungen und zur Überprüfung diesbezüglicher Hypothesen.

In Gleichung (A.1) wird eine *abhängige* Variable Y mit mehreren *unabhängigen* (oder *erklärenden*) Variablen $X_1, X_2 \ldots$ in Beziehung gesetzt. So könnten beispielsweise in einer Gleichung mit zwei unabhängigen Variablen Y die Nachfrage nach einem Gut, X_1 dessen Preis und X_2 das Einkommen sein. Die Gleichung umfasst auch einen *Fehlerterm e*, der den kollektiven Einfluss aller ausgelassenen Faktoren darstellt, die Y ebenfalls beeinflussen könnten (beispielsweise die Preise anderer Güter, das Wetter, unerklärliche Verschiebungen des Geschmacks der Konsumenten usw.) Für Y und die X-Werte stehen Daten zur Verfügung, allerdings wird angenommen, dass der Fehlerterm nicht beobachtet werden kann.

> **Lineare Regression**
>
> Modell, das eine lineare Beziehung zwischen einer abhängigen Variablen und mehreren unabhängigen (oder erklärenden) Variablen und einem Fehlerterm angibt.

Dabei ist zu beachten, dass die Gleichung (A.1) in den *Parametern* linear sein muss, dies muss allerdings nicht auf die Variablen zutreffen. Wenn beispielsweise die Gleichung (A.1) eine Nachfragefunktion darstellt, kann Y der *Logarithmus* der Menge ($\log Q$) sein, X_1 kann der Logarithmus des Preises ($\log P$) und X_2 kann der Logarithmus des Einkommens ($\log I$) sein:

$$\log Q = b_0 + b_1 \log P + b_2 \log I + e \tag{A.2}$$

Unser Ziel besteht darin, *Schätzwerte* der Parameter $b_0, b_1 \ldots b_k$ zu ermitteln, die die „beste Anpassung" an die Daten liefern. Im Folgenden wird erklärt, wie dies erreicht wird.

A.1 Ein Beispiel

Nehmen wir an, dass wir die vierteljährlichen Automobilabsätze in den Vereinigten Staaten erklären und prognostizieren möchten. Beginnen wir dazu mit einem vereinfachten Fall, bei dem der Absatz S (in Milliarden Dollar) die abhängige Variable ist, die erklärt werden soll. Die einzige erklärende Variable ist der Preis neuer Automobile P (gemessen durch einen Preisindex für Neuwagen, der so skaliert ist, dass gilt 1967 = 100). Dieses einfache Modell könnte wie folgt geschrieben werden:

$$S = b_0 + b_1 P + e \tag{A.3}$$

In Gleichung (A.3) sind b_0 und b_1 die mit Hilfe der Daten zu bestimmenden Parameter, und e ist der zufällige Fehlerterm. Der Parameter b_0 ist der Achsenabschnitt, während b_1

---

[1] Für eine Lehrbuchbehandlung der angewandten Ökonometrie gibt es kaum eine bessere Empfehlung als R.S. Pindyck und D.L. Rubinfeld, *Econometric Models and Economic Forecasts*, 4. Ausgabe (New York: McGraw-Hill, 1998).

die Steigung ist: Sie misst die Auswirkungen einer Änderung des Preisindexes für Neuwagen auf den Automobilabsatz.

Wäre kein Fehlerterm vorhanden, würde die Beziehung zwischen S und P eine Gerade bilden, die die systematische Beziehung zwischen den beiden Variablen beschreibt. Allerdings liegen nicht alle tatsächlichen Beobachtungen auf der Geraden, so dass der Fehlerterm e notwendig ist, um ausgelassene Faktoren zu berücksichtigen.

A.2 Schätzung

Für die „bestmögliche Anpassung" ist ein Kriterium notwendig, um die Werte für die Regressionsparameter auszuwählen. Das am häufigsten verwendete Kriterium ist die *Minimierung der Summe der quadrierten Residuen* zwischen den tatsächlichen Werten von Y und den *angepassten* Werten für Y, die nach der Schätzung der Gleichung (A.1) ermittelt wurden. Dies wird als **Kleinstquadratkriterium** bezeichnet. Wenn wir die geschätzten Parameter (oder *Koeffizienten*) für das Modell in (A.1) mit $\hat{b}_0, \hat{b}_1, \ldots, \hat{b}_k$ bezeichnen, werden die *angepassten* Werte für Y wie folgt angegeben:

$$\hat{Y} = \hat{b}_0 + \hat{b}_1 X_1 + \ldots + \hat{b}_k X_k \tag{A.4}$$

In Abbildung A.1 wird dies für unser Beispiel dargestellt, in dem es nur eine unabhängige Variable gibt. Die Daten werden als Streudiagramm von Punkten angegeben, in dem der Absatz auf der vertikalen Achse und der Preis auf der horizontalen Achse abgetragen werden. Die angepasste Regressionsgerade wird durch die Datenpunkte gezeichnet. Der angepasste Wert für den Absatz, der mit jedem bestimmten Wert des Preises P_i verbunden ist, wird durch $\hat{S}_i = \hat{b}_0 + \hat{b}_1 P_i$ (im Punkt B) gegeben.

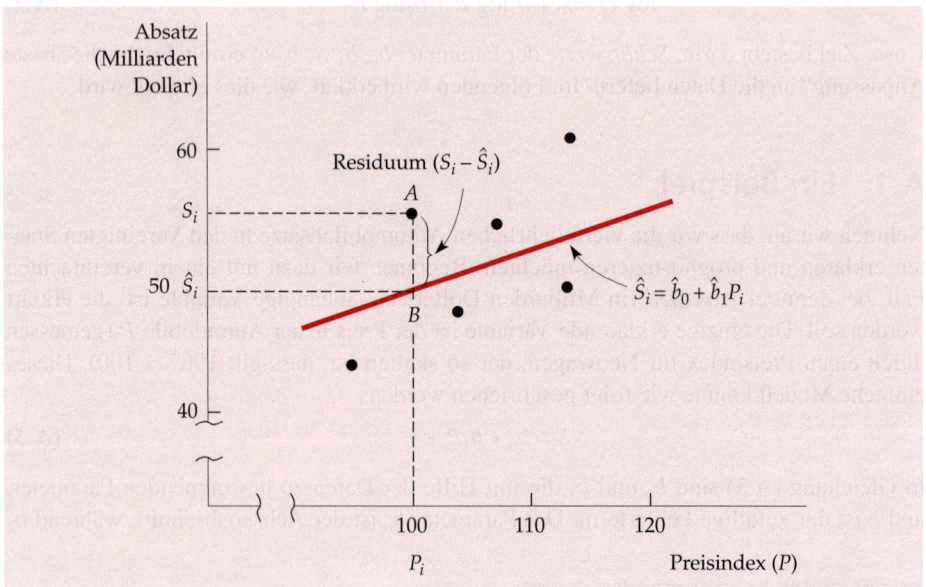

Abbildung A.1: Kleinstquadrate
Die Regressionsgerade wird so gewählt, dass die Summe der quadrierten Residuen minimiert wird. Das mit dem Preis P_i verbundene Residuum wird durch die Strecke AB angegeben.

Für jeden Datenpunkt ist das *Residuum* der Regression die Differenz zwischen dem tatsächlichen und dem angepassten Wert der abhängigen Variablen. Das mit dem Datenpunkt A in der Abbildung verbundene Residuum $\hat{e}_i$ wird durch $\hat{e}_i = S_i - \hat{S}_i$ gegeben. Die Werte der Parameter sind so gewählt, dass, wenn alle Residuen quadriert und dann addiert werden, die sich daraus ergebende Summe minimiert wird. Auf diese Art und Weise werden positive Fehler und negative Fehler symmetrisch behandelt; große Fehler erhalten überproportionales Gewicht. Wie wir in Kürze demonstrieren werden, wird es uns durch dieses Kriterium möglich, einige einfache statistische Tests durchzuführen, mit deren Hilfe wir die Regression interpretieren können.

Um ein Beispiel für die Schätzung zu geben, kehren wir zu unserem in Gleichung (A.3) angegebenen Modell des Autoabsatzes mit zwei Variablen zurück. Das Ergebnis der Anpassung dieser Gleichung an die Daten mit Hilfe des Kleinstquadratkriteriums lautet:

$$\hat{S} = -225{,}5 + 0{,}57P \qquad \text{(A.5)}$$

In Gleichung (A.5) gibt der Achsenabschnitt –225,5 an, dass, wenn der Preisindex gleich Null wäre, der Absatz –$225,5 Milliarden ausmachen würde. Der Parameter der Steigung gibt an, dass eine Steigerung des Preisindexes für Neuwagen um eine Einheit zu einem Anstieg des Automobilabsatzes um $0,57 Milliarden führt. Dieses eher überraschende Ergebnis – eine positiv geneigte Nachfragekurve – stimmt nicht mit der Volkswirtschaftstheorie überein und sollte dazu führen, dass wir die Gültigkeit unseres Modells in Frage stellen.

Im Folgenden erweitern wir das Modell, so dass die möglichen Auswirkungen von zwei zusätzlichen erklärenden Variablen berücksichtigt werden: das persönliche Einkommen I (in Milliarden Dollar) und der Zinssatz R (der dreimonatige Zinssatz für kurzfristige Schatzwechsel). Bei drei erklärenden Variablen lautet die geschätzte Regression:

$$\hat{S} = 51{,}1 - 0{,}42P + 0{,}046I - 0{,}84R \qquad \text{(A.6)}$$

Die Bedeutung der Berücksichtigung aller relevanten Variablen in dem Modell wird durch die Veränderung der Regressionsergebnisse nach der Hinzufügung der Variablen für das Einkommen und den Zinssatz deutlich. Dabei ist zu beachten, dass der Koeffizient der Variablen P sich beträchtlich geändert hat – von 0,57 auf –0,42. Der Koeffizient –0,42 misst die Auswirkungen eines Preisanstieges auf den Absatz, *wobei die Auswirkungen des Zinssatzes und des Einkommens konstant gehalten werden*. Der negative Koeffizient des Preises stimmt mit einer negativ geneigten Nachfragekurve überein. Offensichtlich führt die Nicht-Berücksichtigung der Zinssätze und des Einkommens zu der falschen Schlussfolgerung, dass der Absatz und der Preis positiv miteinander verbunden sind.

Der Einkommenskoeffizient, 0,046, gibt an, dass bei jeder Steigerung des persönlichen Einkommens in den Vereinigten Staaten um $1 Milliarde der Automobilabsatz wahrscheinlich um $46 Millionen (oder $0,046 Milliarden) ansteigen wird. Der Koeffizient des Zinssatzes spiegelt die Tatsache wider, dass bei jedem Anstieg des Zinssatzes um ein Prozent der Automobilabsatz wahrscheinlich um $840 Millionen fallen wird. Offensichtlich ist der Automobilabsatz gegenüber den Kreditkosten sehr empfindlich.

A.3 Statistische Tests

Stichprobe

Reihe von Beobachtungen zur Untersuchung, die einer größeren Gesamtmasse entnommen wurden.

Unsere Schätzwerte der wahren (aber unbekannten) Parameter sind Zahlenangaben, die von der Reihe von Beobachtungen, mit denen wir begannen, abhängen – d.h. von unserer **Stichprobe**. Mit einer anderen Stichprobe würden wir andere Schätzwerte ermitteln.[2] Wenn wir mehr und mehr Stichproben sammeln und zusätzliche Schätzwerte ermitteln, folgen die Schätzwerte jedes Parameters einer Wahrscheinlichkeitsverteilung. Diese Verteilung kann durch einen *Mittelwert* und ein Maß der Streuung um diesen Mittelwert, eine Standardabweichung, die als *Standardfehler des Koeffizienten* bezeichnet wird, zusammengefasst werden.

Die Kleinstquadratschätzer haben mehrere wünschenswerte Eigenschaften. Zunächst sind sie *unverzerrt*. Intuitiv bedeutet dies, dass, wenn wir diese Regression immer wieder mit anderen Stichproben durchführen würden, der Durchschnitt der vielen, von uns ermittelten Schätzwerte für jeden Koeffizienten der wahre Parameter wäre. Zweitens sind die Kleinstquadratschätzer *konsistent*. Mit anderen Worten ausgedrückt bedeutet dies, dass wir, wenn unsere Stichprobe sehr groß wäre, Schätzwerte erhalten würden, die den wahren Parametern sehr nahe kommen.

In der ökonometrischen Arbeit nehmen wir oft an, dass der Fehlerterm und folglich die geschätzten Parameter normal verteilt sind. Die Normalverteilung hat die Eigenschaft, dass die Fläche innerhalb von 1,96 mal den Standardfehlern ihres Mittelwertes gleich 95 Prozent der Gesamtfläche ist. Mit Hilfe dieser Information stellt sich die folgende Frage: Können wir ein Intervall um $\hat{b}$ so konstruieren, dass eine Wahrscheinlichkeit von 95 Prozent besteht, dass der wahre Parameter innerhalb dieses Intervalls liegt? Die Antwort auf diese Frage lautet Ja, und dieses *Konfidenzintervall* von 95 Prozent wird angegeben durch:

$$\hat{b} \pm 1{,}96 \left(\text{Standardfehler von } \hat{b} \right) \tag{A.7}$$

Folglich müssen wir bei der Arbeit mit einer geschätzten Regressionsgleichung nicht nur die *Punktschätzungen* betrachten, sondern auch die Standardfehler der Koeffizienten berücksichtigen, um die Grenzen für die wahren Parameter bestimmen zu können.[3]

Wenn ein Konfidenzintervall von 95 Prozent Null beinhaltet, kann auch der wahre Parameter b tatsächlich Null sein (selbst wenn das geschätzte $\hat{b}$ nicht gleich Null war). Dieses Ergebnis impliziert, dass die entsprechende unabhängige Variable die abhängige Variable *nicht* wirklich beeinflussen muss, auch wenn wir dies angenommen hatten. Wir können die Hypothese überprüfen, dass ein wahrer Parameter tatsächlich gleich Null ist, indem wir seine *t-Statistik* betrachten, die wie folgt definiert wird:

$$t = \frac{\hat{b}}{\text{Standardfehler von } \hat{b}} \tag{A.8}$$

---

[2] Die Kleinstquadratformel, mit der diese Schätzwerte ermittelt werden, wird als Kleinstquadratschätzer bezeichnet. Seine Werte variieren von Stichprobe zu Stichprobe.

[3] Gibt es weniger als 100 Beobachtungen, multiplizieren wir den Standardfehler mit einer Zahl, die etwas größer ist als 1,96.

Wenn die *t*-Statistik betragsmäßig kleiner als 1,96 ist, muss das Konfidenzintervall von 95 Prozent um $\hat{b}$ 0 beinhalten. Dies bedeutet, wir können die Hypothese, dass der wahre Parameter *b* gleich 0 ist, nicht ablehnen. Deshalb sagen wir, dass unser Schätzwert, wie hoch er auch immer sein mag, *statistisch nicht signifikant* ist. Im umgekehrten Fall, wenn die *t*-Statistik betragsmäßig größer als 1,96 ist, lehnen wir die Hypothese, dass *b* = 0 ist, ab und bezeichnen unseren Schätzwert als *statistisch signifikant*.

Die Gleichung (A.9) stellt die multiple Regression für das Modell des Autoabsatzes (Gleichung A.6) dar, der eine Reihe Standardfehler und t-Statistiken hinzugefügt wurde:

$$\hat{S} = 51{,}1 - 0{,}42P + 0{,}046I - 0{,}84R$$

$$(9{,}4) \quad (0{,}13) \quad (0{,}006) \quad (0{,}32)$$

$$t = 5{,}44 \quad -3{,}23 \quad 7{,}67 \quad -2{,}63 \tag{A.9}$$

Der Standardfehler jedes geschätzten Parameters wird in Klammern genau unter dem Schätzwert angegeben und die dementsprechende t-Statistik wird wiederum genau darunter angegeben.

Beginnen wir, indem wir die Preisvariable betrachten. Der Standardfehler von 0,13 ist im Vergleich zum Koeffizienten von –0,42 gering. In der Tat können wir zu 95 Prozent sicher sein, dass der *wahre* Wert des Koeffizienten des Preises –0,42 plus oder minus 1,96 mal die Standardabweichung ist (d.h. –0,42 plus oder minus [1,96][0,13] = –0,42 ± 0,25). Folglich liegt der wahre Wert des Koeffizienten zwischen –0,17 und –0,67. Da dieser Bereich Null nicht umfasst, ist die Auswirkung des Preises sowohl signifikant von Null verschieden als auch negativ. Dieses Ergebnis können wir auch mit Hilfe der *t*-Statistik ermitteln. Das in der Gleichung angegebene *t* von –3,23 für die Preisvariable ist gleich –0,42 geteilt durch 0,13. Da diese *t*-Statistik 1,96 betragsmäßig übersteigt, schlussfolgern wir, dass der Preis eine signifikante Determinante des Autoabsatzes ist.

Dabei ist zu beachten, dass die Variablen des Einkommens und des Zinssatzes sich ebenfalls signifikant von Null unterscheiden. Die Regressionsergebnisse geben an, dass eine Steigerung des Einkommens wahrscheinlich einen statistisch signifikanten positiven Effekt auf den Automobilabsatz haben wird, wogegen eine Steigerung der Zinssätze einen signifikanten negativen Effekt haben wird.

A.4 Die Güte der Anpassung

Angegebene Regressionsergebnisse enthalten normalerweise Informationen darüber, wie eng die Regressionsgerade an die Daten angepasst ist. Eine Statistik, der **Standardfehler der Regression (SER)**, ist eine Schätzung der Standardabweichung des Fehlerterms der Regression *e*. Immer wenn alle Datenpunkte auf der Regressionsgeraden liegen, ist der SER gleich Null. Bei ansonsten gleichen Voraussetzungen ist die Anpassung der Daten an die Regressionsgerade umso schlechter, je höher der Standardfehler der Regression ist. Um zu bestimmen, ob der SER groß oder klein ist, vergleichen wir ihn größenmäßig mit dem Mittelwert der abhängigen Variablen. Durch diesen Vergleich erhalten wir ein Maß der *relativen* Größe des SER – eine aussagekräftigere Statistik als die absolute Größe des SER.

Standardfehler der Regression

Schätzwert der Standardabweichung des Regressionsfehlers.

R^2

Prozentsatz der Variation der abhängigen Variablen, der auf alle erklärenden Variablen zurückzuführen ist.

R^2, der Prozentsatz der Variation der abhängigen Variablen, der durch alle erklärenden Variablen ausgemacht wird, misst die Gesamtgüte der Anpassung der multiplen Regressionsgleichung.[4] Sein Wert reicht von 0 bis 1. Ein R^2 von 0 bedeutet, dass die unabhängigen Variablen keine der Variationen der abhängigen Variablen erklären. Ein R^2 von 1 bedeutet, dass die unabhängigen Variablen die Variation vollständig erklären. Das R^2 für die Gleichung des Automobilabsatzes (A.9) beträgt 0,94. Dies gibt an, dass die drei unabhängigen Variablen 94 Prozent der Variation der Absätze erklären.

Dabei ist zu beachten, dass ein hoher Wert für R^2 nicht bereits an sich angibt, dass die in dem Modell tatsächlich berücksichtigten Variablen die richtigen sind. Ersten schwankt R^2 mit den Arten der untersuchten Daten. Zeitreihendaten mit beträchtlichem, nach oben gerichtetem Wachstum ergeben normalerweise viel höhere Werte für R^2 als Querschnittsdaten. Zweitens liefert die zugrunde liegende Wirtschaftstheorie eine äußerst wichtige Überprüfung. Wenn eine Regression des Automobilabsatzes bezüglich des Weizenpreises zu einem hohen Wert für R^2 führt, würden wir die Zuverlässigkeit des Modells in Frage stellen, da unsere Theorie besagt, dass die Änderungen der Weizenpreise nur geringe oder gar keine Auswirkungen auf den Automobilabsatz haben.

Die Gesamtzuverlässigkeit eines Regressionsergebnisses hängt von der Formulierung des Modells ab. Wenn wir geschätzte Regressionen untersuchen, sollten wir Aspekte berücksichtigen, die die angegebenen Ergebnisse zweifelhaft erscheinen lassen könnten. Erstens, sind Variablen, die berücksichtigt werden sollten, ausgelassen worden? Das heißt, ist die *Spezifikation* der Gleichung falsch? Zweitens, ist die funktionale Form der Gleichung korrekt? Sollten Variablen beispielsweise logarithmiert werden? Drittens, gibt es eine andere Beziehung, die eine der erklärenden Variablen (beispielsweise X) mit der abhängigen Variablen Y in Beziehung setzt? Wenn dies der Fall ist, werden X und Y gemeinsam bestimmt, und wir müssen ein Modell mit zwei Gleichungen und nicht ein Modell mit einer Gleichung einsetzen. Und schließlich führt die Hinzufügung oder Entfernung einer bzw. zweier Variablen zu einer großen Veränderung der geschätzten Koeffizienten – d.h. ist die Gleichung *robust*? Wenn dies nicht der Fall ist, sollen wir sorgfältig darauf achten, dass wir die Bedeutung oder die Zuverlässigkeit der Ergebnisse nicht übertreiben.

A.5 Wirtschaftliche Prognosen

Eine Prognose ist eine Vorhersage im Hinblick auf die Werte der abhängigen Variablen, wenn Informationen über die erklärenden Variablen gegeben sind. Oft werden Regressionsmodelle zur Erstellung von *ex ante Prognosen* verwendet, in denen der Wert der abhängigen Variablen über den Zeitraum, über den das Modell geschätzt wurde, hinaus angegeben wird. (Wenn die Werte der erklärenden Variablen bekannt sind, ist die Prognose *unbedingt*; wenn auch sie prognostiziert werden müssen, ist die Prognose durch diese Vorhersagen *bedingt*.) Mitunter können *ex post Prognosen* hilfreich sein, in denen der Wert prognostiziert wird, den die abhängige Variable erreicht hätte, wenn die unabhängigen Variablen andere Werte gehabt hätten. Eine *ex post Prognose* hat einen solchen Prognosezeitraum, dass alle Werte der abhängigen und erklärenden Variablen bekannt sind. Folglich können *ex post Prognosen* mit bestehenden Daten verglichen werden und liefern somit eine direkte Methode zur Bewertung eines Modells.

---

4 Die Variation von Y ist die Summe der quadrierten Abweichung von Y von dessen Mittelwert. R^2 und SER liefern ähnliche Informationen über die Güte der Anpassung, da $R^2 = 1 - \text{SER}^2/\text{Varianz}(Y)$.

Betrachten wir beispielsweise noch einmal die oben erörterte Regression des Automobilabsatzes. Im Allgemeinen wird der prognostizierte Wert des Automobilabsatzes durch die folgende Gleichung angegeben:

$$\hat{S} = \hat{b}_0 + \hat{b}_1 P + \hat{b}_2 I + \hat{b}_3 R + \hat{e} \tag{A.10}$$

wobei $\hat{e}$ unsere Prognose für den Fehlerterm ist. Ohne zusätzliche Informationen nehmen wir $\hat{e}$ in der Regel als gleich Null an.

Danach verwenden wir die Gleichung über den geschätzten Absatz zur Berechnung der Prognose:

$$\hat{S} = 51{,}1 - 0{,}42P + 0{,}046I - 0{,}84R \tag{A.11}$$

Wir können (A.11) verwenden, um den Absatz zu prognostizieren, wenn beispielsweise $P = 100$, $I = \$1$ Billion und $R = 8$ Prozent. In diesem Fall gilt:

$$\hat{S} = 51{,}1 - 0{,}42(100) + 0{,}046(1.000 \text{ Milliarden}) - 0{,}84(8\%) = \$48{,}4 \text{ Milliarden}$$

Dabei ist zu beachten, dass die \$48,4 Milliarden eine *ex post* Prognose für einen Zeitpunkt sind, in dem gilt $P = 100$, $I = \$1$ Billion und $R = 8$ Prozent.

Um die Zuverlässigkeit der *ex ante* und der *ex post* Prognosen zu bestimmen, verwenden wir den *Standardfehler der Prognose (SEF)*. Der SEF misst die Standardabweichung des Prognosefehlers innerhalb einer Stichprobe, in der die erklärenden Variablen mit Sicherheit bekannt sind. Zwei Fehlerquellen sind dem SEF inhärent. Die erste Quelle ist der Fehlerterm an sich, da $\hat{e}$ in der Prognoseperiode nicht gleich Null sein muss. Die zweite Fehlerquelle besteht darin, dass die geschätzten Parameter des Regressionsmodells den wahren Parametern eventuell nicht genau entsprechen.

Als Anwendungsbeispiel betrachten wir den mit der Gleichung (A.11) verbundenen SEF in Höhe von \$7,0 Milliarden. Wenn der Stichprobenumfang ausreichend groß ist, liegt die Wahrscheinlichkeit, dass der prognostizierte Absatz innerhalb der Intervallgrenzen von 1,96 mal den Standardfehlern des prognostizierten Wertes liegen, bei 95 Prozent. In diesem Fall ist das Konfidenzintervall von 95 Prozent gleich \$48,4 Milliarden ± \$14,0 Milliarden, d.h. es reicht von \$34,4 Milliarden bis \$62,4 Milliarden.

Nehmen wir nun an, Sie wollen den Automobilabsatz für einen bestimmten Zeitpunkt in der Zukunft, wie zum Beispiel für das Jahr 2003, prognostizieren. Dazu muss die Prognose bedingt sein, da die Werte für die unabhängigen Variablen prognostiziert werden müssen, bevor die Prognose des Automobilabsatzes berechnet werden kann. Nehmen wir beispielsweise an, dass unsere Prognosen für diese Variablen wie folgt lauten: $\hat{P} = 200$, $\hat{I} = \$5$ Billionen und $\hat{R} = 10$ Prozent. In diesem Fall wird die Prognose durch $\hat{S} = 51{,}1 - 0{,}42(200) + 0{,}046(5.000 \text{ Milliarden}) - 0{,}84(10) = \$188{,}7$ Milliarden gegeben. Hier ist die Prognose von \$190,8 Milliarden eine bedingte *ex ante* Prognose.

Da wir Prognosen für die Zukunft treffen und da die erklärenden Variablen nicht während des gesamten von uns untersuchten Zeitraums nahe der Mittelwerte der Variablen liegen, ist der SEF gleich \$8,2 Milliarden, was etwas höher ist als der von uns bereits berechnete SEF.[5] Das mit dieser Prognose verbundene Konfidenzintervall von 95 Prozent umfasst das Intervall von \$172,3 Milliarden bis \$205,1 Milliarden.

---

5 Weitere Informationen zum SEF finden sich in Pindyck und Rubinfeld, *Econometric Models and Economic Forecasts*, Kapitel 8.

Beispiel A.1: Die Nachfrage nach Kohle

Nehmen wir an, wir wollen die Nachfrage nach Steinkohle (angegeben in Absatzzahlen in Tonnen pro Jahr, COAL) schätzen und danach diese Beziehung zur Prognose des zukünftigen Kohleabsatzes verwenden. Wir würden erwarten, dass die nachgefragte Menge vom Kohlepreis (angegeben durch den Produzentenpreisindex für Kohle, PCOAL) und vom Preis eines engen Substitutionsgutes für Kohle (angegeben durch den Produzentenpreisindex für Erdgas, PGAS) abhängt. Da Kohle in der Stahlproduktion und bei der Energieerzeugung eingesetzt wird, würden wir außerdem erwarten, dass das Niveau der Stahlproduktion (angegeben durch den Federal Reserve Board Index der Eisen- und Stahlproduktion, FIS) und der Energieerzeugung (angegeben durch den Federal Reserve Board Index der Erzeugung von Elektrizität, FEU) wichtige Determinanten der Nachfrage sind.

Deshalb wird unser Modell der Nachfrage nach Kohle durch die folgende Gleichung gegeben:

$$COAL = b_0 + b_1 PCOAL + b_2 PGAS + b_3 FIS + b_4 FEU + e$$

Aus unserer Theorie würden wir erwarten, dass b_1 negativ ist, da die Nachfragekurve für Kohle negativ geneigt ist. Wir würden auch erwarten, dass b_2 positiv ist, da ein höherer Erdgaspreis industrielle Konsumenten von Energie dazu veranlassen sollte, Erdgas durch Kohle zu ersetzen. Schließlich würden wir erwarten, dass sowohl b_3 als auch b_4 positiv sind, da die Nachfrage nach Kohle umso größer ist, je höher die Stahlproduktion und die Energieerzeugung sind.

Dieses Modell wurde mit Hilfe monatlicher Zeitreihendaten, die einen Zeitraum von acht Jahren abdecken, geschätzt. Die Resultate lauten wie folgt (die t-Statistiken werden in Klammern angegeben):

$$COAL = 12.262 + 92{,}34 \, FIS + 118{,}57 \, FEU - 48{,}90 \, PCOAL + 118{,}91 \, PGAS$$

$$ (3{,}51) \quad\ \ (6{,}46) \quad\quad (7{,}14) \quad\quad (-3{,}82) \quad\quad\ (3{,}18)$$

$$R^2 = 0{,}692 \qquad SER = 120.000$$

Alle geschätzten Koeffizienten haben die Vorzeichen, die die ökonometrische Theorie vorhersagen würde. Jeder Koeffizient unterscheidet sich auch statistisch signifikant von Null, da die t-Statistiken alle einen absoluten Wert aufweisen, der höher ist als 1,96. Das R^2 in Höhe von 0,692 gibt an, dass das Modell mehr als zwei Drittel der Variation des Kohleabsatzes erklärt. Der Standardfehler der Regression SER ist gleich 120.000 Tonnen Kohle. Da das durchschnittliche Niveau der Kohleproduktion bei 3,9 Millionen Tonnen lag, stellt der SER ungefähr 3 Prozent des Durchschnittswertes der abhängigen Variablen dar. Dies gibt eine ausreichend gute Modellanpassung an.

Nehmen wir nun an, wir wollen die Gleichung der geschätzten Nachfrage nach Kohle einsetzen, um den Absatz in einem Zeitraum von bis zu einem Jahr in der Zukunft zu prognostizieren. Dazu setzen wir in die geschätzte Gleichung die Werte der erklärenden Variablen für die Prognoseperiode von 12 Monaten ein. Außerdem schätzen wir den Standardfehler der Prognose (der Schätzwert liegt bei 0,14 Millionen Tonnen) und ▶

verwenden diesen zur Berechnung der Konfidenzintervalle von 95 Prozent für die prognostizierten Werte der Nachfrage nach Kohle. Einige repräsentative Prognosen und Konfidenzintervalle werden in Tabelle A.1 angegeben.

Tabelle A.1

Die Prognose der Nachfrage nach Kohle

	Prognose	Konfidenzintervall
1-monatige Prognose (in Tonnen)	5,2 Millionen	4,9 – 5,5 Millionen
6-monatige Prognose (in Tonnen)	4,7 Millionen	4,4 – 5,0 Millionen
12-monatige Prognose (in Tonnen)	5,0 Millionen	4,7 – 5,3 Millionen

ZUSAMMENFASSUNG

1. Die multiple Regression ist eine Methode zur Anpassung wirtschaftlicher Beziehungen an Daten.

2. Das lineare Regressionsmodell, das eine abhängige Variable mit einer oder mehreren unabhängigen Variablen in Beziehung setzt, wird normalerweise durch die Auswahl des Achsenabschnitts und der Parameter der Steigung geschätzt, die die Summe der quadrierten Abweichungen zwischen den tatsächlichen und prognostizierten Werten der abhängigen Variablen minimieren.

3. Bei einem multiplen Regressionsmodell misst jeder Steigungskoeffizient die Auswirkungen einer Änderung einer unabhängigen Variablen auf die dementsprechende abhängige Variable, wobei die Auswirkungen aller anderen unabhängigen Variablen konstant gehalten werden.

4. Ein t-Test kann zur Überprüfung der Hypothese eingesetzt werden, dass ein bestimmter Steigungskoeffizient von Null verschieden ist.

5. Die Gesamtanpassung der Regressionsgleichung kann mit Hilfe des Standardfehlers der Regression (SER) (ein Wert nahe Null bezeichnet eine gute Anpassung) oder von R^2 (ein Wert nahe Eins bezeichnet eine gute Anpassung) bewertet werden.

6. Regressionsmodelle können zur Prognose zukünftiger Werte der abhängigen Variablen verwendet werden. Der Standardfehler der Prognose (SEF) misst die Genauigkeit der Prognose.

ZUSAMMENFASSUNG

B Glossar

A

Abgeleitete Nachfrage (S. 716) Nachfrage nach einem Produktionsfaktor, die abhängig ist und abgeleitet wird vom Produktionsniveau des Unternehmens und von den Faktorkosten.

Abnehmender Grenznutzen (S. 143) Prinzip, das besagt, dass im Zuge der Erhöhung der konsumierten Menge eines Gutes der Konsum zusätzlicher Mengen einen geringeren Zuwachs des Nutzens mit sich bringt.

Abnehmende Skalenerträge (S. 307) Situation, in der sich der Output bei einer Verdopplung aller Inputs um weniger als das Doppelte erhöht.

Abschreibung (S. 307) Methode, eine einmalige Ausgabe als jährliche, über eine Reihe von Jahren verteilte Kosten zu behandeln.

Absoluter Vorteil (S. 826) Eine Situation, bei der Land 1 bei der Produktion eines Gutes gegenüber Land 2 im Vorteil ist, weil die Produktionskosten in Land 1 geringer sind als in Land 2.

Abweichung (S. 227) Die Differenz zwischen der erwarteten und der tatsächlichen Auszahlung.

Adverse Selektion (S. 847) Eine Form des Marktversagens, die entsteht, wenn Produkte unterschiedlicher Qualität aufgrund von asymmetrischer Information zum gleichen Preis verkauft werden, so dass zu viel des minderwertigen Produkts und zu wenig des hochwertigen Produkts verkauft wird.

Allgemeine Gleichgewichtsanalyse (S. 799) Gleichzeitige Ermittlung von Preisen und Mengen auf allen relevanten Märkten unter Berücksichtigung rückwirkender Einflüsse.

Angebotskurve (S. 51) Beziehung zwischen der Menge eines Gutes, die von den Produzenten zum Verkauf angeboten wird, und dessen Preis.

Anlage (S. 247) Investition, die dem Eigentümer einen Geld- oder Leistungsfluss liefert.

Arbeitsproduktivität (S. 296) Durchschnittsprodukt der Arbeit für eine ganze Branche oder die Volkswirtschaft insgesamt.

Arbitrage (S. 32) Kauf einer Ware zu einem niedrigen Preis an einem Ort und Weiterverkauf zu einem höheren Preis an einem anderen Ort.

Asymmetrische Information (S. 844) Eine Situation, in der ein Käufer und ein Verkäufer unterschiedliche Informationen über eine Transaktion haben.

Auktion mit gemeinsamem Wert (S. 699) Eine Auktion, bei der der Auktionsgegenstand für alle Bieter den gleichen Wert hat, diese aber den genauen Wert nicht kennen, so dass ihre Schätzungen voneinander abweichen.

Auktion mit privatem Wert (S. 699) Eine Auktion, bei der jeder Bieter den Wert kennt, den er persönlich dem Auktionsgegenstand beimisst, wobei die Bewertungen der einzelnen Bieter voneinander abweichen.

Auktionsmärkte (S. 697) Märkte, auf denen Produkte im Rahmen eines formalen Bietprozesses ge- und verkauft werden.

Auszahlung (S. 226) Mit einem möglichen Ergebnis verbundener Wert.

Auszahlung (S. 658) Wert, der einem möglichen Ergebnis beigemessen wird.

Auszahlungsmatrix (S. 632) Tabelle, die den Gewinn (oder die Auszahlung) jedes Unternehmens für die verschiedenen Entscheidungsmöglichkeiten der beiden Konkurrenten anzeigt.

B

Bestandsexternalität (S. 771) Kumuliertes Ergebnis der Handlung eines Produzenten oder Verbrauchers, das zwar im Marktpreis nicht berücksichtigt wird, aber doch Auswirkungen auf andere Produzenten oder Verbraucher hat.

Besitztumseffekt (S. 771) Neigung von Individuen, einem Gegenstand einen Wert beizumessen, der höher ist, wenn sie den Gegenstand besitzen, als wenn sie ihn nicht besitzen.

Beta-Faktor (S. 771) Eine Konstante, die die Empfindlichkeit des Ertrags einer Anlage auf Marktschwankungen und damit das nichtdiversifizierbare Risiko dieser Anlage misst.

Bertrand-Modell (S. 625) Oligopol-Modell, bei dem Unternehmen ein homogenes Gut produzieren, wobei jedes Unternehmen den Preis seiner Konkurrenten als gegeben ansieht und alle Unternehmen gleichzeitig ihre Preisentscheidung treffen.

Bilaterales Monopol (S. 523) Markt mit nur einem Verkäufer und nur einem Käufer.

Bogenelastizität der Nachfrage (S. 69) Über eine Reihe von Preisen ermittelte Preiselastizität.

Branche mit abnehmenden Kosten (S. 422) Eine Branche, deren langfristige Angebotskurve negativ geneigt ist.

Branche mit konstanten Kosten (S. 419) Branche, deren langfristige Angebotskurve horizontal verläuft.

Branche mit zunehmenden Kosten (S. 420) Eine Branche, deren langfristige Angebotskurve positiv geneigt ist.

Buchhalterische Kosten (S. 317) Tatsächliche Ausgaben plus Abschreibungen auf Anlagegüter.

Budgetbeschränkungen (S. 126) Beschränkungen, mit denen die Konsumenten infolge ihrer begrenzten Einkommen konfrontiert werden.

Budgetgerade (S. 126) Alle Kombinationen von Gütern, bei denen die ausgegebene Gesamtsumme gleich dem Einkommen ist.

Bündelung (S. 567) Preisstrategie, bei der zwei oder mehr Produkte als Paket verkauft werden.

C

Capital Asset Pricing-Modell (CAPM) (S. 771) Ein Modell, bei dem die Risikoprämie einer Kapitalinvestition von der Korrelation des Investitionsertrags mit dem Ertrag des gesamten Aktienmarktes abhängt.

Coase Theorem (S. 916) Ein Prinzip, das besagt, dass ein Verhandlungsergebnis unabhängig von der Gestaltung der Eigentumsrechte effizient ist, wenn Parteien ohne Kosten und zu ihrem beiderseitigen Vorteil verhandeln können.

Cobb-Douglas-Nutzenfunktion (S. 216) Die Nutzenfunktion $U(X,Y) = X^a Y^{1-a}$, wobei X und Y zwei Güter sind und a eine Konstante ist.

Cobb-Douglas-Produktionsfunktion (S. 378) Produktionsfunktion der Form $q = AK^\alpha L^\beta$, wobei q der Output, K die Menge des Kapitals und L die Menge der Arbeit ist und wobei α und β Konstanten sind.

Cournot-Gleichgewicht (S. 620) Gleichgewicht beim Cournot-Modell, bei dem jedes Unternehmen das Produktionsniveau seines Konkurrenten richtig einschätzt und seine eigene Produktionsmenge entsprechend wählt.

Cournot-Modell (S. 617) Modell eines Oligopols, bei dem die Unternehmen ein homogenes Gut produzieren, jedes Unternehmen die Produktionsmenge der Konkurrenten als gegeben hinnimmt und alle Unternehmen ihre Produktionsentscheidungen gleichzeitig treffen.

D

Der Fluch des Gewinners („Winner's Curse") (S. 701) Eine Situation, in der der Gewinner einer Auktion mit gemeinsamem Wert schlechter abschneidet, weil er den Wert des Auktionsobjekts überschätzt und deshalb zu viel geboten hat.

Diskontierter Gegenwartswert (Barwert) (S. 756) Der gegenwärtige Wert eines erwarteten zukünftigen Geldstroms.

Diskontsatz (*S. 765*) Zinssatz, der verwendet wird, um den Wert eines Euros, den man in der Zukunft erhält, mit dem Wert eines Euros zu vergleichen, den man heute erhält.

Diversifikation (*S. 238*) Verfahren zum Risikoabbau durch die Aufteilung der Ressourcen auf verschiedene Aktivitäten, deren Ergebnisse nicht in engem Zusammenhang stehen.

Diversifizierbares Risiko (*S. 769*) Ein Risiko, das dadurch eliminiert werden kann, dass man in viele verschiedene Projekte investiert oder Aktien vieler Unternehmen besitzt.

Dominante Strategie (*S. 662*) Eine Strategie, die, unabhängig von den Handlungen des Gegners, immer optimal ist.

Dominantes Unternehmen (*S. 640*) Ein Unternehmen mit einem hohen Marktanteil, das die Preise zur eigenen Gewinnmaximierung festsetzt und dabei die Angebotsreaktion kleinerer Unternehmen berücksichtigt.

Dualität (*S. 217*) Alternative Methode zur Betrachtung der nutzenmaximierenden Entscheidung des Konsumenten: Anstatt die höchste Indifferenzkurve bei einer bestimmen Budgetbeschränkung auszuwählen, wählt der Konsument die niedrigste Budgetgerade, die eine bestimmte Indifferenzkurve berührt.

Duopol (*S. 617*) Ein Markt, auf dem zwei Unternehmen miteinander konkurrieren.

Durchschnittsausgaben (*S. 518*) Der Preis für eine gekaufte Einheit eines Gutes.

Durchschnittsausgabenkurve (*S. 725*) Angebotskurve, die den Preis pro Einheit abbildet, den ein Unternehmen für ein Gut bezahlt.

Durchschnittsprodukt (*S. 286*) Output pro Einheit eines bestimmten Inputs.

E

Edgeworth Box (*S. 808*) Ein Diagramm, das alle möglichen Allokationen zweier Güter zwischen zwei Konsumenten oder zweier Produktionsfaktoren zwischen zwei Produktionsprozessen darstellt.

Effektivverzinsung oder Ertragsrate (*S. 761*) Prozentualer Ertrag, den man erhält, wenn man in ein festverzinsliches Wertpapier investiert.

Effiziente (oder Pareto-effiziente) Allokation (*S. 806*) Güterverteilung, bei der niemand besser gestellt werden kann, ohne dass ein anderer dadurch schlechter gestellt wird.

Effizienzlohn (*S. 875*) Der Lohn, den ein Unternehmen einem Arbeitgeber bezahlt als Anreiz gegen Shirking.

Effizienzlohntheorie (*S. 875*) Erklärung für das Auftreten von Arbeitslosigkeit und Lohndiskriminierung, die darauf aufbaut, dass die Arbeitsproduktivität durch den Lohnsatz beeinflusst werden kann.

Eigentumsrechte (*S. 914*) Gesetzliche Regelungen, die angeben, was Individuen oder Unternehmen mit ihrem Eigentum tun dürfen.

Einkommenseffekt (*S. 176*) Änderung des Konsums eines Gutes infolge eines Anstiegs der Kaufkraft wobei der relative Preis konstant bleibt.

Einkommenselastizität der Nachfrage (*S. 67*) Prozentuale Änderung der nachgefragten Menge infolge einer Erhöhung des Einkommens um ein Prozent.

Einkommens-Konsumkurve (*S. 169*) Eine Kurve, mit der die nutzenmaximierenden Kombinationen zweier Güter bei einer Änderung des Einkommens des Konsumenten nachgezeichnet werden.

Eintrittsbarriere (*S. 509*) Eine Bedingung, die das Eintreten neuer Konkurrenten in einen Markt verhindert.

Elastizität (*S. 65*) Prozentuale Änderung einer Variablen infolge einer Änderung einer anderen Variablen um ein Prozent.

Emissionsgebühr (*S. 893*) Eine Gebühr, die auf jede Emissionseinheit eines Unternehmens erhoben wird.

Emissionsgrenzwert (*S. 892*) Gesetzlich festgeschriebene Höchstmenge eines Schadstoffs, die ein Unternehmen emittieren darf.

Engelkurve (*S. 170*) Kurve, in der die Menge eines konsumierten Gutes mit dem Einkommen in Beziehung gesetzt wird.

Englische (oder mündliche) Auktion (*S. 698*) Eine Auktion, bei der sich ein Verkäufer aktiv um ständig steigende Gebote aus einer Gruppe potenzieller Käufer bemüht.

Ertrag (S. 248) Gesamter Geldfluss einer Anlage in Relation zu ihrem Preis.

Ertragsratenregulierung (S. 516) Der maximal zulässige Preis, den die Regulierungsbehörde auf der Basis der (erwarteten) Ertragsrate eines Unternehmens festlegt.

Erwarteter Ertrag (S. 248) Ertrag, den eine Anlage durchschnittlich erzielen sollte.

Erwarteter Nutzen (S. 233) Die Summe der mit allen möglichen Ergebnissen verbundenem Nutzen gewichtet mit der Wahrscheinlichkeit des Eintretens jedes Ergebnisses.

Erwartungswert (S. 226) Mit den Eintrittswahrscheinlichkeiten gewichteter Durchschnitt aller möglichen Ergebniswerte.

Ewiges Rentenpapier (S. 761) Ein Wertpapier, das für immer eine jährliche feste Auszahlung erbringt.

Expansionspfad (S. 344) Durch die Tangentialpunkte der Isokostengeraden und Isoquanten eines Unternehmens verlaufende Kurve.

Extensive Form eines Spiels (S. 679) Darstellung möglicher Handlungen in einem Spiel in Form eines Entscheidungsbaums.

Externalität (S. 443) Eine von einem Produzenten oder einem Konsumenten unternommene Aktivität, die andere Produzenten oder Konsumenten beeinflusst, aber im Marktpreis nicht berücksichtigt wird.

Externalität (S. 884) Handlung eines Produzenten oder Konsumenten, die andere Produzenten oder Konsumenten beeinflusst aber im Marktpreis nicht berücksichtigt wird.

Externe Grenzkosten (S. 885) Anstieg der extern entstehenden Kosten, wenn ein oder mehrere Unternehmen ihren Output um eine Einheit steigern.

Externer Grenznutzen (S. 887) Nutzensteigerung, die andere Parteien erfahren, wenn ein Unternehmen seinen Output um eine Einheit erhöht.

F

Festgewichteter Index (S. 153) Lebenshaltungskostenindex, bei dem die Mengen der Güter und Dienstleistungen unverändert bleiben.

Festverzinsliches Wertpapier (S. 760) Ein Vertrag, bei dem sich der Schuldner verpflichtet, dem Wertpapierhalter (dem Gläubiger) einen Geldstrom zu bezahlen.

Fixe Durchschnittskosten (FDK) (S. 326) Fixkosten geteilt durch das Produktionsniveau.

Fixer Produktionsfaktor (S. 284) Produktionsfaktor, der nicht geändert werden kann.

Fixkosten (FK) (S. 321) Kosten, die sich nicht mit dem Produktionsniveau ändern.

Freier Markteintritt und -austritt (S. 386) Bedingung, bei der keine besonderen Kosten existieren, die einem Unternehmen den Eintritt in einen Markt oder das Verlassen dieses Marktes erschweren.

G

Gefangenendilemma (S. 632) Ein Beispiel aus der Spieltheorie, bei dem zwei Gefangene unabhängig voneinander entscheiden müssen, ob sie ein Verbrechen gestehen sollen oder nicht. Wenn nur ein Gefangener gesteht, wird er eine milde Strafe erhalten, während der andere eine schwere Strafe erhält. Gesteht keiner von beiden, wird die Strafe milder ausfallen als bei einem Geständnis beider Gefangenen.

Geknickte Nachfragekurve (S. 572) Oligopol-Modell, bei dem jedes Unternehmen mit einer Nachfragekurve konfrontiert ist, die beim gegenwärtigen Marktpreis einen Knick aufweist. Bei höheren Preisen ist die Nachfrage sehr elastisch, bei niedrigeren Preisen dagegen unelastisch.

Gemischte Bündelung (S. 572) Preisstrategie, bei der zwei oder mehr Produkte sowohl als Bündel als auch einzeln verkauft werden.

Gemischte Strategie (S. 670) Eine Strategie, bei der ein Spieler eine zufällige Entscheidung zwischen zwei oder mehr Handlungsmöglichkeiten trifft, ausgehend von einer Menge ausgewählter Wahrscheinlichkeiten.

Genossenschaft (S. 321) Vereinigung von Unternehmen oder Personen, die im gemeinschaftlichen Besitz der Mitglieder steht und von diesen zum gegenseitigen Nutzen gemeinsam betrieben wird.

Gesamtkosten (TK oder C) (S. 321) Die gesamten ökonomischen Kosten der Produktion, die aus Fixkosten und variablen Kosten bestehen.

Gesellschaftliche Grenzkosten (S. 886) Die Summe der Grenzkosten der Produktion und der externen Grenzkosten.

Gesellschaftlicher Diskontsatz (S. 886) Opportunitätskosten aus dem Erhalt eines wirtschaftlichen Vorteils in der Zukunft verglichen mit einem solchen in der Gegenwart für die Gesellschaft insgesamt.

Gesellschaftlicher Grenznutzen (S. 888) Die Summe des privaten Grenznutzens und des externen Grenznutzens.

Gesellschaftliche Wohlfahrtsfunktion (S. 817) Maß, das das Wohlergehen der Gesellschaft insgesamt im Hinblick auf den Nutzen einzelner Mitglieder definiert.

Gesetz der abnehmenden Grenzerträge (S. 289) Prinzip, das besagt, dass bei Steigerungen des Einsatzes eines Faktors (wobei die anderen Faktoren fix sind) die daraus resultierenden Zuwächse der Gütermenge letztendlich abnehmen werden.

Gewinn (S. 391) Differenz zwischen dem Gesamterlös und den Gesamtkosten.

Giffen-Gut (S. 177) Ein Gut, dessen Nachfragekurve positiv geneigt ist, da der (negative) Einkommenseffekt größer ist als der Substitutionseffekt.

Gleichgewicht in dominanten Strategien (S. 663) Das Ergebnis eines Spiels, bei dem jedes Unternehmen für sich die bestmögliche Entscheidung trifft, ohne Rücksicht auf die Handlungen der Konkurrenten.

Gleichgewichts- (oder markträumender) Preis (S. 55) Der Preis, der die angebotene der nachgefragten Menge gleichsetzt.

Grad der Verbundvorteile (SC) (S. 356) Prozentsatz der Kosteneinsparungen, die sich aus der Verbundproduktion anstelle der Einzelproduktion von zwei oder mehr Produkten ergeben.

Grenzausgaben (S. 518) Die zusätzlichen Kosten, die beim Kauf einer weiteren Einheit eines Gutes anfallen.

Grenzausgabenkurve (S. 725) Eine Kurve, die die zusätzlichen Kosten darstellt, die beim Kauf einer zusätzlichen Einheit eines Gutes entstehen.

Grenzerlös (S. 391) Aus einer Steigerung des Outputs um eine Einheit resultierende Erlösänderung.

Grenzerlösprodukt (S. 717) Zusatzerlös aus dem Verkauf einer Produktionsmenge, die aufgrund einer zusätzlichen Einheit eines Produktionsfaktors entsteht.

Grenzkosten (GK) (S. 133) Die Kosten einer zusätzlichen Einheit eines Gutes.

Grenznutzen (GU) (S. 143) Die aus dem Konsum einer zusätzlichen Einheit eines Gutes erwachsende zusätzliche Befriedigung.

Grenzprodukt (S. 286) Bei einer Erhöhung eines Inputs um eine Einheit produzierter zusätzlicher Output.

Grenzrate der Substitution (S. 115) Die Menge eines Gutes, die ein Konsument aufzugeben bereit ist, um eine zusätzliche Einheit eines anderen Gutes zu erhalten.

Grenzrate der technischen Substitution (GRTS) (S. 301) Betrag, um den die Menge eines Inputs reduziert werden kann, wenn eine zusätzliche Einheit eines anderen Inputs eingesetzt wird, so dass der Output konstant bleibt.

Grenzrate der Transformation (S. 821) Die Menge eines Gutes, die für die Produktion einer zusätzlichen Einheit eines zweiten Gutes aufgegeben werden muss.

Grenzwert (S. 517) Zusätzlicher Nutzen aus dem Kauf einer weiteren Einheit eines Gutes.

Größennachteile (diseconomies of scale) (S. 351) Situation, in der zu einer Verdopplung des Outputs eine Erhöhung der Kosten um mehr als das Doppelte notwendig ist.

Größenvorteile (economies of scale) (S. 351) Situation, in der der Output verdoppelt werden kann, wobei die Kosten um weniger als das Doppelte steigen.

Gütertransformationskurve (S. 354) Kurve, die die verschiedenen Kombinationen von zwei unterschiedlichen Outputs (Gütern) darstellt, die mit einer bestimmten Inputmenge hergestellt werden können.

H

Handelbare Emissionszertifikate (*S. 897*) Ein System handelbarer Zertifikate, die unter Unternehmen aufgeteilt werden und einen Höchstwert an zu verursachenden Emissionen festlegen.

Hicksscher Substitutionseffekt (*S. 219*) Alternative zur Slutsky-Gleichung zur Aufteilung von Preisänderungen ohne die Verwendung von Indifferenzkurven.

Horizontale Integration (*S. 870*) Organisationsform, bei der mehrere Produktionsstätten gleiche oder verwandte Produkte eines Unternehmens herstellen.

Humankapital (*S. 777*) Wissen, Fähigkeiten und Erfahrung, die einer Einzelperson mehr Produktivität verleihen und es ihr ermöglichen, im Laufe ihres Lebens höhere Einkünfte zu erzielen.

I

Idealer Lebenshaltungskostenindex (*S. 151*) Kosten für das Erzielen eines bestimmten Nutzenniveaus zu gegenwärtigen Preisen im Vergleich zu den Kosten für das Erzielen des gleichen Nutzenniveaus zu Preisen eines Basisjahres.

Importquote (*S. 463*) Begrenzung der Menge eines Gutes, die importiert werden darf.

Indifferenzkurve (*S. 110*) Kurve zur Darstellung sämtlicher Kombinationen von Warenkörben, die dem Konsumenten das gleiche Befriedigungsniveau ermöglichen.

Indifferenzkurvenschar (*S. 113*) Grafische Darstellung einer Menge von Indifferenzkurven, die die Warenkörbe aufzeigen, zwischen denen ein Konsument indifferent ist.

Individuelle Nachfragekurve (*S. 167*) Eine Kurve, die die von einem einzelnen Konsumenten gekaufte Menge eines Gutes in Beziehung zu dessen Preis setzt.

Intertemporale Preisdiskriminierung (*S. 555*) Einteilung der Verbraucher mit unterschiedlichen Nachfragefunktionen in verschiedene Gruppen durch Berechnung unterschiedlicher Preise zu unterschiedlichen Zeitpunkten.

Investmentfonds (*S. 239*) Organisation, die für den Kauf einer großen Anzahl unterschiedlicher Aktien oder anderer Finanzanlagen die Geldmittel einzelner Investoren zusammenlegt.

Isoelastische Nachfragekurve (*S. 184*) Nachfragekurve mit konstanter Preiselastizität.

Isokostengerade (*S. 336*) Graph, der alle möglichen Kombinationen von Arbeit und Kapital darstellt, die zu bestimmten Gesamtkosten gekauft werden können.

Isoquante (*S. 299*) Kurve, die alle möglichen Inputkombinationen darstellt, mit denen der gleiche Output erzielt wird.

Isoquantenschar (*S. 300*) Zur Beschreibung einer Produktionsfunktion verwendete Darstellung, in der mehrere Isoquanten zusammen abgebildet werden.

K

Kapitalwert-Kriterium (*S. 765*) Regel, die besagt, dass man nur dann investieren sollte, wenn der Gegenwartswert der erwarteten zukünftigen Cashflows aus der Investition die Kosten der Investition übersteigt.

Kardinale Nutzenfunktion (*S. 123*) Nutzenfunktion, die beschreibt, um wie viel ein Warenkorb gegenüber einem anderen präferiert wird.

Kartell (*S. 608*) Ein Markt, auf dem einige oder alle Unternehmen ausdrücklich eine geheime Absprache über Preise und Produktionsniveaus treffen, um ihren gemeinsamen Gewinn zu maximieren.

Kartellgesetze (*S. 525*) Regelungen und Richtlinien, die Vorgehensweisen verbieten, welche den Wettbewerb höchstwahrscheinlich oder tatsächlich einschränken.

Kapitalkosten eines Unternehmens (*S. 772*) Gewichteter Durchschnitt des erwarteten Ertrages aus den Aktien eines Unternehmens und des Zinssatzes, den es für seine Kredite bezahlt.

Kapitalnutzungskosten (*S. 334*) Summe der jährlichen Kosten des Besitzes und der Verwendung eines Anlagegegenstandes gleich der ökonomischen Abschreibung plus den verlorenen Zinsen.

Kapitalstock (S. 296) Gesamtbestand des zur Verwendung in der Produktion verfügbaren Kapitals.

Kettengewichteter Preisindex (S. 154) Lebenshaltungskostenindex, der die Änderungen der Mengen der Güter und Dienstleistungen berücksichtigt.

Knappheit (S. 55) Situation, in der die nachgefragte Menge die angebotene Menge übersteigt.

Komparativer Vorteil (S. 826) Eine Situation, bei der Land 1 bei der Produktion eines Gutes gegenüber Land 2 im Vorteil ist, da die Produktionskosten für dieses Gut in Land 1, verglichen mit den dort anfallenden Produktionskosten für andere Güter, geringer sind als die Produktionskosten des Gutes in Land 2 im Vergleich zu den dort anfallenden Produktionskosten für andere Güter.

Komplementärgüter (S. 54) Zwei Güter, bei denen eine Erhöhung des Preises eines Gutes zu einem Rückgang der nachgefragten Menge eines anderen Gutes führt.

Konjunkturabhängige Branchen (S. 74) Branchen, in denen die Verkäufe dazu tendieren, konjunkturbedingte Änderungen des Bruttoinlandsproduktes und des Volkseinkommens zu vergrößern.

Konstante Skalenerträge (S. 307) Bei einer Verdopplung aller Inputs verdoppelt sich der Output.

Kontraktkurve (S. 811) Eine Kurve, die alle effizienten Güterallokationen zwischen zwei Verbrauchern oder alle effizienten Inputallokationen zwischen zwei Produktionsfunktionen abbildet.

(Individuelle) Konsumentenrente (S. 191) Differenz zwischen dem Betrag, den ein Konsument für den Kauf eines Gutes zu zahlen bereit ist, und dem von ihm tatsächlich gezahlten Betrag.

Kooperatives Spiel (S. 659) Ein Spiel, bei dem die Teilnehmer bindende Verträge aushandeln können, auf deren Basis es ihnen möglich ist, gemeinsame Strategien zu entwickeln.

Koppelung (S. 578) Preisstrategie, bei der der Kunde zunächst ein Produkt kaufen muss, um danach ein anderes Produkt erwerben zu können.

Kostenfunktion (S. 364) Funktion, die die Produktionskosten mit dem Produktionsniveau und anderen Variablen, die das Unternehmen kontrollieren kann, in Beziehung setzt.

Kreuzpreiselastizität der Nachfrage (S. 67) Prozentuale Änderung der nachgefragten Menge eines Gutes infolge der Erhöhung des Preises eines anderen Gutes um ein Prozent.

Kurze Frist (S. 284) Zeitraum, in dem Mengen eines oder mehrerer Produktionsfaktoren nicht geändert werden können.

Kurzfristige Durchschnittskostenkurve (SDK) (S. 349) Kurve, die die durchschnittlichen Kosten der Produktion mit dem Output in Verbindung bringt, wenn das Niveau des Kapitaleinsatzes fix ist.

L

Lagrangefunktion (S. 213) Die zu maximierende bzw. zu minimierende Funktion plus einer Variablen (dem Lagrangeschen Multiplikator) multipliziert mit der Beschränkung.

Lange Frist (S. 284) Zeitraum, der notwendig ist, damit alle Produktionsfaktoren variabel werden.

Langfristige Durchschnittskostenkurve (LDK) (S. 349) Kurve, die die durchschnittlichen Kosten der Produktion mit dem Output in Verbindung bringt, wenn alle Inputs, einschließlich des Kapitals, variabel sind.

Langfristige Grenzkostenkurve (LGK) (S. 350) Änderung der langfristigen Gesamtkosten bei einer marginalen Outputerhöhung um eine Einheit.

Langfristiges Wettbewerbsgleichgewicht (S. 414) Alle Unternehmen in einer Branche maximieren ihren Gewinn, kein Unternehmen hat einen Anreiz, in den Markt einzutreten oder diesen zu verlassen, und der Preis gestaltet sich so, dass die angebotene Menge gleich der nachgefragten Menge ist.

Laspeyres-Preisindex (S. 152) Geldsumme zu gegenwärtigen Preisen, die ein Individuum für den Kauf eines im Basisjahr ausgewählten Warenkorbs benötigt, geteilt durch die Kosten des Kaufes des gleichen Bündels zu Preisen des Basisjahres.

Lebenshaltungskostenindex (S. 150) Verhältnis der gegenwärtigen Kosten eines typischen Bündels von Konsumgütern und Dienstleistungen im Vergleich zu den Kosten im Basiszeitraum.

Lerners Maß der Monopolmacht (S. 503) Maß der Monopolmacht, das sich aus der Differenz zwischen Preis und Grenzkosten im Verhältnis zum Preis berechnet.

Lernkurve (S. 358) Graph, der die von einem Unternehmen zur Produktion jeder Outputeinheit benötigte Inputmenge zu dessen kumuliertem Output in Beziehung setzt.

Lineare Nachfragekurve (S. 66) Nachfragekurve, die eine gerade Linie bildet.

Lineare Regression (S. 937) Modell, das eine lineare Beziehung zwischen einer abhängigen Variablen und mehreren unabhängigen (oder erklärenden) Variablen und einem Fehlerterm angibt.

M

Makroökonomie (S. 26) Fachgebiet der Volkswirtschaftslehre, das sich mit gesamtwirtschaftlichen Variablen, z.B. dem Niveau und der Wachstumsrate des Sozialprodukts, den Zinssätzen und der Inflation, beschäftigt.

Marginaler Vorteil (S. 133) Der aus dem Konsum einer zusätzlichen Einheit eines Gutes entstehende Vorteil.

Marginalprinzip (S. 144) Prinzip, das besagt, dass der Nutzen maximiert wird, wenn der Konsument den Grenznutzen pro Euro an Ausgaben über alle Güter hinweg ausgeglichen hat.

Markt (S. 32) Ansammlung von Käufern und Verkäufern, die durch tatsächliche und potenzielle Interaktionen den Preis eines Produktes oder eines Produktsortiments bestimmen.

Marktdefinition (S. 32) Bestimmung der Käufer, Verkäufer sowie der Produktpalette, die in einen bestimmten Markt einbezogen werden sollen.

Marktmacht (S. 487) Die Fähigkeit eines Verkäufers oder eines Käufers, den Marktpreis einer Ware zu beeinflussen.

Marktmechanismus (S. 55) Die Tendenz der Preise in einem freien Markt, sich zu ändern, bis der Markt geräumt ist.

Marktnachfragekurve (S. 181) Kurve, in der die Menge eines Gutes, die alle Konsumenten auf einem Markt kaufen, mit dessen Preis in Beziehung gesetzt wird.

Marktpreis (S. 33) Der auf einem Wettbewerbsmarkt herrschende Preis.

Marktsignalisierung (S. 853) Ein Prozess, bei dem Verkäufer an Käufer Signale aussenden, um Informationen über die Qualität ihrer Produkte zu vermitteln.

Marktversagen (S. 443) Situation, in der ein unregulierter Wettbewerbsmarkt ineffizient ist, weil die Preise nicht die richtigen Signale an die Konsumenten und Produzenten senden.

Maximin-Strategie (S. 668) Eine Strategie, die den minimal zu erreichenden Gewinn maximiert.

Methode der Lagrangeschen Multiplikatoren (S. 213) Methode zur Minimierung oder Maximierung einer Funktion unter einer oder mehreren Nebenbedingungen.

Mietsatz (S. 336) Kosten der Anmietung einer Einheit des Kapitals pro Jahr.

Mikroökonomie (S. 26) Fachgebiet der Volkswirtschaft, das sich mit dem Verhalten einzelner wirtschaftlicher Einheiten – Konsumenten, Unternehmen, Arbeitnehmer und Investoren – sowie den durch sie gebildeten Märkten beschäftigt.

Mitläufereffekt (S. 196) Eine positive Netzwerkexternalität, bei der ein Konsument ein Gut teilweise deshalb besitzen will, weil andere es besitzen.

Modell der geknickten Nachfragekurve (S. 636) Oligopol-Modell, bei dem jedes Unternehmen mit einer Nachfragekurve konfrontiert ist, die beim gegenwärtigen Marktpreis einen Knick aufweist. Bei höheren Preisen ist die Nachfrage sehr elastisch, bei niedrigeren Preisen dagegen unelastisch.

Monopol (S. 486) Markt mit nur einem Verkäufer.

Monopolistische Konkurrenz (S. 608) Ein Markt, auf dem Unternehmen frei eintreten können und jeweils ihre eigene Marke oder Version eines differenzierten Produktes herstellen.

Monopson (S. 486) Markt mit nur einem Käufer.

Monopsonmacht (S. 517) Die Fähigkeit des Käufers, den Marktpreis eines Gutes zu beeinflussen.

Moral Hazard (S. 859) Liegt vor, wenn ein Versicherter, dessen Handlungen nicht überwacht werden, die Wahrscheinlichkeit oder das Ausmaß einer Versicherungsleistung im Zusammenhang mit einem Vorfall beeinflussen kann.

Multiple Regressionsanalyse (S. 937) Statistisches Verfahren zur Quantifizierung wirtschaftlicher Beziehungen und zur Überprüfung diesbezüglicher Hypothesen.

N

Nachfragekurve (S. 53) Beziehung zwischen der Menge eines Gutes, die Konsumenten kaufen wollen, und dessen Preis.

Nash-Gleichgewicht (S. 617) Menge von Strategien oder Maßnahmen, bei denen jedes Unternehmen optimal handelt unter Berücksichtigung des Handelns der Konkurrenten.

Natürliches Monopol (S. 239) Ein Unternehmen, das einen ganzen Markt allein zu niedrigeren Kosten versorgen kann, als dies mehrere Unternehmen zusammen könnten.

Negativ korreliert (S. 239) Tendenz (zweier Variablen), sich in entgegengesetzte Richtungen zu bewegen.

Nettowohlfahrtsverlust (Deadweight-Verlust) (S. 440) Nettoverlust der gesamten Rente (Konsumenten- plus Produzentenrente).

Netzwerkexternalität (S. 195) Situation, in der die Nachfrage jedes Einzelnen von den Käufen anderer Personen abhängt.

Nichtausschließbare Güter (S. 922) Güter, von deren Konsum Verbraucher nicht ausgeschlossen werden können, so dass es sehr schwierig oder sogar unmöglich ist, etwas für ihre Nutzung zu berechnen.

Nichtdiversifizierbares Risiko (S. 770) Ein Risiko, das nicht dadurch eliminiert werden kann, dass man in viele verschiedene Projekte investiert oder Aktien vieler Unternehmen besitzt.

Nichtkooperatives Spiel (S. 659) Ein Spiel bei dem das Aushandeln und Durchsetzen bindender Verträge nicht möglich ist.

Nichtrivalisierendes Gut (S. 921) Ein Gut, dessen Grenzkosten der Bereitstellung an einen zusätzlichen Verbraucher gleich null sind.

Nominaler Preis (S. 38) Absoluter, nicht inflationsbereinigter Preis eines Gutes.

Normative Analyse (S. 31) Analyse zur Untersuchung der Frage: „Was sollte sein?"

Nutzen (S. 121) Numerischer Wert für die einem Konsumenten aus einem Warenkorb erwachsende Befriedigung.

Nutzenfunktion (S. 121) Formel, die einzelnen Warenkörben ein bestimmtes Nutzenniveau zuordnet.

Nutzenmöglichkeitsgrenze (S. 816) Eine Kurve, die alle effizienten Ressourcenallokationen darstellt, gemessen an den Nutzenniveaus der beiden Beteiligten.

Nutzungskosten der Produktion (S. 784) Die Opportunitätskosten aus Produktion und Verkauf einer Rohstoffeinheit heute, die somit für einen Verkauf in der Zukunft nicht mehr zur Verfügung steht.

O

Öffentliches Gut (S. 921) Nichtausschließbares, nichtrivalisierendes Gut: Die Grenzkosten der Bereitstellung an einen zusätzlichen Verbraucher sind gleich null und niemand kann vom Konsum des Gutes ausgeschlossen werden.

Ökonomische Effizienz (S. 443) Die Maximierung der aggregierten Konsumenten- und Produzentenrente.

Ökonomische Kosten (S. 317) Einem Unternehmen aus der Nutzung der wirtschaftlichen Ressourcen in der Produktion entstehende Kosten, einschließlich der Opportunitätskosten.

Ökonomische Rente (S. 416) Betrag, den Unternehmen für einen Produktionsfaktor zu zahlen bereit sind, minus des für diesen Kauf benötigten minimalen Betrags.

Ökonomischer Nullgewinn (S. 412) Ein Unternehmen erzielt einen normalen Ertrag auf seine Investition – d.h. es ist genauso gut gestellt wie durch eine anderweitige Investition des Geldes.

Opportunitätskosten (S. 317) Kosten in Verbindung mit Möglichkeiten, die versäumt werden, wenn die Ressourcen des Unternehmens nicht ihrer alternativen Verwendung mit dem höchstmöglichen Wert zugeführt werden.

Opportunitätskosten des Kapitals (S. 765) Ertragsrate, die man erlangen könnte, wenn man in ein alternatives Projekt mit ähnlichem Risiko investieren würde.

Optimale Strategie (S. 659) Die Strategie, die die erwartete Auszahlung des Spielers maximiert.

Ordinale Nutzenfunktion (S. 123) Nutzenfunktion, die die Warenkörbe in eine Rangordnung vom beliebtesten bis zum am wenigsten beliebten Warenkorb bringt.

Oligopol (S. 608) Ein Markt, auf dem einige wenige Unternehmen miteinander konkurrieren und der Markteintritt beschränkt ist.

Oligopson (S. 517) Ein Markt mit nur wenigen Käufern.

P

Paasche-Preisindex (S. 153) Geldsumme zu gegenwärtigen Preisen, die ein Individuum benötigt, um ein gegenwärtiges Bündel von Gütern und Dienstleistungen zu kaufen, geteilt durch die Kosten des Erwerbs des gleichen Warenbündels in einem Basisjahr.

Paketpreisbildung (S. 547) Berechnung unterschiedlicher Preise für unterschiedliche Verkaufsmengen oder Verkaufspakete.

Parallelverhalten (S. 526) Eine Form der stillschweigenden Übereinkunft, bei der ein Unternehmen konsequent genauso handelt wie sein Konkurrent.

Partielle Gleichgewichtsanalyse (S. 798) Die Ermittlung von Gleichgewichtspreisen und -mengen auf einem Markt unabhängig von den Einflüssen anderer Märkte.

Positive Analyse (S. 30) Analyse zur Beschreibung der Beziehungen von Ursache und Wirkung.

Positiv korreliert (S. 239) Tendenz zur Bewegung in die gleiche Richtung.

Preis des Risikos (S. 251) **Referenzpunkt** (S. 257) Der Punkt, von dem aus eine Person eine Konsumentscheidung trifft.

Preisdiskriminierung (S. 542) Die Berechnung unterschiedlicher Preise bei unterschiedlichen Kunden für ähnliche Güter.

Preisdiskriminierung ersten Grades (S. 543) Die Berechnung des Reservationspreises bei jedem Kunden.

Preisdiskriminierung dritten Grades (S. 548) Verbraucher werden in zwei oder mehr Gruppen mit verschiedenen Nachfragekurven eingeteilt, wobei jeder Gruppe unterschiedliche Preise berechnet werden.

Preisdiskriminierung zweiten Grades (S. 546) Die Berechnung verschiedener Stückpreise für unterschiedliche Verkaufsmengen des gleichen Gutes oder der gleichen Dienstleistung.

Preiselastizität der Nachfrage (S. 65) Die prozentuale Änderung der nachgefragten Menge eines Gutes infolge einer Erhöhung seines Preises um ein Prozent.

Preiselastizität des Angebots (S. 68) Die prozentuale Änderung der angebotenen Menge infolge einer Erhöhung des Preises um ein Prozent.

Preisführerschaft (S. 637) Ein Preisbildungsmuster, bei dem ein Unternehmen regelmäßig Preisänderungen verkündet, die dann von den Konkurrenten übernommen werden.

Preis-Konsumkurve (S. 166) Eine Kurve, die bei Änderungen des Preises eines Gutes die nutzenmaximierenden Kombinationen beider Güter nachzeichnet.

Preisnehmer (S. 385) Unternehmen, das keinen Einfluss auf den Marktpreis hat und folglich den Preis als gegeben annimmt.

Preissignalisierung (S. 637) Eine Form der stillschweigenden Übereinkunft, bei der ein Unternehmen eine Preiserhöhung verkündet in der Hoffnung, dass die Konkurrenten es ihm gleichtun werden.

Preisstarrheit (S. 636) Merkmal oligopolistischer Märkte, gemäß dem Unternehmen selbst dann zögern, ihre Preise zu verändern, wenn sich Kosten und Nachfrage ändern.

Preisstützung (S. 454) Preis, der durch den Staat über dem Niveau eines freien Marktpreises festgelegt und durch staatliche Aufkäufe des Überschussangebots aufrechterhalten wird.

Prinzipal (S. 863) Eine Person, die einen oder mehrere Agenten beauftragt, ein Ziel zu verfolgen.

Prinzipal-Agent-Problem (S. 863) Problem, das entsteht, wenn Agenten (z.B. die Manager eines Unternehmens) ihre eigenen Ziele und nicht die Ziele des Prinzipals (z.B. der Eigentümer des Unternehmens) verfolgen.

Produktionsfaktoren (S. 282) Inputs in den Produktionsprozess (z.B. Arbeit, Kapital und Rohstoffe).

Produktionsfunktion (S. 282) Funktion, die die höchste Produktionsmenge darstellt, die ein Unternehmen mit jeder angegebenen Kombination von Inputs produzieren kann.

Produktionsfunktion mit festem Einsatzverhältnis (S. 304) Produktionsfunktion mit L-förmigen Isoquanten, so dass nur eine Kombination von Arbeit und Kapital zur Produktion jedes Outputniveaus eingesetzt werden kann.

Produktionskontraktkurve (S. 811) Eine Kurve, die alle technisch effizienten Inputkombinationen abbildet.

Produktionsmöglichkeitsgrenze (S. 820) Eine Kurve, die die möglichen Kombinationen zweier Güter zeigt, die mittels feststehender Inputmengen produziert werden können.

Produzentenpreisindex (S. 282) Maß des Gesamtpreisniveaus für Zwischenprodukte und Großhandelswaren.

Produzentenrente (S. 408) Summe der Differenzen zwischen dem Marktpreis eines Gutes und den Grenzkosten der Produktion über alle von einem Unternehmen produzierte Einheiten.

Punktelastizität der Nachfrage (S. 68) Preiselastizität in einem bestimmten Punkt auf der Nachfragekurve.

R

Randlösung (S. 135) Situation, in der die Grenzrate der Substitution eines Gutes in einem ausgewählten Warenkorb nicht gleich dem Anstieg der Budgetgeraden ist.

Reaktionskurve (S. 619) Das Verhältnis der gewinnmaximierenden Produktionsmenge eines Unternehmens und seiner erwarteten Produktionsmenge des Konkurrenten.

Realer Ertrag (S. 248) Der einfache (oder nominale) Ertrag einer Anlage minus die Inflationsrate.

Realer Preis (S. 38) Preis eines Gutes im Vergleich zum Gesamtmaß der Preise, inflationsbereinigter Preis.

Reichweite eines Marktes (S. 34) Grenzen eines Marktes, sowohl geografisch als auch im Hinblick auf die innerhalb des Marktes produzierte und verkaufte Produktpalette.

Reine Bündelung (S. 572) Preisstrategie, bei der bestimmte Produkte nur als Bündel verkauft werden.

Reine Strategie (S. 669) Eine Strategie, bei der ein Spieler eine ganz bestimmte Entscheidung trifft oder eine ganz bestimmte Handlung vornimmt.

Reservationspreis (S. 543) Maximaler Preis, den ein Kunde für ein Gut zu zahlen bereit ist.

Ressourcen im Gemeineigentum (S. 918) Ressourcen, auf die jedermann freien Zugriff hat.

Risikoavers (S. 234) Situation, in der ein sicheres Einkommen gegenüber einem risikobehafteten Einkommen mit dem gleichen Erwartungswert präferiert wird.

Risikofreudig (S. 234) Situation, in der ein risikoreiches Einkommen gegenüber einem sicheren Einkommen mit dem gleichen Erwartungswert präferiert wird.

Risikolose (oder risikofreie) Anlage (S. 248) Anlage, die einen mit Sicherheit bekannten Geld- oder Leistungsfluss bietet.

Risikoneutral (S. 234) Indifferenz zwischen einem sicheren und einem unsicheren Einkommen mit dem gleichen Erwartungswert.

Risikoprämie (S. 235) Die maximale Geldsumme, die ein risikoaverser Mensch zur Vermeidung eines Risikos zu zahlen bereit ist.

Risikoprämie (S. 769) Ein Geldbetrag, den eine risikoaverse Person bezahlt, um ein Risiko zu vermeiden.

Riskante Anlage (S. 247) Anlage aus der dem Eigentümer ein unsicherer Geld- oder Leistungsstrom erwächst.

R^2 (S. 942) Prozentsatz der Variation der abhängigen Variablen, der auf alle erklärenden Variablen zurückzuführen ist.

S

Sequenzielles Spiel (S. 678) Ein Spiel, bei dem die Spieler jeweils abwechselnd handeln und dabei auf die Handlungen und Reaktionen der Mitspieler reagieren.

Shirking-Modell (S. 875) Prinzip, das besagt, dass Arbeitnehmer den Anreiz haben, während der Arbeitszeit zu bummeln, wenn das Unternehmen ihnen den markträumenden Lohnsatz zahlt, denn entlassene Arbeiter können zum gleichen Lohn auch woanders eingestellt werden.

Skalenerträge (S. 307) Rate, mit der sich der Output erhöht, wenn die Inputs proportional erhöht werden.

Slutsky-Gleichung (S. 219) Formel für die Aufteilung der Auswirkungen einer Preisänderung in einen Substitutions- und einen Einkommenseffekt.

Snobeffekt (S. 197) Negative Netzwerkexternalität, bei der ein Konsument ein exklusives oder einzigartiges Gut besitzen will.

Spiel (S. 658) Situation, in der Spieler (Teilnehmer) strategische Entscheidungen treffen, die die Handlungen und Reaktionen der Mitspieler mit einbeziehen.

Spitzenlast-(Peak-Load-)Preisbildung (S. 555) Berechnung höherer Preise in Spitzenzeiten, wenn Kapazitätsengpässe die Grenzkosten ansteigen lassen.

Stackelberg-Modell (S. 623) Oligopol-Modell, bei dem ein Unternehmen seine Produktionsentscheidung früher als alle anderen trifft.

Standardabweichung (S. 228) Quadratwurzel des Durchschnitts der quadrierten Abweichungen der mit jedem Ergebnis verbundenen Auszahlungen vom Erwartungswert.

Standardfehler der Regression (S. 941) Schätzwert der Standardabweichung des Regressionsfehlers.

Stichprobe (S. 940) Reihe von Beobachtungen zur Untersuchung, die aus einer größeren Gesamtmasse entnommen wurden.

Strategie (S. 658) Regel oder Aktionsplan für ein Spiel.

Strategische Handlung (S. 658) Eine Handlung, die einem Spieler einen Vorteil verschafft, indem sie sein Verhalten einschänkt.

Streben nach Renten (S. 512) **Natürliches Monopol** (S. 514) Ein Unternehmen, das einen gesamten Markt allein zu niedrigeren Kosten versorgen kann, als dies mehrere Unternehmen zusammen könnten.

Stücksteuer (S. 469) Steuer in Höhe eines bestimmten Geldbetrages pro verkaufte Einheit.

Substitutionseffekt (S. 176) Die mit einer Änderung des Preises eines Gutes verbundene Änderung des Konsums eines Gutes bei konstantem Nutzenniveau.

Substitutionsgüter (S. 54) Zwei Güter, bei denen die Erhöhung des Preises eines Gutes zu einer Erhöhung der nachgefragten Menge des anderen Gutes führt.

Subvention (S. 473) Zahlung, durch die der vom Käufer bezahlte Preis niedriger wird als der vom Verkäufer erzielte Preis, d.h. eine negative Steuer.

T

Tatsächlicher Ertrag (S. 249) Von einer Anlage erzielter Ertrag.

Tauschwirtschaft (S. 806) Ein Markt, auf dem zwei oder mehr Verbraucher Güter untereinander austauschen.

Technische Effizienz (S. 820) Situation, in der Unternehmen Inputs kombinieren, um einen gegebenen Output so kostengünstig wie möglich zu produzieren.

Technischer Wandel (S. 296) Entwicklung neuer Technologien, mit denen Produktionsfaktoren effektiver eingesetzt werden können.

Theorie der Unternehmung (S. 280) Erklärung dafür, wie ein Unternehmen kostenminimierende Produktionsentscheidungen trifft und wie seine Kosten mit der Produktion variieren.

Theorie des Verbraucherverhaltens (S. 106) Beschreibung der von den Konsumenten vorgenommenen Aufteilung ihrer Einkommen auf verschiedene Güter und Dienstleistungen zur Maximierung ihrer Befriedigung.

„Tit-for-Tat"-Strategie („Auge um Auge, Zahn um Zahn") (S. 673) Eine Strategie beim wiederholten Spiel, bei der ein Spieler auf die Aktionen des Gegners reagiert, indem er mit kooperativen Gegnern zusammenarbeitet und unkooperative Gegner angreift.

Totale Durchschnittskosten (TDK) (S. 326) Gesamtkosten des Unternehmens geteilt durch dessen Produktionsniveau.

Trittbrettfahrer (Free rider) (S. 924) Ein Konsument oder Produzent, der für ein nichtausschließbares Gut nichts bezahlt in der Erwartung, dass andere dafür bezahlen.

U

Überschuss (S. 55) Situation, in der die angebotene Menge die nachgefragte Menge übersteigt.

Überschussangebot (S. 814) Die angebotene Menge eines Gutes übersteigt die nachgefragte Menge.

Überschussnachfrage (S. 814) Die nachgefragte Menge eines Gutes übersteigt die angebotene Menge.

Unendlich elastische Nachfrage (S. 67) Prinzip, dass die Konsumenten so viel wie möglich von einem Gut kaufen, allerdings nur zu einem einzigen Preis. Wenn der Preis ansteigt, fällt die nachgefragte Menge auf null, während zu jedem niedrigeren Preis die nachgefragte Menge unbegrenzt ansteigt.

Ungüter (S. 118) Güter, bei denen eine geringere Menge einer größeren Menge vorgezogen wird.

V

Variabilität (S. 226) Ausmaß, um das sich die möglichen Ergebnisse eines unsicheren Ereignisses unterscheiden.

Variable Durchschnittskosten (VDK) (S. 327) Variable Kosten geteilt durch das Produktionsniveau.

Variable Kosten (VK) (S. 321) Kosten, die sich mit dem Produktionsniveau ändern.

Variabler Gewinn (S. 544) Summe der Gewinne aus jeder zusätzlich produzierten Einheit, d.h. Gewinn ohne Berücksichtigung der Fixkosten.

Verankerung (S. 38) Tendenz, sich bei der Entscheidungsfindung stark auf eine vorherige (empfohlene) Information zu stützen.

Verbraucherpreisindex (S. 38) Maß des Gesamtpreisniveaus.

Verbundnachteile (diseconomies of scope) (S. 356) Situation, in der der gemeinsame Output eines einzelnen Unternehmens geringer als der Output ist, der durch verschiedene Unternehmen erzielt werden kann, von denen jedes ein einziges Produkt herstellt.

Verbundvorteile (economies of scope) (S. 356) Situation, in der der gemeinsame Output eines einzelnen Unternehmens größer als der Output ist, der durch zwei verschiedene Unternehmen erzielt werden kann, von denen jedes ein einziges Produkt herstellt.

Verdrängungswettbewerb (S. 526) Preispolitik, die gegenwärtige Konkurrenten vom Markt verdrängt und neue Konkurrenten vom Markteintritt abhält, so dass ein Unternehmen von höheren zukünftigen Gewinnen profitieren kann.

Verhältnis von Werbung zum Umsatz (S. 582) Das Verhältnis der Werbeausgaben eines Unternehmens zu dessen Umsätzen.

Verlustaversion (S. 582) Neigung von Individuen, die Vermeidung von Verlusten gegenüber dem Erzielen von Gewinnen zu bevorzugen.

Verrechnungspreise (S. 592) Interne Preise, zu denen Teile und Komponenten innerhalb eines Unternehmens von vorgelagerten an nachgelagerte Abteilungen „verkauft" werden.

Versicherungsmathematisch gerecht (S. 241) Situation, bei der eine Versicherungsprämie gleich der erwarteten Auszahlung ist.

Versunkene Kosten (sunk costs) (S. 319) Ausgaben, die getätigt worden sind und nicht rückgängig gemacht werden können.

Vertikale Integration (S. 871) Organisationsform, bei der ein Unternehmen aus mehreren Abteilungen besteht, von denen einige Teile und Komponenten produzieren, die von anderen Abteilungen zum Endprodukt verarbeitet werden.

Vollkommener Wettbewerbsmarkt (S. 33) Ein Markt mit so vielen Käufern und Verkäufern, dass kein einzelner Käufer oder Verkäufer über bedeutenden Einfluss auf den Preis verfügt.

Vollkommene Substitutionsgüter (S. 118) Zwei Güter, bei denen die Grenzrate der Substitution des einen durch das andere konstant ist.

Vollkommene Komplementärgüter (S. 118) Zwei Güter, bei denen die GRS gleich null oder unendlich ist; die Indifferenzkurven bilden einen rechten Winkel.

Vollkommen unelastische Nachfrage (S. 67) Die Konsumenten kaufen eine unveränderliche Menge eines Gutes unabhängig von dessen Preis.

W

Wahrscheinlichkeit (S. 225) Die Wahrscheinlichkeit des Eintretens eines bestimmten Ergebnisses.

Warenkorb (oder Güterbündel) (S. 108) Zusammenstellung bestimmter Mengen eines oder mehrerer Güter.

Werbeelastizität der Nachfrage (S. 582) Prozentuale Veränderung der nachgefragten Menge, die sich aus einer einprozentigen Steigerung der Werbeausgaben ergibt.

Wert vollständiger Information (S. 243) Differenz zwischen dem Erwartungswert einer Entscheidung bei vollständiger Information und dem Erwartungswert bei unvollständiger Information.

Wiederholtes Spiel (S. 672) Ein Spiel, bei dem immer wieder Handlungen vorgenommen und Auszahlungen erzielt werden.

Wohlfahrtsökonomie (S. 815) Normative Bewertung von Märkten und Wirtschaftspolitik.

Wohlfahrtswirkungen (S. 438) Durch einen staatlichen Eingriff in einen Markt verursachte Gewinne und Verluste.

Z

Zinssatz (S. 756) Rate, zu der man Geld leihen und verleihen kann.

Zoll (Ausfuhr/Einfuhr) (S. 463) Abgabe auf ein importiertes oder exportiertes Gut.

Zunehmende Skalenerträge (S. 307) Situation, in der bei einer Verdopplung aller Inputs der Output um mehr als das Doppelte steigt.

Zweistufige Gebühr (S. 560) Eine Form der Preisbildung, bei der den Verbrauchern sowohl eine Eintritts- als auch eine Nutzungsgebühr berechnet wird.

C Lösungen zu ausgewählten Übungen

Kapitel 1

1. a. *Falsch.* Es besteht keine oder nur eine geringe Substituierbarkeit zwischen verschiedenen geografischen Regionen der Vereinigten Staaten. So wird beispielsweise ein Konsument aus Los Angeles nicht zum Mittagessen nach Houston, Atlanta oder New York reisen, nur weil in diesen Städten die Hamburgerpreise niedriger sind. Desgleichen kann eine McDonald's- oder Burger King-Filiale in New York keine Hamburger nach Los Angeles liefern, selbst wenn die Preise in Los Angeles höher wären. Mit anderen Worten ausgedrückt: Eine Steigerung des Preises für Fast Food in New York wird weder die in Los Angeles oder in anderen Teilen der Vereinigten Staaten nachgefragte Menge noch die dort angebotene Menge beeinflussen.
   b. *Falsch.* Obwohl die Konsumenten wahrscheinlich nicht durch das ganze Land reisen werden, um Bekleidung zu kaufen, können Lieferanten leicht von einem Teil des Landes in einen anderen wechseln. Folglich könnten, wenn die Bekleidungspreise in Atlanta beträchtlich höher wären als in Los Angeles, Bekleidungsfirmen Lieferungen nach Atlanta schicken, wodurch der Preis dort sinken würde.
   c. *Falsch.* Obwohl einige Konsumenten vielleicht absolute Coca Cola- oder Pepsi-Fans sind, gibt es viele Konsumenten die aufgrund von Preisunterschieden das eine Produkt gegen das andere austauschen. Folglich gibt es einen gemeinsamen Markt für Cola.

Kapitel 2

2. a. Mit jedem Preisanstieg um €20 sinkt die nachgefragte Menge um 2. Folglich gilt $(\Delta Q_D/\Delta P) = -2/20 = -0{,}1$. Bei $P = 80$ ist die nachgefragte Menge gleich 20 und $E_D = (80/20)(-0{,}1) = -0{,}40$. Desgleichen ist bei $P = 100$ die nachgefragte Menge gleich 18 und $E_D = (100/18)(-0{,}1) = -0{,}56$.
   b. Mit jedem Preisanstieg um €20 steigt die angebotene Menge um 2. Folglich gilt $(\Delta Q_S/\Delta P) = 2/20 = 0{,}1$. Bei $P = 80$ ist die angebotene Menge gleich 16 und $E_S = (80/16)(0{,}1) = 0{,}5$. Desgleichen ist die angebotene Menge bei $P = 100$ gleich 18 und $E_S = (100/18)(0{,}1) = 0{,}56$.
   c. Der Gleichgewichtspreis und die Gleichgewichtsmenge werden in dem Punkt bestimmt, in dem zum gleichen Preis die angebotene Menge gleich der nachgefragten Menge ist. Aus der Tabelle ergibt sich, dass dies bei $P^* = €100$ und $Q^* = 18$ Millionen eintritt.
   d. Bei einem Höchstpreis von €80 fragen die Konsumenten 20 Millionen nach, während die Produzenten nur 16 Millionen liefern, dadurch entsteht eine Knappheit von 4 Millionen.

3. Wenn Brasilien und Indonesien der US-amerikanischen Nachfrage nach Weizen 200 Millionen Scheffel hinzufügen, ist die neue Nachfragekurve gleich $Q + 200$ bzw. $Q_D = (3.244 - 283P) + 200 = 3.444 - 283P$.

Durch Gleichsetzen des Angebots und der neuen Nachfrage bestimmen wir den neuen Gleichgewichtspreis $1.944 + 207P = 3.444 - 283P$ bzw. $490P = 1.500$ und damit $P = \$3,06$ pro Scheffel. Zur Bestimmung der Gleichgewichtsmenge setzen wir den Preis in die Angebots- oder in die Nachfragegleichung ein. Mit Hilfe der Nachfragegleichung bestimmen wir $Q_D = 3.444 - 283(3,06) = 2.578$ Millionen Scheffel.

*5. a. Die Gesamtnachfrage lautet $Q = 3.244 - 283P$, die Binnennachfrage ist $Q_D = 1.700 - 107P$. Durch die Subtraktion der Binnennachfrage von der Gesamtnachfrage erhalten wir die Exportnachfrage $Q_E = 1.544 - 176P$. Der anfängliche Marktgleichgewichtspreis beträgt $P^* = \$2,65$ (wie in dem Beispiel angegeben). Bei einem Rückgang der Exportnachfrage um 40 Prozent lautet die Gesamtnachfrage: $Q = Q_D + 0,6Q_E = 1.700 - 107P + 0,6(1.544 - 176P) = 2.626,4 - 212,6P$. Die Nachfrage ist gleich dem Angebot. Folglich gilt:

$$2.626,4 - 212,6P = 1.944 + 207P$$

$$682,4 = 419,6P$$

Somit gilt $P = \dfrac{682,4}{419,6} = \$1,626$ oder $\$1,63$.

Zu diesem Preis ist $Q = 2.281$. Ja, die Bauern müssen sich Sorgen machen. Bei diesem Rückgang der Menge und des Preises sinken die Erlöse von $\$6.609$ Millionen auf $\$3.718$ Millionen.

b. Wenn der US-amerikanische Staat einen Preis von $\$3,50$ stützt, befindet sich der Markt nicht im Gleichgewicht. Zu diesem Stützungspreis ist die Nachfrage gleich $2.626,4 - 212,6(3,50) = 1.882,3$ und das Angebot ist gleich $1.944 + 207(3,50) = 2.668,5$. Es besteht ein Überschussangebot ($2.668,5 - 1.882,3 = 786,2$), das der Staat zu Kosten von $\$3,50(786,2) = \$2.751,7$ Millionen aufkaufen muss.

8. a. Zur Herleitung der Nachfragekurve wird das gleiche Verfahren wie in Abschnitt 2.6 verwendet. Wir wissen, dass gilt $E_D = -b \, (P^*/Q^*)$. Durch Einsetzen von $E_D = -0,75$, $P^* = \$2$ und $Q^* = 12$ erhalten wir $-0,75 = -b(2/12)$, so dass $b = 4,5$. Durch Einsetzen dieses Wertes in die Gleichung für die lineare Nachfragekurve, $Q_D = a - bP$, erhalten wir $12 = a - 4,5(2)$. Somit gilt $a = 21$.
Die neue Nachfragekurve lautet $Q_D = 21 - 4,5P$.

b. Um die Auswirkungen eines Rückgangs der Nachfrage nach Kupfer um 20 Prozent zu bestimmten, halten wir fest, dass die nachgefragte Menge 80 Prozent der ansonsten zu jedem Preis nachgefragten Menge beträgt. Dazu multiplizieren wir die rechte Seite der Nachfragekurve mit 0,8: $Q_D = (0,8)(31,5 - 4,5P) = 25,2 - 3,6P$. Das Angebot lautet weiterhin wie folgt: $Q_S = -8 + 9P$ und die Nachfrage ist gleich dem Angebot.

Durch Auflösen erhalten wir $P^* = \$2,71$ pro Pfund. Folglich führt eine Senkung der Nachfrage um 20 Prozent zu einem Rückgang des Preises um 29 Cent bzw. um 9,7 Prozent pro Pfund.

10. a. Zunächst betrachten wir das Nicht-OPEC-Angebot: $S_C = Q^* = 19$. Mit $E_S = 0,05$ und $P^* = \$80$ gibt $E_S = d(P^*/Q^*)$ $d = 0,012$ an. Durch Einsetzen für d, $S_C = 19$ und $P = 80$ in die Angebotsgleichung erhalten wir $19 = c + (0,012)(80)$, so dass gilt $c = 18,05$. Somit lautet die Angebotskurve $S_C = 18,05 + 0,012P$. Desgleichen gilt, da $Q_D = 32$, $E_D = -b(P^*/Q^*) = -0,05$ und $b = 0,020$. Durch Einsetzen von b, $Q_D = 32$ und $P = 80$ ergibt die Nachfragegleichung $32 = a - (0,020)(80)$, so dass gilt $a = 33,6$. Folglich gilt $Q_D = 33,6 - 0,020P$.

b. Die langfristigen Elastizitäten gestalten sich wie folgt: $E_S = 0,30$ und $E_D = -0,30$. Wie oben gilt $E_S = d(P^*/Q^*)$ und $E_D = -b(P^*/Q^*)$. Dies ergibt $0,30 = d(80/19)$ und $-0,30 = -b(80/32)$. Folglich gilt $d = 0,07$ und $b = 0,12$. Als Nächstes lösen wir nach c und a auf: $S_C = c + dP$ und $Q_D = a - bP$. Dies ergibt $19 = c + (0,07)(80)$ und $32 = a -(0,12)(80)$. Somit gilt $c = 13,3$ und $a = 41,6$.

c. Durch die Entdeckung neuer Ölfelder steigt das OPEC-Angebot um 2 Milliarden Barrel pro Jahr, so dass gilt $S_C = 19$, $S_O = 15$ und $D = 39$. Die neue kurzfristige Gesamtangebotskurve ist gleich $S_T = 33,05 + 0,012P$.
Die Nachfrage ist unverändert: $D = 33,6 - 0,020P$. Da das Angebot gleich der Nachfrage ist, gilt $33,05 + 0,012P = 33,6 - 0,020P$. Durch Auflösen erhalten wir $P = \$17,19$ pro Barrel. Ein Anstieg des OPEC-Angebots führt kurzfristig zu einem Preisrückgang um $\$62,81$ oder 79 Prozent. Zur Analyse der langen Frist verwenden wir die neue langfristige Angebotskurve, $S_T = 28,3 + 0,071P$. Durch Gleichsetzen dieser Kurve mit der langfristigen Nachfrage ergibt sich: $28,3 + 0,071P = 41,6 - 0,120P$, so dass $P = \$69,63$ pro Barrel – was nur $\$10,37$ pro Barrel (13 Prozent) niedriger ist als der ursprüngliche langfristige Preis.

Kapitel 3

3. Das ist nicht zwangsläufig richtig. Nehmen wir an, sie hat konvexe Präferenzen (eine abnehmende Grenzrate der Substitution) und darüber hinaus viele Kinokarten. Obwohl sie dann auf Kinokarten verzichten würde, um eine weitere Fußballkarte zu erhalten, mag sie deswegen nicht zwangsläufig Fußball mehr.

6. a. Siehe Abbildung 3(a), in der R die Anzahl Rockkonzerte und H die Anzahl Hockeyspiele ist.

b. Bei jeder Kombination von R und H ist Jones bereit, auf mehr R zu verzichten, um etwas mehr H zu erhalten als dies bei Smith der Fall ist. Folglich hat Jones eine *höhere* GRS von H durch R als Smith. Jones' Indifferenzkurven sind in jedem Punkt auf dem Diagramm steiler als die von Smith.

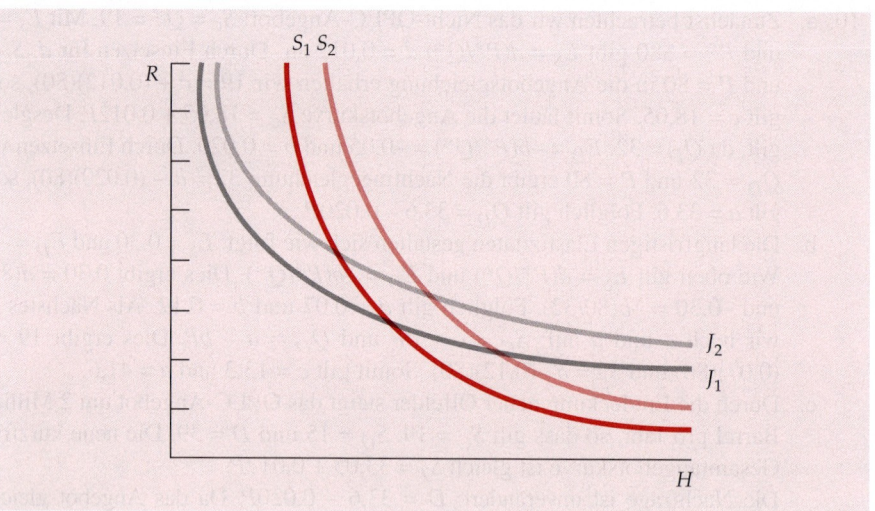

Abbildung 3(a)

8. In Abbildung 3(b) werden die geflogenen Meilen M verglichen mit allen anderen Gütern G in Dollar dargestellt. Die Steigung der Budgetgeraden ist gleich $-P_M/P_G$. Der Preis der geflogenen Meilen ändert sich im Zuge der Änderung der geflogenen Meilen, deshalb weist die Budgetgerade bei 25.000 und bei 50.000 Meilen einen Knick auf. Nehmen wir an P_M liegt bei = 25.000 Meilen bei \$1 pro Meile, dann gilt bei $25.000 < M = 50.000$ $P_M = \$0{,}75$ und bei $M > 50.000$ $P_M = \$0{,}50$. Darüber hinaus sei $P_G = \$1$. Dann beträgt die Steigung der ersten Strecke -1, die Steigung der zweiten Strecke $-0{,}75$ und die Steigung der letzten Strecke $-0{,}5$.

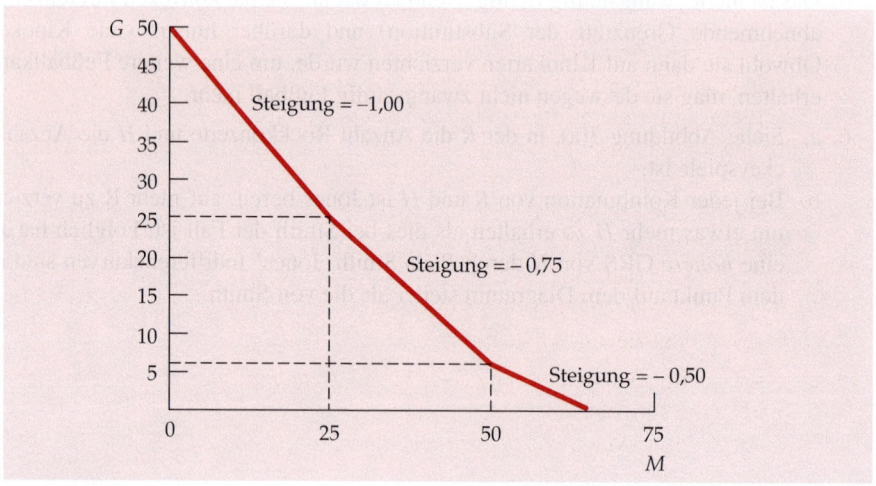

Abbildung 3(b)

Kapitel 4

9. a. Für Computerchips gilt $E_P = -2$, so dass $-2 = \%\Delta Q/10$ und damit $\%\Delta Q = -20$. Für Laufwerke gilt $E_P = -1$, so dass ein Preisanstieg um 10 Prozent zu einem Rückgang des Umsatzes um 10 Prozent führt. Die Umsatzerlöse für Computerchips sinken, weil die Nachfrage elastisch ist und der Preis sich erhöht. Zur Schätzung der Änderung der Erlöse sei angenommen, dass $TR_1 = P_1Q_1$ der Erlös vor der Preisänderung und $TR_2 = P_2Q_2$ der Erlös nach der Preisänderung ist. Daher gilt $\Delta TR = P_2Q_2 - P_1Q_1$. Daraus ergibt sich $\Delta TR = (1{,}1P_1)(0{,}8Q_1) - P_1Q_1 = -0{,}12\,P_1Q_1$ bzw. ein Rückgang um zwölf Prozent. Der Umsatzerlös für Laufwerke verändert sich nicht, da die Elastizität der Nachfrage gleich -1 ist.
   b. Obwohl wir die Reagibilität der Nachfrage auf Änderungen des Preises kennen, müssen wir die Mengen und Preise der Produkte kennen, um die gesamten Verkaufserlöse bestimmen zu können.

11. a. Bei einer geringen Änderung des Preises eignet sich die Formel der Punktelastizität. Aber in diesem Fall steigt der Lebensmittelpreis von €2,00 auf €2,50, deshalb sollte die Bogenelastizität verwendet werden: $E_P = (\Delta Q/\Delta P)(\overline{P}/\overline{Q})$. Wir wissen, dass $E_P = -1$, $P = 2$, $\Delta P = 0{,}50$ und $Q = 5.000$. Somit können wir, wenn es nicht zu einer Änderung des Einkommens kommt, nach ΔQ auflösen: $-1 = (\Delta Q/0{,}50)[((2 + 0{,}50)/2)/(5.000 + \Delta Q/2)] = (\Delta Q \times 2{,}50)/(10.000 + \Delta Q)$. Wir bestimmen, dass $\Delta Q = -1.000$: Felicia reduziert ihren Lebensmittelkonsum von 5.000 auf 4.000 Einheiten.
    b. Eine Steuerrückerstattung von €2.500 entspricht einer Erhöhung des Einkommens um €2.500. Zur Bestimmung der Reaktion der Nachfrage auf die Steuerrückerstattung verwenden wir die Definition der Bogenelastizität des Einkommens: $E_I = (\Delta Q/\Delta I)(\overline{I}/\overline{Q})$. Wir wissen, dass $E_I = 0{,}5$, $I = 25.000$, $\Delta I = 2.500$ und $Q = 4.000$. Wir lösen nach ΔQ auf: $0{,}5 = (\Delta Q/2.500)[((25.000+27.500)/2)/(4.000 + \Delta Q/2)]$. Da $\Delta Q = 195$ erhöht sie ihren Lebensmittelkonsum von 4.000 auf 4.195 Einheiten.
    c. Nach der Steuerrückerstattung stellt sich Felicia besser. Der Betrag der Steuerrückerstattung ermöglicht ihr den Kauf des ursprünglichen Bündels aus Lebensmitteln und anderen Gütern. Es sei daran erinnert, dass sie ursprünglich 5000 Einheiten Lebensmittel konsumiert hat. Durch den Preisanstieg um fünfzig Cent pro Einheit brauchte sie zusätzlich $(5.000)(€0{,}50) = €2.500$, um die gleiche Menge Lebensmittel zu erhalten, ohne die Menge der anderen Güter reduzieren zu müssen. Dies entspricht genau dem Betrag der Steuerrückerstattung. Allerdings hat sie sich nicht für die Rückkehr zum ursprünglichen Güterbündel entschieden. Daher können wir ableiten, dass sie ein besseres Güterbündel gefunden hat, mit dem sie einen höheren Nutzen erzielt.

13. a. Die Nachfragekurve bildet eine Gerade mit einem vertikalen Achsenabschnitt $P = 15$ und einem horizontalen Achsenabschnitt $Q = 30$.
    b. Gäbe es keine Maut, wäre der Preis P gleich null, so dass gilt $Q = 30$.
    c. Wenn die Maut €5 beträgt, gilt $Q = 20$. Die verlorene Konsumentenrente entspricht der Differenz zwischen der Konsumentenrente bei $P = 0$ und der Konsumentenrente bei $P = 5$ bzw. €125.

Kapitel 4 – Anhang

1. Die erste Nutzenfunktion kann durch eine Schar von Geraden dargestellt werden; die zweite kann als Schar von Hyperbeln im positiven Quadranten und die dritte kann als Schar von L-förmigen Kurven dargestellt werden. Nur die zweite Nutzenfunktion erfüllt das Kriterium einer strikt konvexen Form.

3. Die Slutsky-Gleichung lautet $dX/dP_X = \partial X/\partial P *_{|U=U^*} - X(\Delta X/\Delta I)$, wobei der erste Term den Substitutionseffekt und der zweite Term den Einkommenseffekt darstellt. Bei dieser Art einer Nutzenfunktion ersetzt der Konsument bei Änderungen des Preises nicht ein Gut durch das andere, folglich ist der Substitutionseffekt gleich null.

Kapitel 5

2. Die vier sich gegenseitig ausschließenden Situationen werden in der folgenden Tabelle 5 angegeben:

Tabelle 5

	Der Kongress verabschiedet den Zoll	Der Kongress verabschiedet den Zoll nicht
Langsame Wachstumsrate	Situation 1: Langsames Wachstum mit dem Zoll	Situation 2: Langsames Wachstum ohne den Zoll
Schnelle Wachstumsrate	Situation 3: Schnelles Wachstum mit dem Zoll	Situation 4: Schnelles Wachstum ohne den Zoll

4. Der Erwartungswert ist gleich EV = (0,4)(100) + (0,3)(30) + (0,3)(–30) = €40. Die Abweichung ist gleich σ^2 = (0,4)(100 – 40)^2 + (0,3)(30 – 40)^2 = 2.940.

8. Das Vermögen ist gleich dem anfänglichen Betrag von €450.000. Wir berechnen den erwarteten Nutzen im Hinblick auf drei Optionen. Bei der sicheren Option gilt $E(U)$ = (450.000 + 1,05×200.000)^{0,5} = 678. Für die Sommergetreideernte gilt $E(U)$ = 0,7(250.000 + 500.000)^{0,5} + 0,3(250.000 + 50.000)^{0,5} = 770. Und schließlich gilt für die dürreresistente Sommergetreideernte $E(U)$ = 0,7(250.000 + 450.000)^{0,5} + 0,3(250.000 + 350.000)^{0,5} = 818. Folglich ist die Option mit dem höchsten erwarteten Nutzen die Variante mit dem dürreresistenten Getreide.

12. Um die Gesamtnachfragekurve zu bestimmen, werden 100 Standardnachfragekurven und 100 überschlagene Nachfragekurven addiert: $Q = 100 \times (20 - P) + 100 \times (10$ wenn $P < 10$ oder 0 wenn $P \geq 10) = 3.000 - 100P$, wenn $P < 10$ sowie $2.000 - 100P$, wenn $P \geq 10$. Die daraus resultierende Gesamtnachfragekurve ist in der unten stehenden Abbildung dargestellt.

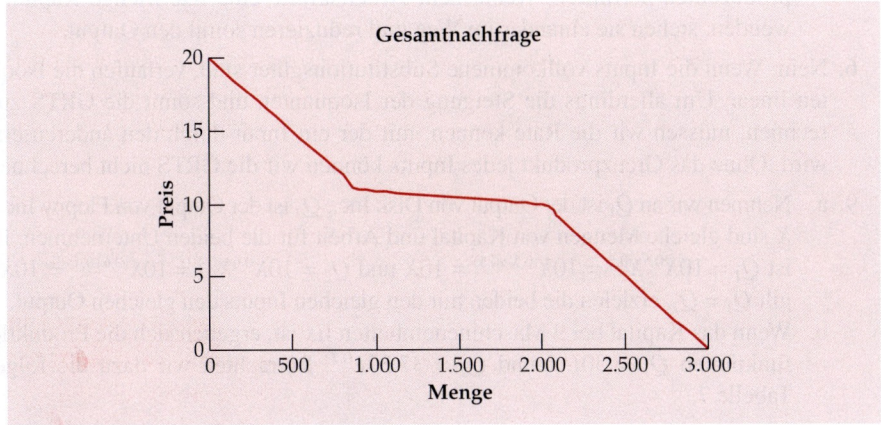

Abbildung 5

Kapitel 6

2. a. Das Durchschnittsprodukt der Arbeit DP ist gleich Q/L. Das Grenzprodukt der Arbeit GP ist gleich $\Delta Q/\Delta L$. Die betreffenden Berechnungen werden in der folgenden Tabelle 6 angegeben.

			Tabelle 6
L	*Q*	DP	GP
0	0	–	–
1	10	10	10
2	18	9	8
3	24	8	6
4	28	7	4
5	30	6	2
6	28	4,7	–2
7	25	3,6	–3

b. Dieser Produktionsprozess weist abnehmende Erträge der Arbeit auf; dies ist für alle Produktionsfunktionen mit einem festen Input charakteristisch. Mit jeder zusätzlichen Einheit der Arbeit wird eine geringere Steigerung des Outputs als mit der letzten Einheit der Arbeit erzielt.

c. Das negative Grenzprodukt der Arbeit kann aus Stockungen im Werk des Stuhlproduzenten herrühren. Wenn mehr Arbeitskräfte eine fixe Menge Kapital verwenden, stehen sie einander im Weg und reduzieren somit den Output.

6. Nein. Wenn die Inputs vollkommene Substitutionsgüter sind, verlaufen die Isoquanten linear. Um allerdings die Steigung der Isoquanten und somit die GRTS zu berechnen, müssen wir die Rate kennen, mit der ein Input durch den anderen ersetzt wird. Ohne das Grenzprodukt jedes Inputs können wir die GRTS nicht berechnen.

9. a. Nehmen wir an Q_1 ist der Output von Disk Inc., Q_2 ist der Output von Floppy Inc. und X sind gleiche Mengen von Kapital und Arbeit für die beiden Unternehmen. Dann ist $Q_1 = 10X^{0,5}X^{0,5} = 10X^{(0,5+0,5)} = 10X$ und $Q_2 = 10X^{0,6}X^{0,4} = 10X^{(0,6+0,4)} = 10X$. Da gilt $Q_1 = Q_2$, erzielen die beiden mit den gleichen Inputs den gleichen Output.

b. Wenn das Kapital bei 9 Maschineneinheiten fix ist, ergeben sich die Produktionsfunktionen $Q_1 = 30L^{0,5}$ und $Q_2 = 37,37L^{0,4}$. Betrachten wir dazu die folgende Tabelle 7.

Bei jeder Einheit der Arbeit, die eine Einheit übersteigt, ist das Grenzprodukt der Arbeit bei Disk Inc. höher.

Tabelle 7

L	Q Unternehmen 1	GP Unternehmen 1	Q Unternehmen 2	GP Unternehmen 2
0	0	–	0	–
1	30,00	30,00	37,37	37,37
2	42,43	12,43	49,31	11,94
3	51,96	9,53	57,99	8,69
4	60,00	8,04	65,07	7,07

Kapitel 7

4. a. Die Gesamtkosten TK sind gleich den Fixkosten FK plus den variablen Kosten VK. Da die Lizenzgebühr FF ein fester Betrag ist, steigen die Fixkosten des Unternehmens um den Betrag der Gebühr. Die Durchschnittskosten, die gleich (FK + VK)/Q sind, und die durchschnittlichen Fixkosten, die gleich (FK/Q) sind, steigen um die durchschnittliche Lizenzgebühr (FF/Q). Die durchschnittlichen variablen Kosten werden durch die Gebühr nicht beeinflusst, genauso wenig wie die Grenzkosten.

b. Wenn eine Steuer t erhoben wird, steigen die variablen Kosten um tQ. Die durchschnittlichen variablen Kosten steigen um den Betrag von t (die Fixkosten sind konstant) genauso wie die durchschnittlichen (Gesamt-) Kosten. Da die Gesamtkosten bei jeder zusätzlichen Einheit um t steigen, erhöhen sich die Grenzkosten um den Betrag t.

5. Wahrscheinlich bezieht es sich auf den buchhalterischen Gewinn; dabei handelt es sich um ein Standardkonzept, das in den meisten Erörterungen über die finanzielle Lage von Unternehmen verwendet wird. In diesem Fall deutet der Artikel auf einen beträchtlichen Unterschied zwischen den buchhalterischen und den ökonomischen Gewinnen hin. Es wird behauptet, dass die Autohersteller gemäß den gegenwärtig gültigen Tarifverträgen viele Arbeitskräfte bezahlen müssen, selbst wenn diese nicht arbeiten. Dies bedeutet, dass ihre Löhne für die Laufzeit des Vertrages versunkene *Kosten* sind. Bei den buchhalterischen Gewinnen würden die ausgezahlten Löhne abgezogen werden; bei den ökonomischen Gewinnen würde dies nicht geschehen, da es sich hier um versunkene Kosten handelt. Folglich können die Automobilhersteller mit diesen Verkäufen ökonomische Gewinne erzielen, selbst wenn sie buchhalterische Verluste ausweisen.

10. Wenn das Unternehmen einen Stuhl entweder mit vier Stunden Arbeit oder mit 4 Stunden Maschinenzeit oder mit einer Kombination von beiden produzieren kann, ist die Isoquante eine Gerade mit einer Steigung von -1 und den Achsenabschnitten $K = 4$ und $L = 4$. Die Isokostengerade $C = 30L + 15K$ hat eine Steigung von -2 und Achsenabschnitte bei $K = C/15$ und $L = C/30$. Der kostenminimierende Punkt ist eine Randlösung, bei der $L = 0$, $K = 4$ und $C = €60$.

Kapitel 7 – Anhang

1. a. Skalenerträge verweisen auf die Beziehung zwischen dem Output und proportionalen Erhöhungen aller Inputs. Wenn $F(\lambda L, \lambda K) > \lambda F(L,K)$ gilt, bestehen zunehmende Skalenerträge. Wenn $F(\lambda L, \lambda K) = \lambda F(L,K)$ gilt, bestehen konstante Skalenerträge, und wenn $F(\lambda L, \lambda K) < \lambda F(L,K)$ gilt, bestehen abnehmende Skalenerträge. Auf $F(L,K) = K^2L$ angewandt bedeutet dies: $F(\lambda L, \lambda K) = (\lambda K)^2(\lambda L) = \lambda^3 K^2 L = \lambda^3 F(L,K) > \lambda F(L,K)$. Folglich weist diese Produktionsfunktion zunehmende Skalenerträge auf.
   b. $F(\lambda L, \lambda K) = 10\lambda K + 5\lambda L = \lambda F(L,K)$. Die Produktionsfunktion weist konstante Skalenerträge auf.
   c. $F(\lambda L, \lambda K) = (\lambda K \lambda L)^{0,5} = (\lambda^2)^{0,5}(KL)^{0,5} = \lambda(KL)^{0,5} = \lambda F(L,K)$. Die Produktionsfunktion weist konstante Skalenerträge auf.

2. Das Grenzprodukt der Arbeit beträgt $100K$. Das Grenzprodukt des Kapitals beträgt $100L$. Die Grenzrate der technischen Substitution entspricht K/L. Wir setzen dies gleich dem Verhältnis des Lohnsatzes zum Mietsatz des Kapitals: $K/L = 30/120$ oder $L = 4K$. Danach setzen wir dieses L in die Produktionsfunktion ein und lösen nach K auf, so dass sich ein Output von 1.000 Einheiten ergibt: $1.000 = 100K \times 4K$. Folglich gilt $K = 2,5^{0,5}$, $L = 4 \times 2,5^{0,5}$, und die Gesamtkosten sind gleich $\$379{,}20$.

Kapitel 8

4. a. Der Gewinn wird maximiert, wenn die Grenzkosten (GK) gleich dem Grenzerlös (GE) sind. In diesem Fall ist GE gleich €100. Durch Gleichsetzen von GK mit €100 erhalten wir eine gewinnmaximierende Menge von 25.
   b. Der Gewinn ist gleich dem Gesamterlös (PQ) minus der Gesamtkosten. Folglich ist der Gewinn = $PQ - 200 - 2Q^2$. Bei $P = 100$ und $Q = 25$ ist der Gewinn = €1.050.

c. Das Unternehmen produziert in der kurzen Frist, wenn seine Erlöse höher sind als seine variablen Kosten. Die kurzfristige Angebotskurve des Unternehmens entspricht dessen GK-Kurve oberhalb des Minimums der VDK-Kurve. Es gilt: VDK = VK/Q = $2Q^2/Q$ = 2Q. Für die Grenzkosten gilt: GK = 4Q, d.h. für jede positive Menge Q sind die Grenzkosten größer als die variablen Durchschnittskosten. Daraus folgt wiederum, dass das Unternehmen kurzfristig bei jedem Preis produzieren wird, der positiv ist.

11. Das Unternehmen sollte in dem Punkt produzieren, in dem der Preis gleich den Grenzkosten ist, so dass gilt: P = 115 = 15 + 4q = GK und q = 25. Der Gewinn ist gleich €800. Die Produzentenrente ist gleich dem Gewinn plus den Fixkosten, was einem Betrag von €1.250 entspricht.

14. a. Wird von einem einzigen Unternehmen eine Steuer in Höhe von €1 erhoben, verschieben sich alle Kostenkurven des Unternehmens um €1 nach oben.
    b. Da das Unternehmen ein Preisnehmer ist, wird durch die Erhebung der Steuer bei nur einem Unternehmen der Marktpreis nicht verändert. Da die kurzfristige Angebotskurve des Unternehmens deren Grenzkostenkurve (oberhalb der durchschnittlichen variablen Kosten) entspricht und da die Grenzkostenkurve sich nach oben (oder nach innen) verschoben hat, bietet das Unternehmen nun auf dem Markt zu jedem Preis eine geringere Menge an.
    c. Wenn die Steuer von einem einzelnen Unternehmen erhoben wird, wird dieses Unternehmen das Geschäft aufgeben, sofern es nicht vor der Erhebung der Steuer einen positiven ökonomischen Gewinn erzielt hat.

Kapitel 9

1. a. Im Gleichgewichtsfall auf einem freien Markt gilt $L^S = L^D$. Durch Auflösen erhalten wir w = \$4 und $L^S = L^D$ = 40. Wenn der Mindestlohn \$5 beträgt, gilt L^S = 50 und L^D = 30. Die Anzahl der beschäftigten Personen wird durch die Nachfrage nach Arbeit angegeben. Folglich werden die Arbeitnehmer 30 Millionen Arbeitskräfte einstellen.
   b. Bei der Subvention zahlt das Unternehmen nur w – 1. Die Nachfrage nach Arbeitskräften ändert sich zu L^{D*} = 80 – 10(w–1). Folglich gilt w = \$4,50 und L = 45.

4. a. Durch Gleichsetzen von Angebot und Nachfrage 28 – 2P = 4 + 4P erhalten wir P^* = 4 und Q^* = 20.
   b. Die Reduzierung um 25 Prozent, die in dem neuen „Programm zur Zahlung in Naturalien" verlangt wird, würde bedeuten, dass die Bauern 15 Milliarden Scheffel produzieren. Um die Bauern zur Reduzierung ihrer Anbaufläche zu ermutigen, muss der Staat ihnen fünf Millionen Scheffel zur Verfügung stellen, die sie auf dem Markt verkaufen können. Da das Gesamtangebot auf dem Markt trotzdem noch 20 Millionen Scheffel beträgt, bleibt der Marktpreis bei \$4 pro Scheffel. Die Bauern erzielen einen Gewinn, da ihnen keine Kosten für die vom Staat erhaltenen 5 Millionen Scheffel entstehen. Diese Kosteneinsparungen werden durch die Betrachtung der Fläche unterhalb der Angebotskurve zwischen 15 und 20 Millionen Scheffel berechnet. Bei Q = 15 und Q = 20 betragen die Preise P = \$2,75 bzw.

$P = \$4{,}00$. Die Gesamtkosten der Produktion der letzten 5 Millionen Scheffel sind daher gleich der trapezförmigen Fläche mit einer Grundseite von $20 - 15 = 5$ Milliarden und einer durchschnittlichen Höhe von $(2{,}75 + 4{,}00)/2 = 3{,}375$. Die Fläche ist gleich $5(3{,}375) = \$16{,}875$ Milliarden.

c. Die Steuerzahler erzielen einen Gewinn, da der Staat die Lagerung des Weizens für ein Jahr nicht bezahlen und ihn dann nicht an ein unterentwickeltes Land verschicken muss. Das Programm zur Zahlung in Naturalien kann nur so lange in Kraft bleiben, wie die Weizenvorräte nicht erschöpft sind. Aber dieses Programm beruht auf der Annahme, dass die aus der Produktion genommenen Anbauflächen zu einem Zeitpunkt wieder in die Produktion mitaufgenommen werden können, an dem die Lagerbestände erschöpft sind. Kann dies nicht geschehen, müssen die Konsumenten schließlich unter Umständen einen höheren Preis für Weizenprodukte bezahlen. Schließlich erzielen die Bauern einen unerwarteten Gewinn, da ihnen keine Produktionskosten entstehen.

10. a. Zur Bestimmung des Erdgaspreises bei einem Ölpreis von \$60 pro Barrel setzen wir die nachgefragte und die angebotene Menge von Erdgas gleich und lösen nach P_G auf. Die maßgeblichen Gleichungen lauten: Angebot: $Q = 15{,}90 + 0{,}72P_G + 0{,}05P_0$, Nachfrage: $Q = 0{,}02 - 1{,}8P_G + 0{,}69P_0$. Unter Verwendung von $P_0 = \$60$ erhalten wir: $15{,}90 + 0{,}72P_G + 0{,}05(60) = 0{,}02 - 1{,}8P_G + 0{,}69(60)$, somit ist der Erdgaspreis gleich $P_G = \$8{,}94$.

Durch Einsetzen in die Angebots- oder Nachfragekurve erhalten wir eine marktwirtschaftliche Menge von 25,34 Tcf. Wenn eine Preisobergrenze für Erdgas auf \$3 festgesetzt wird, wäre die gelieferte Menge gleich 21,06 Tcf und die nachgefragte Menge gleich 36,02 Tcf. Zur Berechnung des Nettowohlfahrtsverlustes messen wir die Fläche der Dreiecke B und C (siehe Abbildung 9.4). Zur Bestimmung der Fläche B muss zunächst der Preis auf der Nachfragekurve bei einer Menge von 21,1 mit der Nachfragegleichung $21{,}1 = 41{,}42 - 1{,}8P_G$ berechnet werden. Daher gilt $P_G = \$11{,}29$. Die Fläche B ist gleich $(0{,}5)(25{,}3 - 21{,}1)(11{,}29 - 8{,}94) = \$4{,}9$ Milliarden und die Fläche C ist gleich $(0{,}5)(25{,}3 - 21{,}1)(8{,}94 - 3) = \$12{,}5$ Milliarden. Der Nettowohlfahrtsverlust ist gleich $4{,}9 + 12{,}5 = \$17{,}4$ Milliarden.

b. Zur Bestimmung des Ölpreises, der zu einem marktwirtschaftlichen Erdgaspreis von \$3 führen würde, setzen wir die nachgefragte Menge gleich der angebotenen Menge, verwenden $P_G = \$3$ und lösen nach P_0 auf. Deshalb gilt $Q_S = 15{,}90 + 0{,}72(3) + 0{,}05P_0 = 0{,}02 - 1{,}8(3) + 0{,}69P_0 = Q_D$ bzw. $18{,}06 + 0{,}05P_0 = -5{,}38 + 0{,}69P_0$, so dass $0{,}64P_0 = 23{,}44$ und $P_0 = \$36{,}63$. Dies ergibt einen marktwirtschaftlichen Erdgaspreis von \$3.

11. a. Zur Bestimmung des neuen Inlandspreises setzen wir die nachgefragte Menge abzüglich der angebotenen Menge gleich 10. Daher gilt, $Q_D - Q_S = (29{,}73 - 0{,}19P) - (-7{,}95 + 0{,}66P) = 10$. $0{,}85P = 27{,}68$, daraus folgt $P = 32{,}56$ Cent. Wären die Importe auf 10 Milliarden erhöht worden, wäre der US-amerikanische Preis auf 3,44 Cent gefallen.

b. Durch Einsetzen des neuen Preises von 32,56 Cent in die Gleichungen für Angebot und Nachfrage bestimmen wir, dass die US-amerikanische Zuckerproduktion auf 13,54 Milliarden Pfund gesunken wäre, während die Nachfrage auf 23,54 Milliarden Pfund steigen würde, wobei die zusätzlichen 10 Milliarden Pfund durch Importe bereitgestellt werden würden. Zur Bestimmung der Veränderung der Konsumenten- und Produzentenrente ist es hilfreich, die Kurve als Abbildung 9(a) neu zu zeichnen. Der Gewinn der Produzenten wird durch die Fläche des Trapezes A gegeben:

$$A = (1/2 \times (32{,}56 - 24)(8{,}2)) + (13{,}54 - 8{,}2)(32{,}56 - 24) = \$930 \text{ Millionen}.$$

Dies ist \$500 Millionen weniger als die Produzenten bei einer Beschränkung der Importe auf 6,9 Milliarden Pfund gewinnen.

Zur Bestimmung des Gewinns der Verbraucher muss die Änderung der entgangenen Konsumentenrente ermittelt werden, die durch die Summe des Trapezes A, der Dreiecke B und C und des Rechtecks D gegeben wird. Die Fläche des Trapezes A haben wir bereits bestimmt.

Dreieck $B = 1/2(32{,}56 - 24)(13{,}54 - 8{,}2) = \$228{,}52$ Millionen,

Dreieck $C = 1/2(32{,}56 - 24)(25{,}4 - 23{,}54) = \$79{,}47$ Millionen und

Rechteck $D = (32{,}56 - 24)(23{,}54 - 13{,}54) = \$856{,}34$ Millionen.

Die Summe aus A, B, C und D beläuft sich auf \$2,09 Milliarden. Bei einer Beschränkung der Importe auf 6,9 Milliarden Pfund beträgt die verlorene Konsumentenrente \$2,88 Milliarden. Das heißt, dass die Verbraucher circa \$790 Millionen gewinnen, wenn die Importe auf 10 Milliarden Pfund erhöht werden.

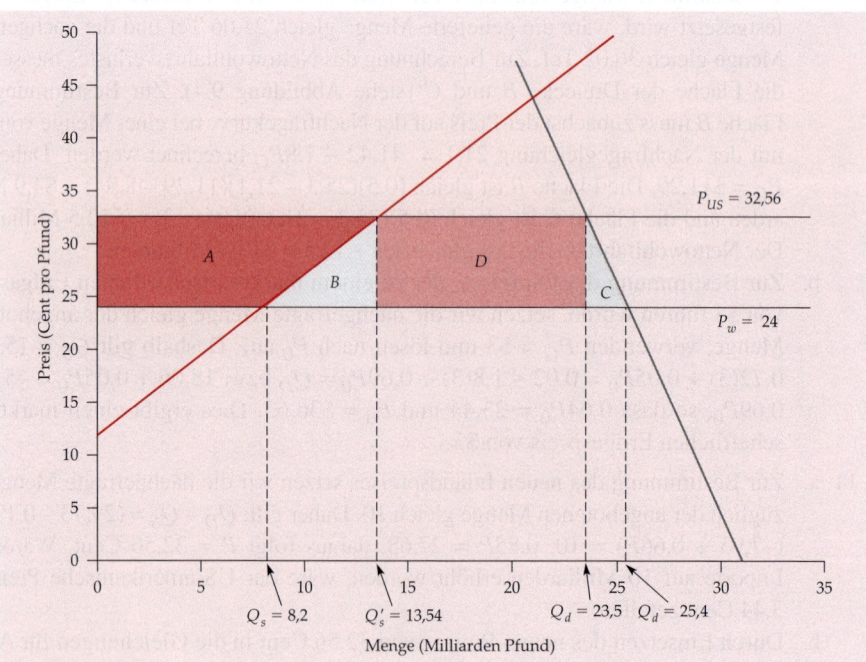

Abbildung 9(a)

c. Der Nettowohlfahrtsverlust wird durch die Summe der Flächen der Dreiecke B und C gegeben:

$B = 1/2\,(32{,}56 - 24)(13{,}54 - 8{,}2) = \$228{,}52$ Millionen und

$C = 1/2\,(32{,}56 - 24)(25{,}4 - 23{,}54) = \$79{,}47$ Millionen.

$B + C = \$228{,}52 + \$79{,}47 = \$308$ Millionen. Zur Bestimmung der Änderung des Nettowohlfahrtsverlustes aus Beispiel 9.6 subtrahieren wir dies vom ursprünglichen Nettowohlfahrtsverlust von \$614,22 Millionen, d.h. \$614,22 Millionen − \$308 Millionen = \$306,22 Millionen. Anders ausgedrückt führt eine Anhebung der Importquote auf 10 Milliarden Pfund pro Jahr zu einer Senkung des Nettowohlfahrtsverlustes um \$306,22 Millionen.

Der Gewinn der ausländischen Produzenten wird durch die Fläche des Rechtecks D gegeben. Sind die Importe auf 6,9 Milliarden Pfund beschränkt, gilt $D = \$836{,}4$ Millionen. Bei einer Erhöhung der Importe auf 10 Milliarden Pfund gilt $D = (32{,}56 - 24)(23{,}54 - 13{,}54) = \$856{,}34$ Millionen. Da der US-amerikanische Zuckerpreis gestiegen ist, können die ausländischen Produzenten höhere Gewinne erzielen – um genau zu sein ungefähr \$19,94 Millionen.

12. Als Erstes werden zur Bestimmung der Gleichgewichtsmenge Angebot und Nachfrage gleichgesetzt: $50 + Q = 200 - 2Q$ bzw. $Q_{EQ} = 50$ (Millionen Pfund). Wir setzen zur Bestimmung des Preises $Q_{EQ} = 50$ entweder in die Angebots- oder in die Nachfragegleichung ein: $P_S = 50 + 50 = 100$ und $P_D = 200 - (2)(50) = 100$. Folglich ist der Gleichgewichtspreis P gleich \$1 (100 Cent). Allerdings beträgt der Preis auf dem Weltmarkt 60 Cent. Zu diesem Preis ist die angebotene Menge in den USA gleich $60 = 50 - Q_S$ bzw. $Q_S = 10$ und die Binnennachfrage in den USA ist gleich $60 = 200 - 2Q_D$ bzw. $Q_D = 70$. Die Importe sind gleich der Differenz zwischen dem Binnenangebot und der Binnennachfrage bzw. 60 Millionen Pfund. Wenn der Kongress einen Zoll in Höhe von 40 Cent erhebt, steigt der effektive Preis der Importe auf \$1. Zu dem Preis von \$1 befriedigen die Binnenproduzenten die Binnennachfrage und die Importe fallen auf null.

Wie in Abbildung 9(b) dargestellt, ist die Konsumentenrente vor dem Zoll gleich der Fläche $a + b + c$ bzw. $(0{,}5)(200 + 60)(70) = 4.900$ Millionen Cent oder \$49 Millionen. Nach der Erhebung des Zolles steigt der Preis auf \$1 und die Konsumentenrente fällt auf die Fläche a bzw. $(0{,}5)(200 - 100)(50) = \$25$ Millionen, was einem Verlust in Höhe von 24 Millionen entspricht. Die Produzentenrente steigt um die Fläche b bzw. $(100 - 60)(10) + (0{,}5)(100 - 60)(50 - 10) = \$12$ Millionen. Schließlich werden keine Kichererbsen importiert und der Staat erzielt keinen Erlös, weil zu dem Preis von \$1 die Binnenproduktion gleich der Binnennachfrage ist. Die Differenz zwischen der verlorenen Konsumentenrente und dem Anstieg der Produzentenrente entspricht einem Nettowohlfahrtsverlust in Höhe von \$12 Millionen.

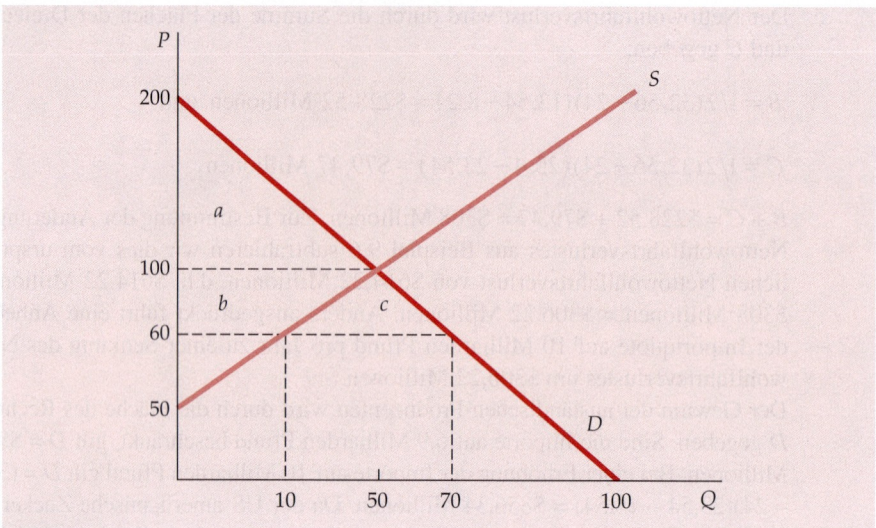

Abbildung 9(b)

14. Nein, das wären sie nicht. Der offensichtlichste Fall ist der, bei dem die Arbeitsmärkte kompetitiv sind. Bei beiden Gestaltungsformen der Steuer muss der Keil zwischen Angebot und Nachfrage insgesamt 12,4 Prozent der gezahlten Löhne ausmachen. Dabei spielt es keine Rolle, ob die Steuer ausschließlich von den Arbeitnehmern erhoben wird (wodurch die effektive Angebotskurve um 12,4 Prozent nach oben verschoben wird) oder ob sie ausschließlich von den Arbeitgebern zu tragen ist (wodurch die effektive Nachfragekurve um 12,4 Prozent nach unten verschoben wird). Das Gleiche trifft auf jede Kombination dieser beiden Varianten zu, die sich insgesamt auf 12,4 Prozent summiert.

Kapitel 10

2. Drei Faktoren sind wichtig. (1) Wie ähnlich sind sich die Produkte, die von Caterpillar's Konkurrenten angeboten werden? Wenn sie enge Substitute sind, könnte ein kleiner Preisanstieg die Konsumenten dazu bringen, zur Konkurrenz zu wechseln. (2) Wie alt ist der Bestand an vorhandenen Traktoren? Sind die Traktoren älteren Datums, so verursacht ein 5-prozentiger Preisanstieg einen geringeren Nachfragerückgang. (3) Wie hoch ist die erwartete Rentabilität für diesen Kapitalinput im landwirtschaftlichen Sektor? Wenn die erwarteten Einkommen in der Landwirtschaft fallen, führt ein Anstieg der Traktorpreise zu einem stärkeren Rückgang der Nachfrage als man aufgrund von Informationen über vorangegangene Verkäufe und Preise vermuten würde.

4. a. Um die optimale Produktionsmenge zu bestimmen, setzt man den Grenzerlös gleich den Grenzkosten. Wenn die Nachfragefunktion linear ist, so gilt $P = a - bQ$ (hier ist $a = 120$ und $b = 0{,}02$), so dass $GE = a - 2bQ = 100 - 2(0{,}02)Q$ ist. Gesamtkosten = $25.000 + 60Q$, also $GK = 60$. Setzt man $GE = GK$, so ergibt sich $120 - 0{,}04Q = 60$, also $Q = 1.500$. Setzt man diesen Wert in die Nachfragefunktion ein, so ergibt sich $P = 120 - (0{,}02) \times 1.500 = 75$ Cent. Der Gesamtgewinn beträgt $(90)(1.500) - (60 \times 1.500) - 25.000$, oder €200 pro Woche.

b. Nehmen wir zu Beginn an, dass die Verbraucher die Steuer bezahlen müssen. Da der Preis (inklusive Steuer), den die Verbraucher zu zahlen bereit sind, unverändert bleibt, kann man die Nachfragefunktion folgendermaßen schreiben: $P + t = 120 - 0{,}02Q - t$. Da die Steuer den Preis jeder Einheit erhöht, sinkt der Gesamterlös des Monopolisten um tQ, und der Grenzerlös geht um t zurück. GE = $120 - 0{,}04Q - t$, wobei $t = 14$ Cent ist. Um die gewinnmaximierende Produktionsmenge mit der Steuer zu ermitteln, setzen wir Grenzerlös und Grenzkosten gleich: $120 - 0{,}04Q - 10 = 60$, also $Q = 1.150$ Einheiten.

Aus der Nachfragefunktion ergibt sich für den Durchschnittserlös = $120 - (0{,}02) \times (1.150) - 14 = 83$ Cents. Der Gesamtgewinn beträgt 1.450 Cent oder €14,50 pro Woche.

7. a. Die Preisbildungsregel des Monopolisten lautet: $(P - GK)/P = -1/E_D$. Wir lösen unter Verwendung von -2 für die Elastizität und 40 für den Preis auf und bestimmen $GK = 20$.

  b. Prozentual beträgt der Aufschlag 50 Prozent, da die Grenzkosten 50 Prozent des Preises ausmachen.

  c. Der Gesamterlös ist gleich dem Preis mal der Menge bzw. (€40)(800) = €32.000. Die Gesamtkosten sind gleich den Durchschnittskosten mal der Menge bzw. (€15)(800) = €12.000, somit ist der Gewinn gleich €20.000.

  Die Produzentenrente ist gleich dem Gewinn zuzüglich den Fixkosten bzw. €22.000.

10. a. **Pro:** Obwohl Alcoa etwa 90 Prozent der primären Aluminiumproduktion der USA kontrollierte, machte die sekundäre Aluminiumproduktion der Recyclingunternehmen etwa 30 Prozent des gesamten Aluminiumangebots aus. Es sollte möglich sein, dass ein weitaus größerer Anteil des Aluminiumangebots aus der sekundären Produktion kommt. Deshalb ist die Preiselastizität der Nachfrage nach Alcoas primärem Aluminium sehr viel höher als man erwarten würde. In vielen Anwendungsbereichen sind andere Metalle, wie Kupfer und Stahl, brauchbare Substitute für Aluminium. Hier kann also die Nachfrageelastizität, der sich Alcoa gegenüber sieht ist, höher sein als man normalerweise erwarten würde.

  b. **Contra:** Die potenzielle Angebotsmenge ist begrenzt. Deshalb könnte Alcoa, wenn es einen gleich bleibend hohen Preis beibehält, Monopolgewinne erzielen. Außerdem hatte Alcoa selbst das ursprüngliche Metall produziert, das dann als recycelter Schrott wieder auf den Markt kam, deshalb hätte es die Auswirkungen der Schrottwiederverwertung auf zukünftige Preise bei seinen Produktionsentscheidungen sicherlich berücksichtigt. Daher übte das Unternehmen auch effektive monopolistische Kontrolle über den Sekundärmarkt für Aluminium aus.

  c. Alcoa musste keine seiner Produktionsstätten in den USA schließen. Stattdessen wurde ihm erstens untersagt, am Bietprozess für zwei Produktionsstätten für Primäraluminium teilzunehmen, die der Staat während des 2. Weltkriegs gebaut hatte. Zweitens musste sich Alcoa von seiner kanadischen Tochtergesellschaft trennen, aus der Alcan wurde.

13. Der Hersteller sollte seine Produktion nicht verlagern. Auf einem Wettbewerbsmarkt nimmt ein Unternehmen den Preis als horizontale Gerade an, die dem Durchschnittserlös entspricht. Dieser ist wiederum gleich dem Grenzerlös. Wenn die Grenzkosten in Connecticut steigen, entspricht der Preis trotzdem noch den Grenzkosten in Mas-

sachusetts sowie den gesamten Grenzkosten und dem gesamten Grenzerlös. Nur die in Connecticut produzierte Menge geht zurück (wodurch wiederum die Gesamtmenge sinkt), wie in Abbildung 10 gezeigt.

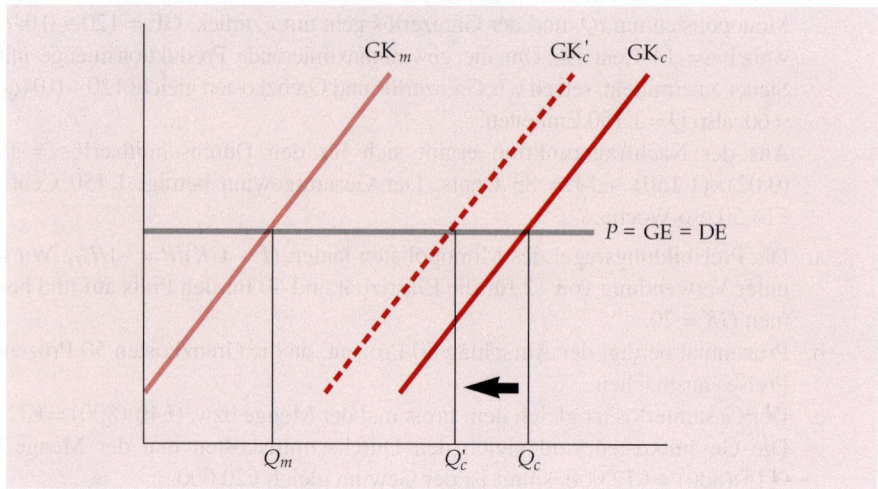

Abbildung 10

Kapitel 11

1. a. Die Anforderung, eine Nacht von Samstag auf Sonntag zu bleiben, unterscheidet Geschäftsreisende, die das Wochenende lieber zuhause verbringen, von Touristen, die am Wochenende reisen.
   b. Indem man Preise auf dem Standort der Käufer basieren lässt, nimmt man eine geografische Einteilung vor. In diesem Fall können die Preise Transportkosten widerspiegeln, die der Käufer zu zahlen hat, wenn die Ware am Kundenstandort und nicht am Herstellungsort entgegengenommen wird.
   c. Die mit den Küchenmaschinen ausgegebenen Coupons teilen die Verbraucher in zwei Gruppen ein: (1) Verbraucher die weniger preisempfindlich sind (und eine geringere Nachfrageelastizität haben), fordern den Rabatt nicht ein; und (2) Verbraucher, die preisempfindlicher sind (und eine höhere Nachfrageelastizität haben) fordern den Rabatt ein.
   d. Ein vorübergehender Preisnachlass bei Badehandtüchern ist eine Form der intertemporalen Preisdiskriminierung. Preisempfindliche Verbraucher kaufen zum reduzierten Preis mehr Handtücher als sonst, während nichtpreissensitive Verbraucher die gleiche Menge wie vorher kaufen.
   e. Der plastische Chirurg kann durch eine Preisverhandlung einen Patienten mit hohem Einkommen von einem Patienten mit geringem Einkommen unterscheiden. Arbitrage stellt kein Problem dar, denn der plastische Eingriff kann nicht von einem Patienten mit geringem Einkommen auf einen Patienten mit höherem Einkommen übertragen werden.

8. a. Ein Monopolist mit zwei Märkten sollte seine Produktionsmengen auf beiden Märkten so wählen, dass die Grenzerlöse beider Märkte sich entsprechen und auch gleich den Grenzkosten sind. Die Grenzkosten entsprechen der Steigung der Gesamtkostenkurve, also 40. Um den Grenzerlös auf jedem Markt zu bestimmen, lösen wir nach dem Preis als Funktion der Menge auf. Dann setzen wir diesen Term für den Preis in die Gesamterlösgleichung ein. $P_{NY} = 240 - 4Q_{NY}$ und $P_{LA} = 200 - 2Q_{LA}$. Daraus ergeben sich folgende Gesamterlöse: $E_{NY} = Q_{NY}P_{NY} = Q_{NY}(240 - 4Q_{NY})$ und $E_{LA} = Q_{LA}P_{LA} = Q_{LA}(200 - 2Q_{LA})$. Die Grenzerlöse sind die Steigungen der Gesamterlöskurven: $GE_{NY} = 240 - 8Q_{NY}$ und $GE_{LA} = 200 - 4Q_{LA}$. Als Nächstes setzen wir die Grenzerlöse gleich den Grenzkosten (= 40), so dass $Q_{NY} = 25$ und $Q_{LA} = 40$. Mit diesen Mengen lösen wir nach dem Preis in jedem Markt auf: $P_{NY} = 240 - (4)(25) = 140$ und $P_{LA} = 200 - 2(40) = 120$.

b. Mit dem neuen Satelliten kann Sal die beiden Märkte nicht mehr voneinander trennen. Die Gesamtnachfragefunktion ist die horizontale Summe der beiden Märkte. Oberhalb eines Preises von €200 entspricht die Gesamtnachfrage der New Yorker Nachfrage. Unterhalb des Preises von €200 addieren wir beide Nachfragemengen: $QT = 60 - 0{,}25P + 100 - 0{,}5P = 160 - 0{,}75P$. Sal maximiert seinen Gewinn, indem er die Produktionsmenge so auswählt, dass GE = GK ist. Der Grenzerlös ist gleich $213{,}33 - 2{,}67Q$. Setzen wir diesen Term gleich den Grenzkosten, so ergibt sich eine gewinnmaximierende Menge von 65 bei einem Preis von €126,67. Auf dem New Yorker Markt entspricht die Menge $60 - 0{,}25(126{,}67) = 28{,}3$, und auf dem Markt von Los Angeles entspricht die Menge $100 - 0{,}50(126{,}67) = 36{,}7$. Insgesamt werden 65 Einheiten zum Preis von €126,67 verkauft.

c. Sal stellt sich in der Situation mit dem höchsten Gewinn besser, die in Teil (a) bei der Preisdiskriminierung eintritt. Bei der Preisdiskriminierung ist der Gewinn gleich $\pi = P_{NY}Q_{NY} + P_{LA}Q_{LA} - [1.000 + 40(Q_{NY} + Q_{LA})]$ oder $\pi = \$140(25) + \$120(40) - [1.000 + 40(25 + 40)] = \$4.700$. Unter den Marktbedingungen in Teil (b) ist der Gewinn gleich $\pi = PQ_T - [1.000 - 40Q_T]$ oder $\pi = \$126{,}67(65) - [1.000 + 40(65)] = \$4.633{,}33$. Damit stellt sich Sal besser, wenn beide Märkte getrennt werden. Unter den Marktbedingungen in (a) sind die Konsumentenrenten in den beiden Städten gleich $CS_{NY} = (0{,}5)(25)(240 - 140) = \$1250$ und $CS_{LA} = (0{,}5)(40)(200 - 120) = \$1.600$. Unter den Marktbedingungen in (b) betragen die entsprechenden Konsumentenrenten $CS_{NY} = (0{,}5)(28{,}3)(240 - 126{,}67) = \$1.603{,}67$ und $CS_{LA} = (0{,}5)(36{,}7)(200 - 126{,}67) = \$1.345{,}67$.

Die New Yorker bevorzugen (b), weil ihr Preis bei \$126,67 anstelle von \$140 liegt und ihre Konsumentenrente somit höher ist. Die Verbraucher in Los Angeles bevorzugen (a), da ihr Preis bei \$120 anstatt von \$126,27 liegt und somit ihre Konsumentenrente bei (a) höher ist.

10. a. Mit einer individuellen Nachfrage von $Q_1 = 10 - P$ beträgt die individuelle Konsumentenrente €50 pro Woche oder €2.600 pro Jahr. Eine Eintrittsgebühr von €2.600 schöpft die gesamte Konsumentenrente ab, auch wenn keine Platzgebühr verlangt wird, denn die Grenzkosten sind gleich null. Der wöchentliche Gewinn entspricht der Anzahl der ernsthaften Spieler, 1.000, multipliziert mit der wöchentlichen Eintrittsgebühr von €50 abzüglich €10.000 Fixkosten, also €40.000 pro Woche.

b. Wenn es zwei Konsumentengruppen gibt, maximiert der Clubbesitzer seinen Gewinn, indem er Platznutzungsgebühren oberhalb der Grenzkosten berechnet und die Eintrittsgebühr gleich der restlichen Konsumentenrente der Verbraucher mit geringerer Nachfrage ansetzt – dies sind die gelegentlichen Spieler. Die Eintrittsgebühr T entspricht der übrigen Konsumentenrente nach Festlegung der Platznutzungsgebühr. $T = (Q_2 - 0)(16 - P)(1/2)$, wobei $Q_2 = 4 - (1/4)P$ oder $T = (1/2)(4-(1/4)P(16 - P) = 32 - 4P + P^2/8$. Die Eintrittsgebühr für alle Spieler ist $2.000(32 - 4P + P^2/8)$. Die Erlöse aus der Nutzungsgebühr sind gleich $P(Q_1 + Q_2) = P[1.000(10 - P) + 1.000(4 - P/4)] = 14.000P - 1.250P^2$. Der Gesamterlös ist $E = 64.000 + 6.000P - 1.000P^2$. Die Grenzkosten sind null, und der Grenzerlös ergibt sich aus der Steigung der Gesamterlöskurve: $\Delta E/\Delta P = 7.500 - 2.000P$. Setzt man Grenzerlös und Grenzkosten gleich, ergibt sich ein Preis von €3,00 pro Stunde. Der Gesamterlös liegt bei €73.000. Die Gesamtkosten entsprechen den Fixkosten von €10.000. Also ist der Gewinn €63.000 pro Woche und damit höher als €40.000 pro Woche, wenn nur ernsthafte Spieler spielen.

c. Eine Eintrittsgebühr von €50 pro Woche würde nur professionelle Spieler anziehen. Mit 3.000 ernsthaften Spielern beträgt der Gesamterlös €150.000, und der Gewinn ist gleich €140.000 pro Woche. Gibt es sowohl gelegentliche als auch ernsthafte Spieler im Club, ist die Eintrittsgebühr gleich 4.000-mal die Konsumentenrente der Gelegenheitsspieler: $T = 4.000(32 - 4P(4 - P/4) + P^2/8)$. Die Platznutzungsgebühren sind $P[3.000 + (10 - P)1.000] = 34.000P - 3.250P^2$. Dann gilt $E = 128.000 + 18.000P - 2.750P^2$. Die Grenzkosten sind gleich null, also erhalten wir durch Einsetzen in $\Delta E/\Delta P = 18.000 - 5.500P = 0$ einen Preis von €3,27 pro Stunde. Dann ist der Gesamterlös gleich €157.455 pro Woche, dies ist mehr als die €150.000 pro Woche nur mit ernsthaften Spielern. Der Clubbesitzer sollte die jährlichen Gebühren auf €1.053 festlegen, €3,27 für die Platzgebühr verlangen und damit €7,67 Millionen Gewinn pro Jahr erzielen.

Eine gemischte Bündelung ist oft die ideale Strategie, wenn die Nachfragen nur eine geringe negative Korrelation aufweisen und/oder wenn die Grenzkosten der Produktion erheblich sind. Die folgenden Tabellen geben die Reservationspreise der drei Verbraucher sowie die Gewinne der drei Strategien an.

Tabelle 8

Reservationspreis	Für 1	Für 2	Gesamt
Verbraucher 1	€3,25	€6,00	€9,25
Verbraucher 2	€8,25	€3,25	€11,50
Verbraucher 3	€10,00	€10,00	€20,00

Tabelle 9

	Preis 1	Preis 2	Gebündelt	Gewinn
Einzelverkauf	€8,25	€6,00	–	€28,50
Reine Bündelung	–	–	€9,25	€27,75
Gemischte Bündelung	€10,00	€6,00	€11,50	€29,00

Die gewinnmaximierende Strategie besteht darin, gemischte Bündelung zu betreiben.

15. a. Für jede Strategie sind die optimalen Preise und Gewinne folgende:

Tabelle 10

	Preis 1	Preis 2	Gebündelt	Gewinn
Einzelverkauf	€80,00	€80,00	–	€320,00
Reine Bündelung	–	–	€120,00	€480,00
Gemischte Bündelung	€94,95	€94,95	€120,00	€429,00

Reine Bündelung dominiert die gemischte Bündelung, weil es bei Grenzkosten gleich null keinen Grund gibt, den Kauf beider Güter durch alle Verbraucher auszuschließen.

b. Bei Grenzkosten von €30 sind die optimalen Preise und Gewinne folgende:

Tabelle 11

	Preis 1	Preis 2	Gebündelt	Gewinn
Einzelverkauf	€80,00	€80,00	–	€200,00
Reine Bündelung	–	–	€120,00	€240,00
Gemischte Bündelung	€94,95	€94,95	€120,00	€249,90

Immer noch dominiert die reine Bündelung alle anderen Strategien.

Kapitel 11 – Anhang

1. Wir untersuchen jeden Fall und vergleichen dann die Gewinne.
   a. Die optimalen Mengen und Preise ohne einen externen Markt für Motoren betragen $Q_E = Q_A = 2.000$, $P_E = €8.000$ und $P_A = €18.000$. In der Motorenabteilung gilt $E = 2.000 \times €8.000 = €16M$, $C = 2(2.000)^2 = €8M$ und $\pi_E = €8M$. Für die Automontageabteilung gilt $E = 2.000 \times €18.000 = €36M$, $C = €8.000 \times 2.000 + 16M = €32M$ und $\pi_A = €4M$. Der Gesamtgewinn beträgt €12M.

b. Die optimalen Mengen und Preise mit einem externen Markt für Motoren betragen $Q_E = 1.500$, $Q_A = 3.000$, $P_E = €6.000$, und $P_A = €17.000$. In der Motorenabteilung gilt $E = 1.500 \times €6.000 = €9M$, $C = 2(1.500)^2 = €4,5M$, und $\pi = €4,5M$. Für die Automontageabteilung gilt $E = 3.000 \times €17.000 = €51M$, $C = (8.000 + 6.000)3.000 = €42M$, und $\pi = €9M$. Der Gesamtgewinn beträgt €13,5M.

c. Die optimalen Mengen und Preise bei einem monopolistischen Markt für Motoren betragen $Q_E = 2.200$, $Q_A = 1.600$, $P_E = €8.800$, und $P_A = €18.400$, wobei auf dem Monopolmarkt 600 Motoren für €9.400 verkauft werden. In der Motorenabteilung gilt $E = 1.600 \times €8.800 + 600 \times €9.400 = €19,72M$, $C = 2(2.200)^2 = €9,68M$, und $p = €10,04M$. Für die Automontageabteilung gilt $E = 1.600 \times €18.400 = €29,44M$, $C = (8.000 + 8.800)1.600 = €26.88M$, und $p = €2,56M$. Der Gesamtgewinn beträgt €12,6M.

Die vorgelagerte Motorenabteilung erzielt den höchsten Gewinn, wenn es ein Monopol auf die Motoren besitzt. Die nachgelagerte Montageabteilung verdient am meisten, wenn der Markt für Motoren kompetitiv ist. Angesichts der hohen Kosten für Motoren schneidet das Unternehmen am besten ab, wenn die Motoren zu niedrigsten Kosten produziert werden und es einen externen kompetitiven Motorenmarkt gibt.

Kapitel 12

1. Jedes Unternehmen erzielt einen ökonomischen Gewinn, wenn es seine Marken von allen anderen Marken abhebt. Wenn diese Konkurrenten nun zu einem großen Unternehmen verschmelzen, würde der daraus entstehende Monopolist nicht mehr so viele Marken produzieren, wie dies vor der Fusion der Fall war. Die Produktion verschiedener Marken zu verschiedenen Preisen ist eine Möglichkeit, den Markt in verschiedene Verbrauchergruppen mit unterschiedlichen Preiselastizitäten aufzuteilen.

3. a. Um den Gewinn $p = 53Q - Q^2 - 5Q$ zu maximieren, ergibt sich $\Delta P/\Delta Q = -2Q + 48 = 0$. $Q = 24$ also ist $P = 29$. Der Gewinn beträgt 576.

   b. $P = 53 - Q_1 - Q_2$, $p_1 = PQ_1 - C(Q_1) = 53Q_1 - Q_1^2 - Q_1Q_2 - 5Q_1$ und $p_2 = PQ_2 - C(Q_2) = 53Q_2 - Q_1Q_2 - Q_2^2 - 5Q_2$.

   c. Das Problem, das sich für Unternehmen 1 stellt, besteht darin, den Gewinn zu maximieren angesichts der Tatsache, dass sich die Produktionsmenge von Unternehmen 2 aufgrund der Produktionsentscheidung von Unternehmen 1 nicht verändern wird. Also wählt Unternehmen 1 Q_1 wie oben beschrieben aus, um π_1 zu maximieren. Die Veränderung bei π_1 bezogen auf eine Veränderung von Q_1 lautet $53 - 2Q_1 - Q_2 - 5 = 0$. Daraus folgt $Q_1 = 24 - Q_2/2$. Da das Problem symmetrisch ist, lautet die Reaktionsfunktion von Unternehmen 2 $Q_2 = 24 - Q_1/2$.

   d. Wir lösen nach den Werten für Q_1 und Q_2 auf, die beide Reaktionsfunktionen erfüllen. $Q_1 = 24 - (1/2)(24 - Q_1/2)$. Also ist $Q_1 = 16$ und $Q_2 = 16$. Der Preis ist $P = 53 - Q_1 - Q_2 = 21$. Der Gewinn ist $\pi_1 = \pi_2 = PQ_i - C(Q_i) = 256$. Der gesamte branchenweite Gewinn beträgt $\pi_1 + \pi_2 = 512$.

5. Die Aussage ist *richtig*. Die Reaktionskurve von Unternehmen 2 ist $q_2 = 7,5 - 1/2q_1$, und die Reaktionskurve von Unternehmen 1 ist $q_1 = 15 - 1/2q_2$. Wenn wir die entsprechenden Werte einsetzen, ergibt sich $q_2 = 0$ und $q_1 = 15$. Der Preis ist 15; dies ist der Monopolpreis.

7. a. (i) Liegt ein Cournot-Gleichgewicht vor und Unternehmen A verzeichnet einen Anstieg der Grenzkosten, so verschiebt sich seine Reaktionskurve nach innen. Die von Unternehmen A produzierte Menge sinkt und die von Unternehmen B produzierte Menge steigt an. Die gesamte Produktionsmenge fällt, der Preis steigt an. (ii) In einem Kollusions-Gleichgewicht handeln beide Unternehmen gemeinsam wie ein Monopol. Wenn die Grenzkosten von Unternehmen A steigen, reduziert das Unternehmen A seine Produktion auf null, da das Unternehmen B zu niedrigeren Grenzkosten produzieren kann. Da das Unternehmen B den gesamten Branchenoutput zu Grenzkosten von \$50 produzieren kann, werden sich weder der Output noch der Preis ändern. Allerdings müssen die Unternehmen eine Vereinbarung im Hinblick darauf treffen, wie der von B erzielte Gewinn aufgeteilt werden soll. (iii) Da das Gut homogen ist, produzieren beide Unternehmen auf dem Niveau, auf dem der Preis den Grenzkosten entspricht. Unternehmen A steigert den Preis auf €80, während Unternehmen B den Preis auf \$79,99 erhöht. Wenn wir davon ausgehen, dass Unternehmen B genug produzieren kann, wird es den gesamten Markt bedienen.

b. (i) Die Steigerung der Grenzkosten beider Unternehmen sorgt für eine Verschiebung beider Reaktionskurven nach innen. Beide reduzieren ihre Produktion und der Preis steigt. (ii) Wenn die Grenzkosten steigen, produzieren beide Unternehmen weniger und der Preis steigt, wie im Fall des Monopols. (iii) Der Preis steigt und die produzierte Menge sinkt.

c. (i) Beide Reaktionskurven verschieben sich nach außen und beide Unternehmen produzieren mehr. Der Preis steigt. (ii) Beide Unternehmen steigern ihre Produktion und der Preis steigt ebenfalls. (iii) Beide Unternehmen produzieren mehr. Da die Grenzkosten konstant sind, bleibt der Preis unverändert.

11. a. Um das Nash-Gleichgewicht zu bestimmen, berechnen wir die Reaktionsfunktion jedes Unternehmens und lösen dann beide nach dem Preis auf. Bei angenommenen Grenzkosten von null beträgt der Gewinn für Unternehmen 1 $P_1Q_1 = P_1(20 - P_1 + P_2) = 20P_1 - P_1^2 + P_2P_1$. $GE_1 = 20 - 2P_1 + P_2$. Beim gewinnmaximierenden Preis gilt $GE_1 = 0$. Also gilt $P_1 = (20 + P_2)/2$. Da Unternehmen 2 symmetrisch zu Unternehmen 1 ist, ist auch sein gewinnmaximierender Preis $P_2 = (20 + P_1)/2$. Wir setzen die Reaktionsfunktion von Unternehmen 2 in diejenige von Unternehmen 1 ein: $P_1[20 + (20 + P_1)/2]/2 = 15 + P_1/4$. $P_1 = 20$. Aus Symmetriegründen gilt $P_2 = 20$. Daraus folgt $Q_1 = 20$ und aufgrund der Symmetrie $Q_2 = 20$. Der Gewinn für Unternehmen 1 beträgt $Q_1P_1 = 400$ und der Gewinn von Unternehmen 2 beträgt ebenfalls 400.

b. Wenn Unternehmen 1 seinen Preis zuerst festlegt, berücksichtigt es dabei die Reaktionsfunktion von Unternehmen 2. Der Gewinn von Unternehmen 1 beträgt $\pi_1 = P_1[20 - P_1 + (20 + P_1)/2]$. Dann gilt $d\pi_1/P_1 = 20 - 2P_1 + 10 + P_1$. Setzt man diese Gleichung gleich null, so ergibt sich $P_1 = 30$. Wir setzen diesen Wert in die Reaktionsfunktion von Unternehmen 2 ein und erhalten $P_2 = 25$. Bei diesen Preisen gilt $Q_1 = 20 - 30 + 25 = 15$ und $Q_2 = 20 + 30 - 25 = 25$. Der Gewinn lautet $\pi_1 = 30 \times 15 = 450$ und $\pi_2 = 25 \times 25 = 625$.

c. Unsere erste Wahl wäre (c) und unsere zweite Wahl (b). Die Festlegung der Preise über dem Cournot-Gleichgewicht ist für beide Unternehmen möglich, wenn nach der Stackelberg-Strategie vorgegangen wird. Aus den Reaktionsfunktionen wissen wir, dass der Preisführer den Nachfolger zu einer Preiserhöhung veranlasst. Doch der Nachfolger erhöht den Preis um weniger als der Preisführer und unterbietet damit den Führer. Beide Unternehmen profitieren von höheren Gewinnen, doch der Nachfolger schneidet am besten ab und beide schneiden besser ab als im Cournot-Gleichgewicht.

Kapitel 13

1. Wenn Spiele unendlich oft wiederholt werden und alle Spieler sämtliche Auszahlungen kennen, wird rationales Verhalten zu scheinbar kollusiven Ergebnissen führen. Manchmal kann man die Auszahlungen anderer Unternehmen jedoch nur in Erfahrung bringen, wenn ein umfassender Informationsaustausch stattfindet.

    Das vielleicht größte Problem, das sich ergibt, wenn man ein Kollusionsergebnis erhalten will, liegt in exogenen Veränderungen bei Nachfrage und Inputpreisen. Wenn neue Informationen nicht allen Spielern gleichzeitig zur Verfügung stehen, könnte eine rationale Reaktion eines Unternehmens von einem anderen als Drohung ausgelegt werden.

2. Überschusskapazitäten können in Branchen entstehen, bei denen der Markteintritt leicht ist und differenzierte Produkte hergestellt werden. Da fallend verlaufende Nachfragekurven bei jedem Unternehmen zu Produktionsmengen führen, bei denen die Durchschnittskosten oberhalb der minimalen Durchschnittskosten liegen, führt eine Steigerung der Produktionsmenge zu rückläufigen Durchschnittskosten. Die Differenz zwischen der sich ergebenden Produktionsmenge und der Produktionsmenge bei minimalen langfristigen Durchschnittskosten ist die Überschusskapazität, die genutzt werden kann, um Marktneulinge abzuschrecken.

4. a. Es gibt zwei Nash-Gleichgewichte (100,800) und (900,600).
    b. Beide Manager werden das obere Marktsegment bedienen, und das Gleichgewicht liegt dadurch bei (50,50) – beide Parteien erzielen geringere Gewinne.
    c. Das kooperative Ergebnis (600,900) maximiert den gemeinsamen Gewinn der beiden Unternehmen.
    d. Unternehmen 1 profitiert am meisten von der Kooperation. Verglichen mit der nächstbesten Möglichkeit beträgt der Nutzen für Unternehmen 1 900 – 800 = 100, während Unternehmen 2 durch die Kooperation 800 – 600 = 200 verliert. Also müsste Unternehmen 1 Unternehmen 2 mindestens 200 als Ausgleich für dessen Verlust anbieten.

6. a. Ja, es gibt zwei Gleichgewichte: (1) Angenommen Unternehmen 1 wählt *A*, so wählt Unternehmen 2 *C*. Angenommen Unternehmen 1 wählt *C*, so wählt Unternehmen 2 *A*. (2). Angenommen Unternehmen 2 wählt *C*, so wählt Unternehmen 1 *A*, und angenommen Unternehmen 1 wählt *A*, so wählt Unternehmen 2 *C*.
    b. Wenn beide Unternehmen gemäß der Maximin-Strategie wählen, wird Unternehmen 1 Produkt *A* und auch Unternehmen 2 Produkt *A* wählen, so dass sich für beide eine Auszahlung von 10 ergibt.
    c. Unternehmen 2 wird Produkt *C* wählen, um seine Auszahlung bei 10,20 zu maximieren.

12. Obwohl Antiquitätenauktionen oft Elemente von Auktionen mit privaten Werten haben, sind sie in der Hauptsache Auktionen mit gemeinsamen Werten, da Händler mit dabei sind. Unser Antiquitätenhändler ist von der öffentlichen Auktion in der nahe gelegenen Stadt enttäuscht, weil die geschätzten Werte der Antiquitäten stark voneinander abweichen und er dem Fluch des Gewinners zum Opfer gefallen ist. Zuhause, wo es weniger gut informierte Bieter gibt, ist der Fluch des Gewinners kein Problem.

Kapitel 14

2. Bei dem neuen Programm verschiebt sich die Budgetgerade durch den staatlichen Zuschuss von €5.000 nach oben, der gezahlt wird, wenn der Arbeiter überhaupt nicht arbeitet und die maximale Anzahl Freizeitstunden nutzt. Bei einer Erhöhung der Anzahl der Arbeitsstunden (d.h. Reduzierung der Freizeit) weist die Budgetgerade nur die Hälfte der Steigung der ursprünglichen Budgetgerade auf, da das erzielte Einkommen mit 50 Prozent besteuert wird. Bei einem Einkommen nach Steuern von €10.000 fällt die neue Budgetgerade mit der ursprünglichen Budgetgeraden zusammen. Im Ergebnis dessen hat das neue Programm keine Wirkung, wenn der Arbeiter ursprünglich mehr als €10.000 pro Jahr verdient hat. Es wird allerdings zu einer Reduzierung der gearbeiteten Stunden (d.h. zu einer Erhöhung der Freizeit) führen, wenn der Arbeitnehmer ursprünglich weniger als €10.000 verdient hat.

6. Die Arbeitsnachfrage ergibt sich aus dem Grenzerlösprodukt der Arbeit, $GEP_L = GE \times GP_L$. Auf einem Wettbewerbsmarkt entspricht der Preis dem Grenzerlös, also gilt $GE = 10$. Das Grenzprodukt der Arbeit entspricht der Steigung der Produktionsfunktion $Q = 12L - L^2$. Diese Steigung ist gleich $12 - 2L$. Die gewinnmaximierende Arbeitsmenge des Unternehmens liegt an dem Punkt vor, an dem $GEP_L = w$. Wenn $w = 30$, ergeben sich aus einer Auflösung nach L 4,5 Stunden pro Tag. Ähnlich ergeben sich für $w = 60$ aus einer Auflösung nach L 3 Stunden am Tag.

8. Der Gleichgewichtslohn befindet sich dort, wo die angebotene Arbeitsmenge der nachgefragten Arbeitsmenge entspricht, oder $20w = 1.200 - 10w$. Dies ergibt $w = €40$. Setzen wir diesen Wert in die Gleichung des Arbeitsangebots ein, so ergibt sich als Gleichgewichts-Arbeitsmenge $L_S = (20)(40) = 800$. Die ökonomische Rente ist die Differenz zwischen dem Gleichgewichtslohn und dem Lohn, den die Arbeitsangebotskurve angibt. In diesem Fall ist dies die Fläche oberhalb der Arbeitsangebotskurve bis zu $L = 800$ und unterhalb des Gleichgewichtslohns. Diese Fläche ist $(0,5)(800)(€40) = €16.000$.

Kapitel 15

3. Der diskontierte Gegenwartswert der ersten Zahlung von €80 in einem Jahr entspricht $BW = 80/(1 + 0{,}10)^1 = €72{,}73$. Der Wert all dieser Couponzahlungen ergibt sich auf die gleiche Weise. $BW = 80[1/(1{,}10)^1 + 1/(1{,}10)^2 + 1/(1{,}10)^3 + 1/(1{,}10)^4 + 1/(1{,}10)^5] = €303{,}26$. Der Gegenwartswert der letzten Zahlung von €1.000 im sechsten Jahr beträgt $1.000/1{,}10^6 = €564{,}47$. Also ist der Gegenwartswert des Rentenpapiers gleich €303,26 + €564,47 = €867,73. Bei einem Zinssatz von 15 Prozent ist der diskontierte Gegenwartswert gleich €700,49.

5. Mit Hilfe von $R = 0{,}04$ können die entsprechenden Werte in Gleichung 15.5 eingesetzt werden. Damit bestimmen wir NBW = $-5 - 4{,}808 - 0{,}925 - 0{,}445 + 0{,}821 + 0{,}789 + 0{,}759 + 0{,}730 + 0{,}701 + 0{,}674 + 0{,}649 + 0{,}624 + 0{,}600 + 0{,}577 + 0{,}554 + 0{,}533 + 0{,}513 + 0{,}493 + 0{,}474 + 0{,}456 + 0{,}438 + 0{,}456 = -0{,}338$. Die Investition verliert €338.000 und lohnt sich nicht. Allerdings wäre bei einem Diskontsatz von 3% der NBW gleich €866.000 und die Investition würde sich lohnen.

9. a. Wenn wir eine Flasche kaufen und sie nach t Jahren wieder verkaufen, bezahlen wir jetzt €100 und erhalten $100t^{0{,}5}$, wenn sie verkauft wird. Der NBW dieser Investition ist NBW = $-100 + e^{-rt}100t^{0{,}5} = -100 + e^{-0{,}1t}100t^{0{,}5}$.
   Wenn wir eine Flasche kaufen, werden wir t so wählen, dass NBW maximiert wird. Die nötige Bedingung ist $d\text{NBW}/dt = e^{-0{,}1t}(50 - t^{-0{,}5}) - 0{,}1e^{-0{,}1t} \times 100t^{0{,}5} = 0$. Daraus ergibt sich $t = 5$. Behalten wir die Flasche 5 Jahre, ergibt sich NBW = $-100 + e^{-0{,}1 \times 5}10^0 \times 5^{0{,}5} = 35{,}62$. Da jede Flasche eine gute Investition ist, sollten wir alle 100 Flaschen kaufen.
   b. Es werden €130 für den Wiederverkauf geboten. Dies entspricht einem sofortigen Gewinn von €30. Wenn wir allerdings den Wein 5 Jahre lang behalten, beträgt der NBW des Gewinns wie in Teil (a) dargestellt €35,62. Somit beläuft sich der NBW bei einem sofortigen Verkauf anstelle des weiteren Haltens des Weins für 5 Jahre €30 $-$ 35,62 = €$-$5,62. Wir sollten also nicht verkaufen.
   c. Wenn der Zinssatz von 10 Prozent auf 5 Prozent sinkt, verändert sich auch die NBW Berechnung. NBW = $-100 + e^{-0{,}05t} \times 100t^{0{,}5}$. Wenn wir die Flasche 10 Jahre behalten, beträgt der maximale NBW = $-100 + e^{-0{,}05 \cdot 10} - 100 \times 10^{0{,}5} = $ €91,80.

11. a. Man vergleiche den Autokauf mit dem Autoleasing bei $r = 0{,}04$. Der Gegenwartswert abzüglich des Kaufpreises ist $-20.000 + 12.000/(1 + 0{,}04)^6 = -10.516{,}22$. Der Gegenwartswert beim Leasing beträgt $-3.600 - 3.600/(1 + 0{,}04)^1 - 3.600/(1 + 0{,}04)^2 = -10.389{,}94$. Bei $r = 4$ Prozent ist es besser, das Auto zu kaufen.
   b. Wieder steht ein Vergleich Kauf-Leasing an. $-20.000 + 12.000/(1 + 0{,}12)^6 = -13.920{,}43$ beim Kauf gegenüber $-3.600 - 3.600/(1 + 0{,}12)^1 - 3.600/(1 + 0{,}12)^2 = -9.684{,}12$ beim Leasing. Bei $r = 12$ Prozent ist es besser, das Auto zu leasen.
   c. Für die Verbraucher spielt die Entscheidung keine Rolle, wenn der Gegenwartswert der Kaufkosten und des späteren Wiederverkaufs gleich dem Gegenwartswert der Leasingkosten sind. $-20.000 + 12.000/(1 + r)^6 = 3.600 - 3.600/(1 + r)^1 - 3.600/(1 + r)^2$. Diese Gleichung stimmt bei $r = 3{,}8$ Prozent. Man kann diese Gleichung mit Hilfe eines Finanztaschenrechners, eines Computerrechenprogramms oder durch Einsetzen verschiedener Werte lösen.

Kapitel 16

6. Selbst bei identischen Präferenzen kann die Kontraktkurve eine Gerade sein – muss aber nicht. Dies lässt sich leicht grafisch darstellen. Wenn beide Individuen etwa Nutzenfunktionen von $U = x^2y$ haben, so ergibt sich eine Grenzrate der Substitution von $2y/x$. Es ist nicht schwer zu zeigen, dass die GRS beider Individuen an allen Punkten der Kontraktkurve $y = (Y/X)/x$ gleich sind, wobei X und Y die Gesamtmengen beider Güter sind. Ein Beispiel, in dem die Kontraktkurve keine Gerade ist, ergibt sich, wenn beide Individuen verschiedene Einkommen haben und ein Gut inferior ist.

7. Die Grenzrate der Transformation entspricht dem Verhältnis der Grenzkosten der Produktion beider Produkte. Die meisten Produktionsmöglichkeitsgrenzen sind „nach außen gewölbt". Werden die beiden Produkte jedoch mit Produktionsfunktionen mit konstanten Skalenerträgen hergestellt, so ist die Produktionsmöglichkeitsgrenze eine Gerade.

10. Eine Verlagerung von einer Produktion mit konstanten Skalenerträgen zu einem Produktionsprozess mit stark ansteigenden Skalenerträgen bedeutet nicht, dass sich der Verlauf der Isoquanten verändert. Man kann die Mengen im Zusammenhang mit jeder Isoquante einfach so neu definieren, dass ein proportionaler Anstieg der Inputs einen überproportionalen Anstieg der Outputs erbringt. Geht man von dieser Annahme aus, so verändert sich die Grenzrate technischer Substitution nicht, und auch die Produktionskontraktkurve bleibt unverändert.

Kapitel 17

5. a. In jüngster Vergangenheit gewannen immer mehr Verbraucher den Eindruck, amerikanische Automobile seien von schlechter Qualität. Um diesem Trend entgegenzuwirken, investierten US-Autohersteller in Qualitätskontrollen, um die potenzielle Pannenstatistik ihrer Produkte zu verbessern. Sie signalisierten diese höhere Qualität mit Hilfe verbesserter Garantieleistungen.

   b. Moral Hazard ergibt sich, wenn die zu versichernde Partei (der Besitzer eines Wagens mit umfasender Garantie) die Wahrscheinlichkeit oder das Ausmaß eines Vorfalls beeinflussen kann, der zu einer Zahlung (einer Autoreparatur) führen kann. Eine Versicherung aller Einzelteile und aller Reparaturarbeiten im Zusammenhang mit mechanischen Problemen reduziert den Anreiz, das Auto gut zu pflegen. Also ergibt sich durch umfassende Garantien ein Moral-Hazard-Problem.

7. Moral-Hazard-Probleme bei Feuerversicherungen ergeben sich, wenn der Versicherte die Wahrscheinlichkeit eines Feuers beeinflussen kann. Ein Grund- und Hausbesitzer kann die Wahrscheinlichkeit eines Feuers oder dessen Auswirkungen reduzieren, indem er schadhafte Kabelsysteme kontrolliert und austauscht, Feuermelder installiert, etc. Nachdem er ein volles Versicherungspaket gekauft hat, hat der Versicherte aber weniger Anreize, die Wahrscheinlichkeit oder die Auswirkungen eines möglichen Feuers einzuschränken – das Moral-Hazard-Problem kann also gravierend sein. Um eine Selbstbeteiligung von €10.000 mit einer 90-prozentigen Deckung aller Verluste zu vergleichen, brauchen wir Informationen über den Wert der möglichen Verluste. Beide Policen reduzieren das Moral-Hazard-Problem, das bei einer vollen Deckung gegeben ist. Ist aber der Besitz weniger (mehr) wert als €100.000, so ist der Gesamtverlust bei einer 90-prozentigen Deckung geringer (höher) als mit einer Selbstbeteiligung von €10.000. Steigt der Wert des Besitzes über €100.000, wird es immer wahrscheinlicher, dass der Besitzer selbst Vorsichtsmaßnahmen gegen Feuer trifft, wenn er eine Police über eine 90-prozentige Deckung aller Verluste hat als wenn er eine Police über €10.000 Selbstbeteiligung hat.

Kapitel 18

4. Man muss wissen, welchen Wert die Anwohner einem Bad im Fluss beimessen, außerdem muss man die Grenzkosten der Vermeidung kennen. Welche Maßnahme zu wählen ist, hängt von Grenznutzen und Grenzkosten der Vermeidung ab. Wird von allen Unternehmen die gleiche Abwassergebühr verlangt, werden die Unternehmen ihre Abwässer so lange reduzieren, bis die Grenzkosten der Vermeidung der Gebühr entsprechen. Wenn die Reduktion nicht hoch genug ist, damit Schwimmen im Fluss wieder möglich ist, könnte die Gebühr erhöht werden.

Die Festlegung eines Grenzwerts ist nur dann effizient, wenn der Entscheidungsträger Grenzkosten und -nutzen der Vermeidung genau kennt. Außerdem wird der Grenzwert die Unternehmen nicht dazu bringen, ihre Abwässer weiter zu reduzieren, wenn neue Filtertechnologien erhältlich sind. Auch bei einem System übertragbarer Abwasserzertifikate muss der Entscheidungsträger einen effizienten Abwassergrenzwert setzen. Sind die Zertifikate einmal ausgegeben, wird sich ein Markt entwickeln, und Unternehmen mit höheren Vermeidungskosten werden von Unternehmen mit geringen Vermeidungskosten Zertifikate kaufen. Es wird jedoch nur dann ein Erlös erzielt, wenn die Zertifikate am Anfang verkauft werden.

6. a. Gewinne werden maximiert, wenn der Grenzerlös gleich den Grenzkosten ist. Bei konstantem Grenzerlös von €40 und Grenzkosten von $10 + 5Q$ ergibt sich $Q = 6$.
   b. Wenn die Bienen nicht kommen, muss der Plantagenbesitzer €10 für die künstliche Bestäubung pro halbem Hektar bezahlen. Da der Besitzer bereit wäre, dem Imker für jedes zusätzliche Bienenvolk bis zu €10 zu bezahlen, beträgt der gesellschaftliche Grenznutzen jedes Volks €50, was den privaten Grenznutzen von €40 übersteigt. Setzt man den gesellschaftlichen Grenznutzen mit den Grenzkosten gleich, ergibt sich $Q = 80$.
   c. Die radikalste Veränderung, die zu einem effizienteren Betrieb führen würde, wäre die Fusion der Plantage mit der Bienenzucht. Dadurch würden die möglichen Externalitäten der Bienenbestäubung internalisiert. Wenn es nicht zu einer Fusion kommt, könnten Imker und Plantagenbesitzer einen Vertrag über die Bestäubungsdienstleistung abschließen.

Register

A

Abadie, Alberto 64
Abgasnormen
    für Automobile 44
Abgeleitete Nachfrage 716
Abnehmende Grenzerträge 327, 401
    Gesetz der 289
    und Grenzkosten 328
Abnehmende GRTS 302
Abnehmende Skalenerträge 307
    Definition 307
Abnehmender Grenznutzen 143
Abschreckung
    des Eintritts 509, 615, 689-697
    nukleare 691
Abschreibung 323
Absoluter Vorteil 826
Abwassergebühren 340
Abweichung
    Definition 227
    Standard 228
Ackerman, Frank 904
Adams, A. Frank, III 447
ADM (Archer Daniels Midland Company) 512
Adverse Selektion 847
Agent(en) 863
    Definition 863
    Geschäftsführer von gemeinnützigen
        Krankenhäusern als 867
Airbus 738
Airbus Industrie
    Markt für Verkehrsflugzeuge 692-694
Akerlof, George A. 268, 845
Aktienmarkt
    Investitionen auf dem 255
    Risikoabbau und 239
Alcan 331
Alcoa 331
Alka-Seltzer 584
Allgemeines Gleichgewicht
    Analyse des 798
    Erreichung des 800
    Übergang zum 799
Aluminiumverhüttung
    kurzfristige Kosten 331
    kurzfristiger Output und 398
Amani Elobeid 802
American Airlines 529, 676-678, 724, 738

Analyse
    allgemeines Gleichgewicht 798
    multiple Regressions- 937
    normative 30
    partielles Gleichgewicht 798-799
    positive 30
    von Wettbewerbsmärkten 435
Anbauflächenbegrenzungsprogrammen 456
Angebot
    an Arbeit, Verschiebung des 719
    an Darlehensmitteln 787
    an Produktionsfaktoren an ein Unternehmen 725
    an Produktionsfaktoren, Markt für 727
    Dauerhaftigkeit und 78
    Elastizitäten des 68
    Nachfrage und 51
    Überschussangebot 814
    vollkommen elastisches 406
    vollkommen unelastisches 406
Angebotselastizität(en) 77
    der Arbeit 730
Angebotskurve(n) 51
    langfristige 51
    Verschiebung der 51, 56
Anlage
    Definition 247
    risikolose 248
    riskante 247
Anlageerträge 248
Anreize
    Anreizsysteme 871
    im Rahmen des Prinzipal-Agent-Konzepts 868
    Managementanreize im integrierten
        Unternehmen 870
Apple 32
Arbeit 728
    Angebot, Elastizität(en) 730
    Angebot, für Ein- und Zwei-Verdiener-
        Haushalte 729
    Angebot, rückwärts geneigt 727
    Angebot, Verschiebung 719
    gewerkschaftlich organisiert 743
    Grenzerlösprodukt der 717
    Nachfragekurve nach 721
    nicht gewerkschaftlich organisiert 743
Arbeiter
    Gewerkschaftsmitglieder 743
    Rückgang der Arbeiterzahlen auf dem privaten
        Sektor 744
Arbeitnehmer
    Abwägungen und 28

Arbeitslosigkeit im Shirking-Modell 876
Arbeitsmarkt
   asymmetrische Information auf dem 875
   Computer und 746
   Marktsignalisierung auf dem 854, 858
Arbeitsproduktivität 296
   Definition 296
   in Industrieländern 296
   und Lebensstandard 296
Arbitrage 32
Archer Daniels Midland Company (ADM) 512
Astra 495
Astra-Merck 495
AstraZeneca 495
Asymmetrische Information
   auf dem Arbeitsmarkt 875
   Auswirkungen der 847
   Definition 844
   im integrierten Unternehmen 871
   Märkte mit 843
AT&T 564
Äthanol 512
Auktion(en) 697-707
   Auktionsverfahren 698
   der Fluch des Gewinners und 701-702
   Englische (oder mündliche) 698
   Holländische 698
   Internet 705-707
   Maximierung der Einnahmen aus 702
   mit gemeinsamem Wert 699, 701
   mit gemeinsamen Werten 701
   mit privatem Wert 699
   mit verschlossenen Angeboten 698
Australien
   Bauxitabbau in 331
Austritt
   freier 609
Auszahlungen 226, 658
Auszahlungsmatrix 632
   Definition 632
   für das Gefangenendilemma 633
Außenmarkt
   Verrechnungspreisbildung bei
     nichtkompetitivem 602
   Verrechnungspreisbildung mit kompetitivem 600
   Verrechnungspreisbildung ohne 597
Automobil(e)
   Abgasnormen für 44
Automobilbranche
   Abgasnormen und 44
   Gestaltung neuer Automobile und 119, 134
   Nachfrage nach 76
Automobilindustrie 28
   Bündelungsmöglichkeiten in der 575
   Gebrauchtwagenmarkt und 845
   Gesamtkostenkurve für die 364

   Monopsonmacht in der 524
   Preisfestsetzung in der 624, 638
Autor, David H. 746
Axelrod, Robert 672

B

Badger Meter 675
Bailey, E.M. 901
Baily, Martin N. 78
Bajari, Patrick 705
Banken 638
Barlow, Connie C. 94
Barnett, A.H. 447
Barney, Dwane L. 447
Barwert (BW) 756
Baseball 852
   freier Agentenmarkt und 852
   Markt für 739
   Markt für Baseballspieler 852
   Teameigentümer, Kartellstatus und 739
Bauxitabbau 331
Bazerman, Max 661
Beaulieu of America 310
Becker, Gary S. 231
Bedingte Prognose 942
Benzin
   kurzfristige Produktion von 403
   Markt 34, 93
   Nachfrage nach 73, 76
   Preisregulierungen und 93
   Preiswettbewerb und 626
   Steuer auf, Auswirkungen einer 178, 474
Benzinsteuer
   Auswirkungen einer 178
Berliner, Diane T. 831
Berndt, Ernst R. 584
Berry, Steven 135
Bertrand, Joseph 625
Bertrand-Modell 625-626
Besitztumseffekt 264
Bestand 755
   Bestand- und Stromgrößen 755
   Kapitalbestände 755
Bestandsexternalitäten 906
Bestandsgröße siehe Erderwärmung
Bestseller
   Preisbildung für einen 559, 559
Beta-Faktor 771
Bewertungen
   Auktionen und 698
   Relative 568
Bilaterales Monopol
   Definition 523
Blackley, Dixie M. 427
Blair, Roger D. 448

BMW 575
Boden
    Bodenrente 733
Boeing 334, 738
Boskin, Michael 155
Boyle, Robert 30
Boylesches Gesetz 30
Branche
    Definition 32
    konjunkturabhängige 74
    langfristige Angebotskurve der 418
    mit abnehmenden Kosten 422
    mit konstanten Kosten 419
    mit zunehmenden Kosten 420
    Nachfrage der 722
Branchenangebotskurve
    langfristige 418
Braniff Airways 529
Brasilien
    Bauxitabbau in 331
    Wetter in, Kaffeepreis und 79
Brealey Richard 769
Bryan, Michael F. 156
Buchhalterische Gewinne 412
Buchhalterische Kosten 317
Budgetbeschränkungen 107, 126
Budgetgerade 126
    Definition 126
    Risiko und 251
    Veränderungen des Einkommens und 128
    Veränderungen des Preises und 129
    Warenkörbe und 127
Bündelung 567-579
    Definition 567
    gemischte 572-578
    in der Praxis 575-578
    Kinobeispiel 567-571
    Koppelung und 578-579
    reine 572
    Relative Bewertungen und 568-571
    Restaurantbeispiel 577-578
Bureau of Labor Statistics 38
Butter
    Preis 38
BW (Barwert) 756

C

CAB (Flugsicherheitsbehörde) 448, 451, 452
Camerer, Colin 263
Capital Asset Pricing-Modell (CAPM) 249, 771-772
Card, David 42, 740
Cashflows
    zukünftige, negative 768
Centner, Terence J. 862
Chay, Kenneth Y. 195

Chile
    Kupferabbau in 407
    Kupferproduktion in 645
Christensen, Laurits 366
Chrystal, K. Alec 831
Cigliano, Joseph M. 723
Cinemax 576
CIPEC
    Analyse des CIPEC-Kartells 645-646
    Internationales Kupferkartell 643
Clayton Gesetz (1914) 526
Clean Air Act von 1963
    Abgasnormen für Neuwagen 44
Clinton, Bill 512
Coase, Ronald 916
Coase-Theorem
    Definition 916
    in der Praxis 917
Cobb-Douglas-Kostenfunktion 378
Cobb-Douglas-Nutzenfunktion 216
Cobb-Douglas-Produktionsfunktion 378
Coca Cola 613
Cola-Getränke
    monopolistischer Wettbewerb und Märkte für 613-614
    Nachfrageelastizitäten bei 613
Collegesport
    Kartellbildung beim 646
Commodity Credit Corporation 455
Commonwealth Edison 368
Computerbranche
    Kosten in der 324
    Markt für Computer und 32
Congleton, Roger D. 512
Consolidated Edison 368
Continental Airlines 677
Cooter, Robert 914
Cootner, Paul H. 78
Corts, Kenneth S. 332
Coughlin, Cletus 831
Coupons
    wirtschaftliche Gründe für 552, 553
Cournot, Augustin 617
Cournot-Gleichgewicht 626, 680
    Definition 620, 664
    Reaktionskurven und 619
Cournot-Modell 617-619, 681
    Bertrand-Modell versus 625
    Definition 617
    Stackelberg-Modell versus 623
Cournot-Nash-Gleichgewicht 620
Couzens, James 874
CPI 107
Cramer, Gail L. 467
Crandall, Robert 529-??, 676-678

D

Daimler-Chrysler 624
Darlehensmittel
  Angebot an 787
  Nachfrage nach 787
Dauerhaftigkeit
  Angebot und 78
  Nachfrage und 73
Deadweight-Verlust
  Definition 440
Deere, Donlad 741
deLeeuw, Frank 428
Dell 32, 324
Della Vigna, Stefano 263
Delta Airlines 334, 724
Dermisi, Sofia 64
Designerjeans
  Aufschlagspreisbildung und 505
  Werbung und 583
Detroit Edison 368
Deutschland
  Airbus und 692
  Arbeitsproduktivität in 297
Dieselkraftstoff 34, 35
Diskontierter Gegenwartswert (Barwert)
  Definition 756
Diskontsatz
  Bestimmung des 765-766
  Definition 765, 789
  nominal versus real 767
  real versus nominal 767
Disney Channel 576
DiTella, Raphael 124
Diversifikation 238
Diversifizierbares Risiko 769
Dixit, Avinash 664, 697, 766
Dollarnote, wie kauft man eine 660-661
Dominante Strategie
  Definition 662
  Gleichgewicht bei 663
Dominantes Unternehmen 640-641
  Definition 640
  Preisbildung eines 640
Don Fullerton 899
DPL (Durchschnittsprodukt der Arbeit) 286
Dreyfus, Mark K. 776
Drohungen 681
Du Pont 694, 900
Dualität
  in der Konsumtheorie 217
  in der Produktions- und Kostentheorie 377
Duke Power 368
Dulberger, Ellen R. 155

Duopol
  Beispiel für ein 622
  Definition 617
  Stackelberg-Modell und 623
  Vorteil des ersten Zuges und 623
Durchnittserlöskurve 725
Durchschnittliche ökonomische Kosten 326
Durchschnittsausgaben 518, 736
Durchschnittsausgabenkurve 725, 737
Durchschnittserlös, Grenzerlös und 487, 489
Durchschnittskosten
  fixe (FDK) 326
  totale (TDK) 326
  variable (VDK) 327
Durchschnittsprodukt der Arbeit (DPL) 286
Durchschnittsproduktkurve der Arbeit 288

E

eBay 705
Economic Report of the President 39
economies of scale 351
economies of scope 356
Edgeworth-Box 808
Edwards, Richard 744
Effektivverzinsung 761
Effiziente Allokation 806, 809
Effizienz
  auf Outputmärkten 824, 833
  bei der Produktion 819
  bei Gütern 823
  bei Inputs 820, 833
  beim Tausch 806, 832
  eines Wettbewerbsmarktes 443
  Gerechtigkeit und 815
  technische 820
  und öffentliche Güter 923
  von Wettbewerbsmärkten 814, 832
Effizienzkosten 443
Effizienzlohn
  bei der Ford Motor Company 874
  Definition 875
Effizienzlohntheorie 875
Egalitäre Ansicht über Gerechtigkeit 818
Eier
  Preis 39, 58
Eigentumsrechte
  Definition 914
  Externalitäten und 914
Eigentumswohnung 389
Einkommen
  Änderung des
    Budgetgerade und 128
    individuelle Nachfrage und 167
  Grenznutzen des 215
  Nachfragekurve und 53
  Risikoaversion und 236

Einkommenseffekt 176, 218
    Definition 176
    Slutsky-Gleichung und 219
Einkommenselastizität der Nachfrage 67, 169
Einkommens-Konsumkurve 169
Einselastische Nachfragekurve 184
Eintritt
    Eintrittsbarrieren 509, 615, 689
    freier 609
Eintrittsbarriere 509, 615
Ekanem, Nkanta 428
Elastische Nachfrage 183
    unendlich 67
Elastizität(en)
    Definition 65
    der Marktnachfrage 508
    des Angebots 77
    des Marktangebots 405, 521
    kurzfristige
        langfristige und 72
    langfristige 425
        kurzfristige und 72
Elastizität(en) der Nachfrage 65, 183
    Auswirkungen einer Steuer und 472
    Einkommen 67, 169
    Kreuzpreis- 67, 216
    kurzfristige und langfristige 72
    langfristige und kurzfristige 72
    Preis- 65, 183, 244
Elastizität(en) des Angebots 65, 68, 406
    Auswirkungen einer Steuer und 472
    langfristige 425
Elgar, Edward 512
Ellerman, A. D. 901
Ellerman, Denny 901
Elliot, Kimberly Ann 831
Emissionen
    effizientes Emissionsniveau 891
    Grenzkosten der 891
    Grenzkosten der Vermeidung von 892
    Handelssystem für 899
    übertragbare Emissionszertifikate 897, 899
Emissionsgebühr(en) 893
    Definition 893
    Grenzwerte und, im Vergleich 894
    Vorteile von 894
Emissionsgrenzwert(e)
    Definition 892
    Gebühren und, im Vergleich 894
    Vorteile von 896
Emissionszertifikate
    handelbare 897
Endowment-Effekt 264

Energieerzeugungsbranche
    Durchschnittskosten der Produktion in der 367
    Größenvorteile in der 366
    Kostenfunktion für die 366
Engelkurven 170
Englische (oder mündliche) Auktion 698
Enomoto, Carl E. 506
Entscheidung
    bei Unsicherheit 223
    der Verbraucher 131
    staatliche Politik und 230
EPA 340
Erderwärmung 906, 911
Erdgas
    Knappheiten, Preisregulierung und 94, 441
    Produzentenpreisindex für Erdgas 944
Ergaspolitikgesetz von 1978 94
Erschöpfbare Rohstoffe 782-786
    Abbau 785-786
    Produktionsentscheidungen und 782-783
Erster Zug, Vorteil des 623, 680
Erstpreisauktion 698
Ertrag 248
    Definition 248
    erwartete, tatsächliche Erträge und 248, 249
    Tradeoff zwischen Risiko und 250
Erträge auf Anlagen 248
Ertragsrate 761
    Definition 761
    interne 767
Ertragsratenregulierung 516
Erwarteter Nutzen 233
Erwartungswert 226
Esteban Rossi-Hansberg 829
Ethanol 801
Ewiges Rentenpapier 761
ex ante Prognose 942
ex post Prognose 942
Expansionspfad 348
    Definition 344
    kurzfristiger 349
    langfristiger 348
    und die langfristigen Kosten 344
Extensive Form eines Spiels 679
Externalität(en)
    Definition 443
    Eigentumsrechte und 914
    Marktversagen und 443, 834
    negative 884
    positive 884, 887
Externe Grenzkosten 885
Externe Kosten 885
Externer Grenznutzen 887
Externer Nutzen 887
Exxon 26

Register

F

Fair, Ray C. 729
Faktormärkte 716
    Definition 716
    kompetitive, Gleichgewicht auf 731
    mit Monopolmacht 741
    mit Monopsonmacht 736
Farber, Henry S. 273
Faustregeln 269
Federal Commission of Communication (FCC, US-Kommunikationsbehörde) 697
Federal Reserve (U.S. Zentralbank) 789
Federal-Trade-Commission-(FTC, oberste US-Kartellbehörde) 527
Federal-Trade-Commission-Gesetz (1914) 527
Fester Abfall
    Regulierung von 905
Festes Einsatzverhältnis
    Produktion mit 304
Festgewichteter Index 153
Firma
    Theorie der 280
Fisher, Franklin M. 78
Fixe Durchschnittskosten (FDK) 326
    Definition 326
Fixe Kosten
    und versunkene Kosten 322
Fixer Produktionsfaktor 284
Fixkosten (FK) 321
    Definition 321
Fixsummenspiel 659
FK (Fixkosten) 321
Flexibilität
    Input 300
Flood, Curt 739
Fluch des Gewinners 701
Flugsicherheitsbehörde (CAB) 448, 451, 452
Flugzeugindustrie
    Kollusion in der 676-678
    Lernkurve für die 363
    Nachfrage nach Treibstoff 723-725
    Preise und Preisdiskriminierung in der 554-555
    Wettbewerb in der 676-678
Flussgrößen siehe Erderwärmung
Foley, Patricia 87
Folgers 614
Ford Motor Company 524, 615, 624
    Effizienzlöhne bei der 874
Ford, Henry 874
Formby, John P. 188
Fox, Merritt B. 863
Frage der Produktwahl 665
Frankreich
    Airbus und 692
Frech, H.C., III 147
Freier Marktaustritt 410, 609
Freier Markteintritt 410, 609
Freihandel, Vorteile des 826
Freizeit 728
Freizeitbeschäftigung
    offenbarte Präferenz für 142
Friedlaender, Ann F. 193, 357
Friedman, James W. 664
Frijters, Paul 124
Fudenberg, Drew 664

G

Garantien
    für Tiergesundheit 862
    Marktsignalisierung und 857
Gates, Bill 531
Gateway 324
Gebäude der juristischen Fakultät
    Auswahl des Standorts für ein 320
Gebühren
    zweistufige 540
Gefangenendilemma 631
    Auswirkungen des, bei oligopolistischer Preisbildung 635
    Definition 632
    Procter & Gamble im 634
Geknickte Nachfragekurve 636
Gemeinnützige Krankenhäuser
    Geschäftsführer von, als Agenten 867
Gemischte Bündelung 572, 576
Gemischte Strategie 669
General Electric 75
General Foods 613
General Mills 106
General Motors 26, 28, 29, 75, 135, 200, 247, 280, 366, 486, 524, 638, 772
Gerechtigkeit
    und Effizienz 815
    und vollkommener Wettbewerb 818
    vier Ansichten über 818
Gesamtkosten 321
Gesamtkostenkurve
    für die Automobilindustrie 364
Geschäftsaufgabe 321
Geschäftsbanken
    Preisführerschaft und Preisstarrheit bei 638-639
    Prime Rate 639
Geschäftsführer
    Wahl des Risikos und 237
Geschlechterkampf 670-671
Gesellschaftliche Grenzkosten 886
Gesellschaftliche Kosten
    der Monopolmacht 510
    der Monopsonmacht 522
Gesellschaftliche Wohlfahrtsfunktion 817

Gesellschaftlicher Diskontsatz siehe Erderwärmung
Gesellschaftlicher Grenznutzen 888
Gesetz der abnehmenden Grenzerträge 289
Gesetz der großen Zahl 240
Gesetz über die Reinhaltung der Luft von 1963
    Ergänzungen aus dem Jahr 1970 195
    Ergänzungen zu Abgasnormen für Neuwagen aus dem Jahr 1970 193
Getreideflocken
    Nachfrage nach 203
Getting Gertie's Garter 567
Gewährleistungen
    Marktsignalisierung und 857
Gewerkschaftsmitglieder 743
    Rückzug der, auf dem privaten Sektor 744
Gewinn(e)
    buchhalterische 412
    Definition 391
    Maximierung der 387
    ökonomische 412
    Produzentenrente und 409
    variabler 544
Gewinnmaximierung 387, 497, 543, 598
    beim Monopolisten 490, 610
    eines Unternehmens, kurzfristige 394
    eines Wettbewerbsunternehmens 394
    Grenzerlös und 391, 392
    Grenzkosten und 391, 392
    kurzfristige 392
    langfristige 411
    Organisationsformen und 388
Ghemawat, Pankaj 687, 694
Ghosh, Socumendra N. 506
Giffen-Gut 177
Gilette 540
GK (Grenzkosten) 325, 617
Glaister, Stephen 76
Glaubwürdigkeit 683-685
Gleichgewicht
    allgemeines 798
    auf einem kompetitiven Faktormarkt 731
    auf einem oligopolistischen Markt 616
    bei dominanten Strategien 663
    Cournot 620
    Definition 813
    des Marktes, Veränderungen des 56
    Konsumenten-, auf dem Wettbewerbsmarkt 812
    kurzfristig 610
    langfristig 610
    Nash 616
    nichtkooperatives 631
    Stackelberg 680
    Wettbewerbs- 813
Gleichgewichtslohnsatz 731, 877
Gleichgewichtspreis 55
Gokhale, Jagadeesh 156

Goldmarkt 32
Gordon, Robert J. 155
Government Accounting Office, GAO (U.S. Finanzbehörde) 867
GPL (Grenzprodukt der Arbeit) 286
Grad der Verbundvorteile (SC) 356
    Definition 356
Graham, Daniel 76
Graham, David R. 453
Greene, William H. 366
Greenstone, Michael 195
Greg Linden 829
Grenzausgaben 518, 736
Grenzausgabenkurve 725, 737
Grenzerlös (GE)
    Definition 391, 717
    Durchschnittserlös und 487, 489
    für ein Wettbewerbsunternehmen 392
    Gewinnmaximierung und 391, 392, 395
Grenzerlösprodukt 717
Grenzkosten (GK) 133, 885
    Definition 133, 325, 580
    der Emissionsvermeidung 892
    gesellschaftliche 886
    Gewinnmaximierung und 391, 392
Grenznutzen (GU) 886
    abnehmender 143
    Definition 143, 232
    des Einkommens 215
    Einkommen und 232
    gesellschaftlicher 888
    Verbraucherentscheidung und 143
Grenzprodukt der Arbeit (GPL) 286
Grenzproduktkurve der Arbeit 289
Grenzrate der Substitution 115, 167, 214, 301, 807
Grenzrate der technischen Substitution 301, 376, 833
    abnehmende 302
    Definition 301, 339, 820
Grenzrate der Transformation (GRT) 821
Grenzwert 517, 736
Griffin, James M. 90, 403
Griliches, Zvi 155
Grossman, Gene M. 829
Großbritannien
    Airbus und 692
Größennachteile
    Definition 351
    langfristige Kosten bei Größennachteilen 353
Größenvorteile 351
    Definition 411
    in der Energieerzeugungsbranche 366
    Kostenfunktionen und 366
    langfristige Kosten bei Größenvorteilen 353
    Lerneffekt und 360
    Monopolmacht und 509
GRTS 376, 820

Grund und Boden
  Opportunitätskosten von 415
Guinea
  Bauxitabbau in 331
Güter
  dauerhafte 73, 74, 75
  Giffen- 177
  inferiore, normale Güter und 169
  markträumende 55
  mehr, weniger Güter und 110
  nichtausschließbare 922
  nichtrivalisierende 921
  normale, inferiore Güter und 169
  öffentliche 921
  Produktion von zwei 354
  Ungüter und 118
Güterbündel 108
Gütermärkte 824
Gütertransformationskurve(n) 354
Gypsy Moth Tape 629, 634

H

Haagen-Daaz 385
Hahn, Robert W. 899
Haisken-Denew, John P. 124
Hamermesh, Daniel 859
Handel
  protektionistische Maßnahmen 831
  Vorteile des 807
  Vorteile des Freihandels 826
Hansen, Julia L. 188
Harrison, David Jr. 925
Hauser, John 629
Hausman, Jerry 776
Hebelwirkung 253
Herzlinger, Regina E. 867
Hester, Gordon L. 899
Hewlett-Packard 32
Hicks, John 219
Himmelberg, Charles 270
Hochman, Eithan 306
Hochschulausbildung
  Preis einer 39, 58
  Treuhandfonds für 138
Höchstpreise 94
Holden, Reed 399
Holland
  Freihandel und 826
Holländische Auktion 698
Home Box Office 576
Horizontal integriertes Unternehmen 870
Hortaçsu, Ali 705
Hossain, Tankim 270
Hotelling Regel 783

Hotelling, Harold 783
Hufbauer, Gary Clyde 831
Humankapital
  Investitionen in 777

I

Ian 76
IBA (International Bauxit Association) 642
IBM 26, 324, 624
Idealer Lebenshaltungskostenindex 150
Importquote 463
  Definition 463
  für Zucker 466
Importzölle 463
Index der Größenvorteile (SCI) 366
Indifferenzkurve 110
  Darstellung 112
  Definition 110, 236
  Form der 114
  Nutzenfunktionen und 121
  Risiko und 251
  Risikoaversion und 236
Indifferenzkurvenschar 113
Individuelle Nachfrage 165, 181
Individuelle Nachfragekurve 166
Industrieanleihen, Erträge auf 763-764
Ineffizienz
  negative Externalitäten und 884
  positive Externalitäten und 887
Infiniti 575
Information(en)
  asymmetrisch 843
  Auktionen und 698
  Mangel an, Marktversagen und 444
  unvollständige, und Marktversagen 835
  vollständige, Wert der 243
Inglehart, Ronald F. 124
Input(s)
  (Arbeit), Produktion mit einem variablen 284
  und Abwassergebühren 340
  variable
    Produktion mit zwei 298
  Wahl der 338
Inputeffizienz 820, 832
Inputflexibilität 300
Inputpreis
  Änderung eines und Reaktion auf 402
Inputwahl
  kostenminimierende 335
Integrierte Unternehmen
  asymmetrische Information im 871
  Managementanreize im 870
  Verrechnungspreisbildung im 871
  vertikal 871

Intel Corporation 772
International Bauxit Association (IBA) 642
International Council of Copper Exporting
   Countries 643
Interne Ertragsrate 767
Internetauktionen 705
Intertemporale Preisdiskriminierung 555
Interventionen
   staatliche, Auswirkungen 92
Investitionsentscheidungen
   von Verbrauchern 774
Investmentfonds 239
iPod 829
Irak
   Invasion in Kuwait 88
   Krieg gegen den Iran 88
   Ölproduktion und 88, 92
Iran
   Krieg gegen den Irak 88
   Ölproduktion und 88, 92
   Revolution 88
Irwin, D.A. 363
Isoelastische Nachfrage 184
Isoelastische Nachfragekurve 184
Isokostengerade 336
   Definition 336
Isoquante 298, 376
   Definition 299
Isoquantenschar 300
   Definition 300
Italien
   Freihandel und 826

J

Jagger, Mick 27
Jamaika
   Bauxitabbau in 331
Japan
   Arbeitsproduktivität in 297
   Lernkurve für 363
Jason Dedrick 829
Jeans 583
Jennings, Harold 758
Jensen, Clarence W. 467
John 124
Johnson, D. Gale 467
Jonathan P. Caulkins 899
Jorgenson, Dale W. 155
Joskow, P. L. 901
Just, Richard E. 306

K

Kabelfernsehen
   Bündelung beim 576
Kaffee
   Angebot und Nachfrage 81
   monopolistischer Wettbewerb und Märkte für
      613-614
   Nachfrageelastizitäten bei 613
   Preis 79
Kahneman, Daniel 264, 269
Kameras 34
   Märkte und 34
Kao Soap Ltd 629
Kapazitätsschranken 77
Kapital
   Kapitalkosten des Unternehmens 772
   Mietsatz des 336
   Opportunitätskosten des Kapitals 765
   Preis des 335
Kapitalbestand 755
Kapitalintensive Technologie 305
Kapitalinvestitionen
   in der Wegwerfwindelbranche 772
   Kapitalwertentscheidungen bei 764
Kapitalnutzungskosten 334, 335
   Definition 334
Kapitalstock
   Definition 296
Kapitalwert-Kriterium
   Definition 765
   für Investitionsentscheidungen 764
Kaplan, Daniel P. 453
Kaplow, Louis 897
Kardinale Nutzenfunktion 123
Kartelle 642
   Analyse der Preisbildung bei 643-646
   Baseball und 739
   Bauxit 608, 642
   Bedingungen für den Erfolg von 643
   Definition 33, 608
   Milch 648
   Quecksilber 642
   U.S.-Kartellgesetze 526, 642
Kartellgesetze 525
   Ausnahmen 648
   Definition 525
   Durchsetzung der 527, 579
   internationale Kartelle und 642
Kaserman, David L. 447, 448
Katz, Lawrence 746

Register

Käufer
  Interaktionen zwischen 522
  mit Monopsonmacht 519
  Monopsonmacht und Anzahl der 521
  Wettbewerbskäufer und -verkäufer im Vergleich 517
Kaufkraft 129
Kenneth I. Kraemer 829
Kimberly-Clark 695, 772
King 687
Kinofilme
  Bündelung bei 567
Klein, Benjamin 579
Kleinstquadratkriterium 938
Kleinstquadratschätzer 940
Klenow, P.J. 363
Klimaanlage, Auswahl einer 775-776
Knappheit 55
Knetsch, Jack 263, 264
Knight, Frank 225
Kodak 772
Kohle
  Nachfrage nach 944
  Produzentenpreisindex für 944
Kohlhase, Janet E. 729
Kollusion, Wettbewerb versus 631-635
Kollusionskurve 623
Komparativer Vorteil 826
Komplementärgüter 54, 68, 173
  Definition 54, 304
  vollkommene 117
Konfidenzintervall 940
Kongo (ehemals Zaire) 645
Konjunkturabhängige Branchen 74
Konstante Skalenerträge 307
  Definition 307
Konsument(en)
  Investitionsentscheidungen von 774-776
  Kaufkraft der 129
  Konsumentengruppen und Preisdiskriminierung 548-549
  Preisstützungen und 454
  Trade-offs und 27
Konsumentengleichgewicht auf dem Wettbewerbsmarkt 812-814
Konsumentenpräferenzen 108
  grundlegende Annahmen zu 109
  Indifferenzkurven und 110
  mehr Güter und weniger Güter und 110
  offenbarte 140
  Transitivität der 110
  Vollständigkeit der 110
  Warenkörbe und 108
Konsumentenrente 191, 436, 464
  Abschöpfung der 541-542
  Anwendung der 193, 438
  Definition 191, 408, 437

Nachfrage und 191
Wohlfahrtswirkungen staatlicher Eingriffe und 438
Konsumententheorie 27
Konsumtheorie
  Dualität in der 217
Kontraktkurve 811-812
  Definition 811
Konvexität 116
Konzentrationsindex 509
Kooperative 388
Kooperatives Spiel
  Definition 659
  nichtkooperatives Spiel versus 659, 662
Koppelung 578
Korvette 687
Kosten
  Änderungen der
    dramatische 358
  bedeutende 316
  buchhalterische 317
  der Kapitalnutzung 334
  der Produktion 315
  Effizienz 443
  externe Grenzkosten 885
  gesellschaftlichen 510
  kurzfristige 327
  langfristige 334
  langfristige durchschnittliche 349
  Messung der 316
  ökonomische 317
  Prognose der 364
  Schätzung der 364
  Überlegungen für Führungskräfte 399
  Unternehmen mit identischen 415
  Unternehmen mit unterschiedlichen 415
  versunkene 319
  zusätzliche 896
Kosten in der kurzen Frist 327
Kostenfunktion(en)
  Definition 364
  Energieerzeugungsbranche 366
  kubische 365
  quadratische 365
  und die Messung von Größenvorteilen 366
Kostenkurve(n)
  kurzfristige und langfristige 347
  Verlauf der 328
Kostenminimierung 375
  bei veränderlichen Produktionsniveaus 342
Kostensenkende Innovation 695
Kraft General Foods 203
Krankenhäuser, Geschäftsführer von gemeinnützigen, als Agenten 867
Krasker, William S. 867
Kreditmarkt 849
Kreps, David M. 626, 670

Kreuzpreiselastizität der Nachfrage 67, 216
Krishnamurthi, Laksham 614
Krueger, Alan 42, 740
Krugman, Paul R. 692
Kubische Kostenfunktion 365
Kupfer
    Angebot 78, 85, 406
    Markt und 33, 85
    Nachfrage nach 85
Kupfermarkt 85
Kurze Frist
    Definition 284
    Gewinnmaximierung 392
    lange Frist und 284
    Outputentscheidung 394
Kurzfristig
    Gleichgewicht 610
    monopolistisches Wettbewerbsunternehmen 610
Kurzfristige Angebotskurve 401, 727
    des Wettbewerbsunternehmens 495
    für Wettbewerbsunternehmen 401
    langfristige Angebotskurven und 77
Kurzfristige Durchschnittskostenkurve (SDK) 349
Kurzfristige Kosten
    Aluminiumverhüttung 331
    Determinanten der 327
    langfristige Kosten und, Beziehung zwischen 352
Kurzfristige Marktangebotskurve 404, 727
Kurzfristiger Expansionspfad 349
Kuwait
    irakische Invasion 88

L

Lagrangesche Multiplikatoren
    Methode der 213
Lange Frist
    Definition 284
    Gewinnmaximierung 411
    kurze Frist und 284
    Outputentscheidung 410
    Produzentenrente 408, 417
    Wettbewerbsgleichgewicht 412
Langfristig
    Gleichgewicht 610
    monopolistisches Wettbewerbsunternehmen 610
Langfristige Angebotskurve(n)
    einer Branche 418
Langfristige durchschnittliche Kosten 349
Langfristige Durchschnittskostenkurve (LDK) 349
Langfristige Elastizität des Angebots 425
Langfristige Grenzkostenkurve (LGK) 350
Langfristige Kosten
    bei Größenvorteilen und Größennachteilen 353
    Beziehung zwischen kurzfristigen und 352
    und der Expansionspfad 344

Langfristiger Expansionspfad 348
Langfristiges Wettbewerbsgleichgewicht 412
Langley, Sudchada 69, 185
Langusten 920
Laspeyres-Preisindex 152
    Definition 152
    Lebenshaltungskostenindex und 152
    Paasche-Index und 153
LDK (langfristige Durchschnittskostenkurve) 349
Lebenshaltungskostenindex 149
    Definition 150
    festgewichteter 153
    idealer 150
    Laspeyres 152
    Paasche 153
Lebensmittelgenossenschaft 389
Lebensmittelgutscheinprogramm 106
Lebensmittelmarken 818
Lee, William C. 147
Lehn, Kenneth 852
Lenovo 32
Leontief-Produktionsfunktion 304
Lerner, Abba 503
Lerners Maß der Monopolmacht 503
Lernkurve 358, 782
    Definition 358
    für Airbus Industrie 363
    graphische Darstellung der 358
    in der Praxis 361
Levinsohn, James 135
Lewbel, Arthur 574
Lexus 575
LGK (langfristige Grenzkostenkurve) 350
Lieberman, Marvin 362
Lineare Nachfragekurven 66, 184, 620
Lineare Regression 937
List, John A. 265
Loewenstein, George 263, 264
Löhne 28
    beim Militär 734
    Differenzierung von 744
    Effizienz und 874
    Erhöhung von, Substitutions- und Einkommenseffekte 729
    Gleichgewicht 855
    Gleichgewicht und 731
    Ungleichheit und 59
    Unterschiede bei, Computer und 746
    Wert verlorener 758
Luft, saubere 925
Luftfahrtsektor
    Kosten im 334
    Regulierung des 448, 451
Lustgarten, Steven 524

M

Mac Culloch, Robert 124
MacAvoy, Paul W. 94
MacCrimmon, Kenneth R. 237
MacKie-Mason, Jeffrey K. 642
Macunovich, Diane J. 729
Makroökonomie
    Definition 26
    Mikroökonomie und 26
Maloney, M. T. 900
Malthus, Thomas 291
Mammoth Mart 687
Marginaler Vorteil 133
Marginalprinzip 144, 214
Markt
    Auswirkungen von 82
    äußerst kompetitiver 386
    Definition 32, 34
    Kenntnis und Prognose von 82
    Preisregulierungen und 92
    Reichweite eines 34
    sich ändernde Bedingungen auf einem 82
    staatliche Interventionen auf einem 92
Marktangebot
    Elastizität des 405, 521
Marktangebotskurve 404, 727
Marktaustritt 413
    freier 410
Märkte
    Auktionen 697
    Effizienz auf Outputmärkten 824, 833
    für „Lemons" beim Baseball in der ersten
        US-Liga 852
    für „Lemons" und Qualitätsunsicherheiten 844
    für Arbeit 728
    für freie Agenten 852
    für Gebrauchtwagen, Unsicherheit auf 845
    für Kredite 849
    für Versicherungen 847
    konzentrierte 509
    mit asymmetrischer Information 843
    Nichtwettbewerbsmärkte und Wettbewerbs-
        märkte 33
    Outputmärkte 716
    Produktionsfaktoren 716
    Reputation und 849
    Standardisierung und 849
    Versagen der 849
    Wettbewerbs- 33
Markteintritt 413
    freier 410
Marktgleichgewicht
    Veränderungen des 56
Marktmacht 56, 485
    Definition 487
    Einschränkung der 525
    Marktversagen 834
    Preisbildung bei 539
Marktnachfrage 181
    Elastizität der 508
Marktnachfragekurve 182, 721, 923
Marktorientierte Ansicht über Gerechtigkeit 818
Marktpreis 33
    ein einziger 385
    Verhalten des 783
Markträumende Güter 55
Marktsignalisierung 853
    auf dem Arbeitsmarkt 854, 858
    Definition 853
    Garantien und 857
    Gewährleistungen und 857
Marktversagen
    Gründe für 443, 834
    Korrekturmöglichkeiten für 890
    öffentliche Güter und 924
Maximin-Strategie 667
Maxwell House 613, 614
Mayer, Christopher 270
Mc Afee, Preston 697
McDonald´s
    gemischte Bündelung bei 578
    Koppelung bei 578
    Standardisierung und 850
McGwire, Mark 699
McKean, Brian J. 899
Mehrheitswahl 927, 928
Menell, Peter S. 905
Menschliche Nieren
    Markt für 445
Merck 495
Mercurio Europeo 642
Methode der Lagrangeschen Multiplikatoren 213
Microsoft Corporation 324, 531, 716
Mietsatz 336
Mikroökonomie
    Definition 26
    Makroökonomie und 26
Milch
    Produzenten, Kartell der 648
Milgrom, Paul 697
Militär
    Bezahlung beim 734
    Mangel an ausgebildetem Personal beim 735
Miller, Jonathan 390
Mindestlohn
    Auswirkungen eines 450
    Geschichte des 41
Mindestpreise 448
Mineralölprodukte
    kurzfristige Produktion von 403
Miranda, Marie Lynn 905
Mittlere Tendenz 226

Modell der geknickten Nachfragekurve 636
Modelle
    Definition 29
    Theorien und 29
Mohawk Industries 310
Monopol 487
    bilaterales 523
    Definition 486
    Monopson versus 519
    natürliches 509
    reines 486
Monopolist
    Gewinnmaximierung beim 490, 492, 610, 785
    Preisbildung beim 493
    Produktionsentscheidung des 489
    Rohstoffproduktion des 785
Monopolistischer Wettbewerb 607, 609
    auf den Märkten für Cola-Getränke und Kaffee 613
    Definition 608
    ökonomische Effizienz und 611
    Voraussetzungen für 609
Monopolmacht 486, 500, 643
    des Verkäufers 742, 834
    Faktormärkte mit 741
    gesellschaftliche Kosten der 510
    Messung der 503
    Nettowohlfahrtsverlust aufgrund von 511
    über den Lohnsatz 741
    Ursachen der 508
Monopson 516
    Definition 486
    Monopol versus 519
Monopsonmacht 486, 520
    auf dem Markt für Baseballspieler 739
    Definition 517
    Faktormärkte mit 736
    gesellschaftliche Kosten der 522
    in der verarbeitenden Industrie der USA 524
    Nettowohlfahrtsverlust aufgrund von 523
    Ursachen der 521
Montero, J. P. 901
Moral Hazard 859
    Abbau von 862
    Auswirkungen von 861
    Definition 859
Morgan, John 270
Morkre, Morris E. 467
Morrison, S. 453
Mueller, Michael J. 786
Müllgebühr 905
Mülltrennungspflicht 905
Multiple Regressionsanalyse 937
Murphy, Kevin M. 741
Myers, Stewart 769
Mylanta 584

N

Nabisco 203
Nachfrage
    abgeleitete 716
    Angebot und 51
    bei einem Wettbewerbsunternehmen 392
    Beziehung, Form der 202
    Branchennachfrage 722-725
    Dauerhaftigkeit und 73
    elastische 183
    Elastizität(en) der 183
    empirische Schätzungen der 200
        Interviews und experimentelle Ansätze 204
        statistischer Ansatz 200
    individuelle 165, 181
    isoelastische 184
    Konsumentenrente und 191
    Markt 181
    nach Darlehensmitteln 787
    nach Flugzeugtreibstoff 723
    nach Produktionsfaktor, wenn mehrere Faktoren verfügbar 720-721
    nach Produktionsfaktor, wenn nur ein Faktor verfügbar 716-720
    nach riskanten Anlagen 246
    nach sauberer Luft 925
    nach Zahnbürsten 501
    Netzwerkexternalitäten und 195
    Überschussnachfrage 814
    Verschiebung der, auf Monopolmärkten 496
Nachfrageelastizität(en)
    der Werbung 582
    des Preises 724
Nachfragekurve(n) 51, 53, 393
    des Marktes 182, 923
    eines Wettbewerbsunternehmens 833
    einselastische 184
    geknickte 636
    individuelle 166
    isoelastische 184
    langfristige, kurzfristige Nachfragekurven und 77
    lineare 66, 184, 620-623
    Marktnachfragekurve 721-725
    nach Arbeit 721, 722
    Verschiebung der 56
    Wettbewerbsunternehmen 393
NAFTA, Nordamerikanisches Freihandelsabkommen 831
Nagle, Thomas 399
Nahrungsmittelkrise
    Thomas Malthus und die 294
Narasimhan, Chakravarthi 552
Nash-Gleichgewicht 620, 625, 626, 664, 688
    bei Preisen 628
    Definition 617

National Lead 694
Nationales Organtransplantationsgesetz (1984) 445, 446
Natural Gas Policy Act von 1978 94
Natürliche Ressourcen, Preis von, langfristiges Verhalten 61
Natürliches Monopol 514
    Definition 514
    Preisregulierung beim 515
Negativ korreliert 239
Negative Externalitäten 884
    und Ineffizienz 884
Nennwert 763
Neptune Water Meter Company 675
Netscape 531
Nettowohlfahrtsverlust (Deadweight Loss)
    Definition 440
    durch Monopolmacht 511
    durch Monopsonmacht 523
Netzwerkexternalitäten 195
Neumark, David 741
Nevin, John R. 614
Nevo, Aviv 552
New York Yankees 740
Nicht diversifizierbares Risiko 249, 769
Nicht gewerkschaftlich organisierte Arbeiter 743
Nichtausschließbare Güter 922
Nichtkooperatives Gleichgewicht 631
Nichtkooperatives Spiel 632
    Definition 659
    kooperatives Spiel versus 659
Nichtrivalisierende Güter 921
Nicht-Shirking-Nebenbedingung (NSC) 876
Nichtsystematisches Risiko 769
Nichtwettbewerbsmärkte
    Wettbewerbsmärkte und 33
Nieren, menschliche, Markt für 445
Noll, Roger 739
Nominaler Preis
    Definition 38
    reale Preise und 38
Nordamerikanisches Freihandelsabkommen (NAFTA) 831
Normative Analyse 30
    Definition 31
Northeast Interstate Dairy Compact 648
Northwest Airlines 677
NSC (Nicht-Shirking-Nebenbedingung) 876
Nukleare Abschreckung 691
Nullgewinne
    ökonomische 412
Nutzen 120
    Definition 121
    erwarteter 233
    externer 887
    gesellschaftlicher 884
    Grenznutzen 886
    Maximierung des 824

Nutzenfunktion 121
    Cobb-Douglas 216
    Definition 121, 232
    Indifferenzkurven und 121
    kardinale 123
    ordinale 123
Nutzenmöglichkeitsgrenze 816
Nutzungskosten
    der Produktion 784

O

Offenbarte Präferenzen 140
Öffentliche Güter 921
    Definition 836
    Effizienz und 923
    Eigenschaften von 921
    Private Präferenzen für 927
    und Marktversagen 924
Office of Management and Budget (U.S. Finanzbehörde) 867
Oi, Walter Y. 560, 734
Ökonomische Effizienz 796
    bei der Produktion 819
    Definition 557
    Gerechtigkeit und 815
    monopolistischer Wettbewerb und 611
    Verhandlungen und 914
    von Wettbewerbsmärkten 814, 832
Ökonomische Gewinne
    buchhalterische Gewinne und 412
Ökonomische Kosten 317, 401
    durchschnittliche 326
Ökonomische Nullgewinne 412
Ökonomische Rente 416, 732
    Definition 416, 732
Oligopol 607
    Bertrand-Modell des 625
    Definition 608
    der geknickten Nachfragekurve 636
    Preisbildung beim 635
Oligopolistischer Markt
    Gleichgewicht auf einem 616
Oligopson 517
Ölmarkt 33, 88
    kurzfristige Produktion von Mineralölprodukten 403
    Monopolmacht auf dem 510
    OPEC und 510
    Produktionsentscheidungen und 782
Olson, C. Vincent 453
OPEC (Organisation erdölexportierender Länder) 33, 76, 608, 783
    Analyse der 643
    Monopolmacht und 508
    Ölpreis 644
    U.S.-Kartellgesetze und 526

Opportunitätskosten 317
    Definition 317
    des Kapitals 765
Optimale Strategie 659
Ordinale Nutzenfunktion 123
Output
    Entscheidung
        kurzfristige 394
        lange Frist 410
Outputeffizienz 823
    Wettbewerb und 825
Outputmärkte 716
    Effizienz auf 824, 833

P

P&G 629
Paasche-Index 153
    Definition 153
    Laspeyres-Index und 153
Pakes, Ariel 135
Paketpreisbildung 547
Pan American World Airways 677
Parallelverhalten 526
Pareto, Vilfredo 806
Pareto-Effizienz 812
Parry, Ian 76
Partielle Gleichgewichtsanalyse 798
Patent 509
Pepcid 495
Pepsi Cola 613
Peru, Kupferproduktion in 86, 645
Pfandsysteme 904
Pindyck, Robert S. 76, 90, 94, 642, 766, 786, 913, 937, 943
Pizzerien 324
Polinsky, Mitchell 231
Positiv korreliert 239
Positive Analyse 30
Positive Externalitäten 884, 887
    und Ineffizienz 887
Prävention
    gegen Kriminalität 231
Preis(e) 28
    Änderungen, Budgetgerade und 128
    Bündelung 529
    des Kapitals 335
    ein einziger Markt- 385
    Gleichgewichts- 55
    Input, Änderung eines, Reaktion eines Unternehmens auf 402
    Kartellgesetze und 529
    Markt 33
    markträumender 55
    Milchpreis 648
    Minimum- 448
    nominaler 38
    Obergrenze des 436
    Preisabsprache per Telefon 529
    realer 38
    relative, Preisdiskriminierung und 550
    Reservationspreis 543
    staatliche Regulierung von 914
    Veränderungen, Auswirkungen von 129
    Verhalten der Marktpreise 783
    zweistufige Gebühr 540
Preisbildung 539
    Analyse der Kartellpreisbildung 643
    Aufschlagspreisbildung, vom Supermarkt bis zur Designerjeans 505
    bei Marktmacht 539
    Bündelung und 540
    Diskriminierung bei 542
    für einen Bestseller 559
    für Videos 506
    Monopolist und 493
    Monopolmacht und 504
    oligopolistische, Gefangenendilemma und 635
    Paketpreisbildung 547
    Problem der, bei Procter & Gamble 629
    Spitzenlast-Preisbildung 555
    Verdrängungswettbewerb und 526
    zweistufige Gebühr und 540
Preisdiskriminierung 540, 542
    Coupons und 552
    Definition 542
    dritten Grades 548
    ersten Grades 543
    Flugpreise und 554
    intertemporale 555
    Rabatte und 552
    zweiten Grades 546
Preiselastizität der Nachfrage 65, 183, 244, 724
Preisführerschaft 637
    bei Geschäftsbanken 638
    Definition 637
Preis-Konsumkurve 166
Preisnehmer 385
Preisobergrenze 436, 444
Preisregulierungen
    Auswirkungen von 92, 436
    Ergasknappheit und 94, 441
    Ölmarkt und 88
Preissignalisierung 637
Preisstarrheit 636
    bei Geschäftsbanken 638
    Definition 636
Preisstützung
    Definition 454
Preiswettbewerb 624
    mit differenzierten Produkten 626
    mit homogenen Produkten 625

Prentice Hall Inc. 487
Preston 697
Prilosec 495
Prime Rate 639, 790
Prinzipal 863
Prinzipal-Agent-Problem 863
    Anreize im Rahmen des 868
    Definition 863
    in öffentlichen Unternehmen 867
    in privaten Unternehmen 863
Private Unternehmen
    Prinzipal-Agent-Problem in 863
Procter & Gamble (P&G) 609, 772
    Gefangenendilemma für 634
    Gypsy Moth Tape und 629, 634
    Preisbildungsproblem von 629
    Wegwerfwindelbranche und 695, 772
Produkt(e) 455
Produkthomogenität 385
Produktion
    Effizienz in der 819, 833
    Inflexibilität der kurzfristigen 347
    intertemporale Entscheidungen bei der 782
    Kosten der 315
    mit einem variablen Input 284
    mit zwei Inputs 298
    Nutzungskosten in der 784
    Rohstoffproduktion des Monopolisten 785
    von zwei Gütern 354
Produktions- und Kostentheorie
    Dualität in der 377
    mathematische Darstellung der 375
Produktionsfaktoren 282
    Angebot an, für ein Unternehmen 725
    fixer 284
    Marktangebot an 727
    Nachfrage, wenn mehrere Faktoren verfügbar 720
    Nachfrage, wenn nur ein Faktor verfügbar 716
    Substitution zwischen 301
Produktionsfunktion(en) 282
    Cobb-Douglas 378
        Definition 378
    für Weizen 305
    mit festem Einsatzverhältnis 304, 885
    vollkommene Substitute und 303
Produktionsmöglichkeitsgrenze 820
    erweiterte 827
Produktionsniveau
    Kostenminimierung bei veränderlichen Produktionsniveaus 342
Produktionsquoten 454, 456
Produktionstechnologie 282
Produktvielfalt 613
Produzenten
    Preisstützungen und 455

Produzentenpreisindex (PPI) 38, 150
    für Erdgas 944
    für Kohle 944
Produzentenrente
    Anwendung der 438
    Definition 408, 437
    Gewinn und 409
    kurzfristige 408
    langfristige 417
    Wohlfahrtswirkungen staatlicher Eingriffe und 438
Prognose(n)
    bedingte 942
    der Nachfrage nach Kohle 944
    ex ante 942
    ex post 942
    Standardfehler der (SEF) 943
    unbedingte 942
    wirtschaftliche 942
Putnam, Howard 529

Q

Quadratische Kostenfunktion 365
Quigley, John 188
Quote(n)
    der Produktion 454, 456
    Import- 463

R

Rabatte
    wirtschaftliche Gründe für 552
Rabin, Matthew 263
Raj, S. P. 614
Randlösung(en) 135
Raphael, Steven 188
Rawls, John 817
Rawlsche Ansicht über Gerechtigkeit 818
Reaktionskurven 619
Reale Preise
    Definition 38
    nominale Preise und 38
Recycling 902
    effiziente Recyclingmenge 903
Referenzzins 790
Regierung
    Prinzipal-Agent-Problem in der 867
    Regulierung durch die 914
Regression
    Beispiel 937
    Grundlage der 937
    lineare 937
    Standardfehler der (SER) 941
Regressionsanalyse
    multiple 937

Regulatorische Verzögerung 516
Regulierung
  des Preises 513
  des städtischen Abfalls 905
  in der Praxis 515
  von Emissionen 884
Regulierung der Ertragsrate 516
Reichweite eines Marktes 34
Reine Bündelung 572
Reine Strategie 669
Reines Monopol 486
Relative Bewertungen 568
Rente
  Bodenrente 733
  ökonomische 732
Rentenpapier(e)
  Definition 760
  Diskontsatz 789
  Effektivverzinsung 761-764
  Erträge auf Industrieanleihen 763-764
  Staatsanleihen 789
  Wert 760-764
  Zinssatz für Industrieanleihen 790
Reputation
  auf dem Markt 849
  bei Spielen 685
Reservationspreis 543
Ressourcen im Gemeineigentum 918
  Definition 918
  Langustenfischerei und 920
Reynolds, R. Larry 447
Risiko
  Abbau des 238
  Anlagen und 247
  Anpassungen für 769
  Beschreibung des 225
  Budgetgerade und 251
  diversifizierbares 769
  Ertrag und
    Entscheidung zwischen 252
    Tradeoff zwischen 250
  Indifferenzkurven und 251
  nicht diversifizierbares 249, 769
  nichtsystematisches 769
  Präferenzen im Hinblick auf 234
Risikoaversion
  Definition 234
  Einkommen und 236
  Indifferenzkurven und 236
Risikofreudigkeit 234
Risikolose (oder risikofreie) Anlage 248
Risikoneutralität 234
Risikoprämie 235
Riskante Anlage 247

Rockwell International 675
Rolling Stones 27
Ronald 124
Rose, Nancy L. 453
Rose-Ackerman, Susan 448
Rotemberg, Julio J. 269, 638
Roth, Alvin F. 447
Royal Crown Cola 614
Rubinfeld, Daniel L. 193, 925, 937, 943
Russland
  Kupferabbau in 407, 408

S

Saft, Lester F. 579
Salathe, Larry 69, 185
Saloner, Garth 638
Saubere Luft
  Nachfrage nach 925
  Wert 193
Saudi-Arabien
  Ölproduktion 90
SC (Grad der Verbundvorteile) 356
Schadenersatzklage 916
Schätzung
  der Kosten 364
  empirische, der Nachfrage 200
  Regression und 938
Scheinkman, Jose 626
Schelling, Thomas 691
Scherer, F.M. 467
Schill, Michael H. 390
Schmalensee, Richard L. 574, 901
Schutzklausel 739
Schwefeldioxidemissionen 901
  in Peking 898
  siehe auch Emissionen
SCI (Index der Größenvorteile) 366
SDK (kurzfristige Durchschnittskostenkurve) 349
SEF 943
Sequenzielle Spiele 678
SER (Standardfehler der Regression) 941
Shaun P. McDermott 899
Shavell, Steven 231, 897
Shaw Industries 310
Sherman Gesetz (1980) 530
Sherwin, Robert A. 35
Shields, Michael A. 124
Shirking-Modell
  Arbeitslosigkeit im 876
  Definition 875
Shubik, Martin 660
Sibley, David S. 453
Simla Tokgoz 802
Simonsohn, Uri 264
Sinai, Todd 270

Skalenerträge 307
    abnehmende 307
    Darstellung der 308
    Definition 307
    in der Teppichindustrie 309
    konstante 307
    zunehmende 307
Skeath, Susan 664, 697
Slutsky-Gleichung 219
Small, Kenneth 76
Smith, Adam 814
Smith, Vernon 264
Smith, W. James 188
Snobeffekt 197
Softwarebranche 324
Sönmez, Tayfun 447
Southern Company 368
Sowjetunion, frühere
    nukleare Abschreckung der 691
    Planwirtschaft in der 27
Sozialversicherungssystem 149, 155
Spanien
    Airbus und 692
Spence, Michael 853
Spencer Banzhaf 889
Spezifische Steuer, Auswirkungen einer 497
Spiel(e)
    Definition 658
    Drohungen und 682
    extensive Form eines 679
    Fixsummenspiel 659
    Geschlechterkampf 670
    Glaubwürdigkeit 681
    kooperative versus nichtkooperative 659
    nichtkooperative versus kooperative 659
    Reputation und 685
    sequentielle 678
    Standortspiel am Strand 666
    strategische Entscheidungen und 658
    Verpflichtungen und 681
    Vorbeugung 687
    wiederholte 672
Spitzenlast- (Peak-Load-)Preisbildung 555
Sprint 564
Staat
    Importquoten und 463
    Interventionen des, Auswirkungen von 92
    politische Maßnahmen des, Auswirkungen von 436
    Preisstützungen und 454, 458
    Produktionsquoten und 456
    Subvention und 469, 473
    Zölle und 463
Stackelberg-Gleichgewicht 664
Stackelberg-Modell 623, 664, 678, 680
Städtischer Abfall, Regulierung des 905
Standardabweichung 228, 702

Standardfehler
    der Prognose (SEF) 943
    der Regression (SER) 941
    des Koeffizienten 940
Standardisierung 849
Standortspiel am Strand 666
Statistical Abstract of the United States 39
Statistische Tests 940
Steuer(n)
    auf Benzin, Auswirkungen einer 178, 474
    Auswirkung der, auf einen Monopolisten 497
    Auswirkungen einer 178, 423, 469, 474
    Importzölle und 463
    Inzidenz 470
    Stück-, Auswirkungen von 469
Steuerinzidenz 470
Stigler, George J. 35
Stiglitz, Joseph E. 875
Stollery, Kenneth R. 786
Strategie(n)
    "Tit-for-Tat" (Auge um Auge, Zahn um Zahn) 673
    Definition 658
    dominante 662
    gemischte 669
    Maximin 667
    optimale 659
    reine 669
    Verhandlungsstrategien 685
    vorbeugende, Wal-Marts 687
Strategische Entscheidungen
    Definition 658
    Spiele und 658
Strategische Handelspolitik 692
Strategisches Verhalten 916
Streben nach Renten 512
Stücksteuer
    Definition 469
Stücksteuer, Auswirkungen einer 469
Subjektive Wahrscheinlichkeit 225
Substitute
    Definition 800
Substitution
    Grenzrate der (GRS) 115, 167, 214, 807
    technische, Grenzrate der 301
    zwischen Produktionsfaktoren 301
Substitutionseffekt 174, 218
    Definition 176
    Slutsky-Gleichung und 219
Substitutionsgüter 54, 68, 173
    Definition 54, 118
    vollkommene 117
Subvention
    Auswirkungen einer 469, 473
    Definition 473
Sumner, Daniel A. 472

Sunk Costs
  Definition 689, 764
Supermärkte
  Aufschlagspreisbildung bei 505
  Werbung und 583
Surinam
  Bauxitabbau in 331
Swaim, Paul 744

T

Tagamet 495
Tagesgeldsatz
  Definition 789
Tarr, David G. 467
Tatsächlicher Ertrag 249
Taubenslag, Nancy 675
Tauschwirtschaft 806
TDK (totale Durchschnittskosten) 326
Technische Effizienz 820
Technischer Wandel 296
Technologie
  der Produktion 282
  kapitalintensive 305
  neue, Entwicklung 296
Teece, David J. 90
Tendenz, mittlere 226
Teppichindustrie
  Skalenerträge in der 309
Thaler, Richard H. 263, 264
Theorie der Firma 280
Theorie der Unternehmung 28
Theorien
  Definition 29
  Modelle und 29
Thomas R. Irvin 889
Tiergesundheit
  Garantien für 862
Tirole, Jean 664
Titandioxid-Branche 694
Titanic 567
TK (Gesamtkosten) 321
T-Mobile 564
Tollison, Robert D. 512
Totale Durchschnittskosten (TDK) 326
Toyota 29
Tradeoff
  zwischen Risiko und Ertrag 250
Transportindustrie
  Verbundvorteile in der 357
Trapani, John M. 453
Treasury Bill Rate (Zinssatz für kurzfristige Schatzwechsel) 789
Treasury Bond Rate (Zinssatz für langfristige Staatsanleihen) 789
Treibhausgase siehe Erderwärmung
Trittbrettfahrer 924
t-Statistik 940
Tullock, Gordon 512
Tums 584
Tussing, Arlon R. 94
Tversky, Amos 269
TWA 677

U

U.S. Arbeitsministerium (Department of Labor) 859
U.S. Finanzministerium (Treasury) 789
U.S. Justizministerium (Department of Justice)
  Kartellabteilung des 527
  Klage des, gegen Microsoft Corporation 579
U.S. Umweltbehörde (Environmental Protection Agency)
  Emissionshandel und die 899
Überschuss
  Definition 55
Überschussangebot 814
Überschusskapazitäten 612
Überschussnachfrage 92, 814
Übertragbare Emissionszertifikate
  Definition 897
  Preis für 902
Ulen, Thomas 914
Ultimatumspiel 268
Umweltschutzbehörde (EPA)
  Abwassergebühren und die 340
Unbedingte Prognose 942
Unelastische Nachfrage 183
  vollkommen 67
Unendlich elastische Nachfrage 67
Ungüter 118
Unilever Ltd. 629, 634
United Airlines 677
Unsicherheit 225
Unsichtbare Hand 814
Unternehmen
  Anzahl der 509
  Erwerb eines 661, 662
  Inputangebot des 725
  Interaktionen, Monopolmacht und 510
  Kapitalkosten des 772
  Kostenkurven für 329
  Marktaustritt von 413
  Markteintritt von 413
  mit identischen Kosten 415
  mit mehreren Betriebsstätten 498
  mit unterschiedlichen Kosten 415
  Prinzipal-Agent-Problem im 863
  Tradeoffs und 28
Unternehmung
  Theorie der 28
Ünver, M. Utku 447

Urheberrechte 509
US Bureau of Labor Statistics 38
USA
    Kupferabbau in den 407
    verarbeitende Industrie der, Monopsonmacht der 524
US-Finanzministerium (Treasury) 697
US-Justizministerium (Department of Justice)
    Klage des, gegen American Airlines 530
    Klage des, gegen Microsoft Corporation 531
US-Verteidigungsministerium
    (Department of Defense) 697
Utilitaristische Ansicht über Gerechtigkeit 818

V

Variabilität 226
Variable Durchschnittskosten (VDK)
    Definition 327
Variable Kosten (VK) 321
Variabler Gewinn 544
VDK (variable Durchschnittskosten) 327
Verarbeitende Industrie der USA
    Monopsonmacht in der 524
Verbraucher
    Ausgaben in den Vereinigten Staaten 172
    Entscheidung 107, 131
    Entscheidungen bei Unsicherheit 223
    Verhalten der 105
Verbraucherentscheidung 107
Verbraucherpreisindex (CPI) 107, 149
    Definition 38
    reale und nominale Preise und 38
    Übertreibung des 155
Verbraucherverhalten 105
    Budgetbeschränkungen und 107, 126
    Theorie des 106
Verbrechen 528
Verbundnachteile
    Definition 356
Verbundvorteile 354
    Definition 356
    Grad der 356
    in der Transportbranche 357
Verdrängungswettbewerb 526
Vereinigte Staaten
    Arbeitsproduktivität in den 297
    Lernkurve für die 363
Verhaltensökonomie 262
    Besitztumseffekt und 264
    Faustregeln und 269
Verhältnis von Werbung zum Umsatz 582
Verhandlungen
    teure 916
    und ökonomische Effizienz 914
    und strategisches Verhalten 916

Verhandlungsmacht 738
Verizon 564
Verkäufer
    in Auktionen, Zuverlässigkeit der 706
    Wettbewerbskäufer und -verkäufer im Vergleich 517
Verkehrsflugzeuge
    Markt für 692-694
Verluste
    eines Wettbewerbsunternehmens 396
Verpflichtung 683-685
Verrechnungspreisbildung
    bei kompetitivem Außenmarkt 600
    bei nichtkompetitivem Außenmarkt 602
    ohne Außenmarkt 597
Versicherung
    des Rechtsanspruchs auf eine Immobilie 242
    Markt für 847
    Risikoabbau und 240
Versicherungsmathematische Gerechtigkeit 241
Versunkene Kosten 319
    Definition 319, 323
    fixe Kosten und 322
Vertikal integriertes Unternehmen 871
    Definition 871
Verzerrungen bei der Entscheidungsfindung 269
Videos
    Preisbildung bei 506
Viscusi, W. Kip 776
VK (variable Kosten) 321
Voicu, Ioan 390
Vollkommen elastisches Angebot 406
Vollkommen unelastische Nachfrage 67
Vollkommen unelastisches Angebot 406
Vollkommene Komplementärgüter 117
    Definition 118
Vollkommene Substitute
    Produktionsfunktion und 303
Vollkommene Substitutionsgüter 117
    Definition 118, 303
Vollkommener Wettbewerb
    Gerechtigkeit und 818
Vollkommener Wettbewerbsmarkt 384, 718, 731, 875
Vollständige Komplementärgüter
    Produktionsfunktion und 304
Vollständiger Wettbewerbsmarkt 33
Vom Winde verweht 567
Vorteil
    komparativer 829
    marginaler 133

W

W.T. Grant 687
Wahrscheinlichkeit 225
Wal-Mart Stores Inc.
    vorbeugende Investmentstrategie von 687

Walton, Sam 687
Wandel, technologischer 296
Wang Chiang, Judy 357
Waren 385
Warenkorb 108
    alternativer 109
    Definition 108
    Nutzen und 108
Wascher, William 741
Wasseruhrenindustrie
    oligopolistische Kooperation in der 675
Webb-Pomerence Gesetz (1918) 526
Wegwerfwindelbranche
    Kapitalinvestitionen in der 772-774
    Wettbewerb in der 695-697
Wehrung, Donald A. 237
Weitzman, Martin L. 786, 873, 913
Weizen
    Markt für 69, 458
    Preis für, staatliche Stützungen für 458
    Produktionsfunktion für 305
Welch, Finis 741, 747
Werbeelastizität der Nachfrage 582
Werbung 541, 579, 584
    Auswirkungen der 580
    Faustregel für die 581-582
    in der Praxis 583, 584
Wert
    Barwert 756
    des Kapitals 764
    Nennwert 763
    verlorener Verdienste 758
    vollständiger Informationen 243
    von Zahlungsströmen 757
    zukünftiger 756
Wertsteuer 469
Wettbewerb
    internationaler, strategische Handelspolitik und 692-697
    Kollusion versus 631-635
    monopolistischer 608
    Outputeffizienz und 825
    Preis und 624
    vollkommener, Gerechtigkeit und 818-819
Wettbewerbsgleichgewicht
    Definition 813
    langfristiges 412
Wettbewerbsmarkt 56, 384
    Effizienz eines 443
    Konsumentengleichgewicht 812-814
    ökonomische Effizienz 814-815, 832-834
    vollkommener 384, 718, 731

Wettbewerbsmärkte
    Analyse von 435
    Nichtwettbewerbsmärkte und 33
    vollkommene 384
Wettbewerbsunternehmen
    Änderung eines Inputpreises und Reaktion auf 402
    Gewinnmaximierung eines 394
    Grenzerlös für ein 392
    kurzfristige Angebotskurve 401
    monopolistisches, Kurz- und langfristiges Gleichgewicht 610-611
    Nachfrage bei einem 392
    Verluste und 396
Wetzstein, Michael E. 862
Whinston, Clifford 453
Wiederholte Spiele 672
Windelbranche 695
Wirtschaftliche Prognosen 942
Wirtschaftlicher Gewinn
    gleich null 611
Wohlfahrtsökonomie
    Definition 815
    erster Lehrsatz der 815
    zweite Lehrsatz der 819
Wohlfahrtswirkungen 436, 438
Wohlgenant, Michael K. 472
Wohnungen
    Markt für 34
    Nachfrage nach 187
Wohnungsbau
    langfristiges Angebot 427
    Versicherung des Rechtsanspruchs auf eine Immobilie 242
Wohnungsgenossenschaften 389
Wohnungsmarkt 34
Wolfram, Catherine 552
Wood, Geoffrey E. 831
Woolco 687

X

Xerox Corporation 579, 859

Y

Yandle, Bruce 900
Yellen, Janet L. 875

Z

Zadodvy, Madeline 740
Zahnbürsten, Nachfrage nach 500
Zambia
    Kupferproduktion in 645
Zantac 495
Zeneca 495

Register

Zilberman, David 306
Zinssatz
    auf kurzfristige Industrieanleihen 789
    Bestimmung des 787
    Definition 756
    Vielzahl von 789
Zivile Verfahren
    Kartellgesetze und 528
Zoll
    Definition 463
Zuckerquote 466
Zukünftiger Wert 756
Zunehmende Skalenerträge 307, 351
Zweistufige Gebühr 540, 560
    bei einem Konsumenten 560
    bei vielen Konsumenten 562
    bei zwei Konsumenten 561
    Definition 560
    Mobilfunkbeispiel und 564
Zweitpreisauktion 698